MICROBIOLOGIE

MICROBIOLOGIE

•Lansing M.PRESCOTT•

Augustana College

•John P. HARLEY•

Eastern Kentucky University

Donald A. KLEIN•

Colorado State University

2e édition française

Traduction de la 5e édition américaine par
Claire-Michèle Bacq-Calberg et Jean Dusart (Université de Liège)

 de boeck

Cet ouvrage est publié avec le soutien du Fonds d'aide à l'édition de la Communauté française de Belgique.

Ouvrage original :
Microbiology, Fifth Edition by L. Prescott, J. Harley & D. Klein
Published by McGraw-Hill, a business unit of The McGraw-Hill Companies, Inc.
© 2002, 1999, 1996 by The McGraw-Hill Companies, Inc.
All rights reserved.

*Pour toute information sur notre fonds et les nouveautés dans votre domaine de spécialisation,
consultez notre site web :* **www.deboeck.com**

© De Boeck & Larcier s.a., 2003
Éditions De Boeck Université
rue des Minimes 39, B-1000 Bruxelles
Pour la traduction et l'adaptation française

2e édition
2e tirage 2007

Imprimé en Espagne

Dépôt légal :
Bibliothèque Nationale, Paris : avril 2003
Bibliothèque Royale Albert Ier, Bruxelles : 2003/0074/74

ISBN 978-2-8041-4256-8

Extrait du catalogue
De Boeck Université

Biologie

BERTHET J., *Dictionnaire de biologie*

FORET R., *Réussir le Capes externe de SVT*

RAVEN P.H., JOHNSON G.B., LOSOS J.B., SINGER S.S., *Biologie*

RIDLEY M., *Evolution biologique*

THOMAS F., GUÉGAN J.-F., RENAUD F., *Ecologie et évolution des systèmes parasités*

Microbiologie

SCHAECHTER M., MEDOFF G., EISENSTEIN B.I., *Microbiologie et pathologie infectieuse*

WERY M., *Protozoologie médicale*

Biologie cellulaire et moléculaire

COOPER G.M., *La cellule. Une approche moléculaire*

DARNELL J., LODISH H., BALTIMORE D., BERK A., ZIPURSKY S.L., MATSUDAIRA P., *Biologie moléculaire de la cellule, 3e édition*

GILBERT S.F., *Biologie du développement*

KARP G., *Biologie cellulaire et moléculaire. Concepts et expériences*

RENSBERGER B., *Au coeur de la vie. Au royaume de la cellule vivante*

RONSIN C., *L'histoire de la biologie moléculaire. Pionniers & héros*

Génétique

GIBSON G., MUSE, S.V., *Précis de génomique*

GRIFFITHS A.J.F., MILLER J.H., SUZUKI D.T., LEWONTIN R.C., GELBART W.M., *Introduction à l'analyse génétique, 4e édition*

LEWIN B., *Gènes VI*

PASTERNAK J.J., *Génétique moléculaire humaine*

PLOMIN R., DeFRIES J.C., McCLEARN G.E., RUTTER M., *Des gènes au comportement. Introduction à la génétique comportementale*

PRIMROSE S., TWYMAN R., OLD B., *Principes de génie génétique*

Brève Table Des Matières

TABLE DES MATIÈRES

PARTIE I

Introduction à la microbiologie

PARTIE II

La nutrition, la croissance et le contrôle des micro-organismes

7   Le contrôle des micro-organismes par les agents physiques et chimiques 77

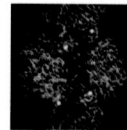

PARTIE III

Le métabolisme des micro-organismes

8   Le métabolisme : l'énergie et les enzymes 87

9   Le métabolisme : la libération et la conservation de l'énergie 99

10   Le métabolisme : l'utilisation de l'énergie dans la biosynthèse 115

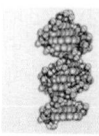

PARTIE IV

Biologie et génétique moléculaires microbiennes

11   Les gènes : structure, réplication et mutation 127

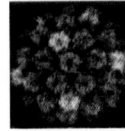

PARTIE V

Technologie de l'ADN et génomique

14   La technologie de l'ADN recombinant   175

15   La génomique microbienne   189

PARTIE VI

les virus

16   Introduction et caractères généraux

PARTIE VII

La diversité du monde microbien

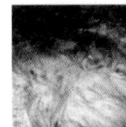

PARTIE VIII
Écologie et symbiose

PARTIE IX

La résistance spécifique et la réponse immunitaire

31 La microflore normale et la résistance non spécifique de l'hôte 61

32 L'immunité spécifique 81

33 L'immunologie médicale 99

PARTIE X

Les maladies infectieuses et leur contrôle

34 Le pouvoir pathogène des micro-organismes 1

PARTIE XI

La microbiologie alimentaire et industrielle

AVANT-PROPOS

Les livres sont porteurs de civilisation. Sans les livres, l'histoire est silencieuse, la littérature muette, la science paralysée, la pensée et la méditation immobilisées. Ils sont moteurs de changement, ouvertures sur le monde, phares érigés sur la mer du temps.
Barbara Tuchman.

La microbiologie est une discipline exceptionnellement vaste, recouvrant des spécialités aussi diverses que la biochimie, la génétique, la taxinomie, la bactériologie médicale, la microbiologie industrielle et alimentaire, ou encore l'écologie. Un microbiologiste se doit d'être au fait de nombreuses disciplines biologiques comme de tous les grands groupes de micro-organismes : virus, bactéries, mycètes, algues et protozoaires. La clé est l'équilibre.

Les étudiants, nouveaux venus dans le sujet, ont besoin d'une introduction à l'ensemble de ces disciplines avant de se focaliser sur leurs centres d'intérêt particuliers. L'objet de ce traité est précisément de fournir une introduction équilibrée à tous les domaines majeurs de la microbiologie aux étudiants de nombreuses disciplines. Grâce à cet équilibre, le livre convient à des cours dont l'orientation va de la microbiologie fondamentale à la microbiologie médicale ou appliquée. Les étudiants qui se préparent à des carrières de médecin, dentiste, infirmier ou d'autres professions paramédicales trouveront ce texte aussi utile que ceux qui se destinent à la recherche, l'enseignement ou l'industrie. Les rudiments de biologie et de chimie sont supposés connus ; cependant, les prérequis essentiels en chimie sont présentés, en guise de rappel, dans l'appendice 1.

Organisation et approche

La structure de l'ouvrage est modulable, ainsi les chapitres et les sujets pourront être abordés virtuellement dans n'importe quel ordre. Chaque chapitre constitue, dans la mesure du possible, une unité distincte de l'ensemble, ce qui favorise cette flexibilité. Certains sujets de base sont essentiels à la microbiologie et ont fait l'objet d'une étude plus fouillée.

Le livre est divisé en 11 parties. Les six premières parties constituent une introduction aux bases de la microbiologie : le développement de la microbiologie, la structure des micro-organismes, la croissance des micro-organismes et son contrôle, le métabolisme, la biologie moléculaire et la génétique, la technologie de l'ADN et la génomique, et la nature des virus. La septième partie propose une vue d'ensemble du monde microbien. Dans la cinquième édition, cette vue d'ensemble suit de près l'organisation générale de la seconde édition du *Bergey's Manual of Systematic Bacteriology*, actuellement en préparation. Même si les bactéries constituent ici l'essentiel du propos, les micro-organismes eucaryotes y sont décrits d'une manière particulièrement minutieuse. Les mycètes, les algues et les protozoaires ont leur importance propre. L'introduction à la biologie de ceux-ci, aux chapitres 25 à 27, est essentielle pour comprendre des matières comme la microbiologie clinique ou l'écologie microbienne. La huitième partie se focalise sur les relations des micro-organismes avec d'autres micro-organismes et avec l'environnement (écologie microbienne). Elle introduit aussi la microbiologie du sol et des eaux. Le chapitre 28 présente les principes généraux qui sous-tendent l'écologie microbienne et la microbiologie de l'environnement, de telle sorte que les chapitres suivants qui traitent des habitats aquatiques et terrestres peuvent être lus sans redondance excessive. Le chapitre décrit aussi les divers types d'interactions microbiennes qui s'observent dans la nature, comme le mutualisme, la protocoopération, le commensalisme et la prédation. Les neuvième et dixième parties sont consacrées à la pathogénicité, à la résistance et aux maladies. Les trois chapitres de la neuvième partie décrivent les microflores normales, la résistance non spécifique de l'hôte, les principaux aspects de la réponse immunitaire et l'immunologie médicale. La dixième partie couvre des sujets aussi essentiels que la pathogénicité microbienne, la chimiothérapie antimicrobienne et l'épidémiologie. Ensuite, les chapitres 38-40 passent en revue les principales maladies humaines dues aux microbes. Cette vue d'ensemble est organisée essentiellement de façon taxinomique, par chapitre ; dans chacun des chapitres, les maladies sont traitées selon leur mode de transmission. Cette approche est très flexible et permet à l'étudiant de trouver facilement l'information sur une maladie donnée. Ce passage en revue n'est pas un simple catalogue de maladies ; celles-ci sont retenues sur base de leur importance médicale et de leur capacité à éclairer les principes fondamentaux de la maladie et de la résistance. La onzième partie termine le livre par une introduction à la microbiologie alimentaire et industrielle. Cinq appendices aideront l'étudiant en lui fournissant une revue de quelques principes chimiques de base, et des informations supplémentaires sur des sujets importants que le livre n'a pas traités complètement.

Ce traité vise à être un support effectif d'enseignement. On a amélioré la lisibilité en recourant à un style direct et relativement simple, en divisant l'exposé en nombreuses sections et en organisant chaque chapitre suivant de grandes lignes. On a soigneusement étudié le niveau de difficulté en l'adaptant à l'audience visée. Au cours de la préparation de la cinquième édition, la clarté de chaque phrase a été évaluée et revue le cas échéant. Dans la mesure du possible on a suivi les conventions de nomenclature et d'abréviations de l'« ASM Style Manual » de la Société Américaine de Microbiologie.

Pour les étudiants, la pierre d'achoppement principale dans l'étude de la microbiologie est l'abondance des termes nouveaux rencontrés. Ce texte facilite le problème en développant le vocabulaire de l'étudiant de trois manières : (1) aucun nouveau terme n'est utilisé sans être clairement défini (on donne aussi souvent les termes dérivés), l'étudiant n'est donc pas obligé d'être familiarisé avec la terminologie avant de pouvoir utiliser le livre ; (2) les termes clés sont imprimés en caractères gras lorsqu'ils sont employés pour la première fois ; et (3) en fin de texte figure un glossaire très complet, actualisé, qui fait référence aux pages du livre.

Comme l'iconographie constitue une part importante de l'étude et du plaisir de l'étudiant en microbiologie, toutes les illustrations sont en couleurs et on y trouve de nombreuses photographies de qualité, également en couleurs. Non seulement la couleur rend le texte plus attractif, mais elle augmente également l'efficacité instructive de la figure. Un effort considérable a été consenti pour rendre les illustrations aussi attractives et utiles que possible. Beaucoup des figures de la quatrième édition ont été révisées et améliorées pour cette cinquième édition. Toutes les illustrations nouvelles ont été réalisées sous la supervision directe des auteurs de façon à illustrer et renforcer des points particuliers du texte. Chaque illustration est donc directement en relation avec le texte, et mentionnée au moment approprié. On a été très attentif à bien choisir l'emplacement de chaque illustration, et leur légende a été revue, pour être claire et précise.

Thèmes du livre

Sept thèmes au moins ressortent du texte :

1º le développement de la microbiologie en tant que science ;
2º la nature et l'importance des techniques utilisées pour isoler, cultiver, observer et identifier des micro-organismes ;
3º le contrôle des micro-organismes et les moyens de réduire leurs effets néfastes ;
4º l'importance de la biologie moléculaire en microbiologie ;
5º la signification médicale de la microbiologie ;
6º les façons dont les micro-organismes interagissent avec leur environnement et les conséquences de ces interactions ;
7º l'influence des micro-organismes et des applications micro-biologiques sur la vie quotidienne.

L'existence de ces thèmes donne au texte son unité et sa continuité. L'étudiant devrait se rendre compte de ce que font les microbiologistes et en quoi cela affecte la société.

Qu'y a-t-il de nouveau dans cette édition ?

De nombreuses modifications et améliorations ont été introduites dans cette édition, notamment :

1. Un apport majeur est l'introduction de la seconde édition du *Bergey's Manual of Systematic Bacteriology* et la comparaison avec les systèmes plus anciens de classification des bactéries. De plus, l'organisation générale du texte a été modifiée pour obtenir une succession plus logique des sujets et pour insister plus sur l'écologie microbienne. La synthèse des acides nucléiques et la synthèse des protéines sont maintenant traitées dans les chapitres de génétique et s'intègrent dans la discussion sur la structure du gène, la réplication, l'expression et la régulation. La technologie de l'ADN recombinant a été transférée dans une section séparée, qui contient aussi un nouveau chapitre sur la génomique microbienne. Les trois chapitres d'introduction à l'écologie microbienne suivent maintenant l'étude de la diversité microbienne. L'écologie microbienne vient donc plus tôt dans le texte, dès que les principes fondamentaux de la microbiologie ont été donnés. La neuvième partie contient une description de la résistance non spécifique de l'hôte, ainsi qu'une introduction aux principes de base de l'immunologie. Les associations symbiotiques sont discutées dans le contexte de l'écologie microbienne. Le traitement de la pathogenèse microbienne a été étendu à un chapitre entier et placé dans la dixième partie, avec les autres sujets médicaux.

2. L'aide pédagogique a été amplifiée. Une nouvelle section « Questions de réflexion », comportant deux ou trois questions, suit les « Questions de révision ». Toutes les principales sections de chapitres sont maintenant numérotées, pour rendre plus précises les références croisées. Les résumés contiennent des références (en caractères gras) aux tableaux et figures utiles lors de la révision du chapitre.

3. De nouvelles illustrations ont été ajoutées à presque tous les chapitres. De plus, toutes les figures ont été soigneusement revues par l'éditeur spécialisé, beaucoup d'entre elles ont été modifiées afin d'améliorer leur esthétique ou leur utilité.

4. Toutes les sections de références ont été revues et mises à jour.

À côté de ces changements majeurs dans le texte, chaque chapitre a été mis à jour et souvent substantiellement révisé. Quelques améliorations parmi les plus importantes sont données ci-dessous :

Chapitre 1 – Addition d'un encadré sur les postulats moléculaires de Koch et une nouvelle section sur l'avenir de la microbiologie.

Chapitre 2 – Description de la microscopie de contraste par interférence différentielle et la microscopie confocale.

Chapitre 3 – Détails supplémentaires sur le mécanisme du mouvement flagellaire.

Chapitre 5 – Description de l'absorption du phosphate et des transporteurs ABC.

Chapitre 6 – Nouvelle matière sur les protéines de privation, la limitation de croissance due aux facteurs environnementaux, les procaryotes viables mais non cultivables et la perception du quorum.

Chapitre 8 – Intégration des discussions sur la régulation métabolique et le contrôle de l'activité enzymatique dans l'introduction à l'énergie et aux enzymes.

Chapitre 9 – Réécriture de l'aperçu du métabolisme, pour une meilleure compréhension. Mise à jour et extension des sections sur le transfert des électrons, la phosphorylation oxydative et la respiration anaérobie.

Chapitre 11 – Maintenant centré sur la structure des acides nucléiques et des gènes, les mutations et la réparation de l'ADN. Addition de matière nouvelle, avec la méthylation de l'ADN.

Chapitre 12 – Ajout du traitement de l'expression génétique (transcription et synthèse des protéines), combiné avec une large discussion sur la régulation de l'expression génétique. Addition de sections nouvelles sur les systèmes régulateurs globaux et les systèmes de phosphorelais à deux composants.

Chapitre 15 – Chapitre nouveau qui fournit une brève introduction à la génomique microbienne, y compris le séquençage des génomes, la bioinformatique, les caractéristiques générales des génomes microbiens et la génomique fonctionnelle.

Chapitre 18 – Mise à jour de la taxinomie des virus et addition de nouveaux diagrammes de cycles biologiques.

Chapitre 19 – Addition de matière sur la taxinomie polyphasique et les effets du transfert génétique horizontal sur les arbres phylogéniques. Introduction à la seconde édition du *Bergey's Manual*.

Chapitres 20-24 – Révision des chapitres qui passent les procaryotes en revue, afin de se conformer à la seconde édition du Bergey.

Chapitre 28 – Réécriture substantielle de l'ancien chapitre 40, qui inclut maintenant un traitement de la symbiose et des interactions microbiennes (p. ex. mutualisme, protocoopération, commensalisme, prédation, amensalisme, compétition, etc.). Addition d'une discussion sur les déplacements microbiens d'un écosystème à un autre. Extension du traitement des biofilms et des tapis microbiens.

Chapitre 29 – Consacré aux micro-organismes des milieux aquatiques, comprend des matières nouvelles sur des sujets comme les flux de l'oxygène dans l'eau, la boucle microbienne, *Thiomargarita namibiensis*, les micro-organismes dans la glace d'eau douce et les standards actuels pour l'eau potable.

Chapitre 30 – Étude des micro-organismes des sols des régions froides et humides, des sols désertiques et des sols hyperthermiques chauffés par géothermie. Description plus poussée des effets de l'azote, du phosphore et des gaz atmosphériques sur les plantes et les sols. Nouvelle section sur la biosphère souterraine.

Chapitre 31 – Chapitre réorganisé, traitant des microflores normales et de la résistance non spécifique. Inclut un aperçu de la résistance de l'hôte, une discussion sur les cellules, les tissus et les organes du système immunitaire, une introduction sur la voie du complément (lectine et alternative) et un résumé des propriétés et fonctions des cytokines.

Chapitre 32 – Transfert dans ce chapitre de tous les aspects de l'immunité spécifique, pour permettre une discussion plus claire et plus cohérente. Contient un aperçu de l'immunité spécifique, une discussion sur les antigènes et les anticorps, la biologie des cellules T et des cellules B, une discussion sur l'action des anticorps, sur la voie classique du complément, et une section sur la tolérance immunitaire acquise. Se termine par un résumé du rôle des anticorps et des lymphocytes dans la résistance.

Chapitre 33 – Nouveau chapitre sur l'immunologie médicale, traite des sujets plus directement liés aux aspects pratiques de la microbiologie sanitaire et clinique : vaccins et immunisations, désordres immunitaires, et interactions antigène-anticorps *in vitro*, sujets précédemment dispersés dans trois chapitres. Importante extension du traitement des vaccins.

Chapitre 34 – Importante augmentation, dans un chapitre séparé, du traitement de la pathogénicité microbienne. Plusieurs sujets ont été étendus ou ajoutés : régulation des facteurs de virulence bactérienne et îlots de pathogénicité, mécanismes d'action des exotoxines et mécanismes microbiens pour échapper aux défenses de l'hôte.

Chapitre 37 – Chapitre sur l'épidémiologie, extension du texte sur les maladies émergentes. Addition de nouvelles sections sur le bioterrorisme et les effets des voyages à l'échelle du globe.

Chapitres 38-40 – Mises à jour des chapitres qui passent en revue les diverses maladies et passage de deux à un chapitre pour couvrir les maladies bactériennes. Addition de matières nouvelles sur l'herpès génital, la listériose, l'usage des toxines clostridiennes en thérapie et autres sujets. Nouveau tableau décrivant les maladies communes sexuellement transmissibles et leurs traitements.

Chapitre 41 – Nouveaux aspects de la microbiologie alimentaire, incluant l'emballage sous atmosphère modifiée, les toxines algales, les bactériocines comme agents conservants, la nouvelle variante de la maladie de Creutzfeldt-Jakob, l'empoisonnement alimentaire par de la nourriture crue, les nouvelles techniques de traçage des maladies d'origine alimentaire, et l'emploi des probiotiques dans l'alimentation.

Chapitre 42 – Révision du chapitre sur la microbiologie industrielle et la biotechnologie pour y inclure les progrès actuels, dus aux nouvelles techniques moléculaires. Addition d'une section sur le développement et le choix des micro-organismes pour l'industrie. Addition ou révision substantielle d'autres sujets, incluant la synthèse de produits à usage médical, la biodégradation des pesticides et autres polluants, l'addition de micro-organismes dans l'environnement et l'emploi de la technologie des microdamiers.

Aides à l'étudiant

On ne souligne jamais assez l'importance de l'aide pédagogique à l'étudiant. La précision est nécessaire mais si un texte n'est pas clair, lisible et attrayant, le souci de précision et d'actualité sera vain, car l'étudiant ne lira pas le texte. Les étudiants doivent pouvoir comprendre la matière présentée, se servir du livre comme outil d'apprentissage et prendre plaisir à sa lecture.

Pour être un bon outil, un texte doit présenter la microbiologie d'une manière qui soit claire à enseigner et facile à apprendre. On a donc inséré ici des aides nombreuses pour rendre l'étude plus efficace et plus amusante. À la suite de cette préface, quelques lignes s'adressent à l'étudiant, passant en revue les principes d'une étude effective parmi lesquels la règle des SQ4R (pour « survey, question, read, revise, record and review » soit survoler, questionner, lire, revoir, mémoriser et réviser). La section spéciale « Outils d'étude » décrit les aides spécifiques trouvées dans chaque chapitre.

Le glossaire, l'index et les cinq appendices qui figurent en fin de volume seront eux aussi d'une aide précieuse ; l'abondant *glossaire* définit les mots-clés de chaque chapitre, des définitions y sont pour la plupart reformulées, pour permettre une meilleure compréhension du sujet. L'*index* a lui aussi été augmenté dans la seconde édition, pour élargir encore le champ de la matière. Les *appendices* fournissent à l'étudiant une nouvelle énumération des principes chimiques et des voies métaboliques, ils donnent également plus de détails sur la taxinomie des bactéries et des virus.

Pour aider l'étudiant à suivre les changements rapides dans le domaine de la taxinomie des procaryotes, l'appendice III fournit la classification des procaryotes selon la première édition du *Bergey's Manual of Systematic Bacteriology* et l'appendice IV donne la classification utilisée dans la seconde édition en préparation.

Remerciements

Les auteurs désirent remercier tous ceux qui ont revu le texte en détail et ont analysé de façon critique la première et la seconde édition. Leurs suggestions ont fortement amélioré le produit final.

Ont revu les première et seconde éditions

Richard J. Alperin, *Community College of Philadelphia*

Susan T. Bagey, *Michigan Technological University*

Dwight Baker, *Yale University*

R. A. Bender, *University of Michigan*

Hans P. Blaschek, *Universiry of Illinois*

Dennis Bryant, *University of Illinois*

Douglas E. Caldwell, *University of Saskatchewan*

Arnold L. Demain, *Massachusetts Institute of Technology*

A. S. Dhaliwal, *Loyola University of Chicago*

Donald P. Durand, *Iowa Suite University*

John Hare, *Linfield College*

Robert B. Helling, *University of Michigan-Ann Arbor*

Barbara Bruff Hemrningsen, *San Diego State University*

R. D. Hinsdill, *University of Wisconsin-Madison*

John G. Holt, *Michigan State University*

Robert L. Joncs, *Colorado State University*

Martha M. Kory, *University of Akron*

Robert I. Krasner, *Providence College*

Ron W. Leavitt, *Brigham Young University*

David Mardon, *Eastern Kentucky University*

Glendon R. Miller, *Wichita Suite University*

Richard L. Myers, *Southwest Missouri State Universty*

G. A. O'Donovan, *North Texas State University*

Pattle P. T. Pun, *Wheaton College*

Ralph J. Rascati, *Kennesaw State College*

Albert D. Robinson, *SUNY-Potsdam*

Ronald Wayne Roncadori, *University of Georgia-Athens*

Ivan Roth, *University of Georgia-Athens*

Thomas Santoro, *SUNY-New Paltz*

Ann C. Srnith, *University of Maryland, College Park*

David W. Smith, *University of Delaware*

Paul Smith, *University of South Dakota*

James F. Steenbergen, *San Diego State University*

Henry O. Stone, Jr., *East Carolina University*

James E. Struble, *North Dakota State University*

Kathleen Talaro, *Pasadena City College*

Thomas M. Terry, *The University of Connecticut*

Michael J. Timmons, *Moraine Valley Community College*

John Tudor, *St. Joseph's University*

Robert Twarog, *University of North Carolina*

Blake Whitaker, *Bates College*

Oscar Will, *Augustana College*

Calvin Young, *California State University-Fullerton*

Ont revu les troisième et quatrième éditions

Laurie A. Achenbach, *Southern Illinois University*

Gary Armour, *MacMurray College*

Russell C. Baskett, *Germanna Community College*

George N. Bennett, *Rice University*

Prakash H. Bhuta, *Eastern Washington University*

James L. Botsford, *New Mexico State University*

Alfred E. Brown, *Auburn University*

Mary Burke, *Oregon State University*

David P. Clark, *Southern Illinois University*

William H. Coleman, *University of Hartford*

Donald C. Cox, *Miami University*

Phillip Cunningham, *Wayne State University*

Richard P Cunningham, *SUNY at Albany*

James Daly, *Purchase College, SUNY*

Frank B. Dazzo, *Michigan State University*

Valdis A. Dzelzkalns, *Case Western Reserve University*

Richard J. Ellis, *Bucknell University*

Merrill Emmett, *University of Colorado at Denver*

Linda E. Fisher, *University of Michigan-Dearborn*

John Fitzgerald, *University of Georgia*

Haroki E Foerster, *Sam Houston Suite University*

B. G. Foster, *Texas A&M University*

Bernard Frye, *University of Texas at Arlington*

Katharine B. Gregg, *West Virginia Wesleyan College*

Eileen Gregory, *Rollins College*

Van H. Grosse, *Columbus College-Georgia*

Maria A. Guerrero, *Florida International University*

Robert Gunsalus, *UCLA*

Barbara B. Hemmingsen, *San Diego State University*

Joan Henson, *Montana State University*

William G. Hixon, *St. Ambrose University*

John G. Holt, *Michigan State University*

Ronald E. Hurlbert, *Washington State University*

Robert J. Kearns, *University of Dayton*

Henry Keil, *Brunel University*

Tim Knight, *Oachita Baptist University*

Robert Krasner, *Providence College*

Michael J. Lemke, *Kent State University*

Lynn O. Lewis, *Mary Washington College*

B. T. Lingappa, *College of the Holy Cross*

Vicky McKinley, *Roosevelt University*

Billie Jo Mello, *Mount Marty College*

James E. Miller, *Delaware Valley College*

David A. Mullin, *Tulane University*

Penelope J. Padgett, *Shippensburg University*

Richard A. Patrick, *Summit Editorial Group*

Bobbie Pettriess, *Wichita State University*

Thomas Punnett, *Temple University*

Jo Anne Quinlivan, *Holy Names College*

K. J. Reddy, *SUNY-Binghamton*

David C. Reff, *Middle Georgia College*

Jackie S. Reynolds, *Richland College*

Deborah Rochefort, *Shepherd College*

Allen C. Rogerson, *St. Lawrence University*

Michael J. San Francisco, *Texas Tech University*

Phillip Scheverman, *East Tennessee University*

Michael Shiaris, *University of Massachusetts at Boston*

Carl Siliman, *Penn State University*

Arin C. Smith, *University of Maryland*

David W. Smith, *University of Delaware*

Garriet W. Smith, *University of South Carolina at Aiken*

John Stolz, *Duquesne University*

Mary L. Taylor, *Portland State University*

Thomas M. Terry, *University of Connecticut*

Thomas M. Walker, *University of Central Arkansas*

Patrick M. Weir, *Felician College*

Jill M. Williams, *University of Glamorgan*

Herman Witmer, *University of Illinois at Chicago*

Elizabeth D. Wolfinger, *Meredith College*

Robert Zdor, *Andrews University*

Ont revu la cinquième édition

Stephen Aley, *University of Texas at El Paso*

Susan Bagley, *Michigan Technological University*

Robert Benoit, *Virginia Polytechnic Institute and State University*

Dennis Bazylinski, *Iowa State University*

Richard Bernstein, *San Francisco State University*

Paul Blum, *University of Nebraska*

Matthew Buechner, *University of Kansas*

Mary Burke, *Oregon State University*

James Champine, *Southeast Missouri State University*

John Clausz, *Carroll College*

James Cooper, *University of California at Santa Barbara*

Daniel DiMaio, *Yale University*

Leanne Field, *University of Texas*

Philip Johnson, *Grande Prairie Regional College*

Duncan Krause, *University of Georgia*

Diane Lavett, *Georgia Institute of Technology*

Ed Leadbetter, *University of Connecticut*

Donald Lehman, *University of Delaware*

Mark Maloney, *Spelman College*

Maura Meade-Callahan, *Allegheny College*

Ruslan Medzhitov, *Yale University School of Medicine*

Al Mikeli, *University of Mississippi*

Craig Moyer, *Western Washington University*

Rita Moyes, *Texas A&M University*

David Mullin, *Tulane University*

Richard Myers, *Southwest Missouri State University*

Anthony Newsome, *Middle Tennessee State University*

Wade Nichols, *Illinois State University*

Ronald Porter, *Pennsylvania State University*

Sabine Rech, *San Jose State University*

Anna-Louise Reysenbach, *Portland State University*

Joan Slonczewski, *Kenyon College*

Daniel Smith, *Seattle University*

Kathleen C. Smith, *Emory University*

James Snyder, *University of Louisville School of Medicine*

John Stolz, *DuQuesne University*

Thomas Terry, *University of Connecticut*

James VandenBosch, *Eastern Michigan University*

La publication d'un traité requiert l'énergie de beaucoup de personnes en dehors des auteurs. Nous tenons à exprimer notre appréciation particulière de l'excellent travail fourni par le personnel de l'édition et de la production de Mc Graw-Hill.

Nous aimerions remercier en particulier Deborah Allen, notre « senior developmental editor », pour ses conseils, sa patience, ses rappels et son soutien. Notre « project manager », Vicki Krug, a supervisé la production de ce projet très complexe, avec un souci du détail digne d'éloges. Liz Rudder, notre « art device editor » a fourni un gros travail de révision et d'amélioration des illustrations anciennes et nouvelles de cette édition. Beatrice Sussman, notre « copy editor », de la seconde à la qua-

trième édition, a une fois encore corrigé nos erreurs et énormément contribué à la clarté, la cohérence et la lisibilité du texte.

Nous tenons tous trois à étendre notre gratitude à tous ceux qui nous ont aidé individuellement à la réalisation de ce projet. Lansing Prescott souhaite remercier George M. Garrity, l'éditeur en chef de la seconde édition du Bergey, pour son aide dans la préparation de cette cinquième édition. La révision de la classification des procaryotes n'aurait pas été possible sans son assistance. Nous avons aussi beaucoup apprécié la contribution de Amy Cheng Vollmer aux questions de réflexion de chaque chapitre. Celles-ci enrichiront significativement l'expérience d'apprentissage des étudiants. John Harley a été grandement aidé,

pour la section sur le bioterrorisme, par James Snyder. Donald Klein souhaite remercier pour leur aide, Jeffrey O. Dawson, Frank D. Bazzo, Arnold L. Demain, Frank G. Ethridge, Zoila R. Flores-Bustamente, Michael P. Shiaris, Donald B. Tait et Jean R. Whelan.

Enfin et surtout, nous sommes reconnaissants envers nos familles, et tout particulièrement nos épouses Linda Prescott, Jane Harley et Sandra Klein, de leur patience et de leurs encouragements. C'est à elles que nous dédions ce livre.

Lansing M. Prescott
John P. Harley
Donald A. Klein

OUTILS D'ÉTUDE

Les quelques pages qui suivent vous montrent les outils que vous trouverez tout au long du texte, pour vous aider dans votre étude de la microbiologie.

Les **citations en exergue** sont destinées à stimuler l'intérêt de l'étudiant et à ouvrir une perspective sur le contenu du chapitre.

La **préface du chapitre** se compose d'un ou deux paragraphes courts qui annoncent le contenu du chapitre et le relient à l'ensemble du texte. La préface n'est pas un résumé, mais permet à l'étudiant de mettre le chapitre en perspective dès le départ.

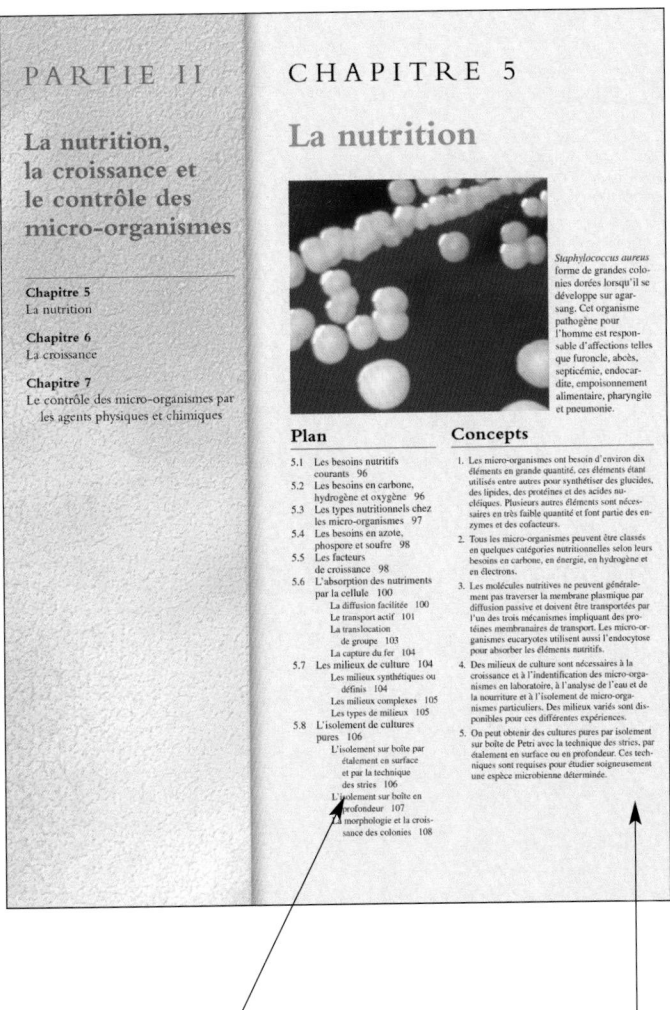

Le **plan de chapitre** comprend tous les sous-titres principaux du chapitre, avec les numéros de sections et de pages. Ceci permet au lecteur de localiser rapidement le sujet qui l'intéresse.

Les concepts **du chapitre** résument brièvement quelques-uns des plus importants concepts que l'étudiant doit maîtriser.

On trouve des **encadrés** dans la plupart des chapitres. Ils décrivent des points intéressants qui ne sont pas essentiels au but premier du chapitre. Les sujets incluent des thèmes de recherche actuels attrayants, des impacts pratiques de l'activité microbienne, des liens significatifs du point de vue médical, des anecdotes historiques et des descriptions d'organismes extraordinaires.

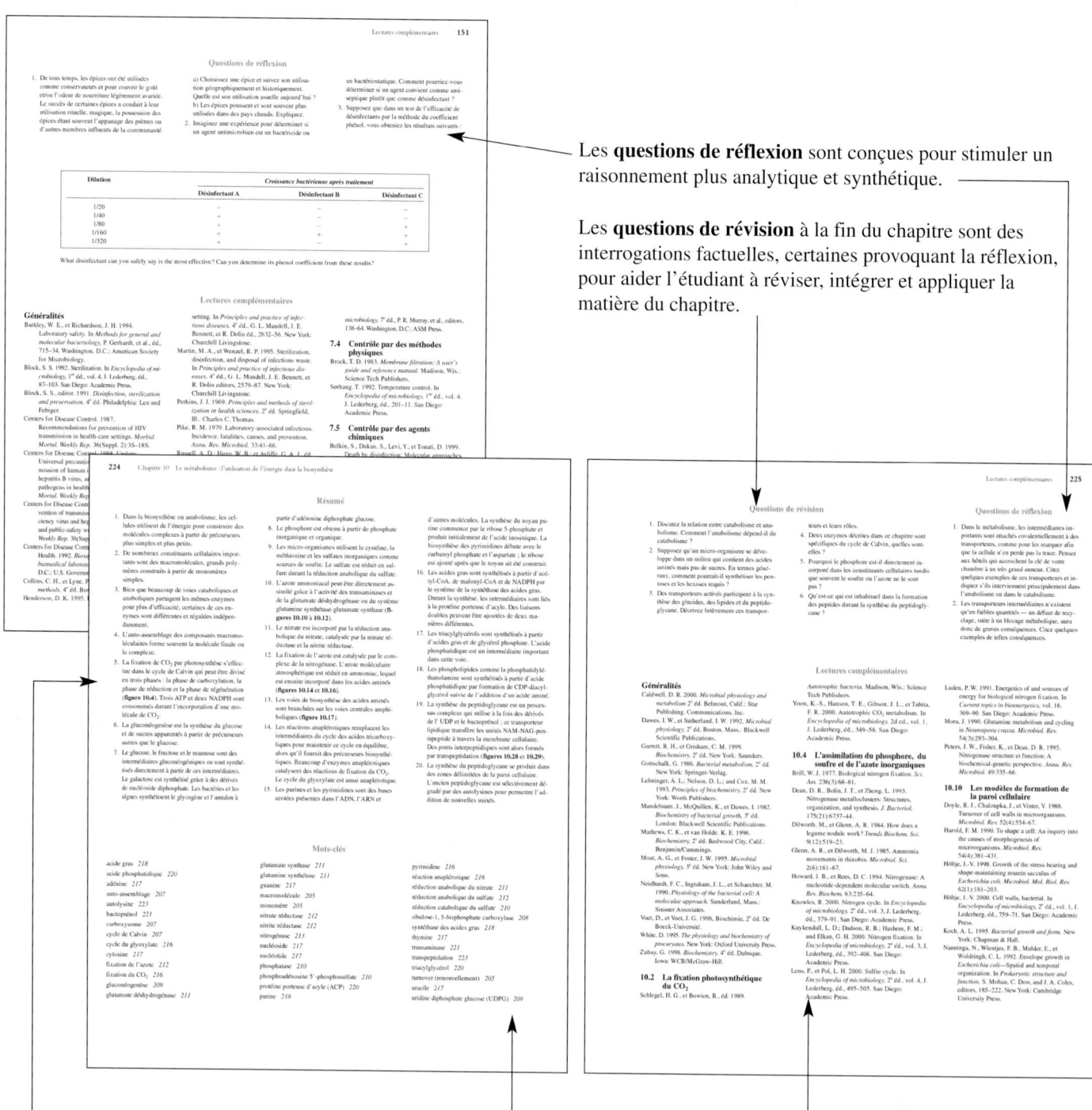

Les **questions de réflexion** sont conçues pour stimuler un raisonnement plus analytique et synthétique.

Les **questions de révision** à la fin du chapitre sont des interrogations factuelles, certaines provoquant la réflexion, pour aider l'étudiant à réviser, intégrer et appliquer la matière du chapitre.

Les **résumés de chapitre** sont faits d'une série de brefs énoncés numérotés, qui sont conçus plus pour servir de guide d'étude que pour constituer un résumé complet et détaillé du chapitre. Les tableaux et figures utiles sont cités dans le résumé.

Les **mots clés** consistent en une liste de tous les termes mis en gras dans le texte. En fin de chapitre, ils mettent l'accent sur les faits et concepts les plus significatifs. Chaque terme est référencé à la page où il est utilisé pour la première fois dans le chapitre.

Des **lectures complémentaires** sont fournies afin de prolonger l'étude. La plupart sont des revues, des monographies et des articles du *Scientific American* plutôt que des articles de recherches originaux. Les publications citées dans ces revues introduisent les étudiants suffisamment intéressés à la littérature scientifique. Les références incluent des publications récentes, allant jusqu'à 2001. Elles sont organisées en groupes de sujets correspondant aux principales sections de chaque chapitre. Cet arrangement offre un accès aisé pour les étudiants intéressés par un sujet particulier.

Des **questions de rappel** apparaissent dans de petits encadrés, à la fin des sections les plus importantes. Elles aident l'étudiant à maîtriser la matière factuelle et les principaux concepts de la section, avant d'aller plus loin dans le chapitre.

Des **sous-titres numérotés** identifient chacun des principaux sujets et servent de référence facile tout au long du texte.

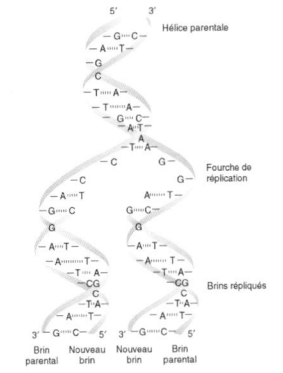

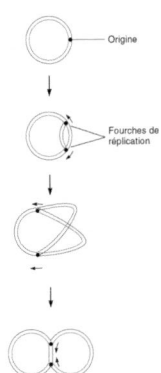

Des **références croisées** renvoient l'étudiant aux sujets importants qui sont difficiles et peuvent exiger une révision pour comprendre la matière en cours. Elles orientent aussi l'étudiant vers un sujet apparenté traité ailleurs dans le texte. Normalement, une référence est soit un numéro de section spécifique, soit un numéro de page. L'étudiant peut ainsi localiser facilement le passage.

Les **mots en caractères gras** sont des termes importants sur lesquels on met l'accent et que l'on définit clairement, la première fois qu'ils sont utilisés. Une liste de ces mots en gras figure à la fin de chaque chapitre et la plupart d'entre eux apparaissent dans le glossaire.

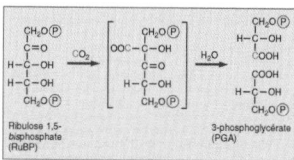

Figure 10.3 La ribulose 1,5-*bis*phosphate carboxylase. Cette enzyme catalyse l'addition d'anhydride carbonique au ribulose 1,5-*bis*phosphate formant un intermédiaire instable qui se dégrade pour donner deux molécules de 3-phosphoglycérate.

la ribulose 1,5-*bis*phosphate carboxylase (voir section suivante). Ils peuvent être le site de fixation du CO_2 ou de stockage de la carboxylase et d'autres protéines. Il est plus facile de comprendre le cycle lorsqu'on l'a divisé en trois parties : carboxylation, réduction et régénération. La **figure 10.4** donne une vue d'ensemble du cycle et les détails en sont présentés dans l'appendice II.

La phase de carboxylation

La fixation de l'anhydride carbonique s'accomplit grâce à une enzyme, la **ribulose 1,5-*bis*phosphate carboxylase** ou ribulose-*bis*phosphate carboxylase/oxygénase (rubisco) (**figure 10.3**) qui catalyse la condensation du CO_2 au ribulose 1,5-*bis*phosphate (RuBP) et produit deux molécules de 3-phosphoglycérate (PGA).

La phase de réduction

Le 3-phosphoglycérate formé par la carboxylation est ensuite réduit en glycéraldéhyde 3-phosphate. Cette réduction catalysée par deux enzymes, est essentiellement l'inverse d'une partie du cycle glycolytique, bien que la glycéraldéhyde 3-phosphate déshydrogénase soit différente de l'enzyme glycolytique. En effet, elle utilise le $NADP^+$ au lieu du NAD^+ (**figure 10.4**).

La phase de régénération

La troisième étape du cycle de Calvin régénère le ribulose 1,5-*bis*phosphate et produit des glucides tels que le fructose et le glucose (**figure 10.4**). Cette portion du cycle est semblable à la voie des pentoses phosphates et implique l'action d'une transcétolase et d'une transaldolase. Le cycle est terminé quand la phosphoribulose kinase reforme le ribulose 1,5-*bis*phosphate.

Pour synthétiser du fructose 6-phosphate ou du glucose 6-phosphate à partir de CO_2, le cycle doit se répéter 6 fois afin de produire l'hexose nécessaire et reformer les 6 molécules de ribulose 1,5-*bis*phosphate.

$$6RuBP + 6CO_2 \longrightarrow 12PGA$$
$$6RuBP + fructose\ 6\text{-}P$$

L'incorporation d'une molécule de CO_2 dans le matériel organique nécessite 3 ATP et 2 NADPH. La formation du glucose à partir du CO_2 peut se résumer par l'équation suivante :

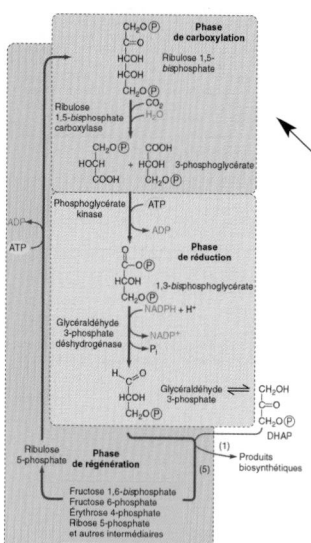

Figure 10.4 Le cycle de Calvin. Dans cette vue d'ensemble du cycle, seules les phases de décarboxylation et de réduction sont montrées en détail. Au cours de la phase de carboxylation, trois ribulose 1,5-*bis*phosphates sont carboxylés pour donner six 3-phosphoglycérates. Ceux-ci sont convertis en six glycéraldéhydes 3-phosphates, qui peuvent être à leur tour convertis en dihydroxyacétone phosphate (DHAP). Cinq de ces six trioses (glycéraldéhyde phosphate et dihydroxyacétone phosphate) servent à reformer trois ribulose 1,5-*bis*phosphates lors de la phase de régénération. Le triose restant passe dans la biosynthèse.

$$6CO_2 + 18ATP + 12NADPH + 12H^+ + 12H_2O \longrightarrow$$
$$glucose + 18ADP + 18P_i + 12NADP^+$$

L'ATP et le NADPH proviennent des réactions photosynthétiques lumineuses ou de l'oxydation de molécules inorganiques chez les chimioautotrophes. Les sucres formés dans le cycle de Calvin peuvent ensuite être utilisés pour synthétiser d'autres molécules essentielles.

On a ajouté à cette édition de **nouveaux tableaux et figures** qui résument une information complexe sous une présentation concise.

Toutes les **références aux tableaux et figures** apparaissent en gras dans le texte pour une corrélation facile entre le texte et les éléments de support visuels.

À L'ÉTUDIANT

Un des facteurs les plus importants de réussite à l'université, et… au cours de microbiologie, est une bonne méthode d'étude. Ce traité est organisé de façon à vous aider à étudier efficacement. Cependant, un texte, si bien conçu qu'il soit pour apprendre, n'est efficace que s'il est utilisé convenablement. Aussi cette section résume quelques conseils pratiques qui vous aideront à réussir en microbiologie et qui rendront ce texte plus instructif. Nombreux sont ceux qui parmi vous connaissent déjà les conseils donnés ici, mais ces suggestions se voudraient utiles à ceux qui ne sont pas familiers des techniques d'étude comme la méthode « SQ4R ».

Organiser son temps et son environnement

Beaucoup d'étudiants trouvent qu'il est difficile d'étudier parce qu'ils n'organisent pas convenablement le temps ni l'espace où ils étudient. Souvent, un étudiant réussira mal ses examens parce qu'il n'a pas consacré assez de temps à l'étude en dehors des cours. Pour obtenir de bons résultats, vous devriez planifier de travailler au moins 4 à 8 heures par semaine sur chaque cours. Il y a assez de temps pour cela mais il faut de l'organisation. Passez quelques minutes le matin à voir comment organiser votre journée et garder le temps nécessaire à l'étude. Les étudiants qui utilisent bien chaque moment, trouvent qu'il leur reste beaucoup de loisir.

Un second facteur important est de disposer d'un endroit propice à l'étude et à la concentration. Essayez de trouver un logement calme et un bureau bien éclairé. Dans la mesure du possible, étudiez toujours à la même place et réservez celle-ci à l'étude ; de cette façon, vous serez mentalement préparé à travailler quand vous irez à votre bureau. Quel que soit ce lieu, il doit être exempt de distractions... sans amis qui arrivent à l'improviste pour papoter ! Vous aurez beaucoup progressé si vous étudiez vraiment pendant les heures que vous voulez consacrer à l'étude.

Profiter au mieux des cours

Il faut assister au cours pour réussir. Les étudiants qui sèchent systématiquement les cours ne sont généralement pas bons. Pour profiter au maximum d'une leçon, il vaut mieux avoir lu le texte qui s'y rapporte. Soyez concentré pendant le cours et ne restez pas simplement assis à l'arrière à écouter le professeur. Prenez des notes lisibles de façon à pouvoir vous en servir par la suite. Il est souvent très efficace d'écrire sous forme de plan et d'utiliser des abréviations ou une sorte d'écriture abrégée. Pendant le cours, il faut se concentrer sur ce qui est dit pour être sûr de capter les idées et les concepts principaux ainsi que les définitions des termes importants. Ne prenez pas de notes « télégraphiques » en vous disant que vous vous rappellerez de ces choses simples et évi-dentes : vous ne vous en rappellerez pas ! Les diagrammes et les formules écrits au tableau sont presque toujours importants ainsi que ce que le professeur met en évidence par le son de sa voix. Sentez-vous libre de poser des questions ; quand vous ne comprenez pas, d'autres dans la classe ne comprennent pas non plus mais n'osent pas le montrer. Après le cours, revoyez vos notes aussi vite que possible pour être sûr qu'elles soient complètes et compréhensibles. Référez-vous au traité quand vous doutez de certaines notes, cela éclaircira considérablement des questions ou des points importants. Lorsque vous reprenez vos notes pour une interrogation, soulignez les parties importantes comme vous le faites quand vous lisez le manuel.

Étudier le traité

Le livre est l'outil d'étude le plus important de n'importe quel cours et doit être utilisé consciencieusement. Il y a de nombreuses années, F.P. Robinson développa une technique d'étude très efficace appelée « SQ3R » (pour « survey, question, read, recite and review »). Plus récemment, L.L. Thislewaite et N.K. Snouffer l'ont légèrement modifiée, ce qui a donné la méthode « SQ4R » (pour « survey, question, read, revise, record and review ») ; elle peut se résumer de la façon suivante :

1. *Survol.* Passer le chapitre en revue brièvement pour se familiariser avec son contenu en général ; lire rapidement titre, sous-titres, introduction et résumé. Se rappeler les idées majeures et ce que, pense-t-on, le chapitre va apporter. S'il y a une liste des concepts et un plan du chapitre, y être particulièrement attentif. Ce survol doit donner la matière du chapitre et la façon dont elle est abordée.
2. *Question.* À chaque titre ou sous-titre, essayer de poser une ou deux questions importantes auxquelles le chapitre devrait répondre. Ceci aidera à se concentrer sur la lecture et il est toujours utile de se poser des questions pendant qu'on lit. Cette habitude facilitera la lecture active et la mémorisation.
3. *Lecture.* Lire soigneusement la section, de façon à comprendre les concepts et les points importants ; essayer de trouver une réponse aux questions posées. On peut éclairer certains termes, importants pour les explications de concepts, mais ne pas détailler tout sans discrimination. Être attentif à tous les termes imprimés en gras ou en couleur car l'auteur estime certainement qu'ils sont importants.
4. *Revue.* Après avoir lu la section, revoir les questions posées pour appréhender de façon plus précise son contenu. Les questions doivent forcer à mettre ensemble un certain nombre de détails. Elles peuvent être inscrites dans les marges du texte.

5. *Mémorisation*. Souligner dans le texte les informations qui répondent aux questions posées, si ce n'est déjà fait ; ou écrire la réponse sous forme de notes. Ceci donnera un bon matériel pour la préparation de l'examen.

6. *Révision*. Revoir l'information en essayant de répondre aux questions sans regarder le texte. Si le texte fournit une liste de mots clés ou une série de questions, il faut les utiliser lors de la révision. On retient beaucoup mieux en ayant revu la matière plusieurs fois.

Préparer l'examen

Il est extrêmement important de bien préparer un examen, de façon à ne pas être stressé et fatigué le jour de cet examen. Vous devez avoir terminé toute la lecture du traité et de vos notes bien avant, pour que les derniers jours puissent être passés à maîtriser la matière et non à essayer de comprendre des notions de base. On ne remplace pas au dernier moment une préparation quotidienne et une bonne révision. En planifiant votre horaire soigneusement et en étant à jour dans votre étude, vous aurez tout le temps de revoir convenablement et de clarifier toutes les questions. Ceci vous permettra de vous reposer suffisamment avant le test et de vous sentir confiant en votre préparation. Comme la condition physique et l'attitude générale sont des facteurs importants lors de l'examen, vous réussirez automatiquement mieux. De bonnes techniques de révision aident aussi à la mémorisation de la matière.

PARTIE I

Introduction à la microbiologie

CHAPITRE 1

Historique et domaine de la microbiologie

Louis Pasteur, un des plus grands scientifiques du 19e siècle affirmait : « La science n'a pas de patrie, car la connaissance appartient à l'humanité, c'est un flambeau qui illumine le monde ».

Plan

1.1 La découverte des micro-organismes 2
1.2 Le débat sur la génération spontanée 2
1.3 Le rôle des micro-organismes dans les maladies 7
    Établissement de la relation entre micro-organismes et maladies 7
    Progrès techniques dans l'étude des micro-organismes pathogènes 8
    L'immunologie 9
1.4 Microbiologie industrielle et écologie des micro-organismes 10
1.5 Les membres du monde microbien 11
1.6 Domaine et intérêt de la microbiologie 11
1.7 L'avenir de la microbiologie 13

Concepts

1. La microbiologie est l'étude d'organismes qui sont trop petits pour être vus à l'œil nu ; elle emploie des méthodes — telles la stérilisation et la culture — qui sont requises pour isoler et cultiver les micro-organismes.

2. Les micro-organismes n'apparaissent pas par génération spontanée à partir de matière inanimée, mais ils proviennent d'autres micro-organismes.

3. Beaucoup de maladies résultent d'infections virales, bactériennes, fongiques ou à protozoaires. On peut utiliser les postulats de Koch pour établir un lien de causalité entre une maladie et un organisme.

4. La microbiologie est devenue une discipline scientifique grâce au développement de la microscopie, de l'isolement et de l'établissement de cultures pures de micro-organismes.

5. Les micro-organismes sont responsables de nombreuses modifications de la matière organique et inorganique (p. ex. la fermentation et les cycles naturels du carbone, de l'azote et du soufre).

6. Les micro-organismes sont de deux types fondamentalement différents — procaryotes et eucaryotes — et sont répartis en plusieurs règnes.

7. La microbiologie est importante car son impact est grand sur d'autres domaines de la biologie et sur le bien-être humain en général.

Dans les champs de l'observation, le hasard ne favorise que les esprits préparés.

— *Louis Pasteur*

On ne peut que souligner l'importance de la microbiologie. Les micro-organismes apportent de nombreux avantages à la société. Ils sont nécessaires à la production du pain, du fromage, de la bière, des antibiotiques, des vaccins, des vitamines, des enzymes et de beaucoup d'autres produits importants. En effet, la microbiologie est à la base de la biotechnologie moderne. Les micro-organismes sont des acteurs indispensables de notre environnement et permettent aux cycles du carbone, de l'oxygène, de l'azote et du soufre de fonctionner dans les milieux terrestres et aquatiques ; ils sont à l'origine de toutes les chaînes alimentaires.

Par contre, les micro-organismes causèrent aussi des problèmes aux hommes et à la société depuis le début des temps historiques. Les maladies microbiennes jouèrent certainement un rôle majeur dans des événements historiques tels que la chute de l'empire romain et la conquête du nouveau monde. En l'an 1347, la peste (*voir chapitre 39*) frappa l'Europe avec une force brutale. En quatre ans, la peste ou mort noire tua un tiers de la population (à peu près 25 millions de personnes). Pendant les 80 années qui suivirent, la maladie sévit encore tuant 75% de la population européenne. Certains historiens croient que ce désastre changea la culture européenne et prépara la voie à la Renaissance. Aujourd'hui les microbiologistes et d'autres chercheurs poursuivent la lutte contre des fléaux comme le SIDA (AIDS) et la malaria. La biologie du SIDA et son effet (pp. 878-84).

Ce chapitre introductif décrit le développement historique de la science microbiologique en relation avec la médecine et les autres domaines de la biologie. Le monde microbien est ensuite passé en revue pour donner une idée générale des organismes que les microbiologistes étudient. Enfin, on présentera les buts, l'intérêt et le futur de la microbiologie moderne.

La **microbiologie** a souvent été définie comme l'étude d'organismes trop petits pour être vus à l'œil nu — c'est-à-dire l'étude des **micro-organismes**. La microbiologie est principalement concernée par des organismes d'un diamètre inférieur à un millimètre, qui sont invisibles et doivent être examinés au microscope. Une variété extraordinaire d'organismes — les virus, les bactéries, beaucoup d'algues, de mycètes et les protozoaires — sont dans cette catégorie (*voir tableau 34.1*). D'autres organismes parmi les algues et les mycètes sont plus grands. Citons les moisissures du pain et les algues filamenteuses qui, quoique visibles à l'œil nu, sont étudiées par des microbiologistes. Deux bactéries, visibles sans microscope, ont été découvertes (p. 45), il s'agit de *Thiomargarita* et de *Epulopiscium*. Les difficultés d'établir des limites à la microbiologie conduisirent Roger Stanier à dire que ce domaine est défini non seulement en termes de taille, mais encore en termes de techniques utilisées. Un microbiologiste

isole d'abord un micro-organisme spécifique d'une population et le cultive. Donc, la microbiologie utilise des techniques — telles que la stérilisation et l'emploi de milieux de culture — nécessaires à l'isolement et à la croissance des micro-organismes.

Le développement de la microbiologie en tant que science est décrit dans les sections suivantes. Le tableau 1.1 résume les principaux événements de ce développement et leur relation avec d'autres événements historiques.

1.1   La découverte des micro-organismes

Même avant la découverte des micro-organismes, plusieurs chercheurs suspectaient l'existence et le rôle de ceux-ci dans les maladies. Le philosophe romain Lucrèce (à peu près 98-55 av. J-C) et le médecin Girolamo Fracastoro (1478-1553) avaient suggéré que des êtres vivants invisibles provoquaient les maladies. Les premières observations au microscope furent sans doute réalisées entre 1625 et 1630 sur des abeilles et des charançons par l'Italien Francesco Stelluti à l'aide d'un microscope probablement fabriqué par Galilée. Cependant, la première personne qui réellement observa et décrivit des micro-organismes est un Hollandais, amateur de microscope, Antonie van Leeuwenhoek (1632-1723) de Delft (**figure 1.1a**). Van Leeuwenhoek gagnait sa vie comme drapier et chemisier mercier, mais passait la plupart de ses loisirs à construire des microscopes simples, composés de lentilles doubles convexes maintenues entre deux plaques d'argent (figure 1.1b). Ses microscopes agrandissaient de 50 à 300 fois ; il pouvait aussi observer des échantillons en milieu liquide en les plaçant entre deux morceaux de verre et en les éclairant sous un angle de 45°, ceci produisait une sorte d'éclairage sur champ noir (*voir chapitre 2*) et rendait les bactéries clairement visibles (figure 1.1c). À partir de 1673 Leeuwenhoek envoya des lettres détaillées décrivant ses découvertes à la Royal Society de Londres. D'après ses descriptions, il avait clairement vu à la fois des bactéries et des protozoaires.

1.2   Le débat sur la génération spontanée

Pendant très longtemps, les gens crurent à la **génération spontanée** — les organismes vivants pouvant se développer à partir de matière non vivante ou en décomposition. Même le grand Aristote (384-322 av. J-C) pensait que certains des invertébrés simples étaient apparus par génération spontanée. Cette opinion fut finalement mise en doute par le médecin italien Francesco Redi (1626-1697) qui réalisa une série d'expériences sur de la viande en décomposition et la capacité à produire spontanément des asticots. Redi mit de la viande dans trois récipients. Le premier n'était pas couvert, le second était couvert de papier et le troisième d'une fine gaze qui pouvait écarter les mouches. Celles-ci déposèrent leurs œufs sur la viande non couverte et les asticots se développèrent. Les deux autres morceaux de viande ne produisirent pas spontanément d'asticots. Cependant les mouches attirées par le récipient couvert de gaze pondirent leurs œufs sur la gaze ; mais ceux-ci ne se développèrent pas en larves. Ainsi la production d'asticots par de la viande en décomposition était due à la présence d'œufs de mouches et la viande ne générait pas spontanément des asticots comme on le pensait précédemment. Des expériences similaires aidèrent à discréditer la théorie en ce qui concerne les organismes plus grands.

Tableau 1.1   Quelques événements importants dans le développement de la microbiologie

Date	Histoire de la microbiologie	Autres événements historiques
1546	Fracastoro suggère que des organismes invisibles soient la cause de maladies	Copernic publie son travail sur le système solaire héliocentrique (1543)
1590–1608	Jansen développe le premier microscope	Shakespeare (1600-1601) écrit Hamlet
1676	Leeuwenhoek découvre les « animalcules »	Naissance de J-S. Bach et de Händel (1685)
1688	Redi publie son travail sur la génération spontanée des asticots	Isaac Newton publie le *Principia* (1687)
		Linnaeus publie le *Systema Naturae* (1735)
		Naissance de Mozart (1756)
1765–1776	Spallanzani attaque la théorie de la génération spontanée	
1786	Müller établit la première classification des bactéries	Révolution française (1789)
1798	Jenner introduit le vaccin contre la variole	Première symphonie de Beethoven (1800)
		Bataille de Waterloo et défaite de Napoléon (1815)
		Faraday démontre le principe du moteur électrique (1821)
1838–1839	Schwann et Schleiden émettent la théorie cellulaire	L'Angleterre émet son premier timbre-poste (1840)
1835–1844	Bassi découvre qu'une maladie du ver à soie est due à des mycètes et propose que beaucoup de maladies soient d'origine microbienne	Manifeste communiste de Marx (1848)
1847–1850	Semmelweis démontre que la fièvre puerpérale se transmet par les médecins et propose d'utiliser des antiseptiques pour prévenir la maladie	La vitesse de la lumière est mesurée pour la première fois par Fizeau (1849)
1849	Snow étudie le développement d'une épidémie de choléra à Londres	Clausius formule la première et la seconde loi de la thermodynamique (1850)
		Graham fait une distinction entre colloïdes et cristalloïdes
		Melville écrit *Moby Dick* (1851)
		Otis installe le premier ascenseur (1854)
		Bunsen introduit l'utilisation du bec à gaz (1855)
1857	Pasteur démontre que la fermentation du sucre en acide lactique est due à un micro-organisme	
1858	Virchow propose que toutes les cellules viennent de cellules	*Sur l'origine des espèces* de Darwin (1859)
1861	Pasteur démontre que les micro-organismes ne proviennent pas d'une génération spontanée	Guerre civile américaine (1861-1865)
		Mendel publie ses expériences de génétique (1865)
		Pose d'un cable transatlantique (1865)
1867	Lister publie son travail sur la chirurgie aseptique	*Crime et Châtiment* de Dostoïevski (1866)
1869	Miescher découvre les acides nucléiques	Guerre franco-allemande (1870-1871)
1876–1877	Koch démontre que le charbon est dû à *Bacillus anthracis*	Bell invente le téléphone (1876)
		Edison construit la première ampoule électrique (1879)
1880	Laveran découvre *Plasmodium*, responsable de la malaria	
1881	Koch cultive les bactéries sur gélatine	Ives réalise la première photo en couleurs (1881)
	Pasteur développe un vaccin contre le charbon	
1882	Koch découvre le bacille de la tuberculose, *Mycobacterium tuberculosis*	Première centrale électrique construite par Edison (1882)
1884	Les postulats de Koch sont publiés pour la première fois	*Les aventures de Huckleberry Finn* de Mark Twain (1884)
	Metchnikoff décrit la phagocytose	
	Développement de l'autoclave	
	La coloration de Gram est établie	
1885	Pasteur développe le vaccin contre la rage	Premiers véhicules à moteur de Daimler (1885-1886)
	Escherich découvre *Escherichia coli*, une cause de diarrhée	
1886	Fraenkel découvre *Streptococcus pneumoniae*, responsable de pneumonie	
1887	La boîte de Petri est inventée par Richard Petri	
1887–1890	Winogradsky étudie les bactéries sulfureuses et nitrifiantes	Hertz découvre les ondes radioélectriques (1888)
1889	Beijerinck isole des bactéries des nodules radiculaires	Eastman fabrique la caméra (1888)
1890	Von Behring prépare des antitoxines contre la diphtérie et le tétanos	
1892	Ivanowsky démontre l'origine virale de la maladie de la mosaïque du tabac	Première fermeture éclair (1895)
1894	Kitasato et Yersin isolent *Yersinia pestis*, responsable de la lèpre	
1895	Bordet découvre le complément	Röntgen découvre les rayons X (1895)
1896	Van Ermengem découvre *Clostridium botulinum*, responsable du botulisme	
1897	Buchner prépare un extrait de levure qui fermente	Thompson découvre l'électron (1897)
	Ross démontre que le parasite de la malaria est transporté par un moustique	Guerre hispano-américaine (1898)
1899	Beijerinck démontre qu'une particule virale est la cause de la maladie de la mosaïque du tabac	
1900	Reed démontre que la fièvre jaune est transmise par un moustique	Planck développe la théorie du quantum (1900)
1902	Landsteiner découvre les groupes sanguins	Première machine à écrire électrique (1901)

Tableau 1.1   Suite

Date	Histoire de la microbiologie	Autres événements historiques
1903	Wright et d'autres découvrent des anticorps dans le sang d'animaux immunisés	Premier avion à moteur (1903)
1905	Schaudinn et Hoffmann montrent que le *Treponema pallidum* est la cause de la syphilis	Théorie spéciale de la relativité d'Einstein (1905)
1906	Wassermann développe le test de fixation du complément pour la syphilis	
1909	Ricketts démontre que la fièvre des Montagnes Rocheuses est transmise par des tiques	Premier modèle T de Ford (1908) Peary et Hensen atteignent le pôle Nord (1909)
1910	Ehrlich développe un agent chimiothérapeutique contre la syphilis	Rutherford présente sa théorie de l'atome (1911)
1911	Rous découvre un virus responsable de cancer chez les poulets	Picasso et le cubisme (1912) Première guerre mondiale (1914)
1915–1917	D'Herelle et Twort découvrent les virus bactériens	Théorie générale de la relativité d'Einstein (1916) Révolution russe (1917)
1921	Fleming découvre le lysozyme	
1923	Première édition du manuel de Bergey	Vol transatlantique de Lindberg (1927)
1928	Griffith découvre la transformation bactérienne	
1929	Fleming découvre la pénicilline	Chute du marché des changes (1929)
1931	Van Niel montre que des bactéries photosynthétiques utilisent des composés réduits comme donneurs d'électrons sans production d'oxygène	
1933	Ruska développe le premier microscope électronique à transmission	Hitler devient chancelier d'Allemagne (1933)
1935	Stanley cristallise le virus de la mosaïque du tabac Domagk découvre les sulfamides	
1937	Chatton divise les organismes vivants en procaryotes et eucaryotes	Krebs découvre le cycle des acides tricarboxyliques (1937) Deuxième guerre mondiale (1939)
1941	Beadle et Tatum formulent l'hypothèse un gène, une enzyme	
1944	Avery démontre que l'ADN transporte l'information génétique durant la transformation Waksman découvre la streptomycine	Introduction de l'insecticide DTT (1944)
1946	Lederberg et Tatum décrivent la conjugaison bactérienne	Bombes atomiques d'Hiroshima et de Nagasaki (1945) Fondation de l'Organisation des Nations Unies (1945) Premier ordinateur (1946)
1949	Enders, Weller, et Robbins multiplient le poliovirus dans des cellules humaines en culture	
1950	Lwoff induit des bactéries lysogènes	Guerre de Corée (1950)
1952	Hershey et Chase démontrent que les bactériophages injectent leur ADN dans les cellules hôtes Zinder et Lederberg découvrent la transduction généralisée	Explosion de la première bombe à hydrogène (1952) Staline meurt (1952) Premier transistor commercialisé (1952)
1953	La microscopie à contraste de phase se développe Medawar découvre la tolérance immunitaire Watson et Crick proposent la structure en double hélice de l'ADN	La cour suprême des États-Unis se prononce contre la ségrégation dans les écoles (1954)
1955	Jacob et Wollman découvrent que le facteur F est un plasmide Jerne et Burnet proposent la théorie de la sélection clonale	Guerre d'Algérie (1954-62) Constitution de la Communauté européenne (1957) Lancement du spoutnik par l'Union Soviétique (1957)
1959	Yalow développe la technique des dosages radio-immunologiques	Contrôle des naissances par la pilule (1960)
1961	Jacob et Monod proposent le modèle de l'opéron pour la régulation des gènes	Premiers hommes dans l'espace (1961) Mur de Berlin (1961)
1961–1966	Nirenberg, Khorana et d'autres élucident le code génétique	Crise des missiles à Cuba (1962)
1962	Porter propose la structure de base de l'immunoglobuline G L'acide nalidixique, premier antimicrobien de type quinolone est synthétisé	Traité sur l'arrêt des essais nucléaires (1963) Le Président Kennedy est assassiné (1963) Guerre arabo-israélienne (1967) Événements de mai dans les universités - M.L.King est assassiné (1968) Neil Armstrong marche sur la lune (1969)
1970	Arber et Smith découvrent les endonucléases de restriction Temin et Baltimore découvrent la transcriptase inverse chez les rétrovirus	
1973	Ames développe un test bactérien de détection des agents mutagènes et cancérigènes Cohen, Boyer, Chang, et Helling se servent de plasmides vecteurs pour cloner des gènes dans des bactéries	Traité Salt I (1972) Guerre du Kippour (1973) Fin de la guerre du Vietnam (1975)
1975	Kohler et Milstein développent une technique pour produire des anticorps monoclonaux Découverte de la borréliose de Lyme	Démission du président Nixon à cause du Watergate (1974)
1977	Reconnaissance des archéobactéries comme un groupe distinct de micro-organismes	Traité sur le canal de Panama (1977)

Tableau 1.1   Suite

Date	Histoire de la microbiologie	Autres événements historiques
	Gilbert et Sanger développent des techniques de séquençage de l'ADN	Création d'une monnaie européenne (1978)
1979	Synthèse de l'insuline grâce à la technologie de l'ADN recombinant	Catastrophe de Three Miles Island (1979)
	Éradication de la variole	
1980	Développement du microscope à effet tunnel et à balayage	Mise sur le marché d'ordinateurs personnels (1980)
1982	Vaccin contre l'hépatite B obtenu par des techniques de génie génétique	Découverte du SIDA (AIDS) (1981)
1982–1983	Cech et Altman découvrent l'ARN catalytique	Premier coeur artificiel implanté (1982)
1983–1984	Le virus humain de l'immunodéficience est identifié par Montagnier et Gallo	Meter redéfinit la propagation de la lumière en terme de distance (1983)
	Développement de la réaction de polymérisation en chaîne par Mullis	
1986	Premier vaccin (hépatite B) produit par génie génétique et reconnu utilisable chez l'homme	Gorbatchev devient secrétaire général du parti communiste (1985)
		Chute du mur de Berlin (1989)
1990	Premiers tests de thérapie génique humaine	La guerre du Golfe contre l'Irak commence (1990)
		Chute de l'Union soviétique. Boris Elstine prend le pouvoir (1991)
1992	Premiers tests chez l'homme d'une thérapie antisens	
1995	Approbation aux USA de l'utilisation du vaccin anti-varicelle	
	Séquence du génome de *Haemophilus influenzae*	
1996	Séquence du génome de *Methanococcus jannaschii*	On trouve de l'eau sur la lune (1998)
	Séquence du génome de levure	
1997	Découverte de la plus grande bactérie connue: *Thiomargarita namibiensis*	
	Séquence du génome d'*Escherichia coli*	
2000	Découverte de 2 chromosomes distincts chez *Vibrio cholerae*	

(a)

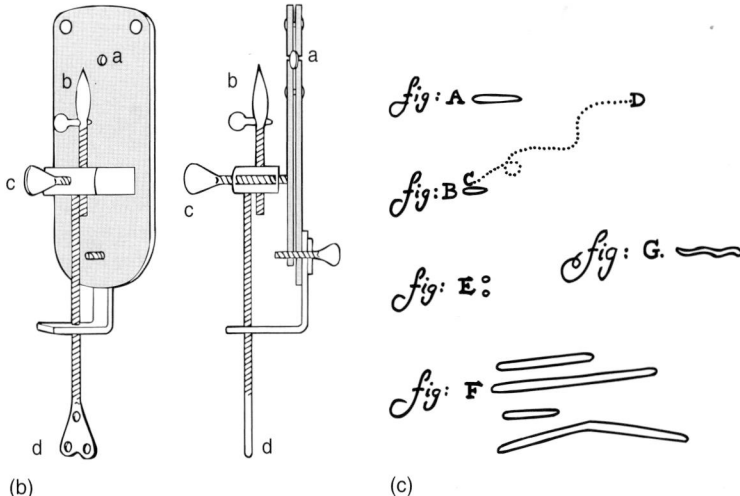

(b)   (c)

Figure 1.1   Antoine van Leeuwenhoek (1632-1723) **et son microscope**
(**a**) Leeuwenhoek tenant un microscope. (**b**) Dessin d'un des microscopes montrant les lentilles, *a* ; le support pointu *b* ; et les vis de mise au point, *c* et *d*.
(**c**) Bactéries provenant de la bouche, dessins de van Leeuwenhoek. *Source : C.E. Dobell*. Antonie van Leeuwenhoek et ses animalcules (*1932*), *Russell and Russell*, (*1958*).

Figure 1.2 Louis Pasteur. Pasteur (1822-1895) travaillant dans son laboratoire.

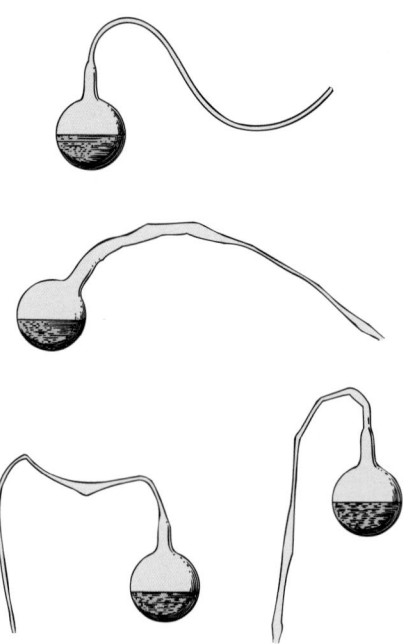

Figure 1.3 Les expériences sur la génération spontanée. Flacons à col de cygne utilisés par Pasteur dans ses expériences sur la génération spontanée des micro-organismes. *Source* : Annales Sciences Naturelles, *4ᵉ* série, vol. 16, p. 1-98. Pasteur, L., 1861, « Mémoire sur les Corpuscules Organisés qui existent dans L'Atmosphère : Examen de la doctrine des Générations Spontanées. »

La découverte des micro-organismes par Leeuwenhoek renouvela la controverse. Quelques-uns proposèrent que les micro-organismes apparaissaient par génération spontanée même si des organismes plus grands n'apparaissaient pas spontanément. Ils firent remarquer que des extraits bouillis de foin ou de viande donnaient naissance à des micro-organismes après incubation pendant un certain temps. En 1748, le prêtre anglais John Needham (1713-1781) rendit compte des résultats de ses expériences sur la génération spontanée. Needham faisait bouillir du bouillon de mouton et bouchait hermétiquement les flacons. Par la suite, de nombreux flacons se troublaient, ils contenaient des micro-organismes. Il pensa que la matière organique possédait une force vitale qui pouvait conférer les propriétés de vie à la matière non vivante. Quelques années plus tard, le prêtre et naturaliste italien Lazzaro Spallanzani (1729-1799) améliora les expériences de Needham en scellant d'abord les flacons de verre contenant de l'eau et les germes. Si les flacons scellés étaient placés dans de l'eau bouillante pendant 3/4 d'heure, il n'y avait pas de croissance tant que les flacons restaient fermés. Il suggéra que l'air transportait les germes dans l'infusion, mais aussi que l'air externe était nécessaire à la croissance des animaux déjà pré-

sents dans l'infusion. Les défenseurs de la génération spontanée rétorquèrent que le chauffage de l'air dans les flacons scellés détruisait sa capacité à maintenir la vie.

Plusieurs chercheurs essayèrent de contrer de tels arguments. Théodore Schwann (1810-1882) laissa entrer de l'air dans un flacon contenant une solution nutritive stérile après avoir fait passer l'air dans un tube chauffé au rouge. Le flacon resta stérile. Plus tard, Georg Friedrich Schroder et Théodor von Dusch laissèrent entrer de l'air dans un flacon de milieu stérilisé par la chaleur après l'avoir fait passer au travers d'ouate stérile. On n'observa pas de croissance dans le milieu même si l'air n'avait pas été chauffé. En dépit de ces expériences, en 1859, le naturaliste français Félix Pouchet prétendit avoir réalisé des expériences prouvant de manière concluante que les micro-organismes se développaient sans contamination par l'air. Cette affirmation incita Louis Pasteur à résoudre ce problème une fois pour toutes (1822-1895). Pasteur **(figure 1.2)** filtra d'abord l'air au travers de coton et trouva que des objets ressemblant à des spores végétales y étaient piégés. Si le morceau de coton était placé dans un milieu stérile après que de l'air y ait été filtré, la croissance microbienne apparaissait. Ensuite, il plaça des solutions nutritives dans les flacons, chauffa leur goulot à la flamme et les étira en une variété de formes, en gardant l'extrémité ouverte à l'atmosphère (**figure 1.3**). Pasteur fit alors bouillir des solutions pendant quelques minutes puis les refroidit. Aucune croissance n'apparut même si les contenus des flacons avaient été exposés à l'air. Pasteur fit observer qu'il n'y avait pas de croissance parce que la poussière et les germes avaient été piégés sur les bords des goulots courbes. Si les goulots étaient cassés, la croissance commençait immédiatement. Pasteur avait non seulement résolu la controverse en 1861, mais encore, il avait montré comment garder des solutions stériles.

Le médecin anglais John Tyndall (1820-1893) donna un coup final à la génération spontanée en 1877 en démontrant que la poussière portait réellement les germes et que si la poussière était absente, le bouillon restait stérile même s'il était exposé directement à l'air. Durant ces études, Tyndall montra l'existence de formes bactériennes exceptionnellement résistantes à la chaleur. Travaillant indépendamment, le botaniste allemand Ferdinand Cohn (1828-1898) découvrit l'existence d'endospores bactériennes résistantes à la chaleur (*voir chapitre 3*)

---

1. Décrivez le domaine de la microbiologie sur le plan de la taille de ses sujets d'étude et des techniques.
2. Comment Pasteur et Tyndall ont-ils mis un point final à la controverse sur la génération spontanée ?

1.3 Le rôle des micro-organismes dans les maladies

La relation micro-organismes — maladie fut loin d'être évidente et il fallut des années pour que les scientifiques établissent le lien entre micro-organismes et développement de maladie. Cette découverte dépendit fortement de progrès techniques. Une fois la relation établie, les microbiologistes étudièrent comment l'hôte se défendait contre les micro-organismes et comment la maladie pouvait être empêchée : c'était la naissance de l'immunologie.

Établissement de la relation entre micro-organismes et maladies.

Bien que Fracastoro et d'autres aient suggéré que des organismes invisibles étaient responsables de maladies, beaucoup pensaient que les maladies étaient provoquées par des forces surnaturelles, des vapeurs empoisonnées appelées miasmes et des déséquilibres entre les quatre humeurs que l'on croyait présentes dans le corps. L'idée que la maladie résultait d'un déséquilibré entre ces quatre humeurs (le sang, le phlegme, la bile jaune et la bile noire) était acceptée partout depuis le temps du médecin grec Galen (129-199). Les arguments en faveur du rôle des micro-organismes dans la maladie s'accumulèrent au début du dix-neuvième siècle. Agostino Bassi (1773-1856) démontra d'abord qu'un micro-organisme pouvait provoquer une maladie quand il prouva en 1835 qu'une maladie du ver à soie était due à une infection fongique. Il suggéra aussi que beaucoup de maladies sont dues à des infections microbiennes. En 1845, M.J. Berkeley prouva que la pourriture des pommes de terre en Irlande était aussi due à un champignon. Après les succès de Pasteur dans l'étude de la fermentation, le gouvernement français lui demanda de se consacrer au problème de la pébrine, une maladie des vers à soie, qui ruinait l'industrie de la soie. Après quelques années de travail, Pasteur montra que la maladie était due à un protozoaire parasite. La maladie fut contrôlée en prenant des chenilles provenant d'oeufs pondus par des papillons sains.

Figure 1.4 Robert Koch. Koch (1843-1910) dans son laboratoire.

Les travaux du chirurgien anglais Joseph Lister (1827-1912) sur la prévention des infections des plaies, montrèrent indirectement que les micro-organismes étaient les agents des maladies humaines. Lister, impressionné par les études de Pasteur sur le rôle des micro-organismes dans la fermentation et la putréfaction, développa une méthode chirurgicale antiseptic, destinée à empêcher l'infection des plaies par les micro-organismes. Les instruments furent stérilisés par la chaleur et on utilisa le phénol sur les pansements chirurgicaux et parfois en vaporisation sur la zone à soigner. Ces méthodes furent couronnées de succès et transformèrent la chirurgie après la publication des résultats de Lister en 1867. Elles apportaient aussi une preuve indirecte du rôle des micro-organismes puisque le phénol qui tue les bactéries, prévient l'infection des plaies.

La première démonstration directe du rôle des bactéries dans les maladies vint de l'étude du charbon (*voir chapitre 39*) par le médecin allemand Robert Koch (1843-1910). Koch **(figure 1.4)** utilisa le critère proposé par son ancien professeur Jacob Henle (1809-1885), pour établir la relation entre *Bacillus anthracis* et le charbon. Il publia ses découvertes en 1876 (voir **encadré 1.1** pour une brève discussion de la méthode scientifique). Koch injecta à une souris saine du matériel provenant d'animaux malades et la souris devint malade. Après avoir transféré le charbon par inoculation à une série de 20 souris, il incuba dans du sérum de boeuf un morceau de rate contenant le bacille du charbon. Les bacilles se multiplièrent et produisirent des spores. Quand les bacilles isolés ou les spores furent injectés à une souris, le charbon se développa. Ces critères pour établir les relations causales entre un micro-organisme et une maladie spécifique, sont connus sous le nom de **postulats de Koch**. Ils peuvent être résumés comme suit.

1. Le micro-organisme doit être présent dans chaque cas de maladie, mais absent des organismes sains.

Encadré 1.1

La méthode scientifique

Bien que les biologistes utilisent une variété d'approches pour mener à bien leur recherche, les microbiologistes et autres biologistes expérimentateurs, emploient souvent une approche générale appelée la méthode scientifique. Ils rassemblent d'abord les observations sur le processus à étudier puis développent une **hypothèse** pour expliquer leurs observations (voir **figure de l'encadré**). Cette étape est souvent inductive et créative parce qu'il n'y a pas de technique automatique détaillée pour générer les hypothèses. Ensuite ils décident quelle information est requise pour tester l'hypothèse et récoltent cette information au travers d'observations ou d'expériences soigneusement préparées. Après avoir récolté l'information, ils décident si l'hypothèse est confirmée ou non. Si elle est infirmée, elle est rejetée et une nouvelle explication ou hypothèse est construite. Si elle est confirmée, elle est soumise à de nombreux tests rigoureux. Le procédé est souvent plus efficace si d'autres hypothèses sont développées, testées et alors affinées. Cette approche générale est souvent appelée la méthode hypothético-déductive. On déduit les prédictions des hypothèses les plus couramment acceptées et on les teste. Dans la déduction, la conclusion sur des cas spécifiques suit logiquement une prémisse générale (le raisonnement « Si..., alors... »). L'induction est le contraire. Une conclusion générale est obtenue après avoir considéré des exemples spécifiques. Les deux types de raisonnement sont utilisés par les scientifiques.

Quand on fait une expérience, il est essentiel d'avoir un groupe témoin et un groupe expérimental. Le contrôle est traité de la même manière que l'échantillon expérimental excepté qu'il n'est pas soumis à la manipulation expérimentale. De cette façon, on peut être certain que n'importe quel changement dans le groupe expérimental est dû à la manipulation plutôt qu'à d'autres facteurs qui n'ont pas été pris en compte.

Si l'hypothèse est vérifiée, elle peut être acceptée comme une théorie valable. Une **théorie** est un ensemble de propositions et de concepts qui donnent une explication systématique rigoureuse et sûre d'un aspect de la nature. Il est important de noter que hypothèse et théorie ne sont jamais absolument prouvées. Les scientifiques obtiennent ainsi de plus en plus de certitudes quant à la validité de leurs hypothèses si celles-ci restent en accord avec de nouvelles expériences et expliquent les phénomènes observés de façon satisfaisante.

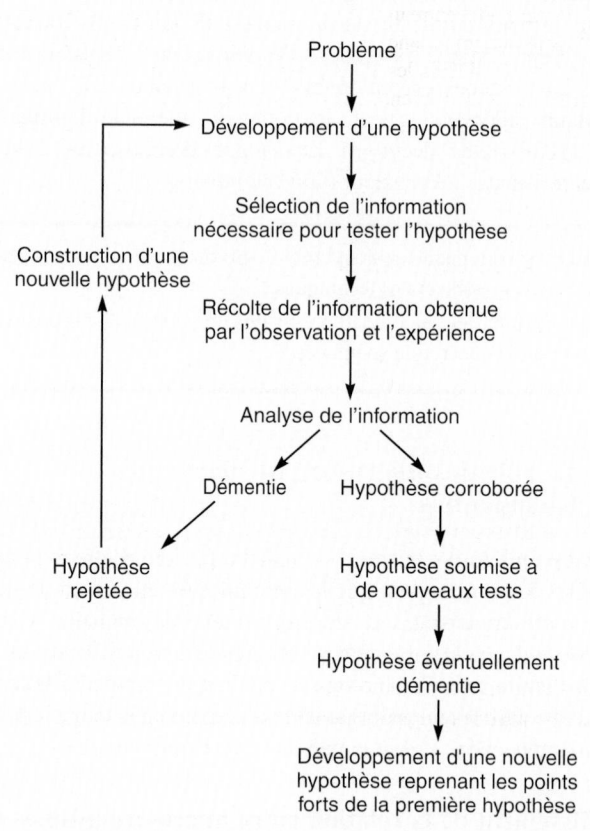

La méthode hypothético-déductive. Cette approche est souvent utilisée en recherche scientifique.

2. Le micro-organisme suspect doit être isolé et cultivé en culture pure.
3. La même maladie doit se développer quand le micro-organisme isolé est inoculé à un hôte sain.
4. Le même micro-organisme doit de nouveau être isolé de l'hôte malade.

Bien que Koch ait utilisé l'approche générale décrite dans les postulats durant ses études du charbon, il ne les exposa pas complètement avant la publication en 1884 de ses travaux sur les causes de la tuberculose (**encadré 1.2**).

Le fait que *Bacillus anthracis* soit responsable du charbon fut confirmé indépendamment par Pasteur et ses collaborateurs. Ils découvrirent qu'après l'inhumation des animaux morts, les spores du charbon survivaient et étaient ramenées à la surface par les vers de terre. Les animaux sains les mangeaient et devenaient malades.

Progrès techniques dans l'étude des micro-organismes pathogènes

À la suite des travaux de Koch sur les maladies bactériennes, il devint nécessaire d'isoler les bactéries pathogènes suspectes. D'abord, Koch les cultiva à la surface de pommes de terre cuites coupées, ce qui n'était pas satisfaisant parce que les bactéries ne se multipliaient pas toujours bien. Il essaya de solidifier un milieu liquide normal en ajoutant de la gélatine. Des colonies bactériennes isolées se développèrent à la surface de ce milieu après dépôt en stries d'un échantillon de bactéries. L'échantillon pouvait aussi être mélangé à un milieu gélatineux liquéfié. Quand le milieu à base de gélatine se solidifiait, les bactéries individuelles produisaient des colonies séparées. En dépit de ses avantages, la gélatine n'était pas un agent solidifiant idéal parce qu'elle était digérée par de nombreuses bactéries et fondait à une température supérieure à

Encadré 1.2

Les postulats moléculaires de Koch

Bien que les critères établis par Koch pour prouver la relation de cause à effet entre un micro-organisme et une maladie particulière, aient une importance énorme en microbiologie médicale, il n'est pas toujours possible de les appliquer aux maladies humaines. Ainsi certains organismes ne peuvent être cultivés en dehors de leur hôte ; d'autres organismes pathogènes ne se développent que chez l'homme et leur étude nécessiterait des expériences sur des humains. Cependant, l'identification, l'isolement et le clonage de gènes responsables de la pathologie (voir p. 794) ont permis la formulation de nouveaux postulats moléculaires de Koch qui résolvent certains de ces problèmes. On souligne ici l'importance des gènes de virulence portés par l'agent infectieux plutôt que celle de l'agent lui-même. Ces postulats moléculaires peuvent se résumer ainsi :

1. Le caractère de virulence étudié doit être associé aux souches pathogènes de l'espèce et non aux souches non pathogènes.

2. L'inactivation du ou des gènes associés au caractère virulent doit diminuer significativement le pouvoir pathogène.

3. Le remplacement du gène muté par le gène normal sauvage doit restaurer complètement le pouvoir pathogène.

4. Le gène doit être exprimé à certains moments de l'infection ou de la maladie.

5. Des anticorps ou des cellules du système immunitaire dirigés contre les produits de ce (ces) gène(s) doivent protéger l'hôte.

On ne sait pas toutjours appliquer cette approche moléculaire, si par exemple, on manque du système animal approprié ou si l'organisme pathogène n'est pas bien caractérisé génétiquement.

28°C. Une meilleure alternative fut apportée par Fannie Eilshemius Hesse, épouse de Walther Hesse, un des assistants de Koch **(figure 1.5)**. Elle suggéra d'employer l'agar comme agent solidifiant, elle l'avait utilisé pour faire de la gelée. L'agar n'était pas attaqué par les bactéries et ne fondait qu'à une température de 100°. Un des assistants de Koch, Richard Petri, mit au point la boîte de Petri, un récipient pour milieu de culture solide. Ces développements rendirent possible l'isolement de cultures pures contenant un seul type de bactéries et firent progresser tous les domaines de la bactériologie. L'isolement de bactéries et les techniques de culture pure (pp. 106-10).

Koch développa aussi des milieux permettant la croissance de bactéries isolées du corps. À cause de leur similarité avec les liquides corporels, des extraits de viande et des protéines digérées furent essayés comme source nutritive. Le résultat fut la mise au point de bouillon nutritif et d'agar nutritif, milieux qui sont largement utilisés aujourd'hui.

En 1882, Koch employa ces techniques pour isoler le bacille responsable de la tuberculose. Vint alors l'âge d'or d'environ 30 à 40 ans pendant lequel la plupart des bactéries pathogènes furent isolées (tableau 1.1).

La découverte des virus et de leur rôle dans la maladie devint possible quand Charles Chamberland (1851-1908), un des collaborateurs de Pasteur, construisit en 1884 un filtre en porcelaine retenant les bactéries. Le premier virus pathogène étudié fut le virus de la mosaïque de tabac (*voir chapitre 16*). Le développement de la virologie (pp. 362-63).

L'immunologie

Pendant cette période, on progressa dans la compréhension de la résistance des animaux à la maladie et dans le développement de techniques protégeant les hommes et le bétail des agents pathogènes. Durant son travail sur le choléra des poules, Pasteur découvrit que de vieilles cultures bactériennes étaient atténuées, ce qui

Figure 1.5 Fannie Eilshemius (1850-1934) et Walther Hesse (1846-1911). Fannie Hesse proposa la première d'utiliser de l'agar dans les milieux de culture.

signifiait qu'elles avaient perdu leur capacité de provoquer la maladie. Si ces cultures atténuées étaient injectées à des poulets, ceux-ci restaient sains et devenaient résistants à la maladie. Pasteur appela cette culture atténuée un vaccin (du latin *vacca*, vache) en hommage à Edward Jenner qui, de nombreuses années auparavant, s'était servi du liquide provenant des pustules de la vaccine des vaches pour protéger les hommes de la variole (*voir section 16-1*). Peu après, Pasteur et Chamberland préparèrent un vaccin anticharbon atténué de deux autres façons : par traitement des cultures au bichromate de potassium ou par incubation des bactéries à 42-43° C. Vaccins et immunisation (pp. 764-68).

Pasteur prépara ensuite le vaccin contre la rage par une approche différente. L'agent pathogène était atténué en le faisant se développer dans un hôte inhabituel, le lapin. Quand les lapins infectés étaient morts, leurs cerveaux et leurs cordons médullaires étaient prélevés et séchés. L'injection d'un mélange de ce matériel et de glycérine stimula la résistance des chiens à la rage. Un garçon âgé de 9 ans, Joseph Meister, mordu par un chien enragé, fut alors amené à Pasteur. Comme la mort de l'enfant était certaine en l'absence de traitement, Pasteur accepta de vacciner. Joseph subit 13 injections sur 10 jours avec des préparations de plus en plus virulentes du virus atténué et survécut.

Pour remercier Pasteur de son travail sur les vaccins, les hommes du monde entier contribuèrent à la construction de l'Institut Pasteur à Paris en France. Une des premières tâches de l'Institut fut la production de vaccins.

Après que l'on ait découvert que le bacille de la diphtérie produisait une toxine, Emile von Behring (1854-1917) et Shibasaburo Kitasato (1852-1931) injectèrent la toxine inactivée à des lapins, induisant la production d'une antitoxine, une substance présente dans le sang du lapin qui peut inactiver la toxine et le protéger ainsi de la maladie. L'antitoxine du tétanos fut alors préparée et ces deux antitoxines furent utilisées dans le traitement des malades.

Les travaux sur les antitoxines apportèrent la preuve que l'immunité pouvait provenir de substances solubles présentes dans le sang, maintenant connues comme étant les anticorps (immunité humorale). Il devint clair que les cellules sanguines étaient aussi importantes dans l'immunité (immunité cellulaire) quand Elie Metchnikoff (1845-1916) découvrit que certains leucocytes du sang pouvaient engloutir des bactéries pathogènes (**figure 1.6**). Il appela ces cellules des phagocytes et le processus la phagocytose (du grec *phagein*, manger).

Figure 1.6 Elie Metchnikoff. Metchnikoff (1845-1916) dans son laboratoire.

---

1. Discutez les contributions de Lister, Pasteur et Koch à la théorie du rôle des micro-organismes dans la maladie et au traitement ou à la prévention des maladies.
2. Quelles sont les autres contributions de Koch à la microbiologie ?
3. Décrivez les postulats de Koch. Que sont les postulats moléculaires de Koch et pourquoi sont-ils importants ?
4. Comment von Behring et Metchnikoff ont-ils contribué au développement de l'immunologie ?

1.4 Microbiologie industrielle et écologie des micro-organismes

Bien que Theodore Schwann et d'autres aient proposé en 1837 que les cellules de levure soient responsables de la transformation des sucres en alcool, processus qu'ils appelèrent fermentation alcoolique, les chimistes de l'époque croyaient que les micro-organismes n'étaient pas impliqués. Ils étaient convaincus que la fermentation était due à une sorte d'instabilité chimique qui dégradait le sucre en alcool. Pasteur n'était pas d'accord. En effet, au début de sa carrière, Pasteur s'était intéressé à la fermentation à cause d'une recherche sur la stéréochimie des molécules. Il pensait que la fermentation était due à des organismes vivants et produisait des molécules asymétriques — comme l'alcool amylique — douées d'activité optique. L'asymétrie moléculaire, l'activité optique et la vie devaient être intimement reliées. En 1856, M. Bigo, un indus-

triel de Lille (France) où Pasteur travaillait, demanda de l'aide. Son entreprise produisait de l'éthanol à partir de la fermentation des sucres de betteraves ; cependant, les rendements de production d'alcool avaient diminué et le produit était devenu acide. Pasteur découvrit que la fermentation n'avait pas réussi parce que la levure normalement responsable de la formation d'alcool avait été remplacée par un micro-organisme produisant de l'acide lactique plutôt que de l'alcool. En résolvant ce problème pratique, Pasteur démontra que toutes les fermentations étaient dues à l'activité de levures et de bactéries spécifiques et il publia plusieurs articles sur la fermentation entre 1857 et 1860. Son succès conduisit à l'étude des maladies du vin et au développement de la pasteurisation (*voir chapitre 7*) pour préserver le vin durant l'entreposage. Les études de Pasteur sur la fermentation se poursuivirent pendant au moins 20 ans. Une de ses découvertes les plus importantes fut que certains micro-organismes sont anaérobies et ne peuvent vivre qu'en l'absence d'oxygène, tandis que d'autres sont capables de vivre soit comme aérobies soit comme anaérobies. La fermentation (pp. 179-81). L'effet de l'oxygène sur les micro-organismes (pp. 127-29).

Quelques microbiologistes choisirent d'investiguer le rôle écologique des micro-organismes. Ils étudièrent en particulier le rôle de ceux-ci dans les cycles du carbone, de l'azote et du soufre qui se déroulent dans le sol et les eaux. Deux des pionniers de cette approche furent Sergei Winogradsky (1856-1953) et Martinus Beijerinck (1851-1931). Les cycles biogéochimiques (pp. 611-18).

Le microbiologiste russe Sergei Winogradsky apporta beaucoup à la microbiologie du sol. Il découvrit que les bactéries du sol oxydaient le fer, le soufre et l'ammoniaque pour obtenir de l'énergie et que de nombreuses bactéries pouvaient incorporer du CO_2 dans la matière organique comme les organismes photosynthétiques. Winogradsky isola aussi du sol des bactéries anaérobies, fixatrices d'azote et étudia la décomposition de la cellulose.

Martinus Beijerinck fut un des plus grands microbiologistes pour sa contribution fondamentale à l'écologie microbienne et à de nombreux autres domaines. Il isola la bactérie aérobie fixatrice d'azote, *Azotobacter* ; puis une bactérie d'un nodule radiculaire également capable de fixer l'azote (appelée plus tard *Rhizobium*), ainsi que des bactéries sulfato-réductrices. Beijerinck et Winogradsky développèrent la technique d'enrichissement des cultures et l'utilisation de milieux sélectifs (*voir chapitre 5*), qui sont tellement importants en microbiologie.

1. Décrivez brièvement les travaux de Pasteur sur la fermentation microbienne.
2. En quoi Winogradsky et Beijerinck ont-ils contribué à l'étude de l'écologie des micro-organismes ?

1.5 Les membres du monde microbien

Bien que les règnes d'organismes et les différences entre cellules procaryotes et eucaryotes soient discutés en détail plus loin, une brève introduction aux organismes étudiés par le microbiologiste sera donnée ici. Comparaison entre cellules procaryotes et eucaryotes (pp. 91-92).

Il existe deux types de cellules fondamentalement différents. **Les cellules procaryotes** (du grec *pro*, avant, et *karyon*, amande, organismes à noyau primitif) ont une morphologie plus simple que les cellules eucaryotes et leur noyau n'est pas limité par une enveloppe. Toutes les bactéries sont des procaryotes. Au contraire, les **cellules eucaryotes** (du grec *en*, vrai, et *karyon*, amande) ont un noyau entouré d'une enveloppe, leur morphologie est plus complexe et elles sont habituellement plus grandes que les cellules procaryotes. Les algues, les mycètes, les protozoaires, les plantes supérieures et les animaux sont des eucaryotes. Procaryotes et eucaryotes présentent de nombreuses autres différences (*voir chapitre 4*).

La description initiale des organismes soit comme plantes soit comme animaux est trop simple et depuis de nombreuses années, les biologistes ont divisé les organismes en cinq règnes : *Monera, Protista, Fungi, Animalia et Plantea* (*voir chapitre 19*). Les microbiologistes étudient principalement les membres des trois premiers règnes. Bien qu'ils ne soient pas inclus dans les cinq règnes, les virus sont aussi étudiés par les microbiologistes. Les mycètes (chapitre 25). Les algues (chapitre 26). Les protozoaires (chapitre 27). Les virus (chapitres 16-18).

Ces dernières décennies, des progrès énormes ont été réalisés dans trois domaines qui ont profondément affecté la classification des micro-organismes. Il s'agit d'une part de l'étude détaillée de la structure cellulaire par microscopie électronique, d'autre part de la caractérisation physiologique et biochimique de nombreux micro-organismes et enfin de la comparaison des séquences d'acides nucléiques et de protéines d'une grande variété d'organismes. Il est maintenant clair qu'il y a deux groupes très différents d'organismes procaryotes, les eubactéries et les archéobactéries. De plus, les protistes sont si divers qu'il faudra sans doute diviser le règne *Protista* en trois règnes ou plus. Ainsi de nombreux taxinomistes estiment trop simple la classification en cinq règnes et ont proposé différents systèmes alternatifs (*voir section 19.7*). Les différences entre eubactéries, archéobactéries et eucaryotes sont tellement importantes que certains microbiologistes ont proposé d'en faire trois règnes : les bactéries (les vraies bactéries ou eubactéries), les archéobactéries[1] et les eucaryotes. Ce système, utilisé ici, ainsi que les résultats qui y conduisirent seront discutés au chapitre 19.

1. Décrivez et différenciez cellules procaryotes et cellules eucaryotes.
2. Décrivez brièvement le système en cinq règnes et donnez les caractéristiques principales de chaque règne.

1.6 Domaine et intérêt de la microbiologie

Comme l'a souligné l'auteur scientifique Steven Jay Gould, nous vivons l'âge des bactéries. Elles furent les premiers organismes vivants sur notre planète, elles s'installent partout où la vie est possible, sont plus nombreuses que n'importe quel autre type d'organisme et constituent probablement le composant le plus important de la biomasse terrestre. L'entièreté de l'écosystème dépend de leurs activités et elles influencent la société humaine d'une infinité de manières. Ainsi la microbiologie moderne est une discipline large incluant de nombreuses spécialités, elle a un impact énorme sur des domaines comme la médecine, les sciences agricoles et alimentaires, l'écologie, la génétique, la biochimie et la biologie moléculaire.

La microbiologie est en grande partie responsable de la naissance de la biologie moléculaire, une branche de la biologie qui s'occupe des aspects physiques et chimiques de la matière vivante et de ses fonctions. Les microbiologistes furent impliqués dans l'élucidation du code génétique et dans les études du mécanisme de synthèse de l'ADN, de l'ARN et des protéines. Les micro-organismes furent utilisés dans de nombreuses études sur la régulation de l'expression des gènes et du contrôle de l'activité enzymatique (*voir chapitres 8 et 12*). Dans les années soixante-dix, de nouvelles découvertes en microbiologie amenèrent au développement de la technologie de l'ADN recombinant et de l'ingénierie génétique. Les mécanismes de synthèse de l'ADN, de l'ARN et des protéines (chapitres 11 et 12). L'ADN recombinant et l'ingénierie génétique (chapitre 14).

Des scientifiques travaillant sur des problèmes de microbiologie furent lauréats d'environ un tiers des prix Nobel attribués dans le domaine de la physiologie ou de la médecine. Ceci montre bien l'importance de la microbiologie au vingtième siècle (*voir intérieur de couverture*).

[1]. Il en sera discuté plus loin au chapitre 19, mais disons dès à présent que plusieurs noms ont été utilisés pour désigner les « *Archaea* », les deux principaux étant archébactéries et archéobactéries. Dans ce texte, nous emploierons le terme d'archéobactéries.

(a)   (b)   (c)

(d)   (e)   (f)

Figure 1.7   Quelques microbiologistes modernes célèbres. Ces microbiologistes ont contribué de façon marquante au développement de différents domaines de la microbiologie (**a**) Rita R. Colwell étudia la génétique et l'écologie de bactéries marines telle *Vibrio cholerae* et développa la microbiologie marine. (**b**) R.G.E. Murray aida beaucoup à la compréhension des enveloppes bactériennes et à la taxinomie. (**c**) Stanley Falkow avança dans l'élucidation de la manière dont les bactéries pathogènes déclenchent les maladies. (**d**) Martha Howe fit des découvertes fondamentales sur le bactériophage Mu. (**e**) Frédérick C. Neidhardt est célèbre pour son travail sur la régulation de la physiologie et du métabolisme d'*E. coli* ainsi que comme co-auteur de traités avancés. (**f**) Jean F. Brenchley a étudié la régulation du métabolisme du glutamate et de la glutamine, elle contribua à la fondation du « Biotechnology Institute » de l'Université de Pennsylvanie et s'intéresse maintenant à l'utilisation biotechnologique des micro-organismes psychrophiles (qui aiment le froid).

La microbiologie a une orientation fondamentale et appliquée. La plupart des microbiologistes sont d'abord intéressés par la biologie des micro-organismes eux-mêmes (*figure 1.7*). Ils peuvent se focaliser sur un groupe spécifique de micro-organismes et sont appelés virologues (virus), bactériologistes (bactéries), phycologues ou algologues (algues), mycologues (champignons) ou protozoologistes (protozoaires). D'autres s'intéressent à la morphologie ou à des processus fonctionnels particuliers et travaillent dans des domaines tels que la cytologie, la physiologie, l'écologie, la génétique, la biologie moléculaire, la taxinomie des micro-organismes. Une personne peut bien sûr faire partie de deux domaines (par exemple un bactériologiste qui travaille sur des problèmes de taxinomie). De nombreux microbiologistes ont une orientation plus appliquée et travaillent sur des problèmes pratiques dans des domaines tels que la microbiologie médicale, la microbiologie alimentaire et laitière, la microbiologie de la santé publique (il faut noter que la recherche fondamentale est aussi développée dans ces domaines). Du fait que les différents domaines de la microbiologie sont en relation très étroite, le microbiologiste appliqué doit être familiarisé avec la microbiologie fondamentale. Par exemple, un microbiologiste médical doit avoir une bonne connaissance de la taxinomie microbienne, de la génétique et de la physiologie pour identifier correctement l'agent pathogène concerné.

Que sont les occupations courantes des microbiologistes professionnels ? Une des plus importantes et des plus actives est la microbiologie médicale qui s'occupe des maladies humaines et animales. Les microbiologistes médicaux identifient l'agent responsable d'une maladie infectieuse et prennent les mesures pour l'éliminer. Fréquemment, ils sont impliqués dans l'identification de nouveaux agents pathogènes tels que l'agent responsable de la variante de la maladie de Creutzfeldt-Jacob, le Hanta virus ou le virus responsable du sida. Ces microbiologistes étudient aussi la façon dont les micro-organismes provoquent la maladie. Légionellose (pp. 901-2), pneumonie à Hanta virus (p. 877), SIDA (pp. 878-84).

La microbiologie de santé publique est en relation étroite avec la microbiologie médicale. Ces microbiologistes essayent de contrôler la propagation des maladies contagieuses. Ils vérifient les réserves alimentaires et l'approvisionnement en eau de la communauté, dans le but de les garder sains et dépourvus d'agents infectieux.

L'immunologie s'intéresse à la façon dont le système immunitaire protège le corps contre les germes pathogènes et à la réponse des agents infectieux. C'est un des domaines qui se développent le plus rapidement avec par exemple, la mise au point des techniques de production et d'utilisation des anticorps monoclonaux. L'immunologie traite aussi des problèmes pratiques de santé tels que la nature et le traitement des allergies et des maladies auto-immunes comme l'arthrite rhumatoïde. Les anticorps monoclonaux et leurs usages (section 32.3 et encadré 36-2).

De nombreux domaines de la microbiologie ne s'occupent pas directement de santé humaine et de maladie mais contribuent certainement au bien-être de l'homme. La microbiologie agronomique est concernée par l'impact des micro-organismes sur l'agriculture. Les microbiologistes s'efforcent de combattre les maladies végétales qui affectent les cultures d'importance alimentaire, essayent d'augmenter la fertilité du sol et le rendement des récoltes et étudient le rôle des micro-organismes dans l'appareil digestif des ruminants tels que les bovins. Actuellement, on s'intéresse beaucoup à l'utilisation de bactéries ou de virus pathogènes des insectes comme substituts des pesticides chimiques.

L'écologie microbienne s'intéresse aux relations entre les micro-organismes et leurs habitats qu'ils soient vivants ou non vivants. Ces microbiologistes étudient la contribution des micro-organismes aux cycles du carbone, de l'azote et du soufre dans le sol et l'eau douce. L'étude des effets de la pollution sur les micro-organismes est aussi très importante à cause de l'influence de ces organismes sur l'environnement. On peut aussi utiliser les micro-organismes pour réduire les effets de la pollution.

Les scientifiques travaillant en microbiologie alimentaire et laitière essayent d'empêcher la contamination microbienne de la nourriture et la transmission des maladies alimentaires telles que le botulisme et la salmonellose (*voir chapitre 39*). Ils utilisent aussi les micro-organismes pour fabriquer des fromages, des yaourts, des conserves au vinaigre et de la bière. Dans l'avenir, les micro-organismes eux-mêmes deviendront une source nutritive importante pour le bétail et l'homme.

En microbiologie industrielle, les micro-organismes sont utilisés pour produire des substances telles que des antibiotiques, des vaccins, des stéroïdes, des alcools et d'autres solvants, des vitamines, des acides aminés et des enzymes. Les micro-organismes servent aussi à extraire des minéraux précieux à partir de minerais de faible teneur.

La recherche dans le domaine de la biologie microbienne a aussi des applications pratiques. Les microbiologistes qui font de la physiologie et de la biochimie étudient la synthèse des antibiotiques et des toxines, la production d'énergie, la façon dont les micro-organismes survivent aux conditions extrêmes, la fixation de l'azote, les effets d'agents chimiques et physiques sur la croissance et la survie microbiennes et bien d'autres sujets.

La génétique et la biologie moléculaire se concentrent sur la nature de l'information génétique et sur la façon dont elle régule le développement et le fonctionnement des cellules et des organismes. L'utilisation des micro-organismes fut d'une grande utilité pour comprendre le fonctionnement des gènes. Les généticiens jouèrent un rôle important en microbiologie appliquée en produisant de nouvelles souches plus efficaces pour la synthèse de substances utiles. Les techniques génétiques sont utilisées pour tester la capacité de substances à provoquer un cancer. Plus récemment, le domaine de l'ingénierie génétique (*voir chapitre 14*) s'est développé à partir de travaux en génétique microbienne et en biologie moléculaire ; il apportera une contribution importante à la microbiologie, à la biologie dans son ensemble et à la médecine. Des micro-organismes modifiés sont utilisés pour produire des hormones, des antibiotiques, des vaccins et d'autres substances (*voir chapitre 42*). De nouveaux gènes peuvent être insérés dans des plantes et des animaux ; il est possible par exemple d'introduire les gènes de la fixation de l'azote dans le maïs et le blé pour qu'ils n'aient plus besoin d'engrais azotés.

1.7 L'avenir de la microbiologie

Comme on l'a montré dans les pages précédentes, la microbiologie a profondément influencé notre société. Qu'en est-il du futur ? L'auteur scientifique Bernard Dixon est très optimiste sur l'avenir de la microbiologie et ceci pour deux raisons : primo, sa mission est plus claire que celle de beaucoup d'autres disciplines scientifiques et secundo, elle garde sa valeur à cause de sa grande importance pratique. Dixon note que la microbiologie est nécessaire pour faire face aux maladies infectieuses humaines nouvelles ou réémergentes autant que pour développer les technologies industrielles plus performantes et plus respectueuses de l'environnement.

Quels sont les domaines les plus prometteurs pour la microbiologie future et quelles seront leurs potentialités pratiques ? Quels genres de défis le microbiologiste devra-t-il affronter ? Le résumé qui suit donne une idée de ce dont le futur pourrait être fait.

1. De nouvelles maladies infectieuses apparaissent continuellement et des maladies anciennes se répandent et sévissent de nouveau. Le SIDA, les fièvres hémorragiques et la tuberculose sont de bons exemples de maladies nouvelles ou réémergentes. Les microbiologistes devront répondre à ces menaces dont beaucoup sont inconnues aujourd'hui.

2. Les microbiologistes devront trouver comment arrêter la propagation de maladies infectieuses déclarées. L'augmentation de la résistance aux antibiotique sera un pro-

blème constant surtout si la résistance multiple, qui rend un micro-organisme réfractaire à tout traitement, se répand. Les microbiologistes doivent trouver de nouveaux médicaments et le moyen de ralentir ou empêcher la diffusion des caractères de résistance. Il faut développer de nouveaux vaccins qui protègeront contre des maladies comme le SIDA. Pour ces problèmes, on utilisera les techniques de biologie moléculaire et de recombinaison de l'ADN.

3. Il faut des recherches sur la relation entre maladies infectieuses et maladies chroniques comme les maladies auto-immunes et cardiovasculaires. Il est possible que certaines de ces affections chroniques résultent d'infections.

4. Nous commençons seulement à comprendre comment les agents pathogènes interagissent avec les cellules hôtes et pourquoi la maladie se déclare. Là aussi, il y a beaucoup à étudier sur la manière dont l'hôte résiste à l'invasion des agents pathogènes.

5. Les micro-organismes ont une importance croissante dans l'industrie et le contrôle de l'environnement et nous devons apprendre comment les utiliser au mieux. Par exemple, les micro-organismes peuvent :

a) être sources d'aliments de haute qualité et d'autres produits d'intérêt pratique comme des enzymes aux applications industrielles,

b) dégrader les polluants et les déchets toxiques et

c) être utilisés comme vecteurs dans le traitement des maladies et l'amélioration de la productivité agricole. Il faut aussi continuellement protéger la nourriture et les récoltes des dommages dus aux micro-organismes.

6. La diversité du monde microbien est aussi un énorme sujet de recherches. On estime en effet que moins de 1% des micro-organismes du monde ont été cultivés. Nous devons donc développer de nouvelles techniques d'isolement et établir une classification des micro-organismes adéquate et incluant les espèces non cultivables en laboratoire. Il y a beaucoup à faire aussi sur les micro-organismes vivant dans des conditions extrêmes. La découverte d'organismes nouveaux peut conduire à l'amélioration de procédés industriels et du contrôle de l'environnement.

7. Les micro-organismes se développent souvent en biofilms et ceux-ci ont une grande importance tant médicale qu'écologique. La recherche sur les biofilms débute et il faudra des années avant que nous ne comprenions leur nature et puissions utiliser cette connaissance de façon pratique. D'une manière générale, les interactions entre micro-organismes n'ont pas encore été très explorées.

8. Les génomes de nombreux micro-organismes ont maintenant été séquencés et beaucoup d'autres seront décryptés dans les années à venir. Ces séquences sont idéales pour apprendre comment le génome est relié à la structure cellulaire et déterminer quel est l'assortiment minimal de gènes nécessaire à la vie. Des progrès continuels en bio-informatique et dans le traitement par ordinateurs des données biologiques seront nécessaires à l'analyse des génomes et de leur activité.

9. De nouvelles recherches sur des micro-organismes peu communs et l'écologie microbienne conduiront à une meilleure compréhension des interactions entre les micro-organismes et le monde inanimé. Ainsi nous devrions pouvoir mieux contrôler la pollution. De même, il est maintenant clair que les micro-organismes sont des partenaires essentiels des organismes supérieurs dans les relations symbiotiques ; une meilleure connaissance de ces relations nous aidera dans notre appréciation du monde vivant et améliorera la santé des végétaux, du bétail et des hommes.

10. À cause de leur simplicité relative, les micro-organismes sont d'excellents sujets d'étude pour toutes sortes de questions de biologie fondamentale. Par exemple, comment se forment les structures cellulaires complexes, comment les cellules communiquent-elles entre elles et comment répondent-elles à l'environnement ?

11. Enfin, les microbiologistes devront soigneusement peser les implications des découvertes nouvelles et des progrès technologiques. Ils devront présenter une vue équilibrée sur les impacts à long terme tant positifs que négatifs de ces nouveautés, sur notre société.

Le microbiologiste René Dubos a très bien résumé les promesses de la microbiologie :

> Comme il est extraordinaire que partout dans le monde les microbiologistes participent maintenant à des recherches sur des sujets aussi différents que la structure d'un gène, le contrôle d'une maladie, les procédés industriels basés sur la capacité phénoménale des micro-organismes à décomposer et à synthétiser des molécules organiques complexes. La microbiologie est une des professions les plus gratifiantes parce qu'elle donne à ses praticiens la possibilité d'être en contact avec toutes les sciences naturelles et ainsi de contribuer de multiples façons au bien-être de l'humanité.

Résumé

1. La microbiologie peut être définie par la taille des organismes qu'elle étudie et les techniques qu'elle utilise.

2. Antonie van Leeuwenhoek est le premier à avoir observé des micro-organismes.

3. Les expériences de Redi et d'autres ont discrédité la théorie de la génération spontanée en ce qui concerne les plus grands organismes.

4. La génération spontanée des micro-organismes a été réfutée par Spallanzani, Pasteur, Tyndall et d'autres.

5. Les arguments en faveur du rôle des micro-organismes dans la maladie viennent des travaux de Bassi, Pasteur, Koch et d'autres. Avec le développement de la chirurgie aseptique, Lister en a apporté une preuve indirecte.

6. Les postulats de Koch sont utilisés pour prouver une relation directe entre un agent pathogène suspect et une maladie.

7. Koch a aussi développé les techniques nécessaires au développement des bactéries sur milieux solides et à l'isolement de cultures pures d'agents pathogènes.

8. Les vaccins contre le charbon et la rage ont été préparés par Pasteur ; von Behring et Kitasato ont préparé les antitoxines contre la diphtérie et le tétanos.

9. Metchnikoff a découvert que certains leucocytes du sang peuvent phagocyter et détruire des bactéries pathogènes.

10. Pasteur a montré que les fermentations sont dues à des micro-organismes et que certains vivent en l'absence d'oxygène.

11. Le rôle des micro-organismes dans les cycles du carbone, de l'azote et du soufre ont d'abord été étudiés par Winogradsky et Beijerinck.
12. Les cellules procaryotes diffèrent des cellules eucaryotes par, entre autres, l'absence d'enveloppe nucléaire.
13. Les archéobactéries ont des caractères tellement distincts que de nombreux microbiologistes divisent les organismes en trois domaines *Bacteria*, *Archaea* et *Eucarya*.

14. Au vingtième siècle, la microbiologie a beaucoup contribué aux domaines de la biochimie et de la génétique. Elle a aussi stimulé la naissance de la biologie moléculaire.
15. Il y a une variété de domaines en microbiologie et beaucoup exercent une influence considérable sur la société. Il s'agit de disciplines plus appliquées comme la microbiologie médicale et de santé publique, la microbiologie industrielle, alimentaire et laitière.

L'écologie des micro-organismes, la physiologie, la biochimie et la génétique sont autant d'exemples de domaines de la microbiologie de base.
16. Les microbiologistes sont maintenant face à d'importants et excitants défis comme trouver de nouvelles armes contre les maladies, diminuer la pollution et nourrir la population mondiale.

Mots-clés

cellule eucaryote *11*
cellule procaryote *11*
génération spontanée *2*

hypothèse *8*
microbiologie *2*
micro-organisme *2*

postulats de Koch *7*
théorie *8*

Questions de révision

1. Pourquoi le fait de croire à la génération spontanée a-t-il été un obstacle au développement de la microbiologie comme une discipline scientifique ?
2. Décrivez les principales contributions au développement de la microbiologie de : Leeuwenhoek, Spallanzani, Fracastoro, Pasteur, Tyndall, Cohn, Bassi, Lister, Koch, Chamberland, von Behring, Metchnikoff, Winogradsky et Beijerinck.
3. La microbiologie se serait-elle développée

plus lentement si Fannie Hesse n'avait pas suggéré l'utilisation de l'agar ? Qu'est-ce qu'une culture pure ?
4. Pourquoi pensez-vous que les virus ne sont pas inclus dans le système en cinq règnes ?
5. Pourquoi les micro-organismes sont-ils tellement utiles aux biologistes comme modèles expérimentaux ?
6. Quelles sont les découvertes les plus importantes dans le développement de la microbiologie ? Pourquoi ?

7. Donnez toutes les activités ou entreprises auxquelles vous pouvez penser qui dépendent directement de la microbiologie.
8. Décrivez avec vos mots à vous la méthode scientifique. En quoi la théorie diffère-t-elle de l'hypothèse ? Pourquoi est-il important d'avoir un groupe contrôle ?
9. Quels sont pour vous les cinq plus importantes voies à poursuivre en microbiologie ? Donnez les raisons de votre choix.

Questions de réflexion

1. Considérez l'impact des micro-organismes sur le cours de l'histoire du monde. Il y a de nombreux exemples historiques de circonstances dans lesquelles un groupe de gens a perdu une bataille contre un autre groupe. En fait, quand on y regarde de plus près, les « perdants » avaient souvent le malheur d'être plus exposés, ou plus susceptibles ou incapables de résister à un agent infectieux. Ainsi affaiblis ou démoralisés par une maladie dévastatrice, ils étaient facilement vaincus par les « conquérants ».
   a) Choisissez un exemple de bataille ou autre activité humaine comme l'exploration d'un territoire nouveau et déterminez le rôle des micro-organismes indigènes ou importés dans la région.

   b) Discutez l'effet des micro-organismes sur l'issue de l'événement pris en exemple.
   c) Voyez si la connaissance des antibiotiques, les techniques de préparation ou de conservation des aliments ou des procédés de stérilisation aurait modifié cette issue.
2. La vaccination contre différentes maladies infantiles a contribué à l'entrée des femmes, particulièrement des mères, dans le marché du travail à temps plein.
   a) Cette idée est-elle supportée par les faits. Comparez la disponibilité et l'étendue des vaccinations avec les statistiques de l'emploi à différents endroits et différentes périodes.

   b) Avant la vaccination contre la rougeole, les oreillons et la varicelle, quels étaient le temps d'incubation et la durée de ces maladies infantiles ? Quelles conséquences ces maladies ont-elles eues pour des mères avec plusieurs enfants en âge d'école primaire si elles avaient du travail à temps plein et peu d'aide pour les enfants ?
   c) Qu'arriverait-il si les enfants de toute une génération (ou un groupe d'enfants d'un pays) n'étaient pas vaccinés contre aucune de ces maladies ? Et que se passerait-il si ces enfants au collège vivaient dans des dortoirs au contact d'autres enfants qui auraient reçu tous les vaccins recommandés ?

Lectures complémentaires

Généralités

American Society for Microbiology. 1999. Celebrating a century of leadership in microbiology. *ASM News* 65(5).

Baker, J. J. W., et Allen, G. E. 1968. *Hypothesis, prediction, and implication in biology.* Reading, Mass.: Addison-Wesley.

Beck, R. W. 2000. *A chronology of microbiology in historical context.* Washington, D.C.: ASM Press.

Brock, T. D. 1961. *Milestones in microbiology.* Englewood Cliffs, N.J.: Prentice-Hall.

Bulloch, W. 1979. *The history of bacteriology.* New York: Dover.

Chung, K.-T., Stevens, Jr., S. E., et Ferris, D. H. 1995. A chronology of events and pioneers of microbiology. *SIM News* 45(1):3–13.

Clark, P. F. 1961. *Pioneer microbiologists of America.* Madison: University of Wisconsin Press.

Collard, P. 1976. *The development of microbiology.* New York: Cambridge University Press.

de Kruif, P. 1937. *Microbe hunters.* New York: Harcourt, Brace.

Gabriel, M. L., et Fogel, S., éds. 1955. *Great experiments in biology.* Englewood Cliffs, N.J.: Prentice-Hall.

Geison, G. L. 1995. *The private science of Louis Pasteur.* Princeton, N.J.: Princeton University Press.

Hellemans, A., et Bunch, B. 1988. *The timetables of science.* New York: Simon and Schuster.

Hill, L. 1985. Biology, philosophy, and scientific method. *J. Biol. Educ.* 19(3):227–31.

Lechevalier, H. A., et Solotorovsky, M. 1965. *Three centuries of microbiology.* New York: McGraw-Hill.

McNeill, W. H. 1976. *Plagues and peoples.* Garden City, N.Y.: Anchor Press/Doubleday.

Ruestow, E. G. 1996. *The microscope in the Dutch republic: The shaping of discovery.* New York: Cambridge University Press.

Singer, C. 1959. *A history of biology,* 3ᵉ ed. New York: Abelard-Schuman.

Singleton, P., et Sainsbury, D. 1995. *Dictionary of microbiology and molecular biology,* 3ᵉ ed. New York: John Wiley and Sons.

Staley, J. T., Castenholz, (R. W.), Colwell, R. R., Holt, J. G., Kane, M. D., Pace, N. R., Salyers, A. A., et Tiedje, J. M. 1997. *The microbial world: Foundation of the biosphere.* Washington, D.C.: American Academy of Microbiology.

Stanier, R. Y. 1978. What is microbiology? In *Essays in microbiology,* J. R. Norris and M. H. Richmond, éds, 1/1–1/32. New York: John Wiley and Sons.

Summers, W. C. 2000. History of microbiology. In *Encyclopedia of microbiology,* vol. 2, J. Lederberg, éd., 677–97. San Diego: Academic Press.

1.1 Découverte des micro-organismes

Dobell, C. 1960. *Antony van Leeuwenhoek and his "little animals."* New York: Dover.

Ford, B. J. 1981. The Van Leeuwenhoek specimens. *Notes and Records of the Royal Society of London* 36(1):37–59.

Ford, B. J. 1998. The earliest views. *Sci. Am.* 278(4):50–53.

1.2 Conflit sur la génération spontanée

Drews, G. 1999. Ferdinand Cohn, a founder of modern microbiology. *ASM News* 65(8):547–53.

Dubos, R. J. 1950. *Louis Pasteur: Free lance of science.* Boston: Little, Brown.

Strick, J. E. 1997. New details add to our understanding of spontaneous generation controversies. *ASM News* 63(4):193–98.

Vallery-Radot, R. 1923. *La vie de Pasteur,* Hachette

1.3 Rôle des micro-organismes dans la maladie

Brock, T. D. 1988. *Robert Koch: A life in medicine and bacteriology.* Madison, Wis.: Science Tech Publishers.

Fredricks, D. N., et Relman, D. A. 1996. Sequence-based identification of microbial pathogens: A reconsideration of Koch's postulates. *Clin. Microbiol. Rev.* 9(1):18–33.

Hesse, W. 1992. Walther and Angelina Hesse— early contributors to bacteriology. *ASM News* 58(8):425–28.

Hitchens, A. P., et Leikind, M. C. 1939. The introduction of agar-agar into bacteriology. *J. Bacteriol.* 37(5):485–93.

Silverstein, A. M. 1989. *A history of immunology.* San Diego: Academic Press.

1.4 Microbiologie industrielle et écologie microbienne

Chung, K.-T., et Ferris, D. H. 1996. Martinus Willem Beijerinck (1851–1931): Pioneer of general microbiology. *ASM News* 62(10):539–43.

1.7 L'avenir de la microbiologie

Dixon, B. 1997. Microbiology present and future. *ASM News* 63(3):124–25.

Young, P. 1997. American academy of microbiology outlines basic research priorities. *ASM News* 63(10):546–50.

CHAPITRE 2

Étude de la structure microbienne :
microscopie et préparation des échantillons

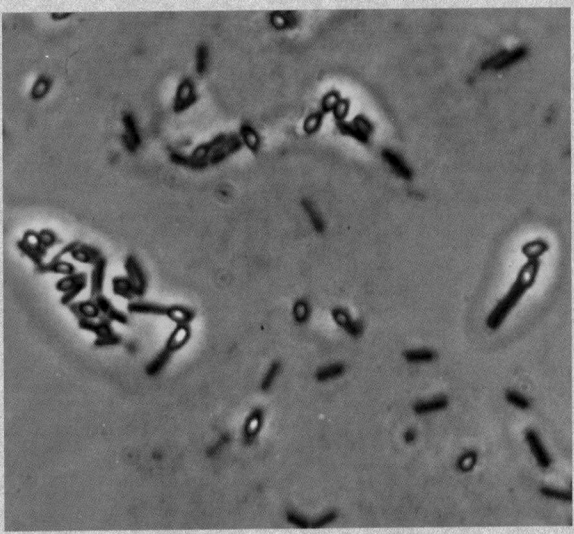

Clostridium botulinum, une bactérie en forme de bâtonnet, qui fait des endospores et libère la toxine botulique, responsable du botulisme, un empoisonnement alimentaire. Sur cette image en contraste de phase, les endospores sont ovales, brillantes et situées aux extrémités des bâtonnets. Certaines endospores ont été libérées de la cellule formatrice.

Plan

Concepts

1. Le microscope optique utilise des lentilles de verre pour diriger et focaliser les rayons lumineux et produire des images agrandies de petits objets. La résolution d'un microscope optique est déterminée par l'ouverture numérique de son système de lentilles et la longueur d'onde utilisée : la résolution maximale est d'environ 0,2 µm.

2. Les microscopes optiques les plus fréquents sont les microscopes à fond clair, à fond noir, à contraste de phase et à fluorescence. Chacun donne une image différente et est utilisé pour observer divers aspects de la morphologie microbienne.

3. La plupart des micro-organismes sont incolores et par conséquent difficilement visibles au microscope à fond clair ; pour les observer, on les fixe et on les colore. On utilise des colorations simples ou différentielles pour augmenter le contraste. Des structures bactériennes spécifiques telles que les capsules, les endospores et les flagelles, peuvent être sélectivement colorées.

4. Le microscope électronique à transmission atteint une grande résolution (environ 0,5 nm) en utilisant un faisceau électronique de longueur d'onde très courte plutôt que la lumière visible. On observe habituellement des fines sections d'échantillons enrobés dans une résine et traités par des métaux lourds pour améliorer le contraste, bien qu'il existe d'autres techniques de préparation.

5. Les caractéristiques de surface des échantillons peuvent être discernées en détail à l'aide du microscope électronique à balayage, qui génère une image en balayant un faisceau électronique en surface au lieu de faire passer les électrons au travers de l'échantillon.

6. De nouvelles formes de microscopie augmentent les possibilités d'observation des micro-organismes et des molécules. Il s'agit, par exemple, de la microscopie confocale et de la microscopie à balayage de sonde.

Il y a plus d'animaux vivants dans les dépôts sur les dents de l'homme qu'il n'y a d'hommes dans tout un royaume.

— *Antoine van Leeuwenhoek*

La microbiologie s'intéresse habituellement à des organismes si petits qu'ils ne peuvent être vus distinctement à l'oeil nu. Le microscope a par conséquent une importance fondamentale. Beaucoup de nos connaissances sur les micro-organismes ont été découvertes grâce au microscope. Il est donc important de comprendre le fonctionnement du microscope et la façon de préparer les échantillons à examiner.

Le chapitre commence par l'examen détaillé du microscope à fond clair standard, il décrit ensuite d'autres types courants de microscopes optiques, puis la préparation et la coloration des échantillons à examiner à l'aide du microscope optique. Vient ensuite la description des microscopes électroniques à transmission et à balayage dont on fait un usage considérable en microbiologie moderne. Le chapitre se termine par un bref aperçu de deux nouveaux types de microscopie : la microscopie à balayage de sonde et la microscopie confocale.

2.1 Les lentilles et la déviation de la lumière

Pour comprendre le fonctionnement d'un microscope optique, il faut connaître la façon dont les lentilles dirigent la lumière pour former des images. Quand un rayon lumineux passe d'un milieu à un autre, il est **réfracté** ; il est dévié à l'interface entre les deux milieux par rapport à sa direction d'incidence. L'**indice de réfrac-**

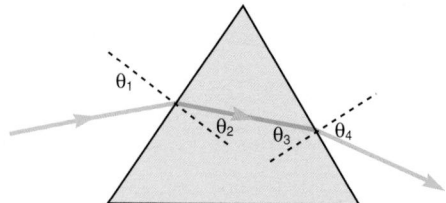

Figure 2.1 La déviation de la lumière par un prisme. Les normales, droites perpendiculaires à la surface du prisme, sont indiquées par des traits interrompus. Quand le rayon lumineux pénètre dans le prisme, il est dévié vers la première normale (l'angle θ_2 est plus petit que l'angle θ_1). Quand le faisceau lumineux quitte le verre et retourne dans l'air, il s'écarte de la normale (θ_4 est plus grand que θ_3). Le prisme dévie donc le faisceau lumineux qui le traverse.

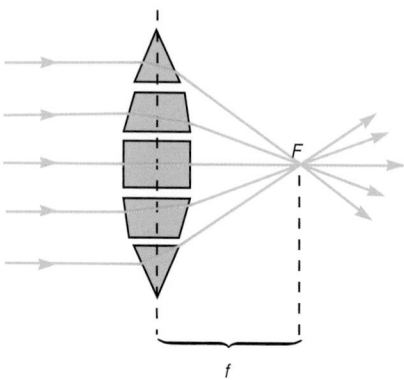

Figure 2.2 Le fonctionnement d'une lentille. Une lentille fonctionne un peu comme une collection de prismes. Les rayons lumineux provenant d'une source éloignée sont focalisés au foyer (F). Le foyer se trouve à une distance f, la distance focale, du centre de la lentille.

tion mesure de combien une substance ralentit la vitesse de la lumière. La direction et l'angle de déviation sont déterminés par les indices de réfraction des deux milieux formant l'interface. Quand un rayon lumineux passe de l'air dans du verre, un milieu à indice de réfraction plus grand, il est ralenti et est dévié vers la normale, ligne perpendiculaire à la surface (**figure 2.1**). Quand le rayon lumineux quitte le verre et retourne dans l'air, un milieu dont l'indice de réfraction est plus petit, il est accéléré et s'écarte de la normale. Un prisme de verre dévie un rayon lumineux parce qu'il a un indice de réfraction différent de celui de l'air, et le rayon lumineux fait un angle à sa surface.

Les lentilles fonctionnent comme une collection de prismes opérant ensemble. Quand la source lumineuse est éloignée, les rayons lumineux qui pénètrent dans la lentille sont pratiquement parallèles. La lentille convexe focalise ces rayons en un point spécifique, le **foyer** (F dans la **figure 2.2**). La distance entre le centre de la lentille et le foyer est appelée **distance focale** (f dans la figure 2.2).

Nous ne pouvons pas accommoder notre regard sur des objets situés à une distance de moins de 25 cm (**tableau 2.1**). On dépasse cette limite en utilisant une lentille convexe comme simple loupe (ou microscope) et en la tenant tout près de l'objet. Une loupe donne une image nette, à une distance beaucoup plus proche de l'oeil et l'objet apparaît plus grand. La puissance d'une lentille

Tableau 2.1   **Unités de mesure les plus utilisées**

Unité	Abréviation	Valeur
1 centimètre	cm	10^{-2} mètre
1 millimètre	mm	10^{-3} mètre
1 micromètre	μm	10^{-6} mètre
1 nanomètre	nm	10^{-9} mètre
1 Angstrom	Å	10^{-10} mètre

dépend de la distance focale ; une lentille ayant une distance focale courte agrandit plus un objet qu'une lentille dont la distance focale est plus grande.

1. Définissez réfraction, indice de réfraction, foyer et distance focale.
2. Décrivez le chemin d'un rayon lumineux au travers d'un prisme.
3. Quelle est la puissance d'une lentille par rapport à la distance focale ?

2.2 Le microscope optique

Les microbiologistes utilisent couramment une variété de microscopes optiques : les microscopes à fond clair, à fond noir, à contraste de phase et à fluorescence. Les microscopes modernes sont tous des microscopes composés : l'image agrandie formée par l'objectif est élargie par une ou plusieurs lentilles supplémentaires.

Le microscope à fond clair

Le microscope ordinaire est appelé **microscope à fond clair**. Il forme en effet une image foncée sur un fond brillant. Le microscope est constitué d'un corps métallique robuste ou pied, composé d'un socle et d'une potence sur laquelle les autres parties sont attachées (**figure 2.3**). La source lumineuse, un miroir ou une ampoule électrique est située dans le socle. Deux boutons de focalisation, les boutons d'ajustement fin et grossier, sont localisés sur la potence et peuvent déplacer soit le plateau soit le porte-objectifs pour mettre au point l'image.

La platine est positionnée à mi-hauteur de la potence et maintient les lames porte-objets par de simples pinces ou par une pince mécanique. Le chariot mécanique permet à l'opérateur de déplacer la lame porte-objet doucement grâce à deux boutons de contrôle, tout en procédant à l'observation. Le **condenseur** est monté à l'intérieur ou sous le plateau et dirige le faisceau lumineux vers la lame porte-objet. Sa position est souvent fixe sur les microscopes les plus simples mais peut être ajustée sur les modèles plus évolués.

La partie supérieure courbe de la potence porte le corps auquel sont attachés le porte-objectifs et un ou plusieurs **oculaires**. Les microscopes plus évolués ont des oculaires pour les deux yeux et sont appelés microscopes binoculaires. Le corps lui-même contient une série de miroirs et de prismes, ainsi la partie cylindrique portant l'oculaire peut être inclinée pour faciliter l'observation (**figure 2.4**). Le porte-objectifs porte trois à cinq **objectifs** avec des lentilles de puissance de grossissement différente, il pivote pour placer n'importe quel objectif sous le corps. Idéalement, il faudrait un microscope **compensateur**, c'est-à-dire

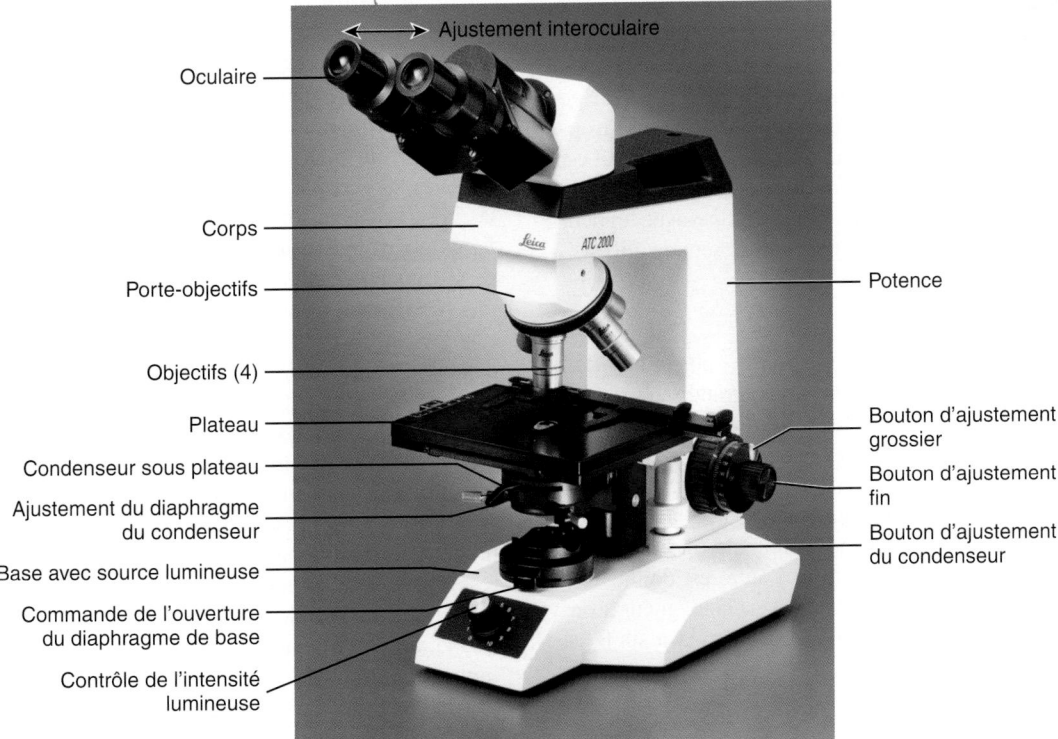

Oculaire
Ajustement interoculaire
Corps
Porte-objectifs
Objectifs (4)
Plateau
Condenseur sous plateau
Ajustement du diaphragme du condenseur
Base avec source lumineuse
Commande de l'ouverture du diaphragme de base
Contrôle de l'intensité lumineuse
Potence
Bouton d'ajustement grossier
Bouton d'ajustement fin
Bouton d'ajustement du condenseur

Figure 2.3 Un microscope à fond clair. Le microscope représenté est un peu plus sophistiqué que ceux des laboratoires pour étudiants. Il s'agit d'un binoculaire (il a deux oculaires), à chariot mécanique, condenseur ajustable et ampoule électrique encastrée.

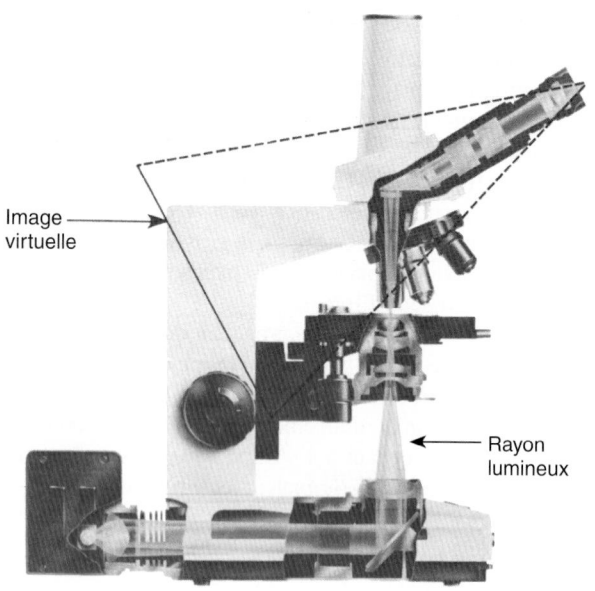

Image virtuelle

Rayon lumineux

Figure 2.4 Le trajet lumineux dans un microscope. Le schéma montre le trajet lumineux dans un microscope à fond clair évolué et la localisation de l'image virtuelle (voir aussi figure 2.23).

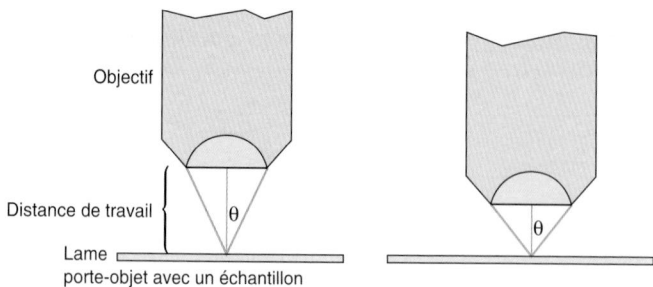

Objectif

Distance de travail

Lame

porte-objet avec un échantillon

Figure 2.5 L'ouverture numérique d'un microscope. L'ouverture angulaire θ est la moitié de l'angle du cône de lumière qui vient de l'échantillon et pénètre dans la lentille et l'ouverture numérique est $n \sin \theta$. À droite de l'illustration, la lentille a une ouverture angulaire et numérique plus grande, sa résolution est plus grande et sa distance de travail plus petite.

que l'image devrait rester au point quand on change d'objectif.

Le trajet de la lumière dans le microscope à fond clair est montré dans la figure 2.4. L'objectif forme une image réelle agrandie dans le microscope et l'oculaire agrandit encore cette première image. Quand on regarde dans un microscope, l'image agrandie de l'échantillon appelée image virtuelle semble se trouver derrière le plateau à environ 25 cm. Le grossissement total est calculé en multipliant le grossissement de l'objectif par celui de l'oculaire. Par exemple, si un objectif 45 x est utilisé avec un oculaire 10 x, le grossissement total de l'échantillon sera de 450 x.

La résolution du microscope

La partie la plus importante du microscope est l'objectif. Il doit produire une image nette et pas seulement un agrandissement. La résolution est donc très importante. La **résolution** est la capacité d'une lentille de séparer ou distinguer des petits objets qui sont proches l'un de l'autre. C'est le physicien allemand Ernst Abbé qui dans les années 1870, développa en grande partie la théorie de l'optique d'un microscope. La distance minimale (d) entre deux objets qui permet de les discerner l'un de l'autre est donnée par l'équation de Abbé, dans laquelle lambda (λ) est la longueur d'onde de la lumière utilisé pour éclairer l'échantillon et n sin θ est l'ouverture numérique (ON).

$$d = \frac{0,5\lambda}{n \sin \theta}$$

Lorsque d devient plus petit, la résolution augmente, et des détails plus fins peuvent être discernés dans un échantillon.

L'équation ci-dessus indique qu'un facteur important dans la résolution est la longueur d'onde de la lumière utilisée. La longueur d'onde doit être plus courte que la distance entre les deux objets sinon ils ne seront pas clairement distincts. La plus grande résolution est donc obtenue avec une lumière de la longueur d'onde la plus courte, à la fin du bleu dans le spectre visible (entre 450-500 nm). Le spectre électromagnétique des radiations (p. 130).

L'**ouverture numérique** ($n \sin \theta$) est plus difficile à comprendre. Thêta est défini comme étant la moitié de l'angle du cône de lumière entrant dans l'objectif (**figure 2.5**). La lumière qui traverse le micro-organisme après être passée au travers du condenseur a la forme d'un cône. Quand le cône a un angle très étroit et s'effile en un point, il ne se disperse pas beaucoup après avoir quitté la lame et par conséquent ne sépare pas de façon adéquate les images d'objets très proches l'un de l'autre. La résolution est faible. Si le cône de lumière a un angle très large (obtus) et se disperse rapidement après avoir traversé l'échantillon, des objets très proches l'un de l'autre apparaîtront bien séparés et résolus. L'angle du cône de lumière qui peut pénétrer dans une lentille dépend de l'indice de réfraction (n) du milieu dans lequel la lentille se situe tout autant que de l'objectif lui-même. L'indice de réfraction de l'air est 1,00. Puisque sin θ ne peut pas être plus grand que un (θ maximum est 90° et sin 90° est 1,00), aucune lentille utilisée dans l'air ne peut avoir une ouverture numérique plus grande que 1,00. Le seul moyen pratique d'augmenter l'ouverture numérique au-dessus de 1,00 et donc d'atteindre une meilleure résolution, est d'augmenter l'indice de réfraction avec de l'huile à immersion, un liquide incolore ayant le même indice de réfraction que le verre (**tableau 2.2**). Si on remplace l'air par de l'huile à immersion, les rayons lumineux qui ne pénétraient pas dans l'objectif à cause de la réflexion et de la réfraction à la surface de l'objectif et de la lame, y entreront (**figure 2.6**). Il en résulte une augmentation de l'ouverture numérique et de la résolution.

La résolution d'un microscope dépend aussi bien de l'ouverture numérique du condenseur que de celle de l'objectif, comme

Tableau 2.2   Les propriétés des objectifs de microscope

Propriété	Objectif			
	Balayage	Faible puissance	Puissance élevée	Huile à immersion
Grossissement	4×	10×	40–45×	90–100×
Ouverture numérique	0,10	0,25	0,55–0,65	1,25–1,4
Distance focale approximative (f)	40 mm	16 mm	4 mm	1,8–2,0 mm
Distance de travail	17–20 mm	4–8 mm	0,5–0,7 mm	0,1 mm
Pouvoir de résolution approximatif avec une lumière de 450 nm (lumière bleue)	2,3 µm	0,9 µm	0,35 µm	0,18 µm

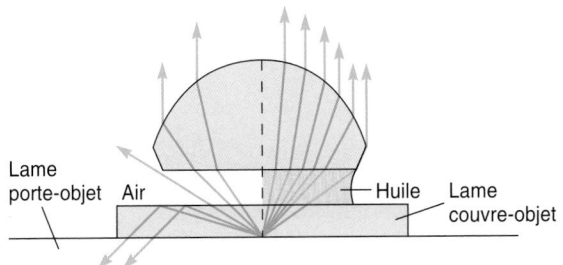

Lame porte-objet   Air   Huile   Lame couvre-objet

Figure 2.6 L'objectif à immersion. Objectif à immersion opérant dans l'air et dans l'huile à immersion.

le montre l'équation donnant la résolution du microscope complet :

$$d_{\text{microscope}} = \frac{\lambda}{(\text{ON}_{\text{objectif}} + \text{ON}_{\text{condenseur}})}$$

Dans la plupart des microscopes, le condenseur a une ouverture numérique comprise entre 1,2 et 1,4. Cependant, l'ouverture numérique du condenseur ne dépassera pas 0,9 environ à moins qu'il n'y ait de l'huile entre le sommet du condenseur et le bas de la lame. En microscopie courante, il n'y a pas d'huile sur le condenseur ce qui limite la résolution globale du microscope même équipé d'un objectif à immersion.

Les limites de la résolution d'un microscope optique peuvent être calculées en utilisant les équations précédentes. Le pouvoir de résolution théorique maximum d'un microscope avec un objectif à immersion (ouverture numérique de 1,25) et de la lumière bleu-vert est approximativement de 0,2 µm.

$$d = \frac{(0,5)(530 \text{ nm})}{1,25} = 212 \text{ nm ou } 0,2 \text{ µm}$$

Au mieux, un microscope à fond clair permet de distinguer deux points séparés de 0,2 µm (la même dimension qu'une toute petite bactérie).

Normalement un microscope est équipé de 3 à 4 objectifs avec un pouvoir de grossissement variant de 4 x à 100 x (tableau 2.2). La **distance de travail** d'un objectif est la distance entre la surface antérieure de la lentille et la surface de la lame couvre-objet (si on en utilise) ou de l'échantillon après une mise au point fine. Les objectifs à grande ouverture numérique et pouvoir de résolution élevé ont des distances de travail courtes.

Le plus fort grossissement utile agrandit suffisamment la taille des objets les plus petits (pouvant être résolus) pour qu'ils soient distincts. Notre oeil peut à peine détecter un point de 0,2 mm de diamètre et par conséquent la limite utile du grossissement est environ 1.000 fois l'ouverture numérique de l'objectif. La plupart des microscopes standards ont un oculaire de 10 x et le grossissement maximum avec l'huile à immersion est de 1.000 x. Un oculaire 15 x est utilisé avec de bons objectifs pour atteindre un grossissement de 1.500 x. Une augmentation supplémentaire du grossissement ne permettra pas de voir plus de détails. On pourrait construire un microscope optique qui aurait un grossissement final de 10.000 x, mais l'image serait toutefois floue. Seul le microscope électronique a une résolution suffisante pour permettre des grossissements plus importants.

Un bon éclairage de l'échantillon est aussi très important pour la résolution. Un microscope équipé d'un miroir concave entre la source lumineuse et l'échantillon éclaire la lame porte-objet avec un cône de lumière étroit et a une faible ouverture numérique. La résolution peut être améliorée grâce à un condenseur situé sous le socle. C'est une lentille convergente qui dirige un large cône de lumière au travers de la lame porte-objet et dans l'objectif, augmentant ainsi l'ouverture numérique.

Le microscope à fond noir

Les cellules et les organismes vivants non colorés peuvent être observés en modifiant simplement la façon dont ils sont éclairés. Un cône creux de lumière est dirigé vers l'échantillon de telle sorte que les rayons non réfléchis et non réfractés n'entrent pas dans l'objectif. Seule la lumière réfléchie ou réfractée par l'échantillon forme une image (**figure 2.7**). Le champ qui entoure l'échantillon apparaît noir, tandis que l'objet lui-même est brillant

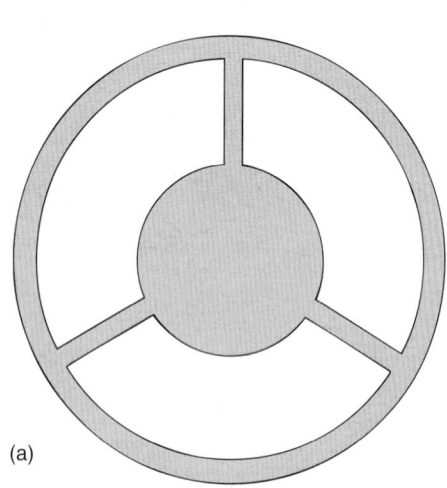

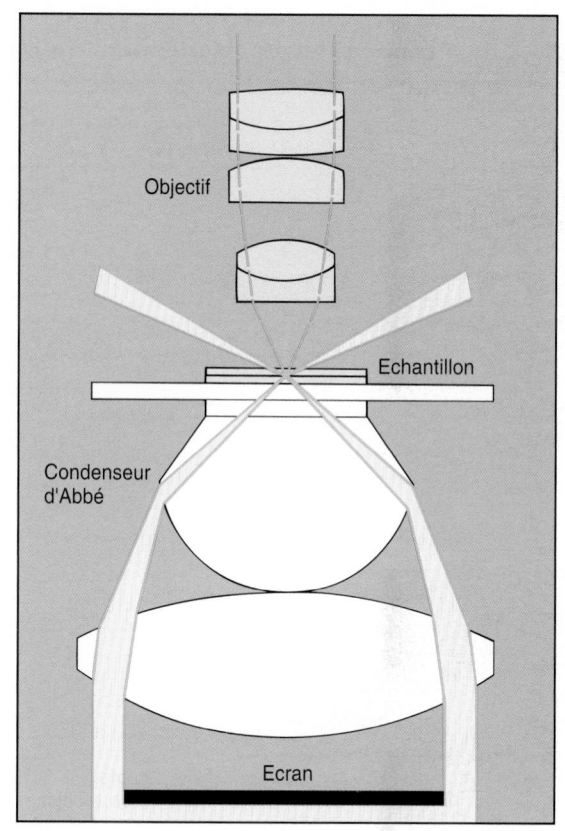

Figure 2.7 Le microscope à fond noir. La façon la plus simple de convertir un microscope en microscope à fond noir est de placer (**a**) un écran sous le microscope, (**b**) un système de lentilles convergentes. Ce condenseur produit un cône creux de lumière et la lumière qui entre dans l'objectif vient uniquement de l'échantillon.

(**figure 2.8a,b**). Ce microscope est appelé **microscope à fond noir**. De nombreuses structures internes sont souvent visibles dans les micro-organismes eucaryotes plus grands (figure 2.8b). Le microscope à fond noir est utilisé pour identifier des bactéries telles que *Treponema pallidum*, de forme mince caractéristique et responsable de la syphilis (figure 2.8a).

Le microscope à contraste de phase

Les cellules vivantes non pigmentées ne sont pas clairement visibles au microscope à fond clair à cause de la faible différence de contraste entre les cellules et l'eau. Aussi les micro-organismes doivent souvent être fixés et colorés avant d'être observés, ceci pour augmenter le contraste et produire des différences de coloration entre les structures cellulaires. Un **microscope à contraste de phase** transforme de légères différences d'indice de réfraction et de densité cellulaire en différences d'intensité lumineuse observables. C'est un excellent moyen pour examiner les cellules vivantes (figure 2.8c-e).

Le condenseur du microscope à contraste de phase possède un anneau transparent qui produit un cône lumineux creux (**figure 2.9**). Quand ce cône passe au travers d'une cellule, certains rayons lumineux sont déviés à cause des variations de densité et d'indice de réfraction dans l'échantillon et sont retardés d'environ 1/4 de longueur d'onde. La lumière déviée est dirigée pour former une image de l'objet. Les rayons lumineux non déviés touchent l'anneau de phase dans la lame de phase, un disque optique spécial localisé dans l'objectif, tandis que le rayon dévié ne passe pas par l'anneau mais au travers de la partie épaissie de la lame de phase. Si l'anneau de phase est construit de sorte que le faisceau non dévié le traversant soit avancé d'1/4 de longueur d'onde, les rayons déviés et non déviés seront déphasés d'environ 1/2 lon-

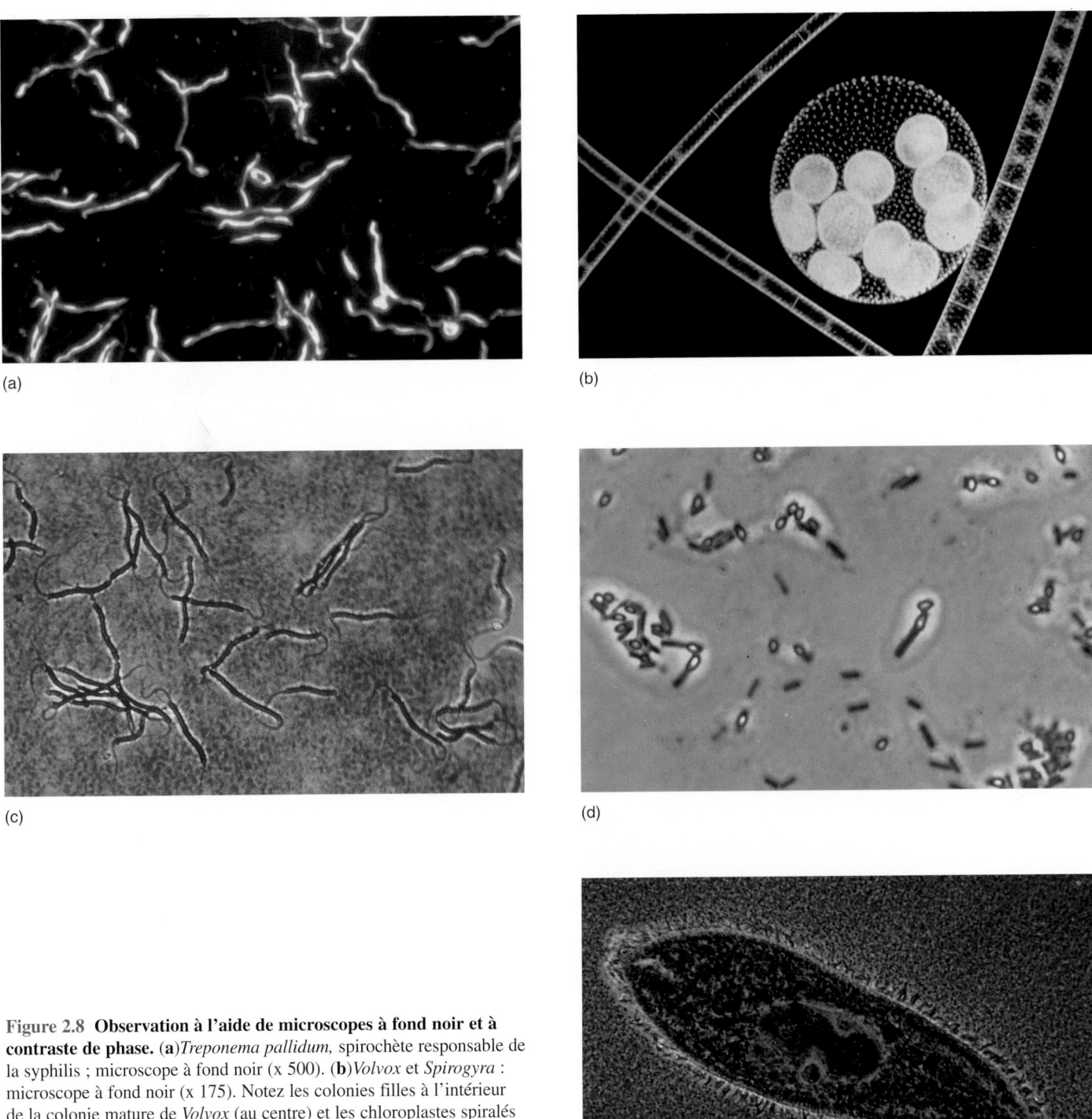

(a)

(b)

(c)

(d)

(e)

Figure 2.8 Observation à l'aide de microscopes à fond noir et à contraste de phase. (**a**)*Treponema pallidum,* spirochète responsable de la syphilis ; microscope à fond noir (x 500). (**b**)*Volvox* et *Spirogyra* : microscope à fond noir (x 175). Notez les colonies filles à l'intérieur de la colonie mature de *Volvox* (au centre) et les chloroplastes spiralés de *Spirogyra* (à gauche et à droite). (**c**)*Spirillum volutans,* une grande bactérie flagellée : microscope à contraste de phase (x 210). (**d**)*Clostridium botulinum,* bactérie responsable du botulisme avec des endospores ovales subterminales ; microscope à contraste de phase (x 600). (**e**)*Paramecium* coloré pour montrer le macronoyau central et le micronoyau sphérique, microscope à contraste de phase (x 100).

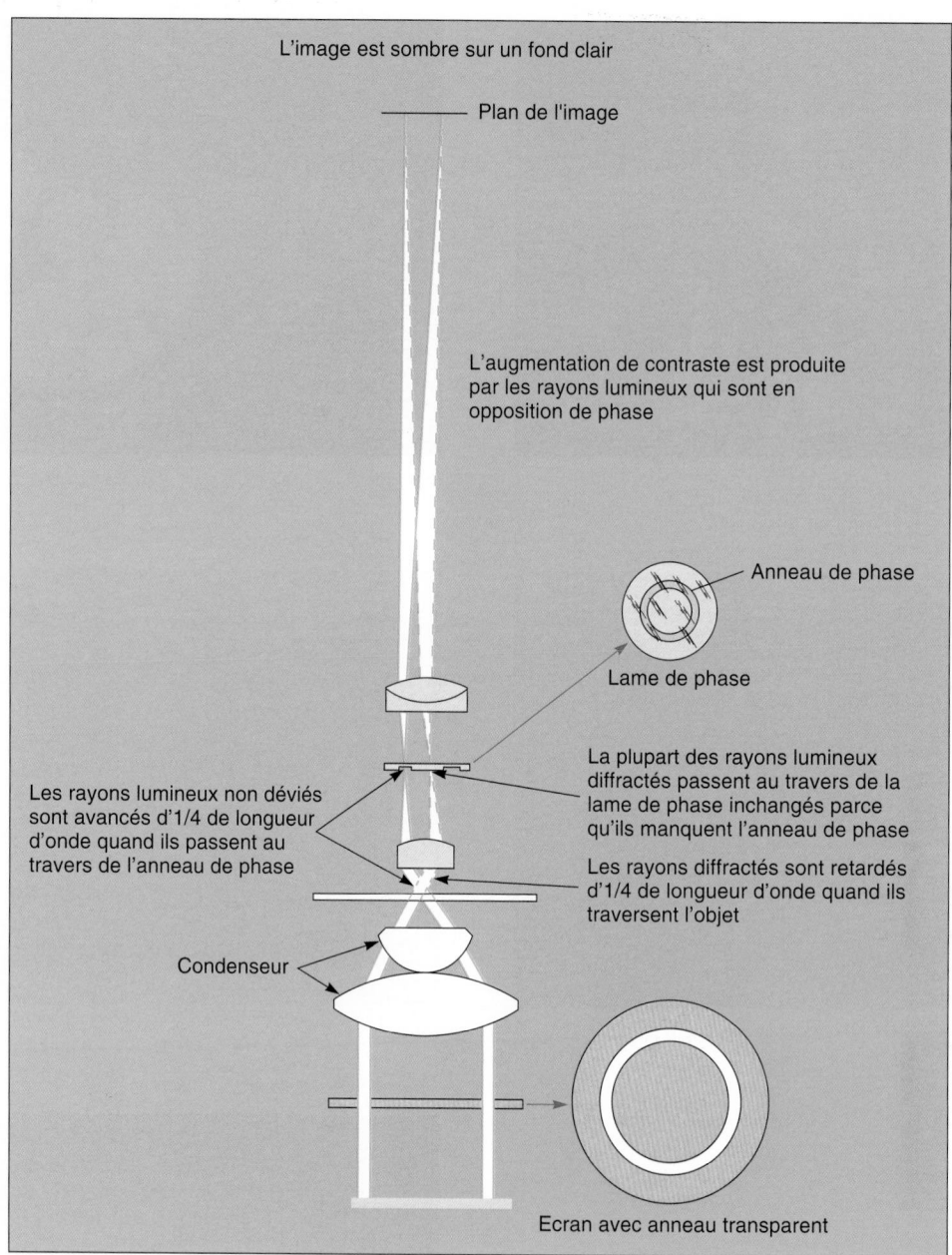

L'image est sombre sur un fond clair

Plan de l'image

L'augmentation de contraste est produite par les rayons lumineux qui sont en opposition de phase

Anneau de phase

Lame de phase

La plupart des rayons lumineux diffractés passent au travers de la lame de phase inchangés parce qu'ils manquent l'anneau de phase

Les rayons lumineux non déviés sont avancés d'1/4 de longueur d'onde quand ils passent au travers de l'anneau de phase

Les rayons diffractés sont retardés d'1/4 de longueur d'onde quand ils traversent l'objet

Condenseur

Ecran avec anneau transparent

Figure 2.9 Le microscope à contraste de phase. Schéma de l'optique.

gueur d'onde et s'annuleront quand ils viendront ensemble former l'image (**figure 2.10**). Le fond formé par la lumière non déviée est clair tandis que l'objet non coloré apparaît sombre et contrasté. Ce type de microscope est appelé **microscope à contraste de phase à fond noir**. Des filtres colorés sont souvent utilisés pour améliorer l'image (figure 2.8*c, d*).

Le microscope à contraste de phase est spécialement utilisé pour détecter des constituants bactériens tels que les endospores, les corps d'inclusion contenant du poly-β-hydroxybutyrate, du polymétaphosphate, du soufre et d'autres substances (*voir chapitre 3*). Ceux-ci sont clairement visibles (figure 2.8*d*) car leur indice de réfraction est assez différent de celui de l'eau. Les microscopes à contraste de phase servent aussi beaucoup à l'étude des cellules eucaryotes.

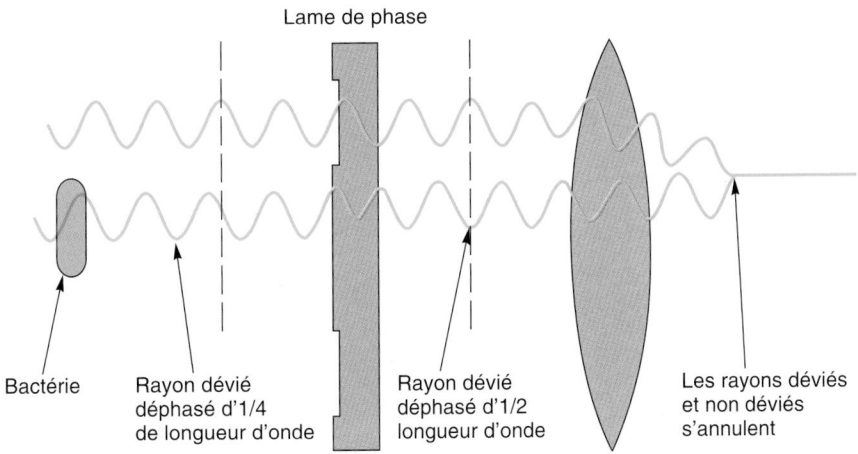

Lame de phase

Bactérie

Rayon dévié déphasé d'1/4 de longueur d'onde

Rayon dévié déphasé d'1/2 longueur d'onde

Les rayons déviés et non déviés s'annulent

Figure 2.10 La production de contraste dans un microscope à contraste de phase. Le trajet des rayons lumineux déviés et non déviés ou non diffractés dans un microscope à contraste de phase. Les rayons lumineux tendant à s'annuler, l'image de l'échantillon sera sombre sur un fond clair.

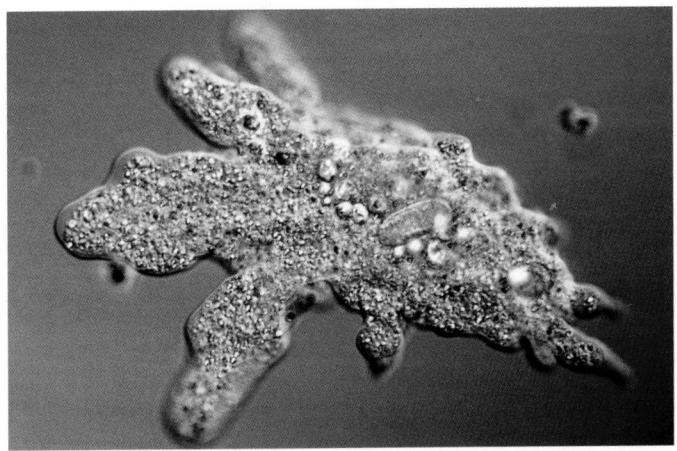

Figure 2.11 Le microscope interférenciel. Une image du protozoaire *Amoeba proteus*. Cette image en trois dimensions contient une information considérable ; elle est ici artificiellement colorée.

Le microscope interférenciel

Le **microscope interférenciel** ressemble au microscope à contraste de phase en ce qu'il produit une image en détectant des différences d'indice de réfraction et d'épaisseur. Des prismes génèrent deux rayons de lumière polarisée dans des plans perpendiculaires l'un à l'autre. Dans un type de microscope, un rayon passe à travers le spécimen tandis que l'autre traverse une zone claire de la lame. Après ce passage, les deux rayons sont recom-

binés et interfèrent l'un avec l'autre pour former une image. Un spécimen vivant, non coloré, apparaît ainsi en trois dimensions et avec des couleurs vives (**figure 2.11**). Des structures comme les parois cellulaires, les endospores, les granules, les vacuoles et les noyaux de cellules encaryotes sont nettement visibles.

Le microscope à fluorescence

Les microscopes considérés jusqu'à présent forment une image à partir de la lumière qui passe au travers de l'échantillon. Un objet peut aussi être vu parce qu'il émet de la lumière, ce qui est la base de la microscopie à fluorescence. Certaines molécules, lorsqu'elles absorbent une énergie radiante deviennent excitées et ensuite libèrent une grande partie de cette énergie sous forme de lumière. N'importe quelle lumière émise par une molécule excitée aura une longueur d'onde plus grande (ou sera de plus faible énergie) que la radiation originellement absorbée. La **lumière fluorescente** est émise très rapidement par la molécule excitée qui libère l'énergie accumulée et retourne à un état plus stable.

Dans le **microscope à fluorescence** (**figure 2.12**), on éclaire l'échantillon avec une lumière ultra-violette, violette ou bleue, la lumière fluorescente résultante produira l'image de l'objet. Une lampe à mercure (ou autre source) produit un rayon intense, le transfert de chaleur est limité grâce à un filtre infrarouge spécial. La lumière passe au travers d'un filtre d'excitation qui transmet seulement la longueur d'onde désirée. Un condenseur à fond noir donne un fond sombre sur lequel les objets fluorescents rayonnent. Habituellement, les échantillons sont contrastés par un colorant appelé **fluorochrome** qui fluoresce avec éclat après avoir été exposé à une longueur d'onde lumineuse spécifique, mais certains micro-organismes sont autofluorescents. Le microscope forme une image des micro-organismes marqués au fluorochrome avec la lumière

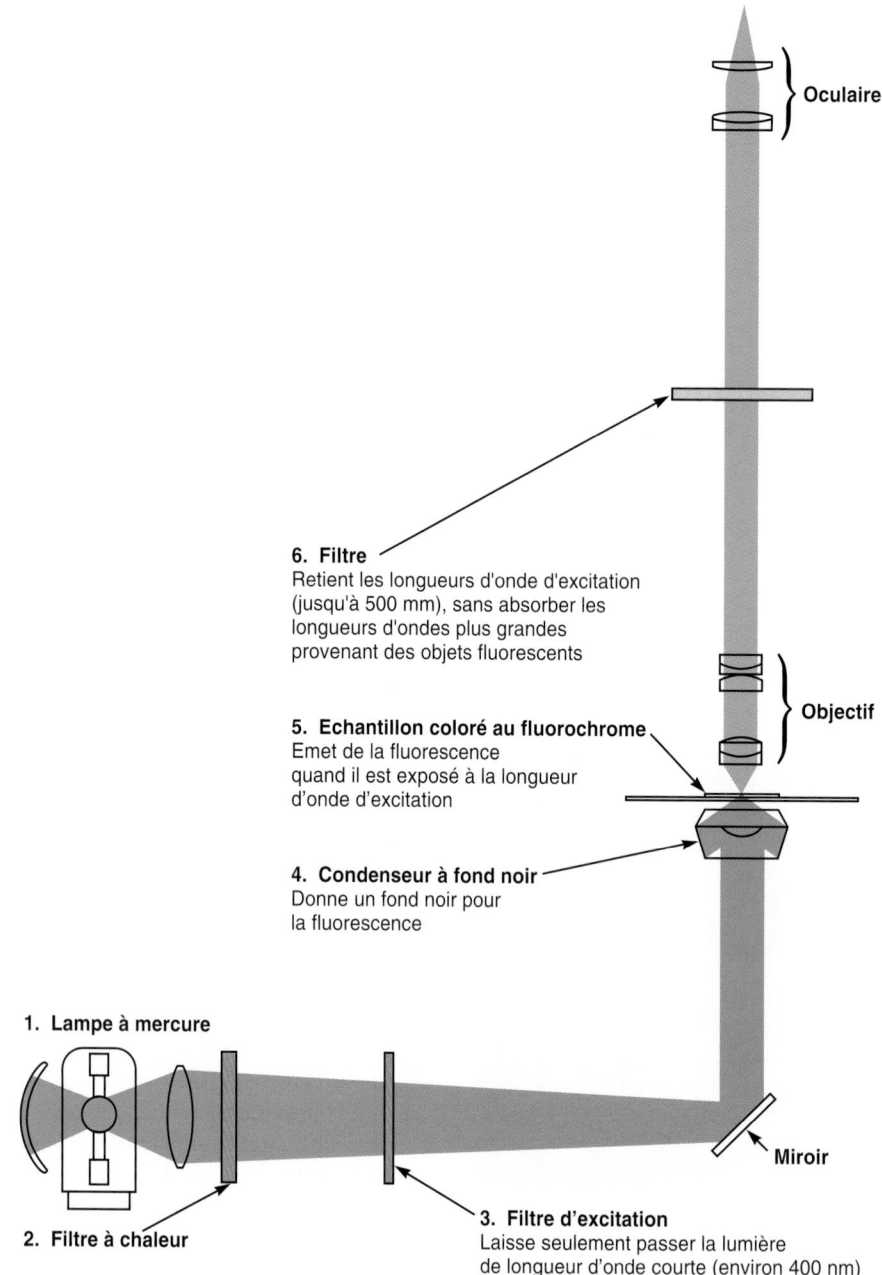

Figure 2.12 Le microscope à fluorescence. Les principes du microscope à fluorescence.

émise par les composés fluorescents (**figure 2.13**). Un filtre localisé derrière l'objectif élimine tout rayonnement ultra-violet restant qui pourrait endommager les yeux de l'observateur ou la lumière bleue ou violette qui pourrait réduire le contraste de l'image.

Le microscope à fluorescence est devenu très important en microbiologie médicale et en écologie microbienne. Des bactéries pathogènes (ex. *Mycobacterium tuberculosis*, responsable de la tuberculose) peuvent être identifiées après coloration à l'aide de fluorochromes ou après marquage spécifique avec des anticorps fluorescents en utilisant des techniques d'immunofluorescence. En écologie, on utilise le microscope à fluorescence pour obser-

ver des micro-organismes marqués par des sondes fluorescentes, ou des fluorochromes comme l'orangé d'acridine et le DAPI (diamidino-2-phenylindole, spécifique de l'ADN). Les organismes colorés émettent une lumière orange ou verte et peuvent être détectés même parmi d'autres particules. Il est même possible de distinguer les bactéries vivantes des mortes par leur fluorescence après traitement par un mélange spécial de colorants (figure 2-13 *d*). Ainsi les micro-organismes peuvent être visualisés et comptés directement dans une niche écologique relativement peu perturbée. L'immunofluorescence et le diagnostic microbiologique (pp. 781, 831-32).

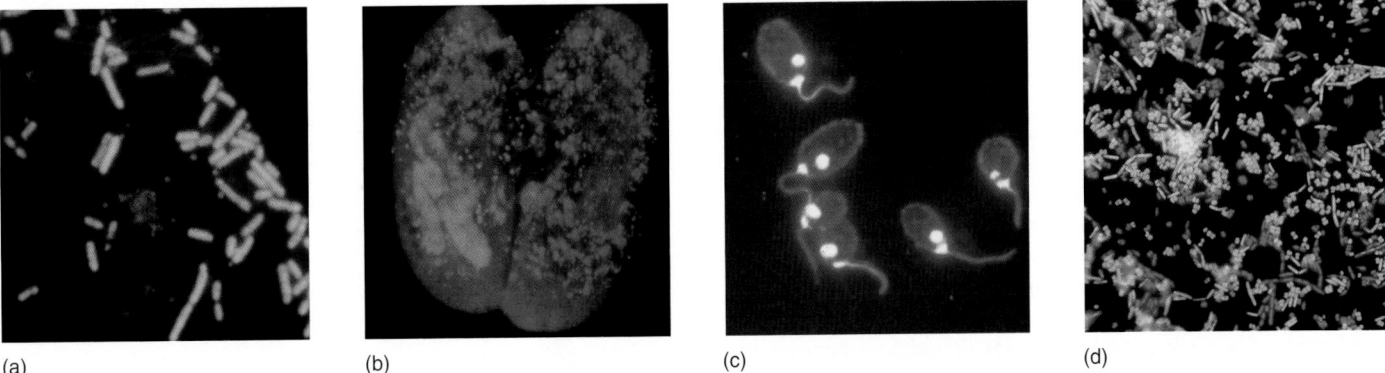

(a)   (b)   (c)   (d)

Figure 2.13 Observations au microscope à fluorescence. (a) *Escherichia coli* coloré à l'aide d'anticorps fluorescents (x 600). Les taches vertes correspondent à des débris. **(b)** *Paramecium tetraurelia* en conjugaison coloré à l'orangé d'acridine (x 125). **(c)** Le protozoaire flagellé *Crithidia luciliae* coloré à l'aide d'anticorps fluorescents pour montrer le kinétoplaste (x 1000). **(d)** Un mélange de *Micrococcus luteus* et de *Bacillus cereus* (les bâtonnets). Les bactéries vivantes ont une fluorescence verte, les mortes sont rouges.

1. Nommez les parties du microscope optique et expliquez leurs fonctions.
2. Définissez résolution, ouverture numérique, distance de travail, et fluorochrome.
3. Comment la résolution dépend-elle de la longueur d'onde de la lumière, de l'indice de réfraction et de l'ouverture numérique ? Quelles sont les fonctions de l'huile à immersion et du condenseur ?
4. Décrivez brièvement comment fonctionnent les microscopes à fond noir, à contraste de phase, interférenciel à fluorescence et le type d'image donnée par chacun. Citez un usage spécifique de chaque microscope.

2.3   La préparation et la coloration des échantillons

Bien que les micro-organismes vivants puissent être directement examinés au microscope optique, ils doivent souvent être fixés et colorés pour augmenter la visibilité, pour accentuer les particularités morphologiques spécifiques et pour les conserver en vue d'études ultérieures.

La fixation

Les cellules colorées observées au microscope devraient ressembler le plus possible aux cellules vivantes. La **fixation** est le procédé par lequel les structures internes et externes des cellules et des organismes sont conservées et fixées en place. Elle inactive les enzymes qui peuvent détruire la morphologie cellulaire et durcit les structures pour qu'elles ne se modifient pas durant la coloration et l'observation. Le micro-organisme est habituellement tué et fermement fixé à la lame porte-objet durant la fixation.

Il y a deux types fondamentalement différents de fixation.

1) Les bactériologistes fixent à la chaleur les frottis bactériens en chauffant doucement un film bactérien séché à l'air. Ceci conserve correctement la morphologie générale mais pas les structures intracellulaires. 2) La fixation chimique doit être utilisée pour protéger les structures cellulaires fines et la morphologie de micro-organismes plus grands et plus délicats. Les fixateurs chimiques pénètrent dans les cellules et réagissent avec les composants cellulaires, généralement les protéines et les lipides afin de les rendre inactifs, insolubles et immobiles. Les mélanges de fixateurs les plus courants contiennent des composés tels que l'éthanol, l'acide acétique, le chlorure mercurique, le formaldéhyde et le glutaraldéhyde.

Les colorants et la coloration simple

Les nombreux types de colorants utilisés pour visualiser les micro-organismes ont deux propriétés en commun. 1) Ils sont colorés grâce à la présence de **groupes chromophores** possédant des doubles liaisons conjuguées. 2) Ils peuvent se lier aux cellules par interaction ionique, covalente ou hydrophobe. Par exemple, un colorant chargé positivement se liera aux structures chargées négativement de la cellule.

Les colorants ionisables sont divisés en deux classes générales suivant la nature de leurs groupes chargés.

1. Les **colorants basiques** – bleu de méthylène, fuchsine basique, cristal violet, safranine, vert de malachite – sont cationiques ou ont des groupes chargés positivement (habituellement certaines formes d'azote pentavalent). Ils sont généralement vendus sous forme de chlorures. Les colorants basiques se fixent aux molécules chargées négativement comme les acides nucléiques et de nombreuses protéines. La surface des cellules bactériennes est chargée négativement, aussi ce sont les colorants basiques qui sont le plus souvent utilisés en bactériologie.
2. Les **colorants acides** – éosine, rose bengale et fuchsine acide – sont anioniques ou possèdent des groupes chargés négativement tels que les groupes carboxyle (-COOH) et hydroxyle des phénols (-OH). Les colorants acides, à cause de leur charge négative se lient aux structures cellulaires chargées positivement.

Le pH peut altérer l'efficacité de la coloration puisque la nature et le degré de la charge des constituants cellulaires varient avec le pH. Ainsi, les colorants anioniques colorent mieux dans des conditions acides les protéines et de nombreuses autres molécules portant une charge positive ; les colorants basiques sont plus efficaces aux pH élevés.

Bien que les interactions ioniques soient probablement le moyen de fixation le plus courant, les colorants peuvent aussi se fixer de façon covalente ou grâce à leurs propriétés de solubilité. Par exemple, l'ADN est coloré par la méthode de Feulgen où le réactif de Schiff est fixé par liaison covalente au désoxyribose, après traitement à l'acide chlorhydrique. Le noir Soudan colore sélectivement les lipides parce qu'il est soluble dans les lipides et ne se dissoudra pas dans les zones aqueuses de la cellule.

Les micro-organismes peuvent souvent être colorés de façon satisfaisante par une **coloration simple** : un seul agent colorant est utilisé. Le mérite de cette coloration est sa simplicité et sa facilité d'utilisation. On couvre les frottis fixés de colorant pendant un laps de temps déterminé, on lave l'excès de colorant à l'eau et on sèche la lame. Les colorants basiques comme le cristal violet, le bleu de méthylène ou la carbolfuchsine sont fréquemment utilisés pour déterminer la taille, la forme et l'arrangement des bactéries.

La coloration différentielle

Les **techniques de coloration différentielle** divisent les bactéries en groupes distincts basés sur des propriétés de coloration. La **coloration de Gram**, développée en 1884 par le médecin danois Christian Gram, est la méthode de coloration la plus largement utilisée en bactériologie. Ce procédé de coloration différentielle divise les bactéries en deux classes : Gram-négatives et Gram-positives. Les bactéries Gram-positives et Gram-négatives (pp. 55-60, 440-41).

Dans les premières étapes du procédé de coloration de Gram (**figure 2.14**), le frottis est coloré avec le cristal violet, un colorant basique. Ensuite la préparation est traitée avec une solution d'iode qui agit comme un **mordant**, c'est-à-dire qu'elle augmente les interactions entre la cellule et le colorant pour que la cellule soit plus fortement contrastée. Le frottis est alors décoloré par lavage avec de l'éthanol ou de l'acétone. Cette étape engendre l'aspect différentiel de la coloration de Gram ; les bactéries Gram-positives gardent le cristal violet, tandis que les bactéries Gram-négatives le perdent et se décolorent. Enfin, le frottis est contre-coloré à l'aide d'un colorant basique de couleur différente. La safranine, le contre-colorant le plus commun, colore les bactéries Gram-négatives en rose ou rouge et laisse les bactéries Gram-positives colorées en violet foncé (**figure 2.15**). La structure de la paroi cellulaire et le mécanisme de la coloration de Gram (p. 60).

La **coloration acido-alcoolo-résistante** est une autre technique importante de coloration différentielle. Quelques espèces, en particulier celles du genre *Mycobacterium* (*voir chapitre 24*), ne fixent pas facilement les colorants simples et doivent être colorées par un traitement sévère : chauffage avec un mélange de fuchsine basique et de phénol (la méthode de Ziehl-Neelsen). Une fois que la fuchsine basique est entrée dans la cellule grâce à la chaleur et au phénol, les cellules acido-alcoolo-résistantes ne sont pas facilement décolorées par lavage à l'aide d'alcool-acide et restent rouges. Ceci est dû au contenu en lipides très élevé de la paroi de ces cellules : l'acide mycolique en particulier (lipides hydroxylés avec des chaînes ramifiées) apparaît responsable de la résistance à l'acide. Les bactéries non acido-alcoolo-résistantes sont décolorées par l'alcool-acide et sont par conséquent colorées en bleu par le bleu de méthylène, le contre-colorant. Cette méthode est employée pour identifier *Mycobacterium tuberculosis* et *M. leprae* (**figure 2.16**), responsables respectivement de la tuberculose et de la lèpre.

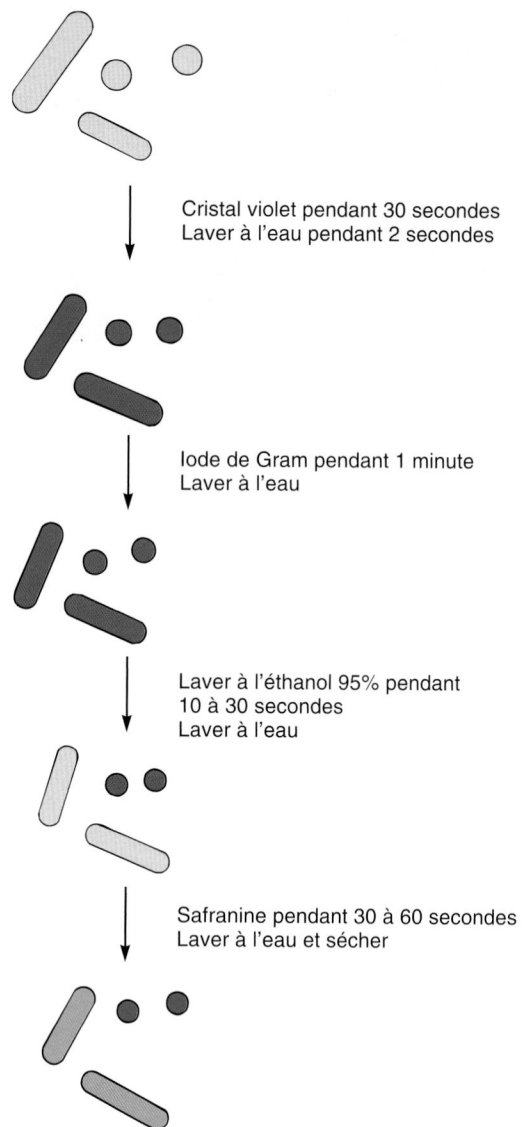

Cristal violet pendant 30 secondes
Laver à l'eau pendant 2 secondes

Iode de Gram pendant 1 minute
Laver à l'eau

Laver à l'éthanol 95% pendant
10 à 30 secondes
Laver à l'eau

Safranine pendant 30 à 60 secondes
Laver à l'eau et sécher

Figure 2.14 La technique de coloration de Gram. Remarquez que l'alcool élimine le cristal violet des bactéries Gram-négatives, mais pas des bactéries Gram-positives. Les cellules Gram-négatives deviennent roses ou rouges lorsqu'elles sont contre-colorées à la safranine.

La coloration de structures spécifiques

De nombreux procédés spéciaux de coloration ont été développés au cours des années pour étudier des structures bactériennes spécifiques à l'aide du microscope optique. Un des plus simples est la **coloration négative**, technique qui révèle la présence de capsules diffuses autour de nombreuses bactéries. Les bactéries sont suspendues dans de l'encre de Chine ou de la nigrosine et étalées en un fin film sur une lame. Après séchage à l'air, les bactéries apparaissent comme des corps plus clairs sur un fond bleu foncé parce que l'encre ou le colorant ne pénètrent pas dans la cellule ou la capsule. L'étendue de la région lumineuse est déterminée par la dimension de la capsule et de la cellule elle-même. Il y a une faible distorsion de la forme bactérienne et la cellule peut même être contre-colorée pour une plus grande visibilité (**figure 2.17**). Les capsules et les couches muqueuses (pp. 61-62).

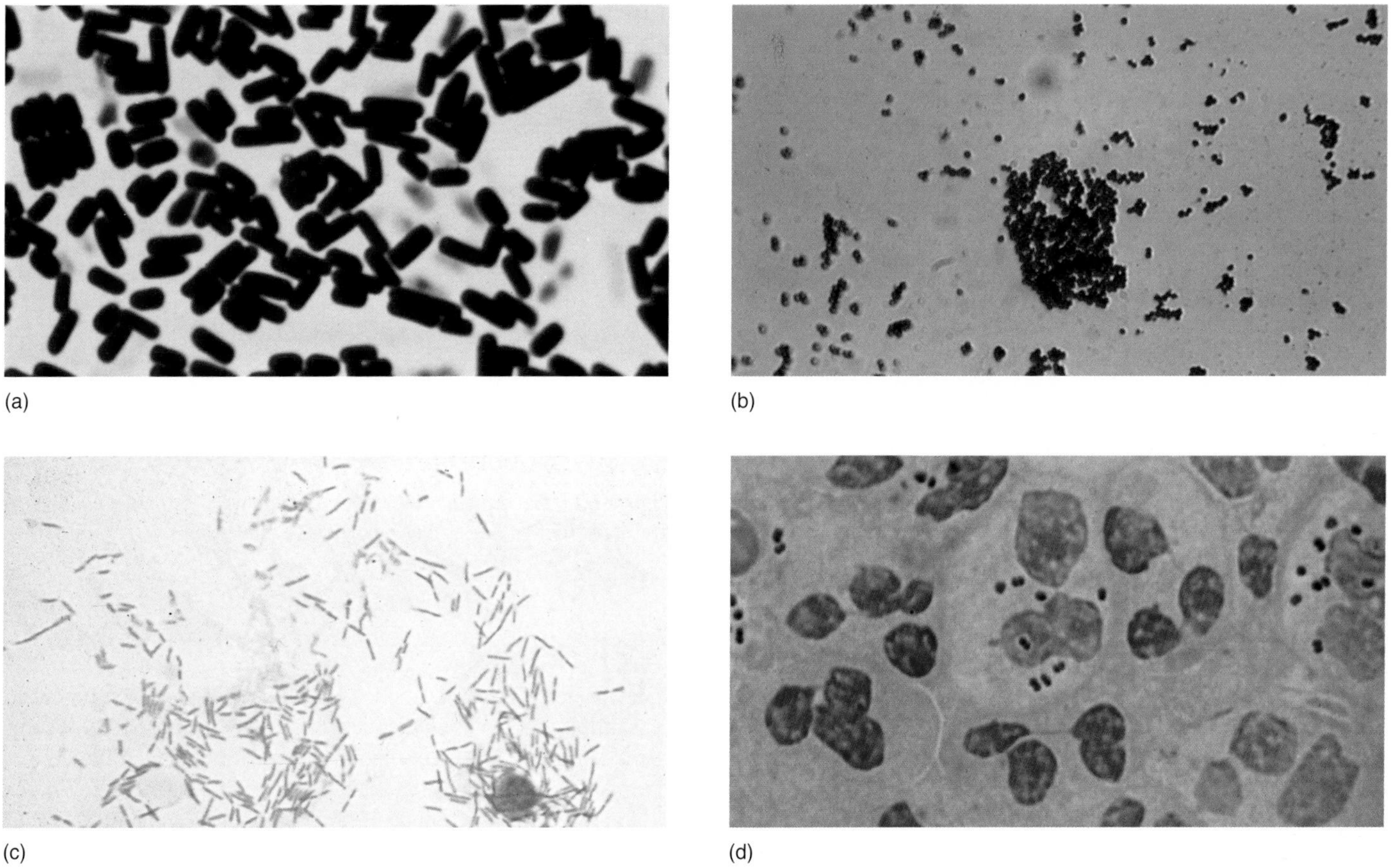

(a)

(b)

(c)

(d)

Figure 2.15 Exemples de coloration de Gram. (**a**) *Clostridium perfringens* Gram-positive (x 800). Certains bâtonnets sont colorés en rose plutôt qu'en mauve, ce sont des cellules Gram-positives âgées. (**b**) *Staphylococcus aureus*. Coloration de Gram, microscope à fond clair (x 1.000). Les coques Gram-positifs s'associent en grappes. (**c**) *Escherichia coli*. Coloration de Gram (x 500). (**d**) *Neisseria gonorrhoeae*. Les diplocoques sont souvent à l'intérieur des globules blancs (x 1.000).

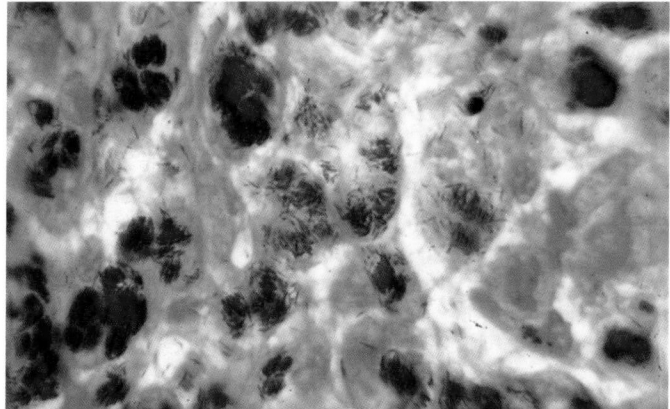

Figure 2.16 La coloration de bacilles acido-alcoolo-résistants.
Mycobacterium leprae. Coloration de bacilles acido-alcoolo-résistants (x 380). Notez la multitude de bactéries rouges dans les cellules hôtes.

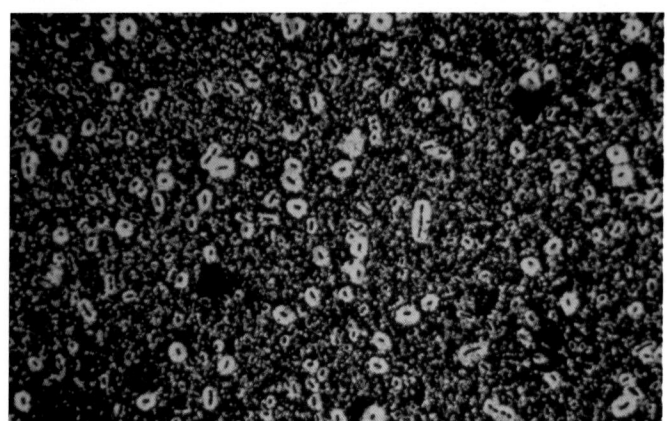

Figure 2.17 La coloration négative. *Klebsiella pneumoniae* coloré négativement à l'encre de Chine pour montrer sa capsule (x 900).

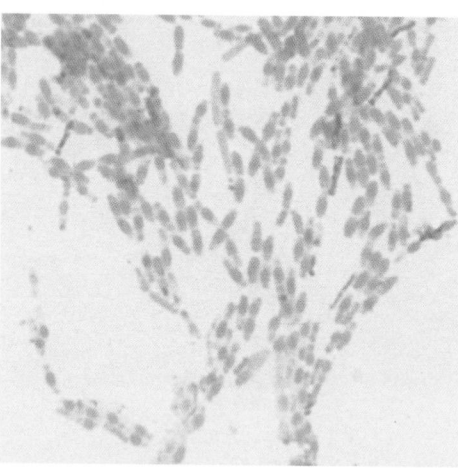

Figure 2.18   La coloration de spores. Coloration de *Bacillus cereus* selon la méthode de Schaeffer-Fulton. Notez les spores centrales, elliptiques, bleu-vert à l'intérieur des cellules rouge à pourpre (x 1.000).

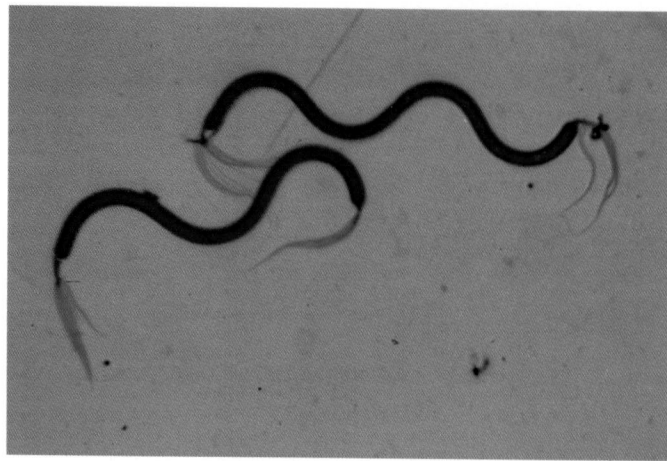

Figure 2.19   Exemple de coloration de flagelles. *Spirillum volutans* avec deux touffes de flagelles bipolaires (x 400). (*voir aussi figure 3.31*).

Les bactéries du genre *Bacillus* et *Clostridium* (*voir chapitre 23*) forment une structure exceptionnellement résistante capable de survivre durant de longues périodes dans un environnement défavorable. Cette structure dormante est appelée endospore puisqu'elle se développe dans la cellule. La morphologie de l'endospore et sa localisation varient selon les espèces et sont souvent précieuses dans l'identification. Les endospores peuvent être sphériques, elliptiques et plus petites ou plus grandes que le diamètre de la bactérie parentale. On les observe au microscope à contraste de phase ou par coloration négative. Les endospores ne sont pas bien colorées par la plupart des colorants, cependant une fois colorées, elles résistent à la décoloration. Cette propriété est à la base de la **coloration des spores (figure 2.18)**. Dans le procédé de Schaeffer-Fulton, les endospores sont d'abord colorées par chauffage des bactéries avec du vert de malachite, un colorant très puissant qui pénètre dans les endospores. Ensuite les cellules sont lavées à l'eau et contre-colorées à la safranine. Grâce à cette technique, l'endospore apparaît verte dans une cellule rose ou rouge. La structure de l'endospore bactérienne (pp. 68-71).

Les flagelles bactériens sont des organites de locomotion fins comme des fils, tellement minces (environ 10 à 30 nm de diamètre) qu'on ne les voit qu'au microscope électronique. Pour les observer au microscope optique, on épaissit les flagelles en les entourant de mordants comme l'acide tannique et l'alun de potasse, ils sont alors colorés à l'aide de pararosaniline (méthode de Leifson) ou de fuchsine basique (méthode de Gray). Les procédés de **coloration des flagelles** apportent des informations taxinomiques importantes au sujet de la présence et de la localisation des flagelles (**figure 2.19**, *voir aussi figure 3.31*). Les flagelles bactériens (pp. 63-66).

---

1. Définissez : fixation, colorant, chromophore, colorant basique, colorant acide, coloration simple, coloration différentielle, mordant, coloration négative et coloration de bacilles acido-alcoolo-résistants.

2. Décrivez la technique de coloration de Gram et son fonctionnement.

3. Comment visualisez-vous les capsules, les endospores et les flagelles ?

2.4   Le microscope électronique

Pendant des siècles, le microscope optique a été l'instrument le plus important pour étudier les micro-organismes. Plus récemment, le microscope électronique a transformé la microbiologie et permis d'accroître considérablement nos connaissances. Les types de microscope électronique et la façon dont les échantillons sont préparés sont brièvement passés en revue dans cette section.

Le microscope électronique à transmission

La limite de résolution du meilleur microscope optique est d'environ 0,2 µm. Les bactéries ont généralement environ 1 µm de diamètre, on ne peut donc voir au microscope optique que leur forme et leurs principales caractéristiques morphologiques. La structure interne détaillée des micro-organismes de plus grande taille ne peut pas non plus être bien étudiée au microscope optique. Ces limitations proviennent de la nature même des ondes lumineuses visibles et non de l'insuffisance du microscope optique.

Rappelons que la résolution du microscope optique augmente avec la diminution de la longueur d'onde de la lumière utilisée pour l'éclairage. Le faisceau d'électrons se comporte comme une radiation et peut être mieux dirigé que la lumière dans un microscope optique. Si les électrons éclairent l'échantillon, la résolution du microscope est fortement augmentée parce que la longueur d'onde de la radiation est environ 0,005 nm, 100.000 fois plus courte que celle de la lumière visible. Le microscope électronique à transmission a une résolution 1.000 fois meilleure que le microscope optique. Avec la plupart des microscopes électroniques, des points proches de moins de 5 Å ou 0.5 nm peuvent être distingués et le grossissement habituel est supérieur à 100.000 x (**figure 2.20**). L'intérêt du microscope électronique est évident quand on compare les photos de la **figure 2.21** ; la morphologie microbienne est maintenant étudiée en détail.

Un **microscope électronique à transmission** moderne est complexe et sophistiqué (**figure 2.22**) mais les principes de base de son fonctionnement se comprennent facilement. Un filament de tungstène chauffé dans le canon à électrons génère un faisceau

Pouvoir de résolution
du microscope optique

Pouvoir de résolution du
microscope électronique

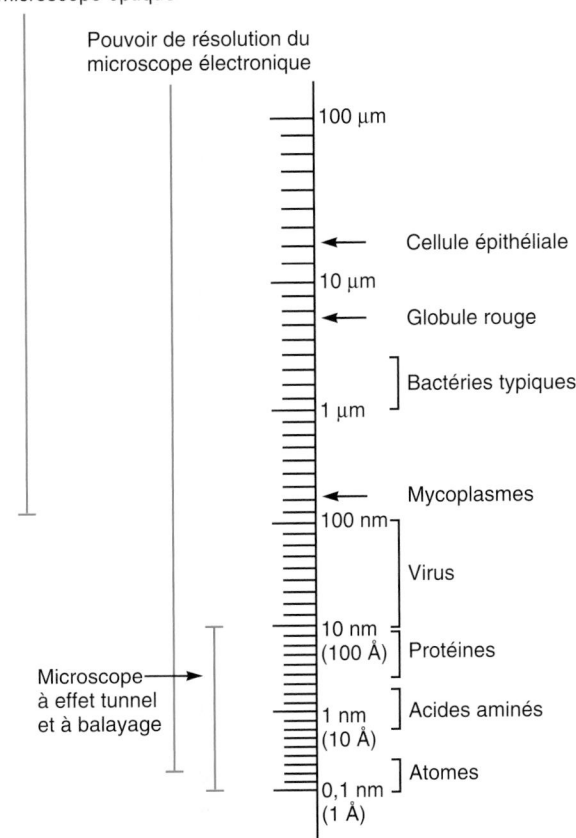

100 μm

← Cellule épithéliale

10 μm

← Globule rouge

] Bactéries typiques

1 μm

← Mycoplasmes

100 nm —

Virus

10 nm
(100 Å)   ] Protéines

Microscope
à effet tunnel
et à balayage

1 nm
(10 Å)   ] Acides aminés

] Atomes

0,1 nm
(1 Å)

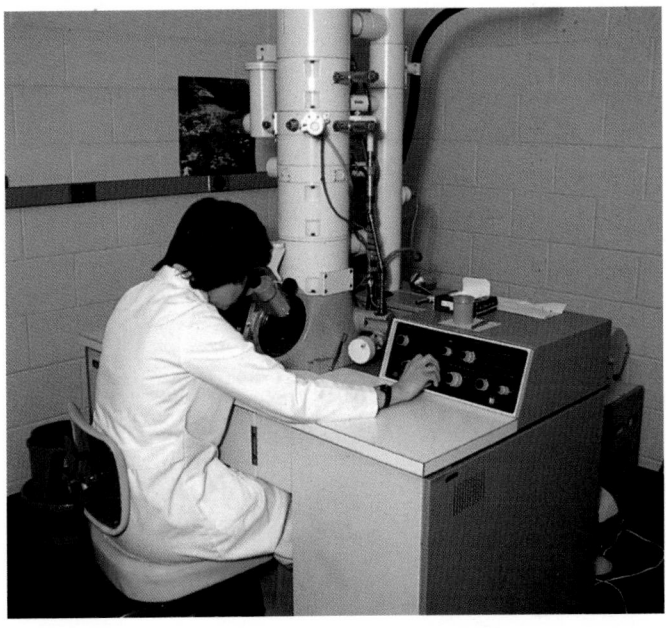

Figure 2.22 Un microscope électronique moderne à transmission. Le canon à électrons est au sommet de la colonne centrale et les lentilles magnétiques sont à l'intérieur de la colonne. L'image sur l'écran fluorescent peut être vue au travers d'une loupe positionnée devant le hublot d'observation. La caméra est dans un compartiment sous l'écran.

Figure 2.20 Les limites de résolution des microscopes. Les dimensions sont indiquées sur une échelle logarithmique (chaque division majeure représentant un changement de taille de 10 fois). À droite de l'échelle figurent les tailles approximatives des cellules, bactéries, virus, molécules et atomes.

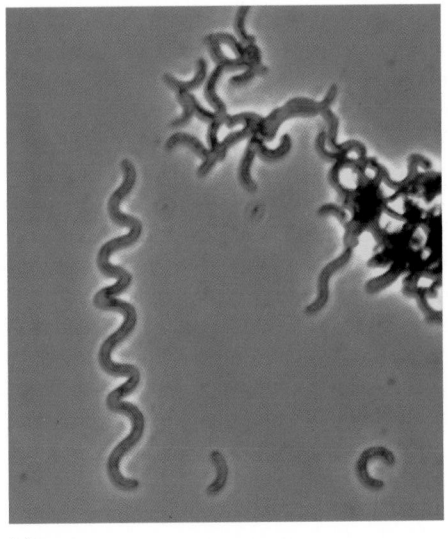

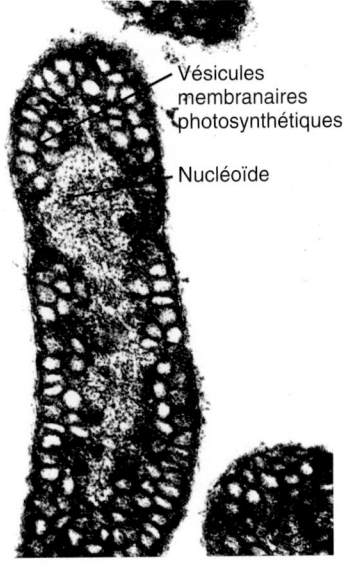

Vésicules
membranaires
photosynthétiques

Nucléoïde

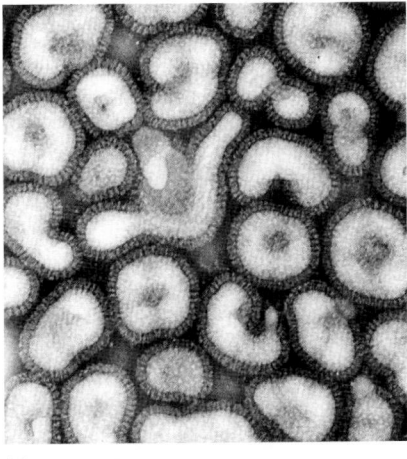

(a)   (b)   (c)

Figure 2.21 Les microscopies optique et électronique. Une comparaison de la résolution des microscopes électronique et optique. (**a**) *Rhodospirillum rubrum* au microscope à contraste de phase (x 600). (**b**) Une fine coupe de *R. rubrum* au microscope électronique à transmission (x 100.000). (**c**) Image du virus humain de l'influenza (x 282.000). Les particules, beaucoup plus petites que des bactéries, ont environ 100 nm de diamètre.

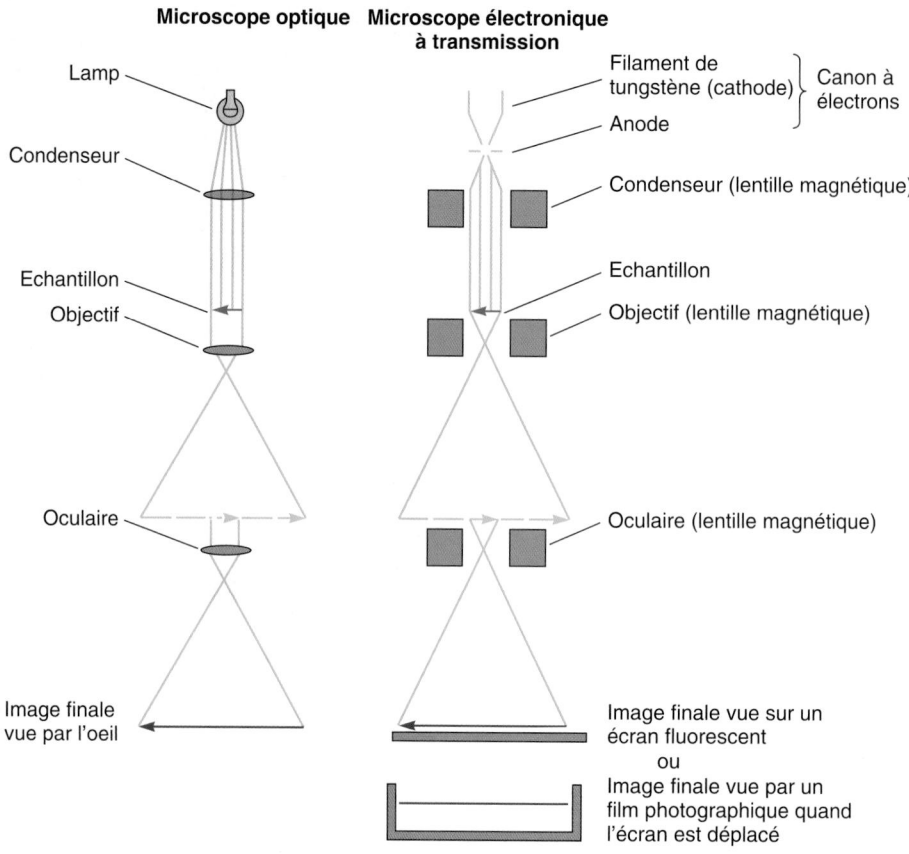

Figure 2.23 Fonctionnement du microscope électronique à transmission. Comparaison entre un microscope optique et un microscope électronique à transmission.

d'électrons qui peut être dirigé sur l'échantillon grâce au condenseur (**figure 2.23**). Les électrons ne traversent pas une lentille de verre, aussi un électro-aimant en forme d'anneau, appelé lentille magnétique, est utilisé pour focaliser le faisceau électronique. La colonne contenant les lentilles et l'échantillon doit être sous vide pour obtenir une image nette, ceci empêche une déviation des électrons par collision avec des molécules d'air. L'échantillon disperse les électrons qui le traversent et le faisceau est focalisé par des lentilles magnétiques pour former une image visible agrandie de l'échantillon sur un écran fluorescent. Une région plus épaisse de l'échantillon diffractera plus d'électrons et apparaîtra plus sombre sur l'image puisque moins d'électrons touchent cette région de l'écran. Au contraire, les régions transparentes seront plus brillantes. L'écran peut aussi être remplacé par un film photographique ce qui permet d'avoir un document permanent.

La préparation des échantillons

Le **tableau 2.3** compare quelques caractéristiques importantes des microscopes optique et électronique. Les particularités du microscope électronique à transmission apportent des restrictions sévères quant à la nature et au mode de préparation des échantillons. Puisque les électrons sont très facilement absorbés et diffractés par la matière solide, seules de très fines coupes peuvent être examinées au moyen du microscope électronique à transmis-

sion. L'échantillon doit avoir 20 à 100 nm d'épaisseur, (environ 1/50 à 1/10 du diamètre d'une bactérie typique) et il doit pouvoir conserver sa structure après avoir été bombardé par des électrons sous vide ! Une telle coupe ne peut être obtenue sans que l'échantillon ne soit inclus dans un support ; le support nécessaire est un polymère. Après fixation avec des produits chimiques comme le glutaraldéhyde ou le tétroxyde d'osmium pour stabiliser la structure de la cellule, l'échantillon est déshydraté à l'aide de solvants organiques (ex. l'acétone ou l'éthanol). La déshydratation complète est essentielle parce que la plupart des résines utilisées pour l'enrobage ne sont pas solubles dans l'eau. Les échantillons sont ensuite trempés dans une résine époxy liquide non polymérisée jusqu'à ce qu'ils soient complètement imprégnés, ensuite le plastique durcit pour former un bloc solide. Des coupes fines sont réalisées à partir du bloc avec un couteau de verre ou de diamant grâce à un instrument spécial appelé ultra-microtome.

Les cellules doivent en général être colorées avant d'être examinées au microscope électronique à transmission, comme pour le microscope à fond clair. La probabilité de diffraction des électrons est déterminée par la densité (nombre atomique) des atomes de l'échantillon. Les molécules biologiques sont composées principalement d'atomes de faible nombre atomique (H, C, N ou O) et la diffusion des électrons est relativement constante au travers d'une cellule non colorée. Par conséquent, les échantillons sont préparés pour l'observation en trempant les coupes fines dans des

Tableau 2.3   Caractéristiques des microscopes optique et électronique à transmission

Caractéristique	Microscope optique	Microscope électronique
Grossissement maximum utile	Environ 1000–1500	Plus de 100.000
Résolution la meilleure[a]	0,2 μm	0,5 nm
Source de rayonnement	Lumière visible	Faisceau d'électrons
Milieu	Air	Vide poussé
Type de lentille	Verre	Électromagnétique
Source de contraste	Absorption différentielle de la lumière	Dispersion des électrons
Mécanisme de focalisation	Ajustement mécanique de la position de lentille	Ajustement électronique de la lentille magnétique
Méthode de changement du grossissement	Changement des objectifs ou des oculaires	Ajustement électronique de la lentille magnétique
Support pour l'échantillon	Lame de verre	Grille métallique (habituellement en cuivre)

[a]La limite de résolution d'un oeil humain est d'environ 0,2 mm.

solutions de sels de métaux lourds comme le citrate de plomb et d'uranium. Les ions de plomb et d'uranium se lient aux structures cellulaires et les rendent plus opaques aux électrons, augmentant ainsi leur contraste. Les atomes lourds d'osmium du tétroxyde d'osmium (fixateur) « colorent » aussi les cellules et augmentent le contraste. Les coupes fines colorées sont alors montées sur de minuscules grilles en cuivre.

Bien que les procédés précités de préparation des coupes minces soient normalement utilisés pour révéler les structures internes fines des cellules, il y a d'autres façons de préparer les micro-organismes et les petites particules. Une des techniques les plus utilisées est la coloration négative. L'échantillon est étalé en un fin film avec de l'acide phosphotungstique ou de l'acétate d'uranyle. Comme dans la coloration négative employée pour le microscope optique, les métaux lourds ne pénètrent pas dans l'échantillon mais rendent le fond noir tandis que l'échantillon apparaît brillant sur la photo. La coloration négative est un excellent moyen d'étudier la structure des virus, des vacuoles gazeuses bactériennes et d'autres organites. Un micro-organisme peut aussi être observé après **ombrage** métallique. Il est enduit d'une fine couche de platine ou d'un autre métal lourd par évaporation sous un angle de 45° environ de sorte que le métal se dépose sur un seul côté du micro-organisme. Les surfaces recouvertes de métal diffractent les électrons et apparaissent sur les photos tandis que les parties non métallisées et les ombres portées sont foncées (**figure 2.24**). L'échantillon apparaît comme illuminé et formant une ombre. La technique est particulièrement utile dans l'étude de la morphologie des virus, des flagelles bactériens et des plasmides (*voir chapitre 13*).

Le microscope électronique à transmission permet aussi de révéler la forme des organites à l'intérieur des micro-organismes, si les échantillons sont préparés par la technique de **cryodécapage**. Les cellules sont rapidement congelées dans de l'azote liquide et portées à -100°C sous vide. Ensuite, à l'aide d'un couteau pré-refroidi à l'azote liquide (-196°C), on fracture les cellules congelées qui sont très fragiles et qui cassent le long des lignes de plus grande fragilité, habituellement le milieu des membranes internes (**figure 2.25**). L'échantillon est laissé sous vide pendant une minute ou plus pour qu'une partie de la glace puisse sublimer et découvrir plus de détails structuraux (parfois cette étape de décapage est supprimée). Enfin, les surfaces exposées sont ombrées et recouvertes de couches de platine et de carbone afin d'obtenir une

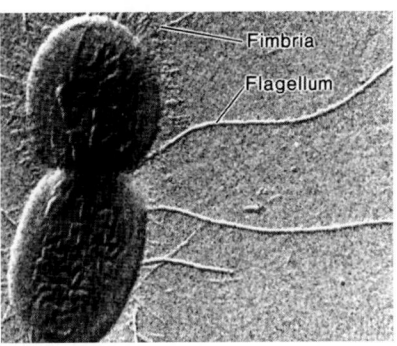

(a)

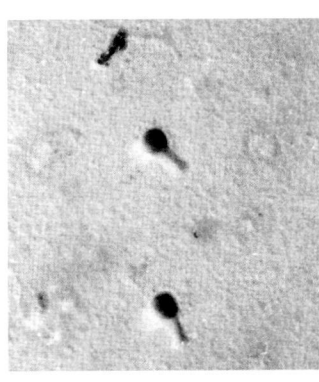

(b)

Figure 2.24 Observation d'échantillons au microscope électronique à transmission après ombrage. Exemples d'échantillons vus au microscope électronique à transmission après ombrage à l'uranium. (**a**) *Proteus mirabilis* (x 42.750) ; notez les flagelles et les fimbriae. (**b**) Coliphage T4 (x 72.000).

empreinte de la surface. Après avoir enlevé chimiquement l'échantillon, la réplique est analysée au microscope électronique à transmission, elle fournira une vue très détaillée, en trois dimensions de la structure intracellulaire (**figure 2.26**). Un avantage de cette technique est qu'elle minimise le danger d'artéfacts. En effet, les cellules sont rapidement congelées au lieu d'être soumises à une fixation chimique, à une déshydratation et à une inclusion dans du plastique.

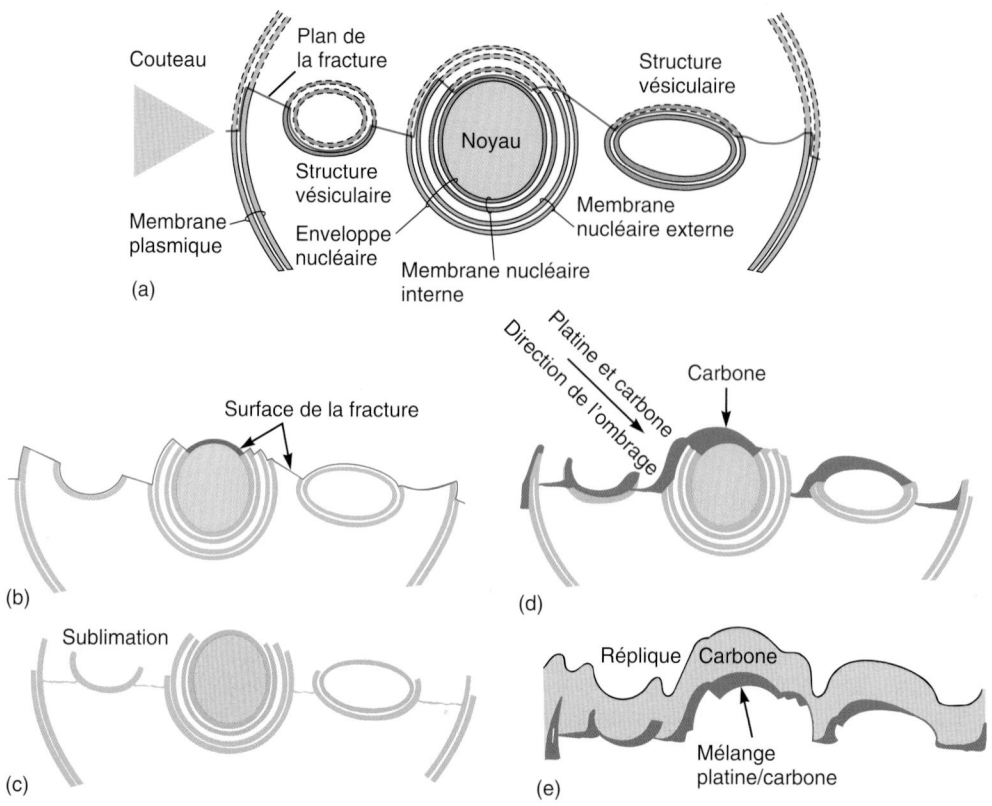

Figure 2.25 La technique de cryo-décapage. Dans les étapes *a* et *b*, une cellule eucaryote congelée est fracturée à l'aide d'un couteau froid. Le décapage par sublimation est décrit en *c*. L'ombrage à l'aide de platine et de carbone et la formation de la réplique sont montrés en *d* et *e*. Voir le texte pour les détails.

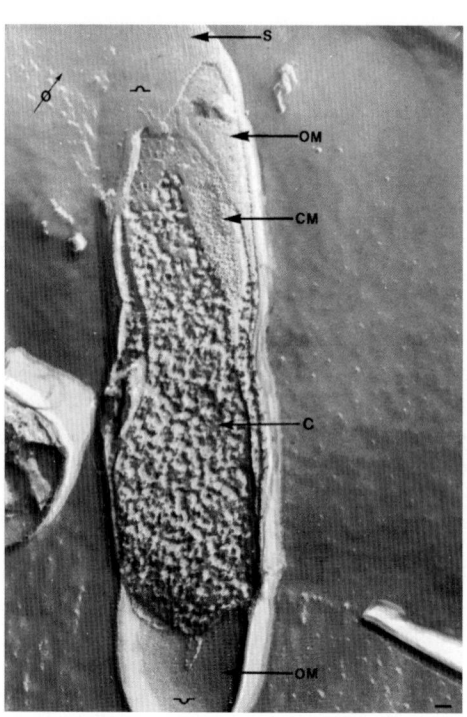

Figure 2.26 Exemple de cryodécapage. Une préparation par cryodécapage de la bactérie *Thiobacillus kabobis*. Notez les différences de structure entre la surface externe, *S* ; la membrane externe de la paroi cellulaire, *OM* ; la membrane cytoplasmique, *CM* ; et le cytoplasme, *C*. Barre = 0,1 μm.

Le microscope électronique à balayage

Les microscopes décrits précédemment forment une image à partir d'une radiation qui traverse l'échantillon. Plus récemment, le **microscope électronique à balayage** a été utilisé pour examiner en détail la surface des micro-organismes. De nombreux instruments ont une résolution de 7 nm ou moins. Le microscope électronique à balayage diffère des autres microscopes électroniques, il produit une image à partir des électrons réfractés par la surface de l'objet plutôt qu'à partir des électrons transmis.

La préparation des échantillons est très facile et dans certains cas, du matériel séché à l'air peut être directement examiné. Le plus souvent, cependant, les micro-organismes doivent d'abord être fixés, déshydratés et séchés pour préserver la structure de la surface et empêcher la destruction des cellules quand elles sont exposées au vide poussé du microscope. Avant d'être observés, les échantillons séchés sont montés et enduits d'une fine couche de métal pour éviter l'accumulation d'une charge électrique à la surface et pour obtenir une meilleure image.

Dans le cas du microscope électronique à balayage, un faisceau effilé d'électrons balaie la surface de l'échantillon (**figure 2.27**). Quand le rayon touche une surface particulière, les atomes à la surface émettent un minuscule rayon d'électrons appelés électrons secondaires, ceux-ci sont recueillis par un détecteur spécial. Les électrons secondaires entrant dans le détecteur atteignent un scintillateur qui va émettre de la lumière, celle-ci sera transformée en courant électrique et amplifiée grâce à un photomultiplicateur. Le signal est envoyé dans un tube cathodique et produit une image qui peut être vue et photographiée comme une image télévisée.

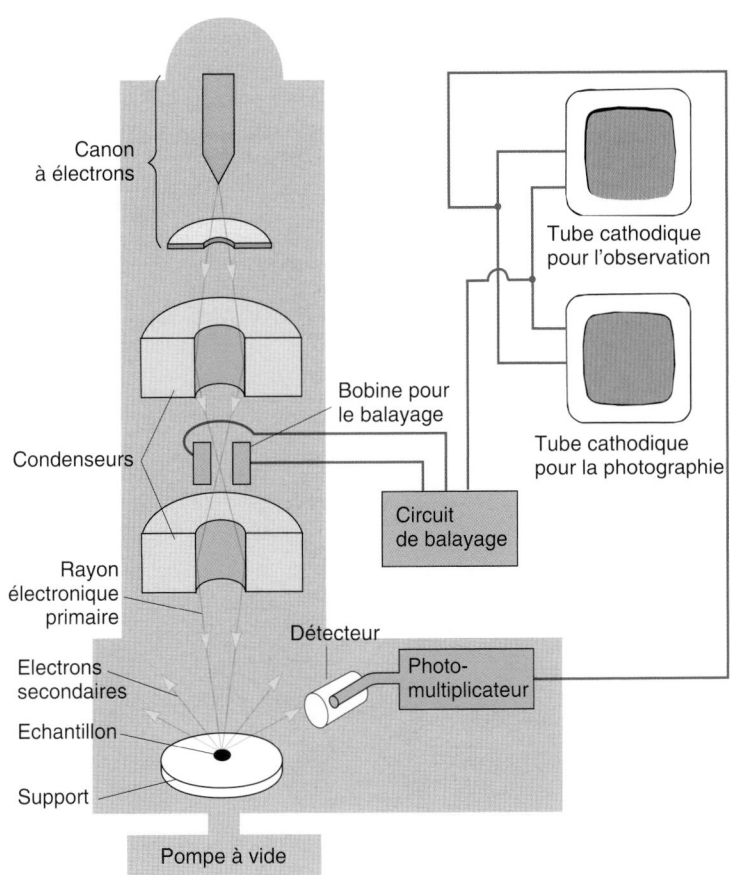

Figure 2.27 Le microscope électronique à balayage.

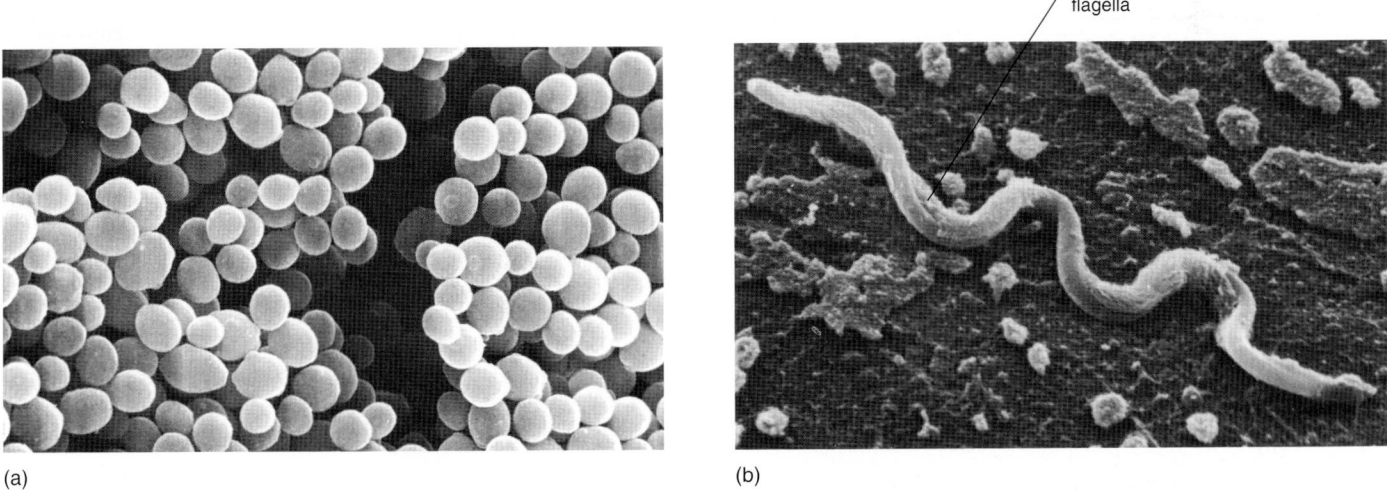

(a)   (b)

Figure 2.28 Images de bactéries au microscope électronique à balayage. (a) *Staphylococcus aureus* (x 32.000). **(b)** *Cristispira*, un spirochète de l'huître *Ostrea virginica*. Les fibrilles axiales ou flagelles périplasmiques sont visibles autour du cylindre protoplasmique (x 6.000).

Le nombre d'électrons secondaires qui atteignent le détecteur dépend de la nature de la surface de l'échantillon. Quand un faisceau d'électrons atteint une aspérité, des électrons secondaires en grand nombre entrent dans le détecteur ; au contraire, moins d'électrons s'échappent d'une dépression à la surface de l'échantillon et atteignent le détecteur. Ainsi, les aspérités apparaissent plus claires sur l'écran et les dépressions plus foncées. Il en résulte une image tridimensionnelle de la surface du micro-organisme avec une grande profondeur de champ (**figure 2.28**). On peut aussi observer la localisation réelle *in situ* de micro-organismes dans des niches écologiques telles que la peau humaine ou le revêtement intestinal.

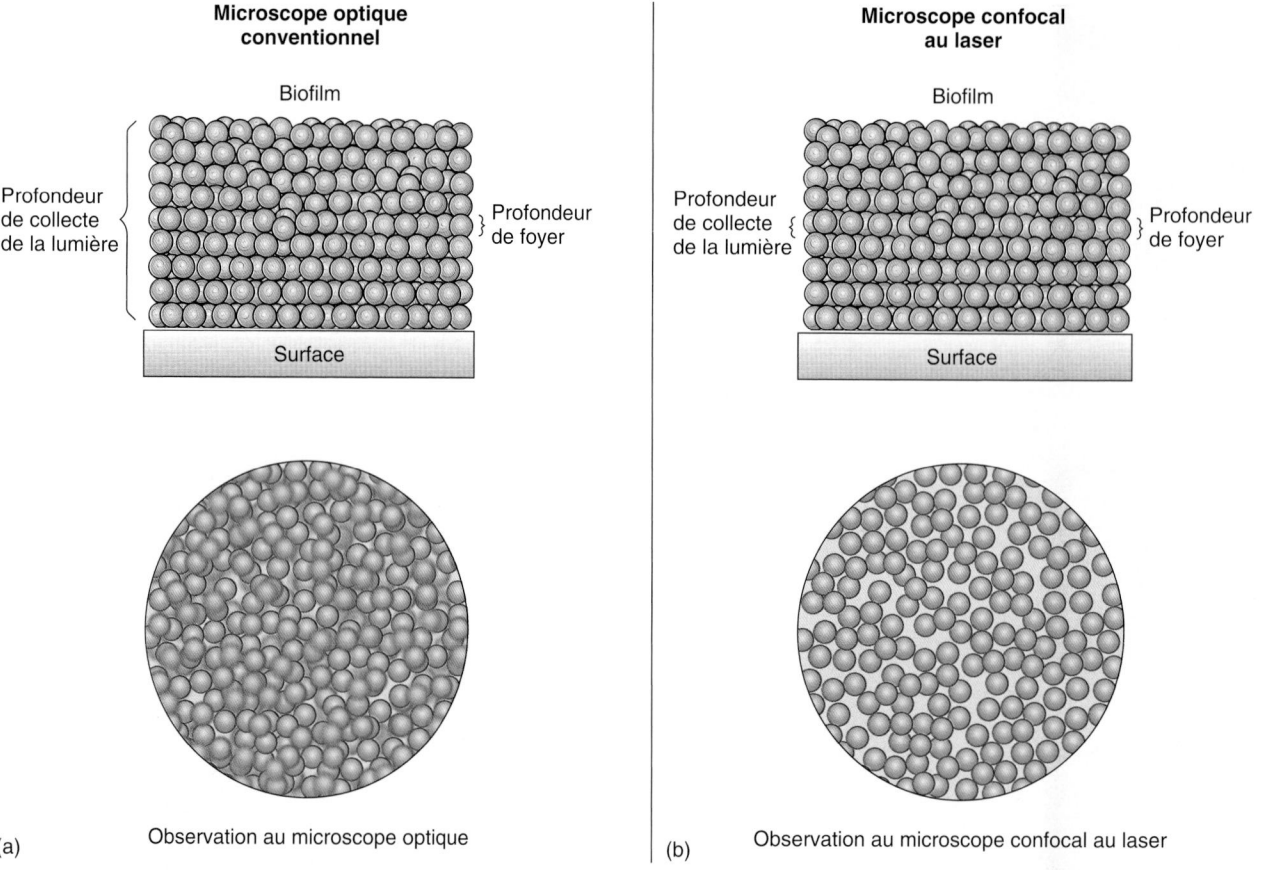

Figure 2.29 Microscopie confocale au laser. Profondeur de collecte de la lumière et netteté de l'image. (**a**) Observation au microscope optique conventionnel. (**b**) Observation au microscope confocal au laser.

1. Pourquoi le microscope électronique à transmission a-t-il une plus grande résolution que le microscope optique ? Décrivez comment fonctionne le microscope électronique à transmission.

2. Décrivez la façon dont sont préparés les échantillons pour pouvoir être observés au microscope électronique à transmission. Expliquez la coloration négative, l'ombrage et la technique de cryodécapage.

3. Comment fonctionne le microscope électronique à balayage et en quoi diffère-t-il du microscope électronique à transmission ? Quel aspect de la morphologie étudie-t-on avec le microscope électronique à balayage ?

2.5 Les nouvelles techniques de microscopie

La microscopie confocale

Le microscope conventionnel qui utilise une lumière avec différentes longueurs d'onde et éclaire une surface importante de l'échantillon, aura une profondeur de champ relativement élevée. Même si elles ne sont pas bien au point, on verra les images des bactéries situées à tous les niveaux du champ, ce qui incluera les bactéries au-dessus, dans et en-dessous du plan focal (**figure 2.29**). L'image résultante pourra donc être brouillée, confuse et encombrée.

La solution de ce problème est la **microscopie confocale à balayage et au laser** ou plus simplement microscopie confocale. Ce sont généralement des échantillons rendus fluorescents qui sont examinés. Un rayon laser focalisé touche un point de l'échantillon (**figure 2.30**). La lumière provenant du point illuminé est focalisée par un objectif sur un plan au-dessus de cet objectif. Une ouverture, au-dessus de l'objectif, bloque alors tous les rayons venant des parties de l'échantillon inférieures et supérieures au plan focal. Le laser balaie un plan du spécimen (balayage du faisceau) ou bien le porte-spécimen est déplacé (balayage du plateau) ; un détecteur mesure l'illumination de chaque point et fournit l'image d'une coupe optique. Si de nombreuses coupes optiques sont ainsi « scannées », elles pourront être combinées par un ordinateur et former une image en trois dimensions à partir de données numériques. Cette image peut être mesurée et analysée de façon quantitative.

Le microscope confocal améliore les images de deux façons : d'abord, l'illumination d'un point à un moment réduit l'interférence de la lumière diffractée par le reste de l'échantillon ; ensuite, comme on l'a dit, l'ouverture au-dessus de l'objectif bloque tous les rayons parasites. En conséquence, le contraste et la résolution de l'image sont excellents. On peut observer directement une tranche de 1 μm ou moins dans une préparation épaisse. Avec des programmes spéciaux, l'ordinateur crée des images tridimensionnelles de haute résolution de structures cellulaires ou de spécimens complexes comme des biofilms (**figure 2.31**).

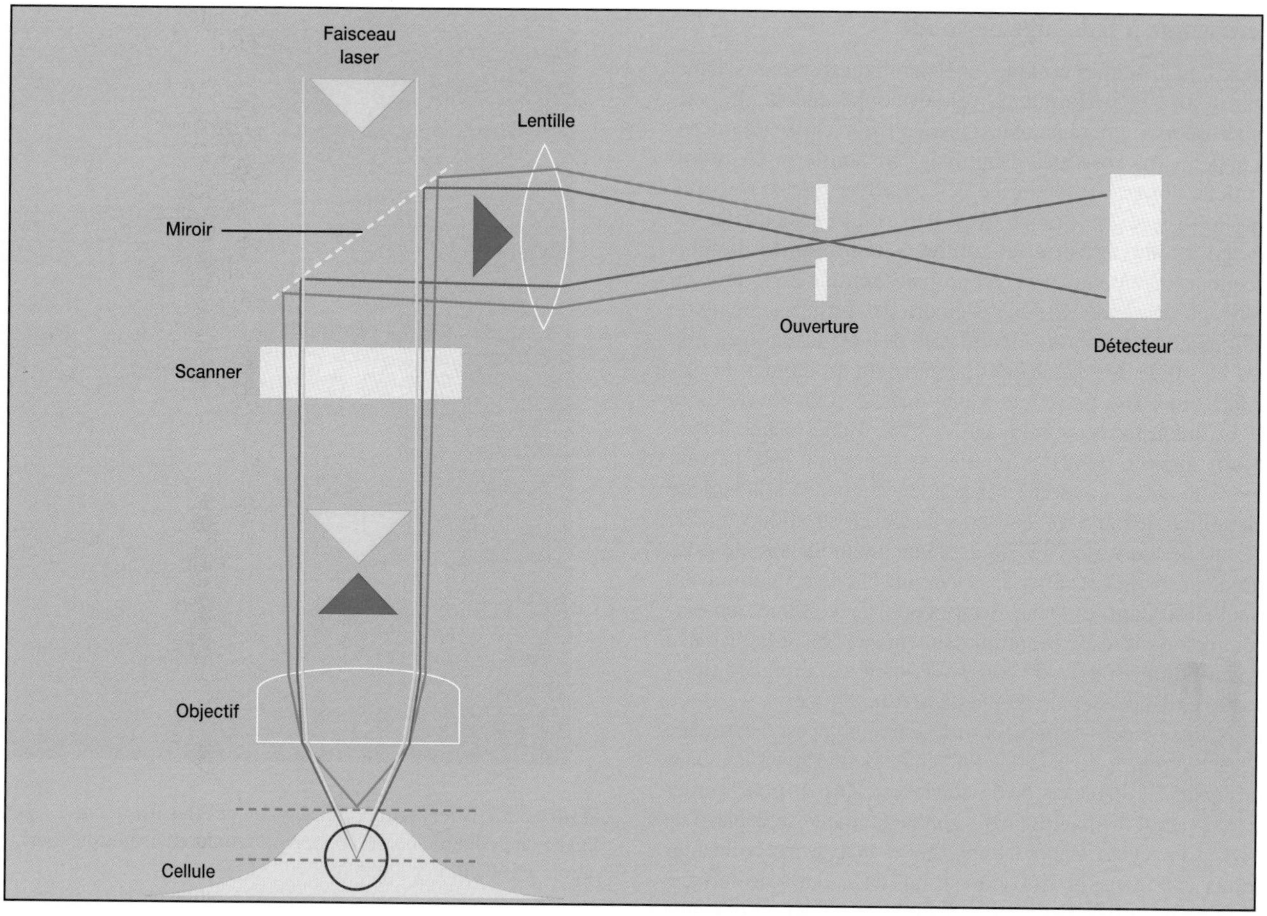

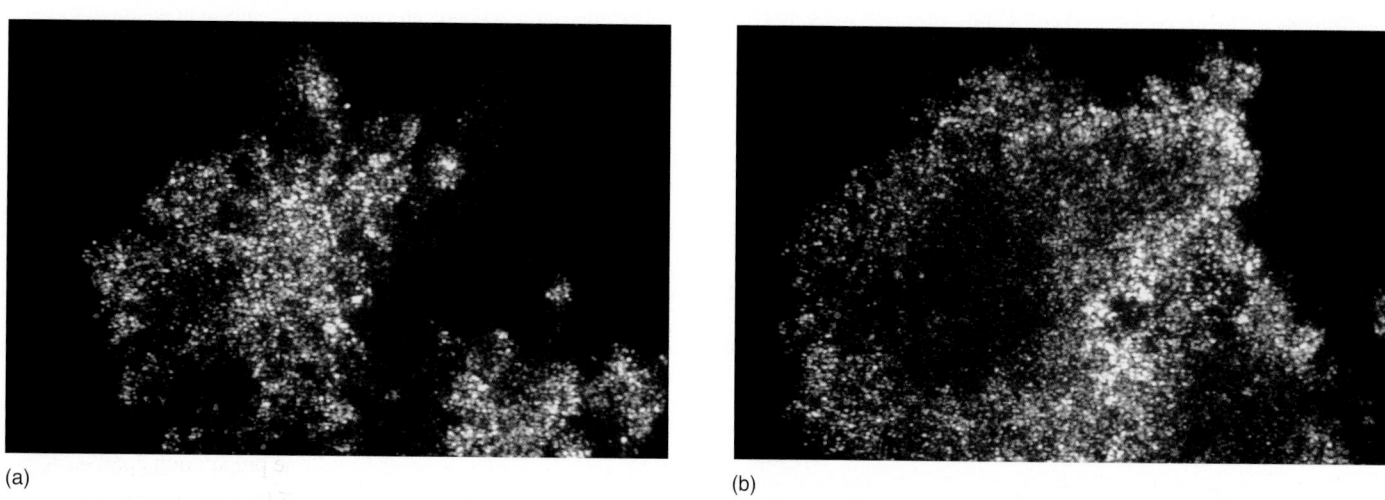

Figure 2.30   Trajet du rayon dans un microscope confocal à balayage et au laser. Les lignes jaunes représentent le faisceau laser éclairant. Les lignes rouges symbolisent la lumière provenant du plan focal et les lignes bleues indiquent la lumière provenant de l'échantillon au-dessus et au-dessous du plan focal. Voir texte pour plus d'explications.

Figure 2.31   Images confocales à différentes profondeurs sous le sommet d'un biofilm. (a) 20 µm. **(b)** 40 µm. Chacune de ces images qui combinent fluorescence et réflexion, a une profondeur de 2 µm et montre des billes traceuses à fluorescence rouge.

La microscopie à balayage de sonde

Bien que les microscopes optiques et électroniques soient devenus très sophistiqués et performants, on développe encore de nouveaux microscopes puissants. Ainsi une nouvelle classe de microscopes, appelés **microscopes à balayage de sonde** (**« scanning probe microscopes »**) détermine les caractères de surface en balayant la surface de l'objet avec une sonde ponctuelle. Le **microscope à balayage et effet tunnel** (**« scanning tunneling-microscope »**) inventé en 1980 est un bon exemple de microscope à balayage de sonde. Il peut atteindre des grossissements de 100 millions et permet aux scientifiques de voir les atomes à la surface d'un solide. Les électrons qui entourent les atomes de surface se dirigent ou se projettent à une distance très courte de la surface. Le microscope à balayage et effet tunnel a une sonde comme une aiguille dont l'extrémité est si pointue que souvent elle n'est faite que d'un atome. La sonde est amenée à la surface de l'échantillon jusqu'à ce que son nuage électronique touche celui des atomes de surface. Si on applique un faible voltage entre la pointe de la sonde et l'objet, les électrons circuleront au travers d'un canal étroit dans le nuage électronique. Ce courant « en tunnel » comme on dit, est extraordinairement sensible à la distance et diminuera d'environ 1.000 fois si la sonde est éloignée de la surface d'une distance égale au diamètre d'un atome.

La disposition des atomes à la surface de l'objet est déterminée en déplaçant la pointe de la sonde tout en la maintenant à une hauteur constante. La distance de la sonde est ajustée pour garder constant le courant formant tunnel. Comme la pointe se déplace de haut en bas, son déplacement est enregistré et analysé par ordinateur pour donner une image en trois dimensions des atomes de surface. Cette carte de la surface peut être visualisée sur écran ou dessinée sur papier. La résolution est tellement élevée qu'on observe facilement les atomes individuellement. Gerd Binnig et Heinrich Rohrer, les inventeurs de ce microscope, reçurent le prix Nobel de physique en 1986 pour leurs travaux, en même temps que Ernst Ruska, créateur du premier microscope électronique à transmission.

Le microscope électronique à balayage et effet tunnel sera certainement très important en biologie. Il a déjà été utilisé pour visualiser directement l'ADN (**figure 2.32**). Comme ce microscope peut examiner des objets immergés dans l'eau, il sera particulièrement utile à l'étude des molécules biologiques.

Plus récemment, un second type de microscope à balayage de sonde a été développé. Le **microscope atomique** (**« atomic force microscope »**) déplace une sonde effilée à la surface de l'échantillon tout en maintenant constante la distance entre la pointe de la sonde et cette surface. Ceci se fait en exerçant une très légère force sur la pointe juste assez pour maintenir la distance mais pas trop forte pour ne pas endommager la surface. Le mouvement vertical de la pointe est suivi par la mesure de la déflexion d'un rayon laser

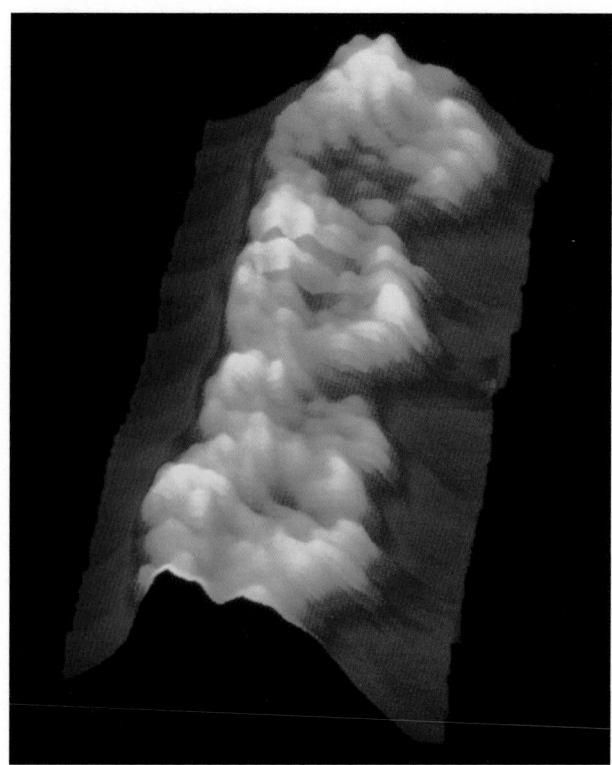

Figure 2.32 Microscopie à balayage et effet tunnel de l'ADN. Image de la double hélice d'ADN montrant environ trois tours (coloration artificielle) (x 2.000.000).

envoyé sur le levier portant la sonde. Au contraire du microscope à balayage et effet tunnel, le microscope atomique peut servir à l'étude de surfaces qui ne conduisent pas bien l'électricité. Le microscope atomique a été utilisé pour étudier les interactions entre les protéines chaperones de *E. coli*, GroES et GroEL, la séquence de plasmides par localisation d'enzymes de restriction fixés à des sites spécifiques, ainsi que le comportement de bactéries et d'autres cellules vivantes.

1. Comment fonctionne un microscope confocal et pourquoi fournit-il de meilleures images d'échantillons épais qu'un microscope courant ?

2. Décrivez brièvement le microscope à balayage de sonde et ses deux versions les plus utilisées : le microscope à balayage et effet tunnel et le microscope atomique. Dans quel but emploie-t-on ces microscopes ?

Résumé

1. Si un rayon lumineux passe de l'air dans du verre ou vice versa, il est dévié selon un processus appelé réfraction. Les lentilles focalisent les rayons lumineux en un point, le foyer, et agrandissent les images (**figure 2.2**).

2. Dans un microscope composé comme le microscope à fond clair, l'image réelle est formée par un objectif et agrandie par un oculaire pour donner l'image virtuelle (**figure 2.3**).

3. Un condenseur dirige un cône de lumière sur l'échantillon.

4. La résolution du microscope augmente quand la longueur d'onde de la radiation utilisée pour éclairer l'échantillon diminue. La résolution maximale d'un microscope optique est d'environ 0,2 μm.

5. Le microscope à fond noir utilise la lumière réfractée pour former une image de sorte que les objets sont éclairés tandis que le champ est noir (**figure 2.7**).

6. Le microscope à contraste de phase convertit les différences d'indice de réfraction et de densité cellulaire en différences d'intensité lumineuse et ainsi rend visibles des cellules non colorées (**figure 2.9**).

7. Le microscope interférentiel utilise deux rayons lumineux pour donner des images tri-

dimensionnelles très contrastées d'échantillons vivants.

8. Le microscope à fluorescence éclaire un échantillon marqué par un fluorochrome et forme une image à partir de la lumière fluorescente émise (**figure 2.12**).

9. Les échantillons doivent habituellement être fixés et colorés avant d'être observés au microscope à fond clair.

10. La plupart des colorants sont soit des colorants basiques chargés positivement, soit des colorants acides chargés négativement. Ils se lient aux parties ionisées des cellules.

11. Dans la coloration simple, un seul colorant est utilisé pour colorer les micro-organismes.

12. Les techniques de coloration différentielle comme la coloration de Gram ou de l'acido-alcoolo-résistance, permettent de différencier des groupes de micro-organismes.

13. Certaines techniques de coloration sont spécifiques de structures particulières telles que les capsules bactériennes, les flagelles et les endospores.

14. Le microscope électronique à transmission utilise des lentilles magnétiques pour former une image à partir des électrons qui traversent une coupe très fine d'un échantillon (**figure 2.23**). La résolution est élevée parce que la longueur d'onde du faisceau d'électrons est très courte.

15. On peut augmenter le contraste des coupes fines à l'aide de solutions de métaux lourds comme l'osmium, l'uranium et le plomb.

16. Les échantillons sont aussi préparés pour le microscope électronique à transmission par coloration négative, ombrage métallique ou cryodécapage.

17. Le microscope électronique à balayage est utilisé pour étudier les caractéristiques de la surface externe des micro-organismes (**figure 2.27**).

18. Le microscope confocal (**figure 2.29**) sert à l'étude des spécimens épais et complexes. Les microscopes à balayage de sonde peuvent visualiser des molécules et des cellules.

Mots-clés

coloration de Gram *28*
colorant acide *27*
colorant basique *27*
coloration acido-alcoolo-résistante *28*
coloration des spores *30*
coloration des flagelles *30*
coloration négative *28*
coloration simple *28*
compensateur *20*
condenseur *19*
cryodécapage *33*
distance de travail *21*
distance focale *18*

fixation *27*
fluorochrome *25*
foyer *18*
groupe chromophore *27*
indice de réfraction *18*
lumière fluorescente *25*
microscope à balayage de sonde *38*
microscope à contraste de phase *22*
microscope à effet tunnel et à balayage *38*
microscope à fluorescence *25*
microscope à fond clair *19*
microscope à fond noir *22*
microscope atomique *38*

microscope confocal *36*
microscope électronique à balayage *34*
microscope électronique à transmission *30*
microscope interférentiel *25*
mordant *28*
objectif *19*
oculaire *19*
ombrage *33*
ouverture numérique *20*
réfraction *18*
résolution *20*
technique de coloration différentielle *28*

Questions de révision

1. Comment sont formées les images réelles et virtuelles dans un microscope optique ? Quelle est celle que voit l'observateur ?

2. Si on observe un échantillon au microscope en utilisant un objectif 43 x et un oculaire 15 x, de combien de fois l'image sera-t-elle agrandie ?

3. Pourquoi n'utilise-t-on pas un oculaire de 30 x avec la plupart des microscopes optiques pour obtenir un grossissement plus fort ?

4. Décrivez les deux modes principaux de fixation. Lequel utiliseriez-vous pour des bactéries ? des protozoaires ?

5. Pourquoi les colorants basiques sont-ils plus efficaces dans des conditions alcalines ?

6. Dans le procédé de coloration de Gram, quelle étape peut-on omettre sans perdre la capacité de distinguer les bactéries Gram-positives des négatives ? Pourquoi ?

7. Pourquoi doit-on utiliser le microscope électronique à transmission avec un vide poussé et des coupes ultra-fines ?

8. Les échantillons sont souvent enrobés de paraffine avant d'en faire des coupes lors de l'utilisation du microscope optique. Pourquoi ne peut-on utiliser cette technique pour préparer des échantillons à examiner au microscope électronique à transmission ?

9. Quand est-il souhaitable de préparer les échantillons pour le microscope électronique à transmission en utilisant la coloration négative ? l'ombrage ? le cryodécapage ?

10. Comparez les microscopes décrits dans ce chapitre — à fond clair, à fond noir, à contraste de phase, interférentiel, à fluorescence, électronique à transmission, électronique à balayage, confocal et à balayage de sonde — en terme d'images données et d'usages les plus fréquents.

11. Décrivez en bref comment fonctionne le microscope à balayage de sonde. Quand l'utilise-t-on ? Distinguez les deux types de balayage de sonde sur base de leur fonctionnement.

12. Faites un tableau résumant les avantages de chaque type de microscope décrit dans ce chapitre.

Questions de réflexion

1. Vous préparez un échantillon pour la microscopie optique ; vous le colorez à la coloration de Gram, mais vous ne voyez rien lorsque vous l'examinez au microscope optique. Citez les erreurs que vous pouvez avoir faites ?

2. Trouvez dans un article de journal une image prise au microscope optique, ou électronique à balayage ou électronique à transmission ou confocal. Voyez pourquoi cette figure est incluse dans l'article et pourquoi le type de microscopie utilisé était la méthode de choix. Qu'auriez-vous aimé voir comme autres figures dans cette étude ? Décrivez la façon dont les chercheurs auraient dû procéder pour obtenir ces images.

Lectures complémentaires

Généralités

Boatman, E. S., Berns, M. W., Walter, R. J., et Foster, J. S. 1987. Today's microscopy. *BioScience* 37(6):384–94.

Clark, G. L. 1961. *The encyclopedia of microscopy.* New York: Van Nostrand Reinhold.

Gerhard, P., Murray, R. G. E., Wood, W. A., et Krieg, N. R., éds. 1994. *Methods for general and molecular bacteriology.* Washington, D.C.: American Society for Microbiology.

Rochow, T. G. 1994. *Introduction to microscopy by means of light, electrons, X-rays, or acoustics.* New York: Plenum.

Slayter, E. M. 1992. *Light & electron microscopy.* New York: Cambridge University Press.

2.2   Le microscope optique

Bradbury, S. 1997. *Introduction to light microscopy,* 2e éd. New York: Springer-Verlag.

Cosslett, V. E. 1966. *Modern microscopy or seeing the very small.* Ithaca, N.Y.: Cornell University Press.

Perkins, G. A., et Frey, T. G. 2000. Microscopy, optical. In *Encyclopedia of microbiology,* 2e éd., vol. 3, J. Lederberg, éd., 288–306. San Diego: Academic Press.

Rawlins, D. J. 1992. *Light microscopy.* Philadelphia: Coronet Books.

2.3   Préparation et coloration des échantillons

Clark, G. L., éd.. 1973. *Staining procedures used by the Biological Stain Commission,* 3e éd. Baltimore: Williams & Wilkins.

Gray, Peter. 1964. *Handbook of basic microtechnique,* 3e éd. New York: McGraw-Hill.

Lillie, R. D. 1969. *H. J. Conn's biological stains,* 8e éd. Baltimore: Williams & Wilkins.

Scherrer, Rene. 1984. Gram's staining reaction, Gram types and cell walls of bacteria. *Trends Biochem. Sci.* 9:242–45.

2.4   Le microscope électronique

Koval, S. F., et Beveridge, T. J. 2000. Microscopy, electron. In *Encyclopedia of microbiology,* 2e éd., vol. 3, J. Lederberg, éd., 276–87. San Diego: Academic Press.

Meek, G. A. 1976. *Practical electron microscopy for biologists,* 2e éd. New York: John Wiley and Sons.

Postek, M. T., Howard, K. S., Johnson, A. H., et McMichael, K. L. 1980. *Scanning electron microscopy: A student's handbook.* Burlington, Vt.: Ladd Research Industries.

Wischnitzer, S. 1981. *Introduction to electron microscopy,* 3e éd. New York: Pergamon Press.

2.5   Nouvelles techniques de microscopie

Binnig, G., et Rohrer, H. 1985. Le microscope à balayage à effet tunnel. *Pour la Sciences* 96, 22-29..

Kotra, L. P., Amro, N. A., Liu, G.-Y., et Mobashery, S. 2000. Visualizing bacteria at high resolution. *ASM News* 66(11):675–81.

Louder, D. R., et Parkinson, B. A. 1995. An update on scanning force microscopies. *Analytical Chemistry* 67(9):297–303.

Matsumoto, B., et Kramer, T. 1994. Theory and applications of confocal microscopy. *Cell vision* 1(3):190–98.

Perkins, G. A., et Frey, T. G. 2000. Microscopy, confocal. In *Encyclopedia of microbiology,* 2e éd., vol. 3, J. Lederberg, éd., 264–75. San Diego: Academic Press.

Weiss, P. 1998. Atom tinkerer's paradise. *Science News* 154:268–70.

Wickramasinghe, H. K. 1989. Les microscopes à sonde locale. *Pour la Science* 146, 42-49.

CHAPITRE 3

La cellule procaryote :
structures et fonctions

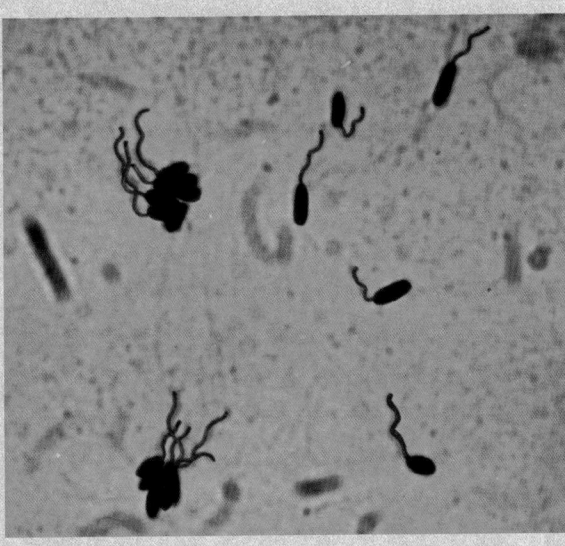

Les espèces bacté-
riennes peuvent diffé-
rer par le mode de dis-
tribution des flagelles.
Ces cellules de
Pseudomonas ont un
flagelle unique, polai-
re, servant à la loco-
motion.

Plan

Concepts

1. Les bactéries sont très petites et leur structure est
très simple quand on la compare à celle des
eucaryotes et pourtant elles ont souvent des
formes et des tailles caractéristiques.

2. Bien qu'elles aient la membrane plasmique
nécessaire à toute cellule vivante, les bactéries
n'ont généralement pas de système membranaire
interne complexe.

3. Le cytoplasme contient plusieurs organites qui
ne sont pas inclus dans une membrane : les corps
d'inclusion, les ribosomes et le nucléoïde avec
son matériel génétique.

4. La paroi de la cellule procaryote est presque toujours constituée de peptidoglycane, elle est chimiquement et morphologiquement complexe. La
plupart des bactéries peuvent être divisées en
bactéries Gram-positives et négatives sur base de
la structure de leur paroi cellulaire et de leur
réponse à la coloration de Gram.

5. Certaines structures comme les capsules et les
fimbriae sont localisées à l'extérieur de la paroi
cellulaire. Une de celles-ci, le flagelle, est utilisée par de nombreuses bactéries comme une
hélice pour se diriger vers des substances attractives et s'éloigner de substances répulsives.

6. Certaines bactéries forment des endospores résistantes qui survivent dans un état dormant, à des
conditions sévères de l'environnement.

> *L'époque où les scientifiques considéraient les bactéries comme de petits sacs remplis d'enzymes est révolue depuis longtemps.*
>
> — *Howard J. Rogers*

L'examen même superficiel du monde microbien montre que les bactéries sont un des groupes les plus importants quel que soit le critère utilisé : nombre des organismes, importance écologique ou importance pratique pour les hommes. En outre, la plus grande partie de notre compréhension des phénomènes en biochimie et en biologie moléculaire vient de la recherche sur les bactéries. Bien qu'une large place soit donnée aux micro-organismes eucaryotes, notre sujet principal reste les procaryotes ou bactéries. Ce chapitre sur la morphologie microbienne commence donc avec la structure des procaryotes.

Comme on l'a vu au chapitre 1 (p. 11), il existe deux groupes très différents de procaryotes : les bactéries et les archéobactéries. Ce chapitre traite de la morphologie des bactéries, le chapitre 20 sera consacré à la structure et la composition des archéobactéries. À propos de nomenclature, il faut dire que le terme procaryote sera utilisé au sens large, incluant bactéries et archéobactéries. Les eucaryotes, les procaryotes et la composition du monde microbien (pp. 11 ; 91-92). Les archéobactéries (pp. 450-65)

3.1   Vue d'ensemble de la structure de la cellule procaryote

Puisque la plus grande partie de ce chapitre discute des différentes parties de la cellule, nous commencerons par une vue d'ensemble de la cellule procaryote.

Taille, forme et arrangement

On pourrait s'attendre à ce que la taille et la forme d'organismes de petites dimensions et relativement simples comme les bactéries ne varient pas. Cependant, s'il est vrai que de nombreuses bactéries sont semblables, elles présentent une remarquable diversité génétique et écologique. (**figures 3.1** et **3.2** ; voir aussi *figures 2.8 et 2.15*). Les types les plus importants de morphologie sont décrits dans ce chapitre et des variants intéressants sont signalés dans la description des bactéries (*voir chapitres 20-24*).

Les bactéries les plus communes ont deux formes. Les **coques** sont à peu près sphériques. Ils peuvent exister en tant que cellules individuelles, mais sont aussi associés en arrangements

Figure 3.1 Bactéries représentatives Des cultures bactériennes colorées, comme on les voit au microscope optique. (**a**) *Staphylococcus aureus*. Remarquez les sphères Gram-positives en amas irréguliers. Coloration de Gram (x 1.000). (**b**) *Enterococcus faecalis*. Notez les coques disposées en chaînes ; contraste de phase (x 200). (**c**) *Bacillus megaterium*, bactéries en forme de bâtonnets disposés en chaînes. Coloration de Gram (x 600).(**d**) *Rhodospirillum rubrum*. Contraste de phase (x 500). (**e**) *Vibrio cholerae*. Bâtonnets incurvés avec des flagelles polaires (x 1.000).

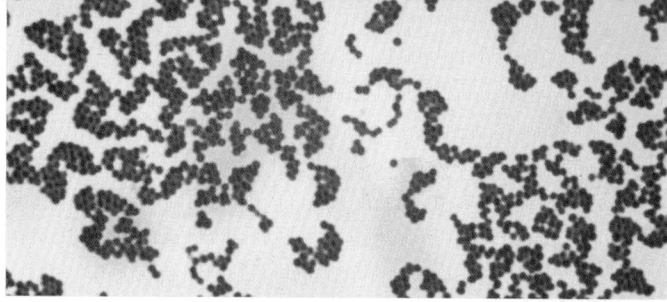

(a)

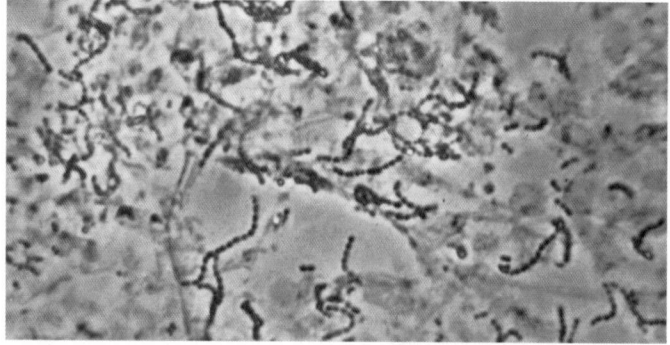

(b)

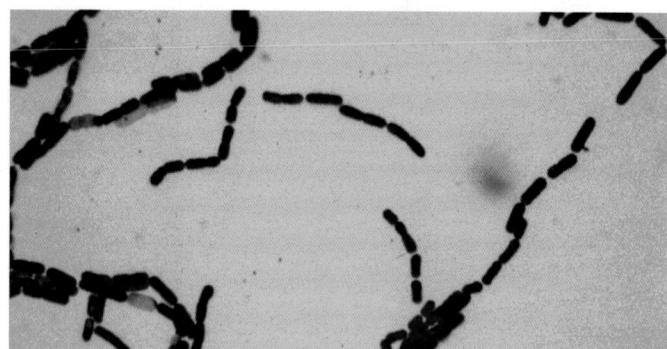

(c)

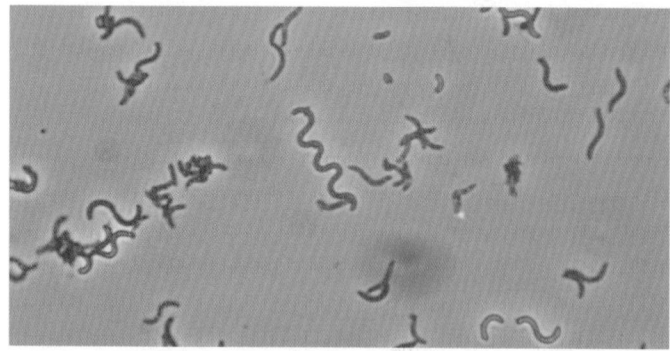

(d)

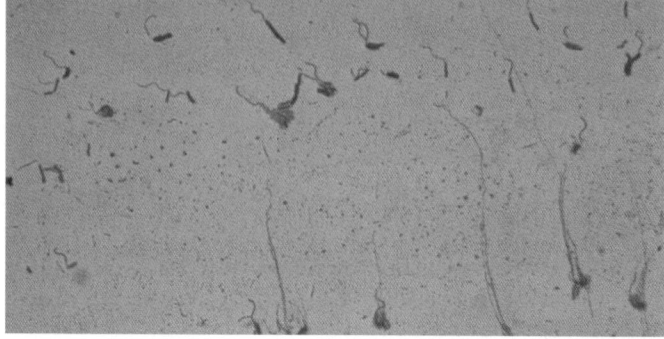

(e)

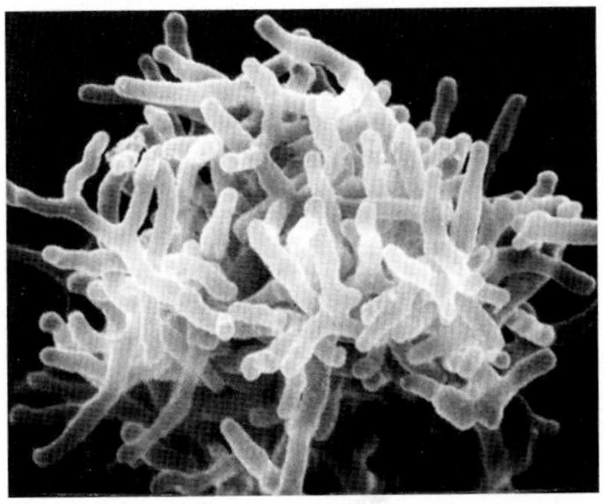

(a)

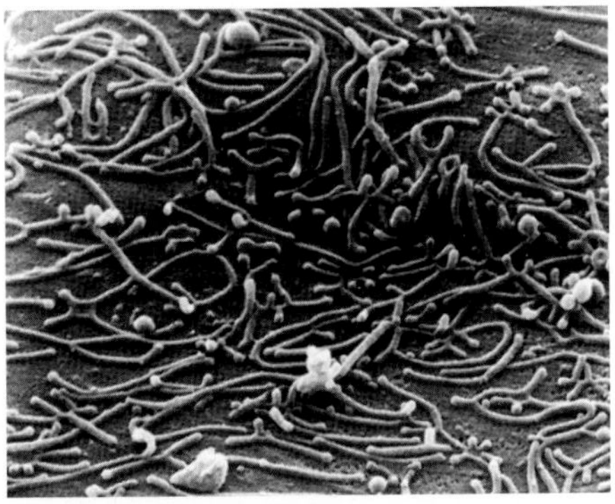

(b)

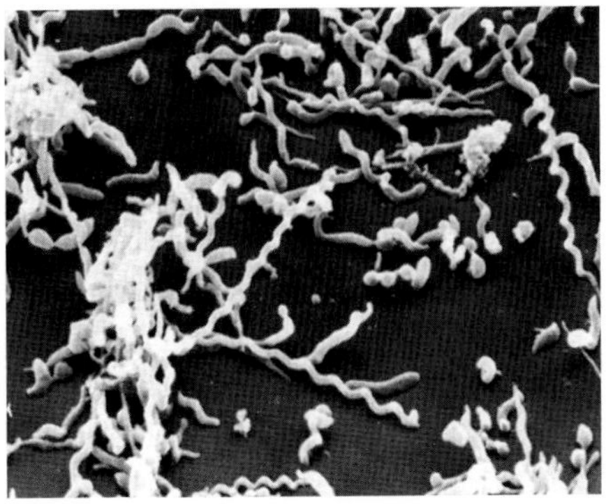

(c)

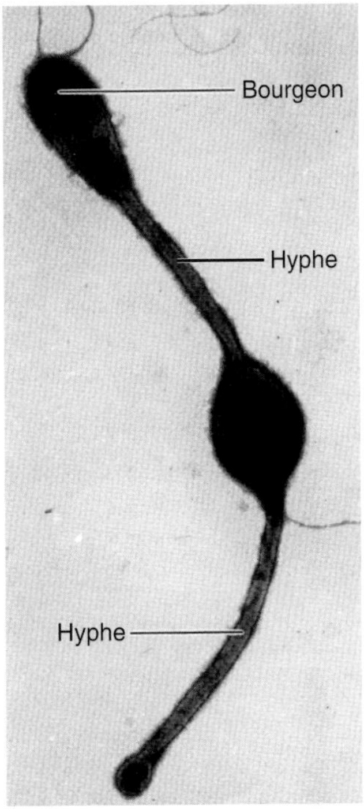

Bourgeon

Hyphe

Hyphe

(d)

2 μ

(e)

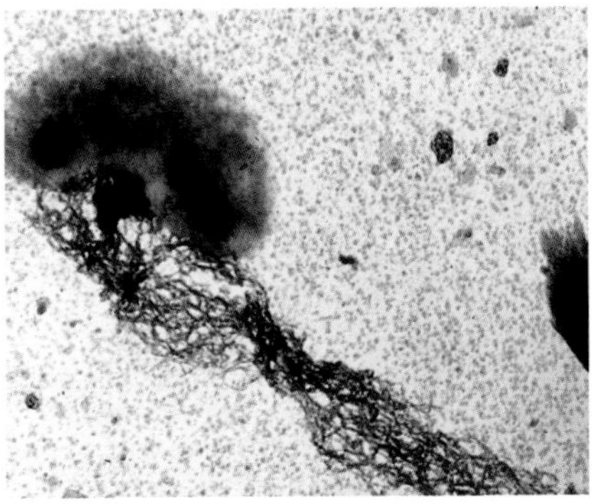

(f)

Figure 3.2 Bactéries de forme inhabituelle. Exemples de bactéries ayant des formes très différentes des bâtonnets ou des coques. (**a**) *Actinomyces*, microscopie électronique à balayage (x 21.000).(**b**) *Mycoplasma pneumoniae*, microscopie électronique à balayage (x 62.000). (**c**) *Spiroplasma*, microscopie électronique à balayage (x 13.000). (**d**) *Hyphomicrobium*, avec un bourgeon, image au microscope électronique après coloration négative. (**e**) La bactérie carrée de Walsby. (**f**) *Gallionella ferruginea*, avec un pedoncule.

caractéristiques qui sont souvent utiles pour leur identification. Les **diplocoques** se forment quand les coques se divisent et restent ensemble pour former des paires (*Neisseria : voir figure 2.15d*). De longues chaînes de coques se forment quand les cellules restent attachées après plusieurs divisions dans un plan ; ce type d'arrangement se rencontre dans les genres *Streptococcus, Enterococcus* et *Lactococcus* (figure 3.1*b*). *Staphylococcus* se divise pour former des groupes irréguliers de cellules comme une grappe de raisins (figure 3.1*a*). Des divisions dans deux ou trois plans peuvent produire des amas symétriques de coques. Les membres du genre *Micrococcus* se divisent souvent selon deux plans pour donner des groupes carrés de quatre cellules appelés **tétrades**. Dans le genre *Sarcina*, les coques se divisent suivant trois plans produisant des agglomérats cubiques de huit cellules.

L'autre forme habituelle de bactéries est celle d'un **bâtonnet** souvent appelé **bacille**. *Bacillus megaterium* est un exemple

typique de bactérie en bâtonnet (figure 3.1*c*, *voir aussi figure 2.14a,c*). Les bacilles sont très différents dans leur rapport longueur/largeur, les coccobacilles étant si courts et larges qu'ils ressemblent à des coques. La forme des extrémités du bâtonnet varie souvent suivant les espèces, elle peut être plate, arrondie, en forme de cigare ou bifurquée. Quoique beaucoup de bacilles soient solitaires, ils peuvent rester ensemble après la division pour former des paires ou des chaînes (ex. *Bacillus megaterium* se présente en longues chaînes). Quelques bactéries en forme de bâtonnet, les **vibrions**, sont incurvés comme des virgules ou des spirales incomplètes (figure 3.1*e*).

Les bactéries peuvent avoir un grand nombre de formes bien qu'elles soient souvent de simples sphères ou des bâtonnets. Les actinomycètes forment de longs filaments multinucléés ou hyphes qui peuvent être ramifiés et produire un enchevêtrement appelé **mycélium** (figure 3.2*a*). Beaucoup de bactéries ont une forme de

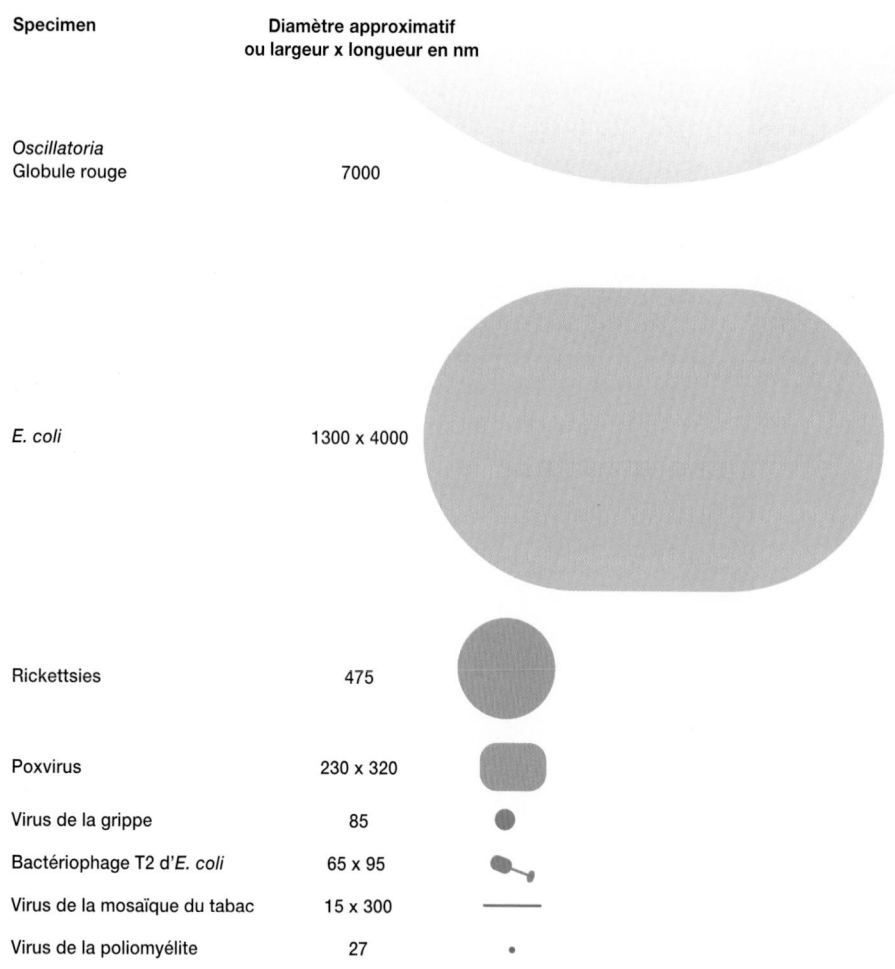

Specimen	Diamètre approximatif ou largeur x longueur en nm	
Oscillatoria Globule rouge	7000	
E. coli	1300 x 4000	
Rickettsies	475	
Poxvirus	230 x 320	
Virus de la grippe	85	
Bactériophage T2 d'*E. coli*	65 x 95	
Virus de la mosaïque du tabac	15 x 300	
Virus de la poliomyélite	27	

Figure 3.3 Taille des bactéries et des virus. Comparaison de la taille de certaines bactéries avec celle du globule rouge et des virus.

long bâtonnet tordu en spirale ou en hélice, elles sont appelées **spirilles** si elles sont rigides et **spirochètes** si elles sont flexibles (figure 3.1*d* et 3.2*c, voir aussi figure 2.8a c*). *Hyphomicrobium*, de forme ovale ou en poire, (figure 3.2*d*) produit un bourgeon à l'extrémité d'un long hyphe. D'autres bactéries, telle *Gallionella*, fabriquent un pédoncule non vivant (*figure 3.2f*). Quelques bactéries sont plates. Par exemple, A.E. Walsby a trouvé des bactéries carrées qui vivent dans des lacs salés (figure 3.2*e*). Ces bactéries sont en forme de boîte plate carrée ou rectangulaire d'environ 2 μm sur 2 à 4 μm et seulement 0,25 μm d'épaisseur. Enfin certaines bactéries changent de forme et n'ont pas une seule forme caractéristique (figure 3.2*b*). Elles sont dites **pléomorphes** même si habituellement, elles sont en bâtonnets comme *Corynebacterium*.

La taille des bactéries varie autant que leur forme (**figure 3.3**). Les plus petites (ex. quelques membres du genre *Mycoplasma*) ont environ 0,3 μm de diamètre, approximativement la taille des plus grands virus (les poxvirus). On a même trouvé récemment des cellules encore plus petites. Ces nanobactéries ont un diamètre de 0,2 μm environ à moins de 0,05 μm. Quelques

souches ont été cultivées mais pour la plupart, ce sont de petits objets en forme de bactéries, observés au microscope. On a cru que la cellule la plus petite aurait de 0,14 à 0,2 μm de diamètre, mais beaucoup de nanobactéries sont décrites comme plus petites encore. Certains microbiliologistes estiment qu'il s'agit d'artéfacts et de plus amples recherches seront nécessaires pour trouver ce que ces formes bactériennes signifient. *Escherichia coli* est un bacille de taille moyenne, soit 1,1 à 1,5 μm de large et 2,0 à 6,0 μm de long. Quelques bactéries sont vraiment grandes. Certains spirochètes peuvent atteindre 500 μm de longueur et la cyanobactérie *Oscillatoria* a environ 7 μm de diamètre (le même diamètre qu'un globule rouge). Une énorme bactérie vit dans l'intestin du poisson chirurgien, *Acanthurus nigrofuscus*. La bactérie *Epulopiscium fishelsoni* atteint 600 sur 80 μm, un peu moins seulement qu'un trait d'union imprimé. Plus récemment, une bactérie encore plus grande a été découverte dans un sédiment océanique, il s'agit de *Thiomargarita namibiensis* (**encadré 3.1**). Ainsi quelques bactéries sont plus grandes qu'une cellule eucaryote moyenne (les cellules végétales ou animales typiques ont autour de 10 à 50 μm de diamètre).

Des micro-organismes monstrueux

Les biologistes ont souvent différencié les procaryotes des eucaryotes par leur taille. Les cellules procaryotes sont généralement plus petites que les cellules eucaryotes. Comparés aux eucaryotes, les procaryotes se développent extrèmement rapidement et sont dépourvus des systèmes vesiculaires complexes de transport des cellules eucaryotes (*voir chapitre 4*). On a dit qu'ils étaient plus petits à cause de la lenteur de la diffusion des nutriments et donc la nécessité d'un rapport surface/volume élevé. Aussi, lorsque Fishelson, Montgomery et Myrberg découvrirent un grand micro-organisme en forme de cigare dans l'intestin du poisson chirurgien de la mer Rouge, *Acanthurus nigrofuscus*, ils suggérèrent dans leur publication de 1985 qu'il s'agissait d'un protiste. Il paraissait trop grand pour être quoique ce soit d'autre. En 1993, Esther Angert, Kendall Clemens et Norman Pace utilisèrent les comparaisons de séquences de l'ARN-r (*voir p. 432*) pour identifier le micro-organisme comme un procaryote proche du genre Gram-positif *Clostridium* ; il porte maintenant le nom de *Epulopiscium fishelsoni* (du latin *epulum* : banquet et *piscium* : poisson). *E. fishelsoni* peut atteindre la taille de 80 sur 600 μm, sa longueur normale va de 200 à 500 μm (*voir* **figure de l'encadré**). Son volume est donc un million de fois plus grand que celui de *Escherichia coli*. Malgré cette taille énorme, l'organisme a la structure d'une cellule procaryote. Il est mobile et nage à la vitesse d'environ deux longueurs par seconde (soit 2,4 cm/min) grâce aux flagelles typiquement bactériens qui couvrent sa surface. Le cytoplasme contient de larges nucléoïdes et de nombreux ribosomes, nécessaires à une cellule si grande.

Epulopiscium semble dépasser les limites de taille dictées par la diffusion grâce à une couche externe formée par une membrane plasmique très convolutée. Ceci augmente la surface cellulaire et facilite le transport des aliments. Epulopiscium se transmet d'un hôte à un autre par contamination fécale de la nourriture des poissons. La bactérie est éliminée si le poisson est mis à la diète pour quelques jours. Si des poissons jeunes indemnes de bactéries sont mis en contact avec des hôtes infectés, ils seront infectés à leur tour ; ceci ne se produit pas si les poissons sains sont des adultes.

En 1997, Heidi Sehulz découvre un procaryote encore plus grand dans un sédiment océanique au large des côtes de Namibie. *Thiomargarita namibiensis* est une bactérie sphérique, d'un diamètre entre 100 et 750 μm, formant souvent des chaînes ; son volume est plus de 100 fois plus important que celui de *E. fishelsoni*. La cellule est occupée à 98 % par une vacuole contenant un liquide riche en nitrates ; celle-ci est entourée d'une couche de cytoplasme (de 0,5 à 2 μm) remplie de granules de soufre. L'épaisseur de la couche de cytoplasme est semblable à celle de la plupart des bactéries, elle est suffisement fine pour permettre une diffusion convenable. Le nitrate sert d'accepteur d'électrons pour l'oxydation du soufre et la production d'énergie.

La découverte de ces procaryotes a fortement affaibli l'idée de différencier procaryotes et eucaryotes d'après la taille de la cellule. Ils sont certainement plus grands qu'une cellule eucaryote normale. De plus, on a

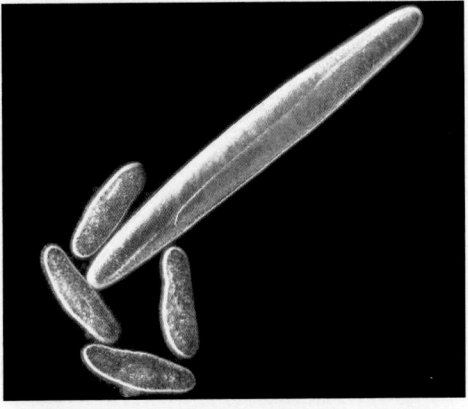

(a)

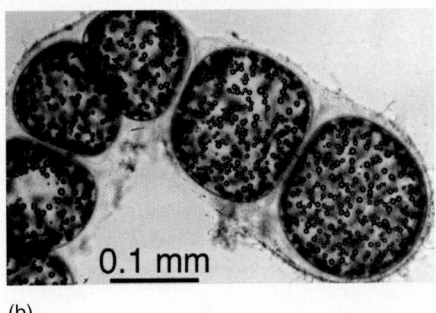

(b)

Bactéries géantes. (**a**) Cette image, prise sur un fond noir, montre *Epulopiscium fishelsoni* en haut de la figure, rapetissant les paramécies du bas de la figure (x 200). (**b**) Une chaîne de *Thiomargarita namibiensis* observée au microscope optique ; il faut noter la couche externe de mucus et les globules de soufre internes.

découvert que des cellules eucaryotes pouvaient avoir une taille inférieure à ce que l'on pensait possible. Le meilleure exemple est *Nanochlorum eukaryotum* qui, d'un diamètre de 1 à 2 μm seulement, n'en est pas moins un vrai eucaryote avec un noyau, un chloroplaste et une mitochondrie. Il faut donc réévaluer nos idées sur les facteurs limitant la taille de la cellule procaryote et on ne peut plus affirmer que les grandes cellules sont eucaryotes et les petites procaryotes.

Organisation de la cellule procaryote

Plusieurs structures sont présentes dans les cellules procaryotes. Leurs fonctions principales sont résumées dans le **tableau 3.1** et la **figure 3.4** en donne une illustration. Toutes ces structures ne se trouvent pas dans chaque genre. En plus, les cellules Gram-négatives et Gram-positives sont différentes particulièrement en ce qui concerne leur paroi cellulaire. Malgré ces variations, les procaryotes ont la même structure fondamentale et possèdent la plupart des mêmes composants principaux.

Les cellules procaryotes sont presque toujours entourées

d'une paroi cellulaire complexe. La membrane plasmique interne est séparée de la paroi par l'espace périplasmique. Cette membrane peut être invaginée pour former des structures membranaires internes. Puisque la cellule procaryote ne contient pas d'organites internes liés à la membrane, l'intérieur apparaît simple. Le matériel génétique est localisé dans le nucléoïde et n'est pas séparé du reste du cytoplasme par une membrane. Les ribosomes et les corps d'inclusion sont dispersés dans la matrice cytoplasmique. Les cellules Gram-positives ou Gram-négatives peuvent utiliser les flagelles pour leur locomotion. De plus, beaucoup de cellules

Tableau 3.1   Les fonctions des structures procaryotes

Membrane plasmique	Barrière perméable sélective, limite mécanique de la cellule, transport des éléments nutritifs et des déchets, localisation de plusieurs processus métaboliques (respiration, photosynthèse etc), détection de signaux de l'environnement pour le chimiotactisme.
Vacuole gazeuse	Permet à la bactérie de flotter dans un environnement aquatique.
Ribosomes	Synthèse de protéines.
Inclusions	Réserve de carbone, de phosphate et d'autres substances
Nucléoïde	Localisation du matériel génétique (ADN)
Espace périplasmique	Contient les enzymes hydrolytiques et les protéines de liaison nécessaires pour capter la nourriture et la transformer.
Paroi cellulaire	Donne une forme à la bactérie et la protège de la lyse dans des solutions diluées.
Capsules et couches mucoïdes	Résistance à la phagocytose et adhérence aux surfaces.
Fimbriae et pili	Attachement aux surfaces et conjugaison bactérienne.
Flagelles	Mobilité.
Endospores	Survie dans les conditions extrêmes de l'environnement.

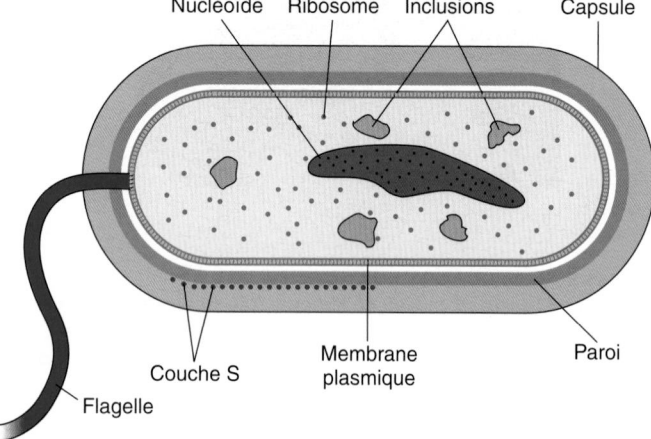

Figure 3.4 Morphologie d'une cellule bactérienne Gram-positive. La plupart des structures montrées ici se trouvent dans toutes les cellules Gram-positives. Seule une partie des protéines de la couche S est montrée dans cette figure pour simplifier le dessin, quand elles sont présentes, ces protéines couvrent toute la surface.

sont entourées d'une capsule ou d'une couche mucoïde externe à la paroi cellulaire.

Les cellules procaryotes sont morphologiquement plus simples que les cellules eucaryotes. Les deux types cellulaires seront comparés après la description de la structure cellulaire eucaryote (*voir p. 91-92*).

1. Quelles sont les formes caractéristiques qu'une bactérie peut prendre ? Décrivez la façon dont les cellules bactériennes s'associent.
2. Dessinez une cellule bactérienne et indiquez toutes les structures importantes.

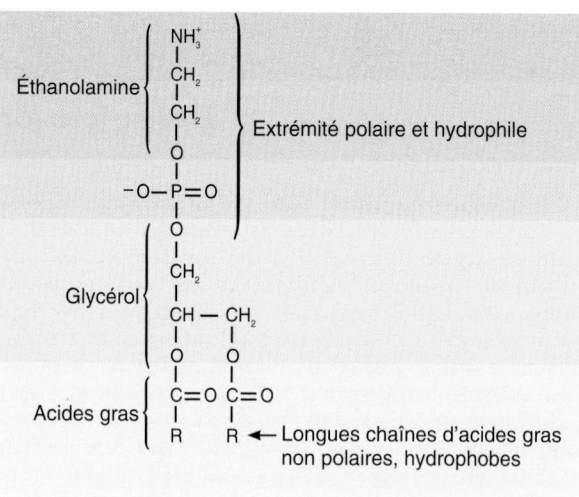

Figure 3.5 La structure d'un lipide membranaire polaire. La phosphatidyléthanolamine, un phospholipide amphipathique, est souvent présente dans les membranes bactériennes. Les groupes R sont de longues chaînes d'acides gras non polaires.

3.2   Les membranes des cellules procaryotes

Les membranes sont absolument nécessaires à tous les organismes vivants. L'interaction des cellules avec leur environnement se doit d'être sélective, que ce soit dans l'environnement interne d'un organisme multicellulaire ou dans l'environnement moins protégé et plus variable du monde extérieur. Les cellules doivent non seulement être capables de se nourrir et d'éliminer leurs déchets, mais elles doivent aussi pouvoir maintenir leur milieu intérieur dans un état constant et très organisé, face aux changements extérieurs. La **membrane plasmique** entoure le cytoplasme des cellules procaryotes et eucaryotes. Elle est le point principal de contact avec l'environnement cellulaire et est ainsi responsable des rapports avec le monde extérieur. Pour comprendre la fonction de la membrane, il faut se familiariser avec la structure membranaire et avec la structure de la membrane plasmique en particulier.

La membrane plasmique

Les membranes contiennent à la fois des protéines et des lipides en proportions variables. Les membranes plasmiques bactériennes ont en proportion plus de protéines que les membranes encaryotes, vraisemblablement par ce qu'elles remplissent de nombreuses fonctions prises en charge par les membranes d'autres organites chez les eucaryotes. La plupart des lipides de la membrane sont structurellement asymétriques avec un côté polaire et un côté non polaire (**figure 3.5**), ils sont appelés amphipathiques. Leurs extrémités polaires interagissent avec l'eau et sont donc **hydrophiles**, leurs extrémités non polaires, **hydrophobes**, sont insolubles dans l'eau et ont tendance à s'associer les unes aux autres. Cette caractéristique permet aux lipides de former une double couche dans les membranes. La surface externe est hydrophile tandis que les extrémités hydrophobes sont enfouies à l'in-

Les bactéries et les combustibles fossiles

Depuis de nombreuses années, on s'est beaucoup intéressé à l'origine des combustibles fossiles tels que le charbon et le pétrole. Dans les océans, des membranes de procaryotes et d'autres matières organiques se déposent continuellement sur les sédiments du fond. La formation des combustibles fossiles a commencé lorsque la matière organique a été enfouie avant d'avoir pu être oxydée en anhydride carbonique par les micro-organismes. Le pétrole et le charbon se sont souvent formés lorsque la matière organique a été profondément enterrée et soumise à des températures élevées dans des conditions anaérobies. Des quantités énormes ont été impliquées dans ce processus. On a estimé que la terre contenait environ 10^{16} tonnes de carbone dans ses sédiments.

Il devient de plus en plus évident que la majorité de la matière organique des sédiments est d'origine bactérienne. Environ 90% de cette matière sont sous forme de kérosène insoluble, un précurseur organique du pétrole. Récemment, l'hopanoïde, le bactériohopanetétrol (figure 3.6b), a été isolé du kérosène et est une preuve supplémentaire de l'origine bactérienne du kérosène. Nous devons notre réserve de combustibles fossiles principalement aux bactéries qui dégradent finalement la matière organique des organismes morts.

On a estimé la masse totale d'hopanoïdes dans les sédiments à environ $10^{11\text{-}12}$ tonnes, autant que la masse totale de carbone organique de tous les êtres vivants (10^{12} tonnes). Les hopanoïdes seraient les biomolécules les plus abondantes de notre planète.

térieur, à l'abri de l'eau. La majorité de ces lipides amphipathiques sont des phospholipides (figure 3.5). A la différence des membranes eucaryotes, les membranes bactériennes sont dépourvues de stérols comme le cholestérol (**figure 3.6a**). Cependant de nombreuses membranes bactériennes contiennent des stérols pentacycliques appelés hopanoïdes (figure 3.6b) et des quantités énormes d'hopanoïdes sont présentes dans notre écosystème (**encadré 3.2**). Les hopanoïdes sont synthétisés à partir des mêmes précurseurs que les stéroïdes. Comme les stéroïdes chez les eucaryotes, ils stabilisent probablement la membrane bactérienne. Les lipides membranaires sont organisés en deux couches de molécules disposées face à face (**figure 3.7**).

Les membranes de beaucoup d'archéobactéries diffèrent des membranes des autres bactéries parce qu'elles ont une seule couche de lipides, les molécules lipidiques traversant toute la membrane. Les archéobactéries (chapitre 20).

Les membranes cellulaires sont des structures très minces d'environ 5 à 10 nm d'épaisseur qui ne peuvent être observées qu'au microscope électronique. La technique de cryodécapage est utilisée pour cliver la membrane entre les deux couches lipidiques, la séparant en deux et exposant la partie interne. De cette façon, on a découvert que de nombreuses membranes plasmiques ont une structure interne complexe. Les petites particules globulaires observées dans ces membranes seraient des protéines membranaires localisées à l'intérieur de la bicouche lipidique (*voir figure 2.26*). La technique du cryodécapage (p. 33).

Le modèle le mieux accepté de la structure membranaire est le **modèle en « mosaïque fluide »** de S. Jonathan Singer et Garth Nicholson (figure 3.7). Ils distinguent deux types de protéines membranaires. Les **protéines extrinsèques** ou **périphériques** sont associées à la membrane de manière relativement faible et peuvent être facilement libérées. Elles sont solubles dans des solutions aqueuses et elles représentent 20 à 30% des protéines membranaires totales. Environ 70 à 80% des protéines membranaires sont **intrinsèques** ou **intégrales**. Elles ne sont pas facilement extraites des membranes et sont insolubles dans des solutions aqueuses en l'absence de lipides. La chimie des protéines et des lipides (appendice I).

Les protéines intrinsèques comme les lipides membranaires sont amphipathiques ; leurs régions hydrophobes sont enfouies dans la couche lipidique tandis que les portions hydrophiles for-

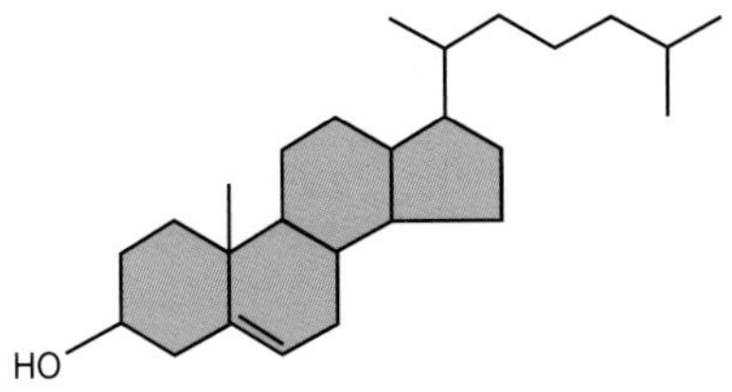

(a)   Cholestérol (un stéroïde)

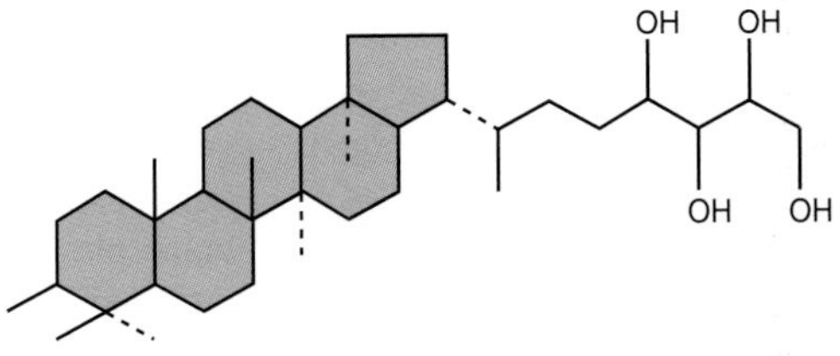

(b)   Un bactériohopanetétrol (un hopanoïde)

Figure 3.6 Les stéroïdes et les hopanoïdes de la membrane. Des exemples courants.

ment des protubérances à la surface de la membrane (figure 3.7). Certaines de ces protéines traversent même toute la couche lipidique. Les protéines intrinsèques peuvent se déplacer latéralement, mais elles ne peuvent pas faire volte-face ou se retourner dans la couche lipidique. Des glucides sont souvent attachés à la surface externe des protéines de la membrane plasmique et doivent avoir un rôle important.

La membrane cellulaire est donc une structure très organisée et asymétrique qui est aussi flexible et dynamique. Bien que toutes les membranes soient construites sur le même modèle, elles varient largement quant à leur structure et leurs capacités fonctionnelles. Ces différences sont si grandes et si caractéristiques que la chimie de la membrane peut être un critère d'identification des bactéries.

Les membranes plasmiques des cellules bactériennes doivent remplir un grand nombre de rôles différents. Certaines de ces fonctions principales seront mentionnées ici bien qu'elles soient discu-

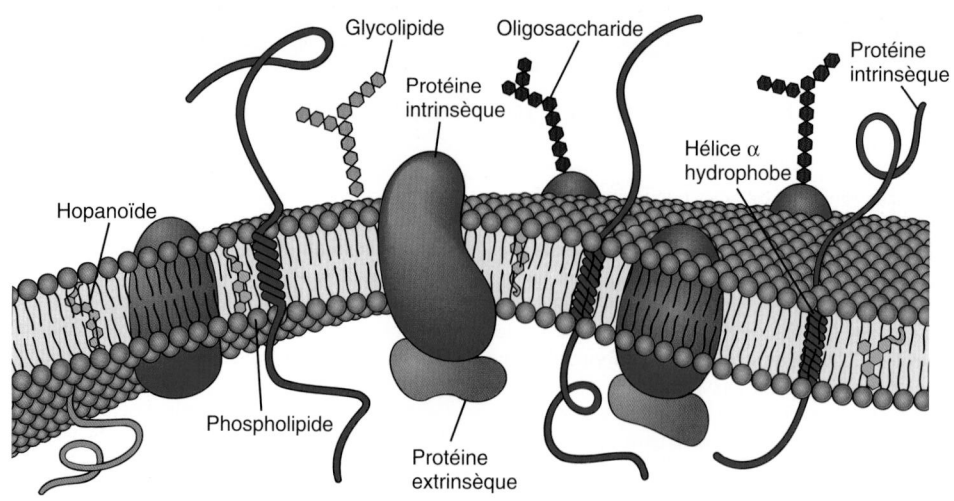

Figure 3.7 La structure de la membrane plasmique. Ce dessin montre le modèle de la membrane en mosaïque fluide où les protéines de structure flottent dans une double couche lipidique. Les protéines extrinsèques ou périphériques sont faiblement liées à la surface membranaire. Les extrémités hydrophiles des phospholipides sont représentées par de petites boules et les chaînes d'acides gras hydrophobes par un trait ondulé. D'autres lipides tels que les hopanoïdes peuvent être présents. Pour la clarté du schéma, les phospholipides sont proportionnellement plus grands que dans une membrane réelle.

tées séparément plus loin dans le texte. La membrane plasmique maintient le cytoplasme, spécialement dans des cellules qui n'ont pas de paroi et sépare le cytoplasme de l'environnement extérieur. La membrane cytoplasmique sert aussi de barrière perméable sélective : elle permet aux ions et aux molécules de passer vers l'intérieur ou l'extérieur de la cellule tout en empêchant d'autres d'entrer et de sortir. Elle prévient donc la perte de substances essentielles et permet le passage d'autres molécules. De nombreuses substances sont incapables de traverser seules la membrane plasmique. Des systèmes de transport sont utilisés pour le transport d'éléments nutritifs, le rejet de déchets et la sécrétion de protéines. La membrane plasmique bactérienne est aussi le site d'une série de processus métaboliques essentiels : la respiration, la photosynthèse, la synthèse des lipides et des constituants de la paroi cellulaire et probablement la ségrégation chromosomique. Enfin les membranes contiennent des molécules réceptrices spéciales qui permettent à la bactérie de détecter et de répondre à des substances chimiques présentes dans leur environnement. En conclusion, la membrane plasmique est essentielle à la survie des micro-organismes. L'osmose (p. 61). Le transport des substances au travers des membranes (pp. 100-104).

Les systèmes membranaires internes

Bien que le cytoplasme bactérien ne contienne pas d'organites membranaires complexes comme des mitochondries ou des chloroplastes, plusieurs structures membranaires peuvent y être observées. L'une d'elles est le mésosome. Les mésosomes sont des invaginations de la membrane plasmique en forme de vésicules, de tubes ou de lamelles (**figure 3.8** et figure 3.11). On les trouve chez les bactéries Gram-positives le plus souvent mais aussi chez les bactéries Gram-négatives.

Les mésosomes se trouvent à côté des septums ou parois transversales dans les bactéries en division, ils semblent parfois attachés au chromosome bactérien. Ils jouent donc peut être un

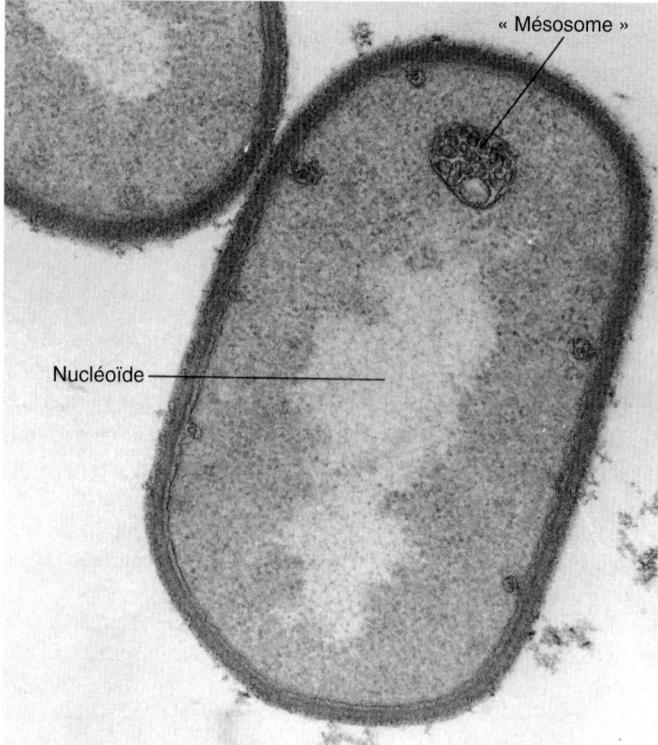

Figure 3.8 La structure du mésosome. *Bacillus fastidiosus* (x 91.000). Un grand mésosome est situé à côté du nucléoïde.

rôle dans la formation de la paroi durant la division ou un rôle dans la réplication du chromosome et la distribution aux cellules filles.

De nombreux bactériologistes pensent que les mésosomes sont des artéfacts produits lors de la fixation chimique des bactéries pour

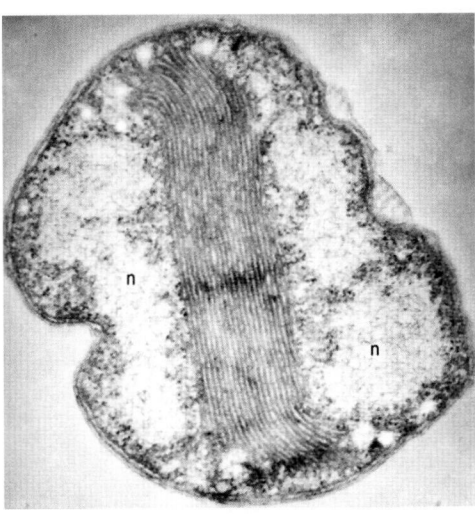

(a)

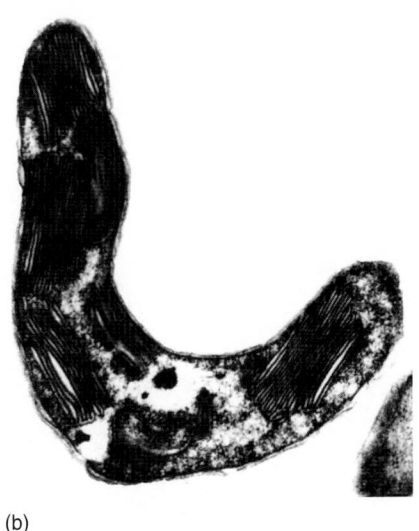

(b)

Figure 3.9 Les membranes bactériennes internes. Membranes de bactéries nitrifiantes et photosynthétiques.(**a**) *Nitrocystis oceanus* avec des membranes parallèles traversant toute la cellule. Remarquez le nucléoplasme (*n*) avec une structure fibrillaire. (**b**) *Ectothiorhodospira mobilis* avec un système membranaire intracytoplasmique très important (x 60.000).

la microscopie électronique. Les mésosomes constituent probablement une partie de la membrane plasmique chimiquement différente et plus fragile à la fixation que le reste de la membrane.

De nombreuses bactéries ont des systèmes membranaires internes très différents du mésosome (**figure 3.9**). Les replis membranaires sont très étendus et très complexes chez les bactéries photosynthétiques comme les cyanobactéries et les bactéries pourpres ou les bactéries qui ont une activité respiratoire très intense comme les bactéries nitrifiantes (*voir chapitre 22*). Il pourrait s'agir d'agrégats de vésicules sphériques ou applaties ou encore tubulaires. Leur fonction serait de fournir une surface membranaire plus importante pour une activité métabolique plus intense.

1. Décrivez et dessinez le modèle des membranes en mosaïque fluide.
2. Citez les fonctions de la membrane plasmique.
3. Discutez la nature, la structure et les fonctions possibles du mésosome.

3.3 Le cytoplasme

Le cytoplasme procaryote, au contraire de celui des eucaryotes, est dépourvu d'organites délimités par une membrane. Le **cytoplasme** se trouve entre la membrane plasmique et le nucléoïde (*p. 54*), il contient beaucoup d'eau (l'eau représente 70% de la masse bactérienne). Il n'a pas de structure définie visible au microscope électronique mais peut s'organiser autour des nombreux ribosomes (**figures 3.10**). Des protéines spécifiques sont localisées en certains sites particuliers comme le pôle cellulaire ou l'endroit où se fera la division. Les bactéries n'ont donc pas de vrai cytosquelette mais un systèmre de protéines cytoplasmiques analogue à un cytosquelette. La membrane plasmique et tout ce qu'elle contient est appelé le **protoplaste** ; ainsi le cytoplasme est une des parties principales du protoplaste.

Les inclusions

Diverses **inclusions**, granules de matière organique ou inorganique, sont souvent visibles au microscope optique dans le cytoplasme. Ces corpuscules servent à emmagasiner des réserves organiques et inorganiques ou de l'énergie, ils réduisent également la pression osmotique en empaquetant les molécules dans des particules. Certaines inclusions ne sont pas entourées de membrane et sont libres dans le cytoplasme, par exemple les granules de polyphosphate, de cyanophycine et certains granules de glycogène. D'autres sont entourés d'une membrane à une seule couche de 2 à 4 nm d'épaisseur, comme par exemple les granules de poly-β-hydroxybutyrate, certains granules de glycogène et de soufre, les carboxysomes et les vacuoles gazeuses. La composition des membranes des corps d'inclusion est variable. Certaines sont constituées de protéines, d'autres de lipides. Comme les inclusions servent à la mise en réserve, leur quantité varie avec l'état nutritionnel de la cellule ; par exemple, les granules de polyphosphate disparaissent dans les habitats dulcicoles, pauvres en phosphates. Quelques inclusions importantes sont décrites brièvement ci-dessous.

Les inclusions organiques contiennent souvent soit du glycogène, soit du poly-β-hydroxybutyrate. Le **glycogène** est un polymère de glucose composé de longues chaînes formées par des liaisons glycosidiques $\alpha\,(1 \rightarrow 4)$ et de chaînes latérales fixées par des liaisons glycosidiques $\alpha\,(1 \rightarrow 6)$ (*voir appendice I*). Le **poly-β-hydroxybutyrate (PHB)** contient des molécules de β-hydroxybutyrate reliées par des liaisons ester entre les groupes carboxyle et hydroxyle de molécules adjacentes. Habituellement, on trouve seulement un de ces polymères par espèce, mais les bactéries photosynthétiques pourpres ont les deux. Le poly-β-hydroxybutyrate s'accumule dans des inclusions de 0,2 à 0,7 μm. On peut les observer au microscope optique après coloration au noir Soudan.

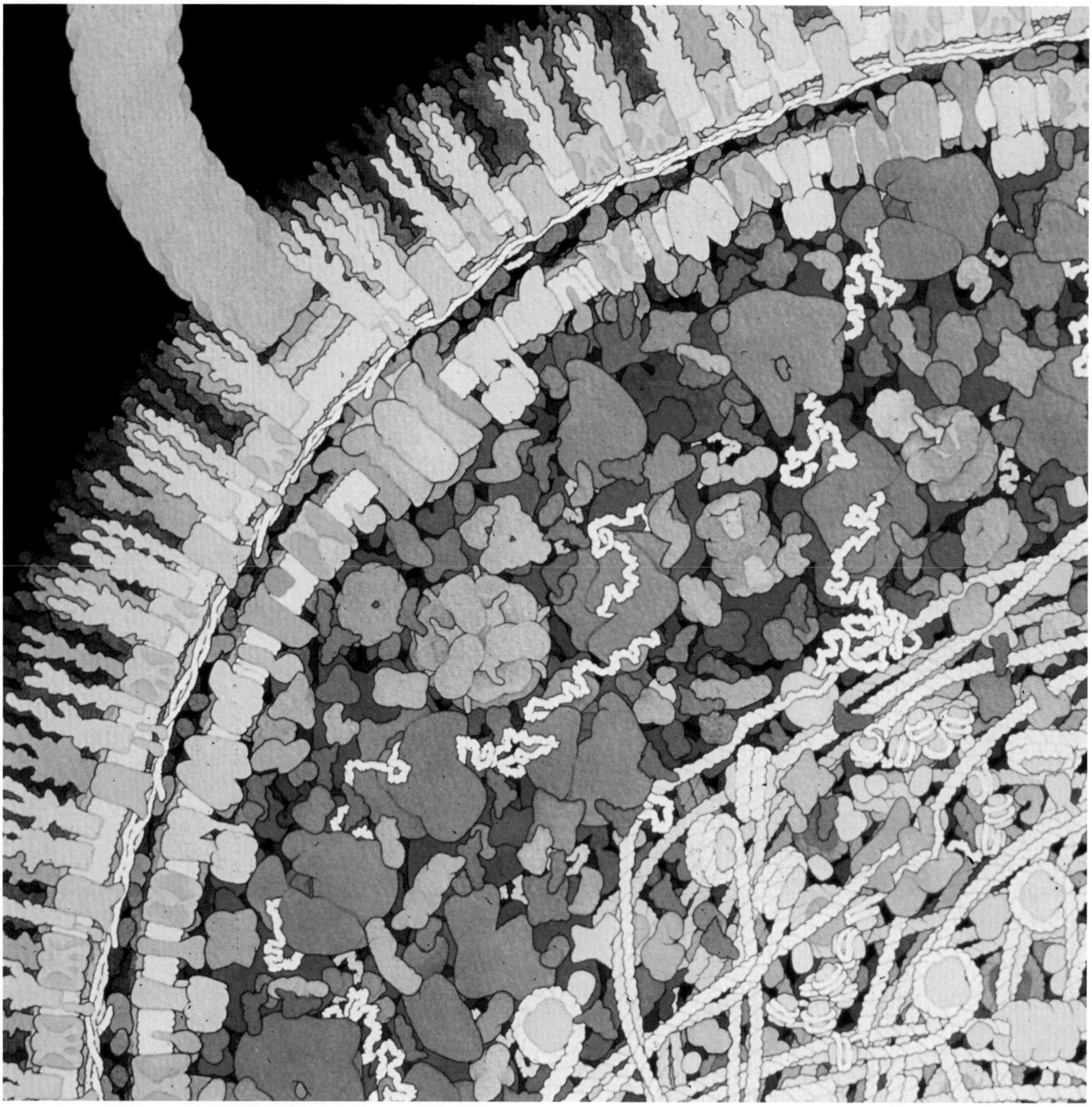

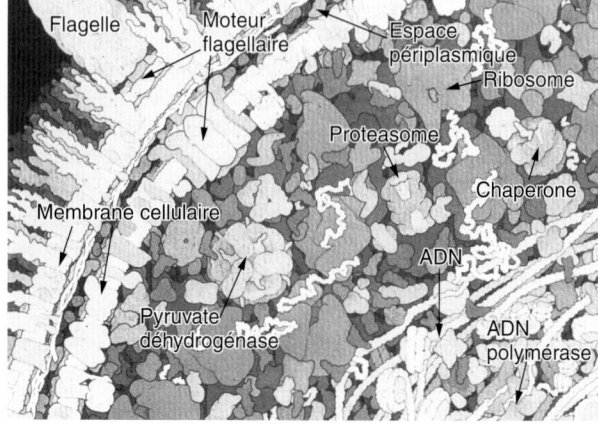

Figure 3.10 Coupe transversale de la bactérie *Escherichia coli* dessinée à un grossissement de un million de fois. Au sommet : le glycocalyx, un flagelle, la paroi d'une cellule Gram-négative et la membrane cytoplasmique. Au centre, les ribosomes synthétisant les protéines dans le cytoplasme. En-dessous : le nucléoïde avec ses enroulements denses d'ADN et de protéines associées.

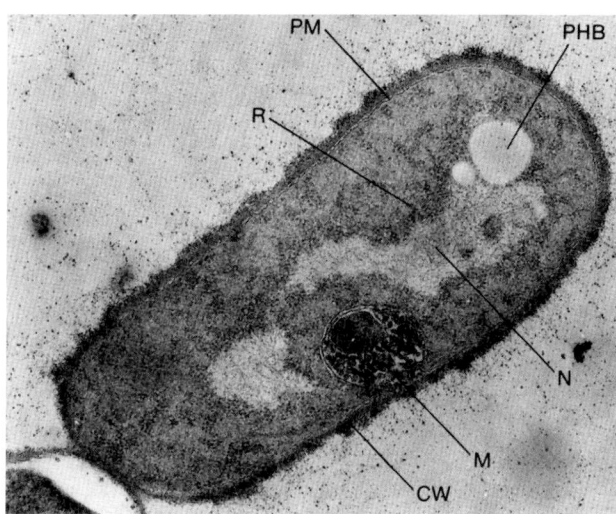

Figure 3.11 La structure d'une cellule Gram-positive typique.
Photo au microscope électronique de *Bacillus megaterium* (x 30.500).
Notez l'épaisseur de la paroi cellulaire, *CW* ; le « mésosome », *M* ; le
nucléoïde, *N* ; le corps d'inclusion de poly-β-hydroxybutyrate, *PHB* ;
la membrane plasmique PM ; et les ribosomes, *R*.

Ils sont facilement visibles au microscope électronique (**figure 3.11**). Le glycogène est dispersé à travers le cytoplasme en
petits granules souvent visibles uniquement au microscope électronique. Si elles contiennent beaucoup de glycogène, les cellules
sont colorées en rouge brun par une solution d'iode. Les corps
d'inclusion de glycogène et de PHB sont des réserves de carbone
pour la production d'énergie et la biosynthèse. Beaucoup de bactéries enmmagasinent aussi le carbone sous forme de gouttelettes
lipidiques.

Les cyanobactéries possèdent deux corps d'inclusion organiques distincts. Les **granules de cyanophycine** (figure 3.13*a*)
sont composés de grands polypeptides constitués d'une quantité
plus ou moins égale d'acide aspartique et d'arginine. Ces granules
sont suffisamment importants pour être visibles au microscope
optique et servent de réserve d'azote pour la bactérie. Les **carboxysomes** sont présents chez les cyanobactéries, les bactéries
nitrifiantes et les thiobacilles. Ils sont polyédriques, ont environ
100 nm de diamètre et contiennent la ribulose -1,5- *bis*phosphate
carboxylase (voir p. 206) dans un arrangement paracristallin. Ces
réserves d'enzymes peuvent être le site de fixation du CO_2.

Une inclusion organique remarquable, la **vacuole gazeuse**, est
présente chez de nombreuses cyanobactéries (*voir section 21-3*),
les bactéries photosynthétiques pourpres et vertes, et quelques
autres formes aquatiques telles que *Halobacterium* et *Thiothrix*.
Ces organismes flottent à la surface grâce à leur vacuole gazeuse.
On peut le démontrer par une expérience simple. Les cyanobactéries contenues dans une bouteille pleine et fermée par un bouchon
flottent ; mais si le bouchon est frappé avec un marteau, les bactéries vont sédimenter dans le fond de la bouteille. En examinant les
bactéries au début et à la fin de l'expérience, on voit que l'augmentation soudaine de la pression a dégonflé les vacuoles gazeuses
ce qui empêche les micro-organismes de flotter.

Les vacuoles gazeuses sont des agrégats d'un très grand
nombre de petites structures cylindriques creuses appelées **vésicules gazeuses** (**figure 3.12**). Les parois des vésicules gazeuses ne

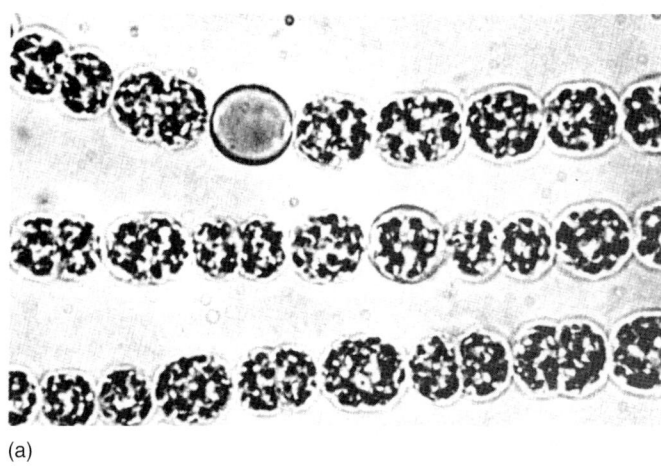

(a)

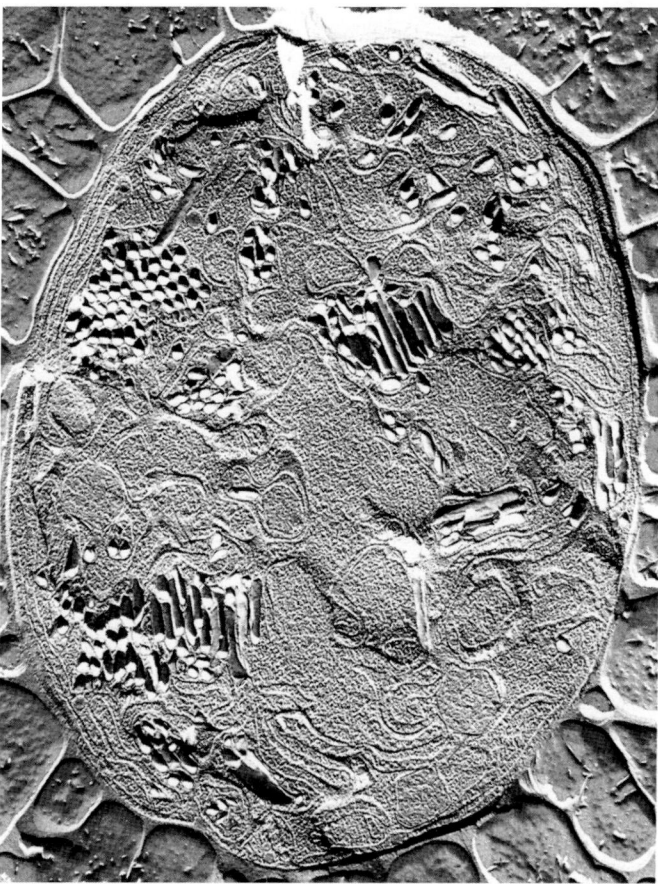

(b)

Figure 3.12 Les vésicules et les vacuoles gazeuses. (a) Vus au
microscope optique, les filaments de la cyanobactérie *Anabaena flos-aquae*. (**b**) Une préparation par cryodécapage de la cyanobactérie
Anabaena flos-aquae (x 89.000). Des agrégats de vésicules en forme
de cigare constituent les vacuoles gazeuses. On peut voir des sections
longitudinales et transversales des vésicules.

contiennent pas de lipide et sont entièrement formées d'une seule
petite protéine. Les sous-unités protéiques s'assemblent pour
constituer un cylindre rigide creux et imperméable à l'eau, mais
perméable aux gaz atmosphériques. Les bactéries pourvues de

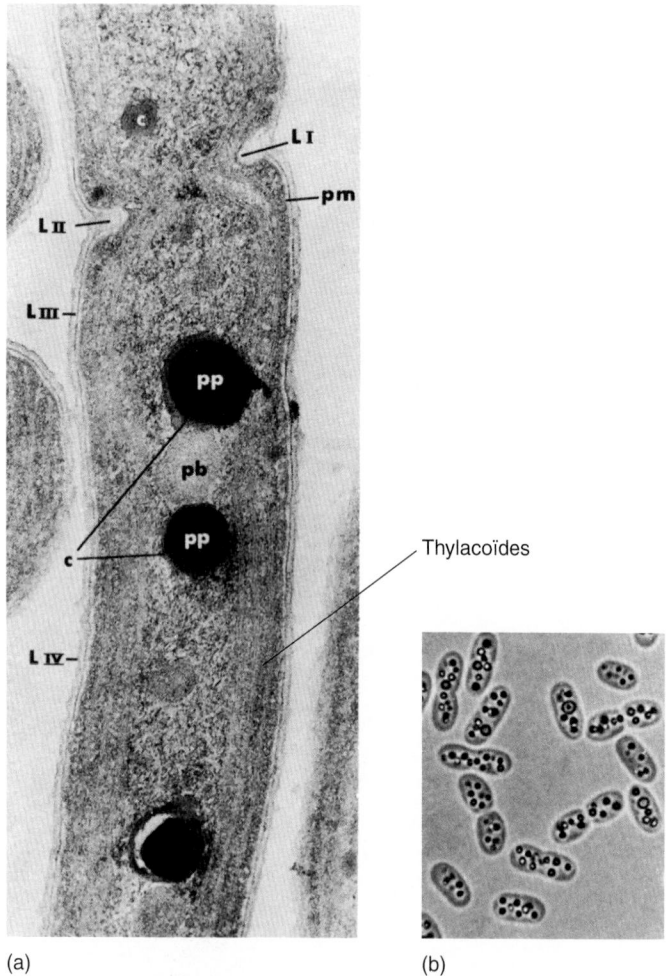

(a)

(b)

Figure 3.13 Les inclusions dans les bactéries. (a) Ultrastructure de la cyanobactérie *Anacystis nidulans*. La bactérie se divise et un septum est partiellement formé, *LI* et *LII*. On peut voir les couches de la paroi cellulaire *LIII* et *LIV* ; la membrane plasmique, *pm* ; les granules de polyphosphate *pp* ; un corps polyédrique, *pb* ; et un granule de cyanophycine, *c*. Des thylacoïdes se trouvent le long de la cellule. La barre mesure 0,1 μm. **(b)** *Chromatium vinosum*, une bactérie sulfureuse photosynthétique avec des granules de soufre intracellulaires, sur fond clair (x 2.000).

vacuoles gazeuses peuvent flotter à différentes profondeurs pour capter un maximum de lumière, d'oxygène et de nourriture. Elles descendent simplement en dégonflant leurs vésicules et montent en formant de nouvelles vésicules.

Il y a deux sortes principales d'inclusions inorganiques. La plupart des bactéries emmagasinent le phosphate sous forme de **granules de polyphosphate** ou de **granules de volutine (figure 3.13a)**. Le polyphosphate est un polymère linéaire d'orthophosphates liés par des liaisons ester. Les granules de volutine fonctionnent donc comme des réservoirs de phosphate, constituant important de constituants cellulaires tels les acides nucléiques. Dans certaines cellules, ce sont des réserves énergétiques et le polyphosphate sert de source d'énergie aux réactions cellulaires. Ces granules sont parfois appelés **granules métachromatiques** parce qu'ils se caractérisent par l'effet métachro-

matique ; c'est-à-dire, qu'ils sont rouges ou bleus après coloration par le bleu de méthylène ou de toluidine. Certaines bactéries emmagasinent temporairement du soufre sous forme de granules de soufre, le deuxième type d'inclusions inorganiques (figure 3.13b). Les bactéries photosynthétiques pourpres, par exemple, peuvent utiliser le sulfure d'hydrogène comme donneur d'électrons pour la photosynthèse (*voir section 9.11*) et accumulent le soufre produit soit dans l'espace périplasmique soit dans des globules cytoplasmiques spéciaux. Les inclusions inorganiques ont parfois d'autres rôles que celui de réserve. Un bon exemple en est le **magnétosome** qui permet à certaines bactéries de s'orienter dans le champ magnétique terrestre. Ces inclusions contiennent du fer sous forme de magnétite (**encadré 3.3**).

Les ribosomes

Ainsi que nous l'avons dit plus haut, le cytoplasme est souvent rempli de **ribosomes.** Ils peuvent être aussi faiblement liés à la membrane cytoplasmique. Vus à faible grossissement au microscope électronique, les ribosomes ressemblent à des petites particules uniformes (figure 3.11), mais en fait ce sont des éléments très complexes constitués de protéines et d'acide ribonucléique (ARN). La synthèse des protéines a lieu au niveau des ribosomes. Les ribosomes présents dans le cytoplasme synthétisent les protéines intracellulaires, tandis que les ribosomes liés à la membrane plasmique fabriquent les protéines qui sont exportées. Le polypeptide nouvellement formé se replie en sa forme finale soit au moment de la synthèse au niveau des ribosomes soit peu après la terminaison de cette synthèse. La forme propre de chaque protéine est déterminée par sa séquence en acides aminés. Il y a des protéines spécialisées appelées chaperones qui aident au reploiement correct du polypeptide. Le chapitre 12 décrit en détail la synthèse des protéines y compris les ribosomes et les chaperones. Pour l'instant, notons que les ribosomes procaryotes sont légèrement plus petits que les ribosomes eucaryotes. On les appelle souvent ribosomes 70S, ils mesurent à peu près 14 à 15 nm sur 20 nm et ont une masse moléculaire d'environ 2,7 millions. Ils sont formés de deux sous-unités, une de 50S et une de 30S. Le S de 70S est l'**unité de Svedberg.** C'est l'unité du coefficient de sédimentation, une mesure de la vitesse de sédimentation dans une centrifugeuse ; plus rapide est le trajet d'une particule lors d'une centrifugation, plus grande sera la valeur de Svedberg ou coefficient de sédimentation. Le coefficient de sédimentation dépend de la masse moléculaire de la particule, de son volume et de sa forme (*voir figure 16.7*). Les particules lourdes et compactes ont normalement des valeurs élevées de Svedberg car elles sédimentent plus vite. Les ribosomes présents dans le cytoplasme des cellules eucaryotes sont des ribosomes 80S qui mesurent environ 22 nm de diamètre. Malgré leur différence de taille, les deux types de ribosomes sont composés de la même manière d'une grande et d'une petite sous-unité.

---

1. Décrivez brièvement la nature et la fonction du cytoplasme et du ribosome. Qu'est ce qu'un protoplaste ?

2. Quelles sortes de corps d'inclusion ont les procaryotes ? Quelles sont leurs fonctions ?

3. Qu'est ce qu'une vacuole gazeuse ? Faites la corrélation entre sa structure et sa fonction.

Encadré 3.3

Des aimants vivants

Les bactéries répondent à d'autres facteurs de l'environnement qu'aux substances chimiques. Un exemple fascinant est celui des bactéries magnétotactiques pouvant s'orienter dans le champ magnétique terrestre. Ces organismes possèdent des chaînes intracellulaires de particules de magnétite (Fe_3O_4) ou magnétosomes, de 40 à 100 nm de diamètre environ et entourées d'une membrane (voir **figure de l'encadré**). Certaines espèces dont l'habitat est riche en soufre, contiennent des magnétosomes formés de greigite (Fe_3S_4) et de pyrite (FeS_2). Comme chaque particule de fer est un petit aimant, les bactéries de l'hémisphère nord utilisent leur chaî-

ne de magnétosomes pour s'orienter vers le nord et le bas. Elles nagent vers les sédiments riches en éléments nutritifs ou localisent la profondeur optimale en eau douce et en mer. Les bactéries magnétotactiques de l'hémisphère sud s'orientent vers le sud et le bas dans le même but. Des magnétosomes sont également présents dans la tête des oiseaux, des thons, des dauphins, des tortues vertes et d'autres animaux vraisemblablement pour les aider à se diriger. Animaux et bactéries ont plus de choses en commun qu'on ne pouvait l'imaginer au point de vue du comportement général.

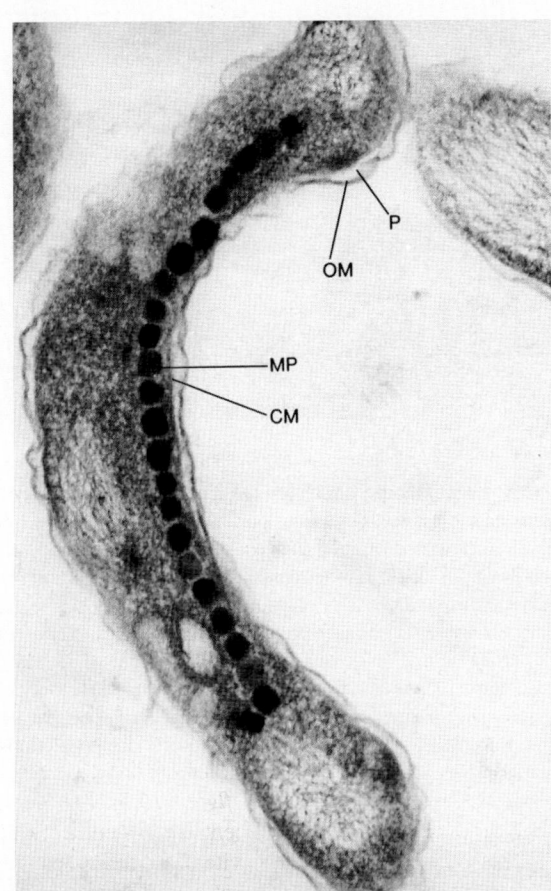

(a)

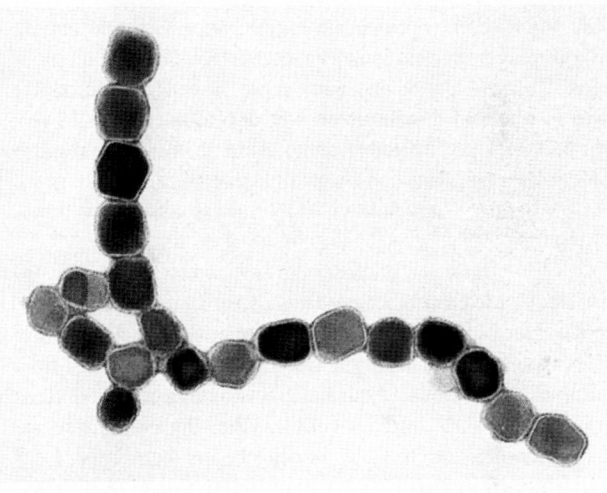

(b)

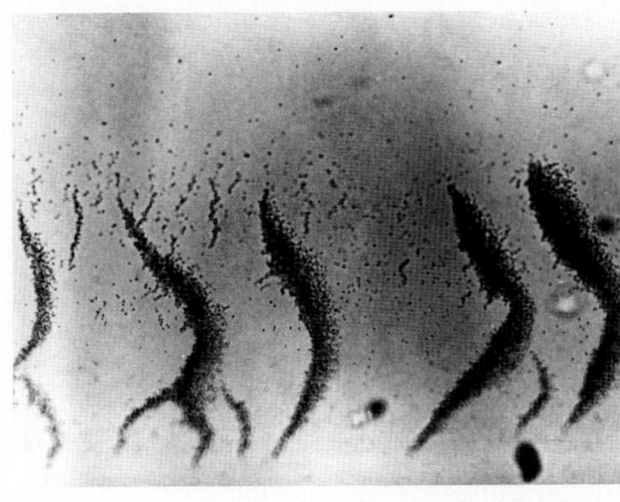

(c)

Les bactéries magnétotactiques. (**a**)Photo au microscope électronique à transmission de la bactérie magnétotactique *Aquaspirillum magnetotacticum* (x 123.000). Notez la longue chaîne de particules magnétiques opaques aux électrons, *MP*. Les autres structures : *OM*, membrane externe ; *P*, espace périplasmique ; *CM*, membrane cytoplasmique. (**b**) Magnétosomes isolés (x 140.000). (**c**) Bactéries se déplaçant en vagues quand elles sont soumises à un champ magnétique.

3.4 Le nucléoïde

La différence la plus frappante entre les procaryotes et les eucaryotes est la façon dont leur matériel génétique est empaqueté. Les cellules eucaryotes ont deux ou plus de deux chromosomes contenus dans un organite délimité par une enveloppe, le noyau. Au contraire, les procaryotes n'ont pas de noyau délimité par une enveloppe. Le chromosome procaryote, se trouve dans une région de forme irrégulière appelée le **nucléoïde** (d'autres noms sont aussi utilisés : le corps nucléaire, le corps de chromatine, la région nucléaire). Les procaryotes contiennent généralement un cercle unique d'**acide désoxyribonucléique** double brin (ADN), mais certains possèdent un chromosome d'ADN linéaire. On a découvert récemment que certaines bactéries comme *Vibrio cholerae* ont plus d'un chromosome. Bien que l'apparence du nucléoïde varie selon la méthode de fixation et de coloration, des fibres sont souvent observées au microscope électronique (figure 3.11 et **figure 3.14**) et sont probablement l'ADN. Le nucléoïde est aussi visible au microscope optique après coloration au colorant de Feulgen, qui réagit spécifiquement avec l'ADN. Une cellule peut avoir plus d'un nucléoïde au moment de la division cellulaire après que le matériel génétique se soit dupliqué (figure 3.14*a*). Dans des bactéries en développement rapide, le nucléoïde montre des projections s'étendant dans le cytoplasme (figure 3.14*b* et *c*). Celles-ci contiennent sans doute l'ADN qui est activement transcrit en ARNm.

Des observations au microscope électronique ont souvent montré le nucléoïde en contact avec le mésosome ou avec la membrane plasmique. On observe aussi des membranes fixées aux nucléoïdes isolés. Ainsi, il semble que l'ADN bactérien soit lié à des membranes cellulaires, et que celles-ci soient impliquées dans la séparation de l'ADN entre les cellules filles durant la division.

Des nucléoïdes ont été isolés intacts et sans membrane. Leur analyse chimique montre qu'ils contiennent environ 60% d'ADN, 30% d'ARN et 10% en poids de protéines. Chez *Escherichia coli*, une cellule en forme de bâtonnet d'environ 2 à 6 μm de long, le cercle fermé d'ADN mesure à peu près 1.400 μm. Evidemment il doit être fermement empaqueté pour entrer dans le nucléoïde ; l'ADN apparaît enroulé sur lui-même (*voir figure 11.8*), probablement avec l'aide de l'ARN et des protéines du nucléoïde (ces protéines sont différentes des histones, protéines présentes dans les noyaux eucaryotes). Il y a quelques exceptions à l'image donnée ci-dessus. On trouve des régions contenant de l'ADN fixé à la membrane dans deux genres de planctomycètes. Chez *Pirellula*, une membrane simple entoure la région, appelée pirellulosome, contenant un nucléoïde fibrillaire et des particules semblables à des ribosomes. Chez *Gemmata obscuriglobus*, le corps nucléaire est entouré de deux membranes (*voir figure 21.12*). Des recherches complémentaires sont nécessaires pour déterminer la fonction de ces membranes et pour savoir dans quelle mesure un tel phénomène est répandu. Le cycle cellulaire et la division (pp285-86) L'ADN procaryote et sa fonction (chapitres 11 et 12).

De nombreuses bactéries contiennent des **plasmides** en plus de leur chromosome. Ces plasmides sont des molécules circulaires à ADN double brin qui soit existent et se répliquent indépendamment du chromosome, soit s'intègrent dans celui-ci ; de toute façon, ils sont transmis à la descendance. Les plasmides ne sont génralement pas fixés à la membrane plasmique et sont par-

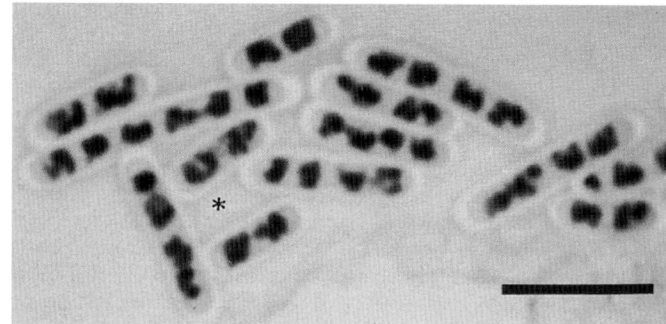

(a)

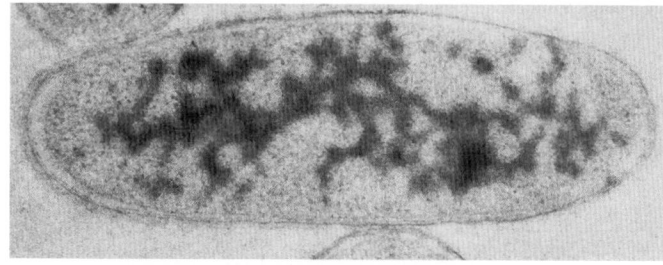

(b)

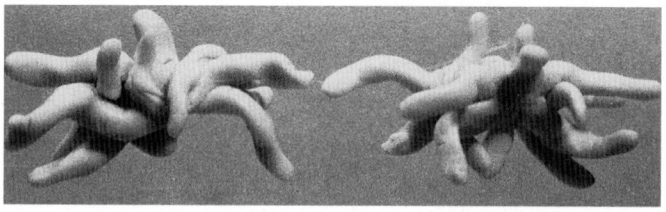

(c)

Figure 3.14 Le nucléoïde bactérien (**a**) Nucléoïdes dans des cellules de *Bacillus* en croissance, contrastés par une coloration *Giemsa-HCl* et observés au microscope optique (barre = 5 μm). (**b**) Une coupe dans *E. coli* en développement rapide, contrastée par une coloration immunologique spécifique de l'ADN et examinés au microscope électronique à transmission. La transcription et la traduction sont couplées dans ces parties du nucléoïde qui font saillie dans le cytoplasme. (**c**) Modèle de deux nucléoïdes d'une cellule d'*E. coli* en développement rapide ; notez qu'un nucléoïde métaboliquement actif n'est pas une structure compacte et sphérique mais qu'elle porte des projections qui s'étendent dans le cytoplasme.

fois perdus pour une des cellules filles au cours de la division. Les plasmides ne sont pas nécessaires au développement de la bactérie ni à sa reproduction bien qu'ils puissent porter des gènes qui donnent à leur hôte un avantage sélectif. Les gènes plasmidiques peuvent rendre les bactéries résistantes aux médicaments, leur donner de nouvelles possibilités métaboliques, les rendre pathogènes ou conférer un certain nombre d'autres propriétés. Comme les plasmides peuvent se transférer d'une cellule à l'autre, une propriété comme la résistance aux antibiotiques peut se répandre dans toute une population. Les plasmides (pp. 294-97).

1. Décrivez la structure et la fonction du nucléoïde.
2. Qu'est ce qu'un plasmide ?

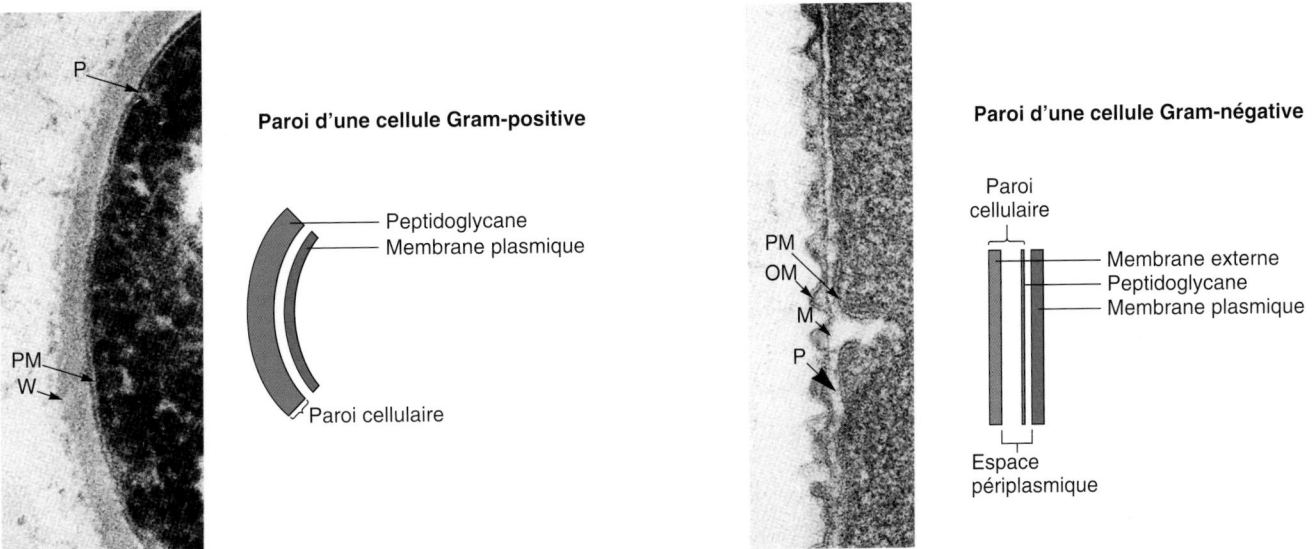

Figure 3.15 La paroi cellulaire des bactéries Gram-positives et Gram-négatives. L'enveloppe d'une bactérie Gram-positive, *Bacillus licheniformis* (à gauche) et d'une bactérie Gram-négative, *Aquaspirillum serpens* (à droite) au microscope électronique. *M*, peptidoglycane ou muréine ; *OM*, membrane externe ; *PM*, membrane plasmique ; *P*, espace périplasmique ; *W*, peptidoglycane de la paroi bactérienne Gram-positive. La barre mesure 100 nm.

3.5 La paroi de la cellule procaryote

La paroi cellulaire est pour plusieurs raisons une des parties les plus importantes d'une cellule procaryote. A part les mycoplasmes (*voir section 23-1*) et quelques archéobactéries (*voir chapitre 20*), la plupart des bactéries ont une paroi qui leur donne une forme et les protège de la lyse osmotique (*p. 61*). Cette forme et cette force de la paroi sont dues d'abord au peptidoglycane comme nous allons le voir. Les parois cellulaires de nombreux agents pathogènes ont des constituants qui contribuent au pouvoir pathogène. La paroi peut protéger une cellule contre des substances toxiques, elle est aussi le site d'action de plusieurs antibiotiques.

Sur la base d'une coloration développée par Christian Gram en 1884, il apparait évident que les bactéries se divisent en deux groupes majeurs (*voir tableau 19.9*). Les bactéries Gram-positives se colorent en pourpre tandis que les bactéries Gram-négatives se colorent en rose ou rouge. La différence de structure entre ces deux groupes fut découverte grâce au microscope électronique. La paroi des cellules Gram-positives est formée d'une seule couche homogène de **peptidoglycane** ou **muréine** de 20 à 80 nm d'épaisseur qui se trouve à l'extérieur de la membrane plasmique (**figure 3.15**). Au contraire, la paroi des bactéries Gram-négatives est fort complexe. Elle contient une couche de peptidoglycane de 2 à 7 nm d'épaisseur entourée d'une **membrane externe** épaisse de 7 à 8 nm. À cause de ce peptidoglycane plus épais, les parois des bactéries Gram-positives sont plus résistantes que celles des bactéries Gram-négatives. Les microbiologistes appellent souvent toutes les structures à l'extérieur de la membrane plasmique, l'**enveloppe**. Celle-ci comprend la paroi et des structures comme les capsules lorsqu'elles sont présentes (p. 61). La méthode de coloration de Gram (p. 28).

Il y a souvent un espace visible au microscope électronique entre la membrane plasmique et la membrane externe des bactéries Gram-négatives, on peut parfois voir un espace plus petit entre la membrane plasmique et la paroi des bactéries Gram-positives. Cet espace s'appelle **espace périplasmique** ou **périplasme**. On a montré récemment que l'espace périplasmique pouvait être rempli d'un réseau très lâche de peptidoglycane. Il semble que cet espace soit plutôt formé d'un gel que d'un fluide. La dimension de l'espace périplasmique chez les bactéries Gram-négatives varie de 1 nm à 71 nm. Des études récentes indiquent qu'il peut constituer environ 20 à 40% du volume cellulaire total, mais des recherches supplémentaires sont requises pour obtenir une valeur plus précise. Quand les parois cellulaires sont soigneusement enlevées sans abîmer la membrane cytoplasmique sous-jacente, des enzymes périplasmiques et d'autres protéines sont libérées et peuvent être facilement étudiées. L'espace périplasmique des bactéries Gram-négatives contient de nombreuses protéines qui participent à la nutrition (ex. les enzymes qui hydrolysent les acides nucléiques et des molécules phosphorylées et des protéines fixatrices qui sont impliquées dans le transport de molécules à l'intérieur de la cellule). Les bactéries dénitrifiantes et les bactéries chimiolithoautotrophes (*voir sections 9.6 et 9.10*) possèdent des protéines transporteuses d'électrons dans leur périplasme. Le périplasme contient aussi des enzymes impliqués dans la synthèse du peptidoglycane et la détoxification de substances qui pourraient léser la cellule. Les bactéries Gram-positives peuvent ne pas avoir de périplasme et n'ont apparemment pas autant de protéines périplasmiques ; elles excrètent plutôt des enzymes qui seraient périplasmiques chez les bactéries Gram-négatives. De telles enzymes sécrétées sont appelées des **exoenzymes.** Certaines enzymes restent dans le périplasme et sont fixées à la membrane plasmique.

Les archéobactéries, diffèrent des autres bactéries par plusieurs aspects (*voir chapitre 20*). Bien qu'elles puissent être soit Gram-positives, soit Gram-négatives, leur paroi cellulaire est particulière en ce qui concerne la structure et la composition chimique. Ces parois ne possèdent pas de peptidoglycane et se composent de protéines, de glycoprotéines ou de polysaccharides.

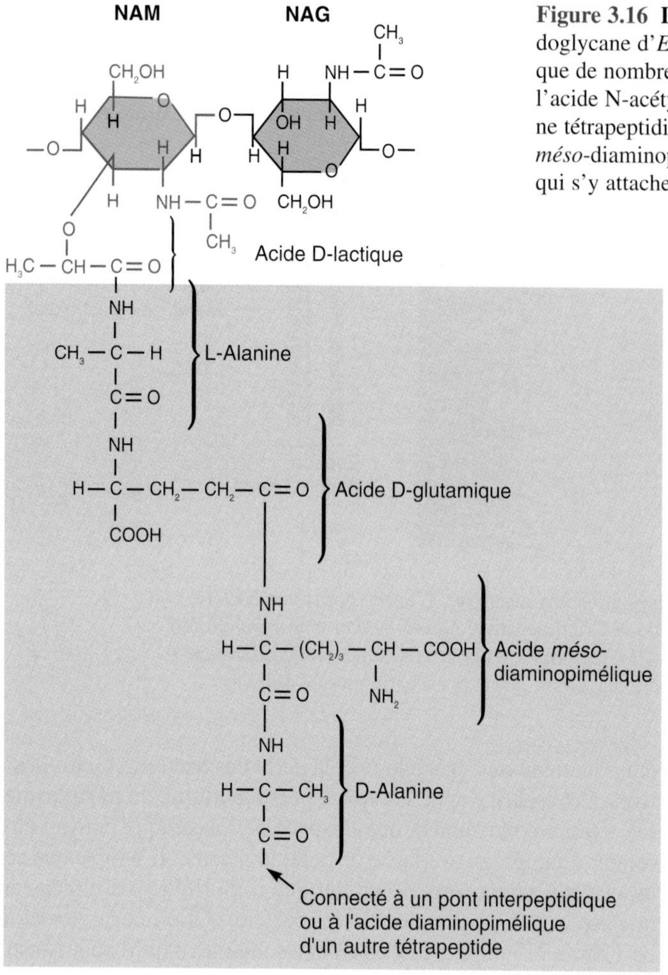

Figure 3.16 La composition des sous-unités du peptidoglycane. La sous-unité du pepti-doglycane d'*Escherichia coli*, et de la plupart des autres bactéries Gram-négatives ainsi que de nombreuses bactéries Gram-positives. *NAG* est la N-acétylglucosamine. *NAM* est l'acide N-acétylmuramique (NAG avec l'acide lactique lié par une liaison éther). La chaî-ne tétrapeptidique est composée d'une alternance d'acides aminés D et L, puisque l'acide *méso*-diaminopimélique est lié par son carbone L. Le NAM et la chaîne tétrapeptidique qui s'y attache sont de couleur différente pour plus de clarté.

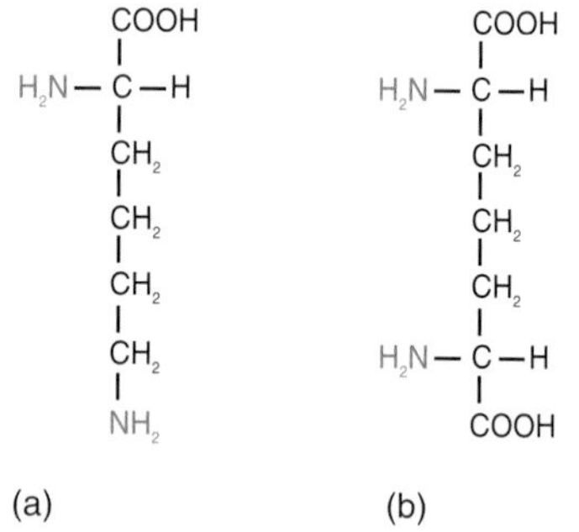

Figure 3.17 Les acides diaminés du peptidoglycane. (**a**) L-lysine. (**b**) Acide *méso*-diaminopimélique

Après cette revue générale de l'enveloppe, la structure du peptidoglycane et l'organisation de la paroi des bactéries Gram-positives et Gram-négatives sont décrites en détail.

La structure du peptidoglycane

Le peptidoglycane ou muréine est un énorme polymère composé de plusieurs sous-unités liées entre-elles. Le polymère contient deux dérivés de sucre, la N-acétylglucosamine et l'acide N-acé-tylmuramique (l'éther lactique de la N-acétylglucosamine) et plu-sieurs acides aminés différents. Trois d'entre eux — l'acide D-glutamique, la D-alanine et l'acide *méso*-diaminopimélique — ne sont pas trouvés dans les protéines. La sous-unité de peptidogly-cane présente dans la plupart des bactéries Gram-négatives et de nombreuses bactéries Gram-positives est montrée dans la **figu-re 3.16**. L'ossature de ce polymère est constituée de l'alternance de résidus de N-acétylglucosamine et de résidus d'acide N-acé-tylmuramique. Un tétrapeptide constitué d'acides aminés L alter-nant avec des acides aminés D est lié au groupe carboxyle de l'acide N-acétylmuramique. Beaucoup de bactéries possèdent un autre acide diaminé, habituellement la L-lysine, en troisième posi-tion, à la place de l'acide méso-diaminopimélique (**figure 3.17**).

Chimie des molécules biologiques (appendice I). Les variations de structure du peptidoglycane (pp. 521-522).

Les chaînes de peptidoglycane sont reliées entre-elles par des liaisons interpeptidiques. Souvent le groupe carboxyle de la D-alanine terminale est directement lié au groupe aminé de l'acide diaminopimélique ; dans certains cas, la liaison se fait par un **pont interpeptidique** (**figure 3.18**). Le peptidoglycane de la plupart des cellules Gram-négatives possède moins de ponts interpepti-diques. Le résultat du pontage est un énorme sac de peptidoglyca-ne qui est en fait un réseau dense de polymères interconnectés (**figure 3.19**). Ces sacs ont été isolés des bactéries Gram-positives et sont assez solides pour garder leur forme et leur intégrité (**figu-re 3.20**) ; cependant, ils sont aussi élastiques et quelque peu exten-sibles contrairement à la cellulose. Ils doivent être poreux, puisque des molécules peuvent les traverser.

Les parois des bactéries Gram-positives

La paroi cellulaire homogène et épaisse des bactéries Gram-posi-tives est constituée principalement de peptidoglycane qui contient souvent un pont interpeptidique (figure 3.20 et **figure 3.21**). Ces parois cellulaires contiennent aussi une grande quantité d'**acides teichoïques**, polymères de glycérol ou de ribitol reliés par des groupes phosphate (figures 3.21 et 3.22). Des acides aminés tels que la D-alanine ou des sucres comme le glucose sont attachés au glycérol ou au ribitol. Les acides teichoïques sont connectés soit

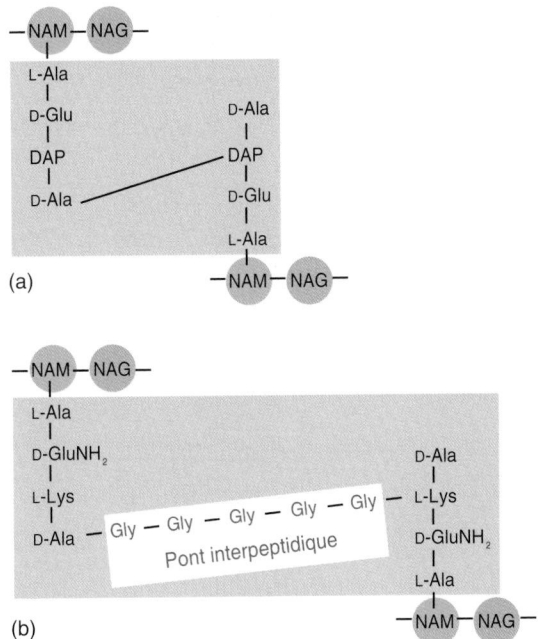

Figure 3.18 Les pontages du peptidoglycane. (**a**) Le peptidoglycane d'*Escherichia coli* avec un pontage direct, typique de la plupart des bactéries Gram-négatives. (**b**) Le peptidoglycane de *Staphylococcus aureus*, bactérie Gram-positive. *NAM* est l'acide N-acétylmuramique. *NAG* est la N-acétylglucosamine. Bien que les chaînes polysaccharidiques soient déssinées en opposition l'une de l'autre pour plus de clarté, deux chaînes côte à côte peuvent aussi être reliées (voir figure 3.19).

Figure 3.20 Paroi isolée d'une cellule Gram-positive. La paroi de *Bacillus megaterium*, une bactérie Gram-positive. Les billes de latex ont un diamètre de 0,25 μm.

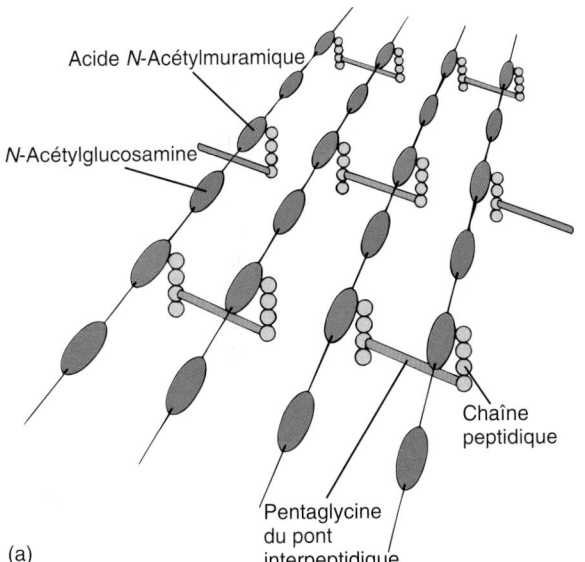

Figure 3.19 La structure du peptidoglycane. Un segment du peptidoglycane montrant les chaînes polysaccharidiques, les chaînes latérales tétrapeptidiques et les ponts interpeptidiques. (**a**) Un dessin schématique. (**b**) Un modèle dans l'espace de la muréine avec quatre sous-unités de peptidoglycane dans le plan du papier. Deux chaînes sont disposées verticalement par rapport à cette direction.

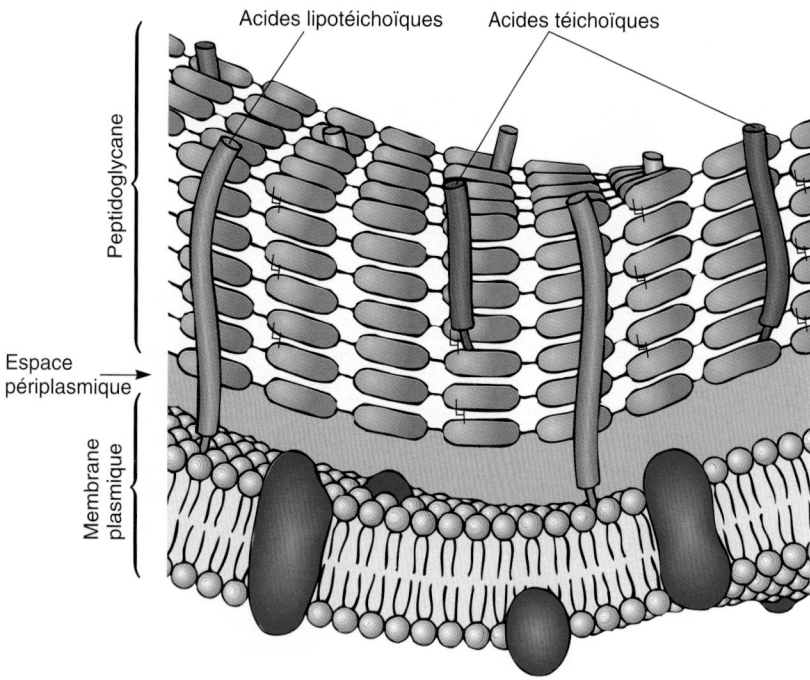

Figure 3.21 L'enveloppe des bactéries Gram-positives

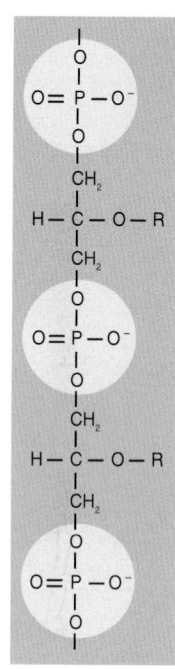

Figure 3.22 **La structure d'un acide teichoïque.**
Le segment d'acide teichoïque comprenant du phosphate, du glycérol et une chaîne latérale *R*. R peut être de la D-alanine, du glucose ou d'autres molécules.

au peptidoglycane lui-même soit aux lipides de la membrane plasmique ; dans ce cas, ils s'appellent des acides lipoteichoïques. Les acides teichoïques atteignent la surface du peptidoglycane et puisqu'ils sont chargés négativement, donnent à la paroi des cellules Gram-positives leur charge négative. Les fonctions de ces molécules sont encore inconnues, mais elles doivent être importantes pour maintenir la structure de la paroi. Il n'y a pas d'acides teichoïques chez les bactéries Gram-négatives.

Les parois des bactéries Gram-négatives

Une analyse rapide de la figure 3.15 montre que les parois des bactéries Gram-négatives sont beaucoup plus compliquées que celles des bactéries Gram-positives. La couche fine de peptidoglycane adjacente à la membrane plasmique ne constitue que 5 à 10% du poids de la paroi. Chez *E. coli*, elle a environ 1 nm d'épaisseur et ne contient qu'une ou deux couches de peptidoglycane.

La membrane externe se trouve à l'extérieur du peptidoglycane (**figures 3.23** *et* **3.24**). La protéine la plus abondante est la lipoprotéine de Braun, une petite lipoprotéine attachée par liaison covalente au peptidoglycane sous-jacent et enfouie dans la membrane externe par son extrémité hydrophobe. La membrane externe et le peptidoglycane sont tellement bien liés l'un à l'autre par la lipoprotéine qu'ils peuvent être isolés comme un tout. Le site d'adhésion est une autre structure qui renforce la paroi Gram-négative et maintient la membrane externe en place. La membrane externe et la membrane plasmique ont de nombreux sites de contact direct dans la paroi Gram-négative. Chez *E. coli*, on voit dans les cellules plasmolysées, des surfaces de contact de 20 à 100

nm entre les deux membranes. Ces sites d'adhésion peuvent être des régions de contact direct ou de véritable fusion de membrane. On a émis l'idée que les substances pénétreraient dans la cellule par ces sites d'adhésion plutôt que de circuler dans le périplasme.

Les éléments les plus particuliers de la membrane externe sont les **lipopolysaccharides (LPS)**. Ces grandes molécules complexes contiennent à la fois des lipides et des glucides ; elles sont formées de trois parties : 1) le lipide A, 2) le polysaccharide central, et 3) la chaîne latérale O. Le LPS de *Salmonella typhimurium* a été le plus étudié et sa structure générale est décrite ici (**figure 3.25**). La région du **lipide A** contient deux dérivés de glucosamine, chacun avec trois acides gras et des phosphates ou des pyrophosphates attachés. Le lipide A est enfoui dans la membrane externe tandis que le reste de la molécule de LPS est projeté vers l'extérieur. Le **polysaccharide central** est lié au lipide A. Chez *Salmonella*, il est constitué de 10 sucres, dont plusieurs ont une structure inhabituelle. La **chaîne latérale O** ou **antigène O** est une chaîne polysaccharidique courte s'étendant au delà du polysaccharide central. La chaîne latérale O est constituée de quelques sucres particuliers et sa composition varie selon les souches bactériennes. Bien que les chaînes latérales O soient facilement reconnues par les anticorps de l'hôte, les bactéries Gram-négatives peuvent contrecarrer les défenses de l'hôte en changeant rapidement la nature de leurs chaînes latérales O pour échapper à la détection. L'interaction de l'anticorps avec le LPS avant que la membrane externe ne soit atteinte peut protéger la paroi d'une attaque directe. Les anticorps et les antigènes (chapitres 32 et 33).

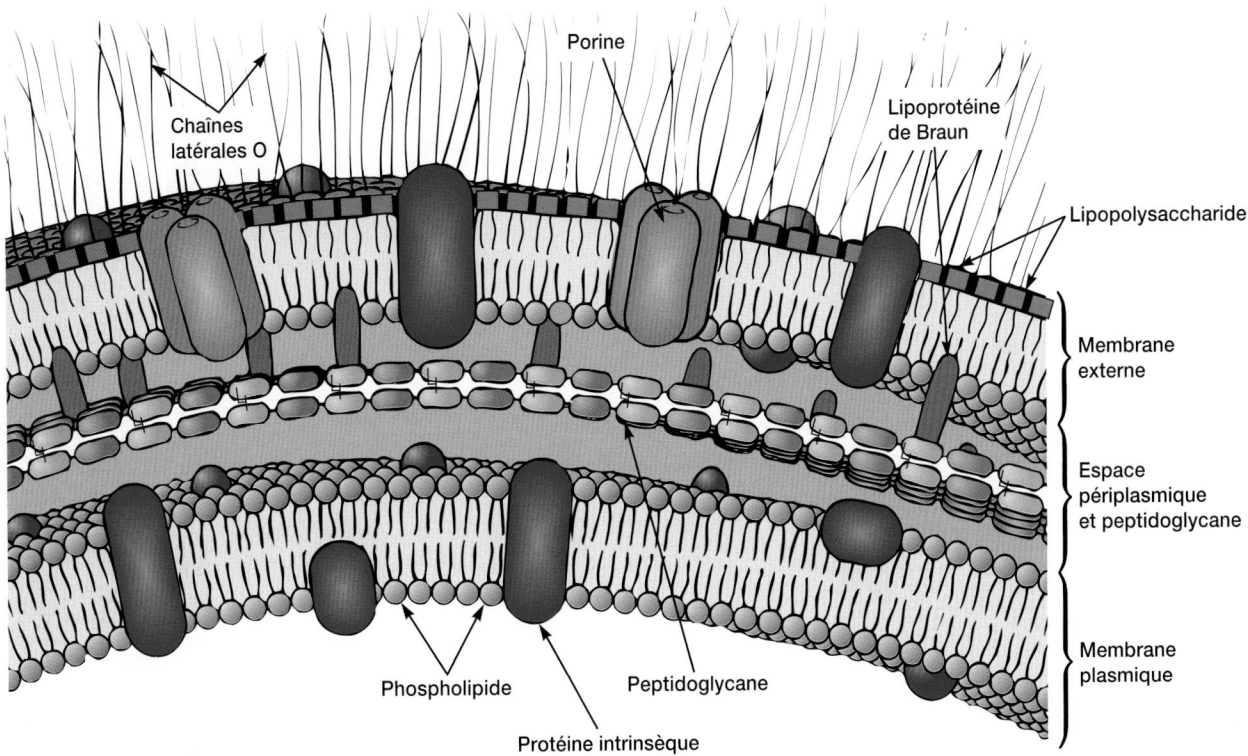

Figure 3.23 L'enveloppe des bactéries Gram-négatives.

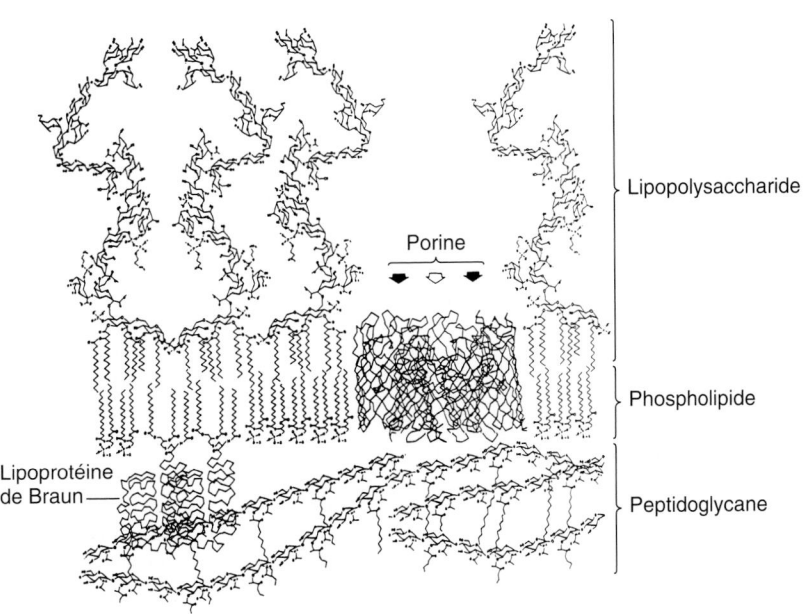

Figure 3.24 Modèle chimique de la membrane externe de *E. coli* et des structures associées. Coupe à l'échelle. La porine OmpF a deux canaux à l'avant (flèches noires) et un canal à l'arrière (flèche claire) du complexe protéique trimérique. Les molécules d'LPS peuvent être plus longues que celles dessinées ici.

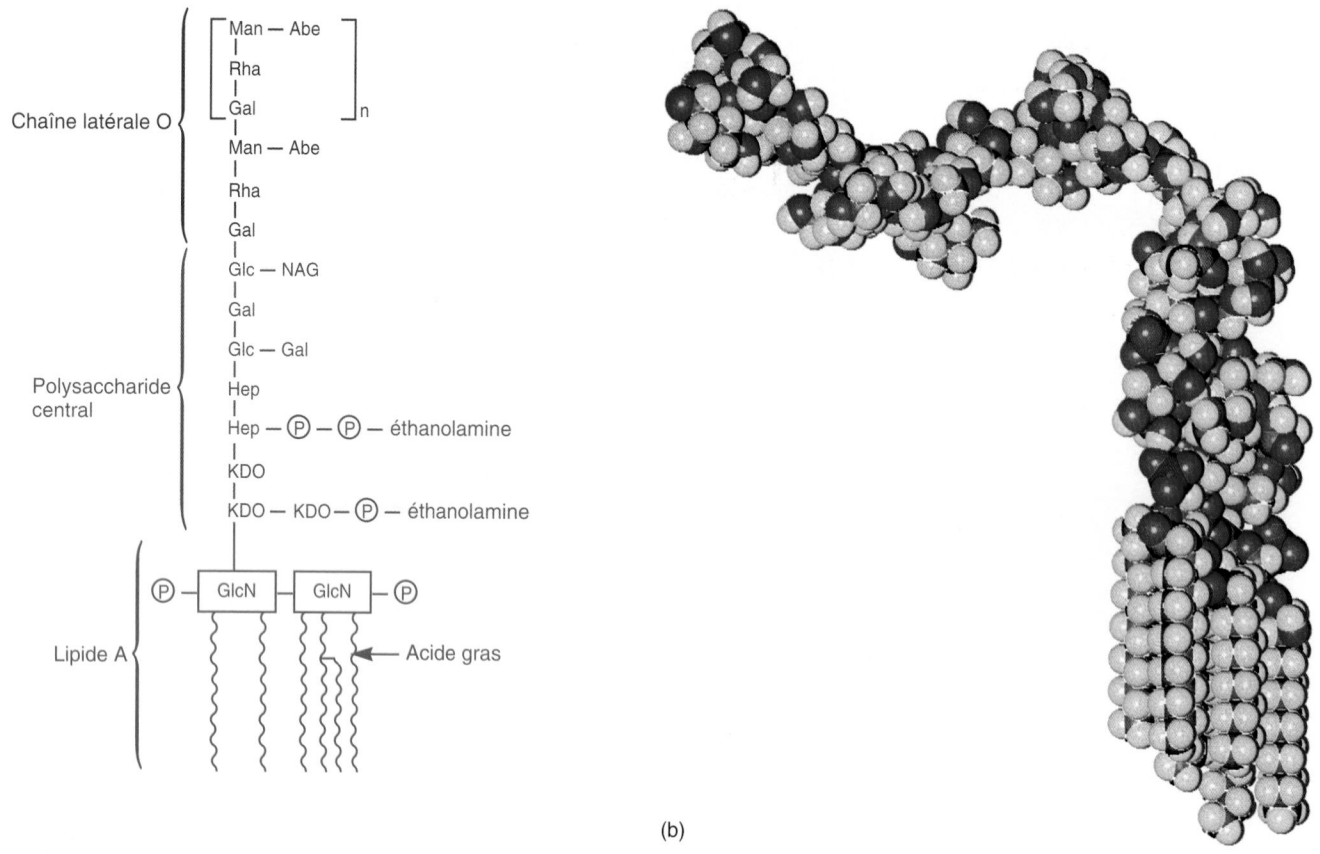

(a)

(b)

Figure 3.25 La structure des lipopolysaccharides. (**a**) Le lipopolysaccharide de *Salmonella*. Ce diagramme un peu simplifié illustre une forme de LPS. Abréviations : *Abe*, abequose ; *Gal*, galactose ; *Glc*, glucose ; *GlcN*, glucosamine ; *Hep*, heptulose ; KDO, 2-céto-3-désoxyoctonate ; *Man*, mannose ; *NAG*, N-acétylglucosamine ; *P*, phosphate ; *Rha*, L-rhamnose. Le lipide A est enfui dans la membrane externe. (**b**) Modèle moléculaire du lipopolysaccharide d'*Escherichia coli* dans lequel le lipide A et le polysaccharide central sont droits et la chaîne latérale O est pliée.

Le LPS est important pour plusieurs raisons autres que celle d'éviter les défenses de l'hôte. Puisque le polysaccharide central contient habituellement des sucres chargés et des phosphates (figure 3.25), le LPS contribue à la charge négative de la surface bactérienne. Le lipide A est un constituant majeur de la membrane externe et le LPS aide à la stabilisation de la structure membranaire. De plus, le lipide A est souvent toxique ; le LPS peut donc agir comme une endotoxine (*voir section 34.3*) et provoquer certains des symptômes qui apparaissent lors d'infections à bactéries Gram-négatives.

Une des fonctions les plus importantes de la membrane externe est de servir de barrière de protection. Elle empêche ou diminue l'entrée des sels biliaires, des antibiotiques et autres substances toxiques qui pourraient tuer ou endommager la bactérie. Pourtant, la membrane externe est plus perméable que la membrane plasmique et permet le passage de petites molécules comme le glucose et d'autres monosaccharides. Ceci est dû à la présence de protéines spéciales, les **porines**. Trois molécules de porines s'assemblent et traversent la membrane externe en formant des canaux étroits au travers desquels des molécules plus petites que 600 à 700 daltons peuvent passer. Des molécules plus grosses telles que la vitamine B12 doivent être transportées au travers de la membrane externe par des transporteurs spécifiques. La membrane externe empêche aussi la perte de constituants comme les enzymes périplasmiques.

Le mécanisme de la coloration de Gram

Bien que plusieurs explications aient été données aux résultats de la réaction de coloration de Gram, il semble que la différence entre les bactéries Gram-positives et Gram-négatives soit due à la nature de leur paroi cellulaire. Si on enlève la paroi cellulaire des bactéries Gram-positives, elles deviennent Gram-négatives. Le peptidoglycane lui-même n'est pas coloré ; il paraît plutôt agir avec les acides lipoteichoïques comme une barrière de perméabilité empêchant la perte du cristal violet. Au cours de la coloration, les bactéries sont d'abord colorées avec le cristal violet, puis traitées avec de l'iode qui fixe le colorant. Les bactéries Gram-positives sont ensuite traitées à l'éthanol qui réduit la dimension des pores du peptidoglycane. Le complexe colorant-iode est donc maintenu durant la décoloration et la bactérie reste pourpre. Au contraire, le peptidoglycane des bactéries Gram-négatives est très mince et peu ponté, de plus il contient de larges pores. Le traitement à l'alcool extrait aussi assez de lipides de la paroi des cellules Gram-négatives pour en augmenter encore la porosité. C'est pour ces raisons que l'alcool élimine plus facilement le cristal violet combiné à l'iode des bactéries Gram-négatives.

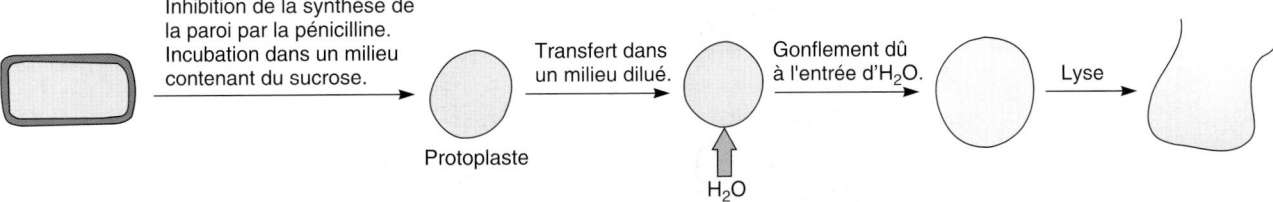

Figure 3.26 La formation de protoplastes. La formation de protoplastes induite par l'incubation des cellules en présence de pénicilline dans un milieu isotonique. Le transfert dans un milieu dilué produira la lyse.

La paroi cellulaire et la protection osmotique

La paroi cellulaire est nécessaire pour protéger la bactérie contre la destruction par la pression osmotique. En général, le cytoplasme bactérien est beaucoup plus concentré que l'environnement microbien qui est hypotonique. Durant l'**osmose**, l'eau traverse sélectivement des membranes perméables comme la membrane plasmique et va des solutions diluées (haute concentration en eau) vers des solutions plus concentrées (faible concentration en eau). Donc, normalement l'eau tend à entrer dans les cellules bactériennes et la pression osmotique peut atteindre 20 atmosphères. La membrane plasmique ne peut pas supporter de telles pressions et la cellule va gonfler, être physiquement désorganisée puis détruite, un processus appelé **lyse**, en l'absence de la paroi qui la protège par sa résistance au gonflement. Un milieu hypertonique est plus concentré que le milieu intracellulaire. Dans un tel milieu, l'eau passe à l'extérieur, le cytoplasme rétrécit et se détache de la paroi cellulaire. Ce phénomène s'appelle la **plasmolyse**. Il est utile à la préservation de la nourriture : beaucoup de bactéries ne se multiplient pas dans de la nourriture séchée ou dans les confitures parce qu'elles ne peuvent pas éviter la plasmolyse (*voir p. 121-23, chapitre 41*).

L'importance de la paroi cellulaire pour protéger des bactéries contre la lyse osmotique se démontre par un traitement avec du lysozyme ou de la pénicilline. Le **lysozyme** est une enzyme qui attaque le peptidoglycane en hydrolysant la liaison qui unit l'acide N-acétylmuramique au carbone quatre de la N-acétylglucosamine. La **pénicilline** inhibe la synthèse du peptidoglycane (*voir section 35.6*). Si les bactéries sont incubées en présence de pénicilline dans une solution isotonique, les bactéries Gram-positives sont transformées en protoplastes qui continuent à se développer normalement aussi longtemps que l'isotonicité est maintenue, même si elles ont perdu complètement leur paroi. Les cellules Gram-négatives gardent leur membrane externe après traitement à la pénicilline et sont appelées **sphéroplastes** parce qu'une partie de leur paroi cellulaire est toujours présente. Les protoplastes et les sphéroplastes sont sensibles à la pression osmotique. Mis dans une solution diluée, ils vont se lyser à cause d'une entrée d'eau incontrôlée (**figure 3.26**).

Même si pour la plupart, les bactéries ont besoin d'une paroi cellulaire intacte pour survivre, certaines n'en ont pas du tout. Par exemple, les mycoplasmes sont dépourvus de paroi et pourtant ils peuvent se développer dans des milieux dilués ou dans un environnement terrestre car leur membrane plasmique est plus résistante que la normale. La raison précise de cette résistance n'est pas connue, bien que la présence de stérols dans la membrane de plusieurs espèces pourrait être responsable d'une résistance accrue. Sans paroi cellulaire rigide, les mycoplasmes ont tendance à être pléomorphes, c'est-à-dire qu'ils peuvent changer de forme.

1. Décrivez en détail la composition et la structure du peptidoglycane des parois des cellules Gram-positives et Gram-négatives. Incluez des schémas dans la réponse.
2. Définissez et décrivez : la membrane externe, l'espace périplasmique, l'enveloppe, l'acide teichoïque, le lipopolysaccharide et la porine.
3. Expliquez le rôle de la paroi cellulaire dans la protection contre la lyse et démontrez ce rôle par des expériences. Que sont les protoplastes et les sphéroplastes ?

3.6 Les composants externes à la paroi cellulaire

Les bactéries ont une variété de structures localisées à l'extérieur de la paroi cellulaire. Celles-ci jouent un rôle dans la protection, l'attachement aux objets ou la mobilité. Plusieurs de ces structures sont décrites ici.

Les capsules, les couches mucoïdes et les couches S

Certaines bactéries ont une couche supplémentaire à l'extérieur de la paroi cellulaire. Quand cette couche est bien organisée et qu'elle ne peut être facilement enlevée, on l'appelle une **capsule**, tandis que la **couche mucoïde** est une couche de substance diffuse et non organisée que l'on peut facilement enlever. Un **glycocalyx** (**figure 3.27**) est un réseau de polysaccharides recouvrant la surface des bactéries et d'autres cellules voisines (donc il pourrait comprendre à la fois les capsules et les couches mucoïdes). Les capsules et les couches mucoïdes sont en général composées de polysaccharides, mais elles peuvent aussi contenir d'autres substances. Par exemple, *Bacillus anthracis* a une capsule d'acide poly-D-glutamique. Les capsules sont facilement visibles au microscope optique quand des colorations négatives ou des colorations particulières sont utilisées (figure 3.27a) ; elles sont aussi étudiées au microscope électronique (figure 3.27b).

Bien que les capsules ne soient pas nécessaires à la croissance bactérienne en laboratoire, elles apportent aux bactéries plusieurs avantages quand celles-ci se développent dans leurs habitats normaux. Elles permettent aux bactéries de résister à la phagocytose par les cellules phagocytaires de l'hôte. *Streptococcus pneumoniae* en est un exemple classique. Quand il n'a pas de capsule, il est facilement détruit et ne produit pas de maladie, tandis que le variant capsulé tue rapidement des souris. Les capsules contiennent beaucoup d'eau et peuvent protéger la bactérie contre la dessiccation. Elles repoussent les virus bactériens et la plupart des

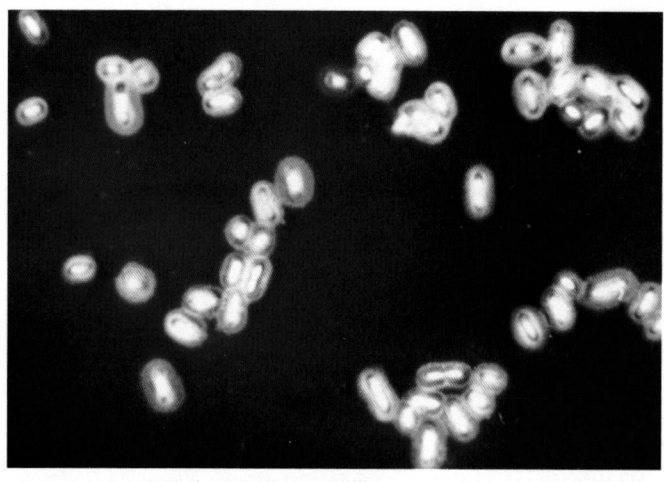

(a)

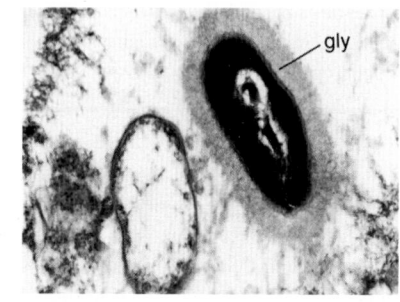

(b)

Figure 3.27 Les capsules bactériennes. (a) *Klebsiella pneumoniae* avec sa capsule colorée pour l'observation au microscope optique (x 1.500) (**b**) Glycocalyx(*gly*) de *Bacteroides*, microscopie électronique à transmission (x 71.250).

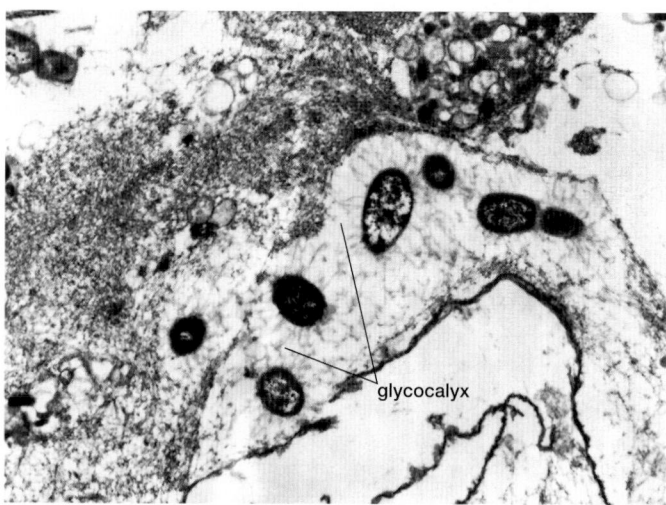

Figure 3.28 Le glycocalyx bactérien. Bactéries attachées les unes aux autres et à la paroi intestinale par leur glycocalyx, réseau de fibres qui s'étend hors de la cellule (x 17.500).

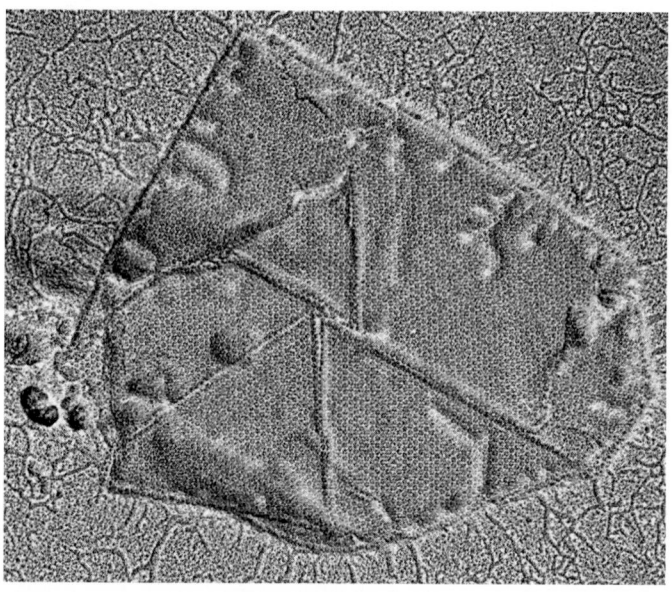

Figure 3.29 La couche S. Une photo au microscope électronique de la couche S de *Deinococcus radiodurans* après ombrage.

substances hydrophobes toxiques telles que les détergents. Le glycocalyx permet aussi l'attachement des bactéries sur des surfaces solides dans des environnements aquatiques et sur des tissus végétaux ou animaux (**figure 3.28**). La relation des polysaccharides de surface à la phagocytose et à la colonisation de l'hôte (chapitres 31 et 34).

Beaucoup de bactéries Gram-positives et Gram-négatives ont à leur surface une **couche régulièrement structurée** appelée **couche S**. Les couches S sont également fréquentes chez les archéobactéries. Cette couche ressemble à un pavement régulier et est composée de protéines et de glycoprotéines (**figure 3.29**). Elle protégerait la cellule contre les fluctuations ioniques, les variations de pH, le stress osmotique, les enzymes ou la bactérie prédatrice *Bdellovibrio* (*voir section 22.4*). La couche S aide aussi à maintenir la forme et la rigidité de certaines bactéries, elle favorise l'adhésion des cellules à des surface et enfin, elle protège certaines bactéries pathogènes d'une attaque par le complément et de la phagocytose et contribue donc à la virulence de l'agent.

Les pili et les fimbriae

Beaucoup de bactéries Gram-négatives possèdent de courts appendices fins comme des cheveux, plus minces que les flagelles, qui ne sont pas impliqués dans le mouvement. On les appelle **fimbriae**. Bien qu'une cellule puisse être couverte de 1.000 fimbriae, on ne les voit qu'au microscope électronique à cause de leur petite taille (**figure 3.30**). Ils apparaissent comme de minces tubes composés de sous-unités protéiques arrangées en hélices et ils ont à peu près 3 à 10 nm de diamètre sur plusieurs μm de long. Certains types de fimbriae permettent aux bactéries d'adhérer à des surfaces telles que les rochers de rivières et les tissus d'un hôte.

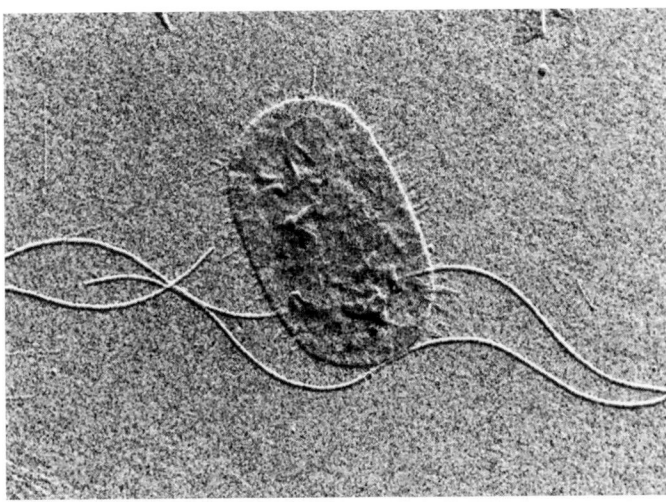

Figure 3.30 Les flagelles et les fimbriae. Les longs flagelles et les nombreux fimbriae sont clairement visibles dans cette photo au microscope électronique de *Proteus vulgaris* (x 39.000).

Les **pili sexuels,** de 1 à 10 par cellule, sont des appendices similaires, mais qui diffèrent des fimbriae. Les pili sont souvent plus épais que les fimbriae (environ 9 à 10 nm de diamètre). Ils sont déterminés génétiquement par des facteurs sexuels et sont nécessaires à l'appariement des bactéries (*voir chapitre 13*). Certains virus bactériens se fixent spécifiquement au début de leur cycle de multiplication, à des récepteurs présents sur les pili sexuels.

Les flagelles et la mobilité

La plupart des bactéries mobiles se déplacent grâce à des **flagelles,** appendices locomoteurs qui s'étendent à l'extérieur de la membrane plasmique et de la paroi cellulaire. Ce sont des structures minces, d'environ 20 nm de diamètre et 15 à 20 μm de long. Les flagelles sont tellement fins qu'ils ne peuvent pas être observés au microscope à fond clair, mais peuvent être colorés par des techniques spéciales qui augmentent leur épaisseur (*voir chapitre 2*). La structure détaillée d'un flagelle ne s'observe qu'au microscope électronique (figure 3.30).

Les espèces bactériennes se distinguent souvent par le mode de distribution des flagelles. Les bactéries **monotriches** (du grec *trikhos,* cheveu) ont un seul flagelle ; s'il est situé à une extrémité, on le dit **polaire** (figure 3.31*a*). Les bactéries **amphitriches** ont à chaque extrémité, un seul flagelle. Au contraire, les bactéries **lophotriches** (en grec *lophos* veut dire touffe) ont une touffe de flagelles à l'une ou aux deux extrémités (figure 3.31*b*). Les flagelles sont distribués sur toute la surface des bactéries **péritriches** (figure 3.31*c*). La distribution des flagelles est très utile à l'identification des bactéries.

L'ultrastructure flagellaire

La microscopie électronique à transmission a permis de montrer que le flagelle bactérien se compose de trois parties : (1) la partie la plus longue et la plus évidente, le **filament** s'étend depuis la

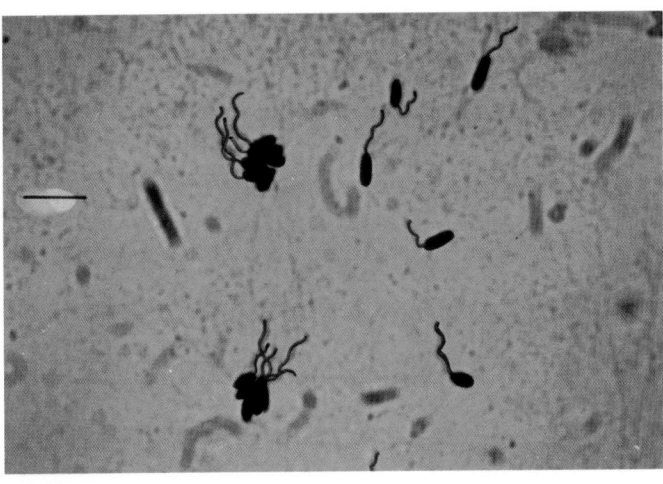

(a)

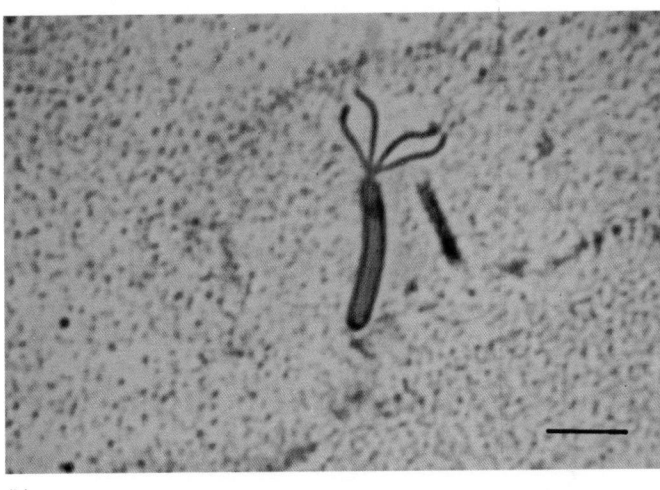

(b)

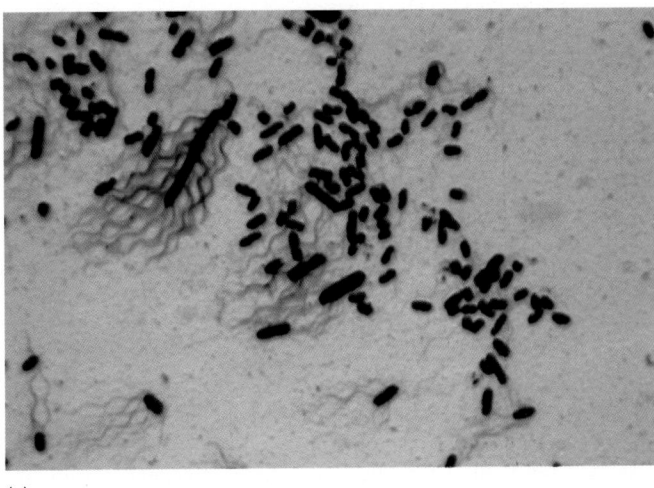

(c)

Figure 3.31 La distribution des flagelles. Exemples de distribution des flagelles vue au microscope optique. (**a**) Monotriche polaire (*Pseudomonas*). (**b**) Lophotriche (*Spirillum*). (**c**) Péritriche (*Proteus vulgaris*). La barre mesure 5 μm.

Figure 3.32 L'ultrastructure du flagelle d'une bactérie Gram-négative. (**a**) Flagelles d'*Escherichia coli* colorés négativement (x 66.000). Les flèches montrent la position des crochets et des corps basaux. (**b**) Une vue agrandie du corps basal d'un flagelle d'*E. coli* (x 485.000). Les quatre anneaux (*L, P, S, et M*) sont visibles. La flèche supérieure montre la jonction du crochet et du filament. La barre mesure 30 nm.

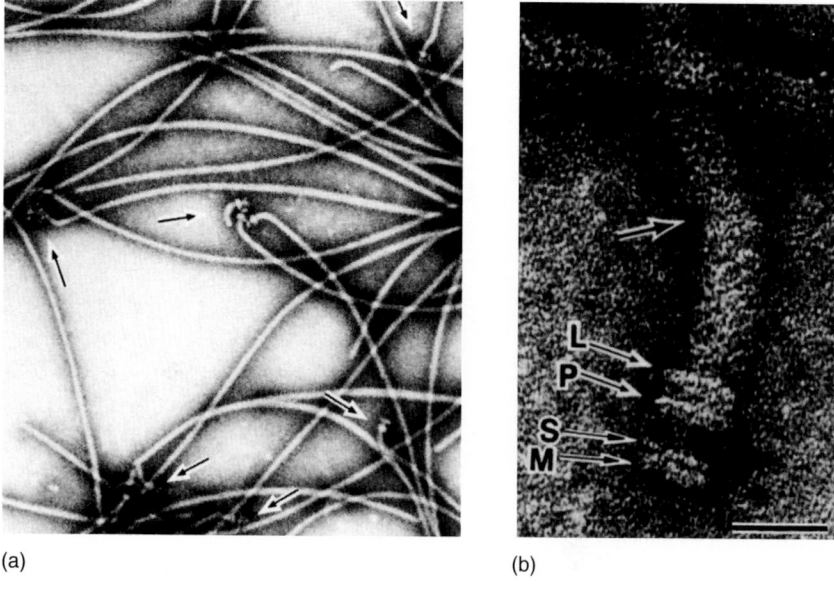

(a)   (b)

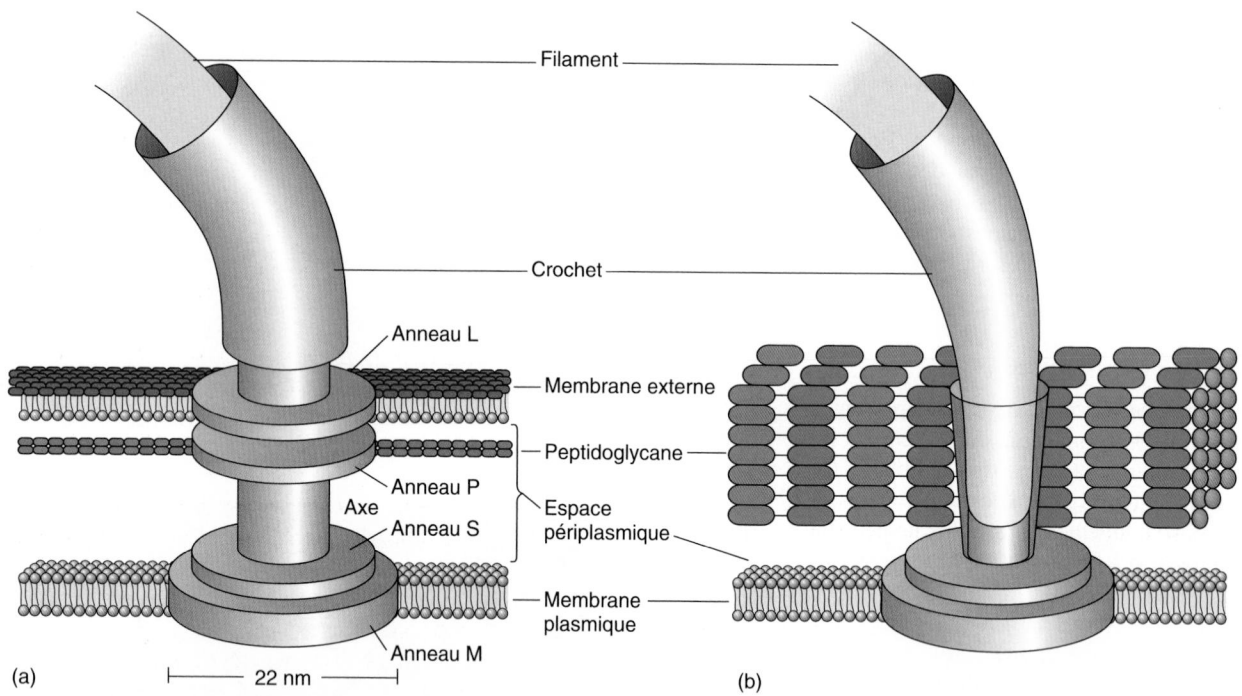

(a) |— 22 nm —| (b)

Figure 3.33 L'ultrastructure des flagelles bactériens. Le corps basal et le crochet chez une bactérie Gram-négative (**a**) et Gram-positive (**b**).

surface cellulaire, (2) un **corps basal** est enfoui dans la cellule et (3) un segment court et courbe, le **crochet**, lie le filament au corps basal. Le filament est un cylindre creux constitué d'une seule protéine appelée la **flagelline** dont la masse moléculaire varie de 30.000 à 60.000. Le filament se termine par une protéine de chapeau. Les flagelles de certaines bactéries sont entourés d'un manteau. Ainsi *Bdellovibrio* a une membrane autour du filament et *Vibrio cholerae* a un manteau lipopolysaccharidique.

Le crochet et le corps basal sont très différents du filament (**figure 3.32**). Le crochet est un peu plus large que le filament et fait de différentes sous-unités protéiques. Le corps basal est le plus complexe (figures 3.32 et **figure 3.33**). Chez *E. coli* et la plupart des bactéries Gram-négatives, le corps a quatre anneaux attachés à un axe central. Les anneaux extérieurs L et P s'associent respectivement avec les lipopolysaccharides et le peptidoglycane. L'anneau M interne s'attache à la membrane plasmique. Les bac-

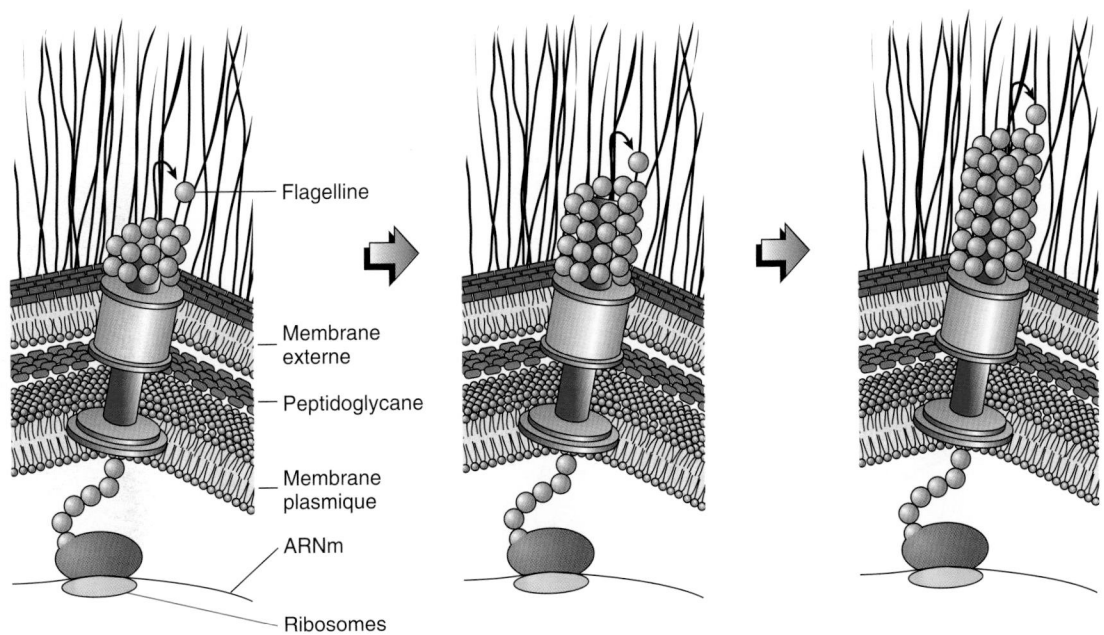

Figure 3.34   La croissance des filaments flagellaires. Les sous-unités de flagelline circulent dans le corps flagellaire et s'assemblent à l'extrémité en croissance.

téries Gram-positives ont seulement deux anneaux dans le corps
basal, un anneau interne connecté à la membrane plasmique et
l'autre probablement attaché au peptidoglycane.

La synthèse des flagelles

La synthèse des flagelles est un processus très compliqué qui
nécessite au moins 20 à 30 gènes. Un gène code pour la flagelline, 10 ou d'avantage de gènes codent pour les protéines du crochet et du corps basal ; d'autres gènes sont requis pour contrôler
la synthèse et la fonction du flagelle. On ne sait pas comment la
cellule détermine la position exacte du flagelle.

On peut enlever les flagelles des bactéries et ainsi étudier la
régénération du filament flagellaire. Les sous-unités de flagelline
sont probablement transportées au travers du tube creux du filament. Quand elles en atteignent l'extrémité, ces sous-unités s'assemblent spontanément de sorte que le filament grandit à son
extrémité plutôt qu'à sa base (**figure 3.34**). La synthèse du filament est un excellent exemple d'**auto-assemblage**. Plusieurs
structures se forment spontanément par l'assemblage de leurs
composants sans l'aide d'enzymes spéciales ni d'autres facteurs.
L'information dont le filament a besoin pour son assemblage se
trouve dans la structure de la sous-unité de flagelline elle-même.

Le mécanisme du mouvement flagellaire

Les flagelles procaryotes ont une manière d'opérer très différente
des flagelles eucaryotes. Le filament est en forme d'hélice rigide et
la bactérie se déplace quand l'hélice tourne. On a montré que les
flagelles fonctionnent de la même manière que les hélices de
bateaux. Des mutants ayant des flagelles raides ou avec des crochets particulièrement longs (mutants à plusieurs crochets) ne
peuvent pas nager. Quand les bactéries sont fixées à une lame
porte-objet à l'aide d'anticorps dirigés contre les protéines du fila-

ment ou du crochet, le corps cellulaire tourne rapidement autour du
flagelle qui est stationnaire. Si des billes de latex et de polystyrène
sont attachées au flagelle, les billes tournent autour de l'axe du flagelle à cause de la rotation du flagelle lui-même. Les flagelles peuvent tourner à grande vitesse, chez *E. coli* à 270 révolutions par
seconde, chez *Vibrio alginolytieus* à environ 1.100 révolutions par
seconde. Les flagelles eucaryotes et leur mouvement (pp. 89-100).

La direction de la rotation du flagelle détermine le type de
mouvement de la bactérie. Les flagelles monotriches et polaires
tournent dans le sens opposé à celui des aiguilles d'une montre
(quand on les regarde de l'extérieur de la cellule) pendant le
déplacement vers l'avant de la bactérie, tandis que la cellule elle-
même tourne lentement dans le sens des aiguilles d'une montre.
La rotation du filament flagellaire en hélice propulse la cellule
vers l'avant, le flagelle traînant derrière (**figure 3.35**).

Les bactéries monotriches s'arrêtent et culbutent au hasard en
changeant la direction de la rotation du flagelle. Les bactéries flagellées, péritriches se déplacent d'une manière similaire. Pour
avancer, les flagelles tournent dans le sens contraire à celui des
aiguilles d'une montre. Ainsi, ils plient à leur crochet pour former
un faisceau rotatoire qui les propulse vers l'avant. La rotation des
flagelles dans le sens des aiguilles d'une montre détruit ce faisceau et la cellule roule sur elle-même.

Puisque les bactéries peuvent nager grâce à la rotation de
leurs flagelles, il doit y avoir un moteur à la base. Une barre qui
s'étend du crochet jusqu'à l'anneau M, peut tourner librement
dans la membrane plasmique (**figure 3.36**). On pense que l'anneau S est attaché à la paroi cellulaire des bactéries Gram-positives et ne peut pas tourner. Les anneaux P et L des bactéries
Gram-négatives agiraient comme des roulements à billes pour
l'axe de rotation. Au contraire, on pense que le corps basal est une
structure passive, il tourne à l'intérieur d'un complexe membranaire à la manière d'un rotor de moteur électrique qui tourne au
centre d'un anneau d'électro-aimants (stator).

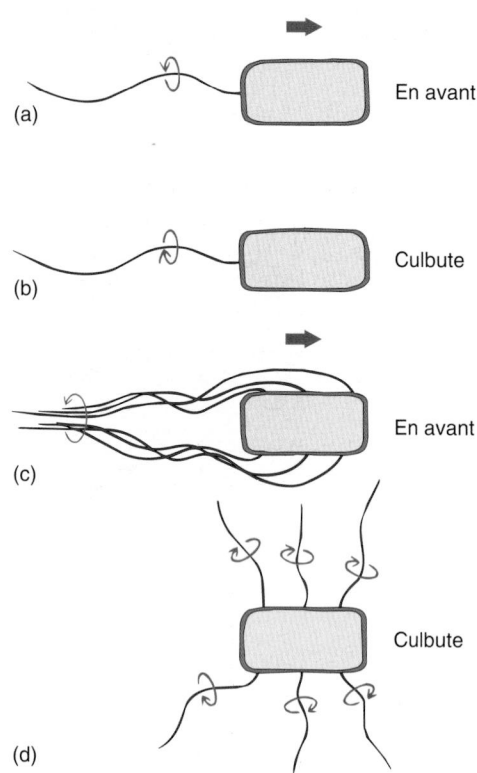

Figure 3.35 La mobilité flagellaire. Relation entre la rotation des flagelles et le mouvement de la bactérie. Les partie (**a**) et (**b**) décrivent le mouvement de bactéries monotriches polaires ; les parties (**c**) et (**d**) illustrent les mouvements d'organismes péritriches.

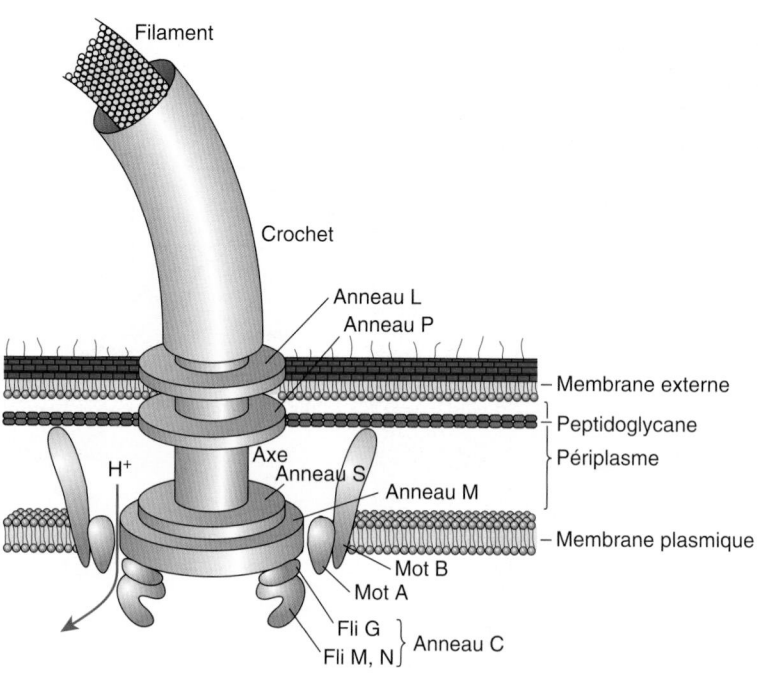

Figure 3.36 Mécanisme du mouvement flagellaire. Diagramme d'un flagelle de bactérie Gram-négative montrant certains des éléments les plus importants et le flux de protons qui entraîne la rotation ; cinq parmi les nombreuses protéines flagellaires sont indiquées (Mot A, Mot B, FliG, FliM, FliN).

Le mécanisme exact de rotation du corps basal n'est pas encore clair. La figure 3.36 donne une image plus détaillée du corps basal chez les bactéries Gram-négatives. Dans ce moteur, le rotor est constitué principalement d'une barre, de l'anneau M et d'un anneau C fixé du côté cytoplasmique du corps basal. Ces deux anneaux sont faits du plusieurs protéines dont Fli G, particulièrement importante pour la rotation. Les protéines principales du stator de ce moteur sont Mot A et Mot B. Elles forment un canal à protons à travers la membrane plasmique, Mot B sert aussi d'ancrage du complexe Mot dans le peptidoglycane. On a des preuves de l'interaction directe de Mot B avec Fli G pendant la rotation. Chez les procaryotes, la rotation se fait grâce à des gradients de sodium ou de protons et non directement avec de l'ATP comme c'est le cas des flagelles eucaryotes.

Le flagelle est un système très efficace pour nager. D'un point de vue bactérien, la natation n'est pas simple puisque l'eau environnante semble aussi épaisse et visqueuse que de la mélasse. La cellule doit se frayer un chemin à l'aide de ses flagelles en hélice ou en forme de tire-bouchon et si l'activité flagellaire cesse, la bactérie s'arrête toujours instantanément. En dépit d'une telle résistance au mouvement, les bactéries peuvent nager de 20 à environ 90 µm/seconde. Ceci est égal à un trajet de 2 à 100 longueurs de cellule par seconde. En comparaison, un homme très rapide de 1m80, devrait courir 5 longueurs de corps par seconde.

Les bactéries peuvent se déplacer par d'autres mécanismes que la rotation des flagelles. Les spirochètes, bactéries hélicoïdales, se déplacent dans des milieux visqueux comme de l'humus ou de la boue par des mouvements de flexion et de rotation produits par un **filament axial** particulier constitué de flagelles périplasmiques (*voir section 21.6*). Un type très différent de mobilité, la **mobilité par glissement**, est utilisé par beaucoup de bactéries : les cyanobactéries (*voir section 21.3*), les membres des ordres des *Myxobacteriales* (*voir section 21.4*) et des *Cytophagales* (*voir section 21.7*) et quelques mycoplasmes (*voir section 23.1*). Bien qu'il n'y ait pas de structure visible associée à cette mobilité par glissement, ces organismes peuvent avancer sur une surface solide à des vitesses de 3 µm/sec. Le mécanisme de la mobilité par glissement (encadré 21.1).

1. Décrivez brièvement les capsules, les couches mucoïdes, le glycocalyx et les couches S. Quelles sont leurs fonctions ?
2. Distinguez entre fimbriae et pili sexuels et donnez la fonction de chacuns.
3. Discutez les modes de distribution des flagelles, la synthèse et la structure des flagelles et la façon dont les flagelles fonctionnent pour permettre à la bactérie de se déplacer.

3.7 Le chimiotactisme

Les bactéries ne nagent pas toujours sans raison, mais sont attirées par des éléments nutritifs comme les sucres, les acides aminés et sont repoussées par un certain nombre de substances nuisibles et des produits de déchets bactériens. (Les bactéries peuvent répondre à d'autres signaux de l'environnement, comme la température, la lumière et la gravité, voir encadré 3.3). Le mouvement

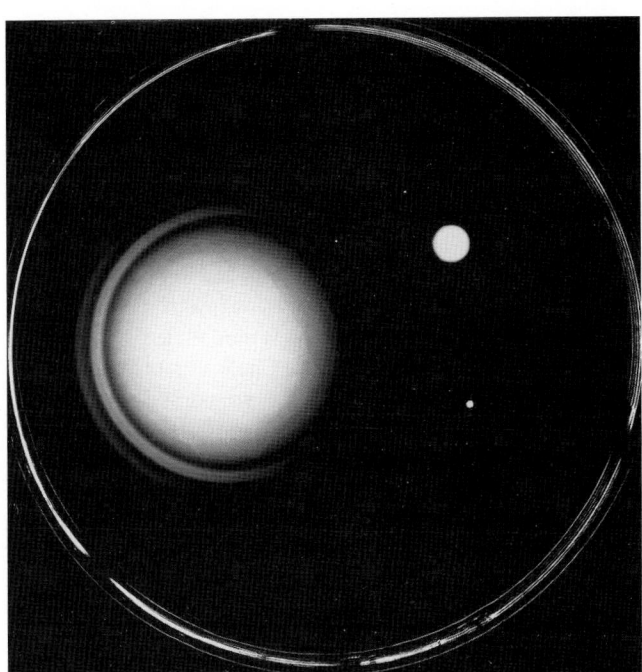

Figure 3.37 Le chimiotactisme bactérien positif. Le chimiotactisme peut être démontré sur une gélose contenant différents nutriments. À gauche, le chimiotactisme positif chez *Escherichia coli*. Le cercle extérieur est constitué de bactéries utilisant la sérine. Le second cercle est formé par *E. coli* se nourrissant d'aspartate, une substance attractive moins puissante. La colonie située à droite et en haut est constituée de mutants mobiles, mais non chimiotactiques. La colonie située à droite vers la bas contient des bactéries non mobiles.

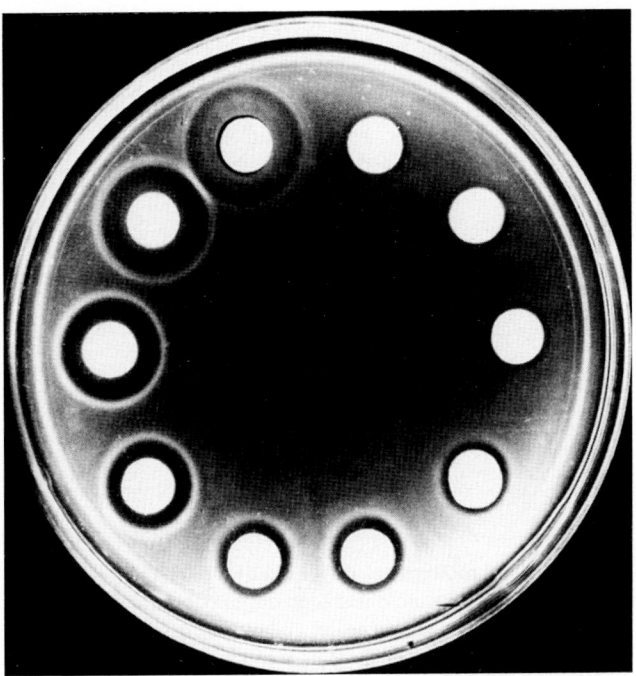

Figure 3.38 Le chimiotactisme bactérien négatif. Le chimiotactisme négatif d'*E. coli* en réponse à de l'acétate. Les disques brillants sont des blocs d'agar concentré contenant de l'acétate et déposés sur une gélose diluée inoculée avec *E. coli*. La concentration d'acétate augmente de zéro à droite jusqu'à 3 M à gauche. Notez l'augmentation de la taille des zones dépourvues de bactéries quand la concentration d'acétate augmente. Les bactéries se sont déplacées pendant 30 minutes.

orienté vers des substances attractives ou en sens opposé quand il s'agit de substances répulsives est appelé le **chimiotactisme**. Un tel comportement est évidemment avantageux pour les bactéries.

Le chimiotactisme peut être démontré en observant des bactéries dans un gradient de substance chimique. Un fin tube capillaire rempli d'une solution attractive est placé dans une suspension bactérienne. Tandis que la substance attractive diffuse à l'extrémité du capillaire, les bactéries se rassemblent et nagent vers le tube. Le nombre de bactéries à l'intérieur du capillaire après un laps de temps court, traduit la puissance de l'attraction et la vitesse du chimiotactisme. Le chimiotactisme positif ou négatif est aussi étudié à partir de cultures sur boîtes de Petri (**figure 3.37**). Si les bactéries sont placées au centre d'une gélose contenant une substance attractive, les bactéries épuiseront le produit et nageront vers l'extérieur en suivant le gradient qu'elles auront créé. Le résultat est un anneau en expansion de bactéries. Quand un disque imprégné de substance répulsive est placé sur une gélose semi-solide contenant des bactéries, celles-ci s'éloignent du répulsif, créant une zone claire autour du disque (**figure 3.38**).

Les bactéries peuvent répondre à des concentrations très faibles de substance attractive (de l'ordre de 10^{-8}M pour certains sucres), l'ampleur de leur réponse augmente avec la concentration de la substance. Habituellement, elles ne détectent une substance répulsive qu'à des concentrations plus élevées. Si des substances attractives et répulsives sont présentes en même temps, la bactérie comparera les deux signaux et répondra à la substance ayant la concentration la plus efficace.

Les substances attractives et répulsives sont détectées grâce à des **chimiorécepteurs**, protéines spéciales qui se lient aux substances chimiques et transmettent des signaux à d'autres composants du système chimiosenseur. Jusqu'à présent, on a découvert environ 20 chimiorécepteurs de substances attractives et 10 de substances répulsives. Ces chimiorécepteurs sont localisés dans l'espace périplasmique ou dans la membrane cytoplasmique. Certains récepteurs participent aux premières étapes du transport du sucre dans la cellule.

Le comportement chimiotactique des bactéries a été étudié en utilisant un microscope dont le chariot mobile conserve automatiquement une bactérie dans le champ de vision. En absence de gradient de substance, *E. coli* et les autres bactéries se déplacent au hasard. Lorsqu'une bactérie se déplace en ligne droite ou légèrement courbe, on dit qu'elle fait une **course**, pendant quelques secondes ; ensuite elle s'arrête et culbute. La **culbute** sera suivie d'une course dans une autre direction (**figure 3.39**). En présence d'un gradient de substance attractive, les culbutes sont moins fréquentes (ou les courses plus longues) quand la bactérie se dirige vers les concentrations les plus élevées. Dans le cas contraire, la fréquence des culbutes est normale. Par conséquent, la bactérie va remonter le gradient. Le comportement est influencé par les variations de concentration d'une substance dans le temps : la bactérie compare son environnement actuel avec celui expérimenté quelques instants avant. Si la concentration de la substance attractive est plus élevée, la culbute est supprimée et la course allongée.

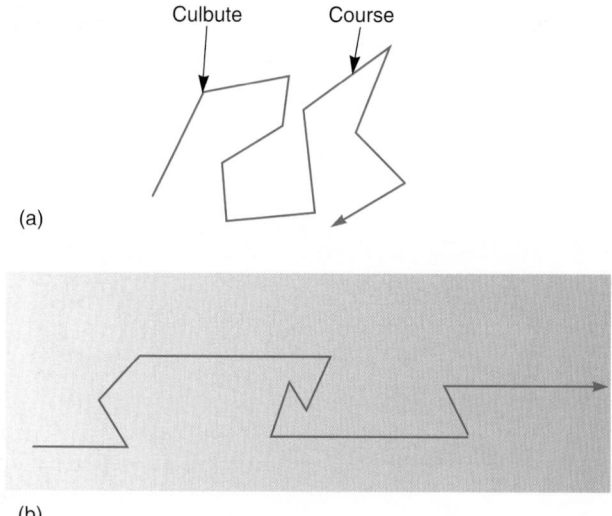

Figure 3.39 Le mouvement dirigé chez les bactéries.
(**a**) Mouvement au hasard d'une bactérie, en l'absence d'un gradient de concentration. La fréquence des culbutes est assez importante.
(**b**) Mouvement dans un gradient de substance attractive. La fréquence de culbute diminue quand la bactérie se déplace vers la solution attractive plus concentrée, de sorte que les courses en direction de cette solution sont plus longues.

C'est le contraire dans un gradient de substance répulsive. La fréquence des culbutes diminue (la course augmente) quand la bactérie s'éloigne d'une substance répulsive.

Bien que le chimiotactisme bactérien apparaisse comme un mouvement délibéré et dirigé, il faut se rappeler que ce n'est en fait pas le cas. Dans un environnement constant, les bactéries se déplacent de façon aléatoire : il y a une suite aléatoire de courses et de culbutes. Si lors d'une course dans une certaine direction, les conditions s'améliorent, les culbutes s'arrêtent et la cellule privilégiera cette direction. On dit que le mouvement est aléatoire biaisé vers les substances attractives et loin des substances répulsives. Les cellules individuelles n'ont pas le choix de prendre une direction particulière mais elles déterminent si elles doivent ou non continuer dans la direction prise.

Le mécanisme du chimiotactisme a été beaucoup étudié chez *Escherichia coli*. Il faut se rappeler que la nage vers l'avant résulte d'un mouvement des flagelles en sens inverse des aiguilles d'une montre tandis que la culbute provient d'une rotation dans le sens des aiguilles d'une montre. Les bactéries doivent être capables de répondre à des gradients de façon à se diriger vers des régions riches en nutriments et de concentration convenable en oxygène tout en évitant les substances toxiques. Chez *E. coli*, il y a quatre chimiorécepteurs qui reconnaissent respectivement la sérine, l'aspartate et le maltose, le ribose et le galactose et enfin des dipeptides. Ces récepteurs sont appelés protéines « chimiotactiques acceptrices de méthyl » ; elles sont groupées en régions souvent à l'extrémité du bâtonnet dans des cellules comme *E.coli*. Ces récepteurs n'influencent pas directement la rotation des flagelles mais agissent par l'intermédiaire de toute une série d'autres protéines. L'ensemble du processus est si efficace que le moteur peut répondre à un stimulus en moins de 200 millisecondes.

Le mécanisme moléculaire du chimiotactisme est complexe. Il implique au niveau des protéines, des changements conformationnels, la méthylation et la phosphorylation. Si un nutriment attractif n'est pas fixé à un des chimiorécepteurs, la protéine CheA sera phosphorylée par de l'ATP : cette protéine phosphorylée cédera son groupe phosphate à la protéine CheY qui elle, interagira avec l'interrupteur FliM à la base du flagelle pour déclencher la rotation dans le sens des aiguilles d'une montre et la culbute. Une augmentation de la fixation du nutriment conduira à la déphosphorylation de CheA, à la rotation des flagelles en sens inverse et à la course. Si aucun produit attractif ou répulsif n'est présent, le système maintient la phosphorylation de CheA et de CheY à un niveau intermédiaire, ce qui donne un mouvement aléatoire normal. D'une façon générale, le système possède une protéine sensorielle qui phosphoryle une autre protéine qui, elle, entraîne la réponse. Comme nous le verrons plus loin, ceci s'appelle un système de phosphorelais à deux composants. Les détails moléculaires du chimiotactisme seront décrits au chapitre 12 avec les autres systèmes à deux composants. En effet, des mécanismes similaires sont utilisés pour répondre à d'autres facteurs environnementaux comme l'oxygène (l'aérotactisme), la lumière (le phototactisme), la température (le tlermotactisme) et la pression osmotique (l'osmotactisme). Système de phosphorelais à deux composants (pp. 283-85)

---

1. Définissez chimiotactisme, course et culbute.
2. Expliquez d'une façon générale comment une bactérie est attirée par des substances nutritives et repoussée par des substances toxiques.

3.8 L'endospore bactérienne

Un certain nombre de bactéries Gram-positives acquièrent une structure spéciale, résistante, dormante appelée **endospore**. Les endospores se développent dans les cellules végétatives de quelques genres bactériens : *Bacillus* et *Clostridium* (bâtonnets), *Sporosarcina* (coques) et autres. Ces structures sont extraordinairement résistantes aux conditions sévères de l'environnement comme la chaleur, les radiations ultraviolettes, les désinfectants chimiques et la dessiccation. En fait, certaines endospores sont restées viables pendant environ 100.000 ans et des spores d'actinomycètes (qui ne sont pas de vraies endospores) ont été retrouvées vivantes après avoir été ensevelies dans de la vase pendant 7.500 ans ! Les endospores sont d'une grande importance pratique en microbiologie industrielle et médicale à cause de leur résistance et du fait que certaines espèces bactériennes formant des endospores sont dangereusement pathogènes. Il est donc essentiel de pouvoir stériliser les solutions et les objets. Elles survivent souvent à une ébullition d'une heure ou plus, il faudra donc utiliser des autoclaves (*voir chapitre 7*) pour stériliser les équipements microbiologiques. Les endospores présentent aussi un intérêt théorique considérable. Comme les bactéries synthétisent ces entités d'une façon très organisée en quelques heures, la formation des endospores est un bon sujet de recherche sur la construction de structures biologiques complexes. Dans la nature, les endospores sont un moyen de survie au manque d'eau et d'éléments nutritifs. La résistance des endospores à haute température (chapitre 7).

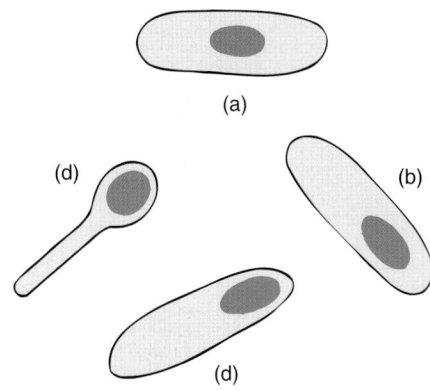

Figure 3.40 **Exemples de localisation et de taille des endospores.**
(**a**) Spore centrale. (**b**) Spore subterminale. (**c**) Spore terminale.
(**d**) Spore terminale avec sporange gonflé.

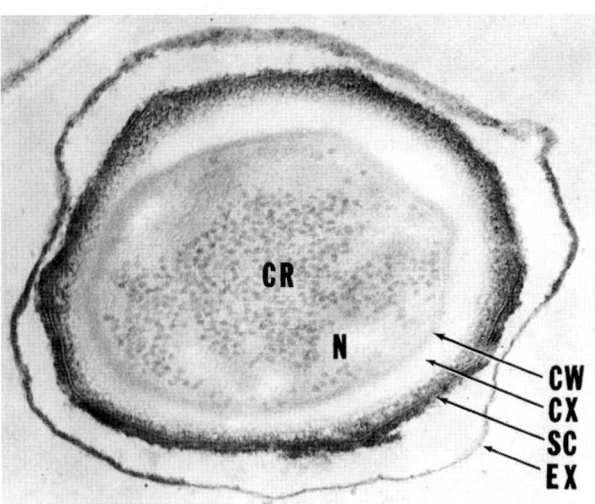

Figure 3.41 **La structure d'une endospore.** Endospore de *Bacillus anthracis* (x 151.000). Notez les structures suivantes : exosporium, *EX* ; tunique *SC* ; cortex, *CX* ; paroi de la spore *CW* ; le protoplaste avec son nucléoïde, *N*, et les ribosomes *CR*.

Les endospores peuvent être examinées à l'aide des microscopes optique et électronique. Les spores apparaissent souvent comme des zones incolores dans les bactéries colorées au bleu de méthylène ou avec d'autres colorants simples, les spores étant imperméables à la plupart des colorants. Des colorants spéciaux sont utilisés pour les rendre visibles (*voir chapitre 2*). La position de la spore dans la cellule mère ou **sporange** diffère fréquemment selon les espèces, ce qui est d'une grande utilité pour l'identification. Les spores sont localisées au centre ou proches d'une extrémité (subterminales) ou à l'extrémité (terminales) (**figure 3.40**). Parfois la spore est tellement grande que le sporange est gonflé.

Les images au microscope électronique montrent la complexité de la structure de l'endospore (**figure 3.41**). La spore est souvent entourée d'une enveloppe mince et délicate appelée **exosporium**. La **tunique**, située sous l'exosporium, est composée de quelques couches protéiques et peut être assez épaisse. Elle est imperméable et responsable de la résistance des spores aux pro-

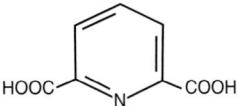

Figure 3.42 **L'acide dipicolinique.**

duits chimiques. Le **cortex** qui peut occuper plus de la moitié du volume de la spore, est localisé sous la tunique. Il est constitué de peptidoglycane moins ponté que celui de la cellule végétative. La **paroi de la spore** est dans le cortex et entoure le protoplaste. Le protoplaste possède toutes les structures cellulaires telles que les ribosomes et le nucléoïde mais il est métaboliquement inerte.

On ne sait pas encore de façon précise pourquoi les endospores sont si résistantes à la chaleur et aux autres agents létaux. Plus de 15% du poids sec des spores sont constitués d'**acide dipicolinique** complexé à des ions calcium (**figure 3.42**). On a longtemps pensé que l'acide dipicolinique était responsable de la résistance à la chaleur des spores. Cependant des mutants résistants à la chaleur et dépourvus d'acide dipicolinique ont maintenant été isolés. Le calcium doit aider à la résistance à la chaleur humide, aux agents oxydants et parfois à la chaleur sèche. Le complexe acide dipicolinique-calcium pourrait stabiliser les acides nucléiques de la spore. Récemment, on a découvert dans l'endospore de petites protéines spécialisées, solubles dans d'acide et se fixant à l'ADN. Elles saturent l'ADN et le protège contre la chaleur, les radiations, la dessication et les produits chimiques. La déshydratation des protoplastes semble très importante pour la résistance à la chaleur. Le cortex peut enlever l'eau du protoplaste par osmose, le protégeant ainsi de la chaleur et des radiations. La tunique exerce aussi une action protectrice vis à vis d'enzymes et de substances comme le peroxyde d'hydrogène. Enfin, les spores contiennent des enzymes de réparation de l'ADN. L'ADN est réparé au cours de la germination et de la croissance lorsque le protoplaste est redevenu actif. En résumé, la résistance de la spore à la chaleur est due à plusieurs facteurs : la stabilisation de l'ADN par le complexe dipicolinate-calcium et les protéines, la déshydratation du protoplaste, la tunique, la réparation de l'ADN et la stabilité accrue des protéines cellulaires chez les bactéries adaptées à une croissance à des températures élevées.

La formation de spores, la **sporogenèse** ou **sporulation**, commence normalement au moment où la croissance cellulaire s'arrête par manque d'éléments nutritifs. C'est un processus complexe qui peut être divisé en sept phases (**figure 3.43**). Il y a d'abord formation d'un filament axial de matériel nucléaire (phase I), suivie de l'invagination de la membrane cellulaire isolant une partie de l'ADN et constituant le septum de la préspore (phase II). La membrane continue à se développer et entoure la préspore d'une seconde enveloppe (phase III). Ensuite dans l'espace compris entre les deux membranes, se forme le cortex ; du calcium et de l'acide dipicolinique s'y accumulent (phase IV). Les protéines de la tunique sont alors formées autour du cortex (phase V) et la spore arrive à maturité (phase VI). Finalement, des enzymes lytiques détruisent le sporange libérant la spore (phase VII). La sporulation dure environ 10 heures chez *Bacillus megaterium*. Régulation de la sporilation chez *Bacillus* (pp. 282, 283-84)

La transformation des spores dormantes en cellules végétatives actives semble être presque aussi complexe que la sporulation. Elle se déroule en trois phases : 1) l'activation, 2) la germi-

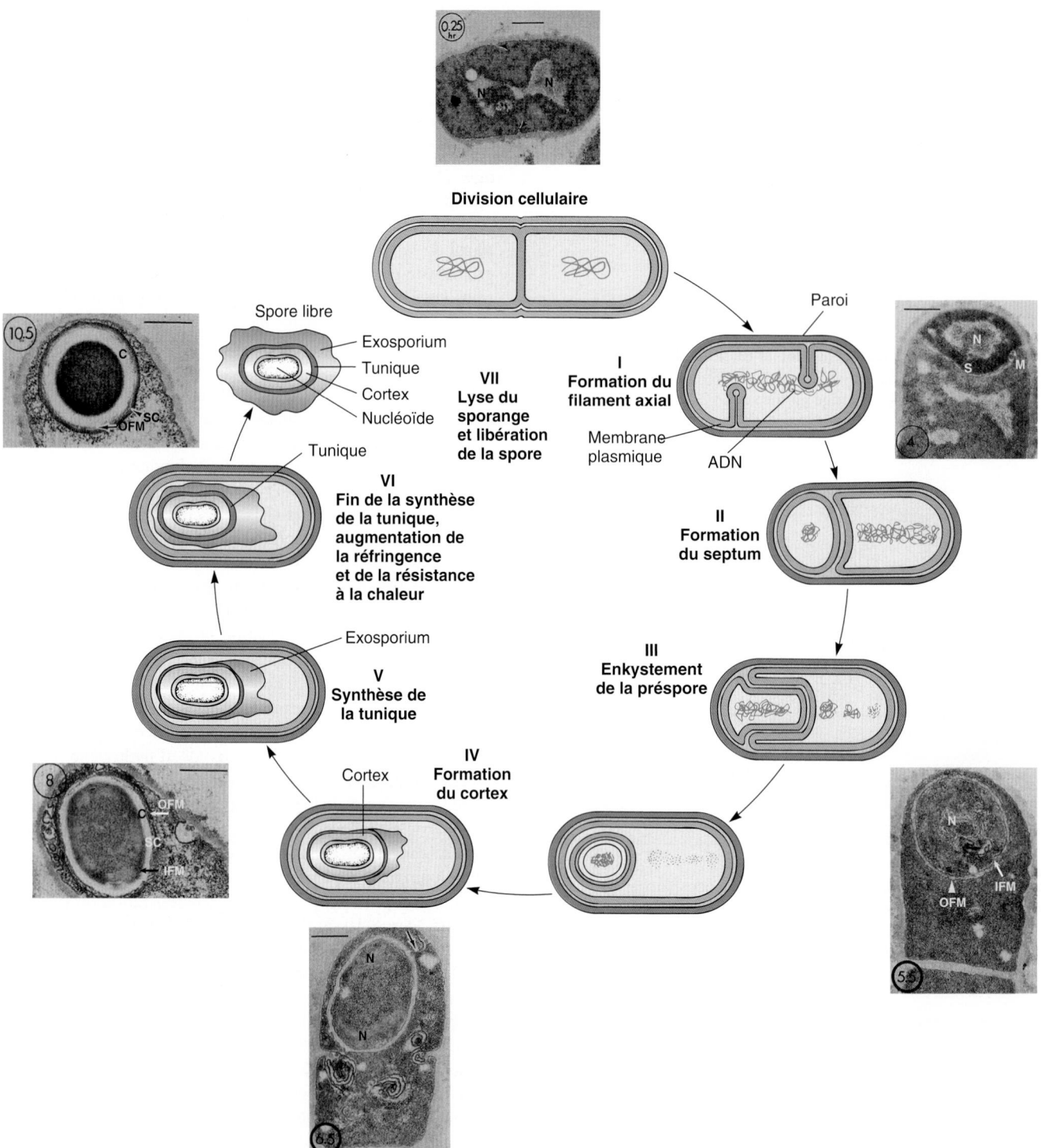

Figure 3.43   La formation de l'endospore. Le cycle de *Bacillus megaterium*. Les phases sont indiquées en chiffres romains. Les chiffres entourés d'un cercle se réfèrent aux heures à partir de la fin de la phase logarithmique de croissance. *0,25h* : une cellule végétative typique. *4*h : cellule à la phase II, septation. *5,5*h cellule à la phase III, enkystement. *6,5*h : cellule à la phase IV, formation du cortex. *8*h : cellule à la phase V, formation de la tunique. *10,5*h : cellule à la phase VI, spore mature dans le sporange. *C*, cortex ; *IFM* et *OFM*, membrane interne et externe de la préspore ; *M*, mésosome ; *N*, nucléoïde ; *R*, ribosome ; *S*, septum ; *SC*, tunique de la spore. La barre indique 0,5 mm.

nation, et 3) la croissance. Souvent une endospore ne germera pas même dans un milieu riche, à moins d'être activée. L'activation est un processus réversible qui prépare les spores à la germination et se produit généralement suite à un traitement comme le chauffage. Elle est suivie de la **germination**. Ce processus est caractérisé par le gonflement de la spore, la rupture ou l'absorption de la tunique, la perte de la résistance à la chaleur ou à d'autres agressions, la perte de la réfringence, la libération des constituants de la spore et l'augmentation de l'activité métabolique. De nombreux métabolites ou nutriments (ex. les acides aminés et les sucres) peuvent provoquer la germination, après l'activation de la spore. La germination est suivie de la croissance. Le protoplaste de la spore fait de nouveaux composés, émerge des restes des enveloppes de la spore et donne naissance à une bactérie active (**figure 3.44**).

1. Dessinez la structure de l'endospore bactérienne.
2. Décrivez brièvement la formation de l'endospore et la germination. Quelle est l'importance de l'endospore ? Qu'est-ce qui peut expliquer sa résistance à la chaleur ?

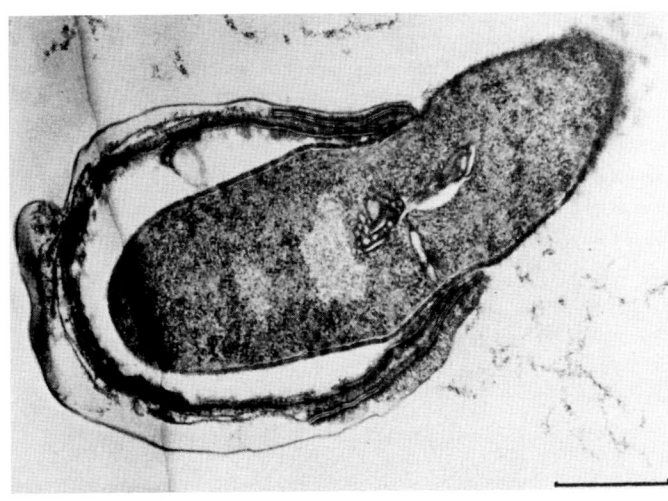

Figure 3.44 La germination d'une endospore. *Clostridium pectinovorum* émergeant de la spore en germination. La barre représente 0,5 µm.

Résumé

1. Les bactéries peuvent être sphériques (coques), en forme de bâtonnets (bacilles) ou en forme de spirales ; ressembler à des champignons ; former des bourgeons ou des pédoncules ; ou même n'avoir aucune forme caractéristique du tout (pléomorphe).

2. Les cellules bactériennes peuvent rester ensemble après la division pour former des paires, des chaînettes ou des groupes de différentes tailles et formes.

3. Toutes les bactéries sont des procaryotes et sont structurellement plus simples que les eucaryotes. Le **tableau 3.1** résume les principales fonctions des structures cellulaires bactériennes.

4. La membrane plasmique et la plupart des autres membranes sont composées d'une double couche lipidique dans laquelle sont enfouies les protéines intrinsèques (**figure 3.7**). Les protéines de surface sont plus lâchement attachées aux membranes.

5. La membrane plasmique peut s'invaginer pour former plusieurs structures relativement simples comme le système membranaire

contenant les complexes photosynthétique et respiratoire et peut-être les mésosomes.

6. Le cytoplasme contient les inclusions et les ribosomes.

7. Le matériel génétique procaryote est localisé dans une zone appelée le nucléoïde qui n'est pas entouré d'une enveloppe.

8. La plupart des bactéries ont une paroi cellulaire localisée à l'extérieur de la membrane plasmique qui leur donne leur forme et les protège de la lyse osmotique.

9. Les parois bactériennes sont chimiquement complexes et contiennent généralement du peptidoglycane ou muréine (**figures 3.16 - 3.19**).

10. Les bactéries sont souvent classées en Gram-positives et Gram-négatives. Cette classification est basée sur des différences de structure de la paroi cellulaire et de réponse à la coloration de Gram.

11. Les parois des cellules Gram-positives sont constituées de couches épaisses et homogènes de peptidoglycane et d'acides teichoïques (**figure 3.21**). Les bactéries Gram-négatives

ont une couche mince de peptidoglycane entourée d'une membrane externe complexe constituée de lipopolysaccharides (LPS) et d'autres composés (**figure 3.23**).

12. Les mycoplasmes sont dépourvus de paroi cellulaire.

13. Les capsules, les fimbriae et les pili sexuels sont localisés à l'extérieur de la paroi cellulaire.

14. La plupart des bactéries sont mobiles. Elles se déplacent au moyen d'organites de locomotion appelés flagelles (**figure 3.32**).

15. Les espèces bactériennes diffèrent quant au nombre et à la distribution de leurs flagelles.

16. Le filament flagellaire est une hélice rigide qui tourne pour faire avancer la bactérie dans l'eau (**figures 3.35 et 3.36**).

17. Les bactéries mobiles peuvent répondre à des gradients de substances attractives ou répulsives, un phénomène appelé le chimiotactisme.

18. Certaines bactéries survivent à des conditions sévères de l'environnement en formant des endospores, structures dormantes, résistantes à la chaleur, à la dessiccation et à de nombreuses substances chimiques (**figure 3.41**).

Mots-clés

flagelline *64*

germination *71*

glycocalyx *61*

glycogène *49*

granule de volutine *52*

granule métachromatique *52*

granule de cyanophycine *51*

granule de polyphosphate *52*

inclusion *49*

hydrophile *46*

hydrophobe *46*

lipide A *58*

lipopolysaccharide (LPS) *58*

lophotriche *63*

lyse *61*

lysozyme *61*

magnétosome *52*

membrane externe *55*

membrane plasmique *46*

mobilité par glissement *66*

modèle de la membrane en mosaïque fluide *47*

monotriche *63*

muréine *55*

mycélium *43*

nucléoïde *54*

osmose *61*

paroi de la spore *69*

pénicilline *61*

peptidoglycane *55*

périplasme *55*

péritriche *63*

pili sexuels *63*

plasmide *54*

plasmolyse *61*

pléomorphe *44*

poly-β-hydroxybutyrate (PHB) *49*

pont interpeptidique *56*

polysaccharide central *58*

porine *60*

protéine extrinsèque *47*

protéine intrinsèque *47*

protoplaste *49*

ribosome *52*

sphéroplaste *61*

spirille *44*

spirochète *44*

sporange *68*

sporogenèse *69*

sporulation *69*

tunique *69*

unité de Svedberg *52*

vacuole gazeuse *51*

vésicule gazeuse 51

vibrion *43*

Questions de révision

1. Faites la liste de toutes les structures procaryotes principales discutées dans ce chapitre et donnez une brève description de leur fonction.

2. Certains microbiologistes pensent que la membrane plasmique est impliquée dans la synthèse de l'ADN durant la reproduction bactérienne. Comment peut-on le prouver ?

3. Discutez le mécanisme possible de la coloration de Gram en termes de différence de structure entre la paroi des bactéries Gram-positives et négatives.

4. Qu'est ce que l'auto-assemblage et pourquoi est-ce tellement important pour les cellules ?

5. Comment peut-on montrer qu'une bactérie peut former de vraies endospores ?

Questions de réflexion

1. Proposez un modèle pour l'assemblage d'un flagelle dans une membrane Gram-positive. Comment devrait-il être modifié s'il s'agit de l'assemblage d'un flagelle dans une membrane Gram-négative ?

2. Sans microscope à votre disposition, comment déterminez-vous qu'une cellule est procaryote ou eucaryote ? Considérez que l'organisme peut être facilement cultivé au laboratoire.

3. Le peptidoglycane a souvent été comparé à la cotte de mailles portée sous une armure par un chevalier du Moyen-Age. Il fournit protection et flexibilité. Pouvez-vous décrire d'autres structures biologiques qui ont une fonction analogue. Comment sont-elles remplacées ou modifiées en fonction de la croissance de leur habitant ?

Lectures complémentaires

Généralités

Balows, A.; Truper, H. G.; Dworkin, M.; Harder, W.; et Schleifer, K.-H. 1992. *The prokaryotes,* 2ᵉ ed. New York: Springer-Verlag.

Beveridge, T. J. 1989. The structure of bacteria. In *Bacteria in Nature,* vol. 3, J. S. Poindexter et E. R. Leadbetter, éditeurs, 1–65 New York: Plenum.

Chung, K.-T.; Stevens, Jr., S. E.; et Ferris, D. H. 1995. A chronology of events and pioneers of microbiology. *SIM News* 45(1):3–13.

Gest, H., et Mandelstam, J. 1987. Longevity of microorganisms in natural environments. *Microbiol. Sci.* 4(3):69–71.

Goodsell, D. S. 1991. Inside a living cell. In *Trends Biochem. Sci.,* 16:203–6.

Henning, U. 1975. Determination of cell shape in bacteria. *Annu. Rev. Microbiol.* 29:45–60.

Hoppert, M., et Mayer, F. 1999. Prokaryotes. *American Scientist* 87:518–25.

Koch, A. L. 1995. *Bacterial growth and form.* New York: Chapman & Hall.

Koch, A. L. 1996. What size should a bacterium be? A question of scale. *Annu. Rev. Microbiol.* 50:317–48.

Lederberg, J. 2000. *Encyclopedia of microbiology,* 2ᵉ éd. San Diego: Academic Press.

Mayer, F. 1986. *Cytology and morphogenesis of bacteria.* Berlin: Gebrüder Borntraeger.

Neidhardt, F. C., editor-in-chief. 1996. *Escherichia coli and Salmonella: Cellular and molecular biology,* 2ᵉ éd. Washington, D.C.: ASM Press.

Neidhardt, F. C.; Ingraham, J. L.; et Schaechter, M. 1990. *Physiology of the bacterial cell: A molecular approach.* Sunderland, Mass.: Sinauer Associates.

Rogers, H. J. 1983. *Bacterial cell structure.* Washington: American Society for Microbiology.

Shapiro, L., et Losick, R. 1997. Protein localization and cell fate in bacteria. *Science* 276:712–18.

3.2   Les membranes de la cellule procaryote

Drews, G. 1992. Intracytoplasmic membranes in bacterial cells: Organization, function and biosynthesis. In *Prokaryotic structure and function,* S. Mohan, C. Dow, and J. A. Coles, editors, 249–74. New York: Cambridge University Press.

Ourisson, G., Albrecht, P., et Rohmer, M. 1984. L'origine microbienne des combustibles fossiles. *Pour la Science,* 84, 56-66.

Salton, M. R. J., et Owen, P. 1976. Bacterial membrane structure. *Annu. Rev. Microbiol.* 30:451–82.

3.3 Le cytoplasme

Bazylinski, D. A. 1995. Structure and function of the bacterial magnetosome. *ASM News* 61(7):337-43.

Blakemore, R. P. 1982. Magnetotactic bacteria. *Annu. Rev. Microbiol.* 36:217–38.

Dawes, E. A. 1992. Storage polymers in prokaryotes. In *Prokaryotic structure and function,* S. Mohan, C. Dow, and J. A. Coles, editors, 81–122. New York: Cambridge University Press.

Margolin, W. 1998. A green light for the bacterial cytoskeleton. *Trends Microbiol.* 6(6):233–38.

Stolz, J. F. 1993. Magnetosomes. *J. Gen. Microbiol.* 139:1663–70.

Walsby, A. E. 1977. The gas vacuoles of blue-green algae. *Sci. Am.* 237(2):90–97.

Wittmann, H. G. 1983. Architecture of prokaryotic ribosomes. *Annu. Rev. Biochem.* 52:35–65.

3.4 Le nucléoïde

Brock, T. D. 1988. The bacterial nucleus: A history. *Microbiol. Rev.* 52:397–411.

Robinow, C., et Kellenberger, E. 1994. The bacterial nucleoid revisited. *Microbiol. Rev.* 58(2): 211–32.

Schmidt, M. B. 1988. Structure and function of the bacterial chromosome. *Trends Biochem. Sci.* 13(4):131–35.

Trun, N. J., et Marko, J. F. 1998. Architecture of a bacterial chromosome. *ASM News* 64(5):276–83.

3.5 La paroi de la cellule procaryote

Beveridge, T. J. 1995. The periplasmic space and the periplasm in gram-positive and gram-negative bacteria. *ASM News* 61(3):125–30.

Ferguson, S. J. 1992. The periplasm. In *Prokaryotic structure and function,* S. Mohan, C. Dow, et J. A. Coles, éds., 311–40. New York: Cambridge University Press.

Ghuysen, J.-M., et Hakenbeck, R., éditeurs. 1994. *Bacterial cell wall.* New York: Elsevier.

Hancock, R. E. W. 1991. Bacterial outer membranes: Evolving concepts. *ASM News* 57(4):175–82.

Kotra, L. P.; Amro, N. A.; Liu, G.-Y.; et Mobashery, S. 2000. Visualizing bacteria at high resolution. *ASM News* 66(11):675–81.

Navarre, W. W., et Schneewind, O. 1999. Surface proteins of gram-positive bacteria and mechanisms of their targeting to the cell wall envelope. *Microbiol. Mol. Biol. Rev.* 63(1):174–229.

Osborne, M. J., et Wu, H. C. P. 1980. Proteins of the outer membrane of gram-negative bacteria. *Annu. Rev. Microbiol.* 34:369–422.

Rietschel, E. T., et al. 1994. Bacterial endotoxin: Molecular relationships of structure to activity and function. *FASEB J.* 8:217–25.

Scherrer, R. 1984. Gram's staining reaction, Gram types and cell walls of bacteria. *Trends Biochem. Sci.* 9:242–45.

Sharon, N. 1969. The bacterial cell wall. *Sci. Am.* 221(5):92–98.

3.6 Les éléments externes à la paroi

Bayer, M. E., et Bayer, M. H. 1994. Biophysical and structural aspects of the bacterial capsule. *ASM News* 60(4):192–98.

Costerton, J. W., Geesey, G. G., et Cheng, K.-J. 1978. Comment collent les bactéries. *Pour la Science* , 5, 100-107.

DeRosier, D. J. 1998. The turn of the screw: The bacterial flagellar motor. *Cell* 93:17–20.

Doetsch, R. N., et Sjoblad, R. D. 1980. Flagellar structure and function in eubacteria. *Annu. Rev. Microbiol.* 34:69–108.

Ferris, F. G., et Beveridge, T. J. 1985. Functions of bacterial cell surface structures. *BioScience* 35(3): 172–77.

Harshey, R. M., et Toguchi, A. 1996. Spinning tails: homologies among bacterial flagellar systems. *Trends Microbiol.* 4(6):226–31.

Hultgren, S. J., Abraham, S., Caparon, M., Falk, P., St. Geme, III, J. W., et Normark, S. 1993. Pilus and nonpilus bacterial adhesins: Assembly and function in cell recognition. *Cell* 73:887–901.

Messner, P., et Sleytr, U. B. 1992. Crystalline bacterial cell-surface layers. In *Advances in microbial physiology,* vol. 33, A. H. Rose, editor, 213–75. New York: Academic Press.

Sleytr, U. B., et Beveridge, T. J. 1999. Bacterial S-layers. *Trends Microbiol.* 7(6):253–60.

Troy, F. A. 1979. The chemistry and biosynthesis of selected bacterial capsular polymers. *Annu. Rev. Microbiol.* 33:519–60.

Yonekura, K., et al. 2000. The bacterial flagella cap as the rotary promoter of flagellin self-assembly. *Science* 290:2148–52.

3.7 Le chimiotaetisme

Adler, J. 1976. The sensing of chemicals by bacteria. *Sci. Am.* 234(4):40–47.

Berg, H. C. 1975. How bacteria swim. *Sci. Am.* 233(2):36–44.

Blair, D. F. 1995. How bacteria sense and swim. *Annu. Rev. Microbiol.* 49:489–522.

Manson, M. D., Armitage, J. P., Hoch, J. A., et Macnab, R. M. 1998. Bacterial locomotion and signal transduction. *J. Bacteriol.* 180(5):1009–22.

Parkinson, J. S. 1993. Signal transduction schemes of bacteria. *Cell* 73:857–71.

3.8 L'endospore bactérienne

Aronson, A. I., et Fitz-James, P. 1976. Structure and morphogenesis of the bacterial spore coat. *Bacteriol. Rev.* 40(2):360–402.

Driks, A. 1999. *Bacillus subtilis* spore coat. *Microbiol. Mol. Biol. Rev.* 63(1):1–20.

Errington, J. 1993. *Bacillus subtilis* sporulation: Regulation of gene expression and control of morphogenesis. *Microbiol. Rev.* 57(1):1–33.

Nicholson, W. L., Munakata, N., Horneck, G., Melosh, H. J., et Setlow, P. 2000. Resistance of *Bacillus* endospores to extreme terrestrial and extraterrestrial environments. *Microbiol. Mol. Biol. Rev.* 64(3):548–72.

Setlow, P. 1995. Mechanisms for the prevention of damage to DNA in spores of *Bacillus* species. *Annu. Rev. Microbiol.* 49:29–54.

Slepecky, R. A. 1978. Resistant forms. In Essays in microbiology, J. R. Norris and M. H. Richmond, editors, 14/1–14/31. New York: John Wiley and Sons.

CHAPITRE 4

La cellule eucaryote :
structures et fonctions

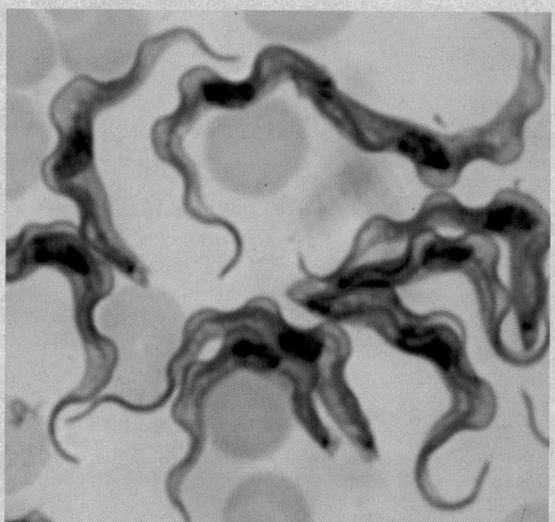

Souvent les microbiologistes n'insistent que sur les procaryotes et les virus, pourtant les micro-organismes eucaryotes ont aussi une importance majeure pour l'homme. Ainsi, le protozoaire parasite *Trypanosoma brucei gambiense* est responsable en Afrique de la maladie du sommeil. L'organisme envahit le système nerveux et souvent la victime ne décède qu'après avoir souffert pendant des années de symptômes tels que faiblesse, mal de tête, apathie, amaigrissement, somnolence, et coma.

Plan

Concepts

1. Les cellules eucaryotes diffèrent principalement des cellules procaryotes par la présence dans leur cytoplasme d'une variété d'organites, et d'une enveloppe nucléaire délimitant le matériel génétique. Chaque organite a une structure distincte, directement en relation avec ses fonctions spécifiques.

2. Le cytosquelette constitué de microtubules, de microfilaments et de filaments intermédiaires est responsable de la forme de la cellule eucaryote ; les microtubules et les microfilaments sont aussi impliqués dans les mouvements cellulaires et le transport intracellulaire.

3. Chez les eucaryotes, le matériel génétique est réparti entre les cellules filles par des processus complexes très organisés appelés mitose et méiose.

4. En dépit de grandes différences morphologiques, les cellules eucaryotes et procaryotes sont proches au niveau biochimique.

> *La solution à tous les problèmes biologiques doit finalement être recherchée au sein de la cellule.*
>
> — *E. B. Wilson*

Dans le chapitre 3, on a porté une grande attention à la structure et aux fonctions des cellules procaryotes. En effet, les bactéries sont d'une importance considérable en microbiologie et ont occupé une large part de l'intérêt des microbiologistes dans le passé. Néanmoins, les algues eucaryotes, les mycètes et les protozoaires sont aussi des micro-organismes et ont été beaucoup étudiés. Ces organismes souvent extrèmement complexes, sont très intéressants par eux-même et sont des membres importants de l'écosystème (**figure 4.1**). De plus, les mycètes (et dans une certaine mesure les algues) sont exceptionnellement utiles en microbiologie industrielle. De nombreux mycètes et protozoaires sont aussi des agents pathogènes humains majeurs ; il suffit de penser à la malaria ou à la maladie du sommeil pour apprécier la signification des eucaryotes dans la microbiologie pathologique. Bien que l'on insiste sur les bactéries dans ce texte, on discutera aussi des micro-organismes eucaryotes.

Ce chapitre porte principalement sur la structure de la cellule eucaryote en relation avec la fonction cellulaire. Etant donné que de nombreuses études sur l'ultrastructure des cellules eucaryotes ont été réalisées sur des organismes autres que des micro-organismes, quelques travaux sur des cellules non microbiennes seront présentés. A la fin du chapitre, les cellules procaryotes et eucaryotes seront comparées.

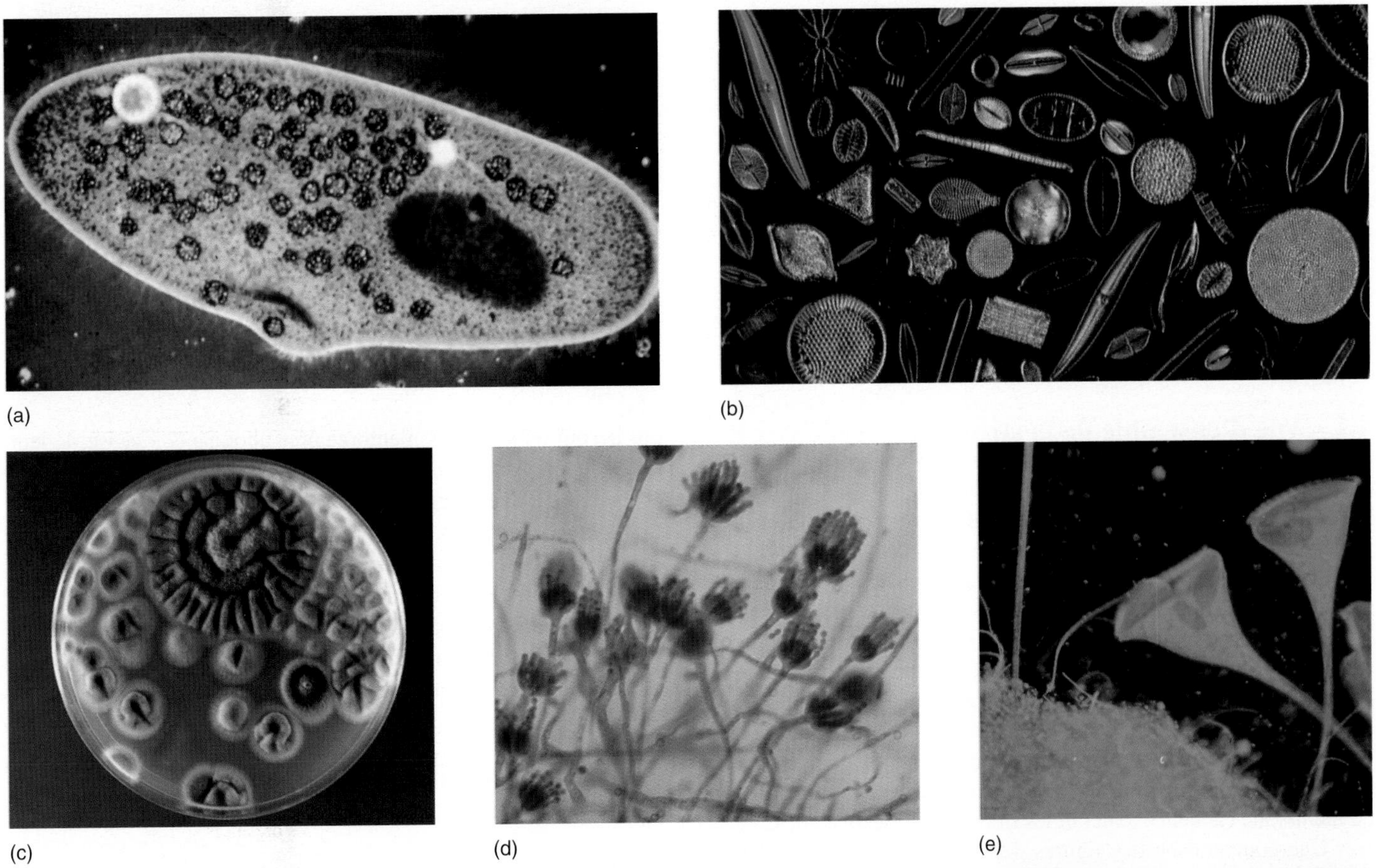

(a)

(b)

(c)

(d)

(e)

(f)

Figure 4.1 Exemples de micro-organismes eucaryotes. (**a**) *Paramecium* vue au microscope àinterférentiel (x 115). (**b**) Mélange de frustules de diatomées (x 100). (**c**) Colonies de *Penicillium* et (**d**) une vue microscopique des hyphes et conidies de cette moisissure (x 220). (**e**) *Stentor.* Les protozoaires ciliés sont tendus et en train de se nourrir, microscopie à fond noir (x 100). (**f**) *Amanita muscaria*, un grand champignon vénéneux.

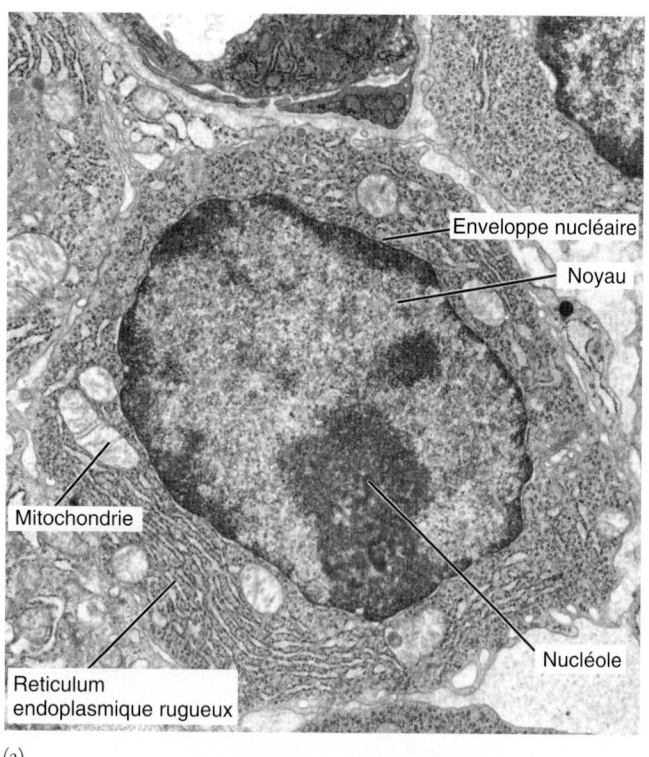

(a)

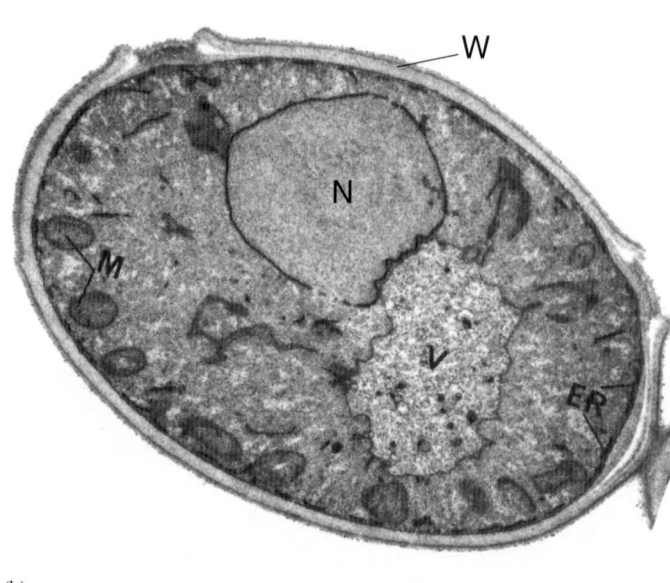

(b)

Figure 4.2 Ultrastructure d'une cellule eucaryote. (a) Un lymphocyte dans un ganglion lymphatique de rat (x 17.500). **(b)** La levure *Saccharomyces* (x 7.200). Notez le noyau (n), une mitochondrie (m), une vacuole (v), le réticulum endophasmique (er) et la paroi cellulaire (w).

4.1   Vue d'ensemble de la structure d'une cellule eucaryote

La différence la plus évidente entre cellules procaryotes et eucaryotes se trouve au niveau des membranes. Les cellules eucaryotes possèdent un noyau entouré d'une enveloppe, de plus les membranes contribuent de façon importante à la structure de nombreux autres organites (**figure 4.2 et 4.3**). Les **organites** sont des structures intracellulaires qui remplissent des fonctions spécifiques dans les cellules. Le nom d'organite (petit organe) a été inventé parce que les biologistes voyaient un parallélisme entre les relations des organites avec la cellule et celles des organes avec le corps. On ne peut pas définir les organites comme étant des structures entourées de membrane car cela exclurait les ribosomes et les flagelles.

Une comparaison des figures 4.2 et 4.3 avec la figure 3.11 (*p. 51*) montre combien la cellule eucaryote est structurellement beaucoup plus complexe que la cellule procaryote. Cette complexité est principalement due aux membranes internes pourvues de nombreuses fonctions. Le cloisonnement intracellulaire de la cellule eucaryote par des membranes, rend possible le déroulement de fonctions biologiques et physiologiques dans des compartiments séparés, elles peuvent ainsi facilement se réaliser simultanément avec contrôle indépendant et coordination propre. Les grandes surfaces membranaires permettent une activité respiratoire et photosynthétique très importante, ces processus étant exclusivement membranaires. Le complexe membranaire intracellulaire sert aussi de système de transport pour véhiculer des substances entre des compartiments cellulaires différents. Ainsi, les cellules eucaryotes

ont besoin de systèmes membranaires abondants à cause de leur taille, de leur activité métabolique, des processus de transport et de la nécessité d'une bonne régulation.

Les figures 4.2, 4.3 et 4.26*b* donnent une vue générale de la structure d'une cellule eucaryote et illustrent la plupart des organites. Le **tableau 4.1** résume brièvement les fonctions des organites eucaryotes. Les organites bordés d'une membrane plasmique sont décrits les premiers, les composés localisés à l'extérieur de la membrane sont présentés ensuite.

4.2   Le cytoplasme, les microfilaments, les filaments intermédiaires et les microtubules

Quand on examine une cellule eucaryote au microscope électronique, on voit les organites baignant dans une substance homogène sans forme particulière appelée **cytoplasme**. Cette matrice est une des parties les plus importantes de la cellule. Elle contient les organites et est le siège de nombreux processus biochimiques. Plusieurs modifications physiques observées dans les cellules – changement de viscosité, mouvement du cytoplasme et autres – sont aussi dues à l'activité du cytoplasme.

L'eau représente 70 à 85% du poids d'une cellule eucaryote. Une grande partie du cytoplasme est donc constituée d'eau. L'eau cellulaire peut exister sous deux formes. Une partie de celle-ci est de l'eau libre, c'est-à-dire osmotiquement active. L'osmose, l'activité de l'eau et la croissance (pp. 61, 121-123).

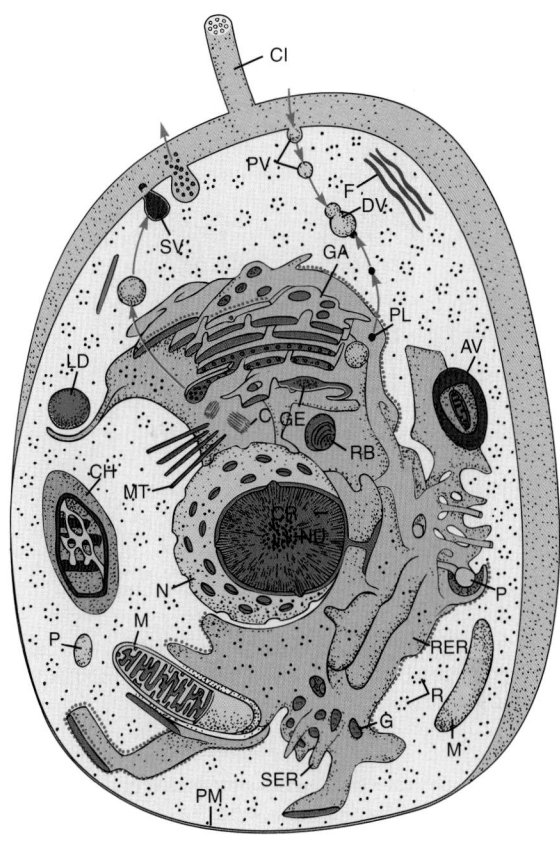

Figure 4.3 Ultrastructure d'une cellule eucaryote. Dessin schématique en trois dimensions d'une cellule avec indication des organites les plus importants : *AV*, vacuole autophagique ; *C*, centriole ; *CH*, chloroplaste ; *CI*, cil ; *CR*, chromatine ; *DV*, vacuole digestive ; *F*, microfilaments ; *G*, glycogène ; *GA*, appareil de Golgi ; *GE*, *GERL* ; *LD*, gouttelette lipidique ; *M* mitochondrie ; *MT*, microtubules ; *N*, noyau ; *NU*, nucléole ; P, peroxysome ; PL, lysosome primaire ; PM, membrane plasmique ; *PV*, vacuole de pinocytose ; *R*, ribosomes et polysomes ; *RB*, corps résiduel ; *RER*, réticulum endoplasmique rugueux ; *SER*, réticulum endoplasmique lisse ; *SV*, vacuole de sécrétion.

Tableau 4.1   Fonctions des organites eucaryotes

Membrane plasmique	Limite mécanique de la cellule, barrière de perméabilité sélective avec systèmes de transport, médiatrice des interactions cellule-cellule et de l'adhésion aux surfaces, sécrétion
Cytoplasme	Contient les autres organites, site de nombreux processus métaboliques.
Microfilaments, filaments intermédiaires et microtubules	Structure cellulaire et mouvements, forment le cytosquelette.
Reticulum endoplasmique	Transport de matériaux, synthèse de lipides et de protéines.
Ribosomes	Synthèse protéique.
Appareil de Golgi	Emballage et sécrétion de substances, formation des lysosomes.
Lysosomes	Digestion intracellulaire.
Mitochondries	Libération d'énergie au travers du cycle des acides tricarboxyliques, du transport des électrons, de la phosphorylation oxydative et d'autres voies.
Chloroplastes	Photosynthèse - capture de l'énergie lumineuse et formation de glucides à partir de CO_2 et d'eau.
Noyau	Contient l'information génétique, centre de contrôle de la cellule.
Nucléole	Synthèse de l'ARN ribosomial, formation des ribosomes.
Paroi cellulaire et pellicule	Donne à la cellule sa forme et sa rigidité.
Cils et flagelles	Mobilité cellulaire.
Vacuole	Réserve temporaire et transport, digestion (vacuoles alimentaires), balance hydrique (vacuole contractile).

L'eau peut aussi exister sous une forme liée ou eau d'hydratation. Cette eau est liée à la surface des protéines et d'autres macromolécules, elle est osmotiquement inactive et plus ordonnée que l'eau libre. Il semble qu'une grande partie du métabolisme se réalise dans de l'eau liée. Le contenu en protéines des cellules est tellement élevé que le cytoplasme peut souvent être semi cristallin. Généralement, le pH du cytoplasme est proche de la neutralité (pH 6,8 à 7,1 environ) mais il peut varier. Par exemple, les vacuoles digestives des protozoaires atteignent des pH de 3 à 4.

Probablement toutes les cellules eucaryotes possèdent des **microfilaments**, minuscules filaments protéiques de 4 à 7 nm de diamètre qui peuvent être éparpillés dans le cytoplasme ou organisés en réseaux et en rangées parallèles. Ces microfilaments jouent un rôle important dans le déplacement de la cellule et les changements de forme. Le mouvement des granules de pigment, le déplacement des amibes et des moisissures sont des exemples de mouvements cellulaires associés à l'activité des microfilaments (*voir chapitre 25*).

Des études au microscope électronique suggèrent que les microfilaments participent au mouvement cellulaire car ils sont souvent localisés à des endroits convenant à ce rôle. Par exemple, ils sont concentrés à l'interface entre le cytoplasme en mouvement et le cytoplasme stationnaire dans les cellules végétales et les moisissures visqueuses. Des preuves supplémentaires sont apportées grâce à l'utilisation de la cytochalasine B ; celle-ci perturbe la structure des microfilaments et souvent inhibe en même temps les mouvements cellulaires. Cette substance a cependant d'autres actions sur les cellules et la relation directe de cause à effet est parfois difficile à déterminer dans l'interprétation de ces expériences.

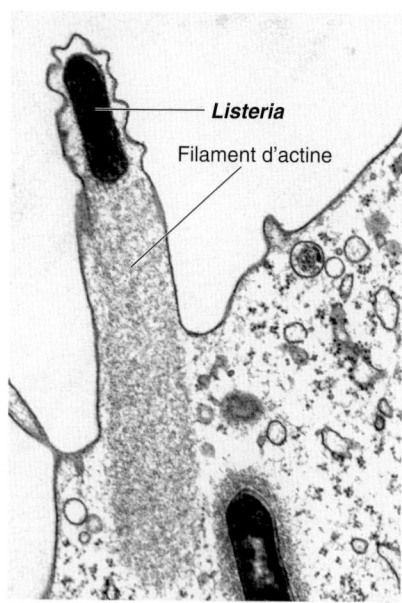

Figure 4.4 Mobilité de *Listeria* et filaments d'actine. Une cellule de *Listeria* est propulsée à travers la surface cellulaire par un faisceau de filaments d'actine.

La protéine des microfilaments a été isolée et analysée chimiquement. C'est une actine, très semblable à la protéine responsable de la contraction musculaire. Ceci constitue une évidence indirecte du rôle des microfilaments dans le mouvement cellulaire.

Certains agents pathogènes comme *Listeria monocytogenes* utilisent l'actine eucaryote pour se déplacer rapidement dans la cellule hôte. La protéine ActA libérée par *Listeria*, induit la polymérisation des filaments d'actine à l'extrémité de la bactérie. Une queue d'actine se forme qui est piégée dans le cytosquelette. Son élongation continue propulse la bactérie à une vitesse atteignant 11 µm/minute. La bactérie peut même être éjectée de la cellule et pénétrer dans une cellule voisine (**figure 4.4**).

Le cytoplasme renferme un second type de petits organites filamenteux en forme de cylindres étroits de 25 nm de diamètre appelés de ce fait **microtubules**. Ce sont des structures complexes constituées de 2 sous-unités protéiques sphériques légèrement différentes appelées tubulines et ayant un diamètre de 4 à 5 nm. Ces sous-unités sont assemblées en hélice pour former un cylindre, chaque tour étant constitué de 13 sous-unités en moyenne (**figure 4.5**).

Les microtubules 1) servent à maintenir la forme cellulaire, 2) sont impliqués avec les microfilaments dans les mouvements cellulaires et 3) participent au transport intracellulaire de substances. Leur rôle structural est mis en évidence par leur localisation intracellulaire et les effets de la colchicine. Les microtubules sont localisés dans de longues et minces structures cellulaires nécessitant un support comme les axopodes (longs pseudopodes rigides et fins) de protozoaires (**figure 4.6**). Lorsque des cellules embryonnaires nerveuses et cardiaques qui se déplacent, sont traitées à la colchicine, elles perdent simultanément leurs microtubules et leur forme caractéristique. Ces cellules s'agitent comme si sans leur forme normale, elles étaient incapables de mouvement dirigé. Leurs microfilaments sont toujours intacts mais la dissociation de leurs microtubules par

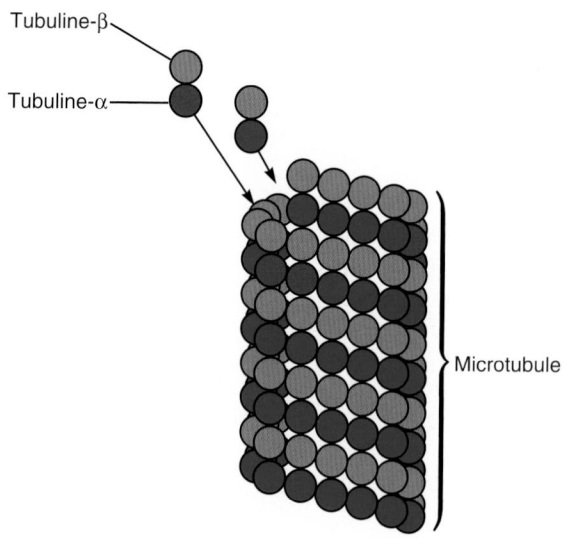

Figure 4.5 La structure d'un microtubule. Le cylindre creux, de 25 nm environ de diamètre, est fait de deux sous-unités protéiques, la tubuline α et la tubuline β.

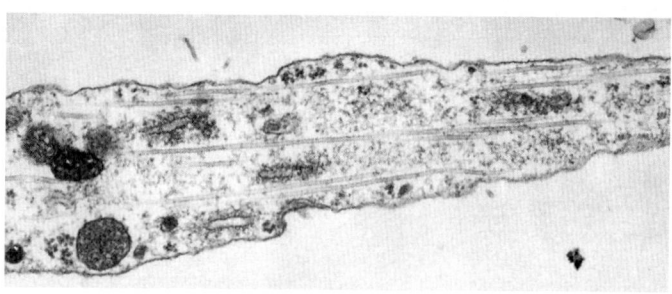

(a)

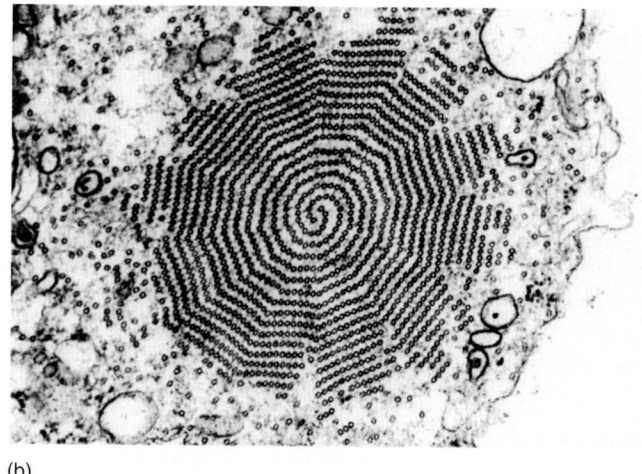

(b)

Figure 4.6 Les microtubules cytoplasmiques. Images au microscope électronique de pseudopodes avec des microtubules. (**a**) Microtubules dans un pseudopode de *Reticulomyxa* (× 65.000). (**b**) Section transversale d'un axopode d'héliozoaire (× 48.000). Notez les rangées parallèles de microtubules organisées en spirale.

la colchicine leur donne un comportement anormal.

Les microtubules sont également présents dans des structures participant au mouvement de la cellule ou des organites — le fuseau mitotique, les cils et les flagelles. Par exemple, si on traite à la colchicine une cellule en train de se diviser, on détruit le fuseau mitotique constitué de microtubules et on arrête la séparation des chromosomes. Les microtubules sont aussi essentiels au mouvement des cils et des flagelles eucaryotes.

Les **filaments intermédiaires** (de 8 à 10 nm de diamètre) autres composés filamenteux, sont également présents dans le cytoplasme. Les microfilaments, les microtubules et les filaments intermédiaires sont les constituants majeurs d'un vaste réseau appelé le **cytosquelette** (**figure 4.7**). Le cytosquelette confère à la cellule sa forme et joue un rôle dans le mouvement cellulaire. Les procaryotes n'ont pas de cytosquelette organisé et sont dépourvus de protéines ressemblant à l'actine.

1. Qu'est-ce qu'un organite ?
2. Définissez cytoplasme, eau libre et eau liée, microfilament, microtubule et tubuline. Discutez le rôle des microfilaments, des filaments intermédiaires et des microtubules.
3. Décrivez le cytosquelette. Quelles sont ses fonctions ?

4.3   Le réticulum endoplasmique

En plus du cytosquelette, le cytoplasme est traversé par un système irrégulier de tubules membranaires ramifiés et fusionnés de 40-70 nm de diamètre environ et de nombreux sacs plats nommés **citernes**. Ce réseau de tubules et de vésicules est appelé le **réticulum endoplasmique** (RE) (figure 4.2*a* et **figure 4.8**). La nature du réticulum endoplasmique varie avec l'état fonctionnel et physiologique de la cellule. Dans les cellules synthétisant de grandes quantités de protéines destinées à la sécrétion par exemple, une partie importante de la surface extérieure du réticulum endoplasmique est tapissée par des ribosomes. On l'appelle **réticulum endoplasmique rugueux** (RER). D'autres cellules, par exemple celles qui produisent beaucoup de lipides, ont une plus grande partie du réticulum endoplasmique dépourvu de ribosomes. Le RE sans ribosome est dit **lisse** (REL).

Le réticulum endoplasmique remplit de nombreuses fonctions. Il est le système de transport grâce auquel les protéines, les lipides et probablement d'autres substances sont excrétés. Les lipides et les protéines sont synthétisées par des enzymes et des ribosomes associés au RE. Les chaînes polypeptidiques synthétisées à partir des ribosomes liés au RER peuvent être insérées dans la membrane du RE ou sécrétées dans l'espace luminal du RE. Le RE est aussi le site principal de synthèse de la membrane cellulaire.

Le réticulum endoplasmique naissant est produit par extension de l'ancien. De nombreux biologistes pensent que le RER synthétise les protéines et les lipides du nouveau RE. Le RER « plus ancien » perd ensuite ses ribosomes et est modifié en réticulum endoplasmique lisse. Il n'y a pas d'accord sur cette interprétation et d'autres mécanismes de croissance du RE sont possibles.

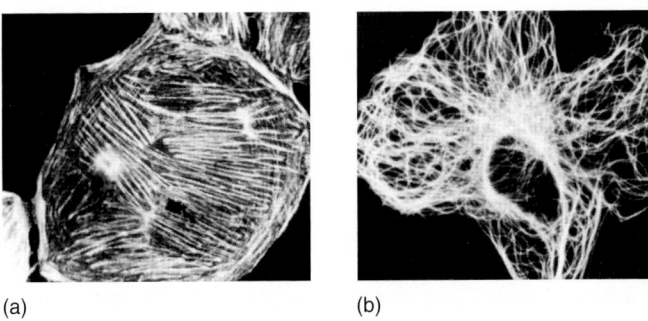

(a)   (b)

Figure 4.7 Le cytosquelette eucaryote. (a) Microfilaments colorés par des anticorps dans une cellule de mammifère (x 400). **(b)** Microtubules colorés par des anticorps dans une cellule de mammifère (x 1.000).

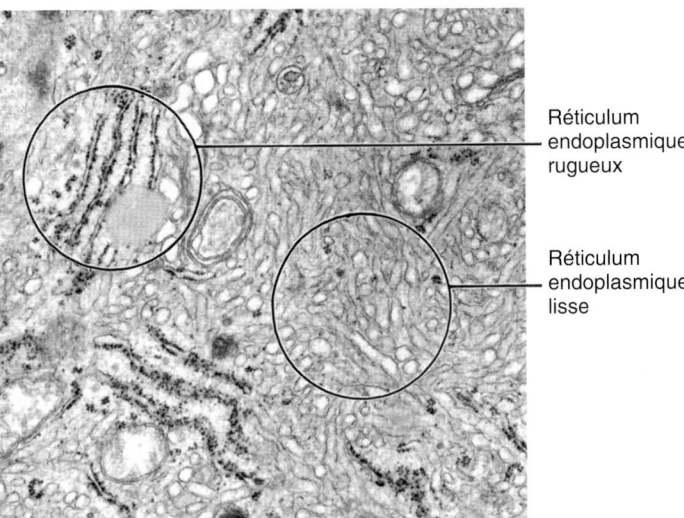

Réticulum endoplasmique rugueux

Réticulum endoplasmique lisse

Figure 4.8 Le réticulum endoplasmique. Image au microscope électronique à transmission du corps jaune humain, montrant les variations structurales du réticulum endoplasmique. Notez la présence à la fois du réticulum endoplasmique rugueux avec les ribosomes et du réticulum endoplasmique lisse sans ribosome (x 26.500).

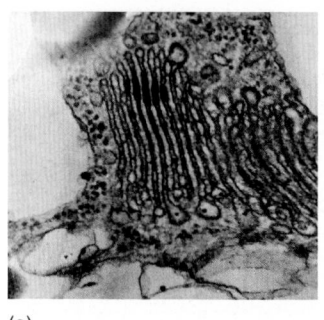

(a)

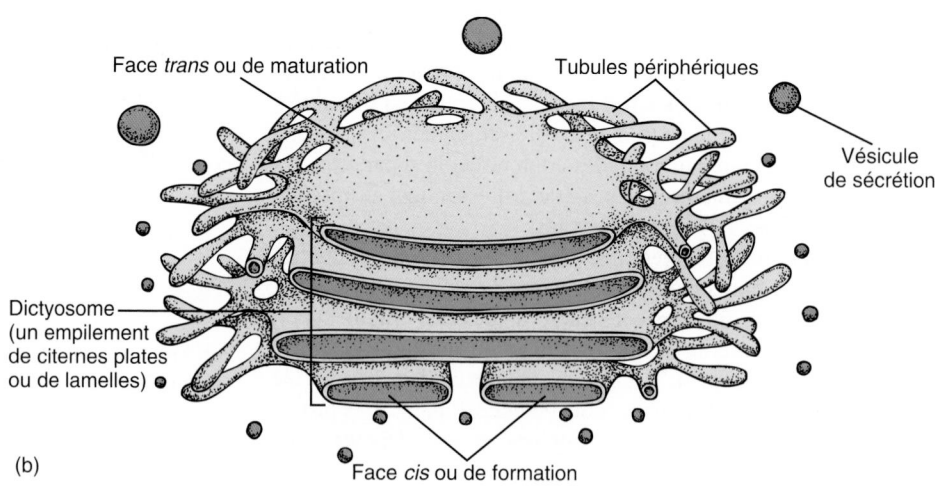

Face *trans* ou de maturation

Tubules périphériques

Vésicule de sécrétion

Dictyosome (un empilement de citernes plates ou de lamelles)

Face *cis* ou de formation

(b)

Figure 4.9 La structure de l'appareil de Golgi. (**a**) L'appareil de Golgi d'*Euglena gracilis*. Les empilements de citernes sont montrés sur l'image au microscope électronique (x 165.000) en (**a**) et dessinés en (**b**).

4.4 L'appareil de Golgi

L'**appareil de Golgi** est un organite membranaire composé de citernes plates empilées les unes sur les autres (**figure 4.9**). Ces membranes sont dépourvues de ribosomes comme le RE lisse. Il y a habituellement 4 à 8 citernes par pile. Les citernes ont 15 à 20 nm d'épaisseur et sont séparées les unes des autres par 20 à 30 nm. Un réseau complexe de tubules et de vésicules (20 à 100 nm de diamètre) est localisé aux extrémités des citernes. L'empilement des citernes a une polarité définie, déterminée par la présence de deux faces très différentes l'une de l'autre. Les citernes sur les faces *cis* ou faces de formation de l'empilement sont souvent associées au RE et diffèrent des citernes sur les faces *trans* ou faces de maturation par l'épaisseur, le contenu en enzymes et le degré de formation des vésicules. Le matériel est transporté des citernes *cis* aux citernes *trans* par des vésicules qui se détachent des extrémités d'une citerne et se déplacent vers la citerne suivante.

L'appareil de Golgi est présent dans la plupart des cellules eucaryotes, mais beaucoup de mycètes et de protozoaires ciliés n'ont pas de structure golgienne bien formée. Parfois, il n'y a qu'un seul empilement de citernes ; cependant beaucoup de cellules en contiennent jusqu'à 20 et parfois plus. Ces empilements de citernes sont souvent appelés **dictyosomes** et peuvent être concentrés dans une région ou répartis partout dans la cellule.

L'appareil de Golgi est impliqué dans l'emballage et la sécrétion de substances, la nature exacte de son rôle variant selon l'organisme. Les écailles de quelques algues flagellées et de protozoaires radiolaires semblent être synthétisées dans l'appareil de Golgi et transportées dans des vésicules jusqu'à la surface cellulaire. Cet organite est aussi actif dans la formation de la paroi des diatomées. Il prend part à la synthèse des membranes cellulaires. La croissance de certains hyphes fongiques a lieu quand les vésicules de Golgi déversent leur contenu à la paroi du sommet de l'hyphe.

Dans tous ces processus, les produits sécrétoires sont transférés du RE à l'appareil de Golgi. Le plus souvent, des vésicules se détachent du RE, se déplacent vers l'appareil de Golgi et fusionnent avec les citernes *cis*. L'appareil de Golgi est ainsi en relation étroite avec le RE d'un point de vue structural et fonctionnel. La plupart des protéines, qui viennent du RE et entrent dans l'appareil de Golgi, sont des glycoprotéines possédant de courtes chaînes glucidiques. Les protéines sécrétoires sont très souvent modifiées dans l'appareil de Golgi par addition de groupements spécifiques et sont ensuite dirigées vers leur localisation propre (ex. dans le cas des protéines lysosomiales, il y a addition d'un groupement phosphate sur le mannose).

4.5 Les lysosomes et l'endocytose

Une des fonctions les plus importantes de l'appareil de Golgi et du réticulum endoplasmique est la synthèse d'un autre organite, le **lysosome**. On le trouve (ou une structure très voisine) dans une variété de micro-organismes — protozoaires, certaines algues et mycètes — aussi bien que dans les plantes et les animaux. Les lysosomes sont plus ou moins sphériques et sont entourés d'une membrane unique. Leur diamètre moyen est de 500 nm environ, mais leur taille varie de 50 nm à quelques μm. Ils sont les sites de digestion intracellulaire et contiennent les enzymes nécessaires à la digestion de tous les types de macromolécules. Ces enzymes appelées hydrolases, catalysent l'hydrolyse des molécules et sont plus efficaces dans des conditions légèrement acides (habituellement entre les pH 3,5 et 5). Les lysosomes maintiennent un milieu interne acide en pompant des protons extérieurs. Les enzymes digestives synthétisées par le RER sont emballées par l'appareil de Golgi pour former des lysosomes. Un segment du RE lisse près de l'appareil de Golgi peut aussi se détacher et former des lysosomes.

Les lysosomes sont très importants chez les protozoaires qui se nourrissent par **endocytose**, processus grâce auquel une cellule capte des solutés ou des particules en les entourant dans des vacuoles ou des vésicules par invagination de sa membrane plasmique. Les vacuoles et les vésicules sont des cavités délimitées par une membrane, contenant un fluide et souvent des matériaux solides. Les cavités les plus larges sont appelées vacuoles, les plus petites vésicules. Il existe deux formes principales d'endocytose : la phagocytose et la pinocytose. Pendant la **phagocytose**, de larges particules et même des micro-organismes, sont enfermés dans une vacuole phagocytaire ou phagosome et ingurgités (**figure 4.10***a*). Dans la **pinocytose**, des composants extracellulaires solubles sont capturés dans de petites vésicules pinocytiques ou pinosomes. Souvent phagosomes et pinosomes sont appelés **endosomes** car ils sont formés par endocytose. L'endocytose par récepteur interposé,

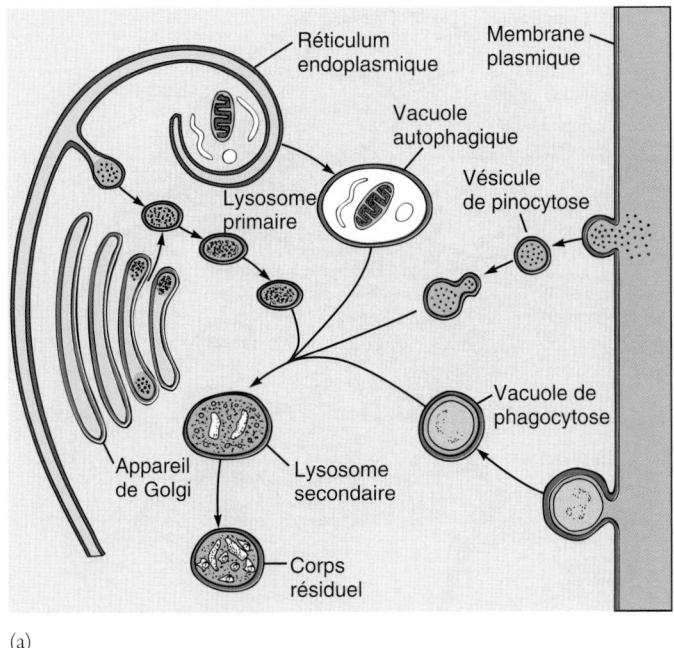

(a)

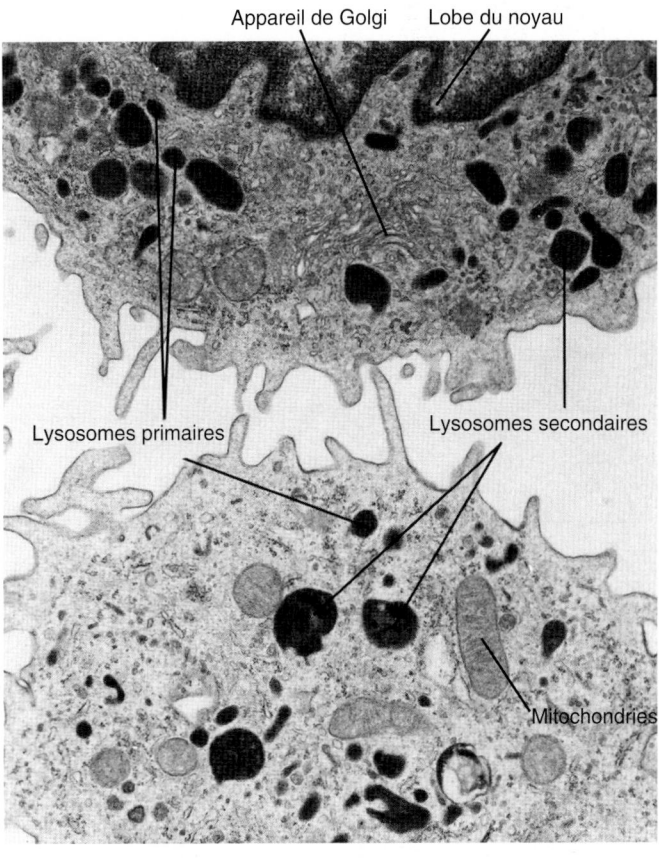

(b)

Figure 4.10 Structure, formation et fonctions du lysosome.
(**a**) Schéma de la formation et des fonctions des lysosomes. (**b**) Lysosomes dans des macrophages de poumon. Des lysosomes secondaires contiennent des matériaux partiellement digérés et sont formés par fusion de lysosomes primaires et de vésicules phagocytaires (x 14.137).

type de pinocytose produisant des vésicules tapissées (*voir p. 403*), est très importante dans la pénétration de virus animaux dans des cellules hôtes.

Le matériel des endosomes est digéré à l'aide des lysosomes. Les lysosomes nouvellement formés ou **lysosomes primaires** fusionnent avec les vésicules phagocytaires pour donner des **lysosomes secondaires** qui contiennent les produits en cours de digestion (figure 4.10). Ces vésicules phagocytaires ou lysosomes secondaires sont souvent appelées vacuoles digestives. Les produits de la digestion sont alors libérés dans le cytoplasme. Lorsque le lysosome a accumulé de grandes quantités de matériaux indigestes, on l'appelle **corps résiduel**.

Les lysosomes fusionnent avec les vésicules phagocytaires dans un but défensif aussi bien que nutritif. Les bactéries envahissantes, ingérées par une cellule phagocytaire sont généralement détruites lorsque les lysosomes fusionnent avec le phagosome. Ce processus est observé chez les leucocytes (globules blancs) des vertébrés. La phagocytose et la résistance aux organismes pathogènes (pp. 718-20).

Les cellules peuvent digérer sélectivement des portions de leur propre cytoplasme dans un type de lysosome secondaire appelé **vacuole autophagique** (figure 4.10*a*). On pense que celles-ci sont formées par l'engloutissement d'une partie du cytoplasme dans un lysosome (**figure 4.11**) ou par l'invagination du RE autour du cytoplasme formant une vésicule qui pourra fusionner avec le lysosome. L'autophagie joue probablement un rôle dans le recyclage ou renouvellement normal des consti-

tuants cellulaires. Une cellule peut aussi survivre au manque de nourriture en digérant de façon sélective des portions de sa propre substance. Après la mort d'une cellule, les lysosomes aident à la digestion et l'élimination des débris cellulaires.

Un des faits remarquables concernant les lysosomes est qu'ils accomplissent toutes ces tâches sans libérer leurs enzymes digestives dans le cytoplasme, catastrophe qui détruirait la cellule. La membrane lysosomiale retient les enzymes digestives et les autres macromolécules tandis qu'elle permet le transport des produits de digestion vers le cytoplasme.

Le complexe intriqué des organites membranaires composés de l'appareil de Golgi, des lysosomes, des endosomes et des structures associées, semble opérer comme un ensemble coordonné dont la fonction principale est l'importation et l'exportation de matériaux (figure 4.11). Christian De Duve (prix Nobel en 1974) suggéra que ce complexe soit appelé vacuome en reconnaissance de son unité fonctionnelle. Le RE synthétise les protéines sécrétoires et les membranes, il les livre à l'appareil de Golgi. Celui-ci forme alors ces vésicules sécrétoires qui fusionnent avec la membrane cytoplasmique et libèrent leur contenu à l'extérieur de la cellule. L'appareil de Golgi produit aussi les lysosomes qui fusionnent avec les endosomes pour digérer les matériaux capturés par phagocytose et pinocytose. Le trafic dans la partie du vacuome localisée entre l'appareil de Golgi et la membrane cytoplasmique est bidirectionnel. Les vésicules vides sont souvent recyclées, elles retournent vers l'appareil de Golgi et la membrane cytoplasmique plutôt que d'être

Figure 4.11 Le flux membranaire dans le vacuome.
Le trafic de substances et de membranes entre les organites dans une cellule eucaryote.
(*1*)   Navette entre le RE et l'appareil de Golgi.
(*2*)   Navette sécrétoire entre l'appareil de Golgi et la membrane cytoplasmique.
(*3*)   Navette entre l'appareil de Golgi et les lysosomes.
(*4*)   Mouvement durant l'endocytose.
(*5*)   Recyclage de la membrane plasmique via un endosome, un lysosome et via l'appareil de Golgi.
(*6*)   Mouvement de vésicules d'un endosome à un lysosome.
(*7*)   Autophagie par un lysosome.

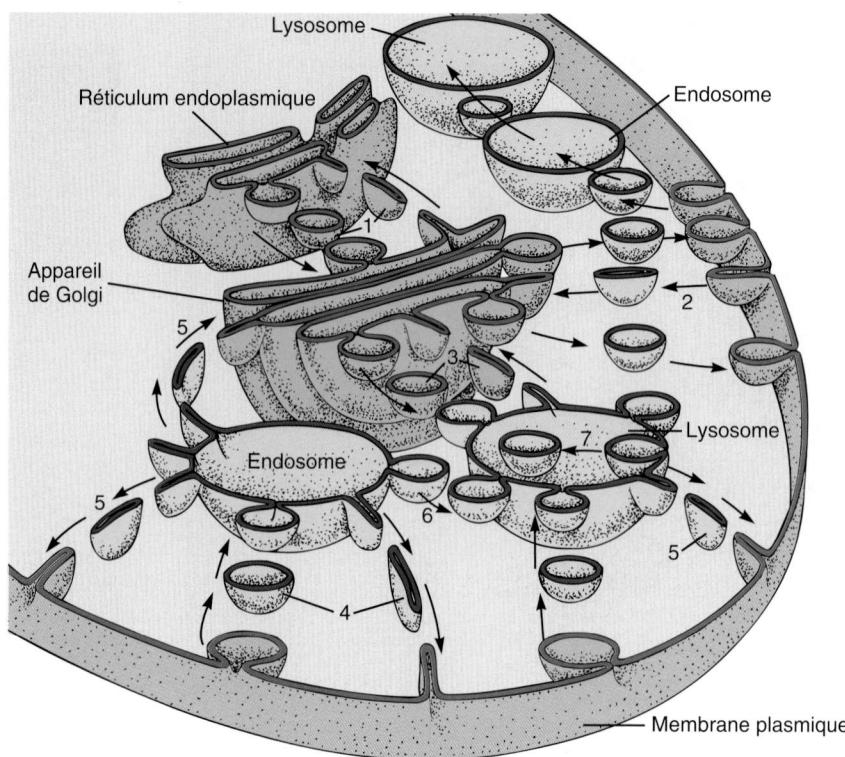

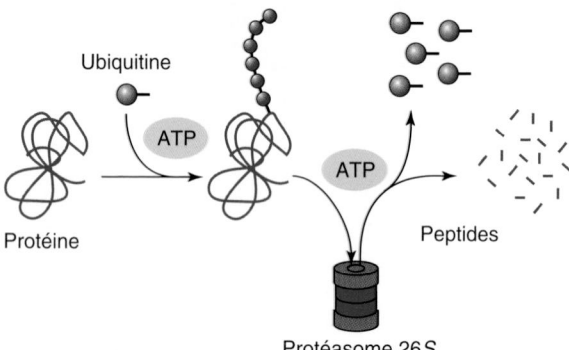

Figure 4.12 Dégradation des protéines par le protéasome (voir détails dans le texte).

peptides peuvent alors être hydrolysés en acides aminés. Dans ce cas, le système sert au recyclage des protéines. Le protéosome est aussi impliqué dans de nombreuses réactions immunologiques car il produit les peptides nécessaires à la présentation des antigènes (*voir section 32.4*)

1. En quoi le réticulum endoplasmique rugueux diffère-t-il du réticulum endoplasmique lisse en termes de structure et de fonction ? Citez les processus dans lesquels le RE est impliqué.
2. Décrivez la structure de l'appareil de Golgi et faites un dessin. En quoi les faces *cis* et *trans* de l'appareil de Golgi diffèrent-elles ? Faites une liste des fonctions principales de l'appareil de Golgi, discutées dans le texte.
3. Comment sont formés les lysosomes ? Décrivez les différentes formes de lysosomes et la façon dont ils participent à la digestion intracellulaire. Qu'est-ce qu'une vacuole autophagique ? Définissez endocytose, pinocytose et phagocytose. Qu'est-ce qu'un protéasome ?

détruites. Ces échanges dans le vacuome se font sans rupture de membrane de sorte que le contenu des vésicules n'est jamais libéré directement dans le cytoplasme.

Plus récemment, on a découvert chez les eucaryotes, quelques bactéries et de nombreuse archéobactéries, un système de dégradation des protéines non lysosomial. La majeure partie des protéines eucaryotes est dégradée par ce système. Ces protéines sont ciblées vers la destruction par la fixation de plusieurs petits polypeptides d'ubiquitine (**figure 4.12**). Les protéines ainsi marquées pénètrent dans un énorme complexe cylindrique appelé **protéasome** 26 S dans lequel elles sont découpées en peptides suivant un processus dépendant de l'ATP et qui libère les ubiquitines. Les

4.6   Les ribosomes eucaryotes

Le ribosome eucaryote peut être associé au réticulum endoplasmique ou être libre dans le cytoplasme. Il est plus grand que le ribosome bactérien 70S. C'est un dimère constitué de deux sous-unités appelées 60S et 40S, d'un diamètre de 22 nm environ. Il a un coefficient de sédimentation de 80S et une masse moléculaire de 4 millions. Il est lié au réticulum endoplasmique par sa sous-unité 60S.

Les ribosomes libres ou liés au RER synthétisent des protéines. Comme cela a été mentionné ci-dessus, les protéines fabriquées à partir des ribosomes du RER sont soit transportées dans l'espace luminal pour être sécrétées soit insérées dans la membrane du RE comme protéines membranaires intrinsèques, tandis que les ribosomes libres sont les sites de synthèse de protéines non sécrétoires et non membranaires. Certaines protéines synthétisées par les ribosomes libres sont insérées dans des organites tels que le noyau, les mitochondries et les chloroplastes. Comme on l'a vu aux chapitres 3 et 12 (*p. 52, 272-74*) des molécules chaperones aident au reploiement convenable des protéines après leur synthèse. Elles facilitent également le transport des protéines eucaryotes vers des organites comme les mitochondries. Plusieurs ribosomes se lient généralement à un seul ARN messager et traduisent simultanément son message en protéines. Ces complexes ARN messager et ribosomes sont appelés **polyribosomes** ou **polysomes**. La façon dont les ribosomes participent à la synthèse protéique est décrite en détail plus loin. Le rôle des ribosomes dans la synthèse protéique (pp. 267-72).

---

1. Décrivez la structure du ribosome eucaryote 80S et donnez les différences avec le ribosome procaryote.
2. En quoi diffèrent les ribosomes libres de ceux liés au RER au point de vue fonction ?

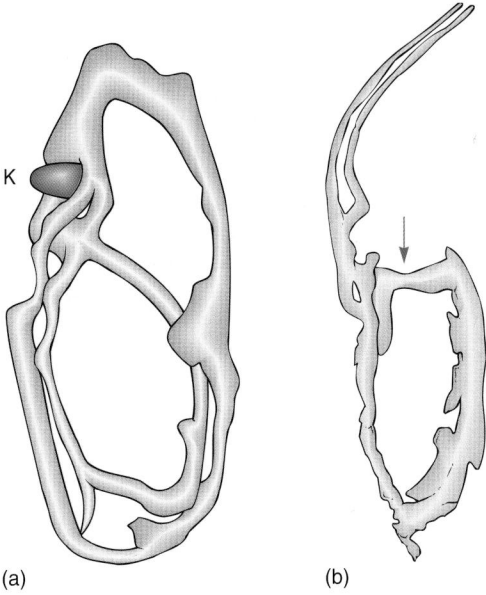

(a)   (b)

Figure 4.13 Les mitochondries de trypanosome. La mitochondrie géante du trypanosome. (**a**) Mitochondrie de *Crithidia fasciculata* avec kinétoplaste, K. Le kinétoplaste contient de l'ADN codant pour l'ARN et les protéines mitochondriales. (**b**) Mitochondrie de *Trypanosoma cruzi*, la flèche indique la position du kinétoplaste.

4.7   Les mitochondries

Présentes dans la majorité des cellules eucaryotes, les mitochondries sont souvent appelées les « centrales électriques » de la cellule. Elles sont le siège de l'activité du cycle des acides tricarboxyliques, de la génération d'ATP par transport d'électrons et de la phosphorylation oxydative. Les mitochondries ont le plus souvent une forme cylindrique ainsi que nous le montre le microscope électronique à transmission, elles mesurent environ 0,3 à 1 µm sur 5 à 10 µm (elles ont à peu près la même taille qu'une bactérie). La plupart des cellules contiennent un millier de mitochondries ou plus ; certaines cellules (levures, algues unicellulaires et trypanosomes) n'ont qu'une seule mitochondrie géante, tubulaire, contournée en une sorte de réseau traversant le cytoplasme (**figure 4.13**). Le cycle des acides tricarboxyliques, le transport des électrons et la phosphorylation oxydative (pp. 183-89).

La mitochondrie est entourée de deux membranes, une membrane mitochondriale externe séparée d'une membrane mitochondriale interne par un espace intermembranaire de 6 à 8 nm (**figure 4.14**). La surface de la membrane interne est fortement augmentée par la présence de **crêtes**, invaginations membranaires dont la forme varie d'une espèce à l'autre. Les mycètes ont souvent des crêtes comme des plaques, tandis que les euglènes flagellées peuvent avoir des crêtes en forme de disque. Il y a des crêtes tubulaires chez une série de procaryotes ; les mitochondries des amibes ont des crêtes en forme de vésicules (**figure 4.15**). La membrane interne délimite la matrice mitochondriale, fluide dense contenant des ribosomes, de l'ADN et souvent de larges granules de phosphate calcique. Les ribosomes mitochondriaux sont plus petits que les ribosomes du cytoplasme et ressemblent à ceux des bactéries par leur taille et la composition de leurs sous-unités. L'ADN mitochondrial est circulaire comme l'ADN bactérien.

Chaque compartiment mitochondrial diffère par sa composition chimique et enzymatique. Les membranes mitochondriales internes et externes ne contiennent pas les mêmes lipides. Les enzymes et les transporteurs d'électrons impliqués dans la chaîne respiratoire et les phosphorylations oxydatives (la formation d'ATP, conséquence du transport d'électrons) sont localisés uniquement dans la membrane interne, tandis que les enzymes du cycle des acides tricarboxyliques et de la β-oxydation des acides gras (*voir chapitre 9*) sont localisées dans la matrice.

La membrane mitochondriale interne possède une autre caractéristique structurale distincte en relation avec sa fonction. Sa surface interne est tapissée de nombreuses petites sphères de 8.5 nm de diamètre environ portées par des tiges. Ces sphères sont appelées **particules F$_1$** et sont responsables de la synthèse d'ATP durant la respiration cellulaire (*voir p. 187-89*).

La mitochondrie synthétise quelques-unes de ses propres protéines grâce à son ADN et ses ribosomes. Ainsi des mutations dans l'ADN mitochondrial entraînent souvent de sévères maladies chez les humains. La plupart des autres protéines mitochondriales sont cependant synthétisées selon les instructions provenant du noyau. Les mitochondries se divisent par scissiparité. Les chloroplastes sont également partiellement indépendants et se divisent par scission binaire. Comme ces deux organites ressemblent aussi dans

Figure 4.14 La structure des mitochondries. (**a**) Schéma de la structure d'une mitochondrie. L'insert montre les complexes F_1F_0 localisés sur la surface interne des crêtes. (**b**) Image au microscope électronique à balayage (x 70.000) d'une mitochondrie après cryodécapage, montrant les crêtes (flèches). Les membranes mitochondriales externes et internes sont visibles.(**c**) Image au microscope électronique à transmission d'une mitochondrie du pancréas de chauve-souris (x 85.000). Notez les membranes internes et externes, les crêtes et les inclusions dans la matrice. La mitochondrie est entourée de réticulum endoplasmique rugueux.

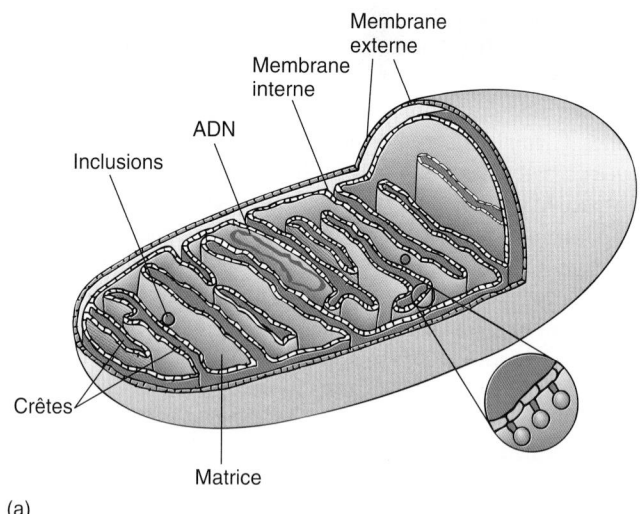

(a)

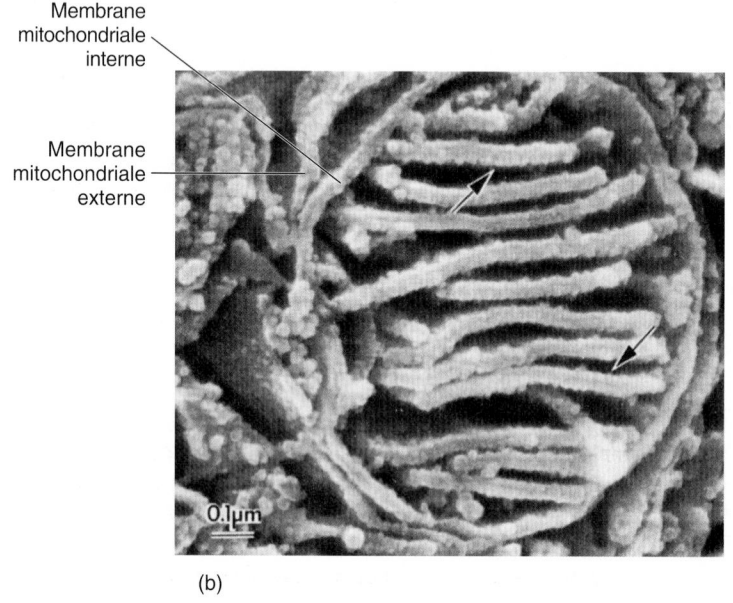

(b)

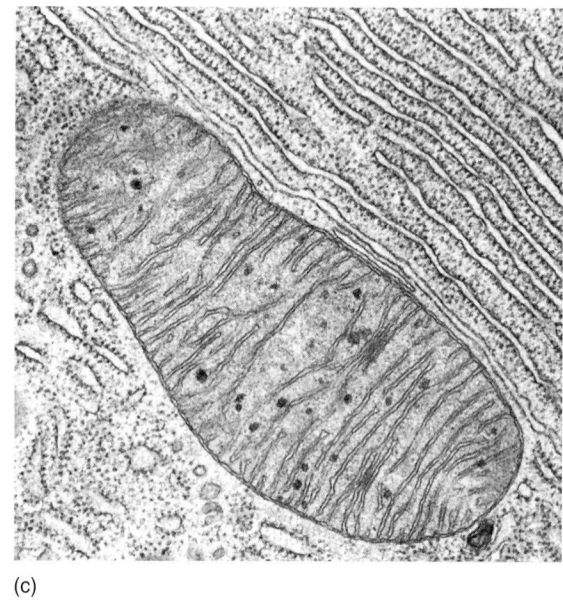

(c)

Figure 4.15 Les crêtes mitochondriales. Des mitochondries avec une variété de formes de crêtes. (**a**) Mitochondries du protostélide *Schizoplasmodiopsis micropunctata*. Notez les crêtes tubulaires (x 49.500). (**b**) Le protozoaire *Actinosphaerium* avec des crêtes en forme de vésicules (x 75.000).

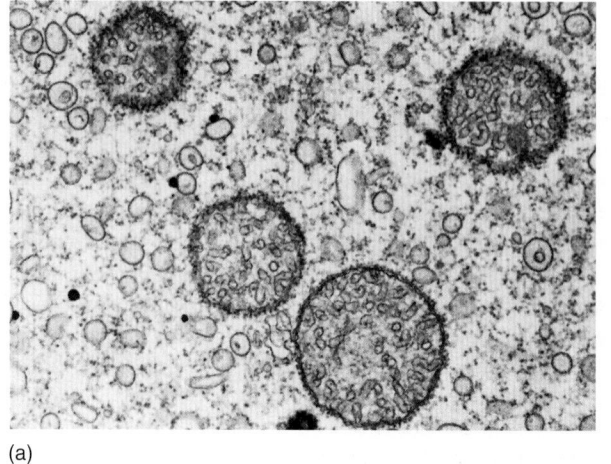

(a)

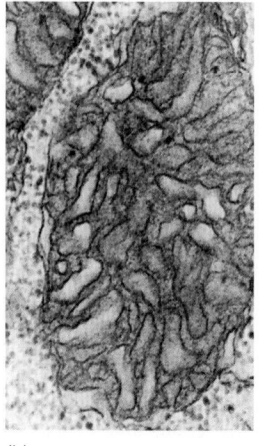

(b)

Encadré 4.1

L'origine de la cellule eucaryote

Les différences importantes entre cellules eucaryotes et procaryotes ont stimulé les discussions quant à l'origine des eucaryotes. Quelques biologistes pensent que l'ancêtre « protoeucaryote » est une grande bactérie aérobie qui a formé les mitochondries, les chloroplastes et les noyaux quand sa membrane plasmique s'est invaginée et a entouré du matériel génétique dans une membrane double. Ces organites peuvent avoir évolué de façon indépendante. On a aussi pensé qu'une grande cyanobactérie bleu vert aurait perdu sa paroi et serait devenue phagocytaire. Ensuite des chloroplastes, des mitochondries et des noyaux primitifs se seraient formés par fusion des thylacoïdes et des citernes du réticulum endoplasmique pour enfermer des zones spécifiques du cytoplasme.

Cependant, la théorie la plus en vogue de l'origine des cellules eucaryotes est la **théorie endosymbiotique**. En résumé, on pense qu'une cellule procaryote ancestrale a perdu sa paroi et a pu se nourrir en phagocytant d'autres bactéries. Quand les cyanobactéries photosynthétiques sont apparues, l'environnement est devenu progressivement aérobie. Si un procaryote anaérobie, amoeboïde et phagocytaire — pouvant posséder un noyau développé — avale une bactérie aérobie et établit avec elle une relation permanente symbiotique, l'hôte sera beaucoup mieux adapté à l'environnement devenant progressivement aérobie. La bactérie aérobie endosymbiotique se serait ainsi développée en mitochondrie. De la même manière, des associations symbiotiques avec des cyanobactéries auraient conduit à la formation de chloroplastes et d'eucaryotes photosynthétiques. Les cils et les flagelles seraient apparus à la suite de l'attachement de spirochètes (*voir chapitre 21*) à la surface des cellules eucaryotes. De nombreux spirochètes se fixent à la surface du protozoaire mobile, *Myxotricha paradoxa* qui se développe dans le tractus intestinal des termites.

La théorie endosymbiotique est étayée par de nombreux arguments. Les mitochondries et les chloroplastes ressemblent aux bactéries par leur taille et leur apparence. Ils contiennent de l'ADN circulaire comme les bactéries et se reproduisent de façon semi-autonome. Leurs ribosomes ressemblent plus à ceux des procaryotes qu'à ceux du cytoplasme d'eucaryotes. Les séquences des gènes de mitochondries et de chloroplastes codant pour les ARN ribosomiaux et de transfert, présentent plus de similitudes avec les séquences de gènes bactériens qu'avec celles de gènes d'eucaryotes. Enfin, on a découvert des associations symbiotiques qui paraissent être des endosymbioses bactériennes où des caractères procaryotiques définis ont été perdus, par exemple : le protozoaire flagellé *Cyanophora paradoxa* a des organites photosynthétiques appelés cyanelles ayant une structure semblable à celle des cyanobactéries et pourvus de peptidoglycane. Leur ADN est beaucoup plus petit que celui des cyanobactéries et ressemble à l'ADN de chloroplaste. En dépit de telles preuves, la théorie endosymbiotique est encore spéculative, elle est le sujet de recherches et de discussions nombreuses.

une certaine mesure, à des bactéries, ils pourraient provenir de l'association symbiotique entre des bactéries et des cellules plus grandes (**encadré 4.1**).

4.8   Les chloroplastes

Les **plastes** sont des organites cytoplasmiques d'algues et de plantes supérieures. Ils possèdent souvent des pigments comme les chlorophylles et les caroténoïdes, ils sont le siège de la synthèse et du stockage des réserves alimentaires. Le type le plus important de plastes est le chloroplaste. Les **chloroplastes** contiennent de la chlorophylle et utilisent l'énergie lumineuse pour transformer le CO_2 et l'eau en glucides et en O_2. Ils sont le siège de la photosynthèse.

En dépit du fait que les chloroplastes varient en taille et forme, ils ont de nombreuses caractéristiques structurales communes. Le plus souvent, ils sont ovales, avec des dimensions de 2-4 μm sur 5-10 μm. Certaines algues ont un énorme chloroplaste qui remplit toute la cellule. Comme les mitochondries, ils sont entourés de deux membranes (**figure 4.16**). Une matrice, appelée le **stroma**, est délimitée par la membrane interne et contient de l'ADN, des ribosomes, des gouttelettes lipidiques, des granules d'amidon et un système membranaire très complexe composé de sacs aplatis, entourés d'une membrane, les **thylacoïdes**. Des groupes de deux thylacoïdes ou plus sont dispersés dans le stroma de la plupart des chloroplastes d'algues (*figures 4.16 et 4.25b*). Chez certains groupes d'algues, plusieurs thylacoïdes en forme de disque sont empilés comme des pièces de monnaie pour former des **grana** (s., **granum**).

Les réactions photosynthétiques sont structurellement séparées dans les chloroplastes, comme le transport des électrons et le cycle des acides tricarboxyliques dans les mitochondries. La formation de glucides à partir de CO_2 et d'eau, les réactions de la phase obscure ont lieu dans le stroma. La capture de l'énergie lumineuse pour générer l'ATP, le NADPH et l'O_2, les réactions de la phase lumineuse, sont localisées dans les membranes thylacoïdes qui contiennent la chlorophylle et les composants du transport des électrons. La photosynthèse (pp. 195-201).

Les chloroplastes de la plupart des algues contiennent un **pyrénoïde** (*figure 4.25b*), région dense en protéines entourée d'amidon ou d'un autre polysaccharide. Les pyrénoïdes sont impliqués dans la synthèse des polysaccharides.

---

1. Décrivez en détail la structure des mitochondries et des chloroplastes. Où sont localisés les différents constituants des systèmes de capture d'énergie de ces organites ?
2. Définissez particule F1, plaste, réaction de la phase obscure, réaction de la phase lumineuse et pyrénoïde.
3. Quel est le rôle de l'ADN mitochondrial ?

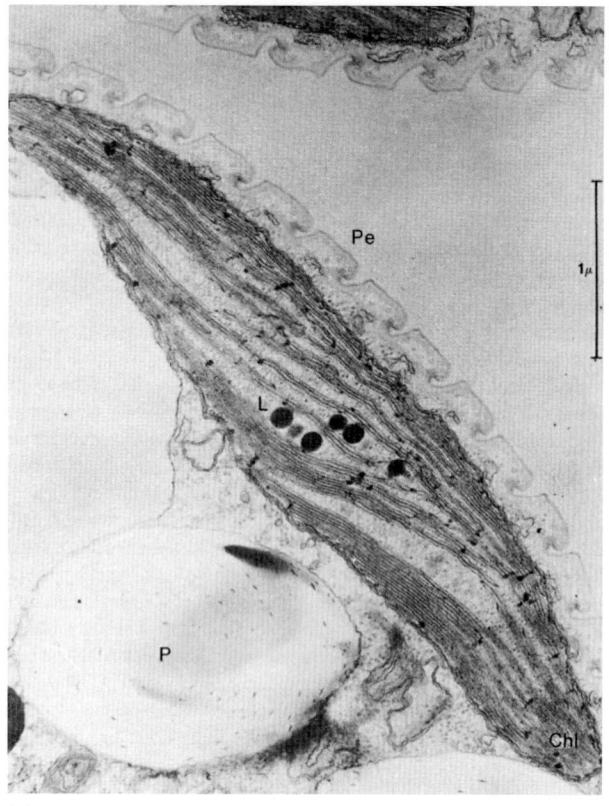

(a)

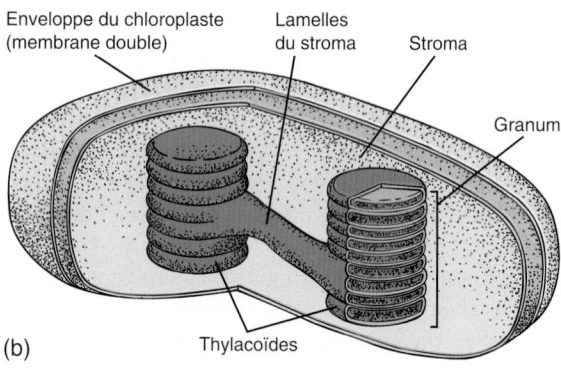

(b)

Figure 4.16 La structure du chloroplaste. (**a**) Le chloroplaste (*Chl*) de l'euglène flagellée *Colacium cyclopicolum*. Le chloroplaste est entouré d'une double membrane et contient des thylacoïdes par groupes de trois ou plus. Un granule de paramylon (*P*), des gouttelettes lipidiques (*L*) et les bandes de la cuticule (*Pe*) peuvent être observées (x 40.000). (**b**) Un schéma de chloroplaste.

4.9   Le noyau et la division cellulaire

Le **noyau** est de loin l'organite le plus visible de la cellule. Il fut découvert très tôt et Robert Brown montra en 1831 qu'il était une caractéristique constante des cellules eucaryotes. Il contient toute l'information génétique de la cellule et en est le centre de contrôle.

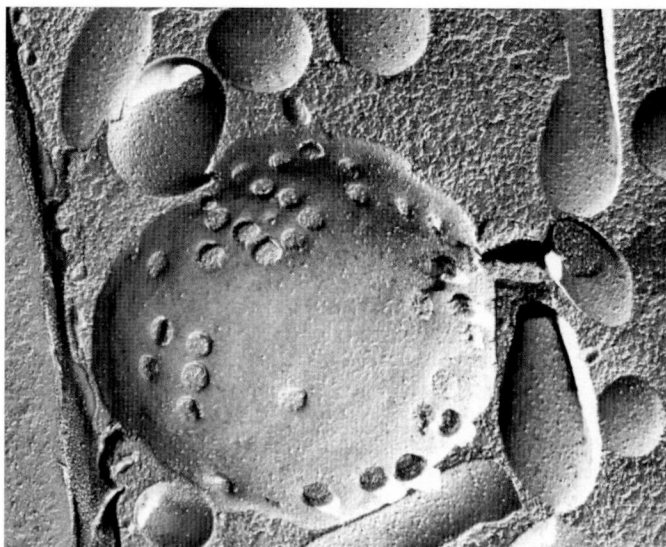

Figure 4.17 Le noyau. Une préparation par cryodécapage d'une conidie du mycète *Geotrichum candidum* (x 44.600). Notez la surface nucléaire convexe avec des pores nucléaires éparpillés.

La structure du noyau

Les noyaux sont des corps sphériques de 5 à 7 μm de diamètre délimités par une enveloppe (figures 4.2 et 4.25*b*). Un matériel dense, fibreux appelé **chromatine**, peut être observé à l'intérieur du noyau d'une cellule colorée. Cette portion du noyau est constituée d'ADN. Dans des cellules ne se divisant pas, la chromatine est dispersée, mais elle se condense lors de la mitose et de la méiose pour prendre la forme de **chromosomes**. Une partie de la chromatine nucléaire, l'euchromatine, est faiblement organisée et contient des gènes qui s'expriment de façon active. L'hétérochromatine est plus fortement enroulée, elle apparaît plus sombre au microscope électronique et n'est pas génétiquement active tout le temps. L'organisation de l'ADN dans le noyau eucaryote (pp. 234-35).

Le noyau est entouré d'une **enveloppe nucléaire** (figures 4.2 et 4.25*b*), structure complexe comprenant deux membranes, interne et externe, séparées par un espace périnucléaire de 15 à 75 nm. Cette enveloppe est en continu avec le RE à plusieurs endroits et sa membrane externe est couverte de ribosomes. Un réseau de filaments intermédiaires, appelé lamina nucléaire, est accolé à la surface interne de l'enveloppe et la soutient. La chromatine est généralement associée à la membrane interne.

L'enveloppe contient de nombreux **pores nucléaires** (**figure 4.17**), chacun formé par fusion des membranes externe et interne. Les pores ont un diamètre de 70 nm et occupent environ 10 à 25% de la surface de l'enveloppe nucléaire. Ils sont bordés d'un système complexe en forme d'anneau constitué de matériel granuleux et fibreux appelé granule annulaire.

Les pores nucléaires permettent des échanges entre le cytoplasme et le noyau. On a observé le passage de particules au travers des pores vers le noyau. On ne connaît pas le fonctionnement du granule annulaire, il devrait contrôler ou faciliter le transport de matériaux au travers des pores. Des substances traversent aussi directement l'enveloppe nucléaire par des mécanismes qui ne sont pas connus.

Figure 4.18 Le cycle cellulaire eucaryote. La longueur de la période M a été agrandie de façon à montrer les phases de la mitose. Période G1 : synthèse d'ARNm, d'ARNt, de ribosomes et de constituants cytoplasmiques. Le nucléole se développe rapidement. Période S : synthèse rapide et duplication de l'ADN nucléaire et synthèse des histones. Période G2 : préparation pour la mitose et la division cellulaire. Période M : mitose (prophase, métaphase, anaphase, télophase) et cytocinèse.

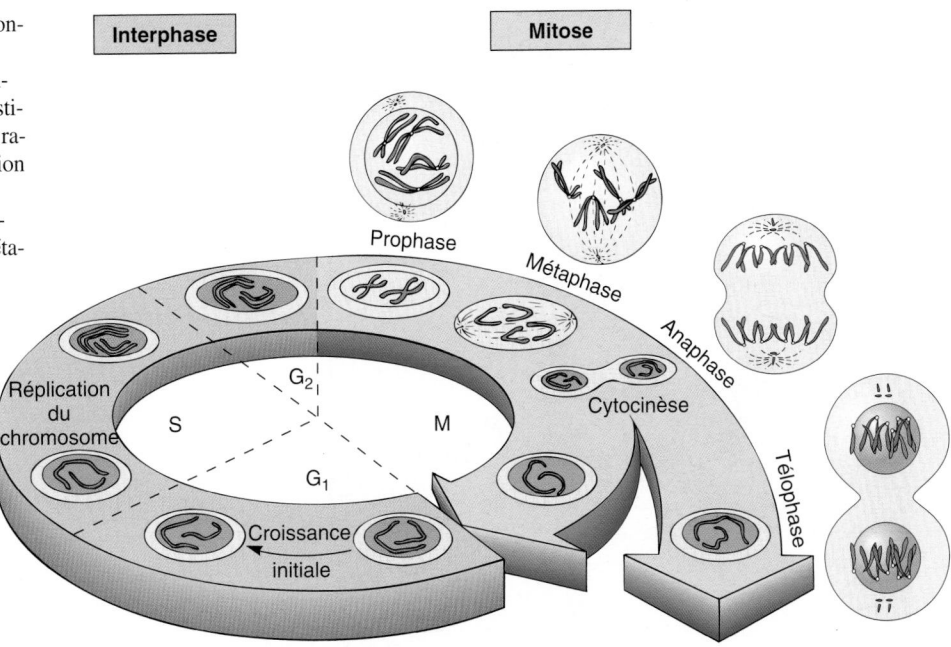

Le nucléole

La structure la plus visible dans le noyau est le **nucléole** (figures 4.2 et 4.25*b*). Il y a un ou plusieurs nucléoles par noyau. Bien qu'il soit dépourvu de membrane, le nucléole est un organite complexe constitué de régions granuleuses et fibreuses. Il est présent dans les cellules ne se divisant pas et disparaît fréquemment pendant la mitose. Après la mitose, le nucléole se reforme autour d'un organisateur nucléolaire, une portion particulière d'un chromosome spécifique.

Le nucléole joue un rôle majeur dans la synthèse des ribosomes. L'ADN organisateur nucléolaire dirige la transcription de l'**ARN ribosomial** (**ARN$_r$.**). Cet ARN est synthétisé en une seule pièce qui est alors découpée pour donner les molécules d'ARN$_r$. Les molécules d'ARN$_r$ matures s'associent ensuite aux protéines ribosomiales (qui ont été synthétisées dans le cytoplasme) pour constituer des sous-unités ribosomiales partiellement formées. Les granules observés dans le nucléole sont probablement ces sous-unités. Les sous-unités ribosomiales immatures quittent ensuite le noyau vraisemblablement par les pores nucléaires, pour terminer leur maturation dans le cytoplasme. L'épissage de l'ARN (p. 264).

La mitose et la méiose

Quand un micro-organisme eucaryote se divise, son matériel génétique doit être dupliqué et séparé afin que chaque nouveau noyau reçoive un jeu complet de chromosomes. Ce processus de division nucléaire et de répartition chromosomique dans les cellules eucaryotes est appelé **mitose**. Elle n'occupe qu'une petite partie de la vie d'un micro-organisme comme le montre l'examen du **cycle cellulaire** (**figure 4.18**), séquence d'évènements se déroulant au cours du cycle de croissance et de division depuis la fin d'une division jusqu'à la fin de la suivante. La croissance cellulaire a lieu pendant l'**interphase**, partie du cycle entre les mitoses. L'interphase est divisée en trois parties. La période G1 est le moment de synthèse active de l'ARN, des ribosomes et d'autres constituants cytoplasmiques, elle est accompagnée d'une croissance cellulaire considérable. Elle est suivie par la période S (période de synthèse) au cours de laquelle l'ADN se réplique et double sa quantité. Enfin, il y a la période G$_2$ pendant laquelle la cellule se prépare à la mitose, période M, en synthétisant des protéines spéciales de division. La durée du cycle varie considérablement selon les micro-organismes en raison principalement, de longueurs variées de G$_1$.

Les différentes phases de la mitose sont résumées dans la figure 4.18. Au cours de la mitose, le matériel génétique dupliqué pendant la période S est distribué de façon égale entre les deux nouveaux noyaux de sorte que chacun d'eux a un jeu complet de gènes.

La mitose comprend quatre phases. Durant la prophase, les chromosomes (chacun avec deux chromatides) deviennent visibles et se déplacent vers la partie équatoriale de la cellule. Le fuseau mitotique se forme, le nucléole disparait et l'enveloppe nucléaire commence à se désagréger. Pendant la métaphase, les chromosomes sont rangés au centre du fuseau et l'enveloppe nucléaire a disparu. Au cours de l'anaphase, les chromatides de chaque chromosome se séparent et se déplacent vers les pôles opposés du fuseau. Finalement, pendant la télophase, les chromatides deviennent moins visibles, le nucléole réapparait et l'enveloppe nucléaire se reforme autour de chaque jeu de chromatides pour donner deux nouveaux noyaux.

La mitose chez les micro-organismes eucaryotes peut être différente de celle décrite dans la figure 4.18. Par exemple : l'enveloppe nucléaire ne disparaît pas chez de nombreux mycètes, quelques protozoaires et quelques algues (**figure 4.19**). Souvent, la cytocinèse, la division du cytoplasme de la cellule parentale pour donner les cellules filles, commence pendant l'anaphase et se termine à la fin de la télophase. La mitose peut avoir lieu sans cytocinèse pour donner des cellules multinucléées ou coenocytiques.

Dans la mitose, le nombre originel de chromosomes est le même après division, une cellule diploïde restera diploïde ou 2N

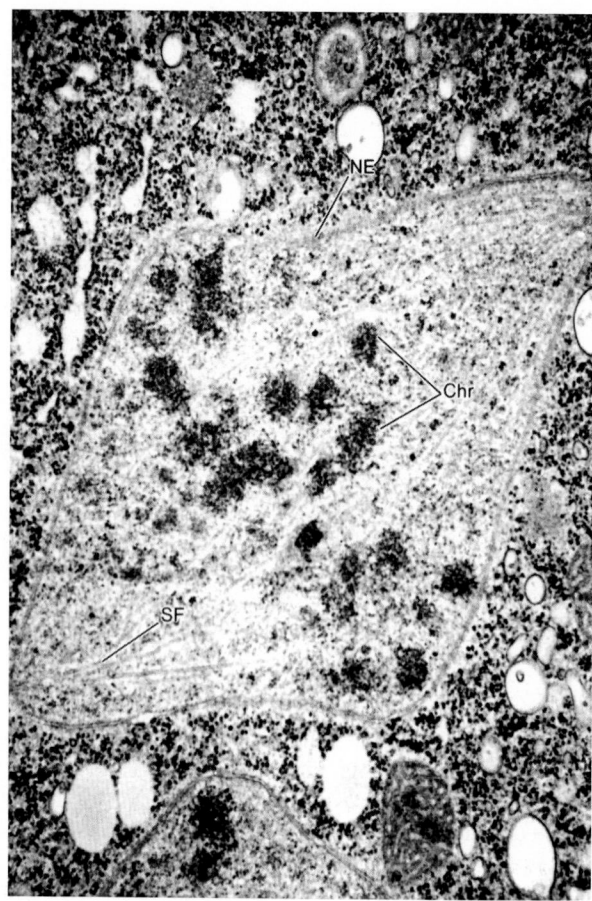

Figure 4.19 Mitose avec enveloppe nucléaire intacte. La mitose dans le myxomycète *Plasmodium flavicomum*. L'enveloppe nucléaire, *NE*, reste intacte et le fuseau est intranucléaire. Le processus est au stade métaphase, les chromosomes, *Chr*, sont alignés au centre et attachés aux fibres du fuseau, *SF* (x 15.000).

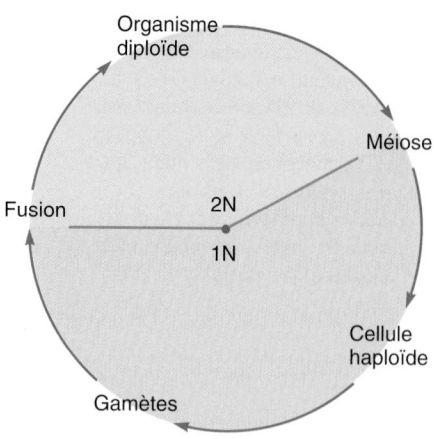

Figure 4.20 Le cycle biologique général d'un eucaryote.

méiose conduit par conséquent à la réduction par deux du nombre de chromosomes contrairement à la mitose. La deuxième étape de la méiose ressemble à la mitose au point de vue mécanisme et les chromosomes sont séparés. À la fin de la méiose I et de la méiose II, la cellule diploïde d'origine s'est transformée en quatre cellules haploïdes.

1. Décrivez la structure du noyau. Que sont l'euchromatine et l'hétérochromatine ? Quel est le rôle des pores de l'enveloppe nucléaire ?
2. Discutez brièvement la structure et la fonction du nucléole. Qu'est-ce que l'organisateur nucléolaire ?
3. Décrivez le cycle cellulaire eucaryote, ses phases et le processus de mitose. Qu'est-ce que la méiose, comment se fait-elle et quel est son rôle dans le cycle biologique d'un micro-organisme ?

(c'est à dire qu'elle a deux copies de chaque chromosome). Les micro-organismes réduisent souvent leur nombre de chromosomes par deux passant d'un état diploïde à un état haploïde ou 1 N (une seule copie de chaque chromosome). Les cellules haploïdes servent de gamètes et fusionnent pour donner un nouvel organisme diploïde, elles peuvent aussi ne former des gamètes qu'après un délai considérable (**figure 4.20**). Le processus par lequel le nombre de chromosomes est réduit de moitié, chaque cellule fille recevant un jeu complet de chromosomes, est appelé **méiose**. Le cycle biologique de micro-organismes eucaryotes peut être très complexe, un exemple classique est le cycle de *Plasmodium,* l'agent responsable de la malaria (*voir p. 954-56*). Les cycles biologiques des micro-organismes eucaryotes (*chapitres 25-27*).

La méiose est un processus complexe qui se déroule en deux étapes. La première étape diffère sensiblement de la mitose. Pendant la prophase, les chromosomes homologues se rassemblent et s'alignent côte à côte, processus appelé synapsis. Ensuite, les chromosomes de chaque paire homologue se séparent et se déplacent vers les pôles opposés pendant l'anaphase. Au contraire, pendant l'anaphase de la mitose, les deux chromatides de chaque chromosome se séparent et se déplacent vers les pôles opposés. La

4.10   Les structures extracellulaires

Les micro-organismes eucaryotes diffèrent des procaryotes par leurs structures de protection et de soutien, présentes à l'extérieur de leur membrane plasmique. À la différence des bactéries, la plupart des eucaryotes (par exemple les amibes) sont dépourvus de paroi cellulaire externe. Contrairement aux bactéries, les membranes des cellules eucaryotes contiennent des stérols, comme le cholestérol, dans leur bicouche lipidique. Ceci les rend mécaniquement plus solides et réduit la nécessité d'un support extérieur (les membranes procaryotes sont souvent renforcées par des hopanoïdes, comme mentionné page 47). Cependant de nombreux eucaryotes ont une **paroi cellulaire** externe rigide. Les parois des algues semblent être constituées de plusieurs couches et contiennent de grandes quantités de polysaccharides tels que la cellulose et la pectine. De plus, des substances inorganiques comme la silice (chez les diatomées) ou le carbonate de calcium (chez quelques algues rouges) peuvent être présentes. Les parois cellulaires des mycètes sont généralement très rigides. Leur composition exacte varie selon

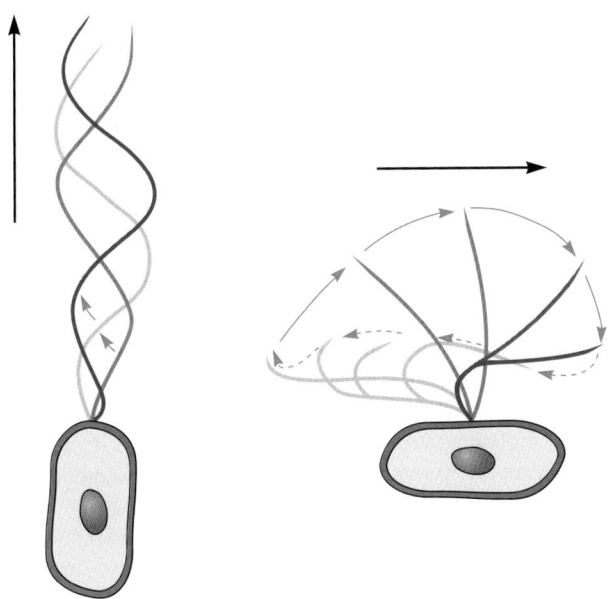

Figure 4.21 Le mouvement des flagelles. Le mouvement des flagelles (illustration à gauche) a souvent la forme de vagues se déplaçant de la base du flagelle au sommet ou dans le sens inverse. Le mouvement ondulatoire permet le déplacement de l'organisme. Le battement d'un cil (illustration à droite) peut être divisé en deux phases. Dans le mouvement effectif, le cil reste plus raide tandis qu'il rame dans l'eau. Le cil se courbe alors et retourne à la position initiale dans la phase de retour. Les flèches noires indiquent la direction du mouvement de l'eau.

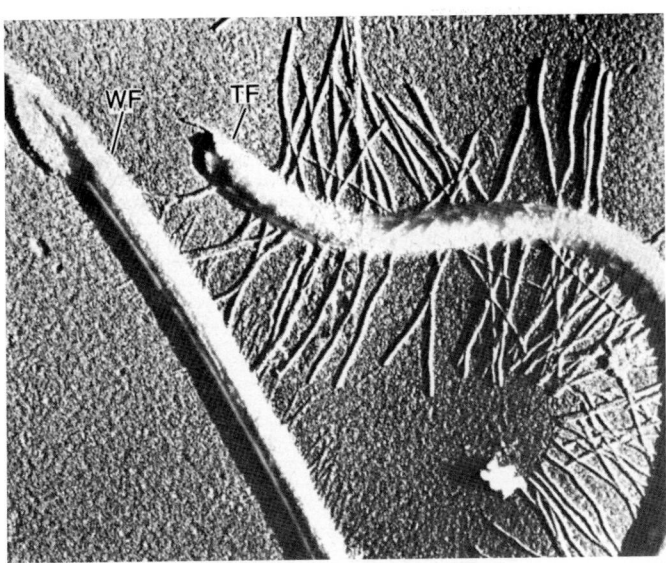

Figure 4.22 Les flagelles. Image au microscope électronique à transmission après ombrage d'un flagelle en forme de fouet, *WF*, et d'un flagelle hérissé, *TF*, avec des mastigonèmes.

l'organisme mais en général, il y a de la cellulose, de la chitine ou du glucane (un polymère de glucose différent de la cellulose). Sans tenir compte de leur nature, les polysaccharides de la paroi des eucaryotes sont chimiquement plus simples que le peptidoglycane des procaryotes. La structure et la chimie des parois bactériennes (pp. 55-60).

La plupart des protozoaires et quelques algues ont une structure externe très différente appelée **cuticule** (figure 4.16a). C'est une couche relativement rigide d'éléments localisés sur la membrane plasmique (la membrane plasmique est parfois considérée comme faisant partie de la cuticule). La cuticule peut avoir une structure très simple. Par exemple, *Euglena spirogyra* possède une série de bandes qui se recouvrent, au bord de chaque bande une crête s'emboîte dans la rainure de la bande adjacente. Au contraire, la cuticule des protozoaires ciliés est extrêmement complexe, constituée de deux membranes et d'une variété de structures associées. Bien que la cuticule ne soit pas aussi solide et rigide que la paroi cellulaire, elle donne aux cellules leur forme caractéristique.

4.11   Les cils et les flagelles

Les **cils** et les **flagelles** sont les organites les plus importants associés au mouvement cellulaire. Ils ressemblent tous deux à un fouet et leurs battements assurent le déplacement du micro-organisme. Ils diffèrent l'un de l'autre de deux façons. Premièrement, la longueur des cils est de 5 à 20 µm, tandis que celle des flagelles est de

100 à 200 µm. En second lieu, leurs mouvements sont généralement distincts (**figure 4.21**). Le mouvement des flagelles est ondulatoire et génère des ondes planes ou hélicoïdales venant de la base ou du sommet du flagelle. Si l'onde se déplace de la base vers le sommet, la cellule est tirée ; un battement du sommet vers la base pousse la cellule dans l'eau. Parfois le flagelle est pourvu de poils latéraux minces (des poils épais et plus raides sont appelés mastigonèmes). Ces filaments modifient l'action des flagelles de sorte qu'une onde se déplaçant de la base vers le sommet pousse la cellule au lieu de la tirer. Un tel flagelle est souvent appelé flagelle hérissé, tandis que le flagelle nu se présente en forme de fouet (**figure 4.22**). Les cils d'autre part, ont normalement un mouvement en deux phases. Dans le mouvement effectif, le cil se déplace dans le liquide comme une rame propulsant l'organisme dans l'eau. Le cil se replie et revient à sa position première pendant le mouvement de retour prêt pour un autre battement. Un micro-organisme cilié coordonne les battements de sorte que tous les cils ne sont pas dans la même phase en même temps (**figure 4.23**). Cette coordination permet aux organismes de se déplacer dans l'eau, sans à-coups.

En dépit de leur différence, les cils et les flagelles ont une ultrastructure très semblable. Ce sont des cylindres de 0.2 µm de diamètre, liés à la membrane. Dans la matrice de cet organite se trouve un complexe, l'**axonème** constitué de neuf paires de doublets microtubulaires disposés en cercle autour de deux tubules centraux (**figure 4.24**). Ceci est appelé motif microtubulaire 9 + 2. Chaque doublet possède aussi une paire de bras se projettant de la sous-unité A (le microtubule complet) vers le doublet adjacent et une tige radiaire s'étendant de la sous-unité B vers la paire centrale de microtubules entourés d'une gaine. Ces microtubules sont semblables à ceux du cytoplasme. Chacun d'eux est constitué de deux types de sous-unités : tubulines α et β dont la composition res-

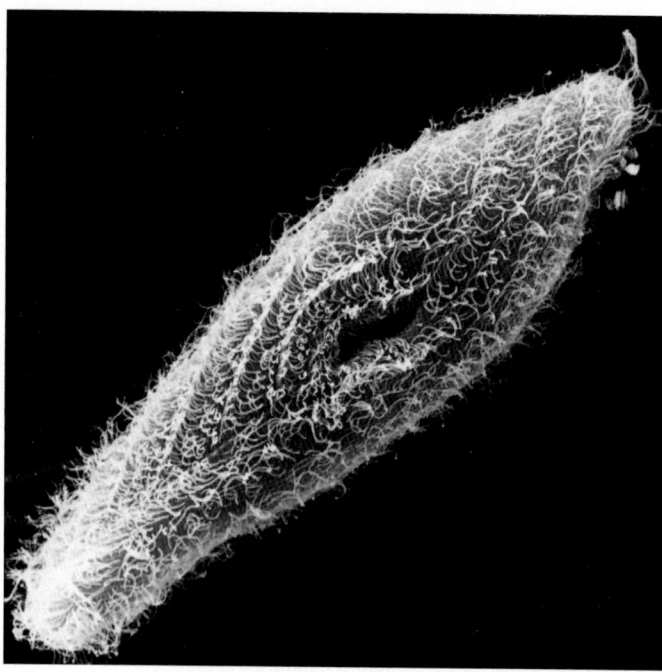

Figure 4.23 La coordination de l'activité des cils. Image au microscope électronique à balayage de *Paramecium* (x 1.500). Le battement ciliaire est coordonné et se déplace par vague à la surface du protozoaire comme le montre la photographie.

semble à celle de l'actine, une protéine contractile. Les flagelles bactériens et la mobilité (pp. 63-66).

Le **corpuscule basal** est localisé dans le cytoplasme à la base de chaque cil ou flagelle (figure 4.27). C'est un cylindre court formé de neuf triplets microtubulaires périphériques (un arrangement 9+0). Il est séparé du reste de l'organite par une plaque basale. Le corpuscule basal dirige la synthèse de ces organites. Les cils et les flagelles se développent par addition à leur extrémité de sous-unités microtubulaires préformées.

Les cils et les flagelles se courbent parce que les doublets microtubulaires adjacents glissent l'un sur l'autre. Les bras du doublet (figure 4.24) longs de 15 nm environ sont formés d'une protéine, la **dynéine**. L'ATP est nécessaire aux mouvements des cils et des flagelles ; la dynéine isolée hydrolyse l'ATP. Les bras de dynéine interagissent avec les sous-unités tubulaires B de deux doublets adjacents provoquant leur glissement. Les tiges radiaires participent aussi au mouvement de glissement.

Les cils et les flagelles battent à une vitesse de 10 à 40 battements ou ondes par seconde et propulsent les micro-organismes très rapidement. Le record est atteint par le flagellé *Monas stigmatica* qui nage à une vitesse de 260 µm/seconde (environ 40 longueurs de cellule/seconde) ; l'euglène flagellée commune, *Euglena gracilis,* se déplace à environ 170 µm ou 3 longueurs de cellule/seconde. Le protozoaire cilié *Paramecium caudatum*, nage à environ 2.700 µm/seconde (12 longueurs/seconde). De telles vitesses sont équivalentes ou plus élevées que celles observées chez les animaux supérieurs.

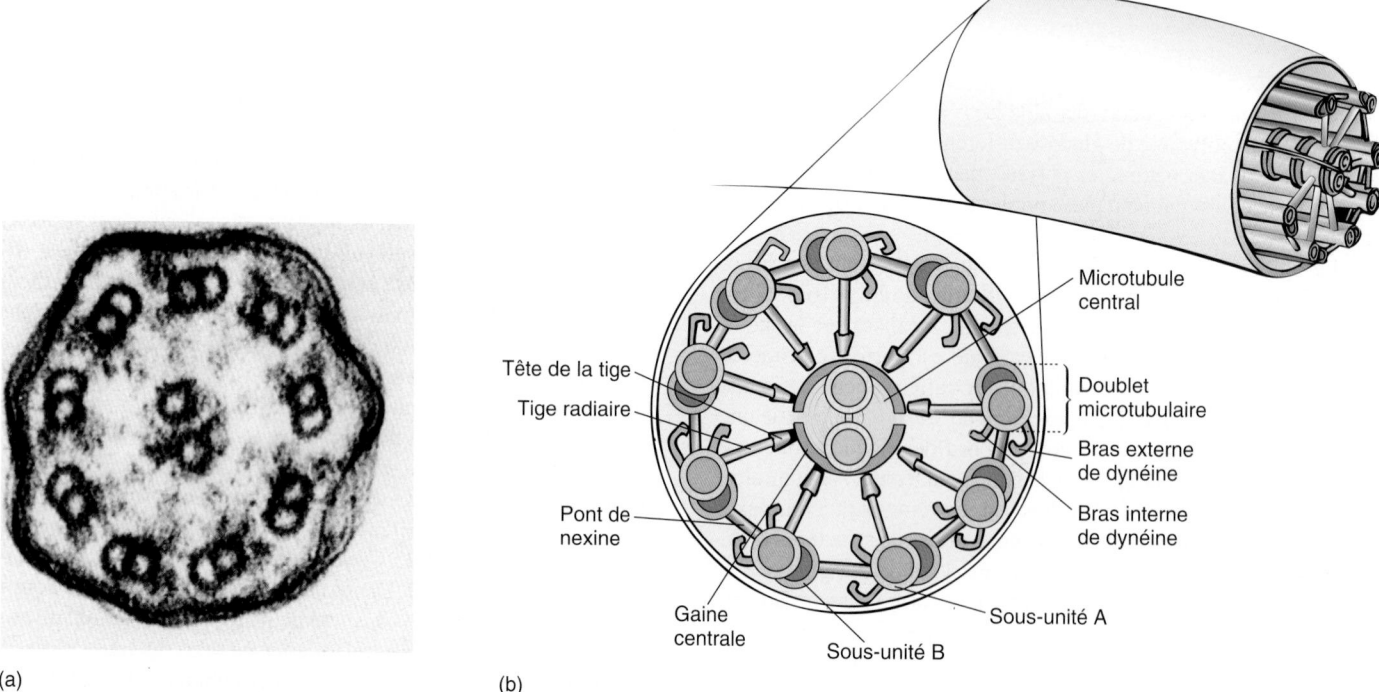

(a)   (b)

Figure 4.24 L'ultrastructure des cils. (a) Section transversale d'un cil observée au microscope électronique. Notez les deux microtubules centraux entourés des neuf doublets microtubulaires (x 160.000). **(b)** Schéma de la structure des cils et des flagelles, pour plus de clarté, deux doublets ont été omis.

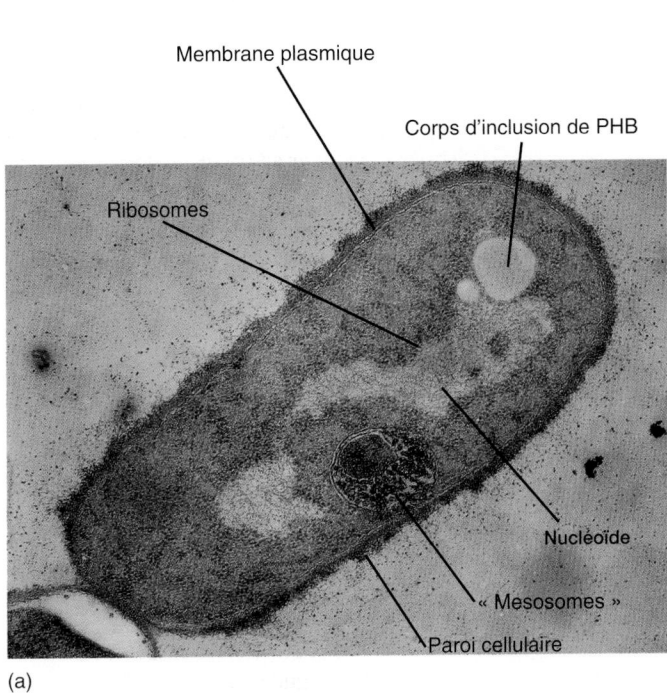

Membrane plasmique

Corps d'inclusion de PHB

Ribosomes

Nucléoïde

« Mesosomes »

Paroi cellulaire

(a)

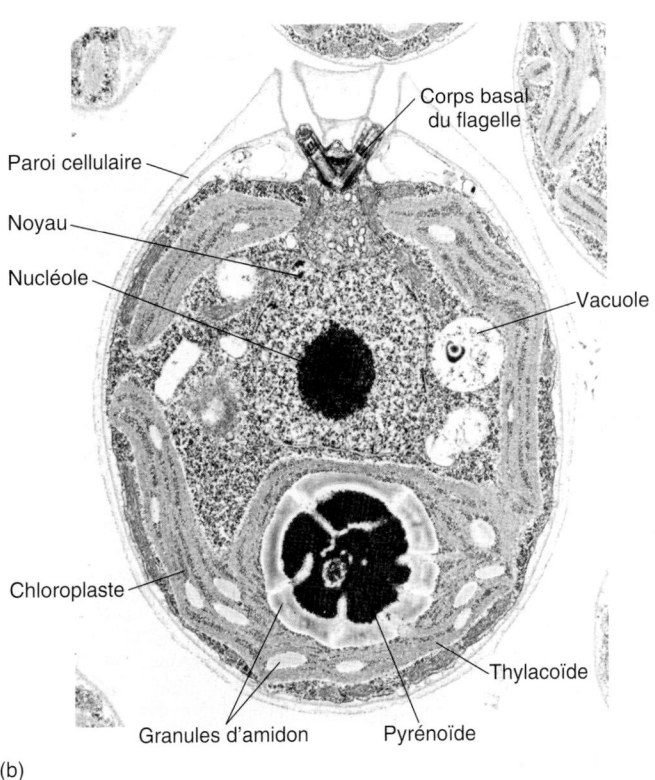

Corps basal du flagelle

Paroi cellulaire

Noyau

Nucléole

Vacuole

Chloroplaste

Thylacoïde

Granules d'amidon

Pyrénoïde

(b)

Figure 4.25   Comparaison de la structure cellulaire des procaryotes et des eucaryotes. (a) Le procaryote *Bacillus megaterium* (x 30.500). **(b)** L'algue eucaryote *Chlamydomonas reinhardtii* (x 30.000), une cellule déflagellée. Notez le grand chloroplaste et son pyrénoïde.

1. Quelles sont les différences entre micro-organismes eucaryotes et procaryotes en ce qui concerne les structures externes de support et de protection ? Décrivez la cuticule et indiquez quels micro-organismes en possèdent.

2. Faites un dessin annoté montrant la structure détaillée d'un cil et d'un flagelle. Comment les cils et les flagelles se meuvent-ils, quel est le rôle de la dynéine dans le processus ?

4.12   Comparaison entre cellules procaryotes et eucaryotes

La comparaison des cellules de la **figure 4.25** montre qu'il y a des différences fondamentales entre cellules eucaryotes et procaryotes. Le noyau des **cellules eucaryotes** est entouré d'une enveloppe. Par contre, celui des **cellules procaryotes** est dépourvu d'enveloppe nucléaire.

Les bactéries et les archéobactéries sont des procaryotes ; tous les autres organismes — algues, mycètes, protozoaires, plantes et animaux supérieurs sont des eucaryotes. Les cellules procaryotes sont plus petites que les eucaryotes, elles ont en général la taille des mitochondries et des chloroplastes eucaryotes.

La présence d'un noyau chez les eucaryotes est la différence la plus frappante entre ces deux types de cellules ; mais il y a d'autres différences importantes. Comme le montre clairement le **tableau 4.2**, les cellules procaryotes sont structurellement beaucoup plus simples. Elles sont notamment dépourvues d'une collection importante et diversifiée d'organites délimités par une membrane. De plus, les procaryotes sont fonctionnellement plus simples. Il n'y a pas de mitose ni de méiose et ils ont en général une organisation génétique plus simple. De nombreux processus eucaryotes complexes sont absents chez les procaryotes : la phagocytose, la pinocytose, la digestion intracellulaire, les mouvements dirigés du cytoplasme, les mouvements amiboïdes et autres.

En dépit de ces nombreuses différences, il y a de remarquables similitudes entre ces deux types de cellules au niveau biochimique comme on le discutera dans les chapitres suivants. Procaryotes et eucaryotes sont formés des mêmes constituants chimiques. À quelques exceptions près, le code génétique est le même, comme la façon dont l'information génétique est exprimée. Les principaux processus métaboliques sous-jacents et la plupart des voies métaboliques les plus importantes sont identiques. Par conséquent, malgré des différences structurales et fonctionnelles profondes entre procaryotes et eucaryotes, il y a encore une unité plus fondamentale : une unité moléculaire qui est la base de tous les processus vitaux connus.

Tableau 4.2 Comparaison entre cellules procaryotes et eucaryotes

Propriété	Procaryotes	Eucaryotes
Organisation du matériel génétique		
Noyau délimité par une véritable enveloppe	Absent	Présent
ADN lié à des histones	Non	Oui
Nombre de chromosomes	Un[a]	Plus d'un
Introns in genes	Rare	Common
Nucléole	Absent	Présent
Mitose	Non	Oui
Recombinaison génétique	Transfert d'ADN partiel et unidirectionnel	Méiose et fusion de gamètes
Mitochondries	Absentes	Présentes
Chloroplastes	Absents	Présentes
Membrane plasmique avec des stérols	Habituellement non[b]	Oui
Flagelles	De taille submicroscopique; composés d'une seule fibre	De taille microscopique; liés à la membrane; en général 20 microtubules en motif 9+2
Réticulum endoplasmique	Absent	Présent
Appareil de Golgi	Absent	Présent
Paroi cellulaire	Chimiquement complexe en général, avec un peptidoglycane[c]	Chimiquement plus simple, dépouvue de peptidoglycane
Différences dans des organites simples		
Lysosomes et peroxysomes	Absents	Présents
Microtubules	Absents ou rares	Présents
Cytosquelette	Peut être absent	Présent
Ribosomes	70S	80S (excepté dans les mitochondries et les chloroplastes)
Différenciation	Rudimentaire	Tissus et organes

[a]Les plasmides peuvent fournir une information génétique supplémentaire.
[b]Seuls les mycoplasmes et les méthanotrophes (utilisateurs de méthane) contiennent des stérols. Les mycoplasmes ne peuvent pas synthétiser les stérols et exigent des stérols préformés; De nombreux procaryotes possèdent des hopanoïdes.
[c]La paroi des mycoplasmes et des archéobactéries est dépourvue de peptidoglycane.

Résumé

1. La cellule eucaryote possède un noyau délimité par une enveloppe et de nombreux organites (**tableau 4.1**).

2. Le cytoplasme contient des microfilaments, des filaments intermédiaires et des microtubules, petits organites partiellement responsables de la structure et du mouvement de la cellule. Ils sont organisés en cytosquelette avec d'autres filaments.

3. Le cytoplasme est traversé par un réseau irrégulier de tubules et de sacs aplatis ou citernes, appelé le réticulum endoplasmique (RE). Le RE peut être recouvert de ribosomes et participer à la synthèse protéique (réticulum endoplasmique rugueux) ou être dépourvu de ribosomes (RE lisse).

4. Le RE peut livrer des matériaux à l'appareil de Golgi, organite constitué d'un ou de plusieurs empilements de citernes (**figure 4.9**). Cet organite modifie et emballe les produits sécrétoires.

5. L'appareil de Golgi forme aussi les lysosomes (**figures 4.10** et **4.11**). Ces vésicules renferment les enzymes digestives et contribuent à la digestion intracellulaire de matériaux y compris ceux capturés par endocytose.

6. Les ribosomes eucaryotes libres dans le cytoplasme ou liés au RE sont des ribosomes 80S. Certains peuvent être attachés au même ARN messager formant les polyribosomes ou polysomes.

7. Les mitochondries sont des organites limités par deux membranes ; la membrane interne est plissée en une série de crêtes. Elles sont responsables de la libération d'énergie par le cycle des acides tricarboxyliques, le transport des électrons et la phosphorylation oxydative (**figure 4.14**).

8. Les chloroplastes sont le site de la photosynthèse. La capture de l'énergie lumineuse a lieu dans les membranes thylakoïdes, tandis que l'incorporation de CO_2 se fait dans le stroma (**figure 4.16**).

9. Le noyau est un grand organite contenant les chromosomes de la cellule. Il est bordé d'une enveloppe membranaire double et complexe, perforée de pores au travers desquels des substances peuvent passer.

10. Le nucléole est localisé dans le noyau et participe à la synthèse de l'ARN ribosomal et des sous-unités du ribosome.

11. Les chromosomes eucaryotes sont répartis entre les cellules filles suite à une division cellulaire normale, la mitose (**figure 4.18**). La méiose sert à réduire le nombre de chromosomes par deux pour la reproduction sexuée.

12. La paroi cellulaire, quand elle est présente, est formée de polysaccharides comme la cellulose et est chimiquement plus simple que le peptidoglycane procaryote. De nombreux protozoaires ont une cuticule plutôt qu'une paroi.

13. De nombreuses cellules eucaryotes sont mobiles grâce à la présence de cils et de flagelles. Ce sont des organites limités par une membrane et formés de neuf doublets microtubulaires entourant deux microtubules centraux (**figure 4.20**). Les doublets glissent l'un sur l'autre pour faire ployer le cil ou le flagelle.

14. Malgré leur différence (**tableau 4.2**), les eucaryotes et les procaryotes ont de grandes similitudes métaboliques.

Mots-clés

appareil de Golgi *80*

axonème *89*

cellule eucaryote *91*

cellule procaryote *91*

chloroplaste *85*

chromatine *86*

chromosome *86*

cil *89*

citerne *79*

corps résiduel *81*

corpuscule basal *91*

crête *83*

cuticule *89*

cycle cellulaire *87*

cytocinèse *76*

cytoplasme *79*

cytosquelette *80*

dictyosome *80*

dynéine *90*

endocytose *80*

endosome *80*

enveloppe nucléaire *86*

filament intermédiaire *79*

flagelle *89*

grana *85*

interphase *87*

lysosome *80*

lysosome primaire *81*

lysosome secondaire *81*

méiose *88*

microfilament *77*

microtubule *78*

mitochondrie *83*

mitose *87*

noyau *86*

nucléole *87*

organite *76*

particule F1 *83*

paroi cellulaire *88*

phagocytose *80*

pinocytose *80*

plaste *85*

polyribosome *83*

polysome *83*

pore nucléaire *86*

protéasome *82*

pyrénoïde *85*

reticulum endoplasmique lisse (REL) *79*

reticulum endoplasmique rugueux (RER) *79*

réticulum endoplasmique (RE) *79*

stroma *83*

théorie endosymbiotique *85*

thylacoïde *85*

vacuole autophagique *81*

Questions de révision

1. Décrivez la structure et la fonction de chaque organite eucaryote décrit dans le chapitre.

2. Discutez « La différence la plus évidente entre cellules eucaryotes et procaryotes se trouve dans leur utilisation des membranes ». Quel rôle général jouent les membranes dans les cellules eucaryotes ?

3. Décrivez comment l'appareil de Golgi distribue les protéines qu'il reçoit du RE, aux différents organites.

4. Expliquez brièvement comment le complexe d'organites à membrane, que de Duve appelle « le vacuome », fonctionne comme un ensemble coordonné. Quelle est sa fonction ?

5. Décrivez et donnez les façons différentes avec lesquelles les flagelles et les cils font se déplacer les micro-organismes dans l'eau.

6. Donnez les différences principales entre procaryotes et eucaryotes. En quoi sont-ils semblables ?

Questions de réflexion

1. *Guardia lamblia* est un exemple d'eucaryote qui contient des noyaux mais pas de mitochondries. En quoi l'existence de *Guardia* influence-t-elle la théorie endosymbiotique ? Comment pensez-vous que *Guardia* obtienne son énergie ? Votre réponse serait-elle modifiée si vous appreniez que *Guardia* est un parasite ?

2. Pensez-vous qu'on puisse trouver des organismes avec mitochondries mais sans noyau ? Pourquoi ou pourquoi pas ? Etayez votre réponse par des données de la littérature.

Lectures complémentaires

Généralités

Alberts, B., Bray, D., Lewis, J., Raff, M., Roberts, K., et Watson, J. D. 1994. *Molecular biology of the cell,* 3e éd. New York: Garland Publishing.

Becker, W. M., Kleinsmith, L., et Hardin, J. 2000. *The world of the cell,* 4e éd. Redwood City, Calif.: Benjamin/Cummings.

de Duve, C. 1985. Une visite guidée de la cellule vivante, De Boeck-Wesmael s.a.

Gray, M. W. 1983. The bacterial ancestry of plastids and mitochondria. *BioScience* 33(11):693–99.

Ingber, D. E. 1998. L'architecture de la vie. *Pour la Science,* 245, 34-45.

Lodish, H., Baltimore, D., Berk, A., Zipursky, S. L., Matsudaira, P., et Darnell, J. 1997. *Biologie moléculaire de la cellules,* 2e éd., De Boeck-Westmael s.a.

Margulis, L. 1971. Symbiosis and evolution. *Sci. Am.* 225(2):49–57.

4.2   Le cytoplasme

Bretscher, A., Drees, B., Harsay, E., Schott, D., et Wang, T. 1994. What are the basic functions of microfilaments? Insights from studies in budding yeast. *J. Cell Biology* 126(4):821–25.

Porter, K. R., et Tucker, J. B. 1981. La substance de la cellule vivante. *Pour la Science,* 43, 52-77.

Pumplin, D. W., et Bloch, R. J. 1993. The membrane skeleton. *Trends Cell Biol.* 3:113–17.

Stossel, T. P. 1994. Comment les cellules se déplacent. *Pour la Science,* 250, 62-70.

4.4   L'appareil de Golgi

Rothman, J. E. 1985. L'appareil de Golgi. *Pour la Science,* 97, 77-89.

Rothman, J. E., et Orci, L. 1996. Vésicules et traffie intracellulaire. *Pour la Science,* 223, 48-54.

4.5   Les lysosomes et l'endocytose

Baumeister, W.; Walz, J.; Zühl, F.; et Seemüller, E. 1998. The proteasome: Paradigm of a self-compartmentalizing protease. *Cell* 92:367–80.

Dautry-Varsat, A., et Lodish, H. F. 1984. Les récepteurs cellulaires et l'endocytose. *Pour la Science,* 81, 78-85.

DeMot, R., Nagy, I., Walz, J., et Baumeister, W. 1999. Proteasomes and other self-compartmentalizing proteases in prokaryotes. *Trends Microbiol.* 7(2):88–92.

Helenius, A., Mellman, I., Wall, D., et Hubbard, A. 1983. Endosomes. *Trends Biochem. Sci.* 8(7):245–50.

Holtzman, E. 1989. *Lysosomes.* New York: Academic Press.

Mahadevan, L., et Matsudaira, P. 2000. Motility powered by supramolecular springs and ratchets. *Science* 288:95–99.

4.6   Les ribosomes eucaryotes

Craig, E. A., Gambill, B. D., et Nelson, R. J. 1993. Heat shock proteins: Molecular chaperones of protein biosynthesis. *Microbiol. Rev.* 57(2):402–14.

Lake, J. A. 1985. Evolving ribosome structure: Domains in archaebacteria, eubacteria, eocytes, and eukaryotes. *Annu. Rev. Biochem.* 54:507–30.

Welch, W. J. 1993. Les cellules et le stress. *Pour la Science*, 189,70-77.

4.7   Les mitochondries

Wallace, D. C. 1997. ADN mitochondrial, maladies et vieillissement. *Pour la Science*, 240, 52-60.

4.9   Le noyau et la division cellulaire

Elledge, S. J. 1996. Cell cycle checkpoints: Preventing an identity crisis. *Science* 274:1664–72.

Glover, D. M., Gonzalez, C., et Raff, J. W. 1993. Un architecte des cellules : le centrosome. *Pour la Science*, 190,50-58.

Heywood, P., et Magee, P. T. 1976. Meiosis in protists. *Bacteriol. Rev.* 40:190–240.

King, R. W., Deshaies, R. J., Peters, J.-M., et Kirschner, M. W. 1996. How proteolysis drives the cell cycle. *Science* 274:1652–59.

McIntosh, J. R., et McDonald, K. L. 1989. Le fuseau mitotique. *Pour la Science*, 146, 32-41.

Murray, A., et Hunt, T. 1993. *The cell cycle: An introduction.* New York: W. H. Freeman.

Newport, J. W., et Forbes, D. J. 1987. The nucleus: Structure, function, and dynamics. *Annu. Rev. Biochem.* 56:535–65.

Spector, D. L. 1993. Macromolecular domains within the cell nucleus. *Annu. Rev. Cell Biol.* 9:265–315.

Stillman, B. 1996. Cell cycle control of DNA replication. *Science* 274:1659–64.

4.11   Les cils et les flagelles

Satir, P. 1983. Cilia and related organelles. *Carolina Biology Reader,* no. 123. Burlington, N.C.: Carolina Biological Supply Co.

PARTIE II

La nutrition, la croissance et le contrôle des micro-organismes

CHAPITRE 5

La nutrition

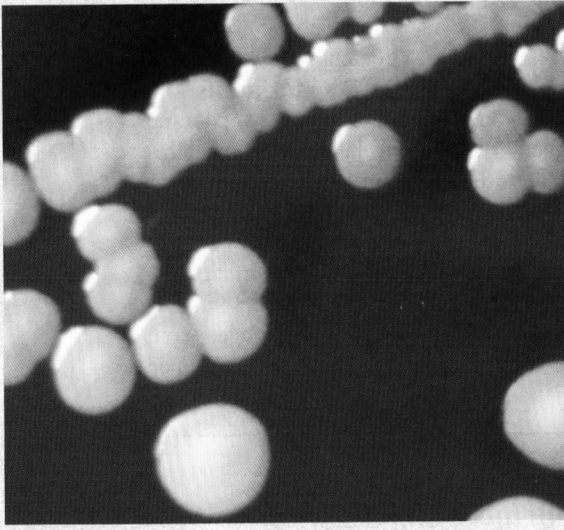

Staphylococcus aureus forme de grandes colonies dorées lorsqu'il se développe sur agar-sang. Cet organisme pathogène pour l'homme est responsable d'affections telles que furoncle, abcès, septicémie, endocardite, empoisonnement alimentaire, pharyngite et pneumonie.

Plan

Concepts

1. Les micro-organismes ont besoin d'environ dix éléments en grande quantité, ces éléments étant utilisés entre autres pour synthétiser des glucides, des lipides, des protéines et des acides nucléiques. Plusieurs autres éléments sont nécessaires en très faible quantité et font partie des enzymes et des cofacteurs.

2. Tous les micro-organismes peuvent être classés en quelques catégories nutritionnelles selon leurs besoins en carbone, en énergie, en hydrogène et en électrons.

3. Les molécules nutritives ne peuvent généralement pas traverser la membrane plasmique par diffusion passive et doivent être transportées par l'un des trois mécanismes impliquant des protéines membranaires de transport. Les micro-organismes eucaryotes utilisent aussi l'endocytose pour absorber les éléments nutritifs.

4. Des milieux de culture sont nécessaires à la croissance et à l'indentification des micro-organismes en laboratoire, à l'analyse de l'eau et de la nourriture et à l'isolement de micro-organismes particuliers. Des milieux variés sont disponibles pour ces différentes expériences.

5. On peut obtenir des cultures pures par isolement sur boîte de Petri avec la technique des stries, par étalement en surface ou en profondeur. Ces techniques sont requises pour étudier soigneusement une espèce microbienne déterminée.

> *La nature entière est, comme on l'a dit, une conjugaison du verbe manger à la voix active et à la voix passive.*
>
> — *William Ralph Inge*

Pour obtenir de l'énergie et construire de nouveaux constituants cellulaires, les organismes doivent avoir une source de matériaux de base ou nutriments. Les **nutriments** sont des substances utilisées dans la biosynthèse et la conversion de l'énergie et par conséquent requis pour la croissance microbienne. Ce chapitre décrit les besoins nutritifs des micro-organismes et la manière dont sont acquis ces éléments nutritifs. Enfin, il traite de la culture des micro-organismes.

La température, la quantité d'oxygène et la concentration osmotique du milieu sont des facteurs de l'environnement très importants pour la culture des micro-organismes. Ces sujets sont abordés dans le chapitre 6 après une introduction à la croissance microbienne.

5.1   Les besoins nutritifs courants

L'analyse de la cellule microbienne montre que 95% du poids sec de la cellule sont composés de quelques éléments majeurs : carbone, oxygène, hydrogène, azote, soufre, phosphore, potassium, calcium, magnésium et fer. Ceux-ci sont nécessaires aux micro-organismes en quantités importantes et sont appelés **macro-éléments** ou macronutriments. Les six premiers éléments (C, O, H, N, S et P) sont des constituants des glucides, des lipides, des protéines et des acides nucléiques. Les quatre derniers éléments existent dans la cellule à l'état de cations et jouent plusieurs rôles. Le potassium (K^+) est nécessaire à l'activité de plusieurs enzymes y compris celles qui interviennent dans la synthèse protéique. Le calcium (Ca^{2+}) a de nombreuses fonctions dont l'une est de contribuer à la thermorésistance des endospores bactériennes. Le magnésium (Mg^{2+}) est un cofacteur de nombreuses enzymes, il forme un complexe avec l'ATP, stabilise les ribosomes et les membranes cellulaires. Le fer (Fe^{2+} et Fe^{3+}) est utilisé dans la synthèse des cytochromes et est un cofacteur des enzymes et des protéines transporteuses d'électrons.

Tous les micro-organismes ont besoin de quelques **oligo-éléments** (aussi appelés micro-éléments ou micronutriments) en plus des macro-éléments. Les oligo-éléments — manganèse, zinc, cobalt, molybdate, nickel et cuivre — sont indispensables à la plupart des cellules en quantité tellement faible que les impuretés de l'eau, la verrerie et les composants habituels des milieux de culture sont généralement suffisantes. Il est donc très difficile de démontrer les besoins en oligo-éléments de la croissance. Dans la nature, les oligo-éléments sont ubiquitaires et ne limitent probablement pas le développement. Les oligo-éléments font normalement partie des enzymes et des cofacteurs, ils aident à la catalyse des réactions et au maintien de la structure des protéines. Par exemple, le zinc (Zn^{2+}) se trouve dans le site actif de quelques enzymes, il est aussi impliqué dans l'association des sous-unités régulatrices et cataly-

tiques de l'aspartate transcarbamylase d'*E. coli* (*voir section 8.9*). Le manganèse (Mn^{2+}) peut aider beaucoup d'enzymes qui catalysent le transfert de groupes phosphate. Le molybdène (Mo^{2+}) est requis pour la fixation de l'azote et le cobalt (Co^{2+}) est un composant de la vitamine B_{12}. Les transporteurs d'électrons et les enzymes (pp. 157-64).

En plus des macro-éléments et des oligo-éléments habituels, les micro-organismes peuvent aussi avoir des besoins spéciaux qui reflètent la nature particulière de leur morphologie ou de leur environnement. Les diatomées (*voir figure 27.6c, d*) requièrent de l'acide silicique (H_4SiO_4) pour construire leur magnifique paroi cellulaire de silicate [$(SiO_2)_n$]. Bien que pour la plupart, elles ne demandent pas de grandes quantités de sodium, de nombreuses bactéries se développant dans les lacs salins et les océans (*voir p. 123, 461*), dépendent de la présence de concentrations élevées en ions sodiques (Na^+).

Enfin, il faut souligner que les micro-organismes ont besoin d'un mélange équilibré de nutriments. S'il manque un nutriment essentiel, le développement sera limité quelque soit la concentration des autres éléments nutritifs.

5.2   Les besoins en carbone, hydrogène et oxygène

Les besoins en carbone, hydrogène et oxygène sont souvent satisfaits ensemble. Le carbone est nécessaire à la formation du squelette de toutes les molécules organiques. Les molécules servant de source de carbone sont également les sources d'oxygène et d'hydrogène. Ces nutriments organiques sont presque toujours à l'état réduit et possèdent des électrons qu'ils peuvent céder à d'autres molécules. Ainsi, ils servent aussi de sources d'énergie. En effet, plus les molécules organiques sont réduites, plus élevé est leur contenu énergétique (par exemple, les lipides sont plus riches en énergie que les sucres). Comme nous le verrons plus loin, ceci résulte de la libération d'énergie lors du transport d'électrons lorsque ceux-ci passent de donneurs réduits dont le potentiel de réduction est plus négatif vers des accepteurs d'électrons oxydés dont le potentiel est plus positif. Ainsi les sources de carbone servent souvent de sources d'énergie. Réactions d'oxydo-réduction et énergie (pp. 157-59).

Une source de carbone importante qui ne fournit pas d'hydrogène ni d'énergie est l'anhydride carbonique (CO_2) ; en effet, il est oxydé et ne contient pas d'hydrogène. Il est probable que tous les micro-organismes puissent le fixer, c'est-à-dire le réduire et l'incorporer dans des molécules organiques. Cependant, par définition, seuls les autotrophes utilisent le CO_2 comme unique ou principale source de carbone. Nombre de micro-organismes sont **autotrophes** ; beaucoup sont photosynthétiques, mais certains oxydent les molécules inorganiques pour produire de l'énergie. La fixation photosynthétique de l'anhydride carbonique (pp. 207-8).

La réduction du CO_2 est un processus très coûteux en énergie. Ainsi de nombreux micro-organismes ne peuvent pas utiliser le CO_2 comme seule source de carbone, mais dépendent aussi de molécules complexes plus réduites comme le glucose. Les organismes qui utilisent des molécules organiques préformées, réduites, comme sources de carbone sont **hétérotrophes** (ces molécules préformées proviennent d'autres organismes). De nombreux hétérotrophes utilisent des aliments organiques à la fois comme sources de carbone et d'énergie. Par exemple, la glycolyse restitue de l'énergie sous forme d'ATP et de NADH, elle produit aussi des squelettes carbonés qui seront utilisés dans la biosynthèse. La glycolyse (pp. 176-77).

Une des caractéristiques les plus remarquables des besoins nutritifs des micro-organismes est leur extraordinaire flexibilité en ce qui concerne les sources de carbone. Il n'y a pas de molécule organique naturelle qui ne puisse être utilisée par certains micro-organismes. Les actinomycètes sont capables de dégrader l'alcool amylique, la paraffine et même le caoutchouc. Certaines bactéries utilisent à peu près n'importe quoi comme source de carbone ; par exemple, *Burklolderia cepacia* consomme plus de 100 substances carbonées différentes. Au contraire des bactéries omnivores, certaines bactéries sont difficiles à cultiver et utilisent un nombre très limité de sources de carbone. Les bactéries méthylotrophes utilisent seulement le méthane, le méthanol, le monoxyde de carbone, l'acide formique et des molécules voisines à un carbone. Les membres parasites du genre *Leptospira* n'utilisent que des acides gras à longue chaîne comme source principale de carbone et d'énergie.

Dans les environnements naturels, des populations complexes de micro-organismes métaboliseront souvent des produits fabriqués par l'homme même relativement indigestes comme les pesticides. Ces molécules indigestes sont parfois oxydées et dégradées en présence d'un nutriment favorable à la croissance qui sera métabolisé en même temps. Ce processus porte le nom de cométabolisme. Les produits de cette dégradation peuvent alors être utilisés par d'autres micro-organismes. Dégradation et micro-organismes (pp. 1010-1014)

5.3   Les types nutritionnels chez les micro-organismes

En plus de carbone, hydrogène et oxygène, tout organisme a besoin de sources d'énergie et d'électrons pour sa croissance. On peut classer les micro-organismes en catégories nutritionnelles sur base de la façon dont ils satisfont ces besoins (**tableau 5.1**). Nous avons déjà vu que les micro-organismes se classent en hétérotrophes ou autotrophes selon leur source préférée de carbone. Il y a seulement deux sources d'énergie disponibles pour les organismes : 1) l'énergie lumineuse captée durant la photosynthèse et 2) l'énergie prove-

nant de l'oxydation de molécules organiques et inorganiques. Les **phototrophes** utilisent la lumière comme source d'énergie ; les **chimiotrophes** utilisent l'oxydation de composés chimiques (soit organiques, soit inorganiques) comme source d'énergie. Les micro-organismes n'ont aussi que deux sources d'électrons. Les **lithotrophes** (les « mangeurs de pierres ») utilisent des substances inorganiques réduites comme source d'électrons, tandis que les organotrophes extraient les électrons de composants organiques. Les réactions de la phase lumineuse de la photosynthèse (pp. 195-201). L'oxydation des molécules organiques et inorganiques (pp. 176-95).

Malgré la grande diversité métabolique observée chez les micro-organismes, ils peuvent être classés pour la plupart en quatre catégories nutritionnelles sur la base de leurs sources primaires en carbone, énergie et électrons (**tableau 5.2**). Les micro-organismes étudiés jusqu'à présent sont en majorité soit autotrophes photolithotrophes, soit hétérotrophes chimioorganotrophes. Les **autotrophes photolithotrophes** (souvent appelés **photoautotrophes**) utilisent l'énergie lumineuse et le CO_2 comme source de carbone. Les algues eucaryotes et les cyanobactéries se servent de l'eau

---

Tableau 5.1	**Sources de carbone, d'énergie et d'électrons**
Sources de carbone	
Autotrophes	CO_2 seule ou principale source de crabone biosynthétique (*p. 207-8*)[a]
Hétérotrophes	Molécules organiques préformées, réduites provenant d'autres organismes (*chapitres 9 et 10*)
Sources d'énergie	
Phototrophes	Lumière (*p. 195-201*)
Chimiotrophes	Oxydation de composés organiques et inorganiques (*chapitre 9*)
Sources d'électrons	
Lithotrophes	Molécules inorganiques réduites (*p. 193-94*)
Organotrophes	Molécules organiques (*chapitre 9*)

[a] Pour chaque catégorie, les pages décrivant les voies métaboliques sont données entre parenthèses.

Tableau 5.2 Principaux types nutritionnels chez les micro-organismes		
Principaux types nutritionnels[a]	**Sources d'énergie, hydrogène/électrons et carbone**	**Micro-organismes représentatifs**
Autotrophes photolithotrophes (Photolithoautotrophie)	Énergie lumineuse Donneur inorganique d'hydrogène/électrons (H/e^-) CO_2 comme source de carbone	Algues Bactéries sulfureuses pourpres et vertes. Cyanobactéries
Hétérotrophes photoorganotrophes (Photo-organohétérotrophie)	Energie lumineuse Donneur organique d'H/e^- Source organique de carbone (CO_2 peut aussi être utilisé)	Bactéries non sulfureuses pourpres Bactéries non sulfureuses vertes
Autotrophes chimiolithotrophes (Chimiolithoautotrophie)	Source chimique d'énergie (inorganique) Donneur inorganique d'H/e^- CO_2 comme source de carbone	Bactéries oxydant le soufre Bactéries oxydant l'H_2 Bactéries nitrifiantes Bactéries oxydant le fer
Hétérotrophes chimioorganotrophes (Chimio-organohétérotrophie)	Source chimique d'énergie (organique) Donneur organique d'H/e^- Source organique de carbone	Protozoaires Mycètes La plupart des bactéries non photosynthétiques (la plupart des agents pathogènes)

[a] On a trouvé des bactéries dans d'autres types nutritionnels.

comme donneur d'électrons et libèrent de l'oxygène. Les bactéries sulfureuses pourpres et vertes ne peuvent pas oxyder l'eau, mais elles extraient les électrons de donneurs inorganiques comme l'hydrogène, le sulfure d'hydrogène et le soufre. Les **hétérotrophes chimioorganotrophes** (souvent appelés les **chimiohétérotrophes**) utilisent des composés organiques comme sources d'énergie, d'hydrogène, d'électrons et de carbone pour leurs biosynthèses. Souvent la même source nutritive organique satisfait tous ces besoins. Il faut aussi noter qu'essentiellement tous les micro-organismes pathogènes sont chimiohétérotrophes. Les deux autres classes comprennent moins de micro-organismes mais sont très importantes en écologie. Quelques bactéries pourpres et vertes sont photosynthétiques et utilisent de la matière organique comme source d'électrons et de carbone. Ces **hétérotrophes photoorganotrophes** sont souvent présents dans les lacs et les rivières polluées. Quelques-unes de ces bactéries peuvent aussi se développer en photoautotrophes utilisant de l'hydrogène moléculaire comme donneur d'électrons. Le quatrième groupe, les **autotrophes chimiolithotrophes** oxydent les composés réduits inorganiques tels que le fer, l'azote ou le soufre pour produire à la fois de l'énergie et des électrons. L'anhydride carbonique est leur source de carbone. Quelques chimiolithotrophes peuvent obtenir leur carbone de sources organiques et sont alors hétérotrophes. Les chimiolithotrophes sont importants dans la transformation chimique des éléments qui se produit continuellement dans les écosystèmes (ex. la conversion de l'ammoniaque en nitrate et du soufre en sulfate). Les bactéries photosynthétiques et chimiolithotrophes (sections 21.3, 22.1 et 22.3).

Bien qu'une espèce bactérienne particulière appartienne généralement à une des quatre catégories nutritionnelles, certaines montrent une grande flexibilité métabolique et peuvent modifier leurs voies métaboliques en réponse à des changements de l'environnement. Par exemple, de nombreuses bactéries pourpres non sulfureuses peuvent agir comme des hétérotrophes photoorganotrophes en absence d'oxygène, mais peuvent oxyder des molécules organiques et se comporter comme des chimiotrophes en présence d'une concentration normale en oxygène (*voir section 22.1*). Quand la quantité d'oxygène est faible, la photosynthèse et le métabolisme oxydatif peuvent fonctionner simultanément. Un autre exemple est celui de la bactérie *Beggiatoa* (*voir p. 501*) qui dépend des sources d'énergie inorganiques et de sources de carbone organiques (parfois le CO_2). On appelle ces organismes **mixotrophes**, car ils combinent les métabolismes chimiolithoautotrophe et hétérotrophe. Cette flexibilité semble à première vue complexe, elle donne pourtant à l'organisme un avantage certain si les conditions de l'environnement se modifient souvent.

1. Quels sont les éléments nutritifs et sur quelle base sont-ils divisés en macro-éléments et oligo-éléments ? Décrivez quelques voies dans lesquelles les macronutriments et les oligo-éléments sont utilisés par un organisme.

2. Définissez autotrophe et hétérotrophe.

3. Discutez la classification des micro-organismes basée sur leurs besoins en énergie et électrons.

4. Décrivez les besoins nutritionnels des quatre principaux groupes nutritionnels et donnez quelques exemples de micro-organismes pour chaque groupe. Qu'est-ce qu'un mixotrophe ?

5.4   Les besoins en azote, phosphore et soufre

Pour sa croissance, un micro-organisme doit être capable d'incorporer de grandes quantités d'azote, de phosphore et de soufre. Bien que ces éléments puissent provenir des éléments nutritifs qui fournissent également le carbone, les micro-organismes utilisent aussi souvent des sources inorganiques. Les mécanismes biochimiques de l'incorporation d'azote, de phosphate et de soufre (pp. 210-214).

L'azote est nécessaire à la synthèse des acides aminés, des purines, des pyrimidines, de certains glucides et lipides, de cofacteurs enzymatiques et d'autres substances. De nombreux micro-organismes utilisent l'azote des acides aminés et l'ammoniaque est souvent incorporé directement grâce à l'action de certaines enzymes telles que la glutamate déshydrogénase ou glutamine synthétase, et la glutamate synthase (*voir section 10.4*). La plupart des phototrophes et de nombreux micro-organismes non photosynthétiques réduisent le nitrate en ammoniaque, ils incorporent donc l'ammoniaque par réduction anabolique du nitrate (*p. 210-11*). Certaines bactéries (par exemple beaucoup de cyanobactéries et la bactérie symbiotique *Rhizobium*) réduisent et assimilent l'azote atmosphérique grâce au système de la nitrogénase (*voir section 10.4*).

Il y a du phosphore dans les acides nucléiques, les phospholipides, les nucléotides comme l'ATP, quelques cofacteurs, certaines protéines et d'autres composants cellulaires. Presque tous les micro-organismes utilisent le phosphate inorganique comme source de phosphore et l'incorporent directement. De faibles niveaux de phosphate limitent la croissance microbienne dans beaucoup de milieux aquatiques. On a beaucoup étudié la prise de phosphate par *E. coli*. Cette bactérie peut utiliser le phosphate organique comme inorganique. Des organophosphates comme l'hexose-6-phosphate sont captés directement par un transporteur protéique ; d'autres sont hydrolysés dans le périplasme par la phosphatase alcaline pour donner du phosphate inorganique. Celui-ci est alors transporté à travers la membrane plasmique. Quand le phosphate inorganique est à l'extérieur de la bactérie, il traverse la membrane externe par un canal de porine. Un des deux systèmes de transport porte ensuite le phosphate à travers la membrane plasmique. Aux concentrations élevées en phosphate, le transport est probablement assuré par le système Pit. Quand les concentrations en phosphate sont faibles, c'est le système TSP qui est le plus important (transport spécifique de phosphate). L'affinité du système TSP pour le phosphate est en effet plus élevée, c'est un transporteur de type ABC (*voir p. 101-2*) qui utilise une protéine fixatrice du cytoplasme.

Le soufre est nécessaire à la synthèse de substances comme la cystéine et la méthionine qui sont des acides aminés, quelques glucides, la biotine et la thiamine. Les micro-organismes pour la plupart, utilisent le sulfate comme source de soufre et le réduisent, ils l'assimilent donc par réduction anabolique du sulfate (*voir section 10.4*) ; certains exigent une forme réduite du soufre comme par exemple, la cystéine.

5.5   Les facteurs de croissance

Les micro-organismes, en particulier la plupart des autotrophes photolithotrophes, se développent souvent en présence de minéraux et de sources d'énergie, de carbone, d'azote, de phosphore et de soufre. Ces organismes ont les enzymes et les voies métabo-

Tableau 5.3 **Fonctions de quelques vitamines chez les micro-organismes**

Vitamine	Fonctions	Exemples de micro-organismes requérant la vitamine[a]
Biotine	Carboxylation (fixation de CO_2) Métabolisme des dérivés monocarbonés	*Leuconostoc mesenteroides* (B) *Saccharomyces cerevisiae* (M) *Ochromonas malhamensis* (A) *Acanthamoeba castellanii* (P)
Cyanocobalamine (B_{12})	Réarrangements moléculaires Métabolisme des dérivés monocarbonés, donneur de groupes méthyle	*Lactobacillus* sp. (B) *Euglena gracilis* (A) Diatomées et beaucoup d'autres algues (A) *Acanthamoeba castellanii* (P)
Acide folique	Métabolisme des dérivés monocarbonnés	*Enterococcus faecalis* (B) *Tetrahymena pyriformis* (P)
Acide lipoïque	Transfert de groupes acyle	*Lactobacillus casei* (B) *Tetrahymena* sp. (P)
Acide pantothénique	Précurseur de la coenzyme A, donneur de groupes acyle (oxydation du pyruvate, métabolisme des acides gras)	*Proteus morganii* (B) *Hanseniaspora* sp. (M) *Paramecium* sp. (P)
Pyridoxine (B_6)	Métabolisme des acides aminés (ex. transamination)	*Lactobacillus* sp. (B) *Tetrahymena pyriformis* (P)
Niacine (acide nicotinique)	Précurseur du NAD et du NADP, donneurs d'électrons et d'atomes d'hydrogène	*Brucella abortus, Haemophilus influenzae* (B) *Blastocladia pringsheimi* (M) *Crithidia fasciculata* (P)
Riboflavine (B_2)	Précurseur du FAD et du FMN, donneurs d'électrons et d'atomes d'hydrogène	*Caulobacter vibrioides* (B) *Dictyostelium* sp. (M) *Tetrahymena pyriformis* (P)
Thiamine (B_1)	Transfert le groupe aldéhyde (décarboxylation du pyruvate, oxydation des α-céto acides)	*Bacillus anthracis* (B) *Phycomyces blakesleeanus* (M) *Ochromonas malhamensis* (A) *Colpidium campylum* (P)

[a] Les micro-organismes représentatifs font partie des groupes suivants : bactéries (*B*), mycètes (*M*), algues (*A*) et protozoaires (*P*).

liques nécessaires à la synthèse de tous les composants cellulaires. D'un autre côté, de nombreux micro-organismes sont dépourvus d'une ou de plusieurs enzymes essentielles et par conséquent ne peuvent pas fabriquer tous les constituants indispensables, ils doivent les obtenir de leur environnement. Ces constituants cellulaires essentiels ou leurs précurseurs qui ne peuvent pas être synthétisés par l'organisme, sont appelés des **facteurs de croissance**. Il y a trois classes principales de facteurs de croissance : 1) les acides aminés, 2) les purines et les pyrimidines et 3) les vitamines. Les acides aminés sont nécessaires à la synthèse protéique, les purines et les pyrimidines à celle des acides nucléiques. Les **vitamines** sont de petites molécules organiques qui généralement forment les cofacteurs ou une partie de ceux-ci (*voir section 8-6*). Les vitamines sont nécessaires en très faible quantité pour la croissance. Le **tableau 5.3** donne les fonctions de certaines vitamines et des exemples de micro-organismes qui les demandent. Certains micro-organismes ont besoin de nombreuses vitamines ; par exemple, *Enterococcus faecalis* exige huit vitamines différentes pour sa croissance. Il y a d'autres facteurs de croissance ; par exemple, l'hème (de l'hémoglobine ou du cytochrome) est nécessaire à *Haemophilus influenzae* et le cholestérol à certains mycoplasmes.

La connaissance des besoins spécifiques en facteurs de croissance de nombreux micro-organismes, permet le dosage d'une variété de substances. Par exemple, des espèces des genres bactériens *Lactobacillus* et *Streptococcus* peuvent être utilisées pour doser la plupart des vitamines et des acides aminés. La bactérie appropriée est cultivée dans une série de flacons, chacun contenant du milieu et un excès de tous les composés requis excepté le facteur de croissance étudié. Une quantité variable du facteur de croissance est ajoutée à chaque flacon. et on obtient une courbe standard en portant la concentration du facteur de croissance en fonction de la croissance bactérienne. Idéalement, le rendement atteint par la culture est directement proportionnel à la quantité du facteur de croissance présente : si la concentration du facteur de croissance double, le rendement double. La quantité de facteur de croissance dans un échantillon est donc déterminée en comparant le rendement dans l'échantillon inconnu à ceux du standard. Les dosages microbiologiques sont spécifiques, sensibles et simples. Ils sont toujours utilisés pour des substances telles que la vitamine B_{12} et la biotine, en dépit des progrès des techniques chimiques.

L'observation que de nombreux micro-organismes synthétisent des vitamines en grande quantité, a conduit à leur utilisation dans l'industrie. Plusieurs vitamines hydro- ou lipo-solubles sont produites complètement ou en partie par des fermentations industrielles. De bons exemples sont la synthèse de la riboflavine par *Clostridium, Candida, Ashbya, Eremothecium*, celle du coenzyme A par *Brevibacterium*, celle de la vitamine B_{12} par *Streptomyces, Propionibacterium, Pseudomonas*, celle de la vitamine C par *Gluconobacter, Erwinia, Corynebacterium*, celle du β-carotène par *Dunaliella* et celle de la vitamine D par *Saccharomyces*. Les recherches actuelles ont pour but d'augmenter les rendements et de découvrir des micro-organismes producteurs d'autres vitamines en quantité importante.

1. Résumez brièvement les façons dont les micro-organismes obtiennent l'azote, le phosphore et le soufre à partir de leur environnement.

2. Que sont les facteurs de croissance ? Que sont les vitamines ? Comment peut-on utiliser les micro-organismes pour déterminer la quantité d'une substance spécifique dans un échantillon ?

5.6   L'absorption des nutriments par la cellule

La première étape de l'utilisation des nutriments est l'absorption par la cellule microbienne. Les mécanismes d'absorption doivent être spécifiques : c'est-à-dire que seules les substances nécessaires doivent être absorbées. Il n'est pas bon pour une cellule d'absorber une substance qu'elle ne peut pas utiliser. Puisque les micro-organismes vivent souvent dans un environnement pauvre en nutriments, ils doivent donc être capables de transporter les nutriments dans la cellule à partir de solutions très diluées contre un gradient de concentration. Finalement, les molécules doivent traverser la membrane plasmique sélective, qui empêche le libre passage de la plupart des substances. A cause de l'énorme variété de nutriments et de la complexité de l'absorption, il n'est pas surprenant que les micro-organismes utilisent plusieurs mécanismes de transport différents. Les plus importants sont la diffusion facilitée, le transport actif et la translocation de groupe. Les micro-organismes eucaryotes apparemment n'utilisent pas la translocation de groupe mais absorbent les nutriments par un procédé d'endocytose (*voir section 4.5*). La structure et les propriétés de la membrane plasmique (pp. 46-48).

La diffusion facilitée

Quelques substances comme le glycérol peuvent traverser la membrane plasmique par **diffusion passive**. Dans le processus de diffusion passive, souvent appelé simplement diffusion, des molécules se déplacent d'une région de concentration élevée vers une région de concentration plus faible, à cause de l'agitation thermique. La vitesse de diffusion passive dépend du gradient de concentration entre l'extérieur et l'intérieur de la cellule (**figure 5.1**). Un gradient de concentration suffisament élevé est nécessaire à l'absorption de nutriments par diffusion passive (c'est-à-dire que la concentration en nutriments à l'extérieur doit être élevée) et la vitesse d'absorption décroît au fur et à mesure que le nutriment est absorbé, à moins qu'il ne soit utilisé immédiatement par la cellule. De très petites molécules comme H_2O, O_2 et CO_2 traversent souvent les membranes par diffusion passive. Les molécules plus grandes, les ions, les substances polaires ne passent pas les membranes par simple diffusion.

La vitesse de diffusion au travers de membranes sélectivement perméables est fortement augmentée grâce aux protéines de transport, parfois appelées **perméases**, qui sont intégrées dans la membrane plasmique. Le processus de diffusion médié par des transporteurs est appelé **diffusion facilitée**. La vitesse de diffusion facilitée augmente avec le gradient de concentration beaucoup plus rapidement et à de plus faibles concentrations en nutriment que dans le cas de la diffusion passive (*figure 5.1*). Notez que la vitesse de diffusion atteint un plateau à des concentrations élevées parce

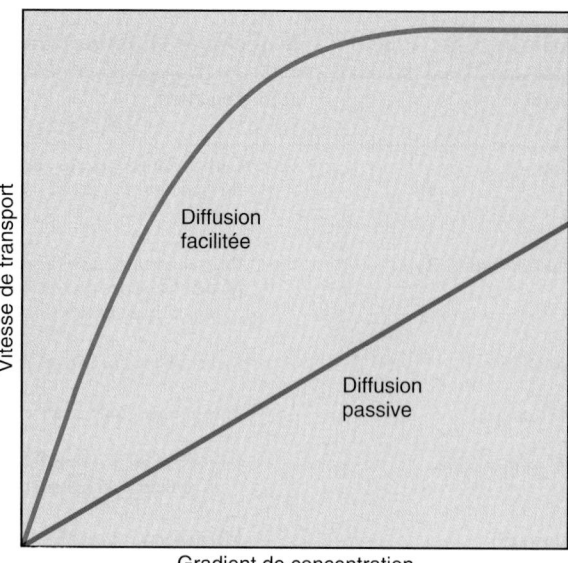

Figure 5.1 La diffusion passive et facilitée. La vitesse de diffusion dépend du gradient de concentration du soluté. Notez l'effet de saturation ou plateau, aux valeurs élevées du gradient de concentration lors de la diffusion facilitée. On voit cet effet de saturation chaque fois qu'un transporteur protéique est impliqué dans le transport.

que le transporteur est saturé ; c'est-à-dire qu'il se lie aux molécules en solution et en transporte autant qu'il est possible. La courbe qui résulte de ce phénomène ressemble à la courbe enzyme-substrat (*voir section 8.6*) et est très différente de la réponse linéaire observée dans le cas de la diffusion passive. Les transporteurs ressemblent aux enzymes par leur spécificité pour les substances à transporter : chaque transporteur est sélectif et ne véhicule que des solutés apparentés. Bien qu'une protéine de transport soit impliquée, la diffusion facilitée est véritablement une diffusion. Le mouvement des molécules à travers la membrane est dû au gradient de concentration et aucune énergie supplémentaire n'est nécessaire. Si le gradient de concentration disparaît, le mouvement des molécules vers l'intérieur de la cellule s'arrête.

Le gradient peut être maintenu si le nutriment transporté est transformé en un autre produit ou si, chez les eucaryotes, il passe dans un autre compartiment membranaire. Il est intéressant de noter que certains de ces transporteurs sont apparentés aux principales protéines intrinsèques du cristallin de l'oeil de mammifères et donc appartiennent à la famille des protéines MIP. Les deux canaux MIP les plus répandus chez les bactéries sont les aquaporines qui transportent l'eau et les facilitateurs du glycérol qui aident à la diffusion du glycérol.

Bien que de nombreux travaux aient été réalisés sur le mécanisme de la diffusion facilitée, celui-ci n'est pas encore complètement élucidé. On pense que le transporteur est une protéine transmembranaire (**figure 5.2**). Après avoir fixé une molécule de soluté à l'extérieur de la membrane, le transporteur pourrait changer de conformation et décharger la molécule à l'intérieur de la cellule. Le transporteur reprendrait alors sa conformation originale et serait prêt à se lier à une autre molécule. L'effet final est qu'une molécule insoluble dans les lipides entre dans la cellule en réponse à un gradient de concentration. On doit noter que le mécanisme est

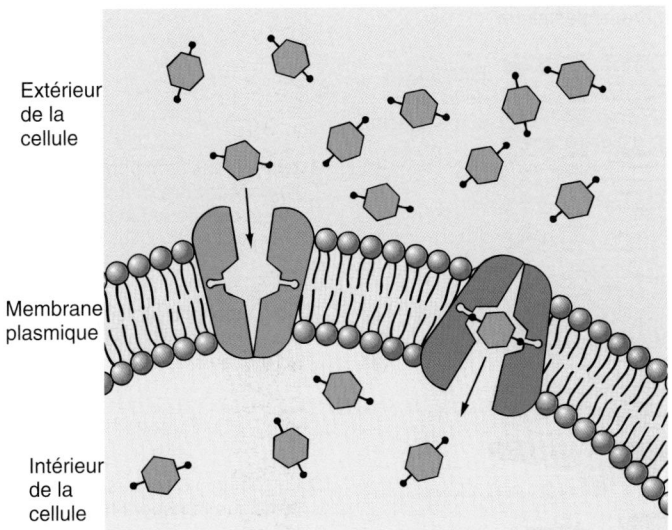

Figure 5.2 Un modèle de la diffusion facilitée. Le transporteur membranaire peut changer de conformation après avoir lié une molécule externe et l'avoir libérée dans le milieu cellulaire. Le transporteur retourne alors à sa position orientée vers l'extérieur et est prêt à lier une autre molécule en solution. Comme il n'y a pas d'énergie absorbée, les molécules ne continueront à entrer que si leur concentration est plus élevée à l'extérieur.

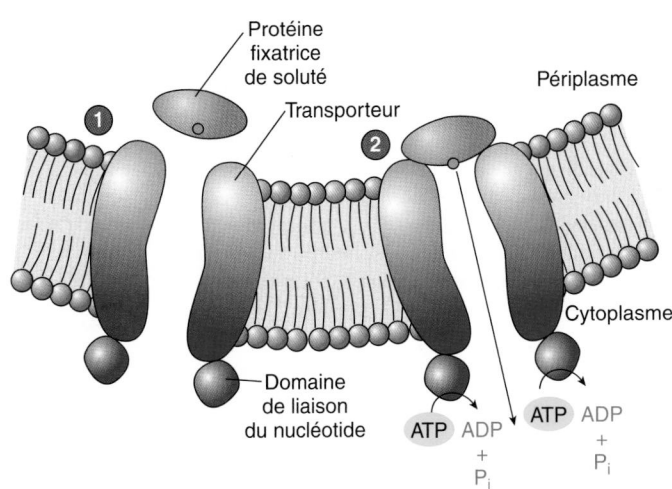

Figure 5.3 La fonction du transporteur ABC. (1) La protéine fixatrice du soluté se lie au substrat à transporter et s'approche du transporteur ABC. (2) La protéine fixatrice du soluté s'attache au transporteur et libère le substrat qui est conduit à travers la membrane avec l'aide d'une hydrolyse d'ATP (voir texte pour les détails).

réversible : si la concentration du soluté est plus grande à l'intérieur qu'à l'extérieur de la cellule, cette molécule va se déplacer vers l'extérieur. Parce que la cellule métabolise les nutriments dès leur entrée, le processus d'influx est favorisé.

La diffusion facilitée ne semble pas très importante chez les procaryotes car la concentration en nutriment est souvent plus faible à l'extérieur qu'à l'intérieur de la cellule et que la diffusion facilitée ne peut avoir lieu. Le glycérol est transporté par diffusion facilitée chez *E. coli*, *Salmonella typhimurium*, *Pseudomonas*, *Bacillus* et de nombreuses autres bactéries. Le processus est beaucoup plus marquant chez les cellules eucaryotes où il est utilisé pour le transport d'une variété de sucres et d'acides aminés.

Le transport actif

Bien que les transporteurs impliqués dans la diffusion facilitée puissent véhiculer efficacement des molécules à l'intérieur de la cellule quand la concentration en soluté est plus élevée à l'extérieur, ils ne peuvent pas transporter de solutés qui sont en concentration plus élevée à l'intérieur de la cellule (c'est-à-dire contre un gradient de concentration). Les micro-organismes vivent souvent dans des habitats qui sont des sources nutritives très diluées ; pour se développer, ils doivent donc être capables de transporter et de concentrer ces nutriments. Par conséquent, les mécanismes de diffusion facilitée ne sont pas toujours suffisants et d'autres mécanismes doivent être utilisés. Les deux processus les plus importants dans de telles situations, sont le transport actif et la translocation de groupe, deux processus dépendant de l'énergie.

Le **transport actif** est le transport de molécules de soluté contre un gradient de concentration, grâce à l'utilisation d'énergie métabolique. Comme le transport actif a recours à des protéines de transport, il ressemble d'une certaine manière à la diffusion facili-

tée. Les transporteurs ou perméases se lient à certains solutés et ont une grande spécificité vis-à-vis de ces molécules. Des molécules de solutés similaires peuvent entrer en compétition avec la même protéine de transport dans la diffusion facilitée et le transport actif. Le transport actif se caractérise aussi par la saturation du transporteur à des concentrations élevées en soluté (figure 5.1). Néanmoins, le transport actif diffère de la diffusion facilitée par son utilisation d'énergie métabolique et sa capacité de concentrer des substances. Des inhibiteurs métaboliques qui bloquent la production d'énergie, inhibent le transport actif mais n'affectent pas la diffusion facilitée (du moins pendant un temps court).

Les systèmes de transport à protéine fixatrice ou **transporteurs ABC** pour « <u>A</u>TP <u>b</u>inding <u>c</u>assette transporters », sont actifs chez les bactéries, les archéobactéries et les eucaryotes. Ces transporteurs consistent généralement en deux domaines trans-membranaires hydrophobes associés du côté cytoplasmique à deux domaines de liaison de nucléotide (**figure 5.3**). Les domaines transmembranaires forment un pore et les domaines de liaison de nucléotide fixent et hydrolysent l'ATP pour entraîner le transport. Les transporteurs ABC utilisent des protéines fixatrices particulières qui sont localisées dans le périplasme des bactéries Gram-négatives (*voir figure 3.23*) ou attachées aux lipides membranaires de la face externe de la membrane plasmique des bactéries Gram-positives. Ces protéines fixatrices qui peuvent être impliquées aussi dans le chimiotactisme (*voir pp. 66-68*), lient la molécule à transporter et interagissent alors avec le transporteur pour faire entrer le soluté dans la cellule. *E. coli* transporte une variété de sucres (arabinose, maltose, galactose, ribose) et d'acides aminés (glutamate, histidine, leucine) par ce mécanisme.

Les substances qui pénètrent dans les bactéries Gram-négatives doivent traverser la membrane externe avant d'atteindre les transporteurs ABC ou d'autres systèmes de transport actif. Pour ce

Figure 5.4 Le mécanisme du transport actif.
Utilisation de gradients de protons et de sodium dans le transport actif. 1) Le transport des électrons est utilisé pour pomper des protons à l'extérieur de la membrane plasmique. 2) Le gradient de protons conduit à l'exportation des ions sodium par un mécanisme d'antiport. 3) Le sodium se lie au complexe transporteur protéique. 4) Le site de liaison du soluté se modifie et il y a liaison du soluté (par exemple un sucre ou un acide aminé). 5) La conformation du transporteur change de sorte que le sodium est libéré à l'intérieur de la cellule. Ceci est suivi par la dissociation du soluté et du transporteur.

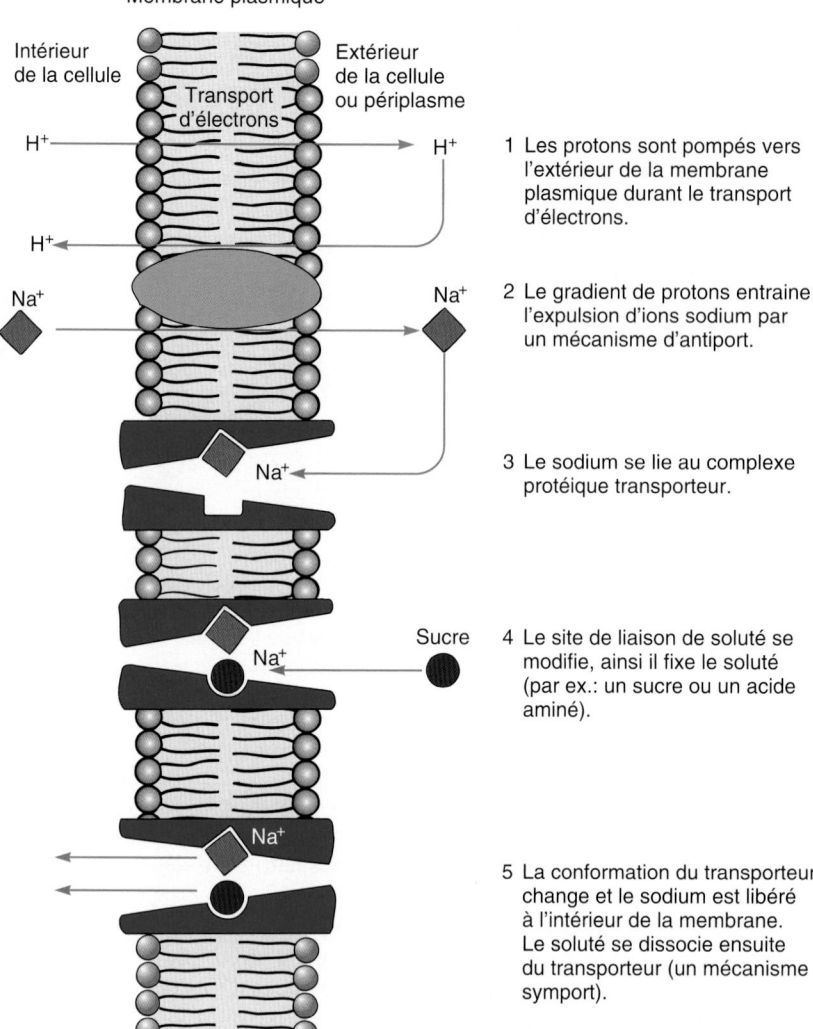

Membrane plasmique

Intérieur de la cellule — Transport d'électrons — Extérieur de la cellule ou périplasme

1 Les protons sont pompés vers l'extérieur de la membrane plasmique durant le transport d'électrons.

2 Le gradient de protons entraine l'expulsion d'ions sodium par un mécanisme d'antiport.

3 Le sodium se lie au complexe protéique transporteur.

4 Le site de liaison de soluté se modifie, ainsi il fixe le soluté (par ex.: un sucre ou un acide aminé).

5 La conformation du transporteur change et le sodium est libéré à l'intérieur de la membrane. Le soluté se dissocie ensuite du transporteur (un mécanisme symport).

faire, il y a plusieurs moyens. Quand la molécule est petite, une porine à action générale (*voir p. 60*) peut être utilisée, comme la protéine OmpF par exemple ; les molécules plus grandes ont besoin de porines spécialisées. Dans certains cas (par exemple pour la prise de fer et de vitamine B_{12}), il existe dans la membrane externe des récepteurs et des transporteurs spéciaux de haute affinité.

Il faut noter que les transporteurs ABC chez les eucaryotes ont parfois une grande importance médicale. Ainsi, certaines cellules tumorales expulsent les médicaments en faisant usage de ces transporteurs. La mucovisidose résulte d'une mutation qui inactive un transporteur ABC, actif dans les poumons comme canal à ions chlorure.

Les bactéries utilisent aussi la force proton-motrice (habituellement sous la forme d'un gradient de protons généré durant le transport d'électrons) pour le transport actif. Des systèmes de transport membranaires sans protéines spéciales de liaison, interviennent. La perméase du lactose chez *E. coli* est un exemple bien étudié. La perméase est constituée d'une seule protéine ayant une masse moléculaire d'environ 30.000. Elle transporte une molécule de lactose vers l'intérieur de la cellule et un proton pénètre en même temps (une concentration élevée de protons est maintenue à l'extérieur de la membrane grâce à l'activité de la chaîne transporteuse d'électrons). Un tel type de cotransport de deux substances différentes dans le même sens est appelé **symport**. Dans ce cas,

l'énergie emmagasinée sous la forme d'un gradient de protons est utilisée pour le transport de la molécule en solution. Bien que le mécanisme de transport ne soit pas complètement élucidé, on pense que la liaison d'un proton au transporteur modifie sa conformation et son affinité pour la molécule à transporter. *E. coli* emploie aussi le symport de protons pour importer des acides aminés et des acides organiques comme le succinate et le malate.

L'hypothèse chimiosmotique (p. 187).

Le gradient de protons peut contribuer indirectement au transport actif, souvent par la formation d'un gradient d'ions sodium. Par exemple chez *E. coli*, le système de transport du sodium rejette cet ion à l'extérieur de la cellule en réponse à un mouvement des protons vers l'intérieur (**figure 5.4**). Un tel système de transport où les substances se déplacent en sens opposé est appelé **antiport**. Le gradient de sodium généré par le système antiport de protons, conduit à l'importation de sucres et d'acides aminés. Un ion sodium pourrait se fixer à un transporteur, entraînant une modification de forme de celui-ci. Le transporteur se lierait alors à un sucre ou un acide aminé et orienterait ses sites de liaison vers l'intérieur de la cellule. Par suite de la faible concentration en sodium dans la cellule, l'ion sodium se dissocierait du transporteur et l'autre molécule suivrait. Chez *E. coli*, les protéines de transport importent le mélibiose et l'acide glutamique quand le sodium est en même

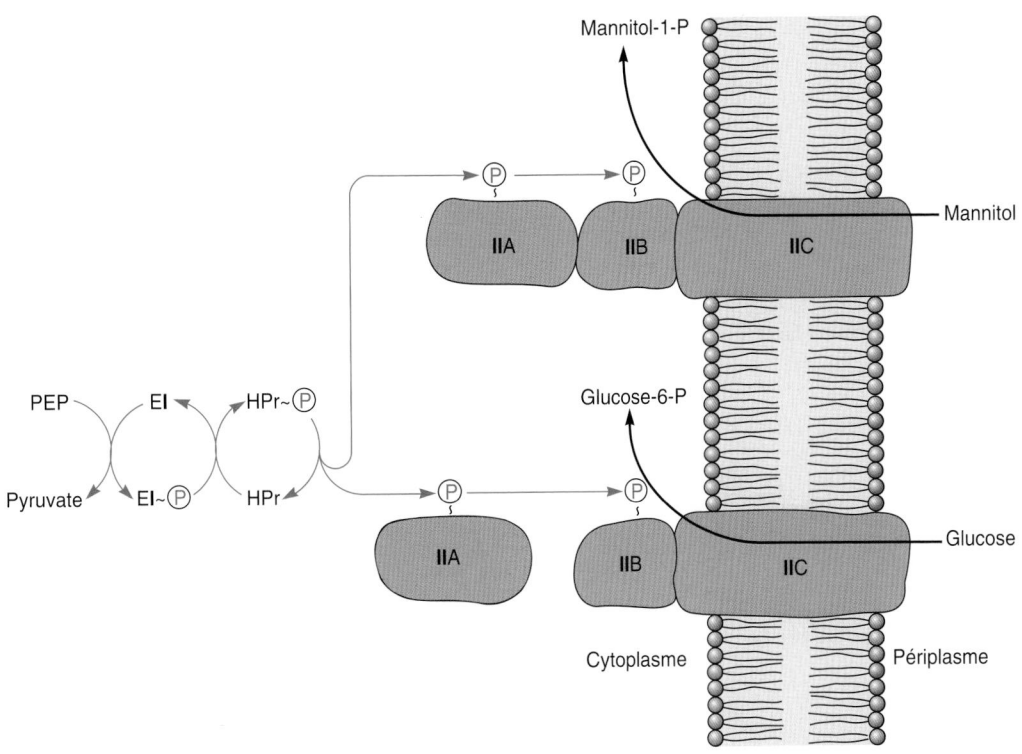

Figure 5.5 Le transport PTS bactérien. Deux exemples de la phosphotransférase des sucres (PTS) dépendant du phosphoénolpyruvate sont illustrés. Les composés suivants sont impliqués dans de système : le phosphoénolpyruvate, *PEP* ; l'enzyme I, *EI* ; la protéine thermostable de faible masse moléculaire *HPr* ; l'enzyme II, *E II*. Le phosphate riche en énergie est transféré de Hpr à *EIIA*, une enzyme soluble. *EIIA* est liée à *EIIB* dans le transporteur de mannitol, il est séparé de *EIIB* dans le transporteur de glucose. Dans chaque cas, le phosphate passe de *EIIA* à *EIIB*, il est ensuite transféré sur le sucre au cours du transport à travers la membrane. D'autres relations entre les composants de *EII* sont possibles. Par exemple, *IIA* et *IIB* peuvent former une protéine soluble séparée du complexe membranaire, le phosphate se déplace de toute façon de *EIIA* à *EIIB* et ensuite sur le ou les domaines membranaires.

temps véhiculé vers l'intérieur. Le symport de Na ou cotransport est aussi un processus très important chez les cellules eucaryotes où il est utilisé dans le transport de sucres et d'acides aminés. L'ATP, plutôt que la force proton-motrice est la source d'énergie utilisée pour le transport actif du sodium chez les eucaryotes.

Un micro-organisme possède souvent plus d'un seul système de transport pour chaque nutriment, comme on le voit chez *E. coli*. Cette bactérie a au moins cinq systèmes de transport pour le galactose, trois systèmes pour chacun des acides aminés glutamate et leucine et deux systèmes de transport complexes pour le potassium. Quand il y a plusieurs systèmes de transport pour la même substance, ils diffèrent par leur source d'énergie, leur affinité pour le soluté à transporter et leur mode de régulation. Cette diversité donne à l'organisme un avantage compétitif supplémentaire dans un environnement variable.

La translocation de groupe

Dans le transport actif, les molécules en solution traversent la membrane sans modification. La plupart des procaryotes peuvent aussi transporter des molécules par **translocation de groupe**, un processus au cours duquel une molécule est transférée dans la cellule en étant modifiée chimiquement. Il s'agit d'un type de trans-

port dépendant de l'énergie car il utilise l'énergie du métabolisme. Le système de translocation de groupe le plus connu est le **système de la phosphotranférase des sucres (PTS)** dépendant du phosphoénolpyruvate. Il transfère une variété de sucres dans les cellules procaryotes en les phosphorylant et en utilisant le phosphoénolpyruvate (PEP) comme donneur de phosphate.

PEP + sucre (extérieur) → pyruvate + sucre — P (intérieur)

Le PTS est très complexe. Chez *E. coli* et *Salmonella typhimurium*, il est constitué de trois enzymes et d'une protéine thermostable de faible masse moléculaire (HPr). HPr et l'enzyme I sont cytoplasmiques, l'enzyme II a une structure plus variable souvent faite de trois sous-unités. L'enzyme EIIA (appelé auparavant EIII) est cytoplasmique et soluble, l'enzyme EIIB est aussi hydrophile mais il est souvent lié à EIIC, une protéine hydrophobe enfouie dans la membrane. Un phosphate riche en énergie est transféré du PEP à l'enzyme III avec l'aide de l'enzyme I et de HPr (**figure 5.5**). Ensuite, une molécule de sucre est phosphorylée grâce à l'enzyme II au cours de son transport au travers de la membrane. L'enzyme II transporte uniquement des sucres spécifiques et varie selon le PTS, tandis que l'enzyme I et HPr sont communes à tous les PTS.

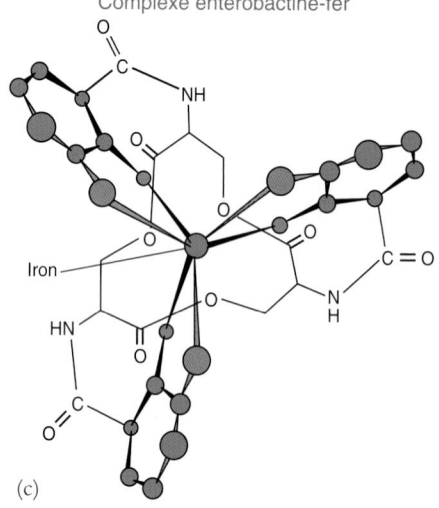

Figure 5.6 **Les complexes sidérophore - ion ferrique.** a) Le ferrichrome est un hydroxamate cyclique [- CO - N (O⁻) -] synthétisé par de
nombreux mycètes. b) *E. coli* produit un catécholate cyclique, l'entérobactine. c) Le fer ferrique se lie probablement à 3 sidérophores pour
former un complexe hexaédrique à six liaisons de coordination, comme
le montre cette illustration du complexe entérobactine-fer.

Les PTS sont largement distribués chez les procaryotes. A
l'exception de quelques espèces de *Bacillus* qui ont à la fois la glycolyse et le système de la phosphotranférase, les bactéries aérobies
apparemment n'ont pas de PTS. Les membres des genres
Escherichia, *Salmonella*, *Staphylococcus* et d'autres bactéries
anaérobies facultatives (*voir p. 127*), ainsi que quelques bactéries
anaérobies obligatoires (ex. *Clostridium*) possèdent des PTS.
Beaucoup de sucres sont transportés par ces systèmes. *E. coli* absorbe le glucose, le fructose, le mannitol, le sucrose, la N-acétylglucosamine, le cellobiose et d'autres sucres par la translocation de
groupe. En plus de leur rôle dans le transport, les protéines de PTS
peuvent agir comme chimiorécepteurs dans le chimiotactisme.

La capture du fer

Presque tous les micro-organismes ont besoin de fer pour leurs cytochromes et de nombreuses enzymes. La capture du fer est difficile car les ions ferriques (Fe^{3+}) et leurs dérivés sont très insolubles,
ce qui laisse peu de fer libre disponible pour le transport. Beaucoup
de bactéries et de mycètes ont surmonté cette difficulté en sécrétant
des sidérophores (en grec : transporteur de fer). Les **sidérophores**
sont des molécules de faible masse moléculaire qui complexent les
ions ferriques et les fournissent à la cellule. Ces molécules de transport du fer sont normalement des hydroxamates ou des phénolates-

catécholates. Le ferrichrome est un hydroxamate produit par de
nombreux mycètes, l'entérobactine est un catécholate sécrété par
E. coli (**figure 5.6a,b**). Il semble que trois groupes de sidérophores
interragissent avec les orbitales du fer pour former un complexe oc-
taédrique à six liaisons de coordination (figure 5.5c).

Les micro-organismes sécrètent des sidérophores quand il y a
peu de fer disponible dans le milieu. Lorsque le complexe sidérophore-fer a atteint la surface de la cellule, il se lie à une protéine réceptrice du sidérophore. Le fer est ensuite libéré pour entrer directement dans la cellule ou bien tout le complexe sidérophore-fer est
transporté dans la cellule par un transporteur ABC. Chez *E. coli*, le
récepteur est localisé dans la membrane externe de l'enveloppe
cellulaire ; lorsque le fer atteint l'espace périplasmique, il traverse
la membrane plasmique avec l'aide du transporteur. Une fois entré
dans la cellule, il est réduit en ion ferreux (Fe^{2+}). Le fer est tellement crucial que les micro-organismes utilisent souvent plus d'une
voie pour l'absorber en quantité suffisante.

1. Décrivez la diffusion facilitée, le transport actif et la translocation
   de groupe du point de vue de leurs caractéristiques distinctives et
   de leur mécanisme.
2. En quoi les systèmes de transport avec protéines de liaison diffèrent-ils des systèmes de transport liés aux membranes en terme de
   source d'énergie ? Que sont les processus symport et antiport ?
3. Comment les sidérophores sont-ils impliqués dans le transport
   du fer ?

5.7   Les milieux de culture

La microbiologie dépend en grande partie de la croissance et du
maintien des micro-organismes en laboratoire ; ceci n'est possible
que si des milieux de culture adéquats sont disponibles. Un milieu
de culture est une préparation solide ou liquide, utilisée pour faire
croître, pour transporter et conserver des micro-organismes. Un
bon milieu doit contenir tous les nutriments dont le micro-organisme a besoin pour se développer. Il faut des milieux spéciaux
pour l'isolement, l'identification et la mesure de la sensibilité des
micro-organismes aux antibiotiques, pour les analyses d'eau et de
nourriture, pour la microbiologie industrielle et d'autres activités.
Bien que tous les micro-organismes exigent une source d'énergie,
de carbone, d'azote, de phosphore, de soufre et de divers minéraux,
la composition précise d'un bon milieu, dépend de l'espèce à cultiver, car les besoins en éléments nutritifs sont très spécifiques. La
connaissance de l'habitat normal d'un micro-organisme est souvent utile dans la sélection d'un milieu de culture approprié, les besoins nutritifs reflétant les besoins naturels. Très souvent, un milieu est utilisé pour la croissance sélective de certains
micro-organismes spécifiques ou pour l'identification d'une espèce particulière. Dans ce cas, la fonction du milieu déterminera
aussi sa composition.

Les milieux synthétiques ou définis

Certains micro-organismes, en particulier les autotrophes photolithotrophes tels que les cyanobactéries et les algues eucaryotes, se
multiplient sur des milieux assez simples contenant du CO_2 comme

Tableau 5.4 Exemples de milieux définis	
Milieu BG-11 pour cyanobactéries	**Quantité (g/l)**
$NaNO_3$	1,5
$K_2HPO_4 \cdot 3H_2O$	0,04
$MgSO_4 \cdot 7H_2O$	0,075
$CaCl_2 \cdot 2H_2O$	0,036
Acide citrique	0,006
Citrate ferrico-ammonique	0,006
EDTA (sel de Na_2Mg)	0,001
Na_2CO_3	0,02
Solution d'oligo-éléments[a]	1,0 ml/l
pH final 7.4	
Milieu pour *Escherichia coli*	**Quantité (g/l)**
Glucose	1,0
Na_2HPO_4	16,4
KH_2PO_4	1,5
$(NH_4)_2SO_4$	2,0
$MgSO_4 \cdot 7H_2O$	200,0 mg
$CaCl_2$	10,0 mg
$FeSO_4 \cdot 7H_2O$	0,5 mg
pH final 6.8-7.0	

Sources: données de Rippka, et al. *Journal of General Microbiology*, 111 : 1-61, 1979; et S. S. Cohen, et R. Arbogast, *Journal of Experimental Medicine*, 91 : 619, 1950.

[a] La solution d'oligo-éléments contient H_3BO_3, $MnCl_2$, $4H_2O$, $ZnSO_4 \cdot 7H_2O$, $Na_2Mo_4 \cdot 2H_2O$, $CuSO_4 \cdot 5H_2O$ et $Co(NO_3)_2 \cdot 6H_2O$.

Tableau 5.5 Quelques milieux complexes courants	
Bouillon nutritif	**Quantité (g/l)**
Peptone (hydrolysat de gélatine)	5
Extrait de boeuf	3
Bouillon au soja	
Tryptone (hydrolysat pancréatique de caséine)	17
Peptone (hydrolysat de soja)	3
Glucose	2,5
Chlorure de sodium	5
Phosphate dipotassique	2,5
Gélose MacConkey	
Hydrolysat pancréatique de gélatine	17,0
Hydrolysat pancréatique de caséine	1,5
Hydrolysat pepsique de tissus animaux	1,5
Lactose	10,0
Sels biliaires	1,5
Chlorure de sodium	5,0
Rouge neutre	0,03
Crystal violet	0,001
Agar	13,5

source de carbone (souvent sous forme de carbonate de soude ou de bicarbonate), du nitrate ou de l'ammoniaque comme source d'azote, du sulfate, du phosphate et une série de minéraux (**tableau 5.4**). Un tel milieu dans lequel tous les composants sont connus, s'appelle un **milieu défini** ou **synthétique**. De nombreux hétérotrophes chimioorganotrophes sont aussi cultivés sur des milieux définis contenant du glucose comme source de carbone et un sel d'ammonium comme source d'azote. Tous les milieux définis ne sont pas aussi simples que les exemples donnés dans le tableau 5.4, ils peuvent être constitués de dizaines de composants. Les milieux définis sont beaucoup utilisés en recherche afin de déterminer ce que le micro-organisme étudié est capable de métaboliser.

Les milieux complexes

Les milieux qui contiennent des ingrédients de composition chimique indéterminée sont appelés **milieux complexes**. Ces milieux sont très utiles, car un seul milieu complexe peut être suffisamment riche et complet pour satisfaire les besoins nutritifs de nombreux micro-organismes différents. De plus, les milieux complexes sont souvent nécessaires lorsque les besoins nutritifs d'un micro-organisme particulier sont inconnus et donc qu'un milieu défini ne peut pas être préparé. C'est le cas de beaucoup de bactéries fastidieuses dont certaines demandent même un milieu contenant du sang ou du sérum.

Les milieux complexes contiennent des composants indéfinis comme des peptones, des extraits de viande et des extraits de levure. Les **peptones** sont des hydrolysats de protéines préparés par digestion protéolytique partielle de viande, caséine, soja, gélatine et autres protéines. Elles servent de sources de carbone, d'énergie et d'azote. Les extraits de boeuf et de levure sont respectivement des extraits aqueux de viande bovine maigre et de levure de bière.

L'extrait de boeuf contient acides aminés, peptides, nucléotides, acides organiques, vitamines et minéraux. L'extrait de levure est une excellente source de vitamines B aussi bien que de composés azotés et carbonés.

Trois milieux complexes souvent utilisés sont : 1) le bouillon nutritif, 2) le bouillon au soja et 3) la gélose MacConkey (**tableau 5.5**).

S'il faut un milieu solide pour cultiver en surface des micro-organismes, on solidifie les milieux liquides par addition de 1,5% d'agar (**encadré 5.1**). L'**agar** est un polymère sulfaté composé principalement de D-galactose, de 3,6-anhydro-L-galactose et d'acide D-glucuronique. Il est extrait d'algues rouges (*voir figure 26.8*). L'agar est un bon agent solidifiant car après liquéfaction dans l'eau bouillante, il peut être refroidi à 40-42°C avant de se solidifier mais ne refondra pas en dessous de 80 à 90°C. Par ailleurs, l'agar est un excellent agent solidifiant car les micro-organismes pour la plupart sont incapables de le dégrader.

On emploie parfois d'autres agents solidifiants. Par exemple, le gel de silice est utilisé pour la croissance des bactéries autotrophes sur milieu solide en l'absence de substances organiques et pour l'identification des sources de carbone des bactéries hétérotrophes en ajoutant à ce milieu différents composés organiques.

Les types de milieux

Les milieux comme le bouillon au soja et la gélose au soja sont aussi appelés milieux de culture à utilisation générale car ils permettent la croissance de la plupart des micro-organismes. Le sang et d'autres aliments spéciaux peuvent être ajoutés aux milieux de base pour favoriser le développement d'hétérotrophes fastidieux. Ces milieux spéciaux (ex. la gélose au sang) sont appelés milieux enrichis.

Les **milieux sélectifs** favorisent la croissance de micro-organismes particuliers. Les sels biliaires ou les colorants comme la fuchsine basique et le crystal violet, favorisent la croissance des bactéries Gram-négatives car ils inhibent la croissance des bactéries Gram-positives sans affecter les premières. Les géloses Endo, éosine-bleu de

---

Encadré 5.1

La découverte de l'agar comme agent solidifiant et l'isolement de cultures pures

Les premiers milieux de culture étaient liquides, ce qui rendait très difficile l'isolement des bactéries en cultures pures. En pratique, un mélange de bactéries était dilué successivement jusqu'à ce qu'un seul organisme en moyenne soit présent dans le tube de culture. Si tout allait bien, la bactérie individuelle ainsi isolée devait se reproduire pour donner une culture pure. Cette approche était pénible, elle donnait des résultats variables et rencontrait des problèmes de contamination. Les progrès dans l'isolement de bactéries pathogènes étaient de ce fait très lents.

Le développement de techniques pour cultiver des micro-organismes sur milieux solides et obtenir des cultures pures, résulte des efforts du bactériologiste allemand Robert Koch et de ses collaborateurs. En 1881, Koch publia un article décrivant l'utilisation de pommes de terre bouillies découpées avec un couteau stérilisé pour cultiver des bactéries. La surface d'une tranche stérile de pomme de terre était inoculée avec des bactéries à l'aide de l'extrémité d'une aiguille, ensuite les bactéries étaient étalées à la surface de la tranche de pomme de terre de telle sorte que quelques cellules individuelles soient séparées des autres. Les tranches étaient incubées sous des cloches pour empêcher la contamination par l'air et les cellules isolées se développaient alors en colonies pures. Malheureusement de nombreuses bactéries ne poussaient pas bien sur des tranches de pomme de terre.

À la même époque, Frédérick Loeffler, un assistant de Koch, développa un milieu de culture peptoné à base d'extrait de viande pour cultiver les bactéries pathogènes. Koch décida d'essayer de solidifier ce milieu de culture. Koch était un photographe amateur – il fut le premier à faire des photos de bactéries -, et il avait l'habitude de préparer ses plaques photographiques lui-même à partir de gélatine et de sels d'argent. Il suivit la même approche pour préparer le milieu de culture solide. Il étala un mélange du milieu de Loeffler et de gélatine sur une plaque de verre, attendit qu'il durcisse puis inocula la surface comme les tranches de pomme de terre. Le nouveau milieu solide marchait bien, mais il ne pouvait pas être incubé à 37°C (la meilleure température pour faire pousser la plupart des bactéries pathogènes de l'homme) car la gélatine fondait. De plus, certaines bactéries pouvaient digérer la gélatine.

Un an plus tard, en 1882, on utilisa l'agar pour la première fois comme agent solidifiant. C'était la découverte d'un aubergiste japonais, Minora Tarazaemon. On raconte qu'il jeta un reste de soupe d'algues et découvrit le lendemain matin qu'elle avait pris en gelée au cours de la froide nuit d'hiver. L'agar avait été utilisé par des Néerlandais en Indonésie pour faire des gelées et des confitures. Fannie Eilshemius Hesse (*figure 1.5*), née dans le New Jersey et épouse de Walter Hesse, un assistant de Koch, qui avait appris cet usage de l'agar d'un ami hollandais, suggéra l'emploi d'agar quand elle entendit parler des difficultés rencontrées avec la gélatine. Le milieu solidifié grâce à l'agar eut un succès immédiat et continue à être essentiel dans tous les domaines de la microbiologie.

---

méthylène et MacConkey (**tableau 5.5**) sont trois milieux souvent utilisés pour détecter *E. coli* et d'autres bactéries apparentées, dans l'eau ou ailleurs ; ils contiennent des colorants qui empêchent la croissance des bactéries Gram-positives. La gélose MacConkey contient des sels biliaires. Les bactéries peuvent aussi être sélectionnées en culture avec des aliments nutritifs qu'elles utilisent spécifiquement. Un milieu ne contenant que de la cellulose comme source de carbone et d'énergie, est très efficace dans l'isolement de bactéries digérant la cellulose. Les possibilités de sélection sont sans fin et il existe des dizaines de milieux sélectifs spéciaux.

Les **milieux différentiels** sont des milieux permettant de distinguer différents groupes de bactéries et même d'identifier des micro-organismes sur base de leurs caractéristiques biologiques. La gélose au sang est un milieu différentiel et enrichi. Il permet de distinguer les bactéries hémolytiques des bactéries non hémolytiques. Les bactéries hémolytiques (ex. de nombreux streptocoques et des staphylocoques isolés de la gorge) produisent des zones claires autour de leurs colonies, résultant de la destruction des globules rouges. La gélose MacConkey est à la fois différentielle et sélective. Elle contient du lactose et du rouge neutre ; les colonies qui fermentent le lactose apparaissent roses ou rouges et se distinguent très facilement des colonies qui ne le fermentent pas.

---

1. Décrivez les différents types de milieux suivants et leur utilisation : milieux définis ou synthétiques, milieux complexes, milieux d'utilisation générale, milieux enrichis, milieux sélectifs, et milieux différentiels. Donnez un exemple de chaque type.

2. Que sont les peptones, l'extrait de levure, l'extrait de boeuf et l'agar ? Pourquoi sont-ils utilisés dans les milieux de culture ?

5.8 L'isolement de cultures pures

Dans leur habitat naturel, les micro-organismes se développent en général en populations mélangées et complexes contenant plusieurs espèces. Ceci présente un problème pour le microbiologiste car un seul type de micro-organisme ne peut pas être étudié dans une culture mélangée. On a besoin d'une culture pure, une population de cellules provenant d'une seule cellule, pour caractériser une espèce individuellement. Les cultures pures sont d'une importance telle que le développement des techniques de cultures pures par le bactériologiste allemand Robert Koch a transformé la microbiologie. En 20 ans, la plupart des organismes pathogènes responsables des principales maladies humaines d'origine bactérienne ont été isolés. Il y a plusieurs façons de préparer des cultures pures : quelques-unes des approches les plus communes sont ici passées en revue. Un bref résumé de quelques étapes majeures de la microbiologie (chapitre 1).

L'isolement sur boîte par étalement en surface et par la technique des stries

Si un mélange de cellules est étalé à la surface de l'agar de sorte que chaque cellule se développe en une colonie isolée (croissance macroscopique ou amas de micro-organismes sur un milieu solide), chaque colonie représente une culture pure. L'étalement en surface est une façon directe et facile de les obtenir. Un petit volume d'un mélange microbien dilué, contenant de 100 à 200 cellules, est transféré au centre d'une boîte d'agar et étalé en surface à l'aide d'un étaloir de verre stérile (**figure 5.7**). Les cellules dispersées se développeront en colonies isolées. Le nombre de colonies étant égal au nombre d'organismes viables présents dans l'échantillon, cette

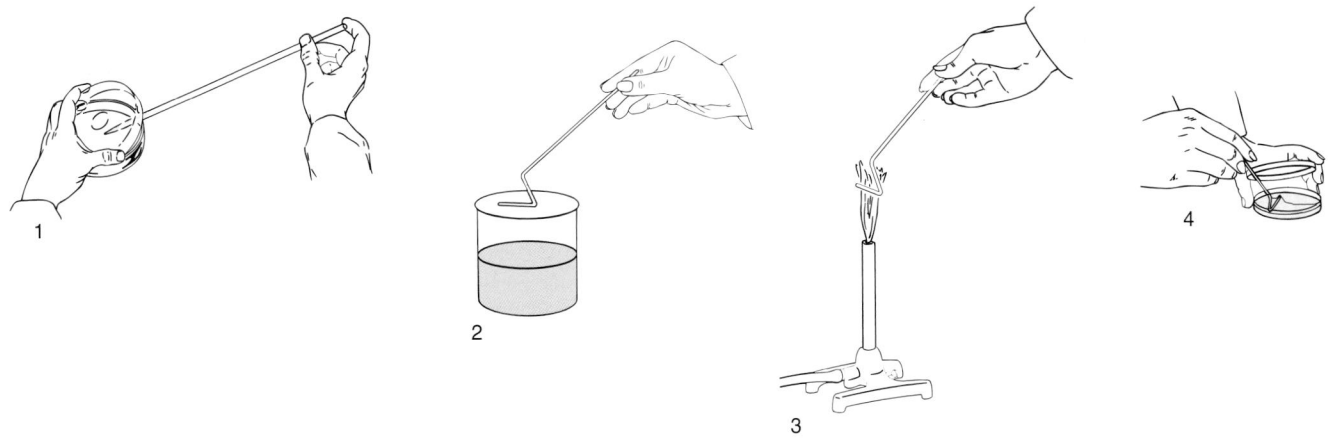

Figure 5.7   La technique d'étalement en surface. 1)Déposez un échantillon au centre d'une boîte de gélose. 2) Plongez un étaloir en verre dans un berlin contenant de l'éthanol. 3) Passez rapidement l'instrument dans la flamme et laissez le refroidir. 4) Etalez l'échantillon à la surface de l'agar à l'aide de l'étaloir stérile. Incubez.

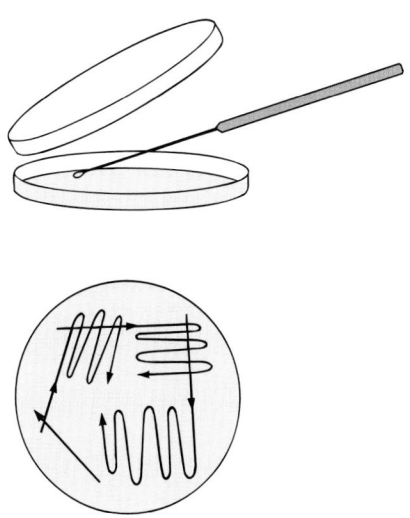

Figure 5.8   L'étalement sur boîte par la technique des stries. L'illustration supérieure montre une boîte de Petri dont la gélose est striée à l'aide de la boucle d'inoculation. En bas, on voit la manière habituelle de strier une boîte

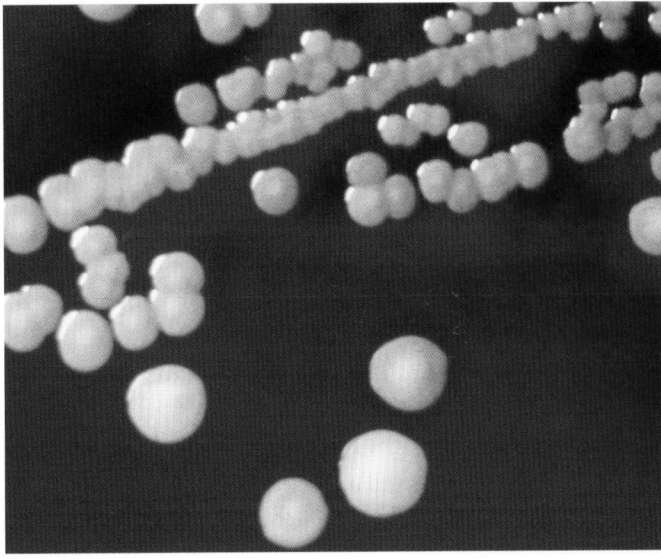

Figure 5.9   Les colonies bactériennes sur gélose. Colonies se développant sur une boîte striée. Une boîte de gélose au sang a été inoculée avec *Staphylococcus aureus*. Après incubation, de grandes colonies dorées sont apparues.

technique sert à compter une population microbienne.

Des colonies pures s'obtiennent aussi par la **technique des stries**. Le mélange microbien est transféré au bord d'une boîte gélosée à l'aide d'une boucle d'inoculation ou d'un écouvillon et étalé sur la surface de la boîte en suivant un motif défini (**figure 5.8**). A certains moments, des cellules isolées se détachent de la boucle en mouvement et se développent en colonies séparées (**figure 5.9**). Dans ces deux techniques, le succès de l'isolement dépend de la séparation des cellules individuelles.

L'isolement sur boîte par étalement en profondeur

Extrêmement utilisé avec les bactéries et les mycètes, l'**étalement en profondeur** permet d'obtenir des colonies isolées. L'échantillon de départ est dilué plusieurs fois de manière à réduire la population microbienne et obtenir la croissance de colonies séparées (**figure 5.10**). De petits volumes de chacun des échantillons dilués sont alors mélangés à de la gélose liquide refroidie à 45°C. Les mélanges sont immédiatement versés dans des boîtes de culture stériles. La plupart des bactéries et des mycètes ne sont pas tués par ce bref contact avec la gélose chaude.

Encadré 5.2

L'enrichissement et l'isolement de cultures pures

Pratiquement, c'est un problème de préparer des cultures pures quand les micro-organismes sont très peu nombreux dans l'échantillon. Les méthodes d'étalement peuvent alors être combinées à l'emploi de milieux sélectifs ou différentiels. Un bon exemple est l'isolement des bactéries qui dégradent l'acide 2,4-dichlorophénoxyacétique (2,4-D), un herbicide. Les bactéries capables de métaboliser le 2,4-D peuvent être isolées dans un milieu liquide contenant le 2,4-D comme seule source de carbone ainsi que les composés azotés, phosphorés, soufrés et minéraux nécessaires. Si ce milieu est inoculé avec de la terre, seules les bactéries capables d'utiliser le 2,4-D vont croître. Après incubation, un échantillon de la culture de départ est transféré dans un flacon contenant le milieu sélectif frais, pour enrichir à nouveau la culture en bactéries métabolisant le 2,4-D. Après plusieurs tranferts, une population mixte de bactéries dégradant le 2,4-D se développe. Des cultures pures s'obtiennent en étalant ce mélange sur une gélose contenant le 2,4-D comme unique source de carbone. Seules les bactéries qui utilisent le 2,4-D forment des colonies visibles et peuvent être sous-cultivées. Cette approche est utilisée pour isoler et purifier une variété de bactéries en sélectionnant des caractéristiques physiologiques spécifiques.

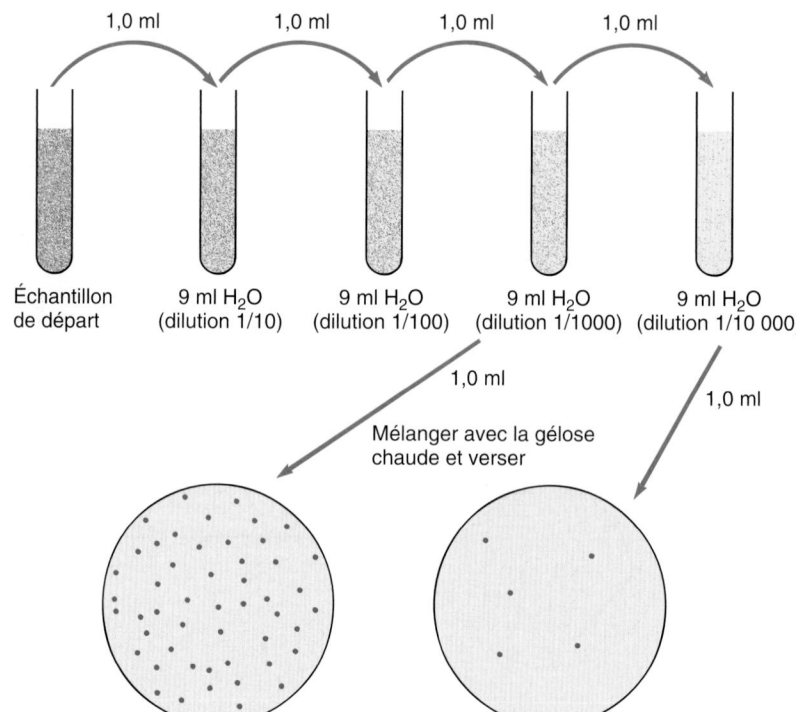

Figure 5.10 La technique d'étalement en profondeur.
L'échantillon de départ est dilué plusieurs fois afin de diminuer la concentration en bactéries. Les échantillons les plus dilués sont alors mélangés à de la gélose chaude et versés dans des boîtes de Petri. Les cellules isolées poussent en colonies et peuvent être utilisées pour établir des cultures pures. Les colonies en surface sont circulaires, les colonies en profondeur sont lenticulaires.

Après solidification de l'agar, chaque cellule est immobilisée et va former une colonie. On compte les boîtes contenant de 30 à 300 colonies. Le nombre total de colonies est égal au nombre de micro-organismes viables dans l'échantillon dilué. Les colonies poussant à la surface peuvent être inoculées dans un milieu frais pour préparer des cultures pures (**encadré 5.2**).

Les techniques précédentes nécessitent l'utilisation de boîtes de cultures spéciales, appelées **boîtes de Petri** d'après leur inventeur Julius Richard Petri, un membre du laboratoire de Robert Koch : Petri développa ses boîtes vers 1887. Elles sont constituées de deux parties circulaires, la moitié supérieure recouvrant le fond (*figure 5.8*). Elles sont très faciles à utiliser et peuvent être empilées les unes sur les autres.

La morphologie et la croissance des colonies

Le développement des colonies à la surface de la gélose aide le microbiologiste à identifier les bactéries car chaque espèce forme des colonies qui ont souvent une taille et une morphologie caractéristiques (**figure 5.11**). Quand une population mixte est étalée correctement, il est alors possible d'identifier la colonie désirée d'après son aspect pour obtenir une culture pure. La structure des colonies bactériennes a aussi été examinée à l'aide du microscope électronique à balayage. Cet aspect microscopique des colonies est aussi variable que leur apparence à l'oeil nu (**figure 5.12**).

Dans la nature, les bactéries et autres micro-organismes se développent en biofilms sur les surfaces. Ils forment cependant par-

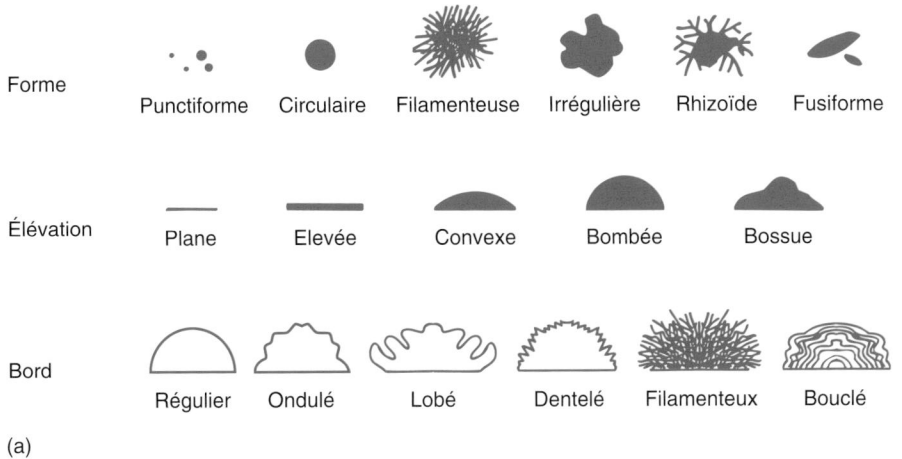

Forme
Punctiforme   Circulaire   Filamenteuse   Irrégulière   Rhizoïde   Fusiforme

Élévation
Plane   Elevée   Convexe   Bombée   Bossue

Bord
Régulier   Ondulé   Lobé   Dentelé   Filamenteux   Bouclé

(a)

(b)

Figure 5.11 La morphologie des colonies bactériennes. (**a**) Variations visibles à l'oeil nu. La forme générale et l'aspect du bord de la colonie sont déterminés en observant la colonie par le dessus. L'élévation de la colonie s'observe en tenant les côtés de la boîte au niveau des yeux. (**b**) La morphologie de la colonie varie énormément avec le milieu sur lequel les bactéries se développent. Ces belles colonies comme des flocons de neige sont formées par *Bacillus subtilis* se développant dans un milieu gélosé pauvre. Apparemment, les bactéries coopèrent lorsqu'elles sont confrontées à ces mauvaises conditions, le résultat étant une structure compliquée qui ressemble aux fractales des systèmes inanimés.

Figure 5.12 Images de colonies bactériennes au microscope électronique à balayage.
a) *Micrococcus* sur agar (x 31.000).
b) *Clostridium* (x 12.000). **c**) *Mycoplasma pneumoniae* (x 26.000). **d**) *Escherichia coli* (x 14.000).

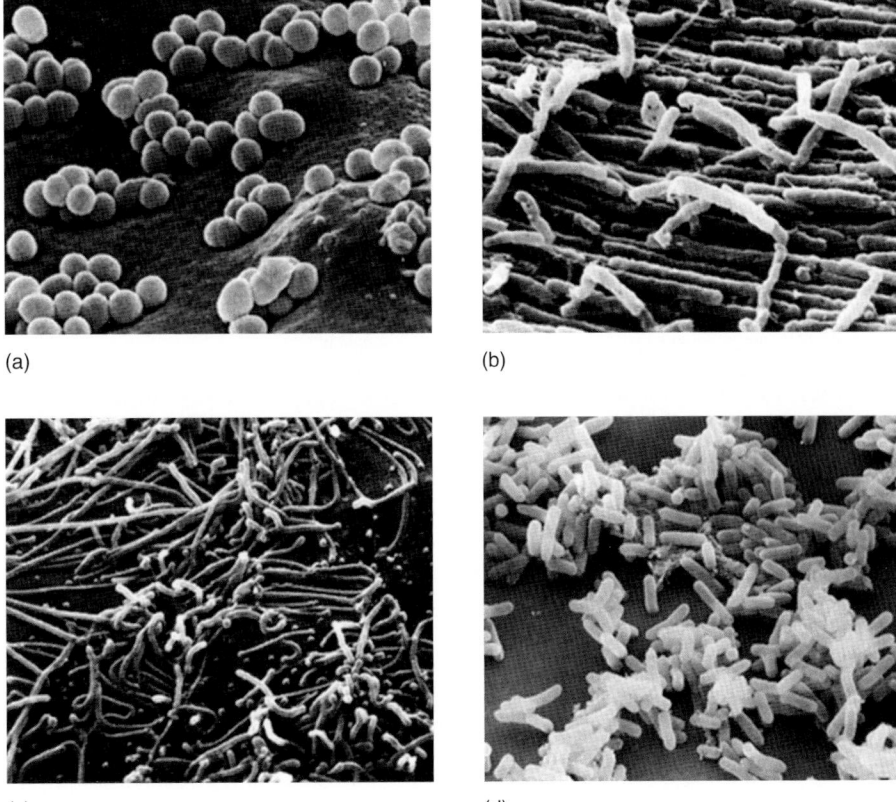

(a)

(b)

(c)

(d)

fois des colonies. Il est donc important de comprendre comment les colonies poussent et la croissance sur agar a été fort étudiée. Généralement la croissance la plus rapide se produit au bord de la colonie. La croissance est beaucoup plus lente au centre et l'autolyse cellulaire se produit dans les parties plus anciennes des colonies. Ces différences de croissance sont apparemment dues au gradient d'oxygène, de nutriments et de produits toxiques dans la colonie. Au bord de la colonie, l'oxygène et les nutriments sont disponibles. Le centre de la colonie est évidemment plus épais que le bord ; en conséquence, l'oxygène et les nutriments ne diffusent pas si facilement et les produits toxiques du métabolisme ne peuvent pas être éliminés rapidement. La croissance au centre de la colonie est donc ralentie ou arrêtée. Suite à ces variations de l'environnement à l'intérieur d'une colonie, les cellules de la périphérie peuvent se multiplier à des vitesses maximales tandis que les cellules centrales meurent. Biofilms (pp. 620-22)

La figure 5.11 montre clairement que les bactéries se développant sur des surfaces solide comme de l'agar, forment des colonies de forme parfois très compliquée. Ces formes varient avec la disponibilité des nutriments et la dureté du milieu. La diffusion et l'accès aux nutriments, le chimiotactisme bactérien et la présence de liquide en surface sont des facteurs qui influencent le dessin. D'autres facteurs, comme la communication intercellulaire et la perception du quorum (*voir p. 132-33*) ont certainement aussi leur importance. Comprendre la formation des colonies bactériennes et des biofilms demande encore de nombreuses recherches.

---

1. Que sont les cultures pures et pourquoi sont-elles importantes ? Comment sont préparées les boîtes d'isolement en surface, et en profondeur ?
2. De quelle manière la croissance microbienne varie-t-elle à l'intérieur d'une colonie ? Quels sont les facteurs capables de produire ces variations ?

Résumé

1. Les micro-organismes requièrent des nutriments, matériaux qui sont utilisés dans la biosynthèse et la conversion de l'énergie.

2. Les macronutriments ou macro-éléments (C, O, H, N, S, P, K, Ca, Mg et Fe) sont nécessaires en quantités importantes ; les oligo-éléments (ex. Mn, Zn, Co, Mo, Ni et Cu) sont utilisés en très faibles quantités.

3. Les autotrophes utilisent le CO_2 comme source principale ou unique de carbone ; les hétérotrophes utilisent des molécules organiques.

4. Les micro-organismes peuvent être classés selon leurs sources d'énergie et d'électrons (**tableau 5.1**). Les phototrophes utilisent l'énergie lumineuse et les chimiotrophes tirent leur énergie de l'oxydation de composés chimiques. Les électrons sont extraits des substances inorganiques réduites par les lithotrophes et des composés organiques par les organotrophes (**tableau 5.2**).

5. L'azote, le phosphore et le soufre peuvent être obtenus à partir des mêmes molécules organiques qui donnent le carbone, à partir de l'incorporation directe d'ammoniaque et de phosphate ou par la réduction et l'assimilation de molécules inorganiques oxydées.

6. Les micro-organismes, probablement en majorité, demandent des facteurs de croissance.

7. Les besoins en facteurs de croissance permettent les dosages microbiologiques.

7. Bien que quelques nutriments puissent entrer dans les cellules par diffusion passive, une protéine membranaire de transport est généralement requise.

8. Dans la diffusion facilitée, la protéine de transport véhicule simplement une molécule au travers de la membrane vers les concentrations plus faibles et aucune énergie n'est nécessaire (**figure 5.2**).

9. Les systèmes de transport actif utilisent de l'énergie métabolique et des protéines membranaires porteuses pour concentrer activement les substances en les transportant contre un gradient de concentration. L'ATP est utilisé comme source d'énergie par les transporteurs ABC (**figure 5.3**). Des gradients de protons et d'ions sodiques entraînent aussi la pénétration des solutés à travers les membranes (**figure 5.4**).

10. Les bactéries transportent aussi des molécules en les modifiant, un processus appelé la translocation de groupe. Par exemple, de nombreux sucres sont transportés et phosphorylés en même temps.

11. Le fer est capté grâce à la sécrétion de sidérophores, petites molécules capables de se lier au fer (**figure 5.6**). Quand le complexe sidérophore-ion ferrique atteint la surface cellulaire, il est transféré et le fer réduit sous forme ferreuse.

12. Les milieux de culture peuvent contenir uniquement des composés chimiquement définis (milieux définis ou synthétiques) ou des constituants tels que les peptones et les extraits de levure dont la composition précise n'est pas connue (milieux complexes).

13. Le milieu de culture peut être solidifié par l'addition d'agar, un polysaccharide complexe provenant d'algues rouges.

14. Les milieux de culture sont classés suivant leur usage et leur composition en milieux à utilisation générale, milieux enrichis, milieux sélectifs et milieux différentiels.

15. Les cultures pures sont obtenues par l'isolement de cellules individuelles à l'aide de l'une des trois techniques suivantes : étalement en surface, en stries, ou en profondeur (**figures 5.7** *et* **5.8**).

16. Les micro-organismes se développant sur des surfaces solides ont tendance à former des colonies de morphologie bien distincte. Les colonies croissent généralement plus rapidement au bord où il y a beaucoup d'oxygène et de nutriments.

Mots-clés

Questions de révision

1. Pourquoi est-il si difficile de démontrer les exigences nutritives des micro-organismes ?

2. Citez les utilisations les plus importantes de l'azote, du phosphore et du soufre que les micro-organismes tirent de leur environnement.

3. Pourquoi les acides aminés, les purines et les pyrimidines sont-ils des facteurs de croissance tandis que le glucose n'en est généralement pas un ?

4. Pourquoi les micro-organismes utilisent-ils des protéines de transport ou des perméases pour absorber les nutriments ? Quel avantage y-a-t-il pour un micro-organisme à utiliser le transport actif plutôt que la diffusion facilitée ?

5. Si vous désirez obtenir une culture pure de bactéries qui puisse dégrader le benzène et l'utiliser comme source de carbone et d'énergie, comment procéderiez-vous ?

6. Décrivez les besoins nutritifs d'un hétérotrophe chimiolithotrophe. Où rechercheriez-vous une telle bactérie ?

7. Supposez que vous réalisiez des dilutions de 0,1 ml en série comme décrit figure 5.10. La boîte 10^{-3} donne 80 colonies et dans la boîte 10^{-4} il y a quatre colonies. Calculez la concentration (en bactéries/ml) de l'échantillon de départ non dilué.

Questions de réflexion

1. Discutez des avantages et désavantages pour la cellule de la translocation de groupe comparée à l'endocytose.

2. Expliquez pourquoi l'isolement d'une culture pure sur un milieu sélectif peut ne pas être un succès ?

Lectures complémentaires

Généralités

Conn, H. J., éd. 1957. *Manual of microbiological methods.* New York: McGraw-Hill.

Gottschall, J. C., Harder, W., et Prins, R. A. 1992. Principles of enrichment, isolation, cultivation, and preservation of bacteria. In *The prokaryotes,* 2ᵉ ed., A. Balows et al., editors, 149–96. New York: Springer-Verlag.

Holt, J. G., et Krieg, N. R. 1994. Enrichment and isolation. In *Methods for general and molecular bacteriology,* 2ᵉ ed., P. Gerhardt, editor, 179–215. Washington, D.C.: American Society for Microbiology.

Neidhardt, F. C., Ingraham, J. L., et Schaechter, M. 1990. *Physiology of the bacterial cell: A molecular approach.* Sunderland, Mass.: Sinauer.

Whittenbury, R. 1978. Bacterial nutrition. In *Essays in microbiology,* J. R. Norris and M. H. Richmond, editors, 16/1–16/32. New York: John Wiley and Sons.

5.3   Les types nutritionnels de micro-organismes

Kelly, D. P. 1992. The chemolithotrophic prokaryotes. In *The prokaryotes,* 2ᵉ éd., A. Balows et al., éd., 331–43. New York: Springer-Verlag.

Whittenbury, R., et Kelly, D. P. 1977. Autotrophy: A conceptual phoenix. In *Microbial energetics,* B. A. Haddock et W. A. Hamilton, éd., 121–49. New York: Cambridge University Press.

5.6   La pénétration des nutriments dans la cellule

Ames, G. F.-L., Mimura, C. S., Holbrook, S. R., et Shyamala, V. 1992. Traffic ATPases: A superfamily of transport proteins operating from *E. coli* to humans. *Adv. Enzymol.* 65:1–47.

Braun, V. 1985. The unusual features of the iron transport systems of *Escherichia coli. Trends Biochem. Sci.* 10(2):75–78.

Dassa, E. 2000. ABC transport. In *Encyclopedia of microbiology,* 2ᵉ éd., vol. 1, J. Lederberg, éd., 1–12. San Diego: Academic Press.

Doige, C. A., et Ames, G. F.-L. 1993. ATP-dependent transport systems in bacteria and humans: Relevance to cystic fibrosis and multidrug resistance. *Annu. Rev. Microbiol.* 47:291–319.

Earhart, C. F. 2000. Iron metabolism. In *Encyclopedia of microbiology,* 2ᵉ éd., vol 2, J. Lederberg, éd., 860–68. San Diego: Academic Press.

Harder, W., and Dijkhuizen, L. 1983. Physiological responses to nutrient limitation. *Annu. Rev. Microbiol.* 37:1–23.

Hohmann, S., Bill, R. M., Kayingo, G., et Prior, B. A. 2000. Microbial MIP channels. *Trends Microbiol.* 8(1):33–38.

Maloney, P. C., Ambudkar, S. V., Anantharam, V., Sonna, L. A., et Varadhachary, A. 1990. Anion-exchange mechanisms in bacteria. *Microbiol. Rev.* 54(1):1–17.

Meadow, N. D., Fox, D. K., et Roseman, S. 1990. The bacterial phosphoenolpyruvate: glycose phosphotransferase system. *Ann. Rev. Biochem.* 59:497–542.

Neilands, J. B. 1991. Microbial iron compounds. *Annu. Rev. Biochem.* 50:715–31.

Postma, P. W., Lengeler, J. W., et Jacobson, G. R. 1993. Phosphoenolpyruvate: carbohydrate phosphotransferase systems of bacteria. *Microbiol. Rev.* 57(3):543–94.

5.7   Les milieux de culture

Atlas, R. M. 1997. *Handbook of microbiological media,* 2ᵉ éd. Boca Raton, Fla.: CRC Press.

Bridson, E. Y. 1990. Media in microbiology. *Rev. Med. Microbiol.* 1:1–9.

Cote, R. J., et Gherna, R. L. 1994. Nutrition and media. In *Methods for general and molecular bacteriology,* 2ᵉ éd., P. Gerhardt, éd, 155–78. Washington, D.C.: American Society for Microbiology.

Difco Laboratories. 1998. *Difco manual of dehydrated culture media and reagents for microbiology.* 11ᵉ éd. Sparks, Md.: BD Bioscience.

Power, D. A., éd. 1988. *Manual of BBL products and laboratory procedures,* 6ᵉ éd. Cockeysville, Md.: Becton, Dickinson and Company.

5.8   L'isolement de cultures pures

Gutnick, D. L., et Ben-Jacob, E. 1999. Complex pattern formation and cooperative organization of bacterial colonies. In *Microbial ecology and infectious disease,* E. Rosenberg, éd., 284–99. Washington, D.C.: ASM Press.

Schindler, J. 1993. Dynamics of *Bacillus* colony growth. *Trends Microbiol.* 1(9):333–38.

Shapiro, J. A. 1988. Le comportement de groupe des bactéries. *Pour la Science,* 130, 30-37.

CHAPITRE 6

La croissance

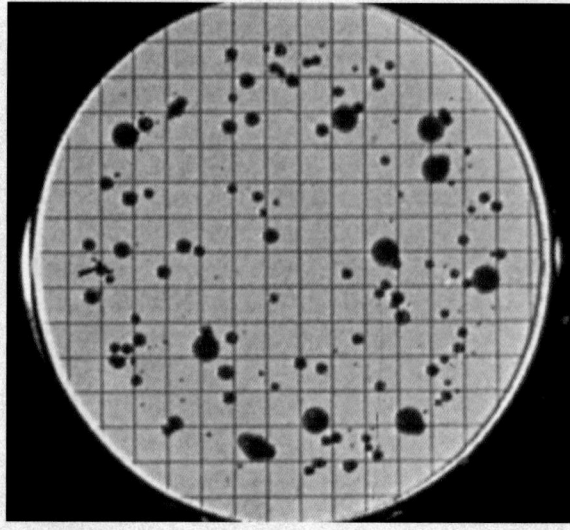

Les membranes filtrantes servent à dénombrer les micro-organismes. Cette membrane a été utilisée pour obtenir le nombre total de bactéries, le comptage est facilité par un indicateur qui colore les colonies.

Plan

Concepts

1. La croissance est définie comme une augmentation des constituants cellulaires et peut se traduire par une augmentation de la taille des micro-organismes, du nombre d'organismes ou des deux.

2. Lorsque des micro-organismes se développent dans un système fermé, la croissance n'est exponentielle que pendant quelques générations seulement ; elle entre ensuite dans une phase stationnaire qui résulte de la limitation des éléments nutritifs et de l'accumulation de déchets. Lorsque la culture est réalisée dans un système ouvert avec apport continu de nutriments et élimination des déchets, la phase exponentielle peut être maintenue très longtemps.

3. De multiples techniques sont utilisées pour étudier la croissance microbienne en suivant les changements du nombre total de cellules, du nombre de micro-organismes viables ou de la masse cellulaire.

4. La disponibilité en eau, le pH, la température, la concentration en oxygène, la pression, les radiations et de nombreux autres facteurs de l'environnement influencent la croissance microbienne. Cependant, beaucoup de micro-organismes, les bactéries en particulier, s'adaptent et prospèrent dans des conditions extrêmes, qui détruiraient la plupart des organismes supérieurs.

5. Dans la nature, la croissance est souvent sévèrement limitée par la disponibilité des nutriments et beaucoup d'autres facteurs de l'environnement.

6. Les bactéries communiquent entre elles et peuvent coopérer grâce à des signaux dépendant de la densité de la population.

D'un point de vue évolutif, l'accomplissement primordial des bactéries en tant que groupe, est une croissance cellulaire rapide et efficace dans de nombreux environnements.

— J. L. Ingraham,
O. Maalöe et F. C. Neidhardt

L e chapitre 5 met en évidence les besoins des micro-organismes en énergie et en éléments essentiels pour la synthèse des constituants cellulaires. Tous les organismes exigent du carbone, de l'hydrogène, de l'oxygène, de l'azote, du soufre, du phosphore et une variété de minéraux ; la plupart requièrent aussi un ou plusieurs facteurs de croissance particuliers. La cellule absorbe ces substances grâce à des processus membranaires de transport dont les plus importants sont la diffusion facilitée, le transport actif et la translocation de groupe. Les cellules eucaryotes utilisent aussi l'endocytose.

Le chapitre 6 traite plus particulièrement de la croissance. La nature et les méthodes de mesure de la croissance sont décrites d'abord. On considère ensuite les techniques de culture continue. L'influence des facteurs de l'environnement sur la croissance microbienne termine ce chapitre.

La **croissance** peut être définie comme une augmentation des constituants cellulaires, elle aboutit à un accroissement du nombre de cellules quand les micro-organismes se multiplient par scissiparité ou par bourgeonnement. Dans ce cas, les cellules s'élargissent et se divisent pour donner deux cellules filles de taille plus ou moins égale. Il y a aussi croissance si les cellules deviennent simplement plus longues ou plus grandes. Si le micro-organisme est **coenocytique**, c'est-à-dire multinucléé, il y a division nucléaire sans division cellulaire concomitante et la croissance conduit à une augmentation de la taille de la cellule et non du nombre de cellules. Il n'est pas facile d'analyser la crois-

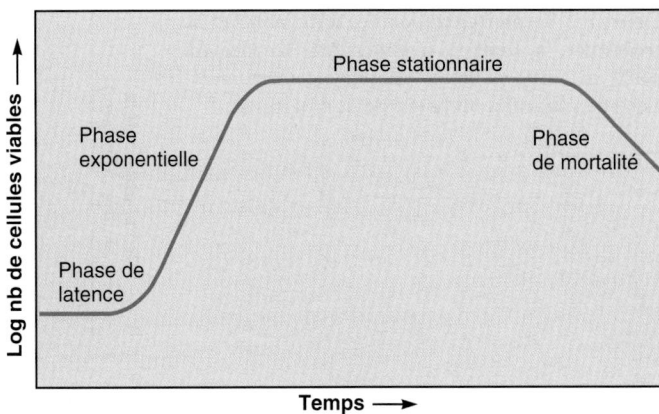

Figure 6.1 La courbe de croissance microbienne dans un système fermé. Les quatre phases de la courbe de croissance sont indiquées sur la courbe et discutées dans le texte.

sance et la division de micro-organismes pris individuellement à cause de leur petite taille. Les microbiologistes suivent donc normalement des variations numériques sur la totalité de la population quand ils étudient la croissance. Le cycle cellulaire (pp. 87, 285-86).

6.1   La courbe de croissance

On étudie la croissance d'une population en analysant la courbe de croissance d'une culture microbienne. Lorsque des micro-organismes sont cultivés en milieu liquide, ils se développent habituellement dans un système fermé, **culture en « batch »** ou discontinue : ils sont incubés dans un flacon fermé contenant un seul lot de milieu. Comme il n'y a pas d'apport de milieu frais au cours de l'incubation, la quantité d'éléments nutritifs diminue et la concentration de déchets augmente. La croissance des micro-organismes se divisant par scissiparité est représentée graphiquement comme le logarithme du nombre de cellules en fonction du temps d'incubation, la courbe résultante est constituée de quatre phases distinctes (**figure 6.1**).

La phase de latence

Quand des micro-organismes sont introduits dans un milieu de culture frais, il n'y a pas d'augmentation immédiate du nombre ou de la masse cellulaire, cette période est appelée **phase de latence**. Bien qu'il n'y ait pas de division cellulaire, ni d'augmentation de la masse, de nouveaux composants cellulaires commencent à être synthétisés. Une phase de latence avant le début de la division cellulaire est nécessaire pour différentes raisons. Les cellules peuvent être âgées et dépourvues d'ATP, de cofacteurs essentiels et de ribosomes. Ces différents constituants doivent être synthétisés avant que la croissance ne puisse débuter. Le milieu peut être différent de celui dans lequel les micro-organismes se développaient précédemment. Dans ce cas, les cellules pourraient avoir besoin de nouvelles enzymes pour utiliser d'autres nutriments. Les organismes peuvent avoir été endommagés et requérir un certain temps de réparation. Quelles que soient les causes, les cellules se réorganisent, répliquent leur ADN, commencent à augmenter leur masse et finalement se divisent.

La durée de la phase de latence varie selon les micro-organismes et la nature du milieu. Cette phase peut être très longue si l'inoculum provient d'une culture âgée ou d'une culture refroidie.

Figure 6.2 La concentration des nutriments et la croissance. (**a**) Effet des modifications de concentration d'un nutriment limitant sur le rendement microbien total. (**b**) Effet sur la vitesse de croissance.

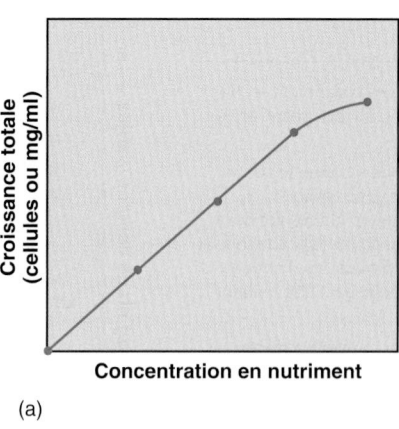

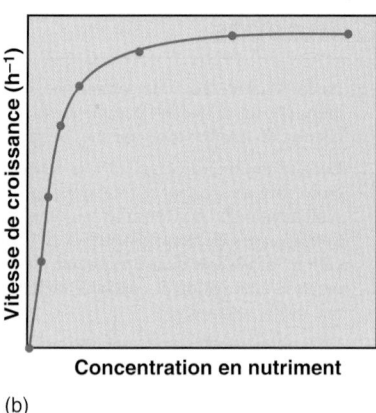

(a)   (b)

L'inoculation d'une culture dans un milieu de composition différente donne aussi une longue phase de latence. D'autre part, quand une jeune culture en phase de croissance exponentielle est transférée dans un milieu frais de même composition, la phase de latence est courte ou absente.

La phase exponentielle

Pendant la phase **exponentielle** ou **logarithmique**, les micro-organismes se développent et se divisent à la vitesse maximale possible étant donné leur potentiel génétique, la nature du milieu et les conditions de culture. La vitesse de croissance est constante pendant la phase exponentielle, les organismes se divisant et doublant leur nombre à intervalles de temps réguliers. Comme chaque organisme se divise à un moment légèrement différent, la courbe de croissance augmente doucement plutôt que par légers à-coups (figure 6.1). La population est presque uniforme en termes de propriétés chimiques et physiologiques durant cette phase ; des cultures en phase exponentielle sont donc habituellement utilisées dans les études biochimiques et physiologiques.

La croissance exponentielle, est une **croissance à l'équilibre**. Tous les constituants cellulaires sont synthétisés à des vitesses constantes les unes par rapport aux autres. Un changement des concentrations en nutriments ou des conditions de culture provoque **une croissance en équilibre instable** car les vitesses de synthèse des composants cellulaires varient les unes par rapport aux autres jusqu'à ce qu'un nouvel état d'équilibre soit atteint. Cette réponse est facilement observée dans une expérience de « shift-up » où les bactéries sont transférées d'un milieu de culture pauvre à un milieu riche. Les cellules synthétisent d'abord de nouveaux ribosomes pour augmenter leur capacité de synthèse protéique. Il y a ensuite augmentation de la synthèse des protéines et de l'ADN. Enfin, l'augmentation attendue de la vitesse de croissance se produit. La synthèse des protéines et de l'ADN (sections 11.3 et 12.3)

La croissance en équilibre instable résulte également du transfert de la population bactérienne d'un milieu riche à un milieu pauvre. Dans un milieu riche, les organismes disposent directement de nombreux composés cellulaires, mais le transfert vers un milieu inadéquat exige un certain temps pour fabriquer les enzymes nécessaires à la biosynthèse des nutriments non disponibles. Par conséquent, la division cellulaire et la réplication de l'ADN se poursuivent après un tel changement, mais la synthèse nette de protéines et d'ARN diminue. Les cellules deviennent plus petites et se réorganisent d'un point de vue métabolique jusqu'à ce qu'elles soient capables de se développer à nouveau. La croissance à l'équilibre est

alors atteinte. La régulation de la synthèse des acides nucléiques (p. 275-83).

Les expériences de « shift up » et « shift down » démontrent que la croissance microbienne est sous contrôle précis et coordonné. Elle répond rapidement à des modifications du milieu.

Quand la croissance microbienne est limitée par la faible concentration d'un élément nutritif essentiel, la croissance nette finale ou rendement en cellules, augmente avec la quantité initiale de nutriment limitant (**figure 6.2a**). C'est la base des dosages microbiologiques de vitamines et d'autres facteurs de croissance. La vitesse de croissance augmente aussi avec la concentration en facteurs nutritifs (figure 6.2b) mais d'une façon hyperbolique comme on le voit avec de nombreux enzymes (*voir figure 8.17*). La forme de la courbe semble traduire la vitesse d'absorption des nutriments par les protéines de transport microbiennes. A un niveau de nutriments suffisamment élevé, la vitesse de croissance n'augmente plus d'avantage avec l'élévation de concentration en nutriments. Les dosages microbiologiques (p. 99). Les systèmes de transport des nutriments (pp. 100-104).

La phase stationnaire

La croissance de la population finit par s'arrêter et la courbe de croissance devient horizontale (figure 6.1). Cette **phase stationnaire** est habituellement atteinte par les bactéries à une concentration d'environ 10^9 cellules/ml. D'autres micro-organismes n'atteignent pas une telle densité de population, la concentration maximale est de 10^6 cellules/ml dans une culture de protozoaires et d'algues. La taille de la population dépend de la disponibilité en éléments nutritifs et d'autres facteurs aussi bien que du type de micro-organisme cultivé. Pendant la phase stationnaire, le nombre total de micro-organismes viables reste constant. Ceci peut résulter d'un équilibre entre division et mort cellulaire, ou bien, la population peut simplement cesser de se diviser et rester métaboliquement active.

Les populations microbiennes entrent en phase stationnaire pour plusieurs raisons. Un des facteurs les plus évidents est la limitation en éléments nutritifs. Si une substance essentielle est sévèrement réduite, la croissance de la population diminuera. Les organismes aérobies sont souvent limités par la disponibilité en O_2. Celui-ci n'est pas très soluble et peut être utilisé tellement rapidement que seule la surface de la culture aura une concentration en O_2 suffisante pour croître. Les cellules sous la surface ne pourront pas se développer à moins que la culture ne soit agitée ou aérée. L'accumulation de déchets toxiques peut également arrêter la croissance d'une population microbienne. Ce facteur semble limiter la croissance de nombreuses cultures anaérobies (cultures en absence d'O_2). Par exemple, les streptocoques sont capables de produire tellement d'acide lactique et d'autres acides organiques par fermentation des sucres, que leur milieu devient acide et que la croissance est inhibée. Mais les cultures de streptocoques entrent aussi en phase stationnaire par suite d'un épuisement des sucres. Ainsi l'entrée dans la phase stationnaire peut être due à plusieurs facteurs agissant ensemble.

Comme nous l'avons vu, les bactéries en culture peuvent entrer en phase stationnaire en réponse au manque de nourriture. Ceci doit se produire fréquemment dans la nature car les niveaux de nutriment sont bas dans beaucoup d'environnements. La privation peut aussi être une expérience positive pour les bactéries. Beaucoup de bactéries ne répondent pas par des changements morphologiques évidents comme la formation d'endospores mais diminuent simplement de taille avec souvent un rétrécissement du protoplaste et une condensation du nucléoïde. Les changements les plus importants concernent l'expression des gènes et la physiologie. En effet, les bactéries privées de nourriture synthétisent une série de **protéines de manque** qui rendent la cellule beaucoup plus résistante aux dommages. Parmi les moyens mis en oeuvre : elles augmentent les pontages du peptidoglycane donc la solidité de la paroi ; des protéines se fixant à l'ADN des cellules en manque, protègent cet ADN ; les chaperones empêchent la dégradation protéique et renaturent les protéines endommagées. De ces mécanismes et de nombreux autres, il résulte que les cellules en manque deviennent beaucoup plus difficiles à tuer et plus résistantes à la privation elle-même, aux changements nocifs de température, aux dommages oxydatifs ou osmotiques et aux agents chimiques comme le chlore. Ces modifications sont si efficaces que certaines bactéries peuvent survivre au manque de nourriture pendant des années. Il est clair qu'il s'agit là de considérations pratiquement très importantes en microbiologie médicale et industrielle. On a même la preuve que *Salmonella typhimurium* et d'autres bactéries pathogènes deviennent plus virulentes lorsqu'elles sont privées de nourriture.

La phase de mortalité

Un changement nuisible de l'environnement comme la carence en nutriment et l'accumulation de déchets toxiques conduisent à la diminution du nombre de cellules viables, caractéristique de la **phase de mortalité**. La mort d'une population microbienne, comme sa croissance durant la phase exponentielle, est habituellement logarithmique (une proportion constante de cellules meurt chaque heure). Ceci est valable même si le nombre total de cellules reste constant parce que les cellules ne sont pas lysées après leur mort. Souvent, la seule façon de déterminer si une cellule bactérienne est morte, est de l'incuber dans un milieu frais. On considère qu'elle est morte si elle ne se développe pas et ne se divise pas. Ainsi la mort est définie comme la perte irréversible de la capacité de se diviser. Bien que la population bactérienne meure de façon logarithmique, le taux de mortalité peut diminuer après une réduction drastique de la population. Ceci est dû à la survie de cellules particulièrement résistantes. Pour cette raison et d'autres, la courbe de la phase de mortalité peut être complexe.

Les mathématiques de la croissance

La connaissance des vitesses de croissance microbienne pendant la phase exponentielle est indispensable aux microbiologistes dans leur recherche fondamentale, physiologique et écologique, ou dans des problèmes appliqués en industrie. Les aspects quantitatifs de la

Tableau 6.1   Un exemple de croissance exponentielle

Temps[a]	Nombre de divisions	2^n	Population ($N_0 \times 2^n$)	$\log_{10} N_t$
0	0	$2^0 = 1$	1	0,000
20	1	$2^1 = 2$	2	0,301
40	2	$2^2 = 4$	4	0,602
60	3	$2^3 = 8$	8	0,903
80	4	$2^4 = 16$	16	1,204
100	5	$2^5 = 32$	32	1,505
120	6	$2^6 = 64$	64	1,806

[a] La culture hypothétique commence avec une cellule ayant un temps de génération de 20 minutes.

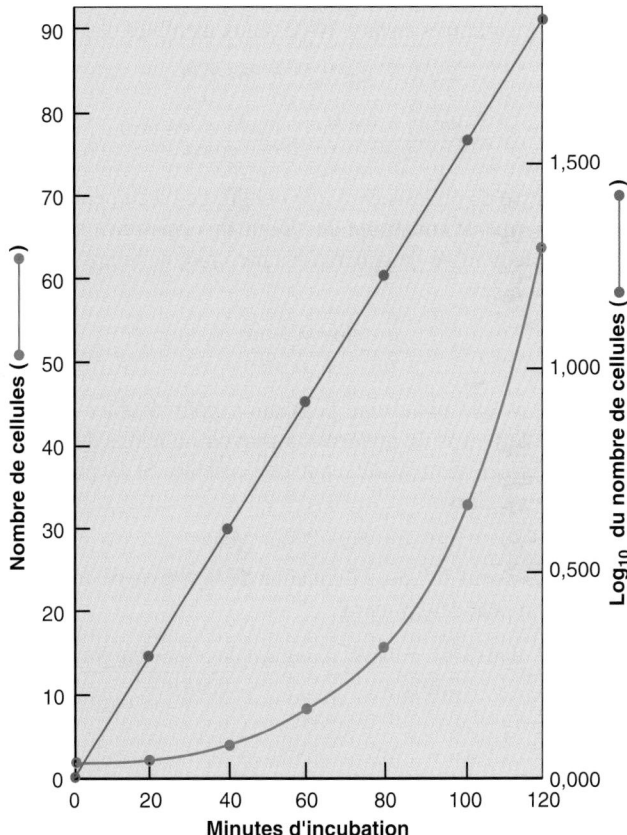

Figure 6.3 La croissance microbienne exponentielle. Les données du tableau 6.1, pour une croissance de 6 générations sont directement portées sur le graphique (●—●) et sous forme logarithmique (●—●). La courbe de croissance est exponentielle comme le montre la linéarité du graphique semi-logarithmique.

croissance en phase exponentielle seront donc décrits.

Pendant la phase exponentielle, chaque micro-organisme se divise à intervalles de temps constants. Ainsi la population doublera en nombre après un intervalle de temps spécifique appelé **temps de génération** ou **temps de doublement**. Cette situation peut être illustrée par un exemple simple. Supposons qu'une culture en tube soit inoculée avec une cellule qui se divise toutes les 20 minutes (**tableau 6.1**). La population sera constituée de 2 cellules après 20 minutes, 4 cellules après 40 minutes et ainsi de suite. Puisque la population double à chaque génération, l'augmentation de la population est toujours 2^n où n est le nombre de générations. Le développement de la population est exponentiel ou logarithmique (**figure 6.3**).

Ces observations peuvent être exprimées sous forme d'équations pour le temps de génération.

Considérons $N_o =$ le nombre initial de cellules de la population
$N_t =$ la population au temps t
$n =$ le nombre de générations dans le temps t.

Ensuite, l'analyse des résultats du tableau 6.1 montre que

$$N_t = N_o \, x \, 2^n$$

La valeur de n, le nombre de générations, peut être obtenue en prenant les logarithmes en base 10 des deux membres de l'équation

$$\log N_t = \log N_0 + n \cdot \log 2, \text{ et}$$

$$n = \frac{\log N_t - \log N_0}{\log 2} = \frac{\log N_t - \log N_0}{0,301}$$

La vitesse de croissance d'une culture en batch peut être exprimée en terme de **constante de vitesse de croissance moyenne** (**k**), qui est le nombre de générations par unité de temps, souvent exprimé par heure.

$$k = \frac{n}{t} = \frac{\log N_t - \log N_0}{0.301t}$$

Le temps que prend une population pour doubler sa taille, c'est-à-dire le **temps de génération moyen** ou temps de doublement moyen (g), peut maintenant être calculé. Si la population double ($t = g$), alors

$$N_t = 2 N_0.$$

En substituant $2N_o$ dans l'équation de la vitesse de croissance moyenne, on peut déterminer k.

$$k = \frac{\log (2N_0) - \log N_0}{0.301g} = \frac{\log 2 + \log N_0 - \log N_0}{0,301g}$$

$$k = \frac{1}{g}$$

Le temps de génération moyen est l'inverse de la constante de vitesse de croissance moyenne.

$$g = \frac{1}{k}$$

Le temps moyen de génération peut être déterminé directement à partir du graphique semi-logarithmique des données de croissance (**figure 6.4**) et de la constante de vitesse de croissance calculée à partir de la valeur g. Le temps de génération peut aussi être calculé directement à partir des équations précédentes. Par exemple, supposons qu'une population bactérienne augmente de 10^3 cellules à 10^9 cellules en 10 heures.

$$k = \frac{\log 10^9 - \log 10^3}{(0.301)(10 \text{ hr})} = \frac{9 - 3}{3.01 \text{ hr}} = 2.0 \text{ generations/hr}$$

$$g = \frac{1}{2.0 \text{ gen./hr}} = 0.5 \text{ hr/gen. or } 30 \text{ min/gen.}$$

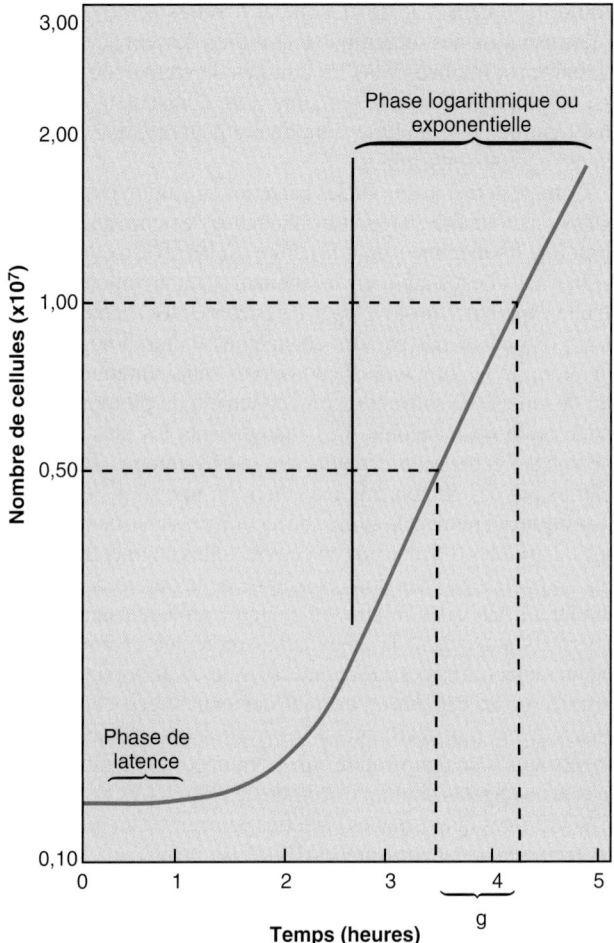

Figure 6.4 La détermination du temps de génération. Le temps de génération peut être déterminé à partir d'une courbe de croissance. Les données sont portées sur un graphique semi-logarithmique où le nombre de cellules est sur l'axe logarithmique. Le temps de doublement est lu directement sur le graphique. Le log du nombre de cellules peut aussi être porté sur un graphique normal en fonction de temps.

Le temps de génération varie selon les espèces de micro-organismes aussi bien que selon les conditions de l'environnement. Il varie de 10 minutes pour quelques bactéries à plusieurs jours pour certains micro-organismes eucaryotes (**tableau 6.2**). Le temps de génération est souvent beaucoup plus long dans la nature qu'en milieu de culture.

1. Définissez la croissance. Décrivez les quatre phases de la courbe de croissance dans un système fermé et discutez les origines de chacune.

2. Définissez croissance à l'équilibre, croissance en équilibre instable, expériences de « shift up » et de « shift down ».

3. Quel effet a l'augmentation d'un nutriment limitant sur le rendement en cellules et la vitesse de croissance ?

4. Que sont le temps de doublement ou de génération et la constante de vitesse de croissance moyenne ? Comment peut-on les déterminer à partir des données de croissance ?

Tableau 6.2	Temps de génération de micro-organismes sélectionnés	
Micro-organisme	**Température (°C)**	**Temps de géné-ration (heures)**
Bactéries		
Beneckea natriegens	37	0,16
Escherichia coli	40	0,35
Bacillus subtilis	40	0,43
Staphylococcus aureus	37	0,47
Pseudomonas aeruginosa	37	0,58
Clostridium botulinum	37	0,58
Rhodospirillum rubrum	25	4,6–5,3
Anabaena cylindrica	25	10,6
Mycobacterium tuberculosis	37	≈12
Treponema pallidum	37	33
Algues		
Scenedesmus quadricauda	25	5,9
Chlorella pyrenoidosa	25	7,75
Asterionella formosa	20	9,6
Euglena gracilis	25	10,9
Ceratium tripos	20	82,8
Protozoaires		
Tetrahymena geleii	24	2,2–4,2
Leishmania donovani	26	10–12
Paramecium caudatum	26	10,4
Acanthamoeba castellanii	30	11–12
Giardia lamblia	37	18
Mycètes		
Saccharomyces cerevisiae	30	2
Monilinia fructicola	25	30

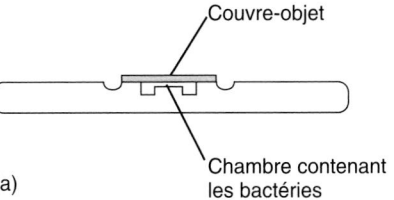

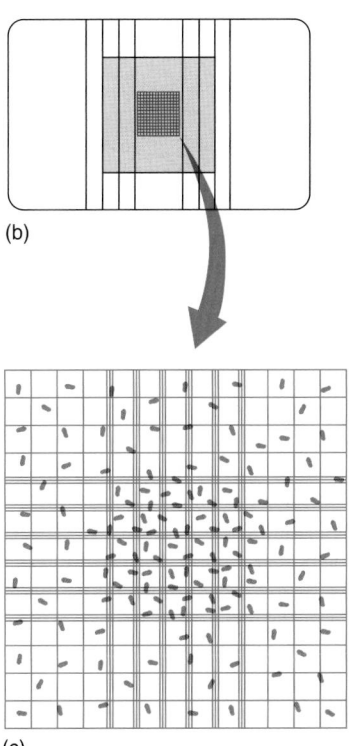

6.2 La mesure de la croissance microbienne

Il existe plusieurs moyens de mesurer la croissance microbienne pour déterminer le temps de génération et la vitesse de croissance. Le nombre ou la masse cellulaire de la population peut être suivi puisqu'ils augmentent tous deux au cours de la croissance. Les techniques les plus courantes sont brièvement examinées ici, en notant les avantages et désavantages de chacune. Il n'y a pas une technique qui est la meilleure mais le choix le plus approprié dépendra de la situation expérimentale.

Mesure du nombre de cellules

La façon la plus évidente de déterminer le nombre de cellules est de les compter directement. L'utilisation d'une chambre de comptage est facile, peu coûteuse et relativement rapide ; elle donne aussi des informations quant à la taille et à la morphologie des organismes. Les chambres de comptage de Petroff-Hausser permettent de compter des bactéries ; les hémocytomètres sont employés pour des micro-organismes procaryotes et eucaryotes. Les procaryotes sont plus faciles à compter dans ces chambres s'ils sont colorés ou si on utilise un microscope à contraste de phase ou à fluorescence. Ces lames spécialement conçues, ont des chambres de profondeur connue dont le fond est muni d'une grille (**figure 6.5**).

Figure 6.5 Utilisation de la chambre de comptage de Petroff-Hausser. (**a**) Vue latérale de la chambre montrant le couvre-objet et l'espace sous-jacent contenant la suspension bactérienne. (**b**) Vue du haut de la chambre. La grille est localisée au centre du porte-objet. (**c**) Une vue agrandie de la grille. Les bactéries dans quelques-uns des carrés centraux sont comptées, généralement à un agrandissement de 400 à 500 fois. Le nombre moyen de bactéries dans ces carrés est utilisé pour calculer la concentration en cellules dans l'échantillon original. Puisqu'il y a 25 carrés couvrant une surface de 1 mm^2, le nombre total de bactéries dans 1 mm^2 de la chambre est (nombre/carré) (25 carrés). La chambre a une profondeur de 0,02 mm et par conséquent

$$\text{bactéries/mm}^3 = \text{(bactéries/carré) (25 carrés) (50)}.$$

Le nombre de bactéries par cm^3 est 10^3 fois cette valeur. Supposons par exemple que le compte moyen par carré soit de 28 bactéries.

$$\text{bactéries/cm}^3 = \text{(28 bactéries) (25 carrés) (50) (10}^3\text{)} = 3,5 \times 10^7$$

Le nombre de micro-organismes dans un échantillon est calculé en tenant compte du volume de la chambre et de la dilution de l'échantillon. Cette technique présente quelques désavantages. La population microbienne doit être suffisamment dense puisque les échantillons sont dans de petits volumes. Il est aussi difficile de distinguer les cellules viables des cellules mortes.

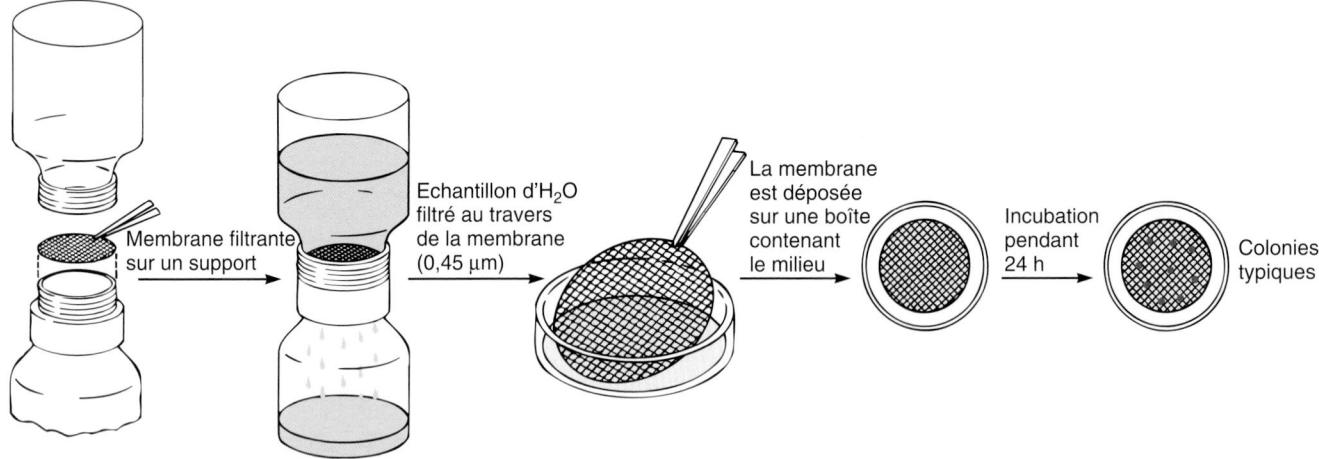

Figure 6.6 Procédé de filtration sur membrane. Des membranes de porosité variable sont utilisées pour retenir différents micro-organismes. Le temps d'incubation des membranes varie aussi suivant l'organisme et le milieu.

Les micro-organismes plus grands, comme les protozoaires, les algues et les levures non filamenteuses, sont comptés directement à l'aide de compteurs électroniques tels que le compteur de Coulter. La suspension bactérienne doit passer au travers d'un orifice. Un courant électrique circule au travers de cet orifice et des électrodes placées de part et d'autre de l'ouverture, mesurent la résistance électrique. Chaque fois qu'une cellule microbienne passe au travers du système, la résistance électrique augmente (ou la conductivité diminue) et la cellule est comptée. Le compteur de Coulter donne des résultats précis avec de grandes cellules et est d'usage intensif dans les laboratoires hospitaliers pour compter les globules blancs et rouges. Il n'est pas aussi utile pour la numération des bactéries à cause d'interférences dues à des débris particulaires, à la formation de filaments et à d'autres problèmes.

Les chambres de comptage et les compteurs électroniques comptent toutes les cellules qu'elles soit viables ou mortes. Il existe aussi des techniques pour dénombrer les cellules viables, capables de se développer. Dans la plupart des techniques, un échantillon dilué de bactéries ou d'autres micro-organismes, est étalé sur une surface solide et chaque micro-organisme ou bactérie se développe en une colonie distincte. Le nombre de micro-organismes viables dans l'échantillon de départ peut être calculé à partir du nombre de colonies formées et de la dilution de l'échantillon. Par exemple, si 1,0 ml d'une dilution 1 x 10^6 donne 150 colonies, l'échantillon original contient environ 1,5 x 10^8 cellules/ml. Le compte est plus précis avec un compteur spécial de colonies. Les techniques d'isolement par étalement en surface ou en profondeur permettent donc de déterminer le nombre de micro-organismes dans un échantillon.

Les techniques d'isolement par étalement sont simples, sensibles et largement utilisées pour compter les bactéries ainsi que d'autres micro-organismes, dans la nourriture, l'eau et le sol. Quelques problèmes peuvent cependant conduire à des comptages inexacts. Si les amas de cellules ne sont pas dissociés et les micro-organismes bien dispersés, les comptages seront sous-évalués. Comme on n'est pas absolument certain que chaque colonie pro-

vienne d'une cellule isolée, les résultats sont souvent exprimés en terme d'**unités formatrices de colonies** (**UFC**) plutôt qu'en nombre de micro-organismes. Pour obtenir les meilleurs résultats, les échantillons doivent contenir entre 30 et 300 colonies. Les comptages seront aussi plus faibles si le milieu de culture utilisé ne permet pas la croissance de tous les micro-organismes présents. Une gélose trop chaude peut abîmer ou tuer les cellules sensibles dans la technique d'isolement en profondeur ; ainsi les boîtes d'isolement en surface donnent parfois des comptages plus élevés que les boîtes d'isolement en profondeur. Les techniques d'isolement sur boîte par étalement en surface ou en profondeur (pp. 106-108).

Le nombre de micro-organismes est souvent déterminé à partir de colonies se développant sur des filtres spéciaux à pores suffisamment petits pour ne pas laisser passer les cellules. Dans cette technique, un échantillon est filtré sur une **membrane filtrante** spéciale (**figure 6.6**). Le filtre est alors déposé sur un milieu gélosé ou sur un buvard imprégné de milieu liquide et incubé jusqu'à ce que chaque cellule forme une colonie séparée. Le nombre de colonies comptées donne le nombre de micro-organismes dans l'échantillon filtré ; un milieu spécial permet de sélectionner des micro-organismes particuliers (**figure 6.7**). Cette technique est particulièrement utile à l'analyse des échantillons d'eau. Analyse de pureté de l'eau (pp. 653-57)

Les membranes filtrantes sont parfois aussi utilisées pour compter directement les bactéries. L'échantillon est d'abord filtré sur une membrane noire de polycarbonate pour faire un fond. Les bactéries sont alors colorées avec un colorant fluorescent comme l'orangé d'acridine ou le DAPI et observées au microscope. Les micro-organismes colorés à l'orangé d'acridine sont orange ou vert brillant et sont facilement comptés au microscope à épifluorescence (*voir section 2.2*). Les comptages obtenus par cette technique sont plus élevés qu'après culture car il y a des bactéries mortes. On dispose actuellement de trousses commerciales avec des produits fluorescents qui colorent différemment les cellules mortes ou vivantes. Il est ainsi possible de dénombrer directement les micro-organismes morts et vivants d'un échantillon (*voir figure 2.13d*).

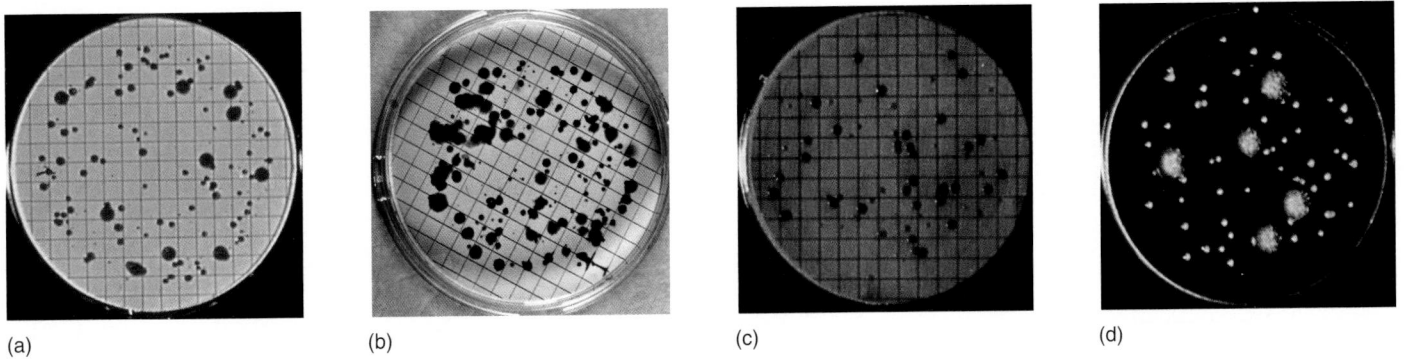

(a)   (b)   (c)   (d)

Figure 6.7 Colonies sur membranes filtrantes. Les échantillons ont été filtrés sur membrane et mis en culture sur différents milieux. (**a**) Milieu de culture standard pour un comptage bactérien total. Un indicateur colore les colonies en rouge pour faciliter le comptage. (**b**) Un milieu pour la détection de coliformes fécaux qui donnent des colonies bleues. (**c**) Gélose m-Endo pour la détection d'*E. coli* et d'autres coliformes qui produisent des colonies vertes. (**d**) Gélose Wort pour la culture de levures et de moisissures.

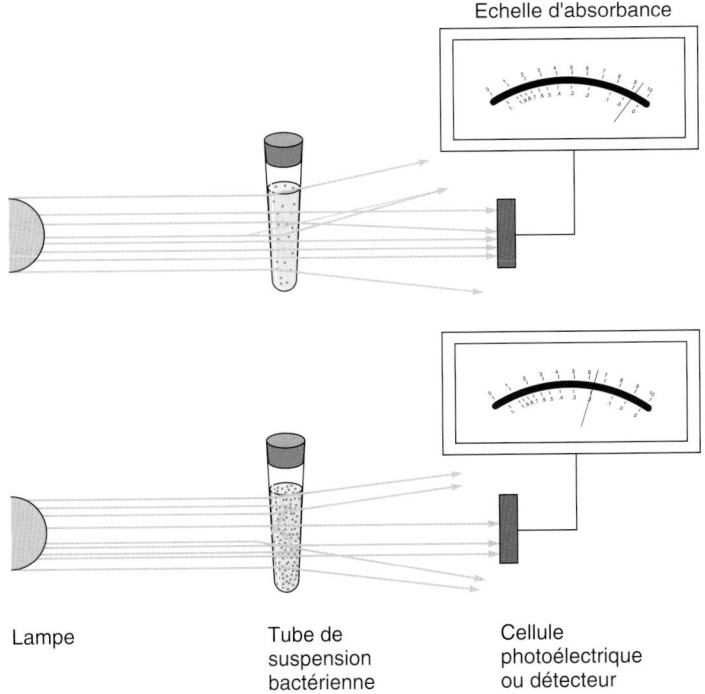

Echelle d'absorbance

Lampe   Tube de suspension bactérienne   Cellule photoélectrique ou détecteur

Figure 6.8 La turbidité et la mesure de la masse microbienne. La détermination de la masse microbienne par mesure de l'absorption de la lumière. Plus la population augmente, plus la lumière est diffractée et la lecture d'absorbance donnée par le spectrophomètre est élevée. Cet appareil a deux échelles, celle du haut donne l'absorbance et celle du bas le pourcentage de transmission. L'absorbance augmente avec la diminution du pourcentage de transmission.

Mesure de la masse cellulaire

La croissance d'une population est accompagnée d'une augmentation de la masse cellulaire totale aussi bien que du nombre de cellules ; par conséquent, les techniques mesurant des variations de la masse cellulaire permettent de suivre la croissance. L'approche la plus directe est la détermination du poids sec des micro-organismes. Les cellules se développant dans un milieu liquide sont récoltées par centrifugation, lavées, séchées dans un four et pesées. Cette technique est surtout utilisée pour mesurer la croissance des mycètes. Elle est cependant très longue et peu sensible. A cause de leur faible poids, il faut centrifuger plusieurs centaines de millilitres de culture pour recueillir une quantité suffisante de bactéries.

Des techniques plus sensibles et plus rapides sont basées sur le fait que les cellules bactériennes dispersent la lumière incidente.

Comme dans une population bactérienne, les cellules ont approximativement la même taille, la quantité de lumière diffractée est proportionnelle à la concentration en cellules. Lorsque la concentration en bactéries atteint 10 millions de cellules (10^7) par millilitre, le milieu apparaît légèrement trouble. Une augmentation supplémentaire de la concentration donne une plus grande turbidité et il y a moins de lumière transmise à travers le milieu. L'importance de la diffraction de la lumière est mesurée dans un spectrophotomètre et est toujours linéaire en fonction de la concentration bactérienne à des valeurs faibles d'absorbance (**figure 6.8**). Ainsi la croissance d'une population est facilement mesurée spectrophotométriquement à condition que la population soit suffisamment dense pour donner une turbidité détectable.

Si la quantité d'une substance dans chaque cellule est constante, la quantité totale de ce constituant cellulaire est en rela-

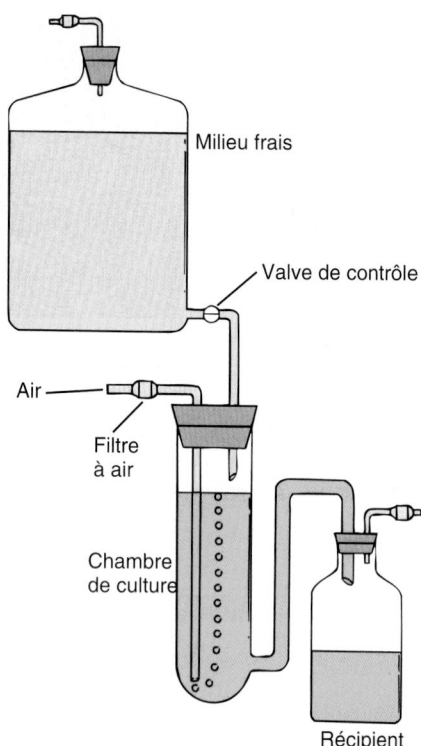

Figure 6.9 Un système de culture continue : le chémostat. Schéma du système. Le milieu frais contient une quantité limitante d'un nutriment essentiel. La vitesse de croissance est déterminée par la vitesse d'écoulement du milieu au travers de la chambre de culture.

tion directe avec la masse cellulaire microbienne totale. Par exemple, un échantillon de cellules lavées et collectées à partir d'un volume connu de milieu, peut être analysé pour son contenu total en protéines ou en azote. Une augmentation de la population microbienne se traduira par une augmentation des protéines total. De même, la détermination de la quantité de chlorophylle permet de mesurer les populations d'algues et la quantité d'ATP est une indication de la masse microbienne vivante.

1. Décrivez brièvement chaque technique permettant de déterminer le nombre de cellules d'une population microbienne et donnez-en les avantages et les désavantages.
2. Pourquoi exprime-t-on les résultats des comptages sur boîtes en unités formatrices de colonies ?

6.3   La culture continue des micro-organismes

Jusqu'à présent, nous avons étudié des systèmes fermés appelés cultures en batch, dans lesquels les éléments nutritifs nécessaires ne sont pas renouvelés ni les déchets éliminés. La croissance exponentielle a lieu seulement pendant quelques générations et rapidement la phase stationnaire est atteinte. Cependant, il est possible de cultiver des micro-organismes dans un système ouvert, où les conditions de culture sont maintenues constantes par l'apport continu de nutriments et l'élimination des déchets. Ces conditions sont réalisées en

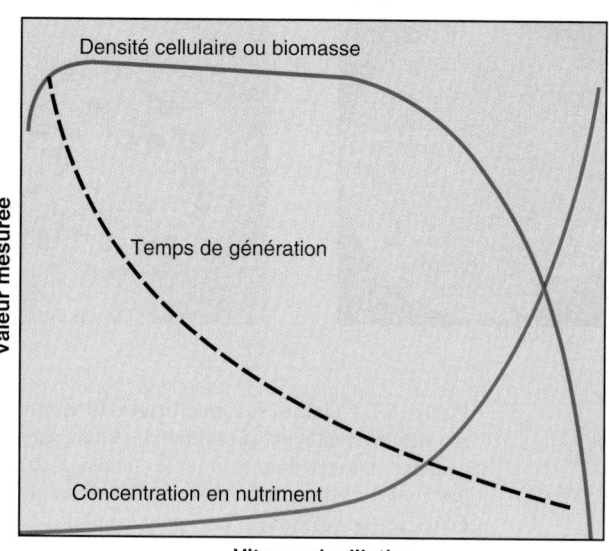

Figure 6.10 La vitesse de dilution du chémostat et la croissance microbienne. Les effets d'une modification de la vitesse de dilution dans un chémostat.

laboratoire dans des **systèmes de culture continue** où une population microbienne peut être maintenue longtemps en phase exponentielle de croissance et à une concentration constante de la biomasse.

Le chémostat

Deux types principaux de systèmes de culture continue sont généralement utilisés 1) les chémostats et 2) les turbidostats. Un **chémostat** est construit de telle façon que le milieu stérile soit introduit dans la chambre de culture à la même vitesse que le milieu contenant les micro-organismes en est éliminé (**figure 6.9**). Le milieu de culture d'un chémostat contient un élément nutritif essentiel en quantité limitante (ex. un acide aminé). Ce nutriment étant limité, la vitesse de croissance est déterminée par la vitesse à laquelle le milieu frais est ajouté dans la chambre de culture et la densité cellulaire finale dépend de la concentration en nutriment limitant. La vitesse d'échange du nutriment est exprimée sous forme de vitesse de dilution (D), vitesse à laquelle le milieu passe au travers de la chambre de culture par rapport au volume de la cuve, où f est la vitesse d'écoulement (ml/h) et V est le volume du récipient (ml).

$$D = f/V$$

Par exemple, si f est de 30 ml/h et V est 100 ml, la vitesse de dilution sera 0,3 h^{-1}.

La densité de la population microbienne et le temps de génération sont tous deux liés à la vitesse de dilution (**figure 6.10**). La densité de la population microbienne reste inchangée pour une gamme large de vitesses de dilution. Le temps de génération devient plus court (c'est-à-dire que la vitesse de croissance augmente)lorsque la vitesse de dilution s'élève. Le nutriment limitant sera presque complètement consommé dans ces conditions d'équilibre. Si la vitesse de dilution est trop élevée, les micro-organismes peuvent être éliminés de la chambre de culture avant de s'être divisés, ceci parce que la vitesse de dilution est plus grande que la vitesse de croissance. La concentration en nutriment limitant augmente à des vitesses de dilution élevées, moins de micro-organismes étant présents pour l'utiliser.

A des vitesses de dilution très faibles, une augmentation de D provoque une augmentation à la fois de la densité cellulaire et de la vitesse de croissance à cause de l'effet de la concentration en nutriment sur la vitesse de croissance, parfois appelé la relation de Monod (figure 6.2*b*). Un apport limité de nutriment est disponible à des vitesses de dilution faibles. L'énergie disponible doit servir à l'entretien de la cellule et non à la croissance et la division. Quand la vitesse de dilution augmente, la quantité d'éléments nutritifs augmente de même que la densité cellulaire car l'énergie est disponible à la fois pour l'entretien de la cellule et la croissance. La vitesse de croissance augmente quand l'énergie totale disponible dépasse l'**énergie d'entretien.**

Le turbidostat

Le second type de système de culture continue, le **turbidostat**, est équipé d'une cellule photoélectrique afin de mesurer l'absorbance ou la turbidité dans la chambre de culture. La vitesse d'écoulement du milieu au travers de la cuve est automatiquement réglée pour maintenir une turbidité ou densité cellulaire prédéterminée. Le turbidostat diffère du chémostat de plusieurs façons. La vitesse de dilution dans un turbidostat varie au lieu de rester constante et le milieu de culture ne contient pas de nutriment limitant. Le turbidostat fonctionne mieux à des vitesses de dilution élevées,alors que le chémostat est plus stable et plus efficace à des vitesses de dilution réduites.

Les systèmes de cultures continues sont très utiles car ils produisent une quantité constante de cellules en phase exponentielle tout en se multipliant à une vitesse connue. Ils permettent l'étude de la croissance microbienne à des concentrations en nutriments très faibles, proches de celles présentes dans un environnement naturel. Ces systèmes sont essentiels à la recherche dans de nombreux domaines — par exemple, dans l'étude des interactions entre espèces microbiennes dans des conditions voisines de celles d'un lac d'eau douce ou d'un étang. Les systèmes en continu sont aussi utilisés en microbiologie alimentaire et industrielle.

---

1. Quelles sont les différences entre les systèmes de culture continue et en « batch » ?
2. Décrivez le fonctionnement des deux systèmes différents de culture continue, le chémostat et le turbidostat.
3. Définissez la vitesse de dilution et l'énergie d'entretien.

6.4   L'influence de l'environnement sur la croissance

Nous avons vu (*p. 114-15*) que les micro-organismes doivent pouvoir répondre aux variations de concentration des nutriments en particulier lorsque l'un d'eux devient limitant. La croissance des micro-organismes est aussi considérablement influencée par la nature chimique et physique de l'environnement. Une compréhension de l'influence du milieu aidera à contrôler la croissance microbienne et à étudier la distribution des micro-organismes dans les milieux naturels.

Il est vraiment remarquable de voir l'adaptabilité de certains micro-organismes à des conditions extrêmes et inhospitalières. Les procaryotes sont présents partout où il peut y avoir de la vie. Beaucoup d'habitats où les procaryotes prospèrent, tueraient la plupart des autres organismes. Ainsi *Bacillus infernus* peut vivre à plus de 2,4 km sous la surface du sol, sans oxygène et à une température supérieure à 60°C. Les micro-organismes qui se développent dans des conditions aussi dures sont appelés **extrêmophiles.**

Dans cette section, nous verrons en bref comment les facteurs majeurs de l'environnement affectent la croissance microbienne. Seront considérés, les solutés et l'activité de l'eau, le pH, la température, la concentration en oxygène, la pression et les radiations. Le **tableau 6.3** rassemble les différentes catégories de micro-organismes selon leur réponse à ces facteurs.

Les solutés et l'activité de l'eau

Les micro-organismes peuvent être influencés par des modifications de la concentration osmotique de leur environnement parce qu'ils en sont séparés par une membrane plasmique perméable sélective. Si un micro-organisme est introduit dans une solution hypotonique, de l'eau entrera dans la cellule et en provoquera l'éclatement à moins que quelque chose n'empêche l'influx. La concentration osmotique du cytoplasme peut être réduite grâce aux inclusions (*voir p. 49-52*). Les procaryotes possèdent aussi des canaux sensibles à la pression et qui s'ouvrent pour permettre aux solutés de s'échapper lorsque l'osmolarité de l'environnement devient beaucoup plus faible que celle du cytoplasme.

La plupart des bactéries, algues et mycètes, ont une paroi cellulaire rigide qui maintient la forme et l'intégrité de la cellule. Quand des micro-organismes à paroi cellulaire rigide sont placés dans un milieu hypertonique, l'eau quitte la cellule et la membrane plasmique se rétracte, un processus appelé plasmolyse. Cela déshydrate la cellule et peut endommager la membrane plasmique ; généralement, la cellule devient métaboliquement inactive et ne se développe plus.

Le plus souvent, les micro-organismes gardent la concentration osmotique de leur protoplasme au-dessus de celle de leur habitat grâce à des solutés compatibles, ainsi la membrane plasmique est toujours fermement maintenue contre la paroi cellulaire. Des **solutés** sont dits **compatibles** quand, présents à des concentrations intracellulaires élevées, ils permettent le métabolisme et la croissance. De nombreuses bactéries augmentent leur pression osmotique interne par la synthèse ou le transport de choline, de bétaïne, de proline, d'acide glutamique et d'autres acides aminés ; des niveaux élevés d'ions potassium sont aussi impliqués jusqu'à un certain point. Les algues et les mycètes utilisent le saccharose et les polyols – par exemple l'arabitol, le glycérol et le mannitol – dans le même but. Les polyols et les acides aminés sont des solutés idéaux pour cette fonction car ils ne perturbent pas la structure ni la fonction des enzymes. Quelques bactéries comme *Halobacterium salinarium* augmentent leur concentration osmotique à l'aide d'ions potassium (et aussi d'ions sodium à un degré moindre). Les enzymes d'*Halobacterium* se sont modifiées de sorte qu'elles requièrent des concentrations salines élevées pour être actives (*voir section 20.3*). Les protozoaires, n'ayant en fait pas de paroi cellulaire, doivent utiliser des vacuoles contractiles pour éliminer l'excès d'eau quand ils vivent dans un milieu hypotonique (*voir figure 27.3*). L'osmose et la fonction protectrice de la paroi cellulaire (p. 61).

Tableau 6.3   Réponses des micro-organismes aux facteurs de l'environnement

Épithète descriptif	Définition	Micro-organismes repeésentatifs
Solutés et activité de l'eau		
Osmotolérant	Se développe dans une large gamme d'activité de l'eau ou de concentration osmotique	*Staphylococcus aureus, Saccharomyces rouxii*
Halophile	Exige pour pousser des concentrations élevées en chlorure de sodium souvent au dessus de 0,2 M	*Halobacterium, Dunaliella, Ectothiorhodospira*
pH		
Acidophile	Croissance optimale aux pH de 0,0 à 5,5	*Sulfolobus, Picrophilus, Ferroplasma, Acontium, Cyanidium caldarium*
Neutrophile	Croissance optimale aux pH de 5,5 à 8,0	*Escherichia, Euglena, Paramecium*
Alcalophile	Croissance optimale aux pH de 8,5 à 11,5	*Bacillus alcalophilus, Natronobacterium*
Température		
Psychrophile	Se développe bien à 0°C, température optimale de croissance de 15°C ou moins	*Bacillus psychrophilus, Chlamydomonas nivalis*
Psychrotrophe	Peut se développer à 0–7°C; température optimale de croissance entre 20 et 30°C et maximale voisine de 35°C	*Listeria monocytogenes, Pseudomonas fluorescens*
Mésophile	Température optimale entre 20 et 45°C	*Escherichia coli, Neisseria gonorrhoeae, Trichomonas vaginalis*
Thermophile	Peut se développer à 55°C et même plus; température optimale souvent entre 55°C et 65°C	*Bacillus stearothermophilus, Thermus aquaticus, Cyanidium caldarium, Chaetomium thermophile*
Hyperthermophile	Température optimale de croissance de 80° à environ 113°C	*Sulfolobus, Pyrococcus, Pyrodictium*
Concentration en oxygène		
Aérobie obligatoire	Croissance dépendant entièrement de l'O_2 atmosphérique.	*Micrococcus luteus, Pseudomonas, Mycobacterium;* la plupart des algues, mycètes, et protozoaires
Anaérobie facultatif	O_2 n'est pas nécessaire à la croissance, mais celle-ci est meilleure en présence d'O_2.	*Escherichia, Enterococcus, Saccharomyces cerevisiae*
Anaérobie aérotolérant	Se développe aussi bien en présence et en absence d'O_2.	*Streptococcus pyogenes*
Anaérobie obligatoire	Ne tolère pas l'O_2 –meurt en présence d'O_2.	*Clostridium, Bacteroides, Methanobacterium, Trepomonas agilis*
Microaérophile	Demande une concentration en O_2 en dessous de 2–10% pour sa croissance, est endommagé par l'O_2 atmosphérique (20%).	*Campylobacter, Spirillum volutans, Treponema pallidum*
Pression		
Barophile	Croissance plus rapide sous une haute pression hydrostatique.	*Photobacterium profundum, Shewanella benthica, Methanococcus jannaschii*

La quantité d'eau disponible pour les micro-organismes peut être réduite par interaction avec des molécules de solutés (l'effet osmotique) ou par absorption sur les surfaces de solides (l'effet matrice). La concentration osmotique de l'habitat ayant des effets importants sur les micro-organismes, il est utile de pouvoir exprimer quantitativement le degré de disponibilité de l'eau. Les microbiologistes utilisent généralement l'**activité de l'eau (a$_w$)**, (la disponibilité de l'eau peut aussi être exprimée en potentiel aqueux, une valeur reliée à a$_w$). L'activité de l'eau est égale au 1/100 de l'humidité relative de la solution (quand elle est exprimée en pourcentage), ou elle est équivalente au rapport de la pression de vapeur de la solution (P_{sol}) à celle de l'eau pure (P_{eau})

$$a_w = \frac{P_{sol}}{P_{eau}}$$

L'activité de l'eau d'une solution ou d'un solide peut être déterminée en l'enfermant hermétiquement dans une enceinte et en mesurant l'humidité relative du système à l'équilibre. Supposons que l'air entourant un échantillon traité de cette façon soit saturé à 95%, c'est-à-dire, que l'air contienne 95% de l'humidité qu'il contiendrait s'il était à l'équilibre à la même température avec un échantillon d'eau pure. L'humidité relative serait 95% et l'activité de l'eau de l'échantillon 0,95. L'activité de l'eau est inversement proportionnelle à la pression osmotique ; si une solution

a une pression osmotique élevée, son a$_w$ sera faible.

Les micro-organismes diffèrent considérablement quant à leur capacité d'adaptation à des habitats ayant une activité de l'eau faible (**tableau 6.4**). Se développer dans un milieu à faible a$_w$ demande des efforts supplémentaires au micro-organisme. En effet, il doit maintenir une concentration interne élevée de soluté pour retenir l'eau. Quelques microbes peuvent le faire et sont **osmotolérants** ; ils se développeront sur une très large gamme d'activités de l'eau ou de concentrations osmotiques. *Staphylococcus aureus* par exemple, peut être cultivé dans des milieux en absence ou en présence de chlorure de sodium jusqu'à une concentration de 3M. La levure *Saccharomyces rouxii* se développera dans des solutions de sucre à des valeurs a$_w$ aussi faibles que 0,6. L'algue *Dunaliella viridis* tolère des concentrations de chlorure sodique variant de 1,7 M jusqu'à saturation.

Bien que quelques micro-organismes soient vraiment osmotolérants, beaucoup ne se multiplient bien qu'à des activités de l'eau de 0,98 (qui est la valeur approximative de l'eau de mer) ou supérieures. C'est pourquoi la dessiccation de la nourriture ou l'addition de grandes quantités de sel ou de sucre sont tellement efficaces pour empêcher la détérioration. Comme le montre le tableau 6.4, la plupart des mycètes sont osmotolérants et jouent un rôle important dans la dégradation de la nourriture salée ou séchée.

La détérioration de la nourriture (pp. 966-69).

Tableau 6.4   Limites approximatives les plus faibles de a_w pour la croissance microbienne

Activité de l'eau	Environment	Bactéries	Mycètes	Algues
1,00 - Eau pure	Sang, eau de mer, viande légumes, fruits	La plupart des bactéries Gram-négatives non halophiles		
0,95	Pain	La plupart des bacilles Gram-positifs	Basidiomycètes	La plupart des algues
0,90	Jambon	La plupart des coques, *Bacillus*	*Fusarium Mucor, Rhizopus* Levures ascomycètes	
0,85	Salami	*Staphylococcus*	*Saccharomyces rouxii* (dans le sel)	
0,80	Confitures		*Penicillium*	
0,75	Lacs salés Poissons salés	*Halobacterium Actinospora*	*Aspergillus*	*Dunaliella*
0,70	Céréales, sucreries, fruits séchés		*Aspergillus*	
0,60	Chocolat Miel Lait en poudre		*Saccharomyces rouxii* (dans les sucres) *Xeromyces bisporus*	
0,55 - ADN dénaturé				

Adapté de A.D. Brown, « Microbial Water Stress » in *Bacteriological Reviews*, 40 (4) : 803-46 1976. Reproduit avec l'autorisation de « American Society for Microbiology » et de l'auteur.

Les **halophiles** sont tellement bien adaptés aux conditions salines qu'ils requièrent des quantités élevées de chlorure de sodium pour croître, les concentrations variant de 2,8M à saturation (environ 6,2M) pour les bactéries halophiles extrêmes. L'archéobactérie *Halobacterium* a pu être isolée de la mer Morte, du Grand Lac Salé dans l'Utah et d'autres habitats aquatiques dont la concentration saline est proche de la saturation. *Halobacterium* et d'autres bactéries halophiles extrêmes, ont modifié de façon significative la structure de leurs protéines et de leurs membranes plutôt que d'avoir simplement augmenté la concentration intracellulaire des solutés, approche utilisée par la plupart des micro-organismes osmotolérants. Ces halophiles extrêmes accumulent des quantités énormes de potassium pour rester hypertoniques par rapport à l'environnement ; la concentration interne du potassium peut atteindre 4 à 7M. Les enzymes, ribosomes et protéines de transport de ces bactéries exigent des concentrations élevées de potassium pour leur stabilité et leur activité. De plus, la membrane plasmique et la paroi cellulaire d'*Halobacterium* sont stabilisées par des concentrations élevées d'ions sodium. Si la concentration en sodium diminue trop, la paroi et la membrane plasmique se désintègrent littéralement. Les bactéries halophiles extrêmes se sont bien adaptées à des conditions de milieu qui détruisent la plupart des organismes ; mais elles sont devenues tellement spécialisées dans le processus qu'elles ont perdu toute capacité d'adaptation écologique et ne peuvent se développer que dans quelques habitats extrêmes. Les halobactéries (section 20.3).

1. Comment les micro-organismes s'adaptent-ils à un environnement hypotonique et hypertonique ? Définissez la plasmolyse.
2. Définissez l'activité de l'eau et décrivez brièvement comment la déterminer.
3. Pourquoi les micro-organismes se développent-ils difficilement à de faibles valeurs de a_w ?
4. Qu'est-ce qu'un halophile et pourquoi *Halobacterium* requiert-il des ions sodium et potassium ?

Le pH

Le pH est une mesure de l'activité des ions hydrogène d'une solution et est défini comme le logarithme négatif de la concentration en ions hydrogène.

$$pH = - \log [H^+] = \log(1/[H^+])$$

L'échelle de pH s'étend de pH 0,0 ($1,0 \, M \, H^+$) à pH 14,0 ($10^{-14} \, M \, H^+$). Par unité de pH, la concentration en ions hydrogène varie d'un facteur 10. La **figure 6.11** montre que les habitats des micro-organismes varient énormément – de pH de 1 à 2 dans les sols et les lacs acides à des pH de 9 à 10 dans les sols et les lacs alcalins.

Il n'est pas surprenant que le pH affecte dramatiquement la croissance bactérienne. Chaque espèce se développe dans une gamme définie de pH et a un pH optimum de croissance. Les **acidophiles** ont leur optimum de croissance entre pH 1 et 5,5 ; les **neutrophiles** entre pH 5,5 et 8,0 ; les **alcalophiles** entre pH 8,5 et 11,5. Les alcalophiles extrêmes ont des optimums de croissance à pH 10,0 et au-dessus. En général, les différents groupes bactériens ont un pH de préférence caractéristique. La majorité des bactéries et des protozoaires sont des neutrophiles. La plupart des mycètes et des algues préfèrent un environnement légèrement acide, aux environs de pH 4-6. Il y a de nombreuses exceptions. Par exemple, l'algue *Cyanidium caldarium* et l'archéobactérie *Sulfolobus acidocaldarius* se développent dans des sources d'eau chaude acide, à des pH de 1 à 3 et des températures élevées. Les archéobactéries *Ferroplasma acidarmanus* et *Picrophilus oshimae* arrivent à se développer à un pH de 0 ou très voisin.

Les micro-organismes se multiplient souvent dans une gamme étendue de pH, il y a cependant des limites à leur tolérance. Des variations drastiques du pH peuvent les endommager en détruisant la membrane plasmique ou en inhibant l'activité des enzymes et des protéines membranaires de transport. Les procaryotes meurent lorsque leur pH interne tombe sous une valeur de 5,0 à 5,5. Des changements du pH externe altèrent également l'ionisation

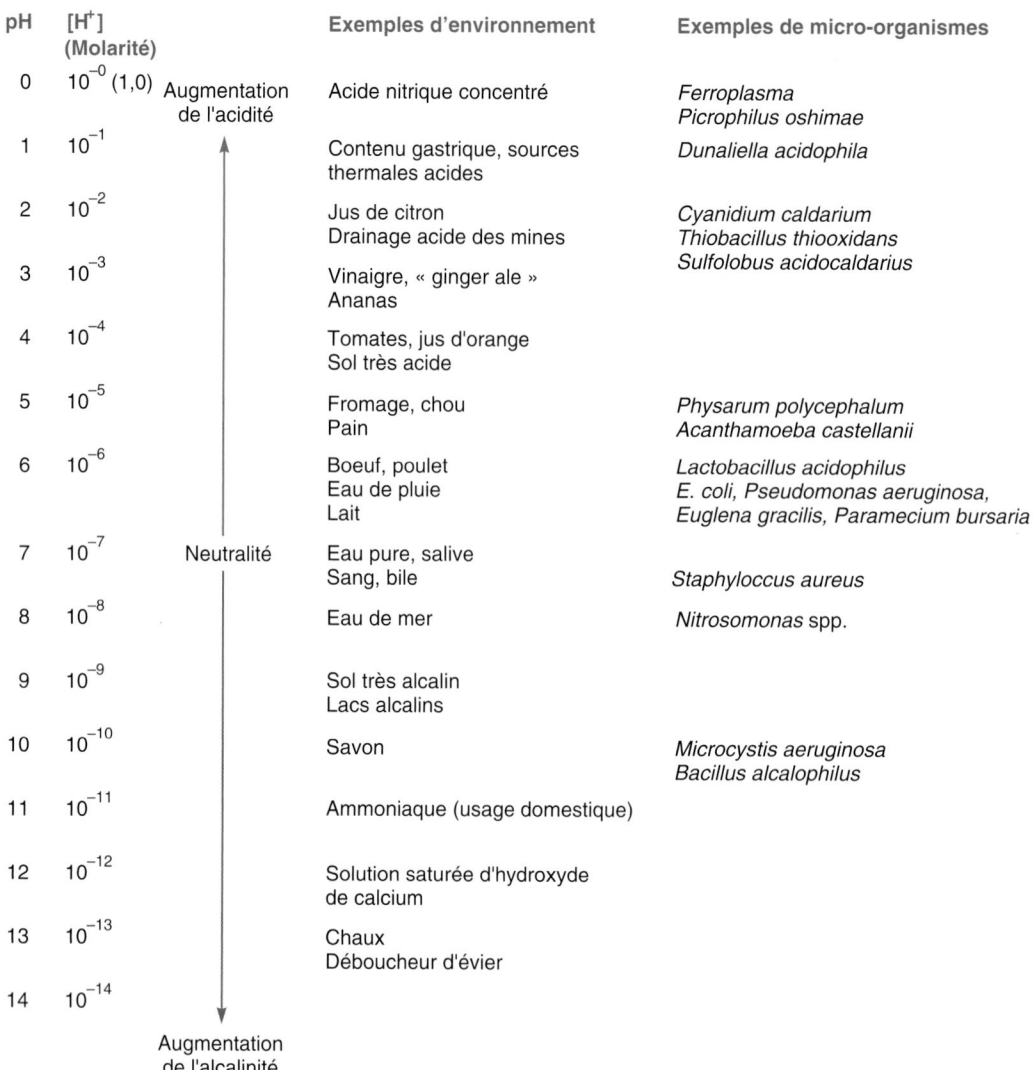

pH	[H⁺] (Molarité)		Exemples d'environnement	Exemples de micro-organismes
0	10^{-0} (1,0)	Augmentation de l'acidité	Acide nitrique concentré	*Ferroplasma* *Picrophilus oshimae*
1	10^{-1}		Contenu gastrique, sources thermales acides	*Dunaliella acidophila*
2	10^{-2}		Jus de citron Drainage acide des mines	*Cyanidium caldarium* *Thiobacillus thiooxidans* *Sulfolobus acidocaldarius*
3	10^{-3}		Vinaigre, « ginger ale » Ananas	
4	10^{-4}		Tomates, jus d'orange Sol très acide	
5	10^{-5}		Fromage, chou Pain	*Physarum polycephalum* *Acanthamoeba castellanii*
6	10^{-6}		Boeuf, poulet Eau de pluie Lait	*Lactobacillus acidophilus* *E. coli, Pseudomonas aeruginosa, Euglena gracilis, Paramecium bursaria*
7	10^{-7}	Neutralité	Eau pure, salive Sang, bile	*Staphyloccus aureus*
8	10^{-8}		Eau de mer	*Nitrosomonas* spp.
9	10^{-9}		Sol très alcalin Lacs alcalins	
10	10^{-10}		Savon	*Microcystis aeruginosa* *Bacillus alcalophilus*
11	10^{-11}		Ammoniaque (usage domestique)	
12	10^{-12}		Solution saturée d'hydroxyde de calcium	
13	10^{-13}		Chaux Déboucheur d'évier	
14	10^{-14}	Augmentation de l'alcalinité		

Figure 6.11 L'échelle de pH. Exemples de substances à différentes valeurs de pH. Les micro-organismes sont placés à leur optimum de croissance.

des molécules de nutriment et en réduisent ainsi la disponibilité pour l'organisme.

Plusieurs mécanismes ont été proposés pour expliquer le maintien d'un pH cytoplasmique neutre. La membrane plasmique serait relativement imperméable aux protons. Les neutrophiles échangent du potassium contre des protons par un système antiport (*voir p. 102*). Les alcalophiles extrêmes comme *Bacillus alcalophilus* gardent leur pH interne voisin de la neutralité par l'échange d'ions sodium internes contre des protons externes. Un effet tampon interne contribue également à la régulation du pH.

Pour survivre, les micro-organismes doivent souvent s'adapter aux modifications de pH de l'environnement. Chez les bactéries, les systèmes antiports potassium/proton et sodium/proton corrigent probablement les faibles variations de pH. D'autres mécanismes entrent en jeu si le pH devient trop acide. Si le pH descend en dessous de 5,5 - 6,0, *Salmonella typhimurium* et *E. coli* synthétisent une série de protéines nouvelles dans ce qui a été appelé, leur réponse à la tolérance acide. Une ATPase transporteuse de protons contribue à cette réponse protectrice soit en faisant plus d'ATP soit en extrayant des protons hors de la cellule. Si le pH externe atteint 4,5 ou moins, il y a synthèse de chaperones telles les protéines du choc acide et les protéines du choc thermique (*voir p.272-274*). Celles-ci empêchent probablement la dénaturation acide des protéines et favorisent le reploiement de protéines dénaturées.

Les micro-organismes modifient fréquemment le pH de leur propre habitat en produisant des déchets métaboliques acides ou basiques. Les organismes fermentants produisent des acides organiques à partir des glucides, tandis que les chimiolithotrophes, comme *Thiobacillus,* oxydent le soufre en acide sulfurique. D'autres micro-organismes rendent le milieu alcalin en générant de l'ammoniaque suite à la dégradation d'acides aminés. Les fermentations microbiennes (pp. 179-81). Les bactéries oxydant le soufre (pp. 496-98).

Des tampons sont souvent inclus dans les milieux pour empêcher une inhibition de la croissance due à des modifications importantes de pH. Le phosphate, le tampon le plus souvent utilisé, est un bon exemple d'effet tampon d'un acide faible ($H_2PO_4^-$) et de son sel (HPO_4^{2-}).

$$H^+ + HPO_4^{2-} \rightarrow H_2PO_4-$$
$$OH^- + H_2PO_4^- \rightarrow HPO_4^{2-} + HOH$$

Si des protons sont ajoutés au mélange, ils se combinent au sel pour former un acide faible. Il n'y aura pas d'augmentation de l'alcalinité parce que l'acide faible neutralisera les ions hydroxyle en cédant un proton pour donner de l'eau. Les peptides et les acides aminés des milieux complexes ont aussi un pouvoir tampon important.

La température

Les micro-organismes, comme tous les êtres vivants, sont profondément affectés par la température de leur environnement. En effet, ils sont particulièrement sensibles car ils sont habituellement unicellulaires et leur température varie avec celle du milieu extérieur. Pour ces raisons, la température de la cellule reflète directement celle de son environnement. Un des facteurs les plus importants concernant les effets de la température sur la croissance, est la thermosensibilité des réactions catalysées par les enzymes. Aux faibles températures, une élévation de la température augmentera la vitesse de croissance. En effet, à chaque augmentation de 10°C, la vitesse de réaction catalysée par une enzyme doublera comme celle de n'importe quelle réaction chimique. Puisque la vitesse de chaque réaction augmente, le métabolisme sera plus actif aux températures plus élevées et le micro-organisme se développera plus vite. Au-delà d'un certain point, de nouvelles augmentations diminueront la croissance et des températures suffisamment élevées seront létales. Les températures élevées endommagent les micro-organismes en dénaturant les enzymes, les systèmes de transport et d'autres protéines. Les membranes microbiennes sont aussi détruites par la chaleur : la bicouche lipidique fond. Ainsi, même si des enzymes fonctionnelles travaillent plus vite à des températures élevées, le micro-organisme peut être tellement endommagé que sa croissance est inhibée, le dommage ne pouvant pas être réparé. A de très basses températures, les membranes se solidifient et les enzymes ne travaillent pas rapidement. En résumé, quand les organismes sont au dessus de leur température optimale, la structure cellulaire et les fonctions sont affectées. Quand les températures sont très basses, les fonctions sont affectées mais pas nécessairement la composition chimique ni la structure de la cellule. L'effet de la température sur l'activité enzymatique (pp. 163-64).

La croissance microbienne dépend d'une manière caractéristique de la température. Les **températures** dites **cardinales** sont les températures minimales, maximales et optimales de croissance (**figure 6.12**). Bien que la forme de la courbe de croissance en fonction de la température puisse varier, la température optimale

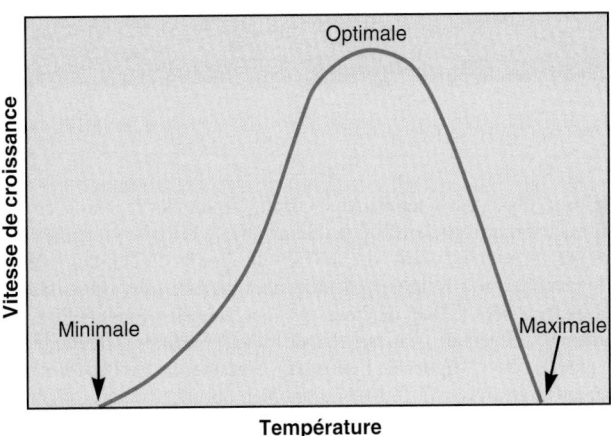

Figure 6.12 La température et la croissance. L'effet de la température sur la vitesse de croissance.

est toujours plus proche de la température maximale que de la température minimale. Les températures cardinales pour une espèce particulière n'ont pas une valeur fixe mais dépendent souvent d'autres facteurs de l'environnement tels que le pH et les éléments nutritifs disponibles. Par exemple, *Crithidia fasciculata*, un protozoaire flagellé vivant dans le tube digestif des moustiques, se développera dans un milieu simple à 22-27°C. Cependant, il ne pourra pas être cultivé à 33-34°C sans l'addition de métaux, d'acides aminés, de vitamines et de lipides.

Les températures cardinales varient considérablement suivant les micro-organismes (tableau 6.5). Les optimums s'échelonnent généralement de 0°C jusqu'à 75°C, bien que la croissance microbienne ait été observée à des températures variant de -20°C à plus de 100°C. Le facteur principal déterminant ces limites semble être l'eau. Même aux températures les plus extrêmes, les micro-organismes ont besoin d'eau pour pousser. L'échelle de températures, permettant la croissance d'un micro-organisme particulier, s'étend généralement sur 30 degrés. Quelques espèces (ex. *Neisseria gonorrhoeae*) ont une gamme plus étroite ; d'autres, comme *Enterococcus faecalis* se développeront dans une gamme très large de températures. Les groupes microbiens importants diffèrent par leur température de croissance maximale. La limite supérieure pour les protozoaires est de 50°C environ. Quelques algues et mycètes peuvent se développer à des températures aussi élevées que 55-60°C. On a découvert des bactéries vivant à des températures voisines de 100°C, le point d'ébullition de l'eau (*voir figure 20.8*) et récemment, des souches croissant à des températures encore plus élevées (**encadré 6.1**). Il est clair que les organismes procaryotes peuvent croître à des températures beaucoup plus élevées que les eucaryotes. On a suggéré que les eucaryotes n'étaient pas capables de synthétiser des membranes stables et fonctionnelles à des températures supérieures à 60°C. L'appareil photosynthétique parait aussi relativement instable car on ne trouve pas d'organismes photosynthétiques se développant à des températures très élevées.

Des micro-organismes tels que ceux du **tableau 6.5** peuvent être répartis en quatre classes suivant l'échelle de température caractéristique de leur croissance (**figure 6.13**).

Encadré 6.1

La vie au-dessus de 100°C

Jusqu'il y a peu, la température connue la plus élevée pour la croissance bactérienne était de 105°C et il semblait que la limite supérieure de température viable soit de 100°C, le point d'ébullition de l'eau. Récemment, on a isolé des bactéries thermophiles des cheminées sulfureuses localisées le long de crevasses et de crêtes au fond de l'océan. Ces fontaines crachent de l'eau très chaude riche en sulfures, à des températures de plus de 350°C (**figure de l'encadré**). Certaines de ces bactéries se développent et se divisent à 113°C. La pression qui règne dans ces habitats est suffisante pour maintenir l'eau liquide (à 265 atm, l'eau de mer bout à 460°C).

Les implications de cette extraordinaire découverte sont nombreuses. Les protéines, les membranes et les acides nucléiques de ces bactéries sont remarquablement stables et devraient fournir des sujets idéaux pour étudier la stabilisation des macromolécules et des membranes. Dans le futur, il devrait être possible de créer des enzymes qui puissent agir à des températures élevées. Certaines enzymes thermostables isolées à partir de ces bactéries jouent un rôle important dans l'industrie et la recherche. Ainsi, la Taq polymérase de la bactérie thermophile *Thermus aquaticus* est énormément employée dans la réaction de polymérisation en chaîne (*voir p. 326-27*).

1. Les **psychrophiles** se développent bien à 0°C et ont un optimum de température à 15°C ou moins ; le maximum est d'environ 20°C. Ils sont facilement isolés dans l'Arctique ou dans l'Antarctique. Comme 90% des océans ont une température de 5°C ou moins, (*voir chapitre 29*), ils constituent un habitat immense pour les psychrophiles. Les spores rouge vif de l'algue psychrophile *Chlamydomonas nivalis* donnent à l'occasion une teinte rosée à un glacier ou à un champ de neige. Beaucoup de bactéries psychrophiles font partie des genres *Pseudomonas*, *Vibrio*, *Bacillus*, *Moritella*, *Photobacterium*, *Shewanella*, *Arthrobacter* et *Alcaligenes*. On a récemment isolé l'archéobactérie psychrophile *Methanogenium* du lac Ace dans l'antarctique. Les micro-organismes psychrophiles se sont adaptés à leur environnement de plusieurs façons. Leurs enzymes, leurs systèmes de transport et leurs mécanismes de synthèse protéique fonctionnent bien à basse température. Leurs membranes cellulaires possèdent des niveaux élevés d'acides gras insaturés et restent semi-fluides dans le froid. En effet, beaucoup de psychrophiles commencent à perdre leurs constituants cellulaires au dessus de 20°C, résultat de l'altération de la membrane cellulaire.

2. De nombreux micro-organismes peuvent vivre à 0°C même s'ils ont des optimums variant de 20° à 30°C et des maximums d'environ 35°C. Ils sont classés comme **psychrotrophes** ou **psychrophiles facultatifs**. Les bactéries et les mycètes psychrotrophes sont responsables de la détérioration de la nourriture réfrigérée (*voir chapitre 41*).

3. Les **mésophiles** se développent à des températures optimales d'environ 20-45°C et ont une température minimale de 15 à 20°C. Leur maximum est égal ou inférieur à 45°C. Pour la plupart, les micro-organismes font partie de cette catégorie. Presque tous les agents pathogènes humains sont mésophiles vu que leur environnement a une température assez constante de 37°C.

4. Certains micro-organismes sont **thermophiles** ; ils peuvent se développer à des températures de 55°C ou plus. Leur minimum est situé autour de 45°C, avec des optimums entre 55 et 65°C. Comme déjà dit, certains thermophiles ont des maximums au dessus de 100°C. Les thermophiles sont en majorité des bactéries bien que quelques algues et mycètes le soient aussi (tableau 6.5). Ces organismes prospèrent dans de nombreux habitats dont le compost, les meules de foin, les conduites d'eau chaude et les sources chaudes. Les thermophiles diffèrent des mésophiles : ils ont des enzymes beaucoup plus stables à la chaleur et des systèmes de synthèse protéique capables de fonctionner à des températures élevées. Leurs lipides membranaires sont plus saturés et ont des points de fusion plus élevés que ceux des mésophiles. Ainsi, les membranes thermophiles restent intactes aux températures élevées.

5. Comme nous l'avons déjà dit, quelques organismes thermophiles se développent à 90° ou plus, certains avec un maximum au-dessus de 100°. Les procaryotes dont l'optimum de croissance se situe entre 80° et environ 113° sont appelés **hyperthermophiles**. En général, ils ne se développent pas bien en-dessous de 55°. Comme exemples, citons *Pyrococcus abyssi* et *Pyrodictium occultum* des hyperthermophiles marins que l'on trouve dans les zones chaudes des fonds marins.

Tableau 6.5   Échelles de températures de la croissance microbienne

Micro-organisme	Températures cardinales (°C)		
	Minimale	**Optimale**	**Maximale**
Procaryotes non photosynthétiques			
Bacillus psychrophilus	–10	23–24	28–30
Micrococcus cryophilus	–4	10	24
Pseudomonas fluorescens	4	25–30	40
Staphylococcus aureus	6,5	30–37	46
Enterococcus faecalis	0	37	44
Escherichia coli	10	37	45
Neisseria gonorrhoeae	30	35–36	38
Thermoplasma acidophilum	45	59	62
Bacillus stearothermophilus	30	60–65	75
Thermus aquaticus	40	70–72	79
Sulfolobus acidocaldarius	60	80	85
Pyrococcus abyssi	67	96	102
Pyrodictium occultum	82	105	110
Pyrolobus fumarii	90	106	113
Bactéries photosynthétiques			
Rhodospirillum rubrum		30–35	
Anabaena variabilis		35	
Oscillatoria tenuis			45–47
Synechococcus eximius	70	79	84
Algues eucaryotes			
Chlamydomonas nivalis	–36	0	4
Fragilaria sublinearis	–2	5–6	8–9
Chlorella pyrenoidosa		25–26	29
Euglena gracilis		23	
Skeletonema costatum	6	16–26	>28
Cyanidium caldarium	30–34	45–50	56
Mycètes			
Candida scottii	0	4–15	15
Saccharomyces cerevisiae	1–3	28	40
Mucor pusillus	21–23	45–50	50–58
Protozoaires			
Amoeba proteus	4–6	22	35
Naegleria fowleri	20–25	35	40
Trichomonas vaginalis	25	32–39	42
Paramecium caudatum		25	28–30
Tetrahymena pyriformis	6–7	20–25	33
Cyclidium citrullus	18	43	47

1. Définissez pH, acidophile, neutrophile et alcalophile. Comment les micro-organismes peuvent-ils changer le pH de leur environnement et comment le microbiologiste minimise-t-il cet effet ?
2. Que sont les températures cardinales ?
3. Pourquoi la vitesse de croissance augmente t-elle avec l'élévation de température pour ensuite diminuer à des températures plus élevées ?
4. Définissez psychrophile, psychrotrophe, mésophile, thermophile et hyperthermophile.

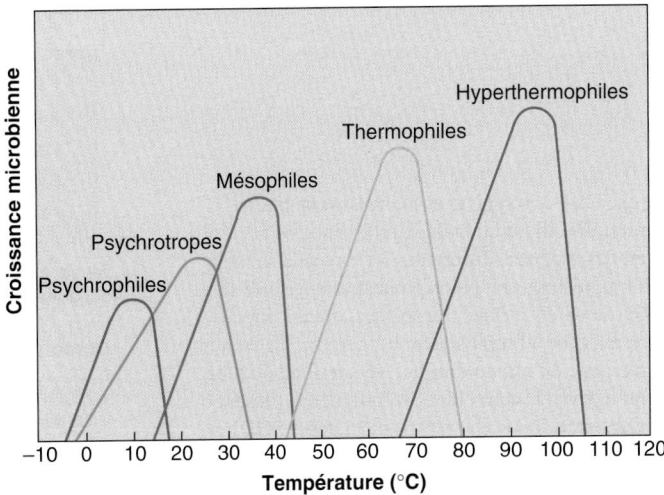

Figure 6.13   Les échelles de température pour la croissance microbienne. Les micro-organismes se rangent dans différentes classes selon les limites de température de leur développement. Ils se classent par ordre croissant de température de développement en psychrophiles, psychrotropes, mésophiles, thermophiles et hyperthermophiles. Cette figure illustre des limites et optimums représentatifs de ces cinq catégories.

La concentration en oxygène

Un organisme capable de se développer en présence d'O_2 atmosphérique est un **aérobie**, tandis que celui qui croît en son absence est un **anaérobie**. Presque tous les organismes supérieurs sont complètement dépendants de l'O_2 atmosphérique pour vivre, ce sont des **aérobies obligatoires** (voir tableau 6.3). L'oxygène sert d'accepteur final de la chaîne transporteuse d'électrons dans la respiration aérobie. De plus, les eucaryotes aérobies utilisent l'O_2 dans la synthèse des stérols et des acides gras non saturés. Les **anaérobies facultatifs** ne demandent pas d'O_2 pour croître mais se développent mieux en sa présence et utiliseront la respiration aérobie. Les **anaérobies aérotolérants** tels que *Enterococcus faecalis* ignorent simplement l'O_2 et se développent aussi bien en sa présence qu'en son absence. Au contraire, les **anaérobies stricts** ou **obligatoires** (ex. *Bacteroides, Fusobacterium, Clostridium pasteurianum, Methanococcus*) ne tolèrent pas l'O_2 et meurent en sa présence. Les aérotolérants et les anaérobies stricts ne produisent pas d'énergie par la respiration, ils doivent utiliser la fermentation ou la respiration anaérobie. Enfin, il y a quelques aérobies tel *Campylobacter*, appelés **microaérophiles** qui sont endommagés par le niveau atmosphérique normal d'O_2 (20%) mais requièrent une concentration en O_2 de 2 à 10% pour leur croissance. La nature de la réponse bactérienne à l'O_2 se détermine facilement en faisant croître les bactéries dans des tubes remplis de milieu solide ou d'un milieu spécial comme le bouillon au thioglycolate qui contient un agent réducteur pour diminuer le niveau d'O_2 (**figure 6.14**). Le transport des électrons et la respiration aérobie (pp. 184-89). La fermentation (pp. 179-81). La respiration anaérobie (p. 190).

Un même groupe microbien peut répondre de différentes manières à l'O_2. On rencontre les cinq types parmi les bactéries et les protozoaires. Les mycètes sont normalement aérobies, mais un certain nombre d'espèces – particulièrement parmi les levures –

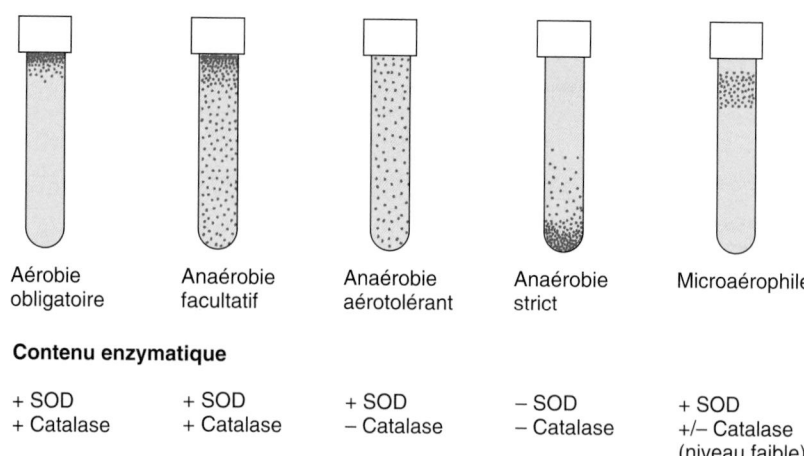

Figure 6.14 L'oxygène et la croissance bactérienne. Une illustration de la croissance de bactéries ayant des réponses différentes à l'oxygène. Chaque point représente une colonie bactérienne isolée dans la gélose ou en surface. La surface, qui est directement exposée à l'atmosphère est aérobie. Le contenu en oxygène du milieu diminue vers le fond du tube jusqu'à devenir anaérobie. Est indiquée la présence ou l'absence de la superoxyde dismutase (SOD) et de la catalase.

sont des organismes anaérobies facultatifs. Les algues sont presque toujours des aérobies obligatoires. Il faut noter que la capacité de croître en aérobiose comme en anaérobiose donne une flexibilité considérable et est donc un avantage écologique.

Bien que les anaérobies stricts soient tués par l'O_2, on peut les rencontrer dans des habitats qui paraissent aérobies. Dans ces cas, ils sont associés à des anaérobies facultatifs qui consomment l'O_2 disponible et permettent ainsi la croissance des anaérobies stricts. Par exemple, on trouve *Bacteroides*, anaérobie strict, dans la bouche où il croît dans les sillons gingivodentaires anaérobies.

Plusieurs facteurs dont l'inactivation des protéines et l'effet de dérivés toxiques de l'O_2, semblent responsables de ces différentes réponses à l'O_2. Les enzymes peuvent être inactivées quand des groupes sensibles tels que sulhydryle, sont oxydés. La nitrogénase, enzyme fixant l'azote, très sensible à l'O_2, en est un exemple (*voir section 10.4*).

L'oxygène accepte les électrons et est facilement réduit à cause des électrons non appariés de ses deux orbitales externes. Les flavoprotéines (*voir section 8.5*), quelques autres constituants cellulaires et les radiations (*voir p. 130-31*) favorisent la réduction de l'oxygène en une combinaison de produits : **radical superoxyde**, **peroxyde d'hydrogène** et **radical hydroxyle**.

$$O_2 + e^- \rightarrow O_2^{-} \text{ (radical superoxyde)}$$

$$O_2^- + e^- + 2H^+ \longrightarrow H_2O_2 \text{ (peroxyde d'hydrogène)}$$

$$H_2O_2 + e^- + H^+ \longrightarrow H_2O + OH\cdot \text{ (radical hydroxyle)}$$

Ces produits de réduction de l'O_2 sont extrêmement toxiques car ce sont de puissants agents oxydants qui détruisent rapidement les constituants cellulaires. Un micro-organisme doit se protéger contre de tels produits pour ne pas être tué. Les neutrophiles et les macrophages utilisent ces produits toxiques pour détruire les organismes pathogènes. La destruction d'agents pathogènes dépendante de l'oxygène (pp. 718-20).

De nombreux micro-organismes possèdent des enzymes les protégeant de ces substances toxiques, produites à partir de l'O_2. Les aérobies obligatoires et les anaérobies facultatifs possèdent généralement la **superoxyde dismutase** et la **catalase** qui catalysent respectivement la destruction des radicaux superoxyde et du per-

oxyde d'hydrogène. La peroxydase peut être aussi utilisée pour détruire le peroxyde d'hydrogène.

$$2O_2^{-} + 2H^+ \xrightarrow{\text{superoxyde dismutase}} O_2 + H_2O_2$$

$$2H_2O_2 \xrightarrow{\text{catalase}} 2H_2O + O_2$$

$$H_2O_2 + NADH + H^+ \xrightarrow{\text{peroxidase}} 2H_2O + NAD^+$$

Les micro-organismes aérotolérants peuvent être dépourvus de catalase, mais ont presque toujours la superoxyde dismutase. *Lactobacillus plantarum*, aérotolérant, utilise des ions manganèse au lieu de la superoxyde dismutase pour détruire le radical superoxyde. Tous les anaérobies stricts sont dépourvus des deux enzymes et par conséquent ne tolèrent pas l'O_2.

Deux approches radicalement différentes doivent être utilisées pour cultiver les aérobies ayant besoin d'O_2 et les anaérobies tués par l'O_2. Quand de grands volumes de micro-organismes aérobies sont cultivés, on doit soit agiter le récipient pour aérer le milieu, soit envoyer de l'air stérile dans le récipient. Par contre, il faut éliminer tout l'O_2 lorsqu'on cultive des anaérobies. Ceci peut se faire de plusieurs façons : 1) On utilise un milieu anaérobie spécial contenant des agents réducteurs comme le thioglycolate ou la cystéine. Le milieu est bouilli lors de sa préparation pour dissoudre ses composants mais aussi pour éliminer très efficacement l'O_2. Les agents réducteurs éliminent tout l'O_2 dissous restant et les anaérobies se développent sous la surface. 2) On enlève l'air à l'aide d'une pompe à vide et on expulse l'O_2 résiduel avec de l'azote (**figure 6.15**). Souvent du CO_2 aussi bien que de l'azote sont ajoutés à la cuve puisque de nombreux anaérobies requièrent de faibles quantités de CO_2 pour une bonne croissance. 3) Pour un petit nombre des cultures anaérobies, on utilise couramment la jarre Gas Pak (**figure 6.16**). Dans ce procédé, on rend l'environnement anaérobie grâce à l'utilisation d'hydrogène et de palladium catalyseur, qui élimine l'O_2 par formation d'eau. Comme mentionné ci-dessus, des agents réducteurs dans la gélose éliminent aussi l'oxygène. 4) Des sacs de plastique sont des récipients pratiques quand il n'y a que quelques échantillons à incuber de manière anaérobie.

Ils contiennent du carbonate calcique et un catalyseur de façon à créer une atmosphère anaérobie riche en CO_2. On introduit une solution spéciale dans le compartiment réactif puis des boîtes de Petri ou d'autres récipients. Le sac est alors fermé hermétiquement et mis à l'incubateur. Un laboratoire peut utiliser ces quatre techniques, chacune étant adaptée à des buts différents.

1. Décrivez les cinq types de micro-organismes sur base de leur relation à l'O_2?
2. Pourquoi les aérobies utilisent-ils de l'O_2? Pourquoi l'O_2 est-il toxique pour de nombreux micro-organismes et comment se protègent-ils?
3. Décrivez quatre façons de cultiver des anaérobies.

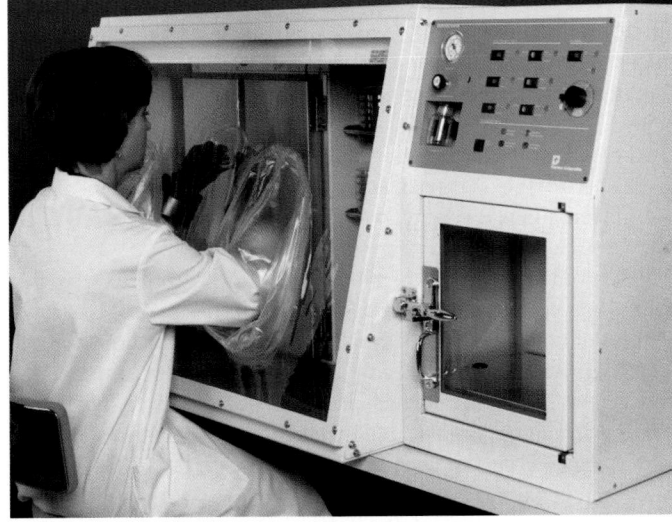

Figure 6.15 Une chambre de travail anaérobie et un incubateur. Ce système contient un plan de travail dépourvu d'oxygène. Un sas à la droite de la table de travail permet d'entrer les matériaux sans exposer l'intérieur de la chambre à l'oxygène. L'atmosphère anaérobie est maintenue par une pompe à vide et des sources d'azote. L'oxygène résiduel est enlevé par de l'hydrogène et le palladium comme catalyseur ; l'oxygène réagit avec l'hydrogène pour former de l'eau qui est alors absorbée par un agent dessicant.

La pression

Comme la plupart des organismes vivent sur la terre ou à la surface de l'eau, ils sont toujours soumis à une pression de une atmosphère (atm) et ne sont jamais soumis à des variations significatives de pression. Les grandes profondeurs (un océan de 1.000 m ou plus, de profondeur) constituent 75% du volume total de l'océan. La pression hydrostatique de ces grands fonds peut atteindre 600 à 1.100 atm tandis que la température est de 2 à 3°C environ. Les bactéries survivent néanmoins et s'adaptent. Nombreuses sont **barotolérantes**, une augmentation de pression les affecte de façon défavorable, mais pas autant que les bactéries non tolérantes. Certaines bactéries du tube digestif d'invertébrés des grandes profondeurs, comme les amphipodes et les holothuries, sont de vraies **barophiles**, elles croissent plus vite aux pressions élevées. Cette flore intestinale peut jouer un rôle important dans le recyclage des nutriments dans les grands fonds. Un barophile a été isolé de la fosse Mariana près des Philippines (profondeur d'environ 10.500 m), il est incapable de se développer à des pressions en dessous de 400-500 atm, à 2°C. Jusqu'à présent, on a trouvé des barophiles dans plusieurs genres bactériens (ex *Photobacterium*, *Shewanella*, *Colwellia*). Certaines archéobactéries sont thermobarophiles comme *Pyrococcus* sp et *Methanococcus jannaschii*. L'environnement marin (pp. 644-48).

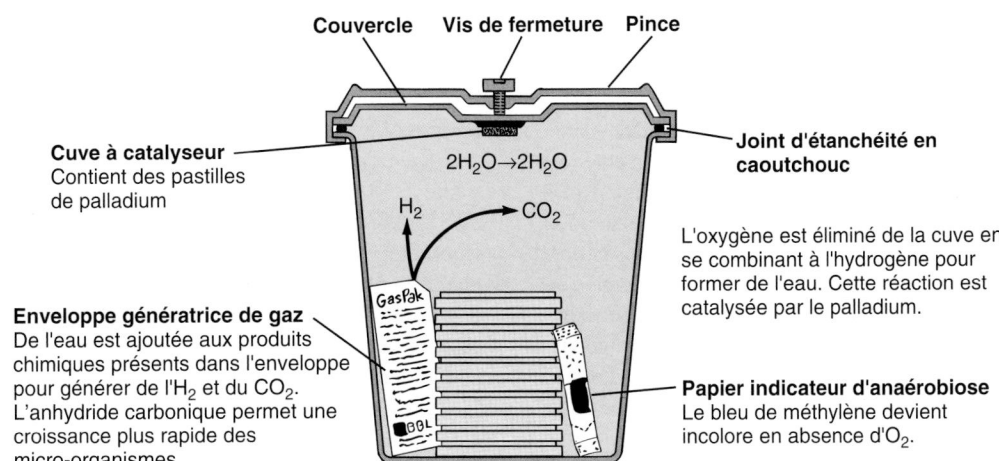

Figure 6.16 Le système anaérobie Gas Pak. L'hydrogène et l'anhydride carbonique sont produits par une enveloppe Gas Pak. Le palladium, catalyseur localisé dans le couvercle de la chambre, catalyse la formation d'eau à partir d'hydrogène et d'oxygène, éliminant ainsi l'oxygène de l'enceinte scellée.

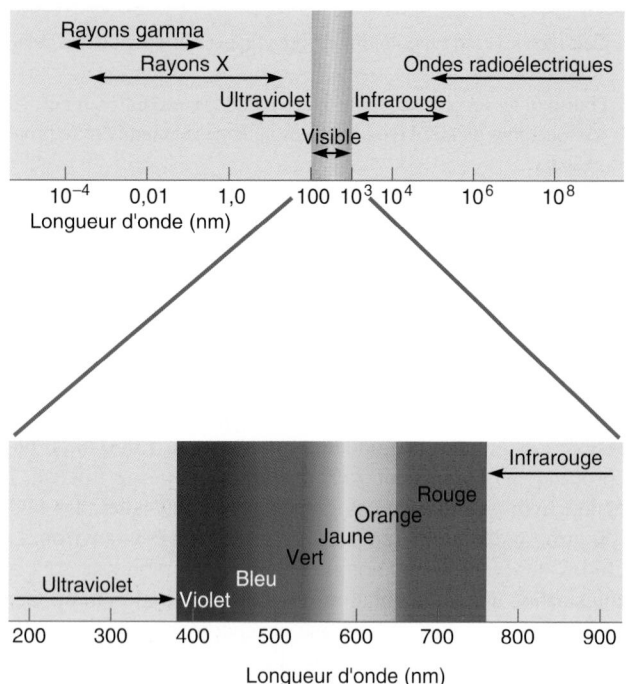

Figure 6.17 Le spectre électromagnétique. La partie visible du spectre est agrandie au bas de la figure.

Les radiations

Le monde est bombardé de radiations électromagnétiques de différents types (**figure 6.17**). Ces radiations se comportent souvent comme si elles étaient constituées de vagues se déplaçant dans l'espace comme à la surface de l'eau. La distance entre deux crêtes ou deux creux de vagues est la longueur d'onde. L'énergie de radiation augmente au fur et à mesure que la longueur d'onde de la radiation électromagnétique diminue. L'énergie de radiation des rayons gamma et X est plus importante que celle de la lumière visible ou des rayons ultraviolets. Les radiations électromagnétiques agissent comme un flux d'énergie en paquets appelés photons, chaque photon ayant un quantum d'énergie dont la valeur dépendra de la longueur d'onde de la radiation.

La lumière solaire est la source principale de radiations sur la terre. Elle inclut la lumière visible, les radiations ultraviolettes (UV), la lumière infrarouge et les ondes radioélectriques. La lumière visible est un des aspects les plus importants et les plus remarquables de notre environnement : toute vie dépend de la capacité des organismes photosynthétiques à capter l'énergie solaire. Près de 60% de la radiation solaire se situe dans la région infrarouge plutôt que dans la portion visible du spectre et les infrarouges sont la source principale de chaleur de la terre. Au niveau de la mer, on trouve très peu de radiations ultraviolettes sous 290-300 nm. Les radiations UV de longueurs d'onde plus courtes que 287 nm sont absorbées par l'O_2 dans l'atmosphère ; ce processus forme une couche d'ozone à une distance de 40 à 50 km au dessus de la surface de la terre. La couche d'ozone absorbe alors les rayons UV plus longs et reforme de l'O_2. Cette élimination des UV est cruciale car ceux-ci sont très nocifs aux systèmes vivants (*voir chapitre 11*). La distribution égale de la lumière solaire sur l'ensemble du spectre visible rend compte de la couleur « blanche » de la lumière solaire. La photosynthèse microbienne (pp. 195-201).

De nombreuses formes de radiations électromagnétiques sont très dangereuses pour les micro-organismes. Ceci est particulièrement vrai pour les **radiations ionisantes**, radiations de longueur d'onde très courte ou à haute énergie, qui peuvent faire perdre des électrons aux atomes ou les ioniser. Les rayons X, qui sont produits artificiellement, et les rayons gamma, émis par les radiosotopes, sont les deux principales formes de radiations ionisantes. Des radiations ionisantes en faibles quantités produiront des mutations et pourront indirectement provoquer la mort, tandis que des doses élevées seront directement létales. Bien que les micro-organismes soient plus résistants aux radiations ionisantes que les organismes supérieurs, ils seront détruits par des doses suffisamment importantes. Les radiations ionisantes sont donc utilisées pour stériliser. Quelques bactéries (ex. *Deinococcus radiodurans*) et les endospores bactériennes peuvent survivre à des doses relativement élevées de radiations ionisantes. L'utilisation des radiations ionisantes pour détruire les micro-organismes (p. 144). *Deinococcus* (p. 408)

Les radiations ionisantes provoquent de nombreux changements dans les cellules ; elles cassent les liaisons hydrogène, oxydent les doubles liaisons, détruisent les structures cycliques et polymérisent certaines molécules. L'oxygène augmente l'effet destructeur, probablement en générant des radicaux hydroxyle (OH•). Bien que de nombreux constituants puissent être affectés, il est raisonnable de supposer que la destruction de l'ADN soit la cause la plus importante de mortalité.

La **lumière ultraviolette (UV)**, déjà mentionnée, tue toutes les espèces de micro-organismes à cause de sa longueur d'onde courte (de 10 nm à 400 nm environ) et de son énergie élevée. Les UV les plus létaux ont une longueur d'onde de 260 nm, la longueur d'onde la plus absorbée par l'ADN. Le mécanisme principal d'action des UV est la formation de dimères de thymine dans l'ADN. Deux thymines adjacentes dans un brin d'ADN forment deux liaisons covalentes et inhibent la réplication de l'ADN et sa fonction (*voir p. 248-49*). Cette modification est réparée de plusieurs façons. Dans la **photoréactivation**, la lumière bleue est utilisée par une enzyme photoréactivante pour cliver directement les dimères de thymine. Un petit fragment contenant le dimère de thymine peut aussi être excisé et remplacé. Ce processus a lieu en l'absence de lumière et est appelé la **réactivation à l'obscurité**. Le dommage peut aussi être réparé par la protéine rec A au cours des réparations SOS et par recombinaison. Lorsque l'exposition aux UV est trop forte, le dommage est tellement important que la réparation n'est pas possible. Les mécanismes de réparation de l'ADN (pp. 254-56).

Bien que très peu d'ultraviolets d'une longueur d'onde inférieure à 290-300 nm atteignent la surface terrestre, les ultraviolets de 325 à 400 nm endommagent les micro-organismes. Une exposition aux ultraviolets proches induit la décomposition du tryptophane en photoproduits toxiques. Il semble que ces produits de dégradation du tryptophane et les UV eux-mêmes produisent des cassures dans les brins de l'ADN. Le mécanisme précis n'est pas connu, quoiqu'il soit différent de celui observé à 260 nm.

La lumière visible est très bénéfique parce qu'elle est la source d'énergie de la photosynthèse. Pourtant même la lumière visible, à une intensité suffisante, altère ou tue des micro-organismes. Généralement, des pigments dits photosensibiliseurs et de l'O_2 sont requis. Tous les micro-organismes possèdent des pigments comme la chlorophylle, la bactériochlorophylle, les cytochromes et les flavines qui absorbent l'énergie lumineuse, sont excités et agissent

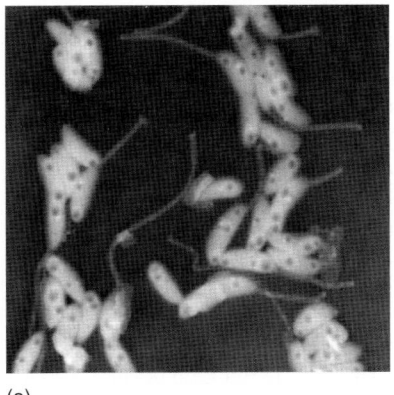

(a)

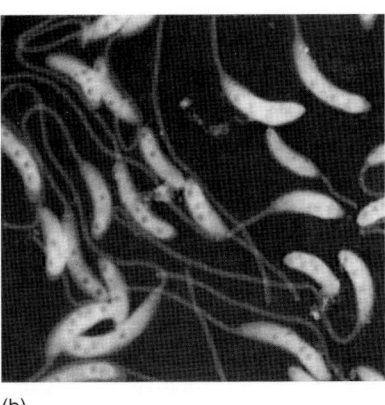

(b)

Figure 6.18 La morphologie et l'alimentation.
Les micro-organismes peuvent changer de morphologie en réponse à une privation et à différents facteurs limitants pour augmenter leur capacité de survie. (**a**) *Caulobacter* a des pédoncules relativement courts lorsque l'azote est limitant. (**b**) Les pédoncules sont extrêmement longs dans des conditions limitantes en phosphore.

comme des photosensibilisateurs. Le photosensibilisateur excité P transfère son énergie à l'O_2 générant de l'**oxygène singulet** ($^1O_2$).

$$P \xrightarrow{\text{lumière}} P \text{ (activé)}$$

$$P \text{ (activé)} + O_2 \longrightarrow P + {}^1O_2$$

L'oxygène singulet est un réactif puissant et un agent oxydant qui peut détruire rapidement une cellule. En fait, c'est probablement l'agent principal utilisé par les phagocytes pour détruire les bactéries qu'ils ont ingérées (*voir section 31.8*).

La plupart des micro-organismes qui vivent à l'air ou sur des surfaces exposées, utilisent des caroténoïdes pour se protéger de la photo-oxydation. Les caroténoïdes absorbent l'énergie de l'oxygène singulet pour ramener l'oxygène à l'état non excité. Les micro-organismes photosynthétiques comme les non photosynthétiques utilisent les pigments de cette façon.

1. Que sont les bactéries barotolérantes et barophiles ? Où peut-on s'attendre à les trouver ?
2. Citez les types de radiations électromagnétiques dans l'ordre décroissant d'énergie et croissant de longueur d'onde.
3. Pourquoi est-il si important que la terre reçoive une quantité suffisante de rayonnement solaire ? Quelle est l'importance de la formation d'ozone ?
4. Comment les radiations ionisantes, ultraviolettes et la lumière visible endommagent-elles les micro-organismes ? Comment les micro-organismes se protègent-ils des UV et de la lumière visible ?

6.5 La croissance des micro-organismes dans des environnements naturels

La section précédente montrait les effets de différents facteurs individuels de l'environnement, tels la disponibilité de l'eau, le pH ou la température. L'écologie microbienne sera développée plus loin mais nous allons considérer ici brièvement les effets de l'environnement dans sa totalité sur le développement des micro-organismes. Écologie microbienne (chapitre 28-30)

Limitation de la croissance par des facteurs environnementaux

L'environnement des micro-organismes est complexe et en perpé-

tuel changement. Dans un endroit particulier, les micro-organismes sont exposés à de nombreux gradients chevauchants de nutriments et d'autres facteurs du milieu. Ceci s'applique particulièrement à la croissance en biofilms : ces micro-organismes se développeront dans des « micro-environnements » jusqu'à ce qu'un facteur nutritif ou autre devienne limitant. C'est la **loi du minimum de Liebig** selon laquelle, la biomasse totale d'un organisme sera déterminée par l'élément nutritif présent en moindre quantité par rapport aux exigences de l'organisme. Cette loi s'applique aussi bien au laboratoire (figure 6.2) que dans des milieux naturels terrestres ou aquatiques. Une augmentation d'un nutriment essentiel limitant comme du phosphate, résultera en une élévation de la population microbienne jusqu'à ce qu'un autre facteur nutritif devienne limitant. Si c'est un nutriment particulier qui est limitant, des changements dans les autres nutriments seront sans effet. La situation peut être plus complexe car des facteurs limitants multiples influencent une population en fonction du temps. De plus, nous l'avons vu, des facteurs comme la température, le pH, la lumière et la salinité agissent sur les populations de micro-organismes et limitent la croissance. La **loi de tolérance de Shelford** dit qu'il y a des limites dans les facteurs environnementaux au-dessous et au-dessus desquelles un organisme ne peut survivre et se développer quelque soit l'apport en nutriment. Ceci se voit très bien pour la température dans la figure 6.13 : chaque micro-organisme a pour sa croissance, une marge spécifique de température. Cette même règle s'applique à d'autres facteurs comme le pH, la concentration en oxygène et la pression dans un milieu marin. Le développement d'un micro-organisme dépend de l'apport en nutriments comme de sa tolérance aux conditions de l'environnement. Biofilms (pp. 620-622)

Les micro-organismes pour la plupart, sont confrontés à des déficiences qui limitent leurs activités sauf lorsqu'un excès de nutriments permet une croissance illimitée. Un tel développement rapide consommera très vite les aliments et libérera de plus des déchets toxiques qui limiteront la croissance.

Pour répondre aux niveaux faibles en nutriments (ou **milieux oligotrophes**) et à une compétition intense, de nombreux micro-organismes améliorent leur capture de nutriments et leur exploitation des ressources disponibles. Souvent la morphologie de l'organisme se modifiera pour augmenter la surface et la capacité d'absorption des nutriments. Ceci peut impliquer chez les procaryotes, le passage d'une forme en bâtonnet à des cellules « mini » et « ultramicro » ou une modification morphologique de la prosthèque (*voir p. 490-92*) en réponse à la privation (**figure 6.18**). La diminution des ressources alimentaires induit bien d'autres changements, comme expliqué précédemment. Par exemple, les micro-organismes peuvent arrêter pas à pas leur métabolisme à l'exception de l'expression des gènes de maintenance.

Beaucoup de facteurs modifient les niveaux nutritifs des environnements oligotrophiques. Les micro-organismes sont capables de séquestrer un nutriment critique limitant comme du fer, le laissant moins disponible pour des compétiteurs. L'atmosphère peut apporter des nutriments essentiels et permettre la croissance microbienne, ce que l'on observe aussi bien au laboratoire que dans la nature. La croissance en milieux dilués est stimulée par la matière organique apportée par l'air et l'enrichissement du milieu par les matières aéroportées permet un développement significatif de populations microbiennes. L'eau distillée elle-même, qui contient des traces de matière organique, absorbe les composés à un carbone de l'atmosphère et permet le développement de micro-organismes. Même si elle n'est pas détectée, la présence de ces nutriments provenant de l'air et de ces micro-organismes peut influencer les expériences de biochimie et de biologie moléculaire comme les études sur le développement des micro-organismes dans les environnements oligotrophiques.

La croissance et la multiplication microbiennes sont aussi inhibées dans les milieux pauvres par la présence de substances naturelles comme les phénols, les tanins, l'ammoniaque, l'éthylène ou les composés soufrés volatils. Il peut s'agir d'un moyen par lequel les micro-organismes évitent d'épuiser des réserves d'énergie limitées jusqu'à ce qu'une quantité adéquate d'éléments nutritifs soit disponible. Ces substances sont égalements importantes en pathologie végétale et peuvent faciliter le contrôle des maladies microbiennes originaires du sol.

Dénombrement des procaryotes végétatifs viables mais non cultivables.

Pour étudier le développement de populations naturelles de procaryotes en dehors du laboratoire, il faut déterminer le nombre de micro-organismes viables présents. Durant la plus grande partie de l'histoire de la microbiologie, on a défini un micro-organisme viable par sa capacité de développement rapide en produisant une colonie ou une turbidité visible dans un milieu liquide. John R. Postgate à l'Université du Sussex en Angleterre fut l'un des premiers à constater que les micro-organismes survivant dans des habitats naturels (ou dans de nombreux milieux artificiels sélectifs) étaient particulièrement sensibles aux stress secondaires. Ceux-ci conduisaient à la présence de micro-organismes viables mais non cultivables. Pour déterminer le potentiel de croissance de ces micro-organismes, Postgate développa ce qu'on appela le test de microviabilité de Postgate qui permet la culture de micro-organismes dans un mince film de gélose sous un couvre-objet. Le potentiel qu'a une cellule de changer sa morphologie, même si elle ne se multiplie pas, indique que le micro-organisme montre des « signes de vie ».

Depuis ce moment, de nombreux chercheurs développèrent d'autres techniques microscopiques et isotopiques sensibles pour évaluer la présence et l'importance de ces bactéries viables mais « non cultivables ». A titre d'exemple, on compare souvent les quantités de cellules marquées par des anticorps fluorescents et à l'orangé d'acridine avec des dénombrements de population obtenus par les méthodes du nombre le plus probable (NPP) (*voir p.654-55*) et du comptage sur boîte en utilisant des milieux sélectifs et non sélectifs. On utilise également la libération de dérivés cellulaires marqués radioactivement pour contrôler les effets du stress sur les micro-organismes. Malgré ces progrès, l'estimation

des cellules viables sensibles aux substrats par le comptage direct des cellules viables au microscope, proposée initialement par Postgate, est encore utile et importante. Ces études font ressortir que même lorsqu'on ne peut cultiver des bactéries telles que *Escherichia coli*, *Vibrio cholerae*, *Klebsiella pneumoniae*, *Enterobacter aerogenes* et *Enterococcus faecalis* en utilisant des milieux de laboratoire et des techniques de culture conventionnels, elles peuvent encore jouer un rôle dans une maladie infectieuse.

La situation en milieu naturel avec des populations mixtes est beaucoup plus complexe. Dans ce cas, seules 1 à 10 % des cellules sont capables de former des colonies et les microbiologistes tentent de faire pousser des organismes qui n'ont peut-être jamais été cultivés ni caractérisés. Peut-être dans le futur, on développera les milieux et les conditions environnementales qui conviennent à leur croissance. Actuellement, ce sont les techniques de biologie moléculaires (dont l'amplification par PCR et l'analyse de l'ARN ribosomial) qui permettent de reconnaître la diversité des populations microbiennes non cultivables (*voir p. 626-29*).

La perception du quorum et les populations de micro-organismes

Pendant des dizaines d'années, les microbiologistes ont envisagé les populations bactériennes comme une collection d'individus se développant indépendamment. Plus récemment, il est apparu que de nombreuses bactéries communiquent entre elles et ont un comportement coopératif. Cette coopération se réalise grâce au système de **perception du quorum** ou auto-induction. Par ce phénomène, les bactéries contrôlent leur propre densité de population en percevant le niveau de molécules signal aussi appelées « auto-inducteurs », car elles stimulent la cellule qui les libère. La concentration de ces molécules signal s'élève avec la population bactérienne jusqu'à atteindre un seuil et signaler aux bactéries que la densité de population a atteint un niveau critique ou quorum. Les bactéries débutent alors l'expression d'ensembles de gènes dépendants du quorum. On a trouvé ce processus de détection chez les bactéries Gram-positives comme Gram-négatives.

Pratiquement, la perception du quorum a un sens. Prenons comme exemple, la production et la libération d'enzymes extracellulaires. Si ces enzymes ne sont excrétées que par quelques bactéries, elles diffuseront et seront inefficaces à cause de la dilution. Grâce à la perception du quorum, les bactéries atteignent une haute densité de population avant de libérer les enzymes. Ainsi les enzymes seront suffisamment concentrées pour avoir une action significative. Il s'agit là d'un avantage aussi bien dans le corps d'un hôte que dans le sol ou un milieu aquatique. Si un agent pathogène atteint des niveaux élevés à un endroit précis avant de libérer les facteurs de virulence et de s'échapper dans des tissus voisins, il sera beaucoup mieux armé pour résister aux défenses de l'hôte et se répandre dans tout le corps. Ceci explique pourquoi la perception du quorum est si importante pour les nombreuses bactéries qui établissent des relations symbiotiques ou parasitaires avec leurs hôtes.

La perception du quorum a été découverte d'abord chez les bactéries Gram-négatives où le processus est le mieux compris. Chez les bactéries Gram-négatives, les signaux les plus usuels sont des lactones d'acyl homosérine. Il s'agit de petites molécules composées de chaines acyl de 4 à 14 carbones attachées par liaison amide à de la lactone d'homosérine (**figure 6.19a**). La chaine acyl peut porter sur son troisième carbone un groupe cétone ou hydroxyle. Les lactones d'acyl-homosérine diffusent dans la cellule

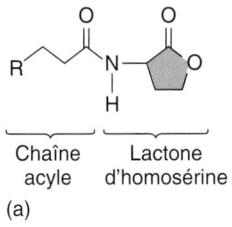

Chaîne acyle | Lactone d'homosérine

(a)

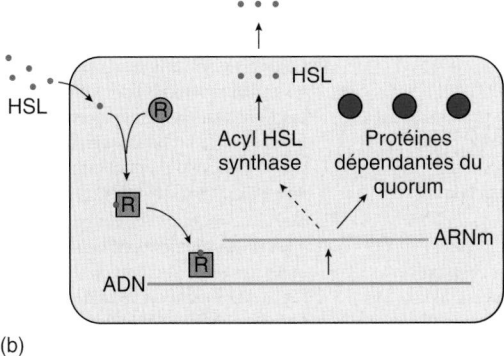

(b)

Figure 6.19 La perception du quorum chez les bactéries Gram-négative. (a) Structure générale d'une acyl-homosérine-lactone, le mieux connu des signaux de perception du quorum ou auto-inducteurs. **(b)** Schéma du fonctionnement de la perception du quorum chez de nombreuses bactéries Gram-négatives. Le récepteur protéique qui agit comme inducteur est marqué R. Les pointillés indiquent que la synthase d'acyl-homosérine-lactone n'est pas toujours synthétisée en réponse à l'auto-inducteur. Voir texte pour plus de détails.

cible (figure 6.19*b*). Lorsque leur concentration est suffisante, elles se fixent à des récepteurs protéiques spéciaux et entraînent un changement conformationnel. Généralement, les complexes activés agissent comme des inducteurs : ils se fixent à des sites spécifiques sur l'ADN et stimulent la transcription des gènes impliqués dans la perception du quorum. Le gène nécessaire à la synthèse des lactones d'acyl-homosérine est aussi transcrit fréquemment ce qui amplifie l'effet de la production et de la libération des molécules auto-inductrices.

Induction et répression de l'activité génétique (pp. 275-78)

De nombreux processus sont sensibles aux signaux donnés par les acyl-homosérine-lactones chez les bactéries Gram-négatives. Quelques exemples bien étudiés sont : 1) la bioluminescence chez

Vibrio fisheri, 2) la synthèse et la libération de facteurs de virulence chez *Pseudomonas aeruginosa*, 3) le transfert de matériel génétique par conjugaison chez *Agrobacterium tumefaciens* et 4) la production d'antibiotique par *Erwinia carotovora* et *Pseudomonas aureofaciens*.

Certaines activités sont aussi régulées par perception de quorum chez les bactéries Gram-positives, le signal étant un oligopeptide. De bons exemples sont : la conjugaison chez *Enterococcus faecalis*, l'induction de compétence chez *Streptococcus pneumoniae*, la stimulation de la sporulation chez *Bacillus*, la production de nombreuses toxines et autres facteurs de virulence chez *Staphylococcus aureus*. La perception du quorum stimule même le développement du mycelium aérien et la production de streptomycine par *Streptomyces griseus*. Dans ce cas, le signal serait la γ-butyrolactone plutôt qu'un oligopeptide.

Une fonction très intéressante de la perception du quorum est de promouvoir la maturation des biofilms de l'agent pathogène *Pseudomonas aeruginosa*, ce qui pourrait jouer un rôle dans la mucoviscidose. La formation de biofilms est utile à l'agent car ceux-ci protègent contre les antibiotiques et les détergents. La perception du quorum serait très efficace à l'intérieur des biofilms car le niveau des molécules signal, peu diluées, augmenterait rapidement. Dans ces conditions, deux bactéries pourraient se stimuler l'une l'autre en libérant des signaux semblables. Ceci serait le cas dans les biofilms contenant les agents pathogènes *P. aeruginosa* et *Burkholderia cepacia*.

La perception du quorum est un exemple de ce que l'on peut appeler un comportement multicellulaire puisque beaucoup de cellules individuelles communiquent et coordonnent leurs activités de façon à agir comme une unité. Il y a d'autres exemples de ce comportement complexe comme l'élaboration de la forme d'une colonie (*voir p. 108-10*) et la formation des fructifications chez les myxobactéries (*voir p. 512-13*).

---

1. Quelle est la relation entre les lois du minimum de Liebig et de tolérance de Shelford ?

2. Comment les micro-organismes répondent-ils aux environnements oligotrophiques ?

3. Discutez brièvement l'essai de microviabilité de Postgate et les autres méthodes d'étude et de dénombrement des micro-organismes viables mais non-cultivables.

4. Qu'appelle-t-on perception du quorum ? Comment ce phénomène se produit-il et quelle est son importance ?

Résumé

1. La croissance est une augmentation des constituants cellulaires et se traduit par une augmentation de la taille des cellules, du nombre de cellules ou des deux.

2. Quand des micro-organismes se développent dans un système clos, ou culture en « batch », la courbe de croissance résultante a généralement quatre phases : la phase de latence, la phase exponentielle ou logarithmique, la phase stationnaire et la phase de mortalité (**figure 6.1**).

3. Dans la phase exponentielle, la population double à intervalles de temps constants appelés temps de doublement ou temps de génération (**figure 6.3**). La constante de vitesse moyenne de croissance *k* est égale à l'inverse du temps de génération.

4. La croissance exponentielle est une croissance à l'équilibre, les composés cellulaires sont synthétisés à des vitesses constantes les unes par rapport aux autres. Des modifications des conditions de culture (expériences de « shift up » et de « shift down ») conduisent à une croissance en équilibre instable. Une partie des nutriments disponibles est utilisée pour fournir l'énergie d'entretien.

5. Les populations bactériennes peuvent être dénombrées directement à l'aide de chambres de comptage, de compteurs électroniques ou de microscopes à fluorescence. Les boîtes d'isolement par étalement en surface et en profon-

deur, ou les membranes filtrantes permettent de compter les bactéries viables.

6. Des modifications de la population peuvent aussi être suivies en déterminant des variations de la masse microbienne par des mesures de poids sec, de turbidité ou d'un composant cellulaire.

7. Les micro-organismes peuvent se développer dans un système ouvert dans lequel les nutriments sont constamment fournis et les déchets éliminés.

8. Une culture continue est un système ouvert qui peut maintenir la population microbienne dans la phase logarithmique. Il existe deux types de tels systèmes : les chémostats et les turbidostats.

9. Les bactéries, algues et mycètes, en majorité

ont une paroi cellulaire rigide et sont hypertoniques par rapport à l'environnement grâce à des acides aminés, des polyols et des ions potassium. La quantité d'eau disponible pour les micro-organismes est exprimée en terme d'activité de l'eau (a_w).

10. Bien que de nombreux micro-organismes ne puissent pas bien se développer à des activités de l'eau inférieures à 0,98, à cause de la plasmolyse et des effets associés, des organismes osmotolérants survivent et se développent à de faibles valeurs de a_w. Les halophiles ont besoin de concentrations élevées en chlorure sodique pour leur croissance (**tableau 6.3**).

11. Chaque espèce de micro-organisme a un optimum de pH et se classe en acidophile, neutrophile ou alcalophile.

12. Les micro-organismes peuvent modifier le pH de leur environnement. La majorité des milieux de culture doivent être tamponnés pour stabiliser le pH.

13. Les micro-organismes ont des gammes de températures distinctes pour leur croissance avec minimum, maximum et optimum – les températures cardinales. Ces gammes sont déterminées par les effets de la température sur les vitesses de catalyse, de dénaturation des protéines et de destruction des membranes.

14. Il y a cinq catégories principales de micro-organismes sur base de leur température préférée de croissance : 1) les psychrophiles 2) les psychrophiles facultatifs ou psychrotrophes 3) les mésophiles 4) les thermophiles, et 5) les hyperthermophiles (**figure 6.13** et **tableau 6.3**).

15. On peut répartir les micro-organismes en cinq catégories au moins selon leur réponse à la présence d'O_2 : les aérobies obligatoires, les anaérobies facultatifs, les anaérobies aérotolérants, les anaérobies stricts ou obligatoires et les microaérophiles (**figure 6.14** et **tableau 6.3**).

16. L'oxygène est toxique à cause de la production de peroxyde d'hydrogène, de superoxyde et de radicaux hydroxyle. Ces produits sont détruits par la superoxyde dismutase, la catalase et la pexoxydose.

17. Pour la plupart, les organismes des grandes profondeurs sont barotolérants mais certains sont barophiles et nécessitent des pressions élevées pour une croissance optimale.

18. Les radiations de haute énergie ou de longueur d'onde très courte, endommagent les micro-organismes de plusieurs façons. Les radiations ionisantes – les rayons X et les rayons gamma – ionisent les molécules et détruisent l'ADN ainsi que les autres constituants cellulaires.

19. La lumière ultraviolette (UV) induit la formation de dimères de thymine et de cassures des brins d'ADN. Ces dommages peuvent être réparés par photoréactivation ou par des mécanismes de réactivation à l'obscurité.

20. La lumière visible peut fournir de l'énergie pour produire de l'oxygène singulet qui détruira les cellules.

21. Le développement des micro-organismes dans les milieux naturels est profondément affecté par la limitation en nutriments et autres facteurs adverses. Certains micro-organismes restent viables mais sont incultivables, ils doivent être étudiés par des techniques spéciales.

22. Souvent, les bactéries communiquent entre elles d'une manière dépendante de la densité et ne performent certaines activités particulières que lorsqu'un seuil de densité de population est atteint. Ce phénomène est appelé « perception du quorum ».

Mots-clés

acidophile *123*

activité de l'eau (a_w) *122*

aérobie *127*

aérobie obligatoire *127*

alcalophile *123*

anaérobie *127*

anaérobie aérotolérant *127*

anaérobie facultatif *127*

anaérobie obligatoire *127*

anaérobie strict *127*

barophile *129*

barotolérant *129*

catalase *128*

chémostat *120*

coenocytique *113*

constante de vitesse moyenne de croissance (*k*) *116*

croissance *113*

culture continue *121*

culture en « batch » ou discontinue *113*

croissance à l'équilibre *114*

croissance en équilibre instable *114*

énergie d'entretien *121*

environnement oligotrophique *131*

extrêmophile *121*

halophile *123*

hyperthermophile *126*

loi du minimum de Liebig *131*

loi de tolérance de Shelford *131*

lumière ultraviolette (UV) *130*

membrane filtrante *118*

mésophile *126*

microaérophile *127*

neutrophile *123*

osmotolérant *122*

oxygène singulet *130*

perception du quorum *132*

peroxyde d'hydrogène *128*

phase de latence *113*

phase de mortalité *115*

phase exponentielle *114*

phase logarithmique *114*

phase stationnaire *114*

photoréactivation *130*

protéine de manque *115*

psychrophile *126*

psychrophile facultatif *126*

psychrotrophe *126*

radiation ionisante *130*

radical superoxyde *128*

radical hydroxyle *128*

réactivation à l'obscurité *130*

soluté compatible *121*

superoxyde dismutase *128*

température cardinale *125*

temps de doublement *115*

temps de génération *115*

temps de génération moyen *116*

thermophile *126*

turbidostat *121*

unité formatrice de colonie (UFC) *118*

Questions de révision

1. Discutez les raisons pour lesquelles une culture peut avoir une phase de latence très longue après avoir été inoculée.

2. Pourquoi ne peut-on pas dire qu'une culture entre dans la phase de mortalité quand on utilise la technique des comptages cellulaires totaux ?

3. Calculez la vitesse de croissance moyenne et le temps de génération d'une culture qui augmente de 5×10^2 à 1×10^8 cellules en 12 heures.

4. Si le temps de génération est de 90 minutes et si la population initiale est constituée de 10^3 cellules, combien y aura-t-il de cellules après 8 heures de croissance exponentielle ?

5. Pourquoi les systèmes de culture continue sont-ils utiles aux microbiologistes ?

6. Comment répondent les populations bactériennes à des expériences de « shift up » et de « shift down » ? Expliquez leur comportement en termes moléculaires.

7. Le pH interne reste-t-il constant en dépit des variations du pH externe ? Comment ceci peut-il être réalisé ? Expliquez comment des valeurs de pH extrêmes peuvent endommager les micro-organismes.

8. Quelles sont les adaptations métaboliques et structurales des psychrophiles et des thermophiles aux températures extrêmes ?

9. Pourquoi les temps de génération dans la nature sont-ils plus longs que dans une culture ?

Questions de réflexion

1. Comme alternative à des signaux diffusibles, suggérez un autre mécanisme de perception du quorum.

2. Proposez un milieu de culture d'enrichissement et un protocole pour l'isolement et la purification d'une bactérie du sol (par exemple *Bacillus subtilis*) à partir d'un échantillon de sol. Notez les contaminants et les compétiteurs possibles. Comment ajusterez-vous les conditions de culture et quelles conditions devront être ajustées pour favoriser de façon différentielle le développement de *Bacillus* ?

Lectures complémentaires

Généralités

Atlas, R. M., et Bartha, R. 1997. *Microbial ecology: Fundamentals and applications,* 4ᵉ éd. Menlo Park, Calif.: Benjamin/Cummings.

Caldwell, D. R. 2000. *Microbial physiology and metabolism.* Belmont, Calif.: Star Publishing.

Cavicchioli, R., et Thomas, T. 2000. Extremophiles. In *Encyclopedia of microbiology,* 2ᵉ éd., vol. 2, J. Lederberg, éd., 317–37. San Diego: Academic Press.

Gerhardt, P., Murray, R. G. E., Wood, W. A., et Krieg, N. R., editors. 1994. *Methods for general and molecular bacteriology,* chaps. 6–12. Washington, D.C.: American Society for Microbiology.

Koch, A. L. 1995. *Bacterial growth and form.* New York: Chapman & Hall.

Kushner, D. J., éd. 1978. *Microbial life in extreme environments.* New York: Academic Press.

Madigan, M. T., et Marrs, B. L. 1997. Les organismes de l'extrême. *Pour la Science,* 236, 86-92.

Moat, A. G., et Foster, J. W. 1995. *Microbial physiology,* 3ᵉ éd. New York: John Wiley and Sons.

Neidhardt, F. C., Ingraham, J. L., et Schaechter, M. 1990. *Physiology of the bacterial cell: A molecular approach.* Sunderland, Mass.: Sinauer Associates.

Postgate, J. 1994. *The outer reaches of life.* New York: Cambridge University Press.

Schlegel, H. G., et Jannasch, H. W. 1992. Prokaryotes and their habitats. In *The prokaryotes,* 2ᵉ éd. A. Balows et al., éd., 75–125. New York: Springer-Verlag.

6.1 La courbe de croissance

Kolter, R., Siegele, D. A., et Tormo, A. 1993. The stationary phase of the bacterial life cycle. *Annu. Rev. Microbiol.* 47:855–74.

Lazazzera, B. A. 2000. Quorum sensing and starvation: Signals for entry into stationary phase. *Curr. Opin. Microbiol.* 3:177–82.

Marr, A. G. 2000. Growth kinetics, bacterial. In *Encyclopedia of microbiology,* 2ᵉ éd., vol. 2, J. Lederberg, éd., 584–89. San Diego: Academic Press.

Matin, A. 2000. Starvation, bacterial. In *Encyclopedia of microbiology,* 2ᵉ éd., vol. 4, J. Lederberg, éd., 394–403. San Diego: Academic Press.

Prosser, J. I., et Tough, A. J. 1991. Growth mechanisms and growth kinetics of filamentous microorganisms. *Critical reviews in biotechnology* 10(4):253–74.

Russell, J. B., et Cook, G. M. 1995. Energetics of bacterial growth: Balance of anabolic and catabolic reactions. *Microbiol. Rev.* 59(1):48–62.

Stouthamer, A. H. 1977. Energetic aspects of the growth of micro-organisms. In *Microbial energetics,* B. A. Haddock et W. A. Hamilton, éd., 285–315. New York: Cambridge University Press.

Tempest, D. W. 1978. Dynamics of microbial growth. In *Essays in microbiology,* J. R. Norris and M. H. Richmond, éd., 7/1–7/32. New York: John Wiley and Sons.

Zambrano, M. M., et Kolter, R. 1996. GASPing for life in stationary phase. *Cell* 86:181–84.

6.4 L'influence des facteurs environnementaux

Abe, F.; Kato, C.; et Horikoshi, K. 1999. Pressure-regulated metabolism in microorganisms. *Trends Microbiol.* 7(11):447–53.

Adams, M. W. W. 1993. Enzymes and proteins from organisms that grow near and above 100°C. *Annu. Rev. Microbiol.* 47:627–58.

Blomberg, A., et Adler, L. 1992. Physiology of osmotolerance in fungi. In *Advances in microbial physiology,* vol. 33, A. H. Rose., éd., 145–212. San Diego: Academic Press.

Blount, P., et Moe, P. C. 1999. Bacterial mechanosensitive channels: integrating physiology, structure and function. *Trends Microbiol.* 7(10):420–24.

Booth, I. R. 1985. Regulation of cytoplasmic pH in bacteria. *Microbiol. Rev.* 49(4):359–78.

Brown, A. D. 1976. Microbial water stress. *Bacteriol. Rev.* 40(4):803–46.

Csonka, L. N. 1989. Physiological and genetic responses of bacteria to osmotic stress. *Microbiol. Rev.* 53(1):121–47.

Fridovich, I. 1977. Oxygen is toxic! *BioScience* 27(7):462–46.

Friedman, S. M. 1992. Thermophilic microorganisms. In *Encyclopedia of microbiology,* 1ʳᵉ éd., vol. 4, J. Lederberg, éd., 217–29. San Diego: Academic Press.

Gaill, F. 1993. Aspects of life development at deep sea hydrothermal vents. *FASEB J.* 7:558–65.

Gillis, A. M. 1994. A pressure-filled life. *BioScience* 44(9):584–86.

Gottschal, J. C., et Prins, R. A. 1991. Thermophiles: A life at elevated temperatures. *Trends Ecol. & Evol.* 6(5):157–62.

Inlag, J. A., et Linn, S. 1988. DNA damage and oxygen radical toxicity. *Science* 240:1302–9.

Jannasch, H. W., et Taylor, C. D. 1984. Deep-sea microbiology. *Annu. Rev. Microbiol.* 38:487–514.

Jannasch, H. W., et Wirsen, C. O. 1977. Microbial life in the deep sea. *Sci. Am.* 236(6):42–52.

Kelly, R. M., et Adams, M. W. W. 1994. Metabolism in hyperthermophilic microorganisms. *Antonie van Leeuwenhoek* 66:247–70.

Krieg, N. R., et Hoffman, P. S. 1986. Microaerophily and oxygen toxicity. *Annu. Rev. Microbiol.* 40:107–30.

Krulwich, T. A., et Guffanti, A. A. 1989. Alkalophilic bacteria. *Annu. Rev. Microbiol.* 43:435–63.

Le Rudulier, D., Strom, A. R., Dandekar, A. M., Smith, L. T., et Valentine, R. C. 1984. Molecular biology of osmoregulation. *Science* 224:1064–68.

Morita, R. Y. 2000. Low-temperature environments. In *Encyclopedia of microbiology,* 2ᵉ éd., vol. 3, J. Lederberg, éd., 93–98. San Diego: Academic Press.

Potts, M. 1994. Desiccation tolerance of prokaryotes. *Microbiol. Rev.* 58(4):755–805.

Stetter, K. O. 1995. Microbial life in hyperthermal environments. *ASM News* 61(6):285–90.

Yancey, P. H., Clark, M. E., Hand, S. C., Bowlus, R. D., et Somero, G. N. 1982. Living with water stress: Evolution of osmolyte systems. *Science* 217:1214–22.

6.5 La croissance de micro-organismes dans les milieux naturels

Dunny, G. M., et Leonard, B. A. B. 1997. Cell-cell communication in gram-positive bacteria. *Annu. Rev. Microbiol.* 51:527–64.

Dunny, G. M., et Winans, S. C., éd. 1999. *Cell-cell signaling in bacteria.* Washington, D.C.: ASM Press.

Fuqua, C. 2000. Quorum sensing in gram-negative bacteria. In *Encyclopedia of microbiology,* 2ᵉ éd., vol. 4, J. Lederberg, éd., 1–13. San Diego: Academic Press.

Gray, K. M. 1997. Intercellular communication and group behavior in bacteria. *Trends Microbiol.* 5(5):184–88.

Greenberg, E. P. 1999. Quorum sensing in gram-negative bacteria: An important signaling mechanism in symbiosis and disease. In *Microbial ecology and infectious disease,* E. Rosenberg, éd., 112–22. Washington, D.C.: ASM Press.

Lazazzera, B. A., et Grossman, A. D. 1998. The ins and outs of peptide signaling. *Trends Microbiol.* 6(7):288–94.

Losick, R., et Kaiser, D. 1997. La communication des bactéries. *Pour la Science,* 234, 76-82.

Morita, R. Y. 1997. *Bacteria in oligotrophic environments: Starvation-survival life style.* New York: Chapman & Hall.

Shapiro, J. A. 1988. Le comportement de groupe des bactéries. *Pour la Science,* 130, 30-37.

Shapiro, J. A. 1998. Thinking about bacterial populations as multicellular organisms. *Annu. Rev. Microbiol.* 52:81–104.

Watnick, P., et Kolter, R. 2000. Biofilm, city of microbes. *J. Bacteriol.* 182(10):2675–79.

Wirth, R., Muscholl, A., et Wanner, G. 1996. The role of pheromones in bacterial interactions. *Trends Microbiol.* 4(3):96–103.

CHAPITRE 7

Le contrôle des micro-organismes par les agents physiques et chimiques

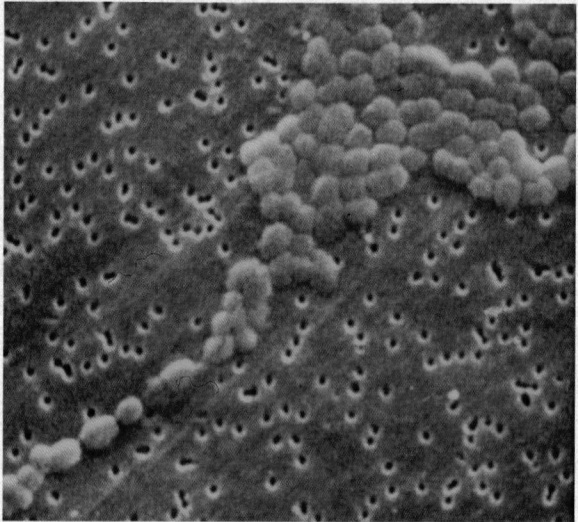

Les bactéries sont piégées à la surface de la membrane filtrante utilisée pour enlever les micro-organismes des liquides.

Plan

Concepts

1. La mort d'une population microbienne est exponentielle et l'efficacité d'un agent n'est pas constante mais influencée par de nombreux facteurs de l'environnement.

2. On peut stériliser des objets par des agents physiques tels que la chaleur et les radiations ; les liquides et les gaz sont stérilisés par la chaleur, les radiations et la filtration à travers un filtre approprié.

3. La plupart des agents chimiques ne détruisent pas aisément les endospores bactériennes et de ce fait, ne peuvent stériliser les objets ; on les utilise comme désinfectants, décontaminants et antiseptiques. On peut stériliser les objets au moyen de gaz, comme l'oxyde d'éthylène, qui détruisent les endospores.

4. Une connaissance des méthodes utilisées pour le contrôle des micro-organismes est indispensable à la sécurité du personnel et du public.

> *Nous œuvrons tous contre notre guérison car la mort est la guérison de toutes les maladies.*
>
> — *Sir Thomas Browne*

Les chapitres de la Partie II concernent la nutrition, le développement et la physiologie des micro-organismes. Ce chapitre aborde le sujet de leur limitation et de leur destruction, une matière d'une importance pratique immense. Bien que de nombreux micro-organismes soient bénéfiques et nécessaires au bien-être humain, les activités microbiennes peuvent avoir des conséquences indésirables telles que la détérioration de la nourriture et la maladie. En conséquence, il est essentiel de pouvoir détruire les micro-organismes ou d'inhiber leur développement de manière à minimiser leurs effets destructeurs. Le but est double : (1) il faut détruire les agents pathogènes et empêcher leur transmission et (2) il faut réduire ou éliminer les micro-organismes responsables de la contamination de l'eau, des aliments et d'autres substances.

Ce chapitre se focalise sur le contrôle des micro-organismes par des agents physiques et chimiques. Le chapitre 35 introduit l'utilisation de la chimiothérapie antimicrobienne pour enrayer la maladie.

Selon les documents historiques les plus anciens, les hommes pratiquèrent la désinfection et la stérilisation bien avant que l'existence des micro-organismes ne fut connue. Les Egyptiens utilisaient le feu pour stériliser du matériel infectieux ainsi que des désinfectants pour embaumer les corps et les Grecs brûlaient du soufre pour désinfecter les maisons. La loi mosaïque commandait aux Hébreux de brûler tout vêtement suspect d'être contaminé par la lèpre. De nos jours, la capacité de détruire les micro-organismes n'est pas moins importante : elle s'applique aux techniques stériles utilisées en recherche microbiologique, à la conservation de la nourriture et à la prévention de la maladie. Les techniques décrites dans ce chapitre sont également essentielles pour la sécurité du personnel dans les laboratoires et les hôpitaux (encadré 7.1).

Plusieurs façons de limiter le développement microbien n'ont pas été incluses dans ce chapitre mais elles doivent être prises en compte pour avoir une vision plus complète de la manière dont on contrôle les micro-organismes. Le chapitre 6 décrit les effets de l'activité osmotique, du pH, de la température, de l'oxygène et des radiations sur la multiplication et la survie des micro-organismes (*voir p. 121-31*). Le chapitre 41 traite de l'utilisation d'agents physiques et chimiques dans la conservation de la nourriture (*voir p. 970-73*).

7.1   Définition de termes fréquemment utilisés

La terminologie est particulièrement importante lorsqu'il est question du contrôle des micro-organismes parce que des mots, tels que désinfectant et antiseptique, sont souvent utilisés de manière inappropriée. La confusion augmente encore car, selon les conditions, un traitement particulier peut soit inhiber la croissance soit tuer.

La capacité de contrôler les populations microbiennes sur des objets inanimés, comme la vaisselle et les instruments chirurgicaux, est d'une importance pratique considérable. Il est parfois nécessaire d'éliminer tous les micro-organismes d'un objet alors qu'une destruction partielle de la population microbienne peut être suffisante dans d'autres situations. La **stérilisation** (du latin *sterilis*, stérile, infécond) est le procédé par lequel on détruit ou on élimine d'un objet ou d'un habitat toutes les cellules vivantes, les spores viables, les virus et les viroïdes (*voir chapitre 18*). Un objet stérile est totalement exempt de micro-organismes, de spores ou d'autres agents infectieux viables. Lorsqu'un agent chimique permet la stérilisation, on l'appelle un agent stérilisant. Par contraste, la **désinfection** est la destruction, l'inhibition ou l'élimination des

---

Encadré 7.1

La sécurité dans le laboratoire de microbiologie

La sécurité du personnel devrait être la préoccupation principale dans tous les laboratoires de microbiologie. On a estimé que des milliers d'infections étaient contactées en laboratoire et que beaucoup de personnes étaient décédées des suites de ces infections. Les deux maladies d'origine bactérienne les plus fréquemment acquises en laboratoire sont la fièvre typhoïde et la brucellose. Les décès les plus nombreux sont dus à la fièvre typhoïde (20 morts) et à la fièvre pourpre des Montagnes Rocheuses (13 morts). Des infections par des mycètes (histoplasmose) et des virus (encéphalite équine du Vénézuela et hépatite B des singes) ne sont pas rares. L'hépatite est l'infection virale acquise en laboratoire la plus fréquemment mentionnée, particulièrement chez les personnes travaillant dans les laboratoires cliniques et manipulant du sang. Dans une enquête concernant 426 membres du personnel hospitalier, 40% des travailleurs en chimie clinique et 21% des travailleurs en microbiologie avaient des anticorps dirigés contre le virus de l'hépatite B indiquant une exposition antérieure (alors qu'environ 19% seulement de ceux-ci ont eu des symptômes de la maladie).

On s'est efforcé à déterminer les causes de ces infections de manière à développer de meilleures mesures préventives. Bien que dans de nombreux cas, il ne soit pas possible de déterminer la cause directe de l'infection, quelques risques potentiels importants sont évidents. Une des causes les plus fréquentes de maladie est l'inhalation d'un aérosol infectieux. Un aérosol est une suspension gazeuse de particules liquides ou solides produites par accident ou par de nombreuses manipulations comme par exemple, des projections de liquides, des accidents de centrifugation, la perte de bouchons de tubes de culture agitée et le passage de boucles contaminées dans une flamme. Les seringues et les aiguilles hypodermiques provoquant des auto-inoculations et l'aspersion de solutions sont également fréquemment à l'origine d'accidents. Les seringues et les aiguilles hypodermiques ne devraient être utilisées qu'en cas d'absolue nécessité et avec précaution. Certaines infections par voie buccale sont dues à des accidents de pipettage. Les pipettes devraient être remplies au moyen de systèmes mécaniques et manipulées de manière à éviter la formation d'aérosols.

Le personnel doit être soigneux et faire preuve de bon sens lorsqu'il travaille avec des micro-organismes. Les manipulations qui pourraient conduire à la formation d'aérosols infectieux doivent être pratiquées dans une hotte de sécurité biologique. Les paillasses et les incubateurs devraient être désinfectés régulièrement. Les autoclaves doivent être entretenus et utilisés correctement pour permettre une stérilisation adéquate. Le personnel de laboratoire devrait se laver les mains minutieusement avant et après le travail.

micro-organismes potentiellement pathogènes. Les **désinfectants** sont des agents, habituellement chimiques, normalement employés sur des objets inanimés. Un désinfectant ne stérilise pas nécessairement un objet parce qu'il peut encore laisser des spores viables et quelques micro-organismes. La **décontamination** est étroitement associée à la désinfection. Par ce processus, la population microbienne est réduite à des niveaux considérés sans danger par les normes de santé publique. L'objet inanimé est ordinairement nettoyé et partiellement désinfecté. On utilise par exemple, des agents de décontamination pour nettoyer la vaisselle dans les restaurants.

Il est fréquemment nécessaire de contrôler les micro-organismes sur un tissu vivant par des agents chimiques. L'**antisepsie** (du grec *anti*, contre et *sepsis*, putréfaction) est la prévention de l'infection par l'utilisation d'**antiseptiques**, des agents chimiques appliqués sur le tissu dans le but de détruire ou d'inhiber le développement de l'agent pathogène. Parce qu'ils ne doivent pas trop détruire le tissu hôte, les antiseptiques sont généralement moins toxiques que les désinfectants.

On emploie un suffixe particulier pour indiquer le type d'agent antimicrobien. Les substances destructrices d'organismes ont souvent le suffixe – **cide** (du latin *coedere*, tuer) : un **germicide** détruit les germes pathogènes (et de nombreux non pathogènes) mais pas nécessairement les endospores. Un désinfectant ou un antiseptique peut être particulièrement efficace contre un groupe spécifique d'organismes, dans ce cas, on l'appelle un **bactéricide**, un **fongicide**, un **algicide** ou un **virucide**. D'autres substances chimiques ne tuent pas mais elles empêchent le développement. Leurs noms se terminent par le suffixe – **statique** (du grec *statikos*, provoquant une station debout, s'arrêtant), par exemple : **bactériostatique** et **fongistatique**.

Il faut noter qu'outre leurs effets sur les organismes pathogènes, ces agents peuvent également détruire ou inhiber la croissance d'organismes non pathogènes. Leur aptitude à réduire la population microbienne totale, sans affecter uniquement la population pathogène, est très importante dans de nombreuses situations.

---

1. Définissez les termes suivants : stérilisation, agent stérilisant, désinfection, désinfectant, décontamination, antisepsie, antiseptique, germicide, bactéricide, bactériostatique.

7.2   La cinétique de la létalité microbienne

Une population microbienne n'est pas tuée instantanément lorsqu'elle est exposée à un agent létal. La mort d'une population, comme son développement, est généralement exponentielle ou logarithmique ; c'est-à-dire que la population sera réduite de la même fraction à intervalles constants (**tableau 7.1**). Si l'on porte le logarithme de la population survivante sur un graphique en fonction du temps d'exposition à l'agent, on obtient une ligne droite (comparez la **figure 7.1** avec la *figure 6.2*). Après une forte réduction de la population, la vitesse de destruction peut se ralentir en raison de la survie d'une souche plus résistante du micro-organisme.

Afin d'étudier l'efficacité d'un agent létal, il faut pouvoir décider quand les micro-organismes sont morts, une tâche beaucoup moins aisée qu'avec des macro-organismes. Il est difficilement possible de prendre le pouls d'une bactérie. Une bactérie est consi-

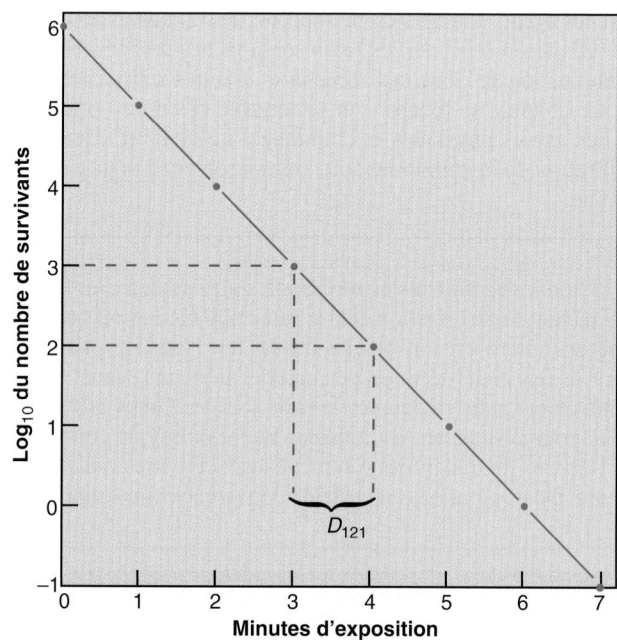

Figure 7.1 La cinétique de la mortalité microbienne. Graphique exponentiel du nombre de survivants en fonction de la durée (en minutes) de chauffage à 121°C. Dans cet exemple, la valeur D_{121} est de 1 minute. Les données sont celles du tableau 7.1.

Tableau 7.1   Une expérience théorique de destruction de micro-organismes

Minute	Nombre de micro-organismes au début de la minute[a]	Nombre de micro-organismes tués en 1 minute (90% du total)[a]	Nombre de micro-organismes à la fin de la minute	Log_{10} du nombre de survivants
1	10^6	9×10^5	10^5	5
2	10^5	9×10^4	10^4	4
3	10^4	9×10^3	10^3	3
4	10^3	9×10^2	10^2	2
5	10^2	9×10^1	10	1
6	10^1	9	1	0
7	1	0,9	0,1	−1

[a] On suppose que la population initiale contient 10^6 micro-organismes végétatifs par ml et que 90% des organismes sont tués pendant chaque minute d'exposition. La température est de 121°C.

dérée morte si elle ne se multiplie pas après inoculation dans un milieu de culture permettant son développement. De la même manière, un virus inactif ne peut infecter un hôte approprié.

---

1. Décrivez la cinétique de la létalité microbienne et comment on établit la mort ou la survie des micro-organismes.

7.3   Les conditions affectant l'efficacité de l'activité des agents antimicrobiens

La destruction des micro-organismes et l'inhibition du développement microbien ne sont pas choses simples car l'efficacité d'un **agent antimicrobien** (un agent qui tue les micro-organismes ou inhibe leur croissance) est affectée par au moins six facteurs.

1. La taille de la population. Du fait qu'une fraction égale d'une population microbienne est tuée pendant chaque intervalle, il faut plus longtemps pour détruire une population importante, que pour une population plus petite. On peut s'en rendre compte dans l'expérience théorique de destruction thermique présentée dans le tableau 7.1 et la figure 7.1. Le même principe s'applique aux agents antimicrobiens chimiques.

2. La composition de la population. L'efficacité d'un agent varie fortement avec le type d'organisme traité car les micro-organismes varient fortement en sensibilité. Les endospores bactériennes sont beaucoup plus résistantes à la plupart des agents antimicrobiens que les formes végétatives et les cellules les plus jeunes sont habituellement plus facilement détruites que les organismes matures. Certaines espèces résistent mieux aux conditions adverses que d'autres. *Mycobacterium tuberculosis*, qui provoque la tuberculose, est beaucoup plus résistant à la plupart des traitements que la majorité des autres bactéries.

3. La concentration ou l'intensité d'un agent antimicrobien. Souvent mais pas toujours, plus un agent chimique est concentré ou plus un agent physique est intense, plus les micro-organismes sont détruits rapidement. Généralement, l'effet de la concentration ou de l'intensité sur l'efficacité n'est pas linéaire. Une petite augmentation de la concentration, dans une gamme étroite, accroît l'efficacité de façon exponentielle ; au-delà d'un certain point, des augmentations supplémentaires n'augmentent pas beaucoup la vitesse de destruction. Parfois, un agent est plus efficace à plus faible concentration. Par exemple, l'éthanol à 70 % est plus efficace que l'éthanol à 95 % car son activité s'accroît en présence d'eau.

4. La durée d'exposition. Plus longtemps une population est exposée à un agent germicide, plus nombreux sont les organismes tués (*figure 7.1*). Pour réussir une stérilisation, il faut utiliser une durée d'exposition suffisante pour réduire la probabilité de survie à 10^{-6} ou moins.

5. La température. Un accroissement de la température à laquelle une substance chimique agit, augmente souvent son activité. On peut utiliser fréquemment une plus faible concentration de désinfectant ou d'un agent stérilisant à une température plus élevée.

6. L'environnement local. La population à détruire ou à inhiber n'est pas isolée mais elle est soumise à des facteurs de l'environnement qui peuvent offrir une protection ou favoriser la destruction. Par exemple, comme la chaleur tue plus facile-

ment à pH acide, la nourriture et les boissons acides telles que les fruits et les tomates, sont plus facilement pasteurisées que les denrées alimentaires plus neutres comme le lait. Un second facteur important de l'environnement est la matière organique qui peut protéger les micro-organismes contre la chaleur et les désinfectants chimiques. Les biofilms sont un bon exemple. La matière organique à la surface d'un biofilm va protéger les micro-organismes. De plus, il sera difficile d'enlever le biofilm et ses organismes. Il peut être nécessaire de nettoyer un objet avant de le désinfecter ou de le stériliser. Les seringues et l'équipement médical ou dentaire devraient être nettoyés avant stérilisation parce que la présence de trop grandes quantités de matières organiques peut protéger les organismes pathogènes et accroître le risque d'infection. Le même soin doit être pris lorsque des agents pathogènes sont détruits pendant la préparation d'eau potable. Quand une eau de distribution a une teneur élevée en matière organique, il faut ajouter une plus grande quantité de chlore pour la désinfecter.

---

1. Expliquez brièvement comment l'efficacité des agents anti-microbiens varie avec la taille de la population, la composition de celle-ci, la concentration ou l'intensité de l'agent, la durée du traitement, la température et les conditions de l'environnement local.

7.4   L'utilisation de méthodes physiques dans le contrôle

On utilise ordinairement la chaleur et d'autres agents physiques pour stériliser des objets comme on peut s'en rendre compte par l'utilisation courante de l'autoclave dans chaque laboratoire de microbiologie. Les quatre agents les plus fréquemment employés sont la chaleur, les basses températures, la filtration, et les radiations.

La chaleur

On a employé le feu et l'eau bouillante pour la stérilisation et la désinfection, depuis la Grèce antique, et la chaleur est encore un des moyens les plus courants de destruction des micro-organismes. Il faut distinguer deux grands types d'applications : la chaleur humide ou la chaleur sèche.

La chaleur humide tue facilement les virus, les bactéries et les mycètes (**tableau 7.2**). Une exposition à l'eau bouillante pendant 10 minutes est suffisante pour détruire les cellules végétatives et les spores eucaryotes. Malheureusement, la température de l'eau bouillante (100 °C) n'est pas suffisamment élevée pour détruire les endospores bactériennes qui peuvent résister à des heures d'ébullition. C'est la raison pour laquelle on utilise l'ébullition pour la désinfection de l'eau de consommation et des objets résistants à l'eau, mais pas pour leur stérilisation.

Comme la chaleur s'avère très utile dans le contrôle des micro-organismes, il est essentiel d'avoir une mesure précise de l'efficacité de la destruction thermique. Au début, on exprimait l'efficacité en termes de point de mortalité thermique (PMT) c'est-à-dire, la température la plus basse à laquelle une suspension microbienne est tuée en 10 minutes. Comme le PMT implique qu'une certaine température est immédiatement létale quelles que soient les conditions, on utilise plus fréquemment la **durée thermique mortelle** (DTM). C'est le temps le plus court requis pour

Tableau 7.2   **Conditions approximatives pour la destruction par la chaleur humide**

Organisme	Cellules végétatives	Spores
Levures	5 minutes à 50–60°C	5 minutes à 70–80°C
Moisissures	30 minutes à 62°C	30 minutes à 80°C
Bactéries[a]	10 minutes à 60–70°C	2 à > 800 minutes à 100°C
		0,5–12 minutes à 121°C
Virus	30 minutes à 60°C	

[a] Conditions pour des bactéries mésophiles.

tuer tous les organismes d'une suspension microbienne à une température spécifique et dans des conditions déterminées. Mais cette destruction est logarithmique et il n'est théoriquement pas possible de « détruire complètement » les micro-organismes dans un échantillon, même par un traitement thermique prolongé. C'est pourquoi, une valeur encore plus précise, le **temps de réduction décimale (D)** ou **valeur D** a reçu un accueil largement favorable. Le temps de réduction décimale est le temps requis pour tuer 90% des micro-organismes ou des spores dans un échantillon à une température spécifique. Si l'on porte sur un graphique semi-logarithmique la population survivante en fonction du temps de chauffage (figure 7.1), la valeur D est le temps requis pour que la droite chute d'un facteur 10 ou d'un log. La valeur D est habituellement écrite avec un indice exprimant la température pour laquelle elle s'applique. Après détermination des valeurs D à différentes températures, on peut estimer la résistance relative d'un micro-organisme en calculant la **valeur z** c'est-à-dire l'accroissement de température nécessaire pour réduire D à 1/10 de sa valeur ou pour la réduire d'un log quand le logarithme de D est porté en graphique en fonction de la température (**figure 7.2**). On peut encore décrire autrement l'efficacité d'un traitement thermique en utilisant la valeur F. La **valeur F** est le temps, exprimé en minutes, à une température spécifique (habituellement 250°F ou 121°C), nécessaire pour tuer une population de cellules ou de spores.

L'industrie alimentaire utilise beaucoup les valeurs D et z. Après mise en boîte, il faut chauffer un aliment pour éliminer le risque de botulisme dû à la présence de spores de *Clostridium botulinum*. Le traitement thermique est suffisamment long pour réduire la population de 10^{12} spores de *C. botulinum* à 10^0 (une spore) ; ainsi il y a très peu de chance qu'une seule boîte contienne une spore viable. La valeur D à 121°C pour ces spores est égale à 0,204 minute. En conséquence, il faudra 12 D soit 2,5 minutes pour réduire une population de 10^{12} spores à une spore par chauffage à 121°C. La valeur z pour les spores de *C. botulinum* est 10°C, c'est-à-dire qu'il faut un changement de température de 10°C pour modifier la valeur D d'un facteur 10. Si les boîtes devaient être traitées à 111° C plutôt qu'à 121°C, la valeur D augmenterait de 10 fois soit 2,04 minutes et la valeur 12D atteindrait 24,5 minutes. Le **tableau 7.3** présente les valeurs D et z pour quelques agents pathogènes communs transmis par la nourriture. Trois valeurs D sont données pour *Staphylococcus aureus* pour illustrer la variation de la vitesse de destruction selon l'environnement et l'effet protecteur des matières organiques. L'industrie alimentaire (pp. 970-73). Le botulisme (p. 929).

La stérilisation par la chaleur humide doit être pratiquée à des températures supérieures à 100°C de façon à détruire les endospores bactériennes, ce qui nécessite l'utilisation de vapeur saturée

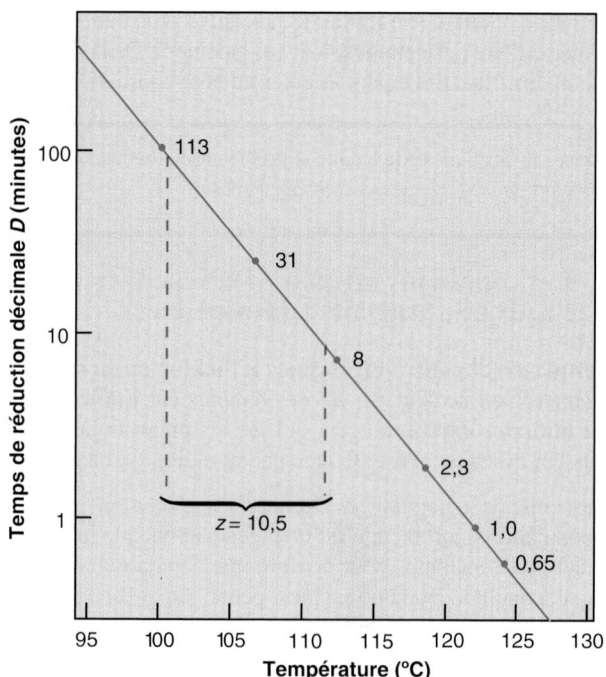

Figure 7.2 Calcul de la valeur z. La valeur z, utilisée dans le calcul du rapport temps-température pour la survie d'un micro-organisme de référence, est basée sur les valeurs D à différentes températures. La valeur z est l'accroissement de température nécessaire pour abaisser le temps de réduction décimale (D) à 10% de la valeur originale. Pour ce micro-organisme de référence, la valeur z est 10,5°. Les valeurs D sont portées sur une échelle logarithmique.

sous pression. La stérilisation à la vapeur est réalisée dans un **autoclave** (**figure 7.3**), un appareil un peu semblable à une marmite à pression. La mise au point de l'autoclave par Chamberland en 1884 a fait avancer la microbiologie énormément. L'eau est bouillie pour produire de la vapeur qui est libérée dans la chemise et dans la chambre de l'autoclave. L'air initialement présent dans cette chambre, est chassé jusqu'à ce que cette dernière soit remplie de vapeur saturée et les échappements sont fermés. La vapeur saturée chaude continue d'entrer jusqu'à ce que la chambre atteigne la température et la pression désirées, habituellement 121°C et 1 bar. A cette température, la vapeur saturée détruit toutes les cellules végétatives et les endospores dans un petit volume de liquide en 10 à 12 minutes. Le traitement est prolongé jusqu'à environ 15 minutes pour avoir une marge de sécurité. Bien sûr, des récipients de liquide plus grands comme des flacons ou des ballons, demanderont des temps de traitement plus longs. On pense que la chaleur humide tue si efficacement car elle dégrade les acides nucléiques et dénature les enzymes et d'autres protéines essentielles. Elle peut aussi détruire les membranes.

Un autoclavage doit être correctement réalisé sinon les produits traités ne sont pas stériles. La chambre n'atteindra pas 121°C, même sous une pression de 1 bar (15 livres), si tout l'air n'a pas été chassé. Il ne faut pas remplir trop fort l'autoclave car la vapeur doit circuler librement et entrer en contact avec tous les objets. Les endospores bactériennes ne seront tuées que si elles sont maintenues à 121°C pendant 10 à 12 minutes. Un grand volume de liquide requiert une période de stérilisation plus longue parce qu'il faudra

Tableau 7.3 Valeurs *D* et *z* de quelques organismes pathogènes transmis par la nourriture

Organisme	Substrat	Valeur *D* (°C) en minutes	Valeur *z* (°C)
Clostridium botulinum	Tampon phosphate	$D_{121} = 0,204$	10
Clostridium perfringens (souche thermorésistante)	Milieu de culture	$D_{90} = 3$ à 5	6 à 8
Salmonella	Salade de poulet	$D_{60} = 0,39$ à 0,40	4,9 à 5,1
Staphylococcus aureus	Salade de poulet	$D_{60} = 5,17$ à 5,37	5,2 à 5,8
	Farce de dinde	$D_{60} = 15,4$	6,8
	NaCl 0,5%	$D_{60} = 2,0$ à 2,5	5,6

D'après F.L. Bryan. 1979. « Processes That Affect Survival and Growth of Microorganims ». *Time-Temperature Control of Foodborne Pathogens*. Atlanta : Centers for Disease Control.

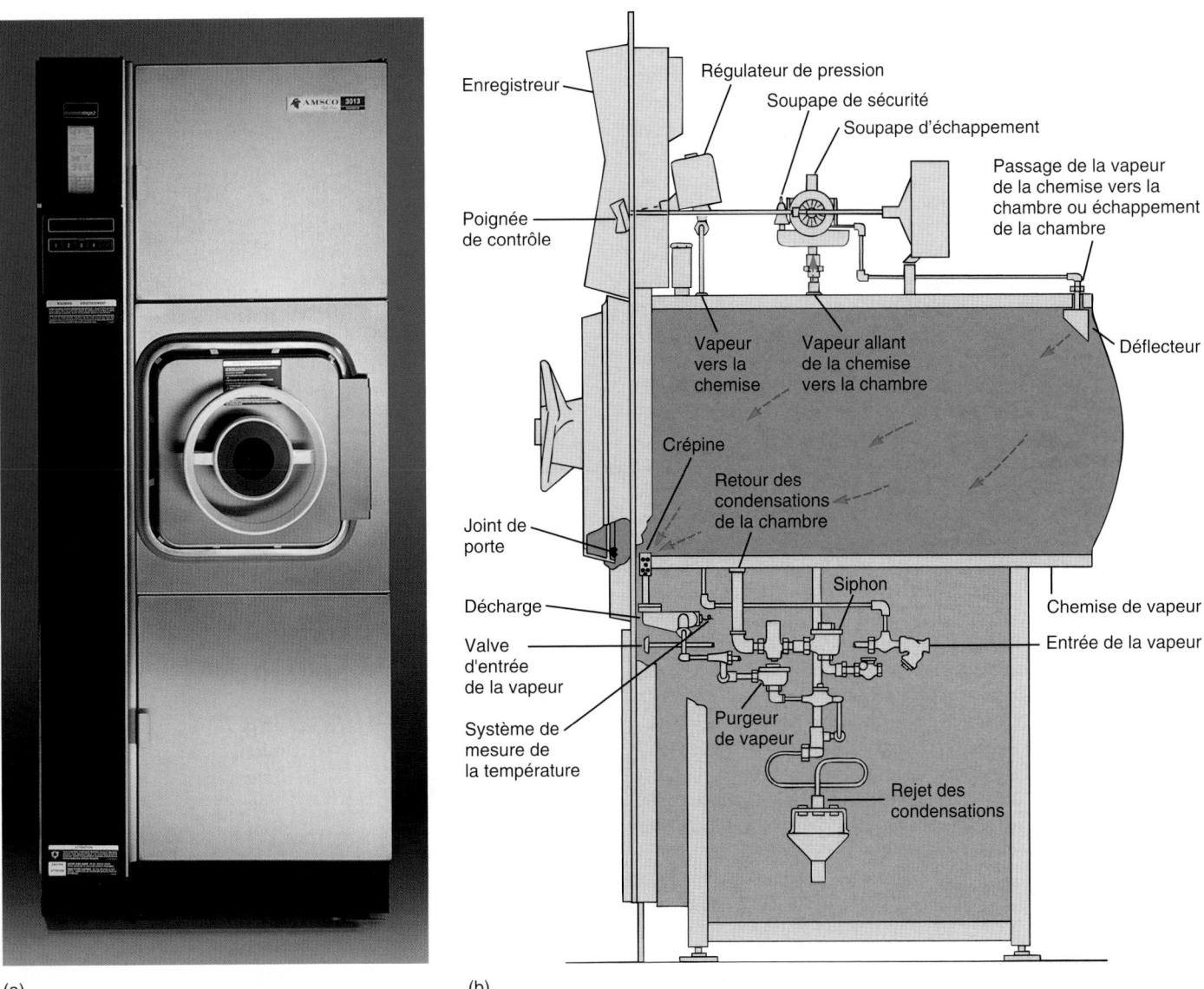

(a) (b)

Figure 7.3 L'autoclave ou stérilisateur à vapeur. (**a**) Un autoclave moderne contrôlé automatiquement.
(**b**) Schéma d'une section longitudinale d'un autoclave typique montrant certains de ses éléments et le parcours
de la vapeur. (**b**) *D'après John J. Perkins*, Principles and Methods of Sterilization in Health Science, *2ᵉ éd. 1969.*
Reproduit avec l'aimable autorisation de Charles C. Thomas, Publisher, Springfield, Il.

plus de temps pour que le centre de la masse liquide atteigne 121°C ; ainsi 5 litres de liquide exigeront environ 70 minutes d'autoclavage. Face à ces difficultés potentielles, on autoclave souvent un indicateur biologique avec les autres objets. Cet indicateur est habituellement un tube de culture contenant une ampoule stérile de milieu et une tigette de papier couverte de spores de *Bacillus stearothermophilus* ou de *Clostridium* PA 3679. Après autoclavage, l'ampoule est cassée aseptiquement et la culture est incubée pendant plusieurs jours. Si la bactérie de référence ne se développe pas dans le milieu, la stérilisation a été efficace. Parfois, on autoclave avec un plein d'objets, un ruban adhésif spécial laissant apparaître le mot *stérile* ou une tigette de papier indicateur changeant de couleur après un chauffage suffisant. Si le mot apparaît sur le ruban ou si la couleur change après autoclavage, le matériel est présumé stérile. Ces méthodes sont pratiques et épargnent du temps mais elles ne sont pas aussi fiables que celle des endospores bactériennes.

On traite de nombreuses substances, comme le lait, par un chauffage contrôlé à des températures bien inférieures à celle de l'ébullition, un procédé connu sous le nom de **pasteurisation** en l'honneur de son inventeur Louis Pasteur. Au cours des années 1860, l'industrie vinicole française était confrontée au problème de l'aigrissement du vin, ce qui rendait difficile le stockage et le transfert du vin. Pasteur examina du vin aigri au microscope et détecta des micro-organismes ressemblant aux bactéries responsables des fermentations lactiques et acétiques. Il découvrit ensuite qu'un bref échauffement à 55-60°C détruisait ces organismes et préservait le vin pour de longues durées. En 1886, les chimistes allemands V.H. et F. Soxhlet adaptèrent la technique pour la conservation du lait et la réduction des maladies transmissibles par ce dernier. La pasteurisation du lait fut introduite aux Etats-Unis en 1889. Le lait, la bière et de nombreuses autres boissons sont maintenant pasteurisés. La pasteurisation ne stérilise pas une boisson mais elle tue tous les germes pathogènes présents et ralentit fort la détérioration en réduisant le nombre de micro-organismes non pathogènes responsables du phénomène.

Le lait peut être pasteurisé de deux manières. Dans la méthode ancienne, le lait est maintenu à 63°C pendant 30 minutes. Actuellement, de grandes quantités de lait sont soumises à une **flash-pasteurisation** qui comprend un chauffage rapide à environ 72°C pendant 15 secondes suivi d'un refroidissement rapide. L'industrie laitière emploie aussi parfois la **stérilisation à température ultra-élevée**. Le lait et les produits laitiers sont chauffés à 140°-150°C pour une à 3 secondes. Le lait ainsi traité ne doit pas être refroidi et peut être conservé à température ordinaire pour deux mois environ, sans altération de goût. Les petits pots de crème fournis par les restaurants pour le café sont souvent stérilisés à ces températures ultra-élevées. La pasteurisation et l'industrie laitière (pp. 970-71).

On stérilise très bien de nombreux objets en l'absence d'eau par une **stérilisation à la chaleur sèche**. Le matériel à stériliser est placé dans un four à 160-170°C pendant 2 à 3 heures. La mort des micro-organismes résulte apparemment de l'oxydation des constituants cellulaires et la dénaturation des protéines. Bien que la chaleur sèche soit moins efficace que la chaleur humide — les spores de *Clostridium botulinum* sont tuées en 5 minutes à 121°C par la chaleur humide mais seulement après 2 heures à 160°C par la chaleur sèche — elle présente quelques avantages propres. La chaleur sèche ne corrode pas la verrerie ni les instruments en métal comme le fait la chaleur humide et elle permet la stérilisation des poudres, des huiles et de produits similaires. La plupart des laboratoires stérilisent les boîtes de Petri et les pipettes en verre par la chaleur

sèche. En dépit de ces avantages, la stérilisation par la chaleur sèche est lente et ne s'applique pas aux matières thermosensibles comme des objets en plastique et en caoutchouc.

Les températures basses

Bien que notre propos soit la destruction des micro-organismes, il faut dire que, souvent, la technique de contrôle la plus pratique est d'inhiber leur développement par la congélation ou la réfrigération. Cette méthode est particulièrement importante en microbiologie alimentaire (*voir p. 970*). La congélation à -20°C ou plus bas arrête la croissance des micro-organismes à cause de la température basse et l'absence d'eau liquide. Certains micro-organismes seront tués par la rupture des membranes due à la formation des cristaux de glace mais la congélation ne détruit pas les germes contaminants. En fait la congélation réalisée convenablement, est une très bonne méthode de conservation à long terme des échantillons microbiens et tous les laboratoires ont des congélateurs à basse température pour conserver les cultures à -30° ou -70°C. La nourriture congelée peut contenir de nombreux micro-organismes, elle doit donc être préparée et consommée rapidement après décongélation pour éviter l'avarie et le développement d'agents pathogènes. Effet de la température sur la croissance des micro-organismes (pp. 125-27)

La réfrigération ralentit fortement la croissance et la multiplication microbienne mais elle ne l'arrête pas complètement. Heureusement les agents pathogènes sont en majorité mésophiles et ne se développent pas bien aux températures voisines de 4°C. Les denrées réfrigérées peuvent être abîmées par la croissance de micro-organismes psychrophiles et psychrotrophes surtout en présence d'eau. La réfrigération est donc une bonne technique de conservation des aliments et d'autres produits, mais pour une courte durée seulement.

La filtration

La filtration est une excellente méthode pour réduire la population microbienne dans les solutions de substances thermosensibles et parfois pour stériliser des solutions. Plutôt que de détruire directement les micro-organismes contaminants, le filtre les retient simplement. Il y a deux types de filtres. Les **filtres épais** sont constitués de matières fibreuses ou granulaires fixées en une couche épaisse contenant des canaux tortueux de faible diamètre. La solution contenant les micro-organismes est aspirée par dépression à travers cette couche et les cellules microbiennes sont éliminées par un piégeage physique et également par adsorption à la surface du filtre. Les filtres épais sont faits de terre de diatomées (filtres de Berkefield), de porcelaine mate (filtres de Chamberlain), d'amiante ou de matériaux similaires.

Récemment, les **membranes filtrantes** ont remplacé les filtres épais à de nombreuses fins. Ces filtres, en forme de disque sont des membranes poreuses d'une épaisseur un peu supérieure à 0,1 mm, faites d'acétate ou de nitrate de cellulose, de polycarbonate, de fluorure de polyvinylidène ou d'autres matières synthétiques. Une grande variété de pores de tailles différentes est disponible, mais on utilise des membranes pourvues de pores d'environ 0,2 µm de diamètre pour enlever les cellules végétatives des solutions dont le volume varie de 1 ml à plusieurs litres. Les membranes sont maintenues dans des supports spéciaux (**figure 7.4**) et sont souvent précédées de filtres épais en fibres de verre destinés à éliminer les particules de grande taille qui pourraient colmater la membrane filtrante. On fait passer la solution à travers le filtre par dépression ou

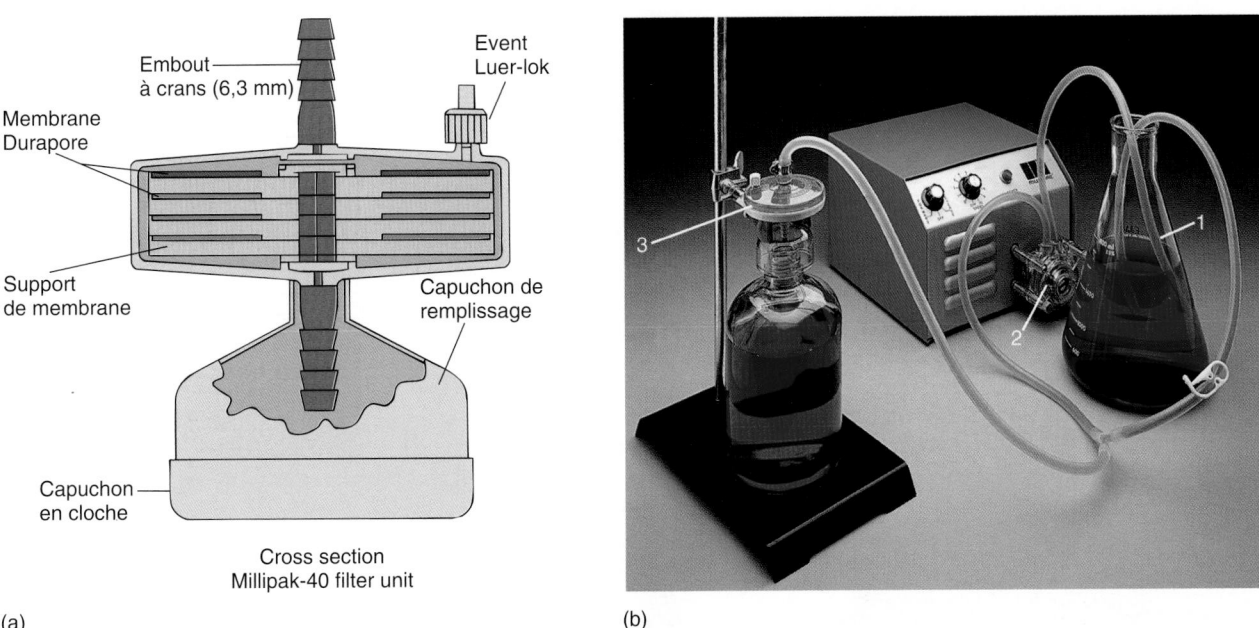

(a)

(b)

Figure 7.4 Stérilisation par une membrane filtrante. Cette figure présente une unité de filtration à membrane, destinée à stériliser des volumes moyens de solutions. (**a**) Schéma d'une coupe de l'unité à membrane filtrante. Plusieurs membranes sont utilisées pour accroître la capacité. (**b**) Dans cette installation complète de filtration, la solution à stériliser est placée dans le flacon d'Erlenmeyer, *1*. et forcée à travers le filtre par la pompe péristaltique, *2*. La solution est stérilisée par passage à travers une unité à membrane filtrante, *3*. dans un récipient stérile. D'autres équipements de filtration très divers existent également.

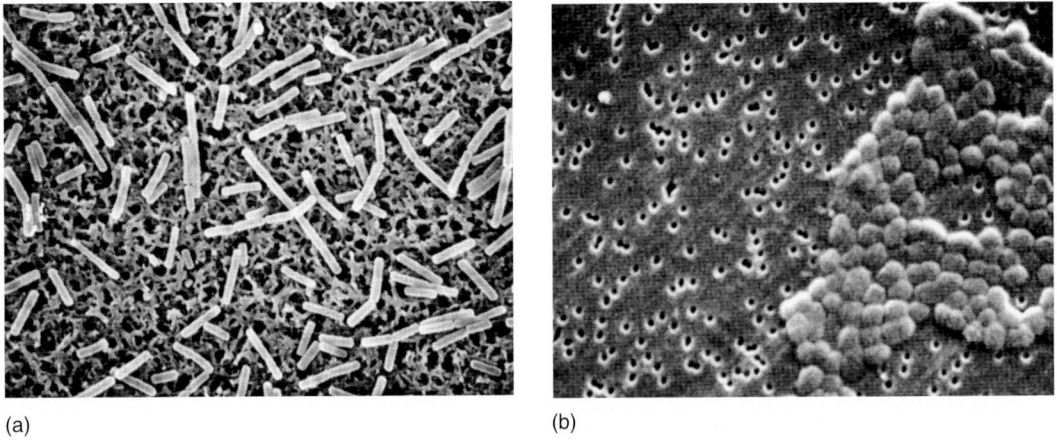

(a)

(b)

Figure 7.5 Types de membranes filtrantes. (**a**) *Bacillus megaterium* sur une membrane Ultipor de nylon ayant un diamètre de pore de 0,2 μm (x 2.000). (**b**) *Enterococcus faecalis* déposés sur une membrane filtrante en polycarbonate avec des pores de 0,4 μm (x 5.900).

par pression d'une seringue, d'une pompe péristaltique ou d'une bouteille d'azote, elle est recueillie dans des récipients préalablement stérilisés. Les membranes filtrantes éliminent les micro-organismes comme un tamis sépare les grandes particules de sable des petites (**figure 7.5**). Ces filtres servent à stériliser des produits pharmaceutiques, des milieux de culture, des huiles, des antibiotiques et d'autres solutions sensibles à la chaleur. L'utilisation des membranes filtrantes dans le dénombrement des micro-organismes (p. 118).

On peut également stériliser l'air par filtration. Deux exemples ordinaires de cette stérilisation sont les masques chirurgicaux et les bouchons d'ouate sur les flacons de culture qui lais-

sent passer l'air mais empêchent les micro-organismes de passer. Les **hottes de sécurité biologique à flux laminaire** utilisant des **filtres HEPA** (« **High – efficiency particulate air filters** »), qui retiennent 99,97% des particules de 0,3μm, représentent un des systèmes de filtration d'air les plus importants. Les hottes de sécurité biologique à flux laminaire forcent l'air à travers les filtres HEPA en formant ensuite un rideau vertical d'air stérile devant l'ouverture de la hotte. Ce dispositif protège le travailleur contre les micro-organismes manipulés dans la hotte et évite une contamination de la pièce où se trouve la hotte (**figure 7.6**). On utilise ces hottes lorsqu'on travaille avec des agents dangereux comme

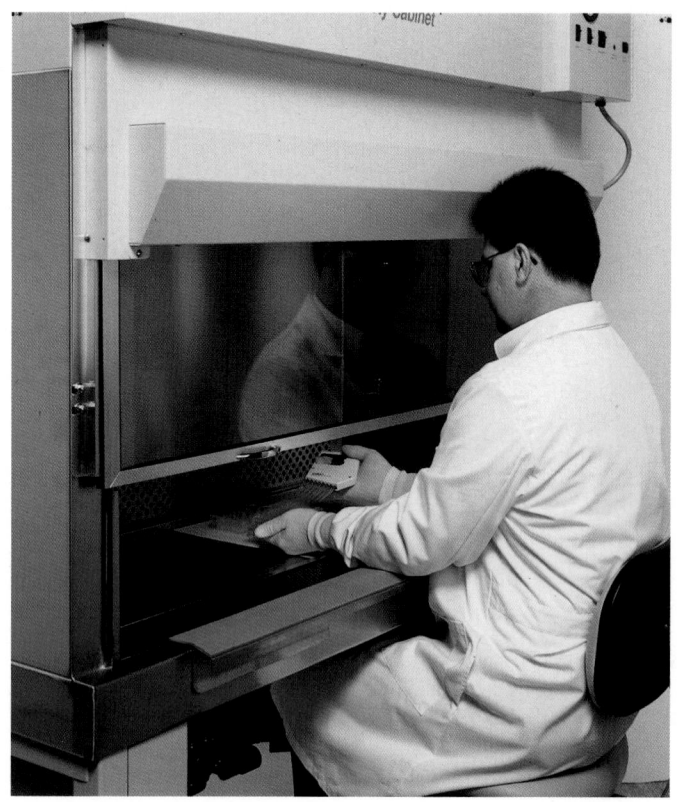

(a)

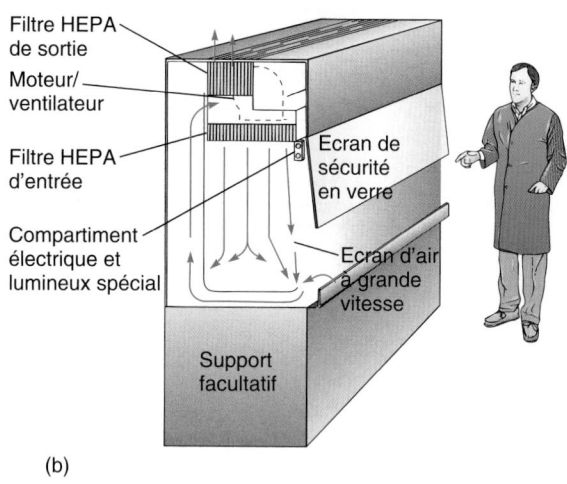

(b)

Figure 7.6 Une hotte de sécurité biologique à flux lumineux. (**a**) Un technicien pipettant un liquide potentiellement dangereux dans une hotte de sécurité. (**b**) Schéma présentant le trajet du flux d'air.

Mycobacterium tuberculosis, des virus tumorigènes et de l'ADN recombinant. On les utilise également dans les laboratoires de recherche et les industries, comme l'industrie pharmaceutique, lorsqu'une surface de travail stérile est nécessaire pour réaliser diverses expériences, une préparation de milieu, un examen de cultures de tissu, etc.

Les radiations

Les types de radiation et les moyens par lesquels les radiations endommagent ou détruisent les micro-organismes ont déjà été traités. L'utilisation pratique des radiations ultraviolettes et ionisantes pour la stérilisation des objets est décrite brièvement ci-dessous.

Les radiations et leurs effets sur les micro-organismes (pp. 130-31).

Les **radiations ultraviolettes** (**UV**) proches de 260 µm (*voir figure 6.17*) sont très létales mais ne pénètrent pas bien le verre, les films de poussière, l'eau et d'autres substances. En raison de cet inconvénient, on n'utilise les UV comme agent stérilisant que dans quelques cas particuliers. Les lampes UV parfois placées au plafond de certaines pièces ou dans les hottes de sécurité biologique, permettent de stériliser l'air et toutes les surfaces exposées. Comme les UV brûlent la peau et sont dangereux pour les yeux, les personnes travaillant dans ces lieux doivent être certaines que les lampes UV sont éteintes pendant le travail. Des systèmes producteurs d'UV sont disponibles dans le commerce pour le traitement de l'eau. Le passage d'une fine couche d'eau devant les lampes détruit les micro-organismes pathogènes et les autres.

Les **radiations ionisantes** sont d'excellents agents de stérilisation et pénètrent en profondeur dans les objets. Les radiations gamma d'une source de cobalt 60 stérilisent à froid des antibiotiques, des hormones, des fils de suture et des objets plastiques à usage unique (seringues). Les radiations gamma « pasteurisent » également la viande et d'autres aliments. L'irradiation élimine la

crainte d'organismes pathogènes comme *Escherichia coli* 0157 : H7, *Staphylococcus aureus* ou *Campilobacter jejuni*. L'organisation mondiale de la santé, comme la « Food and Drug Administration » ont approuvé l'irradiation des aliments en la déclarant sans danger. Il existe une usine d'irradiation commerciale près de Tampo en Floride (USA). Cependant le procédé n'est pas encore largement utilisé en raison de son coût et des craintes soulevées par les effets des radiations gamma sur la nourriture. Le gouvernement américain a approuvé l'utilisation de l'irradiation pour traiter la volaille, le boeuf, le porc, le veau, le mouton, les fruits, les légumes et les épices.

1. Définissez le point de mortalité thermique (PMT), la durée thermique mortelle (DTM), le temps de réduction décimale (*D*) ou valeur *D*, la valeur *z* et la valeur F.

2. Décrivez comment fonctionne un autoclave. Quelles sont les conditions requises pour une stérilisation par la chaleur humide et quelles sont les trois choses à faire pour stériliser lorsqu'on fait fonctionner un autoclave ?

3. Comment sont pratiquées la pasteurisation, la flash-pasteurisation, la stérilisation à température ultra-élevée et la stérilisation à la chaleur sèche ? Donnez quelques applications pratiques de chacun de ces procédés.

4. Comment emploie-t-on les basses températures pour contrôler les micro-organismes ?

5. Que sont les filtres épais et les membranes filtrantes et comment sont-ils utilisés pour stériliser les liquides ? Décrivez le fonctionnement d'une hotte de sécurité biologique.

6. Donnez les avantages et inconvénients de la lumière ultraviolette et des radiations ionisantes en tant qu'agents de stérilisation. Illustrez par quelques exemples l'utilisation de chacun.

Encadré 7.2

Précautions universelles pour laboratoires de microbiologie

Le sang et les autres liquides biologiques de tous les patients doivent être considérés comme potentiellement infectieux.

1. Tous les échantillons de sang et des autres liquides biologiques doivent être contenus dans des flacons bien conçus avec une fermeture étanche pour éviter des fuites pendant le transport. Une attention particulière doit être portée lors du prélèvement de l'échantillon, pour éviter une contamination de l'extérieur des tubes et des documents qui accompagnent l'échantillon.

2. Toute personne manipulant les échantillons doit porter des gants. Des masques et des lunettes de protection doivent être portés lorsqu'on prévoit un contact possible des échantillons avec des muqueuses. Après manipulation des échantillons, les gants doivent être renouvelés et on doit se laver les mains.

3. Pour les manipulations de routine, telles les études histologiques et pathologiques ou les cultures microbiologiques, une hotte à flux laminaire n'est pas requise. Cet équipement sera pourtant utilisé lorsque la technique implique la production de gouttelettes au cours de manipulations, telles que broyage, passage aux ultrasons et mélange vigoureux.

4. Des pipettes automatiques doivent être employées pour manipuler tous les liquides au laboratoire. Il ne faut pas utiliser la pipette à la bouche.

5. L'usage d'aiguilles et de seringues doit être limité aux cas où il n'y a pas d'alternative, et les recommandations pour éviter les piqûres d'aiguilles doivent être appliquées (*voir encadré 36.1 p. 829*).

6. Les surfaces de travail seront décontaminées par un germicide clinique approprié, lorsque du sang ou du liquide biologique a été répandu, ou lorsque le travail est terminé.

7. Du matériel contaminé lors de tests de laboratoire sera décontaminé avant réutilisation ou déposé dans des sacs, en accord avec les réglementations de l'institution en vue d'éliminer les déchets contaminés.

8. Les appareils scientifiques, contaminés par du sang ou autres liquides biologiques, seront décontaminés et nettoyés avant d'être réparés au laboratoire ou transportés chez le fabricant.

9. Après les manipulations de laboratoire, on doit se laver les mains et enlever les vêtements de protection avant de quitter le laboratoire.

10. On ne peut ni manger, ni boire ni fumer dans l'aire de travail.

Source: Adapté de *Morbidity and Mortality Weekly Report,* 36 (Suppl. 2S) 5S–10S, 1987, the Centers for Disease Control and Prevention Guidelines.

7.5   L'utilisation d'agents chimiques dans le contrôle

Les objets sont parfois désinfectés au moyen d'agents physiques, mais on emploie plus souvent des produits chimiques pour la désinfection et la stérilisation. Comme on l'a déjà vu, de nombreux facteurs influencent l'efficacité des désinfectants et des antiseptiques chimiques. Des facteurs, tels que les types de micro-organismes potentiellement présents, la concentration et la nature du désinfectant à utiliser et la durée du traitement, doivent être pris en considération. Avant d'appliquer un désinfectant ou un antiseptique, il faut nettoyer les surfaces sales. Il est essentiel pour la sécurité du laboratoire et de l'hôpital d'utiliser les agents chimiques de manière appropriée (**encadré 7.2**, *voir aussi encadré 36.1*). Il faut noter que les produits chimiques sont employés aussi pour empêcher la croissance de micro-organismes dans la nourriture, on en parle dans le chapitre sur la microbiologie alimentaire (*voir p. 971-72*).

Il y a beaucoup de produits disponibles comme désinfectants et chacun possède ses propres avantages et désavantages. En choisissant un agent, il faut se rappeler les caractéristiques d'un bon désinfectant. Idéalement, le désinfectant doit être actif contre une large gamme d'agents infectieux (bactéries Gram-positives et Gram-négatives, bactéries alcoolo-acido-résistantes, endospores bactériennes, mycètes et virus) et ceci à des dilutions élevées et en présence de matière organique. Bien que le produit chimique doive être toxique pour les agents infectieux, il ne peut être ni toxique pour les gens ni corrosif pour les matériaux usuels. En pratique, cette balance entre haute activité et faible toxicité pour les animaux est difficile à atteindre. Certaines substances sont utilisées malgré leur peu d'activité parce qu'elles ne sont pas toxiques. Le désinfectant doit être stable durant la conservation, inodore ou avec un parfum agréable, soluble dans l'eau et les lipides pour pénétrer dans les micro-organismes, avoir une faible tension superficielle pour entrer dans les fissures des surfaces. Si possible le désinfectant devrait être relativement bon marché.

Un problème sérieux est l'emploi excessif du triclosan et autres germicides. On trouve maintenant cet agent antibactérien dans des déodorants, des dentifrices, des savons et des jouets de bébé. Le triclosan semble être partout. Malheureusement, on voit déjà émerger des bactéries résistantes au triclosan. Ainsi *Pseudomonas aeruginosa* extrait de façon active l'antiseptique hors de la cellule. Les bactéries paraissent répondre à l'utilisation abusive des antiseptiques comme elle le font quand il s'agit des antibiotiques (*voir p. 818-20*). Il y a maintenant des preuves que l'usage extensif du triclosan augmente aussi la fréquence de la résistance aux antibiotiques chez les bactéries. Ainsi l'utilisation abusive des antiseptiques a des conséquences malheureuses imprévues.

Les propriétés et les utilisations de plusieurs groupes de désinfectants et d'antiseptiques courants sont passées en revue ci-dessous. Les **tableaux 7.4** et **7.5** résument plusieurs de leurs caractéristiques. La **figure 7.7** présente les structures de quelques agents ordinaires.

Les composés phénoliques

Le phénol fut le premier antiseptique et désinfectant largement utilisé. En 1867, Joseph Lister l'employa pour réduire le risque d'infection durant les interventions chirurgicales. De nos jours, le phénol et les composés phénoliques comme les crésols, les xylénols et l'orthophénylphénol sont utilisés comme désinfectants dans les la-

Tableau 7.4   Niveaux d'activité de germicides choisis

Classe	Concentration utilisée de l'agent actif	Niveau d'activité[a]
Gaz		
Oxyde d'éthylène	450 à 500 mg/l[b]	Élevé
Liquide		
Glutaraldéhyde aqueux	2%	Élevé à intermédiaire
Formaldéhyde + alcool	8% + 70%	Élevé
Eau oxygénée stabilisée	6 à 30%	Élevé à intermédiaire
Fomaldéhyde aqueux	6 à 8%	Élevé à intermédiaire
Iodophores	750 à 5.000 mg/l[c]	Élevé à intermédiaire
Iodophores	75 à 150 mg/l[c]	Intermédiaire à faible
Iode + alcool	0,5% + 70%	Intermédiaire
Composés chlorés	0,1 à 0,5%[d]	Intermédiaire
Composés phénoliques aqueux	0,5 à 3%	Intermédiaire à faible
Iode aqueux	1%	Intermédiaire
Alcools (éthanol, isopropanol)	70%	Intermédiaire
Ammoniums quaternaires	0,1 à 0,2% aqueux	Faible
Chlorhexidine	0,75 à 4%	Faible
Hexachlorophène	1 à 3%	Faible
Composés mercuriels	0,1 à 0,2%	Faible

Source: D'après Block, Seymour S. : *Disinfection, Sterilization and Preservation.* 1983. Reproduit avec l'autorisation de Lea & Febiger. Philadelphie, USA.

[a] Les désinfectants à haut niveau d'activité détruisent les cellules bactériennes végétatives y compris *M. tuberculosis*, les endospores bactériennes, les mycètes et les virus. Les désinfectants de niveau intermédiaire détruisent tout ce qui précède à l'exception des endospores. Les agents de faible niveau tuent les bactéries végétatives à l'exception de *M. tuberculosis*, les mycètes et les virus de taille moyenne contenant des lipides (mais pas les endospores bactériennes ni les petits virus non lipidiques).

[b] Dans un équipement semblable à un autoclave fonctionnant de 55 à 60°C.

[c] Iode disponible.

[d] Chlore libre.

Tableau 7.5   Efficacité relative de désinfectants et d'antiseptiques fréquemment utilisés

Classe	Désinfectant	Antiseptique	Commentaires
Gaz			
Oxyde d'éthylène	3–4[a]	0[a]	Sporicide; toxique; bonne pénétration; exige une humidité relative de 30 % ou plus; l'activité germicide varie avec l'appareil utilisé; absorbé par les matières poreuses; les spores sèches sont très résistantes; il faut de l'humidité et un prétrempage est fort avantageux.
Liquide			
Glutaraldéhyde aqueux	3	0	Sporicide; solution active instable; toxique.
Eau oxygénée stabilisée	3	0	Sporicide; utiliser une solution stable de 6 semaines au maximum; toxique par voie orale et pour les yeux; modérément toxique pour la peau; peu inactivée par les matières organiques.
Formaldéhyde + alcool	3	0	Sporicide; vapeurs nocives; toxique et volatil.
Formaldéhyde aqueux	1–2	0	Sporicide; vapeurs nocives; toxique.
Composés phénoliques	3	0	Stables; corrosifs; faible inactivation par les matières organiques; irritent la peau.
Composés chlorés	1–2	0	Action rapide; inactivation par les matières organiques; corrosifs; irritent la peau.
Alcool	1	3	Rapidement germicide sauf pour les spores bactériennes et quelques virus; volatil; inflammable; assèche et irrite la peau.
Iode + Alcool	0	4	Corrosif; très rapidement germicide; colore; irrite la peau; inflammable.
Iodophores	1–2	3	Un peu instables; relativement doux; colorent temporairement; corrosifs.
Iode aqueux	0	2	Rapidement germicide; corrosif; tache les tissus; colore et irrite la peau.
Ammoniums quaternaires	1	0	Doux; inactivés par le savon et les composés anioniques; composés absorbés par les tissus; une solution vieille ou diluée permet le développement de bactéries Gram-négatives.
Hexachlorophène	0	2	Doux; insoluble dans l'eau; soluble dans l'alcool; pas inactivé par le savon; faiblement bactéricide.
Chlorhexidine	0	3	Doux; soluble dans l'eau et l'alcool; faiblement bactéricide.
Composés mercuriels	0	±	Doux; fortement inactivés par les matières organiques; faiblement bactéricides.

Source: D'après Block, Seymour S. : *Disinfection, Sterilization and Preservation.* 1983. Reproduit avec l'autorisation de Lea & Febiger, Philadelphie, USA.

[a] Classement subjectif de l'utilité pratique dans un environnement hospitalier : 4 est l'utilité maximale, 0 est peu utile, ± signifie que le produit n'est que parfois utile.

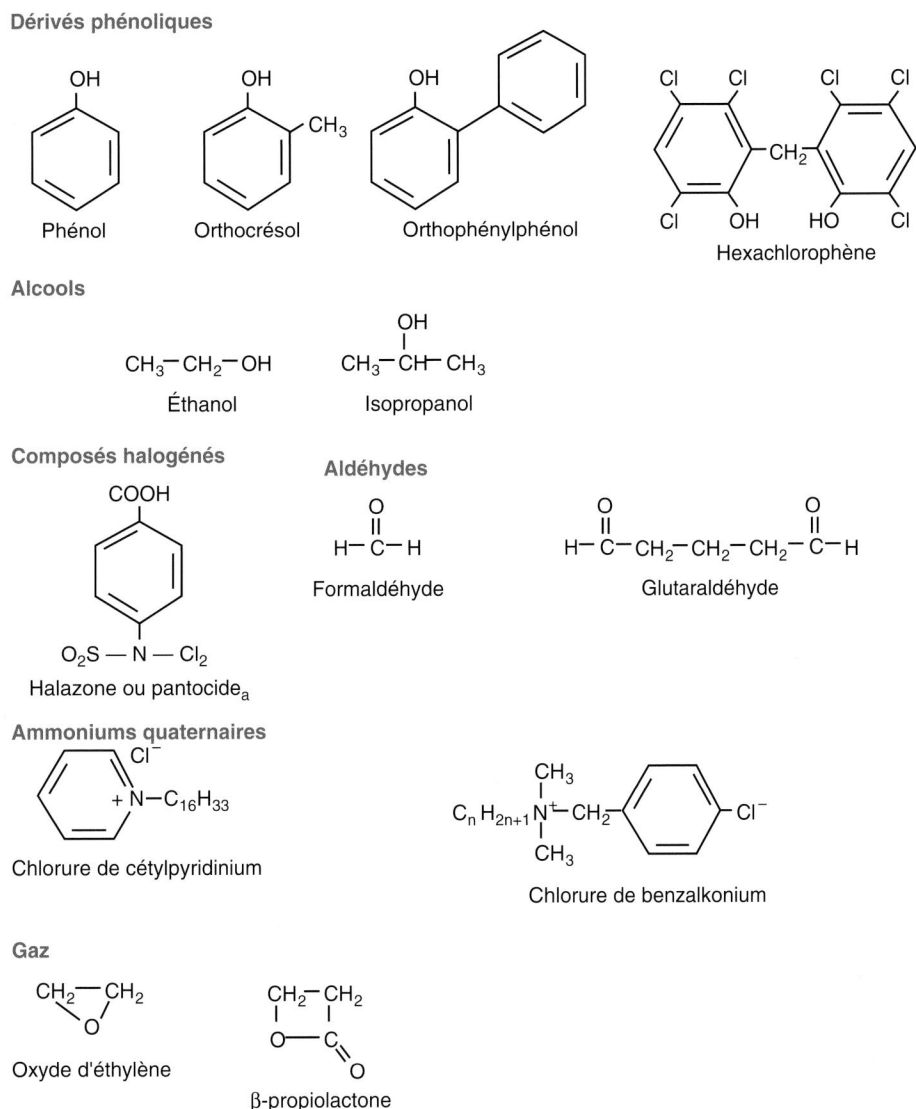

Figure 7.7   Désinfectants et antiseptiques. Structure de quelques désinfectants et antiseptiques fréquemment utilisés. [a] Note du traducteur : formule corrigée de l'halazone.

boratoires et les hôpitaux. Le Lysol, le Dettol et le Néosabényl, des désinfectants commerciaux, sont composés d'un mélange de dérivés phénoliques. Ces substances agissent par dénaturation des protéines et par altération des membranes cellulaires. Elles ont de réels avantages en tant que désinfectants. Les dérivés phénoliques tuent les bacilles de la tuberculose. Ils sont efficaces en présence de matières organiques et restent actifs sur des surfaces longtemps après leur application. Mais ils ont une odeur désagréable et peuvent provoquer une irritation de la peau.

L'hexachlorophène (figure 7.7) a été un des antiseptiques les plus populaires parce qu'il persiste sur la peau après son application et réduit pour longtemps le nombre de bactéries de la peau. Il peut cependant endommager le cerveau et il n'est utilisé, actuellement, dans les maternités qu'en réponse à une épidémie staphylococcique.

Les alcools

Les alcools sont les désinfectants et les antiseptiques les plus largement utilisés. Ils sont bactéricides et fongicides mais non sporicides ; certains virus contenant des lipides sont également détruits. Les deux alcools germicides les plus populaires sont l'éthanol et l'isopropanol, habituellement utilisés à une concentration variant de 70 à 80%. Ils agissent en dénaturant les protéines et peut-être en dissolvant les lipides membranaires. Un trempage de 10 à 15 minutes est suffisant pour désinfecter les thermomètres et les petits instruments.

Les halogènes

Les halogènes sont les cinq éléments (fluor, chlore, brome, iode et astate) du groupe VIIA du tableau périodique. Ils existent comme molécules diatomiques sous la forme libre et forment des sels avec le sodium ou d'autres métaux. L'iode et le chlore sont des agents antimicrobiens très importants.

L'iode sert comme antiseptique de la peau. Il tue en oxydant les constituants cellulaires et en iodant les protéines cellulaires. En concentrations élevées, il peut même tuer certaines spores. L'iode a souvent été appliqué sous forme de teinture d'iode, solution d'iode à 2% ou dans un mélange eau + éthanol contenant de l'iodure de potassium. Bien que ce soit un antiseptique efficace, il peut endommager la peau, tacher et induire des allergies. Plus récemment, en complexant l'iode à un transporteur organique, on a formé un **iodophore**. Les iodophores sont solubles dans l'eau, stables et non tachants. Ils libèrent l'iode lentement pour minimiser les brûlures et l'irritation de la peau. On les utilise en milieu hospitalier pour une antisepsie préopératoire de la peau et comme désinfectants dans les hôpitaux et les laboratoires. Les polyvinyl-pyrrolidones iodées comme la Bétadine et la Proviodine, sont des iodophores largement utilisés.

Le chlore est le désinfectant de choix pour l'eau de distribution et les piscines. Il est également employé dans les industries laitières et alimentaires. Appliqué sous forme de gaz, d'hypochlorite de sodium ou de calcium, il produit de l'acide hypochloreux (HClO) puis de l'oxygène atomique. Il en résulte une oxydation des constituants cellulaires et une destruction des bactéries végétatives et des mycètes mais pas des spores.

$$Cl_2 + H_2O \longrightarrow HCl + HClO$$

$$Ca(OCl)_2 + 2H_2O \longrightarrow Ca(OH)_2 + 2HClO$$

$$HClO \longrightarrow HCl + O$$

La mort de presque tous les micro-organismes survient habituellement en 30 minutes. Comme les matières organiques interfèrent en réagissant avec le chlore et ses dérivés, on ajoute un excès de chlore pour assurer la destruction des micro-organismes. Il y a cependant un problème potentiel car le chlore réagit avec des molécules organiques pour former des trihalométhanes cancérigènes dont il faut surveiller la présence dans l'eau potable. L'ozone a parfois été utilisé avec succès comme alternative à la chlorination, en Europe et au canada. La purification de l'eau de distribution (pp. 651-53).

Le chlore est également un excellent désinfectant à usage personnel parce qu'il est efficace, bon marché et facile à utiliser. On peut désinfecter de petites quantités d'eau de consommation avec des comprimés d'halazone (pantocide, parasulfone d'acide dichloramidobenzoïque). Ajouté à l'eau, ce composé libère le chlore lentement et désinfecte celle-ci en une demi-heure environ. Les campeurs ne disposant pas d'une source d'eau potable s'en servent fréquemment.

Les solutions chlorées sont des désinfectants de laboratoire et domestiques très efficaces. On peut préparer une excellente combinaison désinfectant-détergent en mélangeant une dilution 1/100 d'hypochlorite avec suffisamment de détergent non ionique pour obtenir une concentration de 0,8% en détergent. Ce mélange éliminera la poussière comme les bactéries.

Les métaux lourds

Les ions de métaux lourds comme le mercure, l'argent, l'arsenic, le zinc et le cuivre ont été utilisés pendant de nombreuses années comme germicides. Plus récemment, on leur a substitué d'autres germicides moins toxiques et plus efficaces (beaucoup de métaux lourds sont plus bactériostatiques que bactéricides). Il y a quelques exceptions. On instille souvent une solution de nitrate d'argent à 1% dans les yeux des nouveaux-nés pour éviter l'ophtalmie purulente (dans de nombreux hôpitaux, l'érythromycine remplace le nitrate d'argent parce qu'elle est efficace contre *Chlamydia* aussi bien que contre *Neisseria*). On applique la sulfadiazine d'argent sur les brûlures. Le sulfate de cuivre est un algicide efficace dans les lacs et les piscines.

Les métaux lourds se fixent aux protéines, souvent sur les groupes sulfhydryle, et les inactivent. Ils peuvent également précipiter les protéines cellulaires.

Les ammoniums quaternaires

Les **détergents** (du latin *detergere*, essuyer, enlever) sont des molécules organiques qui servent d'agents mouillants et d'émulsifiants car ils ont une extrémité polaire hydrophile et une extrémité non polaire hydrophobe. En raison de leur nature amphipathique (*voir section 3.2*), les détergents solubilisent les résidus habituellement insolubles et sont des agents de nettoyage très efficaces. Ils sont différents des savons qui sont dérivés des graisses.

Bien que les détergents anioniques aient quelques propriétés antimicrobiennes, seuls les détergents cationiques sont des désinfectants efficaces. Les plus populaires d'entre eux sont les composés d'ammonium quaternaire caractérisés par un azote quaternaire chargé positivement et une longue chaîne aliphatique hydrophobe (figure 7.7). Ils détériorent les membranes microbiennes et peuvent également dénaturer les protéines.

Les détergents cationiques tels que le chlorure de benzalkonium et le chlorure de cétylpyridinium tuent la plupart des bactéries mais pas *M. tuberculosis*, ni les endospores. Ils ont l'avantage d'être stables, non toxiques et doux ; ils sont cependant inactivés par l'eau dure et les savons. Les détergents cationiques servent souvent d'antiseptiques de la peau et de désinfectants d'ustensiles de cuisine et de petits instruments.

Les aldéhydes

Les deux aldéhydes les plus couramment utilisés, le formaldéhyde et le glutaraldéhyde, sont des molécules très actives qui se combinent aux acides nucléiques et aux protéines, ils les inactivent par pontage et alkylation (figure 7.7). Ils sont sporicides et peuvent être employés comme stérilisants chimiques. Le formaldéhyde est habituellement dissous dans l'eau ou l'alcool avant utilisation. Une solution tamponnée de glutaraldéhyde à 2% est un désinfectant efficace. Moins irritant que le formaldéhyde, il sert à désinfecter du matériel et des équipements hospitaliers et de laboratoire. Le glutaraldéhyde désinfecte les objets en 10 minutes environ mais peut exiger jusqu'à 12 heures pour détruire toutes les spores.

Les gaz stérilisants

De nombreux objets thermosensibles comme les seringues et les boîtes de Petri à usage unique en plastique, les composants des machines cœur-poumons, les fils de suture et les cathéters sont actuellement stérilisés à l'oxyde d'éthylène (*figure 7.7*). Ce gaz est à la fois germicide et sporicide et il tue en se fixant aux protéines cellulaires. C'est un agent stérilisant particulièrement efficace car il pénètre rapidement les matières d'emballage y compris le plastique.

Un appareil spécial à oxyde d'éthylène, fort semblable à un autoclave, contrôle la concentration du gaz, la température, l'humidité et permet la stérilisation. Comme le gaz pur est explosif, on l'utilise généralement à une concentration de 10 à 20% en mélange avec du CO_2 ou du dichlorofluorométhane. La concentration d'oxyde d'éthylène, l'humidité et la température influencent la vitesse de stérilisation. Un objet propre peut être stérilisé s'il est traité pendant 5 à 8 heures à 38°C ou pendant 3 à 4 heures à 54°C, lorsque l'humidité relative est maintenue entre 40 et 50% et la concentration en oxyde d'éthylène à 700 mg/l. Une forte aération des objets stérilisés est nécessaire pour éliminer le gaz résiduel en raison de sa grande toxicité.

La β-propiolactone (BPL) est employée occasionnellement comme gaz stérilisant. On l'a utilisée sous forme liquide pour stériliser des vaccins et des sérums. La BPL se décompose après plusieurs heures en une forme inactive et de ce fait, elle est plus facile à éliminer que l'oxyde d'éthylène. Elle détruit également les micro-organismes plus facilement que l'oxyde d'éthylène, mais elle a un pouvoir pénétrant moins important et elle peut être cancérogène. C'est pour ces raisons qu'on n'utilise pas la BPL aussi largement que l'oxyde d'éthylène.

Récemment, on a utilisé du peroxyde d'hydrogène sous forme de vapeur pour décontaminer des hottes de sécurité biologique.

---

1. Pourquoi la plupart des agents chimiques antimicrobiens sont-ils des désinfectants plutôt que des agents stérilisants ? Quelles doivent être les caractéristiques générales d'un bon désinfectant ?

2. Décrivez chacun des agents suivants : les composés phénoliques, les alcools, les halogènes (iode et chlore), les métaux lourds, les ammoniums quaternaires, les aldéhydes et l'oxyde d'éthylène, en fonction des caractéristiques suivantes : nature chimique, mécanisme d'action, mode d'application, utilisations courantes, efficacité, avantages et désavantages.

7.6 L'évaluation de l'efficacité d'un agent antimicrobien

Le contrôle des agents antimicrobiens est un processus complexe réglementé, aux États-Unis, par deux agences fédérales. Le « US Environmental Protection Agency » s'occupe des désinfectants tandis que la « Food and Drug Administration » contrôle les agents à usage humain et animal. Tester un agent antimicrobien débute souvent par une évaluation destinée à vérifier si les agents sont efficaces et à quelles concentrations. Elle peut être suivie par une analyse dans des conditions plus réelles et proches des conditions d'utilisation.

Le test d'évaluation des désinfectants le mieux connu est la **méthode du coefficient phénol** grâce à laquelle on compare l'efficacité d'un désinfectant à celle du phénol. On inocule des dilutions de phénol et du désinfectant contrôlé avec des bactéries de référence : *Salmonella typhi* et *Staphylococcus aureus*, avant de les placer à 20 ou 37°C dans un bain-marie. Des échantillons, prélevés à 5 minutes d'intervalle, provenant des tubes inoculés sont ensuite sous-cultivés dans un milieu ordinaire frais et incubés deux jours ou plus. Les dilutions les plus élevées capables de tuer les bactéries, après une exposition de 10 minutes exactement, servent à calculer

Tableau 7.6	Coefficient phénol de quelques désinfectants	
	Coefficients phénol[a]	
Désinfectant	*Salmonella typhi*	*Staphylococcus aureus*
Phénol	1	1
Chlorure de cétylpyridium	228	337
O-phénylphénol	5,6 (20°C)	4,0
p-crésol	2,0–2,3	2,3
Hexachlorophène	5–15	15–40
Merthiolate	600	62,5
Mercurochrome	2,7	5,3
Lysol	1,9	3,5
Alcool isopropylique	0,6	0,5
Éthanol	0,04	0,04
Solution iodée 2% en éthanol	4,1–5,2 (20°C)	4,1–5,2 (20°C)

[a] Toutes les valeurs ont été déterminées à 37°C sauf indication contraire.

le coefficient phénol. La réciproque de la dilution appropriée du désinfectant est divisée par celle du phénol pour obtenir le coefficient. Supposons que la dilution du phénol soit 1/90 et que la dilution efficace maximale du désinfectant testé soit 1/450, le coefficient phénol de ce produit sera 5. Plus la valeur du coefficient phénol est élevée, plus le désinfectant est efficace. Le **tableau 7.6** présente quelques valeurs représentatives de coefficient phénol.

La méthode du coefficient phénol est une technique d'évaluation initiale utile, mais le coefficient phénol peut être trompeur s'il est pris comme une indication directe de l'efficacité du désinfectant pendant une utilisation normale. Ce coefficient est en effet déterminé dans des conditions soigneusement contrôlées à l'aide de souches bactériennes pures alors que les désinfectants sont normalement utilisés sur des populations complexes en présence de matières organiques et soumis à des variations importantes de facteurs de l'environnement tels le pH, la température et la concentration saline.

De façon à estimer de manière plus réaliste l'efficacité d'un désinfectant, on utilise souvent d'autres méthodes. Il est possible de déterminer et de comparer les vitesses auxquelles des bactéries sélectionnées sont détruites par différents agents chimiques. On peut également appliquer la **méthode des « porte-germes »**. Des cylindres d'acier inoxydables sont contaminés au moyen d'espèces bactériennes spécifiques dans des conditions soigneusement contrôlées. Les cylindres sont séchés brièvement, immergés pendant 10 minutes dans les désinfectants à tester, transférés dans un milieu de culture et incubés pendant deux jours. On peut déterminer ainsi avec 95% de certitude, la concentration en désinfectant capable de tuer tous les micro-organismes dans ces conditions. On peut également tester les désinfectants dans des conditions choisies pour simuler les situations réelles d'utilisation. Les méthodes utilisant ces conditions permettent une détermination plus exacte de la concentration en désinfectant appropriée à une situation particulière.

---

1. Décrivez brièvement la méthode du coefficient phénol.

2. Pourquoi pourrait-il être nécessaire d'employer des techniques comme celle des « porte-germes » et celle reproduisant les conditions d'utilisation ?

Résumé

1. La stérilisation est un procédé par lequel toutes les cellules vivantes, les spores viables, les virus et les viroïdes sont détruits ou éliminés d'un objet ou d'un habitat. La désinfection est la destruction, l'inhibition ou l'élimination des micro-organismes (exception faite de certaines endospores) capables de provoquer une maladie.

2. De nombreux termes sont utilisés pour définir comment les micro-organismes sont contrôlés : agent stérilisant, désinfectant, décontamination, antisepsie et antiseptique.

3. Les agents antimicrobiens qui tuent les organismes ont souvent le suffixe — cide, tandis que les agents inhibant le développement et la reproduction ont le suffixe — statique.

4. La létalité microbienne est habituellement exponentielle ou logarithmique (**figure 7.1**).

5. L'efficacité d'un désinfectant ou d'un agent stérilisant est influencée par la taille et la composition de la population, la concentration ou l'intensité de l'agent, la durée d'exposition, la température et la nature de l'environnement local.

6. L'efficacité de la destruction thermique est souvent indiquée par la durée thermique mortelle ou le temps de réduction décimale.

7. Bien que le traitement par l'eau bouillante pendant 10 minutes tue les formes végétatives, il faut utiliser un autoclave pour détruire les endospores par chauffage à 121°C (1 bar de pression) (**figure 7.3**).

8. La chaleur humide tue en dégradant les acides nucléiques, en dénaturant les enzymes et les autres protéines et en détériorant les membranes cellulaires.

9. On peut préserver les liquides thermosensibles par pasteurisation, en chauffant à 63°C pendant 30 minutes ou à 72°C pendant 15 secondes (flash-pasteurisation). Un chauffage à 140 - 150°C pour une à 3 secondes (stérilisation à température ultra-élevée) peut être aussi utilisé.

10. On stérilise la verrerie et les autres objets thermostables par la chaleur sèche entre 160 et 170°C pendant 2 à 3 heures.

11. La réfrigération et la congélation servent à contrôler la croissance et la multiplication des micro-organismes.

12. On peut éliminer les micro-organismes efficacement par filtration à travers des filtres épais ou des membranes filtrantes.

13. Les hottes de sécurité biologique munies de filtres particuliers de grande efficacité, stérilisent l'air par filtration.

14. On peut utiliser les radiations de courte longueur d'onde ou à haute énergie, les radiations ultraviolettes et ionisantes, pour stériliser des objets.

15. Les agents chimiques agissent habituellement comme désinfectants parce qu'ils ne peuvent détruire facilement les endospores bactériennes. L'efficacité d'un désinfectant dépend de la concentration, de la durée du traitement, de la température et de la présence de matières organiques (**tableaux 7.4** et **7.5**).

16. Les dérivés phénoliques et les alcools sont des désinfectants courants qui agissent par dénaturation des protéines et détérioration des membranes cellulaires (**figure 7.7**).

17. Les halogènes (iode et chlore) tuent en oxydant les constituants cellulaires ; les protéines cellulaires peuvent également être iodées. L'iode est utilisé sous forme de teinture ou d'iodophore. On peut ajouter le chlore à l'eau sous forme de gaz, d'hypochlorite ou de dérivé organique chloré.

18. Les métaux lourds sont plutôt des agents bactériostatiques. Ils sont utilisés dans des situations particulières telles que l'instillation de nitrate d'argent dans les yeux des nouveaux-nés et l'utilisation du sulfate de cuivre dans les lacs et les piscines.

19. On utilise souvent les détergents cationiques comme désinfectants et antiseptiques ; ils perturbent les membranes et dénaturent les protéines.

20. Les aldéhydes, comme le formaldéhyde et le glutaraldéhyde, peuvent aussi bien stériliser que désinfecter car ils tuent les spores.

21. Le gaz d'oxyde d'éthylène pénètre les emballages plastiques et détruit toute forme vivante en réagissant avec les protéines. Il est utilisé pour stériliser les matières thermosensibles emballées.

22. Il y a différentes manières de déterminer l'efficacité de désinfectants parmi lesquelles : la méthode du coefficient phénol, la mesure des vitesses de destruction par les germicides, la méthode des « porte-germes » et le test en conditions réelles.

Mots-clés

agent antimicrobien   *139*
algicide   *138*
antiseptique   *138*
autoclave   *140*
bactéricide   *138*
bactériostatique   *138*
décontamination   *138*
désinfectant   *138*
désinfection   *138*
détergent   *148*
durée thermique mortelle (DTM)   *140*

filtre épais   *142*
filtre HEPA   *143*
flash-pasteurisation   *142*
fongicide   *138*
fongistatique   *138*
germicide   *138*
hotte de sécurité biologique à flux laminaire   *143*
iodophore   *148*
membrane filtrante   *142*
méthode des « portes-germes »   *149*
méthode du coefficient phénol   *149*

pasteurisation   *142*
radiation ionisante   *144*
radiation ultraviolette   *144*
stérilisation   *137*
stérilisation à la chaleur sèche   *142*
stérilisation à température ultra-élevée   *142*
temps de réduction décimale (*D*)   *140*
valeur *D*   *140*
valeur *F*   *140*
valeur *z*   *140*
virucide   *138*

Questions de révision

1. Comment la valeur *D* peut-elle être utilisée pour estimer le temps requis pour une stérilisation ? Supposez que vous vouliez éliminer le risque d'un empoisonnement par *Salmonella* par chauffage de votre nourriture (D_{60} = 0,4 minute et valeur *z* = 5). Calculez la valeur 12 *D* à 60°C. Combien de temps cela prendrait-il pour obtenir les mêmes résultats en chauffant à 50° C, 55°C et 65°C ?

2. Comment peut-on modifier les conditions de traitement pour accroître l'efficacité d'un désinfectant ?

3. Comment les matières et objets suivants seraient-ils le mieux stérilisés : pipettes et boîtes de Petri en verre, tubes de bouillon au soja, gélose nutritive, solution d'antibiotique, intérieur d'une hotte de sécurité biologique, boîtes de Petri plastiques emballées ?

4. Quels désinfectants ou antiseptiques devraient être utilisés pour traiter les matières et objets suivants : thermomètre oral, paillasses, eau de consommation, champ opératoire avant chirurgie, petits instruments médicaux (sondes, forceps, etc) ? Citez toutes les substances chimiques recommandées pour chaque cas.

5. Jusqu'à récemment, une proportion significative de la mortalité infantile était due à du lait avarié. a) Pourquoi un lait non traité se gâte-t-il rapidement ? b) Pourquoi n'est-il pas bon de faire bouillir du lait longtemps ?

6. Dans le tableau 7.3, pourquoi la valeur de D est-elle si différente selon les trois conditions dans lesquelles on trouve *S. aureus* ?

Questions de réflexion

1. De tous temps, les épices ont été utilisées comme conservateurs et pour couvrir le goût et/ou l'odeur de nourriture légèrement avariée. Le succès de certaines épices a conduit à leur utilisation rituelle, magique, la possession des épices étant souvent l'appanage des prêtres ou d'autres membres influents de la communauté.

a) Choisissez une épice et suivez son utilisation géographiquement et historiquement. Quelle est son utilisation usuelle aujourd'hui ?
b) Les épices poussent et sont souvent plus utilisées dans des pays chauds. Expliquez.

2. Imaginez une expérience pour déterminer si un agent antimicrobien est un bactéricide ou

un bactériostatique. Comment pourriez-vous déterminer si un agent convient comme antiseptique plutôt que comme désinfectant ?

3. Supposez que dans un test de l'efficacité de désinfectants par la méthode du coefficient phénol, vous obteniez les résultats suivants :

Dilution	Croissance bactérienne après traitement		
	Désinfectant A	Désinfectant B	Désinfectant C
1/20	−	−	−
1/40	+	−	−
1/80	+	−	+
1/160	+	+	+
1/320	+	−	+

What disinfectant can you safely say is the most effective? Can you determine its phenol coefficient from these results?

Lectures complémentaires

Généralités

Barkley, W. E., et Richardson, J. H. 1994. Laboratory safety. In *Methods for general and molecular bacteriology*, P. Gerhardt, et al., éd., 715–34. Washington, D.C.: American Society for Microbiology.

Block, S. S. 1992. Sterilization. In *Encyclopedia of microbiology*, 1re éd., vol. 4, J. Lederberg, éd., 87–103. San Diego: Academic Press.

Block, S. S., editor. 1991. *Disinfection, sterilization and preservation*, 4e éd. Philadelphia: Lea and Febiger.

Centers for Disease Control. 1987. Recommendations for prevention of HIV transmission in health-care settings. *Morbid. Mortal. Weekly Rep.* 36(Suppl. 2):3S–18S.

Centers for Disease Control. 1988. Update: Universal precautions for prevention of transmission of human immunodeficiency virus, hepatitis B virus, and other bloodborne pathogens in health-care settings. *Morbid. Mortal. Weekly Rep.* 37(24):377–88.

Centers for Disease Control. 1989. Guidelines for prevention of transmission of human immunodeficiency virus and hepatitis B virus to health-care and public-safety workers. *Morbid. Mortal. Weekly Rep.* 38(Suppl. 6):1–37.

Centers for Disease Control and National Institutes of Health. 1992. *Biosafety in microbiological and biomedical laboratories*, 3e éd. Washington, D.C.: U.S. Government Printing Office.

Collins, C. H., et Lyne, P. M. 1976. *Microbiological methods*, 4e éd. Boston: Butterworths.

Henderson, D. K. 1995. HIV-1 in the health-care

setting. In *Principles and practice of infectious diseases*, 4e éd., G. L. Mandell, J. E. Bennett, et R. Dolin éd., 2632–56. New York: Churchill Livingstone.

Martin, M. A., et Wenzel, R. P. 1995. Sterilization, disinfection, and disposal of infectious waste. In *Principles and practice of infectious diseases*, 4e éd., G. L. Mandell, J. E. Bennett, et R. Dolin editors, 2579–87. New York: Churchill Livingstone.

Perkins, J. J. 1969. *Principles and methods of sterilization in health sciences*, 2e éd. Springfield, Ill.: Charles C. Thomas.

Pike, R. M. 1979. Laboratory-associated infections: Incidence, fatalities, causes, and prevention. *Annu. Rev. Microbiol.* 33:41–66.

Russell, A. D.; Hugo, W. B.; et Ayliffe, G. A. J., éd.. 1992. *Principles and practice of disinfection, preservation and sterilization*, 2e éd. Oxford: Blackwell Scientific Publications.

Sewell, D. L. 1995. Laboratory-associated infections and biosafety. *Clin. Microbiol. Rev.* 8(3):389–405.

Strain, B. A., et Gröschel, D. H. M. 1995. Laboratory safety and infectious waste management. In *Manual of clinical microbiology*, 6e éd., P. R. Murray, éd., 75–85. Washington, D.C.: American Society for Microbiology.

Warren, E. 1981. Laboratory safety. In *Laboratory procedures in clinical microbiology*, J. A. Washington, éd., 729–45. New York: Springer-Verlag.

Widmer, A. F., et Frei, R. 1999. Decontamination, disinfection, and sterilization. In *Manual of clinical*

microbiology, 7e éd., P. R. Murray, et al., editors, 138–64. Washington, D.C.: ASM Press.

7.4 Contrôle par des méthodes physiques

Brock, T. D. 1983. *Membrane filtration: A user's guide and reference manual.* Madison, Wis.: Science Tech Publishers.

Sørhaug, T. 1992. Temperature control. In *Encyclopedia of microbiology*, 1re éd., vol. 4, J. Lederberg, éd., 201–11. San Diego: Academic Press.

7.5 Contrôle par des agents chimiques

Belkin, S., Dukan, S., Levi, Y., et Touati, D. 1999. Death by disinfection: Molecular approaches to understanding bacterial sensitivity and resistance to free chlorine. In *Microbial ecology and infectious disease*, E. Rosenberg, éd., 133–42. Washington, D.C.: ASM Press.

Borick, P. M. 1973. *Chemical sterilization.* Stroudsburg, Pa.: Dowden, Hutchinson and Ross.

McDonnell, G., et Russell, A. D. 1999. Antiseptics and disinfectants: Activity, action, and resistance. *Clin. Microbiol. Rev.* 12(1):147–79.

Russell, A. D. 1990. Bacterial spores and chemical sporicidal agents. *Clin. Microbiol. Rev.* 3(2):99–119.

Rutala, W. A., et Weber, D. J. 1997. Uses of inorganic hypochlorite (bleach) in health-care facilities. *Clin. Microbiol. Rev.* 10(4):597–610.

PARTIE III

Le métabolisme des micro-organismes

CHAPITRE 8

Le métabolisme : l'énergie, les enzymes et la régulation

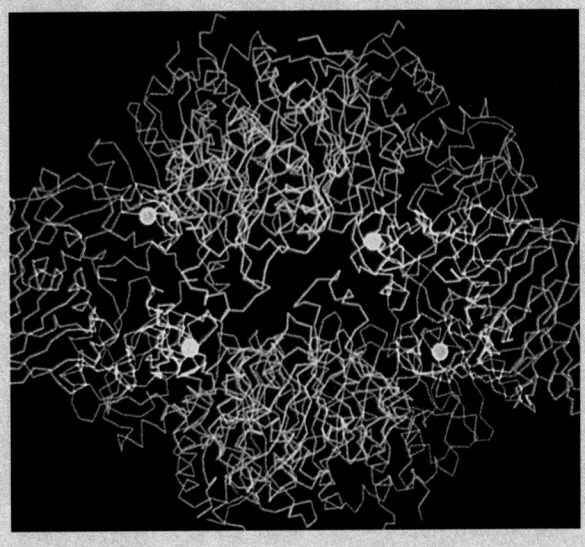

Cette image montre l'aspartate carbamoyl-transférase d'*E. coli* dans son état T, le moins actif. Les chaînes polypeptidiques catalytiques sont colorées en bleu et les chaînes régulatrices en rouge.

Plan

Concepts

1. L'énergie est la capacité d'effectuer un travail. Les organismes vivants sont capables de trois types principaux de travail : le travail chimique, le travail de transport et le travail mécanique.

2. L'énergie utilisée par les organismes vivants provient essentiellement de l'énergie lumineuse captée durant la photosynthèse par les photoautotrophes. Les chimiohétérotrophes consomment ensuite les matières organiques fabriquées par les autotrophes et les utilisent comme sources d'énergie et comme matières premières.

3. Un intermédiaire est nécessaire pour coupler les réactions exergoniques produisant de l'énergie aux réactions endergoniques requérant de l'énergie. La monnaie énergétique la plus courante est l'ATP.

4. Tous les systèmes vivants obéissent aux principes de la thermodynamique.

5. Lorsque des électrons sont transférés d'un réducteur à potentiel de réduction plus négatif vers un oxydant à potentiel rédox plus positif, de l'énergie devient disponible. Un transfert d'électrons en sens inverse, par exemple durant la photosynthèse, requiert un apport d'énergie.

6. Les enzymes sont des catalyseurs protéiques qui rendent la vie possible en augmentant la vitesse des réactions aux températures ambiantes. Les enzymes ne modifient pas les équilibres chimiques, ils suivent les principes de la thermodynamique mais accélèrent les réactions en abaissant leur énergie d'activation.

7. Le métabolisme est réglé de telle sorte que (1) des concentrations adéquates des composants soient maintenues même lors de modifications de l'environnement ; (2) l'énergie et la matière soient conservées.

8. La régulation et la coordination de l'activité métabolique sont assurées par une localisation des enzymes et des métabolites dans des compartiments cellulaires séparés.

9. L'activité des enzymes de régulation peut être modifiée soit par la fixation réversible d'un effecteur à un site régulateur distinct du site catalytique, soit par une modification covalente de l'enzyme. L'activité enzymatique est régulée rapidement, un mécanisme de fin réglage ajuste le métabolisme à chaque instant.

10. L'activité d'une voie métabolique est souvent contrôlée par ses produits finals ; ceux-ci exercent une rétro-inhibition des enzymes régulatrices localisées au début de la voie ou à des bifurcations.

> « Les cellules vivantes sont des moteurs chimiques qui assurent leur propre régulation et qui sont réglés pour fonctionner selon le principe d'économie maximale. »
>
> — A. L. Lehninger

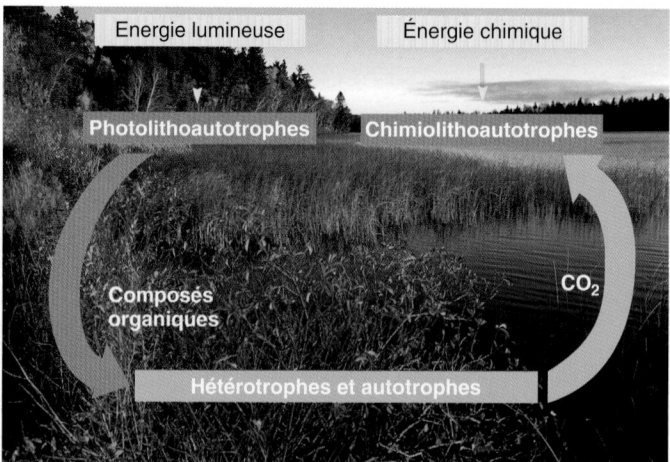

Figure 8.1 Les flux de carbone et d'énergie dans un écosystème. Ce schéma montre le flux d'énergie et de carbone en termes généraux (discussion dans le texte).

Les chapitres 3 et 4 présentent de nombreux exemples d'un principe important : la structure cellulaire est en relation étroite avec sa fonction. Dans chaque cas, on peut facilement faire la relation entre la structure d'un organite et sa fonction (et vice versa). Un second principe général en biologie est que la vie est maintenue grâce à la capture et l'utilisation de l'énergie, processus rendus possibles grâce à l'activité des enzymes. Dans ce chapitre, l'attention sera portée à l'énergie et aux enzymes.

L'organisation du métabolisme microbien sera brièvement décrite dans les chapitres 8 à 10. Les voies métaboliques sont traitées comme des unités fonctionnelles faites d'une séquence d'enzymes, chaque enzyme utilisant comme substrat, le produit de la réaction précédente, elle aussi catalysée par une enzyme. Cette description des voies métaboliques reste incomplète parce que, pour ne pas faire trop long et par souci de simplicité, nous passons le plus souvent sous silence la régulation de leur fonctionnement. Il faudrait toutefois garder à l'esprit que aussi bien la régulation des voies individuelles que la coordination des différentes séquences sont essentielles à la manifestation de la vie. Sans un contrôle adéquat de leur métabolisme, les cellules se désorganisent et meurent ; la régulation est tout aussi importante pour la vie qu'une utilisation efficace de l'énergie. C'est pourquoi la dernière partie de ce chapitre sera consacrée à la régulation du métabolisme, base de la discussion sur les voies métaboliques qui suivra.

Ce chapitre débute par un bref rappel de la nature de l'énergie et des principes de la thermodynamique. La participation de l'énergie au métabolisme et le rôle de l'ATP comme monnaie d'échange énergétique seront ensuite examinés. Suit une courte description de la nature et de la fonction des enzymes. Le chapitre se termine par une vue d'ensemble de la régulation métabolique, incluant une introduction à la canalisation du métabolisme et à la régulation de l'activité d'enzymes importantes.

8.1.   L'énergie et le travail

L'énergie se définit le plus simplement comme la capacité d'accomplir un travail ou celle de provoquer des changements particu-

liers. Ainsi, tout processus physique ou chimique est le résultat d'une utilisation ou d'un transfert d'énergie. Les cellules vivantes sont capables de trois types de travail qui sont tous essentiels aux processus vitaux. Le **travail chimique** implique la synthèse de molécules biologiques complexes nécessaires à la cellule, à partir de précurseurs plus simples ; l'énergie est requise pour augmenter la complexité moléculaire d'une cellule. Les molécules et les ions doivent souvent être transportés au travers des membranes cellulaires contre un gradient de concentration et/ou électrique. Par exemple, une molécule pénètre parfois dans une cellule même si sa concentration est plus élevée à l'intérieur. De même, un soluté peut être excrété hors de la cellule contre un gradient de concentration. Ce processus est appelé **travail de transport** ; il requiert de l'énergie pour absorber les nutriments, rejeter les déchets et maintenir les balances ioniques. Le troisième type de travail, peut être le plus familier, est le **travail mécanique** ; le mouvement des organismes, des cellules et des structures intracellulaires nécessite de l'énergie.

La source première de la plus grande part de l'énergie biologique est la lumière solaire visible. L'énergie lumineuse est captée par les phototrophes durant la **photosynthèse**, au cours de laquelle elle est absorbée par la chlorophylle et d'autres pigments puis convertie en énergie chimique. Comme indiqué dans le chapitre 5, les chimiolithoautotrophes tirent leur énergie de l'oxydation de composés inorganiques au lieu de l'obtenir par absorption de la lumière. L'énergie chimique obtenue par la photosynthèse et la chimiolithotrophie peut alors être utilisée par les photolithoautotrophes pour transformer le CO_2 en molécules biologiques comme le glucose (**figure 8.1**). Les types nutritionnels (pp. 97-98).

Les molécules complexes fabriquées par les organismes autotrophes (les producteurs végétaux et microbiens) servent de source de carbone aux chimiohétérotrophes et autres consommateurs, qui utilisent des molécules organiques complexes comme source de matière première et d'énergie pour construire leurs propres structures cellulaires (il faut rappeler que les autotrophes aussi utilisent des molécules organiques complexes). Les chimiohétérotrophes emploient souvent l'O_2 comme accepteur d'électrons lors de l'oxydation du glucose et d'autres molécules organiques en CO_2. Ce processus au cours duquel l'O_2 agit comme accepteur final d'électrons

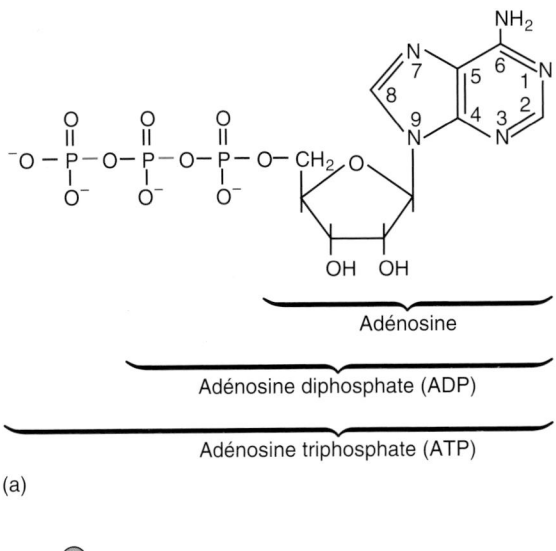

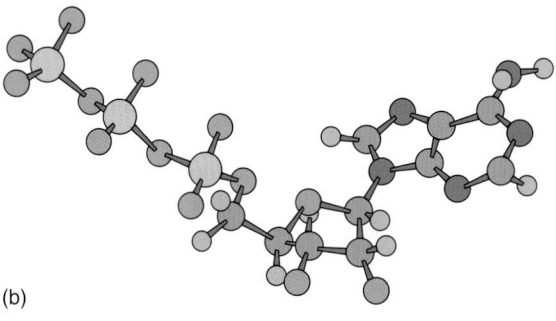

(a)

(b)

Figure 8.2 L'adénosine triphosphate et l'adénosine diphosphate.
(**a**) Structure de l'ATP et de l'ADP. Les deux liaisons en rouge sont facilement hydrolysées ; leur capacité de transfert du groupe phosphate est plus grande (voir texte). Les atomes du noyau pyrimidine ont été numérotés. (**b**) Modèle de l'ATP. Le carbone est en vert ; l'hydrogène en bleu clair ; l'azote en bleu foncé ; l'oxygène en rouge et le phosphore en orange.

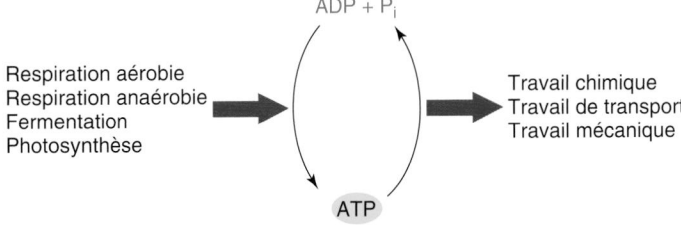

Figure 8.3 Le cycle de l'énergie cellulaire. L'ATP est formé grâce à l'énergie libérée par la respiration aérobie, la respiration anaérobie, la fermentation et la photosynthèse. Son hydrolyse en ADP et phosphate (Pi) rend possible le travail chimique, de transport et mécanique.

8.2 Les principes de la thermodynamique

Pour comprendre comment l'énergie est captée ou générée et comment l'ATP fonctionne comme intermédiaire énergétique, il faut connaître les principes de bases de la thermodynamique. La **thermodynamique** analyse les changements d'énergie dans un ensemble de matières (par exemple, une cellule ou une plante) qu'on appelle un système. Toute autre matière dans l'univers est appelée l'environnement. La thermodynamique concerne les différences énergétiques entre l'état initial et l'état final d'un système. Elle ne se préoccupe pas de la vitesse du processus. Par exemple, si de l'eau est portée à ébullition, seul l'état de l'eau au départ et à l'ébullition, est important en thermodynamique, ni la vitesse ni le moyen de chauffage ne sont pris en compte. Deux principes importants de thermodynamique doivent être bien compris. Le **premier principe** stipule que l'énergie ne peut être ni créée ni détruite. L'énergie totale de l'univers reste constante bien qu'elle puisse être redistribuée. En fait, au cours des réactions chimiques il y a de nombreux échanges d'énergie (ex. de la chaleur est produite lors d'une réaction exothermique et absorbée pendant une réaction endothermique) ; mais ces échanges de chaleur ne violent pas le premier principe.

Il faut quantifier l'énergie utilisée ou produite par des processus particuliers ; on emploie deux types d'unité d'énergie. Une **calorie** (cal) est la quantité d'énergie calorique nécessaire à augmenter la température d'un gramme d'eau de 14,5°C à 15,5°C. La quantité d'énergie peut aussi être exprimée en **joule**(J), unité de travail capable d'être produit. Une cal de chaleur est équivalente à 4,1840 J de travail. Mille calories ou une kilocalorie (*k cal*) sont suffisantes pour faire bouillir 1,9 ml d'eau. Un kilojoule peut faire bouillir 0,44 ml d'eau ou permettre à une personne de 70 kg de monter 35 marches. Le joule est normalement utilisé par les chimistes et les physiciens. Comme les biologistes parlent le plus souvent d'énergie en termes de calories, les modifications énergétiques seront décrites dans ce texte en calories.

Bien qu'il soit exact que l'énergie est conservée dans l'univers, le premier principe de la thermodynamique ne rend pas compte de nombreux processus physiques et chimiques. Un exemple simple doit vous aider à comprendre. Supposons qu'un cylindre rempli de gaz soit connecté à un cylindre vide par une tubulure munie d'une valve (**figure 8.4**). Si on ouvre la valve, le gaz se déplacera dans le cylindre vide jusqu'à ce que la pression de gaz soit la même dans les deux cylindres. L'énergie n'est pas seule-

et est réduit en eau, est appelé **respiration aérobie**. Beaucoup d'énergie est libérée durant ce processus. Ainsi dans l'écosystème, l'énergie est captée par les photoautotrophes et les chimiolithoautotrophes ; une partie de cette énergie est ensuite dirigée vers les chimiohétérotrophes quand ils utilisent les éléments nutritifs provenant des autotrophes (figure 8.1 ; *voir aussi figure 28.32*). Le CO_2 produit au cours de la respiration aérobie peut être à nouveau incorporé dans des molécules organiques complexes durant la photosynthèse et la chimiolithoautotrophie. Il est clair que les flux de carbone et d'énergie sont étroitement associés dans un écosystème.

Les cellules doivent transférer efficacement l'énergie provenant du système de capture et de production d'énergie aux systèmes réalisant un travail. Autrement dit, la cellule doit avoir une forme pratique de monnaie énergétique. Chez les organismes vivants, la monnaie la plus courante est l'**adénosine 5'-triphosphate** (**ATP** ; **figure 8.2**). Lors de l'hydrolyse de l'ATP en **adénosine diphosphate** (ADP) et orthophosphate (P_i), l'énergie libérée est disponible pour effectuer un travail. Ensuite l'énergie provenant de la photosynthèse, de la respiration aérobie, de la respiration anaérobie et de la fermentation est utilisée pour resynthétiser de l'ATP à partir d'ADP et de P_i. Il se crée ainsi dans la cellule un cycle énergétique (**figure 8.3**). La fermentation (pp. 179-81) ; la respiration anaérobie (pp. 190-91).

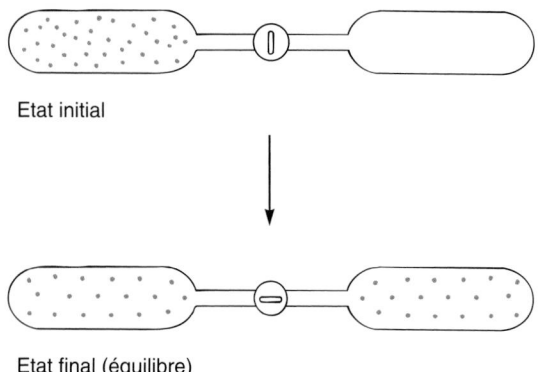

État initial

État final (équilibre)

Figure 8.4 Illustration du deuxième principe de la thermodynamique. L'expansion d'un gaz dans un cylindre vide redistribue les molécules de gaz jusqu'à ce que l'équilibre soit atteint. Le nombre total de molécules reste inchangé.

Réactions exergoniques

$$A + B \xrightarrow{\quad\quad} C + D$$

$$K_{eq} = \frac{[C]\,[D]}{[A]\,[B]} > 1,0$$

$\Delta G^{o\prime}$ est négatif

Réactions endergoniques

$$A + B \xleftarrow{\quad\quad} C + D$$

$$K_{eq} = \frac{[C]\,[D]}{[A]\,[B]} < 1,0$$

$\Delta G^{o\prime}$ est positif

Figure 8.5 $\Delta G^{o\prime}$ et l'équilibre. La relation entre $\Delta G^{o\prime}$ et l'équilibre des réactions. Notez les différences entre réactions exergoniques et endergoniques.

ment redistribuée, elle est conservée. L'expansion du gaz s'explique par le **second principe de la thermodynamique,** décrivant la propriété de la matière appelée entropie. L'**entropie** peut être considérée comme une mesure du désordre d'un système. L'entropie est d'autant plus élevée que le désordre du système augmente. Le second principe postule que les processus physiques et chimiques procèdent de telle façon que le désordre de l'univers (le système et son environnement) augmente au maximum. Un gaz se dilatera toujours dans le cylindre vide.

8.3   L'énergie libre et les réactions

Le premier et le second principes se combinent en une équation utile mettant en relation les variations d'énergie qui peuvent se produire dans des réactions chimiques et d'autres processus.

$$\Delta G = \Delta H - T . \Delta S$$

ΔG est la variation d'énergie libre, ΔH la variation d'enthalpie, T, la température en degrés Kelvin (°C-273) et $?S$, la variation d'entropie se produisant pendant la réaction. La variation d'**enthalpie** est la variation du contenu calorique. Les réactions cellulaires se déroulent à pression et volume constants. La variation d'enthalpie équivaut donc à la variation d'énergie totale pendant la réaction. La **variation d'énergie libre** est la quantité d'énergie d'un système, qui est disponible pour effectuer un travail. La variation d'entropie est, par conséquent, une mesure de la fraction de cette variation d'énergie totale que le système ne peut pas utiliser pour effecter un travail. Les changements d'énergie libre et d'entropie ne dépendent pas de la façon dont le système passe de l'état initial à l'état final.

Une réaction sera spontanée à température et à pression constantes quand l'énergie libre du système diminue pendant la réaction ou en d'autres termes, quand ΔG est négatif. On déduit de cette équation qu'une réaction où la variation d'entropie est largement positive tendra normalement vers une valeur de ΔG négative et se produira donc spontanément. Une diminution de l'entropie rendra ΔG plus positif et la réaction moins favorable.

La variation d'énergie libre a une relation définie et concrète avec le sens de la réaction chimique. Considérons la réaction simple suivante :

$$A + B \rightleftharpoons C + D$$

Si on mélange les molécules A et B, elles se combineront pour former les produits C et D. Il pourra se faire que C et D soient suffisamment concentrés et se combinent pour produire A et B à la même vitesse qu'ils se forment à partir de A et B. La réaction est maintenant à l'**équilibre** : les vitesses dans les deux directions sont égales et les concentrations des réactifs et des produits ne varient plus. Cette situation est décrite par la **constante d'équilibre** (K_{eq}) reliant les concentrations à l'équilibre des produits et des substrats

$$K_{eq} = \frac{[C][D]}{[A][B]}$$

Si la constante d'équilibre est plus grande que un, la concentration des produits à l'équilibre est plus élevée que celle des réactifs, c'est-à-dire que la réaction tend à être complète.

La constante d'équilibre d'une réaction est en relation directe avec la variation d'énergie libre. La variation d'énergie libre d'un processus, déterminée dans des conditions standard soigneusement définies de concentration, pression, pH et température, est appelée **variation d'énergie libre standard** (ΔG°) A pH 7 (qui est proche du pH des cellules vivantes), la variation d'énergie libre standard est représentée par le symbole $\Delta G^{o\prime}$. La variation d'énergie libre standard représente la quantité maximale d'énergie dont dispose un système pour fournir un travail dans des conditions standard. L'utilisation des valeurs de $\Delta G^{o\prime}$ permet de comparer des réactions sans se préoccuper des variations de ΔG dues à des différences de conditions d'environnement. La relation entre $\Delta G^{o\prime}$ et K_{eq} est donnée par l'équation suivante :

$$\Delta G^{o\prime} = -2,303\ RT . \log K_{eq}$$

R est la constante des gaz (1,9872 cal/mole-degré ou 8,3145 J/mole-degré), et T est la température absolue. L'analyse de cette équation montre que quand $\Delta G^{o\prime}$ est négatif, la constante d'équilibre est plus grande que un et la réaction sera complète. On dit que la réaction est **exergonique** (**figure 8.5**). Dans une réaction **endergonique**, $\Delta G^{o\prime}$ est positif et la constante d'équilibre est plus petite que un. La réaction n'est donc pas favorable et il y aura peu de produit formé à l'équilibre dans des conditions standard. Il ne faut pas oublier que la valeur de $\Delta G^{o'}$ montre seulement où se situe la réaction à l'équilibre et non la vitesse avec laquelle elle atteint l'équilibre.

---

1. Qu'est ce que l'énergie et quels sont les travaux effectués par une cellule ? Décrivez le cycle de l'énergie et le rôle de l'ATP dans ce cycle.
2. Qu'est-ce que la thermodynamique ? Résumez le premier et le second principe de la thermodynamique. Définissez l'énergie libre, l'entropie et l'enthalpie.
3. Comment la variation d'énergie libre standard est-elle en relation avec la constante d'équilibre d'une réaction ? Que sont les réactions exergoniques et endergoniques ?

8.4   Le rôle de l'ATP dans le métabolisme

De nombreuses réactions cellulaires sont endergoniques et ne seront pas spontanées sans une assistance extérieure. Un des rôles majeurs de l'ATP est de permettre l'aboutissement de ces réactions endergoniques. L'ATP est une **molécule riche en énergie**. Lors de l'hydrolyse de l'ATP en ADP et P_i, la variation d'énergie libre standard $\Delta G^{o'}$ est de -7,3 kcal/mole.

$$ATP + H_2O \xrightleftharpoons{} ADP + P_i$$

En référence à l'ATP, le terme molécule riche en énergie, ne signifie pas qu'une grande quantité d'énergie est emmagasinée dans une liaison particulière de l'ATP. Il indique simplement que l'hydrolyse du groupe phosphate terminal s'accompagne d'une grande variation d'énergie libre standard négative, ou que la réaction est très exergonique.

En d'autres mots, l'ATP est doté d'un **potentiel de transfert de groupe phosphate** élevé ; il transmet facilement son phosphate à l'eau. Le potentiel de transfert de groupe phosphate se définit comme le négatif du $\Delta G^{o'}$ de l'enlèvement hydrolytique du phosphate. Une molécule avec un potentiel de transfert élevé donnera son phosphate à une molécule au potentiel plus faible.

Ainsi, l'ATP convient parfaitement dans son rôle de monnaie énergétique. Il est synthétisé durant les processus captant ou générant de l'énergie tels que la photosynthèse, la fermentation et la respiration aérobie. En économie cellulaire, l'hydrolyse de l'ATP est couplée à de nombreuses réactions endergoniques et permet à ces réactions de se dérouler (**figure 8.6**). En d'autres termes, l'ATP relie les réactions génératrices d'énergie qui libèrent de l'énergie libre, à celles qui requièrent de l'énergie libre. L'exemple donné concerne un travail chimique, mais les mêmes principes s'appliquent lorsque l'ATP est couplé à des processus endergoniques impliquant un travail de transport ou un travail mécanique (figure 8.3).

8.5   Les réactions d'oxydo-réduction et les transporteurs d'électrons

Les variations d'énergie libre se rapportent non seulement aux équilibres des réactions chimiques ordinaires, mais encore aux réactions d'oxydo-réduction. La libération d'énergie implique normalement des réactions d'oxydo-réduction. Les **réactions d'oxydo-réduction (rédox)** sont celles où des électrons se dépla-

Réaction endergonique seule

$$A + B \xrightleftharpoons{} C + D$$

Réaction endergonique couplée à l'hydrolyse d'ATP

Figure 8.6 L'ATP comme agent de couplage. L'utilisation de l'ATP rend des réactions endergoniques plus favorables. Il est formé lors de réactions exergoniques et utilisé pour mener à terme des réactions endergoniques.

cent d'un donneur, l'**agent réducteur** ou **réducteur** vers un accepteur d'électrons, l'**agent oxydant** ou **oxydant**. Par convention, une telle réaction s'écrit avec le réducteur à droite de l'oxydant et du nombre (n) d'électrons (e^-) transférés.

$$\text{Oxydant} + ne^- \rightleftharpoons \text{réducteur}$$

La paire oxydant-réducteur est souvent appelée couple rédox (tableau 8.1). Quand un oxydant accepte des électrons, il devient le réducteur du couple. La constante d'équilibre de la réaction est appelée **potentiel de réduction standard** (E_o), elle mesure la tendance de l'agent réducteur à perdre des électrons. Le standard de référence pour le potentiel de réduction est le système hydrogène avec un E'_o (potentiel de réduction à pH 7.0) de -0,42 volts ou -420 millivolts.

$$2H^+ + 2e^- \rightleftharpoons H_2$$

Dans cette réaction, chaque atome d'hydrogène donne un proton (H^+) et un électron (e^-).

Le potentiel de réduction a une signification concrète. Les couples rédox ayant des potentiels de réduction plus négatifs donneront des électrons aux couples à potentiel plus positif et à plus grande affinité pour les électrons. Ainsi les électrons tendront à se déplacer des réducteurs, en haut du **tableau 8.1**, vers les oxydants en bas du tableau 8.1, dont les potentiels sont plus positifs. Ceci peut se représenter sous forme d'une « tour des électrons » où les potentiels de réduction les plus négatifs occupent le sommet (**figure 8.7**). Les électrons passent d'un donneur à un accepteur en descendant le gradient de potentiel : ils tombent dans la tour vers les potentiels les plus positifs. Considérons le cas du transporteur d'électrons, le **nicotinamide adénine dinucléotide (NAD$^+$)**. Le couple NAD$^+$/NADH a un E'_o très négatif et peut par conséquent donner des électrons à de nombreux accepteurs, dont l'O_2.

$$NAD^+ + 2H^+ + 2e^- \rightleftharpoons NADH + H^+ \qquad E'_0 = -0.32 \text{ volts}$$

$$1/2 O_2 + 2H^+ + 2e^- \rightleftharpoons H_2O \qquad E'_0 = +0.82 \text{ volts}$$

Comme NAD$^+$/NADH est plus négatif que 1/2 O_2/H_2O, les électrons se déplaceront du NADH (le réducteur) vers l'O_2 (l'oxydant) comme montré dans la figure 8.7.

$$NADH + H^+ + 1/2 O_2 \longrightarrow H_2O + NAD^+$$

Lorsque des électrons sont transférés d'un réducteur à un accepteur avec un potentiel rédox plus positif, de l'énergie libre est

Tableau 8.1 Sélection de couples redox biologiquement importants

Couple Redox	E'_0 (Volts) [a]
$2H^+ + 2e^- \longrightarrow H_2$	−0,42
Ferredoxine (Fe^{3+}) + $e^- \longrightarrow$ ferredoxine (Fe^{2+})	−0,42
$NAD(P)^+ + H^+ + 2e^- \longrightarrow NAD(P)H$	−0,32
$S + 2H^+ + 2e^- \longrightarrow H_2S$	−0,274
Acétaldéhyde + $2H^+ + 2e^- \longrightarrow$ éthanol	−0,197
$Pyruvate^- + 2H^+ + 2e^- \longrightarrow lactate^{2-}$	−0,185
$FAD + 2H^+ + 2e^- \longrightarrow FADH_2$	−0,18[b]
$Oxaloacétate^{2-} + 2H^+ + 2e^- \longrightarrow malate^{2-}$	−0,166
$Fumarate^{2-} + 2H^+ + 2e^- \longrightarrow succinate^{2-}$	0,031
Cytochrome b (Fe^{3+}) + $e^- \longrightarrow$ cytochrome b (Fe^{2+})	0,075
Ubiquinone + $2H^+ + 2e^- \longrightarrow$ ubiquinone H_2	0,10
Cytochrome c (Fe^{3+}) + $e^- \longrightarrow$ cytochrome c (Fe^{2+})	0,254
$NO_3^- + 2H^+ + 2e^- \longrightarrow NO_2^- \leqslant H_2O$	0,421
$NO_2^- \leqslant 8H^+ + 6e^- \longrightarrow NH_4^+ \leqslant 2H_2O$	0,44
$Fe^{3+} \leqslant e^- \longrightarrow Fe^{2+}$	0,771
$O_2 \leqslant 4H^+ \leqslant 4e^- \longrightarrow 2H_2O$	0,815

[a] E'_o est le potentiel de réduction standard à pH 7.0.

[b] La valeur pour $FAD/FADH_2$ s'applique au cofacteur libre car elle peut varier considérablement lorsqu'il est liés à une apoenzyme.

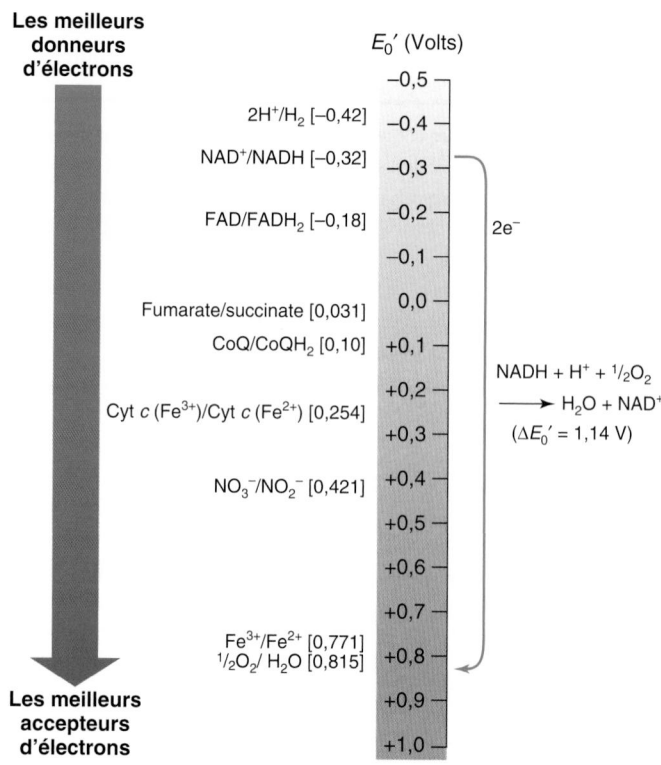

Figure. 8.7 Mouvement des électrons et potentiels de réduction. Dans la « tour des électrons » dessinée ici, les potentiels de réduction les plus négatifs sont au sommet. Les électrons se déplaceront spontanément des donneurs, situés plus haut dans la tour (potentiels les plus négatifs), vers les accepteurs situés plus bas (potentiels les plus positifs). C'est-à-dire que le réducteur est toujours plus haut dans la tour que l'oxydant. Par exemple, le NADH donnera ses électrons à l'oxygène et formera ainsi de l'eau. Sont montrés à gauche quelques donneurs et accepteurs typiques. Leurs potentiels rédox apparaissent entre crochets.

libérée. Le $\Delta G^{o'}$ de la réaction est en relation directe avec la différence entre les potentiels de réduction des deux couples ($\Delta E'_o$). Plus grand est $\Delta E'_o$ et plus grande sera la quantité d'énergie libre disponible comme le montre l'équation :

$$\Delta G^{o'} = -nF \cdot \Delta E'_0$$

dans laquelle n est le nombre d'électrons transférés et F, la constante de Faraday (23.062 cal/mole-volt ou 96.494 J/mole-volt). A chaque variation de E'_o de 0,1 volt correspond une variation de $\Delta G^{o'}$ de 4,6 k cal quand un transfert de 2 électrons se produit. Ceci est semblable à la relation entre $\Delta G^{o'}$ et K_{eq} dans d'autres réactions chimiques — plus grande est la constante d'équilibre et plus grand est $\Delta G^{o'}$. La différence entre le potentiel de réduction de $NAD^+/NADH$ et $1/2\ O_2/H_2O$ est de 1,14 volts, une valeur importante de $\Delta E'_o$. Quand des électrons se déplacent du NADH à l'O_2 pendant la respiration aérobie, une quantité importante d'énergie libre est disponible pour la synthèse d'ATP (**figure 8.8**). Si de l'énergie est libérée lors du transfert des électrons de potentiels de réduction négatifs vers des positifs, un apport d'énergie est requis pour que les électrons soient transférés en sens inverse, des potentiels plus positifs vers les plus négatifs. C'est ce qui se passe lors de la photosynthèse (figure 8.8). L'énergie lumineuse est captée et utilisée pour transporter les électrons de l'eau vers un transporteur d'électrons, le **nicotinamide adénine dinucléotide phosphate (NADP$^+$)**.

Le cycle du flux de l'énergie, discuté plus haut et illustré dans la figure 8.1, peut être compris d'un point de vue différent à la lumière des concepts précédents. Les organismes photosynthétiques captent l'énergie solaire et l'utilisent pour transférer des électrons de l'eau (et d'autres donneurs d'électrons) comme H_2S, à des accepteurs d'électrons, ayant des potentiels réducteurs plus négatifs tels que le NADP$^+$. Les électrons peuvent alors retourner vers des ac-

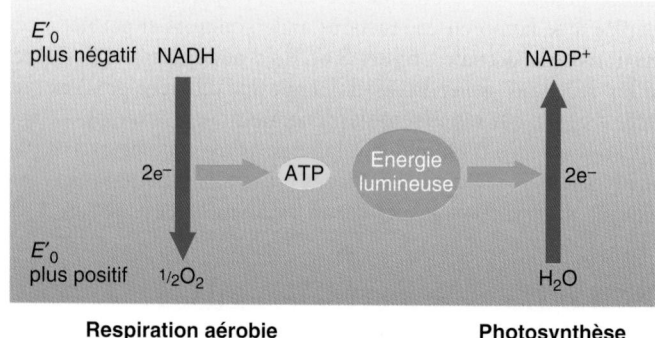

Figure 8.8 Le flux d'énergie dans le métabolisme. Exemple de la relation entre le flux des électrons et de l'énergie dans le métabolisme. L'oxygène et le NADP$^+$ servent respectivement d'accepteurs d'électrons du NADH et de l'eau.

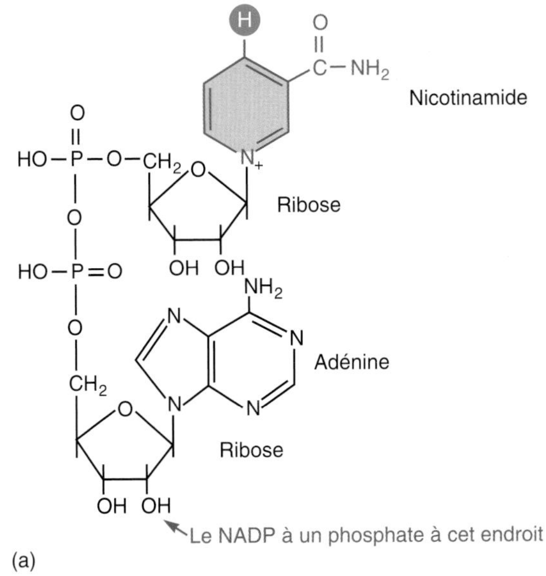

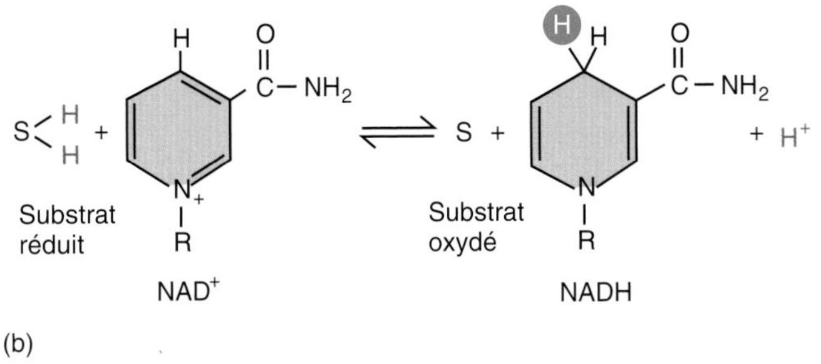

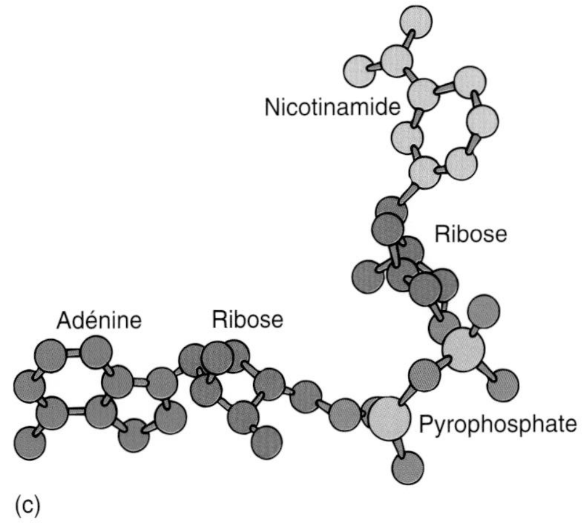

(a)

(b)

(c)

Figure 8.9 La structure et la fonction du NAD. (a) La structure du NADP diffère de celle du NAD par la présence d'un phosphate supplémentaire sur une des unités de ribose. **(b)** Le NAD accepte des électrons et un hydrogène d'un substrat réduit (SH$_2$). Ceux-ci sont portés par le noyau nicotinamide. **(c)** Modèle du NAD$^+$ quand il est lié à la lactate déshydrogénase.

cepteurs plus positifs et fournir de l'énergie pour produire de l'ATP durant la photosynthèse. Les photoautotrophes utilisent l'ATP et le NADPH pour la synthèse de molécules complexes à partir de CO$_2$ (*voir section 8.2*). Les chimiohétérotrophes utilisent aussi l'énergie libérée durant le transport des électrons en oxydant des aliments complexes pendant la respiration pour produire du NADH qui donne ensuite ses électrons à l'O$_2$. L'énergie libérée durant le transfert des électrons est piégée sous forme d'ATP. L'énergie lumineuse devient disponible pour tous les organismes vivants grâce à cette relation entre le flux d'électrons et l'énergie. La photosynthèse (pp. 195-201). La respiration et le transfert d'électrons (pp. 184-89).

Le transport des électrons est important dans la respiration aérobie, la respiration anaérobie, la chimiolithotrophie et la photosynthèse. Le mouvement des électrons dans les cellules requiert la participation de transporteurs tels que le NAD$^+$ et le NADP$^+$. Le noyau nicotinamide du NAD$^+$ et du NADP$^+$ (**figure 8.9**) accepte d'un donneur deux électrons et un proton, tandis qu'un second proton est libéré. Plusieurs autres transporteurs d'électrons sont importants dans le métabolisme microbien (tableau 8.1) et ils transportent les électrons selon des mécanismes différents. Le **flavine adénine dinucléotide (FAD)** et le **flavine mononucléotide (FMN)** portent deux électrons et deux protons sur un système complexe à plusieurs noyaux montré dans la **figure 8.10**. Les protéines portant le FAD et le FMN sont souvent appelées flavoprotéines. La **coenzyme Q (CoQ)** ou **ubiquinone** est une quinone qui véhicule les électrons et les protons dans de nombreuses chaînes respiratoires transporteuses d'électrons (**figure 8.11**). Les **cytochromes** et quelques autres transporteurs utilisent des atomes de fer pour le transfert des électrons dans des réactions réversibles d'oxydo-réduction.

$$Fe^{3+} \text{ (ion ferrique)} + e^- \rightleftharpoons Fe^{2+} \text{ (ion ferreux)}$$

Dans les cytochromes, l'atome de fer est un composant du groupe hémique (**figure 8.12**) ou d'autres noyaux porphyrine-fer similaires. Plusieurs cytochromes différents, chacun constitué d'une protéine et d'un noyau porphyrine-fer, sont une partie majeure des chaînes respiratoires transporteuses d'électrons. Certains transporteurs fer-soufre sont dépourvus du groupe hème et sont appelés **protéines fer-soufre non hémiques**. La **ferrédoxine** est une protéine contenant du fer non hémique, active dans le transport d'électrons au cours de la photosynthèse. Même si ses atomes de fer ne sont pas liés à un groupe hème, ils subissent des réactions d'oxydation et de réduction réversibles.

Toutes les molécules dont on vient de parler fonctionnent dans des chaînes transporteuses d'électrons, mais certaines portent deux électrons (NAD, FAD et CoQ) tandis que d'autres n'en transportent qu'un à la fois (les cytochromes et les protéines fer-soufre non hémiques). Cette différence dans le nombre d'électrons transportés est très importante dans le fonctionnement des chaînes transporteuses d'électrons (*voir pp. 184-87*).

1. Pourquoi appelle-t-on l'ATP, une molécule riche en énergie ? Quel est son rôle dans la cellule et comment remplit-elle ce rôle ?
2. Ecrivez l'équation générale d'une réaction redox. Définissez réducteur, oxydant et potentiel de réduction standard.
3. Quelle est la direction du flux d'électrons entre couples redox par rapport au potentiel de réduction standard et à la libération d'énergie libre ? Nommez et décrivez brièvement les principaux transporteurs d'électrons trouvés dans les cellules.

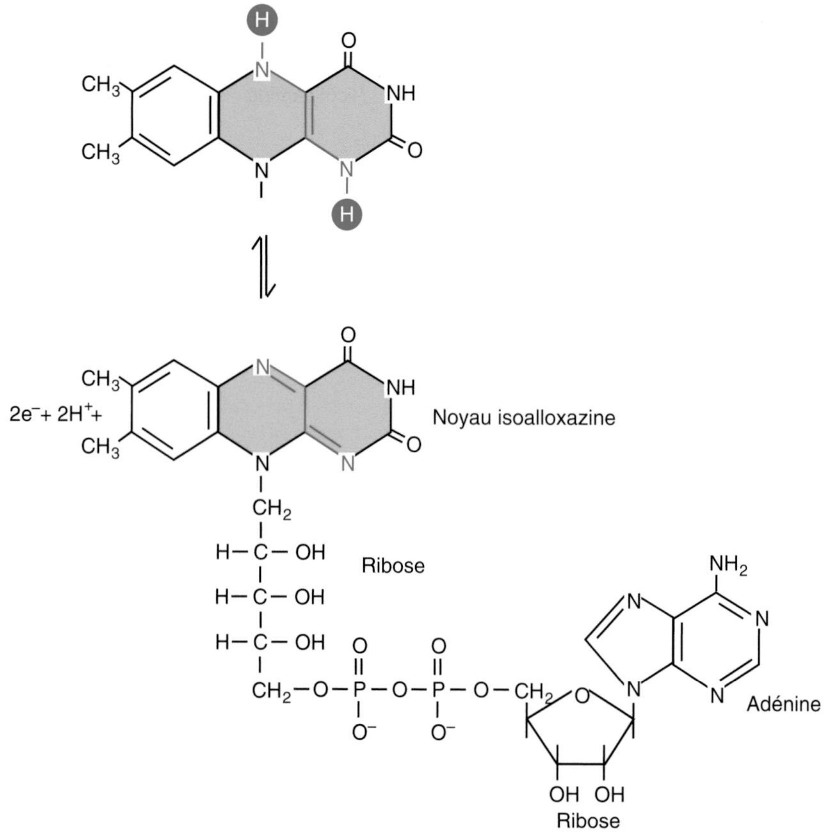

Figure 8.10 La structure et la fonction du FAD. La riboflavine, une vitamine, est composée du noyau isoalloxazine lié au ribose. Le FMN est un phosphate de riboflavine. La portion du noyau directement impliquée dans les réactions d'oxydo-réduction est en couleur.

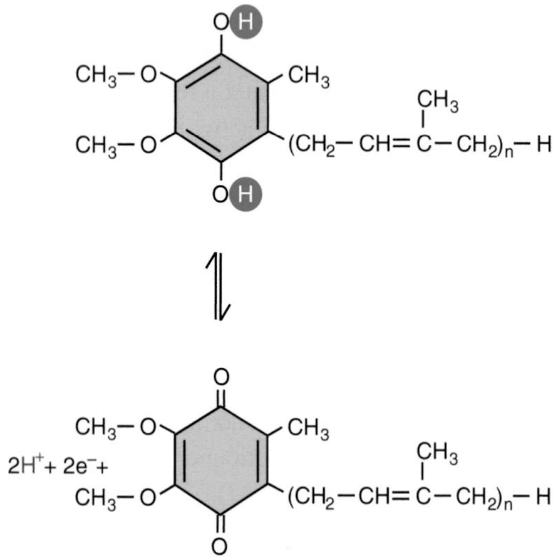

$2e^- + 2H^+$

Noyau isoalloxazine

Ribose

Adénine

Ribose

Figure 8.11 La structure et la formation de la coenzyme Q ou ubiquinone. La longueur de la chaîne latérale varie selon les organismes de n = 6 à n = 10.

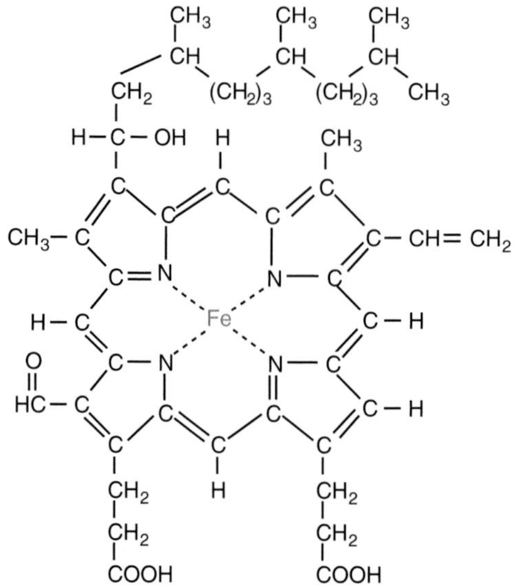

$2H^+ + 2e^- +$

Figure 8.12 La structure de l'hème. L'hème est constitué d'un cycle porphyrique et d'un atome de fer. C'est le composant non protéique de nombreux cytochromes. L'atome de fer accepte et libère alternativement un électron.

Tableau 8.2 Classification des enzymes

Type d'enzyme	Réaction catalysée	Exemple de réaction
Oxydoréductase	Réactions d'oxydo-réduction	Lactase déshydrogénase: $Pyruvate + NADH + H^+ \rightleftharpoons lactate + NAD^+$
Transférase	Réactions où il y a transfert de groupes entre molécules	Aspartate transcarbamylase: $Aspartate + carbamylphosphate \rightleftharpoons$ $carbamylaspartate + phosphate$
Hydrolase	Hydrolyse de molécules	Glucose-6-phosphatase: $Glucose\ 6\text{-}phosphate + H_2O \rightarrow glucose + P_i$
Lyase	Élimination ou addition de groupes pour former ou défaire des doubles liaisons	Fumarate hydratase: $L\text{-}malate \rightleftharpoons fumarate + H_2O$
Isomérase	Réactions impliquant des isomérisations	Alanine racémase: $L\text{-}alanine \rightleftharpoons D\text{-}alanine$
Ligase	Liaison de deux molécules utilisant l'énergie de l'ATP (ou celle d'autres nucléosides triphosphates)	Glutamine synthétase: $Glutamate + NH_3 + ATP \rightarrow glutamine + ADP + P_i$

Dans la case Lyase figure le schéma réactionnel:

$$\text{C} = \text{C} + x - y \rightleftharpoons -\overset{\overset{x}{|}}{\text{C}} - \overset{\overset{y}{|}}{\text{C}} -$$

8.6 Les enzymes

Il faut se rappeler que dans une réaction exergonique, le $\Delta G^{o'}$ est négatif et la constante d'équilibre supérieure à un. Une réaction exergonique se déroule dans une direction (vers la droite de l'équation) jusqu'à son accomplissement. Néanmoins, on peut souvent combiner les réactifs d'une réaction exergonique sans aucun résultat. C'est précisément dans ces réactions que les enzymes jouent un rôle.

La structure et la classification des enzymes

Les **enzymes** peuvent être définies comme des catalyseurs protéiques qui ont une grande spécificité pour la réaction catalysée ainsi que pour les molécules sur lesquelles elles agissent. Un **catalyseur** est une substance qui augmente la vitesse d'une réaction chimique sans subir lui-même de modification permanente. Les enzymes accélèrent les réactions cellulaires. Les réactifs sont appelés **substrats** et les substances formées des **produits**. La structure et les propriétés des protéines (appendice I).

Beaucoup d'enzymes sont des protéines. Cependant, de nombreuses enzymes sont constituées d'une protéine, l'**apoenzyme** et d'un composé non protéique, un **cofacteur** nécessaire à l'activité catalytique. L'enzyme complète, l'apoenzyme et son cofacteur, est appelée **holoenzyme**. Si le cofacteur est fermement lié à l'apoenzyme, il est appelé **groupe prosthétique**. Souvent le cofacteur est faiblement attaché à l'apoenzyme. Il peut même se dissocier de l'enzyme après formation des produits et transporter un des produits à une autre enzyme (**figure 8.13**). Un tel cofacteur est appelé **coenzyme**. Par exemple, le NAD^+ est une coenzyme qui transporte les électrons dans la cellule. De nombreuses vitamines nécessaires à l'homme sont des coenzymes ou leurs précurseurs. La niacine est incorporée dans le NAD^+ et la riboflavine dans le FAD. Des ions métalliques peuvent aussi être liés aux apoenzymes et agir comme cofacteurs.

En dépit de leur grand nombre et de leur extrême diversité, les enzymes présentes dans les cellules peuvent être réparties en six

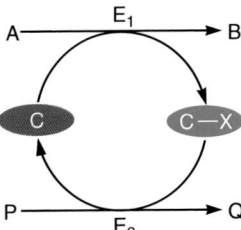

Figure 8.13 Les coenzymes comme transporteurs. La coenzyme C participe avec l'enzyme E1 à la transformation de A en produit B. Pendant la réaction, elle acquiert X du substrat A. La coenzyme peut alors donner X au substrat P dans une deuxième réaction. Cette étape lui permettra de revenir à sa forme de départ, prête à accepter un autre X. La coenzyme, non seulement participe aux deux réactions, mais transporte aussi X à différents endroits de la cellule.

classes générales (*tableau 8.2*). Les enzymes sont habituellement dénommées selon les substrats sur lesquels elles agissent et le type de réaction catalysée. Par exemple, la lactate déshydrogénase retire des hydrogènes de l'acide lactique.

$$Lactate + NAD^+ \xrightarrow{\text{LDH}} pyruvate + NADH + H^+$$

On peut aussi donner un nom plus complet à la lactate déshydrogénase, la L-lactate : NAD oxydoréductase. Ce nom décrit les substrats et le type de réaction avec plus de précision.

Le mécanisme des réactions enzymatiques

Il est important de se rappeler que les enzymes augmentent les vitesses des réactions sans modifier leurs constantes d'équilibre. Dans une réaction endergonique, la présence de l'enzyme ne déplacera pas l'équilibre afin que plus de produits puissent être formés. Les enzymes accélèrent simplement la vitesse à laquelle la ré-

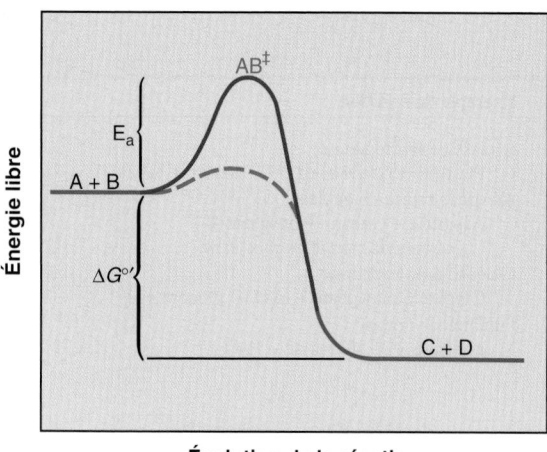

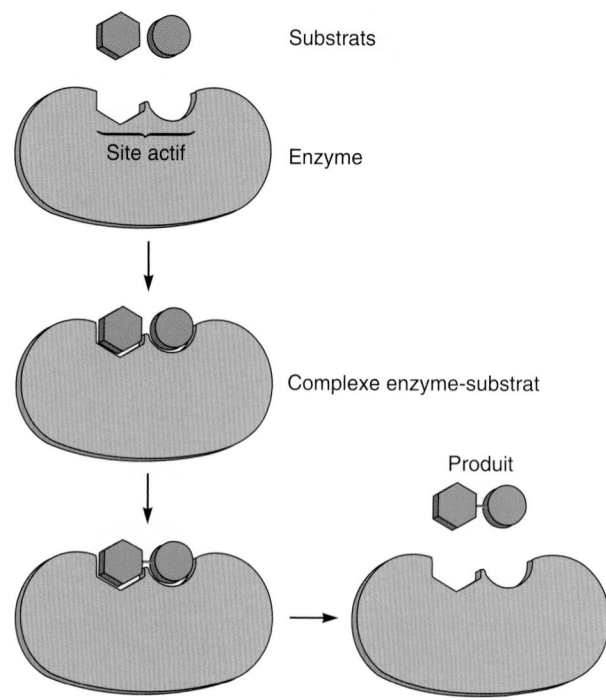

Figure 8.14 Les enzymes abaissent l'énergie d'activation. Cette figure décrit le déroulement d'une réaction chimique où A et B sont convertis en C et D. Le complexe à l'état de transition est représenté par AB^{+} et l'énergie d'activation requise pour l'atteindre par E$_a$. La courbe colorée représente l'évolution de la réaction en présence d'une enzyme. Remarquez que l'énergie d'activation est beaucoup plus faible dans la réaction catalysée par l'enzyme.

Figure 8.15 Le fonctionnement d'une enzyme. Le schéma montre la formation du complexe enzyme-substrat et sa transformation en produit.

action se déroule jusqu'à son équilibre final.

Comment les enzymes catalysent-elles les réactions ? Une réponse complète serait longue et complexe, on peut cependant comprendre le mécanisme en considérant le déroulement d'une réaction chimique exergonique élémentaire.

$$A + B \longrightarrow C + D$$

Quand les molécules A et B se rencontrent pour réagir, elles forment un **complexe à l'état de transition** qui ressemble à la fois aux substrats et aux produits (**figure 8.14**). L'**énergie d'activation** est requise pour rapprocher correctement les molécules qui doivent réagir pour atteindre l'état de transition. Le complexe à l'état de transition pourra alors se décomposer et donner les produits C et D. La différence d'énergie libre entre réactifs et produits est $\Delta G^{o'}$. Ainsi dans cet exemple, l'équilibre tendra vers les produits parce que $\Delta G^{o'}$ est négatif (c'est-à-dire que les produits ont un niveau d'énergie plus faible que les substrats).

De toute évidence, A et B ne seront pas convertis en C et D dans la figure 8.14 si une quantité d'énergie équivalente à l'énergie d'activation n'est pas fournie. Les enzymes accélèrent les réactions en abaissant l'énergie d'activation ; de ce fait, plus de molécules de substrat auront suffisamment d'énergie pour se rencontrer et former les produits. Bien que la constante d'équilibre (ou $\Delta G^{o'}$) ne soit pas modifiée, l'équilibre sera atteint plus rapidement en présence de l'enzyme grâce à cette diminution de l'énergie d'activation.

Les chercheurs ont fait beaucoup d'efforts pour découvrir comment les enzymes diminuaient l'énergie d'activation des réactions. Les enzymes fixent les substrats à un endroit particulier de leur surface appelé **site actif** ou **site catalytique** pour former un **complexe enzyme-substrat** (**figures 8.15, 8.16**, *voir aussi AI.19*). L'enzyme peut interagir avec un substrat de deux manières générales. Elle peut être rigide et conformée pour s'adapter très précisément au substrat, de telle sorte qu'elle fixe spécifiquement le bon

substrat et que celui-ci se positionne correctement pour la réaction. Ce mécanisme est appelé le modèle clé-serrure. Une enzyme peut aussi changer de forme en se liant au substrat, de façon à ce que le site actif entoure le substrat et s'y adapte avec précision. C'est ce qu'on a appelé le modèle d'adaptation induite. Il est utilisé par l'hexokinase et beaucoup d'autres enzymes (figure 8.16). La formation du complexe enzyme-substrat peut abaisser l'énergie d'activation de nombreuses façons. Par exemple, en apportant les substrats au site actif, l'enzyme, en fait, les concentre et accélère la réaction. Toutefois, une enzyme ne concentre pas simplement ses substrats ; elle les fixe aussi afin qu'ils soient correctement orientés les uns par rapport aux autres pour former un complexe à l'état de transition. Une telle orientation abaisse la quantité d'énergie nécessaire au substrat pour atteindre l'état de transition. Grâce à leurs propriétés, les enzymes accélèrent la réaction des centaines de milliers de fois, même si les micro-organismes se développent entre -20°C et environ 113°C. Ces températures ne sont pas suffisamment élevées pour favoriser la plupart des réactions organiques en l'absence d'enzyme ; les cellules ne peuvent cependant pas survivre aux températures élevées utilisées par les chimistes organiciens lors des synthèses organiques de routine. Les enzymes rendent donc la vie possible en accélérant les vitesses de réaction aux basses températures.

L'effet de l'environnement sur l'activité enzymatique

L'activité enzymatique est influencée par les variations de facteurs de l'environnement, un des plus importants étant la concentration en substrat. On insistera sur ce point ultérieurement : les concentrations en substrat sont habituellement faibles dans les cellules. Aux faibles concentrations en substrat, la formation de produit sera

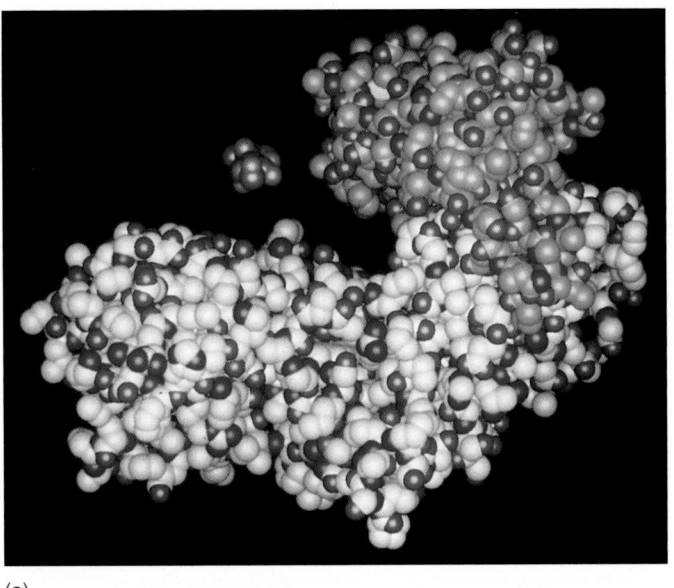

(a)

(b)

Figure 8.16 Un exemple de formation du complexe enzyme-substrat. (**a**) Modèle compact de l'hexokinase de levure et de son substrat, le glucose (en pourpre). Le site actif est dans la crevasse formée par le petit lobe de l'enzyme (vert) et le grand (gris). (**b**) Quand le glucose se lie pour former le complexe enzyme-substrat, l'hexokinase change de forme et entoure le substrat.

lente parce que l'enzyme rencontrera rarement une molécule de substrat.

En présence de plus de molécules de substrat, l'enzyme s'y fixe plus souvent et la vitesse de la réaction (habituellement exprimée en terme de vitesse de formation du produit) sera plus élevée qu'en présence de faibles concentrations en substrat. Ainsi, la vitesse d'une réaction catalysée par une enzyme augmente avec la concentration en substrat (**figure 8.17**). En fin de compte, de nouvelles augmentations de la concentration en substrat n'aboutissent plus à une vitesse de réaction plus grande car toutes les molécules d'enzymes sont liées au substrat et le transforment en produit aussi rapidement que possible. L'enzyme est alors saturée par le substrat et opère à la vitesse maximale (Vmax). La courbe de la vitesse de réaction en fonction de la concentration en substrat est une hyperbole (*figure 8.17*). Il est utile de connaître la concentration en substrat qu'une enzyme demande pour catalyser une réaction. La **constante de Michaelis** (**Km**) est la concentration en substrat qui assure une vitesse égale à la moitié de la vitesse maximale. Elle est utilisée comme une mesure de l'affinité apparente d'une enzyme pour son substrat. Plus la valeur de Km est faible, plus la concentration en substrat à laquelle l'enzyme catalysera la réaction, sera faible.

Les activités enzymatiques sont aussi influencées par des variations du pH et de la température (**figure 8.18**). Chaque enzyme travaille plus rapidement à un pH optimal spécifique. Quand le pH est trop éloigné du pH optimal, l'activité diminue et l'enzyme peut être endommagée. De même, les enzymes ont des températures optimales d'activité. Si la température dépasse largement l'optimum, l'enzyme sera déstructurée et son activité perdue. Ce phénomène appelé **dénaturation**, peut être provoqué par des pH et des

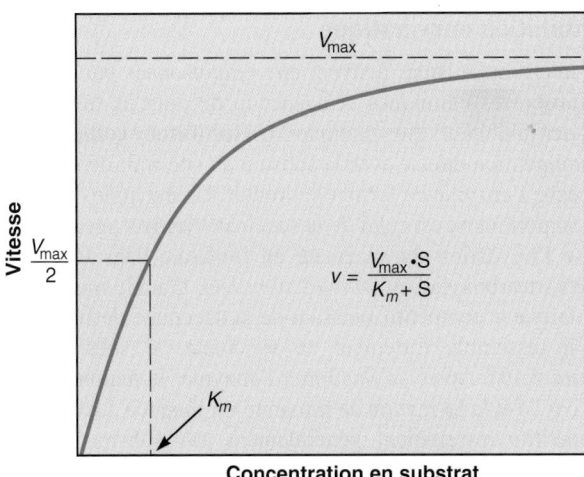

K_m = la concentration en substrat nécessaire pour que l'enzyme fonctionne à la moitié de sa vitesse maximale

V_{max} = la vitesse de formation du produit lorsque l'enzyme est saturée en substrat et fonctionne aussi rapidement que possible

Figure 8.17 La cinétique de Michaelis-Menten. La variation de l'activité enzymatique en fonction de la concentration en substrat. Cette courbe suit l'équation de Michaelis-Menten donnée dans la figure et qui relie la vitesse de réaction (*v*) à la concentration en substrat (S), en utilisant la vitesse maximale et la constante de Michaelis (K*m*)

Figure 8.18 Le pH, la température et l'activité enzymatique. Les gammes de pH et de température sont seulement représentatives. Les enzymes diffèrent les unes des autres quant aux optimums et à la forme des courbes de pH et de température.

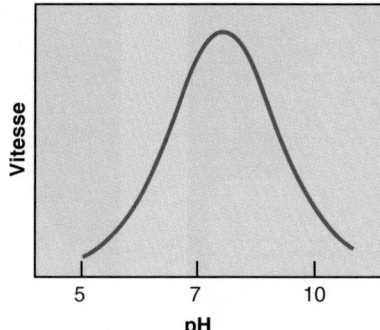

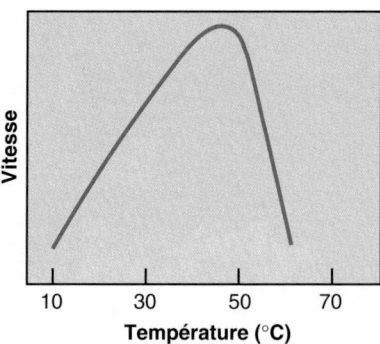

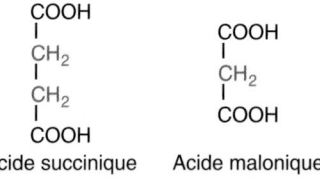

Acide succinique   Acide malonique

Figure 8.19 L'inhibition compétitive de la succinate déshydrogénase. Comparaison de l'acide succinique et de l'inhibiteur compétitif l'acide malonique. Les atomes colorés montrent les régions des deux molécules qui diffèrent.

températures extrêmes, ou d'autres facteurs. Les optimums de pH et de température des enzymes d'un micro-organisme reflètent souvent le pH et la température de son habitat. Il n'est pas surprenant que des bactéries qui se développent au mieux à de hautes températures aient des enzymes dont l'optimum de température est élevé et la stabilité à la chaleur très grande. Température et croissance (pp. 125-27) Les enzymes thermostables en biotechnologie (p. 626)

L'inhibition enzymatique

Les micro-organismes peuvent être empoisonnés par une variété de substances chimiques et beaucoup de poisons très puissants sont des inhibiteurs enzymatiques. Un **inhibiteur compétitif** entre en compétition directe avec le substrat au site actif de l'enzyme et empêche l'enzyme de former le produit. Un exemple classique de ce comportement est celui de la succinate déshydrogénase qui catalyse l'oxydation du succinate en fumarate dans le cycle des acides tricarboxyliques (*voir section 9.4*). L'acide malonique est un inhibiteur compétitif puissant de la succinate déshydrogénase car il ressemble fortement au succinate, le substrat normal (**figure 8.19**). Après sa fixation à l'enzyme, le malonate ne peut être oxydé et la formation de fumarate est bloquée. Les inhibiteurs compétitifs ressemblent généralement aux substrats normaux, mais ils ne peuvent être convertis en produits.

Les inhibiteurs compétitifs sont importants dans le traitement de nombreuses maladies microbiennes. Les sulfamides comme la sulfanilamide, ressemblent au p-aminobenzoate, une molécule utilisée dans la formation de l'acide folique. Ces antibiotiques entrent en compétition avec le *p*-aminobenzoate pour le site catalytique d'une enzyme impliquée dans la synthèse de l'acide folique. La production d'acide folique est bloquée et la croissance bactérienne inhibée (*voir section 35.6*). Ce médicament n'est pas toxique pour l'homme car celui-ci est incapable de synthétiser l'acide folique et doit le trouver dans son alimentation. La destruction des micro-organismes par des agents physiques et chimiques (chapitre 7).

Les inhibiteurs influencent aussi l'activité enzymatique en se liant à l'enzyme ailleurs qu'au site actif, ce qui altère la forme de l'enzyme et rend celle-ci peu ou non active. Ces inhibiteurs sont souvent dits **non compétitifs** car ils n'entrent pas en compétition directe avec le substrat. Les métaux lourds, comme le mercure, sont des inhibiteurs non compétitifs fréquents des enzymes.

1. Qu'est-ce qu'une enzyme et comment accélère-t-elle les réactions ? Comment les enzymes sont-elles dénommées ? Définissez apoenzyme, holoenzyme, cofacteur, coenzyme, groupe prosthétique, site catalytique ou site actif et énergie d'activation.
2. Comment l'activité enzymatique varie-t-elle en fonction de la concentration en substrat, du pH et de la température ? Définissez constante de Michaelis, vitesse maximale et dénaturation.
3. Que sont les inhibiteurs compétitifs et non compétitifs et comment inhibent-ils les enzymes ?

8.7 La nature et la signification de la régulation métabolique

La tâche de la machinerie régulatrice est particulièrement ardue et complexe. Les voies métaboliques doivent être régulées et coordonnées de façon suffisamment fine pour que tous les composants cellulaires soient présents en concentration exacte précise. De plus, une cellule microbienne doit être capable de répondre efficacement à des modifications de l'environnement ; elle doit pouvoir utiliser les aliments qui se présentent à un moment donné puis passer à de nouvelles voies cataboliques lorsque d'autres nutriments deviennent disponibles. Les composants chimiques cellulaires ne sont généralement pas tous présents dans l'environnement ; les micro-organismes doivent donc synthétiser les produits non disponibles et modifier leur activité biosynthétique en réponse aux disponibilités variables des aliments. La composition chimique du milieu se modifie sans arrêt, aussi les processus régulateurs sont dynamiques et répondent continuellement aux modifications des conditions.

La régulation est aussi essentielle pour que la cellule microbienne conserve énergie et matériaux et pour qu'elle maintienne sa balance métabolique. En absence d'une source particulière d'énergie, les enzymes qui utilisent cette source ne sont pas nécessaires et leur synthèse continue serait une perte de carbone, d'azote et d'énergie. De même ce serait du gaspillage si un micro-organisme synthétisait les enzymes fabriquant un certain produit alors que celui-ci est déjà présent en quantité adéquate. Le catabolisme comme l'anabolisme sont donc régulés pour que leur efficacité soit maximale. Catabolisme et anabolisme (p. 173)

Dans les réponses régulatrices d'une bactérie telle qu'*E. coli,* le but évident est de maintenir un équilibre et de conserver énergie et matériaux. Si elle est cultivée dans un milieu très simple avec du glucose comme seule source de carbone et d'énergie, la bactérie synthétisera les composants cellulaires nécessaires en quantités équilibrées. L'addition au milieu d'un métabolite final (par exemple, l'acide aminé tryptophane) entraînera l'inhibition immédiate de la voie biosynthétique aboutissant à ce produit, la synthèse des enzymes impliquées dans cette voie se ralentira ou cessera également. Lorsqu'elle est transférée dans un milieu contenant uniquement du lactose, *E. coli* synthétisera les enzymes nécessaires au catabolisme de ce sucre. Au contraire, quand *E. coli* se développe dans un milieu avec glucose et lactose, c'est le glucose (le sucre qui donne la croissance la plus rapide) qui est dégradé le premier. La culture utilisera le lactose lorsque le glucose aura été épuisé.

Le flux de carbone dans une voie peut être réglé de trois manières principales :

1. La localisation des métabolites et des enzymes dans différents compartiments cellulaires, un phénomène appelé **canalisation du métabolisme**, influence l'activité d'un processus.
2. Les enzymes critiques sont souvent stimulées ou inhibées directement de façon à modifier rapidement l'activité d'une voie.
3. Le nombre de molécules enzymatiques peut aussi être contrôlé ; plus il y a de catalyseurs plus l'activité de la voie est importante. Chez les bactéries, l'étape régulatrice est généralement la transcription. Le contrôle de la synthèse de l'ARNm est plus lent qu'une régulation directe de l'activité enzymatique mais il a l'avantage d'épargner beaucoup d'énergie et de matériaux de base puisque les enzymes ne sont pas synthétisées en absence de besoins.

Chacun de ces mécanismes est décrit en détail. Ce chapitre introduit les deux premiers : la canalisation du métabolisme et le contrôle direct de l'activité enzymatique. Dans les chapitres 11 et 12, nous parlerons de la régulation de l'expression des gènes, après avoir décrit la synthèse de l'ADN, de l'ARN et des protéines. La régulation de l'expression génique (pp. 275-83)

8.8 La canalisation du métabolisme

Un des mécanismes les plus communs de canalisation est la **compartimentation** ou la répartition différentielle des enzymes et des métabolites dans des structures ou des organites cellulaires séparés. Chez les procaryotes, le périplasme aussi peut être considéré comme un exemple de compartimentation (voir p. 55). La compartimentation est spécialement importante chez les micro-organismes eucaryotes qui possèdent de nombreux organites entourés d'une ou de deux membranes. Par exemple, l'oxydation des acides gras a lieu dans la mitochondrie tandis que la synthèse des acides gras se déroule dans la matrice cytoplasmique. La compartimentation permet l'opération et la régulation simultanées mais séparées de voies métaboliques similaires. De plus, les activités d'une voie peuvent être coordonnées par une régulation du transport de métabolites et de coenzymes d'un compartiment cellulaire à un autre. Imaginons que le NAD soit nécessaire à deux processus se déroulant dans des compartiments différents. La distribution du NAD entre les deux localisations gouvernera l'activité relative de ces deux voies compétitives ; celle qui a accès à la plus grande quantité de NAD sera favorisée.

La canalisation existe également à l'intérieur de compartiments comme le cytoplasme. La matrice y est dense et structurée en nombreux sous-compartiments. Chez les eucaryotes, elle est également subdivisée par le réticulum endoplasmique et le cytosquelette (*voir chapitre 4*). Les métabolites et les coenzymes ne diffusent pas vite dans un tel environnement ainsi les métabolites établiront des gradients de concentration au voisinage d'enzymes ou de systèmes enzymatiques localisés. A un endroit donné, les enzymes convertissent leur substrat en produit, avec pour résultat la diminution de la concentration en un ou plusieurs métabolites et l'augmentation d'autres. Ainsi les concentrations d'un produit seront élevées au voisinage de l'enzyme et décroîtront avec la distance.

La canalisation génère des variations importantes dans les concentrations en métabolites et affecte donc directement l'activité enzymatique. Les concentrations en substrats varient généralement d'environ 10^{-3} moles/litre (M) à 10^{-6} M et même moins. Ainsi elles peuvent être du même ordre de grandeur que les concentrations en enzymes et être égales ou inférieures aux constantes de Michaelis (*Km*) de beaucoup d'enzymes. Dans ces conditions, la concentration en substrat contrôle l'activité de l'enzyme car elle correspond à la partie croissante de la courbe hyperbolique de la saturation en substrat (**figure 8.20**). Avec l'augmentation de sa concentration, le substrat est converti plus rapidement en produit ; une diminution de la concentration en substrat entraînera automatiquement une activité plus faible de l'enzyme. Si dans deux processus différents, deux enzymes utilisent le même métabolite, elles seront directement en compétition pour ce substrat. La voie gagnante — celle dont l'enzyme se caractérise par la valeur la plus basse de *Km* pour ce métabolite — fonctionnera près de sa capacité maximale. Ainsi, la canalisation à l'intérieur d'un compartiment cellulaire régule et coordonne le métabolisme en faisant varier les niveaux des métabolites et des coenzymes. La cinétique enzymatique et la courbe de saturation en substrat (pp. 162-63).

1. Donnez trois modes de régulation du flux de carbone dans une voie métabolique.
2. Définissez les termes : canalisation métabolique et compartimentalisation. Comment ces phénomènes sont-ils impliqués dans la régulation du métabolisme ?

8.9 Le contrôle de l'activité enzymatique

L'ajustement de l'activité des enzymes régulatrices contrôle le fonctionnement de nombreuses voies métaboliques. Ces enzymes ainsi que leur rôle dans la régulation des voies métaboliques sont ici présentés.

La régulation allostérique

Les enzymes régulatrices sont généralement des **enzymes allostériques**. L'activité d'une enzyme allostérique est modifiée par une petite molécule appelée **effecteur** ou **modulateur**. L'effecteur se fixe de façon non covalente réversible à un **site régulateur** distinct

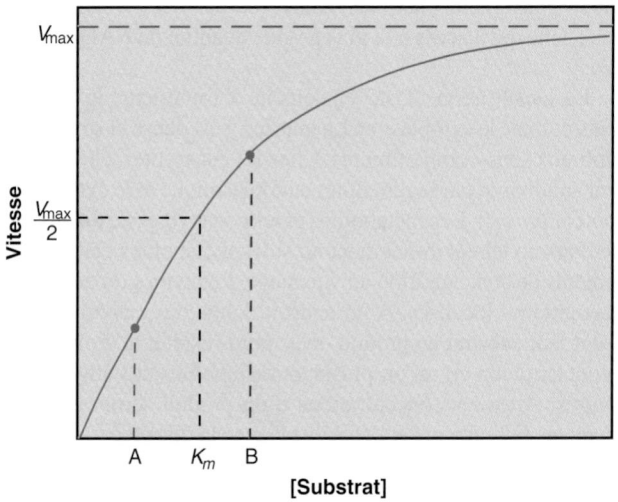

Figure 8.20 Le contrôle de l'activité enzymatique par la concentration en substrat. Courbe de saturation en substrat de l'enzyme indiquant la constante de Michaelis (*Km*) et la vitesse correspondant à la moitié de la vitesse maximale (*V*max). la vitesse initiale de la réaction (*v*) est portée en fonction de la concentration en substrat [Substrat]. La vitesse maximale est la vitesse la plus grande atteinte avec une quantité donnée d'enzyme et dans des conditions définies. Lorsque la concentration en substrat est égale ou plus faible que le *Km*, l'activité de l'enzyme varie presque linéairement avec la concentration du substrat. Si la concentration en substrat passe d'un niveau A à un niveau B, l'activité enzymatique augmentera de façon significative car ces deux concentrations sont de l'ordre de grandeur du *Km*. Une diminution de concentration de B vers A entraînera une formation plus lente du produit de la réaction.

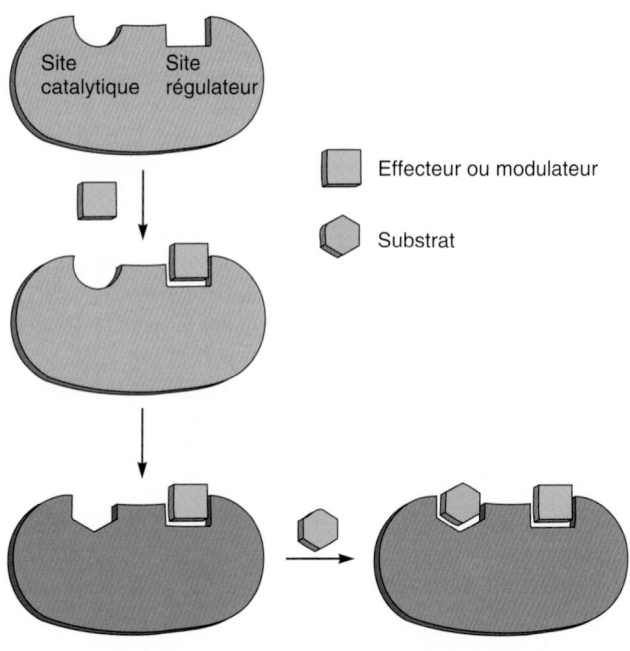

Figure 8.21 La régulation allostérique. La structure et la fonction d'une enzyme allostérique. Dans cet exemple, l'effecteur ou modulateur se fixe d'abord à un site régulateur séparé et induit une modification dans la conformation de l'enzyme qui aboutit à un changement de forme du site actif. Le site actif est alors capable de fixer le substrat de manière plus efficace. L'effecteur est ici un effecteur positif car il stimule la fixation du substrat et l'activité catalytique.

du site catalytique. Il induit un changement de forme ou de conformation de l'enzyme (**figure 8.21**) et il en résulte une modification du site catalytique. Un effecteur positif augmente l'activité enzymatique tandis qu'un effecteur négatif diminue cette activité ou inhibe l'enzyme. Ces variations d'activité résultent souvent de modifications dans l'affinité apparente de l'enzyme pour son substrat, mais il peut aussi y avoir des changements de la vitesse maximale.

Les caractéristiques cinétiques des enzymes non régulatrices indiquent que la constante de Michaelis (*Km*) est la concentration en substrat nécessaire pour que l'enzyme fonctionne avec la moitié de sa vitesse maximale. Cette constante s'applique seulement aux courbes hyperboliques de saturation en substrat, mais pas aux courbes sigmoïdes observées souvent avec les enzymes allostériques (figure 8.23). Dans le cas des enzymes allostériques caractérisés par des sigmoïdes, la concentration en substrat donnant la moitié de la vitesse maximale est appelée valeur $[S]_{0,5}$ ou $K_{0,5}$.

Une des enzymes régulatrices allostériques le mieux étudiées est l'aspartate transcarbamylase (ATCase) d'*E. coli*. L'enzyme catalyse la condensation de carbamylphosphate et de l'aspartate pour former le carbamyl aspartate (**figure 8.22**). L'ATCase catalyse la réaction limitante dans la voie biosynthétique des pyrimidines chez *E. coli*. La courbe de saturation en substrat est sigmoïde lors-

qu'on varie la concentration en l'un ou l'autre des substrats (**figure 8.23**). L'enzyme a plus d'un site actif et la fixation d'une molécule de substrat à un site actif augmente la fixation d'une molécule de substrat aux autres sites. De plus, le triphosphate de cytidine (CTP), un produit final dans la biosynthèse des pyrimidines, inhibe l'enzyme tandis que l'ATP l'active. Les effecteurs modifient tous deux la valeur $K_{0,5}$ de l'enzyme mais ne modifient pas la vitesse maximale. Le CTP est inhibiteur car il augmente $K_{0,5}$ et déplace la courbe de saturation en substrat vers des valeurs plus élevées. L'enzyme peut ainsi fonctionner plus lentement à une concentration donnée de substrat lorsque le CTP est présent. L'ATP est activateur car il déplace la courbe vers des concentrations en substrat plus faibles et l'activité de l'enzyme sera maximale dans une zone beaucoup plus large de concentration en substrat. Ainsi lorsque la voie est très active et que la concentration en CTP augmente trop, l'activité de l'ATCase diminue et la vitesse de formation du produit final décroît. Au contraire, lorsque le produit purique final, l'ATP, atteint une concentration plus élevée que celle de CTP, il stimule la synthèse de CTP grâce à son action sur l'ATCase. La biosynthèse des purines et des pyrimidines (pp. 216-18).

L'aspartate transcarbamylase d'*E. coli* fournit un exemple clair de la séparation des sites catalytiques et régulateurs dans les

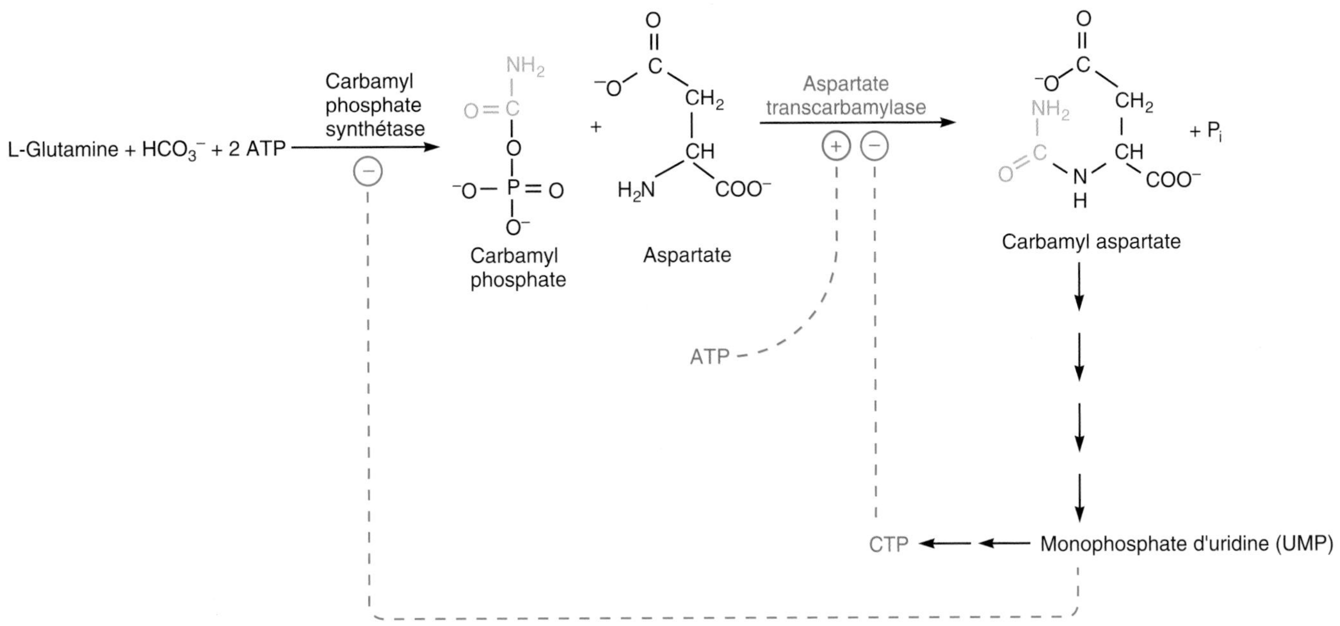

Figure 8.22 La régulation de l'ACTase. La réaction de l'aspartate transcarbamylase et son rôle dans la régulation de la biosynthèse des pyrimidines. Le produit final -CTP- inhibe son activité (-) tandis que l'ATP active l'enzyme (+). La carbamyl phosphate synthétase est également inhibée par des produits finals de la voie métabolique tels que l'UMP.

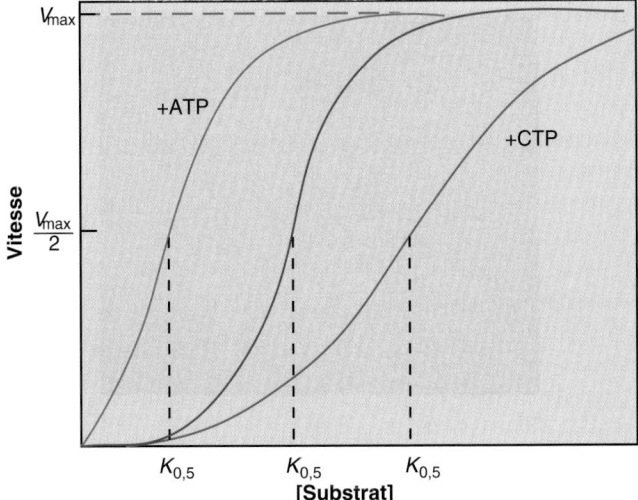

Figure 8.23 Les cinétiques de l'aspartate transcarbamylase d'*E. coli*. Le CTP, effecteur négatif, augmente la valeur de $K_{0,5}$ tandis que l'ATP, effecteur positif, diminue le $K_{0,5}$. La Vmax reste constante.

enzymes allostériques. L'enzyme est une grosse protéine composée de deux sous-unités catalytiques et de trois sous-unités régulatrices (**figure 8.24a**). Les sous-unités catalytiques ne contiennent que des sites catalytiques et ne sont affectées ni par l'ATP ni par le CTP. Les sous-unités régulatrices ne catalysent pas la réaction mais possèdent les sites régulateurs auxquels l'ATP et le CTP se fixent. Lorsqu'ils se fixent à l'enzyme complet, ces effecteurs entraînent des modifications conformationnelles dans les sous-unités régulatrices et en conséquence, dans les sous-unités catalytiques et leurs sites actifs. L'enzyme peut changer réversiblement d'une forme moins active T en une forme plus active R (figure 8.24b,c). Ainsi le site régulateur influence le site catalytique distant d'environ 6,0 nm.

La modification covalente des enzymes

Les enzymes régulatrices peuvent aussi être ouvertes ou fermées par une modification covalente réversible. Ce phénomène se produit généralement par addition ou soustraction d'un groupe particulier, l'enzyme étant plus active sous une forme que sous l'autre. Par exemple, la glycogène phosphorylase de la moisissure du pain,

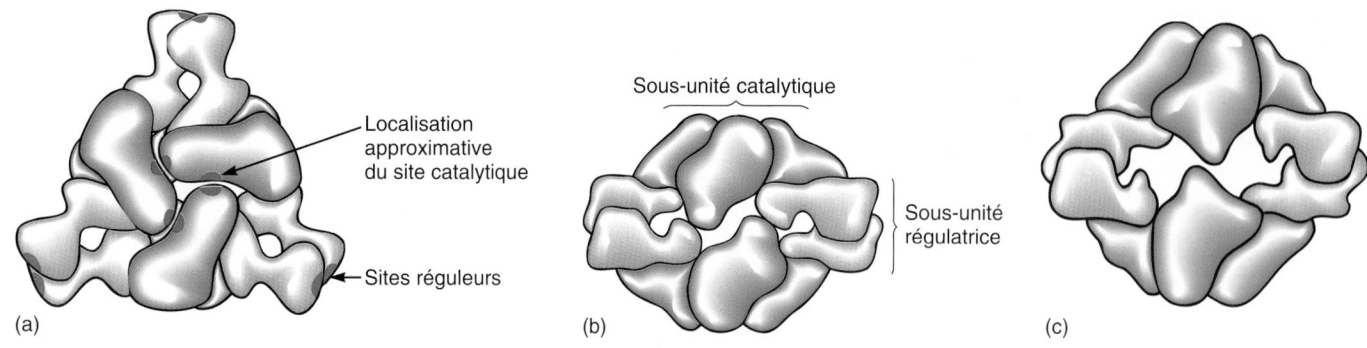

(a)   (b)   (c)

Figure 8.24 La structure et la régulation de l'aspartate transcarbamylase d'*E. coli*. (**a**) Schéma de l'enzyme montrant les six chaînes polypeptidiques catalytiques (en bleu), les six chaînes régulatrices (en orange) et les sites catalytiques et régulateurs. L'enzyme est vue du dessus. Chaque sous-unité catalytique contient trois chaînes catalytiques et chaque sous-unité régulatrice possède deux chaînes. (**b**) L'état T, moins actif, de l'ATCase, en vue latérale. (**c**) L'état R, plus actif, de l'ATCase les sous-unités régulatrices ont tourné et ont séparé les sous-unités catalytiques.

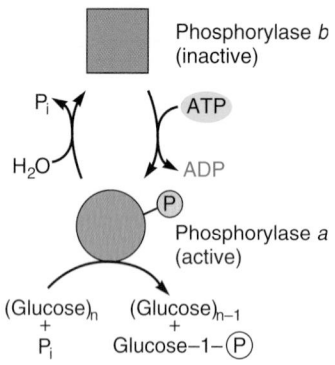

Figure 8.25 Modification covalente réversible de la glycogène phosphorylase. La forme active, la phosphorylase *a*, est produite par phosphorylation, elle est inactivée lorsque le phosphate est retiré par hydrolyse pour donner la phosphorylase *b*, la forme inactive.

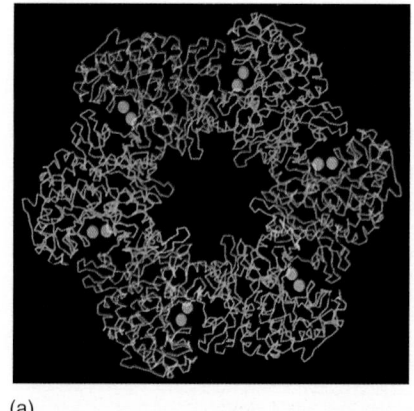

(a)

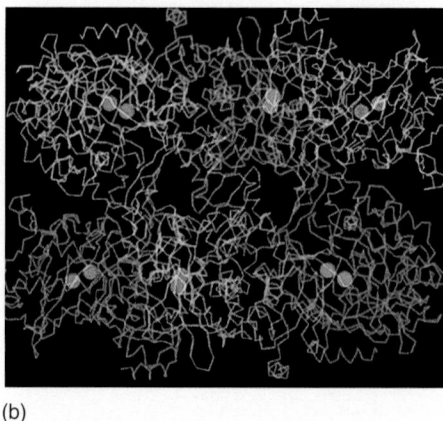

(b)

Figure 8.26 La structure de la glutamine synthétase d'*E. coli*. L'enzyme contient 12 sous-unités en forme de prisme hexagonal. Pour plus de clarté, les sous-unités sont colorées alternativement en vert et en bleu. Il y a une paire d'ions Mn^{2+} (en rouge) dans chacun des 6 sites catalytiques. Les résidus tyrosine auxquels peuvent s'attacher les groupes adényle sont colorés en rouge. (**a**) Vue du dessus de la molécule. (**b**) Vue latérale montrant les 6 sous-unités les plus proches.

Neurospora crassa, existe sous une forme phosphorylée appelée phosphorylase *a* et une forme déphosphorylée, la phosphorylase *b* (**figure 8.25**). La phosphorylase *b* est inactive car l'activateur dont elle a besoin, l'AMP, n'est généralement pas présent en quantité suffisante. La phosphorylase *a*, la forme phosphorylée, est active même en l'absence d'AMP. La glycogène phosphorylase est donc stimulée par la phosphorylation de la phosphorylase *b* en phosphorylase *a*. L'attachement d'un groupe phosphate donne à l'enzyme sa conformation active. Ces phosphorylation et déphosphorylation sont catalysées par des enzymes différentes qui sont également régulées. La phosphorylase et la dégradation du glycogène (p. 192).

Des enzymes peuvent être régulées par l'attachement d'autres groupes que le phosphate. Une des enzymes régulatrices les plus étudiées est la glutamine synthétase d'*E. coli*, une grosse molécule complexe existant sous deux formes (**figure 8.26**). Lorsqu'un résidu d'acide adénylique est attaché à chacune de ses 12 sous-unités, l'enzyme adénylylée formée n'est pas très active. Le départ des AMP donne de la glutamine synthétase désadénylylée, plus active et de la glutamine est produite. Le système de la glutamine synthétase diffère de celui de la phosphorylase car (1) c'est l'AMP qui est l'agent modificateur et (2) la forme modifiée de la glutamine synthétase est la moins active. La glutamine synthétase est aussi régulée de manière allostérique. La glutamine synthétase et son rôle dans le métabolisme de l'azote (pp. 211-12).

L'utilisation de la modification covalente pour réguler l'activité enzymatique présente certains avantages. Souvent, ces enzymes interconvertibles sont aussi allostériques. Parce que chacune des formes peut répondre différemment aux effecteurs allostériques, les systèmes d'enzymes covalentiellement modifiées sont aptes à répondre à plus de stimuli, de façons variées et sophistiquées. La régulation peut aussi s'exercer sur des enzymes qui catalysent les modifications covalentes, ce qui ajoute un second niveau de régulation au système.

La rétro-inhibition

Comme nous l'avons décrit dans le paragraphe précédent, la vitesse de nombreuses voies métaboliques est ajustée par le contrôle de l'activité d'enzymes régulatrices. Dans chaque voie, il y a au moins une **enzyme-clé** (pacemaker) qui catalyse la réaction la plus lente ou réaction limitante de la voie. Comme les autres réactions se déroulent plus rapidement que la réaction-clé, les variations de l'activité de cette enzyme affectent directement la vitesse d'opération du processus. C'est généralement la première réaction d'une voie qui est la réaction-clé et qui est catalysée par une enzyme régulatrice. Le produit final de la voie inhibe très souvent cette enzyme : ce phénomène est appelé inhibition par le produit final ou **rétro-inhibition** (inhibition « feedback »). La rétro-inhibition assure une production équilibrée du produit final d'une voie métabolique. Si le produit final devient trop concentré, il inhibe l'enzyme régulatrice et diminue sa propre synthèse. En même temps que la concentration du produit final diminue, l'activité de la voie augmente de nouveau et le produit se reforme. La rétro-inhibition accorde donc automatiquement la fourniture à la demande du produit final. L'aspartate transcarbamylase d'E.coli, décrite précédemment, est un excellent exemple de rétro-inhibition.

Une voie biosynthétique se ramifie fréquemment pour former plus d'un produit final. Dans une telle situation la synthèse des produits finals doit être coordonnée de façon précise. Il ne faut pas que l'un des produits soit présent en excès alors que l'autre fasse défaut. Ces voies biosynthétiques ramifiées parviennent à un équilibre des produits finals par l'utilisation d'enzymes régulatrices aux points de bifurcation (**figure 8.27**). Lorsqu'un produit final est présent en excès, il inhibe souvent l'enzyme au point de bifurcation de la séquence conduisant à sa formation ; ceci permet une régulation de sa synthèse sans affecter la synthèse des autres produits. Remarquez que les deux produits finals de la figure 8.27 inhibent aussi l'enzyme initiant la voie métabolique. Un excès d'un produit ralentit le flux de carbone dans l'ensemble de la voie tout en inhibant l'enzyme appropriée au point de bifurcation. Comme l'exigence en carbone est réduite lorsqu'une branche est inactive, la rétro-inhibition de l'enzyme modulatrice initiale per-

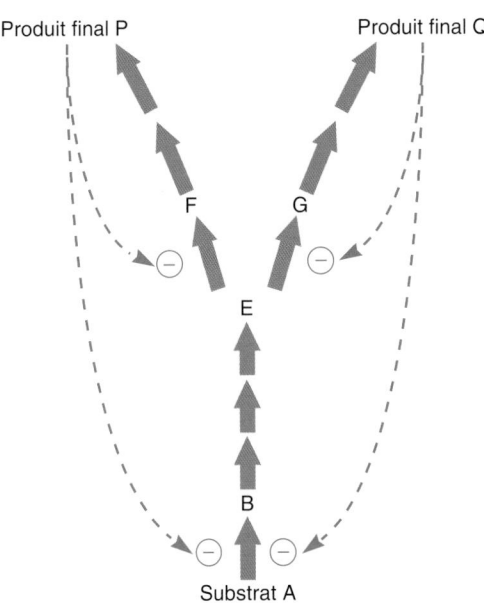

Figure 8.27 La rétro-inhibition. Cette figure montre une rétro-inhibition d'une voie métabolique ramifiée ayant deux produits finals. Les enzymes au point de bifurcation, catalysant la conversion du produit intermédiaire E en produit F et G, sont soumises à une régulation par rétro-inhibition. Les produits P et Q inhibent également la réaction initiale de la voie. Une ligne colorée munie d'un signe moins à une extrémité signifie qu'un produit final, P ou Q inhibe l'enzyme catalysant l'étape proche du signe moins. Voir le texte pour plus de détails.

met de faire correspondre l'offre et la demande dans les voies ramifiées. La régulation des voies à ramifications multiples est souvent encore plus sophistiquée en raison de la présence d'**isoenzymes**, des enzymes différentes catalysant la même réaction. L'étape modulatrice initiale peut être catalysée par plusieurs isoenzymes, chacune contrôlée séparément et indépendamment. Dans ce cas, un excès d'un seul produit final réduit l'activité de la voie métabolique mais ne bloque pas complètement la fonction de la voie car certaines isoenzymes sont encore actives.

---

1. Définissez les termes suivants : enzyme allostérique, effecteur ou modulateur et $[S]_{0,5}$ ou $K_{0,5}$.

2. Comment des enzymes régulatrices peuvent-elles être influencées par une modification covalente réversible ? Quels sont les groupes utilisés dans ce but avec la phosphorylase du glycogène et la glutamine synthétase et quelles sont les formes actives de ces enzymes ?

3. Qu'est-ce qu'une enzyme modulatrice ? Ou une rétro-inhibition ? Comment la rétro-inhibition ajuste-t-elle la concentration d'un produit final d'une voie métabolique ? Qu'est-ce que des isoenzymes et pourquoi sont-elles importantes pour la régulation d'une voie métabolique ?

Résumé

1. L'énergie est la capacité d'effectuer un travail. Les cellules vivantes effectuent trois types principaux de travail : un travail chimique de biosynthèse, un travail de transport et un travail mécanique.

2. La source première d'énergie pour la plupart des microbes est l'énergie lumineuse captée par les autotrophes et utilisée pour synthétiser à partir du CO_2, la matière organique consommée par les hétérotrophes.

3. L'ATP est la monnaie principale d'énergie ; elle couple les processus producteurs d'énergie aux processus utilisateurs (**figure 8.3**).

4. Le premier principe de la thermodynamique stipule que l'énergie n'est ni créée ni détruite.

5. Le second principe de la thermodynamique établit que les changements vont vers une augmentation du désordre de l'univers ; c'est-à-dire que l'entropie augmente toujours au cours des processus spontanés.

6. Le premier et le second principes peuvent être combinés afin de déterminer la quantité d'énergie disponible pour effectuer un travail.

$$\Delta G = \Delta H — T. \Delta S$$

Dans cette équation, la variation d'énergie libre (ΔG) est l'énergie rendue disponible pour faire un travail. La variation d'enthalpie (ΔH) est la variation de chaleur et $?S$ la variation d'entropie.

7. La variation d'énergie libre standard ($\Delta G^{o'}$) dans une réaction chimique est en relation directe avec la constante d'équilibre.

8. Dans les réactions exergoniques, $\Delta G^{o'}$ est négatif et la constante d'équilibre plus grande que un, la réaction est complète. Les réactions endergoniques ont un $\Delta G^{o'}$ positif et une constante d'équilibre inférieure à un (**figure 8.5**).

9. Dans les réactions d'oxydo-réduction, les électrons se déplacent d'un donneur, l'agent réducteur, vers un accepteur, l'agent oxydant. Le potentiel de réduction standard mesure la tendance de l'agent réducteur à donner des électrons.

10. Les couples rédox dont les potentiels de réduction sont plus négatifs, donnent des électrons à ceux qui ont des potentiels plus positifs ; pendant le transfert, de l'énergie est produite (**figure 8.7**).

11. Des transporteurs d'électrons parmi les plus importants sont NAD^+, $NADP^+$, FAD, FMN, la coenzyme Q, les cytochromes et les protéines fer-soufre non hémiques.

12. Les enzymes sont des catalyseurs protéiques qui catalysent des réactions spécifiques.

13. Les enzymes sont constituées d'une protéine, l'apoenzyme, et souvent d'un cofacteur non protéique qui peut être un groupe prosthétique, une coenzyme ou un activateur métallique.

14. Les enzymes accélèrent les réactions en liant les substrats au niveau de leur site actif et en abaissant l'énergie d'activation (**figure 8.14**).

15. La vitesse d'une réaction catalysée par une enzyme augmente avec la concentration en substrat aux faibles concentrations et atteint un plateau (la vitesse maximale) aux concentrations saturantes en substrat. La constante de Michaelis est la concentration en substrat qui assure une vitesse égale à la moitié de la vitesse maximale (**figure 8.17**).

16. L'activité de chaque enzyme a une valeur optimale de pH et de température.

17. L'activité enzymatique peut être diminuée par des inhibiteurs compétitifs et non compétitifs.

18. La régulation du métabolisme maintient les constituants cellulaires en équilibre, elle conserve l'énergie et le matériel métaboliques.

19. La localisation de métabolites et d'enzymes dans différentes parties de la cellule établit une canalisation, qui influence l'activité métabolique. La compartimentation est un mécanisme fréquent qui assure cette canalisation.

20. Les enzymes régulatrices sont habituellement des enzymes allostériques. Un effecteur ou modulateur se lie réversiblement à un site régulateur de ces enzymes, qui est distinct du site catalytique et entraîne un changement de conformation de l'enzyme pour modifier son activité (**figure 8.21**).

21. L'aspartate transcarbamylase est une enzyme allostérique, qui est inhibée par le TP et activée par l'ATP.

22. L'activité enzymatique peut aussi être régulée par une modification covalente réversible. Deux exemples d'une telle régulation sont la glycogène phosphorylase (addition de phosphate) et la glutamine synthétase (addition d'AMP).

23. La première enzyme et les enzymes au point de bifurcation d'une chaîne métabolique sont souvent l'objet d'une rétro-inhibition par un ou plusieurs produits finals. Un produit final en excès ralentit sa propre synthèse (**figure 8.27**).

Mots-clés

adénosine diphosphate (ADP) *155*
adénosine 5'-triphosphate (ATP) *155*
agent oxydant (oxydant) *157*
agent réducteur (réducteur) *157*
apoenzyme *161*
calorie *155*
canalisation métabolique *165*
catalyseur *161*
coenzyme *161*
coenzyme Q ou CoQ (ubiquinone) *159*
cofacteur *161*
compartimentation *165*
complexe de transition *162*
complexe enzyme-substrat *162*
constante d'équilibre (K_{eq}) *156*
constante de Michaelis (K_m) *163*
cytochrome *159*
dénaturation *163*
effecteur ou modulateur *165*
endergonique *156*
énergie *154*

énergie d'activation *162*
enthalpie *156*
entropie *156*
enzyme *161*
enzyme clé *169*
enzymes allosfériques *165*
équilibre *156*
exergonique *156*
ferrédoxine *159*
flavine adénine dinucléotide (FAD) *159*
flavine mononucléotide (FMN) *159*
groupe prosthétique *161*
holoenzyme *161*
inhibiteur compétitif *164*
inhibiteur non compétitif *164*
isoenzymes *169*
joule *155*
modification covalente réversible *167*
molécule riche en énergie *157*
nicotinamide adénine dinucléotide (NAD^+) *157*
nicotinamide adénine dinucléotide phosphate ($NADP^+$) *158*

photosynthèse *154*
potentiel de réduction standard *157*
premier principe de la thermodynamique *155*
produit *161*
protéine fer-soufre non hémique *159*
réaction d'oxydo-réduction (rédox) *157*
respiration aérobie *154*
rétro-inhibition *169*
second principe de la thermodynamique *156*
site actif *162*
site catalytique *162*
site régulateur *165*
substrat *161*
thermodynamique *155*
travail chimique *157*
travail de transport *154*
travail mécanique *154*
variation d'énergie libre *156*
variation d'énergie libre standard *156*

Questions de révision

1. Décrivez, en termes généraux, comment l'énergie lumineuse est distribuée dans la biosphère.
2. Quelles sources d'énergie, autres que la lumière solaire, sont utilisées par les micro-organismes ?
3. Dans quelles conditions serait-il possible de créer plus d'ordre dans un système, sans violer le deuxième principe de thermodynamique ?
4. Les cellules vivantes augmentent-elles le désordre ou l'entropie en leur sein ? Dans l'environnement ?
5. Supposons qu'une réaction chimique ait une valeur de $\Delta G^{o'}$ très négative. Qu'est-ce que cela indiquerait à propos de sa constante d'équilibre ? La réaction serait-elle rapidement complète ? Beaucoup ou peu d'énergie libre serait-elle produite ?
6. Les électrons se déplacent-ils habituellement du cytochrome c ($E'_o = +210$ mV) à l'O_2 ($E'_o = +820$ mV) dans la chaîne transporteuse d'électrons ou dans le sens opposé ?
7. Si une personne était carencée en niacine, quel processus métabolique serait affecté ? Pourquoi ?
8. Faites un diagramme montrant comment les enzymes catalysent des réactions en modifiant l'énergie d'activation. Qu'est-ce qu'un complexe à l'état de transition ? Utilisez le diagramme pour montrer pourquoi les enzymes ne modifient pas les équilibres des réactions qu'elles catalysent.
9. Quelles pourraient-être les propriétés spéciales d'une enzyme isolée à partir d'une bactérie psychrophile ? Les enzymes doivent-elles abaisser l'énergie d'activation plus ou moins chez les thermophiles que chez les psychrophiles ?
10. Comment une substance peut-elle régler l'activité de l'enzyme dont elle est le substrat ?
11. Décrivez comment l'aspartate transcarbamylase d'*E. coli* est régulée, en termes des effets des modulateurs et du mécanisme par lesquels ils exercent leur influence.
12. Comment expliquer le fait que des enzymes situées à des ramifications de chaînes métaboliques soient soumises à des régulations ?

Questions de réflexion

1. Comment un transport d'électrons pourrait-il être forcé dans la direction opposée ? Pourquoi serait-il intéressant de faire cela ?
2. Allez voir les structures des macromolécules (appendice I). Quel type de macromolécules a le plus d'électrons à donner ? Pourquoi les glucides constituent-ils habituellement la source première d'électrons pour les bactéries non autotrophes ?
3 L'intérieur des cellules, la plupart des enzymes ne travaillent pas à leurs optima biochimiques. Pourquoi ?

Lectures complémentaires

Généralités
Becker, W. M., Kleinsmith, L., et Hardin, J. 2000. *The world of the cell,* 4ᵉ éd. Redwood City, Calif.: Benjamin Cummings.

Garrett, R. H., et Grisham, C. H. 1999. *Biochemistry* 2ᵉ éd. New York: Saunders.

Lehninger, A. L., Nelson, D. L., et Cox, M. M. 1993. *Principles of biochemistry,* 2ᵉ éd. New York: Worth Publishers.

Lodish, H., Baltimore, D., Berk, A.; Zipursky, S. L., Matsudaira, P., et Darnell, J. 1999. *Molecular cell biology,* 4ᵉ éd. New York: Scientific American Books.

Mathews, C. K., et van Holde, K. E. 1996. *Biochemistry,* 2ᵉ éd. Menlo Park, Calif.: Benjamin/Cummings.

Moran, L. A., Scrimgeour, K. G., Horton, H. R., Ochs, R. S., et Rawn, J. D. 1994. *Biochemistry.* Englewood Cliffs, N.J.: Neil Patterson Publishers/Prentice-Hall.

Neidhardt, F. C., Ingraham, J. L., et Schaechter, M. 1990. *Physiology of the bacterial cell: A molecular approach.* Sunderland, Mass.: Sinauer Associates.

Stryer, L. 1995. *Biochemistry,* 4ᵉ éd. New York: Freeman.

Voet, D., et Voet, J. G. 1995. *Biochemistry,* 2ᵉ éd. New York: John Wiley and Sons.

Zubay, G. 1998. *Biochemistry,* 4ᵉ éd. Dubuque, Iowa: WCB/McGraw-Hill.

8.6 Les enzymes
Boyer, Paul D., éd. 1970–1987. *The enzymes.* San Diego: Academic Press.

Branden, C., et Tooze, J. 1991. *Introduction to protein structure.* New York: Garland Publishing.

Fersht, A. 1984. *Enzyme structure and mechanism,* 2ᵉ éd. San Francisco: W. H. Freeman.

International Union of Biochemistry and Molecular Biology. 1992. *Enzyme nomenclature.* San Diego: Academic Press.

Kraut, J. 1988. How do enzymes work? *Science* 242:533–39.

Neidleman, S. L. 1989. Enzymes under stress. *ASM News* 55(2):67–70.

Walsh, C. 1979. *Enzymatic reaction mechanisms.* San Francisco: W. H. Freeman.

8.9 Le contrôle de l'activité enzymatique
Kantrowitz, E. R., et Lipscomb, W. N. 1988. *Escherichia coli* aspartate transcarbamylase: The relation between structure and function. *Science* 241:669–74.

Koshland, D. E., Jr. 1973. Protein shape and biological control. *Sci. Am.* 229(4):52–64.

Saier, M. H., Jr.; Wu, L.-F.; et Reizer, J. 1990. Regulation of bacterial physiological processes by three types of protein phosphorylating systems. *Trends Biochem. Sci.* 15:391–95.

CHAPITRE 9

Le métabolisme :
la libération et la conservation de l'énergie

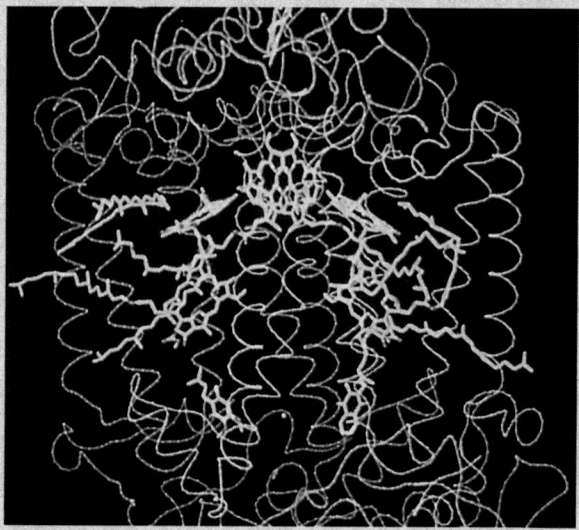

Le centre réactionnel de la bactérie pourpre non sulfureuse, *Rhodopseudomonas viridis*. Les bactériochlorophylles et les autres groupements prosthétiques sont en jaune. Ces pigments piègent la lumière au cours de la photosynthèse.

Plan

Concepts

1. Le métabolisme, ensemble des réactions chimiques se produisant dans la cellule, peut être divisé en catabolisme et anabolisme. Dans le catabolisme, la complexité des molécules diminue et de l'énergie libre est rendue disponible. L'énergie peut aussi provenir de la lumière solaire (photosynthèse) ou de l'oxydation d'aliments inorganiques. L'anabolisme est l'utilisation de l'énergie libre pour augmenter la complexité des molécules.

2. Au cours du catabolisme, les aliments sont canalisés dans un petit nombre de voies communes, ce qui permet l'utilisation la plus efficace des enzymes (quelques voies dégradent une large variété d'éléments nutritifs).

3. Le cycle des acides tricarboxyliques est la voie finale de l'oxydation aérobie des éléments nutritifs en CO_2.

4. La majorité de l'énergie libérée lors du catabolisme est produite par le mouvement des électrons depuis les transporteurs d'électrons à potentiels de réduction plus négatifs vers ceux dont les potentiels de réduction sont plus positifs. Ainsi la respiration aérobie est beaucoup plus efficace que le catabolisme anaérobie.

5. Des accepteurs d'électrons très variés sont utilisés dans le catabolisme : des molécules organiques endogènes (fermentation), l'O_2 (respiration aérobie) et des molécules inorganiques exogènes oxydées, autres que l'O_2 (respiration anaérobie). De plus, des molécules inorganiques réduites aussi bien que des molécules organiques peuvent servir de donneurs d'électrons pour le transport des électrons et la synthèse d'ATP. Le catabolisme microbien est unique dans la diversité des éléments nutritifs et des mécanismes employés à pour libérer de l'énergie.

6. Au cours de la photosynthèse, l'énergie lumineuse captée propulse les électrons vers des potentiels de réduction plus négatifs ou des niveaux d'énergie plus élevés. Ces électrons excités sont ensuite utilisés pour synthétiser de l'ATP et du NAD(P)H durant leur transport.

7. La force proton-motrice est générée par les réactions oxydatives et la photosynthèse : elle fournit l'énergie pour la production d'ATP et d'autres processus, comme le transport et la mobilité bactérienne.

Ce sont les réactions de fourniture d'énergie qui montrent le mieux la diversité et l'adaptabilité extraordinaires des bactéries. Elles ont évolué de façon à prospérer dans pratiquement tous les milieux naturels quelles que soient les sources disponibles de carbone, d'énergie et de pouvoir réducteur ...L'ensemble de leurs potentialités permet ainsi aux bactéries de métaboliser virtuellement n'importe quel composé organique de cette planète.

— *F. C. Neidhardt, J. L. Ingraham et M. Schaechter*

L e chapitre 8 introduit les principes fondamentaux de la thermodynamique, le cycle de l'énergie, l'utilisation de l'ATP comme monnaie énergétique, la nature et la fonction des enzymes et la régulation de l'activité enzymatique. Avec ces données fondamentales, le métabolisme microbien peut être envisagé — le **métabolisme** est l'ensemble de toutes les réactions chimiques se déroulant dans la cellule. Le métabolisme est rendu possible par le flux d'énergie et la participation des enzymes.

Ce chapitre commence par une vue d'ensemble du métabolisme. Elle sera suivie par une introduction à la dégradation des glucides et à la fermentation. Nous décrirons ensuite la formation d'ATP due aux respirations aérobie et anaérobie. Ensuite on passera brièvement en revue le catabolisme des substances organiques autres que les glucides (c'est-à-dire les lipides, les protéines et les acides aminés). Ce chapitre se termine par l'étude de l'oxydation des molécules inorganiques et la capture de l'énergie lumineuse par les réactions de photosynthèse.

9.1 Vue d'ensemble du métabolisme

Le métabolisme peut être divisé en deux parties principales. Dans le **catabolisme** (du grec *cata*, en bas et *ballein,* jeter), des molécules plus grosses et plus complexes sont fragmentées en molécules plus petites et plus simples avec libération d'énergie. Une partie de cette énergie est captée et rendue disponible pour un travail ; le reste est libéré sous forme de chaleur. L'énergie piégée peut ensuite être utilisée dans l'anabolisme, la seconde partie du métabolisme. L'**anabolisme** (du grec *ana*, en haut), est la synthèse de molécules complexes à partir de précurseurs plus simples avec consommation d'énergie. Un processus anabolique utilise de l'énergie pour augmenter l'ordre du système (*voir chapitre 8*).

Bien que la division du métabolisme en deux parties principales soit commode et très souvent utilisée, tous les processus générateurs d'énergie ne sont pas inclus dans cette définition du catabolisme à moins d'étendre la définition à tous les processus métaboliques produisant de l'énergie, que des molécules complexes soient dégradées ou non. Dans un sens plus large, les microorganismes utilisent en général une des trois sources d'énergie suivantes. Les phototrophes capturent l'énergie radiante du soleil (**figure 9.1**), les chimioorganotrophes oxydent des molécules organiques pour libérer de l'énergie, tandis que les chimiolithotrophes emploient comme sources d'énergie, des aliments inorganiques. Les trois processus seront exposés dans ce chapitre, en commençant par la chimioorganotrophie. Les types nutritionnels chez les micro-organismes (pp. 97-98)

Il n'y a pas que les sources d'énergie qui varient chez les micro-organismes, c'est aussi le cas des accepteurs d'électrons utilisés par les chimiotrophes (**figure 9.2**). Ces accepteurs peuvent principalement être de trois sortes. Dans la **fermentation** (du latin *fermentare*, provoquer la levée ou fermenter), le substrat énergétique est oxydé et dégradé sans intervention d'accepteur d'électrons exogène, ou tiré de l'environnement. Habituellement, la voie catabolique produit un intermédiaire comme le pyruvate, qui joue le rôle d'accepteur d'électrons. La fermentation s'effectue normalement dans des conditions anaérobies, mais parfois, elle a lieu aussi en présence d'oxygène. Evidemment, le métabolisme générateur d'énergie peut faire usage d'accepteurs d'électrons exogènes, ou tirés de l'environnement. Ce processus métabolique s'appelle la **respiration** et peut être de deux types différents. Dans la **respiration aérobie**, l'accepteur final d'électrons est l'oxygène, tandis que dans la **respiration anaérobie**, c'est un autre accepteur exogène. L'accepteur dans la respiration anaérobie est le plus souvent inorganique (par exemple, NO_3^-, SO_4^{2-}, CO_2, Fe^{3+}, SeO_4^{2-}, et beaucoup d'autres), mais les accepteurs organiques comme le fumarate peuvent être utilisés aussi. La respiration implique souvent l'activité d'une chaîne de transfert d'électrons. Fermentation et respiration fournissent des quantités très différentes d'énergie. Dans la fermentation, l'accepteur d'électron est au même état d'oxydation que l'aliment de départ et il n'y a pas d'oxydation nette de ce dernier. La quantité d'énergie rendue disponible reste donc limitée. L'accepteur, dans les processus respiratoires, a un potentiel de réduction beaucoup plus positif que le substrat. La respiration libère donc beaucoup plus d'énergie (*voir pp. 157-59 et figure 8.7*). Aussi bien dans la respiration aérobie que dans l'anaérobie, l'activité de la chaîne de transfert d'électrons conduit à la formation d'ATP. Les électrons qui parcourent ces chaînes

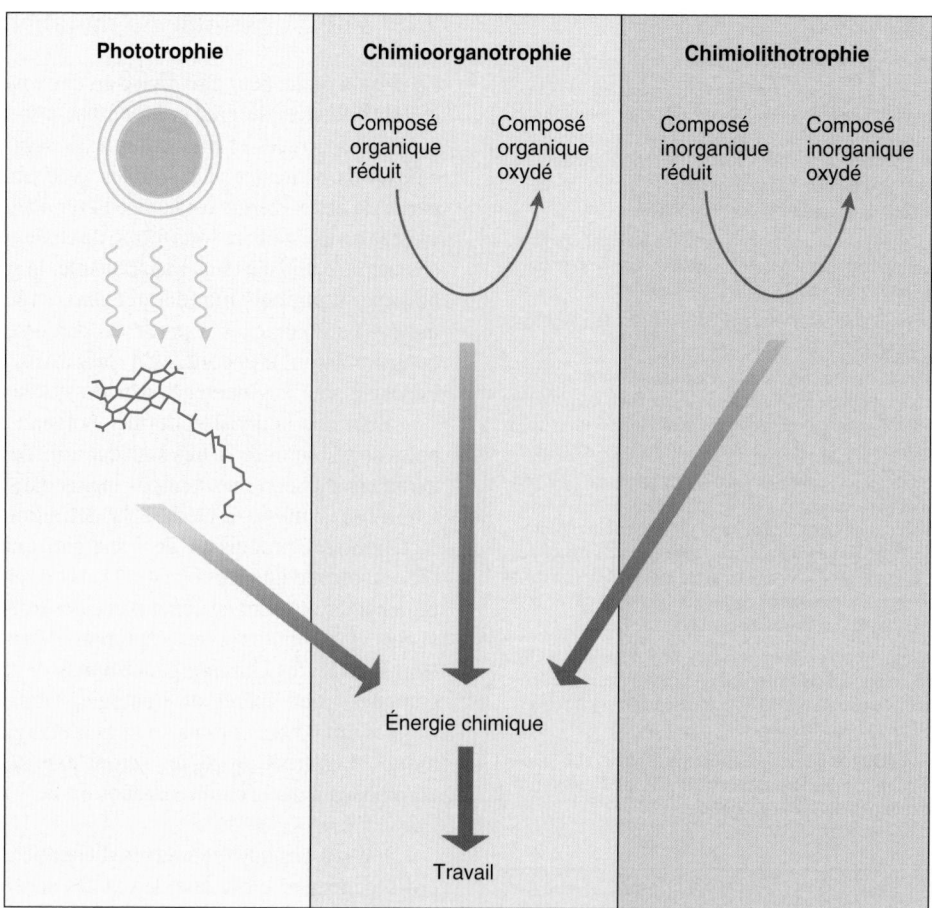

Figure 9.1 Les sources d'énergie des micro-organismes. La plupart des micro-organismes emploient l'une des trois sources d'énergie mentionnées ci-dessus. Les phototrophes captent l'énergie radiante émise par le soleil, grâce à des pigments comme la bactériochlorophylle et la chlorophylle. Les chimiotrophes oxydent des aliments organiques et inorganiques réduits pour libérer et piéger l'énergie. L'énergie chimique provenant de ces trois sources peut alors être utilisée pour produire un travail, comme expliqué dans le chapitre 8.

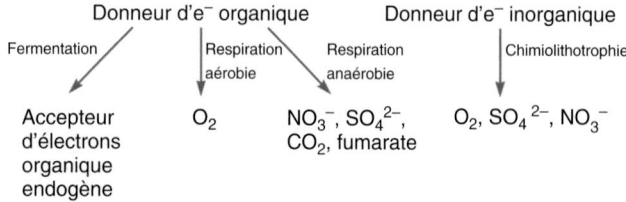

Figure 9.2 Les modes de libération de l'énergie. La fermentation est le processus producteur d'énergie où un donneur d'électrons inorganique cède ses électrons à un accepteur endogène, habituellement un intermédiaire venu du catabolisme de l'aliment. Dans la respiration, les électrons sont donnés à un accepteur exogène, soit l'oxygène (respiration aérobie), soit un autre accepteur comme le nitrate ou le sulfate (respiration anaérobie). Les composés inorganiques réduits peuvent aussi servir de donneurs d'électrons pour la production d'énergie (chimiolithotrophie).

peuvent venir d'aliments inorganiques, et il est possible d'obtenir de l'énergie par oxydation de molécules inorganiques au lieu de la tirer d'aliments organiques. Comme mentionné précédemment (*voir les sections 22.1 et 22.2*), cette capacité n'est partagée que par un petit groupe de procaryotes, les chimiolhotrophes.

Il faut noter que ces définitions de la fermentation, de la respiration aérobie et de la respiration anaérobie diffèrent quelque peu de celles souvent utilisées par les biologistes et les biochimistes. La fermentation peut aussi se définir comme un processus producteur d'énergie où des molécules organiques servent de donneurs et d'accepteurs d'électrons. La respiration est un processus producteur d'énergie où l'accepteur est une molécule inorganique, soit l'oxygène (respiration aérobie), soit un autre accepteur inorganique (respiration anaérobie). Parce que les micro-organismes sont tellement flexibles et variés dans leur métabolisme énergétique, ce sont les définitions précédentes, quelque peu plus larges, qui seront utilisées ici.

Avant d'étudier quelques voies cataboliques parmi les plus importantes, il est bon de faire le point de la situation. Albert Lehninger, un biochimiste à l'école de médecine Johns Hopkins, nous a aidé considérablement pour les chimio-organohétérotrophes en montrant que le métabolisme aérobie peut être divisé en

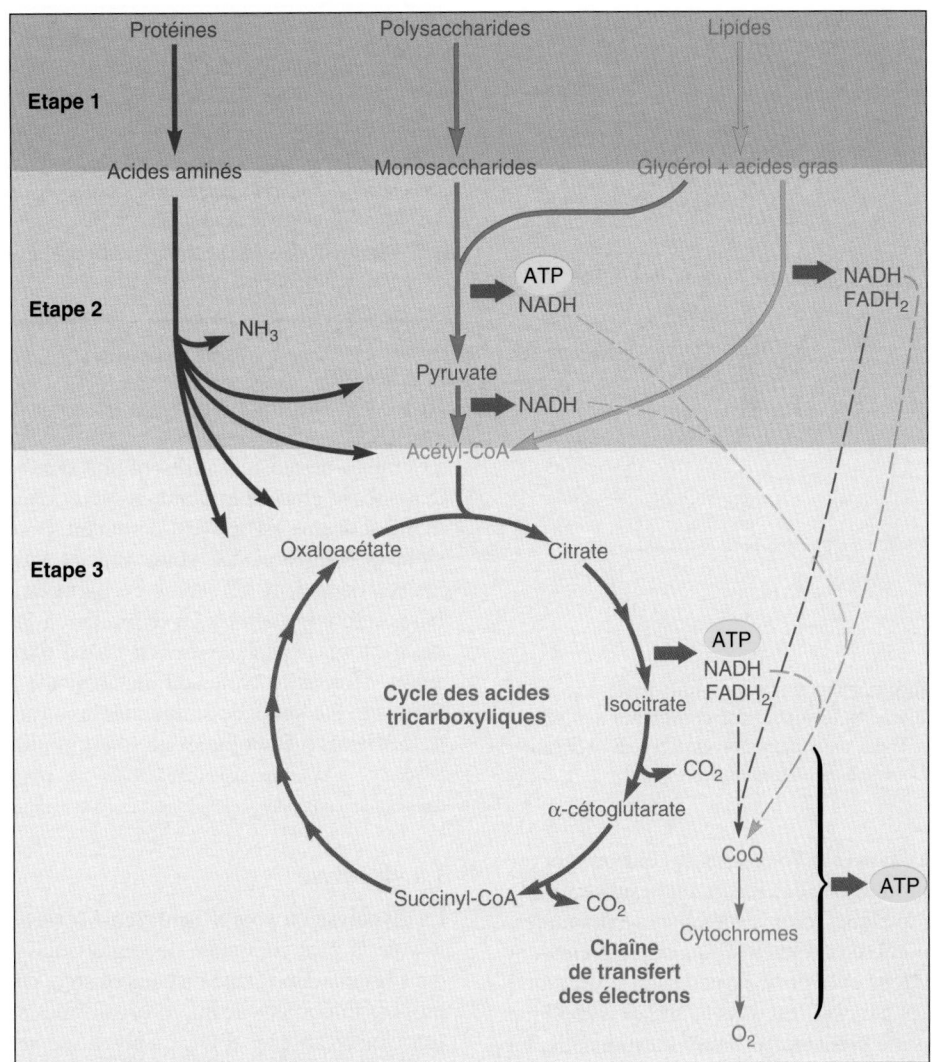

Figure 9.3 Les trois étapes du catabolisme. Schéma général du catabolisme chez un chimio-organohétéro-trophe montrant les trois étapes de ce processus et la position centrale du cycle des acides tricarboxyliques. Malgré leur diversité, les protéines, les polysaccharides et les lipides sont dégradés grâce à l'activité de quelques voies métaboliques communes. Les lignes pointillées montrent le flux des électrons, transportés par le NADH et le FADH$_2$, vers la chaîne de transfert d'électrons.

trois étapes (**figure 9.3**). Dans la première étape du catabolisme, de grosses molécules nutritives (protéines, polysaccharides et lipides) sont hydrolysées ou fragmentées en leurs unités constituantes. Les réactions chimiques se réalisant durant cette étape ne libèrent pas beaucoup d'énergie. Les acides aminés, monosaccharides, acides gras, glycérol et autres produits obtenus lors de la première étape, sont dégradés en quelques molécules plus simples dans la seconde étape. Généralement des métabolites comme l'acétyl coenzyme A, le pyruvate et les intermédiaires du cycle des acides tricarboxy-liques, sont formés. Cette deuxième étape peut opérer soit en aé-robiose soit en anaérobiose, elle produit souvent un peu d'ATP ainsi que du NADH et/ou du FADH$_2$. Enfin, le carbone nutritif est introduit dans le cycle des acides tricarboxyliques durant la troi-sième étape du catabolisme et les molécules sont complètement oxydées en CO$_2$ avec production d'ATP, de NADH et de FADH$_2$.

Le cycle fontionne en aérobiose et est responsable de la conversion de beaucoup d'énergie. Une grande partie de l'ATP provenant du cycle des acides tricarboxyliques (et des réactions de la 2e étape) vient de l'oxydation du NADH et du FADH$_2$ par la chaîne de trans-fert d'électrons. L'oxygène, ou parfois une autre molécule inorga-nique, est l'accepteur final d'électrons.

Bien que cette description soit quelque peu simplifiée, il est utile de discerner le schéma général du catabolisme. Notez que les micro-organismes partent d'un large éventail de molécules et ré-duisent à chaque étape le nombre et la diversité de celles-ci. Autrement dit, les molécules nutritives sont canalisées vers un nombre toujours plus réduit d'intermédiaires métaboliques jusqu'à ce qu'elles soient introduites dans le cycle des acides tricarboxy-liques. Une voie commune dégrade souvent de nombreuses molé-cules de même type (p. ex. plusieurs sucres différents). Ces voies

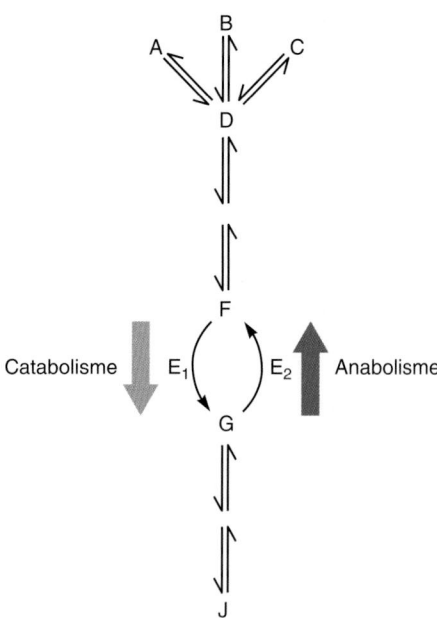

Figure 9.4 Voie amphibolique. Diagramme simplifié d'une voie amphibolique comme la glycolyse. Notez que l'interconversion des intermédiaires F et G est catalysée par deux enzymes séparées, E_1 agissant dans la direction catabolique, E_2 dans l'anabolique.

1. Décrivez le métabolisme. Comment sont organisés le catabolisme et l'anabolisme ? Quelles sont les trois principales sources d'énergie utilisées par les micro-organismes ? Définissez prototrophe, chimioorganotrophe et chimiolithotrophe.
2. Quelles sortes d'accepteurs d'électrons les micro-organismes utilisent-ils ? Définissez la fermentation, la respiration, la respiration aérobie et la respiration anaérobie.
3. Pourquoi des voies communes sont-elles utiles ? Qu'est-ce qu'une voie amphibolique ?

9.2 La dégradation du glucose en pyruvate

Les micro-organismes utilisent plusieurs voies métaboliques pour dégrader le glucose et d'autres sucres. A cause de cette diversité, le métabolisme est souvent déroutant. Pour éviter autant que possible la confusion, les voies suivant lesquelles les micro-organismes dégradent les sucres en pyruvate et intermédiaires similaires seront introduites en se limitant à 1) la glycolyse, 2) la voie des pentoses phosphates et 3) la voie d'Entner-Doudoroff. Ensuite, seront décrites les voies du métabolisme aérobie et anaérobie du pyruvate. Par souci de simplicité, les structures chimiques des intermédiaires métaboliques ne sont pas utilisées dans les schémas.

Schéma de la glycolyse et des autres voies cataboliques principales avec les structures des intermédiaires et le nom des enzymes (appendice II).

La glycolyse

La **glycolyse** ou **voie d'Embden-Meyerhof** est sans aucun doute la voie la plus commune de dégradation du glucose en pyruvate dans la deuxième étape du catabolisme. On la trouve dans tous les groupes importants de micro-organismes et elle fonctionne en présence ou en absence d'O_2. La glycolyse (du grec, glycos, sucré ; et lysis, scission) est localisée dans le cytoplasme des procaryotes et des eucaryotes.

La glycolyse peut être divisée en deux étapes (**figure 9.5** et *appendice II*). Dans l'étape initiale à six carbones, le glucose est phosphorylé deux fois et finalement converti en fructose 1,6-*bis*phosphate. D'autres sucres sont souvent introduits dans la voie par transformation en glucose 6-phosphate ou fructose 6-phosphate. Cette étape préliminaire ne libère pas d'énergie : en fait, deux molécules d'ATP sont dépensées par molécule de glucose. Ces étapes initiales « amorcent la pompe » par l'addition de phosphates à chacune des extrémités du sucre. Les phosphates seront rapidement utilisés pour former de l'ATP.

L'étape à trois carbones de la glycolyse commence par le clivage du fructose 1,6-*bis*phosphate en deux trioses, possédant chacun un groupe phosphate. Cette scission est catalysée par la fructose 1,6-*bis*phosphate aldolase. Un des produits, le glycéraldéhyde 3-phosphate, est directement converti en pyruvate dans un processus à cinq stades. Comme l'autre produit, la dihydroxyacétone phosphate, peut facilement être transformée en glycéraldéhyde 3-phosphate, les deux moitiés du fructose 1,6-*bis*phosphate sont utilisées dans l'étape à trois carbones. Le glycéraldéhyde 3-phosphate est oxydé d'abord avec incorporation simultanée de phosphate pour donner une molécule riche en énergie, le 1,3-*bis*phosphoglycérate, le NAD^+ est l'accepteur d'électrons. Le phosphate localisé sur le

métaboliques sont des réactions catalysées par des enzymes et organisées de sorte que le produit d'une réaction soit le substrat de la suivante. L'existence de quelques voies cataboliques communes, chacune dégradant de nombreux aliments, augmente fortement l'efficacité métabolique, tout en évitant la nécessité d'un grand nombre de voies moins versatiles. C'est dans la phase catabolique que les micro-organismes montrent leur diversité nutritionnelle. La plupart des voies biosynthétiques des micro-organismes ressemblent à leurs équivalents chez les organismes supérieurs. Le caractère unique du métabolisme microbien réside dans la diversité des sources à partir desquelles sont générés l'ATP et le NADH (figures 9.1 et 9.2).

Les glucides et autres aliments sont utiles à deux fonctions dans le métabolisme des micro-organismes hétérotrophes : 1) leur oxydation libère de l'énergie et 2) ils fournissent le carbone ou la matière première à la synthèse de nouveaux constituants cellulaires. Bien que la plupart des voies anaboliques soient distinctes des voies cataboliques, il existe des **voies amphiboliques** (du grec *amphi*, des deux côtés) qui fonctionnent à la fois dans le sens du catabolisme et de l'anabolisme. Deux des plus importantes de ces voies sont la glycolyse et le cycle des acides tricarboxyliques. La plupart des réactions dans ces deux voies sont complètement réversibles et peuvent être utilisées pour synthétiser et dégrader des molécules. Les quelques étapes cataboliques irréversibles sont contournées par des enzymes spéciales qui catalysent la réaction inverse (**figure 9.4**). Par exemple, la fructose *bis*phosphatase inverse la réaction catalysée par la phosphofructokinase lors de la synthèse de glucose à partir de pyruvate (*voir p. 209*). La présence de deux enzymes, l'une catalysant la réaction inverse de l'autre permet une régulation indépendante des fonctions cataboliques et anaboliques de ces voies amphiboliques.

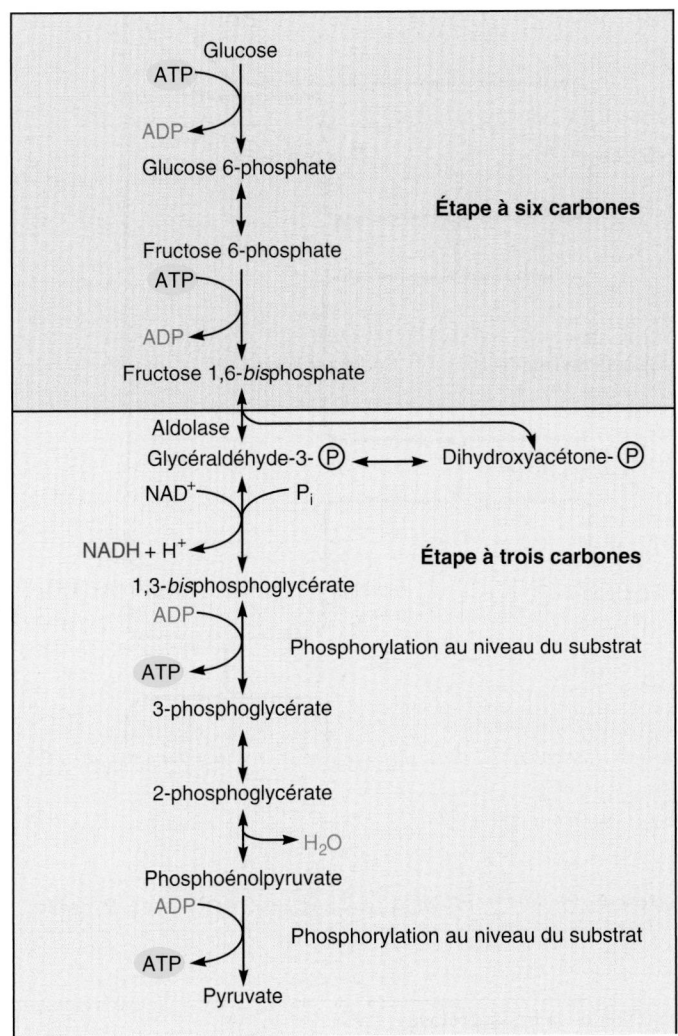

Figure 9.5 La glycolyse : Voie de dégradation du glucose en pyruvate. Les deux étapes de la glycolyse et leurs produits sont indiqués.

hyde 3-phosphate transformé en pyruvate, un NADH et deux ATP sont formés. Comme deux glycéraldéhydes 3-phosphates proviennent d'un seul glucose (un par la voie de la dihydroxyacétone phosphate), l'étape à 3 carbones génère quatre ATP et deux NADH par glucose. La soustraction des ATP utilisés dans l'étape à six carbones de ceux produits dans l'étape à 3 carbones, donne un rendement net de deux ATP par glucose. Ainsi le catabolisme du glucose en pyruvate peut être représenté par l'équation simple suivante :

$$\text{Glucose} + 2ADP + 2P_i + 2NAD^+ \longrightarrow$$
$$2 \text{ pyruvates} + 2ATP + 2NADH + 2H^+$$

La voie des pentoses phosphates

Une seconde voie, la **voie des pentoses phosphates** ou **voie des hexoses monophosphates**, peut être utilisée en même temps que la glycolyse. Elle opère soit en aérobiose soit en anaérobiose et est importante dans la biosynthèse aussi bien que dans le catabolisme. La voie des pentoses phosphates débute par l'oxydation du glucose 6-phosphate en 6-phosphogluconate, elle se poursuit par l'oxydation du 6-phosphogluconate en un pentose, le ribulose 5-phosphate, et en CO_2 (**figure 9.6** et *appendice II*). Du NADPH est produit durant ces oxydations. Le ribulose 5-phosphate est alors converti en un mélange de sucres phosphates à 3 et 7 carbones. Deux enzymes uniques à cette voie jouent un rôle central dans ces transformations : 1) la transcétolase catalyse le transfert d'unités à deux carbones d'un cétose et 2) la transaldolase transfère un groupe à trois carbones du sédoheptulose 7-phosphate au glycéraldéhyde 3-phosphate (**figure 9.7**). Le résultat final est la conversion de trois glucose 6-phosphates en deux fructoses 6-phosphates, un glycéraldéhyde 3-phosphate et trois molécules de CO_2 comme le montre l'équation suivante :

$$3 \text{ glucoses } 6\text{-phosphates} + 6NADP^+ + 3H_2O \longrightarrow$$
$$2 \text{ fructoses } 6\text{-phosphates} + \text{glycéraldéhyde } 3\text{-phos-}$$
$$\text{phates} +$$
$$3CO_2 + 6NADPH + 6H^+$$

Ces intermédiaires sont utilisés de deux façons. Le fructose 6-phosphate est reconverti en glucose 6-phosphate tandis que le glycéraldéhyde 3-phosphate est converti en pyruvate par les enzymes de la glycolyse. Le glycéraldéhyde 3-phosphate peut aussi retourner dans la voie des pentoses phosphates par la formation de glucose 6-phosphate. Ceci conduit à la dégradation complète du glucose 6-phosphate en CO_2 et la production d'une grande quantité de NADPH.

$$\text{Glucose } 6\text{-phosphate} + 12NADP^+ + 7H_2O \longrightarrow$$
$$6CO_2 + 12NADPH + 12H^+ + P_i$$

La voie des pentoses phosphates a plusieurs fonctions cataboliques et anaboliques. Elles se résument comme suit :

1. Le NADPH provenant de la voie des pentoses phosphates sert de source d'électrons pour la réduction de molécules au cours de la biosynthèse.
2. La voie synthétise des sucres à quatre et cinq carbones dans des buts variés. L'érythrose 4-phosphate, sucre à quatre carbones, est utilisé pour la synthèse des acides aminés aromatiques et de la vitamine B6 (pyridoxal). Un pentose, le ribose 5-phosphate, est un composant majeur des acides nucléiques

carbone 1 de la molécule riche en énergie est ensuite transféré à l'ADP pour produire de l'ATP. Cette synthèse d'ATP est appelée **phosphorylation au niveau du substrat** car la phosphorylation de l'ATP est couplée à la rupture exergonique d'une molécule de substrat riche en énergie. L'ATP comme monnaie énergétique (pp. 155,157).

Un processus quelque peu similaire génère une deuxième molécule d'ATP par phosphorylation au niveau du substrat. Le groupe phosphate du 3-phosphoglycérate est déplacé du carbone 3 au carbone 2 et le 2-phosphoglycérate est déshydraté pour former une seconde molécule riche en énergie, le phosphoénolpyruvate. Cette molécule transfère le phosphate à l'ADP pour former un second ATP et du pyruvate, le produit final de la voie.

La glycolyse dégrade donc une molécule de glucose en deux molécules de pyruvate en suivant la séquence des réactions décrites. De l'ATP et du NADH sont aussi produits. Les rendements en ATP et en NADH peuvent être calculés en considérant séparément les deux étapes. Dans l'étape à six carbones, deux ATP sont utilisés pour former du fructose 1,6-*bis*phosphate. Pour chaque glycéraldé-

Figure 9.6 La voie des pentoses phosphates. La conversion de trois molécules de glucose 6-phosphate en deux molécules de fructose 6-phosphate et une de glycéraldéhyde 3-phosphate est indiquée. Le fructose 6-phosphate peut être transformé en glucose 6-phosphate. Le glycéraldéhyde 3-phosphate peut être converti en pyruvate ou combiné à une molécule de dihydroxyacétone phosphate (à partir du glycéraldéhyde 3-phosphate formé au cours d'un second tour de la voie) pour donner le fructose 6-phosphate.

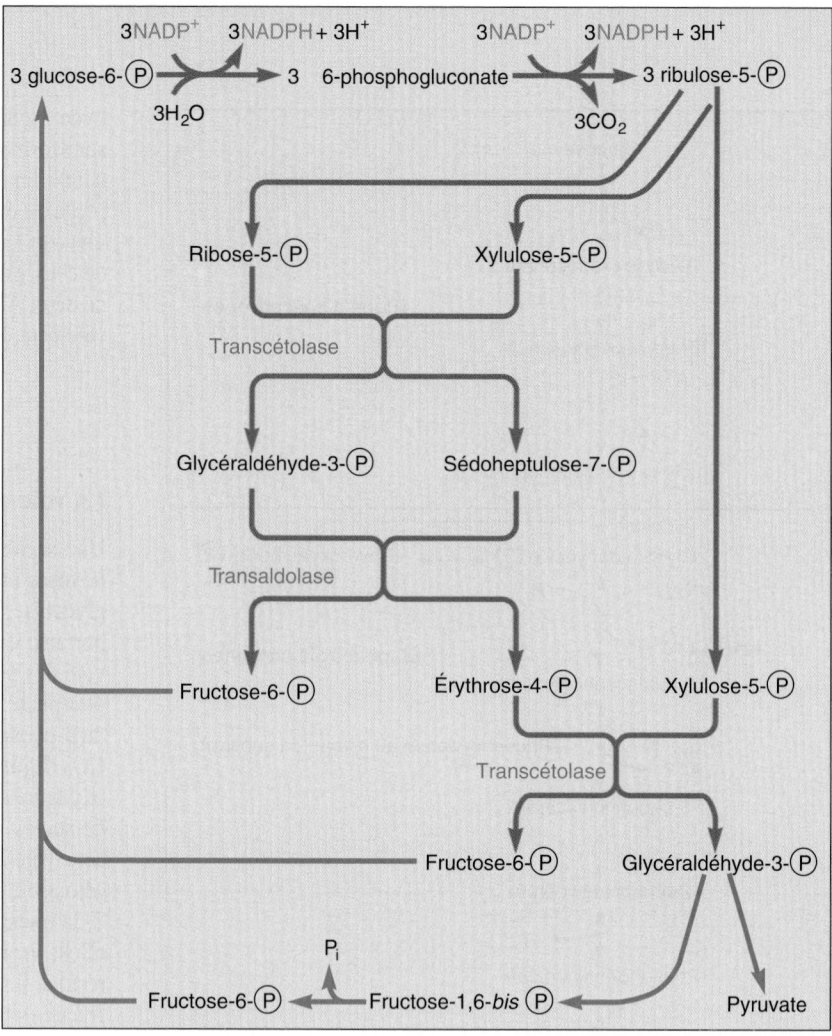

Figure 9.7 La transcétolase et la transaldolase. Réactions catalysées par la transcétolase et la transaldolase dans la voie des pentoses phosphates. Les unités transférées dans ces réactions sont colorées.

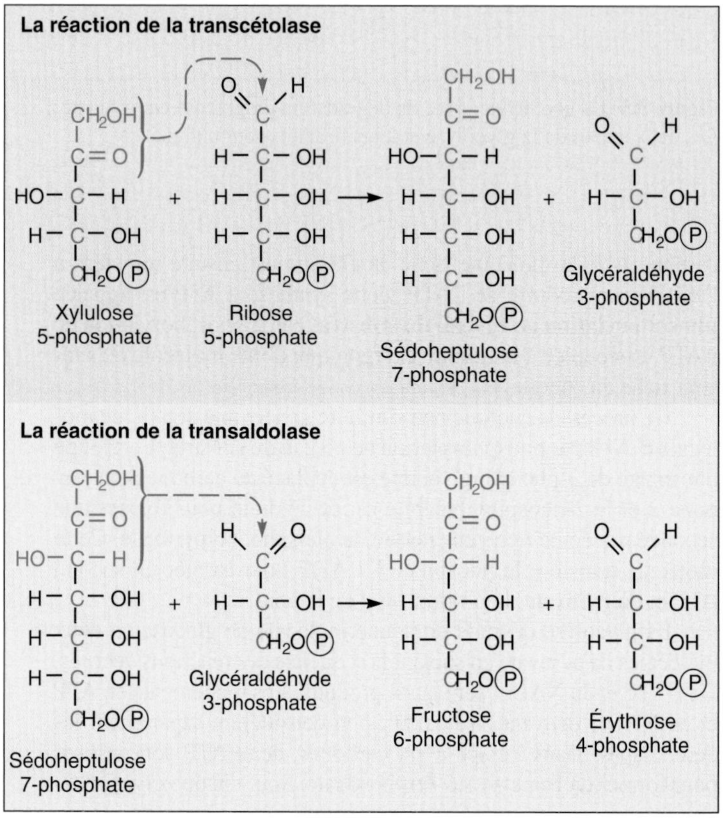

et le ribulose 1,5-*bis*phosphate est l'accepteur primaire de CO_2 dans la photosynthèse. Il faut noter que quand un microorganisme consomme un pentose comme source carbonée, la voie peut aussi fournir des carbones pour la production d'hexose (par exemple, le glucose est nécessaire à la synthèse du peptidoglycane).

3. Les intermédiaires de la voie des pentoses phosphates peut être utilisée pour produire de l'ATP. Le glycéraldéhyde 3-phosphate entre dans l'étape à trois carbones de la glycolyse et est converti en ATP et pyruvate. Ce dernier peut être oxydé dans le cycle des acides tricarboxyliques et générer plus d'énergie. De plus, NADPH est converti en partie en NADH qui lors de son oxydation dans la chaîne de transfert des électrons, fournit de l'ATP. Comme des sucres à cinq carbones sont des intermédiaires de cette voie, la voie des pentoses phosphates est utilisée pour dégrader les pentoses aussi bien que les hexoses.

Bien que la voie des pentoses phosphates soit la source d'énergie de nombreux micro-organismes, elle est souvent plus importante dans les voies biosynthétiques. Plusieurs fonctions de la voie des pentoses phosphates sont à nouveau mentionnées dans le chapitre 10 lors de l'étude de la biosynthèse.

La voie d'Entner-Doudoroff

Bien que la glycolyse soit la voie la plus commune pour la conversion des hexoses en pyruvate, une autre voie jouant un rôle similaire a été découverte. La **voie d'Entner-Doudoroff** commence par les mêmes réactions que la voie des pentoses phosphates, la formation de glucose 6-phosphate et de 6-phosphogluconate (**figure 9.8** et *appendice II*). Au lieu d'être oxydé, le 6-phosphogluconate est déshydraté pour former le 2 céto-3-désoxy-6-phosphogluconate ou CDPG, l'intermédiaire clé de cette voie. Le CDPG est alors clivé par la CDPG aldolase en pyruvate et glycéraldéhyde 3-phosphate. Le glycéraldéhyde 3-phosphate est converti en pyruvate. La voie d'Entner-Doudoroff dégrade donc le glucose en pyruvate et produit un ATP, un NADPH et un NADH par glucose métabolisé.

Les bactéries pour la plupart, possèdent les voies de la glycolyse et des pentoses phosphates, mais quelques-unes utilisent la voie d'Entner-Doudoroff au lieu de la glycolyse. On trouve la voie d'Entner-Doudoroff chez *Pseudomonas, Rhizobium, Azotobacter, Agrobacterium* et quelques autres bactéries Gram-négatives. On la rencontre très rarement chez les bactéries Gram-positives, *Enterococcus faecalis* étant l'exception.

---

1. Résumez les principales caractéristiques de la glycolyse, de la voie des pentoses phosphates et de celle d'Entner-Doudoroff. Incluez les points de départ, les produits des voies, les enzymes critiques ou uniques, le rendement en ATP et les rôles métaboliques de chaque voie.

2. Qu'est-ce que la phosphorylation au niveau du substrat ?

9.3   Les fermentations

En absence de respiration aérobie ou anaérobie, le NADH n'est généralement pas oxydé par la chaîne transporteuse d'électrons car aucun accepteur externe d'électrons n'est disponible. Cependant,

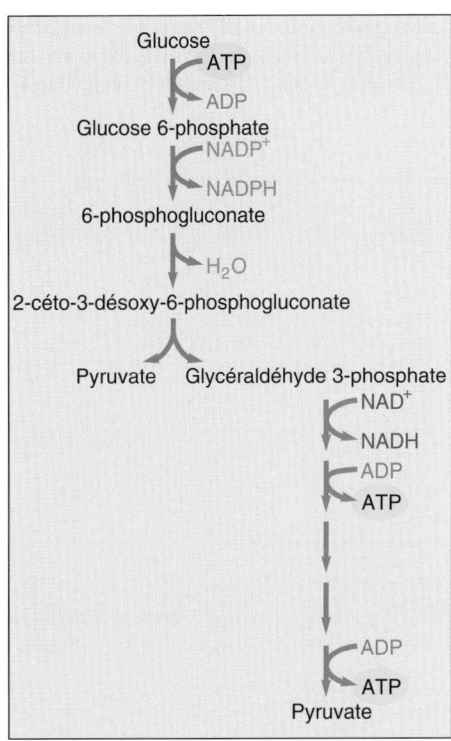

Figure 9.8   La voie d'Entner-Doudoroff. La séquence des réactions allant du glycéraldéhyde 3-phosphate au pyruvate est catalysée par des enzymes communes à la glycolyse.

le NADH produit dans la glycolyse lors de l'oxydation du glycéraldéhyde 3-phosphate en 1,3-*bis*phosphoglycérate (figure 9.5) doit encore être réoxydé en NAD^+. Si le NAD^+ n'est pas régénéré, l'oxydation du glycéraldéhyde 3-phosphate s'arrêtera et la glycolyse aussi. De nombreux micro-organismes résolvent ce problème en diminuant ou en arrêtant l'activité de la pyruvate déshydrogénase et en utilisant le pyruvate ou un de ses dérivés comme accepteur d'électrons et d'hydrogène dans la réoxydation du NADH (**figure 9.9**). Ceci peut conduire à une plus grande production d'ATP. Le processus est d'une telle efficacité que certains chimioorganohétérotrophes ne recourent pas à la respiration, même si l'oxygène ou un autre accepteur exogène est disponible.

Il y a de nombreux types de fermentations, souvent caractéristiques de groupes microbiens particuliers (**figure 9.10**). Quelques fermentations parmi les plus habituelles sont introduites ici, plusieurs autres seront décrites plus tard. Lors de l'étude des fermentations microbiennes, il faut toujours se rappeler que 1) le NADH est oxydé en NAD^+ et 2) l'accepteur d'électrons est soit le pyruvate, soit un dérivé du pyruvate. Dans la fermentation, le substrat est partiellement oxydé. Il ne se forme d'ATP que par phosphorylation au niveau du substrat, et l'oxygène n'est pas nécessaire.

De nombreux mycètes et quelques bactéries, algues ou protozoaires, fermentent les sucres en éthanol et CO_2 dans un processus appelé la **fermentation alcoolique**. Le pyruvate est décarboxylé en acétaldéhyde, celui-ci est alors réduit en éthanol par l'alcool déshydrogénase, le NADH étant le donneur d'électrons (figure 9.10, voie 2). La **fermentation lactique** où le pyruvate est réduit en lactate (figure 9.10, voie 1) est encore plus répandue. On la

Figure 9.9 La réoxydation du NADH durant la fermentation. Le NADH provenant de la glycolyse est réoxydé, lors de la réduction du pyruvate ou d'un dérivé du pyruvate (X) soit en lactate ou en un produit Y réduit.

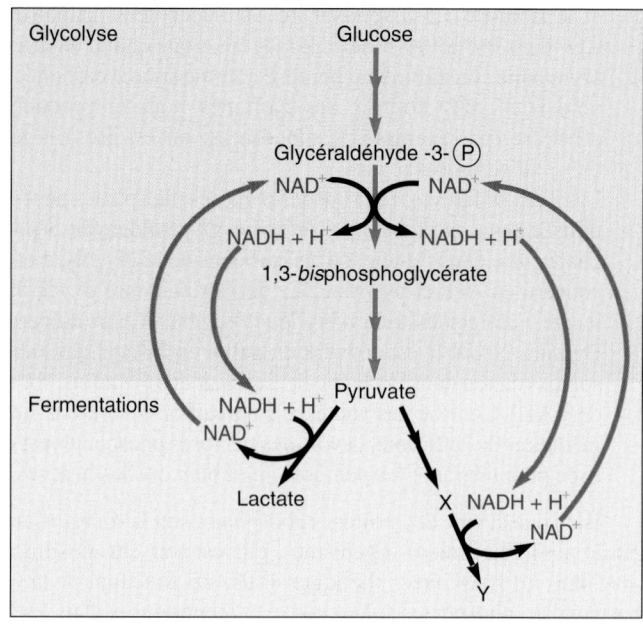

Figure 9.10 Quelques fermentations microbiennes courantes. Pour des raisons de simplicité, la figure ne montre que la fermentation du seul pyruvate, mais beaucoup d'autres molécules organiques peuvent être fermentées. La plupart de ces voies ont été simplifiées par omission d'une ou de plusieurs étapes intermédiaires. Le pyruvate et les produits finals majeurs sont montrés en couleur.

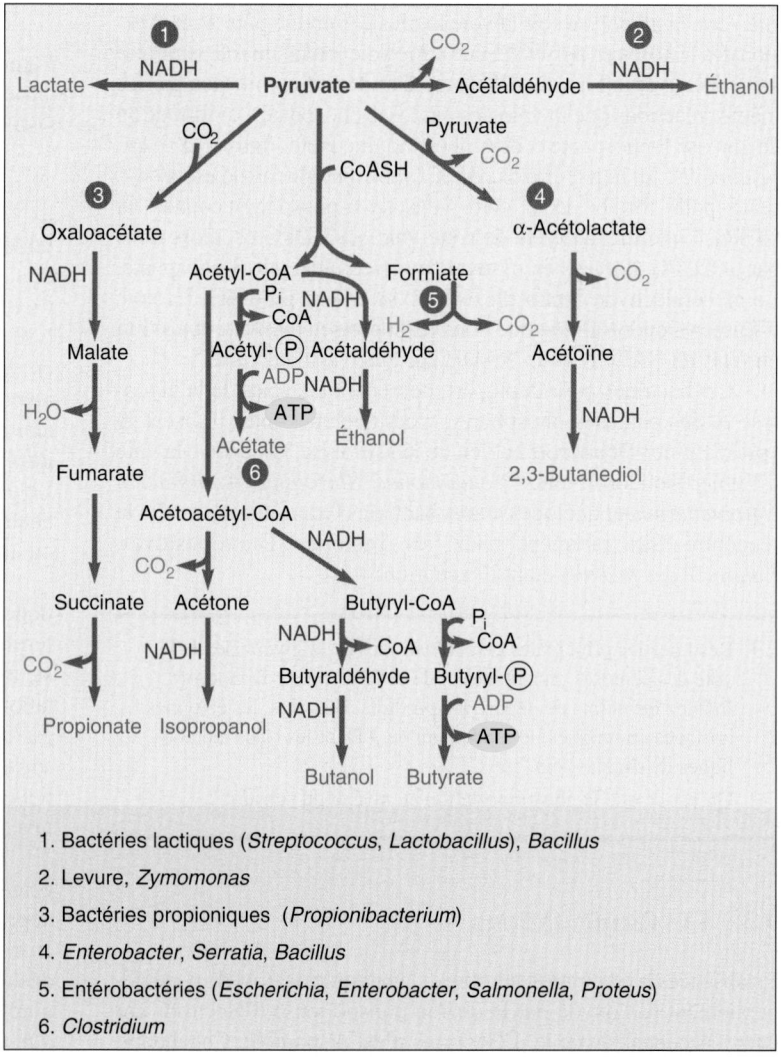

1. Bactéries lactiques (*Streptococcus*, *Lactobacillus*), *Bacillus*

2. Levure, *Zymomonas*

3. Bactéries propioniques (*Propionibacterium*)

4. *Enterobacter*, *Serratia*, *Bacillus*

5. Entérobactéries (*Escherichia*, *Enterobacter*, *Salmonella*, *Proteus*)

6. *Clostridium*

Tableau 9.1 **Les produits de la fermentation acide mixte chez *Escherichia coli***

	Rendement de la fermentation (µM de produit/100 µM de glucose)	
	Croissance en milieu acide (pH 6,0)	Croissance en milieu alcalin (pH 8,0)
Éthanol	50	50
Acide formique	2	86
Acide acétique	36	39
Acide lactique	80	70
Acide succinique	11	15
Anhydride carbonique	88	2
Hydrogène gazeux	75	0,5
Butanediol	0	0

trouve chez les bactéries (bactéries lactiques, *Bacillus*), les algues (*Chlorella*), quelques moississures aquatiques, des protozoaires et même dans le muscle animal. Les bactéries à fermentation lactique sont divisées en deux groupes. Les organismes à **fermentation homolactique** utilisent la glycolyse et réduisent directement presque tout le pyruvate en lactate à l'aide de la lactate déshydrogénase. Les organismes à **fermentation hétérolactique** produisent des quantités importantes de substances autres que le lactate ; beaucoup produisent du lactate, de l'éthanol et du CO_2 par la voie de la transcétolase (*voir section 23.4*). Les *Enterobacteriaceae* (pp. 505-7).

Les fermentations alcoolique et lactique sont très utiles. La fermentation alcoolique des levures produit les boissons alcoolisées, c'est le CO_2 de cette fermentation qui fait lever le pain. La fermentation lactique peut gâter les aliments, mais elle fait le yaourt, la choucroute et les pickles. Nous parlerons du rôle des fermentations dans la production alimentaire au chapitre 41.

De nombreuses bactéries, spécialement les membres de la famille des *Enterobacteriaeae*, peuvent métaboliser le pyruvate en acide formique et en d'autres substances, dans un processus parfois appelé la fermentation formique (figure 9.10, voie 5). L'acide formique peut être converti en H_2 et CO_2 grâce à la formiate-hydrogène-lyase (une association d'au moins deux enzymes).

$$HCOOH \rightarrow CO_2 + H_2$$

Il y a deux types de fermentation formique. La **fermentation acide mixte** aboutit à l'excrétion d'éthanol et d'un mélange complexe d'acides, en particulier les acides acétique, lactique, succinique et formique (**tableau 9.1**). En présence de la formiate-hydrogène-lyase, l'acide formique est dégradé en H_2 et CO_2. Ceci est observé chez *Escherichia*, *Salmonella*, *Proteus* et d'autres genres. Le second type de fermentation, la **fermentation butanediolique** est caractéristique d'*Enterobacter*, de *Serratia*, d'*Erwinia* et de quelques espèces de *Bacillus* (figure 9.10, voie 4). Le pyruvate est transformé en acétoïne qui est ensuite réduite en 2,3-butanediol en présence de NADH. Une grande quantité d'éthanol est aussi produite, de même que de petites quantités des acides trouvés dans la fermentation acide mixte.

Les fermentations formiques sont très utiles pour identifier les membres des *Enterobacteriaeae*. On peut distinguer la fermentation butanediolique de la fermentation acides mixtes de trois façons.

1. Le test de Voges-Proskauer est un procédé colorimétrique qui détecte l'acétoïne, le précurseur du butanediol (figure 9.10). Il est positif chez les bactéries capables de fermentation butanediolique, négatif chez celles qui réalisent la fermentation acide mixte.

2. Les bactéries réalisant la fermentation acide mixte produisent quatre fois plus de produits acides que de neutres, tandis que les bactéries de la fermentation butanediolique produisent principalement des produits neutres. Ainsi lors de la fermentation acide mixte, les organismes acidifient beaucoup plus les milieux d'incubation. C'est la base du test au rouge de méthyle. Le test est positif uniquement dans le cas de la fermentation acide mixte car le pH descend en dessous de 4,4 et l'indicateur de pH vire du jaune au rouge.

3. Le CO_2 et l'H_2 sont produits en quantités égales sous l'action de la formiate-hydrogène-lyase pendant la fermentation acide mixte. Lors de la fermentation butanediolique, les bactéries produisent un excès de CO_2 et le rapport CO_2/H_2 est proche de 5.

Les bactéries à fermentation formique produisent parfois de l'ATP en réoxydant le NADH. Elles utilisent l'acétyl-CoA pour synthétiser l'acétyl phosphate dont le phosphate passe ensuite à l'ADP.

$$\text{Acétyl-CoA} + P_i \longrightarrow \text{CoASH} + \text{acétyl-P}$$
$$\text{Acétyl-P} + \text{ADP} \longrightarrow \text{acétate} + \text{ATP}$$

Des micro-organismes réalisent d'autres fermentations que celles décrites ci-dessus (**encadré 9.1**). Les protozoaires et les mycètes fermentent les sucres en lactate, éthanol, glycérol, succinate, formate, acétate, butanediol, et autres produits.

Des substances différentes des sucres sont aussi fermentées. Les micro-organismes fermentent aussi d'autres substances que les sucres. Par exemple, certains membres du genre *Clostridium* (*voir pp. 523-24*) préfèrent fermenter des mélanges d'acides aminés. Les clostridies protéolytiques, tels les pathogènes *C. sporogenes* et *C botulinum*, effectuent la **réaction de Stickland** dans laquelle un acide aminé est oxydé tandis qu'un second agit comme accepteur d'électrons. La **figure 9.11** montre la voie qui oxyde l'alanine et réduit la glycine pour produire de l'acétate, du CO_2 et du NH_3. Il se forme de l'ATP à partir de l'acétylphosphate, par phosphorylation au niveau du substrat, et la fermentation est très utile à la croissance dans les milieux anaérobies, riches en protéines. L'oxydation de plusieurs acides aminés : alanine, leucine, isoleucine, valine, phénylalanine, tryptophane et histidine, se fait aussi par la réaction de Stickland. Les bactéries fermentent également les acides aminés (par exemple, l'alanine, la glycine, le glutamate, la thréonine et l'arginine) par d'autres mécanismes. En plus des sucres et des acides aminés, des acides organiques comme l'acétate, le lactate, le propionate et le citrate subissent aussi la fermentation. Certaines de ces fermentations prennent une grande importance pratique. Par exemple, la conversion du citrate en diacétyle donne son goût au lait fermenté (*voir pp. 978-79*).

---

1. Que sont les fermentations et pourquoi sont-elles si utiles à de nombreux micro-organismes ? De l'ATP peut-il être produit durant la fermentation ?

2. Décrivez brièvement la fermentation alcoolique, lactique et formique. En quoi les bactéries réalisant la fermentation acide mixte diffèrent-elles de celles réalisant la fermentation butanediolique ?

Encadré 9.1

La microbiologie et la première guerre mondiale

Les pressions économiques exceptionnelles en temps de guerre, ont parfois motivé la recherche scientifique. Au cours de la première guerre mondiale, des solvants organiques ont été produits par fermentation microbienne de glucides facilement disponibles comme l'amidon et la mélasse.

Les Allemands avaient besoin de glycérol pour faire de la nitroglycérine. Pendant un moment, ils importèrent leur glycérol, mais le blocus naval anglais empêcha de telles importations. Le scientifique allemand Carl Neuberg savait que de très faibles quantités de glycérol étaient produites pendant la fermentation alcoolique du sucre par *Saccharomyces cerevisiae*. Il chercha à développer une fermentation qui serait modifiée de façon à faire produire par les levures du glycérol au lieu d'éthanol. Normalement, l'acétaldéhyde est réduit en éthanol par le NADH et l'alcool déshydrogénase (figure 9.10, voie 2). Neuberg découvrit que l'on pouvait empêcher cette réaction par l'addition de 3,5% de sulfite de sodium à pH 7,0. Les ions disulfite réagissent avec l'acétaldéhyde et le rendent inutilisable pour la réduction en éthanol. Comme les levures doivent encore régénérer leur NAD$^+$, même si l'acétaldéhyde n'est plus disponible, Neuberg pensa qu'elles augmenteraient simplement la vitesse de synthèse du glycérol. Celui-ci est produit par la réduction de dihydroxyacétone phosphate (un intermédiaire de la glycolyse) en glycérol phosphate en présence de NADH, suivie de l'hydrolyse du glycérol phosphate en glycérol. L'intuition de Neuberg s'avéra correcte et les brasseries allemandes furent converties en fabriques de glycérol selon ce procédé, produisant finalement 1000 tonnes de glycérol par mois. La production de glycérol par *S. cerevisiae* n'est pas économiquement compétitive en temps de paix et fut arrêtée. Aujourd'hui, le glycérol est produit par l'algue halophile *Dunaliella salina*. Des concentrations élevées de glycérol s'accumulent dans cette algue pour contrebalancer la pression osmotique très forte du milieu salin extérieur. *Dunaliella* se développe dans des habitats tels que le Grand Lac Salé de l'Utah et les bassins rocheux en bord de mer.

Les Anglais avaient besoin d'acétone et de butanol ; ce dernier est requis pour la production de caoutchouc synthétique tandis que l'acétone est utilisée comme solvant de la nitrocellulose dans les usines de poudre explosive non fumigène. Avant 1914, l'acétone était préparée par pyrolyse du bois. Entre 80 et 100 tonnes de bouleaux, de hêtres et d'érables étaient nécessaires pour préparer 1 tonne d'acétone. Quand la guerre éclata, la demande en acétone excéda rapidement les réserves existant dans le monde. En 1915, Chaim Weizmann, un jeune scientifique juif travaillant à Manchester en Angleterre, mit au point un procédé de fermentation où la bactérie anaérobie *Clostridium acetobutylicum* transformait 100 tonnes de mélasse ou de grains en 12 tonnes d'acétone et 24 tonnes de butanol (la plupart des fermentations par *Clostridium* s'arrête à l'acide butyrique).

$$2 \text{ pyruvates} \longrightarrow \text{acétoacétate} \longrightarrow \text{acétone} + CO_2$$

$$\text{Acétoacétate} \xrightarrow{\text{NADH}} \text{butyrate} \xrightarrow{\text{NADH}} \text{butanol}$$

Cette fois, ce furent les brasseries anglaises et canadiennes qui se convertirent jusqu'à ce que de nouveaux équipements pour la fermentation puissent être construits. Weizmann améliora le procédé en découvrant un moyen simple de sélectionner des souches de *C. acetobutylicum* surproductrices de solvants. Comme les souches les plus efficaces dans cette fermentation produisent aussi des spores plus résistantes à la chaleur, Weizmann isola les survivants à des chocs thermiques répétés de 100°C. L'acétone et le butanol furent préparés commercialement par ce procédé de fermentation jusqu'à ce qu'il soit remplacé par des techniques pétrochimiques moins coûteuses, à la fin des années 1940. En 1948, Chaim Weizmann devint le premier président de l'état d'Israël.

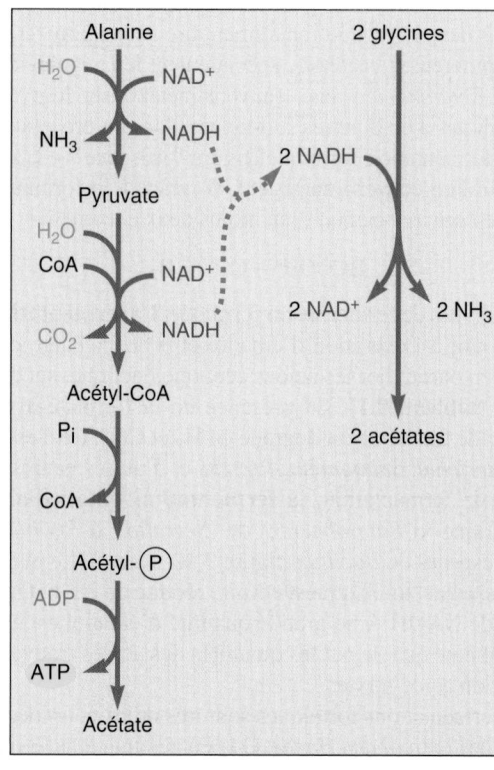

Figure 9.11 La réaction de Stickland. Cette réaction oxyde l'alanine en acétate et utilise la glycine pour réoxyder le NADH généré lors de la dégradation de l'alanine. La fermentation produit aussi de l'ATP.

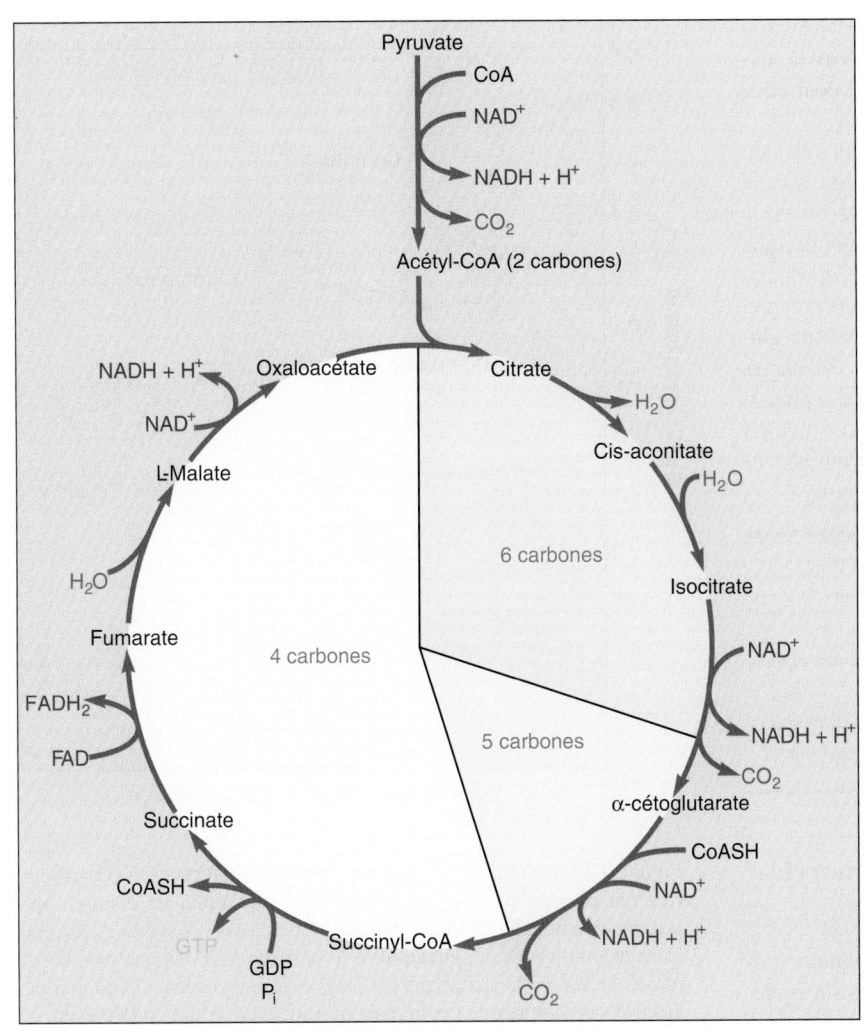

Figure 9.12 Le cycle des acides tricarboxyliques. Le cycle peut être divisé en trois étapes basées sur la taille de ses intermédiaires. Les trois étapes sont séparées les unes des autres par deux réactions de décarboxylation (réaction dans laquelle des groupes carboxyles sont perdus sous forme de CO_2). Le complexe pyruvate déshydrogénase forme l'acétyl-CoA par oxydation du pyruvate.

3. Qu'est-ce que la réaction de Stickland ?

9.4   Le cycle des acides tricarboxyliques

Bien qu'une certaine quantité d'énergie soit produite lors de la conversion du glucose en pyruvate par les voies précédemment décrites, il y en a beaucoup plus de libérée lorsque le pyruvate est dégradé en CO_2 en présence d'O_2 dans la troisième phase du catabolisme. Le système multienzymatique appelé le complexe de la pyruvate déshydrogénase oxyde d'abord le pyruvate pour former du CO_2 et de l'**acétyl coenzyme A (acétyl-CoA)**, une molécule riche en énergie constituée de coenzyme A et d'acide acétique, liés par une liaison thioester riche en énergie (**figure 9.12**). L'acétyl-CoA provient du catabolisme de nombreux glucides, lipides et acides aminés (figure 9.3). Elle peut ensuite être dégradée dans le cycle des acides tricarboxyliques.

Le substrat du **cycle des acides tricarboxyliques** ou **cycle du citrate** (ou **cycle de Krebs**) est l'acétyl-CoA (figure 9.12 et *appendice II*). On envisage traditionnellement le cycle en termes d'intermédiaires et de produits, et par la chimie impliquée à chacune des étapes. Dans la première réaction, l'acétyl-CoA est unie à un in-

termédiaire à quatre carbones, l'oxaloacétate, pour former le citrate et commencer l'étape à six carbones. Le citrate (un alcool tertiaire) est réarrangé pour donner l'isocitrate, un alcool secondaire plus facilement oxydable. L'isocitrate est par la suite oxydé et décarboxylé deux fois pour donner l'α-cétoglutarate puis la succinyl-CoA. A ce niveau deux NADH sont formés et deux carbones sortent du cycle sous forme de CO_2. Comme deux carbones ont été ajoutés à l'acétyl-CoA en début de cycle, l'équilibre est maintenu. Le cycle entre maintenant dans l'étape à quatre carbones, durant laquelle deux oxydations donneront par acétyl-CoA, un $FADH_2$ et un NADH. De plus, du GTP (une molécule riche en énergie, équivalente à l'ATP) est produit à partir de la succinyl-CoA par phosphorylation au niveau du substrat. Enfin, un oxaloacétate est reformé et prêt à se lier à une autre acétyl-CoA. L'analyse de la figure 9.12 montre que le cycle du citrate génère deux CO_2, trois NADH, un $FADH_2$ et un GTP pour chaque molécule d'acétyl-CoA oxydée.

On peut aussi envisager le cycle des acides tricarboxyliques sous l'angle de sa fonction, comme une voie qui oxyde l'acétyl-CoA en CO_2. Ainsi considérée, sa première étape consiste à fixer un groupe acétyle au transporteur d'acétyle, l'oxaloacétate, pour former du citrate. La seconde phase commence au citrate et finit par la formation de la succinyl-CoA. Ici, la portion transporteuse d'acétyle du citrate perd deux carbones, quand elle est oxydée pour donner deux CO_2. La troisième et dernière phase reconvertit la succinyl-CoA en oxaloacétate, transporteur d'acétyle, qui peut ainsi prendre un autre groupe acétyle.

Le cycle des acides tricarboxyliques est largement répandu parmi les micro-organismes. On le trouve complet et fonctionnel chez de nombreuses bactéries aérobies, des protozoaires libres, la plupart des algues et des mycètes. Ceci n'est pas surprenant puisque le cycle est une source tellement importante d'énergie. Cependant, *E. coli,* anaérobie facultatif, n'utilise pas le cycle du citrate complet en anaérobiose ou en présence d'une concentration élevée de glucose, mais l'utilise cependant dans d'autres circonstances. Même les micro-organismes dépourvus de cycle complet, possèdent la plupart des enzymes car une des fonctions principales du cycle du citrate est de fournir les squelettes carbonés nécessaires aux biosynthèses. Le rôle du cycle des acides tricarboxyliques dans les biosynthèses (pp. 214-16).

---

1. Donnez les substrats et les produits du cycle des acides tricarboxyliques. Décrivez son organisation en termes généraux. Quelles sont ses deux principales fonctions ?
2. Quel intermédiaire chimique relie la glycolyse au cycle des acides tricarboxyliques ?
3. Dans quel organite eucaryote trouve-t-on le cycle des acides tricarboxyliques ? Où ce cycle est-il localisé chez les procaryotes ?

9.5   Le transfert des électrons et la phosphorylation oxydative

A ce stade, peu d'ATP a été généré. Seul l'équivalent de quatre molécules d'ATP provenant de l'oxydation du glucose en six molécules de CO_2 a été synthétisé directement au cours de la glycolyse et du cycle des acides tricarboxyliques. La plus grande partie de l'ATP produit provient de l'oxydation du NADH et du $FADH_2$ dans la chaîne de transfert des électrons. Nous envisagerons d'abord la chaîne mitochondriale de transfert des électrons parce qu'elle a été fort étudiée. Nous passerons ensuite aux chaînes bactériennes et terminerons par la synthèse de l'ATP.

La chaîne de transfert des électrons

Dans les mitochondries, la **chaîne de transfert des électrons** est composée d'une série de transporteurs d'électrons qui agissent ensemble pour transférer les électrons de donneurs tels que le NADH et le $FADH_2$ aux accepteurs tels que l'O_2 (se reporter au diagramme de la chaîne mitochondriale de transfert des électrons dans la **figure 9.13**). Les électrons sont transférés de transporteurs dont le potentiel de réduction est plus négatif vers ceux dont le potentiel est plus positif et enfin se combinent à l'O_2 et l'H^+ pour former de l'eau. Ce mode de flux d'électrons est exactement le même que celui présenté dans la « tour d'électrons » décrite au chapitre 8 (*voir figure 8.7*). Les électrons descendent le gradient de potentiels comme l'eau dévale une série de rapides. La différence de potentiel de réduction entre l'O_2 et le NADH est importante, environ 1,14 volts, et rend possible la libération d'une grande quantité d'énergie. Les changements de potentiel en plusieurs points de la chaîne sont assez importants pour fournir une énergie suffisante à

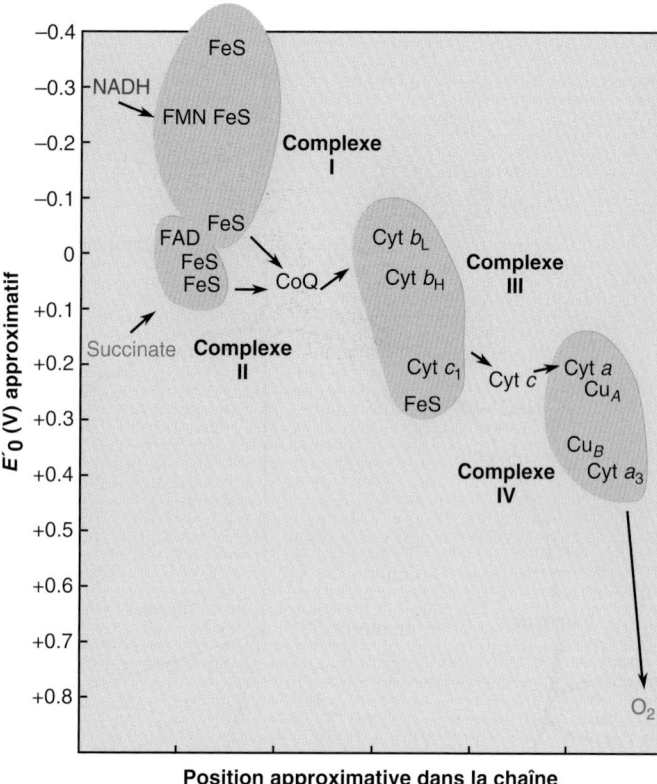

Figure 9.13   La chaîne mitochondriale de transfert des électrons. Les transporteurs les plus importants sont, pour la plupart, disposés approximativement au potentiel de réduction et dans la séquence corrects. Dans les mitochondries eucaryotes, ils sont organisés en quatre complexes, reliés par la coenzyme Q (CoQ) et le cytochrome *c* (Cyt *c*). Les électrons descendent le gradient de potentiels de réduction depuis le NADH et le succinate jusqu'à l'oxygène. Voir détails dans le texte.

la production d'ATP, tout comme l'énergie des chutes d'eau peut, via une roue hydraulique, servir à générer de l'électricité. La chaîne de transport des électrons fragmente la libération d'énergie totale en petites étapes. Une partie de l'énergie libérée est piégée sous forme d'ATP. Comme nous allons le voir, le transport des électrons génère des gradients de charges et de protons. Ces gradients peuvent alors conduire à la synthèse d'ATP.

Les transporteurs de la chaîne de transfert des électrons sont localisés dans la membrane interne des mitochondries ou dans la membrane plasmique des bactéries. Le système mitochondrial est organisé en quatre complexes de transporteurs, chacun étant capable de porter les électrons sur une partie du chemin vers l'O_2 (**figure 9.14**). La coenzyme Q et le cytochrome *c* connectent les complexes les uns aux autres.

On appelle **phosphorylation oxydative**, le processus permettant la synthèse d'ATP à partir de l'énergie libérée lors du transport des électrons. Ainsi, jusqu'à trois molécules d'ATP peuvent être synthétisées à partir d'ADP et de P_i lorsqu'une paire d'électrons passe du NADH à un atome d'oxygène. Cela revient à dire que le quotient phosphore/oxygène (P/O) est égal à 3. Le quotient P/O maximum pour le $FADH_2$ est de 2 car les électrons venant de $FADH_2$ passent seulement par deux sites de phosphorylation oxydative. Le quotient P/O réel peut être inférieur à 3 ou à 2 dans les mitochondries.

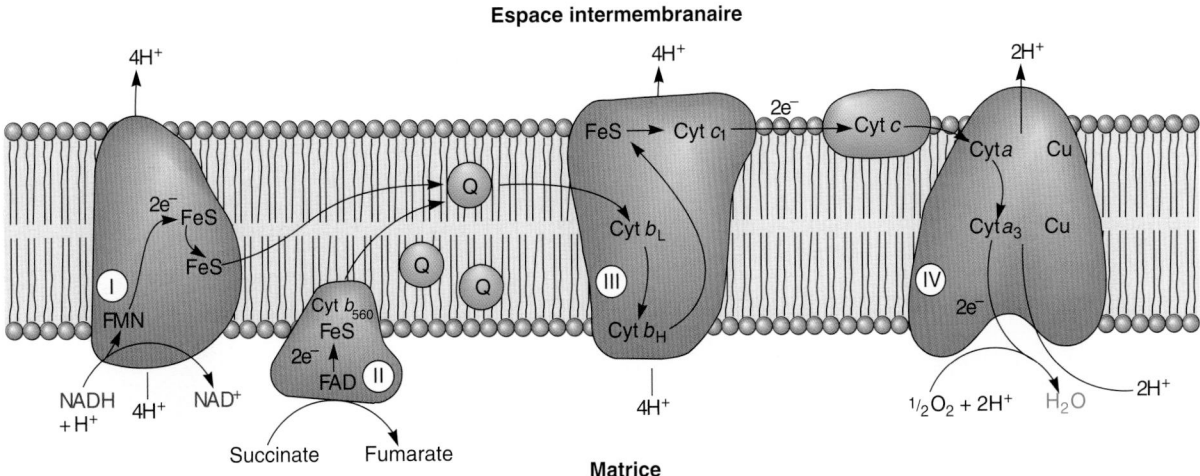

Figure 9.14 La théorie chimiosmotique appliquée aux mitochondries. Dans ce schéma, les transporteurs sont organisés de façon asymétrique dans la membrane interne ainsi les protons sont transportés tandis que les électrons se déplacent le long de la chaîne. Les protons sont libérés dans l'espace intermembranaire quand les électrons sont transférés de porteurs tels que le FMN et la coenzyme Q (Q) qui transportent à la fois des protons et des électrons, vers des composants comme les protéines fer-soufre non hémiques (FeS) et les cytochromes (cyt) qui ne transportent que des électrons. La coenzyme Q transporte des électrons des complexes I et II au complexe III. Le cytochrome c déplace les électrons entre les complexes III et IV. Le nombre de protons qui traversent la membrane à chaque site, par paires d'électrons transportés, n'est pas encore connu avec certitude ; selon le consensus actuel, au moins 10 protons doivent sortir lors de l'oxydation d'un NADH.

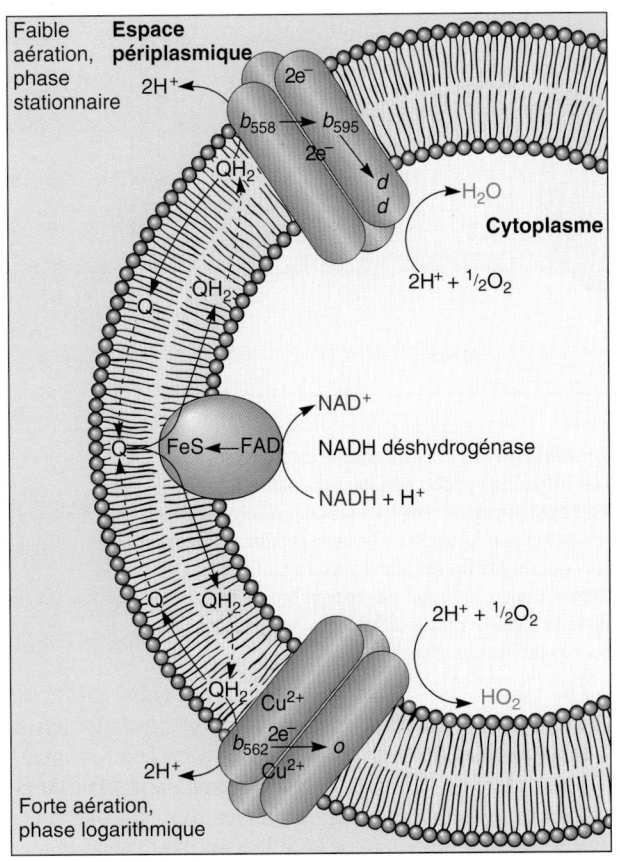

La discussion précédente concernait la chaîne mitochondriale de transport des électrons. Bien que quelques chaînes bactériennes ressemblent à celles des mitochondries, elles sont souvent différentes. Elles varient au niveau des transporteurs d'électrons (p. ex. les cytochromes) et sont parfois considérablement ramifiées. Les électrons peuvent entrer à plusieurs endroits et quitter grâce à plusieurs oxydases terminales. Les chaînes bactériennes peuvent aussi être plus courtes et avoir un quotient P/O plus faible que les chaînes de transfert mitochondriales. Les chaînes de transfert d'électrons procaryotes et eucaryotes diffèrent donc par des détails structurels bien qu'elles fonctionnent selon les mêmes principes fondamentaux.

Les chaînes de transfert d'électrons d'*Escherichia coli* et de *Paracoccus denitrificans* serviront d'exemples pour expliquer ces différences. La **figure 9.15** montre une image simplifiée de la chaîne de transfert d'*E. coli*. Bien qu'elle transporte des électrons du NADH vers des accepteurs et déplace des protons à travers la membrane plasmique, la chaîne d'*E coli* est très différente de la chaîne mitochondriale. Par exemple, elle est ramifiée et contient un arrangement de cytochromes très différent. La coenzyme Q (ou ubiquinol) donne des électrons aux deux branches, mais celles-ci travaillent dans des conditions de croissance différentes. La branche du cytochrome d a une très grande affinité pour l'oxygène et fonctionne

Figure 9.15 Le complexe respiratoire aérobie chez *E coli*. Le NADH est la source d'électrons. L'ubiquinone-8 (Q) connecte la NADH déshydrogénase aux deux systèmes terminaux des oxydases La branche supérieure opère lorsque la bactérie est en phase stationnaire et dispose de peu d'oxygène. La branche inférieure fonctionne quand *E. coli* croît rapidement, avec une bonne aération. Au moins cinq cytochromes sont impliqués : b_{558}, b_{595}, b_{562}, d et o.

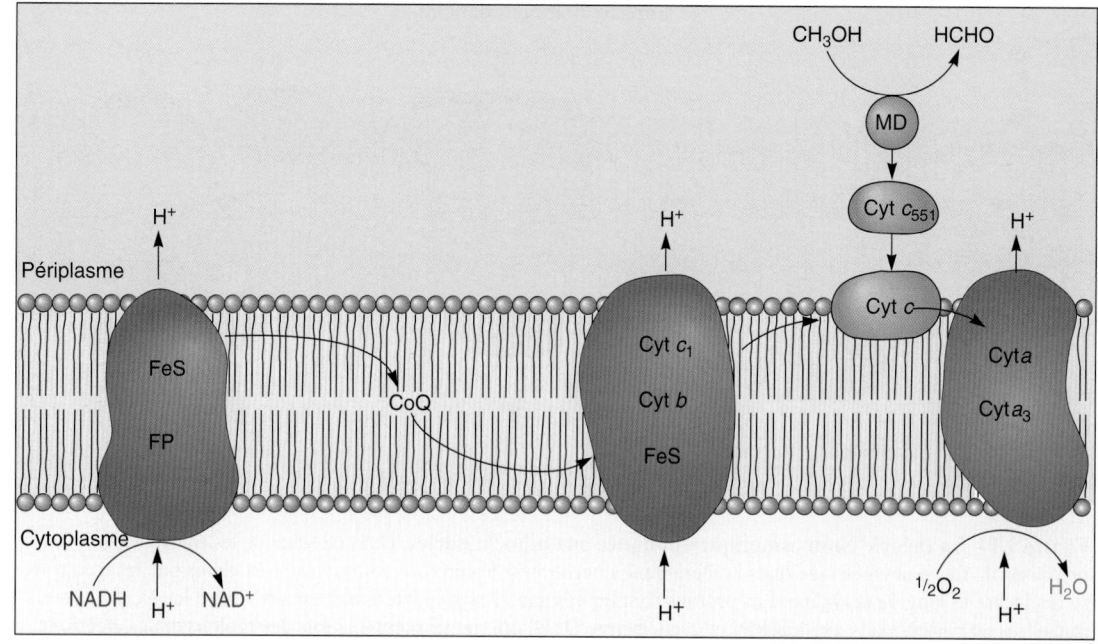

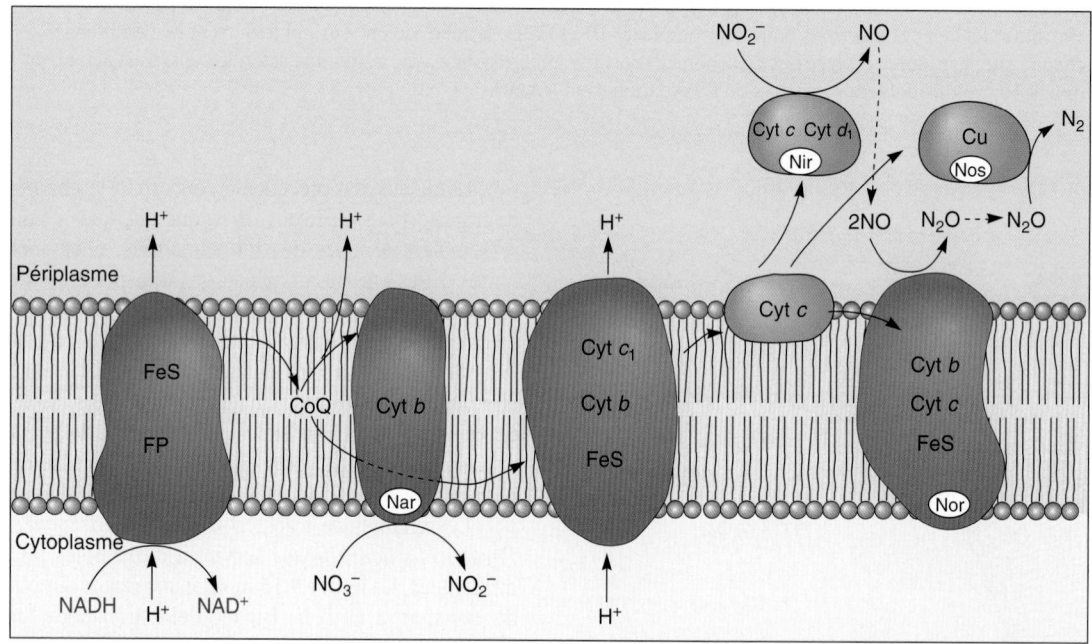

Figure 9.16 Les chaînes de transfert d'électrons de *Paracoccus denitrificans*. (a) La chaîne de transfert aérobie ressemble à la chaîne mitochondriale de transfert d'électrons et utilise l'oxygène comme accepteur. Le méthanol et la méthylamine peuvent fournir des électrons au niveau du cytochrome *c*. **(b)** La branche anaérobie fortement ramifiée est faite de protéines membranaires et de protéines cytoplasmiques. Le nitrate est réduit en azote diatomique, sous l'action collective de quatre réductases différentes qui reçoivent des électrons du CoQ et du cytochrome *c*. La figure montre où s'effectue le mouvement des protons, mais n'indique pas le nombre de protons impliqués. Abréviations : flavoprotéine (FP), méthanol déshydrogénase (MD), nitrate réductase (Nar), nitrite réductase (Nir), réductase de l'oxyde nitrique (Nor) et réductase de l'oxyde nitreux (Nos).

donc à des teneurs fort basses en O_2. Elle n'est pas aussi efficace que la branche du cytochrome *o*, parce qu'elle ne pompe pas activement les protons. La branche du cytochrome *o*, dont l'affinité pour l'oxygène n'est que modérément élevée, est une pompe à protons et fonctionne à de plus fortes concentrations en O_2.

Paracoccus denitrificans est une bactérie du sol, Gram-négative, anaérobie facultative, qui peut croître en hétérotrophie sur toute une variété de substrats, ou en autotrophie à partir de H_2 et CO_2, avec NO_3^- comme accepteur d'électrons. La bactérie pratique soit la respiration aérobie, soit la respiration anaérobie avec

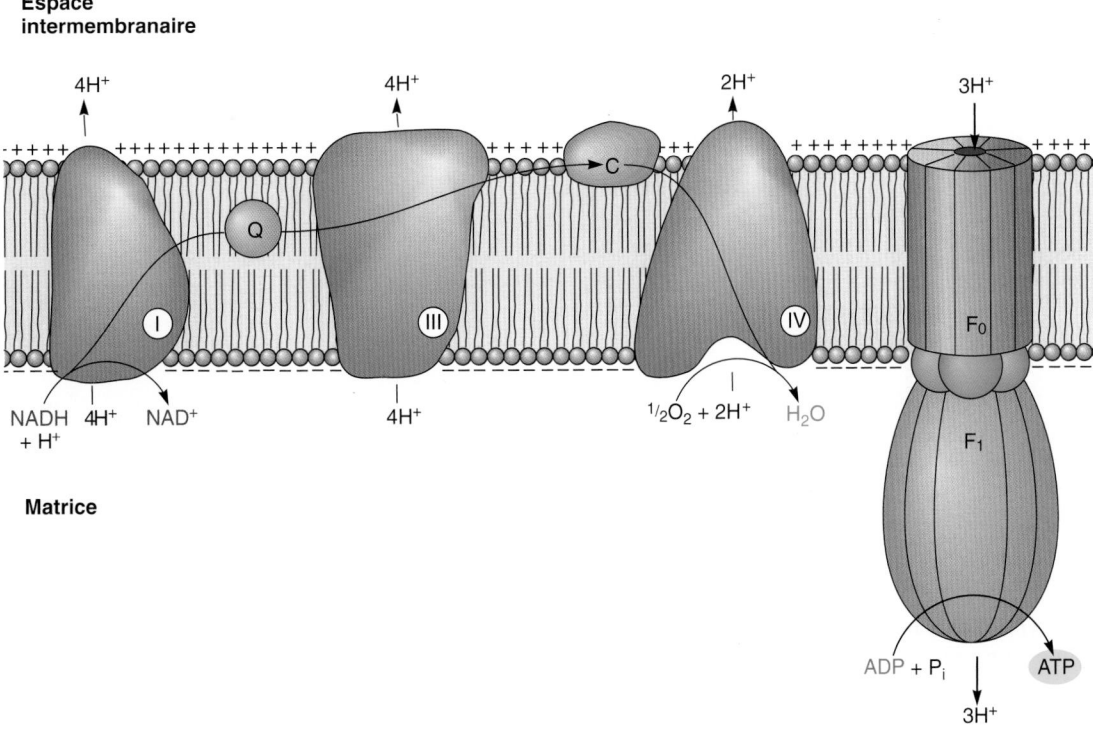

Figure 9.17 La chimiosmose. Vue d'ensemble de la théorie chimiosmotique appliquée à la fonction mitochondriale. Le flux d'électrons du NADH vers l'oxygène provoque le transfert des protons de la matrice mitochondriale vers l'espace intermembranaire. Ceci génère un gradient de protons et un gradient électrique. Lorsque les protons retournent dans la matrice au travers du complexe F_1F_0, F_1 synthétise de l'ATP. Chez les procaryotes, le processus est semblable, sauf que les protons passent du cytoplasme au périplasme.

le nitrate comme accepteur. La chaîne aérobie de transfert d'électrons comporte quatre complexes qui correspondent à la chaîne mitochondriale (**figure 9.16a**). En plus de donneurs comme le NADH et le succinate, *Paracoccus* oxyde le méthanol et la méthylamine et peut croître avec ces seules sources de carbone. Les électrons entrent dans la chaîne de transfert au niveau du cytochrome c.

Le méthanol est oxydé en formaldéhyde, lequel est converti en CO_2 et incorporé par le cycle de Calvin (voir pp. 207-8). Quand la bactérie croît en anaérobiose, avec le nitrate comme accepteur, la chaîne est structurée très différemment (figure 9.16b). Le complexe du cytochrome aa_3 ne fonctionne pas. En lieu et place, des électrons passent du niveau du cytochrome *c* de la chaîne, vers la nitrite réductase, la réductase de l'oxyde nitrique et la réductase de l'oxyde nitreux. La nitrate réductase reçoit des électrons de la coenzyme Q. Avec cet arrangement, il n'y a pas autant de protons qui traversent la membrane, mais la croissance en anaérobiose est possible. Nous reviendrons sur ce processus dans le contexte de la respiration anaérobie et de la dénitrification. La respiration anaérobie (pp. 190-1)

La phosphorylation oxydative

Le mécanisme de la phosphorylation oxydative a été l'objet de recherches intenses depuis des années. Aujourd'hui, la théorie chimiosmotique est l'hypothèse la plus largement acceptée sur la manière dont se déroule la phosphorylation oxydative. Par souci de clarté, nous limiterons notre propos à cette seule hypothèse.

Selon la **théorie chimiosmotique**, formulée d'abord en 1961 par le biochimiste anglais Peter Mitchell, la chaîne de transfert des électrons est organisée de sorte que les protons soient transférés à l'extérieur de la matrice mitochondriale et les électrons transportés à l'intérieur (figure 9.14 et **figure 9.17**). Le mouvement des protons pourrait résulter soit de boucles de transporteurs (en circuit) comme montré dans la figure 9.14, soit de l'action de pompes à protons particulières tirant leur énergie du transport des électrons. Il en résulte une **force proton-motrice** constituée d'un gradient de protons et d'un potentiel membranaire dû à la distribution inégale des charges. Lorsque des protons retournent dans la matrice mitochondriale, mûs par la force proton-motrice, de l'ATP est synthétisé dans une réaction inverse de celle de l'hydrolyse de l'ATP (figure 9.17). Un processus semblable a lieu chez les bactéries, le flux d'électrons provoquant l'expulsion des protons au travers de la membrane plasmique (figures 9.15 et 9.16). L'ATP est synthétisé lors de la diffusion des protons dans la cellule. La force proton-motrice peut aussi en retour participer au transport des molécules au travers de la membrane (*voir section 5.6*) et à la rotation des flagelles bactériens (*voir section 3.6*). Elle joue donc un rôle central dans la physiologie des procaryotes (**figure 9.18**). La théorie chimiosmotique est acceptée par la plupart des microbiologistes. Il y a de nombreuses preuves de la formation de gradients de protons et de charges au travers des membranes ; cependant, on n'a pas encore démontré de façon définitive que le gradient de protons sert directement à la phosphorylation oxydative. Chez certaines bactéries halophiles marines, les ions sodium peu-

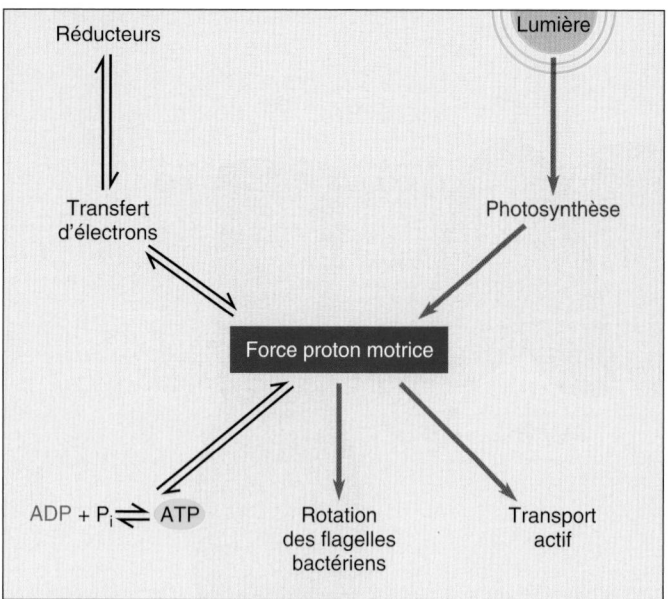

Figure 9.18 Le rôle central de la force proton-motrice. Il faut noter que le transport actif n'est pas toujours actionné par une force proton-motrice.

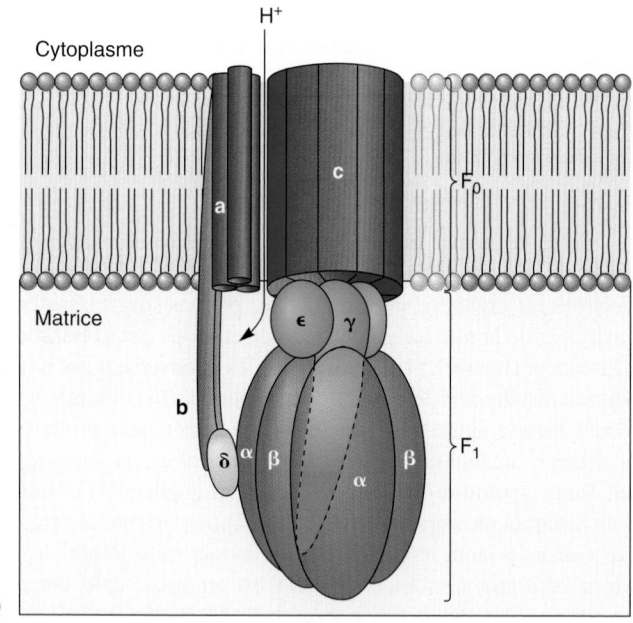

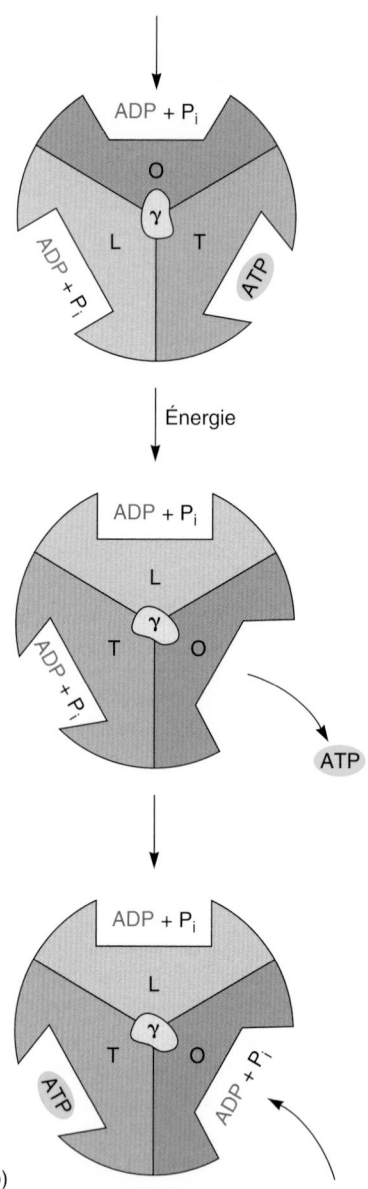

(a)   (b)

Figure 9.19 Structure et fonction de l'ATP synthase. (**a**) Les traits structurels principaux de l'ATP synthase, déduits par cristallographie aux rayons X et autres études. F_1 est une structure sphérique composée en grande partie de sous-unités α et β alternées ; les trois sites actifs sont sur les sous-unités β. La sous-unité γ s'étend vers le bas, à travers le centre de la sphère et est capable de rotation. La tige (sous-unités γ et ε) connecte la sphère à F_0, le complexe enchâssé dans la membrane qui sert de canal aux protons. F_0 contient une sous-unité a, deux sous-unités b et 9-12 sous-unités c. Le stator est composé de la sous-unité a, de deux sous-unités b et de la sous-unité δ ; il est enchâssé dans la membrane et attaché à F_1. Un anneau de sous-unités c dans F_0 est connecté à la tige. Il peut agir comme un rotor et bouger par rapport à la sous-unité a du stator. Lorsque l'anneau de sous-unités c tourne, il entraîne l'axe (sous-unités $\gamma\varepsilon$) dans sa rotation. (**b**) Le mécanisme de changement d'affinité de la synthèse d'ATP est décrit par un schéma simplifié où la sphère F_1 est vue de la membrane. Les trois sites actifs peuvent exister sous trois conformations différentes : une conformation inactive ouverte (O) de faible affinité pour les substrats, une conformation inactive L dont l'affinité pour les substrats reste lâche, et une conformation active fermée (T) qui a une forte affinité pour les substrats. Dans la première étape, l'ADP et le P_i se lient au site O. La sous-unité γ tourne alors de 120°, ce qui demande une fourniture d'énergie, probablement venue du flux d'électrons qui traverse F_0. Cette rotation provoque des changements conformationnels dans les trois sous-unités, ce qui a pour effet de libérer de l'ATP nouvellement formé et de convertir le site L en une conformation T active. Enfin, de l'ATP est formé à ce nouveau site T, tandis que de l'ADP et du P_i se refixent au site O inoccupé et tout est prêt pour une nouvelle rotation de la sous-unité γ.

vent constituer l'élément moteur de la synthèse d'ATP.

Quel que soit le mécanisme précis, la synthèse d'ATP a lieu au niveau de la F_1 ATPase ou **ATP synthétase (figure 9.19)**. Le composant mitochondrial F_1 apparaît comme une structure sphérique attachée à la membrane interne par une tige et le composant F_0 qui est enfoui dans la membrane interne. L'ATPase F_1F_0 se trouve à la face interne de la membrane plasmique bactérienne. F_0 participe au mouvement des protons à travers la membrane, et on pense que ce mouvement des protons dans un canal de F_0, met la phosphorylation oxydative en route. F_1 est un grand complexe où trois sous-unités α alternent avec trois sous-unités β. La sous-unité γ s'étend vers le bas du complexe $\alpha_3\beta_3$; elle fait partie de la tige et interagit avec F_0. La sous-unité δ aussi est localisée dans la tige. La sous-unité γ est située en grande partie au centre de F_1, entourée par les sous-unités α et β. La sous-unité γ effectue une rotation rapide, dans le sens inverse des aiguilles d'une montre, à l'intérieur du complexe $\alpha_3\beta_3$, à la manière du vilebrequin d'une voiture. Cela entraîne des changements de conformation qui déclenchent la synthèse d'ATP aux sites actifs des sous-unités β (figure 9.19*b*). L'ATP synthase constitue ainsi le plus petit moteur rotatif connu, beaucoup plus petit que le flagelle bactérien.

De nombreux agents chimiques inhibent la synthèse aérobie d'ATP et, à concentration suffisamment élevée, ils peuvent même tuer les cellules. Il y a généralement deux catégories d'inhibiteurs. Certains bloquent directement le transport des électrons. La piéricidine, un antibiotique, entre en compétition avec la coenzyme Q ; l'antimycine A, un autre antibiotique, arrête le transport des électrons entre les cytochromes *b* et *c* ; le cyanure et le nitrure entre le cytochrome *a* et l'O_2, car ce sont des analogues structuraux de l'O_2. Un autre groupe d'inhibiteurs, les **agents découplants**, arrêtent la synthèse d'ATP sans inhiber le transport des électrons. Ils augmentent même la vitesse du flux des électrons. Normalement, le transfert des électrons est couplé à la phosphorylation oxydative de sorte que la vitesse de synthèse de l'ATP contrôle la vitesse de transfert des électrons. Plus l'ATP sera synthétisé rapidement durant la phosphorylation oxydative, plus la chaîne de transfert des électrons fonctionnera vite pour apporter l'énergie nécessaire. Les agents découplants abolissent le couplage entre la phosphorylation oxydative et le transfert des électrons ; l'énergie produite par la chaîne est émise sous forme de chaleur plutôt que sous forme d'ATP. De nombreux agents découplants comme le dinitrophénol et la valinomycine permettent aux ions hydrogène, potassium et autres, de traverser la membrane sans activer l'ATPase $F_1 F_0$. De cette façon, ils détruisent les gradients de pH et d'ions. La valinomycine peut aussi se lier directement à l'ATPase $F_1 F_0$ et en inhiber l'activité.

Le rendement en ATP de la glycolyse et de la respiration aérobie

Chez les eucaryotes, le rendement maximum en ATP provenant de la glycolyse, du cycle des acides tricarboxyliques et du transport des électrons peut être facilement calculé. La conversion du glucose en deux molécules de pyruvate durant la glycolyse, produit deux ATP et deux NADH. Comme chaque NADH peut donner un maximum de trois ATP pendant le transport des électrons et la phosphorylation oxydative (un rapport P/O de 3), le rendement total de la voie glycolytique en aérobiose est de 8 molécules d'ATP (**tableau 9.2**). En anaérobiose, le NADH n'est pas oxydé par la chaîne transporteuse d'électrons, seuls deux ATP seront produits

Tableau 9.2   **Rendement en ATP de l'oxydation aérobie du glucose par les cellules eucaryotes**

Voie de la glycolyse	
Phosphorylation au niveau du substrat (ATP)	2 ATP[a]
Phosphorylation oxydative avec 2 NADH	6 ATP
Conversion de 2 pyruvates en 2 acétyl-CoA	
Phosphorylation oxydative avec 2 NADH	6 ATP
Cycle des acides tricarboxyliques	
Phosphorylation au niveau du substrat (GTP)	2 ATP
Phosphorylation oxydative avec 6 NADH	18 ATP
Phosphorylation oxydative avec 2 FADH$_2$	4 ATP
Rendement final	38 ATP

[a] Les rendements en ATP sont calculés en considérant un quotient P/O de 3,0 pour le NADH et de 2,0 pour le FADH$_2$

pendant la dégradation du glucose en pyruvate.

En présence d'O_2 et lorsque la chaîne de transport des électrons est fonctionnelle, le pyruvate est d'abord oxydé en acétyl-CoA, le substrat du cycle des acides tricarboxyliques. Cette réaction génère 2 NADH puisque 2 pyruvates proviennent d'un glucose ; par conséquent, 6 ATP supplémentaires sont formés. L'oxydation de chaque acétyl-CoA dans le cycle des acides tricarboxyliques donnera 1 GTP (ou ATP), 3 NADH et un seul FADH$_2$ pour un total de 2 GTP (ou ATP), 6 NADH et 2 FADH$_2$ à partir de 2 molécules d'acétyl-CoA. Comme le montre le tableau 9.2, ceci se chiffre à 24 ATP lorsque le NADH et le FADH$_2$ du cycle sont oxydés dans la chaîne de transfert des électrons. Ainsi, l'oxydation du glucose en 6 molécules de CO_2 fournit un maximum de 38 ATP. Les calculs résumés et présentés dans le tableau 9.2 sont théoriques et basés sur des rapports P/O (nombre des ATP formés, par atome d'oxygène réduit, par paire d'électrons transportée) de 3,0 pour l'oxydation du NADH et de 2,0 pour le FADH$_2$. En fait, les rapports P/O sont plutôt aux alentours de 2,5 pour le NADH et de 1,5 pour le FADH$_2$. Le rendement aérobie total en ATP, à partir d'un glucose, serait donc plus proche de 30 ATP que de 38.

Parce que les systèmes bactériens de transfert d'électrons ont souvent des rapports P/O plus faibles que les systèmes eucaryotes dont nous avons parlé, le rendement aérobie en ATP peut être moindre chez les bactéries. Par exemple, *E. coli*, avec sa chaîne de transfert d'électrons tronquée, a un rapport P/O de 1,3 environ lorsqu'il utilise la voie du cytochrome *bo* aux hautes teneurs en oxygène, et seulement un rapport d'environ 0,67 quand il emploie la branche du cytochrome *bd* (figure 9.15) aux faibles concentrations en oxygène. Dans ce cas, la production d'ATP varie selon les conditions ambiantes. Peut-être parce qu'il croît d'habitude dans des habitats comme le tractus intestinal, qui sont très riches en aliments, *E. coli* n'a pas à être particulièrement efficace dans sa synthèse d'ATP. La chaîne de transfert fonctionne probablement lorsque *E. coli* se trouve avec d'autres hôtes, dans un milieu d'eau douce aérobie.

La respiration aérobie est nettement plus efficace que les processus anaérobies qui n'impliquent pas de transfert d'électrons, ni de phosphorylation oxydative. De nombreux micro-organismes, passant de l'anaérobiose à l'aérobiose, réduisent drastiquement la vitesse de catabolisme des sucres et passent à la respiration aérobie,

Tableau 9.3	Quelques accepteurs d'électrons utilisés lors de la respiration		
	Accepteur d'électrons	Produits réduits	Exemples de micro-organismes
Aérobie	O_2	H_2O	Toutes les bactéries aérobies, les mycètes, les protozoaires et les algues
Anaérobie	NO_3^-	NO_2^-	Bactéries entériques
	NO_3^-	NO_2^-, N_2O, N_2	*Pseudomonas, Bacillus et Paracoccus*
	SO_4^{2-}	H_2S	*Desulfovibrio et Desulfotomaculum*
	CO_2	CH_4	Tous les méthanogènes
	S^0	H_2S	*Desulfuromonas et Thermoproteus*
	Fe^{3+}	Fe^{2+}	*Pseudomonas, Bacillus et Geobacter*
	$HAsO_4^{2-}$	$HAsO_2$	*Bacillus, Desulfotomaculum et Sulfurospirillum*
	SeO_4^{2-}	Se, $HSeO_3^-$	*Aeromonas, Bacillus et Thauera*
	Fumarate	Succinate	*Wolinella*

un phénomène de régulation connu sous le nom d'**effet Pasteur**. C'est évidemment un avantage pour le micro-organisme puisqu'il doit dégrader moins de sucre pour obtenir la même quantité d'ATP en utilisant le processus aérobie plus efficace.

1. Décrivez brièvement la structure de la chaîne transporteuse d'électrons et son rôle dans la synthèse d'ATP. En quoi les chaînes mitochondriale et bactérienne diffèrent-elles ?

2. Par quel mécanisme l'ATP pourrait-il être synthétisé au cours de la phosphorylation oxydative ? Décrivez brièvement la structure de l'ATP synthase et comment elle fonctionne. Qu'est-ce qu'un agent découplant ?

3. Calculez le rendement en ATP de la glycolyse et de l'oxydation totale du glucose en aérobiose. Expliquez votre raisonnement.

9.6   La respiration anaérobie

Les électrons provenant des sucres et d'autres matières organiques sont généralement donnés, soit à un accepteur organique d'électrons, soit à de l'O_2 moléculaire par l'intermédiaire d'une chaîne de transfert des électrons (figure 9.2). Beaucoup de bactéries ont cependant des chaînes de transfert des électrons qui ont des accepteurs d'électrons exogènes autres que l'O_2. Comme noté précédemment, on appelle ce processus fournisseur d'énergie, respiration anaérobie. Les principaux accepteurs d'électrons sont le nitrate, le sulfate et le CO_2, mais les métaux et quelques molécules organiques peuvent aussi être réduites (**tableau 9.3**).

Certaines bactéries utilisent les nitrates comme accepteur d'électrons en fin de chaîne de transfert des électrons et produisent de l'ATP. On appelle souvent ce processus la **réduction catabolique du nitrate**. Le nitrate est réduit en nitrite grâce à la nitrate réductase qui remplace la cytochrome oxydase.

$$NO_3^- + 2e^- + 2H^+ \longrightarrow NO_2^- + H_2O$$

Cependant, la réduction des nitrates en nitrites n'est pas un moyen particulièrement efficace de synthétiser de l'ATP, car une grande quantité de nitrate est nécessaire à la croissance (une molécule de nitrate accepte seulement deux électrons). Le nitrite formé est également assez toxique. C'est pourquoi le nitrate est souvent réduit complètement en azote gazeux, un processus appelé **dénitrification**. Chaque nitrate acceptera alors cinq électrons et le produit ne sera pas toxique.

$$2NO_3^- + 10e^- + 12H^+ \longrightarrow N_2 + 6H_2O$$

Nombre de preuves indiquent que la dénitrification est un processus à étapes multiples, auquel participent quatre enzymes : la nitrate réductase, la nitrite réductase, la réductase de l'oxyde nitrique et la réductase de l'oxyde nitreux.

$$NO_3^- \longrightarrow NO_2^- \longrightarrow NO \longrightarrow N_2O \longrightarrow N_2$$

Il est intéressant de noter que l'un des intermédiaires est l'oxyde nitrique (NO). Chez les mammifères, cette molécule agit comme neurotransmetteur, aide à réguler la pression sanguine et est utilisée par les macrophages pour détruire les bactéries et les cellules tumorales (*voir p. 720*). Deux types de nitrite réductases catalysent la formation de NO chez les bactéries. L'une contient les cytochromes c et d_1 (p.ex. chez *Paracoccus* et *Pseudomonas aeruginosa*), l'autre est une protéine à cuivre (p.ex. chez *Alcaligenes*). La nitrite réductase semble périplasmique chez les bactéries Gram-négatives. La réductase de l'oxyde nitreux catalyse la formation d'oxyde nitreux à partir de NO ; c'est un complexe cytochrome bc lié à la membrane. La bactérie du sol *Paracoccus denitrificans* offre un exemple bien étudié de dénitrification. Elle réduit le nitrate en N_2, en anaérobiose. Sa chaîne est faite d'une nitrate réductase et d'une réductase de l'oxyde nitrique, liées à la membrane, tandis que nitrite réductase et réductase de l'oxyde nitreux sont périplasmiques (figure 9.16*b*). Les quatre enzymes tirent des électrons de la coenzyme Q et des cytochromes de type c pour réduire le nitrate et générer une force proton-motrice.   Le transfert d'électrons chez *Paracoccus denitrificans* (p. 186)

Certains membres des genres *Pseudomonas*, *Parococcus* et *Bacillus* réalisent la dénitrification. Ils utilisent cette voie comme alternative à la respiration aérobie normale. On peut les considérer comme des anaérobies facultatifs. En présence d'O_2, ces bactéries utilisent la respiration aérobie (la synthèse de la nitrate réductase est réprimée par l'O_2). La dénitrification dans un sol anaérobie conduit à un appauvrissement en azote et diminue la fertilité. Le cycle de l'azote et la dénitrification (pp. 615-16)

Deux autres groupes importants de bactéries utilisateurs de la respiration anaérobie sont des anaérobies obligatoires. Ceux qui utilisent le CO_2 ou des carbonates comme accepteur final d'électrons sont appelés méthanogènes car ils réduisent le CO_2 en méthane (*voir chapitre 20*). Le sulfate peut aussi servir d'accepteur final chez des bactéries telles que *Desulfovibrio*. Il est réduit en sulfure (S^{2-} ou H_2S) et huit électrons sont acceptés.

$$SO_4^{2-} + 8e^- + 8H^+ \longrightarrow S^{2-} + 4H_2O$$

La respiration anaérobie n'est pas aussi efficace que la respiration aérobie dans la synthèse d'ATP : il y a moins d'ATP produit lors de la phosphorylation oxydative lorsque l'accepteur final est le nitrate, le sulfate ou le CO_2. La diminution du rendement en ATP provient du fait que les accepteurs d'électrons ont des potentiels de réduction moins positifs que l'O_2 (*voir tableau 8.1*). La différence de potentiel de réduction entre un donneur comme le NADH et le nitrate, est plus petite que la différence entre le NADH et l'O_2. Comme le rendement énergétique est en relation directe avec la différence de potentiel de réduction, moins d'énergie est disponible pour synthétiser de l'ATP dans la respiration anaérobie. Néanmoins, la respiration anaérobie est utile car elle est plus efficace que la fermentation et permet la synthèse d'ATP, grâce au transport des électrons et à la phosphorylation oxydative en absence d'O_2. La respiration anaérobie prédomine dans les sols et les sédiments pauvres en oxygène.

Dans un environnement contenant plusieurs accepteurs d'électrons, on verra souvent se succéder divers micro-organismes. Par exemple, si l'O_2, l'ion ferrique, le sulfate et le CO_2 sont disponibles dans un environnement donné, on peut prédire une séquence dans l'emploi des oxydants, lorsqu'un substrat oxydable est offert à la population microbienne. L'oxygène est utilisé le premier comme accepteur d'électrons, parce qu'il inhibe l'emploi du nitrate par les micro-organismes qui peuvent respirer soit avec l'O_2, soit avec le nitrate. Tant qu'il y a de l'O_2, les réducteurs de sulfate et les méthanogènes sont inhibés parce que ces groupes sont des anaérobies obligatoires.

Dès que l'O_2 et le nitrate sont épuisés, et que les produits de la fermentation, hydrogène compris, se sont accumulés, la compétition pour l'utilisation des autres oxydants commence. Manganèse et fer seront consommés les premiers, suivra une compétition entre les réducteurs de sulfate et les méthanogènes. Cette compétition est influencée par le meilleur rendement énergétique obtenu lorsque l'accepteur d'électrons est le sulfate. Les différences d'affinité enzymatique pour l'hydrogène, un substrat fort employé par les deux groupes (section 9.10), ont aussi de l'importance. Le réducteur de sulfate *Desulfovibrio* se développe rapidement et utilise l'hydrogène disponible à une vitesse plus élevée que *Methanobacterium*. Quand il n'y a plus de sulfate, *Desulfovibrio* cesse d'oxyder l'hydrogène, et la concentration de ce dernier s'élève. Les méthanogènes dominent finalement l'habitat et réduisent le CO_2 en méthane.

---

1. Décrivez la respiration anaérobie. Y-a-t-il autant d'ATP produit dans la respiration anaérobie que dans la respiration aérobie ? Pourquoi ou pourquoi pas ?

2. Qu'est ce que la dénitrification ?

9.7   Le catabolisme des glucides et des polymères de réserve intracellulaires

Les micro-organismes sont capables de cataboliser la plupart des glucides, en plus du glucose. Les sources de glucides sont soit intracellulaires soit extracellulaires. Souvent, les premières étapes de dégradation des polymères glucidiques extracellulaires diffèrent de celles des réserves internes.

Les glucides

La **figure 9.20** donne un aperçu des voies cataboliques des monosaccharides (sucres simples), glucose, fructose, mannose et galactose. Les trois premiers sont phosphorylés grâce à l'ATP et entrent facilement dans la voie de la glycolyse. Au contraire, le galactose doit être converti en uridine-diphosphate-galactose (*voir p. 209*) après la phosphorylation initiale et être ensuite transformé en glu-

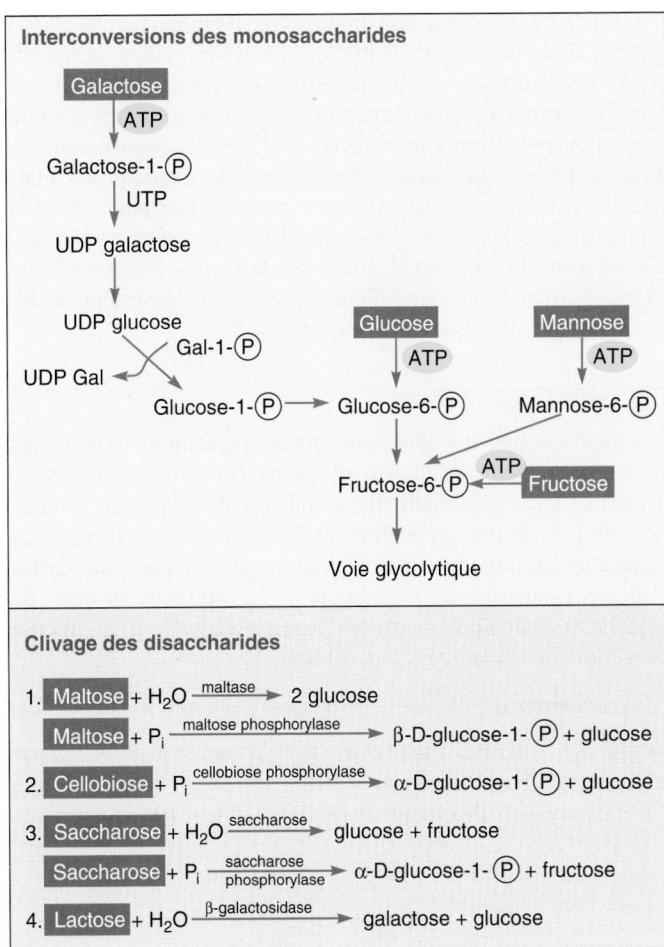

Figure 9.20 Le catabolisme des glucides. Exemples d'enzymes et de voies utilisées dans le catabolisme des disaccharides et des monosaccharides. UDP est l'abréviation pour uridine diphosphate.

cose 6-phosphate dans un processus à trois étapes (figure 9.20).

Les disaccharides courants sont clivés en monosaccharides par deux mécanismes au moins (figure 9.20). Le maltose, le saccharose et le lactose peuvent être directement hydrolysés en leurs monosaccharides constitutifs. De nombreux disaccharides (p. ex. le maltose, le cellobiose et le saccharose) sont aussi hydrolysés par une attaque phosphate sur la liaison entre les deux sucres, un processus appelé phosphorolyse.

Les polysaccharides, comme les disaccharides, sont clivés par hydrolyse et phosphorolyse. Les bactéries et les mycètes dégradent les polysaccharides externes en sécrétant des enzymes hydrolytiques qui coupent les polysaccharides en petites molécules assimilables. L'amidon et le glycogène sont hydrolysés par des amylases en glucose, maltose et autres produits. La cellulose est plus difficile à digérer ; de nombreux mycètes et quelques bactéries (certaines bactéries mobiles par glissement, des clostridies et des actinomycètes) produisent des cellulases qui hydrolysent la cellulose en cellobiose et glucose. Des membres du genre *Cytophaga*, isolés d'habitats marins, excrètent une agarase qui dégrade l'agar. De nombreuses bactéries du sol et des bactéries phytopathogènes dégradent la pectine, un polymère d'acide galacturonique (un dérivé du galactose) constituant important de la paroi cellulaire des tissus végétaux.

En ce qui concerne les composés récalcitrants ou difficiles à digérer, il faut noter que les micro-organismes peuvent aussi dégrader les composés xénobiotiques (substances étrangères qui ne proviennent pas de processus biosynthétiques naturels), comme les pesticides et divers composés aromatiques. Ils transforment ces molécules en intermédiaires métaboliques normaux, grâce à des voies métaboliques et à des enzymes spéciales, puis poursuivent le catabolisme de la manière habituelle. Biodégradation et bioremédiation sont discutées au chapitre 42 ; le mycète *Phanerochaete chrysosporium* est un extraordinaire exemple de la capacité de dégrader les xénobiotiques (*voir encadré 42.3*).

Les polymères de réserve

Les micro-organismes survivent souvent pendant très longtemps en absence d'éléments nutritifs exogènes. Dans ces conditions, ils dégradent leurs provisions intracellulaires de glycogène, d'amidon, de poly-β-hydroxybutyrate et autres réserves d'énergie. Le glycogène et l'amidon sont dégradés par des phosphorylases. Celles-ci catalysent une réaction de phosphorylation au cours de laquelle la chaîne polysaccharidique est raccourcie d'un glucose avec formation de glucose 1-phosphate.

$$(Glucose)_n + P_i \longrightarrow (glucose)_{n-1} + glucose\text{-}1\text{-}P$$

Le glucose 1-phosphate peut entrer dans la voie de la glycolyse par le glucose 6-phosphate (figure 9.20).

Le poly-ß-hydroxybutyrate (PHB) est une réserve importante

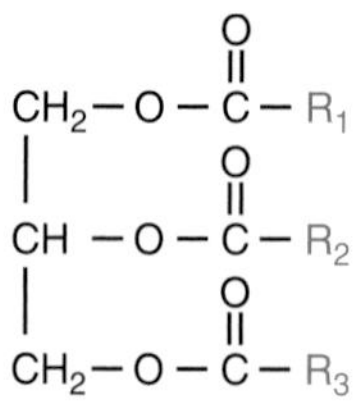

Figure 9.21 Un triacylglycérol ou triglycéride. Les groupes R représentent les chaînes latérales d'acides gras.

et très répandue. Son catabolisme a été étudié chez *Azotobacter*. Cette bactérie hydrolyse le PHB en 3-hydroxybutyrate, qui est ensuite oxydé en acétoacétate. L'acétoacétate est converti en acétyl-CoA qui peut être oxydé dans le cycle des acides tricarboxyliques.

9.8   Le catabolisme des lipides

Les micro-organismes utilisent souvent des lipides comme source d'énergie. Des triglycérides ou triacylglycérols, des esters de glycérol et des acides gras (**figure 9.21**) sont des sources énergétiques courantes. Ils peuvent être hydrolysés en glycérol et acides gras par des lipases microbiennes. Le glycérol est alors phosphorylé et oxydé en dihydroxyacétone phosphate et dégradé dans la glycolyse (figure 9.5).

Les acides gras des triacylglycérols et autres lipides, sont souvent oxydés dans la **voie de la β-oxydation** après avoir été convertis en esters de la coenzyme A (**figure 9.22**). Dans cette voie cyclique, les acides gras sont dégradés en acétyl-CoA qui peut être introduit dans le cycle des acides tricarboxyliques ou utilisé dans des biosynthèses (*voir section 10.8*). Un tour de cycle produit de l'acétyl-CoA, du NADH et du FADH$_2$; le NADH et le FADH$_2$ peuvent être oxydés par la chaîne de transfert des électrons, pour produire de l'ATP. L'acyl-CoA raccourci de deux carbones est prêt pour un nouveau cycle. Les acides gras constituent une source énergétique riche pour la croissance microbienne. De même, certains micro-organismes se développent bien en aérobiose, sur des hydrocarbures de pétrole.

9.9   Le catabolisme des protéines et des acides aminés

Certaines bactéries et certains mycètes — en particulier, les micro-organismes pathogènes, ceux qui détériorent la nourriture et ceux du sol — peuvent utiliser les protéines comme source de carbone et d'énergie. Ils sécrètent des **protéases** qui hydrolysent les protéines et les polypeptides en acides aminés. Ceux-ci sont ensuite transportés dans la cellule et métabolisés.

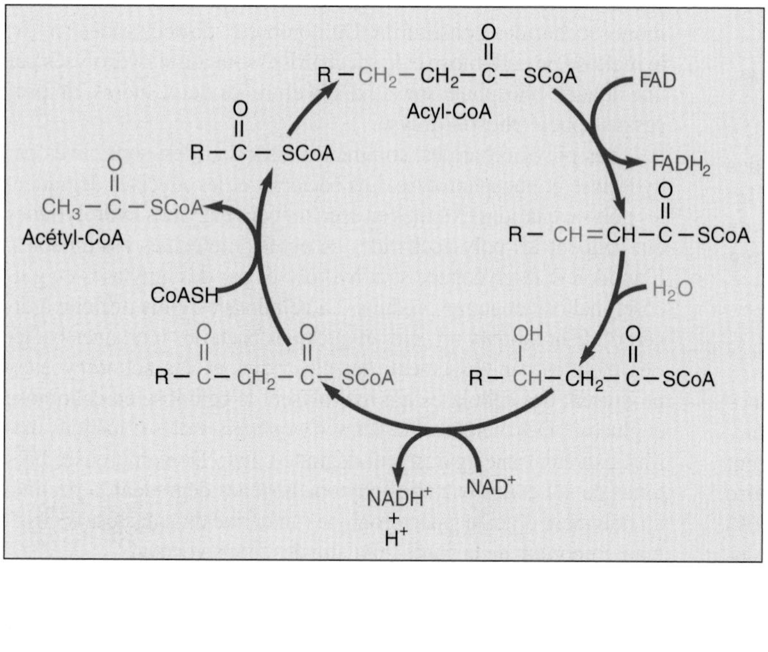

Figure 9.22 La β-oxydation des acides gras. Les parties d'acide gras modifiées sont en couleur.

La première étape du catabolisme d'un acide aminé est une **désamination** qui lui retire son groupe aminé. Cette réaction est souvent une **transamination**. Le groupe aminé d'un acide aminé est transféré sur un α-cétoacide accepteur (**figure 9.23**). L'acide organique résultant de la désamination peut être converti en pyruvate, en acétyl-CoA ou en un intermédiaire du cycle des acides tricarboxyliques et oxydé alors pour libérer de l'énergie. Il peut aussi servir de source carbonée pour la synthèse de constituants cellulaires. L'excès d'azote provenant de la désamination est excrété sous forme d'ion ammonium, rendant ainsi le milieu alcalin.

---

1. Discutez brièvement les voies utilisées par les micro- organismes pour dégrader et utiliser les monosaccharides, les disaccharides et les polysaccharides courants, extracellulaires ou intracellulaires.
2. Décrivez comment un micro-organisme peut tirer des lipides et des protéines de son alimentation, le carbone et l'énergie. Que sont la ß-oxydation et la transamination ?

9.10 L'oxydation de molécules inorganiques

Comme nous venons de le voir, les micro-organismes peuvent oxyder des molécules organiques telles que glucides, lipides, protéines, et synthétiser de l'ATP avec l'énergie libérée. L'accepteur d'électrons est 1) une autre molécule organique endogène plus oxydée, dans la fermentation, 2) l'O_2 dans la respiration aérobie ou 3) une molécule exogène oxydée autre que l'O_2, dans la respiration anaérobie (figure 9.2). Dans les respirations aérobie et anaérobie, l'ATP formé est le résultat de l'activité de la chaîne de transfert des électrons. Les électrons peuvent provenir d'éléments nutritifs inorganiques et il est possible de tirer de l'énergie de l'oxydation de molécules inorganiques plutôt que d'éléments nutritifs organiques. Cette propriété est limitée à un petit groupe de bactéries appelées les **chimiolithotrophes** (*voir sections 22.1 et 22.2*). Chaque espèce montre une spécificité pour les donneurs et les accepteurs d'électrons (**tableau 9.4**). L'accepteur est habituellement l'O_2, mais le sulfate et le nitrate sont aussi utilisés. Les donneurs d'électrons les plus courants sont l'hydrogène, les composés azotés réduits, les composés soufrés réduits et l'ion ferreux (Fe^{2+}).

Les bactéries chimiolithotrophes sont souvent autotrophes et utilisent le cycle de Calvin pour fixer le CO_2 comme source de carbone (*voir section 10.2*). Cependant, quelques chimiolithotrophes peuvent être hétérotrophes, si des composés organiques réduits sont disponibles. Une énergie considérable est requise pour réduire le CO_2 en glucide : l'incorporation d'une molécule de CO_2 dans le cycle de Calvin requiert trois molécules d'ATP et deux de NADPH. De plus, l'oxydation des molécules inorganiques (**tableau 9.5**) fournit beaucoup moins d'énergie que l'oxydation complète du glucose en CO_2 laquelle est accompagnée d'une variation d'énergie libre standard de — 686 kcal/mole. Les quotients P/O lors de la phosphorylation oxydative chez les chimiolithotrophes sont probablement proches de 1,0 (dans l'oxydation de l'hydrogène, il est plus élevé). Comme le rendement en ATP est si faible, les chimiolithotrophes doivent oxyder une grande quantité de matière inorganique pour se développer et ceci amplifie leur impact écologique.

Plusieurs genres bactériens (tableau 9.4) peuvent oxyder l'hydrogène gazeux pour libérer de l'énergie car ils possèdent une hydrogénase qui catalyse l'oxydation de l'hydrogène.

$$H_2 \longrightarrow 2H^+ + 2e^-$$

Les électrons sont cédés soit à une chaîne de transfert des électrons, soit au NAD$^+$, selon la déshydrogénase. Si du NADH est produit, il peut être utilisé pour synthétiser de l'ATP par la chaîne de transfert des électrons et la phosphorylation oxydative où l'O_2 est l'accepteur final d'électrons. Ces micro-organismes qui oxydent l'hydrogène utilisent souvent des composés organiques comme sources d'énergie, lorsqu'ils en disposent.

Les **bactéries nitrifiantes** sont les chimiolithotrophes oxydant l'azote, les mieux étudiés (*voir section 22.1*). Ces bactéries du sol ou aquatiques ont une importance écologique considérable. L'oxydation de l'ammoniac en nitrate dépend de l'activité d'au moins deux genres différents. Par exemple, *Nitrosomonas* et *Nitrosophira* oxydent l'ammoniac en nitrite.

$$NH_4^+ + 1\tfrac{1}{2}O_2 \longrightarrow NO_2^- + H_2O + 2H^+$$

Le nitrite peut ensuite être oxydé en nitrate par *Nitrobacter* et

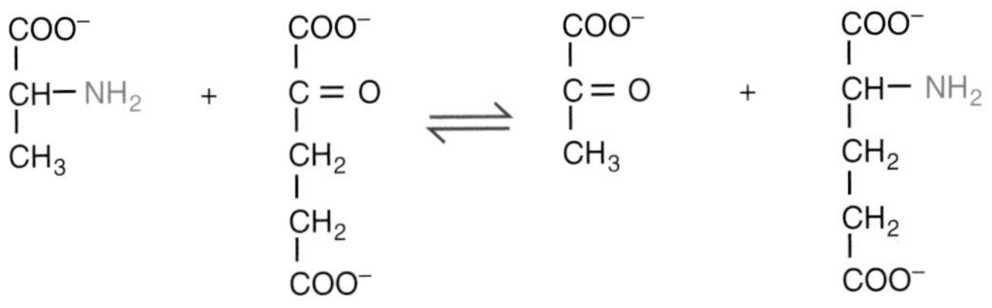

Figure 9.23 La transamination. Un exemple courant de ce processus. Le groupe α -aminé (bleu) de l'alanine est transféré à l'α-cétoglutarate accepteur pour former du pyruvate et du glutamate. Le pyruvate peut être dégradé dans le cycle des acides tricarboxyliques ou utilisé dans la biosynthèse.

Tableau 9.4	**Chimiolithotrophes représentatifs et leurs sources d'énergie**		
Bactéries	**Donneur d'électrons**	**Accepteur d'électrons**	**Produits**
Alcaligenes, *Hydrogenophaga*, et *Pseudomonas* spp.	H_2	O_2	H_2O
Nitrobacter	NO_2^-	O_2	NO_3^-, H_2O
Nitrosomonas	NH_4^+	O_2	NO_2^-, H_2O
Thiobacillus denitrificans	S^0, H_2S	NO_3^-	SO_4^{2-}, N_2
Thiobacillus ferrooxidans	Fe^{2+}, S^0, H_2S	O_2	Fe^{3+}, H_2O, H_2SO_4

Nitrococcus.

$$NO_2^- + \frac{1}{2} O_2 \longrightarrow NO_3^-$$

Lorsque deux genres travaillent ensemble, l'ammoniac dans le sol est oxydé en nitrate, un processus appelé la **nitrification.** Le rôle des chimiolithotrophes dans le sol et les écosystèmes aquatiques (pp. 611-18).

L'énergie libérée lors de l'oxydation de l'ammoniac et des nitrites est utilisée pour fabriquer de l'ATP par phosphorylation oxydative. Cependant, les micro-organismes ont besoin d'une source d'électrons (pouvoir réducteur) aussi bien que d'une source d'ATP pour réduire le CO_2 et les autres molécules. Comme des molécules telles que l'ammoniac et les nitrites ont des potentiels de réduction plus positifs que le NAD^+, elles ne peuvent donner directement leurs électrons pour former le NADH et le NADPH requis. En effet, les électrons ne se déplacent spontanément que de donneurs à potentiels de réduction plus négatifs vers des accepteurs à potentiels plus positifs (*voir section 8.5 et figure 8.7*). Les bactéries sul-

furo-oxydantes ont les mêmes difficultés. Ces deux types de chimiolithotrophes résolvent ce problème en utilisant la force proton-motrice pour renverser le flux des électrons dans les chaînes de transfert et réduire le NAD^+ avec les électrons des donneurs azotés et soufrés (**figure 9.24**). Comme de l'énergie est utilisée pour générer du NADH aussi bien que de l'ATP, le rendement final en ATP est assez faible. Les chimiolithotrophes peuvent se le permettre car ils n'ont pas de concurrents sérieux pour leurs sources particulières d'énergie.

Les bactéries sulfuro-oxydantes constituent le troisième groupe important de chimiolithotrophes. Le métabolisme de *Thiobacillus* a été le plus étudié. Ces bactéries oxydent en acide sulfurique, le soufre (S°), le sulfure d'hydrogène (H_2S), les thiosulfates ($S_2O_3^{2-}$) et d'autres composés soufrés réduits. Elles ont ainsi un impact écologique significatif (**encadré 9.2**). De façon intéressante, elles produisent de l'ATP à la fois par phosphorylation oxydative et phosphorylation au niveau du substrat faisant intervenir l'**adénosine 5'-phosphosulfate (APS)**. L'APS est une molécule riche en énergie, constituée de sulfite et d'adénosine monophosphate (**figure 9.25**).

Certains de ces procaryotes ont un métabolisme extraordinairement flexible. Par exemple, *Sulfolobus brierleyi* et quelques autres espèces peuvent se développer en aérobiose comme des bactéries oxydant le soufre ; en l'absence d'O_2, elles réalisent la respiration anaérobie et utilisent le soufre moléculaire comme accepteur d'électrons.

Les bactéries sulfuro-oxydantes et d'autres chimiolithotrophes peuvent utiliser le CO_2 comme source de carbone. Beaucoup se développent comme des hétérotrophes si on leur fournit des sources carbonées organiques réduites comme le glucose ou des acides aminés.

Tableau 9.5	Rendement énergétique des oxydations utilisées par les chimiolithotrophes	
Réaction		**$\Delta G^{o\prime}$ (kcal/mole)[a]**
$H_2 + \frac{1}{2} O_2 \longrightarrow H_2O$		−56,6
$NO_2^- + \frac{1}{2} O_2 \longrightarrow NO_3^-$		−17,4
$NH_4^+ + 1\frac{1}{2} O_2 \longrightarrow NO_2^- + H_2O + 2H^+$		−65,0
$S^0 + 1\frac{1}{2} O_2 + H_2O \longrightarrow H_2SO_4$		−118,5
$S_2O_3^{2-} + 2O_2 + H_2O \longrightarrow 2SO_4^{2-} + 2H^+$		−223,7
$2Fe^{2+} + 2H^+ + \frac{1}{2} O_2 \longrightarrow 2Fe^{3+} + H_2O$		−11,2

[a] Le $\Delta G^{o\prime}$ pour l'oxydation complète du glucose en CO_2 est de −686 kcal/mole. Une kcal est équivalente à 4,184kJ.

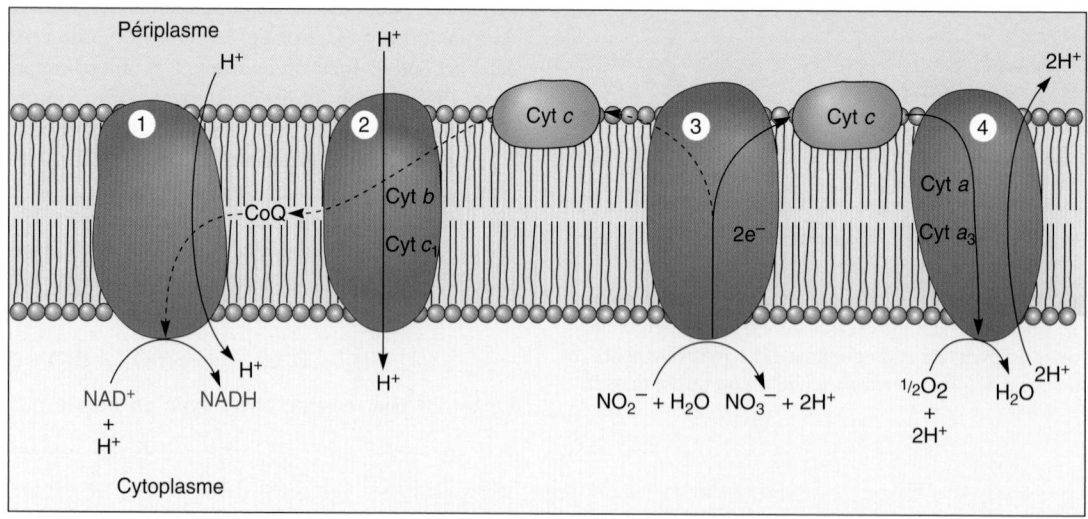

Figure 9.24 Le flux d'électrons dans les chaînes de transfert chez *Nitrobacter*. *Nitrobacter* effectue un transfert normal d'électrons pour générer une force proton-motrice et synthétiser de l'ATP. C'est la branche droite du schéma. Une partie de la force proton-motrice sert pour forcer les électrons à remonter le gradient de potentiel de réduction, du nitrite au NAD^+ (branche gauche). Le cytochrome *c* et quatre complexes interviennent : la NAD-ubiquinone oxydoréductase (1), l'ubiquinol-cytochrome *c* oxydoréductase (2), la nitrite oxydase (3) et la cytochrome *aa$_3$* oxydase (4).

Encadré 9.2

Le drainage des mines acides

Chaque année, des millions de tonnes d'acide sulfurique s'écoulent dans l'Ohio, rivière des Monts Appalaches. Cet acide d'origine microbienne, lessive suffisamment de métaux miniers pour rendre la rivière rougeâtre et acide. Le premier coupable est *Thiobacillus ferrooxidans*, une bactérie chimiolithotrophe qui tire son énergie de l'oxydation des ions ferreux en ions ferriques et des ions sulfites en ions sulfates. La combinaison de ces deux sources d'énergie est importante à cause des propriétés de solubilité du fer. L'ion ferreux est relativement soluble et peut être formé à des valeurs de pH égales ou inférieures à 3 dans un environnement modérément réducteur. Cependant, lorsque le pH est plus élevé que 4 ou 5, l'ion ferreux est oxydé spontanément en ion ferrique par l'O_2 de l'eau et précipite sous forme d'hydroxyde. Si le pH descend en dessous de 2 à 3, suite à la production d'acide sulfurique par oxydation spontanée du soufre ou par oxydation du soufre par les thiobacilles et d'autres bactéries, l'ion ferreux reste réduit, soluble et disponible comme source d'énergie. *T. ferrooxidans* se développe remarquablement bien à ces pH acides et oxyde activement les ions ferreux en précipités ferriques insolubles. L'eau devient toxique pour la majorité des organismes aquatiques et impropre à la consommation humaine.

Les conséquences écologiques de ce type de métabolisme proviennent de la présence habituelle de pyrite (FeS_2) dans les mines de charbon. Les bactéries oxydent les composés élémentaires de la pyrite pour leur croissance et de ce fait, produisent de l'acide sulfurique qui élimine par lixiviation le reste des minéraux.

Auto-oxydation ou activité bactérienne
$$2FeS_2 + 7O_2 + 2H_2O \longrightarrow 2Fe^{2+} + 4SO_4^{2-} + 4H^+$$

T. ferrooxidans
$$2Fe^{2+} + \tfrac{1}{2}O_2 + 2H^+ \longrightarrow 2Fe^{3+} + H_2O$$

L'oxydation de la pyrite est encore accélérée car les ions ferriques, produits par l'activité bactérienne, oxydent facilement plus de pyrite en acide sulfurique et en ions ferreux. De plus, les ions ferreux entretiennent davantage la croissance bactérienne. Il est difficile d'empêcher la croissance de *T. ferrooxidans* qui ne requiert que de la pyrite et des sels inorganiques courants. Comme *T. ferrooxidans* trouve son O_2 et son CO_2 dans l'air, la seule méthode possible d'empêcher sa croissance nocive est de fermer hermétiquement les mines pour rendre l'habitat anaérobie.

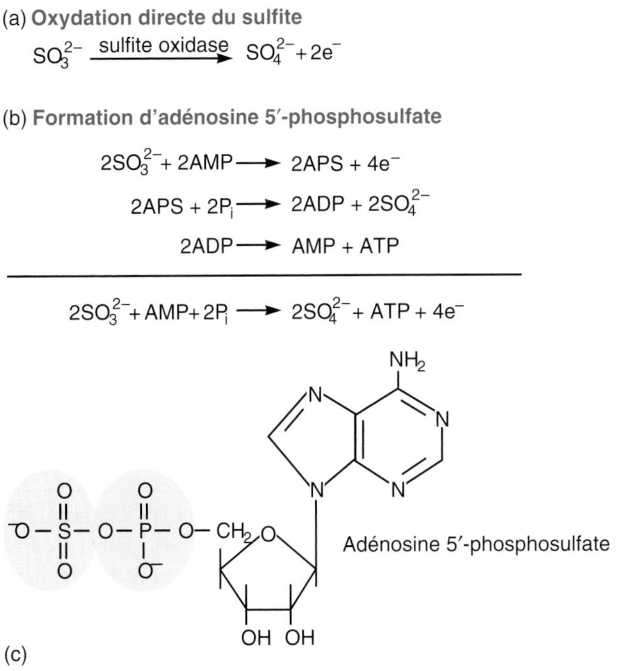

---

1. Comment les chimiolithotrophes obtiennent-ils leur ATP et leur NADH ? Quelle est leur source de carbone ?
2. Décrivez la production d'énergie par les bactéries oxydant l'hydrogène, les bactéries nitrifiantes et les bactéries sulfuro-oxydantes.

(a) **Oxydation directe du sulfite**

$$SO_3^{2-} \xrightarrow{\text{sulfite oxidase}} SO_4^{2-} + 2e^-$$

(b) **Formation d'adénosine 5'-phosphosulfate**

$$2SO_3^{2-} + 2AMP \longrightarrow 2APS + 4e^-$$
$$2APS + 2P_i \longrightarrow 2ADP + 2SO_4^{2-}$$
$$2ADP \longrightarrow AMP + ATP$$

$$2SO_3^{2-} + AMP + 2P_i \longrightarrow 2SO_4^{2-} + ATP + 4e^-$$

Adénosine 5'-phosphosulfate

(c)

Figure 9.25 La libération d'énergie par oxydation de soufre. (**a**) Le sulfite peut être directement oxydé pour fournir des électrons pour le transport des électrons et la phosphorylation oxydative. (**b**) Le sulfite peut aussi être oxydé et converti en APS. Cette voie produit d'une part des électrons utilisés dans le transport des électrons et d'autre part, de l'ATP par phosphorylation au niveau du substrat à l'aide de l'APS. (**c**) La structure de l'adénosine 5'-phophosulfate.

9.11 La photosynthèse

Les micro-organismes ne tirent pas uniquement leur énergie de l'oxydation de composés inorganiques et organiques, mais beaucoup captent l'énergie solaire et l'utilisent pour synthétiser de l'ATP, du NADH ou du NADPH (figure 9.1 ; *voir aussi la figure 8.8*). Ce processus au cours duquel l'énergie lumineuse est captée et convertie en énergie chimique est appelé la **photosynthèse**. Généralement, un organisme photosynthétique réduit et incorpore le CO_2, réactions qui sont aussi considérées comme faisant partie de ce processus. La photosynthèse est le processus métabolique le plus important sur terre car presque toute notre énergie provient de l'énergie solaire. Elle fournit aux organismes photosynthétiques l'ATP et le NADPH nécessaires à la synthèse des matières organiques requises pour leur croissance. Ces organismes sont à la base de la plupart des chaînes alimentaires dans la biosphère. La photosynthèse est aussi responsable du réapprovisionnement de notre O_2, un processus remarquable réalisé par des organismes eucaryotes aussi bien que procaryotes (**tableau 9.6**). Bien que la plupart des gens associent la photosynthèse aux plantes supérieures, les micro-organismes sont responsables de la moitié de la photosynthèse sur terre.

Tableau 9.6   Diversité des organismes photosynthétiques

Organismes eucaryotes	Organismes procaryotes
Plantes supérieures	Cyanobactéries (algues bleues)
Algues multicellulaires vertes, brunes et rouges	Bactéries vertes sulfureuses
	Bactéries vertes non sulfureuses
Algues unicellulaires	Bactéries pourpres sulfureuses
(p. ex. les euglénoïdes, les dinoflagellés, les diatomées)	Bactéries pourpres non sulfureuses
	Prochloron

On peut diviser la photosynthèse en deux parties. Dans les réactions de la **phase claire,** l'énergie lumineuse est captée et convertie en énergie chimique. Cette énergie est alors utilisée pour réduire ou fixer le CO_2 et synthétiser les constituants cellulaires au cours des réactions de la **phase obscure**. Dans cette section, on discutera de la nature des réactions de la phase claire ; les réactions de la phase obscure seront examinées dans le chapitre suivant. Les réactions de la phase obscure de la photosynthèse (p. 207-8).

Les réactions de la phase claire chez les eucaryotes et les cyanobactéries

Tous les organismes photosynthétiques possèdent des pigments pour absorber la lumière. Les plus importants de ces pigments sont les **chlorophylles**. Les chlorophylles sont de grandes molécules planes constituées de quatre noyaux pyrroles substitués. Les quatre atomes d'azote des pyrroles sont unis par des liaisons de coordinence à un atome de magnésium (**figure 9.26**). Il y a plusieurs chlorophylles chez les eucaryotes, les deux plus importantes sont la chlorophylle *a* et la chlorophylle *b* (figure 9.26). Ces deux molécules diffèrent légèrement par leur structure et leurs propriétés spectrales. Dissoute dans l'acétone, la chlorophylle *a* présente un pic d'absorbance de la lumière à 665 nm ; le pic correspondant de la chlorophylle *b* est à 645 nm. En plus d'absorber la lumière rouge, les chlorophylles absorbent aussi fortement la lumière bleue (le second pic d'absorption de la chlorophylle *a* est à 430 nm). Comme les chlorophylles absorbent principalement dans les régions rouges et bleues, il y a transmission de lumière verte. Par conséquent, de nombreux organismes photosynthétiques ont une couleur verte. La longue queue hydrophobe liée au noyau de la chlorophylle favorise son attachement aux membranes, sites des réactions de la phase lumineuse.

D'autres pigments photosynthétiques captent aussi l'énergie lumineuse. Les plus répandus sont les **caroténoïdes**, longues molécules généralement jaunâtres et possédant un système de doubles liaisons conjuguées (**figure 9.27**). Le ß-carotène est présent chez *Prochloron* et la plupart des algues ; on trouve la fucoxanthine chez les diatomées, les dinoflagellés et les algues brunes (*Phaeophyta*). Les algues rouges et les cyanobactéries ont des pigments photosynthétiques appelés **phycobiliprotéines**, formées d'une protéine liée à un tétrapyrrole (figure 9.27). La **phycoérythrine** est un pigment rouge ayant un maximum d'absorbance à 550 nm environ et la **phycocyanine** est bleue (absorbance maximale de 620 à 640 nm).

Les caroténoïdes et les phycobilines sont souvent appelés **pigments accessoires** à cause de leur rôle dans la photosynthèse. Alors que les chlorophylles n'absorbent pas bien l'énergie lumineuse dans les régions du bleu-vert jusqu'au jaune (de 470 à 630 nm), les pigments accessoires absorbent la lumière dans cette ré-

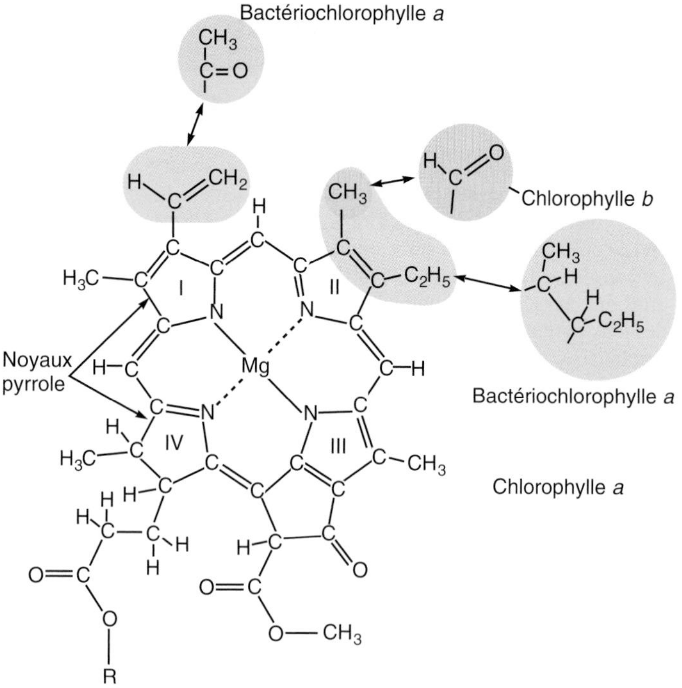

Figure 9.26 La structure des chlorophylles : la chlorophylle *a*, la chlorophylle *b* et la bactériochlorophylle *a*. La structure complète de la chlorophylle *a* est donnée. Seul un groupe est modifié dans la chlorophylle *b* et deux modifications dans le système des anneaux transforment la chlorophylle *a* en bactériochlorophylle *a*. La chaîne latérale (R) de la bactériochlorophylle *a* peut être soit un phytyle (une chaîne à 20 carbones que l'on trouve aussi dans les chlorophylles *a* et *b*) ou un géranylgéranyle (une chaîne à 20 carbones semblable à celle du phytyle mais avec trois doubles liaisons supplémentaires).

gion et transfèrent l'énergie lumineuse à la chlorophylle. De cette façon, ils rendent la photosynthèse efficace sur un large éventail de longueurs d'onde. Les pigments accessoires protègent aussi les micro-organismes de la lumière solaire intense qui pourrait en leur absence, oxyder et endommager l'appareil photosynthétique.

Les chlorophylles et les pigments accessoires sont assemblés en structures hautement organisées appelées **antennes**, afin de créer une large surface pour capter autant de photons que possible. Une antenne contient environ 300 molécules de chlorophylle. L'énergie lumineuse est captée par l'antenne et transférée à une **chlorophylle** spéciale **du centre réactionnel** directement impliquée dans le transport des électrons (**figure 9.28**). Dans les cellules eucaryotes et les cyanobactéries, il y a deux sortes d'antennes associées à deux photosystèmes différents. Le **photosystème I** absorbe la lumière de grande longueur d'onde (≥ 680 nm) et transfère l'énergie à une molécule de chlorophylle *a* particulière appelée P700. Le terme P700 signifie que cette molécule absorbe la lumière de façon plus efficace à 700 nm. Le **photosystème II** capte la lumière à des longueurs d'onde plus courtes et transfère son énergie à la chlorophylle P680.

Lorsque l'antenne du photosystème I transfère l'énergie lumineuse à la chlorophylle P700 du centre réactionnel, P700 absorbe l'énergie et est excitée ; son potentiel de réduction devient très négatif. Elle cède alors son électron excité ou riche en énergie à un ac-

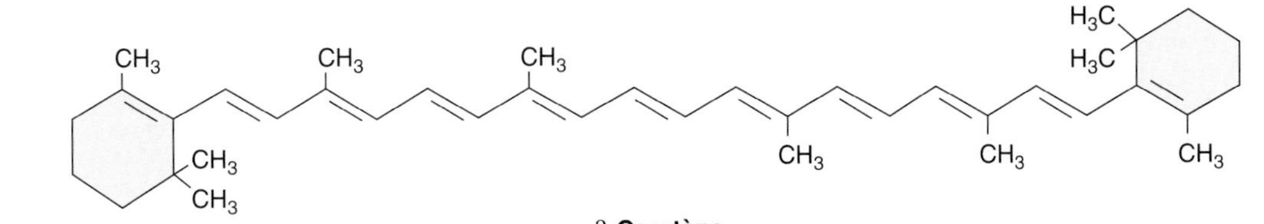

β-Carotène

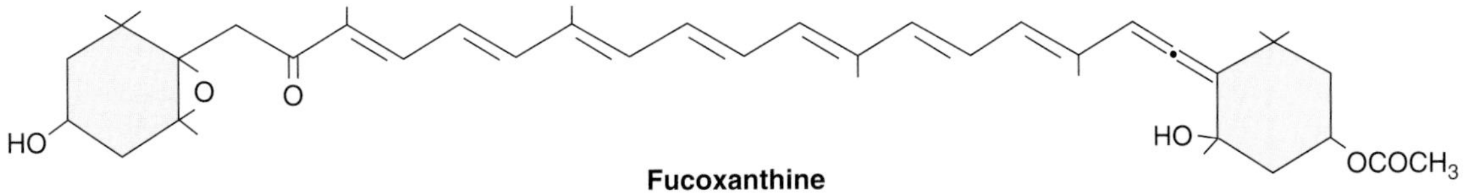

Fucoxanthine

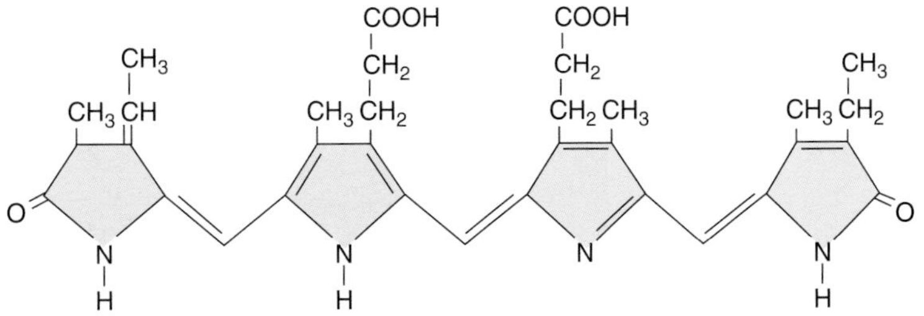

Phycocyanobiline

Figure 9.27 Pigments accessoires représentatifs. Le β-carotène est un caroténoïde des algues et des plantes supérieures. Notez qu'il possède une longue chaîne de liaisons alternativement simples et doubles , appelées doubles liaisons conjuguées. La fucoxanthine est un pigment accessoire de type caroténoïde, trouvé chez plusieurs embranchements d'algues. La phycocyanobiline est un exemple de tétrapyrrole linéaire lié à une protéine pour former une phycobiliprotéine.

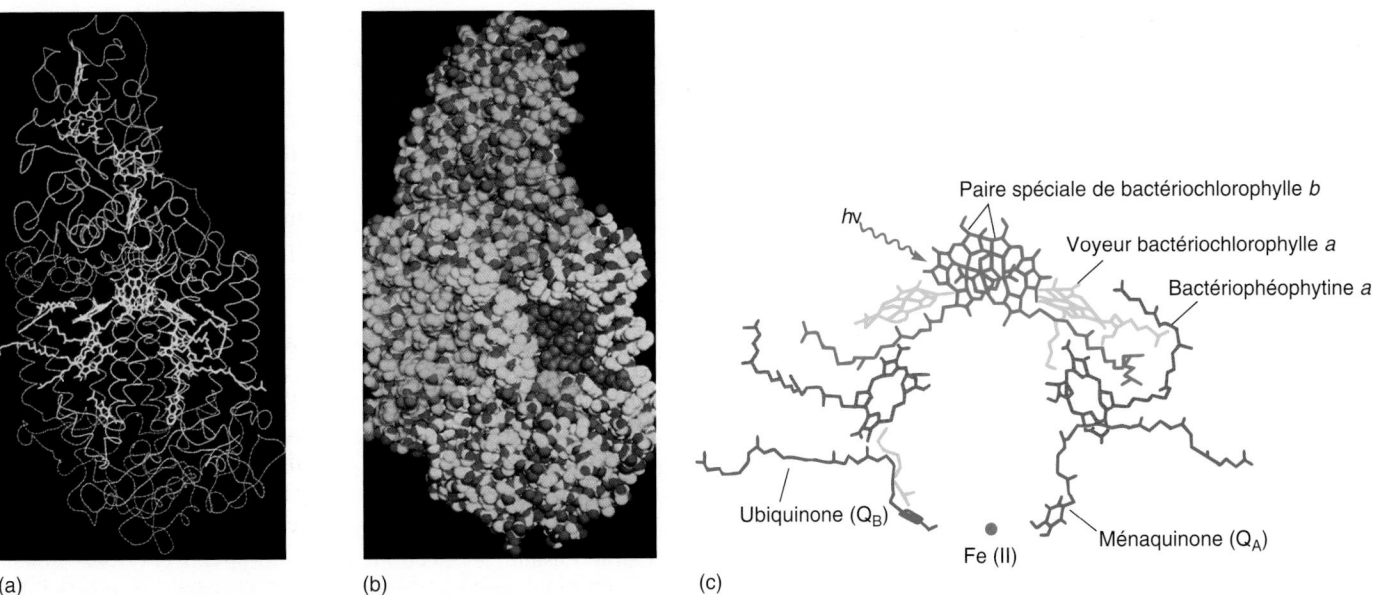

(a)   (b)   (c)

Figure 9.28 Un centre réactionnel photosynthétique. Le centre réactionnel de la bactérie pourpre non sulfureuse, *Rhodopseudomonas viridis*. (**a**) La structure du squelette des carbones α du centre de la chaîne polypeptidique avec les bactériochlorophylles et d'autres groupes prosthétiques en jaune. (**b**) Un modèle du centre réactionnel. Les atomes d'azote sont en bleu ; ceux de l'oxygène en rouge et ceux du soufre en jaune. Les atomes du groupe prosthétique exposés sont en brun-rouge. (**c**) Une vue des groupes prosthétiques du centre réactionnel. Un photon est d'abord absorbé par une paire spéciale de molécules de bactériochlorophylle *a*, et les excite. Un électron excité se déplace alors vers la molécule de bactériophéophytine dans le bras droit du système. (*c*) *D'après Donald Voet and Judith G. Voet,* Biochemistry. *1990. Avec l'autorisation de John Wiley and Sons, Inc., New York, NY.*

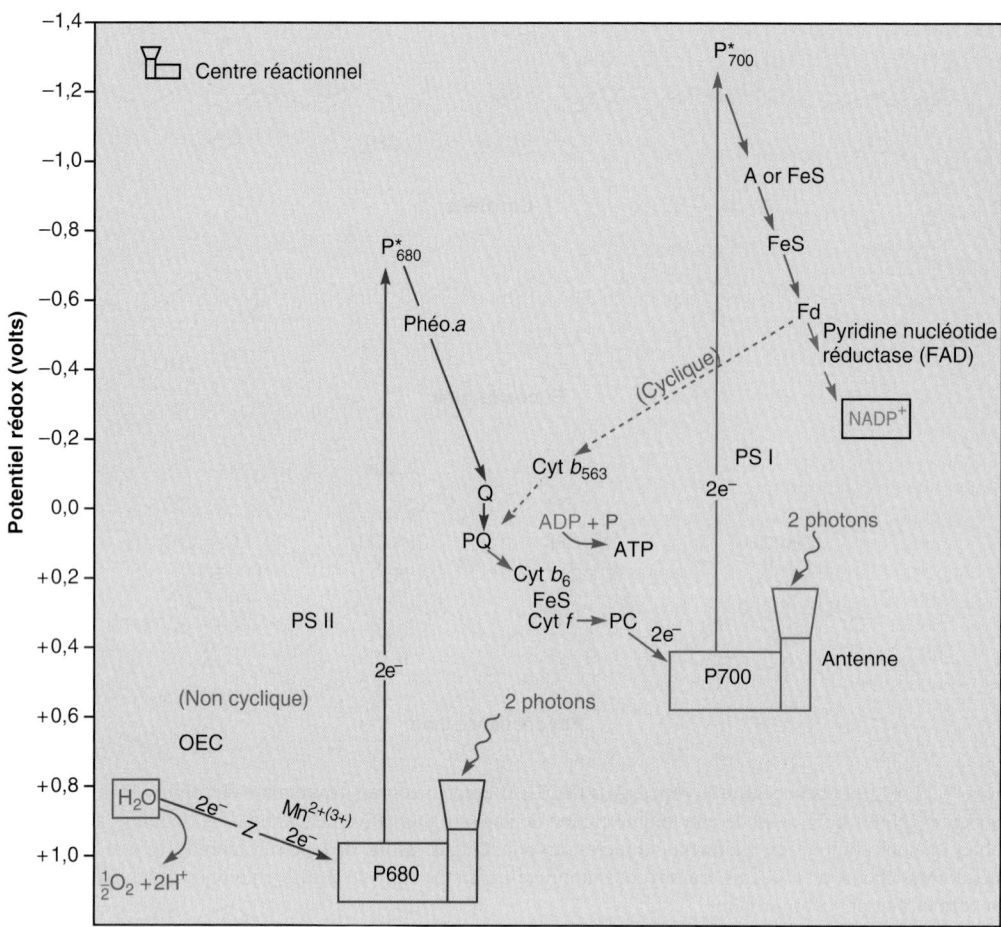

Figure 9.29 La photosynthèse chez les plantes vertes. Le flux des électrons durant la photosynthèse des plantes supérieures. Les cyanobactéries et les algues eucaryotes sont comparables car elles ont également deux photosystèmes, mais elles peuvent différer par quelques détails. Les transporteurs impliqués dans le transfert des électrons sont la ferrédoxine (Fd) et d'autres protéines FeS ; les cytochromes b_6, b_{563} et f ; la plastoquinone (PQ) ; la plastocyanine contenant du cuivre (PC), la phéophytine a (Phéo a) ; peut-être la chlorophylle a (A) ; et la quinone Q inconnue qui est probablement une plastoquinone. Le photosystème I (PS I) et le photosystème II (PS II) sont tous deux impliqués dans la phosphorylation non cyclique ; seul PS I participe à la phosphorylation cyclique. Le complexe (OEC) qui extrait les électrons de l'eau contient des ions manganèse et la substance Z, qui transfère les électrons au centre réactionnel PS II. Voir le texte pour plus de détails.

cepteur spécifique, probablement une molécule de chlorophylle a particulière (A) ou une protéine fer-soufre (**figure 9.29**). L'électron est finalement transféré à la ferrédoxine et peut suivre deux directions. Dans la voie cyclique (les pointillés dans la figure 9.29), l'électron se déplace dans un cycle à travers une série de transporteurs d'électrons et retourne à P700 oxydée. La voie est dite cyclique parce que l'électron de P700 revient à P700 après avoir traversé la chaîne photosynthétique de transfert d'électrons. Une force proton-motrice (*p. 187*) se forme au cours du transport cyclique d'électrons dans la région du cytochrome b_6 et est utilisée pour synthétiser de l'ATP. On appelle ce processus **photophosphorylation cyclique** car les électrons se déplacent dans une voie cyclique et de l'ATP est synthétisé. Seul le photosystème I y participe.

Les électrons peuvent aussi emprunter une voie non cyclique faisant intervenir les deux photosystèmes. P700 est excitée et cède des électrons à la ferrédoxine. Cependant dans la forme non cyclique, la ferrédoxine réduite réduit NADP$^+$ en NADPH (fi-

gure 9.29). Comme les électrons apportés au NADP$^+$ ne peuvent pas être utilisés pour réduire P700 oxydée, la participation du photosystème II est nécessaire. Il cède des électrons à P700 oxydée et génère de l'ATP au cours de ce processus. L'antenne du photosystème II absorbe l'énergie lumineuse et excite P680 qui réduit ensuite la phéophytine a. Celle-ci est une chlorophylle a dans laquelle deux atomes d'hydrogène remplacent le magnésium central. Ensuite, les électrons se déplacent vers Q (probablement une plastoquinone) puis vers P700 par la chaîne de transfert des électrons. P680 oxydé reçoit alors un électron de l'oxydation de l'eau en O$_2$. Ainsi les électrons sont transférés de l'eau au NADH$^+$ grâce à l'énergie des deux photosystèmes et de l'ATP est synthétisé par une **photophosphorylation non cyclique**. Un ATP et un NADH sont formés lorsque deux électrons sont transférés au travers de la voie non cyclique.

Le transport photosynthétique des électrons est localisé dans

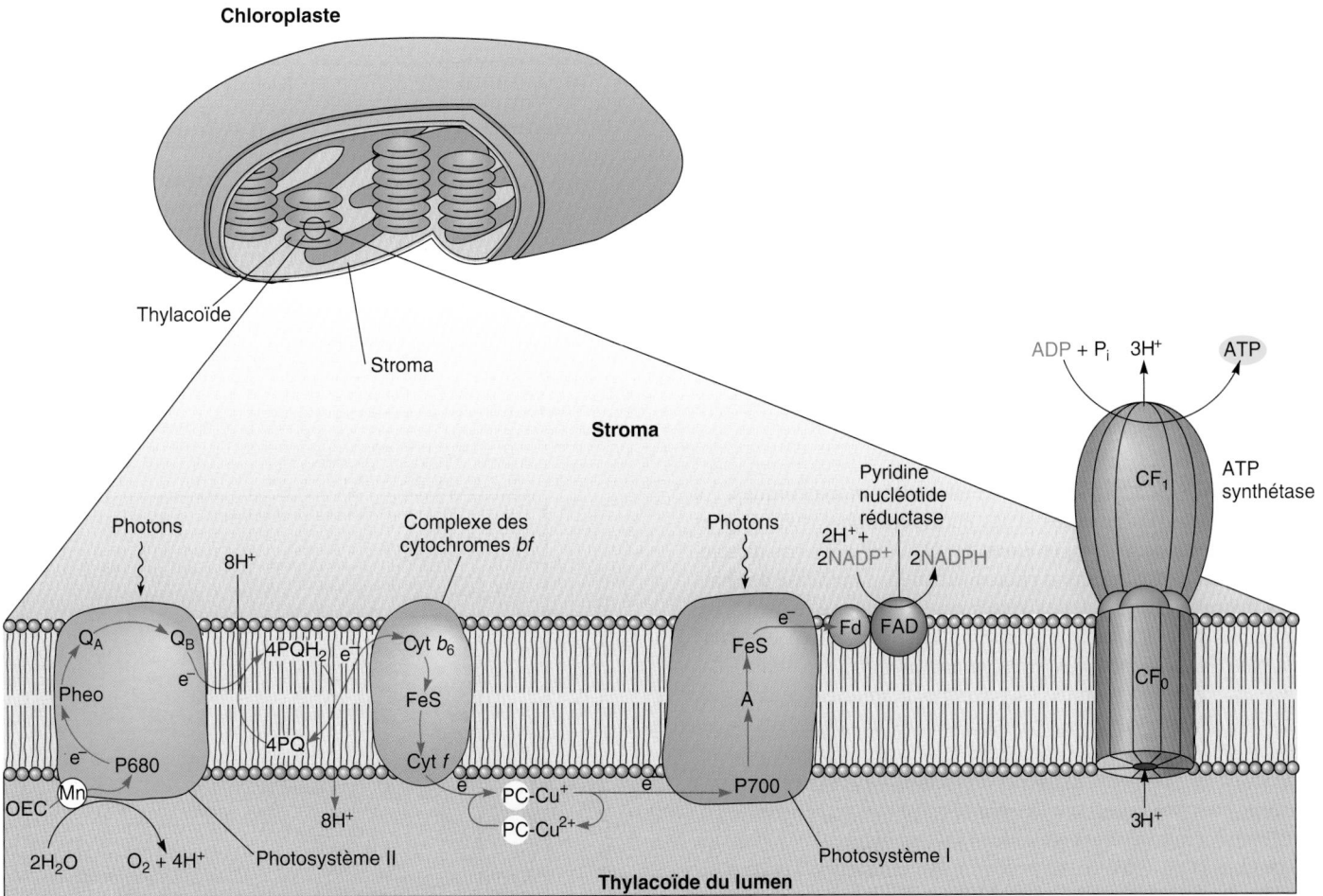

Figure 9.30 Le mécanisme de la photosynthèse. Une illustration de la membrane de thylacoïde chloroplastique montrant le fonctionnement de la chaîne de transfert des électrons et la phosphorylation non cyclique. La chaîne est composée de trois complexes : PS I, le complexe des cytochromes *bf* et PS II. Les 3 complexes sont joints par la plastoquinone (Q) qui connecte PS I aux cytochromes *bf* et la plastocyanine (PC) qui connecte les cytochromes *bf* à PS II. Le flux d'électrons amené par la lumière pompe les protons à travers la membrane du thylacoïde et génère un gradient électrochimique, qui peut alors être utilisé pour synthétiser de l'ATP. L'eau sert de source d'électrons et le complexe générateur d'oxygène (OEC) produit de l'oxygène.

une membrane comme le transport mitochondrial des électrons. Les membranes des grana des chloroplastes contiennent les deux photosystèmes et leurs antennes. La **figure 9.30** montre une membrane de thylacoïde dans laquelle se déroule la phosphorylation non cyclique grâce à un mécanisme chimiosmotique. On pense que les lamelles du stroma possèdent uniquement le photosystème I et n'interviennent que dans la phosphorylation cyclique. Chez les cyanobactéries, les réactions photosynthétiques de la phase lumineuse sont aussi localisées dans la membrane.

Les réactions de la phase obscure requièrent trois ATP et deux NADPH pour réduire un CO_2 et utiliser celui-ci à la synthèse des glucides (CH_2O).

$$CO_2 + 3ATP + 2NADPH + 2H^+ + H_2O \longrightarrow$$
$$(CH_2O) + 3ADP + 3P_i + 2NADP^+$$

Le système non cyclique génère un NADPH et un ATP par paire d'électrons ; par conséquent, quatre électrons passant au travers du système produiront deux NADPH et deux ATP. Il faut au total 8 quanta d'énergie lumineuse (4 quanta pour chaque photosystème) pour propulser les quatre électrons de l'eau au $NADP^+$. Comme le rapport ATP à NADPH pour la fixation du CO_2 est de 3:2, au moins un ATP supplémentaire doit être apporté. La phosphorylation cyclique fonctionne probablement de façon indépendante pour synthétiser cet ATP supplémentaire, ce qui nécessite l'absorption de 2 à 4 autres quanta. Par conséquent, 10 à 12 quanta d'énergie lumineuse sont nécessaires pour réduire et incorporer une molécule de CO_2 durant la photosynthèse.

Les réactions de la phase claire chez les bactéries vertes et pourpres

Les bactéries photosynthétiques vertes et pourpres diffèrent des cyanobactéries et des eucaryotes photosynthétiques par plusieurs propriétés (**tableau 9.7**). En particulier, les bactéries vertes et pourpres n'utilisent pas l'eau comme source d'électrons et ne pro-

Tableau 9.7   **Propriétés des systèmes photosynthétiques microbiens**

Propriété	Eucaryotes	Cyanobactéries	Bactéries vertes et pourpres
Pigment photosynthétique	Chlorophylle *a*	Chlorophylle *a*	Bactériochlorophylle
Photosystème II	Présent	Présent	Absent
Donneurs photosynthétiques d'électrons	H_2O	H_2O	H_2, H_2S, S, matière organique
Production d'O_2	Oxygénique	Oxygénique[a]	Anoxygénique
Produits primaires de conversion d'énergie	ATP + NADPH	ATP + NADPH	ATP
Source de carbone	CO_2	CO_2	Organique et/ou CO_2

[a] Des cyanobactéries peuvent fonctionner de façon anoxygénique dans certaines conditions.
Par exemple, *Oscillatoria* peut utiliser H_2S au lieu de H_2O, comme donneur d'électrons.

duisent pas d'O_2 par photosynthèse ; elles sont **anoxygéniques**. Au contraire, les cyanobactéries et les eucaryotes photosynthétiques sont presque toujours **oxygéniques**. Le NADPH n'est pas directement produit dans la réaction photosynthétique lumineuse des bactéries pourpres. Les bactéries vertes peuvent réduire le NAD$^+$ directement durant la réaction lumineuse. Pour synthétiser le NADH et le NADPH, les bactéries vertes et pourpres doivent utiliser des donneurs d'électrons comme l'hydrogène, le sulfure d'hydrogène, le soufre, et des composés organiques qui ont des potentiels de réduction plus négatifs que l'eau et qui sont par conséquent, plus faciles à oxyder (meilleurs donneurs d'électrons). Enfin, les bactéries vertes et pourpres possèdent des pigments photosynthétiques légèrement différents, les **bactériochlorophylles** (figure 9.26), dont les maximums d'absorbance se situent à des longueurs d'onde plus élevées. Dans l'éther, les bactériochlorophylles *a* et *b* ont des maximums à 775 et 790 nm respectivement. In vivo, ces valeurs sont d'environ 830 à 890 nm (bactériochlorophylle *a*) et 1020 à 1040 nm (bactériochlorophylle *b*). Ce déplacement du maximum d'absorbance vers la région infrarouge permet à ces bactéries de mieux s'adapter à leurs niches écologiques (*voir figure 21.3*). La biologie des bactéries photosynthétiques (pp. 468-76, 487-88, 498-501).

Il y a quatre groupes de bactéries photosynthétiques vertes et pourpres, chacun contenant plusieurs genres : les bactéries vertes sulfureuses (*Chlorobium*), les bactéries vertes non sulfureuses (*Chloroflexus*), les bactéries pourpres sulfureuses (*Chromatium*) et les bactéries pourpres non sulfureuses (*Rhodospirillum*, *Rhodopseudomonas*). La biologie de ces groupes sera vue plus tard.

Beaucoup de différences trouvées chez les bactéries vertes et pourpres sont dues à l'absence de photosystème II ; elles ne peuvent pas utiliser l'eau comme donneur d'électrons dans le transfert non cyclique des électrons. Sans photosystème II, elles ne peuvent pas produire d'O_2 photosynthétiquement à partir d'H_2O, elles ne peuvent utiliser que la photophosphorylation cyclique. Presque toutes les bactéries vertes et pourpres sont de ce fait des anaérobies stricts. Un schéma hypothétique de la chaîne photosynthétique de transfert des électrons est donné dans la **figure 9.31**. Lorsque la chlorophylle particulière P870 du centre réactionnel est excitée,

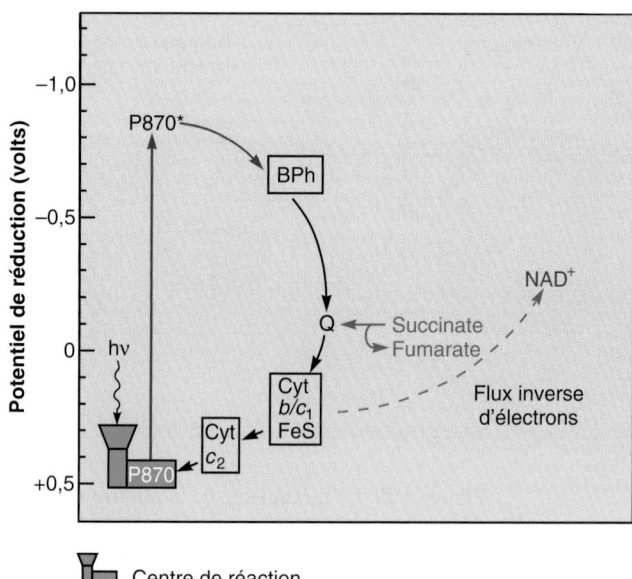

Figure 9.31 La photosynthèse chez les bactéries pourpres non sulfureuses. Le système de transfert des électrons chez la bactérie pourpre non sulfureuse, *Rhodobacter sphaeroides*. Ce schéma est très incomplet et hypothétique. Les ubiquinones (Q_A et Q_B) sont très semblables à la coenzyme Q. La bacté-riophéophytine est représentée par BPhe. Le NAD$^+$ et le succinate, source d'électrons, sont en couleur.

elle cède un électron à la bactériophéophytine. Les électrons sont transférés ensuite aux quinones et, à travers la chaîne de transfert des électrons, reviennent à P870, permettant la synthèse d'ATP.

Les bactéries vertes et les bactéries pourpres n'ont qu'un photosystème, mais il faut noter que les bactéries pourpres ont un appareil photosynthétique similaire au photosystème II, tandis que les bactéries vertes ont un système similaire au photosystème I.

Les bactéries vertes et pourpres doivent faire face à un autre problème car elles requièrent aussi du NADH ou du NADPH pour

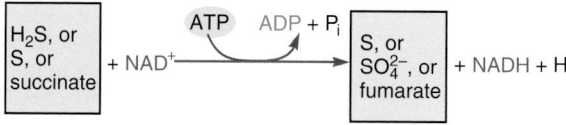

Figure 9.32 La réduction de NAD chez les bactéries vertes et pourpres. L'utilisation d'un flux inversé d'électrons pour réduire le NAD$^+$. La flèche dans ce diagramme représente la chaîne de transfert des électrons qui se déroule dans le sens inverse grâce à la force proton-motrice de l'ATP. Ainsi, les électrons sont transférés de donneurs à potentiels de réduction plus positifs vers un accepteur (NAD$^+$) à potentiel de réduction plus négatif.

incorporer le CO_2. Elles peuvent synthétiser du NADH de trois façons. Si elles se développent en présence d'hydrogène gazeux dont le potentiel de réduction est plus négatif que celui du NAD$^+$, elles peuvent utiliser directement l'hydrogène pour produire du NADH. Comme les chimiolithotrophes, beaucoup de bactéries photosynthétiques pourpres utilisent une force proton-motrice pour renverser le flux des électrons dans la chaîne de transfert et les déplacer de donneurs inorganiques ou organiques au NAD$^+$ (**figures 9.31** et **9.32**). Les bactéries vertes sulfureuses semblent posséder une forme simple de transport photosynthétique non cyclique d'élec-

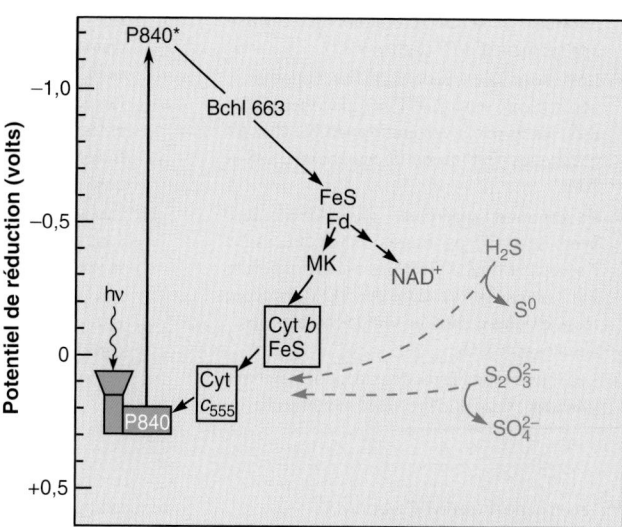

Figure 9.33 La photosynthèse des bactéries vertes sulfureuses. Le système de transfert des électrons de la bactérie verte sulfureuse, *Chlorobium limicola*. L'énergie lumineuse est utilisée pour produire de l'ATP par photophosphorylation cyclique et pour déplacer les électrons de donneurs soufrés (en vert et en bleu) vers le NAD$^+$ (en violet). La chaîne de transfert d'électrons comporte une quinone, appelée ménaquinone (MK).

trons pour réduire NAD$^+$ (**figure 9.33**).

1. Décrivez la photosynthèse chez les eucaryotes et les cyanobactéries, en quoi est-elle différente chez les bactéries vertes et pourpres ?
2. Définissez les termes suivants : réaction de la phase lumineuse, chlorophylle, caroténoïde, phycobiliprotéine, pigment accessoire, antenne, photosystèmes I et II, photophosphorylation cyclique, photophosphorylation non cyclique, photosynthèse anoxygénique et oxygénique, bactériochlorophylle.

Résumé

1. Le métabolisme est l'ensemble des réactions chimiques dans une cellule, il peut être divisé en catabolisme et anabolisme.
2. Les micro-organismes chimiotrophes peuvent utiliser trois types d'accepteurs d'électrons pour leur métabolisme énergétique (**figure 9.6**). L'aliment peut être oxydé avec un accepteur d'électrons endogène (fermentation), avec l'oxygène, accepteur d'électrons exogène (respiration aérobie), ou avec un autre accepteur d'électrons externe (respiration anaérobie).

3. Les voies amphiboliques comme la glycolyse et le cycle des acides tricarboxyliques ont des fonctions à la fois cataboliques et anaboliques.
4. La voie glycolytique d'Embden-Meyerhof (**figure 9.5**) conduit à la production de deux NADH et de deux ATP par l'intermédiaire du fructose 1,6-*bis*phosphate. Les ATP sont synthétisés par phosphorylation au niveau du substrat.
5. Dans la voie des pentoses phosphates, du glucose 6-phosphate est oxydé deux fois et converti en pentoses et autres sucres. C'est une source de NADPH, ATP, pentoses et tétroses.
6. Dans la voie d'Entner-Doudoroff, le glucose est oxydé en 6-phosphogluconate qui est ensuite déshydraté et clivé en pyruvate et glycéraldéhyde 3-phosphate. Ce dernier peut être oxydé par les enzymes glycolytiques pour fournir de l'ATP et du NADH.
7. En l'absence d'O_2, un micro-organisme utilise souvent une molécule organique endogène oxydée comme accepteur d'électrons, pour réoxyder le NADH formé au cours de la glycolyse (fermentation)
8. Le cycle des acides tricarboxyliques est l'étape finale du catabolisme de la plupart des cellules aérobies (**figure 9.12**). Il conduit à

l'oxydation de l'acétyl-CoA en CO_2 et à la formation par acétyl-CoA, d'un GTP, de trois NADH et d'un FADH$_2$.
9. Le NADH et le FADH$_2$ produits à partir de l'oxydation des glucides, acides gras et autres éléments nutritifs, peuvent être oxydés dans la chaîne de transfert des électrons. Les électrons se déplacent de transporteurs à potentiels de réduction plus négatifs vers ceux à potentiels de réduction plus positifs (**figure 9.13** ; *voir aussi* **figure 8.7**) et de l'énergie libre est libérée pour la synthèse d'ATP par phosphorylation oxydative.
10. Les chaînes bactériennes de transfert des électrons diffèrent souvent des chaînes eucaryotes. en ce qui concerne des aspects comme les transporteurs ou la ramification. Chez les eucaryotes, le quotient P/O pour le NADH est d'environ 3 et pour FADH$_2$ d'environ 2 ; ces quotients P/O sont généralement plus faibles chez les bactéries.
11. Chez les eucaryotes, l'ATP est synthétisé au niveau de petites sphères protéiques, les ATPases F_1F_0 ou ATP synthétases, localisées sur la face interne de la membrane mitochondriale interne. L'ATP synthétase bactérienne se trouve à la face interne de la membrane plasmique.
12. Le mécanisme le plus largement accepté de la phosphorylation oxydative est celui de la chi-

miosmose où la force proton-motrice conduit à la synthèse d'ATP (**figure 9.17**).

13. Lorsque la voie glycolytique fonctionne en anaérobiose, seuls 2 ATP par glucose sont formés, tandis que la respiration aérobie chez les eucaryotes peut fournir un maximum de 38 ATP.

14. La respiration anaérobie est le processus de synthèse d'ATP par transport d'électrons où l'accepteur final d'électrons est une molécule inorganique oxydée autre que l'O_2. Les accepteurs les plus communs sont les nitrates, les sulfates et le CO_2.

15. Les micro-organismes dégradent de nombreux glucides extracellulaires. Les monosaccharides sont absorbés et phosphorylés ; les disaccharides peuvent être clivés en monosaccharides par hydrolyse ou phosphorolyse.

16. Les polysaccharides externes sont hydrolysés et les produits sont absorbés. Le glycogène intracellulaire et l'amidon sont convertis en glucose 1-phosphate par phosphorolyse.

17. Les acides gras du catabolisme des lipides sont généralement oxydés en acétyl-CoA par la voie de la ß-oxydation.

18. Les protéines sont hydrolysées en acides aminés qui sont alors désaminés ; leurs squelettes carbonés entrent dans le cycle des acides tricarboxyliques.

19. Les chimiolithotrophes et les chimioautotrophes synthétisent de l'ATP en oxydant des composés inorganiques réduits – habituellement, l'hydrogène, les composés soufrés et azotés réduits ou les ions ferreux – avec une chaîne de transfert des électrons et l'O_2 comme accepteur d'électrons.

20. Les chimiolithotrophes incorporent généralement le CO_2 au travers du cycle de Calvin et produisent du NADH en renversant le flux des électrons dans la chaîne de transfert des électrons.

21. Dans la photosynthèse, les eucaryotes et les cyanobactéries piègent l'énergie lumineuse grâce à la chlorophylle et aux pigments acces-

Mots-clés

Questions de révision

1. Pourquoi est-il souhaitable pour un micro-organisme possédant la voie d'Embden-Meyerhof et le cycle des acides tricarboxyliques d'avoir également la voie des pentoses phosphates ?

2. Quel serait l'avantage pour un micro-organisme de posséder une chaîne de transfert des électrons et la phosphorylation oxydative ?

3. Décrivez deux manières dont un micro-organisme peut continuer de libérer de l'énergie en l'absence d'O_2.

4. Pourquoi serait-il peu rentable pour des micro-organismes anaérobies d'utiliser le cycle complet des acides tricarboxyliques ?

5. Quelle différence y a-t-il entre phosphorylation au niveau du substrat et phosphorylation oxydative ?

6. Peut-on utiliser les produits de la fermentation pour identifier des bactéries ? Donnez quelques exemples en cas de réponse positive.

7. Décrivez ce qu'il advient du métabolisme d'un micro-organisme de la fermentation homolactique qui se développe en anaérobiose dans un milieu contenant du glucose comme source de carbone, et dont la lactate déshydrogénase a été inhibée. Quels pourraient-être les effets sur un micro-organisme à respiration anaérobie, d'un inhibiteur de l'ATP synthétase ? D'un agent découplant ?

8. Comment isoleriez-vous un chimiolithotrophe thermophile qui utilise des composés soufrés comme source d'électrons ? Quelles modifications du système d'incubation seraient nécessaires pour isoler des bactéries utilisant des composés soufrés dans la respiration anaérobie ? Comment peut-on dire quel est le processus qui se déroule grâce à l'analyse des molécules soufrées présentes dans le milieu ?

9. Supposez que vous ayez isolé une souche bactérienne à photosynthèse oxygénique. Quels photosystèmes possèderait-elle ? Et à quel groupe bactérien appartiendrait-elle ?

Questions de réflexion

1. Sans aller voir au chapitre 21, prédisez certaines conditions qui prévaudraient dans les niches occupées par les bactéries photosynthétiques vertes et pourpres.

2. D'un point de vue évolutif, pourquoi tous les micro-organismes (à de rares exceptions près) utilisent-ils la respiration aérobie pour générer leur ATP ? Discutez.

Lectures complémentaires

Généralités

Caldwell, D. R. 2000. *Microbial physiology and metabolism,* 2e éd. Belmont, Calif.: Star Publishing.

Cramer, W. A., et Knaff, D. B. 1991. *Energy transduction in biological membranes. A textbook of bioenergetics.* New York: Springer-Verlag.

Dawes, E. A. 1986. *Microbial energetics.* New York: Chapman.

Dawes, I. W., et Sutherland, I. W. 1992. *Microbial physiology,* 2e éd. London: Blackwell Scientific Publications.

Ferguson, S. J. 2000. Energy transduction processes: From respiration to photosynthesis. In *Encyclopedia of microbiology,* 2e éd., vol. 2, J. Lederberg, éd., 177–86. San Diego: Academic Press.

Garrett, R. H., et Grishman, C. M. 1999. *Biochemistry,* 2e éd. New York: Saunders.

Gottschalk, G. 1986. *Bacterial metabolism,* 2e éd. New York: Springer-Verlag.

Jones, C. W. 1982. *Bacterial respiration and photosynthesis.* Washington, D.C.: American Society for Microbiology.

Mandelstam, J., McQuillen, K., et Dawes, I. 1982. *Biochemistry of bacterial growth,* 3d ed. London: Blackwell Scientific Publications.

Mathews, C. K., et van Holde, K. E. 1996. *Biochemistry,* 2e éd. Redwood City, Calif.: Benjamin/Cummings.

Miles, R. J. 1992. Catabolism in mollicutes. *J. Gen. Microbiol.* 138:1773–83.

Moat, A. G., et Foster, J. W. 1995. *Microbial physiology,* 3e éd. New York: John Wiley and Sons.

Neidhardt, F. C., Ingraham, J. L., et Schaechter, M. 1990. *Physiology of the bacterial cell: A molecular approach.* Sunderland, Mass.: Sinauer Associates.

Neidhardt, F. C., éd.. 1996. *Escherichia coli and Salmonella: Cellular and molecular biology,* 2e éd., vol. 1. Washington, D.C.: ASM Press.

Nicholls, D. G., et Ferguson, S. J. 1992. *Bioenergetics,* 2e éd. San Diego: Academic Press.

Voet, D., et Voet, J. G. 1998. Biochimie, 2e éd., De Boeck Université.

White, D. 1995. *The physiology and biochemistry of prokaryotes.* New York: Oxford University Press.

Zubay, G. 1998. *Biochemistry,* 4e éd. Dubuque, Iowa: WCB/McGraw-Hill.

9.5   Le transfert des électrons et la phosphorylation oxydative

Anraku, Y. 1988. Bacterial electron transport chains. *Annu. Rev. Biochem.* 57:101–32.

Baker, S. C., Ferguson, S. J., Ludwig, B., Page, M. D., Richter, O.-M. H., et van Spanning, R. J. M. 1998. Molecular genetics of the genus *Paracoccus:* Metabolically versatile bacteria with bioenergetic flexibility. *Microbiol. Mol. Biol. Rev.* 62(4):1046–78.

Boyer, P. D. 1997. The ATP synthase—A splendid molecular machine. *Annu. Rev. Biochem.* 66:717–49.

Capaldi, R. A., Aggeler, R., Turina, P., et Wilkens, S. 1994. Coupling between catalytic sites and the proton channel in F_1F_0-type ATPases. *Trends Biochem. Sci.* 19:284–89.

Deckers-Hebestreit, G., et Altendorf, K. 1996. The F_0F_1-type ATP synthases of bacteria: Structure and function of the F_0 complex. *Annu. Rev. Microbiol.* 50:791–824.

Grant, W. D. 1987. The enigma of the alkaliphile. *Microbiol. Sci.* 4(8):251–55.

Hatefi, Y. 1985. The mitochondrial electron transport and oxidative phosphorylation system. *Annu. Rev. Biochem.* 54:1015–69.

Ingledew, W. J., et Poole, R. K. 1984. The respiratory chains of *Escherichia coli. Microbiol. Rev.* 48(3):222–71.

Kinosita, Jr., K., Yasuda, R., Noji, H., Ishiwata, S., et Yoshida, M. 1998. F_1-ATPase: A rotary motor made of a single molecule. *Cell* 93:21–4.

Poole, R. K. 2000. Aerobic respiration: Oxidases and globins. In *Encyclopedia of microbiology,* 2e éd., vol. 1, J. Lederberg, editor-in-chief, 53–68. San Diego: Academic Press.

Saraste, M. 1999. Oxidative phosphorylation at the *fin de siècle. Science* 283:1488–93.

Trumpower, B. L., et Gennis, R. B. 1994. Energy transduction by cytochrome complexes in mitochondrial and bacterial respiration: The enzymology of coupling electron transfer reactions to transmembrane proton translocation. *Annu. Rev. Biochem.* 63:675–716.

Zhou, Y., Duncan, T. M., et Cross, R. L. 1997. Subunit rotation in *Escherichia coli* F_0F_1-ATP synthase during oxidative phosphorylation. *Proc. Natl. Acad. Sci.* 94:10583–87.

9.6   La respiration anaérobie

Ferguson, S. J. 1987. Denitrification: A question of the control and organization of electron and ion transport. *Trends Biochem. Sci.* 12(9):354–57.

Gunsalus, R. P. 2000. Anaerobic respiration. In *Encyclopedia of microbiology,* 2e éd., vol. 1, J. Lederberg, editor-in-chief, 180–88. San Diego: Academic Press.

Hochstein, L. I., et Tomlinson, G. A. 1988. The enzymes associated with denitrification. *Annu. Rev. Microbiol.* 42:231–61.

Lovley, D. R. 1993. Dissimilatory metal reduction. *Annu. Rev. Microbiol.* 47:263–90.

Postgate, J. R. 1984. *The sulphate-reducing bacteria,* 2e éd. New York: Cambridge University Press.

Zumft, W. G. 1993. The biological role of nitric oxide in bacteria. *Arch. Microbiol.* 160:253–64.

9.7   Le catabolisme des glucides et des polymères de réserve intracellulaires

Warren, R. A. J. 1996. Microbial hydrolysis of polysaccharides. *Annu. Rev. Microbiol.* 50:183–212.

9.10   L'oxydation des molécules inorganiques

Friedrich, B., et Schwartz, E. 1993. Molecular biology of hydrogen utilization in aerobic chemolithotrophs. *Annu. Rev. Microbiol.* 47:351–83.

Kelly, D. P. 1985. Physiology of the thiobacilli: Elucidating the sulphur oxidation pathway. *Microbiol. Sci.* 2(4):105–9.

Smith, A. J., et Hoare, D. S. 1977. Specialist phototrophs, lithotrophs, and methylotrophs: A unity among a diversity of procaryotes? *Bacteriol. Rev.* 41(1):419–48.

9.11   La photosynthèse

Deisenhofer, J., Michel, H., et Huber, R. 1985. The structural basis of photosynthetic light reactions in bacteria. *Trends Biochem. Sci.* 10(6):243–48.

Govindjee, et Coleman, W. J. 1990. La production d'oxygène par les plantes, *Pour la Science* 150, 42.

Grossman, A. R., Schaefer, M. R., Chiang, G. G., et Collier, J. L. 1993. The phycobilisome, a light-harvesting complex responsive to environmental conditions. *Microbiol. Rev.* 57(3):725–49.

Quayle, J. R., et Ferenci, T. 1978. Evolutionary aspects of autotrophy. *Microbiol. Rev.* 42(2):251–73.

Schlegel, H. G., et Bowien, B., editors. 1989. *Autotrophic bacteria.* Madison, Wis.: Science Tech Publishers.

Staehelin, L. A., et Arntzen, C. J., editors. 1986. *Photosynthesis III: Photosynthetic membranes and light harvesting systems. Encyclopedia of plant physiology.* New Series, vol. 19. New York: Springer-Verlag.

Youvan, D. C., et Marrs, B. L. 1987. La photosynthèse. *Pour la Science* 118, 50

CHAPITRE 10

Le métabolisme :
l'utilisation de l'énergie dans la biosynthèse

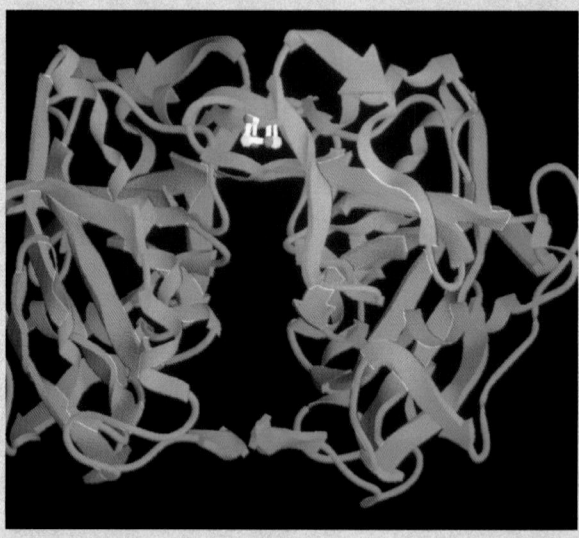

Les sous-unités de la protéine Fe de la nitrogénase sont disposées comme les ailes d'un papillon. La nitrogénase est constituée de la protéine Fe et de la protéine Mo-Fe ; elle catalyse la réduction de l'azote atmosphérique qui intervient dans la fixation de l'azote.

Plan

Concepts

1. Au cours de l'anabolisme (ou biosynthèse), les cellules utilisent de l'énergie libre pour construire des molécules et des structures plus complexes à partir de précurseurs plus petits et plus simples.

2. Les voies biosynthétiques sont organisées pour fonctionner de façon optimale, en économisant les matériaux bruts et l'énergie.

3. Les autotrophes utilisent l'ATP et le NADPH provenant de la photosynthèse ou de l'oxydation des molécules inorganiques, pour réduire le CO_2 et l'incorporer dans le matériel organique.

4. Les voies cataboliques peuvent différer des voies anaboliques par les enzymes, la régulation, la localisation intracellulaire, l'utilisation de cofacteurs et de transporteurs nucléosides diphosphates. Bien que beaucoup d'enzymes des voies amphiboliques participent à la fois au catabolisme et à l'anabolisme, certaines enzymes ne sont utilisées que dans l'un de ces deux processus.

5. Le phosphore, sous forme de phosphate, peut être directement assimilé, tandis que les composés azotés et soufrés inorganiques doivent souvent être réduits avant d'être incorporés dans le matériel organique.

6. Le cycle des acides tricarboxyliques agit comme voie amphibolique et nécessite des réactions anaplérotiques pour maintenir en quantité suffisante les intermédiaires du cycle.

7. La plupart des enzymes de la glycolyse participent à la fois à la synthèse et à la dégradation du glucose. Par contre, les acides gras sont synthétisés à partir d'acétyl-CoA et de malonyl-CoA, une voie totalement différente de la β-oxydation des acides gras.

8. La synthèse du peptidoglycane est un processus complexe à plusieurs étapes qui commence dans le cytoplasme et se termine dans la paroi cellulaire, après que l'unité répétitive du peptidoglycane ait été transportée au travers de la membrane.

> *Les structures biologiques sont presque toujours construites suivant un plan hiérarchisé : les sous-assemblages constituent des intermédiaires importants dans la voie qui conduit des petites molécules de départ aux produits finis que sont les organites, les cellules et les organismes.*
>
> — *W. M. Becker et D. W. Deamer*

Comme l'explique le chapitre précédent, les micro-organismes obtiennent de l'énergie par des voies multiples. Une grande partie de cette énergie est utilisée dans la biosynthèse ou anabolisme. Durant la biosynthèse, un micro-organisme commence avec des précurseurs simples, tels que des molécules inorganiques et des monomères, puis construit des molécules de plus en plus complexes jusqu'à ce que de nouveaux organites et de nouvelles cellules soient formées. (**figure 10.1**). Une cellule microbienne doit fabriquer de nombreuses molécules très diverses ; cependant, seules les synthèses des types les plus importants de constituants cellulaires seront envisagées ici.

Ce chapitre commence par une introduction générale à l'anabolisme, puis se focalise sur la synthèse des glucides, des acides aminés, des purines, des pyrimidines et des lipides. L'assimilation du CO_2, du phosphore, du soufre et de l'azote est aussi décrite. Le chapitre se termine par une section sur la synthèse du peptidoglycane et des parois cellulaires bactériennes. La synthèse des protéines et des acides nucléiques est tellement importante et complexe qu'elle est présentée à part dans les chapitres 11 et 12.

Comme l'anabolisme est la création d'ordre et comme une

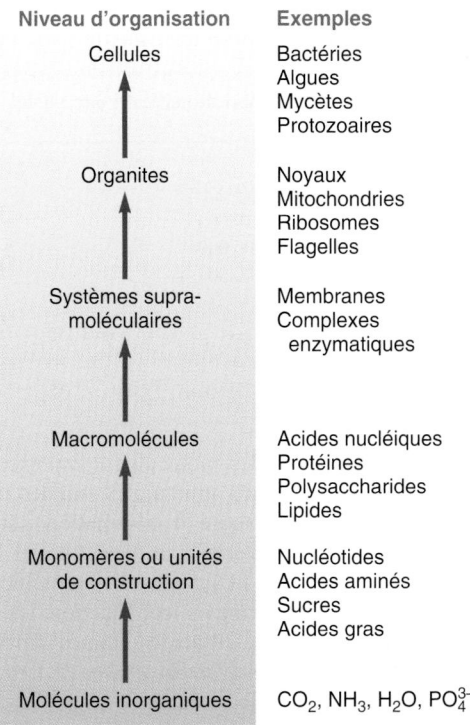

Figure 10.1 La construction des cellules. La biosynthèse des constituants cellulaires des procaryotes et des eucaryotes est organisée en niveaux de complexité toujours plus grande.

cellule est très organisée et terriblement complexe, il faut beaucoup d'énergie pour la biosynthèse. Ceci apparaît directement de l'analyse des valeurs approximatives de la capacité biosynthétique d'une culture d'*Escherichia coli* en croissance rapide (**tableau 10.1**). Bien que la majorité de l'ATP requise pour la biosynthèse soit utilisée dans la synthèse des protéines, l'ATP est aussi utilisé pour fabriquer d'autres constituants cellulaires.

De l'énergie libre est nécessaire pour la biosynthèse dans des cellules matures de taille constante car les molécules cellulaires sont continuellement détruites et reconstruites, processus connu sous le nom de « **turnover** » (ou **renouvellement**). Les cellules ne sont jamais les mêmes d'un instant à l'autre. Malgré le renouvellement continuel des constituants cellulaires, le métabolisme est réglé avec précision pour que la vitesse de biosynthèse soit approximativement compensée par celle du catabolisme. En plus de l'énergie utilisée dans le « turnover » des molécules, beaucoup de cellules ne se divisant pas, utilisent aussi de l'énergie pour fabriquer des enzymes et d'autres substances qui seront sécrétées dans le milieu extérieur. La régulation du métabolisme (chapitres 8 et 12).

10.1   Les principes de la biosynthèse

Il semble que le métabolisme biosynthétique suive certains schémas, ou qu'il soit gouverné par quelques principes généraux. Nous examinerons brièvement six de ces derniers.

1. Une cellule microbienne contient de grandes quantités de protéines, d'acides nucléiques et de polysaccharides. Toutes ces **macromolécules** ou molécules géantes sont des polymères formés d'unités plus petites liées les unes aux autres.

Tableau 10.1 **La biosynthèse chez *Escherichia coli***

Constituant cellulaire	Nombre de molécules par cellule[a]	Nombre de molécules synthétisées par seconde	Nombres de molécules d'ATP nécessaires par seconde pour la synthèse
ADN	1[b]	0,00083	60.000
ARN	15.000	12,5	75.000
Polysaccharides	39.000	32,5	65.000
Lipides	15.000.000	12.500,0	87.000
Protéines	1.700.000	1400,0	2.120.000

D'après *Bioenergetics* d'A.L. Lehninger (1971) Avec l'autorisation de Benjamin/Cummings Publishing Company.

[a] Pour une cellule d'un volume de 2,25 μm^3, d'un poids total de 1×10^{-12} g, d'un poids sec de $2,5 \times 10^{-13}$ g, et d'un temps de génération de 20 minutes.

[b] Il faut noter que les bactéries peuvent contenir plusieurs copies de leur ADN génomique.

La construction de grandes molécules complexes à partir d'un nombre limité d'unités structurales simples ou **monomères**, économise la quantité d'information génétique à stocker, la quantité de matériel brut nécessaire et l'énergie. Considérons par exemple la synthèse des protéines. Quelle que soit leur taille, leur forme ou leur fonction, les protéines sont faites avec seulement 20 acides aminés différents liés par des liaisons peptidiques (*voir appendice 1*). Les protéines diffèrent simplement par leur séquence en acides aminés et non par de nouveaux acides aminés différents. Il faut noter que les bactéries peuvent contenir plusieurs copies de leur ADN génomique. Supposons que les protéines soient composées de 40 acides aminés au lieu de 20, la cellule aurait alors besoin d'enzymes pour fabriquer deux fois plus d'acides aminés différents (ou devrait trouver ces acides aminés supplémentaires dans la nourriture). Des gènes seraient requis pour ces enzymes supplémentaires et la cellule devrait investir des matériaux bruts et de l'énergie, pour la synthèse de ces gènes, de ces enzymes et de ces acides aminés supplémentaires. Il est clair que l'utilisation de quelques monomères liés ensemble par un seul type de liaison covalente, rend la synthèse des macromolécules très efficace. Presque toutes les structures cellulaires sont synthétisées à partir d'environ 30 petits précurseurs.

2. La cellule économise souvent les matériaux et l'énergie en se servant des mêmes enzymes à la fois pour le catabolisme et l'anabolisme. Par exemple, la plupart des enzymes glycolytiques sont utilisées dans la synthèse et la dégradation du glucose.

3. Bien qu'il soit vrai que beaucoup d'enzymes des voies amphiboliques (*voir section 9.1*) participent à la fois aux activités cataboliques et anaboliques, certaines étapes sont catalysées par deux enzymes différentes. Une enzyme catalyse la réaction dans le sens catabolique et l'autre en sens inverse (**figure 10.2**). Les voies de biosynthèse et de dégradation ne sont donc jamais identiques, bien que beaucoup d'enzymes soient communes. L'utilisation d'enzymes différentes pour les deux directions d'une seule étape permet la régulation indépendante du catabolisme et de l'anabolisme. Bien que ceci ait été traité en détail dans les sections 8.7 et 8.9, notez que la régulation de l'anabolisme est quelque peu différente de celle du catabolisme. Les deux types de voies peuvent être régulées par leurs produits finals aussi bien que par les concentrations en ATP, ADP, AMP et NAD[+]. Néanmoins, la rétro-inhibition est généralement plus importante dans les voies anaboliques.

4. Pour synthétiser des molécules efficacement, les voies ana-

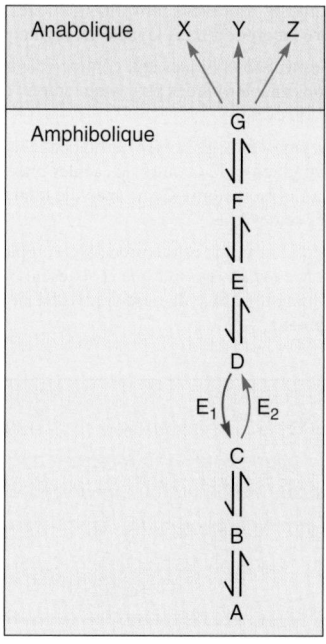

Figure 10.2 **Une voie biosynthétique hypothétique**. Les réactions connectant *G* à *X, Y* et *Z* sont purement anaboliques car elles sont utilisées uniquement pour la synthèse des produits terminaux. La voie entre *A* et *G* est amphibolique, elle a les deux fonctions anabolique et catabolique. La plupart des réactions sont catalysées par la même enzyme, sauf l'interconversion de *C* et *D* qui est catalysée par deux enzymes différentes E_1 (catabolisme) et E_2 (anabolisme).

boliques doivent opérer irréversiblement dans le sens biosynthétique. Pour ce faire, les cellules couplent certaines réactions biosynthétiques à l'hydrolyse de l'ATP et d'autres nucléosides triphosphates. Quand ces deux processus sont couplés, l'énergie libre libérée durant la dégradation des nucléosides triphosphates conduit la réaction biosynthétique jusqu'à son aboutissement (*voir sections 8.3 et 8.4*).

5. Chez les micro-organismes eucaryotes, les voies de biosynthèse sont fréquemment localisées dans des compartiments cellulaires différents des voies correspondantes de dégradation (**encadré 10.1**). Par exemple, la biosynthèse des acides gras a lieu dans le cytoplasme, tandis que les mitochondries sont le siège de l'oxydation des acides gras. Ce cloisonnement facilite le fonctionnement indépendant et simultané des différentes voies.

6. Enfin, les voies anaboliques et cataboliques utilisent souvent

---

Encadré 10.1

L'identification des voies anaboliques

Il y a trois approches pour étudier l'organisation d'une voie métabolique : 1. l'étude de la voie *in vitro* ; 2. l'utilisation de mutants nutritionnels ; 3. l'incubation de cellules avec des précurseurs marqués par des isotopes radioactifs. Les études *in vitro* (en latin, dans le verre) utilisent des extraits acellulaires pour rechercher des enzymes et des intermédiaires métaboliques qui pourraient appartenir à cette voie. Bien que cette approche directe ait été utilisée pour comprendre l'organisation de nombreuses voies cataboliques, en ce qui concerne la biosynthèse, les progrès étaient lents jusqu'à ce que les deux autres techniques se développent dans les années 40.

L'utilisation de mutants nutritionnels apparut dans les travaux de Beadle et Tatum sur la génétique de *Neurospora*, la moisissure du pain. Cette approche est illustrée par l'exemple hypothétique suivant. Supposons qu'une voie de synthèse du produit final Z soit organisée avec les enzymes E_1, E_2 etc....

$$A \xrightarrow{E_1} B \xrightarrow{E_2} C \xrightarrow{E_3} Z$$

Si un prototrophe (*voir section 11.6*) qui peut se développer dans un milieu dépourvu du produit Z, est traité par des agents mutagènes tels que les ultra-violets, les rayons X ou des produits chimiques, certains mutants seront auxotrophes. Ils nécessiteront la présence de Z pour survivre, car une de leurs enzymes biosynthétiques sera devenue inactive. Si c'est E_3 qui est inactivée, le micro-organisme ne poussera qu'en présence de Z même s'il peut fabriquer C à partir du précurseur A. Quand cet organisme se trouve en présence d'une faible quantité de Z, le produit intermédiaire C (qui se trouve juste avant l'étape bloquée) s'accumule dans le milieu. De cette manière, une série de mutants peuvent être utilisés pour identifier les intermédiaire de la voie. L'ordre des intermédiaires peut être déterminé par des expériences de syntrophie croisée. Si E_2 est inactivée par une mutation, le mutant ne pourra se développer qu'en présence de C ou de Z. Comme le milieu dans lequel le mutant E_3 est cultivé contient l'intermédiaire C, il va aussi permettre la croissance du mutant E_2 (les autres mutants ne produiraient pas assez de C pour permettre la croissance). Si les expériences de syntrophisme croisé sont réalisées avec des mutants de chaque étape de la voie, ces étapes pourront être classées dans l'ordre correct. L'application de cette technique a rapidement permis d'élucider les voies de synthèse du tryptophane, de l'acide folique et d'autres molécules.

Les radio-isotopes, comme le ^{14}C sont utilisés dans la troisième approche pour étudier l'organisation des voies métaboliques. Les précurseurs potentiels sont synthétisés en laboratoire, en présence d'atomes radioactifs. Le micro-organisme est alors incubé dans un milieu de culture contenant la molécule radioactive et le produit biosynthétique final est isolé et analysé. Si la molécule est vraiment un précurseur du produit final, ce dernier doit être radioactif. La localisation de l'atome radioactif dira quelle partie de ce produit provient du précurseur radioactif. La même stratégie peut être utilisée avec des atomes non radioactifs comme ^{15}N. Cette technique a donné les premières informations sur la biosynthèse des purines.

---

des cofacteurs différents. Généralement, les oxydations cataboliques produisent du NADH, un substrat pour le transport des électrons. Par contre, lorsqu'il faut un réducteur durant la biosynthèse, c'est le NADPH au lieu du NADH qui sert le plus souvent de donneur d'électrons. Le métabolisme des acides gras est un second exemple. Des molécules d'acyl-CoA d'acide gras sont oxydées pour libérer de l'énergie, tandis que la synthèse des acides gras implique des dérivés thioesters-protéiques, transporteurs de groupe acyle (*p. 220*).

Les macromolécules construites à partir de précurseurs simples sont ensuite assemblées en structures plus grandes et plus complexes telles que les systèmes supra-moléculaires et les organites (figure 10.1). Les macromolécules possèdent normalement les informations nécessaires pour s'assembler spontanément, processus connu sous le nom d'**auto-assemblage**. Par exemple, les ribosomes sont constitués de plusieurs protéines et de molécules d'acide ribonucléique ; pourtant, ils se construisent par auto-assemblage de leurs constituants, sans l'intervention de facteurs extérieurs.

---

1. Définissez biosynthèse ou anabolisme et « turnover ».
2. Citez six principes suivant lesquels les voies biosynthétiques sont organisées.

10.2   La fixation photosynthétique du CO_2

Bien que la plupart des micro-organismes puissent incorporer ou fixer le CO_2, tout au moins dans des réactions anaplérotiques (*pp. 215-216*), seuls les autotrophes utilisent le CO_2 comme source unique et principale de carbone. La réduction et l'incorporation du CO_2 nécessitent beaucoup d'énergie. Généralement, les autotrophes captent cette énergie à partir de la lumière durant la photosynthèse, mais certains tirent l'énergie de l'oxydation de donneurs inorganiques d'électrons. La fixation autotrophique de CO_2 est cruciale pour la vie sur terre car elle produit la matière organique dont dépendent les hétérotrophes. Les réactions photosynthétiques de la phase claire et la chimiolithotrophie (pp. 193-201).

Les micro-organismes peuvent fixer le CO_2 ou convertir cette molécule inorganique en carbone organique et l'assimiler selon trois voies principales.

De nombreux autotrophes microbiens incorporent le CO_2 par une voie métabolique particulière, appelée **cycle de Calvin** ou cycle de Calvin-Benson ou cycle réducteur des pentoses phosphates. Bien qu'il soit présent chez les eucaryotes photosynthétiques et la plupart des procaryotes photosynthétiques, le cycle de Calvin manque chez les archéobactéries, certaines bactéries anaérobies obligatoires et certaines bactéries micro-aérophiles. Ces micro-organismes utilisent habituellement l'une des deux autres voies. Un cycle réducteur des acides tricarboxyliques (*voir figure 20.6a*) est employé par certaines archéobactéries (*Thermoproteus*, *Sulfolobus*) et par des bactéries comme *Chlorobium* et *Desulfobacter*. On trouve la voie de l'acétyl-CoA (*voir figure 20.6b*) chez les méthanogènes, les réducteurs de sulfate et les bactéries qui peuvent former de l'acétate à partir de CO_2, au cours de la fermentation (acétogènes). Etant donné son importance, nous nous concentrerons ici sur le cycle de Calvin. Les voies alternatives de fixation du CO_2 (pp. 454-55).

Le cycle de Calvin se passe dans le stroma des chloroplastes des autotrophes eucaryotes microbiens. Les cyanobactéries, certaines bactéries nitrifiantes et les thiobacilles possèdent des **carboxysomes** qui sont des corps d'inclusion polyédriques contenant

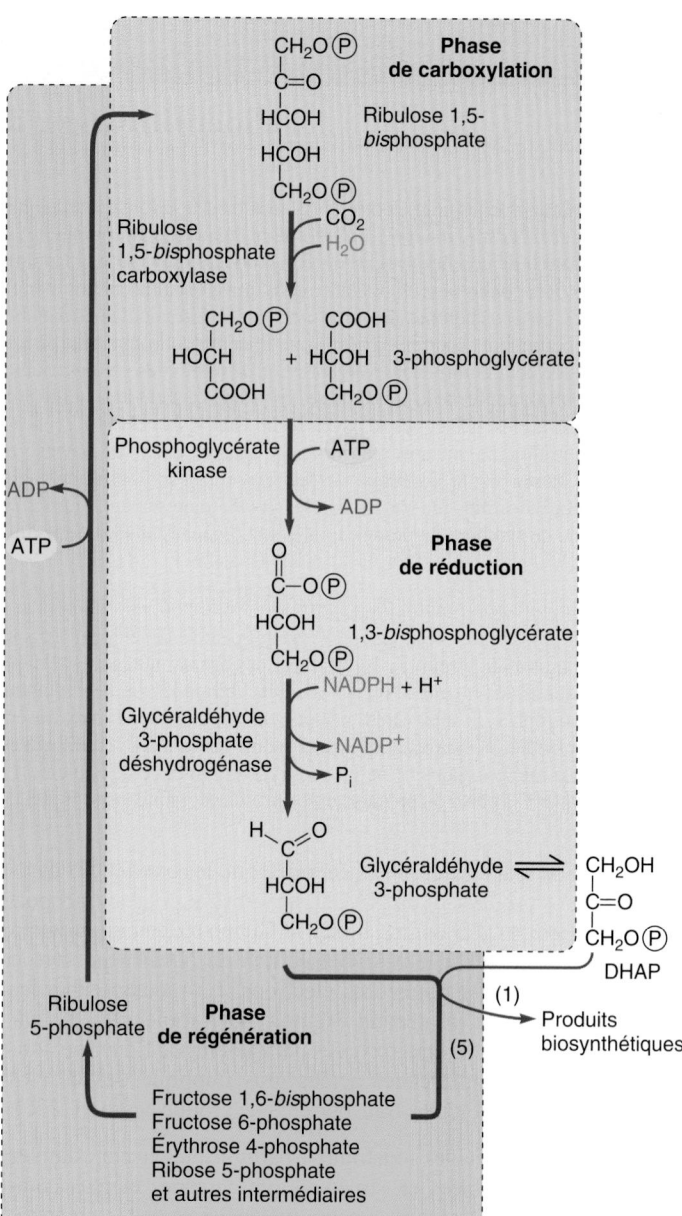

Figure 10.3 La ribulose 1,5-*bis*phosphate carboxylase. Cette enzyme catalyse l'addition d'anhydride carbonique au ribulose 1,5-*bis*phosphate formant un intermédiaire instable qui se dégrade pour donner deux molécules de 3-phosphoglycérate.

la ribulose 1,5-*bis*phosphate carboxylase (voir section suivante). Ils peuvent être le site de fixation du CO_2 ou de stockage de la carboxylase et d'autres protéines. Il est plus facile de comprendre le cycle lorsqu'on l'a divisé en trois parties : carboxylation, réduction et régénération. La **figure 10.4** donne une vue d'ensemble du cycle et les détails en sont présentés dans l'appendice II.

La phase de carboxylation

La fixation de l'anhydride carbonique s'accomplit grâce à une enzyme, la **ribulose 1,5-*bis*phosphate carboxylase** ou ribulose-*bis*phosphate carboxylase/oxygénase (rubisco) (**figure 10.3**) qui catalyse la condensation du CO_2 au ribulose 1,5-*bis*phosphate (RuBP) et produit deux molécules de 3-phosphoglycérate (PGA).

La phase de réduction

Le 3-phosphoglycérate formé par la carboxylation est ensuite réduit en glycéraldéhyde 3-phosphate. Cette réduction catalysée par deux enzymes, est essentiellement l'inverse d'une partie du cycle glycolytique, bien que la glycéraldéhyde 3-phosphate déshydrogénase soit différente de l'enzyme glycolytique. En effet, elle utilise le $NADP^+$ au lieu du NAD^+ (**figure 10.4**).

La phase de régénération

La troisième étape du cycle de Calvin régénère le ribulose 1,5-*bis*phosphate et produit des glucides tels que le fructose et le glucose (**figure 10.4**). Cette portion du cycle est semblable à la voie des pentoses phophates et implique l'action d'une transcétolase et d'une transaldolase. Le cycle est terminé quand la phosphoribulose kinase reforme du ribulose 1,5-*bis*phosphate.

Pour synthétiser du fructose 6-phosphate ou du glucose 6-phosphate à partir de CO_2, le cycle doit se répéter 6 fois afin de produire l'hexose nécessaire et reformer les 6 molécules de ribulose 1,5-*bis*phosphate.

$$6RuBP + 6CO_2 \longrightarrow 12PGA \longrightarrow$$
$$6RuBP + \text{fructose 6-P}$$

L'incorporation d'une molécule de CO_2 dans le matériel organique nécessite 3 ATP et 2 NADPH. La formation du glucose à partir du CO_2 peut se résumer par l'équation suivante :

Figure 10.4 Le cycle de Calvin. Dans cette vue d'ensemble du cycle, seules les phases de décarboxylation et de réduction sont montrées en détail. Au cours de la phase de carboxylation, trois ribuloses 1,5-*bis*phosphates sont carboxylés pour donner six 3-phosphoglycérates. Ceux-ci sont convertis en six glycéraldéhydes 3-phosphates, qui peuvent être à leur tour convertis en dihydroxyacétone phosphate (DHAP). Cinq de ces six trioses (glycéraldéhyde phosphate et dihydroxyacétone phosphate) servent à reformer trois ribuloses 1,5-*bis*phosphates lors de la phase de régénération. Le triose restant passe dans la biosynthèse.

$$6CO_2 + 18ATP + 12NADPH + 12H^+ + 12H_2O \longrightarrow$$
$$\text{glucose} + 18ADP + 18P_i + 12NADP^+$$

L'ATP et le NADPH proviennent des réactions photosynthétiques lumineuses ou de l'oxydation de molécules inorganiques chez les chimioautotrophes. Les sucres formés dans le cycle de Calvin peuvent ensuite être utilisés pour synthétiser d'autres molécules essentielles.

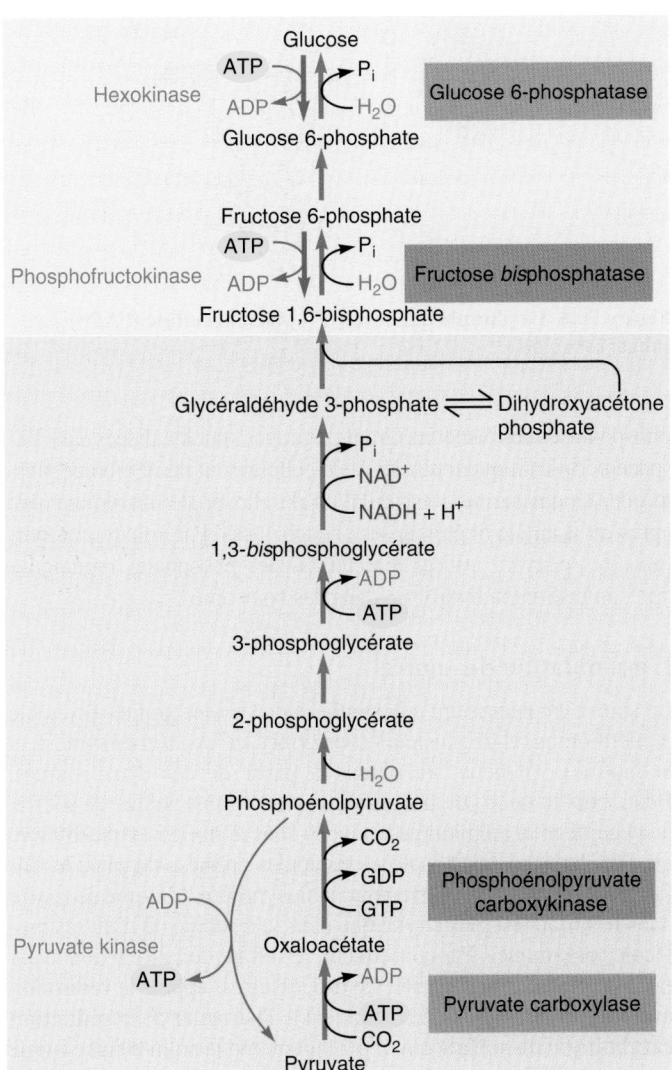

Figure 10.5   La gluconéogenèse. La gluconéogenèse est utilisée par beaucoup de micro-organismes. Les noms des quatre enzymes qui catalysent des réactions différentes de celles que l'on trouve dans la glycolyse sont encadrés. Les étapes glycolytiques sont indiquées en bleu pour faciliter la comparaison.

10.3   La synthèse des sucres et des polysaccharides

Beaucoup de micro-organismes n'effectuent pas la photosynthèse et sont hétérotrophes, ils doivent donc synthétiser leurs sucres à partir de molécules organiques réduites et non à partir de CO_2. La synthèse de glucose à partir de précurseurs non glucidiques s'appelle la **gluconéogenèse**. Bien que la gluconéogenèse ne soit pas identique à la glycolyse, ces deux voies partagent sept enzymes (**figure 10.5**). Trois étapes de la glycolyse sont irréversibles dans la cellule : 1) la conversion du phophoénolpyruvate en pyruvate, 2) la formation du fructose 1,6-*bis*phosphate à partir du fructose 6-phosphate et 3) la phosphorylation du glucose. Ces réactions doivent être contournées dans la voie de synthèse. Par exemple, la formation du fructose 1,6-*bis*phosphate par la phosphofructokinase est inversée par une autre enzyme, la fructose *bis*phosphatase, qui

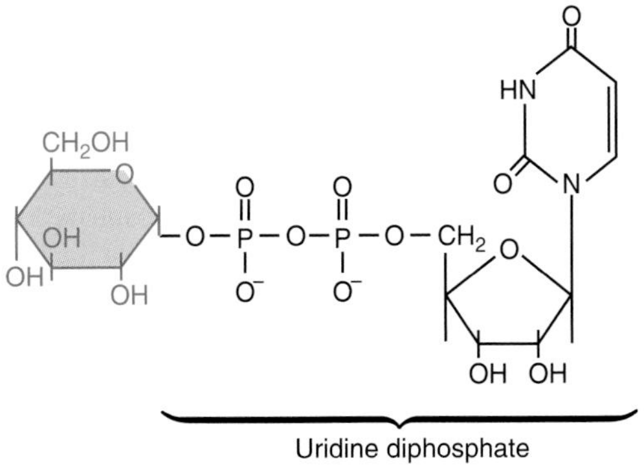

Le glucose est en couleur.

Figure 10.6   L'uridine diphosphate glucose. Le glucose est en couleur.

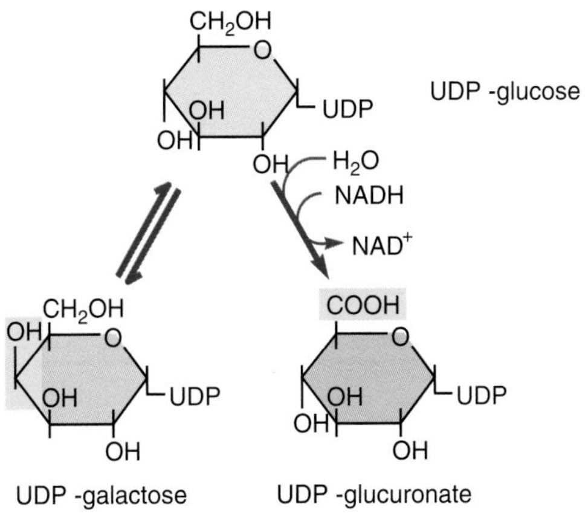

Figure 10.7   La synthèse d'uridine diphosphate galactose et d'uridine diphosphate glucuronate à partir d'UDP-glucose. Les changements de structure sont indiqués en bleu clair.

catalyse l'hydrolyse du fructose 1,6-*bis*phosphate en fructose 6-phosphate. Deux enzymes au moins sont habituellement impliquées dans la conversion du pyruvate en phosphoénolpyruvate (l'inverse de l'étape catalysée par la pyruvate kinase).

Comme on peut le voir dans la figure 10.5, la voie synthétise du fructose aussi bien que du glucose. Dès que le glucose et le fructose sont formés, d'autres sucres peuvent être fabriqués. Par exemple, le mannose provient directement du fructose par un simple réarrangement.

$$\text{Fructose 6-phosphate} \rightleftharpoons \text{mannose 6-phosphate}$$

Plusieurs sucres sont synthétisés alors qu'ils sont attachés à un nucléoside diphosphate. Le plus important des nucléosides diphosphates d'oses est l'**uridine diphosphate glucose (UDPG)**. Le glucose est activé par liaison à l'uridine diphosphate lors de la réaction du glucose 1-phosphate avec l'uridine triphosphate (**figure 10.6**). La portion UDP de l'UDPG est reconnue par des enzymes et l'UDP transporte le glucose dans la cellule, afin qu'il participe aux réactions enzymatiques de la même manière que l'ADP transporte le phosphate sous forme d'ATP. L'UDP-galactose est synthétisé à partir de l'UDPG par réarrangement d'un groupe hydroxyle. Une autre enzyme catalyse la synthèse de l'UDP-glucuronate par oxydation de l'UDPG (**figure 10.7**).

Les nucléosides diphosphates d'oses jouent un rôle essentiel dans la synthèse des polysaccharides tels que l'amidon et le glycogène. A nouveau, la biosynthèse n'est pas simplement l'inverse des réactions cataboliques. La dégradation du glycogène et de l'amidon (*voir section 9.7*) se produit, soit par hydrolyse pour former des sucres libres, soit par addition de phosphate à ces polymères et production de glucose 1-phosphate. Les nucléosides diphosphates d'oses ne sont pas impliqués. Au contraire, pendant la synthèse du glycogène et de l'amidon chez les bactéries et les algues, l'adénosine diphosphate glucose se forme à partir du glucose 1-phosphate et cède ensuite une molécule de glucose à l'extrémité de la chaîne de glycogène ou d'amidon en croissance.

$$\text{ATP + glucose 1-phosphate} \longrightarrow \text{ADP-glucose + PP}_i$$
$$\text{(Glucose)}_n \text{ + ADP-glucose} \longrightarrow \text{(glucose)}_{n+1} \text{ + ADP}$$

Les nucléosides diphosphates d'oses participent aussi à la synthèse de molécules complexes telles que les parois des cellules bactériennes (pp. 221-23).

---

1. Décrivez brièvement les trois étapes du cycle de Calvin.
2. Définissez la gluconéogenèse. Comment se produit-elle ?
3. Décrivez la formation du mannose, de l'amidon, du galactose et du glycogène. Pourquoi les nucléosides diphosphates d'oses sont-ils importants ?

10.4 L'assimilation du phosphore, du soufre et de l'azote inorganiques

En plus de carbone et d'oxygène, la biosynthèse des micro-organismes exige de grandes quantités de phosphore, de soufre et d'azote. Chacun de ceux-ci est assimilé ou incorporé dans des molécules organiques par des voies différentes. La nutrition microbienne (chapitre 5) ; la participation microbienne aux cycles biogéochimiques (section 28.4).

L'assimilation du phosphore

Le phosphore est présent dans les acides nucléiques, les protéines, les phospholipides, l'ATP, les coenzymes telles que le NADP. Les sources les plus courantes de phosphore sont le phosphate inorganique et les esters organiques de phosphates. Le phosphate inorganique est incorporé par la formation d'ATP selon une des trois voies : 1) par photophosphorylation (*voir pp. 196-99*) ; 2) par phosphorylation oxydative (*voir pp. 187-89*) et 3) par phosphorylation au niveau du substrat. La glycolyse est un exemple de ce dernier processus. Un phosphate est lié au glycéraldéhyde 3-phosphate pour produire du 1,3-*bis*phosphoglycérate qui est alors utilisé dans la synthèse de l'ATP.

$$\text{Glycéraldéhyde 3-P + P}_i \text{ + NAD}^+ \longrightarrow$$
$$\text{1,3-bisphosphoglycérate + NADH + H}^+$$

$$\text{1,3-bisphosphoglycérate + ADP} \longrightarrow$$
$$\text{3-phosphoglycérate + ATP}$$

Les micro-organismes peuvent trouver des phosphates organiques dans leur environnement sous forme de particules ou en solution. Les **phosphatases** hydrolysent très souvent les esters organiques de phosphates pour libérer du phosphate inorganique. Les

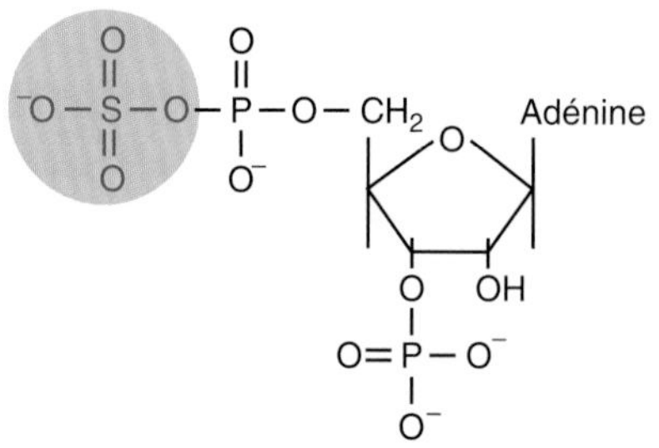

Figure 10.8 Le phosphoadénosine 5'- phosphosulfate (PAPS). Le sulfate est coloré.

phosphatases des bactéries Gram-négatives sont localisées dans l'espace périplasmique (entre la paroi cellulaire et la membrane plasmique) ce qui permet l'assimilation du phosphate immédiatement après qu'il ait été libéré par les phosphatases. Par ailleurs, les protozoaires peuvent utiliser directement les phosphates organiques après ingestion ou hydrolyse dans des lysosomes.

L'assimilation du soufre

Le soufre est nécessaire à la synthèse des acides aminés (cystéine et méthionine) et de plusieurs coenzymes (p. ex. la coenzyme A et la biotine) ; il peut être obtenu à partir de ces deux sources. Beaucoup de micro-organismes utilisent comme source de soufre, la cystéine et la méthionine trouvées dans le milieu extracellulaire ou dans leurs réserves internes en acides aminés. De plus, le sulfate peut produire du soufre pour la biosynthèse. L'atome de soufre dans le sulfate est plus oxydé que dans la cystéine ou d'autres molécules organiques. Par conséquent, le sulfate doit être réduit avant qu'il ne puisse être assimilé. Ce processus est appelé la **réduction anabolique du sulfate** de manière à le distinguer de la **réduction catabolique du sulfate** qui se produit quand le sulfate agit comme accepteur d'électrons durant la respiration anaérobie (*voir figure 28.21*). La respiration anaérobie (pp. 190-91).

La réduction anabolique du sulfate nécessite son activation par la formation de **phosphoadénosine 5'-phosphosulfate (figure 10.8)** suivie de la réduction du sulfate. Ce processus est très complexe (**figure 10.9**). Le sulfate est d'abord réduit en sulfite (SO_3^{2-}) et puis en sulfure d'hydrogène. La cystéine peut alors être synthétisée à partir de sulfure d'hydrogène de deux manières. Les mycètes combinent le sulfure d'hydrogène avec la sérine pour former la cystéine (processus 1), tandis que beaucoup de bactéries attachent le sulfure d'hydrogène à l'acétylsérine (processus 2).

(1) $\text{H}_2\text{S + sérine} \longrightarrow \text{cystéine + H}_2\text{O}$

(2)
$$\text{Sérine} \xrightarrow{\text{acétyl-CoA} \quad \text{CoA}}$$
$$\text{O-acétylsérine} \xrightarrow{\text{H}_2\text{S} \qquad \text{acétate}} \text{cystéine}$$

Après sa synthèse, la cystéine participe à l'élaboration d'autres molécules organiques contenant du soufre.

L'assimilation de l'azote

L'azote étant un composant majeur des protéines, des acides nu-

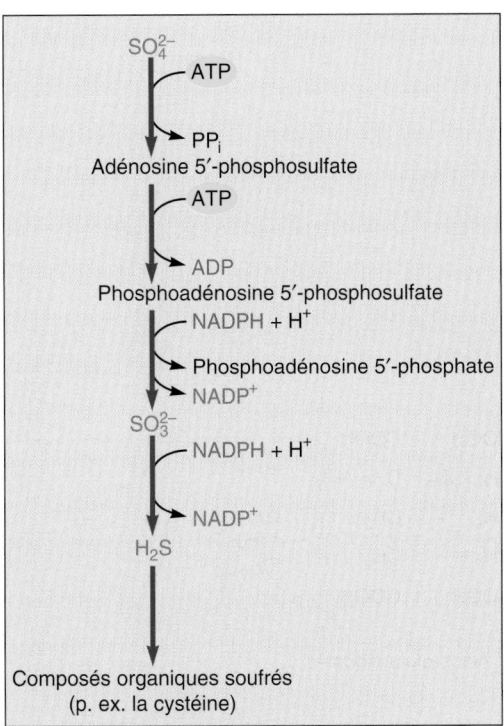

Figure 10.9 La voie de réduction du sulfate.

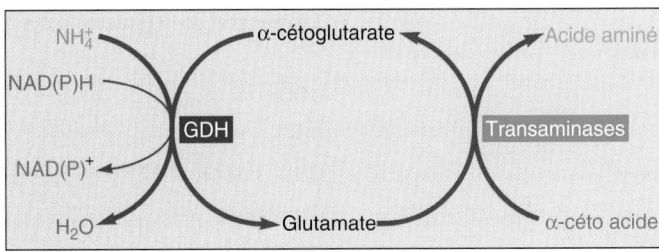

Figure 10.10 La voie de l'assimilation de l'ammoniaque, catalysée par la glutamate déshydrogénase (GDH) et les transaminases. Des glutamate déshydrogénases NADP- ou NAD-dépendantes peuvent être impliquées. L'activité de cette voie est maximale aux concentrations élevées en ammoniac.

cléiques, des coenzymes et de beaucoup d'autres constituants cellulaires, il est vraiment très important pour la cellule de pouvoir assimiler l'azote inorganique. Bien que l'azote soit abondant dans l'atmosphère, peu de micro-organismes peuvent réduire et utiliser ce gaz comme source d'azote. La plupart des micro-organismes doivent incorporer de l'ammoniac ou du nitrate.

L'incorporation de l'ammoniac

L'azote provenant de l'ammoniac peut être incorporé directement et assez facilement dans le matériel organique parce qu'il est plus réduit que les autres formes d'azote inorganique. Quelques micro-organismes synthétisent de l'alanine, un acide aminé, dans une réaction réductionnelle d'amination catalysée par l'alanine déshydrogénase.

$$Pyruvate + NH_4^+ + NADH (NADPH) + H^+$$
$$\rightleftharpoons \text{L-alanine} + NAD^+ (NADP^+) + H_2O$$

La voie principale d'incorporation de l'ammoniac est souvent la formation de glutamate à partir d'α-cétoglutarate (un intermédiaire du cycle des acides tricarboxyliques). Beaucoup de bactéries et de mycètes utilisent la **glutamate déshydrogénase**, du moins quand la concentration en ammoniac est élevée.

$$\text{α-cétoglutarate} + NH_4^+ + NADPH (NADH) + H^+$$
$$\rightleftharpoons \text{glutamate} + NADP^+ (NAD^+) + H_2O$$

Les espèces diffèrent par l'utilisation de NADPH ou de NADH comme agent réducteur lors de la synthèse du glutamate.

Lorsque l'alanine ou le glutamate ont été synthétisés, le groupe α-aminé nouvellement formé peut être transféré à d'autres squelettes carbonés par des réactions de transamination (*voir section 9.9*) pour donner d'autres acides aminés. Les **transaminases** possèdent le pyridoxal phosphate, une coenzyme responsable du transfert du groupe aminé. Les micro-organismes ont un grand nombre de transaminases, chacune catalysant la formation de plusieurs acides aminés en utilisant le même acide aminé comme donneur de groupe aminé. Quand la glutamate déshydrogénase agit en coopération avec les transaminases, l'ammoniac peut être incorporé dans une variété d'acides aminés (**figure 10.10**).

Une seconde voie d'incorporation de l'ammoniac implique deux enzymes qui agissent séquentiellement, la **glutamine synthétase** et la **glutamate synthase** (**figure 10.11**). L'ammoniac sert de substrat à la synthèse de glutamine à partir du glutamate. Ensuite, l'azote de l'amide de la glutamine est transféré à l'α-cétoglutarate pour former une nouvelle molécule de glutamate. Comme le glutamate agit en donneur d'amine dans les réactions de transamination, l'ammoniac permet la synthèse de tous les acides aminés courants en présence des transaminases nécessaires (**figure 10.12**). L'ATP et une source d'électrons, telle que le NADPH ou la ferrédoxine réduite, sont nécessaires. On trouve cette voie chez *Escherichia coli*, *Bacillus megaterium* et d'autres bactéries. Les deux enzymes agissant séquentiellement opèrent très efficacement à de faibles concentrations en ammoniac, contrairement à la voie de la glutamate déshydrogénase. Comme nous l'avons vu précédemment, la glutamine synthétase est fermement régulée par modification covalente réversible et effecteurs allostériques (*voir pp. 168-69*).

La réduction anabolique du nitrate.

L'azote dans le nitrate (NO_3^-) est beaucoup plus oxydé que dans l'ammoniac. Le nitrate doit d'abord être réduit en ammoniac avant que l'azote ne puisse être converti en une forme organique. Cette réduction du nitrate est appelée la **réduction anabolique du nitrate**, ce qui est différent de la respiration anaérobie et de la réduction catabolique du nitrate (*voir sections 9.6 et 28.4*). Dans la réduction anabolique du nitrate, le nitrate est incorporé à la matière organique et ne participe pas à la production d'énergie. Ce processus est généralisé chez les bactéries, les mycètes et les algues.

Chez les bactéries, la réduction anabolique du nitrate a lieu dans le cytoplasme. La première étape dans l'assimilation du nitrate est sa réduction en nitrite par la **nitrate réductase,** une en-

La réaction de la glutamine synthétase

$$
\begin{array}{c}
\text{COOH} \\
| \\
\text{CH}_2 \\
| \\
\text{CH}_2 \quad + \quad \text{NH}_3 \quad + \quad \text{ATP} \\
| \\
\text{CH}-\text{NH}_2 \\
| \\
\text{COOH}
\end{array}
\quad \longrightarrow \quad
\begin{array}{c}
\text{O} \\
\| \\
\text{C}-\text{NH}_2 \\
| \\
\text{CH}_2 \\
| \\
\text{CH}_2 \quad + \quad \text{ADP} + \text{P}_i \\
| \\
\text{CH}-\text{NH}_2 \\
| \\
\text{COOH}
\end{array}
$$

Acide glutamique   Glutamine

La réaction de la glutamate synthase

$$
\begin{array}{c}
\text{COOH} \\
| \\
\text{C}=\text{O} \\
| \\
\text{CH}_2 \\
| \\
\text{CH}_2 \\
| \\
\text{COOH}
\end{array}
\;+\;
\begin{array}{c}
\text{COOH} \\
| \\
\text{CH}-\text{NH}_2 \\
| \\
\text{CH}_2 \\
| \\
\text{CH}_2 \\
| \\
\text{C}-\text{NH}_2 \\
\| \\
\text{O}
\end{array}
\;+\;
\begin{array}{c}
\text{NADPH} + \text{H}^+ \\
\text{ou} \\
\text{Fd}_{\text{réduit}}
\end{array}
\;\longrightarrow\;
\begin{array}{c}
\text{COOH} \\
| \\
\text{CH}-\text{NH}_2 \\
| \\
\text{CH}_2 \\
| \\
\text{CH}_2 \\
| \\
\text{COOH}
\end{array}
\;+\;
\begin{array}{c}
\text{COOH} \\
| \\
\text{CH}-\text{NH}_2 \\
| \\
\text{CH}_2 \\
| \\
\text{CH}_2 \\
| \\
\text{COOH}
\end{array}
\;+\;
\begin{array}{c}
\text{NADP}^+ \\
\text{ou} \\
\text{Fd}_{\text{oxydé}}
\end{array}
$$

Acide   Glutamine   Acide glutamique
α-cétoglutarique

Figure 10.11 La glutamine synthétase et la glutamate synthase impliquées dans l'assimilation de l'ammoniac. Certaines glutamate synthases utilisent du NADPH comme source d'électrons, d'autres utilisent la ferrédoxine réduite (Fd). L'azote qui est incorporé et transféré est montré en vert.

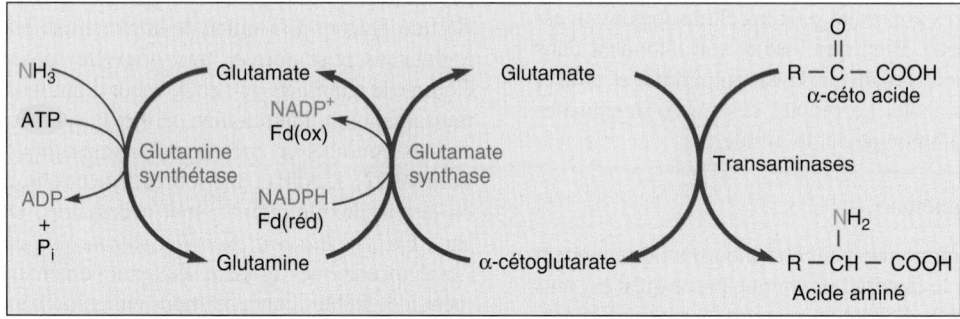

Figure 10.12 L'incorporation d'ammoniac catalysée par la glutamine synthétase et la glutamate synthase. Cette voie fonctionne aux faibles concentrations en ammoniac.

zyme qui contient à la fois du FAD et du molybdène (**figure 10.13**). Le NADPH est la source d'électrons.

$$\text{NO}_3^- + \text{NADPH} + \text{H}^+ \longrightarrow \text{NO}_2^- + \text{NADP}^+ + \text{H}_2\text{O}$$

Le nitrite est ensuite réduit en ammoniac par l'addition successive de deux électrons. Cette réaction est catalysée par la **nitrite réductase** et probablement par d'autres enzymes. L'hydroxylamine peut être un intermédiaire.

L'ammoniac est alors incorporé dans les acides aminés par les voies déjà décrites.

La fixation de l'azote

La réduction de l'azote atmosphérique en ammoniac s'appelle la **fixation de l'azote**. Comme les concentrations d'ammoniac et de nitrate sont souvent faibles et comme seuls quelques procaryotes peuvent fixer l'azote, (les cellules eucaryotes sont totalement dépourvues de cette propriété), la vitesse du processus limite la croissance végétale dans beaucoup de situations. La fixation de l'azote se produit chez (1) des bactéries libres (*Azotobacter*, *Klebsiella*, *Clostridium* et *Methanococcus*), (2) des bactéries qui vivent en association symbiotique avec des plantes telles que les légumi-

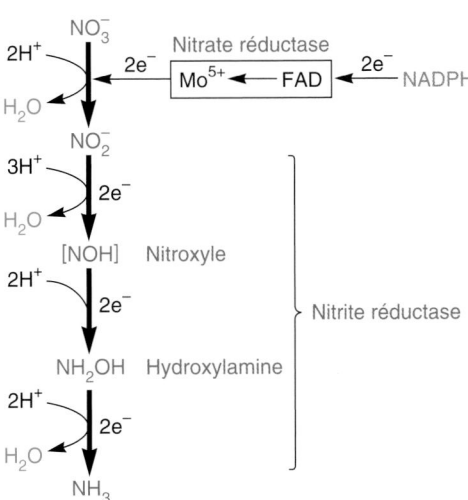

Figure 10.13 **La réduction anabolique du nitrate**. On considère que cette séquence fonctionne chez les bactéries qui peuvent réduire et assimiler l'azote sous forme de nitrate. Voir détails dans le texte.

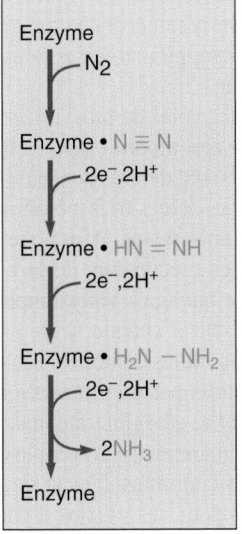

Figure 10.14 **La réduction de l'azote**. Une séquence hypothétique de la réduction de l'azote par la nitrogénase.

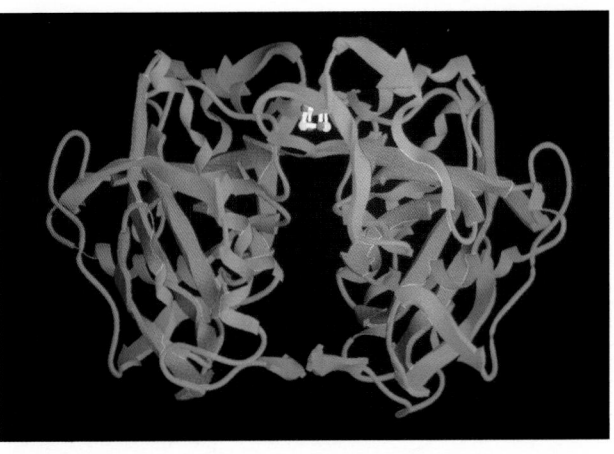

Figure 10.15 **La structure de la protéine Fe faisant partie de la nitrogénase**. Les deux sous-unités de la protéine Fe sont disposées comme les ailes d'un papillon avec le groupe fer-soufre à la place de la tête du papillon. Le groupe fer-soufre est très exposé, ce qui explique la sensibilité de la nitrogénase à l'oxygène qui peut facilement attaquer les atomes de Fe.

triple liaison entre les deux atomes d'azote. Par conséquent, la réduction de l'azote est chère en énergie et nécessite une grande dépense d'ATP. Au moins 8 électrons et 16 molécules d'ATP, quatre ATP par paire d'électrons, sont requis.

$$N_2 + 8H^+ + 8e^- + 16ATP \longrightarrow$$
$$2NH_3 + H_2 + 16ADP + 16P_i$$

Les électrons proviennent de la ferrédoxine qui a été réduite de plusieurs manières : par la photosynthèse chez les cyanobactéries, par les processus de respiration chez les organismes aérobies qui fixent l'azote ou par les fermentations chez les bactéries anaérobies. Par exemple, *Clostridium pasteurianum* (une bactérie anaérobie) réduit la ferrédoxine au cours de l'oxydation du pyruvate, tandis qu'*Azotobacter*, aérobie, utilise pour ce faire des électrons du NADPH.

La nitrogénase est un système complexe formé de deux composants protéiques majeurs : une protéine Mo-Fe (MM 220.000) liée à une ou deux protéines Fe (MM 64.000). La protéine Mo-Fe contient deux atomes de molybdène et 28 à 32 atomes de fer. La protéine Fe a 4 atomes de fer (**figure 10.15**). Elle est d'abord réduite par la ferrédoxine puis se lie à l'ATP (**figure 10.16**). La fixation d'ATP change la conformation de la protéine Fe et diminue son potentiel de réduction, la rendant apte à réduire la protéine Mo-Fe. L'ATP est hydrolysé lors de ce transfert d'électrons. Finalement, la protéine Mo-Fe réduite donne des électrons à l'azote atomique. La nitrogénase est très sensible à la présence d'oxygène et doit être protégée de l'inactivation dans la cellule. Chez beaucoup de cyanobactéries, cette protection contre l'oxygène est fournie par une structure spéciale appelée hétérocyste (*voir p. 473*).

La réduction de N_2 en NH_3 s'effectue en trois étapes, dont chacune requiert une paire d'électrons (figures 10.14 et 10.16). Il y a transfert de six électrons, et ceci demande un total de 12 ATP par N_2 réduit. Le processus global exige en fait au moins 8 élec-

neuses, (*Rhizobium*) et (3) les cyanobactéries (*Nostoc* et *Anabaena*). Les aspects biologiques de la fixation de l'azote sont décrits au chapitre 30. C'est la biochimie de la fixation de l'azote qui fait l'objet de cette section. La biologie des micro-organismes qui fixent l'azote (pp. 492, 616, 675-78).

La réduction de l'azote en ammoniac est catalysée par une enzyme qui s'appelle la **nitrogénase**. Bien que les intermédiaires de cette réaction soient encore inconnus, on pense que l'azote est réduit par des additions de 2 électrons, comme illustré dans la **figure 10.14**. La réduction de l'azote moléculaire en ammoniac est très endergonique; cependant, la réaction a une haute énergie d'activation car l'azote moléculaire est un gaz non réactionnel avec une

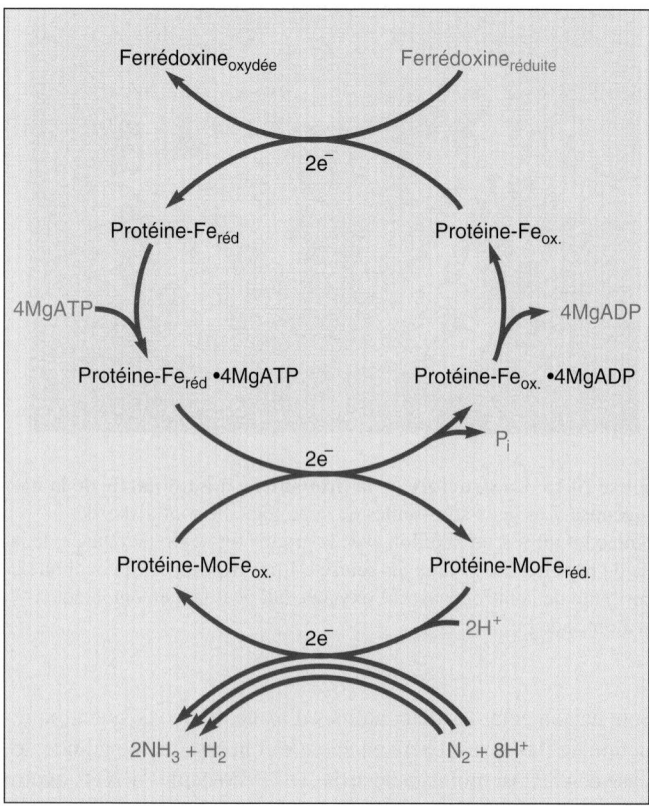

Figure 10.16 Le mécanisme d'action de la nitrogénase. Le transfert de deux électrons de la ferrédoxine vers l'azote est schématisé. Ce processus est répété trois fois de manière à réduire N_2 en deux molécules d'ammoniac. La stoechiométrie indiquée au bas de la figure comprend la réduction du proton en H_2 (voir texte pour plus de détails).

Après réduction en ammoniac, l'azote moléculaire peut être incorporé dans des composants organiques. Chez *Rhizobium*, microorganisme symbiotique qui fixe l'azote, il semble que l'ammoniac diffuse de la cellule et soit assimilé par les cellules voisines des légumineuses. La voie principale d'assimilation de l'ammoniac paraît être la synthèse de glutamine via le système glutamine synthétase-glutamate synthase (figure 10.11). Cependant, des substances telles que l'allantoïne et l'acide allantoïque, des dérivés de purine, sont aussi synthétisées et servent au transport de l'azote vers d'autres parties de la plante.

10.5 La synthèse des acides aminés

Les micro-organismes diffèrent par la source d'azote qu'ils utilisent, mais la plupart assimilent certaines formes d'azote inorganique par les voies que nous venons de décrire. La synthèse des acides aminés nécessite aussi la construction de squelettes carbonés appropriés et ceci est souvent un processus très complexe qui comporte plusieurs étapes. Parce qu'il est nécessaire de conserver l'azote, le carbone et l'énergie, les voies de synthèse des acides aminés sont souvent fermement régulées par des mécanismes allostériques et rétro-inhibiteurs (*voir section 8.9*). Ce ne sont pas les voies de biosynthèse de chaque acide aminé qui sont données ici en détail, mais bien un résumé des voies générales de leurs biosynthèses. Des détails supplémentaires peuvent être trouvés dans des traités de biochimie.

La relation entre les voies de biosynthèse des acides aminés et les voies amphiboliques est montrée dans la **figure 10.17**. Les squelettes des acides aminés sont dérivés de l'acétyl-CoA, ainsi que d'intermédiaires du cycle des acides tricarboxyliques, de la glycolyse et du cycle des pentoses phosphates. Afin de rendre le processus efficace et économique, les précurseurs de la biosynthèse des acides aminés proviennent de quelques voies amphiboliques principales. Les séquences conduisant à chaque acide aminé en particulier se ramifient à partir de ces routes centrales. L'alanine, l'aspartate et le glutamate sont synthétisés par transamination directe du pyruvate, de l'oxaloacétate et de l'α-cétoglutarate, respectivement. Les voies synthétiques sont généralement plus complexes, mais utilisent souvent des intermédiaires communs dans la synthèse d'acides aminés apparentés, à nouveau pour des raisons d'économie. Par exemple, les acides aminés lysine, thréonine, isoleucine et méthionine sont synthétisés à partir d'oxaloacétate par une voie anabolique ramifiée (**figure 10.18**). Les voies de biosynthèse des acides aminés aromatiques, phénylalanine, tyrosine et tryptophane, partagent aussi beaucoup d'intermédiaires (**figure 10.19**).

---

trons et 16 ATP, parce que la nitrogénase réduit aussi les protons en H_2. H_2 réagit avec la diimine (HN=NH) pour donner N_2 et H_2. Ce cycle produit de l'azote, même dans des conditions favorables et rend la fixation de l'azote encore plus coûteuse. Les bactéries symbiotiques fixatrices d'azote peuvent consommer près de 20% de l'ATP produit par la plante hôte.

La nitrogénase peut réduire diverses molécules contenant des triples liaisons, (p. ex. : l'acétylène, le cyanure et le nitrure).

$$HC \equiv CH + 2H^+ + 2e^- \longrightarrow H_2C = CH_2$$

La vitesse de réduction de l'acétylène en éthylène est d'ailleurs utilisée pour mesurer l'activité de la nitrogénase.

1. Comment les micro-organismes assimilent-ils le soufre et le phosphore ?
2. Décrivez le rôle de la glutamate déshydrogénase, de la glutamine synthétase, de la glutamate synthase et des transaminases dans l'assimilation de l'ammoniac ; comment le nitrate est-il incorporé par réduction anabolique du nitrate ?
3. Qu'est-ce que la fixation de l'azote ? Décrivez brièvement la structure et le mécanisme d'action de la nitrogénase.
4. Résumez en termes généraux, l'organisation de la biosynthèse des acides aminés.

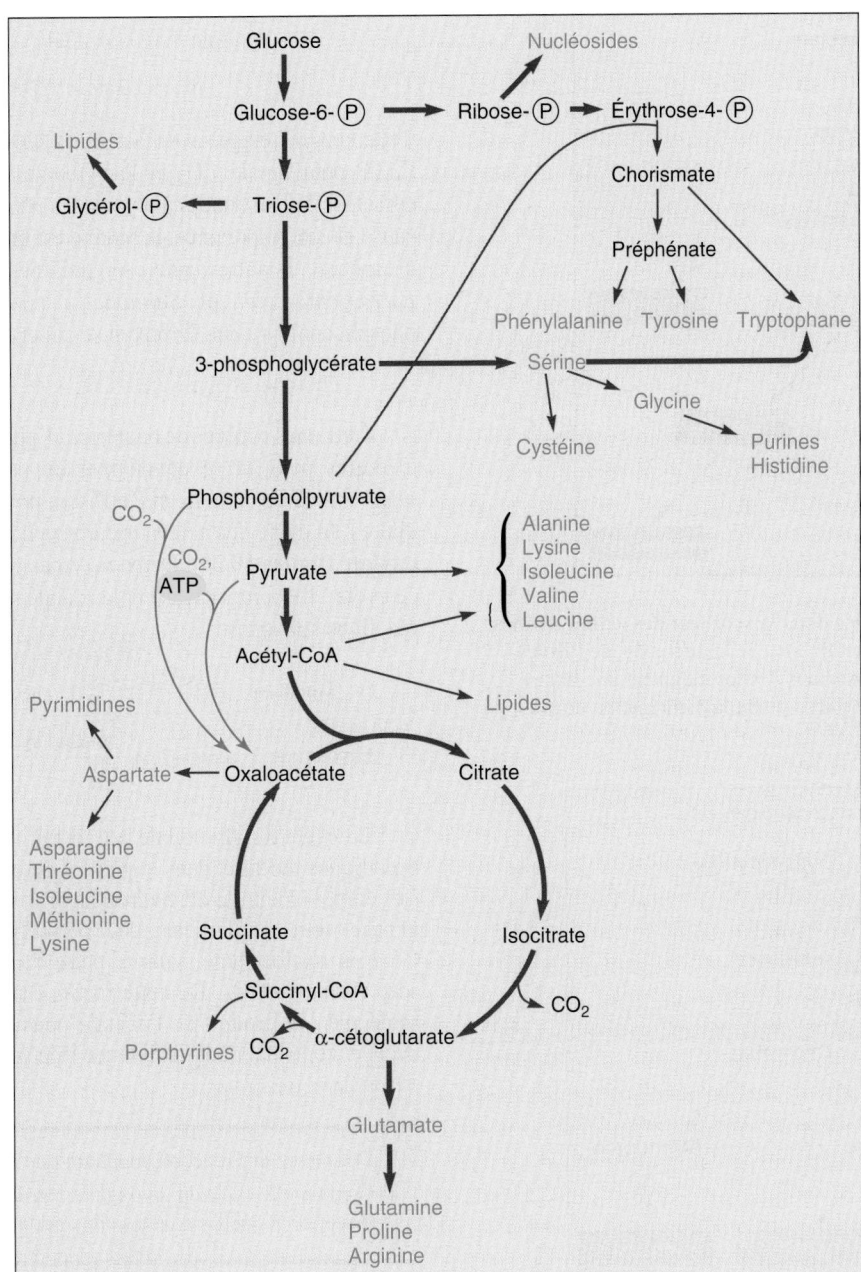

Figure 10.17 L'organisation de l'anabolisme. Les produits de la biosynthèse (en bleu) dérivent des intermédiaires des voies amphiboliques. Deux importantes réactions anaplérotiques de fixation du CO_2 sont montrées en rouge.

10.6 Les réactions anaplérotiques

La figure 10.17 montre que les intermédiaires du cycle des acides tricarboxyliques sont utilisés dans la synthèse des pyrimidines et d'une variété d'acides aminés. En fait, les fonctions biosynthétiques de cette voie sont tellement essentielles que ce cycle doit opérer en anaérobiose pour fournir les précurseurs biosynthétiques, même si le NADH n'est nécessaire, ni au transport des électrons, ni à la phosphorylation oxydative en absence d'oxygène. Il y a donc une grande demande de carbone pour la biosynthèse à partir du cycle des acides tricarboxyliques, et les intermédiaires du

cycle pourraient disparaître si rien n'était fait pour maintenir leur niveau. Cependant, les micro-organismes disposent de réactions qui reforment les intermédiaires pour que le cycle puisse continuer à fonctionner même en cas de biosynthèse active. Les réactions qui réapprovisionnent en intermédiaires du cycle s'appelle **réactions anaplérotiques**, (du grec *anaplerotic*, se remplir).

Pour la plupart, les micro-organismes remplacent les intermédiaires du cycle des acides tricarboxyliques par la **fixation de CO_2**, par laquelle le CO_2 inorganique est converti en carbone organique et assimilé. Il est important de noter que les réactions anaplérotiques n'ont pas la même fonction que le cycle de fixation du CO_2

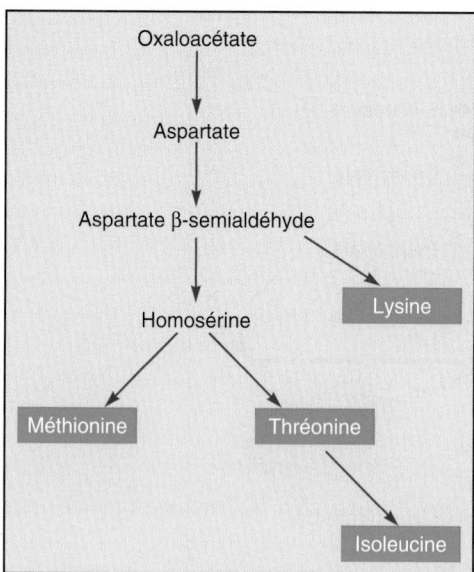

Figure 10.18 Une voie ramifiée dans la synthèse des acides aminés. Les voies de formation de la méthionine, de la thréonine, de l'isoleucine et de la lysine. Bien que certaines flèches indiquent une seule étape, la plupart des conversions nécessitent la participation de plusieurs enzymes.

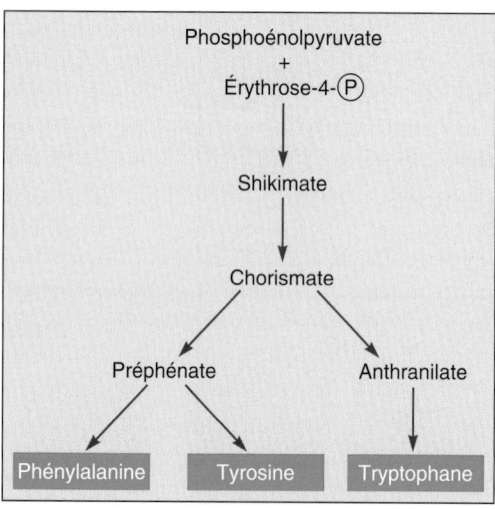

Figure 10.19 La synthèse des acides aminés aromatiques phénylalanine, tyrosine et tryptophane. Pour la plupart, les flèches représentent plus d'une réaction enzymatique.

qui fournit le carbone aux autotrophes. Chez les autotrophes, la fixation de CO_2 apporte la totalité ou la majeure partie du carbone nécessaire à la croissance. Les réactions anaplérotiques de fixation de CO_2, remplacent simplement les intermédiaires du cycle des acides tricarboxyliques et maintiennent un équilibre métabolique. Généralement, le CO_2 est ajouté à un accepteur, le pyruvate ou le phosphoénolpyruvate, pour former l'oxaloacétate intermédiaire du cycle (figure 10.17). Certains micro-organismes (p. ex. *Arthrobacter globiformis*, les levures), utilisent la pyruvate carboxylase pour cette fonction.

$$\text{Pyruvate} + CO_2 + \text{ATP} + H_2O \xrightarrow{\text{biotine}}$$

$$\text{oxaloacétate} + \text{ADP} + P_i$$

Cette enzyme exige un cofacteur, la biotine, et utilise l'énergie de l'ATP pour lier le CO_2 et le pyruvate. La biotine est souvent le cofacteur des enzymes catalysant les réactions de carboxylation. A cause de son importance, la biotine est une vitamine pour beaucoup d'espèces. D'autres micro-organismes, tels que les bactéries *Escherichia coli* et *Salmonella typhimurium,* possèdent la phosphoénolpyruvate carboxylase qui catalyse la réaction suivante :

$$\text{Phosphoénolpyruvate} + CO_2 \longrightarrow \text{oxaloacétate} + P_i$$

Certaines espèces de bactéries, d'algues, de mycètes et de protozoaires peuvent se développer en présence d'acétate comme seule source de carbone et l'utilisent pour synthétiser les intermédiaires du cycle des acides tricarboxyliques dans le **cycle du glyoxylate** (**figure 10.20**). Deux enzymes particulières sont propres à ce cycle : l'isocitrate lyase et la malate synthase qui catalysent les réactions suivantes :

$$\text{Isocitrate} \xrightarrow{\text{isocitrate lyase}} \text{succinate} + \text{glyoxylate}$$

$$\text{Glyoxylate} + \text{acétyl-CoA} \xrightarrow{\text{malate synthase}} \text{malate} + \text{CoA}$$

Le cycle du glyoxylate est en fait un cycle des acides tricarboxyliques modifié, dans lequel les deux décarboxylations finales (les étapes isocitrate déshydrogénase et α-cétoglutarate déshydrogénase) sont contournées ; ceci permet la conversion de l'acétyl-CoA en oxaloacétate, sans la perte du carbone de l'acétyl-CoA sous forme de CO_2. De cette façon, l'acétate et n'importe quelle molécule qui produit de l'acétate peuvent fournir du carbone au cycle et contribuer à la croissance microbienne. Le cycle des acides tricarboxyliques (pp. 183-84).

1. Définissez une réaction anaplérotique et donnez un exemple.
2. Comment le cycle du glyoxylate convertit-il l'acétyl-CoA en oxaloacétate et quelles sont les enzymes particulières nécessaires ?

10.7   La synthèse des purines, des pyrimidines et des nucléotides

La biosynthèse des purines et des pyrimidines est essentielle pour toute cellule, car ces molécules participent à la synthèse de l'ATP, de plusieurs cofacteurs, de l'acide ribonucléique (ARN), de l'acide désoxyribonucléique (ADN) et d'autres constituants cellulaires importants. Presque tous les micro-organismes synthétisent leurs propres purines et pyrimidines, puisque celles-ci sont cruciales pour leur fonctionnement. La synthèse de l'ADN et de l'ARN (pp. 235-39, 261-64).

Les **purines** et les **pyrimidines** sont des bases azotées cycliques possédant plusieurs doubles liaisons et des propriétés aromatiques. Les purines sont formées de deux anneaux joints tandis que les pyrimidines n'en ont qu'un (**figure 10.21** et figure 10.23). Les purines, l'**adénine** et la **guanine** et les pyrimidines, l'**uracile**,

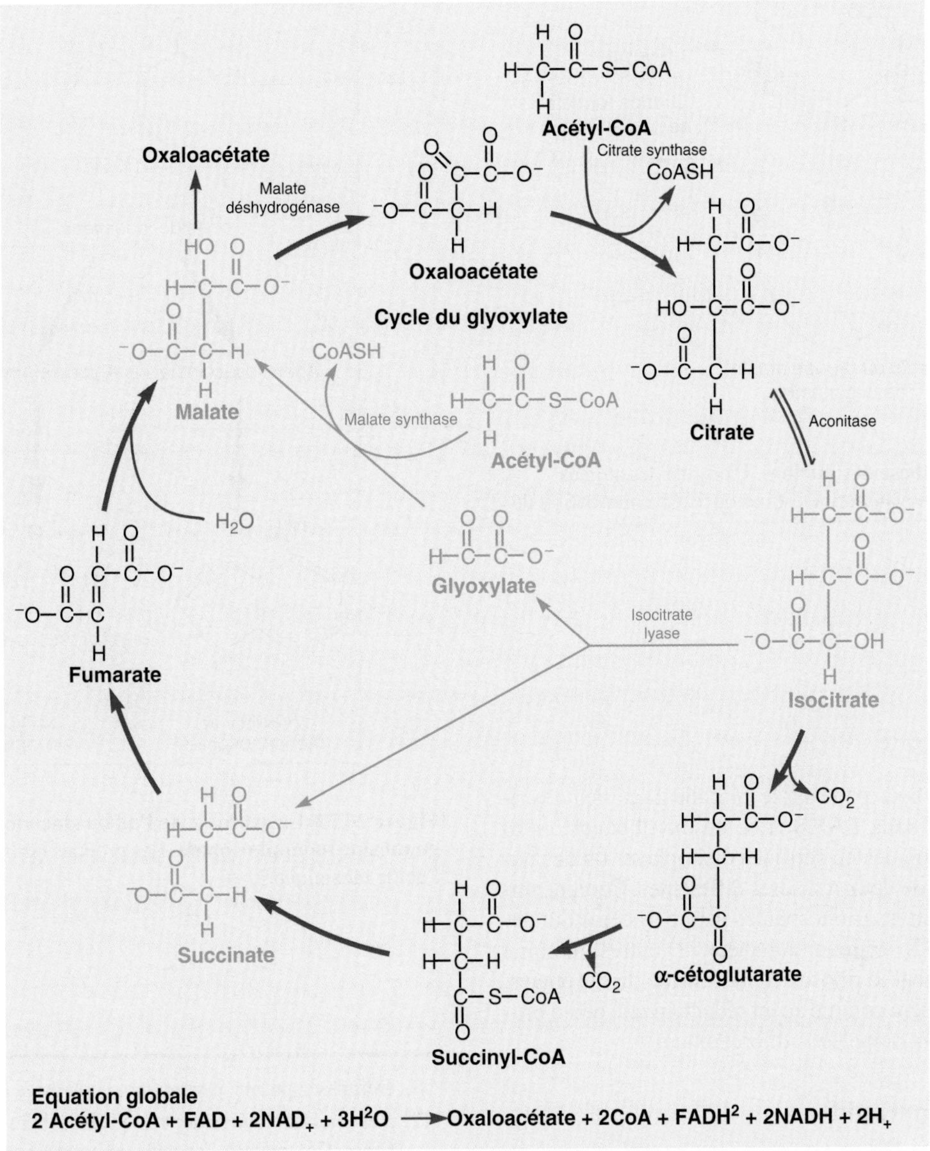

Figure 10.20 Le cycle du glyoxylate. Les réactions et les enzymes spécifiques à ce cycle sont indiquées en couleur. Les enzymes du cycle des acides tricarboxyliques, qui ont été contournées, sont dans le bas.

la **cytosine** et la **thymine** sont généralement présentes dans les micro-organismes. Une base purique ou pyrimidique liée à un sucre pentose, soit le ribose soit le désoxyribose, est un **nucléoside**. Un **nucléotide** est un nucléoside avec un ou plusieurs groupes phosphates attachés au sucre.

La biosynthèse des purines

La voie de biosynthèse des purines est très complexe ; elle compte 11 étapes (*voir appendice II*) dans lesquelles sept molécules différentes contribuent à la formation du squelette purique final (figure 10.21). Comme la voie commence avec un ribose 5-phosphate et que le noyau purique est en fait construit sur ce sucre, le premier produit de la voie de formation des purines est l'acide inosinique et non une base purique libre. L'acide folique est un cofacteur très important dans la biosynthèse des purines. Les dérivés de l'acide folique fournissent les carbones 2 et 8 du noyau purine. Ainsi un médicament, la sulfonamide, inhibe la croissance bactérienne en bloquant la synthèse de l'acide folique. Elle interfère avec la biosynthèse des purines et d'autres processus qui nécessitent de l'acide folique.

Après la formation de l'acide inosinique, des voies relativement courtes aboutissent à l'adénosine monophosphate et à la guanosine monophosphate (**figure 10.22**) et produisent des nucléosides diphophates et triphosphates, par transfert de phosphate à partir d'ATP. L'ADN est constitué de désoxyribonucléotides (le ri-

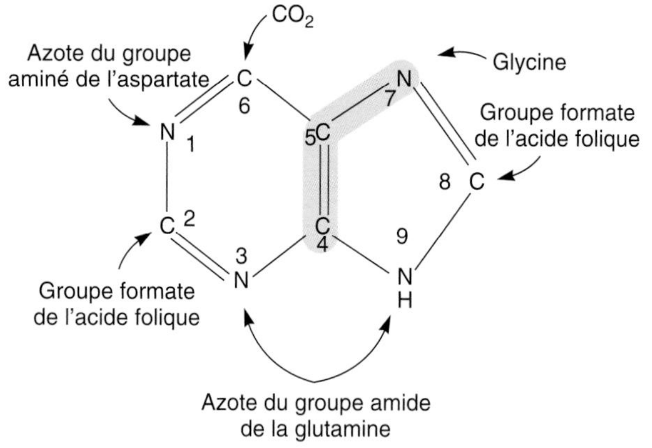

Figure 10.21 La biosynthèse des purines. L'origine des atomes d'azote et de carbone du noyau purine est indiquée. La contribution de la glycine est ombrée.

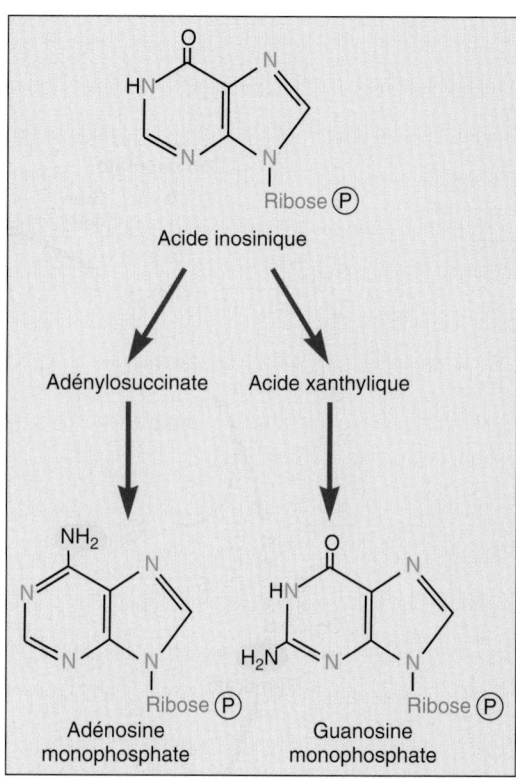

Figure 10.22 La synthèse de l'adénosine monophosphate et de la guanosine monophosphate. Les groupes ombrés diffèrent de ceux de l'acide inosinique.

bose n'a pas de groupe hydroxyle sur le carbone 2) au lieu des ribonucléotides présents dans l'ARN. Les désoxyribonucléotides sont formés par réduction des nucléosides diphophates ou des nucléosides triphosphates de deux manières différentes. Certains micro-organismes réduisent les triphosphates par un système qui nécessite la vitamine B_{12} comme cofacteur. D'autres, comme *Escherichia coli,* réduisent le ribose des nucléoside diphosphates. Les deux systèmes utilisent comme agent réducteur une petite protéine contenant du soufre, appelée la thiorédoxine.

La biosynthèse des pyrimidines

La biosynthèse des pyrimidines débute avec l'acide aspartique et le carbamyl phosphate, une molécule riche en énergie, synthétisée à partir de CO_2 et d'ammoniac (**figure 10.23**). L'aspartate transcarbamylase catalyse la condensation de ces deux substrats pour former le carbamyl aspartate qui est alors converti en acide orotique, le produit pyrimidique initial. La régulation de l'activité de l'aspartate transcarbamylase (pp. 166-67).

Après la synthèse du noyau pyrimidique, un nucléotide est formé par addition de ribose 5-phosphate en utilisant un intermédiaire riche en énergie, le 5-phosphoribosyl 1-pyrophosphate. Ainsi, la construction du noyau pyrimidine est terminée avant l'addition du ribose, contrairement à la synthèse du noyau purine qui commence par un ribose 5-phosphate. La décarboxylation de l'orotidine monophosphate produit l'uridine monophosphate et finalement, l'uridine triphosphate et la cytidine triphosphate.

La troisième pyrimidine la plus courante est la thymine, un constituant de l'ADN. Le ribose des nucléotides pyrimidiques est réduit de la même manière que celui des nucléotides puriques. La désoxyuridine monophosphate est alors méthylée par un dérivé de l'acide folique pour former la désoxythymidine monophosphate (**figure 10.24**).

1. Définissez purine, pyrimidine, nucléoside et nucléotide.
2. Résumez la manière dont les purines et les pyrimidines sont synthétisées. Comment se forme le composant désoxyribose des désoxyribonucléotides ?

10.8 La synthèse des lipides

Les micro-organismes possèdent une variété de lipides, spécialement dans leurs membranes cellulaires. La plupart de ces lipides contiennent des **acides gras** ou leurs dérivés. Les acides gras sont des acides monocarboxyliques avec de longues chaînes alkylées qui ont généralement un nombre pair de carbones (la longueur moyenne est de 18 carbones). Certains sont non saturés, c'est à dire qu'ils ont une ou plusieurs doubles liaisons. La plupart des acides gras microbiens sont des chaînes droites, mais certaines peuvent être ramifiées. Les bactéries Gram-négatives ont souvent des acides gras à cyclopropane (acides gras avec un ou plus d'un noyau cyclopropane dans leurs chaînes). La structure et la nomenclature des lipides (appendice 1).

La synthèse des acides gras est catalysée par le complexe de la **syntéthase des acides gras** avec comme substrats, l'acétyl-CoA et le malonyl-CoA et comme agent réducteur le NADPH. Le malonyl-

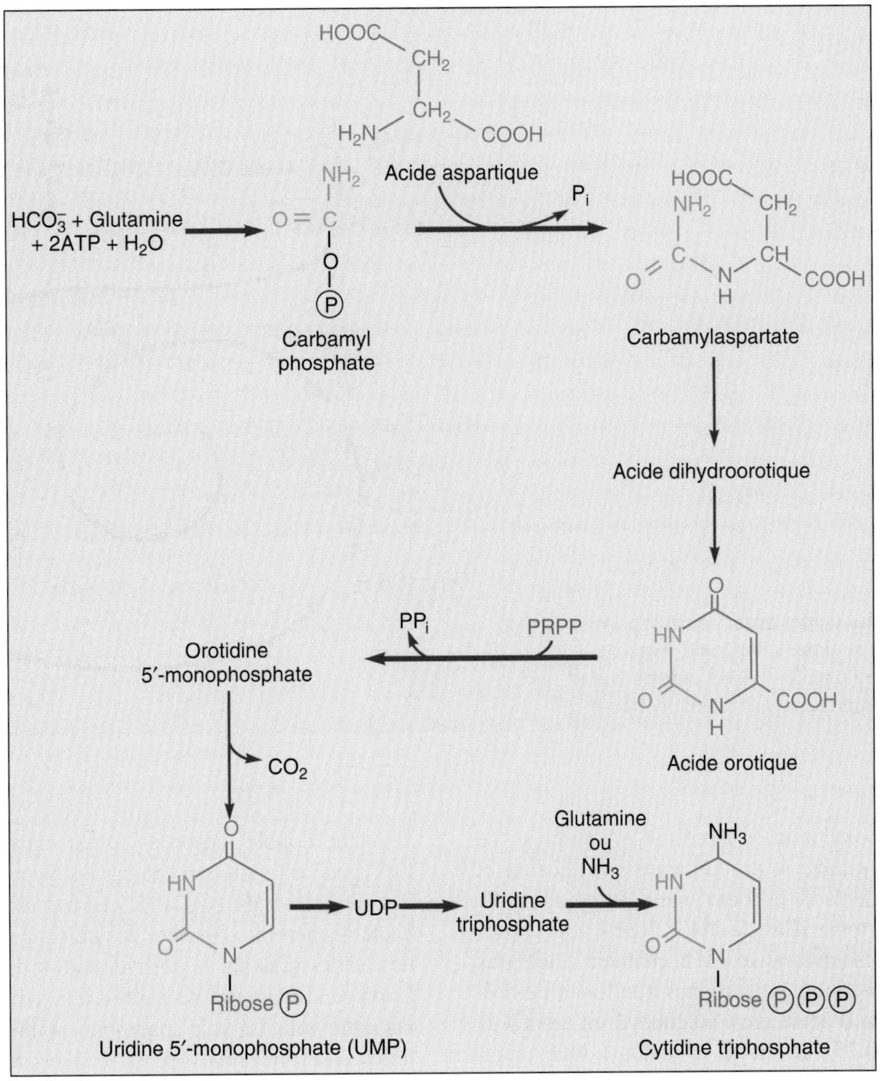

Figure 10.23   La synthèse des pyrimidines. PRPP est l'acide 5-phosphoribosyl 1-pyrophosphorique qui fournit la chaîne ribose 5-phosphate.

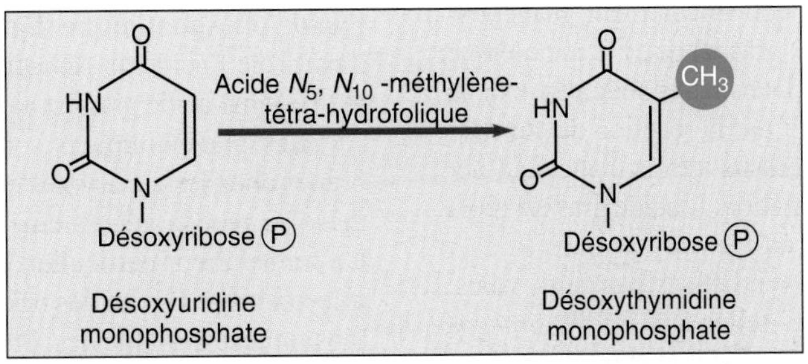

Figure 10.24   La synthèse de la désoxythymidine monophosphate. La désoxythymidine diffère de la désoxyuridine par le groupe méthyle ombré.

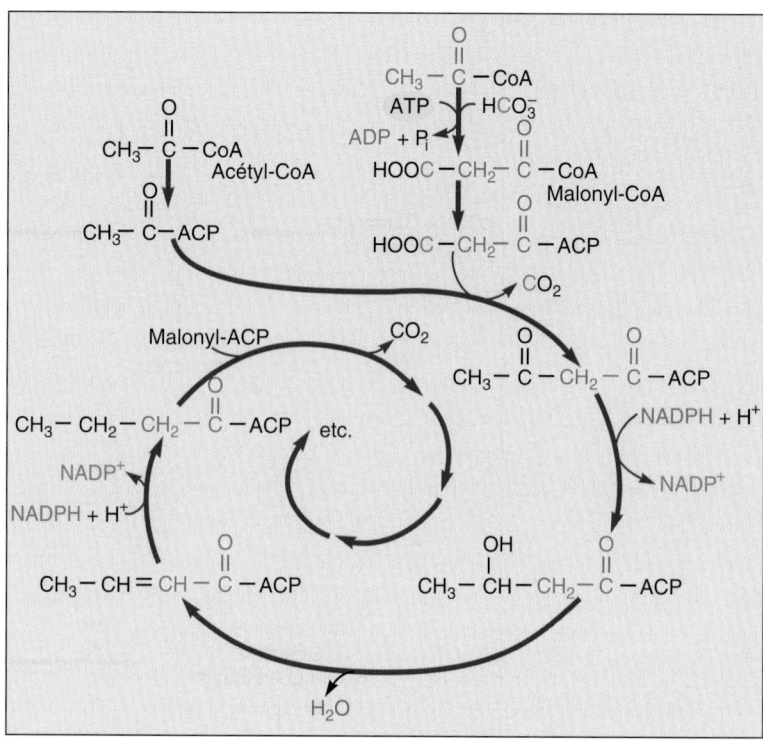

Figure 10.25 La synthèse des acides gras. Le cycle est répété jusqu'à ce que la chaîne atteigne la longueur correcte. Le carbone du CO_2 et le reste du malonyl-CoA sont en vert et rouge, respectivement. ACP représente la protéine porteuse d'acyle.

CoA est formé par la carboxylation de l'acétyl-CoA en présence d'ATP (*figure 10.25*). La synthèse se produit après que l'acétate et le malonate aient été transférés de la coenzyme A au groupe sulfhydryle de la **protéine porteuse d'acyle** (**ACP** pour « acyl carrier protein »), une petite protéine qui transporte la chaîne d'acide gras en croissance. La synthéthase ajoute 2 carbones à la fois à l'extrémité carboxyle de la chaîne d'acide gras, au cours d'un processus en deux étapes (**figure 10.25**). D'abord, la malonyl-ACP réagit avec l'acide gras-ACP pour produire du CO_2 et un acide gras-ACP à 2 carbones supplémentaires. La perte du CO_2 facilite l'achèvement de cette réaction. Notez que l'ATP est utilisé pour ajouter le CO_2 à l'acétyl-CoA et former le malonyl-CoA. Le même CO_2 est perdu quand la malonyl -ACP donne ses carbones à la chaîne. Ainsi le CO_2 est essentiel à la synthèse des acides gras, mais n'est pas incorporé de façon permanente. En effet, certains micro-organismes ont besoin de CO_2 pour se développer convenablement, mais peuvent s'en passer en présence d'un acide gras tel que l'acide oléique (un acide gras insaturé à 18 carbones). Dans la seconde partie de la synthèse, le groupe β-cétonique produit par la réaction de condensation initiale est éliminé dans un processus à trois étapes qui nécessite deux réductions et une déshydratation. L'acide gras est alors prêt pour l'addition de deux nouveaux atomes de carbone.

Les acides gras non saturés sont synthétisés par deux voies. Les eucaryotes et les bactéries aérobies telles que *Bacillus megaterium* utilisent une voie aérobie avec du NADPH et de l'oxygène.

$$R - (CH_2)_9 - \overset{\displaystyle O}{\overset{\|}{C}} - SCoA + NADPH + H^+ + O_2 \longrightarrow$$

$$R - CH = CH - (CH_2)_7 - \overset{\displaystyle O}{\overset{\|}{C}} - SCoA + NADP^+ + 2H_2O$$

Une double liaison se forme entre les carbones 9 et 10, et l'oxygène est réduit en eau par les électrons provenant à la fois de l'acide gras et du NADPH. Les bactéries anaérobies et certaines bactéries aérobies forment des liaisons doubles durant la synthèse des acides gras par la déshydratation des acides gras hydroxylés. L'oxygène n'est pas nécessaire à la synthèse des doubles liaisons par cette voie. La voie anaérobie est utilisée par beaucoup de bactéries Gram-négatives (p. ex. *Escherichia coli* et *Salmonella typhimurium*), par des bactéries Gram-positives (p. ex. *Lactobacillus plantarum* et *Clostridium pasteurianum*) et par des cyanobactéries.

Les micro-organismes eucaryotes emmagasinent souvent le carbone et l'énergie sous forme de **triacylglycérol**, du glycérol estérifié par trois acides gras. Le glycérol se forme par la réduction de la dihydroxyacétone phosphate, intermédiaire glycolytique, en glycérol 3-phosphate qui est alors estérifié avec deux acides gras pour donner l'**acide phosphatidique** (**figure 10.26**). Le phosphate est hydrolysé à partir de l'acide phosphatidique pour donner un diacylglycérol et le troisième acide gras est ajouté pour former un triacylglycérol.

Les phospholipides sont les composants majeurs des membranes chez les eucaryotes et la plupart des procaryotes. Leur synthèse se réalise généralement à partir de l'acide phosphatidique. Un transporteur particulier, la cytidine diphosphate (CDP) joue un rôle analogue à celui des uridine et adénosine diphosphates dans la biosynthèse des glucides. Par exemple, les bactéries synthétisent la phosphatidyléthanolamine, un composant principal de la membrane, par la formation initiale de CDP-diacylglycérol (figure 10.26). Ce dérivé de CDP réagit alors avec la sérine pour former de la phosphatidylsérine et une décarboxylation génère la phosphatidyléthanolamine. Par cette voie, un lipide membranaire complexe est fabriqué à partir des produits de la glycolyse, de la biosynthèse des acides gras et de la biosynthèse des acides aminés.

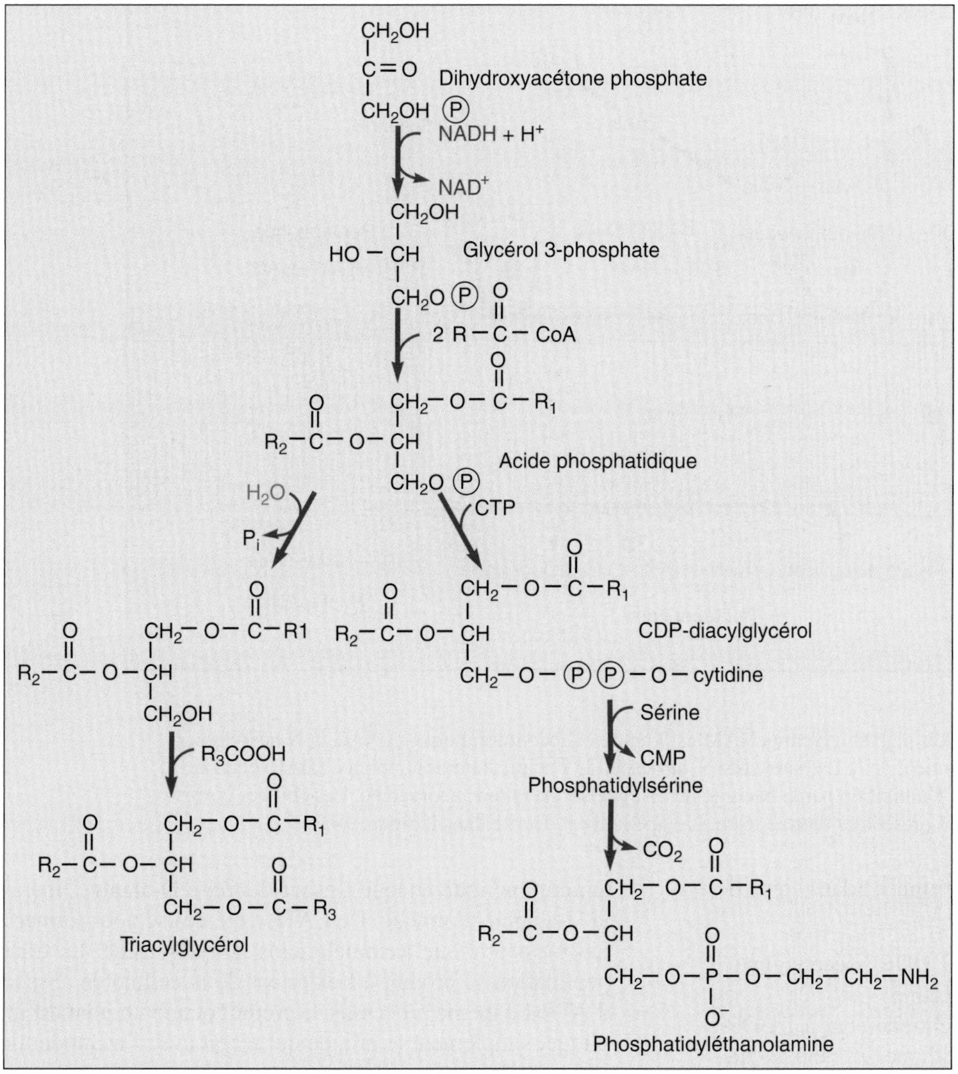

Figure 10.26 La synthèse du triacylgly-cérol et des phospholipides.

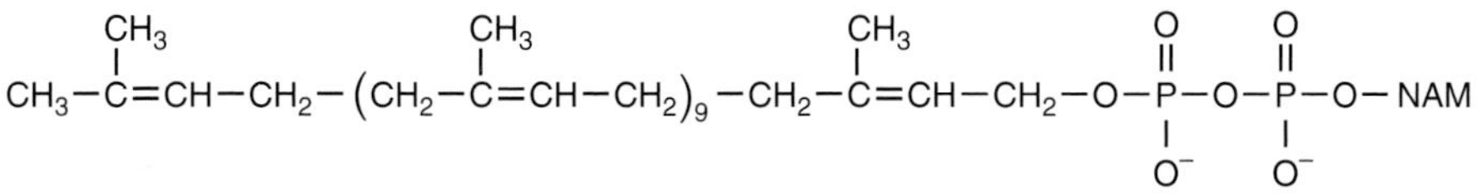

Figure 10.27 Le bactoprénol pyrophosphate lié à l'acide N-acétylmuramique (NAM).

---

1. Qu'est ce qu'un acide gras ? Décrivez en termes généraux comment la syntéthase des acides gras fabrique un acide gras ?

2. Comment sont synthétisés les acides gras non saturés ?

3. Décrivez brièvement les voies de synthèse du triacylglycérol et des phospholipides. Quelle est l'importance de l'acide phosphatidique et du CDP-diacylglycérol ?

10.9   La synthèse du peptidoglycane

Comme nous l'avons déjà dit, les parois cellulaires bactériennes contiennent pour la plupart du peptidoglycane, une macromolé-cule complexe constituée de longues chaînes polysaccharidiques, formées d'acide N-acétylmuramique (NAM) alternant avec des ré-sidus de N-acétylglucosamine (NAG). Des pentapeptides sont liés aux NAM. Les pentapeptides appartenant à des chaînes polysac-charidiques adjacentes sont reliés entre eux grâce à des ponts in-terpeptidiques (*voir figures 3.18 et 3.19*). La structure et la fonction du peptidoglycane (p. 56).

Il n'est pas surprenant qu'une structure aussi complexe né-cessite un processus de synthèse tout aussi compliqué, spéciale-ment parce que les réactions se produisent à la fois à l'intérieur et à l'extérieur de la cellule. La synthèse du peptidoglycane est un processus à plusieurs étapes qui a été le mieux étudié chez la bac-térie Gram-positive *Staphylococcus aureus*. Deux transporteurs y participent, l'uridine diphosphate (UDP) et le **bactoprénol (fi-gure 10.27)**. Le bactoprénol est un alcool à 55 carbones qui se lie au NAM par un groupe pyrophosphate et transporte les compo-sants du peptidoglycane à travers la membrane hydrophobe.

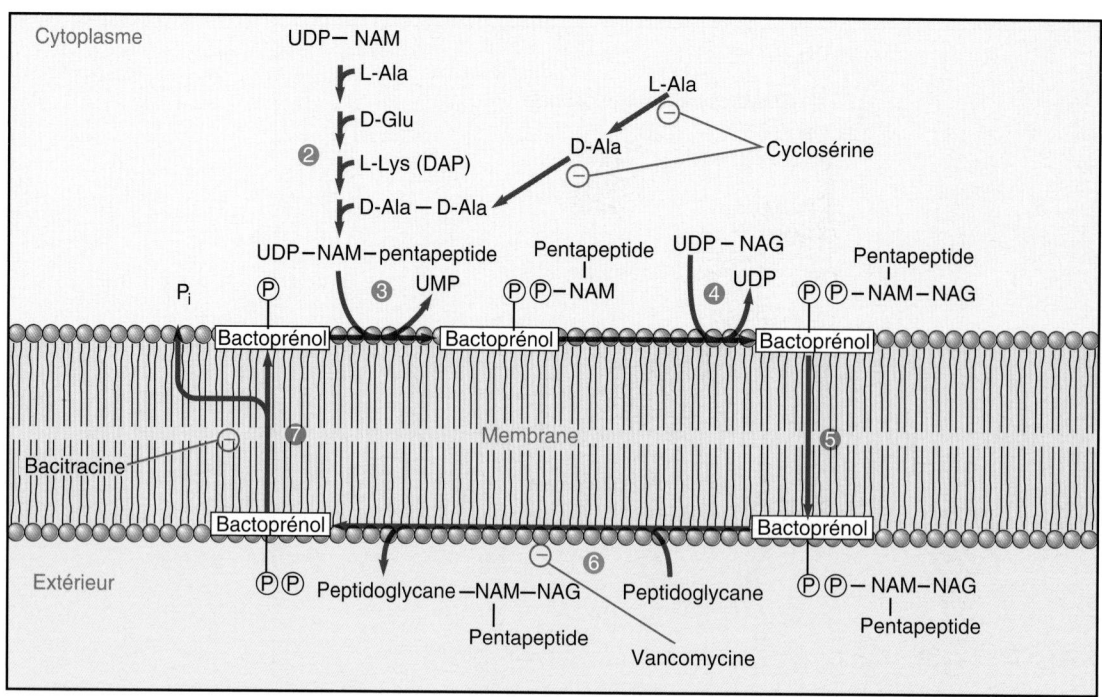

Figure 10.28 La synthèse du peptidoglycane. NAM est l'acide N-acétylmuramique et NAG la N-acétylgluco-samine. Le pentapeptide contient de la L-lysine chez *S. aureus* et de l'acide diaminopimélique (DAP) chez *E. coli*. La figure montre aussi l'inhibition par la bacitracine, la cyclosérine et la vancomycine. Les chiffres correspondent à six des huit étapes présentées dans le texte. L'étape huit est décrite dans la figure 10.29.

La synthèse du peptidoglycane, résumée dans les **figures 10.28** et 10.29, comporte 8 étapes :

1. L'UDP-acide N-acétylmuramique et l'UDP-N-acétylglucosamine sont synthétisés dans le cytoplasme.

2. Les acides aminés sont ajoutés séquentiellement à l'UDP-NAM pour former la chaîne pentapeptidique (les deux D-alanines terminales sont ajoutées sous forme de dipeptide). L'ATP procure l'énergie pour faire les liaisons peptidiques. L'ARN de transfert et les ribosomes ne sont pas impliqués.

3. Le N-acétylmuramyl-pentapeptide est transféré de l'UDP au bactoprénol phosphate membranaire.

4. La N-acétylglucosamine est transférée de l'UDP-NAG au NAM-pentapeptide pour former l'unité de base du peptidoglycane, le disaccharide peptide. Si un pont pentaglycine est nécessaire, les glycines sont ajoutées par des molécules particulières de glycyl-ARNt, sans implications des ribosomes.

5. Les unités de disaccharide-peptide sont transportées au travers de la membrane vers la surface externe par le transporteur bactoprénol pyrophosphate.

6. L'unité disaccharide-peptide est transférée à l'extrémité en croissance d'une chaîne de peptidoglycane et l'allonge d'une nouvelle unité de base.

7. Le transporteur bactoprénol retourne à l'intérieur de la membrane, un phosphate est libéré durant ce processus pour produire le bactoprénol phosphate qui peut maintenant accepter un autre NAM-pentapeptide.

8. Finalement, des liaisons peptidiques entre les chaînes de peptidoglycane se forment par **transpeptidation (figure 10.29)**. Chez *E.coli*, le groupe aminé libre de l'acide di-

aminopimélique attaque l'avant-dernière D-alanine libérant la D-alanine terminale. De l'ATP a été utilisé pour former la liaison peptidique terminale dans le cytoplasme. La transpeptidation se produit à l'extérieur de la cellule en absence d'ATP. Le même processus se produit quand un pont est impliqué, simplement le groupe qui réagit avec l'avant dernier résidu de D-alanine est différent.

La synthèse du peptidoglycane est très sensible aux agents anti-microbiens. L'inhibition de n'importe quelle étape de la synthèse affaiblit la paroi cellulaire et conduit à la lyse osmotique. Beaucoup d'antibiotiques interfèrent avec la synthèse du peptidoglycane. Par exemple, la pénicilline inhibe la réaction de transpeptidation (figure 10.29) et la bacitracine bloque la déphosphorylation du bactoprénol pyrophosphate (figure 10.28). Les effets des antibiotiques sur la synthèse de la paroi bactérienne (pp. 813-15, 817).

10.10   Les modèles de formation de la paroi cellulaire

Pour grandir et se diviser efficacement, une cellule bactérienne doit ajouter du peptidoglycane naissant à sa paroi cellulaire d'une manière précise et très bien régulée tout en maintenant sa forme et son intégrité en présence d'une pression osmotique très élevée. Comme le peptidoglycane de la paroi cellulaire est essentiellement une énorme structure réticulée, la bactérie en croissance doit pouvoir la dégrader juste assez pour permettre aux extrémités acceptrices d'incorporer de nouvelles unités de peptidoglycane. Elle doit aussi être capable d'adapter la structure du peptidoglycane aux be-

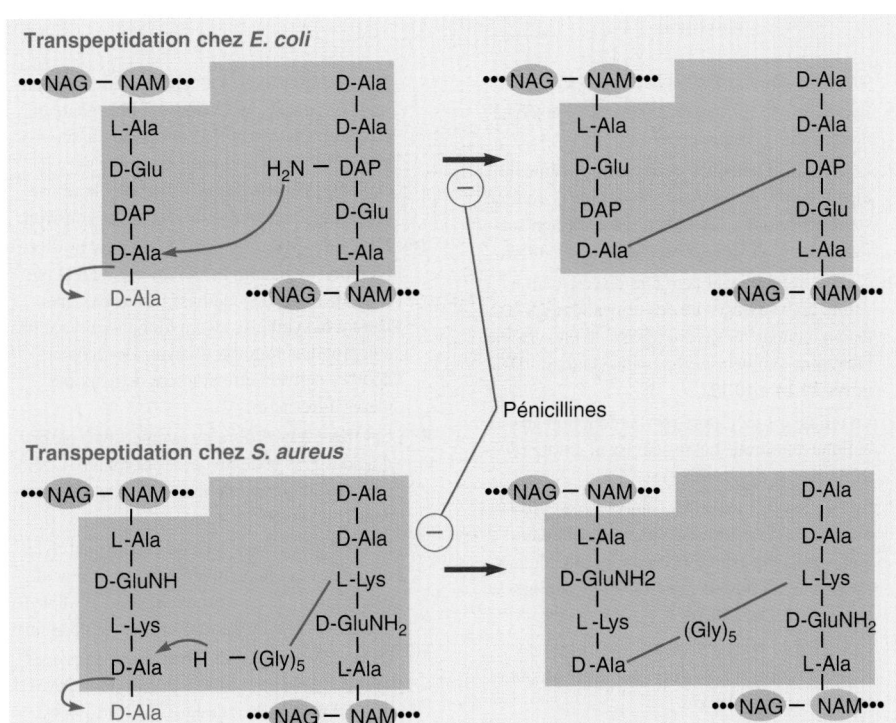

Figure 10.29 La réaction de transpeptidation. Les réactions de transpeptidation lors de la formation du peptidoglycane chez *E. coli* et *S. aureus*.

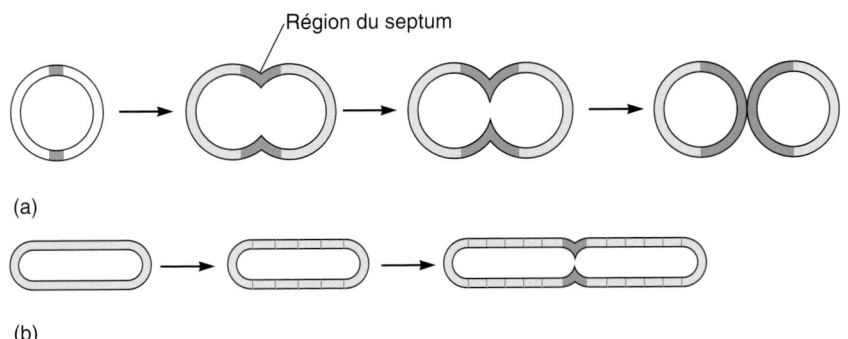

Figure 10.30 Modèles de synthèse de la paroi cellulaire. Schémas de synthèse de nouvelles parois cellulaires dans une bactérie qui se développe et se divise (**a**) Streptocoques et autres coques Gram-positifs. (**b**) Synthèse chez les bactéries en forme de bâtonnet (*Escherichia coli, Salmonella, Bacillus*). Les zones de croissance sont bleues-vertes. La situation réelle est plus complexe que ce qui est indiqué, car les cellules peuvent entamer une nouvelle division avant que la première division ne soit terminée.

soins. Cette digestion limitée du peptidoglycane se produit grâce à des enzymes appelées **autolysines**, certaines peuvent hydrolyser les chaînes polysaccharidiques, tandis que d'autres hydrolysent les liaisons peptidiques. Des inhibiteurs contrôlent très étroitement l'activité de ces enzymes. Le contrôle de la division cellulaire (pp. 285-86).

Bien que la localisation et la distribution des activités synthétiques des parois cellulaires diffèrent selon les espèces, il semble qu'il y ait deux modèles généraux (**figure 10.30**). Beaucoup de coques Gram-positifs (p. ex. *Enterococcus faecalis* et *Streptococcus pyogenes*), ont seulement une ou deux régions de croissance. La zone principale de croissance est habituellement localisée au site de formation du septum et les nouvelles moitiés de cellules sont synthétisées dos à dos. Le second modèle de synthèse se rencontre chez les bactéries en forme de bâtonnet (*Escherichia coli, Salmonella* et *Bacillus*). La synthèse active du peptidoglycane se produit au moment de la formation du septum comme pour les autres bactéries, mais il y a aussi des sites de croissance dans la portion cylindrique de la bactérie. De ce fait, la croissance est distribuée de manière plus diffuse dans les bactéries en forme de bâtonnet que dans les streptocoques. La synthèse doit permettre l'allongement des cellules en forme de bâtonnet aussi bien que leur division. Ceci explique probablement les différences dans la formation des parois de ces deux types de bactéries.

---

1. Résumez dans un diagramme les étapes impliquées dans la synthèse du peptidoglycane et montrez leur relation avec la membrane plasmique. Quel est le rôle du bactoprénol et de l'UDP ?

2. Quelle est la fonction des autolysines dans la synthèse du peptidoglycane ? Décrivez les modèles de synthèse du peptidoglycane dans les coques Gram-positifs et dans les bactéries en forme de bâtonnet telles que *E. coli*.

Résumé

1. Dans la biosynthèse ou anabolisme, les cellules utilisent de l'énergie pour construire des molécules complexes à partir de précurseurs plus simples et plus petits.

2. De nombreux constituants cellulaires importants sont des macromolécules, grands polymères construits à partir de monomères simples.

3. Bien que beaucoup de voies cataboliques et anaboliques partagent les mêmes enzymes pour plus d'efficacité, certaines de ces enzymes sont différentes et régulées indépendamment.

4. L'auto-assemblage des composants macromoléculaires forme souvent la molécule finale ou le complexe.

5. La fixation de CO_2 par photosynthèse s'effectue dans le cycle de Calvin qui peut être divisé en trois phases : la phase de carboxylation, la phase de réduction et la phase de régénération (**figure 10.4**). Trois ATP et deux NADPH sont consommés durant l'incorporation d'une molécule de CO_2.

6. La gluconéogenèse est la synthèse du glucose et de sucres apparentés à partir de précurseurs autres que le glucose.

7. Le glucose, le fructose et le mannose sont des intermédiaires gluconéogéniques ou sont synthétisés directement à partir de ces intermédiaires. Le galactose est synthétisé grâce à des dérivés de nucléoside diphosphate. Les bactéries et les algues synthétisent le glycogène et l'amidon à partir d'adénosine diphosphate glucose.

8. Le phosphore est obtenu à partir de phosphate inorganique et organique.

9. Les micro-organismes utilisent la cystéine, la méthionine et les sulfates inorganiques comme sources de soufre. Le sulfate est réduit en sulfure durant la réduction anabolique du sulfate.

10. L'azote ammoniacal peut être directement assimilé grâce à l'activité des transaminases et de la glutamate déshydrogénase ou du système glutamine synthétase-glutamate synthase (**figures 10.10 à 10.12**).

11. Le nitrate est incorporé par la réduction anabolique du nitrate, catalysée par la nitrate réductase et la nitrite réductase.

12. La fixation de l'azote est catalysée par le complexe de la nitrogénase. L'azote moléculaire atmosphérique est réduit en ammoniac, lequel est ensuite incorporé dans les acides aminés (**figures 10.14 et 10.16**).

13. Les voies de biosynthèse des acides aminés sont branchées sur les voies centrales amphiboliques (**figure 10.17**).

14. Les réactions anaplérotiques remplacent les intermédiaires du cycle des acides tricarboxyliques pour maintenir ce cycle en équilibre, alors qu'il fournit des précurseurs biosynthétiques. Beaucoup d'enzymes anaplérotiques catalysent des réactions de fixation du CO_2. Le cycle du glyoxylate est aussi anaplérotique.

15. Les purines et les pyrimidines sont des bases azotées présentes dans l'ADN, l'ARN et d'autres molécules. La synthèse du noyau purine commence par le ribose 5-phosphate et produit initialement de l'acide inosinique. La biosynthèse des pyrimidines débute avec le carbamyl phosphate et l'aspartate ; le ribose est ajouté après que le noyau ait été construit.

16. Les acides gras sont synthétisés à partir d'acétyl-CoA, de malonyl-CoA et de NADPH par le système de la synthétase des acides gras. Durant la synthèse, les intermédiaires sont liés à la protéine porteuse d'acyle. Des liaisons doubles peuvent être ajoutées de deux manières différentes.

17. Les triacylcérols sont synthétisés à partir d'acides gras et de glycérol phosphate. L'acide phosphatidique est un intermédiaire important dans cette voie.

18. Les phospholipides comme la phosphatidyléthanolamine sont synthétisés à partir d'acide phosphatidique par formation de CDP-diacylglycérol suivie de l'addition d'un acide aminé.

19. La synthèse du peptidoglycane est un processus complexe qui utilise à la fois des dérivés de l'UDP et le bactoprénol ; ce transporteur lipidique transfère les unités NAM-NAG-pentapeptide à travers la membrane cellulaire. Des ponts interpeptidiques sont alors formés par transpeptidation (**figures 10.28 et 10.29**).

20. La synthèse du peptidoglycane se produit dans des zones délimitées de la paroi cellulaire. L'ancien peptidoglycane est sélectivement dégradé par des autolysines pour permettre l'addition de nouvelles unités.

Mots-clés

acide gras *218*

acide phosphatidique *220*

adénine *217*

auto-assemblage *207*

autolysine *223*

bactoprénol *221*

carboxysome *207*

cycle de Calvin *207*

cycle du glyoxylate *216*

cytosine *217*

fixation de l'azote *212*

fixation du CO_2 *216*

gluconéogenèse *209*

glutamate déshydrogénase *211*

glutamate synthase *211*

glutamine synthétase *211*

guanine *217*

macromolécule *205*

monomère *205*

nitrate réductase *212*

nitrite réductase *212*

nitrogénase *213*

nucléoside *217*

nucléotide *217*

phosphatase *210*

phosphoadénosine 5'-phosphosulfate *210*

protéine porteuse d'acyle (ACP) *220*

purine *216*

pyrimidine *216*

réaction anaplérotique *216*

réduction anabolique du nitrate *211*

réduction anabolique du sulfate *212*

réduction catabolique du sulfate *210*

ribulose-1, 5-*bis*phosphate carboxylase *208*

syntéthase des acides gras *218*

thymine *217*

transaminase *221*

transpeptidation *223*

triacylcérol *220*

turnover (renouvellement) *205*

uracile *217*

uridine diphosphate glucose (UDPG) *209*

Questions de révision

1. Discutez la relation entre catabolisme et anabolisme. Comment l'anabolisme dépend-il du catabolisme ?

2. Supposez qu'un micro-organisme se développe dans un milieu qui contient des acides aminés mais pas de sucres. En termes généraux, comment pourrait-il synthétiser les pentoses et les hexoses requis ?

3. Des transporteurs activés participent à la synthèse des glucides, des lipides et du peptidoglycane. Décrivez brièvement ces transporteurs et leurs rôles.

4. Deux enzymes décrites dans ce chapitre sont spécifiques du cycle de Calvin, quelles sont-elles ?

5. Pourquoi le phosphore est-il directement incorporé dans les constituants cellulaires tandis que souvent le soufre ou l'azote ne le sont pas ?

6. Qu'est-ce qui est inhabituel dans la formation des peptides durant la synthèse du peptidoglycane ?

Questions de réflexion

1. Dans le métabolisme, les intermédiaires importants sont attachés covalentiellement à des transporteurs, comme pour les marquer afin que la cellule n'en perde pas la trace. Pensez aux hôtels qui accrochent la clé de votre chambre à un très grand anneau. Citez quelques exemples de ces transporteurs et indiquez s'ils interviennent principalement dans l'anabolisme ou dans le catabolisme.

2. Les transporteurs intermédiaires n'existent qu'en faibles quantités — un défaut de recyclage, suite à un blocage métabolique, aura donc de graves conséquences. Citez quelques exemples de telles conséquences.

Lectures complémentaires

Généralités

Caldwell, D. R. 2000. *Microbial physiology and metabolism* 2e éd. Belmont, Calif.: Star Publishing. Communications, Inc.

Dawes, I. W., et Sutherland, I. W. 1992. *Microbial physiology*, 2e éd. Boston, Mass.: Blackwell Scientific Publications.

Garrett, R. H., et Grisham, C. M. 1999. *Biochemistry*, 2e éd. New York: Saunders.

Gottschalk, G. 1986. *Bacterial metabolism*, 2e éd. New York: Springer-Verlag.

Lehninger, A. L.; Nelson, D. L.; and Cox, M. M. 1993. *Principles of biochemistry*, 2e éd. New York: Worth Publishers.

Mandelstam, J., McQuillen, K., et Dawes, I. 1982. *Biochemistry of bacterial growth*, 3e éd. London: Blackwell Scientific Publications.

Mathews, C. K., et van Holde, K. E. 1996. *Biochemistry*, 2e éd. Redwood City, Calif.: Benjamin/Cummings.

Moat, A. G., et Foster, J. W. 1995. *Microbial physiology*, 3e éd. New York: John Wiley and Sons.

Neidhardt, F. C., Ingraham, J. L., et Schaechter, M. 1990. *Physiology of the bacterial cell: A molecular approach.* Sunderland, Mass.: Sinauer Associates.

Voet, D., et Voet, J. G. 1998, Biochimie, 2e éd. De Boeck-Université.

White, D. 1995. *The physiology and biochemistry of procaryotes.* New York: Oxford University Press.

Zubay, G. 1998. *Biochemistry,* 4e éd. Dubuque, Iowa: WCB/McGraw-Hill.

10.2   La fixation photosynthétique du CO$_2$

Schlegel, H. G., et Bowien, B., éd. 1989.

Autotrophic bacteria. Madison, Wis.: Science Tech Publishers.

Yoon, K.-S., Hanson, T. E., Gibson, J. L., et Tabita, F. R. 2000. Autotrophic CO$_2$ metabolism. In *Encyclopedia of microbiology,* 2d ed., vol. 1, J. Lederberg, éd., 349–58. San Diego: Academic Press.

10.4   L'assimilation du phosphore, du soufre et de l'azote inorganiques

Brill, W. J. 1977. Biological nitrogen fixation. *Sci. Am.* 236(3):68–81.

Dean, D. R., Bolin, J. T., et Zheng, L. 1993. Nitrogenase metalloclusters: Structures, organization, and synthesis. *J. Bacteriol.* 175(21):6737–44.

Dilworth, M., et Glenn, A. R. 1984. How does a legume nodule work? *Trends Biochem. Sci.* 9(12):519–23.

Glenn, A. R., et Dilworth, M. J. 1985. Ammonia movements in rhizobia. *Microbiol. Sci.* 2(6):161–67.

Howard, J. B., et Rees, D. C. 1994. Nitrogenase: A nucleotide-dependent molecular switch. *Annu. Rev. Biochem.* 63:235–64.

Knowles, R. 2000. Nitrogen cycle. In *Encyclopedia of microbiology,* 2e éd., vol. 3, J. Lederberg, éd., 379–91. San Diego: Academic Press.

Kuykendall, L. D.; Dadson, R. B.; Hashem, F. M.; and Elkan, G. H. 2000. Nitrogen fixation. In *Encyclopedia of microbiology,* 2e éd., vol. 3, J. Lederberg, éd., 392–406. San Diego: Academic Press.

Lens, P., et Pol, L. H. 2000. Sulfur cycle. In *Encyclopedia of microbiology,* 2e éd., vol. 4, J. Lederberg, éd., 495–505. San Diego: Academic Press.

Luden, P. W. 1991. Energetics of and sources of energy for biological nitrogen fixation. In *Current topics in bioenergetics,* vol. 16, 369–90. San Diego: Academic Press.

Mora, J. 1990. Glutamine metabolism and cycling in *Neurospora crassa. Microbiol. Rev.* 54(3):293–304.

Peters, J. W., Fisher, K., et Dean, D. R. 1995. Nitrogenase structure et function: A biochemical-genetic perspective. *Annu. Rev. Microbiol.* 49:335–66.

10.10   Les modèles de formation de la paroi cellulaire

Doyle, R. J., Chaloupka, J., et Vinter, V. 1988. Turnover of cell walls in microorganisms. *Microbiol. Rev.* 52(4):554–67.

Harold, F. M. 1990. To shape a cell: An inquiry into the causes of morphogenesis of microorganisms. *Microbiol. Rev.* 54(4):381–431.

Höltje, J.-V. 1998. Growth of the stress-bearing and shape-maintaining murein sacculus of *Escherichia coli. Microbiol. Mol. Biol. Rev.* 62(1):181–203.

Höltje, J.-V. 2000. Cell walls, bacterial. In *Encyclopedia of microbiology,* 2e éd., vol. 1, J. Lederberg, éd., 759–71. San Diego: Academic Press.

Koch, A. L. 1995. *Bacterial growth and form.* New York: Chapman & Hall.

Nanninga, N., Wientjes, F. B., Mulder, E., et Woldringh, C. L. 1992. Envelope growth in *Escherichia coli*—Spatial and temporal organization. In *Prokaryotic structure and function,* S. Mohan, C. Dow, and J. A. Coles, editors, 185–222. New York: Cambridge University Press.

CHAPITRE 11

Les gènes : structure, réplication et mutation

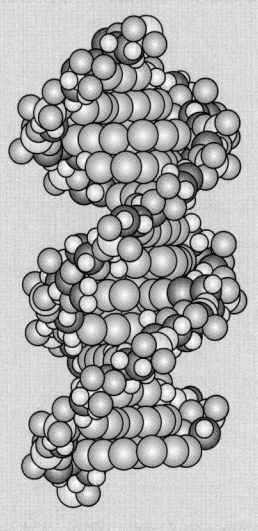

Ce modèle représente
l'ADN simple-brin.
L'ADN est le matériel
génétique chez les pro-
caryotes et les euca-
ryotes. L'information
génétique réside dans
la séquence de paires
de bases qui se trouvent
au centre de l'hélice.

Plan

Concepts

1. Les deux types d'acides nucléiques, l'acide désoxyribonucléique (ADN) et l'acide ribonucléique (ARN), diffèrent l'un de l'autre par la composition chimique et la structure. Dans les cellules procaryotes et eucaryotes, l'ADN est dépositaire de l'information génétique.

2. Dans la cellule, l'ADN est associé à des protéines basiques. Chez les eucaryotes, ce sont des protéines particulières, les histones, tandis que chez les procaryotes, des protéines non-histoniques sont associées à l'ADN.

3. Le flux de l'information génétique procède généralement à partir de l'ADN, via l'ARN vers la protéine. La séquence en acides aminés d'une protéine reflète la séquence nucléotidique de son ARN messager. Ce messager est une copie complémentaire d'une portion de l'ADN génomique.

4. La réplication de l'ADN est un processus très complexe impliquant une variété de protéines et nombre d'étapes. Ce processus est fait pour opérer rapidement tout en minimisant les erreurs et en corrigeant celles qui se produisent lorsque la séquence de l'ADN est copiée.

5. L'information génétique est contenue dans la séquence nucléotidique de l'ADN (et parfois de l'ARN). Lorsqu'un gène de structure détermine la synthèse d'un polypeptide, chaque acide aminé est spécifié par un codon triplet.

6. Un gène est une séquence nucléotidique qui code pour un polypeptide, un ARNr ou un ARNt.

7. La plupart des gènes bactériens ont au moins quatre parties majeures, chacune ayant sa fonction propre : promoteur, séquence de tête, région codante et séquence de queue.

8. Les mutations sont des modifications stables et héréditaires des gènes qui s'accompagnent habituellement, mais pas nécessairement de modifications phénotypiques. Les mutations, qu'elles soient spontanées ou induites par des mutagènes chimiques ou par des radiations, déterminent divers types d'altérations de la séquence nucléotidique.

9. Afin de conserver intacte la séquence nucléotidique, les micro-organismes disposent de plusieurs mécanismes de réparation, capables de détecter les modifications du matériel génétique et de rétablir son état d'origine. Souvent, plusieurs mécanismes de réparation sont susceptibles de corriger un type donné de mutation. Malgré ces mécanismes, certaines modifications ne sont pas corrigées et leur maintien dans le matériel héréditaire permet l'évolution.

---

*L'avantage manifeste que présentent les bactéries pour des études génétiques est leur rapidité de croissance. En une nuit, même dans des conditions de culture défavorables, une seule cellule d'*E.coli* produit une colonie de plusieurs millions d'individus, visible à l'œil nu. Des expériences génétiques sur* E.coli *peuvent être réalisées en un jour, alors que des expériences similaires chez le maïs prendront plusieurs mois. Il n'est donc pas étonnant que nous connaissions bien mieux la génétique d'*E.coli *que celle du maïs, même si cette dernière est étudiée depuis bien plus longtemps.*

— *R.F. Weaver et P. W. Hedrick*

Les chapitres précédents ont présenté les aspects essentiels du métabolisme microbien. Tournons-nous maintenant vers la génétique et la biologie moléculaires microbiennes. Le présent chapitre passe en revue certains des concepts de base de la génétique moléculaire : le stockage et l'organisation de l'information génétique dans la molécule d'ADN, la façon dont l'ADN se réplique, la nature du code génétique, la structure du gène et la réparation de l'ADN. De plus, on décrira l'utilisation des micro-organismes dans la détection de substances potentiellement mutagènes, en relation avec la prévention du cancer. La plupart de ces notions seront familières à ceux qui ont suivi un cours introductif de génétique. L'importance des bactéries justifie cependant une description détaillée de leur génétique.

Sur la base des données présentées dans ce chapitre, le chapitre 12 se focalisera sur l'expression du gène et sa régulation. Le chapitre 13 contient des informations sur les plasmides et sur la nature de la recombinaison génétique chez les micro-organismes. Ces trois chapitres fournissent les bases nécessaires à la compréhension des sujets de la partie V : la technologie de l'ADN recombinant (chapitre 14) et la génomique microbienne (chapitre 15).

Les généticiens, y compris les généticiens des micro-organismes, utilisent un vocabulaire spécialisé en raison de la complexité de leur discipline. La connaissance de la terminologie de base est requise pour entamer cette revue des principes généraux. Le matériel expérimental du généticien des micro-organismes est le **clone**. Un clone est une population de cellules génétiquement identiques. On l'appelle parfois culture pure. Le terme **génome** se réfère à l'ensemble des gènes présents dans une cellule ou un virus. Les bactéries ont généralement un seul assortiment de gènes : elles sont haploïdes (1N). Les micro-organismes eucaryotes ont souvent deux assortiments de gènes, d'où leur appellation d'organismes diploïdes (2N). Le génotype d'un organisme est l'ensemble des gènes qu'il possède. En revanche, le phénotype est l'ensemble des caractères que peut déceler l'expérimentateur. Tous les gènes ne sont pas exprimés en même temps et l'environnement influence profondément l'expression phénotypique. Une part importante de la recherche en génétique concerne l'étude des rapports entre génotype et phénotype d'un organisme, et l'expression du gène sera le sujet du chapitre 12.

Si l'analyse génétique a débuté avec la redécouverte des travaux de Gregor Mendel au cours de la première partie de ce siècle, ce sont des expériences ultérieures, menées sur les bactéries et les bactériophages, qui ont permis d'élucider la nature de l'information génétique, la structure des gènes, le code génétique et les mutations. Nous passerons d'abord en revue quelques-unes de ces premières expériences, pour résumer ensuite l'idée qu'on s'est faite des relations entre ADN, ARN et protéines – ce qu'on appelle parfois le Dogme central – idée qui a grandement servi de guide à la recherche moderne.

11.1 L'ADN, matériel génétique

Le travail pionnier de Fred Griffith (1928) sur le transfert de la virulence de la bactérie pathogène *Streptococcus pneumoniae* (**figure 11.1**) montra pour la première fois que l'ADN était bien le matériel génétique. Griffith découvrit que s'il injectait des bactéries virulentes préalablement ébouillantées, à des souris, celles-ci n'étaient pas infectées et que les animaux ne contenaient aucun pneumocoque. Par contre, s'il injectait un mélange de bactéries virulentes tuées par la chaleur et de bactéries vivantes appartenant à une souche non virulente, les souris mouraient. De plus, des bactéries virulentes pouvaient être isolées de ces souris mortes. Griffith donna le nom de **transformation** à ce changement de bactéries non virulentes en bactéries virulentes pathogènes.

Oswald T. Avery et ses collègues déterminèrent par la suite le constituant responsable de la transformation décrite par Griffith. Dans un premier temps, ils préparèrent des extraits de pneumocoques virulents et détruisirent sélectivement l'ADN, l'ARN ou

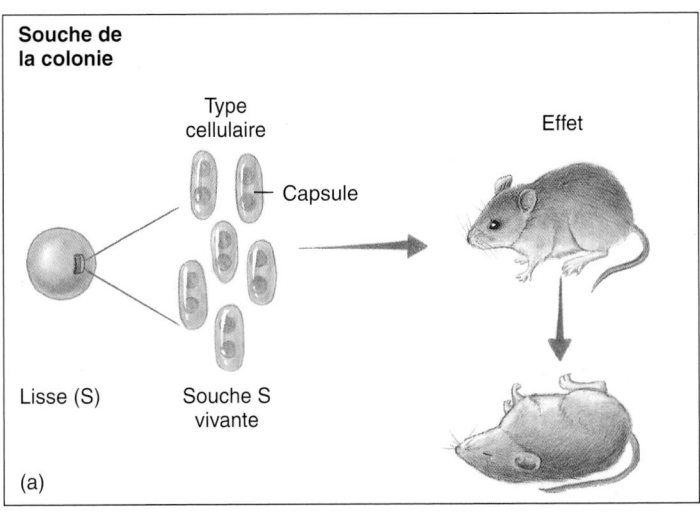

Souche de la colonie

Type cellulaire — Capsule

Effet

Lisse (S)

Souche S vivante

(a)

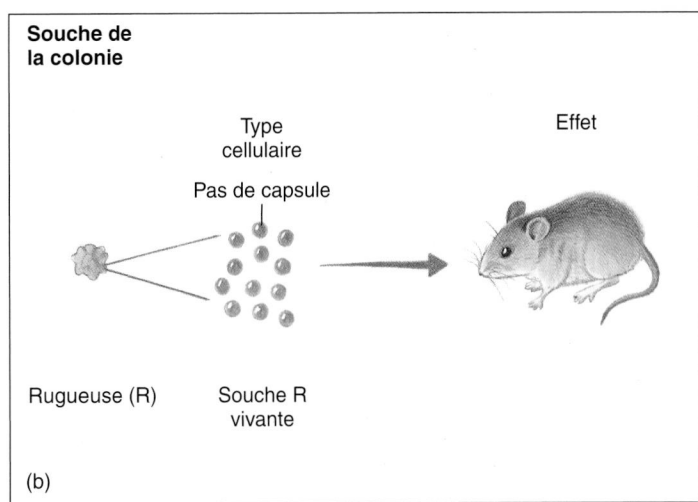

Souche de la colonie

Type cellulaire

Pas de capsule

Effet

Rugueuse (R)

Souche R vivante

(b)

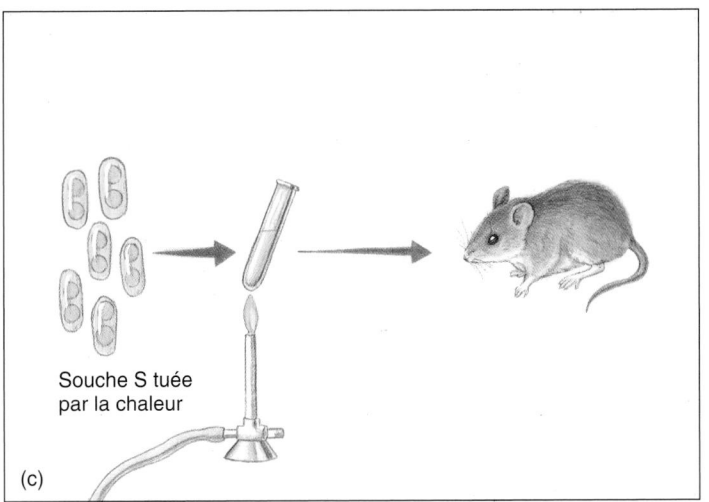

Souche S tuée par la chaleur

(c)

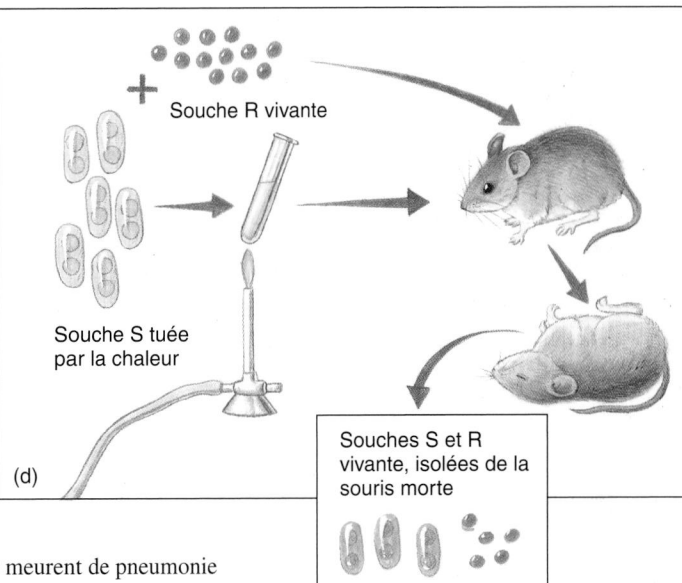

Souche R vivante

Souche S tuée par la chaleur

Souches S et R vivante, isolées de la souris morte

(d)

Figure 11.1 Les expériences de transformation de Griffith (**a**) Les souris meurent de pneumonie après injection de pneumocoques de souches L, qui possèdent une capsule et forment des colonies lisses. (**b**) Les souris survivent après injection de pneumocoques non pathogènes R, qui ne possèdent pas de capsule et forment des colonies rugueuses. (**c**) L'injection de pneumocoques L, tués à la chaleur, reste sans effet. (**d**) Les souris développent une pneumonie après injection de bactéries R vivantes et bactéries L tuées ; on retrouve dans les souris mortes des bactéries vivantes de type L.

Cellules R + polysaccharides purifiés de cellules L ⟶ Colonies R

Cellules R + protéines de cellules L ⟶ Colonies R

Cellules R + ARN purifié de cellules L ⟶ Colonies R

Cellules R + ADN purifié de cellules L ⟶ Colonies L

Extrait de cellules L + protéase + cellules R ⟶ Colonies L

Extrait de cellules L + RNase + cellules R ⟶ Colonies L

Extrait de cellules L + DNase + cellules R ⟶ Colonies R

Figure 11.2 Expériences sur le principe transformant. Résumé des expériences de Avery, MacLeod et McCarty sur le principe transformant. Seul l'ADN est capable de changer les cellules R en cellules L et cet effet est perdu lorsque l'extrait est préalablement traité à la désoxyribonucléase. L'ADN est donc porteur de l'information génétique requise pour la transformation ou conversion du caractère R en L.

les protéines de l'extrait à l'aide d'enzymes appropriées. Ils exposèrent ensuite des pneumocoques non virulents aux extraits traités. La transformation des bactéries non virulentes n'avait plus lieu lorsque l'ADN avait été hydrolysé, ce qui suggérait que l'ADN portait l'information requise pour la transformation (**figure 11.2**). La publication des travaux d'O.T. Avery, C.M. MacLeod, et M.J. McCarty en 1944 apporta pour la première fois la preuve que le principe transformant découvert par Griffith était bien l'ADN et que c'était donc cette molécule qui portait l'information génétique.

Quelques années plus tard (1952), Alfred D. Hershey et Martha Chase réalisèrent des expériences démontrant que l'ADN était le matériel génétique du bactériophage T2. Ils eurent la chance de choisir pour leur étude un virus à ADN. Chez beaucoup de virus, le matériel génétique est sous la forme d'ARN. Imaginez la confusion si T2 avait été un virus à ARN ! La controverse portant sur la nature du matériel génétique aurait pu durer beaucoup plus longtemps encore. Hershey et Chase marquèrent l'ADN du virus à l'aide de [32]P

Figure 11.3 L'expérience de Hershey et Chase.
(**a**) Lors de l'infection d'*E.coli* par des phages T2 dont les protéines sont marquées au ^{35}S, la majeure partie de la radioactivité se retrouve en dehors de la cellule hôte. (**b**) Lorsque l'ADN du phage T2 est marqué au ^{32}P, on retrouve la radioactivité à l'intérieur de la cellule hôte. L'ADN est donc injecté dans les cellules bactériennes ce qui entraîne la production de phages. C'est donc l'ADN qui est porteur de l'information génétique du virus.

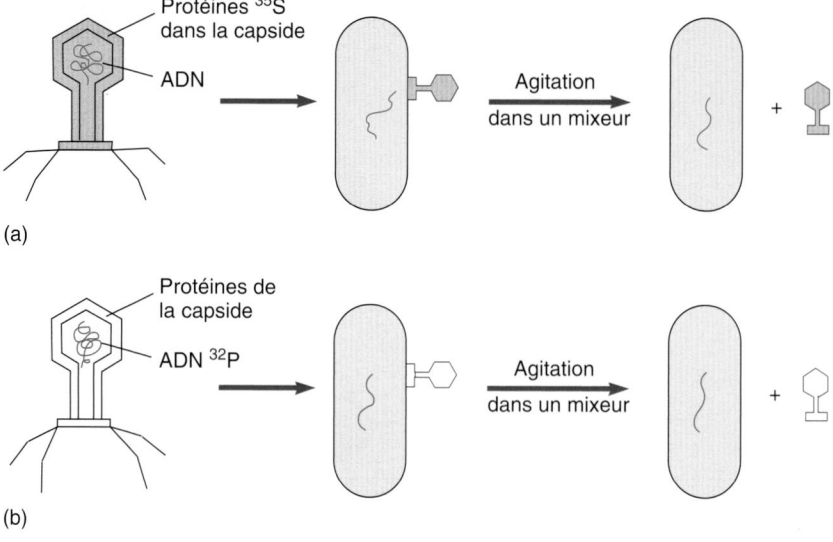

et les protéines de la capside à l'aide de ^{35}S. Ils mélangèrent le bactériophage radioactif avec *E. coli* et incubèrent le mélange pendant quelques minutes. La suspension fut alors agitée violemment dans un mixeur pour détacher toutes les particules de phages adsorbées (**figure 11.3**). Après centrifugation, la radioactivité dans le surnageant et dans le culot de bactéries fut mesurée et on retrouva la protéine radioactive en grande partie dans le surnageant, tandis que l'ADN marqué au ^{32}P était resté dans les bactéries. Puisque du matériel génétique était injecté et que des particules T$_2$ étaient produites, l'ADN était forcément la molécule porteuse de l'information génétique du virus T2. La biologie des bactériophages (chapitre 17).

Les études ultérieures consacrées à la génétique des virus et des bactéries, contribuèrent au développement rapide de la génétique moléculaire. La technologie de l'ADN recombinant (*voir chapitre 14*) résulte également des progrès récents de la génétique bactérienne et virale. Les travaux de génétique microbienne ont eu un impact profond non seulement sur la science biologique mais aussi sur la technologie qui affecte notre vie quotidienne.

Les biologistes ont établi depuis longtemps qu'une relation existait entre ADN, ARN et protéine (**figure 11.4**) et cette découverte a suscité de nombreuses recherches au cours des décennies passées. L'ADN est copié avec précision lors de sa synthèse ou **réplication**. L'expression de l'information, encodée dans la séquence des bases de l'ADN, commence avec la synthèse d'une copie ARN de la séquence d'ADN qui constitue un gène. Un gène est un segment ou séquence d'ADN qui code pour un polypeptide, un ARNr ou un ARNt. Bien que l'ADN soit fait de deux brins complémentaires, seul le brin codant est copié en l'un ou l'autre endroit particulier. Si les deux brins étaient transcrits, il y aurait deux ARNm différents et il en résulterait une confusion génétique. Donc la séquence correspondant à un gène est localisée sur un seul des deux brins complémentaires de l'ADN. Des gènes différents peuvent être encodés sur des brins opposés. Ce processus de synthèse d'ARN dirigée par l'ADN s'appelle la **transcription**, parce qu'il consiste à écrire en une séquence de bases d'ARN, la séquence de bases de l'ADN. L'ARN qui porte l'information de l'ADN et dirige la synthèse de la protéine est l'**ARN messager** (**ARNm**). La dernière phase de l'expression du gène est la **traduction** ou synthèse protéique. L'information génétique, sous forme d'une sé-

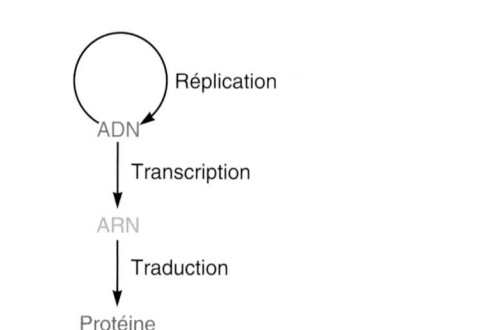

Figure 11.4 Les relations entre ADN, ARN et synthèse des protéines. On appelle souvent ce cadre conceptuel, le Dogme central.

quence nucléotidique d'ARNm, est traduite et régit la synthèse de la protéine. La séquence en acides aminés d'une protéine est donc le reflet direct de la séquence des bases de l'ARNm. Cette séquence nucléotidique de l'ARNm est une copie complémentaire d'une portion de l'ADN génomique.

1. Définissez souche ou clone, génome, génotype et phénotype.
2. Résumez brièvement les expériences de Griffith ; Avery, MacLeod et McCarty ; et Hershey et Chase. Que démontra chacune d'entre elles et quelle fut l'importance de ces expériences dans le développement de la génétique microbienne ?
3. Décrivez la relation générale entre ADN, ARN et protéine.

11.2 La structure des acides nucléiques

La structure et la synthèse des nucléotides puriques et pyrimidiques sont introduites dans le chapitre 10. Ces nucléotides peuvent être combinés pour former des acides nucléiques de deux sortes (**figure 11.5a**). L'**acide désoxyribonucléique (ADN)** contient des désoxyribonucléosides (figure 11.5*b*) d'adénine, de guanine, de cytosine et de thymine. L'**acide ribonucléique (ARN)**

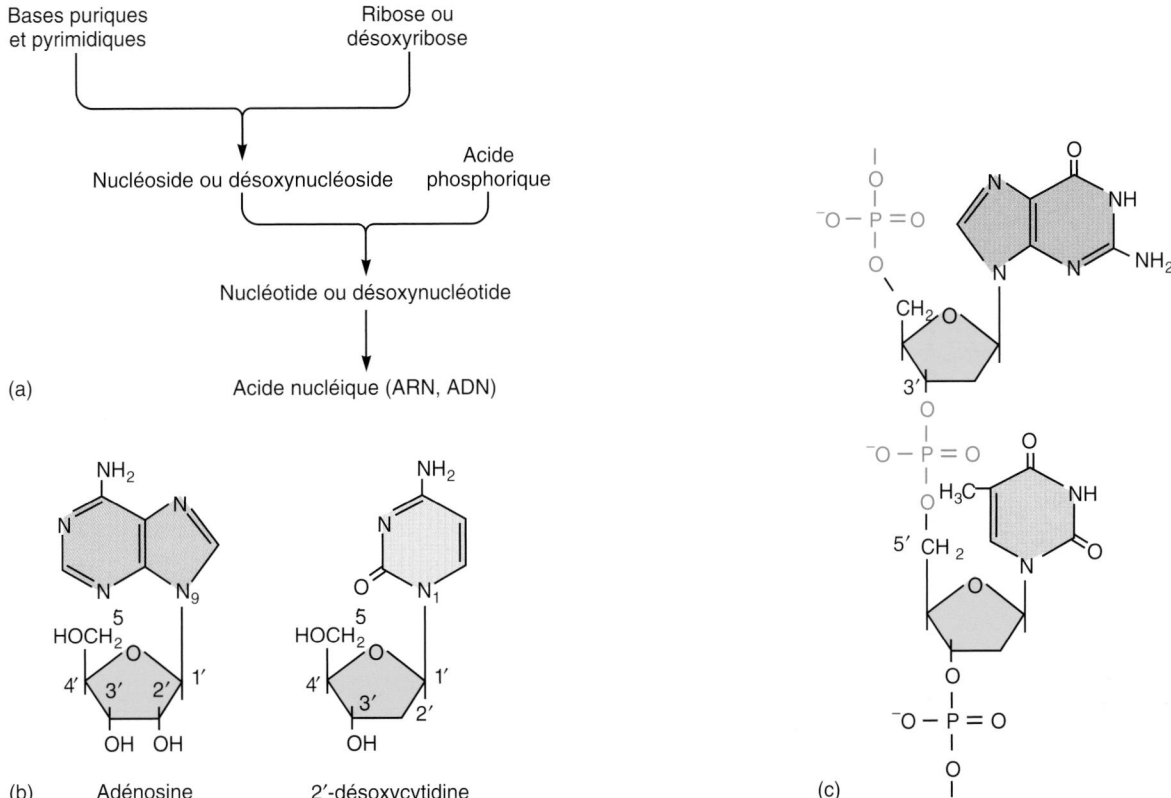

Figure 11.5 La composition des acides nucléiques. (a) Schéma montrant la relation des différents composants des acides nucléiques. L'association d'une base purique ou pyrimidique avec du ribose ou du désoxyribose donne un nucléoside (ribonucléoside ou désoxyribonucléoside). Un nucléotide contient un nucléoside et une ou plusieurs molécules d'acide phosphorique. Les acides nucléiques sont formés lorsque les nucléotides sont liés les uns aux autres en chaînes polynucléotidiques. **(b)** Exemples de nucléosides : l'adénosine, nucléoside purique, et la désoxycytidine, désoxynucléoside pyrimidique. Les carbones des sucres nucléosidiques sont indiqués par des chiffres avec des apostrophes. **(c)** Un segment de chaîne polynucléotidique montrant deux nucléosides, désoxyguanosine et thymidine, reliés par une liaison phospho-diester entre les carbones 3' et 5' des désoxyriboses adjacents.

est composé de ribonucléosides d'adénine, de guanine, de cytosine et d'uracile (au lieu de thymine). Dans l'ADN et l'ARN, les nucléosides sont reliés par des groupes phosphates pour former de longues chaînes polynucléotidiques (figure 11.5c). La différence de composition chimique entre les chaînes réside dans leur sucre et leurs bases pyrimidiques : l'ADN contient du désoxyribose et de la thymine, l'ARN du ribose et de l'uracile au lieu de thymine.

La structure de l'ADN

Les acides désoxyribonucléiques sont de très grandes molécules généralement composées de deux chaînes polynucléotidiques enroulées l'une autour de l'autre pour former une double hélice d'un diamètre de 2,0 nm (**figure 11.6**). Chaque chaîne est constituée de désoxyribonucléosides puriques et pyrimidiques reliés par des liaisons phosphodiesters (figure 11.5c). Cela signifie que deux désoxyriboses adjacents sont connectés par une molécule d'acide phosphorique estérifiée entre le groupe hydroxyle 3' d'un sucre et le groupe hydroxyle 5' de l'autre. Les bases puriques et pyrimidiques sont attachées au carbone en position 1' des désoxyriboses. Elles s'étendent vers l'intérieur du cylindre formé par les deux chaînes et sont empilées au centre les unes au-dessus des autres, une paire de bases tous les 0,34 nm. L'adénine (A) est toujours as-

sociée à la thymine (T) par deux liaisons hydrogène. La guanine (G) est toujours associée à la cytosine (C) par trois liaisons hydrogène (**figure 11.7**). Cet appariement de bases AT et GC implique que les deux brins dans une double hélice d'ADN sont **complémentaires**. Cela signifie que les bases dans un brin s'alignent avec celles de l'autre brin en fonction des règles de l'appariement des bases. Comme les séquences des bases dans ces brins codent pour l'information génétique, un travail considérable a été consacré à déterminer la séquence nucléotidique de l'ADN et de l'ARN de nombreux micro-organismes (*voir pp. 345-47*). La comparaison de séquence des acides nucléiques et la taxinomie microbienne (chapitre 19).

Les deux brins polynucléotidiques s'adaptent l'un à l'autre comme les pièces d'un puzzle à cause de l'appariement des bases complémentaires (**encadré 11.1**). La figure 11.6a.b, qui représente l'ADN de conformation B (probablement la plus commune dans les cellules), démontre que les deux brins ne sont pas directement opposés l'un à l'autre dans le cylindre de l'hélice. Par conséquent, quand les brins sont enroulés l'un autour de l'autre, un **grand sillon** et un **petit sillon** sont formés par le squelette. Chaque paire de bases effectue une rotation de 36° autour du cylindre par rapport aux paires adjacentes, de sorte qu'il y a 10 paires de bases par tour d'hélice. Chaque tour d'hélice a une longueur verticale de 3,4 nm.

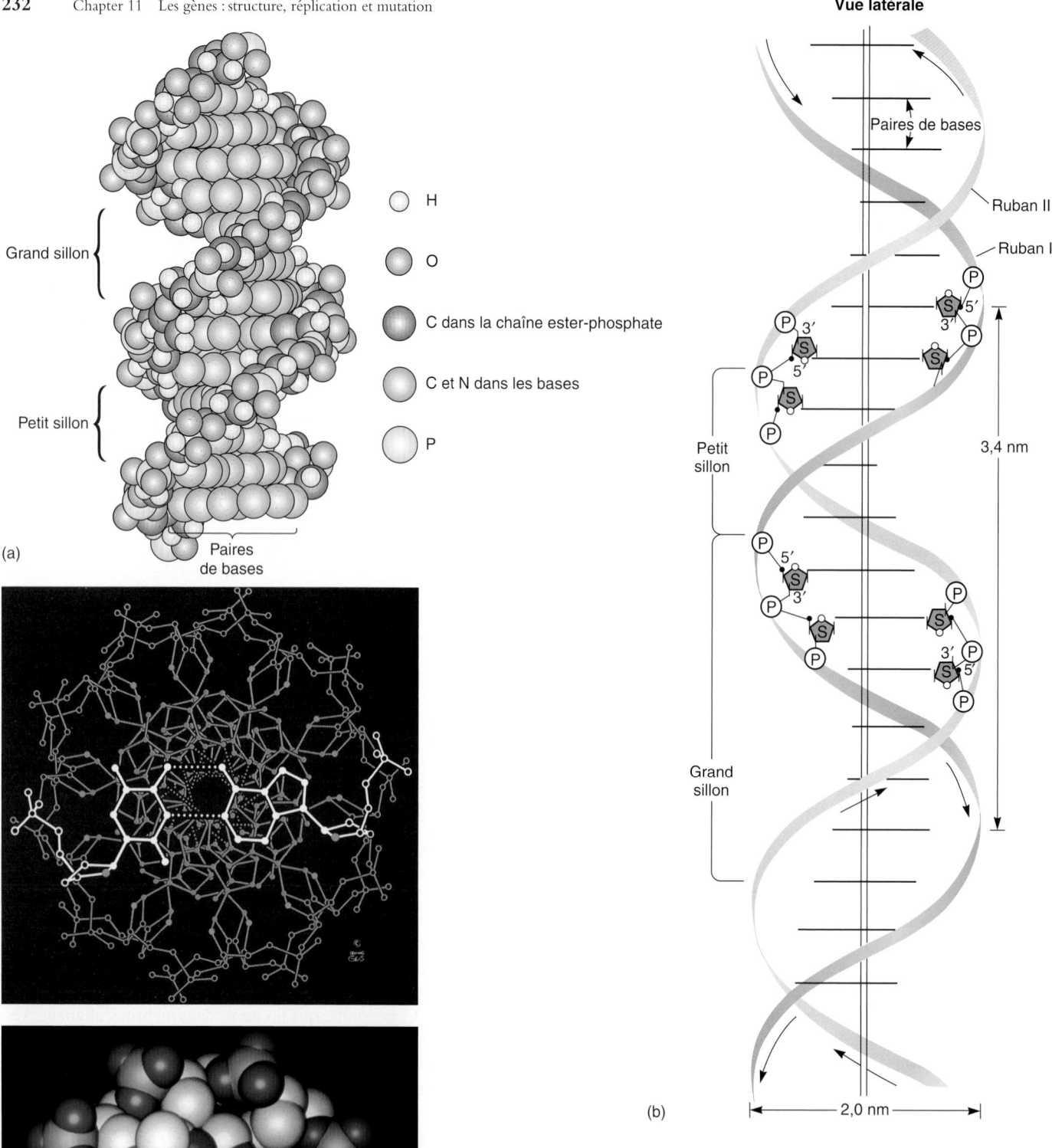

Vue latérale

Figure 11.6 La structure de la double hélice d'ADN. (a) Un modèle compact de la forme B de l'ADN montrant les paires de bases, le grand et le petit sillons. Le squelette formé des groupes phosphates, montré en couleur, forme une spirale autour de l'hélice. **(b)** Une représentation schématique de la double hélice. Le squelette consiste en désoxyriboses (S) reliés par des phosphates (P) formant des liaisons phosphodiester. Les flèches au dessus et au bas des chaînes indiquent la direction 5' vers 3'. Les rubans représentent les squelettes sucres-phosphates. **(c)** Vue terminale de la double hélice montrant le squelette à l'extérieur et les bases empilées à l'intérieur du cylindre. Dans le dessin supérieur, les oxygènes des noyaux de ribose sont en rouge. La paire de bases la plus proche, une paire AT, est en blanc.

Encadré 11.1

L'élucidation de la structure de l'ADN

La composition chimique des acides nucléiques fut élucidée dans les années 20 par P.A. Levene. Malgré sa contribution majeure à la chimie des acides nucléiques, Levene croyait que l'ADN était une très petite molécule, n'ayant probablement que 4 nucléotides et composée de quantités égales des quatre nucléotides différents disposés en une séquence fixe. En partie à cause de l'influence de Levene, les biologistes crurent pendant des années que la structure des acides nucléiques était trop simple pour porter une information génétique très complexe. Ils en conclurent que l'information génétique était encodée par les protéines, car celles-ci étaient de très grosses molécules dont les séquences complexes en acides aminés pouvaient varier d'une protéine à l'autre.

Comme cela se produit souvent, les progrès dans notre compréhension de la structure de l'ADN attendirent le développement de nouvelles méthodes chimiques d'analyse. L'un de ces développements fut l'invention de la chromatographie sur papier par Archer Martin et Richard Synge entre 1941 et 1944. En 1948, le chimiste Erwin Chargaff commença à utiliser la chromatographie sur papier pour analyser la composition en bases de l'ADN de plusieurs espèces. Il détermina rapidement que la composition en bases de l'ADN variait selon les organismes, exactement comme il s'y attendait. De plus, le nombre total de purines était toujours égal au nombre total de pyrimidines et les rapports adénine/thymine et guanine/cytosine étaient toujours de 1. Ces découvertes, connues sous le nom de règles de Chargaff, furent une des clés de la compréhension de la structure de l'ADN.

Une autre étape importante dans la recherche sur la structure de l'ADN fut atteinte en 1951 quand Rosalind Franklin arriva au King's College, à Londres, pour travailler avec Maurice Wilkins à préparer des fibres d'ADN orientées pour les étudier par cristallographie aux rayons X. Durant l'hiver 1952-1953, Franklin obtint une excellente image de l'ADN par diffraction aux rayons X.

Cette même année, alors que Franklin avait commencé son travail au King's College, le biologiste américain James Watson arriva à l'Université de Cambridge et y rencontra Francis Crick. Bien que physicien, Crick s'intéressait beaucoup à la structure et à la fonction de l'ADN, et tous deux commencèrent bientôt à travailler sur sa structure. Leurs efforts restèrent infructueux jusqu'à ce que les résultats de Franklin leur fournissent les clés nécessaires. Sa photographie d'une fibre d'ADN montrait une disposition en croix de points noirs, ce qui indiquait que la molécule était en hélice. Les régions foncées sur le dessus et au bas de la photographie montraient que les bases puriques et pyrimidiques étaient empilées les unes au-dessus des autres, séparées par 0.34 nm. Franklin avait déjà conclu que les groupes phosphates se trouvaient à l'extérieur du cylindre. Enfin, les données obtenues aux rayons X et la détermination de la densité de l'ADN par Franklin indiquaient que l'hélice contenait deux brins, non pas trois ou davantage, selon la proposition de certains.

Sans faire eux-mêmes aucune expérience, Watson et Crick construisirent leur modèle en combinant les règles de Chargaff sur la composition en bases, avec les résultats par rayons X de Franklin et leurs prédictions concernant le comportement du matériel génétique. En faisant des modèles, ils trouvèrent qu'une hélice à deux brins de diamètre constant pouvait être construite seulement si des ponts hydrogène liaient l'adénine à la thymine et la guanine à la cytosine au centre de l'hélice. Ils réalisèrent immédiatement que la structure en double hélice fournissait un mécanisme par lequel le matériel génétique pouvait se répliquer. Les deux brins parentaux pouvaient se séparer et diriger la synthèse de brins complémentaires, formant ainsi deux nouvelles molécules identiques d'ADN (figure 11.10). Watson, Crick et Wilkins reçurent le Prix Nobel en 1962 pour leurs découvertes. Franklin n'a pas pu être récompensée : elle était décédée d'un cancer en 1958, à l'âge de 37 ans.

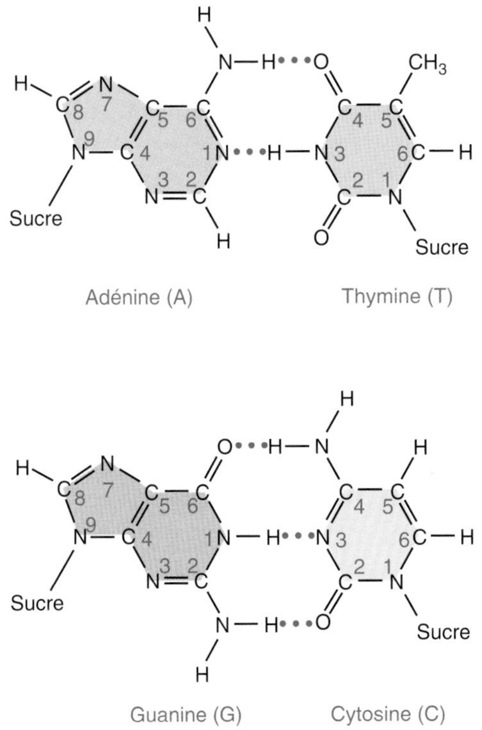

Adénine (A)   Thymine (T)

Guanine (G)   Cytosine (C)

L'hélice est de pas droit — c'est-à-dire que les chaînes tournent dans le sens contraire à celui des aiguilles d'une montre lorsqu'un observateur les regarde vers le bas dans l'axe longitudinal. Les deux squelettes sont antiparallèles : elles vont dans des directions opposées par rapport à l'orientation de leurs sucres. Une extrémité de chaque brin expose un hydroxyle 5', souvent lié à des phosphates, tandis que l'autre extrémité a un groupe hydroxyle 3' libre. Si on examine la fin d'une double hélice, on peut voir l'extrémité 5' d'un brin et l'extrémité 3' de l'autre. Dans une direction donnée, un brin est orienté de 5' vers 3' et l'autre de 3' vers 5' (*figure 11.6b*).

La structure de l'ARN

L'acide ribonucléique diffère chimiquement de l'ADN. De plus, il est habituellement monocaténaire alors que l'ADN est bicaténaire. Un brin d'ARN peut se replier sur lui-même par appariement des bases complémentaires pour former une structure en forme d'épingle à cheveux. Les cellules contiennent trois types différents d'ARN – l'ARN messager, l'ARN ribosomial, et l'ARN de transfert – qui diffèrent l'un de l'autre par leur fonction, l'endroit où ils sont synthétisés dans les cellules eucaryotes et leur structure.

Figure 11.7 Les paires de bases de l'ADN. Appariement des bases d'ADN complémentaires montrant les liaisons hydrogène (...)

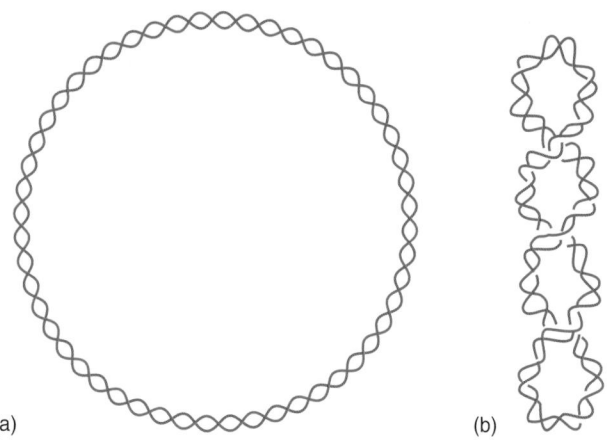

(a)   (b)

Figure 11.8 Différentes formes d'ADN. (a) La double hélice d'ADN de presque toutes les bactéries est en forme de cercle fermé. **(b)** Les chaînes d'ADN circulaires, enroulées une première fois en double hélice, s'enroulent une seconde fois pour former une superhélice.

L'organisation de l'ADN dans les cellules

Bien que l'ADN existe en double hélice à la fois chez les procaryotes et les eucaryotes, son organisation est différente dans les deux types cellulaires (*voir tableau 4.2*). L'ADN est organisé en cercle fermé chez presque tous les procaryotes (le chromosome de *Borrelia* est fait d'une molécule d'ADN linéaire). Cette double hélice circulaire est de plus enroulée en superhélice (**figure 11.8**) et est associée à des protéines basiques et non pas avec les histones complexées à presque tous les ADN eucaryotes. Ces protéines qui ressemblent à des histones, ont apparemment pour fonction d'organiser l'ADN bactérien en une structure enroulée de type chromatine. La structure du nucléoïde bactérien (p. 54).

L'ADN semble être beaucoup plus organisé dans la chromatine des eucaryotes (*voir section 4.9*) et est associée avec plusieurs protéines, les plus importantes étant les **histones**. Celles-ci sont de petites protéines basiques, riches en acides aminés, lysine et/ou arginine. Il y a cinq types d'histones chez presque toutes les cellules eucaryotes étudiées : H1, H2A, H2B, H3 et H4. Huit molécules d'histone (deux de H2A, de H2B, de H3, et de H4) forment un ellipsoïde, de 11 nm de longueur et de 6,5 à 7 nm de diamètre (**figure 11.9***a*). L'ADN fait à peu près 1 tour 3/4 (soit 166 bases) à la surface d'un de ces ellipsoïdes puis passe au suivant. Ce complexe

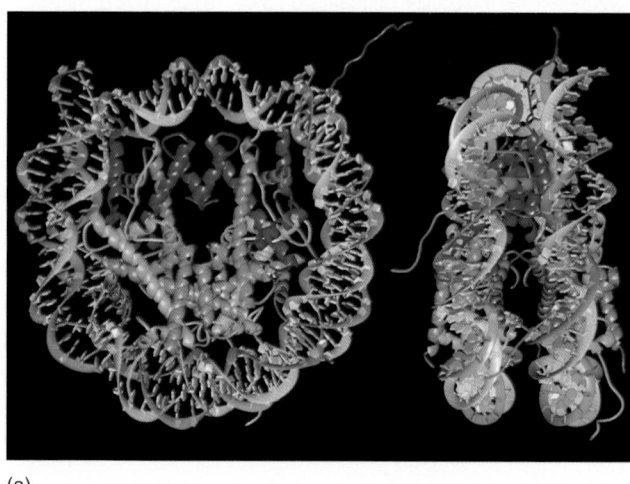

(a)

Figure 11.9 La structure interne et la fonction des nucléosomes.
(a) La particule centrale du nucléosome est un octamère d'histones, entouré par les 46 paires de base de l'hélice d'ADN (en brun et turquoise). L'octamère est une structure en forme de disque, composé de deux dimères H2A-H2B et de deux dimères H3-H4. Les huit histones sont colorées différemment : en bleu, H3 ; en vert, H4 ; en jaune, H2A ; et en rouge, H2B. Ces protéines interagissent avec le squelette du petit sillon de l'ADN. La double hélice d'ADN encercle l'octamère d'histones par une disposition en hélice gauche.
(b) Illustration de la manière dont un chapelet de nucléosomes, chacun associé à une histone H1, pourrait former une fibre de chromatine fortement superenroulée. Les nucléosomes sont représentés par des cylindres.

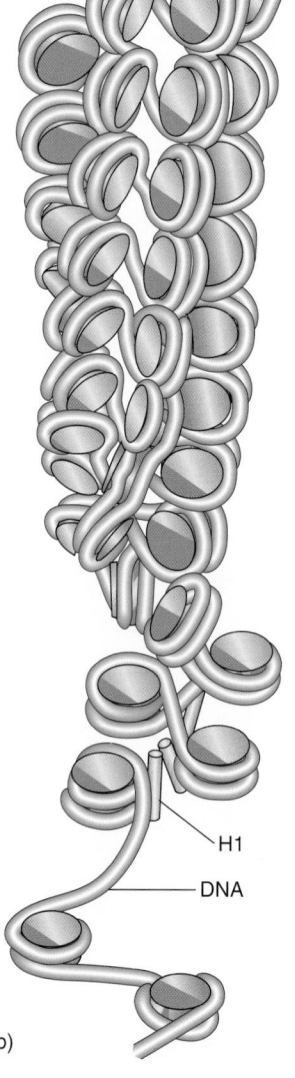

H1

DNA

(b)

d'histones et d'ADN s'appelle un **nucléosome**. Donc l'ADN, s'il a été isolé avec précaution de la chromatine, ressemble à un collier. La région de liaison qui se trouve entre les perles ou nucléosomes, varie en longueur de 14 à 100 paires de bases. L'histone H1 s'associe avec les régions de liaison pour aider au reploiement de l'ADN en structures chromatiniènnes plus complexes (figure 11.9*b*). Lorsque la structuration atteint un maximum, la chromatine prend la forme des chromosomes visibles dans les cellules eucaryotes pendant la mitose et la méiose (*voir figure 4.20*).

---

1. Que sont les acides nucléiques ? Quelles sont les différences de structure entre l'ADN et l'ARN ?
2. Décrivez en détail la structure de la double hélice d'ADN. Que signifie : les deux brins sont complémentaires et antiparallèles ?
3. Que sont les histones et les nucléosomes ? Décrivez la manière dont l'ADN est organisé dans les chromosomes des procaryotes et des eucaryotes.

11.3   La réplication de l'ADN

La réplication de l'ADN est un processus extraordinairement important et complexe, dont toute vie dépend. Nous présenterons d'abord le mode de synthèse de l'ADN dans sa globalité et examinerons ensuite plus en profondeur, le mécanisme de sa réplication.

Les modes de synthèse de l'ADN

Watson et Crick publièrent leur description de la structure de l'ADN en avril 1953. Presque exactement un mois plus tard, une seconde publication apparut dans laquelle ils suggéraient la façon dont l'ADN pouvait se répliquer. Ils proposaient que les deux brins de la double hélice se déroulent et se séparent l'un de l'autre (**figure 11.10**). Les nucléotides libres s'alignent alors le long des deux brins parentaux par appariement complémentaire des paires de bases – A avec T, G avec C, et vice versa (figure 11.7). Quand ces nucléotides sont liés l'un à l'autre par une ou plusieurs enzymes, deux répliques apparaissent, chacune contenant un brin d'ADN parental et un nouveau brin. Les recherches dans les années qui suivirent, montrèrent que l'hypothèse de Watson et Crick était correcte.

Les modes de réplication sont quelque peu différents chez les procaryotes et les eucaryotes. Par exemple, quand le chromosome circulaire de *E. coli* est copié, la réplication commence à un seul endroit, l'origine. La synthèse a lieu à la **fourche de réplication**, là où l'hélice d'ADN est déroulée et où les brins individualisés sont répliqués. Deux fourches de réplication se déplacent à partir de l'origine jusqu'à ce qu'elles aient copié tout le **réplicon**, c'est-à-dire la portion du génome qui contient une origine et qui se réplique en une seule unité. Lorsque les fourches de réplication se déplacent autour du cercle, on obtient une structure qui a la forme de la lettre grecque têta (θ) (**figure 11.11**). Finalement, comme le chromosome bactérien est un réplicon unique, les fourches se rencontrent de l'autre côté et deux chromosomes séparés sont libérés.

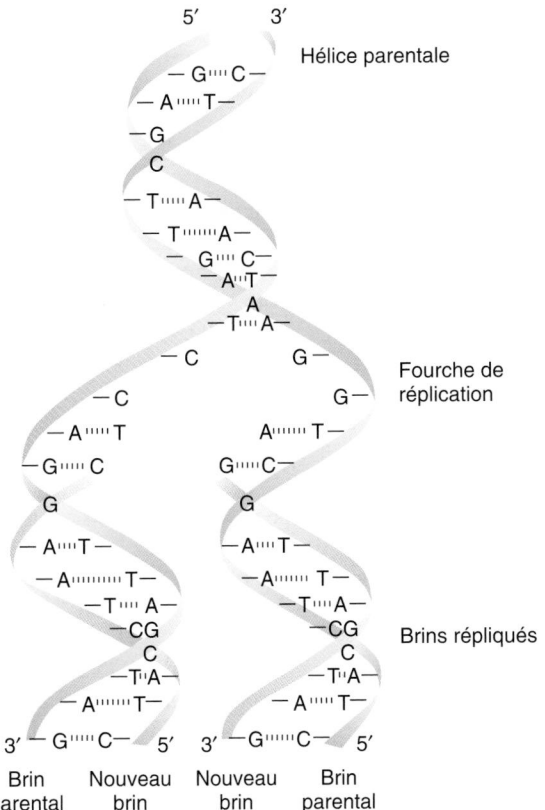

Figure 11.10 La réplication semi-conservatrice de l'ADN. La fourche de réplication de l'ADN montrant la synthèse des deux nouveaux brins (en rose). Chaque copie contient un nouveau et un ancien brin. Ce processus est appelé réplication semi-conservatrice.

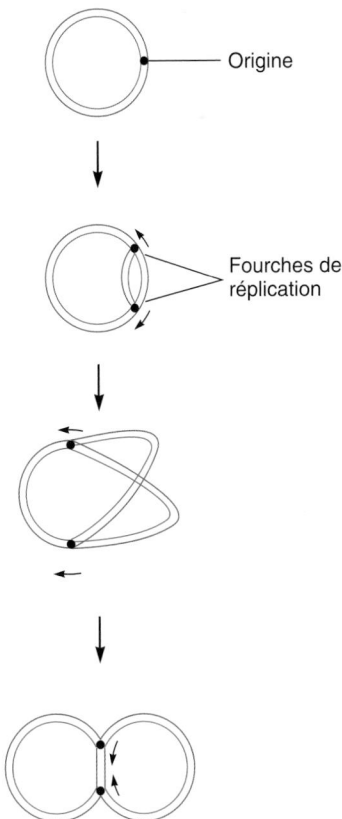

Figure 11.11 La réplication bidirectionnelle. La réplication du génome circulaire de la bactérie. Deux fourches de réplication se déplacent autour de l'ADN formant des intermédiaires en forme de thêta. Le brin d'ADN nouvellement synthétisé est en rouge.

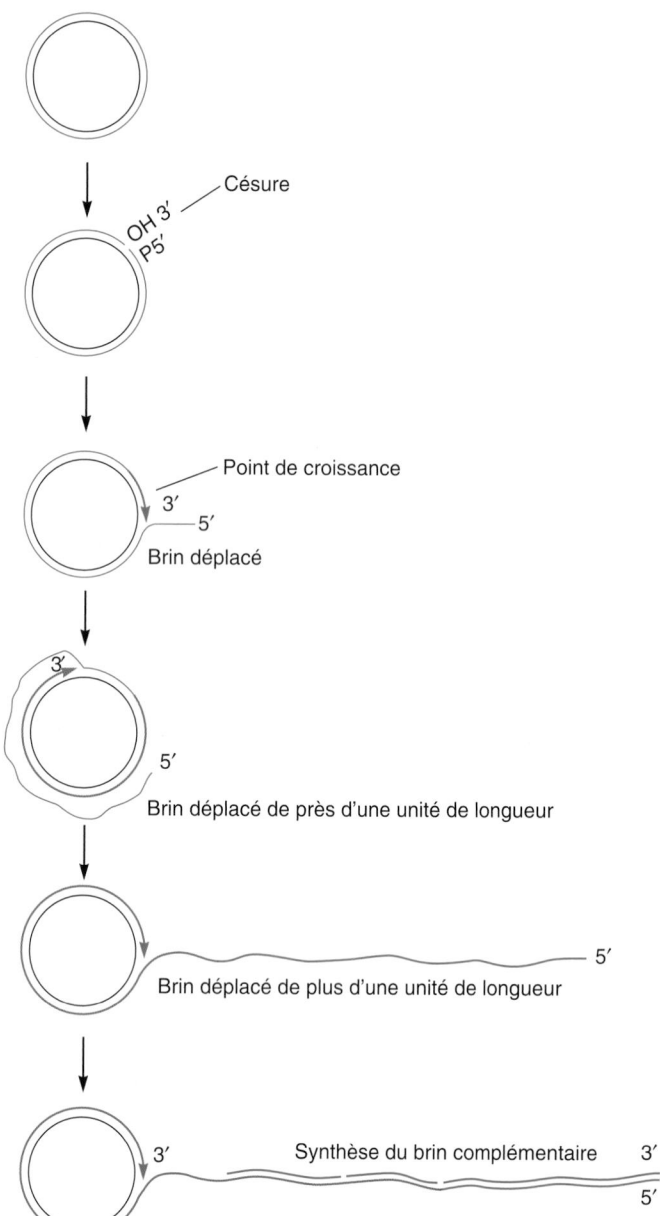

Figure 11.12 Le modèle de la réplication en cercle roulant. Une queue simple brin, souvent composée de plus d'une copie du génome, est formée et peut être convertie en double brin par la synthèse d'un brin complémentaire. L'« extrémité libre » du cercle roulant est probablement attachée au primosome.

Un modèle différent de réplication de l'ADN est observé durant la conjugaison chez *E. coli* (*voir section 13.4*) et la multiplication de virus, tels le phage lambda (*voir section 17.5*). Dans le **mécanisme du cercle roulant** (**figure 11.12**), un brin est incisé et l'extrémité hydroxyle 3' libre s'agrandit grâce aux enzymes de la réplication. Comme l'extrémité 3' est allongée tandis que le point de croissance tourne autour de la molécule circulaire, l'extrémité 5' du brin est déplacée et forme une queue qui grandit. La queue simple brin peut être convertie en double brin par la synthèse du brin complémentaire. Ce mécanisme est particulièrement utile aux virus (*voir p. 388*) car il permet la production rapide et continue de plusieurs copies du génome à partir d'un seul point d'initiation.

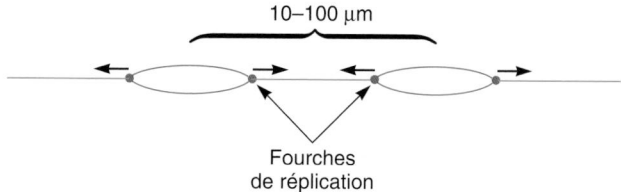

Figure 11.13 La réplication de l'ADN eucaryote. La réplication est initiée à intervalles de 10 à 100 µm et les fourches de réplication se déplacent en s'éloignant de l'origine. L'ADN nouvellement copié est en rouge.

L'ADN des eucaryotes est linéaire et beaucoup plus long que celui des procaryotes. L'ADN chez *E. coli* mesure à peu près 1.300 µm, tandis que les 46 chromosomes de l'homme ont une longueur totale de 1,8 m (à peu près 1.400 fois plus long). Evidemment, il faut que de nombreuses fourches de réplication copient l'ADN eucaryote simultanément, de manière à ce que la molécule puisse être dupliquée en un temps relativement court. En conséquence, il y a beaucoup de réplicons et une origine tous les 10 à 100 µm le long de l'ADN. Les fourches de réplication se déplacent vers l'extérieur à partir de ces origines ; deux fourches peuvent se rencontrer lorsqu'elles ont terminé de copier deux morceaux d'ADN adjacents (**figure 11.13**). De cette manière, une molécule très longue est rapidement copiée.

Le mécanisme de réplication de l'ADN.

Vu l'importantce de la réplication de l'ADN pour les organismes, un effort considérable a été consacré à l'étude de ce mécanisme. La réplication de l'ADN chez *E. coli* est probablement la mieux comprise, elle fait l'objet de cette section. On pense que le processus est semblable dans les cellules eucaryotes.

La réplication de l'ADN démarre au locus *oriC*. La protéine DnaA se lie à *oriC*, avec hydrolyse d'ATP. Ceci amorce le déroulement de la double hélice au site d'initiation. Ce déroulement se poursuit sous l'action de la protéine DnaB, une hélicase (voir ci-dessous).

E. coli possède trois **ADN polymérases** différentes, chacune catalysant la synthèse de l'ADN dans la direction 5' → 3', tout en lisant la séquence de l'ADN matrice dans la direction 3' → 5' (**figures 11.14** et **11.15**). Les polymérases demandent des désoxyribonucléosides triphosphates (dATP, dGTP, dCTP et dTTP) comme substrats et une séquence d'ADN matrice à copier. Ces nucléotides sont ajoutés à l'extrémité 3' de la chaîne qui grandit tandis que le groupe hydroxyle 3' libre sur le désoxyribose attaque le groupe phosphate alpha du substrat pour libérer du pyrophosphate (figure 11.14). L'ADN polymérase III joue le rôle principal dans la réplication, bien qu'elle soit probablement assistée par la polymérase I. On considère que les polymérases I et II participent à la réparation de l'ADN endommagé (*p. 254*).

Durant la réplication, la double hélice d'ADN doit être déroulée pour séparer les brins. Ce déroulement se produit très rapidement ; la fourche peut effectuer des rotations de 75 à 100 révolutions par seconde. Les **hélicases** sont responsables du déroulement de l'ADN. Ces enzymes utilisent l'énergie de l'ATP pour défaire de petites portions de l'hélice juste devant la fourche de réplication. Séparés, les brins sont maintenus à l'état monocaténaire grâce à des **protéines se liant à l'ADN simple brin** (les **SSB** pour « single-stranded binding ») (figure 11.15*)*. Ce déroulement rapide

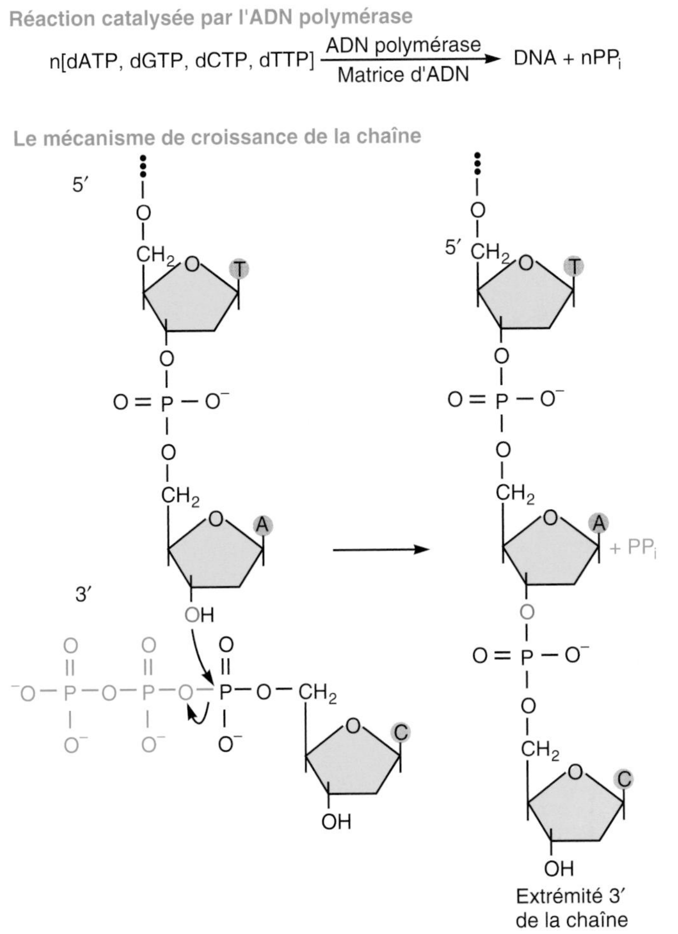

Réaction catalysée par l'ADN polymérase

$$n[\text{dATP, dGTP, dCTP, dTTP}] \xrightarrow[\text{Matrice d'ADN}]{\text{ADN polymérase}} \text{DNA} + n\text{PP}_i$$

Le mécanisme de croissance de la chaîne

Figure 11.14 La réaction catalysée par l'ADN polymérase. Le mécanisme inclut une attaque nucléophile par l'hydroxyle du désoxyribose 3' terminal sur le groupe phosphate alpha du substrat (ici, l'adénosine attaque la cytidine triphosphate)

peut produire des tensions et la formation de surenroulements dans l'hélice, de la même manière que la séparation rapide de deux brins d'une corde peut produire des noeuds ou des torsions dans la corde. Des enzymes appelées **topoisomérases** libèrent la tension produite et facilitent le déroulement. Ces enzymes changent la structure de l'ADN de manière à ce qu'il reste intact mais que sa forme soit modifiée (par exemple, la topoisomérase noue ou dénoue un noeud dans un brin d'ADN). L'**ADN gyrase** est une topoisomérase de *E. coli* qui retire les surenroulements produits durant la réplication (*voir figure 35.6*).

Lorsque la double hélice a été déroulée, il faut encore, pour répliquer l'ADN, résoudre deux problèmes. Premièrement, l'ADN polymérase ne synthétise une nouvelle copie d'ADN que dans la direction 5' → 3'. On voit dans la figure 11.15 que la synthèse du brin avancé est relativement simple, parce que le nouveau brin peut être allongé de façon continue à son extrémité 3', au fur et à mesure que l'ADN se déroule. Au contraire, le brin retardé ne peut pas être allongé dans la même direction, parce que ceci demanderait une synthèse dans le sens 3' → 5', ce qui n'est pas possible. Par conséquent, la copie du brin retardé est synthétisée de façon discontinue, dans la direction 5' → 3', en une série de fragments ; ceux-ci sont ensuite reliés pour former une copie complète. Le second problème est dû à ce que l'ADN polymérase ne peut pas commencer une nouvelle copie à partir de rien ; elle doit disposer d'un brin préexistant. Dans la figure 11.15, la copie du brin avancé existe, mais les fragments du brin retardé doivent être synthétisés sans brin d'ADN de départ. Dans ce cas, une amorce spéciale d'ARN est synthétisée d'abord, une copie d'ADN peut alors être construite à partir de l'amorce.

Les détails de la réplication de l'ADN sont repris dans un schéma (**figure 11.16**). Le processus de réplication se réalise en quatre étapes.

1. Les hélicases détordent l'hélice avec l'aide de topoisomérases telle que l'ADN gyrase (figure 11.16, étape 1). La protéine DnaB semble être l'hélicase la plus active dans la réplication, toutefois la protéine n' peut aussi participer au déroulement. La séparation des brins monocaténaires est maintenue par les protéines se liant à l'ADN (SSB).

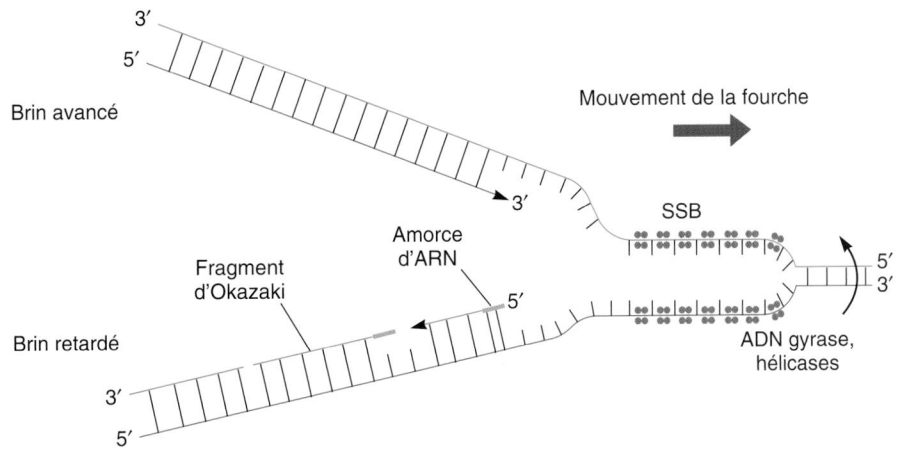

Figure 11.15 La réplication de l'ADN bactérien. Une vue d'ensemble schématique de la synthèse de l'ADN chez *E. coli* à la fourche de réplication. Les bases et les paires de bases sont représentées par des lignes perpendiculaires aux brins. L'amorce d'ARN est en doré. Voir texte pour les détails.

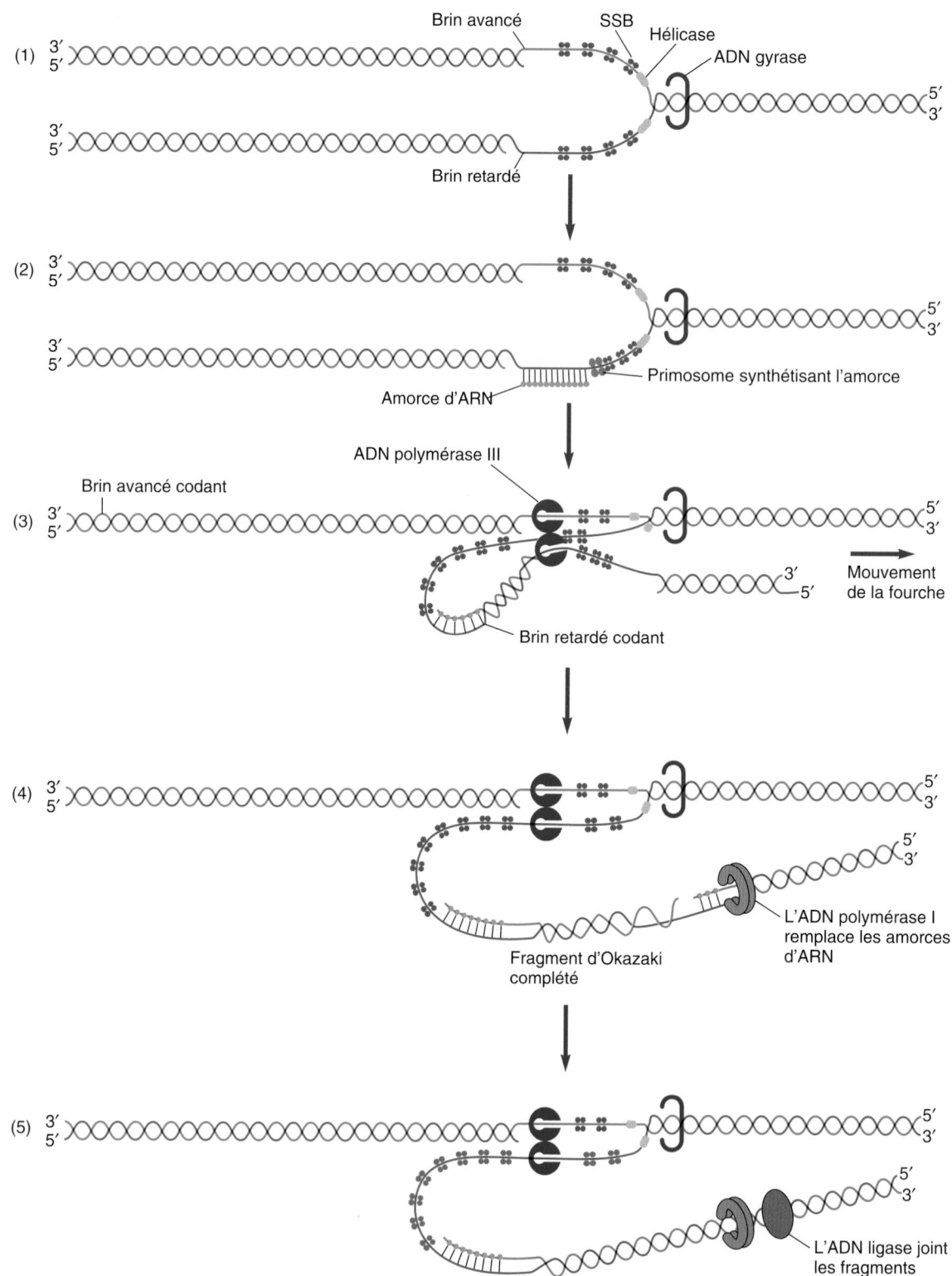

Figure 11.16 Modèle hypothétique de la succession des activités à la fourche de réplication. Le processus global est décrit en cinq stades où, par souci de clarté, n'apparaît qu'un seul cycle de réplication. En fait, toutes ces enzymes fonctionnent simultanément et il peut y avoir plus d'un cycle de réplication en route en même temps. Par exemple, la synthèse d'une nouvelle amorce d'ARN peut avoir lieu pendant la réplication de l'ADN. (*1*) L'ADN gyrase, les hélicases et les protéines se liant à l'ADN simple-brin (SSB) déroulent l'ADN et donnent naissance à un segment simple-brin. (*2*) Le primosome synthétise une amorce d'ARN. (*3*) Le réplisome comporte deux complexes d'ADN polymérase III. Une polymérase copie en continu le brin avancé. Le brin retardé forme boucle autour de l'autre polymérase, de telle sorte que les deux brins puissent être répliqués simultanément. Lorsque l'ADN polymérase III atteint un fragment d'Okazaki complété, elle libère le brin retardé. (*4*) L'ADN polymérase I élimine l'amorce d'ARN et comble la brèche avec de l'ADN complémentaire. (*5*) L'ADN ligase ferme la coupure et joint les deux fragments l'un à l'autre.

2. L'une des chaînes de l'ADN, le brin avancé (« leading strand ») est probablement synthétisée de façon continue par l'ADN polymérase III. L'autre chaîne, le brin retardé (« lagging strand »), est synthétisée de façon discontinue et les fragments sont synthétisés dans la direction 5' → 3'. Tout d'abord, une ARN polymérase particulière ou **primase**, synthétise une courte amorce d'ARN, généralement longue d'environ 10 nucléotides, complémentaire de l'ADN (figure 11.16, étape 2). La primase nécessite l'aide de plusieurs autres protéines et le complexe de la primase avec ces protéines accessoires est appelé le **primosome**. L'ADN complémentaire est alors synthétisé par l'ADN polymérase III commençant à l'extrémité 3' de l'amorce d'ARN. La synthèse des deux brins avancé et retardé a probablement lieu dans un seul complexe multiprotéique, le réplisome. Si c'est le cas, la matrice du brin retardé doit former une boucle autour du complexe (figure 11.16, étape 3). Les fragments obtenus ont une longueur de 1.000 à 2.000 nucléotides chez les bactéries et de 100 nucléotides environ dans les cellules eucaryotes. Ils sont appelés **fragments d'Okazaki** d'après le chercheur qui les découvrit, Reiji Okazaki.

3. Dès que la plus grande partie du brin retardé a été répliquée par la formation des fragments d'Okazaki, l'ADN polymérase I ou la RNase H retire l'amorce d'ARN. La polymérase I synthétise de l'ADN complémentaire pour remplir la brèche formée par l'élimination de l'ARN (figure 11.16, étape 4). La polymérase enlève apparemment l'amorce nucléotide par nucléotide et les remplace par le désoxyribonucléotide complémentaire approprié. L'holoenzyme de la polymérase III peut elle aussi remplir la brèche.

4. Finalement, les fragments sont reliés par l'**ADN ligase**, une enzyme qui forme un lien phosphodiester entre l'hydroxyle 3' du brin en croissance et le phosphate 5' d'un fragment d'Okazaki (figure 11.16, étape 5 et **figure 11.17**). Les ligases bactériennes utilisent le lien pyrophosphate du NAD^+ comme source d'énergie ; beaucoup d'autres ligases utilisent l'ATP.

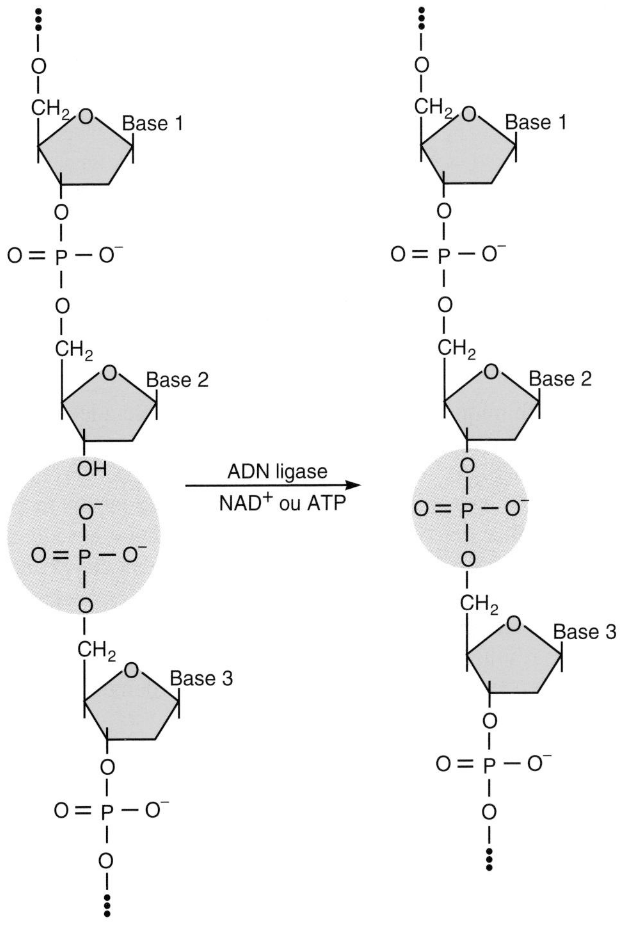

L'holoenzyme de l'ADN polymérase III, complexe enzymatique qui synthétise la plus grande partie de l'ADN copié, est une très grosse entité qui contient l'ADN polymérase III et plusieurs autres protéines. Au moins une sous-unité, la copolymérase III, est nécessaire pour la fixation correcte à l'amorce d'ARN. Le complexe γδ et les sous-unités β de l'holoenzyme se lient à la matrice d'ADN et à l'amorce. La sous-unité α assure effectivement la réaction de polymérisation. Il semble que la plupart, sinon toutes les protéines de la réplication forment un énorme complexe, sorte d'usine de réplication, parfois appelé réplisome. Ce complexe est relativement fixe et probablement lié à la membrane plasmique. L'ADN se déplace à travers cette usine où il est copié, et d'où il émerge sous forme de deux chromosomes filles. Chez les bactéries à croissance lente, il semble qu'il y ait deux réplisomes localisés au centre de la cellule ou à proximité. Les cellules à croissance rapide pourraient avoir quatre réplisomes ou plus.

Sur l'ADN d'*E coli*, la réplication s'arrête lorsque le complexe de la polymérase atteint un site de terminaison. La protéine Tus se fixe à ces sites *ter* et stoppe la réplication. Chez de nombreux eucaryotes, la réplication s'arrête au hasard lorsque deux fourches se rencontrent.

La réplication de l'ADN est un processus extraordinairement complexe. Au moins 30 protéines sont requises pour la réplication

Figure 11.17 La réaction de l'ADN ligase. Les groupes modifiés sont en bleu.

du chromosome d'*E coli*. On suppose que cette complexité est nécessaire à la précision du copiage de l'ADN. Pour n'importe quel organisme, il serait très dangereux de faire de nombreuses erreurs durant la réplication car beaucoup de mutations seraient certainement mortelles. En fait, *E. coli* ne fait qu'une erreur sur 10^9 à 10^{10} paires de bases répliquées (ou une fréquence d'environ 10^{-6} par gène par génération). Cette précision est due en partie au faible taux d'erreur du processus de copie lui-même. Cependant, l'ADN polymérase III (et l'ADN polymérase I) peut aussi corriger l'ADN nouvellement synthétisé. Tandis que l'ADN polymérase III se déplace et synthétise le nouveau brin d'ADN, elle reconnaît chaque erreur résultant d'un appariement incorrect des bases et enlève le mauvais nucléotide grâce à une activité exonucléasique 3'-5' particulière. L'enzyme recule alors et remet le nucléotide approprié. Les polymérases enlèvent les erreurs en agissant pratiquement comme des machines à écrire à correcteur. La réparation de l'ADN (pp. 254-56).

Malgré sa complexité et sa précision, la réplication se déroule très rapidement. Chez les bactéries, les vitesses de réplication approchent 750 à 1.000 paires de bases par seconde. La réplication chez les eucaryotes est beaucoup plus lente, ce qui n'est pas surprenant car la réplication des eucaryotes implique des opérations supplémentaires comme la séparation de l'ADN des nucléosomes.

1. Définissez les termes suivants : réplication, transcription, ARN messager, traduction, réplicon, fourche de réplication, primosome et réplisome.
2. Familiarisez-vous avec la nature et les fonctions des composants de la réplication suivants : ADN polymérases I et III, topoisomérase, ADN gyrase, hélicase, protéine se liant à l'ADN simple brin, fragment d'Okazaki, ADN ligase, brin avancé et brin retardé.

11.4 Le code génétique

La nature chimique du matériel génétique étant élucidée, les travaux qui suivirent s'efforcèrent de comprendre comment les instructions génétiques sont emmagasinées et organisées dans la molécule d'ADN. Les premières études du code génétique ont montré que la séquence des bases de l'ADN correspondait à la séquence des acides aminés du polypeptide codé par le gène, en d'autres termes que la séquence nucléotidique et la séquence en acides aminés étaient colinéaires. Il est également apparu que beaucoup de mutations résultaient du remplacement d'un acide aminé dans une chaîne polypeptidique. La nature exacte du code demeurait cependant obscure.

La nature du code génétique

Puisque les protéines sont des assemblages utilisant normalement 20 acides aminés différents, il doit exister au moins 20 « mots »-codes différents dans une séquence linéaire d'ADN. Ces mots codés doivent correspondre à des séquences dont l'alphabet ne contient que quatre « lettres », les 4 nucléotides. Si ceux-ci sont pris deux à deux, il n'y a que 16 combinaisons possibles (4^2) ; ceci n'est pas suffisant pour encoder les 20 acides aminés. Dès lors, le mot code, ou **codon**, contient au moins un triplet de nucléotides, ce qui donne 64 combinaisons possibles (4^3), c'est-à-dire bien plus que le minimum de 20 combinaisons nécessaires pour déterminer les acides aminés habituels.

Les codons furent découverts au début des années 60 lors des expériences effectuées par Marshall Nirenberg, Heinrich Matthaei, Philips Leder et Har Godind Khorana. En 1968, Nirenberg et Khorana partageaient le Prix Nobel avec Robert W. Holley, le premier à avoir séquencé un acide nucléique (le phénylalanyl-ARNt).

L'organisation du code génétique

Le code génétique présenté sous forme d'ARN, est repris dans le **tableau 11.1**. Notez qu'il y a **dégénérescence du code**. En effet, il peut y avoir jusqu'à 6 codons différents pour un même acide aminé. Seuls 61 codons, les **codons sens**, déterminent l'incorpora-

Tableau 11.1 Le code génétique

Première position (extrémité 5')[a]	Deuxième position				Troisième position (extrémité 3')
	U	**C**	**A**	**G**	
U	UUU ⎫ Phe UUC ⎭ UUA ⎫ Leu UUG ⎭	UCU ⎫ UCC ⎪ Ser UCA ⎪ UCG ⎭	UAU ⎫ Tyr UAC ⎭ UAA ⎫ STOP UAG ⎭	UGU ⎫ Cys UGC ⎭ UGA STOP UGG Trp	U C A G
C	CUU ⎫ CUC ⎪ Leu CUA ⎪ CUG ⎭	CCU ⎫ CCC ⎪ Pro CCA ⎪ CCG ⎭	CAU ⎫ His CAC ⎭ CAA ⎫ Gln CAG ⎭	CGU ⎫ CGC ⎪ Arg CGA ⎪ CGG ⎭	U C A G
A	AUU ⎫ AUC ⎪ Ile AUA ⎭ AUG Met	ACU ⎫ ACC ⎪ Thr ACA ⎪ ACG ⎭	AAU ⎫ Asn AAC ⎭ AAA ⎫ Lys AAG ⎭	AGU ⎫ Ser AGC ⎭ AGA ⎫ Arg AGG ⎭	U C A G
G	GUU ⎫ GUC ⎪ Val GUA ⎪ GUG ⎭	GCU ⎫ GCC ⎪ Ala GCA ⎪ GCG ⎭	GAU ⎫ Asp GAC ⎭ GAA ⎫ Glu GAG ⎭	GGU ⎫ GGC ⎪ Gly GGA ⎪ GGG ⎭	U C A G

[a] Le code est présenté sous la forme d'ARN. Les codons sont lus dans la direction 5' → 3'. Voir le texte pour les détails.

Figure 11.18 Flottement et code génétique. Le rôle de la base flottante (wobble) dans la spécification de la glycine. (**a**) l'inosine (I) est un nucléoside flottant qui peut s'apparier avec l'uracile (*U*), la cytosine (*C*) ou l'adénine (*A*). La séquence ICC peut donc s'apparier avec GGU, GGC et GGA présent dans l'ARNm. (**b**) Suite à l'appariement flottant produit par l'inosine, les anticodons de deux ARNt reconnaissent les quatre codons de la glycine : ICC reconnaît GGU, GGC et GGA ; CCC reconnaît GGG.

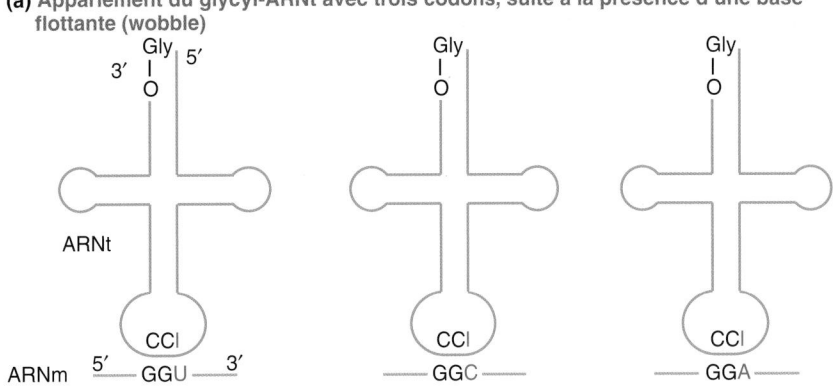

(**a**) **Appariement du glycyl-ARNt avec trois codons, suite à la présence d'une base flottante (wobble)**

(**b**) Codons et anticodons glycine (écrits dans le sens 5′ ⟶ 3′)

Codons glycine de l'ARNm = GGU, GGA, GGC, GGG

Anticodons glycine de l'ARNt = ICC, CCC

tion d'acides aminés dans une protéine. Les 3 autres codons (UGA, UAG et UAA) sont impliqués dans la terminaison de la traduction et sont dès lors appelés **codons, non-sens** ou **stop**. Malgré l'existence de 61 codons sens, il n'y a pas 61 ARNt différents, un pour chaque codon. Le nucléotide 5' dans l'anticodon peut varier, mais en général, si les deuxième et troisième nucléotides de l'anticodon complémentent les deux premières bases du codon de l'ARNm, un aminoacyl-ARNt avec l'acide aminé adéquat se liera au complexe ARNm-ribosome. Cette donnée ressort de l'examen des acides aminés correspondant à la variation de la 3e position (*tableau 11.1*). Cet appariement quelque peu flottant s'appelle le « **wobble** » (flottement) et évite à la cellule la nécessité de synthétiser un nombre élevé d'ARNt (**figure 11.18**). Le flottement diminue également les effets délétères des mutations. Le mécanisme de la synthèse protéique et la fonction de l'ARNt (pp. 265-71).

1. Pourquoi un codon doit-il contenir au moins trois nucléotides ?
2. Définissez : dégénérescence du code, codon sens, codon non-sens ou stop, flottement.

11.5   La structure des gènes

Le **gène** a été défini de différentes manières. Initialement, les généticiens ont considéré le gène comme l'entité responsable des traits phénotypiques d'un organisme, mais aussi comme l'entité pouvant subir des recombinaisons. La recombinaison implique l'échange entre molécules d'ADN de deux origines différentes (*voir section 13.1*) causant la variabilité génétique observée chez les virus et les organismes vivants. Les gènes ont été désignés sur base de caractères ou phénotypes mutés. Avec la découverte et la caractérisation de l'ADN, le gène a été défini plus précisément comme une séquence linéaire de nucléotides ou codons (ce terme peut être utilisé dans un contexte d'ARN aussi bien que d'ADN) avec un point précis de départ et de terminaison.

Au départ, on pensait que le gène contenait l'information néces-

saire à la synthèse d'une enzyme ; c'est l'hypothèse connue sous le nom d' un gène-une enzyme. Cette notion a été modifiée en hypothèse d'un gène-un polypeptide lorsqu'il fut démontré que certaines enzymes et autres protéines étaient composées de 2 ou de plusieurs polypeptides, chacun codé par un gène différent. Le segment qui code pour un polypeptide unique est appelé **cistron**. Les données actuelles montrent que cette description est encore simplificatrice. Tous les gènes ne sont pas impliqués dans la synthèse protéique puisque certains codent pour de l'ARNr ou de l'ARNt. Dès lors un gène peut être défini comme une séquence polynucléotidique codant pour un polypeptide, un ARNt ou un ARNr. Pour certains généticiens, le gène est le segment d'acide nucléique qui est transcrit sous forme d'ARN. Les gènes pour la plupart, sont constitués de l'alignement de codons qui sont lus dans une direction définie pour donner un produit unique. Ceci implique que le code n'est pas chevauchant et qu'il n'y a qu'un seul point de départ pour un **cadre de lecture** (façon dont les nucléotides sont groupés en codons) (**figure 11.19**). Les chromosomes sont habituellement constitués de gènes qui se succèdent sans se chevaucher (**figure 11.20a**). Néanmoins il y a des exceptions à la règle, certains virus tels que le phage ϕ X174 possèdent des gènes qui se superposent (figure 11.20b). Certains segments de gènes bactériens sont également chevauchants.

Les gènes des procaryotes et des bactériophages ont une structure très différente de celle des gènes des eucaryotes. Dans les gènes bactériens et viraux, l'information codante est habituellement continue (bien qu'il y ait des gènes bactériens qui contiennent des introns) alors que chez les organismes eucaryotes, les gènes contiennent des séquences codantes (exons) interrompues régulièrement par des séquences non-codantes (introns). Une exception intéressante à cette règle concerne les gènes eucaryotes des histones qui ne possèdent pas d'introns. Les systèmes procaryotes et viraux étant les mieux caractérisés, la description qui va suivre portera sur la structure des gènes d'*E.coli*. Les exons et les introns dans les gènes d'eucaryotes (p. 263).

Les gènes qui codent pour les protéines

Lors de l'étude de la transcription, nous avons souligné que seul un

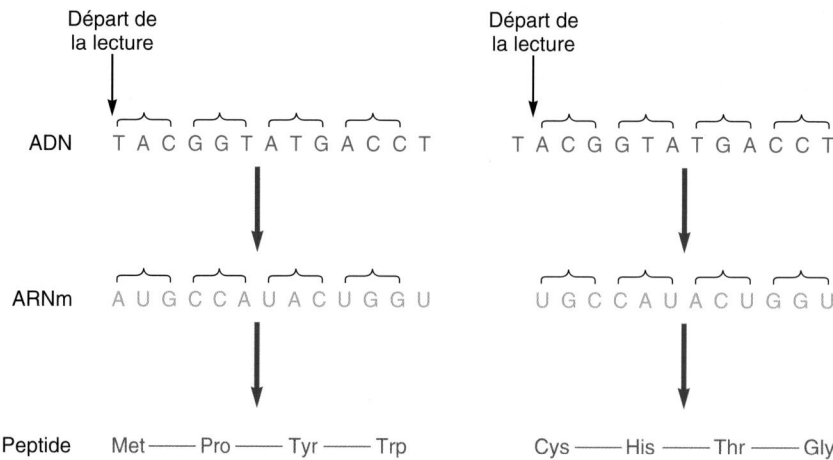

Figure 11.19 Les cadres de lecture et leur importance. L'endroit où commence la lecture de la séquence d'ADN détermine la façon dont les nucléotides sont groupés par trois (indiquée par les accolades), ce qui spécifie les codons d'ARNm et le produit peptidique. Dans l'exemple de la figure, un changement du cadre de lecture d'un seul nucléotide donne un ARNm et un peptide final très différents.

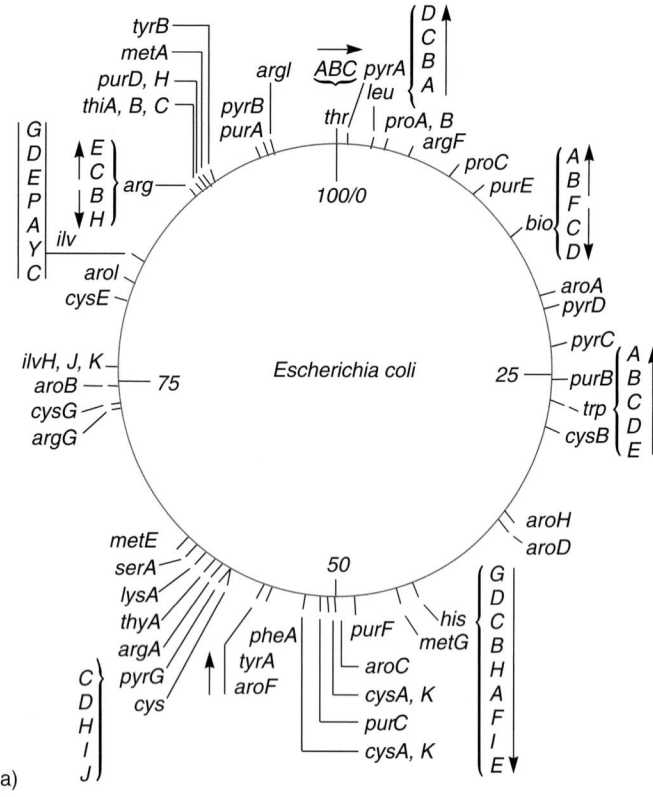

(a)

Figure 11.20 L'organisation chromosomique chez les bactéries et les virus. (**a**) Carte génétique simplifiée d'*E.coli*. La carte d'*E. coli* est divisée en 100 minutes. (**b**) Carte génétique du phage φ X174 montrant le chevauchement du gène B avec le gène A, du gène K avec les gènes A et C, du gène E avec le gène D. Les régions sombres indiquent les espaces qui séparent les gènes. La protéine A* contient la partie terminale de la protéine A et résulte d'une réinitiation de la transcription au sein du gène A.

des deux brins de l'ADN contient l'information codante et détermine la synthèse d'ARN. Ce brin est appelé le brin **codant** ou **sens**, et le brin complémentaire est dit non codant ou antisens (**figure 11.21**). Parce que l'ARNm est synthétisé de l'extrémité 5' vers l'extrémité 3', la polarité du brin codant de l'ADN est dès lors 3' → 5'. Le début d'un gène est donc à l'extrémité 3' du brin codant (également à l'extrémité 5' du brin non codant). Un site de ré-

gulation permettant la reconnaissance et la liaison de l'ARN polymérase est situé au début du gène ; il est appelé **promoteur**. Le mécanisme de la transcription (pp. 261-64).

Les promoteurs sont des séquences d'ADN habituellement situées en amont de la région codante par rapport à la direction de la transcription (figure 11.21). La transcription s'effectue vers l'aval. Des gènes différents ont des promoteurs différents, et la séquence

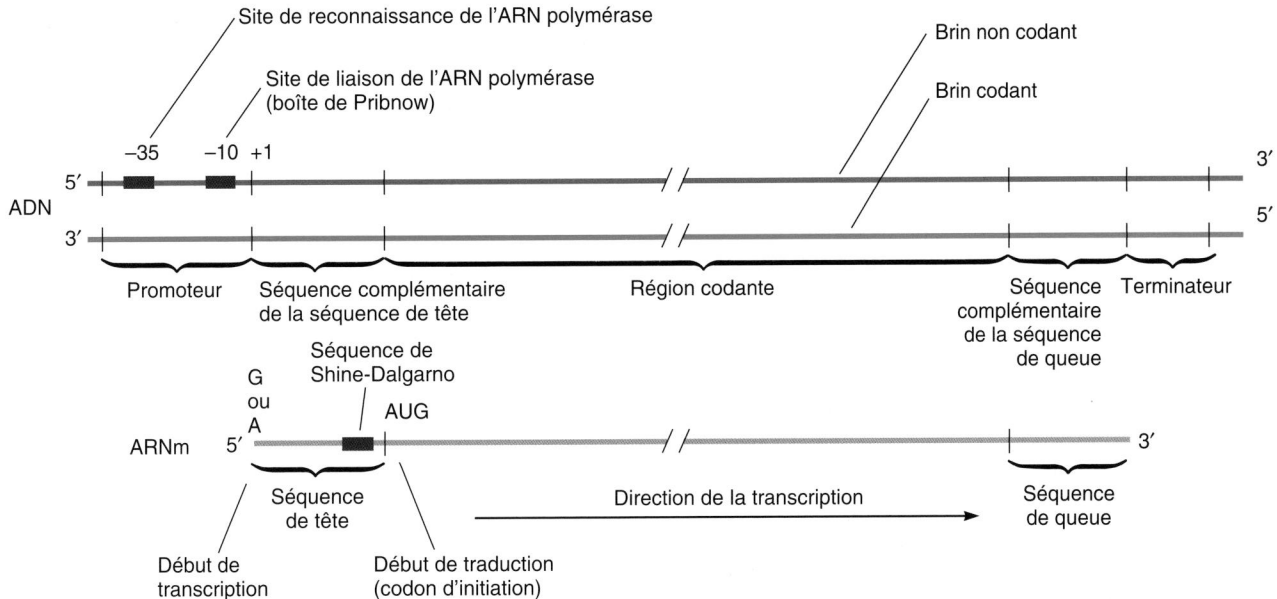

Figure 11.21 L'organisation d'un gène de structure bactérien. Les séquences de tête et de pause sont incluses même si certains gènes sont dépourvus de l'une d'entre elles ou des deux. La transcription démarre à la position +1 de l'ADN et le premier nucléotide incorporé dans l'ARNm est habituellement GTP ou ATP. La traduction de l'ARNm débute par un codon d'initiation AUG. Les sites de régulation ne sont pas indiqués.

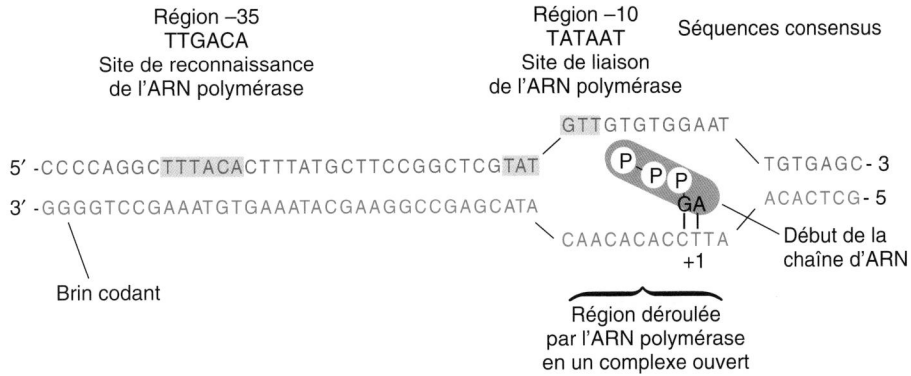

Figure 11.22 Un promoteur bactérien. Le promoteur de l'opéron lactose et ses séquences consensus. Le point de départ de la synthèse d'ARN est dénommé +1. La région proche du nucléotide -35 est le site auquel l'ARN polymérase s'attache au promoteur en premier lieu. L'ARN polymérase se lie et ouvre l'hélice d'ADN à hauteur de la boîte de Pribnow ; ce site de liaison de l'ARN polymérase est situé dans la région -10.

des promoteurs varient aussi selon la bactérie. Chez *E.coli*, le promoteur a deux fonctions importantes, déterminées par deux séquences spécifiques (figure 11.21 et **figure 11.22**). Même si celles-ci varient d'une espèce bactérienne à l'autre et d'un gène à l'autre, elles sont relativement constantes et peuvent être représentées par des séquences consensus ou idéales, composées de bases rencontrées le plus fréquemment à chacune des positions considérées. Le site de reconnaissance de l'ARN polymérase comporte sur le brin antisens une séquence consensus 5'-TTGACA-3', centrée à environ 35 paires de bases en amont du point d'initiation de la transcription (ce point d'initiation est nommé +1 et la séquence en question est appelée région -35). Cette séquence semble être le site

initial d'association de l'ARN polymérase avec l'ADN.

Le **site de liaison de l'ARN polymérase,** appelé aussi **boîte de Pribnow**, est centré sur la région -10 et possède chez *E. coli* une séquence consensus 5'-TATAAT-3'(séquence qui favorise le déroulement local de l'ADN). C'est l'endroit où l'ARN polymérase commence à dérouler l'ADN en vue d'une transcription. La portion du gène transcrite en premier n'est pas nécessairement codante. En fait, une **séquence de tête** peut d'abord être synthétisée. Cette séquence non traduite est importante pour l'initiation de la traduction et est parfois impliquée dans la régulation de la transcription.

La séquence de tête (figure 11.21) des systèmes procaryotes

contient généralement une séquence consensus connue sous le nom de **séquence de Shine-Dalgarno**, 5'-AGGA-3', dont le trancrit complémente une séquence de l'ARNr 16S de la petite sous-unité du ribosome. La liaison de l'ARNm de tête avec l'ARNr 16S permet l'orientation correcte de l'ARNm sur le ribosome. Dans certains cas, la séquence de tête participe à la régulation de la transcription par atténuation (*voir section 12.4*). La partie la plus importante du gène de structure, c'est-à-dire sa région codante, est située en aval et fait directement suite à la séquence de tête.

La **région codante** (figure 11.21) du gène qui détermine la synthèse d'une protéine, commence typiquement par une séquence codante d'ADN 3'-TAC-5' ; celle-ci est transcrite en un codon d'initation 5'-AUG-3', spécifiant la *N*-formylméthionine. Cette forme modifiée de la méthionine est le premier acide aminé incorporé dans la plupart des protéines procaryotes. Le reste de la région codante est constitué d'une suite de codons qui détermine la séquence en acides aminés de la protéine. La transcription ne s'arrête pas au codon d'arrêt de la traduction mais plutôt au-delà, au niveau d'une **séquence terminatrice** (*voir section 12.1*). Le terminateur est souvent situé après une **séquence de queue** finale non traduite, localisée en aval de la région codante (figure 11.21). Les séquences de queue et de tête sont nécessaires à l'expression correcte de la partie codante du gène.

En plus des segments décrits ci-dessus — promoteur, séquence de tête, région codante, séquence de queue et terminateur — de nombreux gènes procaryotes ont une multitude de sites régulateurs. Il s'agit de séquences sur lesquelles des protéines régulatrices se fixent, facilitant ou empêchant l'expression des gènes. Les sites régulateurs sont souvent associés à la fonction promotrice et certains auteurs les considèrent même comme faisant partie de promoteurs spéciaux. Deux de ces sites, l'opérateur et le site de liaison de la protéine activatrice du catabolisme CAP, sont analysés à la *section 12.3*. Bien des éléments de la structure des gènes restent à découvrir. Les techniques récentes de purification et de séquençage des gènes clonés, contribueront à de nouvelles découvertes dans ce domaine. L'opéron et la régulation de la transcription (pp. 275-278).

Les gènes qui codent pour les ARNr et les ARNt

Les segments d'ADN qui codent pour les ARNt et les ARNr sont aussi considérés comme des gènes, même s'ils ne mènent pas à la synthèse de protéines. Chez *E. coli*, les gènes des ARNt ont une structure typique ; ils comprennent un promoteur, des séquences de tête et de pause qui sont toutes deux transcrites puis éliminées au cours du processus de maturation (**figure 11.23a**). La fonction précise de la séquence de tête n'est pas claire. Par contre, la séquence de queue est requise pour la terminaison. Les gènes codant pour les ARNt peuvent coder pour plusieurs types d'ARNt (figure 11.23a). Les segments codants sont séparés par de courtes séquences d'ADN espaceur, qui sont éliminées après transcription par des ribonucléases spéciales, dont une au moins contient de l'ARN catalytique. Comme mentionné au *chapitre 12* (*voir p. 266*), les ARNt matures contiennent des nucléosides inhabituels. Les nucléosides modifiés, comme l'inosine, la ribothymidine et la pseudouridine se forment presque toujours après que l'ARNt ait été synthétisé, et ce sous l'action d'enzymes spéciales, modificatrices de l'ARNt. L'épissage de l'ARN et les ribozymes (pp. 264-65).

Les gènes des ARNr ont une organisation similaire à celle des gènes codant pour des protéines et possèdent donc un promoteur, une séquence de queue et un terminateur (figure 11.23b). Il est intéres-

sant de noter que tous les ARNr sont transcrits en un long précurseur unique qui est découpé après transcription pour donner les ARNr terminés. En fait, chez *E. coli*, l'ADN espaceur et la séquence de queue du précurseur des ARNr contiennent des gènes d'ARNt. Dès lors, la synthèse des ARNt et des ARNr implique des modifications posttranscriptionnelles, ce qui est un phénomène assez rare chez les procaryotes.

---

1. Définissez ou décrivez les termes suivants : gène, brins codant et non codant, promoteur, séquence consensus, sites de reconnaissance et de liaison de l'ARN polymérase, boîte de Pribnow, séquence de tête ou séquence de Shine-Dalgarno, région codante, séquence de queue, séquence terminatrice.
2. Qu'est-ce qui différencient les gènes eucaryotes des gènes procaryotes ?
3. Discutez brièvement l'organisation générale des gènes des ARNt et des ARNr. En quoi leur expression diffère-t-elle de celle des gènes de structure, en ce qui concerne les modifications posttranscriptionnelles du produit du gène ?

11.6   Les mutations et leurs bases chimiques

L'ADN contient une information génétique considérable, déterminée par l'enchaînement précis des nucléotides. Pour que la vie existe de manière stable, il est essentiel que la séquence nucléotidique des gènes ne soit pas trop altérée. Des variations de séquences ont pourtant lieu, entraînant souvent l'apparition de phénotypes altérés. Ces mutations sont généralement néfastes mais elles ont leur importance puisqu'elles créent la variabilité et contribuent ainsi au processus de l'évolution. Les taux de mutations peuvent être augmentés artificiellement ; ces changements génétiques ont été exploités tant au laboratoire que dans l'industrie.

Les **mutations** (du latin, *mutare*, changer)ont initialement été caractérisées par les phénotypes ou par les altérations d'expressions phénotypiques qu'elles engendrent. Bien avant qu'il ne soit démontré qu'une mutation résulte du changement stable et héréditaire d'une séquence nucléotidique d'ADN, les généticiens avaient prédit l'existence de divers types d'altération : changement d'une paire de nucléotides, addition ou délétion d'une ou deux paires de nucléotides dans la région codante du gène. Il est clair que les mutations peuvent être caractérisées, soit par le type de changement génotypique qui s'est produit, soit par leurs conséquences phénotypiques. Dans cette section, les bases moléculaires des mutations et de la mutagenèse seront d'abord examinées. On analysera ensuite les effets phénotypiques des mutations, leur détection et leur usage dans la recherche d'agents cancérigènes.

Les mutations et la mutagenèse

Les mutations peuvent modifier le phénotype d'un micro-organisme de différentes manières. Les mutations morphologiques changent la morphologie de la colonie ou de la cellule du micro-organisme. Des mutations létales, lorsqu'elles sont exprimées, entraînent la mort de l'organisme. Puisque le micro-orgnanisme doit être capable de se multiplier pour être isolé et étudié, les mutations létales ne sont conservées que si elles sont récessives chez les or-

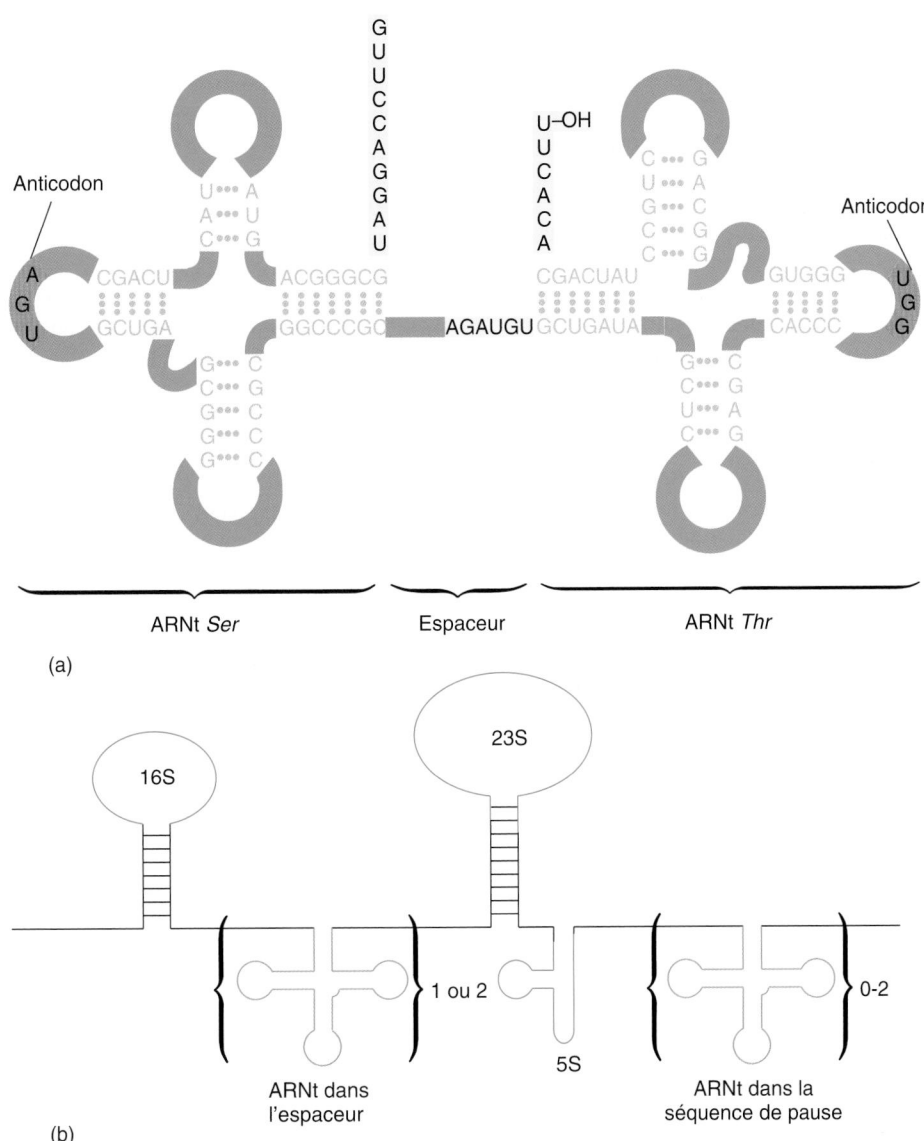

Figure 11.23 Les gènes des ARNt et des ARNr. (**a**) Un précurseur d'ARNt d'*E.coli* contenant deux molécules d'ARNt. L'espaceur et les nucléotides supplémentaires aux deux extrémités sont enlevés au cours de la maturation. (**b**) Le gène d'ARN ribosomial d'*E.coli* code pour un grand transcrit qui est clivé en trois ARNr ainsi que en un à trois ARNt. Les segments correspondant aux ARNr 16S, 23S et 5S sont représentés par des lignes bleues et les séquences d'ARNt sont mises entre accolades. Les sept copies de ce gène varient d'après le nombre et les espèces de séquences d'ARNt.

ganismes diploïdes ou conditionnelles (voir ci-dessous) chez les organismes haploïdes.

Les **mutations conditionnelles** sont celles qui sont exprimées uniquement dans certaines conditions de l'environnement. Ainsi, une mutation conditionnelle létale chez *E.coli*, ne sera pas exprimée à basse température (condition permissive) ; par contre, elle s'exprimera lorsque la bactérie sera cultivée à température élevée (condition restrictive). Le mutant hypothétique croîtra donc normalement à basse température, mais mourra aux températures élevées.

Les mutations biochimiques sont celles qui modifient la biochimie de la cellule. Puisque ces mutations inactivent fréquemment une voie biosynthétique, elles rendent le micro-organisme incapable de croître sur un milieu dépourvu du produit final de la voie de biosynthèse. Le mutant ne peut donc se développer sur un milieu minimum ; il exige la présence de suppléments nutritifs. De tels mutants sont appelés **auxotrophes**, alors que les souches poussant sur milieu minimum sont appelés **prototrophes**. Les mutations d'auxotrophie sont fréquentes et faciles à sélectionner ; elles ont joué un rôle important en génétique microbienne. La détection de mutants et la réplique sur boîte (pp. 251-52). Les exigences nutritives et les groupes nutritionnels (pp.96-98).

Un mutant résistant est un type particulier de mutant biochimique qui a acquis la résistance à un agent pathogène, une substance chimique ou un antibiotique. De tels mutants sont également faciles à sélectionner et fort utiles en génétique microbienne.

Les mécanismes de résistance aux antibiotiques (pp. 818-19).

On distingue : (1) les mutations spontanées qui apparaissent occasionnellement dans n'importe quelle cellule et en l'absence de tout agent ajouté, (2) les mutations induites : qui apparaissent lorsque l'organisme est exposé à un agent physique ou chimique, appelé **mutagène**.

Bien que la plupart des généticiens pensent qu'en l'absence d'agent externe, les mutations spontanées se produisent au hasard et sont ensuite sélectionnées, les observations de certains microbiologistes ont donné naissance à une hypothèse nouvelle et controversée. John Cairns et ses collaborateurs ont rapporté qu'un mutant d'*E. coli*, incapable d'utiliser le lactose comme source de carbone, récupérait cette capacité plus rapidement si on ajoutait du lactose comme seule source de carbone dans le milieu de culture. Le lactose semble induire des mutations qui rendent à *E. coli* la capacité d'utiliser ce sucre. On a prétendu que ces observations et d'autres similaires, effectuées sur des mutations différentes, étaient des exemples de **mutation dirigée** ou **adaptative**—c'est-à-dire que certaines bactéries semblent à même de choisir quelles mutations doivent se produire, de façon à s'adapter au mieux à leur environnement. De nombreuses explications ont été avancées pour rendre compte de ce phénomène, sans faire intervenir une sélection de mutations particulières par la bactérie. Une des propositions les plus intéressantes est que de tels résultats peuvent découler d'une **hypermutation**. Certaines bactéries en état de privation pourraient générer rapidement de multiples mutations, via l'activation de gènes mutateurs spéciaux. Ceci produirait de nombreuses cellules bactériennes mutantes. Dans ce processus aléatoire, le taux de production de mutants adaptés augmenterait, beaucoup de ceux-ci survivraient et pourraient être comptés. Ceci apparaîtrait comme de la mutation dirigée ou adaptative, parce beaucoup des mutants non adaptés mourraient. Certains éléments viennent en support à cette hypothèse. On a découvert des gènes mutateurs et ils provoquent de l'hypermutation en cas de stress nutritionnel. Même si l'hypothèse de la mutation dirigée est incorrecte, elle a stimulé beaucoup de recherches intéressantes et a conduit à la découverte de phénomènes nouveaux. Certains de ceux-ci seront discutés au chapitre 42, dans le contexte de la biotechnologie évolutive.

Les mutations spontanées

Les mutations spontanées apparaissent sans qu'il y ait exposition à des agents externes. Cette classe de mutations peut résulter d'erreurs dans la réplication de l'ADN, ou encore de l'action de transposons (*voir section 13.3*). Les principaux mécanismes sont décrits dans les paragraphes qui suivent.

Généralement des erreurs de réplication ont lieu lorsque la base purique ou pyrimidique d'un nucléotide servant de matrice prend une forme tautomérique rare. La tautomérisation résulte de l'équilibre chimique entre deux isomères structuraux interconvertibles. Les bases existent habituellement sous la forme amine ou cétone. Néanmoins, elles peuvent à certains moments prendre une forme soit imine, soit énol (**figure 11.24a**). Ces changements tautomériques modifient les caractéristiques des liaisons hydrogène des bases permettant des substitutions d'une purine par une purine ou d'une pyrimidine par une autre pyrimidine, ce qui entraîne des modifications stables de la séquence nucléotidique (figure 11.24b). De telles substi-tutions sont appelées **mutations de transition.** Elles sont assez fréquentes, même si la plupart d'entre elles sont

corrigée (*voir pp. 239 et 254*). Les **mutations de transversion** dans lesquelles une purine est substituée par une pyrimidine ou une pyrimidine par une purine, sont plus rares en raison des problèmes stériques que soulève l'appariement d'une purine avec une purine ou d'une pyrimidine avec une pyrimidine.

Des mutations spontanées apparaissent aussi suite au **décalage du cadre de lecture** (frameshift mutation), causé le plus souvent par la délétion d'un segment d'ADN, ce qui déplace le cadre de lecture des codons. Ces mutations se produisent le plus souvent au niveau d'une courte succession du même nucléotide. A cet endroit, l'appariement de la matrice et du nouveau brin peut être déplacé d'une distance égale à la longueur de la séquence répétée, ce qui entraîne des additions ou des délétions de bases dans le nouveau brin (**figure 11.25**).

Les mutations spontanées résultent de lésions de l'ADN ou d'erreurs de réplication. Par exemple, il est possible que des nucléotides puriques soient dépurinés, c'est-à-dire perdent leur base. Ceci entraîne la formation d'un **site apurinique** qui ne pourra s'apparier normalement et résultera en une mutation de transition lors du cycle suivant de réplication. De même, la cytosine peut être désaminée en uracile qui sera ensuite éliminée pour former un **site apyrimidinique**. Les formes réactives de l'oxygène, comme les radicaux libres et les peroxydes, sont produites par le métabolisme anaérobie (*voir p. 128*). Elles peuvent altérer les bases de l'ADN et entraîner des mutations. Par exemple, la guanine peut être convertie en 8-oxo-7,8-dihydrodésoxyguanine qui, lors de la réplication, s'apparie souvent avec l'adénine au lieu de la cytosine. Finalement, des mutations spontanées peuvent être dues à l'insertion dans les gènes de segments d'ADN. Ceci provient du déplacement de séquences d'insertion et de transposons (*voir pp. 298-302*), et habituellement, cela inactive le gène. Les mutations par insertion sont très fréquentes chez *E. coli* et beaucoup d'autres bactéries.

Les mutations induites

Tout agent qui altère directement l'ADN, modifie sa chimie ou interfère avec ses mécanismes de réparation (pp. 254-56) induira des mutations. Les mutagènes peuvent être classés d'après leur mécanisme d'action. Quatre modes d'action seront envisagés : l'incorporation d'analogues de bases, des appariements erronés, l'intercalation d'agents chimiques entre deux bases de l'ADN, et le contournement (by-pass) de la réplication.

Les **analogues de base** ressemblent aux bases azotées normales et peuvent être incorporés dans la chaîne polynucléotidique en croissance, au moment de la réplication. Après incorporation, ces composés montrent un appariement différent de celui des bases qu'elles remplacent et peuvent provoquer des mutations stables. Parmi ces analogues de base, le plus employé est le 5-bromouracile (5-BU), analogue de la thymine. Cet analogue subit plus fréquemment que la base normale une modification tautomérique de la forme normale cétonique en une forme énolique. Cette forme énolique établit des ponts hydrogène comme la cytosine et appelle l'incorporation de guanine plutôt que d'adénine (**figure 11.26**). D'autres analogues de base ont un mécanisme d'action similaire à celui du 5-bromouracile.

Le **mésappariement spécifique** se produit lorsqu'un mutagène modifie la structure d'une base et dès lors ses propriétés d'appariement. Certains mutagènes de cette catégorie sont sélectifs : ils réagissent préférentiellement avec certaines bases et produisent

Figure 11.24 Les mutations par transition et par transversion. Erreurs durant la réplication dues à la tautomérisation des bases. (**a**) Normalement des paires AT et GC sont formées lorsque les dérivés cétoniques participent aux liaisons hydrogène. En revanche, les tautomères énoliques produisent des appariements AC et GT. (**b**) Mutation résultant de la tautomérisation au moment de la réplication de l'ADN. L'énolisation transitoire de la guanine entraîne la formation d'une paire AT chez le mutant, résultant en une transition de GC en AT. Le processus requiert deux cycles de réplication. La mutation ne s'établira que si les mécanismes de réparation ne reconnaissent pas la paire de bases anormale GT produite en première génération.

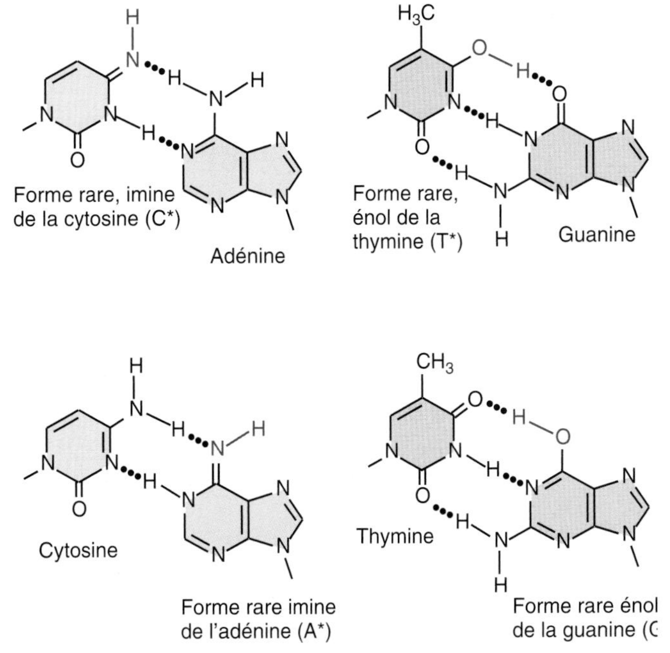

Forme rare, imine de la cytosine (C*)

Adénine

Forme rare, énol de la thymine (T*)

Guanine

Cytosine

Forme rare imine de l'adénine (A*)

Thymine

Forme rare énol de la guanine (G

(a)

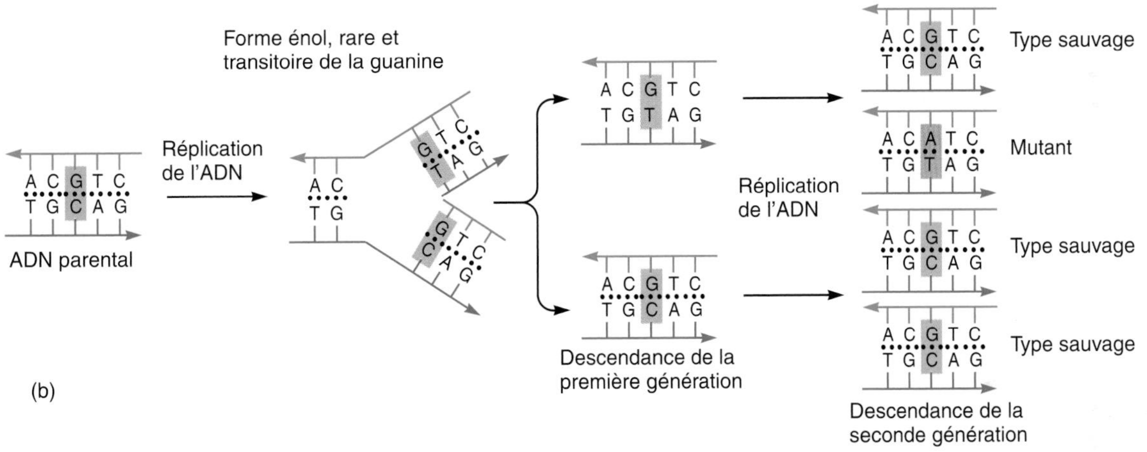

Forme énol, rare et transitoire de la guanine

A C G T C
· · · · ·
T G C A G
ADN parental

Réplication de l'ADN

A C
T G

G T C
· · · G
T A G

G T C C
· · · G
C A G

Descendance de la première génération

A C G T C
· · · · ·
T G T A G

A C G T C
· · · · ·
T G C A G

Réplication de l'ADN

A C G T C
· · · · ·
T G C A G
Type sauvage

A C A T C
· · · · ·
T G T A G
Mutant

A C G T C
· · · · ·
T G C A G
Type sauvage

A C G T C
· · · · ·
T G C A G
Type sauvage

Descendance de la seconde génération

(b)

Figure 11.25 Les additions et les délétions. Mécanisme hypothétique pour la production d'additions et de délétions au cours de la réplication. La direction de la réplication est indiquée par la flèche bleue. Dans chaque cas, il y a un glissement du brin, amenant la formation d'une petite boucle qui est stabilisée par les liens hydrogène dans la séquence répétitive (de résidus AT dans notre exemple). La synthèse d'ADN progresse vers la droite. (**a**) S'il y a glissement du nouveau brin, il en résulte l'addition d'un T. (**b**) Un glissement du brin parental entraîne une délétion (dans ce cas-ci, perte de deux T).

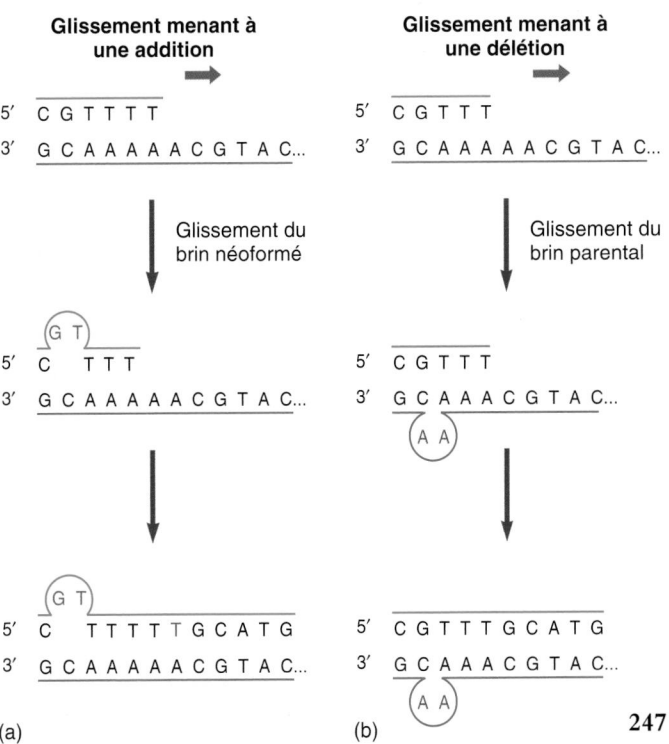

(a)

(b)

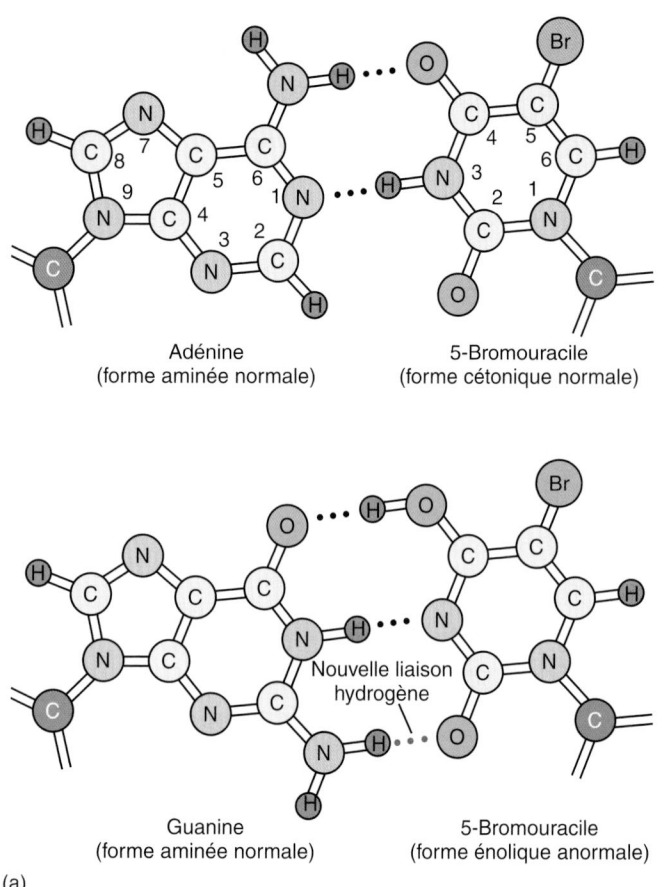

(a)

A — T → A — Bu → A   Bu → A   Bu

G   Bu$_e$ → G   C   Mutant

(b)

Figure 11.26 La mutagenèse par l'analogue de base 5-bromouracile. (**a**) L'appariement de la forme céto normale de la 5-BU est montré au haut de la figure. La forme énol de la 5-BU (illustration du bas) s'apparie avec la guanine plutôt qu'avec l'adénine comme on s'y attendrait pour un analogue de la thymine. (**b**) Si la forme cétonique du 5-BU est incorporée au lieu de la thymine, sa tautomérisation occasionnelle en forme énolique (BU$_e$) produira une mutation par transition de AT en GC.

une lésion spécifique de l'ADN. C'est le cas de la méthyl- nitrosoguanidine, un agent alkylant qui ajoute des groupes méthyle à la guanine, causant un mésappariement avec la thymine (**figure 11.27**). Lors de la réplication suivante, une transition GC-AT en résulte. Les lésions de l'ADN stimulent aussi des mécanismes de réparation sujets à erreur. Les agents alkylants, éthyl-méthanesulfonate et hydroxylamine, sont d'autres exemples d'agents mutagènes présentant ce mode d'action. L'hydroxylamine hydroxyle l'azote en C-4 de la cytosine, l'amenant à s'apparier comme la thymine. De nombreux agents modifiant l'ADN induisent des erreurs d'appariement.

Les **agents intercalants** déforment l'ADN et provoquent l'insertion ou la délétion d'une seule paire de nucléotides. Ces mutagènes sont plans et s'insèrent (s'intercalent) entre les bases empilées de l'hélice. Ceci amène une mutation probablement par formation d'une boucle dans l'ADN. La proflavine et l'orangé d'acridine sont des agents intercalants.

Beaucoup de substances mutagènes, comme d'ailleurs beaucoup de cancérigènes, altèrent les bases d'une manière si importante que les liaisons hydrogène entre les paires de bases ne peuvent plus s'établir et que l'ADN ne peut plus servir de matrice. Par exemple, les radiations UV provoquent la formation de dimères du type cyclobutane, souvent des dimères de thymine, entre deux pyrimidines contiguës (**figure 11.28**). Les radiations ionisantes et les agents cancérogènes comme l'aflatoxine B1 et d'autres dérivés du benzopyrène constituent d'autres exemples. Ces lésions de l'ADN devraient normalement être létales mais elles peuvent déclencher des mécanismes de réparation qui vont corriger le matériel génétique en-

dommagé, mais en faisant de nombreuses erreurs (voir pp. 254-56).

Conserver un appariement correct des bases est essentiel pour empêcher les mutations. La lésion peut souvent être réparée avant que la mutation ne s'établisse d'une manière permanente. Si un cycle complet de réplication de l'ADN a lieu avant que la lésion initiale ne soit réparée, la mutation devient stable et héréditaire.

L'expression des mutations

Une mutation ne se voit facilement que si elle donne lieu à un phénotype altéré et détectable. Le passage de la forme prévalente du gène, le **type sauvage**, vers une forme mutante est appelé **mutation directe**. Une seconde mutation, inverse de la première, peut restaurer le phénotype sauvage. Une telle mutation est appelée **mutation réverse**, parce que l'organisme semble avoir retrouvé le phénotype d'origine. Une **mutation réverse vraie** reconvertit la séquence nucléotidique du mutant en la séquence du type sauvage. Le phénotype sauvage peut aussi réapparaître par l'effet d'une seconde mutation, dite **mutation par suppression**, qui corrige les effets de la première mutation (**tableau 11.2**). Si la seconde mutation est localisée au sein du même gène, la modification est une suppression intragénique ou réversion à un second site. Donc, même si des révertants sont phénotypiquement identiques au type sauvage, leur séquence d'ADN peut être différente de celle d'origine. En pratique, une mutation s'exprime lorsqu'une protéine responsable d'un phénotype est suffisamment modifiée pour amener un nouveau phénotype. Néanmoins, des mutations peuvent avoir lieu sans changer le phénotype, et ce pour diverses raisons.

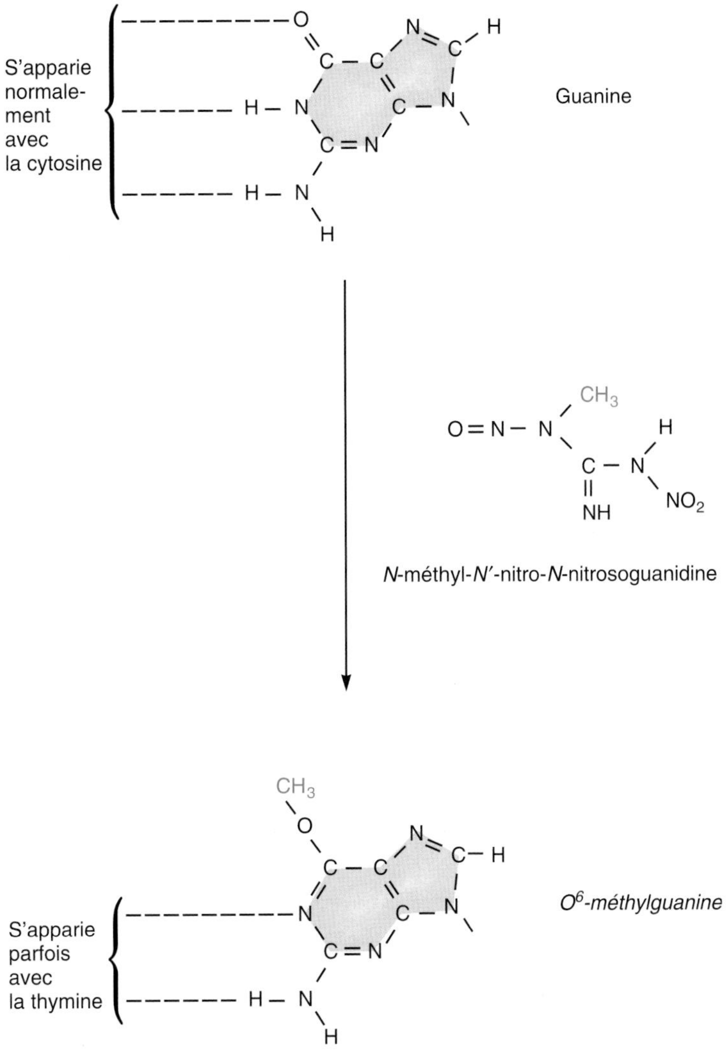

S'apparie normalement avec la cytosine

Guanine

N-méthyl-*N*′-nitro-*N*-nitrosoguanidine

*O*⁶-méthylguanine

S'apparie parfois avec la thymine

Figure 11.27 La mutagenèse par la méthyl-nitrosoguanidine. La mutagenèse par la méthyl-nitrosoguanidine est due à la méthylation de la guanine.

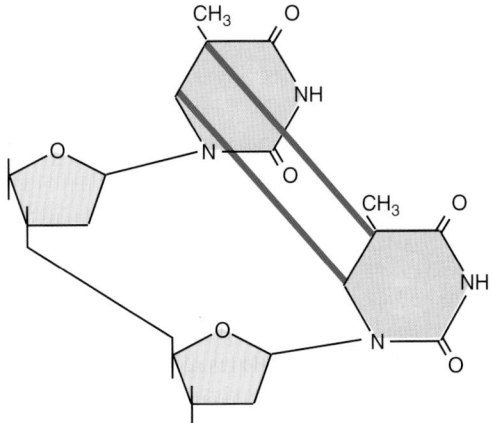

Figure 11.28 Un dimère de thymine. Les dimères de thymine sont produits par irradiation ultraviolette. Au cours de la photoréactivation, une enzyme, la photolyase clive les deux liaisons en couleur.

Même s'il existe des délétions et des insertions très étendues, la plupart des mutations concernent une paire de bases particulière et sont donc appelées des **mutations ponctuelles**. Il y a plusieurs types de mutations ponctuelles (tableau 11.2).

Les **mutations silencieuses** n'ont pu être détectées que depuis l'avènement des techniques de séquençage des acides nucléiques. Si une mutation est définie comme une altération de la séquence nucléotidique de l'ADN, certaines mutations n'ont pas d'effet visible en raison de la dégénérescence du code. Lorsqu'il y a plus d'un codon pour un acide aminé donné, le remplacement d'une seule base peut faire apparaître un nouveau codon spécifiant le même acide aminé. Par exemple, si le codon CGU devient CGC, il code toujours pour l'arginine, malgré la présence d'une mutation. L'expression de cette mutation n'est dès lors pas détectée sauf au niveau de l'ADN ou de l'ARNm. Quand il n'y a pas de changement, ni dans la protéine, ni de sa concentration, il n'y a aucun changement du phénotype de l'organisme.

Un second type de mutation ponctuelle est la **mutation faux-**

Tableau 11.2   Résumé de quelques changements moléculaires causés par les mutations

Type de mutation	Résultat et exemple
Mutations directes	
Substitutions d'une seule paire de bases	
Au niveau de l'ADN	
Transition	Remplacement d'une purine par une autre purine, ou d'une pyrimidine par une autre pyrimidine : (ex : AT → GC)
Transversion	Remplacement d'une purine par une pyrimidine, ou d'une pyrimidine par une purine : (ex : AT → CG)
Au niveau de la protéine	
Mutation silencieuse	Le triplet muté code pour le même acide aminé : AGG → CGG tous deux codent pour Arg
Mutation neutre	Le triplet muté code pour un acide aminé différent mais fonctionnellement équivalent AAA (Lys) → AGA (Arg)
Mutation faux-sens	Le triplet muté code pour un acide aminé différent et non fonctionnel.
Mutation non-sens	Le triplet muté code pour un arrêt de la traduction : CAG (Gln) → UAG (stop)
Addition ou délétion d'une paire de bases : mutation par décalage (frameshift) **Addition ou délétion intragénique de plusieurs paires de bases**	Toute addition ou délétion d'un nombre de paires de bases non multiple de trois, aboutit à un changement de la phase de lecture d'un segment d'ADN qui code pour une protéine.
Mutations réverses	
Réversion vraie	AAA (Lys) $\xrightarrow{\text{mutation}}$ GAA (Glu) $\xrightarrow{\text{réversion}}$ AAA (Lys) sauvage mutant sauvage
Réversion équivalente	UCC (Ser) $\xrightarrow{\text{mutation}}$ UGC (Cys) $\xrightarrow{\text{réversion}}$ AGC (Ser) sauvage mutant sauvage CGC (Arg, basique) $\xrightarrow{\text{mutation}}$ CCC (Pro, non basique) $\xrightarrow{\text{réversion}}$ CAC (His, basique) sauvage mutant pseudo-sauvage
Mutations par suppression	
Mutations par suppression intragénique Second changement de phase, de signe inverse, dans le même gène. L'addition de X dans la séquence décale le cadre de lecture du codon CAT en XCA suivi de TCA. La délétion du C suivant rétablit la phase de lecture du CAT.	CATCATCATCATCATCAT (+) (−) ↓ ↓ CATXCATATCATCATCAT y x z y y y
Mutations par suppression extragénique Suppresseurs de non-sens	Un gène qui code, par exemple, pour l'ARNt-Tyr, subit une mutation dans son anticodon qui le rend capable de reconnaître et de s'aligner sur un codon non-sens (par exemple, UAG) et d'insérer à ce niveau un acide aminé (ici, la tyrosine), ce qui assure la continuation de la traduction.
Suppresseurs physiologiques	Un défaut dans une voie métabolique est supprimé par une autre mutation (par exemple, une mutation qui ouvre une autre voie menant à la synthèse du même produit, ou améliorant l'efficacité du transport d'un composé produit en petites quantités à la suite de la première mutation).

sens. Cette mutation implique une substitution d'une seule base, avec pour effet le remplacement d'un codon spécifiant un acide aminé par un autre codon spécifiant un autre acide aminé. Par exemple, le codon GAG spécifiant l'acide glutamique peut être changé en GUG qui code pour la valine. Le degré d'expression d'une mutation faux-sens est variable. La mutation est à coup sûr exprimée au niveau de la structure de la protéine. Cependant, au niveau de la fonction de la protéine, l'effet peut varier de la perte complète de l'activité à pas de changement du tout.

Des mutations peuvent aussi avoir lieu dans des séquences régulatrices responsables du contrôle de l'expression des gènes ou dans des portions non-codantes des gènes de structure. Des mutants constitutifs de l'opéron lactose chez *E.coli* en sont de bons exemples. Des mutations altèrent par exemple les séquences situées dans le site opérateur et ces séquences ne sont plus reconnues par le répresseur, amenant ainsi une transcription continue de l'opéron. Si une mutation rend la séquence promotrice non fonctionnelle, la région codante du gène de structure restera normale, mais un phénotype muté apparaîtra, dû à l'absence du produit du gène : l'ARN polymérase ne transcrit guère un gène en l'absence d'un promoteur pleinement fonctionnel. L'opéron *lac* et la régulation de l'expression des gènes (pp. 275-78).

Des mutations peuvent également affecter les gènes des ARNr et des ARNt et modifier de ce fait le phénotype par interférence avec la synthèse protéique. De tels mutants sont souvent identifiés par leur croissance ralentie. Un type de suppresseur extragénique correspond au remplacement d'une base de l'anticodon d'un ARNt, ce qui permet l'insertion de l'acide aminé correct par appariement au codon muté de l'ARNm (tableau 11.2).

---

1. Définissez ou décrivez : mutation, mutation conditionnelle, auxotrophe et prototrophe, mutation spontanée et induite, mutagène, mutation par transition ou transversion, site apurinique, analogue de base, mésappariement spécifique, agent intercalant, dimère de thymine, type sauvage, mutation directe et réverse, mutation par suppression, mutation ponctuelle, mutation silencieuse, faux-sens et non-sens, mutation dirigée ou adaptative et hypermutation, mutation par décalage de cadre de lecture.
2. Décrivez quatre mécanismes d'apparition de mutations spontanées.
3. Par quel mécanisme des mutations sont-elles induites par les mutagènes suivants : 5- bromouracile, méthyl- nitrosoguanidine, proflavine et irradiation par rayons UV ?
4. Donnez des exemples de mutations par suppression intragénique et extragénique.

11.7   La détection et l'isolement de mutants

Lorsqu'on veut étudier des mutants de bactéries, on doit pouvoir les détecter aisément même s'ils sont rares ; il faut aussi les séparer efficacement des cellules parentales et des autres mutants. Heureusement c'est souvent facile. Les paragraphes suivants décrivent certaines des techniques employées pour la détection, la sélection et l'isolement de mutants.

La détection de mutants

Lorsqu'on souhaite isoler des mutants d'un organisme donné, on doit évidemment connaître les caractères de la souche sauvage afin de reconnaître un phénotype altéré. Un système de détection du phénotype muté est donc requis. Puisque les mutations sont des événements rares (une mutation pour 10^7 à 10^{11} cellules), il importe d'avoir un système de détection très sensible, afin que des événements rares ne soient pas ignorés. Les généticiens induisent souvent des mutations afin d'augmenter la probabilité d'obtenir des changements spécifiques (fréquence allant de 1 pour 10^3 à 10^{10}) ; même dans ces conditions les mutations sont rares.

Beaucoup de protéines sont encore fonctionnelles malgré le remplacement d'un seul acide aminé. Le degré d'altération dépendra en fait du type d'acide aminé modifié et de sa localisation. Par exemple, le remplacement d'un acide aminé non polaire par un acide aminé polaire dans une région interne de la protéine, modifiera probablement sa structure tridimensionnelle et donc sa fonction. De même le remplacement d'un acide aminé important du site actif de l'enzyme en supprimera l'activité. A l'inverse, le remplacement d'un acide aminé polaire par un autre à la surface de la protéine pourra n'avoir que des effets mineurs. En fait, les mutations faux-sens, parce qu'elles sont souvent non létales et donc

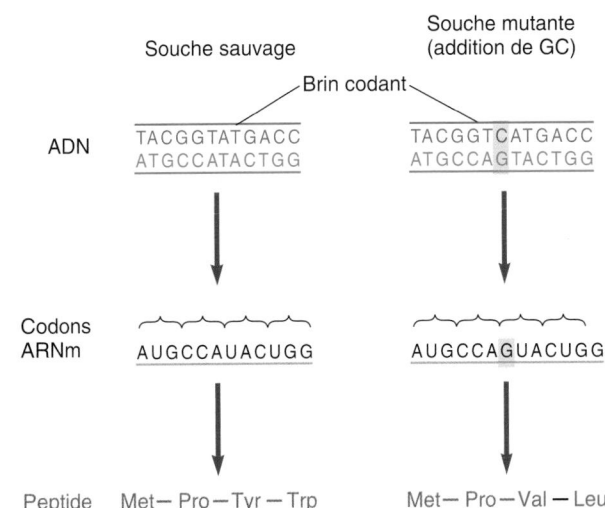

Figure 12.29   La mutation par décalage du cadre de lecture. Mutation résultant de l'insertion d'une paire GC. Le décalage du cadre de lecture produit un peptide différent du peptide initial.

maintenues dans le matériel génétique, peuvent jouer un rôle important dans l'évolution en amenant une variabilité nouvelle. La structure protéique (Appendice 1).

Un troisième type de mutation ponctuelle provoque l'arrêt précoce de la traduction et entraîne la synthèse d'un polypeptide tronqué. Ces mutations portent le nom de **mutations non-sens** parce qu'elles impliquent la conversion d'un codon sens en un codon non-sens ou stop. D'après la localisation de la mutation, l'expression phénotypique est affectée d'une manière plus ou moins importante. La plupart des protéines gardent leur fonction si elles sont raccourcies d'un ou deux acides aminés ; par contre, si la mutation est située dans la portion médiane du gène, la fonction sera probablement perdue.

La **mutation par décalage du cadre de lecture** (mutation frameshift) est le quatrième type de mutation ponctuelle ; on l'a mentionnée brièvement plus haut. Elle résulte de l'insertion ou de la délétion d'une ou deux paires de bases au sein de la région codante d'un gène. Puisque le gène correspond à une séquence précise de codons triplet, l'addition ou la délétion de moins de trois paires de bases entraînera un changement de cadre de lecture pour tous les codons situés en aval (figure 11.19). La **figure 11.29** montre l'effet d'une mutation par décalage du cadre de lecture sur une section courte de l'ARNm et de la séquence en acides aminés correspondante.

Les mutations par décalage de cadre de lecture sont habituellement très néfastes et déterminent des phénotypes mutants résultant de la synthèse de protéines non-fonctionnelles. Le nouveau cadre de lecture produit éventuellement un triplet non-sens ou stop, de sorte que le peptide est tronqué. Cependant, si le décalage du cadre de lecture a lieu près de la fin du gène ou si un second changement de cadre proche et en aval (en amont aussi !) du premier rétablit le cadre de lecture original, l'effet phénotypique peut être moins important. Un second changement de cadre de lecture proche du premier et rétablissant le cadre de lecture original est un bon exemple d'une mutation par suppression intragénique.

Les systèmes de détection chez les bactéries et autres organismes haploïdes sont simples, puisque tout nouvel allèle doit s'exprimer, même s'il s'agit d'une mutation récessive. Dans certains cas, la détection de mutants est directe. Si l'on recherche des mutants non colorés d'une bactérie normalement pigmentée, la détection requiert simplement l'observation visuelle de la couleur des colonies. D'autres systèmes de détection directe sont plus complexes. Par exemple la technique de **réplique sur boîte** sera utilisée pour détecter des mutants auxotrophes. La distinction entre colonies mutantes et sauvages s'effectuera sur la base de leur capacité de croître en absence du produit final d'une voie biosynthétique particulière (**figure 11.30**). Un auxotrophe pour la lysine, par exemple, se développera sur un milieu contenant une quantité adéquate de lysine, mais pas sur un milieu dépourvu de cet acide aminé, parce que l'organisme n'est plus capable de le synthétiser.

Des mutants peuvent donc être isolés dès qu'on dispose d'une méthode de détection. Puisque une mutation spécifique est un événement rare, il est nécessaire d'examiner des milliers voire des millions de colonies ou de clones. En employant des méthodes de détection directes, le travail peut être considérable même avec des micro-organismes. Imaginez la recherche de mutants non colorés mentionnés plus haut. Si le taux de mutation est de l'ordre de 1 sur 1 million, environ un million de colonies devront être examinées afin de trouver un mutant. Ceci requiert l'utilisation de plusieurs milliers de boîtes. Si l'on veut isoler des mutants auxotrophes de cette manière, le travail est encore accru puisqu'il faut réaliser des répliques de ces mêmes boîtes. Ces difficultés peuvent être partiellement surmontées par l'utilisation de mutagènes pour augmenter le taux de mutation, réduisant ainsi le nombre de colonies à examiner. Néanmoins, il est plus efficace d'utiliser des systèmes de sélection basés sur des facteurs d'environnement qui favorisent la croissance des mutants par rapport aux micro-organismes sauvages.

La sélection de mutants

On aboutira à une sélection efficace si l'on connaît des conditions d'incubation qui permettent la croissance du mutant, liée aux propriétés amenées par la mutation, mais pas celle de la souche sauvage. Ces méthodes de sélection impliquent souvent des mutations réverses ou le développement d'une résistance à des stress de l'environnement. Par exemple, si l'on cherche à isoler des révertants d'un mutant auxotrophe pour la lysine (Lys), la technique sera relativement simple. Un grand nombre de cellules auxotrophes seront étalées sur des boîtes contenant un milieu minimum dépourvu de lysine. Après incubation, seules des cellules ayant subi une mutation restituant la capacité de fabriquer la lysine, croîtront sur le milieu minimum et produiront des colonies (**figure 11.31**). Plusieurs millions de cellules peuvent être ainsi étalées par boîte de Petri. La recherche de colonies mutantes nécessitera un nombre relativement réduit de boîtes, contenant chacune de très nombreuses cellules puisque seuls les révertants phénotypiquement sauvages seront à même de former des colonies sur milieu minimum. Cette technique s'est avérée très utile pour déterminer le pouvoir mutagène relatif de nombreuses substances.

La sélection de souches résistantes à des facteurs externes est basée sur un principe similaire. Des cellules sauvages sont sensibles à l'attaque par les virus ou au traitement par un antibiotique, de telle sorte qu'il est possible de faire croître les bactéries en présence de l'agent sélectif et de rechercher les organismes survivants. Considérons l'exemple de bactéries sauvages sensibles à un phage. Lorsque les cellules, préalablement cultivées en l'absence du vi-

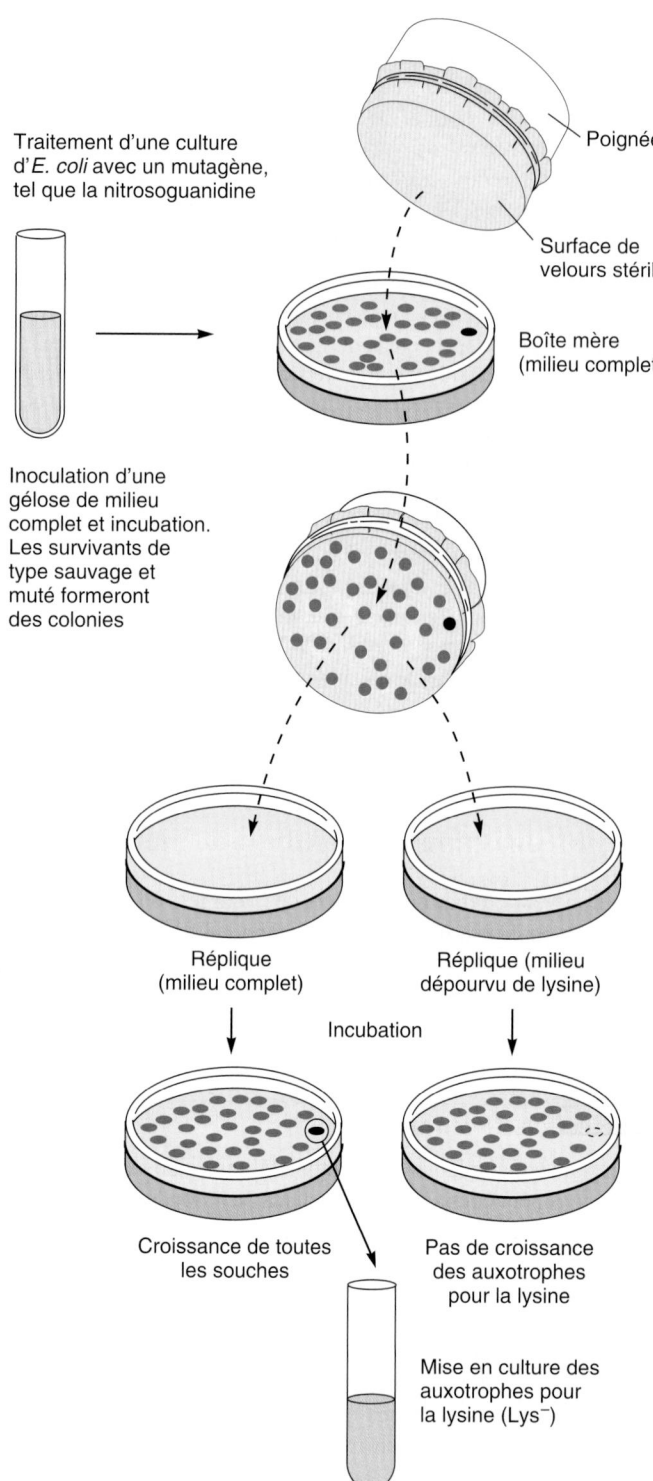

Traitement d'une culture d'*E. coli* avec un mutagène, tel que la nitrosoguanidine

Poignée

Surface de velours stérile

Boîte mère (milieu complet)

Inoculation d'une gélose de milieu complet et incubation. Les survivants de type sauvage et muté formeront des colonies

Réplique (milieu complet)

Réplique (milieu dépourvu de lysine)

Incubation

Croissance de toutes les souches

Pas de croissance des auxotrophes pour la lysine

Mise en culture des auxotrophes pour la lysine (Lys⁻)

Figure 11.30 La réplique sur boîte. Utilisation de répliques sur boîte dans l'isolement d'un auxotrophe pour la lysine. Des mutants sont produits par traitement d'une culture avec un agent mutagène. La culture contenant des cellules sauvages et auxotrophes est étalée sur milieu riche. Après développement des colonies, une pièce de velours stérile est appliquée à la surface de la gélose pour y prélever des cellules de chaque colonie. Le velours est ensuite mis en contact avec la surface d'autres boîtes, en gardant la même position. Les colonies auxotrophes Lys⁻ poussant uniquement sur milieu riche, sont repérées puis mises en culture.

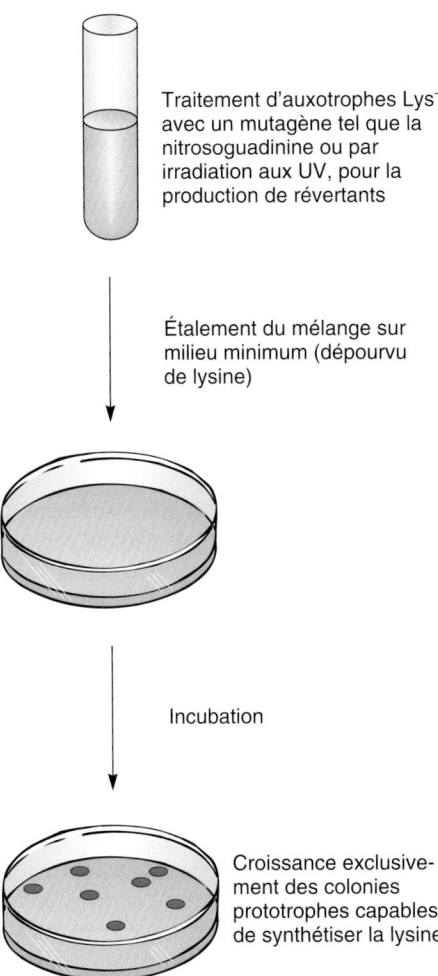

Figure 11.31 La sélection de mutants. La production et la sélection directe de révertants de mutants auxotrophes. Dans cet exemple, des révertants Lys⁺ seront sélectionnés après mutagenèse d'une culture de cellules auxotrophes Lys⁻ ; la sélection s'opère sur milieu minimum, ne permettant pas la croissance des cellules auxotrophes.

rus, sont étalées sur un milieu sélectif contenant les phages, toute colonie apparaissant est résistante à l'attaque par le phage et sera donc probablement un mutant du type recherché. La sélection par résistance s'utilise pour n'importe quel paramètre de l'environnement ; la résistance aux bactériophages, aux antibiotiques et à la température, sont les paramètres les plus souvent employés.

Les mutations affectant l'utilisation de substrats se prêtent également à des méthodes de sélection. Beaucoup de bactéries catabolisent seulement un nombre restreint de sources primaires de carbone. Pour ces organismes, il est possible de sélectionner des mutants par une méthode similaire à la sélection de bactéries résistantes. La culture est étalée sur un milieu contenant une source de carbone alternative. Les colonies apparaissent sur un tel milieu peuvent donc utiliser ce substrat et ces bactéries sont probablement mutantes.

La détection et la sélection de mutants servent des buts autres que la compréhension de la nature des gènes ou de la biochimie des micro-organismes. Ces techniques de sélection et de détection sont notamment appliquées à l'étude des agents cancérigènes. Les paragraphes suivants décrivent brièvement un des premiers et probablement le mieux connu de ces tests.

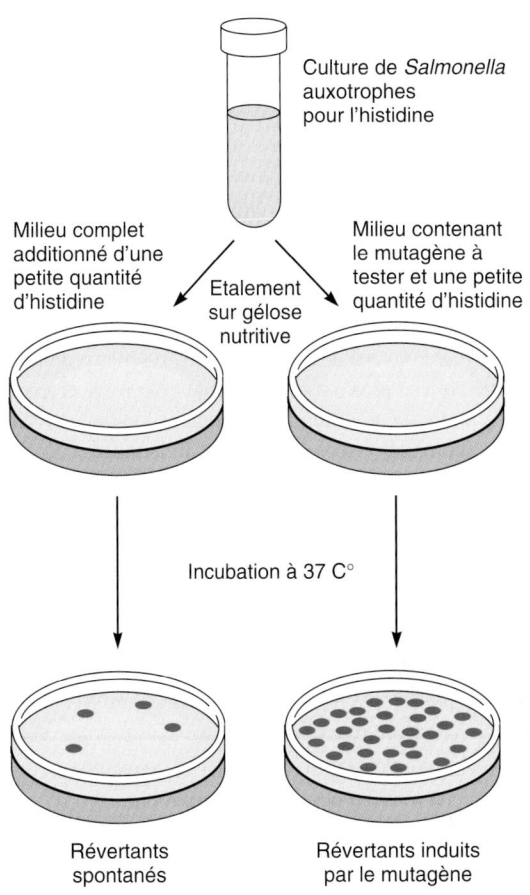

Figure 11.32 Le test de détection du pouvoir mutagène de Ames. Voir détails dans le texte.

La détection du pouvoir cancérigène

La compréhension des mécanismes de mutation et d'induction de cancers a stimulé les recherches pour identifier les substances cancérigènes dans l'environnement, afin de pouvoir les éviter. Le caractère mutagène de la plupart des agents cancérigènes a servi de base à ces tests de détection, qui exploitent les avantages des techniques de sélection, ainsi que la rapidité de croissance des populations bactériennes. Le test décrit par Bruce Ames dans les années 1970 est probablement le plus employé. Le **test d'Ames** est basé sur la mesure du taux de réversion de diverses souches de *Salmonella typhimurium*, chacune ayant une mutation différente dans l'opéron de la biosynthèse de l'histidine. Les bactéries ont également des altérations des parois qui les rendent plus perméables aux substances analysées. Afin d'accroître la sensibilité du test, les souches sont défectueuses dans leur système de réparation de l'ADN et possèdent en plus des gènes plasmidiens qui favorisent les erreurs lors de la réparation de l'ADN.

Dans le test d'Ames, on recherche l'apparition de colonies produites par réversion, après étalement de ces souches spéciales de *Salmonella* sur milieu sélectif gélosé contenant la substance à analyser (**figure 11.32**). En vue de s'assurer que la réplication de l'ADN puisse avoir lieu en présence du mutagène potentiel, les bactéries et la substance analysée sont mélangées dans de l'agar dilué fondu, auquel on a pris soin d'ajouter de faibles quantités d'histidine. Cet agar mou est ensuite étalé à la surface de boîtes contenant un agar minimum ; les boîtes sont alors incubées pendant 2 ou 3 jours à 37°C. Les cellules auxotrophes pour l'histidine pousseront pendant les premières heures en présence de la substance à tester jusqu'à ce que l'histidine soit épuisée. Après ce délai, seuls les révertants seront capables de pousser puisqu'ils auront retrouvé la capacité de synthétiser l'histidine. Les colonies seront alors dénombrées et la valeur obtenue sera comparée au contrôle, afin d'estimer le pouvoir mutagène relatif de la substance analysée : celui-ci est d'autant plus grand que le nombre de colonies sera élevé.

En plus de la substance à tester, un extrait de foie de mammifères est souvent ajouté à la couche supérieure d'agar mou avant étalement. L'extrait convertit les produits cancérigènes potentiels en dérivés électrophiles, plus susceptibles de réagir directement avec l'ADN. Ce phénomène a lieu naturellement lorsque les substances étrangères sont métabolisées dans le foie. Puisque les bactéries n'ont pas ce système d'activation, on ajoute l'extrait de foie afin de promouvoir les transformations qui ont lieu chez les mammifères. Beaucoup d'agents cancérigènes potentiels comme les aflatoxines (*voir* pp. 967-68) ne deviennent actifs qu'après avoir été modifiés dans le foie. Cette addition permet de distinguer les composés qui possèdent une action mutagène intrinsèque de ceux qui requièrent une induction. Malgré le recours aux extraits de foie, le test d'Ames ne détecte qu'environ la moitié des cancérigènes animaux potentiels.

---

1. Décrivez la manière dont la technique des répliques est utilisée pour détecter et isoler des mutants auxotrophes.
2. Pourquoi les techniques de sélection de mutants sont-elles généralement préférables à la détection et à l'isolement direct de mutants ?
3. Discutez brièvement la manière dont les mutations réverses, la résistance à un facteur d'environnement et la capacité d'utiliser un nutriment particulier peuvent être exploitées dans la sélection de mutants.
4. Qu'est-ce que le test d'Ames et comment est-il réalisé ? Quels sont les rapports entre pouvoirs mutagène et cancérigène sur lesquels ce test est basé ?

11.8   La réparation de l'ADN

Des erreurs de réplication ou l'action de nombreux mutagènes altèrent la séquence nucléotidique. Ces modifications, souvent létales pour les micro-organismes, sont susceptibles d'être réparées par divers mécanismes, en plus de la **correction d'épreuve** par des enzymes réplicatives. Des ADN polymérases peuvent éliminer un nucléotide incorrect immédiatement après son incorporation à la fourche de réplication. La réparation chez *E. coli* étant la mieux comprise, c'est elle qui sera brièvement décrite dans cette section.
La réplication de l'ADN et la correction d'épreuve (pp. 235-39).

La réparation par excision

La **réparation par excision** est un système général de réparation qui corrige les dommages causés par des distorsions de la double hélice. Une endonucléase de réparation élimine les bases endommagées en plus de quelques bases situées de part et d'autre de la lésion (**figure 11.33**). La brèche monocaténaire qui en résulte est ensuite comblée par l'ADN polymérase I et la césure est réparée

par l'ADN ligase (p. 239). Ce système peut éliminer les dimères de thymine (figure 11.28) et réparer presque toute autre lésion qui produit une distorsion détectable de l'ADN.

A côté de ce système général de réparation par excision, des systèmes spécialisés enlèvent spécifiquement de la molécule d'ADN les sites au niveau desquels le squelette sucre-phosphate est intact, mais dont les bases ont été éliminées pour former des sites apuriniques ou apyrimidiniques (sites AP). Des endonucléases spéciales, appelées AP endonucléases, reconnaissent et clivent ces structures. La réparation par excision prend le relai, débutant par l'excision d'une courte chaîne de nucléotides.

Un autre de type de réparation par excision dépend d'ADN glycosylases. Ces enzymes éliminent les bases endommagées ou modifiées, produisant des sites AP qui sont ensuite réparés comme décrit plus haut. Toutes les lésions de bases ne sont pas réparées par ce mécanisme, mais de nouvelles glycosylases ont été récemment découvertes et il est possible que ces processus aient une importance plus générale qu'on ne l'avait initialement pensé.

L'élimination des lésions

Les dimères de thymine et les bases alkylées sont souvent réparés directement. Au cours de la **photoréactivation** nécessitant de la lumière visible, les dimères de thymine sont scindés pour redonner des thymines séparées. Cette réaction photochimique implique la photolyase (ou enzyme de photoréactivation). Puisque ce mécanisme de réparation n'élimine ni ne remplace les nucléotides, il n'entraîne pas d'erreur.

Dans certains cas, les bases alkylées subissent aussi une réparation directe. Des groupes méthyles ou certains autres alkyles, ajoutés en position O-6 de la guanine, peuvent être éliminés à l'aide d'une enzyme appelée alkyltransférase ou méthylguanine méthyltransférase. C'est de cette manière que les lésions de la guanine induites par des mutagènes tels que la méthyl-nitrosoguanidine (figure 11.27) peuvent être réparées.

La réparation postréplicative

Malgré l'action précise de l'ADN polymérase et la correction continue d'épreuve, des erreurs peuvent néanmoins apparaître durant la réplication de l'ADN. Chez *E. coli*, des bases mal appariées et d'autres erreurs sont habituellement détectées puis réparées par un **système de réparation des mésappariements**. Les enzymes impliquées dans ces corrections parcourent l'ADN nouvellement répliqué et détectent les bases mal appariées. Ces enzymes incisent la molécule d'ADN de chaque côté de la lésion et le segment lésé est éliminé. Les nucléotides excisés sont remplacés sous l'action d'une ADN polymérase, puis la césure encore présente est réparée par une ligase. La réparation post-réplicative est un type de réparation par excision.

Le succès de la réparation postréplicative dépend de la capacité des enzymes à distinguer l'ancien brin d'ADN du brin nouvellement répliqué. Cette distinction est possible parce que les bases des brins d'ADN nouvellement répliqués ne portent pas de groupes méthyles, tandis que dans l'ADN plus ancien, les bases des deux brins sont méthylées. La **méthylation de l'ADN** est catalysée par les ADN méthyltransférases et donne trois produits différents : la *N*6-méthyladénine, la 5-méthylcytosine et la *N*4-méthylcytosine. Lorsqu'un brin est synthétisé, l'adénine

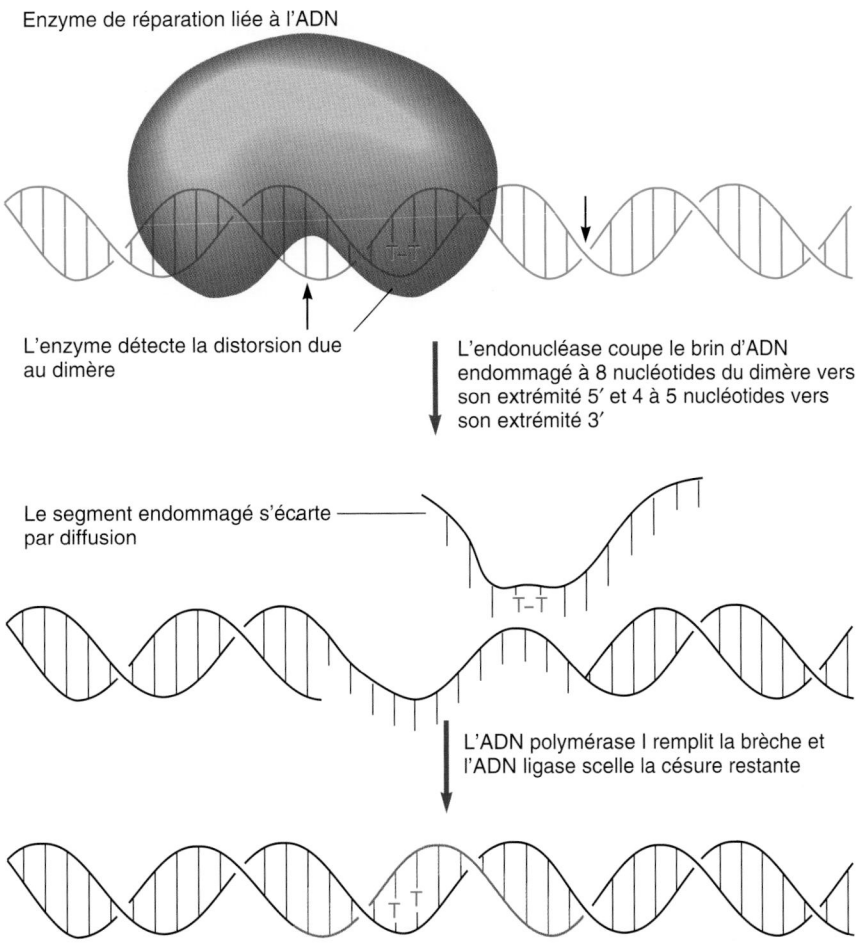

Enzyme de réparation liée à l'ADN

L'enzyme détecte la distorsion due au dimère

L'endonucléase coupe le brin d'ADN endommagé à 8 nucléotides du dimère vers son extrémité 5′ et 4 à 5 nucléotides vers son extrémité 3′

Le segment endommagé s'écarte par diffusion

L'ADN polymérase I remplit la brèche et l'ADN ligase scelle la césure restante

Figure 11.33 La réparation par excision. Réparation par excision d'un dimère de thymine qui provoque une déformation de la double hélice. L'endonucléase de réparation ou endonucléase UvrABC est codée par les gènes *uvrA,B* et *C*.

méthyltransférase de l'ADN d'*E. coli* (DAM) méthyle les adénines dans les séquences d(GATC), formant des *N*6-méthyladénines. Après le passage de la fourche de réplication, pendant un court moment, le nouveau brin manque de groupes méthyles, alors que le brin matrice est méthylé. Le système de réparation excise les mésappariements du brin non méthylé.

La réparation par recombinaison

La **réparation par recombinaison** intervient au niveau des lésions, pour lesquelles il ne reste pas de matrice. C'est le cas lorsque les deux bases d'une paire nucléotidique manquent ou sont altérées, ou lorsqu'il y a une brèche en face d'une lésion. Dans ce type de réparation la **protéine RecA** coupe une séquence d'ADN matrice dans une molécule soeur et l'amène dans la brèche ou l'utilise pour remplacer une des chaînes lésées. Malgré la nature haploïde des bactéries, une autre copie d'ADN est souvent disponible, soit parce que la réplication vient d'avoir lieu, soit parce que la cellule en croissance rapide possède plus d'une copie de son chromosome. Dès que la matrice est en place, la lésion restante peut être corrigée par un des autres systèmes de réparation.

La protéine RecA participe également à une réparation induc-

tible appelée **réparation SOS.** Dans ce cas, la lésion de l'ADN est si grave que la synthèse s'arrête complètement, laissant de nombreuses brèches importantes. RecA va se lier aux brèches, initier l'échange des brins et en même temps acquérir une fonction protéolytique qui détruit le répresseur LexA. Celui-ci réprime la fonction de nombreux gènes impliqués dans la réparation et la synthèse d'ADN (**figure 11.34**). Du fait de la destruction de LexA, beaucoup de ces molécules enzymatiques sont produites, accélérant les processus de réplication et de réparation. Ce système peut réparer rapidement des lésions de grande étendue, provoquées par des agents tels que les radiations UV, mais il entraîne des erreurs et produit des mutations. Il est néanmoins plus avantageux d'avoir un nombre limité de mutations plutôt que de voir la réplication de l'ADN s'arrêter.

---

1. Définissez les termes suivants : correction d'épreuve, réparation par excision, photoréactivation, méthylguanine méthyltransférase, réparation de mésappariement, réparation par recombinaison, protéine RecA, réparation SOS et répresseur LexA.

2. Décrivez en termes généraux les mécanismes des processus de réparation suivants : réparation par excision, réparation par recombinaison et réparation SOS.

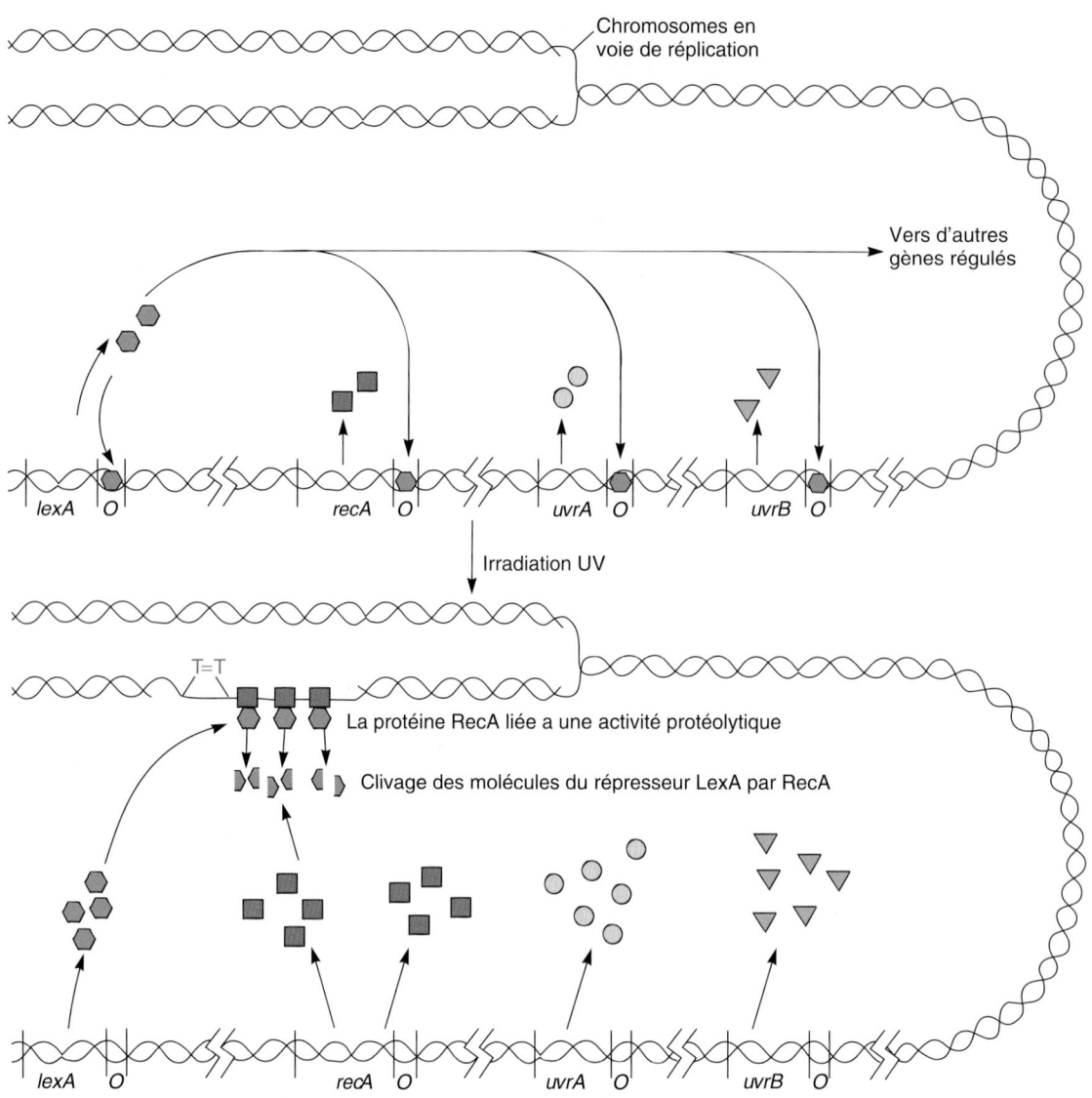

Figure 11.34 La réparation SOS. En absence de traitement mutagène physique ou chimique, les gènes de réparation chez *E. coli*, sont faiblement exprimés suite à la liaison du répresseur LexA à leurs opérateurs (O).
Lorsque la protéine RecA se lie à une région lésée — par exemple, un dimère de thymine créé par une irradiation
U — elle détruit LexA et les gènes de réparation sont fortement exprimés. Les gènes *uvr* codent pour l'endonucléase de réparation ou l'endonucléase UvrABC, responsable de la réparation par excision.

Résumé

1. La découverte du rôle génétique de l'ADN résulte des travaux sur la transformation bactérienne par Griffith et Avery et d'expériences
sur la multiplication du phage T2 par Hershey
et Chase.

2. L'ADN diffère de l'ARN par sa composition.
L'ADN contient du désoxyribose et de la thymine au lieu de ribose et d'uracile.

3. L'ADN est bicaténaire, avec un appariement
complémentaire des bases AT et GC. Les brins
sont antiparallèles et s'enroulent en une
double hélice de pas droit (**figure 11.6**).

4. L'ARN est normalement monocaténaire bien
qu'il puisse se replier sur lui-même par appariement des bases et former des structures en

épingle à cheveux.

5. Chez presque tous les procaryotes, l'ADN
forme un cercle fermé qui se tord en superhélice et est associé à des protéines non histoniques.

6. L'ADN eucaryote est associé à cinq types de
protéines histoniques. Huit histones s'associent pour former des ellipsoïdes octamériques
autour desquels l'ADN est enroulé : c'est le
nucléosome (**figure 11.9**).

7. La synthèse de l'ADN est appelée réplication.
La transcription est la synthèse d'un ARN
complémentaire de l'ADN. Elle produit trois
types d'ARN : l'ARN messager (ARNm),
l'ARN de transfert (ARNt) et l'ARN riboso-

mial (ARNr).

8. La synthèse des protéines dirigée par l'ARNm
est appelée traduction.

9. Les ADN procaryotes circulaires sont le plus
souvent synthétisés par deux fourches de réplication se déplaçant autour du cercle pour
former une figure en thêta (θ). Parfois c'est un
mécanisme avec cercle roulant qui est utilisé.

10. L'ADN eucaryote a de nombreux réplicons et
les origines de réplication sont situées tous les
10 à 100 μm le long de l'ADN.

11. Les ADN polymérases catalysent la synthèse
de l'ADN dans la direction 5' → 3' alors
qu'elles lisent l'ADN matrice dans la direction

$3' \rightarrow 5'$.

12. La double hélice est déroulée par des hélicases, à l'aide de topoisomérases telles que l'ADN gyrase. Des protéines se liant à l'ADN maintiennent les brins séparés.

13. L'holoenzyme de l'ADN polymérase III synthétise une copie complémentaire de l'ADN et nécessite une courte amorce d'ARN synthétisée par une primase.

14. Le brin avancé est probablement répliqué de façon continue, alors que la synthèse de l'ADN sur le brin retardé est discontinue et forme des fragments d'Okazaki (**figures 11.15 et 11.16**).

15. L'ADN polymérase I excise l'amorce d'ARN et remplit la brèche formée. L'ADN ligase relie alors les fragments entre eux.

16. L'information génétique est présente sous la forme de 64 triplets nucléotidiques appelés codons (**tableau 11.1**) ; les codons sens déterminent l'incorporation d'acides aminés, les codons stop, ou non-sens terminent la traduction.

17. Le code génétique est dégénéré ; en d'autres termes, il y a plus d'un codon pour spécifier la plupart des acides aminés.

18. Un gène peut être défini comme une séquence d'acide nucléique qui code pour un polypeptide, un ARNt ou un ARNr.

19. Le brin codant de l'ADN porte l'information génétique et détermine la synthèse du transcrit d'ARN.

20. L'ARN polymérase se lie à la région promotrice ; celle-ci contient une région de reconnaissance et une région de liaison de cette enzyme (**figure 11.22**).

21. Le gène contient également une région codante et un terminateur ; il peut y avoir une séquence de tête et une séquence de pause (**figure 11.21**). Des segments régulateurs tels que les opérateurs peuvent être présents.

22. Les gènes des ARNt et des ARNr codent souvent pour des précurseurs qui donnent ensuite plusieurs produits.

23. Une mutation est une modification stable et héréditaire de la séquence nucléotidique dans le matériel génétique, habituellement l'ADN.

24. Les mutations peuvent être classées en diverses catégories sur base de leurs effets sur le phénotype. On distingue principalement les mutations morphologiques, létales, conditionnelles, biochimiques et de résistance.

25. Des mutations spontanées peuvent apparaître suite à des erreurs de réplication (transitions, transversions, modifications du cadre de lecture) ; elles peuvent aussi résulter de lésions de l'ADN (sites apuriniques, sites apyrimidiniques, oxydations) et d'insertions.

26. Des mutations induites résultent de l'action des mutagènes ; elles peuvent provenir de l'incorporation d'analogues de bases, d'erreurs d'appariements dues à des altérations d'une base ou de la présence d'agents intercalants, ou encore d'un contournement de la réplication (by-pass) suite à des lésions importantes. L'état de privation et les stress environnementaux peuvent stimuler les gènes mutateurs et conduire à de l'hypermutation.

27. Le phénotype mutant peut revenir au type sauvage, soit par une mutation réverse vraie soit par une mutation par suppression (**tableau 11.2**).

28. Il y a quatre types importants de mutations ponctuelles : des mutations silencieuses, des mutations faux-sens, des mutations non-sens et des mutations décalant le cadre de lecture (**tableau 11.2**).

29. Il est essentiel de disposer d'une technique sensible et spécifique pour isoler les mutants : exemple la réplique sur boîte (**figure 11.30**) pour détecter les auxotrophes (système de détection directe).

30. Une des techniques d'isolement les plus efficaces consiste à ajuster les conditions d'environnement de telle sorte que le mutant puisse croître alors que le type sauvage ne se développe pas.

31. Parce que la plupart des agents cancérigènes sont également mutagènes, on peut déterminer le pouvoir mutagène d'une substance par le test d'Ames (**figure 11.32**) et interpréter les résultats en termes de pouvoir cancérigène.

32. Les mutations et les lésions de l'ADN sont réparées de plusieurs manières : correction d'épreuve par les enzymes réplicatives, réparation par excision, élimination des lésions (photoréactivation), réparation post-réplicative (réparation de mésappariements) et réparation par recombinaison.

Mots-clés

Questions de révision

1. Comment les schémas de réplication diffèrent-ils chez les procaryotes et les eucaryotes ? Décrivez le fonctionnement des fourches de réplication dans la production d'intermédiaires en thêta et dans le mécanisme du cercle roulant.

2. Schématisez les différentes étapes de la synthèse de l'ADN à la fourche de réplication. Comment les ADN polymérases corrigent-elles leurs erreurs ?

3. Un gène est couramment décrit de différentes manières. Quelle définition préférez-vous et pourquoi ?

4. Comment, à partir de mutations correspondant à de petites délétions, peut-on montrer que les codons sont des triplets (c'est-à-dire que la séquence nucléotidique est lue par groupes de trois paires de bases, plutôt que par deux ou quatre)?

5. Parfois une mutation ponctuelle ne change pas le phénotype. Enumérez les raisons de ce phénomène.

6. Pourquoi une mutation amenant la substitution d'un acide aminé à la surface d'une protéine peut-elle ne pas entraîner de changement phénotypique, alors que la substitution d'un acide aminé interne en entraînera un ?

7. Décrivez la manière dont vous isoleriez un mutant requérant de l'histidine pour sa croissance et résistant à la pénicilline.

8. Comment les mutations suivantes peuvent-elles être réparées (il peut exister plus d'un mécanisme): erreurs par addition de bases lors de la réplication par l'ADN polymérase III, dimères de thymine, sites AP, guanines méthylées, brèches produites lors de la réplication ?

Question de réflexion

1. Les mutations sont souvent considérées comme néfastes. Donnez un exemple d'une mutation qui serait bénéfique pour un organisme. Quel gène porterait la mutation ? Comment cette mutation altérerait-elle le rôle du gène dans la cellule, et par quel moyen sélectionnerait-on l'allèle muté ?

2. Les erreurs commises lors de la transcription affectent la cellule, mais ne sont pas considérées comme des " mutations ". Pourquoi ?

3. Dites ce que vous savez de la différence entre cellules procaryotes et eucaryotes, donnez deux raisons pour lesquelles le test d'Ames ne détecte que la moitié environ des cancérigènes potentiels, même quand on utilise des extraits de foie.

4. Supposez que vous avez isolé un micro-organisme à partir d'un échantillon de sol. Décrivez comment vous vous y prendriez pour déterminer la nature de son matériel génétique.

Lectures complémentaires

Généralités

Dale, J. W. 1998. *Molecular genetics of bacteria,* 3ᵉ éd. New York: John Wiley and Sons.

Griffiths, A. J. F., Miller, J. H., Suzuki, D. T., Lewontin, R. C., et Gelbart, W. M. 2000. *An introduction to genetic analysis,* 7ᵉ éd. New York: W. H. Freeman.

Hartwell, L. H., Hood, L., Goldberg, M. L., Reynolds, A. E., Silver, L. M., et Veres, R. C. 2000. *Genetics: From genes to genomes.* New York: McGraw-Hill.

Holloway, B. W. 1993. Genetics for all bacteria. *Ann. Rev. Microbiol.* 47:659–84.

Joset, F., and Guespin-Michel, J. 1993. *Prokaryotic genetics: Genome organization, transfer and plasticity.* Boston: Blackwell.

Kendrew, J., éd. 1994. *The encyclopedia of molecular biology.* Boston: Blackwell Scientific Publications.

Klug, W. S., et Cummings, M. R. 1997. *Concepts of Genetics,* 5ᵉ éd. Upper Saddle River, N.J.: Prentice-Hall.

Lewin, B. 2000. *Genes,* 7ᵉ éd. New York: Oxford University Press.

Maloy, S. R., Cronan, J. E., Jr., et Freifelder, D. 1994. *Microbial genetics,* 2ᵉ éd. Boston: Jones and Bartlett.

Russell, P. J. 1998. *Genetics,* 5ᵉ éd. New York: Harper Collins.

Scaife, J., Leach, D., et Galizzi, A., éd. 1985. *Genetics of bacteria.* New York: Academic Press.

Smith-Keary, P. 1989. *Molecular genetics of Escherichia coli.* New York: Guilford Press.

Snyder, L., et Champness, W. 1997. *Molecular Genetics of Bacteria.* Washington, D.C.: ASM Press

Weaver, R. F. 1999. *Molecular biology.* Dubuque, Iowa: WCB McGraw-Hill.

Weaver, R. F., et Hedrick, P. W. 1997. *Genetics,* 3ᵉ éd. Dubuque, Iowa: Wm. C. Brown.

11.2   La structure des acides nucléiques

Bauer, W. R., Crick, F. H. C., et White, J. H. 1980. L'ADN sous forme surenroulée *Pour la Science* 35, 110

Darnell, J. E., Jr. 1985. L'ARN, *Pour la Science* 110, 80

Drlica, K. 2000. Chromosome, Bacterial. In *Encyclopedia of microbiology,* 2ᵉ éd., vol. 1, J. Lederberg, éd., 808–21. San Diego: Academic Press.

Drlica, K., et Rouviere-Yaniv, J. 1987. Histonelike proteins of bacteria. *Microbiol. Rev.* 51(3):301–19.

Felsenfeld, G. 1985. L'ADN, *Pour la Science* 98, 30-40

Kornberg, R. D., et Klug, A. 1981. Le nucléosome, *Pour la Science* 42, 64-67

Rich, A., et Kim, S. H. 1978. The three-dimensional structure of transfer RNA. *Sci. Am.* 238(1):52–62.

11.3   La réplication de l'ADN

Baker, T. A., et Bell, S. P. 1998. Polymerases and the replisome: Machines within machines. *Cell* 92:295–305.

Cook, P. R. 1999. The organization of replication and transcription. *Science* 284: 1790–95.

Dickerson, R. E. 1983. Les doubles hélices d'ADN et les informations génétiques, *Pour la Science* 76, 20-37

Hejna, J. A., et Moses, R. E. 2000. DNA replication. In *Encyclopedia of microbiology,* 2ᵉ éd., vol. 2, J. Lederberg, éd., 82–90. San Diego: Academic Press.

Johnson, K. A. 1993. Conformational coupling in DNA polymerase fidelity. *Ann. Rev. Biochem.* 62:685–713.

Joyce, C. M., et Steitz, T. A. 1994. Function and structure relationships in DNA polymerases. *Ann. Rev. Biochem.* 63:777–822.

Kornberg, A. 1992. *DNA replication,* 2ᵉ éd. San Francisco: W. H. Freeman.

Lohman, T. M., Thorn, K., et Vale, R. D. 1998. Staying on track: Common features of DNA helicases and microtubule motors. *Cell* 93:9–12.

Losick, R., et Shapiro, L. 1998. Bringing the mountain to Mohammed. *Science* 282:1430–31.

Marians, K. J. 1992. Prokaryotic DNA replication. *Annu. Rev. Biochem.* 61:673–719.

Matson, S. W., et Kaiser-Rogers, K. A. 1990. DNA helicases. *Annu. Rev. Biochem.* 59:289–329.

McHenry, C. S. 1988. DNA polymerase III holoenzyme of *Escherichia coli. Annu. Rev. Biochem.* 57:519–50.

Meyer, R. R., et Laine, P. S. 1990. The single-stranded DNA-binding protein of *Escherichia coli. Microbiol. Rev.* 54(4):342–80.

Radman, M., et Walker, R. 1988. La réplication de l'ADN : un mécanisme "haute fidélité", *Pour la Science* 132, 28-35

Roca, J. 1995. The mechanisms of DNA topoisomerases. *Trends Biochem. Sci.* 20(4):156–60.

Stillman, B. 1994. Smart machines at the DNA replication fork. *Cell* 78:725–28.

Waga, S., et Stillman, B. 1998. The DNA replication fork in eukaryotic cells. *Annu. Rev. Biochem.* 67:721–51.

Wang, J. C. 1982. Les enzymes qui modifient la topologie de l'ADN, *Pour la Science* 59, 56-73

11.4   Le code génétique

Andersson, S. G. E., et Kurland, C. G. 1990. Codon preferences in free-living microorganisms. *Microbiol. Rev.* 54(2):198–210.

Osawa, S., Jukes, T. H., Watanabe, K., et Muto, A. 1992. Recent evidence for evolution of the genetic code. *Microbiol. Rev.* 56(1):229–64.

11.5   La structure des gènes

Berlyn, M. K. B., Low, K. B., et Rudd, K. E. 1996. Linkage map of *Escherichia coli* K–12, edition 9. In *Escherichia coli and Salmonella: Cellular and molecular biology,* 2ᵉ éd., vol. 2, F. C. Neidhardt, éd., 1715–1902. Washington, D.C.: ASM Press.

Breathnach, R., et Chambon, P. 1981. Organization and expression of eucaryotic split genes coding for proteins. *Annu. Rev. Biochem.* 50:349–83.

Fournier, M. J., et Ozeki, H. 1985. Structure and organization of the transfer ribonucleic acid genes of *Escherichia coli* K–12. *Microbiol. Rev.* 49(4):379–97.

Girons, I. S., Old, I. G., et Davidson, B. E. 1994. Molecular biology of *Borrelia,* bacteria with linear replicons. *Microbiology* 140:1803–16.

Lindahl, L., et Zengel, J. M. 1986. Ribosomal genes in *Escherichia coli. Annu. Rev. Genet.* 20:297–326.

Marinus, M. G. 2000. Methylation of nucleic acids and proteins. In *Encyclopedia of microbiology,* 2ᵉ éd., vol. 3, J. Lederberg, éd., 240–44. San Diego: Academic Press.

Riley, M. 1993. Functions of the gene products of *Escherichia coli. Microbiol. Rev.* 57(4):862–952.

Weinstock, G. M. 1994. Bacterial genomes: Mapping and stability. *ASM News* 60(2):73–78.

11.6   Les mutations et leurs bases chimiques

Foster, P. L. 1993. Adaptive mutation: The uses of adversity. *Annu. Rev. Microbiol.* 47:467–504.

Hall, B. G. 1991. Increased rates of advantageous mutations in response to environmental challenges. *ASM News* 57(2):82–86.

Lederberg, J. 1992. Bacterial variation since Pasteur. *ASM News* 58(5):261–65.

Lenski, R. E., et Mittler, J. E. 1993. The directed mutation controversy and neo-Darwinism. *Science* 259:188–94.

Miller, J. H. 1983. Mutational specificity in bacteria. *Annu. Rev. Genet.* 17:215–38.

Miller J. H. 1996. Spontaneous mutators in bacteria: Insights into pathways of mutagenesis and repair. *Annu. Rev. Microbiol.* 50:625–43.

Singer, B., et Kusmierek, J. T. 1982. Chemical mutagenesis. *Annu. Rev. Biochem.* 52:655–93.

11.7   La détection et l'isolement de mutants

Devoret, R. 1979. Des tests bactériens pour identifier des cancérigènes potentiels, *Pour la Science* 24, 62-76

11.8   La réparation de l'ADN

Claverys, J.-P., et Lacks, S. A. 1986. Heteroduplex deoxyribonucleic acid base mismatch repair in bacteria. *Microbiol. Rev.* 50(2):133–65.

Friedberg, E. C., Walker, G. C., et Siede, W. 1995. *DNA repair and mutagenesis.* Herndon, Va.: ASM Press.

Grossman, L. 2000. DNA repair. In *Encyclopedia of microbiology,* 2ᵉ éd., vol. 2, J. Lederberg, éd., 71–81. San Diego: Academic Press.

Grossman, L., et Thiagalingam, S. 1993. Nucleotide excision repair, a tracking mechanism in search of damage. *J. Biol. Chem.* 268(23):16871–74.

Howard-Flanders, P. 1982, Pourquoi y-a-t-il si peu de mutants ? *Pour la Science* 51, 102-110

Kuzminov, A. 1999. Recombinational repair of DNA damage in *Escherichia coli* and bacteriophage λ. *Microbiol. Mol. Biol. Rev.* 63(4):751–813.

McCullough, A. K., Dodson, M. L., et Lloyd, R. S. 1999. Initiation of base excision repair: Glycosylase mechanisms and structures. *Annu. Rev. Biochem.* 68:255–85.

Miller, R. V. 2000. recA: The gene and its protein product. In *Encyclopedia of microbiology,* 2ᵉ éd., vol. 4, J. Lederberg, éd., 43–54. San Diego: Academic Press.

Sutherland, B. M. 1981. Photoreactivation. *BioScience* 31(6):439–44.

Van Houten, B. 1990. Nucleotide excision repair in *Escherichia coli. Microbiol. Rev.* 54(1):18–51.

Walker, G. C. 1985. Inducible DNA repair systems. *Annu. Rev. Biochem.* 54:425–57.

Winterling, K. W. 2000. SOS response. In *Encyclopedia of microbiology,* 2ᵉ éd., vol. 4, J. Lederberg, éd, 336–43. San Diego: Academic Press.

CHAPITRE 12

Les gènes : expression et régulation

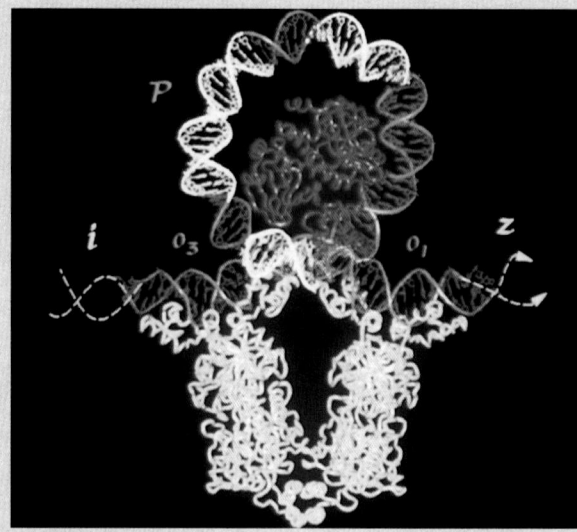

L'activité de l'opéron lactose est sous le contrôle d'un répresseur protéique. Le répresseur *lac* (en violet) et la protéine activatrice du catabolisme (en bleu) se fixent à l'opéron *lac*. Lorsqu'il est fixé sur les opérateurs (en rouge), le répresseur bloque la transcription.

Plan

Concepts

1. Durant la transcription, l'ARN polymérase copie la séquence appropriée de la chaîne codante, matrice, de l'ADN pour produire une copie ARN complémentaire du gène. La transcription diffère de plusieurs manières entre procaryotes et eucaryotes bien que le mécanisme de base de l'activité de l'ARN polymérase soit essentiellement le même.

2. La traduction est le processus au cours duquel la séquence nucléotidique de l'ARN messager est convertie en la séquence d'acides aminés d'un polypeptide, grâce à l'action des ribosomes, des ARN de transfert, des aminoacyl-ARNt synthétases, d'énergie provenant d'ATP et de GTP et de divers facteurs protéiques. Comme dans le cas de la réplication de l'ADN, ce processus complexe est conçu de manière à minimiser les erreurs.

3. Chez les bactéries, la régulation métabolique à long terme est assurée par le contrôle de la transcription par des mécanismes tels que les facteurs sigma, les répresseurs protéiques au cours de l'induction et de la répression, et par l'atténuation de nombreux opérons biosynthétiques.

4. Les procaryotes doivent pouvoir répondre rapidement aux changements des conditions de leur environnement. Le contrôle simultané de nombreux opérons y est fréquent, via des systèmes régulateurs globaux

5. La réplication de l'ADN et la division cellulaire sont coordonnées de façon à assurer la distribution des nouvelles copies d'ADN à chaque cellule fille.

> *Ce qui excite particulièrement mon intérêt, ce sont les limites entre le vivant et le non-vivant comme représentées, disons, par les protéines, les virus, les bactéries et la structure des chromosomes. L'objectif final, plutôt lointain, est de décrire ces activités en termes de structures c'est-à-dire par la distribution de leurs atomes dans l'espace. Si cela s'avère un jour possible, cela pourrait s'appeler la chimie physique de la biologie.*
>
> —Francis Crick

Le chapitre 11 a traité du matériel génétique des micro-organismes. Il s'est intéressé à la structure et à la réplication de l'ADN, à la nature du code génétique et des gènes, et à la façon dont les gènes se modifient par mutation. On trouve là la base nécessaire à la compréhension des chapitres 12 à 15.

Le chapitre 12 est consacré à l'expression génétique et à sa régulation. Une bonne connaissance de la transcription et de la synthèse protéique est essentielle pour comprendre la biologie moléculaire et la génétique microbienne. Les deux premières sections décriront donc en détail la transcription de l'ADN et la synthèse des protéines. Comme le rôle de ces deux processus dans la vie des micro-organismes dépend de leur régulation correcte, la seconde partie du chapitre sera consacrée à cette régulation. On parlera d'abord du contrôle de la synthèse de l'ARNm et de l'atténuation, pour décrire ensuite les niveaux de régulation plus complexes : systèmes régulateurs globaux, systèmes de phosphorelais à deux composants, et contrôle du cycle cellulaire bactérien.

12.1 La transcription de l'ADN ou la synthèse de l'ARN

La synthèse de l'ARN sous la direction de l'ADN est appelée transcription. L'ARN synthétisé a une séquence complémentaire à celle de l'ADN qui dirige sa synthèse (*tableau 12.1*). On ne trouve normalement pas de thymine dans l'ARNm ni dans l'ARNr. Bien que

Tableau 12.1 Bases de l'ARN encodées par l'ADN

Base dans l'ADN	Purine ou pyrimidine incorporée dans l'ARN
Adénine	Uracile
Guanine	Cytosine
Cytosine	Guanine
Thymine	Adénine

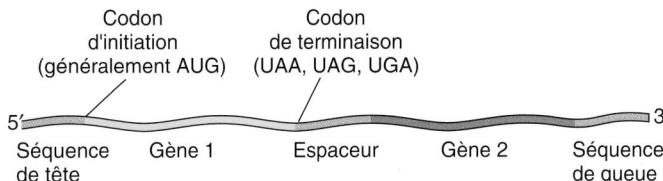

Figure 12.1 L'ARN messager polycistronique bactérien. Voir texte pour les détails.

l'adénine dirige l'incorporation de la thymine dans la réplication de l'ADN, il code généralement pour l'uracile durant la synthèse de l'ARN. La transcription produit trois sortes d'ARN. L'ARN messager (ARNm) porte le message pour la synthèse des protéines. L'**ARN de transfert (ARNt)** transporte les acides aminés durant la synthèse des protéines, et les molécules d'**ARN ribosomial (ARNr)** sont des composants des ribosomes. La structure et la synthèse des ARNm procaryotes est décrite en premier lieu.

La transcription chez les procaryotes

L'ARNm procaryote est un ARN simple brin de longueur variable, contenant les informations pour la synthèse d'un seul ou de plusieurs polypeptides. Les molécules d'ARN messager contiennent aussi des séquences qui ne codent pas pour des polypeptides (**figure 12.1**). Il y a une **séquence de tête** non traduite de 25 à 150 bases à l'extrémité 5' qui précède le codon d'initiation. De plus, les ARNm polycistroniques (ceux qui dirigent la synthèse de plus d'un polypeptide) ont des séquences intercalaires ou espaceurs qui séparent les segments codant pour les polypeptides individuels. Les polypeptides encodés par le même messager polycistronique ont d'habitude une fonction complémentaire (par exemple, ils font partie d'une même voie métabolique). A l'extrémité 3', après le dernier codon de terminaison, on trouve une séquence de queue qui n'est pas traduite.

L'ARN messager est synthétisé sous la direction de l'ADN par une enzyme, l'**ARN polymérase**. Une cellule d'*E. coli* possède jusqu'à 7.000 molécules d'ARN polymérase, mais seulement 2.000 à 5.000 d'entre elles peuvent être actives en même temps. La réaction est très semblable à celle catalysée par l'ADN polymérase. L'ATP, le GTP, le CTP, et l'UTP sont utilisés pour produire une copie d'ARN à partir d'une séquence d'ADN. Comme mentionné précédemment, ces nucléotides contiennent du ribose au lieu de désoxyribose.

$$n[ATP, GTP, CTP, UTP] \xrightarrow[\text{ADN matrice}]{\text{ARN polymérase}} ARN + nPP_i$$

La synthèse de l'ARN, de même que celle de l'ADN, se fait dans la direction 5' → 3', les nouveaux nucléotides étant ajoutés à l'extrémité 3' de la chaîne en croissance, à la vitesse d'environ 40 nucléotides à la seconde, à 37°C (**figure 12.2**). L'ARN polymérase ouvre et

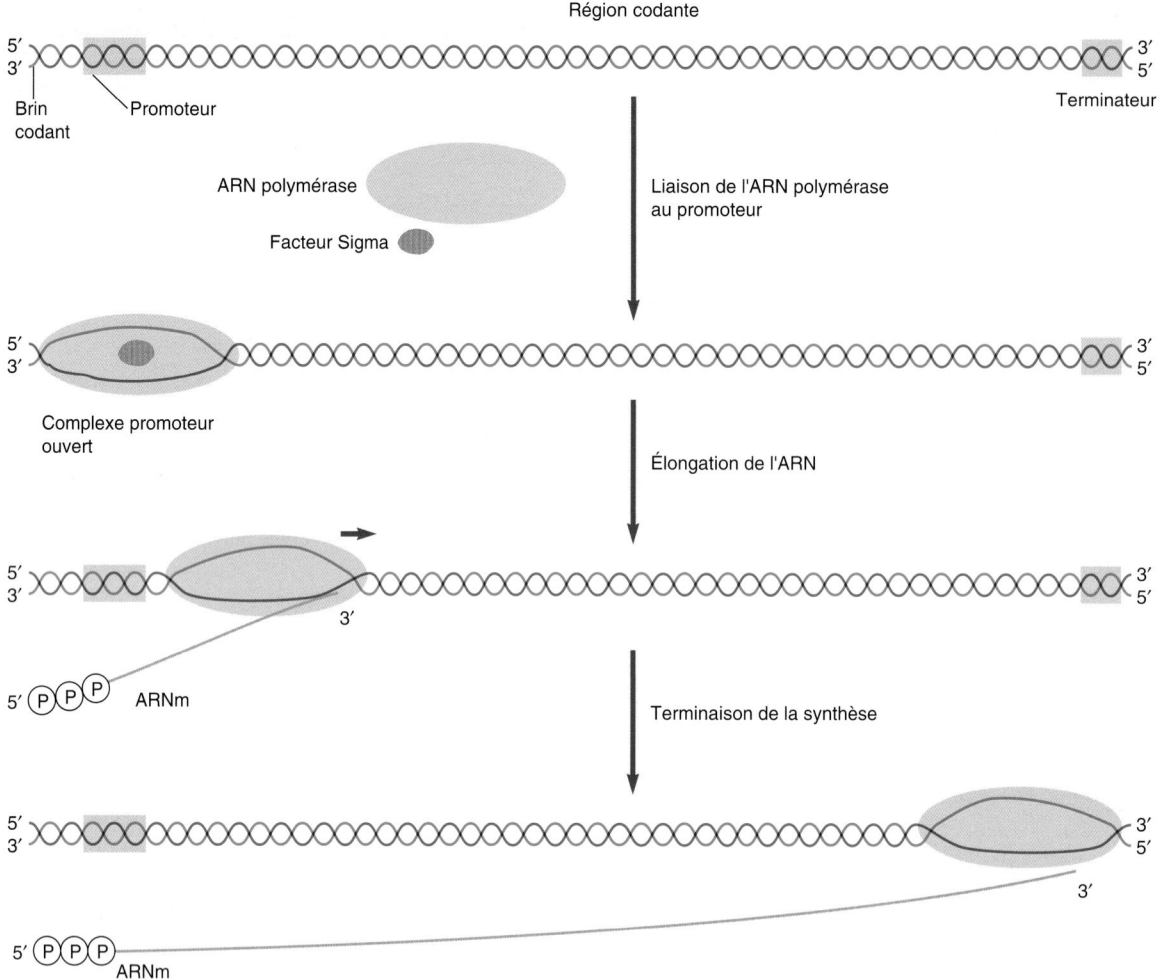

Figure 12.2 La transcription de l'ARNm à partir de l'ADN. Le brin d'ADN inférieur dirige la synthèse d'ARNm, et l'ARN polymérase se déplace de gauche à droite. Par souci de clarté, la transcription a été simplifiée et divisée en trois phases générales : la fixation de l'ARN polymérase au promoteur à l'aide du facteur sigma, la synthèse de l'ARN par la polymérase sous la direction du brin codant, et la terminaison du processus, accompagnée de la libération de l'ARN produit. Par sa fixation, l'ARN polymérase déroule l'ADN, pour former une bulle de transcription ou complexe ouvert, qui rend possible la copie du brin codant. Voir détails dans le texte.

déroule la double hélice pour former une bulle de transcription, longue de quelque 12 à 20 paires de base. Elle transcrit le brin codant produisant un ARN complémentaire et antiparallèle à l'ADN matrice. Il faut noter que du pyrophosphate est produit dans les réactions catalysées aussi bien par les ADN que par les ARN polymérases. Le pyrophosphate est alors hydrolysé en orthophosphate dans une réaction catalysée par la pyrophosphatase. La soustraction du pyrophosphate rend la synthèse de l'ADN et de l'ARN irréversible. Si la concentration en pyrophosphate était trop élevée, l'ADN et l'ARN seraient dégradés par une inversion des réactions de polymérisation.

L'ARN polymérase d'*E. coli* est une très grosse molécule (environ 480.000 daltons) contenant quatre chaînes polypeptidiques : α, β, β' et σ. Le **noyau (« core »)** de l'enzyme se compose de quatre chaînes (α₂, β, β') et catalyse la synthèse de l'ARN. Le **facteur sigma** (σ) n'a pas d'activité catalytique mais aide l'enzyme à reconnaître le début des gènes. Dès que la synthèse de l'ARN commence, le facteur sigma se dissocie du complexe enzyme-ADN et est prêt à aider une autre enzyme. Il y a plusieurs facteurs sigma différents chez *E. coli* ; le facteur σ⁷⁰ (poids moléculaire, 70.000

environ) est le plus souvent impliqué dans l'initiation de la transcription.. Les fonctions précises des polypeptides α, β, et β' ne sont pas encore clairement connues. La sous-unité α semble intervenir dans l'assemblage de l'enzyme-noyau, dans la reconnaissance des promoteurs (voir ci-dessous), et dans l'interaction avec certains facteurs de régulation. Le site de fixation à l'ADN est sur β' et la sous-unité β fixe les substances ribonucléotidiques. La rifampicine, un inhibiteur de l'ARN polymérase, se lie à la sous-unité β.

La région d'ADN sur laquelle l'ARN polymérase se fixe à l'aide du facteur sigma est appelée le **promoteur**. La séquence du promoteur procaryote n'est pas transcrite. Dans les promoteurs d'*E. coli*, on trouve une séquence de six bases (habituellement TTGACA), située approximativement 35 bases avant (en amont) le point de départ de la transcription. Le promoteur contient aussi une séquence TATAAT ou **boîte de Pribnow** qui se situe environ 10 paires de bases avant le point de départ de transcription, soit entre 16 et 18 paires de bases en amont du premier hexamère. L'ARN polymérase reconnaît ces séquences, se lie au promoteur et déroule un petit segment d'ADN autour de la boîte de Pribnow. La trans-

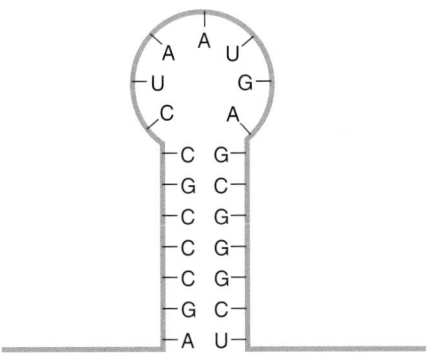

Figure 12.3 Les terminateurs procaryotes. Exemple de structure en épingle à cheveux formée par une séquence terminatrice d'ARNm.

cription commence 6 ou 7 paires de bases en aval de l'extrémité 3' du promoteur. L'ARN polymérase construit une chaîne longue de quelque 9 nucléotides, tout en restant au niveau du promoteur. Elle se met ensuite en mouvement le long du brin codant. La première base utilisée dans la synthèse de l'ARN est généralement une purine, soit l'ATP, soit le GTP. Comme ces phosphates ne sont pas enlevés durant la transcription, l'extrémité 5' de l'ARNm procaryote a un triphosphate attaché au ribose. La structure et la fonction du promoteur (pp.242-44).

Des signaux d'arrêt doivent également marquer la fin d'un gène ou d'une séquence de gènes et interrompre la transcription par l'ARN polymérase. Les **terminateurs** procaryotes contiennent souvent une séquence encodant un ARN qui peut établir des liaisons hydrogène pour former une structure en forme d'épingle à cheveux (**figure 12.3**). Cette structure provoque une pause ou un arrêt complet de la transcription de l'ADN. Il y a deux sortes de signaux d'arrêt ou terminateurs. Le premier type contient à peu près 6 résidus d'uridine après l'épingle à cheveux de l'ARNm, il provoque un arrêt de la transcription par la polymérase et libère l'ARNm sans l'aide d'aucun facteur accessoire. Le second type ne possède pas de région poly-U, ni souvent d'épingle à cheveux, il nécessite l'aide d'une protéine particulière, le **facteur rhô** (ρ). On pense que rhô s'attache à l'ARNm et se déplace le long de la molécule jusqu'à ce qu'il atteigne l'ARN polymérase, arrêtée à un terminateur. Le facteur rhô entraîne alors la dissociation de la polymérase et de l'ARNm, probablement en déroulant le complexe ARNm-ADN.

La transcription chez les eucaryotes

Les processus de transcription chez les micro-organismes eucaryotes (et chez les autres cellules eucaryotes) diffèrent sous plusieurs aspects de la transcription chez les procaryotes. Il y a trois ARN polymérases majeures et non pas une seule comme chez les procaryotes. L'ARN polymérase II, associée à la chromatine dans la matrice nucléaire, est responsable de la synthèse de l'ARNm. Les polymérases I et III synthétisent respectivement l'ARNr et l'ARNt (**tableau 12.2**). L'ARN polymérase II des eucaryotes est un grand agrégat, d'une taille d'au moins 500.000 daltons, fait de 10 sous-unités ou plus. Elle est inhibée par l'α-amanitine, un octapeptide. Au contraire de la polymérase bactérienne, elle a besoin de facteurs de transcription supplémentaires pour reconnaître les promoteurs. La polymérase se lie à proximité du point de départ, les facteurs de transcription s'attachant au reste du promoteur. Les promoteurs eucaryotes diffèrent eux aussi de ceux trouvés chez les procaryotes. Ils sont la combinaison de plusieurs éléments. Les trois éléments les

Tableau 12.2 ARN polymérases eucaryotes

Enzyme	Localisation	Produit
ARN polymérase I	Nucléole	ARNr (5,8S, 18S, 28S)
ARN polymérase II	Chromatine, Matrice nucléaire	ARNm
ARN polymérase III	Chromatine, Matrice nucléaire	ARNt, ARNr 5S

plus communs sont la boîte TATA (située environ 30 paires de bases avant le point de départ, c'est-à-dire en amont), la boîte CAAT (environ 70 paires de bases en amont), et la boîte GC (90 paires de bases en amont). On a montré récemment que la protéine qui se lie à TATA courbait fortement l'ADN lors de sa fixation. Ceci rend l'ADN plus accessible à d'autres facteurs d'initiation. Divers facteurs de transcription généraux, des facteurs spécifiques du promoteur et des éléments promoteurs ont été découverts dans différentes cellules eucaryotes. Chaque gène eucaryote semble être régulé différemment, et il faudra d'autres recherches pour comprendre la régulation de la transcription génique chez les eucaryotes.

L'ARNm eucaryote résulte d'une **modification posttranscriptionnelle** de grandes molécules d'ARN précurseur, longues de 5.000 à 50.000 nucléotides, appelées **ARN nucléaires hétérogènes (ARNnh)**. Elles proviennent de l'activité de l'ARN polymérase II (**figure 12.4**). Après la synthèse de l'ARNnh, l'ARN précurseur est clivé par une endonucléase qui génère le groupe 3'-OH adéquat. La polyadénylate polymérase catalyse alors l'addition d'acide adénylique à l'extrémité 3' de l'ARNnh pour produire une séquence poly-A d'à peu près 200 nucléotides. L'ARNnh est finalement clivé pour produire l'ARNm fonctionnel. Généralement, l'ARNm eucaryote diffère aussi par la présence, à l'extrémité 5', d'une coiffe qui consiste en 7-méthylguanosine attachée à l'hydroxyle 5' par une liaison triphosphate (**figure 12.5**). Le nucléotide adjacent peut aussi être méthylé.

Les ARNm eucaryotes possèdent des coiffes en 5', à la différence des ARNm procaryotes. Les deux types de cellules peuvent avoir de l'ARNm avec une séquence poly-A en 3', mais c'est beaucoup moins fréquent chez les procaryotes et les séquences sont plus courtes. En outre, l'ARNm eucaryote est normalement monogénique au contraire des ARNm procaryotes qui consistent souvent en transcrits de deux ou plusieurs gènes. Les fonctions de la queue poly-A et de la coiffe ne sont pas encore complètement élucidées. La queue poly-A protège l'ARNm d'une dégradation enzymatique rapide. Elle doit être raccourcie d'à peu près 10 nucléotides avant que l'ARNm puisse être dégradé. Elle semble aussi aider à la traduction de l'ARNm. La coiffe 5' des messagers eucaryotes faciliterait la liaison initiale des ribosomes au messager. La coiffe peut aussi protéger le messager des attaques enzymatiques.

De nombreux gènes eucaryotes diffèrent des gènes procaryotes car ils sont fragmentés ou interrompus, ce qui conduit à un autre processus posttranscriptionnel. Les **gènes fragmentés** ou **interrompus** ont des **exons** (séquences traduites), régions qui codent pour de l'ARN qui se retrouve dans l'ARN mature (p. ex. les ARNm). Les exons sont séparés les uns des autres par des **introns** (séquences intermédiaires), qui codent pour de l'ARN qui ne se retrouve pas dans le produit final (figure 12.4b). L'ARN initial possède les séquences des introns présentes dans le gène fragmenté. Les gènes qui codent pour l'ARNr et l'ARNt peuvent aussi être interrompus. A l'exception des cyanobactéries et des archéobactéries (*voir chapitres 20 et 21*), on n'a pas trouvé de gènes fragmentés chez les procaryotes.

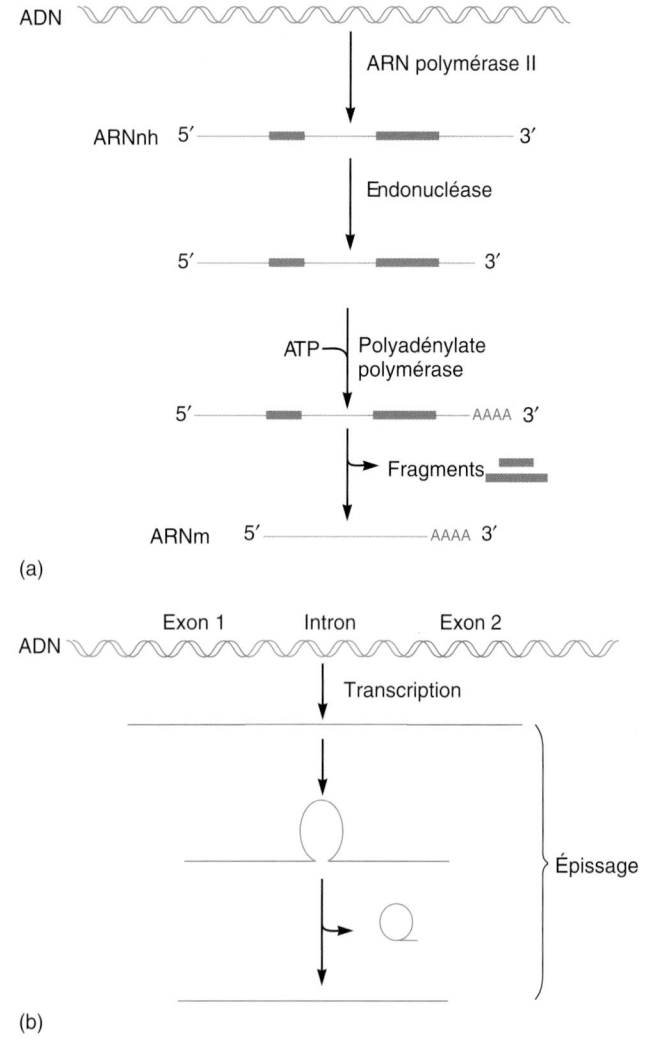

(a)

(b)

Figure 12.4 La synthèse d'ARN messager eucaryote. (**a**) L'addition de poly-A à l'extrémité 3' de l'ARNm est incluse, mais pas la coiffe 5'. La séquence poly-A et les introns sont en couleur. (**b**) L'épissage des gènes interrompus pour produire l'ARNm. Les séquences poly-A et les exons sont en couleur. L'intron excisé est en forme de cercle ou de lasso.

Les introns sont excisés des transcrits primaires d'ARN par un processus appelé **épissage de l'ARN** (figure 12.4*b*). Les extrémités des introns doivent être clairement délimitées pour que ceux-ci soient épissés avec précision. On trouve la séquence GU à l'extrémité 5' de l'intron et la séquence AG à son extrémité 3'. Les deux séquences définissent les sites d'épissage et sont reconnues par des molécules d'ARN particulières. Le noyau possède plusieurs molécules de **petits ARN nucléaires** (**ARNpn**) de 60 à 300 nucléotides. Ils sont associés à des protéines pour former des petites particules de ribonucléoprotéines nucléaires appelées RNPpn (en anglais snurps). Certaines RNPpn reconnaissent le site d'épissage et assurent sa précision. Par exemple, la RNPpn – U1 reconnaît le site d'épissage 5' et la RNPpn-U5 le site d'épissage 3'. L'épissage du pré-ARNm a lieu dans une grosse particule d'épissage appelée **splicéosome** qui contient le pré-ARNm, au moins cinq types de RNPpn et d'autres facteurs d'épissage.

Comme on l'a déjà mentionné, quelques gènes d'ARN ribosomial ont aussi des introns. Certaines de ces molécules de pré-ARNr sont capables d'auto-épissage. L'ARN qui catalyse la réaction d'épissage est appelé **ribozyme** (**encadré 12.1**). Thomas Cech découvrit que l'ARNr du protozoaire cilié *Tetrahymena thermophila* était capable d'auto-épissage. Sidney Altman montra ensuite que la ribonucléase P qui clive un fragment à une extrémité du pré-ARNt, contenait un morceau d'ARN catalysant la réaction. Plusieurs autres introns d'ARNr, capables d'auto-épissage ont été découverts depuis. Cech et Altman reçurent le prix Nobel de chimie pour ces découvertes en 1989.

Bien que notre attention se soit portée sur la synthèse des ARNm, il faut noter que les ARNr et les ARNt sont aussi synthétisés sous forme de grands précurseurs par les ARN polymérases (tableau 12.2). Les ARNr et ARNt finals résultent d'un processus posttranscriptionnel, comme mentionné ci-dessus.

---

1. Définissez les termes suivants : séquence de tête, de queue, espaceur, ARNm polycistronique, ARN polymérase, facteur sigma, promoteur, brin codant, terminateur et facteur rhô.
2. Définissez ou décrivez : modification posttranscriptionnelle, ARN nucléaire hétérogène, séquence 3' poly-A, coiffe 5', gènes fragmentés ou interrompus, exon, intron, épissage de l'ARN, ARNpn, splicéosome et ribozyme.

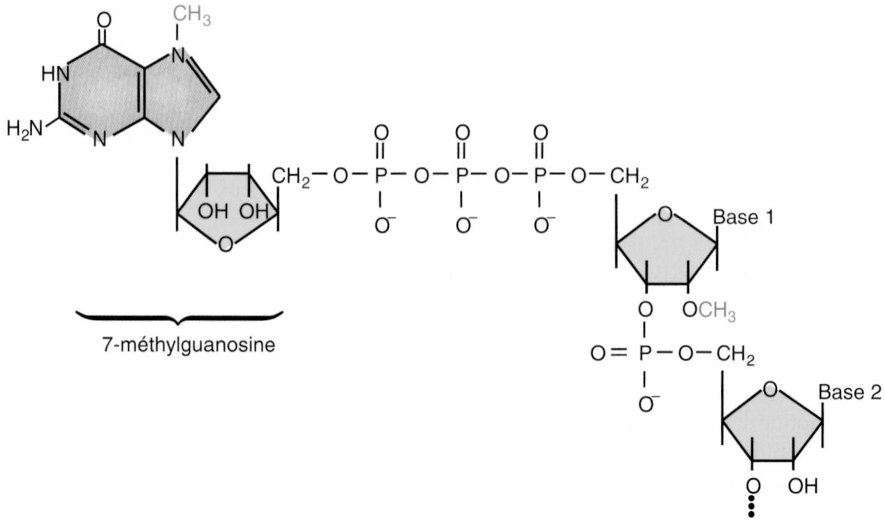

7-méthylguanosine

Figure 12.5 La coiffe 5' de l'ARNm eucaryote.

Encadré 12.1

Les ARN catalytiques (ribozymes)

Jusque très récemment, les biologistes pensaient que toutes les réactions cellulaires étaient catalysées par des protéines appelées enzymes (*voir section 8.6*). La découverte en 1981-1984 par Thomas Cech et Sidney Altman du pouvoir catalytique de l'ARN transforma notre façon de penser sur des sujets aussi divers que la catalyse et l'origine de la vie. Il est maintenant clair que certaines molécules d'ARN appelées ribozymes, catalysent des réactions qui modifient soit leur structure propre, soit celle d'autres ARN.

Cette découverte conduisit les scientifiques à émettre l'hypothèse que la terre était au début un monde d'ARN dans lequel l'ARN était à la fois support génétique et catalyseur de réactions. Des expériences montrèrent que les introns de *Tetrahymena thermophila* pouvaient catalyser la formation d'acide polycytidylique dans certaines conditions, et encouragèrent de telles spéculations. Certains suggérèrent que les virus à ARN étaient des fossiles vivants du monde d'ARN original.

L'activité de ribozyme la mieux étudiée est l'auto-épissage de l'ARN. Ce processus est fort répandu et concerne le pré-ARNr de *Tetrahymena*, l'ARNr mitochondrial, l'ARNm de levures et d'autres mycètes, l'ARNt, l'ARNr et l'ARNm de chloroplastes et l'ARNm de certains bactériophages (comme le phage T_4 d'*E. coli*). L'intron de 413 nucléotides de l'ARNr chez *T. thermophila* est un bel exemple de réaction d'auto-épissage. Cette réaction a lieu en trois étapes et requiert la présence de guanosine (voir **figure de l'encadré**). D'abord, le groupe 3'-OH de la guanosine attaque le groupe 5'-P de l'intron et clive la liaison phosphodiester. Ensuite, le groupe 3'-OH nouvellement formé à la gauche de l'exon attaque le 5'-P à la droite de l'exon. Ceci réunit les deux exons et libère l'intron. Enfin, le 3'-hydroxyle de l'intron attaque la liaison phosphate d'un nucléotide à 15 résidus de son extrémité. Ceci libère un petit fragment terminal et referme l'intron sur lui-même. L'auto-épissage de cet ARNr a lieu à une vitesse 10 milliards de fois supérieure à l'hydrolyse spontanée de l'ARN. La forme de l'ARN, comme celle des protéines enzymatiques, est essentielle à l'efficacité de la catalyse. Le ribozyme suit même la cinétique de Michaelis Menten (*pp. 162-63*).

De nombreuses conséquences pratiques très importantes résultent de la découverte des ribozymes. Les ribozymes agissent comme « des ciseaux moléculaires » et permettront aux chercheurs de manipuler facilement l'ARN en laboratoire. Il sera aussi possible de protéger les hôtes en enlevant spécifiquement l'ARN de virus, de bactéries et de mycètes pathogènes. Par exemple, on teste actuellement des ribozymes pour lutter contre les virus du SIDA, de l'herpès et de la mosaïque du tabac.

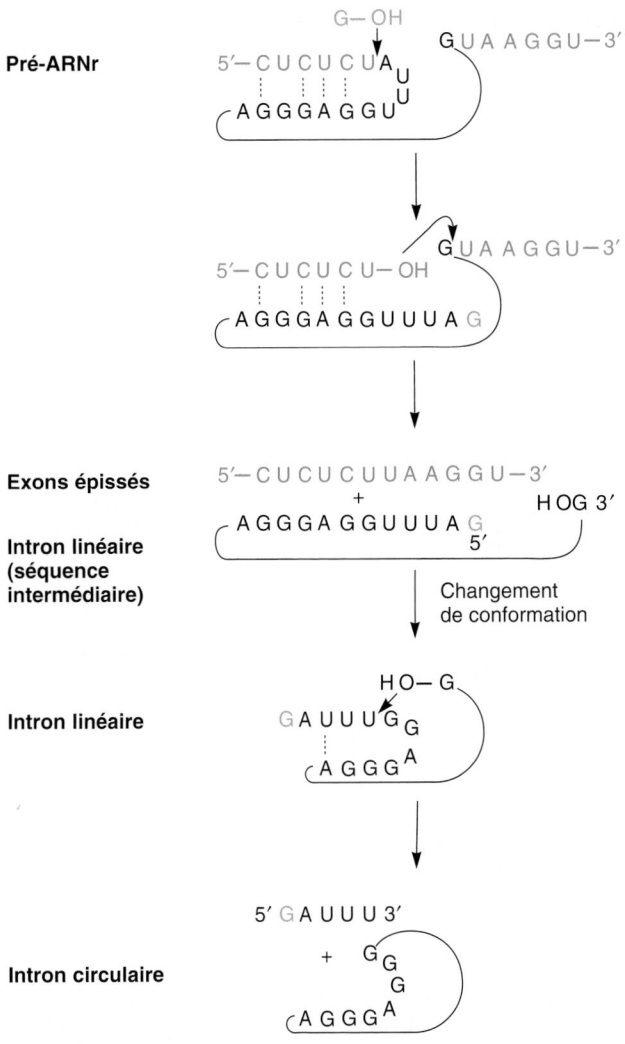

L'action d'un ribozyme. Le mécanisme d'auto-épissage du pré-ARNr de *Tetrahymena thermophila*. Voir texte pour les détails.

12.2 La synthèse des protéines

L'étape finale dans l'expression des gènes est la synthèse des protéines ou traduction. Au cours de cette étape, la séquence nucléotidique de l'ARNm est traduite en une séquence d'acides aminés pour former une chaîne polypeptidique. Les polypeptides sont synthétisés par l'addition d'acides aminés à l'extrémité de la chaîne, au niveau du groupe α-carboxyle libre de l'acide aminé en position terminale. La synthèse des polypeptides s'effectue de l'extrémité N terminale vers l'extrémité C terminale. La synthèse des protéines n'est pas seulement efficace, elle est aussi très rapide. Chez *E. coli*, elle s'effectue à une vitesse d'au moins 900 résidus par minute ; la traduction eucaryote est plus lente, environ 100 résidus par minute. La structure polypeptidique et protéique (appendice I).

De nombreuses bactéries se développent si vite que chaque ARNm doit être utilisé avec une grande efficacité afin que la synthèse des protéines s'effectue à une vitesse suffisamment élevée. En l'absence de synthèse protéique, les sous-unités ribosomiales sont libres dans le cytoplasme. Elles ne s'assemblent pour former des ribosomes complets que s'il y a traduction. Souvent, les ARNm bactériens forment des complexes avec plusieurs ribosomes en même temps, chaque ribosome lisant le message de l'ARNm et synthétisant un polypeptide. A la vitesse maximale d'utilisation de l'ARNm, il peut y avoir un ribosome tous les 80 nucléotides le long du messager, soit 20 ribosomes au moins lisant simultanément l'ARNm d'un polypeptide de 50.000 daltons. Un complexe ARNm avec plusieurs ribosomes est appelé **polyribosome** ou polysome. On trouve des polysomes chez les eucaryotes comme chez les procaryotes. Les bactéries peuvent encore augmenter l'efficacité de l'expression d'un gène en couplant transcription et traduction (**figure 12.6**). Tandis que l'ARN polymérase synthétise un ARNm, les ribosomes sont déjà attachés au messager et impliqués dans la syn-

thèse des polypeptides. Le couplage de la transcription et de la traduction est possible chez les procaryotes car aucune enveloppe nucléaire ne sépare l'ADN de la machinerie de traduction, comme c'est le cas chez les eucaryotes (*voir figure 3.14*).

L'ARN de transfert et l'activation des acides aminés

La première étape de la synthèse des protéines est l'**activation des acides aminés**, processus par lequel les acides aminés sont liés aux molécules d'ARN de transfert. Ces molécules d'ARN sont généralement longues de 73 à 93 nucléotides et présentent plusieurs caractéristiques structurales. La structure de l'ARNt devient évidente lorsque la chaîne se replie de manière à obtenir un maximum d'appariements de bases ; il en résulte une conformation en feuille de trèfle avec cinq bras ou boucles (**figure 12.7**). La tige acceptrice fixe l'acide aminé activé par son extrémité 3'. L'extrémité 3' de tous les ARNt a la même séquence -C-C-A ; l'acide aminé se lie à l'acide adénylique terminal. A l'autre extrémité du trèfle se trouve le bras anticodon, qui contient le **triplet anticodon** complémentaire du triplet codon de l'ARNm. Il y a deux autres grands bras : le bras D ou DHU possède la dihydrouridine, un nucléoside pyrimidique inhabituel, et le bras T ou TψC qui contient la ribothymidine (T) et la pseudouridine (ψ), toutes deux particulières aux ARNt. Finalement, le trèfle a un bras variable dont la longueur dépend de la longueur totale de l'ARNt ; les autres bras ont une taille relativement constante.

Les molécules d'ARN de transfert se replient pour former une structure en forme de L (**figure 12.8**). L'acide aminé est maintenu

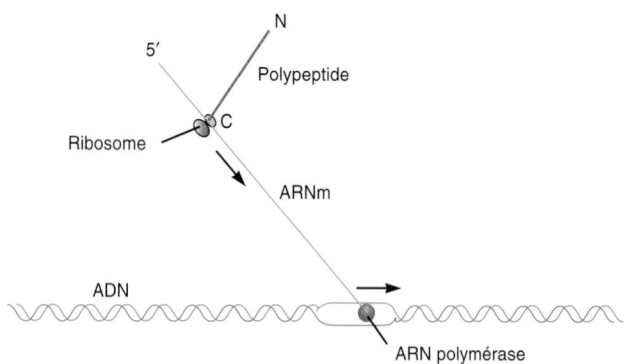

Figure 12.6 La transcription et la traduction couplées chez les bactéries. L'ARNm est synthétisé de 5' à 3' par l'ARN polymérase tandis que les ribosomes sont attachés à l'extrémité 5' nouvellement formée de l'ARNm et traduisent le message avant même qu'il ne soit terminé. Les polypeptides sont synthétisés dans la direction de l'extrémité N terminale vers l'extrémité C terminale.

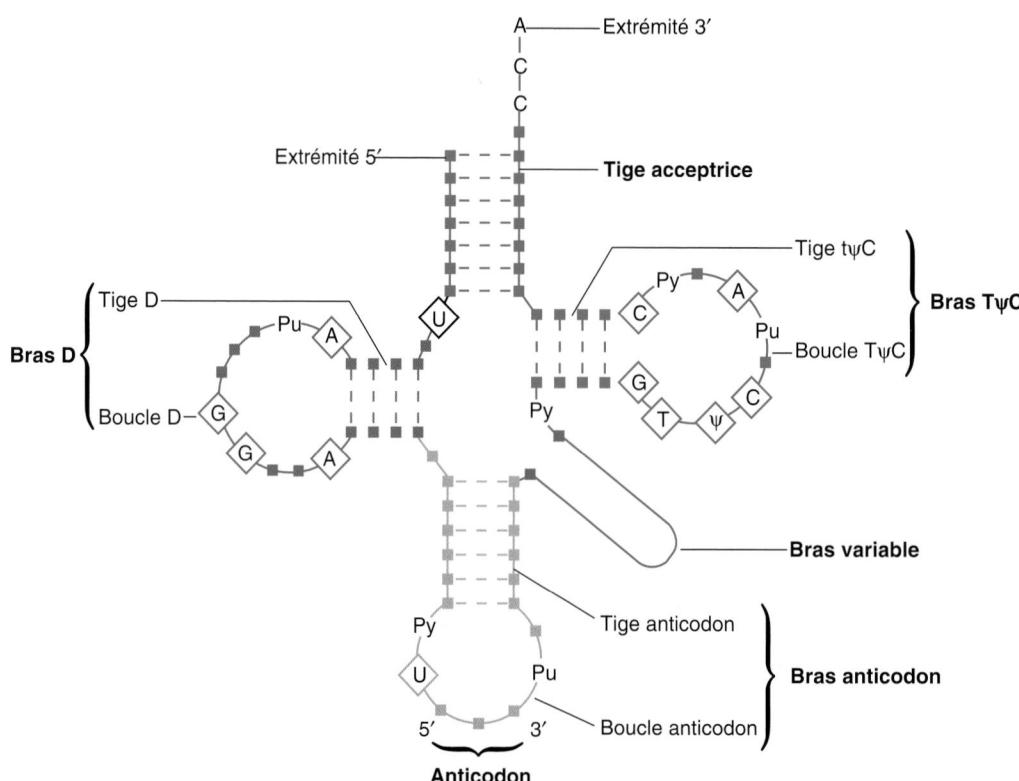

Figure 12.7 La structure de l'ARNt. La structure en trèfle de l'ARNt chez les procaryotes et les eucaryotes. Les bases présentes dans tous les ARNt sont encadrées ; les positions des purines et des pyrimidines présentes dans tous les ARNt sont indiquées respectivement par *Pu* et *Py*.

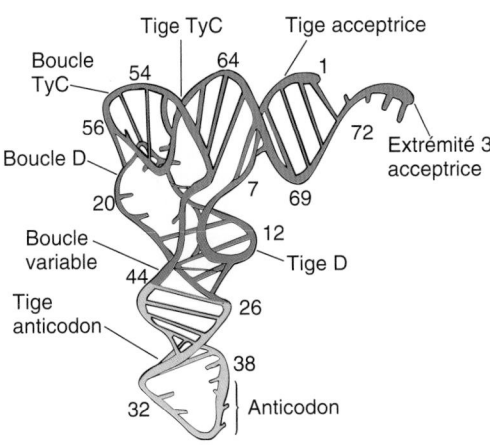

Figure 12.8 La conformation de l'ARN de transfert. La structure tridimensionnelle de l'ARNt. Les diverses régions se distinguent par différentes couleurs.

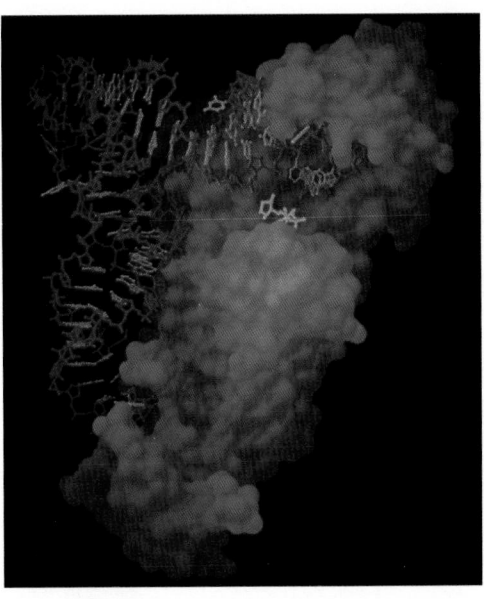

Figure 12.9 Une aminoacyl-ARNt synthétase. Un modèle de la glutamyl-ARNt synthétase d'*E. coli* avec son ARNt et l'ATP. L'enzyme est en bleu, l'ARNt en rouge et jaune et l'ATP en vert.

à une extrémité du L, l'anticodon se positionne sur l'extrémité opposée, et le coude du L est formé des boucles D et T. Comme il faut au moins un ARNt pour chacun des 20 acides aminés à incorporer dans les protéines, au moins 20 molécules différentes d'ARNt sont indispensables. En fait, il y en a davantage (*voir pp. 240-41*).

Les acides aminés sont activés pour la synthèse des protéines par une réaction catalysée par des **aminoacyl-ARNt synthétases** (**figure 12.9**).

$$\text{Acide aminé} + \text{ARNt} + \text{ATP} \xrightarrow{\text{Mg}^{2+}}$$
$$\text{aminoacyl-ARNt} + \text{AMP} + \text{PP}_i$$

Exactement comme dans le cas de la synthèse de l'ADN et de l'ARN, la réaction est complète lorsque le produit pyrophosphate est hydrolysé en deux orthophosphates. L'acide aminé est lié à l'extrémité 3'-hydroxyle de l'acide adénylique sur l'ARNt par une liaison riche en énergie (**figure 12.10**) puis est rapidement transféré à l'extrémité d'une chaîne peptidique en croissance. C'est pourquoi l'acide aminé est dit activé.

Il existe au moins 20 aminoacyl-ARNt synthétases, chacune est rigoureusement spécifique d'un acide aminé et des ARNt correspondants, auxquels il doit être correctement lié. Cette spécificité est essentielle car, dès qu'un acide aminé incorrect est lié à un ARNt, il sera incorporé au polypeptide au lieu de l'acide aminé correct. La machinerie de synthèse protéique reconnaît seulement les anticodons des aminoacyl-ARNt et ignore si l'acide aminé adéquat est lié. Certaines aminoacyl-ARNt synthétases vont même effectuer une correction d'épreuve comme des ADN polymérases. Si un mauvais aminoacyl-ARNt est formé, les aminoacyl-ARNt synthétases vont hydrolyser l'acide aminé de l'ARNt plutôt que de fournir le produit incorrect.

Le ribosome

La synthèse des protéines proprement dite a lieu sur les ribosomes qui servent d'établi, alors que l'ARNm sert de plan. Les ribosomes procaryotes ont une vitesse de sédimentation de 70S et une masse de 2,8 millions de daltons. Une cellule d'*E. coli* en croissance rapide peut avoir jusqu'à 15 - 20.000 ribosomes, environ 15% de la masse

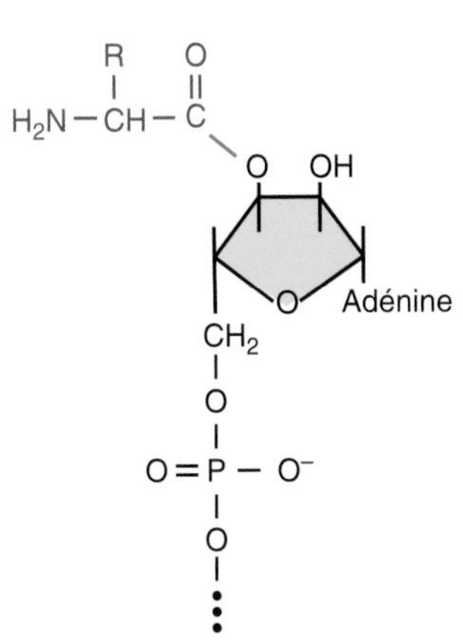

Figure 12.10 L'aminoacyl-ARNt. L'acide aminé activé est lié à l'extrémité 3' hydroxyle de l'acide adénylique par une liaison riche en énergie (en rouge).

cellulaire. Introduction à la fonction des ribosomes et l'unité Svedberg (p. 52).

Le ribosome procaryote est un organite extrêmement complexe constitué de deux sous-unité 30S et 50S (**figure 12.11**). Chaque sous-unité est construite à partir d'une ou deux molécules d'ARNr et d'un grand nombre de polypeptides. La forme et l'association des sous-unités pour former le ribosome 70S sont décrites dans la **figure 12.12**. La région du ribosome directement responsable de la traduction est appelée le domaine de traduction (figure 12.12*d*). Les deux sous-unités participent à ce domaine, situé sur la moitié supérieure de la petite sous-unité et les régions associées de la grande sous-unité. Par exemple, la peptidyl transférase (p. 270) est localisée sur la protubérance centrale de la grande sous-unité. La chaîne polypeptidique en croissance émerge de la grande sous-unité le domaine de sortie, situé sur le côté de la sous-unité, à l'opposé de la protubérance centrale aussi bien chez les procaryotes que chez les eucaryotes.

Les ribosomes cytoplasmiques eucaryotes ont une constante de sédimentation de 80S, une masse de 4 millions de daltons et se composent de deux sous-unités, 40S et 60S. Beaucoup de ces ribosomes sont libres dans la matrice cytoplasmique, tandis que d'autres sont attachés aux membranes du réticulum endoplasmique par leur sous-unité 60S, à un endroit proche du site d'émergence de la chaîne peptidique.

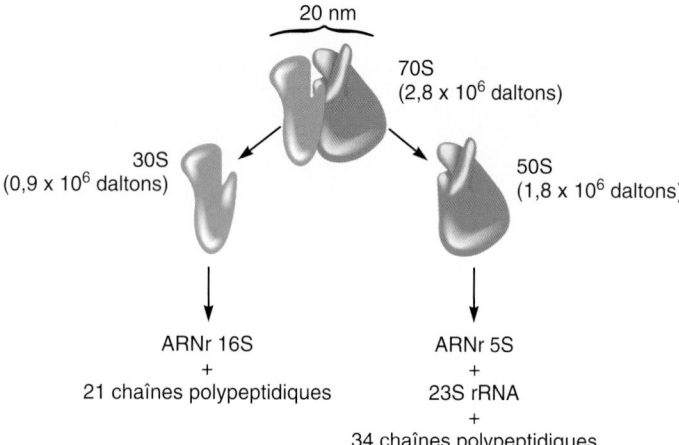

Figure 12.11 Le ribosome 70S. La structure du ribosome procaryote.

Les ribosomes des mitochondries et des chloroplastes eucaryotes sont plus petits que les ribosomes cytoplasmiques et ressemblent à l'organite procaryote.

On considère que l'ARN ribosomial a deux rôles. Il contribue évidemment à la structure du ribosome. Les ARNr 16S des sous-unités 30S peuvent aussi aider à l'initiation de la synthèse des protéines chez les procaryotes. Il semble bien que l'extrémité 3' de l'ARNr 16S s'attache à l'ARNm à un site signal et aide l'ARNm à se positionner sur le ribosome. L'ARNm 16S fixe aussi le facteur d'initiations (p. 270) et l'extrémité 3' de l'amino-acyl-ARNt. Suite à la découverte de l'ARN catalytique, certains ont proposé que l'ARN ribosomial ait un rôle catalytique dans la synthèse des protéines. L'utilisation des séquences d'ARNr 16S pour l'étude de la phylogénie (pp. 433-35).

L'initiation de la synthèse des protéines

La synthèse des protéines proprement dite se divise en trois parties : l'initiation, l'élongation et la terminaison.

Lors du stade d'initiation, *E. coli* et la plupart des bactéries commencent la synthèse des protéines avec un aminoacyl-ARNt particulier, le *N*-formylméthionyl-ARNt^fMét (**figure 12.13**). Parce que le groupe aminé α est bloqué par un groupe formyle, cet aminoacyl-ARNt ne peut être utilisé que pour l'initiation. Lorsque la méthionine doit être ajoutée à une chaîne polypeptidique croissante, le méthionyl-ARNt^Mét normal est utilisé. La synthèse des protéines chez les eucaryotes (excepté dans les mitochondries et les chloroplastes) et chez les archéobactéries commence aussi par un méthionyl-ARNt^Mét initiateur particulier. Bien que les bactéries débutent la synthèse des protéines par la formylméthionine, le groupe formyle ne reste pas et est hydrolysé. En fait, de un à trois acides aminés à l'extrémité N-terminale du polypeptide peuvent être enlevés après la synthèse.

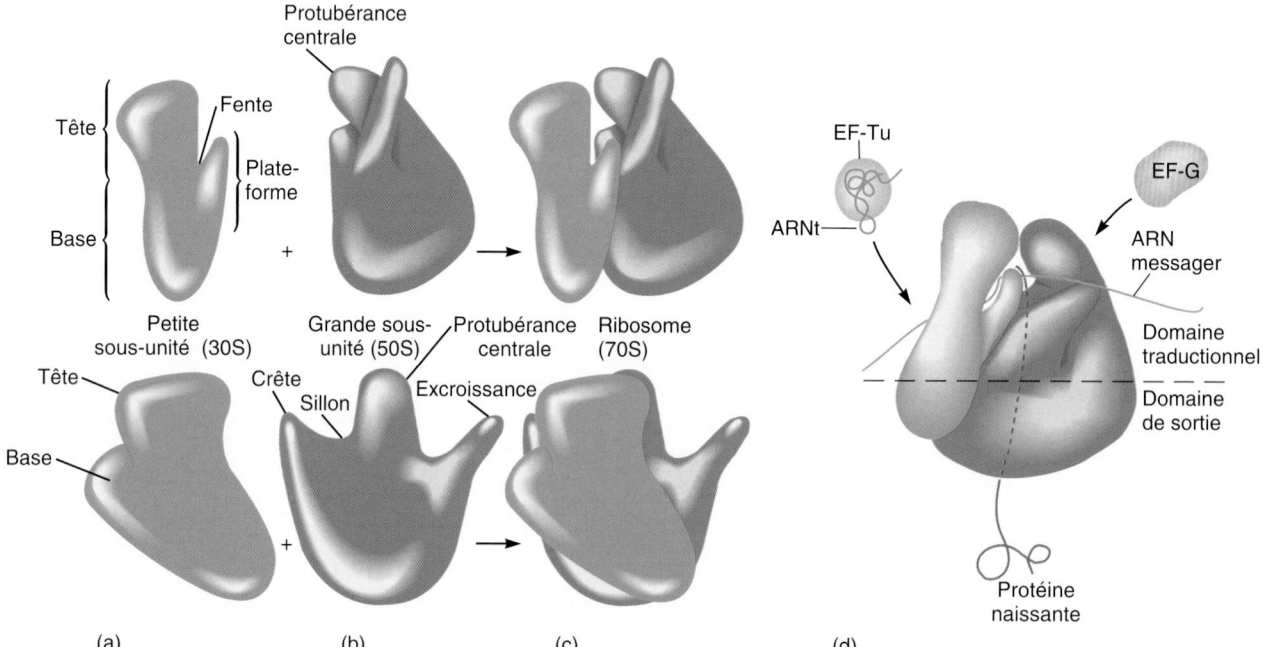

Figure 12.12 Deux vues du ribosome d'*E. coli*. (**a**) La sous-unité 30S. (**b**) La sous-unité 50S. (**c**) Le ribosome complet 70S. (**d**) Représentation schématique de la structure du ribosome montrant les domaines de traduction et de sortie. La localisation de la liaison du facteur d'élongation et de l'ARNm est indiquée. La chaîne peptidique en croissance reste probablement déroulée et étendue jusqu'à ce qu'elle quitte la grande sous-unité.

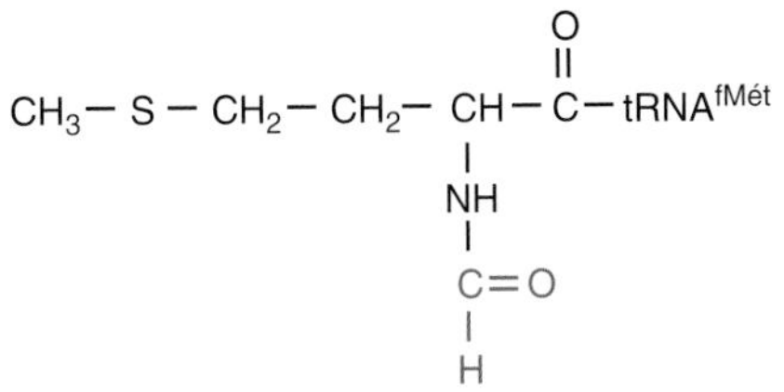

$$CH_3 - S - CH_2 - CH_2 - \underset{\underset{\underset{\underset{H}{|}}{\underset{C=O}{|}}}{\underset{NH}{|}}}{\overset{\overset{O}{\overset{||}{}}}{CH - C}} - tRNA^{fMét}$$

Figure 12.13 L'ARNt initiateur procaryote. L'aminoacyl-ARNt initiateur, N-formylméthionyl-ARNt^fMét est utilisé par les bactéries. Les archéobactéries utilisent un méthionyl-ARNt pour l'initiation. Le groupe formyle est en couleur.

Le processus d'initiation chez les procaryotes est illustré dans la **figure 12.14**. Le *N*-formylméthionyl-ARNt^fMét initiateur (fMét-ARNt) se lie d'abord à la sous-unité libre 30S. Ensuite, l'ARNm se lie à la sous-unité 30S et se positionne correctement par des interactions à la fois avec l'extrémité 3' de l'ARNr 16S et avec l'anticodon du fMét-ARNt. Les messagers ont un **codon initiateur** particulier (AUG, ou parfois GUG) qui se lie spécifiquement à l'anticodon du fMét-ARNt (*voir section 12.2*). Finalement, la sous-unité 50S s'attache au complexe sous-unité 30S-ARNm pour former un complexe ribosome actif-ARNm. Le fMét-ARNt est placé au site peptidyle ou site P (voir la description du cycle

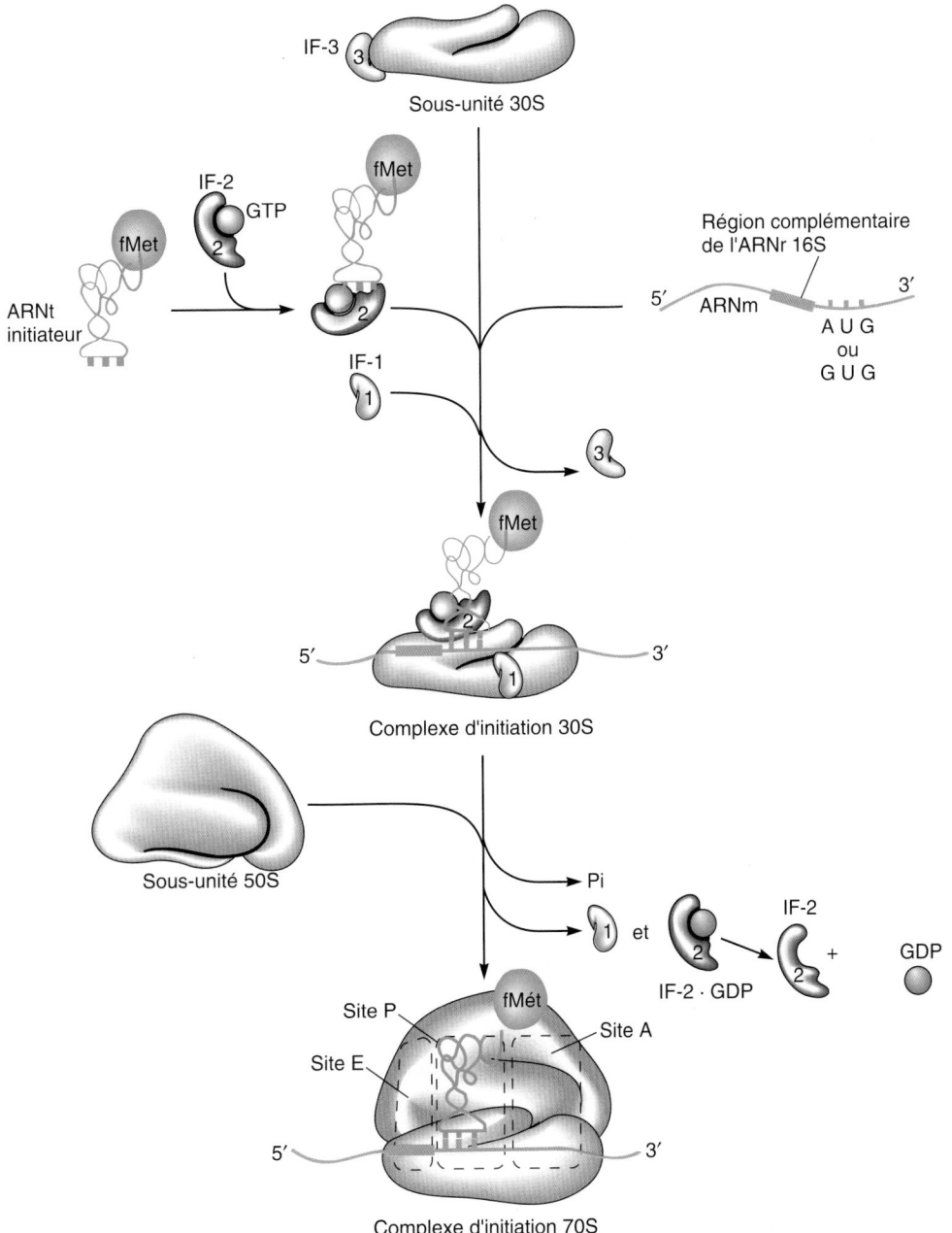

Figure 12.14 L'initiation de la synthèse des protéines chez les procaryotes. Les abréviations suivantes sont utilisées : *IF-1, IF-2* et *IF-3* signifient facteurs d'initiation 1, 2 et 3 ; l'ARNt initiateur est le *N*-formylméthionyl-ARNt^fMét. La localisation des facteurs d'initiation sur le ribosome est montrée dans un but illustratif et ne représente pas le site réel de fixation du facteur d'initiation. Voir texte pour les détails.

d'élongation). Il y a quelque incertitude sur la séquence exacte de l'initiation et il est possible que, chez les procaryotes, l'ARNm s'attache avant le fMét-ARNt . L'initiation eucaryote semble commencer par la liaison d'un Mét-ARNt initiateur particulier à la petite sous-unité, suivie de l'attachement à l'ARNm.

Chez les procaryotes, trois **facteurs d'initiation** de la synthèse des protéines sont nécessaires (figure 12.14). Le facteur d'initiation 3 (IF-3) empêche la liaison de la sous-unité 30S à la sous-unité 50S et favorise la liaison correcte de l'ARNm à la sous-unité 30S. IF-2, le second facteur d'initiation, lie le GTP au fMét-ARNt et dirige la liaison du fMét-ARNt à la sous-unité 30S. Le GTP est hydrolysé durant l'association des sous-unités 30S et 50S. Le troisième facteur d'initiation, IF-1, semble nécessaire à la libération du IF-2 et du GDP du ribosome complet 70S. IF-1 peut aussi faciliter la liaison de la sous-unité 50S à la sous-unité 30S. Les eucaryotes ont besoin de facteurs d'initiation plus nombreux. Ceci mis à part, le processus est fort semblable à celui des procaryotes.

L'initiation de la synthèse des protéines est très compliquée. Apparemment, cette complexité est nécessaire pour assurer que le ribosome ne commence pas à synthétiser une chaîne polypeptidique au milieu d'un gène, ce qui serait une erreur irréparable.

L'élongation de la chaîne polypeptidique

L'addition de chaque acide aminé à une chaîne polypeptidique en croissance est le résultat d'un **cycle d'élongation** constitué de trois étapes : la liaison de l'aminoacyl-ARNt, la réaction de transpeptidation et la translocation. Ce processus est assisté par des protéines particulières, les **facteurs d'élongation** (comme pour l'initiation de la synthèse protéique). A chaque tour du cycle, un acide aminé correspondant au codon de l'ARNm est ajouté à l'extrémité C-terminale de la chaîne polypeptidique. C'est le cycle d'élongation des procaryotes qui est décrit ci-dessous.

Le ribosome a trois sites pour la liaison de l'aminoacyl-ARNt et du peptidyl-ARNt : (1) **le site peptidyle** ou **site donneur (site P)**, (2) le **site aminoacyle** ou **site accepteur (site A)** et (3) le **site de sortie (site E)**. Au début d'un cycle d'élongation, le site peptidyle est occupé soit par le *N*-formylméthionyl-ARNt^fMét, soit par le peptidyl-ARNt et le site aminoacyle est vide (**figure 12.15**). L'ARNm est lié au ribosome de telle manière que le codon approprié interagisse avec l'ARNt du site P (p. ex. le codon AUG et le fMét-ARNt). Le codon suivant (en vert) est localisé dans le site A, prêt à diriger la liaison avec un aminoacyl-ARNt.

La première phase du cycle d'élongation est la phase de liaison de l'aminoacyl-ARNt. L'aminoacyl-ARNt correspondant au codon vert est introduit dans le site A. Le GTP et le facteur d'élongation EF-Tu, qui apporte l'aminoacyl-ARNt au ribosome, sont indispensables pour cette insertion. Quand le GTP est lié à l'EF-Tu, la protéine est dans son état actif et donne l'aminoacyl-ARNt au site A. Ensuite, il y a hydrolyse du GTP et le complexe EF-Tu-GDP quitte le ribosome. EFTu•GDP, est converti en EF-Tu•GTP à l'aide d'un second facteur d'élongation, le EF-Ts. Ensuite, un autre aminoacyl-ARNt se lie au complexe EF-Tu•GTP (figure 12.15).

La liaison d'un aminoacyl-ARNt au site A initie la seconde phase du cycle d'élongation, la **réaction de transpeptidation (figure 12.15** et **figure 12.16**). Celle-ci est catalysée par la **peptidyl transférase**, située sur la sous-unité 50S. Au cours de cette réaction, le groupe α-aminé de l'acide aminé au site A réalise une attaque nucléophilie du groupe α-carboxyle de l'acide aminé en position C terminale et lié à l'ARNt du site P (figure 12.16). La chaîne peptidique

augmentée d'un acide aminé est transférée sur l'ARNt du site A. Aucune source d'énergie supplémentaire n'est requise pour la formation de la liaison peptidique, car la liaison d'un acide aminé à l'ARNt est riche en énergie. On a montré récemment que l'ARNr 23S pourrait participer à l'action de la peptidyl transférase. Presque toutes les protéines de la sous-unité 50S peuvent en être enlevées, ne laissant que l'ARNr 23S et des fragments protéiques. Le complexe restant garde l'activité de peptidyltransférase. On a maintenant obtenu par cristallographie aux rayons X, la structure à haute résolution de la grande sous-unité. Il n'y a pas de protéines dans la région du site actif. Une adénine spécifique semble participer à la catalyse de la formation du lien peptidique. L'ARNr 23S apparaît donc comme le composant majeur de la peptidyl transférase et contribue aux fonctions des deux sites A et P.

La phase finale du cycle d'élongation est la **translocation**. Trois événements ont lieu en même temps : (1) le peptidyl-ARNt se déplace du site A vers le site P ; (2) le ribosome se déplace d'un codon le long de l'ARNm de sorte qu'un nouveau codon se situe sur le site A ; et (3) l'ARNt déchargé de son aminoacyle quitte le site P. Au lieu d'être immédiatement éjecté du ribosome, l'ARNt désacylé passe du site P au site E et alors seulement, quitte le ribosome. Ce processus compliqué nécessite la participation d'une protéine EF-G ou translocase, et l'hydrolyse de GTP. Le ribosome change de forme lorsqu'il descend le long de l'ARNm dans la direction 5' → 3'.

La terminaison de la synthèse des protéines

Dans la troisième étape, la synthèse des protéines s'arrête lorsque le ribosome atteint l'un des trois **codons de terminaison** — UAA, UAG et UGA (**figure 12.17**). Trois **facteurs de relargage** (RF-1, RF-2 et RF-3) aident le ribosome à reconnaître ces codons. Après l'arrêt du ribosome, la peptidyl transférase sépare le peptide de son ARNt, et l'ARNt déchargé est libéré. L'hydrolyse du GTP semble être nécessaire durant cette séquence bien que cela puisse n'être pas le cas chez les procaryotes. Ensuite, le ribosome se dissocie de son ARNm et se divise en sous-unités 30S et 50S. Le IF-3 se lie à la sous-unité 30S et l'empêche de se réassocier à la sous-unité 50S jusqu'à ce que son propre stade d'initiation soit atteint. Donc, les sous-unités ribosomiales se réunissent durant la synthèse des protéines et se séparent ensuite. L'achèvement de la synthèse des protéines chez les eucaryotes est semblable, sauf qu'un seul facteur de relargage semble être actif.

La synthèse des protéines est un processus très coûteux. Trois molécules de GTP sont probablement utilisées durant le cycle d'élongation et deux liaisons riches d'un ATP sont nécessaires pour l'activation des acides aminés (l'ATP est converti en AMP plutôt qu'en ADP). Ainsi, cinq liaisons riches en énergie sont nécessaires pour ajouter un acide aminé à la chaîne polypeptidique en croissance. Le GTP est aussi utilisé pour l'initiation et la terminaison de la synthèse des protéines (figures 12.14 et 12.17). On suppose que cette grande dépense d'énergie est nécessaire pour assurer la fidélité de la synthèse des protéines qui ne peut tolérer que très peu d'erreurs.

Bien que le mécanisme de synthèse des protéines soit semblable chez les procaryotes et les eucaryotes, les ribosomes procaryotes sont très différents des ribosomes eucaryotes. Ceci explique l'efficacité de nombreux agents chimiothérapeutiques importants qui affectent la sous-unité 30S ou la sous-unité 50S. Par exemple, la streptomycine se lie à la sous-unité 30S, inhibe la synthèse protéique et provoque une mauvaise lecture de l'ARNm. L'érythromycine se lie à la sous-unité 50S et inhibe l'élongation de la chaîne peptidique. L'effet des antibiotiques sur la synthèse des protéines (pp. 810-11, 817).

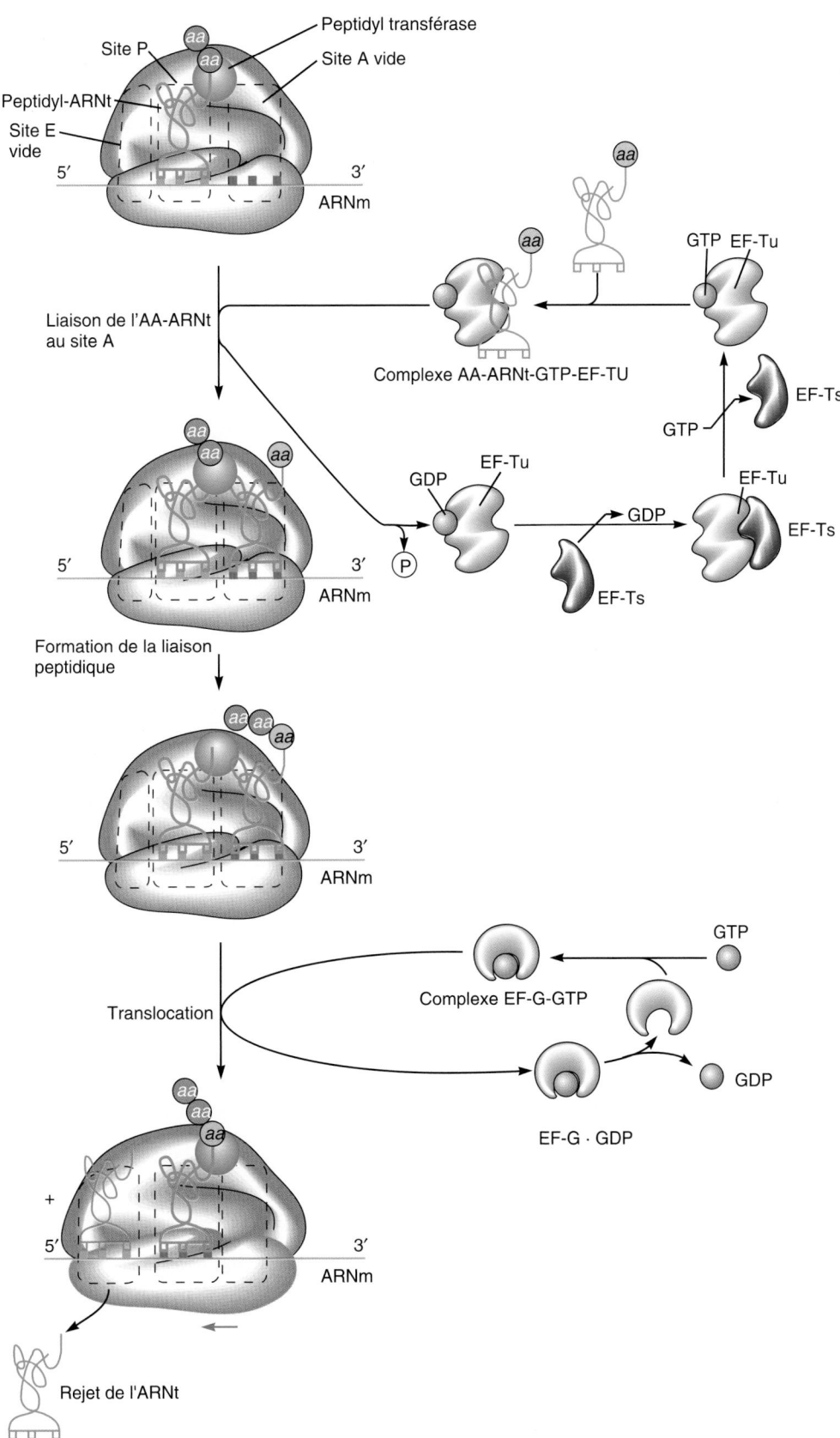

Figure 12.15 Le cycle d'élongation de la synthèse des protéines. Le ribosome possède trois sites, un site peptidyle ou site donneur (site P), un site aminoacyle ou site accepteur (site A) et un site de sortie (site E). La flèche sous le ribosome à l'étape de translocation montre la direction du mouvement de l'ARNm. Voir texte pour les détails.

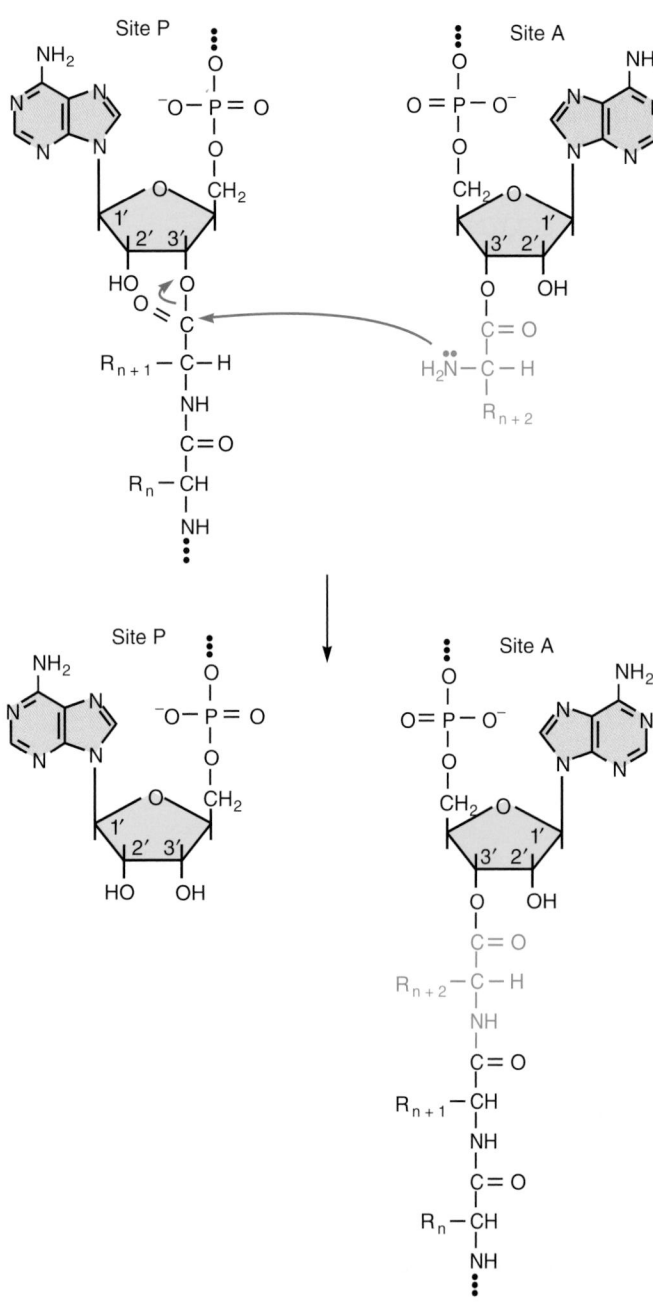

Figure 12.16 La transpeptidation. La réaction de la peptidyl transférase. Le peptide s'allonge d'un acide aminé et est transféré au site A.

Le repliement des protéines et les chaperons moléculaires.

Pendant de nombreuses années, on a cru que les polypeptides se repliaient spontanément dans leur forme native finale, soit lors de leur synthèse par les ribosomes, soit peu de temps après l'achèvement de cette synthèse. Bien que la séquence en acides aminés d'un polypeptide détermine effectivement sa conformation finale, il est maintenant clair que des protéines auxiliaires spéciales aident le polypeptide nouvellement formé ou naissant à se replier dans sa forme correcte. Ces protéines, appelées **chaperons moléculaires** ou chaperons, ne reconnaissent que les polypeptides dépliés ou partielle-

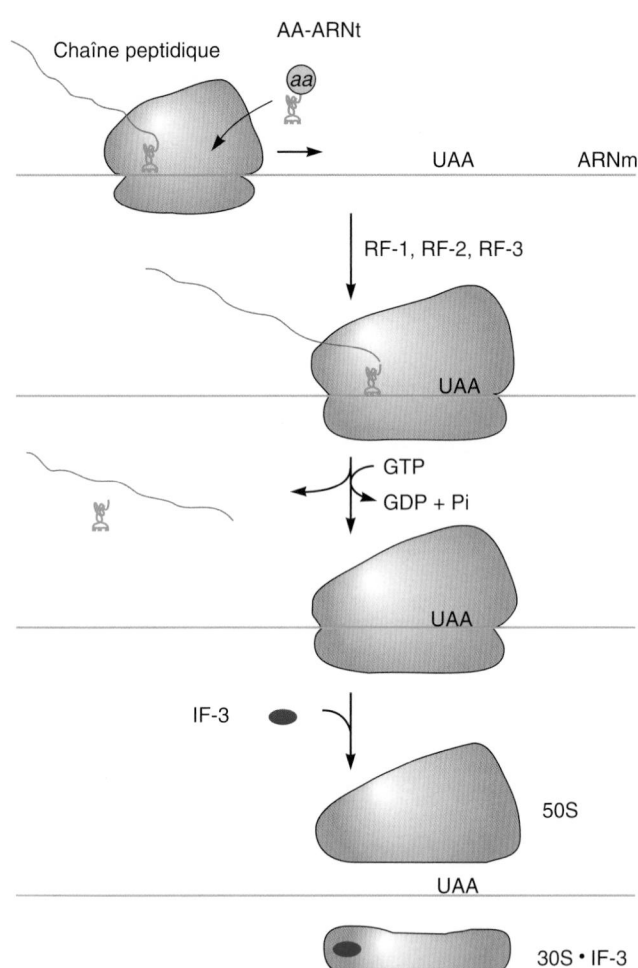

Figure 12.17 La terminaison de la synthèse des protéines chez les procaryotes. Bien que trois codons de terminaison différents puissent arrêter l'élongation de la chaîne, l'UAA est le plus souvent utilisé à cet effet. Trois facteurs de relargage (RF) aident le ribosome à reconnaître les codons de terminaison et à mettre fin à la traduction. L'hydrolyse du GTP est probablement impliquée dans la terminaison.

ment dénaturés et ne se fixent pas aux protéines normales, fonctionnelles. Leur rôle est essentiel parce que le cytoplasme est bourré de chaînes polypeptidiques naissantes et de protéines. Dans de telles conditions, la probabilité est grande pour que les chaînes polypeptidiques nouvelles ne se replient pas convenablement et s'agrègent en complexes non fonctionnels. Les chaperons moléculaires suppriment le repliement incorrect et peuvent réverser les mauvais repliements qui se sont déjà produits. Il est donc important d'avoir des chaperons dans toutes les cellules, procaryotes et eucaryotes.

Chez les bactéries, plusieurs chaperons et des protéines auxiliaires aident au repliement correct des protéines. C'est chez *Escherichia coli* que le processus a été le mieux étudié. Il fait intervenir au moins quatre chaperons — DnaK, DnaJ, GroEL et GroES — et la protéine de stress GrpE. Dès qu'une longueur suffisante du polypeptide naissant émerge du ribosome, DnaJ se lie à la chaîne non repliée (**figure 12.18**). DnaK, complexé à de l'ATP, s'attache alors au polypeptide. Ces deux chaperons empêchent le repliement incorrect du polypeptide pendant la synthèse. L'ATP est hydrolysé en ADP après que DnaK se soit fixé, et ceci augmente

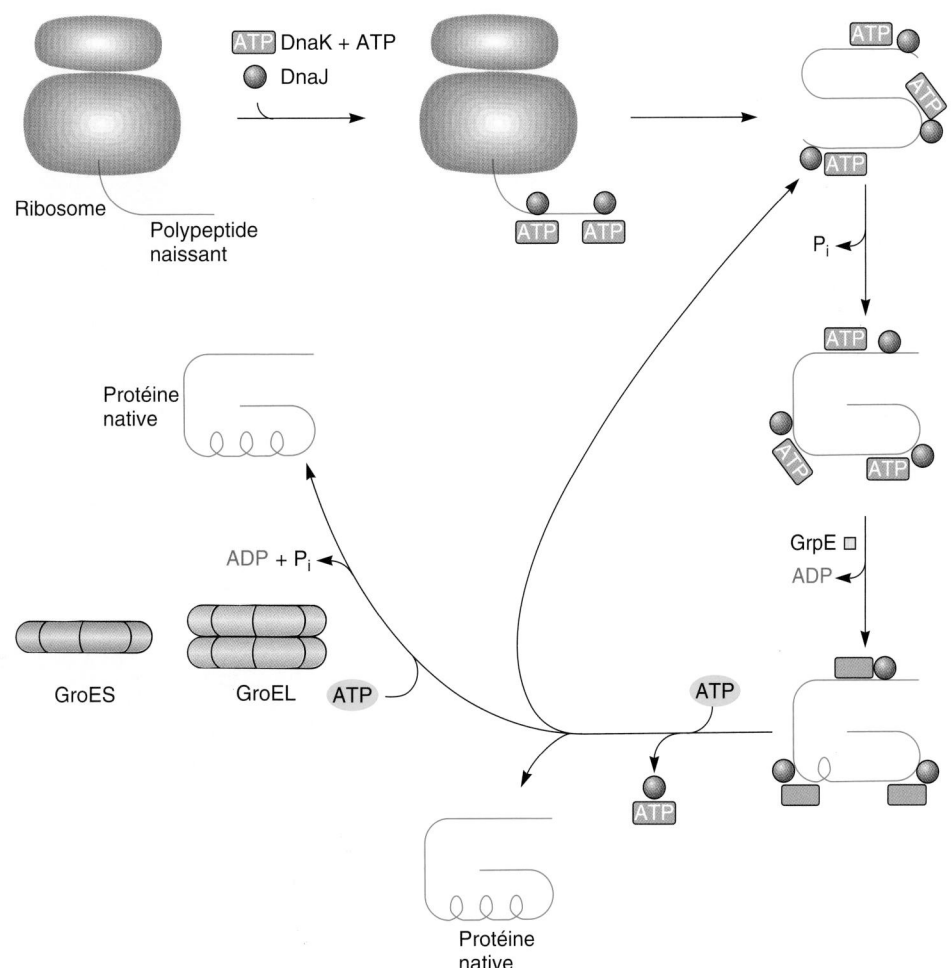

Figure 12.18 Les chaperons et le repliement des protéines. Ce schéma décrit l'implication des chaperons bactériens dans le repliement correct d'une chaîne polypeptidique nouvellement synthétisée. Il montre trois issues possibles du cycle de réaction des chaperons. Il peut en résulter une protéine native, le polypeptide partiellement replié peut se lier à nouveau à DnaK et DnaJ, ou le polypepide peut être transféré à GroEL et GroES. Voir détails dans le texte.

l'affinité de DnaK pour le polypeptide non replié. Quand le polypeptide est synthétisé, la protéine GrpE se lie au complexe chaperon-polypeptide et fait que DnaK libère l'ADP. Un ATP se réinstalle aussitôt sur DnaK, et DnaK comme DnaJ se dissocient du polypeptide. Durant cette suite d'événements, le polypeptide a entrepris son repliement et peut avoir atteint sa conformation native finale. S'il n'est encore que partiellement replié, il peut fixer à nouveau DnaK et DnaJ et le processus se répète. Souvent, DnaK et DnaJ transféreront le polypeptide aux chaperons GroEL et GroES, où le repliement final aura lieu. GroEL est un grand complexe en forme de tonneau creux, fait de 14 sous-unités disposées en deux anneaux superposés (**figure 12.19**). GroES est un anneau simple de 7 sous-unités et peut se fixer à l'une ou l'autre des extrémités du cylindre formé par GroEL. Comme dans le cas de DnaK, la fixation d'ATP à GroEL et son hydrolyse modifient l'affinité du chaperon pour le polypeptide replié et régulent la liaison et le relargage du polypeptide (ce relargage est indépendant de l'ATP). GroES s'attache à GroEL et l'aide à lier et relâcher le polypeptide replié.

Initialement, les chaperons ont été découverts parce que leur concentration augmente fortement lorsque les cellules sont exposées à de hautes températures, à des poisons métaboliques, ou à d'autres

conditions de stress. C'est pourquoi beaucoup de chaperons sont souvent appelés **protéines de choc thermique** ou protéines de stress. Quand on fait passer une culture d'*E. coli* de 30 à 42°C, la concentration de quelque 20 protéines de choc thermique différentes s'élève fortement dans les 5 minutes qui suivent. Si les cellules sont exposées à une température létale, les protéines de choc thermique continuent à être synthétisées, alors que la plupart des protéines ne le sont plus. Les chaperons protègent donc la cellule des atteintes thermiques et autres stress, en plus de promouvoir le repliement correct des nouveaux polypeptides. DnaK, par exemple, protège l'ARN polymérase d'*E coli* de l'inactivation thermique in vitro. En outre, DnaK réactive l'ARN polymérase inactivée par la chaleur, particulièrement en présence d'ATP, de DnaJ et de GrpE. GroEL et GroES protègent aussi les protéines intracellulaires de l'agrégation. Comme on s'y attendrait, il y a de grandes quantités de chaperons chez les hyperthermophiles, comme *Pyrodictium occultum*, une archéobactérie, capable de croître à des températures aussi élevées que 110°C. *Pyrodictium* possède un chaperon semblable au GroEL d'*E. coli*. C'est à 100°C que ce chaperon hydrolyse le plus rapidement l'ATP ; il représente près des 3/4 des protéines solubles de la cellule quand *P. occultum* croît à 108°C. Procaryotes thermophiles et hyperthermophiles (pp. 126-27)

A

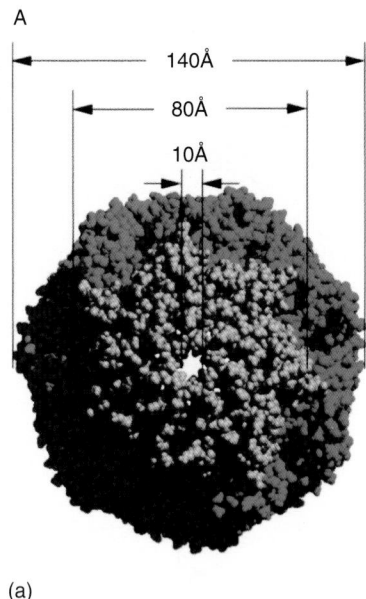

(a)

B

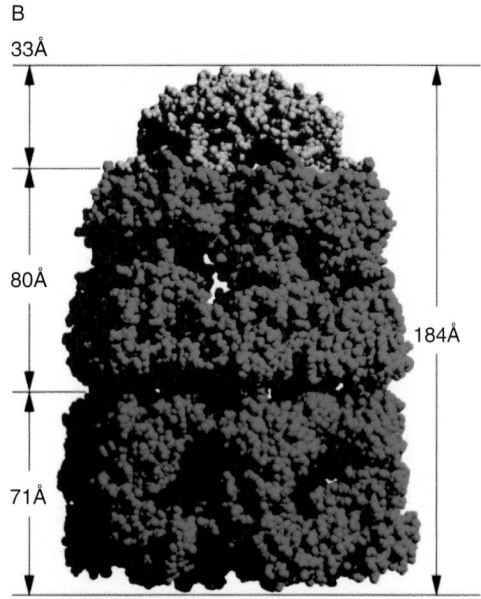

Figure 12.19 Le complexe chaperon GroEL-GroES. (**a**) Vues apicale et latérale du complexe GroEL-GroES. L'anneau trans de GroEL
est en rouge ; son anneau cis en vert, et GroES en doré. (**b**) Une vue
apicale du complexe GroEL. Plusieurs domaines ont été colorés pour
qu'on les distingue l'un de l'autre. Notez la grande loge centrale dans
laquelle une protéine peut se replier.

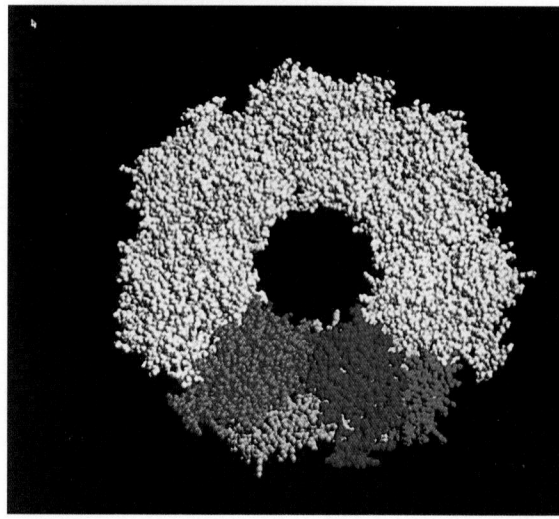

(b)

Les chaperons ont encore d'autres fonctions. Ils sont particulièrement importants dans le transport des protéines à travers les
membranes. Par exemple, chez *E.coli*, le chaperon SecB se lie aux
formes partiellement dépliées de beaucoup de protéines et les
maintient dans un état compétent pour la sécrétion, jusqu'à ce
qu'elles soient transportées à travers la membrane plasmique.
DnaK, DnaJ, et GroEL/GroES peuvent aussi aider au transport des
protéines à travers la membrane. Les protéines destinées au périplasme ou à la membrane externe (*voir pp. 58-60*) sont synthétisées avec une séquence-signal amino-terminale adéquate. La séquence-signal est une courte suite d'acides aminés qui aide à
diriger le polypeptide complet vers sa destination finale. Le polypeptide s'associe à SecB et le chaperon s'attache alors à la translocase membranaire. Les polypeptides sont transportés à travers la
membrane avec hydrolyse de l'ATP. Quand elle pénètre dans le périplasme, la séquence-signal est éliminée par une enzyme, la signal
peptidase, et la protéine migre vers sa localisation finale.

Comme déjà noté, le polypeptide se replie sous sa forme finale
après la synthèse, souvent avec l'aide de chaperons moléculaires.
Ce repliement est possible parce que la conformation de la protéine
est directement fonction de sa séquence en acides aminés (*voir appendice I*). Des recherches récentes indiquent que procaryotes et
eucaryotes peuvent différer dans le timing du repliement des protéines. En termes de conformation, les protéines sont composées
de régions compactes, qui se replient de façon autonome et sont
structurellement indépendantes. Ces régions, dont la longueur varie normalement entre 100 et 300 acides aminés, s'appellent des
domaines. Les grandes protéines comme les immunoglobulines
(*voir p. 734*) peuvent avoir deux ou plusieurs régions, qui sont reliées par des portions moins structurées de la chaîne polypeptidique. Chez les eucaryotes, les domaines se replient indépendamment, immédiatement après avoir été synthétisés par le ribosome.
Il semble que les polypeptides des procaryotes, au contraire, ne se
replient pas tant que la chaîne n'est pas complètement synthétisée.
C'est seulement lorsque cette synthèse est achevée que les domaines individuels se replient. Cette différence dans le timing peut
expliquer pourquoi les chaperons semblent être plus importants
pour le repliement des protéines procaryotes. Le repliement de tout
un polypeptide est plus complexe qu'un repliement domaine par
domaine et pourrait requérir l'aide des chaperons.

L'épissage des protéines

On a découvert un niveau de complexité supplémentaire dans la formation des protéines. Certaines protéines microbiennes sont épissées après leur traduction. Dans l'**épissage des protéines**, une partie du polypeptide est éliminée avant que celui-ci ne se replie dans sa forme finale. Les protéines qui effectuent cet auto-épissage apparaissent sous forme de précurseurs plus grands comprenant une ou plusieurs séquences internes intermédiaires, appelées **intéines**, flanquées de séquences externes ou **extéines**, les N-extéines et les C-extéines (**figure 12.20*a***). Les intéines, qui sont parfois longues de plus de 500 résidus, sont éliminées par un processus autocatalytique impliquant un intermédiaire ramifié (figure 12.20*b*). Jusqu'à présent, on a découvert une dizaine de protéines qui recourent à l'auto-épissage. Comme exemples, citons une ATPase de la levure *Saccharomyces cerevisiae*, la protéine RecA de *Mycobacterium tuberculosis* et l'ADN polymérase de *Pyrococcus*. La présence de protéines de ce type dans les trois domaines peut signifier qu'elles sont très répandues et dominantes.

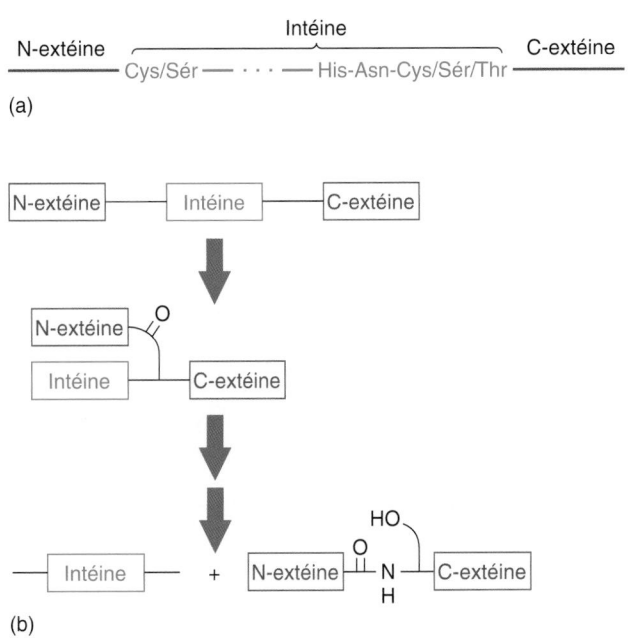

(a)

(b)

Figure 12.20 L'épissage des protéines. (**a**) Représentation générale de la structure d'une intéine. Les acides aminés qui sont communément présents à chaque extrémité des intéines sont indiqués. Notez que beaucoup de ces acides aminés contiennent un thiol ou un hydroxyle. (**b**) Un schéma du mode (ou de la séquence) d'épissage proposé. Le mécanisme exact n'est pas encore connu, mais il implique probablement les hydroxyles et les thiols situés à chaque extrémité de l'intéine.

1. Dans quelle direction les polypeptides sont-ils synthétisés ? Qu'est-ce qu'un polyribosome et quelle est son utilité ?
2. Décrivez brièvement la structure de l'ARNt et reliez celle-ci avec ses fonctions. De quelle manière les acides aminés sont-ils activés dans la synthèse des protéines, et pourquoi la spécificité de l'aminoacyl-ARNt synthétase est-elle si importante ?
3. Que sont les domaines de traduction et de sortie ? Comparez la structure des ribosomes procaryotes et eucaryotes. Quels rôles joue l'ARN ribosomial ?
4. Décrivez la nature et la fonction des termes suivants : f Mét-ARNt, codon initiateur, IF-3, IF-2, IF-1, cycle d'élongation, sites peptidyle et aminoacyle, Ef-Tu, EF-Ts, réaction de transpeptidation, peptidyl transférase, translocation, EF-G ou translocase, codon de terminaison et facteurs de relargage.
5. Que sont les chaperons moléculaires et les protéines de choc thermique ? Décrivez leurs fonctions.

12.3   La régulation de la synthèse de l'ARNm

Le contrôle du métabolisme par la régulation de l'activité enzymatique est un mécanisme de réglage fin : il agit rapidement pour ajuster l'activité métabolique à tout instant. Mais les micro-organismes sont également capables de contrôler l'expression de leur génome pendant des intervalles de temps plus longs. Ainsi le chromosome d'*E. coli* peut encoder environ 2.000 à 4.000 chaînes peptidiques, pourtant il y a beaucoup moins de protéines que cela dans les cellules d'*E. coli* lorsque celles-ci utilisent du glucose comme source d'énergie. La régulation de l'expression des gènes sert à conserver l'énergie et les matières premières, à maintenir un équilibre entre les quantités des diverses protéines cellulaires et à adapter la cellule aux modifications à long terme de l'environnement. En conséquence, le contrôle de l'expression des gènes complète la régulation de l'activité enzymatique. Régulation de l'activité enzymatique (pp. 165-69)

L'induction et la répression

La régulation de la synthèse de la β-galactosidase a été étudiée intensivement et sert d'exemple majeur de la manière dont l'expression des gènes est contrôlée. Cette enzyme catalyse l'hydrolyse du lactose en glucose et galactose (**figure 12.21**). Lorsqu'*E. coli* se développe en utilisant du lactose comme source de carbone, chaque cellule contient environ 3.000 molécules de β-galactosidase et moins de trois molécules en absence de lactose. La β-galactosidase est une **enzyme inductible**, c'est-à-dire que sa concentration augmente en présence d'une petite molécule appelée **inducteur** (dans ce cas un dérivé du lactose, l'allolactose).

Figure 12.21 La réaction catalysée par la β-galactosidase.

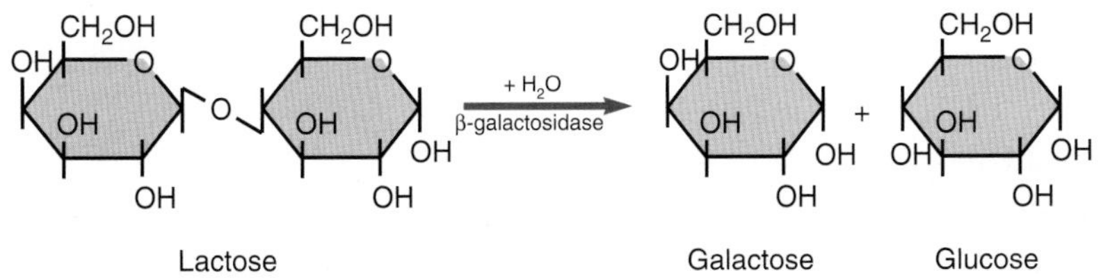

Lactose $\xrightarrow[\beta\text{-galactosidase}]{+\ H_2O}$ Galactose + Glucose

Gènes transcrits

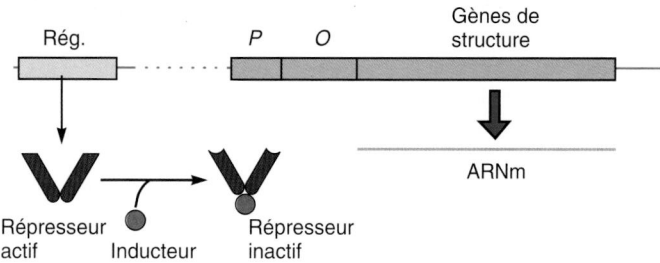

Gènes non transcrits

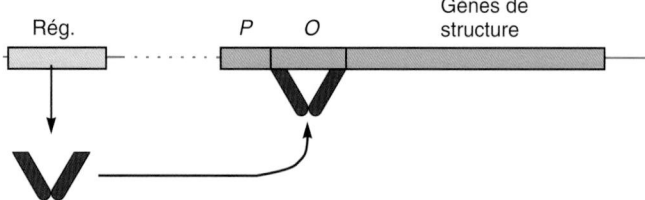

Figure 12.22 L'induction génétique. Le gène régulateur, Rég. synthétise un répresseur actif qui se fixe sur l'opérateur *O* et empêche la fixation de l'ARN polymérase sur le promoteur, *P*, sauf si l'inducteur l'inactive. En présence de l'inducteur, le répresseur est inactif et la transcription peut se faire.

Les gènes des enzymes impliquées dans la biosynthèse des acides aminés et d'autres substances ont une réponse différente de celle des gènes encodant des enzymes cataboliques. Un acide aminé présent dans le milieu peut inhiber la formation des enzymes responsables de sa biosynthèse. Ceci est compréhensible dans la mesure où le micro-organisme n'aura aucun besoin des enzymes nécessaires à la biosynthèse d'une substance particulière, si celle-ci est déjà disponible. Les enzymes dont la quantité est réduite par la présence d'un produit final sont des **enzymes répressibles** et les métabolites diminuant la concentration des enzymes répressibles sont des **co-répresseurs**. Généralement, les enzymes répressibles sont nécessaires aux synthèses et sont toujours présentes, sauf si le produit final de la voie biosynthétique est disponible. Les enzymes inductibles, au contraire, ne sont requis que lorsque leur substrat est disponible. On ne les trouve pas en l'absence d'inducteur.

Les variations de concentration des enzymes pourraient être dues à des modifications de leurs vitesses de dégradation, mais la plupart des enzymes sont relativement stables dans les bactéries en développement. L'induction et la répression résultent essentiellement de changements de la vitesse de transcription. Dans les cellules d'*E. coli*, croissant en l'absence de lactose, chaque cellule contient 35 à 50 molécules d'ARNm de la β-galactosidase. La présence de lactose influence beaucoup la synthèse d'ARNm. Le mécanisme de transcription de l'ADN (p. 261-64).

Contrôle négatif

Un facteur de contrôle peut soit inhiber, soit activer la transcription. Bien que les réponses à la présence des métabolites soient dif-

Gènes non transcrits

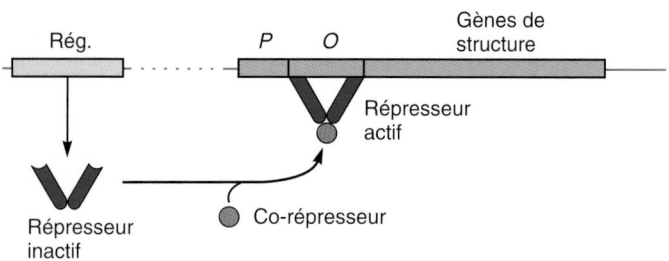

Gènes transcrits

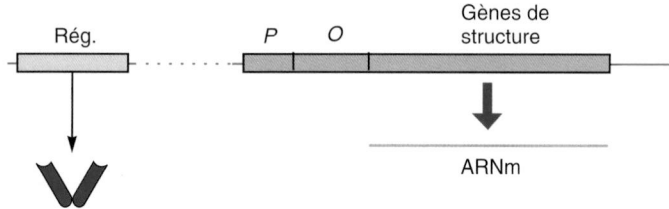

Figure 12.23 La répression génétique. Le gène régulateur, Rég. synthétise un répresseur protéique inactif qui doit être activé par la fixation du co-répresseur avant de pouvoir se fixer sur l'opérateur *O* et inhiber la transcription. En l'absence du co-répresseur, le répresseur est inactif et la transcription suit son cours.

férentes, l'induction et la répression sont deux formes de **contrôle négatif** : la synthèse d'ARNm procède plus rapidement en l'absence du facteur de contrôle actif.

La vitesse de synthèse de l'ARNm est contrôlée par des **répresseurs protéiques** particuliers dépendant des gènes régulateurs. Le répresseur se fixe sur un site spécifique de l'ADN, appelé **opérateur**. L'importance des gènes régulateurs et des répresseurs est démontrée par l'inactivation par mutation d'un gène régulateur pour obtenir un **mutant constitutif**. Un mutant constitutif produit les enzymes en question qu'elles soient nécessaires ou non. L'inactivation des répresseurs protéiques bloque la régulation de la transcription. La structure du gène (p 241-44).

Les répresseurs doivent exister sous des formes actives et inactives car la transcription ne se produirait jamais s'ils étaient toujours actifs. Dans les systèmes inductibles, le gène régulateur dirige la synthèse d'un répresseur actif. L'inducteur stimule la transcription en se fixant de façon réversible au répresseur et en provoquant chez ce dernier un changement de conformation qui l'inactive (**figure 12.22**). Un mécanisme exactement opposé se déroule dans un système contrôlé par répression (**figure 12.23**). Le répresseur est d'abord sous une forme inactive, l'**aporépresseur** et ne prend une forme active qu'après fixation du co-répresseur. Le co-répresseur inhibe la transcription en activant l'aporépresseur.

La synthèse de plusieurs protéines est souvent contrôlée par un seul répresseur. Les **gènes de structure**, ou gènes codant pour un polypeptide, sont simplement alignés ensemble sur l'ADN et

Encadré 12.2

La découverte de la régulation génétique

La capacité des micro-organismes de s'adapter à leur environnement en ajustant les niveaux enzymatiques fut découverte par Emile Duchaux, un collègue de Louis Pasteur. Il observa que le mycète *Aspergillus niger* ne pouvait produire l'enzyme capable d'hydrolyser le saccharose (l'invertase) que lorsqu'il avait été cultivé en présence de saccharose. En 1900, F. Dienert nota que les levures ne contenaient les enzymes nécessaires au métabolisme du galactose que lorsqu'elles s'étaient développées en présence de lactose ou de galactose et qu'elles perdaient ces enzymes après un transfert dans un milieu glucosé. Cette réponse est compréhensible car les levures ne devraient pas avoir besoin des enzymes du métabolisme du galactose lorsqu'elles utilisent le glucose comme source de carbone et d'énergie. D'autres exemples d'adaptation furent découverts et, dès les années 1930, H. Karström put diviser les enzymes en deux groupes : (1) les enzymes adaptatives formées uniquement en présence de leurs substrats et (2) les enzymes constitutives qui sont toujours présentes. A l'origine, on pensait que les enzymes pouvaient être formées à partir de précurseurs inactifs et que la présence du substrat déplaçait simplement l'équilibre entre le précurseur et l'enzyme vers la formation de l'enzyme.

En 1942, Jacques Monod, qui travaillait à l'Institut Pasteur à Paris, entreprit une étude de l'adaptation chez *E. coli*. On savait déjà que la β-galactosidase, l'enzyme hydrolysant le lactose en glucose et en galactose, n'était présente chez *E. coli* que lorsque les cellules étaient cultivées en présence du lactose. Monod découvrit que des analogues non-métabolisables des β-galactosides, comme le thiométhylgalactoside, pouvaient également induire la production de l'enzyme. Cette découverte permit l'étude de l'induction dans des cellules cultivées en présence de sources de carbone et d'énergie différentes du lactose, de façon à dissocier la vitesse de croissance et la concentration de l'inducteur, de la quantité de lactose fourni. Monod démontra ensuite que l'induction impliquait la synthèse d'une nouvelle enzyme et pas simplement la conversion d'un précurseur déjà disponible. Pour ce faire, il marqua radioactivement au ^{35}S les protéines d'*E. coli*, puis transféra les bactéries marquées dans un milieu non-radioactif et ajouta l'induc-

teur. La β-galactosidase néoformée était non-radioactive et devait avoir été synthétisée après l'addition de l'inducteur.

Quelques années après que Monod eut commencé ses travaux, Joshua Lederberg débuta une étude de la génétique de l'induction par le lactose chez *E. coli*. Lederberg isola, non seulement des mutants dépourvus de β-galactosidase, mais également un mutant constitutif dans lequel la synthèse de l'enzyme se déroulait en l'absence d'inducteur (LacI⁻). Pendant la conjugaison bactérienne (*voir section 13.4*), les gènes de la bactérie donneuse entrent dans la cellule receveuse pour former temporairement un organisme pourvu de deux copies des gènes impliqués. Lorsque Arthur B. Pardee, François Jacob et Monod transférèrent le gène responsable de l'inductibilité dans un receveur constitutif insensible aux inducteurs, ils notèrent que le gène nouvellement acquis rendait la bactérie receveuse à nouveau sensible à l'inducteur. Ce gène fonctionnel ne faisait pas partie du chromosome du receveur. Il dirigeait donc la synthèse d'un produit cytoplasmique qui inhibait la formation de la β-galactosidase en l'absence de l'inducteur. En 1961, Jacob et Monod appelèrent ce produit particulier, le répresseur et suggérèrent qu'il s'agissait d'une protéine. Ils proposèrent ensuite que le répresseur protéique exerçât ses effets en se fixant sur l'opérateur, un site spécial proche des gènes de structure. Ils fournirent la preuve génétique de leur hypothèse. Le nom d'opéron désigna le complexe de l'opérateur et des gènes qu'il contrôlait. Walter Gilbert et Benno Müller-Hill parvinrent, plusieurs années plus tard, en 1967, à isoler le répresseur Lac et à montrer qu'il s'agissait bien d'une protéine qui se fixait sur un site spécifique dans l'opéron *lac*.

L'existence de la répression fut découverte par Monod et G. Cohen-Bazire, en 1953, lorsqu'ils constatèrent que le tryptophane pouvait réprimer la synthèse de la tryptophane synthétase, l'enzyme finale de la voie biosynthétique du tryptophane. Les recherches ultérieures dans de nombreux laboratoires montrèrent que l'induction et la répression fonctionnaient selon des mécanismes assez similaires, chacun impliquant des répresseurs protéiques se fixant sur des opérateurs dans le génome.

---

un seul ARNm porte tous les messages. La séquence des bases encodant un ou plusieurs polypeptides, avec l'opérateur contrôlant son expression s'appelle un **opéron**. Cette organisation est d'un grand intérêt pour la bactérie parce qu'elle permet un contrôle coordonné de la synthèse de plusieurs enzymes (ou d'autres protéines) associées métaboliquement.

L'opéron lactose

Le système de contrôle négatif le mieux étudié est l'opéron lactose d'*E. coli*. L'opéron lactose ou *lac*, contient trois gènes de structure et est contrôlé par le répresseur *lac* (**figure 12.24**). Un gène code pour la β-galactosidase, un second gène dirige la synthèse de la β-galactoside perméase, la protéine responsable du transport intracellulaire du lactose. Le troisième gène code pour la β-galactoside transacétylase dont la fonction est encore incertaine. La présence des deux premiers gènes dans le même opéron assure que les vitesses de transport et de dégradation du lactose varieront simultanément (**encadré 12.2**).

L'opéron *lac* comporte trois opérateurs. La reconnaissance d'un opérateur par le répresseur *lac* est un processus en deux étapes. Dans un premier temps, le répresseur se fixe à une molécule d'ADN, ensuite il glisse rapidement le long de l'ADN jusqu'à

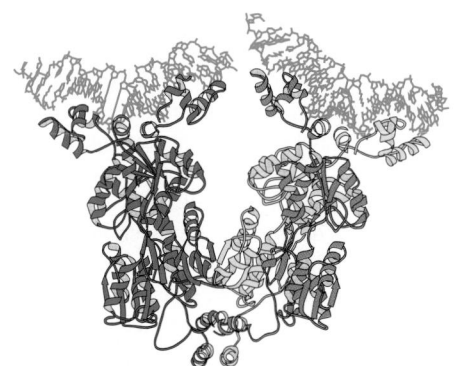

Figure 12.24 La liaison du répresseur lactose à l'ADN. On montre ici le complexe répresseur *lac*-ADN. Le dimère répresseur se lie à deux segments d'ADN (en bleu) par des sous-domaines N-terminaux spécialisés qui s'insèrent dans le grand sillon.

ce qu'il atteigne un opérateur et s'arrête. Une partie du répresseur s'emboîte dans le grand sillon de l'ADN au site opérateur, par des sous-domaines N-terminaux particuliers. La forme du répresseur est idéalement conçue pour une fixation spécifique sur la double hélice d'ADN.

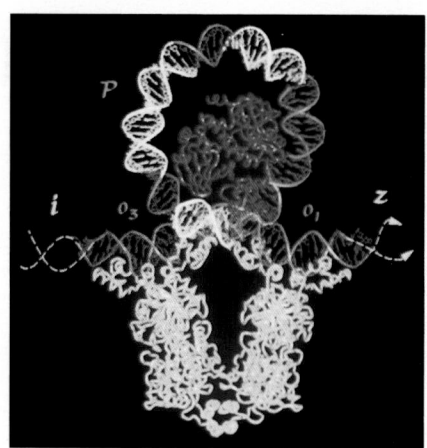

Figure 12.25 Répresseur et CAP fixés à l'opéron *lac*. Le répresseur *lac* est en violet, les opérateurs en rouge, le promoteur en vert et la CAP (protéine activatrice du catabolisme) en bleu. Ce complexe empêche l'accès de l'ARN polymérase au promoteur dans la boucle de l'ADN et la transcription ne peut pas commencer.

Comment un répresseur inhibe-t-il la transcription ? Le promoteur sur lequel se fixe l'ARN polymérase (*voir p. 242-44*) est placé à côté de l'opérateur. Le répresseur peut se fixer simultanément à plus d'un opérateur et courber le segment d'ADN qui contient le promoteur (**figure 12.25**). Il est possible que le promoteur ainsi courbé ne permette pas la liaison correcte de l'ARN polymérase ou ne soit pas capable d'initier la transcription après la liaison de la polymérase. Même si la polymérase est fixée au promoteur, elle s'y cantonne et ne commence pas à transcrire l'ADN tant que le répresseur n'a pas quitté l'opérateur. Un répresseur n'affecte pas la vitesse réelle de la transcription lorsqu'elle a débuté.

Le contrôle positif

La section ci-dessus montre que les opérons peuvent être soumis à un contrôle négatif impliquant une induction et une répression. Au contraire, certains opérons ne fonctionnent qu'en présence d'un facteur de contrôle. Ils sont soumis à un **contrôle positif**. L'opéron *lac* est aussi bien sous contrôle positif que sous contrôle négatif— il est donc soumis à un double contrôle.

Le fonctionnement de l'opéron *lac* est soumis à une régulation par la **protéine activatrice du catabolisme** (**CAP**, pour « catabolite activator protein ») appelée également la **protéine réceptrice de l'AMP cyclique** (**CRP**, pour « cAMP receptor protein ») et par le petit nucléotide cyclique, l'**adénosine 3',5'-monophosphate cyclique** (**AMPc** : **figure 12.26**) ainsi que par le répresseur protéique LacI. Le promoteur *lac* possède un site CAP sur lequel l'activateur CAP doit se fixer avant que l'ARN polymérase ne puisse s'attacher au promoteur et commencer la transcription (**figure 12.27**). La protéine activatrice du catabolisme n'est capable de se fixer au site CAP que lorsqu'elle est complexée à l'AMPc. En s'y fixant, la CAP courbe l'ADN d'environ 90° sur deux tours d'hélice (figure 12.25 et **figure 12.28**). L'interaction entre la CAP et l'ARN polymérase stimule la transcription. Ce système de contrôle positif rend l'activité de l'opéron *lac* dépendante de la présence de l'AMPc ainsi que de celle du lactose.

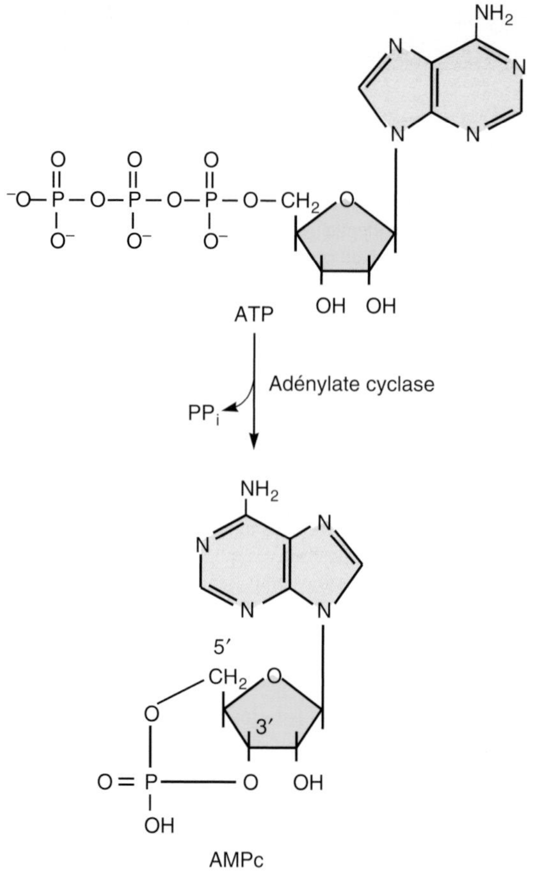

Figure 12.26 L'adénosine monophosphate cyclique (AMPc). Le groupe phosphate relie les hydroxyles 3' et 5' du ribose. L'adénylate cyclase convertit l'ATP en AMPc.

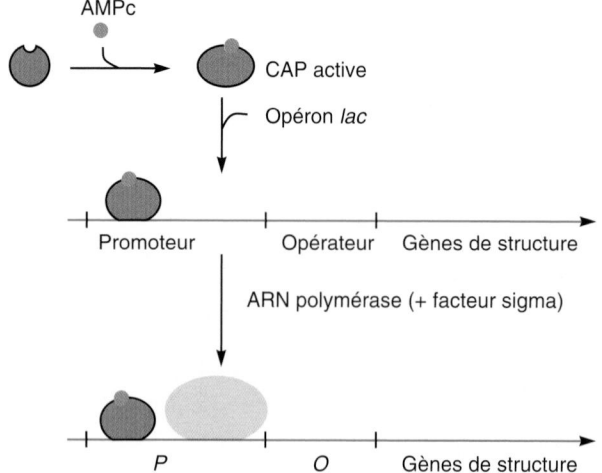

Figure 12.27 Le contrôle positif de l'opéron *lac*. En absence d'AMP$_c$ ou en présence de faibles quantités d'AMP$_c$, la protéine CAP reste inactive et ne se fixe pas sur le promoteur. Dans ce cas, l'ARN polymérase ne s'y fixe pas non plus et ne transcrit pas les gènes de l'opéron.

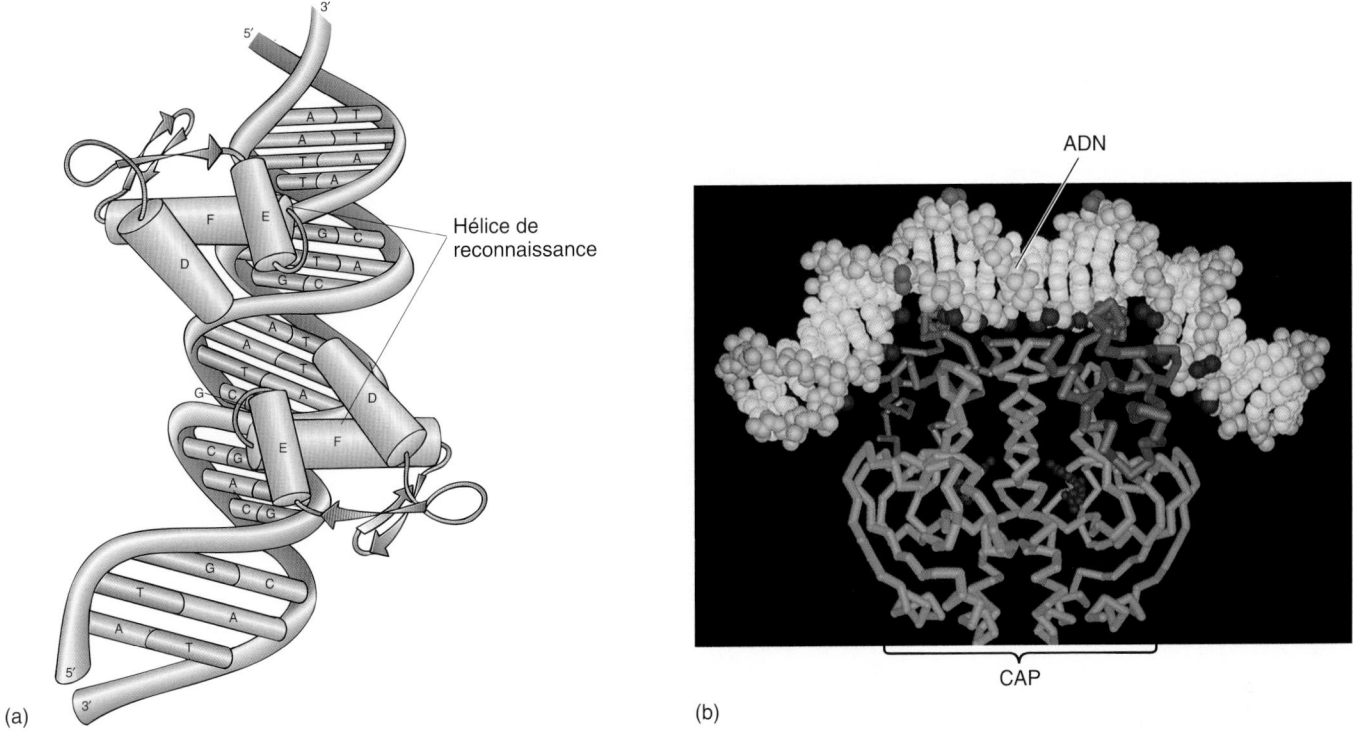

Figure 12.28 La structure de la protéine CAP et sa fixation sur l'ADN. (**a**) Ce schéma illustre la fixation du dimère de CAP sur l'ADN au niveau du promoteur de l'opéron *lac*. Les hélices de reconnaissance s'emboîtent dans deux grands sillons successifs de la double hélice. (**b**) Modèle du complexe CAP-ADN d'*E. coli* élaboré d'après les études de la structure cristalline. Le domaine fixant l'AMPc est en bleu et le domaine fixant l'ADN est pourpre. Les molécules d'AMPc fixées à la protéine CAP sont en rouge. Remarquez que l'ADN est incurvé de 90° quand il est complexé au dimère de CAP.

12.4   L'atténuation

Les bactéries peuvent contrôler la transcription par d'autres moyens, comme le montre l'opéron tryptophane chez *E. coli*. L'opéron tryptophane contient les gènes de structure de cinq enzymes de la voie biosynthétique de cet acide aminé. Comme on peut s'y attendre, l'opéron est sous le contrôle d'un répresseur protéique codé par le gène *trpR* (trp signifie tryptophane) et un excès de tryptophane inhibe la transcription des gènes de l'opéron en agissant comme co-répresseur et en activant le répresseur. Bien que l'opéron soit surtout régulé par répression, la poursuite de la transcription est également contrôlée. En fait, le contrôle transcriptionnel s'exerce en deux points, à l'initiation de la transcription et à sa continuation au-delà de la région de l'atténuateur.

Entre l'opérateur et le premier gène de structure de l'opéron, le gène *trpE*, on trouve une **séquence de tête** qui contrôle la continuation de la transcription après fixation de l'ARN polymérase sur le promoteur (**figure 11.29a**). La séquence de tête contient un **atténuateur** et une séquence qui code pour un peptide de tête. L'atténuateur est un site de terminaison rhô-indépendant (p. 263) contenant un petit segment riche en GC suivi d'une séquence de huit uridines. Les quatre régions numérotées dans la figure 12.29*a* ont des séquences nucléotidiques complémentaires et peuvent s'apparier entre elles pour former des épingles à cheveux. En l'absence de ribosome, les régions 1 et 2 s'apparient pour former une épingle à cheveux, alors que les régions 3 et 4 forment une seconde épingle à cheveux à proximité de la séquence poly-U (figure 12.29*b*). Cette deuxième structure suivie de la séquence poly-U terminera la trans-

cription. Si la région 1 ne peut s'apparier avec la région 2, cette région 2 peut s'associer avec la région 3. En conséquence, la région 4 reste monocaténaire (figure 12.29*c*) et ne peut servir de terminateur de la transcription. Il est important de constater que la séquence encodant le peptide de tête contient deux codons adjacents déterminant le tryptophane. La cellule ne peut donc fabriquer le peptide complet qu'en présence d'une quantité suffisante de tryptophane. Comme on n'a jamais pu le détecter, on suppose que le peptide de tête est dégradé immédiatement après la synthèse.

Le comportement du ribosome au cours de la traduction de l'ARNm régule l'activité de l'ARN polymérase pendant la transcription de la séquence de tête. Ce processus est possible parce que la traduction et la transcription sont étroitement couplées. En l'absence de répresseur actif, l'ARN polymérase se fixe sur le promoteur et se déplace le long de la séquence de tête en synthétisant l'ARNm. S'il n'y a pas de traduction de l'ARNm après le début de la copie de la séquence de tête par l'ARN polymérase, les régions 3 et 4 forment une épingle à cheveux et la transcription s'arrête avant que la polymérase n'atteigne le gène *trpE* (**figure 12.30a**). En présence de tryptophane, il y a suffisamment de tryptophanyl-ARNt pour la synthèse protéique. Par conséquent, le ribosome synthétisera le peptide de tête et continuera à se déplacer le long de l'ARNm jusqu'à ce qu'il atteigne un codon d'arrêt UGA (*voir section 12.2*) placé entre les régions 1 et 2. Le ribosome s'arrête sur ce codon et masque suffisamment la région 2 pour l'empêcher de s'apparier correctement avec la région 3 (figure 12.30*b*). Les régions 3 et 4 forment une épingle à cheveux et l'ARN polymérase s'arrête au niveau de l'atténuateur comme si aucune traduction ne s'était déroulée. Si le tryptophane fait

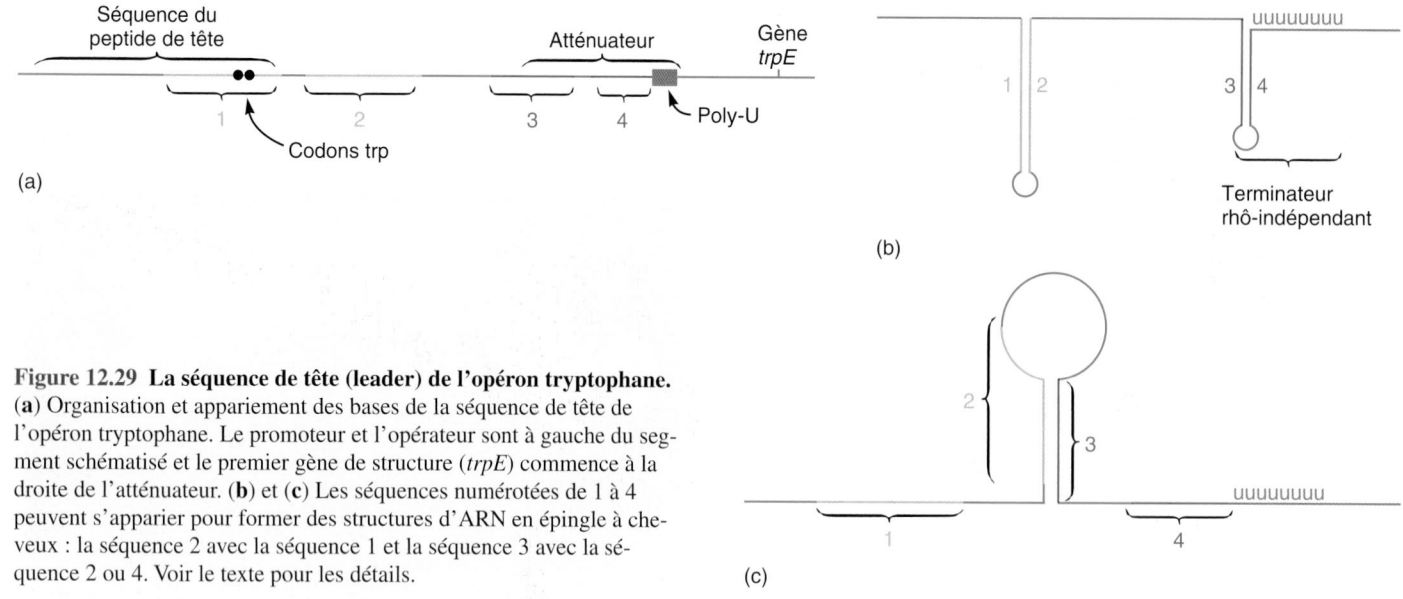

Figure 12.29 La séquence de tête (leader) de l'opéron tryptophane. (**a**) Organisation et appariement des bases de la séquence de tête de l'opéron tryptophane. Le promoteur et l'opérateur sont à gauche du segment schématisé et le premier gène de structure (*trpE*) commence à la droite de l'atténuateur. (**b**) et (**c**) Les séquences numérotées de 1 à 4 peuvent s'apparier pour former des structures d'ARN en épingle à cheveux : la séquence 2 avec la séquence 1 et la séquence 3 avec la séquence 2 ou 4. Voir le texte pour les détails.

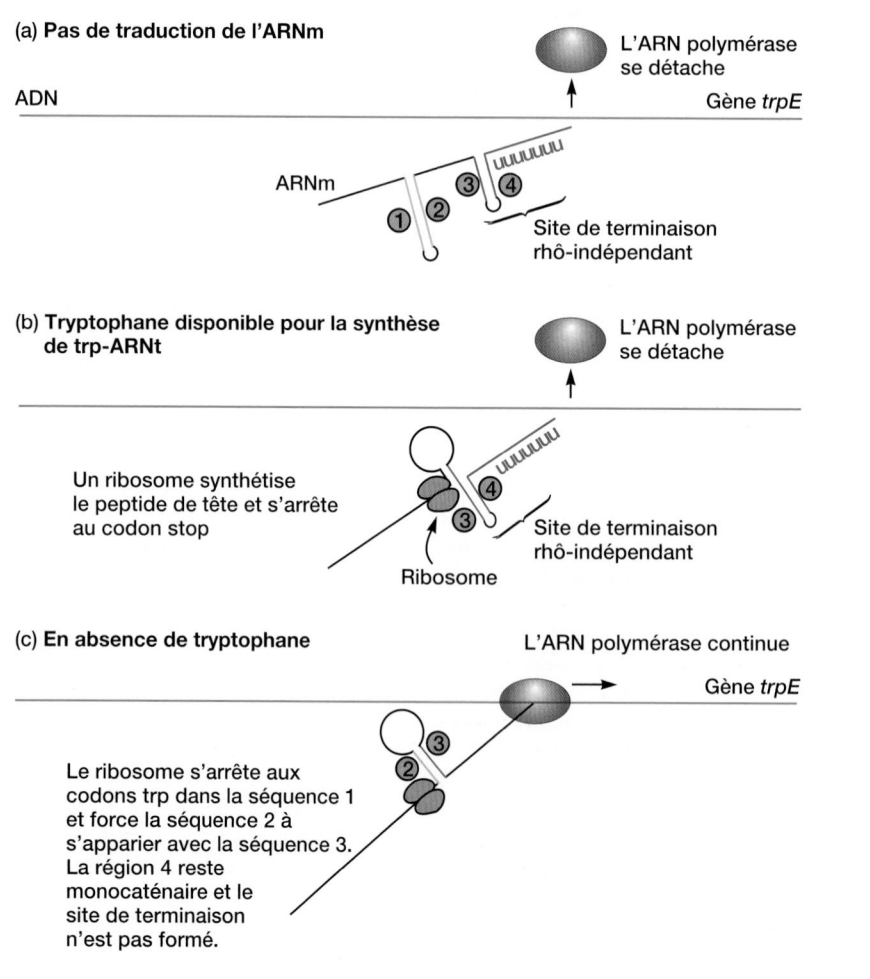

Figure 12.30 Le contrôle par atténuation de l'opéron tryptophane. Voir détails dans le texte.

défaut, le ribosome s'arrêtera au niveau des deux codons tryptophane adjacents à séquence du peptide de tête et empêchera l'appariement des régions 1 et 2, car les codons tryptophane sont situés dans la région 1 (figures 12.29*a* et 12.30*c*). Si cela se produit pendant que l'ARN polymérase est occupée à transcrire la séquence de tête, les régions 2 et 3 s'associent avant que le région 4 ne soit synthétisée. Par conséquent, la région 4 restera monocaténaire et l'épingle à cheveux terminatrice ne se formera pas. Donc, en l'absence de tryptophane, l'ARN polymérase poursuit son chemin et transcrit les gènes de l'opéron tryptophane. Le contrôle de la continuation de la transcription par un aminoacyl-ARNt s'appelle l'**atténuation**.

L'avantage de l'atténuation est évidente. Lorsqu'il manque à la bactérie un acide aminé autre que le tryptophane, la synthèse protéique sera ralentie et le tryptophanyl-ARNt s'accumulera. La transcription de l'opéron tryptophane sera inhibée par atténuation. Lorsque la bactérie commence à synthétiser rapidement les protéines, le tryptophane devient peu abondant et la concentration du tryptophanyl-ARNt peut être faible. Ceci réduit le phénomène d'atténuation et stimule la transcription de l'opéron, entraînant la formation des enzymes biosynthétiques du tryptophane en plus grande quantité. En agissant ensemble, la répression et l'atténuation peuvent coordonner la vitesse de synthèse des enzymes biosynthétiques des acides aminés, avec la disponibilité en produits finals, les acides aminés, et avec le taux global de synthèse protéique. Lorsque le tryptophane est présent en concentration élevée, les molécules d'ARN polymérase, qui ne sont pas bloquées par le répresseur activé, n'arriveront pas à dépasser la séquence atténuatrice. La répression fait chuter la transcription d'un facteur septante environ et l'atténuation la réduit encore de huit à dix fois. Lorsque les deux mécanismes agissent en même temps, la transcription peut être ralentie par un facteur de près de six cents fois.

L'atténuation semble importante pour la régulation de plusieurs voies biosynthétiques d'acides aminés. Au moins cinq autres opérons ont des séquences de tête, dont l'organisation ressemble à celle du tryptophane. Ainsi, la séquence du peptide de tête de l'opéron histidine contient sept codons histidine contigus et est suivie d'un atténuateur qui est une séquence de terminaison.

12.5   Les systèmes régulateurs globaux

Jusqu'ici, nous avons considéré le fonctionnement d'opérons isolés. Cependant, les bactéries doivent répondre à une grande variété de changements de leurs conditions ambiantes. Elles doivent être capables de s'accommoder de situations comme la pénurie d'aliments, la dessiccation et d'importantes fluctuations de température. Elles doivent aussi réussir dans leur compétition avec d'autres organismes pour une nourriture rare et utiliser efficacement cette nourriture. Ces défis requièrent un système régulateur qui puisse contrôler rapidement de nombreux opérons en même temps. Les systèmes régulateurs de ce genre, qui affectent simultanément beaucoup de gènes et de nombreuses voies métaboliques, s'appellent des **systèmes régulateurs globaux**. Il y a de nombreux exemples de ces systèmes globaux multigéniques. La répression catabolique chez les bactéries entériques et la sporulation chez *Bacillus subtilis* seront discutées brièvement. Deux autres systèmes globaux ont déjà été exposés : la réponse SOS (*voir p. 255*) et la production de protéines de choc thermique (p. 273).

Bien qu'il soit habituellement possible de réguler tous les gènes d'une voie métabolique dans un seul opéron, il existe de bonnes raisons pour disposer de systèmes globaux plus complexes.

Certains processus impliquent de trop nombreux gènes pour qu'ils soient logés dans un seul opéron. Par exemple, la machinerie nécessaire à la synthèse des protéines est composée des produits de plus de 150 gènes et leur coordination requiert un réseau régulateur qui contrôle de nombreux opérons séparés. Parfois, il faut deux niveaux de régulation, parce que les opérons individuels doivent être contrôlés indépendamment et coopérer en outre avec d'autres opérons. La régulation du catabolisme des sucres chez *E. coli* constitue un bon exemple. *E. coli* utilise le glucose lorsque celui-ci est disponible ; dans ce cas, les opérons des autres voies cataboliques sont réprimés. Si le glucose n'est pas disponible et qu'un autre élément nutritif est présent, l'opéron approprié est activé.

La régulation globale peut s'accomplir par plusieurs mécanismes différents. Un répresseur ou un activateur protéique peut affecter plusieurs opérons simultanément. Un facteur sigma peut faire que l'ARN polymérase reconnaisse et transcrive un ensemble de différents opérons dotés de promoteurs semblables. Parfois, c'est un régulateur non protéique comme le nucléotide guanosine tétraphosphate qui contrôle plusieurs opérons.

Les systèmes régulateurs globaux sont si complexes, qu'on emploie une nomenclature spéciale pour en décrire les divers types. Le type le plus élémentaire est peut-être le **régulon**. Un régulon est une collection de gènes ou d'opérons contrôlés par une protéine régulatrice commune. Le plus souvent, les opérons sont associés à une seule voie ou fonction métabolique (p. ex. la production de protéines de choc thermique ou le catabolisme du glycérol). Une situation un peu plus complexe se rencontre dans un modulon. Il s'agit d'un réseau d'opéron sous contrôle d'une protéine régulatrice commune, mais dont les opérons constituants sont en outre contrôlés séparément par des régulateurs qui leur sont propres. La répression catabolique constitue un bon exemple de modulon. Les systèmes régulateurs globaux les plus complexes sont les stimulons. Un stimulon est un système régulateur où tous les opérons répondent ensemble de façon coordonnée à un stimulus environnemental. Il peut comprendre plusieurs régulons et modulons, et certains de ceux-ci peuvent avoir des protéines régulatrices différentes. Les gènes impliqués dans la réponse à une limitation en phosphate sont dispersés parmi plusieurs régulons et font partie d'un stimulon.

Nous allons maintenant examiner trois exemples de régulation globale. Nous envisagerons d'abord la répression catabolique et le recours au contrôle positif de l'opéron. Suivra une introduction à la régulation par les facteurs sigma et à l'induction de la sporulation. Enfin, on décrira la régulation de la synthèse des porines par ARN antisens.

La répression catabolique

Si *E. coli* se développe dans un milieu contenant du glucose et du lactose, la bactérie utilise préférentiellement le glucose jusqu'à ce qu'il soit complètement consommé. Ensuite, après une courte latence, la croissance reprend en utilisant le lactose comme source de carbone (**figure 12.31**). On appelle ce profil de croissance biphasique, la **croissance diauxique**. La cause de la croissance diauxique (ou diauxie) est complexe et n'est pas encore bien comprise, mais la **répression catabolique** ou effet glucose y joue probablement un rôle. Les enzymes du catabolisme du glucose sont constitutives et ne sont pas affectées par l'activité de la CAP. En présence de glucose, la concentration d'AMPc bactérien chute, produisant une désactivation de la protéine activatrice du catabolisme et une inhibition de

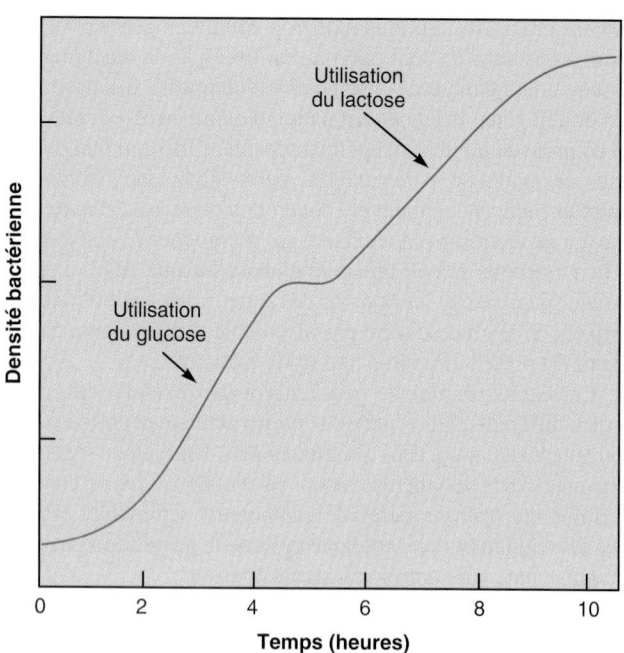

Figure 12.31   La croissance diauxique. Ce graphique montre la courbe de croissance diauxique d'*E. coli* cultivé en présence d'un mélange de glucose et de lactose. La bactérie utilise d'abord le glucose puis le lactose. On observe une courte latence pendant la croissance lorsque les bactéries synthétisent les enzymes nécessaires à l'utilisation du lactose.

l'expression de l'opéron *lac*. La diminution en AMPc peut être due à l'effet du système de la phosphotransférase des sucres dépendante du phosphoénolpyruvate (PTS) sur l'activité de l'adénylate cyclase, l'enzyme de synthèse de l'AMPc. L'enzyme III du PTS donne un phosphate au glucose au cours de son transport. Le sucre entre donc dans la cellule sous la forme de glucose-6-phosphate. La forme phosphorylée de l'enzyme III active également l'adénylate cyclase. Si le transfert du glucose par le PTS est rapide, la quantité d'enzyme III phosphorylée est faible et l'adénylate cyclase est moins active, ce qui diminue la concentration en AMPc. Au moins un autre mécanisme est impliqué dans la croissance diauxique. Lorsque le PTS transporte activement le glucose dans la cellule, la forme non phosphorylée de l'enzyme III domine. Cette forme se fixe sur la lactose perméase, induisant une inhibition allostérique qui bloque la pénétration de lactose. Le système de la phosphotransférase des sucres dépendante du phosphoénolpyruvate(pp. 103-4).

Quel que soit le mécanisme précis, ce type de contrôle est très utile pour la bactérie. Elle utilisera le sucre le plus facile à dégrader (le glucose) en priorité, plutôt que de synthétiser les enzymes nécessaires à l'emploi d'une autre source de carbone et d'énergie. Ces mécanismes de contrôle existent dans différentes bactéries et différentes voies métaboliques.

La régulation par les facteurs sigma et le contrôle de la sporulation

Bien qu'elle puisse transcrire n'importe quel gène et produire un ARN messager, l'enzyme-noyau de l'ARN polymérase a besoin de l'assistance d'un facteur sigma pour se fixer au promoteur et initier la transcription (voir p. 262). Ceci fournit un excellent moyen de réguler l'expression des gènes. Quand un processus complexe

requiert un changement radical de la transcription, ou exige que la synthèse du produit de plusieurs gènes soit programmée dans le temps avec précision, ce processus peut être régulé par une série de facteurs sigma. Chaque facteur sigma permet à l'enzyme-noyau de l'ARN polymérase de reconnaître un ensemble spécifique de promoteurs et de ne transcrire que ces gènes. La substitution du facteur sigma par un autre change immédiatement l'expression génique. Les virus bactériens recourent souvent aux facteurs sigma pour contrôler la synthèse d'ARNm au cours de leur cycle vital (*voir chapitre 17*). Ce mécanisme régulateur est également fréquent chez les bactéries Gram-négatives comme Gram-positives. Par exemple, *Escherichia coli* synthétise plusieurs facteurs sigma. Dans des conditions normales, le facteur sigma σ^{70} dirige l'activité de l'ARN polymérase. (La lettre ou le chiffre en exposant indique la fonction ou la taille du facteur sigma : 70 signifie 70.000 Da). Lorsque flagelles et protéines chimiotactiques lui sont nécessaires, *E. coli* produit le σ^{F} (σ^{28}). Si la température devient trop élevée, σ^{H} (σ^{32}) apparaît et stimule la formation de quelque 17 protéines de choc thermique qui protègent la cellule de la destruction par la chaleur. Comme on peut s'y attendre, les promoteurs reconnus par chacun des facteurs sigma présentent des différences de séquence caractéristiques, dans les régions –10 et –35 (*voir pp. 242-44*).

Un des exemples les mieux étudiés de régulation par les facteurs sigma est le contrôle de la sporulation chez la bactérie Gram-positive *Bacillus subtilis*. Quand *B. subtilis* est privé de nourriture, il forme des endospores par un processus complexe qui dure environ 8 heures. Les endospores bactériennes (pp. 68-71)

Normalement, l'ARN polymérase de *B. subtilis* emploie le facteur sigma σ^{A} (σ^{43}) pour reconnaître les gènes. Des signaux environnementaux, comme la pénurie d'aliments, stimulent une kinase (KinA ou KinB) qui catalyse la phosphorylation de la protéine Spo0F (**figure 12.32**). Spo0F transfère le phosphate vers Spo0B, laquelle phosphoryle à son tour Spo0A. Spo0A phosphorylée a plusieurs effets. Elle se fixe à un promoteur et réprime l'expression du gène *abrB*, lequel code pour une protéine qui inhibe de nombreux gènes, inutiles lors d'une croissance sous excédent alimentaire (p. ex. au moins trois gènes de la sporulation). Spo0A phosphorylée active aussi la production de deux facteurs sigma : un σ^{F} actif et un pro-σ^{E} inactif. La sporulation commence lorsque σ^{F} remplace partiellement σ^{A} dans la préspore. L'ARN polymérase transcrit alors les gènes de la sporulation, en même temps que les gènes végétatifs. Un de ces gènes précoces de la sporulation code pour un autre facteur sigma, σ^{G}, qui permet à l'ARN polymérase de transcrire les gènes tardifs de la sporulation dans la préspore. A ce stade, la protéine pro-σ^{E} est activée par clivage pour devenir σ^{E}, qui stimule à son tour la transcription du gène de pro-σ^{K}. Une protéase active pro-σ^{K} en σ^{K} ce qui déclenche la transcription des gènes tardifs dans la cellule mère. En résumé, la sporulation est régulée par deux cascades de facteurs sigma, un dans la préspore et l'autre dans la cellule mère. Chacune des cascades influence l'autre par une série de signaux, de telle sorte que tout ce processus complexe de développement est bien coordonné.

L'ARN antisens et le contrôle de la synthèse des porines

Les microbiologistes savent depuis de nombreuses années que l'expression des gènes peut être contrôlée autant par des protéines régulatrices (p. ex. les répresseurs et la CAP) que par des aminoa-

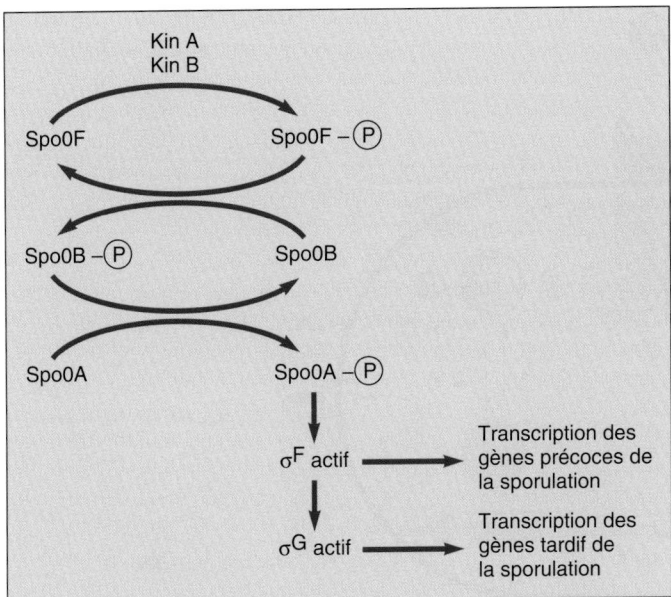

Figure 12.32 Initiation de la sporulation chez *Bacillus subtilis*. Schéma simplifié des étapes initiales du déclenchement de la sporulation. L'activation des kinases A et B amorce un système de phosphorelais à deux composants qui active la transcription du régulateur Spo0A. Voir dans le texte pour plus de détails.

cyl-ARNt (atténuation). Plus récemment, on a découvert que l'activité de certains gènes est contrôlée par une espèce particulière de petites molécules régulatrices d'ARN. Les ARN régulateurs, appelés **ARN antisens**, ont une séquence en bases complémentaire à un segment d'une autre molécule d'ARN et se lient spécifiquement à cet ARN cible. La liaison d'un ARN antisens peut bloquer la réplication de l'ADN, la synthèse d'ARNm ou la traduction. Les gènes codant pour ces ARN sont parfois appelés gènes antisens.

Ce mode de régulation paraît être répandu chez les virus et les bactéries. Des exemples en sont la réplication plasmidique et la transposition par Tn*10*, l'osmorégulation de l'expression des porines, la régulation de la multiplication du phage λ et l'autorégulation de la synthèse de la protéine réceptrice de l'AMPc (CRP). La régulation par ARN antisens n'a pas encore été démontrée chez les cellules eucaryotes, bien qu'il y ait des arguments en faveur de son existence. Il est possible que des ARN antisens se lient à des ARNm eucaryotes et stimulent leur dégradation. Les plasmides et les transposons (pp. 294-302).

La régulation des porines de la membrane externe d'*E. coli* fournit un exemple de contrôle par ARN antisens. La membrane externe contient des canaux protéiques constitués par les porines (*voir p. 60*). Les deux porines les plus importantes chez *E. coli* sont les protéines OmpF et OmpC. Les porines OmpC ont des pores de taille plus réduite et sont synthétisées lorsque la bactérie croît à des pressions osmotiques élevées. C'est la porine dominante chez *E. coli*, dans l'intestin. Ceci se comprend, car de petits pores permettent l'exclusion de nombreuses molécules toxiques présentes dans l'intestin. Les porines OmpF dont les pores sont plus grands, sont favorisées lorsque *E. coli* se développe dans un milieu dilué, et permettent à des solutés de diffuser plus facilement dans les cellules.

Les gènes *ompF* et *ompC* sont en partie régulés par une protéine OmpR, qui réprime le gène *ompF* et active *ompC*. En outre, le gène *micF* produit un ARN antisens de 174 nucléotides, qui bloque l'ac-

tion de *ompF* (mic signifie l'ARN*m* interférant avec l'ARN complémentaire). L'ARN micF est complémentaire du site d'initiation de la traduction de *ompF*. Il se lie à l'ARNm de *ompF* et en réprime la traduction. Le gène *micF* est activé par des conditions qui favorisent l'expression de *ompC*, telles que des pressions osmotiques élevées ou la présence de produits toxiques. Ceci empêche que la protéine OmpF soit produite en même temps que la protéine OmpC.

Le fait que de l'ARN antisens puisse se lier spécifiquement à de l'ARNm et bloquer son activité a des conséquences pratiques importantes. L'ARN antisens est déjà un outil de recherche appréciable. Supposez que l'on cherche à étudier l'action d'un gène donné. Un ARN antisens se liant à l'ARNm du gène peut être synthétisé et introduit dans la cellule, bloquant ainsi l'expression du gène. Les modifications dans la cellule peuvent ensuite être observées. On peut aussi utiliser la même approche avec de courtes séquences d'ADN antisens qui se lient à l'ARNm.

Les ARN et ADN antisens pourraient bien s'avérer efficaces contre une variété de cancers et de maladies infectieuses. Des résultats préliminaires encourageants ont été obtenus en utilisant des oligonucléotides antisens dirigés contre *Trypanosoma brucei* (cause de la maladie du sommeil), des Herpèsvirus, le virus du SIDA, des virus de tumeurs, tels que RSV et polyoma, le cancer de l'ovaire, les infections par le cytomégalovirus, la maladie de Crohn et la leucémie chronique myélogène. Bien que de nombreuses recherches restent nécessaires pour évaluer le potentiel médical de ces molécules, elles promettent beaucoup dans le traitement de nombreuses maladies.

---

1. Que sont l'induction et la répression et pourquoi ces mécanismes sont-ils importants ? Définissez inducteur, co-répresseur, protéine répressive, gène régulateur, mutant constitutif, opérateur, gène de structure et opéron. Décrivez comment l'opéron *lac* est régulé.

2. Définissez le contrôle positif, le double contrôle et la protéine activatrice du catabolisme. Comment l'opéron *lac* est-il contrôlé positivement ?

3. Définissez l'atténuation et décrivez son mécanisme d'action sur base d'un schéma illustratif, tel que celui de la figure 12.30. Quelles sont les fonctions de la région de tête et de l'atténuateur dans l'atténuation ?

4. Que sont les systèmes régulateurs globaux et pourquoi sont-ils nécessaires ?

5. Qu'est-ce que la croissance diauxique et comment est-elle due à la répression catabolique ?

6. Décrivez brièvement la façon dont on peut utiliser les facteurs sigma pour contrôler l'expression génique. Décrivez la régulation de la sporulation par les facteurs sigma.

7. Qu'est-ce que l'ARN antisens ? Comment contrôle-t-il l'expression des gènes ?

12.6 Les systèmes de phosphorelais à deux composants

Un **système de phosphorelais à deux composants** est un système de transduction de signal qui utilise le transfert de groupes phosphoryles pour contrôler la transcription génique et l'activité des protéines. Il est fait de deux composants majeurs : un senseur (une kinase) et un régulateur qui y répond. Il existe beaucoup de sys-

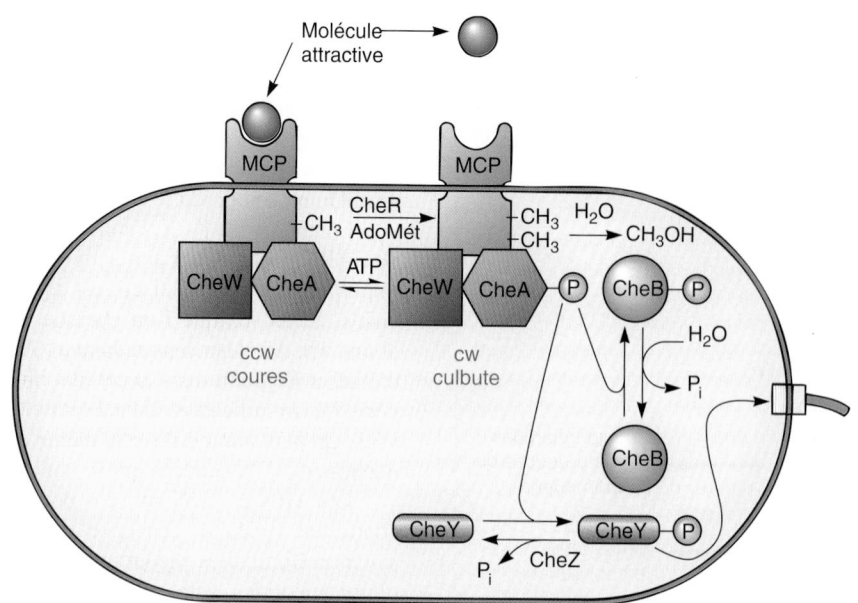

Figure 12.33 Le mécanisme du chimiotactisme chez *Escherichia coli*. Le système chimiotactique est conçu pour contrôler la rotation antihorlogique (ccw, pour « counterclockwise ») et horlogique (cw, pour « clockwise ») du flagelle, de telle sorte *qu'E. coli* remonte un gradient en molécules attractives par une suite de courses et de culbutes. Voir la description du processus dans le texte.

tèmes de phosphorelais : les systèmes qui contrôlent la sporulation et le chimiotactisme en sont deux bons exemples.

Dans la régulation de la sporulation, la kinase kinA est le senseur. Elle sert de transmetteur en se phosphorylant elle-même (autophosphorylation) sur un résidu histidine particulier, en réponse à des signaux reçus de l'environnement. Spo0F agit comme récepteur et catalyse le transfert du groupe phosphoryle de kinA sur un résidu d'acide aspartique particulier, situé à sa propre surface. Spo0F cède alors le groupe phosphoryle à une histidine de Spo0B. Spo0A est un régulateur. Il comporte un domaine de réception de l'aspartate et s'approprie le groupe phosphoryle de Spo0B pour devenir un régulateur de transcription actif. Le contrôle de la sporulation par les facteurs sigma (p. 282)

Le chimiotactisme est contrôlé par un système régulateur à phosphorelais bien étudié. Comme nous l'avons vu précédemment, les procaryotes détectent divers produits chimiques dans leur environnement, lorsque ces substances se fixent à des chimiorécepteurs appelés **protéines chimiotactiques acceptrices de méthyle** (**MCP**, pour « *m*ethyl-accepting *c*hemotaxis *p*rotein »). Les MCP peuvent influencer la rotation flagellaire de telle sorte que l'organisme aille vers les substances attractives et s'écarte des répulsives. Cette réponse est régulée par un système complexe dans lequel la protéine CheA, une kinase, sert de senseur et la protéine CheY de régulateur. Chimiotactisme (pp. 66-68)

Les chimiorécepteurs MCP sont encastrés dans la membrane plasmique, avec des portions importantes exposées sur chacune des faces. Du côté périplasmique, chaque MCP présente un site de fixation pour une ou plusieurs molécules attractives et peuvent aussi fixer les répulsives. Souvent les substances attractives se lient directement aux MCP, mais il y a des cas où elles s'attachent à des protéines fixatrices spéciales du périplasme, lesquelles interagissent ensuite avec les MCP. La face cytoplasmique d'une MCP interagit avec deux protéines (**figure 12.33**). La protéine CheW se lie aux MCP et les aide à se fixer à la protéine CheA. Le complexe complet se compose d'un

dimère de MCP, de deux CheW monomériques et d'un dimère de CheA. Quand la MCP n'est pas liée à une molécule attractive, elle stimule CheA à se phosphoryler elle-même à partir d'ATP, un processus appelé autophosphorylation. L'autophosphorylation de CheA est inhibée lorsque la molécule attractive est liée à sa MCP. CheA phosphorylée peut donner son phosphate à deux protéines réceptrices, CheY ou CheB. Si CheY est phosphorylée par CheA, elle passe dans une conformation active, migre vers le flagelle et interagit à sa base, avec la protéine-interrupteur (FliM) (*voir figure 3.36*). Ceci a pour effet de faire tourner le flagelle dans le sens des aiguilles d'une montre (ou sens horlogique). Une diminution de la concentration en molécules attractives entraîne donc une rotation horlogique et la bactérie culbute. Le phosphate est enlevé de CheY en 10 secondes environ, par un processus auquel collabore la protéine CheZ. Le temps de vie très court de CheY phosphorylée fait que la bactérie répond très rapidement aux changements de concentration de la molécule attractive. Elle ne va pas persévérer trop longtemps dans ses culbutes si le niveau en molécules attractives change. Lorsqu'il n'y a ni molécules attractives, ni molécules répulsives, le système maintient des concentrations intermédiaires en CheA-phosphate et en CheY-phosphate. Il en résulte un mode de déplacement normal, avec courses et culbutes.

La cellule d'*E. coli* doit oublier ses réponses aux stimuli antérieurs pour pouvoir comparer la concentration la plus récente en molécules attractives ou répulsives avec celle qui la précède immédiatement et répondre à tout changement. Ceci signifie qu'elle doit être capable de s'adapter à un changement de concentration de façon à détecter les changements suivants. Elle doit avoir une mémoire à court terme qui ne dure que quelques secondes. Cette adaptation s'effectue par la méthylation des MCP récepteurs. La partie ou domaine plasmique des molécules de MCP possèdent habituellement quatre ou cinq sites de méthylation contenant des résidus d'acide glutamique. Pour l'addition de méthyles sur les groupes carboxyles de ces acides glutamiques, la S-adénosylméthionine est utilisée comme agent méthylant. La réaction est catalysée par la protéine CheR et s'effectue à une vitesse assez constante, quelle que soit la concentration de la molécule attractive. Les groupements méthyles sont éliminés hydrolytiquement des MCP, par la protéine CheB phosphorylée, une méthylestérase. Ces enzymes font partie d'un circuit de rétro-inhibition qui bloque les réponses motrices, un court instant après qu'elles aient commencé. Le complexe molécule attractive-MCP est un bon substrat pour CheR et un mauvais substrat pour CheB. Quand une molécule attractive se lie à la MCP, les niveaux de CheY-phosphate et de CheB-phosphate chutent parce que l'autophosphorylation de CheA est inhibée. Ceci ne provoque pas seulement une rotation antihorlogique et une course, mais diminue en outre l'activité de la méthylestérase, de sorte que la méthylation de la MCP augmente. Une augmentation de la méthylation modifie la conformation de la MCP qui peut à nouveau admettre un niveau d'autophosphorylation de CheA intermédiaire. CheY-phosphate et CheB-phosphate reviennent à leurs niveaux intermédiaires et rétablissent le comportement normal de course-culbute. Si on enlève la molécule attractive, la MCP surméthylée stimule l'autophoshorylation de CheA et les niveaux de CheY-phosphate et de CheB-phosphate augmentent. Ceci induit le processus de culbutes et cause en même temps la déméthylation de la MCP, de sorte que le système retourne à un niveau intermédiaire d'autophosphorylation de CheA.

La réponse chimiotactique est très complexe. Elle fait intervenir beaucoup de protéines différentes et deux formes de régulation par modification covalente de la protéine (*voir section 8.9*). En fait, la réponse vient d'une combinaison entre (1) le contrôle de la phosphorylation de CheA par les concentrations en molécules attractives et répulsives, (2) la rotation horlogique provoquée par CheY phosphorylée et (3) un circuit régulateur rétro-inhibiteur où interviennent CheR, CheB phosphorylée et les variations de méthylation de la MCP.

1. Qu'est-ce qu'un système de phosphorelais à deux composants ?
2. Expliquez de manière générale comment les bactéries sont attirées par les substances comme les nutriments alors qu'elles sont repoussées par les produits toxiques.
3. Décrivez le mécanisme moléculaire par lequel des molécules attirent *E. coli*.

12.7 Le contrôle du cycle cellulaire

De grands progrès ont été accomplis dans la compréhension du contrôle de l'activité enzymatique et des voies métaboliques microbiennes. On ne peut pas en dire autant de la régulation de phénomènes plus complexes, tels que la sporulation bactérienne et la division cellulaire. Cette section décrit brièvement la régulation de la division cellulaire, principalement chez *E. coli* puisqu'elle y a été beaucoup étudiée.

Le **cycle cellulaire** couvre l'ensemble des événements allant de la formation d'une nouvelle cellule jusqu'à la division suivante. Une jeune cellule d'*E. coli* en croissance constante doublera de longueur sans changer de diamètre, puis se divisera en deux cellules de taille identique par scission transversale. Puisque chaque cellule fille reçoit au moins une copie du matériel génétique, la réplication de l'ADN et la division cellulaire doivent être étroitement coordonnées. En fait, lorsque la synthèse de l'ADN est inhibée par

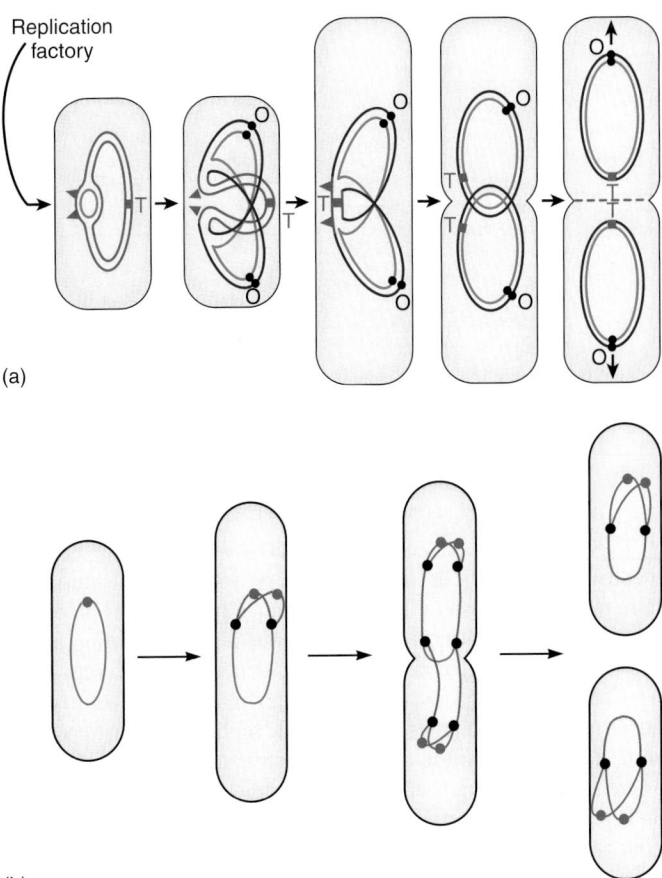

(a)

(b)

Figure 12.34 La réplication de l'ADN dans des bactéries. (a) Chez les bactéries en croissance lente, les chromosomes se répliquent une fois avant la division. Dans cette illustration simplifiée, l'ADN chromosomique en réplication est dévidé à travers une machinerie de réplication liée à la membrane. Cette machinerie se divise alors en deux points de réplication et finalement, les chromosomes dupliqués se séparent et migrent vers les extrémités opposées de la cellule. O est l'origine de réplication et T la région de terminaison. **(b)** La réplication de l'ADN chez une bactérie en croissance rapide est plus complexe. Un nouveau cycle de réplication d'ADN est initié avant la division de la cellule parentale, de telle sorte que l'ADN dans les cellules filles est déjà partiellement répliqué. Les sphères colorées à l'extrémité des boucles d'ADN sont des origines de réplication. Les sphères noires sur les côtés sont des fourches de réplication. L'ADN nouvellement synthétisé est coloré, le rouge représentant l'ADN le plus récent. Les points d'attache à la membrane ne sont pas figurés par souci de simplicité.

un antibiotique ou par la mutation d'un gène, la division cellulaire est également bloquée et les cellules concernées continuent à s'allonger, formant de longs filaments. La terminaison de la réplication de l'ADN semble aussi reliée, d'une certaine façon, à la division cellulaire. Bien que la vitesse de croissance d'*E. coli* à 37°C puisse varier considérablement, la division a généralement lieu 20 minutes environ après l'achèvement de la réplication. Au cours de ce dernier intervalle, le matériel génétique doir être réparti entre les deux cellules filles. Les copies d'ADN nouvellement formées s'attachent à des sites adjacents sur la membrane plasmique au centre de la cellule ou à proximité, probablement à leur endroit de réplication (**figure 12.34a**). On ne sait pas encore comment les deux copie se séparent. ParA, ParB, MukB et d'autres protéines interviennent dans la répartition de l'ADN. Les protéines ParA et ParB sont

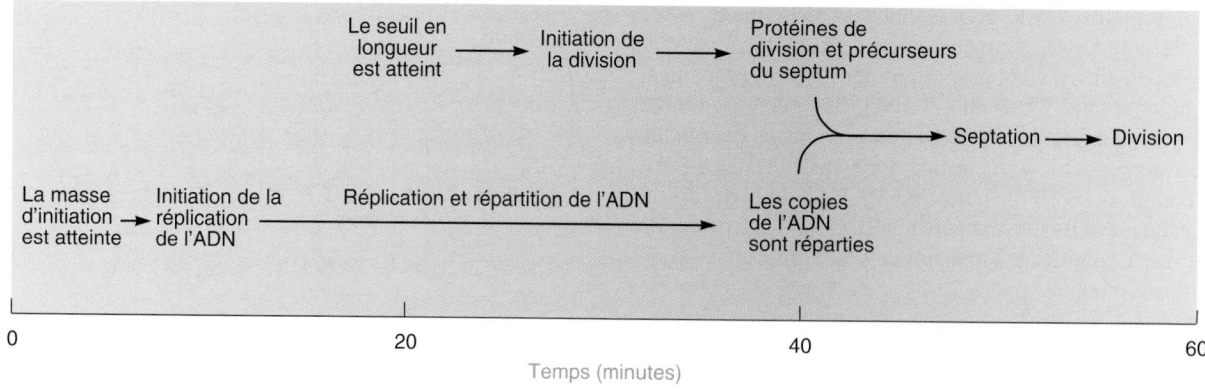

Figure 12.35 Contrôle du cycle cellulaire chez *E. coli*. On suppose un intervalle de 60 min entre deux divisions, dans un souci de simplicité (le temps qui sépare deux divisions peut être plus court). *E. coli* réplique son ADN en 40 min environ et se divise 20 min après la fin de la réplication. La position des événements sur la ligne du temps est approximative et vise seulement à montrer l'ordre général dans lequel ces événements se produisent.

localisées aux pôles des cellules près de se diviser et pourraient faire partie d'un appareil de type mitotique pour la division bactérienne. Il existe des arguments en faveur d'une séparation active des chromosomes, par un mécanisme générateur de force. Il est possible que les chromosomes s'éloignent l'un de l'autre parce qu'ils sont poussés par les complexes de réplication et tirés par une sorte d'appareil « mitotique ». Les mouvements de l'ADN pourraient aussi être dus à la croissance de la membrane et à la synthèse de la paroi cellulaire, mais la croissance membranaire est trop lente pour rendre compte de la totalité du mouvement. Lorsque les chromosomes se sont séparés, une paroi transversale ou septum se forme entre eux. Les modèles de formation de la paroi cellulaire (p. 223).

Des données récentes suggèrent que deux séquences d'événements, agissant en parallèle mais indépendamment, contrôlent la division et terminent le cycle cellulaire (**figure 12.35**). Comme les cellules eucaryotes, les bactéries doivent atteindre une certaine taille, une masse d'initiation, pour que se déclenche la réplication de l'ADN. *E. coli* doit aussi atteindre un certain seuil en longueur avant de pouvoir répartir ses chromosomes et se diviser en deux cellules. Il semble donc y avoir deux contrôles séparés du cycle cellulaire, l'un sensible à la masse cellulaire, l'autre répondant à la longueur de la cellule. La réplication de l'ADN prend environ 40 minutes pour être complète.

Certains des mécanismes de contrôle du cycle cellulaire d'*E. coli* deviennent plus clairs, bien qu'il reste encore beaucoup à apprendre. L'initiation de la réplication de l'ADN requiert la fixation d'un grand nombre de copies de la protéine DnaA à *oriC*, le site d'origine de réplication (*voir pp. 235-39*). La protéine DnaA active porte un ATP et l'interconversion entre DnaA-ATP et DnaA-ADP pourrait aider à réguler l'initiation. D'autres facteurs encore participent à l'initiation de la réplication de l'ADN. Lorsque celle-ci est en route, le tour suivant ne commence pas immédiatement, en partie parce que le brin d'ADN parental est méthylé tout de suite après la réplication. L'origine de réplication méthylée se fixe à des endroits spécifiques de la membrane plasmique et est inactive.

L'initiation de la septation est tout aussi complexe et étroitement régulée. La terminaison de la réplication de l'ADN et l'atteinte du seuil en longueur sont toutes deux requises pour déclencher la septation et la division cellulaire. Ceci est dû au moins en partie à ce que la proximité des chromosomes inhibent la septation. La présence de lésions dans l'ADN inhibe également la septation. Une cellule achè-

vera la réplication de son chromosome, réparera toute lésion dans son ADN et répartira les chromosomes à ses deux extrémités, avant de former un septum et de se diviser. Il y a probablement une ou plusieurs protéines régulatrices qui interagissent avec diverses protéines de la division pour promouvoir la formation du septum et la division. Une fourniture adéquate de chaînes ou de précurseurs du peptidoglycane doit aussi être disponible au moment voulu. La protéine FtsZ est une protéine de la division essentielle à l'initiation de la septation. Entre deux divisions, cette protéine est dispersée dans toute la cellule. Lorsque la septation démarre, elle forme un anneau Z au site de septation et cet anneau se met à rétrécir. La protéine FtsZ hydrolyse le GTP, l'anneau est ainsi une structure contractile qui utilise l'énergie du GTP. Il détermine aussi l'emplacement du septum. Plusieurs autres protéines sont encore requises pour la division cellulaire. Par exemple, la PBP3 ou protéine fixatrice de pénicilline 3, catalyse la transglycosylation et la transpeptidation du peptidoglycane et contribue à créer la nouvelle paroi cellulaire (*voir pp. 221-23*). Il est clair que la régulation du cycle cellulaire bactérien est complexe et implique plusieurs mécanismes régulateurs qui interagissent.

Le rapport entre la synthèse d'ADN et le cycle cellulaire varie suivant la vitesse de croissance. Lorsqu'*E. coli* se multiplie avec un temps de génération d'environ 60 min, l'ADN ne se réplique pas pendant les 20 dernières minutes. La réplication est donc un phénomène discontinu lorsque le temps de génération est de 60 min ou plus. Lorsque la culture croît avec un temps de génération inférieur à 60 min, un second cycle de réplication débute lorsque le premier est encore en cours (figure 12.34*b*). Les cellules filles peuvent en fait recevoir de l'ADN avec deux fourches de réplication ou davantage. Dans ce cas, la réplication est continue parce que les cellules sont toujours en train de copier leur ADN.

Deux décennies de recherche ont fourni une image globale assez adéquate du cycle cellulaire chez *E. coli*. Néanmoins, on ne sait toujours pas en détail comment le cycle est contrôlé. Des travaux futurs devraient améliorer notre compréhension de ce phénomène important.

1. Qu'est-ce qu'un cycle cellulaire ? Décrivez brièvement comment le cycle est régulé chez *E. coli* et quelles étapes du cycle en résultent.

2. Comment les deux copies de l'ADN sont-elles séparées et réparties entre les deux cellules filles ?

Résumé

1. L'ARNm procaryote possède, à ses extrémités, une séquence de tête non traduite et une séquence de queue. Des régions intercalaires (espaceurs) existent entre les gènes lorsque l'ARNm est polycistronique.

2. L'ARN est synthétisé par l'ARN polymérase qui copie la séquence du brin codant de l'ADN (**figure 12.2**).

3. Le facteur sigma aide l'ARN polymérase procaryote à se lier à la région promotrice en amont d'un gène.

4. Un terminateur marque la fin d'un gène. Un facteur rhô est nécessaire pour la libération de l'ARN polymérase de certains terminateurs.

5. L'ARN polymérase II synthétise l'ARN nucléaire hétérogène, qui subit alors une modification posttranscriptionnelle par le clivage de l'ARN et l'addition d'une séquence 3' poly-A ainsi que d'une coiffe 5', pour produire l'ARNm eucaryote (**figure 12.5**).

6. De nombreux gènes eucaryotes sont interrompus et contiennent des introns et des exons. Les exons sont reliés lors de l'épissage de l'ARN. De petites molécules d'ARN nucléaire, des spliséosomes et parfois des ribozymes sont impliqués dans l'épissage.

7. Durant la traduction, les ribosomes se lient à l'ARNm et synthétisent un polypeptide débutant par l'extrémité N-terminale. Un polysome ou polyribosome est un complexe formé d'ARNm et de nombreux ribosomes.

8. Les acides aminés sont activés pour la synthèse des protéines par liaison à l'extrémité 3' des ARNt. L'activation nécessite de l'ATP et la réaction est catalysée par les aminoacyl-ARNt synthétases.

9. Les ribosomes sont de grands organites complexes formés d'ARNr et de nombreux polypeptides. Les acides aminés sont ajoutés à la chaîne polypeptidique en croissance au niveau du domaine de traduction du ribosome.

10. La synthèse des protéines commence par la liaison du fMét-ARNt (chez les procaryotes) ou du méthionyl-ARNt^Mét initiateur (chez les eucaryotes), au codon initiateur de l'ARNm et aux deux sous-unités ribosomiales. Ceci implique la participation de facteurs d'initiation protéiques (**figure 12.14**).

11. Durant le cycle d'élongation, les aminoacyl-ARNt appropriés se lient sur le site A à l'aide de l'EF-Tu et du GTP (**figure 12.15**). La réaction de transpeptidation est ensuite catalysée par la peptidyl transférase. Finalement, durant la translocation, le peptidyl-ARNt se déplace vers le site P et le ribosome coulisse d'un codon le long de l'ARNm. La translocation nécessite du GTP et du EF-G ou translocase. L'ARNt déchargé quitte le ribosome par le site de sortie.

12. La synthèse des protéines s'arrête lorsqu'un codon de terminaison est atteint. Les procaryotes ont besoin de trois facteurs de relargage pour reconnaître le codon et dissocier le ribosome de l'ARNm.

13. Les chaperons moléculaires aident les protéines à se replier correctement, protègent les cellules contre les stress environnementaux et transportent les protéines à travers les membranes.

14. Les protéines procaryotes ne peuvent se replier tant que leur synthèse n'est pas achevée, tandis que les domaines des protéines eucaryotes se replient dès qu'ils quittent le ribosome. Certaines protéines effectuent un auto-épissage et excisent des portions de leur séquence avant de se replier dans leur forme définitive.

15. La β-galactosidase est une enzyme inductible dont la synthèse est accrue en présence de son inducteur.

16. De nombreuses enzymes biosynthétiques sont des enzymes répressibles dont la synthèse est réduite en présence de produits finals, appelés corépresseurs.

17. Induction et répression résultent de la régulation du taux de transcription par des répresseurs encodés par des gènes de régulation. C'est un exemple de contrôle négatif. Une mutation d'un gène régulateur peut entraîner l'apparition d'un mutant constitutif, qui synthétise continuellement un métabolite.

18. Un répresseur inhibe la transcription en se liant à un opérateur et en interférant avec la liaison de l'ARN polymérase à son promoteur (**figure 12.22**).

19. Dans les systèmes inductibles, le répresseur nouvellement synthétisé est actif, et la liaison de l'inducteur l'inactive. En revanche, dans un système répressible un répresseur inactif ou aporépresseur est synthétisé et activé par le co-répresseur (**figure 12.23**).

20. Un seul répresseur régule souvent la synthèse de plusieurs enzymes, parce qu'elles font partie d'un même opéron, constitué d'une séquence d'ADN codant pour un ou plusieurs polypeptides, et de l'opérateur contrôlant son expression.

21. Le contrôle positif de l'opéron *lac* est dû à la protéine activatrice du catabolisme, qui est activée par l'AMPc (**figure 12.27**)

22. Dans l'opéron tryptophane, une séquence de tête est située entre l'opérateur et le premier gène de structure (**figure 12.29**). Elle détermine la synthèse d'un peptide de tête et contient un atténuateur, site de terminaison rhô-indépendant.

23. Pendant que l'ARN polymérase transcrit la séquence de tête, la synthèse du peptide de tête par un ribosome contrôle cette transcription. Ceci explique que l'opéron tryptophane n'est exprimé que dans les cas de carence en tryptophane. Ce mécanisme de contrôle transcriptionnel est appelé l'atténuation (**figure 12.30**).

24. Les systèmes régulateurs globaux peuvent contrôler de nombreux opérons simultanément et aident les procaryotes à répondre rapidement à une large gamme de défis environnementaux.

25. La répression catabolique est probablement responsable de la croissance diauxique observée lorsque *E. coli* est cultivé en présence à la fois de glucose et de lactose.

26. En changeant les facteurs sigma disponibles, on change les promoteurs auxquels l'ARN polymérase se fixe ce qui permet de réguler la transcription génétique. Le contrôle de la sporulation constitue un bon exemple d'une telle régulation.

27. De petites molécules d'ARN antisens règlent l'expression de certains gènes. Ils peuvent affecter la réplication de l'ADN, la transcription en ARN ou la traduction. Par exemple, elles aident à contrôler le niveau des porines.

28. Les systèmes de phosphorelais à deux composants sont des systèmes de transduction de signaux qui participent à la régulation, en utilisant des transferts de groupes phosphoryles. Ils comportent une kinase qui sert de senseur et un régulateur qui y répond.

29. Les systèmes régulateurs de la sporulation et du chimiotactisme sont des systèmes de phosphorelais à deux composants.

30. On appelle cycle cellulaire la séquence complète des événements allant de la formation d'une nouvelle cellule jusqu'à la division suivante.

31. La fin de la réplication de l'ADN est intimement liée à la division cellulaire, de telle sorte que la division chez *E. coli* a habituellement lieu 20 min après la cessation de la réplication (**figure 12.34**). Des protéines particulières de division et de régulation sont impliquées.

32. Dans les cellules bactériennes en croissance rapide, un nouveau cycle de réplication de l'ADN est entamé avant que la cellule se divise.

Mots-clés

Questions de révision

1. Décrivez comment l'ARN polymérase transcrit l'ADN procaryote. Comment la polymérase reconnaît-elle le début et la fin de la transcription ?

2. En quoi les ARN polymérases des eucaryotes diffèrent-elles de celles des procaryotes ? En quoi la synthèse et la structure de l'ARNm eucaryote diffèrent -t-elles de celles de l'ARNm procaryote ? En quoi les synthèses eucaryotes de l'ARNr et de l'ARNt ressemblent-elles à celle de l'ARNm ? En quoi diffèrent-t-elles ?

3. Faites des schémas résumant la séquence des événements dans les trois étapes de la synthèse des protéines (initiation, élongation et terminaison) en tenant compte des demandes d'énergie de la traduction.

4. Décrivez en détail l'organisation des systèmes de régulation responsables de l'induction et de la répression, et leurs mécanismes d'action.

5. Comment *E. coli* peut-il utiliser exclusivement le glucose lorsqu'il est en présence d'un mélange de glucose et de lactose ?

6. Quelle est l'importance pratique de l'atténuation dans la coordination de la synthèse des acides aminés et des protéines ? Décrivez comment l'atténuation peut varier, lorsque la synthèse protéique est rapidement accrue et ensuite rapidement ralentie.

7. Comment le timing de la réplication de l'ADN diffère-t-il entre des cellules à croissance rapide et des cellules à croissance lente ? Comment expliquez-vous que des cellules bactériennes puissent contenir plus d'une copie d'ADN ?

Questions de réflexion

1. L'atténuation affecte les voies anaboliques, tandis que la répression peut affecter soit les voies anaboliques, soit les voies cataboliques. Expliquez cette affirmation.

2. Beaucoup disent que les ARN furent les premières molécules d'information (ARN, ADN, protéines) à apparaître au cours de l'évolution. Etant donné ce qui a été dit dans ce chapitre, quels arguments supportent cette hypothèse ?

3. Comparez et différenciez les synthèses d'ARN et d'ADN.

Lectures complémentaires

Généralités

Becker, W. M., Kleinsmith, L. J., et Hardin, J. 2000. *The world of the cell,* 4e éd. Redwood City, Calif.: Benjamin/Cummings.

Judson, H. F. 1979. *The eighth day of creation: Makers of the revolution in biology.* London: Jonathan Cape.

Kendrew, J., éd. 1994. *The encyclopedia of molecular biology.* Boston: Blackwell Scientific Publications.

Lewin, B. 2000. *Genes,* 7e éd. New York: Oxford University Press.

Lodish, H., Berk, A., Zipursky, S. L., Matsudaira, P., Baltimore, D., et Darnell, J. 2000. *Biologie moléculaire de la cellule,* 2e éd. De Boeck Université

Moat, A. G., et Foster, J. W. 1995. *Microbial physiology,* 3e éd. New York: John Wiley and Sons.

Neidhardt, F. C., Ingraham, J. L., et Schaechter, M. 1990. *Physiology of the bacterial cell.* Sunderland, Mass.: Sinauer Associates.

Snyder, L., et Champness, W. 1997. *Molecular genetics of bacteria.* Washington, D.C.: ASM Press.

Squires, C. L., et Zaporojets, D. 2000. Proteins shared by the transcription and translation machines. *Annu. Rev. Microbiol.* 54:775–98.

Voet, D., et Voet, J. G. 1995. *Biochimie,* 2e éd., De Boeck Université

Weaver, R. F. 1999. *Molecular biology.* Dubuque, Iowa: WCB McGraw-Hill.

Zubay, G. 1998. *Biochemistry,* 4e éd. Dubuque, Iowa: WCB/McGraw-Hill.

12.1   La transcription de l'ADN ou la synthèse de l'ARN

Ahern, H. 1991. Self-splicing introns: Molecular fossils or selfish DNA? *ASM News* 57(5):258–61.

Cech, T. R. 1986. Quand l'ARN est une enzyme,.*Pour la Science* III, 80-88

Darnell, J. E., Jr. 1983. La maturation des ARN, *Pour la Science* 74, 36-47

Das, A. 1993. Control of transcription termination by RNA-binding proteins. *Annu. Rev. Biochem.* 62:893–930.

Gelles, J., et Landick, R. 1998. RNA polymerase as a molecular motor. *Cell* 93:13–16.

Guthrie, C. 1991. Messenger RNA splicing in yeast: Clues to why the spliceosome is a ribonucleoprotein. *Science* 253:157–63.

Koleske, A. J., et Young, R. A. 1995. The RNA polymerase II holoenzyme and its implications for gene regulation. *Trends Biochem. Sci.* 20(3):113–16.

Landick, R. 1997. RNA polymerase slides home: Pause and termination site recognition. *Cell* 88:741–44.

McClure, W. R. 1985. Mechanism and control of transcription initiation in prokaryotes. *Annu. Rev. Biochem.* 54:171–204.

Rosbash, M., et Séraphin, B. 1991. Who's on first? The U1 snRNP-5′ splice site interaction and splicing. *Trends Biochem. Sci.* 16(5):187–90.

Sachs, A., et Wahle, E. 1993. Poly(A) tail metabolism and function in eucaryotes. *J. Biol. Chem.* 268(31):22955–58.

Sarkar, N. 1997. Polyadenylation of mRNA in prokaryotes. *Annu. Rev. Biochem.* 66:173–97.

Staley, J. P., et Guthrie, C. 1998. Mechanical devices of the spliceosome: Motors, clocks, springs, and things. *Cell* 92:315–26.

Steitz, J. A. 1988. Les « Snurps », *Pour la Science 130* 54-63

Tjian, R. 1995. Molecular machines that control genes. *Sci. Am.* 272(2):54–61.

12.2   La synthèse des protéines

Ban, N., Nissen, P., Hansen, J., Moore, P. B., et Steitz, T. A. 2000. The complete atomic structure of the large ribosomal subunit at 2.4Å resolution. *Science* 289:905–20.

Bukau, B., et Horwich, A. L. 1998. The Hsp70 and Hsp60 chaperone machines. *Cell* 92:351–66.

Cate, J. H., Yusupov, M. M., Yusupova, G. Zh., Earnest, T. N., et Noller, H. F. 1999. X-ray crystal structures of 70S ribosome functional complexes. *Science* 285:2095–2135.

Cooper, A. A., et Stevens, T. H. 1995. Protein splicing: Self-splicing of genetically mobile elements at the protein level. *Trends Biochem. Sci.* 20:351–56.

Frank, J. 1998. How the ribosome works. *American Scientist* 86:428–39.

Georgopoulos, C., and Welch, W. J. 1993. Role of the major heat shock proteins as molecular chaperones. *Annu. Rev. Cell Biol.* 9:601–34.

Green, R., and Noller, H. F. 1997. Ribosomes and translation. *Annu. Rev. Biochem.* 66:679–716.

Hartl, F. U. 1996. Molecular chaperones in cellular protein folding. *Nature.* 381:571–80.

Jagus, R., et Joshi, B. 2000. Protein biosynthesis. In *Encyclopedia of microbiology,* 2ᵉ éd., vol. 3, J. Lederberg, éd., 824–46. San Diego: Academic Press.

Lake, J. A. 1981. The ribosome. *Sci. Am.* 245(2):84–97.

Lake, J. A. 1985. Evolving ribosome structure: Domains in archaebacteria, eubacteria, eocytes and eukaryotes. *Annu. Rev. Biochem.* 54:507–30.

Merrick, W. C. 1992. Mechanism and regulation of eukaryotic protein synthesis. *Microbiol. Rev.* 56(2):291–315.

Netzer, W. J., et Hartl, F. U. 1998. Protein folding in the cytosol: Chaperonin-dependent and independent mechanisms. *Trends Biochem. Sci.* 23:68–73.

Sigler, P. B., Xu, Z., Rye, H. S., Burston, S. G., Fenton, W. A., et Horwich, A. L. 1998. Structure and function in GroEL-mediated protein folding. *Annu. Rev. Biochem.* 67:581–608.

Weijland, A., et Parmeggiani, A. 1994. Why do two EF-Tu molecules act in the elongation cycle of protein biosynthesis? *Trends Biochem. Sci.* 19:188–93.

Wilson, K. S., et Noller, H. F. 1998. Molecular movement inside the translational engine. *Cell* 92:337–49.

12.3   La régulation de la synthèse de l'ARNm

Amster-Choder, O. 2000. Transcriptional regulation in prokaryotes. In *Encyclopedia of microbiology,* 2ᵉ éd., vol. 4, J. Lederberg, éd. , 610–27.

San Diego: Academic Press.

Botsford, J. L., et Harman, J. G. 1992. Cyclic AMP in prokaryotes. *Microbiol. Rev.* 56(1):100–22.

Busby, S., et Buc, H. 1987. Positive regulation of gene expression by cyclic AMP and its receptor protein in *Escherichia coli. Microbiol. Sci.* 4(12):371–75.

Errington, J. 1993. *Bacillus subtilis* sporulation: Regulation of gene expression and control of morphogenesis. *Microbiol. Rev.* 57(1):1–33.

Ishihama, A. 2000. Functional modulation of *Escherichia coli* RNA polymerase. *Annu. Rev. Microbiol.* 54:499–518.

Losick, R. 1995. Differentiation and cell fate in a simple organism. *BioScience* 45(6):400–5.

Lovett, P. S., et Rogers, E. J. 1996. Ribosome regulation by the nascent peptide. *Microbiol. Rev.* 60(2):366–85.

Maniatis, T., et Ptashne, M. 1976. A DNA operator-repressor system. *Sci. Am.* 234(1):64–76.

McKnight, S. L. 1991. Molecular zippers in gene regulation. *Sci. Am.* 264(4):54–64.

Perez-Martin, J., Rojo, F., et de Lorenzo, V. 1994. Promoters responsive to DNA bending: A common theme in prokaryotic gene expression. *Microbiol. Rev.* 58(2):268–90.

Ptashne, M. 1992. *A genetic switch,* 2ᵉ éd. Cambridge, Mass.: Blackwell Scientific Publications.

Ptashne, M., et Gann, A. 1997. Transcriptional activation by recruitment. *Nature* 386:569–76.

Ptashne, M., et Gilbert, W. 1970. Genetic repressors. *Sci. Am.* 222(6):36–44.

Saier, M. H. 1989. Protein phosphorylation and allosteric control of inducer exclusion and catabolite repression by the bacterial phosphoenolpyruvate:sugar phosphotransferase system. *Microbiol. Rev.* 53(1):109–20.

Severinov, K. 2000. RNA polymerase structure—function: Insights into points of transcriptional regulation. *Curr. Opin. Microbiol.* 3:118–25.

Welch, W. J. 1993. Les cellules et le stress, *Pour la Science* 189, 70-77

Werner, M. H., et Burley, S. K. 1997. Architectural transcription factors: Proteins that remodel DNA. *Cell* 88:733–36.

12.4   L'atténuation

Landick, R., Turnbough, C. L., Jr., et Yanofsky, C. 1996. Transcription attenuation. In *Escherichia coli and Salmonella: Cellular and molecular biology,* 2ᵉ éd., vol. 1, F. C. Neidhardt, éd., 1263–86. Washington, D.C.: ASM Press.

Yanofsky, C. 1981. Attenuation in the control of expression of bacterial operons. *Nature* 289:751–58.

12.5   Les systèmes régulateurs globaux

Green, P. J., Pines, O., et Inouye, M. 1986. The role of antisense RNA in gene regulation. *Annu. Rev. Biochem.* 55:569–97.

Neidhardt, F. C., et Savageau, M. A. 1996. Regulation beyond the operon. In *Escherichia coli and Salmonella: Cellular and molecular*

biology, 2ᵉ éd., vol. 1, F. C. Neidhardt, éd., 1310–24. Washington, D.C.: ASM Press.

Nellen, W., et Lichtenstein, C. 1993. What makes an mRNA anti-sense-itive? *Trends Biochem. Sci.* 18:419–23.

Nogueira, T., et Springer, M. 2000. Post-transcriptional control by global regulators of gene expression in bacteria. *Curr. Opin. Microbiol.* 3:154–58.

Weintraub, H. M. 1990. Les ADN et les ARN antisens, *Pour la Science* 149, 54-61

Yura, T., Nagai, H., et Mori, H. 1993. Regulation of the heat-shock response in bacteria. *Annu. Rev. Microbiol.* 47:321–50.

12.6   Les systèmes de phosphorelais à deux composants

Hoch, J. A. 2000. Two-component and phosphorelay signal transduction. *Curr. Opin. Microbiol.* 3:165–70.

Ninfa, A. J., et Atkinson, M. R. 2000. Two-component systems. In *Encyclopedia of microbiology,* 2ᵉ éd., vol. 4, J. Lederberg, éd., 742–54. San Diego: Academic Press.

Perego, M. 1998. Kinase-phosphatase competition regulates *Bacillus subtilis* development. *Trends Microbiol.* 6(9):366–70.

Perraud, A.-L., Weiss, V., et Gross, R. 1999. Signalling pathways in two-component phosphorelay systems. *Trends Microbiol.* 7(3):115–20.

Piggot, P. J. 2000. Sporulation. In *Encyclopedia of microbiology,* 2ᵉ éd., vol. 4, J. Lederberg, éd., 377–86. San Diego: Academic Press.

Stock, J. B., Ninfa, A. J., et Stock, A. M. 1989. Protein phosphorylation and regulation of adaptive responses in bacteria. *Microbiol. Rev.* 53(4):450–90.

12.7   Le contrôle du cycle cellulaire

de Boer, P. A. J., Cook, W. R., et Rothfield, L. I. 1990. Bacterial cell division. *Annu. Rev. Genet.* 24:249–74.

Donachie, W. D. 1993. The cell cycle of *Escherichia coli. Annu. Rev. Microbiol.* 47:199–230.

Errington, J. 1998. Dramatic new view of bacterial chromosome segregation. *ASM News* 64(4):210–17.

Gordon, G. S., et Wright, A. 2000. DNA segregation in bacteria. *Annu. Rev. Microbiol.* 54:681–708.

Helmstetter, C. E. 1996. Timing of synthetic activities in the cell cycle. In *Escherichia coli and Salmonella: Cellular and molecular biology,* 2ᵉ éd., vol. 2, F. C. Neidhardt, éd., 1627–39. Washington, D.C.: ASM Press.

Laub, M. T., McAdams, H. H., Feldblyum, T., Fraser, C. M., et Shapiro, L. 2000. Global analysis of the genetic network controlling a bacterial cell cycle. *Science* 290:2144–48.

Leonard, A. C., et Grimwade, J. E. 2000. Chromosome replication and segregation. In *Encyclopedia of microbiology,* 2ᵉ éd., vol. 1, J. Lederberg, éd., 822–33. San Diego: Academic Press.

Lutkenhaus, J., et Mukherjee, A. 1996. Cell division. In *Escherichia coli and Salmonella: Cellular and molecular biology,* 2ᵉ éd., vol. 2, F. C. Neidhardt, éd., 1615–26. Washington, D.C.: ASM Press.

Lutkenhaus, J., et Addinall, S. G. 1997. Bacterial cell division and the Z ring. *Annu. Rev. Biochem.* 66:93–116.

Marr, A. G. 1991. Growth rate of *Escherichia coli. Microbiol. Rev.* 55(2):316–33.

Murray, A., et Hunt, T. 1993. *The cell cycle: An introduction.* New York: W. H. Freeman.

Rothfield, L. I., et Justice, S. S. 1997. Bacterial cell division: The cycle of the ring. *Cell* 88:581–84.

Wake, R. G., et Errington, J. 1995. Chromosome partitioning in bacteria. *Annu. Rev. Genetics* 29:41–67.

Wheeler, R. T., et Shapiro, L. 1997. Bacterial chromosome segregation: Is there a mitotic apparatus? *Cell* 88:577–79.

CHAPITRE 13

La recombinaison et les plasmides

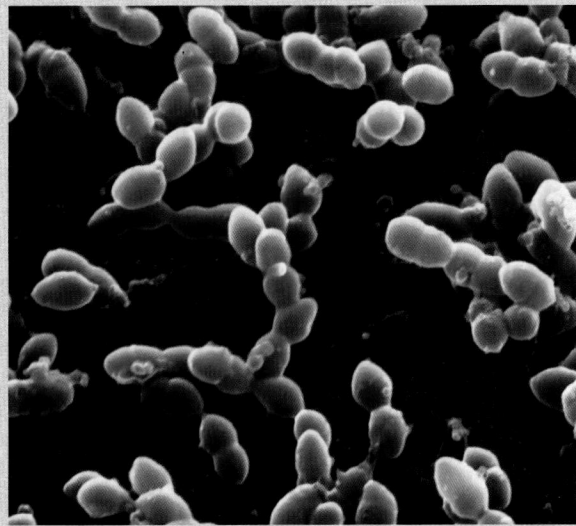

Cette photographie, prise au microscope électronique à balayage, montre *Streptococcus pneumoniae*, la première bactérie chez qui la transformation fut étudiée et où l'on démontra que l'ADN était le matériel génétique de l'organisme.

Plan

Concepts

1. La recombinaison est un processus unidirectionnel chez les procaryotes : un fragment de matériel génétique (l'exogénote) est donné au chromosome d'une cellule receveuse (l'endogénote) et est intégré dans celui-ci.

2. Le transfert du matériel génétique entre bactéries a lieu de trois manières différentes : transfert direct entre deux bactéries ayant un contact physique temporaire (conjugaison), transfert d'ADN nu (transformation), ou transport d'ADN bactérien par les bactériophages (transduction).

3. Les plasmides et les éléments transposables peuvent déplacer du matériel génétique entre chromosomes bactériens ou au sein des chromosomes, entraînant des changements rapides du génome et modifiant radicalement les phénotypes.

4. Le chromosome bactérien peut être cartographié avec grande précision en utilisant la conjugaison avec une souche Hfr en combinaison avec des techniques de transformation et de transduction.

5. La recombinaison des génomes viraux a lieu lorsque deux virus ayant des chromosomes homologues infectent une cellule hôte en même temps.

Le chapitre 12 a présenté les fondements de la génétique moléculaire : la manière dont l'information génétique est organisée et maintenue, la nature des mutations, les techniques de leur isolement et de leur étude, ainsi que la réparation de l'ADN. Le présent chapitre concerne la recombinaison génétique dans les micro-organismes, en mettant l'accent sur la recombinaison chez les bactéries et les virus.

Le chapitre débute par une vue générale de la recombinaison bactérienne et une introduction aux plasmides bactériens et aux éléments transposables. Ensuite, les trois types bactériens de transfert génétique, à savoir la conjugaison, la transformation et la transduction sont discutés. Parce qu'il faut connaître les mécanismes de recombinaison pour comprendre les techniques de localisation des gènes sur un chromosome, la cartographie du génome bactérien est discutée après l'introduction sur la recombinaison. Le chapitre se termine par une description de la recombinaison chez les virus et une brève discussion de la cartographie du génome viral.

La **recombinaison** est, de manière générale, le processus par lequel une ou plusieurs molécules d'acides nucléiques sont réarrangées ou combinées pour donner une nouvelle séquence nucléotidique. Habituellement, le matériel génétique de deux parents est combiné pour produire un chromosome recombinant, avec un génotype nouveau différent. Il en résulte un nouvel arrangement des gènes ou de parties de gène et habituellement une modification phénotypique. La plupart des eucaryotes ont un cycle biologique sexué complet comprenant la méiose, un processus de grande importance pour générer par la recombinaison de nouvelles combinaisons d'allèles (formes alternatives d'un gène particulier). Ces échanges chromosomiques durant la méiose résultent d'un **enjambement** ou **crossing-over** entre chromosomes homologues, contenant des séquences identiques de gènes (**figure 13.1**). Jusqu'en 1945, l'analyse génétique résultait de l'intérêt porté à la recombinaison de gènes végétaux et animaux. Les premiers travaux sur la recombinaison des eucaryotes supérieurs établirent les fondements de la génétique classique, mais le développement de la génétique bactérienne et des phages entre 1945 et 1965 stimula l'avancement rapide de notre compréhension de la génétique moléculaire. La méiose (pp. 87-88).

13.1   La recombinaison bactérienne : principes généraux

Les micro-organismes réalisent différents types de recombinaison. La **recombinaison générale**, la forme la plus courante, implique généralement un échange réciproque entre une paire de séquences d'ADN homologues. Cela peut se produire à n'importe quel endroit du chromosome par un mécanisme de cassure et de réunion de la chaîne d'ADN, donnant un enjambement (**figure 13.2**). La

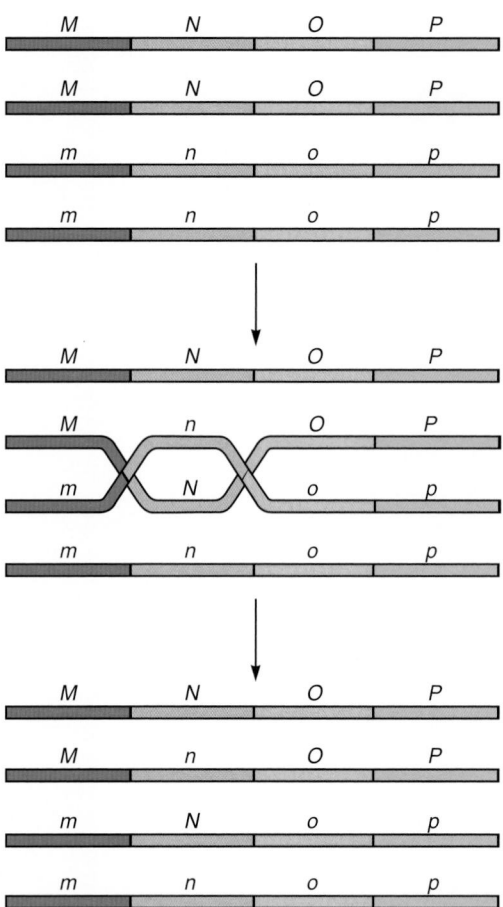

Figure 13.1 L'enjambement (crossing-over). Un exemple de recombinaison par enjambement entre chromosomes eucaryotes homologues. La paire de gènes Nn est échangée. Ce processus a généralement lieu au cours de la méiose.

recombinaison générale est effectuée par les produits des gènes *rec* tels que la protéine RecA qui est aussi importante dans la réparation de l'ADN (*voir pp. 254-55*). Dans la transformation bactérienne, c'est une forme non réciproque de recombinaison générale qui se produit (**figure 13.3**). Un fragment de matériel génétique est inséré dans le chromosome par l'incorporation d'un simple brin et forme ainsi un morceau d'**ADN hétéroduplex**. Un second type de recombinaison, très important lors de l'intégration des génomes viraux dans les chromosomes bactériens, est la **recombinaison localisée** (spécifique d'un site). Le matériel génétique n'est pas homologue aux chromosomes dans lesquels il va être inséré, et d'habitude, les enzymes responsables de cet événement sont spécifiques du virus particulier et de son hôte. La **recombinaison réplicative** est une troisième sorte de recombinaison, qui peut être considérée comme une variante de la recombinaison localisée. Elle accompagne la réplication du matériel génétique et ne dépend pas d'une homologie de séquences. Ce mécanisme est utilisé par des éléments génétiques qui se déplacent le long du chromosome. La réplication de l'ADN (pp. 235-39).

Même s'il n'y a pas de reproduction sexuée avec formation d'un zygote suivie de méiose chez les bactéries, la recombinaison peut avoir lieu de plusieurs manières, selon un **transfert génétique horizontal**. Dans ce processus, des gènes sont transférés d'un orga-

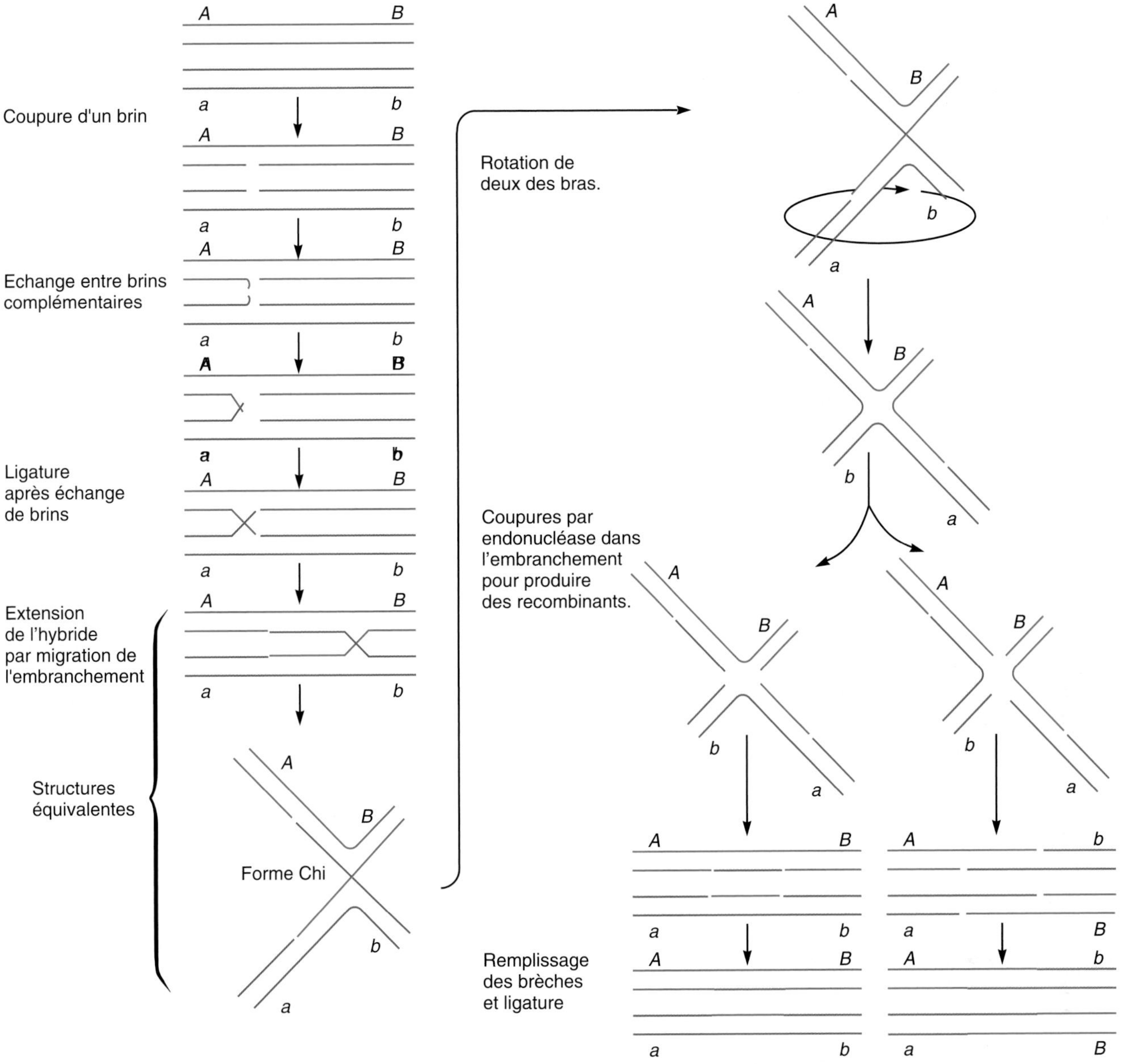

Figure 13.2 (Le modèle de Holliday)

Coupure d'un brin

A B

a b
A B

a b
A B

Echange entre brins complémentaires

a b
A B

Ligature après échange de brins

a b
A B

Extension de l'hybride par migration de l'embranchement

a b
A B

Structures équivalentes

Forme Chi

Rotation de deux des bras.

Coupures par endonucléase dans l'embranchement pour produire des recombinants.

Remplissage des brèches et ligature

Figure 13.2 Le modèle de Holliday pour la recombinaison générale réciproque. *Source : d'après H. Potter et D. Dressler.* Proceedings of the National Academy of Sciences *73 : 3000, 1976 ; d'après R. Holliday,* Genetics, *78 : 273, 1974, et publications antérieures citées dans cet article.*

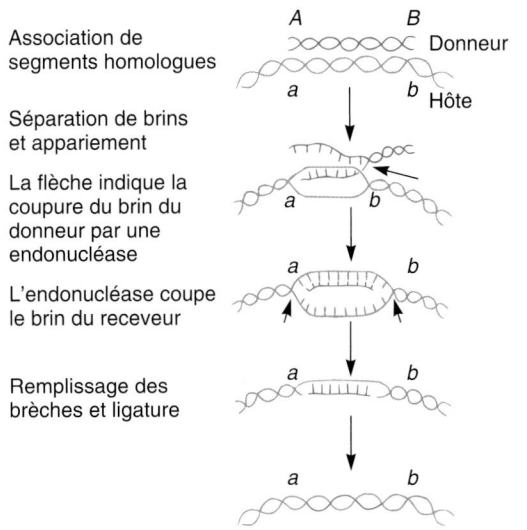

Association de segments homologues

A B Donneur
a b Hôte

Séparation de brins et appariement

La flèche indique la coupure du brin du donneur par une endonucléase

L'endonucléase coupe le brin du receveur

Remplissage des brèches et ligature

ADN hétéroduplex

Figure 13.3 Le modèle de Fox pour la recombinaison générale non réciproque. Ce mécanisme a été proposé pour la recombinaison lors de la transformation chez certaines bactéries.

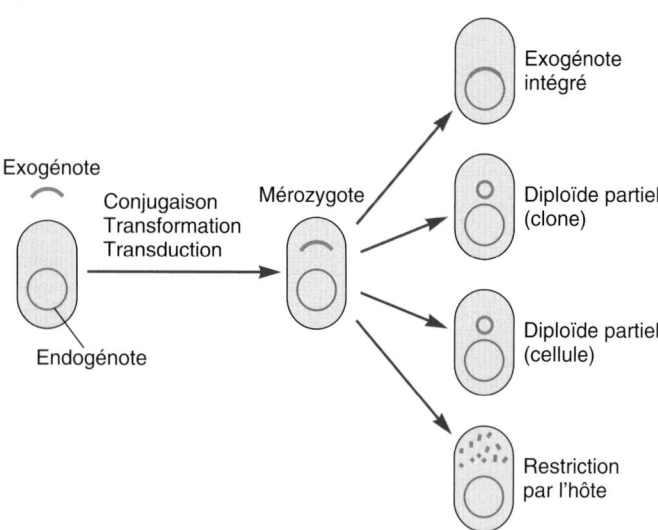

Figure 13.4 La production et le devenir des mérozygotes. Voir discussion dans le texte.

nisme mature, indépendant, vers un autre. Le transfert génétique horizontal diffère beaucoup de la transmission de gènes des parents à leur descendance (transfert génétique vertical). En général, un fragment d'ADN donneur, l'**exogénote**, doit entrer dans une cellule receveuse et devenir une partie stable du génome de cette dernière, l'**endogénote**. Deux types d'ADN peuvent se déplacer d'une bactérie à l'autre. Lorsqu'un fragment d'ADN est le véhicule d'échange, l'exogénote doit pénétrer dans la cellule receveuse et être incorporé dans l'endogénote comme un fragment de remplacement (ou un fragment « extra ») sans être détruit par l'hôte. Durant le remplacement du matériel génétique de l'hôte, la cellule receveuse devient temporairement diploïde pour une partie de son génome et est appelée **mérozygote** (**figure 13.4**). Parfois l'ADN existe sous une forme qui ne peut pas être dégradée par les endonucléases de la cellule hôte. Dans ce cas, l'ADN ne doit pas être intégré dans le génome de l'hôte, mais il lui suffit de pénétrer dans la cellule receveuse pour lui conférer son information génétique. La plupart des fragments linéaires d'ADN ne peuvent se maintenir de façon stable, à moins d'avoir été intégrés dans le génome bactérien. Cet ADN résistant tel que celui des plasmides (voir plus loin) est habituellement circulaire et possède des séquences qui permettent son maintien indépendamment du chromosome de l'hôte. La recombinaison chez les bactéries est un transfert de gènes unidirectionnel du donneur au receveur. La recombinaison chez les eucaryotes est réciproque : c'est-à-dire que l'ADN dans sa totalité est conservé dans les gamètes qui résultent d'une méiose et d'une recombinaison.

Le passage d'ADN d'une bactérie donneuse à une bactérie receveuse peut se faire de trois manières : le transfert direct entre deux bactéries ayant établi temporairement un contact physique (conjugaison), le transfert d'ADN nu (la transformation) et le transport d'ADN bactérien par des bactériophages (transduction). Indépendamment du mode de transfert, l'exogénote peut subir quatre sorts différents dans la cellule receveuse (figure 13.4). Premièrement, lorsque l'exogénote a une séquence homologue à celle de l'endogénote, l'intégration est susceptible de se produire, c'est-à-dire que l'exogénote s'apparie à l'ADN receveur et est incorporé pour donner un génome recombinant. Deuxièmement,

l'ADN étranger peut persister en dehors du chromosome de l'endogénote et se répliquer pour donner un clone partiellement diploïde. En troisième lieu, l'exogénote peut subsister mais ne pas se répliquer, de telle manière que seule une cellule est partiellement diploïde. Finalement, les nucléases de la cellule hôte peuvent dégrader l'exogénote, un processus appelé **restriction par l'hôte**.

1. Définissez les termes suivants : recombinaison, enjambement ou crossing-over, recombinaison générale, recombinaison localisée, recombinaison réplicative, exogénote, endogénote, transfert génétique horizontal, mérozygote et restriction par l'hôte.
2. Distinguez les trois formes de recombinaison mentionnées dans ces paragraphes.
3. Quels sont les quatre sorts réservés à l'ADN après son entrée dans une bactérie ?

13.2 Les plasmides bactériens

La conjugaison ou le transfert d'ADN entre bactéries impliquant un contact direct, dépend de la présence de fragments extra-chromosomiques d'ADN circulaire, appelés plasmides. Les plasmides jouent de nombreux rôles importants dans la vie des bactéries. Ils se sont aussi révélés de grande valeur pour les microbiologistes et les généticiens moléculaires dans la construction et le transfert de nouvelles combinaisons génétiques et dans le clonage des gènes (*voir chapitre 14*). Cette partie décrit les différents types de plasmides bactériens.

Les **plasmides** sont de petites molécules d'ADN double-brin, habituellement circulaires qui peuvent exister indépendamment des chromosomes de l'hôte et sont présentes dans de nombreuses bactéries (ils existent aussi chez certaines levures et autres mycètes). Les plasmides ont leur propre origine de réplication, se répliquent de façon autonome et sont transmis aux cellules filles de manière stable. Un **réplicon** est une molécule ou une séquence d'ADN qui possède une origine de réplication et est capable d'être répliquée. Les plasmides et les chromosomes bactériens sont des réplicons séparés. Les plasmides portent un nombre de gènes réduit, généralement moins d'une trentaine. Leur information génétique n'est pas essentielle pour l'hôte et les bactéries qui en sont dépourvues vivent normalement. Les plasmides à copie unique n'existent qu'en un seul exemplaire par cellule hôte. Les plasmides à copies multiples sont présents au nombre de quarante ou plus par cellule.

Les plasmides peuvent être éliminés des cellules hôtes. Ce **curage** (curing en anglais) se fait spontanément ou est induit par des traitements qui inhibent la réplication des plasmides sans affecter la reproduction des cellules hôtes. Des plasmides inhibés sont progressivement dilués au cours de la multiplication bactérienne. Parmi les traitements utilisés pour cette élimination, on peut citer les mutagènes dérivés de l'acridine, les radiations UV ou ionisantes, la privation de thymine et la croissance à températures supra-optimales.

Les plasmides se classent d'après leur stabilité et leur mode de propagation. Un **épisome** est un plasmide qui peut exister sous forme libre ou intégrée dans le chromosome de l'hôte. Certains **plasmides conjugatifs** ont des gènes codant pour des pilis et peuvent transférer des copies d'eux-mêmes à d'autres bactéries au cours de la conjugaison. Un bref résumé des différents types de plasmides et de leurs propriétés est donné dans le **tableau 13.1**.

Tableau 13.1 Principaux types des plasmides

Type	Exemples	Taille approximative (kb)	Nombre de copies par chromosome	Hôtes	Phénotypes[a]
Facteur de fertilité[b]	Facteur F	95–100	1–3	E. coli, Salmonella, Citrobacter	Sex pilus, conjugation
Plasmides R	RP4	54	1–3	Pseudomonas et autres bactéries Gram-négatives	Pilus sexuel, conjugaison, résistance à Ap, Km, Nm, Tc
	R1	80	1–3	Bactéries Gram-négatives	Résistance à Ap, Km, Su, Cm, Sm
	R6	98	1–3	E. coli, Proteus mirabilis	Su, Sm, Cm, Tc, Km, Nm
	R100	90	1–3	E. coli, Shigella, Salmonella, Proteus	Cm, Sm, Su, Tc, Hg
	pSH6	21		Staphylococcus aureus	Gm, Tm, Km
	pSJ23a	36		S. aureus	Pn, Asa, Hg, Gm, Km, Nm, Em, etc.
	pAD2	25		Enterococcus faecalis	Em, Km, Sm
Plasmides Col	ColE1	9	10–30	E. coli	Production de colicine E1
	ColE2		10–15	Shigella	Colicine E2
	CloDF13			Enterobacter cloacae	Cloacine DF13
Plasmides de virulence	Ent (P307)	83		E. coli	Production d'entérotoxine
	Plasmide K88			E. coli	Antigènes d'adhérence
	ColV-K30	2		E. coli	Sidérophore pour capturer du fer; résistance aux mécanismes immunitaires
	pZA10	56		S. aureus	Entérotoxine B
	Ti	200		Agrobacterium tumefaciens	Induction de tumeur
Plasmides métaboliques	CAM	230		Pseudomonas	Dégradation du camphre
	SAL	56		Pseudomonas	Dégradation du salicylate
	TOL	75		Pseudomonas putida	Dégradation du toluène
	pJP4			Pseudomonas	Dégradation de l'acide 2,4-dichlorophénoxyacétique
				E. coli, Klebsiella, Salmonella	Dégradation du lactose
				Providencia	Uréase
	sym			Rhizobium	Fixation de l'azote et symbiose

[a] Abréviations pour la résistance aux antibiotiques et aux métaux : Ap, ampicilline; Asa, arsenate; Cm, chloramphénicol; Em, érythromycine; Gm, gentamicine; Hg, mercure; Km, kanamycine; Nm, néomycine; Pn, Pénicilline; Sm, streptomycine; Su, sulfamides; Tc. tétracycline.

[b] De nombreux plasmides R, métaboliques et autres sont également conjugatifs.

Les facteurs de fertilité

Un plasmide appelé facteur de fertilité ou **facteur F** joue un rôle important dans la conjugaison chez *E.coli* et fut le premier à être décrit (**figure 13.5**). Le facteur F est un acide nucléique long d'environ 100 kilobases, il porte les gènes nécessaires à l'attachement cellulaire et à son transfert entre souches bactériennes spécifiques au cours de la conjugaison. L'information requise pour le transfert du plasmide est contenue dans l'opéron *tra* qui contient au moins 28 gènes.

Beaucoup de ces gènes déterminent la formation de pili sexuels qui attachent la cellule F⁺ (cellule donneuse contenant un plasmide F) à une cellule F⁻ (**figure 13.6**). Les autres produits de gènes participent au transfert d'ADN. Les pili sexuels (p. 63).

Le facteur F contient également plusieurs séquences appelées séquences d'insertion (p. 298) qui permettent l'intégration du plasmide dans le chromosome de la cellule hôte. Le facteur F est donc un épisome qui peut exister en dehors du chromosome bactérien ou être intégré dans celui-ci (**figure 13.7**).

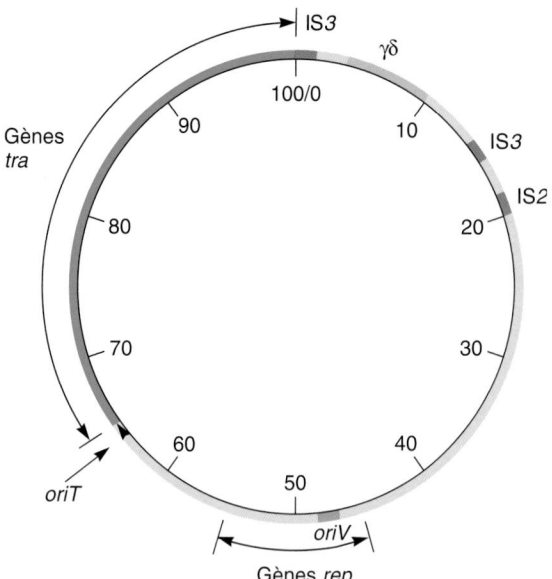

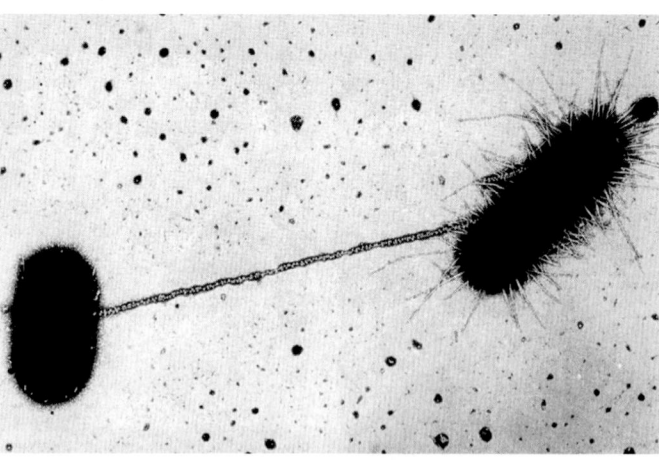

Figure 13.6 Conjugaison bactérienne. Image au microscope électronique de deux cellules d'*E. coli* à un stade précoce de conjugaison. La cellule F⁺ à droite est couverte de petits pili ou fimbriae et un pilus sexuel réunit les deux cellules.

Figure 13.5 Le plasmide F. Carte montrant la taille et l'organisation générale du plasmide F. Ce plasmide contient plusieurs éléments transposables. IS2 et IS3 sont des séquences d'insertion. Les gènes *tra* codent pour des protéines nécessaires à la synthèse du pilus et à la conjugaison. Les gènes *rep* codent pour des protéines impliquées dans la réplication de l'ADN. *OriV* est le site d'initiation de la réplication circulaire de l'ADN et *oriT*, le site d'initiation de la réplication en cercle roulant et du transfert des gènes lors de la conjugaison.

Figure 13.7 Intégration du plasmide F.
L'intégration réversible du facteur F dans le chromosome bactérien de l'hôte débute par une association entre séquences d'insertion plasmidique et bactérienne. La tête de flèche (bleue-verte) au niveau de la lettre O indique le site où débute le transfert orienté du chromosome vers la cellule receveuse. A, B, 1 et 2 représentent des marqueurs génétiques.

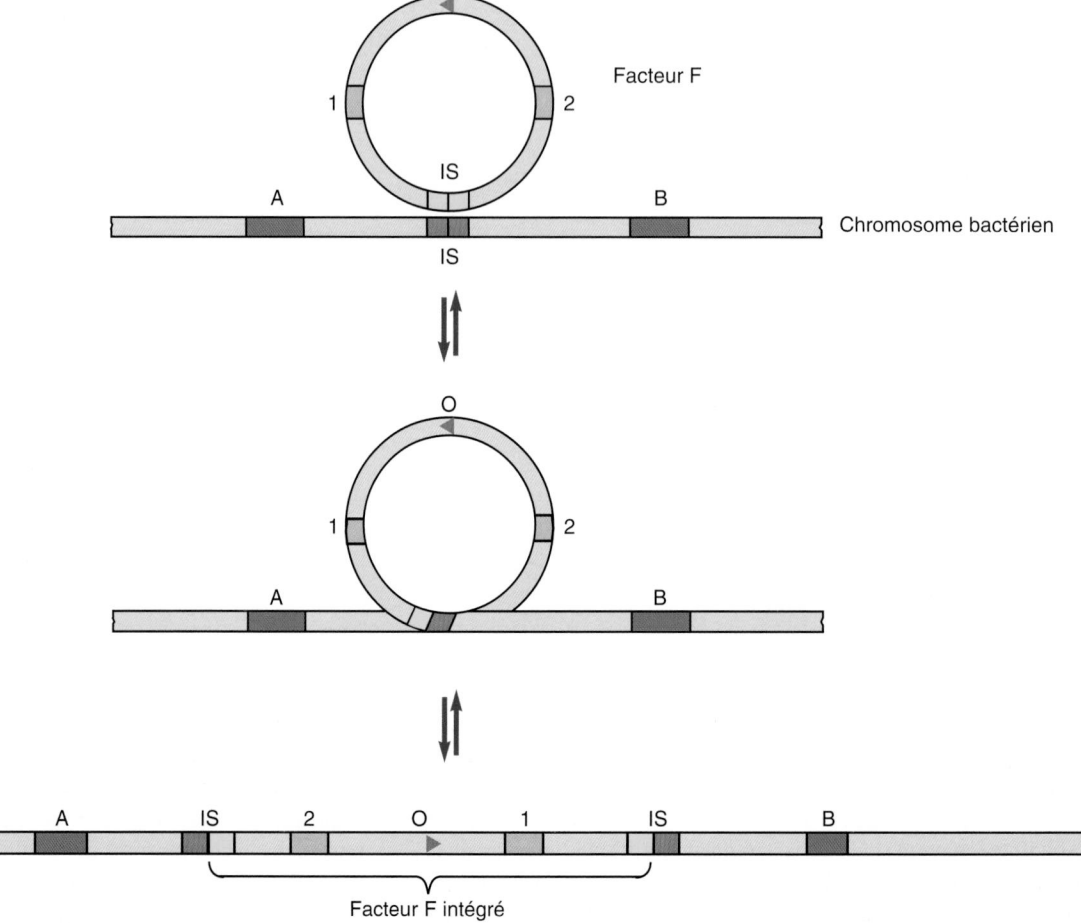

Encadré 13.1

Plasmides de virulence et maladies

De nombreuses données montrent que beaucoup de bactéries sont pathogènes à cause de leurs plasmides. Ces plasmides peuvent porter des gènes codant pour des toxines, rendre la bactérie plus apte à s'établir dans l'organisme ou contribuer à sa résistance aux défenses de l'hôte. *E. coli* procure l'exemple le mieux étudié de plasmides de virulence. Plusieurs souches d'*E.coli* causent des diarrhées. Les souches entérotoxinogènes responsables de la diarrhée du voyageur produisent deux toxines : une toxine thermolabile (LT) qui est une grosse protéine ayant une structure et un mécanisme d'action similaire à la toxine du choléra (*voir chapitre 32*), et une toxine thermostable (ST), un polypeptide de faible masse moléculaire. Les deux gènes de toxines sont portés par des plasmides et parfois même par le même plasmide. Le gène de la toxine ST est localisé sur un transposon. Les souches entérotoxinogènes d'*E.coli* doivent également être capables de coloniser l'épithélium de l'intestin grêle pour causer une diarrhée. Ceci est rendu possible par la présence de fimbriae adhésifs spéciaux encodés par des gènes d'un autre plasmide. Un second type d'*E.coli* pathogène envahit l'épithélium intestinal et cause une forme de diarrhée très semblable à la dysenterie résultant d'une infection par *Shigella*. Ces souches d'*E.coli* et de *Shigella* contiennent des plasmides de virulence qui codent pour des antigènes spéciaux de la paroi cellulaire et pour d'autres facteurs qui leur permettent d'entrer dans les cellules épithéliales et de les détruire. Certaines souches d'*E.coli* pénètrent dans la circulation sanguine et différents organes humains, causant une infection généralisée. Ces agents pathogènes possèdent souvent des plasmides ColV et produisent de la colicine V. Le plasmide ColV porte des gènes pour deux déterminants de virulence. Un produit accroît la résistance bactérienne aux mécanismes de défense de l'hôte impliquant le complément (*voir sections 31.7 et 32.3*). L'autre gène plasmidique détermine la synthèse d'un hydroxamate qui permet à *E.coli* d'accumuler le fer d'une manière plus efficace à partir de son environnement (*voir section 5.6*). Puisque le fer n'est pas abondant dans l'hôte animal mais essentiel à la croissance bactérienne, ce facteur joue un rôle important dans la pathogénicité.

Plusieurs autres organismes pathogènes contiennent des plasmides de virulence. Certaines souches de *Staphylococcus aureus* produisent une toxine exfoliante qui est codée par un plasmide. La toxine cause l'amolissement de la peau, qui se détache par couches, menant ainsi au syndrome de la peau ébouillantée staphylococcique (*voir section 39.3*). D'autres toxines plasmidiques sont la toxine tétanique de *Clostridium tetani* et la toxine du charbon de *Bacillus anthracis*.

Les facteurs de résistance

Les plasmides confèrent souvent la résistance aux antibiotiques chez les bactéries qui les contiennent. Les **facteurs** ou **plasmides R** ont des gènes codant pour des enzymes capables d'inactiver ou de modifier les antibiotiques. Généralement, ils ne sont pas intégrés dans le chromosome de l'hôte. Des gènes codant pour la résistance aux antibiotiques tels que l'ampicilline, le chloramphénicol et la kanamycine ont été trouvés sur des plasmides. Certains plasmides R possèdent un seul gène de résistance alors que d'autres en ont jusqu'à huit. Souvent les gènes de résistance sont contenus dans un transposon (p. 298) et il est donc possible pour des souches bactériennes d'acquérir rapidement des plasmides à résistance multiple. Les facteurs R et la résistance aux antibiotiques (p. 519).

Puisque de nombreux facteurs R sont également des plasmides conjugatifs, ils peuvent se propager dans une population, pas aussi rapidement néanmoins que le facteur F. Souvent des facteurs R non conjugatifs passent d'une bactérie à l'autre durant une conjugaison promue par un autre plasmide. Une population entière peut donc devenir résistante aux antibiotiques. Le fait que certains de ces plasmides sont transférés aisément entre espèces favorise encore davantage la propagation de la résistance. Lorsqu'un patient consomme de grandes quantités d'antibiotiques, *E.coli* et d'autres bactéries porteuses de facteurs R sont sélectionnées et deviennent prévalentes. Les facteurs R peuvent alors être transférés à des genres plus pathogènes tels que *Salmonella* ou *Shigella*, entraînant des problèmes de santé publique encore plus graves (*voir section 35.7*).

Les plasmides Col

Les bactéries hébergent également des plasmides dont les gènes donnent un avantage compétitif dans le monde microbien. Les **bactériocines** sont des protéines bactériennes qui détruisent d'autres bactéries. Normalement, elles agissent uniquement contre des souches apparentées. Les bactériocines tuent souvent les cellules en formant des canaux dans la membrane plasmique, augmentant sa perméabilité. Elles peuvent également dégrader l'ADN et l'ARN ou hydrolyser le peptidoglycane et fragiliser la paroi cellulaire. Les plasmides Col contiennent des gènes pour la synthèse de bactériocines connues sous le nom de colicines, qui sont dirigées contre *E.coli*. Des plasmides similaires portent des gènes de bactériocines dirigées contre d'autres espèces. Par exemple, les plasmides Col produisent des cloacines qui tuent des espèces d'*Enterobacter*. Manifestement, l'hôte n'est pas affecté par les bactériocines qu'il produit. Certains plasmides Col sont conjugatifs et peuvent en plus porter des gènes de résistance. Les bactériocines et les défenses de l'hôte (p 712).

Les autres types de plasmides

Plusieurs autres types de plasmides importants ont été découverts. Certains plasmides, appelés **plasmides de virulence**, rendent les bactéries plus pathogènes parce qu'elles sont plus à même de résister aux défenses de l'hôte ou de produire des toxines. Par exemple, des souches entérotoxinogènes d'*E.coli* causent la diarrhée du voyageur à cause d'un plasmide qui code pour une entérotoxine (**encadré 13.1**). Les **plasmides métaboliques** portent des gènes d'enzymes qui métabolisent des substances telles que des composés aromatiques (toluène), des pesticides (acide 2,4-dichlorophénoxyacétique) et des sucres (lactose). Des plasmides métaboliques portent même des gènes nécessaires à certaines souches de *Rhizobium* pour induire la nodulation chez les légumineuses et effectuer la fixation d'azote.

---

1. Donnez les caractéristiques principales d'un plasmide. Qu'est-ce qu'un épisome ? Un plasmide conjugatif ?

2. Décrivez chacun des plasmides suivants et leur importance : facteur F, facteur R, plasmide Col, plasmide de virulence et plasmide métabolique.

(a) **Séquence d'insertion**

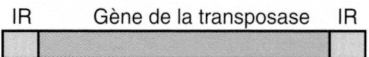

(b) **Transposon composite**

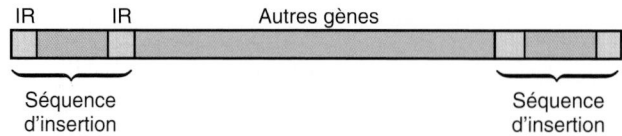

(c) **Site cible du transposon Tn*3***

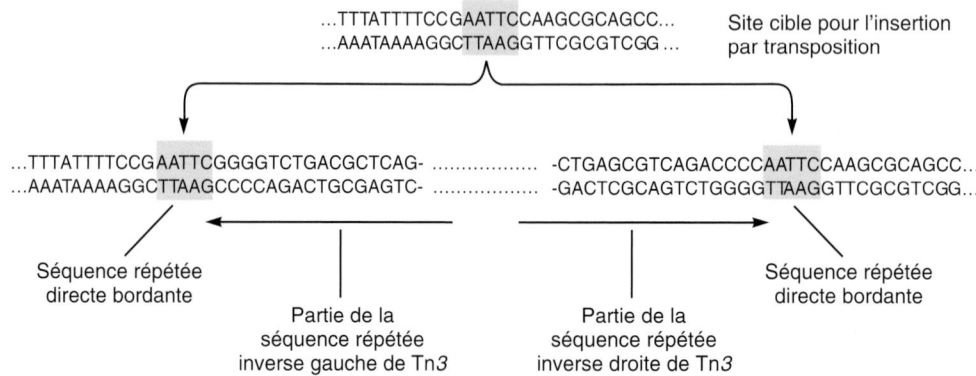

Figure 13.8 Séquences d'insertion et transposons. Structure des séquences d'insertion (**a**), des transposons composites (**b**) et des sites d'insertion ciblés (**c**). IR désigne les séquences répétées inverses. En *c*, la cible de cinq bases, mise en évidence, est dupliquée au cours de la transposition de Tn3 pour former des séquences répétées directes bordant de part et d'autre le transposon. Le reste de Tn3 est situé entre les répétitions inverses (voir figure 13.9*b*).

13.3 Les éléments transposables

Les chromosomes de bactéries, de virus et de cellules eucaryotes contiennent des morceaux d'ADN qui se déplacent dans le génome. Ce déplacement est appelé **transposition**. Les séquences d'ADN porteuses des gènes nécessaires à ce processus, et donc capables de se déplacer au sein des chromosomes, sont des **éléments transposables** ou **transposons**. Contrairement à d'autres mécanismes qui réorganisent l'ADN, la transposition ne requiert pas de zones étendues d'homologie entre le transposon et son site de destination. Les transposons se comportent plutôt comme des prophages lysogènes (*voir pp. 390-95*), sauf qu'ils proviennent d'un site chromosomique et peuvent s'insérer en un site différent du même chromosome. Les éléments transposables diffèrent des phages, car ils n'ont pas le cycle biologique typique des virus, et des plasmides, puisqu'ils sont incapables de se répliquer de manière autonome et d'exister indépendamment du chromosome. Les transposons furent découverts dans les années 1940 par Barbara McClintock, au cours de ses études de la génétique du maïs, une découverte qui lui valut le Prix Nobel en 1983. Ils furent étudiés abondamment chez les bactéries et les virus.

Les éléments transposables les plus simples sont les **séquences d'insertion** ou éléments IS (**figure 13.8***a*). Un élément IS est une courte séquence d'ADN (de 750 à 1.600 paires de bases) contenant uniquement les gènes qui assurent la transposition et flanquée à chaque extrémité par des séquences nucléotidiques identiques ou très similaires en orientation inverse. On les appelle des séquences répétées inverses (figure 13.8*c*); elles sont le plus souvent longues de 15 à 25 paires de bases et varient d'un élément inverse à l'autre, ainsi chaque type d'IS a des séquences répétées inverses caractéristiques qui lui sont propres. Entre les séquences répétées inverses, on trouve un gène qui code pour une enzyme appelée **transposase** (et parfois pour un gène codant pour une autre protéine essentielle). Cette enzyme nécessaire à la transposition reconnaît avec précision les extrémités des IS. Chaque type d'élément est désigné par le préfixe IS suivi d'un numéro. Chez *E.coli,* différents éléments IS en plusieurs copies ont été observés ; certaines de leurs propriétés sont données dans le **tableau 13.2**.

Les éléments transposables peuvent également contenir des gènes autres que ceux de la transposition ; par exemple, des gènes de résistance aux antibiotiques ou des gènes de toxines. Ces éléments sont souvent appelés **transposons composites.** Il n'y a pas encore d'accord complet sur la nomenclature des éléments transposables. Parfois les éléments transposables sont appelés transposons lorsqu'ils contiennent des gènes supplémentaires et séquences d'insertion lorsqu'ils n'en possèdent pas. Les transposons composites ont souvent une région centrale contenant les gènes supplémentaires, flanqués de part et d'autre par des éléments IS

Tableau 13.2 Les propriétés de séquences d'insertion choisies

Séquence d'insertion	Longueur (pb)	Séquence répétitée inverse (en pb)	Cible (en pb)	Nombre de copies dans le chromosome d'*E. coli*
IS*1*	768	23	9 ou 8	6–10
IS*2*	1327	41	5	4–13(1)[a]
IS*3*	1400	38	3–4	5–6(2)
IS*4*	1428	18	11 or 12	1–2
IS*5*	1195	16	4	10–11

[a] Les valeurs entre parenthèses indiquent le nombre d'éléments IS sur le facteur F.

Tableau 13.3 Propriétés de transposons composites choisis

Transposon	Longueur (pb)	Longueur des séquences répétées terminales	Module terminal	Marqueur génétique[a]
Tn*3*	4.957	38		Ap
Tn*501*	8.200	38		Hg
Tn*951*	16.500	Inconnue		Utilisation du lactose
Tn*5*	5.700		IS*50*	Km
Tn*9*	2.500		IS*1*	Cm
Tn*10*	9.300		IS*10*	Tc
Tn*903*	3.100		IS*903*	Km
Tn*1681*	2.061		IS*1*	Entérotoxine thermostable
Tn*2901*	11.000		IS*1*	Biosynthèse de l'arginine

[a] Mêmes abréviations pour les antibiotiques et les métaux que dans le tableau 13.1.

dont les séquences sont identiques ou très similaires (figure 13.8*b*). Beaucoup de transposons composites ont une organisation plus simple. Ils sont flanqués de courtes séquences répétées inverses et la région codante contient et les gènes de transposition et les gènes supplémentaires. On pense que les transposons composites se forment lorsque deux éléments IS s'associent avec un segment central contenant un ou plusieurs gènes. Cette association peut survenir lorsqu'un élément IS se réplique et emporte un gène ou deux ailleurs dans le chromosome. Les noms des transposons composites commencent par le préfixe Tn. Certaines propriétés de transposons composites choisis sont données dans le **tableau 13.3**.

La transposition chez les procaryotes implique une série d'événements dont l'autoréplication et des processus de recombinaison. Typiquement, chez les bactéries, le transposon original reste au site parental sur le chromosome, pendant qu'une copie répliquée s'insère dans l'ADN cible (figure 13.8*c*). On appelle ceci une transposition réplicative. Les sites d'insertion sont des séquences spécifiques de 5 à 9 paires de bases. Lorsqu'un transposon s'insère dans un site, la séquence ciblée est dupliquée de telle sorte que de courtes séquences répétées directes flanquent les séquences répétées inverses teminales du transposon (**figure 13.9**). Ceci est montré dans la figure 13.8*c* où la séquence cible de 5 paires de bases se retrouve aux deux extrémités du transposon en gardant la même orientation.

La transposition du transposon Tn*3* est un exemple bien étudié de transposition réplicative. Son mécanisme est illustré à la **figure 13.10**. Dans un premier stade, le plasmide contenant le transposon Tn*3* fusionne avec le plasmide cible pour former une molécule cointégrée (figure 13.10, étapes 1 à 4). Ce processus requiert la transposase de Tn*3* codée par le gène *tnpA* (**figure 13.11**). Remarquez que le cointégrat contient deux copies du transposon Tn*3*. Dans le second stade, le cointégrat est résolu en deux plasmides, chacun avec une copie du transposon (figure 13.10, étapes 5 et 6). La résolution provient d'un enjambement au niveau de deux sites *res* et est catalysée par une résolvase codée par le gène *tnpR* (figure 13.11).

Les éléments transposables produisent une variété importante d'effets. Ils peuvent s'intégrer au sein d'un gène pour causer une mutation ou entraîner un réarrangement d'ADN menant à des délétions de matériel génétique. Si l'insertion d'un transposon produit un changement évident de phénotype, on peut tracer ce gène en suivant le phénotype modifié. On peut fragmenter le chromosome et isoler le fragment muté, purifiant ainsi partiellement le gène. Les transposons peuvent donc être utilisés pour l'isolement de gènes et l'étude de leur fonction. Ils peuvent bloquer la traduction ou la transcription parce que certains transposons portent des codons stop ou des séquences de terminaison. D'autres éléments portent des promoteurs et activent donc des gènes près du point d'insertion. Des gènes eucaryotes ainsi que des gènes procaryotes peuvent être activés ou inactivés par le mouvement de transposons. Des transposons sont également situés dans des plasmides et participent à des processus comme la fusion de plasmides et l'inser-

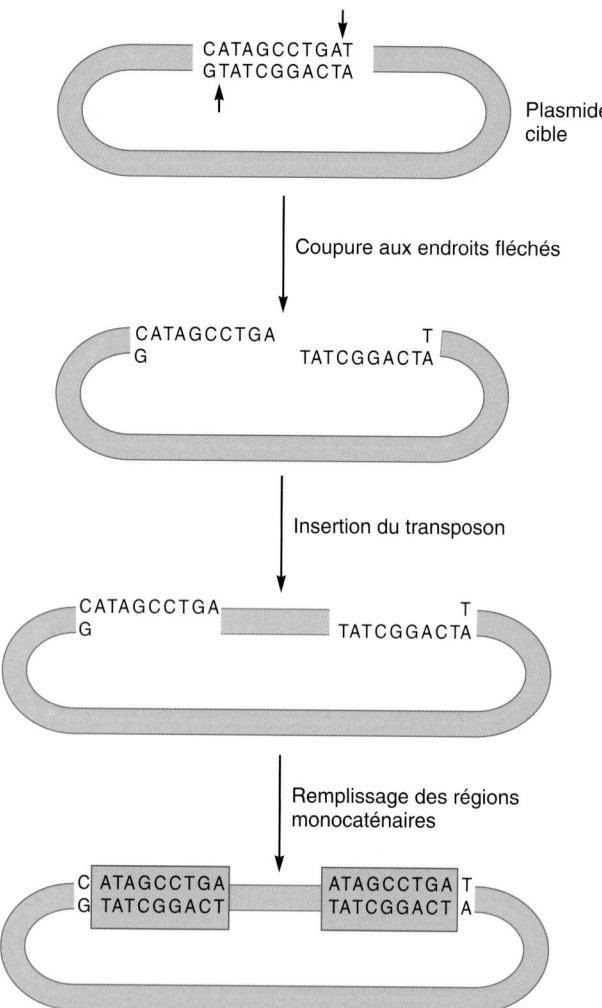

Transposon   Cible

Etape 1. Coupure de l'ADN

a b
c d

e f
g h

Stade 1 :
Fusion des plasmides
(gène *tnp A*)

Etape 2. Ligature des extrémités libres

af
b h
ec
gd

Etape 3. Réplication du transposon

af
h
ec
gd

af
h
c
b
e
g d

Etape 4. Terminaison de la réplication

Figure 13.9 Formation de séquences répétées directes dans l'ADN de l'hôte de part et d'autre du transposon. (**a**) Les flèches indiquent les deux sites de clivage de l'ADN de l'hôte, décalés de neuf paires de bases. (**b**) Après clivage. (**c**) Le transposon (en rose) a été ligaturé à un brin d'ADN de l'hôte à chaque extrémité, laissant deux séquences simple-brin de neuf bases. (**d**) Après remplissage des régions simple-brin, une séquence répétée de neuf paires de base de l'ADN de l'hôte (en mauve) encadre les deux extrémités du transposon.

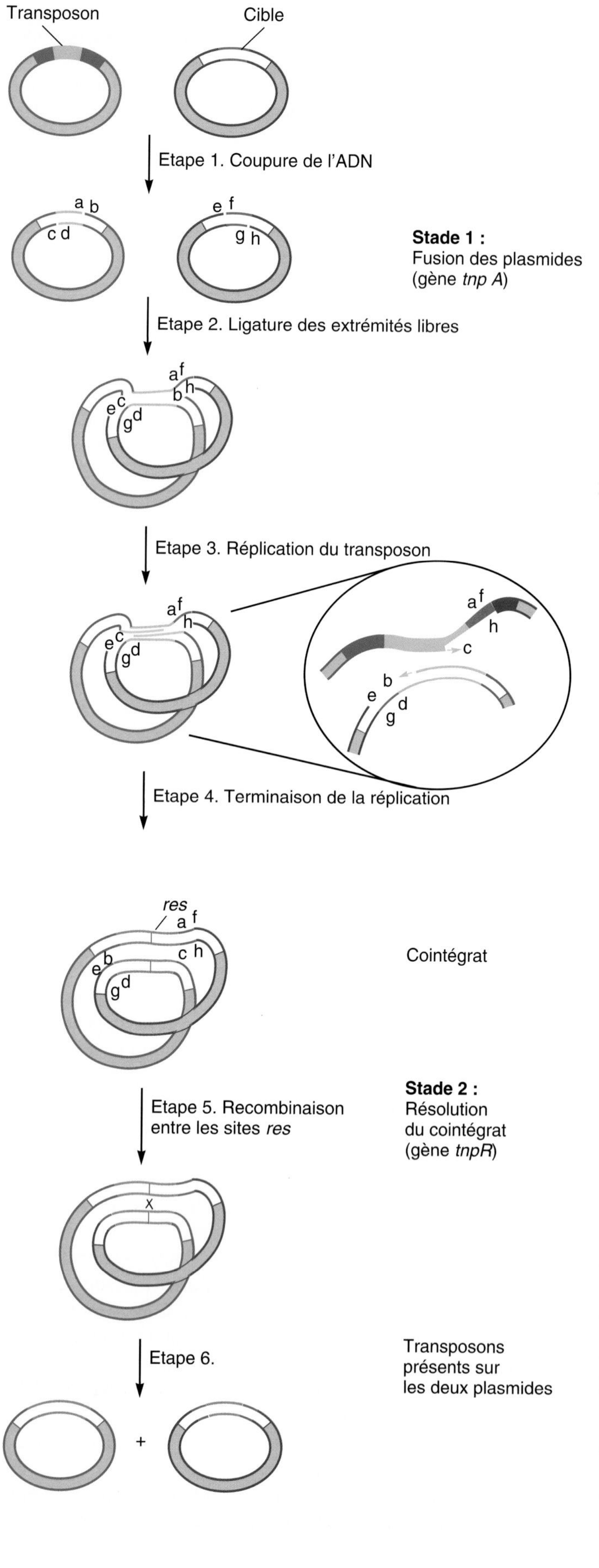

res
a f
e b
g d
c h

Cointégrat

Etape 5. Recombinaison
entre les sites *res*

Stade 2 :
Résolution
du cointégrat
(gène *tnpR*)

x

Etape 6.

+

Transposons
présents sur
les deux plasmides

Figure 13.10 Le mécanisme de transposition de Tn*3*. Etape 1 : Les deux plasmides sont coupés et forment les terminaisons libres désignées de a à h. Etape 2 : Les extrémités a et f sont ligaturées, de même que g et d. Dès lors, les extrémités b, c, e et h restent libres. Etape 3 : Deux de ces extrémités libres (b et c) servent d'amorce à la réplication de l'ADN, montrée en agrandissant la région réplicative. Etape 4 : La réplication continue jusqu'à ce que l'extrémité b atteigne e, et l'extrémité c atteigne h. Ces exrémités sont ligaturées pour former un cointégrat. Remarquez que l'ensemble du transposon a été répliqué. Les deux sites *res* sont ici montrés pour la première fois, même si un site *res* unique était présent au cours des étapes précédentes. Etapes 5 et 6 : Une recombinaison a lieu entre les deux sites *res* portés par les deux copies du transposon. Il en résulte deux plasmides autonomes, portant chacun une copie du transposon.

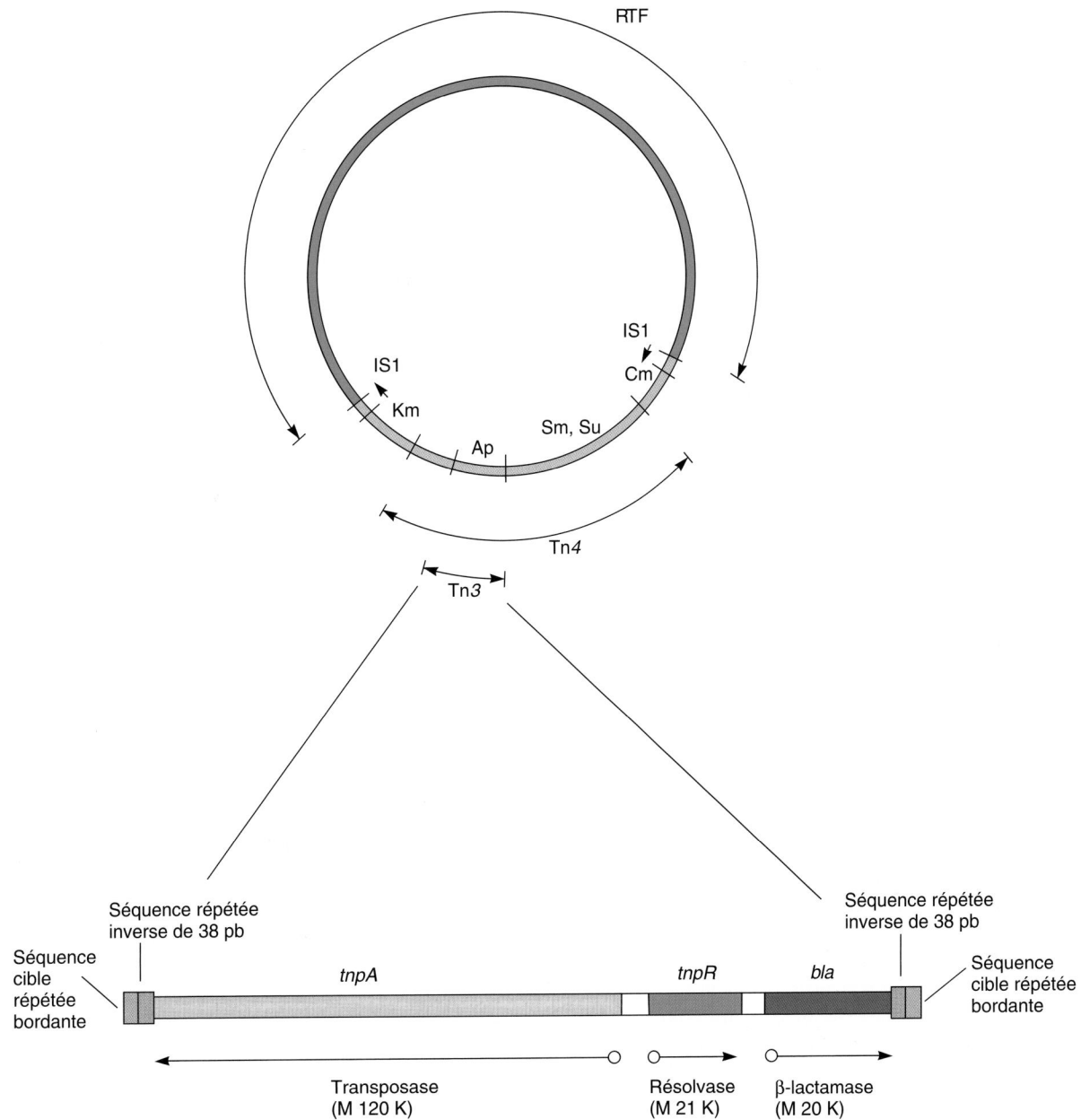

Figure 13.11 Structure des plasmides R et des transposons. Le plasmide R1 porte des gènes de résistance à cinq antibiotiques : chloramphénicol (Cm), streptomycine (Sm), sulfamide (Su), ampicilline (Ap) et kanamycine (Km). Ceux-ci sont contenus dans les transposons Tn*3* et Tn*4*. Le facteur de transfert de la résistance (RTF) code pour les protéines nécessaires à la réplication et au transfert des plasmides. Structure plus détaillée de Tn*3*. Les flèches indiquent la direction de la transcription des différents gènes.

tion de plasmides F dans le chromosome d'*E.coli* (figure 13.7).

Dans la description des plasmides, on a noté que le plasmide R pouvait porter des gènes de résistance à plusieurs antibiotiques. Les transposons portent des gènes de résistance aux antibiotiques et jouent un rôle majeur dans la formation de ces plasmides. En conséquence, l'existence de ces éléments cause de graves problèmes dans le traitement des maladies infectieuses. Les transposons vont migrer entre les nombreux sites d'insertion potentiels différents que possèdent les plasmides ; ainsi donc les plasmides jouent le rôle de sources et de cibles pour les transposons porteurs

de gènes de résistance. En fait, il est probable que les plasmides à résistances multiples soient souvent produits par accumulation de transposons dans un plasmide unique (figure 13.11). Les transposons se déplacent également des plasmides vers le chromosome, donc les gènes de résistance sont aussi échangés entre plasmides et chromosomes, ce qui entraîne une dissémination encore plus grande de la résistance aux antibiotiques.

Certains transposons portent des gènes de transfert et peuvent passer d'une bactérie à une autre par le processus de conjugaison, comme on le verra dans la section qui suit. Un exemple bien étudié d'un tel transposon conjugatif est le Tn*916* d'*Enterococcus fae-calis*. Bien qu'il ne soit pas capable de réplication autonome, Tn*916* va s'autotransférer de *E. faecalis* vers une variété de rece-veurs et s'intégrer dans leurs chromosomes. Comme il véhicule un gène de résistance à la tétracycline, ce transposon conjugatif pro-page en outre la résistance à l'antibiotique.

Les éléments transposables sont largement répandus dans la nature. Ils sont présents chez les eucaryotes, les bactéries et les ar-chéobactéries. On a ainsi identifié des éléments transposables chez la levure, le maïs, la drosophile et l'homme. Manifestement, les éléments transposables jouent un rôle très important dans la géné-ration et le transfert de nouvelles combinaisons génétiques.

---

1. Définissez les termes suivants : transposition, élément transpo-sable ou transposon, séquence d'insertion, transposase, transposon conjugatif et transposon composite. Distinguez une séquence d'in-sertion et un transposon composite.
2. Comment la transposition se fait-elle habituellement dans les bac-téries et qu'advient-il du site cible ? Qu'est-ce qu'une transposi-tion réplicative ?
3. Citez plusieurs effets importants des éléments transposables sur les bactéries.

13.4 La conjugaison bactérienne

L'élégante expérience effectuée par Joshua Lederberg et Edward L. Tatum en 1946 apporta la preuve initiale de la **conjugaison** bac-térienne, le transfert de matériel génétique par contact direct entre cellules. Ils mélangèrent deux souches auxotrophes, incubèrent la culture pendant plusieurs heures dans un milieu nutritif et les éta-lèrent sur une gélose de milieu minimum. Afin de réduire les chances que les résultats observés soient dus à une simple réver-sion, ils employèrent des doubles et triples auxotrophes, présumant que deux ou trois réversions ne pouvaient pas avoir lieu simulta-nément. Par exemple, une souche exigeait la biotine (Bio⁻), la phé-nylalanine (Phe⁻) et la cystéine (Cys⁻) pour sa croissance, et une autre souche exigeait la thréonine (Thr⁻), la leucine (Leu⁻) et la thiamine (Thi⁻). Des colonies recombinantes prototrophes apparu-rent sur le milieu minimum après incubation (**figure 13.12**). Les chromosomes des deux souches auxotrophes étaient donc capables de s'associer et de se recombiner.

Lederberg et Tatum n'avaient pas directement prouvé que le contact physique des cellules était nécessaire au transfert de gènes. Ceci fut démontré par Bernard Davis (1950) qui construisit un tube en U consistant en deux branches reliées à leur base par un filtre de verre fritté. Le filtre permet le passage du milieu, mais pas des bac-téries. Le tube en U fut rempli de milieux nutritifs et chaque branche fut inoculée par une souche auxotrophe différente d'*E.coli* (**figure 13.13**). Au cours de l'incubation, le milieu fut refoulé à plusieurs reprises à travers le filtre pour s'assurer qu'il y avait échange du milieu liquide entre les deux moitiés du tube en U. Après 4 heures d'incubation, les bactéries furent étalées sur milieu minimum. Davis découvrit que lorsque les deux souches auxo-trophes étaient séparées l'une de l'autre par un filtre, le transfert de gènes n'avait pas lieu. Un contact direct était donc requis pour la recombinaison que Lederberg et Tatum avaient observée.

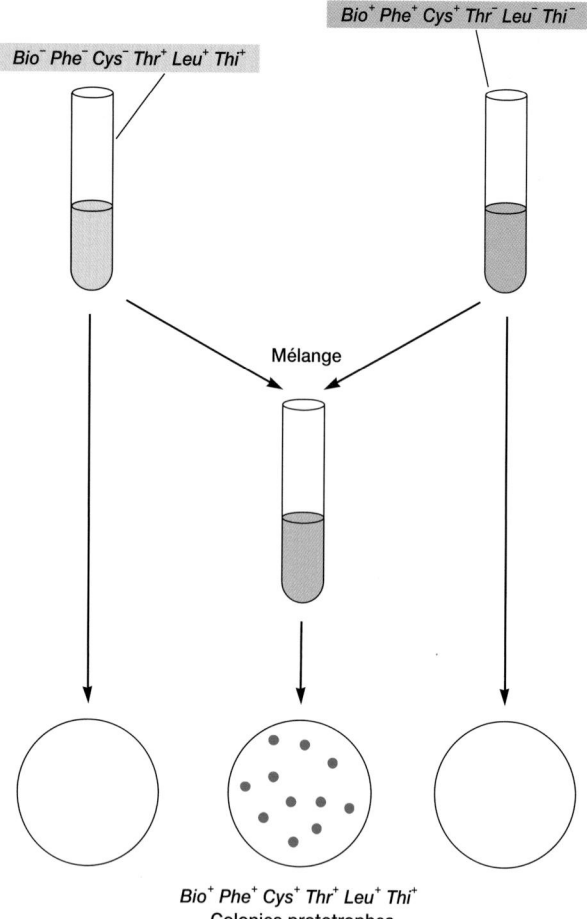

Figure 13.12 Mise en évidence de la conjugaison bactérienne. Démonstration par Lederberg et Tatum de la recombinaison bacté-rienne par l'usage d'auxotrophes triples. Voir détails dans le texte.

Le croisement F+ x F⁻

En 1952, William Hayes démontra que le transfert de gènes ob-servé par Lederberg et Tatum s'effectuait dans un sens déterminé. En fait, il existe des souches définies comme donneuses (F⁺) et receveuses (F⁻), et le transfert de gènes n'est pas réciproque. Il dé-montra également que dans un croisement F⁺ x F⁻, les cellules de la descendance n'étaient que rarement modifiées dans leurs carac-tères auxotrophes (les gènes bactériens n'étaient pas souvent trans-férés) mais les souches F⁻ devenaient très fréquemment F⁺.

Ces résultats sont expliqués par les propriétés du facteur F dé-crit précédemment (figure 13.5). La souche F⁺ contient un facteur F extrachromosomique qui porte les gènes pour la formation des pili et pour le transfert du plasmide. Au cours d'un croisement F⁺ x F⁻ ou conjugaison, le facteur F se réplique par un mécanisme de

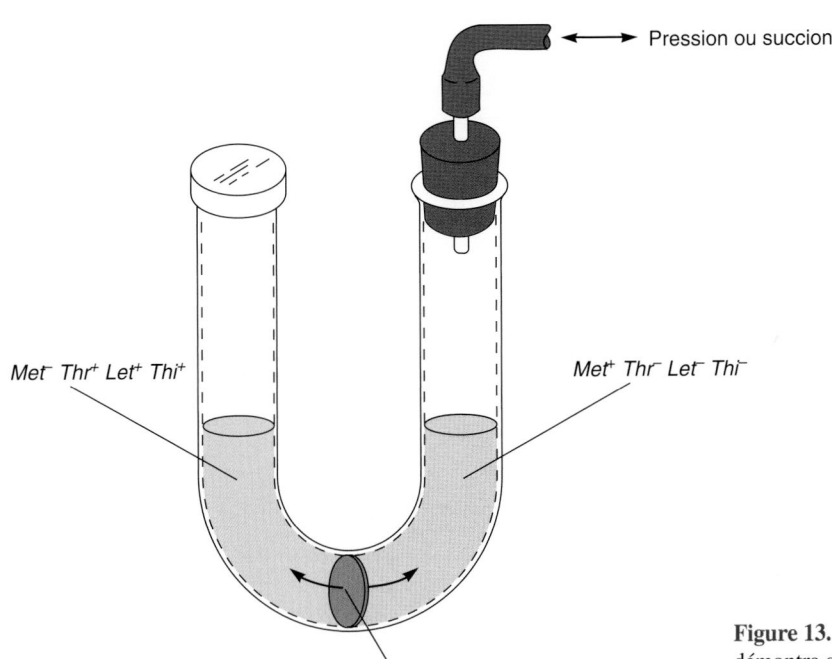

→ Pression ou succion

Met⁻ Thr⁺ Let⁺ Thi⁺

Met⁺ Thr⁻ Let⁻ Thi⁻

Filtre de verre fritté

Figure 13.13 L'expérience du tube en U. L'expérience du tube en U démontra que la recombinaison génétique au cours de la conjugaison exigeait un contact physique direct entre bactéries. Voir détails dans le texte.

cercle roulant et une copie migre vers la cellule receveuse (**figure 13.14***a*). La chaîne en voie de pénétration est copiée pour donner un ADN double-brin. La fréquence de recombinaison des gènes chromosomiques est faible parce que le chromosome bactérien est rarement transféré avec le facteur F indépendant. On ne comprend pas toujours bien comment le plasmide passe d'une bactérie à l'autre. Le **pilus sexuel** ou pilus F unit le donneur et le receveur et peut se contracter pour les rapprocher. Le canal de transfert d'ADN pourrait être le pilus F creux ou un tube de conjugaison particulier formé lors du contact. Le mécanisme de réplication en cercle roulant de l'ADN (p. 236).

Bien que la plupart des recherches sur les plasmides et la conjugaison aient été effectuées sur *E. Coli* et d'autres bactéries Gram-négatives, il existe des plasmides auto transmissibles chez des genres bactériens Gram-positifs, comme *Bacillus, Streptococcus, Enterococcus, Staphylococcus* et *Streptomyces*. Ces systèmes sont beaucoup moins bien connus. Il apparaît que moins de gènes de transfert y sont impliqués, peut-être parce que le transfert de ces plasmides ne semble pas exiger de pilus sexuel. Par exemple, les cellules receveuses d'*Enterococcus hirae* libèrent de courts peptides servant de signaux chimiques, qui activent les gènes de transfert des cellules donneuses qui contiennent le plasmide adéquat. Cellules donneuses et receveuses adhèrent l'une à l'autre directement, par l'intermédiaire de protéines spéciales codées par le plasmide et relâchées par la cellule donneuse activée. Le transfert du plasmide a alors lieu.

Les souches Hfr

Un second type de conjugaison doit exister parce que certaines souches donneuses transfèrent les gènes bactériens avec une grande efficacité et ne transforment habituellement pas les bactéries receveuses en cellules donneuses. Le facteur F est un épisome et peut s'intégrer dans le chromosome bactérien en de nombreux sites différents par recombinaison entre séquences d'insertion ho-

mologues, présentes dans le plasmide et le chromosome de l'hôte. L'opéron *tra* du plasmide F est toujours fonctionnel lorsqu'il est intégré ; le plasmide peut diriger la synthèse des pilis, effectuer la réplication par cercle roulant et transférer le matériel génétique à une cellule receveuse F⁻. Ce type de donneur est appelé **souche Hfr** (haute fréquence de recombinaison) parce qu'il possède un grand pouvoir de transfert de gènes chromosomiques, comparé à celui des cellules F⁺. Le transfert d'ADN débute lorsque le facteur intégré F subit une coupure à son site d'origine du transfert (figure 13.14*b*). Tout en se répliquant, le chromosome passe par le pilus ou le tube de conjugaison réunissant donneur et receveur. Parce que la coupure initiale se fait dans le plasmide F, seule une partie en est transférée au début de la conjugaison. Le receveur F⁻ ne deviendra donc F⁺ que si l'entièreté du chromosome est transférée. Le transfert est standardisé à 100 minutes chez *E.coli* et la connection entre les cellules est habituellement rompue avant la fin de ce processus. Un facteur F complet n'est donc habituellement pas transféré et la cellule receveuse reste F⁻.

Comme mentionné précédemment, les gènes bactériens sont fréquemment transférés à la cellule receveuse lorsqu'une souche Hfr participe à la conjugaison. Ce transfert de gènes peut se faire dans le sens des aiguilles d'une montre ou dans le sens opposé autour du chromosome circulaire, selon l'orientation du facteur F intégré. Après être entré dans la cellule receveuse, le chromosome donneur répliqué peut être dégradé ou incorporé dans le génome F⁻ par recombinaison.

Les facteurs F'

Le plasmide F étant un épisome, il peut quitter le chromosome bactérien. Durant ce processus le plasmide fait parfois des erreurs d'excision et emporte une portion du matériel chromosomique pour former un **plasmide F'** (**figure 13.15a**). Il n'est pas rare d'observer l'inclusion d'un ou de plusieurs gènes dans des plasmides F excisés. La cellule F' conserve tous ses gènes, certains portés par

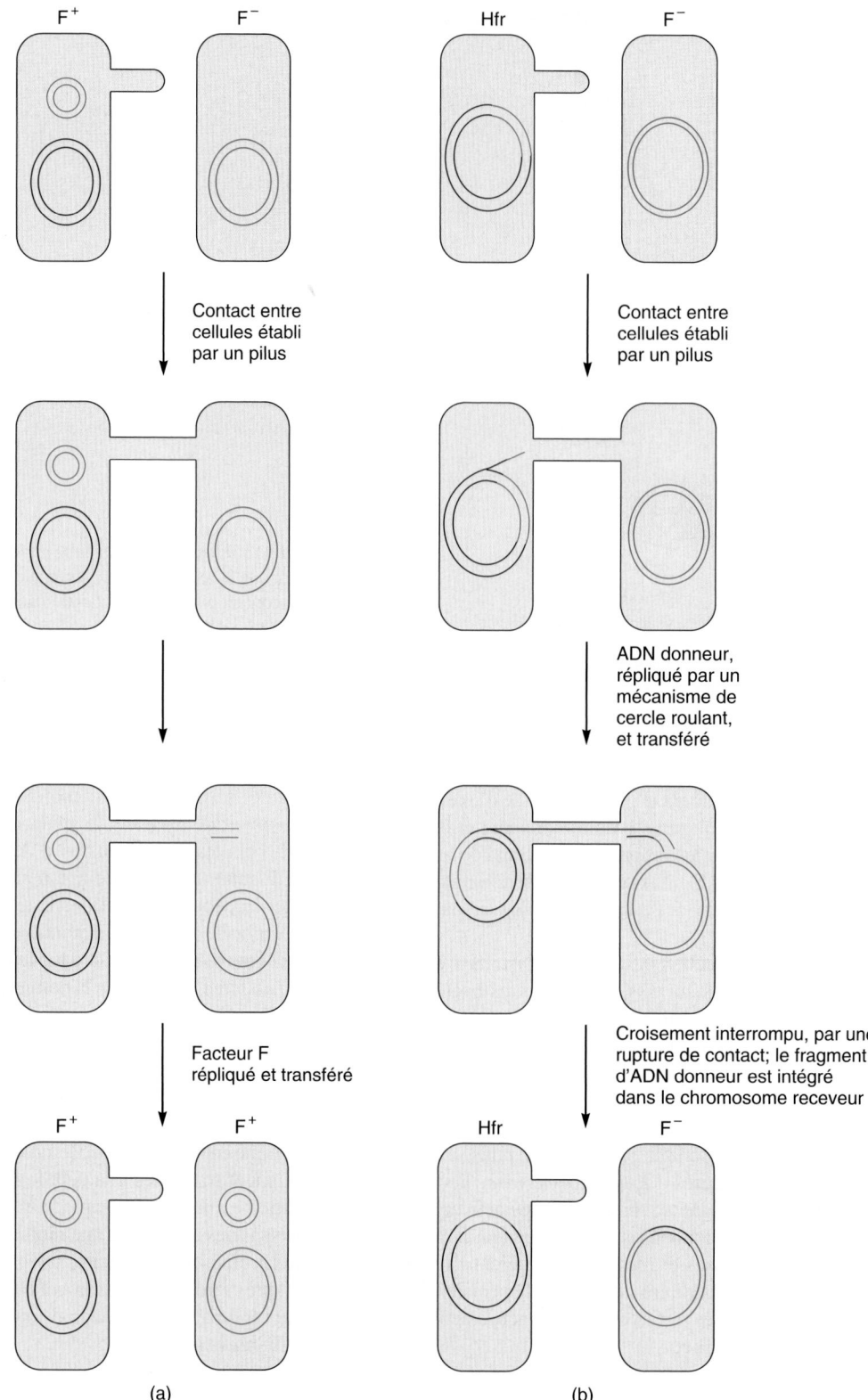

Figure 13.14 Le mécanisme de la conjugaison bactérienne. (a) Croisement F$^+$ x F$^-$. **(b)** Croisement Hfr x F$^-$. Le facteur F intégré est montré en rouge.

le plasmide, et ne peut effectuer un croisement qu'avec une rece-veuse F⁻. La conjugaison F' xF⁻ est essentiellement identique au croisement F⁺ xF⁻. Ici également, le plasmide est transféré mais ha-bituellement les gènes bactériens portés par le chromosome ne le sont pas (figure 13.15*b*). Les gènes bactériens sur le plasmide F' sont transférés avec celui-ci et ne doivent pas être incorporés dans le chromosome de la cellule receveuse afin d'être exprimés. La re-ceveuse devient F' ; c'est un mérozygote partiellement diploïde puisqu'elle a deux jeux des gènes portés par le plasmide. De cette manière, des gènes bactériens spécifiques peuvent se répandre ra-pidement dans une population bactérienne. Un tel transfert de gènes bactériens est souvent appelé sexduction.

La conjugaison F' est très importante pour le microbiologiste généticien. Le comportement d'une bactérie partiellement diploïde indique si l'allèle porté par un plasmide F' est dominant ou réces-sif par rappport aux gènes chromosomiques. La formation de plas-mides F' est également utilisée dans la cartographie du chromo-some, puisque deux gènes doivent être proches lorsqu'ils sont intégrés dans un facteur F.

---

1. Qu'est-ce que la conjugaison bactérienne et comment fut-elle dé-couverte ?
2. Distinguez des souches d'*E.coli* F⁺, Hfr et F⁻ par rapport à leur na-ture physique et à leur rôle dans la conjugaison.
3. Ecrivez en détails les processus de conjugaison F⁺ x F-, Hfr x F⁻ et distinguez entre les deux en termes de mécanismes et de résultat final.
4. Qu'est-ce que la conjugaison F' et pourquoi est-elle si utile aux généticiens ? En quoi le plasmide F' diffère-t-il du plasmide F ha-bituel ? Qu'est ce que la sexduction ?

13.5   La transformation par l'ADN

Le second mécanisme d'échange d'ADN entre bactéries est la transformation, découverte par Fred Griffith. La **transformation** est la prise par la cellule de molécules ou de fragments d'ADN nu, présents dans le milieu, et leur incorporation dans le chromosome receveur de manière héréditairement stable. Au cours de la trans-formation naturelle, l'ADN vient d'une bactérie donneuse. Ce pro-cessus est aléatoire et toute portion du génome peut être transférée entre bactéries. La découverte de la transformation (pp. 228-29).

Lorsque les bactéries se lysent, elles libèrent une importante quantité d'ADN dans le milieu environnant. Ces fragments peuvent être assez grands et contenir plusieurs gènes. Si un fragment entre en contact avec une cellule **compétente**, capable de prendre de l'ADN et d'être transformée, il peut se fixer à la cellule et pénétrer à l'intérieur de celle-ci (**figure 13.16***a*). La fréquence de transfor-mation pour des cellules très compétentes se situe aux environs de 10⁻³ pour la plupart des espèces lorsqu'il y a un excès d'ADN. Ceci veut dire qu'une cellule sur 1.000 est capable de capter et d'intégrer de l'ADN exogène. La compétence est un phénomène complexe qui dépend de plusieurs conditions. Les bactéries doivent avoir atteint un certain stade de croissance : par exemple, *S. pneumoniae* devient compétent durant la phase exponentielle lorsque la population at-teint 10^7 à 10^8 cellules par ml. Lorsqu'une population devient com-pétente, des bactéries telles que les pneumocoques sécrètent une pe-tite protéine appelée facteur de compétence qui stimule la

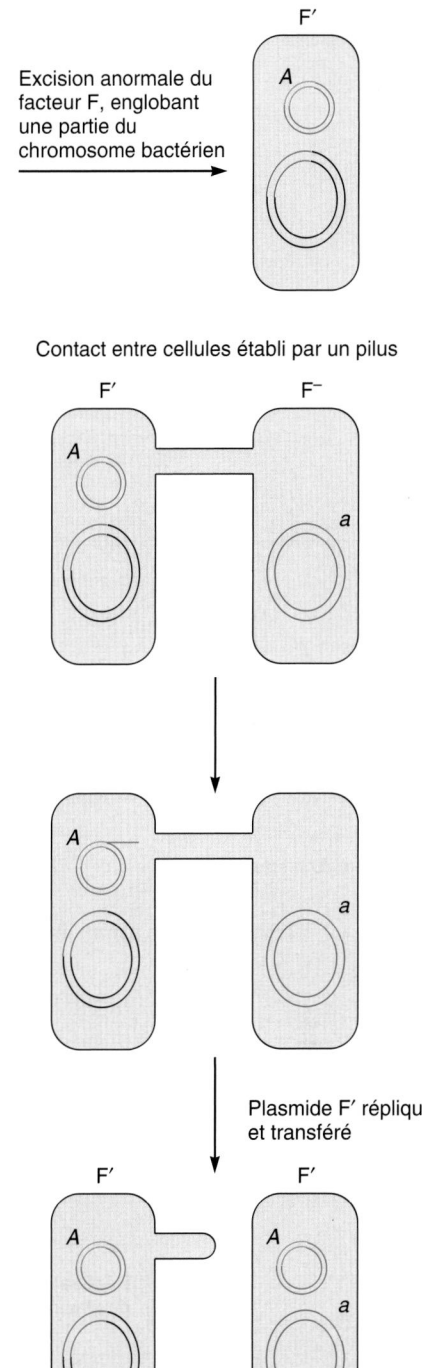

Fig. 13.15 La conjugaison due au facteur F'. (**a**) Suite à une erreur d'excision, le gène *A* d'une cellule Hfr est emporté par le facteur F. (**b**) Le gène *A* est ensuite transféré à une cellule receveuse au cours de la conjugaison.

production de 8 à 10 nouvelles protéines requises pour la transfor-mation. Jusqu'à présent, on a mis la transformation naturelle en évi-dence chez un certain nombre de genres bactériens Gram-positifs et Gram-négatifs : *Streptococcus, Bacillus, Thermoactinomyces, Haemophilus, Neisseria, Moraxella, Acinetobacter, Azotobacter* et

Transformation par des fragments d'ADN

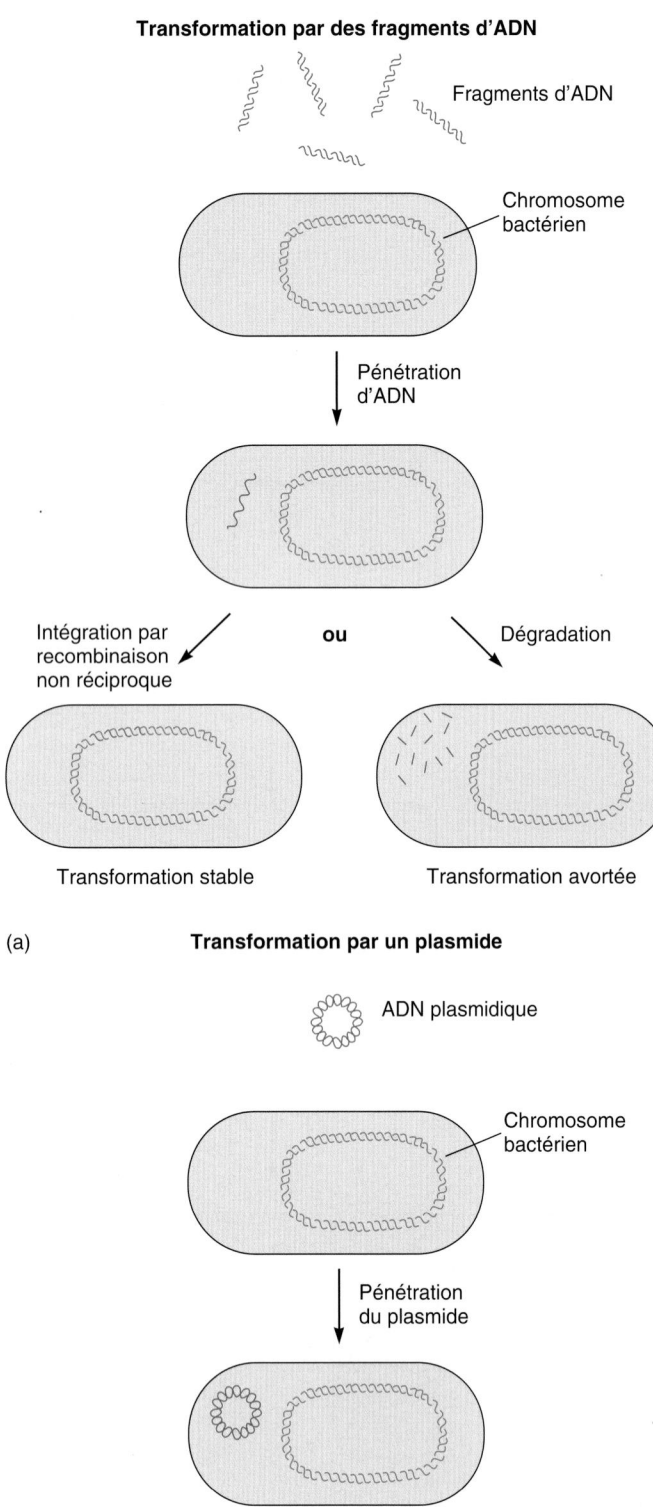

(a)

Figure 13.16 La transformation bactérienne. Transformation par (**a**) des fragments d'ADN et par (**b**) des plasmides. Au laboratoire, la transformation plasmidique est souvent provoquée artificiellement. L'ADN transformant est en rouge et l'intégration se fait dans une région homologue du génome. Voir texte pour détails.

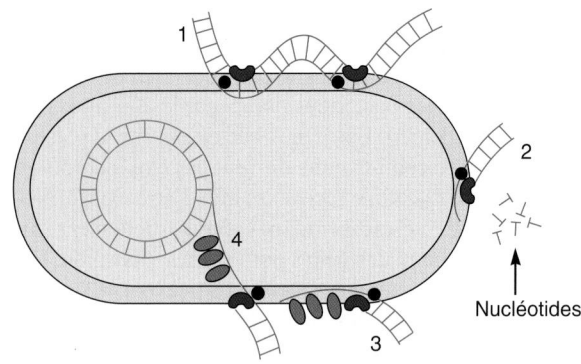

Figure 13.17 Le mécanisme de la transformation. (*1*) Une longue molécule double-brin d'ADN se fixe à la surface grâce à une protéine liant l'ADN (●) et subit une coupure simple-brin par une nucléase (◖). (*2*) Un des deux brins est dégradé par la nucléase. (*3*) Le brin intact s'associe à une protéine spécifique de la compétence (⬭). (*4*) L'ADN simple-brin pénètre dans la cellule et est intégré dans le chromosome de l'hôte en lieu et place de la région homologue de l'ADN de l'hôte.

Pseudomonas. La transformation n'est sans doute pas limitée à ces genres. Le transfert de gènes par ce processus a lieu dans le sol et dans des environnements marins, il représente une voie importante d'échanges génétiques dans la nature.

Le mécanisme de transformation a été fort étudié chez *S. pneumoniae* (**figure 13.17**). Une cellule compétente lie un fragment d'ADN double-brin de taille moyenne ; le processus se fait au hasard puisque tous les fragments donneurs sont en compétition entre eux. L'ADN est alors clivé par une endonucléase en fragments double-brin d'environ 5 à 15 kilobases. La capture d'ADN demande de l'énergie. Un brin est hydrolysé par une exonucléase associée à l'enveloppe ; l'autre brin s'associe avec de petites protéines et passe à travers la membrane plasmique. Le fragment simple-brin peut alors s'aligner sur la région homologue du génome et être intégré par un mécanisme probablement semblable à celui que représente la figure 13.3.

La transformation dans la bactérie Gram-négative *Haemophilus influenzae* diffère de celle de *S. pneumoniae* par plusieurs aspects. *Haemophilus* ne produit pas de facteur de compétence pour stimuler le développement de celle-ci. Il ne peut absorber que l'ADN venant de souches apparentées (*S. pneumoniae* est moins discriminatoire pour la source d'ADN). L'ADN double-brin complexé avec des protéines est absorbé par des vésicules membranaires. La spécificité de la transformation d'*Haemophilus* est due à une séquence spéciale de onze paires de bases (5'-AAGTGCGGTCA-3'), répétée 1.400 fois dans son ADN. L'ADN doit posséder cette séquence pour être lié par une cellule compétente.

La transformation artificielle se réalise en laboratoire par des techniques variées. Parmi celles-ci, le traitement des cellules au chlorure de calcium rend la membrane plus perméable à l'ADN. Cette approche est couronnée de succès même avec des espèces qui ne sont pas naturellement compétentes comme *E. coli*. Afin d'augmenter la fréquence de transformation, on emploie des concentrations relativement élevées d'ADN, supérieures à celles que l'on trouve normalement dans la nature. Lorsque ce sont des fragments d'ADN linéaires qui doivent être utilisés dans la transformation, *E. coli* est rendu déficient en une ou plusieurs de ses ac-

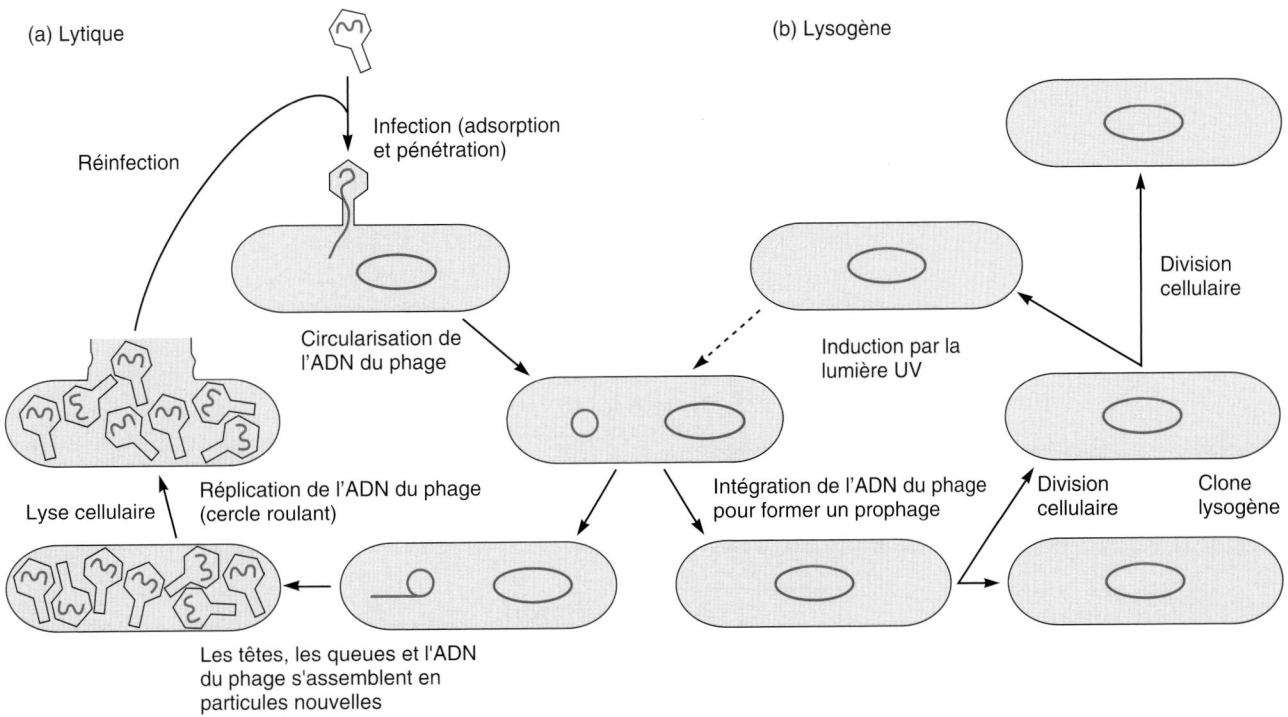

(a) Lytique

(b) Lysogène

Réinfection

Infection (adsorption et pénétration)

Circularisation de l'ADN du phage

Induction par la lumière UV

Division cellulaire

Lyse cellulaire

Réplication de l'ADN du phage (cercle roulant)

Intégration de l'ADN du phage pour former un prophage

Division cellulaire

Clone lysogène

Les têtes, les queues et l'ADN du phage s'assemblent en particules nouvelles

Figure 13.18 L'alternance des cycles lytique et lysogène du phage λ. (**a**) Infection lytique. (**b**) Infection lysogène. L'ADN du virus et du prophage sont en rouge.

tivités exonucléasiques afin de protéger les fragments transformants. Il est plus aisé de transformer des bactéries avec de l'ADN plasmidique parce que les plasmides sont moins facilement dégradés que des fragments linéaires et qu'ils peuvent se répliquer dans la cellule hôte (figure 13.16b). Il s'agit d'une méthode courante pour introduire de l'ADN recombinant dans des cellules bactériennes (*voir sections 14.5 et 14.7*). De l'ADN de n'importe quelle origine peut être introduit dans des bactéries en l'insérant dans un plasmide avant transformation.

1. Définissez transformation et compétence.
2. Décrivez comment la transformation a lieu chez *S. pneumoniae*. En quoi ce processus est-il différent chez *H. influenzae* ?
3. Citez deux manières par lesquelles la transformation artificielle peut être employée pour introduire des gènes fonctionnels dans des cellules bactériennes.

13.6   La transduction

Les virus bactériens ou bactériophages participent à un troisième mode de transfert de gènes bactériens. Ces virus ont des structures relativement simples dans lesquelles le matériel génétique est contenu dans une coque extérieure ou capside, composée essentiellement de protéines. La capside protège le génome et transmet celui-ci entre cellules hôtes. La morphologie et le cycle des bactériophages ne sera décrit en détails qu'au chapitre 17. Néanmoins, il faut considérer ici brièvement ce cycle comme toile de fonds

pour comprendre le rôle des bactériophages dans le transfert des gènes. Le cycle lytique (pp. 382-88). La lysogénie (pp. 390-95).

Après infection de la cellule hôte, un bactériophage (en abrégé phage) prend souvent le contrôle et oblige l'hôte à produire de nombreuses copies virales. Finalement, la bactérie hôte éclate ou se lyse et relargue de nouveaux phages. Ce cycle reproductif est appelé cycle lytique parce qu'il se termine par la lyse de l'hôte. Le cycle comprend quatre phases (**figure 13.18a**). En premier lieu, la particule virale s'attache à la surface bactérienne à un site récepteur spécifique. Le matériel génétique qui est souvent de l'ADN double-brin, entre alors dans la cellule. Après adsorption et pénétration, le chromosome viral force la bactérie à synthétiser les acides nucléiques et les protéines du virus. Le troisième stade commence après la synthèse des composants viraux qui sont assemblés en phages nouveaux. Le processus d'assemblage peut être complexe mais dans tous les cas, l'acide nucléique du phage est empaqueté dans une capside protéique. Finalement les virus matures sont relâchés par lyse cellulaire.

Les virus bactériens qui se multiplient par un cycle lytique sont appelés bactériophages virulents car ils détruisent la cellule hôte. De nombreux phages à ADN tels que le phage lambda (*voir p. 391*) peuvent aussi établir une relation différente avec leur hôte (figure 13.18b). Après adsorption et pénétration, le génome viral ne prend pas le contrôle de son hôte et ne le détruit pas en produisant des phages nouveaux. Le génome reste plutôt dans la cellule hôte et est reproduit en même temps que le chromosome bactérien. Un clone de cellules infectées peut ainsi croître pendant de longues périodes en paraissant parfaitement normal. Cependant, dans des conditions environnementales appropriées, chacune de ces bacté-

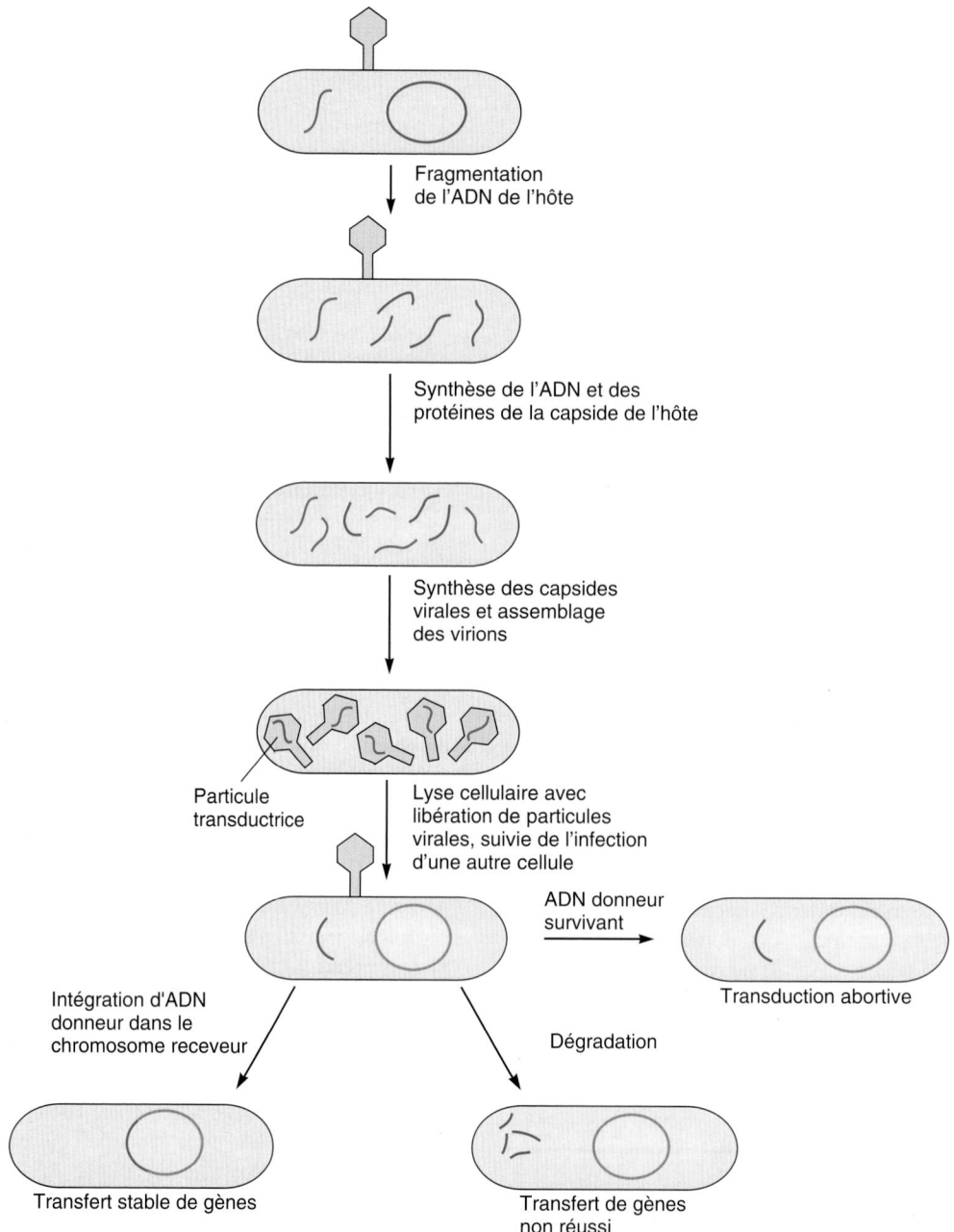

Fragmentation
de l'ADN de l'hôte

Synthèse de l'ADN et des
protéines de la capside de l'hôte

Synthèse des capsides
virales et assemblage
des virions

Particule
transductrice

Lyse cellulaire avec
libération de particules
virales, suivie de l'infection
d'une autre cellule

ADN donneur
survivant

Transduction abortive

Intégration d'ADN
donneur dans le
chromosome receveur

Dégradation

Transfert stable de gènes

Transfert de gènes
non réussi

Figure 13.19 La transduction généralisée par les bactériophages. Détails dans le texte.

ries infectées est capable de produire des phages et de se lyser. Cette relation entre le phage et son hôte est appelée **lysogénie**. Les bactéries qui peuvent produire des particules de phages dans certaines conditions sont dites **lysogènes**, et les phages capables d'établir cette relation sont des **phages tempérés.** La forme latente du génome viral qui réside dans l'hôte sans le détruire, est appelée **prophage.** Le prophage est souvent intégré dans le génome bactérien (figure 13.18*b*). Parfois, la multiplication du phage est déclenchée en soumettant la culture lysogène aux radiations UV ou à d'autres facteurs. Les bactéries lysogènes sont alors détruites et de nouveaux phages sont libérés. On appelle ce phénomène l'induction.

La **transduction** est le transfert de gènes bactériens par l'intermédiaire de virus. Les gènes bactériens sont incorporés dans une capside de phage, suite à des erreurs commises durant le cycle du virus. Le virus transportant ces gènes les injecte alors dans une autre bactérie, complétant ainsi le transfert. La transduction est probablement le mécanisme le plus commun pour l'échange et la recombinaison des gènes dans les bactéries. Il y a deux types de transduction très différents : la transduction généralisée et la transduction spécialisée.

La transduction généralisée

La **transduction généralisée** (**figure 13.19**) a lieu au cours du cycle lytique d'un phage virulent ou tempéré et transfère n'importe quelle partie du génome bactérien. Durant le stade d'assemblage, lorsque les chromosomes viraux sont empaquetés dans les capsides pro-téiques, des fragments aléatoires du chromosome bactérien partiel-lement dégradé sont également empaquetés par erreur. Parce que la capside ne peut contenir qu'une quantité limitée d'ADN, ces parti-cules ne contiendront pas d'ADN viral. La quantité d'ADN bacté-rien transporté dépend principalement de la taille de la capside. Le phage P22 de *Salmonella typhimurium* contient habituellement de l'ordre de 1 % du génome bactérien. Le phage P1 d'*E. coli* et de di-verses bactéries Gram-négatives contient de 2 à 2,5% du génome. La particule virale résultante injecte son ADN dans une autre cellule bactérienne sans initier de cycle lytique. Ce phage est appelé **parti-cule de transduction généralisée** et constitue simplement un trans-porteur d'information génétique de la première bactérie vers une autre cellule. Comme au cours de la transformation stable, l'ADN injecté doit être intégré dans le chromosome de la cellule receveuse afin de préserver les gènes transférés. L'ADN reste sous forme double-brin durant le transfert et les deux chaînes sont intégrées dans le génome de l'endogénote. De 70 à 90% de l'ADN transféré ne sont pas intégrés mais peuvent souvent survivre et s'y exprimer. Des **transduits abortifs** sont des bactéries qui contiennent cet ADN transduit non intégré et sont des diploïdes partiels.

La transduction généralisée fut découverte en 1951 par Joshua Lederberg et Norton Zinder lorsqu'ils démontrèrent que la conju-gaison observée plusieurs années auparavant chez *E. coli* pouvait également avoir lieu dans d'autres espèces bactériennes. Lederberg et Zinder répétaient les expériences antérieures avec *Salmonella typhimurium*. Ils trouvèrent que l'incubation d'un mé-lange de deux souches auxotrophes multiples donnait des proto-trophes à un taux de 1 sur 10^5. Ils conclurent logiquement et avec raison à une recombinaison bactérienne. Mais leurs conclusions initiales, que le transfert résultait d'une conjugaison, ne se vérifiè-rent pas. Lorsque ces chercheurs effectuèrent l'expérience du tube en U (figure 13.13) avec *Salmonella*, ils obtinrent toujours des pro-totrophes. Le filtre séparant les branches du tube en U avait des pores suffisamment petits pour arrêter le mouvement des bactéries entre les deux compartiments mais permettait toujours le passage du phage P22. Lederberg et Zinder avaient eu l'intention de confir-mer que la conjugaison avait également lieu dans une autre espèce bactérienne et en fait, ils découvrirent un mécanisme de transfert de gènes bactériens complètement neuf. Ces expériences appa-remment routinières menèrent à des résultats surprenants et im-portants. Un scientifique doit toujours garder l'esprit ouvert en in-terprétant ses résultats et être préparé à découvrir l'inattendu.

La transduction spécialisée

Dans la **transduction spécialisée** ou **restreinte**, la particule trans-ductrice ne porte que certaines parties spécifiques du génome bacté-rien. La transduction spécialisée résulte d'une erreur dans le cycle ly-sogène. Lorsqu'un prophage est induit et quitte le chromosome de l'hôte, l'excision est parfois erronée. Le génome du phage résultant contient des segments du chromosome bactérien (de 5 à 10% de l'ADN bactérien) contigus au site d'intégration, rappelant la situa-tion des plasmides F' (**figure 13.20**). Le génome d'un phage trans-ducteur est habituellement défectif et il lui manque une partie de son site d'attachement au chromosome. La particule transductrice injec-tera les gènes bactériens dans une autre bactérie, même si le phage défectif ne peut se reproduire sans assistance. Dans des circonstances appropriées les gènes bactériens sont intégrés de manière stable.

L'exemple de transduction spécialisée le mieux étudié concerne le phage lambda. Le génome de lambda s'insère dans le chromosome de l'hôte en un site spécifique connu comme site d'at-tachement ou *att* (**figure 13.21** ; *voir aussi les figures 17.16 et 17.20*). Les sites *att* du phage et les sites *att* bactériens sont simi-laires et peuvent se recombiner entre eux même s'ils ne sont pas identiques. Le site *att* bactérien est situé entre les gènes *gal* et *bio* sur le chromosome d'*E.coli*. En conséquence, ce sont ces gènes bac-tériens que les phages lambda, transducteurs spécialisés, portent le plus fréquemment. Le lysat ou produit de la lyse cellulaire, résultant de l'induction d'*E. coli* lysogène, contient des phages normaux et quelques particules transductrices défectives. Ces particules sont appelées lambda *dgal* parce qu'elles contiennent les gènes du cata-bolisme du galactose (figure 13.21). Ces lysats sont souvent appelés **lysats transducteurs à basse fréquence (lysats LFT** « low-fre-quency transduction lysates »), parce qu'ils ne contiennent qu'une faible proportion de particules transductrices. Alors que le phage normal a un site *att* complet, les particules transductrices défectives ont un site d'intégration hybride non fonctionnel, en partie d'origine bactérienne et en partie d'origine virale. L'intégration du génome viral défectif ne se produit pas facilement. Les phages transducteurs peuvent aussi avoir perdu certains gènes nécessaires à leur multipli-cation. Des transduits stables peuvent cependant résulter d'une re-combinaison entre le chromosome du phage et de la bactérie, lorsque les croisements ont lieu de part et d'autre du site *gal* (fi-gure 13.21). Le cycle lysogène du phage lambda (pp. 391-95).

Les phages lambda défectifs porteurs du gène *gal* s'intègrent si un phage lambda normal est présent dans la même cellule. Le phage normal sera intégré en formant deux sites *att* hybrides (bac-térie/phage) où le phage lambda *dgal* défectif ira s'insérer (fi-gure 13.21). Il fournira également les gènes manquants dans le phage défectif. Le phage normal dans cet exemple est appelé **phage auxiliaire (helper)** parce qu'il aide le phage défectif à s'in-tégrer et à se reproduire. Ces transduits sont instables car les pro-phages sont inductibles et s'excisent lors d'une exposition aux ra-diations UV par exemple. L'excision produit néanmoins un lysat contenant à peu près autant de phages lambda *dgal* défectifs que de phages auxiliaires normaux. Ce lysat est appelé **lysat trans-ducteur à haute fréquence (lysat HFT** « high frequency trans-duction lysate ») parce qu'il est très efficace dans la transduction. La réinfection de bactéries avec ce mélange générera un nombre considérablement plus grand de transduits.

Les lysats LFT comme ceux qui résultent de la transduction généralisée contiennent une particule transductrice pour 10^5 ou 10^6 phages ; dans les lysats HFT au contraire, le taux de des parti-cules transductrices est de 0,1 à 0,5.

---

1. Décrivez brièvement les cycles lytique et lysogène des virus. Définissez lysogénie, lysogène, phage tempéré, prophage et trans-duction.

2. Décrivez la transduction généralisée, comment elle se produit et la manière dont elle fut découverte. Qu'est-ce qu'une transduction abortive ?

3. Qu'est-ce qu'une transduction spécialisée ou restreinte et com-ment apparaît- elle ? Distinguez les lysats LFT et HFT et décrivez les conditions de leur formation.

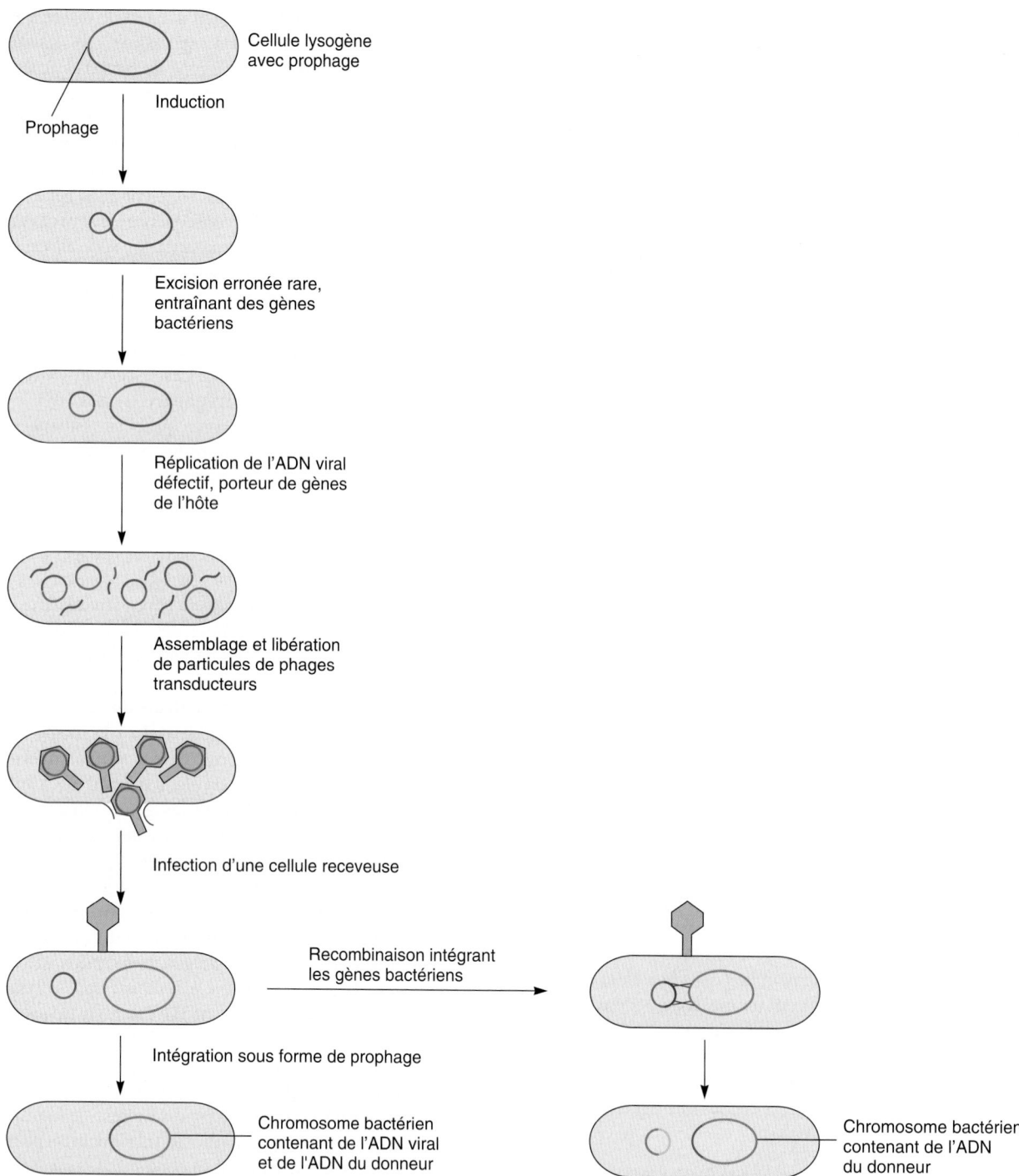

Figure 13.20 La transduction spécialisée par un bactériophage tempéré. La recombinaison peut produire deux types de transduits. Détails dans le texte.

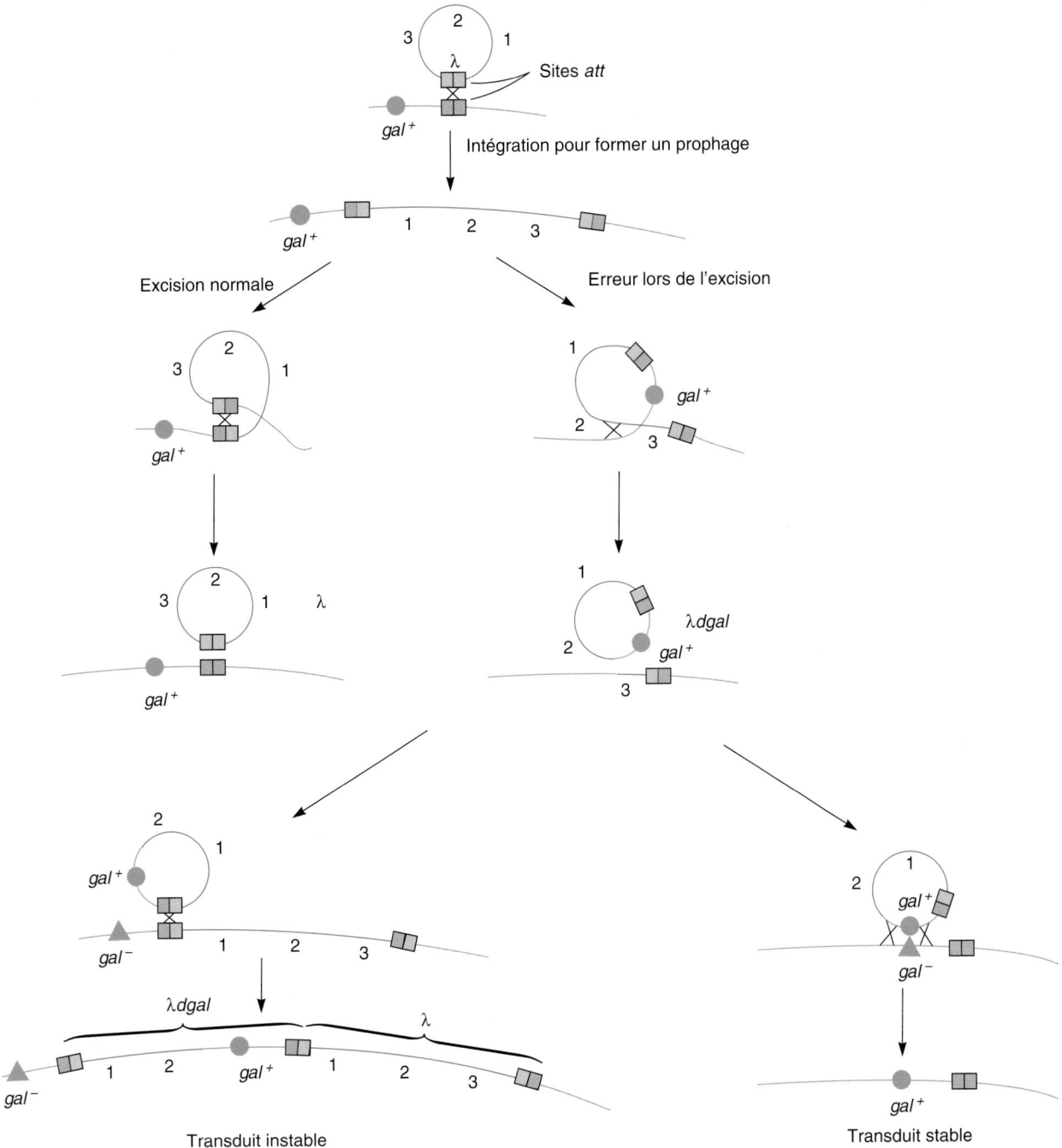

Sites *att*

Intégration pour former un prophage

Excision normale

Erreur lors de l'excision

λ

λ*dgal*

λ*dgal*

λ

Transduit instable

Transduit stable

Figure 13.21 Le mécanisme de transduction pour le phage lambda et *E. coli*. Le phage lambda intégré est proche des gènes *gal*. Lorsqu'il s'excise normalement (en haut, à gauche), le nouveau phage est complet et ne contient aucun gène bactérien. En de rares occasions, l'excision se fait de façon asymétrique (en haut, à droite) et les gènes *gal* sont alors emportés tandis que des gènes de phage sont perdus. Il en résulte un phage lambda défectif qui porte des gènes bactériens et peut les transférer à un nouveau receveur. Voir texte pour détails.

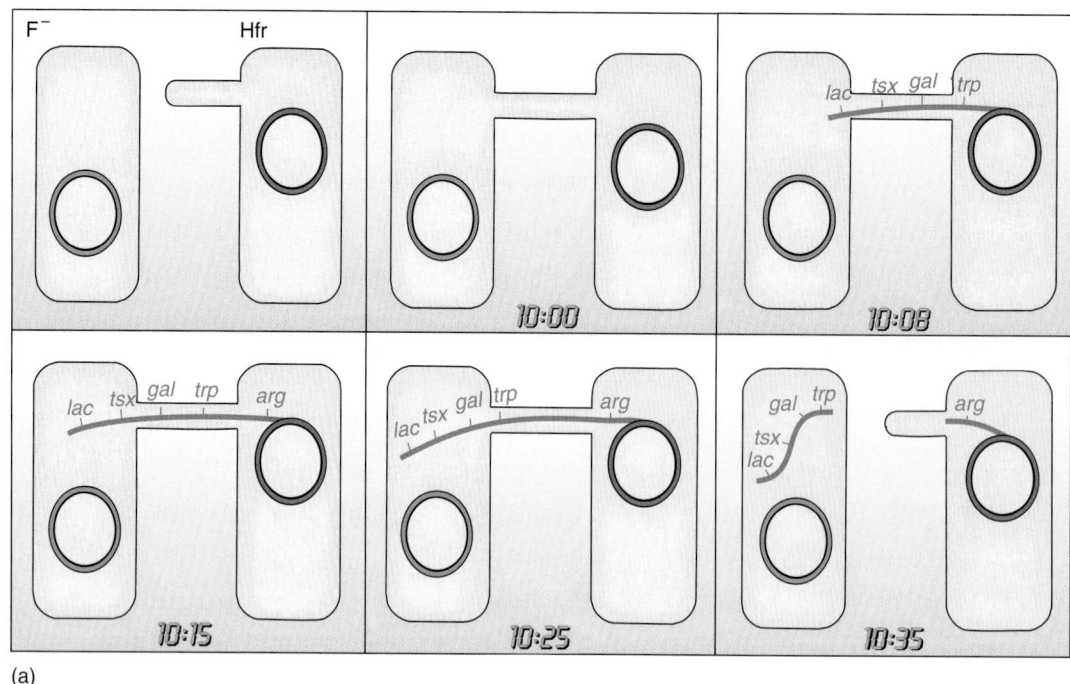

(a)

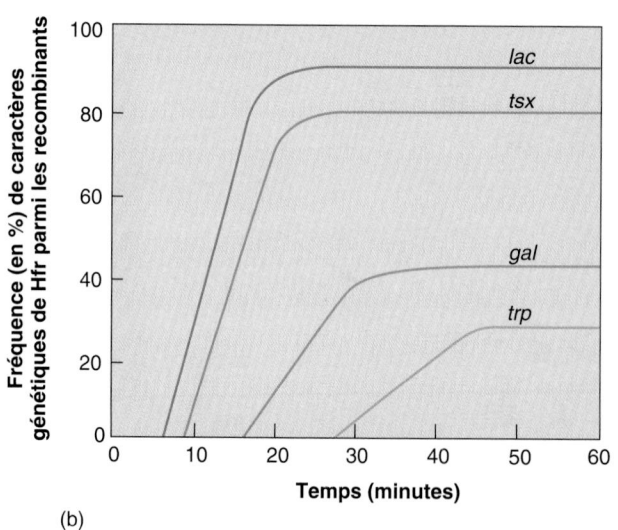

(b)

Figure 13.22 L'interruption expérimentale d'un croisement conjugatif Hfr x F⁻. (a) Le transfert linéaire de gènes est arrêté par rupture du conduit conjugatif afin de déterminer l'ordre d'entrée des gènes dans la cellule receveuse. **(b)** Exemple de résultats obtenus par une expérience de croisement interrompu. La séquence des gènes est *lac-tsx-gal-trp*.

13.7   La cartographie du génome

La localisation des gènes dans le génome de n'importe quel organisme est une tâche très complexe. Cette section passe en revue les méthodes de cartographie du génome bactérien en prenant *E. coli* comme exemple. Les trois modes de transfert et de recombinaison de gènes ont servi pour cette cartographie. La structure des gènes et la nature des mutations (pp. 241-53).

La conjugaison Hfr est fréquemment utilisée pour déterminer la localisation relative de gènes bactériens. Cette technique découle du fait que, durant la conjugaison, le chromosome linéaire passe d'un donneur à un receveur avec une vitesse constante. Dans une **expérience de croisement interrompu,** le canal de conjugaison est brisé et le croisement Hfr x F⁻ est arrêté à intervalles réguliers après le début de la conjugaison, en soumettant la culture à une agitation vigoureuse dans un mixeur (**figure 13.22a**). L'ordre et la chronologie du transfert de gènes peut être déterminé parce qu'ils reflètent l'ordre des gènes dans le chromosome bactérien (fi-

gure 13.22*b*). A titre d'exemple, l'extrapolation des courbes dans la figure 13.22*b* sur l'axe des X donnera le temps requis, depuis le début de l'accouplement, pour que chaque gène commence à pénétrer dans le receveur. Il en résulte une carte chromosomique circulaire avec des distances exprimées en minutes écoulées jusqu'au transfert d'un gène. Cette technique permet de localiser avec une précision raisonnable des gènes distants de 3 minutes ou davantage. La hauteur des plateaux dans la figure 13.22*b* est abaissée pour des gènes qui sont plus distants du facteur F (l'origine du transfert) parce que les chances de rupture spontanée des canaux de conjugaison augmentent avec la longueur du transfert. Il n'est pas possible d'établir la carte du génome d'*E. coli* à partir d'une seule souche Hfr à cause de la trop grande taille de ce génome. Dès lors, différentes souches Hfr ayant intégré le plasmide F en différents sites et orientations, doivent être utilisées et leurs cartes doivent être superposées. La carte dans son ensemble est ajustée à 100 minutes, même si un transfert complet peut durer plus longtemps. Le temps 0 est fixé au locus thréonine (*thr*).

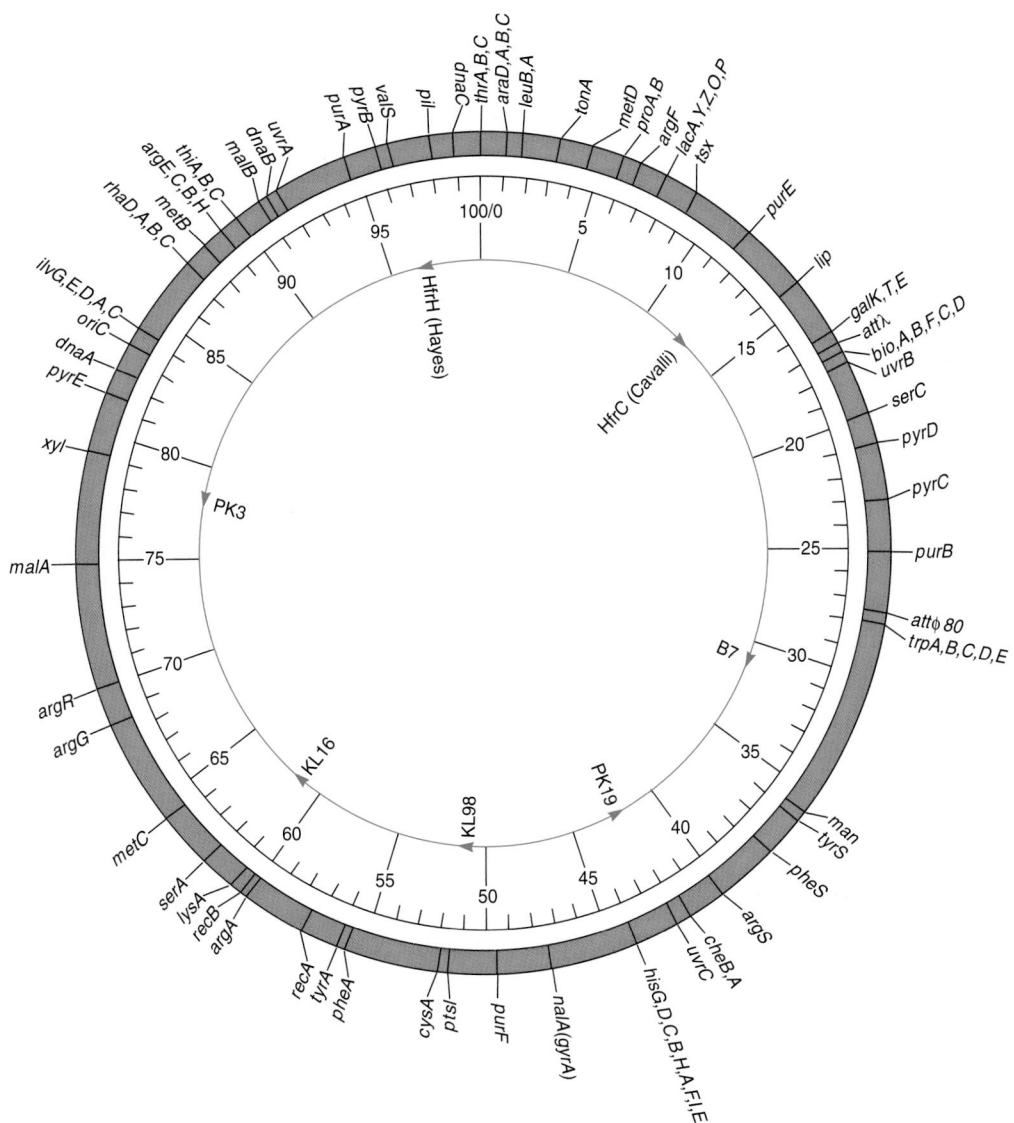

Figure 13.23   La carte génétique circulaire d'*E. coli* K 12 avec la localisation de gènes choisis. Le cercle interne montre l'origine et la direction de transfert de plusieurs souches Hfr. La carte est divisée en 100 minutes, temps requis pour le transfert du chromosome d'une cellule Hfr à une cellule F⁻, à 37°C.

La liaison des gènes (la proximité de deux gènes sur le chromosome) peut également être déterminée par transformation, en mesurant la fréquence avec laquelle deux ou plusieurs gènes transforment simultanément une cellule receveuse. Considérez le cas d'une cotransformation par deux gènes. En théorie, une bactérie pourrait recevoir simultanément deux gènes, chacun porté par un fragment d'ADN distinct. Néanmoins, il est plus vraisemblable que les gènes résident sur le même fragment. Si deux gènes sont rapprochés sur le chromosome, ils doivent être capables de cotransformer. Plus les gènes sont rapprochés, plus fréquemment ils seront portés sur un même fragment et la fréquence de cotransformation sera accrue. Si des gènes sont très distants l'un de l'autre, ils seront portés par des fragments d'ADN distincts et la fréquence d'une double transformation sera égale au produit des fréquences de transformation individuelles.

La transduction généralisée permet d'obtenir des informations sur l'ordre des gènes de la même manière que la transformation. Les liaisons génétiques sont habituellement exprimées en fréquences de cotransduction. En effet, lorsque deux gènes sont rapprochés, les chances augmentent de les retrouver sur le même fragment d'ADN incorporé dans une même capside de phage. Le phage P1 d'*E. coli* est souvent utilisé pour ce type de cartographie parce qu'il peut transduire de façon aléatoire jusqu'à 1-2 % du génome.

La transduction spécialisée est employée pour trouver quel site d'attachement du phage est proche d'un gène spécifique. Les localisations relatives des sites *att* spécifiques de phages sont connues par les expériences de conjugaison et les gènes proches de chaque site *att* sont déterminés par la transduction spécialisée. Ces données permettent de localiser avec précision les gènes sur le chromosome.

Une carte génétique simplifiée d'*E. coli* K12 est donnée à la **figure 13.23**. L'ensemble de la carte est développée en utilisant différentes techniques parce que les données obtenues par conjugaison ne permettent pas de positionner des gènes fort rapprochés. Le plus souvent, les données d'un croisement interrompu sont combinées avec celles d'une cotransduction et des études de cotransformation. On utilise aussi des données venant d'études de recombinaison. Normalement, un nouveau marqueur génétique d'*E. coli* est localisé dans une région relativement restreinte de son génome (long de 10 à 15 minutes), en employant une série de souches Hfr ayant des sites d'intégration du facteur F répartis tout le long du génome. Ensuite, sa position relative par rapport à des gènes voisins sera déterminée, au sein d'une même région, de manière plus précise en effectuant des études de transformation et de transduction. Les cartes récentes du chromosome d'*E. coli* donnent la localisation de plus de mille gènes. Il faut se souvenir que la carte génétique écrit la réalité physique dans un sens relatif. Une unité cartographique dans une région du génome peut ne pas correspondre à la même distance physique qu'une unité dans une autre partie du même génome.

En plus de préciser l'ordre des gènes, les cartes génétiques procurent des informations utiles. On observe par exemple, un regroupement considérable de gènes dans *E. coli* K12 (figure 13.23). Dans les régions autour de 2, 17 et 27 minutes, il y a beaucoup de gènes, alors que relativement peu de marqueurs génétiques sont trouvés dans la région de 33 minutes. Les zones apparemment dépourvues de gènes peuvent bien contenir des gènes non identifiés, mais peut-être leur fonction n'est-elle pas principalement de coder de l'information génétique. Selon une hypothèse, la région de 33 minutes est impliquée dans l'attachement du chromosome d'*E. coli* à la membrane plasmique durant la réplication et la division cellulaire. Il est intéressant de noter que cette région est presqu'exactement à l'opposé de l'origine de réplication du chromosome (*oriC*).

Evidemment, on pourrait apprendre beaucoup en comparant la carte génétique d'un micro-organisme avec la séquence nucléotidique réelle de son génome. Il est maintenant possible de séquencer assez rapidement les génomes de procaryotes. Le séquençage et l'analyse des génomes seront vus en détail plus tard. Génomique microbienne (chapitre 15).

13.8 La recombinaison et la cartographie génomique des virus

Les génomes de bactériophages subissent également des recombinaisons, même si les processus sont différents de ceux décrits chez les bactéries. Les enjambements doivent avoir lieu au sein d'une cellule hôte, car les phages eux-mêmes se multiplient dans les cellules et ne peuvent pas subir directement des recombinaisons. En principe, une expérience de recombinaison entre virus est facile à faire. Lorsque des bactéries sont mélangées avec assez de phages, au moins deux virions infecteront en moyenne chaque cellule et la recombinaison génétique devrait pouvoir être observée. Parmi les phages du lysat résultant, on recherchera des combinaisons croisées qui diffèrent des génotypes parentaux initiaux. Le cycle lytique des bactériophages (pp. 382-88).

Alfred Hershey fut le premier à démontrer la recombinaison dans le phage T2 en employant deux souches ayant des phénotypes différents. Les deux souches parentales dans les croisements de Hershey, étaient h^+r^+ et hr (**figure 13.24a**). Le gène *h* influence le spectre d'hôtes ; lorsque le gène *h* est modifié T2 infecte d'autres souches d'*E. coli*. Les phages possédant le gène r^+ forment des plages de lyse de type sauvage, tandis que les T2 de génotype *r*, ont un phénotype « lyse rapide » et forment des plages plus grandes que les normales et au contour plus net (figure 13.24b et 13.24c). Dans une de ses expériences Hershey, infecta *E. coli* avec un grand nombre de phages des 2 types h^+r^+ et hr (figure 13.24a). Il étala alors les lysats avec un mélange de deux bactéries indicatrices différentes et fut capable de détecter un nombre significatif de recombinants h^+r et hr^+, ainsi que des plages de lyse de type parental. Si on dispose de phénotypes identifiables et de méthodes pour effectuer les croisements, il est possible de localiser les gènes de phages de cette manière. Formation et morphologie des plages de lyse (p. 364).

Les génomes de phages sont si petits qu'il est souvent plus facile de les cartographier sans déterminer les fréquences de recombinaison. Certaines techniques permettent de déterminer réellement les cartes physiques qui sont souvent très utiles en génie génétique. Plusieurs de ces méthodes impliquent des manipulations de l'ADN suivies de leur examen au microscope électronique. Par exemple, il est possible de comparer directement des chromosomes viraux sauvages et mutants. Dans la technique de cartographie par hétéroduplex, les deux types de chromosomes sont dénaturés, mélangés et mis dans des conditions d'hybridation. Lorsqu'elles sont réunies, les régions homologues des différentes molécules d'ADN forment une double hélice régulière. Dans les séquences où les bases ne s'unissent pas suite à une mutation telle qu'une délétion ou une insertion, des bulles seront observées au microscope électronique.

Plusieurs autres techniques directes sont employées pour cartographier les génomes viraux ou certaines parties d'entre eux. Les endonucléases de restriction (*voir section 14.1*) sont employées conjointement à l'électrophorèse pour analyser les fragments d'ADN et localiser des délétions et autres mutations qui influencent la mobilité électrophorétique. Les génomes de phages peuvent également être directement séquencés afin de localiser des mutations précises et d'analyser les changements qui ont eu lieu.

Il faut remarquer que plusieurs de ces techniques de cartographie physique ont également été employées dans l'analyse de portions relativement petites des génomes bactériens. En plus, ces méthodes sont utiles en ingénierie génétique, qui concerne la manipulation directe de l'ADN.

---

1. Décrivez comment le génome bactérien peut être cartographié en utilisant la conjugaison Hfr, la transformation, la transduction généralisée et la transduction spécialisée. Incluez une description de chaque technique et les hypothèses qui la soutiennent.

2. Pourquoi est-il nécessaire d'appliquer différentes techniques dans la cartographie génomique ? Comment cela se fait-il en pratique ?

3. En quoi la recombinaison des virus diffère-t-elle de celle des bactéries ? Comment Hershey démontra-t-il la recombinaison virale ?

4. Décrivez la cartographie par hétéroduplex.

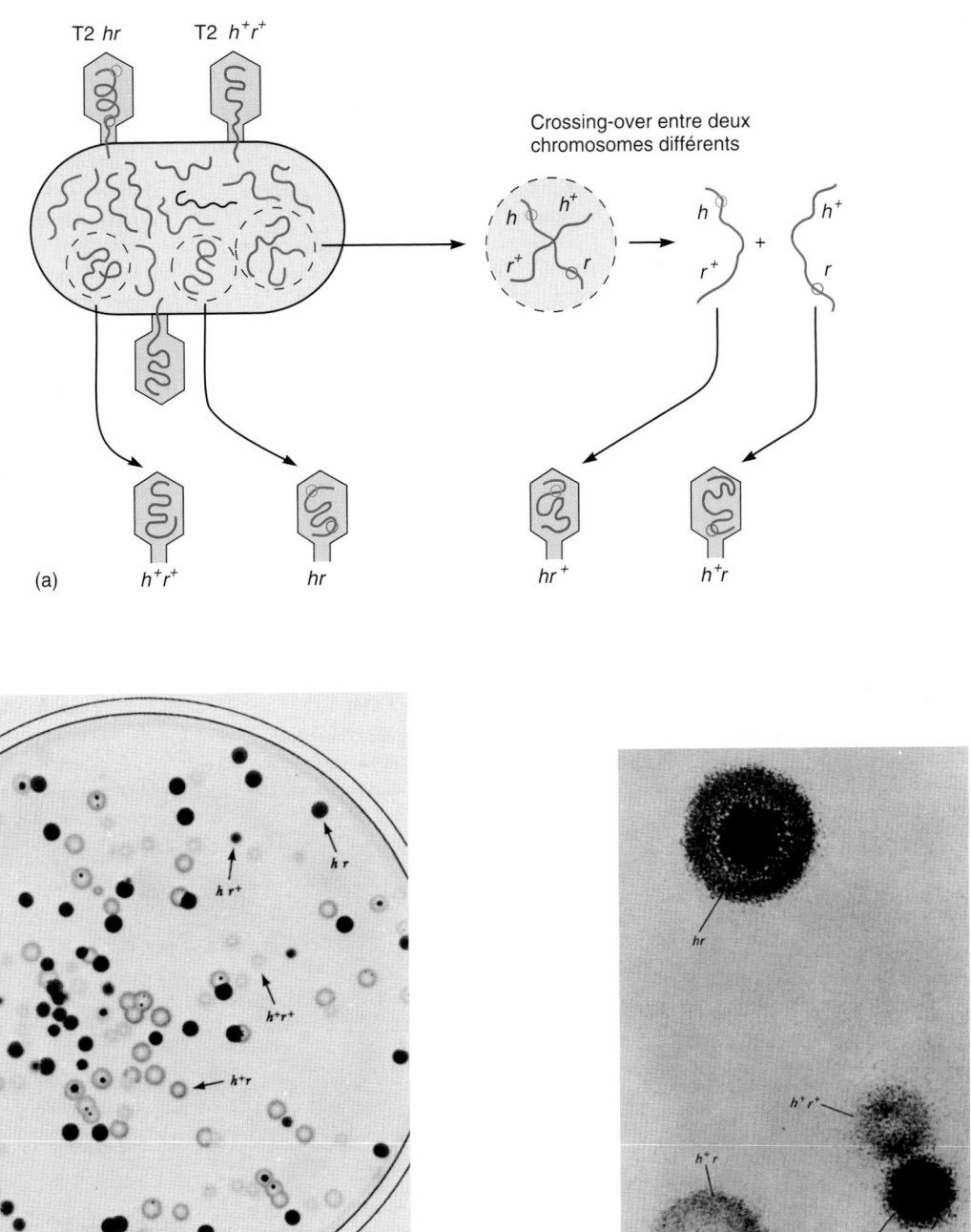

Figure 13.24 La recombinaison génétique chez les bactériophages. (**a**) Résumé d'une expérience de recombinaison génétique avec les souches *hr* et *h*⁺*r*⁺ du phage T2. Le chromosome *hr* est en couleur. (**b**) Les types de plages de lyse produites sur un tapis d'*E. coli* au cours de cette expérience. (**c**) Gros plan des quatre types de plages de lyse.

Résumé

1. Dans la recombinaison, le matériel génétique de deux chromosomes différents est combiné pour donner un chromosome nouveau hybride. Il y a trois types de recombinaison : la recombinaison généralisée, la recombinaison localisée et la recombinaison réplicative.

2. La recombinaison bactérienne est un processus unidirectionnel au cours duquel l'exogénote est transféré d'une bactérie donneuse à une receveuse et est intégré dans l'endogénote (**figure 13.4**).

3. Les plasmides sont des petites molécules circulaires d'ADN qui se répliquent de manière autonome et qui peuvent être indépendantes du chromosome de l'hôte. Leurs gènes ne sont pas nécessaires à la survie de l'hôte.

4. Les épisomes sont des plasmides qui peuvent s'intégrer de manière réversible dans le chromosome de l'hôte.

5. De nombreux types de plasmides importants ont été décrits : facteurs F, facteurs R, plasmides Col, plasmides de virulence et plasmides métaboliques.

6. Les transposons ou éléments transposables sont des segments d'ADN qui se déplacent d'un endroit à l'autre du génome par un processus appelé transposition.

7. Il y a deux types d'éléments transposables : les séquences d'insertion et les transposons

composites.

8. Les éléments transposables causent des mutations, bloquent la traduction et la transcription, activent ou inactivent des gènes, aident à l'insertion du plasmide F et portent des gènes de résistance aux antibiotiques.

9. La conjugaison est le transfert de gènes entre bactéries, elle dépend d'un contact direct entre cellules, amorcé par le pilus F.

10. Dans un croisement F⁺ xF⁻, le facteur F reste indépendant du chromosome et une copie est transférée à un receveur F- ; les gènes du donneur ne sont que rarement transférés (**figure 13.14**).

11. Des souches Hfr transfèrent des gènes bactériens à des receveurs parce que le facteur F est intégré dans le chromosome de l'hôte. Une copie complète du facteur F n'est que rarement transférée (**figure 13.14**).

12. Lorsque le facteur F est excisé d'un chromosome Hfr, il emporte occasionnellement certains gènes bactériens pour devenir un plasmide F'qui transfère ces gènes aisément à d'autres bactéries (**figure 13.15**).

13. La transformation est l'entrée d'une molécule nue d'ADN dans des cellules compétentes, suivie de son intégration dans le génome (**figure 13.16**).

14. Un virus bactérien ou bactériophage peut se multiplier en détruisant la cellule hôte (cycle lytique) ou devenir un prophage latent qui est maintenu dans la cellule hôte (cycle lysogène) (**figure 13.18**).

15. La transduction est le transfert de gènes bactériens par des virus.

16. Dans la transduction généralisée, n'importe quel fragment d'ADN de l'hôte peut être empaqueté dans une capside virale et transféré à une cellule receveuse (**figure 13.19**).

17. Les phages tempérés permettent une transduction spécialisée en incorporant des gènes bactériens au cours de l'induction du prophage, pour ensuite donner ces gènes à une autre bactérie (**figure 13.20**).

18. Le génome bactérien peut être cartographié en suivant l'ordre du transfert des gènes au cours d'une conjugaison Hfr (**figure 13.22**) ; on peut également utiliser des techniques de cartographie basées sur la transformation et la transduction.

19. Lorsque deux virus infectent simultanément une cellule hôte, leurs chromosomes peuvent se recombiner.

20. Les génomes viraux sont cartographiés par recombinaison et par des techniques de formation d'hétéroduplex.

Mots-clés

ADN hétéroduplex *309*
bactériocine *297*
compétent *305*
conjugaison *302*
croisement interrompu *312*
crossing-over (enjambement) *292*
curage *294*
élément transposable *298*
endogénote *294*
enjambement ou crossing-over *292*
épisome *294*
exogénote *294*
facteur F *295*
facteur R *297*
lysat transducteur à basse fréquence (lysat LFT) *309*
lysat transducteur à haute fréquence (lysat HFT) *309*
lysogène *308*

lysogénie *307*
mérozygote *294*
particule de transduction généralisée *309*
phage auxiliaire *309*
phage tempéré *308*
pilus sexuel *303*
plasmide *294*
plasmide conjugatif *294*
plasmide F' *305*
plasmide de virulence *297*
plasmide métabolique *297*
prophage *308*
recombinaison *292*
recombinaison générale *292*
recombinaison localisée *292*
recombinaison réplicative *292*
restriction par l'hôte *294*

réplicon *294*
séquence d'insertion *298*
souches Hfr *303*
transduit abortif *309*
transduction *308*
transduction généralisée *308*
transduction restreinte *309*
transduction spécialisée *309*
transfert horizontal de gènes *292*
transformation *305*
transposase *298*
transposition *298*
transposon *298*
transposon composite *298*
transposon conjugatif *301*

Questions de révision

1. En quoi la recombinaison chez les procaryotes diffère-t-elle de celle de la plupart des eucaryotes ?

2. Distinguez entre plasmides, transposons et phages tempérés.

3. Comment peut-on démontrer la présence d'un plasmide dans une cellule hôte ?

4. Quels effets attribuez-vous à l'existence d'éléments transposables et de plasmides sur le cours et la vitesse de l'évolution microbienne ? Donnez vos arguments.

5. Comment explique-t-on l'apparition fréquente de plasmides à résistances multiples ?

6. Supposez qu'après avoir effectué une expérience dans un tube en U avec deux auxotrophes, vous ayez découvert que la recombinaison n'était pas bloquée par le filtre mais

était bien absente après traitement avec la désoxyribonucléase. Quel processus de transfert de gènes est responsable ? Pourquoi vaut-il mieux employer des doubles ou triples auxotrophes dans cette expérience ?

7. Enumérez les similitudes et les différences entre conjugaison, transformation et transduction.

8. Comment peut-on affirmer si un processus de recombinaison est dû à une transduction généralisée ou spécialisée ?

9. Pourquoi une cellule ne se lyse-t-elle pas après transduction par un phage tempéré ?

10. Décrivez comment vous pourriez localiser avec précision le gène *rec*A et montrer qu'il est situé entre 58 et 58,5 minutes sur le chromosome d'*E. coli*.

Questions de réflexion

1. Schématisez un double enjambement et un enjambement simple. Lequel est le moins fréquent et pourquoi ? Suggérez des expériences où vous utiliseriez l'un ou l'autre de ces enjambements et quels types de marqueurs vous emploieriez. Quelles sortes de moyens de reconnaissance et de capacités catalytiques la machinerie de recombinaison devrait-elle posséder ?

2. Supposez qu'une transduction ait lieu au cours d'une expérience effectuée dans un tube en U. Comment confirmeriez-vous que quelque chose comme un virus a traversé le filtre et transduit le receveur ?

3. Quel serait l'avantage évolutif d'une période de « compétence » naturelle dans un cycle biologique bactérien ? Quels seraient les désavantages possibles ?

Lectures complémentaires

Les références des chapitres 11 et 12 devraient être consultées également, en particulier les manuels introductifs et avancés.

Généralités

Berg, D. E., et Howe, M. M., editors. 1989. *Mobile DNA*. Washington, D.C.: American Society for Microbiology.

Brock, T. D. 1990. *The emergence of bacterial genetics*. Cold Spring Harbor, N.Y.: Cold Spring Harbor Laboratory Press.

Levy, S. B., et Marshall, B. M. 1988. Genetic transfer in the natural environment. In *Release of genetically-engineered microorganisms*, M. Sussman, G. H. Collins, F. A. Skinner, and D. E. Stewart-Tall, editors, 61–76. San Diego, Calif.: Academic Press.

Low, K. B. 2000. *Escherichia coli* and *Salmonella*, genetics. In *Encyclopedia of microbiology*, 2e éd., vol. 2, J. Lederberg, éd., 270–82. San Diego: Academic Press.

Neidhardt, F. C., éd. 1996. *Escherichia coli and Salmonella: Cellular and molecular biology*, 2e éd. Washington, D.C.: ASM Press.

Neidhardt, F. C., Ingraham, J. L., et Schaechter, M. 1990. *Physiology of the bacterial cell*. Sunderland, Mass.: Sinauer.

Streips, U. N., et Yasbin, R. E., éd. 1991. *Modern microbial genetics*. New York: Wiley-Liss, Inc.

13.1 La recombinaison bactérienne : principes généraux

Cohan, F. M. 1996. The role of genetic exchange in bacterial evolution. *ASM News* 62(12):631–36.

Dressler, D., et Potter, H. 1982. Molecular

mechanisms in genetic recombination. *Annu. Rev. Biochem.* 51:727–61.

Hotchkiss, R. D. 1974. Models of genetic recombination. *Annu. Rev. Microbiol.* 28:445–68.

Kowalczykowski, S. C. 2000. Initiation of genetic recombination and recombination-dependent replication. *Trends Biochem. Sci.* 25:156–65.

Kowalczykowski, S. C., Dixon, D. A., Eggleston, A. K., Lauder, S. D., et Rehrauer, W. M. 1994. Biochemistry of homologous recombination in *Escherichia coli*. *Microbiol. Rev.* 58(3):401–65.

Kucherlapati, R., et Smith, G. R., editors. 1988. *Genetic recombination*. Washington, D.C.: American Society for Microbiology.

Matic, I., Taddei, F., et Radman, M. 1996. Genetic barriers among bacteria. *Trends Microbiol.* 4(2):69–73.

Miller, R. V. 1998. Bacterial gene swapping in nature. *Sci. Am.* 278(1):67–71.

Smith, G. R. 1988. Homologous recombination in procaryotes. *Microbiol. Rev.* 52(1):1–28.

Stahl, F. W. 1987. Pourquoi nous différons de nos parents. *Pour la Science*, 114, 18-31.

13.2 Les plasmides bactériens

Hardy, K. 1986. *Bacterial plasmids*, 2e éd. Washington, D.C.: American Society for Microbiology.

Khan, S. A. 1997. Rolling-circle replication of bacterial plasmids. *Microbiol. Mol. Biol. R.* 61(4):442–55.

Mayer, L. W. 1988. Use of plasmid profiles in epidemiologic surveillance of disease outbreaks

and in tracing the transmission of antibiotic resistance. *Clin. Microbiol. Rev.* 1(2):228–43.

Novick, R. P. 1981, Les plasmides. *Pour la Science* 40, 46-59

Rasooly, A., et Rasooly, R. S. 1997. How rolling circle plasmids control their copy number. *Trends Microbiol.* 5(11):40–46.

Summers, D. K. 1996. *The biology of plasmids*. Cambridge: Mass.: Blackwell Science Ltd.

Thomas, C. M. 2000. Plasmids, bacterial. In *Encyclopedia of microbiology*, 2d éd., vol. 3, J. Lederberg, éd., 711–29. San Diego: Academic Press.

13.3 Les éléments transposables

Bennett, P. M. 2000. Transposable elements. In *Encyclopedia of microbiology*, 2e éd., vol. 4, J. Lederberg, éd., 704–24. San Diego: Academic Press.

Berg, C. M., et Berg, D. E. 1984. Jumping genes: The transposable DNAs of bacteria. *Am. Biol. Teach.* 46(8):431–39.

Cohen, S. N., et Shapiro, J. A. 1980. Les éléments génétiques transposables. *Pour la Science*, 30, 64-78

Grindley, N. D. F., et Reed, R. R. 1985. Transpositional recombination in prokaryotes. *Annu. Rev. Biochem.* 54:863–96.

Haren, L., Ton-Hoang, B., et Chandler, M. 1999. Integrating DNA: Transposases and retroviral integrases. *Annu. Rev. Microbiol.* 53:245–81.

Kleckner, N. 1981. Transposable elements in prokaryotes. *Annu. Rev. Genet.* 15:341–404.

Kleckner, N. 1990. Regulation of transposition in bacteria. *Annu. Rev. Cell Biol.* 6:297–327.

Salyers, A. A., Shoemaker, N. B., Stevens, A. M., et Li, L.-Y. 1995. Conjugative transposons: An unusual and diverse set of integrated gene transfer elements. *Microbiol. Rev.* 59(4):579–90.

Scott, J. R., et Churchward, G. G. 1995. Conjugative transposition. *Annu. Rev. Microbiol.* 49:367–97.

13.4 La conjugaison bactérienne

Dunny, G. M., Leonard, B. A. B., et Hedberg, P. J. 1995. Pheromone-inducible conjugation in *Enterococcus faecalis:* Interbacterial and host-parasite chemical communication. *J. Bacteriol.* 177(4):871–76.

Ippen-Ihler, K. A., et Minkley, E. G., Jr. 1986. The conjugation system of F, the fertility factor of *Escherichia coli. Annu. Rev. Genet.* 20:593–624.

Firth, N., Ippen-Ihler, K., et Skurray, R. A. 1996. Structure and function of the F factor and mechanism of conjugation. In *Escherichia coli and Salmonella: Cellular and molecular biology,* 2e éd., vol. 2, F. C. Neidhardt, éd., 2377–401. Washington, D.C.: ASM Press.

Frost, L. S. 2000. Conjugation, bacterial. In *Encyclopedia of microbiology,* 2e éd., vol. 1, J. Lederberg, éd., 847–62. San Diego: Academic Press.

13.5 La tranformation par l'ADN

Dubnau, D. 1999. DNA uptake in bacteria. *Annu. Rev. Microbiol.* 53:217–44.

Lorenz, M. G., et Wackernagel, W. 1994. Bacterial gene transfer by natural genetic transformation in the environment. *Microbiol. Rev.* 58(3):563–602.

McCarty, M. 1985. *The transforming principle: Discovering that genes are made of DNA.* New York: W. W. Norton.

Solomon, J. M., et Grossman, A. D. 1996. Who's competent and when: Regulation of natural genetic competence in bacteria. *Trends Genetics* 12(4):150–55.

Stewart, G. J., et Carlson, C. A. 1986. The biology of natural transformation. *Annu. Rev. Microbiol.* 40:211–35.

Wilkins, B. M., et Meacock, P. A. 2000. Transformation, genetic. In *Encyclopedia of microbiology,* 2e éd., vol. 4, J. Lederberg, éd., 651–65. San Diego: Academic Press.

13.6 La transduction

Masters, M. 2000. Transduction: Host DNA transfer by bacteriophages. In *Encyclopedia of microbiology,* 2e éd., vol. 4, J. Lederberg, éd., 637–50. San Diego: Academic Press.

13.7 La cartographie du génome

Ash, C. 1997. Year of the genome. *Trends Microbiol.* 5(4):135–39.

Berlyn, M. K. B., Low, K. B., et Rudd, K. E. 1996. Linkage map of *Escherichia coli* K–12, édition 9. In *Escherichia coli and Salmonella: Cellular and molecular biology,* 2e éd., vol. 2. F. C. Neidhardt, éd., 1715–1902. Washington, D. C.: ASM Press.

Sanderson, K. E., Hessel, A., et Rudd, K. E. 1995. Genetic map of *Salmonella typhimurium,* edition VIII. *Microbiol. Rev.* 59(2):241–303.

PARTIE V

Technologie de l'ADN et génomique

CHAPITRE 14

La technologie de l'ADN recombinant

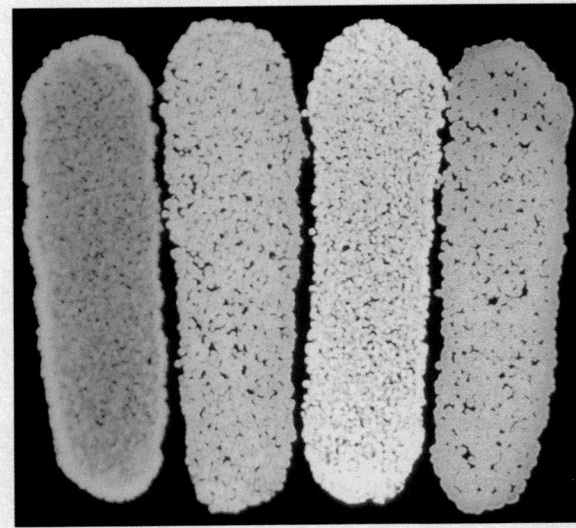

Quatre stries d'*E coli* arborent des couleurs différentes, parce qu'on y a cloné des gènes de luciférases différentes.

Plan

Concepts

1. Le génie génétique utilise la technologie de l'ADN recombinant pour fusionner des gènes avec des vecteurs et les cloner dans des cellules hôtes. De cette manière, on peut synthétiser en grandes quantités des gènes isolés et leurs produits.

2. La production de molécules d'ADN recombinant dépend de l'aptitude des endonucléases de restriction de couper l'ADN à des sites spécifiques.

3. Les plasmides, les bactériophages et autres virus et les cosmides sont employés comme vecteurs. Ils peuvent se répliquer dans une cellule hôte tout en portant de l'ADN étranger. Ils possèdent des traits phénotypiques qui permettent de les détecter.

4. Le génie génétique contribue déjà de manière significative à la recherche biologique, la médecine, l'industrie et l'agriculture. Les bénéfices futurs seront probablement beaucoup plus importants.

5. Le génie génétique soulève des problèmes potentiels dans des domaines comme la sécurité, l'éthique humaine, l'impact sur l'environnement et la guerre biologique.

La percée de la technologie de l'ADN recombinant nous a fourni une approche nouvelle et puissante pour répondre aux questions qui ont intrigué et tourmenté l'humanité pendant des siècles.

— *Paul Berg*

Les chapitres 12 et 13 présentent les éléments essentiels de la génétique microbienne. Le présent chapitre concerne les applications pratiques et la technologie qui en découle.

La manipulation directe de l'ADN n'est possible que depuis peu, même si les humains ont modifié depuis des siècles le bagage génétique des organismes par reproduction sélective. On appelle **ingénierie** ou **génie génétique**, la modification délibérée de l'information génétique d'un organisme par changement direct de l'acide nucléique génomique. Ceci est réalisé par un ensemble de méthodes connues sous le nom de **technologie de l'ADN recombinant**. D'abord l'ADN responsable d'un phénotype particulier est identifié et isolé. Après purification, le ou les gènes sont fusionnés avec d'autres segments d'ADN pour former des molécules d'ADN recombinantes. Celles-ci sont propagées (clonage de gènes) par introduction dans un organisme qui ne doit même pas appartenir au même règne que le donneur de gènes d'origine. La technologie de l'ADN recombinant ouvre des perspectives nouvelles de recherche et de biologie appliquée. Il s'agit donc d'une partie essentielle de la **biotechnologie** qui connaît actuellement une phase de croissance et de développement exceptionnellement rapides. Le terme biotechnologie pouvant couvrir différentes définitions, dans ce texte, il se réfère aux processus au cours desquels des organismes vivants sont génétiquement manipulés, particulièrement au niveau moléculaire, pour donner des produits utiles. Les promesses pour la médecine, l'agriculture et l'industrie sont grandes ; cependant les risques potentiels de cette technologie ne sont pas encore complètement évalués et pourraient être considérables. La biotechnologie et la microbiologie industrielle (chapitre 42).

La technologie de l'ADN recombinant est l'aboutissement de plusieurs découvertes clés en génétique microbienne. La première section passe brièvement en revue les étapes du développement de la technologie de l'ADN recombinant (**tableau 14.1**).

14.1   Historique

L'ADN recombinant est un ADN dont la séquence, nouvelle, est obtenue par jonction de fragments issus de deux ou de plusieurs sources différentes. Une des premières percées menant à la technologie de l'ADN recombinant (ADNr) fut la découverte à la fin des années 1960 par Werner Arber et Hamilton Smith, d'enzymes microbiennes qui coupent l'ADN double-brin. Ces enzymes reconnaissent et coupent des séquences spécifiques de 4 à 6 bases et sont connues sous le nom d'**enzymes de restriction** ou d'endonucléases de restriction (**figure 14.1**). Elles protègent normalement la cellule hôte en détruisant l'ADN de phages après sa pénétration. Les cellules protègent leur propre ADN des enzymes de restriction en méthylant des nucléotides aux sites que ces enzymes reconnaissent. Un ADN étranger n'est pas méthylé aux mêmes sites et le plus souvent, il est clivé par les enzymes de restriction de l'hôte

Tableau 14.1   Quelques jalons en biotechnologie et en technologie de l'ADN recombinant

1958	Purification de l'ADN polymérase
1970	Un gène complet synthétisé *in vitro*
	Découverte de la première endonucléase de restriction spécifique d'une séquence et de la transcriptase inverse
1972	Réalisation des premières molécules d'ADN recombinant
1973	Utilisation de vecteurs plasmidiques pour le clonage de gènes
1975	Technique de transfert selon Southern pour la détection de séquences spécifiques d'ADN
1976	Premier diagnostic prénatal avec usage d'une sonde spécifique d'un gène
1977	Méthode de séquençage rapide de l'ADN
	Découverte des gènes interrompus et synthèse de la somatostatine par ADN recombinant
1978	Construction d'une banque génomique humaine
1979	Synthèse d'insuline par ADN recombinant
	Clonage du premier antigène viral humain (hépatite B)
1981	Clonage de l'antigène viral de la fièvre aphteuse
	L'usage du premier kit de diagnostic basé sur un anticorps monoclonal est approuvé
1982	Production commerciale d'insuline humaine chez *E. coli* par génie génétique
	Isolement, clonage et caractérisation d'un oncogène humain
	Transfert du gène de l'hormone de croissance du rat dans des œufs de souris fécondés
1983	Des plasmides Ti sont employés pour transformer des plantes
1985	Plants de tabac rendus résistants à un herbicide, le glyphosate par insertion d'un gène cloné de *Salmonella*
	Développement de la réaction de polymérisation en chaîne
1987	L'insertion d'un gène fonctionnel dans un œuf de souris fécondé guérit la mutation du tremblement de la souris qui est normalement une maladie génétique fatale
1988	Première production réussie d'un aliment modifié par génie génétique (le soja)
	Développement du canon à gènes
1989	Premier test sur le terrain d'un virus manipulé génétiquement (un baculovirus qui tue les chenilles de la piéride du chou)
1990	Production du premier maïs fertile transformé par un gène étranger (gène de résistance à un herbicide, le bialaphos)
1991	Développement de porcs et de chèvres transgéniques capables de produire des protéines telles que l'hémoglobine humaine
	Premier test de thérapie génique sur des patients humains cancéreux
1994	Introduction de la tomate FlavR SavR, le premier aliment génétiquement modifié admis à la vente
	Production d'anticorps monoclonaux humains, dans des souris génétiquement modifiées
1995	Le séquençage du génome d'*Haemophilus influenzae* est achevé
1996	Séquençage des génomes de *Methanococcus jannaschii* et de *Saccharomyces cerevisiae*
1997	Début des essais en clinique humaine des médicaments antisens et des vaccins d'ADN
	Séquençage du génome d'*E. coli*
1998	Premier clonage de mammifère (la brebis Dolly)

qu'il a envahi. Il y a trois grands types d'enzymes de restriction. Les types I et III clivent l'ADN en dehors des sites de reconnaissance. Les endonucléases de restriction de type II clivent l'ADN à des sites de reconnaissance spécifiques. On peut utiliser les enzymes de type II pour préparer des fragments d'ADN contenant des gènes ou des portions de gènes spécifiques. Par exemple, l'enzyme de restriction *Eco*RI, isolée de *E. coli* par Herbert Boyer en 1969, coupe l'ADN entre G et A dans la séquence GAATTC (**figure 14.2**). Notez que dans une molécule double-brin la séquence de base GAATTC s'apparie avec la même séquence en direction opposée. *Eco*RI coupe dès lors les deux brins entre G et A. Lorsque les deux fragments d'ADN se séparent, ils possèdent des extrémi-

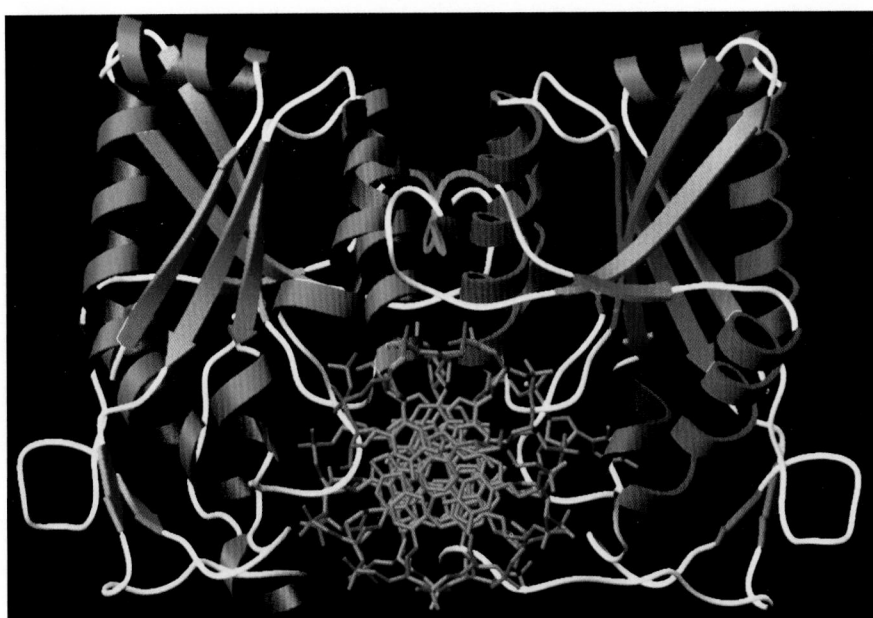

Figure 14.1 La liaison de l'endonucléase de restriction à l'ADN. La structure de la liaison de *Bam*HI à l'ADN, vue dans l'axe de l'ADN. Les deux sous-unités de l'enzyme se placent de part et d'autre de la double hélice d'ADN. Les hélices α sont en vert, les feuillets β en rouge pourpre et l'ADN en orange.

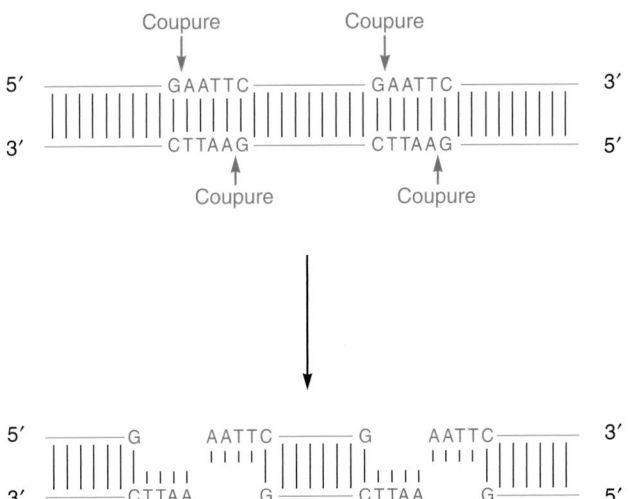

Figure 14.2 Le mode d'action d'une endonucléase de restriction. L'endonucléase de restriction *Eco*RI fait des coupures décalées sur chacun des deux brins d'ADN pour former des bouts cohésifs.

tés complémentaires simple-brin connues sous le nom de bouts cohésifs ou collants. Il y a plusieurs centaines d'enzymes de restriction qui reconnaissent de nombreuses séquences spécifiques différentes (**tableau 14.2**). Le nom de chaque enzyme de restriction commence par trois lettres indiquant la bactérie qui la produit. Par exemple, *Eco*RI vient de *E. coli* alors que *Bam*HI provient de *Bacillus amyloliquefaciens* H et *Sal*I de *Streptomyces albus*. Restriction et phages (p. 386).

En 1970, Howard Temin et David Baltimore découvrirent indépendamment la transcriptase inverse, une enzyme que les rétrovirus utilisent pour copier leur génome d'ARN en ADN. Cette enzyme est utilisée pour construire une copie d'ADN appelée **ADN complémentaire (ADNc)** de n'importe quel ARN (**figure 14.3**). Donc des gènes ou des parties de gènes peuvent être synthétisés à partir d'ARNm. La transcriptase inverse et les rétrovirus (p. 407).

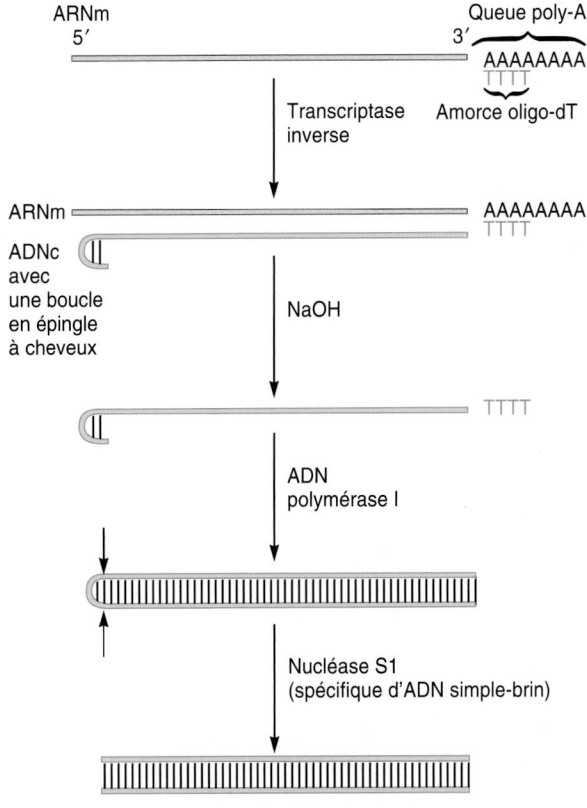

Figure 14.3 La synthèse d'ADN double-brin à partir d'ARNm. La figure résume brièvement une procédure de synthèse d'ADNc. La transcriptase inverse synthétise une copie ADN de l'ARNm, en utilisant un oligo-dT comme amorce. Il en résulte un hybride ARN-ADN dont l'ARN est dégradé, ce qui donne un ADN simple-brin comportant à une extrémité, une boucle en épingle à cheveu. L'ADN polymérase I convertit cet ADN en double-brin, et la nucléase S1 coupe l'ADN aux endroits indiqués par les deux flèches à gauche, pour donner la copie finale d'ADN.

Tableau 14.2   Quelques endonucléases de restriction de type II et leur séquence de reconnaissance

Enzyme	Source microbienne	Séquence reconnue[a]	Extrémité formée[b]
*Alu*I	*Arthrobacter luteus*	5′—A—G↓C—T—3′ 3′—T—C↑G—A—5′	C—T—3′ G—A—5′
*Bam*HI	*Bacillus amyloliquefaciens H*	5′—G↓G—A—T—C—C—3′ 3′—C—C—T—A—G↑G—5′	G—A—T—C—C—3′ G—5′
*Eco*RI	*Escherichia coli*	5′—G↓A—A—T—T—C—3′ 3′—C—T—T—A—A↑G—5′	A—A—T—T—C—3′ G—5′
*Hae*III	*Haemophilus aegyptius*	5′—G—G↓C—C—3′ 3′—C—C↑G—G—5′	C—C—3′ G—G—5′
*Hin*dIII	*Haemophilus influenzae* b	5′—A↓A—G—C—T—T—3′ 3′—T—T—C—G—A↑A—5′	A—G—C—T—T—3′ A—5′
*Not*I	*Nocardia otitidis-caviarum*	5′—G—C↓G—G—C—C—G—C—3′ 3′—C—G—C—C—G—G↑C—G—5′	G—G—C—C—G—C—3′ C—G—5′
*Pst*I	*Providencia stuartii*	5′—C—T—G—C—A↓G—3′ 3′—G↑A—C—G—T—C—5′	G—3′ A—C—G—T—C—5′
*Sal*I	*Streptomyces albus*	5′—G↓T—C—G—A—C—3′ 3′—C—A—G—C—T↑G—5′	T—C—G—A—C—3′ G—5′

[a] Les flèches indiquent les sites de coupure sur chaque brin.
[b] Seule l'extrémité du fragment de droite est montrée.

Le progrès suivant vint en 1972 lorsque David Jackson, Robert Symons et Paul Berg rapportèrent qu'ils avaient fabriqué avec succès des molécules recombinantes d'ADN. Ils permirent aux bouts cohésifs, portés par des fragments, de s'hybrider et puis joignirent les fragments de manière covalente avec l'ADN ligase. Dans la même année, des **vecteurs** plasmidiques, ou transporteurs de fragments d'ADN étrangers au cours d'un clonage de gènes, furent développés et combinés avec de l'ADN étranger (**figure 14.4**). Le premier plasmide recombinant capable de se répliquer dans une bactérie hôte fut le pSC101, plasmide construit par Stanley Cohen et Herbert Boyer en 1973 (les lettre SC dans le nom du plasmide sont les initiales de Stanley Cohen).

En 1975, Edwin M. Southern publia une méthode pour détecter des fragments spécifiques d'ADN de telle sorte qu'un gène particulier puisse être isolé d'un mélange complexe d'ADN. La **technique de transfert de Southern** dépend de la complémentarité spécifique des bases dans les acides nucléiques (**figure 14.5**). Les fragments d'ADN sont d'abord séparés selon leur taille par électrophorèse en gel d'agarose. Ils sont ensuite dénaturés (rendus simplebrin) et transférés sur une membrane de nitrocellulose de telle sorte que chaque fragment soit fermement lié à la membrane, dans la même position que dans le gel. A l'origine, le transfert s'effectuait par le flux de tampon traversant le gel et la membrane, comme montré dans la figure 14.5. Les fragments d'ADN chargés négativement peuvent aussi être transférés du gel à la membrane absorbante par électrophorèse. La membrane est immergée dans une solution qui contient une **sonde** radioactive, un morceau d'acide nucléique marqué qui s'hybride avec des fragments d'ADN complémentaires et qui sert à les localiser. Ces fragments complémentaires de la sonde deviennent radioactifs et sont détectés facilement par **autoradiographie**. Cette technique consiste à déposer un film photographique sur la membrane pendant plusieurs heures et puis à le développer. Le film devient noir aux endroits où un fragment radioactif est localisé parce que l'énergie dégagée par l'isotope entraîne la formation de grains argentés sombres. En utilisant la technique de transfert de Southern, on peut détecter et isoler des fragments ayant une séquence spécifique, à partir d'un mélange complexe.

Plus récemment, des sondes non radioactives ont été développées pour détecter des ADN spécifiques. Dans une de ces approches, la sonde d'ADN est liée à une enzyme telle que la peroxydase du raifort. Après liaison de la sonde ADN-enzyme, au fragment d'ADN sur la membrane, un substrat, le luminol, est ajouté qui émettra de la lumière après action de la peroxydase. La sonde chimioluminescente est détectée par exposition de la membrane à un

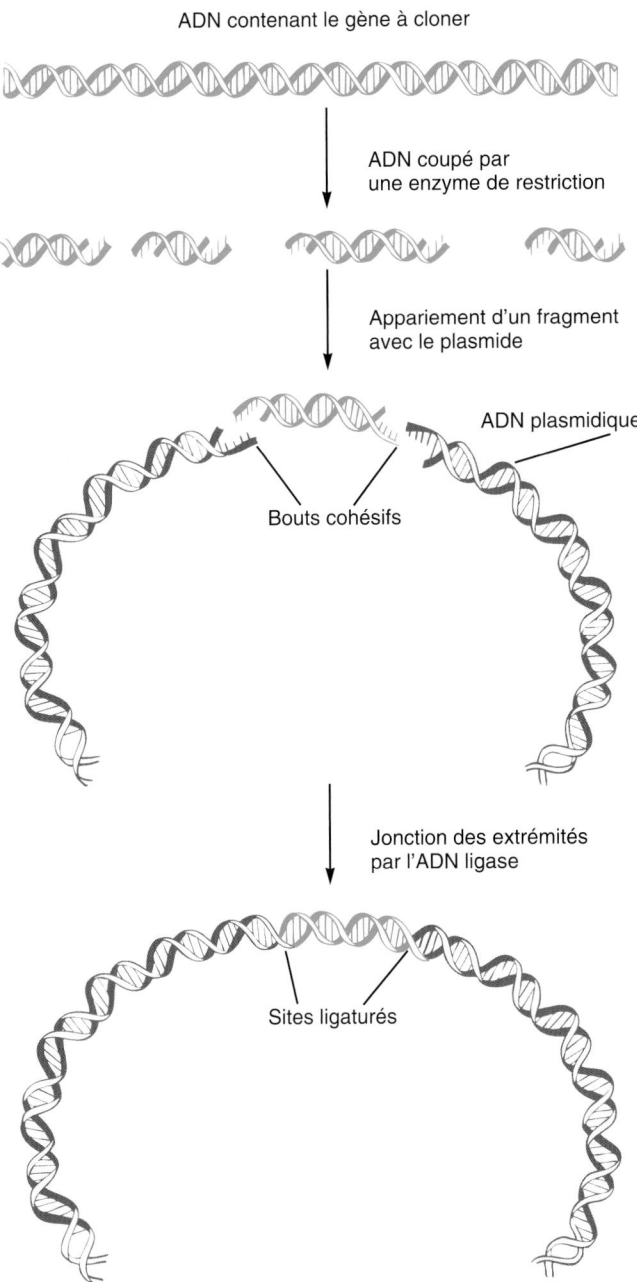

ADN contenant le gène à cloner

ADN coupé par
une enzyme de restriction

Appariement d'un fragment
avec le plasmide

ADN plasmidique

Bouts cohésifs

Jonction des extrémités
par l'ADN ligase

Sites ligaturés

Figure 14.4 La construction d'un plasmide recombinant. Les principes généraux employés dans la construction de vecteurs plasmidiques recombinants sont illustrés.

film photographique pendant 20 minutes. Une seconde technique utilise une vitamine, la biotine. Une sonde d'ADN biotinylée est mise en évidence en incubant la membrane avec, soit l'avidine, soit une protéine bactérienne similaire, la streptavidine. Ces protéines s'attachent spécifiquement à la biotine et sont visualisées par un réactif spécial contenant de la biotine complexée avec la phosphatase alcaline (la streptavidine peut également être directement attachée à l'enzyme). Les bandes contenant la sonde prennent une couleur bleue. Ces techniques non radioactives sont plus rapides et moins dangereuses que celles qui utilisent des radioisotopes.

A la fin des années 1970, des techniques furent également développées pour séquencer facilement l'ADN, pour synthétiser des oligonucléotides et pour exprimer des gènes eucaryotes dans des cellules procaryotes. Ces techniques furent dès lors mises à profit pour résoudre des problèmes pratiques (tableau 14.1). Les sections suivantes décrivent comment les techniques présentées ainsi que d'autres, sont exploitées en génie génétique.

---

1. Définissez ou décrivez : enzyme de restriction, bout collant ou cohésif, ADNc, vecteur, transfert de Southern, sonde, autoradiographie.

14.2   L'ADN synthétique

Les **oligonucléotides** (du grec *oligo,* peu) sont de courts fragments d'ADN ou d'ARN, de 2 à 20 ou 30 nucléotides. Il est particulièrement utile de synthétiser des oligonucléotides d'ADN de séquence connue. Par exemple, des sondes et des fragments d'ADN sont préparés en vue de leur utilisation dans des techniques moléculaires comme la PCR (p.326). La structure de l'ADN (pp. 231-33).

Des oligonucléotides d'ADN sont synthétisés par un procédé au cours duquel des nucléotides isolés sont ajoutés à la fin d'une chaîne en croissance (**figure 14.6**). L'extrémité 3' d'une chaîne est attachée à un support solide comme des particules de silice. Un synthétiseur automatique d'ADN ou « machine à gènes » réalise la synthèse sur support solide. Un dérivé nucléotidique spécialement activé est ajouté à l'extrémité 5' de la chaîne, en une suite d'étapes. À la fin d'un cycle d'addition, la chaîne en croissance est séparée du mélange réactionnel par filtration ou centrifugation. Le procédé est ensuite répété en vue d'attacher un autre nucléotide. Un nucléotide peut être ajouté à une chaîne en 40 minutes à peu près et des chaînes de 50 à 100 nucléotides sont ainsi synthétisées.

Les progrès techniques de la synthèse d'ADN ont bénéficié à l'étude des fonctions protéiques. Pour étudier les rapports entre la structure et la fonction des protéines, on altère une partie spécifique de la protéine, puis on en observe les modifications fonctionnelles. Dans le passé, on faisait cela en modifiant chimiquement des acides aminés individuels ou en induisant des mutations dans le gène codant pour la protéine étudiée. Les deux approches posent des problèmes. La modification chimique d'une protéine n'est pas toujours spécifique ; plusieurs acides aminés peuvent être modifiés et pas seulement celui qu'on désire. D'autre part, il n'est pas toujours possible de produire la mutation donnée en un lieu précis du gène. Récemment, on a pu surmonter ces difficultés par une technique appelée **mutagenèse dirigée**.

Dans la mutagenèse dirigée, on synthétise un oligonucléotide de quelque 20 résidus contenant la modification de séquence désirée. L'oligonucléotide modifié, avec sa séquence mutée artificiellement, est ensuite hybridé à une copie simple-brin du gène complet (**figure 14.7**). L'ADN polymérase est ajoutée au complexe gène-amorce. La polymérase effectue l'extension de l'amorce et réplique le restant du gène ciblé pour produire une nouvelle copie du gène avec la mutation désirée. Si le gène est attaché à un ADN simple-brin d'un bactériophage tel que le M13 (*voir pp. 372-74 et 388*), il peut être introduit dans une bactérie hôte et cloné à l'aide de techniques décrites plus loin. Ce système permettra la production de grandes quantités de la protéine mutée, facilitant l'étude de ses fonctions.

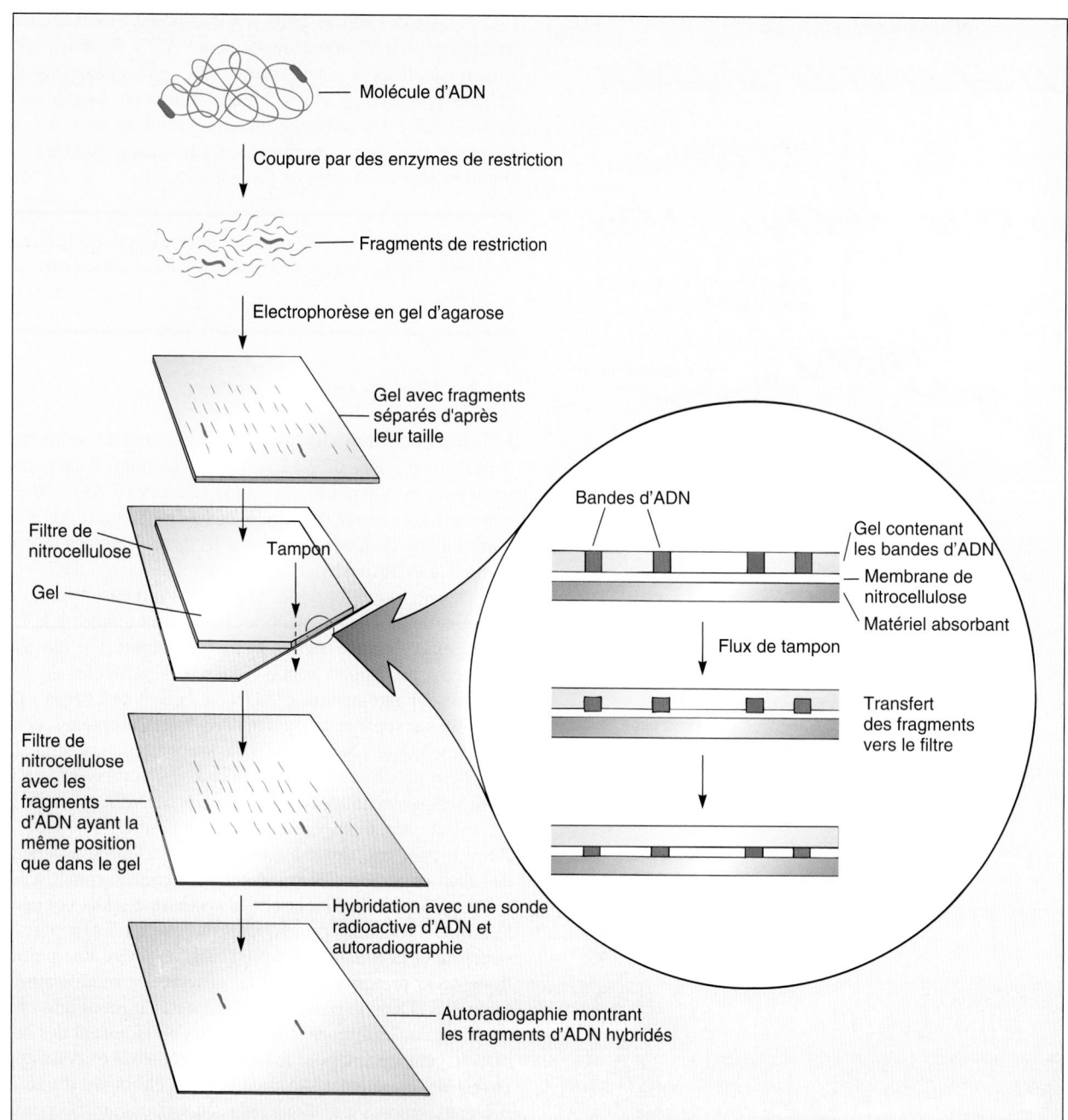

Figure 14.5 La technique de transfert de Southern. L'agrandissement indique comment le flux de tampon transfère des fragments d'ADN vers la membrane de nitrocellulose. Les fragments peuvent aussi être transférés par électrophorèse. Voir le texte pour les détails.

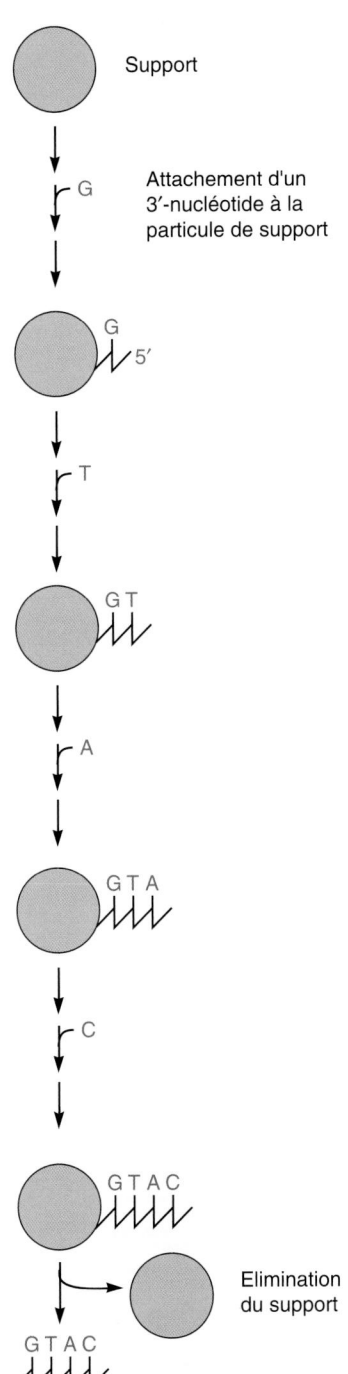

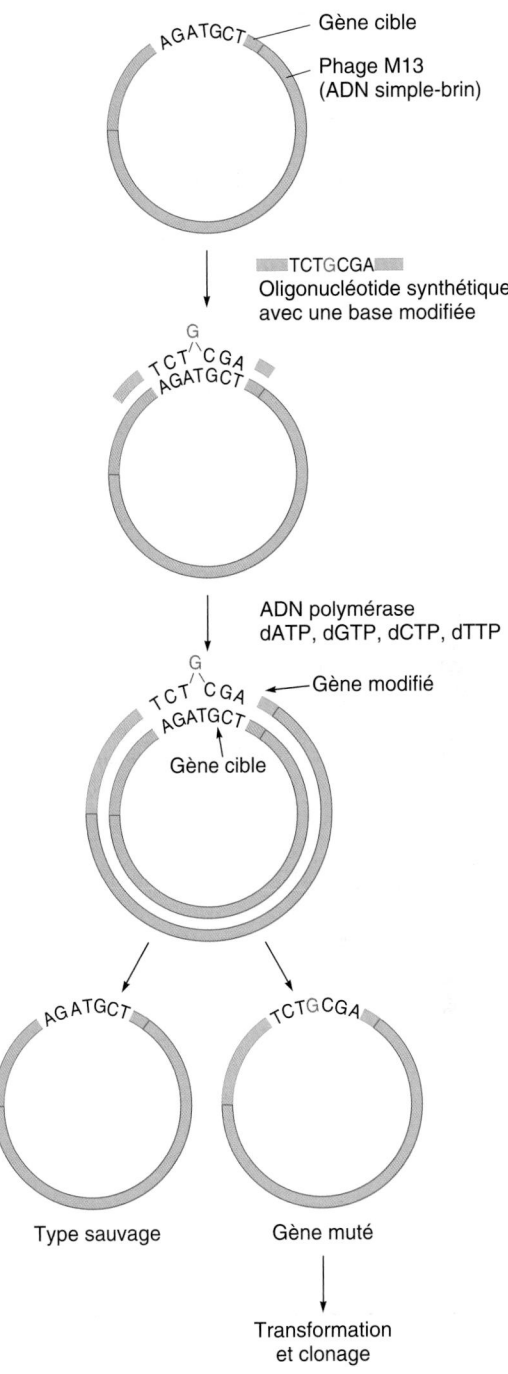

Figure 14.6 La synthèse d'un oligonucléotide d'ADN. Au cours de chaque cycle, le synthétiseur d'ADN ajoute un nucléotide activé (A, T, G ou C) à l'extrémité croissante de la chaîne. A la fin, l'oligonucléotide est détaché de son support.

Figure 14.7 La mutagenèse dirigée. Un oligonucléotide de synthèse permet l'introduction d'une mutation spécifique dans un gène. Voir détails dans le texte.

14.3 La réaction de polymérisation en chaîne

Entre 1983 et 1985, Kary Mullis développa une nouvelle technique qui permit de synthétiser de grandes quantités de fragments d'ADN sans les cloner. Même si ce chapitre concerne la technologie de l'ADN recombinant, la **réaction de polymérisation en chaîne** ou **technique PCR** (« polymerase chain reaction », en anglais) est introduite ici à cause de sa grande importance pratique et de son impact en biotechnologie.

La **figure 14.8** décrit le fonctionnement de la technique PCR. Supposez qu'on désire fabriquer de grandes quantités d'une séquence d'ADN donnée. La première étape consiste à synthétiser des fragments ayant des séquences identiques à celles qui flanquent la séquence recherchée. Ceci peut être fait à l'aide d'un synthétiseur automatique d'ADN, décrit précédemment. Ces oligonucléotides synthétiques ont d'habitude une longueur de 20 nucléotides et servent d'amorce à la synthèse d'ADN. Le mélange de réaction contient l'ADN cible, un grand excès des amorces voulues, une ADN polymérase thermostable et les quatre désoxyribonucléotides triphosphates. Le cycle de PCR lui-même a lieu en trois étapes. D'abord, l'ADN cible contenant la séquence à amplifier est dénaturé par la chaleur pour séparer les chaînes complémentaires (étape 1). Normalement, l'ADN cible est long de 100 à 5.000 paires de bases. Ensuite, la température est abaissée afin que les amorces puissent établir les ponts hydrogène et s'hybrider à l'ADN de part et d'autre de la séquence visée (étape 2). Les chaînes d'ADN s'hybrideront le plus fréquemment avec amorces plutôt qu'entre elles, puisqu'on a eu soin d'ajouter un excès d'amorces. Finalement, l'ADN polymérase effectue l'extension des amorces et synthétise des copies de la séquence d'ADN cible à partir des désoxyribonucléotides triphosphates (étape 3). Seules peuvent être employées des polymérases capables de fonctionner aux températures élevées utilisées dans la technique PCR. Deux enzymes courantes sont la polymérase *Taq* de la bactérie thermophile *Thermus aquaticus* et la polymérase Vent de *Thermococcus litoralis*. A la fin du cycle, les séquences désirées ont été copiées sur les deux chaînes. Lorsque les trois étapes du cycle sont répétées (figure 14.8), les quatre chaînes du premier cycle sont copiées pour produire huit séquences. Le troisième cycle produit 16 copies. En théorie, 20 cycles produiront environ 1 million de copies de la séquence désirée ; 30 cycles en produiront 1 billion. Des fragments ayant des tailles de moins de 100 à plusieurs milliers de paires de bases peuvent être amplifiés, et 10 à 100 picomoles d'amorces suffisent à cette tâche. La concentration d'ADN cible peut être de 10^{-20} à 10^{-15} M (ou de 1 à 10^5 copies d'ADN par 100 µl). Souvent le volume du mélange réactionnel est égal ou inférieur à 100 µl. Le séquençage de l'ADN (p. 348). La réplication de l'ADN (pp. 235-39).

La technique d'amplification par la réaction de polymérisation en chaîne a maintenant été automatisée et est effectuée par un appareil spécial (**figure 14.9**). Un appareil pour PCR peut effectuer 25 cycles et amplifier l'ADN 10^5 fois en moins de 60 minutes. Au cours d'un cycle typique, l'ADN est dénaturé à 94°C pendant 15 secondes, puis les amorces sont hybridées et l'extension a lieu (étapes 2 et 3) à 68°C pendant 60 secondes.

Figure 14.8 La réaction de polymérisation en chaîne (PCR). En quatre cycles, la séquence ciblée a été amplifié de nombreuses fois. Voir détails dans le texte.

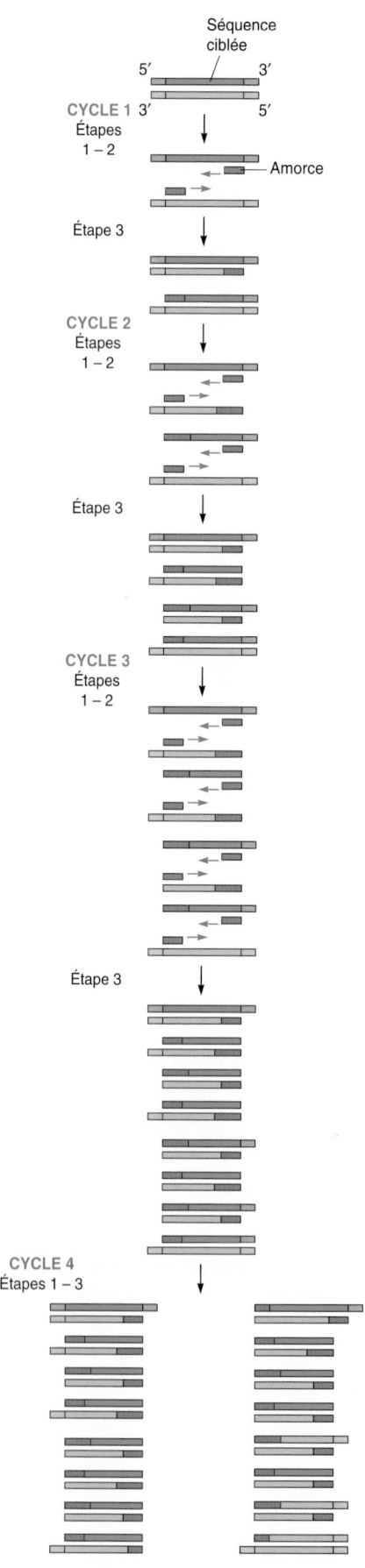

Figure 14.9 Un appareil moderne pour PCR. Les appareils pour PCR sont maintenant complètement automatisés et contrôlés par microordinateurs. Ils peuvent traiter jusqu'à 96 échantillons en même temps.

La technologie de la PCR s'améliore continuellement. Par exemple, on peut maintenant y utiliser efficacement de l'ARN. L'ADN polymérase *Tth*, une ADN polymérase recombinante de *Thermus thermophilus*, va transcrire l'ARN en ADN et ensuite amplifier l'ADN. Les ARN cellulaires et les virus à ARN peuvent être étudiés même lorsqu'ils ne sont présents qu'en très petites quantités (on peut transcrire et amplifier aussi peu que 100 copies). La PCR peut aussi servir à quantifier l'ADN sans recourir aux isotopes. Elle permet de déterminer la quantité initiale d'ADN cible, en moins d'une heure, grâce à un appareil automatisé. La PCR quantitative est des plus utiles dans les études de virologie et d'expression génétique. Comme mentionné plus haut, l'ADN cible à amplifier comprend normalement moins de 5.000 paires de bases. Une technique de « PCR longue » a été mise au point qui amplifie des séquences allant jusqu'à 42 kilobases. Elle repose sur l'emploi de polymérases correctrices d'erreurs, car la polymérase *Taq* est, elle, sujette à erreur.

La technique PCR s'est déjà avérée d'une valeur exceptionnelle dans beaucoup de domaines de la biologie moléculaire, de la médecine et de la biotechnologie. Elle permet l'amplification de très petites quantités d'un ADN spécifique et la production de matériel suffisant pour le séquençage précis du fragment ou pour son clonage par les techniques standard. On développe actuellement des tests diagnostiques basés sur la méthode PCR pour le virus du SIDA, le spirochète de la maladie de Lyme, les chlamydies, la tuberculose, l'hépatite, le virus du papillome humain et d'autres agents de maladies infectieuses. La technique PCR est particulièrement utile dans la détection de maladies génétiques, telles que l'anémie à hématies falciformes, la phénylcétonurie et la dystro-

phie musculaire. La technique influence déjà la médecine légale : on commence à l'utiliser dans les affaires criminelles, où elle intervient dans la technologie des empreintes d'ADN. Il est possible d'exclure ou d'incriminer des suspects en utilisant des échantillons réduits de matériel biologique découvert sur le lieu du crime.

14.4 La préparation de l'ADN recombinant

Il y a trois manières d'obtenir des quantités adéquates d'un fragment d'ADN. On peut extraire tout l'ADN d'un organisme, le fragmenter et isoler le fragment concerné et finalement le cloner. Sinon, tous les fragments peuvent être clonés à l'aide d'un vecteur adéquat et chaque clone (une population de molécules identiques porteuses d'une molécule ancestrale unique) peut être testé à la recherche du gène désiré. Le fragment d'ADN recherché peut également être synthétisé directement, comme décrit précédemment, pour ensuite être cloné.

L'isolement et le clonage de fragments

Des molécules d'ADN longues et linéaires sont fragiles et facilement fragmentées en faisant passer la solution d'ADN plusieurs fois à travers une aiguille de seringue. L'ADN peut aussi être coupé par des enzymes de restriction. Les fragments qui en résultent sont soit séparés par électrophorèse, soit d'abord insérés dans des vecteurs et clonés.

Des gels d'agarose ou de polyacrylamide sont habituellement utilisés pour séparer des fragments d'ADN par électrophorèse. Au cours de l'**électrophorèse**, les molécules chargées soumises à un champ électrique migrent vers les pôles positif et négatif. Les molécules se séparent parce qu'elles migrent à des vitesses différentes à cause de leurs différences de charge et de taille. En pratique, le mélange de fragments est déposé dans des puits moulés dans une couche de gel (**figure 14.10**). La concentration du gel varie d'après la taille des fragments d'ADN à séparer. On choisit d'habitude des gels d'agarose de 1 à 3 % ou des gels de polyacrylamide de 3 à 20%. Lorsque le champ électrique est appliqué au gel, les fragments se déplacent à travers les pores du gel vers une électrode (les fragments d'ADN chargés négativement se déplacent vers l'électrode positive ou anode). La vitesse de migration de chaque fragment est inversément proportionnelle au logarithme de son poids moléculaire et les fragments sont donc séparés d'après leur taille (figure 14.10*b*). Une molécule d'ADN simple peut donner un nombre réduit de bandes. Si l'ADN d'origine est grand et complexe, la coloration du gel révélera une traînée représentant un gradient à peu près continu de tailles différentes. La bande ou la section contenant le fragment désiré est localisée par la technique d'hybridation de Southern (figure 14.5) et elle est découpée. Comme une bande peut représenter un mélange de plusieurs fragments de taille similaire, elle est soumise à une nouvelle électrophorèse dans un gel d'agarose de concentration différente afin de les séparer. On peut localiser un fragment pur par la technique de Southern et ensuite l'extraire du gel.

Après isolement, les fragments sont insérés dans un vecteur approprié, tel qu'un plasmide (*voir section 13.2*), pour former une molécule recombinante qui peut se reproduire dans une cellule hôte. Le procédé le plus facile et le plus utilisé consiste à couper le plasmide et l'ADN donneur avec la même enzyme de restriction afin de produire des bouts cohésifs identiques (**figure 14.11**).

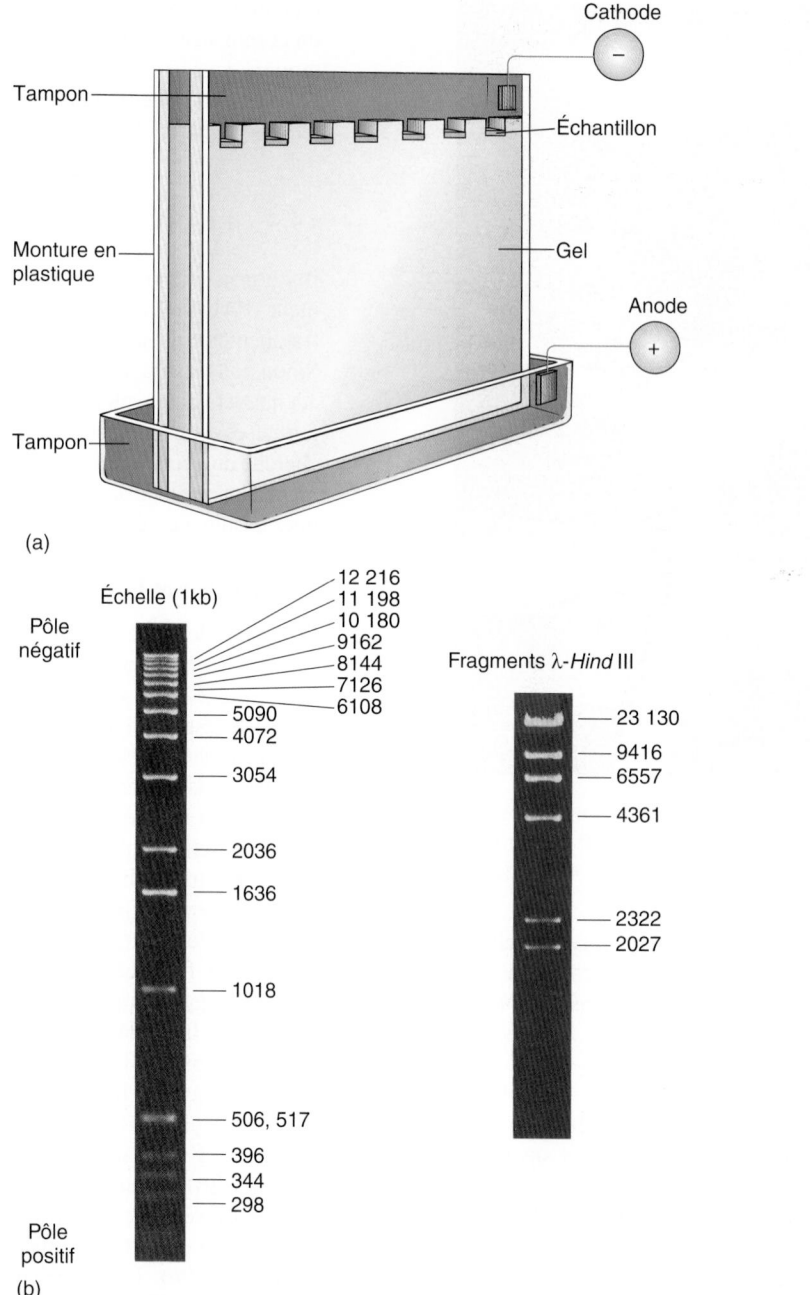

Figure 14.10 L'electrophorèse d'ADN sur gel. (a) Diagramme d'un appareil pour gel vertical avec ses constituants. **(b)** Electrophorèse sur gel d'une série de fragments d'ADN de taille connue (échelle). Les chiffres indiquent le nombre de paires de bases de chaque fragment. Les plus petits fragments ont migré le plus bas. Le gel à droite montre les fragments qui résultent d'une hydrolyse de l'ADN du phage lambda par l'enzyme de restriction *Hin*dIII.

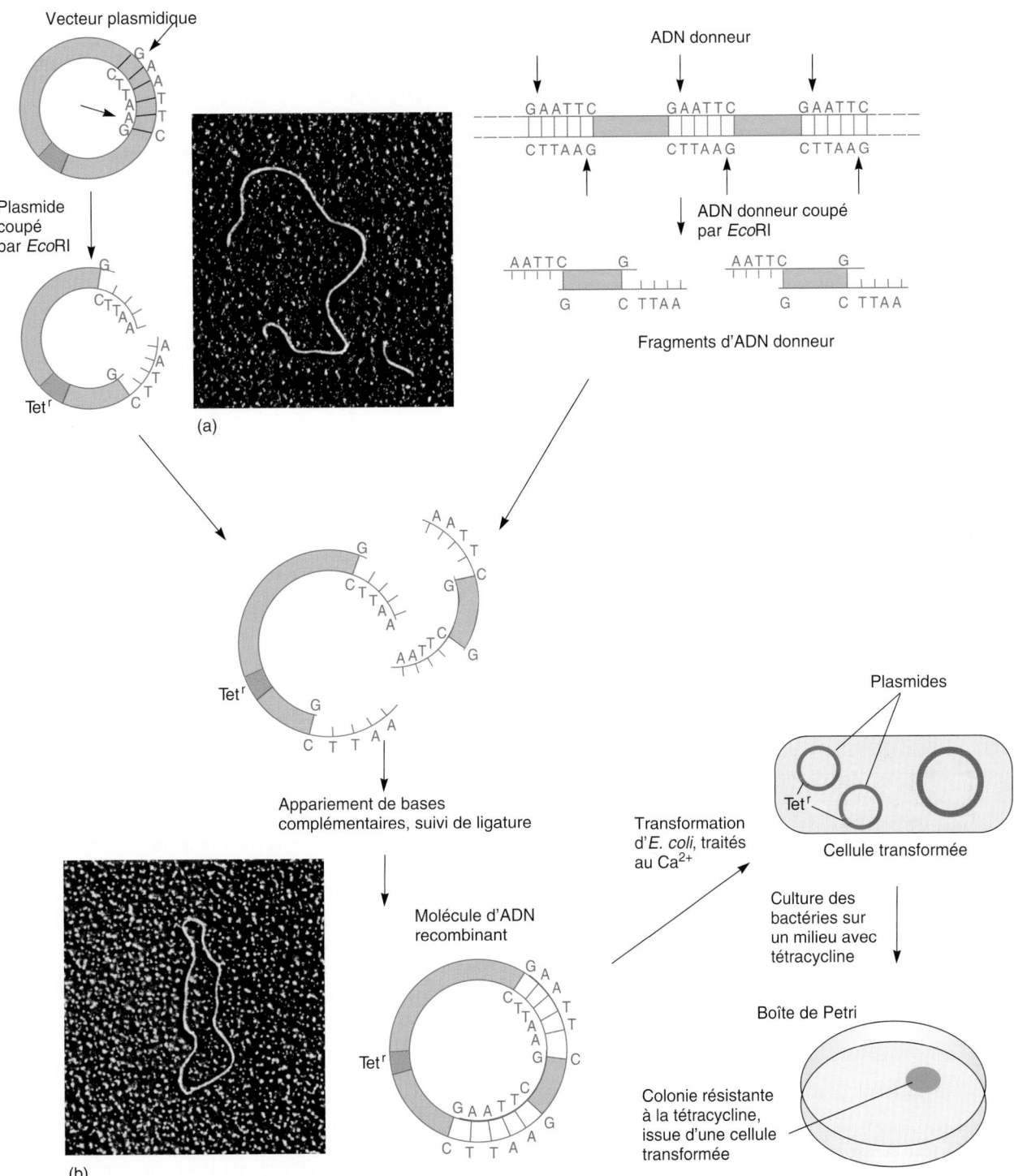

Figure 14.11 La construction et le clonage de plasmides recombinants. La construction et le clonage d'un vecteur plasmidique recombinant exploite l'expression d'un gène de résistance à un antibiotique pour détecter la présence du plasmide. Les bouts cohésifs des fragments et du plasmide ont été agrandis pour mettre en évidence l'appariement des bases complémentaires. (**a**) L'image au microscope électronique montre un plasmide, linéarisé par une enzyme de restriction et un fragment d'ADN donneur. (**b**) L'image au microscope électronique montre un plasmide recombinant. Voir détails dans le texte.

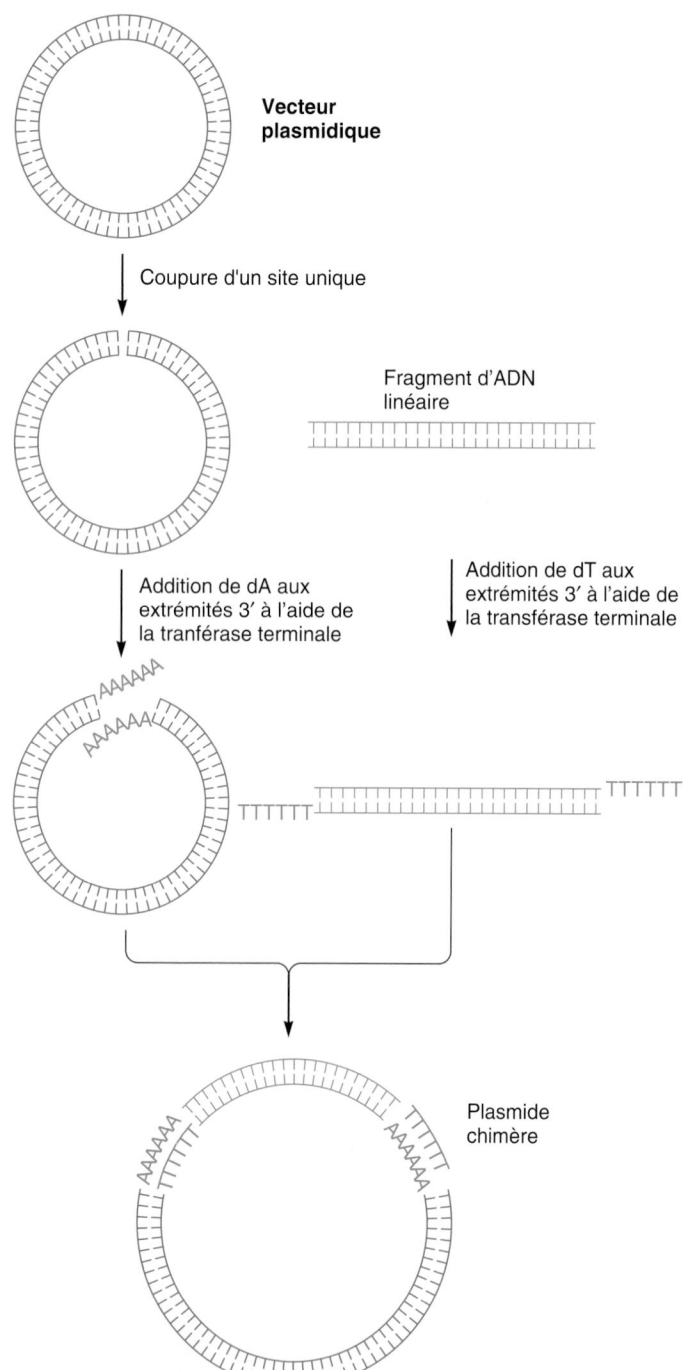

Figure 14.12 La transférase terminale et la construction de plasmides recombinants. La technique d'addition terminale de poly (dA:dT) est employée pour ajouter des bouts collants à l'ADN, et ainsi générer des molécules recombinantes.

Après appariement d'un fragment avec le plasmide par les bases complémentaires, les coupures sont fermées par l'ADN ligase. Des fragments et vecteurs dépourvus de bouts collants peuvent également donner des molécules recombinantes par une seconde technique. Après avoir coupé le plasmide et l'ADN donneur on peut ajouter des séquences poly(dA) à l'extrémité 3′ de l'ADN plasmidique en employant la transférase terminale (**figure 14.12**).

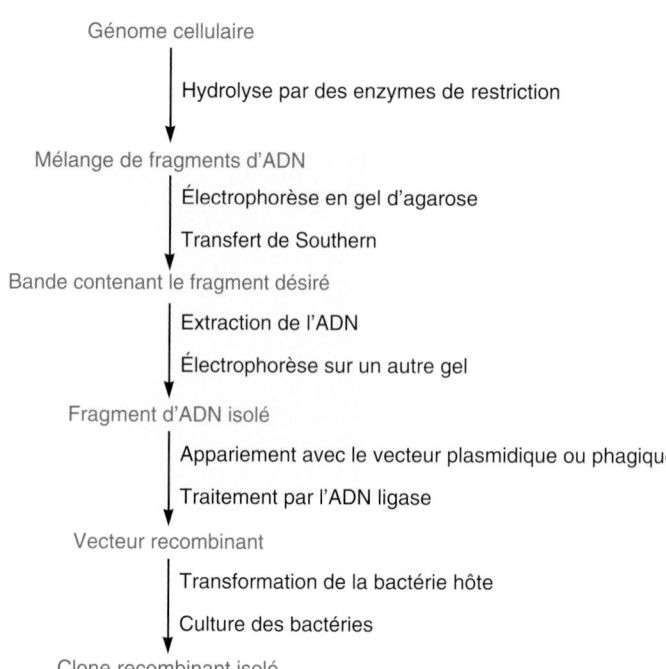

Figure 14.13 Le clonage de fragments d'ADN cellulaires. Préparation d'un clone recombinant à partir de fragments d'ADN préalablement isolés.

En parallèle, du poly(dT) est ajouté aux extrémités 3' des fragments à insérer. Les extrémités vont maintenant s'apparier les unes aux autres et être soudées par l'ADN ligase pour former un plasmide recombinant. Certaines enzymes (par exemple l'endonucléase de restriction *Alu*I venant d'*Arthrobacter luteus*) coupent l'ADN à la même position sur les deux brins pour former des bouts francs. Des fragments et vecteurs porteurs de bouts francs peuvent être réunis par l'ADN ligase de T4 (ligature de bouts francs).

Les molécules recombinantes sont clonées par introduction dans les bactéries grâce à une transformation ou à une infection par phages (*voir section 13.5*). Chaque bactérie se reproduit pour donner une population contenant un type unique de recombinant. L'ensemble de ces étapes est montrée à la **figure 14.13**. Les mêmes techniques de clonage peuvent s'appliquer à des fragments d'ADN préparés à l'aide d'un synthétiseur d'ADN.

Bien que des fragments choisis puissent être isolés et clonés comme décrit précédemment, il est souvent préférable de fragmenter l'ensemble du génome et de cloner tous les fragments à l'aide d'un vecteur. Le clone désiré est identifié ensuite. Pour s'assurer que l'entièreté du génome soit représenté dans cette collection de clones, appelée **banque** génomique, plus d'un millier de bactéries transformées doivent être analysées (au plus grand le génome, au plus grand le nombre de clones à produire). Des banques de gènes clonés sont également produites en employant le phage lambda comme vecteur et sont conservées sous forme de lysats de phages.

Il faut maintenant identifier dans cette banque le clone contenant le gène désiré. Si le gène est exprimé dans la bactérie, on peut rechercher dans chaque clone la présence d'une protéine spécifique. Cependant, normalement, on utilise une sonde d'acide nucléique pour cette identification. Une feuille de nitrocellulose est déposée

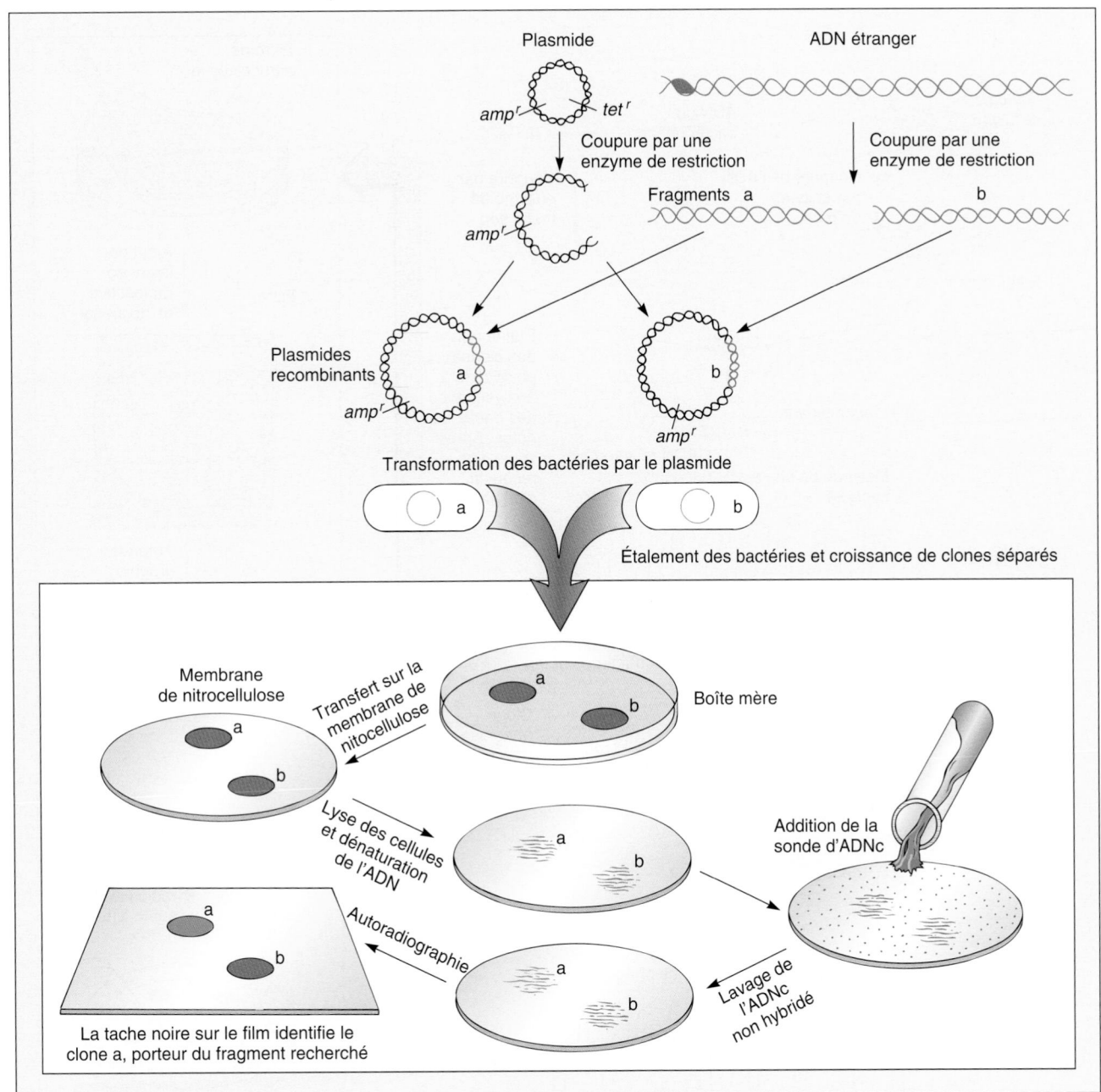

Figure 14.14 Le clonage par des vecteurs plasmidiques. Des vecteurs plasmidiques sont utilisés pour cloner un mélange de fragments d'ADN. Le fragment recherché est identifié avec une sonde d'ADN complémentaire (ADNc). Voir détails dans le texte.

sur les colonies bactériennes, cette réplique est lysée en place avec de l'hydroxyde de sodium (**figure 14.14**). Ceci donne de l'ADN dénaturé lié à la membrane avec une répartition qui correspond à celle des colonies sur la gélose. La membrane est ensuite traitée avec la sonde radioactive comme décrit dans la technique d'hybridation moléculaire de Southern. Les taches radioactives identifient sur la boîte maîtresse les colonies qui contiennent le fragment d'ADN désiré. Cette approche est également utilisée dans l'analyse d'une banque génomique dans le phage lambda (**figure 14.15**).

Les sondes génétiques

L'isolement du clone recombinant recherché dépend de la disponibilité d'une sonde adéquate. Des sondes spécifiques de gènes donnés sont obtenues de différentes manières. Souvent elles sont construites à partir d'ADNc cloné. Si le gène d'intérêt est exprimé dans un tissu spécifique ou dans un certain type de cellules, son ARNm y est souvent assez abondant. Ainsi l'ARNm des réticulocytes peut être enrichi en ARNm des globines, de même les cellules pancréatiques peuvent fournir l'ARNm de l'insuline. Bien

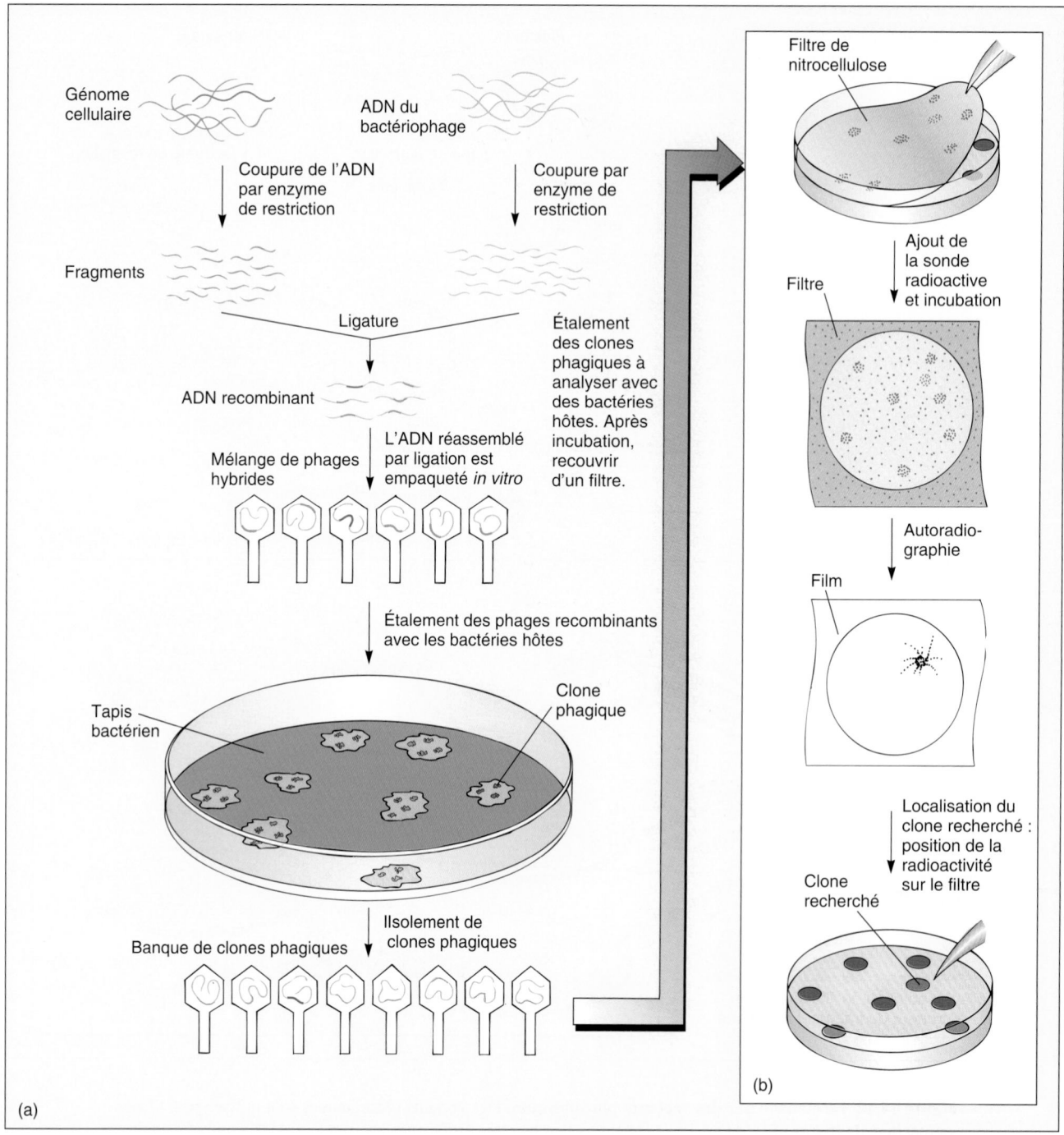

Figure 14.15 Le phage lambda comme vecteur de clonage. (a) La préparation d'une banque génomique.
Chaque plage de lyse sur le tapis bactérien est un clone recombinant porteur d'un fragment d'ADN différent. **(b)**
Détection et mise en culture du phage recombinant recherché

Tableau 14.3 Quelques vecteurs de clonage d'ADN recombinant

Type	Vecteur	Séquences de restriction présentes	Caractéristiques
Plasmide (*E. coli*)	pBR322	*Bam*HI, *Eco*RI, *Hae*III, *Hind*III, *Pst*I, *Sal*I, *Xor*II	Porte des gènes de résistance à la tétracycline et à l'ampicilline
Plasmide (navette levure - *E. coli*)	pYe(CEN3)41	*Bam*HI, *Bgl*II, *Eco*RI, *Hind*III, *Pst*I, *Sal*I	Se multiplie dans *E. coli* ou dans la levure
Cosmide (plasmide artificiel d'*E. coli* contenant le site *cos* du phage lambda)	pJC720	*Hind*III	Peut être empaqueté dans des particules virales de lambda permettant une introduction efficace dans les bactéries; se réplique comme un plasmide; utilisé pour le clonage de grands inserts d'ADN
YAC (chromosome artificiel de levure)	pYAC	*Sma*I, *Bam*HI	Porte le gène de résistance à l'ampiciline; se multiplie dans *Saccharomyces cerevisiae*
BAC (chromosome artificiel bactérien)	pBAC108L	*Hind*III, *Bam*HI, *Not*I, *Sma*I, et d'autres	Plasmide F modifié qui peut accepter des fragments de 100–300 kb; possède un site *cosN* et un marqueur de résistance au chloramphénicol
Virus	Phage Charon	*Eco*RI, *Hind*III, *Bam*HI, *Sst*I	Construit avec l'ADN étranger dans la partie centrale et de l'ADN de lambda à chaque extrémité; porte le gène de la β-galactosidase ; empaqueté dans des particules du phage lambda; les vecteurs non recombinants ne s'y répliquent pas
Virus	Lambda 1059	*Bam*HI	Porte de grands fragments d'ADN (8-21 kb); les recombinants peuvent se répliquer dans *E. coli* lysogène pour le phage P2, alors que les vecteurs non recombinants ne s'y répliquent pas
Virus	M13	*Eco*RI	Virus à ADN simple-brin; utile dans des études d'inserts simple-brin et pour la production de fragments d'ADN pour le séquençage
Plasmide	Ti	*Sma*I, *Hpa*I	Plasmide hybride plante-*Agrobacterium*

Adopté de G. D. Elseth et K. D. Baumgartner. *Genetics*. 1984, Benjamin/Cummings Publishing, Menlo Park, CA. Reproduit avec la permission de l'auteur.

que l'ARNm ne soit pas disponible en quantité suffisante pour servir de sonde, l'ARNm désiré peut être converti en ADNc par la transcriptase inverse (figure 14.3). Les copies d'ADNc sont purifiées, insérées dans des vecteurs appropriés et clonées afin de procurer la sonde requise en quantité adéquate.

Les sondes peuvent également être obtenues si le gène code pour une protéine de séquence en acides aminés connue. Dans ce cas, on synthétise des oligonucléotides de 20 nucléotides ou plus, qui correspondent à une séquence spécifique en acides aminés. Ils constituent souvent des sondes satisfaisantes parce qu'ils se lient spécifiquement à un segment du gène codant pour la protéine recherchée.

Parfois des gènes ou portions de gènes, déjà clonés à partir d'un autre organisme, servent de sondes. Cette approche est efficace lorsqu'il y a une similitude entre les séquences nucléotidiques des deux gènes. On peut aussi fabriquer des sondes par la réaction de polymérisation en chaîne.

La sonde construite est ensuite marquée pour faciliter sa détection. Souvent du ^{32}P est intégré dans les deux brins d'ADN afin de localiser les séquences radioactives par autoradiographie. Des sondes marquées par des procédés non radioactifs peuvent également être utilisées.

L'isolement et la purification de l'ADN cloné

Après avoir localisé, à l'aide d'une sonde, le clone bactérien ou phagique, on peut le prélever de la boîte mère et l'amplifier. L'ADN du plasmide ou du phage recombinant est alors extrait et purifié davantage si nécessaire. Le fragment d'ADN est excisé du plasmide ou du génome phagique par des enzymes de restriction et séparé du reste de l'ADN par électrophorèse.

Les fragments d'ADN peuvent être isolés, purifiés et clonés de différentes manières. Dans tous les cas, la clé du succès réside

dans le choix du bon vecteur de clonage. La section suivante détaille les différents vecteurs de clonage et leur utilisation.

---

1. Comment les oligonucléotides sont-ils synthétisés ? Qu'est-ce que la mutagenèse dirigée ?
2. Décrivez brièvement la réaction de polymérisation en chaîne. Quelle est son importance ?
3. Qu'est-ce que l'électrophorèse et comment fonctionne-t-elle ?
4. Décrivez trois manières d'insérer un fragment de restriction par lien covalent dans un ADN vecteur.
5. Décrivez en détails deux manières différentes d'isoler et de cloner un gène spécifique. Qu'est-ce qu'une banque génomique ?
6. Comment obtenir des sondes spécifiques d'un gène ?

14.5 Les vecteurs de clonage

Les quatre principaux types de vecteurs sont les plasmides, les bactériophages et autres virus, les cosmides et les chromosomes artificiels (**tableau 14.3**). Chaque classe a ses avantages. Les plasmides sont les plus faciles à manipuler ; les ADNr de phages et autres virus se conservent plus facilement pendant des périodes prolongées ; les fragments d'ADN de taille plus importante sont clonés à l'aide des cosmides et des chromosomes artificiels. En plus, on peut distinguer des vecteurs destinés à une fonction spécifique. Par exemple, des vecteurs navettes sont employés pour transférer des gènes entre des organismes très différents et contiennent d'habitude une origine de réplication spécifique de chaque hôte. Les plasmides pYe se multiplient aussi bien chez la levure que chez *E.coli* et peuvent être employés pour cloner des gènes de levure dans *E.coli*.

Figure 14.16 Le plasmide pBR322. La carte du plasmide d'*E. coli* pBR322. La carte est divisée en unités de 1 x 10⁵ daltons (*cercle extérieur*) et de 0,1 kilobase (*cercle intérieur*). La localisation de certains sites de restriction est indiquée. Le plasmide porte des gènes de résistance pour l'ampicilline (*Ap^r*) et pour la tétracycline (*Tc^r*).

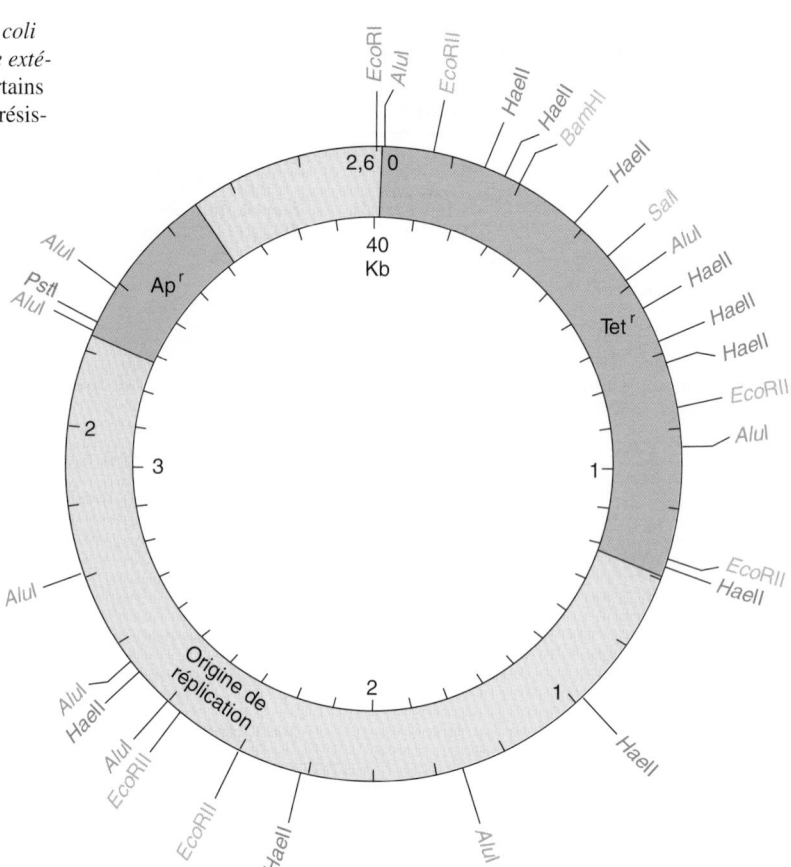

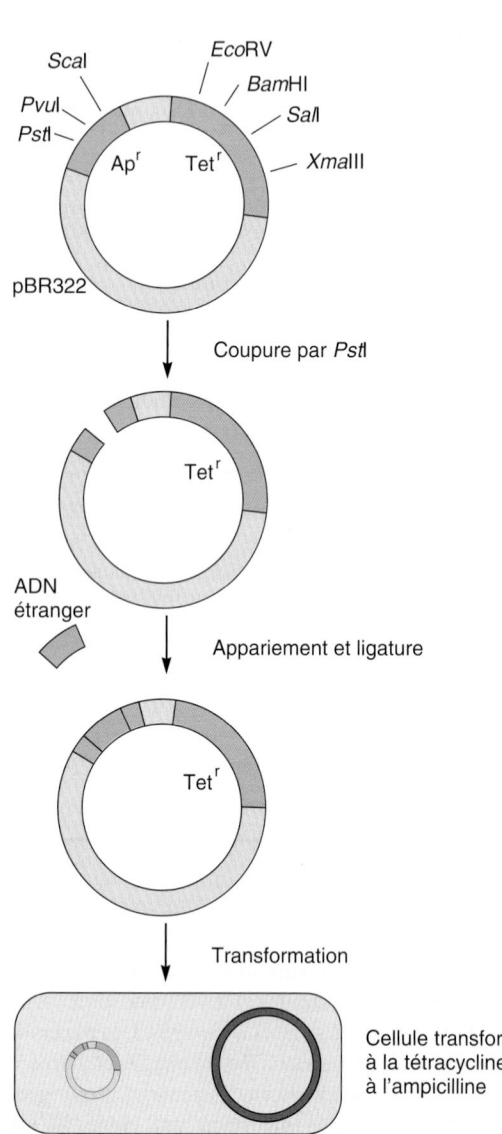

Figure 14.17 La détection de plasmides recombinants. Les gènes de résistance aux antibiotiques sont employés pour détecter la présence de plasmides recombinants. L'hôte recombinant n'est plus résistant qu'à la tétracycline, parce que l'ADN étranger a été inséré dans le gène de résistance à l'ampicilline. Les enzymes de restriction indiquées en haut de la figure, ont un site unique de coupure sur le plasmide.

Tous les vecteurs partagent des propriétés communes. Typiquement, il s'agit de petites molécules d'ADN bien caractérisées. Ils contiennent au moins une origine de réplication et peuvent se répliquer dans l'hôte approprié, même s'ils contiennent de l'ADN étranger. Enfin, ils codent pour un caractère phénotypique qui permet de détecter leur présence ; souvent, il est également possible de distinguer les vecteurs parentaux des recombinants.

Les plasmides

Les plasmides furent les premiers vecteurs de clonage décrits. Ils sont facilement isolés et purifiés ; ils peuvent être réintroduits dans une bactérie par transformation. Les plasmides portent souvent des gènes de résistance à des antibiotiques, gènes qui sont employés pour sélectionner leur hôte bactérien. Un plasmide recombinant contenant de l'ADN étranger est souvent appelé **chimère**, d'après le monstre de la mythologie grecque portant la tête d'un lion, la queue d'un dragon et le corps d'une chèvre. Un des plasmides les plus employés est le pBR322. La biologie des plasmides (pp. 294-97).

Le plasmide pBR322 porte des gènes de résistance à l'ampicilline et à la tétracycline, ainsi que de nombreux sites de restriction (**figure 14.16**). Plusieurs de ces sites de restriction ne sont présents qu'une fois dans la molécule plasmidique et sont localisés dans un gène de résistance à un antibiotique, ceci permet la détection de plasmides recombinants après transformation (**figure 14.17**). Si, par exemple, l'ADN étranger est inséré dans le gène de résistance à l'ampicilline, le plasmide ne conférera plus la résistance à cet antibiotique. Dès lors, parmi les transformants résistants à la tétracycline, ceux qui ont perdu la résistance à l'ampicilline contiennent un plasmide chimère.

Les phages

Des phages aussi bien simple- que double-brin sont employés comme vecteurs en technologie de l'ADN recombinant. Ainsi les dérivés du phage lambda sont très utiles pour le clonage et sont capables de porter des fragments d'une taille approchant les 45 kilobases. Les gènes de lysogénie et d'intégration étant souvent inutiles sont délétés pour faire de la place à l'ADN étranger. Le génome modifié du phage contient également des sites de restriction dans des zones qui n'interfèrent pas avec la réplication. Après insertion d'ADN étranger dans le chromosome modifié du vecteur lambda, le génome du phage recombinant est empaqueté dans une capside virale, et peut ainsi infecter *E.coli* (**figure 14.15**). Ces vecteurs sont fréquemment employés pour construire des banques génomiques. *E. coli* peut également être directement transformé par l'ADN recombinant de lambda et ainsi produire des phages. Néanmoins, cette approche est moins efficace que l'emploi de particules complètes de phages. Ce procédé est appelé la **transfection**. D'autres phages que lambda sont également utilisés comme vecteurs. Par exemple, le bactériophage P1 peut véhiculer des fragments allant jusqu'à 95 kilobases. La biologie des bactériophages (chapitre 17).

Les cosmides

Les **cosmides** sont des plasmides qui contiennent les séquences *cos* du phage lambda et peuvent être empaquetés dans des capsides de phages. Le génome de lambda contient un site *cos* à chaque extrémité. Lorsqu'il est sur le point d'être encapsidé, il est clivé à un de ses sites *cos* et l'ADN linéaire est introduit dans la capside jusqu'au moment où le second site *cos* y a pénétré. Dès lors, tout ADN inséré entre les séquences *cos* est empaqueté. Les cosmides contiennent souvent plusieurs sites de restriction et gènes de résistance aux antibiotiques. Ils sont empaquetés dans des capsides de lambda en vue d'une injection efficace dans les bactéries. Ensuite, ils se comporteront au sein de la bactérie hôte comme des plasmides. On peut transporter de cette façon jusqu'à 50 kilobases d'ADN.

Les chromosomes artificiels

Les chromosomes artificiels sont utilisés par beaucoup parce qu'ils peuvent véhiculer de grandes quantités de matériel génétique. Le **chromosome artificiel de levure** (**YAC**, pour « Yeast Artificial Chromosome ») est l'un des plus largement employés. Les YAC sont des segments d'ADN qui contiennent tous les éléments requis pour la propagation d'un chromosome chez la levure : une origine de réplication, le centromère nécessaire à la ségrégation des chromatides dans les cellules filles, et deux télomères pour marquer les extrémités du chromosome. Ils doivent aussi avoir des sites de restriction et des marqueurs génétiques de telle sorte qu'on puisse les suivre et les sélectionner. Le clivage d'un YAC par une enzyme de restriction adéquate, comme *Sma*I, l'ouvrira et permettra l'insertion d'un morceau d'ADN étranger entre le centromère et un des télomères. De cette façon, des YAC contenant des fragments d'ADN d'une taille pouvant aller de 100 à 2.000 kilobases. peuvent être mis dans des cellules de *Saccharomyces cerevisiae*, où ils seront répliqués en même temps que les vrais chromosomes. Le **chromosome artificiel bactérien** (**BAC**, pour « Bacterial Artificial Chromosome ») est un vecteur de clonage dont la popularité augmente. Les BAC sont dérivés d'un plasmide, le facteur F d'*E. coli*. Ils contiennent les sites de restriction appropriés et un marqueur comme la résistance au chloramphénicol. On clive le plasmide modifié à un de ses sites de restriction et un fragment d'ADN étranger, qui peut avoir 300 kilobases de long, y est attaché au moyen de l'ADN ligase. Par électroporation, on introduit le BAC dans *E. coli* où il est reproduit. Ce vecteur est facile à reproduire et à manipuler et n'est pas sujet à recombinaison aussi facilement que les YAC (ce qui signifie que l'insert à moins de chances de subir des réarrangements). Parce qu'ils peuvent transporter de grands fragments d'ADN, les chromosomes artificiels ont été particulièrement utiles pour le séquençage des génomes.

1. Définissez vecteur navette, chimère, cosmide, transfection, chromosome artificiel de levure et chromosome artificiel bactérien.
2. Décrivez comment chacun des types majeurs de vecteurs est employé en ingénierie génétique. Donnez un avantage pour chacun de ces vecteurs.
3. Comment peut-on exploiter la présence de deux gènes de résistance aux antibiotiques pour détecter des plasmides recombinants ?

14.6   L'insertion de gènes dans des cellules eucaryotes

Vu leur importance pratique, beaucoup d'efforts ont été fournis pour développer des techniques permettant d'insérer des gènes dans des cellules eucaryotes. Certaines de ces techniques ont aussi été employées avec succès pour la transformation de cellules bactériennes. L'approche la plus directe est la micro-injection. Le matériel génétique, injecté directement dans des cellules animales telles que des oeufs fécondés, est parfois incorporé de manière stable dans le génome de l'hôte pour produire un **animal transgénique**, porteur d'information génétique nouvelle par l'acquisition d'ADN étranger.

L'électroporation est une autre technique efficace qui s'applique aux cellules de mammifères et aux protoplastes de cellules végétales. Si des cellules sont mélangées avec une préparation d'ADN puis exposées brièvement à des courants de haut voltage (de 250 à 4 000 V/cm pour des cellules de mammifères), elles capteront de l'ADN par des pores temporaires de la membrane plasmique. Certaines de ces cellules seront ainsi transformées.

Une des techniques les plus efficaces consiste à tirer sur les cellules végétales ou animales des microprojectiles couverts d'ADN. Le **fusil à gènes**, développé à l'Université Cornell, fonctionne en effet comme un fusil. Une explosion de gaz comprimé projette un nuage de microprojectiles métalliques enrobés d'ADN qui pénètrent les cellules. Cet appareil a été utilisé pour transformer des cellules de maïs et produire du maïs fertile contenant des gènes étrangers. D'autres fusils emploient soit des décharges électriques ou du gaz sous haute pression pour propulser les projectiles enrobés d'ADN. Ces fusils sont parfois appelés appareils biolistiques, dérivation de biologique et de balistique. Ils ont été employés pour transformer des micro-organismes (la levure, *Aspergillus*, un mycète et *Chlamydomonas,* une algue), des cellules de mammifères et diverses cellules végétales (maïs, coton, tabac, oignon, et peuplier).

D'autres techniques sont aussi disponibles. On peut transformer les plantes avec des vecteurs d'*Agrobacterium*, comme nous le décrirons un peu plus loin (p. 340). Les virus sont de plus en plus utilisés pour insérer les gènes souhaités dans des cellules eucaryotes. Par exemple, on peut introduire des gènes dans des rétrovirus (*voir p. 407*), qui infectent alors la cellule cible et intègrent une copie ADN de leur génome d'ARN, dans le chromosome de l'hôte. Il y a aussi les adénovirus qui peuvent transférer des gènes dans les cellules animales. Les baculovirus recombinants vont, quant à eux, infecter les cellules d'insectes et permettre la production de nombreuses protéines.

14.7   L'expression de gènes étrangers dans les bactéries

Après construction d'un vecteur recombinant adéquat, l'ADNr entre dans la cellule hôte et une population de micro-organismes recombinants se développe. Le plus souvent, l'hôte est une souche d'*E.coli*, dépourvue d'enzymes de restriction. En plus, elle est *recA⁻* pour réduire les chances de recombinaison entre l'ADNr et le chromosome de l'hôte. *Bacillus subtilis* et la levure *Saccharomyces cerevisiae* peuvent également servir d'hôte. Les vecteurs plasmidiques sont introduits dans *E. coli* par transformation induite par le chlorure de calcium. L'électroporation à 3-24 kV/cm est efficace sur les bactéries Gram-positives aussi bien que Gram-négatives.

Un gène cloné n'est pas toujours exprimé dans la cellule hôte sans modifications additionnelles du vecteur recombinant. Pour être transcrit, le gène recombinant doit avoir un promoteur reconnu par l'ARN polymérase de l'hôte. La traduction de son ARNm dépend de la présence d'une séquence de tête et de modifications de l'ARNm qui permettront sa liaison convenable aux ribosomes. Ceux-ci sont différents chez les eucaryotes et les procaryotes, et une séquence de tête procaryote doit être fournie pour que les bactéries synthétisent des protéines eucaryotes. Enfin, les introns des gènes eucaryotes doivent être éliminés parce que l'hôte procaryote ne les excisera pas, après la transcription de l'ARNm ; une protéine eucaryote n'est pas fonctionnelle sans excision des introns, avant la traduction.

Les problèmes d'expression de gènes recombinants dans des cellules hôtes sont largement surmontés grâce aux vecteurs de clonage spéciaux appelés **vecteurs d'expression**. Ces vecteurs sont souvent des dérivés du plasmide pBR322 et contiennent les signaux d'initiation nécessaires à la transcription et à la traduction. Ils possèdent également des sites de restriction utiles contigus à ces séquences, pour que l'ADN étranger puisse être aisément inséré. Certains vecteurs d'expression contiennent des parties de l'opéron *lac* et peuvent en fait réguler l'expression des gènes clonés de la même manière que cet opéron.

Un exemple réussi de clonage et de production protéique est celui de la somatostatine, une hormone polypeptidique hypothalamique de 14 résidus participant à la régulation de la croissance humaine. Le gène de la somatostatine fut d'abord synthétisé par des méthodes chimiques. En plus des 42 bases codant pour la somatostatine, le polynucléotide contenait un codon méthionine à son extrémité 5' (la partie N-terminale du peptide) et deux codons stop à l'autre extrémité. Pour favoriser l'insertion dans le vecteur plasmidique, on allongea les terminaisons 5' du gène synthétique pour former des bouts cohésifs simple-brin, complémentaires de ceux formés par les enzymes de restriction *Eco*RI et *Bam*HI. Un plasmide pBR322 modifié fut coupé avec *Eco*RI et *Bam*HI pour éli-

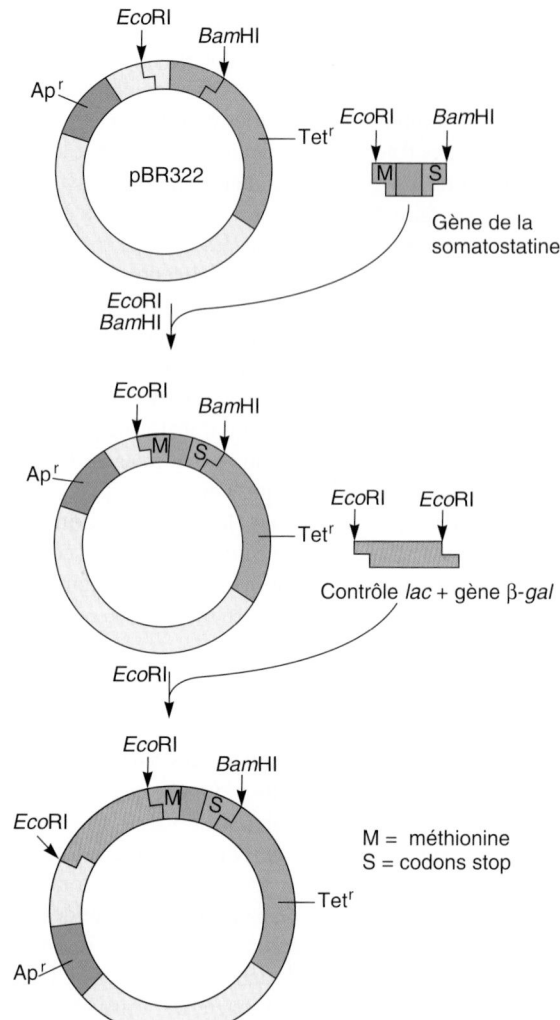

Figure 14.18 Le clonage du gène de la stomatostatine. Aperçu de la technique utilisée pour construire un plasmide recombinant porteur du gène de la somatostatine. Voir détails dans le texte.

miner une partie de l'ADN plasmidique. Le gène synthétique put alors être inséré dans le vecteur grâce à ses extrémités cohésives (**figure 14.18**). Enfin, un fragment contenant la partie initiale de l'opéron *lac* (incluant promoteur, opérateur, site de liaison au ribosome et la plus grande partie du gène de la β-galactosidase) fut inséré en amont du gène de la somatostatine. Le plasmide contenait maintenant le gène de la somatostatine fusionné dans la bonne orientation avec la partie restante du gène de la ß-galactosidase.

Après introduction de ce plasmide chimère dans *E. coli*, le gène de la somatostatine fut transcrit avec le fragment de gène de la β-galactosidase pour générer un ARNm ayant les deux messages. La traduction donna une protéine contenant le polypeptide complet de l'hormone attaché au fragment de β-galactosidase par un résidu méthionine. Le bromure de cyanogène coupe les liens peptidiques au niveau des résidus méthionine. Le traitement de la protéine de fusion avec le bromure de cyanogène coupa la chaîne peptidique au niveau de la méthionine et libéra l'hormone (**figure 14.19**). Dès qu'il fut libéré, le polypeptide était en mesure de se replier correctement et de devenir actif. La production de la pro-

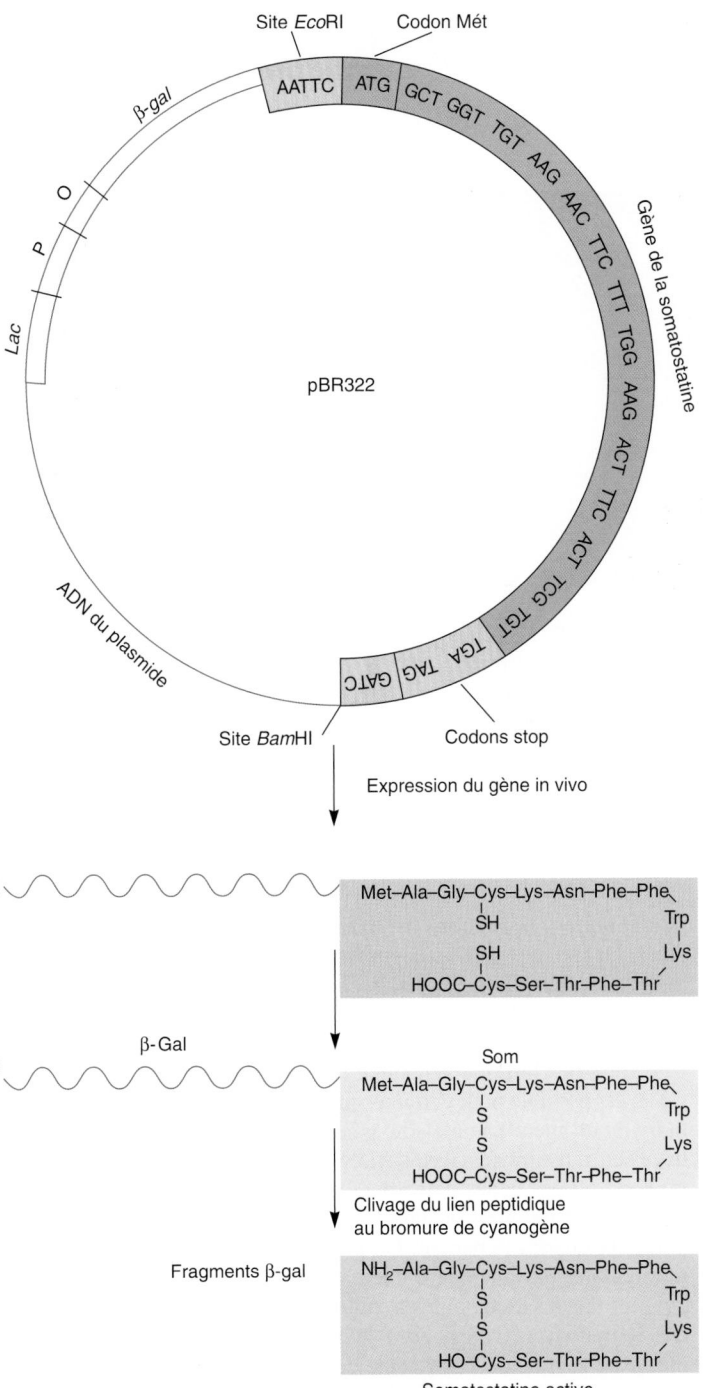

Figure 14.19   La synthèse de stomatostatine par des *E. coli* recombinants. Le clivage des résidus méthionine par le bromure de cyanogène libère l'hormone active du fragment de β-galactosidase. Le gène et ses séquences associées sont en couleur. Les codons non-sens, le codon spécial méthionine et les sites de restriction sont encadrés.

téine de fusion pouvait être régulée facilement puisqu'elle était sous le contrôle de l'opéron *lac*.

De nombreuses protéines furent produites depuis la synthèse de la somatostatine. Une approche similaire permet la production d'insuline humaine. L'hormone de croissance humaine et certains interférons furent également synthétisés par des techniques

d'ADNr. Le gène de l'hormone de croissance humaine était trop long pour être synthétisé par des méthodes chimiques. Aussi fut-il préparé comme un ADNc à partir d'ARNm.

Comme mentionné plus haut, les introns dans les gènes eucaryotes ne sont pas excisés par les bactéries, ce qui rend la protéine finale non fonctionnelle. La solution à ce problème consiste à préparer un ADNc à partir d'ARNm mature dépourvu d'introns, qui reflète directement la séquence correcte en acides aminés du produit protéique. Dans ce cas, il est particulièrement important d'insérer le gène dans un vecteur d'expression puisque l'ADNc sera dépourvu de promoteurs et d'autres séquences essentielles. La maturation de l'ARNm d'eucaryotes (pp. 263-64).

Si l'ARNm est rare, il peut être difficile d'en obtenir suffisamment pour la synthèse d'ADNc. On part alors souvent de la séquence de la protéine codée par le gène, pour en déduire la meilleure séquence d'ADN correspondant à un segment polypeptidique spécifique (une procédure logique appelée génétique inverse). Une sonde d'ADN est alors synthétisée et utilisée pour localiser et isoler l'ARNm recherché, après électrophorèse sur gel. Finalement, l'ARNm isolé est employé pour synthétiser l'ADNc.

---

1. Qu'est-ce qu'un animal transgénique ? Décrivez comment l'électroporation et les fusils à gènes sont employés pour insérer des gènes étrangers dans des cellules eucaryotes. Quelles autres approches peuvent être employées ? Comment transforme-t-on les bactéries ?

2. Comment peut-on éviter qu'un ADNr subisse des recombinaisons dans une cellule hôte bactérienne ?

3. Enumérez plusieurs raisons pour lesquelles un gène cloné peut ne pas être exprimé dans une cellule hôte. Qu'est-ce qu'un vecteur d'expression ?

4. Décrivez brièvement le procédé de production de la somatostatine.

5. Comment peut-on éliminer les introns eucaryotes durant la synthèse d'ADNr ?

14.8   Les applications du génie génétique

L'ingénierie génétique et la biotechnologie contribueront dans le futur à la médecine, l'industrie, et l'agriculture, autant qu'à la recherche fondamentale (**encadré 14.1**). Cette section décrit brièvement quelques applications pratiques.

Les applications médicales

La production de protéines utiles en médecine comme la somatostatine, l'insuline, l'hormone de croissance humaine et l'interféron sont d'une importance pratique considérable (**tableau 14.4**). Ceci s'applique particulièrement aux substances qui précédemment ne pouvaient être obtenues que de tissus humains. Ainsi dans le passé, l'hormone de croissance pour le traitement de nanisme pituitaire était extraite d'hypophyses obtenues durant des autopsies et n'était disponible qu'en quantités très limitées. L'interleukine 2 (une protéine régulant la réponse immunitaire) et le facteur coagulant VIII ont récemment été produits après clonage. Sans aucun doute d'autres peptides et protéines seront produites dans le futur. Un développement particulièrement intéressant est l'emploi de plants de maïs et de soja transgéniques pour produire des anticorps monoclonaux (*voir p. 743*) à usage médical. Il est possible aussi d'utiliser des

Expression de gènes et jeux de couleurs

On doit pouvoir suivre l'activité de plus d'un gène simultanément pour comprendre comment la régulation de l'expression des gènes influence des processus complexes. L'utilisation des gènes de luciférase en génie génétique a rendu ces études plus aisées.

Un coléoptère de la Jamaïque (appelé kittyboo) possède deux organes luminescents, un sur la tête et un sur l'abdomen. Récemment quatre gènes de luciférase ont été isolés de ce coléoptère. Chaque luciférase produit une lumière de couleur différente lorsqu'elle agit sur son substrat, la luciférine. Keith V. Wood a cloné ces gènes et les a insérés dans *E. coli*. Lorsque les bactéries sont exposées à la luciférine, elles émettent une luminescence (**figure de l'encadré**).

Ces gènes de luciférase peuvent être employés pour étudier la régulation des gènes. Supposez qu'on veuille suivre l'activité du gène hépatique codant pour l'albumine sérique. Le gène d'albumine est remplacé par un gène de luciférase, puis on incube la cellule modifiée avec de la luciférine. Dès que le gène d'albumine est activé, le gène de luciférase nouvellement inséré fonctionnera et la cellule émettra de la lumière. La mesure de l'intensité lumineuse est aisée, rapide et sensible. En substituant un autre gène hépatique par un gène de luciférase différent, on peut suivre simultanément l'activité et la coordination de deux gènes hépatiques différents. Il suffit de mesurer l'intensité lumineuse aux deux longueurs d'ondes caractéristiques de chacune des luciférases.

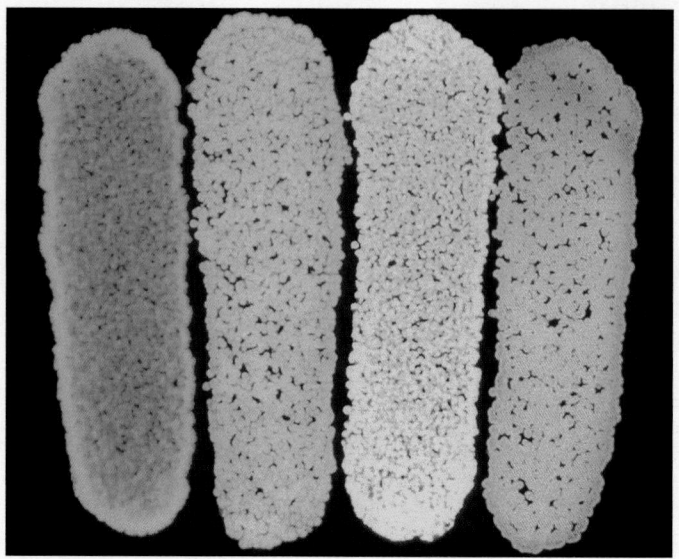

E. coli contenant des gènes de luciférase. Ces quatre étalements d'*E. coli* émettent des couleurs différentes parce qu'ils contiennent quatre gènes différents de la luciole jamaïcaine, *Pyrophorus plagiophthalamus*.

Tableau 14.4 **Quelques peptides et protéines humaines synthétisés par génie génétique**

Peptide ou protéine	Usage potentiel
Antitrypsine α_1	Traitement de l'emphysème
Interférons α, β et γ	Agents antiviraux, antitumoraux et anti-inflammatoires
Facteur de coagulation VIII	Traitement de l'hémophilie
Calcitonine	Traitement de l'ostéomalacie
Facteur de croissance épidermique	Traitement des blessures
Erythropoïétine	Traitement de l'anémie
Hormone de croissance	Stimule la croissance
Insuline	Traitement du diabète
Interleukines 1, 2 et 3	Traitement d'anomalies immunitaires et de tumeurs
Facteur stimulant la colonisation des macrophages	Traitement anticancéreux
Relaxine	Aide à l'accouchement
Albumine sérique	Supplément de plasma
Somatostatine	Traitement de l'acromégalie
Streptokinase	Anticoagulant
Activateur tissulaire du plasminogène	Anticoagulant
Facteur nécrosant des tumeurs	Traitement anticancéreux

plantes génétiquement modifiées pour fabriquer des vaccins oraux. Des souris génétiquement modifiées peuvent maintenant produire des anticorps monoclonaux humains. Des vaccins synthétiques, par exemple des vaccins contre la malaria et la rage, sont également en voie d'élaboration avec les techniques recombinantes. Le vaccin recombinant contre l'hépatite B est déjà commercialement disponible.

D'autres applications médicales du génie génétique sont étudiées. Des sondes sont actuellement utilisées dans le diagnostic de maladies infectieuses. On peut rechercher un gène muté chez un individu, à l'aide de sondes et de techniques d'hybridation (même avant la naissance, en conjonction avec une ponction amniotique). Une sorte de chirurgie génétique, appelée thérapie génique somatique, est possible pour certaines maladies. Ainsi, des cellules d'un individu affligé d'une maladie génétique peuvent être isolées, cultivées et transformées avec l'ADN cloné contenant une copie normale du ou des gènes défectifs. Ces cellules sont ensuite réintroduites chez l'individu : si elles s'établissent, l'expression des gènes normaux guérira le patient. Un patient souffrant d'une déficience immunitaire par manque d'une enzyme, l'adénosine désaminase, qui élimine des métabolites toxiques, a été traité de cette manière. Des lymphocytes (*voir p. 705*) du patient ont été prélevés, transformés avec le gène de l'adénosine désaminase au moyen d'un rétrovirus modifié, et réintroduits dans le corps du patient. Il est possible d'utiliser des rétrovirus défectifs (*voir section 18.2*) pour insérer directement les gènes adéquats dans des cellules hôtes, en les ciblant éventuellement vers des organes ou des tissus spécifiques. Les toxines fusions fournissent un troisième exemple d'applications potentiellement importantes du génie génétique. Les premières à être obtenues furent des protéines recombinantes où les domaines enzymatique et de translocation membranaire de la toxine diphtérique (*voir pp. 797-98*) étaient combinés à des protéines qui se fixent spécifiquement aux récepteurs de surface des cellules cibles. Des essais cliniques sont en cours sur une toxine fusion qui contient l'interleukine-2. IL-2 se lie à la cellule, le domaine enzymatique de la toxine diphtérique y pénètre et bloque la synthèse protéique. Des résultats encourageants ont été obtenus dans le traitement de la leucémie, de lymphomes et de l'arthrite rhumatoïde. L'emploi de sondes et d'empreintes plasmidiennes en microbiologie clinique (pp. 841-43).

Le bétail promet d'être également important dans la biotechnologie médicale, par le recours à une approche parfois appelée « molecular pharming ». Des embryons de porc auxquels on a injecté des gènes de l'hémoglobine humaine deviennent des porcs transgéniques, capables de synthétiser de l'hémoglobine humaine. Les projets actuels concernent la purification et l'emploi de cette hémoglobine comme substitut du sang. Un porc pourrait produire 20 unités de substituts sanguins par an. Des techniques similaires ont produit des chèvres transgéniques dont le lait contient jusqu'à 3 g d'activateur tissulaire du plasminogène humain par litre. L'activateur du plasminogène tissulaire (TPA) dissout les caillots sanguins et est utilisé dans le traitement de patients cardiaques.

Les techniques de l'ADN recombinant jouent un rôle croissant dans la recherche des bases moléculaires des maladies. Le transfert de la recherche à l'application pratique est souvent lent, parce qu'il n'est pas aisé de traiter une maladie efficacement à moins de connaître son mécanisme moléculaire. Le génie génétique peut donc aider à combattre une maladie, en procurant de nouvelles informations sur sa nature, aussi bien qu'en aidant à son diagnostic et à sa thérapie.

Les applications industrielles

Les applications industrielles de la technologie de l'ADN recombinant incluent la production de dérivés protéiques par des bactéries, des mycètes et des cellules de mammifères, utilisés comme des usines ; l'amélioration des souches pour des procédés biologiques existants et le développement de nouvelles souches pour des procédés biologiques nouveaux. Comme on l'a dit plus haut, l'industrie pharmaceutique produit déjà actuellement plusieurs polypeptides d'importance médicale par cette technologie. En plus, on a intérêt à faire fabriquer par des bactéries recombinantes, des enzymes coûteuses d'importance industrielle. Des bactéries qui métabolisent le pétrole et d'autres matériaux toxiques sont déjà développées. Pour construire ces bactéries, on transfère dans les micro-organismes appropriés, un plasmide unique où sont rassemblés les gènes cataboliques nécessaires. De nombreuses applications potentielles existent dans les industries chimiques et alimentaires. La microbiologie alimentaire (chapitre 41). La microbiologie industrielle et la biotechnologie (chapitre 42).

Les applications en agriculture

Il est également possible de court-circuiter les méthodes traditionnelles de cultures par sélection et de transférer directement des propriétés avantageuses à des animaux ou végétaux d'importance agricole. Potentiellement, on est capable d'accroître la vitesse de croissance et le rendement protéique global d'animaux de ferme. Le gène de l'hormone de croissance a déjà été transféré de rats à des souris, profitant du développement de méthodes de fertilisation in vitro et d'implantation d'embryons. Récemment, l'hormone de croissance bovine recombinante a été utilisée pour accroître la production laitière d'au moins 10 %. Peut-être pourra-t-on améliorer la résistance aux maladies des animaux de ferme et leur tolérance aux conditions extrêmes de l'environnement.

Les gènes clonés peuvent être introduits autant dans des cellules végétales qu'animales. Actuellement une manière courante d'insérer des gènes dans les plantes exploite un **plasmide Ti** (plasmide inducteur de tumeurs) recombinant tiré de la bactérie *Agrobacterium tumefaciens* (**encadré 14.2**, *voir aussi la sec-*

tion 30.4). On peut aussi transférer des gènes en formant des protoplastes de cellules végétales, ainsi devenues perméables à l'ADNr désiré. L'invention du fusil à gènes (p. 335) aidera grandement à la production de végétaux transgéniques.

Des efforts considérables ont été consacrés au transfert vers d'autres végétaux, des gènes de fixation de l'azote associés aux légumineuses. La plupart des gènes responsables de la fixation de l'azote ont été clonés et insérés dans le génome de cellules végétales. Cependant, les cellules receveuses ont été incapables de fixer l'azote. Si ces efforts aboutissent, le bénéfice potentiel pour des cultures comme celles du maïs sera grand. Néanmoins, on craint que des variétés nouvelles capables de fixer l'azote puissent se répandre sans discrimination comme des mauvaises herbes et perturber le cycle de l'azote du sol (*voir sections 28.3 et 30.4*).

Les tentatives pour rendre les végétaux résistants aux stress environnementaux ont eu plus de succès. Ainsi les gènes pour la détoxification d'herbicides, tel le glyphosate, ont été isolés de *Salmonella*, clonés et introduits dans des cellules de tabac par l'intermédiaire du plasmide Ti. Les plantes issues des cellules recombinantes sont résistantes à l'herbicide. Des variétés de coton résistantes aux herbicides et des variétés de maïs fertiles et transgéniques ont également été développées. Tout ceci est d'une importance considérable car de nombreux végétaux destinés à l'alimentation souffrent de stress, lors du traitement aux herbicides. Les végétaux résistants ne seraient pas stressés par les produits chimiques utilisés pour éliminer les mauvaises herbes, ce qui probablement augmenterait fort leur rendement.

Les fermiers américains produisent d'importantes quantités de récoltes génétiquement modifiées. Environ un tiers du maïs, la moitié des sojas et une fraction significative du coton sont génétiquement modifiés. Le coton et le maïs sont résistants aux herbicides et aux insectes. Les sojas portent la résistance à un herbicide et ont un moindre contenu en graisses saturées. Le colza, la pomme de terre, la courge et la tomate sont d'autres exemples de cultures commerciales génétiquement modifiées.

De nombreuses applications nouvelles sont explorées. Un bon exemple est donné par une souche de *Pseudomonas syringae* qui protège les végétaux des dégâts du gel parce qu'elle ne peut pas produire une protéine qui induit la formation des cristaux de glace. Beaucoup d'efforts sont consacrés à la défense des plantes contre les parasites, sans recours aux pesticides chimiques. Une souche de *Pseudomonas fluorescens* porteuse du gène de la toxine de *Bacillus thuringiensis* (*voir pp. 1020-1021*) est actuellement testée. Cette toxine détruit beaucoup d'insectes nuisibles, comme *Trichoplusia ni* (« cabbage looper ») et la pyrale du maïs. On a développé une variété de maïs dotée du gène de la toxine de *B. thuringiensis*. Un intérêt considérable est accordé aux virus tueurs d'insectes et particulièrement aux baculovirus. On a inséré un gène de toxine de scorpion dans le virus multicapside de la polyhédrose nucléaire autographa californica (AcMNPV). L'AcMNPV génétiquement modifié tue *Trichoplusia ni* plus rapidement que ne le fait le virus normal et réduit significativement les dommages causés aux récoltes. Enfin, des souches de sojas, de pommes de terre, de courges, de riz et d'autres plantes sont en voie de développement.

1. Enumérez plusieurs applications présentes et futures du génie génétique dans les domaines de la médecine, l'industrie et l'agriculture.

2. Qu'est-ce que le plasmide Ti et pourquoi est-il si important ?

Encadré 14.2

Les tumeurs de plantes et le génie génétique de la nature

Les succès dans le génie génétique des plantes sont largement dus à un plasmide d'une bactérie pathogène des végétaux, appelée *Agrobacterium tumefaciens*. Une infection par la bactérie transforme les cellules normales en cellules tumorales. La maladie de la galle du collet (erown gall) se développe chez des dicotylées telles que les vignes et les plantes ornementales. Le plus souvent, la tumeur est localisée près de la jonction de la racine et de la tige de la plante. La tumeur se forme suite à l'insertion de gènes dans le génome des cellules végétales et seules les souches d'*A. tumefaciens* contenant un grand plasmide conjugatif, appelé le plasmide Ti, sont pathogènes (*voir figure 30.20*). Le plasmide Ti porte des gènes de virulence et de synthèse de substances impliquées dans la régulation de la croissance végétale. Les gènes qui induisent la formation de tumeurs sont flanqués de deux séquences répétées directes de 23 bases. Cette région est connue sous le nom d'ADN-T et est très similaire à un transposon. L'ADN-T contient des gènes pour la synthèse d'hormones de croissance végétale (une auxine et une cytokinine) et un dérivé d'acide aminé appelé opine qui sert de source alimentaire à la bactérie parasite. Dans les cellules végétales

malades, l'ADN-T est inséré dans les chromosomes à différents sites et est maintenu de manière stable dans le noyau de la cellule.

Lorsque la nature moléculaire de la maladie de la galle du collet fut reconnue, il devint évident que le plasmide Ti et son ADN-T avait un grand potentiel comme vecteur d'insertion d'ADNr dans les chromosomes de plantes. Au cours d'une expérience pilote, le gène de l'alcool déshydrogénase de la levure fut ajouté à la région de l'ADN-T dans le plasmide Ti. L'infection de cultures de cellules végétales aboutit au transfert du gène de la levure. Depuis lors, de nombreuses modifications du plasmide Ti ont été faites pour améliorer ses propriétés de vecteur. Le plus souvent, des gènes de résistance aux antibiotiques sont ajoutés et l'ADN-T est délété de séquences non-essentielles, comprenant les gènes inducteurs de la tumeur. Par contre sont maintenus les gènes requis pour l'infection de la cellule végétale par le plasmide. L'ADN-T a également été inséré dans le plasmide pBR322 d'*E.coli* et d'autres plasmides pour fabriquer des vecteurs de clonage navettes entre bactéries et végétaux (**figure de l'encadré**). Le ou les gènes d'intérêt sont insérés dans la région de l'ADN-T, entre les séquences répétées directes. Ensuite, le plasmide est à nouveau introduit dans *A. tumefaciens*, les cellules végétales en culture sont infectées avec la bactérie et les transformants sont sélectionnés pour leur résistance à l'antibiotique (ou un autre phénotype porté par l'ADN-T). Enfin, des plantes entières sont régénérées à partir des cellules transformées. De cette manière, plusieurs végétaux ont été rendus résistants aux herbicides (p. 339).

Malheureusement, *A.tumefaciens* ne produit pas de tumeur dans des monocotylées comme le maïs, le froment et d'autres céréales. Il n'a été utilisé que pour modifier des végétaux tels que pommes de terre, tomates, céleris, salades et luzerne. Cependant, il y a des preuves que l'ADN-T est transféré et exprimé chez les monocotylées, même s'il ne produit pas de tumeur. Cette découverte et la création de nouveaux procédés d'insertion dans l'ADN végétal peuvent conduire à l'utilisation des techniques d'ADNr dans de nombreux végétaux d'intérêt alimentaire.

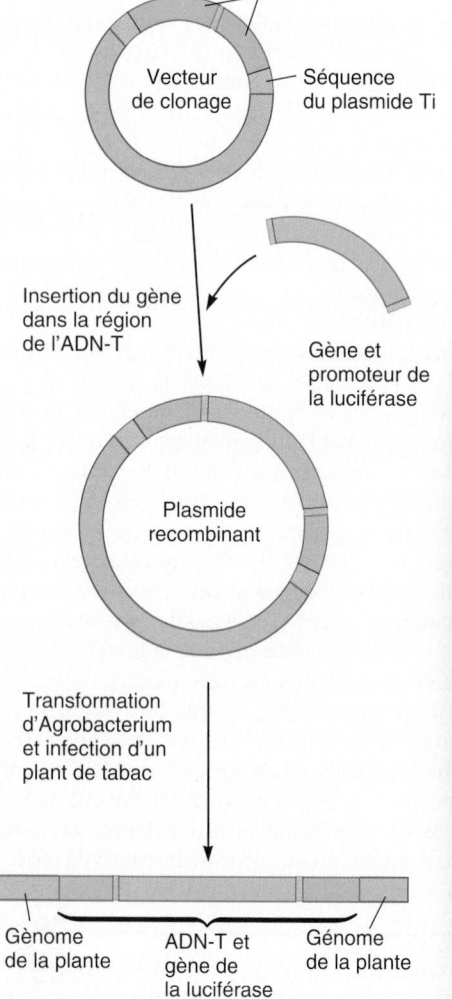

ADN-T

Vecteur de clonage

Séquence du plasmide Ti

Insertion du gène dans la région de l'ADN-T

Gène et promoteur de la luciférase

Plasmide recombinant

Transformation d'Agrobacterium et infection d'un plant de tabac

Génome de la plante

ADN-T et gène de la luciférase

Génome de la plante

(a)

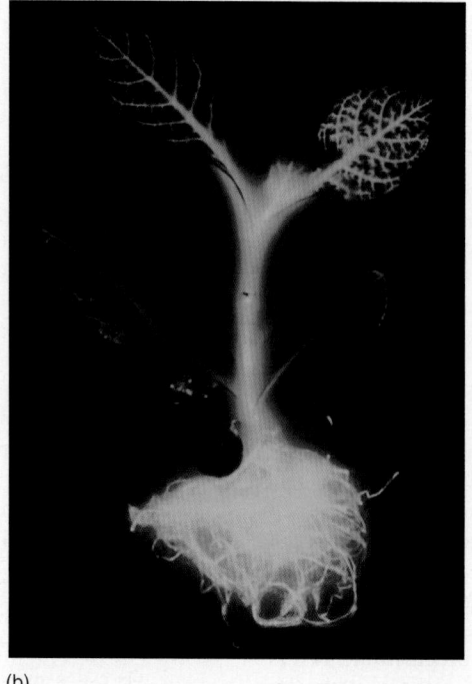

(b)

La production de plantes transgéniques à l'aide du vecteur plasmidique Ti. (**a**) La formation d'un vecteur de clonage et son emploi dans la transformation. Voir détails dans le texte. (**b**) Une plante de tabac, *Nicotiana tabacum*, rendue bioluminescente par transfection par un vecteur plasmidique Ti spécial contenant le gène de la luciférase de la luciole. Lorsque la plante est arrosée avec une solution de luciférine, substrat de la luciférase, elle émet de la lumière. La photographie a été faite en exposant la plante transgénique pendant 24 heures à un film Ektachrome.

14.9   L'impact social de la technologie de l'ADN recombinant

Malgré l'impact social positif de la technologie de l'ADNr, des dangers peuvent être associés à la manipulation de molécules recombinantes d'ADN et au clonage de gènes. La faculté de modifier génétiquement un organisme pose de sérieuses questions scientifiques et philosophiques dont plusieurs n'ont pas encore été convenablement circonscrites. Dans cette section, ce débat est brièvement résumé.

Le souci initial de la communauté scientifique concernait le fait que des *E.coli* et d'autres micro-organismes génétiquement modifiés (MGM), porteurs de gènes dangereux, puissent s'échapper et répandre des infections. A cause de ces inquiétudes, le gouvernement fédéral américain donna des directives pour limiter et réglementer les lieux et les types d'expériences potentiellement dangereuses. Le confinement physique devait être appliqué ; c'est-à-dire que les recherches sur l'ADN recombinant devaient être effectuées dans des laboratoires spécialement équipés de mesures de sécurité complémentaires. En plus, les chercheurs devaient également appliquer le confinement biologique. Seuls, des hôtes microbiens affaiblis, incapables de survivre dans un environnement naturel et des souches bactériennes non conjugatives devaient être utilisées pour éviter la dissémination du vecteur ou de l'ADNr lui-même. Des expériences ultérieures suggérèrent que les dangers n'étaient pas aussi extrêmes qu'on ne le pensait initialement. Néanmoins, on sait peu de choses sur ce qui se passerait si des organismes recombinants s'échappaient. Des gènes dangereux tels que les oncogènes (*voir section 18.5*) pourraient-ils par exemple se déplacer d'une souche affaiblie vers une souche vigoureuse susceptible de se disséminer ? Les risques sont-ils accrus lorsque de grandes quantités de micro-organismes recombinants sont cultivés dans des fermenteurs industriels ? Des personnes s'inquiètent parce que les techniques de l'ADNr sont devenues très répandues et que les consignes de sécurité concernant leur usage se sont considérablement relâchées. La recherche biomédicale impliquant l'ADNr est contrôlée par un comité spécial (Recombinant DNA Advisory Committee -RAC- des National Institutes of Health). Plus récemment, la « Food and Drug Administration » est devenue principal responsable de la surveillance de la recherche en thérapie génique. L'agence de protection de l'environnement et les gouvernements des états ont la compétence relative aux expériences agricoles sur le terrain. La recherche industrielle impliquant l'ADNr, qui ne dépend pas de réglementations aussi strictes, suscite des inquiétudes concernant des risques potentiels pour la sécurité.

En plus des soucis de sécurité, l'application des technologies recombinantes sur les êtres humains pose des questions éthiques et morales. Les problèmes ont une portée limitée dans les cas de thérapie génique des cellules somatiques, visant à soigner des maladies graves. Les préoccupations sont plus grandes lorsqu'il s'agit de corriger les défauts ou de procurer des propriétés considérées comme souhaitables, en introduisant des gènes dans des oeufs ou des embryons humains. En 1983, deux lauréats du Prix Nobel, de nombreux autres scientifiques éminents et 40 chefs religieux signèrent une pétition adressée au Congrès américain et demandant que de telles altérations sur des oeufs ou du sperme humains ne soient pas tentées. La tentation existe de nous « améliorer » nous-mêmes ou de modifier génétiquement le corps humain. Ce pourrait être le souhait de certains d'essayer de changer l'intelligence, la taille ou les attraits physiques de leurs enfants, par des modifications génétiques. D'autres font valoir que le bien qui résulte de telles interventions justifie largement le risque d'abus et qu'il n'y a pas de mal inhérent à modifier le bagage génétique humain en vue de réduire l'incidence de maladies génétiques. Cette discussion vaut également pour d'autres organismes. Certains contestent le droit de créer de nouvelles formes de vie et d'embrouiller davantage la diversité génétique que les activités humaines ont déjà largement réduite. Les cours de justice des Etats-Unis ont décidé que des chercheurs et des compagnies peuvent prendre des brevets sur des organismes vivants « non naturels », qu'ils soient microbiens, végétaux ou animaux.

Le projet du génome humain, un des principaux efforts actuels en biotechnologie, a déterminé les séquences de tous les chromosomes humains. La réussite de ce projet et les avancées techniques à venir rendront le criblage génétique très efficace. Les médecins seront à même de détecter les défauts dans l'ADN, bien avant que la maladie génétique qui en découle ne se manifeste. Cela pourrait conduire, dans certains cas, à des traitements immédiats. Mais souvent, rien ne peut être fait pour éviter les dommages et cela soulève toutes sortes de dilemmes. Les gens doivent-ils être informés de la situation ? Souhaitent-ils même savoir quoi que ce soit des défauts qu'on ne peut corriger ? Que se passera-t-il si leurs employeurs et les compagnies d'assurance sont mis au courant du problème ? Les employés pourraient perdre leur travail et leur assurance. Le respect de la vie privée est crucial dans un sens pratique, particulièrement si l'on établit des banques de données génétiques. Il pourrait y avoir une pression accrue sur les parents pour qu'ils fassent avorter les fœtus porteurs de défauts génétiques, de façon à ne pas surcharger les systèmes de sécurité sociale et médicale. Il est clair que la technologie biomédicale moderne apporte à la fois craintes et promesses. La société n'a pas encore affronté ses implications, malgré les progrès rapides dans la technologie du criblage génétique.

L'utilisation d'organismes recombinants en agriculture est un autre domaine de grande controverse. Beaucoup d'écologistes craignent que la dissémination d'organismes recombinants inhabituels, sans évaluation préalable du risque, perturbe gravement l'écosystème. Ils font état de nombreux exemples de modifications d'écosystèmes suite à l'introduction d'organismes étrangers. Une inquiétude majeure concerne l'échange de gènes entre les plantes et virus transgéniques et les autres plantes. Les acides nucléiques viraux insérés dans les plantes pour les rendre résistantes aux virus pourraient se combiner au génome d'un autre virus qui envahirait la plante et rendre ce virus plus virulent encore. Des mauvaises herbes pourraient acquérir la résistance aux virus, aux insectes nuisibles et aux herbicides à partir des plantes transgéniques. D'autres problèmes potentiels inquiètent les critiques. Par exemple, les virus tueurs d'insectes pourraient détruire beaucoup plus d'espèces d'insectes qu'attendu. Les gènes de toxine insérés dans un virus pourraient passer à d'autres. Les aliments génétiquement modifiés pourraient déclencher des réponses allergiques dommageables pour les consommateurs. Les risques potentiels sont l'objet d'âpres discussions parce que plusieurs organismes recombinants sont déjà sur le marché. Il faut reconnaître qu'à ce jour, aucun effet patent n'a été observé ni sur les écosystèmes, ni sur la santé. Néanmoins, il y a eu des appels à une réglementation plus stricte des aliments génétiquement modifiés. En Europe, il y a peu de récoltes génétiquement modifiées produites par les fermiers, ou offertes aux consommateurs. Certains grands producteurs alimentaires américains ont répondu aux inquiétudes du public et abandonnent la culture des plantes génétiquement modifiées.

Les possibilités d'abus existent comme avec toute technologie. Un exemple vient de l'emploi du génie génétique dans la guerre biologique et le terrorisme. Les connaissances acquises dans ces recherches peuvent aisément être utilisées dans une guerre biologique agressive, même si des accords internationaux limitent la recherche dans ce domaine pour empêcher la prolifération d'autres armes biologiques. Des vaccins efficaces construits à l'aide des technologies recombinantes peuvent protéger les troupes attaquantes et la population civile. Néanmoins, même des petits pays et des organisations terroristes peuvent acquérir des armes biologiques, parce qu'il est relativement aisé et peu coûteux de préparer des bactéries capables de produire des quantités massives de toxine ou de développer des souches pathogènes virales ou bactériennes particulièrement virulentes. De nombreux scientifiques et non scientifiques sont également préoccupés par la recherche accrue sur l'ADNr, effectuée par les grandes puissances, dans le domaine militaire. La peur émergente du bioterrorisme (p. 863).

La technologie de l'ADN recombinant a largement contribué à notre connaissance des gènes et de leurs fonctions, elle promet d'améliorer nos vies de nombreuses manières. Comme en témoigne cette brève discussion, des problèmes et des soucis doivent encore trouver des solutions. Des progrès scientifiques du passé ont parfois eu des conséquences malheureuses et non prévues, telles la pollution de l'environnement et les armes nucléaires. Nous pouvons éviter les erreurs du passé dans l'utilisation de cette nouvelle technologie en faisant preuve de prudence et de prévoyance.

1. Décrivez les quatre sujets majeurs d'inquiétude à propos de l'application du génie génétique. Dans chaque cas, donnez les arguments pour et contre son usage.

Résumé

1. Le génie génétique devint possible après la découverte des enzymes de restriction, de la transcriptase inverse, de la méthode de transfert de Southern et d'autres méthodes essentielles dans la chimie des acides nucléiques (**tableau 14.1**).

2. Des oligonucléotides de séquence spécifique peuvent être synthétisés par un synthétiseur automatique d'ADN. Ceci a rendu la mutagenèse dirigée possible.

3. La réaction de polymérisation en chaîne (PCR) permet d'amplifier des milliers de fois de petites quantités d'ADN (**figure 14.8**).

4. L'électrophorèse en gel d'agarose est employée pour séparer les fragments d'ADN selon leur taille.

5. Des fragments peuvent être isolés et identifiés, puis insérés dans des plasmides ou des génomes de phages en vue d'être clonés ; on peut également cloner d'abord tous les fragments et ensuite repérer le clone désiré (**figures 14.11, 14.14 et 14.15**).

6. Trois techniques mènent à la liaison de fragments d'ADN : la création des extrémités cohésives similaires par une même enzyme de restriction, l'addition de poly (dA) et de poly (dT) pour créer des extrémités cohésives et la ligature de bouts francs à l'aide de l'ADN ligase de T4.

7. Les sondes pour la détection de clones recombinants sont réalisées de différentes manières et habituellement marquées par du ^{32}P Des sondes non radioactives sont de plus en plus employées.

8. Différents types de vecteurs sont utilisés, chacun ayant ses avantages : plasmides, phages, cosmides, chromosomes artificiels et vecteurs navettes (**figure 14.3**).

9. Des gènes peuvent être introduits dans des cellules eucaryotes par des techniques telles que la micro-injection, l'électroporation et l'emploi du fusil à gènes.

10. Le vecteur recombinant doit souvent être modifié par l'adjonction de promoteurs, séquences de tête et autres éléments. Les introns des gènes eucaryotes doivent également être éliminés. Un vecteur d'expression a les propriétés nécessaires pour exprimer n'importe quel gène recombinant présent.

11. De nombreux produits utiles comme la somatostatine ont été synthétisés en utilisant la technologie de l'ADN recombinant (**figure 14.19**).

12. La technologie de l'ADN recombinant sera bénéfique pour la médecine, l'industrie et l'agriculture.

13. Malgré de grandes promesses, le génie génétique soulève également des problèmes concernant la sécurité, l'expérimentation humaine, les modifications écologiques potentielles et la guerre biologique.

Mots-clés

ADN complémentaire (ADNc) *321*
animal transgénique *335*
autoradiographie *322*
banque *330*
biotechnologie *320*
chimère *334*
chromosome artificiel bactérien (BAC) *335*
chromosome artificiel de levure (YAC) *335*
cosmide *335*

électrophorèse *327*
électroporation *335*
enzyme de restriction *320*
fusil à gènes *335*
génie génétique *320*
mutagenèse dirigée *323*
oligonucléotide *323*
plasmide Ti *339*
réaction de polymérisation en chaîne (PCR) *326*

sonde *322*
technique de transfert de Southern *322*
PCR (réaction de polymérasation en chaîne) *326*
technologie de l'ADN recombinant *320*
transfection *335*
vecteur *322*
vecteur d'expression *336*

Questions de révision

1. La technique de transfert de Southern peut-elle être appliquée à l'ARN et aux protéines ? Comment cela peut-il être réalisé ?

2. Pourquoi une bande d'un gel d'électrophorèse peut-elle contenir plus d'une espèce de fragments d'ADN ?

3. Quel avantage peut-on tirer de la création en premier lieu d'une banque génomique plutôt que d'isoler directement le fragment d'ADN désiré ?

4. Dans quel domaine pensez-vous que le génie génétique aura l'impact positif le plus grand dans le futur ? Pourquoi ?

5. Que considérez-vous comme les dangers potentiels les plus sérieux du génie génétique ? Quels sont les problèmes éthiques posés par ses applications potentielles ?

Questions de réflexion

1. Les premiers essais de PCR ont été réalisés avec l'ADN polymérase d'*E. coli*. Quelle fut la principale difficulté rencontrée ?

2. Pourquoi ne peut-on pas faire une PCR avec l'ARN polymérase ?

3. Ecrivez une page pour expliquer la thérapie génique à un lecteur diplômé de l'enseignement secondaire. Supposez que ce lecteur ait un fils ou une fille qui souffre d'une maladie mortelle dont le seul traitement actuel relève de la thérapie génique.

4. Supposez qu'on insère un plasmide simple (contenant un gène de résistance à un antibiotique et un site de restriction séparé) porteur du gène d'un interféron humain dans *E. coli*, mais qu'aucune des bactéries transformées ne produise l'interféron. Donnez pour ce résultat, autant de raisons plausibles que vous pouvez.

Lectures complémentaires

Généralités

Cohen, S. N. 1975. The manipulation of genes. *Sci. Am.* 233(1):25–33.

Glazer, A. N., et Nikaido, H. 1995. *Microbial biotechnology: Fundamentals of applied microbiology.* New York: W. H. Freeman.

Glick, B. R., et Pasternak, J. J. 1998. *Molecular biotechnology: Principles and applications of recombinant DNA*, 2e éd. Washington, D.C.: ASM Press.

Maulik, S., and Patel, S. D. 1997. *Molecular biotechnology: Therapeuitic applications and strategies.* New York: John Wiley & Sons.

Old, R. W., et Primrose, S. B. 1994. *Principles of gene manipulation*, 5e éd. Boston: Blackwell Scientific Publications.

Peters, P. 1993. *Biotechnology: A guide to genetic engineering.* Dubuque, Iowa: Wm. C. Brown.

Snyder, L., et Champness, W. 1997. *Molecular genetics of bacteria.* Washington, D.C.: ASM Press.

Watson, J. D., Gilman, M., Witkowski, J., et Zoller, M. 1994. *Recombinant ADN*, 2e éd. Bruxelles : DeBoeck.

Zyskind, J. W. 2000. Recombinant DNA, basic procedures. In *Encyclopedia of microbiology*, 2e éd., vol. 4, J. Lederberg, éd., 55–64. San Diego: Academic Press.

14.1 Historique

Bickle, T. A., et Krüger, D. H. 1993. Biology of DNA restriction. *Microbiol. Rev.* 57(2):434–50.

Lear, J. 1978. *Recombinant DNA: The untold story.* New York: Crown Publishers.

Murray, N. E. 2000. DNA restriction and modification. In *Encyclopedia of microbiology*, 2e éd., vol. 2, J. Lederberg, éd., 91–105. San Diego: Academic Press.

14.3 La réaction de polymérisation en chaîne

Arnheim, N., et Levenson, C. H. 1990. Polymerase chain reaction. *Chem Eng. News* 68:36–47.

Atlas, R. M. 1991. Environmental applications of the polymerase chain reaction. *ASM News* 57(12):630–32.

Ehrlich, G. D., et Greenberg, S. J. 1994. *PCR-based diagnostics in infectious disease.* Boston: Blackwell Scientific.

Erlich, H. A. 1989. *PCR technology: Principles and applications of DNA amplification.* San Francisco: W. H. Freeman.

Erlich, H. A., Gelfand, D., et Sninsky, J. J. 1991. Recent advances in the polymerase chain reaction. *Science* 252:1643–51.

Mullis, K. B. 1990. L'invention insolite de l'amplification de gènes, *Pour la Science* 152, 44-53.

Palmer, C. J., et Paszko-Kolva, C. 2000. Polymerase chain reaction (PCR). In *Encyclopedia of microbiology*, 2e éd., vol. 3, J. Lederberg, éd., 787–91. San Diego: Academic Press.

14.5 Les vecteurs de clonage

Monaco, A. P., et Larin, Z. 1994. YACs, BACs, PACs and MACs: Artificial chromosomes as research tools. *Trends Biotechnol.* 12:280–86.

Shizuya, H., et al. 1992. Cloning and stable maintenance of 300-kilobase-pair fragments of human DNA in *Escherichia coli* using an F-factor-based vector. *Proc. Natl. Acad. Sci.* 89:8794–97.

14.6 L'insertion de gènes dans des cellules eucaryotes

Chilton, M.-D. 1983. L'introduction de gènes étrangers dans les plantes, *Pour la Science* 32, 82-95.

Crystal, R. G. 1995. Transfer of genes to humans: Early lessons and obstacles to success. *Science* 270:404–10.

Karcher, S. J. 1994. Getting DNA into a cell: A survey of transformation methods. *Am. Biol. Teach.* 56(1):14–20.

Smith, A. E. 1995. Viral vectors in gene therapy. *Annu. Rev. Microbiol.* 49:807–38.

14.8 Les applications du génie génétique

Cohen, J. S., et Hogan, M. E. 1994. The new genetic medicines. *Sci. Am.* 271(6):76–82.

Felgner, P. L. 1997. Nonviral strategies for gene therapy. *Sci. Am.* 276(6):102–6.

Friedmann, T. 1997. Overcoming the obstacles to gene therapy. *Sci. Am.* 276(6):96–101.

Gasser, C. S., et Fraley, R. T. 1992. Les plantes transgéniques, *Pour la Science* 178, 68-74.

Gerngross, T. U., et Slater, S. C. 2000. How green are green plastics? *Sci. Am.* 283(2):36–41.

Hansen, M., Busch, L., Burkhardt, J., Lacy, W. B., et Lacy, L. R. 1986. Plant breeding and biotechnology. *BioScience* 36(1):29–39.

Jaenisch, R. 1988. Transgenic animals. *Science* 240:1468–74.

Lillehoj, E. P., et Ford, G. M. 2000. Industrial biotechnology, overview. In *Encyclopedia of microbiology*, 2e éd., vol. 2, J. Lederberg, éd., 722–37. San Diego: Academic Press.

Pestka, S. 1983. La purification et la fabrication des interférons humains, *Pour la Science* 72, 64-78.

Porter, A. G., Davidson, E. W., et Liu, J.-W. 1993. Mosquitocidal toxins of bacilli and their genetic manipulation for effective biological control of mosquitoes. *Microbiol. Rev.* 57(4):838–61.

Roessner, C. A., et Scott, A. I. 1996. Genetically engineered synthesis of natural products: From alkaloids to corrins. *Annu. Rev. Microbiol.* 50:467–90.

14.9 L'impact social de la technologie de l'ADN recombinant

Brown, K. 2001. Seeds of Concern. *Sci. Am.* 284(4):52–57.

Goodfield, J. 1977. *Playing God: Genetic engineering and the manipulation of life.* New York: Random House.

Grobstein, C. 1977. The recombinant-DNA debate. *Sci. Am.* 237(1):22–33.

Kenney, M. 1986. *Biotechnology: The university-industrial complex.* New Haven, Conn.: Yale University Press.

Krimsky, S. 1982. *Genetic alchemy: The social history of the recombinant DNA controversy.* Cambridge, Mass.: MIT Press.

Marvier, M. 2001. Ecology of transgenic crops. *American Scientist* 89:160–67.

Moses, P. B. 1987. Strange bedfellows. *BioScience* 37:6–10.

Poupard, J. A., et Miller, L. A. 2000. Biological warfare. In *Encyclopedia of microbiology*, 2e éd., vol. 1, J. Lederberg, éd., 506–19. San Diego: Academic Press.

Richards, J., éd.. 1978. *Recombinant DNA: Science, ethics, and politics.* New York: Academic Press.

Rifkin, J. 1983. *Algeny.* New York: Viking Press.

Teitelman, R. 1989. *Gene dreams: Wall street, academia, and the rise of biotechnology.* New York: Basic Books, Inc.

Tolin, S., et Vidaver, A. 2000. Genetically modified organisms: Guidelines and regulations for research. In *Encyclopedia of microbiology*, 2e éd., vol. 2, J. Lederberg, éd., 499–509. San Diego: Academic Press.

Tucker, J. B. Winter 1984–85. Gene wars. *Foreign Policy* 57:58–79.

Wilson, M., et Lindow, S. E. 1993. Release of recombinant microorganisms. *Annu. Rev. Microbiol.* 47:913–44.

CHAPITRE 15

La génomique microbienne

On peut suivre l'expression génétique dans tout le génome d'un micro-organisme au moyen d'une puce d'ADN. Cette puce contient des sondes pour les 4.200 cadres de lecture ouverts connus dans le génome d'*E. coli*.

Plan

Concepts

1. La génomique est l'étude de l'organisation moléculaire des génomes, de l'information qu'ils contiennent et des produits encodés par leurs gènes.

2. Des morceaux d'ADN individualisés peuvent être séquencés par la méthode de Sanger. La voie la plus facile pour analyser les génomes microbiens est de les séquencer en entier par « shotgun ». Les fragments, produits de façon aléatoire, sont séquencés et alignés ensuite par ordinateur pour reconstituer le génome complet.

3. Vu la masse de données à analyser, le recours à des programmes sophistiqués, sur des d'ordinateurs très rapides, est essentiel pour la génomique.

4. De nombreux génomes bactériens ont déjà été séquencés et comparés. Les résultats nous apprennent beaucoup sur des sujets comme la structure génomique, la physiologie microbienne, la phylogénie microbienne et la façon dont les micro-organismes pathogènes provoquent les maladies. Ils aideront indubitablement à préparer de nouveaux vaccins et médicaments pour le traitement des maladies infectieuses.

5. La fonction du génome peut s'analyser par l'annotation, l'emploi de puces d'ADN pour étudier la synthèse d'ARNm, et l'étude du contenu en protéines de l'organisme (le protéome) et de ses changements.

Pour comprendre la biologie complète d'un organisme, la détermination de la séquence entière de son génome est un prérequis.

J. Craig Venter et al.

Le chapitre 13 a fourni une brève introduction à la recombinaison microbienne et aux plasmides, y compris l'emploi de la conjugaison et d'autres techniques pour cartographier le chromosome. Le chapitre 14 a décrit le développement et l'impact de la technologie de l'ADN recombinant. Ce chapitre-ci va pousser plus loin ces thèmes en se penchant sur la révolution actuelle que constitue le séquençage du génome. Nous commencerons par un survol général du sujet, suivi d'une introduction à la technique de séquençage de l'ADN. Ensuite, la méthode de séquençage par « shotgun » du génome entier sera brièvement décrite. Viendra alors une comparaison de génomes microbiens choisis et une discussion de ce qu'on en aura appris. Après avoir examiné la structure du génome, nous nous tournerons vers sa fonction et l'ensemble des transcrits et des protéines qu'il produit. L'accent sera mis sur l'annotation, les puces d'ADN, et le recours à l'électrophorèse à deux dimensions pour étudier le protéome. Le chapitre se terminera par une brève présentation des défis et opportunités futurs qu'offre la génomique.

15.1 Introduction

La génomique est l'étude de l'organisation moléculaire des génomes, de l'information qu'ils contiennent et des produits encodés par leurs gènes. C'est une vaste discipline que l'on peut diviser en trois domaines généraux au moins. La **génomique structurale** est l'étude de la nature physique des génomes. La **génomique fonctionnelle** s'attache à la façon dont le génome fonctionne, c'est-à-dire qu'elle examine les transcrits produits par le génome et l'ensemble des protéines que ces transcrits encodent. Le troisième domaine est l'étude de la **génomique comparative**, qui consiste à comparer les génomes de différents organismes pour y relever les différences et les similarités significatives. Ceci permet d'identifier les portions importantes, conservées, du génome et de discerner les modes de fonctionnement et de régulation. Les données fournissent aussi beaucoup d'informations sur l'évolution microbienne, particulièrement sur des phénomènes comme le transfert génétique horizontal.

Il faut insister d'emblée sur le fait que l'information trouvée dans la séquence complète du génome offre un point de départ entièrement neuf pour la recherche biologique. A l'avenir, les microbiologistes n'auront plus à passer autant de temps à cloner des gènes, ils seront capables de poser de nouvelles questions et d'émettre de nouvelles hypothèses à partir de l'analyse par ordinateur des données du génome. Ils pourront alors tester leurs hypothèses au laboratoire.

15.2 La détermination des séquences d'ADN

La technique de séquençage la plus largement utilisée est celle que Frédérick Sanger a mis au point en 1975. Cette approche emploie des didésoxynucléotides triphosphates (ddNTPs) dans la synthèse de l'ADN. Ces molécules ressemblent aux nucléotides normaux, mis à part qu'ils n'ont pas de groupement 3'-hydroxyle (**figure 15.1**). Ils s'ajoutent à l'extrémité de la chaîne en croissance, mais ils mettent fin à la synthèse catalysée par l'ADN polymérase,

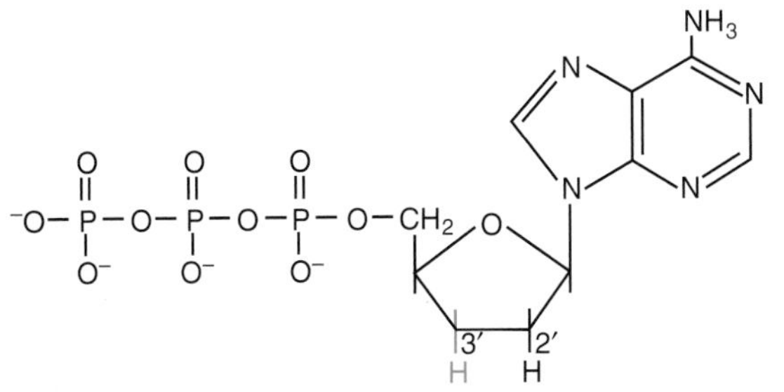

Figure 15.1 La didésoxyadénosine triphosphate (ddATP). Notez l'absence de groupe hydroxyle sur le carbone 3', ce qui empêche l'allongement ultérieur par l'ADN polymérase.

parce que les nucléotides suivants ne peuvent s'y fixer. Dans la méthode manuelle de séquençage, on mélange l'ADN simple-brin à séquencer avec une amorce, l'ADN polymérase I, ses substrats, les quatre désoxynucléosides triphosphates (dont un est marqué radioactivement) et une petite quantité de l'un des didésoxynucléotides. La synthèse d'ADN commence à partir de l'amorce et s'achève lorsque qu'un ddNTP est incorporé en lieu et place d'un désoxynucléoside triphosphate normal. Il en résulte une série de fragments de longueurs variées. Quatre réactions sont lancées, chacune avec un ddNTP différent. Le mélange avec le ddATP produit des fragments terminés par un A ; le mélange avec le ddCTP des fragments terminés par un C, et ainsi de suite (**figure 15.2**). Les fragments radioactifs sont détachés de l'ADN matrice et soumis à une électrophorèse sur gel de polyacrylamide qui les séparent les uns des autres selon leur taille. L'électrophorèse se fait sur quatre pistes, une par mélange de réaction. Le gel est autoradiographié (*voir p. 322*). La séquence d'ADN se lit directement sur le gel, en partant des fragments les plus petits, c'est-à-dire des bandes qui ont migré le plus vite, pour aller vers les fragments les plus grands, c'est-à-dire les bandes les plus lentes (figure 15.2a). On peut lire jusqu'à 800 résidus sur un seul gel.

Dans les systèmes automatisés, on utilise des didésoxynucléotides marqués par des colorants fluorescents (chaque ddNTP est marqué par un colorant d'une couleur différente). Les produits des quatre réactions sont mélangés et mis à migrer ensemble sur le même gel d'électrophorèse. Puisque chaque ddNTP fluoresce en une couleur différente, un détecteur peut balayer le gel et déterminer rapidement la séquence, d'après l'ordre des couleurs des bandes (figure 15.2b,c).

Récemment, des séquenceurs à électrophorèse capillaire, entièrement automatisés, ont été mis au point. Ils sont beaucoup plus rapides et permettent de séquencer jusqu'à 96 échantillons simultanément. On peut ainsi déterminer des séquences de plus de 350 kilobases en un jour. Les systèmes courants peuvent séquencer des brins d'ADN longs d'environ 700 paires de bases, en 4 heures à peu près.

15.3 Le séquençage d'un génome entier par « shotgun »

Bien que plusieurs génomes viraux aient été séquencés, il n'avait pas été possible par le passé de séquencer les génomes de bactéries. Avant 1995, le séquençage d'un génome entier n'était pas possible parce que la puissance des ordinateurs disponibles était insuffisante pour assembler un génome à partir de milliers de fragments d'ADN. J. Craig Venter, Hamilton Smith et leurs collaborateurs séquencèrent d'abord les génomes de deux bactéries, *Haemophilus influenzae* et *Mycoplasma genitalium*. Le génome de

Figure 15.2 La méthode de séquençage de l'ADN de Sanger. (**a**) Un gel de séquence avec quatre pistes séparées. On commence à lire la séquence par le bas, CAAAAAACGGACCGGGTGTAC. (**b**) Exemple de séquençage employant des didé-soxynucléosides triphosphates fluorescents. Voir détails dans le texte. (**c**) Portion d'un séquençage d'ADN automatisé. Ce sont les bases 493 à 499 qui servent d'exemple dans (**b**).

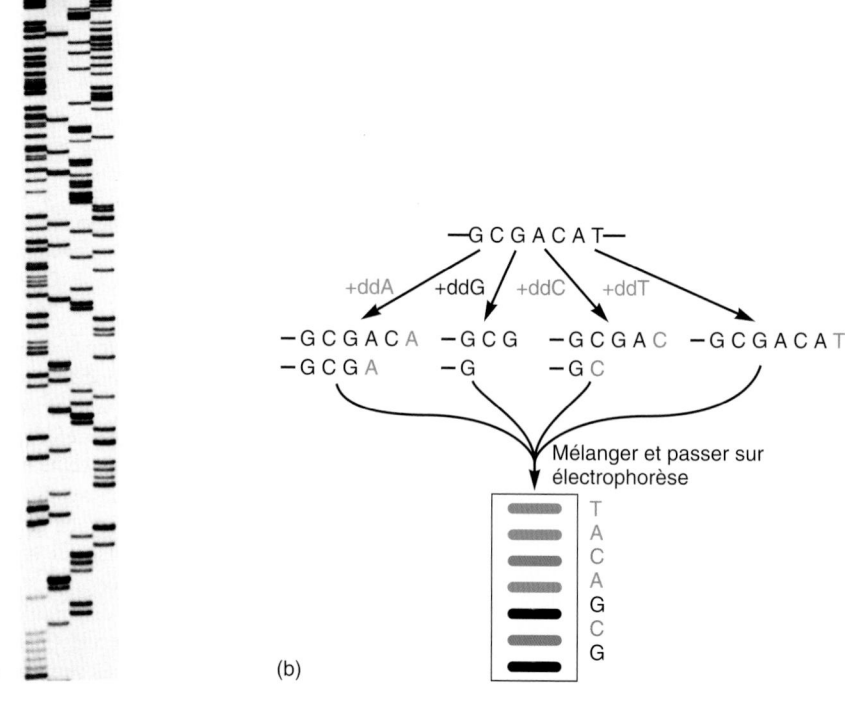

(a)   (b)

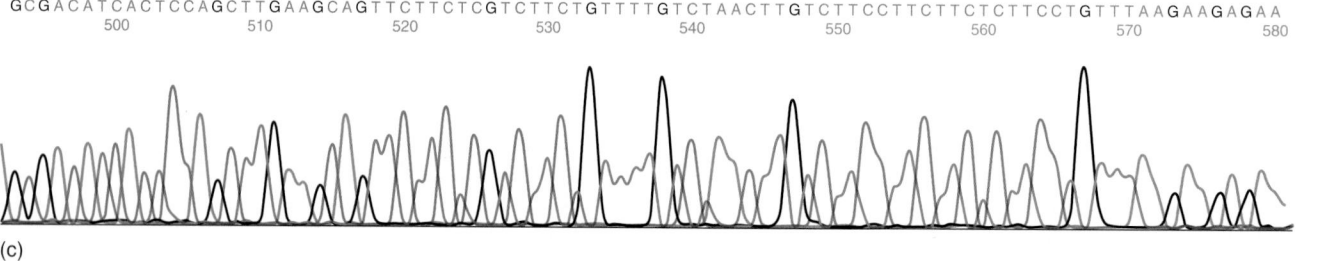

GCGACATCACTCCAGCTTGAAGCAGTTCTTCTCGTCTTCTGTTTTGTCTAACTTGTCTTCCTTCTTCTCTTCCTGTTTAAGAAGAGAA
     500   510   520   530   540   550   560   570   580

(c)

H. influenzae, le premier à être séquencé, contient environ 1.743 gènes dans 1.830.137 paires de bases. C'est beaucoup plus grand qu'un génome de virus.

Venter et Smith développèrent ce qu'on appelle le **séquençage du génome entier par « shotgun »**. Considéré dans le détail, le processus est assez complexe et comprend de multiples procédures pour s'assurer de la précision des résultats, mais le résumé qui suit donne une idée générale de l'approche imaginée à l'origine par « l'Institute of Genomic Research ». Pour la simplicité, on divisera cette approche en quatre étapes : construction d'une banque, séquençage au hasard, alignement des fragments et remplissage des hiatus, et enfin vérification.

1. *Construction d'une banque.* Les grands chromosomes bactériens sont cassés de façon aléatoire en assez petits fragments, de la taille d'un gène environ ou moins, au moyen d'ultrasons ; les fragments sont alors purifiés (**figure 15.3**). Ils sont introduits dans des vecteurs plasmidiques (*voir pp. 334-35*) et on isole ceux d'entre eux qui n'ont pris qu'un insert. Avec ces plasmides, on transforme des souches d'*E. coli* spéciales, dépourvues d'enzymes de restriction, pour obtenir une banque de clones plasmidiques.

2. *Séquençage aléatoire.* Lorsque les clones sont préparés et leurs ADN purifiés, on séquence des milliers de fragments d'ADN bactérien au moyen de séquenceurs automatisés et d'amorces spéciales marquées par un colorant. On copie ainsi des milliers de matrices, normalement avec des amorces universelles qui reconnaissent les séquences dans l'ADN du plasmide, juste à côté de l'insert d'ADN bactérien. La nature du processus est telle que presque tous les morceaux du génome sont séquencés plusieurs fois, ce qui augmente la précision des résultats finals.

3. *Alignement des fragments et remplissage des hiatus.* A l'aide de programmes informatiques spéciaux, on groupe les fragments d'ADN séquencés et on les assemble en morceaux de séquence plus grands, en se basant sur les chevauchements de séquence nucléotidique. Deux fragments sont réunis pour en former un plus long, si les séquences à leurs extrémités chevauchent et correspondent (c'est-à-dire si elles sont les mêmes). Cette comparaison des chevauchements fournit un ensemble de séquences nucléotidiques plus grandes, appelées « contigs ».

Finalement, les « contigs » sont alignés dans l'ordre correct pour former la séquence complète du génome. S'il y a un

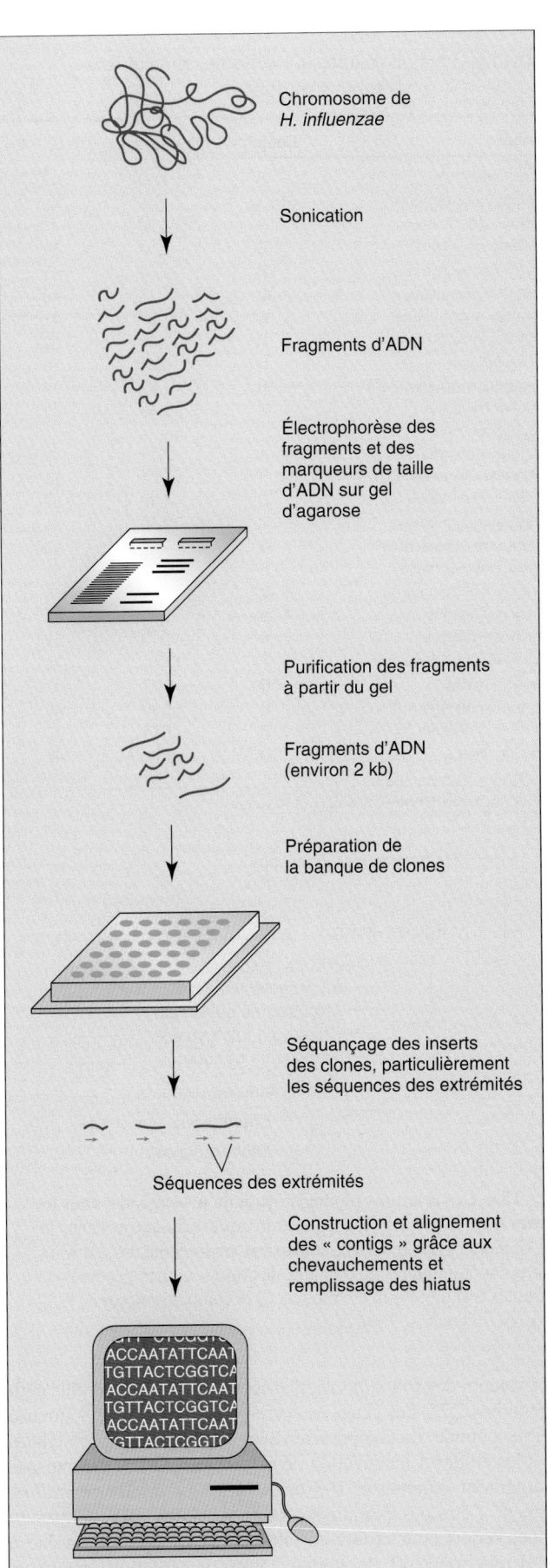

Figure 15.3 Le séquençage d'un génome entier par « shotgun ». Cet aperçu général montre comment le génome d'*Haemophilus influenzae* a été séquencé. Voir détails dans le texte.

hiatus entre deux d'entre eux, on dispose parfois de fragments dont les extrémités se trouvent dans les deux « contigs » adjacents. Ces fragments peuvent être analysés et leurs séquences combler les hiatus. Lorsque ce n'est pas possible, on recourt à diverses autres techniques pour aligner les « contigs » et combler les hiatus. Par exemple, on construit des banques de phages λ contenant de grands fragments d'ADN bactérien (*voir pp. 330-332, 335*). Ceux-ci chevauchent avec les « contigs » précédemment séquencés. Ils sont combinés avec des sondes nucléotidiques qui s'hybrident avec les extrémités des « contigs » que l'on doit aligner. Si les sondes se lient à un fragment de la banque λ, on peut se servir de ce fragment pour préparer une longueur d'ADN qui correspondra à la région de l'hiatus. Les chevauchements de la séquence de ce nouveau fragment avec deux « contigs » permettent de les placer côte à côte et de combler l'hiatus qui les séparait.

4. *Vérification*. La séquence est alors relue soigneusement afin d'y lever toute ambiguïté. On y cherche aussi les mutations par glissement de cadre qui sont indésirables et qu'on corrige si nécessaire.

La méthode fonctionne si bien qu'il n'a fallu que 4 mois pour séquencer le génome de *M. genitalium* (environ 500.000 paires de bases). La technique du « shotgun » a également été utilisée avec succès par Celera Genomics dans le « Human Genome Project » et pour séquencer le génome de *Drosophila*.

Une fois que la séquence du génome est établie, commence le processus de l'**annotation**. Le but de l'annotation est de déterminer la localisation de gènes spécifiques sur la carte génomique. Chaque **cadre de lecture ouvert** (**ORF** pour « Open Reading Frame »)—une séquence de lecture (*voir p. 241*) sans codon stop—de plus de 100 codons est considéré comme encodant potentiellement une protéine. On utilise des programmes informatiques pour comparer la séquence de l'ORF supposé, avec de grandes banques de données contenant les séquences de nucléotides ou d'acides aminés d'enzymes et autres protéines connues. Si une séquence bactérienne ressemble à une séquence de la banque de données, on suppose qu'elle code pour la même protéine. Bien que ce processus de comparaison ne soit pas exempt d'erreurs, il permet d'assigner une fonction supposée à 40-50 % des régions présumées codantes. Il donne aussi des informations sur les éléments transposables, les opérons, les séquences répétées, la présence de diverses voies métaboliques et d'autres caractéristiques du génome. Les résultats du séquençage et de l'annotation des génomes de *Mycoplasma genitalium* et d'*Haemophilus influenzae* sont donnés dans les figures 15.5 et 15.6. Souvent les résultats de l'annotation sont exprimés sous forme d'un diagramme qui résume ce que l'on connaît du métabolisme et de la physiologie de l'organisme. On en trouvera un exemple dans la figure 15.7.

1. Définissez la génomique. Quels sont les trois domaines généraux qu'on peut y distinguer ?
2. Décrivez la méthode de Sanger pour le séquençage de l'ADN.
3. Donnez les grandes lignes de la méthode de séquençage d'un génome entier par « shotgun ».

15.4 La bioinformatique

Les techniques de séquençage de l'ADN se sont développées si rapidement qu'une énorme quantité de données a déjà été accumulée et on est en train de séquencer des génomes à une vitesse de plus en plus grande. La seule façon d'organiser et d'analyser toutes ces données passe par l'usage des ordinateurs, et ceci a conduit au développement d'un nouveau domaine interdisciplinaire qui combine biologie, mathématique et science informatique. La **bioinformatique** est ce domaine qui s'occupe de gérer et d'analyser les données biologiques au moyen d'ordinateurs. Dans le contexte de la génomique, il s'attache surtout aux séquences d'ADN et de protéines. Le processus d'annotation que l'on vient de décrire est un des aspects de la bioinformatique. Les données de séquences d'ADN sont stockées dans d'immenses banques. Une des plus grandes bases de données génomiques est « l'International Nucleic Acid Sequence Data Library », souvent citée sous le nom de GenBank. On peut consulter les bases de données au moyen de programmes informatiques spéciaux, pour y trouver des séquences homologues, c'est-à-dire des séquences d'ADN similaires à celle qu'on étudie. Les régions codant pour des protéines peuvent aussi être traduites en séquences d'acides aminés et ensuite comparées. Ces comparaisons de séquences permettent de suggérer des fonctions pour les gènes et les protéines nouvellement découverts. Le gène étudié aura souvent une fonction similaire à celle de gènes dont la séquence est homologue.

15.5 Les caractéristiques générales des génomes microbiens

Le développement du séquençage par « shotgun » et des autres techniques de séquençage des génomes a conduit à la caractérisation de nombreux génomes procaryotes en un temps très court. Beaucoup de séquences de génomes de procaryotes sont maintenant complètes et publiées. Certaines d'entre elles sont mentionnées dans le **tableau 15.1**. Ces procaryotes présentent une grande diversité phylogénique (**figure 15.4**). Il y a au moins 100 procaryotes de plus qui ont été séquencés à ce jour, pour une grande part des pathogènes humains. La comparaison des génomes de procaryotes différents contribuera de façon significative à la compréhension de l'évolution des procaryotes et aidera à déterminer quels gènes sont responsables des divers processus cellulaires. Les séquences de génomes nous aideront à comprendre la régulation génique et l'organisation génomique. Dans certains cas, elles aideront aussi dans la recherche des gènes humains (« Human Genome Project ») parce qu'il y a des similarités entre la biochimie humaine et celle des procaryotes.

Les séquences des génomes publiées à ce jour ont déjà apporté des vues nouvelles et importantes sur l'organisation et la fonction des génomes. *Mycoplasma genitalium* se développe dans les systèmes génital et respiratoire humains et possède un génome de 580 kilobases seulement ; c'est un des plus petits génomes d'organisme autonome (**figure 15.5**). Les données de séquence sont donc d'un grand intérêt parce qu'elles aident à déterminer quel est l'ensemble minimal de gènes nécessaires à une existence autonome. Il semble qu'il faille pour cela approximativement 517 gènes (480 qui codent pour des protéines et 37 qui codent pour des ARN). Environ 90 protéines sont impliquées dans la traduction et seulement 29 dans la réplication de l'ADN. De façon intéressante, 140 gènes, soit le tiers des gènes du génome, codent pour des protéines membranaires, et jusque 4,5% des gènes semblent servir à l'organisme pour échapper aux réponses immunes de l'hôte. Cinq gènes seule-

Tableau 15.1 **Exemples de génomes microbiens complets publiés**

Génome	Domaine[a]	Taille (Mb)	% G + C
Aquifex aeolicus	B	1,50	43
Archaeoglobus fulgidus	A	2,18	48
Bacillus subtilis	B	4,20	43
Borrelia burgdorferi	B	1,44	28
Campylobacter jejuni	B	1,64	31
Chlamydia pneumoniae	B	1,23	40
Chlamydia trachomatis	B	1,05	41
Deinococcus radiodurans	B	3,28	67
Escherichia coli	B	4,60	50
Haemophilus influenzae Rd	B	1,83	39
Helicobacter pylori	B	1,66	39
Methanobacterium thermoautotrophicum	A	1,75	49
Methanococcus jannaschii	A	1,66	31
Mycobacterium tuberculosis	B	4,40	65
Mycoplasma genitalium	B	0,58	31
Mycoplasma pneumoniae	B	0,81	40
Neisseria meningitidis	B	2,27	51
Pseudomonas aeruginosa	B	6,3	67
Pyrococcus horiksohii	A	1,80	42
Rickettsia prowazekii	B	1,10	29
Saccharomyces cerevisiae	E	13	38
Synechocystis sp.	B	3,57	47
Thermotoga maritima	B	1,80	46
Treponema pallidum	B	1,14	52
Vibrio cholerae	B	4,0	48

[a] Abréviations: A, Archéobactéries; B, Bactéries; E, Eucaryotes.

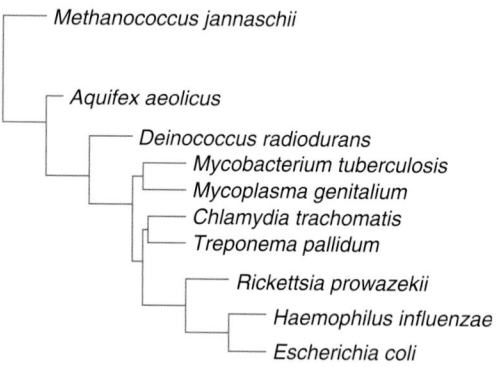

Figure 15.4 Les relations phylogéniques de procaryotes dont les génomes sont séquencés. Il est question de ces procaryotes dans le texte. *Methanococus jannaschii* appartient au domaine des *Archaea*. Les autres sont membres du domaine des *Bacteria*. Les génomes de procaryotes très divers ont été séquencés et comparés. *Source : le « Ribosomal Database Project »*.

ment exercent des fonctions régulatrices. Même dans ce plus petit des génomes, 22% des gènes ne correspondent à aucune séquence protéique connue. La comparaison avec le génome de *M. pneumoniae* et les études d'inactivation de gènes par insertion de transposon suggèrent qu'environ 108 des 121 gènes de *M. genitalium* pourraient n'être pas essentiels à sa survie. Le nombre minimum de gènes requis pour croître en laboratoire semble être de 265 à 350, et environ 100 de ceux-ci sont de fonction inconnue.

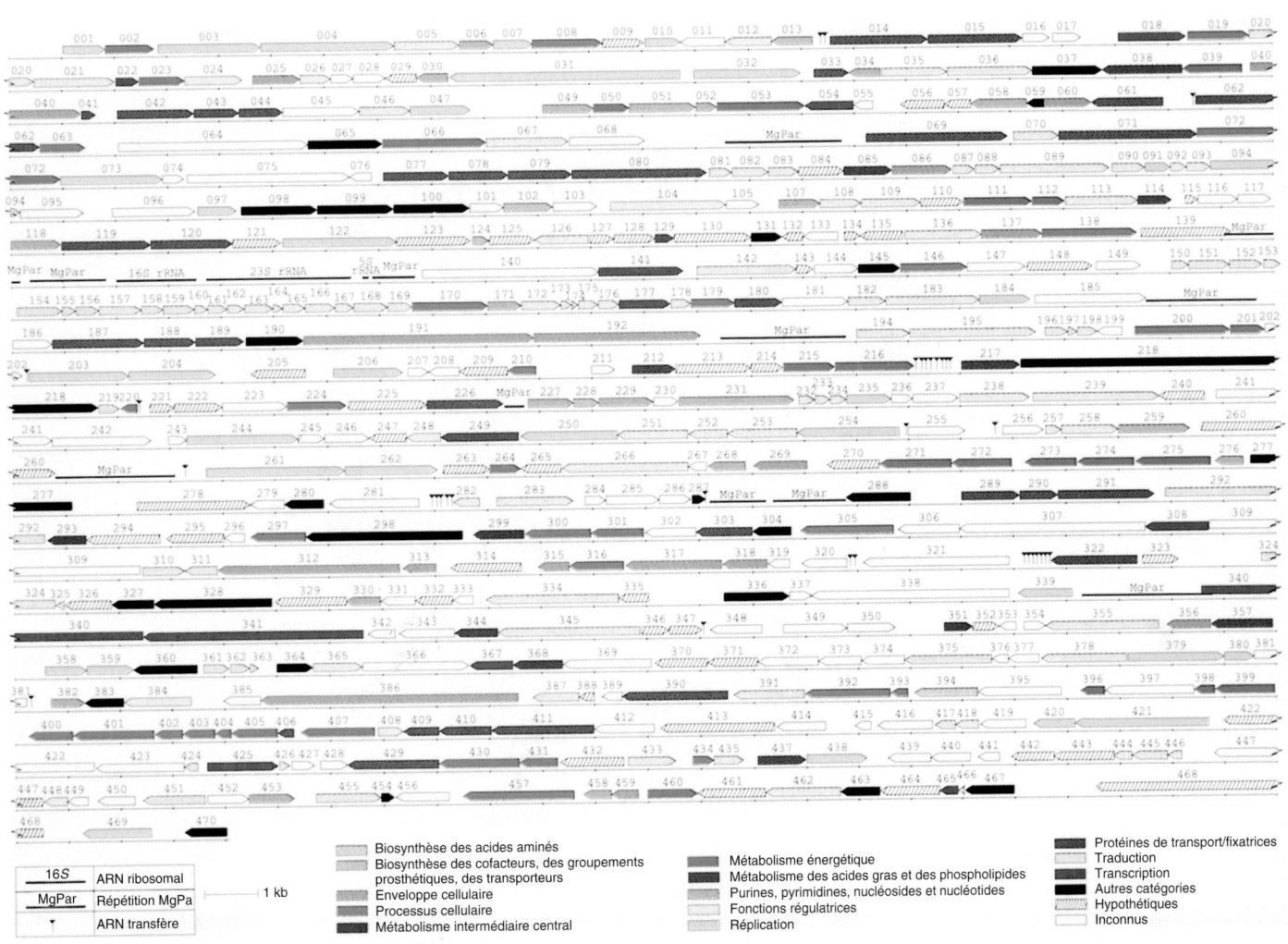

Figure 15.5 La carte du génome de *Mycoplasma genitalium*. Les flèches indiquent la direction de transcription des régions codantes prédites. Un code couleur donne le rôle fonctionnel des gènes. L'opéron ARNr, les gènes d'ARNt et les opérons des adhésines (MgPa) sont indiqués. *Reproduit avec la permission de Fraser C.M., et al. 1995. The minimal gene complement of* Mycoplasma genitalium. Science *270 :397-404.*

Haemophilusn influenzae a un génome beaucoup plus grand : 1,8 mégabases et 1.743 gènes (**figure 15.6**). Plus de 40% des gènes n'y ont pas de fonction connue. On a déjà trouvé que trois gènes du cycle de Krebs manquaient chez cette bactérie, le cycle n'y est donc pas fonctionnel. *H. influenzae* consacre beaucoup plus de gènes (64) que *M. genitalium* à des fonctions régulatrices. C'est une espèce capable de transformation (*voir pp.* 305-7). Ce processus doit être très important pour la bactérie car celle-ci contient 1.465 copies de la séquence de reconnaissance, utilisée lors de l'absorption d'ADN au cours de la transformation. Le génome de *Methanococcus jannaschii*, un membre du domaine des Archéobactéries, a aussi été séquencé. Il n'y a que 44% de ses 1.738 gènes qui correspondent à ceux d'autres organismes, ce qui indique combien cette archéobactérie est différente des bactéries et des eucaryotes. Malgré cette profonde différence, beaucoup des gènes pour la réplication de l'ADN, pour la transcription et la traduction sont similaires aux gènes eucaryotes et très différents des gènes bactériens. Le métabolisme de *M. jannaschii* ressemble cependant plus à celui des bactéries qu'à celui des eucaryotes. Plus récemment, la séquence du génome de 4,6 mégabases d'*Escherichia coli* K12 a été publiée. De 5 à 6% des gènes codent

pour des protéines impliquées dans la structure cellulaire et membranaire ; 12 à 14% pour des protéines de transport ; 10% pour des enzymes des voies énergétiques et du métabolisme central intermédiaire ; 4% pour des protéines régulatrices et 8% pour des protéines de la réplication, de la transcription et de la traduction. Le génome contient environ 4.288 gènes, dont près de 2.500 ne ressemblent à aucun des gènes connus. Le grand nombre de gènes inconnus chez *Escherichia coli*, *Haemophilus influenzae* et d'autres procaryotes a une grande signification. Il montre combien nous connaissons peu la biologie microbienne. Il est clair qu'il y a beaucoup plus à apprendre sur la génétique, la physiologie et le métabolisme des procaryotes, même de ceux qui ont été très étudiés.

La comparaison de ces séquences génomiques avec d'autres révèle de grandes différences. Comme on pouvait s'y attendre, c'est *E. coli* qui ressemble le plus à *H. influenzae*, qui est aussi un membre des γ-protéobactéries (1.130 gène similaires). Il diffère plus de la cyanobactérie *Synechocystis* sp. PCCC6803 (675 similarités) et de *Mycoplasma genitalium* (468 similarités). Ces quatre bactéries n'ont que 111 protéines en commun. *Escherichia coli* est encore plus dissemblable de l'archéobactérie *M. jannaschii* (231 gènes similaires) et de *Saccharomyces cerevisiae* (254 gènes simi-

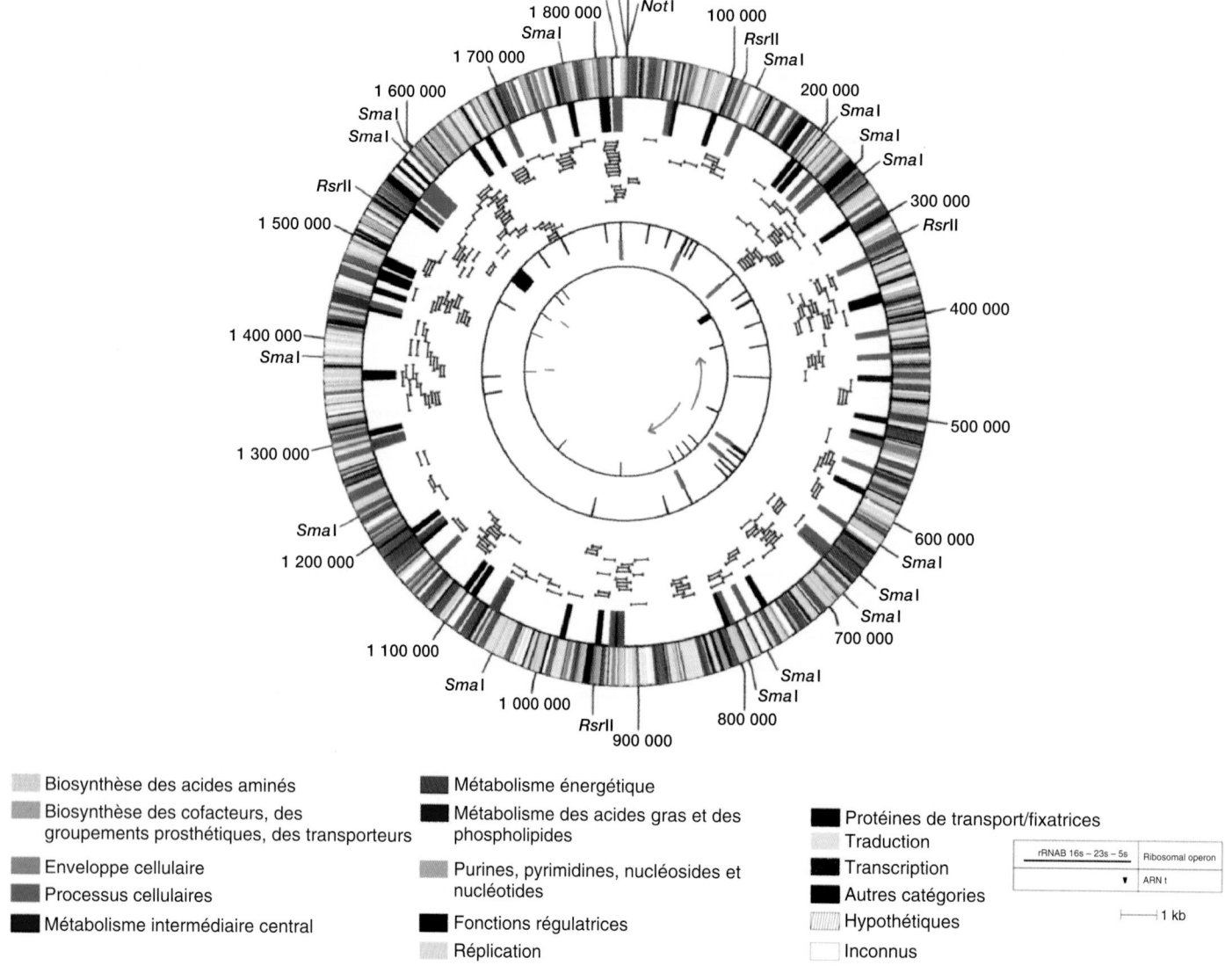

Biosynthèse des acides aminés

Biosynthèse des cofacteurs, des groupements prosthétiques, des transporteurs

Enveloppe cellulaire

Processus cellulaires

Métabolisme intermédiaire central

Métabolisme énergétique

Métabolisme des acides gras et des phospholipides

Purines, pyrimidines, nucléosides et nucléotides

Fonctions régulatrices

Réplication

Protéines de transport/fixatrices

Traduction

Transcription

Autres catégories

Hypothétiques

Inconnus

rRNAB 16s – 23s – 5s   Ribosomal operon

▼   ARN t

⊢———⊣ 1 kb

Figure 15.6 La carte du génome d'*Haemophilus influenzae*. Les régions codantes prédites sont indiquées dans le cercle externe, par des couleurs variant selon les rôles fonctionnels. Le périmètre externe montre les sites de restriction *Not*I, *Rsr*II et *Sma*I ; le cercle intérieur les régions de haute teneur en GC (rouge et bleu) et de haute teneur en AT (noir et vert). Le troisième cercle montre le découpage en clones λ (bleu). Le quatrième cercle indique la localisation des opérons ARNr (vert), des ARNt (noir), et du prophage analogue à Mu (bleu) ; le cinquième cercle les répétitions en tandem simple et l'origine de réplication probable (flèches vertes pointant vers l'extérieur). Les lignes rouges sont les séquences de terminaison potentielles. *Reproduit avec la permission de Fleischman, R.D., et al. 1995, Whole-genome random sequencing and assembly of* Haemophilus influenzae Rd. Science 269 :496-512. Figure 1, page 507 et de « l'Institute of Genomic Research ».

laires). Seize protéines seulement, pour la plupart des protéines de traduction comme les protéines ribosomiales et les aminoacyl synthétases, sont essentiellement les mêmes dans les six organismes. Il y a eu beaucoup de pertes et de modifications de gènes au cours de l'évolution.

Parmi les génomes déjà séquencés, beaucoup viennent de procaryotes qui, soit sont des pathogènes majeurs pour l'Homme, soit présentent un intérêt biologique particulier. Certaines séquences récentes ont donné lieu à des découvertes intéressantes et nous en discuterons brièvement en guise d'exemple du genre d'information importante que peut fournir la génomique. A cause de leur im-

portance pratique, nous nous concentrerons d'abord sur les pathogènes humains. Comme on le verra, les résultats posent souvent plus de questions nouvelles qu'ils ne répondent aux anciennes, et ils ouvrent beaucoup de nouveaux champs de recherche.

Les deinocoques sont des bactéries du sol d'un grand intérêt, parce qu'ils sont capables de survivre à des doses de radiation des milliers de fois plus élevées que celle nécessaire pour tuer un être humain. Elles y arrivent en réparant leurs chromosomes brisés par l'exposition aux radiations. Leur génome consiste en deux chromosomes circulaires de taille différente (2,6 et 0,4 Mb), d'un mégaplasmide (177.466 pb) et d'un plasmide normal (45.704 pb). On pourrait penser que ce génome possède des gènes de réparation de l'ADN très différents. Pourtant, en dépit de sa remarquable résistance aux radiations, *Deinococcus radiodurans* dispose du même ensemble de mécanismes réparateurs de l'ADN que les autres bactéries. Il diffère simplement en en possédant plus. Par exemple, la plupart des organismes contiennent un gène MuT qui est impliqué dans l'élimination des nucléotides oxydés ; *Deinococcus* a 20 gènes analogues à MuT. Le génome contient aussi de nombreuses séquences répétées, qui peuvent être importantes dans le processus de réparation. Il faut insister sur le fait que beaucoup de gènes de la bactérie sont de fonction inconnue, et que certains de ceux-ci pourraient aider à cette résistance anormalement élevée aux radiations. Les deinocoques (p. 468).

Rickettsia prowazekii, qui fait partie des α-protéobactéries, est un parasite intracellulaire obligatoire du pou et de l'Homme. Cet agent causal de la fièvre typhoïde a tué des millions de personnes pendant et après la seconde guerre mondiale. De nombreux microbiologistes pensent que les mitochondries seraient apparues lorsqu'un membre des α-protéobactéries aurait établi une relation d'endosymbiose avec la cellule eucaryote ancestrale (*voir pp. 424-25*). La séquence du génome de *R. prowazekii* est compatible avec cette hypothèse. Les gènes qui y codent pour des protéines accusent des similarités avec les gènes mitochondriaux. La glycolyse est absente, mais les gènes du cycle des acides tricarboxyliques et du transfert des électrons sont présents, et la synthèse d'ATP est similaire à celle des mitochondries. *Rickettsia* tout comme la mitochondrie manque de nombreux gènes de la biosynthèse des acides aminés, ce qui contraste avec la situation chez les α-protéobactéries autonomes. Ainsi, les eucaryotes pourraient devoir la respiration aérobie à un ancêtre de *Rickettsia*. La biologie de Rickettsia et ses aspects cliniques (pp. 488-90, 909-10).

Les chlamydies sont des bactéries Gram-négatives, coccoïdes, non mobiles qui ne se reproduisent que dans les vésicules cytoplasmiques des cellules eucaryotes, suivant un cycle biologique très particulier. *Chlamydia trachomatis* infecte l'Homme et donne une maladie sexuellement transmissible, l'urétrite non gonococcique, probablement la maladie sexuelle la plus communément transmise aux Etats-Unis. C'est aussi la cause première de la cécité évitable dans le monde. Le séquençage de son génome a apporté plusieurs surprises. Le cycle biologique de la bactérie est tellement inhabituel (*voir pp. 477-78*) qu'on s'attendrait à ce que son génome soit quelque peu atypique. Il est apparu que ce n'était pas le cas ; le génome est similaire à celui de beaucoup d'autres bactéries. Les microbiologistes appelaient *Chlamydia* un « parasite énergétique » et croyaient qu'il tirait tout son ATP de la cellule hôte. Les résultats de l'analyse génomique montrent que *Chlamydia* possède les gènes requis pour faire au moins un peu d'ATP par elle-même, bien qu'elle dispose aussi des gènes des transporteurs d'ATP. Une autre surprise est la présence des enzymes de la biosynthèse du peptidoglycane. Les cellules chlamydiennes n'ont pas de peptidoglycane, et les microbiologistes n'avaient jamais pu expliquer pourquoi la pénicilline, qui bloque la synthèse du peptidoglycane, pouvait inhiber la croissance de *Chlamydia*. La présence des gènes de la biosynthèse du peptidoglycane aide à rendre compte de l'effet de la pénicilline, mais personne ne sait à quoi sert la synthèse du peptidoglycane chez cette bactérie. Une autre surprise majeure est l'absence du gène *FtsZ*, dont on pense qu'il est nécessaire à toutes les bactéries et archéobactéries pour la formation du septum lors de la division cellulaire (*voir p. 286*). L'absence de ce gène supposé essentiel fait qu'on se demande comment *Chlamydia* se divise. Il se peut que certains des gènes de fonction inconnue jouent un rôle majeur dans la division cellulaire. Peut-être *Chlamydia* emploie-t-elle

un mécanisme de division cellulaire différent de celui des autres procaryotes. Enfin, le génome contient au moins 20 gènes qui proviennent des cellules eucaryotes hôtes (la plupart des bactéries n'ont pas plus de trois ou quatre de ces gènes). Certains de ceux-ci sont analogues à des gènes de plantes. *Chlamydia* pourrait avoir infecté un hôte analogue aux plantes et avoir ensuite migré vers les animaux. *Chlamydia* (pp. 477-78, section 39.3)

Un des pathogènes humains les plus difficiles à étudier a été l'agent causal de la syphilis, *Treponema pallidum*, parce qu'il n'était pas possible de le faire croître en dehors du corps humain. Nous connaissons peu de choses de son métabolisme ou de la façon dont il déjoue les défenses de l'hôte et aucun vaccin n'a encore été développé contre lui. Naturellement, le séquençage du génome de *Treponema pallidum* a suscité une surexcitation et un espoir considérable. Il apparaît que *Treponema* est métaboliquement estropié. Il peut utiliser les glucides comme source d'énergie, mais il est dépourvu de cycle des acides tricarboxyliques et de phosphorylation oxydative (**figure 15.7**). *Treponema* manque aussi de nombreuses voies de biosynthèse (p. ex. pour les cofacteurs enzymatiques, les acides gras, les nucléotides et certaines protéines de transfert des électrons) et doit compter sur des molécules fournies par son hôte. En fait, près de 50% de ses gènes codent pour des protéines de transport. Etant donné l'absence de plusieurs voies essentielles, il n'est pas surprenant qu'on n'ait pas réussi à cultiver ce pathogène. Les gènes pour les protéines de surface sont particulièrement intéressants. *Treponema* possède une famille de gènes de protéines de surface caractérisés par de nombreuses séquences répétitives. Certains ont suggéré que ces gènes pourraient subir des recombinaisons afin de générer de nouvelles protéines de surface, permettant à l'organisme d'échapper à l'attaque du système immunitaire, mais ceci n'est pas certain. Cependant, il sera peut-être possible de développer un vaccin contre la syphilis, en utilisant certaines des protéines de surface nouvellement découvertes. Nous pourrions aussi être à même d'identifier les souches de *Treponema* sur base de ces protéines de surface, ce qui serait d'une grande importance pour l'épidémiologie de la syphilis. Les résultats de l'analyse du génome n'ont pas fourni beaucoup d'indices sur la façon dont *Treponema* provoque la maladie. Environ 40% des gènes sont de fonction inconnue. Il est possible que certains d'entre eux soient responsables de l'inefficacité des défenses de l'hôte et de la production de toxines et autres facteurs de virulence. *Treponema* et la syphilis (pp. 479-81, 923-24).

Pendant des siècles, la tuberculose a été l'un des fléaux majeurs pour l'espèce humaine et elle tue encore près de 3 millions de personnes chaque année. De plus, à cause de l'expansion du SIDA et du refus des traitements médicamenteux, *Mycobacterium tuberculosis* regagne en fréquence et est en train de devenir plus résistant que jamais aux médicaments. La moindre chose que pourraient nous apprendre les études génomiques serait d'une grande importance dans la lutte pour contrôler cette nouvelle expansion de la tuberculose. Le génome de *Mycobacterium tuberculosis* est l'un des plus grands trouvés jusqu'ici (4,40 Mb), n'étant dépassé que par ceux d'*E. coli* (4,60 Mb) et de *Pseudomonas aeruginosa* (6,26 Mb). Il contient environ 4.000 gènes. On n'a pu attribuer de fonctions précises qu'à 40% de ces gènes seulement et 16 % d'entre eux ne codent pour aucune protéine connue ; on les suppose responsables de fonctions spécifiques aux mycobactéries. Plus de 250 gènes sont dévolus au métabolisme des lipides (*E. coli* n'en a que 50) et *M. tuberculosis* pourrait tirer une grande part de son énergie en dégradant les lipides de son hôte. On a trouvé dans ce génome un nombre étonnamment élevé d'éléments régulateurs. Ceci pour-

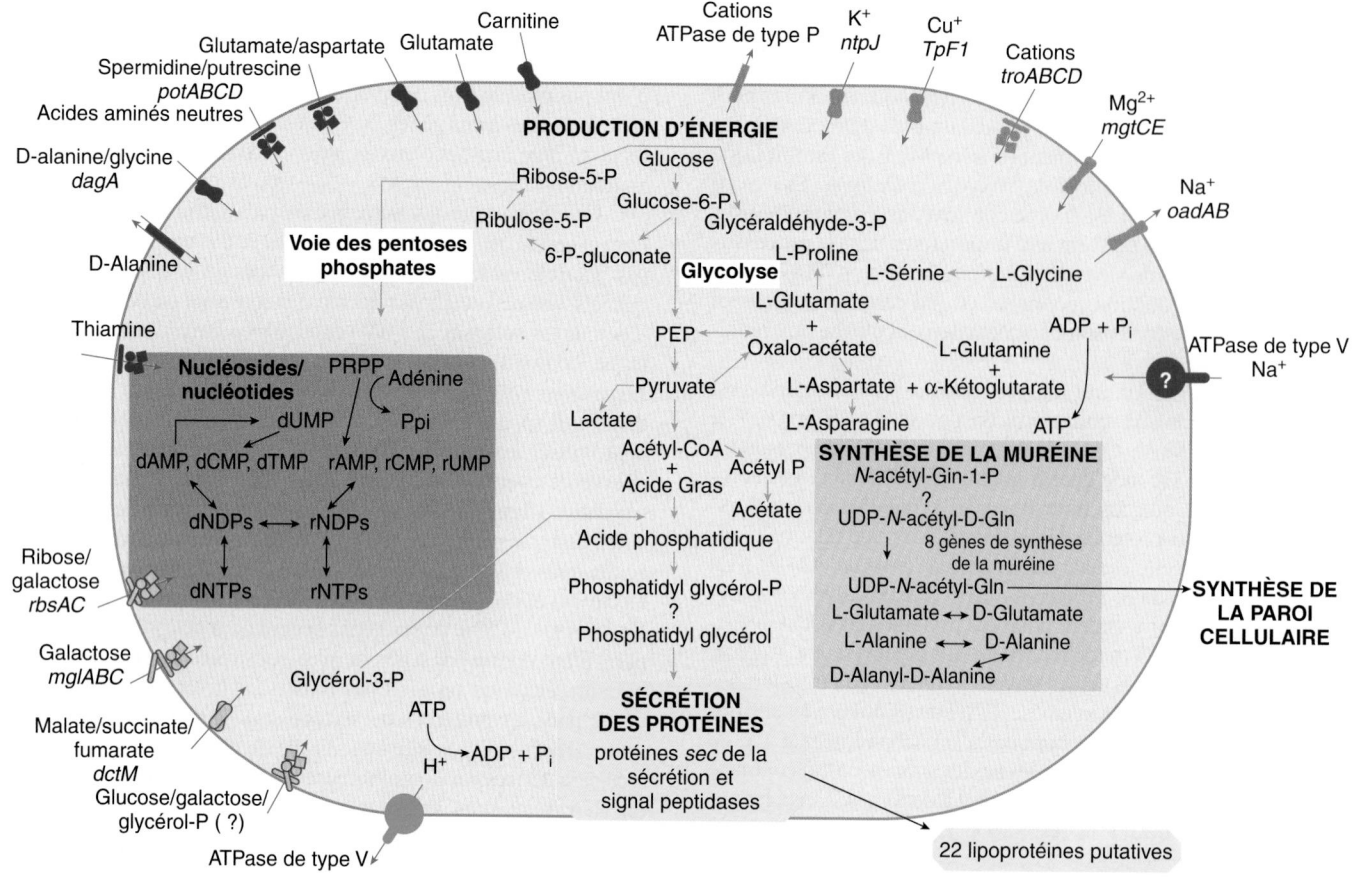

Figure 15.7 Les voies métaboliques et les systèmes de transport de *Treponema pallidum*. Cette figure décrit le métabolisme de *T. pallidum* tel qu'il peut être déduit de l'annotation de son génome. Notez les capacités biosynthétiques limitées et l'important ensemble de transporteurs. Bien que la glycolyse soit présente, le cycle des acides tricarboxyliques et le transfert d'électrons de la respiration n'existent pas. Les points d'interrogation indiquent les endroits où persistent des incertitudes et ceux où on n'a pas trouvé les activités attendues.

rait signifier que le processus de l'infection est beaucoup plus complexe et sophistiqué qu'on ne le pensait précédemment.

Deux familles de nouvelles protéines riches en glycine, sans fonction connue, sont présentes et constituent près de 10% du génome. Elles pourraient être source de variation antigénique et impliquée dans la défense contre le système immunitaire de l'hôte. Un des principaux problèmes médicaux a été le manque d'un bon vaccin. A partir de la séquence génomique, on a identifié un grand nombre de protéines qui sont, soit sécrétées par la bactérie, soit situées à sa surface. On espère que certaines d'entre elles pourront servir à la préparation de nouveaux vaccins efficaces. Ceci est particulièrement important vu l'expansion de souches de *M. tuberculosis* à résistance multiple aux médicaments. *Mycobacterium tuberculosis* (pp. 543-44, 906-8)

Il est tentant de penser que des bactéries étroitement apparentées et d'aspect similaire doivent avoir des génomes similaires. Bien que le génome du bacille de la lèpre, *Mycobacterium leprae*, ne soit séquencé qu'à 90%, il est déjà clair que cette supposition peut être erronée. Le génome entier de *M. leprae* est un tiers plus petit que celui de *M. tuberculosis*. Environ la moitié du génome semble dépourvue de gènes fonctionnels. Il s'agit de déchets d'ADN, contenant plus de 1000 gènes dégradés. Au total, *M. leprae* semble avoir perdu jusqu'à 2.000 gènes, au cours de sa carrière de parasite intracellulaire. Il est même dépourvu de certaines des enzymes nécessaires à la production d'énergie et à la réplication de l'ADN. Ceci pourrait expliquer pourquoi la bactérie a un aussi long temps de doublement, environ deux semaines chez la souris. On espère des études de génomique qu'elles puissent découvrir les protéines de surface essentielles. On pourrait alors les utiliser pour mettre au point un test sensible de détection précoce de la lèpre. Ceci permettrait de traiter la maladie sans délai, avant que les nerfs n'aient été endommagés. La lèpre (pp. 916-17).

L'analyse et la comparaison des génomes déjà séquencés ont révélé des modes généraux d'organisation génomique. Bien que les séquences protéiques y soient habituellement conservées (environ 70% des protéines contiennent d'anciennes régions conservées), l'organisation génomique varie beaucoup chez les Bactéries et les Archéobactéries. Parfois, deux gènes peuvent fusionner pour en former un nouveau qui combine les fonctions des deux gènes séparés. Moins souvent, un gène peut se diviser ; ceci semble plus fréquent chez les procaryotes thermophiles. Il apparaît aussi qu'il y a un considérable transfert horizontal de gènes, en particulier des gènes domestiques ou gènes opérationnels. Les gènes d'information, surtout ceux qui sont essentiels à la transcription et à la traduction, ne sont pas souvent transférés. Peut-être, comme l'a proposé James Lake, les gènes dont les produits font partie de systèmes vastes et complexes et qui interagissent avec de nombreuses autres molécules, ne sont-ils que rarement transférés avec succès. *E. coli* semble avoir acquis environ 18% de ses gènes par

Tableau 15.2 **Estimation du nombre des gènes impliqués dans diverses fonctions cellulaires**[a]

Fonction du gène	Escherichia coli K12	Bacillus subtilis	Mycoplasma genitalium	Treponema pallidum	Rickettsia prowazekii	Chlamydia trachomatis	Mycobacterium tuberculosis	Methanococcus jannaschii	Pyrococcus abyssi
Nombre total de gènes (approximatif)[b]	2933	2232	477	757	523	847	2095	1271	1345
Processus cellulaires[c]	179	123	6	77	27	43	65	26	44
Composants de l'enveloppe cellulaire	146	86	29	53	36	42	50	25	25
Protéines de fixation et de transport	304	223	33	59	18	57	87	56	67
Métabolisme de l'ADN	97	80	29	51	39	53	57	53	33
Transcription	38	45	13	25	23	23	26	21	19
Synthèse des protéines	121	105	90	97	87	100	90	117	99
Fonctions régulatrices	159	163	5	22	6	15	77	18	19
Métabolisme énergétique[d]	351	230	33	54	48	61	211	158	116
Métabolisme intermédiaire central[e]	64	61	7	6	6	12	57	18	25
Biosynthèse des acides aminés	89	97	0	7	9	13	72	64	51
Métabolisme des acides gras et des phospholipides	67	53	8	11	11	25	78	9	8
Purines, pyrimidines, nucléosides et nucléotides	75	68	19	21	12	15	48	37	40
Biosynthèse des cofacteurs et des groupements prosthétiques	97	79	4	15	17	31	84	49	31

[a] Chiffres adaptés des banques de données du TIGR (The Institute for Genomic Research).

[b] Nombre des gènes de fonctions connues ou hypothétiques.

[c] Gènes impliqués dans la division cellulaire, le chimiotactisme et la mobilité, la détoxification, la transformation, la production et la résistance aux toxines, la pathogenèse, l'adaptation aux conditions atypiques, etc.

[d] Gènes impliqués dans le catabolisme des acides aminés et des sucres, la dégradation et la biosynthèse des polysaccharides, le transfert d'électrons et la phosphorylation oxydative, la fermentation, la glycolyse et la gluconéogenèse, la voie des pentoses phosphates, la voie d'Entner-Doudoroff, la pyruvate déshydrogénase, le cycle des acides tricarboxyliques, la photosynthèse, la chimioautotrophie, etc.

[e] Biosynthèse des sucres aminés, des composés phosphorés, des polyamines, métabolisme du soufre, fixation de l'azote, métabolisme de l'azote, etc.

transfert horizontal, après sa séparation d'avec *Salmonella*. Il se produit aussi des transferts génétiques entre domaines. La bactérie *Aquifex aeolicus* a probablement reçu environ 16% de ses gènes des Archéobactéries et 24% des gènes de *Thermotoga maritima* ressemblent aux séquences archéobactériennes. Certains microbiologistes ont proposé que de nouvelles espèces aient été créées par acquisition de gènes qui permettaient d'exploiter une nouvelle niche écologique. Par exemple, *E. coli* peut avoir acquis l'opéron lactose et être ainsi devenu capable de métaboliser le sucre du lait. Cette capacité aurait aidé à la colonisation du côlon des mammifères. L'existence d'importants transferts de gènes entre espèces et entre domaines demande peut-être que l'on réévalue les schémas de la taxinomie bactérienne qui sont basés exclusivement sur les séquences d'ARNr (*voir les sections 19.6 et 19.7*). La comparaison de beaucoup d'autres séquences génomiques peut clarifier ces relations phylogéniques. Transfert génétique horizontal (*section 13.1*).

1. Quelles sortes de vues générales l'analyse des génomes de *M. genitalium*, *H. influenzae*, *M. jannaschii* et *E. coli* a-t-elle fourni ?

2. On a examiné brièvement les génomes de *D. radiodurans*, *R. prowazekii*, *C. trachomatis*, *T. pallidum*, *M. tuberculosis* et *M. leprae*. Citez une ou deux surprises, ou des aspects intéressants révélés par l'analyse de chacune de ces séquences génomiques.

3. Discutez ce que les comparaisons de génomes nous ont appris à propos du transfert génétique horizontal.

15.6   La génomique fonctionnelle

De toute évidence, la détermination des séquences génomiques n'est que le départ de la recherche sur les génomes. Cela prendra encore des années avant qu'on ne sache comment le génome fonctionne réellement dans une cellule ou un organisme (si cela est possible) et avant de pouvoir appliquer ces connaissances à des domaines pratiques, comme la lutte contre la maladie et l'augmentation de la production alimentaire. On appelle parfois postgénomique, l'étude de la fonction génomique et l'application pratique de cet acquis, parce que tout cela se construit sur les données de séquençage des génomes. La génomique fonctionnelle est une discipline postgénomique majeure. Comme mentionné plus haut, cette discipline cherche à savoir comment le génome travaille. Nous envisagerons quelques-unes des nombreuses approches utilisées pour étudier la fonction génomique. Nous traiterons d'abord de l'annotation, dont on a déjà parlé en présentant le séquençage du génome. Nous décrirons ensuite les techniques d'étude de l'expression au niveau de l'ARN et au niveau des protéines.

L'annotation génomique

Après le séquençage, on peut utiliser l'annotation pour essayer d'identifier un grand nombre de gènes. Ceci permet d'analyser les catégories de gènes et de fonctions présentes dans le micro-organisme (figure 15.7). Le **tableau 15.2** résume certaines des données de plusieurs génomes procaryotes importants, sept génomes bactériens et deux archéobactériens (*Methanococcus* et *Pyrococcus*). Même avec aussi peu d'exemples, on peut distinguer des modes d'organisation. Les gènes responsables de fonctions essentielles d'information (métabolisme de l'ADN, transcription et synthèse des protéines) ne varient pas en nombre autant que d'autres gènes. Il semble y avoir un nombre minimum de ces gènes essentiels à la vie. Deuxièmement, les bactéries autonomes complexes, comme *E. coli* et *B. subtilis*, ont beaucoup plus de gènes opérationnels ou domestiques que la plupart des formes parasites, qui dépendent de leur hôte pour toute une série de nutriments. Généralement, les génomes plus grands montrent plus de diversité métabolique. Les bactéries parasites tirent de nombreux nutriments de leurs hôtes et peuvent perdre les gènes des voies métaboliques inutiles ; elles ont donc des génomes plus petits.

Evaluation de l'expression génique au niveau de l'ARN

Une des meilleures façons d'évaluer l'expression génique consiste à utiliser des **microdamiers d'ADN** (**puces d'ADN**). Ce sont des supports solides, habituellement de verre ou de silicium, de la taille approximative d'une lame pour microscope, et qui portent de l'ADN fixé selon une disposition très organisée. Les puces peuvent être construites de différentes façons. Selon une approche, un robot programmable délivre, au moyen de très fines aiguilles, des centaines de milliers de gouttelettes microscopiques d'ADN à des endroits spécifiques de la lame (*voir la figure 42.26, p. 1020*). Les dépôts sont alors séchés et traités de manière à ce que l'ADN s'attache fermement au support. N'importe quel fragment d'ADN peut être fixé de cette façon ; il s'agit souvent d'ADNc (*voir p. 321*) long de 500 à 5.000 paires de bases. Une seconde méthode implique la synthèse d'oligonucléotides, directement sur la puce, de la façon suivante (**figure 15.8**) :

1. Recouvrir le support de verre avec des groupements protecteurs sensibles à la lumière, qui empêchent l'attachement aléatoire de nucléosides.
2. Placer sur la surface un masque percé de trous correspondant aux sites d'attachement des nucléosides désirés.
3. Traiter à la lumière laser qui enlève les groupements protecteurs exposés au niveau des trous du masque.
4. Plonger la puce dans une solution contenant le premier nucléoside à attacher. Celui-ci va se coupler chimiquement aux sites que la lumière a activés. Chaque nucléoside porte un groupement protecteur qui peut être enlevé par la lumière et qui empêche l'addition d'un autre nucléoside jusqu'au moment voulu.
5. Répéter les étapes 2 à 4, avec à chaque fois un nouveau masque, pour ajouter les nucléosides jusqu'à ce que toutes les séquences aient été disposées sur la puce.

Ce procédé peut être utilisé pour construire n'importe quelle séquence. La puce commerciale porte des sondes oligonucléotidiques de 25 bases de long. Elle a environ 1,3 cm de côté et peut comporter plus de 200.000 positions possibles (**figure 15.9**). Les sondes sont souvent des « marqueurs de séquences exprimées » (*expressed sequence tags* ou **EST**). Un **marqueur de séquence exprimée** est une partie de la séquence d'un gène, qui est caractéristique de ce gène, et qui peut servir à l'identifier et à le positionner lors de l'analyse génomique. Elle provient de molécules

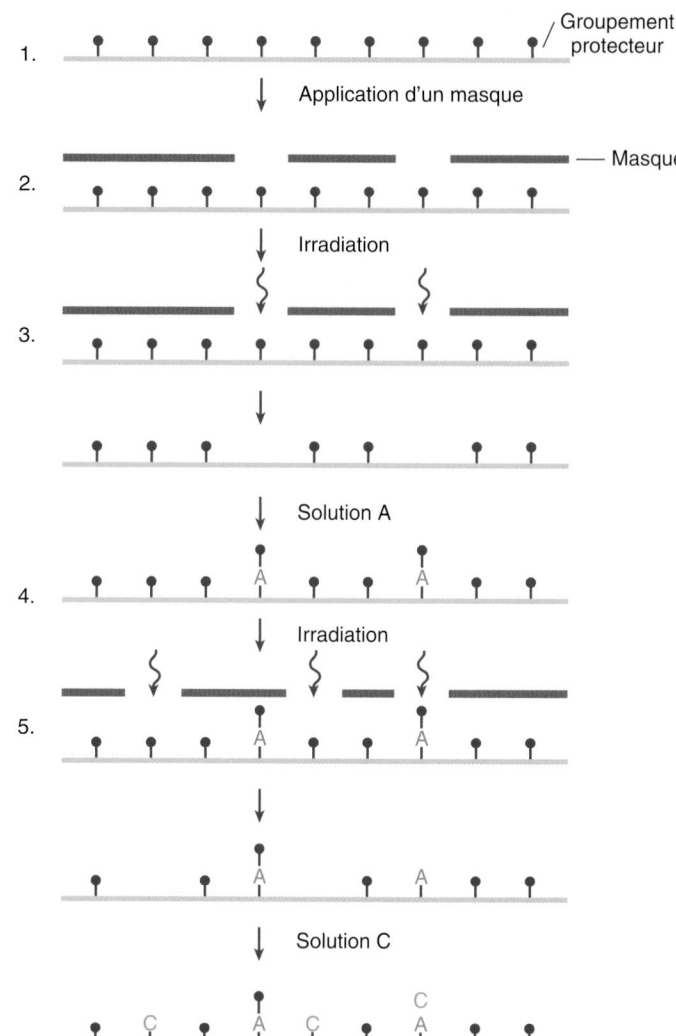

Figure 15.8 La construction d'une puce d'ADN porteuse de séquences oligonucléotidiques. La figure ne montre que deux cycles de synthèse. Voir dans le texte pour la description des étapes.

d'ADNc. Il existe maintenant des puces qui portent des sondes pour chaque gène ou cadre de lecture ouvert, exprimé dans le génome d'*E. coli* (environ 4.200 cadres de lecture ouverts) et pour la levure *Saccharomyces cerevisiae* (approximativement 6.100 cadres de lecture ouverts).

Les acides nucléiques à analyser, qu'on appelle les cibles, sont isolés et marqués par des groupements reporters fluorescents. Ces cibles d'acides nucléiques peuvent être de l'ARNm ou de l'ADNc produit à partir d'ARNm par transcription inverse (*voir figure 14.3*). La puce est incubée avec le mélange cible suffisamment longtemps pour assurer une fixation correcte des sondes aux séquences com-

Damier de sondes GeneChip®

Élément de sonde hybridée

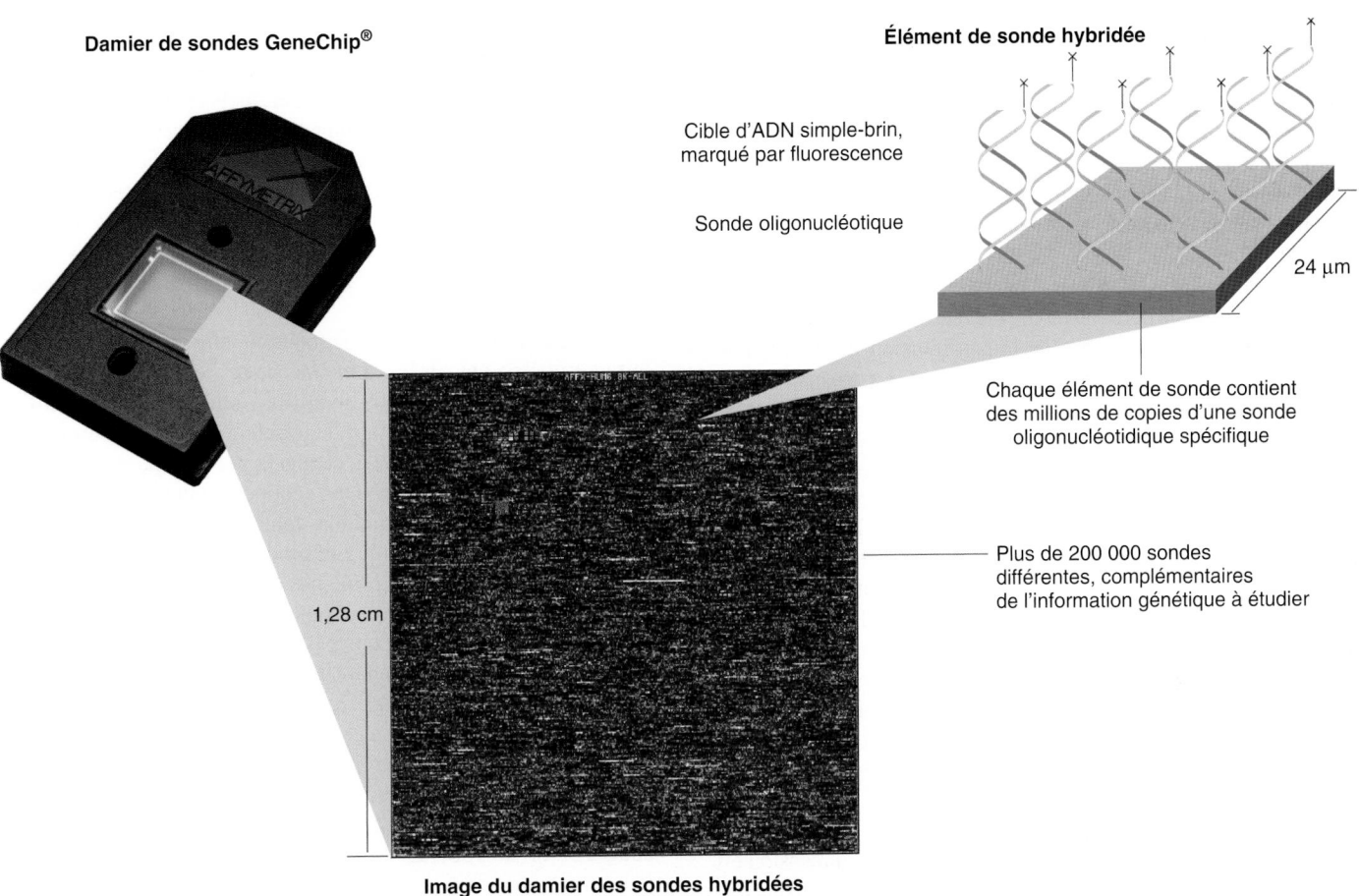

Cible d'ADN simple-brin, marqué par fluorescence

Sonde oligonucléotique

24 µm

Chaque élément de sonde contient des millions de copies d'une sonde oligonucléotidique spécifique

1,28 cm

Plus de 200 000 sondes différentes, complémentaires de l'information génétique à étudier

Image du damier des sondes hybridées

Figure 15.9 Le damier de sondes d'expression « GeneChip ». La puce d'ADN fabriquée par Affymetrix, Inc. porte des sondes conçues pour représenter des milliers ou des dizaines de milliers de gènes.

plémentaires. Les cibles non fixées sont éliminées par lavage et la puce est alors balayée par des faisceaux laser. Lorsqu'un site fluoresce, c'est que la sonde a fixé cette séquence particulière. L'analyse du schéma d'hybridation montre quels gènes sont exprimés. Les échantillons cibles de deux expériences peuvent être marqués par des groupements fluorescents différents et comparés en utilisant la même puce. La figure 15.9 et la figure en tête de chapitre sont des exemples de microdamiers d'ADN marqués par fluorescence.

Les résultats obtenus grâce aux puces d'ADN nous permettent d'observer l'expression caractéristique d'ensembles complets de gènes au cours de la différenciation ou en réponse à des changements environnementaux. Dans certains cas, un seul changement

dans les conditions ambiantes suffit pour que l'expression de nombreux gènes soit modifiée. On peut détecter les schémas d'expression génique et tenter d'assigner des fonctions, en se basant sur l'expression. Si un gène inconnu est exprimé dans les mêmes conditions que des gènes de fonction connue, ces gènes sont corégulés et partagent probablement la même fonction générale. On peut aussi utiliser les puces d'ADN pour étudier directement les gènes régulateurs : on inactive un gène régulateur et on observe l'effet de cette inactivation sur l'activité du génome. Evidemment, on ne peut détecter que les ARNm qui sont exprimés à ce moment-là. Si un gène n'est exprimé que de façon transitoire, son activité peut échapper à l'analyse.

Évaluation de l'expression génique au niveau des protéines

On peut étudier le fonctionnement du génome au niveau de la traduction aussi bien qu'au niveau de la transcription. Toute la collection de protéines qu'un organisme produit s'appelle son **protéome**. Donc la **protéomique** est l'étude du protéome ou de l'ensemble des protéines qu'un organisme peut produire. C'est une discipline essentielle parce qu'elle fournit sur le fonctionnement du génome, des informations que les études de l'ARNm ne peuvent donner. Il n'y a pas toujours de corrélation directe entre le niveau des ARNm et celui des protéines, à cause de la modification posttraductionnelle des protéines et de leur renouvellement. La mesure des niveaux d'ARNm peut renseigner sur la dynamique de l'expression génique et nous dire ce qui pourrait se passer dans la cellule, tandis que la protéomique montre ce qui se passe réellement.

Bien que de nouvelles techniques en protéomique soient en cours de développement, nous ne nous attarderons brièvement que sur l'approche traditionnelle. Les protéines d'un mélange sont séparées par électrophorèse à deux dimensions. La première dimension fait usage de la focalisation isoélectrique, dans laquelle des protéines se déplacent électrophorétiquement à travers un gradient de pH (p. ex. de pH3 à 10 ou de 4 à 7). Le mélange de protéines est appliqué sur une bandelette qui porte un gradient de pH immobilisé, puis soumis à électrophorèse. Chaque protéine migre le long de la bandelette, jusqu'à ce que le pH sur la bandelette soit égal à son point isoélectrique. A cet endroit, la protéine a une charge nette égale à zéro et elle cesse de migrer. La technique sépare donc les protéines sur base de leur contenu en acides aminés ionisables. La seconde dimension est une électrophorèse sur gel de polyacrylamide en SDS (« *polyacrylamide gel electrophoresis* » ou PAGE). Le SDS (dodécyl sulfate de sodium) est un détergent anionique qui dénature les protéines et recouvre le polypeptide d'une charge négative. Lorsque la première électrophorèse est achevée, la bandelette avec le gradient de pH est trempée dans du tampon SDS, puis placée au bord d'un gel plat pour SDS-PAGE. On applique alors un voltage perpendiculaire à la bandelette, au bord du gel. Dans ces conditions, les polypeptides migrent à travers le gel de polyacrylamide, à une vitesse inversement proportionnelle à leurs masses. C'est-à-dire que les polypeptides les plus petits migreront le plus loin pendant un temps donné. Cette technique à deux dimensions est très efficace pour séparer les protéines et peut résoudre un mélange de milliers de protéines (**figure 15.10**). Si on utilise des substrats marqués radioactivement, on peut distinguer les protéines nouvellement synthétisées et déterminer leurs vitesses de synthèse. Electrophorèse sur gel (pp. 327-28).

L'électrophorèse à deux dimensions est encore plus puissante quand elle est couplée à la spectrométrie de masse. On découpe du gel la tache de protéine inconnue et on la fragmente par digestion à la trypsine. Les fragments sont alors analysés par un spectromètre de masse et la masse des fragments est portée en graphique. On peut utiliser cette empreinte de masses pour estimer la composition probable en acides aminés de chaque fragment et identifier provisoirement la protéine. Quand les deux techniques sont employées ensemble, le protéome et ses variations peuvent être étudiés très efficacement.

On a eu recours à la protéomique pour étudier la physiologie d'*E. coli*. Ont fait l'objet de cette recherche, l'effet de la limitation en phosphate, les modifications du protéome dans des conditions anaérobies, la production des protéines de choc thermique et la réponse au toxique 2,4-dinitrophénol. Une approche particulièrement utile dans l'étude du fonctionnement du génome est d'inactiver un gène spécifique et de regarder quels changements cela induit dans l'expression des protéines. Comme les changements sont suivis dans le protéome entier, l'inactivation de gènes peut nous dire beaucoup sur la fonction des gènes et les effets à grande échelle de leur activité. Une base de données gènes-protéines a été établie pour *E. coli* ; on y trouve des informations sur les conditions dans lesquelles chaque protéine est exprimée et sur sa localisation dans la cellule.

L'exposé de la protéomique fonctionnelle que nous venons de faire a mis l'accent sur les domaines de recherche où l'on a enregistré des succès et auxquels on attribue un brillant avenir. Il faut cependant noter que beaucoup de problèmes restent à résoudre et qu'il peut y avoir des limites à ce que la génomique peut nous apprendre sur les cellules vivantes ; ceci pour toute une série de raisons. Par exemple, l'information contenue dans la séquence ne spécifie en rien la nature et le timing de la régulation génique. La régulation de l'activité des protéines dans les cellules vivantes est extraordinairement complexe et fait intervenir des réseaux régulateurs que nous ne comprenons pas encore complètement. Les attributions de fonction par annotation et autres approches peuvent parfois n'être pas correctes, parce que la fonction du produit d'un gène dépend souvent de son contexte cellulaire. Les cellules sont des entités structurelles extrêmement complexes, comprenant divers compartiments dans lesquels beaucoup de processus sont cantonnés aux surfaces des membranes et des complexes macromoléculaires (*voir p. 165*). La localisation des protéines affecte aussi leur fonction, ce dont la génomique ne rend pas compte. On devrait garder ceci, et d'autres problèmes, à l'esprit, quand on parle des progrès futurs de la génomique.

---

1. Quelles leçons générales sur le fonctionnement du génome nous ont appris les résultats de l'annotation ?
2. Comment construit-on les microdamiers d'ADN ou puces et comment s'en sert-on pour analyser l'expression génique ? Quelles sortes de choses cette approche peut-elle nous apprendre ?
3. Décrivez l'électrophorèse à deux dimensions et comment on l'utilise dans l'étude de la protéomique. Quels types d'études peut-on mener avec cette technique ?

15.7 L'avenir de la génomique

Bien que beaucoup ait été fait au cours des quelques dernières années, le champ de la génomique commence seulement à mûrir. Nous sommes en face de défis et de nombreuses voies où la génomique peut faire avancer notre connaissance des micro-organismes et leurs applications pratiques. Quelques-uns de ces défis et de ces possibilités sont esquissés ci-dessous.

1. De nouvelles méthodes doivent être développées pour l'analyse à grande échelle des gènes et des protéines, de telle sorte qu'on puisse étudier plus d'organismes.
2. Toutes les nouvelles informations sur les séquences d'ADN et de protéines, sur les variations des niveaux des ARNm et des protéines et sur les interactions entre protéines doivent

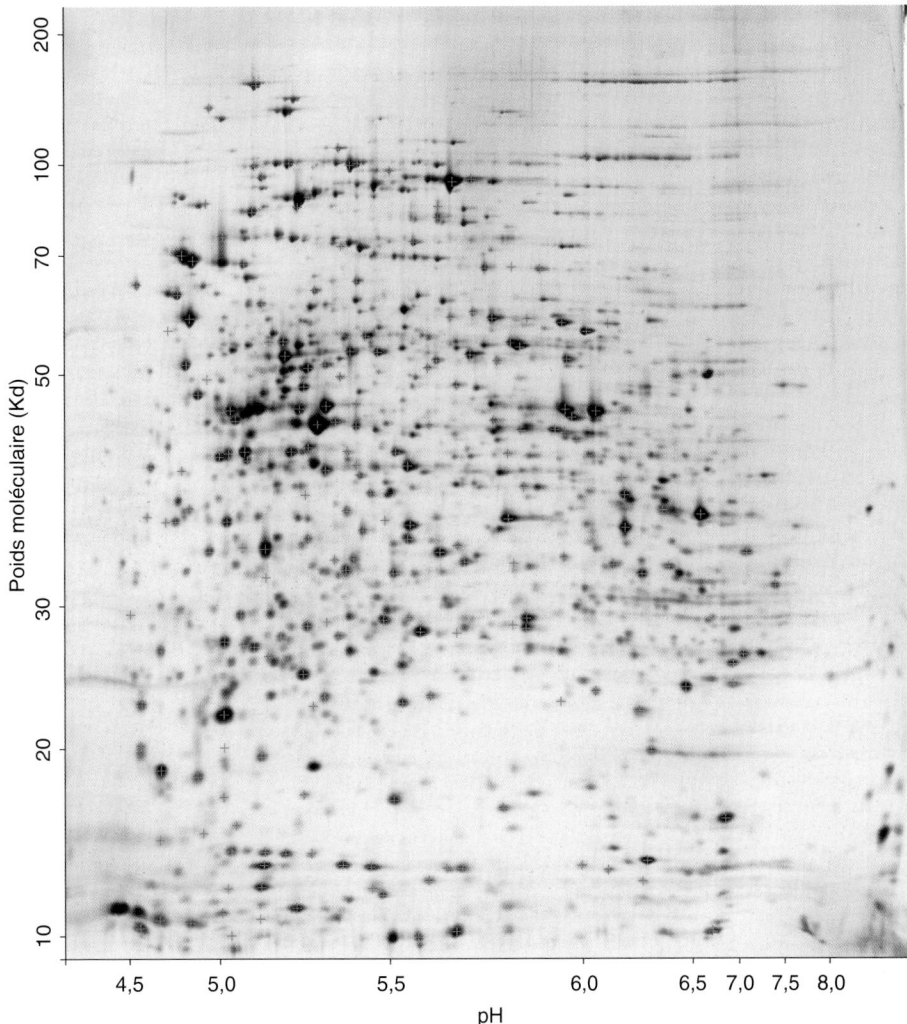

Figure 15.10 La séparation de protéines par électrophorèse à deux dimensions. La carte SWISS 2-D PAGE
des protéines d'*E. coli* K12. Le gradient de pH de la première dimension va de pH 3 à 10. La seconde dimension
consiste en un gel d'acrylamide de 8 à 18% pour une séparation basée sur le poids moléculaire. Les protéines
identifiées sont marquées d'une croix rouge.

être intégrées pour comprendre l'organisation des génomes
et les fonctionnements d'une cellule vivante.

3. La génomique peut être utilisée pour obtenir un aperçu de la
pathogénicité et suggérer des traitements contre les maladies
infectieuses. On peut identifier les gènes de virulence possibles et étudier l'expression génique au cours de l'infection,
ou encore examiner les réponses des hôtes aux pathogènes.
De nouveaux tests de diagnostic sensibles, de nouveaux antibiotiques et des vaccins différents peuvent découler de
l'étude du génome des pathogènes.

4. Le domaine de la pharmacogénomique devrait produire
quantité de nouveaux médicaments. On peut chercher dans
les séquences des gènes humains, aussi bien après des protéines à valeur thérapeutique qu'après de nouvelles cibles
pour les médicaments. La génomique peut aussi servir à étudier les variations des enzymes qui métabolisent les médicaments et les réponses individuelles aux traitements.

5. La nature du transfert génétique horizontal et le processus de
l'évolution microbienne peuvent s'étudier en comparant une
grande variété de génomes. La génomique comparative
contribuera à l'étude de la biodiversité microbienne.

6. Les applications industrielles sont nombreuses. Par exemple,
la génomique peut être utilisée pour identifier de nouvelles
enzymes à potentialité industrielle, pour augmenter la bioremédiation des déchets dangereux et améliorer les techniques
de production microbienne de méthane et autres combustibles.

7. La génomique marquera profondément l'agriculture. Elle
peut aider à trouver de nouveaux pesticides et à améliorer les
pratiques agricoles soutenables, en augmentant des processus comme la fixation de l'azote.

Il est clair que les possibilités sont grandes et que la génomique marquera profondément de nombreux domaines de la microbiologie. Les avancées dans notre compréhension des micro-organismes aideront aussi à l'étude génomique des organismes
eucaryotes plus complexes.

Résumé

1. La génomique est l'étude de l'organisation moléculaire des génomes, de l'information qu'ils contiennent et des produits encodés par leurs gènes. On peut la diviser en trois grands domaines : la génomique structurale, la génomique fonctionnelle et la génomique comparative.

2. Les fragments d'ADN sont habituellement séquencés par la méthode aux didésoxynucléotides et la technique de Sanger (**figure 15.2**).

3. Les génomes sont le plus souvent séquencés par la technique de Venter, Smith et collaborateurs (« shotgun » du génome entier). Cette méthode comprend quatre étapes : la construction d'une banque, le séquençage aléatoire des fragments produits, l'alignement des fragments et le remplissage des hiatus, et la vérification de la séquence finale (**figure 15.3**).

4. Lorsque la séquence est déterminée, on procède à son annotation. C'est-à-dire qu'on recourt à l'analyse par ordinateur pour identifier les gènes et leurs fonctions, en les comparant aux séquences des gènes déjà présents dans les banques de données.

5. L'analyse d'une grande quantité de données génomiques requiert des ordinateurs et des programmes sophistiqués ; ces procédures analytiques font partie de la discipline appelée bioinformatique.

6. Beaucoup de génomes microbiens ont déjà été séquencés (**tableau 15.1**) et environ 100 génomes procaryotes sont en cours de séquençage.

7. Le génome de *Mycoplasma genitalium* est un des plus petits génomes d'organisme autonome. L'analyse de ce génome (et d'autres) indique que 265 à 350 gènes seulement sont nécessaires à la croissance en laboratoire.

8. *Haemophilus influenzae* est dépourvu de tous les gènes du cycle de Krebs et possède 1.465 copies de la séquence de reconnaissance utilisée pour l'absorption de l'ADN lors de la transformation.

9. L'archéobactérie *Methanococcus jannaschii* est génétiquement très différente des bactéries et des eucaryotes. Environ 44% seulement de ses gènes correspondent à ceux des bactéries et des eucaryotes avec lesquels on l'a comparée. Ses gènes d'information (réplication, transcription et traduction) ressemblent plus à ceux des eucaryotes, tandis que ses gènes métaboliques sont plus proches de ceux des bactéries.

10. Même dans le cas d'*E. coli*, sans doute la bactérie la plus étudiée, environ 58% des gènes prédits ne ressemblent à aucun gène connu.

11. La séquence du génome de *Rickettsia prowazekii* est très similaire à celui des mitochondries. La respiration aérobie des eucaryotes peut provenir d'un ancêtre de *Rickettsia*.

12. Le génome de *Chlamydia trachomatis* a réservé bien des surprises. Par exemple, il est apparu que cet organisme pouvait fabriquer au moins un peu d'ATP et de peptidoglycane, bien qu'il semble tirer la plupart de son ATP de son hôte et qu'il n'ait pas de paroi cellulaire. La présence de gènes rappelant ceux des plantes indique que *Chlamydia* pourrait avoir infecté des hôtes de type végétal avant de migrer vers des hôtes animaux.

13. *Treponema pallidum*, l'agent causal de la syphilis, a perdu beaucoup de gènes métaboliques, ce qui peut expliquer pourquoi il n'a pas pu être cultivé en dehors de son hôte.

14. *Mycobacterium tuberculosis* contient plus de 250 gènes du métabolisme des lipides et peut tirer une grande partie de son énergie des lipides de son hôte. Des protéines de surface ou sécrétées ont été identifiées et peuvent aider à la mise au point d'un vaccin.

15. Il y a eu énormément de transfert génétique horizontal entre les génomes des Bactéries aussi bien que des Archéobactéries. C'est particulièrement le cas des gènes domestiques ou opérationnels.

16. On peut utiliser l'annotation des génomes pour identifier de nombreux gènes et leurs fonctions. Il semble y avoir des schémas pour la distribution des gènes. Par exemple, les formes parasites ont tendance à perdre des gènes et à tirer leur nourriture de leurs hôtes.

17. Les microdamiers (puces d'ADN) permettent de suivre l'expression génique et la production d'ARNm (**figures 15.9** et **15.10**).

18. La collection complète des protéines produites par un organisme est le protéome et son étude s'appelle la protéomique. On analyse souvent le protéome par électrophorèse à deux dimensions, suivie dans certains cas par de la spectrométrie de masse. Les expériences de protéomique fournissent parfois plus de renseignements sur l'expression génique que l'emploi de puces d'ADN.

19. Le séquençage des génomes est certes un grand succès, mais de nombreux problèmes restent à résoudre pour pouvoir interpréter correctement les données et faire progresser notre compréhension des organismes.

20. Dans le futur, la génomique influencera positivement de nombreux domaines de la microbiologie.

Mots-clés

annotation *347*

bioinformatique *348*

cadre de lecture ouvert (ORF) *347*

génomique *345*

génomique comparative *345*

génomique fonctionnelle *345*

génomique structurelle *345*

marqueur de séquence exprimée (EST) *354*

microdamiers d'ADN (puces d'ADN) *354*

protéome *356*

protéomique *356*

séquençage du génome entier par « shotgun » *346*

Questions de révision

1. Quel impact pourrait avoir les comparaisons de génomes sur les schémas phylogéniques en usage pour les Bactéries et les Archéobactéries, présentés au chapitre 19 ?

2. Comment utiliseriez-vous les données de la génomique pour mettre au point de nouveaux vaccins et de nouveaux médicaments antimicrobiens ?

3. Pourquoi les études de protéomique sont-elles nécessaires, alors qu'on peut suivre la synthèse des ARNm au moyen de puces d'ADN ?

4. Discutez de l'importance de la bioinformatique pour la génomique et des informations qu'elle peut apporter.

5. Quelle différence y a-t-il entre gènes d'information et gènes domestiques ou opérationnels en ce qui concerne leurs fonctions et leurs variations en quantité d'un génome à l'autre ? Comment les micro-organismes autonomes et les micro-organismes parasites diffèrent-ils eu égard à ces gènes ?

6. Discutez quelques-uns des problèmes les plus importants qui se posent dans les études postgénomiques des micro-organismes. Quels domaines de la microbiologie seront, à votre avis, influencés le plus positivement par la génomique ?

Questions de réflexion

1. Proposez une expérience qui peut être réalisée facilement avec une micropuce et qui aurait pris des années avant l'avènement de cette technologie.

2. De quels pièges faut-il se méfier quand on recherche des gènes et des protéines homologues ?

Lectures complémentaires

Généralités

Brown, T. A. 1999. *Genomes.* New York: John Wiley.

Brown, K. 2000. The human genome business today. *Sci. Am.* 283(1):50–55.

Charlebois, R. L., éd. 1999. *Organization of the prokaryotic genome.* Washington, D.C.: ASM Press.

Dougherty, B. A. 2000. DNA sequencing and genomics. In *Encyclopedia of microbiology,* 2e éd., vol. 2, J. Lederberg, éd., 106–16. San Diego: Academic Press.

Downs, D. M., et Escalante-Semerena, J. C. 2000. Impact of genomics and genetics on the elucidation of bacterial metabolism. *Methods* 20(1):47–54.

Ezzell, C. 2000. Beyond the human genome. *Sci. Am.* 283(1):64–69.

Field, D., Hood, D., et Moxon, R. 1999. Contribution of genomics to bacterial pathogenesis. *Curr. Opin. Genet. Dev.* 9(6):700–703.

Haseltine, W. A. 1997. Discovering genes for new medicines. *Sci. Am.* 276(3):92–7.

Lander, E. S., et Weinberg, R. A. 2000. Genomics: Journey to the center of biology. *Science* 287:1777–82.

Strauss, E. J., et Falkow, S. 1997. Microbial pathogenesis: Genomics and beyond. *Science* 276:707–12.

15.4 La bioinformatique

Ashburner, M., et Goodman, N. 1997. Informatics—genome and genetic databases. *Curr. Opin. Genet. Dev.* 7:750–56.

Howard, K. 2000. The bioinformatics gold rush. *Sci. Am.* 283(1):58–63.

Patterson, M., et Handel, M., editors. 1998. Trends guide to bioinformatics. New York: Elsevier Science, Ltd.

Rashidi, H. H., et Buehler, L. K. 2000. *Bioinformatics basics: Applications in the biological sciences and medicine.* Boca Raton, Fla.: CRC Press.

15.5 Les caractérisitiques générales des génomes microbiens

Andersson, S. G. E., et al. 1998. The genome sequence of *Rickettsia prowazekii* and the origin of mitochondria. *Nature* 396:133–40.

Blattner, F. R., et al. 1997. The complete genome sequence of *Escherichia coli* K-12. *Science* 277:1453–62.

Bult, C. J., et al. 1996. Complete genome sequence of the methanogenic archaeon,

Methanococcus jannaschii. Science 273:1058–1107.

Cole, S. T., et al. 1998. Deciphering the biology of *Mycobacterium tuberculosis* from the complete genome sequence. *Nature* 393:537–44.

Fleischmann, R. D., et al. 1995. Whole-genome random sequencing and assembly of *Haemophilus influenzae* Rd. *Science* 269:496–512.

Fraser, C. M., et al. 1995. The minimal gene complement of *Mycoplasma genitalium. Science* 270:397–403.

Fraser, C. M., et al. 1998. Complete genome sequence of *Treponema pallidum,* the syphilis spirochete. *Science* 281:375–88.

Galperin, M. Y., et Koonin, E. V. 1998. Sources of systematic error in functional annotation of genomes: Domain rearrangement, non-orthologous gene displacement and operon disruption. *In Silico Biology* 1:55–67.

Gaasterland, T. 1999. Archaeal genomics. *Curr. Opin. Microbiol.* 2(5):542–47.

Gogarten, J. P., et Olendzenski, L. 1999. Orthologs, paralogs and genome comparisons. *Curr. Opin. Genet. Dev.* 9:630–36.

Heidelberg, J. F., et al. 2000. DNA sequence of both chromosomes of the cholera pathogen *Vibrio cholerae. Nature* 406:477–83.

Jain, R., Rivera, M. C., et Lake, J. A. 1999. Horizontal gene transfer among genomes: The complexity hypothesis. *Proc. Natl. Acad. Sci.* 96:3801–6.

Koonin, E. V., et Galperin, M. Y. 1997. Prokaryotic genomes: The emerging paradigm of genome-based microbiology. *Curr. Opin. Genet. Dev.* 7:757–63.

Lawrence, J. G., et Ochman, H. 1998. Molecular archaeology of the *Escherichia coli* genome. *Proc. Natl. Acad. Sci.* 95:9413–17.

Makarova, K. S., Aravind, L., Wolf, Y. I., Tatusov, R. L., Minton, K. W., Koonin, E. V., et Daly, M. J. 2001. Genome of the extremely radiation-resistant bacterium *Deinococcus radiodurans* viewed from the perspective of comparative genomics. *Microbiol. Mol. Biol. Rev.* 65(1):44–79.

Ochman, H., Lawrence, J. G., et Groisman, E. A. 2000. Lateral gene transfer and the nature of bacterial innovation. *Nature* 408:299–304.

Pollack, J. D. 1997. *Mycoplasma* genes: A case for reflective annotation. *Trends Microbiol.* 5(10):413–19.

Riley, M., et Serres, M. H. 2000. Interim report on genomics of *Escherichia coli. Annu. Rev. Microbiol.* 54:341–411.

Snel, B., Bork, P., et Huynen, M. 2000. Genome evolution: Gene fusion versus gene fission. *Trends Genet.* 16(1):9–11.

Stephens, R. S., et al. 1998. Genome sequence of an obligate intracellular pathogen of humans: *Chlamydia trachomatis. Science* 282:754–59.

Travis, J. 2000. Pass the genes, please. *Science News* 158:60–61.

White, O., et al. 1999. Genome sequence of the radioresistant bacterium *Deinococcus radiodurans* R1. *Science* 286:1571–77.

15.6 La génomique fonctionnelle

Blackstock, W., et Mann, M., editors. 2000. Proteomics: A trends guide. New York: Elsevier Science, Ltd.

Brenner, S. 2000. The end of the beginning. *Science* 287:2173–74.

Eisenberg, D., Marcotte, E. M., Xenarios, I., et Yeates, T. O. 2000. Protein function in the post-genomic era. *Nature* 405:823–826.

Ferea, T. L., et Brown, P. O. 1999. Observing the living genome. *Curr. Opin. Genet. Dev.* 9:715–22.

Galperin, M. Y., et Koonin, E. V. 1999. Functional genomics and enzyme evolution. *Genetica* 106(1–2):159–70.

Gingeras, T. R., et Rosenow, C. 2000. Studying microbial genomes with high-density oligonucleotide arrays. *ASM News* 66(8):463–69.

Hamadeh, H., et Afshari, C. A. 2000. Gene chips and functional genomics. *American Scientist* 88:508–15.

Huang, S. 2000. The practical problems of post-genomic biology. *Nature Biotechnol.* 18:471–72.

Lockhart, D. J., et Winzeler, E. A. 2000. Genomics, gene expression and DNA arrays. *Nature* 405:827–36.

Phimister, B., éd. 1999. The chipping forecast. *Nature Genet.* 21(1) supplement.

Pandey, A., et Mann, M. 2000. Proteomics to study genes and genomes. *Nature* 405:837–46.

Rastan, S., et Beeley, L. J. 1997. Functional genomics: Going forwards from the databases. *Curr. Opin. Genet. Dev.* 7:777–83.

Schena, M., éd. 1999. *DNA microarrays: A practical approach.* New York: Oxford University Press.

PARTIE VI

Les virus

CHAPITRE 16

Introduction et caractères généraux

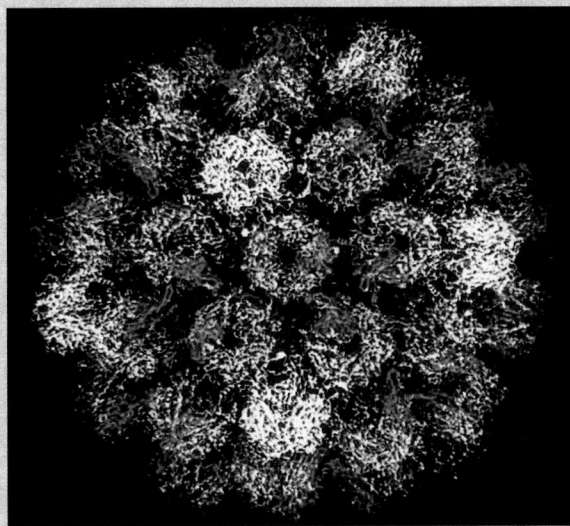

La capside du virus si-mien 40 (SV40) montrée ici, diffère de la majorité des capsides icosa-édriques en ce qu'elle ne contient que des capso-mères pentamériques (pp. 370-72). SV40 possède 72 capsomères, c'est un petit polyomavirus à ADN double brin. Il est responsable d'une mala-die du système nerveux central chez le singe rhé-sus et de tumeurs chez le hamster. On a découvert SV40 dans les cultures de cellules de rein de singe au cours de la préparation du vaccin contre le polio-virus.

Plan

Concepts

1. Les virus sont des entités simples, acellulaires, qui consistent en une ou plusieurs molécules d'ADN ou d'ARN enfermées dans une coque protéique (avec parfois, en plus, des lipides et des glucides). Ils ne peuvent se reproduire qu'à l'intérieur de cellules vivantes et sont donc des parasites intracellulaires obligés.

2. Les virus sont propagés par inoculation d'une suspension virale dans des hôtes vivants ou des cellules en cultures. Les méthodes de purification sont basées principalement sur la taille des virus – relativement plus grande que celle des composants cellulaires-, le contenu élevé en protéines et la grande stabilité des virus. La concentration en virus peut être déterminée par comptage des virions ou dénombrement des unités infectieuses.

3. Tous les virus possèdent une nucléocapside composée d'un acide nucléique, entouré d'une capside protéique, dont la structure est icosaédrique, hélicoïdale ou complexe. Les capsides se construisent par auto-assemblage de protomères maintenus par des liaisons non covalentes. Une enveloppe membranaire entoure souvent la nucléocapside.

4. Les génomes des virus sont beaucoup plus variés que ceux des procaryotes ou des eucaryotes ; ils sont faits d'ARN ou d'ADN, simple ou double brin. Les chaînes d'acide nucléique peuvent être linéaires, circulaires ou encore, adopter les deux formes.

5. La classification des virus est basée sur les caractéristiques de l'acide nucléique, la symétrie de la capside, la présence ou l'absence d'enveloppe, le type d'hôte, les maladies causées aux plantes ou aux animaux et d'autres propriétés.

> *Les grosses puces ont sur le dos des petites puces qui les piquent*
> *Et les petites puces ont des puces encore plus petites,... et ainsi de*
> *suite à l'infini*
>
> — *Augustus De Morgan*

Les virus font l'objet des chapitres 16, 17 et 18. Il s'agit d'agents infectieux dont l'organisation est simple et acellulaire. Ils possèdent un seul type d'acide nucléique, soit ADN, soit ARN et ils ne peuvent se multiplier indépendamment des cellules vivantes. A l'évidence, les virus sont totalement différents des micro-organismes procaryotes et eucaryotes. Ils sont étudiés par des **virologues**.

En dépit de leur simplicité face aux organismes cellulaires, les virus ont une importance énorme et méritent notre attention. L'étude des virus contribue de manière significative à la biologie moléculaire. On connaît déjà de nombreuses maladies humaines d'origine virale, de nouvelles apparaissent ou sont découvertes chaque année, comme le montre bien l'arrivée récente du SIDA. L'ingénierie génétique est basée en grande partie sur les découvertes en virologie. Il est donc facile de comprendre pourquoi la **virologie** (l'étude des virus) représente une partie aussi importante de la microbiologie.

Ce chapitre montre les grands aspects de la virologie : son développement en tant que discipline scientifique, les propriétés générales et la structure des virus, les méthodes de propagation et d'étude des virus et enfin la taxinomie virale. Le chapitre 17 concerne les bactériophages et le chapitre 18 est dévolu aux virus d'eucaryotes.

Les virus ont eu un impact énorme sur les organismes humains et autres ; cependant, jusqu'à très récemment, on connaissait mal leur nature. Celle-ci sera clarifiée par un bref historique de la découverte des virus et de leur reconnaissance comme agents infectieux uniques.

16.1   Les premiers développements de la virologie

Bien qu'ils n'en comprenaient pas la nature, les anciens étaient familiers de maladies telles que la rage dont on connaît maintenant l'origine virale. Il est aussi vraisemblable que les virus de la rougeole et de la variole aient été responsables (de 165 à 180 et de 251 à 266 après J-C) des grandes épidémies, qui affaiblirent sévèrement l'Empire Romain et favorisèrent son déclin. La variole marqua également profondément le Nouveau Monde : c'est une épidémie ravageant la ville de Mexico qui rendit possible la conquête de l'empire aztèque par Hernan Cortès. Le virus avait probablement été apporté au Mexique en 1520 par l'expédition envoyée pour rejoindre Cortès. Avant de s'éteindre, l'épidémie de variole tua probablement un tiers de la population, dont le roi aztèque Cuitlahuac (neveu et gendre de l'empereur déchu Montezuma II). Les Espagnols ne souffrant pas de la même façon, la colère de Dieu semblait réservée aux autochtones et ce désastre apparut comme un soutien d'origine divine à la conquête espagnole (**encadré 16.1**).

Les premiers progrès dans la prévention des maladies virales se firent bien avant la découverte des virus. Au début du XVIIIe siècle, Lady Wortley Montagu, l'épouse de l'ambassadeur d'Angleterre en Turquie, observa que les femmes turques inoculaient leurs enfants pour les protéger de la variole. Les enfants faisaient une maladie bénigne et étaient ensuite immunisés. Lady Montagu essaya d'apprendre ce procédé aux Anglais mais sans grand succès. Plus tard dans le siècle, un médecin de campagne anglais, Edward Jenner, fut frappé par les paroles d'une jeune fille disant qu'elle n'attraperait pas la variole car elle avait eu la vaccine. Il commença ainsi l'inoculation de matériel provenant des lésions vaccinales sur les humains et, en1798, publia les résultats de 23 vaccinations couronnées de succès. Bien que Jenner ne comprenait pas la nature de la variole, il arriva à protéger ses patients d'une maladie mortelle grâce au contact avec le virus de la vaccine.

Jusque bien tard dans le XIXe siècle, on groupa tous les agents nocifs sous le nom de virus (du latin virus : poison ou venin). Même Louis Pasteur utilisa le terme virus pour désigner tout agent de maladie, infectieux et vivant. En 1884, Charles Chamberland, collaborateur de Pasteur et inventeur de l'autoclave, mit au point le filtre bactérien de porcelaine et rendit ainsi possible la découverte de ce qu'on appelle maintenant les virus. La maladie de la mosaïque du tabac fut la première à être étudiée avec le filtre de Chamberland. En 1892, Dimitri Ivanowski publia des travaux montrant que les extraits de feuilles de plantes infectées, même lorsqu'ils avaient été filtrés pour enlever les bactéries, induisaient la maladie de la mosaïque du tabac. Il attribua cette observation à la présence d'une toxine. Martinus W. Beijerinck, travaillant indépendamment d'Ivanowski, publia les résultats de ses études sur la mosaïque du tabac en 1898 et1900. Comme l'extrait filtré des plantes malades était toujours infectieux, il proposa que la maladie soit causée par un virus filtrable, totalement différent d'une bactérie. Il observa que le virus se multipliait seulement dans les cellules végétales vivantes mais qu'il ne pouvait pas survivre longtemps à l'état sec. A la même époque, en Allemagne, Friedrich Loeffler et Paul Frosch découvrirent que la stomatite aphteuse du bétail était également due à un virus filtrable plutôt qu'à une toxine. En 1900, Walter Reed commença l'étude de la fièvre jaune, dont la fréquence avait fort augmenté à Cuba. Reed montra que cette mala-

Les maladies et le début de la colonisation de l'Amérique

Bien que le fait ne soit pas entièrement prouvé, il est très probable que les maladies et en particulier la variole, jouèrent un rôle majeur dans la colonisation par les Européens de l'Amérique du Nord, en réduisant la résistance des Indiens. On a estimé que les populations indiennes au Mexique diminuèrent d'environ 90% pendant les 100 ans qui suivirent le premier contact avec les Espagnols. La variole et d'autres maladies furent un facteur déterminant dans ce déclin, et il n'y a pas de raison de penser qu'il en fut autrement en Amérique du Nord. 10 à 12 millions d'Indiens au moins vivaient au Nord du Rio Grande avant la rencontre avec des Européens. Dans la seule Nouvelle Angleterre, ils étaient plus de 72.000 en 1600 ; cependant, en 1674, il n'en restait plus qu'environ 8.600 et ce déclin continua dans les années suivantes.

Une catastrophe aussi incroyable peut être expliquée en considérant la situation au moment du contact des Européens avec les Amérindiens. Les Européens, qui avaient déjà souffert d'épidémies majeures dans les siècles passés, étaient relativement immuns aux maladies qu'ils portaient. D'autre part, les Amérindiens n'avaient jamais été exposés aux maladies telles que la variole et ont été décimés par des épidémies. Au XVIe siècle, avant qu'aucune colonie anglaise permanente ne se soit établie, il y avait eu de nombreux contacts avec les missionnaires et les explorateurs qui certainement apportaient les maladies avec eux et infectaient les indigènes. En effet, les Anglais remarquèrent à la fin du siècle que les populations indiennes diminuaient fortement, mais ils attribuèrent le fait au conflit armé plutôt qu'à la maladie.

L'établissement des colonies a simplement fourni l'occasion de nouvelles infections et du développement d'épidémies. Par exemple, les Indiens Hurons diminuèrent de 32 000 personnes au moins à 10 000 en 10 ans. Entre le moment de la première colonisation anglaise et 1674, les Indiens Narraganset déclinèrent d'environ 5 000 à 1 000 guerriers, et les Indiens Massachussetts de 3 000 à 300. Des faits similaires se déroulèrent ailleurs dans les colonies. Certains colonisateurs interprétèrent ces pertes comme un signe du châtiment divin pour la résistance des Indiens : « et Dieu mit fin à cette dispute en leur envoyant la variole.... Ainsi Dieu calma leur esprit querelleur et fit place au reste de son armée. »

Il parait clair que des épidémies de maladies européennes comme la variole décimèrent les populations américaines autochtones et préparèrent le chemin de la colonisation du continent nord-américain. En fait, de nombreuses villes américaines — comme Boston, Philadelphie et Plymouth- se développèrent sur les sites des anciens villages indiens.

---

die humaine était due à un virus filtrable qui était transmis par les moustiques. Très rapidement, le contrôle des moustiques réduisit la sévérité du problème de la fièvre jaune. Ainsi, au début de ce siècle, il était établi que des virus filtrables, différents des bactéries, pouvaient être responsables de maladies chez les plantes, le bétail et les hommes.

En 1908, V. Ellerman et O. Bang à Copenhague, rapportèrent qu'une leucémie pouvait se transmettre entre poulets par des filtrats acellulaires et était donc probablement due à un virus. Trois ans plus tard, en 1911, Peyton Rous de l'Institut Rockefeller à New York, montra qu'un virus était responsable d'une tumeur maligne du muscle chez les poulets. Ces résultats établirent que certaines tumeurs pouvaient être causées par des virus.

On découvrit rapidement que les bactéries elles-mêmes pouvaient être attaquées par des virus. Les premières observations publiées dans ce sens furent faites en 1915 par Frederick W. Twort. Twort isola des virus de bactéries qui pouvaient attaquer et détruire des microcoques et des bacilles intestinaux. Bien qu'il ait émis l'idée que ses préparations pouvaient contenir des virus, Twort ne poursuivit pas ses observations. Ce fut alors Felix d'Hérelle qui établit de façon décisive, l'existence des virus bactériens. D'Hérelle isola ces virus de patients atteints d'une dysenterie probablement due à *Shigella dysenteriae*. Il nota que si une suspension virale était étalée sur une couche de bactéries en croissance sur gélose, se développaient des plaques claires circulaires contenant des virus et des cellules lysées. Un comptage de ces zones claires permit à d'Hérelle d'estimer le nombre de virus présents (voir méthode des plages, p. 368). D'Hérelle démontra que ces virus se multipliaient seulement dans des bactéries vivantes et il les appela bactériophages parce qu'ils pouvaient faire des trous dans des tapis bactériens.

La nature chimique des virus fut établie lorsque Wendell M. Stanley annonça en 1935 qu'il avait cristallisé le virus de la mosaïque du tabac (TMV pour « Tobacco Mosaic Virus ») et avait trouvé que celui-ci était constitué en grande partie ou complètement, de protéines. Quelques temps plus tard, Frederick C. Bawden et Norman W. Pirie arrivèrent à séparer les particules de TMV en protéine et acide nucléique. Ainsi, à la fin des années 30, il devint clair que les virus étaient des complexes d'acides nucléiques et de protéines, capables de se reproduire uniquement dans des cellules vivantes.

---

1. Décrivez les progrès techniques majeurs et les découvertes importantes des premiers développements de la virologie.
2. Montrez la contribution à la virologie de chacun des scientifiques mentionnés dans cette section.

16.2   Les propriétés générales des virus

Les **virus** forment un groupe unique d'agents infectieux dont les caractères distinctifs sont l'organisation simple, acellulaire et le mode de multiplication. Une particule virale complète ou **virion**, est formée d'une ou plusieurs molécules d'ADN ou d'ARN enfermées dans une coque protéique et parfois entourées d'autres couches. Ces couches additionnelles peuvent être très complexes et contenir des glucides, des lipides et des protéines. Les virus existent sous deux états : extracellulaire et intracellulaire. Les virions, l'état extracellulaire, possèdent peu ou pas d'enzymes et ne peuvent se multiplier indépendamment des cellules vivantes. Dans la phase intracellulaire, les virus se comportent principalement comme des acides nucléiques en réplication, ils détournent le métabolisme de l'hôte vers la synthèse des composants viraux ; des particules virales complètes ou virions peuvent alors être libérés.

En résumé, les virus diffèrent des cellules vivantes par trois caractères au moins : (1) leur organisation simple et acellulaire,

(2) l'absence d'ADN et d'ARN ensemble dans le même virion, et (3) leur incapacité à se multiplier indépendamment des cellules et à se diviser comme font les cellules procaryotes et eucaryotes. Bien que des bactéries comme les chlamydies et les rickettsies (*voir sections 21.5 et 22.1*) soient des parasites intracellulaires obligés comme les virus, ils ne répondent pas aux deux premiers critères.

16.3   La propagation des virus

Puisqu'ils sont incapables de se multiplier à l'extérieur des cellules vivantes, les virus ne peuvent pas être cultivés de la même façon que des bactéries ou des micro-organismes eucaryotes. Pendant de nombreuses années, les chercheurs ont propagé les virus animaux en inoculant des hôtes adéquats ou des oeufs embryonnés (oeufs de poules fécondés et incubés six à huit jours, (**figure 16.1**). Pour préparer l'oeuf à la multiplication des virus, la surface de la coquille est d'abord désinfectée à la teinture d'iode et puis percée avec une fine mèche stérile. Après inoculation, le trou est bouché à la gélatine et l'oeuf est incubé. Parfois, le virus n'est capable de se multiplier que dans certaines parties de l'embryon ; il doit donc être injecté dans la région appropriée. Par exemple, les myxovirus se développent bien sur la membrane chorioallantoïdienne, tandis que le virus des oreillons préfère l'allantoïde. L'infection peut produire des lésions locales connues sous le nom de « pock », leur apparence est souvent caractéristique du virus impliqué.

Plus récemment, des virus d'animaux ont été produits en culture sur des monocouches de cellules animales, cette technique est possible depuis le développement des milieux de culture pour cellules animales et l'utilisation des antibiotiques prévenant les contaminations bactériennes et fongiques. Avec l'inoculum de virus, on couvre la couche de cellules animales developpée dans une boîte de Petri spécialement traitée ; on laisse le temps aux virus de se déposer sur les cellules et de s'y attacher. Les cellules sont alors recouvertes d'une fine couche d'agar pour limiter la diffusion des virions ; ainsi, seules les cellules adjacentes seront infectées par les virions nouvellement produits. Des zones localisées de lyse cellulaire apparaissent, que l'on appelle **plages** (**figure 16.2**) ; elles peuvent être repérées par une coloration au rouge neutre ou au bleu de trypan, colorants qui distinguent les cellules vivantes des mortes. Le développement viral n'entraîne pas toujours la lyse des cellules et la formation de plages. Les virus d'animaux, en particulier, peuvent causer des dégénérescences microscopiques ou macroscopiques ou induire des anomalies dans les cellules et les tissus de l'hôte, on parle alors d'effets cytopathiques (**figure 16.3**). Les **effets cytopathiques** sont parfois létaux mais ne s'accompagnent pas toujours de la formation de plages par lyse cellulaire.

Les virus bactériens ou **bactériophages** (**phages** en abrégé) sont produits dans des cultures de bactéries jeunes, croissant activement, réalisées en milieux liquide ou solide. Il y a tellement de cellules hôtes détruites que les cultures bactériennes troubles se clarifient rapidement suite à la lyse cellulaire. Les cultures en gélose sont préparées en mélangeant la suspension de bactériophages avec de la gélose liquide légèrement refroidie et une culture bactérienne adéquate. Le mélange est rapidement versé dans une boîte de Petri contenant une couche de fond de gélose stérile. Après solidification, les bactéries dans la couche superficielle se multiplient, formant un tapis opaque continu. A chaque endroit où il se trouve emprisonné dans l'agar, le virion infecte la cellule la plus

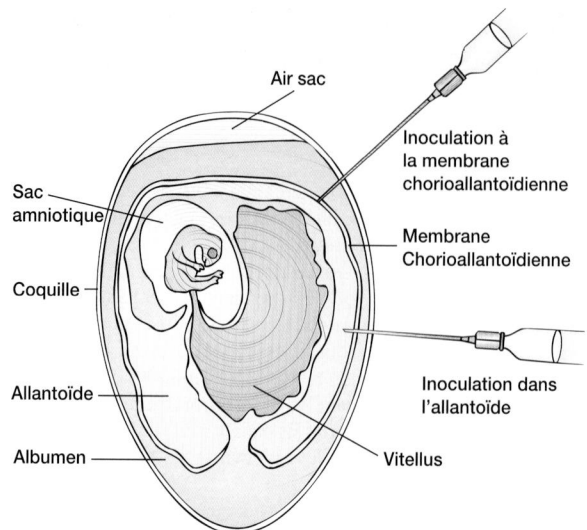

Figure 16.1   Production de virus sur oeuf embryonné. Les deux sites les plus utilisés pour propager des virus d'animaux sont la membrane chorioallantoïdienne et l'allantoïde. Le diagramme montre un embryon de poulet âgé de 9 jours.

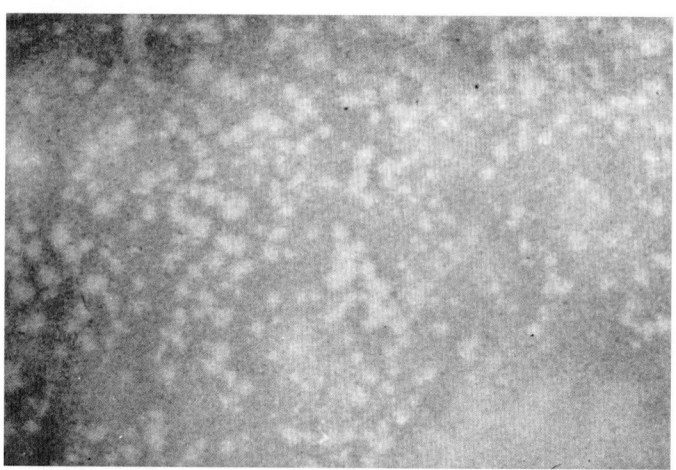

Figure 16.2   Plages virales. Plages de poliovirus sur une culture de cellules de rein de singe.

proche et se multiplie. La lyse bactérienne conduit ainsi à la formation d'une plage dans le tapis (**figure 16.4**). Comme le montre la figure 16.4, l'aspect ou la morphologie de la plage est souvent caractéristique du phage produit.

Les virus de plantes sont propagés de diverses façons. Il est possible d'utiliser des cultures de tissus végétaux, des cultures de cellules séparées ou des cultures de protoplastes (*voir section 3.3*). Les virus peuvent aussi être produits sur des plantes entières. Les feuilles sont inoculées mécaniquement par frottement avec un mélange de virus et d'un abrasif comme du carborundum. Les parois cellulaires sont brisées par l'abrasif, les virus entrent directement en contact avec la membrane plasmique et infectent les cellules hôtes exposées. (Le rôle de l'abrasif est souvent rempli par les insectes qui sucent ou blessent les feuilles et ainsi transmettent les virus). A cause de la mort rapide des cellules, une **lésion nécrotique**

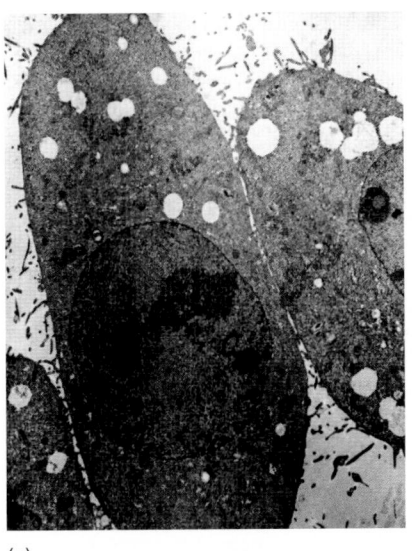
(a)

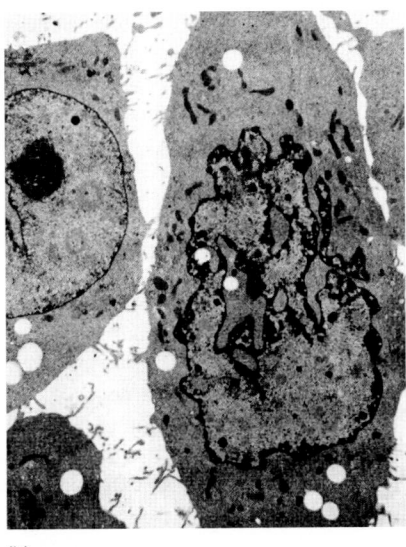
(b)

Figure 16.3 Effets cytopathiques des virus. (**a**) Cellules de mammifère normales en culture. (**b**) Aspect de cellules en culture, 18 heures après infection par un adénovirus. Image au microscope électronique à transmission (x 11 000).

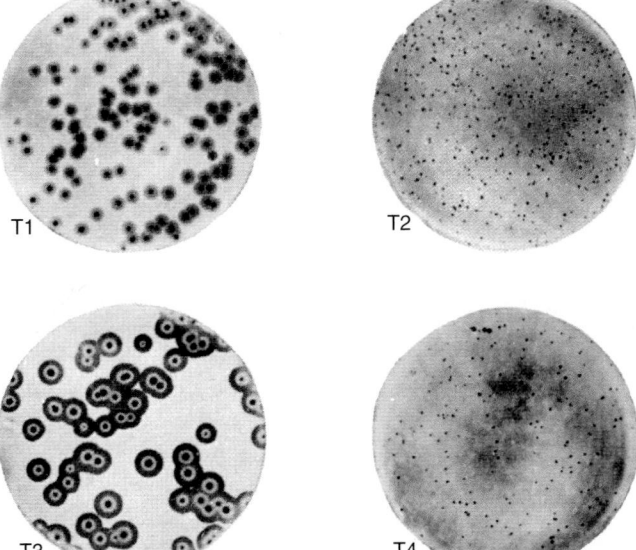

T1   T2

T3   T4

Figure 16.4 Plages de phages. Plages formées par certains coliphages T sur un tapis d'*E. coli*. Notez les différences importantes dans l'aspect des plages. Leur taille est réduite environ 3 fois sur les photographies.

locale se développe souvent dans la zone infectée (**figure 16.5**). En l'absence de lésions, la plante infectée peut montrer des symptômes comme des modifications de la pigmentation ou de la forme des feuilles. Certains virus de végétaux ne se transmettent que si la partie malade de la plante est greffée sur une plante saine.

1. Qu'est-ce qu'une particule virale, ou virion, et comment se différentie-t-elle des organismes vivants ?
2. Discutez les modes de propagation des virus. Définissez les termes : « pock », plage, effet cytopathique, bactériophage et lésion nécrotique.

(a)

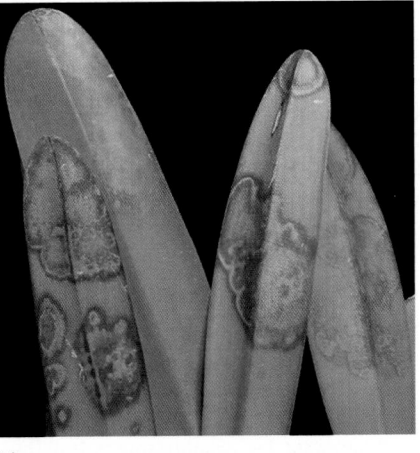
(b)

Figure 16.5 Lésions nécrotiques sur des feuilles. (**a**) Virus de la mosaïque du tabac sur *Nicotiana glutinosa*. (**b**) Feuille d'orchidée, infectée par le virus de la mosaïque du tabac, montrant des modifications de couleur.

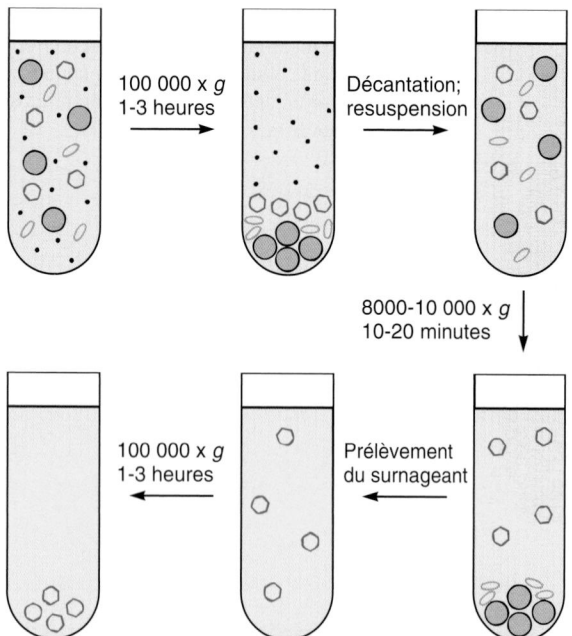

Figure 16.6   Utilisation de la centrifugation différentielle pour purifier un virus. Au début, le tube de centrifugation contient l'homogénat et les virus icosaédriques (en vert). Les virus et les organites cellulaires plus lourds sont alors séparés des petites molécules. Après resuspension, le mélange est centrifugé suffisamment rapidement pour sédimenter les organites cellulaires tout en laissant les particules virales plus petites en suspension ; les virus purifiés sont alors recueillis. Ce procédé peut être répété plusieurs fois pour améliorer la purification des virions.

16.4   La purification et le titrage des virus

Les virologues doivent être à même de purifier les virus et d'en déterminer la concentration de façon précise pour étudier la structure, la multiplication et les autres aspects de la biologie virale. Ces méthodes sont très importantes, c'est en effet leur mise au point qui a permis le développement de la virologie en une discipline moderne.

Purification des virus

La purification repose sur différentes propriétés virales. Relativement aux protéines, les virions sont très grands ; ils sont souvent plus stables que les composants cellulaires normaux et ils possèdent des protéines de surface. Sur base de ces caractéristiques, beaucoup de techniques d'isolement des protéines et des organites sont employées à la préparation des virus. Parmi les plus utilisées, il faut citer (1) les centrifugations différentielle et en gradient de densité, (2) la précipitation des virus, (3) la dénaturation des contaminants et (4) la digestion enzymatique des constituants cellulaires.

1. Les cellules hôtes qui contiennent des virus matures aux stades tardifs de l'infection sont utilisées comme source de matériel. Les cellules infectées sont d'abord disloquées dans un tampon de façon à obtenir une suspension aqueuse ou homogénat, contenant les composants cellulaires et les virus. Les virus peuvent alors être isolés par **centrifugation différentielle** : la centrifugation de la suspension à différentes vitesses sépare les particules de taille différente (**figure 16.6**). Généralement, l'homogénat est d'abord centrifugé à haute vitesse pour sédimenter les virus et les autres grandes particules

cellulaires ; le surnageant, qui contient les molécules solubles de l'homogénat est écarté. Le culot est ensuite remis en suspension et centrifugé à faible vitesse pour enlever les produits plus lourds que les virus. Une nouvelle centrifugation à haute vitesse resédimente les virus. Ce procédé peut être répété pour obtenir une meilleure purification des particules virales.

Les virus sont aussi purifiés sur base de la taille et de la densité en utilisant la centrifugation en gradient (**figure 16.7**). Un tube de centrifugation est rempli d'une solution de saccharose dont la concentration augmente de façon progressive et linéaire depuis le sommet jusqu'au fond du tube. La préparation de virus, souvent déjà purifiée par centrifugation différentielle, est déposée au-dessus du gradient et centrifugée. Comme le montre la figure 16.7a, les particules soumises à la force centrifuge descendent dans le gradient et s'arrêtent au niveau où la densité du gradient est égale à la leur (centrifugation isopycnique en gradient). Les virus sont ainsi séparés d'autres particules de densité même légèrement différente. Les gradients peuvent aussi séparer les virus sur la base de leur vitesse de sédimentation (centrifugation zonale en gradient). Dans ce procédé, les particules sont séparées suivant leur taille et leur densité ; généralement, les plus grands virus descendent le plus rapidement dans le gradient. La figure 16.7b indique comment les virus diffèrent les uns des autres ainsi que des composants cellulaires par leur densité (en g/ml) ou leur coefficient de sédimentation. Ces deux types de centrifugation en gradient sont donc très efficaces pour la purification des virus.

2. Les virus, comme beaucoup de protéines, peuvent être purifiés par précipitation au sulfate d'ammonium concentré. Le sulfate d'ammonium est ajouté d'abord en quantité suffisante pour porter sa concentration à un niveau juste inférieur à celui qui précipitera le virus. On enlève alors les contaminants précipités, on ajoute plus de sulfate d'ammonium et on recueille les virus précipités par centrifugation. Certains virus sont sensibles au sulfate d'ammonium, ils sont alors purifiés par précipitation au polyéthylène glycol.

3. Les virus sont généralement moins facilement dénaturés que beaucoup de constituants cellulaires normaux. Les contaminants peuvent donc être dénaturés et précipités à la chaleur ou par un changement de pH de façon à les séparer des virus. Certains virus sont résistants aux solvants organiques comme le butanol et le chloroforme et un traitement par ces solvants peut d'une part dénaturer les contaminants protéiques et d'autre part extraire les lipides de la préparation. Le solvant est intimement mélangé à la préparation virale, puis par décantation, les deux couches, aqueuse et organique, se séparent. Les virus intacts restent en suspension dans la phase aqueuse tandis que les lipides se dissolvent dans la phase organique. Les substances dénaturées par les solvants organiques se rassemblent à l'interface entre les phases aqueuse et organique. La dénaturation des enzymes (p. 163-64).

4. Beaucoup de préparations virales sont débarrassées des protéines cellulaires et des acides nucléiques par dégradation enzymatique car les virus sont généralement plus résistants à l'attaque des nucléases et des protéases que les acides nucléiques et les protéines libres. La ribonucléase et la trypsine, par exemple, dégradent les acides ribonucléiques et les protéines cellulaires tout en laissant souvent les virions intacts.

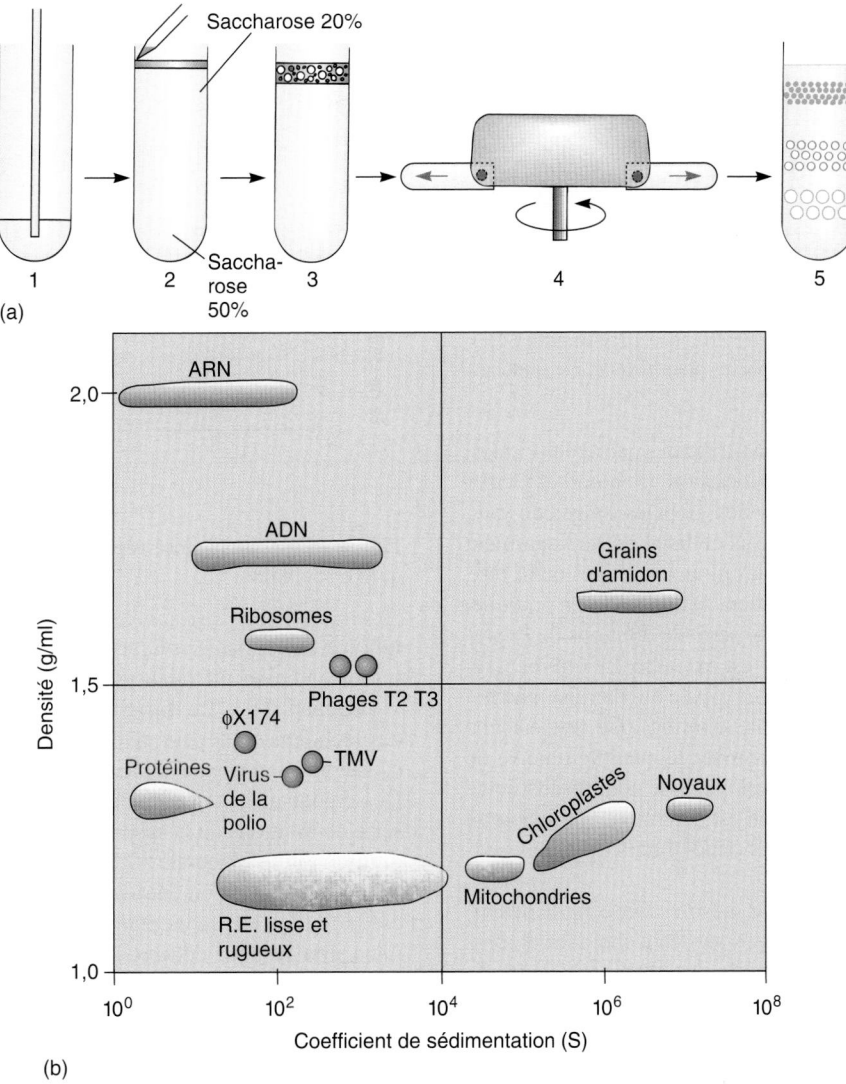

(a)

(b)

Figure 16.7 La centrifugation en gradient. (**a**) Un gradient linéaire de saccharose est préparé, 1, et le mélange de particules est déposé au sommet, 2 et 3. La centrifugation, 4, sépare les particules sur base de la densité et du coefficient de sédimentation, 5. Dans la centrifugation isopycnique, le fond du gradient est plus dense que toutes les particules et chaque type de particule s'arrête à un point où la densité du gradient égale sa propre densité. La centrifugation zonale sépare les particules sur base du coefficient de sédimentation, fonction lui-même de la taille et de la densité. En effet, le fond du gradient étant moins dense que les particules les plus lourdes, la centrifugation ne dure qu'un temps court et les particules n'arrivent pas à l'équilibre. Les particules plus grandes et plus denses circulent plus vite. (**b**) Densités et coefficients des principaux virus (en couleur) et d'autres matériaux biologiques.

Titrage des virus

Le nombre de virus dans un échantillon peut être déterminé soit par comptage direct des particules, soit par dénombrement des unités infectieuses. Bien que les virus soient en majorité potentiellement infectieux, beaucoup n'infecteront pas les cellules hôtes parce qu'ils n'arrivent pas au contact du site superficiel approprié. Ainsi, suivant la nature du virus et les conditions expérimentales, le nombre de particules totales peut être deux fois à un million de fois plus élevé que le nombre d'unités infectieuses. Les deux approches ont cependant leur importance.

Les particules virales sont comptées directement au microscope électronique. Selon un procédé, l'échantillon de virus, mélangé à une concentration connue de petites billes de latex, est vaporisé sur une grille couverte d'un film. Les billes et les virions sont dénombrés ; le titre en virus est calculé d'après ces chiffres et la concentration en billes (**figure 16.8**). Cette technique donne souvent de bons résultats avec des préparations concentrées de virus de morphologie connue. Les virus doivent être concentrés par centrifugation avant le comptage si la préparation est trop diluée. Cependant, si les billes et les virus ne sont pas distribués également, ce qui arrive parfois, le compte final est peu précis.

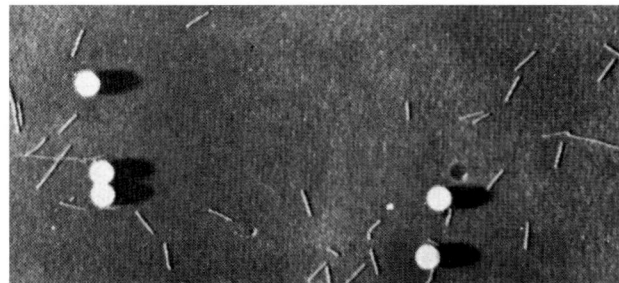

Figure 16.8 Le virus de la mosaïque du tabac. Préparation de virus de la mosaïque du tabac vue au microscope électronique à transmission. Des billes de latex de 264 µm de diamètre (sphères blanches) ont été ajoutées.

Parmi les méthodes indirectes de titrage des particules virales, la plus utilisée est le **test d'hémagglutination**. De nombreux virus peuvent en effet se fixer à la surface des globules rouges du sang (*voir figure 33.10*). Si le rapport virus-cellules est suffisamment élevé, les particules virales uniront les globules rouges entre eux, formant ainsi un réseau ou agglutinat qui se déposera. En pratique, on mélange les globules rouges à une série de dilutions de la préparation de virus et chaque mélange est examiné. Le titre hémagglutinant est la dilution de virus la plus élevée qui entraîne une hémagglutination (ou l'inverse de cette dilution). Ce test est une méthode rapide et précise pour déterminer la quantité relative de certains virus tels que le virus de la grippe. Si le nombre absolu de virus nécessaire à l'hémagglutination est déterminé par une autre technique, ce test peut être utilisé pour dénombrer les particules virales présentes dans un échantillon.

Il existe une variété de tests pour mesurer l'infectivité des virus et beaucoup d'entre eux sont basés sur les techniques de propagation. Par exemple, dans la **méthode des plages**, plusieurs dilutions de virus bactériens ou d'animaux sont étalées sur des cellules hôtes appropriées. Si le nombre de virus étalés est beaucoup plus faible que celui des cellules hôtes disponibles à l'infection et si les virus sont distribués également, on peut dire que chaque plage dans la couche cellulaire résulte de la multiplication d'une seule particule de virus. Ainsi, le dénombrement des plages apparues à une dilution donnée, donnera le nombre de virus infectieux ou d'**unités formatrices de plages (UFP)** et la concentration en unités infectieuses de l'échantillon original pourra être calculée facilement. Supposons que 0,10 ml d'une dilution 10^{-6} de la préparation virale donne 75 plages. La concentration originale en unités formatrices de plages est

$$\text{UFP/ml} = (75 \text{ UFP}/0{,}10 \text{ ml})(10^6) = 7{,}5 \times 10^8.$$

Des virus qui, sur la même boîte, donnent naissance à des plages morphologiquement différentes pourront être dénombrés séparément. Bien que le nombre des UFP n'égale pas le nombre de particules virales, ces valeurs restent proportionnelles : une préparation avec deux fois autant de virus aura deux fois autant d'unités formatrices de plages.

Des variantes de la méthode des plages sont employées avec des embryons et des plantes. Les embryons de poulet sont inoculés avec une préparation diluée, ou bien les feuilles d'une plante sont frottées d'un mélange de virus dilués et d'abrasif. Le nombre de « pocks » sur les membranes embryonnaires ou le nombre de lésions nécrotiques sur les feuilles, est multiplié par le facteur de di-

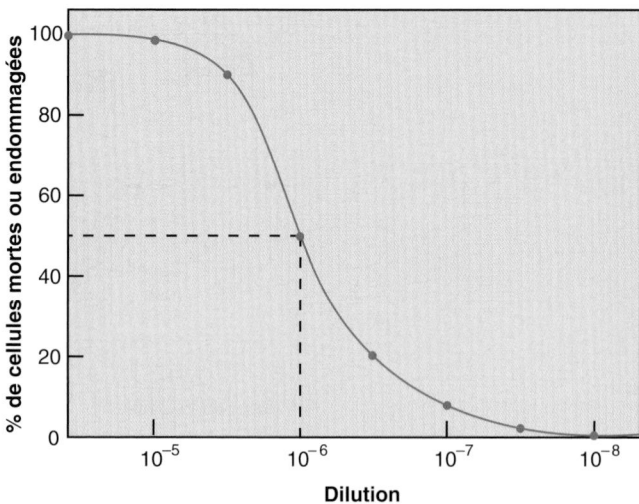

Figure 16.9 Courbe dose-réponse hypothétique. La DL_{50} est indiquée en pointillés.

lution et divisé par le volume de l'inoculum pour obtenir la concentration en unités infectieuses.

Quand il s'avère difficile d'évaluer les effets biologiques par ces techniques, on peut déterminer la quantité de virus requise à causer une maladie ou la mort par la méthode des dilutions limites. Des organismes ou des cultures de cellules sont inoculés avec une série de dilutions de la suspension virale. Les résultats donnent la dilution limite à laquelle 50% des cellules ou des organismes hôtes sont endommagés ou détruits (*figure 16.9*). La **dose létale** (DL_{50}) est la dilution qui contient une dose létale ou infectieuse suffisamment grande pour détruire 50% des cellules ou des organismes hôtes. De la même façon, la **dose infectieuse (DI_{50})** est la dose qui inoculée à des systèmes ou des hôtes tests, infectera 50 % de ces systèmes ou de ces hôtes dans les conditions utilisées.

---

1. Donnez les quatre méthodes principales par lesquelles les virus peuvent être purifiés et décrivez-en les principes. Distinguez les procédés : centrifugation différentielle et centrifugation en gradient de densité.
2. Comment peut-on titrer une suspension de virus, directement ou indirectement, par dénombrement de particules ou détermination des unités infectieuses ? Définissez : unité formatrice de plage, dose létale et dose infectieuse.

16.5 La structure des virus

La morphologie virale a été intensément étudiée ces dernières décennies à cause de l'importance des virus, mais aussi, parce qu'on s'est rendu compte que la structure des virus était suffisamment simple pour être comprise. Les progrès ont été réalisés grâce à l'utilisation de plusieurs techniques différentes : microscopie électronique, diffraction des rayons X, analyse biochimique et immunologie. Bien que notre connaissance soit toujours incomplète car il existe un grand nombre de virus différents, les caractères généraux de la structure des virus sont devenus clairs.

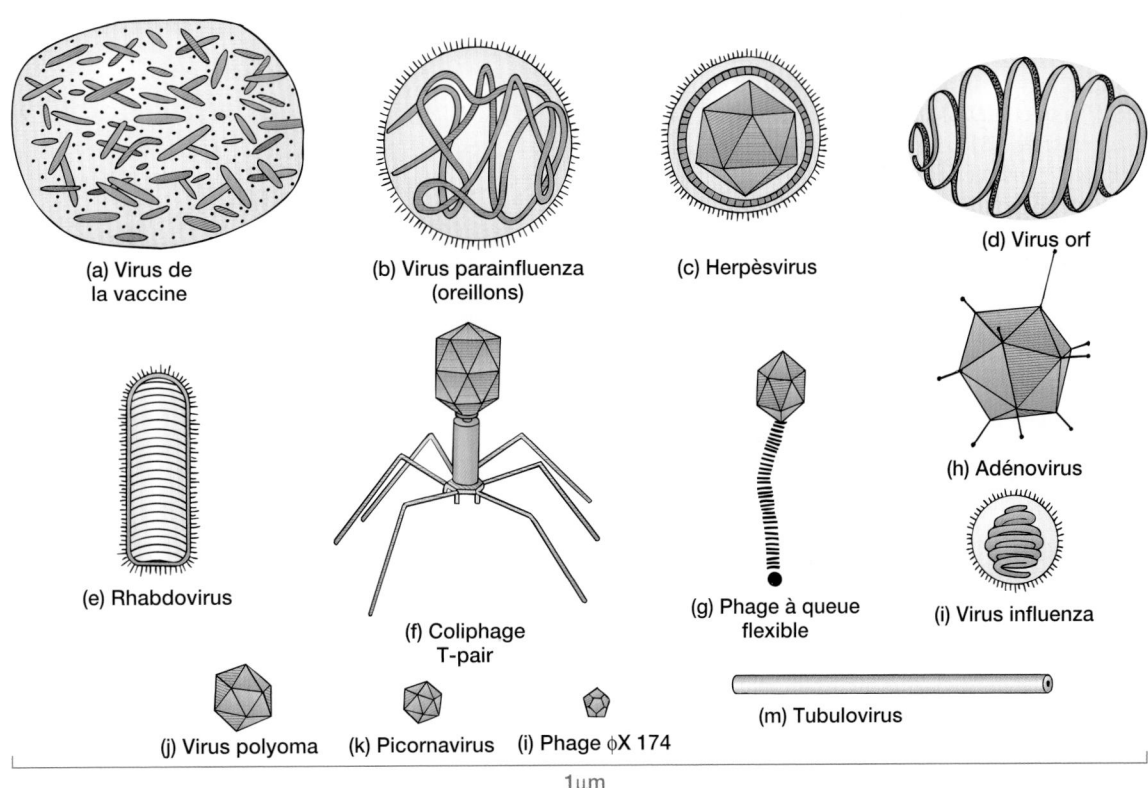

Figure 16.10 Dimension et morphologie des principaux virus. Les virus sont dessinés à l'échelle (voir la ligne représentant 1µm au bas de la figure).

Taille des virions

La taille des virus se situe entre 10 et 300 ou 400 nm de diamètre (**figure 16.10**). Les plus petits virus sont un peu plus grands que des ribosomes, tandis que les poxvirus, comme la vaccine, sont proches des plus petites bactéries et peuvent être observés au microscope optique. Les virus sont cependant, pour la plupart, trop petits pour être visibles au microscope optique et doivent être examinés avec des microscopes électroniques à balayage ou à transmission (*voir section 2.4*).

Propriétés générales de structure

Tous les virions, même ceux qui possèdent d'autres constituants, sont construits autour d'une **nucléocapside** centrale (en fait, certains virus sont constitués uniquement de cette nucléocapside). La nucléocapside est composée d'un acide nucléique, soit de l'ADN soit de l'ARN, maintenu dans une coque protéique appelée **capside**. Celle-ci protège le matériel génétique viral et favorise son transfert d'une cellule hôte à une autre.

Il y a quatre grands types morphologiques de capsides et de virus.

1. Certaines capsides sont de forme **icosaédrique**. Un icosaèdre est un polyèdre régulier avec 20 faces triangulaires équilatérales et 12 sommets (figure 16.10*h, j-l*). Ces capsides apparaissent sphériques lorsqu'on les observe à un faible grossissement au microscope électronique.

2. D'autres capsides sont **hélicoïdales** en forme de cylindre protéique creux ; elles peuvent être rigides ou flexibles (figure 16.10*m*).

3. Beaucoup de virus possèdent une **enveloppe**, c'est-à-dire une couche extérieure membranaire entourant la nucléocapside. Les virus enveloppés sont plutôt sphériques ou de forme variable même si leur nucléocapside est icosaédrique ou hélicoïdale (figure 16.10*b, c, i*).

4. Les **virus complexes** sont ceux dont la symétrie de capside n'est pas totalement icosaédrique ou hélicoïdale (figure 16.10*a, d, f, g*). Ils peuvent porter des queues ou d'autres structures (comme beaucoup de bactériophages) ou avoir autour de l'acide nucléique des parois complexes multicouches (tels les poxvirus comme la vaccine).

Les capsides tant en hélice qu'en icosaèdre, sont de grandes structures moléculaires faites de nombreuses copies d'une ou de quelques sous-unités protéiques ou **protomères**. Il est probable que l'avantage le plus important de cette stratégie de construction soit une utilisation maximale de l'information portée par le matériel génétique du virus. Par exemple, la capside du virus de la mosaïque du tabac est formée d'un seul type de sous-unité de 158 acides aminés. Il ne faut donc que 474 nucléotides environ parmi les 6 000 de l'ARN viral, pour diriger la synthèse de la protéine de capside. A moins d'employer de façon répétée la même protéine à la construction de la capside, il serait impossible d'inclure un grand acide nucléique, tel l'ARN de TMV, dans une coque protéique sans utiliser la majeure partie ou l'entièreté du matériel génétique disponible, à la spécification des protéines de capside. Si la capside de TMV était composée de six protomères différents de la taille de la sous-unité de TMV, il faudrait environ 2900 des 6000 nucléotides pour cette construction, et il resterait beaucoup moins de matériel génétique disponible à d'autres fins. Le code génétique et la traduction (p. 240-41).

Dès qu'ils sont synthétisés et mis dans des conditions appropriées, les protomères interagissent généralement entre eux de façon spécifique et s'associent spontanément pour former la capside. Comme la capside est construite sans information extérieure, le processus est appelé auto-assemblage (*page 65*). Certains virus plus complexes possèdent cependant des gènes codant pour des facteurs spéciaux qui ne sont pas inclus dans le virion mais qui sont nécessaires à l'assemblage.

Capsides hélicoïdales

Les capsides en hélice ressemblent à des tubes creux faits de protéines. Le virus de la mosaïque du tabac fournit l'exemple type de structure hélicoïdale (**figure 16.11**). Les protomères tous identiques, s'associent suivant un arrangement en spirale pour former un tube rigide, d'un diamètre de 15 à 18 nm et de 300 nm de longueur. Le matériel génétique, un ARN, est aussi enroulé en spirale et situé à l'intérieur de la capside dans une gorge formée par les sous-unités protéiques. Toutes les capsides hélicoïdales ne sont pas aussi rigides que celle de TMV. Les ARN du virus influenza sont inclus dans des capsides en hélices fines et flexibles, entourées d'une enveloppe (figure 16.10*i* et 16.12*a, b*).

La dimension d'une capside en hélice est influencée par le type de protomère et par l'acide nucléique qu'elle contient. Le diamètre de la capside est fonction de la taille, de la forme des protomères et des interactions entre ceux-ci. L'acide nucléique détermine la longueur de la capside qui ne paraît pas s'étendre au-delà de la fin de l'ADN ou de l'ARN.

Capsides icosaédriques

Après l'hélice, l'icosaèdre est une des formes préférée de la nature. Les virus prennent une forme en icosaèdre car c'est la façon la plus efficace d'enclore un espace. Quelques gènes, parfois un seulement, encodent les protéines qui forment la capside par auto-assemblage. Ainsi, des gènes linéaires en petit nombre spécifient une grande structure tridimensionnelle. Certaines règles doivent être respectées pour construire un icosaèdre. Les hexagones s'assemblent en plans et ne peuvent enfermer un espace, aussi les pentagones doivent-ils être utilisés.

L'examen au microscope électronique à transmission de virus en icosaèdre colorés négativement, révèle une structure complexe de la capside (**figure 16.12**). Les capsides sont construites à partir d'unités en forme d'anneau ou de bouton appelées **capsomères**, chacun de ceux-ci étant fait habituellement de cinq ou six protomères. Les **pentamères (pentons)** ont cinq sous-unités ; les **hexamères (hexons)** en possèdent six. Les pentons sont localisés aux sommets de l'icosaèdre, tandis que les hexons occupent les arêtes et les faces triangulaires (**figure 16.13**). L'icosaèdre de la figure 16.13 est fait de 42 capsomères ; un nombre plus élevé d'hexons sur les arêtes et les faces forme des icosaèdres plus

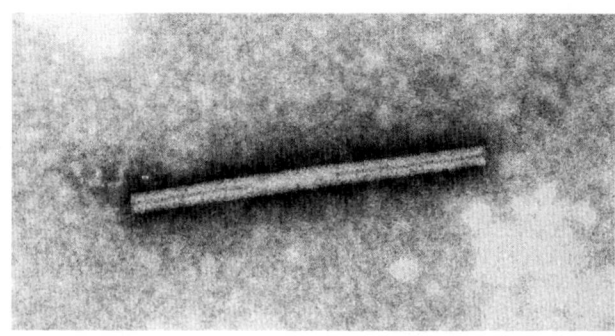

(a)

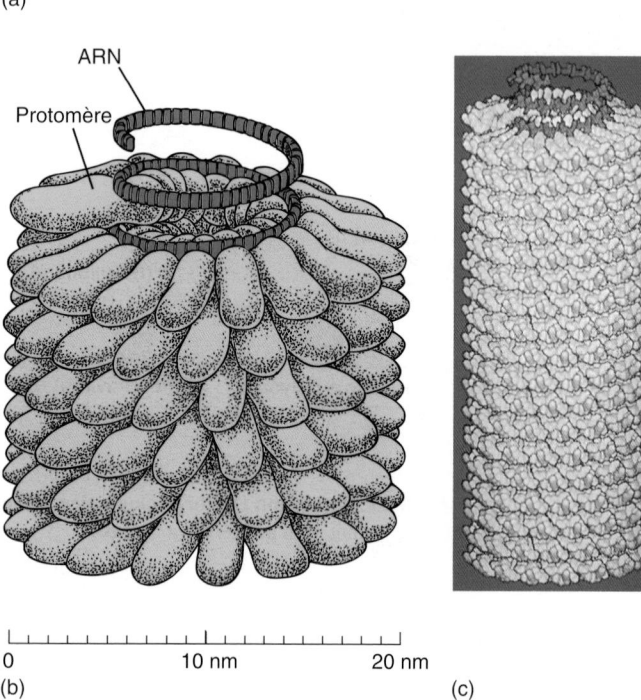

ARN
Protomère

| 0 | 10 nm | 20 nm |

(b)   (c)

Figure 16.11 La structure du virus de la mosaïque du tabac. (**a**) Image au microscope électronique de la capside hélicoïdale après contraste négatif (x 400 000). (**b**) Structure de TMV. Notez que la nucléocapside est un arrangement en hélice des protomères avec l'ARN enroulé à l'intérieur. (**c**) Un modèle de TMV.

grands (les adénovirus ont une capside à 252 capsomères comme le montre la figure 16.12*g, h*). Chez beaucoup de virus de végétaux ou de bactéries à ARN, une sous-unité de type unique forme aussi bien les pentons que les hexons, tandis que les protéines des pentons de l'adénovirus sont différentes des protéines des hexons. La microscopie électronique par transmission et le contraste négatif (p. 30-33).

Les protomères s'associent pour former les capsomères par des liaisons non covalentes. A l'intérieur des pentons et des hexons, les liaisons entre protéines sont plus fortes que celles qui existent entre les différents capsomères. Il arrive que des capsides vides se dissocient en leurs capsomères.

On a découvert récemment qu'il existe plus d'une manière de construire une capside icosaédrique. Bien que la plupart des capsides en icosaèdre contiennent des pentamères et des hexamères, le virus simien 40 (SV-40), un petit papovavirus à ADN double brin, contient uniquement des pentamères (**figure 16.14a**). Le virus est

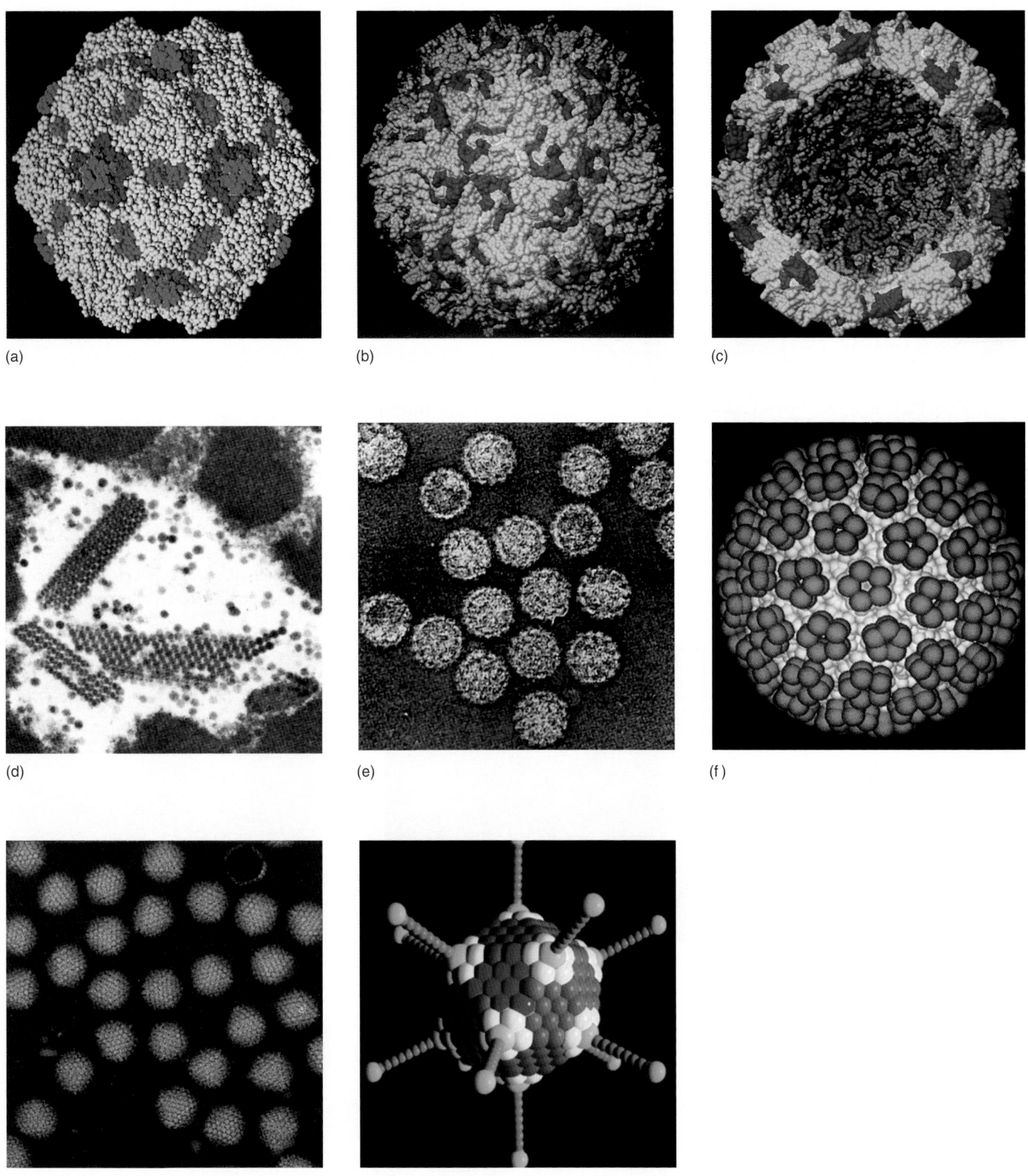

(a)

(b)

(c)

(d)

(e)

(f)

(g)

(h)

Figure 16.12 Exemples de capsides en icosaèdre. (a) Modèle de parvovirus canin, 12 capsomères, les quatre parties de chaque polypeptide de la capside sont colorées différemment. (*b* et *c*) Modèle du poliovirus, 32 capsomères, les quatre protéines de capside sont en couleurs différentes. La capside est vue en surface (**b**) et en coupe (**c**). (**d**) Groupes de virus humains du papillome, 72 capsomères (x 80.000). (**e**) Virus simien 40 (SV40), 72 capsomères (x 340.000). (**f**) Image composée par ordinateur du virus polyoma, 72 capsomères, qui cause une maladie démyélinisante rare du système nerveux central. (**g**) Adénovirus, 252 capsomères (x 171.000). (**h**) Modéle simulé par ordinateur d'un adénovirus.

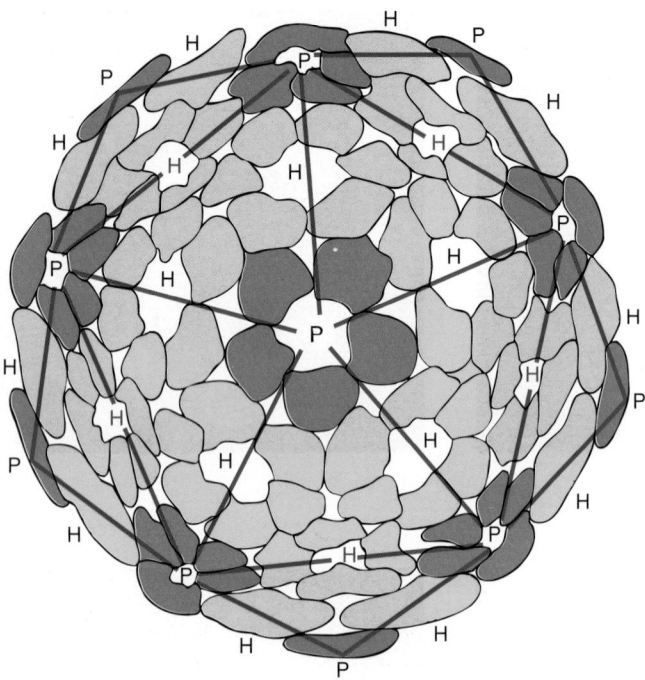

Figure 16.13 La structure d'une capside en icosaèdre. Les pentons sont situés aux douze sommets. Les hexons forment les arêtes et les faces de l'icosaèdre. Une telle capside contient 42 capsomères ; tous les protomères sont identiques.

fait de 72 pentamères cylindriques et creux. Cinq bras flexibles s'étendent à partir du côté de chaque pentamère (figure 16.14*b*). Douze pentamères occupent les sommets de l'icosaèdre et s'associent à cinq voisins comme s'ils étaient des hexamères. Chacun des 60 pentamères ne se trouvant pas aux sommets, s'associent avec ses six voisins proches de la façon indiquée aux figures 16.14*c* et *d*. Un bras s'allonge vers le pentamère adjacent du sommet (pentamère 1) et s'enroule autour de l'un des bras de ce dernier. Trois bras supplémentaires interagissent de cette façon avec les bras des autres pentamères de faces et d'arêtes (pentamères 3 à 5). Le cinquième bras se fixe directement à un pentamère adjacent non situé au sommet (pentamère 6) mais ne s'attache pas à un des bras de ce dernier. Il n'y a pas de bras qui s'étend du pentamère central au pentamère 2 ; d'autres bras maintiennent le pentamère 2 en place. Ainsi, une capside icosaédrique s'assemble sans hexamère en utilisant des bras flexibles comme des cordes pour relier les pentamères.

Acides nucléiques

Les virus sont exceptionnellement variés quant à la nature de leur matériel génétique ; ils utilisent les quatre types possibles d'acide nucléique : ADN simple brin, ADN double brin, ARN simple brin et ARN double brin (ou ds et ss pour « double stranded » et « single stranded »). On trouve ces quatre types de molécules chez les virus d'animaux. Les virus de végétaux possèdent le plus souvent des génomes en ARN simple brin. Bien que les phages puissent contenir de l'ADN ou de l'ARN simple brin, les virus de bactéries contien-

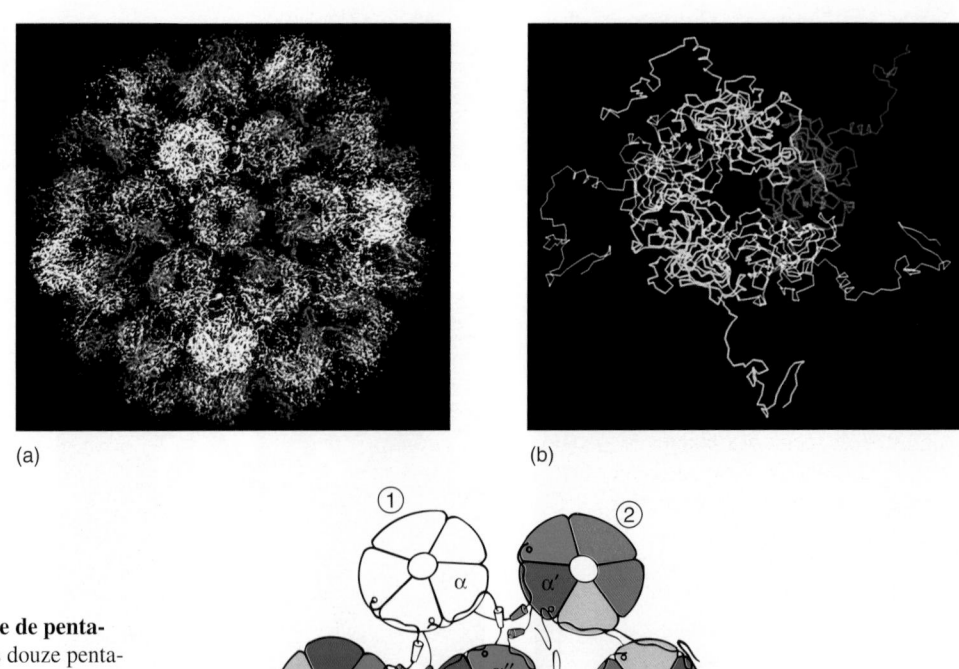

Figure 16.14 Une capside icosaédrique faite de pentamères. (**a**) La capside du virus simien 40. Les douze pentamères aux sommets de l'icosaèdre sont en blanc. Les pentamères en dehors des sommets sont dessinés avec chaque chaîne polypeptidique d'une couleur différente. (**b**) Un pentamère avec les bras étendus. (**c**) Un schéma de la structure superficielle. Le corps de chaque pentamère est représenté comme une fleur à cinq pétales. Tous les bras sont de la même couleur que le protomère et sont représentés comme une ligne ou une ligne et un cylindre (une hélice α). Les protomères extérieurs sont numérotés dans le sens des aiguilles d'une montre à partir de celui du sommet.

(a)   (b)

(c)

Tableau 16.1   Types d'acides nucléiques viraux

Type d'acide nucléique	Structure de l'acide nucléique	Exemples de virus
ADN		
Simple brin	Linéaire simple brin	Parvovirus
	Circulaire simple brin	Phages φX174, M13, fd
Double brin	Linéaire double brin	Herpèsvirus (virus de l'herpès simplex, cytomégalovirus, virus d'Epstein-Barr), adénovirus, coliphages T, phage lambda et autres bactériophages
	Linéaire double brin avec cassures simple brin	Coliphage T5
	Double brin avec terminaisons pontées	Vaccine, variole
	Double brin circulaire fermé	Papovavirus (virus polyoma, papilloma humain, SV40), phage PM2, virus de la mosaïque du chou-fleur
ARN		
Simple brin	Linéaire, simple brin, chaîne positive	Picornavirus (polio, rhinovirus), togavirus, bactériophages à ARN, TMV et la plupart des virus de végétaux
	Linéaire, simple brin, chaîne négative	Rhabdovirus (rage), paramyxovirus (oreillons, rougeole)
	Linéaire, simple brin, segmenté, chaîne positive	Virus de la mosaïque du brome (différents segments dans des virions séparés)
	Linéaire, simple brin, segmenté, diploïde (deux chaînes simple brin identiques), chaîne positive	Rétrovirus (virus du sarcome de Rous, virus de l'immunodéficience humaine)
	Linéaire, simple brin, segmenté, chaîne négative	Paramyxovirus, orthomyxovirus (influenza)
Double brin	Linéaire, double brin, segmenté	Réovirus, virus des tumeurs de blessures des plantes, virus de la polyédrose cytoplasmique des insectes, phage φ6, nombreux mycovirus

Modifié de S. Luria et al., *General Virology*, 3ᵉ éd. 1983. Reproduit avec permission de John Wiley & Sons, Inc., New York, NY.

nent généralement de l'ADN double brin. Le **tableau 16.1** résume la diversité observée parmi les acides nucléiques viraux. Le matériel génétique viral varie aussi fortement par sa taille. Les génomes les plus petits (ceux des phages MS2 et Qß) ont une taille d'environ 1×10^6 daltons, juste suffisante pour encoder trois ou quatre protéines. A l'autre extrême, se trouvent les bactériophages T-pairs, les herpèsvirus et le virus vaccinal dont les génomes de 1 à 1,6 x 10^8 daltons sont capables de diriger la synthèse de plus de 100 protéines. Les paragraphes suivants décrivent brièvement chaque type d'acide nucléique. La structure des acides nucléiques (p. 230-35).

Les tout petits virus à ADN, comme les bactériophages φX174 et M13 ou les parvovirus, ont un génome en ADN simple brin (tableau 16.1). Chez certains de ces virus, l'ADN est linéaire, tandis que chez d'autres, le génome est une molécule unique d'ADN circulaire fermé (**figure 16.15**).

Le matériel génétique de la plupart des virus à ADN est de l'ADN double brin. On trouve chez beaucoup de virus un ADN double brin linéaire avec diverses modifications ; d'autres possèdent un ADN double brin circulaire. Le phage lambda a un ADN double brin linéaire terminé par des bouts collant – segments com-

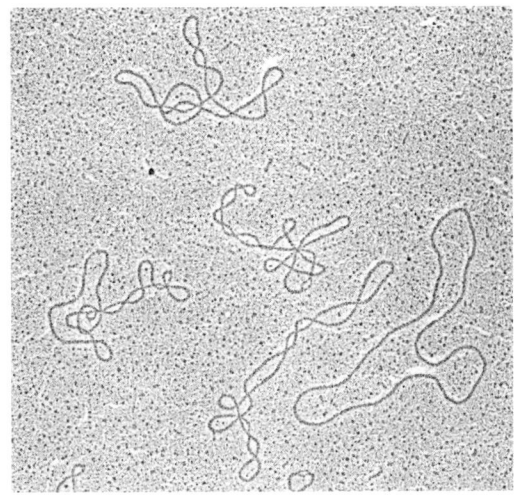

Figure 16.15 ADN circulaire de phage. L'ADN circulaire fermé du phage PM2 (x 93.000). Notez les deux formes, l'une relâchée et l'autre en superhélice.

Figure 16.16 La circularisation de l'ADN de lambda. L'ADN linéaire du phage lambda peut se circulariser de façon réversible, grâce aux bouts collants (en couleur) dont les séquences sont complémentaires et s'apparient l'une à l'autre.

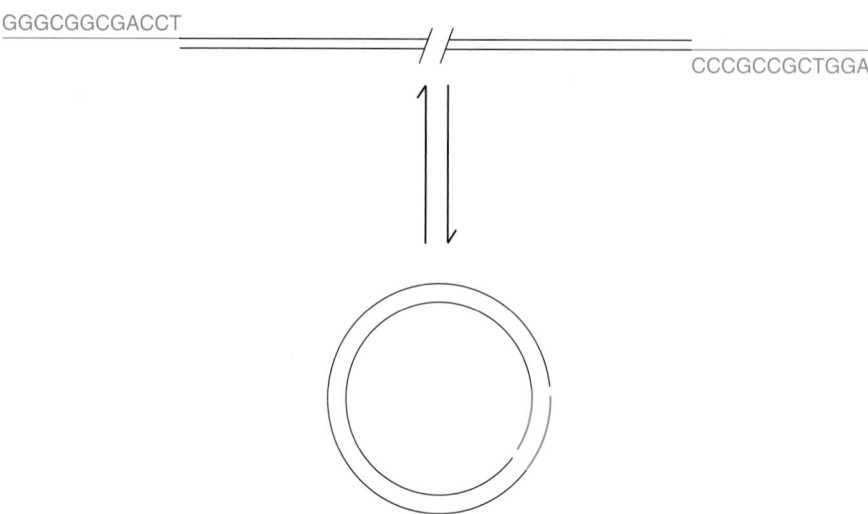

plémentaires monocaténaires de 12 nucléotides- qui lui permettent de se circulariser par appariement de bases (**figure 16.16**).

A côté des bases nucléotidiques normales trouvées dans l'ADN, beaucoup d'ADN viraux contiennent des bases inhabituelles. Par exemple, dans les phages T-pairs d'*E. coli* (*voir chapitre 17*), la cytosine est remplacée par la 5-hydroxyméthylcytosine (*voir figure 17.7*). Du glucose est généralement fixé au groupe hydroxyméthyle.

Le matériel génétique de la majorité des virus à ARN est de l'ARN simple brin. La séquence des bases de l'ARN peut être identique à celle de l'ARNm viral, dans ce cas, la chaîne ARN est dite **chaîne positive** ou **chaîne plus** (l'ARNm viral étant défini comme plus ou positif). Cependant, l'ARN viral génomique peut avoir au contraire une séquence complémentaire de celle de l'ARNm viral ; dans ce cas, on le désigne comme **chaîne négative** ou **chaîne moins**. Les virus de la poliomyélite, de la mosaïque du tabac, de la mosaïque du brome et du sarcome de Rous sont tous des virus à ARN positif ; les virus de la rage, des oreillons, de la rougeole ou de la grippe sont des exemples de virus à ARN négatif. Beaucoup de génomes à ARN sont des **génomes segmentés** ; c'est-à-dire qu'ils sont divisés en fragments séparés. On pense que chaque segment code pour une protéine. Dans la plupart des cas, tous les segments sont enfermés dans une seule capside même si certains génomes viraux sont composés de 10 à 12 segments. Cependant, il n'est pas nécessaire que tous les segments soient dans le même virion pour qu'il y ait multiplication. Le génome du virus de la mosaïque du brome est composé de quatre segments distribués dans trois particules virales différentes. Les trois plus grands fragments sont nécessaires au pouvoir infectieux. Malgré ces dispositions complexes et apparemment inefficaces, les différents virions de la mosaïque du brome arrivent à entrer ensemble et à infecter l'hôte avec succès.

Les ARN positifs viraux ressemblent à des ARN messagers plus que par la simple équivalence de leur séquence nucléotidique. Comme les ARNm eucaryotes ont habituellement en 5' une coiffe contenant la 7-méthylguanosine, ainsi, de nombreux génomes à ARN de virus de végétaux ou d'animaux possèdent une coiffe. De plus, la majorité des ARN positifs des virus d'animaux ont une queue poly-A à l'extrémité 3' de leur génome et sont ainsi très proches des ARNm eucaryotes par la structure de leurs deux extrémités. En fait, les ARN positifs peuvent diriger la synthèse protéique immédiatement après avoir pénétré dans la cellule. D'une façon assez étrange, un certain nombre d'ARN positifs simple brin de virus de végétaux ont une extrémité 3' qui ressemble à un ARN de transfert eucaryote. Le génome du virus de la mosaïque du tabac, par exemple, peut effectivement accepter un acide aminé. Il n'y a pas de coiffe sur les ARN des bactériophages. La structure et la fonction de l'ARNm eucaryote (p. 263-64).

Quelques virus possèdent un génome en ARN double brin. Tous ces acides nucléiques sont segmentés ; certains, tel celui des réovirus, ont 10 à 12 segments. On connaît des virus à ARN double brin qui infectent les animaux, les plantes, les champignons et même une espèce de bactérie.

Enveloppes et enzymes virales

De nombreux virus d'animaux, quelques virus de plantes et au moins un virus bactérien sont entourés d'une couche membranaire externe appelée enveloppe (**figure 16.17**). Les enveloppes des virus d'animaux proviennent généralement des membranes de la cellule hôte, soit nucléaires, soit plasmiques ; leurs sucres et leurs lipides sont des constituants normaux de l'hôte. Les protéines de l'enveloppe, au contraire, sont codées par des gènes viraux, elles peuvent saillir du contour de l'enveloppe comme des **projections** ou **spicules** (figure 16.17*a, b, f*). On pense que ces projections sont impliquées dans la fixation du virus à la surface de la cellule hôte. Comme elles diffèrent d'un virus à l'autre, les projections peuvent servir à identifier certains virus. L'enveloppe est une structure membranaire souple et les virus enveloppés ont fréquemment une forme variable ; ils sont dits pléomorphes. Les enveloppes des virus en forme d'obus, tel le virus de la rage, sont cependant fermement attachées à la nucléocapside sous-jacente et donnent aux virions une forme constante et caractéristique (figure 16.17*c*). Des solvants comme l'éther disloquent l'enveloppe de certains virus ; les propriétés liées aux lipides sont alors bloquées ou bien les protéines de l'enveloppe sont dénaturées et inactivées. Le virus est alors dit « sensible à l'éther ».

Le virus influenza (figure 16.17*a, b*) est un exemple type de virus enveloppé. Les projections, séparées de 7-8 nm, ressortent de la surface d'environ 10 nm. Certaines projections possèdent une activité enzymatique de neuraminidase ; celle-ci aide probablement le virus à traverser les couches de mucus de l'épithélium respiratoire afin d'atteindre les cellules hôtes. D'autres projections sont des hémagglutinines, ainsi appelées parce qu'elles peuvent attacher le virion aux membranes des globules rouges et causer l'hé-

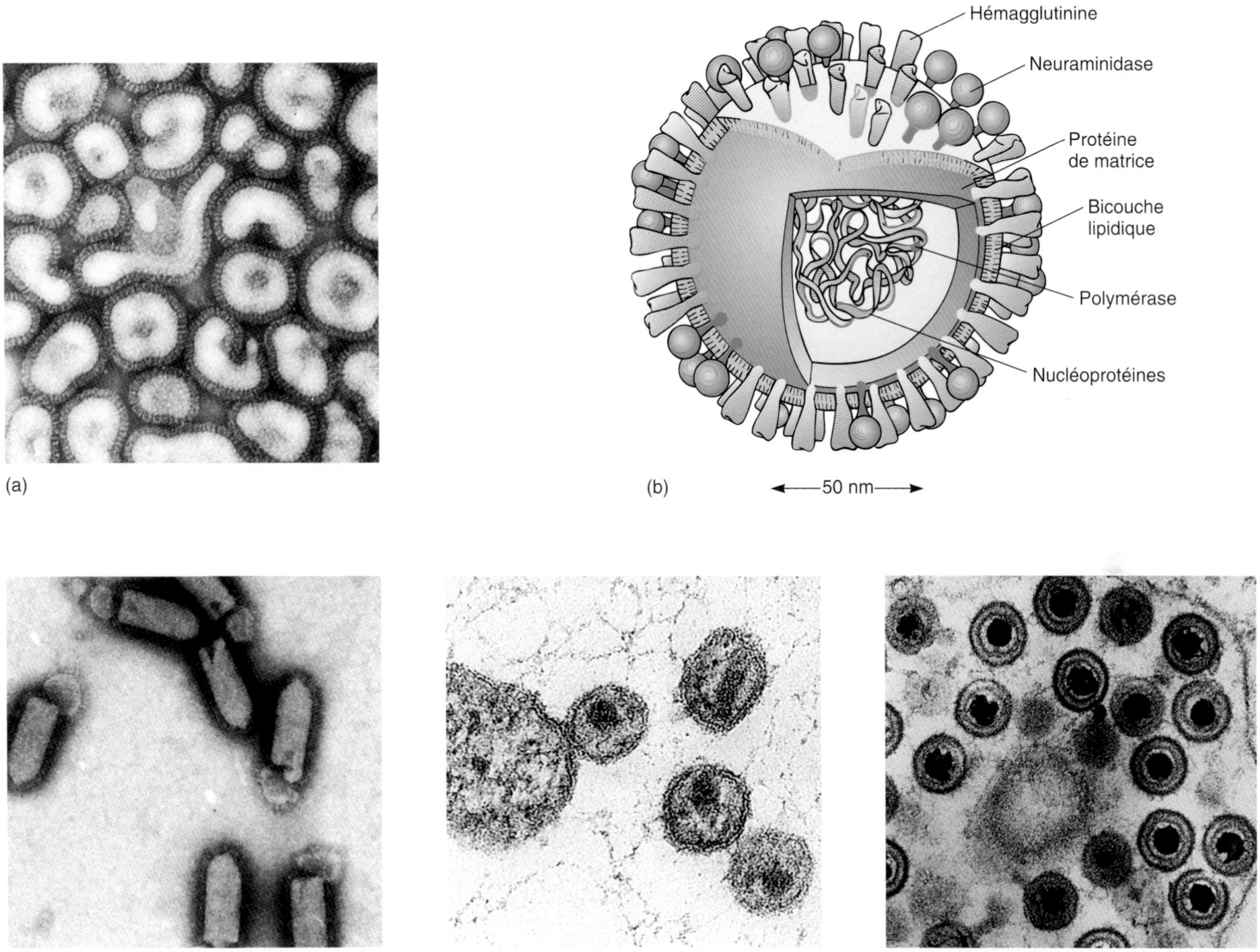

(a)

Hémagglutinine

Neuraminidase

Protéine
de matrice

Bicouche
lipidique

Polymérase

Nucléoprotéines

(b)   ←—50 nm—→

(c)

(d)

(e)

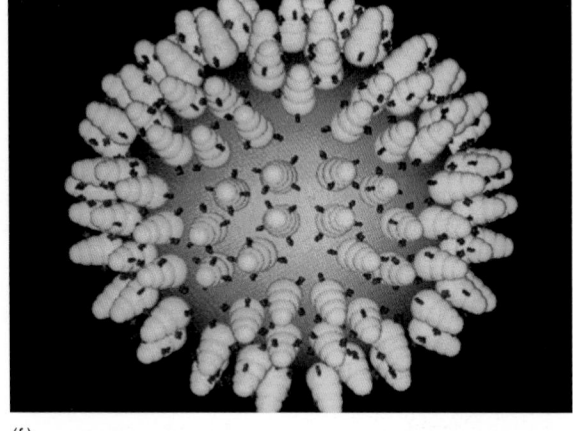

(f)

Figure 16.17 Exemples de virus enveloppés. (a) Virus influenza humain. Notez la flexibilité de l'enveloppe et les projections de surface (x 282.000). **(b)** Schéma du virion de l'influenza. **(c)** Particules de rhabdovirus (x 250.000). Il s'agit du virus de la stomatite vésiculaire apparenté au virus de la rage et d'aspect semblable. **(d)** Virus humain de l'immunodéficience (x 33.000) **(e)** Virus de l'herpès (x 100.000). **(f)** Image composée à l'ordinateur du virus de la Forêt de la Semliki, un virus qui peut occasionnellement causer une encéphalite chez l'homme.

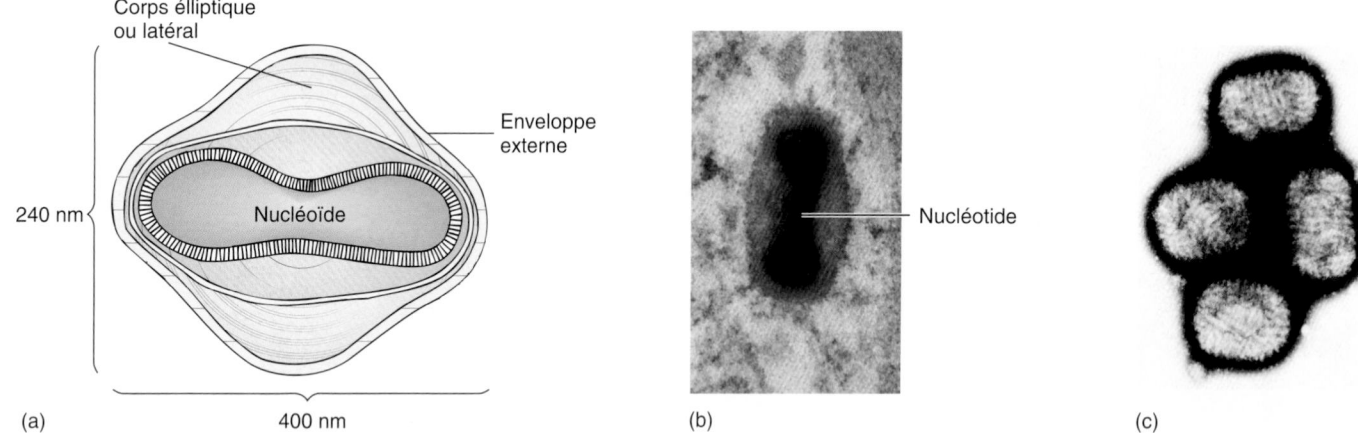

Figure 16.18 La morphologie du virus de la vaccine. (a) Diagramme de structure. **(b)** Image au microscope électronique du virion montrant claire-ment le nucléoïde (x 200.000). **(c)** Aspect de surface. Cette image au microscope électronique de 4 virions montre le réseau épais des fibres superfi-cielles (x 150.000).

magglutination (*voir figure 33.10*). Des protéines, qui comme les protéines des projections sont exposées à la surface externe de l'enveloppe, sont généralement des glycoprotéines, c'est-à-dire des protéines portant des glucides. On trouve à la face interne de l'enveloppe une protéine non glycosylée stabilisatrice, appelée protéine M ou protéine de matrice.

Bien qu'on ait pensé au début que les virions ne possèdaient que des protéines de structure et étaient dépourvus d'enzyme, ceci n'est pas le cas. Il existe des enzymes associées à la capside ou à l'enveloppe (comme la neuraminidase du virus de la grippe). Cependant, les enzymes virales sont localisées en majorité, à l'in-térieur de la capside. Beaucoup de celles-ci sont impliquées dans la réplication de l'acide nucléique. Par exemple, le virus influenza dont le matériel génétique est de l'ARN, porte une ARN polymé-rase ARN-dépendante qui agit comme une transcriptase et synthé-tise l'ARNm sous la direction de l'ARN génomique. La polymé-rase est associée à une ribonucléoprotéine (figure 16-17*b*). Bien que les virus n'aient pas de métabolisme véritable et ne se multi-plient pas indépendamment des cellules vivantes, ils sont suscep-tibles de contenir une ou plusieurs enzymes essentielles au dérou-lement de leur cycle. La réplication des acides nucléiques et la transcription (sections 11.3 et 12.1). La multiplication des virus d'animaux (p. 399-410).

Capsides à symétrie complexe

Bien que les virus aient en majorité une capside soit en icosaèdre, soit en hélice, il existe beaucoup de virus qui n'entrent pas dans ces catégories. Les poxvirus et les grands bactériophages en sont deux exemples importants.

Les poxvirus sont les virus d'animaux les plus grands (envi-ron 400 x 240 x 200 nm), ils peuvent même se voir au microscope à contraste de phase ou sur des préparations colorées. D'aspect ex-térieur ovoïde ou en forme de brique, leur structure interne est ex-ceptionnellement complexe. L'ADN double brin associé à des pro-téines, se trouve dans le nucléoïde, une structure centrale en forme de disque biconcave et entourée de deux couches membranaires (**figure 16.18**). Il y a deux corps elliptiques entre le nucléoïde et le manteau extérieur, qui est lui-même une couche épaisse couverte d'un réseau de tubules ou de fibres.

Certains grands bactériophages sont encore plus élaborés que

les poxvirus. Les phages T2, T4 et T6 qui infectent *E. coli* ont fait l'objet d'études intensives. Leur tête, contenant l'ADN géno-mique, ressemble à un icosaèdre allongé par une ou deux rangées médianes d'hexons (**figure 16.19**). Fixée par un collier à la tête du phage, la queue est faite d'un tube central creux, d'un manteau en-tourant le tube et d'une plaque basale complexe. Le manteau est fait de 144 copies de la protéine p18, arrangées en 24 anneaux cha-cun de 6 copies. Chez les phages T-pairs, la plaque basale est hexa-gonale et porte à chaque angle un crochet et une fibre articulée. Les fibres de la queue sont responsables de la fixation du virus au site approprié de la surface bactérienne (*voir section 17.2*).

Les grands bactériophages présentent des variations considé-rables de structure. Contrairement aux phages T-pairs, de nom-breux coliphages ont une tête en forme d'icosaèdre régulier. Les phages T1, T5 et lambda ont des queues sans manteau ni plaque basale et terminées par des fibres rudimentaires. Les coliphages T3 et T7 ont une queue courte, non contractile et dépourvue de fibre. Ces virus utilisent donc des queues de types très divers pour ac-complir leur cycle infectieux.

On dit que les virus bactériens complexes avec tête et queue ont une **symétrie binaire** car ils combinent la symétrie en ico-saèdre (la tête) et la symétrie en hélice (la queue).

---

1. Définissez les termes suivants : nucléocapside, capside, capside icosaédrique, capside hélicoïdale, virus complexe, protomère, auto-assemblage, capsomère, pentamère ou penton, hexamère ou hexon. Comment les pentamères et les hexamères sont-ils associés pour former un icosaèdre complet ? Qu'est-ce qui détermine la longueur et le diamètre d'une capside en hélice ?

2. Les quatre types d'acide nucléique peuvent servir de génome aux virus. Décrivez chacun de ces types, donnez leurs caractéristiques physiques propres et les virions où on les rencontre. Que veut dire : chaîne positive, chaîne négative et génome segmenté ?

3. Qu'est-ce qu'une enveloppe ? Des projections ? Pourquoi certains virus enveloppés sont-ils pléomorphes ? Donnez deux fonctions que les projections peuvent remplir durant le cycle viral et les pro-téines que le virus influenza utilisent dans ces processus.

4. Qu'est-ce qu'un virus complexe ? Une symétrie binaire ? Décrivez brièvement la structure des poxvirus et des bactériophages T-pairs.

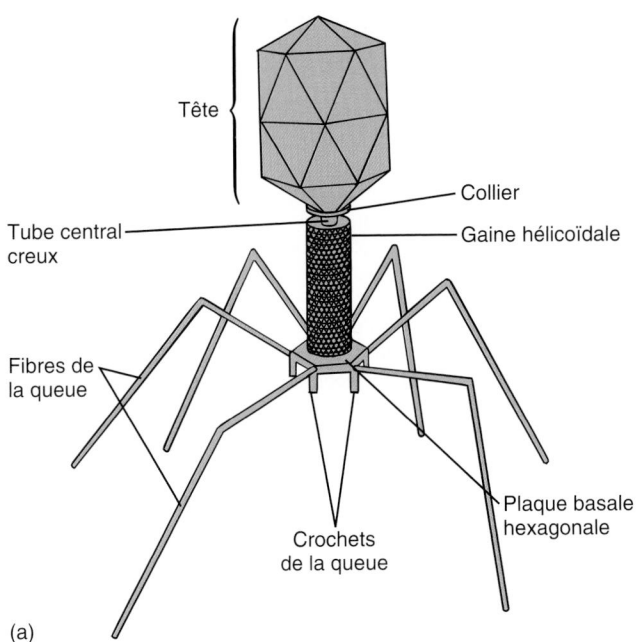

Tête

Collier

Tube central creux

Gaine hélicoïdale

Fibres de la queue

Crochets de la queue

Plaque basale hexagonale

(a)

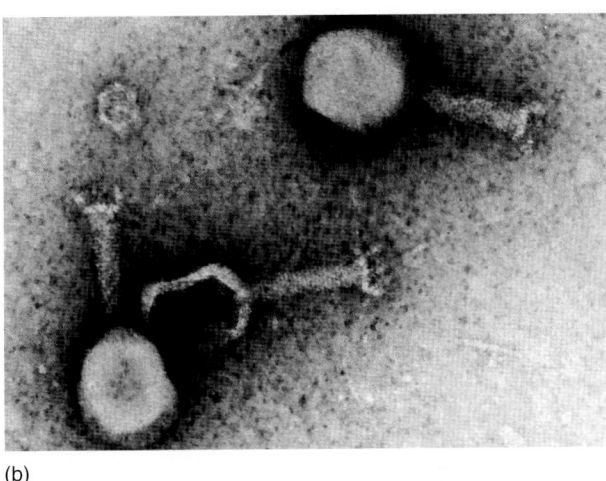

(b)

Figure 16.19 Les coliphages T-pairs. (a) Structure du bactériophage T4. **(b)** L'image au microscope électronique du phage avant injection de son ADN.

16.6 Les principes de taxinomie virale

La classification actuelle des virus est beaucoup moins satisfaisante que celle des bactéries ou des micro-organismes eucaryotes. Ceci est dû, en partie, au manque de connaissance sur l'origine et l'évolution des virus (**encadré 16.2**). Habituellement, les virus sont séparés en plusieurs grands groupes suivant leur hôte : virus d'animaux, virus de végétaux, virus bactériens ou bactériophages et ainsi de suite. Malheureusement, les virologues s'intéressant à ces différents groupes ne s'accordent pas encore sur un système uniforme de classification et de nomenclature. Depuis son premier rapport en 1971, le Comité International sur la Taxinomie des Virus a développé un système de classification et divise maintenant les virus en trois ordres, 56 familles, 9 sous-familles, 233 genres et 1550 espèces de virus. Pour définir les familles, le Comité accorde l'importance la plus grande à quelques propriétés : le type d'acide nucléique, en simple ou en double chaîne, le sens (positif ou négatif) des génomes en ARN simple brin, la présence ou l'absence d'une enveloppe et l'hôte. Les noms des familles de virus se terminent en -*viridae* ; les noms des sous-familles en -*virinae* ; les noms de genres et d'espèces en -*virus*. Par exemple, les *poxvirus* appartiennent à la famille des *Poxviridae* ; la sous-famille des *Chorodopoxvirinae* contient les poxvirus de vertébrés. A l'intérieur de la sous-famille, il y a plusieurs genres que l'on distingue sur la base de caractères immunologiques et de spécificité d'hôte. Le genre *Orthopoxvirus* contient plusieurs espèces, parmi lesquelles celle de la variole, de la vaccine et de la variole bovine.

Les virus sont divisés en différents groupes taxinomiques sur la base de caractères concernant l'hôte, la composition et la structure du virion, le mode de réplication et la maladie éventuellement causée. Les caractéristiques les plus importantes sont :

1. La nature de l'hôte : animal, végétal, bactérie, insecte, mycète
2. Les caractéristiques de l'acide nucléique : ADN ou ARN, simple ou double brin, masse moléculaire, segmentation et nombre de fragments (virus à ARN), sens de la chaîne chez les virus à ARN simple brin
3. La symétrie de la capside : icosaédrique, hélicoïdale, binaire
4. La présence d'une enveloppe et la sensibilité à l'éther
5. Le diamètre du virion ou de la nucléocapside
6. Le nombre de capsomères dans les virus icosaédriques
7. Les propriétés immunologiques
8. Le nombre de gènes et la carte génomique
9. Le site intracellulaire de multiplication
10. La présence ou l'absence d'un intermédiaire ADN (chez les virus à ARN simple brin) et de la transcriptase inverse
11. Le mode de libération des virus
12. La maladie engendrée et/ou les caractères cliniques particuliers, le mode de transmission

Le tableau 16.2 illustre l'utilisation de certaines de ces propriétés pour décrire quelques groupes de virus communs. La classification des virus sera discutée plus avant lorsque les virus de bactéries, animaux et végétaux seront considérés spécifiquement ; un résumé complet de la taxinomie virale est présenté dans l'appendice V.

1. Enoncez quelques caractéristiques utiles pour la classification des virus. Laquelle paraît-être la plus importante ?
2. Quels sont les suffixes utilisés pour les familles, les sous-familles, les genres ou les espèces de virus ?

Encadré 16.2

L'origine des virus

L'origine et l'évolution des virus sont entourées de mystère, en partie à cause du manque de document fossile. Cependant, les progrès récents faits dans la compréhension de la structure et la multiplication virales ont permis d'émettre certaines hypothèses sur les origines des virus. Actuellement, deux d'entre elles ont la faveur des virologues. On propose que certains virus enveloppés parmi les plus complexes, comme les pox et les herpèsvirus, proviennent de petites cellules, probablement procaryotes, qui auraient parasité d'autres cellules plus grandes et plus complexes. Ces cellules parasites se seraient simplifiées et seraient devenues plus dépendantes de leur hôte, de la même façon que l'ont fait les parasites multicellulaires dans un processus connu sous le nom d'évolution rétrograde. Cette hypothèse entraîne plusieurs problèmes. Les virus sont radicalement différents des procaryotes et il est difficile d'envisager comment et sous quelle pression de sélection une telle transformation peut s'être passée. De plus, on devrait trouver certaines formes intermédiaires entre les procaryotes et au moins les virus enveloppés les plus compliqués, mais de telles formes n'ont jamais été découvertes.

Suivant la seconde hypothèse, les virus représenteraient des acides nucléiques cellulaires devenus indépendants et capables de sortir de la cellule.

Il est possible que quelques mutations puissent convertir les acides nucléiques, qui ne sont synthétisés qu'à des moments spécifiques, en des acides nucléiques infectieux dont la réplication serait incontrôlée. Cette idée est supportée par l'étude des acides nucléiques des rétrovirus (*voir section 18.2*) et d'un certain nombre d'autres virus qui contiennent des séquences très proches de celles de cellules normales, de plasmides ou de transposons (*voir chapitre 13*). Les petits ARN infectieux appelés viroïdes (*voir section 18.9*) ont des séquences nucléotidiques complémentaires de celles de transposons, de régions limites des introns d'ARNm (*voir section 12.1*) et de portions d'ADN de l'hôte. On a ainsi émis l'idée qu'ils proviendraient d'introns ou de transposons.

Il est possible que les virus soient apparus suite à ces deux mécanismes. Comme les virus sont si différents les uns des autres, ils pourraient avoir des origines indépendantes. Beaucoup de virus résultent probablement de l'évolution d'autres virus, de la même façon que les organismes cellulaires qui ont des ancêtres particuliers. La question de l'origine des virus est complexe et hautement spéculative ; peut-être les progrès futurs dans la compréhension de la structure des virus et de leur multiplication pourront-ils clarifier la question.

Tableau 16.2 Quelques groupes de virus communs et leurs caractéristiques

Acide nucléique	Structure	Symétrie de la capside[a]	Présence d'une enveloppe	Taille de la capside (nm)[b]	Nombre de capsomères	Groupe de virus	Hôte[c]
ARN	Simple brin	I	–	22–30	32	*Picornaviridae*	A
		I	+	40–70(e)	32	*Togaviridae*	A
		I?	+	100(e)		*Retroviridae*	A
		H	+	9(h), 80–120(e)		*Orthomyxoviridae*	A
		H	+	18(h), 125–250(e)		*Paramyxoviridae*	A
		H	+	14–16(h), 80–160(e)		*Coronaviridae*	A
		H	+	18(h), 70–80 × 130–240 (en forme d'obus)		*Rhabdoviridae*	A
		I,B	–	26–35; 18–26 × 30–85		*Bromoviridae*	P
		H	–	18 × 300		*Tobamoviridae*	P
		I	–	26–27	32	*Leviviridae* [Qβ]	B
ARN	Double brin	I	–	70–80	92	*Reoviridae*	A,P
		I	+	100(e)		*Cystoviridae*	B
ADN	Simple brin	I	–	20–25	12	*Parvoviridae*	A
		I	–	18 × 30 (particules en paires)		*Geminiviridae*	P
		I	–	25–35		*Microviridae*	B
		H	–	6 × 900–1,900		*Inoviridae*	B
ADN	Double brin	I	–	40	72	*Polyomaviridae*	A
		I	–	55	72	*Papillomaviridae*	A
		I	–	60–90	252	*Adenoviridae*	A
		I	+	130–180		*Iridoviridae*	A
		I	+	100, 180–200(e)	162	*Herpesviridae*	A
		C	+	200–260 × 250–290(e)		*Poxviridae*	A
		H	+	40 × 300(e)		*Baculoviridae*	A
		C	+	28 (capside), 42(e)	42	*Hepadnaviridae*	A
		I,B	–	50; 30 × 60–900		*Caulimoviridae*	P
		I	–	60		*Corticoviridae*	B
		Bi	–	80 × 110, 110[d]		*Myoviridae*	B

[a] Types de symétrie : I, icosaédrique; H, hélicoïdale; B, bacilliforme, ressemble à une bactérie en bâtonnet; C, complexe; Bi, binaire.

[b] Diamètre de la capside hélicoïdale (h); diamètre du virus enveloppé (e).

[c] Hôte: A, animal; P, plante; B, bactérie.

[d] Le premier nombre est le diamètre de la tête; le second, la longueur de la queue.

Résumé

1. Les européens ont été pour la première fois protégés contre une maladie virale quand Edward Jenner développa un vaccin contre la variole en 1798.

2. Grâce à l'invention par Chamberland d'un filtre de porcelaine qui pouvait séparer les bactéries des virus, les microbiologistes ont pu montrer que les virus étaient différents des bactéries.

3. A la fin des années 30, Stanley, Bawden et Pirie cristallisèrent le virus de la mosaïque du tabac et démontrèrent qu'il était uniquement composé de protéines et d'acide nucléique.

4. Un virion est constitué soit d'ADN, soit d'ARN inclus dans une coque protéique (contenant parfois aussi d'autres substances). Il ne peut se multiplier indépendamment des cellules vivantes.

5. Les virus sont propagés dans des cultures de cellules, des oeufs embryonnés, des cultures bactériennes ou d'autres hôtes vivants.

6. Les zones infectées par un virus d'animal peuvent être caractérisées par des effets cytopathiques comme les « pocks » et les plages. Les phages produisent des plages sur les tapis bactériens. Les virus de plantes sont susceptibles de causer des lésions nécrotiques localisées dans les tissus végétaux.

7. Les virus peuvent être purifiés par différentes techniques telles les centrifugations différen-

tielle et en gradient, la précipitation et la dénaturation ou la digestion des contaminants.

8. On peut compter directement les particules de virus au microscope électronique à transmission ou indirectement par un test d'hémagglutination.

9. On peut titrer le pouvoir infectieux pour estimer le nombre des virus en termes d'unités formatrices de plages, de dose létale (DL_{50}) ou de dose infectieuse (DI_{50}).

10. Tous les virions possèdent une nucléocapside composée d'un acide nucléique, soit ADN, soit ARN, maintenu dans une capside protéique construite d'une ou de plusieurs sous-unités différentes, appelées protomères.

11. Il y a quatre types de morphologie virale : l'icosaèdre nu, l'hélice nue, l'icosaèdre et l'hélice enveloppés et la structure complexe.

12. Les capsides hélicoïdales ont l'aspect de longs tubes protéiques creux qui peuvent être soit rigides soit flexibles. L'acide nucléique est enroulé en spirale à l'intérieur du cylindre (**figure 16.11b**).

13. Les capsides icosaédriques sont construites avec deux types de capsomères : les pentamères (pentons) aux sommets et les hexamères (hexons) sur les arêtes et les faces de l'icosaèdre (**figure 16.13**).

14. Les acides nucléiques viraux sont soit en simple brin, soit en double brin, faits d'ADN

ou d'ARN. La plupart des virus à ADN ont un génome bicaténaire linéaire ou circulaire (**tableau 16.1**).

15. Dans les virus à ARN, l'ARN est généralement simple brin de polarité plus (chaîne positive) ou moins (chaîne négative) quand on le compare à l'ARNm (positif). Beaucoup de génomes d'ARN sont segmentés.

16. Certains virus ont une enveloppe membranaire entourant leur nucléocapside. Les lipides de l'enveloppe proviennent généralement de la cellule hôte ; au contraire, la plupart des protéines d'enveloppe sont virales et peuvent faire saillie à la surface de l'enveloppe comme des projections ou spicules.

17. Bien que les virus soient dépourvus de métabolisme véritable, ils peuvent porter certaines enzymes nécessaires à leur multiplication.

18. Les virus complexes (comme les poxvirus et les grands phages) ont une morphologie compliquée qui n'est pas caractérisée par une symétrie icosaédrique ou hélicoïdale. Les grands phages ont souvent une symétrie binaire ; leur tête étant en icosaèdre et leur queue en hélice (**figure 16.19a**).

19. La classification courante des virus est un système taxinomique basé en premier lieu sur le type et le nombre de brins des acides nucléiques viraux et sur la présence ou l'absence d'une enveloppe.

Mots-clés

bactériophage *364*
capside *369*
capsomère *390*
centrifugation différentielle *366*
centrifugation en gradient *366*
chaîne moins ou négative *374*
chaîne plus ou positive *374*
dose infectieuse (DI_{50}) *368*
dose létale (DL_{50}) *368*
effet cytopathique *364*
enveloppe *369*

génome segmenté *374*
hélicoïdal *369*
hexamère (hexon) *370*
icosaédrique *369*
lésion nécrotique *364*
méthode des plages *368*
nucléocapside *369*
pentamère (penton) *370*
phage *364*
plage *364*
projection ou spicule *374*

protomère *369*
symétrie binaire *376*
test d'hémagglutination *368*
unité formatrice de plage (UFP) *368*
virion *363*
virologie *362*
virologue *362*
virus *363*
virus complexe *369*

Questions de révision

1. Par quels caractères les virus ressemblent-ils à des organismes vivants ?

2. Pourquoi la virologie se serait-elle développée beaucoup plus lentement sans l'utilisation du filtre de Chamberland ?

3. Quel avantage un virus à ARN gagne-t-il à avoir un génome qui ressemble à un ARNm eucaryote ?

4. Un certain nombre de caractéristiques utilisées en taxinomie virale sont données page 377. Pouvez-vous penser à d'autres propriétés qui pourraient être d'une importance considérable pour les études futures en taxinomie virale ?

Questions de réflexion

1. On utilise beaucoup de systèmes de classification pour identifier les bactéries. Ceux-ci vont de la coloration de Gram, aux caractères de morphologie et d'arrangement et incluent une batterie de tests métaboliques. Construisez un système analogue qui pourrait être utile à identifier les virus. Vous pouvez partir de l'hôte ou de virus présents dans un environnement particulier comme un filtrat marin.

2. Considerez les différentes hypothèses sur l'origine des virus proposées dans l'encadré 16.2. Pensez-vous que les virus sont apparus avant le premier procaryote ou que les virus ont co-évolué (et peut-être le font encore) avec leurs hôtes ?

Lectures complémentaires

Généralités

Ackermann, H.-W., et Berthiaume, L., éd. 1995. *Atlas of Virus Diagrams.* Boca Raton, Fla.: CRC Press.

Cann, A. J. 1993. *Principles of molecular virology.* San Diego: Academic Press.

Dimmock, N. J., et Primrose, S. B. 1994. *Introduction to modern virology,* 4e éd. London: Blackwell Scientific Publications.

Dulbecco, R., et Ginsberg, H. S. 1988. *Virology,* 2e éd. Philadelphia: J. B. Lippincott.

Fields, B. N., Knipe, D. M., Chanock, R. M., Hirsch, M. S., Melnick, J. L., Monath, T. P., et Roizman, B., éd. 1990. *Fields virology,* 2e éd. New York: Raven Press.

Flint, S. J., Enquist, L. W., Krug, R. M., Racaniello, V. R., et Skalka, A. M. 2000. *Principles of virology: Molecular biology, pathogenesis, and control.* Washington, D.C.: ASM Press.

Hendrix, R. W., Lawrence, J. G., Hatfull, G. F., et Casjens, S. 2000. The origins and ongoing evolution of viruses. *Trends Microbiol.* 8(11):504–8.

Henig, R. M. 1993. *A dancing matrix—Voyages along the viral frontier.* New York: Knopf.

Levine, A. J. 1991. *Viruses.* New York: Scientific American Library.

Levy, J. A., Fraenkel-Conrat, H., et Owens, R. 1994. *Virology,* 3e éd. Englewood Cliffs, N.J.: Prentice-Hall.

Luria, S. E., Darnell, J. E., Jr., Baltimore, D., et Campbell, A. 1978. *General virology,* 3e éd. New York: John Wiley and Sons.

Matthews, R. E. F. 1991. *Plant virology,* 3e éd. San Diego: Academic Press

Schlesinger, S., et Schlesinger, M. J. 2000. Viruses. In *Encyclopedia of microbiology,* 2e éd., vol. 4, J. Lederberg, éd., 796–810. San Diego: Academic Press.

Scott, A. 1985. *Pirates of the cell: The story of viruses from molecule to microbe.* New York: Basil Blackwell.

Strauss, J. H., et Strauss, E. G. 1988. Evolution of RNA viruses. *Annu. Rev. Microbiol.* 42:657–83.

Voyles, B. A. 2002. *The biology of viruses,* 2e éd. Chicago: McGraw-Hill.

Webster, R. G., et Granoff, A., éd. 1994. *Encyclopedia of virology.* San Diego: Academic Press.

White, D. O., et Fenner, F. J. 1994. *Medical virology,* 4e éd. San Diego: Academic Press.

16.1   Les premiers développements de la virologie

Bos, L. 2000. 100 years of virology: From vitalism via molecular biology to genetic engineering. *Trends Microbiol.* 8(2):82–87.

Eggers, H. J. 1995. Picornaviruses—A historical view. *ASM News* 61(3):121–24.

Jennings, F. 1975. *The invasion of America: Indians, colonialism, and the cant of conquest.* Chapel Hill: University of North Carolina Press.

Lechevalier, H. A., et Solotorovsky, M. 1965. *Three centuries of microbiology.* New York: McGraw-Hill.

McNeill, W. H. 1976. *Plagues and peoples.* Garden City, N.Y.: Anchor.

Oldstone, M. B. 1998. *Viruses, plagues & history.* New York: Oxford University Press.

Stearn, E. W., et Stearn, A. E. 1945. *The effect of smallpox on the destiny of the Amerindian.* Boston: Bruce Humphries.

van Helvoort, T. 1996. When did virology start? *ASM News* 62(3):142–45.

Zaitlin, M. 1999. Tobacco mosaic virus and its contributions to virology. *ASM News* 65(10): 675–80.

16.4   La purification et le titrage des virus

Henshaw, N. G. 1988. Identification of viruses by methods other than electron microscopy. *ASM News* 54(9):482–85.

Miller, S. E. 1988. Diagnostic virology by electron microscopy. *ASM News* 54(9):475–81.

16.5   La structure des virus

Baker, T. S., Olson, N. H., et Fuller, S. D. 1999. Adding the third dimension to virus life cycles: Three-dimensional reconstruction of icosahedral viruses from cryo-electron micrographs. *Microbiol. Mol. Biol. Rev.* 63(4):862–922.

Bresnahan, W. A., et Shenk, T. 2000. A subset of viral transcripts packaged within human cytomegalovirus particles. *Science* 288:2373–76.

Casjens, S. 1985. *Virus structure and assembly.* Boston: Jones and Bartlett.

Harrison, S. C. 1984. Structure of viruses. In *The microbe 1984: Part I, viruses.* 36th Symposium Society for General Microbiology. Cambridge: Cambridge University Press.

16.6   Les principes de taxinomie virale

Eigen, M. 1993. Les quasi-espèces virales. *Pour la Science,* 191, 36-45.

Lwoff, A., et Tournier, P. 1971. Remarks on the classification of viruses. In *Comparative virology,* K. Maramorosch and E. Kurstak, éds., 1–42. New York: Academic Press.

Matthews, R. E. F. 1985. Viral taxonomy for the nonvirologist. *Annu. Rev. Microbiol.* 39:451–74.

Van Regenmortel, M. H. V., Fauquet, C. M., Bishop, D. H. L., Carstens, E. B., Estes, M. K., Lemon, S. M., Maniloff, J., Mayo, M. A., McGeoch, D. J., Pringle, C. R., et Wickner, R. B., éds.. 2000. *Virus taxonomy: The classification and nomenclature of viruses. Seventh report of the international committee on taxonomy of viruses.* San Diego: Academic Press.

CHAPITRE 17

Les bactériophages

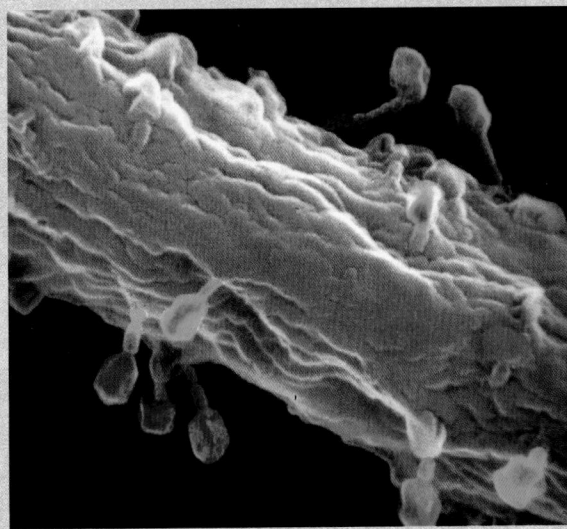

Image au microscope électronique à balayage de bactériophages T-pairs infectant *E. coli*. Les phages sont coloriés en bleu.

Plan

Concepts

1. Comme il est incapable de se multiplier indépendamment, le bactériophage détourne le métabolisme de la cellule hôte pour forcer celle-ci à le répliquer.

2. Le cycle lytique d'un bactériophage est composé de quatre phases : l'adsorption du phage à la cellule hôte et la pénétration du matériel génétique viral, la synthèse de l'acide nucléique et des protéines du virus, l'assemblage des virions complets et la libération des particules nouvelles à l'extérieur de la cellule hôte.

3. Le matériel génétique d'un virus tempéré est capable de se maintenir à l'intérieur des cellules hôtes et de se multiplier de façon synchrone avec cet hôte pour de longues périodes ; cette relation est connue sous le nom de lysogénie. Habituellement, on trouve le génome viral intégré comme un prophage dans le matériel génétique de l'hôte. Une protéine répresseur maintient le prophage à l'état latent et empêche la multiplication du virus.

> *Vous pouvez vous demander comment de tels naïfs apprirent l'existence des virus bactériens. Vraiment par accident, je vous l'assure. Laissez-moi prendre comme exemple un physicien théoricien imaginaire qui connaît très peu la biologie en général et rien des virus bactériens en particulier...*
>
> *Supposons maintenant que l'on montre à notre physicien imaginaire, l'élève de Niels Bohr, une expérience où une particule virale entre dans une cellule bactérienne et 20 minutes plus tard, la bactérie se lyse et 100 virus sont libérés. Il dira : « Comment !, une particule est devenue 100 particules semblables en 20 minutes ? C'est vraiment intéressant. Voyons comment c'est arrivé !...*
>
> *Cette multiplication est-elle un tour de chimie organique que les chimistes organiciens n'ont pas encore découvert ? Essayons de trouver. »*
>
> — *Max Delbrück*

Le chapitre 16 introduit des faits et des concepts nombreux qui forment la base de la virologie ; il inclut des données sur la nature, la structure et la taxinomie des virus, ainsi que sur la manière dont ils sont propagés et étudiés. Il est clair que les virus forment un groupe complexe, varié et fascinant dont l'étude a beaucoup fait progresser d'autres disciplines comme la génétique et la biologie moléculaire.

Les chapitres 17 et 18 sont centrés sur la diversité des virus. Ce chapitre décrit les virus bactériens ou **bactériophages** ; le suivant aura trait aux virus d'animaux, de végétaux et d'insectes. On décrira la taxinomie, la morphologie et la multiplication de chacun de ces groupes. On mettra en évidence, au moment approprié, l'importance tant biologique que pratique des virus (**enca-dré 17.1**) bien que les maladies virales relèvent du chapitre 38.

Comme les bactériophages (ou simplement phages) sont les virus les plus étudiés et les mieux compris au niveau moléculaire, ce premier chapitre leur est dévolu.

17.1 La classification des bactériophages

Bien que le spectre d'hôtes ou les relations immunologiques soient des propriétés utiles pour classifier les phages, les caractères les plus importants sont la morphologie de la particule et le type d'acide nucléique (**figure 17.1**). Le matériel génétique est de l'ADN ou de l'ARN mais en majorité les bactériophages possèdent de l'ADN, en double brin. Pour la plupart, ils se placent dans l'un des groupes morphologiques suivants : les phages icosaédriques sans queue, les virus à queue contractile, les virus à queue non contractile et les phages filamenteux. Il existe quelques phages avec enveloppe. Les formes les plus complexes sont les phages portant une queue contractile, comme les phages T-pairs d' *E. coli*.

1. Décrivez en termes généraux la morphologie et l'acide nucléique des principaux types de phages.

17.2 La multiplication des phages à ADN double brin : le cycle lytique

Après multiplication à l'intérieur de la cellule hôte, la plupart des bactériophages à ADN sont libérés par lyse cellulaire. Le cycle d'un phage qui culmine avec l'éclatement de la cellule hôte et la libération des virions est appelé **cycle lytique**. Cette section passe

---

Encadré 17.1

Un océan de virus

Dans le temps, les microbiologistes recherchèrent sans succès les virus dans les milieux marins. On crut ainsi que les océans ne contenaient probablement pas beaucoup de virus. Des découvertes récentes changèrent cependant cette idée de façon radicale. Plusieurs groupes centrifugèrent l'eau de mer à haute vitesse ou la passèrent à travers un filtre et examinèrent la suspension au microscope électronique. Ils trouvèrent que les virus marins sont environ 10 fois plus nombreux que les bactéries marines. Il y a entre 10^6 et 10^9 particules de virus par millilitre à la surface de l'océan. On a estimé que la couche supérieure d'un millimètre de tous les océans contiendrait plus de 3×10^{30} particules de virus au total !

Bien que peu de travaux détaillés aient été réalisés sur les virus marins, il semble que beaucoup d'entre eux contiennent de l'ADN double brin. Ce sont probablement pour la plupart des bactériophages qui peuvent infecter des bactéries hétérotrophes marines et des cyanobactéries. Jusqu'à 70% des procaryotes marins sont susceptibles d'être infectés par des phages. On a aussi détecté des virus infectant les diatomées et d'autres grands groupes d'algues du phytoplancton marin.

Les virus marins sont très importants du point de vue écologique. Les virus peuvent contrôler le développement d'algues marines telles les marées rouges (*p. 580*) et les bactériophages seraient responsables de la mort ou du remplacement d'un tiers au moins du total des bactéries aquatiques. Si ceci est exact, c'est d'une importance écologique majeure car la multiplication des bactéries marines excède de beaucoup la capacité nutritive des protozoaires marins. Il est très possible que la lyse des cellules d'algues et de procaryotes par les virus, contribue de façon importante aux cycles du carbone et de l'azote dans les chaînes alimentaires marines. Elle réduirait dans certains cas le niveau de productivité primaire de la mer.

Les bactériophages peuvent aussi accélérer fortement le transfert de gènes entre les bactéries marines. En effet, la lyse bactérienne viro-induite génère la plus grande partie de l'ADN libre présent dans l'eau de mer et on sait que le transfert de gènes se produit entre bactéries aquatiques par transformation (*voir p. 305-7*) ; sa probabilité serait accrue suite à la lyse des bactéries par les phages. De plus, une telle concentration en phages est capable de stimuler les échanges génétiques par transduction (*voir p. 307-9*), échanges dont les conséquences sont à la fois positives et négatives. Des gènes qui permettent de dégrader des polluants toxiques comme ceux des marées noires, pourraient se répandre dans la population des bactéries marines. D'autre part, il y aurait aussi dispersion des gènes de résistance aux antibiotiques provenant de bactéries d'eaux d'égouts rejetées dans l'océan (*voir section 35.7*).

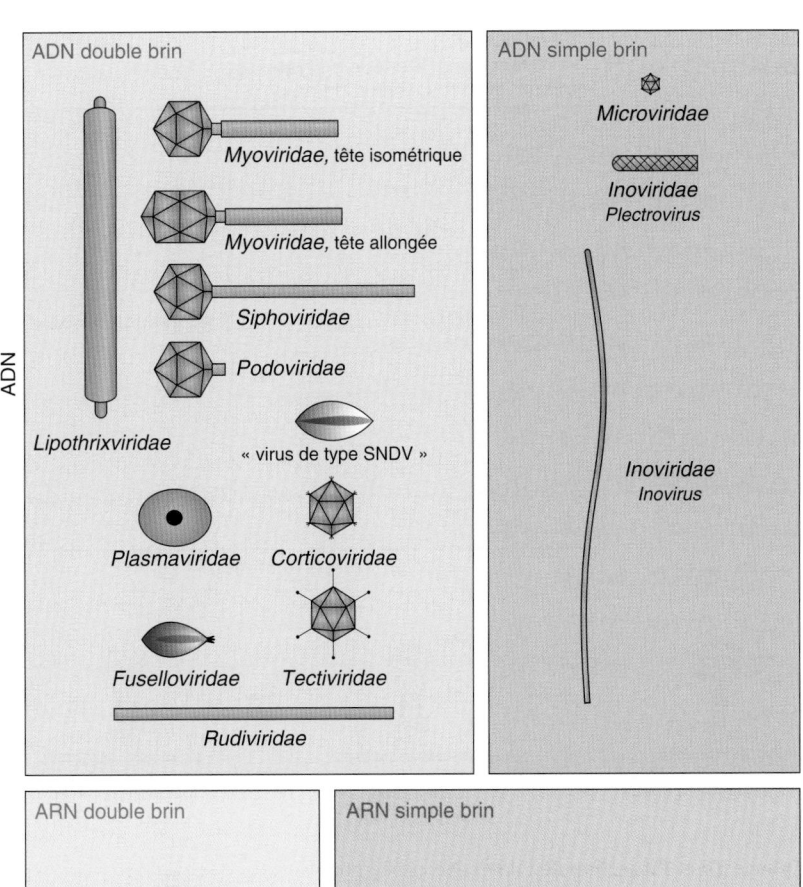

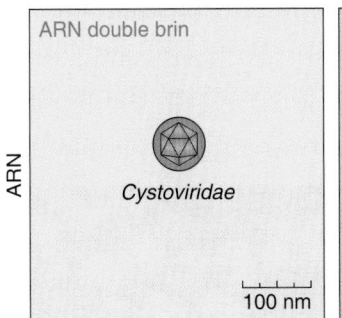

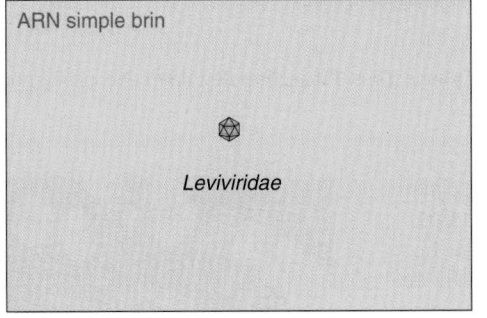

Figure 17.1 Les principales familles et genres de bactériophages. Les *Myoviridae* sont la seule famille avec queues contractiles. Les *Plasmaviridae* sont pléomorphes. Les *Tectiviridae* ont des doubles capsides caractéristiques tandis que les *Corticoviridae* ont des capsides complexes contenant des lipides.

en revue les événements qui se déroulent durant ce cycle lytique et prend comme exemple principal, les phages T-pairs d'*E. coli*. Ceux-ci sont des bactériophages à ADN double brin, portant une queue contractile complexe et classés dans la famille des *Myoviridac*. Ils sont parmi les virus connus les plus complexes. La structure des coliphages T-pairs (p. 376).

L'expérience de cycle unique

La mise au point de l'**expérience de cycle unique** en 1939 par Max Delbrück et Emory Ellis, marque le début de la recherche moderne sur les bactériophages. Dans cette expérience, connue sous le nom de « one-step growth experiment », la multiplication d'une large population de phages est synchronisée de façon à pouvoir suivre les événements moléculaires qui se déroulent. On met en contact une culture de bactéries susceptibles, comme *E. coli*, avec des phages pendant un temps court qui permet l'attachement des phages à leur cellule hôte. La culture est ensuite fortement diluée pour empêcher que toute particule virale relâchée par lyse cellulaire n'infecte immédiatement une nouvelle cellule. Cette stratégie

fonctionne parce que les phages n'ont pas le moyen de rechercher la cellule hôte et doivent entrer en contact avec elle par mouvement aléatoire dans la suspension. Ainsi, les phages rencontreront moins probablement les cellules hôtes dans un mélange dilué. Par un comptage de plages, on détermine ensuite à différents intervalles de temps, le nombre de particules infectieuses libérées des bactéries (*voir section 16.4*).

Un graphique du nombre de phages libérés en fonction du temps, montre plusieurs phases distinctes (**figure 17.2**). Pendant la **période de latence**, qui suit immédiatement l'addition des phages, il n'y a pas de libération de virions. Celle-ci est suivie d'une **période de lyse** ou **éclatement** (« burst » en anglais), quand les cellules hôtes se lysent rapidement et libèrent les phages infectieux. Finalement, un plateau est atteint et il n'y a plus de virus libérés. Le nombre total de phages libérés peut être utilisé pour calculer le **rendement de lyse** (ou » burst size »), soit le nombre de virus produits par cellule infectée.

La période de latence représente le temps le plus court nécessaire à la multiplication du virus. Pendant la première partie de cette phase, aucune bactérie ne relâche de virus complet infectieux

Figure 17.2 La courbe de cycle unique. Dans la partie initiale de la période de latence -la période d'éclipse- les cellules hôtes ne contiennent aucun virion complet infectieux. Durant le reste de la période de latence, les virus infectieux sont présents en nombre croissant mais aucun n'est relâché. La période de latence se termine avec la lyse de la cellule hôte et la libération rapide des virions pendant la période de lyse ou d'éclatement. Dans cette figure, la ligne bleue représente le nombre total de virions complets. La ligne rouge donne le nombre de virus libres (les virions non adsorbés plus les virions libérés). Quand *E. coli* est infecté par le phage T2 à 37°C, le plateau de la courbe est atteint en 30 minutes environ et le rendement de lyse est approximativement de 100 ou plus de virus par cellule. La période d'éclipse dure 11 à 12 minutes et la période de latence est d'environ 21-22 minutes.

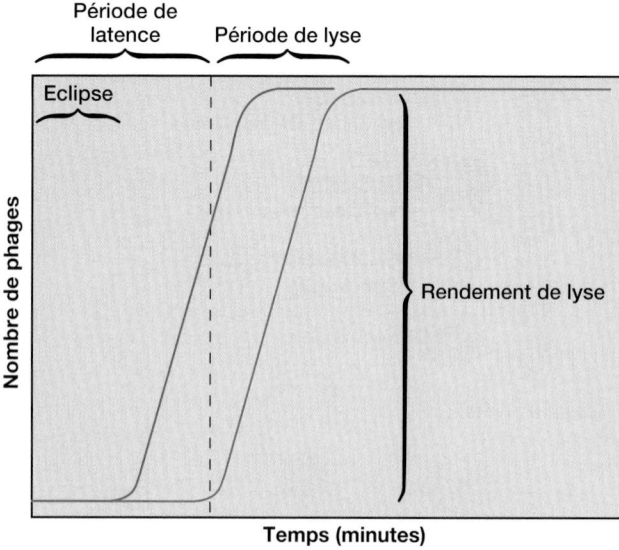

Figure 17.3 L'adsorption du phage T4 et l'injection de l'ADN. Voir texte pour les détails.

même si elle est lysée par un traitement au chloroforme. Cette partie initiale de la période de latence est appelée **période d'éclipse**. Les virions qui étaient détectables avant infection subissent une éclipse. Le nombre des phages complets augmente après la fin de la période d'éclipse et la cellule se prépare à la lyse.

L'expérience de multiplication en cycle unique avec *E. coli* et le phage T2, fournit un exemple très étudié de ce processus. Quand l'expérience se déroule avec des cellules se multipliant activement dans un milieu riche et à 37°C, le plateau de la courbe est atteint en 30 minutes environ. La multiplication des bactériophages est exceptionnellement rapide, beaucoup plus rapide que la muliplication des virus d'animaux qui peut prendre elle, des heures.

Adsorption à la cellule hôte et pénétration

Les bactériophages ne s'attachent pas au hasard à la surface de la cellule hôte ; au contraire, ils se fixent à des **sites récepteurs** spécifiques. La nature de ces récepteurs varie avec le phage ; les lipopolysaccharides et les protéines de la paroi cellulaire, les acides téichoïques, les flagelles et les pili peuvent servir de récepteurs. Les phages T-pairs d'*E. coli* utilisent comme récepteurs des protéines ou des lipopolysaccharides de la paroi. Les différentes propriétés des récepteurs sont, au moins partiellement, responsables du spectre d'hôtes du phage. La structure de la paroi cellulaire, des flagelles et des pili (p. 55-61 ; 62-66).

L'adsorption d'un phage T-pair implique plusieurs structures de la queue (*voir figure 16.19*). La fixation du phage commence avec le contact d'une fibre de la queue avec le site récepteur ap-

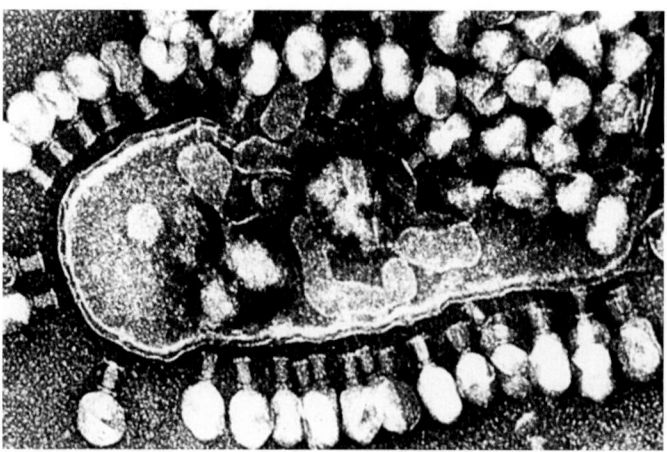

Figure 17.4 Image au microscope électronique d'*E. coli* infecté par le phage T4. On peut voir des plaques basales, des gaines contractées et des tubes de la queue (x 36.500).

proprié. A mesure que le contact s'établit avec plus de fibres, la plaque basale s'approche de la surface (**figures 17.3** et **17.4**). La fixation est probablement due à des interactions électrostatiques, elle est influencée par le pH et la présence d'ions Mg^{++} et Ca^{++}. Lorsque la plaque basale est bien déposée sur la surface cellulaire, il se produit dans celle-ci et la gaine des changements de conformation. La gaine se réorganise et se raccourcit, d'un cylindre à

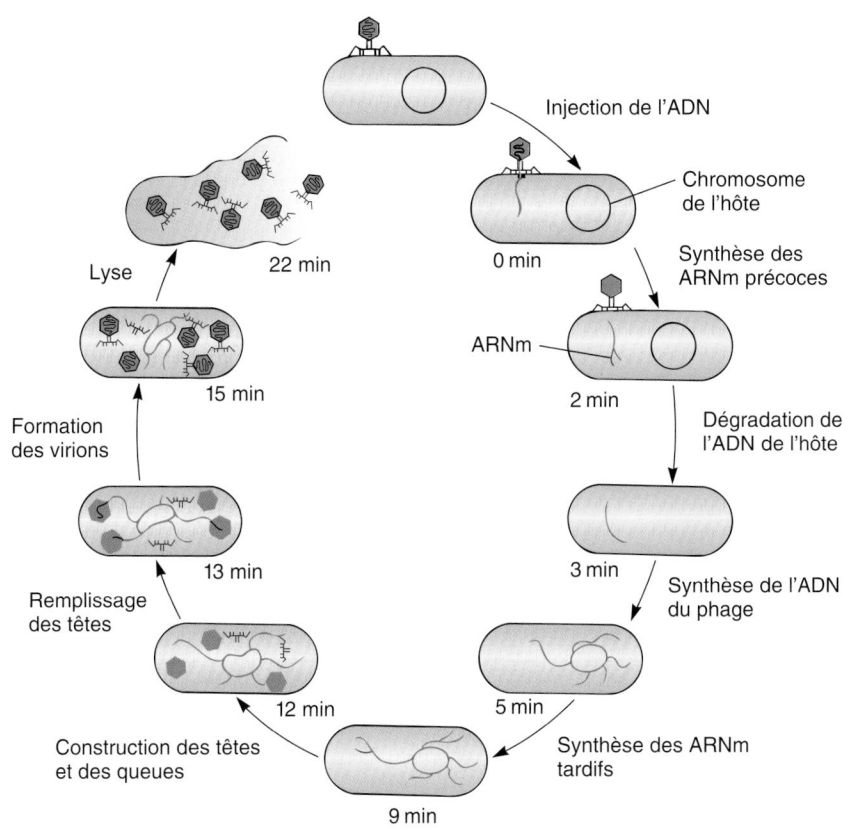

(a)

Figure 17.5 Le cycle infectieux du bactériophage T4. (**a**) Diagramme du cycle donnant, à chaque étape, les minutes après injection de l'ADN. L'ARNm n'est dessiné qu'à l'étape où sa synthèse commence. (**b**) Images au microscope électronique montrant la multiplication des bactériophages T2 chez *E. coli*. (*b1*) Plusieurs phages sont proches de la bactérie, certains sont fixés et injectent probablement leur ADN. (*b2*) 30 minutes environ après infection, la bactérie contient de nombreux phages matures.

(b1)

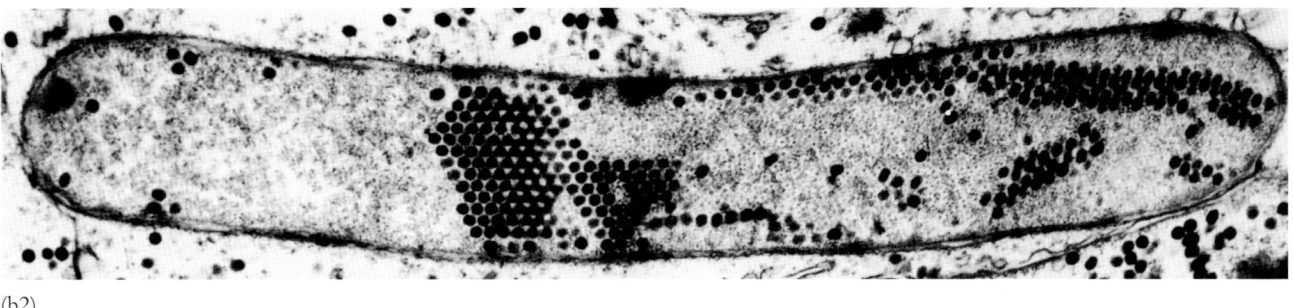

(b2)

24 anneaux (*voir p. 376*) en un cylindre à 12 anneaux. Donc la gaine devenant plus courte et plus large, le tube central est propulsé à travers la paroi bactérienne. La gaine contient de l'ATP qui fournit l'énergie de la contraction. Finalement, l'ADN est expulsé de la tête à travers le tube de la queue et pénètre dans la cellule hôte. Le tube peut interagir avec la membrane plasmique et former un pore par lequel l'ADN passe. Les mécanismes de pénétration des autres bactériophages paraissent souvent différents de celui des phages T-pairs mais n'ont pas été étudiés en détail.

Synthèse des acides nucléiques et des protéines du phage

Comme le phage T4 d'*E. coli* a fait l'objet de recherches intenses, nous prendrons sa multiplication en exemple (**figure 17.5**). Dès après l'injection de l'ADN phagique, les synthèses d'ADN, d'ARN et de protéines de l'hôte sont arrêtées et la cellule est contrainte à fabriquer les constituants viraux. L'ARN polymérase

d'*E. coli* (*voir section 12.1*) commence à synthétiser l'ARNm du phage dans les deux premières minutes. Cet ARNm et tous les autres **ARNm précoces** (ARNm transcrits avant synthèse de l'ADN du phage) dirigent la synthèse des protéines et des enzymes nécessaires à détourner le métabolisme de la cellule hôte et à construire les acides nucléiques viraux.

Certaines des enzymes précoces, spécifiquement virales, dégradent l'ADN de l'hôte en nucléotides, arrêtant ainsi simultanément l'expression des gènes de l'hôte et fournissant le matériel de base à la synthèse de l'ADN viral. En cinq minutes, le processus est arrivé au point où la synthèse de l'ADN viral débute. Les promoteurs et la transcription (p. 261-63).

Ce sont des modifications de l'ARN polymérase et des changements de facteurs sigma qui entraînent l'expression séquentielle des gènes viraux. Au début, les gènes de T4 sont transcrits par l'ARN polymérase normale de l'hôte et le facteur sigma σ^{70}. Après un temps court, une enzyme virale catalyse le transfert d'un groupe ADP-ri-

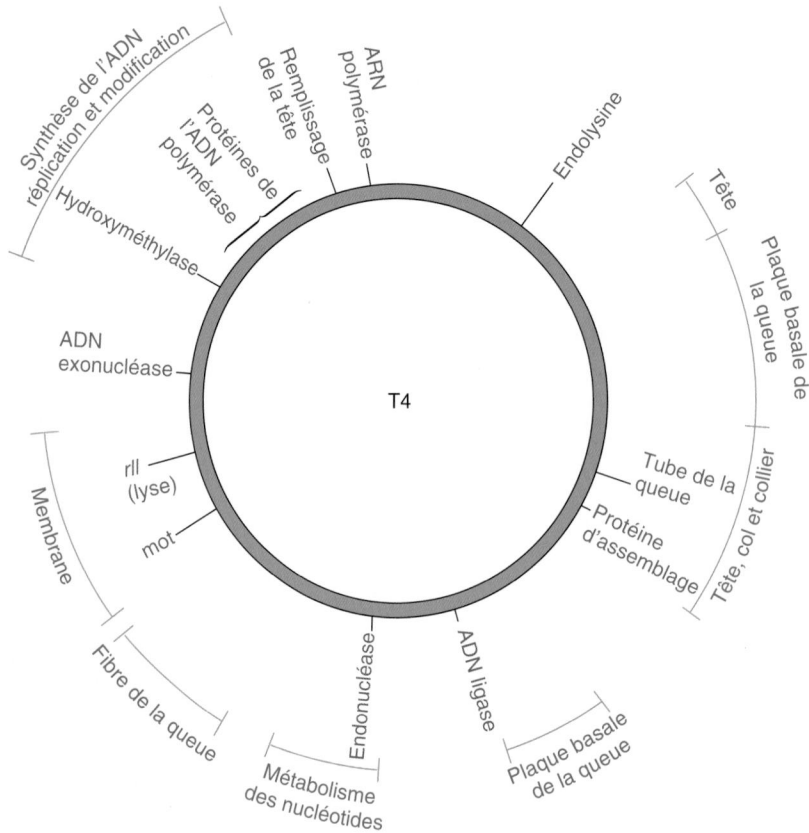

Figure 17.6 La carte génétique de T4. Certains gènes et leur fonction sont indiqués. Les gènes dont les fonctions sont associées, ont tendance à être groupés.

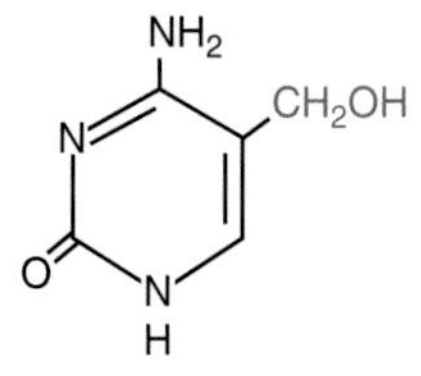

Figure 17.7 La 5-Hydroxyméthylcytosine (HMC). Dans l'ADN de T4, l'HMC porte souvent un glucose fixé à son hydroxyle.

bosyle de l'NAD vers une sous-unité α de l'ARN polymérase. Ceci permet l'inhibition de la transcription des gènes de l'hôte tout en favorisant l'expression des gènes viraux. Ensuite, la seconde sous-unité α reçoit un groupe ADP-ribosyle, ce qui éteint certains gènes précoces de T4. Le produit d'un gène précoce *motA*, stimule la transcription de gènes un peu plus tardifs parmi lesquels celui du facteur sigma p55. Ce dernier facteur sigma facilite la fixation de l'ARN polymérase aux promoteurs tardifs et donc la transcription des gènes tardifs qui deviennent actifs environ 10 à 12 min après infection.

Du contrôle sophistiqué de l'ARN polymérase et de l'ordre précis dans lequel les événements du cycle se déroulent, il ressort clairement que l'expression des gènes de T4 est hautement régulée. L'organisation du génome elle-même semble faite pour un contrôle efficace du cycle. Comme le montre la **figure 17.6**, les gènes dont les fonctions sont associées, comme ceux de la construction de la tête ou des fibres de la queue, sont généralement groupés. Les gènes précoces et tardifs sont également en groupes séparés sur le génome ; ils sont même transcrits dans des directions différentes – les gènes tardifs dans le sens des aiguilles d'une montre et les gènes précoces en sens contraire -. Comme la transcription se déroule toujours dans la direction 5'- 3', les gènes précoces et tardifs sont situés sur des chaînes d'ADN différentes (*voir sections 11.5 et 12.1*).

La synthèse de l'ADN de T4 demande une préparation importante car il contient à la place de cytosine, de l'**hydroxyméthylcytosine (HMC)** (**figure 17.7**) et celle-ci doit être synthétisée par des enzymes spécifiques du phage avant que la réplication de l'ADN ne puisse débuter. Quand l'ADN de T4 est synthétisé, il est glycosylé par addition de glucose aux résidus HMC. Les résidus HMC glycosylés protègent l'ADN contre l'attaque par des endonucléases d'*E. coli* appelées **enzymes de restriction**, qui pourraient cliver l'ADN viral en des points définis et ainsi le détruire. Ce mécanisme de défense bactérien est appelé **restriction.** D'autres groupes sont utilisés pour modifier l'ADN des phages et le protéger contre les enzymes de restriction. Par exemple, des groupes méthyle sont ajoutés aux groupes aminés de l'adénine et de la cytosine dans l'ADN du phage lambda. La réplication de l'ADN de T4 est un processus extrêmement complexe qui requiert au moins sept.protéines virales. Son mécanisme ressemble à celui décrit au chapitre 11. Les enzymes de restriction et l'ingénierie génétique (p. 320-21).

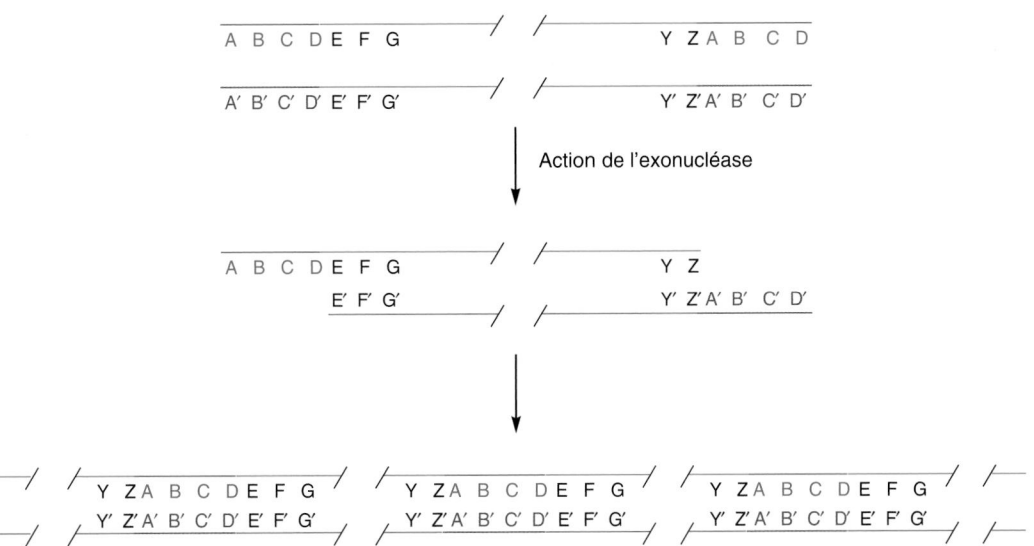

Figure 17.8 Un exemple de redondance terminale. Les séquences de gènes en couleur consituent une redondance terminale ; elles sont répétées à chaque extrémité de la molécule d'ADN. La liaison de plusieurs unités l'une à l'autre par leurs extrémités redondantes est ainsi possible et conduit à la formation d'un concaténat. Par exemple, si les extrémités 3' de chaque unité étaient digérées en partie par une exonucléase, les extrémités 5' complémentaires seraient exposées et pourraient s'appparier pour générer une longue chaîne d'unités répétées. Les coupures entre les séquences terminales indiquent que les molécules d'ADN sont plus longues que ne le montre la figure.

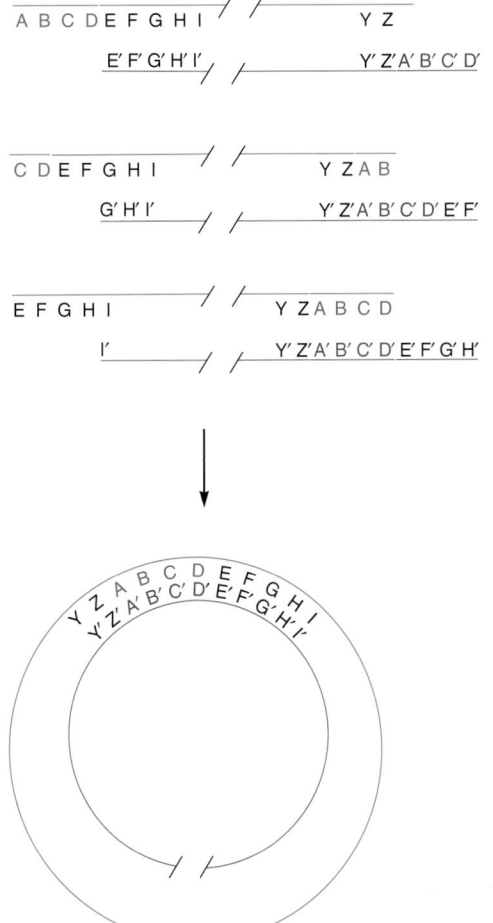

L'ADN de T4 porte ce que l'on appelle une redondance terminale ; c'est-à-dire qu'une séquence de bases est répétée aux deux extrémités de la molécule (**figure 17.8**). Quand un certain nombre de copies de l'ADN ont été synthétisées, environ six à dix copies sont soudées l'une à l'autre par leurs terminaisons redondantes grâce à l'action de plusieurs enzymes (figure 17.8). Ces très longues chaînes d'ADN composées de plusieurs unités raboutées sont appelées **concaténats**. Au moment de l'assemblage, les concaténats sont recoupés de façon à ce que le génome soit un peu plus long que l'ensemble des gènes de T4. La carte génétique est ainsi circulaire (figure 17.6) car l'ADN de T4 est circulairement permuté (**figure 17.9**). La séquence des gènes dans chaque virus T4 d'une population donnée, est la même mais commence par un gène différent à l'extrémité 5'. Si toutes les molécules d'ADN étaient refermées en cercles, ceux-ci seraient identiques.

Assemblage des particules phagiques

L'assemblage du phage T4 est un processus exceptionnellement complexe. L'**ARNm tardif**, c'est-à-dire produit après la réplication de l'ADN, dirige la synthèse de trois sortes de protéines : (1) les protéines de structure du phage, (2) des protéines qui aident à l'assemblage du phage sans devenir parties intégrantes du virion, et (3) des protéines impliquées dans la lyse cellulaire et la libération des

Figure 17.9 Les génomes à permutation circulaire découpés d'un concaténat. Le concaténat formé à la figure 17.8, peut être scindé en n'importe quel endroit en morceaux d'égale longueur qui contiennent un jeu complet de gènes, même si ce sont des gènes différents qui sont situés aux extrémités. Si chaque morceau possède des bouts collants monocaténaires comme à la figure 17.8, il se refermera en un cercle où l'ordre des gènes est identique à celui des cercles provenant d'autres morceaux.

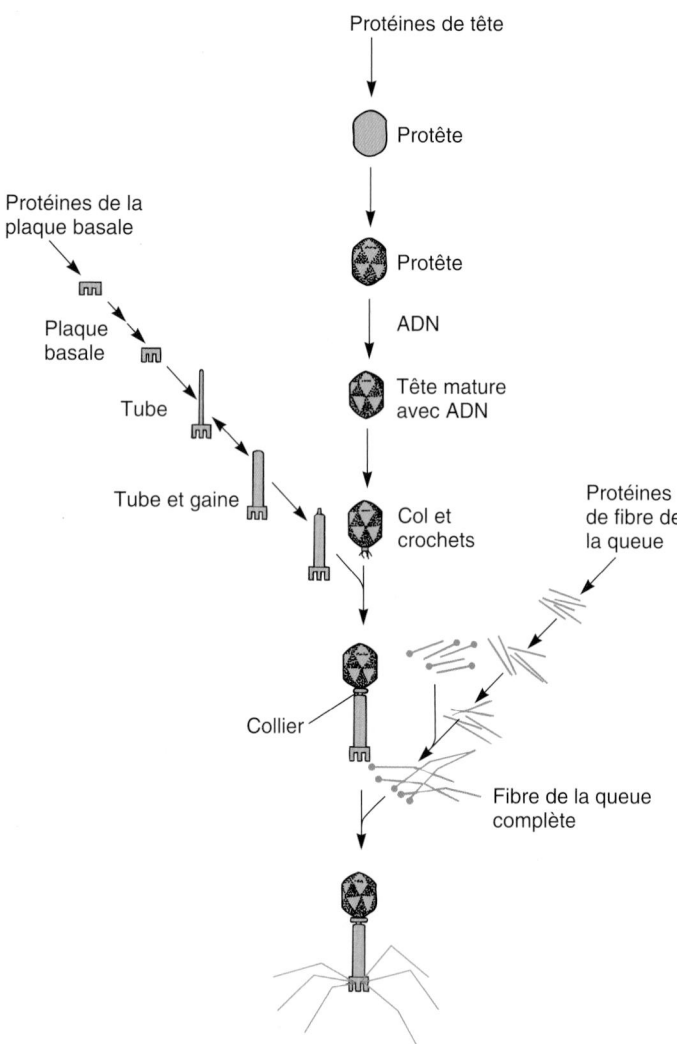

Protéines de tête

Protête

Protête

ADN

Tête mature avec ADN

Protéines de la plaque basale

Plaque basale

Tube

Tube et gaine

Col et crochets

Protéines de fibre de la queue

Collier

Fibre de la queue complète

Figure 17.10 L'assemblage du bactériophage T4. Notez les lignes de sous-assemblage pour la plaque basale, le tube et la gaine de la queue, les fibres de la queue, et la tête.

phages. La transcription de l'ARNm tardif commence environ 9 minutes après l'injection de l'ADN de T4 dans *E. coli*. Toutes les protéines nécessaires à l'assemblage sont synthétisées en même temps, puis sont utilisées dans quatre lignes de sous-assemblage relativement indépendantes (**figure 17.10**). La plaque basale est faite avec les produits de 15 gènes. Quand la plaque basale est terminée, le tube de la queue est accroché, puis la gaine est assemblée autour du tube. La protête ou procapside se construit séparément à l'aide de plus de 10 protéines puis se combine spontanément avec la queue. La procapside se construit grâce à des **protéines d'assemblage** qui sont dégradées et retirées lorsque la construction est terminée. Une protéine d'entrée particulière est située à la base de la procapside au niveau de la connexion avec la queue. Cette protéine fait partie du complexe de translocation de l'ADN, une structure qui initie l'assemblage de la tête et aide au mouvement de l'ADN vers l'intérieur ou l'extérieur de la tête. Les fibres se fixent à la plaque basale après la réunion de la tête et de la queue. Bien que la plupart de ces étapes se déroulent spontanément, certaines exigent des enzymes virales particulières ou des facteurs cellulaires.

L'empaquetage de l'ADN à l'intérieur de la tête de T4 est un processus encore mal connu. L'enroulement de l'ADN dans la coque terminée est si efficace qu'environ 500 µm d'ADN sont entassés dans une cavité de moins de 0,1 µm de diamètre ! On pense qu'un long concaténat d'ADN entre dans la procapside par un processus dépendant de l'ATP jusqu'à ce que celle-ci soit remplie et contienne environ 2% de plus d'ADN que la longueur du génome complet de T4. Le concaténat est alors coupé et l'assemblage de T4 est terminé. Les premières particules de T4 apparaissent dans *E. coli* à 37°C environ 15 minutes après l'infection.

Libération des particules phagiques

Beaucoup de phages lysent leur cellule hôte à la fin de la phase intracellulaire. La lyse d'*E. coli* a lieu après environ 22 minutes à 37°C et approximativement 300 particules de T4 sont libérées. Plusieurs gènes sont impliqués dans ce processus. L'un d'eux dirige la synthèse d'une endolysine qui attaque le peptidoglycane de la paroi cellulaire. Une autre protéine phagique appelée holine, fait une lésion dans la membrane plasmique, ce qui arrête la respiration et permet à l'endolysine d'attaquer le peptidoglycane. Elle fait probablement des trous dans la membrane externe.

17.3   La multiplication des phages à ADN simple-brin

Jusqu'à présent, seule la réplication des phages à ADN double-brin a été décrite, avec comme exemple le phage lytique T4. La multiplication des phages à ADN simple brin sera vue ici brièvement. Le phage ϕX174 de la famille des *Microviridae*, est un petit bactériophage à ADN simple brin dont l'hôte est *E. coli*. La séquence en bases de son ADN est la même que celle de l'ARNm viral (à l'exception de la substitution de la thymine par l'uracile) et est ainsi positif. Le génome contient des gènes chevauchants (*voir figure 11.20b*). L'ADN du phage doit être converti en une forme double brin avant que la réplication ou la transcription ne puisse se dérouler. Quand l'ADN de ϕX174 entre dans la cellule hôte, il est immédiatement recopié par l'ADN polymérase bactérienne pour former un ADN double brin ou **forme réplicative, FR (figure 17.11)**. Cette forme réplicative peut alors diriger la synthèse de plus de FR, d'ARNm et de copies du génome ADN positif. Les phages sont libérés par lyse de la cellule hôte mais par un mécanisme différent de celui utilisé par le phage T4.

Les bactériophages filamenteux à ADN simple brin se comportent très différemment de ϕX174 et des autres phages à ADN simple brin. Le phage fd de la famille des *Inoviridae*, est l'un des mieux étudiés, il est en forme de longue fibre d'environ 6 nm de diamètre et de 900 à 1900 nm de longueur (figure 17.1). L'ADN simple brin circulaire se trouve au centre du filament et est entouré d'un tube fait de petites protéines organisées en hélice. Le virus infecte les cellules d'*E. coli* mâles en s'attachant au bout du pilus ; l'ADN entre dans la cellule hôte le long et peut-être à travers le pilus, grâce à une protéine particulière d'adsorption. Une forme réplicative est d'abord synthétisée puis transcrite. Une des protéines virales aide alors à la réplication de l'ADN du phage en utilisant le mécanisme du cercle roulant (*voir section 11.3*).

Les phages filamenteux fd ne tuent pas la cellule mais établissent une relation symbiotique dans laquelle de nouveaux vi-

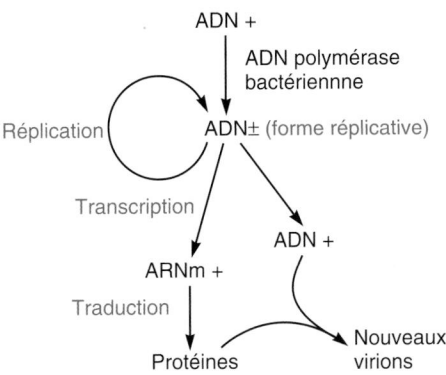

Figure 17.11 La multiplication de φX174, un phage à ADN positif.

1. Comment réalise-t-on l'expérience de cycle unique ? Résumez ce qu'il se passe à chacune des phases de la courbe résultante. Définissez période de latence, période d'éclipse, période de lyse ou éclatement et rendement de lyse.
2. Décrivez avec quelques détails chaque phase du cycle lytique du phage : adsorption et pénétration, synthèse d'acides nucléiques et de protéines, assemblage et libération du phage. Définissez les termes suivants : cycle lytique, site récepteur, ARNm précoce, hydroxyméthylcytosine, restriction, enzymes de restriction, concaténats, forme réplicative et ARNm tardif.
3. En quoi la multiplication des phages à ADN simple-brin φX174 et fd diffère-t-elle l'une de l'autre et de celle du phage à ADN double brin T4 ?

17.4 La multiplication des phages à ARN

De nombreux bactériophages portent leur information génétique sous la forme d'ARN simple brin, celui-ci peut agir comme un ARN messager et diriger la synthèse des protéines phagiques. Une des premières enzymes synthétisées est l'**ARN réplicase**, une ARN polymérase ARN-dépendante (**figure 17.13**). La réplicase copie l'ARN parental (une chaîne plus) pour produire un intermé-

rions sont continuellement relâchés par un processus sécrétoire. Les protéines de capside du phage filamenteux sont d'abord insérées dans la membrane. La capside s'assemble alors autour de l'ADN viral pendant sa secrétion à travers la membrane plasmique de l'hôte (**figure 17.12**). La bactérie hôte continue de croître et de se diviser à un rythme quelque peu ralenti.

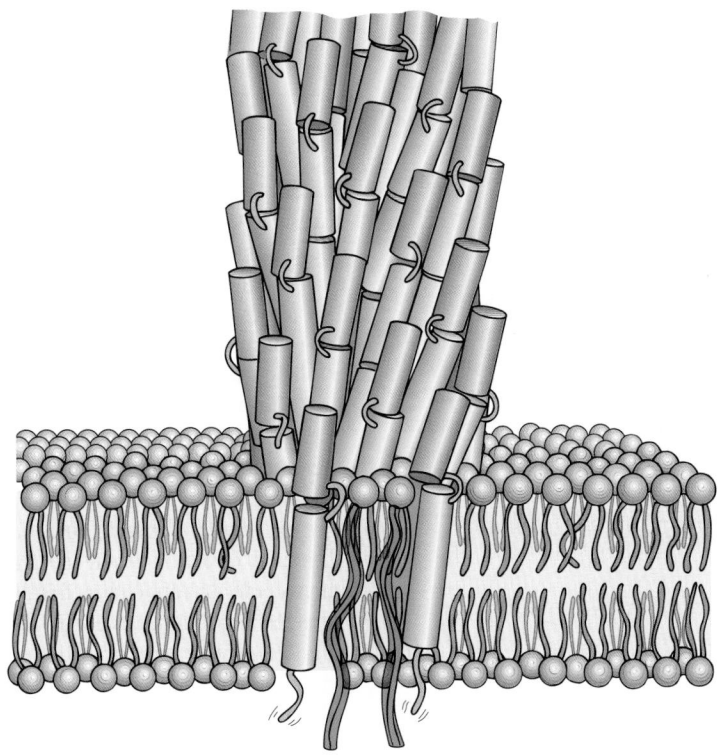

Figure 17.12 La libération du phage Pf1. Le phage Pf1 est un bactériophage filamenteux, libéré sans lyse de *Pseudomonas aeruginosa*. Dans cette figure, les cylindres bleus sont des hélices-α hydrophobes qui traversent la membrane plasmique et les cylindres rouges sont des hélices amphipathiques situées sur la surface membranaire avant l'assemblage du virus. Les deux hélices sont connectées dans chaque protomère par une courte boucle peptidique flexible (en jaune). On pense que l'hélice bleue fixe l'ADN viral au moment de son extrusion de la membrane. En même temps, l'hélice rouge s'attache à la capside virale en formation au sortir de la membrane. Enfin, l'hélice bleue quitte la membrane pour devenir aussi partie de la capside.

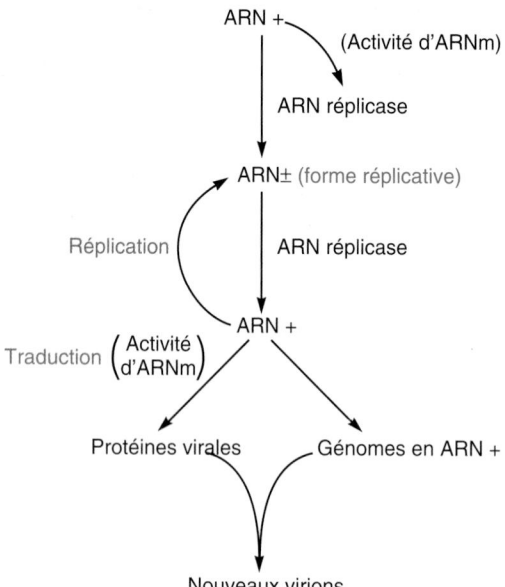

Figure 17.13 La multiplication des bactériophages à ARN simple brin.

diaire double brin (ARN±), qui est appelé forme réplicative et est analogue à l'ADN± observé lors de la multiplication des phages à ADN monocaténaire. La réplicase utilise ensuite cette forme réplicative pour synthétiser des milliers de copies ARN positives. Certaines de ces chaînes + servent à fabriquer plus d'ARN ± de façon à accélérer la synthèse d'ARN+, tandis que d'autres agissent comme ARNm et dirigent la synthèse des protéines phagiques. Finalement, les chaînes d'ARN+ sont incorporées dans des particules de virus en voie de maturation. Le génome de ces phages à ARN sert donc d'une part de modèle pour sa propre réplication et d'autre part d'ARN messager.

MS2 et Qβ de la famille des *Leviviridae*, aussi étudiés de façon très intense, sont de petits phages d'*E. coli* sans queue, icosaédriques et à ARN simple brin (figure 17.1). Ils se fixent aux pili F de leur hôte dans lesquels ils pénètrent par un mécanisme inconnu. Ces phages n'ont seulement que quatre gènes et sont génétiquement les plus simples connus. Chez MS2, une protéine est impliquée dans la fixation du phage à la cellule (et peut-être aussi dans la maturation du virion). Les autres gènes codent respectivement pour la protéine de capside, l' ARN réplicase et une protéine nécessaire à la lyse cellulaire.

On n'a découvert qu'un seul phage à ARN double brin, le bactériophage φ6 de *Pseudomonas phaseolicola* (*figure 17.1*). Caractère rare également, il possède une enveloppe membranaire. La capside icosaédrique à l'intérieur de l'enveloppe, contient une ARN polymérase et trois fragments d'ARN double brin, chacun de ceux-ci dirige la synthèse d'un ARNm. On ne sait pas encore comment les ARN bicaténaires se répliquent.

---

1. Comment les phages à ARN simple brin se multiplient-ils et quel est le rôle de l'ARN réplicase dans ce processus ?

2. Qu'est ce que la structure du phage φ6 a de particulier ?

17.5   Les bactériophages tempérés et la lysogénie

Jusqu'ici, l'intérêt s'est principalement porté sur les **bactériophages virulents** ; ce sont des phages qui lysent la cellule hôte durant le cycle de multiplication. Mais de nombreux phages à ADN sont aussi capables d'établir une relation différente avec leur hôte. Après adsorption et pénétration, le génome viral ne prend pas le contrôle de son hôte et ne le détruit pas en produisant des particules nouvelles. Au contraire, le génome se maintient à l'intérieur de la cellule et se multiplie en même temps que le génome bactérien pour générer un clone de cellules infectées ; celui-ci se développe et se divise pendant de longues périodes tout en apparaissant parfaitement normal (*voir figure 13.18*). Chacune de ces bactéries infectées peut produire des phages et se lyser dans des conditions particulières d'environnement. Pour des raisons qui apparaîtront clairement plus loin, elles ne peuvent pas être réinfectées par le même virus ; ainsi, elles possèdent une immunité à la surinfection. Cette relation entre phage et cellule est appelée **lysogénie**. Les bactéries qui ont cette capacité de produire des phages dans certaines conditions sont dites **lysogènes** et les phages capables d'établir cette relation sont des **phages tempérés**. La forme latente du génome viral qui reste à l'intérieur de l'hôte mais ne le détruit pas, est appelée **prophage**. Le prophage est généralement intégré dans le génome bactérien mais peut exister aussi à l'état indépendant. On appelle **induction** le processus par lequel la multiplication du phage est initiée dans une culture lysogène ; il conduit à la destruction des cellules infectées et à la libération de nouveaux virus, c'est-à-dire, à l'induction du cycle lytique. La lysogénie a été décrite en bref précédemment avec la transduction et la recombinaison génétique, elle sera discutée ici avec plus de détails. Transduction généralisée et spécialisée (p. 307-9).

Beaucoup de bactériophages étudiés sont tempérés, la propriété de rendre des bactéries lysogènes s'accompagne de certains avantages. Considérons une culture infectée par un phage et qui devient stationnaire à cause d'une carence alimentaire. Avant d'entrer en latence, les bactéries dégradent leur propre ARNm et leurs protéines. Ainsi le phage est en difficulté pour deux raisons : il ne se multiplie que dans des bactéries au métabolisme actif et sa multiplication est en général interrompue par la dégradation des ARNm et des protéines. Ces inconvénients peuvent être évités si le phage devient latent en même temps que son hôte ; en fait, on observe que le manque d'aliment favorise la lysogénie. Les phages tempérés ont aussi un avantage lorsque, pour initier l'infection, il y a un grand nombre de virus par cellule, c'est-à-dire que la multiplicité d'infection est élevée. Si chaque cellule est infectée, le dernier cycle de réplication détruira toutes les cellules hôtes, et les phages risquent de rester sans hôte, directement exposés aux périls de l'environnement pour des mois ou des années. Cet avenir est évitable par la lysogénie : certaines bactéries survivront, porteuses du génome viral, et elles en synthétiseront de nouvelles copies au moment de leur reproduction. Il n'est donc pas surprenant d'observer qu'une haute multiplicité d'infection stimule la lysogénie.

Un phage tempéré peut induire chez son hôte, un changement phénotypique qui n'est pas directement relié au déroulement de son cycle. Une telle modification est appelée **conversion lysogénique** ou conversion. Elle implique souvent des altérations des caractéristiques superficielles de la bactérie ou des propriétés pathogènes. Par exemple, quand *Salmonella* est infectée par un phage epsilon, la structure de sa couche lipopolysaccharidique externe peut être modifiée (*voir p. 58-60*). Le phage change l'activité de certaines enzymes impliquées dans la synthèse de la partie glucidique du lipopolysaccharide et ainsi altère les propriétés antigéniques de l'hôte. Ces modifications induites par epsilon paraissent éliminer les récepteurs superficiels du phage et ainsi prévenir l'infection d'une bactérie lysogène par un autre phage epsilon. Un autre exemple est le phage tempéré β de *Corynebacterium diphtheriae* responsable de la diphtérie. Seuls les *C. diphtheriae* lysogènes pour le phage ß, produisent la toxine diphtérique (*voir sections 34.3 et 39.1*) car c'est le phage et non la bactérie qui porte le gène de cette toxine.

Le phage lambda de la famille des *Siphoviridae* dont l'hôte est la souche K12 d'E. *coli*, est le mieux compris des phages tempérés, il nous servira d'exemple pour la lysogénie. Lambda est un phage à ADN double brin possédant une tête icosaédrique de 55 nm de diamètre et une queue non contractile terminée par une fine fibre caudale (**figure 17.14**). L'ADN est une molécule linéaire avec des bouts collants, segments monocaténaires de 12 nucléotides, dont la séquence en bases est complémentaire et qui peuvent s'apparier. A cause de ces bouts collants, le génome linéaire se circularise immédiatement après infection (**figure 17.15**). L'ADN ligase d'E. *coli* peut alors souder les coupures, formant ainsi un cercle fermé. Le génome de lambda a été cartographié de façon précise et plus de 40 gènes ont été localisés (**figure 17.16**) Les gènes sont, pour la plupart, rassemblés suivant leur fonction, des groupes séparés étant impliqués dans la synthèse de la tête, de la queue, dans la lysogénie et sa régulation, dans la réplication de l'ADN et dans la lyse cellulaire. L'ADN ligase (p. 239).

Le phage lambda peut se multiplier suivant un cycle lytique normal. Immédiatement après l'entrée de l'ADN dans E. *coli*, il est converti en un cercle covalent et sa transcription par l'ARN polymérase de l'hôte est initiée. Comme le montre la figure 17.16, la polymérase se fixe sur les deux promoteurs de gauche et de droite, elle commence à transcrire dans les deux directions et copie donc des chaînes d'ADN différentes. Les premiers gènes transcrits codent pour des protéines régulatrices qui contrôlent le cycle lytique : à gauche, le gène *N* et à droite, les gènes *cro* et *cII* (figure 17.16). Ces gènes ainsi que d'autres gènes de régulation assurent un déroulement séquentiel précis dans le temps, de la synthèse des différentes protéines et celles-ci ne seront fabriquées que lorsqu'elles seront nécessaires au cycle viral. La régulation de la transcription (p. 275-78).

La réplication de l'ADN de lambda et l'assemblage du virion sont semblables à ceux du phage T4 déjà décrits. On doit noter une différence significative. Bien qu'en début de cycle la réplication de l'ADN soit bidirectionnelle avec formation d'intermédiaires en thêta (*voir section 11.3*), l'ADN de lambda est principalement synthétisé suivant le modèle du cercle roulant. De longs concaténats sont ainsi formés, ils sont finalement clivés pour donner des génomes complets (*voir figure 11.12*).

C'est la présence du **répresseur de lambda** codé par le gène cI qui est responsable de l'établissement de la lysogénie et de l'immunité des lysogènes à la surinfection mentionnée précédemment. Le répresseur est une chaîne protéique de 236 acides aminés repliée en forme d'haltère avec un domaine globulaire à chaque extrémité (**figure 17.17**). L'un de ces domaines est responsable de la fixation à l'ADN, tandis que le second fixe une autre molécule de répresseur pour générer un dimère (la forme la plus active du répresseur de lambda). Dans une bactérie lysogène, le répresseur est

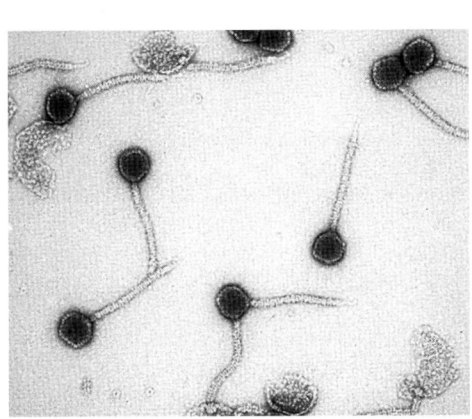
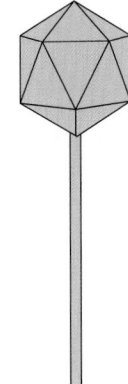

Figure 17.14 Le bactériophage lambda.

Figure 17.15 L'ADN du phage lambda. Diagramme de l'ADN du phage lambda montrant les bouts collants simple brin, de 12 bases (en couleur) et la circularisation rendue possible par la complémentarité des séquences monocaténaires.

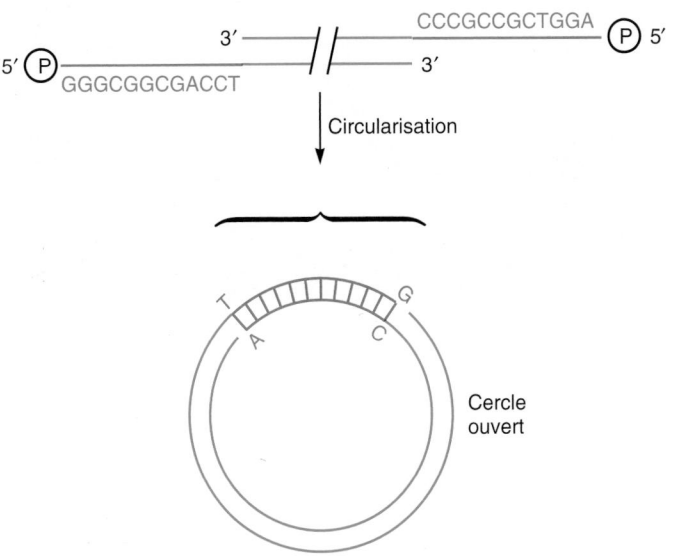

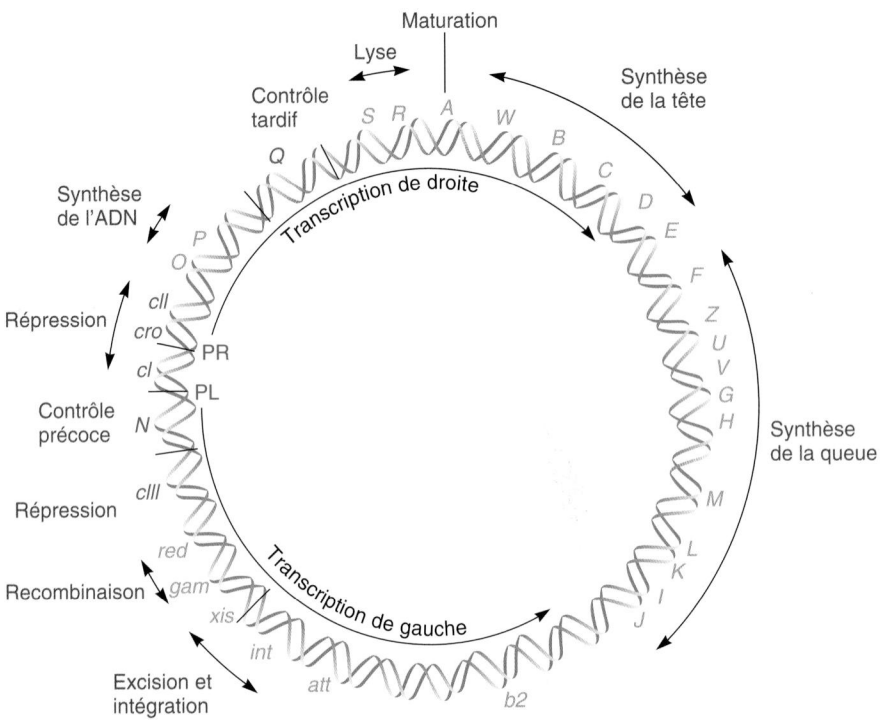

Figure 17.16 Le génome du phage lambda. A l'intérieur de la carte sont indiquées la direction de la transcription et la localisation des promoteurs de gauche et de droite (*PL* et *PR* pour leftward et rightward promoters). Les sites majeurs de régulation sont indiqués par des points sur la carte et les gènes de régulation sont en bleu. L'ADN de lambda est double brin et la transcription avance en direction opposée sur deux chaînes différentes.

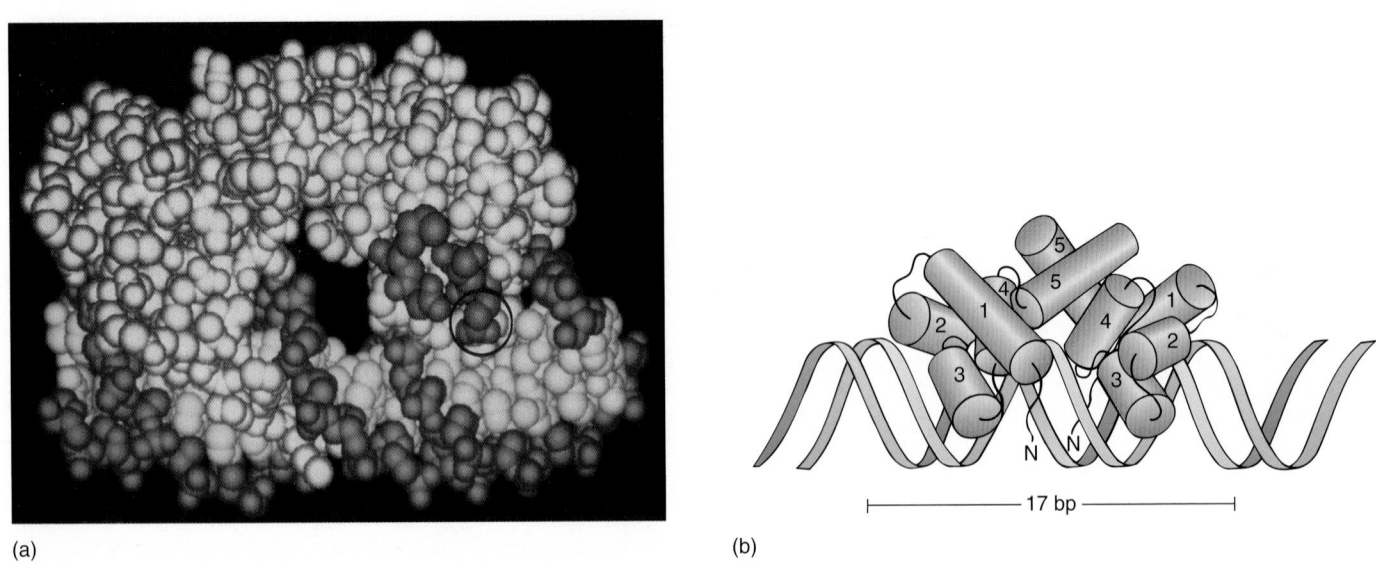

(a)

(b)

Figure 17.17 La fixation du répresseur de lambda. (a) Modèle par ordinateur de la fixation du répresseur de lambda à l'opérateur lambda. Le dimère de répresseur (brun et vert) est fixé à l'ADN (bleu et blanc). Les bras du dimère entourent les grands sillons de la double hélice. **(b)** Diagramme du complexe répresseur de lambda-ADN. Le répresseur se fixe à une séquence de 17 paires de bases de l'opérateur. Ce sont les hélices α3 qui sont en contact le plus étroit avec les grands sillons de l'opérateur (les hélices sont numérotées dans l'ordre à partir de l'extrémité N terminale).

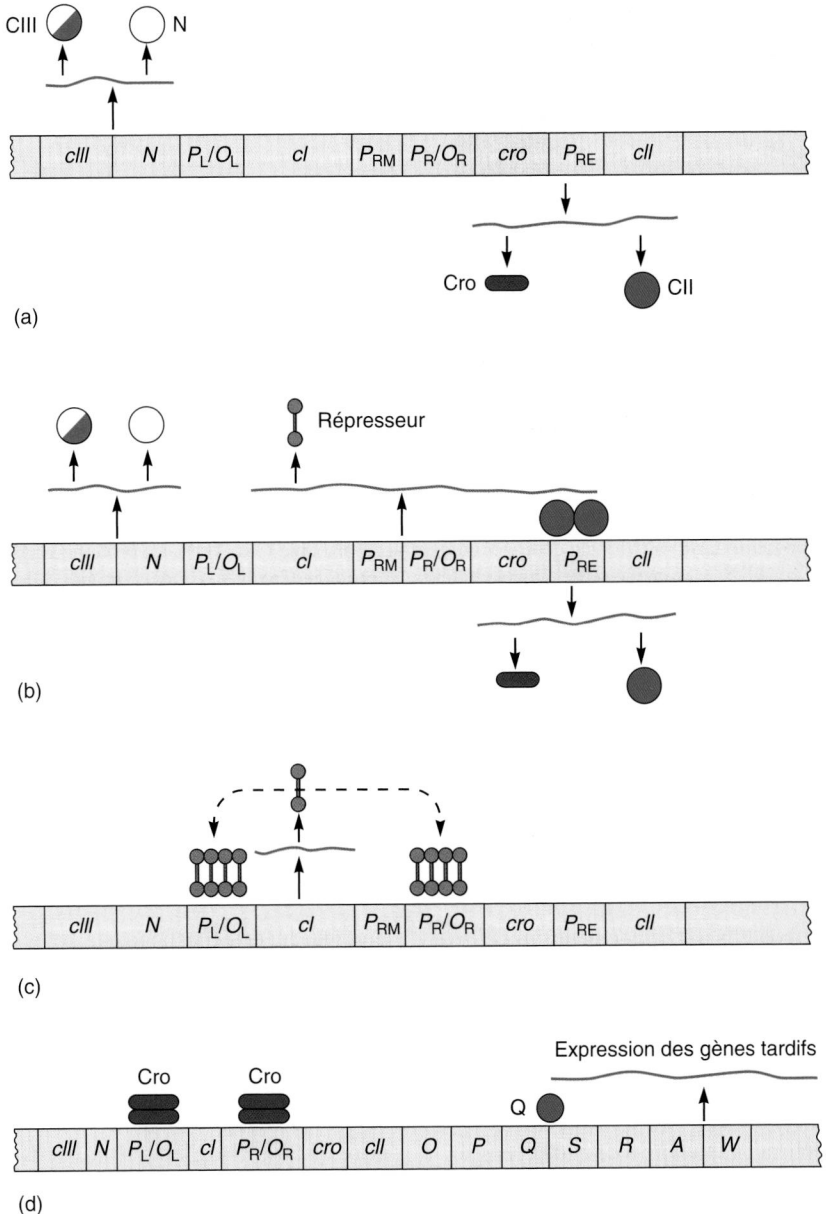

Figure 17.18 Choix entre lysogénie et lyse. Événements impliqués dans le choix entre établissement de la lysogénie ou continuation du cycle lytique. L'action de N est ignorée par souci de simplicité et l'échelle de la partie (**d**) diffère de celle des parties (**a**)-(**c**). (**a**) et (**b**) illustrent les étapes initiales qui conduisent à la synthèse du répresseur de lambda. (**c**) représente la situation où la production de répresseur surpasse celle de Cro et établit la lysogénie. Dans la partie (**d**), la protéine Cro s'est accumulée plus rapidement que le répresseur et les dimères de Cro (la forme active) se sont fixés à O_L et O_R. Ceci bloque le fonctionnement des deux gènes *cI* et *cro*, mais ne bloque pas l'expression des gènes tardifs puisque Q s'est déjà accumulé et permet la synthèse d'ARNm tardif. Voir le texte pour plus de détails.

continuellement synthétisé et se fixe aux opérateurs de droite et de gauche (O_L et O_R) bloquant ainsi l'activité de l'ARN polymérase (figure 17.18c). Si un autre phage lambda tente d'infecter cette cellule, la synthèse d'ARNm du nouveau phage sera aussi inhibée. Il faut noter que l'immunité implique toujours l'activité du répresseur. Une cellule hôte potentielle peut rester non infectée à cause d'une mutation qui altère le site récepteur du phage. Dans ce cas, on dit qu'elle est résistante au phage et non pas immune.

On connait bien la série des évènements qui conduit à la synthèse initiale du répresseur et à l'établissement de la lysogénie. Immédiatement après la circularisation de l'ADN de lambda et le début de la transcription, les protéines CII et CIII s'accumulent (**figure 17.18a**). La protéine CII se fixe ensuite au promoteur du gène *cII* (au site P_{RE}, RE pour « repressor establishment ») et stimule la fixation de l'ARN polymérase (figure 17.18*b*). La protéine CIII protège CII d'une dégradation par une enzyme de l'hôte, la pro-

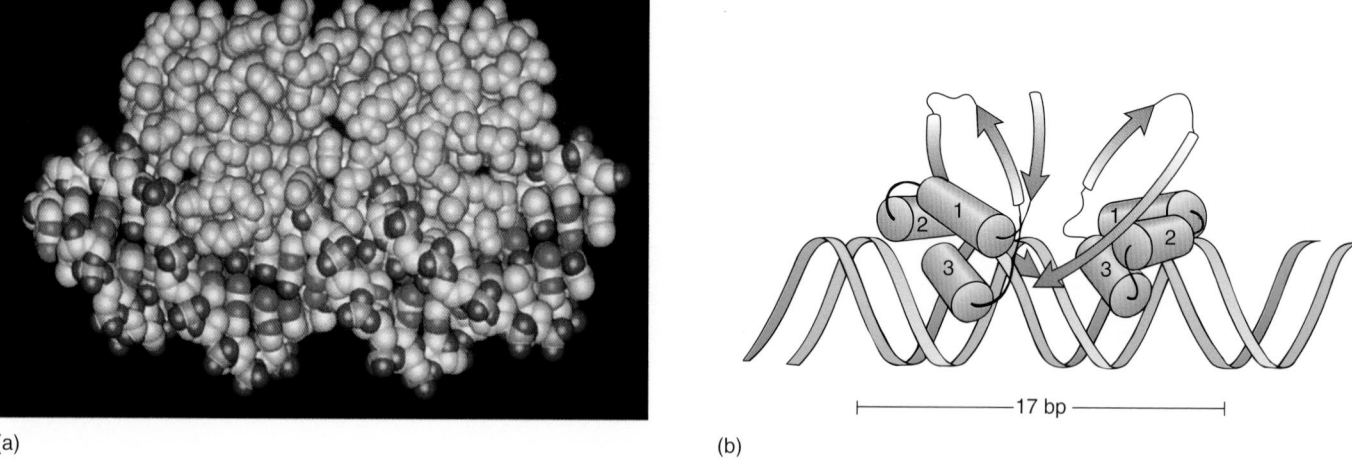

(a)   (b)

⊢————— 17 bp —————⊣

Figure 17.19 La fixation de la protéine Cro. (a) Modèle compact du complexe protéine Cro-ADN. La protéine Cro est en jaune. **(b)** Diagramme du complexe dimère de la protéine Cro-ADN. Comme le répresseur de lambda, la protéine Cro se fixe à deux grands sillons adjacents de l'ADN.

téase Hfl. Le répresseur de lambda (CI) est rapidement synthétisé et se fixe à O_R et O_L, arrêtant ainsi la synthèse d'ARNm et la production des protéines CII et CIII (figure 17.18c). La transcription du gène cI continue faiblement à cause de l'activité d'un second promoteur (P_{RM}, RM pour « repressor maintenance ») qui est activé par le répresseur lui-même. Ce circuit de contrôle dans lequel le répresseur stimule sa propre synthèse, assure la stabilité de la lysogénie une fois établie. On pourrait s'attendre à ce que la lysogénie s'établisse chaque fois, mais ce n'est pas le cas. En effet, durant cette période, la **protéine Cro** s'est aussi accumulée. La protéine Cro se fixe à O_R et O_L, arrête la transcription du gène du répresseur (elle inhibe aussi l'expression d'autres gènes précoces) et réprime le fonctionnement de P_{RM} (figure 17.18d et **figure 17.19**). Comme le répresseur de lambda peut bloquer la transcription de cro, il y a une compétition entre la production du répresseur et celle de la protéine Cro. Bien que la synthèse de la protéine Cro commence avant celle du répresseur de lambda, Cro se fixe plus faiblement à O_R et doit atteindre un niveau plus élevé que celui du répresseur avant de pouvoir bloquer la synthèse du répresseur et induire le cycle lytique (figure 17.18d). Cette compétition n'est pas encore connue en détails, mais on a montré qu'un certain nombre de facteurs de l'environnement influencent le résultat de la course et le choix entre les voies lytique ou lysogène.

Si le répresseur de lambda gagne, l'ADN circulaire est intégré dans le génome d'E. coli comme Alan Campbell l'a proposé pour la première fois. L'**intégration** ou insertion est possible car la protéine CII stimule la transcription du gène int en même temps que celle du gène cI. Ce gène int code pour une enzyme appelée **intégrase**, une

protéine qui devient abondante avant que le répresseur de lambda ne supprime la transcription. L'ADN de lambda possède un site d'attachement (le site att) qui peut s'apparier avec un site d'attachement bactérien situé entre les opérons galactose ou gal et biotine ou bio sur le chromosome d'E. coli. Après la rencontre des deux sites, l'intégrase, avec l'aide d'une protéine particulière de l'hôte, catalyse l'échange physique entre les chaînes d'ADN viral et bactérien (**figure 17.20**). L'ADN circulaire de lambda est intégré dans l'ADN d'E. coli comme une région linéaire adjacente à l'opéron gal et est appelé prophage. Comme on le voit à la figure 17.20, l'ordre linéaire des gènes du phage a été permuté pendant l'intégration.

Le prophage lambda quittera le génome d'E. coli et recommencera une production de phages nouveaux si l'hôte est incapable de survivre. Ce processus connu comme l'induction, est déclenché par une chute du niveau de répresseur. Occasionnellement, la concentration en répresseur diminuera spontanément et le cycle lytique débutera. Cependant, l'induction est généralement une réponse à des facteurs d'environnement comme la lumière ultra-violette ou les agents mutagènes chimiques qui endommagent l'ADN de l'hôte. Suite à ce dommage, la protéine RecA, qui joue normalement un rôle dans la recombinaison génétique d'E. coli (voir section 11.8), agit comme une protéase et clive la chaîne du répresseur entre les deux domaines. Les domaines séparés ne peuvent plus s'assembler pour former les dimères actifs normaux et les gènes du cycle lytique deviennent actifs une fois de plus. On a des preuves récentes que la protéine RecA activée ne pourrait pas cliver directement le répresseur. RecA se fixerait au répresseur de lambda et le stimulerait à se cliver lui-même. Un autre gène précoce appelé

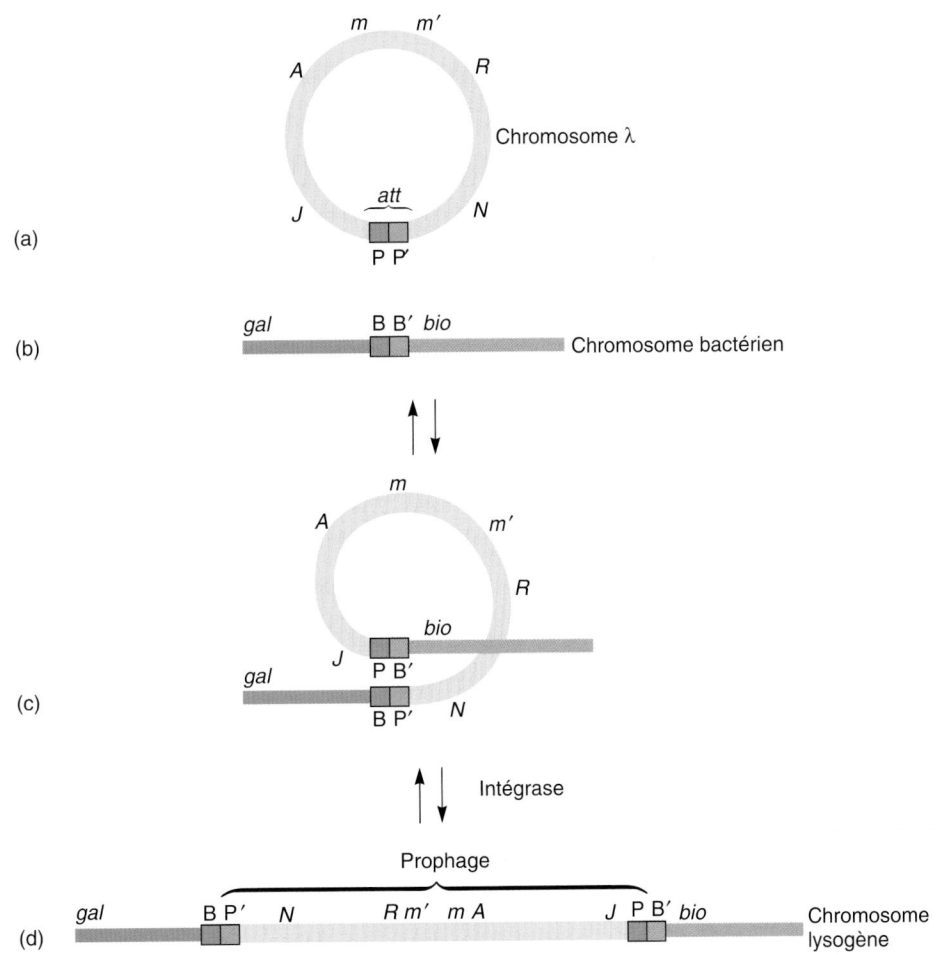

Figure 17.20 L'intégration et l'excision réversibles du phage lambda. Après circularisation, le site *att* (*P,P'*) (**a**) s'aligne sur la séquence bactérienne correspondante (*B,B'*) (**b**) et s'intègre entre les opérons *gal* et *bio* pour former le prophage (**c**) et (**d**). Suivant le processus inverse, le chromosome circulaire de lambda peut être restauré et se multiplier.

xis et situé près du gène *int*, dirige la synthèse d'une protéine **excisionase** qui, par fixation à l'intégrase, rend celle-ci capable d'inverser le processus d'intégration et de libérer le prophage (figure 17.20). Le cycle lytique se déroule alors normalement.

La plupart des phages tempérés existent sous forme de prophages intégrés dans les bactéries lysogènes. Cependant, l'intégration n'est pas absolument nécessaire à la lysogénie. Le phage P1 d'*E. coli* est similaire au lambda en ce qu'il se circularise après infection et commence à synthétiser du répresseur. Cependant, il reste à l'état de molécule d'ADN circulaire indépendante chez la bactérie lysogène et il est répliqué en même temps que le chromosome de l'hôte. Quand *E. coli* se divise, l'ADN de P1 est partagé entre les cellules filles de sorte que toutes les bactéries lysogènes contiennent une ou deux copies du génome phagique.

1. Définissez phage virulent, lysogénie, phage tempéré, lysogène, prophage, immunité et induction.
2. Quels avantages le phage peut-il gagner à être capable de rendre la bactérie lysogène ?
3. Décrivez la conversion lysogénique et sa signification.
4. Précisez, en termes moléculaires, comment une cellule bactérienne est rendue lysogène par un phage tempéré tel que lambda ?
5. Comment un prophage est-il induit à redevenir actif ?
6. Décrivez les rôles du répresseur de lambda, de la protéine Cro, de la protéine RecA, de l'intégrase et de l'excisionase dans la lysogénie et l'induction.
7. En quoi le phage tempéré P1 diffère-t-il du phage lambda ?

Résumé

1. Il y a quatre groupes morphologiques majeurs de phages : les phages en icosaèdre sans queue, les phages à queue contractile, les phages à queue non contractile et les phages filamenteux (**figure 17.1**).

2. Le cycle lytique des bactériophages virulents est un cycle qui se termine avec la lyse de la cellule hôte et la libération des virions.

3. La multiplication du phage peut être étudiée dans l'expérience de cycle unique qui est divisée en une période d'éclipse initiale à l'intérieur de la période de latence et une période de lyse ou éclatement (**figure 17.2**).

4. Le cycle du phage T4 d'*E. coli* se compose de plusieurs phases. Dans la phase d'adsorption, le phage s'attache à un site récepteur spécifique de la surface bactérienne. Suivent ensuite la pénétration de la paroi cellulaire et l'entrée de l'acide nucléique dans la cellule (**figure 17.3**).

5. La transcription de l'ADN de T4 produit d'abord l'ARNm précoce qui dirige la synthèse des protéines et des enzymes nécessaires à prendre le contrôle de la cellule hôte et à fabriquer l'acide nucléique du phage (**figure 17.5**).

6. L'ADN de T4 contient de l'hydroxyméthylcytosine (HMC) en place de cytosine et du glucose est le plus souvent additionné sur l'HMC de façon à protéger l'ADN du phage des attaques par les enzymes de restriction de l'hôte.

7. La réplication de l'ADN de T4 produit des concaténats, c'est-à-dire des longues chaînes de plusieurs copies du génome attachées l'une à l'autre.

8. L'ARNm tardif est synthétisé après la réplication de l'ADN. Il dirige la synthèse des protéines de capside, des protéines impliquées dans l'assemblage du phage et des protéines nécessaires à la lyse cellulaire et à la libération des phages.

9. Les virions complets sont assemblés dès que les constituants séparés ont été construits. Il s'agit d'un processus d'auto-assemblage qui requiert cependant la participation de la membrane bactérienne et de quelques protéines supplémentaires.

10. T4, φX174 et beaucoup d'autres phages sont libérés par lyse de la cellule hôte.

11. La réplication des phages à ADN simple brin commence par la formation d'une forme réplicative double brin (FR) (**figure 17.11**). Les phages filamenteux à ADN simple brin sont continuellement relâchés sans lyse cellulaire.

12. Quand l'ARN d'un bactériophage à ARN simple brin entre dans une bactérie, il agit d'abord comme messager et dirige la synthèse de l'ARN réplicase qui elle-même produit une forme réplicative double brin et ensuite, un très grand nombre de copies ARN+ (**figure 17.13**).

13. Le phage f6 est le seul phage à ARN double brin connu. Il est aussi particulier en ce qu'il possède une enveloppe membranaire.

14. Au contraire des phages virulents, les phages tempérés se multiplient souvent de façon synchrone avec le génome de l'hôte pour donner un clone de cellules infectées. Cette relation est appelée lysogénie et la cellule infectée est qualifiée de lysogène. La forme latente du génome phagique à l'intérieur d'une bactérie lysogène est le prophage (**figure 13.18**).

15. La lysogénie est réversible et le prophage peut être induit à recommencer un cycle lytique.

16. La présence d'un phage tempéré peut induire des modifications phénotypiques de la cellule hôte qui ne sont pas directement reliées au déroulement du cycle. Une telle modification est appelée conversion.

17. Après infection par le phage lambda, deux des premières protéines qui apparaissent sont le répresseur de lambda et la protéine Cro. Le répresseur de lambda bloque la transcription de la protéine Cro et des autres protéines nécessaires au cycle lytique, tandis que la protéine Cro inhibe la transcription du gène pour le répresseur de lambda (**figure 17.18**).

18. Il y a compétition entre la synthèse du répresseur de lambda et celle de la protéine Cro. Si le niveau de la protéine Cro s'élève suffisamment et rapidement, la synthèse du répresseur de lambda est arrêtée et le cycle lytique initié ; sinon, tous les gènes autres que le gène du répresseur de lambda sont réprimés et la cellule devient lysogène.

19. L'étape finale de la formation du prophage est l'intégration du génome de lambda dans le chromosome d'*E. coli* catalysée par une enzyme particulière appelée intégrase (**figure 17.20**).

20. Plusieurs facteurs de l'environnement peuvent diminuer la concentration de répresseur et déclencher l'induction. Le prophage devient actif et synthétise une protéine, une excisionase, qui force l'intégrase à inverser le processus d'intégration, libère le prophage et initie un cycle lytique.

Mots-clés

ARNm précoce *385*
ARNm tardif *387*
ARN réplicase *389*
bactériophage *382*
bactériophage virulent *390*
cycle lytique *383*
concaténat *387*
conversion lysogénique *390*
enzyme de restriction *386*
excisionase *394*

expérience de cycle unique (one-step growth experiment) *383*
forme réplicative (FR) *388*
hydroxyméthylcytosine (HMC) *386*
induction *390*
intégrase *394*
intégration *394*
lysogène *390*
lysogénie *390*
période d'éclipse *383*
période de latence *383*

période de lyse ou éclatement *383*
phage tempéré *390*
phage virulent *390*
prophage *390*
protéine d'assemblage *388*
protéine Cro *394*
rendement de lyse *383*
répresseur de lambda *391*
restriction *386*
site récepteur *384*

Questions de révision

1. Expliquer pourquoi le génome du phage T4 est permuté de façon circulaire.

2. Pouvez-vous imaginer une façon de simplifier encore les ARN simple brin génomiques des phages MS2 et Qß ? Serait-il possible d'éliminer un de leurs gènes ? Si oui, lequel ?

3. On n'a pas encore découvert de phage tempéré à ARN. Comment expliqueriez-vous cette absence ?

4. Comment une cellule bactérienne peut-elle résister aux infections par des phages ? Donnez les mécanismes mentionnés dans ce chapitre et discutez d'autres stratégies possibles.

Questions de réflexion

1. Le choix entre lyse et lysogénie est influencé par de nombreux facteurs. Comment des conditions externes comme la privation ou l'encombrement pourraient-elles être « perçues » et communiquées à la machinerie de transcription et enfin influencer ce choix ?

2. Si vous étiez un médecin chargé de guérir une bactérie de son infection virale, quelle cible choisiriez-vous pour une « chimiothérapie » et pourquoi ?

3. On ne sait pas exactement comment se réplique un ARN double brin. Proposez deux modèles possibles et les expériences qui pourraient les distinguer l'un de l'autre.

4. L'explication la plus simple pour l'expression si tardive de l'endolysine de T4 est que son promoteur est reconnu par le facteur sigma alternatif p55. Proposez une autre explication.

Lectures complémentaires

Les références du chapitre 16 doivent aussi être consultées.

Généralités

Ackermann, H.-W. 2000. Bacteriophages. In *Encyclopedia of microbiology,* 2e éd., vol. 1, J. Lederberg, éd., 398–411. San Diego: Academic Press.

Bradley, D. E. 1971. A comparative study of the structure and biological properties of bacteriophages. Dans *Comparative virology,* K. Maramorosch et E. Kurstak, éd, 207–53. New York: Academic Press.

Campbell, A. M. 1996. Bacteriophages. In *Escherichia coli and Salmonella: Cellular and molecular biology,* 2e éd., vol. 2, F. C. Neidhardt, éd, 2325–38. Washington, D.C.: ASM Press.

Freifelder, D. 1987. *Molecular biology: A comprehensive introduction to prokaryotes and eukaryotes,* 2e éd. New York: Van Nostrand Reinhold.

Lewin, B. 2000. *Genes,* 7e éd. New York: Oxford University Press.

Maloy, S. R., Cronan, Jr., J. E., et Freifelder, D. 1994. *Microbial Genetics,* 2e éd. Boston: Jones and Bartlett.

Stent, G. S., et Calendar, R. 1978. *Molecular genetics: An introductory narrative,* 2e éd. San Francisco: W. H. Freeman.

Suttle, C. A. 1999. Do viruses control the oceans? *Natural history* 108(1):48–51.

17.1 Classification des bactériophages

Van Regenmortel et al. 2000. *Virus taxonomy: Seventh report of the international committee on taxonomy of viruses.* San Diego: Academic Press.

17.2 Multiplication des phages à ADN double brin, le cycle lytique

Bazinet, C., et King, J. 1985. The DNA translocating vertex of dsDNA bacteriophage. *Annu. Rev. Microbiol.* 39:109–29.

Black, L. W. 1989. DNA packaging in dsDNA bacteriophages. *Annu. Rev. Microbiol.* 43:267–92.

Campbell, A. M. 1976. How viruses insert their DNA into the DNA of the host cell. *Sci. Am.* 235(6):103–13.

Fiddes, J. C. 1978. La séquence nucléotidique d'un ADN viral. *Pour la Science,* 4, 106.

Karam, J. D., éd. 1994. *Molecular biology of bacteriophage T4.* Herndon, Va.: ASM Press.

Kellenberger, E. 1980. Control mechanisms governing protein interactions in assemblies. *Endeavour* 4(1):2–14.

Koerner, J. F., et Snustad, D. P. 1979. Shutoff of host macromolecular synthesis after T-even bacteriophage infection. *Microbiol. Rev.* 43(2):199–223.

Kruger, D. H., et Bickel, T. A. 1983. Bacteriophage survival: Multiple mechanisms for avoiding the deoxyribonucleic acid restriction systems of their hosts. *Microbiol. Rev.* 47(3):345–60.

Lu, M.-J., et Henning, U. 1994. Superinfection exclusion by T-even-type coliphages. *Trends Microbiol.* 2(4):137–39.

Rabussay, D. 1982. Changes in *Escherichia coli* RNA polymerase after bacteriophage T4 infection. *ASM News* 48(9):398–403.

Russel, M. 1995. Moving through the membrane with filamentous phases. *Trends Microbiol.* 3(6):223–28.

Wang, I.-N., Smith, D. L., et Young, R. 2000. Holins: The protein clocks of bacteriophage infections. *Annu. Rev. Microbiol.* 54:799–825.

Young, R., Wang, I.-N., et Roof, W. D. 2000. Phages will out: Strategies of host cell lysis. *Trends Microbiol.* 8(3):120–28.

17.5 Bactériophages tempérés et lyrogénie

Murialdo, H. 1991. Bacteriophage lambda DNA maturation and packaging. *Annu. Rev. Biochem.* 60:125–53.

Ptashne, M. 1992. *A genetic switch,* 2e éd. Cambridge, Mass.: Blackwell Scientific Publications.

Ptashne, M., Johnson, A. D., et Pabo, C. O. 1983. Un commutateur génétique dans un virus bactérien. *Pour la Science,* 63, 42-53.

CHAPITRE 18

Les virus d'eucaryotes

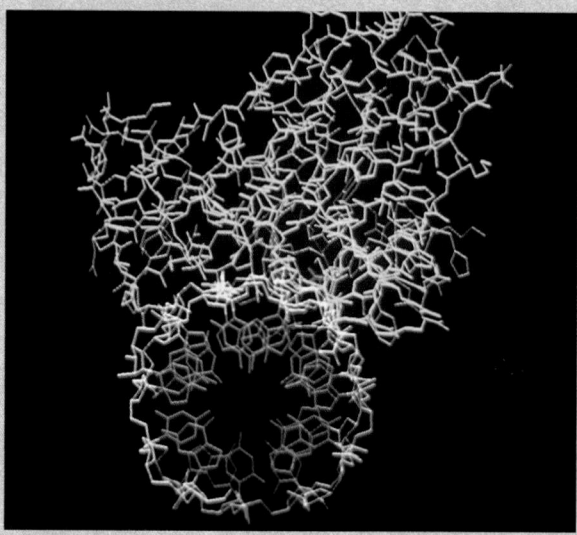

Modèle de la partie ribonucléase H de la transcriptase inverse lorsqu'elle est complexée à un hybride ARN-ADN (la protéine est en jaune, le squelette de l'ADN en lavande, l'ARN en rose et les bases en bleu)

Plan

Concepts

1. Bien que différente dans les détails, la multiplication des virus d'animaux est similaire à celle des bactériophages passant par la même série de phases : adsorption, pénétration et décapsidation, réplication des acides nucléiques viraux, synthèse et assemblage des capsides puis libération des virus.

2. Les virus peuvent léser leurs cellules hôtes de diverses façons, depuis l'inhibition directe des synthèses d'ADN, d'ARN et de protéines jusqu'à l'altération des membranes plasmiques et la formation d'inclusions.

3. Les infections par les virus d'animaux n'ont pas toutes une attaque rapide et une durée relativement courte. Certains virus établissent des infections chroniques à long terme ; d'autres sont latents pendant une période et sont susceptibles de se réactiver. Les infections virales lentes mettent des années à se développer.

4. Le cancer peut être dû à de nombreux facteurs, parmi lesquels les virus. Les virus sont capables d'introduire des oncogènes dans une cellule, d'apporter des promoteurs qui stimuleront un oncogène cellulaire, ou de transformer par d'autres mécanismes des cellules en cellules tumorales.

5. Les virus de végétaux, responsables de nombreuses maladies importantes, n'ont pas été étudiés de façon intensive à cause de difficultés techniques. La plupart sont des virus à ARN. Les insectes en sont les agents de transmission les plus fréquents et certains virus de plantes peuvent même se multiplier dans les tissus de l'insecte avant d'être inoculés à une autre plante.

Concepts

6. Des virus, membres d'au moins sept familles, infectent les insectes ; les plus importants appartiennent aux *Baculoviridae*, *Reoviridae* et *Iridoviridae*. De nombreuses infections d'insectes sont accompagnées de la formation d'inclusions caractéristiques. Plusieurs de ces virus sont des agents biologiques prometteurs dans le contrôle de fléaux dus aux insectes.

7. Il existe des agents infectieux plus simples que les virus. Les viroïdes sont de courtes chaînes d'ARN infectieux, responsables de plusieurs maladies de plantes. Les prions sont des particules protéiques encore mystérieuses, associées à certaines maladies neurologiques dégénératives chez les humains et le bétail.

Le virus

Observe ce virus ; pense combien réduit est son arsenal et combien puissant est pourtant son cri ;

Il a pris ma cellule, maintenant il prend la tienne et quand il s'en va, il prendra nos gènes aussi.

Gènes qui sont les clés maîtresses de la croissance, qui l'ouvrent ou qui la ferment ou les deux ;

S'il devait nous revenir, à moi ou à toi, il envahirait les rouages du corps pour nous jouer un mauvais coup ; réagis

— *Michael Newman*

Le chapitre 17 a introduit les bactériophages parfois de façon détaillée en raison de l'importance que ceux-ci revêtent dans les domaines de la biologie moléculaire et de la génétique aussi bien que celui de la virologie. Le présent chapitre est centré sur les virus qui utilisent les organismes eucaryotes comme hôtes. Bien que les virus de plantes et d'insectes soient décrits, l'intérêt principal est porté aux virus d'animaux car ils sont particulièrement bien étudiés d'une part et d'autre part, ils sont les agents responsables de nombreuses maladies humaines importantes. Le chapitre se termine par un court résumé de nos connaissances sur des agents infectieux de structure encore plus simple que les virus : les viroïdes et les prions.

Le chapitre présentera d'abord les virus d'animaux. Ces virus ont non seulement une grande importance pratique mais sont aussi les mieux étudiés des groupes viraux décrits dans ce chapitre.

18.1 La classification des virus d'animaux

Quand les microbiologistes commencèrent à classifier les virus d'animaux, ils prirent naturellement comme critères les préférences d'hôtes de chaque virus. Malheureusement, ces critères ne sont pas tous également utiles. Par exemple, beaucoup de virus infecteront une large variété d'animaux et un animal défini pourra être envahi par plusieurs virus différents. Ainsi, le spectre d'hôtes manque de la spécificité requise pour distinguer les virus les uns des autres. Les classifications modernes sont principalement basées sur la morphologie du virus, les caractéristiques physiques et la nature chimique des constituants du virion ainsi que les parentés génétiques.

La morphologie est probablement le caractère le plus important dans la classification des virus. Les virus d'animaux peuvent être étudiés au microscope électronique à transmission à l'intérieur de la cellule hôte ou à l'état libre. Comme on l'a vu au chapitre 16, la nature de l'acide nucléique du virus est fondamentale. Les propriétés de l'acide nucléique telles son type (ADN ou ARN), simple ou double brin, sa taille et son éventuelle segmentation, sont toutes très utilisées. Les parentés génétiques peuvent être évaluées par des techniques comme l'hybridation des acides nucléiques, la détermination de la séquence de l'acide nucléique et des protéines et la recherche des capacités de recombinaison.

Une brève description de la classification des virus d'animaux à ADN et à ARN est présentée dans les **figures 18.1** et **18.2**. La **figure 18.3** résume ces données par des schémas.

1. Donnez les caractéristiques les plus importantes qui servent à identifier les virus animaux (figures 18.1, 18.2, et 18.3). Quelles autres propriétés utilise-t-on pour déterminer la parenté entre différents virus ?

18.2 La multiplication des virus d'animaux

La multiplication des virus d'animaux a beaucoup de caractères similaires à celle des phages ; elle peut être divisée en plusieurs étapes : adsorption, pénétration et décapsidation, réplication des acides nucléiques viraux, synthèse et assemblage des capsides et libération des virus matures. Chacune de ces étapes sera brièvement décrite.

Adsorption des virions

Comme pour un phage, la première étape du cycle d'un virus d'animal est l'adsorption à la surface de la cellule hôte. Elle se produit à la suite de collisions au hasard entre le virion et un site récepteur à la membrane plasmique, celui-ci est fréquemment une glycoprotéine (protéine où sont fixés des glucides par liaison covalente). Comme de la possibilité de se lier à la cellule dépend en grande partie la capacité d'un virus à infecter cette cellule, la distribution des récepteurs joue un rôle crucial dans la sensibilité des tissus et des organismes aux virus d'animaux. Par exemple, les récepteurs du poliovirus ne se trouvent chez l'homme qu'au niveau du nasopharynx, du tube digestif et des cellules de la corne antérieure de la moelle épinière ; au contraire, presque tous les tissus contiennent les récepteurs du virus de la rougeole. La différence de distribution des récepteurs pour ces deux virus aide à expliquer ce qui sépare la poliomyélite de la rougeole.

Les récepteurs spécifiques auxquels les virus se fixent sont une grande variété de protéines cellulaires, mais ce sont toujours des protéines de surface nécessaires à la cellule. Comme nous le verrons brièvement, les virus pénètrent souvent dans les cellules par endocytose. Ils trompent la cellule hôte en s'attachant à des molécules superficielles qui sont normalement internalisées par endocytose. Ils sont ainsi transportés passivement dans la cellule. Ces protéines cellulaires superficielles sont généralement des récepteurs qui fixent les hormones ou d'autres molécules essentielles à la fonction de la cellule dans l'organisme (**tableau 18.1**).

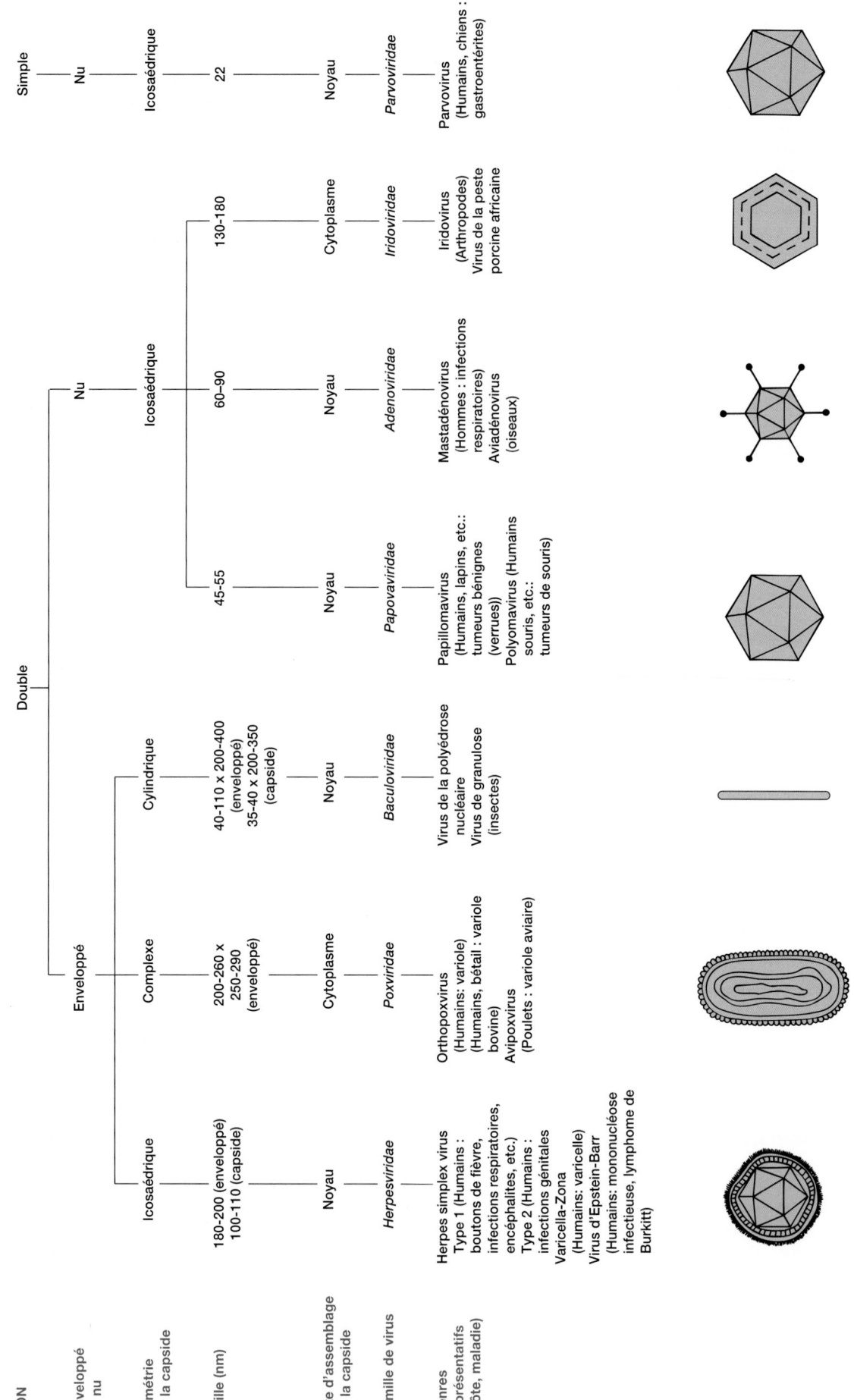

ADN	Double										Simple
Enveloppé ou nu	Enveloppé			Nu							Nu
Symétrie de la capside	Icosaédrique	Complexe	Cylindrique	Icosaédrique							Icosaédrique
Taille (nm)	180-200 (enveloppé) 100-110 (capside)	200-260 x 250-290 (enveloppé)	40-110 x 200-400 (enveloppé) 35-40 x 200-350 (capside)	45-55	60-90	130-180					22
Site d'assemblage de la capside	Noyau	Cytoplasme	Noyau	Noyau	Noyau	Cytoplasme					Noyau
Famille de virus	*Herpesviridae*	*Poxviridae*	*Baculoviridae*	*Papovaviridae*	*Adenoviridae*	*Iridoviridae*					*Parvoviridae*
Genres représentatifs (Hôte, maladie)	Herpes simplex virus Type 1 (Humains : boutons de fièvre, infections respiratoires, encéphalites, etc.) Type 2 (Humains : infections génitales Varicella-Zona (Humains: varicelle) Virus d'Epstein-Barr (Humains: mononucléose infectieuse, lymphome de Burkitt)	Orthopoxvirus (Humains: variole) (Humains, bétail : variole bovine) Avipoxvirus (Poulets : variole aviaire)	Virus de la polyédrose nucléaire Virus de granulose (insectes)	Papillomavirus (Humains, lapins, etc.: tumeurs bénignes (verrues)) Polyomavirus (Humains souris, etc.: tumeurs de souris)	Mastadénovirus (Hommes : infections respiratoires) Aviadénovirus (oiseaux)	Iridovirus (Arthropodes) Virus de la peste porcine africaine					Parvovirus (Humains, chiens : gastroentérites)

Figure 18.1 Taxinomie des virus d'animaux à ADN.

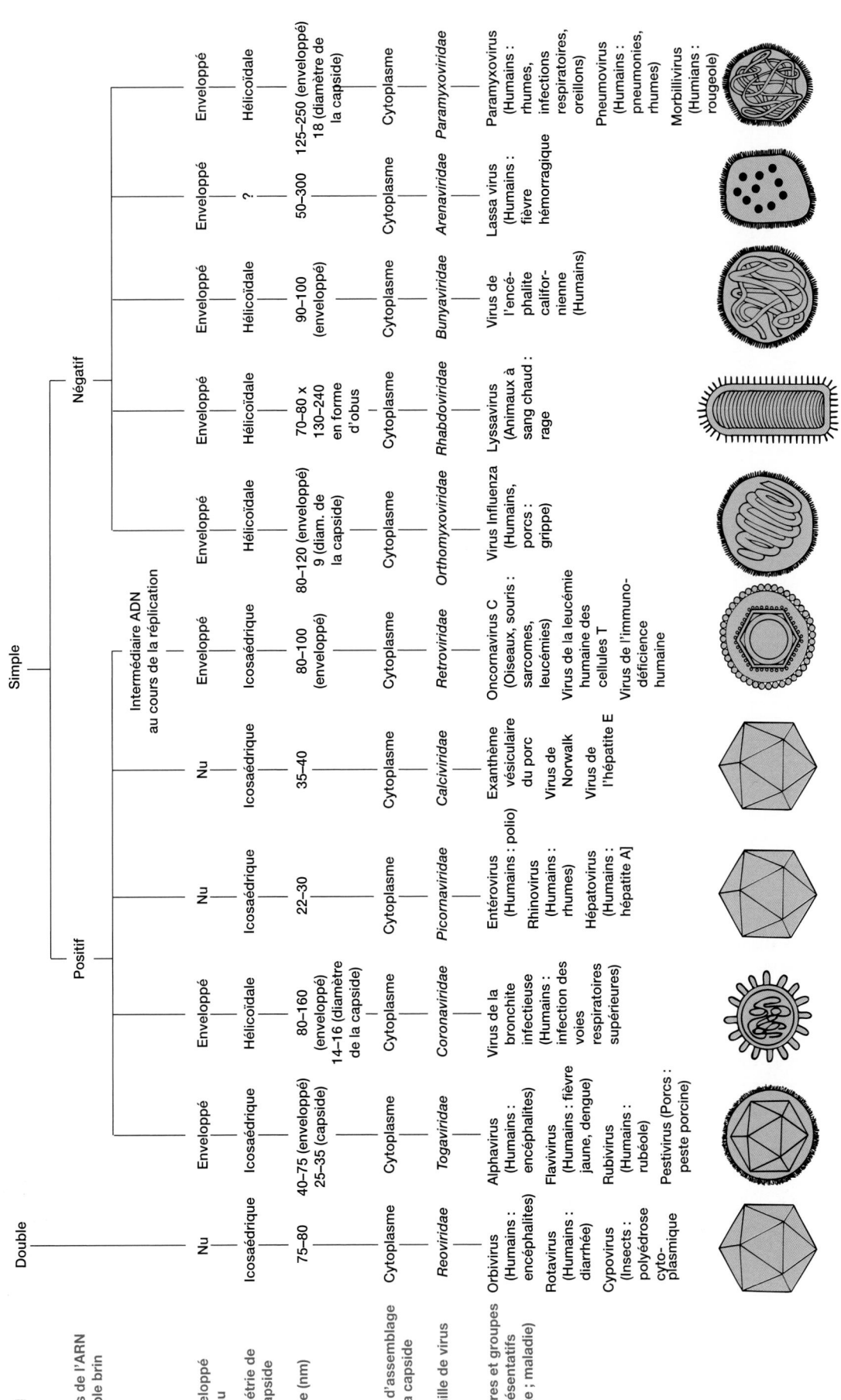

	Reoviridae	Togaviridae	Coronaviridae	Picornaviridae	Caliciviridae	Retroviridae	Orthomyxoviridae	Rhabdoviridae	Bunyaviridae	Arenaviridae	Paramyxoviridae
ARN	Double	Simple									
Sens de l'ARN simple brin		Positif	Positif	Positif	Positif		Négatif	Négatif	Négatif	Négatif	Négatif
Intermédiaire ADN au cours de la réplication						Intermédiaire ADN au cours de la réplication					
Enveloppé ou nu	Nu	Enveloppé	Enveloppé	Nu	Nu	Enveloppé	Enveloppé	Enveloppé	Enveloppé	Enveloppé	Enveloppé
Symétrie de la capside	Icosaédrique	Icosaédrique	Hélicoïdale	Icosaédrique	Icosaédrique	Icosaédrique	Hélicoïdale	Hélicoïdale	Hélicoïdale	?	Hélicoïdale
Taille (nm)	75–80	40–75 (enveloppé) 25–35 (capside)	80–160 (enveloppé) 14–16 (diamètre de la capside)	22–30	35–40	80–100 (enveloppé)	80–120 (enveloppé) 9 (diam. de la capside)	70–80 x 130–240 en forme d'obus	90–100 (enveloppé)	50–300	125–250 (enveloppé) 18 (diamètre de la capside)
Site d'assemblage de la capside	Cytoplasme	Cytoplasme	Cytoplasme	Cytoplasme	Cytoplasme	Cytoplasme	Cytoplasme	Cytoplasme	Cytoplasme	Cytoplasme	Cytoplasme
Genres et groupes représentatifs (Hôte ; maladie)	Orbivirus (Humains : encéphalites) Rotavirus (Humains : diarrhée) Cypovirus (Insects : polyédrose cytoplasmique)	Alphavirus (Humains : encéphalites) Flavivirus (Humains : fièvre jaune, dengue) Rubivirus (Humains : rubéole) Pestivirus (Porcs : peste porcine)	Virus de la bronchite infectieuse (Humains : infection des voies respiratoires supérieures)	Entérovirus (Humains : polio) Rhinovirus (Humains : rhumes) Hépatovirus (Humains : hépatite A)	Exanthème vésiculaire du porc Virus de Norwalk Virus de l'hépatite E	Oncornavirus C (Oiseaux, souris : sarcomes, leucémies) Virus de la leucémie humaine des cellules T Virus de l'immuno-déficience humaine	Virus Influenza (Humains, porcs : grippe)	Lyssavirus (Animaux à sang chaud : rage)	Virus de l'encéphalite californienne (Humains)	Lassa virus (Humains : fièvre hémorragique)	Paramyxovirus (Humains : rhumes, infections respiratoires, oreillons) Pneumovirus (Humains : pneumonies, rhumes) Morbillivirus (Humians : rougeole)

Figure 18.2 Taxinomie des virus d'animaux à ARN

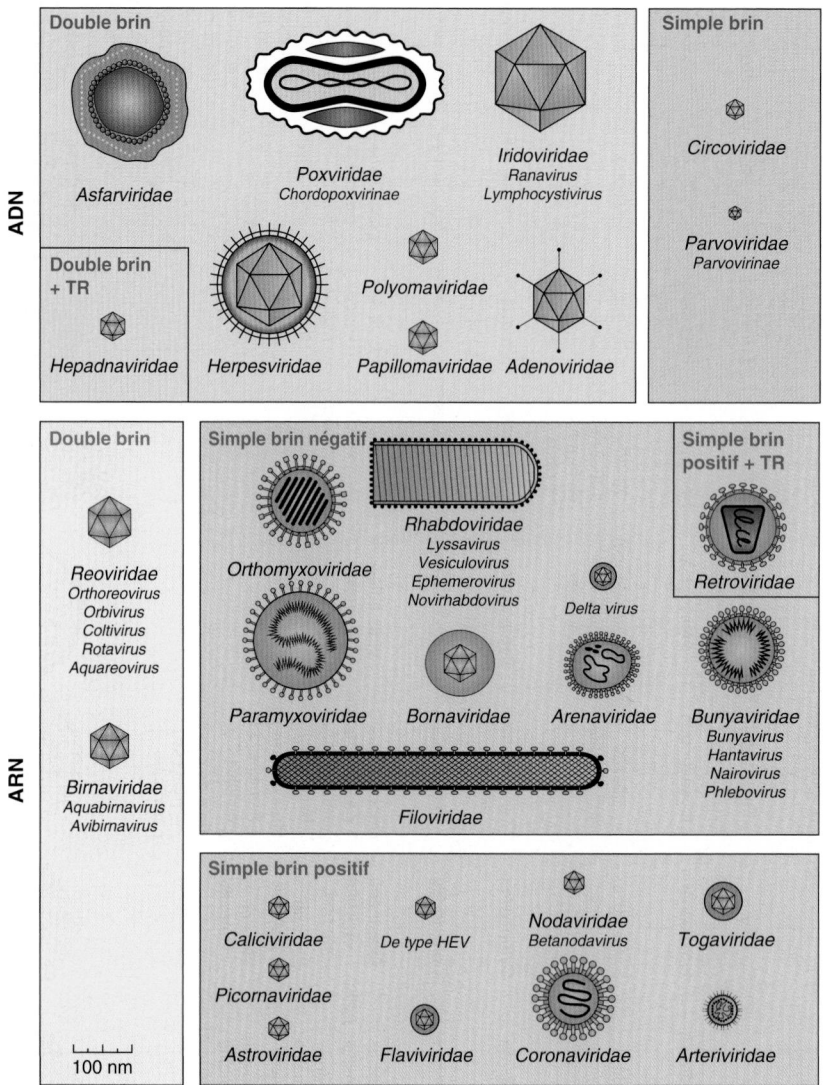

Figure 18.3 Diagramme descriptif des familles et des genres de virus qui infectent les vertébrés (TR= transcriptase réserve).

Tableau 18.1 Exemples de protéines superficielles de la cellule hôte servant de récepteurs viraux

Virus	Protéine cellulaire de surface
Adénovirus	Récepteur de Coxsackie et d'adénovirus
Virus d'Epstein-Barr	Récepteur de la protéine C3d du complément sur les lymphocytes B humains
Virus de l'hépatite A	Alpha 2-macroglobuline
Virus de l'herpès simplex, type 1	Récepteur du facteur de croissance fibroblastique (FGF), un membre de la famille des récepteurs aux facteurs de nécrose tumorale (TNF) et de croissance neuronale (NGF)
Virus de l'immunodéficience humaine	Protéine CD4 sur les cellules T auxiliaires, les macrophages et les monocytes, récepteur CXCR-4 ou CCR5
Virus de l'influenza A	Glycoprotéine contenant de l'acide sialique
Virus de la rougeole	Protéine régulatrice CD46 du complément
Poliovirus	Superfamille des immunoglobulines
Virus de la rage	Récepteur de l'acétylcholine des neurones
Rhinovirus	Molécules d'adhésion intercellulaires (ICAM) à la surface des cellules épithéliales respiratoires
Reovirus, type 3	Récepteur β-adrénergique
Rotavirus	Acide sialique acétylé sur une glycoprotéine
Vaccinia virus	Récepteur du facteur de croissance épidermique (EGF)

Beaucoup de récepteurs de la cellule sont membres de la superfamille des immunoglobulines (*voir p. 734*) un groupe de molécules qui contient des domaines d'immunoglobulines. Les membres de cette famille sont pour la plupart des protéines de surface impliquées dans la réponse immunitaire et les interactions entre cellules. Comme exemples, citons le récepteur CD4 de HIV, le récepteur des rhinovirus et le récepteur ICAM (*intercellular adhesion molecule*) du poliovirus. Dans certains cas, deux ou plus de récepteurs cellulaires sont impliqués dans l'attachement. Le virus de l'herpès interagit avec un glycosaminoglycan et un membre de la famille du récepteur des TNF/NGF (facteur de nécrose tumoral/facteur de croissance neuronal) ; HIV utilise CD4 et CXCR4 (fusine) ou le récepteur CCR5, tous deux récepteurs de chimiokines.

Le site impliqué à la surface du virus peut être simplement une protéine structurale de capside ou un ensemble de ces protéines. Chez certains virus, par exemple le poliovirus et les rhinovirus, le site de fixation est au fond d'une dépression de la surface. Ce site peut fixer les projections superficielles de la cellule réceptrice mais ne peut être atteint par les anticorps de l'hôte. Les glycoprotéines d'enveloppe servent aussi à l'absorption et la pénétration des virus enveloppés. Chez le virus de l'herpès par exemple, deux glycoprotéines d'enveloppe sont nécessaires à la fixation du virus, et au moins 4 autres glycoprotéines participent à la pénétration. Dans d'autres cas, le virus s'attache à la cellule hôte par des fibres spéciales comme celles qui garnissent les sommets de l'icosaèdre d'un adénovirus (*voir figure 16.12*h) ou les projections des virus enveloppés. Comme mentionné au chapitre 16, le virus influenza possède des projections de deux types : l'hémagglutinine et la neuraminidase (*voir figure 16.17*a,b). L'hémagglutinine est impliquée dans l'attachement au site récepteur cellulaire, elle reconnaît l'acide sialique (acide N-acétylneuraminique). Les maladies virales humaines (chapitre 38).

Pénétration et décapsidation

Les virus traversent la membrane plasmique et pénètrent dans la cellule hôte dès après adsorption. La décapsidation du virus, c'est-à-dire la perte de la capside et la libération de l'acide nucléique, se produit pendant la pénétration ou tout de suite après. Les deux événements seront décrits en même temps. Les mécanismes de pénétration et de décapsidation doivent différer avec le type de virus puisque les virus ont des structures et des modes de réplication si divers. Par exemple, l'entrée d'un virus enveloppé dans une cellule sera différente de celle des virions nus. De plus, certains virus injectent seulement leur acide nucléique, tandis que d'autres doivent assurer la pénétration d'une ARN ou d'une ADN polymérase associée au génome viral. Le processus complet, depuis l'adsorption jusqu'à la fin de la décapsidation prend de quelques minutes à plusieurs heures.

Les mécanismes détaillés de la pénétration et de la décapsidation sont encore obscurs ; il est possible que trois modes d'entrée différents soient utilisés (**figure 18.4**).

1. Au moins chez certains virus nus comme le poliovirus, la structure de la capside subit des modifications majeures au moment de l'adsorption à la membrane, avec pour conséquence la libération du seul acide nucléique dans le cytoplasme.

2. L'enveloppe des paramyxovirus et probablement celle d'autres virus enveloppés, paraît fusionner directement avec la membrane plasmique cellulaire. La fusion implique des glycoprotéines d'enveloppe particulières dites de fusion, qui se fixent aux protéines de la membrane plasmique. Deux phénomènes se produisent alors : les lipides membranaires se réarrangent avec mélange des moitiés adjacentes des membranes en contact et un pore de fusion se forme de nature protéique. Finalement, la nucléocapside pénètre dans le cytoplasme de la cellule hôte où la décapsidation se termine. Une polymérase virale, associée à la nucléocapside, commence alors la transcription de l'ARN viral encore encapsidé.

3. La majorité des virus enveloppés pénètrent dans les cellules par une troisième route : un processus d'endocytose médié par récepteur, ils sont inclus dans des **vésicules tapissées** (« coated vesicles »). Les virus s'attachent aux puits tapissés, régions spécialisées de la membrane recouverte du côté cytoplasmique par une protéine appelée clathrine. Les puits se referment alors pour former des vésicules tapissées remplies de virus, celles-ci fusionnent avec les lysosomes après enlèvement de la clathrine. Les enzymes des lysosomes peuvent aider à la décapsidation du virus et souvent, le pH faible de l'endosome déclenche la décapsidation. Dans certains cas au moins, l'enveloppe virale fusionne avec la membrane lysosomiale et la capside (qui peut avoir été partiellement dégradée par les enzymes lysosomiales) est libérée à l'intérieur du cytoplasme. L'acide nucléique viral peut ensuite sortir de la capside ou fonctionner alors qu'il est encore attaché aux constituants de la capside.

Réplication et transcription des virus à ADN

La première partie de cette phase de synthèse, gouvernée par les **gènes précoces**, est dévolue au détournement de la cellule hôte et à la synthèse des ARN et des ADN viraux. Certains virus d'animaux virulents inhibent la synthèse de l'ADN cellulaire, de l'ARN et des protéines, même si l'ADN cellulaire n'est généralement pas dégradé. Au contraire, des virus non virulents peuvent réellement stimuler la synthèse des macromolécules de l'hôte. La réplication de l'ADN se déroule généralement dans le noyau cellulaire ; les poxvirus sont des exceptions car leur génome est répliqué dans le cytoplasme. L'ARN messager -au moins l'ARNm précoce- est transcrit de l'ADN par des enzymes de l'hôte, à l'exception de nouveau de l'ARNm précoce des poxvirus qui est synthétisé par une polymérase virale. Nous prendrons quelques exemples de multiplication de virus à ADN pour illustrer ces généralités.

Les parvovirus, dont le génome est fait d'une seule petite molécule d'ADN simple brin d'environ 4 800 bases, sont les virus à ADN les plus simples (*voir figure 16.12*a). Le génome est si petit qu'il ne dirige la synthèse que de trois polypeptides seulement, tous constituants de la capside. Même ainsi, le virus doit faire appel à des gènes chevauchants pour pouvoir adapter trois gènes dans une si petite molécule. Cela signifie que les séquences en bases qui codent pour les trois chaînes polypeptidiques se chevauchent et sont lues dans des cadres de lecture différents (*voir section 11.5*). Comme le génome ne dirige la synthèse d'aucune enzyme, le virus utilise les enzymes de la cellule hôte pour tous les processus biosynthétiques. Ainsi, l'ADN viral ne peut être répliqué que dans un noyau en phase S du cycle cellulaire quand la cellule réplique elle-même son ADN. Le code génétique et la structure des gènes (p. 240-44).

Les herpèsvirus constituent un grand groupe de virus enveloppés, en icosaèdre, contenant de l'ADN double brin et respon-

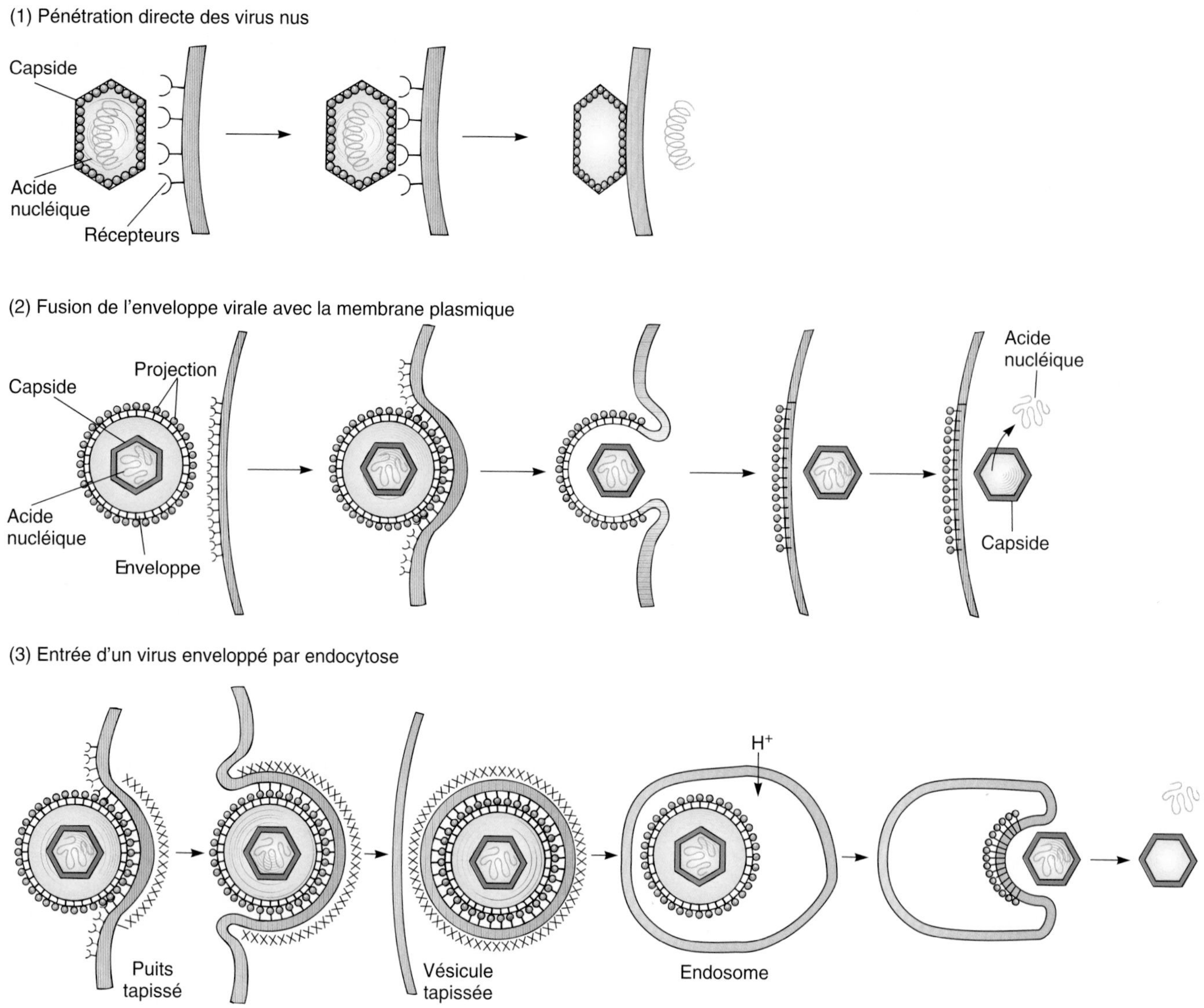

(1) Pénétration directe des virus nus

(2) Fusion de l'enveloppe virale avec la membrane plasmique

(3) Entrée d'un virus enveloppé par endocytose

Figure 18.4 La pénétration des virus d'animaux Mécanismes d'attachement des virus d'animaux et entrée dans les cellules hôtes. Voir texte pour la description de ces trois modes d'entrée.

sables d'une variété de maladies importantes tant humaines qu'animales (*voir figure 16.17e*). Le génome est une molécule d'ADN linéaire d'environ 160.000 paires de bases, qui contient au moins 50 à 100 gènes. Immédiatement après décapsidation, l'ADN est transcrit par l'ARN polymérase de l'hôte pour former des messagers qui dirigent la synthèse de plusieurs protéines précoces, principalement des protéines de régulation et les enzymes nécessaires à la réplication de l'ADN viral (**figure 18.5** étapes 1 et 2). L'ADN se circularise et sa réplication par une ADN polymérase spécifique du virus, débute dans le noyau cellulaire environ quatre heures après l'infection (étape 3). La synthèse de l'ADN de l'hôte diminue graduellement au cours d'une infection virale létale (mais toutes les infections herpétiques ne résultent pas en la mort cellulaire immédiate). Les herpèsvirus et la maladie (p. 871-72 et 884-87).

Les poxvirus, tel le virus de la vaccine, sont les plus grands virus connus et leur morphologie est complexe (*voir figure 16.18*). Leur ADN double brin compte plus de 200 gènes. Le virus entre par endocytose dans des vésicules tapissées ; le nucléoïde central s'échappe du lysosome et pénètre dans la matrice cytoplasmique. Le nucléoïde contient l'ADN et l'ARN polymérase ADN-dépendante qui synthétise les ARNm précoces, l'un de ceux-ci dirige la production d'une enzyme qui termine la décapsidation du virus. L'ADN polymérase et les autres enzymes, nécessaires à la réplication de l'ADN, sont aussi synthétisées au début du cycle de multiplication ; la réplication commence environ une heure et demie après l'infection. A peu près au moment où commence la réplication de l'ADN, est initiée la transcription des ARNm tardifs. La plupart des protéines tardives sont des protéines de structure utilisées pour la construction de la capside. Le cycle complet d'un poxvirus prend environ 24 heures. Les maladies dues aux poxvirus (p. 876).

Les hépadnavirus, comme le virus de l'hépatite B, sont très différents des autres virus à ADN quant à leur mode de réplication. Ils possèdent un génome circulaire d'ADN double brin mais répliquent cet ADN à l'aide d'une transcription inverse (p. 407). Après infec-

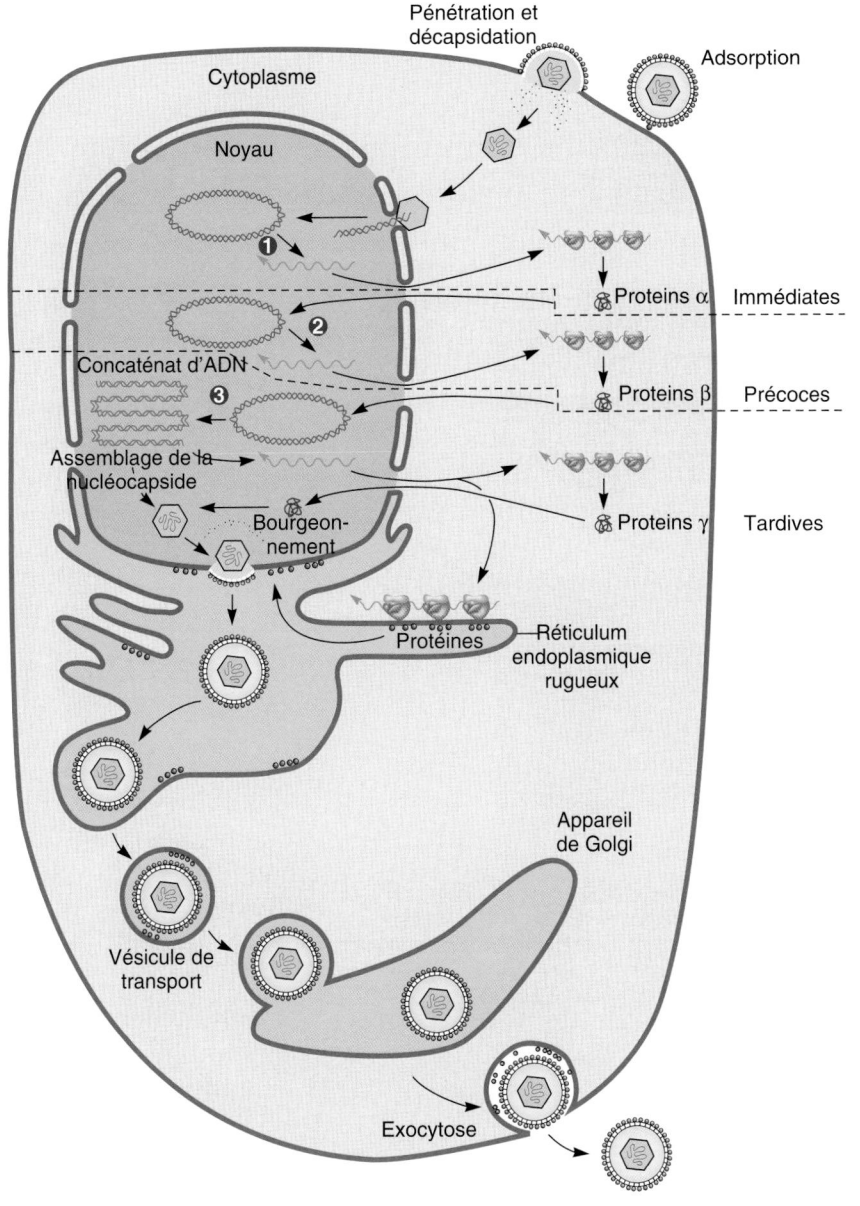

Cytoplasme

Noyau

Pénétration et décapsidation

Adsorption

①

②

Concaténat d'ADN

③

Assemblage de la nucléocapside

Bourgeon-nement

Protéins α — Immédiates

Protéins β — Précoces

Protéins γ — Tardives

Protéines

Réticulum endoplasmique rugueux

Appareil de Golgi

Vésicule de transport

Exocytose

Figure 18.5 Schéma du cycle de multiplication du virus Herpes simplex de type 1. On ne montre ici qu'une voie possible de libération des virions. Voir le texte pour les détails.

tion, l'ADN est libéré dans le noyau. Dans le noyau, l'ARN poly-mérase de l'hôte transcrit le génome viral et synthétise plusieurs ARNm dont un grand ARN de 3.4 kilobases appelé prégénome. Les ARNs migrent dans le cytoplasme et sont traduits en protéines vi-rales comme des protéines de structure et une polymérase ayant les trois activités d'ADN polymérase, de transcriptase inverse et de ri-bonucléase H. Ensuite le prégénome s'associe à l'ADN polymérase et aux protéines du nucléoïde central (« core ») pour former un nu-cléoïde immature. La transcriptase inverse transcrit alors l'ARN à partir d'une amorce protéique pour former un copie ADN- de l'ARN+ prégénomique. Lorsque la plus grande partie de l'ARN du prégénome a été dégradée par la ribonucléase H, le fragment ARN résiduel sert d'amorce à l'ADN polymérase pour copier la chaîne ADN– et reformer le génome en ADN double brin. Finalement, la nucléocapside est terminée. Le virus de l'hépatite B et maladies (p. 889-90).

Réplication et transcription des virus à ARN

Les virus à ARN sont beaucoup plus divers dans leur stratégie de multiplication que ne le sont les virus à ADN. La plupart des virus à ARN se rangent dans l'un des quatre groupes généraux sur la base, d'une part, de leur mode de réplication et de transcription et d'autre part, de leur relation avec le génome de la cellule hôte. La **figure 18.6** résume les cycles caractéristiques de ces quatre groupes. Les modèles de transcription seront discutés d'abord, en-suite les mécanismes de réplication de l'ARN.

La transcription chez les virus à ARN, autres que les rétrovi-rus (considérés brièvement à part), varie avec la nature du génome viral. Les picornavirus comme le poliovirus, sont les mieux étudiés parmi les virus à ARN simple brin positif. Ils utilisent leur ARN génomique comme un ARNm géant et les ribosomes de l'hôte syn-thétisent un énorme polypeptide qui sera alors clivé par des en-

(a) Virus à ARN simple brin positif (picornavirus)

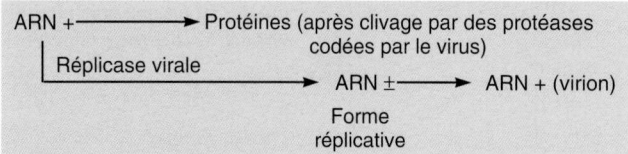

(b) Virus à ARN double brin (réovirus)

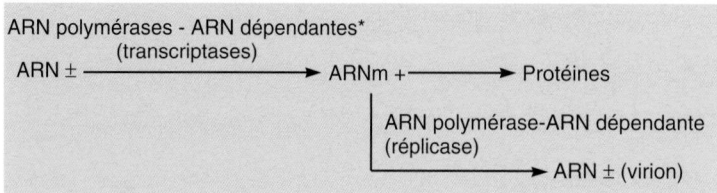

(c) Virus à ARN simple brin négatif (paramyxovirus-oreillons et rougeole; orthomyxovirus-influenza)

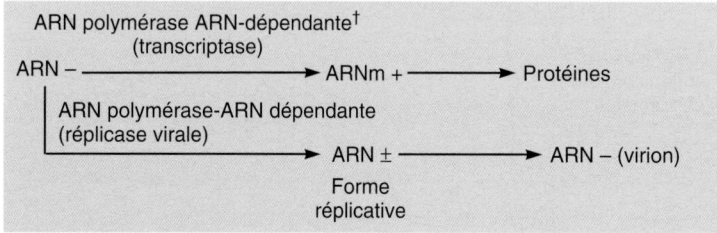

(d) Rétrovirus (virus du sacrome de Rous, HIV)

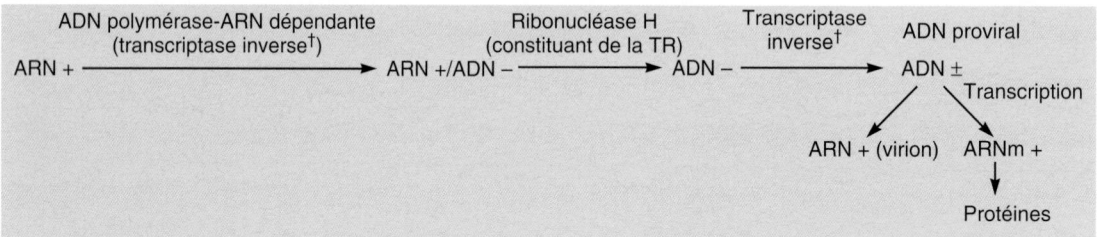

* Ensymes associées au virus et nouvellement synthétisées
† Associée au virus

Figure 18.6 Les stratégies de multiplication des virus d'animaux à ARN. Entre parenthèses, des exemples de virus usant de ces stratégies.

zymes codées par le virus de façon à générer les polypeptides appropriées (figure 18.6*a*). Les virus à ARN simple brin négatif (comme les orthomyxovirus et les paramyxovirus) dont le génome est au contraire, complémentaire de la séquence en bases de l'ARNm, doivent utiliser, pour synthétiser l'ARNm, une ARN polymérase ARN-dépendante, associée au virion et appelée **transcriptase** (figure 18.6*c* et 18.7 étape 1). Les réovirus à ARN double brin portent également une transcriptase associée au virus qui copie la chaîne négative de leur génome en ARNm. Ensuite, une nouvelle polymérase codée par le virus continuera la transcription.

Il est logique d'observer que le mode de réplication de l'ARN varie lui aussi avec le type de matériel génétique du virus. L'ARN viral est répliqué à l'intérieur de la matrice cytoplasmique de la cellule hôte. Les virus à ARN simple brin, à l'exception des rétrovirus, utilisent une **réplicase** virale qui convertit l'ARN simple brin

en une forme ARN double brin appelée **forme réplicative** (figure 18.6*a, c*). La chaîne appropriée de cet intermédiaire dirige alors la synthèse de nouveaux ARN génomiques viraux (**figure 18.7**, étape 2). Penser que la réplication est gouvernée par le principe de complémentarité, est une autre façon de voir le processus. La chaîne du génome parental dirige la synthèse du brin complémentaire qui à son tour, sert de matrice à la synthèse des nouveaux génomes viraux. Par exemple, les picornavirus ont un génome ARN+ et doivent faire un intermédiaire ARN- complémentaire pour pouvoir produire les nouveaux génomes ARN+. Les réovirus s'éloignent de façon significative de ce modèle (figure 18.6*b*). Le virion contient 10 à 13 ARN double brin différents, chacun codant pour un ARNm particulier. A la fin du cycle, une copie de chaque ARNm s'associe avec les autres ARNm et des protéines particulières pour former un grand complexe. Les ARN

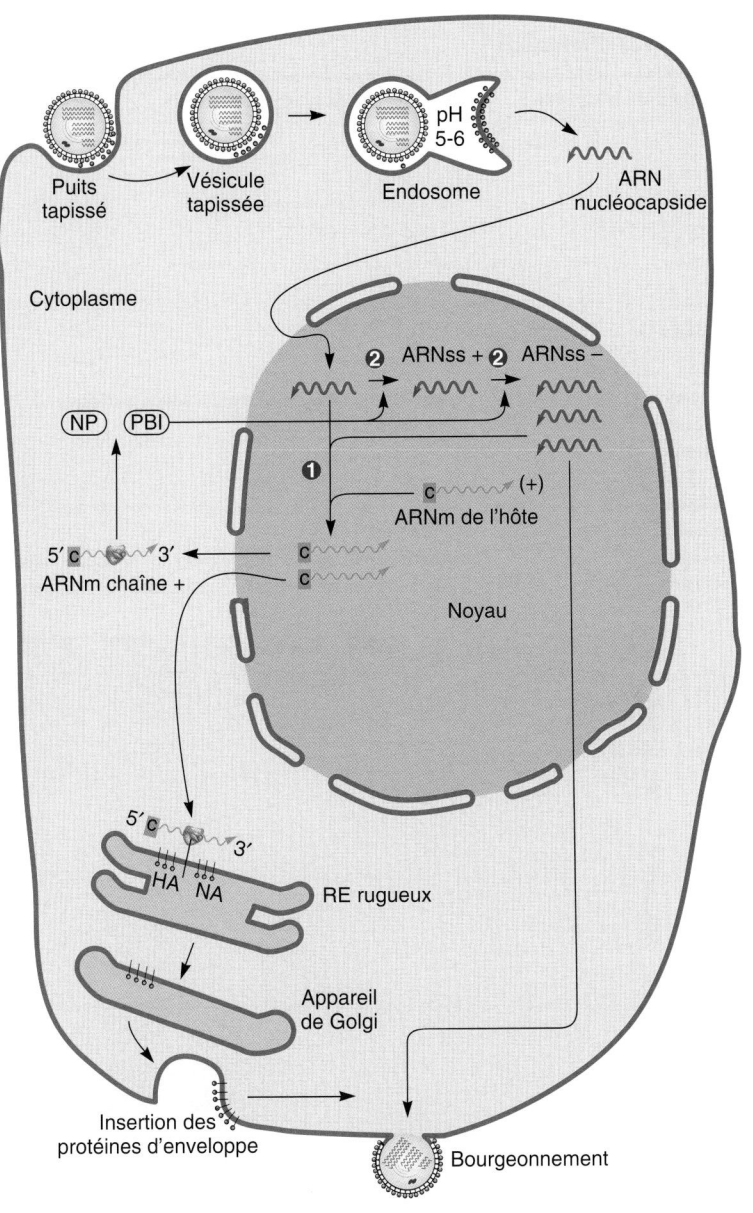

Figure 18.7 Schéma simplifié du cycle de multiplication du virus influenza. Plusieurs étapes ont été éliminées par souci de simplicité et de clarté. La transcription (étape 1) requiert un processus appelé « arrachement de coiffe » dans lequel les ARN de l'hôte sont clivés à environ 10-13 nucléotides de l'extrémité 5' et les fragments porteurs de coiffe sont utilisés comme amorces pour la synthèse des ARNm viraux. Abréviations : PB1, ARN polymérase ; NP, protéine de nucléocapside ; HA, hémagglutinine et NA, neuraminidase.

de ce complexe sont alors copiés par la réplicase virale, ceci génère un génome double brin, qui est incorporé dans les nouveaux virions. Les réovirus, orthomyxovirus et paramyxovirus utilisent normalement une polymérase unique pour la réplication et la transcription. Son mode d'action dépend des protéines associées et d'autres facteurs.

Les **rétrovirus**, tel le virus de l'immunodéficience humaine (*voir figure 16.17d*) possèdent des génomes d'ARN simple brin mais diffèrent de tous les autres virus à ARN en ce qu'ils synthétisent l'ARNm et répliquent leur génome en passant par des intermédiaires d'ADN. Le virus possède en effet une ADN polymérase ARN-dépendante appelée **transcriptase inverse** qui copie l'ARN + génomique en ADN- (voir figure de début de chapitre, et figure 18.6d, voir aussi figure 38.9). De façon très intéressante, le génome porte un ARN de transfert qui constitue l'amorce nécessaire à la synthèse de l'acide nucléique (*voir section 11.3*). La

transformation de l'ARN en ADN se fait en deux étapes. D'abord, la transcriptase inverse copie l'ARN+ pour former un hybride ARN-ADN. Ensuite, la **ribonucléase H**, qui fait partie de la transcriptase inverse, dégrade la chaîne ARN+. Ayant synthétisé l'ADN-, la transcriptase inverse copie cette chaîne pour produire un ADN double brin appelé **ADN proviral**, celui-ci peut diriger la synthèse des ARNm et des copies nouvelles d'ARN + du génome viral. Il faut remarquer que, au cours de ce processus, l'information génétique passe d'un ARN sur un ADN plutôt que dans le sens habituel.

La multiplication des rétrovirus a un autre caractère remarquable. Après production de l'ADN proviral, celui-ci est intégré dans le chromosome de la cellule hôte. Les produits viraux ne sont formés qu'après cette intégration. Dans certains cas, les virus intégrés peuvent transformer les cellules hôtes en cellules tumorales.

La biologie du virus HIV et le SIDA (p. 878-84)

Tableau 18.2 **Les sites intracellulaires de multiplication des virus d'animaux**

Virus	Réplication de l'acide nucléique	Assemblage de la capside	Membrane de bourgeonnement
Virus à ADN			
Adénovirus	Noyau	Noyau	
Hépadnavirus	Cytoplasme	Cytoplasme	Réticulum endoplasmique
Herpèsvirus	Noyau	À l'enveloppe nucléaire	Enveloppe nucléaire
Papillomavirus	Noyau	Noyau	
Parvovirus	Noyau	Noyau	
Polyomavirus	Noyau	Noyau	
Poxvirus	Cytoplasme	Cytoplasme	
Virus à ARN			
Coronavirus	Cytoplasme	Cytoplasme	Appareil de Golgi et réticulum endoplasmique
Orthomyxovirus	Noyau	Cytoplasme	Membrane plasmique
Paramyxovirus	Cytoplasme	Cytoplasme	Membrane plasmique
Picornavirus	Cytoplasme	Cytoplasme	
Réovirus	Cytoplasme	Cytoplasme	
Rétrovirus	Cytoplasme et noyau	À la membrane plasmique	Membrane plasmique
Rhabdovirus	Cytoplasme	Cytoplasme	Membrane plasmique, membranes intracytoplasmiques
Togavirus	Cytoplasme	Cytoplasme	Membrane plasmique, membranes intracytoplasmiques

Synthèse et assemblage des capsides virales

Certains **gènes tardifs** dirigent la synthèse des protéines capsidiales, la capside se forme alors par auto-assemblage spontané comme dans le cas de la morphogenèse d'un bactériophage. Le processus d'auto-assemblage a été démontré récemment d'une manière frappante : l'addition d'ARN de poliovirus à un extrait de cellules humaines non infectées (cellules HeLa) donne naissance à de nouvelles particules de poliovirus infectieuses. Il apparaît qu'au cours de l'assemblage de virus icosaédriques, des **procapsides** vides se forment d'abord ; l'acide nucléique est ensuite inséré par un mécanisme inconnu. L'endroit où se déroule cette morphogenèse varie avec le virus (**tableau 18.2**). Au site de maturation du virus, on observe souvent de grands amas paracristallins de virions complets ou de procapsides (**figure 18.8**). L'assemblage des capsides de virus enveloppés est généralement semblable à celui des virions nus, sauf dans le cas des poxvirus. Ceux-ci sont assemblés dans le cytoplasme au cours d'un processus long et complexe qui débute par la synthèse d'une nouvelle membrane enfermant un peu de la matrice cytoplasmique. L'ADN nouvellement synthétisé se condense alors, passe à travers la membrane et atteint le centre du virus immature. Le nucléoïde et les corps latéraux se forment ensuite à l'intérieur de la membrane.

Libération des virions

Les mécanismes de libération diffèrent entre virus nus et virus enveloppés. Les virus nus sont le plus souvent relâchés après lyse de la cellule hôte. Au contraire, la formation des enveloppes et la libération des virus enveloppés sont des processus généralement simultanés et la cellule hôte peut continuer à libérer des virus pendant un certain temps. D'abord, les protéines virales sont incorporées à la membrane plasmique. Ensuite, la nucléocapside sort avec une enveloppe formée par bourgeonnement de la membrane (**figures 18.9** *et* **18.10**). Dans certaines familles de virus, une protéine particulière appelée M pour protéine de matrice, se fixe à la membrane plasmique et facilite le bourgeonnement. Bien que la plupart des enveloppes proviennent d'une membrane plasmique modifiée, le bourgeonnement et la formation de l'enveloppe chez les herpèsvirus

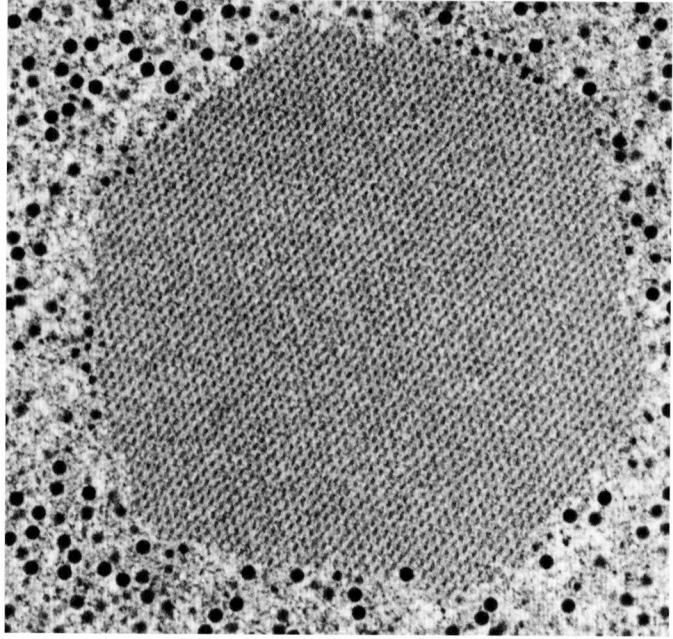

Figure 18.8 Les amas paracristallins. Un arrangement cristallin d'adénovirus à l'intérieur du noyau cellulaire (x 35.000).

impliquent généralement l'enveloppe nucléaire (tableau 18.2). Les enveloppes peuvent aussi provenir du réticulum endoplasmique, de l'appareil de Golgi et d'autres membranes internes.

De façon intéressante, on a découvert que les filaments d'actine peuvent aider à la libération des virions. Beaucoup de virus modifient les microfilaments d'actine du cytosquelette de la cellule hôte (*voir p. 79*). Par exemple, le virus de la vaccine forme de longues queues d'actine et les utilise pour se propager à l'intérieur de la cellule à une vitesse atteignant 2,8 µm par minute. Les filaments d'actine propulsent également le virus vaccinal à travers la membrane plasmique. Ainsi le virus s'échappe sans détruire la cellule hôte pour infecter les cellules adjacentes.

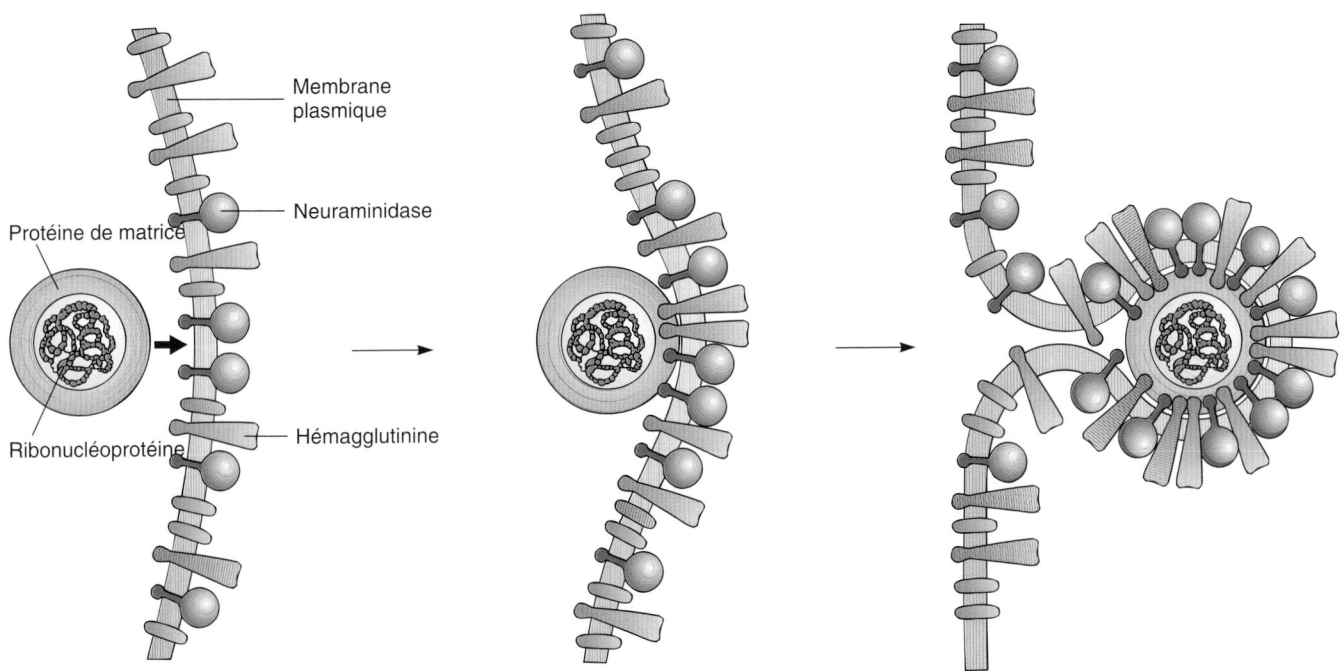

Figure 18.9 La libération du virus influenza par bourgeonnement de la membrane plasmique. En premier lieu, les protéines de l'enveloppe virale (hémagglutinine et neuraminidase) sont insérées dans la membrane plasmique de la cellule hôte. Ensuite, la nucléocapside s'approche de la face interne de la membrane et s'y fixe. En même temps, les protéines virales se rassemblent et les protéines membranaires de l'hôte sont exclues de ce site. Finalement, la membrane bourgeonne pour former l'enveloppe virale et libérer le virion mature.

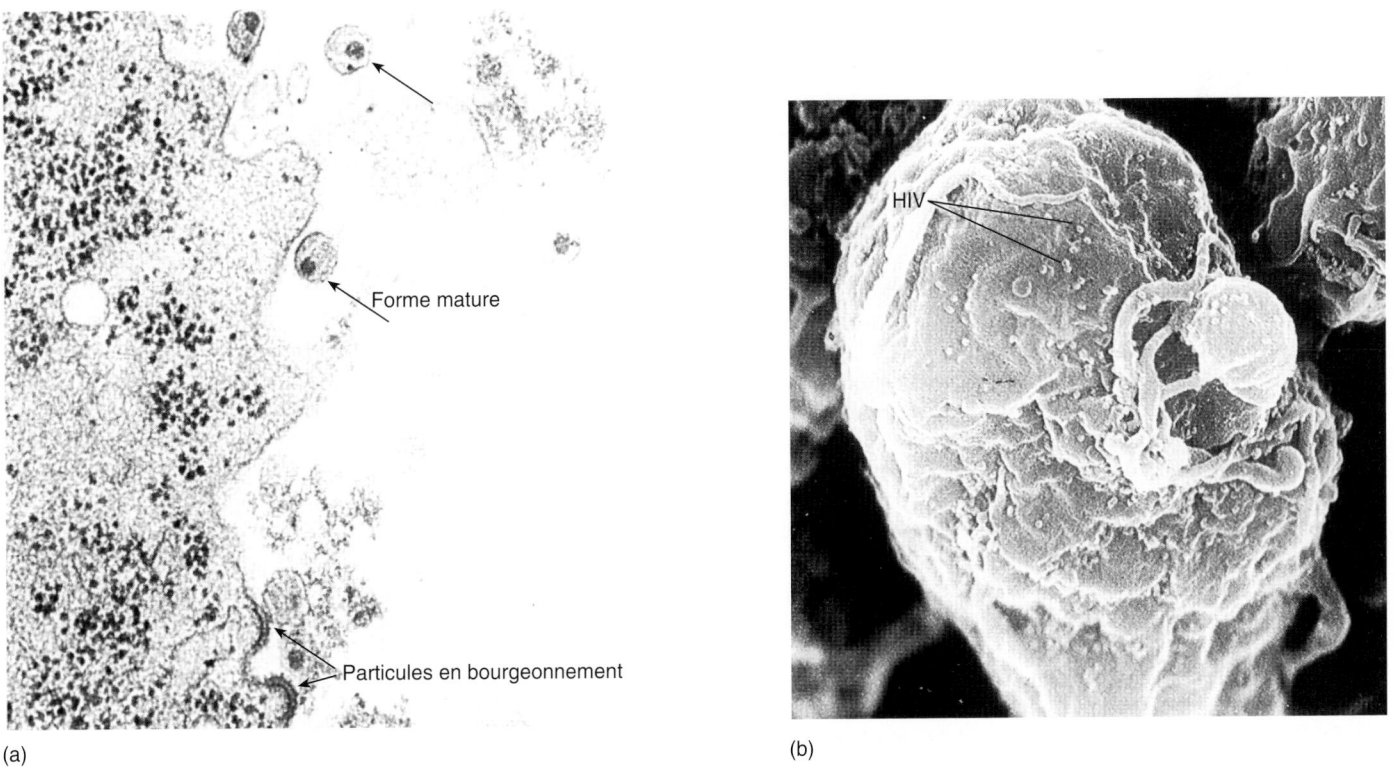

Figure 18.10 La libération du virus de l'immunodéficience humaine (HIV pour Human Immunodeficiency Virus) par bourgeonnement de la membrane plasmique. (**a**) Image au microscope électronique à transmission de particules d'HIV commençant à bourgeonner ainsi que quelques particules matures. (**b**) Image au microscope électronique à balayage de particules d'HIV bourgeonnant d'un lymphocyte.

1. Décrivez en détails chaque étape de la multiplication d'un virus d'animal et soulignez les différences avec les mêmes étapes du cycle d'un bactériophage (*voir chapitre 17*).

2. Qu'est-ce qui joue probablement le rôle le plus important dans la détermination de la spécificité de tissus et d'hôtes d'un virus ?

3. Discutez la façon dont les virus d'animaux entrent dans les cellules hôtes.

4. Décrivez en termes généraux les processus de réplication et de transcription qui se déroulent au cours de la multiplication d'un virus animal.

5. Résumez les modes de réplication et de transcription des picornavirus, des virus à ARN simple brin -, et des réovirus.

6. Détaillez le cycle biologique des rétrovirus. Qu'est ce qu'un ADN proviral ?

7. Quelles sont les deux voies de libération des virus de leurs cellules hôtes animales ?

8. Définissez les termes suivants : décapsidation, vésicules tapissées, gènes chevauchants, forme réplicative, transcriptase inverse et gènes tardifs.

18.3 Les infections cytocides et le dommage cellulaire

Une infection qui entraîne la mort de la cellule est une **infection cytocide**. Les virus d'animaux peuvent nuire à leurs cellules hôtes de multiples manières, ce qui conduit souvent à la mort de la cellule. Comme mentionné plus haut (*voir section 16.3*), on appelle effets cytopathiques, des modifications dégénératives ou des altérations microscopiques et macroscopiques des cellules hôtes et des tissus, ces effets résultent souvent d'infections virales. Sept mécanismes par lesquels la cellule peut être endommagée vont être brièvement décrits ici.

1. Beaucoup de virus sont capables d'inhiber les synthèses d'ADN, d'ARN et de protéines de l'hôte. Les virus cytocides (comme les picornavirus, les herpèsvirus et les adénovirus) sont particulièrement actifs à cet égard. Les mécanismes de ces inhibitions ne sont pas encore clairs.

2. Les lysosomes cellulaires peuvent être endommagés, ce qui résulte en la libération d'enzymes hydrolytiques et la destruction cellulaire.

3. Une infection virale peut altérer de façon drastique les membranes plasmiques par insertion de protéines virales et de ce fait, les cellules infectées sont attaquées par le système immunitaire. Lorsqu'elles sont infectées par des virus tels les herpèsvirus et le virus de la rougeole, 50 à 100 cellules sont susceptibles de fusionner en une cellule anormale, géante, multinucléée appelée polycaryocyte. Le virus du SIDA (*voir chapitre 38*) détruirait au moins en partie les lymphocytes T auxiliaires CD4$^+$ par des effets au niveau de la membrane plasmique.

4. Des concentrations élevées en protéines de différents virus (comme le virus des oreillons et le virus influenza) ont un effet toxique direct sur les cellules et les organismes.

5. Des **inclusions** sont formées au cours de nombreuses infections virales. Celles-ci résultent de l'agrégation de sous-unités ou de virions complets à l'intérieur du noyau ou du cytoplasme (comme les corps de Négri dans les infections rabiques) ; elles peuvent aussi contenir des constituants cellulaires comme des ribosomes (dans les infections à arénavi-

rus) ou de la chromatine (herpèsvirus). Quelle que soit leur composition, ces inclusions arrivent à disloquer directement la structure cellulaire.

6. Des cassures chromosomiques résultent d'infections par les virus herpétiques et d'autres virus.

7. Finalement, la cellule hôte peut ne pas être détruite directement mais être transformée en une cellule maligne. Ce point sera discuté plus loin dans le chapitre.

Il faut remarquer qu'un effet cytopathique implique souvent plus d'un de ces mécanismes.

18.4 Les infections virales persistantes, latentes et lentes

Beaucoup d'infections virales (comme l'influenza) sont des **infections aiguës** ; ce qui signifie qu'elles se déclarent rapidement et durent un temps relativement court. Cependant, un certain nombre de virus peuvent établir des **infections persistantes**. Il existe plusieurs types d'infections persistantes. Dans les infections virales **chroniques**, le virus est presque toujours détectable et il y a peu ou pas de symptômes cliniques pendant des années. Le virus de l'hépatite B (hépatite sérique) et le virus du SIDA fournissent des exemples de ce phénomène. Au cours des **infections virales latentes**, le virus arrête de se multiplier et reste latent pendant un certain temps avant de redevenir à nouveau actif. Au cours de la latence, on ne détecte ni symptômes, ni anticorps, ni virus. Comme exemples, citons les virus Herpes simplex, de la varicelle et du zona, d'Epstein-Barr et le cytomégalovirus. Ainsi, le virus *Herpes simplex* de type1 infecte souvent les enfants puis devient latent dans les ganglions du système nerveux ; des années après, il peut être réactivé et causer les boutons de fièvre. Le virus de la varicelle est responsable de cette maladie chez les enfants puis après des années d'inactivité, il cause une maladie de la peau : le zona (une primoinfection chez l'adulte donne la varicelle). Ces exemples et d'autres de ce type d'infections sont présentés avec plus de détails au chapitre 38.

Les raisons de la persistance et de la latence sont probablement multiples, bien que les mécanismes précis en soient encore obscurs. Le génome viral peut être intégré dans le génome de la cellule hôte. Les virus sont capables de devenir moins antigéniques et ainsi moins susceptibles à l'attaque du système immunitaire. Ils peuvent subir des mutations vers des formes moins virulentes ou se multipliant plus lentement. Parfois, une délétion (*voir section 11.7*) produit une **particule défective interférante (DI)** ; celle-ci ne se multiplie pas mais diminue la réplication du virus normal réduisant ainsi les altérations cellulaires et établissant une infection chronique.

Un petit groupe de virus occasionnent des infections qui se déroulent extrêmement lentement ; elles sont souvent appelées **maladies virales lentes**, et les symptômes peuvent mettre des années à apparaître. Le virus de la rougeole produit occasionnellement une infection lente. Un enfant fait une rougeole normale, puis 5 à 12 ans après, il peut développer une maladie dégénérative du cerveau appelée la panencéphalite sclérosante subaiguë (PESS). Des lentivirus, comme le virus humain de l'immunodéficience, peuvent être responsables de maladies lentes. Il est possible que beaucoup de virus lents ne soient pas des virus conventionnels. Plusieurs maladies neurologiques humaines ou animales se développent lentement. Les mieux étudiées sont la scrapie, une maladie des moutons et des chèvres et comme maladies humaines, le kuru, l'insomnie familiale fatale, la maladie de Creutzfeldt-Jakob et la nouvelle variante de la maladie de Creutzfeldt-Jakob. On pense qu'elles sont dues à des agents non viraux, simples, appelés prions et qui sont présentés plus loin dans ce texte.

---

1. Schématisez comment les virus endommagent les cellules hôtes au cours d'infections cytocides.
2. Définissez les termes suivants : infection aiguë, infection persistante ou chronique, infection latente et maladie virale lente.
3. Pourquoi une infection peut-elle être chronique ou latente ?

18.5   Les virus et le cancer

Le **cancer** (du latin *cancer*, crabe) est un de nos problèmes médicaux les plus graves, il fait l'objet d'une recherche intensive . Une **tumeur** (du latin *tumere*, enfler) est une masse de tissus résultant d'une **néoplasie**, c'est-à-dire un développement et une multiplication anormale de cellules nouvelles dus à la perte de la régulation. Les cellules tumorales ont des formes aberrantes et des membranes plasmiques altérées contenant des antigènes tumoraux particuliers. Elles peuvent envahir les tissus avoisinants pour former des masses cellulaires inorganisées. Elles perdent souvent leurs activités métaboliques spécialisées, caractéristiques des cellules différenciées et elles ont principalement un métabolisme anaérobie. Le retour à un état plus primitif ou moins différencié est appelé **anaplasie**.

Il y a deux types majeurs de tumeurs selon leur forme générale et leur mode de croissance. Si les cellules tumorales restent en place en formant une masse compacte, la tumeur est dite bénigne. Au contraire, les cellules d'une tumeur maligne peuvent se répandre activement dans le corps par un processus appelé **métastase**, en entrant dans le courant sanguin et en établissant des tumeurs secondaires. Certains cancers ne sont pas solides mais sont des suspensions de cellules. Les leucémies, par exemple, sont constituées de globules blancs sanguins malins qui circulent dans tout le corps. En fait, il existe des dizaines de types de cancers originaires d'une grande variété de types cellulaires et affligeant tous les organismes.

Comme sa grande diversité le laisse prévoir, le cancer paraît avoir des causes multiples dont certaines seulement sont directement reliées aux virus. Il est possible que jusqu'à 30-60% des cancers soient liés aux régimes alimentaires. Un grand nombre de substances chimiques dans notre environnement sont des agents cancérogènes et peuvent causer un cancer en induisant des mutations de gènes ou en interférant avec la différenciation cellulaire normale. Le test de Ames pour la détection des agents cancérogènes (p. 253-54).

La cancérogenèse est un processus complexe à étapes multiples. Il peut être initié par un agent chimique, généralement mutagène, mais un cancer ne paraît pas se développer avant qu'au moins un autre événement ne se produise (l'exposition possible à une autre substance chimique cancérogène ou à un virus). Comme discuté plus loin, des gènes responsables de cancer ou **oncogènes** sont souvent directement impliqués ; ils proviennent de la cellule elle-même ou sont apportés par un virus. Beaucoup de ces oncogènes sont des gènes de régulation de la croissance et de la différenciation cellulaires ; par exemple, certains codent en partie ou totalement pour des facteurs de croissance qui régulent le développement cellulaire. Il est possible que les divers cancers trouvent leur origine dans différentes combinaisons de causes. Il n'est pas surprenant d'observer que les chances de développer un cancer augmentent avec l'âge car une personne plus âgée aura été exposée aux facteurs cancérogènes pour un temps plus long. La surveillance d'un cancer par le système immunitaire (*voir chapitre 32*) peut aussi être moins efficace chez des personnes plus âgées.

Bien que les virus soient connus comme la cause de beaucoup de cancers animaux, il est très difficile de prouver qu'il en est de même pour des cancers humains : évidemment, seules des méthodes d'études indirectes sont utilisées et les postulats de Koch ne peuvent être vérifiés complètement. On essaie donc de trouver des particules ou des constituants viraux dans les cellules tumorales à l'aide de techniques comme la microscopie électronique, les tests immunologiques et la recherche d'enzymes. On tâche également d'isoler les virus suspectés dans un cancer, par propagation en cultures de tissus ou sur d'autres animaux. Parfois, on peut obtenir une bonne corrélation entre un cancer et la présence d'un virus.

Actuellement, les virus ont été impliqués dans la genèse d'au moins huit cancers humains.

1. Le virus d'Epstein-Barr (EBV) est l'un des virus de cancer humain les mieux étudiés. EBV est un herpèsvirus, il est responsable d'un carcinome du nasopharynx et d'un lymphome de Burkitt, une tumeur maligne de la mâchoire et de l'abdomen qui se déclare chez les enfants d'Afrique centrale et occidentale. On a pu mettre en évidence dans des cellules tumorales, et les particules virales et le génome d'EBV ; les malades avec un lymphome de Burkitt ont aussi dans le sang des taux élevés d'anticorps dirigés contre EBV. Il est intéressant de noter qu'il y a des raisons de croire qu'une personne doit aussi être exposée à la malaria pour développer un lymphome de Burkitt. Des facteurs d'environnement doivent jouer un rôle puisque EBV, répandu aux Etats-Unis, ne cause là-bas qu'un petit nombre de cancers. Ceci peut être du à la faible incidence de la malaria aux États-Unis.
2. Le virus de l'hépatite B paraît être associé à une forme de cancer du foie et peut être intégré dans le génome humain.
3. Le virus de l'hépatite C est responsable de cirrhose du foie qui peut conduire au cancer du foie.
4. L'herpèsvirus humain 8 est associé au développement du sarcome de Kaposi.
5. La présence de certaines souches de virus de papillomes humains, a été associée au cancer du col utérin.
6. Au moins deux rétrovirus, les virus humains cellules T-lymphotropes (HTLV-I et HTLV-II pour human T-cell lymphotropic virus), paraissent capables d'induire des cancers, la leucémie à cellules T de l'adulte et la leucémie des cellules chevelues (tricholeucocytes) (*voir figure 38.17*). Il est possible qu'on découvre dans le futur d'autres rétrovirus associés à des cancers.

Les virus peuvent être responsables d'un cancer de différentes manières. Ils sont capables d' introduire des oncogènes dans une cellule et de les intégrer dans le génome. Ainsi, le virus du sarcome de Rous (un rétrovirus) porte le gène *src* codant pour une tyrosine kinase, une enzyme localisée principalement à la membrane plasmique et qui phosphoryle les résidus tyrosine d'un grand nombre de protéines cellulaires. On pense que cette activité altère la croissance et le comportement de la cellule. Comme l'activité de nombreuses protéines est régulée par phosphorylation et comme plusieurs autres oncogènes codent également pour des protéines kinases, il est possible que beaucoup de cancers proviennent au moins en partie d'une altération de la régulation cellulaire suite à des modifications d'activité d'une kinase. Les virus humains cellules T-lymphotropes, HTLV-I et HTLV-II, paraissent transformer les cellules T (*voir chapitre 32*) en produisant une protéine de régulation, celle-ci active parfois des gènes importants dans la division cellulaire en même temps qu'elle stimule la production de virus. Certains virus tumorigènes portent une ou plusieurs séquences promotrices ou stimulatrices (« enhancer ») très puissantes (*voir section 11.5*). Si ces virus s'intègrent à proximité d'un oncogène cellulaire, le promoteur ou l'« enhancer » stimulera la transcription de cet oncogène, initiant ainsi un cancer. Dans ce cas, l'oncogène peut être nécessaire à la croissance cellulaire normale (il code pour une protéine de régulation) et ne causer un cancer que lorsqu'il fonctionne trop rapidement ou à un moment inadéquat. Par exemple, certains rétrovirus de poulet induisent des lymphomes lorsqu'ils sont intégrés au voisinage de l'oncogène cellulaire *c-myc*, celui-ci code pour une protéine impliquée dans l'induction de la synthèse d'ADN ou d'ARN. A l'exception d'HTLV-I, on ne sait pas encore comment les virus associés à des cancers humains favorisent réellement le développement du cancer.

1. Quelles sont les caractéristiques principales du cancer ?
2. Comment les virus peuvent-ils être responsables d'un cancer ? Une tumeur a-t-elle d'autres façons de se développer ?
3. Définissez les termes suivants : tumeur, néoplasie, anaplasie, métastase et oncogène.

18.6   Les virus de végétaux

Bien que l'on sache depuis longtemps que des virus peuvent infecter les plantes et causer une variété de maladies (*voir figure 16.5*), les virus de végétaux n'ont généralement pas été aussi bien étudiés que les bactériophages et les virus d'animaux, car ils sont souvent plus difficiles à propager et à purifier. Certains virus, tel le virus de la mosaïque du tabac (TMV), sont capables de se développer dans des protoplastes isolés de cellules végétales exactement comme des phages et des virus d'animaux peuvent être multipliés dans des suspensions cellulaires. Cependant, nombre d'entre eux ne se développant pas en protoplastes, doivent être inoculés à des plantes entières ou des préparations de tissus. Des insectes vecteurs sont nécessaires à la transmission de nombreux virus de végétaux ; ainsi on peut propager certains virus sur des cultures de cellules dérivées de pucerons (aphidés), de cicadelles ou d'autres insectes.

Morphologie des virions

Les principes de la morphologie capsidiale, décrits au chapitre 16, s'appliquent aux virus de végétaux dont la construction ne diffère pas de façon significative de celle de leurs parents animaux ou bactériens. Beaucoup possèdent une capside hélicoïdale soit rigide, soit flexible (virus de la mosaïque du tabac, *voir figure 16.11*) ; d'autres sont en icosaèdre (virus de la mosaïque jaune du navet, **figure 18.11**) ou en icosaèdre modifié par l'addition de capsomères supplémentaires. Un seul type de protéines entre dans la constitution de la plupart des capsides ; on n'a pas observé de protéine spécialisée à l'attachement. Presque tous les virus de végétaux sont des virus à ARN, soit en simple soit en double brin (*voir tableaux 16.1 et 16.2*). Les caulimovirus et les geminivirus avec leur génome d'ADN font exception à cette règle.

Taxinomie

La **figure 18.12** résume la forme, la taille et le type d'acide nucléique de nombreux groupes de virus de végétaux. Comme les

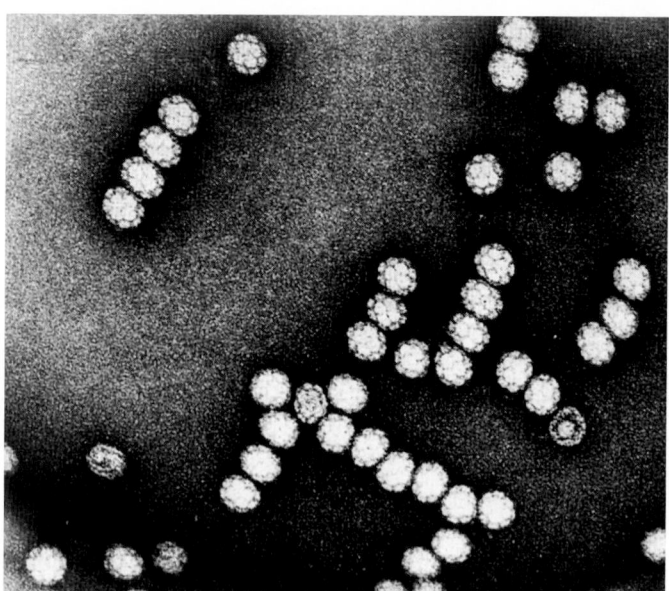

Figure 18.11 Le virus de la mosaïque jaune du navet (**TYMV** pour Turnip Yellow Mosaic Virus), un virus végétal à ARN et de symétrie icosaédrique.

autres virus, ils sont classifiés suivant des propriétés telles que le type d'acide nucléique et sa structure simple ou double, la symétrie et la taille de la capside ou la présence d'une enveloppe (*voir tableau 16.2*).

Multiplication

Comme le virus de la mosaïque du tabac (TMV pour Tobacco Mosaic Virus) est le plus étudié, sa multiplication sera décrite ici brièvement. La réplication de l'ARN viral est une partie essentielle de ce processus de multiplication. La plupart des plantes contiennent une ARN polymérase ARN-dépendante et il se peut que ce constituant normal réplique l'ARN du virus. Cependant, les génomes de certains virus de végétaux (comme le virus de la mosaïque jaune du navet et celui de la mosaïque du niébé) sont copiés par une ARN réplicase spécifique du virus ; il est possible que l'ARN de TMV soit aussi répliqué par une polymérase virale, mais on n'a pas une preuve claire de ce fait. On sait qu'au moins trois protéines spécifiques de TMV sont synthétisées, l'une d'entre elles étant la protéine de capside. Bien que l'ARN de TMV soit un ARN simple brin positif et puisse donc servir directement d'ARNm, la production de messagers paraît complexe. L'ARNm de la protéine de capside a la même séquence que l'extrémité 3' du génome de TMV et est produit par une sorte de découpage intracellulaire.

Ensuite, la protéine de capside et l'ARN génomique s'assemblent spontanément en virions TMV complets suivant un processus hautement organisé (**figure 18.13**). Les protomères (*voir section 16.5*) s'assemblent pour former des disques composés de deux couches de protomères arrangés en spirale. L'association de la protéine de capside avec l'ARN de TMV débute à un site particulier, d'initiation de l'assemblage, proche de l'extrémité 3' du génome. La capside hélicoïdale grandit par addition de protomères, probablement sous la forme de disques, au sommet du bâtonnet. Au cours de cette élongation, l'ARN passe à travers le canal central du bâtonnet formant une boucle à l'extrémité en croissance. L'ARN prend ainsi facilement la forme d'une spirale à l'intérieur de la capside hélicoïdale.

La multiplication virale à l'intérieur de l'hôte dépend de la capacité du virus à se répandre dans la plante. Les virus circulent sur de longues distances par les vaisseaux de la plante généralement par le phloème. Les parois cellulaires épaisses font obstacle au

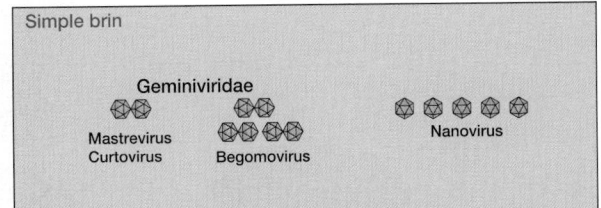

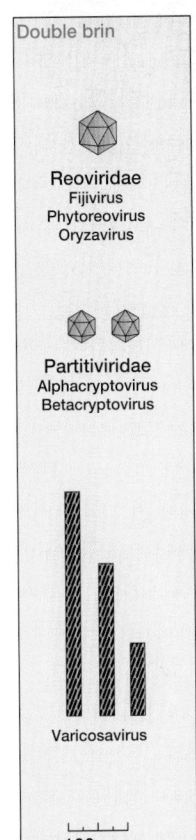

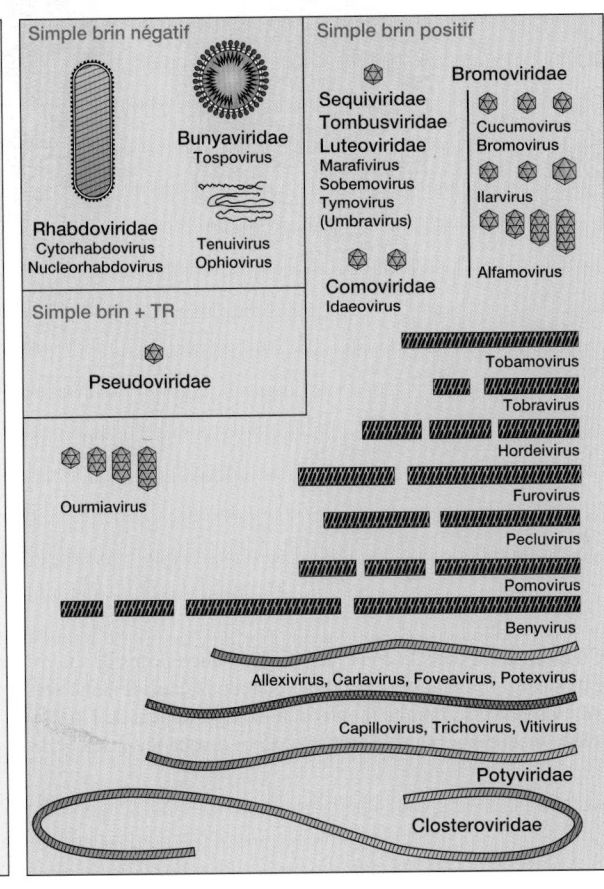

Figure 18.12 Diagramme descriptif des principales familles de virus de végétaux. (TR= transcriptase réverse)

mouvement des virus de végétaux dans le tissu non vascularisé. Cependant, un virus comme TMV se répand lentement, il fait environ 1 mm par jour ou moins. Il se déplace de cellule en cellule à travers les plasmodesmes. Il s'agit de fines chaînes cytoplasmiques qui passent à travers des trous dans les parois de cellules adjacentes et joignent ainsi les cellules végétales par des ponts étroits. Des protéines virales particulières « de transport » sont nécessaires au mouvement entre les cellules. La protéine de transport de TMV s'accumule dans les plasmodesmes, mais on comprend mal la façon dont elle favorise le déplacement du virus.

Les cellules infectées par TMV présentent plusieurs modifications cytologiques. Les infections par les virus de végétaux produisent souvent des inclusions intracellulaires visibles au microscope ; elles sont généralement faites d'agrégats de virions. Ainsi, des cristaux hexagonaux de TMV virtuellement purs se développent parfois dans les cellules infectées (**figure 18.14**). Les chloroplastes cellulaires deviennent anormaux et dégénèrent souvent, tandis que la synthèse de nouveaux chloroplastes est inhibée.

Transmission

Comme les cellules végétales sont protégées par des parois cellulaires, les virus de végétaux ont un énorme obstacle à franchir pour s'établir dans une cellule hôte. TMV et quelques autres virus peuvent être apportés par le vent ou les animaux et entrer quand les feuilles ont été endommagées mécaniquement. Certains virus de végétaux sont transmis par des organes contaminés comme les graines, les tubercules ou le pollen. Pendant qu'ils se nourrissent sur les racines, des nématodes du sol peuvent aussi transmettre des virus tel que le virus des anneaux nécrotiques du tabac. Le virus de la nécrose du tabac est transmis par des champignons parasites. Cependant, les agents de transmission les plus importants sont les insectes qui se nourrissent sur les plantes, en particulier les insectes suceurs comme les pucerons et les cicadelles.

Les insectes transmettent les virus de plusieurs manières. Quand ils se nourrissent sur une plante infectée, ils emportent simplement les virus sur leurs parties buccales, puis transfèrent directement les virus à la plante suivante qu'ils visitent. Les virus peuvent aussi être emmagasinés dans la gorge d'un puceron ; celui-ci infectera des plantes en régurgitant les virus pendant qu'il mange. Certains virus de végétaux, comme par exemple le virus des tumeurs de blessures, se multiplient dans les tissus des cicadelles avant d'atteindre les glandes salivaires et d'être inoculés à la plante ; ainsi ils utilisent comme hôtes et les insectes et les plantes.

1. Donnez une raison pour laquelle les virus de végétaux ont été moins bien étudiés que les virus d'animaux et de bactéries.
2. Décrivez en termes moléculaires la réplication de TMV.
3. Comment les virus de végétaux se transmettent-ils d'un hôte à un autre ?

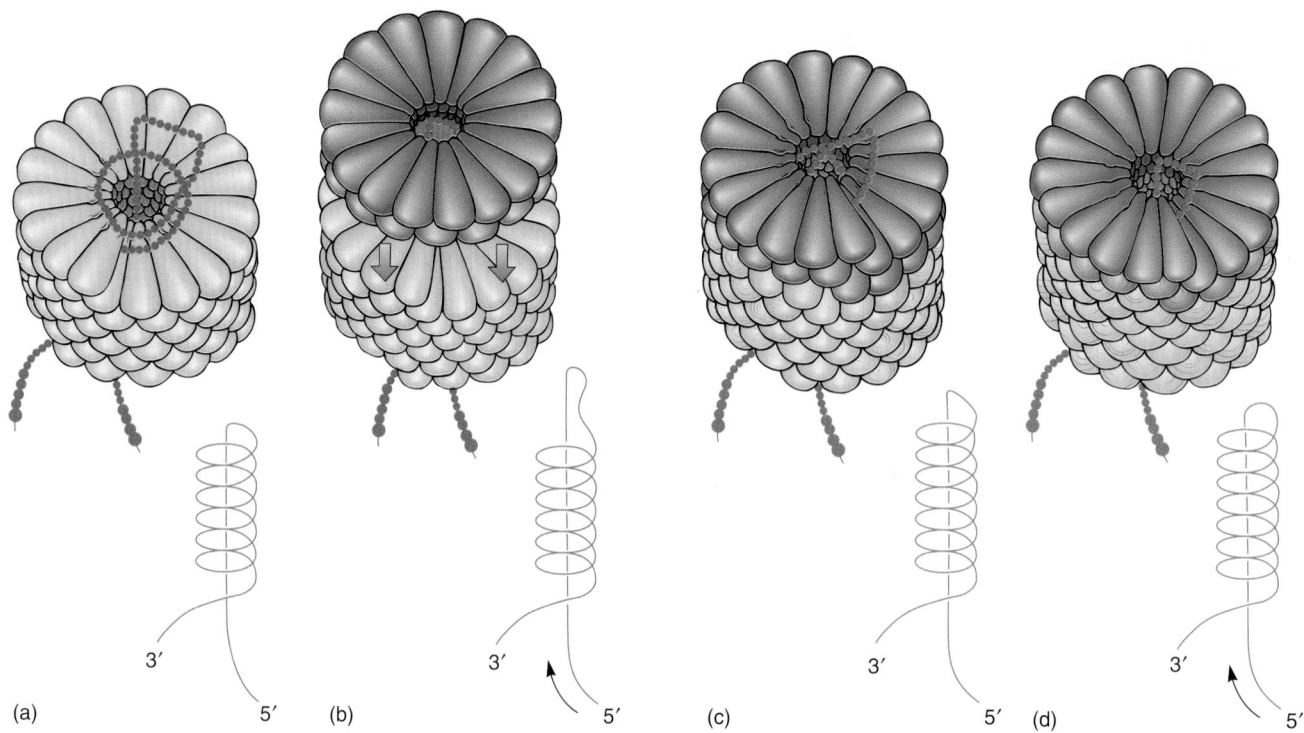

(a)   (b)   (c)   (d)

Figure 18.13 L'assemblage de TMV. Etape d'élongation dans la construction de la nucléocapside du virus de la mosaïque du tabac. On voit, en une séquence de quatre illustrations, l'allongement de la capside hélicoïdale par addition d'un disque protéique à son extrémité ; les dessins en traits montrent le comportement de l'ARN. L'ARN génomique passe dans le trou du nouveau disque puis se fixe au sillon de ce disque au moment de la mise en place au sommet du cylindre.

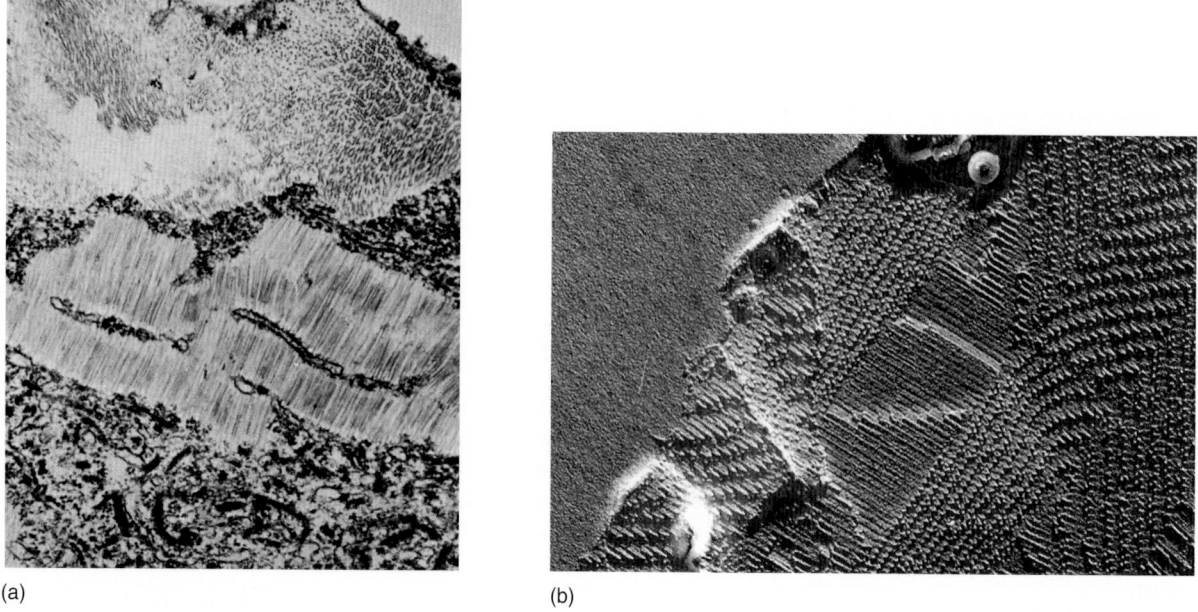

(a)   (b)

Figure 18.14 Le TMV intracellulaire. (a) Masse cristalline de virions de la mosaïque du tabac dans une lésion âgée de 10 jours dans une feuille de *Chenopodium amaranticolor*. **(b)** Masse cristalline de virions de la mosaïque du tabac, vue après cryofracture dans une cellule foliaire infectée. Dans les deux figures, les particules sont vues longitudinalement et en coupe transversale.

18.7 Les virus de mycètes et d'algues

La plupart des mycovirus, isolés de mycètes tels *Penicillium* et *Aspergillus* (*voir chapitre 25*) contiennent de l'ARN double brin et ont des capsides isométriques (c'est-à-dire que leurs capsides sont des polyèdres plus ou moins sphériques) dont le diamètre mesure de 25 à 50 nm. Beaucoup paraissent être des virus latents. Certains mycovirus induisent effectivement chez leurs hôtes des symptômes de maladie comme chez le champignon *Agaricus bisporus*, mais des effets cytopathiques et des produits viraux toxiques n'ont pas encore été détectés.

Beaucoup moins bien connus sont les virus des mycètes inférieurs, certains seulement ont été examinés plus en détail. Des génomes en ARN double brin et ADN double brin ont été trouvés, les capsides sont généralement isométriques ou hexagonales et varient en taille de 40 à plus de 200 nm. Au contraire de ce qui se passe chez les mycètes supérieurs, la multiplication virale s'accompagne d'une destruction et d'une lyse de la cellule hôte.

Des virus ont été détectés lors d'études ultrastructurales d'algues eucaryotes, mais quelques-uns seulement ont été isolés. Les virus étudiés ont des génomes en ADN double brin et des capsides polyédriques. Un virus de l'algue verte *Uronema gigas* ressemble à certains bactériophages car il possède une queue.

---

1. Décrivez les caractéristiques principales des virus qui infectent les mycètes supérieurs, inférieurs et les algues. De quelles manières paraissent-ils différer les uns des autres ?

18.8 Les virus d'insectes

On connaît des membres d'au moins sept familles de virus (*Baculoviridae, Iridoviridae, Poxviridae, Reoviridae, Parvoviridae, Picornaviridae* et *Rhabdoviridae*) qui infectent les insectes et s'y multiplient ou même les utilisent comme hôte primaire (*voir tableau 16.2*). Les plus importantes de celles-ci sont probablement les *Baculoviridae*, les *Reoviridae* et les *Iridoviridae*.

Les *Iridoviridae* sont des virus icosaédriques possédant des lipides dans leur capside et un génome en ADN linéaire double brin. Ils sont responsables des maladies de l'iridescence chez la tipule et certains coléoptères. Le nom du groupe provient du fait que les larves d'insectes infectées prennent une coloration iridescente due à la présence de virions cristallisés dans leurs corpuscules graisseux.

Beaucoup d'infections virales chez les insectes s'accompagnent de la formation d'inclusions à l'intérieur des cellules infectées. Les virus de granuloses forment des inclusions protéiques granulaires, généralement cytoplasmiques. Les infections par les virus des polyédroses nucléaires et cytoplasmiques donnent naissance à des inclusions polyédriques dans le noyau ou le cytoplasme des cellules affectées. Bien que ces trois types de virus génèrent la formation d'inclusions, ils appartiennent à deux familles bien distinctes. Les virus des polyédroses cytoplasmiques sont des réovirus ; ils sont icosaédriques avec une double capside et possèdent un génome en ARN double brin. Les virus des polyédroses nucléaires et les virus de granuloses sont des baculovirus, c'est-à-dire des virus enveloppés bacilliformes avec une symétrie hélicoïdale et de l'ADN double brin.

Les inclusions, aussi bien polyédriques que granulaires, sont de nature protéique et renferment un ou plusieurs virions (**figure 18.15**). Les larves d'insectes s'infectent au moment où elles se nourissent de feuilles contaminées par des inclusions. Les corps

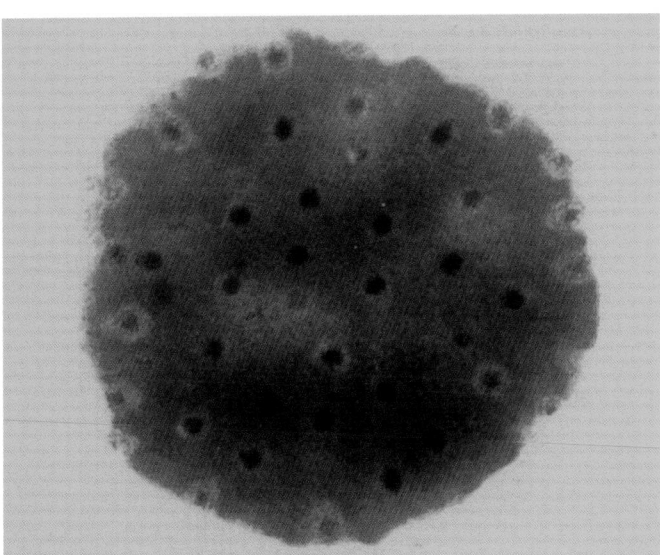

Figure 18.15 Les inclusions. Coupe dans un polyèdre cytoplasmique chez un papillon bohémien (*Lymantria dispar*). On distingue clairement les particules virales incluses avec des centres denses et des capsides externes (x 50.000).

polyédriques protègent les virions de la chaleur, d'un faible pH et d'autres agents chimiques ; les virus peuvent rester viables dans le sol pendant des années. Cependant, lorsqu'elles sont exposées au contenu alcalin du tube digestif de l'insecte, les inclusions se dissolvent et libèrent les virions qui vont alors infecter les cellules de l'intestin. Certains virus restent à ce niveau tandis que d'autres se répandent dans tout le corps de l'insecte. Tout comme les virus de vertébrés et de bactéries, les virus d'insectes peuvent persister à l'état latent à l'intérieur de leur hôte pour plusieurs générations en ne produisant aucun symptôme de maladie. Une réapparition de la maladie sera induite par des agents chimiques, un choc thermique ou même une modification du régime alimentaire de l'insecte.

L'intérêt porté actuellement aux virus d'insectes provient surtout du fait qu'ils représentent des agents prometteurs de contrôle biologique des insectes nuisibles (*voir chapitre 42*). On espère que certains de ces virus pourront remplacer partiellement l'utilisation de pesticides chimiques toxiques. Les baculovirus font l'objet de beaucoup d'attention pour au moins trois raisons. Primo, ils attaquent uniquement des invertébrés et ont une très grande spécificité d'hôte ; cela signifie qu'ils seraient sans danger pour les organismes qui ne sont pas leur cible. Secundo, comme ils sont enfermés dans des inclusions protectrices, ces virus abrités ont une viabilité plus longue lorsqu'ils sont dispersés dans le milieu. Finalement, ils conviennent bien à une production commerciale car ils atteignent des concentrations extrêmement élevées dans les tissus larvaires (aussi élevées que 10^{10} virus par larve). L' » Environmental Protection Agency » a approuvé ou étudie l'utilisation des virus des polyédroses nucléaires pour le contrôle de la phalène du coton, de la chenille à houppe du pin de Douglas, du papillon bohémien, de la tordeuse de la luzerne et du diprion du pin. Le virus de la granulose d'un autre papillon de nuit (codling moth) peut ainsi être utile. Généralement, les inclusions virales sont vaporisées sur le feuillage consommé par les insectes cibles. Les virus plus sensibles sont dispensés en relâchant des insectes infectés qui répandront la maladie. Comme pour d'autres pesticides, il se pourrait qu'une résistance à ces agents se développe dans le futur.

Escherichia coli

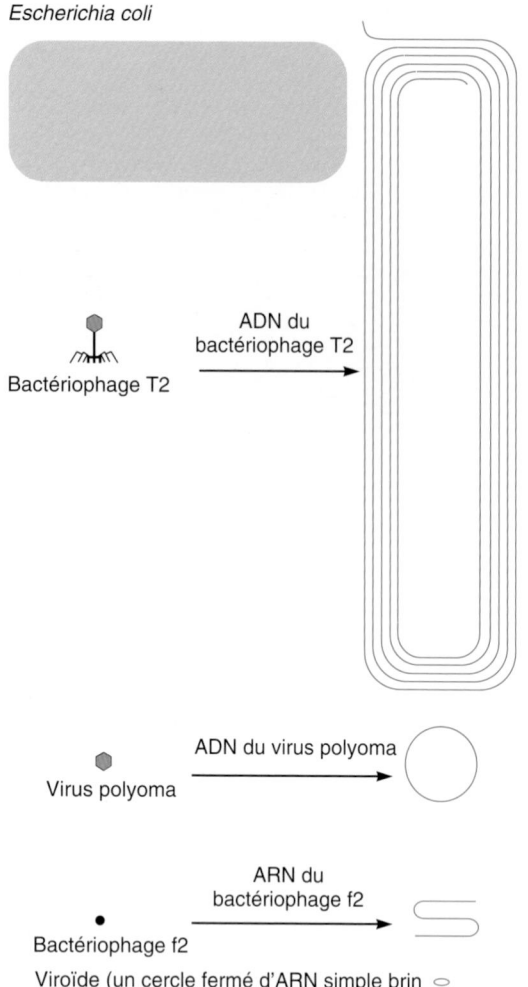

ADN du bactériophage T2

Bactériophage T2

ADN du virus polyoma

Virus polyoma

ARN du bactériophage f2

Bactériophage f2

Viroïde (un cercle fermé d'ARN simple brin ○)

Figure 18.16 Viroïdes, virus et bactéries. Comparaison de la taille et du contenu en acide nucléique d'*Escherichia coli*, de quelques virus et du viroïde des tubercules en fuseau de la pomme de terre. (Toutes les dimensions sont agrandies approximativement 40.000 fois).

1. Résumez la nature des virus de granuloses, de polyédroses nucléaires et de polyédroses cytoplasmiques ainsi que leur mode de transmission grâce à des inclusions.

2. Que sont les baculovirus et en quoi sont-ils prometteurs comme agents de contrôle biologique des insectes nuisibles ?

18.9   Les viroïdes et les prions

Bien que certains virus soient extrêmement petits et simples, il existe des agents infectieux encore moins compliqués. Un groupe d'agents infectieux appelés **viroïdes** est responsable de plus de seize maladies différentes de plantes comme par exemple la maladie des tubercules en fuseau de la pomme de terre, l'exocortis des citrus et le nanisme du chrysanthème. Il s'agit d'ARN simple brin circulaires longs de 250 à 370 nucléotides seulement (**figure 18.16** et **18.17**). Ils peuvent se transmettre de plante à plante par des moyens mécaniques ou par le pollen et les ovules ; ils se répliquent chez leurs hôtes. L'ARN simple chaîne en cercle fermé prend une

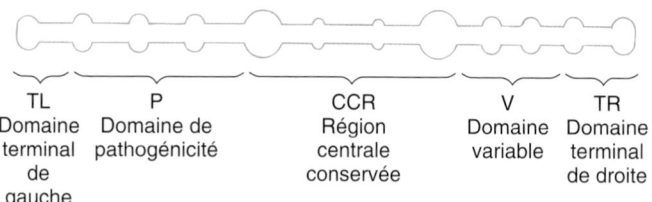

TL	P	CCR	V	TR
Domaine terminal de gauche	Domaine de pathogénicité	Région centrale conservée	Domaine variable	Domaine terminal de droite

Figure 18.17 La structure des viroïdes. Ce schéma montre l'organisation générale d'un viroïde, le cercle fermé d'ARN simple brin montre un appariement des bases intra-chaîne extrêmement important et quelques boucles non appariées dispersées. Les viroïdes ont cinq domaines. Les modifications du pouvoir pathogène du viroïde proviennent pour la plupart de variations dans les domaines P et T_L.

forme de bâtonnet à cause du degré élevé d'appariement des bases à l'intérieur de la chaîne. Les viroïdes en 200 à 10.000 copies se retrouvent principalement dans le nucléole de la cellule infectée. Ils n'agissent pas comme ARN messagers pour diriger une synthèse protéique et on ne sait pas encore comment ils causent les symptômes d'une maladie. Une plante peut être infectée sans montrer de symptôme et donc porter une infection latente. Le même viroïde, chez une autre espèce végétale sera responsable d'une maladie sévère. Les viroïdes pourraient être répliqués par une ARN polymérase ARN-dépendante, mais ils paraissent être synthétisés sur les ARN modèles par l'ARN polymérase de l'hôte qui les confond avec un fragment d'ADN. Un mécanisme comme celui du cercle roulant pourrait être impliqué (*voir p. 236*).

L'agent de la maladie des tubercules en fuseau de la pomme de terre (PSTV pour Potato Spindle-Tuber Viroid) a été le mieux étudié. Son ARN d'une taille d'environ 130.000 daltons ou 359 nucléotides, est beaucoup plus petit qu'aucun génome viral connu. Un certain nombre de souches de PSTV ont été isolées, dont la virulence varie depuis l'induction de symptômes peu sévères jusqu'à la létalité. Ces variations dans le pouvoir pathogène sont toutes dues à des modifications affectant quelques nucléotides dans deux courtes régions du viroïde. On pense que ces modifications de séquence changent la forme du bâtonnet et ainsi ses propriétés pathogènes.

On a des preuves de l'existence d'un agent infectieux différent aussi bien des virus que des viroïdes et responsable de maladies du bétail et de l'homme. Cet agent a été appelé un **prion** (pour particule infectieuse protéique). Le mieux étudié de ces prions cause un désordre dégénératif du système nerveux central chez les moutons et les chèvres ; ce désordre est appelé scrapie. Les animaux malades perdent la coordination de leurs mouvements, ont tendance à se gratter la peau et parfois sont incapables de marcher. L'agent a été purifié au moins partiellement, aucun acide nucléique n'a pu encore être détecté. Il semble consister en une protéine hydrophobe de 33 à 35 kDa, souvent appelée PrP (pour **pr**otéine de **p**rion). Le gène *PrP* est présent chez de nombreux vertébrés et invertébrés normaux. On présume qu'une PrP altérée est responsable au moins en partie de la maladie.

Malgré l'isolement de cette PrP, les mécanismes de la maladie continuent de susciter la controverse. Pour la plupart, les chercheurs sont convaincus que les maladies à prions sont transmises par la PrP seule. Ils pensent que l'agent pathogène infectieux est une PrP anormale (PrP^{Sc} pour scrapie), soit changée chimiquement, soit de conformation modifiée. Quand la PrP^{Sc} anormale pénètre dans un cerveau sain, elle pourrait se fixer à la PrP normale et modifier sa forme. Les molécules PrP^{Sc} nouvellement formées pourraient alors convertir plus de protéines PrP^C (PrP normale) en PrP^{Sc}. Alternativement, PrP^{Sc} activerait des enzymes qui modifieraient la structure de PrP. Des prions dont la séquence d'acides aminés et la conformation sont différentes, convertissent les molécules PrP^C en PrP^{Sc} chez d'autres hôtes.

L'hypothèse de la « protéine seule » est maintenant appuyée par l'étude de la protéine Sup 35 de levure, qui intervient dans la terminaison de la synthèse de protéine chez *Saccharomyces cerevisiae*. Comme Sup 35 agit d'une façon très similaire à celle des prions de mammifères, on l'a appelée un prion de levure. Sup 35 existe sous une forme inactive (PSI+) dans les cellules et le phénotype se transmet aux cellules-filles. Cette forme inactive est insoluble, s'aggrège et la traduction ne se termine pas correctement. On a prouvé que les cellules PSI+ de levure prolifèrent quand la forme prion inactive de Sup 35 interagit avec la mlécule Sup 35 normale, soluble et induit un changement conformationnel qui se propage tout seul de la forme Sup 35 active en la forme inactive. D'autres chercheurs en minorité, estiment que cette hypothèse est peu plausible : il existe des souches différentes de prions probablement génétiques et la transmission d'information génétique par une protéine pose problème. En effet, on n'a jamais démontré que les protéines pouvaient être des supports d'information génétique. Il se pourrait que les prions facilitent directement l'infection par un autre agent, comme un virus inconnu ou augmentent la susceptibilité de l'hôte à cet agent. Il est possible que l'agent soit un minuscule acide nucléique entouré de la PrP et qui interagirait avec les cellules de l'hôte de façon à induire la maladie. Cette hypothèse s'accorde avec le fait que de nombreuses souches de l'agent de la scrapie ont été isolées. On a aussi la preuve qu'une souche peut se modifier ou muter. Les partisans de l'hypothèse « protéine seule »

répondent que les caractéristiques de souche sont simplement des différences de structure de la protéine PrP.

Comme on l'a mentionné précédemment, un certain nombre de maladies virales lentes seraient dues à des prions ou des virinos, en particulier des maladies neurologiques humaines et animales. L'encéphalopathie spongiforme bovine (BSE, « la maladie de la vache folle »), le kuru, l'insomnie familiale fatale, la maladie de Creutzfeldt-Jakob (MCJ) et le syndrome de Gerstmann-Sträussler-Scheinker (GSS) seraient des maladies induites par les prions. Elles résultent en une dégénérescence progressive du cerveau et peuvent entraîner la mort. La maladie de la vache folle a atteint les proportions d'une épidémie en Grande Bretagne ; elle s'est étendue car le bétail est nourri d'aliments provenant d'animaux. On a maintenant montré qu'une variante de la maladie de Creutzfeldt-Jakob pouvait être provoquée chez les humains par ingestion de viande de bétail malade de BSE. Plus de 90 personnes sont déjà mortes ainsi en Grande-Bretagne et en France. MCJ et GSS ont une distribution cosmopolite parmi les personnes d'âge moyen tandis que le kuru ne se rencontre que chez les Fore, une tribu de l'est de la Nouvelle-Guinée. Dans cette tribu, on avait coutume de manger des parents morts et les femmes recevaient l'honneur de préparer le cerveau et de pratiquer ce cannibalisme rituel. Ces femmes ainsi que leurs enfants étaient infectés lors de la manipulation du tissu cérébral malade. (Maintenant que le cannibalisme est éliminé, la fréquence du kuru a diminué et ne s'observe plus que parmi les adultes âgés.)

1. Que sont les viroïdes et pourquoi sont-ils si intéressants ?
2. En quoi le viroïde diffère-t-il d'un virus ?
3. Qu'est-ce qu'un prion ? En quoi un prion est-il fondamentalement différent des virus et des viroïdes ?

Résumé

1. Les virus d'animaux sont classifiés suivant de nombreux critères dont les plus importants concernent leur morphologie et leur acide nucléique (**figures 18.1 et 18.3**).

2. La première étape du cycle d'un virus d'animal est l'adsorption du virus sur un site récepteur de la cellule cible ; des structures capsidiales particulières sont souvent impliquées dans ce processus.

3. La pénétration du virus à travers la membrane plasmique de la cellule hôte peut s'accompagner d'une séparation de la capside et de l'acide nucléique ou décapsidation. Le plus souvent, le virus est englouti dans des vésicules tapissées mais d'autres mécanismes sont employés telle la fusion directe de l'enveloppe avec la membrane plasmique (**figure 18.4**).

4. L'ARNm précoce et des protéines sont impliqués dans le détournement de la cellule hôte et la synthèse de l'ADN et l'ARN viraux. La réplication de l'ADN a lieu généralement dans le noyau de la cellule hôte et l'ARN messager est synthétisé au début par des enzymes cellulaires.

5. Les poxvirus diffèrent des autres virus d'animaux à ADN en ce que la réplication de leur ADN se produit dans le cytoplasme et qu'ils portent une ARN polymérase. Les parvovirus

sont si petits qu'ils doivent épargner le matériel génétique en utilisant des gènes chevauchants et d'autres mécanismes similaires. Les hépadnavirus emploient une transcriptase inverse pour répliquer leur ADN génomique double brin.

6. Le génome des virus à ARN simple brin positif peut agir comme un ARNm tandis que les génomes des virus à ARN simple brin négatif dirigent la synthèse d'ARNm par une transcriptase associée aux virus. Les réovirus à ARN double brin utilisent une transcriptase associée aux virus ainsi qu'une transcriptase nouvellement synthétisée pour former leur ARNm (**figure 18.6**).

7. Les génomes des virus à ARN sont répliqués dans le cytoplasme de la cellule hôte. La plupart des virus à ARN simple brin utilisent une réplicase virale pour synthétiser la forme réplicative ARN double brin qui peut alors diriger la formation de nouveaux génomes.

8. Les rétrovirus utilisent une transcriptase inverse pour synthétiser la copie ADN de leur ARN génomique. Lorsque l'ADN proviral double brin a été intégré dans le génome cellulaire et dirige la formation d'ARN et de protéines virales.

9. Les gènes tardifs codent pour des protéines nécessaires (1) à la construction de la capside par

un processus d'auto-assemblage et (2) à la libération du virus.

10. Généralement, les virus nus sont libérés par lyse cellulaire. Chez les virus enveloppés, la libération du virus et la formation de l'enveloppe sont simultanées et suivent la modification de la membrane plasmique de l'hôte ; la cellule n'est pas lysée.

11. Les virus sont capables de détruire les cellules hôtes de nombreuses manières au cours des infections cytocides. Il y a des mécanismes tels que l'inhibition des synthèses d'ADN, d'ARN et de protéines de l'hôte, l'altération des lysosomes, la modification des membranes cellulaires et la formation d'inclusions.

12. Bien que la plupart des infections virales soient aiguës, c'est-à-dire brutales et rapides, certains virus établissent des infections persistantes ou chroniques durant plusieurs années. Les virus peuvent aussi devenir latents pour un temps puis être réactivés dans ce qu'on appelle les infections latentes. Les virus lents agissent si lentement que le développement de la maladie prend des années.

13. Le cancer se caractérise par la formation d'une tumeur maligne capable de faire des métastases, c'est-à-dire d'envahir d'autres tissus et de se répandre dans le corps. La cancérogenèse

est un processus complexe, multi-étapes, impliquant nombre de facteurs.

14. Les virus peuvent être responsables d'un cancer de plusieurs manières. Ils introduisent par exemple, un gène de cancer ou oncogène dans la cellule ou bien le virus insère un promoteur au voisinage d'un oncogène cellulaire dont il stimule l'activité.

15. La plupart des virus de végétaux ont un ARN génomique et ils sont soit hélicoïdaux, soit icosaédriques. Suivant le virus, l'ARN génomique est répliqué soit par une ARN polymérase ARN-dépendante de l'hôte soit par une réplicase spécifiquement virale.

16. La nucléocapside de TMV se forme spontanément par auto-assemblage lorsque des disques

de protomères (protéines de capside) se complexent à l'ARN.

17. Les virus de végétaux ont des modes de transmission variés. Certains pénètrent par des lésions dans les tissus végétaux tandis que d'autres sont portés par des graines, des tubercules ou du pollen contaminés. La majorité d'entre eux sont apportés et inoculés par des insectes phytophages.

18. Les mycovirus des mycètes supérieurs ont des capsides isométriques et de l'ARN double brin, tandis que les virus isolés des mycètes inférieurs possèdent des génomes en ARN double brin ou en ADN double brin.

19. Des membres de plusieurs familles de virus — surtout les *Baculoviridae*, les *Reoviridae* et les *Iridoviridae* — infectent les insectes et beau-

coup de ces virus produisent des inclusions qui favorisent leur transmission.

20. Les baculovirus et d'autres virus sont déjà utilisés comme agents biologiques de contrôle des insectes nuisibles.

21. Il existe des agents infectieux plus simples que les virus. Par exemple, un certain nombre de maladies des plantes sont dues à de courtes chaînes d'ARN infectieux appelées viroïdes.

22. Les prions sont des agents très petits associés à au moins six désordres dégénératifs du système nerveux : la scrapie, l'encéphalopathie spongiforme bovine, le kuru, l'insomnie familiale fatale, le syndrome de Gerstmann-Straussler-Scheinker et la maladie de Creutzfeldt-Jakob. La nature précise des prions n'est pas encore claire.

Mots-clés

ADN proviral   *407*

anaplasie   *411*

cancer   *411*

forme réplicative   *406*

gène précoce   *403*

gène tardif   *408*

inclusion   *410*

infection aiguë   *410*

infection virale chronique   *410*

infection persistante   *410*

infection cytocide   *410*

infection virale latente   *410*

maladie virale lente   *410*

métastase   *411*

néoplasie   *411*

oncogène   *411*

particule défective interférante (DI)   *410*

prion   *416*

procapside   *408*

réplicase   *406*

rétrovirus   *407*

ribonucléase H   *407*

transcriptase   *406*

transcriptase inverse   *407*

tumeur   *411*

vésicule tapissée   *403*

viroïde   *416*

Questions de révision

1. Faites une liste de tous les caractères auxquels vous pouvez penser qui différencient les virus de leurs cellules hôtes eucaryotes.

2. Comparez l'entrée des virus d'animaux et de végétaux dans les cellules hôtes. Pourquoi sont-ils si différents à ce point de vue ?

3. Comparez la lysogénie avec la stratégie de multiplication des rétrovirus. Quel est l'avantage d'avoir un génome incorporé dans celui de la cellule hôte ?

4. Les inclusions sont mentionnées plusieurs fois dans ce chapitre. Où les trouve-t-on et quelles

sont leurs fonctions, si elles en ont ?

5. Est-il avantageux pour un virus d'endommager les cellules hôtes ? Si la réponse est négative, pourquoi le dommage à la cellule hôte n'est-il pas évité ? Est-il possible qu'un virus devienne moins pathogène après avoir été associé à une population d'hôtes pendant un temps plus long ?

6. D'après ce que vous savez du cancer, est-il probable qu'un type unique de traitement pourra le guérir ? Quelles méthodes peuvent être efficaces à prévenir le cancer ?

Questions de réflexion

1. Considérez chacune de ces étapes de la multiplication virale : adsorptoin, pénétration, réplication et transcription. Suggérez une stratégie pharmacologique pour inhiber ou diminuer l'entrée et la propagation des virus dans les cellules animales. Pouvez-vous expliquer le spectre d'hôtes en utilisant certaines de ces idées ?

2. Comment peut-on prouver qu'un virus cause un cancer ? Essayez d'imaginer des approches différentes de celles décrites dans ce chapitre. Donnez la raison majeure pour laquelle il est si difficile de prouver qu'un virus donné, induit un cancer chez l'homme. Est-il vrai de dire que les virus sont cause de cancers ? Expliquez pourquoi et pourquoi pas.

3. Proposez des expériences qui pourraient aider à déterminer ce que sont les prions et comment ils causent des maladies.

Lectures complémentaires

Les références du chapitre 16 doivent aussi être consultées

Généralités

Evans, A. S. 1997. *Viral infections of humans: Epidemiology & control,* 4ᵉ éd. New York: Plenum.

Joklik, W. K., Willett, H. P., Amos, D. B., et Wilfert, C. M. 1992. *Zinsser microbiology,* 20ᵉ éd. Norwalk, Conn.: Appleton & Lange.

Lai, M. M. C. 1992. RNA recombination in animal and plant viruses. *Microbiol. Rev.* 56(1):61–79.

Latchman, D. S. 2000. Transcription, viral. In *Encyclopedia of microbiology,* 2ᵉ éd., vol. 4, J. Lederberg, éd., 628–36. San Diego: Academic Press.

McGeoch, D. J. 1989. The genomes of the human herpesviruses: Contents, relationships, and evolution. *Annu. Rev. Microbiol.* 43:235–65.

Morse, S. S. 2000. Viruses, emerging. In *Encyclopedia of microbiology,* 2ᵉ éd., vol. 4, J. Lederberg, éd., 811–31. San Diego: Academic Press.

Schlesinger, S., et Schlesinger, M. J. 2000. Viruses. In *Encyclopedia of microbiology,* 2ᵉ éd., vol. 4, J. Lederberg, éd., 796–810. San Diego: Academic Press.

Strauss, J. H., et Strauss, E. G. 1988. Evolution of RNA viruses. *Annu. Rev. Microbiol.* 42:657–83.

Wommack, K. E., et Colwell, R. R. 2000. Virioplankton: Viruses in aquatic ecosystems. *Micro. Mol. Biol. Rev.* 64(1):69–114.

18.2 La multiplication des virus d'animaux

Basler, C. F., zt Palese, P. 2000. Influenza viruses. In *Encyclopedia of microbiology*, 2e éd., vol. 2, J. Lederberg, éd., 797–812. San Diego: Academic Press.

Belsham, G. J., et Sonenberg, N. 2000. Picornavirus RNA translation: Roles for cellular proteins. *Trends Microbiol.* 8(7):330–35.

Berns, K. I. 1990. Parvovirus replication. *Microbiol. Rev.* 54(3):316–29.

Boehmer, P. E., et Lehman, I. R. 1997. Herpes simplex virus DNAreplication. *Annu. Rev. Biochem.* 66:347–84.

Carr, C. M., et Kim, P. S. 1994. Flu virus invasion: Halfway there. *Science* 266:234–36.

Casasnovas, J. M. 2000. The dynamics of receptor recognition by human rhinoviruses. *Trends Microbiol.* 8(6):251–54.

Cudmore, S., Reckmann, I., et Way, M. 1997. Viral manipulations of the actin cytoskeleton. *Trends Microbiol.* 5(4):142–48.

Dornburg, R., et Pomerantz, R. J. 2000. Retroviruses. In *Encyclopedia of microbiology*, 2e éd., vol. 4, J. Lederberg, éd, 81–96. San Diego: Academic Press.

Faulkner, G. C., Krajewski, A. S., et Crawford, D. H. 2000. The ins and outs of EBV infection. *Trends Microbiol.* 8(4):185–89.

Frankel, A. D., et Young, J. A. T. 1998. HIV-1: Fifteen proteins and an RNA. *Annu. Rev. Biochem.* 67:1–25.

Gallo, R. C. 1987. Le premier rétrovirus humain. *Pour la Science*, 112, 60-67.

Gallo, R. C. 1987. Le virus du SIDA. *Pour la Science*, 113, 12-25.

Garoff, H., Hewson, R., et Opstelten, D.-J. E. 1998. Virus maturation by budding. *Microbiol. Mol. Biol. Rev.* 62(4):1171–90.

Goodenough, U. W. 1991. Deception by pathogens. *Am. Sci.* 79:344–55.

Greber, U. F., Singh, I., et Helenius, A. 1994. Mechanisms of virus uncoating. *Trends Microbiol.* 2(2):52–56.

Henle, W., Henle, G., et Lennette, E. T. 1979. Le virus d'Epstein-Barr. *Pour la Science*, 23, 30-42.

Hindmarsh, P., et Leis, J. 1999. Retroviral DNA integration. *Micro. Mol. Biol. Rev.* 63(4):836–43.

Katz, R. A., et Skalka, A. M. 1994. The retroviral enzymes. *Annu. Rev. Biochem.* 63:133–73.

Levy, J. A. 1997. *HIV and the pathogenesis of AIDS*, 2e éd. Washington, D. C.: ASM Press.

Marsh, M., et Helenius, A. 1989. Virus entry into animal cells. *Adv. Virus Res.* 36:107–51.

Melikyan, G. B., et Chernomordik, L. V. 1997. Membrane rearrangements in fusion mediated by viral proteins. *Trends Microbiol.* 5(9):349–55.

Nayak, D. P. 1996. A look at assembly and morphogenesis of orthomyxo- and paramyxoviruses. *ASM News* 62(8):411–14.

Norkin, L. C. 1995. Virus receptors: Implications for pathogenesis and the design of antiviral agents. *Microbiol. Rev.* 8(2):293–315.

Seeger, C., et Mason, W. S. 2000. Hepatitis B virus biology. *Micro. Mol. Biol. Rev.* 64(1):51–68.

Simons, K., Garoff, H., et Helenius, A. 1982. Comment un virus entre et sort d'une cellule. *Pour la Science*, 54, 74-84.

Sodeik, B. 2000. Mechanisms of viral transport in the cytoplasm. *Trends Microbiol.* 8(10):465–72.

Stephens, E. B., et Compans, R. W. 1988. Assembly of animal viruses at cellular membranes. *Annu. Rev. Microbiol.* 42:489–516.

Tufaro, R. 1997. Virus entry: Two receptors are better than one. *Trends Microbiol.* 5(7):257–58.

Ugolini, S., Mondor, I., et Sattentau, Q. J. 1999. HIV-1 attachment: Another look. *Trends Microbiol.* 7(4):144–49.

Varmus, H. 1987. La transcriptase inverse. *Pour la Science*, 121, 34-51.

Varmus, H. 1988. Retroviruses. *Science* 240:1427–35.

White, J. M., et Littman, D. R. 1989. Viral receptors of the immunoglobulin superfamily. *Cell* 56:725–28.

18.3 Les infections cytocides et le dommage cellulaire

Buller, R. M. L., et Palumbo, G. J. 1991. Poxvirus pathogenesis. *Microbiol. Rev.* 55(1):80–122.

Kaariainen, L., et Ranki, M. 1984. Inhibition of cell functions by RNA-virus infections. *Annu. Rev. Microbiol.* 38:91–109.

Oldstone, M. B. A. 1989. Les anomalies d'orgine virale. *Pour la Science*, 144, 78-87.

18.5 Les virus et le cancer

Bishop, J. M. 1982. Les oncogènes. *Pour la Science*, 55, 28-41.

Dang Do, A. N., Farrell, L., Kim, K., Nguyen, M. L., et Lambert, P. F. 2000. Oncogenic viruses. In *Encyclopedia of microbiology*, 2e éd., vol. 3, J. Lederberg, éd., 456–65. San Diego: Academic Press.

Farrell, P. J. 1995. Epstein-Barr virus immortalizing genes. *Trends Microbiol.* 3(3):105–9.

Hunter, T. 1984. Les protéines des oncogènes. *Pour la Science*, 84, 90-101.

Sherker, A. H., et Marion, P. L. 1991. Hepadnaviruses and hepatocellular carcinoma. *Annu. Rev. Microbiol.* 45:475–508.

Weinberg, R. A. 1984. Une base moléculaire du cancer. *Pour la Science*, 75, 12-27.

zur Hausen, H., et de Villiers, E. M. 1994. Human papillomaviruses. *Annu. Rev. Microbiol.* 48:427–47.

18.6 Les virus de végétaux

Butler, P. J. G., et Klug, A. 1979. L'assemblage d'un virus. *Pour la Science*, 15, 67-75.

Hull, R. 2000. Plant virology, overview. In *Encyclopedia of microbiology*, 2e éd., vol. 3, J. Lederberg, éd., 697–710. San Diego: Academic Press.

Leisner, S. M., et Howell, S. H. 1993. Long-distance movement of viruses in plants. *Trends Microbiol.* 1(8):314–17.

Matthews, R. E. F. 1991. *Plant virology*, 3e éd. New York: Academic Press.

Milner, J. J. 1998. Tobacco mosaic virus: The first century. *Trends Microbiol.* 6(12):466–67.

18.8 Les virus d'insectes

Miller, L. K., Lingg, A. J., et Bulla, L. A., Jr. 1983. Bacterial, viral, and fungal insecticides. *Science* 219:715–21.

Wood, H. A., et Granados, R. R. 1991. Genetically engineered baculoviruses as agents for pest control. *Annu. Rev. Microbiol.* 45:69–87.

Yousten, A. A., Federici, B., et Roberts, D. 2000. Insecticides, microbial. In *Encyclopedia of microbiology*, 2e éd., vol. 2, J. Lederberg, éd, 813–25. San Diego: Academic Press.

18.9 Les viroïdes et les prions

Diener, T. O. 1987. *The viroids*. New York: Plenum Press.

Diener, T. O. 1993. The viroid: Big punch in a small package. *Trends Microbiol.* 1(8):289–94.

Diener, T. O. 1996. Understanding replication mechanisms in viroids and viroidlike RNAs. *Trends Microbiol.* 4(3):85–87.

Eron, C. 1981. *The virus that ate cannibals*. New York: Macmillan.

Harris, D. A. 1999. Cellular biology of prion diseases. *Clin. Microbiol. Rev.* 12(3):429–44.

Haywood, A. M. 1997. Transmissable spongiform encephalopathies. *N. Engl. J. Med.* 337(25):1821–28.

Horwich, A. L., et Weissman, J. S. 1997. Deadly conformations—Protein misfolding in prion disease. *Cell* 89:499–510.

Hunter, N. 1997. PrP genetics in sheep and the implications for scrapie and BSE. *Trends Microbiol.* 5(8):331–34.

Mestel, R. 1996. Putting prions to the test. *Science* 273:184–89.

Musahl, C., et Aguzzi, A. 2000. Prions. In *Encyclopedia of microbiology*, 2e éd., vol. 3, J. Lederberg, éd., 809–23. San Diego: Academic Press.

Prusiner, S. B. 1995. Les maladies à prions. *Pour la Science*, 209, 42-50.

Riesner, D., et Gross, H. J. 1985. Viroids. *Annu. Rev. Biochem.* 54:531–64.

Serio, T. R., Cashikar, A. G., Kowal, A. S., Sawicki, G. J., Moslehi, J. J., Serpell, L., Arnsdorf, M. F., et Lindquist, S. L. 2000. Nucleated conformational conversion and the replication of conformational information by a prion determinant. *Science* 289:1317–21.

Wickner, R. B., Taylor, K. L., Edskes, H. K., Maddelein, M.-L., Moriyama, H., et Roberts, B. T. 1999. Prions in *Saccharomyces* and *Podospora* spp.: Protein-based inheritance. *Microbiol. Mol. Biol. Rev.* 63 (4) : 844-61.

PARTIE VII

La diversité du monde microbien

CHAPITRE 19

La taxinomie microbienne

Les stromatolithes montrés ici sont des roches stratifiées, formées par incorporation de minéraux dans des tapis microbiens. Les stromatolithes fossilisés indiquent que les micro-organismes existaient dès les premiers temps de l'histoire de la Terre.

Plan

Concepts

1. Pour rationaliser la diversité des organismes, il faut grouper les organismes semblables et organiser ces groupes de façon hiérarchique, sans chevauchement. La taxinomie est la science de la classification biologique.

2. Il semble que les groupes de procaryotes (Archéobactéries et Bactéries) se soient développés les premiers, suivis des eucaryotes. Cela donne donc trois domaines : les *Bacteria*, les *Archaea* et les *Eucarya*. Ces domaines diffèrent entre eux par les séquences de leurs ARNr et par beaucoup d'autres choses.

3. Le groupe taxinomique de base est l'espèce qui est définie en termes, soit de reproduction sexuée, soit de similitude générale.

4. Les classifications sont basées sur l'analyse de relations évolutives possibles (classification phylogénétique ou phylétique) ou sur une similitude globale (classification phénétique). Les résultats de ces analyses sont souvent résumés sous forme de diagrammes en arborescence ou dendrogrammes.

5. Sont utilisées en taxinomie les caractéristiques morphologiques, physiologiques, métaboliques, écologiques, génétiques et moléculaires, car elles reflètent l'organisation et l'activité du génome. Les séquences des acides nucléiques sont probablement les meilleurs indicateurs de la phylogénie et de la parenté microbiennes, car les acides nucléiques sont, soit le matériel génétique lui-même, soit les produits de la transcription des gènes.

6. La première édition du *Bergey's Manual of Systematic Bacteriology* était très phénotypique et divisait les procaryotes en groupes sur base de caractères faciles à déterminer, comme la forme, la réponse à la coloration de Gram, la relation à l'oxygène et la mobilité. La seconde édition, avec ses cinq volumes, est organisée phylogéniquement et distribue les procaryotes entre 2 domaines et 25 phylums.

7. La taxinomie bactérienne change rapidement car de nouvelles données sont acquises, en particulier grâce à l'utilisation de techniques moléculaires, telle que la comparaison de la structure de l'ARN ribosomial et des séquences chromosomiques. Ceci conduit à la nouvelle classification phylogénique.

Qu'y a-t-il dans un nom ? Celle que nous appelons une rose, par tout autre nom, sentirait aussi bon...

— *W. Shakespeare*

U n des aspects les plus fascinants et les plus attrayants du monde microbien est son extraordinaire diversité. Presque tout ce qu'il est possible d'expérimenter en forme, dimension, physiologie et mode de vie semble avoir été essayé. La septième partie de ce traité est consacrée à cette diversité. Le chapitre 19 introduit les principes généraux de la taxinomie microbienne. Il est suivi de cinq chapitres (20-24) décrivant les groupes procaryotes les plus importants. La partie VII se termine par une longue introduction aux principaux types de micro-organismes eucaryotes : les mycètes, les algues et les protozoaires.

18.1 Introduction générale et vue d'ensemble

Les organismes vivants sont étonnamment divers et il est nécessaire de les classifier ou de les arranger en groupes selon leurs similitudes mutuelles. La **taxinomie** (du grec *taxis*, disposition ou ordre et *nomos*, loi ou *nemein*, distribuer ou gouverner) se définit comme la science de la classification biologique. Au sens large, elle est faite de trois parties séparées, mais reliées entre elles : la classification, la nomenclature et l'identification. La **classification** est l'arrangement des organismes en groupes ou **taxons** selon leur similitude ou leur parenté évolutive. La **nomenclature** est la branche de la taxinomie qui s'occupe de donner des noms aux groupes taxinomiques selon des règles publiées. L'**identification** est le côté pratique de la taxinomie, elle consiste à déterminer qu'un isolat particulier appartient à un taxon connu.

La taxinomie est souvent considérée comme une chose sans importance et ennuyeuse, simple question d'ergoter à propos des noms des organismes. En fait, la taxinomie est importante pour plusieurs raisons. D'abord, elle nous permet de mettre de l'ordre dans l'énorme quantité de connaissances que nous avons des organismes, parce que tous les membres d'un groupe donné partagent de nombreuses caractéristiques. C'est dans un sens, comme un système de classement géant ou un catalogue de bibliothèque qui fournit un accès aisé à de l'information. Plus la classification est précise, plus elle est utile et riche en information. Deuxièmement, la taxinomie nous permet de faire des prédictions et des hypothèses pour une recherche future, basée sur la connaissance d'organismes similaires. Si un organisme apparenté à celui qu'on étudie a certaines propriétés, ce dernier peut avoir les mêmes caractéristiques. Troisièmement, la taxinomie répartit les micro-organismes en groupes significatifs, utiles, avec des noms précis, de sorte que les microbiologistes peuvent les étudier et communiquer efficacement. Exactement comme une communication écrite efficace n'est pas possible sans un vocabulaire adéquat, une orthographe correcte, une bonne grammaire, la microbiologie n'est pas possible sans taxinomie. Quatrièmement, la taxinomie est essentielle pour l'identification précise des micro-organismes. A cet égard, on peut difficilement exagérer son importance pratique. Par exemple, elle est essentielle pour la microbiologie clinique (*voir chapitre 36*) ; décider d'un traitement est extrêmement difficile lorsqu'on ne connaît pas le pathogène.

Le terme **systématique** est souvent utilisé pour taxinomie. De nombreux taxinomistes le définissent cependant en termes plus généraux comme « l'étude scientifique des organismes dans le but ultime de les caractériser et de les arranger de manière ordonnée ». Quand le gain de connaissance est utilisé en taxinomie, toute étude de la nature des organismes fait partie de la systématique. Ainsi, elle englobe des disciplines telles que la morphologie, l'écologie, l'épidémiologie, la biochimie, la biologie moléculaire et la physiologie.

La taxinomie microbienne est un sujet trop vaste pour être couvert convenablement en un seul chapitre. Aussi ce chapitre-ci donnera-t-il des principes généraux en utilisant des exemples pris principalement dans la taxinomie bactérienne. La taxinomie de chacun des principaux groupes microbiens eucaryotes sera revue lorsque les groupes seront introduits dans les chapitres ultérieurs.

La taxinomie microbienne est en effervescence ces temps-ci, à cause de l'emploi des nouvelles techniques moléculaires dans la classification des micro-organismes. Bien que ces nouvelles avancées aient suscité beaucoup d'agitation et soient en train de changer radicalement la taxinomie microbienne, les approches plus traditionnelles gardent leur valeur et seront également évoquées. Le chapitre commence par une vue d'ensemble de la taxinomie et décrit ensuite brièvement les principales caractéristiques utilisées en taxinomie microbienne. Pour suivre, nous évaluerons la phylogénie microbienne, puis nous décrirons les principales divisions du monde vivant et du *Bergey's Manual of Systematic Bacteriology*. Le chapitre s'achèvera par une brève étude de la phylogénie et de la diversité des procaryotes.

Figure 19.1 Bactéries fossilisées. La figure montre plusieurs microfossiles ressemblant aux cyanobactéries, certains avec des dessins interprétatifs. (**a**) Coupes minces dans du « chert » de l'Apex Archéen d'Australie occidentale ; les fossiles sont vieux de plus ou moins 3,5 milliards d'années. (**b**) *Gloeodiniopsis*, vieux d'environ 1,5 milliard d'années, trouvé dans le « chert » carbonifère de la Formation Satka dans l'Oural méridional. La flèche montre l'étui qui contient le fossile. (**c**) *Palaeolyngbya*, vieux d'environ 950 millions d'années, trouvé dans le schiste carbonifère de la Formation Lakhanda de la région de Khabarovsk, en Sibérie orientale.

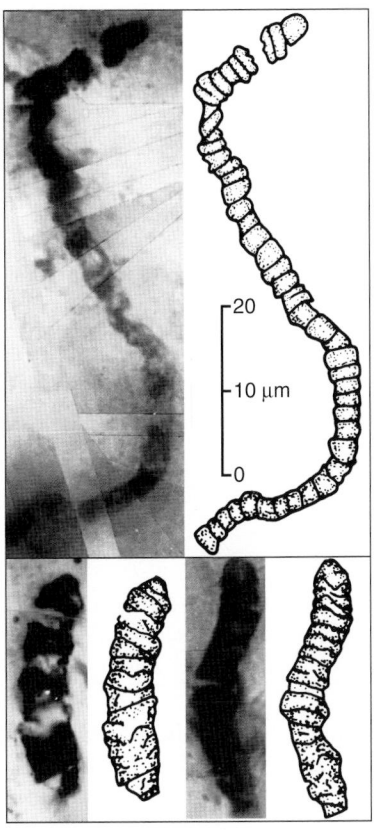

(a)

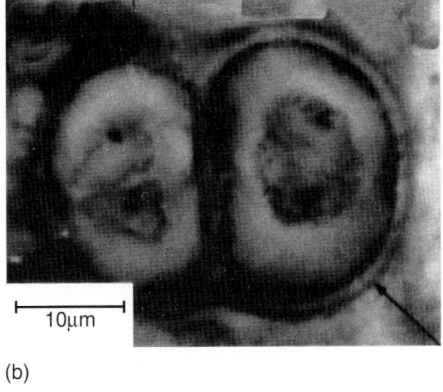

(b)

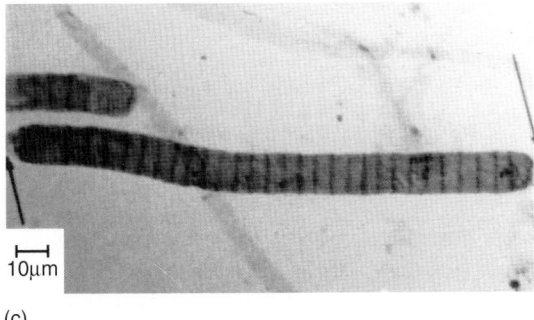

(c)

19.2   L'évolution et la diversité microbiennes

On a estimé que notre planète était âgée d'environ 4,6 milliards d'années. Des restes fossiles de cellules procaryotes, vieux de 3,5 à 3,8 milliards d'années ont été découverts dans les stromatolithes et les roches sédimentaires (**figure 19.1**). Les **stromatolithes** sont des roches stratifiées, souvent en forme de dôme, qui sont formés par incorporation de minéraux dans des tapis microbiens (**figure 19.2**). Les stromatolithes modernes sont formés par des cyanobactéries ; on peut supposer que certains au moins des stromatolithes fossiles se sont construits de la même façon. La vie procaryotique apparaît donc très peu de temps après que la terre se soit refroidie. Les cyanobactéries et la photosynthèse productrice d'oxygène se sont probablement développées voici 2,5 à 3,0 milliards d'années ou plus. La diversité microbienne a fortement augmenté dès que l'oxygène est devenu plus abondant.

Les études de Carl Woese et de ses collaborateurs sur les séquences d'ARNr des cellules procaryotes suggèrent que ceux-ci se sont séparés très tôt en deux groupes distincts. La **figure 19.3** trace un arbre phylogénique universel qui reflète cette vision des choses. L'arbre se divise en trois branches principales qui représentent les trois groupes primaires : *Bacteria*, *Archaea* et *Eucarya*. Les archéobactéries et les bactéries ont divergé les premières, puis les eucaryotes se sont développés. Ces trois groupes primaires sont ap-

Figure 19.2 Les stromatolithes. Il s'agit des stromatolithes de Shark Bay, en Australie occidentale. Les stromatolithes modernes sont des roches stratifiées, formées par l'incorporation de sulfate de calcium, de carbonate de calcium et d'autres minéraux, dans des tapis microbiens. Les tapis sont formés par des cyanobactéries et d'autres micro-organismes.

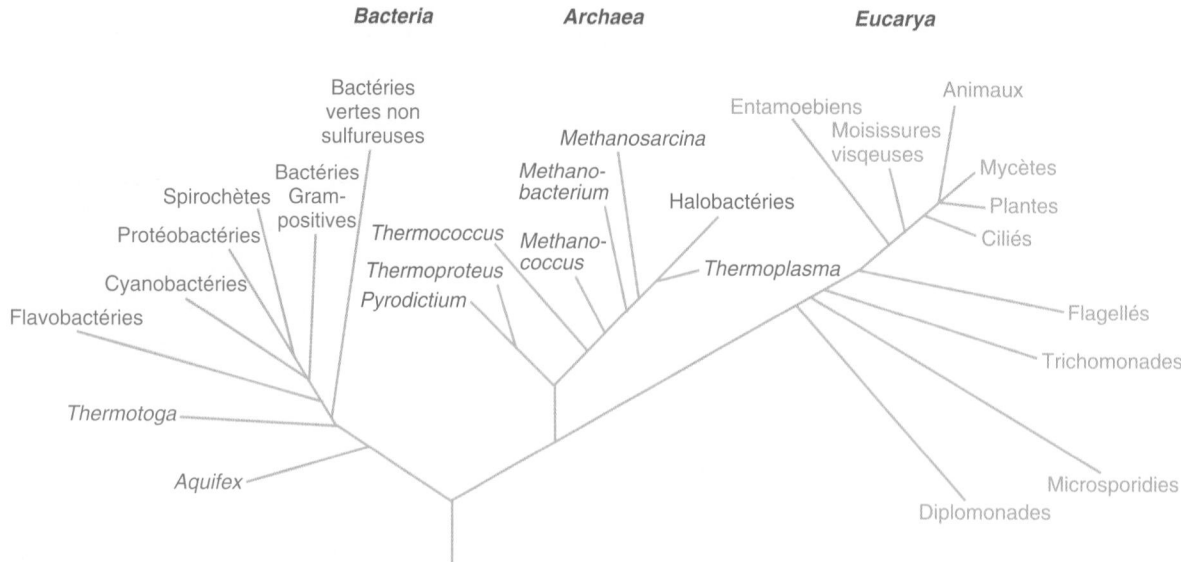

Figure 19.3 L'arbre phylogénique universel. Ces relations ont été établies par comparaison des séquences d'ARNr. *Source : adapté de G.J. Olsen et C.R. Woese. « Ribosomal RNA : A Key to Phylogeny »*, The FASEB Journal, *7 :113-123, 1993.*

pelés **domaines** et se placent au-dessus des niveaux phylum et règne (les règnes traditionnels sont répartis entre ces trois domaines). Les domaines diffèrent nettement l'un de l'autre. Les organismes eucaryotes, avec des diesters d'acides gras et de glycérol comme principaux lipides membranaires et leurs ARNr caractéristiques, appartiennent aux **Eucarya**. Le domaine des **Bacteria** renferme les cellules procaryotes avec leurs ARNr bactériens et des lipides membranaires qui sont principalement des diesters de diacyl glycérol. Les procaryotes qui ont dans leurs membranes des lipides isoprénoïdes, diéthers de glycérol ou tétraéthers de diglycérol (*voir* p. 452-53) et des ARNr archéobactériens constituent le troisième domaine, les **Archaea**.

Il paraît probable que les cellules eucaryotes modernes aient dérivé des procaryotes voici environ 1,4 milliard d'années. On a beaucoup spéculé sur la façon dont les eucaryotes pouvaient s'être développés à partir d'ancêtres procaryotes. On n'est pas certain de la façon dont le processus s'est passé et deux hypothèses ont été proposées. Selon la première, les noyaux, les mitochondries, et les chloroplastes dériveraient de l'invagination de la membrane plasmique. Il se formerait ainsi des structures à double membrane, contenant du matériel génétique et capables de développement et de spécialisation ultérieurs. Les similitudes entre chloroplastes, mitochondries et bactéries modernes seraient dues à la conservation de caractères procaryotes primitifs par des organites qui se modifient lentement.

Selon l'hypothèse la plus en vogue, **l'hypothèse endosymbiotique**, le premier événement fut la formation d'un noyau dans une cellule pro-eucaryote. La cellule eucaryote ancestrale peut s'être développée à partir d'une fusion entre des bactéries et des archéobactéries anciennes. Il est possible qu'une cellule hôte bactérienne, Gram-négative, qui avait perdu sa paroi cellulaire, ait englobé une archéobactérie, et formé une association endosymbiotique. L'archéo-bactérie aurait ensuite perdu sa paroi et sa membrane plasmique, tandis que la bactérie hôte développait des replis membranaires. Finalement, le génome de l'hôte aurait été transféré dans

l'archéobactérie d'origine, avec formation d'un noyau et d'un réticulum endoplasmique. Des gènes bactériens comme des gènes archéobactériens peuvent avoir disparu lors de la formation du génome eucaryote. Il faut noter que beaucoup de gens croient qu'*Archaea* et *Bacteria* sont plus étroitement apparentés que ne le laisse supposer cet hypothétique scénario. Ils proposent que la lignée eucaryote ait divergé des *Archaea* et que le noyau se soit alors formé, peut-être à partir de l'appareil de Golgi.

Les mitochondries et les chloroplastes semblent s'être développés plus tard. L'eucaryote ancestral autonome, pratiquant la fermentation, pourvu de son noyau, a établi une relation symbiotique permanente avec les bactéries photosynthétiques, qui ont alors évolué en chloroplastes. Ce sont les cyanobactéries qui ont été considérées comme les ancêtres les plus vraisemblables des chloroplastes. Plus récemment, *Prochloron* est devenu le candidat préféré. *Prochloron* (*voir* p. 475-76) vit dans des invertébrés marins et ressemble aux chloroplastes, car il contient de la chlorophylle *a* et de la chlorophylle *b*, mais pas de phycobilines. Les mitochondries ont apparu suite à une relation endosymbiotique entre les eucaryotes autonomes primitifs et des bactéries pratiquant la respiration aérobie (peut-être un ancêtre d'un des trois groupes modernes : *Agrobacterium, Rhizobium* et *Rickettsia*). Certains ont proposé que la respiration aérobie soit en fait apparue avant la photosynthèse oxygénique (productrice d'oxygène) et ait fait usage de petites quantités d'oxygène, disponibles à ce stade précoce du développement de la planète. La séquence exacte de l'apparition des eucaryotes est loin d'être clarifiée.

L'hypothèse endosymbiotique a été confortée par la découverte d'une cyanobactérie endosymbiotique qui vit dans le protiste biflagellé *Cyanophora paradoxa* et y fonctionne comme un chloroplaste. Cet endosymbiote, appelé cyanelle, ressemble aux cyanobactéries par son pigment photosynthétique et est entouré d'une couche de peptidoglycane. Il diffère des mêmes cyanobactéries par l'absence de membrane externe lipopolysaccharidique, caractéristique des bactéries Gram-négatives. La cyanelle est peut-être un endosym-

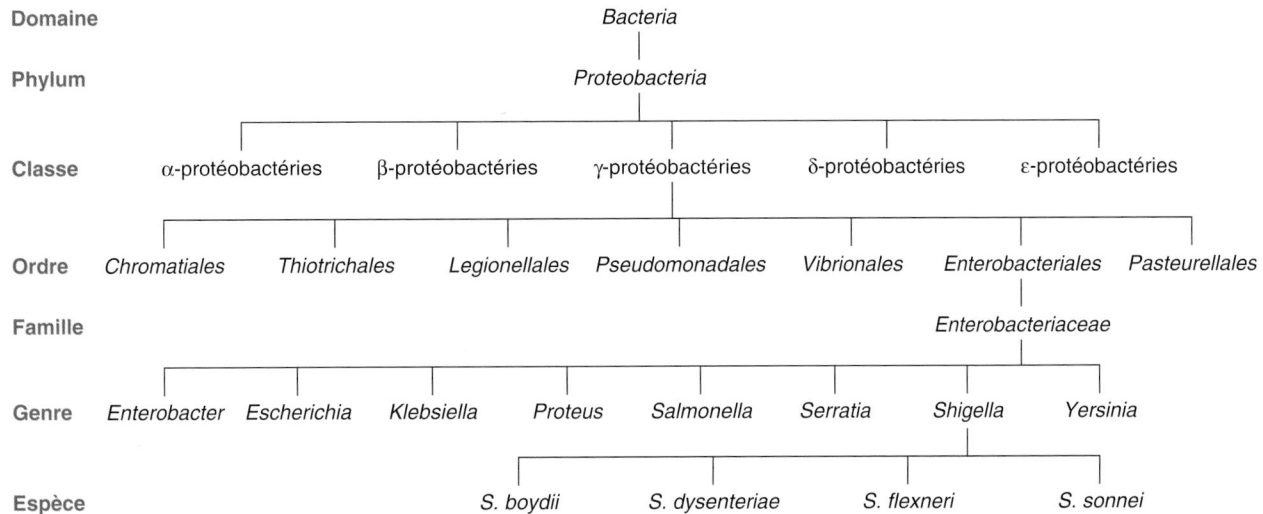

Figure 19.4 Structure hiérarchique en taxinomie. Dans cet exemple, les membres du genre *Shigella* sont situés dans les rangs taxinomiques supérieurs. Pour simplifier le diagramme, toutes les classifications possibles ne sont pas données pour chaque rang.

biote récent qui a évolué en chloroplaste. L'hypothèse endosymbiotique peut aussi s'appuyer sur les arbres d'ARNr, qui placent l'ARN des chloroplastes dans les cyanobactéries.

Aujourd'hui, les deux hypothèses ont leurs supporters. Il se peut que de nouvelles données viennent aider à résoudre la question à la satisfaction de chacun. Cependant, ces hypothèses se rapportent à des processus qui se sont produits dans un passé lointain et qui ne peuvent pas faire l'objet d'observations directes. Il se peut donc qu'on n'arrive jamais à un consensus complet en la matière.

19.3 Les rangs taxinomiques

En préparant une classification, on place le micro-organisme à l'intérieur d'un petit groupe homogène qui est lui-même membre d'un groupe plus large dans une organisation hiérarchique et non chevauchante. A n'importe quel rang, une catégorie unit des groupes du niveau inférieur d'après leurs propriétés communes (**figure 19.4**). Dans la taxinomie des procaryotes, les niveaux ou les rangs les plus utilisés sont par ordre ascendant, les espèces, les genres, les familles, les ordres, les classes, les phylums. A chaque niveau ou rang, les groupes microbiens ont des noms avec des terminaisons ou des suffixes caractéristiques de ce niveau (**tableau 19.1**). Les microbiologistes utilisent souvent des noms communs à la place des dénominations hiérarchiques formelles ; comme exemples typiques, citons les bactéries pourpres, les spirochètes, les bactéries oxydant le méthane, les bactéries sulfureuses et les bactéries lactiques.

Le groupe de base en taxinomie microbienne est l'**espèce**. Les taxinomistes qui s'intéressent aux organismes supérieurs définissent le terme espèce différemment des microbiologistes. Les espèces d'organismes supérieurs sont des groupes de populations naturelles interfertiles ou potentiellement interfertiles qui sont du point de vue reproduction, isolés des autres groupes. Il s'agit d'une définition satisfaisante pour les organismes doués de reproduction sexuée, mais elle ne convient plus aux nombreux micro-organismes qui ne se reproduisent pas de façon sexuée. Les espèces procaryotes sont ca-

Tableau 19.1 Un exemple de rangs taxinomiques et de noms

Rang	Exemple
Domaine	*Bacteria*
Phylum	*Proteobacteria*
Classe	γ-Protéobactéries
Ordre	*Enterobacteriales*
Famille	*Enterobacteriaceae*
Genre	*Shigella*
Espèce	*S. dysenteriae*

ractérisées par des différences phénotypiques et génotypiques (*voir chapitre 11*). Une **espèce procaryote** est un ensemble de souches qui partagent de nombreuses propriétés stables et diffèrent de façon significative des autres groupes de souches. Cette définition est très subjective et peut être interprétée de beaucoup de façons. La définition qui suit, plus précise, a été proposée par des taxinomistes bactériens. Une espèce est un ensemble de souches qui ont une teneur en GC similaire et une similarité de 70% ou plus, estimée par des expériences d'hybridation de l'ADN (pp. 429-32). Idéalement, une espèce devrait aussi pouvoir se distinguer des espèces similaires. Une **souche** est une population d'organismes qui se distingue d'autres populations à l'intérieur d'une catégorie taxinomique particulière. On considère qu'elle provient d'un organisme unique ou d'un isolat de culture pure. Les souches à l'intérieur d'une espèce peuvent différer légèrement l'une de l'autre de multiples façons. Des **biovars** sont des souches procaryotes variantes caractérisées par des différences biochimiques ou physiologiques, les **morphovars** diffèrent morphologiquement et les **sérovars** ont des propriétés antigéniques distinctes. Une souche d'une espèce est désignée comme la **souche type**. C'est habituellement une des premières souches étudiées, elle est souvent plus complètement caractérisée que les autres souches ; cependant elle n'est pas toujours le membre le plus représentatif. La souche type de l'espèce est appelée espèce type. C'est le type « nomenclatural » ou détenteur du nom de l'espèce. Le type « nomenclatural » est un dispositif qui assure la stabilité des noms lorsqu'on procède à des réarrangements taxinomiques. Par exemple, l'espèce type doit rester dans le genre dont elle est le type « nomenclatural ». Seules les souches très semblables à la souche type sont incluses dans une espèce. Chaque espèce est assignée à un genre, rang supérieur dans la hiérarchie taxinomique. Un **genre** est un groupe bien défini, d'une ou de plusieurs espèces, qui est clairement séparé des autres genres. En pratique, assigner une espèce à un genre est très subjectif, et les taxinomistes peuvent être en désaccord sur la composition des genres.

Les microbiologistes nomment les micro-organismes en utilisant le **système binomial** du botaniste suédois Carl von Linné ou Carolus Linneaus comme on l'appelle souvent. Le nom latin en italique comprend deux parties. La première partie, débutant par une majuscule est le nom générique, la seconde est l'épithète spécifique en minuscules (par exemple, *Escherichia coli*). L'épithète spécifique est stable ; l'épithète le plus ancien pour un organisme particulier constitue un précédent et doit être utilisé. Au contraire, un nom de genre peut changer si l'organisme est rangé dans un autre genre à cause de connaissances nouvelles. Par exemple, le genre *Streptococcus* a été divisé en deux nouveaux genres, *Enterococcus* et *Lactococcus*, sur base de l'analyse des ARNr et d'autres caractéristiques. Ainsi, *Streptococcus faecalis* s'appelle maintenant *Enterococcus faecalis*. Le nom sera souvent raccourci en réduisant le nom de genre à une seule lettre capitale, par exemple *E. coli*. Une liste approuvée des noms de bactéries a été publiée en 1980 dans l'*International Journal of Systematic Bacteriology* et de nouveaux noms valables sont publiés périodiquement. Le *Bergey's Manual of Systematic Bacteriology* contient le système de taxinomie procaryote actuellement accepté et sera examiné plus loin dans ce chapitre.

---

1. Définissez les termes suivants : taxinomie, classification, taxon, nomenclature, identification, systématique, espèce, souche, souche type et système binomial.
2. Décrivez brièvement les trois domaines où l'on classe les organismes vivants.
3. Comment serait apparue la cellule eucaryote, selon l'hypothèse endosymbiotique ?
4. Comment la définition d'une espèce diffère-t-elle entre les organismes capables ou non de reproduction sexuée ?

19.4   Les systèmes de classification

Une fois que les caractéristiques taxinomiquement pertinentes des micro-organismes ont été déterminées, elles peuvent être utilisées pour construire un système de classification. Le meilleur système de classification, appelé **classification naturelle**, arrange les organismes en groupes dont les membres ont en commun de nombreuses caractéristiques et reflète autant que possible la nature biologique des organismes. Linneaus développa la première classification naturelle, largement basée sur des caractéristiques anatomiques, au milieu du dix-huitième siècle. Il s'agit d'une grande amélioration par rapport au système artificiel employé auparavant, car la connaissance de la position d'un organisme dans le schéma fournit une information sur nombre de propriétés de celui-ci. Par exemple, la classification des humains en mammifères indique qu'ils ont des poils, une température corporelle auto-régulée et chez la femelle des glandes mammaires produisant du lait.

Les systèmes de classification peuvent être construits de deux façons générales. On peut grouper les organismes sur base d'une similarité d'ensemble pour former un système phénétique ; ou bien les grouper sur base de relations évolutives probables, ce qui donne un système phylogénique. Pour établir des classifications phénétiques, on peut recourir aux ordinateurs pour analyser les données. C'est le processus appelé taxinomie numérique. Cette section parle brièvement des classifications phénétique et phylogénique et décrit la taxinomie numérique.

La classification phénétique

Nombreux sont les taxinomistes qui pensent que la classification la plus naturelle est celle qui apporte le plus d'informations et le plus de valeur prédictive. Une bonne classification doit mettre de l'ordre dans la diversité biologique et peut même clarifier la fonction d'une structure morphologique. A titre d'exemple, si la mobilité et la présence de flagelles sont toujours associées chez des micro-organismes, il est raisonnable de penser que les flagelles sont impliquées au moins dans certains types de mobilité. Vue sous cet angle, la meilleure classification naturelle pourrait être un **système phénétique**, système qui groupe les organismes suivant la similitude de leurs caractères phénotypiques. Les études phénétiques ne dépendent pas de l'analyse phylogénique bien qu'elles puissent révéler des relations évolutives. Elles comparent beaucoup de caractères sans présumer que l'un est plus important phylogéniquement que les autres ; ainsi, des caractères non pondérés sont utilisés pour l'estimation d'une similitude générale. La meilleure classification phénétique est évidemment celle qui compare le plus d'attributs possible. Des organismes qui partagent beaucoup de caractères forment ainsi un groupe unique ou taxon.

La taxinomie numérique

L'approche quantitative appelée **taxinomie numérique**, est devenue possible grâce à l'avènement des ordinateurs. Peter H. A. Sneath et Robert Sokal ont défini la taxinomie numérique comme « le groupement d'unités taxinomiques, en taxons à l'aide de méthodes numériques sur la base des états de leurs caractères ». L'information sur les propriétés des organismes est mise sous une forme convenant à l'analyse numérique, puis est comparée par ordinateur. La classification qui en résulte est basée sur une similitude générale évaluée par comparaison de nombreuses caractéristiques ayant chacune le même poids. Ceci n'était pas réalisable avant l'avènement des ordinateurs à cause du grand nombre de calculs impliqué.

Le procédé débute par la détermination de la présence ou de l'absence de caractères sélectionnés dans le groupe d'organismes étudié. Un caractère est généralement défini comme un attribut dont on peut faire un énoncé unique. Pour faire une classification précise et fiable, il faut comparer de nombreux caractères, au moins 50 et de préférence plusieurs centaines. Il est également préférable d'inclure de nombreux types de données différentes : morphologiques, biochimiques et physiologiques.

Après l'analyse des caractères, on calcule pour chaque paire d'organismes du groupe un coefficient d'association, une fonction qui mesure l'accord entre les caractères des deux organismes. Le **coefficient de simple appariement** (S_{SM} pour « simple mat-

Tableau 19.2 Calcul des coefficients d'association de deux organismes

Dans cet exemple, les organismes A et B sont comparés en termes des caractères qu'ils partagent et qu'ils ne partagent pas. Les termes dans les équations des coefficients d'association sont définis comme suit :

		Organisme B	
		1	0
Organisme A	1	a	b
	0	c	d

a = nombre de caractères indiqués comme présents (1) pour les deux organismes
b et c = nombre de caractères différents (1,0 ou 0,1) entre les deux organismes
d = nombre de caractères absents (0) chez les deux organismes
Nombre total de caractères comparés = $a + b + c + d$

Coefficient de simple appariement $(S_{SM}) = \dfrac{a + d}{a + b + c + d}$

Coefficient de Jaccard $(S_J) = \dfrac{a}{a + b + c}$

ching ») est le coefficient le plus utilisé en bactériologie, il représente la proportion de caractères assortis sans tenir compte de l'absence ou de la présence de l'attribut (**tableau 19.2**). Parfois, **le coefficient de Jaccard** (S_J) est calculé en ignorant tout caractère qui fait défaut chez les deux organismes (tableau 19.2). La valeur des deux coefficients augmente de façon linéaire de 0.0 (pas d'appariement) à 1.0 (100% d'appariement).

Les coefficients de simple appariement ou d'autres coefficients d'association, sont alors arrangés en **matrices de similitude**. Il s'agit d'une matrice dans laquelle les rangées et les colonnes représentent des organismes et chaque valeur est un coefficient d'association mesurant la similitude entre deux organismes différents ; chaque organisme est ainsi comparé à tous les autres du tableau (**figure 19.5a**). Les organismes présentant une grande similitude sont groupés et séparés des organismes dissemblables (figure 19.5b) ; de tels groupes d'organismes sont appelés **phénons** (parfois aussi phénoms).

Les résultats de l'analyse taxinomique numérique sont souvent résumés en un arbre appelé **dendrogramme** (figure 19.5c). Le diagramme est généralement placé de côté, l'axe des x ou abscisse étant gradué en unités de similitude. Chaque embranchement se situe à la valeur de similitude reliant les deux branches. Les organismes dans les deux branches ont tellement de caractéristiques en commun que les deux groupes ne s'observent séparément qu'après l'examen de coefficients d'association plus élevés que la valeur du point d'embranchement. En dessous de cette valeur du point d'embranchement, les deux groupes n'en forment plus qu'un. L'ordonnée de tels dendrogrammes n'a pas de signification particulière et les ensembles peuvent être arrangés dans n'importe quel ordre pratique.

La signification de ces ensembles ou phénons, en termes de

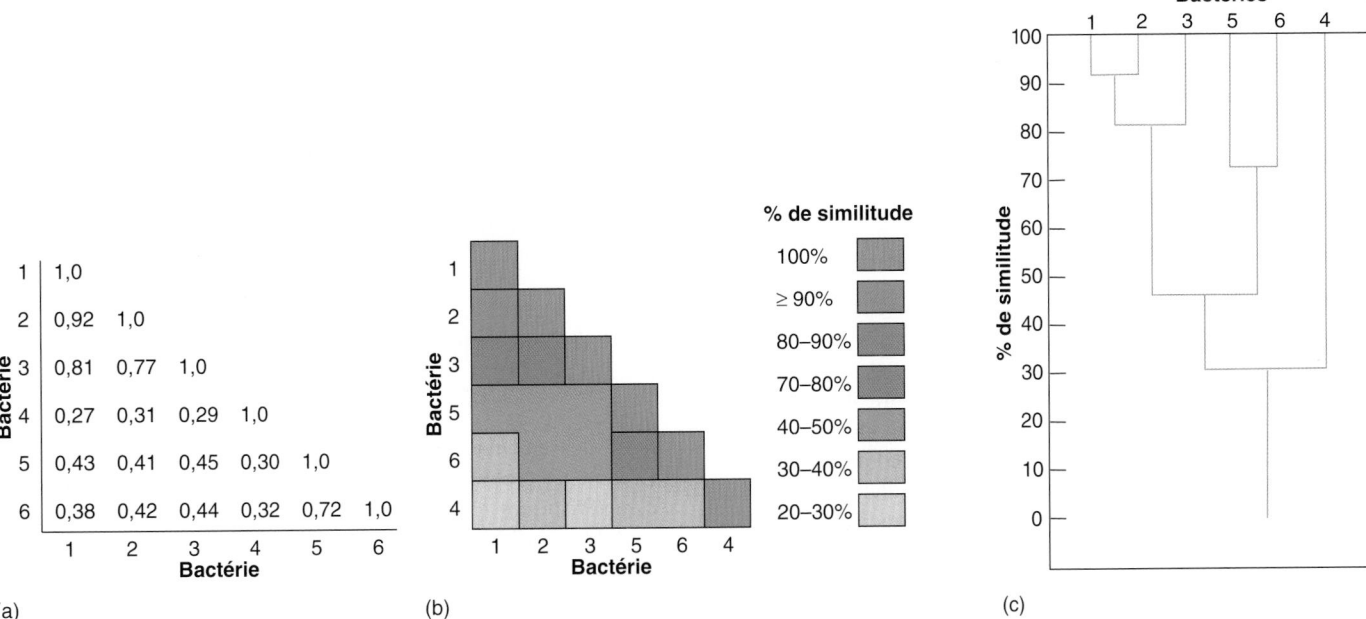

Figure 19.5 Les ensembles et les dendrogrammes en taxinomie numérique. (a) Une petite matrice de similitude qui compare six souches bactériennes. Le degré de similitude s'étend de 0 (0.0) à la similitude complète (1.0). **(b)** Les bactéries ont été réarrangées et jointes pour former des groupes de souches similaires. Par exemple, les souches 1 et 2 sont les plus similaires. Le groupe de 1 plus 2 est assez similaire à la souche 3, mais pas du tout à la souche 4. **(c)** Dendrogramme montrant les résultats de l'analyse faite en b. Les souches 1 et 2 sont des membres d'un phénon 90 et les souches 1 à 3 forment un phénon 80. Tandis que les souches 1 à 3 peuvent être membres d'une seule espèce, il est tout à fait improbable que les souches 4 à 6 appartiennent à la même espèce que 1 à 3.

taxinomie traditionnelle, n'est pas toujours évidente et les niveaux de similitude auxquels ces ensembles sont considérés comme des espèces, des genres, etc., sont matière de jugement. Parfois, les groupes sont simplement appelés phénons et suivis du nombre donnant le niveau de similitude au-dessus duquel ils apparaissent (ainsi, un phénon-70 est un phénon dont les constituants présentent 70% ou plus de similitude). Les phénons formés à environ 80% de similitude sont souvent équivalents aux espèces.

La taxinomie numérique s'est déjà avérée un puissant outil en taxinomie microbienne. Bien que souvent, elle confirme des schémas de classification préexistants, elle a souvent mis en défaut des classifications acceptées. Les méthodes de la taxinomie numérique peuvent aussi servir pour comparer des séquences de macromolécules, comme l'ARN et les protéines.

La classification phylogénique

A la suite de la publication en 1859 de l'oeuvre de Darwin *De l'origine des espèces*, les biologistes essayèrent de développer des **systèmes de classification phylogénique** ou **phylétique**. Il s'agit de systèmes basés sur des relations évolutives plutôt que sur une ressemblance générale (le terme **phylogénie** [du grec *phylon*, tribu ou race et *genesis*, génération ou origine] se rapporte au développement évolutif d'une espèce). Ceci s'est avéré difficile dans le cas des bactéries et d'autres micro-organismes, principalement à cause du manque de fossiles adéquats. Cependant, la comparaison directe du matériel génétique et des produits de gènes (ARN et protéines) a permis de surmonter certains de ces problèmes.

---

1. Qu'est-ce qu'une classification naturelle ?
2. Que sont les systèmes de classification phylogénique (phylétique) et phénétique ? En quoi ces deux systèmes diffèrent-ils ?
3. Qu'est-ce que la taxinomie numérique et pourquoi dans cette méthode, les ordinateurs sont-ils si importants ?
4. Définissez les termes suivants : coefficient d'association, coefficient de simple appariement, coefficient de Jaccard, matrice de similitude, phénon et dendrogramme.
5. Quelle paire d'espèces est la plus semblable, une paire dont le coefficient d'association est de 0,9 ou l'autre dont le coefficient est de 0,6 ? Pourquoi ?

19.5   Les caractéristiques principales utilisées en taxinomie

Beaucoup de caractères sont utilisés dans la classification et l'identification des micro-organismes. Cette section fait une revue brève des quelques propriétés les plus importantes taxinomiquement. Par souci de clarté, les caractéristiques ont été divisées en deux groupes : les caractéristiques classiques et les caractéristiques moléculaires. C'est au chapitre sur la microbiologie clinique (*voir chapitre 36*) que se trouvent les méthodes d'identification des bactéries les plus utilisées au laboratoire.

Les caractéristiques classiques

Les approches classiques de la taxinomie font usage de caractéristiques morphologiques, physiologiques, biochimiques, écologiques et génétiques. Ces caractéristiques ont été employées en

Tableau 19.3 Quelques caractères morphologiques utilisés pour la classification et l'identification

Caractère	Groupe microbien
Forme cellulaire	Tous les groupes principaux[a]
Taille cellulaire	Tous les groupes principaux
Morphologie des colonies	Tous les groupes principaux
Caractéristiques ultrastructurales	Tous les groupes principaux
Réaction à la coloration	Bactéries, certains mycètes
Cils et flagelles	Tous les groupes principaux
Mécanisme de mobilité	Bactéries mobiles par glissement, spirochètes
Forme et localisation de l'endospore	Bactéries formatrices d'endospores
Morphologie et localisation des spores	Bactéries, algues, mycètes
Inclusions cellulaires	Tous les groupes principaux
Couleur	Tous les groupes principaux

[a] Utilisés pour la classification et l'identification d'au moins quelques bactéries, algues, mycètes et protozoaires.

taxinomie microbienne pendant de nombreuses années. Elles sont très utiles pour l'identification de routine et peuvent aussi fournir des informations phylogéniques.

Caractéristiques morphologiques

Les traits morphologiques sont importants en taxinomie microbienne pour plusieurs raisons. La morphologie est facile à étudier et à analyser, en particulier pour les micro-organismes eucaryotes et les procaryotes les plus complexes. Les comparaisons morphologiques sont de plus significatives, car la structure dépend de l'expression de nombreux gènes. Elle est souvent génétiquement stable et normalement (au moins chez les eucaryotes), elle varie peu avec les changements environnementaux. Ainsi, une similitude morphologique est une bonne indication d'une parenté phylogénique.

Beaucoup de caractères morphologiques différents sont utilisés dans la classification et l'identification des micro-organismes (**tableau 19.3**). Bien que le microscope optique ait toujours été un outil très important, sa limite de résolution d'environ 0,2 μm (*voir chapitre 2*) réduit son utilité en ce qui concerne les structures et les micro-organismes plus petits. Ce sont les microscopes électroniques à transmission et à balayage qui, par leur pouvoir de résolution plus élevé, ont beaucoup aidé à l'étude de tous les groupes microbiens.

Caractéristiques physiologiques et métaboliques

Les caractéristiques physiologiques et métaboliques sont très utiles, car elles sont directement en relation avec la nature et l'activité des enzymes microbiennes et des protéines de transport. Comme les protéines sont les produits des gènes, l'analyse de ces caractéristiques fournit une comparaison indirecte des génomes. Le **tableau 19.4** donne certaines de ces propriétés, parmi les plus importantes.

Caractéristiques écologiques

Beaucoup de propriétés sont de nature écologique, car elles affectent les relations entre micro-organismes et environnement. Elles ont souvent une valeur taxinomique, car des micro-organismes même très proches peuvent différer considérablement quant à leurs caractéristiques écologiques. Les micro-organismes vivant dans

Tableau 19.4	**Quelques caractères physiologiques et métaboliques utiles à la classification et l'identification**

Sources de carbone et d'azote
Constituants de la paroi cellulaire
Sources d'énergie
Produits de fermentation
Mode général de nutrition
Optimum et gamme de températures de croissance
Luminescence
Mécanismes de conversion de l'énergie
Mobilité
Tolérance osmotique
Relations avec l'oxygène
Optimum et gamme de pH de croissance
Pigments photosynthétiques
Besoins et tolérance en sel
Métabolites secondaires
Sensibilité aux inhibiteurs métaboliques et aux antibiotiques
Inclusions de réserve

diverses parties du corps humain sont très différents l'un de l'autre et très différents de ceux qui se développent dans l'eau douce, l'eau de mer ou sur terre. Comme exemples de caractères écologiques importants taxinomiquement, citons les modes de vie, la nature des relations symbiotiques, la propriété de causer une maladie chez un hôte particulier, les préférences d'habitat telles les exigences de température, pH, oxygène et concentration osmotique. De nombreux facteurs de croissance sont aussi considérés comme des caractères physiologiques (tableau 19.4).

Analyse génétique

La plupart des eucaryotes sont doués de reproduction sexuée et l'analyse génétique a été d'une utilité considérable pour la classification de ces organismes. Comme on l'a mentionné plus tôt, la possibilité d'une reproduction sexuée définit l'espèce. Bien que les procaryotes ne se reproduisent pas de façon sexuée, l'étude des échanges chromosomiques par transformation et conjugaison s'est révélée parfois utile à leur classification.

Une transformation se produit entre procaryotes d'espèces différentes, mais rarement de genres différents. La démonstration d'une transformation entre deux souches prouve une relation étroite, puisque la transformation ne se produit que lorsque les génomes sont très semblables. La transformation a été étudiée chez plusieurs genres : *Bacillus*, *Micrococcus*, *Haemophilus*, *Rhizobium*, et d'autres. En dépit de son utilité, la transformation donne parfois des résultats difficiles à interpréter, car l'absence de transformation peut provenir de facteurs autres que des différences majeures dans la séquence en ADN. La transformation (p. 228, 305-7). La conjugaison (p. 302-5).

Les études de conjugaison fournissent aussi des données utiles à la taxinomie, en particulier avec les bactéries entériques (*voir section 22.3*). Par exemple, *Escherichia* peut se conjuguer avec les genres *Salmonella* et *Shigella*, mais pas avec *Proteus*, ni *Enterobacter*. Ces observations s'accordent à d'autres résultats qui montrent que ces trois premiers genres sont plus proches l'un de l'autre que de *Proteus* et d'*Enterobacter*.

Les plasmides (*voir section 13.2*) sont sans aucun doute importants en taxinomie car ils sont présents chez la plupart des genres bactériens et ils sont nombreux à porter des gènes codant pour des traits phénotypiques. Parce que les plasmides pourraient avoir un effet significatif sur la classification, s'ils portent le gène codant pour un caractère d'importance majeure, il est préférable de baser la classification sur de nombreux caractères. On arrive à des erreurs si l'identification d'un groupe n'est basée que sur quelques caractères et que certains d'entre eux sont portés par des gènes plasmidiques. Par exemple, la production de sulfure d'hydrogène et la fermentation du lactose sont très importantes dans la taxinomie des bactéries entériques, pourtant les gènes pour ces deux caractères peuvent être portés par des plasmides, aussi bien que par le chromosome bactérien. Il faut donc prendre garde à éviter les erreurs qui résultent des traits portés par des plasmides.

Caractéristiques moléculaires

Une des meilleures approches de la taxinomie est l'étude des protéines et des acides nucléiques. Ces derniers étant soit les produits directs des gènes, soit les gènes eux-mêmes, la comparaison des protéines et des acides nucléiques fournit une information considérable sur les parentés véritables. Ces approches moléculaires plus récentes ont pris de plus en plus d'importance dans la taxinomie des procaryotes.

Comparaison des protéines

Les séquences en acides aminés des protéines reflètent directement les séquences des ARNm et sont donc étroitement reliées à la structure des gènes qui les encodent. Les comparaisons de protéines de différents micro-organismes sont donc très utiles à la taxinomie. Il y a plusieurs façons de comparer des protéines. L'approche la plus directe est de déterminer la séquence en acides aminés de protéines ayant la même fonction. Les séquences des protéines de fonctions différentes se modifient souvent à des rythmes différents ; certaines séquences changent rapidement, tandis que d'autres sont très stables. Cependant, si des séquences de protéines de même fonction sont similaires, il est probable que les organismes qui les possèdent sont étroitement apparentés. On a ainsi utilisé en taxinomie les séquences des cytochromes, d'autres transporteurs d'électrons, des histones, des protéines de choc thermique, des protéines de la transcription et de la traduction et d'une variété d'enzymes du métabolisme. Comme il est long et coûteux de déterminer la séquence d'une protéine, des méthodes plus indirectes de comparaison ont été fréquemment employées. La mobilité électrophorétique des protéines (*voir p. 327-28*) est utile à l'étude relationnelle au niveau de l'espèce et de la sous-espèce. Des anticorps peuvent discriminer des protéines très similaires et on utilise des techniques immunologiques pour comparer des protéines de différents micro-organismes. Les réactions anticorps - antigènes in vitro (p. 774-84).

Les propriétés physiques, cinétiques et régulatrices des enzymes ont été employées en taxinomie. Comme le comportement d'une enzyme reflète sa séquence en acides aminés, cette approche est utile à l'étude de certains groupes microbiens et on a décrit des modes de régulation spécifiques de groupes.

Composition en bases des acides nucléiques

Les génomes microbiens peuvent être directement comparés et la similitude taxinomique estimée de nombreuses façons. La première technique et probablement la plus simple est de déterminer la composition en bases de l'ADN. L'ADN contient quatre bases puriques et pyrimidiques : l'adénine (A), la guanine (G), la cytosine (C) et la thymine (T). Dans l'ADN double-brin, A s'apparie à T et G s'apparie à C. Ainsi le pourcentage de GC dans l'ADN, le rapport (GC)/(AT) ou **contenu en GC**, est un reflet de la séquence en bases, il varie avec les modifications de séquence comme suit :

$$\text{Mol\% GC} = \frac{GC}{GC + AT} \times 100$$

La structure de l'ADN et de l'ARN (p. 230-35).

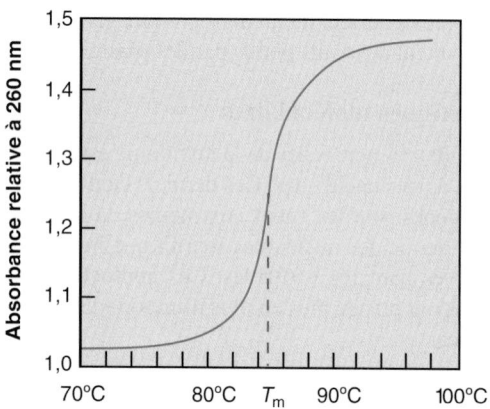

Figure 19.6 Une courbe de fusion d'ADN. La T_m est indiquée.

La composition en bases d'un ADN se détermine de plusieurs manières. Bien que le contenu en GC puisse être mesuré après hydrolyse de l'ADN et analyse de ses bases par chromatographie liquide à haute performance (HPLC), des méthodes physiques plus simples sont souvent utilisées. Le contenu en GC est déterminé à partir de la **température de fusion** (T_m pour « melting temperature ») de l'ADN. Dans l'ADN double-brin, il y a trois liaisons hydrogène dans les paires GC et deux dans les paires AT (*voir section 11.2*). Par conséquent, l'ADN ayant un contenu en GC plus grand aura plus de liaisons hydrogène et ses chaînes ne se sépareront qu'à des températures plus élevées ; c'est-à-dire qu'il aura un point de fusion plus élevé. On peut suivre facilement la fusion d'un ADN par spectrophotométrie, car l'absorbance de la lumière ultra-violette à 260 nm augmente avec la séparation des chaînes. Lorsqu'un échantillon d'ADN est chauffé lentement, l'absorbance augmente avec la cassure des ponts hydrogène, elle atteint un plateau lorsque tout l'ADN est devenu simple-brin (**figure 19.6**). Le point médian de cette courbe croissante donne la température de fusion, une mesure directe du contenu en GC. Comme la densité de l'ADN augmente aussi linéairement avec le contenu en GC, le pourcentage en GC peut être obtenu par centrifugation de l'ADN dans un gradient de densité en chlorure de césium (*voir chapitre 16*).

Le contenu en GC de nombreux micro-organismes a été dé-

Tableau 19.5   Contenus en GC représentatifs des micro-organismes

Organisme	Pourcentage GC	Organisme	Pourcentage GC	Organisme	Pourcentage GC
Bactéries		*Spirochaeta*	51–65	**Moisissures visqueuses**	
Actinomyces	59–73	*Staphylococcus*	30–38	*Dictyostelium*	22–25
Anabaena	38–44	*Streptococcus*	33–44	*Lycogala*	42
Bacillus	32–62	*Streptomyces*	69–73	*Physarum polycephalum*	38–42
Bacteroides	28–61	*Sulfolobus*	31–37		
Bdellovibrio	33–52	*Thermoplasma*	46	**Mycètes**	
Caulobacter	63–67	*Thiobacillus*	52–68	*Agaricus bisporus*	44
Chlamydia	41–44	*Treponema*	25–54	*Amanita muscaria*	57
Chlorobium	49–58			*Aspergillus niger*	52
Chromatium	48–70	**Algues**		*Blastocladiella emersonii*	66
Clostridium	21–54	*Acetabularia mediterranea*	37–53	*Candida albicans*	33–35
Cytophaga	33–42	*Chlamydomonas*	60–68	*Claviceps purpurea*	53
Deinococcus	62–70	*Chlorella*	43–79	*Coprinus lagopus*	52–53
Escherichia	48–52	*Cyclotella cryptica*	41	*Fomes fraxineus*	56
Halobacterium	66–68	*Euglena gracilis*	46–55	*Mucor rouxii*	38
Hyphomicrobium	59–67	*Nitella*	49	*Neurospora crassa*	52–54
Methanobacterium	32–50	*Nitzschia angularis*	47	*Penicillium notatum*	52
Micrococcus	64–75	*Ochromonas danica*	48	*Polyporus palustris*	56
Mycobacterium	62–70	*Peridinium triquetrum*	53	*Rhizopus nigricans*	47
Mycoplasma	23–40	*Scenedesmus*	52–64	*Saccharomyces cerevisiae*	36–42
Myxococcus	68–71	*Spirogyra*	39	*Saprolegnia parasitica*	61
Neisseria	47–54	*Volvox carteri*	50		
Nitrobacter	60–62				
Oscillatoria	40–50	**Protozoaires**			
Prochloron	41	*Acanthamoeba castellanii*	56–58		
Proteus	38–41	*Amoeba proteus*	66		
Pseudomonas	58–70	*Paramecium* spp.	29–39		
Rhodospirillum	62–66	*Plasmodium berghei*	41		
Rickettsia	29–33	*Stentor polymorphus*	45		
Salmonella	50–53	*Tetrahymena*	19–33		
Spirillum	38	*Trichomonas*	29–34		
		Trypanosoma	45–59		

terminé (**tableau 19.5**). Le contenu en GC de l'ADN des animaux et des plantes supérieures varie entre 30 et 50% avec une valeur moyenne d'environ 40%. Au contraire, l'ADN des micro-organismes, aussi bien eucaryotes que procaryotes, varie fortement dans son contenu en GC ; celui des procaryotes est le plus variable allant d'environ 25 à presque 80%. En dépit de cette variation, le contenu en GC des souches à l'intérieur d'une espèce particulière est constant. Si deux organismes diffèrent de plus de 10% dans leur contenu en GC, leurs génomes ont des séquences en bases très différentes. D'autre part, on ne peut affirmer que des organismes avec des contenus en GC très similaires ont aussi des séquences en bases d'ADN similaires, car deux séquences très différentes peuvent être construites avec les mêmes proportions de paires de bases AT et GC. C'est seulement si deux micro-organismes se ressemblent phénotypiquement qu'un contenu en GC similaire suggère une parenté étroite.

Les données de contenu en GC ont une valeur taxinomique pour au moins deux raisons. La première : ils peuvent confirmer un schéma taxinomique obtenu sur d'autres bases. Si des organismes d'un même taxon présentent des contenus en GC trop dissemblables, c'est que le taxon doit probablement être divisé. La seconde, le contenu en GC semble utile à caractériser les genres bactériens, car la variation à l'intérieur d'un genre est généralement inférieure à 10%, même si le contenu varie de façon importante entre les genres. Par exemple, le contenu en GC de *Staphylococcus* est de 30 à 38% tandis que celui de *Micrococcus* est de 64 à 75% ; cependant, ces deux genres de coques Gram-positifs ont beaucoup d'autres caractères en commun.

Hybridation des acides nucléiques

La similitude entre génomes peut se comparer de façon directe par **hybridation des acides nucléiques**. Si on refroidit un mélange d'ADN simple-brin formé par chauffage d'ADN double-brin et si on le maintient à une température d'environ 25°C inférieure à sa T_m, les chaînes dont les séquences en bases sont complémentaires se réassocieront pour former de l'ADN double-brin stable tandis que des chaînes non complémentaires resteront simples (**figure 19.7**). Des chaînes dont les séquences sont similaires mais non identiques s'associeront pour former des ADN double brin hybrides moins stables et l'incubation des mélanges à une température de 30 à 50 ° sous la T_m permettra la formation d'hybrides entre des ADN simple-brin plus divergents. Une incubation à 10 - 15 °C sous la T_m permet seulement l'hybridation de chaînes presqu'identiques.

Dans une des techniques d'hybridation les plus courantes, des filtres de nitrocellulose où sont fixées des chaînes d'ADN non radioactives, sont incubés à la température adéquate avec des fragments d'ADN simple-brin, rendus radioactifs avec du ^{32}P, du ^3H ou du ^{14}C. On laisse les fragments radioactifs s'hybrider avec l'ADN simple-brin fixé, la membrane est ensuite lavée pour enlever l'ADN non hybridé et la radioactivité est mesurée. La quantité de radioactivité fixée au filtre reflète le degré d'hybridation, donc la similitude entre les séquences d'ADN. Le degré de similitude ou d'homologie s'exprime en pourcentage d'ADN expérimental radioactif retenu sur le filtre par rapport au pourcentage d'ADN radioactif homologue fixé dans les mêmes conditions (le **tableau 19.6** donne des exemples).

Si des molécules d'ADN ont une séquence très différente, elles ne formeront pas d'hybrides stables détectables. Ainsi l'hybridation ADN - ADN ne peut être utilisée que pour l'étude de mi-

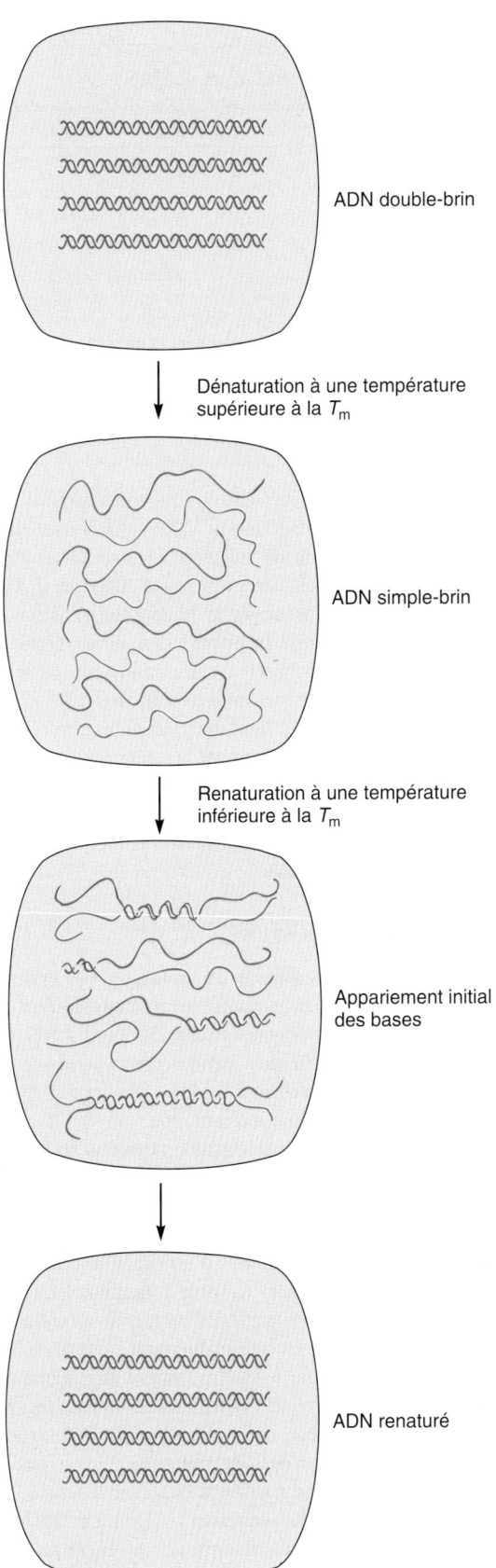

ADN double-brin

Dénaturation à une température supérieure à la T_m

ADN simple-brin

Renaturation à une température inférieure à la T_m

Appariement initial des bases

ADN renaturé

Figure 19.7 Fusion et hybridation d'un acide nucléique. Les chaînes complémentaires sont de couleur différente.

Tableau 19.6 La comparaison des espèces de *Neisseria* par hybridation d'ADN

ADN fixé à la membrane[a]	Pourcentage d'homologie[b]
Neisseria meningitidis	100
N. gonorrhoeae	78
N. sicca	45
N. flava	35

Source: Données de T.E. Staley et R.R. Colxell, «Application of Molecular Genetics and Numerical Taxonomy to the Classification of Bacteria» dans *Annual Review of Ecology and Systematics* 8 : 282, 1973.

[a] L'ADN de chaque espèce, non radioactif et fixé à la membrane, est incubé avec l'ADN radioactif de *N meningitidis* , la quantité de radioactivité fixée à la membrane est mesurée. Plus il y a de radioactivité fixée plus l'homologie des séquences d'ADN est grande.

[b] $\dfrac{\text{ADN de } N.\ meningitidis \text{ fixé à l'ADN expérimental}}{\text{Quantité fixée à l'ADN de } N.\ meningitidis \text{ lié à la membrane}} \times 100$

cro-organismes très apparentés. On compare des organismes plus distants en réalisant des hybridations ADN – ARN avec des ARN radioactifs, ribosomiaux ou de transfert. Des relations éloignées peuvent ainsi être détectées, car les gènes d'ARNr et d'ARNt représentent seulement une petite partie du génome total et n'ont pas évolué aussi rapidement que la plupart des autres gènes microbiens. La technique est semblable à celle de l'hybridation ADN – ADN : de l'ADN fixé à une membrane est incubé à l'ARNr radioactif, lavé puis compté. On obtient une détermination encore plus précise de l'homologie en déterminant la température nécessaire à dissocier et à enlever la moitié de l'ARNr radioactif de la membrane : plus cette température est élevée, plus solide est le complexe ARNr – ADN et plus semblables sont les séquences. Les ribosomes et l'ARN ribosomial (p. 267-68). L'ARN de transfert (p. 266-67).

Séquençage des acides nucléiques

Malgré l'utilité de la détermination du contenu en GC et des études d'hybridation, les structures génomiques ne peuvent être directement comparées que par séquençage d'ADN ou d'ARN. On dispose actuellement de techniques rapides de séquençage d'ADN comme d'ARN ; jusqu'à présent c'est le séquençage d'ARN qui a été le plus utilisé en taxinomie microbienne.

Les séquences qui ont reçu le plus d'attention sont celles des ARNr 5S et 16S isolés respectivement des sous-unités 50S et 30S des ribosomes bactériens (*voir sections 3.3 et 12.2*). Les ARNr sont un outil presque idéal dans l'étude de l'évolution et des parentés microbiennes, car ils sont essentiels à un organite critique trouvé chez tous les micro-organismes. Le rôle fonctionnel est le même pour tous les ribosomes. De plus, leur structure se modifie très lentement au cours du temps, vraisemblablement à cause de leur rôle crucial et constant. Comme l'ARNr contient des séquences variables et invariables, des micro-organismes aussi bien très proches que très distants peuvent être comparés. Il s'agit là d'un avantage important car les organismes peu apparentés ne peuvent être étudiés que par des séquences qui se modifient peu avec le temps.

Il y a plusieurs façons de séquencer l'ARNr. Les ARN ribosomiaux peuvent être caractérisés en terme de séquences partielles, en établissant un catalogue des oligonucléotides, comme décrit ci-dessous. De l'ARNr 16S purifié, radioactif, est traité par la ribonucléase T_1, qui le fragmente. On sépare les fragments et on séquence tous ceux d'au moins six nucléotides. Les séquences des fragments

d'ARN 16S correspondant, provenant de différents procaryotes, sont alors alignés et comparés par ordinateur, et on calcule des coefficients d'association (valeurs S_{ab}). On séquence maintenant les ARNr complets selon les procédures suivantes. L'ARN est d'abord isolé et purifié. Puis, on utilise la transcriptase inverse pour fabriquer de l'ADN complémentaire (ADNc), à l'aide d'amorces complémentaires des séquences conservées dans les ARNr. Une réaction de polymérisation en chaîne amplifie l'ADNc. Finalement, cet ADNc est séquencé et on en déduit la séquence de l'ARNr. La réaction de polymérisation en chaîne (p. 326-27) ; le séquençage de l'ADN (p. 345-47).

Récemment, des génomes procaryotes complets ont été séquencés (*voir chapitre 15*). La comparaison directe de séquences de génomes complets deviendra importante en taxinomie.

1. Résumez les avantages pour la classification et l'identification de chaque type principal de caractéristiques (morphologiques, physiologiques, métaboliques, écologiques, génétiques et moléculaires). Comment chaque groupe est-il relié à la nature et à l'expression du génome ? Donnez des exemples de chaque type de caractère.

2. Quels sont les deux modes d'échange génétique chez les procaryotes qui se sont avérés utiles en taxinomie ? Pourquoi les plasmides ont-ils une telle importance en taxinomie bactérienne ?

3. Décrivez brièvement certaines méthodes de comparaison des protéines provenant de différents organismes.

4. Qu'est-ce que le contenu en GC d'un ADN et comment peut-il être déterminé par des expériences de température de fusion et de centrifugation en gradient de densité ?

5. Discutez l'utilisation du contenu en GC en taxinomie. Pourquoi n'est-il pas sûr d'affirmer que deux micro-organismes ayant le même contenu en GC appartiennent à la même espèce ? Quelles sont les deux manières par lesquelles le contenu en GC contribue à la taxinomie ?

6. Décrivez comment on réalise des études d'hybridation d'acide nucléique avec de l'ADN fixé à une membrane. Pourquoi veut-on parfois varier la température d'incubation durant une hybridation ? Quels sont les avantages de réaliser des hybridations ADN – ARN ?

7. Comment séquence-t-on l'ARNr et pourquoi l'ARNr convient-il si bien à la détermination de parenté ?

19.6 L'évaluation de la phylogénie microbienne

La taxinomie des procaryotes évolue rapidement. Ceci est dû à ce que nos connaissances sur la biologie de ces organismes ne cessent d'augmenter, à ce que l'informatique a fait des progrès remarquables et à ce qu'on utilise maintenant des caractéristiques moléculaires pour déterminer les parentés entre groupes. Cette section décrit brièvement de quelle manière on détermine les relations phylogéniques.

Les chronomètres moléculaires

Les séquences des acides nucléiques et des protéines changent avec le temps et sont considérées comme des **chronomètres moléculaires**. Ce concept, suggéré pour la première fois par Zuckerkandl et Pauling (1965), est important lorsqu'on emploie les séquences moléculaires pour déterminer les relations phylogéniques. Il est basé sur l'hypothèse qu'il existe une horloge de l'évolution. On pense que les séquences de beaucoup d'ARNr et de protéines changent graduellement au cours du temps, sans que leurs fonctions soient perdues ou fortement modifiées. On suppose que de tels changements sont neutres en terme de sélectivité, se produisent à peu près au hasard et augmentent linéairement avec le temps. Lorsque les séquences de molécules similaires sont très différentes dans deux groupes d'organismes, c'est qu'il y a longtemps que ces groupes ont divergé. L'analyse phylogénique au moyen des chronomètres moléculaires est quelque peu complexe, parce que la vitesse du changement de séquence peut varier ; certaines périodes se caractérisent par une rapidité de changement particulière. En outre, des molécules différentes ou diverses parties d'une même molécule peuvent changer à des vitesses différentes. On utilise des molécules hautement conservées, comme les ARNr, pour suivre les changements évolutifs à grande échelle, tandis qu'on emploie des molécules à changement rapide pour étudier la spéciation. Tout le monde ne croit pas que les chronomètres moléculaires, et en particulier les horloges protéiques, soient très précis. Il faudra de nouvelles études pour établir leur précision et leur utilité.

Les arbres phylogéniques

Les relations phylogéniques sont illustrées sous forme de diagrammes ramifiés ou arbres. Un **arbre phylogénique** est un graphe fait de branches reliées par des nœuds (**figure 19.8**).Les nœuds représentent des unités taxinomiques telles que l'espèce ou le genre ; les nœuds externes, à l'extrémité des branches, représentent des organismes vivants. L'arbre peut comporter une échelle de temps, ou la longueur des branches peut représenter le nombre de changements moléculaires qui se sont produits entre les deux nœuds. Enfin, un arbre peut être raciné ou non raciné. Un arbre non raciné (figure 19.8*a*) représente simplement les relations phylogéniques mais ne fournit pas de chemin évolutif. La figure 19.8*a* montre que A est plus étroitement apparenté à C, qu'à B ou D, mais il ne spécifie pas l'ancêtre commun des quatre espèces, ni la direction de l'évolution. À l'inverse, l'arbre raciné (figure 19.8*b*) comporte un nœud qui sert d'ancêtre commun et montre le développement des quatre espèces à partir de cette racine. Il est beaucoup plus difficile de construire une arbre raciné. Par exemple, pour relier quatre espèces, il y a quinze arbres racinés possibles, mais seulement trois arbres non racinés.

Les arbres phylogéniques sont élaborés en comparant des séquences moléculaires. Pour comparer deux molécules, il faut d'abord aligner leurs séquences de sorte que les parties similaires se correspondent. Il s'agit d'aligner et de comparer des séquences homologues, séquences qui sont similaires parce qu'elles ont eu dans le passé une origine commune. Ceci n'est pas tâche aisée et il faut recourir à l'ordinateur et à des mathématiques assez complexes pour minimiser le nombre d'hiatus et de mésappariements dans les séquences à comparer.

Une fois que les molécules sont alignées, on peut déterminer le nombre de positions qui varient entre les séquences. On utilise ces données pour calculer une mesure de la différence entre les séquences. Cette différence est souvent exprimée en **distance évolutive**. C'est une simple indication quantitative du nombre de positions qui diffèrent entre les deux macromolécules alignées. On peut faire des ajustements statistiques pour tenir compte des mutations réverses et des substitutions multiples qui ont pu se produire. Les organismes sont alors rassemblés d'après la similarité de leurs

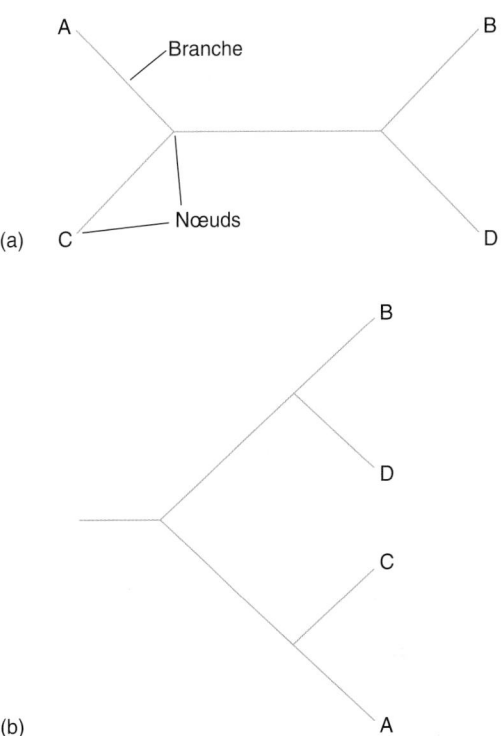

Figure 19.8 Exemples d'arbres phylogéniques. (**a**) Arbre non raciné, reliant quatre unités taxinomiques. (**b**) Arbre raciné. Voir détails dans le texte.

séquences. Les organismes les plus similaires sont regroupés entre eux, puis comparés aux autres organismes pour former un groupe plus vaste où le degré de similarité est moindre, la distance évolutive plus grande. Le processus est poursuivi jusqu'à ce que tous les organismes soient inclus dans l'arbre.

Les relations phylogéniques peuvent aussi être estimées par des techniques comme l'analyse de parcimonie. Dans cette approche, on détermine les relations selon le nombre de changements dans les séquences qui sont requis pour aboutir aux séquences finales que l'on compare. On postule que le changement évolutif suit le chemin le plus court, avec le moins de changements ou d'étapes, pour aller de l'ancêtre à l'organisme en question. On privilégiera l'arbre ou pattern de relations le plus simple et qui demande le moins de suppositions.

ARNr, ADN et protéines comme indicateurs en phylogénie

Malgré l'utilisation d'une variété de techniques moléculaires pour estimer la parenté phylogénétique des bactéries, la comparaison des ARNr 16S isolés de plus de 500 espèces bactériennes reste d'une importance particulière (**figure 19.9**). Les coefficients d'association ou valeurs de S_{ab} obtenues des études d'ARNr est une mesure réelle de la parenté ; plus hautes sont les valeurs de S_{ab} obtenues en comparant deux organismes, plus étroite est la relation entre ces organismes. Si les séquences des ARNr 16S de deux organismes sont identiques, la valeur de S_{ab} est 1.0. Les valeurs de S_{ab} sont aussi une mesure du temps d'évolution. Un groupe de procaryotes qui s'est détaché il y a très longtemps des autres procaryotes.

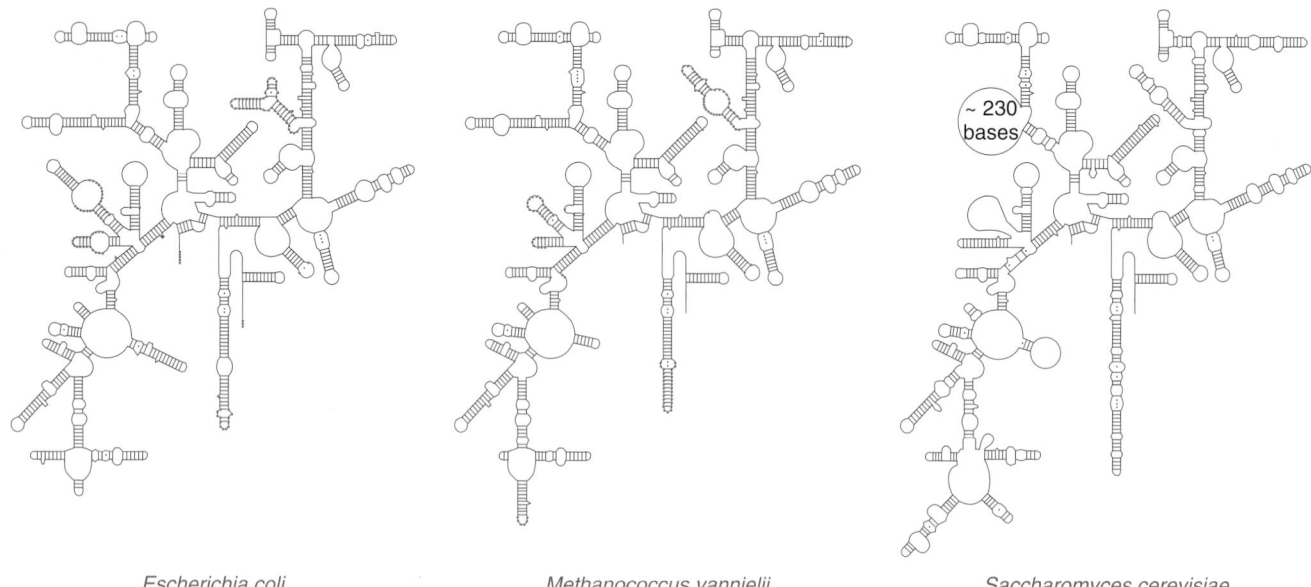

Escherichia coli   Methanococcus vannielii   Saccharomyces cerevisiae

Figure 19.9 L'ARN de la petite sous-unité ribosomiale. Exemples représentatifs des structures secondaires des ARNr des trois domaines originaux : bactéries (*Escherichia coli*), archéobactéries (*Methanococcus vannielii*) et eucaryotes (*Saccharomyces cerevisiae*). Les points rouges marquent les positions où les bactéries et les archéobactéries diffèrent généralement. *Source : Données tirées de C.P. Woese.* Microbiological Reviews, *51(2) :221-227, 1987.*

ryotes, aura un large éventail de valeurs de S_{ab} car il aura eu plus de temps pour se diversifier qu'un groupe dont le développement est plus récent. Ainsi un groupe de procaryotes est d'autant plus moderne que la marge de ses valeurs de S_{ab} est étroite. Après détermination des valeurs de S_{ab}, un ordinateur calcule la parenté des organismes et résume leurs relations en un arbre ou dendrogramme (figures 19.5 et 19.8).

Les études de séquences d'ARN ribosomial ont découvert un fait de grande importance pratique. L'ARNr 16S chez la plupart des groupes phylogéniques principaux possède une ou plusieurs séquences nucléotidiques caractéristiques appelées **signatures oligonucléotidiques**. Ces séquences signatures sont des séquences spécifiques d'oligonucléotides qui apparaissent chez la plupart ou tous les membres d'un groupe phylogénique particulier. Elles sont rarement ou jamais présentes chez d'autres groupes, même les plus voisins. Ainsi des séquences signatures ont été utilisées pour placer des micro-organismes dans le groupe approprié. Des séquences signatures ont été identifiées chez les bactéries, les archéobactéries, les eucaryotes et beaucoup de groupes procaryotes majeurs (**tableau 19.7**).

Bien que les comparaisons d'ARNr soient utiles pour les niveaux supérieurs à l'espèce, les études de similarité de l'ADN sont parfois plus efficaces pour établir les espèces et les genres. Ces comparaisons peuvent être réalisées, comme on l'a déjà vu, sur base du contenu en GC ou d'études d'hybridation. Des techniques comme l'analyse directe de la séquence et l'analyse du pattern des fragments de restriction peuvent aussi servir. Les comparaisons d'ADN présentent des avantages. Comme celle de l'ARNr, la composition de l'ADN d'une cellule ne change pas avec les conditions de croissance. Les comparaisons d'ADN sont basées sur les génomes complets, plutôt que sur une partie, et cela rend plus aisée la définition précise d'une espèce, basée sur le critère de parenté des 70%. On publie maintenant des séquences complètes de génomes, ce qui facilitera l'étude de l'impact de processus comme

Tableau 19.7 Les signatures choisies dans l'ARNr 16S pour certains groupes bactériens[a]

Position dans l'ARNr	Composition du consensus	γ-Protéobactéries	Cyanobactéries	Spirochètes	*Bacteroides*	Vertes sulfureuses	Vertes non sulfureuses	*Deinococcus*	Gram positives (pauvres en GC)	Gram positives (riches en GC)	*Planctomyces*
47	C	+	+	U	+	+	+	+	+	+	G
53	A	+	+	G	+	+	G	+	+	+	G
570	G	+	+	+	U	+	+	+	+	+	U
812	G	c	+	+	+	+	+	C	+	+	+
906	G	Ag	+	+	+	+	A	+	+	A	+
955	U	+	+	+	+	+	+	+	+	AC	C
1207	G		+	C	+	+	+	+	C	C	+
1234	C	+	+	a	U	A	+	+	+	+	+

[a] Un signe + indique que le groupe a la même base que celle du consensus. Une lettre en majuscule signifie que cette base est trouvée dans plus de 90% des cas. Une lettre en minuscule indique un remplacement mineur (< 15% des cas).

le transfert génétique horizontal sur les schémas phylogéniques, ainsi qu'on le verra plus tard.

De nombreuses séquences de protéines sont actuellement utilisées pour dresser des arbres phylogéniques. Cette approche offre certains avantages par rapport aux comparaisons d'ARNr. Une séquence de 20 acides aminés donne plus d'information par site qu'une séquence de 4 nucléotides. Les séquences protéiques sont moins affectées par les teneurs en GC différentes, spécifiques des organismes, que ne le sont les séquences d'ADN ou d'ARN. Enfin, il est plus facile d'aligner des séquences protéiques, parce qu'elles ne dépendent pas de structures secondaires, comme c'est le cas pour une séquence d'ARNr. Les protéines évoluent à des vitesses différentes, comme on peut s'y attendre. Les protéines indispensables, de fonctions constantes (p. ex. les histones, les protéines de choc thermique) ne changent pas rapidement, tandis que des protéines comme les immunoglobulines évoluent très vite. Toutes les protéines ne conviennent donc pas pour étudier des changements à grande échelle qui s'effectuent sur de longues périodes. Comme nous l'avons dit plus haut, il y a un doute sur la valeur des horloges fondées sur les protéines.

Il est clair que les séquences des trois types de macromolécules peuvent fournir des informations phylogéniques précieuses. Cependant, des séquences différentes donnent parfois des arbres différents, et il peut être difficile de décider quel résultat est le plus précis. On peut supposer que l'accumulation des données moléculaires, ajoutée à de nouvelles études des propriétés phénotypiques, aidera à lever les incertitudes.

La taxinomie polyphasique

Parce que les résultats phylogéniques varient selon les données utilisées pour l'analyse, beaucoup de taxinomistes pensent qu'il faut employer toutes les données valables possibles pour établir la phylogénie. Dans cette approche, appelée **taxinomie polyphasique**, les systèmes taxinomiques sont établis en utilisant une large gamme d'informations phénotypiques et génotypiques, allant des propriétés moléculaires aux caractéristiques écologiques. Les techniques appropriées pour grouper les organismes dépendent du niveau de résolution taxinomique requis. Par exemple, on peut utiliser les techniques sérologiques pour identifier les souches, mais pas les genres, ni les espèces. Les patterns électrophorétiques de protéines conviennent pour déterminer les espèces, mais pas les genres, ni les familles. L'hybridation d'ADN et l'analyse des pourcentages en GC peuvent servir à étudier espèces et genres. Des caractéristiques comme la composition chimique, les résultats obtenus avec des sondes d'ADN, les séquences d'ARNr et les séquences d'ADN peuvent être utilisés pour définir les espèces, les genres et les familles. Quand c'est possible, on emploie autant de propriétés qu'on peut pour avoir des résultats plus stables et plus fiables. Des approches polyphasiques réussies aideront souvent à choisir les techniques pour identifier rapidement le micro-organisme.

Comme les séquences d'ARNr ont été beaucoup utilisées, nous parlerons principalement des arbres phylogéniques dérivés d'études de l'ARNr.

---

1. Que sont les chronomètre moléculaires et sur quelles hypothèses reposent-ils ?
2. Définissez l'arbre phylogénique et la distance évolutive ? Quelle est la différence entre un arbre non raciné et un arbre raciné ?
3. Discutez l'utilisation des valeurs de S_{ab} pour déterminer la parenté des bactéries et l'âge évolutif des groupes taxinomiques. Que sont les signatures oligonucléotiques ?
4. Pourquoi pourrait-on choisir d'utiliser les séquences d'ADN ou de protéines pour des études phylogéniques ?
5. Décrivez la taxinomie polyphasique et exposez quelques-uns de ses avantages.

19.7 Les grandes subdivisions du monde vivant

Dès les débuts de la biologie, les organismes ont été classés soit parmi les plantes, soit parmi les animaux. Mais les découvertes de la biologie au cours du siècle dernier ont montré que ce système à deux règnes était trop simple. Bien que tous les biologistes ne soient pas d'accord, la plupart des microbiologistes croient aujourd'hui que toutes les formes de vie peuvent se répartir en trois groupes nettement différents. Nous allons d'abord passer ce système en revue de façon détaillée, avant de nous tourner vers d'autres conceptions.

Les domaines

Comme nous l'avons dit plus haut et comme le montre la figure 19.3 (p. 424), Carl Woese et ses collaborateurs se sont basés sur les études des ARNr pour répartir tous les organismes entre trois domaines : les *Archaea*, les *Bacteria* et les *Eucarya*. Il existe deux groupes très différents de procaryotes, les bactéries et les archéobactéries. Les bactéries comprennent la grande majorité des procaryotes. Parmi d'autres propriétés, les bactéries possèdent dans la paroi cellulaire un peptidoglycane contenant de l'acide muramique ou sont apparentées à des bactéries avec de telles parois. Elles contiennent des lipides membranaires avec des acides gras à chaînes droites estérifiées qui ressemblent aux lipides des membranes eucaryotes (**tableau 19.8**). Le second groupe, les archéobactéries diffère à de nombreux égards des bactéries et ressemble aux eucaryotes par certains caractères (tableau 19.8). Bien que les archéobactéries soient décrites en détails plus loin, il faut noter qu'elles diffèrent des bactéries car elles sont dépourvues d'acide muramique dans la paroi cellulaire et possèdent (1) des lipides membranaires avec des chaînes aliphatiques ramifiées et des liaisons éther, (2) des ARN de transfert sans thymidine dans le bras T ou TψC (*voir section 12.2*), (3) des ARN polymérases distinctes et (4) des ribosomes de forme et de composition différentes. Ainsi, bien que les archéobactéries ressemblent aux bactéries par leur structure de cellule procaryote, elles en diffèrent considérablement au niveau moléculaire. Les deux groupes diffèrent des eucaryotes par leur structure cellulaire (*voir pp. 91-92*) et beaucoup d'autres propriétés. Cependant, l'examen du tableau 19.8 révèle que bactéries et archéobactéries partagent avec les cellules eucaryotes certaines propriétés biochimiques. Par exemple, bactéries et eucaryotes contiennent des lipides membranaires à liaison ester ; certains composants des systèmes biosynthétiques des ARN et des protéines sont semblables chez les archéobactéries et les eucaryotes. Les archéobactéries (chapitre 20).

Bien que la conception qui précède soit la plus largement acceptée, d'autres arbres phylogéniques (six ou plus) ont été proposés pour relier les domaines principaux. La **figure 19.10** donne une vue simplifiée de certains d'entre eux. Le premier (figure 19.10*a*) place les trois groupes à peu près équidistants l'un de l'autre et est en accord avec les premières données sur les ARNt. La figure 19.10*b* représente l'arbre qui a le plus de succès actuellement. Archéobactéries et eucaryotes y ont un ancêtre commun ; les organismes comme les bactéries auraient existé avant les autres domaines. Le troisième arbre, appelé arbre des éocytes (figure 19.10*c*), repose sur la proposition suivante : des procaryotes thermophiles extrêmes, dépendant du soufre, appelés éocytes (aube + cellule) forment un groupe séparé et plus proche des eu-

Tableau 19.8 La comparaison des *Bacteria*, *Archaea* et *Eucarya*

Propriété	*Bacteria*	*Archaea*	*Eucarya*
Noyau entouré d'une membrane	Absent	Absent	Présent
Organites membranaires internes complexes	Absents	Absents	Présents
Paroi cellulaire	Presque toujours faite de peptido-glycane contenant de l'acide muramique	Divers types, pas d'acide muramique	Pas d'acide muramique
Lipides membranaires	Acides gras à chaînes droites et liaisons ester	Chaînes aliphatiques ramifiées et liaisons éther	Acides gras à chaînes droites et liaisons ester
Vacuoles gazeuses	Présentes	Présentes	Absentes
ARN de transfert	Présence de thymine dans la plupart des ARNt	Pas de thymine dans le bras T ou TψC de l'ARNt	Présence de thymine
	N-formylméthionine portée par l'ARNt initiateur	Méthionine portée par l'ARNt initiateur	Méthionine portée par l'ARNt initiateur
ARNm polycistroniques	Présents	Présents	Absents
ARNm avec introns	Absents	Absents	Présents
ARNm épissés, avec coiffe, et queue polyA	Absents	Absents	Présents
Ribosomes			
Taille	70S	70S	80S (ribosomes cytoplasmiques)
Facteur d'élongation 2	Ne réagit pas avec la toxine diphtérique	Réagit	Réagit
Sensibilité au chloramphénicol et à la kanamycine	Sensible	Insensible	Insensible
Sensibilité à l'anisomycine	Insensible	Sensible	Sensible
ARN polymérase ADN dépendante			
Nombre d'enzymes	Une	Plusieurs	Trois
Structure	Modèle sous-unitaire simple (4 sous-unités)	Modèle sous-unitaire complexe semblable aux enzymes eucaryotes (8 à 12 sous-unités)	Modèle sous-unitaire complexe (12 à 14 sous-unités)
Sensibilité à la rifampicine	Sensible	Insensible	Insensible
Promoteurs de type polymérase II	Absents	Présents	Présents
Métabolisme			
ATPase similaire	Non	Oui	Oui
Méthanogenèse	Absente	Présente	Absente
Fixation de l'azote	Présente	Présente	Absente
Photosynthèse chlorophyllienne	Présente	Absente	Présente[a]
Chimiolithotrophie	Présente	Présente	Absente

[a] Présente dans les chloroplastes (d'origine bactérienne).

caryotes que les archéobactéries. Enfin, certains ont proposé que les eucaryotes soient des chimères et dérivent de la fusion d'une bactérie et d'une archéobactérie (peut-être une bactérie dépourvue de paroi cellulaire englobée par une archéobactérie ressemblant à un éocyte) (figure 19.10*d*).

La situation est donc confuse et plus d'un modèle a été proposé, bien que la plupart des microbiologistes préfèrent l'arbre à trois domaines de la figure 19.10*b*. Quand on utilise des séquences de protéines pour construire des arbres phylogéniques, on n'obtient même pas un modèle à trois domaines. Ces problèmes peuvent être attribués à de nombreux facteurs. Des duplications de gènes ignorées pourraient s'être produites avant la formation des domaines, ce qui embrouillerait les modèles. Des vitesses évolutives inégales fausseraient les arbres. Certaines séquences moléculaires pourraient avoir perdu des informations phylogéniquement importantes. Il y aurait des variations de séquences significatives entre mêmes molécules de souches différentes de la même espèce. Si on n'analyse pas plusieurs souches, on pourrait tirer des conclusions fausses. On peut donc construire des arbres universels imprécis, si on n'utilise les séquences que de quelques molécules (comme c'est habituellement le cas).

Les transferts génétiques horizontaux ou latéraux qui sont fréquents et largement répandus constituent des difficultés majeures pour la construction d'un arbre satisfaisant. Les récentes études de séquences de génomes ont montré qu'un transfert génétique horizontal considérable avait lieu à l'intérieur et entre les domaines (*voir pp. 352-53*). Les eucaryotes possèdent des gènes issus des bactéries aussi bien que des archéobactéries, et il y a eu des échanges génétiques fréquents entre les deux domaines de procaryotes. Il apparaît même que quelques bactéries au moins ont acquis des gènes eucaryotes. Le pattern de l'évolution microbienne n'est donc pas aussi linéaire et en arborescence qu'on ne l'avait d'abord pensé. Les arbres montrés dans les figures 19.3 et 19.10 sont indubitablement trop simples. La **figure 19.11** dessine un arbre réticulé, plus réaliste, où le transfert génétique horizontal joue un rôle majeur. Cet arbre ressemble à une toile ou à un réseau, avec de nombreuses branches latérales reliant les divers troncs, chaque branche représentant le transfert d'un ou de quelques gènes. Au lieu d'avoir un seul tronc principal ou ancêtre commun à sa base, cet arbre a plusieurs troncs ou groupes de cellules primitives qui contribuent au réservoir génétique originel. Alors qu'il y a eu des transferts génétiques considérables entre les deux domaines de procaryotes tout au long de leur développement, le domaine des eucaryotes a peu participé au transfert génétique horizontal après la formation des mycètes, des plantes et des animaux. Il se peut que les cellules eucaryotes soient nées via un processus complexe, impliquant de nombreux transferts de

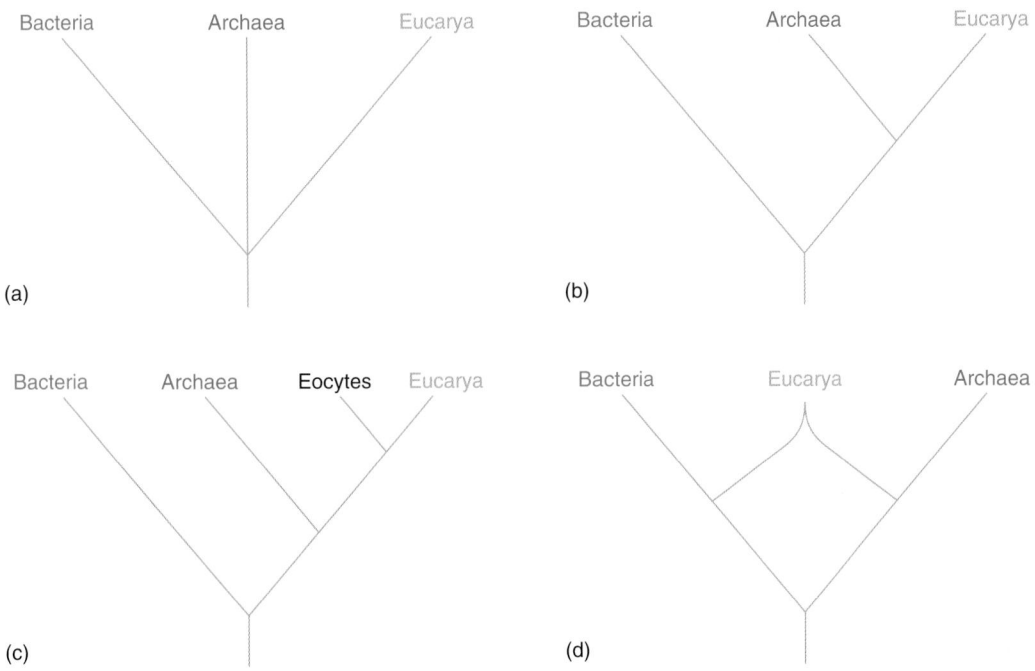

Figure 19.10 Variations dans la conception de « l'Arbre de la Vie ». Ces quatre arbres phylogéniques sont discutés dans le texte.

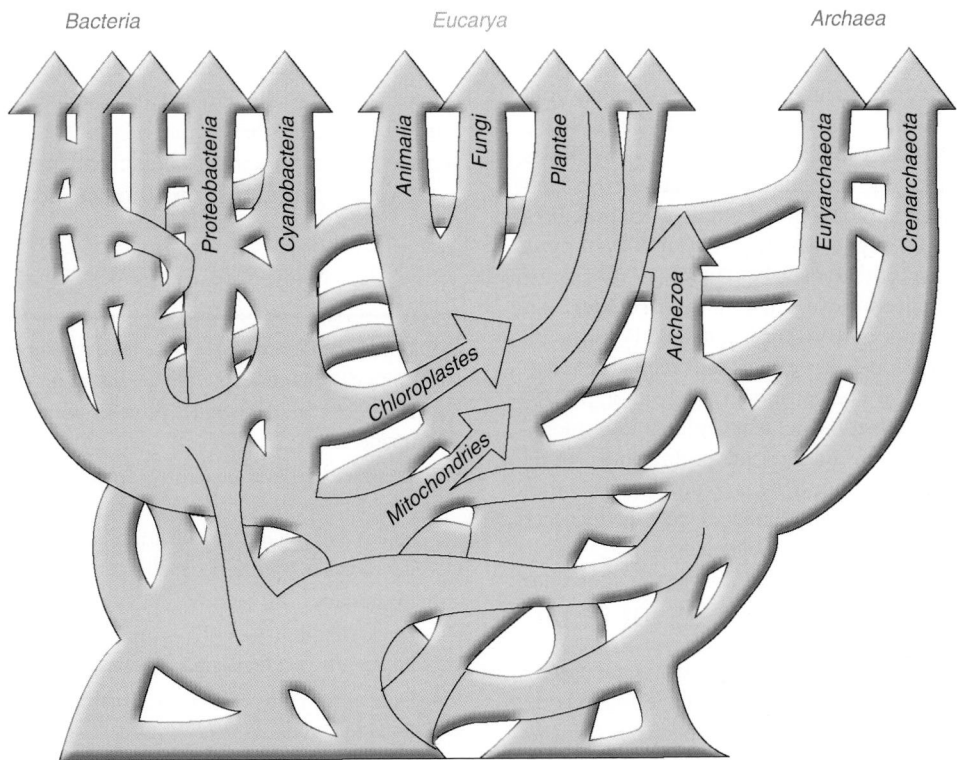

Figure 19.11 Arbre phylogénique universel avec de fréquents transferts génétiques horizontaux ou latéraux. Voir dans le texte.

gènes, issus des bactéries comme des archéobactéries. Cette hypothèse permet aussi l'apparition des mitochondries et des chloroplastes par endosymbiose, respectivement avec des α-protéobactéries et des cyanobactéries. On peut supposer que les trois domaines restent séparés, parce que les transferts génétiques sont beaucoup plus nombreux au sein de chacun d'eux qu'entre eux.

Cet bref examen des problèmes que pose la construction d'un arbre phylogénique vraiment universel, a pour but de montrer combien il est difficile de déterminer les relations phylogéniques. On obtiendra les meilleurs résultats en faisant intervenir dans l'analyse, toutes les données possibles, tant moléculaires que phénotypiques (par exemple, en taxinomie polyphasique), Nous emploierons habituellement les arbres dérivés des séquences d'ARNr, parce que ces données sont les plus abondantes et sont utilisées par la plupart des microbiologistes. Gardez cependant à l'esprit que de tels arbres peuvent fort bien changer, si de nouvelles données sont obtenues et analysées.

Les règnes

Alors que la plupart des microbiologistes préfèrent le système à trois domaines, beaucoup de protozoologistes, de botanistes et de zoologistes penseront en termes de cinq règnes ou plus. Cette section résume brièvement la nature de certains de ces systèmes de classification.

Le premier système de classification à obtenir du succès au cours des quelques dernières décades fut le système à cinq règnes, suggéré pour la première fois par Robert H. Whittaker dans les années 60. La **figure 19.12a** présente un aperçu de ce système à cinq règnes de Whittaker. Les organismes sont divisés en cinq règnes selon au moins trois critères principaux : (1) Le type cellulaire — procaryote ou eucaryote, (2) le niveau d'organisation — unicellulaire, solitaire et en colonie, ou multicellulaire et (3) le type de nutrition. Dans ce système, le règne des *Animalia* contient des animaux multicellulaires avec des cellules eucaryotes sans paroi et une alimentation principalement par ingestion, tandis que le règne des *Plantae* est fait de végétaux multicellulaires avec des cellules eucaryotes entourées d'une paroi et dont l'alimentation est principalement autotrophe. Les microbiologistes étudient les membres des trois autres règnes. Le règne des *Monera* ou *Procaryotae* contient tous les organismes procaryotes. Le règne des *Protista*, est le moins homogène et le plus difficile à définir. Les **protistes** sont des eucaryotes à organisation unicellulaire, soit sous la forme de cellules solitaires, soit en colonies de cellules sans réelle organisation en tissus. Ils peuvent avoir une nutrition par ingestion, par absorption ou par photoautotrophie. Ils incluent la plupart des microorganismes connus sous le nom d'algues, de protozoaires, et de nombreux mycètes simples. Le règne des *Fungi* contient des organismes eucaryotes principalement multinucléés dont les noyaux sont dispersés dans un mycélium souvent septé et avec parois (*voir chapitre 25*) ; leur alimentation se fait par absorption. Les chapitres 25 à 27 présentent avec plus de détails la taxinomie des phylums majeurs des protistes et des mycètes.

Le système en cinq règnes n'est pas accepté par beaucoup de microbiologistes. Un problème majeur réside dans le manque de distinction entre archéobactéries et bactéries. Le règne des *Protista* présente peut-être trop de diversité pour être utile en taxinomie. De plus, les frontières entre les règnes des *Protista*, des *Plantae* et des *Fungi* sont mal définies. Par exemple, les algues brunes ne sont

probablement pas voisines des plantes, bien que le système des cinq règnes les place dans les *Plantae*.

A cause de ces problèmes, diverses alternatives au système des cinq règnes ont été suggérées. Le système aux six règnes est l'option la plus simple : elle divise le règne des *Monera* ou *Procaryotae* en deux règnes, les *Eubacteria* et les *Archaeobacteria* (figure 19.12b). Beaucoup d'essais ont été faits pour diviser les protistes en plusieurs règnes mieux définis. Le systèmes des huit règnes, de Cavalier-Smith est un bon exemple (figure 19.12c). Cavalier-Smith croit que les différences de la structure cellulaire et de l'organisation génétique sont exceptionnellement importantes pour déterminer la phylogénie : il a donc utilisé les caractéristiques ultrastructurelles aussi bien que les séquences des ARNr et d'autres données moléculaires pour établir sa classification. Il répartit tous les organismes entre deux empires et huit règnes. L'empire des *Bacteria* contient deux règnes, les *Eubacteria* et les *Archaeobacteria*. Le second empire, les *Eucaryota*, est divisé en six règnes d'organismes eucaryotes. Deux de ces règnes d'eucaryotes sont nouveaux. Les *Archezoa* sont des organismes unicellulaires eucaryotes primitifs, tel que *Giardia* qui possède des ribosomes 70 S et n'a ni appareil de Golgi, ni mitochondrie, ni chloroplaste, ni peroxysome. Le règne des *Chromista* renferment principalement des organismes photosynthétiques, dont les chloroplastes se trouvent dans la lumière du réticulum endoplasmique rugueux, plutôt que dans le cytoplasme (comme c'est le cas dans le règne des *Plantae*). Les diatomées, les algues brunes, les cryptomonades et les oomycètes sont tous placés dans les *Chromista*. Les limites entre les quatre règnes restants—*Plantae*, *Fungi*, *Animalia* et *Protozoa*—ont été ajustées pour mieux définir chacun d'eux et mieux les distinguer l'un de l'autre. Sogin et ses collaborateurs ne regroupent pas les eucaryotes en quelques grandes divisions, mais les considèrent plutôt comme un seul domaine ou empire, composé d'une série de lignées ayant évolué indépendamment (figure 19.12d). Dans ce schéma, les protistes ne forment pas un règne séparé, mais représentent simplement un niveau d'organisation, avec beaucoup de lignées distinctes et une formidable diversité.

---

1. Comment Woese a-t-il divisé les organismes en domaines ou en empires dans son arbre phylogénique universel ? Décrivez plusieurs des caractéristiques principales qui différencient chaque domaine.

2. Décrivez les deux alternatives majeures à l'arbre de Woese, qui sont décrites dans les figures 19.10c et 19.10d. Pourquoi y a-t-il eu des difficultés pour construire un arbre précis ? Discutez l'effet de fréquents transferts génétiques horizontaux sur les arbres phylogéniques.

3. Quels sont les trois critères principaux de la division des organismes en cinq règnes par Whittaker ?

4. Donnez les noms et les caractéristiques principales qui distinguent les cinq règnes.

5. Décrivez brièvement les systèmes à six et à huit règnes. En quoi diffèrent-ils du système à cinq règnes ?

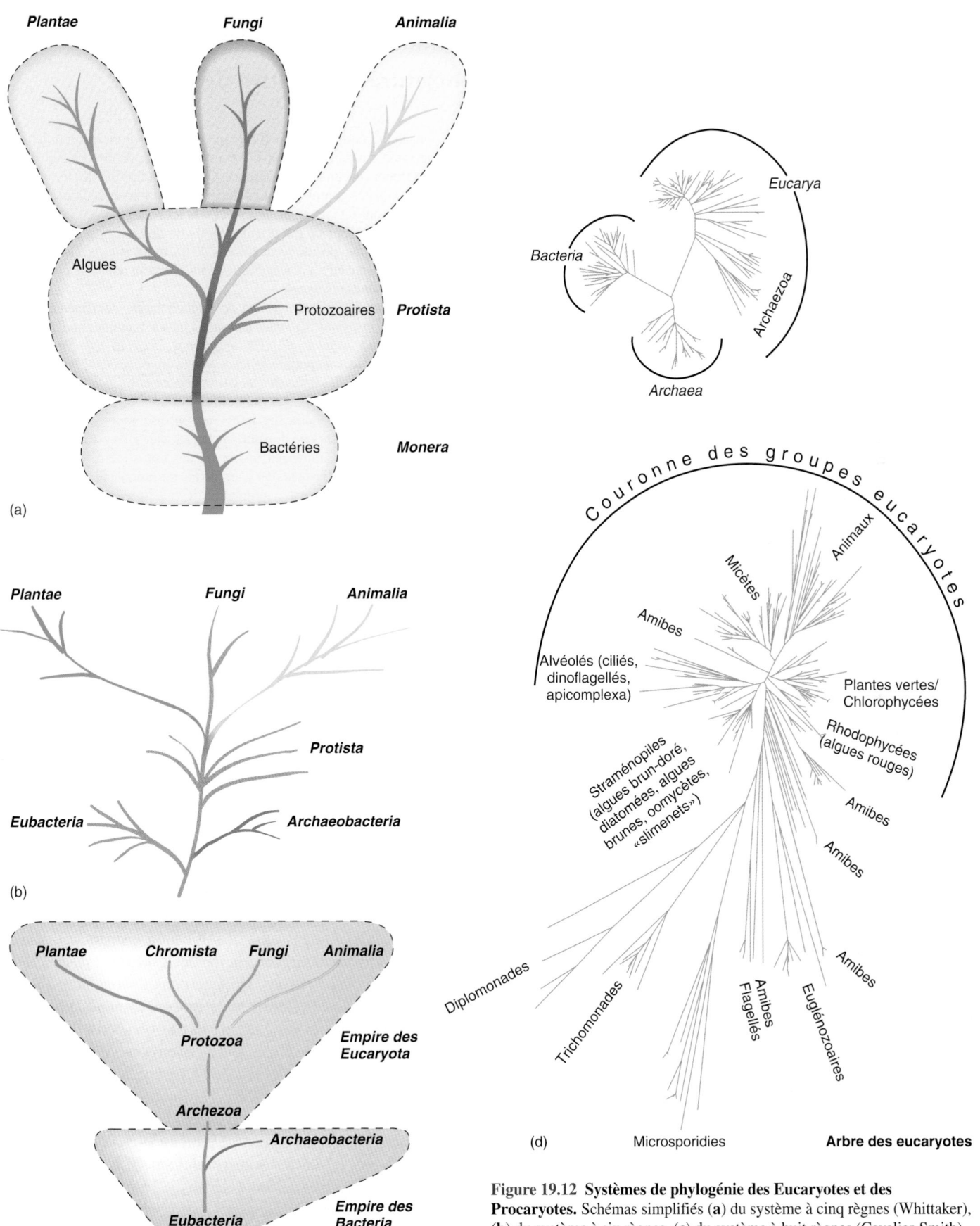

Figure 19.12 Systèmes de phylogénie des Eucaryotes et des Procaryotes. Schémas simplifiés (**a**) du système à cinq règnes (Whittaker), (**b**) du système à six règnes, (**c**) du système à huit règnes (Cavalier-Smith) et (**d**) des arbres universel et eucaryote selon Sogin.

Listes « conventionnelles » de nomenclature : une lettre de Bergey*

À diverses occasions, on a eu l'impression récemment que l'état d'un taxon bactérien dans le *Bergey's Manual of Systematic Bacteriology* ou le *Bergey's Manual of Bacteriologic Determination,* était en quelque sorte officiel. On a aussi cette impression à propos des *listes approuvées* de noms bactériens et des listes de validation des noms nouvellement proposés qui sont publiées régulièrement dans l'*International Journal of Systematic Bacteriology.* Une clarification s'impose donc.

Il n'existe pas de classification officielle. Le Bergey n'est pas « officiel » — c'est plutôt le meilleur consensus du moment et bien qu'on prenne grand soin d'avoir une vue équilibrée, il y a toujours des points pour lesquels les données manquent ou sont confuses. Il en résulte des différences d'opinion et une mouvance taxinomique. Si le Bergey est renié en tant que classification officielle, de nombreux bactériologistes sentent la terre ferme trembler. Beaucoup de questions sont en fait raisonnablement bien établies ; cependant comme toute science, la taxinomie est en partie une matière de jugement et d'opinion. Et jusqu'à ce que de nouvelles informations soient disponibles, les bactériologistes peuvent avec raison défendre différents points de vue. Ils ne peuvent pas être forcés de s'accorder sur une « classification officielle » quelle qu'elle soit. Il faut se rappeler que, jusqu'à présent, nous ne connaissons encore qu'un faible pourcentage des espèces bactériennes de la nature. Les progrès techniques éclairent aussi de façon nouvelle les relations entre bactéries. Il faut dès lors s'attendre à ce que les frontières entre les groupes soient redessinées dans le futur et la biologie moléculaire, en particulier, apportera son lot de modifications dans les prochaines décennies.

La situation des listes approuvées et des listes de validation est fort similaire. Les bactériologistes lorsqu'ils se sont décidés à renouveler la nomenclature bactériologique se sont trouvés en face de dizaines de milliers de noms dans la littérature ancienne. En grande majorité, ils étaient inutiles car à l'exception d'environ 2500 noms, il était impossible de dire à quelle bactérie exactement chacun faisait référence. Ces 2500 noms ont dès lors été retenus dans les listes approuvées. Les noms sont approuvés seulement dans le sens où ils sont retenus pour la nouvelle nomenclature bactériologique. Les autres sont perdus, ce qui signifie qu'ils ne doivent plus être pris en considération lorsque des nouveaux noms de bactéries sont proposés (bien que certains puissent être reconsidérés individuellement pour une bonne raison et avec certaines réserves).

Le nouveau Code International de Nomenclature des Bactéries demande que pour être considéré dans la nomenclature, tout nom nouveau soit publié dans des articles de l'*International Journal of Systematic Bacteriology* ou s'ils sont publiés ailleurs, soient annoncés dans les listes de validation. Les noms des listes de validation ne sont donc valables que dans le sens où ils ont été valablement publiés (devant ainsi être considérés dans la nomenclature bactérienne). Les noms ne sont pas adoptés en toute circonstance : les utilisateurs ne doivent pas les adopter s'ils estiment que les bases scientifiques des nouveaux taxons ou des noms même valablement publiés, ne sont pas suffisantes. Par exemple, la communauté scientifique a immédiatement accepté de remplacer *Campylobacter pylori* par *Helicobacter pylori* tandis que *Tatlockia micdadei* n'a pas été généralement accepté en remplacement de *Legionella micdadei.* La taxinomie reste matière de jugement scientifique et d'accord général.

*Tiré de P. H. A. Sneath et D. J. Brenner, « Official Nomenclature Lists in *ASM News,* 58(4):175, 1992. Copyright : the American Society for Microbiology. Reproduction autorisée.

19.8   Le *Bergey's Manual of Systematic Bacteriology*

En 1923, David Bergey, professeur de bactériologie à l'Université de Pennsylvanie, et quatre de ses collègues publièrent une classification des bactéries qui pouvait être utilisée pour l'identification des espèces bactériennes, le *Bergey's Manual of Determinative Bacteriology.* Ce manuel en est maintenant à sa neuvième édition. Le première édition du *Bergey's Manual of Systematic Bacteriology,* un travail plus détaillé qui contient les descriptions de toutes les espèces de procaryotes identifiées à ce jour, est aussi disponible (**encadré 19.1**). Le premier volume de la seconde édition a été publié récemment. La section qui suit décrit brièvement l'édition actuelle du *Bergey's Manual of Systematic Bacteriology* (ou « Bergey »), puis discute plus longuement de la seconde édition.

La première édition

Comme les relations phylogéniques n'ont pas permis de classifier les bactéries d'une façon satisfaisante, le système utilisé dans la première édition du *Bergey's Manual of Systematic Bacteriology* est principalement phénétique. Chacune des 33 sections des quatre volumes contient des procaryotes qui ont en commun quelques caractéristiques facilement déterminables et portent un titre qui, soit décrit ces propriétés, soit fournit les noms vernaculaires des procaryotes décrits. Les caractéristiques utilisées pour définir les sections sont des traits courants, tels que la forme et la morphologie générales, les propriétés de coloration de Gram, la dépendance vis-à-vis de l'oxygène, la mobilité, la présence d'endospores, le mode de production d'énergie, etc. Les groupes procaryotes sont répartis dans les quatre volumes de la façon suivante : (1) les bactéries Gram-négatives d'importance générale, médicale ou industrielle ; (2) les bactéries Gram-positives autres que les actinomycètes ; (3) les bactéries Gram-négatives à propriétés distinctes, les cyanobactéries et les archéobactéries ; (4) les actinomycètes (bactéries filamenteuses Gram-positives).

Les réponses à la coloration de Gram jouent un rôle particulièrement important dans cette classification phénétique : elle va jusqu'à déterminer dans quel volume une espèce est placée. Il y a pour cela de bonnes raisons. Comme nous l'avons noté au chapitre 3, la coloration de Gram reflète généralement des différences fondamentales dans la structure de la paroi bactérienne. Les réponses à la coloration de Gram sont aussi en corrélation avec beaucoup d'autres propriétés des bactéries. Les bactéries Gram-négatives typiques, les bactéries Gram-positives et les mycoplasmes (bactéries dépourvues de paroi) diffèrent par de nombreux caractères, comme on peut le voir dans le **tableau 19.9**. Pour cela et pour d'autres raisons, les bactéries ont traditionnellement été classées comme Gram-positives ou Gram-négatives. Dans une certaine mesure, cette façon de faire est conservée dans des classifications plus phylogéniques. C'est une manière utile de considérer la diversité bactérienne. *La paroi cellulaire procaryote (p. 55-61)*

Tableau 19.9 Quelques différences caractéristiques entre bactéries Gram-négatives et Gram-positives

Propriété	Bactéries Gram-négatives	Bactéries Gram-positives	Mycoplasmes
Paroi cellulaire	Paroi de cellule Gram-négative avec une couche interne de peptidoglycane de 2 à 10 nm et une membrane externe (épaisse de 8 à 10 nm) contenant des lipides, des protéines et des lipopolysaccharides. (Il peut y avoir une troisième couches plus externe de protéines).	Paroi de cellule Gram-positive homogène et épaisse (20 à 80 nm) faite principalement de peptidoglycane. Il peut y avoir d'autres polysaccharides et des acides teichoïques.	Pas de paroi cellulaire ni de précurseur du peptidoglycane ; entourée d'une membrane plasmique.
Forme cellulaire	Sphères, ovales, bâtonnets droits ou courbés, hélices ou filaments ; certains ont des gaines ou des capsules.	Sphères, bâtonnets ou filaments, peuvent être ramifiés	Pléomorphes, peuvent être filamenteux, ramifiés
Reproduction	Scission binaire, parfois bourgeonnement	Scission binaire	Bourgeonnement, fragmentation et/ou scission binaire
Métabolisme	Phototrophes, chimiolithoautotrophes, ou chimioorganohétérotrophes	Généralement chimioorganohétérotrophes	Chimioorganohétérotrophes ; leur croissance demande, pour la plupart, du cholestérol et des acides gras
Mobilité	Mobiles ou non mobiles. Flagelles variés - polaires, lophotriches, péritriches. Mobilité pouvant être due à des filaments axiaux (spirochètes) ou mobilité par glissement.	Le plus souvent non mobiles ; si mobiles, ont des flagelles péritriches	Généralement non mobiles
Appendices	Peuvent produire différents types d'appendices - pili et fimbriae, prosthèques, pédoncules	Généralement sans appendice (peuvent avoir des spores sur des hyphes)	Dépourvus d'appendice
Endospores	Ne forment pas d'endospores	Certains groupes peuvent former des endospores	Ne forment pas d'endospores.

La seconde édition

La taxinomie des procaryotes a fait d'énormes progrès depuis 1984, année de publication du premier volume du *Bergey's Manual of Systematic Bacteriology*. En particulier, le séquençage des ARNt, de l'ADN et des protéines a permis l'analyse phylogénique des procaryotes. En conséquence, la seconde édition du Bergey sera largement phylogénique, plutôt que phénétique, et donc très différente de la première édition. La nouvelle édition ne sera pas complète avant un certain temps, mais son importance est telle que nous allons décrire ici ses caractéristiques générales. Les détails changeront sans aucun doute avec l'avancement du travail, mais l'organisation générale du nouveau Bergey peut être résumée.

La seconde édition sera publiée en cinq volumes. On y trouvera plus d'informations écologiques sur chaque taxon. La seconde édition ne regroupera pas tous les procaryotes d'importance clinique, comme le faisait la première édition. Au lieu de cela, les espèces pathogènes seront placées phylogéniquement et se trouveront donc disséminées parmi les cinq volumes suivants.

Volume 1—*Les Archéobactéries et les Bactéries des branches les plus anciennes et les Bactéries phototrophes*

Volume 2—*Les Protéobactéries*

Volume 3—*Les Bactéries Gram-positives pauvres en GC*

Volume 4—*Les Bactéries Gram-positives riches en GC*

Volume 5—*Les Planctomycètes, Spirochètes, Fibrobactéries, Bactéroïdes et Fusobactéries* (le volume 5 contiendra aussi une section qui mettra à jour les descriptions et les classements phylogéniques qui auront été revus depuis la publication du volume I).

Les cinq volumes de la seconde édition auront une organisation différente de celle de la première édition. Le plus grand changement concernera les bactéries Gram-négatives. La première édition décrit toutes les bactéries Gram-négatives en deux volumes. Le volume 1 contient les bactéries Gram-négatives d'intérêt général, médical ou industriel ; le volume 3 décrit les archéobactéries, les cyanobactéries et les groupes Gram-négatifs restants. La seconde édition décrit les bactéries Gram-négatives en trois volumes, le volume 2 étant réservé aux protéobactéries. Les deux éditions traitent les bactéries Gram-positives de façon similaire. Bien que le volume 2 de la première édition parle de certaines bactéries riches en GC, son contenu correspond pour beaucoup au nouveau volume 3. Le volume 4 de la première édition décrit les actinomycètes et est semblable au volume 4 de la seconde édition (bactéries Gram-positives riches en GC). Le nouveau volume 4 couvrira néanmoins une matière plus large. Par exemple, *Micrococcus* et *Corynebacterium* sont dans le volume 2 de la première édition, mais seront dans le volume 4 de la seconde. Le **tableau 19.10** résume l'organisation projetée pour la seconde édition et indique où l'on traite d'un groupe particulier dans le présent manuel. La **figure 19.13** décrit les groupes principaux et les relations qui les unissent. La classification bactérienne selon le *Bergey's Manual of Systematic Bacteriology* (appendices III et IV)

1. Quelles caractéristiques utilise-t-on pour placer les procaryotes dans les différentes sections du Bergey ?

2. Quelles sont les principales différences entre bactéries Gram-négatives et bactéries Gram-positives ? Distinguez les mycoplasmes des autres bactéries.

3. Donnez plusieurs façons dont la seconde édition du Bergey diffère de la première.

Tableau 19.10   Organisation du *Bergey's Manual of Systematic Bacteriology*

Rang taxinomique	Genres représentatifs	Traités dans ce manuel
Volume 1. *Les Archaea et les Bactéries des branches les plus anciennes et les Bactéries phototrophes*		
Domaine des *Archaea*		
Phylum des *Crenarchaeota*	*Thermoproteus, Pyrodictium, Sulfolobus*	pp. 456–58
Phylum des *Euryarchaeota*		
Classe I. Les *Methanobacteria*	*Methanobacterium*	pp. 458–61
Classe II. Les *Methanococci*	*Methanococcus*	
Classe III. Les *Halobacteria*	*Halobacterium, Halococcus*	pp. 461–63
Classe IV. Les *Thermoplasmata*	*Thermoplasma, Picrophilus*	p. 463
Classe V. Les *Thermococci*	*Thermococcus, Pyrococcus*	p. 463
Classe VI. Les *Archaeoglobi*	*Archaeoglobus*	p. 463
Classe VII. Les *Methanopyri*	*Methanopyrus*	p. 458
Domaine des *Bacteria*		
Phylum des *Aquificae*	*Aquifex, Hydrogenobacter*	p. 467
Phylum des *Thermotogae*	*Thermotoga, Geotoga*	pp. 467–68
Phylum des *Thermodesulfobacteria*	*Thermodesulfobacterium*	
Phylum « Deinococcus-Thermus »	*Deinococcus, Thermus*	p. 468
Phylum des *Chrysiogenetes*	*Chrysogenes*	
Phylum des *Chloroflexi*	*Chloroflexus, Herpetosiphon*	p. 470
Phylum des *Thermomicrobia*	*Thermomicrobium*	
Phylum des *Nitrospira*	*Nitrospira*	
Phylum des *Deferribacteres*	*Geovibrio*	
Phylum des *Cyanobacteria*	*Prochloron, Synechococcus, Pleurocapsa, Oscillatoria, Anabaena, Nostoc, Stigonema*	pp. 471–76
Phylum des *Chlorobi*	*Chlorobium, Pelodictyon*	pp. 470–71
Volume 2. *Les Protéobactéries*		
Phylum des *Proteobacteria*		
Classe I. Les alphaprotéobactéries	*Rhodospirillum, Rickettsia, Caulobacter, Rhizobium, Brucella, Nitrobacter, Methylobacterium, Beijerinckia, Hyphomicrobium*	pp. 487–95
Classe II. Les bêtaprotéobactéries	*Neisseria, Burkholderia, Alcaligenes, Comamonas, Nitrosomonas, Methylophilus, Thiobacillus*	pp. 495–98
Classe III. Les gammaprotéobactéries	*Chromatium, Leucothrix, Legionella, Pseudomonas, Azotobacter, Vibrio, Escherichia, Klebsiella, Proteus, Salmonella, Shigella, Yersinia, Haemophilus*	pp. 498–507
Classe IV. Les deltaprotéobactéries	*Desulfovibrio, Bdellovibrio, Myxococcus, Polyangium*	pp. 507–13
Classe V. Les epsilonprotéobactéries	*Campylobacter, Helicobacter*	p. 514
Volume 3. *Les Bactéries Gram-positives pauvres en GC*		
Phylum des *Firmicutes*		
Classe I. Les clostridies	*Clostridium, Peptostreptococcus, Eubacterium, Desulfotomaculum, Heliobacterium, Veillonella*	pp. 523–25
Classe II. Les *Mollicutes*	*Mycoplasma, ureaplasma, Spiroplasma, Acholeplasma*	pp. 518–21
Classe III. Les bacilles	*Bacillus, Caryophanon, Paenibacillus, Thermoactinomyces, Lactobacillus, Streptococcus, Enterococcus, Listeria, Leuconostoc, Staphylococcus*	pp. 525–33
Volume 4. *Les Bactéries Gram-positives riches en GC*		
Phylum des *Actinobacteria*		
Classe des *Actinobacteria*	*Actinomyces, Micrococcus, Arthrobacter, Corynebacterium, Mycobacterium, Nocardia, Actinoplanes, Propionibacterium, Streptomyces, Thermomonospora, Frankia, Actinomadura, Bifidobacterium*	pp. 539–49
Volume 5. *Les Planctomycètes, Spirochètes, Fibrobactéries, Bacteriodètes, et Fusobactéries*		
Phylum des *Planctomycetes*	*Planctomyces, Gemmata*	p. 477
Phylum des *Chlamydiae*	*Chlamydia*	pp. 477–78
Phylum des *Spirochaetes*	*Spirochaeta, Borrelia, Treponema, Leptospira*	pp. 479–81
Phylum des *Fibrobacteres*	*Fibrobacter*	
Phylum des *Acidobacteria*	*Acidobacterium*	
Phylum des *Bacteroidetes*	*Bacteroides, Porphyromonas, Prevotella, Flavobacterium, Sphingobacterium, Flexibacter, Cytophaga*	pp. 481–83
Phylum des *Fusobacteria*	*Fusobacterium, Streptobacillus*	
Phylum des *Verrucomicrobia*	*Verrucomicrobium*	
Phylum des *Dictyoglomi*	*Dictyoglomus*	

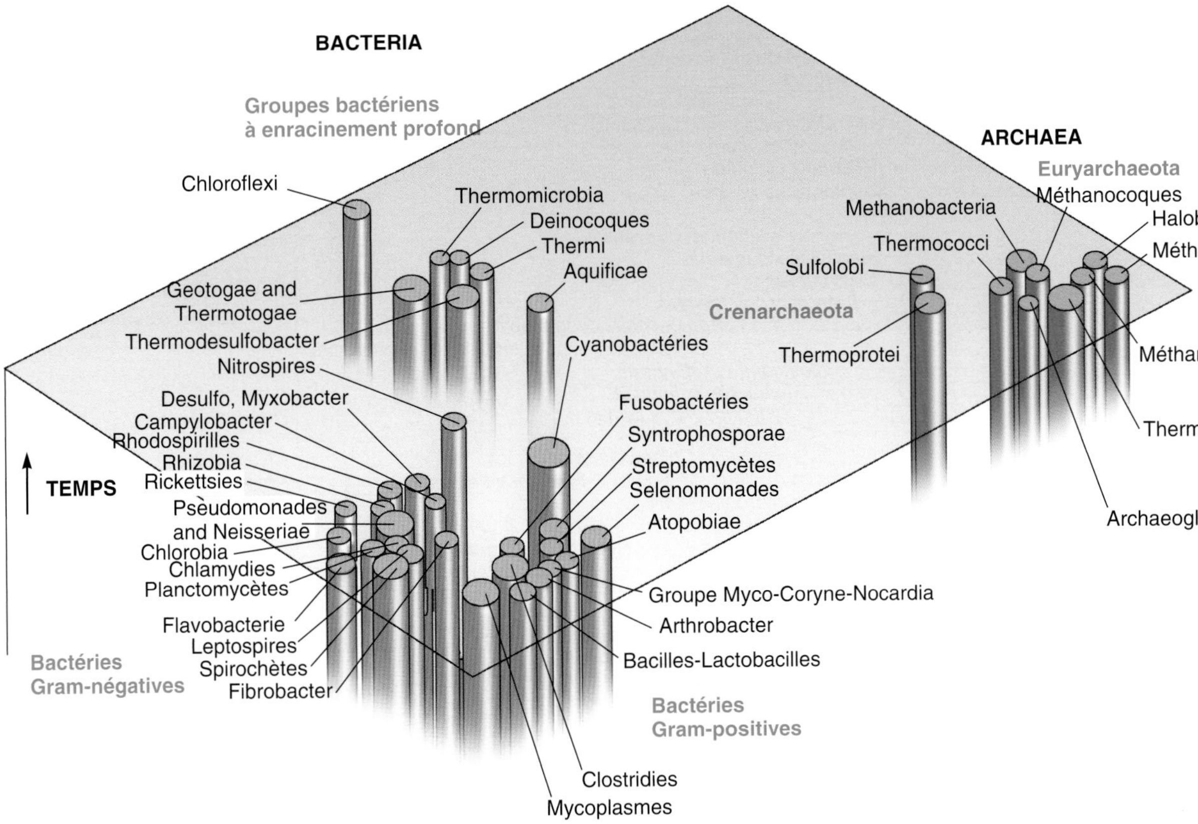

BACTERIA

Groupes bactériens
à enracinement profond

ARCHAEA

Euryarchaeota

Chloroflexi
Thermomicrobia
Deinocoques
Thermi
Aquificae

Methanobacteria
Méthanocoques
Halobactéries
Thermococci
Méthanospirilles
Sulfolobi

Crenarchaeota

Geotogae and
Thermotogae
Thermodesulfobacter
Nitrospires

Cyanobactéries

Thermoprotei

Méthanosarcinae

Desulfo, Myxobacter
Campylobacter
Rhodospirilles
Rhizobia
Rickettsies

Fusobactéries
Syntrophosporae
Streptomycètes
Selenomonades

Thermoplasmes

TEMPS

Pseudomonades
and Neisseriae
Chlorobia
Chlamydies
Planctomycètes

Atopobiae

Archaeoglobi

Flavobacterie
Leptospires
Spirochètes
Fibrobacter

Groupe Myco-Coryne-Nocardia
Arthrobacter
Bacilles-Lactobacilles

**Bactéries
Gram-négatives**

**Bactéries
Gram-positives**

Clostridies
Mycoplasmes

Figure 19.13 Les principaux groupes de procaryotes et leurs apparentements. La taille des disques est approximativement proportionnelle au nombre relatif de procaryotes séquencés dans le groupe. Les groupes procaryotes étroitement apparentés sont regroupés. Notez que les deux domaines procaryotes (*Bacteria* et *Archaea*) sont clairement séparés. Les cylindres s'estompent à la base pour montrer que l'ancienneté de ces groupes est incertaine.

19.9 Une vue d'ensemble de la phylogénie et de la diversité des procaryotes

Avant d'entamer une introduction détaillée de la diversité des procaryotes, il vaudrait mieux jeter un très bref coup d'œil sur les principaux groupes, dans l'ordre où ils sont traités dans la seconde édition du Bergey. Le seul but de cet aperçu est de donner une vue d'ensemble de la diversité des procaryotes. La seconde édition répartit les procaryotes en 25 phylums, dont quelques-uns seulement seront mentionnés ici. Beaucoup de ces groupes seront examinés avec beaucoup plus de détails dans les chapitres 20 à 24. Rappelons que tous ces organismes peuvent être placés dans un des trois domaines ou empires décrits dans l'arbre phylogénique universel (figure 19.3). Nous ne nous occupons ci-dessous que des domaines de procaryotes, les *Archaea* et les *Bacteria*.

Le volume 1 traite d'une large variété de procaryotes, répartis entre deux domaines : les *Archaea* et les *Bacteria*. Les *Archaea* diffèrent des *Bacteria* de nombreuses façons, comme le résume le *tableau 19.8*. A présent, ils sont divisés en deux phyla, sur base de la séquence de leurs ARNr (**figure 19.14**). Le phylum des *Crenarchaeota* contient des organismes thermophiles et hyperthermophiles, qui métabolisent le soufre et appartiennent aux ordres des *Thermoproteales*, des *Desulfurococcales* et des *Sulfolobales*. Cependant, on a découvert récemment beaucoup d'autres *Crenarchaeota*. Certains sont inhibés par le soufre ; d'autres croissent à basse température, dans le picoplancton des océans. Le phylum est clairement plus diversifié qu'on ne le pensait au début. Le second phylum, les *Euryarchaeota*, comprend es-

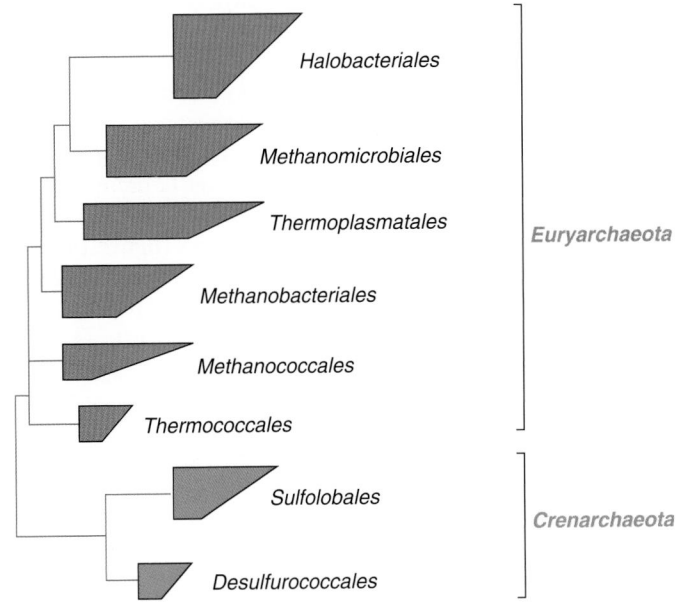

Halobacteriales
Methanomicrobiales
Thermoplasmatales
Methanobacteriales
Methanococcales
Thermococcales

Euryarchaeota

Sulfolobales
Desulfurococcales

Crenarchaeota

Figure 19.14 La phylogénie des *Archaea*. L'arbre est basé sur les données des ARNr 16S et montre les relations entre les ordres les mieux étudiés. Chaque tétraèdre représente un groupe d'organismes voisins ; ses côtés horizontaux indiquent les branches les plus courtes et les plus longues du groupe. Voir discussion dans le texte.

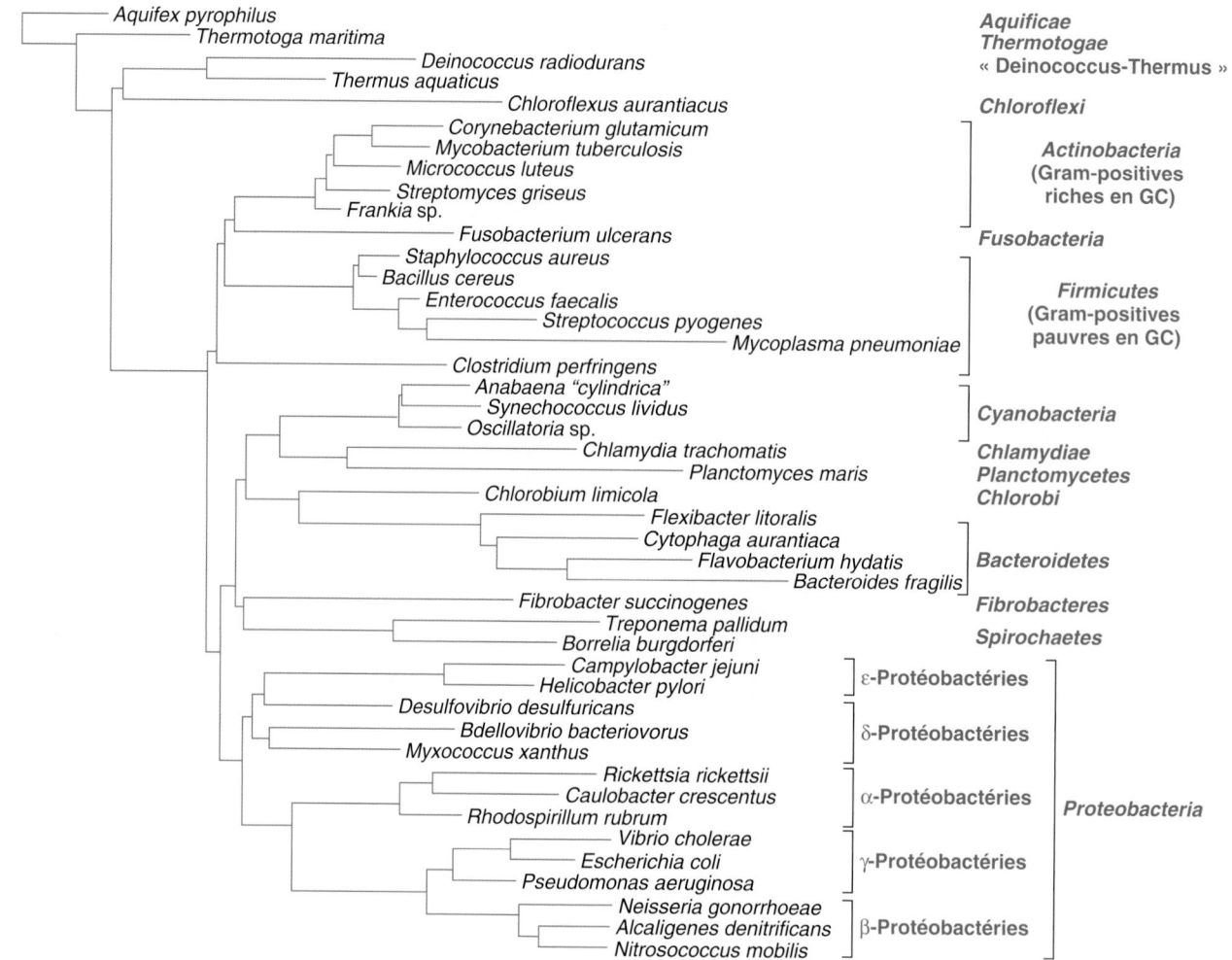

Figure 19.15 La phylogénie des bactéries. L'arbre est basé sur les comparaisons des ARNr 16S. Voir discussion dans le texte. *Source : The Ribosomal Data Project.*

sentiellement les procaryotes méthanogènes et les procaryotes halophiles ; les organismes thermophiles, réducteurs du soufre (les thermoplasmes et les thermocoques) sont aussi dans ce phylum. Les deux phylums sont subdivisés en 8 classes et 12 ordres.

Les bactéries constituent un ensemble de procaryotes extraordinairement varié, qui a été divisé en 23 phylums (**figure 19.15**). Dans le volume 1, on a placé les groupes bactériens des branches les plus anciennes et les bactéries phototrophes. Les phylums les plus importants sont décrits dans les sections qui suivent.

1. Phylum des *Aquificae*. Le phylum des *Aquificae* contient des bactéries autotrophes, comme *Aquifex* et *Hydrogenobacter*, qui peuvent utiliser l'hydrogène pour produire de l'énergie. *Aquifex* (qui signifie « faiseur d'eau ») produit vraiment de l'eau, utilisant l'hydrogène pour réduire l'oxygène. Ce groupe renferme quelques-uns des organismes les plus thermophiles qu'on connaisse et constitue la branche la plus ancienne ou la plus précoce des bactéries.

2. Phylum des *Thermotogae*. Ce phylum est composé d'une classe et de cinq genres. *Thermotoga* et les autres membres de la classe des *Thermotogae* sont des bactéries Gram-négatives anaérobies, thermophiles, pratiquant le fermentation. Ils possèdent des acides gras inhabituels et ressemblent à *Aquifex* par leurs lipides à liaison éther.

3. Phylum de « Deinococcus Thermus ». L'ordre des

Deinococcales contient des bactéries extraordinairement résistantes aux radiations. Le genre *Deinococcus* est Gram-positif. Il présente de fortes concentrations en pigments caroténoïdes, qui pourraient le protéger des radiations, et des lipides particuliers.

4. Phylum des *Chloroflexi*. Le phylum des *Chloroflexi* comprend une classe et deux ordres. De nombreux membres de ce groupe Gram-négatif sont connus sous le nom de bactéries vertes non sulfureuses. *Chloroflexus* pratique la photosynthèse anoxygénique et est mobile par glissement ; au contraire, *Herpetosiphon*, aussi mobile par glissement, n'est pas photosynthétique et pratique la respiration. Les deux genres fabriquent des peptidoglycanes inhabituels et n'ont pas de lipopolysaccharides dans leurs membranes externes.

5. Phylum des *Cyanobacteria*. Les bactéries photosynthétiques oxygéniques sont placées dans le phylum des *Cyanobacteria*, qui contient la classe des *Cyanobacteria* et cinq sous-sections. Les cyanobactéries ont de la chlorophylle *a* et presque toutes les espèces possèdent des phycobilines. Ces bactéries peuvent être unicellulaires ou filamenteuses, ramifiées ou non. D'une sous-section à l'autre, les cyanobactéries diffèrent par leurs caractères morphologiques généraux et leur reproduction. Les cyanobactéries incorporent le CO_2 par la photosynthèse via le cycle de Calvin, exacte-

ment comme les plantes et beaucoup de bactéries photosynthétiques pourpres.

6. **Phylum des *Chlorobi*.** Le phylum des *Chlorobi* contient les bactéries photosynthétiques anoxygéniques appelées bactéries vertes sulfureuses. Elles peuvent incorporer le CO_2 via le cycle réducteur des acides tricarboxyliques et oxydent le sulfure en granules de soufre qui s'accumulent à l'extérieur de la cellule.

Le volume 2 de la seconde édition est entièrement consacré aux protéobactéries Gram-négatives souvent appelées bactéries pourpres. Le phylum des *Proteobacteria* est un groupe vaste et extrêmement complexe qui contient actuellement plus de 1.300 espèces réparties dans 384 genres. Même si toutes ces espèces sont apparentées, le groupe est très varié en morphologie, en physiologie et en mode de vie. Tous les principaux types nutritionnels y sont représentés : phototrophie, hétérotrophie, et plusieurs variétés de chimiolithotrophies. Beaucoup d'espèces importantes en médecine, pour l'industrie et la recherche biologique sont des protéobactéries. Les genres *Escherichia*, *Neisseria*, *Pseudomonas*, *Rhizobium*, *Rickettsia*, *Salmonella* et *Vibrio* en sont d'évidents exemples. Le phylum se divise en cinq classes sur base des données de l'ARNr. Parce que des bactéries photosynthétiques se trouvent dans les classes α, β et γ des protéobactéries, beaucoup pensent que tout le phylum est issu d'un ancêtre photosynthétique. On suppose que de nombreuses souches ont perdu la capacité de photosynthèse, en adaptant leur métabolisme à de nouvelles niches écologiques.

1. **Classe I—Les *Alphaproteobacteria*.** Les α-protéobactéries incluent la plupart des formes oligotrophes (celles qui sont capables de croître à de faibles teneurs en éléments nutritifs). *Rhodospirillum* et d'autres bactéries pourpres non sulfureuses sont photosynthétiques. Certains genres ont des modes métaboliques inhabituels : la méthylotrophie (p. ex. *Methylobacterium*), la chimiolithotrophie (*Nitrobacter*) et la fixation d'azote (*Rhizobium*). *Rickettsia* et *Brucella* sont des pathogènes importants. Environ la moitié des micro-organismes de ce groupe ont une morphologie distinctive, comme la prosthèque (*Caulobacter*, *Hyphomicrobium*).

2. **Classe II—Les *Betaproteoacteria*.** Du point de vue métabolique, les β-protéobactéries présentent un certain chevauchement avec la subdivision *a*. Elles ont cependant tendance à utiliser des substances qui proviennent de la décomposition organique dans les habitats anaérobies. Certaines de ces bactéries consomment des substances comme l'hydrogène (*Alcaligenes*), l'ammoniac (*Nitrosomonas*), le méthane (*Methylobacillus*) ou des acides gras volatils (*Burkholderia*).

3. **Classe III—Les *Gammaproteobacteria*.** Les γ-protéobactéries constituent un grand groupe complexe de treize ordres et 20 familles. Souvent, elles sont chimioorganotrophes, anaérobies facultatives et pratiquent la fermentation. Il y a cependant parmi les γ-protéobactéries, une diversité considérable en ce qui concerne le métabolisme énergétique. Certaines familles importantes, comme les *Enterobacteriaceae*, les *Vibrionaceae* et les *Pasteurellaceae*, utilisent la voie d'Embden-Meyerhof et la voie des pentoses phosphates. D'autres, comme les *Pseudomonadaceae* et les *Azotobacteriaceae*, sont aérobies et possèdent les voies d'Entner-Doudoroff et des pentoses phosphates. Quelques-unes sont photosynthétiques (p.ex. *Chromatium* et *Ectothiorhodospira*), méthylotrophes (*Methylococcus*) ou oxydent le soufre (*Beggiatoa*).

4. **Classe IV—Les *Deltaproteobacteria*.** Les δ-protéobactéries comprennent sept ordres et 17 familles. Beaucoup de ces bactéries peuvent être réparties entre trois groupes. Certaines

sont prédatrices d'autres bactéries, comme l'indique le nom de la classe (p.ex. *Bdellovibrio*). L'ordre des *Myxococcales* contient les myxobactéries fructifiantes comme *Myxococcus*, *Stigmatella* et *Polyangium*. Souvent, les myxobactéries aussi font leurs proies d'autres bactéries. Enfin, la classe abrite une série d'anaérobies qui fabriquent du sulfure à partir de sulfate et de soufre, en oxydant des nutriments organiques (*Desulfovibrio*).

5. **Classe V—Les *Epsilonproteobacteria*.** Cette section se compose d'un seul ordre, les *Campylobacterales*, et de deux familles. En dépit de sa petite taille, cette classe contient deux pathogènes importants : *Campylobacter* et *Helicobacter*.

Le volume 3 du Bergey passe en revue les bactéries Gram-positives qui contiennent peu de GC dans leur ADN et sont membres du phylum des *Firmicutes*. La ligne de séparation se situe aux environs des 50% de GC ; les bactéries avec un pourcentage inférieur à cette valeur se trouvent dans le volume 3. La plupart sont Gram-positives et hétérotrophes. Bien qu'ils n'aient pas de paroi cellulaire et donnent une coloration Gram-négative, les mycoplasmes sont placés ici également, à cause de leur étroite parenté avec les bactéries Gram-positives pauvres en GC. La variation en morphologie dans ce phylum est considérable. Certains membres sont des bâtonnets, d'autres sont des coques et les mycoplasmes sont pléomorphes. Il peut y avoir formation d'endospores. Le phylum comprend trois classes.

1. **Classe I—Les Clostridies.** Cette classe contient trois ordres et 11 familles. Bien qu'ils varient en morphologie et en taille, les membres de cette classe ont tendance à être anaérobies. Des genres comme *Clostridium*, *Desulfotomaculum* et *Sporohalobacter* forment de vraies endospores bactériennes ; d'autres n'en forment pas. *Clostridium* est un des plus grands genres bactériens.

2. **Classe II—Les *Mollicutes*.** La classe des *Mollicutes* contient cinq ordres et six familles. On appelle souvent les membres de cette classe, mycoplasmes. Ces bactéries sont dépourvues de paroi cellulaire et ne peuvent pas fabriquer de peptidoglycane, ni ses précurseurs. Parce qu'ils sont limités par une membrane cytoplasmique, les mycoplasmes sont pléomorphes et varient en forme, allant du coque au filament hélicoïdal ou ramifié. Normalement, ils ne sont pas mobiles et répondent négativement à la coloration de Gram, parce qu'il n'ont pas de paroi cellulaire. Au contraire de presque toutes les autres bactéries, la plupart des espèces de mycoplasmes ont besoin de stérols pour croître. Les genres *Mycoplasma* et *Spiroplasma* renferment plusieurs importants pathogènes animaux ou végétaux.

3. **Classe III—Les Bacilles.** Cette vaste classe comprend une large variété de bâtonnets et de coques Gram-positifs, aérobies ou anaérobies facultatifs. La classe des Bacilles est faite de deux ordres, les *Bacillales* et les *Lactobacillales*, et de 16 familles. Comme dans la classe des Clostridies, certains genres (p. ex. *Bacillus*, *Lactobacillus*, *Sporosarcina*, *Paenibacillus* et *Sporolactobacillus*) forment de vraies endospores. La section contient beaucoup de genres importants en médecine et pour l'industrie : *Bacillus*, *Lactobacillus*, *Streptococcus*, *Lactococcus*, *Enterococcus*, *Listeria* et *Staphylococcus*.

Le volume 4 est consacré aux bactéries Gram-positives riches en GC, plus de 50 à 55%. Toutes les bactéries de ce volume sont rangées dans le phylum des *Actinobacteria* et la classe des *Actinobacteria*. Il y a une énorme variété morphologique parmi ces procaryotes. Certains sont des coques, d'autres des bâtonnets normaux ou irréguliers. Les bactéries Gram-positives riches en GC, appelées actinomycètes, forment souvent des hyphes ramifiés complexes. Aucune de ces bactéries ne produit d'endospores vraies, mais de nombreux genres forment une variété de spores asexuées et certains ont des cycles biologiques complexes. On trouve une variation considérable dans la chimie de la paroi cellulaire des bactéries Gram-positives riches en GC. La composition du peptidoglycane, par exemple, varie énormément. Les mycobactéries produisent de grands acides mycoliques qui distinguent leurs parois de celles des autres bactéries.

La taxinomie de ces bactéries est fort complexe. On y compte cinq sous-classes, six ordres, 14 sous-ordres et 40 familles. Des genres comme *Actinomyces*, *Arthrobacter*, *Corynebacterium*, *Micrococcus*, *Mycobacterium* et *Propionibacterium* étaient placés dans le volume 2 de la première édition. On les trouve maintenant dans le nouveau volume 4 dans les sous-ordres des *Actinomycineae*, des *Micrococcineae*, des *Corynebacterineae* et des *Propionibacterineae* parce que les études des ARNr ont montré qu'il s'agissait d'actinobactéries. *Streptomyces*, le plus grand et le plus complexe des genres, compte plus de 500 espèces.

Le volume 5 décrit un assortiment de neuf phylums qui sont mis là par commodité. La présence de ces groupes dans ce volume n'implique pas qu'ils soient directement apparentés. Bien que ces groupes soient faits de bactéries Gram-négatives, ils varient considérablement en morphologie, physiologie et schéma de cycle biologique. Plusieurs genres ont une grande importance biologique ou médicale. Nous envisagerons brièvement quatre des neuf phylums.

1. Phylum des *Planctomycetes*. Les planctomycètes sont apparentés aux chlamydies d'après la séquence de leur ARNr. Le phylum ne contient qu'un ordre, une famille et quatre genres. Les planctomycètes sont des cellules coccoïdes à ovoïdes, ou en forme de poire, dépourvues de peptidoglycane. Certains ont un nucléoïde entouré d'une membrane. Bien que normalement unicellulaire, le genre *Isosphaera* forme des chaînes. Ils se divisent par bourgeonnement et peuvent produire des appendices non prosthécaux appelés pédoncules. Les planctomycètes croissent dans les habitats aquatiques, et beaucoup d'entre eux se déplacent au moyen de flagelles ou par glissement.

2. Phylum des *Chlamydiae*. Ce petit phylum contient une classe, un ordre et quatre familles. Le genre *Chlamydia* est de loin le plus important. *Chlamydia* est un parasite intracellulaire obligatoire, avec un cycle biologique particulier, comprenant deux stades distincts : les corps élémentaires et les corps réticulés. Ces bactéries ressemblent aux planctomycètes par leur manque de peptidoglycane. Ce sont de petits organismes coccoïdes, sans appendices. Les chlamydies sont d'importants pathogènes et provoquent de nombreuses maladies chez l'homme.

3. Phylum des *Spirochaetes*. Ce phylum contient des bactéries Gram-négatives, mobiles, de forme hélicoïdale, caractérisées par une morphologie et un mécanisme de mobilité particuliers. Elles sont limitées extérieurement par une membrane externe spéciale qui entoure le cylindre protoplasmique, lequel contient le cytoplasme et un nucléoïde. Les flagelles périplasmiques se trouvent entre le cylindre protoplasmique et la membrane externe. Les flagelles tournent et font avancer la cellule, bien qu'ils ne soient pas en contact direct avec le milieu. Ces chimiohétérotrophes peuvent être autonomes, symbiotiques ou parasites. Par exemple, les genres *Treponema* et *Borrelia* comprennent plusieurs importants pathogènes humains. Le phylum est fait d'une classe, celle des *Spirochaetes*, de trois familles et de 13 genres.

4. Phylum des *Bacteroidetes*. Ce phylum compte trois classes (*Bacteroides*, *Flavobacteria* et *Sphingobacteria*), trois ordres et 12 familles. Les quelques genres les mieux connus sont *Bacteroides*, *Flavobacterium*, *Flexibacter* et *Cytophaga*. Les bactéries mobiles par glissement, *Flexibacter* et *Cytophaga* ont une importance écologique et seront discutées plus tard.

Parce que le Bergey est la principale ressource en taxinomie des procaryotes et qu'il est utilisé par les microbiologistes du monde entier, nous adopterons son organisation pour l'étude de la diversité des procaryotes, du chapitre 20 au chapitre 24. Dans la mesure du possible, c'est l'organisation de la seconde édition qui sera suivie. Le chapitre 20 est consacré aux *Archaea*. Le chapitre 21 traite des bactéries des volumes un et cinq, à l'exception des *Archaea*. Le chapitre 22 est dévolu aux protéobactéries. Les chapitres 23 et 24 ont affaire avec les bactéries Gram-positives, respectivement pauvres et riches en GC. Les contenus des chapitres suivront le schéma phylogénique global du Bergey. Il se pourrait bien que les détails phylogéniques et d'organisation changent quelque peu d'ici la publication de chaque volume, mais l'image générale devrait bien refléter la seconde édition.

Les classifications de la première et de la deuxième édition du Bergey sont tellement différentes que nous fournissons deux appendices pour aider à la transition. L'appendice III donne la classification des procaryotes selon la première édition. L'appendice IV décrit le système de classification qu'emploiera la seconde édition.

Enfin, il faut insister sur le fait que la nomenclature des procaryotes est autant un continuel changement qu'une classification. Les noms des familles et des genres sont assez bien établis et stables dans le nouveau système (tout au moins en l'absence de nouvelles découvertes) ; en fait, beaucoup de noms de familles et de genres n'ont pas changé dans la seconde édition du Bergey. Par contre, les noms des ordres et des taxons supérieurs n'y sont pas toujours bien stabilisés. Il faut toujours garder à l'esprit les avertissements de l'encadré 19.1. Une excellente manière de rester à jour est de visiter la page Internet du « *Bergey's Manual Trust* » (www.cme.msu.edu/bergeys/). Cette page donne des informations variées sur des sujets comme le Bergey, les bases de données microbiennes et les collections de cultures. Le site Internet contient aussi la révision de Bergey de l'arbre phylogénique du « Ribosomal Database Project » et donne la liste des espèces procaryotes valablement nommées. L'arbre phylogénique et les listes des espèces procaryotes fournissent un aperçu actuel de la classification phylogénique des procaryotes selon Bergey. Parce que les noms de règnes, de classes et d'ordres continuent de changer, il faut limiter leur emploi au minimum nécessaire, pour rester cohérents avec l'emploi des taxons dans la première édition, pour la facilité de communication et pour la compréhension des étudiants. Certains noms taxinomiques supérieurs pourraient bien changer dans les quelques prochaines années, mais nous les emploierons encore ici pour les raisons qui précèdent.

---

1. Résumez brièvement le contenu de chacun des cinq volumes de la seconde édition.
2. Exposez de quelles façons les cinq classes de protéobactéries diffèrent entre elles.
3. Dans quels phylums (et classes de *Proteobacteria* et de *Firmicutes*) sont placés les organismes suivants : les cyanobactéries, les bactéries vertes non sulfureuses, *Rickettsia*, les *Enterobacteriaceae*, *Campylobacter*, *Clostridium*, les mycoplasmes, *Bacillus*, *Streptomyces* et *Mycobacterium*, *Chlamydia*, *Treponema* et *Cytophaga* ?

Résumé

1. La taxinomie ou science de la classification biologique, est faite de trois parties : la classification, la nomenclature et l'identification.

2. On peut diviser les organismes vivants en trois domaines : les *Eucarya*, les *Bacteria* et les *Archaea* (**figure 19.3**). La cellule eucaryote pourrait avoir dérivé de cellules procaryotes suite à des événements endosymbiotiques.

3. La définition de l'espèce est différente pour les organismes à reproduction sexuée et asexuée. Une espèce bactérienne est un ensemble de souches qui ont en commun un certain nombre de propriétés stables et diffèrent de façon significative des autres groupes de souches.

4. Les micro-organismes sont dénommés suivant un système binomial.

5. Les deux principales classifications naturelles sont les systèmes phylogéniques et phénétiques.

6. Les classifications sont souvent construites au moyen de la taxinomie numérique dans laquelle la similitude générale des organismes est déterminée en utilisant un ordinateur pour calculer et analyser des coefficients d'association.

7. Des caractéristiques morphologiques, physiologiques, métaboliques et écologiques sont largement utilisées en taxinomie microbienne.

8. L'étude de la transformation et de la conjugaison des bactéries est parfois utile en taxinomie. Cependant, il faut prendre garde aux erreurs qui peuvent résulter de caractères portés par des plasmides.

9. Les protéines reflètent directement les séquences d'ARNm et sont utilisées pour comparer les génomes de différents organismes.

10. Le contenu en GC d'un ADN est facilement déterminé, il a une valeur taxinomique car il reflète indirectement la séquence en bases.

11. L'hybridation entre acides nucléiques est utilisée pour comparer des séquences d'ADN ou d'ARN et pour déterminer ainsi des parentés génétiques (**figure 19.7**).

12. Le séquençage des acides nucléiques est la méthode la plus puissante et la plus directe de comparer des génomes. Les études phylogénétiques sont le plus souvent faites sur les séquences d'ARNr 16S et 5S. Le séquençage et la comparaison de chromosomes procaryotes entiers sont actuellement en cours.

13. Les relations phylogéniques sont souvent montrées sous la forme de diagrammes ramifiés, appelés arbres phylogéniques (**figure 19.8**). Ces arbres peuvent être racinés ou non racinés et sont créés de plusieurs façons différentes.

14. Pour produire des arbres phylogéniques, on utilise les séquences d'ARNr, d'ADN ou de protéines. Souvent, les membres d'un groupe posséderont une séquence d'ARNr caractéristique particulière qui les distinguera des membres des autres groupes taxinomiques.

15. Les séquences d'ARNr 16S et d'autres propriétés moléculaires suggèrent une division des procaryotes en deux groupes très différents : les bactéries et les archéobactéries.

16. Les archéobactéries diffèrent des bactéries par la composition de la paroi cellulaire, par les lipides membranaires, la structure de l'ARNt, les ribosomes et beaucoup d'autres propriétés (**tableau 19.8**).

17. Bien qu'il soit probable que la plupart des microbiologistes préfèrent le système à trois domaines, il y a des propositions alternatives comme les systèmes à cinq, six ou huit règnes (**figure 19.12**).

18. Le *Bergey's Manual of Systematic Bacteriology* donne le système accepté pour la taxinomie des procaryotes.

19. La première édition du Bergey fournit une classification essentiellement phénétique et de nombreux taxons n'y sont pas phylogéniquement homogènes. Pour classer les procaryotes, on utilise des caractères faciles à déterminer, comme la forme de la cellule, la réponse à la coloration de Gram, le rapport à l'oxygène, la mobilité et le mode de production d'énergie (**tableau 19.9**).

20. La seconde édition du Bergey est phylogénique et répartit les procaryotes en deux domaines et 25 phylums (**tableau 19.10** et **figure 19.13**).

Les comparaisons de séquences d'acides nucléiques, particulièrement les séquences d'ARNr 16S, constituent la base de cette nouvelle classification.

21. La seconde édition aura cinq volumes. L'organisation générale de ceux-ci est résumée dans le tableau 19.10 et brièvement tracée ci-dessous

(1) Volume 1. *Les Archéobactéries et les Bactéries des branches les plus anciennes et les Bactéries phototrophes*. Ce volume décrit les archéobactéries, les cyanobactéries, les bactéries vertes sulfureuses et non sulfureuses, les deinocoques, et autres groupes des branches les plus anciennes.

(2) Volume 2—*Les Protéobactéries*. Toutes les protéobactéries (bactéries pourpres) sont placées dans ce volume et sont réparties en cinq groupes principaux, sur la base des séquences de leurs ARNr et autres caractéristiques : α-protéobactéries — β-protéobactéries — γ-protéobactéries — δ-protéobactéries — ε-protéobactéries.

(3) Volume 3—*Les Bactéries Gram-positives pauvres en GC*. Ce volume contient les bactéries Gram-positives, dont la teneur en GC est inférieure à 50%. Les clostridies, les bacilles, les streptocoques et les staphylocoques sont quelques-uns des groupes principaux. C'est ici aussi que sont placés les mycoplasmes.

(4) Volume 4—*Les Bactéries Gram-positives riches en GC*. Les bactéries Gram-positives dont la teneur en GC est supérieure à 50-55% sont dans ce volume. Sont localisés ici *Corynebacterium, Mycobacterium, Nocardia* et les actinomycètes.

(5) Volume 5—*Les Planctomycètes, Spirochètes, Fibrobactéries, Bactéroïdes et Fusobactéries*. Le volume 5 contient une variété de différents groupes bactériens Gram-négatifs. Les exemples les plus importants en pratique sont les chlamydies et les spirochètes.

Mots-clés

Questions de révision

1. Pourquoi la forme et la taille sont-elles souvent moins utiles pour caractériser une espèce bactérienne qu'une espèce microbienne eucaryote ?

2. Pourquoi peut-on préférer une approche phylogénique de la classification bactérienne plutôt qu'une approche phénétique ? Donnez des arguments pour l'utilisation d'une classification phénétique. Laquelle pensez-vous être préférable et pourquoi ?

3. Un taxinomiste numérique serait-il en faveur d'une approche phylogénique ou phénétique pour obtenir une classification naturelle ? Pourquoi vaut-il mieux utiliser en classification des caractères non pondérés ? Y a-t-il des raisons pour accorder à certaines propriétés plus d'importance qu'à d'autres ?

4. Comment le coefficient de simple appariement (S_{SM}) diffère-t-il du coefficient de Jaccard (S_J) ? Donnez une raison de préférer S_J à S_{SM}.

5. Quelle est la caractéristique génétique des bactéries qui demande d'utiliser autant de caractères que possible pour la classification et l'identification d'un organisme ?

6. Quelles propriétés moléculaires faut-il considérer lorsqu'on sélectionne des ARN ou des protéines à séquencer dans le but de rechercher la relation entre micro-organismes de parenté lointaine ?

7. Discutez les problèmes rencontrés pour construire un arbre phylogénique précis. Est-il possible de créer un arbre phylogénique universel absolument précis ?

8. Pourquoi la classification bactérienne courante changera-t-elle probablement de façon considérable ? Comment pourrait-on sélectionner les meilleurs caractères à utiliser dans l'identification de procaryotes inconnus et la détermination de leur parenté ?

Questions de réflexion

1. Un candidat potentiel comme chronomètre moléculaire est l'ARNt. Expliquez pourquoi ce serait un choix approprié. Citez quelques inconvénients de ce choix.

2. Former des groupes et récoltez un ensemble hétérogène de vis, pointes, clous et autres attaches. Créer un système de classification qui groupe ces pièces logiquement. Attribuez des noms de « genres et d'espèces » aux pièces, en essayant d'indiquer des parentés phylogéniques. Cet exercice vous fera saisir les problèmes auxquels les taxinomistes sont confrontés et vous donnera l'occasion d'aiguiser votre esprit d'observation. Comparer vos modèles phylogéniques avec ceux des autres groupes. En quoi sont-ils similaires et en quoi diffèrent-ils ?

Lectures complémentaires

Généralités

Achenbach, L. A., et Coates, J. D. 2000. Disparity between bacterial phylogeny and physiology. *ASM News* 66(12):714–15.

Amann, R. I.; Ludwig, W.; et Schleifer, K.-H. 1995. Phylogenetic identification and in situ detection of individual microbial cells without cultivation. *Microbiol. Rev.* 59(1):143–69.

Balows, A.; Truper, H. G.; Dworkin, M.; Harder, W.; et Schleifer, K-H. 1992. *The prokaryotes,* 2ème éd. New York: Springer-Verlag.

Bryant, T. N. 2000. Identification of bacteria, computerized. In *Encyclopedia of microbiology,* 2ème éd., vol. 2, J. Lederberg, éd, 709–21. San Diego: Academic Press.

Goodfellow, M., et O'Donnell, A. G., editors. 1993. *Handbook of new bacterial systematics.* San Diego, Calif.: Academic Press.

Hillis, D. M.; Moritz, C.; et Mable, B. K., editors. 1996. *Molecular Systematics,* 2d. ed. Sunderland, Mass.: Sinauer Associates.

Hugenholtz, P.; Goebel, B. M.; et Pace, N. R. 1998. Impact of culture-independent studies on the emerging phylogenetic view of bacterial diversity. *J. Bacteriol.* 180(18):4765–74.

Logan, N. A. 1994. *Bacterial systematics.* Boston: Blackwell Scientific.

Margulis, L.; Corliss, J. O.; Melkonian, M.; et Chapman, D. J., éd. 1990. *Handbook of protoctista.* Boston: Jones and Bartlett.

Priest, F., and Austin, B. 1993. *Modern bacterial taxonomy,* 2ème éd. New York: Chapman and Hall.

Staley, J. T. 1999. Bacterial biodiversity: A time for place. *ASM News* 65(10):681–87.

Vandamme, P.; Pot, B.; Gillis, M.; De Vos, P.; Kersters, K.; et Swings, J. 1996. Polyphasic taxonomy, a consensus approach to bacterial systematics. *Microbiol. Rev.* 60(2):407–38.

19.2 L'évolution et la diversité microbiennes

Brown, J. R., et Doolittle, W. F. 1997. *Archaea* and the prokaryote-to-eukaryote transition. *Microbiol. Mol. Biol. Rev.* 61(4): 456–502.

Cavalier-Smith, T. 1987. The origin of eukaryote and archaebacterial cells. *Ann. N.Y. Acad. Sci.* 503:17–54.

de Duve, C. 1996. The birth of complex cells. *Sci. Am.* 274(4):50–57.

Gogarten, J. P. 1995. The early evolution of cellular life. *Trends Ecol. Evol.* 10(4):147–51.

Gupta, R. S., et Golding, G. B. 1996. The origin of the eukaryotic cell. *Trends Biochem. Sci.* 21:166–71.

Knoll, A. H. 1991. Le protérozoïque supérieur. *Pour la Science* 170; 68-76

Kurland, C. G., et Andersson, S. G. E. 2000. Origin and evolution of the mitochondrial proteome. *Micro. Mol. Bio. Rev.* 64(4):786–820.

Margulis, L. 1971. Symbiosis and evolution. *Sci. Am.* 225(2):49–57.

Saier, M. H., Jr. 2000. Bacterial diversity and the evolution of differentiation. *ASM News* 66(6):337–43.

Vidal, G. 1984. Les premières cellules eucaryotes. *Pour la Science* 78; 46-57

Woese, C. R.; Kandler, O.; et Wheelis, M. L. 1990. Towards a natural system of organisms: Proposal for the domains archaea, bacteria, and eucarya. *Proc. Natl. Acad. Sci.* 87:4576–79.

19.4 Les systèmes de classification

Sneath, P. H. A., et Sokal, R. R. 1973. *Numerical taxonomy: The principles and practice of numerical classification.* San Francisco: W. H. Freeman.

Stackebrandt, E. 1992. Unifying phylogeny and phenotypic diversity. In *The prokaryotes,* 2ème éd. A. Ballows et al., éd, 19–47. New York: Springer-Verlag.

19.5 Les principales caractéristiques utilisées en taxinomie

Johnson, J. L. 1984. Nucleic acids in bacterial classification. In *Bergey's manual of systematic bacteriology,* J. G. Holt, vol. 1, N. R. Krieg, editors, 8–11. Baltimore, Md.: Williams & Wilkins.

Jones, D., et Krieg, N. R. 1984. Serology and chemotaxonomy. In *Bergey's manual of systematic bacteriology,* J. G. Holt, vol. 1, N. R. Krieg, editors, 15–18. Baltimore, Md.: Williams & Wilkins.

19.6 L'évaluation de la phylogénie microbienne

Doolittle, R. F. 1995. Of Archae and Eo: What's in a name? *Proc. Natl. Acad. Sci.* 92:2421–23.

Forterre, P. 1997. Protein versus rRNA: Problems in rooting the universal tree of life. *ASM News* 63(2):89–95.

Ludwig, W., et Schleifer, K.-H. 1999. Phylogeny of *Bacteria* beyond the 16S rRNA standard. *ASM News* 65(11):752–57.

Olsen, G. J., et Woese, C. R. 1993. Ribosomal RNA: A key to phylogeny. *FASEB J.* 7:113–23.

Sneath, P. H. A. 1989. Analysis and interpretation of sequence data for bacterial systematics: The view of a numerical taxonomist. *Syst. Appl. Microbiol.* 12:15–31.

Woese, C. R.; Olsen, G. J.; Ibba, M.; et Söll, D. 2000. Aminoacyl-tRNA synthetases, the genetic code, and the evolutionary process. *Micro. Mol. Biol. Rev.* 64(1):202–36.

Zuckerkandl, E., et Pauling, L. 1965. Molecules as documents of evolutionary history. *J. Theoret. Biol.* 8:357–66.

19.7 Les principales divisions du monde vivant

Baldauf, S. L.; Roger, A. J.; Wenk-Siefert, I.; Doolittle, W. F. 2000. A kingdom-level phylogeny of eukaryotes based on combined protein data. *Science* 290:972–77.

Cavalier-Smith, T. 1993. Kingdom protozoa and its 18 phyla. *Microbiol. Rev.* 57(4):953–94.

Doolittle, W. F. 1999. Phylogenetic classification and the universal tree. *Science* 284:2124–28.

Doolittle, W. F. 2000. Uprooting the tree of life. *Sci. Am.* 282(2):90–95.

Gupta, R. S. 1998. Protein phylogenies and signature sequences: A reappraisal of evolutionary relationships among archaebacteria, eubacteria, and eukaryotes. *Micro. Mol. Biol. Rev.* 62(4):1435–91.

Kabnick, K. S., et Peattie, D. A. 1991. *Giardia:* A missing link between prokaryotes and eukaryotes. *American Scientist* 79:34–43.

Mayr, E. 1998. Two empires or three? *Proc. Natl. Acad. Sci.* 95:9720–23.

Olsen, G. J.; Woese, C. R.; and Overbeek, R. 1994. The winds of (evolutionary) change: Breathing new life into microbiology. *J. Bacteriol.* 176(1):1–6.

Pace, N. R. 1996. New perspective on the natural microbial world: Molecular microbial ecology. *ASM News.* 62(9):463–70.

Pace, N. R. 1997. A molecular view of microbial diversity and the biosphere. *Science* 276:734–40.

Sogin, M. L.; Morrison, H. G.,; Hinkle, G.; et Silberman, J. D. 1996. Ancestral relationships of the major eukaryotic lineages. *Microbiologia* 12(1):17–28.

Williams, D. M., et Embley, T. M. 1996. Microbial diversity: Domains and kingdoms. *Ann. Rev. Ecol. Syst.* 27:569–95.

Woese, C. R. 1981. Les archéobactéries. *Pour la Science* 46, 56-69

Woese, C. R. 1987. Bacterial evolution. *Microbiol. Rev.* 51(2):221–71.

Woese, C. 1998. The universal ancestor. *Proc. Natl. Acad. Sci.* 95:6854–59.

Zavarzin, G. A.; Stackebrandt, E.; et Murray, R. G. E. 1991. A correlation of phylogenetic diversity in the *Proteobacteria* with the influences of ecological forces. *Can. J. Microbiol.* 37:1–6.

Zillig, W.; Palm, P.; Reiter, W.-D.; Gropp, F.; Pühler, G.; et Klenk, H-P. 1988. Comparative evaluation of gene expression in archaebacteria. *Eur. J. Biochem.* 173:473–82.

19.8 Le *Bergey's Manual of Systematic Bacteriology*

Garrity, G. M., éd. 2001. *Bergey's manual of systematic bacteriology,* 2e éd., vol. 1, D. R. Boone and R. W. Castenholz, éd. New York: Springer-Verlag.

Holt, J. G., éd. 1984–1989. *Bergey's manual of systematic bacteriology.* 4 vols. Baltimore, Md.: Williams & Wilkins.

Holt, J. G.; Krieg, N. R.; Sneath, P. H. A.; Staley, J. T.; et Williams, S. T. 1994. *Bergey's manual of determinative bacteriology,* 9e éd. Baltimore, Md.: Williams & Wilkins.

CHAPITRE 20

Les *Archaea*

Les *Archaea* habitent souvent des environnements extrêmes, comme ce geyser du parc national de Yellowstone.

Plan

Concepts

1. Les *Archaea* diffèrent en de nombreux points à la fois des eubactéries et des eucaryotes. Ces différences concernent la structure et la chimie de la paroi, la structure des lipides membranaires, la biologie moléculaire et le métabolisme.

2. Les *Archaea* se développent dans quelques habitats restreints ou spécialisés : anaérobies, hypersalins ou de température élevée.

3. Le Bergey divise les archéobactéries en cinq groupes principaux : les archéobactéries méthanogènes, les halophiles extrêmes, les archéobactéries sans paroi, les thermophiles extrêmes métabolisant S^0 et les réductrices de sulfates.

4. La seconde édition du Bergey divise les archéobactéries en deux phylums, les *Crenarchaeota* et les *Euryarchaeota*, comprenant chacun plusieurs ordres.

5. Les archéobactéries méthanogènes et réductrices de sulfates possèdent des cofacteurs uniques qui participent à la méthanogenèse.

6. Les archéobactéries ont des adaptations particulières, structurales, chimiques et métaboliques, qui leur permettent de se développer dans des environnements extrêmes.

Comme c'est souvent le cas, les idées qui font date portent jusqu'à ce qu'elles soient reconnues comme telles, des hypothèses implicites, non analysées qui finalement retardent le progrès scientifique. Ainsi en est-il de la distinction procaryote-eucaryote. Notre échec dans la compréhension de sa nature véritable, monta le décor pour l'éclatement soudain du concept lorsqu'un "troisième forme de vie" fut découverte à la fin des années 70, découverte qui laissa beaucoup de bactériologistes incrédules. Les archéobactéries ont été reconnues comme cette troisième forme de vie, elles ont révolutionné notre conception des procaryotes, ont modifié et raffiné notre pensée sur la relation entre procaryotes et eucaryotes… et influenceront fortement l'idée que nous nous faisons de l'ancêtre qui a donné naissance à toute la vie actuelle.

— C.R. Woese et R.S. Wolfe

Les chapitres 20 à 24 passent en revue les procaryotes décrits dans le *Bergey's Manual of Systematic Bacteriology*. Là où c'est possible, l'ordre de présentation suivra celui de la seconde édition du Bergey. Les chapitres 20 et 21 traitent de la matière contenue dans les volumes 1 et 5 de cette seconde édition. Le chapitre 20 décrit les *Archaea* ; le chapitre 21 s'attache au reste des groupes des volumes 1 et 5. Le chapitre 22 traite des protéobactéries qui sont dans le volume 2. Le volume 3 est consacré aux bactéries Gram-positives pauvres en GC et sera examiné au chapitre 23. Finalement, le chapitre 24 s'occupera des bactéries riches en GC du volume 4.

Ce chapitre débute avec une introduction générale aux *Archaea*, puis présente brièvement la biologie de chaque groupe archéobactérien important.

La comparaison des séquences d'ARNr d'une grande variété d'organismes montre que ceux-ci se divisent en trois groupes principaux : les bactéries, les archéobactéries et les eucaryotes (*voir figure 19.3 et 19.13*). Le tableau 19.8 (*voir p. 436*) résume certaines des différences les plus importantes. Les archéobactéries se distinguent des bactéries comme des eucaryotes, aussi leurs propriétés les plus particulières seront décrites d'abord avec quelque détail et seront comparées à celles des deux autres groupes. Les séquences des ARNr et les archéobactéries (p. 424, 435-36).

20.1 Introduction aux *Archaea*

En tant que groupe, les ***Archaea*** (du grec *archaios*, ancien) sont très diverses, aussi bien en morphologie qu'en physiologie. A la coloration de Gram, elles sont soit positives, soit négatives, et leur forme peut être sphérique, en bâtonnet, spiralée, lobée ou aplatie, de forme irrégulière ou pléomorphes. Certaines sont des cellules isolées tandis que d'autres forment des filaments ou des agrégats. Leur diamètre va de 0,1 à plus de 15 μm et certains filaments atteignent 200 μm de long. La multiplication se fait par scissiparité, par bourgeonnement, par fragmentation ou encore par d'autres mécanismes. Les archéobactéries sont aussi variées physiologiquement. Elles peuvent être aérobies, facultatives ou anaérobies strictes. D'un point de vue nutritionnel, elles vont des chimiolithoautotrophes aux organotrophes. Certaines sont mésophiles ; d'autres sont thermophiles extrêmes et se développent au-dessus de 100°C.

On trouve souvent les archéobactéries dans les habitats aqua-

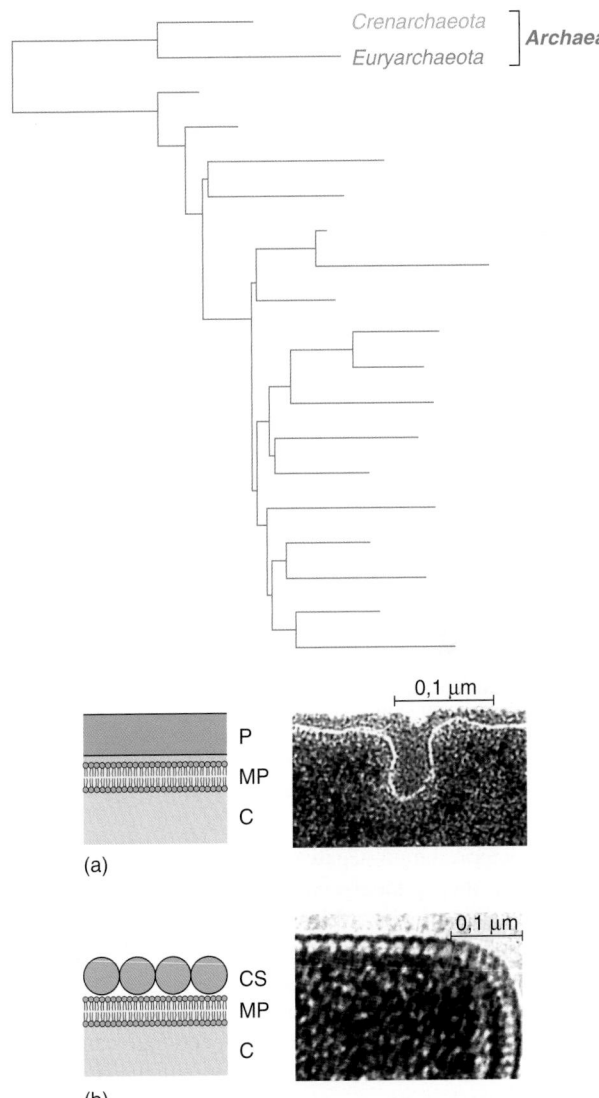

Figure 20.1 **Les enveloppes cellulaires des archéobactéries.** Représentations schématiques et images au microscope électronique de **(a)** *Methanobacterium formicicum*, un organisme Gram-positif typique et **(b)** *Thermoproteus tenax*, une archéobactérie Gram-négative. P : paroi cellulaire ; CS : couche superficielle ; MP : membrane plasmique ; C : cytoplasme.

tiques et terrestres extrêmes. Elles sont aussi fréquentes dans les environnements anaérobies hypersalins ou de température élevée. Récemment, on a découvert des archéobactéries dans des environnements froids. Il apparaît qu'elles constituent jusqu'à 34% de la biomasse procaryote des eaux côtières de surface de l'Antarctique (*voir chapitre 29*). Certaines sont symbiotiques dans l'appareil digestif d'animaux.

Les parois cellulaires

Bien qu'elles puissent être Gram-positives ou Gram-négatives, selon l'épaisseur et la masse de la paroi cellulaire, les archéobactéries ont une paroi dont la structure et la chimie diffèrent de celles des bactéries. La structure de la paroi est très variée : beaucoup d'archéobactéries ont une paroi avec une couche unique épaisse, homogène, comme les bactéries Gram-positives (**figure 20.1a**).

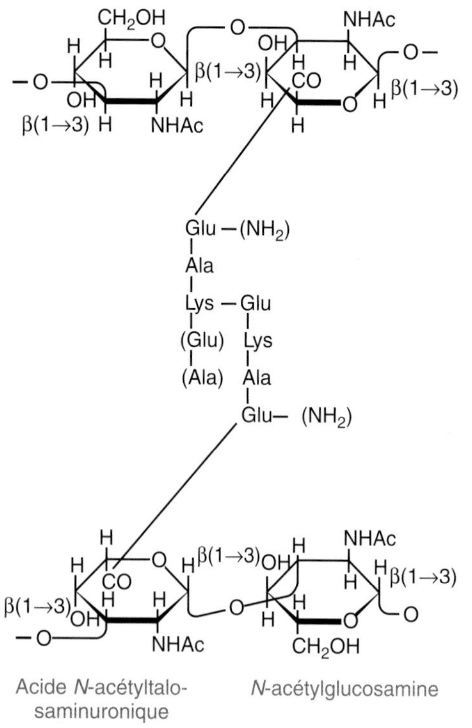

Figure 20.2 Structure de la pseudomuréine. Les composants entre parenthèses ne sont pas toujours présents. Ac représente le groupe acétyle.

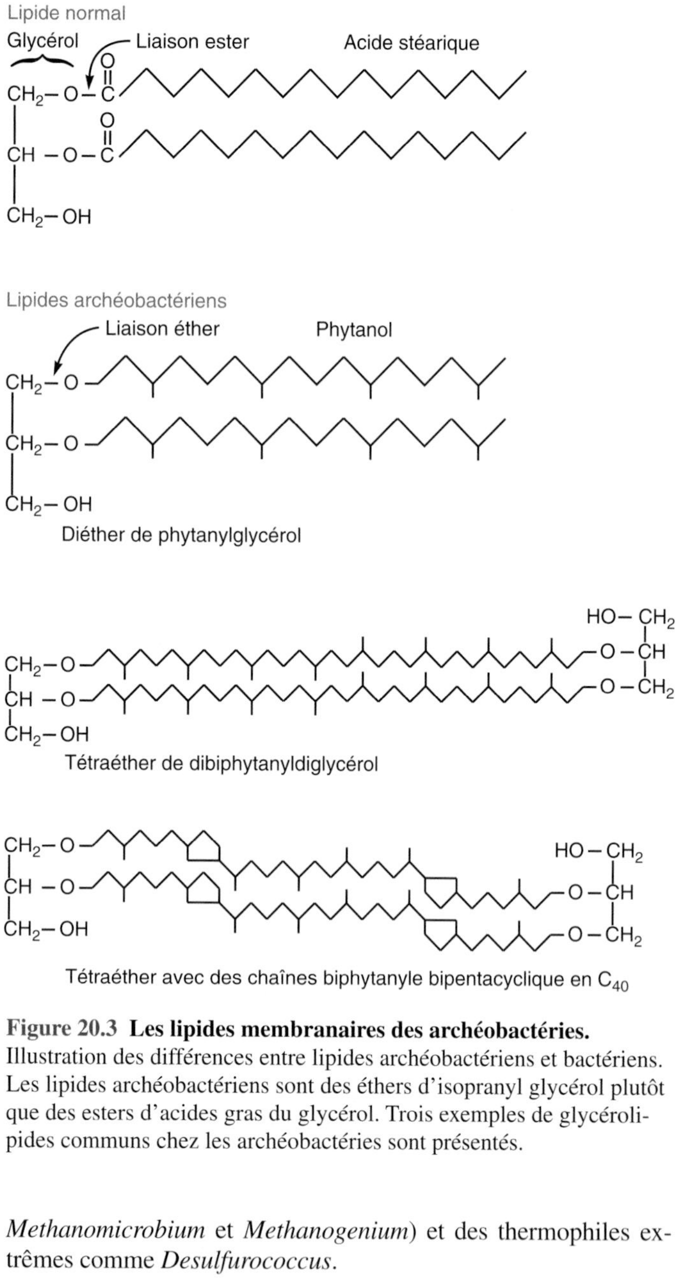

Les archéobactéries Gram-négatives sont dépourvues de la membrane externe et du peptidoglycane complexe des bactéries Gram-négatives. En lieu et place, elles possèdent généralement une couche superficielle de sous-unités protéiques ou lipoprotéiques (figure 20.1*b*). La structure et la chimie du peptidoglycane (p. 56-57).

La chimie des parois archéobactériennes est aussi très différente de celle des bactéries. Aucune n'a le peptidoglycane caractéristique de ces derniers, avec de l'acide muramique et des acides aminés D. Il n'est donc pas étonnant que toutes les archéobactéries résistent à l'attaque du lysozyme et des antibiotiques à noyau β-lactame, telle que la pénicilline. Les archéobactéries Gram-positives peuvent avoir dans leur paroi une variété de polymères complexes. *Methanobacterium* et certains autres méthanogènes ont des parois à **pseudomuréine**, un polymère ressemblant au peptidoglycane, mais qui a des acides aminés L dans ses ponts, de l'acide *N*-acétyltalosaminuronique au lieu d'acide *N*-acétylmuramique, et des liens glycosidiques β (1 → 3) au lieu de liens glycosidiques β (1 → 4) (**figure 20.2**). *Methanosarcina* et *Halococcus* sont dépourvus de pseudomuréine et contiennent des polysaccharides complexes similaires aux chondroïtines sulfates des tissus conjonctifs animaux. On trouve encore d'autres hétéropolysaccharides dans les parois Gram-positives.

Les archéobactéries Gram-négatives ont une couche protéique ou glycoprotéique externe à la membrane plasmique. Cette couche peut atteindre 20 à 40 nm d'épaisseur. Parfois, il y a deux couches, une gaine entourant une couche dense aux électrons. Le contenu chimique de ces parois varie aussi considérablement. Certains méthanogènes (*Methanolobus*), *Halobacterium* et plusieurs thermophiles extrêmes (*Sulfolobus*, *Thermoproteus* et *Pyrodictium*) possèdent des glycoprotéines dans leur paroi. Au contraire, les parois sont protéiques chez d'autres méthanogènes (*Methanococcus*,

Figure 20.3 Les lipides membranaires des archéobactéries. Illustration des différences entre lipides archéobactériens et bactériens. Les lipides archéobactériens sont des éthers d'isopranyl glycérol plutôt que des esters d'acides gras du glycérol. Trois exemples de glycérolipides communs chez les archéobactéries sont présentés.

Methanomicrobium et *Methanogenium*) et des thermophiles extrêmes comme *Desulfurococcus*.

Les lipides et les membranes

Comme le montre le tableau 19.8, le caractère le plus distinctif des archéobactéries est la nature des lipides membranaires. Ils diffèrent aussi bien de ceux des bactéries que de ceux des eucaryotes, car ils possèdent des chaînes hydrocarbonées ramifiées fixées au glycérol par des liaisons éther plutôt que des acides gras connectés par des liaisons ester (**figure 20.3**). Deux groupes glycérol sont parfois liés pour former un tétraéther extrêmement long. Généralement, les chaînes latérales diéther sont longues de 20 carbones et celles des chaînes tétraéther de 40 carbones. Les cellules peuvent ajuster la longueur totale de leurs tétraéthers en cyclisant les chaînes pour former des anneaux pentacycliques (figure 20.3). Les chaînes biphytanyle peuvent contenir de 1 à 4 de ces anneaux pentacycliques. On trouve aussi des lipides polaires dans les membranes d'archéobactéries : phospholipides, sulfolipides et glycoli-

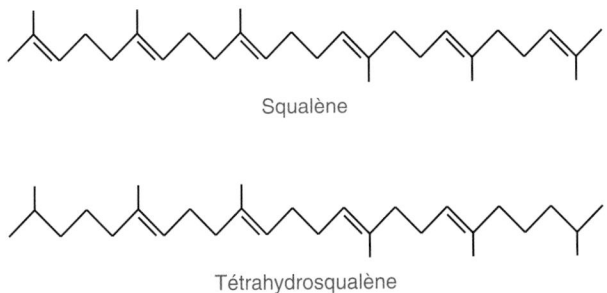

Squalène

Tétrahydrosqualène

Figure 20.4 Les lipides non polaires des archéobactéries. Deux types majeurs de lipides non polaires sont le squalène, isoprénoïde en C_{30}, et un de ses dérivés hydroisoprénoïde, le tétrahydrosqualène.

pides. De 7 à 30 % des lipides membranaires sont des lipides non polaires, généralement dérivés du squalène (**figure 20.4**). Ces lipides sont combinés de façons diverses pour donner des membranes de rigidité et d'épaisseur différentes. Par exemple, les diéthers en C_{20} formeront une bicouche membranaire régulière (**figure 20.5a**). Une monocouche membranaire beaucoup plus rigide sera construite avec les lipides tétraéthers en C_{40} (figure 20.5b). Bien sûr, les membranes d'archéobactéries peuvent contenir un mélange de diéthers, de tétraéthers et d'autres lipides. Comme prévu par leur grand besoin de stabilité, les membranes des thermophiles extrêmes comme *Thermoplasma* et *Sulfolobus* sont des monocouches presqu'entièrement faites de tétraéthers.

La génétique et la biologie moléculaire

La génétique des archéobactéries présente certains caractères similaires à ceux des bactéries. Les chromosomes archéobactériens qui ont été étudiés sont des ADN uniques, circulaires fermés. Cependant, certaines archéobactéries ont des génomes significativement plus petits que celui d'une bactérie normale. La taille de l'ADN de *E. coli* est d'environ $2,5 \times 10^9$ daltons tandis que celle de l'ADN de *Thermoplasma acidophilum* est d'environ $0,8 \times 10^9$ daltons et celle de l'ADN de *Methanobacterium thermoautotrophicum* est de $1,1 \times 10^9$ daltons. L'ADN présente aussi une grande variation dans le contenu en GC, depuis environ 21 jusqu'à 68 moles %, ce qui est encore un autre signe de la diversité des archéobactéries. Les archéobactéries possèdent quelques plasmides. Récemment, le génome de l'archéobactérie *Methanococcus jannaschii* a été complètement séquencé et comparé aux génomes d'autres organismes. Environ 56% de ses 1.738 gènes ne ressemblent pas à ceux des bactéries et des eucaryotes. Si ce degré de différence est caractéristique du domaine des *Archaea*, ces organismes se distinguent autant par leur génotype que par d'autres aspects.

L'ARNm archéobactérien ressemble plus à celui des bactéries qu'à celui des eucaryotes. On a trouvé de l'ARNm polycistronique et il n'y a pas de preuve d'épissage. Les promoteurs archéobactériens sont semblables à ceux des bactéries.

Malgré ces similitudes, il y a aussi de grandes différences entre les archéobactéries et les autres organismes. Au contraire des bactéries comme eucaryotes, les archéobactéries ont un ARNt dont le bras T ψ C (*p. 266*) est dépourvu de thymine et contient de la pseudouridine ou de la 1-méthylpseudouridine. L'ARNt initiateur chez les archéobactéries porte la méthionine comme l'ARNt

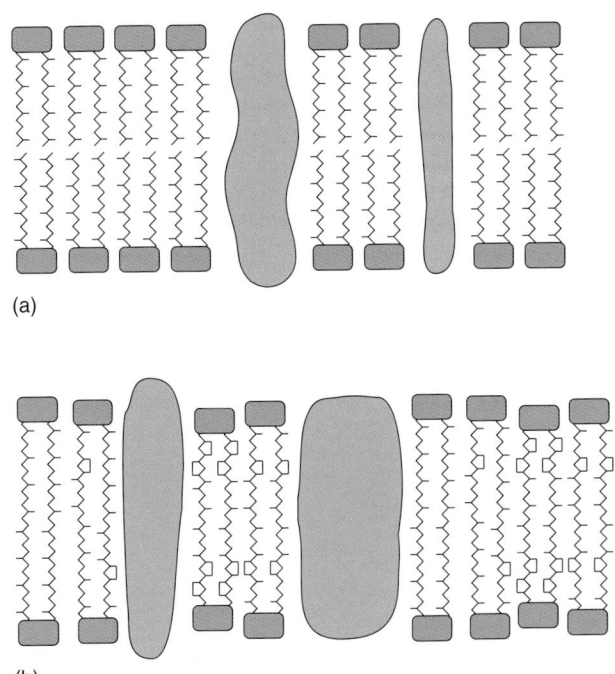

(a)

(b)

Figure 20.5 Exemples de membranes archéobactériennes. (a) Une membrane constituée de protéines intégrées et d'une bicouche de diéthers en C_{20}. **(b)** Monocouche rigide faite de protéines intégrées et de tetraéthers en C_{40}.

initiateur eucaryote. Les archéobactéries ont des ribosomes 70S comme les bactéries, cependant on voit au microscope électronique que leur forme est très variable et peut différer de celle des ribosomes bactériens ou eucaryotes. Ils ressemblent aux ribosomes eucaryotes par leur sensibilité à l'anisomycine et leur insensibilité au chloramphénicol et à la kanamycine. De plus, leur facteur d'élongation 2 réagit avec la toxine diphthérique comme l'EF-2 eucaryote. Certaines archéobactéries, comme beaucoup de méthanogènes du phylum des *Euryarchaeota*, diffèrent des autres procaryotes par la présence d'histones qui se lient à l'ADN pour former des structures du type nucléosome. Enfin, les ARN polymérases ADN dépendantes des archéobactéries ressemblent aux enzymes eucaryotes et non à l'ARN polymérase bactérienne. Il s'agit de grands complexes enzymatiques insensibles à la rifampine et la streptolydigine. Ces différences ainsi que d'autres distinguent les archéobactéries des bactéries comme des eucaryotes. Les ribosomes et le mécanisme de synthèse des protéines (p. 265-72). La transcription de l'ADN (p. 261-63).

Le métabolisme

Étant donnée la variété de leur mode de vie, il n'est pas surprenant que les archéobactéries présentent un métabolisme très différent suivant les différents groupes. Certaines archéobactéries sont organotrophes tandis que d'autres sont autotrophes. Quelques-unes peuvent même réaliser une forme inhabituelle de photosynthèse.

C'est le métabolisme des glucides qui est le mieux compris chez les archéobactéries. Celles-ci ne possèdent pas de 6-phosphofructokinase et ne paraissent pas capables de dégrader le glucose par la voie d'Embden-Meyerhof. Les thermophiles et les halophiles

Figure 20.6 Les mécanismes de fixation autotrophe du CO_2. (a) Le cycle réducteur des acides tricarboxyliques. Le cycle est inversé, l'ATP et les équivalents [H] réducteurs formant l'acétyl-CoA à partir de CO_2. L'acétyl-CoA peut être carboxylé pour donner du pyruvate, celui-ci est alors converti en glucose et autres produits. Cette séquence fonctionne chez *Thermoproteus neutrophilus*. (b) Synthèse d'acétyl-CoA et de pyruvate à partir du CO_2 chez *Methanobacterium thermoautotrophicum*. Un carbone provient de la réduction du CO_2 en un groupe méthyle et le second est produit en réduisant CO_2 en monoxyde de carbone sous l'action de la CO déshydrogénase (E_1). Les deux carbones sont souvent combinés pour former un groupe acétyle. La corrine-E_2 représente l'enzyme contenant la cobamide impliquée dans les transferts de méthyle. Les enzymes spéciales des méthanogènes sont décrites aux *figures 20.11* et *20.12*.

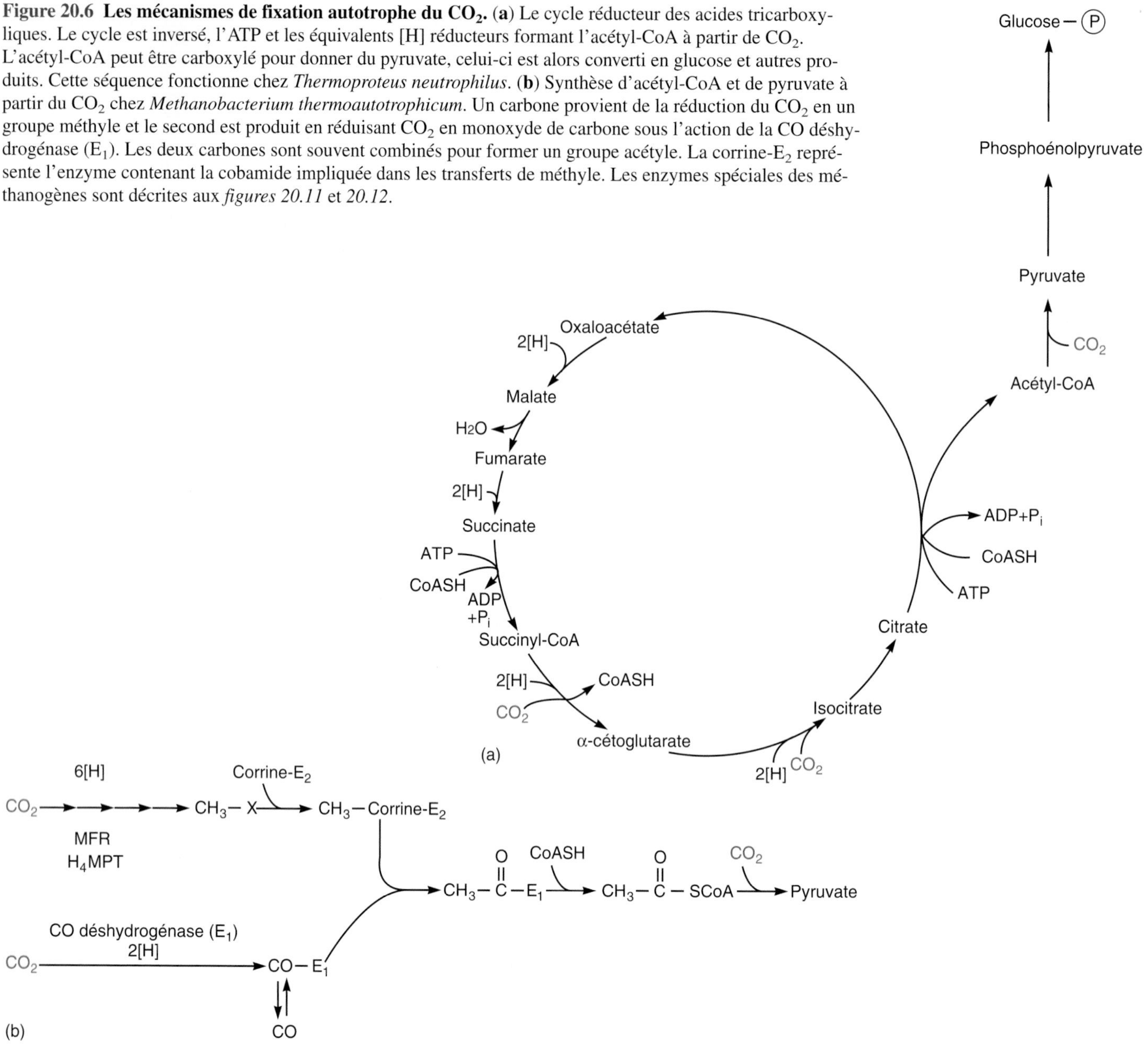

extrêmes catabolisent le glucose suivant une voie d'Entner-Doudoroff modifiée (*p. 179 et appendice II*) dans laquelle les premiers intermédiaires ne sont pas phosphorylés. Les halophiles ont une voie légèrement modifiée par rapport à celle des thermophiles extrêmes, mais produisent du pyruvate et du NADH ou du NADPH. Les méthanogènes ne catabolisent pas le glucose à un niveau significatif. Au contraire de la dégradation du glucose, la gluconéogénèse suit la voie inverse d'Embden-Meyerhof chez les halophiles et les méthanogènes. Toutes les archéobactéries qui ont été étudiées oxydent le pyruvate en acétyl-CoA. Elles sont dépourvues du complexe de la pyruvate déshydrogénase présent chez les eucaryotes et les bactéries respirantes, mais elles utilisent dans le même but la pyruvate oxydoréductase. Les halophiles et le thermophile extrême *Thermoplasma* ne semblent pas posséder de cycle des acides tricarboxyliques fonctionnel. On n'a pas encore trouvé de cycle des acides tricarboxyliques complet chez un méthanogène. La présence

de chaînes de cytochromes fonctionnelles est prouvé chez les halophiles et les thermophiles. La voie d'Embden–Meyerhof et le cycle des acides tricarboxyliques (p. 176-77, 183-84 et appendice II).

On connaît mal les voies biosynthétiques des archéobactéries. Des données préliminaires suggèrent que les synthèses d'acides aminés, de purines et de pyrimidines suivent des voies similaires à celles trouvées chez d'autres organismes. Certains méthanogènes fixent l'azote atmosphérique. Non seulement beaucoup d'archéobactéries utilisent une voie d'Embden-Meyerhof inversée pour synthétiser le glucose, mais au moins certains méthanogènes et thermophiles extrêmes utilisent le glycogène comme matériau de réserve principal.

L'autotrophie est très répandue parmi les méthanogènes et les thermophiles extrêmes ; le CO_2 peut être fixé de plus d'une manière. *Thermoproteus* et peut-être *Sulfolobus* incorporent le CO_2 suivant le cycle réducteur des acides tricarboxyliques (**fi-**

Tableau 20.1 **Caractéristiques des groupes principaux d'archéobactéries**

Groupe	Caractéristiques générales	Genres représentatifs
Archéobactéries méthanogènes	Anaérobies stricts. Le métabolite final majeur est le méthane. S^0 peut être réduit en H_2S sans production d'énergie. Les cellules possèdent la coenzyme M, les facteurs 420 et 430 et la méthanoptérine.	*Methanobacterium* *Methanococcus* *Methanomicrobium* *Methanosarcina*
Archéobactéries réductrices de sulfates	Cellules coccoïdes irrégulières, Gram-négatives. Formation d'H_2S à partir de thiosulfate et de sulfate. Croissance autotrophe sur thiosuliate et H_2. Peuvent se développer de manière hétérotrophe. Il y a production de traces de méthane. Bactéries thermophiles extrêmes et strictement anaérobies. Elles possèdent le facteur 420 et la méthanoptérine mais pas la coenzyme M ni le facteur 430.	*Archaeoglobus*
Archéobactéries halophiles extrêmes	Bâtonnets coccoïdes ou de forme irrégulière. Cellules Gram-négatives ou Gram-positives, essentiellement aérobies, chimioorganotrophes. Demandent des concentrations élevées en chlorure sodique pour se développer (≥ 1.5 M). Les colonies présentent diverses nuances de rouge. Neutrophiles ou alcalophiles. Mésophiles ou légèrement thermophiles. Certaines espèces contiennent la bactériorhodopsine et utilisent la lumière pour synthétiser l'ATP.	*Halobacterium* *Halococcus* *Natronobacterium*
Archéobactéries sans paroi	Cellules pléomorphes sans paroi cellulaire. Thermoacidophiles et chimioorganotrophes. Aérobies facultatifs. La membrane plasmique contient une glycoprotéine riche en mannose et un lipoglycane.	*Thermoplasma*
Thermophiles extrêmes métabolisant S^0	Bacilles Gram-négatifs, filaments ou coques. Thermophiles obligatoires (développement optimum à des températures comprises entre 70 et 105 °C). Habituellement anaérobies stricts mais peuvent être aérobies ou aérobies facultatifs. Acidophiles ou neutrophiles, autotrophes ou hétérorophes, la plupart métabolisent le soufre. Réduisent S^0 en H_2S en anaérobiose; oxydent H_2S ou S^0 en H_2SO_4 en aérobiose.	*Desulfurococcus* *Pyrodictium* *Pyrococcus* *Sulfolobus* *Thermococcus* *Thermoproteus*

gure 20.6a). Cette voie existe aussi chez les bactéries vertes sulfureuses (*voir pp. 470-71*). Les archéobactéries méthanogènes et probablement la plupart des thermophiles extrêmes incorporent le CO_2 par la voie réductrice de l'acétyl–CoA (figure 20.6b). Une voie similaire existe aussi chez les bactéries acétogènes et les bactéries autotrophes réductrices de sulfates.

La taxinomie

Comme le montre les figures 19.3 et 19.13 et le tableau 19.8 (*voir p 436*), les archéobactéries sont bien distinctes des autres organismes vivants. A l'intérieur du domaine cependant, il y a une grande diversité (*voir figures 19.13 et 19.14*). La première édition du Bergey divise les archéobactéries en cinq groupes principaux, basés sur des différences physiologiques et morphologiques. Le **tableau 20.1** résume les caractéristiques de ces cinq groupes et donne des représentants de chacun d'eux.

Sur la base de données sur les ARNr, la seconde édition du Bergey répartit les archéobactéries dans les phylums *Euryarchaeota* [du grec *eurus*, large, et *archaïos*, ancien ou primitif] et *Crenarchaeota* [du grec *crene*, source ou fontaine, et *archaïos*]. Les euryarchéotes ont reçu ce nom parce qu'ils occupent de nombreuses niches écologiques différentes et qu'ils offrent toute une variété de patterns métaboliques. Le phylum des *Euryarchaeota* est très divers avec ses sept classes (*Methanobacteria*, *Methanococci*, *Halobacteria*, *Thermoplas-mata*, *Thermococci*, *Archaeoglobi* et *Methanopyri*), ses neuf ordres et ses 15 familles. Les méthanogènes, les halophiles extrêmes, les réducteurs de sulfates, et les nombreux thermophiles extrêmes, au métabolisme dépendant du soufre, sont placés dans les *Euryarchaeota*. Les méthanogènes constituent le groupe métabolique dominant.

On pense que les *Crenarchaeota* (**figure 20.7**) ressemblent à l'ancêtre des archéobactéries et à peu près toutes les espèces bien caractérisées sont thermophiles ou hyperthermophiles. Le phylum des *Crenarchaeota* ne comprend qu'une classe, les *Thermoprotei*, et trois ordres. L'ordre des *Thermoprotéales* contient des bâtonnets hyperthermophiles Gram-négatifs, anaérobies ou facultatifs. Ils croissent souvent en chimiolithoautotrophie en réduisant le soufre en sulfure d'hydrogène. Les membres de l'ordre des *Sulfolobales* sont des thermoacidophiles en forme de coque. L'ordre des *Desulfurococcales* renferment des hyperthermophiles Gram-négatifs, coccoïdes ou en forme de disque. Ils croissent soit en chimiolithotrophie par oxydation de l'hydrogène, soit en organotrophie par fermentation ou respiration, le soufre servant alors d'accepteur d'électrons. La taxinomie des deux phylums va sans aucun doute subir encore des révisions, à mesure de la découverte d'autres organismes. Ceci est particulièrement vrai pour les crénarchéotes, parce qu'on a découvert des formes mésophiles dans les océans ; ces crénarchéotes pourraient constituer une fraction significative du picoplancton océanique.

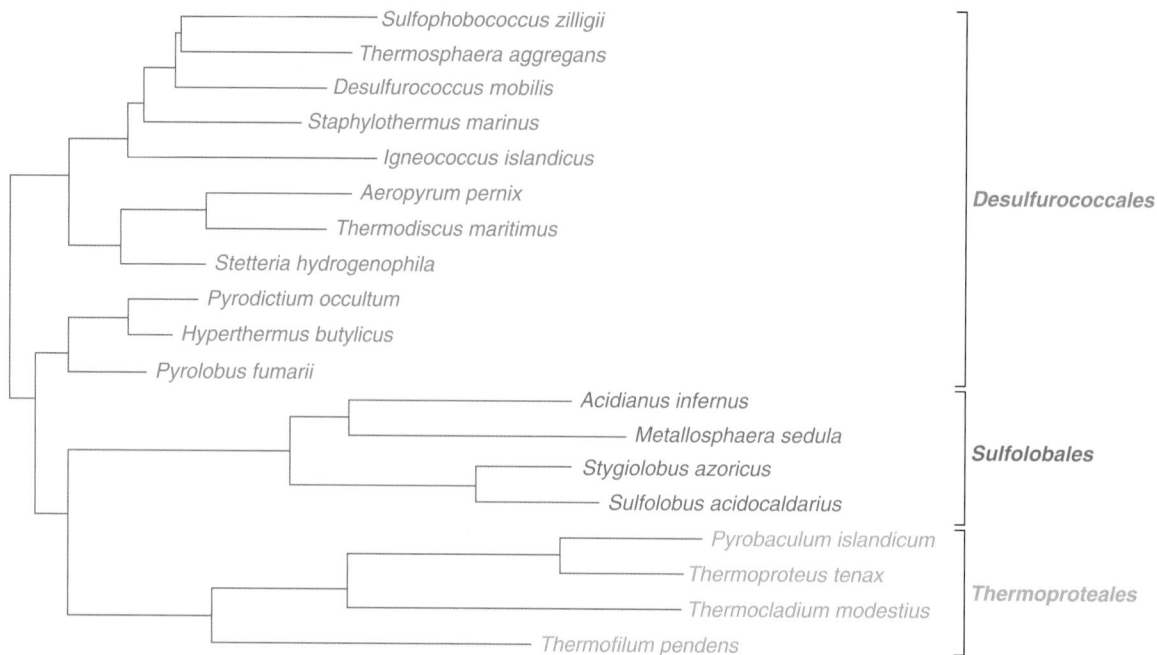

Figure 20.7 Le phylum des *Crenarchaeota*. Un arbre phylogénique pour les espèces de type crénarchéote, construit à partir des données de l'ARNr 16S. Les trois ordres sont indiqués.

1. Que sont les archéobactéries ? Décrivez brièvement les principaux caractères qui les différencient des bactéries et des eucaryotes.

2. En quoi les parois cellulaires des archéobactéries diffèrent-elles de celles des bactéries ? Qu'est-ce que la pseudomuréine ?

3. En quoi les lipides membranaires des archéobactéries diffèrent-ils de ceux des bactéries et des eucaryotes ? Pourquoi ces différences peuvent-elles donner des membranes plus résistantes ?

4. Citez les différences entre archéobactéries et autres organismes en ce qui concerne l'ARNt, la structure des ribosomes et leur comportement, la sensibilité de EF-2 et les ARN polymérases.

5. Décrivez brièvement la façon dont les archéobactéries dégradent et synthétisent le glucose. Quelles sont les deux voies inhabituelles par lesquelles elles incorporent le CO_2 ?

6. Caractérisez les cinq groupes différents d'archéobactéries et distinguez-les. Distinguez l'un de l'autre les phylums des *Euryarchaeota* et des *Crenarchaeota*.

20.2 Le phylum des *Crenarchaeota*

Comme mentionné précédemment, les plupart des crénarchéotes qui ont été isolés sont extrêmement thermophiles, et beaucoup sont acidophiles et dépendant du soufre. Le soufre peut être utilisé soit comme un accepteur d'électrons dans une respiration anaérobie, soit comme une source d'électrons par des lithotrophes. Ils sont presque tous des anaérobies stricts. Ils se développent dans l'eau chauffée géothermiquement ou dans des sols contenant du soufre élémentaire. De tels milieux sont distribués partout dans le monde. Ce sont, par exemple, les sources chaudes sulfureuses dans le parc national de Yellowstone, Wyoming, et dans les eaux entourant des zones d'activité volcanique sous-marine (**figure 20.8**). Ces habitats sont parfois appelés solfatares. Ces archéobactéries peuvent être très thermophiles et sont souvent classées comme hyperthermophiles (*voir p. 126*). L'exemple extrême est *Pyrodictium*, une archéobactérie isolée de fonds marins chauffés géothermiquement. La température minimale de croissance de *Pyrodictium* est de

(a)

(b)

Figure 20.8 Les habitats des bactéries thermophiles. (**a**) Le jet d'un geyser dans le parc national de Yellowstone. La couleur orange est due aux pigments caroténoïdes des bactéries thermophiles. (**b**) Le chaudron de soufre dans le parc national de Yellowstone. L'eau est à son point d'ébullition et très riche en soufre. *Sulfolobus* se développe très bien dans de tels habitats.

82°C, l'optimale de 105°C et la maximale de 110°C. On trouve dans ce groupe des organotrophes comme des lithotrophes. Pour les lithotrophes, les sources d'électrons les plus communes sont le soufre et H_2. A présent, le phylum contient 69 genres ; deux des mieux étudiés sont *Thermoproteus* et *Sulfolobus*.

Les membres du genre *Sulfolobus* sont des archéobactéries sphériques irrégulièrement lobées, Gram-négatives, aérobies, dont l'optimum de température se situe aux environs de 70 à 80 °C et l'optimum de pH entre 2 et 3 (**figures 20.9a,b**). Pour cette raison, on les classe comme **thermoacidophiles,** puisque c'est à pH acide et à température élevée qu'ils se développent le mieux. Leur paroi contient des lipoprotéines et des glucides mais est dépourvue de peptidoglycane. Ils croissent comme des lithotrophes sur des granules de soufre dans des sources et des sols acides et chauds ; ils oxydent le soufre en acide sulfurique (figures 20.8b et 20.9b).

L'oxygène est l'accepteur normal d'électrons mais le fer ferrique peut être utilisé. Des sucres et des acides aminés comme le glutamate servent aussi de source de carbone et d'énergie.

Thermoproteus est un bâtonnet long et fin qui peut être courbé ou ramifié (figure 20.9c). Sa paroi cellulaire est faite de glycoprotéines. *Thermoproteus* est un anaérobie strict et se développe à des températures de 70 à 96°C et à des valeurs de pH entre 2,5 et 6,5. On le trouve dans des sources chaudes et d'autres milieux aquatiques chauds riches en sulfures. Il peut se développer en organotrophie et oxyder glucose, acides aminés, alcools et acides organiques avec le soufre élémentaire comme accepteur d'électrons. En fait, *Thermoproteus* utilise une respiration anaérobie. Il se développe aussi comme chimiolithotrophe en utilisant H_2 et S^0. Le monoxyde de carbone ou le CO_2 servent de source unique de carbone.

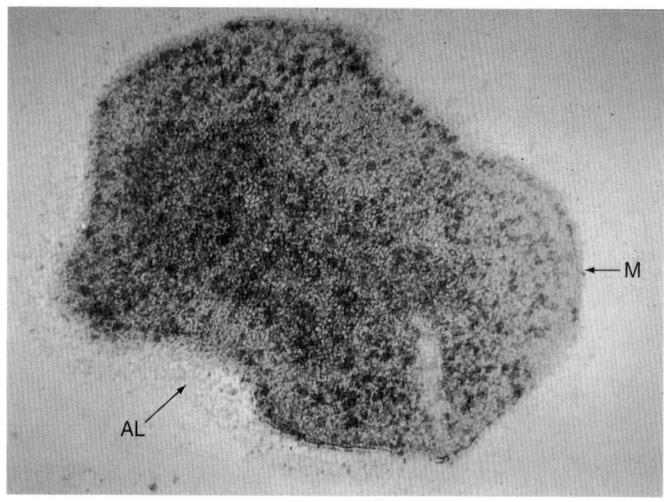

(a)

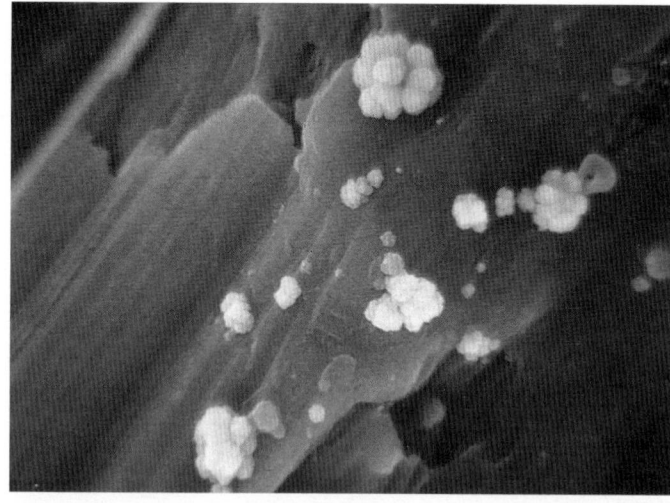

(b)

Figure 20.9 *Sulfolobus* **et** *Thermoproteus.* (**a**)Coupe mince de *Sulfolobus brierleyi*. La bactérie, d'environ 1 µm de diamètre est entourée d'une couche amorphe (*AL*) au lieu d'une paroi bien définie ; la membrane plasmique (*M*) est clairement visible. (**b**) Image au microscope électronique à balayage d'une colonie de *Sulfolobus* se développant sur un minerai, la molybdénite (MoS_2) à 60 °C. A pH 1,5 à 3, la bactérie oxyde le composé soufré du minerai en sulfate et solubilise le molybdène. (**c**) Image au microscope électronique de *Thermoproteus tenax*. La barre = 1 µm.

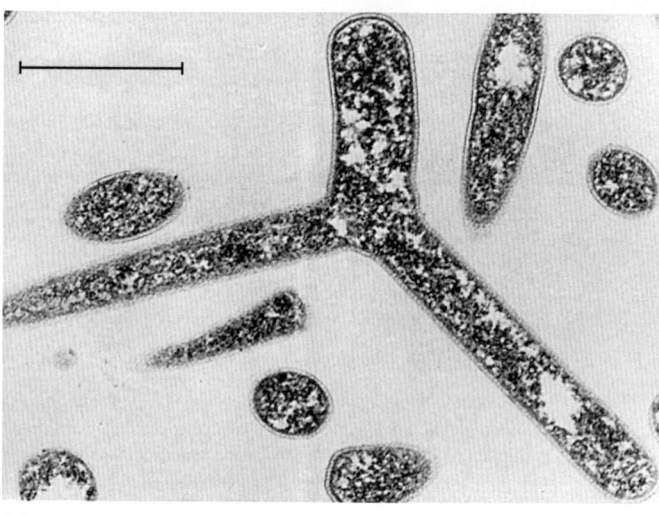

(c)

20.3   Le phylum des *Euryarchaeota*

Comme mentionné précédemment, les *Euryarchaeota* constituent un phylum très diversifié, comprenant de nombreuses classes, ordres et familles. Par souci de clarté, les cinq groupes principaux que comptent les euryarchéotes seront examinés brièvement, en insistant sur leur physiologie et leur écologie.

Les méthanogènes

Les **méthanogènes** sont des anaérobies stricts qui obtiennent l'énergie en convertissant CO_2, H_2O, le formiate, le méthanol, l'acétate et d'autres substances en méthane ou méthane et CO_2. Ils sont autotrophes s'ils se développent sur H_2 et CO_2. C'est le plus grand groupe d'archéobactéries. Il comprend cinq ordres (*Methanobacteriales, Methanococcales, Methanomicrobiales, Methanosarcinales* et *Methanopyrales*) et 26 genres qui diffèrent fortement l'un de l'autre par la forme, la séquence de l'ARN 16S, la chimie et la structure de la paroi, les lipides membranaires et d'autres caractères. Par exemple, les méthanogènes construisent trois types différents de parois. Plusieurs genres ont des parois à pseudomuréine (figure 20.2), d'autres parois contiennent soit des protéines, soit des hétéropolysaccharides. La morphologie de méthanogènes typiques est donnée à la **figure 20.10** et le **tableau 20.2** présente une sélection de propriétés des genres les plus représentatifs.

Un des groupes de méthanogènes les plus inhabituels est la classe des *Metanopyri*. Elle ne comprend qu'un ordre, les

Methanopyrales, qu'une famille et qu'un seul genre, *Methanopyrus*. Ce méthanogène en forme de bâtonnet, extrêmement thermophile, a été isolé d'une fontaine hydrothermale marine. *Methanopyrus kandleri* a son minimum de température à 84°C et son optimum à 98°C ; il croîtra jusqu'à 110°C (au-dessus du point d'ébullition de l'eau). *Methanopyrus* occupe la branche la plus ancienne des euryarchéotes. Les archéobactéries méthanogènes furent peut-être parmi les tout premiers organismes. Elles semblent en tout cas bien adaptées à la vie dans des conditions semblables à celles dont on suppose qu'elles régnaient au tout début de la terre.

Comme on peut le déduire de leur capacité de produire du méthane par voie anaérobie, le métabolisme des méthanogènes est particulier. Ces procaryotes contiennent plusieurs cofacteurs particuliers : la tétrahydrométhanoptérine (H_4MPT), le méthanofurane (MFR), la coenzyme M (acide 2-mercaptoéthanesulfonique), la coenzyme F_{420} et la coenzyme F_{430} (**figure 20.11**). Les trois premiers de ces cofacteurs portent l'unité C1 lorsque CO_2 est réduit en CH_4. F_{420} transporte des électrons et des hydrogènes tandis que F_{430} est un tétrapyrrole à nickel servant de cofacteur à la méthylréductase de la méthyl-CoM. On pense que le méthane est synthétisé selon la voie donnée à la **figure 20.12**. Il apparaît ainsi que la syn-

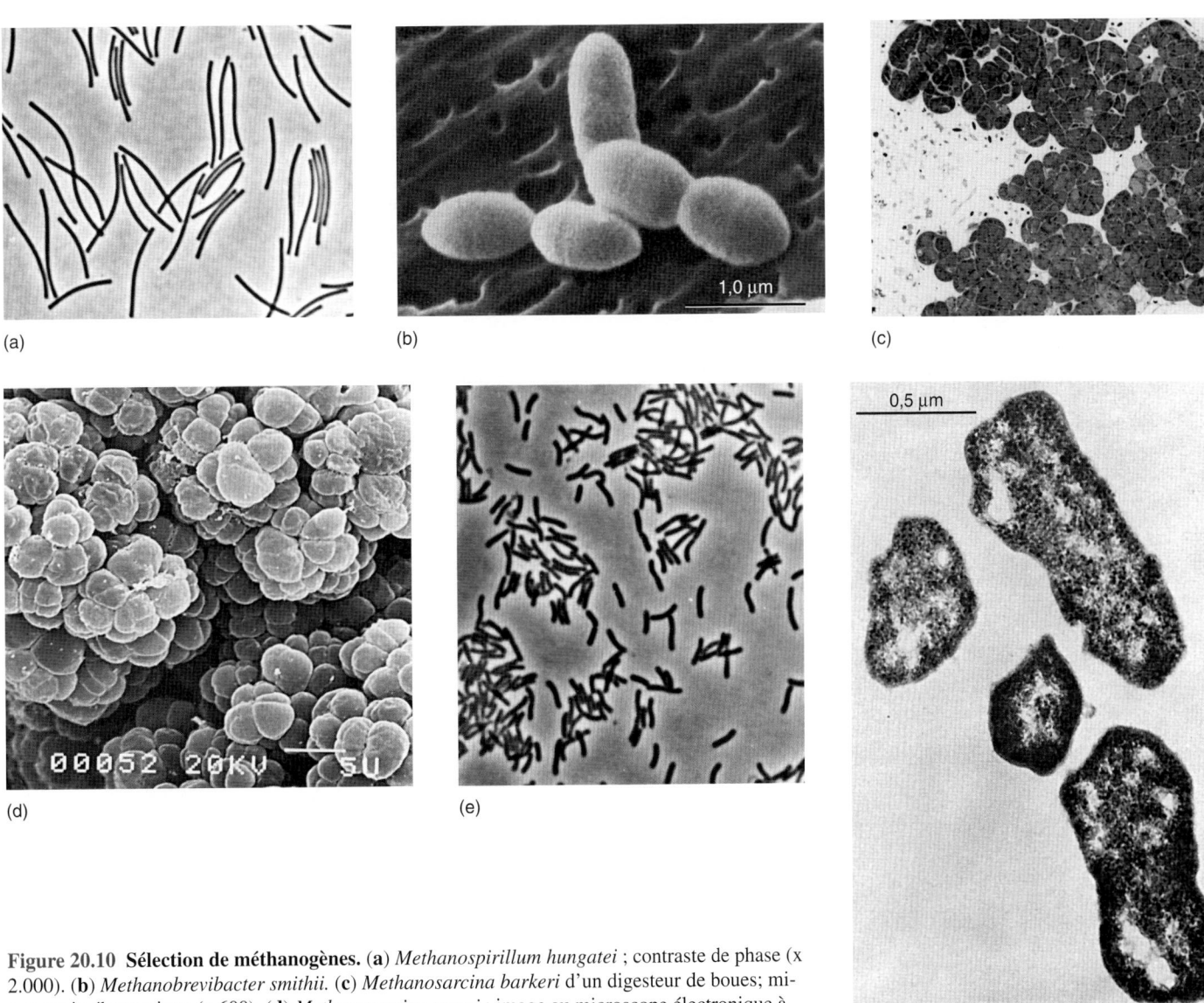

Figure 20.10 Sélection de méthanogènes. (a) *Methanospirillum hungatei* ; contraste de phase (x 2.000). **(b)** *Methanobrevibacter smithii.* **(c)** *Methanosarcina barkeri* d'un digesteur de boues; microscopie électronique (x 600). **(d)** *Methanosarcina mazei* ; image au microscope électronique à balayage. La barre = 5 μm. **(e)** *Methanobacterium bryantii* ; contraste de phase (x 2.000). **(f)** *Methanogenium marisnigri* ; image au microscope électronique à transmission (x 45.000).

Tableau 20.2   Sélection de caractéristiques des genres représentatifs de méthanogènes

Genre	Morphologie	GC (Moles %)	Composition de la paroi	Réaction de Gram	Mobilité	Substrats de la méthanogenèse
Ordre des *Methanobacteriales*						
Methanobacterium	Bâtonnets longs ou filaments	32–61	Pseudomuréine	+ à variable	–	$H_2 + CO_2$, formiate
Methanothermus	Bâtonnets droits ou légèrement incurvés	33	Pseudomuréine avec une couche S protéique externe	+	+	$H_2 + CO_2$
Ordre des *Methanococcales*						
Methanococcus	Coques irréguliers	29–34	Protéine	–	–	$H_2 + CO_2$, formiate
Ordre des *Methanomicrobiales*						
Methanomicrobium	Bâtonnets courts incurvés	45–49	Protéine	–	+	$H_2 + CO_2$, formiate
Methanogenium	Coques irréguliers	52–61	Protéine ou glycoprotéine	–	–	$H_2 + CO_2$, formiate
Methanospirillum	Bâtonnets incurvés ou spirilles	45–50	Protéine	–	+	$H_2 + CO_2$, formiate
Methanosarcina	Coques irréguliers, amas	36–43	Hétéropolysaccharide ou protéine	+ à variable	–	$H_2 + CO_2$, méthanol, méthylamines, acétate

(a) Méthanofurane (MFR)

Figure 20.11 Les coenzymes de méthanogènes. La partie de F_{420} (**d**) qui est réversiblement oxydée et réduite est en couleur. Le MFR (**a**), la H_4MPT (**b**) et la coenzyme M (**c**) transportent des unités à un carbone au cours de la méthanogenèse (MFR et MPT participent aussi à la synthèse de l'acétyl-CoA). Les endroits où les unités carbonées sont attachées sont en couleur. La H_4MPT transporte les unités carbonées sur les azotes 5 et 10 de la même façon que la coenzyme tétrahydrofolate. La coenzyme F_{430} (**e**) est une coenzyme de la méthyl-CoM méthyltransférase.

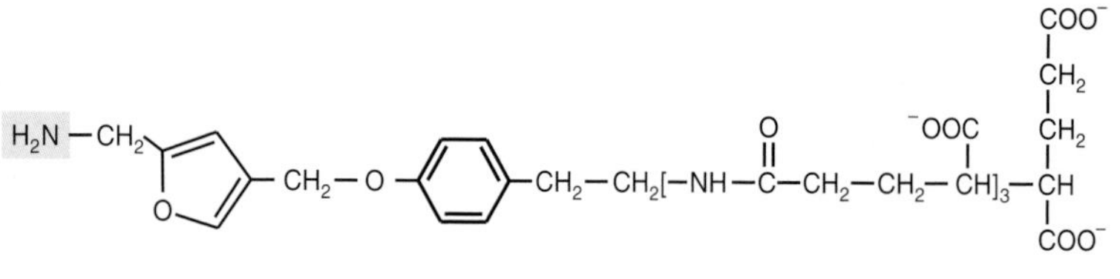

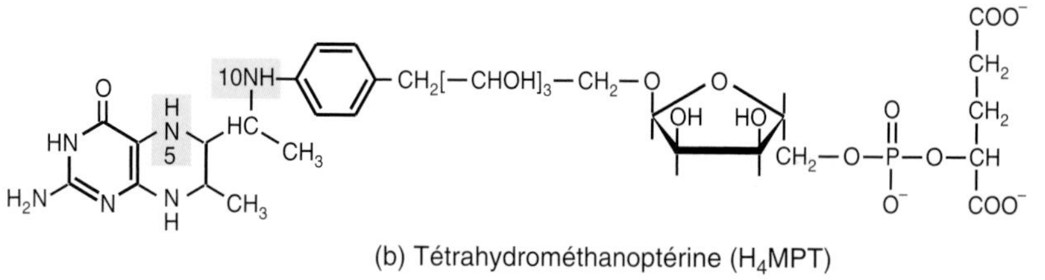

(b) Tétrahydrométhanoptérine (H_4MPT)

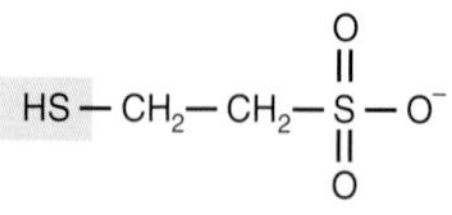

(c) Coenzyme M

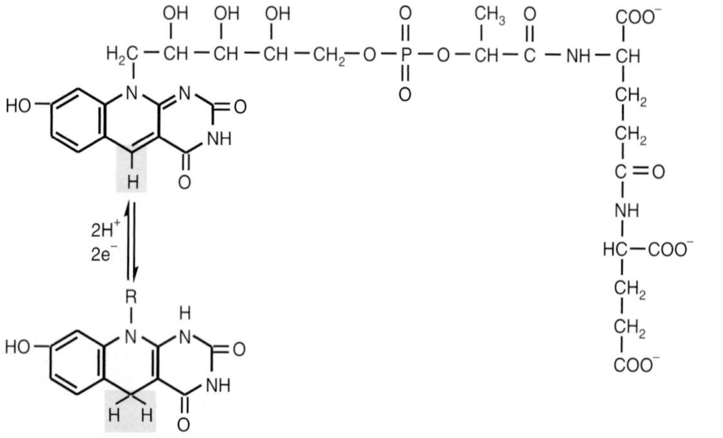

(d) Coenzyme F_{420}

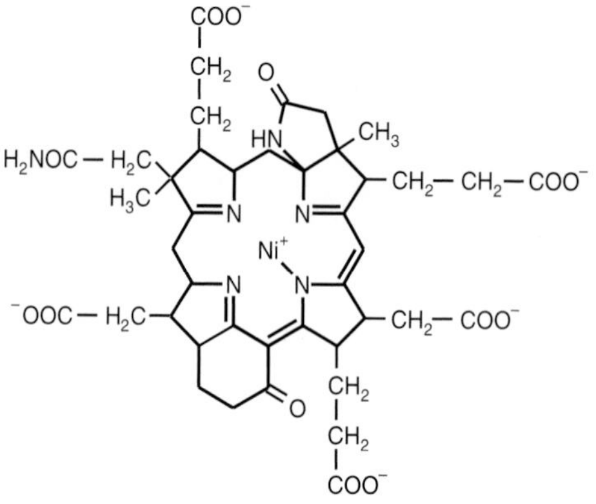

(e) Coenzyme F_{430}

thèse d'ATP est liée à la méthanogenèse par le transport d'électrons, une pompe à protons et un mécanisme chimiosmotique (*voir pp. 187-89*). Certains méthanogènes peuvent vivre de façon autotrophe en formant de l'acétyl-CoA à partir de deux molécules de CO_2 et en convertissant alors l'acétyl-CoA en pyruvate et en d'autres produits (figure 20.6).

Les méthanogènes prospèrent dans les environnements anaérobies riches en matières organiques : le rumen et l'intestin des animaux, les sédiments marins ou d'eaux douces, les marais et les marécages, les sources chaudes, les digesteurs de boues anaérobies et même à l'intérieur de protozoaires anaérobies. Les méthanogènes ont souvent une influence écologique. Le taux de production de méthane peut être si élevé que des bulles de méthane se forment à la surface d'un lac ou d'un étang. Les méthanogènes du rumen sont tellement actifs qu'une vache peut éructer de 200 à 400 litres de méthane par jour.

Les bactéries méthanogènes ont potentiellement une grande importance pratique car le méthane est un combustible propre et une excellente source d'énergie. Depuis de nombreuses années, des stations d'épuration des eaux usées ont utilisé le méthane qu'elles produisaient comme source d'énergie pour le chauffage et l'électricité

(*voir figure 29.28*). Les micro-organismes d'un digesteur anaérobie dégraderont des déchets particulaires, comme des boues d'épuration, en H_2, CO_2 et acétate. Les méthanogènes réducteurs de CO_2 forment CH_4 à partir de CO_2 et H_2 tandis que les méthanogènes acétoclastes clivent l'acétate en CO_2 et CH_4. A peu près deux tiers du méthane produit par un digesteur anaérobie provient de l'acétate. Un kilo de matière organique peut fournir jusqu'à 600 litres de méthane. Des recherches futures augmenteront probablement encore beaucoup l'efficacité de la production de méthane et fera de la méthanogenèse une source importante d'énergie non polluante.

La méthanogenèse peut aussi être un problème écologique (*voir section 30.6*). Le méthane absorbe les radiations infrarouges, c'est donc un gaz à effet de serre. Il est prouvé que les concentrations atmosphériques en méthane ont augmenté durant les 200 dernières années. La production de méthane pourrait augmenter de façon significative la température future du globe (*voir encadré 30.3*). Récemment, on a découvert que les méthanogènes oxydent Fe^0 et l'utilisent pour produire du méthane et de l'énergie. Ceci implique que la croissance de méthanogènes, près de tuyaux de fer ou d'autres objets ensevelis ou submergés, contribue de façon significative à la corrosion du fer.

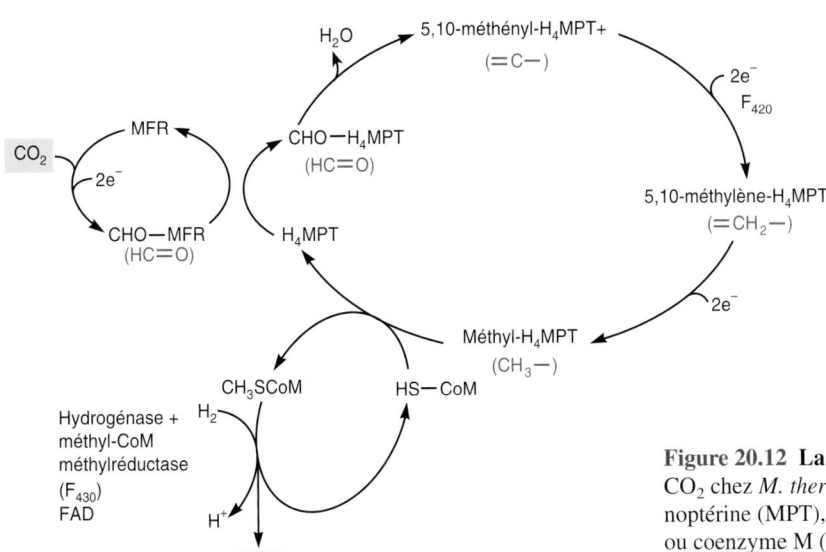

Figure 20.12 La synthèse du méthane. Voie de synthèse de CH_4 à partir de CO_2 chez *M. thermoautotrophicum*. Abréviations pour les cofacteurs : méthanoptérine (MPT), méthanofurane (MFR) et acide 2-mercaptoéthanesulfonique ou coenzyme M (CoM). La nature des intermédiaires carbonés conduisant du CO_2 au CH_4 sont indiqués entre parenthèses. Voir texte pour plus de détails.

Les halobactéries

Les **halophiles extrêmes** ou **halobactéries**, classe des *Halobacteria*, constituent un autre groupe majeur des archéobactéries, actuellement composé de 15 genres dans une seule famille, les *Halobacteriaceae* (**figure 20.13**). Il s'agit de chimiohétérotrophes aérobies à métabolisme respiratoire et exigeant des éléments nutritifs complexes, généralement des protéines et des acides aminés pour leur développement. Les espèces sont soit non mobiles, soit mobiles avec des flagelles lophotriches.

Le trait distinctif le plus marquant de cette famille est sa dépendance absolue envers une concentration élevée en NaCl. Ces procaryotes demandent au moins 1,5 M NaCl (environ 8 % p/v) et ont généralement un optimum de croissance aux environs de 3 à 4 M NaCl (17 à 23 %). Ils pourront croître à des concentrations salines approchant la saturation (environ 36 %). La paroi de *Halobacterium* est tellement dépendante de la présence de NaCl qu'elle se désintègre lorsque la concentration en NaCl descend sous 1,5M. Ainsi, les halobactéries ne se développeront que dans des habitats à haute salinité, tels les marais salants (*voir figure 28.33*a) et les lacs salés comme la Mer Morte entre Israël et la Jordanie et le Grand Lac Salé de l'Utah. Ils se développent aussi dans des produits alimentaires comme du poisson salé et les avarient. Les halobactéries ont souvent une pigmentation rouge à jaune à cause des caroténoïdes qu'elles utilisent probablement comme protection contre la lumière forte du soleil (*voir section 6.4*). Elles peuvent atteindre de tels niveaux de population que les lacs salés, les marais ou les saumures de poissons deviennent réellement rouges. L'effet des solutés sur la croissance des halophiles (p. 121-23).

Le membre le mieux étudié de la famille est probablement *Halobacterium salinarium* (*H. halobium*). Ce procaryote est particulier car il peut capter l'énergie lumineuse par photosynthèse en l'absence de chlorophylle. En présence de concentrations faibles en oxygène, certaines souches d'*Halobacterium* synthétisent une membrane cellulaire modifiée appelée la **membrane pourpre**, qui contient une protéine, la **bactériorhodopsine**. L'ATP est produit suivant un mode unique de photosynthèse sans la participation de bactériochlorophylle, ni de chlorophylle (**encadré 20.1**). *Halobacterium* possède en fait quatre rhodopsines, chacune de fonction différente. Comme déjà mentionné, la bactériorhodopsine assure un transfert de protons vers l'extérieur, qui sert à la synthèse d'ATP.

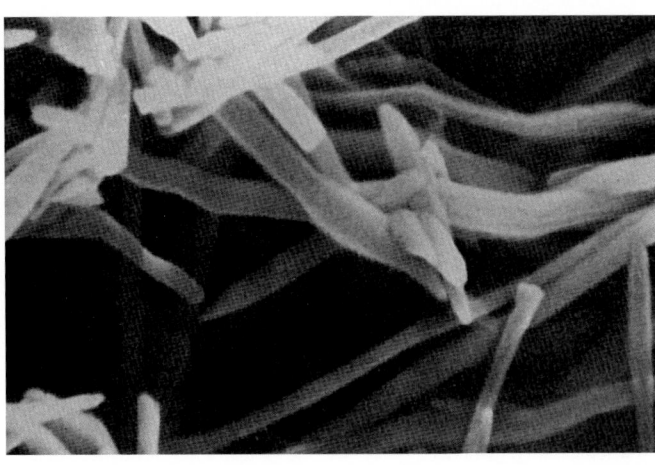

(a)

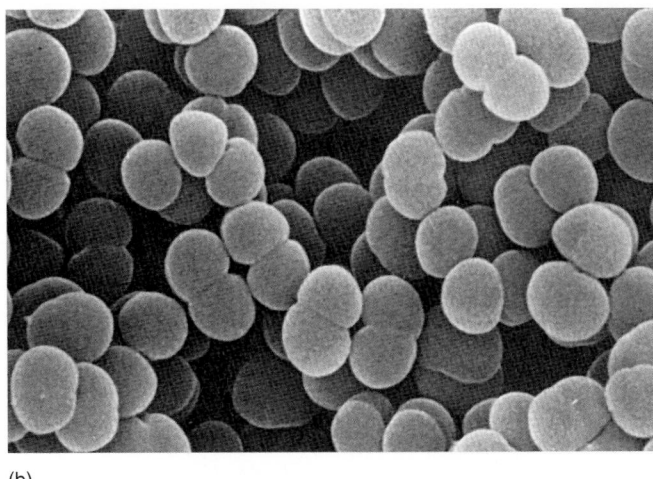

(b)

Figure 20.13 Exemples d'halobactéries. (**a**) *Halobacterium salinarium*. Une jeune culture contenant de longs bâtonnets. (**b**) *Halococcus morrhuae*, images au microscope électronique à balayage. La barre = 1 μm.

Encadré 20.1

La photosynthèse chez *Halobacterium salinarium*

La bactérie halophile *Halobacterium salinarium* (anciennement *H. halobium*) dépend normalement de la respiration pour sa production d'énergie. Cependant, lorsque la concentration en oxygène est faible et la lumière très intense, la bactérie synthétise un pigment pourpre sombre, appelé bactériorhodopsine. Celui-ci ressemble fortement au pigment sensoriel, la rhodopsine, des bâtonnets et des cônes des yeux de vertébrés. Le chromophore de la bactériorhodopsine est un dérivé de caroténoïde : le rétinal (l'aldéhyde de la vitamine A). Le rétinal est lié de manière covalente par une base de Schiff, au groupe aminé d'une lysine de la protéine du pigment. La protéine a sept hélices transmembranaires connectées sur chaque face par des boucles et le rétinal est au centre de la membrane. Les molécules individuelles de bactériorhodopsine s'agrègent dans la membrane pour former des zones cristallines : la membrane pourpre.

La bactériorhodopsine fonctionne comme une pompe à protons actionnée par la lumière. Lorsque le rétinal absorbe de la lumière, la double liaison entre les carbones 13 et 14 passe de la configuration *trans* à la configuration *cis* et la base de Schiff perd un proton. Les protons passent à travers la membrane plasmique dans l'espace périplasmique (*voir section 3.5*) pendant ces modifications et on pense que les changements de la base de Schiff sont directement impliqués dans ce mouvement (**figure de l'encadré**). La bactériorhodopsine subit plusieurs changements de conformation au cours de son photocycle. Ces changements conformationnels jouent aussi un rôle dans le transfert de protons. Le pompage de protons, activé par la lumière, gé-

nère un gradient de pH qui est utilisé pour la synthèse d'ATP par un mécanisme chimiosmotique (*voir section 9.5*).

Cette capacité de photosynthèse est particulièrement utile à *Halobacterium* car l'oxygène n'est pas très soluble dans des solutions concentrées de sel et peut décroître jusqu'à un taux extrêmement bas dans ces habitats. Quand l'environnement devient temporairement anaérobie, la bactérie utilise l'énergie lumineuse pour synthétiser suffisamment d'ATP pour rester en vie jusqu'à ce que le niveau d'oxygène remonte de nouveau. *Halobacterium* ne se développe pas de façon anaérobie car la synthèse continue du rétinal demande de l'oxygène, mais il peut survivre au stress d'une limitation temporaire d'oxygène grâce à la photosynthèse.

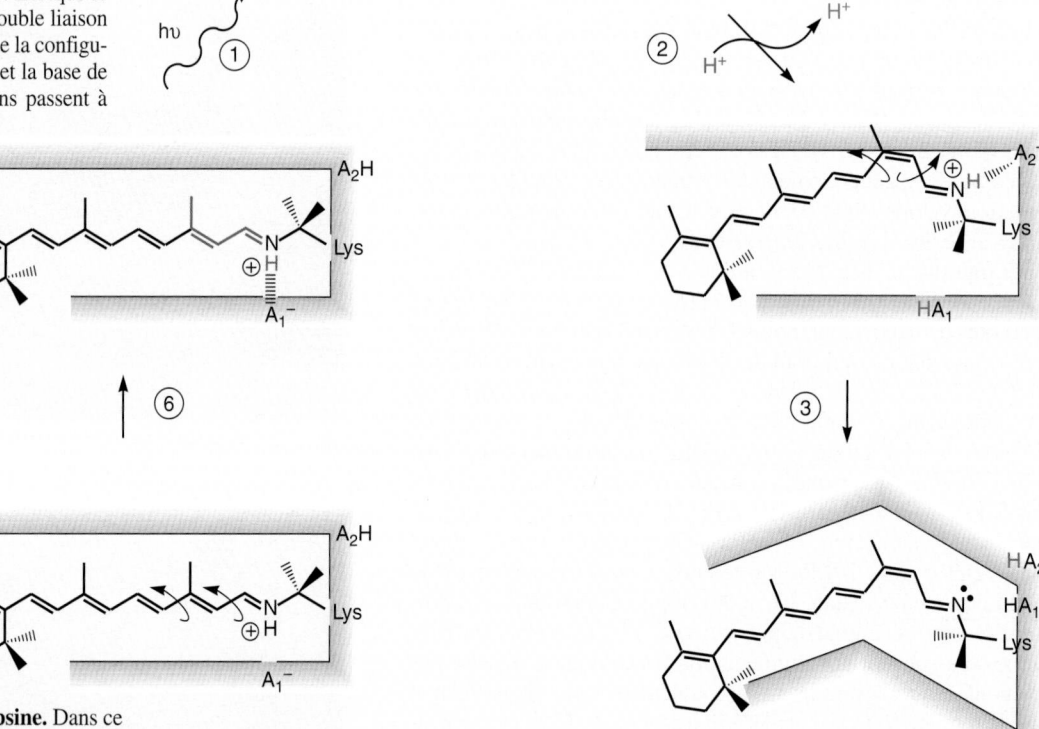

Photocycle de la bactériorhodopsine. Dans ce mécanisme hypothétique, le rétinal de la bactériorhodopsine est enfoui dans la membrane et il interagit avec deux acides aminés A1 et A2 (les aspartates 96 et 85) qui peuvent accepter et donner réversiblement des protons. A2 est connecté à l'extérieur de la cellule et A1 est plus proche de l'intérieur de la cellule. Les deux acides aminés seraient des résidus particuliers d'acide aspartique de la bactériorhodopsine. L'absorption de lumière par le rétinal dans l'**étape 1** entraîne une isomérisation du 13-*trans*-rétinal en 13-*cis*-rétinal. Le rétinal donne alors un proton à A2 au cours des **étapes 2 et 3** tandis que A1 prend un autre proton à l'intérieur et que A2 libère un proton à l'extérieur. Dans les **étapes 4 et 5**, le rétinal obtient un proton de A1 et s'isomérise en retour en la forme 13-*trans*. Le cycle est alors prêt à recommencer après l'**étape 6**.

La halorhodopsine utilise l'énergie lumineuse pour transporter des ions chlorure dans la cellule et maintenir une concentration intracellulaire en KCl de 4 à 5 M. Enfin, il y a deux rhodopsines qui agissent comme photorécepteurs, une pour la lumière rouge et l'autre pour la lumière bleue. Elles contrôlent l'activité flagellaire pour positionner l'organisme à la profondeur d'eau optimale. *Halobacterium* se déplace vers un niveau d'intensité lumineuse élevée, mais où la lumière ultraviolette n'est pas suffisamment forte pour être létale.

Les thermoplasmes

Les procaryotes de la classe des *Thermoplasmata* sont des thermoacidophiles dépourvus de paroi cellulaire. Actuellement, deux genres seulement, *Thermoplasma* et *Picrophilus*, sont connus. Ils sont suffisamment différents l'un de l'autre pour être placés dans des familles séparées, les *Thermoplasmataceae* et les *Picrophilaceae*.

Thermoplasma se développe dans des rejets de mines de charbon. Ces rejets contiennent de grandes quantités de pyrite (FeS), qui est oxydée en acide sulfurique par les bactéries chimiolithotrophes. En conséquence, ces déchets deviennent très chauds et acides. C'est un habitat idéal pour *Thermoplasma* puisque sa croissance est optimale entre 55 et 59°C et à un pH de 1 à 2. Bien que dépourvu de paroi, il possède une membrane plasmique renforcée par une grande quantité de tétraéthers de diglycérol, de lipopolysaccharides et de glycoprotéines. L'ADN de cet organisme est stabilisé par une association avec une protéine spéciale de type histone qui condense l'ADN en particules ressemblant aux nucléosomes eucaryotes. A 59°C, *Thermoplasma* a la forme d'un filament irrégulier tandis qu'il est sphérique à des températures plus basses (**figure 20.14**). Les cellules peuvent être flagellées et mobiles.

Picrophilus est encore plus inhabituel que *Thermoplasma*. Il a été isolé pour la première fois au Japon, dans des champs solfatariens de chaleur modérée. Bien que dépourvu d'une paroi cellulaire normale, *Picrophilus* possède une couche S, extérieure à sa membrane plasmique (*voir section 3.6*). Les cellules sont des coques de forme irrégulière, d'environ 1 à 1,5 μm de diamètre et présentent dans leur cytoplasme, de grandes cavités qui ne sont pas limitées par une membrane. *Picrophilus* est aérobie et croît entre 47 et 65°C, avec un optimum à 60°C. C'est dans ses exigences en pH qu'il est le plus remarquable. Cet organisme ne se développera qu'à des pH inférieurs à 3,5 et son optimum de croissance se situe à pH 0,7. En fait, il croît pratiquement à pH 0 !

Les thermophiles extrêmes métabolisant S⁰

Ce groupe physiologique correspond à la classe des *Thermococci*, qui compte un seul ordre, les *Thermococcales*. Les *Thermococcales* sont des anaérobies strictes et peuvent réduire le soufre en sulfure. Elles sont mobiles par flagelles et les températures optimales pour leur croissance vont de 88 à 100°C environ. L'ordre ne contient qu'une famille et deux genres, *Thermococcus* et *Pyrococcus*.

Les archéobactéries réductrices de sulfates

Les archéobactéries réductrices de sulfates se trouvent dans la classe des *Archaeoglobi* et l'ordre des *Archaeoglobales*. Cet ordre ne compte qu'une famille et un genre. *Archaeoglobus* contient des cellules coccoïdes irrégulières, Gram-négatives, dont les parois sont faites de sous-unités glycoprotéiques.

Il peut capter des électrons d'une variété de donneurs d'électrons (ex. : H_2, lactate, glucose) et réduire les sulfates, les sulfites ou les thiosulfates en sulfure. Le soufre élémentaire n'est pas utilisé comme accepteur. *Archeoglobus* est extrêmement thermophile

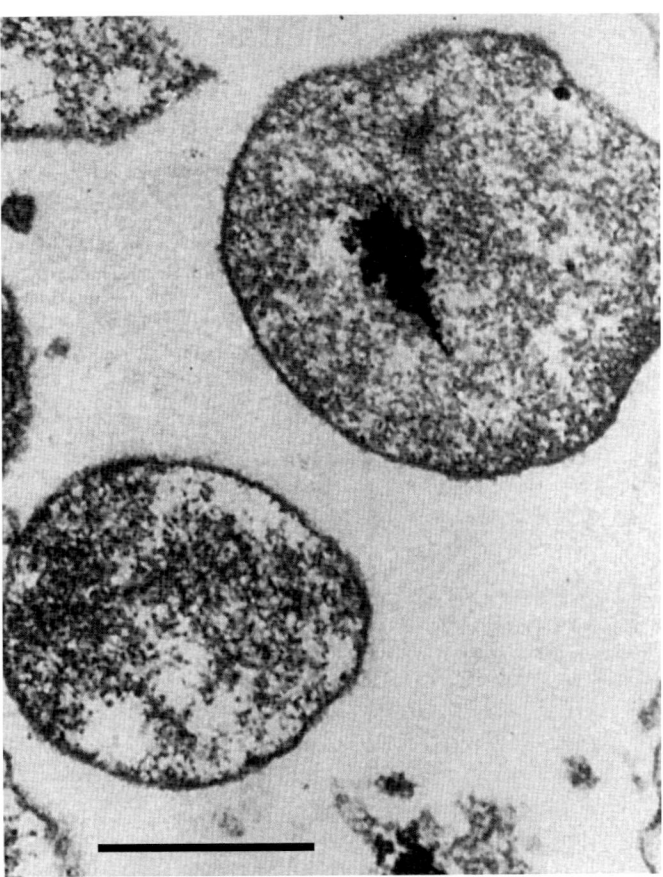

Figure 20.14   *Thermoplasma*. Image au microscope électronique à transmission. La barre = 0,5 μm.

(son optimum est d'environ 83°C) et est isolé de fontaines hydrothermales marines. Au contraire d'autres archéobactéries, ce n'est pas seulement la capacité de réduire le sulfate, qui rend cet organisme particulier, mais il possède aussi les coenzymes des méthanogènes comme F_{420} et la méthanoptérine.

---

1. Que sont les thermoacidophiles et où se développent-ils ? Comment utilisent-ils le soufre dans leur métabolisme ? Décrivez brièvement *Sulfolobus* et *Thermoproteus*.

2. Caractérisez d'une façon générale les archéobactéries méthanogènes et distinguez-les des autres groupes.

3. Décrivez brièvement comment les méthanogènes produisent le méthane et les rôles de leurs cofacteurs particuliers dans ce processus.

4. Où trouve-t-on des méthanogènes ? Discutez leur importance écologique et pratique.

5. Où trouve-t-on les halophiles extrêmes et qu'ont de particulier leur paroi cellulaire et les conditions nécessaires à leur croissance ?

6. Décrivez brièvement comment *Halobacterium* réalise une photosynthèse. Qu'est-ce que la membrane pourpre et quel pigment contient-elle ?

7. Comment *Thermoplasma* est-il capable de vivre dans des déchets de charbons acides et très chauds alors qu'il est dépourvu de paroi ? Comment est stabilisé son ADN ? Qu'y a-t-il de si remarquable chez *Picrophilus* ?

8. Caractérisez *Archaeoglobus*. En quoi est-il semblable aux méthanogènes et en quoi diffère-t-il des autres thermophiles extrêmes ?

Résumé

1. Les organismes sont divisés en trois groupes principaux : les *Archaea*, *Bacteria* et *Eucarya*

2. Les *Archaea* sont extrêmement diverses, tant par leur morphologie que par leur reproduction, leur physiologie et leur écologie. Elles se développent dans des habitats anaérobies hypersalins et à température élevée.

3. Les parois des archéobactéries ne contiennent pas de peptidoglycane et diffèrent des parois bactériennes par leur structure. Elles peuvent être composées de pseudomuréine, de polysaccharides, de glycoprotéines ou d'autres protéines (**figure 20.3**).

4. Les lipides membranaires diffèrent de ceux des autres organismes car ils contiennent des chaînes hydrocarbonées ramifiées connectées au glycérol par des liaisons éther. Les lipides des bactéries et des eucaryotes ont du glycérol lié à des acides gras par des liaisons ester.

5. Les archéobactéries se distinguent des bactéries et des eucaryotes par leur ARNt, leurs ribosomes, leurs facteurs d'élongation, leurs ARN polymérases et d'autres constituants.

6. Bien qu'une grande partie du métabolisme archéobactérien paraisse semblable à celui d'autres organismes, il diffère en ce qui concerne le catabolisme du glucose, les voies de fixation du CO_2 et la propriété de certaines archéobactéries de synthétiser du méthane.

7. Les archéobactéries sont divisées en cinq groupes : bactéries méthanogènes, réductrices de sulfates, halophiles extrêmes, archéobactéries sans paroi et thermophiles extrêmes métabolisant S^0 (**tableau 20.1**).

8. La seconde édition du Bergey divise les *Archaea* en deux phylum, les *Crenarchaeota* et les *Euryarchaeota*, comprenant chacun plusieurs ordres (**figure 19.14**).

9. Les thermophiles extrêmes métabolisant S^0 (phylum des *Crenarchaeota*) dépendent du soufre pour leur croissance et sont fréquemment acidophiles. Le soufre peut être utilisé comme un accepteur d'électrons dans la respiration anaérobie ou comme un donneur d'électrons par les lithotrophes. Ce sont presque toujours des anaérobies stricts. Ils se développent dans des sols et de l'eau chauffée géothermiquement qui sont riches en soufre.

10. Le phylum des *Euryarchaeota* comprend cinq groupes principaux : les méthanogènes, les halobactéries, les thermoplasmes, les thermophiles extrêmes métabolisant S^0 et les archéobactéries réductrices de sulfates.

11. Les archéobactéries méthanogènes sont des anaérobies stricts qui ne peuvent obtenir l'énergie que par la synthèse de méthane. Elles possèdent plusieurs cofacteurs inhabituels impliqués dans la méthanogenèse.

12. Les halophiles extrêmes ou halobactéries sont des chimiohétérotrophes aérobies qui demandent au moins 1,5 M en NaCl pour croître. On les trouve dans des habitats tels que les marais salants, les lacs salés et le poisson salé.

13. *Halobacterium salinarium* est capable de réaliser une photosynthèse sans chlorophylle, ni bactériochlorophylle en utilisant la bactériorhodopsine dans laquelle le rétinal fait office de pompe à protons.

14. L'archéobactérie thermophile *Thermoplasma* se développe dans des déchets de charbon acides et chauds, il survit malgré le manque de paroi cellulaire. Un autre thermoplasme, *Picrophilus*, peut croître à pH 0.

15. La classe des *Thermococci* renferme des organismes extrêmement thermophiles qui peuvent réduire le soufre en sulfure.

16. Les archéobactéries réductrices de sulfates sont placées dans la classe des *Archaeoglobi*.

17. Le thermophile extrême *Archaeoglobus* diffère des autres archéobactéries, car il utilise toute une variété de donneurs d'électrons pour réduire le sulfate. Il possède aussi les cofacteurs de méthanogènes F_{420} et la métha-noptérine.

Mots-clés

Archaea *451*

bactériorhodopsine *461*

halophile extrême *461*

halobactérie *461*

méthanogène *458*

pseudomuréine *452*

membrane pourpre *461*

thermoacidophile *457*

Questions de révision

1. En quoi les propriétés inhabituelles des halophiles et thermophiles extrêmes reflètent-elles les habitats dans lesquels ils se développent?

2. Pourquoi a-t-on classé *Thermoplasma* comme une archéobactérie plutôt que comme un mycoplasme ?

3. Quelles sont les adaptations nécessaires pour que les archéobactéries thermophiles extrêmes puissent croître à 100°C?

4. Pensez-vous que les archéobactéries doivent être séparées des bactéries bien que les deux groupes soient des procaryotes ? Donnez vos raisons et preuves.

5. Supposez que vous désiriez isoler des bactéries d'une source chaude du parc de Yellowstone. Comment feriez-vous ?

Questions de réflexion

1. Expliquez pourquoi la fixation de CO_2 par *Thermoproteus* et peut-être par *Sulfolobus*, via une inversion réductrice du cycle des acides tricarboxyliques, n'est pas de la photosynthèse.

2. Souvent, lorsque la température augmente, de nombreux procaryotes changent de forme, passant du bâtonnet allongé à la sphère. Suggérez une raison de ce changement.

3. Pourquoi les liaisons éther seraient-elles plus stables dans les lipides membranaires ? Comment la présence de liaisons tétraéther stabiliserait-elle la membrane d'un thermophile ?

Lectures complémentaires

20.1 Introduction aux *Archaea*

Balows, A.; Truper, H. G.; Dworkin, M.; Harder, W.; et Schleifer, K.-H. 1992. *The prokaryotes,* 2d ed. New York: Springer-Verlag.

Bell, S. D., and Jackson, S. P. 1998. Transcription et translation in Archaea: A mosaic of eukaryal and bacterial features. *Trends Microbiol.* 6(6):222–28.

Bernander, R. 2000. Chromosome replication, nucleoid segregation and cell division in Archaea. *Trends Microbiol.* 8(6):278–83.

Charlebois, R. L. 1999. *Archaea:* Whose sister lineage? In *Organization of the prokaryotic genome,* R. L. Charlebois, editor, 63–76. Washington, D.C.: ASM Press.

Cramer, W. A., et Knaff, D. B. 1991. *Energy transduction in biological membranes.* New York: Springer-Verlag.

Danson, M. J. 1988. Archaebacteria: The comparative enzymology of their central metabolic pathways. In *Advances in microbial physiology,* A. H. Rose and D. W. Tempest, éd., 165–231. New York: Academic press.

Danson, M. J., et Hough, D. W. 1998. Structure, function and stability of enzymes from the Archaea. *Trends Microbiol.* 6(8):307–14.

Edgell, D., et Doolittle, W. F. 1997. Archaea and the origin(s) of DNA replication proteins. *Cell* 89(7):995–98.

Fuhrman, J. A., et Davis, A. A. 1997. Widespread archaea and novel bacteria from the deep sea as shown by 16S rRNA gene sequences. *Mar. Ecol. Prog. Ser.* 150:275–85.

Garrity, G. M., editor-in-chief. 2001. *Bergey's manual of systematic bacteriology,* 2d. ed., vol. 1, D. R. Boone and R. W. Castenholz, editors. New York: Springer-Verlag.

Kandler, O., and Zillig, W., éd.. 1986. *Archaebacteria '85.* New York: Gustav Fischer Verlag.

Kates, M.; Kushner, D. J.; and Matheson, A. T. 1993. *The biochemistry of Archaea* (Archaebacteria). New York: Elsevier.

Macario, A. J. L.; Lange, M.; Ahring, B. K.; et De Macario, E. C. 1999. Stress genes and proteins in the Archaea. *Micro. Mol. Biol. Rev.* 63(4):923–67.

Olsen, G. J., et Woese, C. R. 1997. Archaeal genomics: An overview. *Cell* 89(7):991–94.

Reeve, J. N.; Sandman, K.; et Daniels, C. J. 1997. Archaeal histones, nucleosomes, and transcription initiation. *Cell* 89(7):999–1002.

Schäfer, G.; Engelhard, M.; et Müller, V. 1999. Bioenergetics of the Archaea. *Micro. Mol. Biol. Rev.* 63(3):570–620.

Schlegel, H. G., et Bowien, B. 1989. *Autotrophic bacteria.* Madison, Wis.: Science Tech Publishers.

Sowers, K. R., et Schreier, H. J. 1999. Gene transfer systems for the Archaea. *Trends Microbiol.* 7(5):212–19.

Vetriani, C., et Reysenbach, A.-L. 2000. *Archaea.* In *Encyclopedia of microbiology,* 2e éd., vol. 1, J. Lederberg, éd., 319–31. San Diego: Academic Press.

Woese, C. R. 1981. Les archéobactéries. *Pour la Science,* 46, 56-69

Woese, C. R., and Wolfe, R. S., editors. 1985. *Archaebacteria.* Volume VIII of *The bacteria: A treatise on structure and function.* New York: Academic Press.

Woese, C. R.; Kandler, O.; et Wheelis, M. L. 1990. Toward a natural system of organisms: Proposal for the domains Archaea, Bacteria, and Eucarya. *Proc. Nat. Acad. Sci.* 87:4576–79.

Wood, H. G.; Radsdale, S. W.; et Pezacka, E. 1986. The acetyl-CoA pathway: A newly discovered pathway of autotrophic growth. *Trends Biochem. Sci.* 11(1):14–17.

Zillig, W.; Palm, P.; Reiter, W.-D.; Gropp, F.; Pühler, G.; et Klenk, H.-P. 1988. Comparative evaluation of gene expression in archaebacteria. *Eur. J. Biochem.* 173:473–82.

20.2 Le phylum des *Crenarchaeota*

Burggraf, S.; Huber, H.; et Stetter, K. O. 1997. Reclassification of the crenarchaeal orders and families in accordance with 16S rRNA sequence data. *Int. J. Syst. Bacteriol.* 47(3):657–60.

Pley, U.; Schipka, J.; Gambacorta, A.; Jannasch, H. W.; Fricke, H.; Rachel, R.; et Stetter, K. O. 1991. *Pyrodictium abyssi* sp. nov. represents a novel heterotrophic marine archaeal hyperthermophile growing at 110°C. *System. Appl. Microbiol.* 14:245–53.

20.3 Le phylum des *Euryarchaeota*

Balch, W. E.; Fox, G. E.; Magrum, L. J.; Woese, C. R.; et Wolfe, R. S. 1979. Methanogens: Reevaluation of a unique biological group. *Microbiol. Rev.* 43:260–96.

Birge, R. R. 1990. Nature of the primary photochemical events in rhodopsin and bacteriorhodopsin. *Biochem. Biophys. Acta* 1016:293–327.

Bult, C. J., et al. 1996. Complete genome sequence of the methanogenic archaeon, *Methanococcus jannaschii. Science* 273:1058–1107.

DiMarco, A. A.; Bobik, T. A.; et Wolfe, R. S. 1990. Unusual coenzymes of methanogenesis. *Ann. Rev. Biochem.* 59:355–94.

Jones, W. J.; Nagle, D. P., Jr.; et Whitman, W. B. 1987. Methanogens and the diversity of archaebacteria. *Microbial. Rev.* 51:135–77.

Luecke, H.; Schobert, B.; Richter, H.-T.; Cartailler, J.-P.; et Lanyi, J. K. 1999. Structural changes in bacteriorhodopsin during ion transport at 2 angstrom resolution. *Science* 286:255–60.

Norton, C. F. 1992. Rediscovering the ecology of halobacteria. *ASM News* 58(7):363–67.

Oesterhelt, D., et Tittor, J. 1989. Two pumps, one principle: Light-driven ion transport in halobacteria. *Trends Biochem. Sci.* 14:57–61.

Oren, A. 1999. Bioenergetic aspects of halophilism. *Micro. Mol. Biol. Rev.* 63(2):334–48.

Schleper, C.; Puehler, G.; Holz, I.; Gambacorta, A.; Janekovic, D.; Santarius, U.; Klenk, H.-P.; et Zillig, W. 1995. *Picrophilus* gen. nov., fam. nov.: A novel aerobic, heterotrophic, thermoacidophilic genus and family comprising archaea capable of growth around pH 0. *J. Bacteriol.* 177(24):7050–59.

Spudich, J. L. 1993. Color sensing in the *Archaea:* a eukaryotic-like receptor coupled to a procaryotic transducer. *J. Bacteriol.* 175(24):7755–61.

Stoeckenius, W. 1976. The purple membrane of salt-loving bacteria. *Sci. Am.* 234(6):38–46.

Zinder, S. H. 1984. Microbiology of anaerobic conversion of organic wastes to methane: Recent developments. *ASM News* 50(7):294–98.

CHAPITRE 21

Les bactéries :
Les deinocoques et les bactéries Gram-négatives autres que les protéobactéries

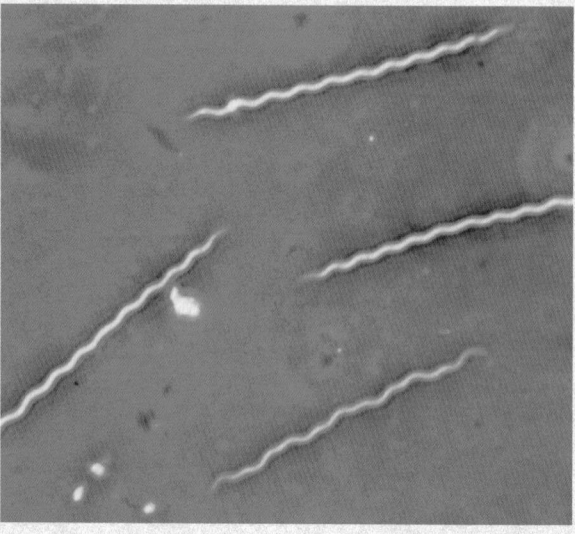

Les spirochètes se distinguent par leur structure et leur mode de locomotion. *Treponema pallidum*, montré ici, provoque la syphilis.

Plan

Concepts

1. La première édition du Bergey adopte une approche essentiellement phénétique de la classification et apparente les bactéries sur base de leur similitude globale. La seconde édition classe les bactéries selon leur parenté phylogénique, en insistant sur les comparaisons des séquences d'ARNr 16S.

2. Certains groupes bactériens, comme ceux représentés par les hyperthermophiles *Aquifex* et *Thermotoga*, occupent des branches très anciennes et sont très vieux, d'autres bactéries sont apparues plus récemment.

3. A cause de cette insistance sur la relation phylogénique, la seconde édition du Bergey a considérablement réarrangé les groupes bactériens et les catégories taxinomiques. Par exemple, la seconde édition place les deinocoques Gram-positifs dans le volume 1, qui par ailleurs contient des bactéries Gram-négatives. Des bactéries comme les rickettsies et les chlamydies sont mises dans des sections différentes, malgré la similitude de leur modes de vie. Les thermotogae et beaucoup d'autres groupes entièrement nouveaux ont été ajoutés.

Concepts

4. Bien que la plupart des bactéries photosynthétiques soient dans le volume 1 de la seconde édition, les bactéries pourpres ont été placées avec les protéobactéries dans le volume 2. Les cyanobactéries sont séparées des autres bactéries photosynthétiques parce qu'elles ressemblent aux eucaryotes phototrophes : elles possèdent un photosystème II et pratiquent la photosynthèse oxygénique. Leurs séquences d'ARNr aussi indiquent qu'elles diffèrent des autres bactéries photosynthétiques.

5. Des bactéries comme les chlamydies, qui sont des parasites intracellulaires obligatoires, ont renoncé à une partie de leur indépendance métabolique en perdant des voies métaboliques. Elles utilisent l'énergie fournie par leur hôte et/ou par les constituants cellulaires.

6. La mobilité par glissement est largement répandue parmi les bactéries, elle est très utile aux organismes qui digèrent des aliments insolubles ou se déplacent à la surface de substrats solides.

> *Il y a de vastes régions du paysage bactériologique dont jusqu'à présent, nous n'avons aperçu que certains des pics les plus hauts ; une belle zone montagneuse est encore cachée par les nuages et les brumes matinales de l'ignorance. L'or est toujours sur le sol, mais nous devons nous baisser pour le ramasser.*
>
> —Préface à « The Prokaryotes »

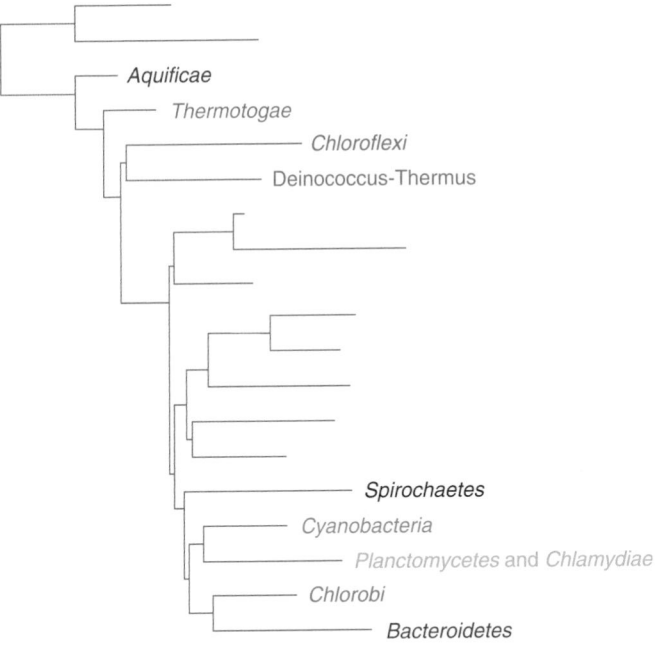

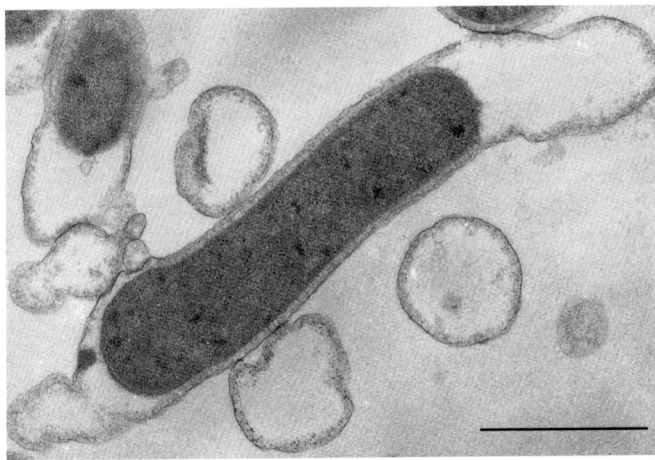

Figure 21.1 *Thermotoga maritima.* Notez le manchon lâche qui s'étend au-delà des extrémités de la cellule. La barre = 1 μm.

Le chapitre 20 a étudié les *Archaea* qui font partie du volume 1 de la seconde édition du Bergey. Les volumes 1 et 5 du nouveau Bergey décriront aussi une grande variété de groupes de procaryotes qui appartiennent au second domaine : les *Bacteria*. Le chapitre 21 est consacré à 10 des plus intéressants et importants phylums bactériens, tirés des volumes 1 et 5. Leurs situations phylogéniques sont données dans le dendrogramme en haut de cette page. Dans la plupart des cas, nous suivrons l'organisation générale et la perspective de la seconde édition du Bergey.

Bien qu'il y ait quelques variations dans le traitement des divers groupes bactériens, on essaie habituellement de fournir une courte revue de la biologie de chaque groupe. Des aspects tels que les caractéristiques distinctives : morphologie, reproduction, physiologie, métabolisme et écologie sont envisagés. La taxinomie de chacun des groupes principaux est résumé et les espèces représentatives sont étudiées. Cette approche devrait aider à appréhender les bactéries en tant qu'êtres vivants, plutôt que simplement en tant que vecteurs de maladie, de peu d'intérêt, ni d'importance dans d'autres contextes.

21.1 *Aquificae* et *Thermotogae*

Le phylum des *Aquificae*, dont on pense qu'il représente la plus ancienne branche des bactéries, contient une classe, un ordre et cinq genres. Les deux genres les mieux étudiés sont *Aquifex* et *Hydrogenobacter*. *Aquifex pyrophilus* est un bâtonnet microaérophile, Gram-négatif. C'est un hyperthermophile, son optimum de température est de 85°C et son maximum de 95°C. *Aquifex* est un autotrophe et produit son énergie en oxydant des donneurs tels que l'hydrogène, le thiosulfate et le soufre, avec l'oxygène comme ac-

cepteur. Parce qu'*Aquifex* et *Hydrogenobacter* sont tous deux des chimiolithoautotrophes thermophiles, on a suggéré que l'ancêtre des bactéries était probablement thermophile et chimiolithoautotrophe.

La seconde branche en ancienneté est le phylum des *Thermotogae*, qui compte lui aussi une classe, un ordre et cinq genres. Les membres du genre *Thermotoga* [du grec *therme*, chaleur, et du latin *toga*, vêtement] sont hyperthermophiles, comme *Aquifex*. Leur optimum de température est de 80°C et leur maximum de 90°C. Ce sont des bâtonnets Gram-négatifs, dotés d'une enveloppe extérieure semblable à un manchon (comme une toge) qui peut s'étendre ou ballonner au-delà des extrémités de la cellule (**figure 21.1**). Ils croissent dans des zones géothermiques actives, aussi bien dans des systèmes géothermiques marins que dans des sources solfatariennes terrestres. Au contraire d'*Aquifex*, *Thermotoga* est un chimiohétérotrophe avec une voie glycolytique fonctionnelle et peut se développer en anaérobiose sur des glucides et des hydrolysats de protéines.

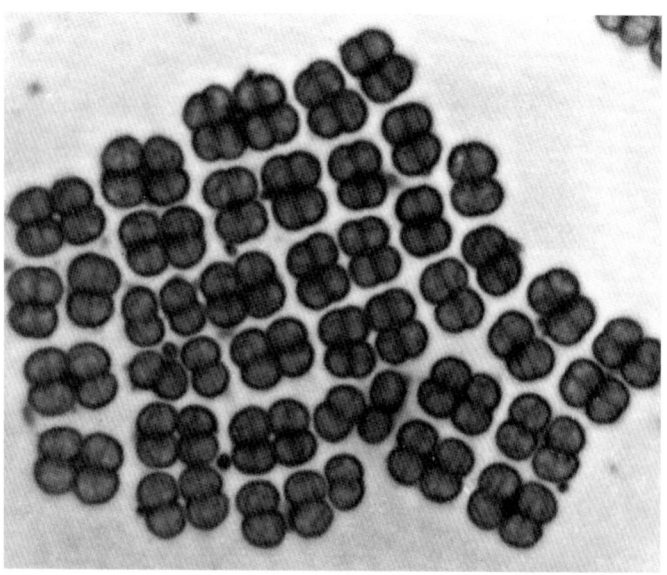

Figure 21.2 Les deinocoques. Microcolonie de *Deinococcus radiodurans* montrant les coques disposés en tétrades (diamètre cellulaire moyen : 2,5 µm).

Les génomes d'*Aquifex aeolicus* et de *Thermotoga maritima* ont été séquencés. La taille du génome d'*Aquifex* vaut environ le tiers de celle du génome d'*E. coli*, mais on y trouve quand même les gènes nécessaires à la chimiolithoautotrophie. La petitesse du génome semble réduire sa flexibilité métabolique ; cet organisme ne croîtra pas sur les substrats organiques ordinaires, comme les sucres et les acides aminés. Le génome de *Thermotoga* est un peu plus grand et possède les gènes pour la dégradation des sucres, ainsi que nous l'avons dit. Environ 24% de sa séquence sont similaires aux gènes archéobactériens, c'est une proportion plus grande que chez les autres bactéries, y compris *Aquifex* (16%) et ce pourrait être expliqué par du transfert génétique horizontal (*voir pp. 352-53*).

21.2 Deinococcus-Thermus

Le phylum de Deinococcus-Thermus contient la classe des *Deinococci* et les ordres de *Deinococcales* et des *Thermales*. Il n'y a que trois genres dans le phylum ; le genre *Deinococcus* est le mieux étudié. Les deinocoques sont sphériques ou en forme de bâtonnet et ont un ARNr 16S nettement différent. On les trouve souvent associés en paires ou en tétrades (**figure 21.2**) ; ils sont aérobies, mésophiles et catalase-positifs. Habituellement, ils ne peuvent produire de l'acide qu'à partir de quelques sucres seulement. Bien qu'ils prennent la coloration Gram-positive, les deinocoques ont une paroi cellulaire à plus d'une couche et possèdent une membrane externe comme les bactéries Gram-négatives. Ils diffèrent aussi des coques Gram-positifs par le manque d'acides teichoïques, la présence de L-ornithine dans leur peptidoglycane et d'une membrane plasmique contenant de grandes quantités d'acide palmitoléique au lieu de phospholipides dérivés du phosphatidylglycérol. Presque toutes les souches sont extraordinairement résistantes à la dessiccation et à l'irradiation ; elles peuvent survivre à une dose aussi élevée que 3 à 5 millions de rad (une exposition à 100 rad peut être létale pour l'homme).

Il reste beaucoup à découvrir sur la biologie de ces bactéries. Les deinocoques peuvent être isolés de viande hachée, de fèces, de l'air, de l'eau douce et d'autres sources, mais leur habitat naturel est encore inconnu. Des recherches récentes indiquent que leur grande résistance à la dessiccation et à l'irradiation pourrait résulter de leur capacité à réparer des chromosomes sévèrement endommagés. Le génome consiste en deux chromosomes circulaires, un mégaplasmide et un petit plasmide. Si les bactéries sont exposées à suffisamment de radiations, leurs chromosomes sont brisés en de nombreux fragments. En l'espace de 12 à 24 heures, elles réassemblent les fragments. Raison majeure de cette capacité à réparer l'ADN : la possession d'une protéine RecA d'une efficacité inhabituelle (*voir p. 255*). On pense cependant que la structure du chromosome doit aussi être différente pour permettre cette survie à la fragmentation. Récemment, le génome de *D. radiodurans* a été séquencé (*voir p. 351*). Les résultats montrent que la bactérie possède toute une gamme de mécanismes de réparation de l'ADN et de multiples séquences répétées.

21.3 Les bactéries photosynthétiques

Il existe trois groupes de procaryotes photosynthétiques : les bactéries pourpres, les bactéries vertes et les cyanobactéries (**tableau 21.1**). Les cyanobactéries diffèrent de façon fondamentale des bactéries photosynthétiques vertes et pourpres, elles ont en effet une **photosynthèse oxygénique**. Elles utilisent l'eau comme donneur d'électrons et produisent de l'oxygène au cours de la photosynthèse. Au contraire, les bactéries pourpres et vertes ont une **photosynthèse anoxygénique**. Comme elles sont incapables d'utiliser l'eau comme source d'électrons, elles emploient pour la formation de NADH et NADPH, des molécules réduites, telles le sulfure d'hydrogène, le soufre, l'hydrogène ou une matière organique. En conséquence, les bactéries pourpres et vertes ne produisent pas d'oxygène et forment souvent des grains de soufre. Les bactéries sulfureuses pourpres accumulent les granules à l'intérieur des cellules, tandis que les bactéries sulfureuses vertes font des dépôts de granules de soufre externes. Les bactéries pourpres non sulfureuses utilisent aussi des molécules organiques comme source d'électrons. Il y a également des différences dans les pigments photosynthétiques, l'organisation des membranes photosynthétiques, les besoins nutritionnels et les relations avec l'oxygène. Le mécanisme de la photosynthèse bactérienne (pp.195–201)

La connexion entre les pigments photosynthétiques, le comportement vis-à-vis de l'oxygène et la distribution écologique devraient ici être notés. Comme l'indique le tableau 21.1, les bactéries pourpres et vertes diffèrent des cyanobactéries parce qu'elles ont des bactériochlorophylles plutôt que de la chlorophylle *a* (*voir figure 9.26*). Ceci s'avère très utile, à cause des spectres d'absorption distincts des bactériochlorophylles et des pigments accessoires. Normalement, les bactéries vertes et pourpres sont anaérobies et utilisent H_2S et d'autres donneurs d'électrons réduits pour leur photosynthèse (tableau 21.1). Parce que ces bactéries croissent mieux dans les zones anaérobies très profondes des habitats aquatiques, elles ne peuvent effectivement pas utiliser les régions du spectre visible, normalement employées par les organismes photosynthétiques. Il y a souvent, à la surface des lacs et des mares, une couche dense de cyanobactéries et d'algues qui absorbent une grande quantité de lumière bleue et rouge. Les bactériochloro-

Tableau 21.1 **Caractéristiques des groupes principaux de procaryotes photosynthétiques**

Caractéristique	Bactéries photosynthétiques anoxygéniques				Bactéries photosynthétiques oxygéniques
	Vertes sulfureuses[a]	Vertes non sulfureuses[b]	Pourpres sulfureuses	Pourpres non sulfureuses	Cyanobactéries
Principaux pigments photosynthétiques	Bactériochlorophylles *a* plus *c, d* ou *e* (le pigment principal)	Bactériochlorophylles *a* et *c*	Bactériochlorophylle *a* ou *b*	Bactériochlorophylle *a* ou *b*	Chlorophylle *a* plus phycobiliprotéines
Morphologie des membranes photosynthétiques	Système photosynthétique en partie dans des chlorosomes indépendants de la membrane plasmique	Présence de chlorosomes lors d'une croissance anaérobie	Système photosynthétique contenu dans des complexes membranaires sphériques ou lamellaires, en continuité avec la membrane plasmique	Système photosynthétique contenu dans des complexes membranaires sphériques ou lamellaires, en continuité avec la membrane plasmique	Membranes bordées par des phycobilisomes
Donneurs d'électrons photosynthétiques	H_2, H_2S, S	Donneurs photohétérotrophes — variété de sucres, d'acides aminés et d'acides organiques; donneurs photoautotrophes — H_2S, H_2	H_2, H_2S, S	Généralement molécules organiques; parfois composés soufrés réduits ou H_2	H_2O
Dépôt de soufre	À l'extérieur de la cellule		À l'intérieur de la cellule[c]	À l'extérieur de la cellule	
Nature de la photosynthèse	Anoxygénique	Anoxygénique	Anoxygénique	Anoxygénique	Oxygénique (parfois facultativement anoxygénique)
Type métabolique général	Photolithoautotrophes anaérobies obligatoires	Généralement photohétérotrophes; parfois photoautotrophes ou chimiohétérotrophes (lorsque aérobies et à l'obscurité)	Photolithoautotrophes anaérobies obligatoires	Généralement photoorganohétérotrophes anaérobies; certains photolithoautotrophes facultatifs (dans le noir, chimioorganohétérotrophes)	Photolithoautotrophes aérobies
Mobilité	Non mobiles ; certaines avec vésicules gazeuses	Par glissement	Mobiles avec flagelles polaires, certaines ont des flagelles péritriches	Mobiles avec flagelles polaires ou non mobiles; certaines avec vésicules gazeuses	Non mobiles ou mobiles par glissement; certaines avec vésicules gazeuses
Pourcentage en GC	48–58	53–55	45–70	61–72	35–71

[a] Caractéristiques des *Chlorobi*.
[b] Caractéristiques de *Chloroflexus*.
[c] À l'exception d'*Ectothiorhodospira*.

Tableau 21.2 **Maximum d'absorbance des bactériochlorophylles et chlorophylles procaryotes**

	Longueur d'onde des maximums (nm)	
Pigment	Dans l'éther ou l'acétone	Zones approximatives de valeurs dans les cellules
Chlorophylle *a*	665	680–685
Bactériochlorophylle *a*	775	850–910 (Bactéries pourpres)[a]
Bactériochlorophylle *b*	790	1020–1035
Bactériochlorophylle *c*	660	745–760
Bactériochlorophylle *d*	650	725–745
Bactériochlorophylle *e*	647	715–725

[a] Le spectre de la bactériochlorophylle *a* des bactéries vertes a un maximum différent, de 805 à 810nm.

phylles des bactéries pourpres et vertes absorbent la lumière de longueur d'onde plus élevée, le rouge lointain (**tableau 21.2**) non utilisé par les autres organismes photosynthétiques (**figure 21.3**). De plus, les pics d'absorption des bactériochlorophylles, à 350–550 nm environ, permettent la croissance à de plus grandes profondeurs, parce que la lumière de longueur d'onde plus courte peut pénétrer plus bas dans l'eau. De ce fait, quand l'eau est suffisamment claire, une couche de bactéries vertes et pourpres se développe dans la zone anaérobie, riche en sulfure d'hydrogène (**figure 2.14**). L'écologie microbienne des lacs (pp. 648-49)

La seconde édition du Bergey place les bactéries photosynthétiques dans six groupes principaux. Le phylum des *Chloroflexi* correspond aux bactéries vertes non sulfureuses et le phylum des *Chlorobi*, aux bactéries vertes sulfureuses. Les cyanobactéries ont leur propre phylum. Les bactéries pourpres sont réparties entre trois groupes. Les bactéries pourpres sulfureuses sont dans les γ-protéobactéries, dans les familles des *Chromatiaceae* et des *Ectothiorhodospiraceae*. Les bactéries pourpres non sulfureuses se distribuent entre les α-protéobactéries (cinq familles différentes) et une famille des β-protéobactéries. Les bactéries photosynthétiques pourpres (pp. 488, 500-1)

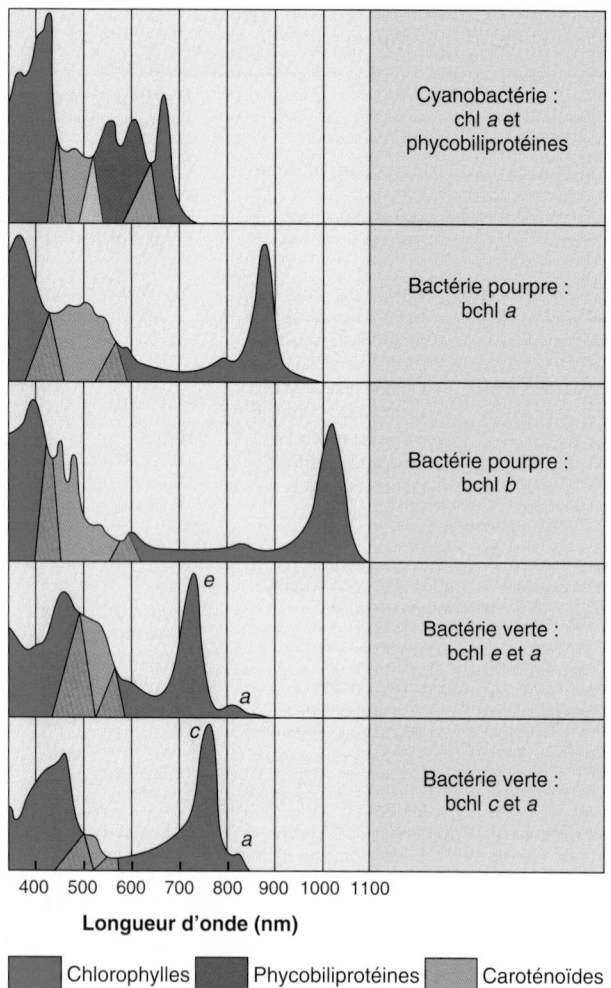

Figure 21.3 Les pigments photosynthétiques. Spectres d'absorbance de cinq bactéries photosynthétiques montrant les différences dans les maximums et les contributions de divers pigments accessoires.

Le phylum des *Chloroflexi*

Le phylum des *Chloroflexi* compte à la fois des membres photosynthétiques et des non photosynthétiques. *Chloroflexus* est le représentant principal des **bactéries vertes non sulfureuses**. Il s'agit d'une bactérie filamenteuse thermophile se déplaçant par glissement ; on l'isole souvent de sources chaudes neutres à alcalines où il se développe sous forme de tapis rouge orange, généralement en association avec des cyanobactéries. Bien que son ulstrastructure et ses pigments photosynthétiques soient proches de ceux des bactéries vertes, son métabolisme ressemble plus à celui des bactéries pourpres non sulfureuses (*p. 488*). *Chloroflexus* peut réaliser une photosynthèse anoxygénique avec des composés organiques comme source de carbone ou se développer en aérobiose comme un chimiohétérotrophe. Sur la base des études des ARNr 16S, il n'est proche d'aucun groupe bactérien et sa position taxinomique est incertaine. Les types nutritionnels (section 5.3)

   La bactérie *Herpetosiphon*, non photosynthétique, mobile par glissement, en forme de bâtonnet ou filamenteuse, est aussi incluse dans ce phylum. *Herpetosiphon* est un chimioorganotrophe aérobie. Son métabolisme est respiratoire avec l'oxygène comme accepteur d'électrons. On peut l'isoler des habitats d'eau douce et terrestres.

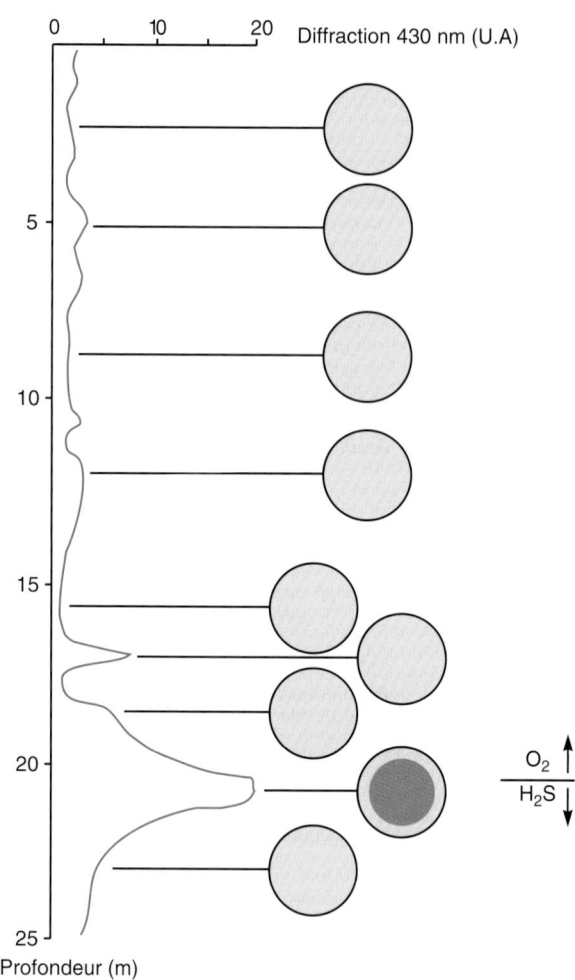

Figure 21.4 La distribution des micro-organismes photosynthétiques dans un fjord norvégien. Des échantillons de 50 ml ont été pris à différentes profondeurs et filtrés ; le graphique montre la diffraction de la lumière par les filtres (une indication de la turbidité due à la croissance bactérienne) en fonction de la profondeur. Le pic à 20,8 m est dû au développement de bactéries pourpres *Chromatium* sp. à l'interface entre les zones aérobies et anaérobies riches en sulfures. Le pic plus petit à 17,1 m est dû au développement de dinoflagellés. U.A.= unité d'absorbance

Le phylum des *Chlorobi*

Le phylum des *Chlorobi* n'a qu'une seule classe (les *Chlorobia*), un seul ordre (les *Chlorobiales*) et une seule famille (les *Chlorobiaceae*). Les **bactéries vertes sulfureuses** forment un petit groupe d'organismes anaérobies obligatoires photolithoautotrophes qui utilisent le sulfure d'hydrogène, le soufre élémentaire et l'hydrogène comme sources d'électrons. Le soufre élémentaire produit par l'oxydation des sulfures est déposé à l'extérieur de la cellule. Les pigments photosynthétiques de ces bactéries sont localisés dans des vésicules ellipsoïdales, appelées **chlorosomes** ou vésicules de *Chlorobium*. Elles sont fixées à la membrane plasmique mais ne sont pas en continuité avec elle. La membrane du chlorosome n'est pas une bicouche lipidique normale ou une membrane classique (*voir section 3.2*). Les chlorosomes contiennent des bactériochlorophylles accessoires mais la bactériochlorophylle du centre réactionnel est située dans la membrane plasmique et

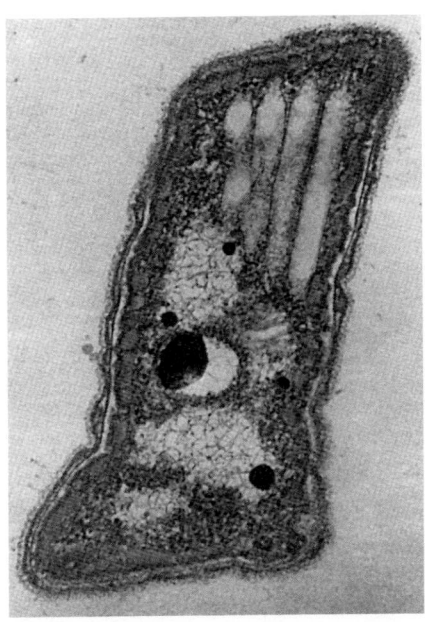

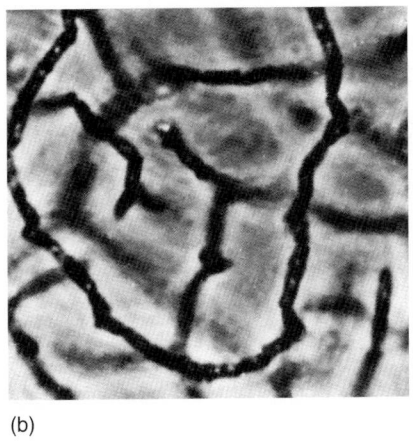

(b)

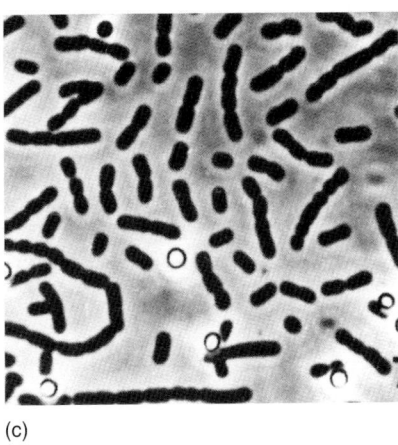

(c)

(a)

Figure 21.5 Les bactéries vertes sulfureuses typiques. (a) Une image au microscope électronique de *Pelodyctyon clathratiforme* (x 105.000). Notez les chlorosomes (zones gris foncé) et les vésicules gazeuses (zones gris clair) à terminaison pointue. **(b)** *P. clathratiforme*. **(c)** *Chlorobium limicola* avec des granules de soufre extracellulaires.

doit être capable d'obtenir de l'énergie des pigments du chlorosome. Ces bactéries abondent dans les zones lacustres anaérobies et riches en sulfures. Bien que dépourvues de flagelles et immobiles, certaines espèces possèdent des vésicules gazeuses (**figure 21.5c**) de façon à ajuster leur profondeur à des niveaux de lumière et de sulfure d'hydrogène adéquats. On trouve les formes dépourvues de vésicule au fond des lacs et des étangs, dans les boues riches en sulfures.

Les bactéries vertes sulfureuses sont très diverses du point de vue morphologique. Elles peuvent être en forme de bâtonnet, de coque ou de vibrion ; certaines se développent isolément, d'autres forment des chaînes et des amas (**figures 21.5b,c**). Elles sont de couleur vert pré ou brun chocolat. Comme genres représentatifs, citons *Chlorobium*, *Prosthecochloris* et *Pelodictyon*.

1. Donnez les principales caractéristiques distinctives d'*Aquifex*, de *Thermotoga* et des deinocoques. A quoi attribue-t-on la résistance à la dessiccation et à l'irradiation des deinocoques ?

2. En quoi les photosynthèses oxygénique et anoxygénique diffèrent-elles l'une de l'autre et pourquoi ?

3. En termes généraux, donnez les caractéristiques principales des groupes suivants : bactéries pourpres sulfureuses, bactéries pourpres non sulfureuses et bactéries vertes sulfureuses. En quoi les bactéries pourpres et vertes diffèrent-elles ?

4. Comparez les bactéries vertes non sulfureuses (*Chloroflexi*) et les bactéries vertes sulfureuses (*Chlorobi*).

5. Que sont les chlorosomes ou vésicules de *Chlorobium* ?

Le phylum des *Cyanobacteria*

Les **cyanobactéries** forment le groupe le plus vaste et le plus divers de bactéries photosynthétiques. On s'accorde mal sur le nombre d'espèces cyanobactériennes. Les classifications anciennes com-

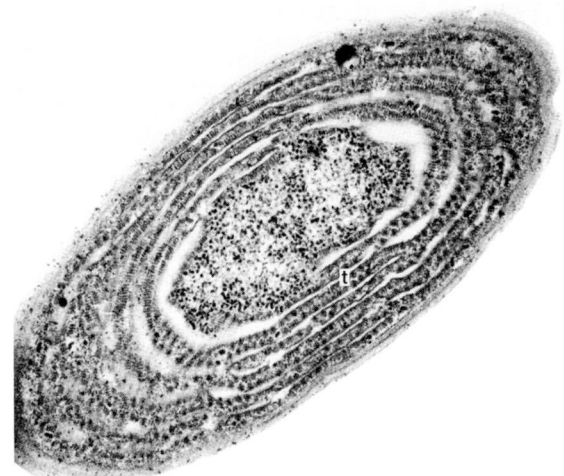

Figure 21.6 Les thylacoïdes et les phycobilisomes de cyanobactéries. *Synechococcus lividus* avec un système très étendu de thylacoïdes. Les phycobilisomes bordant ces thylakoïdes sont clairement visibles comme des granules à l'endroit marqué *t* (x 60.000).

portaient jusqu'à plus de 2.000 espèces. Dans un système récent, ce nombre a été réduit à 62 espèces et 24 genres. La seconde édition du *Bergey's Manual of Determinative Bacteriology* décrit 56 genres avec quelque détail. Le contenu en GC dans le groupe varie de 35 à 71 %. Bien que les cyanobactéries soient de vrais procaryotes, leur système photosynthétique est très proche de celui des eucaryotes en ce qu'il contient la chlorophylle *a* et le photosystème II, et en ce qu'il réalise la photosynthèse oxygénique. Comme les algues rouges, les cyanobactéries ont des phycobiliprotéines comme pigments accessoires Les pigments photosynthétiques et les composants des chaînes de transfert d'électrons sont situés dans des membranes thylacoïdes bordées de particules appelées **phycobilisomes (figure 21.6)**. Ces particules contiennent des phycobi-

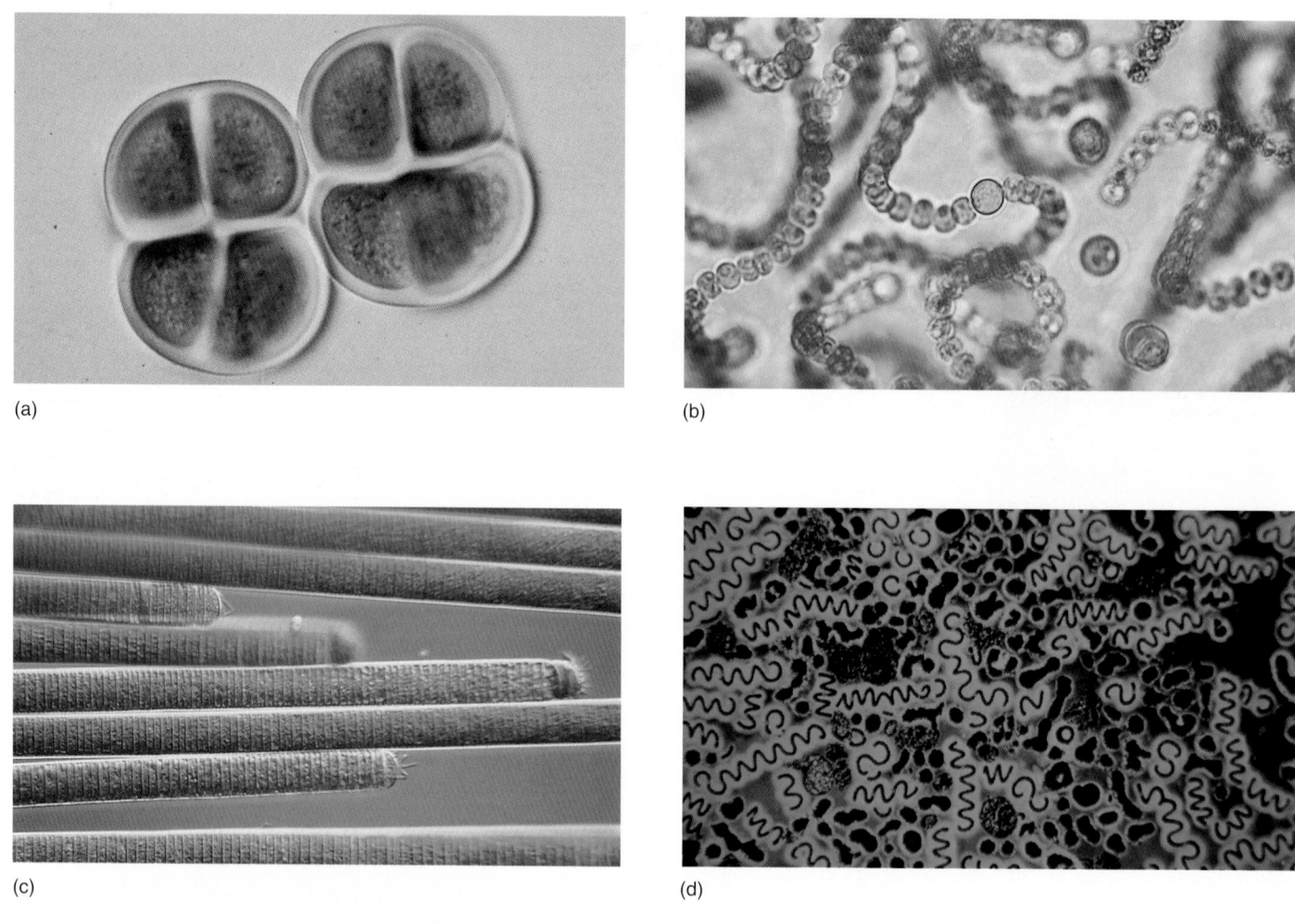

(a)

(b)

(c)

(d)

Figure 21.7 Les bactéries photosynthétiques oxygéniques. Cyanobactéries représentatives. (**a**) *Chroococcus furgidus*, deux colonies de quatre cellules chacune (x 600). (**b**) *Nostoc* avec des hétérocystes (x 500). (**c**) Trichomes d'*Oscillatoria* vus au microscope à contraste de Nomarski (x 250). (**d**) Les cyanobactéries *Anabaena spiroides* et *Microcystis aeruginosa*. *A. spiroides* spiralé est couvert d'une gaine gélatineuse épaisse (x 1.000).

lines, en particulier la phycocyanine et elles transfèrent l'énergie au photosystème II. Le dioxyde de carbone est assimilé suivant le cycle de Calvin et le sucre de réserve est le glycogène. Parfois, elles conservent leur surplus d'azote sous forme de polymères d'arginine ou d'acide aspartique dans des granules de cyanophycine. Comme les cyanobactéries sont dépourvues d'α-cétoglutarate déshydrogénase, elles ne possèdent pas de cycle des acides tricarboxyliques fonctionnel complet. Le cycle des pentoses phosphates joue un rôle central dans leur métabolisme des glucides. Bien que beaucoup de cyanobactéries soient des photolithoautotrophes obligatoires, certaines peuvent se développer lentement à l'obscurité comme des chimiohétérotrophes, en oxydant le glucose et quelques autres sucres. Dans des conditions anaérobies, *Oscillatoria limnetica* oxyde le sulfure d'hydrogène au lieu de l'eau et réalise une photosynthèse anoxygénique comme les bactéries vertes photosynthétiques. Ces exemples montrent combien les cyanobactéries ont une variabilité considérable dans leur métabolisme.

Les cyanobactéries diffèrent fortement en forme et en aspect. Leur diamètre varie d'environ 1 à 10 μm, elles peuvent être unicellulaires, en colonies de différentes formes ou constituer des filaments appelés trichomes (**figure 21.7** ; *voir aussi figures 3.12 et 3.13*). Un **trichome** est une rangée de cellules bactériennes en contact étroit sur une grande surface. Au contraire, des cellules adjacentes sur une chaîne simple (comme celles formées par le genre *Bacillus*) n'ont qu'une petite surface de contact. Bien que la plupart apparaissent bleu-vert à cause de la phycocyanine, certaines cyanobactéries sont rouges ou brunes à cause d'un pigment rouge : la phycoérythrine. Malgré cette variété, les cyanobactéries ont des structures de cellules procaryotes typiques et une paroi cellulaire de type Gram-négatif normal (**figure 21.8**). Elles utilisent souvent des vésicules gazeuses pour se déplacer verticalement dans l'eau et de nombreuses espèces filamenteuses se meuvent par glissement (**encadré 21.1**, *voir aussi section 3.6*). Les cyanobactéries sont dépourvues de flagelle, mais plusieurs souches du genre ma-

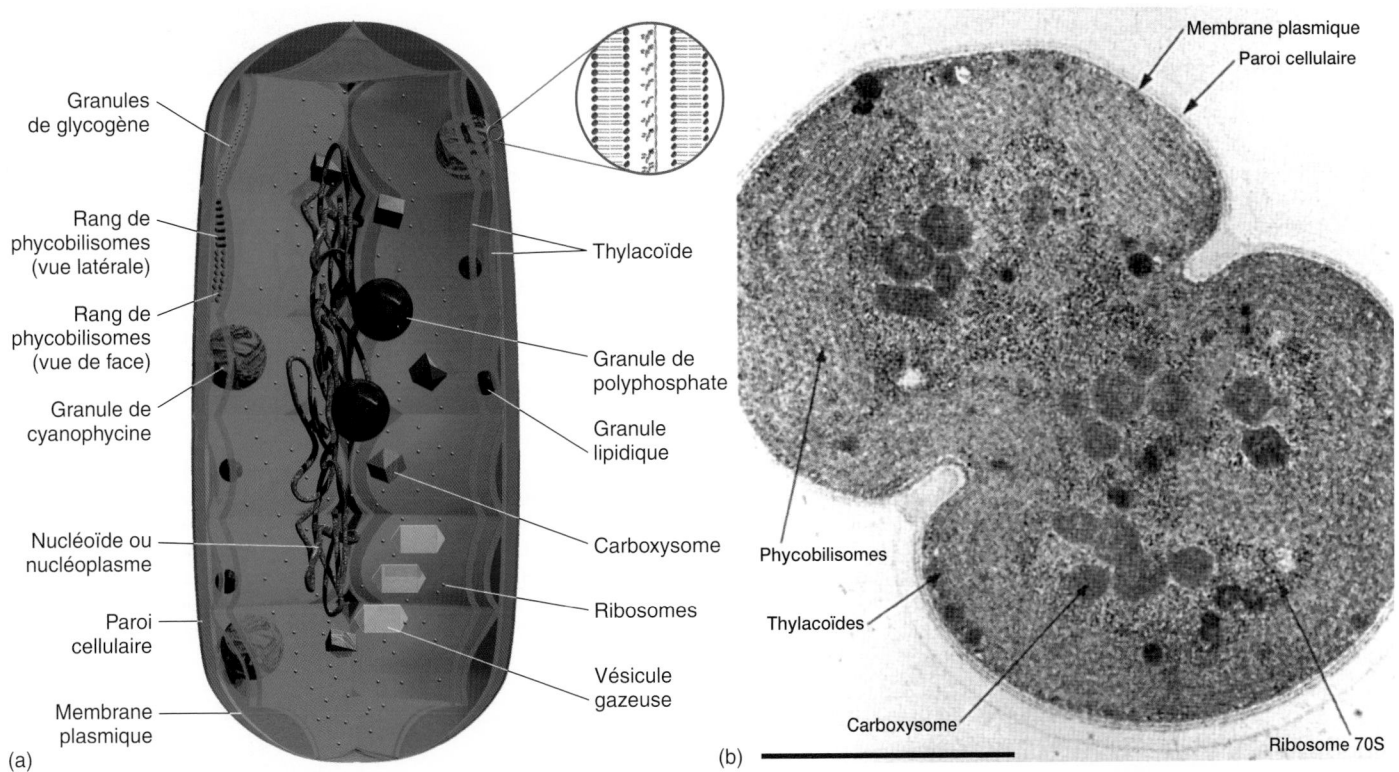

Figure 21.8 Structure d'une cellule de cyanobactérie. (a) Diagramme d'une cellule végétative. L'encart montre un agrandissement de la paroi avec la membrane externe et le peptidoglycane. **(b)** Coupe fine de *Synechocystis* au cours de la division (la barre = 1 μm). Beaucoup de structures sont visibles. **(a)** Copyright © Hartwell T. Crim, 1998.

rin *Synechococcus* sont capables de se déplacer à une vitesse atteignant 25 μm/seconde par un mécanisme inconnu.

Les cyanobactéries montrent une grande diversité en ce qui concerne la reproduction. Elles recourent à toute une variété de mécanismes : scission binaire, bourgeonnement, fragmentation et scission multiple. Dans ce dernier cas, une cellule grandit puis se divise plusieurs fois pour produire de nombreuses cellules plus petites qui sont libérées par rupture de la cellule parentale. La fragmentation des cyanobactéries filamenteuses peut générer des petits filaments mobiles appelés **hormogonies**. Certaines espèces développent des **akinètes**, cellules spécialisées quiescentes à paroi épaisse et résistantes à la dessiccation. Ces dernières germent pour former de nouveaux filaments.

Beaucoup de cyanobactéries formant des trichomes ou des filaments, fixent l'azote atmosphérique grâce à des cellules spécialisées appelées **hétérocystes (figure 21.9)**. Environ 5 à 10 % des cellules peuvent se transformer en hétérocystes lorsque les cyanobactéries sont privées de nitrates et d'ammoniac, leurs sources préférées d'azote. Au cours de cette transformation, les cellules cyanobactériennes synthétisent une nouvelle paroi épaisse, réorganisent leurs membranes photosynthétiques, se débarrassent de leurs phycobiliprotéines et du photosystème II et synthétisent une nitrogénase fixant l'azote. Le photosystème I est toujours fonctionnel et produit de l'ATP, mais il n'y a pas de production d'oxygène par photophosphorylation non cyclique, car le photosystème II est absent. Cette incapacité de générer O_2 est essentielle, car la

nitrogénase est extrêmement sensible à l'oxygène. La paroi de l'hétérocyste ralentit ou empêche la diffusion d'O_2 dans la cellule et tout O_2 présent est consommé par la respiration. La structure et la physiologie de l'hétérocyste assurent une anaérobiose ; il est ainsi voué à la fixation d'azote. Il prend ses aliments des cellules végétatives adjacentes et apporte de l'azote fixé sous la forme de glutamine. Il faut noter que les cyanobactéries dépourvues d'hétérocystes pratiquent aussi la fixation de l'azote. Certaines le fixent dans des conditions d'anoxie et d'obscurité, dans les tapis microbiens. Les formes planctoniques comme *Trichodesmium* peuvent aussi fixer l'azote. La biochimie de la fixation de l'azote (pp. 212-14).

La classification des cyanobactéries est toujours flottante, en partie à cause du manque de cultures pures. Actuellement, tous les schémas taxinomiques doivent être considérés comme provisoires. La seconde édition du Bergey divise les cyanobactéries en cinq sous-sections et 56 genres. Le **tableau 21.3** résume brièvement les caractéristiques principales de ces cinq sous-sections. Ils se distinguent par la morphologie de la colonie ou du trichome et les modes de reproduction. Quelques autres propriétés importantes sont la morphologie cellulaire, l'ultrastructure, les caractéristiques génétiques, la physiologie et la biochimie, et l'habitat/écologie (habitat préféré et habitude de croissance). Les auteurs considèrent les genres comme provisoires et souvent ne fournissent pas de noms d'espèces.

Dans la seconde édition du Bergey, la taxinomie cyanobactérienne est très semblable à ce qu'elle était dans la première. La dif-

Le mécanisme du glissement

Le glissement varie beaucoup tant par la nature du mouvement que par sa vitesse (de 2 mm environ par minute jusqu'à plus de 600 mm par minute). Des bactéries comme *Myxococcus* et *Flexibacter* glissent dans une direction parallèle à l'axe longitudinal des cellules. D'autres (*Saprospira*) se déplacent comme une hélice ou même dans une direction perpendiculaire au grand axe des cellules dans leur trichome (*Simonsiella*). *Beggiatoa*, des cyanobactéries et quelques autres bactéries tournent autour de leur axe longitudinal lorsqu'elles glissent, mais cela ne se voit pas toujours. Beaucoup se courbent ou se contractent tout en glissant. Une telle diversité dans le mouvement indique qu'il existe plus d'un mécanisme assurant la mobilité. Cette conclusion est supportée par le fait que certaines bactéries (ex. *Cytophaga*, *Flexibacter* et *Flavobacterium*) font bouger des billes de latex fixées à leur surface, tandis que d'autres, telles *Myxococcus* soit ne le font pas, soit les font bouger très lentement. (C'est-à-dire que les bactéries qui se déplacent par glissement n'ont pas toutes des composants de leur surface cellulaire qui se déplacent). Les dérivés mucoïdes, bien que nécessaires au glissement, ne paraissent pas propulser les bactéries directement. Ils les attachent plutôt au substrat et en lubrifient la surface pour que le mouvement soit plus efficace.

Une variété de mécanismes ont été proposés pour expliquer le glissement. Des fibrilles ou des filaments cytoplasmiques sont associés à l'enveloppe chez de nombreuses bactéries se déplaçant de cette façon. Chez *Oscillatoria*, ils semblent être contractiles et produisent dans la membrane externe des vagues qui assurent le mouvement. Sur d'autres enveloppes, on trouve des complexes protéiques en forme d'anneaux ou des assemblages rotatifs ressemblant au corps basal flagellaire. Ces assemblages peuvent tourner et entraîner la bactérie. Les pili, capables de s'étendre et de se rétracter, pourraient intervenir dans la locomotion de plusieurs espèces. Des différences de tension superficielle peuvent propulser *Myxococcus xanthus* ; il existe des preuves en ce sens. *Myxococcus* secrète un surfactant à son extrémité postérieure (opposée à la direction du mouvement). Celui-ci diminue la tension superficielle à l'arrière du bâtonnet. La cellule serait poussée en avant par la tension superficielle plus élevée exercée sur son extrémité antérieure. *Myxococcus* se sert des pili lorsqu'il se meut par glissement avec tout un groupe de cellules.

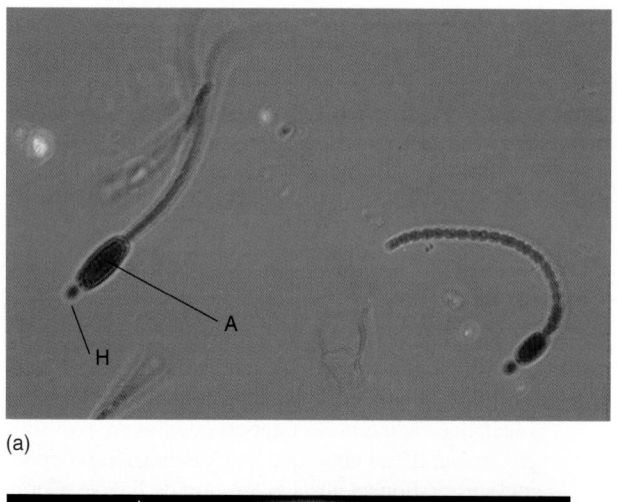

(a)

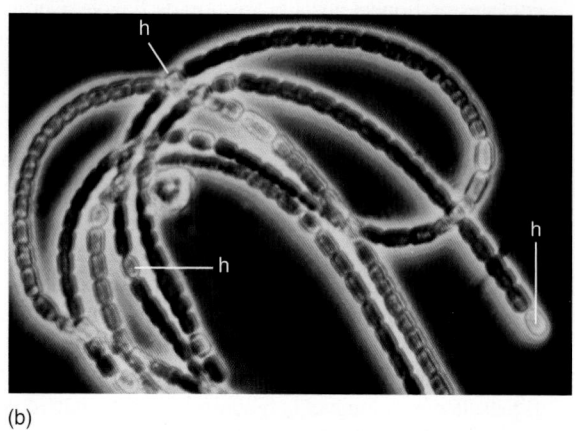

(b)

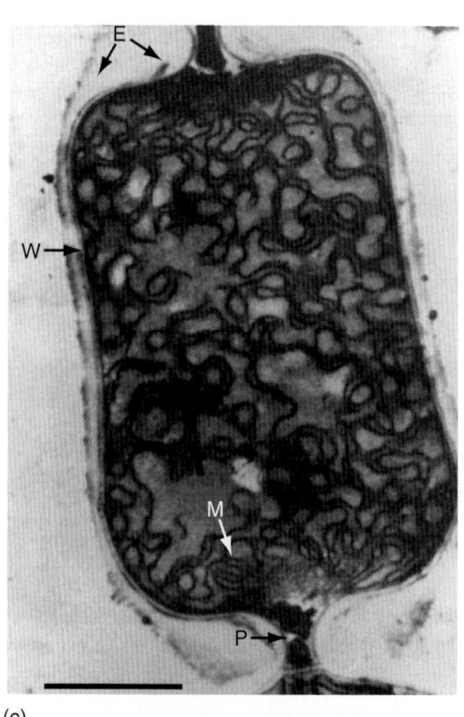

(c)

Figure 21.9 Exemples d'hétérocystes et d'akinètes. (a) *Cylindrospermum* avec hétérocystes terminaux (**h**) et akinètes subterminaux (**a**) (x 500). (**b**) *Anabaena* avec hétérocystes. (**c**) Image au microscope électronique d'un hétérocyste d'*Anabaena*. La barre = 1 μm. Notez la paroi cellulaire (W), les enveloppes externes additionnelles (**e**), le système membranaire (M) et le pore vers la cellule adjacente (P).

Tableau 21.3 Caractéristiques des sous-sections de cyanobactéries

Ordre	Forme générale	Reproduction et croissance	Hétérocystes	Mole % GC	Autres propriétés	Genres représentatifs
I	Bâtonnets ou coques unicellulaires ; agrégats non filamenteux	Scission binaire, bourgeonnement	–	31–71	Presque toujours non mobiles	*Chamaesiphon* *Gloeobacter* *Gloeothece* *Gleocapsa* *Prochloron*
II	Bâtonnets ou coques uni-cellulaires ; peuvent être maintenus en agrégats	Scission multiple pour former des béocytes	–	40–46	Seuls quelques béocytes sont mobiles	*Pleurocapsa* *Dermocarpa* *Chroococcidiopsis*
III	Filaments, trichomes non ramifiés avec seulement des cellules végétatives	Scission binaire sur un plan unique, fragmentation	–	34–67	Généralement mobiles	*Lyngbya* *Oscillatoria* *Prochlorothrix* *Spirulina* *Pseudanabaena*
IV	Filaments, trichomes non ramifiés, peuvent contenir des cellules spécialisées	Scission binaire sur un plan unique, fragmentation pour former des hormogonies	+	38–47	Souvent mobiles, peuvent produire des akinètes	*Anabaena* *Cylindrospermum* *Aphanizomenon* *Nostoc* *Scytonema* *Calothrix*
V	Trichomes filamenteux, soit ramifiés, soit composés de plus d'une rangée de cellules	Scission binaire sur plus d'un plan, formation d'hormogonies	+	42–44	Peuvent produire des akinètes, complexité morphologique et différenciation les plus grandes chez les cyano-batéries	*Fischerella* *Stigonema* *Geitleria*

férence principale est probablement que la première édition sépare l'ordre des *Prochlorales* d'avec les cyanobactéries, alors que dans la seconde édition, l'ordre est supprimé et les genres placés dans le phylum des *Cyanobacteria*.

Les prochlorophytes sont des procaryotes phototrophes oxygéniques qui possèdent les chlorophylles *a* et *b* mais sont dépourvus de phycobilines. Ainsi, ils ressemblent aux cyanobactéries en ce qui concerne la chlorophylle *a,* mais en diffèrent, car ce sont les seuls procaryotes à posséder la chlorophylle *b*. Comme les prochlorophytes sont dépourvus de phycobiline et de phycobilisomes, ils sont de couleur vert pré. Ils ressemblent à des chloroplastes par leur pigment et la structure de leurs thylacoïdes, mais leurs ARNr 5S et 16S montrent des parentés avec les cyanobactéries. Les genres sont mis dans les sous-sections I et III.

Bien que dans le passé, les prochlorophytes aient été classés séparément, la seconde édition du Bergey les place maintenant dans les cyanobactéries. Les trois genres reconnus de prochlorophytes sont très différents l'un de l'autre. *Prochloron* a été découvert le premier comme symbiote extracellulaire poussant soit à la surface, soit à l'intérieur de la cavité cloacale d'invertébrés, des ascidies coloniaires marines (**figure 21.10**). Ces bactéries sont unicellulaires, sphériques et d'un diamètre de 8 à 30 µm. Leur pourcentage molaire en GC est de 31 à 41. *Prochlorothrix* est libre, possède des cellules cylindriques qui forment des filaments et a été découvert dans des lacs hollandais. Son ADN a un contenu élevé en GC (53 moles %). Contrairement à *Prochloron*, il a pu être cultivé en laboratoire.

On a récemment découvert *Plochlorococcus marinus* d'un diamètre inférieur à 1 µm et florissant à environ 100 mètres sous la surface de l'océan. Il diffère des autres prochlorophytes, car il possède de la divinyl chlorophylle *a* et de l'α-carotène au lieu de chlorophylle *a* et de β-carotène. En été, ses concentrations atteignent 5×10^5 cellules par millilitre. C'est un des organismes les plus abondants du plancton marin et un composant significatif de la masse alimentaire microbienne marine.

Comme dit plus haut, les cinq sous-sections diffèrent par leur morphologie et leur reproduction (tableau 21.3). La sous-section 1 contient des coques ou des bâtonnets unicellulaires, presque toujours immobiles et se reproduisant par scission binaire ou bourgeonnement. Les organismes de la Section II sont aussi unicellulaires, cependant, plusieurs cellules individuelles peuvent être maintenues ensemble en un agrégat par une paroi externe. Les membres de ce groupe se reproduisent par scission multiple pour former de petites cellules sphériques, reproductrices, souvent appelées **béocytes** ; celles-ci s'échappent quand la paroi externe se brise. Certains béocytes ne se dispersent que par glissement. Les trois autres sous-sections contiennent des cyanobactéries filamenteuses. Le trichome n'est généralement pas ramifié et est souvent entouré d'une gaine ou d'une couche visqueuse. Les cyanobactéries de la sous-section III forment des trichomes non ramifiés, faits seulement de cellules végétatives, tandis que les deux autres sous-sections produisent des hétérocystes en l'absence d'une source adéquate d'azote (ils peuvent aussi former des akinètes). Les cya-

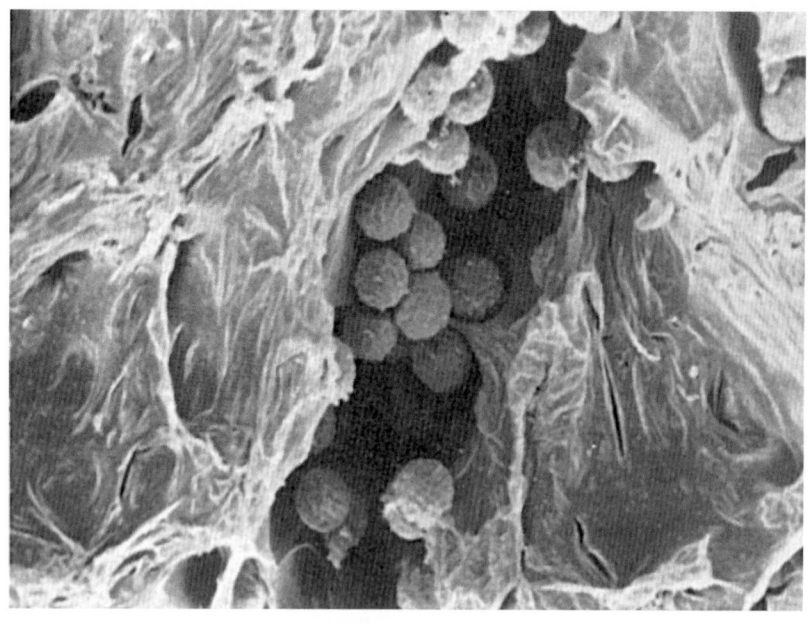

(a)

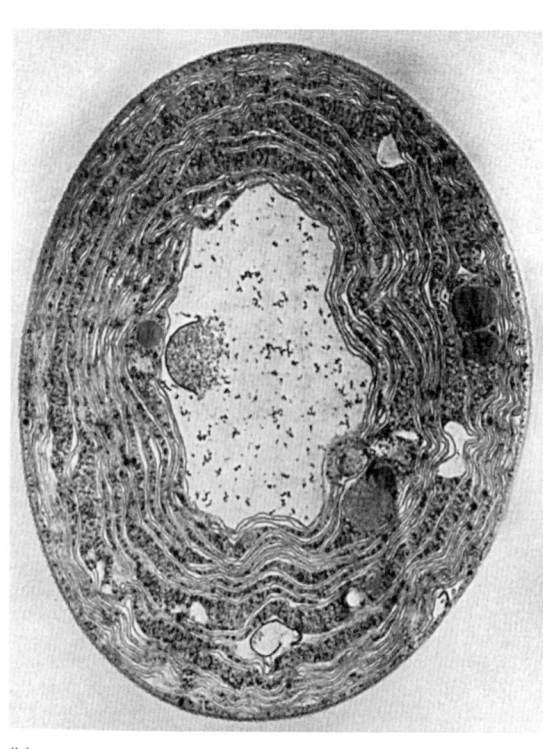

(b)

Figure 21.10 *Prochloron*. (a) Image au microscope électronique à balayage de cellules de *Prochloron* à la surface d'une colonie de *Didemnum candidum*. **(b)** Coupe de *Prochloron didemni* (image au microscope électronique à transmission x 23.500).

nobactéries à hétérocystes se subdivisent selon qu'elles forment des filaments linéaires (sous-section IV) ou des filaments ramifiés ou agrégats, par division dans un deuxième plan (sous-section V).

Les cyanobactéries sont très tolérantes vis-à-vis de conditions extrêmes, elles sont présentes dans presque tous les environnements aquatiques et terrestres. Les espèces thermophiles peuvent se développer à des températures atteignant 75°C dans des sources chaudes, neutres à alcalines. Parce qu'ils sont tellement résistants, ces photoautotrophes deviennent les colonisateurs primaires des sols et des surfaces dépourvues de croissance végétale. Certaines formes unicellulaires se développent même dans les fissures de rochers du désert. Dans les étangs et les lacs chauds, riches en aliments, les cyanobactéries de surface telles *Anacystis* et *Anabaena* se reproduisent rapidement et forment des fleurs d'eau (**figure 21.11**). Lors de la mort de ces micro-organismes, la libération de grandes quantités de matière organique stimule la croissance de bactéries chimiohétérotrophes qui épuisent l'oxygène disponible. Ceci tue les poissons et les autres organismes (*voir section 29.4*). Certaines espèces peuvent produire des toxines qui tuent le bétail et les autres animaux qui boivent l'eau. D'autres cyanobactéries, par exemple *Oscillatoria*, sont si résistantes à la pollution et si caractéristiques des eaux douces à contenu élevé en matières organiques, que ce sont des indicateurs de la pollution aquatique.

Les cyanobactéries établissent avec un succès particulier des relations symbiotiques avec d'autres organismes. Ce sont les partenaires photosynthétiques de la plupart des associations de lichens. Les cyanobactéries sont des symbiotes de protozoaires et

Figure 21.11   Fleur d'eau faite de cyanobactéries et d'algues dans une mare eutrophisée.

les espèces fixatrices d'azote forment des associations avec diverses plantes (hépatiques, mousses, gymnospermes et angiospermes). Les types de relations symbiotiques (section 28.2). Les lichens (pp. 598–99).

1. Résumez les caractéristiques principales des cyanobactéries qui les différencient des autres organismes photosynthétiques.

2. Définissez ou décrivez ce qui suit : phycobilisomes, hormogonies, akinètes, hétérocystes et béocytes.

3. Qu'est-ce qu'un trichome et en quoi diffère-t-il d'une simple chaîne de cellules ?

4. Présentez brièvement les modes de reproduction des cyanobactéries.

5. Comment les hétérocystes se modifient-ils pour fixer l'azote ? Quand les cyanobactéries développent-elles des hétérocystes ?

6. Donnez les caractères des cinq groupes principaux de cyanobactéries.

7. Comparez les prochlorophytes aux cyanobactéries et aux chloroplastes. Où les trouve-t-on ?

8. Enumérez les impacts importants positifs comme négatifs que les cyanobactéries ont sur les hommes et l'environnement.

21.4   Le phylum des *Planctomycetes*

Le phylum des *Planctomycetes* comporte une classe, un ordre et quatre genres. Les membres du phylum sont des bactéries bourgeonnantes, sphériques ou ovales, sans peptidoglycane et présentent dans leur paroi, des structures distinctives en forme de cratère ou puits. Chez les planctomycètes *Gemmata obscuriglobus* et *Pirullela*, le corps nucléaire est entouré d'une membrane, parfois absente chez d'autres bactéries (**figure 21.12**).

Le genre *Planctomycetes* s'attache aux surfaces par un pédoncule et un crampon, les autres genres de l'ordre n'ont pas de pédoncule. La plupart de ces bactéries présentent un cycle biologique où des cellules sessiles bourgeonnent et produisent des cellules d'essaimage mobiles. Les cellules d'essaimage sont flagellées et nagent pendant un certain temps, puis elles se posent pour se fixer et commencer la reproduction.

21.5   Le phylum des *Chlamydiae*

La première édition du Bergey met les chlamydies avec les rickettsies, parce que ces deux groupes Gram-négatifs sont des parasites intracellulaires obligatoires : ils ne croissent et ne se reproduisent que dans leurs cellules hôtes. Basée sur les données de l'ARNr 16S, la seconde édition déplace les chlamydies dans le phylum des *Chlamydiae* et les rickettsies dans les α-protéobactéries. Bien que chlamydies et rickettsies soient des parasites intracellulaires obligatoires et pas beaucoup plus grandes que les poxvirus (*voir p. 376*), elles diffèrent des virus par la présence d'ADN et d'ARN, d'une membrane plasmique, de ribosomes actifs, de voies métaboliques, par une reproduction par fission binaire et d'autres caractères distinctifs.

Le phylum des *Chlamydiae* compte une classe, un ordre, quatre familles et seulement cinq genres. Le genre *Chlamydia* est de loin le plus important et le mieux étudié ; c'est sur lui que nous porterons notre attention. Les **chlamydies** sont des bactéries non mobiles, coccoïdes, Gram-négatives, dont la taille varie de 0,2 à 1,5 μm. Elles ne peuvent se reproduire que dans des vésicules cytoplasmiques des cellules hôtes, leur cycle de développement est particulier et implique la formation de corps élémentaires et de

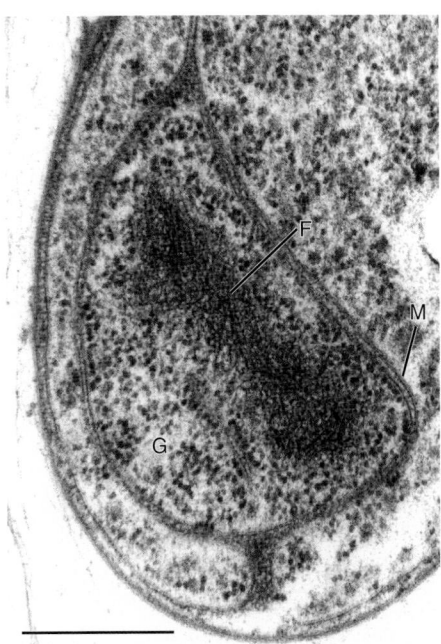

Figure 21.12   Le corps nucléaire de *Gemmata obscuriglobus*. Image au microscope électronique montrant la région nucléaire entourée d'une membrane (la barre = 0,5 μm). Notez la zone fibrillaire centrale (F), la zone granuleuse externe (G) et la structure externe en double membrane (M).

corps réticulés. Bien que leur enveloppe ressemble à celle des autres bactéries Gram-négatives, leur paroi est différente car elle est dépourvue d'acide muramique et de peptidoglycane. Les corps élémentaires assurent la stabilité osmotique en pontant par des liens disulfures, les protéines de la membrane externe, et peut-être celles de la membrane plasmique. Les chlamydies ont un métabolisme extrêmement limité et sont des parasites intracellulaires obligatoires des mammifères et des oiseaux (cependant des bactéries semblables aux chlamydies ont récemment été isolées d'araignées, de palourdes et d'invertébrés d'eau douce). La taille de leur génome est de 4 à 6 x 10^8 daltons, c'est l'un des plus petits parmi les procaryotes et leur contenu en GC est de 41 à 44 %.

La reproduction des chlamydies débute par l'attachement d'un **corps élémentaire (CE)** à la surface cellulaire (**figure 21.13**). Les corps élémentaires ont un diamètre de 0,2 à 0,5 μm, ils contiennent le matériel nucléaire dense aux électrons et une paroi rigide, ils sont infectieux (**figure 21.14**). La cellule hôte phagocyte le CE, celui-ci empêche alors la fusion de lysosomes avec le phagosome et commence à se réorganiser pour former un **corps réticulé (CR)** ou **corps initial**. Le CR est adapté à la reproduction plutôt qu'à l'infection. Les corps réticulés ont un diamètre de 0,6 à 1,5 μm, leur matériel nucléaire est moins dense et ils possèdent plus de ribosomes que les CE ; leurs parois sont aussi plus souples. Environ 8 à 10 heures après l'infection, le corps réticulé commence à se diviser et cette reproduction continue jusqu'à la mort de la cellule. La vacuole remplie de chlamydies ou inclusion, devient suffisamment grande pour être visible au microscope optique et peut même remplir tout le cytoplasme de l'hôte. Après 20 à 25 heures, les CR se modifient de nouveau en CE infectieux et poursuivent ce processus jusqu'à ce que la cellule hôte se lyse et libère les chlamydies, 48 à 72 heures après l'infection.

Le métabolisme chlamydien est très différent de celui des autres bactéries Gram-négatives. On a cru que les chlamydies étaient incapables de cataboliser les glucides et d'autres substances, et de synthétiser de l'ATP. *Chlamydia psittaci*, une des espèces les mieux étudiées, est dépourvue de transporteur d'électrons, flavoprotéine comme cytochrome, possède une translocase membranaire qui prend l'ATP de l'hôte en échange d'ADP. Ainsi, les chlamydies paraissent être des parasites énergétiques qui sont complètement dépendants de leur hôte pour l'ATP. Cependant, ceci pourrait ne pas être la fin de l'histoire. La séquence complète du génome de *C. trachomatis* (*voir p. 351*) indique que la bactérie pourrait être capable de synthétiser au moins un peu d'ATP. Bien qu'on y trouve deux gènes pour des ATP/ADP translocases, il y a aussi des gènes pour la phosphorylation au niveau du substrat, le transfert des électrons et la phosphorylation oxydative. Si l'hôte fournit les précurseurs, les corps réticulés synthétisent l'ADN, l'ARN et les protéines. On peut présumer que les corps réticulés possèdent des porines et des protéines de transport membranaire actif, mais on en sait peu à ce sujet. Ils peuvent aussi synthétiser au moins certains acides aminés et coenzymes. Les corps élémentaires ont une activité métabolique minime et ne peuvent pas capter d'ATP, ni synthétiser de protéines. Ils paraissent être des formes quiescentes impliquées exclusivement dans la transmission et l'infection.

Trois espèces de chlamydies sont d'importants agents pathogènes de l'homme et d'autres animaux à sang chaud. *C. trachomatis* infecte les humains et les souris. Chez les humains, il est responsable de trachomes, d'urétrite non gonococcique et d'autres maladies (*voir section 39.3*). *C. psittaci* cause la psittacose chez les hommes. Cependant, contrairement à *C. trachomatis*, il infecte aussi beaucoup d'autres animaux (perroquets, dindes, moutons, bétail et chats) et envahit les tractus intestinaux, respiratoires et génitaux, le placenta et le foetus, l'oeil ainsi que le liquide synovial des articulations. *Chlamydia pneumoniae* est une cause ordinaire de pneumonie chez l'homme. On a maintenant la preuve directe que les infections par *C. pneumoniae* peuvent être accompagnées d'un développement d'athérosclérose et que les infections chlamydiennes peuvent provoquer des inflammations et des dommages cardiaques sérieux. Une quatrième espèce, *C. pecorum*, a été identifiée.

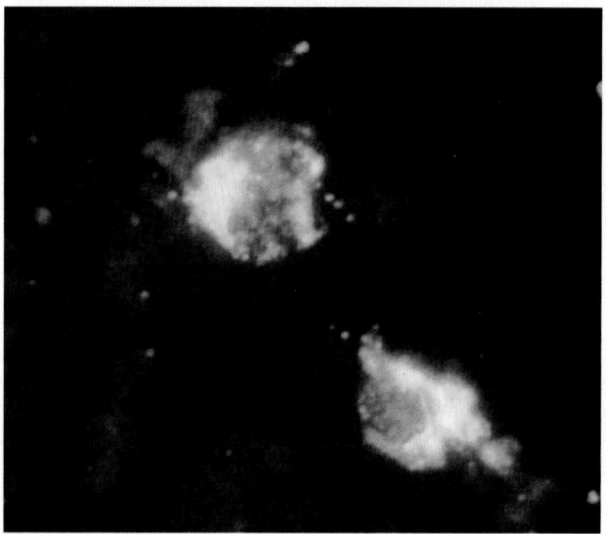

Figure 21.13 Les corps élémentaires de chlamydies. Les cellules infectées luisent d'un vert brillant, à cause des chlamydies qui sont colorées par des anticorps monoclonaux marqués par fluorescence. Les petits points jaunes-verts sont les chlamydies.

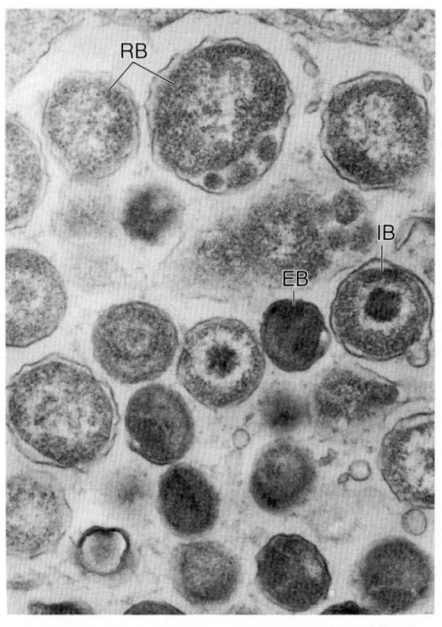

Corps élémentaire

Taille environ 0,3 μm
Paroi cellulaire rigide
Relativement résistant aux ultrasons
Résistant à la trypsine
Enveloppe cellulaire sous-unitaire
Contenu ARN sur ADN = 1:1
Toxique pour les souris
Organisme isolé infectieux
Adapté à la survie extracellulaire

Corps réticulé (corps initial)

Taille 0,5-1,0 μm
Paroi cellulaire fragile
Sensible aux ultrasons
Lysé par la trypsine
Pas de sous-unité dans l'enveloppe
Contenu ARN sur ADN = 3:1
Non toxique pour les souris
Organisme isolé non infectieux
Adapté au développement intracellulaire

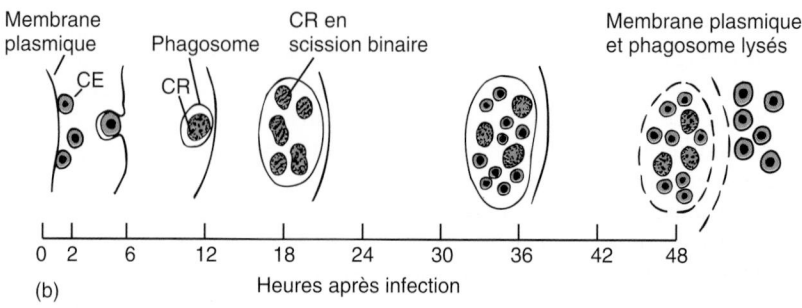

Figure 21.14 Cycle biologique d'une chlamydie. (**a**) Image au microscope électronique d'une microcolonie de *Chlamydia trachomatis* dans le cytoplasme de la cellule hôte (x 160.000). Trois stades de développement sont visibles : le corps élémentaire CE(EB) ; le corps réticulé CR(RB) ; et le corps intermédiaire CI(IB), une cellule de chlamydie dont la morphologie est intermédiaire entre les deux premières formes. (**b**) Représentation schématique du cycle infectieux des chlamydies.

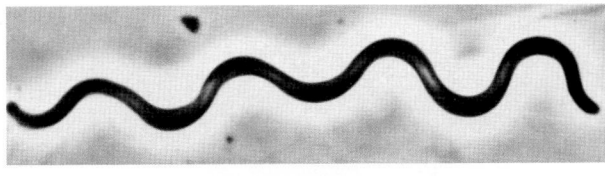

(a)

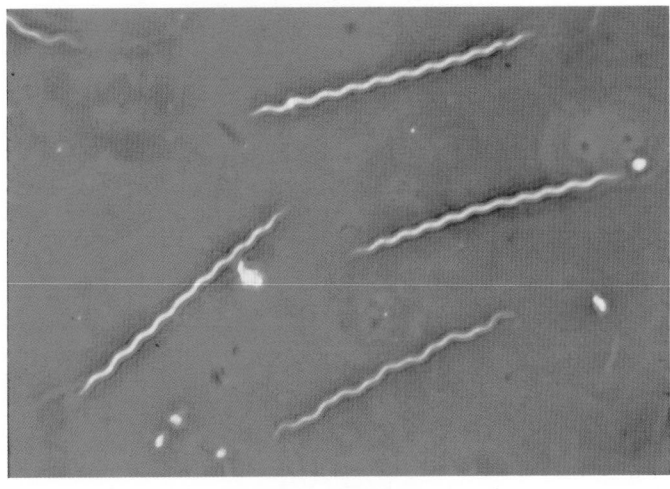

(b)

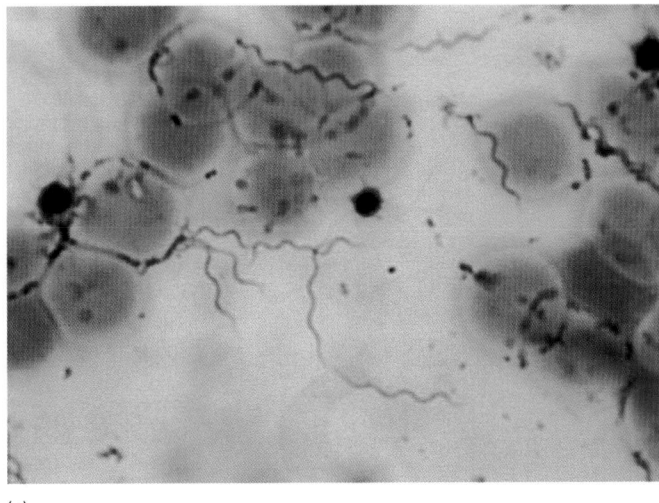

(c)

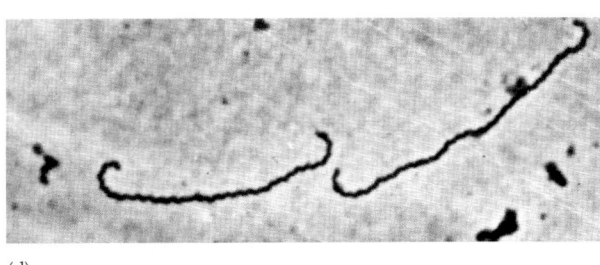

(d)

Figure 21.15 Les spirochètes. Exemples représentatifs.
(**a**) *Cristispira* sp. du style cristallin d'une palourde, contraste de phase
(×2.200). (**b**) *Treponema pallidum* (×1.000). (**c**) *Borrelia duttonii* du
sang humain (×500). (**d**) *Leptospira interrogans* (×2.200).

21.6 Le phylum des *Spirochaetes*

Le phylum des *Spirochaetes* [du grec *spira*, un enroulement, et
chaete, cheveu] contient des bactéries Gram-négatives chimiohétérotrophes, distinctes par leur structure et leur type de mobilité. Ce
sont de longues bactéries fines (0,1 à 3 μm sur 5 à 250 μm) en
forme d'hélice souple (**figure 21.15**). De nombreuses espèces sont
si minces qu'elles ne sont visibles clairement qu'au microscope à
contraste de phase ou à fond noir (*voir section 2.2*). Par leur mobilité, les spirochètes diffèrent fortement des autres bactéries, elles
peuvent se mouvoir dans des solutions très visqueuses, bien
qu'elles soient dépourvues de flagelles externes rotatifs. En
contact avec une surface solide, elles ont des mouvements de reptation. Leur type de mobilité unique est dû à une structure morphologique curieuse appelée le filament axial.

Les caractères morphologiques particuliers des spirochètes
sont évidents au microscope électronique (**figure 21.16**). Le cylindre protoplasmique central, qui contient du cytoplasme et le nucléoïde, est entouré d'une membrane plasmique et d'une paroi de
type Gram-négatif. Il correspond au corps des autres bactéries
Gram-négatives. Entre les deux pôles du cylindre s'étendent 2 à plus
de 100 flagelles procaryotes appelés **fibrilles axiales**, **flagelles périplasmiques** ou endoflagelles ; ils se superposent souvent dans le
tiers central de la cellule (figure 21.16*c, d* ; *voir aussi figure 2.28b*).
L'ensemble des flagelles périplasmiques ou **filament axial** se situe
à l'intérieur d'une membrane externe souple. Ce manteau externe
contient des lipides, des protéines, des glucides et sa structure varie
selon les genres. Sa fonction précise est inconnue, mais ce manteau

doit être important car sa perte ou sa détérioration entraîne la mort
du spirochète. Le manteau externe de *Treponema pallidum* porte
peu de protéines exposées en surface. Ceci permet au spirochète de
la syphilis d'éviter l'attaque des anticorps de l'hôte.

Bien qu'on ne sache pas exactement comment ils propulsent
la cellule, les flagelles périplasmiques sont responsables de la mobilité. En effet, des mutants portant des flagelles droits plutôt
qu'incurvés ne sont pas mobiles. Il est probable que les flagelles
périplasmiques tournent comme les flagelles externes des autres
bactéries. Ce mouvement entraînerait la rotation du manteau externe en tire-bouchon et déplacerait la cellule dans le liquide extérieur (**figure 21.17**). La rotation flagellaire peut aussi courber la
cellule et rendre compte des mouvements de reptation observés sur
des surfaces solides.

Les spirochètes peuvent être anaérobies, anaérobies facultatifs ou aérobies. Comme source de carbone et d'énergie, ils utilisent des glucides, des acides aminés, des acides gras à longue
chaîne et des alcools à longue chaîne.

D'un point de vue écologique, le groupe est exceptionnellement varié et il se développe dans des milieux allant de la boue à
la bouche de l'homme. Des membres du genre *Spirochaeta* vivent
libres et se multiplient dans des eaux douces anaérobies, riches en
sulfures, ou dans des milieux marins. Certaines espèces du genre
Leptospira se développent dans l'eau aérobie et dans le sol humide. Au contraire, beaucoup de spirochètes forment des associations symbiotiques avec d'autres organismes et se retrouvent dans
des localisations très diverses : dans l'intestin postérieur des termites et des larves de xylophages (« wood roaches »), dans l'ap-

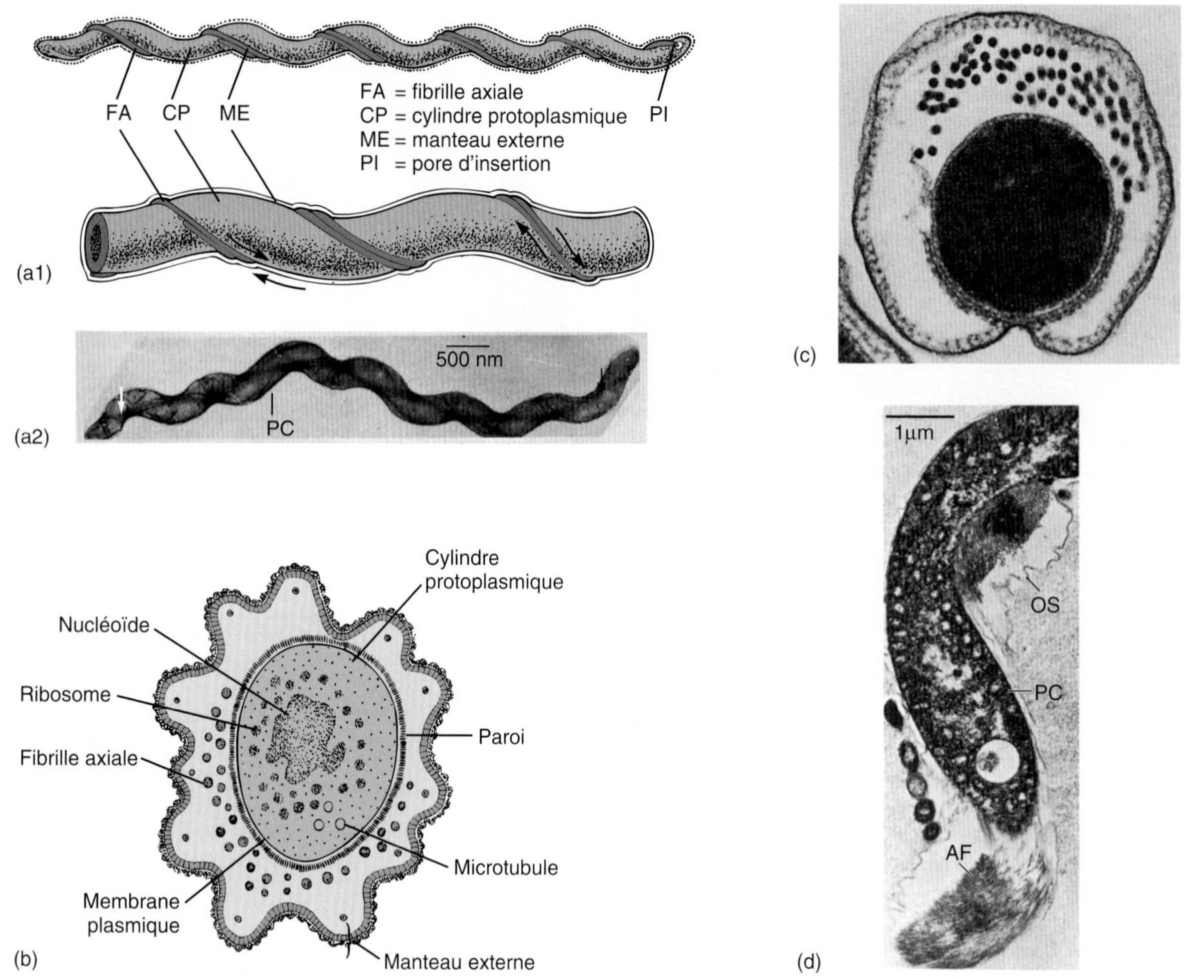

FA = fibrille axiale
CP = cylindre protoplasmique
ME = manteau externe
PI = pore d'insertion

(a1)

500 nm

(a2) PC

(c)

1 μm

OS

PC

AF

(d)

Cylindre protoplasmique

Nucléoïde

Ribosome

Fibrille axiale

Paroi

Microtubule

Membrane plasmique

Manteau externe

(b)

Figure 21.16 La morphologie des spirochètes. (*a1*) Vue superficielle d'un spirochète d'après des images au microscope électronique. (*a2*) Vue longitudinale de *T. zuelzerae* dont les fibrilles axiales s'étendent sur presque toute la longueur de la cellule. (**b**) Coupe dans un spirochète typique montrant des détails morphologiques. (**c**) Image obtenue au microscope électronique d'une coupe de *Clevelandina* trouvé dans le termite *Reticulitermes flavipes*, montrant le manteau externe, le cylindre protoplasmique et les fibrilles axiales (x 70.000) (**d**) Coupe longitudinale de *Cristispira* montrant le manteau externe (OS), le cylindre protoplasmique (PC) et les fibrilles axiales (AF).

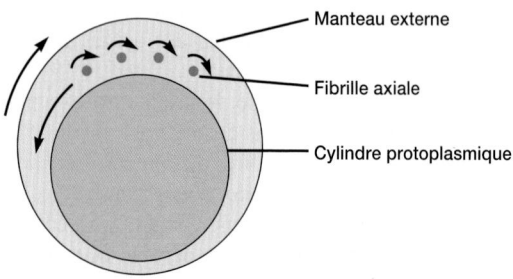

Manteau externe

Fibrille axiale

Cylindre protoplasmique

Figure 21.17 La mobilité des spirochètes. Mécanisme hypothétique de la mobilité des spirochètes. Voir texte pour plus de détails.

pareil digestif des mollusques (*Cristispira*) et des mammifères, dans les cavités buccales des animaux (*Treponema denticola, T. oralis*). Des spirochètes tapissent la surface de nombreux protozoaires que l'on trouve dans les intestins postérieurs des termites et des larves de xylophages (**figure 21.18**). Par exemple, le flagellé *Myxotricha paradoxa* est couvert de fins spirochètes (0,15 sur 10 μm de long), qui sont fermement fixés et aident au mouvement du protozoaire. Certains membres des genres *Treponema, Borrelia* et *Leptospira* sont d'importants pathogènes. Par exemple *Treponema pallidum* (*voir figure 2.8a*) est responsable de la syphilis (*voir section 39.3*) et *Borrelia burgdorferi* (*voir figure 39.8*) est la cause de la maladie de Lyme. Notre incapacité à cultiver le spirochète en dehors de son hôte humain a fait obstacle à l'étude de *Treponema* et de son rôle dans la syphilis. Le génome de *T. pallidum* a maintenant été séquencé (*voir pp. 351-52*) ; les résultats montrent que ce spirochète est métaboliquement handicapé et très dépendant de son hôte. Le génome de *Borrelia burgdorferi* a aussi été séquencé. Il contient un chromosome circulaire de 910.725 paires de bases et d'au moins 17 plasmides linéaires et circulaires, qui ajoutent

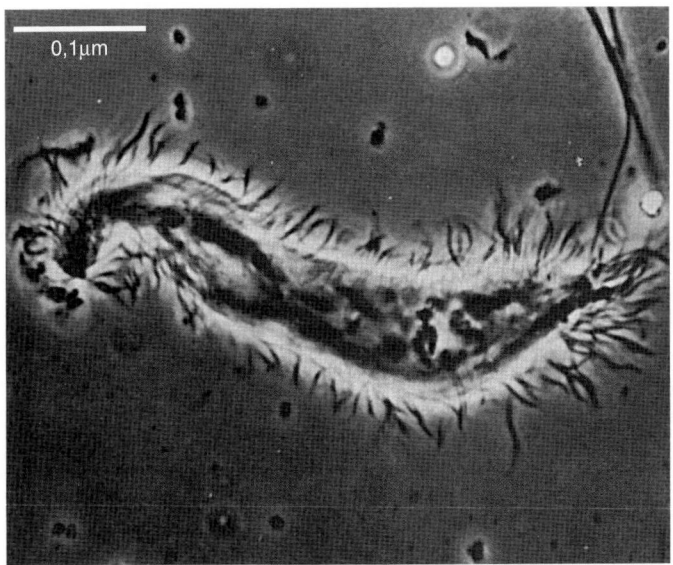

(a)

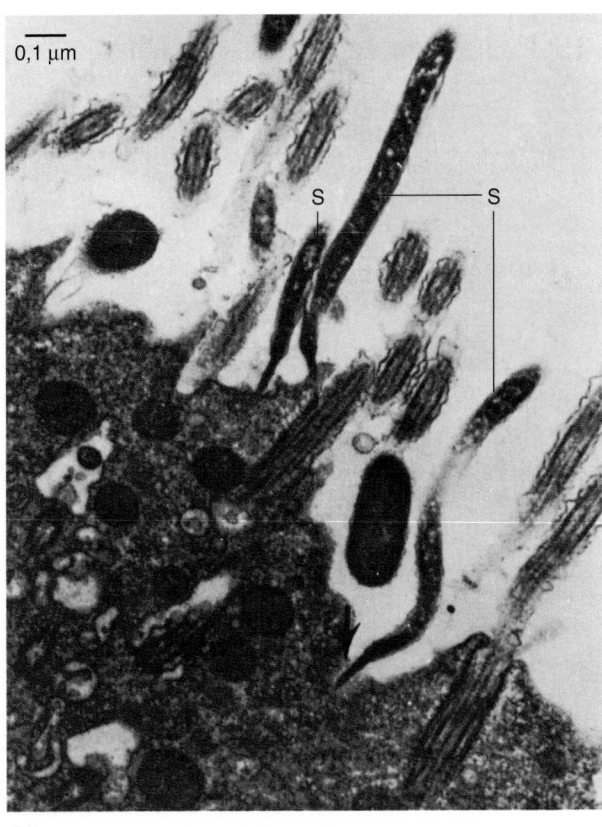

(b)

Figure 21.18 Les associations spirochètes-protozoaires. Les spirochètes de surface servent d'organe de locomotion aux protozoaires
(voir texte) (**a**) L'association spirochètes — *Personympha* montrant les
spirochètes en saillie à la surface. (**b**) Image au microscope électronique de petits spirochètes (S) fixés à la membrane du protozoaire flagellé *Barbulanympha*.

533.000 paires de bases. Les plasmides portent certains gènes
qu'on trouve normalement sur les chromosomes et les protéines
plasmidiques semblent intervenir dans la virulence de la bactérie.

La seconde édition du Bergey structure le phylum des
Spirochaetes en une classe, un ordre (les *Spirochaetales*) et trois
familles (les *Spirochaetaceae*, les *Serpulinaceae* et les
Leptospiraceae). Actuellement, il y a treize genres dans le phylum.
Le **tableau 21.4** résume quelques-unes des propriétés distinctives
des genres sélectionnés.

1. Décrivez les *Planctomycetes* et leurs propriétés distinctives.
2. Comparez les chlamydies avec les virus.
3. Donnez les caractéristiques principales du phylum des
   Chlamydiae. Que sont les corps élémentaires et les corps
   réticulés ? Décrivez brièvement les étapes du cycle d'une chlamydie.
4. En quoi le métabolisme des chlamydies diffère-t-il de celui des
   autres bactéries ?
5. Nommez deux ou trois maladies humaines dues aux chlamydies.
6. Donnez les caractéristiques les plus importantes des spirochètes.
7. Définissez les termes suivants : cylindre protoplasmique, fibrille
   axiale ou flagelle périplasmique, filament axial, manteau ou membrane externe. Faites un diagramme annoté de la morphologie
   d'un spirochète en localisant ces structures.
8. Comment les spirochètes utilisent-ils leur filament axial pour se déplacer ?

21.7 Le phylum des *Bacteroidetes*

Le phylum des *Bacteroidetes* est un ajout neuf de la seconde édition du Bergey. C'est un phylum très diversifié qui semble très
étroitement apparenté au phylum des *Chlorobi*. Il compte trois
classes (*Bacteroides*, *Flavobacteria* et *Sphingobacteria*), 12 familles et 50 genres.

La classe des *Bacteroides* contient des bâtonnets Gram-négatifs de formes variées, anaérobies, non sporulants, mobiles ou non
mobiles. Ces bactéries sont des chimiohétérotrophes et ils produisent généralement un mélange d'acides organiques comme produits
finals de la fermentation ; ils ne réduisent pas les sulfates, ni d'autres
composés soufrés. Les genres sont identifiés suivant des propriétés
comme la forme générale, la mobilité, la disposition des flagelles et
les produits de fermentation. Ces bactéries se développent dans des
habitats tels que la cavité buccale et le tractus intestinal des humains
et des animaux et le rumen des ruminants (*voir section 28.2*).

Ils sont certainement très répandus et importants bien que la
difficulté de cultiver ces anaérobies ait masqué leur signification.
Ils sont souvent bénéfiques à leur hôte. *Bacteroides ruminicola* est
un composant majeur de la flore du rumen : il fermente l'amidon,
les pectines et d'autres glucides. Environ 30 % des bactéries isolées de fèces humaines sont membres du genre *Bacteroides*, ces organismes peuvent fournir des aliments en dégradant la cellulose,
les pectines et d'autres sucres complexes. La famille est aussi impliquée en pathologie humaine : des membres du genre
Bacteroides sont associés aux maladies d'organes principaux, depuis le système nerveux central jusqu'au squelette. *B. fragilis* est
un organisme pathogène anaérobie particulièrement commun que

Tableau 21.4 **Caractéristiques des genres de spirochètes**

Genre	Dimensions (μm) et morphologie	Contenu en GC (moles %)	Besoin en oxygène	Source de carbone et d'énergie	Habitats
Spirochaeta	0,2–0,75 × 5–250; 2 à 40 flagelles périplasmiques (presque toujours 2)	51–65	Anaérobie facultatif ou anaérobie	Glucides	Aquatiques et libres
Cristispira	0,5–3,0 × 30–180; ≥ 100 flagelles périplasmiques	N.D.[a]	Anaérobie facultatif ?	N.D.[a]	Tube digestif des mollusques
Treponema	0,1–0,4 × 5–20; 2–16 flagelles périplasmiques	25–53	Anaérobie ou microaérophile	Glucides ou acides aminés	Bouche, intestin et zone génitale des animaux ; certains sont pathogènes (syphilis, pian)
Borrelia	0,2–0,5 × 3–20; 14–60 flagelles périplasmiques	27–32	Anaérobie ou microaérophile	Glucides	Mammifères et arthropodes ; pathogènes (fièvre récurrente, maladie de Lyme)
Leptospira	0,1 × 6–24; 2 flagelles périplasmiques	35–49 (53 dans une souche)	Aérobie	Acides gras et alcools	Libres ou pathogènes des mammifères, généralement localisés dans les reins (leptospirose)
Leptonema	0,1 × 6–20; 2 flagelles périplasmiques	51–53	Aérobie	Acides gras	Mammifères
Brachyspira	0,2 × 1,7–6,0; 8 flagelles périplasmiques	N.D.[a]	Anaérobie	N.D.[a]	Tractus intestinal mammalien
Serpulina	0,3–0,4 × 7–9; 16–18 flagelles périplasmiques	25–26	Anaérobie	Glucides et acides aminés	Tractus intestinal mammalien

[a] N.D. : information non disponible

l'on trouve dans les infections abdominales, pelviennes, pulmonaires et sanguines.

Un autre groupe important chez les *Bacteroidetes* est la classe des *Sphingobacteria*. En plus de la similarité de leurs séquences d'ARNr 16S, les sphingobactéries ont souvent des sphingolipides dans leurs parois cellulaires. Citons comme genres de cette classe : *Sphingobacterium*, *Saprospira*, *Flexibacter*, *Cytophaga*, *Sporocytophaga* et *Crenothrix*.

Les genres *Cytophaga*, *Sporocytophaga* et *Flexibacter* diffèrent l'un de l'autre par leur morphologie, leur cycle biologique et leur physiologie. Les bactéries du genre *Cytophaga* sont des bâtonnets minces, souvent avec des extrémités pointues (**figure 21.19a**). Elles diffèrent des myxobactéries fructifiantes et mobiles par glissement, car elles sont dépourvues de fructification et ont un contenu faible en GC. *Sporocytophaga* ressemble à *Cytophaga* mais forme des cellules quiescentes sphériques appelées microcystes (figures 21.19b,c). *Flexibacter* produit quand il est jeune de longues cellules filiformes flexibles (figure 21.19d) et est incapable d'utiliser des polysaccharides complexes. Les colonies de ces bactéries sont souvent de couleur jaune à orange, à cause de pigments caroténoïdes ou de flexirubines. Certaines des flexirubines sont chlorées, ce qui est inhabituel pour des molécules biologiques.

Des membres des genres *Cytophaga* et *Sporocytophaga* sont aérobies et dégradent activement les polysaccharides complexes. Les *Cytophaga* du sol digèrent la cellulose ; les formes terrestres et marines attaquent la chitine, la pectine et la kératine. Certaines espèces marines dégradent même l'agar. Les *Cytophaga* jouent un rôle majeur dans la minéralisation de la matière organique, ils peuvent endommager fortement le matériel de pêche et les structures en bois. Ils forment aussi une grande partie de la population bactérienne des stations d'épuration des eaux usées et contribuent vrai-

semblablement de façon significative à ce procédé de traitement des déchets.

La plupart des *Cytophaga* sont libres mais certains ont été isolés d'hôtes vertébrés et sont pathogènes. *Cytophaga columnaris* et d'autres sont responsables de maladies des poissons d'eaux douces et salées telles que la maladie colomnarienne, la maladie de l'eau froide et la pourriture des nageoires chez les poissons d'eau douce et marins.

La **mobilité par glissement** si caractéristique de ces organismes est très différente de la mobilité par flagelles (*voir section 3.6*). On la retrouve dans une grande diversité de taxons : des chimiohétérotrophes aérobies fructifiants et non fructifiants, des cyanobactéries, des bactéries vertes non sulfureuses et au moins deux genres Gram-positifs (*Heliobacterium* et *Desulfonema*). Les bactéries mobiles par glissement sont dépourvues de flagelle et sont stationnaires en milieu liquide. Lorsqu'elles entrent en contact avec une surface, elles s'y déplacent en glissant, laissant une trace visqueuse. Le mécanisme du glissement est inconnu (encadré 21.1). Le mouvement peut être très rapide ; certains *Cytophaga* font 150 μm en une minute tandis que les bactéries filamenteuses peuvent atteindre par glissement des vitesses de plus de 600 μm par minute. Les organismes jeunes sont les plus mobiles et souvent la mobilité se perd avec l'âge. Des niveaux nutritionnels bas stimulent généralement le glissement.

Cette mobilité donne beaucoup d'avantages à une bactérie. De nombreux chimiohétérotrophes aérobies glissent sur des substrats insolubles macromoléculaires telles la cellulose et la chitine et les digèrent activement. Le glissement est aussi idéal pour rechercher ces substrats. Parce qu'une grande partie des enzymes digestives sont liées à la cellule, les bactéries doivent être en contact avec les sources nutritives solides ; ceci est rendu possible grâce à la mobi-

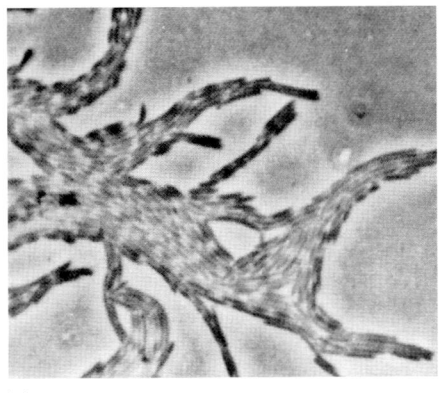

(a)

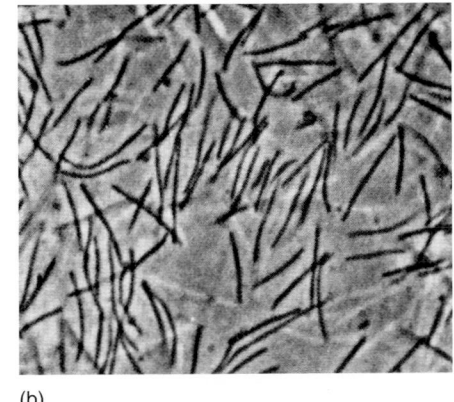

(b)

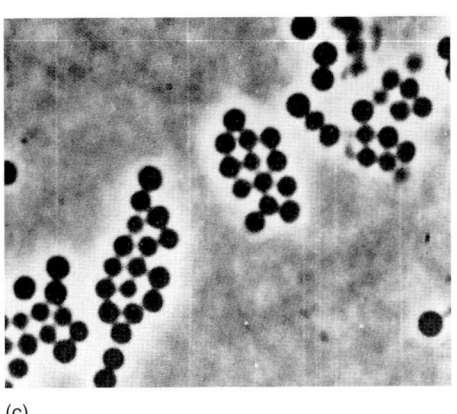

(c)

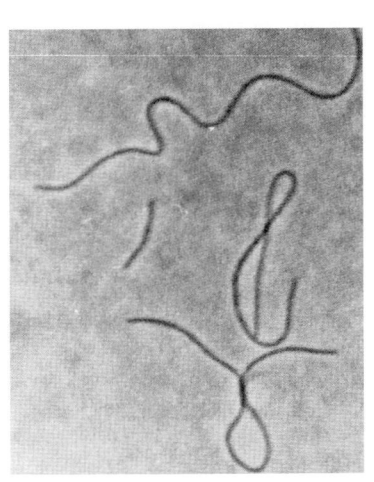

(d)

Figure 21.19 Les bactéries non photosynthétiques, non fructifiantes, mobiles par glissement. Membres représentatifs de l'ordre des *Cytophagales*. (**a**) *Cytophaga* sp. (x 1.500). (**b**) *Sporocytophaga myxococcoides*, cellules végétatives sur gélose (x 1.170). (**c**) *Sporocytophaga myxococcoides*, microcystes matures (x 1.750). (**d**) Cellules filiformes de *Flexibacter elegans* (x 1.100)

lité par glissement. Le glissement est bien adapté aux habitats plus secs et permet le déplacement à l'intérieur de masses solides traversées par de petits canaux, comme le sol, les sédiments ou le bois pourri. Finalement, les bactéries qui glissent peuvent, comme les bactéries flagellées, se positionner elles-mêmes à un niveau optimal d'intensité lumineuse, d'oxygène, de sulfure d'hydrogène, de température et d'autres facteurs qui influencent la croissance.

1. Donnez les propriétés principales de la classe des *Bacteroidetes*.
2. Comment ces bactéries profitent-elles et nuisent-elles à leurs hôtes ?
3. Donnez trois avantages de la mobilité par glissement.
4. Décrivez brièvement les genres suivants : *Cytophaga*, *Sporocytophaga* et *Flexibacter*.
5. Pourquoi les *Cytophagae* sont-ils écologiquement importants ?

Résumé

1. *Aquifex* et *Thermotoga* sont des bâtonnets Gram-négatifs hyperthermophiles qui représentent les deux branches phylogéniques les plus anciennes des bactéries.

2. Les membres de l'ordre des *Deinococcales* sont des bâtonnets et des coques Gram-positifs, aérobies, qui se distinguent par leur résistance anormalement grande à la dessiccation et à l'irradiation.

3. Les cyanobactéries pratiquent la photosynthèse oxygénique, les bactéries pourpres et vertes la photosynthèse anoxygénique.

4. Les quatre groupes les plus importants des bactéries photosynthétiques pourpres et vertes sont les bactéries pourpres sulfureuses, les bactéries pourpres non sulfureuses, les bactéries vertes sulfureuses et les bactéries vertes non sulfureuses (**tableau 21.1**).

5. Les bactériochlorophylles des bactéries pourpres et vertes leur permettent de vivre dans les zones profondes, anaérobies, des habitats aquatiques.

6. Les bactéries vertes non sulfureuses comme *Chloroflexus* sont placées dans le phylum des *Chloroflexi*. *Chloroflexus* est une bactérie ther-

mophile, mobile par glissement, filamenteuse, qui ressemble métaboliquement aux bactéries pourpres non sulfureuses.

7. Le phylum des *Chlorobi* contient les bactéries vertes sulfureuses—des photolithoautotrophes, anaérobies obligatoires qui emploient le sulfure d'hydrogène, le soufre élémentaire et l'hydrogène comme source d'électrons.

8. Les cyanobactéries pratiquent la photosynthèse oxygénique grâce à un système photosynthétique semblable à celui des eucaryotes. Comme les algues rouges, elles possèdent des phycobilisomes.

9. Les cyanobactéries se reproduisent par scission binaire, bourgeonnement, scission multiple et fragmentation. Elles forment ainsi des hormogonies. Certaines produisent des akinètes dormantes.

10. Les cyanobactéries fixatrices d'azote forment habituellement des hétérocystes, cellules spécialisées où s'effectue la fixation de l'azote.

11. La seconde édition du Bergey divise les cyanobactéries en cinq sous-sections et inclut les prochlorophytes dans le même phylum (*Cyanobacteria*) (**tableau 21.3**).

12. Les membres des phylums des *Planctomycetes* et des *Chlamydiae* n'ont pas de peptidoglycane dans leurs parois.

13. Les chlamydies sont des bactéries Gram-négatives, coccoïdes, non mobiles, qui se reproduisent dans les vacuoles cytoplasmiques de leur hôte via un cycle biologique où interviennent des corps élémentaires (CE) et des corps réticulés (CR) (**figure 21.14**).

14. Les spirochètes sont des bactéries Gram-négatives, minces, longues, hélicoïdales, qui se déplacent grâce au filament axial situé en-dessous du manteau ou membrane externe (**figure 21.16**).

15. Les membres de la classe des *Bacteroides* sont des bâtonnets de formes variées, anaérobies obligatoires, chimiohétérotrophes, non sporulants, mobiles ou non mobiles. Certains sont des symbiotes importants du rumen et de l'intestin, d'autres peuvent provoquer des maladies.

16. La mobilité par glissement est pratiquée par des bactéries diverses, dont les sphingobactéries.

17. Les *Cytophagae* dégradent des protéines et des polysaccharides complexes et jouent un rôle actif dans la minéralisation de la matière organique.

Mots-clés

akinètes   *471*

bactéries vertes non sulfureuses   *470*

bactéries vertes sulfureuses   *470*

béocytes   *475*

chlamydies   *477*

chlorosomes   *470*

corps élémentaires (CE)   *477*

corps initial   *477*

corps réticulés (CR)   *477*

cyanobactéries   *471*

fibrilles axiales   *479*

filament axial   *479*

flagelles périplasmiques   *479*

hétérocystes   *473*

hormogonies   *473*

mobilité par glissement   *482*

photosynthèse anoxygénique   *468*

photosynthèse oxygénique   *468*

phycobilisomes   *471*

trichome   *472*

Questions de révision

1. Comparez la première édition du Bergey à la deuxième pour la façon dont sont traités les chlamydies et les *Cytophagae*. Qu'est-ce que cela vous dit sur la différence d'approche entre les deux éditions ?

2. Supposez que vous êtes microbiologiste et que vous travaillez sur le projet de sonde sur Mars. Comment feriez-vous pour voir si des microorganismes vivent sur la planète, et pourquoi ?

3. En quoi les cyanobactéries diffèrent-elles des bactéries photosynthétiques vertes et pourpres ?

4. Faites la relation entre la physiologie de chacun des principaux groupes de bactéries photosynthétiques et leurs habitats préférés.

5. Pourquoi la fixation d'azote est-elle sensible à l'oxygène ? Comment les cyanobactéries sont-elles capables de fixer l'azote, alors qu'elles pratiquent aussi la photosynthèse oxygénique ?

6. Comment pourrait-on essayer de cultiver, en dehors de son hôte, une chlamydie ou une rickettsie (*voir chapitre 22*) nouvellement découverte ?

Questions de réflexion

1. Choisissez une bactérie étudiée dans ce chapitre. Ecrivez un court article de 1 à 2 pages, sur où et comment vous chercheriez pour isoler cet organisme ? Dans quelle niche écologique prélèveriez-vous des échantillons ? Quels milieux et quelles conditions sélectives de croissance emploieriez-vous ? Citez des références.

2. De nombreux modes de locomotion sont utilisés par les diverses bactéries de ces phylums. Passez-les en revue et proposez des mécanismes par lesquels l'énergie (ATP ou gradients de protons) pourrait être utilisée pour la locomotion.

Lectures complémentaires

Généralités

Balows, A.; Trüper, H. G.; Dworkin, M.; Harder, W.; et Schleifer, K.-H. 1992. *The prokaryotes,* 2e éd. New York: Springer-Verlag.

Garrity, G. M., éd. 2001. *Bergey's manual of systematic bacteriology,* 2e éd., vol. 1, D. R. Boone and R. W. Castenholz, editors. New York: Springer-Verlag.

Holt, J. G., éd. 1984. *Bergey's manual of systematic bacteriology,* vol. 1, N. R. Krieg, editor. Baltimore, Md.: Williams & Wilkins.

Holt, J. G., éd. 1989. *Bergey's Manual of Systematic Bacteriology,* vol. 3, J. T. Staley, M. P. Bryant, et N. Pfennig, editors. Baltimore, Md.: Williams & Wilkins.

Mayer, F. 1986. *Cytology and morphogenesis of bacteria.* Berlin: Gebrüder Borntraeger.

21.1   *Aquificae* et *Thermotogae*

Deckert, G., et al. 1998. The complete genome of the hyperthermophilic bacterium *Aquifex aeolicus. Nature* 392:353–58.

Nelson, K. E., et al. 1999. Evidence for lateral gene transfer between Archaea and Bacteria from genome sequence of *Thermotoga maritima. Nature* 399:323–29.

21.2   Deinococcus-Thermus

Battista, J. R. 1997. Against all odds: The survival strategies of *Deinococcus radiodurans. Annu. Rev. Microbiol.* 51:203–24.

Battista, J. R.; Earl, A. M.; et Park, M.-J. 1999. Why is *Deinococcus radiodurans* so resistant to ionizing radiation? *Trends Microbiol.* 7(9):362–65.

Mattimore, V., et Battista, J. R. 1996. Radioresistance of *Deinococcus radiodurans:* Functions necessary to survive ionizing radiation are also necessary to survive prolonged desiccation. *J. Bacteriol.* 178:633–37.

Rainey, F. A.; Nobre, M. F.; Schumann, R.; Stackebrandt, E.; et Da Costa, M. S. 1997. Phylogenetic diversity of the deinococci as determined by 16S ribosomal DNA sequence comparison. *Int. J. Syst. Bacteriol.* 47(2):510–14.

21.3   Les bactéries photosynthétiques

Adams, D. G. 1992. Multicellularity in cyanobacteria. In *Prokaryotic structure and function,* S. Mohan, C. Dow, et J. A. Coles, éd., 341–84. New York: Cambridge University Press.

Armstrong, G. A. 1994. Eubacteria show their true colors: Genetics of carotenoid pigment biosynthesis from microbes to plants. *J. Bacteriol.* 176(16):4795–802.

Bullerjahn, G. S., et Post, A. F. 1993. The prochlorophytes: Are they more than just chlorophyll a/b-containing cyanobacteria? *Crit. Rev. Microbiol.* 19(1):43–59.

Carmichael, W. W. 1994. The toxins of cyanobacteria. *Sci. Am.* 270(1):78–86.

Garcia-Pichel, F. 2000. Cyanobacteria. In *Encyclopedia of microbiology,* 2e éd., vol. 1, J. Lederberg, éd., 907–29. San Diego: Academic Press.

Glazer, A. N. 1983. Comparative biochemistry of photosynthetic light-harvesting systems. *Annu. Rev. Biochem.* 52:125–57.

Grossman, A. R.; Schaefer, M. R.; Chiang, G. G.; et Collier, J. L. 1993. The phycobilisome, a light-harvesting complex responsive to environmental conditions. *Microbiol. Rev.* 57(3):725–49.

Grossman, A. R.; Bhaya, D.; Apt, K. E.; et Kehoe, D. M. 1995. Light-harvesting complexes in oxygenic photosynthesis: Diversity, control, and evolution. *Annu. Rev. Genet.* 29:231–88.

Partensky, F.; Hess, W. R.; et Vaulot, D. 1999. *Prochlorococcus,* a marine photosynthetic prokaryote of global significance. *Micro. Mol. Biol. Rev.* 63(1): 106–27.

Peters, G. A. 1978. Blue-green algae and algal associations. *BioScience* 28(9):580–85.

Rogers, L. J., et Gallon, J. R., editors, 1988. *Biochemistry of the algae and cyanobacteria.* New York: Oxford University Press.

Stanier, R. Y., et Cohen-Bazire, G. 1977. Phototrophic prokaryotes: The cyanobacteria. *Annu. Rev. Microbiol.* 31:225–74.

Wolk, C. P. 1996. Heterocyst formation. *Annu. Rev. Genet.* 30:59–78.

21.4 Le phylum des *Planctomycetes*

Fuerst, J. A., et Webb, R. I. 1991. Membrane-bounded nucleoid in the eubacterium *Gemmata obscuriglobus. Proc. Natl. Acad. Sci.* 88:8184–88.

21.5 Le phylum des *Chlamydiae*

Beatty, W. L.; Morrison, R. P.; et Byrne, G. I. 1994. Persistent chlamydiae: from cell culture to a paradigm for chlamydial pathogenesis. *Microbiol. Rev.* 58(4):686–99.

Campbell, L. A.; Kuo, C.-C.; et Grayston, J. T. 1998. *Chlamydia pneumoniae* and cardiovascular disease. *Emerg. Infect. Dis.* 4(4):571–79.

Hackstadt, T.; Fischer, E. R.; Scidmore, M. A.; Rockey, D. D.; et Heinzen, R. A. 1997. Origins and functions of the chlamydial inclusion. *Trends Microbiol.* 5(7):288–93.

Hatch, T. P. 1996. Disulfide cross-linked envelope proteins: The functional equivalent of peptidoglycan in chlamydiae? *J. Bacteriol.* 178(1):1–5.

McClarty, G. 1994. Chlamydiae and the biochemistry of intracellular parasitism. *Trends Microbiol.* 2(5):157–64.

Moulder, J. W. 1991. Interaction of chlamydiae and host cells in vitro. *Microbiol. Rev.* 55(1):143–90.

Raulston, J. E., et Wyrick, P. B. 2000. Chlamydia. In *Encyclopedia of microbiology,* 2ᵉ éd., vol. 1, J. Lederberg, éd., 781–88. San Diego: Academic Press.

21.6 Le phylum des *Spirochaetes*

Canale-Parola, E. 1978. Motility and chemotaxis of spirochetes. *Annu. Rev. Microbiol.* 32:69–99.

Harwood, C. S., et Canale-Parola, E. 1984. Ecology of spirochetes. *Annu. Rev. Microbiol.* 38:161–92.

Holt, S. C. 1978. Anatomy and chemistry of spirochetes. *Microbiol. Rev.* 42(1):114–60.

Margulis, L. 2000. Spirochetes. In *Encyclopedia of microbiology,* 2ᵉ éd., vol. 4., J. Lederberg, éd., 353–63. San Diego: Academic Press.

Radolf, J. D. 1994. Role of outer membrane architecture in immune evasion by *Treponema pallidum* and *Borrelia burgdorferi. Trends Microbiol.* 2(9):307–11.

Radoff J. D.; Steiner, B.; et Shevchenko, D. 1999. *Treponema pallidum:* Doing a remarkable job with what it's got. *Trends Microbiol.* 7(1):7–9.

Saint Girons, I.; Old, I. G.; and Davidson, B. E. 1994. Molecular biology of the *Borrelia,* bacteria with linear replicons. *Microbiology* 140:1803–16.

21.7 Le phylum des *Bacteroidetes*

Burchart, R. P. 1981. Gliding motility of prokaryotes: Ultrastructure, physiology, and genetics. *Annu. Rev. Microbiol.* 35:497–529.

McBride, M. J. 2000. Bacterial gliding motility: Mechanisms and mysteries. *ASM News* 66(4):203–10.

Reichenbach, H. 1981. Taxonomy of the gliding bacteria. *Annu. Rev. Microbiol.* 35:339–64.

Takeuchi, M.; Sakane, T.; Yanagi, M.; Yamasato, K.; Hamana, K.; et Yokota, A. 1995. Taxonomic study of bacteria isolated from plants: Proposal of *Sphingomonas rosa* sp. nov., *Sphingomonas pruni* sp. nov., *Sphingomonas asaccharolytica* sp. nov., and *Sphingomonas mali* sp. nov. *Int. J. Syst. Bacteriol.* 45(2):334–41.

CHAPITRE 22

Les bactéries :
Les protéobactéries

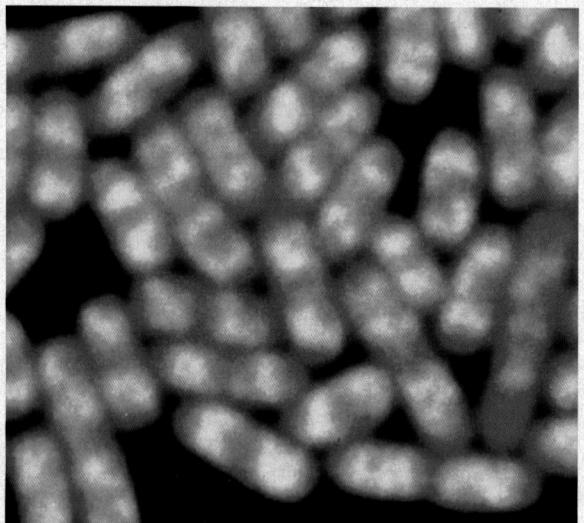

Salmonella typhimurium, colorée ici à l'orangé d'acridine, un composé fluorescent, est un pathogène important de l'homme. Il provoque la fièvre typhoïde.

Plan

Concepts

1. Les protéobactéries de la seconde édition du Bergey étaient dans les volumes 1 et 3 de la première édition. Dans cette première édition, les bactéries étaient placées dans une section donnée selon quelques propriétés phénotypiques majeures, comme la forme générale, le type nutritionnel, la mobilité, la relation à l'oxygène et ainsi de suite. La seconde édition utilise les séquences des acides nucléiques, en particulier les comparaisons des séquences des ARNr 16S, pour regrouper phylogéniquement les bactéries.

2. Beaucoup de ces bactéries Gram-négatives ont une importance considérable, soit comme agents pathogènes, soit par leurs effets sur l'environnement. D'autres, comme *Eschericha coli*, sont des organismes expérimentaux majeurs, étudiés dans un grand nombre de laboratoires.

3. Ces bactéries ne présentent pas de variations radicales en ce qui concerne l'aspect général, mais elles se diversifient souvent par leurs métabolismes et leurs modes de vie, qui vont du parasitisme intracellulaire obligatoire à une existence libre dans les habitats terrestres et aquatiques.

4. Les bactéries n'ont pas toujours une morphologie simple, sans sophistication ; elles peuvent produire des prosthèques, des pédoncules, des bourgeons, des gaines ou des fructifications complexes.

5. Les bactéries chimiolithotrophes obtiennent leur énergie et leurs électrons en oxydant des composés inorganiques, plutôt que des aliments organiques comme le font la plupart des bactéries. Elles ont souvent un impact environnemental important, par leur capacité à oxyder de multiples formes d'azote et de soufre inorganiques.

6. De nombreuses bactéries se sont spécialisées dans les modes de vie de prédateurs ou de parasites, comme *Bdellovibrio* et les rickettsies. Elles ont abandonné une partie de leur indépendance métabolique et perdu des voies métaboliques. Elles dépendent de leur proie ou de leur hôte pour leur fourniture en énergie et/ou en constituants cellulaires.

> *Les microbes sont végétaux et chaque homme est comme une serre pleine de millions de ces plantes en pots.*
>
> — *Finnley Peter Dunne*

Les chapitres 20 et 21 ont décrit de nombreux groupes traités dans les volumes 1 et 5 de la seconde édition du Bergey. Le chapitre 20 était consacré aux *Archaea* et le chapitre 21 passait en revue les groupes bactériens décrits dans les volumes 1 et 5. Ce chapitre-ci présente les bactéries qui figurent dans le volume 2 de la seconde édition du Bergey. Ces bactéries Gram-négatives sont placées dans les volumes 1 et 3 de la première édition. Nous suivrons ici l'organisation générale de la seconde édition. Le présent chapitre décrit les caractères biologiques principaux de chaque groupe et un choix de quelques formes représentatives, présentant un intérêt particulier

Le volume 2 de la seconde édition du Bergey est consacré entièrement aux **protéobactéries**, parfois appelées bactéries pourpres parce que les bactéries pourpres photosynthétiques sont éparpillées dans plusieurs de leurs sous-groupes. Les protéobactéries constituent le groupe de bactéries le plus grand et le plus diversifié. Il compte actuellement plus de 380 genres et 1.300 familles. Bien que les études de l'ARNr 16S montrent qu'elles sont phylogéniquement apparentées, les protéobactéries offrent à beaucoup d'égards des variations marquées. La morphologie de ces bactéries Gram-négatives va des bâtonnets et coques simples, aux genres formant des prosthèques, des bourgeons et même des fructifications. Physiologiquement, ces bactéries sont aussi diverses. Photoautotrophes, chimiolithotrophes et chimiohétérotrophes sont

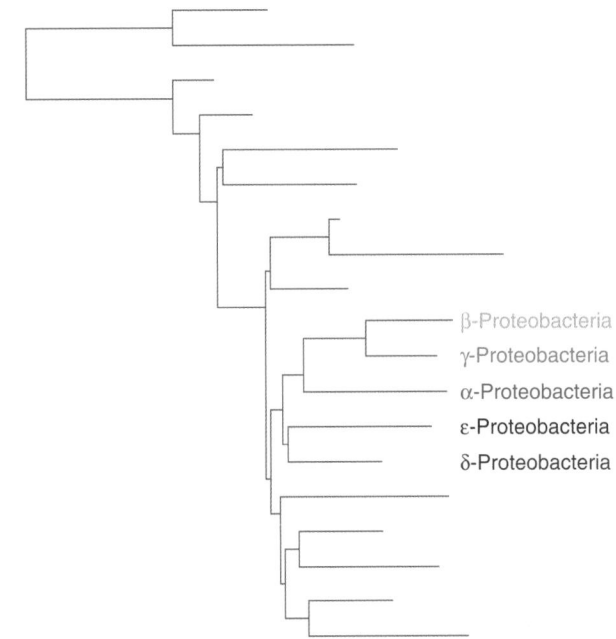

tous bien représentés. Il n'y a chez les protéobactéries, aucun patron global évident du métabolisme, ni de la morphologie, ni de la stratégie de reproduction.

La comparaison des séquences de l'ARNr 16S a révélé cinq sous-groupes (voir le diagramme en haut de cette page). La seconde édition du Bergey place tous ces procaryotes dans le phylum des *Proteobacteria*, qui compte cinq classes : les *Alphaproteobacteria*, les *Betaproteobacteria*, les *Gammaproteobacteria*, les *Deltaproteobacteria* et les *Epsilonproteobacteria*. On trouve les bactéries photosynthétiques pourpres dans les protéobactéries α, β et γ. Ceci a conduit à proposer que les protéobactéries dérivent d'un ancêtre photosynthétique, présumé similaire aux bactéries pourpres. Diverses lignées auraient, par la suite, perdu la photosynthèse et acquis de nouvelles capacités métaboliques, en s'adaptant à différentes niches écologiques.

22.1 La classe des *Alphaproteobacteria*

Les **α-protéobactéries** incluent la plupart des protéobactéries oligotrophes (celles qui sont capables de croître avec peu de nourriture). Certaines ont des métabolismes inhabituels comme la méthylotrophie (*Methylobacterium*) et la capacité de fixer l'azote (*Nitrobacter*). Les membres de genres comme *Rickettsia* et *Brucella* sont des pathogènes importants ; en fait, *Rickettsia* est devenu un parasite intracellulaire obligatoire. De nombreux genres se caractérisent par des caractères morphologiques distinctifs, comme les prosthèques.

La classe des *Alphaproteobacteria* comprend six ordres et 18 familles. La **figure 22.1** illustre la relation phylogénique entre certaines α-protéobactéries typiques, et le *tableau 22.1* résume les caractéristiques générales de nombre de bactéries étudiées dans les sections qui suivent.

Les bactéries pourpres non sulfureuses

Toutes les bactéries pourpres pratiquent la photosynthèse anoxygénique et possèdent les bactériochlorophylles *a* ou *b*. Leur appareil photosynthétique est situé dans des systèmes membranaires en continuité avec la membrane plasmique. La plupart sont mobiles, avec des flagelles polaires. A l'exception de *Rhodocyclus*, les bactéries pourpres non sulfureuses sont placées parmi les α-protéobactéries. Les bactéries photosynthétiques (pp. 468–76).

Les **bactéries pourpres non sulfureuses** sont exceptionnellement souples quant au choix de leur source d'énergie. Elles se développent normalement de façon anaérobie comme des photoorganohétérotrophes : elles captent l'énergie lumineuse et utilisent des molécules organiques comme source d'électrons et de carbone (*voir tableau 21.1*). Bien qu'appelées bactéries non sulfureuses, certaines espèces peuvent oxyder des quantités très faibles non toxiques de sulfure en sulfate ; elles n'oxydent cependant pas le soufre élémentaire en sulfate. En l'absence de lumière, la plupart des bactéries pourpres non sulfureuses peuvent se développer de façon aérobie comme chimioorganohétérotrophes, mais certaines espèces réalisent des fermentations et se développent de façon anaérobie. L'oxygène inhibe la synthèse de la bactériochlorophylle et des caroténoïdes. Les cultures qui se développent en aérobiose à l'obscurité sont donc incolores.

Les bactéries pourpres non sulfureuses ont une morphologie très variable (**figure 22.2**). Elles sont en spirale (*Rhodospirillum*), en bâtonnet (*Rhodopseudomonas*), en demi-cercle ou en cercle (*Rhodocyclus*) et forment même des prosthèques et des bourgeons (*Rhodomicrobium*). A cause de leur métabolisme, ces bactéries prédominent dans la vase, l'eau des lacs et des étangs où la matière organique est abondante et le niveau en sulfure faible. Il existe aussi des espèces marines.

Rickettsia et *Coxiella*

Dans la seconde édition du Bergey, le genre *Rickettsia* sera mis dans l'ordre des *Rickettsiales* et la famille des *Rickettsiaceae* des α-protéobactéries, tandis que *Coxiella* sera dans l'ordre des *Legionellales* et la famille des *Coxiellaceae* des γ-protéobactéries. La première édition place ces deux genres et d'autres bactéries à croissance intracellulaire dans une section séparée, et nous présenterons aussi *Rickettsia* et *Coxiella* ensemble, à cause de la similarité de leur mode de vie, bien qu'ils soient en apparence phylogéniquement distants.

Ces bactéries sont bacilliformes, coccoïdes ou pléomorphes, avec des parois Gram-négatives typiques et sans flagelles. Bien que de tailles variées, ces bactéries sont fort petites. Par exemple, *Rickettsia* mesure 0,3 à 0,5 μm de diamètre et 0,8 à 2,0 μm de long ; *Coxiella* a 0,2 à 0,4 μm sur 0,4 à 1 μm. Tous sont parasites ou mutualistes. Les formes parasites se développent chez les vertébrés dans les érythrocytes, les cellules réticulo-endothéliales (*voir fi-*

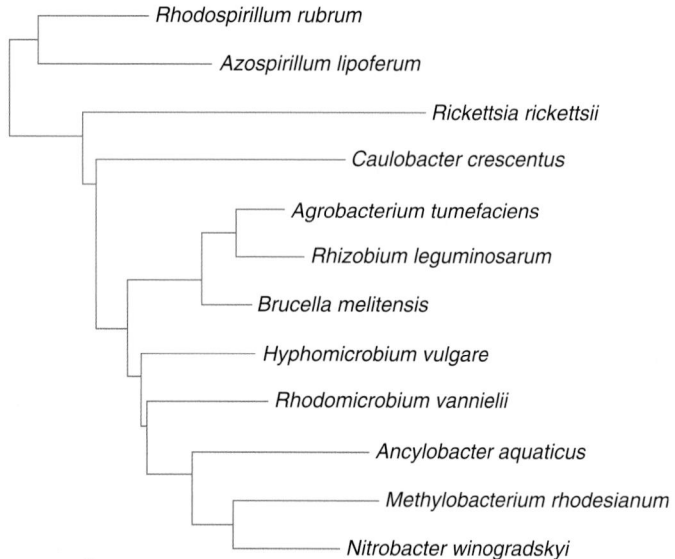

Figure 22.1 Relations phylogéniques entre α-protéobactéries sélectionnées. Sont montrées ici les relations entre quelques espèces, basées sur les données de séquences de l'ARNr 16S. *Source : The Ribosomal Database Project.*

Tableau 22.1 Caractéristiques d'α-protéobactéries sélectionnées

Genre	Dimensions (μm) et morphologie	Teneur en GC (mole %)	Exigence en oxygène	Autres caratères distinctifs
Agrobacterium	0,6–1,0 × 1,5–3,0 ; bâtonnets non sporulants, mobiles avec des flagelles péritriches	57–63	Aérobie	Chimioorganotrophe, peut envahir les plantes et provoquer des tumeurs
Caulobacter	0,4–0,6 × 1–2 ; en forme de bâtonnet ou vibrioïde, avec un flagelle, une prosthèque et un crampon	62–67	Aérobie	Hétérotrophe et oligotrophe ; division cellulaire asymétrique
Hyphomicrobium	0,3–1,2 × 1–3 ; en forme de bâtonnet ou ovale avec des prosthèques polaires	59–65	Aérobie	Se reproduit par bourgeonnement ; méthylotrophe
Nitrobacter	0,5–0,8 × 1,0–2,0 ; en forme de bâtonnet ou de poire, parfois mobile par flagelle	60–62	Aérobie	Chimiolithotrope, oxyde le nitrite en nitrate
Rhizobium	0,5–0,9 × 1,2–3,0 ; bâtonnets mobiles par flagelles	59–64	Aérobie	Envahit les plantes légumineuses, où il produit des nodules fixateurs d'azote dans les racines
Rhodospirillum	0,7–1,5 de large, cellules en spirale avec des flagelles polaires	62–64	Anaérobie, microaérophile, aérobie	Photohétérotrophe dans des conditions d'anaérobiose
Rickettsia	0,3–0,5 × 0,8–2,0 ; bâtonnets courts, non mobiles	29–33	Aérobie	Parasite intracellulaire obligatoire

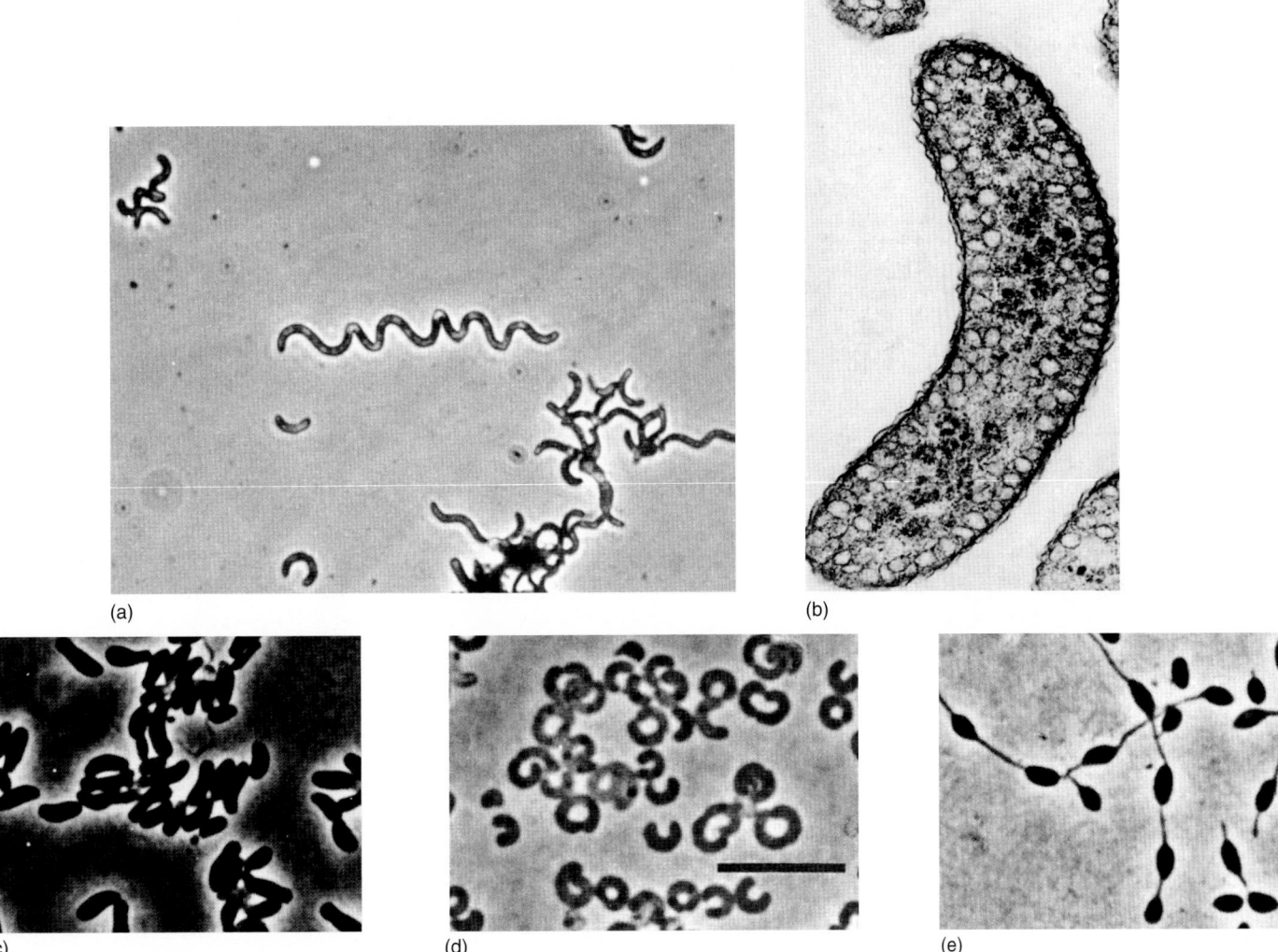

(a)

(b)

(c)

(d)

(e)

Figure 22.2 Les bactéries pourpres non sulfureuses typiques. (a) *Rhodospirillum rubrum*. Contraste de phase (x 410). (**b**) *R. rubrum* se développant en anaérobiose à la lumière. Notez les invaginations vésiculaires de la membrane plasmique, image au microscope électronique à transmission (x 51.000). (**c**) *Rhodopseudomonas acidophila*. Contraste de phase. (**d**) *Rhodocyclus purpureus*. Contraste de phase. La barre = 10 µm. (**e**) *Rhodomicrobium vannielli* avec des cellules végétatives et des bourgeons, contraste de phase.

gure 31.4) et les cellules de l'endothélium vasculaire. Elles vivent aussi souvent chez les arthropodes suceurs de sang, tels que puces, tiques, mites ou poux qui servent de vecteurs (*voir section 37.6*) ou d'hôtes primaires.

La reproduction et le métabolisme de ces genres ont été très étudiés, parce que l'on compte parmi eux des pathogènes humains importants. Les rickettsies pénètrent dans la cellule hôte en induisant la phagocytose. Les membres du genre *Rickettsia* s'échappent immédiatement du phagosome et se reproduisent par scission binaire dans le cytoplasme (**figure 22.3**). Au contraire, *Coxiella* reste à l'intérieur du phagosome après la fusion de celui-ci avec un lysosome et se reproduit en fait à l'intérieur d'un phagolysosome. La cellule hôte éclate parfois, libérant de nouveaux organismes. Outre le dommage provenant de la lyse cellulaire, l'hôte souffre des effets toxiques des parois des rickettsies (la toxicité des parois paraît associée au mécanisme de pénétration dans les cellules hôtes).

Les rickettsies ont une physiologie et un métabolisme très différents des autres bactéries. Elles sont dépourvues de glycolyse et ne peuvent utiliser le glucose comme source d'énergie, elles oxy-

dent plutôt le glutamate et des intermédiaires du cycle des acides tricarboxyliques, tel le succinate. La membrane plasmique des rickettsies possède des systèmes transporteurs, les nutriments et coenzymes de la cellule hôte sont ainsi absorbés et utilisés directement. Par exemple, les rickettsies absorbent le NAD comme l'uridine diphosphate glucose. Leur membrane possède aussi un transporteur d'adénylate qui échange l'ADP contre l'ATP externe. Ainsi, l'ATP de l'hôte fournit une grande partie de l'énergie nécessaire à la croissance de la bactérie. Cette dépendance métabolique explique pourquoi beaucoup de ces organismes doivent être cultivés dans les membranes d'embryons de poulet ou dans des cellules en culture. Les résultats du séquençage de son génome montrent que *R. prowazekii* est en bien des façons semblable aux mitochondries (*voir p 351*). Il est possible que les mitochondries proviennent d'une association endosymbiotique avec un ancêtre de *Rickettsia*.

Cet ordre comprend de nombreux pathogènes importants. *Rickettsia prowazekii* et *R. typhi* sont associés au typhus et *R. rickettsii* à la fièvre pourprée des Montagnes Rocheuses. *Coxiella burnetii* est responsable de la fièvre Q chez les humains. Ces ma-

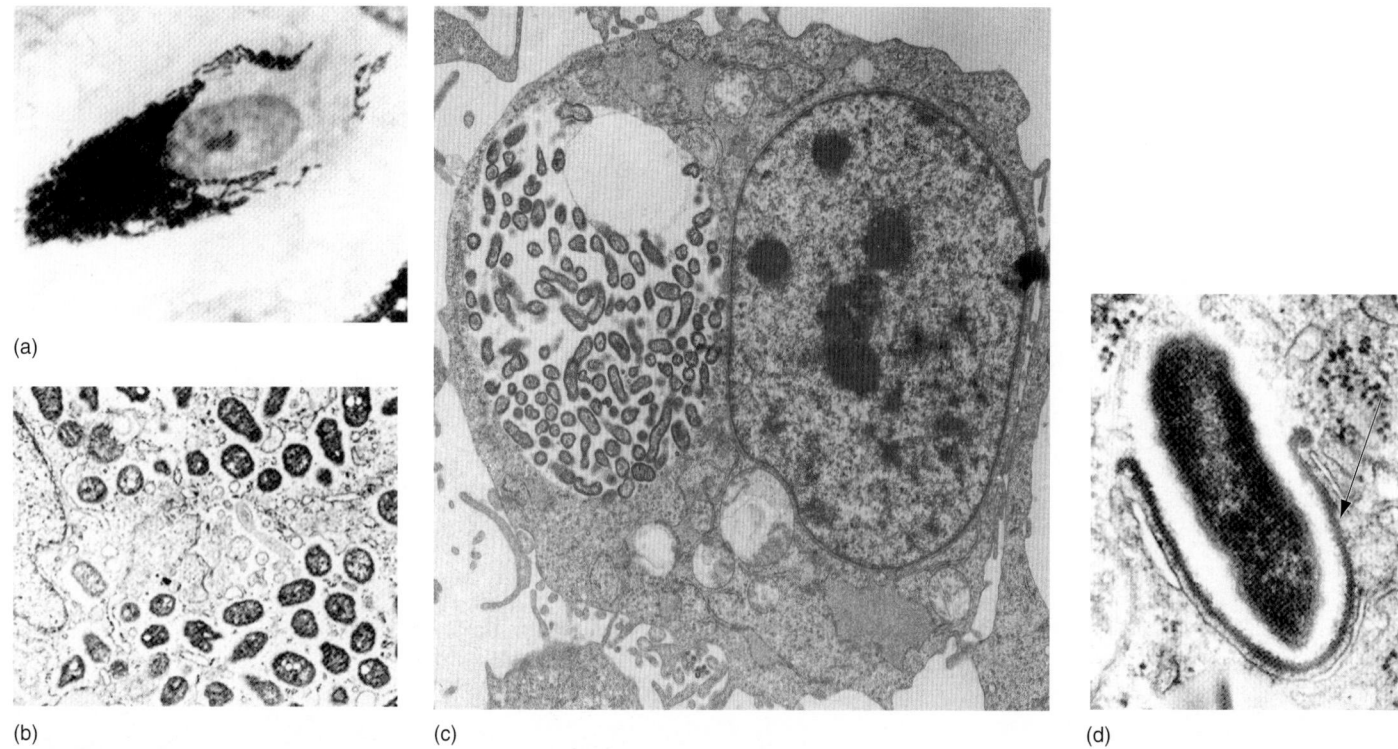

(a)

(b)

(c)

(d)

Figure 22.3 Les *Rickettsiales*. Morphologie et reproduction des rickettsies. (**a**) Fibroblaste humain rempli de *Rickettsia prowazekii* (x 1.200). (**b**) Fibroblaste d'embryon de poulet au stade tardif de l'infection avec des *R. prowazekii* cytoplasmiques libres (x 13.600). (**c**) *Coxiella burnetti* croissant dans les vacuoles d'un fibroblaste (x9.000). (**d**) *R. prowazekii* quittant un phagosome désorganisé (flèche) et entrant dans la matrice cytoplasmique (x 46.000).

ladies sont présentées plus loin avec quelques détails (*voir chapitre 39*). Il faut noter que les rickettsies sont aussi des organismes pathogènes importants pour des animaux domestiques, tels que chiens, chevaux, moutons et bétail.

Les *Caulobacteraceae* et les *Hyphomicrobiaceae*

Certaines des protéobactéries ne sont pas de simples bâtonnets ou coques, mais possèdent des appendices. Ces bactéries présentent au moins une des trois caractéristiques suivantes : une prosthèque, un pédoncule ou une reproduction par bourgeonnement. Une **prosthèque** est une extension de la cellule incluant la membrane plasmique et la paroi cellulaire, elle est plus étroite que la cellule mature. Un **pédoncule** est un appendice non vivant produit vers l'extérieur par la cellule (*voir figure 3.2f*). Le **bourgeonnement** est tout à fait différent de la **scissiparité** normalement utilisée chez les bactéries (*voir p 223*). Le bourgeon apparaît d'abord en un point de la cellule comme une petite protrusion, puis s'élargit pour former une cellule mature. La plus grande partie de l'enveloppe du bourgeon est nouvellement synthétisée. Au contraire, au cours de la scission binaire, l'enveloppe cellulaire parentale est partagée entre les cellules filles. Enfin, la cellule parentale conserve son identité lors d'un bourgeonnement et la nouvelle cellule est souvent plus petite que celle qui lui a donné naissance. Dans la scission binaire, la cellule parentale disparaît en formant les descendants. Les familles des *Caulobacteraceae* et des *Hyphomicrobiaceae* des α-protéobactéries contiennent deux des genres à prosthèque les mieux étudiés : *Caulobacter* et *Hyphomicrobium*.

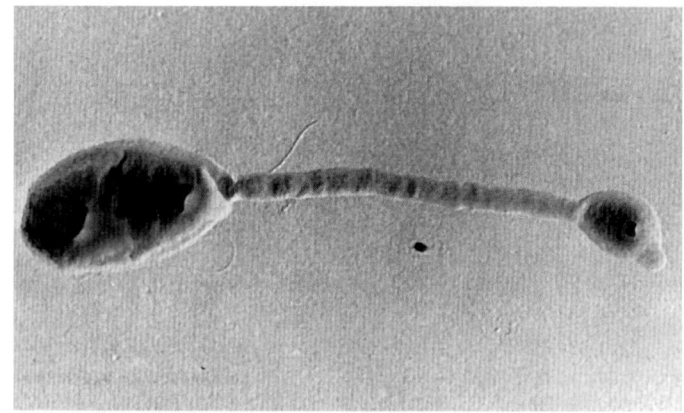

Figure 22.4 Les bactéries bourgeonnantes à prosthèque. Morphologie d'*Hyphomicrobium*. *Hyphomicrobium facilis* avec hyphes et jeunes bourgeons. La barre = 1 µm.

Le genre *Hyphomicrobium* est fait de bactéries bourgeonnantes, aérobies, chimiohétérotrophes et fréquemment fixées à des supports solides dans des habitats d'eau douce, marins et terrestres. (Elles se développent même dans les bains maries des laboratoires). La cellule végétative mesure de 0,5 à 1,0 sur 1 à 3 µm (**figure 22.4**). Au début du cycle reproductif, la cellule mature produit un hyphe ou prosthèque d'un diamètre de 0,2 à 0,3 µm qui s'allonge sur plusieurs µm (**figure 22.5**). Le nucléoïde se divise et une copie se déplace dans l'hyphe dont la terminaison forme un bourgeon. En cours de maturation, le bourgeon produit un à trois flagelles et une cloison sé-

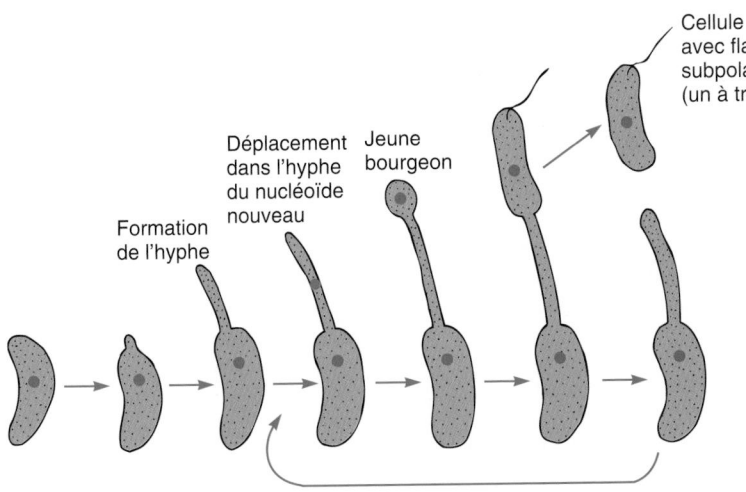

Figure 22.5 **Le cycle d'*Hyphomicrobium*.** Voir détails dans le texte.

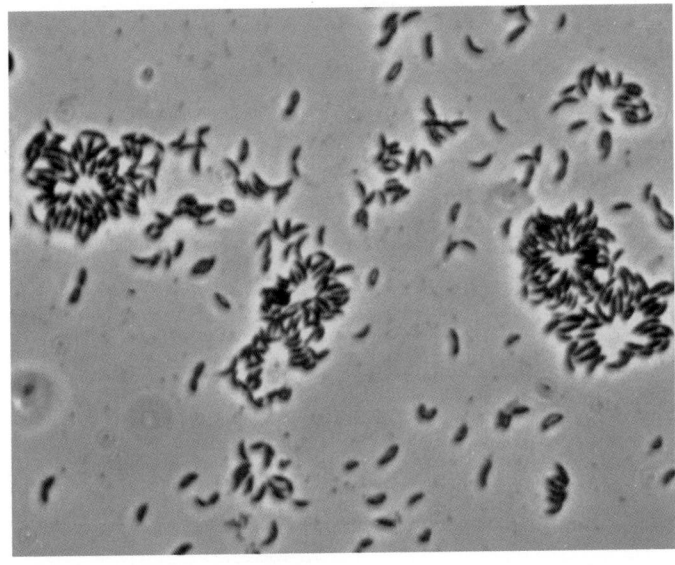

(a)

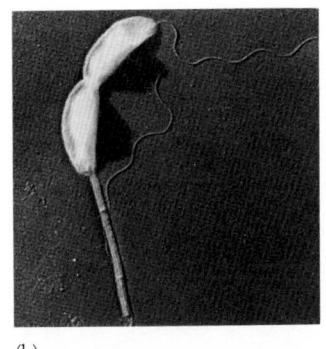

(b)

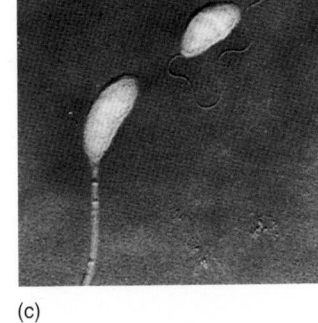

(c)

(d)

Figure 22.6 **La morphologie et la reproduction de *Caulobacter*.** (a) Cellules en rosettes adhérant l'une à l'autre par leur prosthèque, contraste de phase (x 600). (b) Bactérie se divisant pour produire une cellule d'essaimage (x 6.030). Notez la prosthèque et le flagelle. (c) Cellule et cellule d'essaimage flagellée (x 6.030). (d) Rosette vue au microscope électronique (la barre = 1,0 µm).

pare le bourgeon de l'hyphe. Le bourgeon est finalement libéré sous forme de cellule d'essaimage ovoïde. Celle-ci se déplace en nageant, puis se fixe et commence à bourgeonner. La cellule mère peut bourgeonner plusieurs fois au sommet de son hyphe.

La physiologie et la nutrition d'*Hyphomicrobium* sont aussi particulières. Ce ne sont ni les sucres, ni les acides aminés qui permettent une croissance abondante ; au contraire, *Hyphomicrobium* se développe sur de l'éthanol et de l'acétate, il abonde sur des composés monocarbonés tels le méthanol, le formiate et le formaldéhyde. Il s'agit donc d'un **méthylotrophe** facultatif qui tire son énergie et son carbone de composés réduits monocarbonés. Son efficacité à capter les substances monocarbonées est telle qu'il se développe dans un milieu sans source de carbone ajoutée (le milieu absorbe probablement assez de substances carbonées atmosphériques). *Hyphomicrobium* peut rendre compte de 25 % de la population bactérienne totale dans des habitats d'eau douce, oligotrophes ou pauvres en aliments.

Les bactéries du genre *Caulobacter* peuvent être des bâtonnets à flagelle polaire ou posséder une prosthèque et un **crampon** grâce auquel elles s'attachent à un substrat solide (**figure 22.6**). On

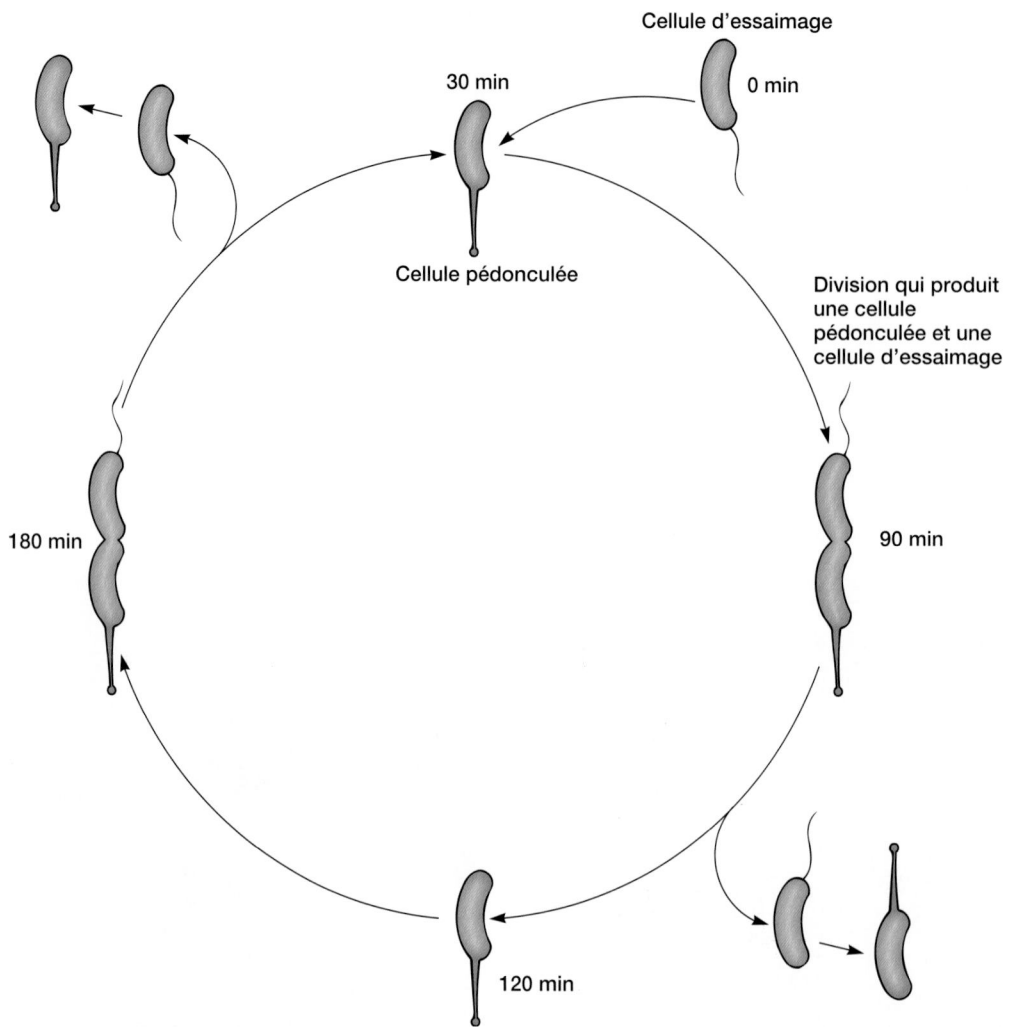

Figure 22.7 Le cycle biologique de *Caulobacter*. Le cycle commence avec une cellule d'essaimage, à 0 minute. Le minutage du cycle est valable pour *Caulobacter* croissant à 30°C sur un milieu minimal glucosé. Voir détails dans le texte.

isole généralement les *Caulobacter* d'eaux douces et marines à niveau nutritionnel faible ; ils sont aussi présents dans le sol. Ils adhèrent souvent à des bactéries, des algues et d'autres micro-organismes et absorbent les aliments libérés par leurs hôtes. Leur prosthèque est différente de celle d'*Hyphomicrobium,* car elle est dépourvue d'éléments cytoplasmiques et est composée presque en totalité de la membrane plasmique et de la paroi cellulaire. Elle s'allonge dans des milieux pauvres et peut atteindre plus de dix fois la dimension de la cellule. Par l'accroissement de la surface cellulaire, la prosthèque améliore la prise d'aliments dans des milieux dilués ; elle accroît aussi la flottaison de la cellule.

Le cycle biologique de *Caulobacter* est inhabituel (**figure 22.7**). Au moment de se reproduire, la cellule s'allonge et forme un flagelle polaire unique du côté opposé à la prosthèque. Une scission binaire transversale asymétrique se produit alors; elle donne une cellule d'essaimage flagellée qui s'en va en nageant. La cellule d'essaimage, qui ne peut pas se reproduire, s'arrête finalement et forme une nouvelle prosthèque du côté flagellé, le flagelle disparaît alors. La forme nouvelle pédonculée se met à former des cellules d'essaimage. Ce cycle ne prend que deux heures environ pour se dérouler.

La famille des *Rhizobiaceae*

Dans la seconde édition du Bergey, l'ordre des *Rhizobiales* dans les α-protéobactéries contiendra 10 familles avec une grande variété de phénotypes. Nous avons déjà vu la famille des *Hyphomicrobiaceae*. La première famille de cet ordre est celle des *Rhizobiaceae*, où figurent les genres Gram-négatifs aérobies, *Rhizobium* et *Agrobacterium*.

Les membres du genre *Rhizobium* sont des bâtonnets mobiles de 0,5 à 0,9 sur 1,2 à 3,0 μm. Ils contiennent souvent des granules de poly-β-hydroxybutyrate et deviennent pléomorphes dans des conditions adverses (**figure 22.8**). Ils se transforment en bactéroïdes symbiotiques, fixateurs d'azote dans les cellules des nodules radiculaires des légumineuses (*figure 22.8b*). En revanche, *Azotobacter* vit librement dans le sol et fixe l'azote atmosphérique sans aucune symbiose (p. 504). La biochimie de la fixation de l'azote (p. 212-14). La symbiose *Rhizobium* - légumineuse (p. 675-78).

Le genre *Agrobacterium* est placé dans la famille des *Rhizobiaceae,* mais diffère de *Rhizobium* en ne fixant pas l'azote et en ne stimulant pas la formation de nodules radiculaires. Au lieu

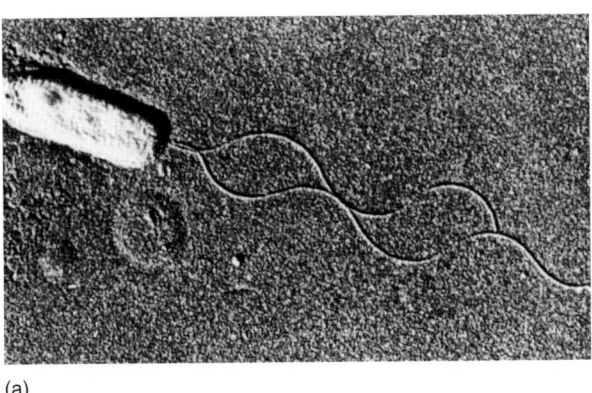

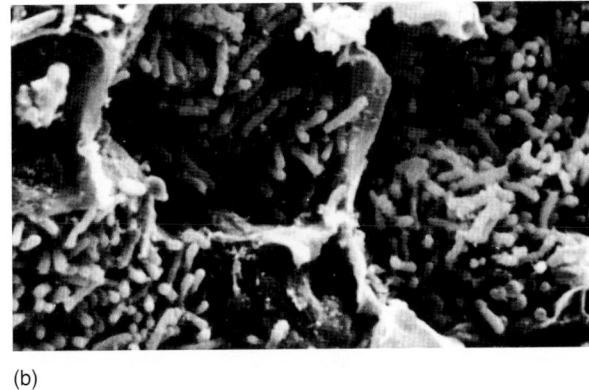

(a)   (b)

Figure 22.8 Rhizobium. (**a**) *Rhizobium leguminosarum* avec deux flagelles polaires (x 14.000). (**b**) Image au microscope électronique à balayage de bactéroïdes dans des racines de luzerne.

de cela, les *Agrobacterium* envahissent les collets, racines et tiges de nombreuses plantes et transforment les cellules végétales en cellules tumorales dont la prolifération est autonome. L'espèce la mieux étudiée est *A. tumefaciens* qui pénètre dans beaucoup de plantes à larges feuilles par des blessures et cause la maladie de la galle du collet (crown gall, **figure 22.9**). Cette propriété d'induire des tumeurs dépend de la présence d'un grand plasmide appelé Ti (pour inducteur de tumeur). L'induction de tumeur par *Agrobacterium* est présentée avec plus de détails dans l'encadré 14.2 et la section 30.4. *Les plasmides (p. 294-97).*

Les bactéries nitrifiantes

La section 20 de la première édition du Bergey est consacrée aux bactéries chimiolithotrophes qui tirent énergie et électrons de produits inorganiques réduits. Normalement, elles emploient le CO_2 comme source de carbone ou sont chimiolithoautotrophes ; cependant, certaines peuvent fonctionner comme chimiolithohétérotrophes et utiliser des sources organiques réduites de carbone. Ces bactéries sont divisées en trois groupes selon les composés inorganiques qu'elles préfèrent oxyder : bactéries nitrifiantes, bactéries sulfureuses incolores (oxydant le soufre) et bactéries oxydant le fer et le manganèse.

Dans la seconde édition, les chimiolithotrophes sont répartis entre les protéobactéries α, β et γ. Les bactéries nitrifiantes sont des α-, β- ou γ-protéobactéries ; les bactéries oxydatrices du soufre sont dans les sous-groupes β et γ. Nous discuterons ici des bactéries nitrifiantes. Les bactéries incolores oxydatrices du soufre sont traitées dans la section des β-protéobactéries. Le métabolisme chimiolithotrophe est décrit au chapitre 9, et l'attention se portera ici sur la biologie de ces organismes. Leur impact écologique sera envisagé plus tard, dans le contexte de l'écologie microbienne. La biochimie de la chimiolithotrophie (p. 193-94)

Les **bactéries nitrifiantes** constituent un ensemble de bactéries très diversifié. La seconde édition du Bergey les répartit en trois classes et plusieurs familles : *Nitrobacter* dans les *Bradyrhizobiaceae, Nitrosomonas* et *Nitrosospira* dans les *Nitrosomonadaceae*, β-protéobactéries *; Nitrococcus* dans les *Ectothiorhodospiraceae*, γ-protéobactéries ; et *Nitrosococcus* dans les *Chromatiaceae*, γ-protéobactéries. Bien que toutes soient des organismes aérobies Gram-négatifs sans endospore et capables d'oxyder soit l'ammoniac, soit les nitrites, elles diffèrent considérablement pour d'autres propriétés (**tableau 22.2**). Les bactéries

Figure 22.9 *Agrobacterium.* Galle du collet causée par *Agrobacterium tumefaciens* sur une plante de tomate.

nitrifiantes sont en forme de bâtonnet, ellipsoïdales, sphériques, spirillaires ou lobées et elles peuvent être munies de flagelles polaires ou péritriches (**figure 22.10**). Elles possèdent souvent des complexes membranaires étendus dans leur cytoplasme. L'identification se base sur des propriétés comme la préférence pour les nitrites ou l'ammoniac, la forme générale et la nature des membranes plasmiques.

Les bactéries nitrifiantes ont une grande importance écologique et sont isolées du sol, des systèmes d'égouttage, des eaux douces et marines. Les genres nitratants *Nitrobacter* et *Nitrococcus*

Tableau 22.2   **Quelques caractéristiques de bactéries nitrifiantes représentatives**

Espèce	Morphologie cellulaire et taille (µm)	Reproduction	Mobilité	Cytomembranes	GC (moles %)	Habitat
Bactéries oxydant l'ammoniac						
Nitrosomonas europaea	Bâtonnets ; 0,8–1,0 × 1,0–2,0	Scission binaire	+ ou – ; 1 ou 2 flagelles subpolaires	Périphériques, lamellaires	47,4–51,0	Sols, égouts, eaux douces, marines
Nitrosococcus oceanus	Coccoïde ; 1,8–2,2 de diamètre	Scission binaire	+ ; 1 ou plusieurs flagelles subpolaires	Faisceau parallèle central, lamellaires	50,5–51,0	Obligatoirement marins
Nitrosospira briensis	Spiralée ; 0,3–0,4 de diamètre	Scission binaire	+ ou – ; 1 à 6 flagelles péritriches	Absentes	54,1 (1 souche)	Sols
Bactéries oxydant les nitrites						
Nitrobacter winogradskyi	Bâtonnets ; 0,6–0,8 × 1,0–2,0	Bourgeonnement	+ ou – ; 1 flagelle polaire	Calotte polaire de vésicules aplaties à la périphérie de la cellule	60,7–61,7	Sols, eaux douces, marines
Nitrococcus mobilis	Coccoïde ; 1,5–1,8 de diamètre	Scission binaire	+ ; 1 ou 2 flagelles subpolaires	Cytomembranes tubulaires disposées au hasard dans tout le cytoplasme	61,2 (1 souche)	Marins

Tiré de S.W. Watson, et al., « The Family Nitrobacteracea » dans *The Procaryotes*, Vol. 1. Edité par M. Starr et al. 1981. Copyright © 1981, Springer-Verlag New York, Inc., New York, NY. Reproduction autorisée.

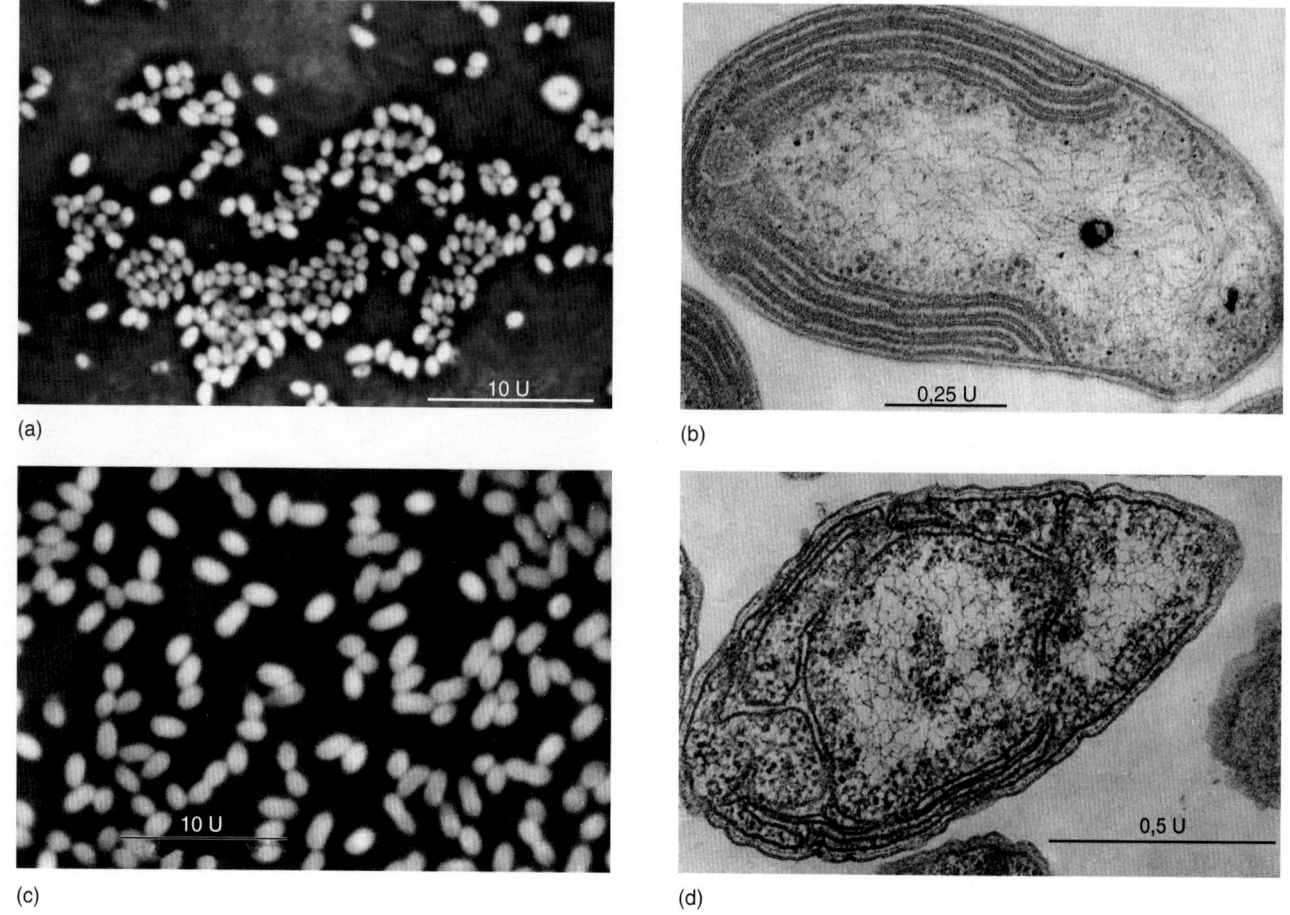

(a)

(b)

(c)

(d)

Figure 22.10   Bactéries nitrifiantes représentatives. (a) *Nitrobacter winogradskyi*, contraste de phase (x 2.500). **(b)** *N. winogradskyi*. Notez la calotte polaire de cytomembranes (x 213.000). **(c)** *Nitrosomonas europaea*, contraste de phase (x 2.500). **(d)** *N. europaea* avec membranes plasmiques étendues (x 81.700).

oxydent les nitrites en nitrates ; *Nitrosomonas*, *Nitrosospira*, *Nitrosococcus* et *Nitrosolobus* (genres nitrosants) oxydent l'ammoniac en nitrites. Quand deux genres comme *Nitrobacter* et *Nitrosomonas* occupent ensemble une même niche, l'ammoniac est converti en nitrate, un processus appelé **nitrification** (*voir section 9.10*). La nitrification se produit rapidement dans des sols traités par des fertilisants contenant des sels ammoniacaux. L'azote des nitrates est aisément utilisé par les plantes, mais se perd aussi rapidement par le lessivage des nitrates solubles et la dénitrification en azote gazeux. Ainsi, la nitrification n'est pas toujours un bienfait. Le cycle de l'azote et les microorganismes (p. 615-16).

1. Décrivez les propriétés générales des α-protéobactéries.
2. Discutez des caractéristiques et de la physiologie des bactéries pourpres non sulfureuses. Où peut-on s'attendre à les voir se développer ?
3. Décrivez brièvement les caractéristiques et le cycle biologique du genre *Rickettsia*.
4. En quoi la physiologie et le métabolisme des rickettsies diffèrent-ils de ceux des autres bactéries ?
5. Citez quelques maladies importantes dues aux rickettsies.
6. Définissez les termes suivants : prosthèque, pédoncule, bourgeonnement, cellule d'essaimage, méthylotrophe et crampon.
7. Décrivez brièvement la morphologie et le cycle biologique de *Hyphomicrobium* et *Caulobacter*.
8. Qu'y a-t-il d'inhabituel dans la physiologie d'*Hyphomicrobium* ? Comment cela influence-t-il sa distribution écologique ?
9. En quoi les modes de vie d'*Agrobacterium* et de *Rhizobium* diffèrent-ils ?
10. Que sont les bactéries chimiolithotrophes ?
11. Donnez les principales caractéristiques des bactéries nitrifiantes et discutez de leur importance écologique. En quoi le métabolisme de *Nitrobacter* diffère-t-il de celui de *Nitrosomonas* ?

22.2 La classe des *Betaproteoacteria*

En ce qui concerne le métabolisme, les **β-protéobactéries** ont des modes communs avec les α-protéobactéries, mais elles tendent à utiliser des substances libérées par la décomposition organique, dans les régions anaérobies des habitats. Certaines de ces bactéries emploient l'hydrogène, l'ammoniac, le méthane, les acides gras volatils et des substances similaires. Comme chez les α-protéobactéries, on trouve chez elles une diversité métabolique considérable. Les β-protéobactéries peuvent être chimiohétérotrophes, photolithotrophes, méthylotrophes et chimiolithotrophes. Le sous-groupe accueille deux genres qui contiennent d'importants pathogènes de l'homme : *Neisseria* et *Bordetella*.

La classe des *Betaproteobacteria* comprend six ordres et 12 familles. La **figure 22.11** montre les relations phylogéniques entre quelques espèces de β-protéobactéries et le **tableau 22.3** résume les caractéristiques générales de nombre de bactéries étudiées dans cette section.

L'ordre des *Neisseriales*

La seconde édition place dans cet ordre une famille, les *Neisseriaceae*, et lui assigne 14 genres. Le genre le mieux connu et le plus étudié est *Neisseria*. Les membres de ce genre sont des coques Gram-négatifs, aérobies, non mobiles, qu'on trouve le plus souvent par paires avec les côtés adjacents aplatis (*voir fi-*

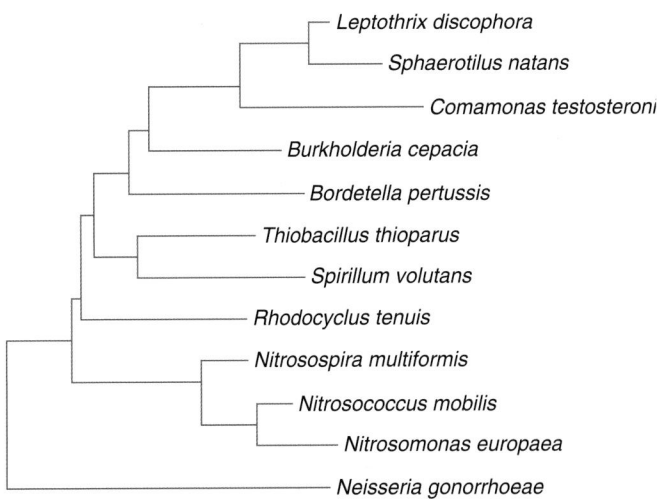

Figure 22.11 Relations phylogéniques entre β-protéobactéries sélectionnées. Sont montrées ici les relations entre quelques espèces, basées sur les données de séquences de l'ARNr 16S. *Source : The Ribosomal Database Project.*

gure 39.12). Ils peuvent avoir des capsules et des fimbriae. Le genre est chimioorganotrophe, oxydase-positif et presque toujours catalase-positif. Il y a des espèces qui colonisent les muqueuses des mammifères et certaines sont pathogènes pour l'homme. *Neisseria gonorrhoeae* est l'agent causal de la gonorrhée ; *Neisseria meningitidis* est responsable de certains cas de méningite. La gonorrhée (p. 915-16)

L'ordre des *Burkholderiales*

L'ordre contient cinq familles, dont trois comprennent des genres bien connus. Le genre *Burkholderia* fait partie de la famille des *Burkholderiaceae*. Ce genre a été créé lorsque le genre *Pseudomonas* fut divisé en sept nouveaux genres au moins, sur base des données de l'ARNr 16S : *Acidovorax*, *Aminobacter*, *Burkholderia*, *Comamonas*, *Deleya*, *Hydrogenophaga* et *Methylobacterium*. Les membres du genre *Burkholderia* sont des bâtonnets droits, mésophiles, non sporulants, non fermentants, aérobies et Gram-négatifs. A l'exception d'une espèce, tous sont mobiles grâce à un seul flagelle polaire ou à une touffe de flagelles polaires. Ils produisent de la catalase et sont souvent oxydase-positifs. La plupart des espèces utilisent le poly-β-hydroxybutyrate comme réserve de carbone. Une des espèces les plus importantes est *B. cepacia*, qui est capable de dégrader plus de 100 molécules organiques et est très active dans le recyclage des matériaux organiques dans la nature. Cette espèce est aussi un pathogène des plantes et la cause de maladies chez des patients hospitalisés, via de l'équipement et des médications contaminés. C'est en particulier un problème pour les patients atteints de mucoviscose.

La famille des *Alcaligenaceae* comprend le genre *Bordetella*. Ce genre est composé de coccobacilles aérobies, Gram-négatifs, d'une taille d'environ 0,2 à 0,5 sur 0,5 à 2,0 μm. *Bordetella* est un chimioorganotrophe, au métabolisme respiratoire, qui requiert du soufre organique et de l'azote (acides aminés) pour sa croissance. C'est un parasite des mammifères qui se multiplie dans les cellules de l'épithélium respiratoire. *Bordetella pertussis* est une espèce encapsulée, non mobile, cause de la coqueluche.

Tableau 22.3 Caractéristiques de β-protéobactéries sélectionnées

Genre	Dimensions (μm) et morphologie	Teneur en GC (mol %)	Exigence en oxygène	Autres caractères distinctifs
Bordetella	0,2–0,5 × 0,5–2,0 ; coccobacilles non mobiles	66–70	Aérobie	A besoin de soufre organique et d'azote; parasite des mammifères
Burkholderia	0,3–1,0 × 1–5 ; bâtonnets droits avec des flagelles simples ou des touffes de flagelles au pôle	59–69,5	Aérobie	Utilise le poly-β-hydroxy-butyrate comme réserve; peut être pathogène
Leptothrix	0,6–1,4 × 1–12 ; bâtonnets droits en chaînes, avec gaine, cellules libres flagellées	69,5–71	Aérobie	Gaines incrustées d'oxydes de fer et de manganèse
Neisseria	0,6–1,0 ; coques par paires, avec les côtés adjacents aplatis	46–54	Aérobie	Résident des muqueuses de mammifères
Nitrosomonas	Taille variant selon la souche ; cellules en forme de bâtonnet ou ellipsoïdales, avec des membranes intracytoplasmiques	45–54	Aérobie	Chimiolithotrophe qui oxyde l'ammoniac en nitrite
Sphaerotilus	1,2–2,5 × 2–10 ; chaînes de cellules avec gaines, peuvent avoir des crampons	70	Aérobie	Gaines non incrustées d'oxydes de fer et de manganèse
Thiobacillus	0,5 × 1–4 ; bâtonnets, souvent avec flagelles polaires	52–68	Aérobie	Chimiolithotrophe, oxyde les composés de soufre réduits en sulfate

La famille des *Comamonadaceae* contient 15 genres avec des caractéristiques très diverses. Certains genres (p. ex. *Sphaerotilus* et *Leptothrix*) possèdent une **gaine**, structure tubulaire creuse entourant une chaîne de cellules. Les gaines sont souvent serrées mais ne sont jamais en contact avec les cellules qu'elles enferment. Elles peuvent contenir des oxydes de fer ou de manganèse. Elles ont au moins deux fonctions. Les gaines aident les bactéries à s'attacher à des surfaces solides et à capter les aliments d'eaux à courant lent même si celles-ci sont pauvres. Les gaines protègent aussi contre des prédateurs tels les protozoaires et *Bdellovibrio* (pp. 510-12).

Deux genres bien étudiés sont *Sphaerotilus* et *Leptothrix* (**figures 22.12 et 22.13**). *Sphaerotilus* forme de longues chaînes engainées de bâtonnets, de 0,7 à 2,4 sur 3 à 10 μm. Il s'attache à des plantes submergées, des rochers ou d'autres substrats solides, souvent par un crampon (figure 22.12). Généralement, les gaines ne sont pas incrustées d'oxydes métalliques. Une cellule d'essaimage unique, portant un faisceau de flagelles subpolaires, s'échappe du filament et forme une nouvelle chaîne lorsqu'elle s'attache à un autre objet solide. *Sphaerotilus* préfère une eau douce peu courante et polluée par des égouts ou des déchets industriels. Il se développe si bien dans les boues d'épuration qu'il forme parfois des masses denses de filaments empêchant la boue de sédimenter (*voir section 29.6*). De façon caractéristique, *Leptothrix* dépose de grandes quantités de fer et de manganèse dans sa gaine. Cela semble le protéger et lui permettre de croître en présence de fortes concentrations de composés de fer solubles.

L'ordre des *Nitrosomonadales*

On trouve de nombreux chimiolithotrophes dans l'ordre des *Nitrosomonadales*. Deux genres de bactéries nitrifiantes (*Nitrosomonas* et *Nitrosospira*) sont placés ici, dans la famille des *Nitrosomonadaceae*, mais seront vus plus tard, en même temps

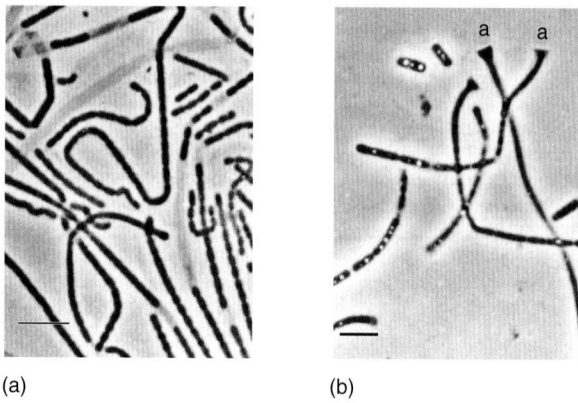

(a)   (b)

Figure 22.12 Les bactéries engainées. *Sphaerotilus natans*. (a) Chaînes de cellules engainées et gaines vides. (**b**) Chaînes avec crampon (a) et cellules individuelles contenant des granules de poly-β-hydroxybutyrate. Les barres = 10 μm.

que d'autres genres de bactéries nitrifiantes (p. 493). Le chimiolithotrophe pédonculé *Gallionella* fait partie de cet ordre-ci. La famille des *Spirillaceae* compte un genre, *Spirillus* (**figure 22.14**).

L'ordre des *Hydrogenophilales*

Ce petit ordre contient *Thiobacillus*, un des chimiolithotrophes les mieux étudiés et la plus remarquable des bactéries sulfureuses incolores. Comme les bactéries nitrifiantes, les **bactéries sulfureuses incolores** forment un groupe très divers. Beaucoup d'entre elles sont unicellulaires en forme de bâtonnet ou spiralées, non mobiles ou mobiles par des flagelles (**tableau 22.4**). La seconde édition du Bergey disperse ces bactéries dans deux classes ; par exemple, *Thiobacillus* est dans les β-protéobactéries, tandis que

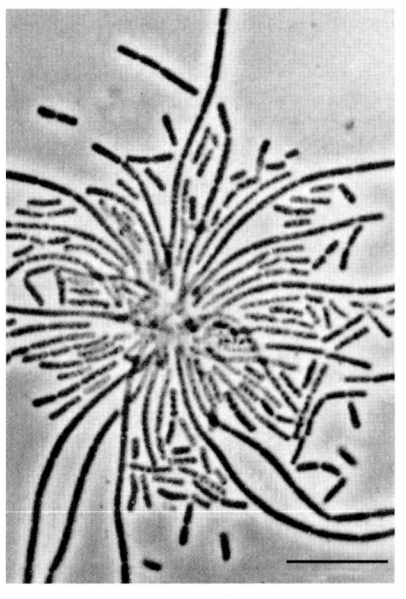 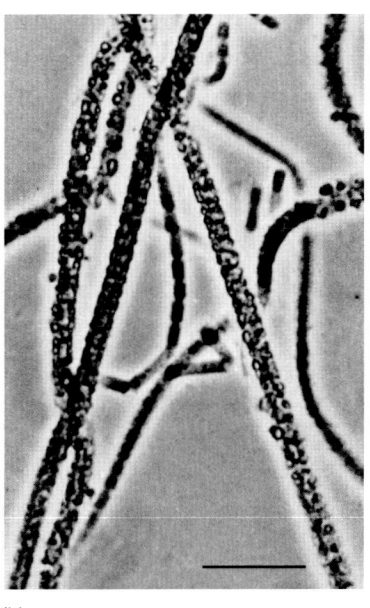

(a)   (b)

Figure 22.13 Les bactéries engainées. Morphologie de *Leptothrix*. (**a**) Trichomes de *L. lopholea* en étoile à partir d'une série de crampons. (**b**) Gaines de *L. cholodnii* incrustées de MnO$_2$. Les barres = 10 μm.

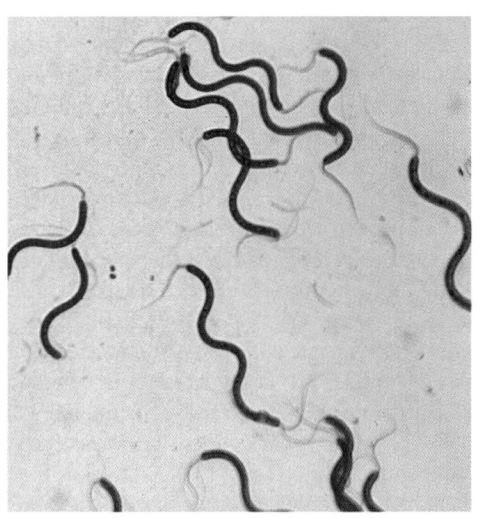 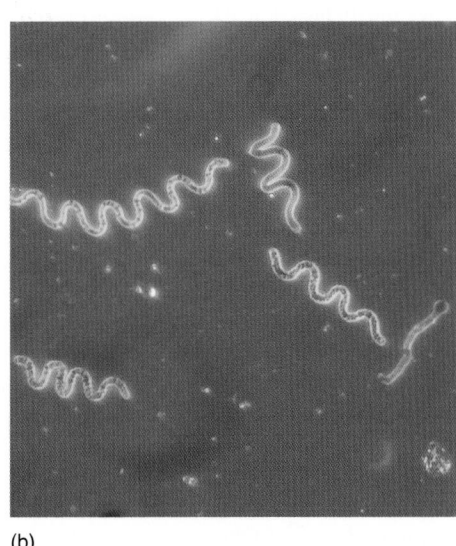

(a)   (b)

Figure 22.14 Le genre *Spirillum*. (**a**) *Spirillum volutans* avec ses flagelles bipolaires mis en évidence). (x450). (**b**) *Spirillum volutans*, vu au contraste de phase (x550).

Tableau 22.4   Genres incolores oxydant le soufre

Genre	Forme de la cellule	Mobilité, Flagelles	Mole % GC	Localisation des dépôts de soufre[a]	Type nutritionnel
Thiobacillus	Bâtonnets	+; polaires	52–68	Extracellulaire	Chimiolithotrophe obligatoire ou facultatif
Thiomicrospira	Spirales	+; polaires	36–44	Extracellulaire	Chimiolithotrophe obligatoire
Thiobacterium	Bâtonnets inclus dans des masses gélatineuses	–	N.D.[b]	Intracellulaire	Probablement chimioorganohétérotrophe
Thiospira	Bâtonnets spiralés avec généralement des terminaisons pointues	+; polaires (seul ou en touffes)	N.D.	Intracellulaire	Ìnconnu
Macromonas	Bâtonnets, cylindriques ou en forme de haricot	+; polaires	67	Intracellulaire	Probablement chimioorganohétérotrophe

[a] Quand le sulfure d'hydrogène est oxydé en soufre élémentaire.
[b] N.D. : information non disponible.

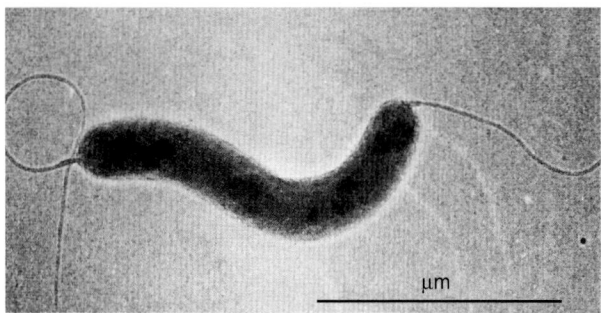

Figure 22.15 Les bactéries sulfureuses incolores. *Thiomicrospira pelophila* avec des flagelles polaires. La barre = 1 µm.

Thiomicrospira, *Thiobacterium*, *Macromonas*, *Thiothrix*, *Beggiatoa* et d'autres sont dans les γ-protéobactéries. Certaines de ces bactéries seulement ont été isolées et étudiées en culture pure ; les plus connues sont les genres *Thiobacillus* et *Thiomicrospira*. *Thiobacillus* est un bâtonnet Gram-négatif et *Thiomicrospira* une longue cellule spiralée (**figure 22.15**). Tous deux ont un flagelle polaire. Ils diffèrent de beaucoup de bactéries nitrifiantes, car ils sont dépourvus de système membranaire interne étendu.

Le métabolisme de *Thiobacillus* a été très étudié (*voir p 194*). Il se développe en aérobiose, en oxydant en sulfate une variété de composés soufrés inorganiques (soufre élémentaire, sulfure d'hydrogène, thiosulfate). De l'ATP est produit dans une combinaison de la phosphorylation oxydative et de la phosphorylation au niveau du substrat, par l'intermédiaire d'adénosine 5'-phosphosulfate (*voir figure 9.25*). Bien que *Thiobacillus* utilise normalement le CO_2 comme source principale de carbone, *T. novellus* et quelques autres souches peuvent se développer de façon hétérotrophe. Certaines espèces ont un métabolisme très souple. Par exemple, *Thiobacillus ferrooxidans* utilise aussi le fer ferreux comme donneur d'électrons et produit du fer ferrique, aussi bien que de l'acide sulfurique. *T. denitrificans* croît même en anaérobiose en réduisant les nitrates en azote gazeux. Il faut noter que les bactéries oxydatrices du soufre, telles *Thiobacterium* et *Macromonas* n'obtiennent probablement pas leur énergie de l'oxydation du soufre. Elles peuvent cependant utiliser le processus pour détoxifier l'eau oxygénée produite métaboliquement.

Les bactéries oxydant le soufre ont une distribution large et une grande importance pratique. *Thiobacillus* se développe dans les sols et les habitats aquatiques, aussi bien d'eaux douces que marines. Dans les habitats marins, *Thiomicrospira* est plus important que *Thiobacillus*. Ces bactéries ont une grande tolérance vis à vis de l'acide (*T. thiooxidans* se développe à pH 0,5 et pas au-dessus de pH 6,0), elles prospèrent donc dans des habitats qu'elles ont acidifiés par la production d'acide sulfurique, même lorsque la plupart des autres organismes meurent. La production par *T. ferrooxidans* de grandes quantités d'acide sulfurique et de fer ferrique corrode les structures de béton et les tuyaux. Les thiobacilles sont souvent la cause d'une grosse pollution acide et métallique lorsqu'ils libèrent des métaux à partir de déchets miniers. Cependant, les bactéries oxydatrices du soufre sont aussi bénéfiques : elle peuvent accroître la fertilité d'un sol quand elles libèrent du soufre indisponible en l'oxydant en sulfate. Les thiobacilles servent au trai-

tement de minerais à faible teneur en métal, à cause de leur capacité d'extraire les métaux par lessivage du minerai. Le cycle du soufre et les micro-organismes (p. 614-15).

---

1. Décrivez les propriétés générales des β-protéobactéries.
2. Décrivez brièvement les genres suivants et leur importance pratique : *Neisseria*, *Burkholderia* et *Bordetella*.
3. Qu'est-ce qu'une gaine et quels sont ses avantages ?
4. Comment *Sphaerotilus* maintient-il sa position dans de l'eau courante ? Comment se reproduit-il et disperse-t-il ses cellules filles ?
5. Caractérisez les bactéries sulfureuses incolores et discutez leur placement dans la seconde édition du Bergey.
6. Comment les bactéries sulfureuses incolores obtiennent-elles de l'énergie en oxydant des composés soufrés ? Qu'est-ce que l'adénosine 5'-phosphosulfate ?
7. Citez des impacts positifs et négatifs que les bactéries oxydatrices du soufre ont sur l'environnement et les activités humaines.

22.3   La classe des *Gammaproteobacteria*

Les **γ-protéobactéries** constituent le plus grand sous-groupe des protéobactéries, d'une extraordinaire variété de types physiologiques. Beaucoup de genres importants sont chimioorganotrophes et aérobies facultatifs. D'autres genres contiennent des chimioorganotrophes aérobies, des photolithotrophes ou des méthylotrophes. Selon certaines études d'hybridation ADN-ARNr, les γ-protéobactéries sont composées de plusieurs groupes issus de branches anciennes. L'un est celui des bactéries pourpres sulfureuses ; un second comprend les parasites intracellulaires *Legionella* et *Coxiella*. Les deux plus grands groupes comptent une large variété de genres non photosynthétiques. La superfamille I selon l'ARN ribosomial est représentée par les familles des *Vibrionaceae*, des *Enterobacteriaceae* et des *Pasteurellaceae*. Ces bactéries catabolysent les glucides par la glycolyse et la voie des pentoses phosphates. La plupart sont des anaérobies facultatifs. La superfamille II selon l'ARN ribosomial contient principalement des aérobies qui utilisent souvent les voies d'Entner-Doudoroff et des pentoses phosphates pour cataboliser beaucoup de sortes de molécules organiques différentes. Les genres *Pseudomonas*, *Azotobacter*, *Moraxella*, *Xanthomonas* et *Acinetobacter* appartiennent à cette superfamille.

L'exceptionnelle diversité de ces bactéries apparaît dans la seconde édition du Bergey qui divise la classe de *Gammaproteobacteria* en 13 ordres, 20 familles et environ 160 genres. La **figure 22.16** illustre les relations phylogéniques entre les principaux groupes et un choix de γ-protéobactéries, Le **tableau 22.5** indique les caractéristiques générales de certaines des bactéries étudiées dans cette section.

Les bactéries pourpres sulfureuses

Comme mentionné précédemment, les bactéries photosynthétiques pourpres sont réparties entre trois des sous-groupes de protéobactéries. Malgré leur diversité, ces organismes ont en commun quelques caractéristiques générales. Celles-ci sont résumées dans le tableau 21.1 (*voir p. 469*). La plupart des bactéries pourpres non sulfureuses sont des α-protéobactéries et ont été vues plus tôt dans

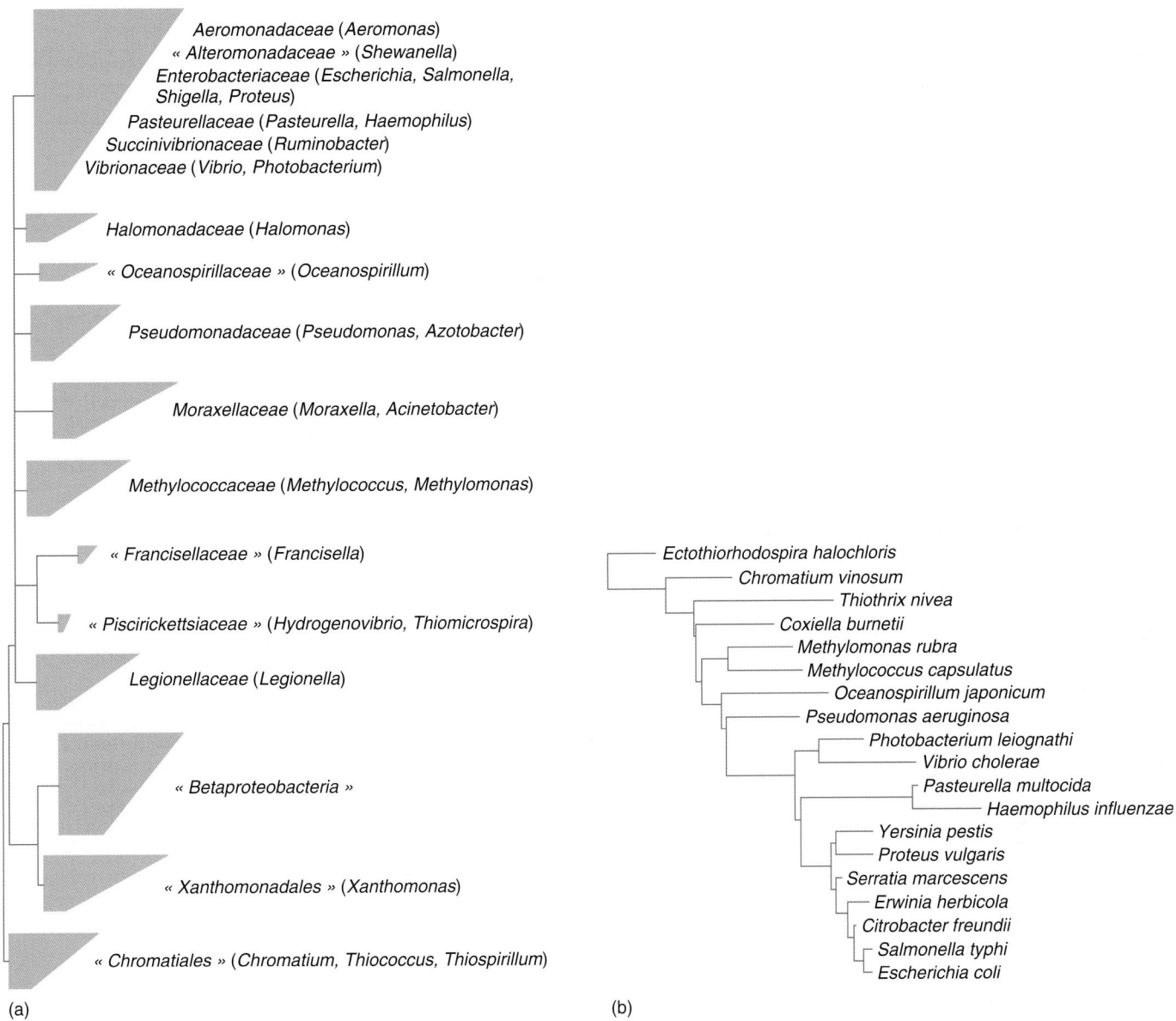

Figure 22.16   Les relations phylogéniques entre γ-protéobactéries. (a) Les principaux groupes phylogéniques basés sur les comparaisons de séquences d'ARNr 16S. Les genres représentatifs sont donnés entre parenthèses. Chacun des tétraèdres de l'arbre correspond à un groupe d'organismes voisins ; les côtés horizontaux représentent la branche la plus courte et la branche plus longue du groupe. Plusieurs branches partant d'un même niveau indiquent que l'ordre relatif de ramification de ces groupes ne peut pas être déterminé à partir des données utilisées. Les guillemets qui encadrent certains noms signifient qu'il ne s'agit pas de noms taxinomiques formellement approuvés. **(b)** Les relations entre quelques espèces, basées sur les données de séquences d'ARNr 16S. *Source : The Ribosomal Database Project.*

Tableau 22.5   Caractéristiques de γ-protéobactéries sélectionnées

Genre	Dimensions (μm) et morphologie	Teneur en GC (mole %)	Exigence en oxygène	Autres caractères distinctifs
Azotobacter	1,5–2,0 ; cellules ovoïdes, pléomorphes, péritriches ou non mobiles	63,2–67,5	Aérobie	Peuvent former des cystes ; fixent l'azote sans symbiose
Beggiatoa	≈1–50 × ≈2–10; cellules incolores, forment des filaments, soit seules ou en colonie	37–51	Aérobie ou microaérophile	Mobilité par glissement ; peuvent former des inclusions soufrées en présence de sulfure d'hydrogène
Chromatium	1–6 × 1,5–16; en forme de bâtonnet ou ovoïdes, droits ou légèrement incurvés, flagelles polaires	48–70	Anaérobie	Photolithoautotrophes, peuvent utiliser le sulfure ; stokage intracellulaire de soufre
Ectothiorhodospira	0,5–1,5 de diamètre ; vibrioïdes ou en forme de bâtonnet, flagelles polaires	50,5–69,7	Anaérobie, parfois aérobie ou microaérobie	Empilements lamellaires de membranes internes ; dépôts de granules de soufre en dehors des cellules
Escherichia	1,1–1,5 × 2–6; bâtonnets droits, péritriches ou non mobiles	48–52	Anaérobie facultatif	Pratiquent la fermentation acide mixte ; convertissent l'acide formique en H_2 et CO_2, fermentent le lactose, pas le citrate
Haemophilus	<1,0 de large ; coccobacilles ou bâtonnets, non mobiles	33–47	Facultatif ou aérobie	Pratiquent la fermentation ; exigent des facteurs de croissance présents dans le sang ; parasites des muqueuses
Leucothrix	Longs filaments ou courtes cellules cylindriques, crampon habituellement présent	46–51	Aérobie	Se dispersent par gonidies, les filaments non mobiles par glissement ; forment des rosettes ; hétérotrophes
Methylococcus	1,0 de diamètre ; coques avec capsules, non mobiles	62–63	Aérobie	Peuvent former un cyste ; méthane, méthanol et formaldéhyde sont les seules sources de carbone et d'énergie
Photobacterium	0,8–1,3 × 1,8–2,4 ; bâtonnets dodus, droits, avec des flagelles polaires	40–44	Anaérobie facultatif	Deux espèces peuvent émettre de la lumière bleue-verte; exigent du Na^+ pour leur croissance
Pseudomonas	0,5–1,0 × 1,5–5,0 ; bâtonnets droits ou légèrement incurvés, flagelles polaires	58–70	Aérobie	Métabolisme respiratoire avec l'oxygène comme accepteur ; certains sont capables d'utiliser H_2 ou CO comme source d'énergie
Vibrio	0,5–0,8 × 1,4–2,6 ; bâtonnets droits ou incurvés, avec des flagelles polaires gainés	38–51	Anaérobie facultatif	Métabolisme de fermentation ou respiratoire ; ions sodium nécessaires ou stimulants pour la croissance ; oxydase-positifs

le présent chapitre (pp. 487-88). Les bactéries pourpres sulfureuses seront décrites ici, puisqu'il s'agit de γ-protéobactéries.

Le manuel de Bergey divise les bactéries pourpres sulfureuses en deux familles : les *Chromatiaceae* et les *Ectothiorhodospiraceae*. Dans la seconde édition, ces familles sont dans l'ordre des *Chromatiales*. La famille des *Ectothiorhodospiraceae* compte cinq genres. Les cellules d'*Ectothiorhodospira* sont rouges, en forme de spirale, flagellées aux pôles. Elles font des dépôts extracellulaires de globules de soufre (**figure 22.17** ; *voir aussi figure 3.9*b). Les membranes photosynthétiques internes sont organisées en empilements lamellaires. Les bactéries pourpres sulfureuses typiques se trouvent dans la famille des *Chromatiaceae*, qui est beaucoup plus grande et comprend 22 genres.

Les **bactéries pourpres sulfureuses** sont des anaérobies strictes, généralement photolithoautotrophes. Elles oxydent le sulfure d'hydrogène en soufre et le déposent à l'intérieur de la cellule sous forme de granules de soufre (généralement dans des invaginations de la membrane plasmique) ; elles peuvent souvent oxyder le soufre en sulfate. L'hydrogène sert aussi parfois de donneur d'électrons. *Thiospirillum*, *Thiocapsa* et *Chromatium* sont des bactéries sulfureuses pourpres typiques (**figure 22.18**). On les trouve dans les zones lacustres anaérobies et riches en sulfures (*voir chapitre 29*). Quand les conditions s'y prêtent, les bactéries

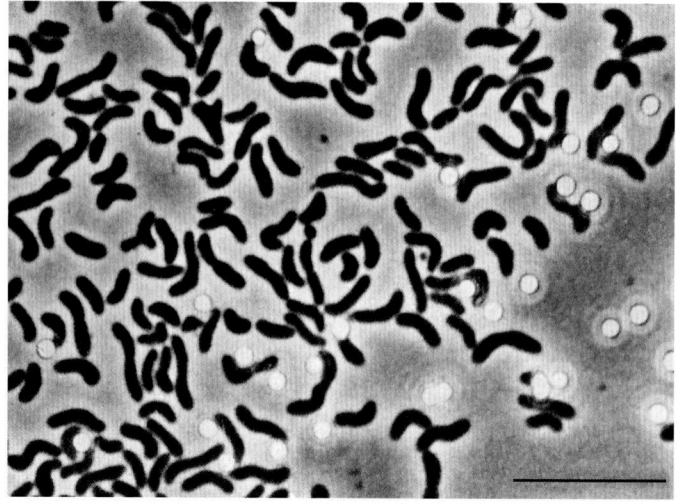

Figure 22.17   Les bactéries pourpres. *Ectothiorhodospira mobilis*. Image au microscope optique. La barre = 10 μm.

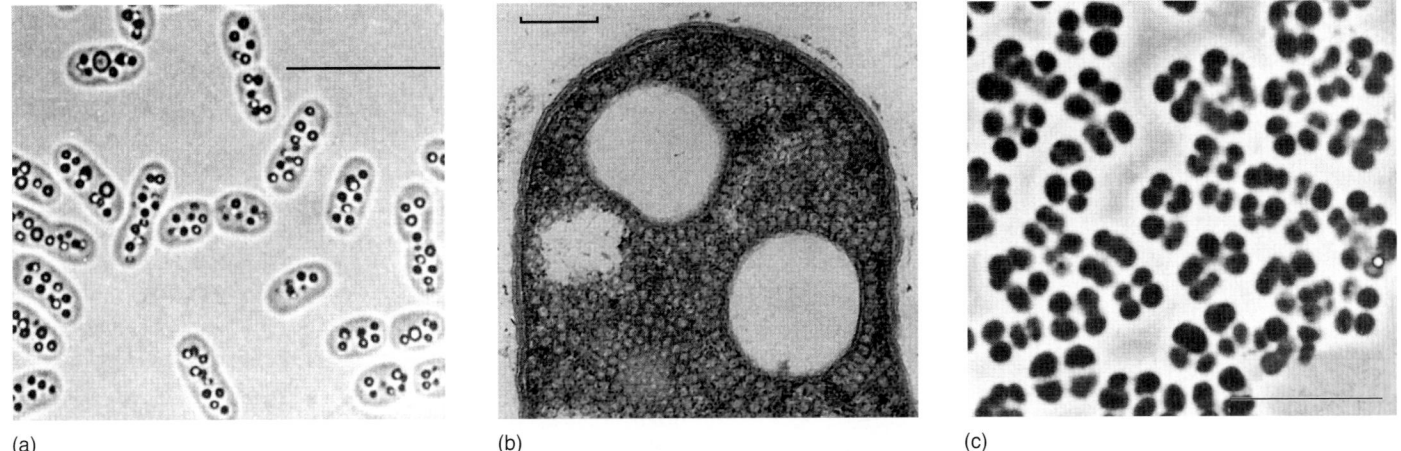

(a)
(b)
(c)

Figure 22.18 Les bactéries pourpres sulfureuses typiques. (**a**) *Chromatium vinosum* avec granules de soufre intracellulaires. La barre = 10 µm. (**b**) Image au microscope électronique de *C. vinosum*. Notez le système membranaire vésiculaire intracytoplasmique. Les grandes zones blanches indiquent la place des globules de soufre. La barre = 0,3 µm. (**c**) *Thiocapsa roseopersicina*. La barre = 10 µm.

(a)
(b)

Figure 22.19 Les bactéries pourpres sulfureuses photosynthétiques. (**a**) Bactéries pourpres sulfureuses photosynthétiques croissant dans un marécage. (**b**) Une lagune d'épuration avec des fleurs d'eau de bactéries pourpres photosynthétiques.

pourpres sulfureuses forment de vastes fleurs d'eau dans les marécages et les lagunes d'épuration (**figure 22.19**).

L'ordre des *Thiotrichales*

L'ordre des *Thiotrichales* comprend trois familles, dont la plus grande est celle des *Thiotrichaceae*. Il y a dans cette famille plusieurs genres qui oxydent les composés soufrés (voir les bactéries sulfureuses incolores [p. 496] et le chapitre 9 pour l'oxydation du soufre et la chimiolithotrophie). Du point de vue morphologique, on trouve des bâtonnets et des formes filamenteuses.

Deux des genres les mieux étudiés de cet ordre sont *Beggiatoa* et *Leucothrix* (**figures 22.20** et **22.21**). *Beggiatoa* est microaérophile, il se développe dans des habitats riches en sulfure, tels les sources sulfureuses, l'eau douce avec des plantes en décomposition, les rizières, les marais salants et les sédiments marins. Ses filaments contiennent des cellules courtes en forme de disque et sans gaine. D'un point de vue métabolique, *Beggiatoa* est très versatile. Il oxyde le sulfure d'hydrogène pour former de gros grains de soufre ; ceux-ci sont situés dans des invaginations de la membrane plasmique. *Beggiatoa* peut ensuite oxyder le soufre en sulfate. Les électrons du soufre sont utilisés dans la chaîne de transfert d'électrons pour la production d'énergie. Beaucoup de souches peuvent aussi se développer de façon hétérotrophe avec de l'acétate comme source de carbone. Certaines peuvent incorporer le CO_2 de façon autotrophe.

Leucothrix (**figure 22.21**) est un chimioorganotrophe aérobie qui forme de longs filaments ou trichomes qui ont jusqu'à 400 µm de long. Il est habituellement marin et s'attache à des substrats solides au moyen d'un crampon. *Leucothrix* a un cycle biologique complexe où la dispersion s'effectue par formation de gonidies. En culture, on observe souvent la formation de rosettes (figure 22.21*d*). *Thiothrix* est un genre voisin qui forme des filaments gainés et libère des gonidies par l'extrémité ouverte de la gaine (**figure 22.22**). Au contraire de *Leucothrix*, *Thiothrix* est un chimiolithotrophe qui oxyde le sulfure d'hydrogène et où le dépôt de granules de soufre est intracellulaire. Il exige aussi un composé

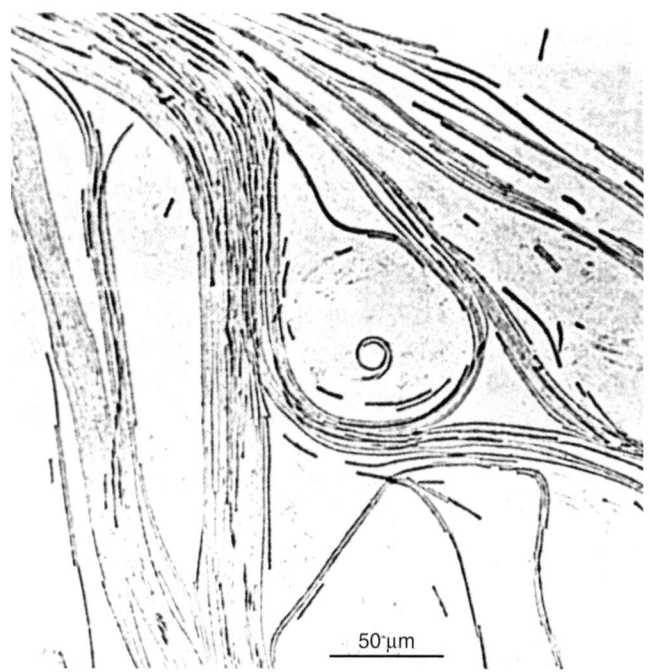

Figure 22.20 *Beggiatoa*. Colonie de *Beggiatoa* sp. se développant sur gélose.

organique pour sa croissance (c'est-à-dire qu'il est mixotrophe). *Thiothrix* se développe dans les eaux courantes riches en sulfure et dans les boues activées des systèmes d'épuration.

L'ordre des *Méthylococcales*

La famille des *Methylococcaceae* contient des bâtonnets, des vibrions et des coques qui utilisent le méthane et le méthanol comme seules sources de carbone et d'énergie dans des conditions aérobies ou microaérobies (teneur en oxygène faible). Ainsi, il s'agit de méthylotrophes (les bactéries qui utilisent exclusivement le méthane comme source de carbone et d'énergie sont souvent appelées méthanotrophes). La famille contient six genres : nous en citerons deux : *Methylococcus* (cellules sphériques non mobiles) et *Methylomonas* (bâtonnets droits, incurvés ou ramifiés avec un flagelle polaire unique). Quand elles oxydent le méthane, ces bactéries contiennent un réseau complexe de membranes intracellulaires. Elles ont presque toutes une forme de repos particulière, souvent un cyste ressemblant à celui des *Azotobacter*. La croissance méthylotrophe dépend de la présence de méthane et de composés apparentés. La méthanogenèse à partir de substrats tels que H_2 et CO_2 est très répandue dans les sols anaérobies et l'eau ; les bactéries méthylotrophes se développent dans le monde entier dans des habitats anaérobies.

Les bactéries oxydatrices de méthane, utilisent le méthane comme seule source de carbone et d'énergie. Le méthane est

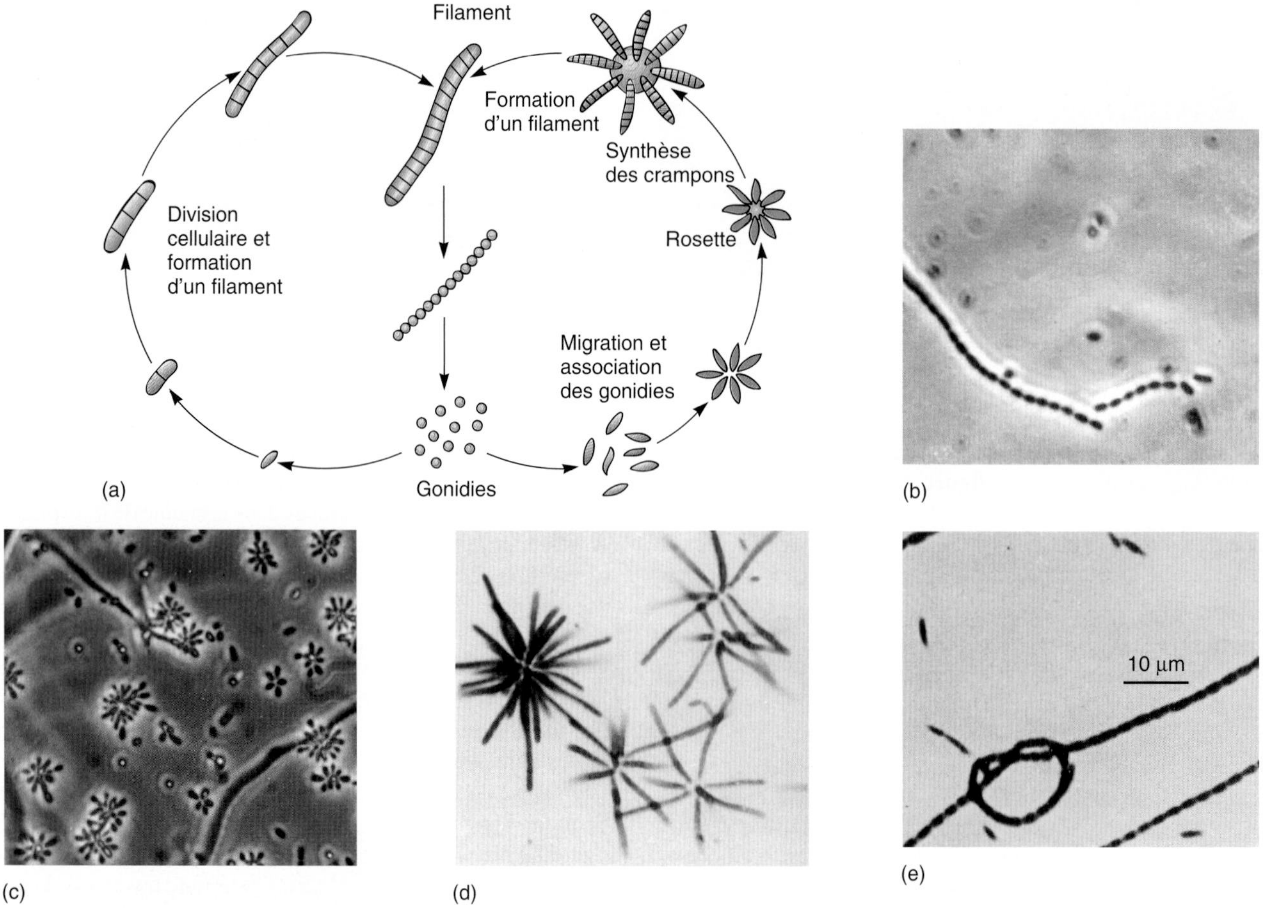

Figure 22.21 La morphologie et la reproduction de *Leucothrix mucor*. (**a**) Cycle biologique de *L. mucor*. (**b**) Séparation des gonidies du bout d'un filament mature, contraste de phase (x 1.400). (**c**) Gonidies s'agrégeant en rosettes, contraste de phase (x 950). (**d**) Développement de jeunes rosettes (x 500). (**e**) Filament de *Leucothrix* formant un noeud.

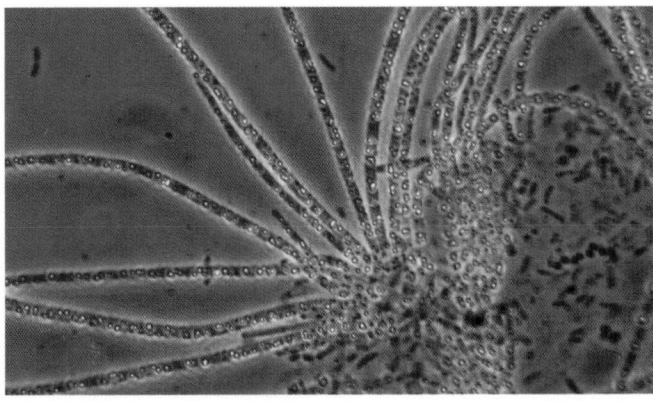

Figure 22.22 *Thiothrix*. Colonie de *Thiothrix* observée au microscope à contraste de phase (x 1.000).

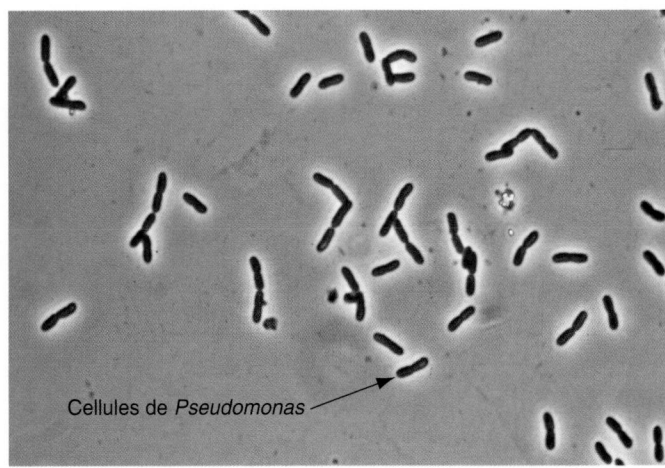

Cellules de *Pseudomonas*

(a)

d'abord oxydé en méthanol par la méthane mono-oxygénase. Le méthanol est ensuite oxydé en formaldéhyde par la méthanol déshydrogénase et les électrons de cette oxydation sont captés par une chaîne de transfert d'électrons pour la synthèse d'ATP. Le formaldéhyde est incorporé au matériel cellulaire suivant l'une ou l'autre des deux voies métaboliques, impliquant l'une la formation de sérine et l'autre la synthèse de sucres comme le fructose 6-phosphate et le ribulose 5-phosphate.

L'ordre des *Pseudomonadales*

Pseudomonas est le genre le plus important dans l'ordre des *Pseudomonadales*, famille des *Pseudomonadaceae*. Ce genre contient des bâtonnets droits ou faiblement incurvés de 0,5 à 1,0 µm sur 1,5 à 5,0 µm de long. Ils sont mobiles grâce à un ou plusieurs flagelles polaires et sont dépourvus de prosthèque ou de gaine (**figure 22.23**; *figure 3.35* a). Ces chimiohétérotrophes sont aérobies et leur métabolisme respiratoire utilise l'O$_2$ (et parfois des nitrates) comme accepteur d'électrons. Toutes les pseudomonades ont un cycle des acides tricarboxyliques fonctionnel et peuvent oxyder des substrats en CO$_2$. La plupart des hexoses sont dégradés par la voie de Entner-Doudoroff plutôt que par la glycolyse. La voie d'Entner-Doudoroff et le cycle des acides tricarboxyliques (p. 179, 183-84, appendice II).

Dans la première édition, le genre est un taxon exceptionnellement hétérogène, fait de 70 espèces ou plus. Beaucoup peuvent être placées dans l'un des cinq groupes d'homologie d'ARNr. Les trois groupes les mieux caractérisés, les groupes ARN I à III, sont subdivisés selon des propriétés telles que la présence de poly-β-hydroxybutyrate (PHB), la production d'un pigment fluorescent, la pathogénicité, la présence d'arginine dihydrolase et l'utilisation du glucose. Par exemple, le sous-groupe fluorescent n'accumule pas de PHB, mais produit un pigment vert-jaune diffusible, soluble dans l'eau, fluorescent sous irradiation UV (**figure 22.24**). *Pseudomonas aeruginosa*, *P. fluorescens*, *P. putida* et *P. syringae* sont des membres de ce groupe. La seconde édition du Bergey a réduit drastiquement la taille du genre *Pseudomonas*, en transférant des espèces dans plusieurs genres nouveaux (p. ex. : *Burkholderia*, *Hydrogenophaga* et *Methylobacterium*).

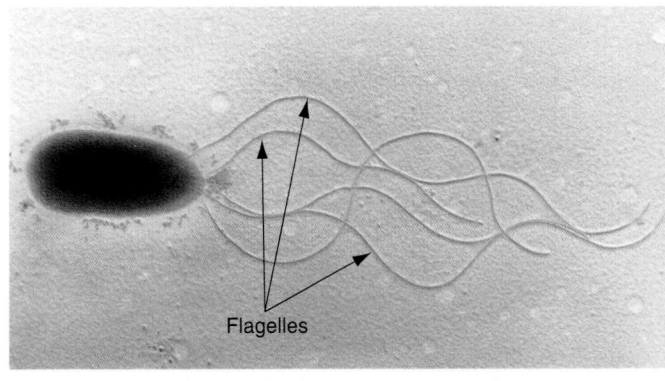

Flagelles

(b)

Figure 22.23 Le genre *Pseudomonas*. (a) Cellules de *Pseudomonas* contenant des granules de PHB (poly-β-hydroxybutyrate), vues au contraste de phase. (**b**) *Pseudomonas putida* avec cinq flagelles polaires, chacun d'une longueur de 5 à 7 µm, image au microscope électronique à transmission.

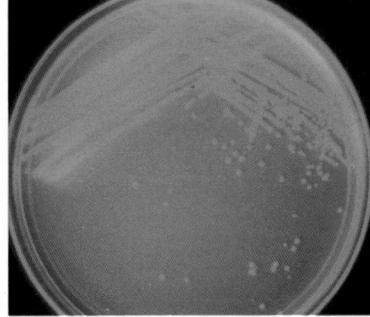

Figure 22.24 La fluorescence de *Pseudomonas*. Colonies de *Pseudomonas aeruginosa* fluorescentes en lumière ultraviolette.

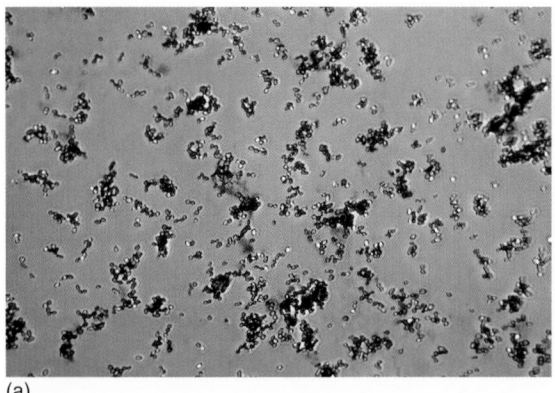
(a)

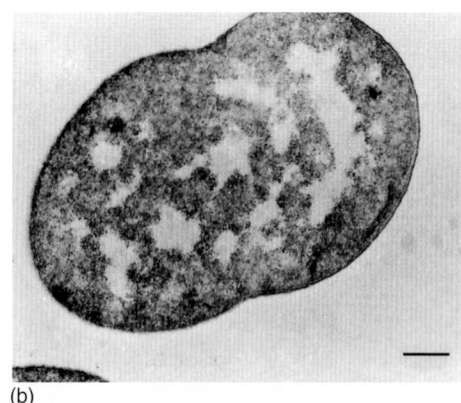
(b)

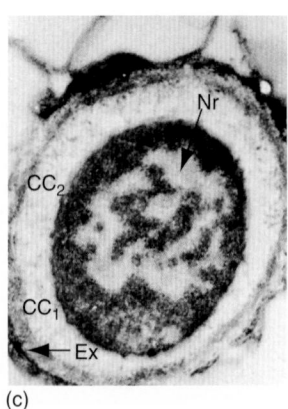
(c)

Figure 22.25 *Azotobacter*. (**a**) *A. chroococcum* (x270). (**b**) Image au microscope électronique d'*A. chroococcum*. La barre = 0,2 µm. (**c**) Structure d'un cyste d'*Azotobacter*. La barre = 0,2 µm. On voit la région nucléaire (Nr), les couches d'exine (CC$_1$ et CC$_2$) et l'exosporium (Ex)

L'impact pratique des pseudomonades est très important pour les raisons suivantes :

1. De nombreuses espèces peuvent dégrader une variété exceptionnellement large de molécules organiques. Ainsi, elles sont très importantes dans le **processus de minéralisation** (la dégradation microbienne de matériaux organiques en substances inorganiques) dans la nature et le traitement des déchets. Comme sources de carbone et d'énergie, les pseudomonades fluorescentes peuvent utiliser environ 80 substances différentes ; *Burkholderia cepacia* dégrade plus de 100 molécules organiques différentes. Décomposition microbienne de matériaux organiques (p. 611-14 ; 1010-14).

2. Plusieurs espèces (dont *P. aeruginosa*) sont des sujets expérimentaux très importants. Leur étude a fait beaucoup progresser la physiologie et la biochimie microbiennes. Par exemple, le génome de *Pseudomonas aeruginosa* a été séquencé. Il est très grand (environ 6,3 millions de paires de bases) et beaucoup plus complexe que celui d'*E. coli*. Bien qu'à peu près 50% de ses cadres de lecture ouverts soient semblables à ceux d'*E. coli.*, *P. aeruginosa* possède un nombre inhabituellement grand de gènes pour le catabolisme, pour le transport, pour l'efflux de molécules organiques, et pour la régulation métabolique. Ceci peut expliquer sa capacité à croître dans de nombreux environnements et à résister aux antibiotiques.

3. Certaines pseudomonades sont des agents pathogènes animaux et végétaux importants. *P. aeruginosa* infecte les personnes les moins résistantes, envahit les tissus brûlés et cause des infections des voies urinaires. *Burkholderia solanacearum* (*R. solanacearum*) est responsable de flétrissures de nombreuses plantes par la production de pectinases, de cellulases et d'hormones végétales comme l'acide indolacétique et l'éthylène. *P. syringae* et *B. cepacia* sont aussi des phytopathogènes importants.

4. Des pseudomonades telles que *P. fluorescens* sont impliquées dans l'avarie du lait, de viandes, d'œufs et de fruits de mer réfrigérés ; elles se développent en effet à 4 °C et dégradent lipides et protéines.

Le genre *Azotobacter* fait aussi partie de la famille des *Pseudomonadaceae*. Le genre rassemble de grandes bactéries ovoïdes, de 1,5 à 2,0 µm de diamètre, qui peuvent être mobiles grâce à des flagelles péritriches. Les cellules sont souvent pléomorphes, allant des bâtonnets aux formes coccoïdes, et forment des cystes lorsque la culture vieillit (**figure 22.25**). Le genre est aérobie, catalase-positif et fixe l'azote sans symbiose. *Azotobacter* est très répandu dans les sols et dans les eaux.

L'ordre des *Vibrionales*

Trois ordres de γ-protéobactéries, étroitement apparentés, renferment de nombreux genres bactériens d'importance pratique. Chaque ordre ne comprend qu'une seule famille de bâtonnets Gram-négatifs, anaérobies facultatifs. Le **tableau 22.6** résume les propriétés distinctives des *Enterobacteriaceae*, des *Vibrionaceae* et des *Pasteurellaceae*. L'ordre des *Vibrionales* ne compte qu'une seule famille, les *Vibrionaceae*.

Les membres de la famille des *Vibrionaceae* sont des bâtonnets Gram-négatifs droits ou incurvés, possédant des flagelles polaires (**figure 22.26**). La plupart sont oxydase-positifs et tous utilisent le D-glucose comme source unique ou principale de carbone et d'énergie (tableau 22.6). En majorité, ce sont des micro-organismes aquatiques très répandus dans les eaux douces et marines. Il y a six genres dans la famille : *Vibrio*, *Photobacterium*, *Enhydrobacter*, *Salinivibrio*, *Listonella* et *Allomonas*.

Plusieurs vibrions sont des pathogènes importants. *V. cholerae* (*voir figure 3.1*e) est l'agent responsable du choléra (*voir section 39.4*) et *V. parahaemolyticus* cause parfois des gastroentérites chez les humains après consommation de fruits de mer contaminés. *V. anguillarum* et d'autres sont responsables de maladies chez les poissons.

Le génome de *Vibrio cholerae* a maintenant été séquencé. Il contient 3.885 cadres de lecture ouverts, distribués dans deux chromosomes circulaires, le chromosome 1 (2,96 millions de paires de bases) et le chromosome 2 (1,07 millions de pb). Le plus grand chromosome porte les gènes des fonctions cellulaires essentielles, comme la réplication de l'ADN, la transcription, la synthèse des protéines. Il contient aussi la plupart des gènes de virulence (p. ex. le gène de la toxine cholérique est situé dans un phage CTXφ intégré dans le chromosome 1). Le chromosome 2 aussi possède des gènes essentiels, comme les gènes de transport et les gènes des protéines ribosomiales. Certains gènes ont une copie sur chacun des deux chromosomes. Peut-être *V. cholerae* arrive-t-il à une réplication de son génome et à une division cellulaire plus rapides, en répartissant ses gènes sur deux chromosomes.

Plusieurs membres de la famille se distinguent parce que bioluminescents. *Vibrio fischeri* et au moins deux espèces de *Photobacterium* sont parmi les quelques bactéries marines douées de **bioluminescence**, elles émettent une lumière bleu-vert grâce à

Tableau 22.6 Caractéristiques des familles de bâtonnets Gram-négatifs anaérobies facultatifs

Caractéristiques	Enterobacteriaceae	Vibrionaceae	Pasteurellaceae
Dimensions cellulaires	0,3–1,0 × 1,0–6,0 μm	0,3–1,3 × 1,0–3,5 μm	0,2–0,3 × 0,3–2,0 μm
Morphologie	Bâtonnets droits ; flagelles péritriches ou non mobiles	Bâtonnets droits ou incurvés; flagelles polaires	Cellules en forme de bâtonnet ou coccoïdes parfois pléomorphes ; non mobiles
Physiologie	Oxydase-négatives	Oxydase-positives ; peuvent tous utiliser le D-glucose comme source de carbone unique ou principale	Oxydase-positives ; hème ou NAD souvent requis pour la croissance ; besoin d'une source d'azote organique
Teneur en GC	38–60%	38–63%	38–47%
Relations symbiotiques	Certains sont parasites de mammifères et oiseaux ; certaines espèces sont phytopathogènes	La plupart non pathogènes (avec quelques exceptions)	Parasites des mammifères et des oiseaux
Genres représentatifs	*Escherichia, Shigella, Salmonella, Citrobacter, Klebsiella, Enterobacter, Erwinia, Serratia, Proteus, Yersinia*	*Vibrio, Photobacterium*	*Pasteurella, Haemophilus*

Tiré de J .G.Holt and N. R. Krieg (éds.), *Bergey's Manual of Systematic Bacteriology*, Vol. 1. Copyright © 1984. Williams and Wilkins Co., Baltimore, MD. Reproduction autorisée

---

Encadré 22.1

Bioluminescence bactérienne

Plusieurs espèces dans les genres *Vibrio* et *Photobacterium* peuvent émettre de la lumière de couleur bleue-verte. Une luciférase catalyse la réaction et utilise le flavine mononucléotide réduit, l'oxygène moléculaire et un aldéhyde à longue chaîne comme substrats.

$$FMNH_2 + O_2 + RCHO \xrightarrow{\text{luciférase}} FMN$$
$$+ H_2O + RCOOH + \text{lumière}$$

L'expérience suggère qu'un intermédiaire excité de la flavine et fixé à l'enzyme soit la source directe de luminescence. Les bactéries dépensent une énergie considérable à la luminescence, car les électrons utilisés à la génération de lumière sont probablement soustraits de la chaîne de transfert d'électrons et de la synthèse d'ATP. La luminescence est régulée et peut être inactivée ou activée dans certaines conditions.

On a beaucoup spéculé sur le rôle de la bioluminescence bactérienne et sur son intérêt pour les bactéries en particulier, parce que c'est un processus dispendieux en énergie. Les bactéries luminescentes qui occupent les organes lumineux spéciaux des poissons n'émettent pas de lumière quand elles se développent comme des organismes libres dans l'eau de mer. Les bactéries luminescentes libres peuvent se reproduire et infecter le jeune poisson. Une fois établies dans un organe lumineux du poisson, elles émettent de la lumière que l'animal utilise à son profit. D'autres bactéries luminescentes se développent sur des aliments potentiels de poissons, comme des petits crustacés. Elles utilisent la lumière pour attirer le poisson. Après ingestion, elles s'établissent en symbiose dans l'intestin de l'hôte.

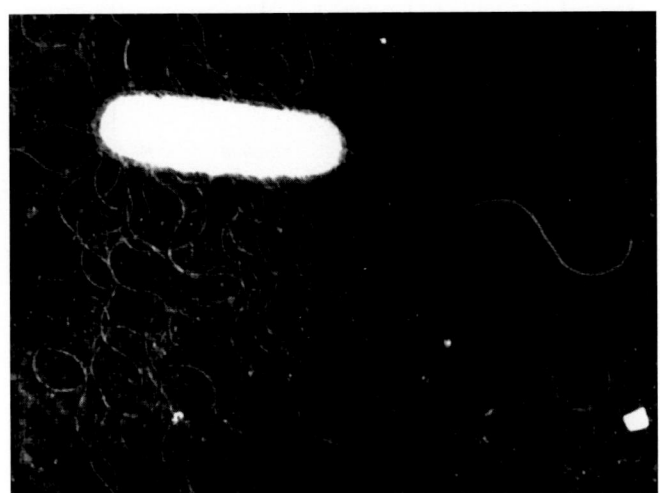

Figure 22.26 Les *Vibrionaceae*. Image au microscope électronique de *Vibrio alginolyticus* développé sur gélose, montrant un flagelle polaire gainé et des flagelles latéraux non gainés (x 18.000).

l'activité d'une luciférase (**encadré 22.1**). Le pic d'émission de cette lumière est habituellement entre 472 et 505 nm, mais une souche de *V. fischeri* émet une lumière jaune dont le pic principal se situe à 545 nm. Bien que beaucoup de ces bactéries soient libres, *P. phosphoreum* et *P. leiognathi* vivent en symbiose dans les organes lumineux des poissons (*figure 22.27*). Il est intéressant de noter que *Vibrio fischeri* peut dégrader l'AMP 3',5'-cyclique et l'utiliser comme source de carbone, d'azote et de phosphore pour sa croissance.

L'ordre des *Enterobacteriales*

La famille des *Enterobacteriaceae* est la plus grande des familles du tableau 22.6. Elle contient des bâtonnets droits Gram-négatifs à flagelles péritriches ou non mobiles, et facultativement anaérobies, dont les besoins nutritionnels sont simples (*voir figures 2.14*c, *3.27*a, *3.30 et 3.31*c). Dans la seconde édition, l'ordre des *Enterobacteriales* ne compte qu'une famille, les *Enterobacteriaceae*, avec 41 genres. On peut voir les relations entre les *Enterobacteriales* et les ordres des *Vibrionales* et des *Pasteurellales* en consultant la figure 22.16.

(a)

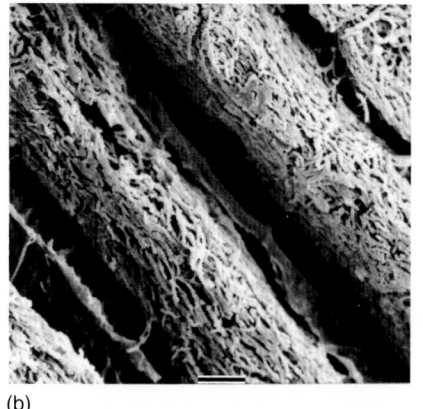
(b)

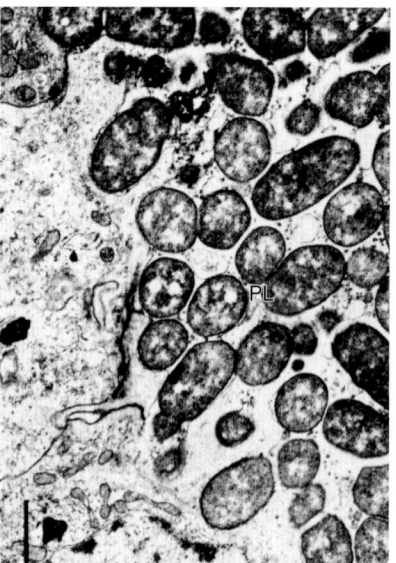
(c)

Figure 22.27 La bioluminescence. (a) Photographie du poisson lumineux de l'Atlantique *Kryptophanaron alfredi*. La zone claire sous-oculaire est l'organe lumineux du poisson. Il peut être recouvert d'un voile de tissu. **(b)** Les masses de photobactéries vues au microscope électronique à balayage sont séparées par des cellules épithéliales fines. La ligne = 6,0 μm. **(c)** Coupe ultra-fine dans l'organe lumineux d'un poisson *Equulities novaehollandiae*, montrant les cellules bioluminescentes de *Photobacterium leiognathi (PL)*. La barre = 2 μm.

Figure 22.28 L'identification des genres entérobactériens. Clé dichotomique de genres sélectionnés de bactéries entériques selon la mobilité et les caractéristiques biochimiques. On utilise les abréviations suivantes : ONPG, *o*-nitrophényl-β–D-galactopyranoside (un test pour la β-galactosidase) ; ADNase, désoxyribonucléase ; Liq. gel, liquéfaction de la gélatine et VP, Voges-Proskauer (un test pour l'acétoïne).

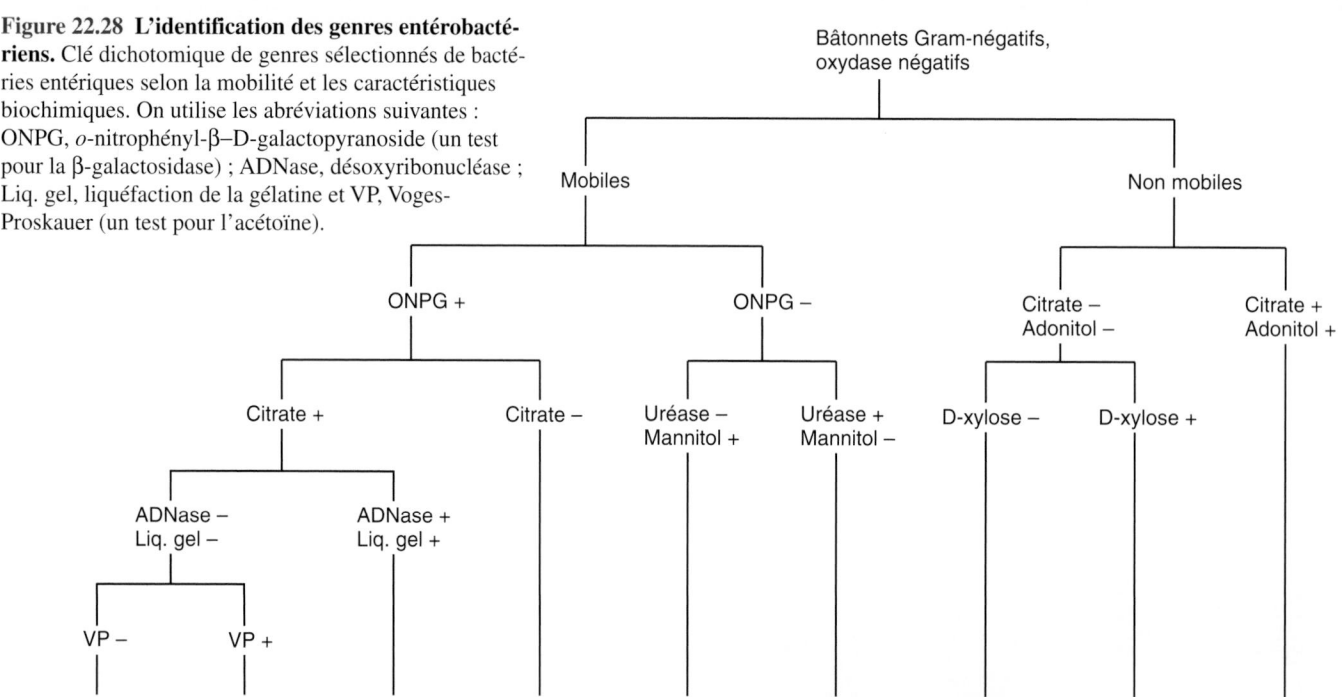

Les propriétés métaboliques des *Enterobacteriaceae* sont très utiles à la caractérisation des genres. Les membres de cette famille, souvent appelés **entérobactéries** ou **bactéries entériques** (du grec *enterikos*, appartenant à l'intestin), dégradent tous les sucres par la voie d'Embden-Meyerhof et clivent l'acide pyruvique pour donner de l'acide formique dans des fermentations formiques. Ces bactéries qui produisent des quantités importantes de gaz au cours de la fermentation du sucre, comme *Escherichia* sp., possèdent un complexe d'hydrogène-formiate lyase qui dégrade l'acide formique en H_2 et CO_2. La famille se divise en deux groupes selon les produits de fermentation. En majorité (soit les genres *Escherichia*, *Proteus*, *Salmonella* et *Shigella*), ils réalisent une fermentation acide mixte et produisent principalement du lactate, de l'acétate, du succinate, du formiate (ou H_2 et CO_2) et de l'éthanol. Dans la fermentation butanediolique, les produits principaux sont le butanediol, l'éthanol et l'anhydride carbonique. *Enterobacter*, *Serratia*, *Erwinia* et *Klebsiella* ont une fermentation butanediolique. Comme décrit précédemment (*voir section 9.3*), ces deux types de fermentation formique se distinguent par les tests au rouge de méthyle et de Voges-Proskauer. La fermentation formique et la famille des *Enterobacteriaceae* (p. 181).

Comme les bactéries entériques ont une morphologie très semblable, on utilise normalement des tests biochimiques pour les identifier après un examen préliminaire de leur morphologie, de leur mobilité et de leur croissance (la **figure 22.28**, fournit un exemple simple). Les tests les plus communément utilisés sont : le type de fermentation formique, l'utilisation du lactose et du citrate, la production d'indole à partir de tryptophane, l'hydrolyse de l'urée et la production de sulfure d'hydrogène. Par exemple, *Escherichia* et *Enterobacter* fermentent le lactose mais *Shigella*, *Salmonella* ou *Proteus* ne le font pas. Le **tableau 22.7** résume quelques propriétés biochimiques utiles pour distinguer les genres des bactéries entériques. Les organismes à fermentation acide mixte sont à la gauche du tableau et ceux à fermentation butane-diolique à droite. La popularité des systèmes commerciaux d'identification montre bien l'utilité des tests biochimiques pour identifier les bactéries entériques. Les systèmes Entérotube et API 20-E sont basés sur ces tests. Les systèmes commerciaux d'identification rapide (p. 840-42). La séquence du génome d'*E. coli* (p. 349)

Les membres des *Enterobacteriaceae* sont si communs, si répandus et si importants qu'on les trouve plus souvent que n'importe quelles autres bactéries dans les laboratoires. Sans aucun doute, *Escherichia coli* est la bactérie la mieux étudiée et l'organisme expérimental de choix pour beaucoup de microbiologistes. C'est un habitant majeur du côlon des hommes et des animaux à sang chaud et il est très utile à l'analyse de la contamination fécale des eaux (*voir section 29.5*). Certaines souches causent des gastroentérites ou des infections des voies urinaires. Plusieurs genres entériques contiennent des pathogènes humains très importants responsables de diverses maladies : *Salmonella* (**figure 22.29**), la fièvre typhoïde et les gastroentérites ; *Shigella*, la dysenterie bacillaire ; *Klebsiella*, la pneumonie ; *Yersinia*, la peste. Les membres du genre *Erwinia* sont des germes pathogènes importants pour les plantes cultivées et sont la cause de rouilles, de flétrissements et de plusieurs autres maladies végétales. Ces membres ainsi que d'autres de la famille sont présentés plus loin dans le texte avec plus de détails (*voir chapitre 39*).

L'ordre des *Pasteurellales*

La seconde édition du Bergey place la famille des *Pasteurellaceae* dans l'ordre des *Pasteurellales* et la traite de façon fort semblable à ce qu'on trouvait dans la première édition. Les *Pasteurellaceae* diffèrent par plusieurs caractères des deux autres familles (tableau 22.6). En particulier, ce sont de petites bactéries (0,2 à 0,3 μm de diamètre), non mobiles, normalement oxydase-positives, ayant des besoins nutritionnels complexes, et parasites de vertébrés. La famille comprend six genres : *Pasteurella*, *Haemophilus*, *Actinobacillus*, *Lonepinella*, *Mannheimia* et *Phocoenobacter*.

Comme on peut s'y attendre, les membres de cette famille les mieux connus sont ceux qui causent des maladies chez les humains et nombre d'animaux importants. *Pasteurella multocida* et *P. haemolytica* sont des germes pathogènes animaux. *P. multilocida* est responsable du choléra de la volaille qui tue chaque année de nombreux poussins, dindes, canards et oies. *P. haemolytica* est au moins en partie responsable de pneumonies chez le bétail, les moutons et les chèvres (« fièvre des transports » du bétail). *H. influenzae* type b est un agent pathogène humain majeur qui cause diverses maladies dont une méningite chez les enfants (*voir section 39.1*). La séquence du génome de *H. influenzae* (p. 349)

1. Décrivez les propriétés générales des γ-protéobactéries.
2. Quelles sont les principales caractéristiques des bactéries pourpres sulfureuses ? Mettez en contraste la famille des *Chromatiaceae* et celle des *Ectothiorhodospiraceae*.
3. Décrivez les genres *Beggiatoa*, *Leucothrix* et *Thiothrix*.
4. Dans quels milieux s'attend-on à voire croître des *Methylococcaceae*. Pourquoi ?

5. Qu'est-ce qu'un méthylotrophe ? Comment les bactéries oxydatrices de méthane utilisent-elles le méthane comme source aussi bien d'énergie que de carbone ?
6. Donnez les principales propriétés distinctives des genres *Pseudomonas* et *Azotobacter*. Discutez brièvement des changements taxinomiques qu'a subis le genre *Pseudomonas*.
7. Pourquoi les pseudomonades sont-elles des micro-organismes si importants ? Qu'est-ce que la minéralisation ?
8. Donnez les traits distinctifs principaux des *Vibrionaceae*, *Enterobacteriaceae* et *Pasteurellaceae*.
9. Quelle est la maladie humaine principale associée aux *Vibrionaceae* ? Quelle espèce en est responsable ?
10. Décrivez brièvement ce qu'est la bioluminescence et comment elle est produite.
11. Selon leur mode de fermentation, on peut placer les bactéries entériques dans deux groupes. Lesquels ?
12. Donnez deux raisons de l'importance des entérobactéries.

22.4   La classe des *Deltaproteobacteria*

Bien que les **δ-protéobactéries** ne rassemblent pas beaucoup de genres, elles montrent une diversité morphologique et physiologique considérable. On peut diviser ces bactéries en deux groupes généraux, tous deux chimioorganotrophes. Certains genres sont prédateurs comme les bdellovibrions et les myxobactéries. D'autres sont des anaérobies qui fabriquent du sulfure à partir de sulfate et de soufre, en oxydant des aliments organiques. La classe compte sept ordres et 17 familles. La **figure 22.30** illustre les relations phylogéniques entre des δ-protéobactéries sélectionnées et le **tableau 22.8** résume les propriétés générales de quelques genres représentatifs.

Les ordres des *Desulfovibrionales*, des *Desulfobacterales* et des *Desulfuromonadales*

Ces bactéries réductrices de sulfate ou de soufre forment un groupe diversifié. On les y a rassemblées à cause de leur métabolisme strictement anaérobie et de leur capacité d'utiliser le soufre élémentaire, les sulfates ou d'autres formes oxydées du soufre comme accepteurs d'électrons dans la respiration anaérobie (**figure 22.31**). Une chaîne de transfert d'électrons génère de l'ATP et réduit le soufre ou le sulfate en sulfure d'hydrogène. Le mieux étudié de ces agents réducteurs de sulfate est *Desulfovibrio* ; *Desulfuromonas* utilise seulement le soufre élémentaire comme accepteur. La respiration anaérobie (p. 190-91).

Ces bactéries sont d'une grande importance pour le cycle du soufre. Des quantités significatives de sulfates sont présentes dans presque tous les milieux aquatiques et terrestres, aussi les bactéries réductrices de sulfate sont-elles répandues et actives dans des milieux rendus anaérobies par la digestion microbienne des matières organiques. *Desulfovibrio* et d'autres bactéries réductrices de sulfate prospèrent dans des habitats tels que boues, sédiments de cours d'eau et de lacs pollués, dans des lagunes d'épuration et des digesteurs d'eaux d'égouts, ainsi que dans des sols gorgés d'eau. *Desulfuromonas* prévaut dans les sédiments anaérobies marins ou estuariens. Il peut aussi être isolé des digesteurs à méthane et de boues anaérobies et riches en sulfure d'hydrogène des milieux d'eau douce. *Desulfuromonas* utilise le soufre élémentaire, mais

Tableau 22.7 **Quelques caractéristiques de genres sélectionnés parmi les *Enterobacteriaceae***

Caractéristiques	*Escherichia*	*Shigella*	*Salmonella*	*Citrobacter*	*Proteus*
Rouge de méthyle	+	+	+	+	+
Voges-Proskauer	–	–	–	–	d
Production d'indole	(+)	d	–	d	d
Utilisation du citrate	–	–	(+)	+	d
Production d'H$_2$S	–	–	(+)	d	(+)
Uréase	–	–	–	(+)	+
β-galactosidase	(+)	d	d	+	–
Gaz à partir de glucose	+	–	(+)	+	+
Acide à partir de lactose	+	–	(–)	d	–
Phénylalanine désaminase	–	–	–	–	+
Lysine décarboxylase	(+)	–	(+)	–	–
Ornithine décarboxylase	(+)	d	(+)	(+)	d
Mobilité	d	–	(+)	+	+
Liquéfaction de la gélatine (22 °C)	–	–	–	–	+
% GC	48–52	49–53	50–53	50–52	38–41
Autres caractéristiques	1,1–1,5 sur 2,0–6,0 μm; péritriches si mobiles	Pas de gaz à partir des sucres	0,7–1,5 sur 2–5 μm; Flagelles péritriches	1,0 sur 2,0–6,0 μm; péritriches	0,4–0,8 sur 1,0–3,0 μm; péritriches

[a] (+) généralement présent

[b] (–) généralement absent

[c] d, variation entre souches ou espèces dans la possession de ce caractère

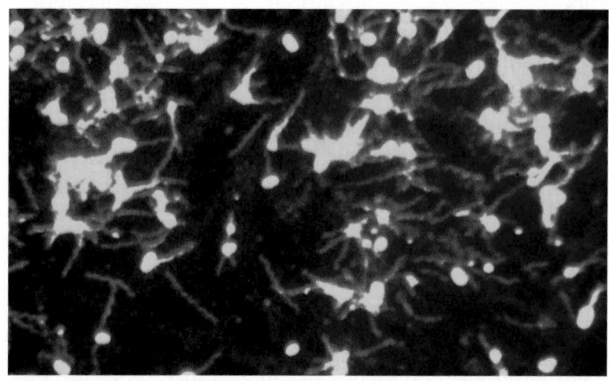

(a)

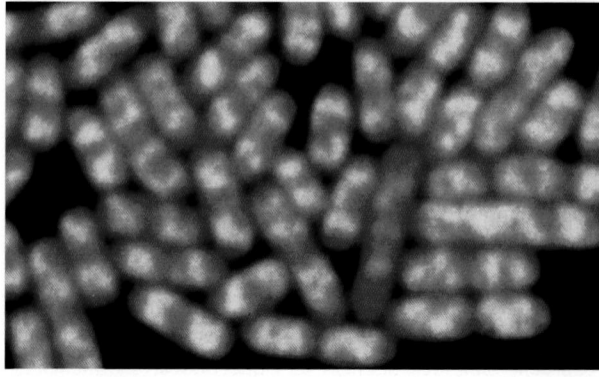

(b)

Figure 22.29 Les *Enterobacteriaceae*. *Salmonella* traitée par des colorants fluorescents. (**a**) *Salmonella enteritidis* avec flagelles péritriches (x 500). *S. enteritidis* est associée à des gastroentérites. (**b**) *Salmonella typhi* colorée à l'orangé d'acridine (x 2.000). *S. typhi* cause la fièvre typhoïde.

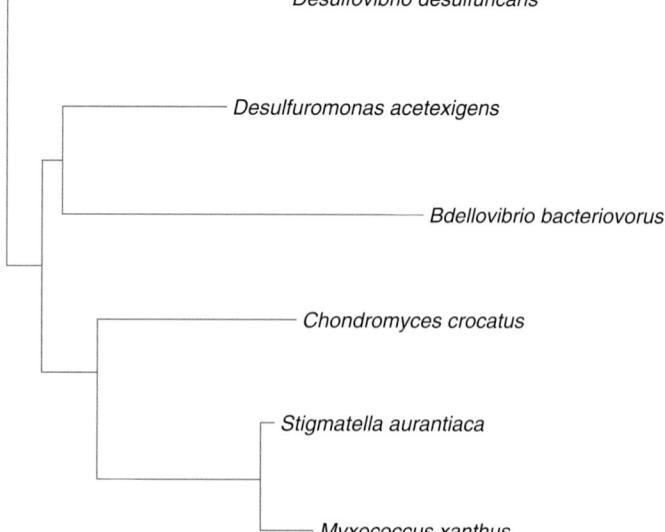

Desulfovibrio desulfuricans

Desulfuromonas acetexigens

Bdellovibrio bacteriovorus

Chondromyces crocatus

Stigmatella aurantiaca

Myxococcus xanthus

Figure 22.30 Relations phylogéniques entre δ-protéobactéries sélectionnées. Sont présentées ici les relations entre quelques espèces, basées sur les données de séquences de l'ARNr 16S. *Source : The Ribosomal Database Project.*

Yersinia	Klebsiella	Enterobacter	Erwinia	Serratia
+	(+)[a]	(−)[b]	+	d[c]
− (37°C)	(+)	+	(+)	+
d	d	−	(−)	(−)
(−)	(+)	+	(+)	+
−	−	−	(+)	
d	(+)	(−)	−	−
+	(+)	+	+	+
(−)	(+)	(+)	(−)	d
(−)	(+)	(+)	d	d
−	−	(−)	(−)	−
(−)	(+)	d	−	d
d	−	(+)	−	d
− (37°C)	−	+	+	+
(−)	−	d	d	(+)
46–50	53–58	52–60	50–58	53–59
0,5–0,8 sur 1,0–3,0 µm; péritriches si mobiles	0,3–1,0 sur 0,6–6,0 µm; capsulés	0,6–1,0 sur 1,2–3,0 µm; péritriches	0,5–1,0 sur 1,0–3,0µm; péritriches ; pathogènes de plantes et saprophytes	0,5–0,8 sur 0,9–2,0 µm; péritriches ; colonies souvent pigmentées

Tableau 22.8 Caractéristiques de δ- et d'ε-protéobactéries sélectionnées

Genre	Dimensions (µm) et morphologie	Teneur en GC (mole %)	Exigence en oxygène	Autres caractères distinctifs
δ-protéobactéries				
Bdellovibrio	0,2–0,5 × 0,5–1,4 ; bâtonnets en forme de virgule, avec un flagelle polaire gainé	33,4–51,5	Aérobie	Se nourrit d'autres bactéries Gram-négatives et croît dans leur périplasme, alterne phase de prédation et phase de reproduction intracellulaire
Desulfovibrio	0,5–1,5 × 2,5–10 ; bâtonnets incurvés ou parfois droits, mobiles grâce à des flagelles polaires	46,1–61,2	Anaérobie	Oxyde les composés organiques en acétate et réduit le sulfate ou le soufre en H_2S
Desulfuromonas	0,4–0,9 × 1,0–4,0 ; bâtonnets droits ou légèrement incurvés ou ovoïdes, flagelles latéraux subpolaires	50–63	Anaérobie	Réduit le soufre en H_2S, oxyde l'acétate en CO_2, forme des colonies roses ou couleur pêche
Myxococcus	0,4–0,7 × 2–10 ; bâtonnets minces aux extrémités effilées, mobiles par glissement	68–71	Aérobie	Forme des fructifications, avec des microcystes non inclus dans un sporangium
Stigmatella	0,6–0,8 × 4–10 ; bâtonnets droits aux extrémités effilées, mobiles par glissement	68,5–68,7	Aérobie	Fructifications pédonculées avec des sporangioles contenant des myxospores (0,9–1,2 × 2–4 µm)
ε-protéobactéries				
Campylobacter	0,2–0,5 × 0,5–5 ; cellules vibrioïdes avec un seul flagelle polaire, à une ou aux deux extrémités	30–38	Microaérophile	Ne fermente et n'oxyde pas les glucides ; oxydase-positif et uréase-négatif ; trouvé dans le système digestif, les organes reproducteurs et la cavité buccale des animaux
Helicobacter	0,5–1,0 × 2,5–5,0 ; cellules hélicoïdales, incurvées ou droites, aux extrémités arrondies, multiples flagelles gainés	33–42,5	Microaérophile	Catalase- et oxydase-positif ; hydrolyse l'urée rapidement ; trouvé dans les muqueuses gastriques de l'homme et des animaux

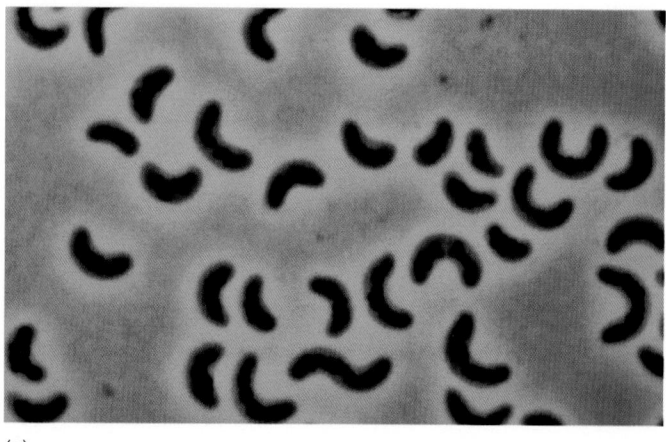

(a)

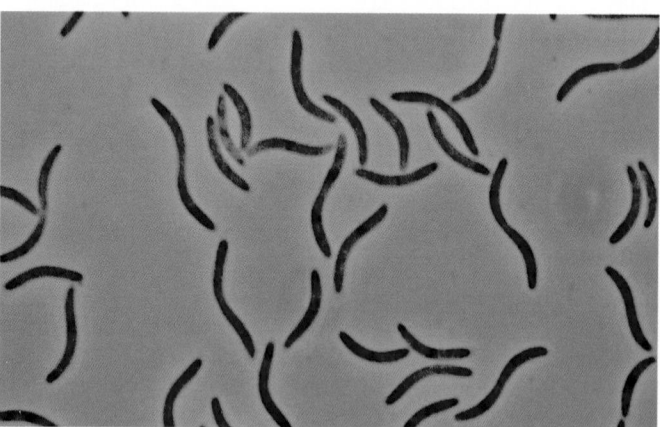

(b)

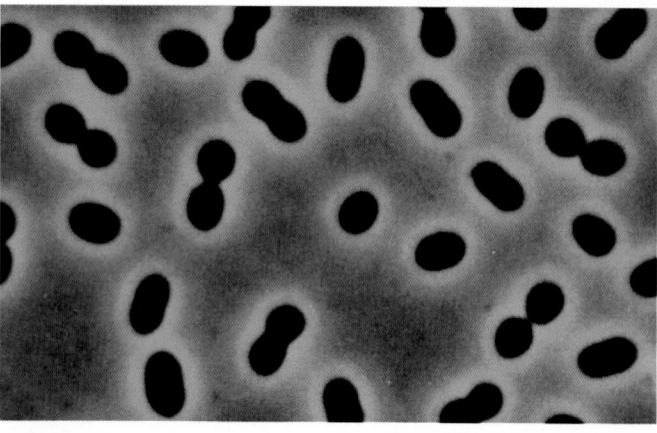

(c)

Figure 22.31 Les bactéries réductrices du soufre et des sulfates.
Exemples représentatifs. (**a**) Image au contraste de phase de
Desulfovibrio saprovorans avec inclusion de PHB (x 2.000). (**b**)
Desulfovibrio gigas, contraste de phase (x 2.000). (**c**) *Desulfobacter
postgatei*, contraste de phase (x 2.000).

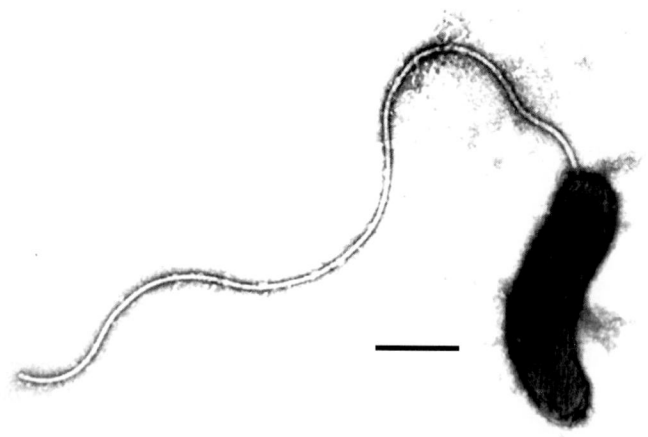

Figure 22.32 La morphologie de *Bdellovibrio*. *Bdellovibrio bacteriovorus* coloré négativement avec son flagelle polaire gainé. La barre
= 0,2 μm.

pas le sulfate comme accepteur d'électrons. Souvent, on se rend
compte de la réduction du sulfate et du soufre par l'odeur du sulfure d'hydrogène ou le noircissement de l'eau et des sédiments par
le sulfure de fer. La production de sulfure d'hydrogène dans des
sols gorgés d'eau peut tuer animaux, plantes et micro-organismes.
Les bactéries réductrices de sulfate ont un impact négatif sur l'industrie car elles jouent un rôle important dans la corrosion anaérobie du fer dans les conduites, les systèmes de chauffage et d'autres
structures (*voir chapitre 42*). Le cycle du soufre (p. 614-15).

L'ordre des *Bdellovibrionales*

L'ordre ne compte que la famille de *Bdellovibrionaceae* et trois
genres. Le genre *Bdellovibrio* (du grec *bdella*, sangsue) contient
des bâtonnets incurvés Gram-négatifs portant des flagelles polaires (**figure 22.32**). Le flagelle est inhabituellement épais à cause
de la présence d'une gaine en continuation avec la paroi cellulaire.
Bdellovibrio a un mode de vie particulier : il fait sa proie d'autres
bactéries Gram-négatives et alterne une phase prédatrice sans multiplication avec une phase intracellulaire de reproduction.

Le cycle biologique de *Bdellovibrio* est complexe bien qu'il
se déroule en une à trois heures seulement (**figure 22.33**). La bactérie libre nage très rapidement (environ 100 longueurs de cellule
par seconde) jusqu'à entrer en collision violente avec sa proie. Elle
s'attache à la surface bactérienne et commence à tourner à des vitesses aussi élevées que 100 tours/seconde. Elle fore un trou à travers la paroi cellulaire de l'hôte en 5 à 20 minutes grâce à la libération de plusieurs enzymes hydrolytiques. Son flagelle est perdu
durant la pénétration de la cellule.

Une fois entré, *Bdellovibrio* prend le contrôle de la cellule
hôte et se développe dans le périplasme, sous la paroi, jusqu'à ce
que la cellule hôte perde sa forme et s'arrondisse. Le prédateur inhibe les synthèses de protéines, d'ARN et d'ADN de son hôte en
quelques minutes ; il rompt la membrane plasmique et les constituants cytoplasmiques s'échappent de la cellule. La bactérie en
croissance utilise les acides aminés de son hôte comme source
d'énergie, de carbone et d'azote. Elle incorpore directement des
acides gras et des nucléotides, épargnant ainsi carbone et énergie.
La bactérie se développe rapidement en un long filament sous la

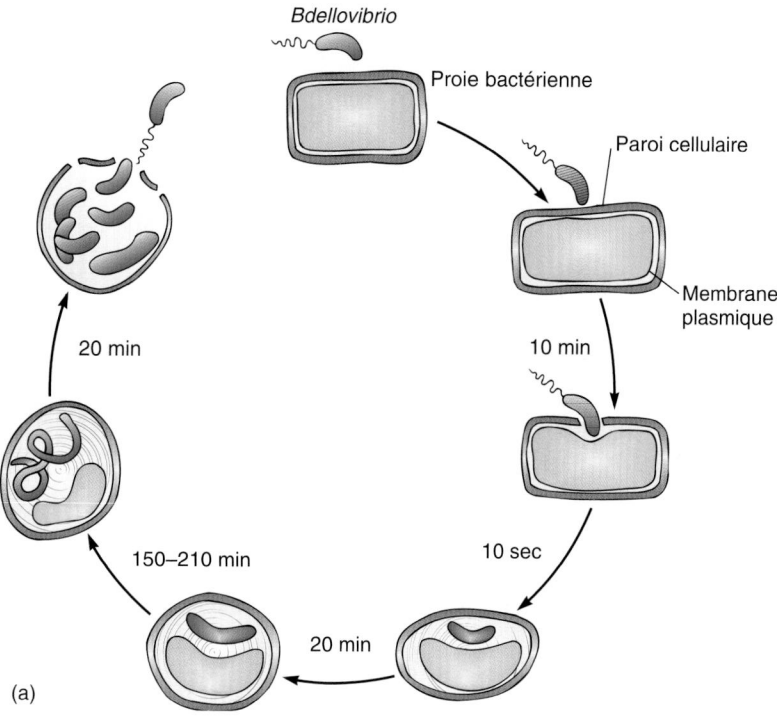

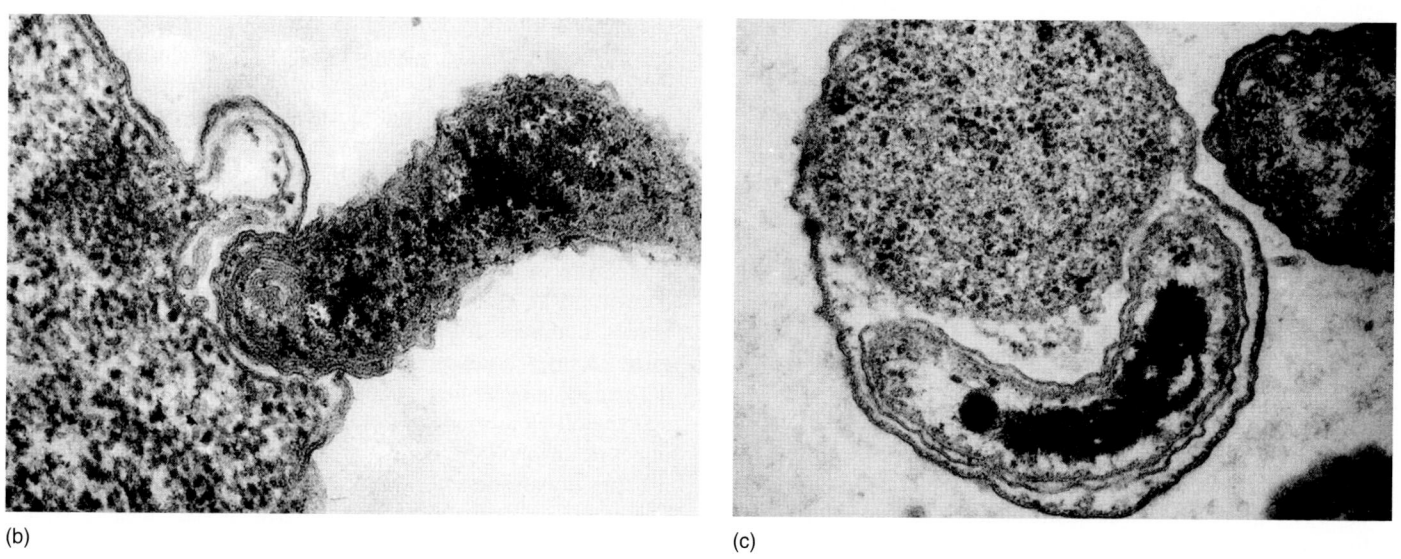

Figure 22.33 Le cycle biologique de *Bdellovibrio*. (**a**) Diagramme général indiquant le cycle complet (voir texte pour détails). (**b**) *Bdellovibrio bacteriovorus* pénétrant dans la paroi d'*E. coli* (x 55.000). (**c**) Un *Bdellovibrio* encapsulé entre la paroi et la membrane plasmique d'*E. coli* (x 60.800).

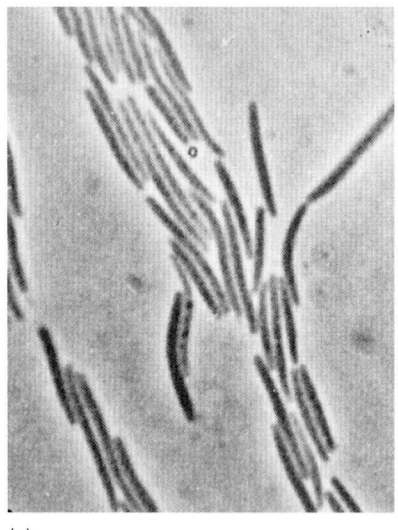 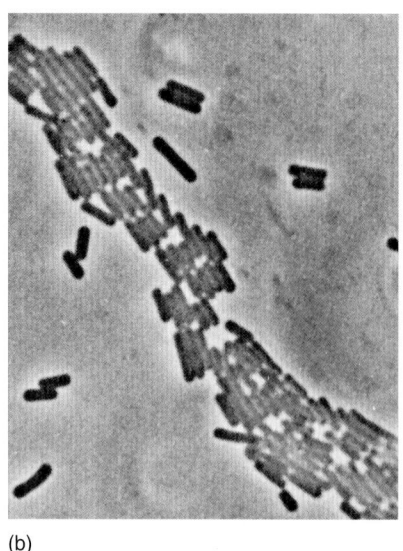 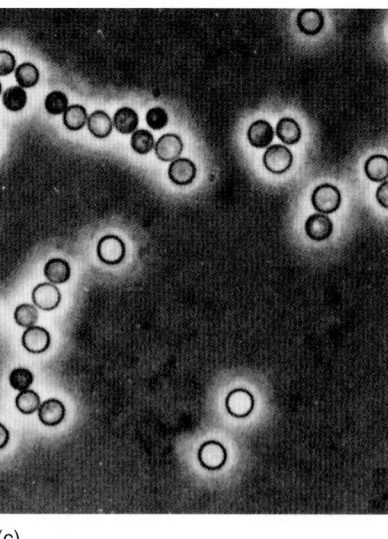

(a)   (b)   (c)

Figure 22.34 Bactéries fructifiantes se déplaçant par glissement (myxobactéries). Cellules de myxobactéries et myxospores. (**a**) *Stigmatella aurantiaca* (x 1200). (**b**) *Chondromyces crocatus* (x 950). (**c**) Myxospores de *Myxococcus xanthus* (x 1.100). Toutes ces images ont été prises au microscope à contraste de phase.

paroi cellulaire puis se divise en de nombreux descendants plus petits et flagellés qui s'échappent de la cellule hôte par lyse. Une telle scission multiple est rare chez les procaryotes.

Le cycle de *Bdellovibrio* ressemble en beaucoup de points à celui des bactériophages. Il n'est pas étonnant que lorsque *Bdellovibrio* est cultivé sur gélose avec des bactéries hôtes , il se forme des plages dans le tapis bactérien. Cette technique est utilisée pour isoler des souches pures et compter le nombre d'organismes viables, exactement comme s'il s'agissait de phages.

L'ordre des *Myxococcales*

Les **myxobactéries** sont des bactéries du sol, aérobies et Gram-négatives. Elles se caractérisent par une mobilité par glissement, un cycle biologique complexe avec production de fructifications et la formation de myxospores dormantes. De plus, leur contenu en GC est voisin de 67 à 71 %, significativement plus haut que celui de la plupart des bactéries mobiles par glissement. Les cellules de myxobactéries sont des bâtonnets d'environ 0,6 à 0,9 sur 3 à 8 µm de long. Elles peuvent être minces avec des extrémités effilées ou épaisses avec des bouts arrondis aplatis (**figure 22.34**). L'ordre des *Myxobacteriales* est divisé en quatre familles, suivant la forme des cellules végétatives, des myxospores et des sporanges.

La plupart des myxobactéries sont des microprédateurs. Elles sécrètent un ensemble d'enzymes digestives qui lysent les bactéries et les levures. Beaucoup de myxobactéries sécrètent aussi des antibiotiques qui peuvent tuer leur proie. Les produits de digestion sont absorbés, ce sont principalement de petits peptides. La plupart des myxobactéries utilisent des acides aminés comme source principale de carbone, d'azote et d'énergie. Ce sont toutes des chimiohétérotrophes à métabolisme respiratoire.

Le cycle biologique des myxobactéries est tout à fait particulier et ressemble à celui des moisissures cellulaires visqueuses (**figure 22.35**). Lorsqu'il y a de la nourriture, les myxobactéries migrent sur une surface solide, se nourrissant et laissant des traces visqueuses. A ce stade, les cellules forment souvent un essaim et

se déplacent de façon coordonnée. Certaines espèces se groupent en un feuillet de cellules qui bouge de façon rythmée, en faisant des vagues ou des rides. Lorsque les aliments sont épuisés, les myxobactéries s'agrègent et se différencient en une **fructification**. Il s'agit d'un processus de développement complexe qui est déclenché par une situation de privation et au moins cinq signaux différents. Deux de ces signaux ont été caractérisés. Le facteur A, un mélange de peptides et d'acides aminés, et le facteur protéique C sont tous deux libérés et contribuent au déclenchement du processus. Au moins quinze protéines nouvelles sont synthétisées au cours de la formation de la fructification. Ces fructifications atteignent une hauteur de 50 à 500 µm et sont souvent colorées de façon attrayante en rouge, jaune ou brun par des caroténoïdes. Leur complexité varie depuis des structures globulaires simples, faites d'environ 100.000 cellules (*Myxococcus*) jusqu'aux structures élaborées, ramifiées, formées par *Stigmatella* et *Chondromyces* (**figure 22.36**). Certaines cellules se transforment en **myxospores** dormantes, souvent incluses dans des structures fermées appelées sporangioles ou sporanges. Les fructifications sont caractéristiques de chaque espèce.

Les myxospores ne sont pas seulement quiescentes, elles résistent aussi à la dessiccation et peuvent survivre jusqu'à 10 ans dans des conditions défavorables. Elles donnent aux myxobactéries la capacité de survivre à de longues périodes de sécheresse et de famine. Les fructifications fournissent une protection supplémentaire aux myxospores et aident à la dispersion de celles-ci. (Les myxospores sont souvent suspendues au-dessus de la surface du sol). Les myxospores étant maintenues ensemble dans la fructification, une colonie de myxobactéries se développe automatiquement lorsque les myxospores sont libérées et germent. Cette organisation communautaire a ses avantages puisque les myxobactéries se nourrissent en sécrétant des enzymes hydrolytiques et en absorbant les produits de digestion solubles. Une masse de myxobactéries produit des concentrations en enzymes suffisantes pour digérer une proie plus facilement que ne le ferait une cellule individuelle. Les enzymes extracellulaires diffusent à

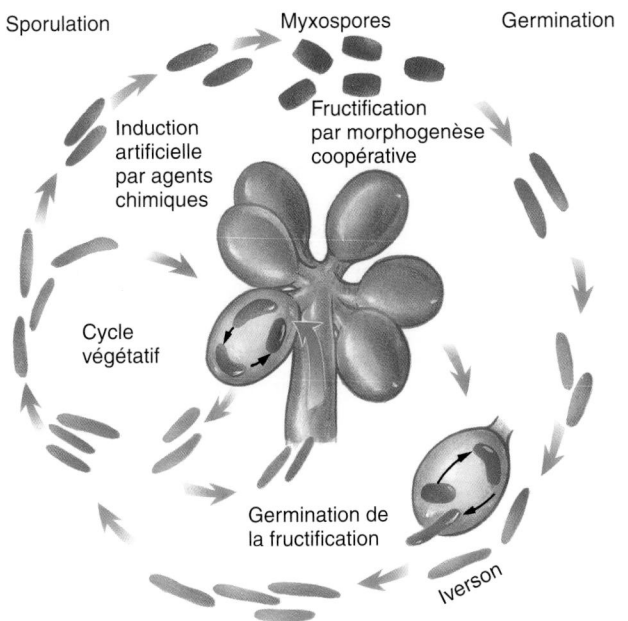

Sporulation   Myxospores   Germination

Induction
artificielle
par agents
chimiques

Fructification
par morphogenèse
coopérative

Cycle
végétatif

Germination de
la fructification

Iverson

Figure 22.35 Le cycle biologique d'une myxobactérie. La séquence externe décrit l'induction chimique de la formation de myxospores suivie de la germination. On voit aussi la production d'une fructification et sa germination.

partir de leur source et une cellule individuelle aura plus de difficultés à surmonter les pertes par diffusion qu'un amas de cellules.

On trouve les myxobactéries dans les sols du monde entier. On les isole le plus communément de sols neutres ou de matériel végétal en décomposition, comme des feuilles et des écorces d'arbres, et de crottes d'animaux. Bien qu'elles poussent dans des endroits aussi divers que les forêts tropicales et la toundra arctique, les myxobactéries sont surtout abondantes dans les zones chaudes.

1. Caractérisez brièvement les δ-protéobactéries.
2. Décrivez la spécialisation métabolique des bactéries réductrices cataboliques du sulfate ou du soufre. Pourquoi ces bactéries sont-elles importantes ?
3. Caractérisez le genre *Bdellovibrio* et décrivez en détail son cycle biologique.
4. Donnez les caractéristiques distinctives principales des myxobactéries. Comment obtiennent-elles leur nourriture ?
5. Décrivez brièvement le cycle biologique d'une myxobactérie. Qu'est-ce qu'une fructification, des myxospores et des sporangioles ?

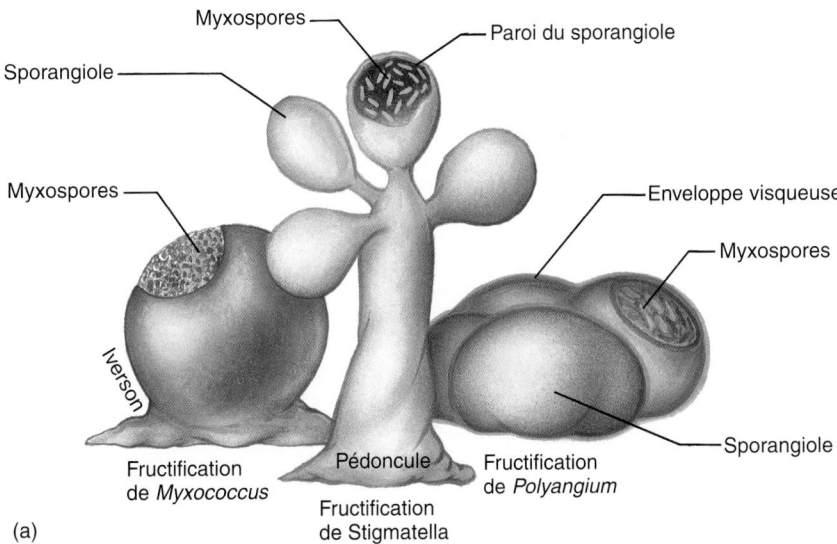

Myxospores — — Paroi du sporangiole

Sporangiole

Myxospores

Enveloppe visqueuse

Myxospores

Iverson

Fructification
de *Myxococcus*

Pédoncule

Fructification
de Stigmatella

Fructification
de *Polyangium*

Sporangiole

(a)

Figure 22.36 Les fructifications de myxobactéries. (**a**) Illustration de la structure de fructifications typiques. (**b**) *Myxococcus fulvus*. Les fructifications ont 150 à 400 μm de haut. (**c**) *Myxococcus stipitatus*. Pédoncule atteignant 200 μm. (**d**) *Chondromyces crocatus* vu au microscope électronique à balayage. Le pédoncule peut atteindre 700 μm et plus de haut.

(b)

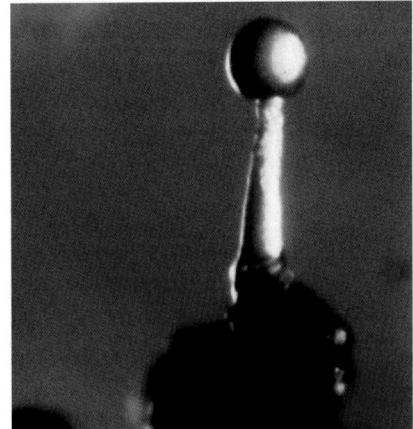

(c)

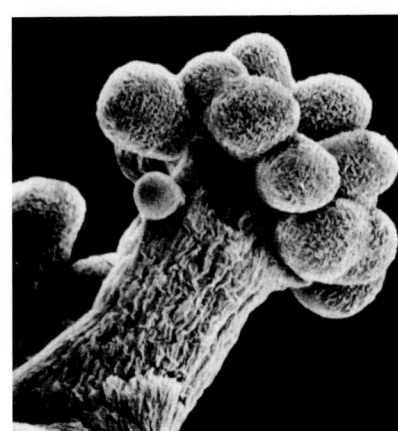

(d)

22.5   La classe des *Epsilonproteobacteria*

Les **ε-protéobactéries** constituent la plus petite des cinq classes de protéobactéries. Ce sont des bâtonnets minces, Gram-négatifs, qui peuvent être droits, incurvés ou hélicoïdaux. Les ε-protéobactéries ne comptent qu'un ordre, les *Campylobacterales*, et deux familles, les *Campylobacteraceae* et les *Helicobacteraceae*. Les deux genres les plus importants, *Campylobacter* et *Helicobacter*, sont des bâtonnets microaérophiles, mobiles, hélicoïdaux ou vibrioïdes, Gram-négatifs. Le tableau 22.8 résume quelques-unes des caractéristiques de ces deux genres.

Le genre *Campylobacter* contient des espèces aussi bien non pathogènes que pathogènes pour l'homme et les animaux. *C. fetus* cause une maladie de la reproduction et des avortements chez le bétail et les moutons. Chez l'homme, il est associé à une variété de conditions, depuis la **septicémie** (présence des pathogènes ou de leurs toxines dans le sang) jusqu'à l'**entérite** (inflammation du tractus intestinal). *C. jejuni* est responsable d'avortements chez les moutons et de diarrhées entériques chez les humains.

Il y a au moins 14 espèces d'*Helicobacter*, toutes isolées de l'estomac ou de l'intestin grêle de l'homme, du chien, du chat ou d'autres mammifères (*voir figure 39.16*). Dans les pays en voie de développement, 70 à 90% de la population sont infectés ; dans les pays développés, de 20 à 50%. La plupart des infections se produisent probablement durant l'enfance, mais le mode exact de transmission n'est pas connu. Le principal pathogène humain est *Helicobacter pylori* qui est la cause de gastrite et d'ulcères gastriques (*voir pp. 918-19*). *H. pylori* produit de grandes quantités d'uréase et l'hydrolyse de l'urée semble associée à sa virulence.

Les génomes de *Campylobacter jejuni* et d'*Helicobacter pylori* (tous deux d'une taille d'environ 1,6 millions de paires de bases) ont été séquencés. Ils sont en cours d'étude et de comparaison afin de comprendre les modes de vie et la pathogénicité de ces bactéries.

---

1. Décrivez brièvement les propriétés des ε-protéobactéries
2. Donnez les caractéristiques générales de *Campylobacter* et d'*Helicobacter*. Quelle est leur importance pour la santé publique ?

Résumé

1. Les protéobactéries constituent le plus vaste et le plus diversifié des groupes de bactéries. Sur base des données de séquences de l'ARNr 16S, on les divise en cinq classes : les protéobactéries α, β, γ, δ et ε.

2. Les bactéries pourpres non sulfureuses peuvent croître en anaérobiose comme photoorganohétérotrophes et souvent en aérobiose comme chimioorganohétérotrophes (**figure 22.2**). On les trouve dans les habitats aquatiques, riches en matières organiques et pauvres en sulfures.

3. Les rickettsies sont des parasites intracellulaires obligatoires, responsables de nombreuses maladies (**figure 22.3**). Elles possèdent des systèmes transporteurs dans leur membrane plasmique et font grand usage d'aliments, coenzymes et ATP tirés de la cellule hôte.

4. Beaucoup de bactéries forment des prosthèques, des pédoncules, ou se reproduisent par bourgeonnement. Elles sont souvent classées parmi les α-protéobactéries.

5. *Hyphomicrobium* (bactérie bourgeonnante qui produit des cellules d'essaimage) et *Caulobacter* (bactérie avec prosthèque et crampon) (**figures 22.4-22.7**) sont deux exemples de bactéries bourgeonnantes et/ou appendiculées.

6. *Rhizobium* pratique la fixation d'azote, tandis qu'*Agrobacterium* provoque le développement de tumeurs chez les plantes. Tous deux font partie de la famille des *Rhizobiaceae*, des α-protéobactéries.

7. Les bactéries chimiolithotrophes tirent énergie et électrons de la réduction de composés inorganiques. Les bactéries nitrifiantes sont des aérobies qui oxydent soit l'ammoniac, soit le nitrite en nitrate et sont responsables de la nitrification (**tableau 22.2**).

8. Le genre *Neisseria* rassemble des coques non mobiles, aérobies, Gram-négatifs, qu'on trouve habituellement par paires. Ces bactéries colonisent les muqueuses et provoquent plusieurs maladies chez l'homme.

9. Les membres du genre *Burkholderia* sont des bâtonnets aérobies, Gram-négatifs qui ont presque toujours des flagelles polaires. Ils dégradent une grande variété de molécules organiques et peuvent être cause de maladies.

10. *Sphaerotilus*, *Leptothrix* et plusieurs autres genres forment des gaines, structures tubulaires creuses qui entourent, sans contact intime, les chaînes de cellules (**figure 22.13**).

11. Les bactéries sulfureuses incolores, comme *Thiobacillus*, oxydent le soufre élémentaire, le sulfure d'hydrogène et le thiosulfate en sulfate, pour une production chimiolithotrophe d'énergie.

12. Les γ-protéobactéries constituent le plus vaste groupe de protéobactéries. On y trouve une grande variété de types physiologiques (**tableau 22.5** et **figure 22.16**).

13. Les bactéries pourpres sulfureuses sont anaérobies et habituellement photolithoautotrophes. Elles oxydent le sulfure d'hydrogène en soufre et déposent des granules intracellulaires (**figure 22.18**).

14. Des bactéries comme *Beggiatoa* et *Leucothrix* croissent en longs filaments ou trichomes (**figures 22.20** et **22.21**). Les deux genres pratiquent la locomotion par glissement. *Beggiatoa* est principalement chimiolithotrophe, *Leucothrix*, chimioorganotrophe.

15. Les *Methylococcaceae* sont des méthylotrophes ; elles utilisent le méthane, le méthanol et d'autres composés à un carbone réduits, comme seules sources de carbone et d'énergie.

16. Le genre *Pseudomonas* contient des bâtonnets droits ou légèrement incurvés, Gram-négatifs, aérobies. Ils sont mobiles grâce à un ou plusieurs flagelles polaires et n'ont ni prosthèque, ni gaine (**figure 22.23**).

17. Les pseudomonades participent au processus de minéralisation dans la nature. Ces sujets d'expérience importants sont responsables de nombreuses maladies et avarient souvent la nourriture réfrigérée.

18. Les plus importants des bâtonnets anaérobies facultatifs, Gram-négatifs se trouvent dans trois familles : les *Vibrionaceae*, les *Enterobacteriaceae* et les *Pasteurellaceae* (**tableau 22.6**). Ces bactéries font partie des γ-protéobactéries (ordres des *Vibrionales*, des *Enterobacteriales* et des *Pasteurellales*).

19. Les *Enterobacteriaceae*, souvent appelées entérobactéries ou bactéries entériques, sont des bâtonnets droits, Gram-négatifs, à flagelles péritriches ou non mobiles, anaérobies facultatifs ; leurs besoins nutritionnels sont simples.

20. Les bactéries entériques sont habituellement identifiées par toute une série de tests physiologiques. Ce sont des organismes expérimentaux importants, pathogènes de plantes et d'animaux (**tableau 22.7** et **figure 22.28**).

21. Les δ-protéobactéries comprennent des bactéries Gram-négatives, aérobies, qui peuvent utiliser le soufre élémentaire et les composés soufrés oxydés comme accepteurs d'électrons, dans une respiration anaérobie (**tableau 22.8**). Elles sont très importantes dans le cycle du soufre dans l'écosystème.

22. *Bdellovibrio* est un bâtonnet incurvé, aérobie, avec un flagelle polaire gainé, qui fait sa proie d'autres bactéries Gram-négatives et croît dans leur espace périplasmique (**figures 22.32** et **22.33**).

23. Les myxobactéries sont des bactéries du sol, aérobies, Gram-négatives, qui se déplacent par glissement. Elles ont un cycle biologique qui conduit à la production de myxospores dormantes, enfermées dans des fructifications (**figures 22.34-22.36**).

24. Les ε-protéobactéries constituent la plus petite des classes de protéobactéries. Elles comptent deux importants genres pathogènes : *Campylobacter* et *Helicobacter*. Ce sont des bâtonnets microaérophiles, mobiles, hélicoïdaux ou vibrioïdes, Gram-négatifs.

Mots-clés

α-protéobactéries *487*

bactéries entériques (entérobactéries) *505*

bactéries nitrifiantes *493*

bactéries pourpres non sulfureuses *488*

bactéries pourpres sulfureuses *500*

bactéries sulfureuses incolores *496*

β-protéobactéries *495*

bioluminescence *505*

bourgeonnement *490*

crampon *491*

δ-protéobactéries *507*

ε-protéobactéries *514*

entérite *514*

fructification *512*

gaine *496*

γ-protéobactéries *498*

méthylotrophe *491*

minéralisation *504*

myxobactéries *512*

myxospores *512*

nitrification *495*

pédoncule *490*

prosthecae *490*

protéobactéries *487*

scission binaire *490*

septicémie *514*

Questions de révision

1. Décrivez les caractéristiques générales et l'organisation de chacune des cinq classes de protéobactéries.

2. Les genres bactériens sont répartis très différemment dans la première et la seconde éditions du manuel de Bergey. Discutez les avantages et les désavantages des approches phénétique et phylogénique de la taxinomie bactérienne, tels qu'ils apparaissent dans la première et la seconde édition.

3. Beaucoup de groupes bactériens se trouvent dans des habitats particuliers, auxquels ils sont bien adaptés. Donnez l'habitat de chacun des groupes suivants et les raisons de ces préférences : *Beggiatoa*, les bactéries pourpres sulfureuses, *Hyphomicrobium* et *Thiobacillus*.

4. Pourquoi la capacité de former des cystes quiescents serait-elle d'un grand avantage pour *Agrobacterium* et pas autant pour *Rhizobium* ?

5. Quel avantage une espèce pourrait-elle obtenir en spécialisant ses exigences nutritives ou son

habitat comme le font les méthylotrophes ? Cette stratégie présente-t-elle des désavantages ?

6. Quelle sorte de bactéries une mare aux eaux noires et à l'odeur d'œufs pourris pourrait-elle contenir en excès ?

7. Pourquoi les tests biochimiques sont-ils d'une telle importance dans l'identification des bactéries entériques ?

8. Comment *Bdellovibrio* tire-t-il avantage du métabolisme de son hôte, pour croître rapidement et efficacement ? En quoi sa reproduction ressemble-t-elle à celle des bactériophages ?

9. Pourquoi les bactéries qui se déplacent par glissement, celles qui bourgeonnent et/ou ont des appendices sont-elles distribuées entre tant de sections différentes dans le manuel de Bergey ?

10. En quoi le cycle biologique distinctif des myxobactéries peut-il être d'un grand avantage pour ces organismes ?

Questions de réflexion

1. *Helicobacter pylori* produit de grandes quantités d'uréase. L'uréase catalyse la réaction $H_2N\text{-}CO\text{-}NH_2(\rho)CO_2 + 2NH_3$. Pourquoi cela permet-il à *H. pylori* d'habiter les muqueuses gastriques acides ?

2. Les méthylotrophes oxydent le méthane en méthanol, puis en formaldéhyde et finalement en acétate. Suggérez des mécanismes par lesquels la bactérie se protège des effets toxiques des intermédiaires, méthanol et formaldéhyde.

3. *Bdellovibrio* est un prédateur intracellulaire. Dès qu'il a envahi le périplasme, il parvient à inhiber de nombreuses voies du métabolisme de son hôte. Par quel mécanisme cette inhibition peut-elle se produire aussi rapidement ?

Lectures complémentaires

Généralités

Balows, A.; Trüper, H. G.; Dworkin, M.; Harder, W.; et Schleifer, K.-H. 1992. *The prokaryotes,* 2d ed. New York: Springer-Verlag.

Brun, Y. V. 2000. Developmental processes in bacteria. In *Encyclopedia of microbiology,* 2e éd., vol. 2. J. Lederberg, éd., 15–28. San Diego: Academic Press.

Holt, J. G., éd.. 1984. *Bergey's Manual of systematic bacteriology,* vol. 1, N. R. Krieg, editor. Baltimore, Md.: Williams & Wilkins.

Holt, J. G., éd. 1989. *Bergey's Manual of Systematic Bacteriology,* vol. 3, J. T. Staley, M. P. Bryant, and N. Pfennig, editors. Baltimore, Md.: Williams & Wilkins.

Holt, J. G., éd. 1994. *Bergey's Manual of Determinative Bacteriology,* 9e éd. Baltimore, Md.: Williams & Wilkins.

Lederberg, J., éd. 1992. *Encyclopedia of microbiology.* San Diego, Calif.: Academic Press.

Mayer, F. 1986. *Cytology and morphogenesis of bacteria.* Berlin: Gebrüder Borntraeger.

Schlegel, H. G., et Bowien, B. 1989. *Autotrophic bacteria.* Madison, Wis.: Science Tech Publishers.

Shapiro, J. A. 1988. Le comportement de groupe des bactéries. *Pour la Science*, 130, 30-37.

Zavarzin, G. A.; Stackebrandt, E.; Murray, R. G. E. 1991. A correlation of phylogenetic diversity in the *Proteobacteria* with the influences of ecological forces. *Can. J. Microbiol.* 37:1–6.

22.1 La classe des *Alphaproteobacteria*

Brun, Y. V.; Marczynski, G.; et Shapiro, L. 1994. The expression of asymmetry during caulobacter cell differentiation. *Annu. Rev. Biochem.* 63:419–50.

Eremeeva, M. E., et Dasch, G. A. 2000. Rickettsiae. In *Encyclopedia of microbiology,* 2e éd., vol. 4, J. Lederberg, éd., 140–80. San Diego: Academic Press.

Gober, J. W., et Marques, M. V. 1995. Regulation of cellular differentiation in *Caulobacter crescentus. Microbiol. Rev.* 59(1):31–47.

Hase, T. 1985. Developmental sequence and surface membrane assembly of rickettsiae. *Annu. Rev. Microbiol.* 39:69–88.

Hooykaas, P. J. J. 2000. Agrobacterium. In *Encyclopedia of microbiology,* 2e éd., vol. 1, J. Lederberg, éd., 78–85. San Diego: Academic Press.

Moore, R. L. 1981. The biology of *Hyphomicrobium* and other prosthecate, budding bacteria. *Annu. Rev. Microbiol.* 35:567–94.

Østerås, M., et Jenal, U. 2000. Regulatory circuits in *Caulobacter. Curr. Opin. Microbiol.* 3:171–76.

Poindexter, J. S. 1981. The Caulobacters: Ubiquitous unusual bacteria. *Microbiol. Rev.* 45:123–79.

Winkler, H. H. 1990. Rickettsia species (as organisms). *Annu. Rev. Microbiol.* 44:131–53.

22.2 La classe des *Betaproteobacteria*

Gillis, M., et al. 1995. Polyphasic taxonomy in the genus *Burkholderia* leading to an emended description of the genus and proposition of *Burkholderia vietnamiensis* sp. nov. for N$_2$-

fixing isolates from rice in Vietnam. *Int. J. Syst. Bacteriol.* 45(2):274–89.

Tettelin, H., et al. 2000. Complete genome sequence of *Neisseria meningitidis* serogroup B strain MC58. *Science* 287(5459):1809–15.

22.3   La classe des *Gammaproteobacteria*

Burchart, R. P. 1981. Gliding motility of prokaryotes: Ultrastructure, physiology, and genetics. *Annu. Rev. Microbiol.* 35:497–529.

Dunlap, P. V. 1995. Making a living on cyclic AMP. *ASM News* 61(10):511–16.

Haber, C. L.; Allen, L. N.; Zhao, S.; et Hanson, R. S. 1983. Methylotrophic bacteria: Biochemical diversity and genetics. *Science* 221:1147–53.

Hanson, R. S., et Hanson, T. E. 1996. Methanotrophic bacteria. *Microbiol. Rev.* 60(2):439–71.

Heidelberg, J. F., et al. 2000. DNA sequence of both chromosomes of the cholera pathogen *Vibrio cholerae*. *Nature* 406:477–83.

Hill, S., et Sawers, G. 2000. *Azotobacter*. In *Encyclopedia of microbiology,* 2e éd., vol. 1, J. Lederberg, éd., 359–71. San Dieg: Academic Press.

Kapatral, V.; Zago, A.; Kamath, S.; and Chugani, S. 2000. *Pseudomonas*. In *Encyclopedia of microbiology,* 2e ed., vol. 3, J. Lederberg, editor-in-chief, 876–92. San Diego: Academic Press.

Larkin, J. M., et Strohl, W. R. 1983. *Beggiatoa, Thiothrix,* and *Thioploca*. *Annu. Rev. Microbiol.* 37:341–67.

Low, B. K. 2000. *Escherichia coli* and *Salmonella,* Genetics. In *Encyclopedia of microbiology,* 2e éd., vol. 2, J. Lederberg, éd., 270–82. San Diego: Academic Press.

MacDonell, M. T.; Swartz, D. G.; Ortiz-Conde, B. A.; Last, G. A.; et Colwell, R. T. 1986. Ribosomal RNA phylogenies for the vibrio-enteric group of eubacteria. *Microbiol. Sci.* 3:172–78.

Meighen, E. A. 1991. Molecular biology of bacterial bioluminescence. *Microbiol. Rev.* 55(1):123–42.

Neidhardt, F. C., editor-in-chief. 1996. *Escherichia coli* and *Salmonella typhimurium,* 2e éd. Washington, D.C.: ASM Press.

Perna, N. T., et al. 2001. Genome sequence of enterohaemorrhagic *Escherichia coli* O157:H7. *Nature* 409:529–33.

Reichenbach, H. 1981. Taxonomy of the gliding bacteria. *Annu. Rev. Microbiol.* 35:339–64.

Schaechter, M., and The View from Here Group. 2001. *Escherichia coli* and *Salmonella* 2000: The view from here. *Microbiol. Mol. Biol. Rev.* 65(1):119–30.

Schaechter, M. 2000. *Escherichia coli,* General biology. In *Encyclopedia of microbiology,* 2e éd., vol. 2, J. Lederberg, éd., 260–69. San Diego: Academic Press.

Starr, M. P., et Chatterjee, A. K. 1972. The genus *Erwinia:* Enterobacteria pathogenic to plants and animals. *Annu. Rev. Microbiol.* 26:389–426.

Stover, C. K., et al. 2000. Complete genome sequence of *Pseudomonas aeruginosa* PAO1, an opportunistic pathogen. *Nature* 406:959–64.

22.4   La classe des *Deltaproteobacteria*

Diedrich, D. L. 1988. Bdellovibrios: Recycling, remodelling and relocalizing components from their prey. *Microbiol. Sci.* 5(4):100–103.

Dworkin, M. 1996. Recent advances in the social and developmental biology of the myxobacteria. *Microbiol. Rev.* 60(1):70–102.

Dworkin, M., et Kaiser, D. 1985. Cell interactions in myxobacterial growth and development. *Science* 230:18–24.

Shimkets, L. J. 1990. Social and developmental biology of the myxobacteria. *Microbiol. Rev.* 54(4):473–501.

Spormann, A. M. 1999. Gliding motility in bacteria: Insights from studies of *Myxococcus xanthus*. *Micro. Mol. Biol. Rev.* 63(3):621–41.

White, D. 2000. Myxobacteria. In *Encyclopedia of microbiology,* 2e éd., vol. 3, J. Lederberg, éd., 349–62. San Diego: Academic Press.

22.5   La classe des *Epsilonproteobacteria*

Cover, T. L., et Blaser, M. J. 1995. *Helicobacter pylori:* A bacterial cause of gastritis, peptic ulcer disease, and gastric cancer. *ASM News* 61(1):21–26.

Dunn, B. E.; Cohen, H.; et Blaser, M. J. 1997. *Helicobacter pylori*. *Clin. Microbiol. Rev.* 10(4):720–41.

Marais, A.; Mendz, G. L.; Hazell, S. L.; et Mégraud, F. 1999. Metabolism and genetics of *Helicobacter pylori:* The genome era. *Microbiol. Mol. Biol. Rev.* 63(3):642–74.

Parkhill, J., et al. 2000. The genome sequence of the food-borne pathogen *Campylobacter jejuni* reveals hypervariable sequences. *Nature* 403:655–68.

Tomb, J.-F., et al. 1997. The complete genome sequence of the gastric pathogen *Helicobacter pylori*. *Nature* 388:539–47.

Walker, R. I., et al. 1986. Pathophysiology of *Campylobacter* enteritis. *Microbiol. Rev.* 50(1):81–94.

CHAPITRE 23

Les bactéries :
Les Gram-positives pauvres en GC

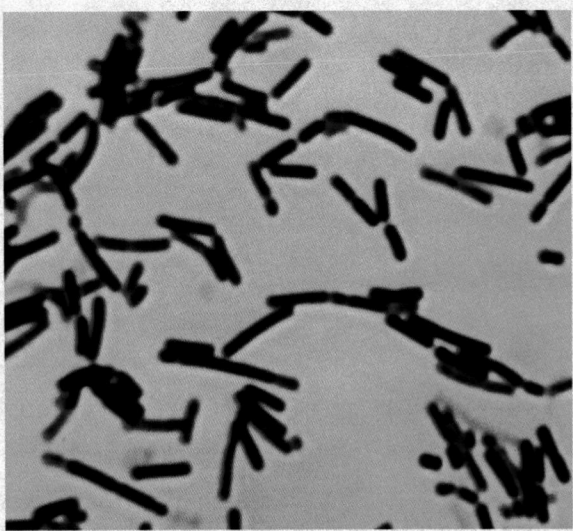

Les lactobacilles sont indispensables pour l'industrie alimentaire et laitière. Ils ne sont pas considérés comme pathogènes.

Plan

Concepts

1. Le volume 2 de la première édition du Bergey contient six sections couvrant toutes les bactéries Gram-positives à l'exception des actinomycètes. Dans ces sections, les bactéries sont distribuées selon la forme, la capacité de former des endospores, l'acido-résistance, les relations à l'oxygène, la capacité de former temporairement un mycélium et d'autres propriétés.

2. La seconde édition du Bergey classe les bactéries Gram-positives phylogéniquement, en deux groupes : les bactéries Gram-positives pauvres en GC et les bactéries Gram-positives riches en GC. Cette nouvelle classification se fonde essentiellement sur les séquences d'acides nucléiques, plutôt que sur des similarités phénotypiques.

3. Les Gram-positives pauvres en GC comprennent (1) les clostridies et bactéries apparentées, (2) les mycoplasmes et (3) les bacilles et lactobacilles. Des bactéries qui forment des endospores, des coques et des bâtonnets se trouvent maintenant dans les groupes des clostridies et des bacilles, au lieu d'être placées dans des sections séparées comme dans la première édition. Le fait de présenter une structure complexe telle que l'endospore n'indique donc pas nécessairement une étroite parenté entre les genres.

4. La structure du peptidoglycane varie parmi les différents groupes de sorte que celui-ci est souvent utile à identifier des groupes spécifiques.

5. Bien que la plupart des bactéries Gram-positives soient des saprophytes libres inoffensifs, certaines espèces de la plupart des principaux groupes sont des organismes pathogènes pour l'homme, les animaux et les plantes. D'autres bactéries Gram-positives revêtent une grande importance dans les industries alimentaires et laitières.

Après avoir fait croître la bactérie dans des cultures en série — chaque culture nouvelle étant inoculée avec une goutte de la précédente — nous notâmes que la dernière culture de la série était capable de se multiplier et agissait chez les animaux de telle façon que ceux-ci développaient le charbon avec tous les symptômes typiques de cette affection. Ceci est la preuve — et nous la considérons sans défaut — que le charbon est causé par cette bactérie.

— *Louis Pasteur*

Le chapitre 23 passe en revue les bactéries placées dans le volume 2 de la première édition du *Bergey's Manual of Systematic Bacteriology*. Ce volume 2 contient tous les groupes principaux de bactéries Gram-positives, à l'exception des actinomycètes qui sont présentés au volume 4. La seconde édition du Bergey classera les bactéries Gram-positives différemment, pour des raisons qui seront discutées un peu plus loin. Le présent chapitre décrit donc les différences générales entre la première et la seconde édition, puis se concentre sur les mycoplasmes, *Clostridium* et ses voisins, et les bacilles et lactobacilles. Le reste des groupes du volume 2 seront décrits dans le chapitre 24 avec les actinomycètes.

Le volume 2 de la première édition du Bergey contient six sections qui décrivent toutes les bactéries Gram-positives à l'exception des actinomycètes. La plupart de ces bactéries sont distribuées dans les quatre premières sections selon leur forme générale (bâtonnets, coques ou formes irrégulières) et leur capacité de former des endospores. Les bactéries acido-résistantes en forme de bâtonnet, connues comme les mycobactéries, sont placées dans la section 16 (les sections de la première édition du Bergey sont numérotées consécutivement en commençant par la première section du volume

1). La dernière section décrit les nocardioformes. Il s'agit de bactéries filamenteuses Gram-positives qui forment un réseau ramifié appelé mycélium. Celui-ci peut se diviser en éléments en forme de bâtonnet ou coccoïdes.

Les relations phylogéniques entre bactéries Gram-positives ont été analysées par comparaison des séquences des ARNr 16S (*voir figure 19.15*) ; celle-ci montre que ces bactéries sont divisées en un groupe à faible teneur en GC (voir le dendrogramme ci-dessus) et un groupe au contenu en GC élevé ou groupe des actinobactéries. La distribution des genres à l'intérieur et entre les groupes est illustrée à la figure 19.15, elle est très différente de la classification du volume 2 du Bergey. Phylogénie et diversité bactérienne (*p. 443-46*). La structure de la paroi cellulaire Gram-positive (pp. 56-58).

Le troisième volume de la seconde édition du Bergey décrit les bactéries Gram-positives pauvres en GC. Celles-ci sont placées dans le phylum des *Firmicutes* et divisées en trois classes : les *Clostridia*, les *Mollicutes* et les *Bacilli*. Le phylum des *Firmicutes* est vaste et complexe, il compte 10 ordres et 33 familles. La différence la plus évidente avec le système de classification de la première édition est la présence de la classe des *Mollicutes*. Les mycoplasmes, classe des *Mollicutes*, sont maintenant rangés parmi les Gram-positives pauvres en GC, plutôt que dans les bactéries Gram-négatives. Les données d'ARN ribosomial indique que les mycoplasmes sont étroitement apparentés aux clostridies, bien qu'ils n'aient pas de paroi cellulaire. La **figure 23.1** montre les relations phylogéniques entre certaines des bactéries traitées dans ce chapitre.

23.1 La classe des *Mollicutes* (les Mycoplasmes)

La classe des *Mollicutes* comprend cinq ordres et six familles. Les genres les mieux étudiés se trouvent dans les ordres des *Mycoplasmatales* (*Mycoplasma*, *Ureaplasma*), des *Entomoplasmatales* (*Entomoplasma*, *Mesoplasma*, *Spiroplasma*), des *Acholeplasmatales* (*Acholeplasma*) et des *Anaeroplasmatales* (*Anaeroplasma*,

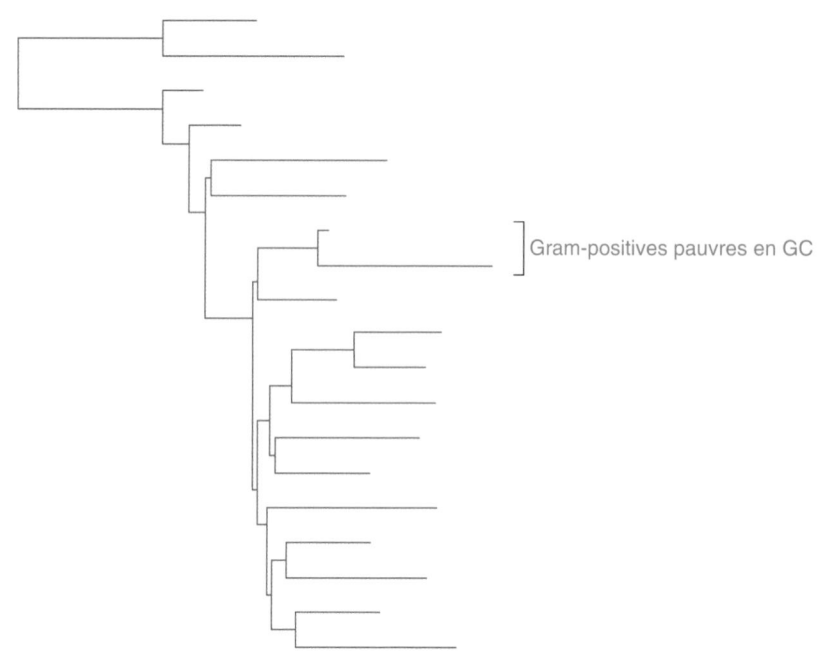

Gram-positives pauvres en GC

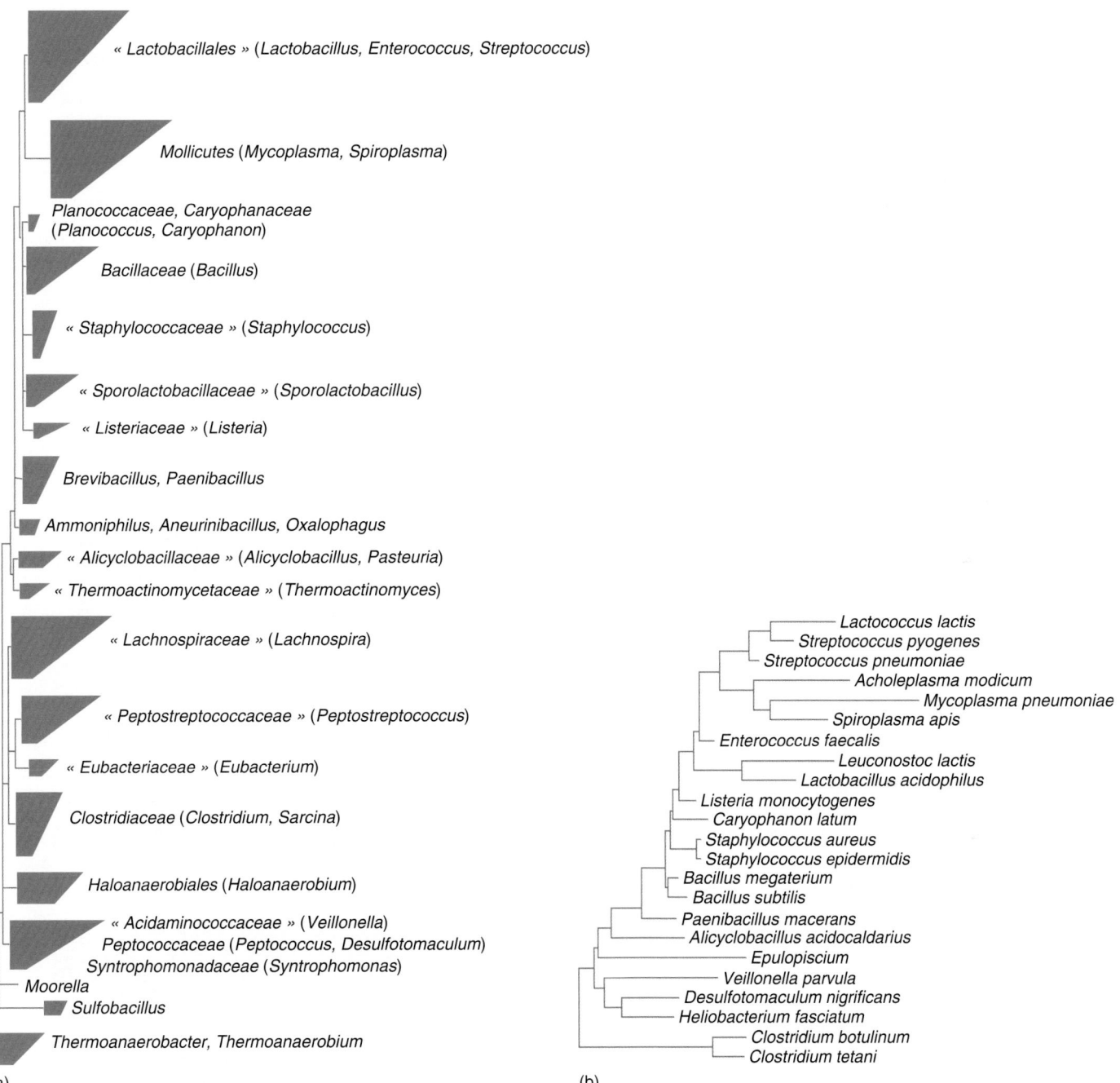

(a)

(b)

Figure 23.1 Les relations phylogéniques dans le phylum des *Firmicutes* (Gram-positives pauvres en GC).
(**a**) Les principaux groupes phylogéniques avec les genres représentatifs entre parenthèses. Chacun des tétraèdres de l'arbre correspond à un groupe d'organismes voisins ; les côtés horizontaux représentent la branche la plus courte et la branche la plus longue du groupe. Plusieurs branches partant d'un même niveau indiquent que l'ordre relatif de ramification de ces groupes ne peut pas être déterminé à partir des données utilisées. Les guillemets qui encadrent certains noms signifient qu'il ne s'agit pas de noms taxinomiques formellement approuvés. (**b**) Les relations entre quelques espèces, basées sur les données de séquences d'ARNr 16S. *Source : The Ribosomal Database Project.*

Tableau 23.1 Propriétés de quelques membres de la classe des *Mollicutes*

Genre	N° d'espèces reconnues	Teneur en GC (mole %)	Taille du génome (kbp)	Besoin en cholestérol	Habitat	Autres caractéristiques distinctives
Acholeplasma	13	26–36	1500–1650	Non	Animaux, certaines plantes et insectes	Optimum de croissance à 30–37°C
Anaeroplasma	4	29–34	1500–1600	Oui	Rumen des bovins et ovins	Anaérobies sensibles à l'oxygène
Asteroleplasma	1	40	1500	Non	Rumen des bovins et ovins	Anaérobies sensibles à l'oxygène
Entomoplasma	5	27–29	790–1140	Oui	Insectes, plantes	Optimum de croissance à 30°C
Mesoplasma	12	27–30	870–1100	Non	Insectes, plantes	Optimum de croissance à 30°C ; une croissance soutenue en milieu sans sérum demande 0,04% de Tween 80
Mycoplasma	104	23–40	600–1350	Oui	Homme, animaux	Optimum de croissance habituel à 37°C
Spiroplasma	22	25–30	940–2200	Oui	Insectes, plantes	Filaments hélicoïdaux; optimum de croissance à 30–37°C
Ureaplasma	6	27–30	760–1170	Oui	Homme, animaux	Hydrolysent l'urée

Adapté de J.G. Tully et al., « Revised Taxonomy of the Class *Mollicutes* » dans International Journal of Systematic Bacteriology, 43(2):378-85. Copyright © 1993 American Society for Microbiology, Washington, D.C. Reproduction autorisée.

Asterodeplasma). Le *tableau 23.1* résume les caractéristiques principales de ces genres.

Les membres de la classe des *Mollicutes* sont communément appelés **mycoplasmes**. Ces bactéries sont dépourvues de paroi cellulaire et ne peuvent synthétiser les précurseurs du peptidoglycane. Ainsi, ils sont résistants à la pénicilline mais sensibles à la lyse par un choc osmotique et un traitement au détergent. Comme ils ne sont entourés que par une membrane plasmique, ces procaryotes sont pléomorphes, leur forme varie de la sphère à la poire d'environ 0,3 à 0,8 µm de diamètre, jusqu'à des filaments ramifiés ou hélicoïdaux (**figure 23.2**). Certains mycoplasmes (p.ex. *M. genitalium*) ont une structure terminale spécialisée qui ressort de la cellule et leur donne une forme de flacon ou de poire. Cette structure intervient dans l'attachement aux cellules eucaryotes. Ce sont les plus petites bactéries capables de s'autoreproduire. Bien qu'elles soient pour la plupart non mobiles, certaines peuvent glisser sur des surfaces mouillées. La plupart des espèces diffèrent de la vaste majorité des bactéries par leur besoin en stérols pour se développer. Ce sont généralement des anaérobies facultatifs, mais quelques-uns sont des anaérobies obligatoires. En se développant sur gélose, la plupart des espèces forment des colonies en « œuf sur le plat », car elles se développent à l'intérieur de la gélose au centre, tandis qu'elles s'étendent vers l'extérieur à la surface, sur les bords de la colonie (**figure 23.3**). Leur génome est l'un des plus petits trouvés chez les procaryotes, environ 5 à 10 x 10⁸ daltons ; la teneur en GC varie de 23 à 41 %. Récemment, le génome complet de *Mycoplasma genitalium*, un parasite des appareils génital et respiratoire de l'homme, a été séquencé. Il ne compte que 580 kilobases et contient 482 gènes ; il semble qu'il ne faille pas beaucoup de gènes pour mener une existence autonome. Les mycoplasmes peuvent être saprophytes, commensaux ou parasites ; nombre d'entre eux sont pathogènes pour les plantes, les animaux ou les insectes.

La séquence du génome de *Mycoplasma genitalium* (pp. 348-49)

Les mycoplasmes n'ont pas de métabolisme particulier, bien qu'ils soient déficients en plusieurs voies biosynthétiques et requièrent souvent des stérols, des acides gras, des vitamines, des acides aminés, des purines et des pyrimidines. Les mycoplasmes qui ont besoin de stérols, incorporent ceux-ci dans la membrane

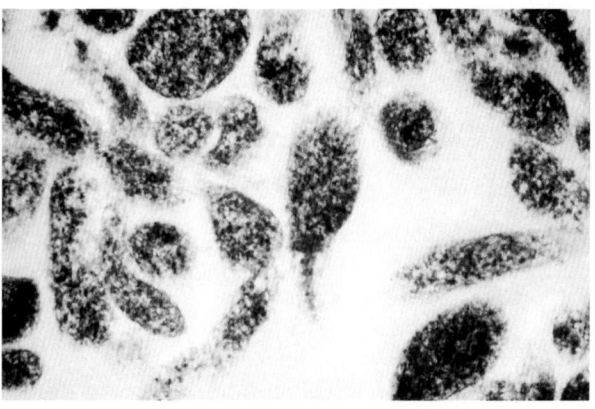

(a)

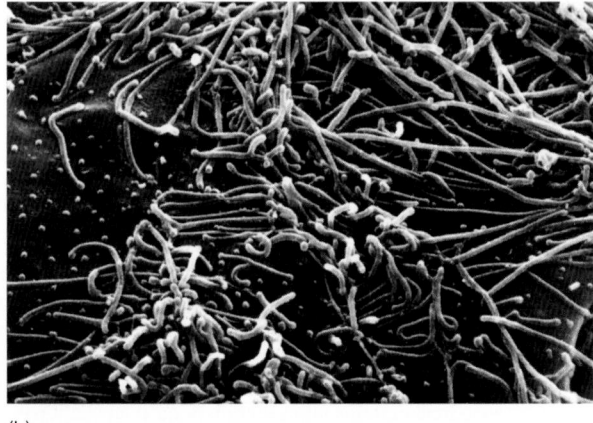

(b)

Figure 23.2 Les mycoplasmes. Image au microscope électronique de *Mycoplasma pneumoniae* montrant son pléomorphisme. (**a**) Microscopie électronique à transmission de plusieurs cellules (x 47.880). La cellule centrale a l'apparence d'un flacon ou d'une poire, à cause de sa structure terminale. (**b**) Microscopie électronique à balayage (x 26.000).

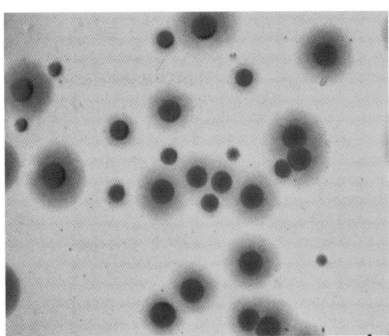

Figure 23.3 Colonies de mycoplasmes. Notez l'aspect en « oeuf sur le plat », colonies colorées avant photographie (x 100).

plasmique. Les mycoplasmes sont généralement plus stables os-motiquement que les protoplastes bactériens, les stérols de leur membrane pouvant être un facteur de stabilité. Certains produisent de l'ATP par la voie d'Embden-Meyerhof et la fermentation lactique. D'autres catabolisent l'arginine ou l'urée pour fabriquer de l'ATP. La voie des pentoses phosphates semble fonctionnelle, au moins chez certains mycoplasmes ; il apparaît qu'aucun ne dispose du cycle des acides tricarboxyliques complet.

Les mycoplasmes sont extrêmement répandus et peuvent être isolés d'animaux, de plantes, du sol et même de tas de compost. En effet, environ 10 % des cultures de cellules de mammifères, utilisées aujourd'hui, sont probablement contaminées par des mycoplasmes. Ceux-ci interfèrent sérieusement avec l'expérimentation, ils sont difficiles à détecter et à éliminer. Chez les animaux, les mycoplasmes colonisent les muqueuses et les articulations ; ils sont souvent associés à des maladies des organes respiratoires et uro-génitaux. Ils causent plusieurs maladies importantes dans les élevages, par exemple, la pleuropneumonie bovine contagieuse dans le bétail (*M. mycoides*), la maladie respiratoire chronique des poulets (*M. gallisepticum*), et la pneumonie des porcs (*M. hyopneumoniae*). *M. pneumoniae* est responsable principalement d'une pneumonie atypique chez l'homme et il existe de plus en plus de preuves que *M. hominis* et *Ureaplasma urealyticum* sont aussi des pathogènes humains. Le génome de 0,8 million de paires de bases de *M. pneumoniae* a été séquencé. Ce pathogène a perdu de nombreuses voies biosynthétiques (p. ex. les voies de biosynthèse des acides aminés), ce qui s'explique par son mode de vie parasite. Des spiroplasmes ont été isolés d'insectes, de tiques et d'une variété de plantes. Ils provoquent des maladies chez les agrumes, les choux, les broccolis, le maïs, les abeilles et d'autres hôtes. Il est probable que les arthropodes transmettent souvent les spiroplasmes d'une plante à l'autre. On s'attend à ce que de nombreux autres molli-cutes pathogènes seront découverts au fur et à mesure de l'amélioration des techniques d'étude et d'isolement.

1. Quel est le caractère morphologique qui distingue les mycoplasmes ? Dans quelle classe les trouve-t-on ? Pourquoi ont-ils été placés parmi les bactéries Gram-positives pauvres en GC ?
2. Donnez d'autres propriétés particulières de la classe des *Mollicutes*.
3. À quoi les mycoplasmes utilisent-ils les stérols ?
4. Où trouve-t-on les mycoplasmes chez les animaux ? Citez plusieurs maladies animales et humaines dont ils sont responsables. Quelles sortes d'organismes les spiroplasmes infectent-ils habituellement ?

23.2   Les bactéries Gram-positives pauvres en GC dans le manuel de Bergey

Les bactéries Gram-positives pauvres en GC sont traitées très différemment dans les première et seconde éditions du Bergey. Il est donc nécessaire de comparer les approches taxinomiques utilisées dans les deux éditions, avant d'examiner les divers groupes de bactéries Gram-positives. Comme nous le verrons, la différence fondamentale dans le traitement réside dans le passage de l'approche phénétique à l'approche phylogénique.

Dans la première édition du Bergey, la plupart des bactéries Gram-positives pauvres en GC sont placées dans les sections suivantes du volume 2 : la section des coques Gram-positifs (section 12), celle des bâtonnets et coques Gram-positifs formant des endospores (section 13) et celle des bâtonnets Gram-positifs, normaux, non sporulants (section 14). La première édition classe ces organismes Gram-positifs essentiellement sur base de leurs caractéristiques observables, comme la forme cellulaire, le groupement et la disposition des cellules, la présence ou l'absence d'endospores, les relations vis-à-vis de l'oxygène, les modes de fermentation, la chimie du peptidoglycane et ainsi de suite. A cause de l'importance du peptidoglycane et des endospores chez ces bactéries, il est préférable de parler d'abord de ces deux composants des bactéries Gram-positives.

La structure du peptidoglycane varie considérablement parmi les différents groupes Gram-positifs. Les bactéries Gram-négatives en majorité ont un peptidoglycane dans lequel l'acide méso-diaminopimélique en position 3 est directement fixé par son groupe aminé libre au carboxyle libre de la D-alanine terminale d'une chaîne peptidique adjacente (**figure 23.4***a* ; *voir aussi figure 3.18*). Cette même structure du peptidoglycane se retrouve chez de nombreux genres Gram-positifs, par exemple *Bacillus*, *Clostridium*, *Lactobacillus*, *Corynebacterium*, *Mycobacterium* et *Nocardia*. Chez d'autres bactéries Gram-positives, la lysine se substitue à l'acide diaminopimélique en position 3 et les sous-unités peptidiques des chaînes de glycane sont reliées par des ponts interpeptidiques contenant des acides L-aminés monocarboxyliques ou de la glycine, ou les deux (figure 23.4*b*). De nombreux genres, tels que *Staphylococcus*, *Streptococcus*, *Micrococcus*, *Lactobacillus* et *Leuconostoc*, ont un peptidoglycane de ce type. Chez le genre *Streptomyces* et plusieurs autres genres actinobactériens, l'acide méso-diaminopimélique est remplacé par l'acide L,L-diaminopimélique en position 3 et un résidu glycine sert de pont interpeptidique. Les corynébactéries phytopathogènes fournissent un autre exemple de variation du peptidoglycane. Chez certaines de ces bactéries, ce sont les positions 2 et 4 plutôt que 3 et 4 des sous-unités peptidiques, qui sont connectées par le pont interpeptidique (figure 23.4*c*). Comme le pont interpeptidique connecte les groupes carboxyles de l'acide glutamique et de l'alanine, c'est un acide diaminé tel que l'ornithine qui est utilisé comme pont. On trouve beaucoup d'autres variations dans la structure du peptidoglycane, telles que d'autres structures interpeptidiques et de grandes différences dans la fréquence des pontages entre les chaînes de glycane. Les bacilles et la plupart des bactéries Gram-négatives ont moins de ponts que les bactéries Gram-positives, comme *Staphylococcus aureus* chez lequel presque tous les acides muramiques sont pontés. Ces variations structurales, souvent caractéristiques de groupes particuliers, sont donc utiles à la taxinomie.

Figure 23.4 Exemples représentatifs de la structure du peptidoglycane. (**a**) Peptidoglycane présent chez la plupart des bactéries Gram-négatives et beaucoup de Gram-positives, le pontage est direct entre les positions 3 et 4 des sous-unités peptidiques. (**b**) Peptidoglycane avec lysine en position 3 et pont interpeptidique. Les parenthèses contiennent six ponts typiques : (*1*) *Staphylococcus aureus*, (*2*) *S. epidermidis*, (*3*) *Micrococcus roseus* et *Streptococcus thermophilus*, (*4*) *Lactobacillus viridescens*, (*5*) *Streptococcus salivarius* et (*6*) *Leuconostoc cremoris*. Les flèches indiquent la polarité des ponts peptidiques dans la direction de C à N. (**c**) Exemple de pontage entre les positions 2 et 4 chez *Corynebacterium poinsettiae*. Le pont contient un acide L-diaminé comme la D-ornithine, et la L-homosérine (L-Hsr) est en position 3. Les abréviations et la structure des acides aminés de cette figure, se trouvent dans l'appendice 1. Voir texte pour plus de détails.

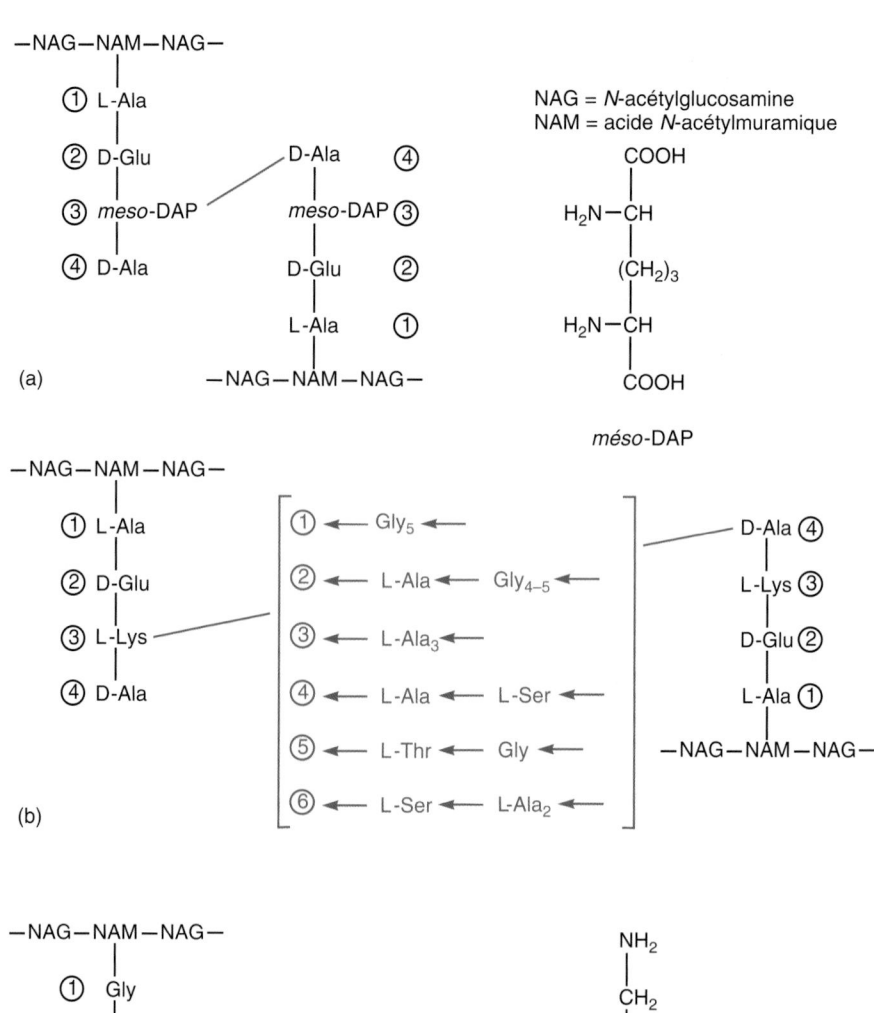

Les endospores bactériennes sont intracellulaires, rondes ou ovales ; elles ont une structure complexe avec une tunique, un cortex et une membrane interne entourant le protoplaste (**figure 23.5**). Elles contiennent de l'acide dipicolinique, sont très résistantes à la chaleur et peuvent rester dormantes et viables pendant de très longues périodes (**encadré 23.1**). Lors d'une expérience bien établie, des endospores sont restées viables pendant 70 ans environ. Un récent article rapporte qu'on a récupéré des endospores à partir d'abeilles dominicaines, enchâssées dans de l'ambre depuis 25 à 40 millions d'années. Si ce résultat est confirmé, les endospores d'un ancêtre de *Bacillus sphaericus* auraient survécu pendant plus de 25 millions d'années ! Des rapports similaires ont été publiés par la suite ; mais toutes ces études demandent confirmation. Généralement, les endospores s'observent au microscope optique après coloration de la spore, soit au microscope à contraste de phase, sans coloration (*voir les sections 2.2 et 2.3*). Elles peuvent

aussi être détectées en chauffant la culture jusque 70 à 80°C pendant 10 minutes, puis en l'incubant dans un milieu de culture convenable. Comme seules les endospores et certains thermophiles pourront survivre à ce chauffage, une croissance bactérienne confirmera leur présence. La structure de l'endospore bactérienne (p. 68-71).

Bien qu'elles soient largement distribuées, les bactéries formatrices d'endospores sont principalement des habitants du sol. Les conditions du sol sont souvent extrêmement variables et les endospores favorisent évidemment la survie durant les périodes de sécheresse ou de manque d'éléments nutritifs.

La seconde édition adopte une approche phylogénique essentiellement basée sur les données de l'ARNr 16S plutôt que sur la similarité phénotypique. Les bactéries Gram-positives pauvres en GC traditionnelles sont divisées en deux classes : les *Clostridia* (les clostridies et les bactéries apparentées) et les *Bacilli* (les bacilles et lactobacilles) (figure 23.1). Chaque classe contient des

Spores dans l'espace

Au dix-neuvième siècle, au cours des débats sur la question de l'évolution de la vie, l'hypothèse de la panspermie devint populaire. Selon cette hypothèse, la vie n'évolua pas sur terre à partir de matières inorganiques, mais arriva sous forme de spores bactériennes viables échappées d'une autre planète. Plus récemment, l'astronome anglais Fred Hoyle a revivifié l'hypothèse à la suite de son étude sur l'absorption des radiations par la poussière interstellaire. Hoyle maintient que les grains de poussière étaient initialement des cellules bactériennes viables qui avaient été dégradées et que la vie sur terre est due à l'arrivée d'endospores bactériennes ayant survécu à leur voyage dans l'espace.

Plus récemment encore, aux Pays-Bas, Peter Weber et J. Mayo Greenberg de l'Université de Leiden ont étudié les effets d'un vide poussé, d'une température basse et de radiations UV sur la survie des endospores de *Bacillus subtilis*. Leurs résultats suggèrent que les endospores pourraient survivre de 4,5 à 45 millions d'années dans un nuage moléculaire interstellaire. Pendant une telle période, les nuages moléculaires voyagent à travers l'espace à des vitesses suffisantes pour transporter des spores entre les systèmes solaires. Bien que ces résultats ne prouvent pas l'hypothèse de la panspermie, ils montrent que les bactéries sont capables de voyager entre des planètes où pourrait se développer la vie.

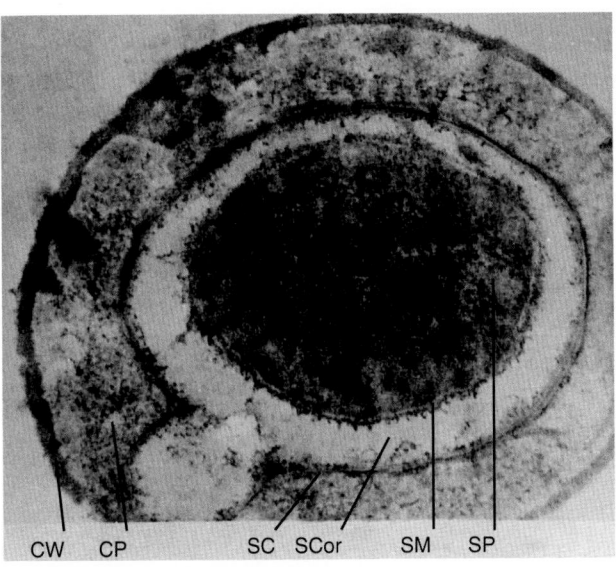

Figure 23.5 Les endospores bactériennes. Section transversale de *Bacillus megaterium* et de son endospore à l'intérieur de la paroi de la cellule végétative CW ; protoplaste cellulaire, CP ; tunique de la spore, SC ; cortex de la spore, SCor ; membrane de la spore, *SM* et protoplaste de la spore, SP (x 120.000).

bactéries qui forment des endospores, et des bâtonnets aussi bien que des coques. La nouvelle façon de grouper les bactéries Gram-positives ne ressemble donc plus du tout à celle de la première édition. Des groupes phylogéniquement cohérents ne contiennent pas nécessairement des bactéries qui se ressemblent beaucoup phénotypiquement. Le passage en revue des bactéries Gram-positives pauvres en GC qui suit, adoptera l'organisation générale de la seconde édition, mais fera référence à la première édition, là où cela s'indique.

23.3 La classe des *Clostridia*

La classe des *Clostridia* groupe une très grande variété de bactéries Gram-positives, distribuées entre trois ordres et 11 familles. Les caractéristiques de quelques-uns des genres les plus importants sont résumées dans le **tableau 23.2**. Les relations phylogéniques apparaissent dans la figure 23.1.

Le genre *Clostridium* est de loin le plus grand. Il inclut des bactéries Gram-positives, anaérobies, qui forment des endospores et n'effectuent pas la réduction catabolique du sulfate. Le genre contient bien plus de 100 espèces en plusieurs groupes phylogéniques distincts. Il est très vraisemblable que dans le futur, le genre *Clostridium* sera subdivisé en plusieurs genres.

Des membres du genre *Clostridium* ont aussi une grande importance pratique. Comme ils sont anaérobies et forment des endospores résistantes à la chaleur, ils sont responsables de nombreux cas d'altération d'aliments, même en conserve. *C. botulinum* (**figure 23.6***a* ; *voir aussi figure 2.8*d) est l'agent responsable du botulisme (*voir section 39.4*). Les clostridies fermentent souvent des acides aminés pour produire de l'ATP, elles oxydent un acide aminé et utilisent un autre comme accepteur d'électrons dans un processus appelé réaction de Stickland (*voir figure 9.11*).

Cette réaction génère au cours de la décomposition anaérobie de protéines, de l'ammoniac, du sulfure d'hydrogène, des acides gras et des amines. Ces produits sont responsables du développement d'odeurs désagréables au cours de la putréfaction. Plusieurs clostridies produisent des toxines et sont responsables de maladies graves : *C. tetani* (figure 23.6*b*) cause le tétanos et *C. perfringens* (*voir figure 2.15*a) une gangrène gazeuse et un empoisonnement alimentaire. D'autres clostridies ont une importance industrielle, par exemple, dans certains pays, *C. acetobutylicum* est utilisé pour la production de butanol. La microbiologie alimentaire (chapitre 41).

En plus du genre *Clostridium*, cette section renferme plusieurs autres genres intéressants. *Desulfotomaculum* est un genre sporulant, anaérobie, qui réduit le sulfate et le sulfite en sulfure d'hydrogène par sa respiration anaérobie (**figure 23.7**). Bien qu'il donne une coloration de Gram négative, *Desulfotomaculum* montre, au microscope électronique, une paroi cellulaire de type Gram-positif et fait en réalité partie des Gram-positives pauvres en GC. Les héliobactéries offrent un excellent exemple de la diversité de cette section. Les héliobactéries, genres *Heliobacterium* et *Heliophilum*, forment un groupe de bactéries photosynthétiques, anaérobies, inhabituelles, caractérisées par la présence de bactériochlorophylle *g*. Elles possèdent un centre réactionnel de type photosystème I, comme les bactéries vertes sulfureuses, mais n'ont pas de membranes photosynthétiques intracellulaires ; les pigments sont localisés dans la membrane plasmique. Comme *Desulfotomaculum*, elles ont une paroi cellulaire de type Gram-positif, avec un contenu en peptidoglycane moindre que la normale,

Tableau 23.2   Les caractéristiques des clostridies et des bactéries apparentées

Genre	Dimensions (μm) et morphologie	Teneur en GC (mole %)	Exigence en oxygène	Autres caractères distinctifs
Clostridium	0,3–2,0 × 1,5–20 ; en forme de bâtonnets, souvent pléomorphes, non mobiles et péritriches	22–55	Anaérobie	N'effectue pas la réduction catabolique du sulfate ; habituellement chimioorganotrophe, catalase-négatif ; forme des endospores ovales ou sphériques ; pratique la fermentation
Desulfotomaculum	0,3–1,5 × 3–9 ; bâtonnets droits ou incurvés, flagelles péritriches ou polaires	37–50	Anaérobie	Réduit le sulfate en H_2S, forme des endospores subterminales à terminales ; donne une coloration de Gram-négative, mais possède une paroi Gram-positive, catalase-négatif
Heliobacterium	1,0 × 4–10 ; bâtonnets fréquemment courbés, mobilité par glissement	52–55	Anaérobie	Photohétérotrophe avec de la bactériochlorophylle *g* ; se colore en Gram-négatif, mais possède une paroi Gram-positive ; certains forment des endospores
Veillonella	0,3–0,5 ; coques par paires, courtes chaînes et amas ; non mobiles	36–43	Anaérobie	Gram-négative ; fermente le pyruvate et le lactate, mais pas les glucides ; produit de l'acétate, du propionate, du CO_2 et de l'H_2 à partir du lactate ; parasite de la bouche, de l'intestin et du système respiratoire des animaux

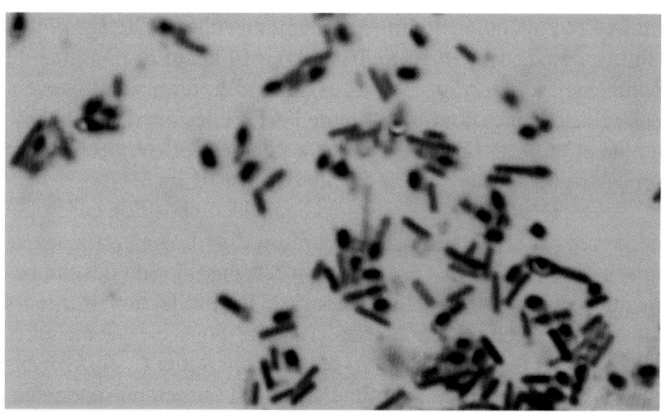

(a)

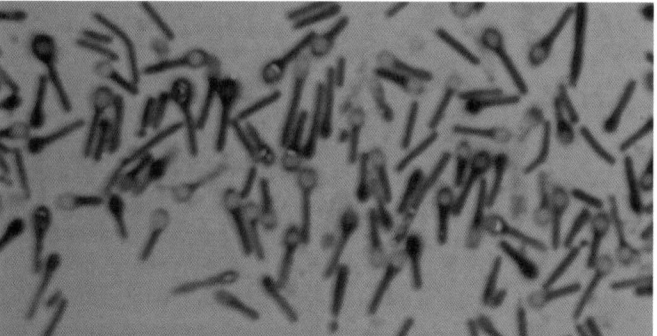

(b)

Figure 23.6 Les clostridies. (**a**) *C. botulinum*, spores ellipsoïdes et subterminales, cellules légèrement gonflées (x1.100). (**b**) *C. tetani*, spores rondes et terminales (x1.100).

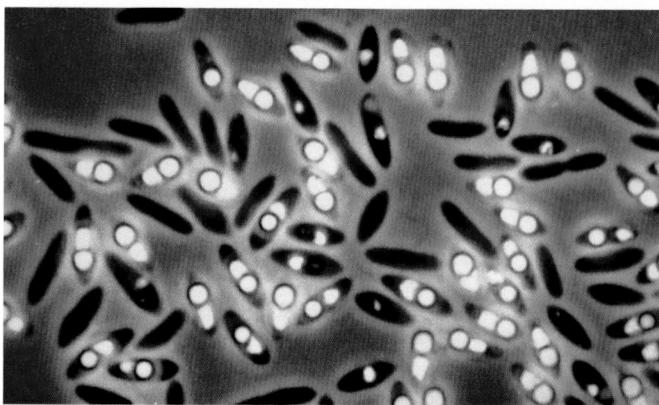

Figure 23.7 *Desulfotomaculum.* *Desulfotomaculum acetoxidans* en sporulation ; contraste de phase (x2.000).

et elles donnent une coloration de Gram négative. Certaines héliobactéries forment des endospores.

Le genre *Veillonella* fournit un autre bon exemple de la différence entre la première et la seconde édition du Bergey, quant au placement des genres. La seconde édition met le genre parmi les bactéries Gram-positives pauvres en GC. Dans la première édition, *Veillonella* était avec les autres coques Gram-négatifs anaérobies de la section 8 et faisait partie de la famille des *Veillonellaceae*. La famille des *Veillonellaceae* contient des coques anaérobies chimiohétérotrophes dont le diamètre est d'environ 0,3 à 2,5 µm. Ce sont généralement des diplocoques (leurs côtés adjacents sont souvent aplatis), mais ils peuvent exister en cellules uniques, en groupes ou en chaînes. Tous ont des besoins nutritionnels complexes et fermentent des substances telles que les sucres, le lactate et d'autres acides organiques, ainsi que des acides aminés pour produire du gaz (CO_2 et souvent H_2), plus un mélange d'acides gras volatils. Ce sont des parasites d'animaux homéothermes (à sang chaud).

Comme la plupart des groupes de bactéries anaérobies, les membres de cette famille n'ont pas été fort étudiés. Certaines espèces font partie de la flore normale de la bouche, du tube digestif, de l'appareil urogénital des hommes et des animaux. Par exemple, *Veillonella* se trouve en quantité à la surface de la langue et sur la plaque dentaire des humains (*voir figure 39.25*). Il peut aussi être isolé du vagin dans environ 10 à 20 % des cas. *Veillonella* est inhabituel par sa bonne croissance sur des acides organiques comme le lactate, le pyruvate et le malate. Cette bactérie est incapable de fermenter le glucose et autres glucides. Elle est bien adaptée à l'environnement buccal, parce qu'elle peut utiliser l'acide lactique produit à partir des glucides, par les streptocoques et autres bactéries de la bouche. On trouve les coques anaérobies Gram-négatifs dans des infections de la tête, des poumons, de l'appareil génital femelle, mais leur rôle précis dans ces infections reste peu clair.

---

1. Expliquez brièvement en quoi les bactéries pauvres en GC sont traitées différemment dans les première et deuxième éditions du Bergey.
2. Décrivez, par un schéma, la composition chimique et la structure du peptidoglycane trouvé chez des bactéries Gram-négatives et beaucoup de genres Gram-positifs.
3. Expliquez brièvement en quoi trois autres types de peptidoglycane diffèrent du peptidoglycane Gram-négatif.
4. Comment les bacilles et la plupart des bactéries Gram-négatives diffèrent-elles des bactéries Gram-positives comme *S. aureus* quant à la fréquence de pontage ?
5. Qu'est-ce qu'une endospore bactérienne ? Donnez ses propriétés les plus importantes et deux manières de démontrer sa présence.
6. Donnez les caractéristiques générales de *Clostridium*, *Desulfotomaculum*, les héliobactéries et *Veillonella*. Expliquez brièvement pourquoi chacun d'eux est intéressant ou prend une importance pratique.

23.4   La classe des *Bacilli*

La seconde édition du Bergey rassemble une grande variété de bactéries Gram-positives en une seule classe, les *Bacilli*, et deux ordres, les *Bacillales* et les *Lactobacillales*. Dans ces ordres, il y a 16 familles et environ 59 genres Gram-positifs comprenant des coques, des bâtonnets et des coques sporulants, et des bâtonnets non sporulants. Nous décrirons d'abord la biologie de certains membres de l'ordre des *Bacillales*, puis nous passerons à des représentants importants de l'ordre des *Lactobacillales*. Les relations phylogéniques entre certains de ces organismes sont décrites dans la figure 23.1, et les caractéristiques de genres choisis sont résumées dans le **tableau 23.3**.

L'ordre des *Bacillales*

Le genre *Bacillus*, famille des *Bacillaceae*, est le plus vaste de l'ordre (**figure 23.8** ; *voir aussi les figures 3.1c et 3.11*). Le genre comprend des bâtonnets Gram-positifs, formant des endospores, chimiohétérotrophes, le plus souvent mobiles, à flagelles péritriches. Il est aérobie, ou parfois facultatif, et catalase-positif. Dans la première édition, le genre est clairement varié, phénotypiquement et génotypiquement. Plus récemment, on a utilisé les données de séquences de l'ARNr 16S pour diviser le genre *Bacillus* en au moins cinq lignées séparées. Plusieurs espèces ont déjà été déplacées vers deux nouveaux genres. Le genre *Alicyclobacillus* contient des bâtonnets acidophiles, sporulants, Gram-négatifs ou Gram-variables qui possèdent dans leurs membranes, des acides gras ω-alicycliques avec des cycles à 6 ou 7 carbones. Les membres de l'ordre sont aérobies ou facultatifs et ont une teneur en GC de 51 à 60%. Le second genre nouveau est *Paenibacillus* [du latin *paene*, presque, et de bacille]. Ce genre rassemble des bâtonnets Gram-positifs du groupe 3 de l'ARNr. Ce sont des aérobies facultatifs, mobiles grâce à des flagelles péritriches, qui forment des endospores ellipsoïdales et des sporanges gonflés, produisent de l'acide et parfois du gaz, à partir de glucose et de divers sucres, et ont une teneur en GC de 40 à 54%. *Paenibacillus alvei*, *P. macerans* et *P. polymyxa* sont des exemples d'organismes qui appartenaient précédemment au genre *Bacillus*.

Les 4,2 millions de paires de bases du génome de *Bacillus subtilis*, l'espèce type du genre *Bacillus*, ont été séquencés. Plusieurs familles de gènes y ont été agrandies par duplication génétique, la plus grande de celles-ci est la famille qui code pour les transporteurs ABC (*voir p. 101*). Ceux-ci constituent le type de protéines le plus fréquent chez *B. subtilis*. Le génome contient des gènes pour le catabolisme de sources de carbone nombreuses et variées, pour la sécrétion des protéines et pour la synthèse d'antibiotiques. On y trouve aussi au moins 10 prophages intégrés ou vestiges de prophages.

Beaucoup d'espèces de *Bacillus* produisent des antibiotiques comme la bacitracine, la gramicidine et la polymyxine. *B. cereus* (figure 23.8c) est responsable de certaines formes d'empoisonnement alimentaire et peut infecter les humains. *B. anthracis* est l'agent du charbon qui peut affecter des animaux de ferme et des humains (*voir section 39.3*). Plusieurs espèces sont utilisées comme insecticides. Ainsi, lors de la formation de l'endospore, *B. thuringiensis* et *B. sphaericus* forment un cristal protéique solide, le **corps parasporal**, à côté de leurs spores (**figure 23.9**). Le corps parasporal de *B. thuringiensis* contient des toxines protéiques qui peuvent tuer plus de cent espèces de lépidoptères en se dissolvant dans le tube digestif alcalin des chenilles et en détruisant l'épithélium intestinal (*voir section 42.6*). Les protéines toxiques solubilisées sont clivées par des protéases du tube digestif en plus petits polypeptides toxiques qui attaquent les cellules épithéliales. Le contenu du tube digestif alcalin passe dans le sang, entraînant paralysie et mort. Une de ces toxines a été isolée, on a montré qu'elle formait des pores dans la membrane plasmique. Ces canaux permettent le passage de cations monovalents tel le potassium. Les gènes des toxines de *B. thuringensis* sont portés, pour la plupart, par de grands plasmides. Le corps parasporal de *B. sphaericus* contient des protéines toxiques pour les larves de moustiques et peuvent être utiles pour le contrôle des moustiques qui véhiculent le parasite de la malaria, *Plasmodium*. Les insecticides microbiens (chapitre 42)

Dans la première édition du Bergey, le genre *Thermoactinomyces* est mis dans les actinomycètes. La seconde édition le

Tableau 23.3 **Les caractéristiques des membres de la classe des *Bacilli***

Genre	Dimensions (μm) et morphologie	Teneur en GC (mole %)	Exigence en oxygène	Autres caractères distinctifs
Bacillus	0,5–2,5 × 1,2–10 ; bâtonnets droits, péritriches	32–69	Aérobie ou facultatif	Forme des endospores; catalase-positif; chimioorganotrophe
Caryophanon	1,5–3,0 × 10–20 ; bâtonnets multi-cellulaires aux extrémités arrondies, péritriches	41–46	Aérobie	Acétate comme principale source de carbone ; catalase-positif ; les cellules des trichomes sont plus larges que longues, les trichomes peuvent être en courtes chaînes
Enterococcus	0,6–2,0 × 0,6–2,5 ; cellules sphériques ou ovoïdes, par paires ou en courtes chaînes, non sporulantes, parfois mobiles	34–42	Facultatif	Fermente les glucides en lactate, sans formation de gaz ; exigences nutritionnelles complexes ; catalase-négatif ; largement distribué, en particulier dans les matières fécales
Lactobacillus	0,5–1,2 × 1,0–10 ; bâtonnets normaux, habituellement longs, non sporulants, rarement mobiles	32–53	Facultatif ou microaérophile	Pratique la fermentation, la moitié au moins des produits finals est du lactate; exige des milieux riches, complexes; catalase- et cytochrome-négatif
Lactococcus	0,5–1,2 × 0,5–1,5 ; cellules sphériques ou ovoïdes, par paires ou en courtes chaînes, non sporulantes et non mobiles	38–40	Facultatif	Chimioorganotrophe avec un métabolisme de fermentation ; produit du lactate, pas de gaz ; catalase-négatif ; exigence nutritionnelles complexes ; dans les produits laitiers et végétaux
Leuconostoc	0,5–0,7 × 0,7–1,2 ; cellules sphériques ou ovoïdes, par paires ou en chaînes; non mobiles et non sporulantes	38–44	Facultatif	Exige pour croître des glucides fermentescibles et un milieu nutritif riche ; la fermentation produit du lactate, de l'éthanol et du gaz ; catalase- et cytochrome-négatif
Staphylococcus	0,9–1,3 ; cellules sphériques, isolées ou en amas irréguliers, non mobiles et non sporulantes	30–39	Facultatif	Chimioorganotrophe avec un métabolisme à la fois respiratoire et de fermentation ; habituellement catalase-positif ; associé à la peau et aux muqueuses des vertébrés
Streptococcus	0,5–2,0 ; cellules sphériques ou ovoïdes par paires ou en chaînes ; non mobiles et non sporulantes	34–46	Facultatif	Pratique la fermentation, produisant principalement du lactate et pas de gaz ; catalase-négatif ; attaque fréquemment les globules rouges (α- ou β-hémolyse); exigences nutritionnelles complexes ; commensal ou parasite des animaux
Thermoactinomyces	0,4–1,0 de diamètre ; ramifiés, mycélium avec septums, typique des actinomycètes	52,0–54,8	Aérobie	Habituellement thermophile; forme de vraies endospores isolées sur des hyphes ; abondant dans le foin en décomposition, les matières végétales, le compost

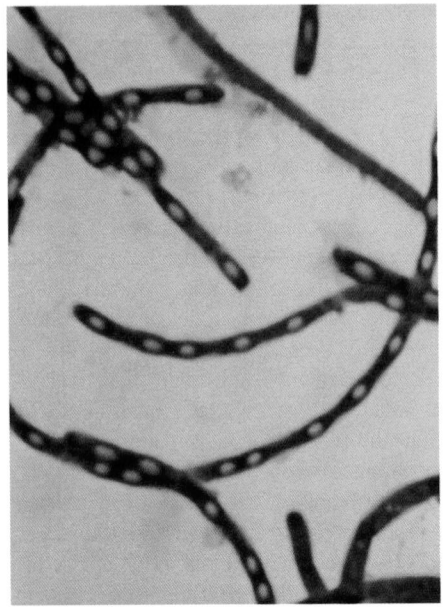

(a)

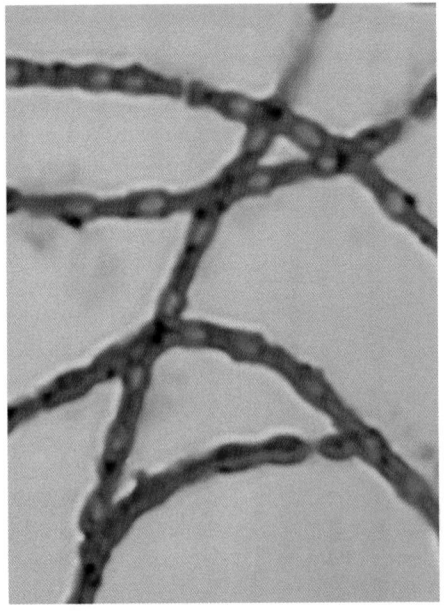

(b)

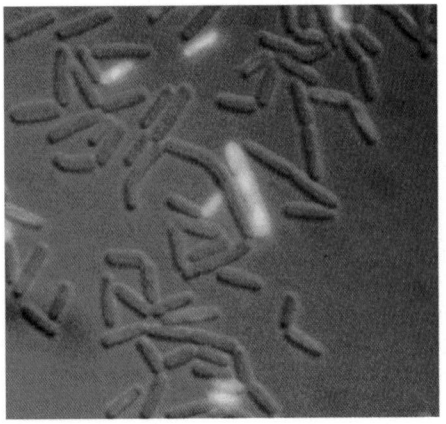

(c)

Figure 23.8 ***Bacillus*.** (**a**) *B. anthracis*, spores ellipsoïdales et centrales (x1.600). (**b**) *B. subtilis*, spores ellipsoïdales et centrales. (**c**) *B. cereus*, traité au vert SYTOX, colorant des acides nucléiques, et vu au microscope à épifluorescence et contraste d'interférence différentielle. Les cellules colorées en vert sont des cellules mortes.

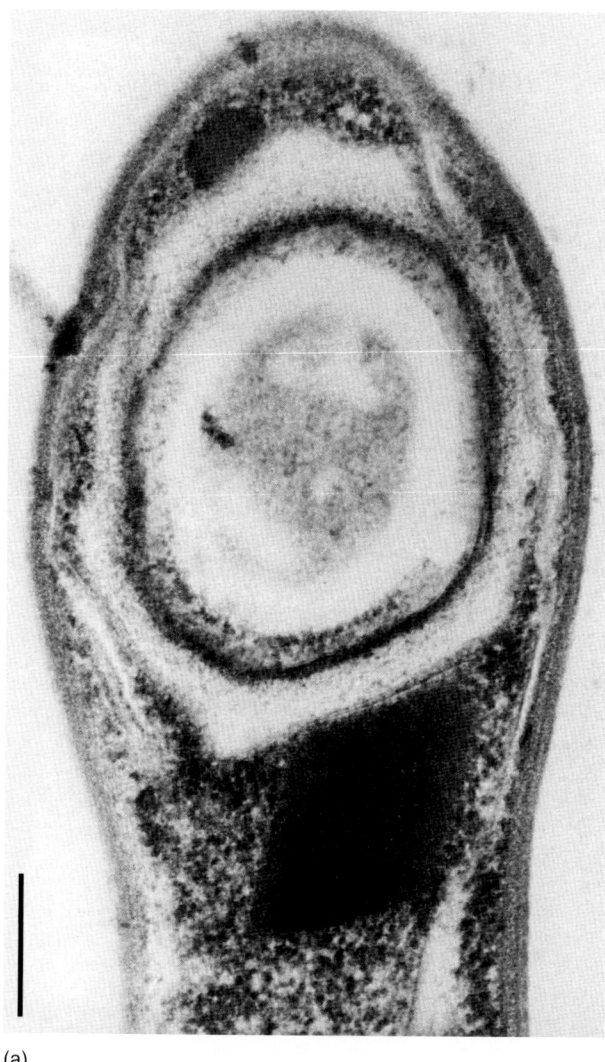

(a)

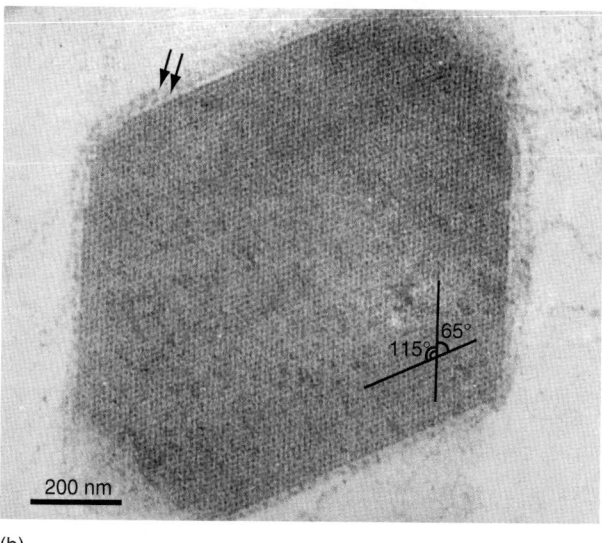

(b)

Figure 23.9 Le corps parasporal. (a) Image au microscope électronique d'une cellule de *B. cereus* en sporulation, contenant un corps parasporal juste en-dessous de l'endospore. La barre = 400 nm. **(b)** Le corps parasporal cristallin à plus fort grossissement. Le cristal est entouré d'une enveloppe à deux couches (flèches). La barre = 200 nm.

déplace vers la famille des *Thermoactinomycetaceae*, dans l'ordre des *Bacillales*. Ce genre est thermophile et se développe entre 45 et 60°C ; il forme des spores isolées à la fois sur le mycélium aérien et sur le mycélium végétatif (**figure 23.10**). Sa teneur en GC est inférieur à celle des autres actinomycètes (52 à 55 moles %) et la séquence de son ARNr 16S suggère une parenté avec le genre *Bacillus*. On trouve fréquemment *Thermoactinomyces* dans les tas de foin humide, les tas de compost et d'autres biotopes à température élevée. Les spores de *Thermoactinomyces* (figure 23.10*b,c*) sont de véritables endospores très thermorésistantes ; elles peuvent survivre plus de 30 minutes à 90°C. Elles apparaissent dans les hyphes et semblent avoir une structure typique d'endospore contenant du calcium et de l'acide dipicolinique. *Thermoactinomyces vulgaris* (figure 23.10*a*) isolé de tas de foin, de silos de stockage de céréales et de tas de compost, est l'agent responsable de l'asthme du fermier, une maladie allergique du système respiratoire chez les agriculteurs. Récemment, on a découvert des spores de *Thermoactinomyces vulgaris* dans la boue d'un lac du Minnesota et on les a mises en culture avec succès après environ 7.500 ans de dormance.

Un des genres les plus insolites dans cet ordre est *Caryophanon*. Cette bactérie Gram-positive est un aérobie strict, catalase-positif et mobile par des flagelles péritriches. Son habitat normal est la bouse de vache. La morphologie de *Caryophanon* est

particulière : les cellules individuelles sont en forme de disques (1,5 à 2,0 µm de large sur 0,5 à 1,0 µm de long) et assemblées pour former des bâtonnets d'environ 10 à 20 µm de long (**figure 23.11**).

La famille des *Staphylococcaceae* comprend quatre genres, dont le plus important est le genre *Staphylococcus*. Les membres de ce genre sont des coques Gram-positifs facultativement anaérobies, non mobiles et qui forment généralement des amas irréguliers (**figure 23.12** ; *voir aussi figure 3.1*a). Ils sont catalase-positifs, oxydase négatifs, fermentent le glucose et possèdent des acides teichoïques dans leur paroi cellulaire. Les staphylocoques sont normalement associés à la peau, aux glandes cutanées et aux membranes muqueuses des animaux à sang chaud.

Les staphylocoques sont responsables de nombreuses maladies chez l'homme. *S. epidermidis* est commun sur la peau, mais est parfois responsable d'endocardites et d'infections chez des patients moins résistants (ex. : infections de blessures, infections chirurgicales, infections de l'appareil urinaire). *S. aureus* est le staphylocoque pathogène le plus important chez l'homme, il cause des furoncles, des abcès, des infections de blessures, des pneumonies, un syndrome de choc toxique, des empoisonnements alimentaires et d'autres maladies. Récemment, des souches de *S. aureus* résistantes à plusieurs antibiotiques sont apparues et se sont révélées difficiles à traiter médicalement (*voir la section 35.7*).

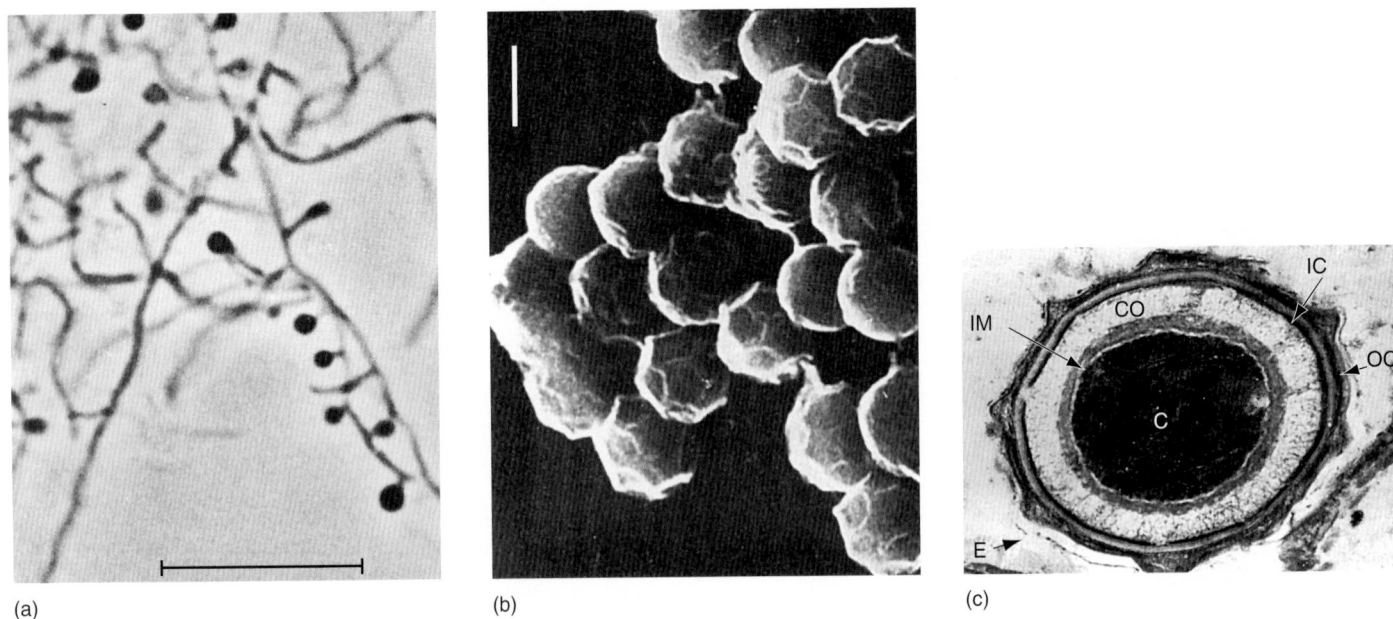

(a) (b) (c)

Figure 23.10 *Thermoactinomyces* (**a**) Mycélium aérien de *Thermoactinomyces vulgaris* formant des endospores à l'extrémité des hyphes. La barre = 10 μm. (**b**) Image au microscope électronique à balayage de spores de *T. sacchari*. La barre = 1 μm. (**c**) Coupe mince d'une endospore de *T. sacchari*. La barre = 0,1 μm. E = Exosporium ; OC (pour « outer coat ») = tunique externe de la spore ; IC (pour « inner coat ») = tunique interne de la spore ; CO = cortex ; IM (pour « inner forespore membrane) = membrane interne de la préspore ; C = cytoplasme.

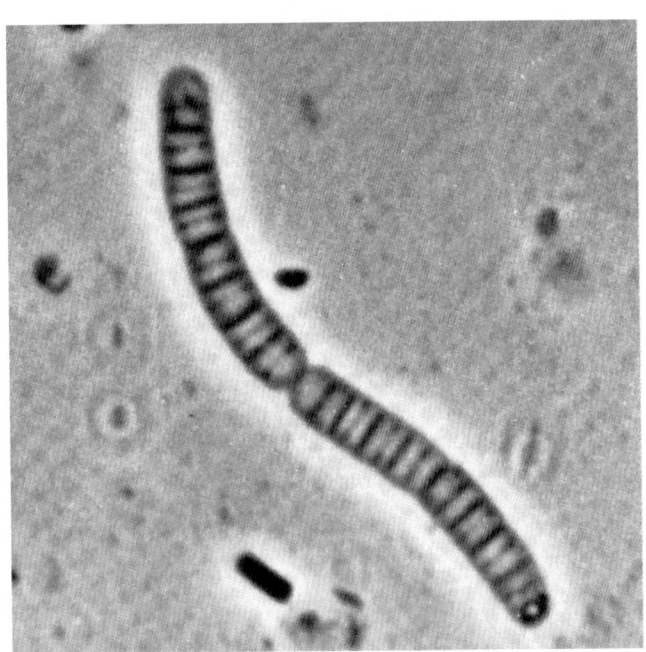

Figure 23.11 La morphologie de *Caryophanon*. *Caryophanon latum* en une chaîne de trichomes. Notez les cellules en forme de disque, empilées côte à côte, contraste de phase (x 3.450).

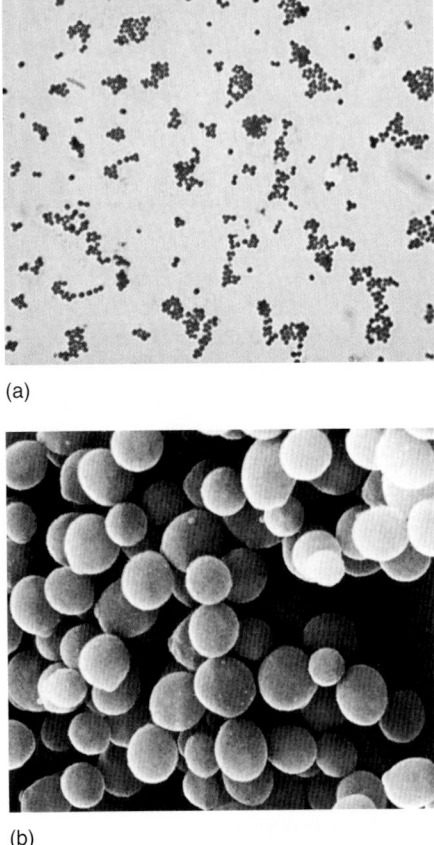

(a)

(b)

Figure 23.12 *Staphylococcus*. (**a**) *Staphylococcus aureus*, frottis coloré au Gram (x1.500). (**b**) Staphylocoques disposés en grappes de raisins ; image au microscope électronique à balayage (x34.000).

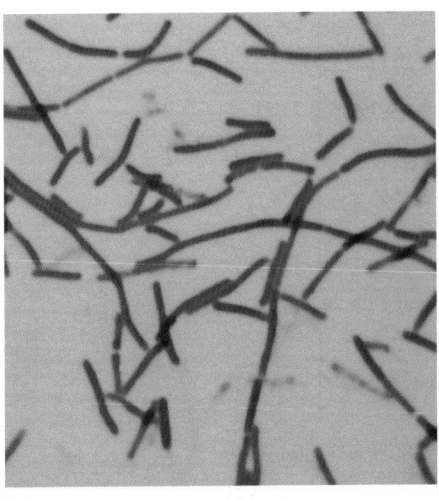 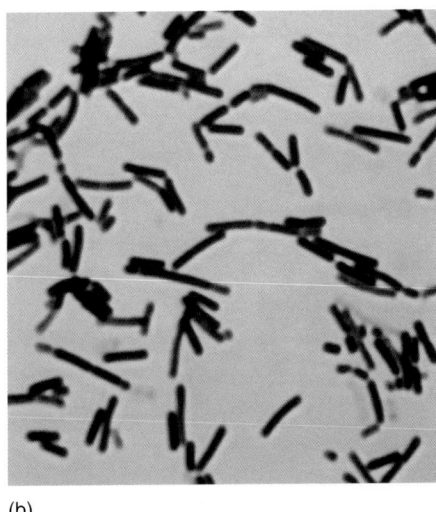 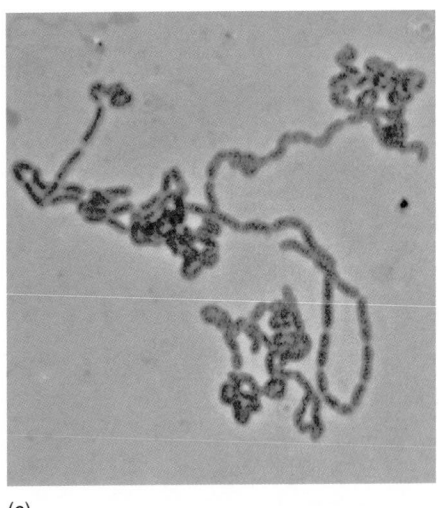

(a)   (b)   (c)

Figure 23.13 Bacilles Gram-positifs réguliers non sporulants. Lactobacilles représentatifs. (**a**) *L. acidophilus* (x 1.000). (**b**) *L. lactis*, coloration de Gram (x 500). (**c**) *L. bulgaricus*, contraste de phase (x 600).

Le staphylocoque constitue aussi une des causes principales d'intoxication alimentaire, comme l'illustre le cas qui suit. En mars 1986, de nombreux cas d'affection gastro-intestinale aiguë se déclarèrent, suite à un buffet servi à 855 personnes dans un « country club » du Nouveau Mexique. Soixante-sept personnes au moins furent prises de diarrhée, de nausées ou de vomissements, et 24 durent recevoir un traitement médical d'urgence ou être hospitalisées. Le problème venait de *S. aureus* qui s'était développé dans la dinde et son assaisonnement servis au buffet. Un ou plusieurs des préparateurs, porteurs de *S. aureus*, avaient contaminé la nourriture. Comme on avait laissé refroidir la dinde pendant trois heures après la cuisson, la bactérie avait eu suffisamment de temps pour croître et produire des toxines (*voir sections 39.4 et 41.4*). Un tel cas n'est pas rare. La dinde intervient dans 10 à 21% des cas d'intoxication alimentaire par bactéries, dont la source toxique est connue. Cette volaille doit être cuite et manipulée soigneusement.

Contrairement aux autres staphylocoques communs, *Staphylococcus aureus* produit une **coagulase**, une enzyme responsable de la coagulation du sang. Les types de croissance sur gélose au sang servent aussi à identifier ces staphylocoques (figure 23.17). Récemment, on a déterminé la structure de l'α-hémolysine staphylococcique. La toxine lyse les cellules en formant dans sa membrane plasmique, des canaux où s'engouffre le solvant. Les monomères de toxine, solubles dans l'eau, se fixent à la surface de la cellule et s'associent entre eux pour former des pores. Ces canaux hydrophiles offrent un passage libre à l'eau, aux ions et aux petites molécules. *S.aureus* se développe généralement sur les muqueuses nasales et la peau ; on le trouve aussi dans les appareils gastro-intestinal et urinaire des animaux à sang chaud. Les maladies staphylococciques (p. 919-23).

Dans cet ordre, *Listeria*, de la famille des *Listeriaceae*, est un autre genre important en médecine. Ce genre contient des bâtonnets courts, aérobies ou microaérophiles, catalase-positifs et mobiles avec flagelles péritriches. Il est largement distribué dans la nature, particulièrement dans la matière en décomposition. *Listeria monocytogenes* est pathogène pour l'homme et les animaux, il cause la listériose, une infection alimentaire importante (*p. 931*).

L'ordre des *Lactobacillales*

L'acide lactique est le principal ou l'unique produit de fermentation chez de nombreux membres de l'ordre des *Lactobacillales*. Aussi les désigne-t-on parfois sous le vocable général de **bactéries lactiques**. *Streptococcus*, *Enterococcus*, *Lactococcus* et *Leuconostoc* sont tous membres de ce groupe. Les bactéries lactiques ne sporulent pas et ne sont habituellement pas mobiles. Elles n'ont pas de cytochromes et obtiennent leur énergie de la phosphorylation au niveau du substrat plutôt que du transfert d'électrons et de la phosphorylation oxydative. Pour cette énergie, elles dépendent normalement de la fermentation des sucres. En ce qui concerne la nutrition, ce sont des organismes exigeants auxquels il faut fournir de multiples vitamines, acides aminés, purines et pyrimidines, parce que leurs capacités biosynthétiques sont limitées. On range habituellement les bactéries lactiques dans les anaérobies facultatifs, mais certains les considèrent comme des anaérobies aérotolérants. Les comportements vis-à-vis de l'oxygène (p. 127-29)

Le genre le plus grand dans cet ordre est *Lactobacillus*, avec près de 80 espèces. *Lactobacillus*, contient des bâtonnets non sporulants et parfois des coccobacilles dépourvus de catalase et de cytochrome. Ils sont généralement facultatifs ou microaérophiles, donnent de l'acide lactique comme produit de fermentation unique ou majeur et ont des besoins nutritionnels complexes (**figure 23.13**). Les lactobacilles réalisent la fermentation homolactique suivant la voie d'Embden-Meyerhof ou la fermentation hétérolactique suivant la voie des pentoses phosphates (*voir section 9.2*). Ils se développent au mieux dans des conditions légèrement acides, quand le pH avoisine les 4,5 à 6,4. On trouve ce genre à la surface des plantes, dans les produits laitiers, la viande, l'eau, les eaux d'égouts, la bière, les fruits et bien d'autres produits. Les lactobacilles font aussi partie de la flore normale du corps humain dans la bouche, le tractus intestinal et le vagin. Généralement, ils ne sont pas pathogènes.

Lactobacillus est indispensable aux industries alimentaire et laitière (*voir chapitre 41*). Les lactobacilles servent à la production d'aliments fermentés (choucroute, pickles, ensilage), de boissons

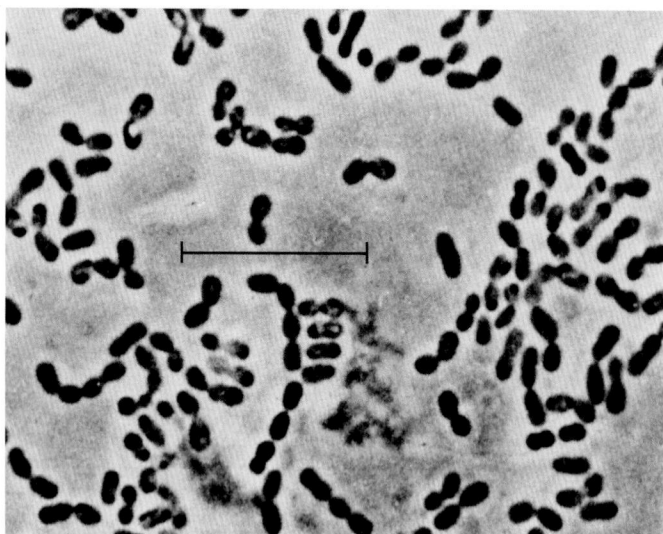

Figure 23.14 *Leuconostoc*. *Leuconostoc mesenteroides,* image au microscope à contraste de phase. La barre = 10 μm.

(bière, vin, jus) et de pain au levain, de fromage suisse et d'autres fromages durs, de yaourt et de saucisses. Aux États-Unis, le yaourt est probablement le plus populaire des produits fermentés du lait, il est produit commercialement et individuellement dans des yaourtières. Pour la production commerciale, le lait dégraissé est pasteurisé, refroidi à 43 °C ou plus bas, inoculé avec *Streptococcus thermophilus* et *Lactobacillus bulgaricus*. *S. thermophilus* se développe plus rapidement d'abord et rend le lait anaérobie et légèrement acide. *L. bulgaricus* acidifie alors davantage le lait. Agissant ensemble, les deux espèces fermentent à peu près tout le lactose en acide lactique et parfument le yoghourt avec du diacétyle (*S. thermophilus*) ou de l'acétaldéhyde (*L. bulgaricus*). Les fruits ou les parfums fruités ajoutés sont pasteurisés séparément et ajoutés au yaourt par après.

Les lactobacilles posent aussi des problèmes. Ils sont parfois responsables de l'altération de la bière, du lait, de la viande, parce que les produits terminaux de leur métabolisme donnent des goûts et des odeurs indésirables.

Leuconostoc, famille des Leuconostocaceae, contient des coques Gram-positifs facultatifs pouvant être allongés ou elliptiques et disposés par paires ou en chaînes (**figure 23.14**). Les leuconostocs n'ont pas de catalase, ni de cytochrome et réalisent la **fermentation hétérolactique** (*voir section 9.3*) en convertissant le glucose en D-lactate et éthanol ou en acide acétique, par la voie de la transcétolase (**figure 23.15**). Ils peuvent être isolés de plantes, de fourrage ensilé et de lait. Le genre est utilisé dans la production de vin, dans la fermentation de légumes comme le chou (choucroute, *voir figure 41.23*) et les concombres (pickles), et dans la fabrication du babeurre, du beurre et du fromage. *L. mesenteroides* synthétise des dextranes à partir de sucrose et a donc son importance dans la production industrielle de dextranes. Des espèces de *Leuconostoc* sont impliquées dans la détérioration des aliments, elles tolèrent des concentrations élevées de sucre, elles peuvent donc vivre dans les sirops et constituent un problème important pour les raffineries de sucre.

Plusieurs genres importants sont des coques chimiohétérotrophes, mésophiles, non sporulants, Gram-positifs, placées dans les familles des *Enterococcaceae* (*Enterococcus*) et des

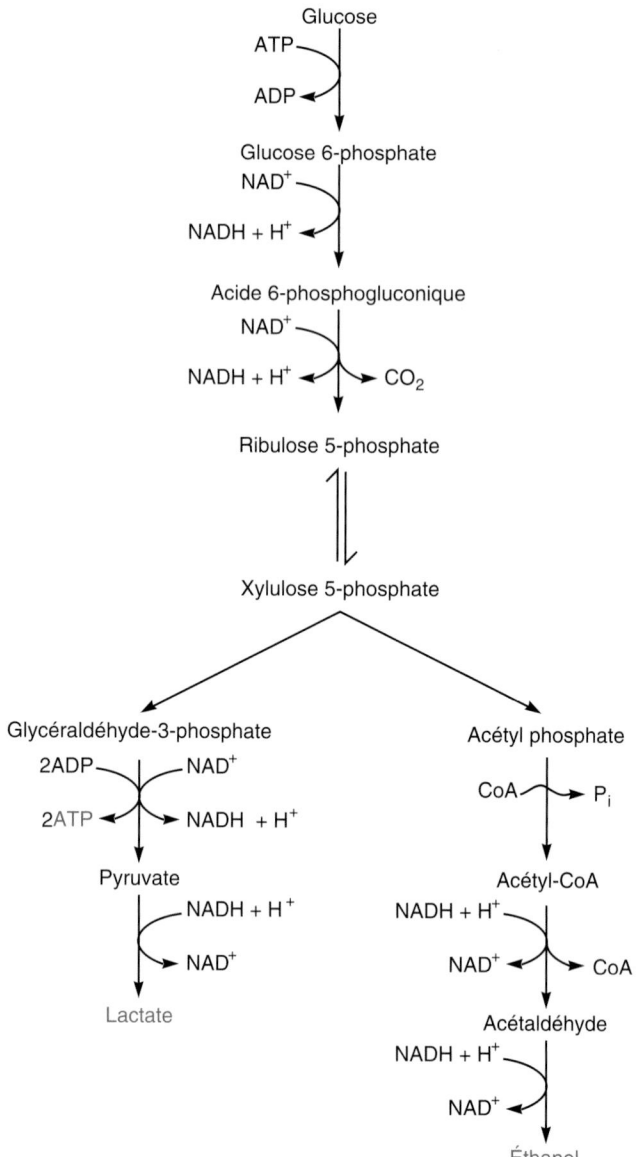

Figure 23.15 La fermentation hétérolactique et la voie de la transcétolase. La voie de la transcétolase convertit le glucose en lactate, éthanol et CO_2.

Streptococcaceae (*Streptococcus, Lactococcus*). Souvent en pratique, on les distingue essentiellement sur base de propriétés phénotypiques comme le besoin en oxygène, la disposition des cellules, la présence de catalase et de cytochromes et la structure du peptidoglycane. Le plus important de ces genres est *Streptococcus*, qui est anaérobie facultatif et catalase–négatif. Les streptocoques et leurs proches parents, les entérocoques et les lactocoques, se trouvent en paires ou en chaînes lorsqu'ils se sont développés en milieu liquide (**figure 23.16** ; *voir aussi figure 3.1*b), ils ne forment pas d'endospore et sont généralement non mobiles. Ce sont tous des chimiohétérotrophes qui fermentent les sucres avec comme produit majeur de l'acide lactique mais pas de gaz ; ils réalisent donc une fermentation homolactique (*voir section 9.3*). Quelques espèces sont anaérobies plutôt que facultatives.

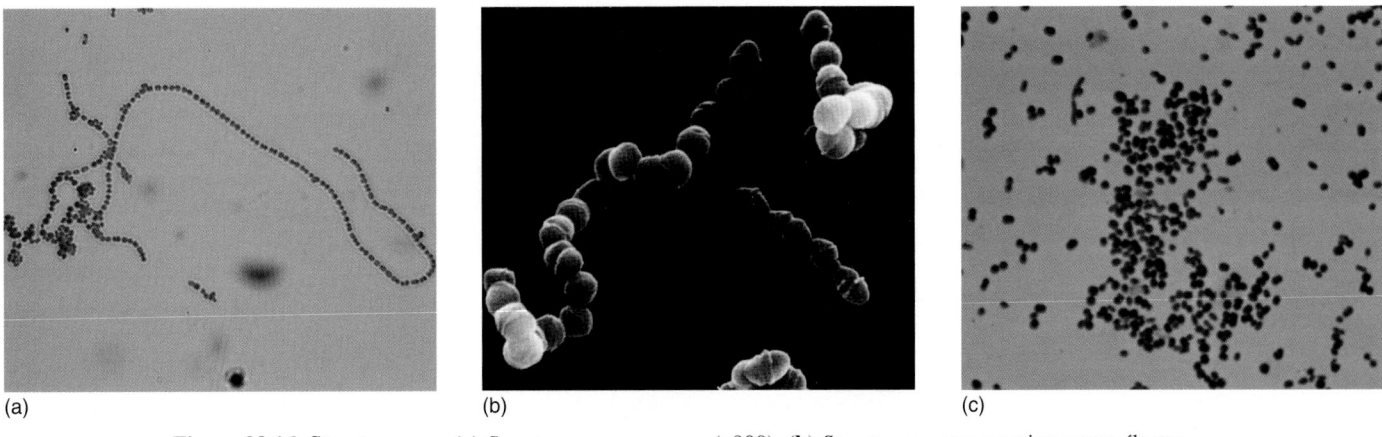

Figure 23.16 *Streptococcus*. (**a**) *Streptococcus pyogenes* (x900). (**b**) *Streptococcus* vu au microscope électronique à balayage (x33.000). (**c**) *Streptococcus pneumoniae* (x900).

Tableau 23.4   Classification des streptocoques, entérocoques et lactocoques

Caractéristique	*Streptococcus*	*Enterococcus*	*Lactococcus*
Disposition prédominante (la plus commune en premier)	Chaînes, paires	Paires, chaînes	Paires, courtes chaînes
Capsule/couche de mucus	+	–	–
Habitat	Bouche, système respiratoire	Système digestif	Produits laitiers
Croissance à 45°C	Variable	+	–
Croissance à 10°C	Variable	Généralement +	+
Croissance dans du bouillon NaCl 6,5%	Variable	+	–
Croissance à pH 9,6	Variable	+	–
Hémolyse	Généralement β (pyogènes) ou α (oraux)	α, ß, –	Généralement –
Groupe sérologique de Lancefield	Variable (A–O)	Généralement D	Généralement N
Pourcentage molaire en GC (variation normale)	34–46	34–42	38–40
Espèces représentatives	Streptocoques pyogènes *S. agalactiae* *S. pyogenes* *S. equi* *S. dysgalactiae* Streptocoques oraux *S. gordonii* *S. salvarius* *S. sanguis* *S. oralis* *S. pneumoniae* *S. mitis* *S. mutans* Autres streptocoques *S. bovis* *S. thermophilus*	*E. faecalis* *E. faecium* *E. avium* *E. durans* *E. gallinarum*	*L. lactis* *L. raffinolactis* *L. plantarum*

Le genre *Streptococcus* est vaste et complexe. La première édition du Bergey cite 38 espèces réparties en quatre groupes : les streptocoques pyogènes, les streptocoques oraux, les streptocoques anaérobies et les autres streptocoques. Beaucoup de bactéries qui étaient classées dans ce genre ont été mises dans deux genres nouveaux, *Enterococcus* et *Lactococcus*. Il est certain que la seconde édition contiendra encore de nombreuses espèces de streptocoques. Quelques-unes des caractéristiques principales de ces trois genres voisins sont résumées dans le **tableau 23.4**. Le **tableau 23.5** donnent quelques propriétés de genres sélectionnés.

Beaucoup de caractéristiques servent à l'identification de ces coques. Une des caractéristiques taxinomiques les plus importantes est la propriété de lyser les érythrocytes lorsqu'ils se développent sur gélose au sang, un milieu solide contenant 5 % de sang de mouton ou de cheval (**figure 23.17**). Dans l'**hémolyse α**, une zone verdâtre de 1 à 3 mm d'hémolyse incomplète se forme autour de la colonie de streptocoques ; l'**hémolyse β** est caractérisée par une zone de lyse claire ou complète, sans changement marqué de couleur. De plus, d'autres types d'hémolyse peuvent parfois être observés. Les études sérologiques (*voir chapitres 33 et 36*) sont

Tableau 23.5   Propriétés de certains streptocoques et bactéries apparentées

Caractéristique	Streptocoques pyogènes	Streptocoques oraux			Entérocoques	Streptocoques lactiques
	S. pyogenes	S. pneumoniae	S. sanguis	S. mutans	E. faecalis	L. lactis
Croissance à 10°C	–[a]	–	–	–	+	+
Croissance à 45°C	–	–	d	d	+	–
Croissance dans 6.5% NaCl	–	–	–	–	+	–
Croissance à pH 9.6	–	–	–	–	+	–
Croissance avec 40% de bile	–	–	d	d	+	+
Hémolyse α	–	+	+	–	–	d
Hémolyse β	+	–	–	–	+	–
Hydrolyse de l'arginine	+	+	+	–	+	d
Hydrolyse de l'hippurate	–	–	–	–	+	d
% molaire en GC de l'ADN	35–39	30–39	40–46	36–38	34–38	39

Modifié du *Bergey's Manual of Systematic Bacteriology,* Vol. 2, éds. P. H.A. Sneath, N. S. Mair et M. E. Sharpe. 1986. Avec l'autorisation de Williams and Wilkins Co., Baltimore, MD

[a] Symboles : +, 90 % ou plus de souches positives ; -, 10 % ou moins de souches positives ; d, 11 à 89 % des souches sont positives

Figure 23.17 Types hémolytiques des streptocoques et des staphylocoques. (a) *Streptococcus pyogenes* sur gélose au sang, illustrant l'hémolyse β **(b)** *Streptococcus pneumoniae* sur gélose au sang, illustrant l'hémolyse α **(c)** *Staphylococcus aureus* sur gélose au sang illustrant l'hémolyse β **(d)** *Staphylococcus epidermidis* sur gélose au sang sans hémolyse.

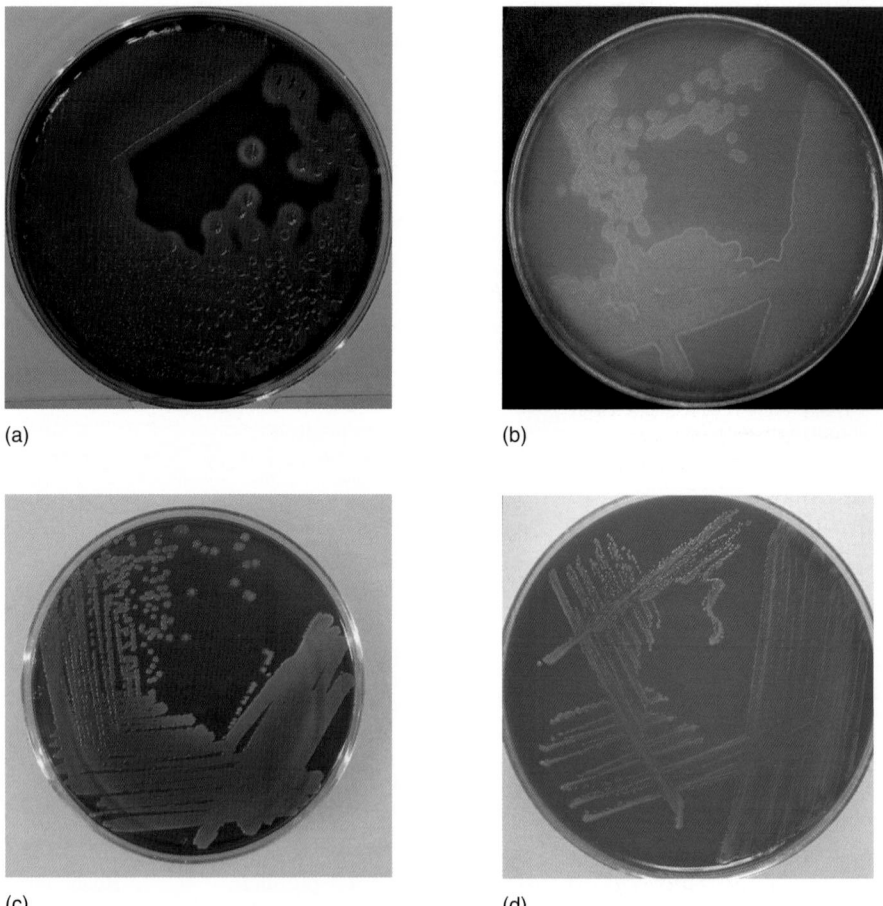

(a)

(b)

(c)

(d)

aussi très importantes pour l'identification car les streptocoques possèdent des antigènes de paroi particuliers. On utilise souvent pour identifier ces coques, surtout les streptocoques pathogènes β-hémolytiques, des polysaccharides et des acides teichoïques antigéniques situés dans les parois ou entre les parois et la membrane plasmique. Il s'agit des **groupes de Lancefield** (*voir encadré 33.3*). Des tests biochimiques et physiologiques sont essentiels à l'identification (par exemple, les températures préférées de croissance, le type de fermentation des glucides, la production d'acétoïne, la réduction de la liqueur de tournesol, la tolérance au chlorure sodique et aux sels biliaires et la propriété d'hydrolyser l'arginine, l'esculine, l'hippurate et l'amidon). La sensibilité à la bacitracine, aux sulfamides et à l'optochine (éthylhydrocupréine) est aussi utilisée pour identifier des espèces particulières.

Les membres de ces trois genres ont une importance pratique considérable. Les streptocoques pyogènes sont généralement pathogènes et associés à la formation de pus (pyogène signifie producteur de pus). La plupart des espèces donnent une hémolyse β sur gélose au sang et forment des chaînes de cellules. Le pathogène humain principal de ce groupe est *S. pyogenes* (angine à streptocoques, glomérulonéphrite aiguë, fièvre rhumatoïde). L'habitat normal des streptocoques oraux est la cavité buccale et les voies respiratoires supérieures chez les humains et les animaux. Les streptocoques oraux ne se ressemblent pas nécessairement sous d'autres aspects. *S. pneumoniae* est α-hémolytique et se développe en paires de coques (figure 23.16*c* et 23.17*b*). Il est associé à la pneumonie lobulaire et à l'otite moyenne (inflammation de l'oreille moyenne). *S. mutans* est impliqué dans la formation des caries dentaires (*voir section 39.6*). Les entérocoques tel *E. faecalis* sont des résidents normaux de l'intestin de l'homme et de la plupart des animaux. *E. faecalis* est un pathogène opportuniste qui peut causer des infections de l'appareil urinaire et des endocardites. Contrairement aux streptocoques, les entérocoques se développent dans 6,5 % de chlorure sodique. Les lactocoques fermentent les sucres en acide lactique et peuvent se développer à 10 °C mais pas à 45 °C. *L. lactis* est très utilisé dans la production de babeurre et de fromage (*voir section 41.6*) car il peut cailler et parfumer le lait grâce à la synthèse de diacétyle et d'autres produits.

Les maladies streptococciques (pp. 903–6).

1. Citez les principales propriétés du genre *Bacillus*. Quels impacts pratiques exerce-t-il sur la société ? Définissez le corps parasporal et la réaction de Stickland.
2. Décrivez brièvement le genre *Thermoactinomyces*, en insistant particulièrement sur les traits qui le singularisent. Quelle maladie provoque-t-il ?
3. Qu'y a-t-il de distinctif dans la morphologie de *Caryophanon* ?
4. Décrivez le genre *Staphylococcus*. En quoi le pathogène *S. aureus* diffère-t-il de l'hôte commun de la peau, *S. epidermidis*, et où le trouve-t-on normalement ?
5. Citez les principales propriétés du genre *Lactobacillus*. Pourquoi est-il important dans les industries alimentaire et laitière ?
6. Décrivez les principales caractéristiques distinctives des taxons suivants : *Streptococcus*, *Enterococcus*, *Lactococcus* et *Leuconostoc*.
7. Quelle est l'importance pratique de *Leuconostoc* ? Que sont les bactéries lactiques ?
8. Qu'est-ce que l'α-hémolyse, la β-hémolyses et le système des groupes de Lancefield ?
9. Citez une espèce représentative des genres *Streptococcus*, *Enterococcus* et *Lactococcus*, et dites en quoi elle est importante. Distinguez les streptocoques pyogènes des streptocoques oraux.

Résumé

1. Dans les sections du volume 2 de la première édition du Bergey, les bactéries sont classées sur base de caractéristiques telles que la forme générale, la formation d'endospores et la réponse à la coloration acido-résistante.
2. Sur base de l'analyse de l'ARNr 16S, on divise les bactéries Gram-positives en groupes pauvre en GC et riche en GC : ce système est employé dans la seconde édition du Bergey.
3. La seconde édition du Bergey place les bactéries Gram-positives pauvres en GC dans le phylum des *Firmicutes*, qui comprend trois classes : *Clostridia*, *Mollicutes* et *Bacilli* (**tableaux 23.1-23.3** et **figure 23.1**).
4. Les mycoplasmes sont des bactéries Gram-négatives qui n'ont pas de paroi cellulaire et sont incapables de synthétiser les précurseurs du peptidoglycane. Beaucoup d'espèces exigent des stérols pour croître. Ce sont les plus petites bactéries à reproduction autonome. Leur croissance sur agar donne des colonies à l'aspect « d'œuf sur le plat » (**figure 23.3**).
5. La structure du peptidoglycane diffère souvent d'un groupe à l'autre ce qui s'avère utile pour la taxinomie. La plupart des variations touchent l'acide aminé 3 de la sous-unité peptidique ou le pont interpeptidique (**figure 23.4**).
6. Les endospores résistent à la dessiccation et à la chaleur ; elles permettent à la bactérie de survivre à des conditions rudes, particulièrement dans le sol.
7. Les membres du genre *Clostridium* sont des bâtonnets Gram-positifs anaérobies qui forment des endospores et n'effectuent pas la réduction catabolique du sulfate (**figure 23.6**). Ils sont responsables du botulisme, du tétanos, de l'avarie des aliments et de la putréfaction.
8. Le genre *Desulfotomaculum* est anaérobie, forme des endospores et réduit le sulfate en sulfure par une respiration anaérobie.
9. Les héliobactéries sont Gram-positives, anaérobies, photosynthétiques et contiennent de la bactériochlorophylle *g*. Certaines forment des endospores.
10. La famille des *Veillonellaceae* rassemblent des coques Gram-négatifs, anaérobies. Certains parasitent des vertébrés.
11. La classe des *Bacilli* se divise en deux ordres : les *Bacillales* et les *Lactobacillales*.
12. Le genre *Bacillus* contient des bâtonnets Gram-positifs, chimiohétérotrophes, formateurs d'endospores, catalase-positifs, aérobies et facultatifs, qui sont habituellement mobiles et péritriches (**figure 23.8**). *Bacillus* synthétise des antibiotiques et des insecticides. Il est la cause d'intoxication alimentaire et du charbon.
13. *Thermoactinomyces* est un thermophile Gram-positif qui forme un mycélium et de vraies endospores (**figure 23.10**). Il provoque des réactions allergiques et est responsable de l'asthme du fermier.
14. Les membres du genre *Staphylococcus* sont des coques Gram-positifs, non mobiles, anaérobies facultatifs qui forment des amas irréguliers (**figure 23.12**). Ils se développent sur la peau et les muqueuses des animaux à sang chaud. Certains sont d'importants pathogènes pour l'homme.
15. Plusieurs genres importants comme *Lactobacillus*, *Listeria* et *Caryophanon* contiennent des bâtonnets Gram-positifs, non sporulants, normaux. *Lactobacillus* effectue la fermentation lactique et est très utilisé dans les industries alimentaire et laitière.
16. *Leuconostoc* effectue la fermentation hétérolactique par la voie de la transcétolase (**figure 23.15**) et intervient dans la fabrication de produits végétaux fermentés, du babeurre, du beurre et du fromage.
17. Les genres *Streptococcus*, *Enterococcus* et *Lactococcus* rassemblent des coques Gram-positifs, disposés par paires et en chaînes. Ils sont habituellement facultatifs et effectuent la fermentation homolactique (**tableaux 23.4** et **23.5**). Le coque pyogène *S. pyogenes*, les streptocoques oraux *S. pneumoniae* et *S. mutans*, l'entérocoque *E. faecalis* et le lactocoque *L. lactis* sont des espèces importantes (**figure 23.16**).

Mots-clés

Questions de révision

1. Etant donné la façon dont le volume 2 de la première édition du Bergey traite les bactéries Gram-positives, faut-il considérer ce volume comme un guide d'identification, une description des relations phylogéniques ou à la fois l'un et l'autre ? Expliquez votre raisonnement et votre conclusion.

2. Dessinez un schéma illustrant la façon dont les coques Gram-positifs pourraient se diviser pour produire les différents types d'associations observés (chaînes, tétrades, cubes, amas en grappes de raisin).

3. Décrivez les caractéristiques les plus importantes pour distinguer les membres des groupes de genres suivants : *Staphylococcus* et *Streptococcus*, *Bacillus* et *Clostridium*.

4. Quels genres peut-on associer aux caractères suivants : présence de coagulase, pathogénicité vis-à-vis des insectes, production d'aliments fermentés et de fromages, emploi de la voie de la transcétolase, cause d'allergies respiratoires, destruction des globules rouges, colonisation de la langue et des dents, émission d'odeurs lors de la putréfaction.

5. Comment pourrait-on s'y prendre pour démontrer que le génome de *M. genitalium* est le plus petit qui permette une vie autonome ?

6. Expliquez pourquoi il est facile d'isoler les clostridies anaérobies à partir du sol et d'autres niches généralement aérobies.

Questions de réflexion

1. Beaucoup de bactéries pauvres en GC sont parasites. La dépendance vis-à-vis d'un hôte pourrait être la conséquence de la faible teneur en GC. Développez ce concept.

2. L'idée qu'on puisse récupérer des spores de *Bacillus* dans les intestins d'abeilles conservées dans de l'ambre fait un peu « Jurassic Park ». Néanmoins, quels types de contrôles souhaiteriez-vous voir réalisés avant de conclure que ces spores sont bien d'origine et non des contaminants de l'environnement actuel ? (On suppose que l'identification de l'espèce des spores a été faite par PCR sur les séquences d'ARNr).

Lectures complémentaires

Généralités

Balows, A.; Truper, H. G.; Dworkin, M.; Harder, W.; et Schleifer, K.-H. 1992. *The prokaryotes,* 2e éd. New York: Springer-Verlag.

Braun, V., et Hantke, K. 1974. Biochemistry of bacterial cell envelopes. *Annu. Rev. Biochem.* 43:89–121.

Holt, J. G., éd. 1986. *Bergey's Manual of Systematic Bacteriology,* vol. 2, P. H. A. Sneath, N. S. Mair, and M. E. Sharpe, editors. Baltimore, Md.: Williams & Wilkins.

Holt, J. G., éd. 1994. *Bergey's Manual of Determinative Bacteriology,* 9e éd. Baltimore, Md.: Williams and Wilkins.

Hoyle, F., et Wickramasinghe, C. 1981. Where microbes boldly went. *New Scientist* (13 Aug.): 412–15.

Schleifer, K.-H., et Kandler, O. 1972. Peptidoglycan types of bacterial cell walls and their taxonomic implications. *Bacteriol. Rev.* 36(4):407–77.

Ward, J. B. 1981. Teichoic and teichuronic acids: Biosynthesis, assembly, and location. *Microbiol. Rev.* 45(2):211–43.

Weber, P., et Greenberg, J. M. 1985. Can spores survive in interstellar space? *Nature* 316:403–7.

23.1   La classe des *Mollicutes* (les Mycoplasmes)

Himmelreich, R.; Hilbert, H.; Plagens, H.; Pirkl, E.; Li, B.-C.; et Herrmann, R. 1996. Complete sequence analysis of the genome of the bacterium *Mycoplasma pneumoniae. Nucleic Acids Res.* 24(22):4420–49.

Maniloff, J. 1983. Evolution of wall-less procaryotes, *Annu. Rev. Microbiol.* 37:477–99.

Miles, R. J. 1992. Catabolism in mollicutes. *J. Gen. Microbiol.* 138:1773–83.

Sears, B. B., et Kirkpatrick, B. C. 1994. Unveiling the evolutionary relationships of plant-pathogenic mycoplasmalike organisms. *ASM News* 60(6):307–12.

Tully, J. G. 1992. Mollicutes (Mycoplasmas). In *Encyclopedia of microbiology,* 1er éd., vol. 3, J. Lederberg, éd, 181–91. San Diego: Academic Press.

Tully, J. G.; Bové, J. M.; Laigret, F.; et Whitcomb, R. F. 1993. Revised taxonomy of the class *Mollicutes:* Proposed elevation of a monophyletic cluster of arthropod-associated mollicutes to ordinal rank (*Entomoplasmatales* ord. nov.), with provision for familial rank to separate species with nonhelical morphology (*Entomoplasmataceae* fam. nov.) from helical species (*Spiroplasmataceae*), and emended descriptions of the order *Mycoplasmatales,* family *Mycoplasmataceae. Int. J. Syst. Bacteriol.* 43(2):378–85.

Whitcomb, R. F. 1980. The genus *Spiroplasma. Annu. Rev. Microbiol.* 34:677–709.

23.3   La classe des *Clostridia*

Ahern, H. 1993. A big bacterium—oxymoron of the microbial world. *ASM News* 59(10):519–21.

Amesz, J. 1995. The heliobacteria, a new group of photosynthetic bacteria. *J. Photochem. Photobiol. B* 30:89–96.

Collins, M. D.; Lawson, P. A.; Willems, A.; Cordoba, J. J.; Fernandez-Garayzabal, J.; Garcia, P.; Cai, J.; Hippe, H.; et Farrow, J. A. E. 1994. The phylogeny of the genus *Clostridium:* Proposal of five new genera and eleven new species combinations. *Int. J. Syst. Bacteriol.* 44(4):812–26.

Johnson, E. A. 2000. Clostridia. In *Encyclopedia of microbiology,* 2e éd., vol. 1, J. Lederberg, éd., 834–39. San Diego: Academic Press.

Ormerod, J. G.; Kimble, L. K.; Nesbakken, T.; Torgerson, Y. A.; Woese, C. R.; et Madigan, M. T. 1996. *Heliophilum fasciatum* gen. nov. sp. nov. and *Heliobacterium gestii* sp. nov.: Endospore-forming heliobacteria from rice field soils. *Arch. Microbiol.* 165:226–34.

23.4   La classe des *Bacilli*

Aronson, A. I.; Beckman, W.; et Dunn, P. 1986. *Bacillus thuringiensis* and related insect pathogens. *Microbiol. Rev.* 50(1):1–24.

Ash, C.; Priest, F. G.; et Collins, M. D. 1993. Molecular identification of rRNA group 3 bacilli (Ash, Farrow, Wallbanks, and Collins) using a PCR probe test: Proposal for the creation of a new genus *Paenibacillus. Antonie van Leeuwenhoek* 64:253–60.

Cunningham, M. W. 2000. Pathogenesis of group A streptococcal infections. *Clin. Microbiol. Rev.* 13(3):470–511.

Devine, K. M. 2000. *Bacillus subtilis,* genetics. In *Encyclopedia of microbiology,* 2e éd., vol. 1, J. Lederberg, éd., 373–82. San Diego: Academic Press.

Dinges, M. M.; Orwin, P. M.; et Schlievert, P. M. 2000. Exotoxins of *Staphylococcus aureus. Clin. Microbiol. Rev.* 13(1):16–34.

Drobniewski, F. A. 1993. *Bacillus cereus* and related species. *Clin. Microbiol. Rev.* 6(4):324–38.

Heyndrickx, M.; Vandemeulebroecke, K.; Scheldeman, P.; Kersters, K.; De Vos, P.; Logan, N. A.; Aziz, A. M.; All, N.; et Berkeley, R. C. W. 1996. A polyphasic reassessment of the genus *Paenibacillus,* reclassification of *Bacillus lautus* (Nakamura 1984) as *Paenibacillus lautus* comb. nov. and of *Bacillus peoriae* (Montefusco et al. 1993) as *Paenibacillus peoriae* comb. nov., and emended descriptions of *P. lautus* and of *P. peoriae. Int. J. Syst. Bacteriol.* 46(4):988–1003.

Iandolo, J. J. 2000. *Staphylococcus.* In *Encyclopedia of microbiology,* 2ᵉ éd., vol. 4, J. Lederberg, éd., 387–93. San Diego: Academic Press.

Kawamura, Y.; Hou, X.-G.; Sultana, F.; Miura, H.; et Ezaki, T. 1995. Determination of 16S rRNA sequences of *Streptococcus mitis* and *Streptococcus gordonii* and phylogenetic relationships among members of the genus *Streptococcus. Int. J. Syst. Bacteriol.* 45(2):406–8.

Kunst, F., et al. 1997. The complete genome sequence of the gram-positive bacterium *Bacillus subtilis. Nature* 390:249–56.

Lambert, B., et Peferoen, M. 1992. Insecticidal promise of *Bacillus thuringiensis:* Facts and mysteries about a successful biopesticide. *BioScience* 42(2):112–22.

Loesche, W. J. 1986. Role of Streptococcus mutans in human dental decay. *Microbiol. Rev.* 50(4):353–80.

Murray, B. E. 1990. The life and times of the enterococcus. *Clin. Microbiol. Rev.* 3(1):46–65.

Nicholson, W. L.; Munakata, N.; Horneck, G.; Melosh, H. J.; et Setlow, P. 2000. Resistance of *Bacillus* endospores to extreme terrestrial and extraterrestrial environments. *Micro. Mol. Biol. Rev.* 64(3):548–72.

Ross, P. W. 1985. Streptococcal infections in man. *Microbiol. Sci.* 2(6):174–78.

Schleifer, K.-H., et Kilpper-Balz, R. 1987. Molecular and chemotaxonomic approaches to the classification of streptococci, enterococci, and lactococci: A review. *Syst. Appl. Microbiol.* 10:1–19.

Setlow, P. 1995. Mechanisms for the prevention of damage to DNA in spores of *Bacillus* species. *Annu. Rev. Microbiol.* 49:29–54.

Somkuti, G. A. 2000. Lactic acid bacteria. In *Encyclopedia of microbiology,* 2ᵉ éd., vol. 3, J. Lederberg, éd., 1–8,. San Diego: Academic Press.

Sonenshein, A. L.; Hoch, J. A.; et Losick, R., éd. 1993. *Bacillus subtilis and other gram-positive bacteria.* Washington, D.C.: ASM Press.

Song, L.; Hobaugh, M. R.; Shustak, C.; Cheley, S.; Bayley, H.; et Gouaux, J. E. 1996. Structure of staphylococcal α-hemolysin, a heptameric transmembrane pore. *Science* 274:1859–66.

Stragier, P., et Losick, R. 1996. Molecular genetics of sporulation in *Bacillus subtilis. Annu. Rev. Genet.* 30:297–341.

Tomasz, A. 2000. *Streptococcus pneumoniae.* In *Encyclopedia of microbiology,* 2ᵉ éd., vol. 4, J. Lederberg, éd., 444–50. San Diego: Academic Press.

Whiteley, H. R., et Schnepf, H. E. 1986. The molecular biology of parasporal crystal body formation in *Bacillus thuringiensis. Annu. Rev. Microbiol.* 40:549–76.

CHAPITRE 24

Les Bactéries :
Les Gram-positives riches en GC

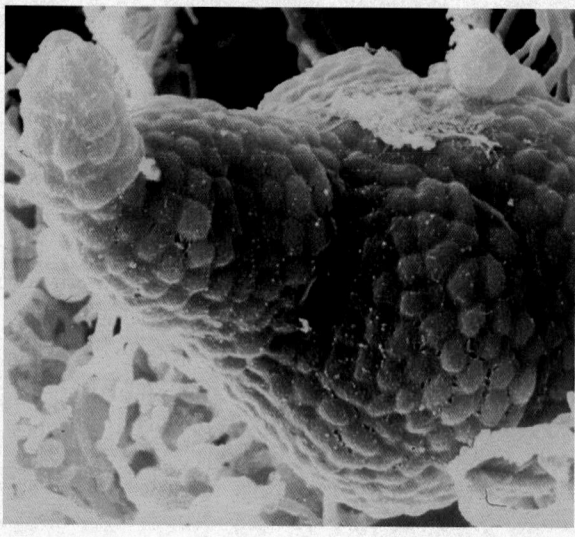

Frankia forme des spores non mobiles et vit en symbiose avec de nombreuses plantes supérieures, comme les aulnes.

Plan

Concepts

1. Le volume 4 de la première édition du Bergey est consacré aux bactéries Gram-positives aérobies — les actinomycètes — formant des hyphes ramifiés et des spores asexuées.

2. La morphologie et la disposition des spores, la chimie de la paroi et la nature des sucres présents dans les extraits cellulaires sont particulièrement importantes dans la taxinomie des actinomycètes. On les utilise pour diviser ces bactéries en groupes différents.

3. La seconde édition du Bergey classe les bactéries Gram-positives riches en GC, selon les données de l'ARNr 16S. Elles sont placées dans le phylum des *Actinobacteria*, qui contient les actinomycètes du volume 4 de la première édition plus les bactéries Gram-positives des sections 12, 15, 16 et 17 du volume 2.

4. Les actinomycètes ont un impact pratique considérable parce qu'ils jouent un rôle important dans la minéralisation des matières organiques du sol et sont la source principale de la plupart des antibiotiques synthétisés naturellement. Les genres *Corynebacterium* et *Mycobacterium* comprennent d'importants pathogènes de l'homme.

e chapitre 24, le dernier des chapitres consacrés à l'étude des bactéries, décrit les bactéries Gram-positives riches en GC (voir le dendrogramme à droite). Elles figurent dans le volume 4 et une partie du volume 2 de la première édition du *Bergey's Manual of Systematic Bacteriology* ; elles seront dans le volume 4 de la seconde édition. Les bactéries du volume 4 de la première édition sont communément appelées actinomycètes. Les actinomycètes sont des Gram-positifs comme les bactéries du volume 2, mais ils se caractérisent par la formation d'hyphes filamenteux qui ne subissent normalement pas de fragmentation et qui produisent des spores asexuées. Par leur morphologie générale, ils ressemblent fortement aux mycètes. Cette ressemblance résulte en partie d'une adaptation aux mêmes habitats. Nous résumerons d'abord les caractéristiques générales des actinomycètes. Ensuite, nous comparerons la façon dont les bactéries riches en GC, essentiellement les actinomycètes et les organismes apparentés, sont traités dans les deux éditions. Nous décrirons enfin des organismes représentatifs, en insistant sur la morphologie, la taxinomie, la reproduction et leur importance générale. Ce passage en revue de bactéries Gram-positives riches en GC représentatives suivra le plan de la seconde édition.

Les **actinomycètes**, sont des bactéries Gram-positives aérobies qui forment des filaments ramifiés ou hyphes et des spores asexuées. Bien qu'ils constituent un groupe diversifié, les actinomycètes partagent de nombreuses propriétés.

24.1   Propriétés générales des actinomycètes

Lorsqu'il croît sur un substrat solide comme la gélose, le réseau ramifié d'hyphes formé par les actinomycètes se développe à la fois à la surface du substrat et à l'intérieur de ce dernier pour former un mycélium végétatif. Des septums divisent habituellement les hyphes en longues cellules ($\geq$ 20 µm) contenant plusieurs nucléoïdes. Parfois, il se forme une masse ressemblant à un tissu qui porte le nom de **thalle**. De nombreux actinomycètes ont également un mycélium aérien qui se dresse au-dessus du substrat et qui forme à l'extrémité des filaments, des spores asexuées à paroi fine appelées **conidies** ou **conidiospores** (**figure 24.1**). Si les spores sont localisées dans un sporange, on les appelle des **sporangiospores**. Les spores peuvent avoir des formes fort variables

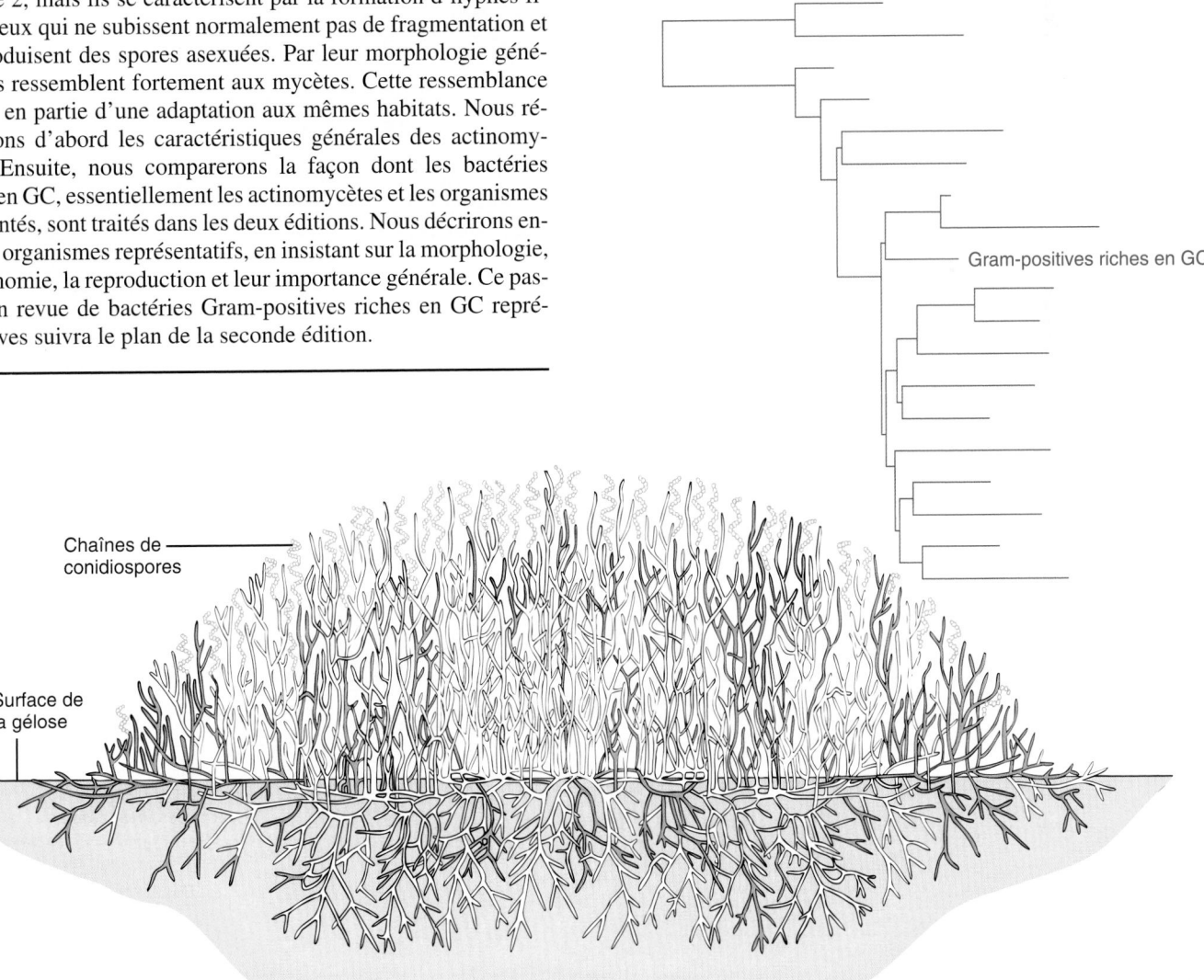

Gram-positives riches en GC

Chaînes de conidiospores

Surface de la gélose

Figure 24.1 Une colonie d'actinomycète. Coupe transversale d'une colonie d'actinomycète avec des hyphes vivants (bleus-verts) et morts (blancs). Le mycélium végétatif et le mycélium aérien avec des chaînes de conidiospores sont représentés.

Figure 24.2 Exemples de spores d'actinomycètes vues au microscope électronique à balayage. (**a**) Hyphe sporulant de *Saccharopolyspora* (x3000). (**b**) Sporanges de *Pilimelia columellifera* dans des poils de souris (x520). (**c**) *Micromonospora echinospora*. La barre = 0,5 μm. (**d**) Une chaîne de spores velues de streptomycètes. La barre = 1,0 μm. (**e**) *Microbispora rosea*, spores jumelées sur un hyphe. La barre = 10 μm. (**f**) Spores aériennes de *Kitasatosporia setae*. La barre = 5 μm.

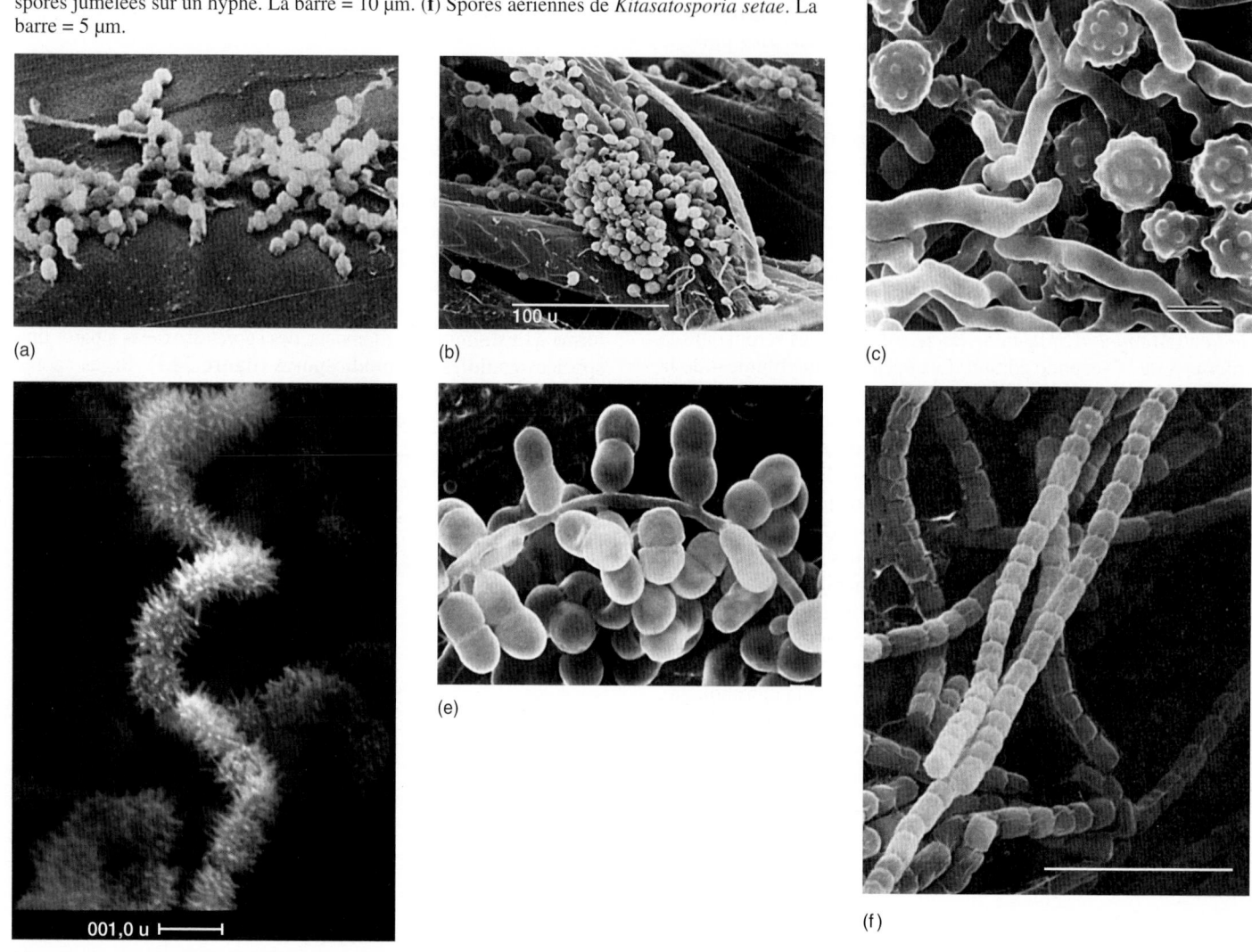

(a)   (b)   (c)

(e)

(d)   (f)

Tableau 24.1   Types de paroi chez les actinomycètes

Type de paroi	Isomère de l'acide diaminopimélique	Glycine dans le pont interpeptidique	Sucres caractéristiques[a]	Genres représentatifs
I	L, L	+	NA	*Nocardioides, Streptomyces,*
II	*Méso*	+	NA	*Micromonospora, Pilimelia, Actinoplanes*
III	*Méso*	–	NA	*Actinomadura, Frankia*
IV	*Méso*	–	Arabinose, galactose	*Saccharomonospora, Nocardia*

[a] NA, non applicable ou non déterminé.

(figure 24.2). Les spores d'actinomycètes se développent par septation des extrémités du filament, habituellement en réponse à une privation en éléments nutritifs. La plupart ne sont pas particulièrement résistantes à la chaleur, mais supportent bien la dessiccation et ont, de ce fait, une importante valeur adaptative.

Les actinomycètes pour la plupart ne sont pas mobiles. Lorsqu'il y a mobilité, elle est limitée aux spores flagellées.

La composition de la paroi des actinomycètes varie fortement d'un groupe à l'autre. On lui attribue une importance taxinomique considérable. On peut distinguer quatre types principaux de paroi sur la base de trois caractéristiques de la composition et de la structure du peptidoglycane : l'acide aminé en position 3 du tétrapeptide, la présence de glycine dans les ponts interpeptidiques et le contenu en sucres du peptidoglycane **(tableau 24.1)**. Les extraits cellulaires

des actinomycètes munis d'une paroi des types II, III et IV contiennent également des sucres caractéristiques, utiles pour l'identification **(tableau 24.2)**. Certaines autres propriétés sont précieuses en taxinomie : la morphologie et la couleur des mycéliums et des sporanges, les caractères de surface et la disposition des conidiospores, le pourcentage en GC de l'ADN, la composition phospholipidique des membranes cellulaires et la résistance des spores à la chaleur. Des techniques plus nouvelles ont été appliquées à la taxinomie des actinomycètes. La comparaison des séquences de l'ARNr 16S s'est révélée précieuse, ainsi que nous le verrons. Une autre technique utile consiste à produire de grands fragments d'ADN, en le digérant par des enzymes de restriction, à séparer ces fragments et à les comparer en électrophorèse en champ pulsé. La structure et la chimie du peptidoglycane des Gram-positifs (pp. 521-22).

Les actinomycètes ont une importance pratique considérable. Ce sont, essentiellement, des habitants du sol et ils sont très largement distribués. Ils peuvent dégrader un nombre et une variété énormes de composés organiques et ils sont extrêmement importants pour la minéralisation de la matière organique. Les actinomycètes produisent la plupart des antibiotiques naturels utilisés en médecine. Bien que beaucoup d'actinomycètes soient des micro-organismes vivant librement, quelques uns sont pathogènes chez l'homme, les animaux et certains végétaux.

24.2 Les bactéries Gram-positives riches en GC dans le Bergey

La première édition du Bergey divise les actinomycètes en sept sections basées principalement sur des propriétés telles que le type de paroi, la disposition des conidies, la présence ou l'absence d'un sporange **(tableau 24.3)**.

Il est clair depuis tout un temps que les sections du volume 4 de la première édition ne sont pas homogènes et ne correspondent pas toujours aux résultats des séquences de l'ARNr 16S. La se-

---

Tableau 24.2 Sucres cellulaires totaux des actinomycètes

Type de composition en sucres[a]	Sucres caractéristiques	Genres représentatifs
A	Arabinose, galactose	*Nocardia, Rhodococcus, Saccharomonospora*
B	Madurose[b]	*Actinomadura, Streptosporangium, Dermatophilus*
C	Aucun	*Thermomonospora, Actinosynnema, Geodermatophilus*
D	Arabinose, xylose	*Micromonospora, Actinoplanes*

[a] On ne trouve de sucres caractéristiques que dans les types de paroi II à IV, les actinomycètes à acide *meso*-diaminopimélique.

[b] Le madurose est le 3-O-méthyl-D-galactose.

Tableau 24.3 Quelques caractéristiques des groupes principaux d'actinomycètes dans la première édition du Bergey

Groupe	Type de paroi	Composition en sucre	Moles % GC	Disposition des spores	Présence de sporanges	Genres sélectionnés
Actinomycètes nocardioformes[a]	I, IV, VI[b]	A	59–79	Variable	–	*Nocardia, Rhodococcus, Nocardioides, Saccharomonospora*
Actinomycètes à sporanges à loges multiples	III	B, C, D	57–75	Amas de spores	+(–)[c]	*Geodermatophilus, Dermatophilus, Frankia*
Actinoplanes	II	D	71–73	Variable	Habituellement +	*Actinoplanes, Pilimelia, Dactylosporangium, Micromonospora*
Streptomyces et genres apparentés	I	Sans valeur taxinomique	69–78	Chaînes de 5 à plus de 50 spores	–	*Streptomyces, Sporichthya*
Maduromycètes	III	B, C	64–74	Variable	+ ou –	*Actinomadura, Microbispora, Planomonospora, Streptosporangium*
Thermomonospora et genres apparentés	III	C (parfois B)	64–73	Variable	–	*Thermomonospora, Actinosynnema, Nocardiopsis*

[a] De nombreux genres contiennent de l'acide mycolique. Les filaments se fragmentent facilement en bâtonnets et en éléments coccoïdes.

[b] La paroi de type VI a de la lysine au lieu d'acide diaminopimélique.

[c] Tous les membres ne possèdent pas toujours une paroi sporangiale entourant les amas de spores.

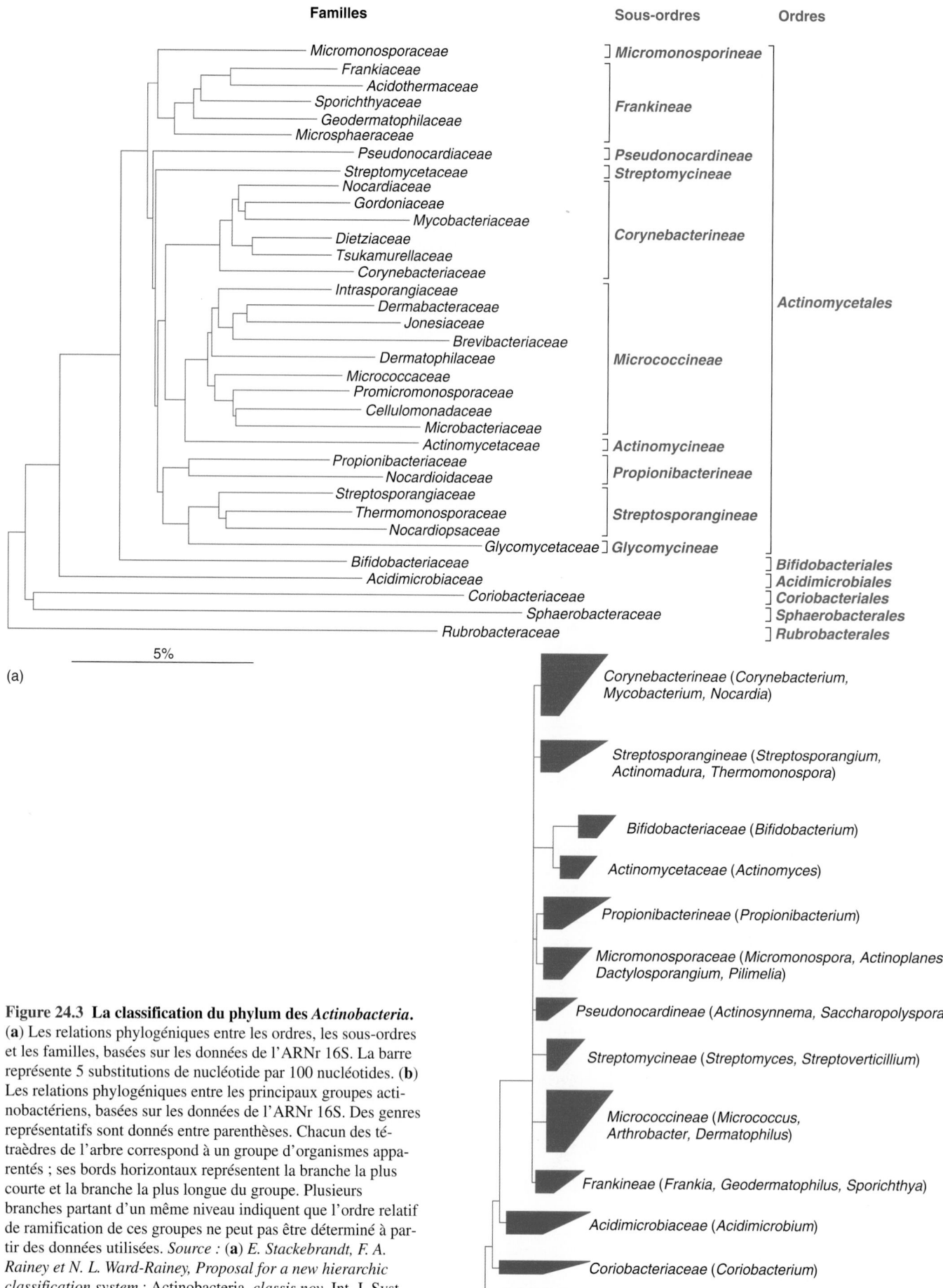

Figure 24.3 La classification du phylum des *Actinobacteria*.
(**a**) Les relations phylogéniques entre les ordres, les sous-ordres et les familles, basées sur les données de l'ARNr 16S. La barre représente 5 substitutions de nucléotide par 100 nucléotides. (**b**) Les relations phylogéniques entre les principaux groupes actinobactériens, basées sur les données de l'ARNr 16S. Des genres représentatifs sont donnés entre parenthèses. Chacun des tétraèdres de l'arbre correspond à un groupe d'organismes apparentés ; ses bords horizontaux représentent la branche la plus courte et la branche la plus longue du groupe. Plusieurs branches partant d'un même niveau indiquent que l'ordre relatif de ramification de ces groupes ne peut pas être déterminé à partir des données utilisées. *Source :* (**a**) *E. Stackebrandt, F. A. Rainey et N. L. Ward-Rainey, Proposal for a new hierarchic classification system* ; Actinobacteria, *classis nov.* Int. J. Syst. Bacteriol. *47(2) :479-491, 1997. Figure 3, p. 482.*

540

conde édition du Bergey utilise les séquences de l'ARNr 16S pour classer les bactéries Gram-positives riches en GC (bactéries dont l'ADN a une teneur en bases GC supérieure à 50 % par mole). Nombre de genres des sections 15 (bâtonnets irréguliers, non sporulants, Gram-positifs), 16 (mycobactéries) et 17 (nocardioformes) de la première édition sont des Gram-positifs riches en GC et sont joints aux actinomycètes dans la seconde édition. Certains membres de la famille des *Micrococcaceae* (section 12), comme *Micrococcus* et *Stomatococcus* sont aussi des Gram-positifs riches en GC. Toutes ces bactéries se trouvent dans le phylum des *Actinobacteria* et sont classées comme le montre la **figure 24.3**. Le phylum est grand et très complexe ; il comprend une classe (les *Actinobacteria*), cinq sous-classes, six ordres, 14 sous-ordres et 40 familles. Dans ce système, les **actinobactéries** rassemblent les actinomycètes et leurs voisins riches en GC. Les ordres, sous-ordres et familles sont définis sur base des séquences des ARNr 16S et de signatures nucléotidiques distinctives (*voir p. 434*). La **figure 24.4** montre les relations phylogéniques entre des bactéries Gram-positives riches en GC, sélectionnées et le **tableau 24.4** résume les caractéristiques de quelques-uns des genres traités dans ce chapitre.

La plupart des genres qui seront examinés ci-dessous appartiennent à la sous-classe des *Actinobacteridae* et à l'ordre des

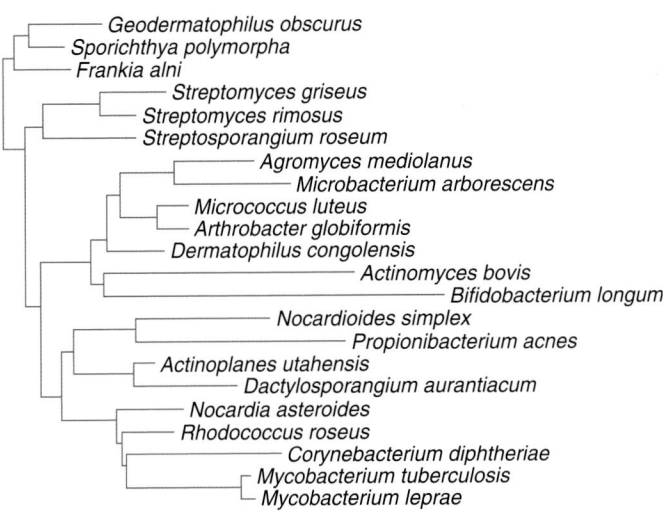

Figure 24.4 Les relations phylogéniques entre bactéries Gram-positives riches en GC, sélectionnées. La figure montre les relations entre quelques espèces, basées sur les données de séquence de l'ARNr 16S. *Source : The Ribosomal Database Project.*

Tableau 24.4   Les caractéristiques des actinobactéries

Genre	Dimensions (μm) et morphologie	Teneur en GC (mole %)	Exigence en oxygène	Autres caractéristiques distinctives
Actinoplanes	Mycélium ramifié, ne se fragmentant pas, peu de croissance aérienne ; formation de sporanges ; spores mobiles avec flagelles polaires	72–73	Aérobie	Hyphes souvent disposés en palissade ; fortement colorés, parois cellulaires de type II ; se trouve dans le sol et les matières végétales en décomposition
Arthrobacter	0,8–1,2 × 1,0–8,0 ; les jeunes cellules sont des bâtonnets irréguliers, les cellules plus âgées de petits cocci, habituellement non mobiles	environ 59–70	Aérobie	Cycle de croissance bâtonnet-coque ; métabolisme respiratoire ; catalase-positif ; principalement dans le sol
Bifidobacterium	0,5–1,3 × 1,5–8 ; bâtonnets de forme variable, habituellement incurvés ; non mobiles	55–67	Anaérobie	Cellules en forme de massue ou ramifiées, des paires souvent disposées en V ; fermentent les glucides en acétate et lactate, mais pas en CO_2 ; catalase-négatives
Corynebacterium	0,3–0,8 × 1,5–8,0 ; bâtonnets droits ou légèrement incurvés, extrémités effilées ou en forme de massue ; non mobiles	51–63	Anaérobie facultatif	Cellules souvent disposées en V ou en palissade de cellules parallèles ; catalase-positives ; pratiquent la fermentation ; granules métachromatiques
Frankia	0,5–2,0 de diamètre ; hyphes végétatifs aux ramifications limitées ou abondantes, pas de mycélium aérien ; formation de sporanges à loges multiples	66–71	Aérobie ou microaérophile	Sporangiospores non mobiles ; habituellement fixateurs d'azote ; parois cellulaires de type III ; la plupart des souches vivent en symbiose avec des angiospermes et induisent des nodules
Micrococcus	0,5–2,0 de diamètre ; cocci par paires, par tétrades ou en amas irréguliers ; habituellement non mobiles	64–75	Aérobie	Colonies habituellement jaunes ou rouges ; catalase-positif avec métabolisme respiratoire ; essentiellement sur la peau des mammifères ou dans le sol
Mycobacterium	0,2–0,6 × 1,0–10 ; bâtonnets droits ou légèrement incurvés, parfois ramifiés ; acido-résistants ; non mobiles et non sporulants	62–70	Aérobie	Catalase-positif ; peuvent former des filaments qui se fragmentent facilement ; les parois ont un contenu élevé en lipides ; dans le sol et dans l'eau ; certains sont parasites
Nocardia	0,5–1,2 de diamètre ; hyphes végétatifs rudimentaires ou étendus qui peuvent se fragmenter en formes de bâtonnet ou coccoïdes	64–72	Aérobie	Formation d'hyphes aériens ; catalase-positif ; paroi cellulaire de type IV ; largement distribué dans le sol
Propionibacterium	0,5–0,8 × 1–5 ; bâtonnets pléomorphes, non mobiles ; bifides ou ramifiés ; non sporulants	53–67	Anaérobie à aérotolérant	La fermentation produit du propionate et de l'acétate, et souvent du gaz ; catalase-positif
Streptomyces	0,5–2,0 de diamètre ; mycélium végétatif abondamment ramifié ; le mycélium aérien forme des chaînes de spores plus ou moins nombreuses	69–78	Aérobie	Forment des colonies bien distinctes, lichénoïdes, à l'aspect de cuir ou butyreuses, souvent pigmentées ; utilisent comme aliments de nombreux composés organiques différents ; organismes du sol

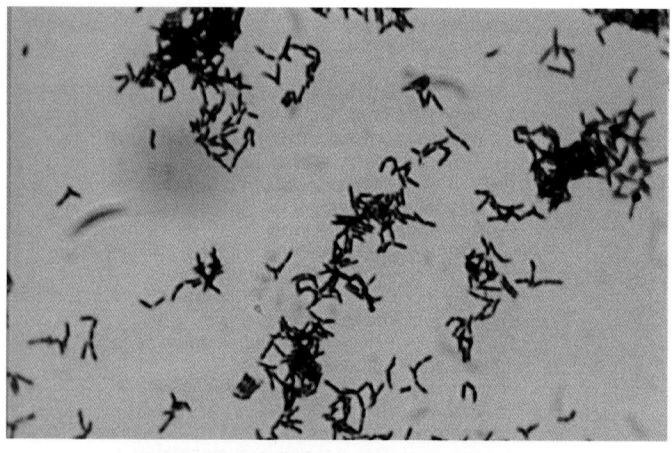

(a)

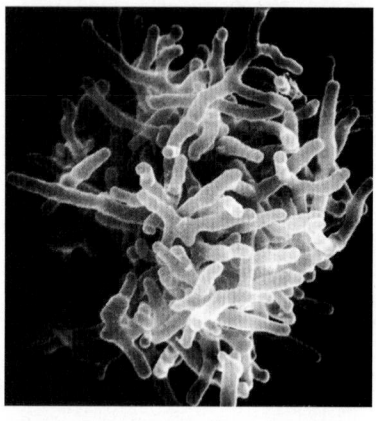

(b)

Figure 24.5 Représentants du genre *Actinomyces*. (a) *A. naeslundii*. Coloration de Gram (x 1.000) (**b**) *Actinomyces*. Image au microscope électronique à balayage. Notez l'aspect filamenteux de la colonie (x 18.000).

Actinomycetales qui est divisé en 10 sous-ordres. Le passage en revue qui suit sera centré sur plusieurs de ces sous-ordres. On décrira aussi brièvement l'ordre des *Bifidobacteriales*.

24.3   Le sous-ordre des *Actinomycineae*

La plupart des genres sont des bâtonnets Gram-positifs, non sporulants, de forme irrégulière, au métabolisme aérobie ou facultatif. Ces bâtonnets peuvent être droits ou légèrement incurvés et présentent habituellement des gonflements, des formes de massue, ou d'autres déviations de la morphologie du bâtonnet normal. *Actinomyces*, *Arcanobacterium* et *Mobiluncus* appartiennent au sous-ordre des *Actinomycineae*.

Les membres du genre *Actinomyces* sont des bâtonnets droits ou légèrement incurvés dont la forme varie considérablement jusqu'à de minces filaments avec de réelles ramifications (**figure 24.5**). Les bâtonnets et les filaments peuvent avoir des bouts enflés ou en forme de massue. Ce sont des anaérobies facultatifs ou stricts, qui exigent du CO_2 pour une croissance optimale. Les parois cellulaires contiennent de la lysine ou de la glycine mais pas d'acide diaminopimélique. Les espèces d'*Actinomyces* se trouvent normalement à la surface des muqueuses chez les hommes et les

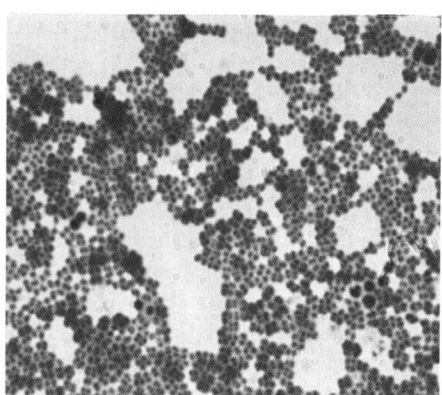

Figure 24.6 *Micrococcus*. *Micrococcus luteus*, coloration au bleu de méthylène (x1.000).

animaux à sang chaud ; la cavité buccale est leur habitat préféré. *A. bovis* est responsable de l'actinomycose chez le bétail. *Actinomyces* cause chez les humains des actinomycoses, des infections oculaires et une maladie périodontale. L'agent pathogène le plus important chez l'homme est *A. israelii*.

24.4   Le sous-ordre des *Micrococcineae*

Le sous-ordre des *Micrococcineae* comprend 10 familles et une grande variété de genres. Deux des genres les mieux connus sont *Micrococcus* et *Arthrobacter*.

Le genre *Micrococcus* contient des coques aérobies catalase-positifs, se trouvant le plus souvent en paires, tétrades ou amas irréguliers ; ils sont généralement non mobiles (**figure 24.6**). Les microcoques sont souvent de couleur jaune, orange ou rouge. Ils sont très répandus dans le sol, l'eau et sur la peau des mammifères ; cette dernière peut être leur habitat normal. Malgré leur fréquence sur la peau, les microcoques ne semblent pas particulièrement pathogènes.

Le genre *Arthrobacter* contient des bâtonnets aérobies, catalase-positifs à métabolisme respiratoire et dont le peptidoglycane contient de la lysine. Son caractère le plus distinctif est un cycle de développement bâtonnet-coque (**figure 24.7**). En phase de croissance exponentielle, les *Arthrobacter* sont des bâtonnets irréguliers ramifiés et peuvent se diviser par cassure. Lorsqu'elles entrent en phase stationnaire, les cellules prennent une forme coccoïde. Transférées dans du milieu frais, les cellules coccoïdes produisent des excroissances et de nouveau, forment des bâtonnets en croissance active. Bien qu'on les isole du poisson, des eaux usées, des surfaces végétales, l'habitat majeur des *Arthrobacter* est le sol dans lequel ils constituent un composant important de la flore microbienne. Ils sont bien adaptés à cette niche, car ils sont très résistants à la dessiccation et au manque de nourriture. Ce genre est particulièrement souple d'un point de vue nutritionnel, il peut même dégrader certains herbicides et pesticides ; il est probablement important dans la minéralisation de molécules organiques complexes.

Le mécanisme de **division par cassure (snapping division)** a été étudié chez *Arthrobacter*. Ces bactéries ont une paroi en bicouche et seule la couche interne croît vers l'intérieur pour générer une paroi transversale divisant les nouvelles cellules. La paroi transversale complète ou septum, s'épaissit alors et met sous ten-

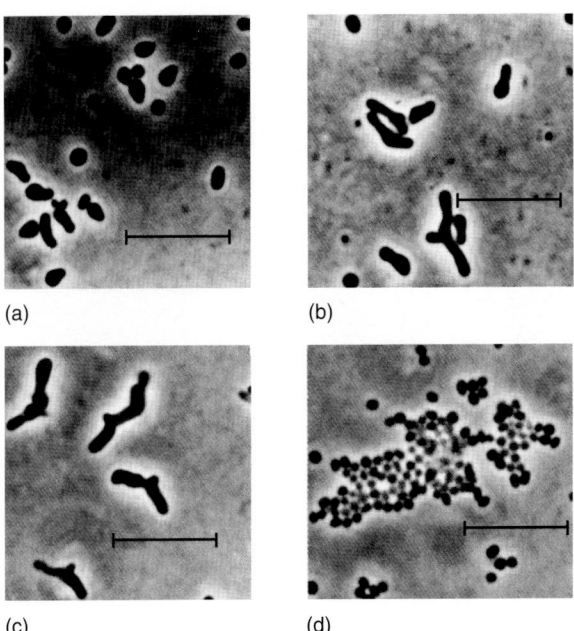

(a)   (b)

(c)   (d)

Figure 24.7   Le cycle de développement bâtonnet-coque. Cycle bâtonnet-coque de *Arthrobacter globiformis* se développant à 25 °C. (**a**) Des bâtonnets poussent à partir des coques six heures après inoculation. (**b**) Bâtonnet après douze heures d'incubation. (**c**) Bactéries après 24 heures. (**d**) Cellules atteignant la phase stationnaire (3 jours d'incubation). Les cellules utilisées à l'inoculation ressemblent aux coques en phase stationnaire. Les barres = 10 µm.

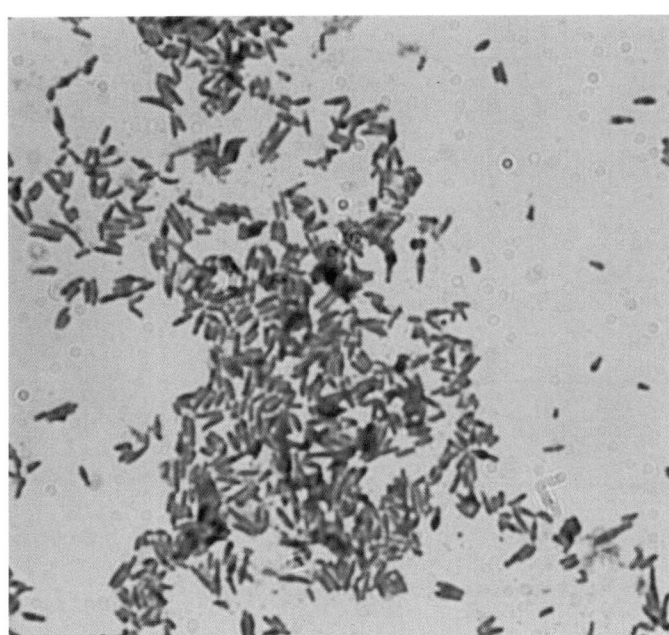

Figure 24.8   *Corynebacterium diphtheriae*. Notez les formes irrégulières des cellules individuelles, les associations angulaires de paires de cellules et les dispositions en palissades (x 1000). Ces bâtonnets Grampositifs ne forment pas d'endospores..

sion la couche externe de la paroi qui maintient toujours les deux cellules ensemble. La tension croissante peut entraîner la rupture de la couche externe à son point le plus faible et un mouvement brusque déchire la couche externe sur presque toute sa circonférence. Les cellules filles forment alors un angle l'une par rapport à l'autre et sont maintenues ensemble par la portion restante de la couche externe, formant une espèce de charnière.

Il y a un troisième genre dans ce sous-ordre : *Dermatophilus*. *Dermatophilus* (paroi cellulaire de type IIIB) forme aussi des amas de spores, mobiles grâce à des touffes de flagelles, mais c'est un anaérobie facultatif et un parasite des mammifères, responsable d'une infection de la peau, la streptothricose.

24.5   Le sous-ordre des *Corynebacterineae*

Ce sous-ordre contient sept familles et plusieurs genres bien connus. *Corynebacterium*, *Mycobacterium* et *Nocardia* sont trois des genres les plus importants.

La famille des *Corynebacteriaceae* ne compte qu'un genre *Corynebacterium*, qui comprend des bâtonnets droits à légèrement incurvés souvent avec des extrémités effilées, ils sont aérobies ou facultatifs et catalase-positifs. On trouve aussi des formes en massue. Les bactéries restent souvent partiellement attachées après division par cassure ; celle-ci aboutit en une disposition angulaire des cellules, comme des lettres chinoises, ou en un arrangement en palissade dans lequel des rangées de cellules sont alignées côte à côte (**figure 24.8**). Les corynébactéries forment des granules métachromatiques et leur paroi possède de l'acide *méso*-diaminopimélique. Bien que certaines espèces soient des saprophytes inoffensifs du

sol et de l'eau, beaucoup de corynébactéries sont pathogènes pour les végétaux ou les animaux. Par exemple, *C. diphtheriae* est l'agent de la diphtérie humaine (*voir section 39.1*).

La famille des *Mycobacteriaceae* ne contient qu'un seul genre, *Mycobacterium*, fait de bâtonnets légèrement incurvés ou droits qui parfois se ramifient ou forment des filaments (**figure 24.9**). Les filaments mycobactériens diffèrent de ceux des actinomycètes, car ils se fragmentent rapidement en bâtonnets et corps coccoïdes lorsqu'ils sont perturbés. Ce sont des aérobies, catalase-positifs. Les mycobactéries se développent très lentement et doivent être incubées de deux à quarante jours après inoculation, sur un milieu complexe solide pour former une colonie visible. Leurs parois cellulaires ont un contenu en lipides très élevé et possèdent des cires de 60 à 90 carbones appelées **acides mycoliques**. Il s'agit d'acides gras complexes avec un groupe hydroxyle sur le carbone β et une chaîne aliphatique attachée au carbone α. La présence d'acides mycoliques et d'autres lipides à l'extérieur du peptidoglycane rendent les mycobactéries **acido-résistantes** (la fuchsine basique ne peut pas être enlevée de la cellule par un traitement acide-alcool). L'extraction des lipides de la paroi par l'éthanol alcalin détruit cette acido-résistance. La morphologie des actinomycètes (pp. 537-39). L'acido-résistance (p. 28).

Bien que certaines soient des saprophytes libres, les mycobactéries les mieux connues sont des pathogènes animaux. *M. bovis* est responsable de la tuberculose du bétail, d'autres ruminants et des primates. Comme cette bactérie peut aussi causer la tuberculose chez l'homme, le bétail laitier est contrôlé chaque année ; la pasteurisation du lait tue les germes pathogènes et empêche la transmission de la maladie. Ainsi, *M. tuberculosis* est la source principale de tuberculose chez les humains. L'autre maladie humaine importante due à des mycobactéries est la lèpre, causée par

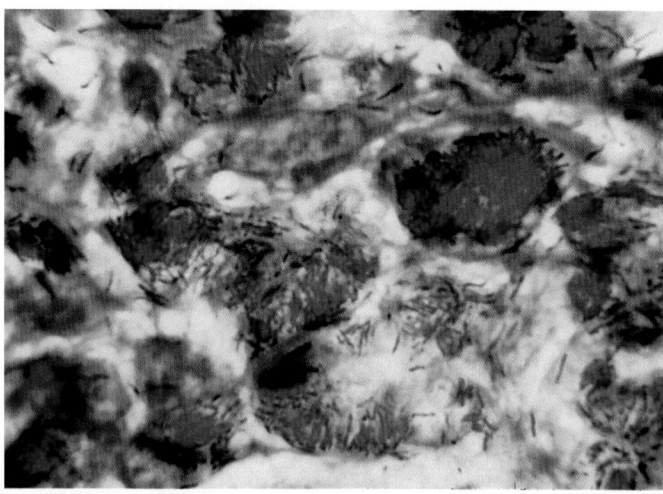

Figure 24.9 Les mycobactéries. *Mycobacterium leprae*. Coloration acido-résistante (x 400). Notez les amas de mycobactéries rouges dans les cellules hôtes bleues-vertes.

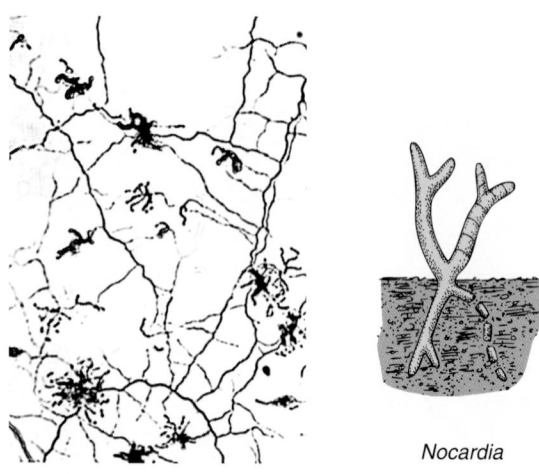

Nocardia

Figure 24.10 Norcadia. *Nocardia asteroides*, mycélium végétatif et mycélium aérien avec conidies : schéma et image au microscope optique (x1.250).

M. leprae. La tuberculose (pp. 906-8), la lèpre (pp. 916-17). Les séquences des génomes de *M. tuberculosis* et de *M. leprae* (pp. 351-52)

La famille des *Nocardiaceae* se compose de deux genres, *Nocardia* et *Rhodococcus*. Parce que ces deux genres et les genres apparentés ressemblent aux membres du genre *Nocardia* (nom dérivé de celui d'Edmond Nocard [1850-1903], un bactériologiste et pathologiste vétérinaire français), on les appelle collectivement les **nocardioformes**. Ces bactéries développent un mycélium végétatif qui se fragmente facilement en bâtonnets et éléments coccoïdes (**figure 24.10**). Plusieurs genres forment également un mycélium aérien qui se dresse sur le substrat et peut produire des conidies. Tous les genres ont un contenu élevé en GC comme les autres actinomycètes et presque tous sont des aérobies stricts. La plupart des espèces possèdent un peptidoglycane contenant de l'acide *méso*-diaminopimélique et des liaisons interpeptidiques directes. La paroi porte habituellement des glucides composés d'arabinose et de galactose ; les genres *Nocardia* et *Rhodococcus* contiennent en plus des acides mycoliques.

Le genre *Nocardia* est répandu dans le sol du monde entier et également dans les milieux aquatiques. Les *Nocardia* peuvent dégrader des hydrocarbures et des cires et contribuer à la biodétérioration des joints en caoutchouc dans les conduites d'eau potable et d'égouts. La plupart vivent comme des saprophytes libres, mais quelques espèces, particulièrement *N. asteroides*, sont des pathogènes opportunistes qui provoquent des nocardioses chez l'homme et les animaux. Les personnes peu résistantes en raison d'autres problèmes de santé sont les plus menacées. Le plus souvent, on observe une infection des poumons, mais le système nerveux central et d'autres organes peuvent être envahis. *Rhodococcus* aussi est largement distribué dans les sols et les habitats aquatiques. Il présente un intérêt considérable parce que certains de ses membres peuvent dégrader une énorme variété de molécules, comme les hydrocarbures du pétrole, les détergents, le benzène, les biphényles polychlorés (PCB) et divers pesticides. Il pourrait être possible d'utiliser *Rhodococcus* pour éliminer le soufre des carburants et réduire ainsi la pollution de l'air due aux émissions d'oxyde de soufre.

1. Définissez actinomycète, thalle, mycélium végétatif, mycélium aérien, conidie, conidiospore et sporangiospore.
2. Décrivez comment la structure et le contenu en sucres de la paroi sont utilisés pour classer les actinomycètes. Décrivez brièvement les quatre types principaux de paroi.
3. Pourquoi les actinomycètes ont-ils un tel intérêt pratique ?
4. Quelle est la différence entre la première et la deuxième édition du Bergey, en ce qui concerne le traitement des bactéries Gram-positives riches en GC ?
5. Donnez les principales caractéristiques utilisées pour distinguer les actinomycètes, dans la première édition du Bergey. Décrivez le phylum des *Actinobacteria* et ses relations avec les actinomycètes.
6. Quelles propriétés sont communes à tous les genres de la section 15 ? Décrivez les caractéristiques principales des genres *Corynebacterium*, *Arthrobacter* et *Actinomyces*. Commentez leur habitat normal et leur importance.
7. Qu'est-ce qu'une division par cassure ? Le cycle de développement bâtonnet-coque ?
8. Donnez les propriétés distinctives du genre *Mycobacterium* et indiquez comment les mycobactéries diffèrent des actinomycètes.
9. Définissez acide mycolique et acido-résistance.
10. Citez deux maladies humaines mycobactériennes et les agents responsables. Quel organisme pathogène cause la tuberculose du bétail ?
11. Qu'est-ce qu'un nocardioforme et comment le groupe peut-il être distingué des autres actinomycètes ?
12. Où trouve-t-on *Nocardia* et quels problèmes peut-il occasionner ? Envisagez les préoccupations relatives à l'environnement et à la santé publique.

24.6 Le sous-ordre des *Micromonosporineae*

Le sous-ordre des *Micromonosporineae* ne contient qu'une seule famille, les *Micromonosporinaceae*. De nombreux genres de cette famille étaient placés parmi les actinoplanes dans la première édition du Bergey. Les actinoplanes (du grec *actinos*, rayon et *planes*,

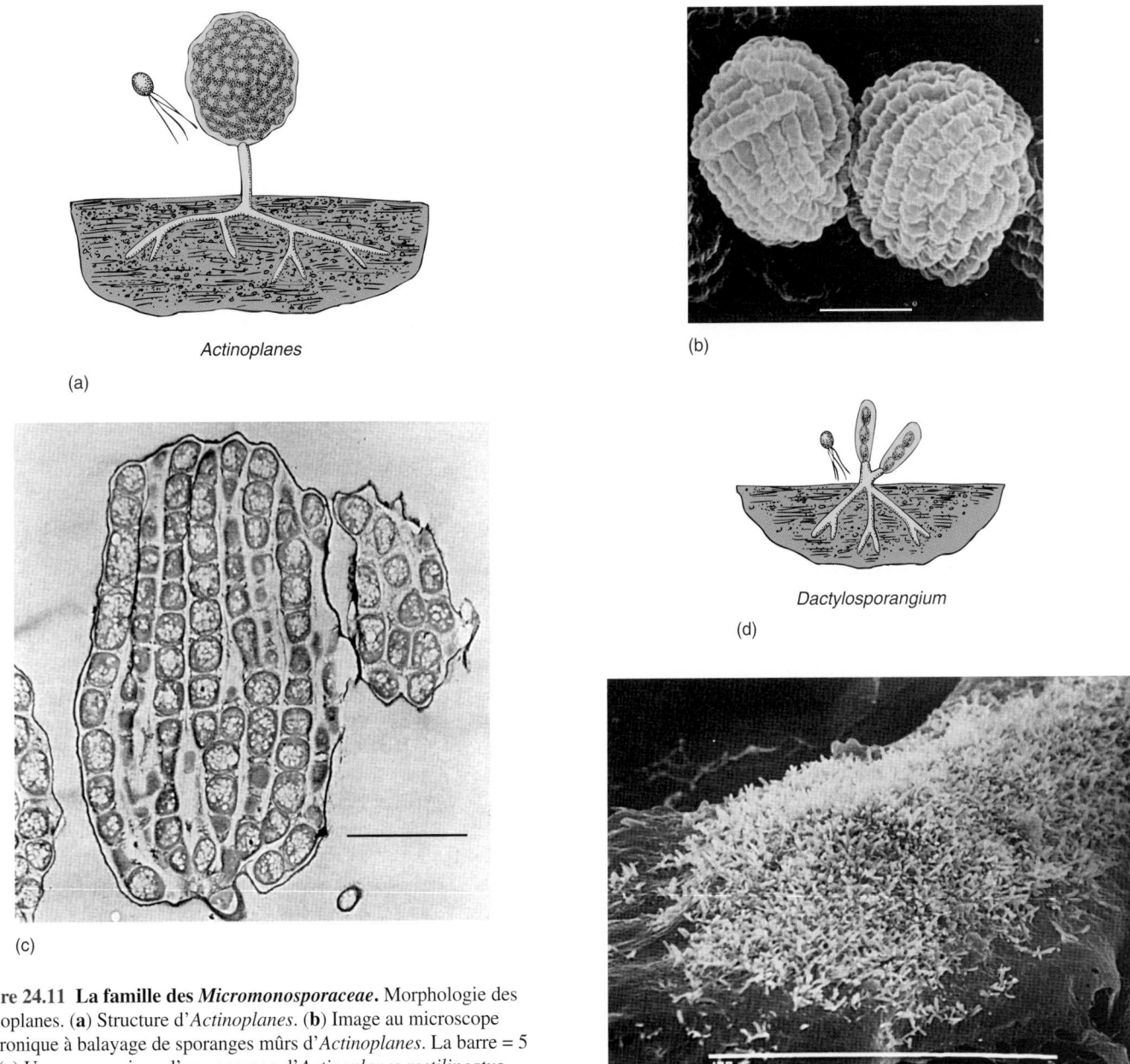

Figure 24.11 La famille des *Micromonosporaceae*. Morphologie des actinoplanes. (**a**) Structure d'*Actinoplanes*. (**b**) Image au microscope électronique à balayage de sporanges mûrs d'*Actinoplanes*. La barre = 5 µm. (**c**) Une coupe mince d'un sporange d'*Actinoplanes rectilineatus*. La barre = 3 µm. (**d**) Structure de *Dactylosporangium*. (**e**) Colonie de *Dactylosporangium* couverte de sporanges (x 700).

vagabond), possèdent un mycélium végétatif étendu et une paroi de type II D. Souvent, les hyphes sont fortement colorés et peuvent produire des pigments diffusibles. Normalement, ces organismes n'ont pas de mycélium aérien ou celui-ci est rudimentaire. Habituellement, les conidiospores apparaissent dans un sporange dressé à la surface du substrat, à l'extrémité d'un hyphe spécial appelé un sporangiophore. Ces spores sont mobiles ou non. Ces bactéries varient dans la disposition et le développement de leurs spores. Certains genres (*Actinoplanes, Pilimelia*) présentent des sporanges sphériques, cylindriques ou irréguliers contenant quelques spores à plusieurs milliers de spores par sporange (figure 24.2*b* et **figure 24.11**). Le sporange se développe au-dessus

du substrat à l'extrémité d'un sporangiophore ; les spores forment des chaînes enroulées ou parallèles (**figure 24.12**). *Dactylosporangium* produit des sporanges en forme de massue, de doigt ou de poire contenant 1 à 6 spores (figure 24.11*d, e*). *Micromonospora* porte des spores isolées qui apparaissent souvent sur des ensembles de sporophores ramifiés (figure 24.2*c*).

Les actinoplanes se développent dans presque tous les biotopes du sol depuis la litière forestière jusqu'au sable des plages. Ils prospèrent également dans les eaux douces, particulièrement dans les ruisseaux et les rivières (probablement en raison de l'abondance en oxygène et en débris végétaux). On en a isolé quelques-uns de l'océan. Les espèces du sol peuvent avoir un rôle

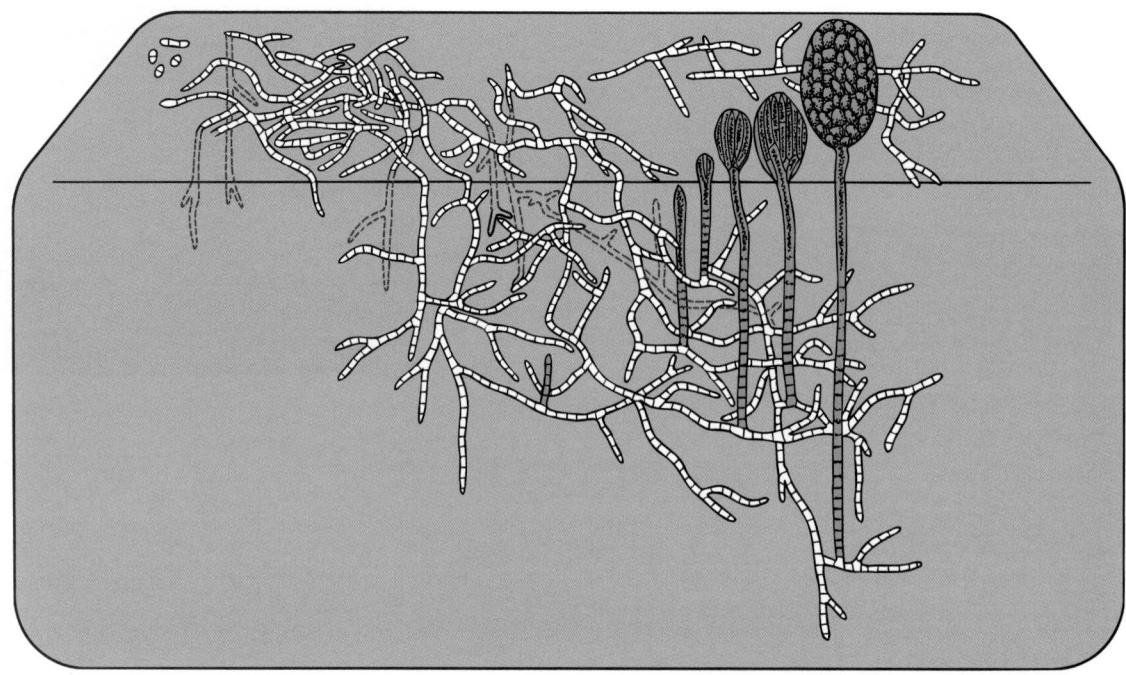

Figure 24.12 Le développement d'un sporange chez un actinoplane. Le sporange en développement est représenté en vert.

important dans la décomposition des matières végétales et animales. *Pilimelia* se multiplie là où il y a de la kératine. *Micromonospora* dégrade activement la chitine et la cellulose, et il peut produire des antibiotiques comme la gentamicine.

24.7   Le sous-ordre des *Propionobacterineae*

Ce sous-ordre comprend deux familles et 10 genres. Dans la seconde édition, le genre *Propionibacterium* sera placé dans la famille des *Propionibacteriaceae*. Le genre contient des bâtonnets pléomorphes, non mobiles, non sporulants, souvent en forme de massue avec une extrémité effilée et l'autre arrondie. Les cellules peuvent aussi être coccoïdes et même ramifiées. Elles peuvent être isolées, en courtes chaînes ou en amas. Le genre est anaérobie facultatif ou aérotolérant ; il fermente le lactate et les sucres et produit de grande quantités d'acides propionique et acétique, et souvent du dioxyde de carbone. *Propionibacterium* est habituellement catalase-positif. On trouve ce genre en développement sur la peau et dans le système digestif des animaux, ainsi que dans les produits laitiers comme le fromage. *Propionibacterium* contribue de façon substantielle à la production de fromage suisse (*voir p. 982*). *P. acnes* intervient dans l'odeur corporelle et dans le développement de l'acné (*voir p. 701*).

24.8   Le sous-ordre des *Streptomycineae*

Le sous-ordre des *Streptomycineae* ne comprend qu'une famille, les *Streptomycetaceae*, et trois genres dont le plus important est *Streptomyces*. La première édition du Bergey place *Streptomyces* dans la section 29, avec les genres dont les hyphes aériens se divisent en un seul plan pour former des chaînes de 5 à 50 conidiospores et plus, non mobiles, dont la texture superficielle varie du

lisse à l'épineux et au verruqueux (figure 24.2*d* ; **figures 24.13** et **24.14**). Tous possèdent une paroi de type I et un contenu en GC variant de 69 à 78 moles %. Le mycélium végétatif lorsqu'il est présent, ne subit pas de fragmentation. On désigne souvent l'ensemble des membres de ce groupe sous le terme de **streptomycètes** (du grec *streptos*, courbé, tordu et *myces*, champignon).

Le genre *Streptomyces* est immense. On y trouve environ 500 espèces. Les membres du genre sont des aérobies stricts, ils ont une paroi de type I et forment des chaînes de spores non mobiles dans un fin fourreau fibreux (figure 24.14). Les conidies (de trois à un grand nombre) de chaque chaîne sont souvent pigmentées et peuvent être lisses, velues ou épineuses. On distingue les espèces du genre *Streptomyces* grâce à un ensemble de caractéristiques morphologiques et physiologiques incluant : la couleur du mycélium aérien et végétatif, la disposition des spores, les caractères de surface des spores, l'utilisation des glucides, la production d'antibiotiques, la synthèse de mélanine, la réduction du nitrate et l'hydrolyse de l'urée et de l'acide hippurique.

Les streptomycètes sont très importants d'un point de vue écologique comme d'un point de vue médical. Le sol constitue le biotope naturel de la majorité de ces organismes, milieu dans lequel ils peuvent représenter de 1 à 20% de la microflore cultivable. En fait, l'odeur de terre humide est en grande partie due à la production de substances volatiles, telles que la **géosmine**, par les streptomycètes. Ces micro-organismes jouent un rôle majeur dans la minéralisation. Ils sont très souples au niveau nutritionnel et ils peuvent dégrader, en aérobiose, des substances résistantes telles que la pectine, la lignine, la chitine, la kératine, le latex et des composés aromatiques. On connaît mieux les streptomycètes pour le grand nombre d'antibiotiques qu'ils synthétisent. Certains de ceux-ci sont utiles en médecine et en recherche biologique, par exemple : l'amphotéricine B, le chloramphénicol, l'érythromycine, la néomycine, la nystatine, la

Figure 24.13 *Streptomyces* et les genres apparentés. Disposition des conidies de streptomycètes. (**a**). La figure présente, d'une part, un schéma de la morphologie typique de *Streptomyces* et d'autre part, une image au microscope optique de chaînes de spores de *S. carpinesis*. La barre = 5 μm. (**b**) La figure montre, d'une part, la morphologie de *Streptoverticillium* (*Streptomyces*) et, d'autre part, une image au microscope électronique de *Sv. salmonis* garni de chaînes de spores en croissance. La barre = 2 μm.

Figure 24.14 Spores de streptomycètes. (**a**) Spores lisses de *S. niveus* : image au microscope électronique à balayage. La barre = 0,25 μm. (**b**) Spores épineuses de *S. viridochromogenes*. La barre = 0,5 μm. (**c**) Spores verruqueuses de *S. pulcher*. La barre = 0,25 μm.

streptomycine, la tétracycline, etc. (**figure 24.15a**). Les streptomycètes ont pour la plupart un comportement de saprophytes non pathogènes mais quelques-uns sont pathogènes de plantes et d'animaux. *Streptomyces scabies* provoque la maladie de la gale chez la pomme de terre et la betterave (figure 24.15b). *S. somaliensis* est le seul streptomycète pathogène connu chez l'homme. Il est associé aux **actinomycétomes**, une infection des tissus sous-cutanés, responsable de lésions engendrant des gonflements, des abcès et même, s'il n'y a pas traitement, une destruction osseuse. *S. albus* et

d'autres espèces ont été isolés chez des patients souffrant de maladies diverses et peuvent être pathogènes. Les antibiotiques et leurs propriétés (chapitre 35).

Streptoverticillium, un autre genre de cette famille, a un mycélium aérien avec des verticilles disposés à intervalles relativement réguliers et formés de trois à six branches courtes. Ces branches portent des ramifications secondaires munies de chaînes de spores (figure 24.13b).

Figure 24.15 Les streptomycètes d'importance pratique. (**a**) *Streptomyces griseus*. Colonies de l'actinomycète producteur de streptomycine. (**b**) *Streptomyces scabies*. Un actinomycète croissant sur une pomme de terre.

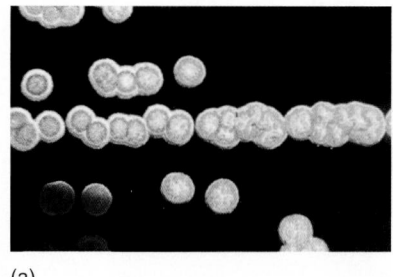

(a)

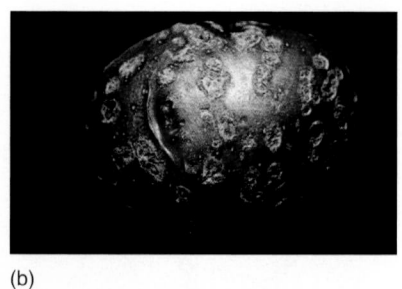

(b)

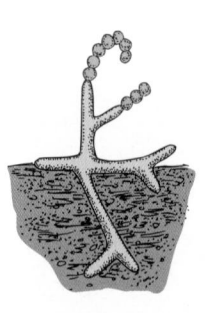

Actinomadura madurae

(a)

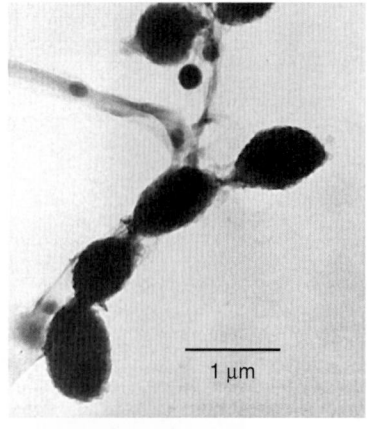

1 µm

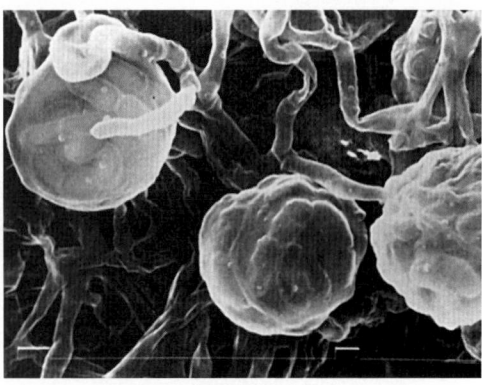

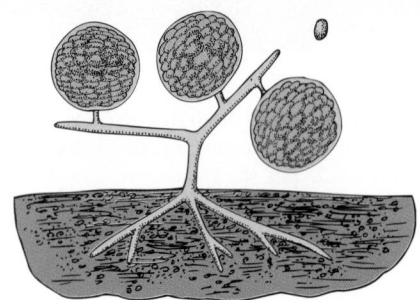

Streptosporangium

(b)

Figure 24.16 Les maduromycètes. (**a**) Morphologie d'*Actinomadura madurae* : schéma et image au microscope électronique d'une chaîne de spores (x16.500). (**b**) Morphologie de *Streptosporangium* : schéma et image au microscope électronique à balayage de *S. album* sur une gélose aux flocons d'avoine, avec des sporanges et des hyphes. La barre = 10 µm.

24.9 Le sous-ordre des *Streptosporangineae*

Le sous-ordre des *Streptosporangineae* contient trois familles et 14 genres. Les genres de ce sous-ordre étaient dans les sections 30 (maduromycètes) et 31 (*Thermomonospora* et genres apparentés) de la première édition du Bergey. Tous les genres de maduromycètes ont une paroi du type III et du **madurose**, un dérivé glucidique : le 3-*O*-méthyl-D-galactose, dans des homogénats de cellules entières. Leur teneur en GC varie de 64 à 74 moles %. Le mycélium aérien porte des paires ou de courtes chaînes de spores et le mycélium végétatif est ramifié (figure 24.2*e* et **figure 24.16**). Certains genres forment des sporanges ; les spores ne sont pas résistantes à la chaleur. Dans la seconde édition, les genres de maduromycètes comme *Streptosporangium*, *Microbispora* et *Planomonospora* seront placés dans la famille des *Streptosporangiaceae*. *Thermomonospora*, *Actinomadura* et *Spirillospora* seront dans la famille des *Thermomonosporaceae*. *Actinomadura* est un autre actinomycète susceptible d'induire des actinomycétomes. *Thermomonospora* produit des spores isolées, sur le mycélium aérien ou sur les mycéliums aérien et végétatif. Le genre a été isolé d'habitats à température élevée, comme les tas de compost et le foin ; il peut croître à 40-48°C.

24.10 Le sous-ordre des *Frankineae*

Comme les sous-ordre des *Streptosporangineae*, celui des *Frankineae* contient des genres venus de différentes parties de la première édition. Deux des genres, *Frankia* et *Geodermatophilus*, viennent de la section 27 (actinomycètes à sporanges multiloculaires). Ces genres forment des amas de spores parce que les hyphes se divisent transversalement et longitudinalement. (Multiloculaire signifie que le sporange comporte de nombreuses cellules ou compartiments). Ils ont des parois de type III (tableau 24.1), bien que les compositions en sucres des extraits cellulaires diffèrent. La teneur en GC varie de 57 à 75%. *Geodermatophilus* (type III C) a des spores mobiles et vit en aérobiose dans le sol. *Frankia* (type III D) forme des sporangiospores non mobiles dans un corps sporogène (**figure 24.17**). Il se développe en association symbiotique avec les racines d'au moins huit familles de plantes supérieures non légumineuses (p. ex : les aulnes) et c'est un microaérophile capable de fixer l'azote atmosphérique (*voir section 30.4*).

Les racines des plantes infectées développent des nodules qui fixent l'azote si efficacement qu'un aulne nodulé peut croître en absence d'azote combiné. Dans les cellules nodulaires, *Frankia* forme des hyphes ramifiés garnis de vésicules globulaires à leurs extrémités (figure 24.17*c*). Ces vésicules permettent la fixation de l'azote selon un processus ressemblant à celui de *Rhizobium* par sa sensibilité à l'oxygène et son exigence en molybdène et en cobalt.

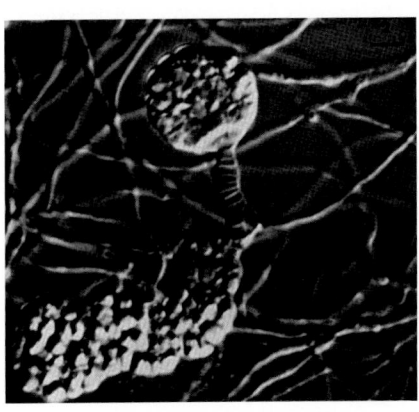
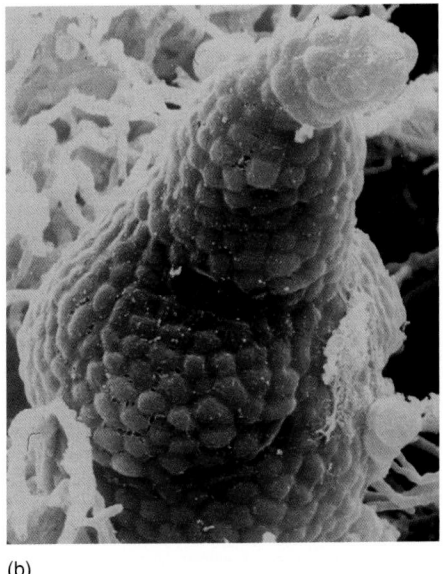
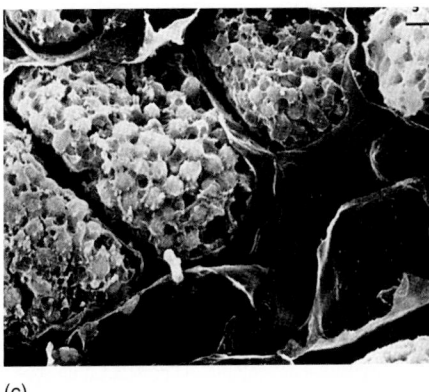

(a)   (b)   (c)

Figure 24.17 *Frankia.* (**a**) Image au microscope à interférence de Nomarski montrant les hyphes, les sporanges et les spores. La barre = 5 μm. (**b**) Image au microscope électronique à balayage d'un sporange entouré d'hyphes. (**c**) Un nodule de l'aulne, *Alder rubra*, montrant les cellules remplies de vésicules formées par *Frankia.* Microscopie électronique à balayage. La barre = 5 μm.

Un autre genre de ce sous-ordre, *Sporichthya*, a été transféré de la section 29 (streptomycètes et genres apparentés) de la première édition. *Sporichthya* est un des actinomycètes les plus étranges. Il est dépourvu de mycélium végétatif. Les hyphes sont attachés au substrat par des crampons et croissent verticalement pour former un mycélium aérien qui libère des conidies flagellées, mobiles en présence d'eau.

24.11   L'ordre des *Bifidobacteriales*

L'ordre des *Bifidobacteriales* ne compte qu'une vraie famille, les *Bifidobacteriaceae*, et huit genres (dont cinq sont d'affiliation inconnue). On trouve *Falcivibrio* et *Gardnerella* dans le système uro-génital de l'homme. On croit que *Gardnerella* est la principale cause de vaginite bactérienne. *Bifidobacterium* est probablement le genre le mieux étudié. Les bifidobactéries sont des bâtonnets Gram-positifs, non sporulants, non mobiles, de formes variées, légèrement incurvés ou en forme de massue ; elles sont souvent ramifiées (**figure 24.18**). Les bâtonnets peuvent être isolés ou en amas et en paires en forme de V. *Bifidobacterium* est anaérobie et fermente activement les glucides pour produire de l'acide acétique ou lactique, mais pas de dioxyde de carbone. On le trouve dans la bouche et le tractus intestinal des vertébrés à sang chaud, dans les égouts, et chez les insectes. *B. bifidus* est un colonisateur précoce du tractus intestinal humain, particulièrement lorsque les bébés sont nourris au sein. Quelques infections par *Bifidobacterium* chez l'homme ont été rapportées, mais le genre ne semble pas être une cause pathologique majeure.

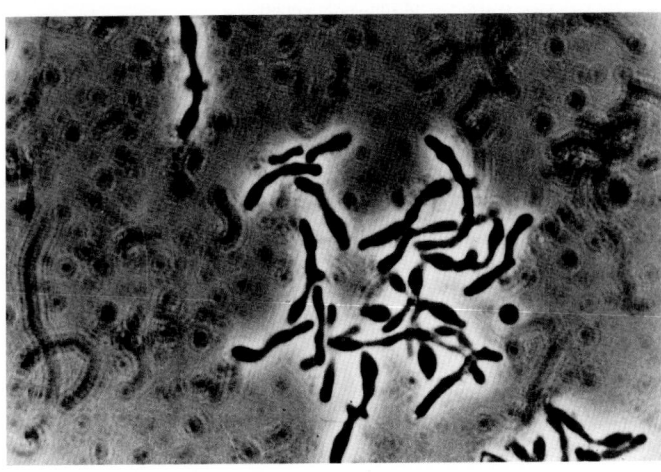

Figure 24.18   *Bifidobacterium.* *Bifidobacterium bifidum;* image au contraste de phase (×1,500).

1. Donnez les propriétés distinctives des actinoplanes.
2. Décrivez brièvement les variations de disposition des sporanges et du sporophore des actinoplanes.
3. Décrivez le genre *Propionibacterium* et commentez son importance pratique

4. Quelles caractéristiques les streptomycètes ont-ils en commun ?
5. Décrivez les propriétés principales du genre *Streptomyces*.
6. Citez trois caractéristiques indiquant l'importance écologique et médicale des *Streptomyces*.
7. Décrivez brièvement les genres du sous-ordre des *Streptosporangineae*. Qu'est-ce que le madurose ? Pourquoi *Actinomadura* est-il important ?
8. Décrivez *Frankia* et discutez son importance.
9. Caractérisez le genre *Bifidobacterium*. Où le trouve-t-on et pourquoi est-il important ?

Résumé

1. Les actinomycètes sont des bactéries Gram-positives aérobies formant des hyphes ramifiés, habituellement non fragmentés, et des spores asexuées (**figure 24.1**).

2. On appelle les spores asexuées portées par le mycélium aérien, des conidiospores ou conidies, si elles sont formées à l'extrémité des hyphes, et des sporangiospores lorsqu'elles sont contenues dans des sporanges.

3. Les actinomycètes ont plusieurs types nettement différents de paroi et souvent, une composition en sucres variable dans les extraits cellulaires. Des propriétés telles que la couleur et la morphologie sont également utiles pour la taxinomie.

4. La première édition du Bergey classe les actinomycètes sur base de propriétés telles que la disposition des conidies, la présence d'un sporange, le type de paroi et les sucres des extraits cellulaires (**tableaux 24.1 et 24.3**).

5. La seconde édition du Bergey classe les bactéries riches en GC phylogéniquement, en utilisant les données de l'ARNr 16S. Le phylum des *Actinobacteria* contient une classe, cinq sous-classes, six ordres, 14 sous-ordres et 40 familles (**figure 24.3**).

6. Le sous-ordre des *Actinomycetineae* contient le genre *Actinomyces*, dont les membres sont des bâtonnets non sporulants, de forme irrégulière, qui peuvent provoquer des maladies chez le bétail et chez l'homme.

7. Le sous-ordre des *Micrococcineae* comprend les genres *Micrococcus*, *Arthrobacter* et *Dermatophilus*. *Arthrobacter* présente un cycle de croissance bâtonnet-coque inhabituel et se divise par cassure (**figure 24.7**).

8. Les genres *Corynebacterium*, *Mycobacterium* et *Nocardia* seront placés dans le sous-ordre des *Corynebacterineae*. Les mycobactéries forment soit des bâtonnets, soit des filaments qui se fragmentent facilement. Leurs parois cellulaires contiennent beaucoup de lipides et d'acides mycoliques ; la présence de ces lipides les rend acido-résistantes. Les genres *Corynebacterium* et *Mycobacterium* comptent plusieurs pathogènes de l'homme très importants.

9. Les actinomycètes nocardioformes ont des hyphes qui se fragmentent facilement en bâtonnets et en éléments coccoïdes. Ils forment souvent du mycélium aérien avec des spores.

10. Le sous-ordre des *Micromonosporineae* contient des genres qui étaient classés comme actinoplanes dans la section 28 de la première édition.. Ces actinomycètes ont un mycélium végétatif abondant et forment des sporanges aériens spéciaux (**figure 24.12**). Ils sont présents dans le sol, l'eau douce et les océans. Les formes du sol sont probablement importantes pour la décomposition.

11. Dans la seconde édition, le genre *Propionibacterium* a été placé dans le sous-ordre des *Propionibacterineae*. Les membres de ce genre se trouvent communément sur la peau et dans l'intestin. Ils sont importants dans la fabrication du fromage et dans le développement de l'acné.

12. Le sous-ordre des *Streptomycineae* de la seconde édition contient le genre *Streptomyces*. Les membres de ce genre ont des parois cellulaires de type I et des hyphes aériens portant des chaînes de 3 à 50 (ou plus) conidiospores non mobiles, dans une mince gaine (**figures 24.13**).

13. Les streptomycètes sont importants pour la dégradation des matières organiques plus résistantes dans le sol et produisent de nombreux antibiotiques utiles. Quelques-uns provoquent des maladies chez les plantes et les animaux.

14. Le sous-ordre des *Streptosporangineae* contient plusieurs genres que la première édition plaçait dans la section 30 (les maduromycètes) et la section 31 (*Thermomonospora* et genres apparentés). Beaucoup de ces organismes contiennent du madurose, un sucre dérivé, et des parois cellulaires de type III.

15. Les genres *Frankia* et *Geodermatophilus* sont placés dans le sous-ordre des *Frankineae*. Ils produisent des amas de spores aux extrémités des hyphes et ont des parois cellulaires de type III. *Frankia* croît en symbiose avec des plantes supérieures non légumineuses et fixe l'azote.

16. Dans la seconde édition, le genre *Bifidobacterium* est placé dans l'ordre des *Bifidobacteriales*. Ce bâtonnet anaérobie, irrégulier est un des premiers colonisateurs du tractus intestinal des bébés.

Mots-clés

acides mycoliques *543*

acido-résistant *543*

actinobactéries *541*

actinomycète *537*

actinomycétome *547*

conidies *537*

conidiospores *537*

division par cassure *542*

géosmine *546*

madurose *548*

nocardioformes *544*

sporangiospores *539*

streptomycètes *546*

thalle *537*

Questions de révision

1. Supposez que vous avez découvert une plante porteuse de nodules qui pourraient fixer l'azote atmosphérique. Comment pourriez-vous montrer qu'un symbiote bactérien est impliqué et qu'il s'agit de *Frankia* plutôt que de *Rhizobium* ?

2. Comment pourriez-vous dire si une bactérie sporulante nouvellement isolée produit des conidiospores ou de vraies endospores ?

3. Citez les propriétés qui sont les plus utiles en taxinomie des actinomycètes et indiquez leur importance relative. En quoi la seconde édition du Bergey diffère-t-elle dans son approche de la classification des actinomycètes ?

4. Quelles bactéries peut-on associer aux caractères suivants : le cycle de croissance bâtonnet-coque, la colonisation précoce de l'intestin chez l'homme, les granules métachromatiques et la division par cassure, les acides mycoliques à 60-90 carbones et l'acido-résistance, la synthèse d'antibiotiques, la production de mycélium végétatif qui se casse facilement en bâtonnets et en coques, la production de grandes quantités d'acides propionique et acétique ?

5. Les mycobactéries ne sont normalement que faiblement Gram-positives. Proposez une explication à cette observation.

6. Quelles caractéristiques pourraient être les plus importantes pour distinguer entre eux les genres *Corynebacterium*, *Arthrobacter*, *Actinomyces*, *Propionibacterium*, *Mycobacterium* et *Bifidobacterium* ?

Questions de réflexion

1. Bien que ces organismes soient « riches en GC », il y a dans leur génome des régions qui doivent être plus riches en AT. Suggérez quelques-unes de ces régions et expliquez pourquoi elles doivent être plus riches en AT.

2. Choisissez deux espèces différentes dans le phylum des *Actinobacteria* et étudiez leur physiologie et leur écologie. Comparez et opposez ces deux organismes. Pouvez-vous dire pourquoi un contenu génomique en GC élevé pourrait conférer un avantage évolutif ?

3. Le développement de *Streptomyces coelicolor* est programmé pour la différenciation. Certains des gènes impliqués dans la sporulation contiennent un codon rare, qui n'est pas employé dans les gènes végétatifs. Comment *Streptomyces* pourrait-il enclencher la sporulation en réponse à une privation de nourriture ?

Lectures complémentaires

24.1 Propriétés générales des Actinomycètes

Balows, A.; Trüper, H. G.; Dworkin, M.; Harder, W.; and Schleifer, K.-H. 1992. *The prokaryotes,* 2d ed. New York: Springer-Verlag.

Beaman, B. L.; Saubolle, M. A.; and Wallace R. J. 1995. *Nocardia, Rhodococcus, Streptomyces, Oerskovia,* and other aerobic actinomycetes of medical importance. In *Manual of Clinical Microbiology,* 6e éd., P. R. Murray, editor-in-chief, 379–99. Washington, D.C.: American Society for Microbiology.

Dietz, A. 1994. The lives and times of industrial actinomycetes. *ASM News* 60(7): 366–69.

Embley, T. M., et Stackebrandt, E. 1994. The molecular phylogeny and systematics of the actinomycetes. *Annu. Rev. Microbiol.* 48:257–89.

Ensign, J. C. 1978. Formation, properties, and germination of actinomycete spores. *Annu. Rev. Microbiol.* 32:185–219.

Goodfellow, M.; Modarski, M.; and Williams, S. T. editors. 1984. *The biology of the actinomycetes.* New York: Academic Press.

Holt, J. G.; éd. 1989. *Bergey's manual of systematic bacteriology,* vol. 4, S. T. Williams and M. E. Sharpe, editors. Baltimore, Md.: Williams & Wilkins.

Holt, J. G., éd. 1994. *Bergey's manual of determinative bacteriology,* 9th ed. Baltimore, Md.: Williams & Wilkins.

Kalakoutskii, L. V., et Agre, N. S. 1976. Comparative aspects of development and differentiation in actinomycetes. *Bacteriol. Rev.* 40(2):469–524.

Krsek, M.; Morris, N.; Egan, S.; et Wellington, E. M. H. 2000. *Actinomycetes.* In *Encyclopedia of microbiology,* 2d ed., vol. 1, J. Lederberg, éd., 28–41. San Diego: Academic Press.

Lechevalier, M. P., et Lechevalier, H. A. 1980. The chemotaxonomy of actinomycetes. In *Actinomycete taxonomy,* A. Dietz and D. W. Thayer, editors, *Actinomycete taxonomy,* special publication 6, 227–91. Arlington, Va.: Society for Industrial Microbiology.

Stackebrandt, E.; Rainey, F. A.; et Ward-Rainey, N. L. 1997. Proposal for a new hierarchic classification system, *Actinobacteria* classis nov. *Int. J. Syst. Bacteriol.* 47(2):479–91.

24.5 Le sous-ordre des Corynebacterineae

Belisle, J. T., et Brennan, P. J. 2000. Mycobacteria. In *Encyclopedia of microbiology,* 2e éd., vol. 3. J. Lederberg, éd., 312–27. San Diego: Academic Press.

Goren, M. B. 1972. Mycobacterial lipids: Selected topics. *Bacteriol. Rev.* 36(1):1–32.

Krulwich, T. A., et Pelliccione, N. J. 1979. Catabolic pathways of coryneforms, nocardias, and mycobacteria. *Annu. Rev. Microbiol.* 33:95–111.

24.6 Le sous-ordre des Micromonosporineae

Parenti, F., et Coronelli, C. 1979. Members of the genus *Actinoplanes* and their antibiotics. *Annu. Rev. Microbiol.* 33:389–411.

24.8 Le sous-ordre des Streptomycineae

Dyson, P. 2000. *Streptomyces,* genetics. In *Encyclopedia of microbiology,* 2e éd., vol. 4, J. Lederberg, éd., 451–66. San Diego: Academic Press.

24.10 Le sous-ordre des Frankineae

Benson, D. R., et Silvester, W. B. 1993. Biology of *Frankia* strains, actinomycete symbionts of actinorhizal plants. *Microbiol. Rev.* 57(2):293–319.

Schwintzer, C. R., and Tjepkema, J. D., éd. 1990. *The biology of Frankia and actinorhizal plants.* San Diego, Calif.: Academic Press.

CHAPITRE 25

Les mycètes (Eumycota), les moisissures visqueuses et les moisissures aquatiques

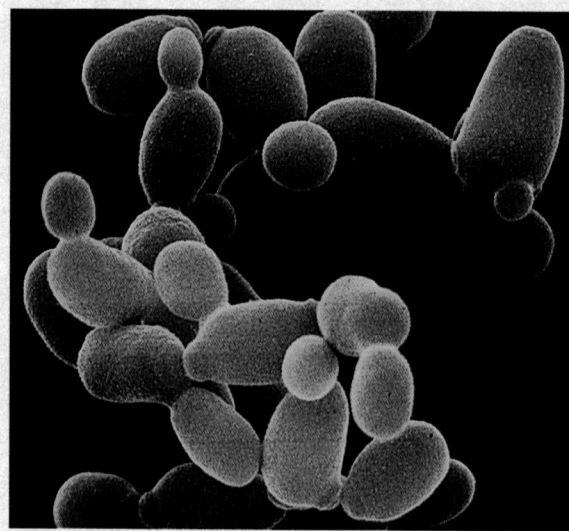

Image au microscope électronique à balayage de la levure unicellulaire *Saccharomyces cerevisiae* (x 21.000). *S. cerevisiae* est le micro-organisme eucaryote le plus étudié au monde, ce qui a conduit à une meilleure compréhension de la biologie de la cellule eucaryote. Aujourd'hui il est largement utilisé, en biotechnologie comme organisme producteur aussi bien que comme modèle de cellule eucaryote.

Plan

Concepts

1. Les mycètes sont largement répandus, on les trouve partout où il y a de l'humidité. Ils ont une grande importance, tant bénéfique que nuisible, pour les hommes.

2. Les mycètes se présentent principalement sous forme d'hyphes filamenteux. Un ensemble d'hyphes est appelé mycélium.

3. Comme certaines bactéries, les mycètes digèrent des matières organiques insolubles en sécrétant des exoenzymes et en absorbant ensuite les nutriments solubilisés.

4. On trouve deux structures de reproduction chez les mycètes : les sporanges qui forment les spores asexuées et les gamétanges qui forment les gamètes sexués.

5. Les zygomycètes sont caractérisés par des structures quiescentes appelées zygospores ou cellules dans lesquelles se forment les zygotes.

6. Les zygotes d'ascomycètes apparaissent à l'intérieur d'une structure caractéristique en forme de massue, appelée asque. L'asque contient deux ou plus d'ascospores.

7. Les levures sont des mycètes unicellulaires- principalement des ascomycètes.

8. Les basidiomycètes possèdent des hyphes dicaryotes contenant deux noyaux de sexe différent. Les hyphes se divisent d'une manière unique en son genre, formant des basidiocarpes dans lesquels se trouvent les basides. La baside porte deux ou plus de basidiospores.

Concepts

9. Chez les deutéromycètes (Fungi Imperfecti), la capacité de se reproduire d'une façon sexuée soit est perdue soit n'a jamais été observée.

10. Les chytrides forment un groupe de mycètes terrestres et aquatiques. Ils se reproduisent grâce à des zoospores mobiles portant un flagelle unique postérieur, en fouet. Ils sont un lien entre les mycètes vrais et les protistes.

11. Les moisissures visqueuses et aquatiques ne ressemblent aux mycètes que par leur aspect et leur mode de vie. Elles s'en distinguent phylogénétiquement par leur organisation cellulaire, leur mode de reproduction et leur cycle biologique.

Levures, moisissures, champignons, mildious et autres mycètes envahissent notre monde. Ils font grand bien et mal terrible. Sur eux vraiment repose la balance de la vie car sans leur présence dans le cycle de la décomposition et de la régénération, ni l'homme ni quelqu'autre être vivant ne pourrait survivre.

— *Lucy Kavaler*

Ce chapitre introduit les mycètes. Il décrit les membres du règne *Fungi*, montre leur diversité, discute de leur impact tant commercial qu'économique et présente certains cycles biologiques typiques. Il apporte également un cours aperçu des eucaryotes qui ressemblent aux mycètes : les moisissures visqueuses et les moisissures aquatiques.

Les microbiologistes utilisent le terme **mycète** pour désigner des organismes eucaryotes, porteurs de spores, dont la nutrition se fait par absorption, qui sont dépourvus de chlorophylle et qui se reproduisent de façon sexuée et asexuée. Les scientifiques qui étudient les mycètes sont des **mycologues** (du grec *mykes*, champignon et *logos*, discours) ; la discipline scientifique concerné est la **mycologie**. La **mycotoxicologie** est l'étude des toxines produites par les mycètes et des effets de celles-ci sur les orga-

nismes ; les maladies causées par les mycètes chez les animaux sont connues sous le nom de **mycoses.** Le système en cinq règnes place les mycètes dans le règne *Fungi* (*voir figure 19.12a*). Suivant l'arbre phylogénique universel, les mycètes sont membres du domaine *Eucarya* (*voir figure 19.3*). Actuellement, on pense que le règne *Fungi* constitue un groupe monophylétique (**Diagramme phylogénique 25**) qualifié de mycètes vrais ou *Eumycota.*

Diagramme phylogénique 25 Essai d'établissement d'un arbre phylogénique des mycètes vrais (*Eumycota*), des moisissures visqueuses et des moisissures aquatiques sur la base d'une comparaison des séquences d'ARNr 18S. Selon la systématique moléculaire, les organismes sont groupés sur base de la phylogénie moléculaire de leurs gènes nucléaires SSU d'ARNr et sur le type de leurs crêtes mitochondriales. Suivant cette phylogénie, 1) les mycètes vrais, les moisissures visqueuses et les moisissures aquatiques forment trois branches monophylétiques distinctes (soulignées en trois couleurs différentes) et 2) les quatre groupes principaux de mycètes (les zygomycètes, les ascomycètes, les basidiomycètes et les chytridiomycètes) forment un groupe phylogéniquement cohérent. Les données moléculaires sont essentielles à l'analyse phylogénique lorsque les caractères morphologiques sont convergents, réduits ou absents. Ceci est spécialement vrai pour des espèces qui n'ont pas de reproduction sexuée (par exemple les « *Funji imperfecti* » ou *Deuteromycota*) car les caractéristiques de la reproduction sexuée ont traditionnellement servi de base à la classification des mycètes. En utilisant les caractères moléculaires, les mycètes asexués (*Deuteromycota*) se sont placés parmi leurs parents les plus proches dans les *Eumycota* et non dans une division séparée.

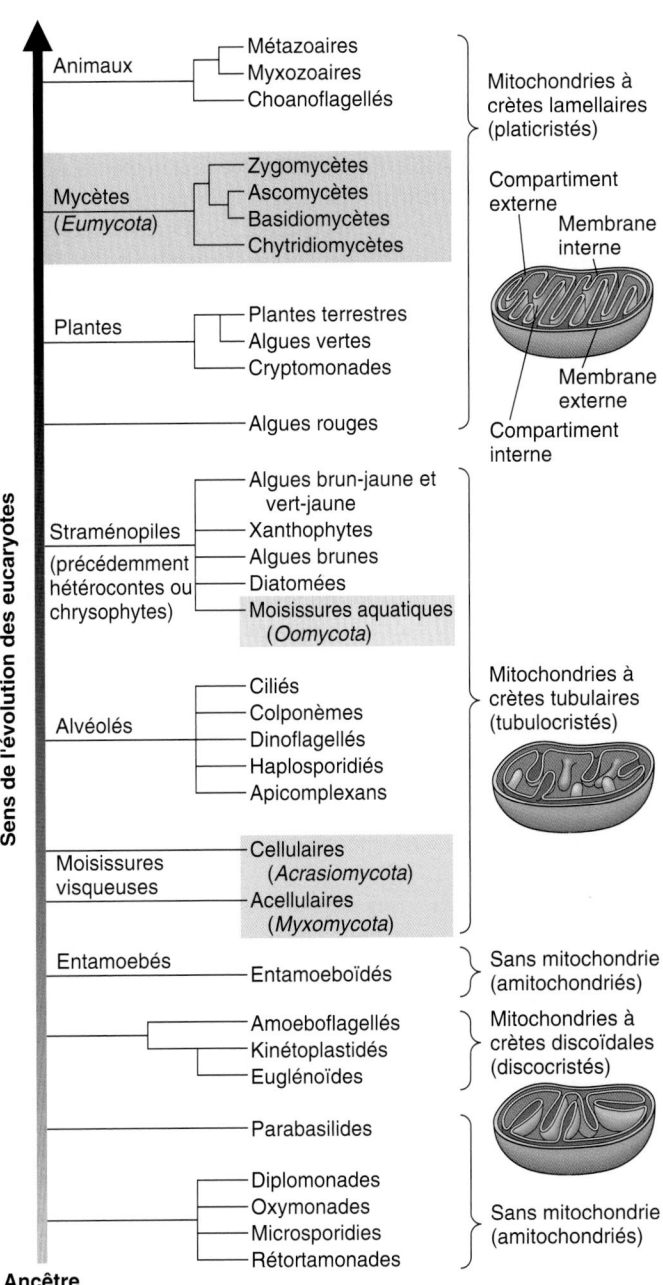

25.1   La distribution

Les mycètes sont principalement des organismes terrestres, bien que certains soient marins ou d'eau douce. Beaucoup sont pathogènes, ils infectent des plantes et des animaux. Les mycètes entretiennent aussi des relations bénéfiques avec d'autres organismes. Par exemple, les racines d'environ trois-quarts des plantes vasculaires forment avec des mycètes, des associations appelées mycorhizes. On trouve aussi des mycètes dans les parties supérieures de nombreuses plantes. Ces mycètes endophytes modifient la reproduction de la plante et son goût pour les herbivores. Les lichens sont des associations de mycètes avec des algues ou des cyanobactéries. Les mycorhizes (pp. 679-82). Les mycètes endophytes (p. 679). Les lichens (pp. 598-99).

25.2   L'importance

On a décrit environ 90.000 espèces de mycètes mais on estime qu'il pourrait en exister 1,5 million !

Les mycètes sont importants pour l'humanité tant par leurs effets bénéfiques que nuisibles. Avec les bactéries et quelques autres groupes d'organismes hétérotrophes, les mycètes jouent un rôle énorme comme agents de décomposition. Ils dégradent des matières organiques complexes de l'environnement en substances organiques simples et en molécules inorganiques. De cette façon, le carbone, l'azote, le phosphore et d'autres constituants essentiels des organismes vivants, se retrouvent libérés et disponibles pour d'autres organismes (*voir section 28.3*).

Les mycètes sont la cause principale des maladies de végétaux (**figure 25.1*a***). Plus de 5.000 espèces s'attaquent à des cultures économiquement importantes, à des plantes de jardin, comme à des plantes sauvages. Beaucoup de maladies humaines (*voir section 40.1*) et animales (**figure 25.1*b*** et **tableau 25.1**) sont aussi dues à des mycètes.

Les mycètes, en particulier les levures, sont essentiels à de nombreux procédés industriels impliquant une fermentation (*voir chapitre 41*) comme la fabrication du pain, du vin et de la bière. Les mycètes jouent aussi un rôle important dans la préparation de certains fromages, de la sauce au soja et du sufu ; dans la production commerciale de beaucoup d'acides organiques (acide citrique, acide gallique) et de certains médicaments (ergométrine, cortisone) ; dans la fabrication de nombre d'antibiotiques (pénicilline, griséofulvine) et de la cyclosporine, une substance immunosuppressive.

En outre, les mycètes sont des outils de recherche importants dans l'étude des processus biologiques fondamentaux. Ils sont couramment utilisés dans les travaux des cytologistes, des généticiens, des biochimistes, des biophysiciens et des microbiologistes. De ces recherches il résulte que la levure *Saccharomyces cerevisiae* est la cellule eucaryote la mieux comprise.

25.3   La structure

Le corps végétatif d'un mycète est appelé **thalle**. Celui-ci varie en complexité et en taille depuis la cellule microscopique unique des levures jusqu'aux moisissures multicellulaires et aux champignons macroscopiques (**figure 25.2**). Chez la plupart des mycètes, la cellule est emprisonnée dans une paroi de **chitine**. La chitine est

(a)

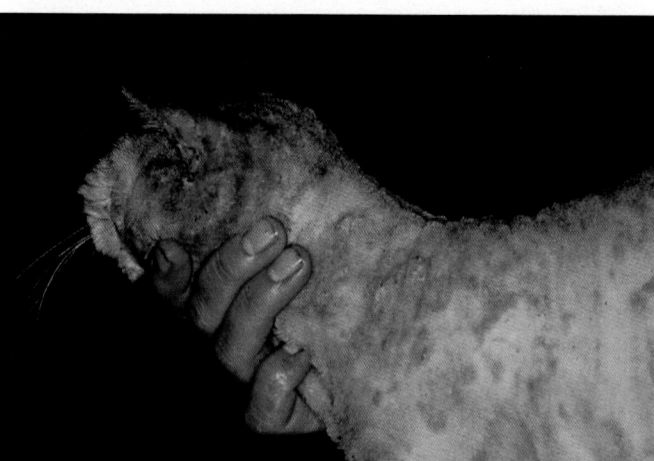

(b)

Figure 25.1 Les maladies fongiques. (a) Gale de la pomme ; lésions estivales de gale sur le fruit et la feuille qui se développent à partir d'infections printanières. Ces lésions produisent des spores capables de répandre la maladie. (**b**) Dermatomycose. Teignes chez un chaton dues à *Microsporum canis*.

un polysaccharide résistant mais flexible, il contient de l'azote et est constitué de résidus de N-acétylglucosamine.

Une **levure** est un mycète unicellulaire possédant un seul noyau et se reproduisant soit de façon asexuée par bourgeonnement et division transversale soit de façon sexuée par formation de spores. Chaque bourgeon qui se sépare, se développe en une nouvelle levure, certains restent groupés pour former des colonies. Généralement les cellules de levures sont plus grandes que des bactéries, leur taille varie considérablement, elles sont généralement sphériques ou de forme ovoïde. Elles n'ont pas de flagelle mais possèdent la plupart des organites des autres cellules eucaryotes (**figure 25.3**).

Tableau 25.1 Quelques mycotoxicoses[a] dues à des mycotoxines chez les animaux domestiques

Maladie	Mycète	Mycotoxine	Aliments contaminés	Animaux affectés
Aflatoxicose	*Aspergillus flavus*	Aflatoxines	Riz, blé, sorgho, céréales, arachides, soja	Volaille, porcs, bétail, moutons, chiens
Ergotisme	*Claviceps purpurea*	Alcaloïdes de l'ergot	Epis de nombreuses graminées, grains	Bétail, chevaux, porcs, volaille
Empoisonnement par champignons	*Amanita verna*	Amanitines	Mangé dans les prairies	Bétail
Syndrome hémorragique de la volaille	*Aspergillus flavus* et autres	Aflatoxines	Grains toxiques, nourriture	Poulets
Maladie baveuse	*Rhizoctonia*	Alcaloïde slaframine	Trèfle rouge	Moutons, bétail
Toxicose de la grande fétuque	*Acremonium coenophialum* (un mycète endophyte)	Alcaloïdes de l'ergot	Grandes fétuques infectées par l'endophyte	Bétail, chevaux

[a] Une mycotoxicose est un empoisonnement dû à une toxine fongique.

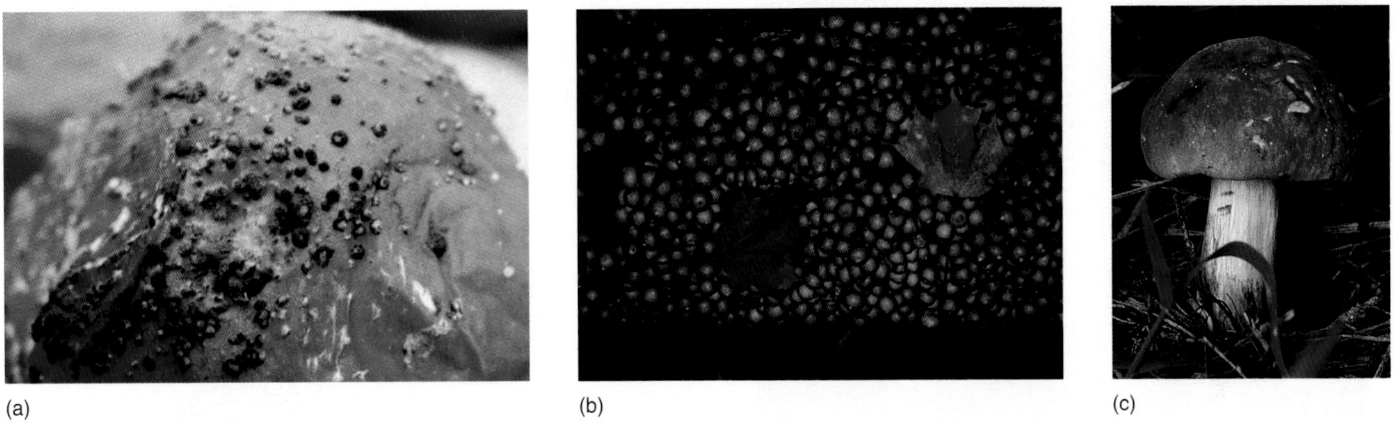

(a) (b) (c)

Figure 25.2 Les thalles fongiques. (**a**) *Penicillium* la moisissure commune, multicellulaire, se développant sur une pomme. (**b**) Un grand groupe de vesses-de-loup, *Lycoperdon*, poussant sur une bûche. (**c**) Un champignon est fait d'un assemblage dense d'hyphes formant le mycélium ou une structure visible (thalle).

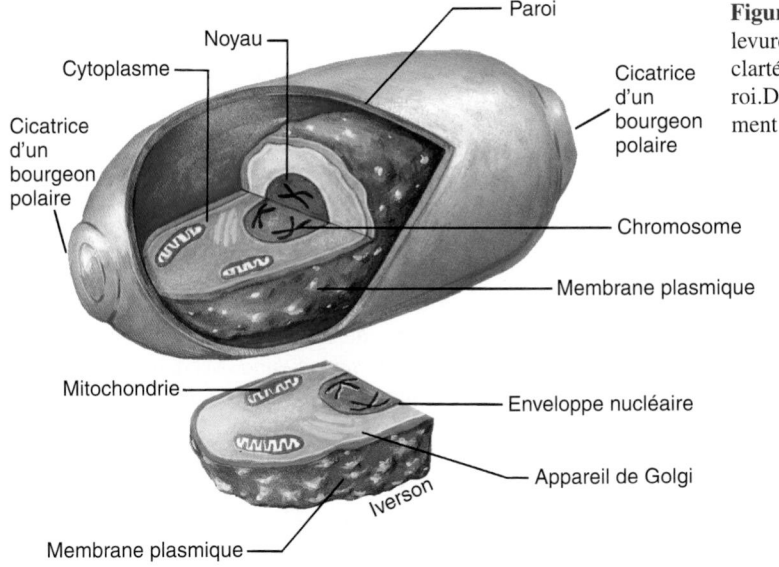

Figure 25.3 Une levure. Représentation schématique d'une cellule de levure indiquant les éléments morphologiques typiques. Pour plus de clarté, la membrane plasmique est dessinée comme séparée de la paroi. Dans une cellule vivante, la membrane plasmique adhère étroitement à la paroi cellulaire.

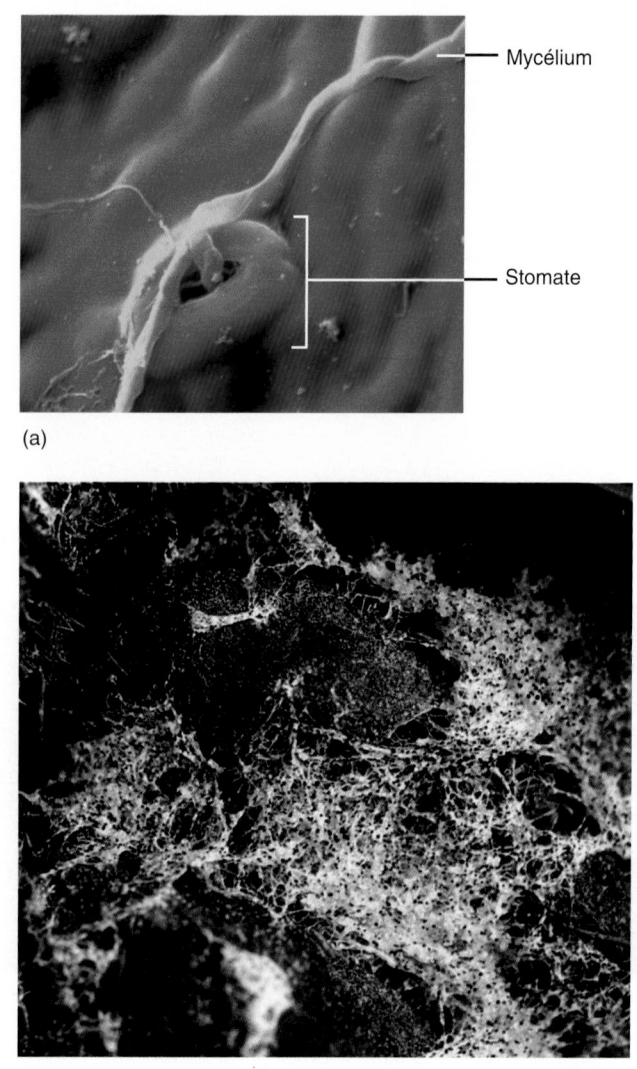

(a)

(b)

Figure 25.4 Le mycélium. (a) Image au microscope électronique à balayage d'un jeune agrégat mycélien se formant sur un stomate de feuille (x 1.000). **(b)** Un mycélium macroscopique de basidiomycète se développant sur le sol.

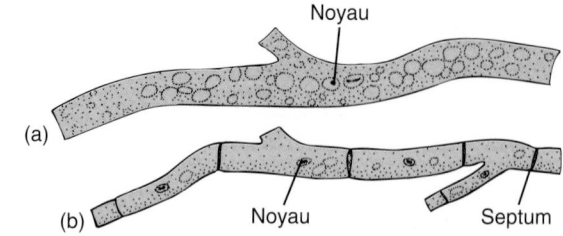

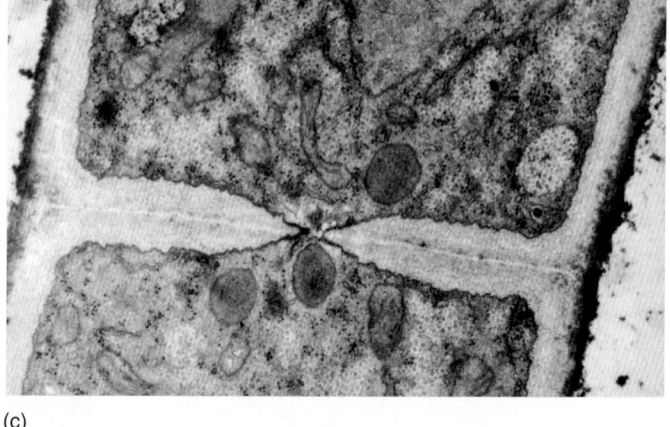

(c)

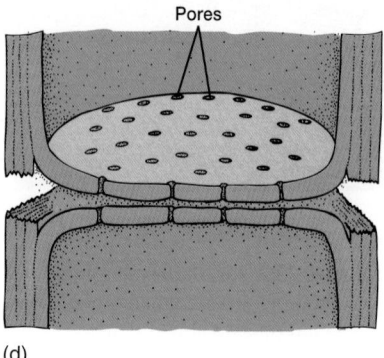

(d)

Figure 25.5 Les hyphes. Dessins de **(a)** hyphes cœnocytiques et **(b)** hyphes divisés en cellules par des septums. **(c)** Image au microscope électronique (x 40000) d'une coupe de *Drechslera sorokiniana* montrant la différenciation de la paroi et un pore unique. **(d)** Dessin d'un septum multiperforé.

Une **moisissure** (figure 25.2*a*) consiste en filaments longs, fins et ramifiés à structure cellulaire, appelés **hyphes** (du grec *hyphe* : tissu) qui forment un **mycélium** c'est-à-dire une masse emmêlée ou un ensemble tissulaire (**figure 25.4**). Chez certains mycètes, le protoplasme coule à travers l'hyphe sans être interrompu par des cloisons transversales. De tels hyphes sont dits **coenocytiques (figure 25.5 *a*)**. Les hyphes des autres mycètes (figure 25.5 *b*) ont des cloisons transversales appelées **septums**, percées soit d'un pore unique (figure 25.5 *c*) soit de pores multiples (figure 25.5 *d*) ; ceux-ci permettent le passage du cytoplasme. De tels hyphes sont dits **septés**.

Les hyphes sont composés d'une paroi cellulaire externe et d'un espace interne qui contient le cytosol et les organites

(**figure 25.6**). Une membrane plasmique, adjacente à la paroi cellulaire, entoure le cytoplasme.

Beaucoup de mycètes et spécialement ceux qui causent des maladies chez les humains et les animaux, sont dimorphes (**tableau 25.2**) c'est-à-dire qu'ils se présentent sous deux formes : ils peuvent passer d'une forme de levure (L) chez l'animal à une forme de moisissure ou forme mycélienne (M) dans le milieu externe en réponse à des changements de facteurs environnementaux (éléments nutritifs, pression de CO_2, potentiels d'oxydo-réduction, température). Cette modification est dite **transition LM**. Chez les mycètes associés aux plantes, on observe le type opposé de dimorphisme : la forme mycélienne se trouve dans la plante et la forme levure dans l'environnement extérieur.

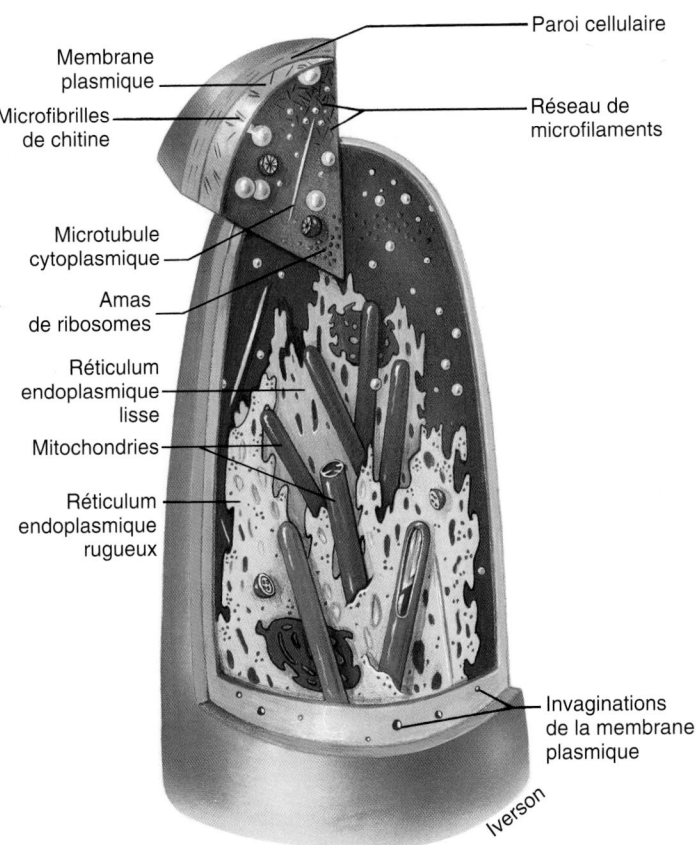

Membrane plasmique

Microfibrilles de chitine

Microtubule cytoplasmique

Amas de ribosomes

Réticulum endoplasmique lisse

Mitochondries

Réticulum endoplasmique rugueux

Paroi cellulaire

Réseau de microfilaments

Invaginations de la membrane plasmique

Iverson

Figure 25.6 La morphologie d'un hyphe. Représentation schématique de l'extrémité d'un hyphe, montrant les organites typiques et d'autres structures.

Tableau 25.2 Quelques mycètes dimorphes d'importance médicale

Organisme	Maladie[a]
Blastomyces dermatitidis	Blastomycose
Candida albicans	Candidose
Coccidioides capsulatum	Coccidioïdomycose
Histoplasma capsulatum	Histoplasmose
Sporothrix schenckii	Sporotrichose
Paracoccidioides brasiliensis	Paracoccidioïdomycose

[a] Voir chapitre 40 pour une description de chacune de ces maladies.

1. Comment peut-on définir un mycète ?
2. Où trouve-t-on les mycètes ?
3. Pourquoi les mycètes sont-ils importants comme agents de décomposition ?
4. Quelles sont les formes des différents thalles fongiques ?
5. Quels organites pensez-vous trouver dans le cytoplasme d'un mycète typique ?
6. Décrivez une levure typique ; une moisissure typique.

25.4 La nutrition et le métabolisme

Les mycètes se développent le mieux dans des habitats sombres et humides, mais ils sont présents partout où des matières organiques sont disponibles. La plupart des mycètes sont **saprophytes**, se nourrissant de matières organiques mortes. Comme de nombreuses bactéries, les mycètes peuvent sécréter des enzymes hydrolytiques qui digèrent les substrats externes ; ils absorbent alors les produits solubilisés. Ce sont des chimioorganohétérotrophes, ils utilisent la matière organique comme source de carbone, d'électrons et d'énergie.

Le glycogène est le polysaccharide de réserve principal des mycètes. La plupart d'entre eux utilisent des glucides (de préférence le glucose ou le maltose) et des composés azotés pour la synthèse de leurs propres acides aminés et protéines.

Les mycètes sont généralement aérobies. Certaines levures cependant, sont des anaérobies facultatifs qui obtiennent de l'énergie par la fermentation, par exemple par la production d'alcool éthylique à partir de glucose. On trouve des mycètes anaérobies stricts dans le rumen du bétail.

25.5 La reproduction

La reproduction chez les mycètes est asexuée ou sexuée. La reproduction asexuée se réalise de différentes façons :

1. Une cellule parentale se divise en deux cellules filles par constriction centrale et formation d'une nouvelle paroi cellulaire (**figure 25.7 a**).
2. Les cellules végétatives somatiques bourgeonnent pour produire de nouveaux organismes. Ceci est très fréquent chez les levures.
3. Le mode le plus commun de reproduction asexuée, est la production de spores. Les spores asexuées sont produites chez un mycète par une mitose suivie d'une division cellulaire. Il existe plusieurs types de spores asexuées :
   a) Un hyphe se fragmente (par clivage de la paroi cellulaire ou du septum) pour former des cellules qui se comportent comme des spores. Elles sont appelées **arthroconidies** ou **arthrospores** (figure 25.7 b).
   b) Si les cellules sont enveloppées d'une paroi épaisse avant séparation, elles sont appelées **chlamydospores** (figure 25.7 c)
   c) Si les spores se forment dans un sac à l'extrémité de l'hyphe (**sporange**), elles sont appelées **sporangiospores** (figure 25.7 d).
   d) Si les spores ne sont pas enfermées dans un sac mais sont produites sur les extrémités ou les côtés de l'hyphe, elles sont dénommées **conidiospores** (figure 25.7e et 25.11).
   e) Les spores produites par bourgeonnement d'une cellule mère végétative (figure 25.7f) sont appelées **blastospores**.

La reproduction sexuée chez les mycètes implique l'union de noyaux compatibles. Certaines espèces fongiques sont autofertilisantes et produisent des gamètes sexuellement compatibles sur le même mycélium (homothallie). D'autres espèces requièrent un croisement entre des mycéliums différents mais compatibles sexuellement (hétérothallie). Selon les espèces, la fusion sexuée peut se faire entre des gamètes haploïdes, des corps producteurs de gamètes appelés **gamétanges** ou des hyphes. Parfois, le cyto-

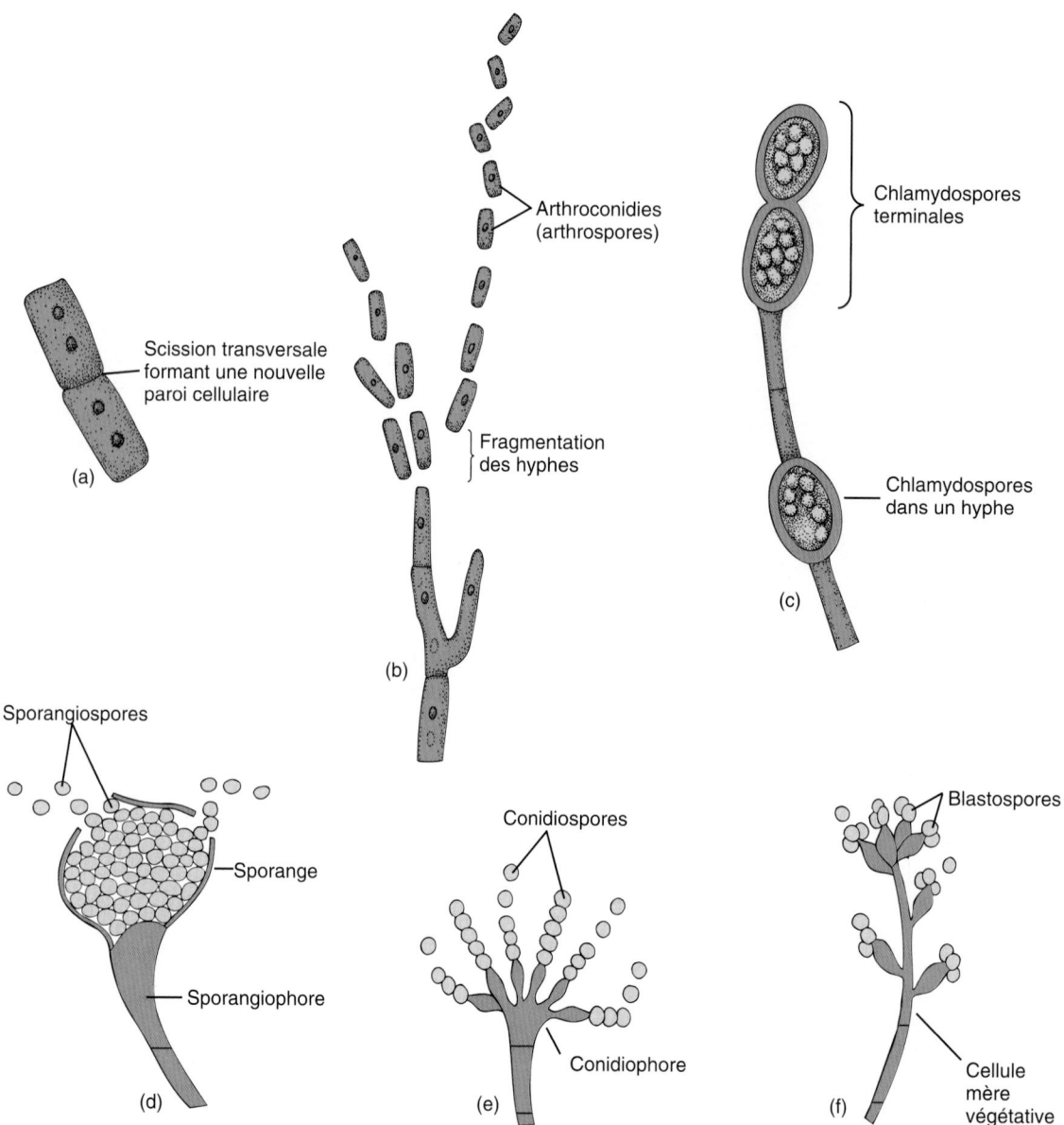

Figure 25.7 Représentation schématique de la reproduction asexuée chez les mycètes et de quelques types de spores. (**a**) Scission transversale. (**b**) Fragmentation des hyphes formant des arthroconodies (arthrospores) et (**c**) des chlamydospores ; (**d**) sporangiospores dans un sporange. (**e**) Conidiospores disposées en chaînes à l'extrémité d'un conidiophore. (**f**) Blastospores formées par bourgeonnement de la cellule parentale.

plasme et les noyaux haploïdes fusionnent immédiatement pour former le zygote diploïde. Dans la plupart des cas, cependant, il y a un décalage entre les fusions cytoplasmique et nucléaire. Ceci produit un **stade dicaryote** dans lequel les cellules contiennent deux noyaux haploïdes séparés, un issu de chaque parent (**figure 25.8**). Après une période au stade dicaryote, les deux noyaux fusionnent. La reproduction sexuée produit des spores. Ainsi, chez les zygomycètes le zygote se transforme en une **zygospore** (**figure 25.9**) ; chez les ascomycètes en une **ascospore** (figure 25.12) et chez les basidiomycètes en une basidiospore (figure 25.14).

Les spores fongiques sont importantes pour plusieurs raisons. La taille, la forme, la couleur et le nombre de spores sont utiles à l'identification des espèces de mycètes. Les spores sont souvent petites et légères, elles restent longtemps en suspension dans l'air.

Ainsi, elles aident beaucoup à la dissémination des mycètes et expliquent la grande distribution de nombreuses espèces. Les spores se répandent aussi souvent en adhérant au corps des insectes et d'autres animaux. Les couleurs vives et les textures pelucheuses de nombreuses moisissures sont dues à leurs hyphes aériens et à leurs spores.

---

1. Qu'est-ce qui détermine généralement la distribution écologique des mycètes ?
2. Comment se fait la reproduction asexuée chez les mycètes ? La reproduction sexuée ?
3. Décrivez chacun des types suivants de spores asexuées : sporangiospore, conidiospore et blastospore.

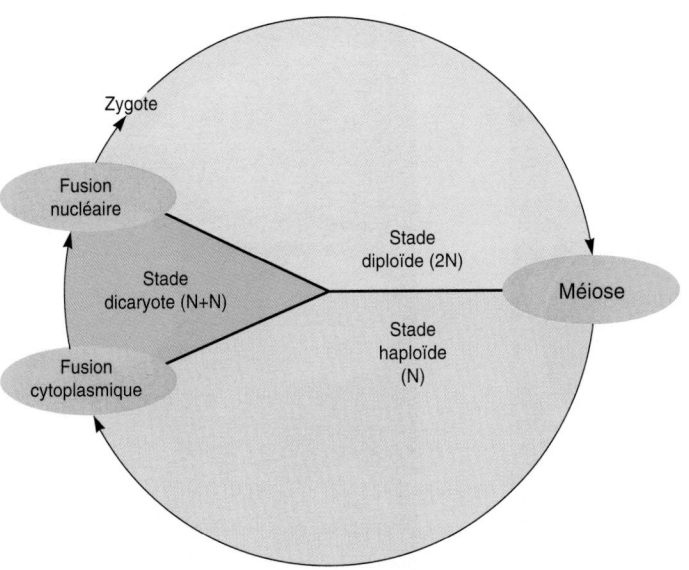

Figure 25.8 La reproduction chez les mycètes. Schéma du cycle biologique des mycètes montrant l'alternance des stades haploïde et diploïde. Quelques espèces ne passent pas le stade dicaryote indiqué dans ce schéma. Le stade asexué (haploïde) est utilisé pour produire des spores et aider ainsi à la dissémination de l'espèce. Le stade sexué (diploïde) implique des spores qui aident à la survie dans des conditions adverses (ex. froid, sécheresse, chaleur).

25.6   Les caractéristiques des embranchements de mycètes

La taxinomie classiquement utilisée par les mycologues, divise les mycètes en quatre embranchements (**tableau 25.3**), suivant principalement les modalités de la reproduction sexuée (En mycologie, un embranchement est équivalent à un phylum dans les systèmes de classification animale). Sur la base des séquences de l'ARNr 18S, les microbiologistes moléculaires placent les *Deuteromycota* (« Mycètes imparfaits ») parmi leurs parents les plus proches soit dans les *Zygomycota*, les *Ascomycota* ou les *Basidiomycota* ; ils ajoutent aussi la classe des *Chytridiomycètes* (voir diagramme phylogénique 25).

Tableau 25.3   Embranchements des Mycètes[a]

Embranchement	Nom commun	Nombre approximatif d'espèces
Zygomycota	Zygomycètes	600
Ascomycota	Ascomycètes	35.000
Basidiomycota	Basidiomycètes	30.000
Deuteromycota[a]	Mycètes imparfaits	30.000

[a] Selon le système traditionnellement suivi par les mycologues.

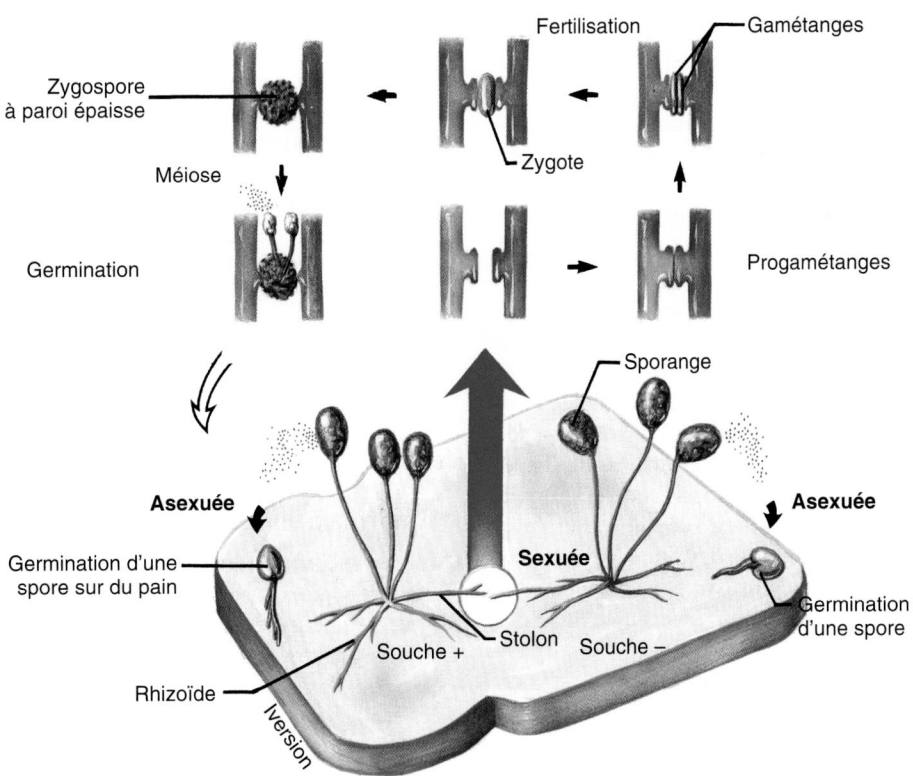

Figure 25.9 L'embranchement des *Zygomycota*. Représentation schématique du cycle biologique de *Rhizopus stolonifer*. Les deux phases sexuée et asexuée sont illustrées.

(a)

(b)

(c)

Figure 25.10 L'embranchement des *Ascomycota*. (a) La morille commune, *Morchella esculenta*, est un des champignons commestibles parmi les meilleurs. Il se développe au printemps. **(b)** Pézizes coccinées, *Sarcoscypha coccinea*, avec des ascocarpes ouverts (apothécies). **(c)** La truffe noire hautement prisée par les gourmets, *Tuber brumale*. Les truffes sont des mycorhizes du chêne.

Embranchement des *Zygomycota*

Les **zygomycètes** constituent l'embranchement des *Zygomycota*. La plupart d'entre eux vivent sur des matières végétales et animales en décomposition dans le sol. Quelques-uns sont des parasites de plantes, d'insectes, d'animaux et de l'homme. Les hyphes des zygomycètes sont cœnocytiques, contenant de nombreux noyaux haploïdes. Les spores asexuées, habituellement dispersées par le vent, se développent dans des sporanges à l'extrémité d'hyphes aériens. La reproduction sexuée produit des zygotes durs, entourés d'une paroi épaisse et appelés zygospores ; ils restent dormants quand l'environnement est trop rude pour la croissance du mycète.

Un des membres les plus communs de cet embranchement est la moisissure du pain, *Rhizopus stolonifer*. Ce mycète croît sur des nourritures humides, riches en glucides, comme le pain, les fruits et les légumes. Les hyphes de *Rhizopus* couvrent ainsi rapidement la surface des pains. Des hyphes spéciaux appelés rhizoïdes se développent en profondeur et absorbent les aliments (figure 25.9). D'autres hyphes ou stolons se redressent puis s'incurvent vers le substrat pour former de nouveaux rhizoïdes. D'autres encore restent dressés et produisent, à leur extrémité, des sporanges asexués remplis de spores noires donnant à la moisissure sa couleur caractéristique. Chaque spore, après sa libération, est capable de reformer un nouveau mycélium.

Rhizopus se reproduit habituellement de manière asexuée mais si la nourriture devient rare ou si les conditions de l'environnement sont défavorables, une reproduction sexuée apparaît. Ce mode de reproduction ne survient qu'entre souches compatibles de types sexués différents (figure 25.9). Celles-ci ont été traditionnellement désignées comme des souches + et – en raison de l'absence de caractéristiques morphologiques mâles et femelles. Quand les deux souches sexuées sont à proximité immédiate l'une de l'autre, des hormones sont produites qui incitent les hyphes à former des projections appelées **progamétanges** puis des gamétanges mûrs. Après fusion des gamétanges, les noyaux des deux gamètes fusionnent pour former un zygote. Celui-ci développe une tunique épaisse, dure et noire et devient une zygospore dormante. Une méiose se produit souvent au moment de la germination ; la zygospore s'ouvre, forme un sporange asexué et le cycle recommence.

Les zygomycètes contribuent aussi au bien-être humain. Par exemple, *Rhizopus* est utilisé en Indonésie pour produire un aliment appelé tempeh, à partir de grains de soja décortiqués et bouillis. Un autre zygomycète est employé en Orient avec des grains de soja pour préparer un fromage appelé sufu. D'autres sont utilisés dans la préparation commerciale de certaines substances anesthésiques, d'agents contraceptifs, d'alcools industriels, d'attendrisseurs de viande et du colorant jaune ajouté à la margarine et aux substituts du beurre.

Embranchement des *Ascomycota*

L'embranchement des Ascomycota contient les mycètes communément appelés **ascomycètes**. Beaucoup d'espèces sont familières et économiquement importantes (**figure 25.10**). Par exemple, les moisissures rouges, brunes et bleu-vert qui détériorent la nourriture sont des ascomycètes. Les oïdiums (« blancs ») qui attaquent les feuilles des plantes et les mycètes qui causent la rouille du châtaignier et la maladie hollandaise de l'orme sont des ascomycètes. Beaucoup de levures ainsi que les morilles et les truffes comestibles, sont des ascomycètes. La moisissure rose du pain, *Neurospora crassa*, également un ascomycète, a été un des outils de recherche les plus importants en génétique et en biochimie.

Figure 25.11 La reproduction asexuée chez les ascomycètes.
Conidiospores caractéristiques d'*Aspergillus* vus au microscope électronique (x 1.200).

Nombre d'ascomycètes sont des parasites des végétaux supérieurs. *Claviceps purpurea,* parasite du seigle et d'autres graminées, cause la maladie de l'**ergot. L'ergotisme**, état toxique chez les humains et les animaux ayant mangé des céréales infectées par le mycète, est souvent associé à des gangrènes, des hallucinations, des spasmes nerveux, des avortements et des convulsions. Au Moyen-Age, l'ergotisme connu alors comme « le mal des ardents », a tué des milliers de personnes. Par exemple, plus de 40.000 morts par empoisonnement à l'ergot, ont été enregistrés en France pendant l'année 943. On a suggéré que les accusations de sorcellerie répandues dans le village de Salem (maintenant Danvers) et d'autres communautés du Massachusetts, à la fin des années 1690, avaient pour origine des manifestations d'ergotisme. Les propriétés pharmacologiques de l'ergot sont dues à son ingrédient actif, la diéthylamide de l'acide lysergique (LSD). Sous dosage contrôlé, l'ergot peut être utilisé pour initier l'accouchement, pour provoquer une diminution de pression sanguine et réduire les migraines.

Le nom d'ascomycètes provient de leur structure reproductrice caractéristique, l'**asque** (du grec *askos*, sac) en forme de massue ou de sac. Le mycélium des ascomycètes est composé d'hyphes cloisonnés. La reproduction asexuée, commune chez les ascomycètes, se fait au moyen de conidiospores (**figure 25.11**).

La reproduction sexuée chez les ascomycètes entraîne la formation d'un asque contenant des **ascospores** haploïdes (**figure 25.12a**). Chez les ascomycètes les plus complexes, la formation des asques est précédée du développement d'**hyphes ascogènes** spéciaux dans lesquels migrent des paires de noyaux (figure 25.12b). Dans chaque paire, un noyau provient d'un mycélium ou d'une cellule « mâle » (**anthéridie**) et l'autre d'un organe ou d'une cellule « femelle » (**ascogone**) qui a fusionné avec le premier. Pendant que les hyphes ascogènes se développent, les noyaux appariés se divisent de manière telle qu'il y ait une paire de noyaux dans chaque cellule. Après la maturation des hyphes ascogènes, la fusion nucléaire se produit à l'extrémité des hyphes dans les cellules mères des asques. Le noyau diploïde du zygote subit

ensuite une méiose et les quatre noyaux haploïdes qui en résultent se divisent encore une fois par mitose, pour produire une série de huit noyaux dans chaque asque en voie de développement. Ces noyaux se séparent l'un de l'autre par une paroi. Des milliers d'asques peuvent être assemblés de façon compacte dans une structure en forme de coupe ou de bouteille appelée **ascocarpe** (figure 25.10b). Lorsque les ascospores mûrissent, elles sont souvent libérées de l'asque avec force. Si par hasard l'ascocarpe mature est secoué, il émet une bouffée de poussière faite de milliers d'ascospores. Lorsque ces ascospores trouvent un terrain adéquat, elles germent et le cycle recommence.

Dans son sens général, le terme levure est employé pour désigner les mycètes unicellulaires ayant une reproduction asexuée par bourgeonnement (figure 25.13a,b) ou scission binaire. Néanmoins, un certain nombre de genres de levures sont classifiés parmi les ascomycètes à cause de leur reproduction sexuée (figure 25.13c,d). On les trouve aussi bien dans des habitats terrestres qu'aquatiques, là où une source de carbone adéquate est disponible.

Embranchement des *Basidiomycota*

L'embranchement *Basidiomycota* contient les **basidiomycètes** communément connus sous le nom de « champignons à chapeau ». Comme exemples, citons les charbons, les rouilles, les trémelles, le satyre puant, les polypores, les amanites vénéneuses, les vesses-de-loup, les champignons de prairie.

Le nom de basidiomycète provient d'une structure cellulaire caractéristique, la **baside**, impliquée dans la reproduction sexuée (**figure 25.14**). La baside (du grec *basidion*, petite base) est produite au sommet d'un hyphe, elle a généralement la forme d'une massue. Les basidiospores sont formées par la baside et les basides sont rassemblées dans les fructifications appelées **basidiocarpes**

Les basidiomycètes sont importants pour l'homme : la plupart sont saprophytes et décomposent les débris végétaux, en particulier la cellulose et la lignine. Beaucoup sont commestibles et consommés partout dans le monde. La culture de *Agaricus campestris* (*voir figure 41.24*) est une affaire fructueuse.

Beaucoup de champignons produisent des alcaloïdes spécifiques qui sont soit des poisons soit des hallucinogènes. Le champignon vénéneux *Amanita phalloides* en est un exemple. Les deux toxines isolées de cette espèce sont la phalloïdine et l'alpha-amanitine. La phalloïdine attaque principalement les cellules hépatiques où elle se fixe aux membranes cellulaires causant la rupture et la libération du contenu de ces cellules. L'alpha-amanitine s'attaque aux cellules bordant l'estomac et l'intestin grêle, elle est responsable des symptômes gastro-intestinaux sévères qui sont associés à cet empoisonnement.

Le basidiomycète *Cryptococcus neoformans* est pathogène pour l'homme. Il est responsable de la maladie appelée **cryptococcose**, une infection systémique impliquant principalement les poumons et le système nerveux central. D'autres basidiomycètes, les charbons et les rouilles sont des mycètes phytopathogènes virulents, ils font dans les récoltes de céréales des ravages estimés à des millions de dollars chaque année. Chez ces champignons, il n'y a pas de grands basidiocarpes mais de petites basides sortent des hyphes à la surface de la plante hôte. Le mycélium se développe de façon soit intracellulaire soit extracellulaire dans le tissu végétal. Les maladies fongiques (pp. 942-50).

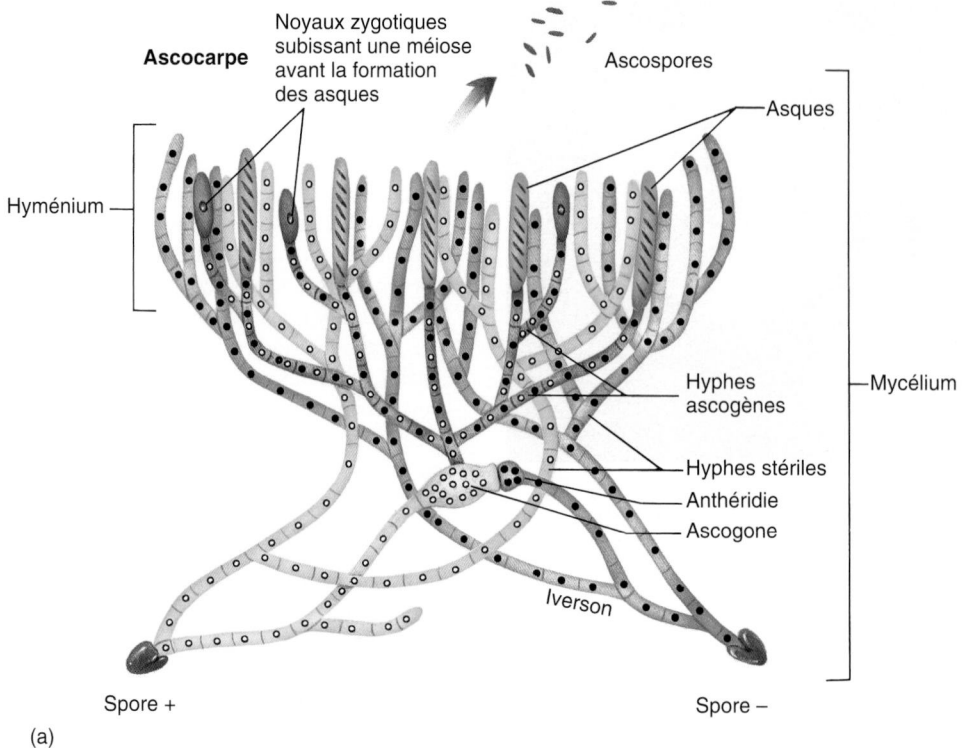

(a)

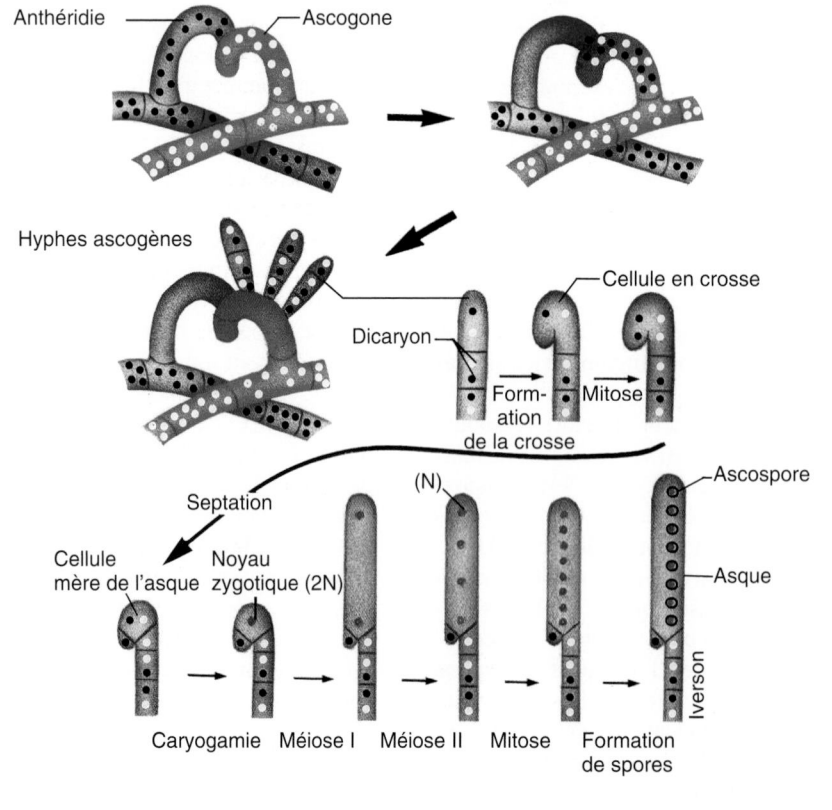

(b)

Figure 25.12 Le cycle des ascomycètes. La reproduction sexuée implique la formation d'asques et d'asco-spores. Dans l'asque, la caryogamie est suivie d'une méiose de façon à produire des ascospores. (**a**) Reproduction sexuée et morphologie de l'ascocarpe d'un champignon en forme de coupe. (**b**) Détails de la repro-duction sexuée dans les hyphes ascogènes. Les noyaux des deux types sexuels sont représentés par des cercles vides et pleins. Voir le texte pour des détails.

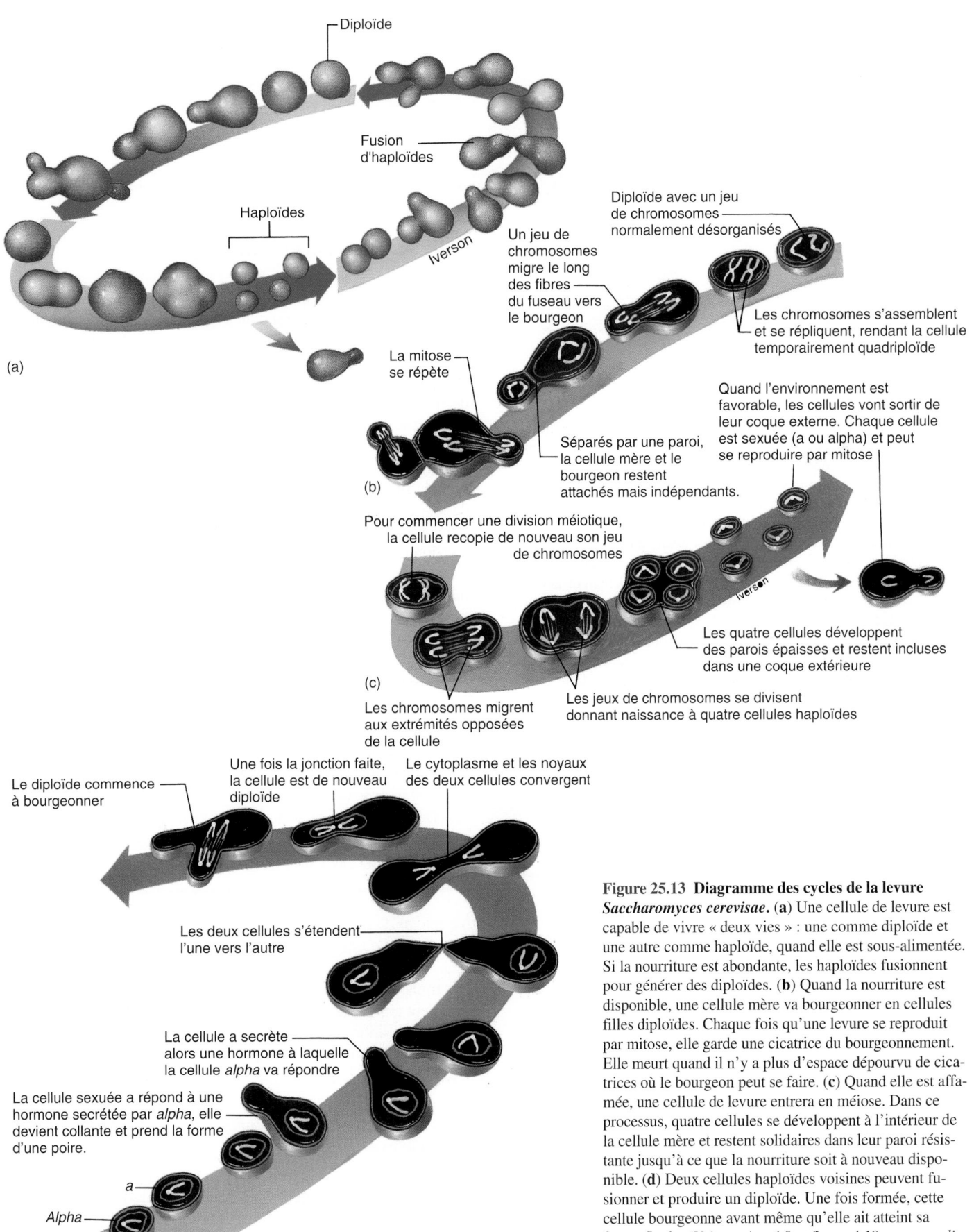

Diploïde

Fusion d'haploïdes

Haploïdes

Iverson

(a)

Un jeu de chromosomes migre le long des fibres du fuseau vers le bourgeon

Diploïde avec un jeu de chromosomes normalement désorganisés

Les chromosomes s'assemblent et se répliquent, rendant la cellule temporairement quadriploïde

La mitose se répète

Quand l'environnement est favorable, les cellules vont sortir de leur coque externe. Chaque cellule est sexuée (a ou alpha) et peut se reproduire par mitose

Séparés par une paroi, la cellule mère et le bourgeon restent attachés mais indépendants.

(b)

Pour commencer une division méiotique, la cellule recopie de nouveau son jeu de chromosomes

Les quatre cellules développent des parois épaisses et restent incluses dans une coque extérieure

Iverson

(c)

Les chromosomes migrent aux extrémités opposées de la cellule

Les jeux de chromosomes se divisent donnant naissance à quatre cellules haploïdes

Le diploïde commence à bourgeonner

Une fois la jonction faite, la cellule est de nouveau diploïde

Le cytoplasme et les noyaux des deux cellules convergent

Les deux cellules s'étendent l'une vers l'autre

La cellule a secrète alors une hormone à laquelle la cellule *alpha* va répondre

La cellule sexuée a répond à une hormone secrétée par *alpha*, elle devient collante et prend la forme d'une poire.

a

Alpha

(d)

Iverson

Figure 25.13 Diagramme des cycles de la levure *Saccharomyces cerevisae*. (**a**) Une cellule de levure est capable de vivre « deux vies » : une comme diploïde et une autre comme haploïde, quand elle est sous-alimentée. Si la nourriture est abondante, les haploïdes fusionnent pour générer des diploïdes. (**b**) Quand la nourriture est disponible, une cellule mère va bourgeonner en cellules filles diploïdes. Chaque fois qu'une levure se reproduit par mitose, elle garde une cicatrice du bourgeonnement. Elle meurt quand il n'y a plus d'espace dépourvu de cicatrices où le bourgeon peut se faire. (**c**) Quand elle est affamée, une cellule de levure entrera en méiose. Dans ce processus, quatre cellules se développent à l'intérieur de la cellule mère et restent solidaires dans leur paroi résistante jusqu'à ce que la nourriture soit à nouveau disponible. (**d**) Deux cellules haploïdes voisines peuvent fusionner et produire un diploïde. Une fois formée, cette cellule bourgeonne avant même qu'elle ait atteint sa forme finale. *(Voir section 4.9 et figure 4.19 pour une discussion de la mitose).*

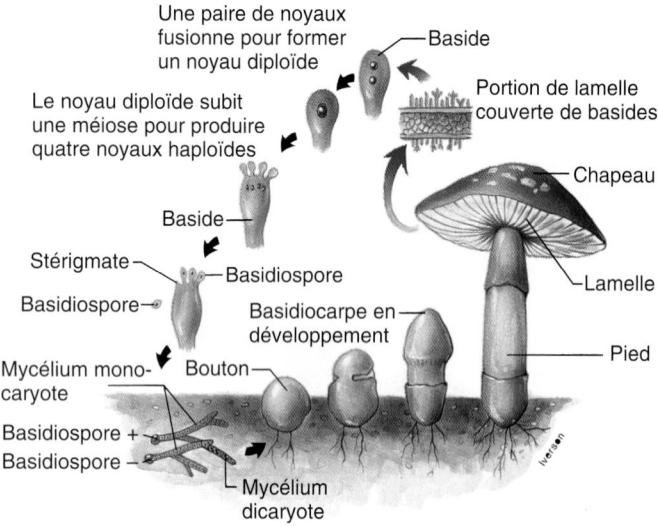

Une paire de noyaux
fusionne pour former
un noyau diploïde — Baside

Le noyau diploïde subit
une méiose pour produire
quatre noyaux haploïdes

Portion de lamelle
couverte de basides

Baside — Chapeau

Stérigmate — Basidiospore

Basidiospore — Lamelle

Basidiocarpe en
développement — Pied

Mycélium mono-
caryote — Bouton

Basidiospore +
Basidiospore —

Mycélium
dicaryote

Figure 25.14 L'embranchement des *Basidiomycota*. Le cycle biologique d'un basidiomycète terrestre typique débute par la germinatoin
d'une basidiospore produisant un mycélium monocaryote (avec un seul
noyau par cellulue cloisonnée). Le mycélium se développe rapidem-
ment et s'étend dans le sol. Lorsque ce mycélium primaire rencontre un
autre mycélium monocaryote sexuellement différent, il se produit une
fusion qui initie un nouveau mycélium secondaire dicaryote. Le mycélium secondaire est divisé en cellules par des septums, chaque cellule
contient deux noyaux de type sexuel différent. Ce mycélium dicaryote,
s'il est stimulé, pourra former les basidiocarpes. Une masse dense
d'hyphes forme un bouton qui émerge du sol, s'allonge puis développe
un chapeau. Le chapeau contient un grand nombre de lamelles dont
chacune est tapissée de basides. Les deux noyaux au sommet de chaque
baside fusionnent pour former le noyau diploïde du zygote. Celui-ci subit immédiatement une méiose pour former quatre noyaux haploïdes.
Ces noyaux sont poussés dans les basidiospores en développement,
celles-ci sont ensuite libérées à maturité.

Embranchement des *Deuteromycota*

La taxinomie fongique est basée pour une grande part sur les
modes de reproduction sexuée. Quand un mycète est dépourvu de
phase sexuée (stade parfait), ou si cette phase n'a pas été observée,
on le place dans l'embranchement des *Deuteromycota* ou Fungi
Imperfecti (mycètes imparfaits) ou **deutéromycètes**. Une fois le
stade parfait observé, le mycète est transféré dans l'embranchement approprié. La systématique moléculaire place les
Deuteromycota avec leurs plus proches parents parmi les
Eumycota (diagramme phylogénique 25).

Les mycètes imparfaits sont pour la plupart terrestres,
quelques uns seulement ont été trouvés dans des eaux douces ou
marines. En majorité, ils sont saprophytes ou parasites de plantes ;
certains sont des parasites d'autres mycètes.

De nombreux mycètes imparfaits affectent directement le
bien-être de l'homme. Certains sont pathogènes pour l'homme,
responsables de maladies comme le pied d'athlète, la teigne tondante et l'histoplasmose (*voir section 40.1*). Les propriétés métaboliques de nombreux mycètes imparfaits ont une importance industrielle. Par exemple, certaines espèces de *Penicillium* (*voir
figure 4.1c, d),*synthétisent des antibiotiques bien connus, la pénicilline et la griséofulvine. D'autres espèces parfument de façon ca-

ractéristique des fromages tels le gorgonzola, le camembert et le
roquefort. Différentes espèces d'*Aspergillus* sont utilisées pour la
fermentation de la sauce de soja et la fabrication des acides citrique, gluconique et gallique. *Aspergillus flavus* et *A. parasiticus*
produisent des métabolites secondaires, les aflatoxines, hautement
toxiques et cancérigènes pour l'homme et les animaux (*voir section 41.2*). Un autre groupe de toxines fongiques, les trichothé-
cènes, sont des inhibiteurs puissants de la synthèse protéique des
cellules eucaryotes.

Embranchement des *Chytridiomycota*

Les mycètes vrais, les plus simples appartiennent à l'embranchement des *Chytridiomycota*. Cet embranchement comporte une
classe, les *Chytridiomycètes* dont les membres sont connus sous le
nom de **chytrides**. Il s'agit des mycètes simples, terrestres ou
aquatiques qui se reproduisent de façon asexuée par formation de
zoospores mobiles portant un flagelle unique, postérieur en forme
de fouet. L'organisme est microscopique formé d'une seule cellule, petite masse multinucléée, ou d'un vrai mycélium. La chitine
est généralement le constituant majeur de leur paroi. On pense que
les chytrides dérivent d'un protozoaire ancestral portant un même
type de flagelle. Il paraissent plus anciens que les autres groupes
de mycètes (diagramme phylogénique, p. 553). Les cycles biologiques des chytrides sont variés. Quand il y a reproduction sexuée,
elle donne un zygote qui devient généralement une spore dormante
ou un sporange. Certains se développent en saprophytes sur de la
matière organique morte, d'autres sont des parasites d'algues (*voir
figure 29.7*), de mycètes vrais ou encore de plantes terrestres ou
aquatiques. Une espèce comme *Allomyces* est utilisée pour des
études de morphogenèse.

---

1. Décrivez comment un zygomycète typique se reproduit.
2. Décrivez certaines utilisations bénéfiques des zygomycètes.
3. Décrivez le cycle biologique d'un ascomycète. En quoi les ascomycètes sont-ils importants pour l'homme ?
4. Comment se fait la reproduction sexuée chez les levures ?
5. Décrivez le cycle biologique d'un basidiomycète typique.
6. En quoi certains mycètes imparfaits affectent-ils les hommes ?
7. Que sont les chytrides ? Quelle est leur importance ?

25.7 Les moisissures visqueuses et les moisissures aquatiques

Les **moisissures visqueuses** et les **moisissures aquatiques** ne ressemblent aux mycètes que par leur aspect et leur mode de vie. Par
leur organisation cellulaire, leur reproduction et leur cycle biologique, elles en sont phylogéniquement distinctes (diagramme phylogénique 25).

Embranchement des *Myxomycota* (Moisissures visqueuses acellulaires)

Dans des conditions appropriées, les **moisissures visqueuses
plasmodiales (acellulaires)** se trouvent sous la forme de masses
coulantes de protoplasme coloré. Celles-ci rampent de façon amiboïde sur des souches en putréfaction, des feuilles et autres matières organiques humides. Elles se nourrissent par phagocytose.

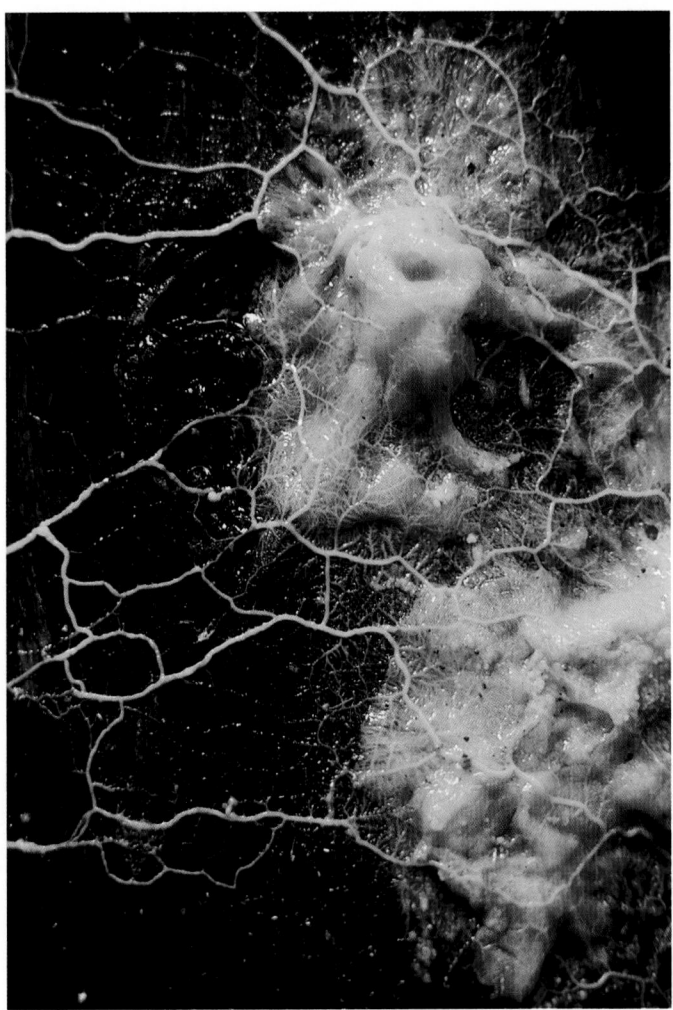

Figure 25.15 Les moisissures visqueuses. Plasmode de *Physarum*, une moisissure visqueuse ; microscopie optique (x 175).

Embranchement des *Acrasiomycota* (Moisissures visqueuses cellulaires)

Le stade végétatif des **moisissures visqueuses cellulaires** ou acrasiomycètes consiste en cellules individualisées, irrégulières, amiboïdes, appelées myxamibes (**figure 25.17a**) Les myxamibes se nourrissent de bactéries et de levures par phagocytose. Quand la nourriture est abondante, elles se divisent de façon répétée par mitose et cytocinèse, produisant de nouvelles myxamibes filles. Lorsque les aliments s'épuisent, les myxamibes commencent à sécréter de l'adénosine monophosphate cyclique (AMPc). Celui-ci attire les autres myxamibes qui se déplacent par chimiotactisme vers la source d'AMPc et qui en retour, sécrètent plus d'AMPc. Quand les myxamibes individualisées s'agrègent (figure 25.17b), elles s'entourent d'une gaine visqueuse et forment un **pseudoplasmode** ressemblant à une limace (figure 25.17c). Pendant un certain temps, le pseudoplasmode est capable de se déplacer comme une entité, laissant une trace visqueuse ; il peut cependant devenir sédentaire. Au point culminant de la phase asexuée, les cellules pseudoplasmodiales commencent à se différencier en cellules de pré-tige et de pré-spore (figure 25.17b). Une structure appelée **sore** ou **sorocarpe** se forme (figure 25.17d) puis mûrit en un sporange qui produira des spores (figure 25.17e). Les spores sont libérées et, lorsque les conditions redeviennent favorables, elles germent pour donner des amibes haploïdes et le cycle recommence

Embranchement des *Oomycota*

Les membres de l'embranchement des *Oomycota* sont collectivement connus sous le nom d'**oomycètes** ou moisissures aquatiques. Les oomycètes ont un aspect semblable à celui des mycètes, ils forment de fins filaments ramifiés appelés hyphes. Cependant, les oomycètes ont des parois de cellulose tandis que celles de la plupart des mycètes sont faites de chitine. Les oomycètes diffèrent aussi des mycètes vrais en ce qu'ils ont des mitochondries à crêtes tubulaires.

Oomycète signifie « champignon à oeuf », en référence à leur mode de reproduction sexuée. Une cellule oeuf relativement grande est fertilisée par une cellule spermatique ou une anthéridie plus petite. Beaucoup d'oomycètes produisent aussi des zoospores asexuées, munies de deux flagelles.

Les moisissures aquatiques, telles *Saprolegnia* et *Achlya* sont saprophytes et se développent en masses cotonneuses sur des algues mortes ou de petits animaux, principalement en eaux douces. Ce sont des décomposeurs importants dans les écosystèmes aquatiques. Certaines moisissures aquatiques parasitent les ouïes de poissons. La moisissure aquatique *Peronospora hyoscyami* est actuellement responsable dans le monde entier, du très ennuyeux mildiou du tabac. Rien qu'aux Etats-Unis, ce mildiou provoque, chaque année, des millions de dollars de dommages dans les cultures de tabac. D'autres oomycètes sont responsables du mildiou de la pomme de terre (*Phytophtora infestans*) et du mildiou de la vigne (*Plasmopara viticola*).

1. Qu'est-ce qu'un plasmode ?
2. Comment se reproduisent les moisissures visqueuses plasmodiales ? Décrivez le cycle biologique d'une moisissure visqueuse cellulaire.
3. Où chercheriez-vous un oomycète ?

Comme cette masse coulante est dépourvue de paroi, on l'appelle **plasmode** (**figures 25.15** et **25.16a**). Le plasmode contient de nombreux noyaux et les noyaux diploïdes se divisent de façon répétée au fur et à mesure de la croissance de l'organisme.

Lorsqu'il arrive à maturité ou lorsque la nourriture et /ou l'humidité font défaut, le plasmode se déplace vers un endroit éclairé et développe des fructifications délicatement ornées (figure 25.16b,e). Les fructifications mûrissent puis forment des spores entourées d'une paroi de cellulose très résistante aux conditions extrêmes du milieu. En présence d'une humidité convenable, les spores germent et libèrent des **myxamibes** non flagellées ou des **cellules d'essaimage** flagellées. Au début, les myxamibes et les cellules d'essaimage se nourrissent et restent haploïdes (figure 25.16a), elles peuvent alors fusionner pour former un zygote. Le zygote se nourrit, croît et ses noyaux se multiplient par des mitoses synchrones pour reformer le plasmode multinucléé.

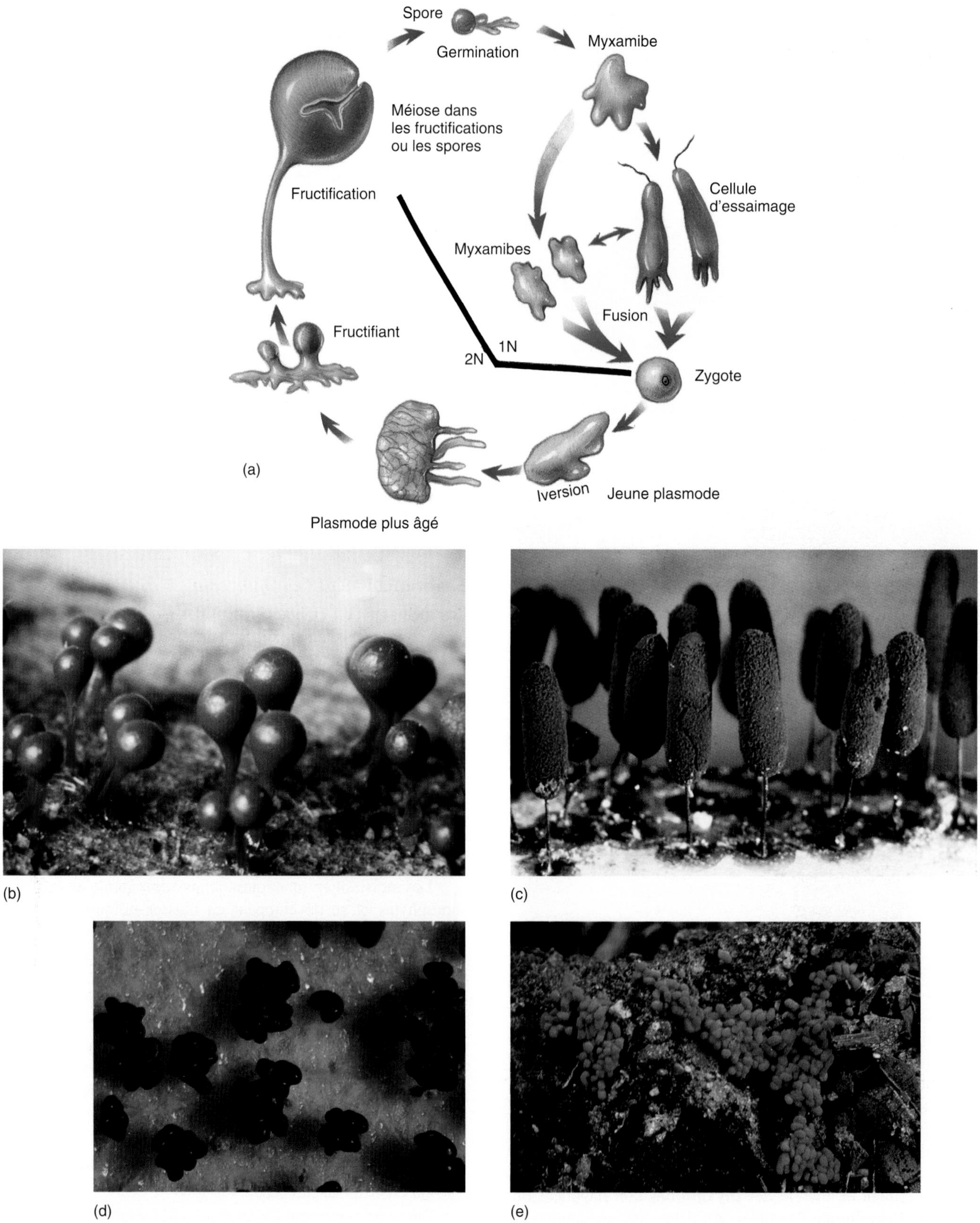

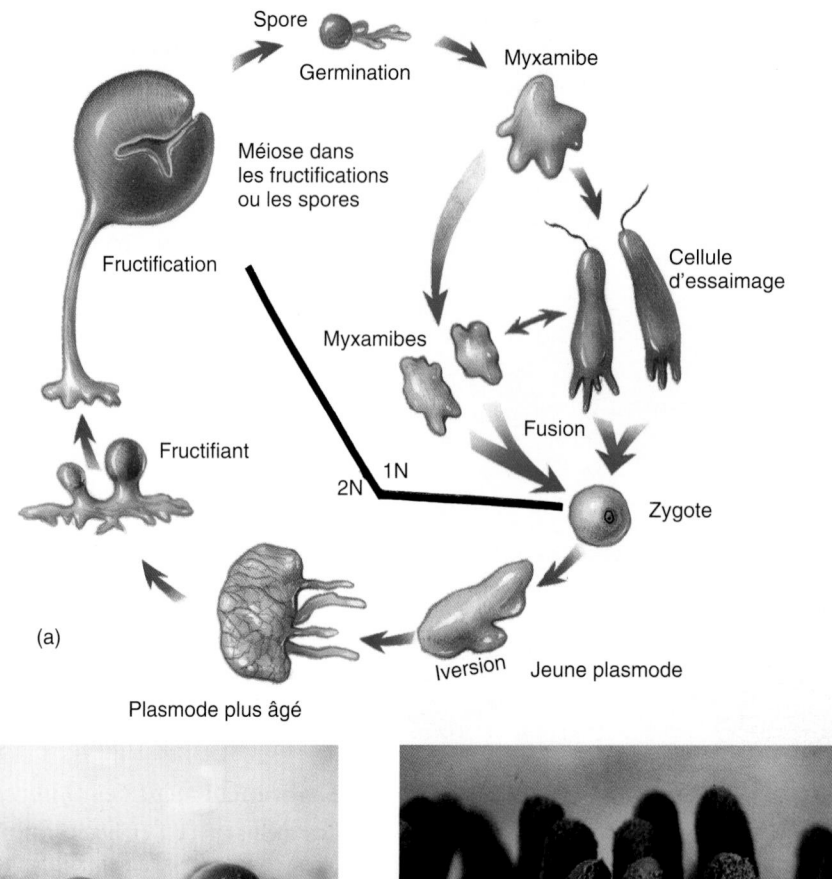

(a)

(b)

(c)

(d)

(e)

Figure 25.16 La reproduction chez les myxomycètes. (**a**) Le cycle biologique d'une moisissure visqueuse plasmodiale.(Les différentes parties de ce cycle sont dessinées à des échelles différentes). Fructifications de moisissures visqueuses plasmodiales : (**b**) *Hemitrichia* (x100), (**c**) *Stemonitis* (x100), (**d**) *Physarum polycephalum* et (**e**) *Arcyria denudata*.

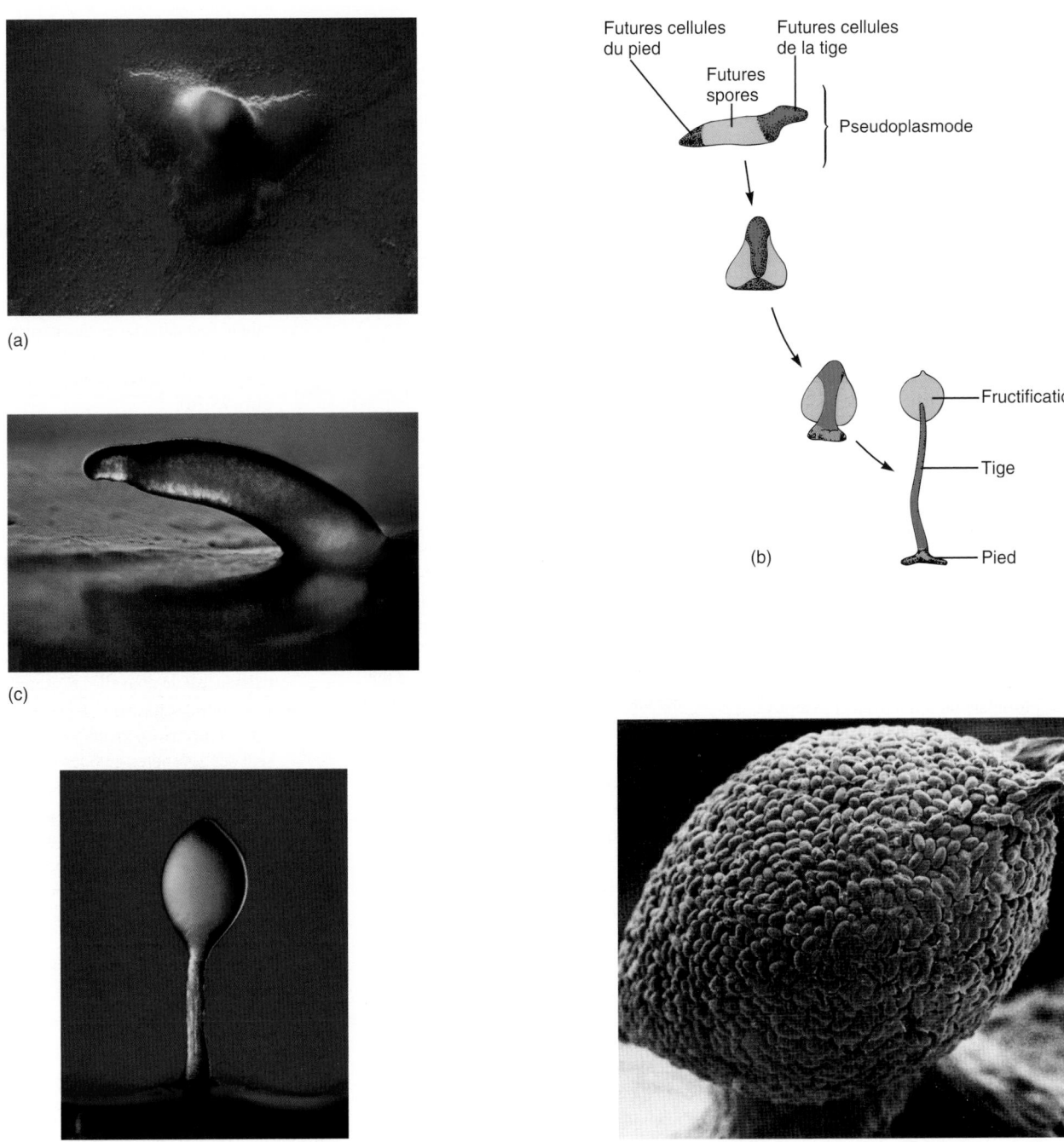

**Figure 25.17 L'embranchement des *Acrasiomycota.* *Dictyostelium discoideum,* une moisissure visqueuse cellulaire. Au stade libre, une myxamibe ressemble à une amibe irrégulière. (a) En s'agrégeant, les myxamibes deviennent polaires et commencent à se déplacer de façon orientée sous l'influence de l'AMPc. (b) Diagramme de la migration cellulaire impliquée dans la formation du sorocarpe à partir (c) d'un pseudoplasmode initial. (d) Fructification mature (sorocarpe) en microscopie optique. (e) Image au microscope électronique d'un sore montrant des spores (x 1.800).

Résumé

1. Les mycètes sont omniprésents ; on les trouve partout où il y a de l'eau et une source alimentaire organique appropriée. Ils sécrètent des enzymes et absorbent la nourriture digérée.

2. Les mycètes sont d'importants décomposeurs de la matière organique. Ils parasitent les animaux, les hommes et les végétaux. Ils sont à la base de nombreux procédés industriels et sont utilisés comme outils de recherches pour l'étude des processus biologiques fondamentaux.

3. Le corps ou structure végétative d'un mycète est appelé un thalle (**figure 25.2**). Les mycètes sont des moisissures ou des levures suivant le développement du thalle.

4. Un mycète est un organisme eucaryote portant des spores. Il se nourrit par absorption et est dépourvu de chlorophylle ; il se reproduit de façon asexuée, sexuée ou selon les deux modes. Il forme des hyphes filamenteux dont la paroi cellulaire est généralement constituée de chitine.

5. Les levures sont des mycètes unicellulaires possédant un seul noyau et se reproduisant soit selon le mode asexué par bourgeonnement et division transverse, soit selon le mode sexué par formation de spores (**figure 25.3**).

6. Une moisissure est faite de longs filaments ramifiés de cellules, les hyphes, qui forment une masse tissulaire appelée mycélium (**figure 25.4**). Les hyphes peuvent être soit septés, soit coenocytiques (non septés). Le mycélium produit les structures nécessaires à la reproduction.

7. Certains mycètes sont dimorphes : ils peuvent passer d'une forme levure à une forme moisissure (**tableau 25.2**).

8. La reproduction asexuée chez les mycètes consiste souvent en la production de types spécifiques de spores. Les spores sont facilement dispersées (**figure 25.7**).

9. La reproduction sexuée chez les mycètes se fait par fusion d'hyphes de souches sexuées différentes. Chez certains mycètes, les noyaux des hyphes fusionnés se combinent immédiatement pour former le zygote. Chez d'autres, les deux noyaux génétiquement distincts restent séparés, formant des paires qui se divisent de façon synchrone. Finalement, certains de ces noyaux fusionnent (**figure 25.8**).

10. Les zygomycètes sont coenocytiques. La plupart sont saprophytes. Un exemple est la moisissure commune du pain, *Rhizopus stolonifer*. La reproduction sexuée se fait par une forme de conjugaison impliquant des souches + et – (**figure 25.9**).

11. Les ascomycètes portent ce nom parce qu'ils produisent des fructifications en forme de sacs ou asques (**figure 25.10**). La reproduction sexuée implique des souches + et – (**figure 25.12**). Lors de la reproduction asexuée, les conidiophores produisent des conidies (**figure 25.11**).

12. Les basidiomycètes sont les champignons à chapeau. Leur nom provient des basides donnant les basidiospores (**figure 25.14**).

13. Les deutéromycètes (champignons imparfaits) sont des mycètes dépourvus de phase sexuée (parfaite) connue.

14. Les moisissures visqueuses plasmodiales se déplacent sous forme de plasmodes contenant de nombreux noyaux (**figure 25.15**). Quand la nourriture ou l'humidité font défaut, ces moisissures visqueuses forment des sporanges dans lesquelles des spores sont produites (**figure 25.16**).

15. Les moisissures visqueuses cellulaires ont un stade végétatif appelé myxamibe (**figure 25.17**). Les myxamibes se nourrissent jusqu'à ce que les aliments s'épuisent ; à ce moment, les cellules s'assemblent pour former une structure multicellulaire ressemblant à une plante et appelée sporocarpe. Celui-ci produit des spores haploïdes qui germent lorsque les conditions sont favorables et donnent naissance à de nouvelles myxamibes.

16. Les chytrides forment un groupe de mycètes terrestres et aquatiques ; ils produisent des zoospores mobiles portant un flagelle unique postérieur, en fouet.

17. Les *Oomycota* (moisissures aquatiques) se caractérisent par la production de spores mobiles (zoospores, gamètes) et la production de spores sexuées résistantes (oospores).

Mots-clés

Questions de révision

1. Certains mycètes se reproduisent de façon sexuée et asexuée. Quels sont les avantages et les inconvénients de chaque mode ?
2. Pourquoi la nutrition chez les mycètes est-elle une propriété de la membrane ?
3. Pourquoi les mycètes sont-ils en majorité confinés dans une niche écologique spécifique ?
4. Certains savants pensent que les myxomycètes et les oomycètes doivent être classés dans le règne des mycètes tandis que d'autres pensent qu'ils devraient faire partie du règne des protistes. Quelles caractéristiques ces organismes partagent-ils avec les mycètes et les protistes qui ont conduit à cette ambiguïté ?
5. A l'heure actuelle, les mycètes qui n'ont pas de reproduction sexuée ne peuvent être classés avec leurs parents. Pourquoi ? Pensez-vous que ceci va changer dans le futur ?
6. Comme les spores sont un moyen de reproduction tellement rapide chez certains mycètes, quelle est l'utilité d'une phase supplémentaire sexuée ?
7. Certains mycètes peuvent être considérés comme des organismes coenocytiques montrant peu de différenciation. Lorsqu'elle se produit, dans la formation des structures de reproduction, la différenciation est précédée par la formation d'un septum. Pourquoi ?
8. On dit « pousser comme un champignon » pour décrire une expansion rapide. Cette expression est-elle correcte ?
9. Les bactéries comme les mycètes sont des décomposeurs importants de l'environnement. La compétition existe évidemment dans un milieu donné, mais les mycètes ont généralement un avantage. Quel est cet avantage ?
10. Il existe très peu d'antibiotiques pour lutter contre les mycètes, alors qu'il y a de nombreux antibiotiques antibactériens. Pourquoi en est-il ainsi ?

Questions de réflexion

1. Quelles sont les cibles logiquement exploitables pour traiter des plantes ou des animaux souffrant de mycoses ? Sont-elles différentes des cibles utilisables pour traiter des infections bactériennes ? ou virales ? Expliquez.
2. En général, les mycètes se reproduisent de façon asexuée lorsque les nutriments sont abondants et que les conditions sont favorables. Ils se reproduisent de façon sexuée lorsque les conditions deviennent défavorables. Pourquoi cette stratégie est-elle couronnée de succès et importante pour l'évolution ?
3. Comparez et différenciez le développement de fructifications par les moisissures visqueuses cellulaires et par les myxobactéries.

Lectures complémentaires

Généralités
Alexopoulos, C. J.; Mims, C. W. et Blackwell, M. 1996. *Introductory mycology,* 4e éd. New York: John Wiley and Sons.
Baldauf, S. L., et Palmer, J. D. 1993. Animals and fungi are each other's closest relatives: Congruent evidence form multiple proteins. *Proc. Nat. Acad. Sci.* 90:11558–62.
Barr, D. J. S. 1992. Evolution and kingdoms of organisms from the perspective of a mycologist. *Mycologia* 84:1–11.
Bruns, T. D.; White, T. J.; et Taylor, J. W. 1991. Fungal molecular systematics. *Annu. Rev. Ecol. Syst.* 22:525–64.
Bruns, T. D.; Vilgalys, R.; Barns, S. M.; Gonzalez, D.; Hibbett, D. S.; Lane, D. J.; Simon, L.; Stickel, S.; Szaro, T. M.; Weisburg, W. G.; et Sogin, M. L. 1993. Evolutionary relationships within the fungi: Analysis of nuclear small subunit rRNA sequences. *Mol. Phylogenet. Evol.* 1:231–41.
Carile, M., et Watkinson, S. 1994. *The fungi.* San Diego, Calif.: Academic Press.
Dix, N. J., et Webster, J. W. 1995. *Fungal ecology.* Englewood Cliffs, N.J.: Prentice-Hall.
Griffin, D. 1993. *Fungal physiology,* 2e éd. New York: Wiley-Liss.
Guarro, J.; Gene, J.; and Stchigel, A. M. 1999. Developments in fungal taxonomy. *Clin. Microbiol. Rev.* 12(3):454–500.
Kendricks, B. 1992. *The fifth kingdom.* 2e éd. Waterloo, Ontario: Mycologue Publications.
Klionsky, D. J.; Herman, P. K.; et Emr, S. D. 1990. The fungal vacuole: Composition, function, and biogenesis. *Microbiol. Rev.* 54(3):266–92.
Kurtzman, C. P., et Fell, J. W., éd., 1998. *The Yeasts: A taxonomic study,* 4e éd. New York: Elsevier.
Moore-Landecker, E. 1996. *Fundamentals of fungi,* 4e éd. Englewood Cliffs, N.J.: Prentice-Hall.
Murawski, D. A. 2000. Fungi. *National Geographic* 198(2):59–70.

Schaechter, E. 1997. *In the company of mushrooms.* Boston: Harvard University Press.
van der Rest, M. E.; Kamminga, A. H.; Nakano, A.; Anraku, Y.; Poolman, B.; et Konings, W. N. 1995. The plasma membrane of *Saccharomyces cerevisiae:* Structure, function, and biogenesis. *Microbiol. Rev.* 59(2):304–22.

25.6 Les caractéristiques des embranchements de mycètes
Bossche, H., éd. 1993. *Dimorphic fungi in biology and medicine.* New York: Plenum Publishing Company.
Cid, V. J.; Duran, A.; del Rey, F.; Synder, M. P.; Nombela, C.; et Sanchez, M. 1995. Molecular basis of cell integrity and morphogenesis in *Saccharomyces cerevisiae. Microbiol. Rev.* 59(3):345–86.
Gold, M. H., et Alic, M. 1993. Molecular biology of the lignin-degrading basidiomycete *Phanerochaete chrysosporium. Microbiol. Rev.* 57(3):605–22.
Griffiths, A. J. F. 1995. Natural plasmids of filamentous fungi. *Microbiol. Rev.* 59(4):673–85.
Herskowitz, I. 1988. Life cycle of the budding yeast *Saccharomyces cerevisiae. Microbiol. Rev.* 52(4):536–53.
Jackson, S. L., et Heath, I. B. 1993. Roles of calcium ions in hyphal tip growth. *Microbiol. Rev.* 57(2):367–82.
Lipke, P., et Kurjan, J. 1992. Sexual agglutination in budding yeast: structure, function, and regulation of adhesion glycoproteins. *Microbiol. Rev.* 56(1):180–94.
Maresca, B., et Kobayashi, G. S. 1989. Dimorphism in *Histoplasma capsulatum:* A model for the study of cell differentiation in pathogenic fungi. *Microbiol. Rev.* 53(2):186–209.
Marzluf, G. A. 1997. Genetic regulation of nitrogen metabolism in the fungi. *Microbiol. Mol. Biol. Rev.* 61(1):17–32.

Matossian, M. K. 1982. Ergot and the Salem witchcraft affair. *Am. Scientist* 70:355–71.
Mitchell, A. 1994. Control of meiotic gene expression in *Saccharomyces cerevisiae. Microbiol. Rev.* 58(1):56–70.
Newhouse, J. R. 1990. Chestnut blight. *Sci. Am.* 263:106–11.
Orlowski, M. 1991. *Mucor* dimorphism. *Microbiol. Rev.* 55(2):234–58.
Ostergaard, S.; Olsson, L.; et Nielsen, J. 2000. Metabolic engineering of *Saccharomyces cerevisiae. Microbiol. Mol. Biol. Rev.* 64(1):34–50.
Ribes, J. A.; Vanover-Sams, C. L.; et Baker, D. J. 2000. Zygomycetes in human disease. *Clin. Microbiol. Rev.* 13(2):236–301.
Strobel, G. A., et Lanier, G. N. 1981. La maladie de l'orme. *Pour la Science,* 48, 44-51.
Werner-Washburne, M.; Braun, E.; Johnston, G.; et Singer, R. 1993. Stationary phase in the yeast *Saccharomyces cerevisiae. Microbiol. Rev.* 57(2):383–401.
Zolan, M. E. 1995. Chromosome-length polymorphism in fungi. *Microbiol. Rev.* 59(4):686–98.

25.7 Les moisissures visqueuses et les moisissures aquatiques
Gross, J. D. 1994. Developmental decisions in *Dictyostelium discoideum. Microbiol. Rev.* 58(3):330–51.
Kessin, R. H. 1988. Genetics of early *Dictyostelium discoideum* development. *Microbiol. Rev.* 52(1):29–49.
Loomis, F. W. 1996. Genetic networks that regulate development in *Dictyostelium* cells. *Microbiol. Rev.* 60(1):135–50.
Martin, G. W., et Alexopoulos, C. J. 1969. *The myxomycetes.* Iowa City, University of Iowa Press.

CHAPITRE 26

Les algues

Cette photographie prise le long de la côte californienne, montre une lame géante (ou kelp) de *Macrocystis*. Ces lames sont des algues brunes, elles peuvent atteindre plus de 60 m de long. Sur la photo, le stipe, les lames et les vésicules aérifères sont visibles. Les kelps géants sont accrochés aux fonds océaniques par des crampons.

Plan

Concepts

1. La plupart des algues se trouvent dans des environnements aquatiques dulçaquicoles et marins ; quelques-unes ont un habitat terrestre.

2. Les algues ne forment pas un groupe taxinomique unique mais sont plutôt un assemblage polyphylétique d'organismes eucaryotes unicellulaires, coloniaux et multicellulaires.

3. Bien que les algues puissent être autotrophes ou hétérotrophes, la plupart sont photoautotrophes. Elles emmagasinent le carbone sous une variété de formes dont l'amidon, des huiles et différents sucres.

4. Le corps de l'algue est appelé thalle. Les thalles vont de petites cellules solitaires à de larges structures complexes multicellulaires.

5. Les algues se reproduisent de façon asexuée et sexuée.

6. Les embranchements d'algues suivants sont présentés : *Chlorophyta* (algues vertes), *Charophyta*, *Euglenophyta* (euglénoïdes), *Chrysophyta* (algues brun-jaune et vert-jaune ; diatomées), *Phaeophyta* (algues brunes), *Rhodophyta* (algues rouges) et *Pyrrhophyta* (dinoflagellés).

> *Le mot « algue » ne signifie pas la même chose pour différentes per-*
> *sonnes et le botaniste comme le biologiste de profession trouvent pour*
> *les algues une définition vague bien embarrassante. Ainsi le profane les*
> *a appelées « écumes des marais », « baves de grenouilles », « mousses*
> *d'eau » ou « varechs » tandis que certains érudits hésitent à les définir.*
>
> — *Harold C. Bold et Michael J. Wynne*

L e chapitre 26 présente quelques caractères généraux des algues. L'analyse de l'ARNr 18S a montré que ces organismes sont apparus indépendamment, à différents moments ; donc les algues ne forment pas un groupe monophylétique (**diagramme phylogénique 26**). Ainsi, le taxon « Algae » n'entre plus dans les schémas de taxinomie moléculaire. Le terme « algue » peut cependant être encore utilisé (comme dans ce chapitre) pour désigner un groupe d'organismes eucaryotes qui ont en commun certaines caractéristiques morphologiques, reproductrices, écologiques et biochimiques.

La **phycologie** ou **algologie** est l'étude des algues. Le mot phycologie dérive du grec *phykos*, algue. Le terme **algues** désignait simplement à l'origine des plantes aquatiques. Il n'a plus maintenant aucune signification formelle dans les schémas de classification. Au contraire, les algues sont décrites comme des organismes eucaryotes possédant de la chlorophylle α et réalisant la photosynthèse productrice d'oxygène. Elles diffèrent des autres organismes photosynthétiques eucaryotes par leur manque de système vasculaire organisé et leurs structures très simples de reproduction. Dans la reproduction sexuée, l'organisme total peut servir de gamète, ou des structures unicellulaires (gamétanges) peuvent produire des gamètes, ou encore, des gamètes peuvent se former dans des gamétanges multicellulaires dans lesquels toutes les cellules sont fertiles. Au contraire de ceux des plantes, les gamétanges des algues ne contiennent pas de cellules non fertiles.

26.1 La distribution

Les algues se trouvent le plus communément dans l'eau (douce, marine ou saumâtre), elles peuvent y être en suspension (**planctoniques**) ou attachées et vivant sur le fond (**benthiques**). Quelques algues vivent à l'interface eau - air et sont appelées **neustoniques**. Le **plancton** (du grec *plagktos*, errant) est fait d'organismes aquatiques flottant librement, la plupart microscopiques. Le **phytoplancton** comprend des algues et des petites plantes tandis que le **zooplancton** est formé des animaux et des protistes non photosynthétiques. Certaines algues se développent sur des rochers humides, du bois, des arbres ou à la surface d'un sol mouillé. Les algues sont aussi des endosymbiotes de divers protozoaires, mollusques, vers ou coraux. Plusieurs algues se développent comme des endosymbiotes de plantes, certaines sont attachées à la surface de diverses structures, tandis que d'autres mènent une vie parasitaire. Des algues sont aussi associées aux mycètes pour former des lichens. La symbiose des zooxanthelles (p. 599). La symbiose des lichens (pp. 598-99).

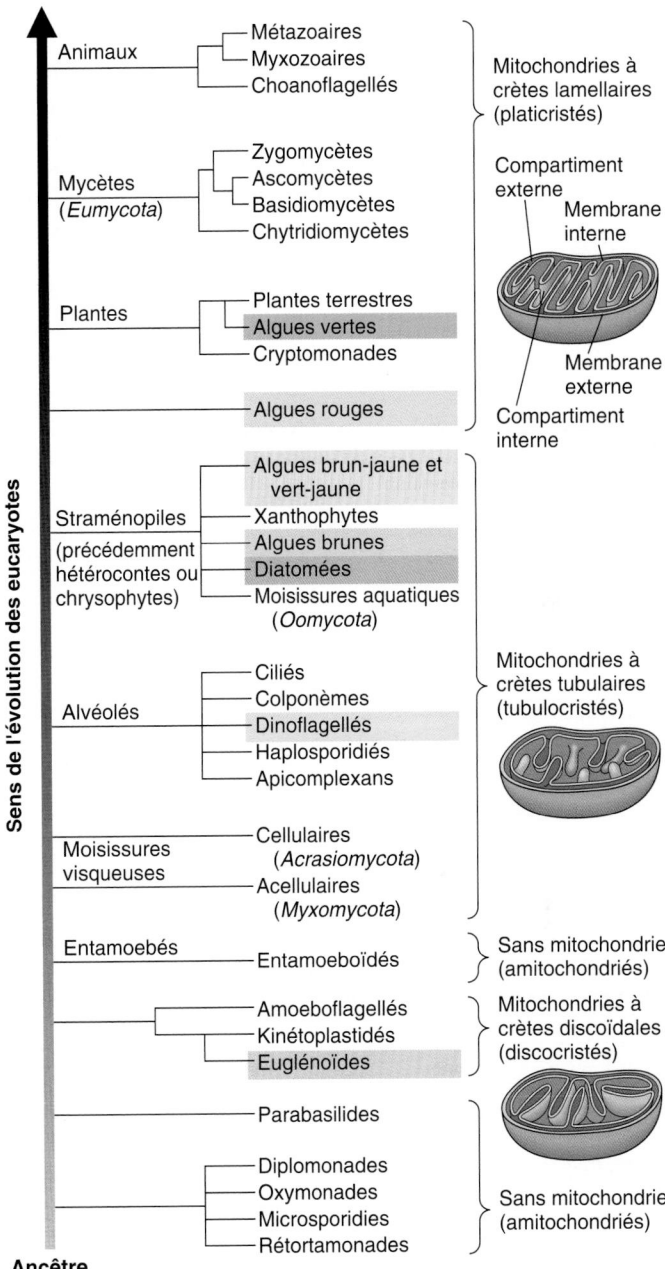

Diagramme phylogénique 26 Essai d'établissement d'un arbre phylogénique des eucaryotes de type « Algue » sur la base d'une comparaison des séquences d'ARNr 18S. Selon la systématique moléculaire, les organismes sont groupés sur base de la phylogénie moléculaire de leurs gènes nucléaires SSU d'ARNr et sur le type de leurs crêtes mitochondriales. De cette façon, les « algues » eucaryotes sont apparues indépendamment en cinq occasions différentes et sont donc polyphylétiques. (en couleurs différentes)

26.2 La classification

Selon le système en cinq règnes de Whittaker, les algues appartiennent à sept embranchements distribués entre deux règnes différents (**tableau 26.1**). Cette classification classique des algues est basée sur des propriétés cellulaires et non tissulaires. Parmi les propriétés les plus importantes se trouvent : (1) la chimie et la morphologie de la paroi cellulaire (si elle est présente) ; (2) la forme sous laquelle les aliments ou les produits du métabolisme photosynthétique sont conservés ; (3) les molécules de chlorophylle et de pigments accessoires qui contribuent à la photosynthèse ; (4) le nombre de flagelles et la position de leur insertion sur les cellules mobiles ; (5) la morphologie des cellules et/ou du thalle ; (6) l'habitat ; (7) les structures reproductrices et (8) les cycles biologiques. Sur la base de ces propriétés, les algues sont arrangées en embranchements dans le **tableau 26.2** qui résume leurs caractéristiques les plus significatives.

La systématique moléculaire (diagramme phylogénique 26) place certaines algues classiques avec les plantes (algues vertes), certaines comme une lignée séparée (algues brun-jaune et vert-jaune, algues brunes et diatomées), certaines avec les alvéolés (dinoflagellés) et d'autres encore avec des protozoaires (euglénoïdes). Deux de ces groupes, les alvéolés et les straménopiles sont de création récente, résultant des comparaisons d'ARNr et d'études ultrastructurales. Les alvéolés ont des mitochondries avec crêtes tubulaires et des sacs (ou alvéoles) juxtant la surface. Les dinoflagellés, les protozoaires ciliés et les protozoaires *Apicomplexa* sont des alvéolés (diagramme phylogénique 26). Les straménopiles ont des mitochondries à crêtes tubulaires et des poils creux donnant naissance à quelques poils fins (poils tubulaires triparites). Ces poils sont généralement sur les flagelles. Les formes photosynthétiques possèdent souvent les chlorophylles a et c. Parmi les straménopiles communs, on trouve les protozoaires opalinides, les oomycètes, les diatomées, les algues brunes ou phéophycées, les chrysophycées et les xanthophycées. Bien que certains groupes, comme les diatomées, aient perdu les poils, ils sont considérés comme straménopiles à cause des données d'ARNr, des caractéristiques mitochondriales et d'autres propriétés.

26.3   L'ultrastructure cellulaire

La cellule d'algue eucaryote (**figure 26.1**) est entourée d'une paroi rigide mince. Certaines algues possèdent une matrice externe recouvrant la paroi. Elle est généralement souple et gélatineuse, semblable aux capsules bactériennes. Lorsqu'ils sont présents, les fla-

---

Tableau 26.1   **Classification des algues**[a]

Embranchement (Nom commun)	Règne
Chrysophyta (algues vert-jaune et brun-jaune; diatomées)	*Protista* (unicellulaire ou colonial; eucaryote)
Euglenophyta (flagellés euglénoïdes photosynthétiques)	*Protista*
Pyrrhophyta (dinoflagellés)	*Protista*
Charophyta (stoneworts)	*Protista*
Chlorophyta (algues vertes)	*Protista*
Phaeophyta (algues brunes)	*Plantae* (multicellulaire; eucaryote)
Rhodophyta (algues rouges)	*Plantae*

[a] Système en cinq règnes.

Tableau 26.2   **Résumé comparatif de quelques caractéristiques d'algues**

Embranchement	Nombre approximatif d'espèces	Nom commun et espèce représentative	Pigments Chlorophylles	Pigments Phycobilines (Phycobiliprotéines)	Pigments Caroténoïdes	Thylacoïdes en piles dans un chloroplaste
Chlorophyta	7500	Algues vertes (*Chlamydomonas*)	*a, b*	–	β-carotène, ± α-carotène, xanthophylles	3–6
Charophyta	250	(*Chara*)	*a, b*	–	α-, β-, τ-carotène, xanthophylles	Beaucoup
Euglenophyta	700	Euglénoïdes (*Euglena*)	*a, b*	–	β-carotène, xanthophylles, ± τ-carotène	3
Chrysophyta	6000	Algues brun-jaune, vert-jaune, diatomées, (*Cyclotella*)	$a, c_1/c_2$, rarement *d*	–	α-, β-, ε-carotène, fucoxanthine, xanthophylles	3
Phaeophyta	1500	Algues brunes (*Sargassum*)	*a, c*	–	β-carotène, fucoxanthine, xanthophylles	3
Rhodophyta	3900	Algues rouges (*Corallina*)	*a*, rarement *d*	Phycocyanine C, allophycocyanine, phycoérythrine	Xanthophylles (β-carotène, zéaxanthine, ± α-carotène)	1
Pyrrhophyta	1100	Dinoflagellés (*Gymnodinium*)	a, c_1, c_2	–	β-carotène, fucoxanthine, péridinine, dinoxanothine	3

[a] Réfère spécifiquement aux cellules végétatives. Spores, akinètes et zygotes contiennent des cires, des polymères non saponifiables et des substances phénoliques.

[b] Les abréviations suivantes sont utilisées : eau douce (d), eau saumâtre (sm), eau salée (s), terrestre (t).

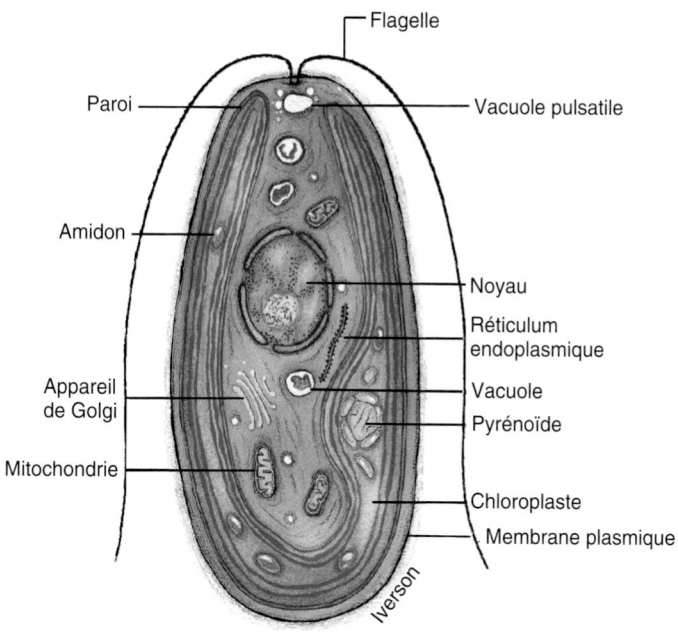

Figure 26.1 La morphologie d'une algue. Schéma d'une cellule d'algue eucaryote typique montrant certains organites et d'autres structures.

Produits de réserve	Flagelles	Paroi[a]	Habitat[b]
Sucres, amidon, fructane	1, 2–8; égaux, apicaux ou subapicaux	Cellulose, mannane, protéine, $CaCO_3$	d, sm, s, t
Amidon	2; subapicaux	Cellulose, $CaCO_3$	d, sm
Paramylon, huiles, sucres	1–3; légèrement apicaux	Absente	d, sm, s, t
Chrysolaminarine, huiles	1–2; égaux ou inégaux, apicaux ou sans	Cellulose, silice, $CaCO_3$, chitine, ou absente	d, sm, s, t
Laminarine, mannitol, huiles	2; inégaux, latéraux	Cellulose, acide alginique, fucoïdane	sm, s
Amidon de type glycogène (glycoside floridéen)	Absent	Cellulose, xylanes, galactanes, $CaCO_3$	d, sm, s
Amidon, glycanes, huiles	2 : 1 postérieur, 1 équatorial	Cellulose, ou absente	d, sm, s

gelles sont les organes locomoteurs. Le noyau a une enveloppe nucléaire typique avec des pores ; à l'intérieur du noyau se trouvent un nucléole, la chromatine et la caryolymphe. Les chloroplastes contiennent des sacs entourés de membranes appelés thylacoïdes et qui effectuent les réactions de la phase lumineuse de la photosynthèse. Ces organites sont enrobés dans un stroma où se font les réactions de fixation du carbone de la phase obscure. Les chloroplastes peuvent contenir une zone dense protéique ou **pyrénoïde** qui est associée à la synthèse et la réserve de l'amidon. La structure mitochondriale est très variable chez les algues. Certaines (les cuglénoïdes) ont des crêtes en disques, d'autres (les algues vertes et les algues rouges) des crêtes en lamelles et les dernières (algues jaune-brun, jaune-vert, brunes et diatomées) ont des crêtes tubulaires.

1. Définissez le mot algue.
2. Quels sont les deux règnes auxquels les algues appartiennent ? En quoi la classification moléculaire diffère-t-elle de la classification classique ?
3. Quelles sont les caractéristiques générales d'une cellule d'algue ?

26.4 La nutrition

Les algues sont autotrophes ou hétérotrophes. La plupart sont photoautotrophes ; elles demandent seulement de la lumière et du CO_2 comme sources principales d'énergie et de carbone. Les algues chimiohétérotrophes requièrent des composants organiques externes comme sources de carbone et d'énergie. Les types de nutrition microbienne (p. 97-98) ; La photosynthèse (p. 195-99 et 207-8)

26.5 La structure du thalle (forme végétative)

Le corps végétatif des algues est appelé **thalle**. Il varie depuis la relative simplicité d'une cellule unique jusqu'à la complexité marquante des formes multicellulaires telles que les lames géantes (kelps). Les algues unicellulaires peuvent être aussi petites que des bactéries tandis que certains thalles atteignent 75 mètres de long. Les algues sont unicellulaires (**figure 26.2a,b,g**), coloniales (figure 26.2c), filamenteuses (figure 26.2d), membraneuses et lamellaires (figure 26.2e) ou tubulaires (figure 26.2f).

26.6 La reproduction

Certaines algues unicellulaires se reproduisent de façon asexuée. Dans ce type de reproduction, il n'y a pas de fusion de gamètes pour former un zygote. Il existe trois types de base de reproduction asexuée : la fragmentation, les spores et la scission binaire. Dans la **fragmentation**, le thalle se casse et chaque partie repousse pour former un nouveau thalle. Les **spores** peuvent être formées dans les cellules végétales ordinaires ou dans des structures spécialisées appelées sporanges (du grec *spora*, graine, et *angeion*, récipient). Des spores mobiles, flagellées, sont appelées **zoospores**. Des spores non mobiles, formées dans les sporanges, sont appelés **aplanospores**. Chez certaines algues unicellulaires, une **scission binaire** se produit (division du noyau puis division du cytoplasme).

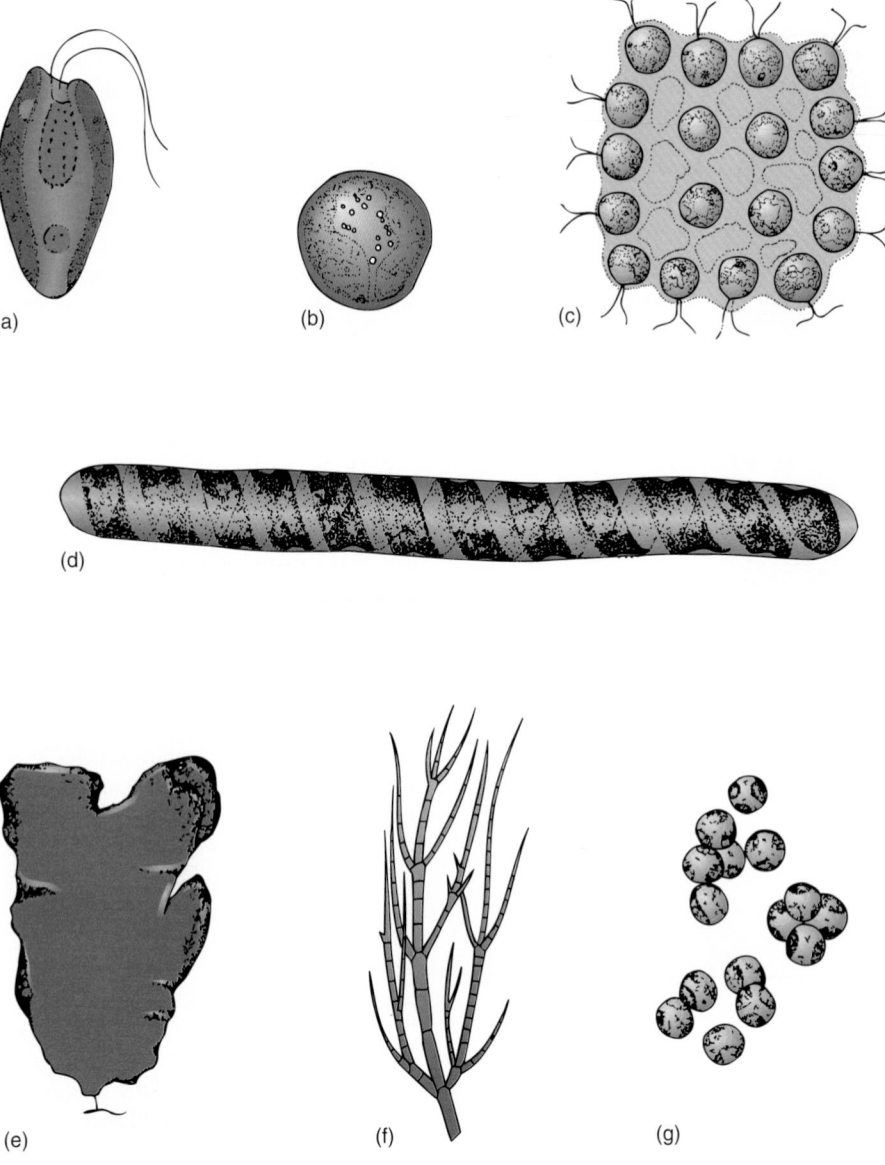

Figure 26.2 Schémas de corps d'algues : (**a**) unicellulaire, mobile, *Cryptomonas* ; (**b**) unicellulaire, non mobile, *Pulmelopsis* ; (**c**) en colonie, *Gonium* ; (**d**) filamenteuse, *Spirotaenia* ; (**e**) kelp lamellaire, *Monostroma* ; (**f**) axe tubulaire feuillu, touffes de branches *Stigeoclonium* ; (**g**) unicellulaire, non mobile, *Chrysocapsa*.

D'autres algues ont un mode de reproduction sexuée. Des oeufs se forment à l'intérieur de cellules végétatives relativement peu modifiées, appelées **oogones**, celles-ci fonctionnent comme structures femelles. Les spermatozoïdes sont produits dans des structures mâles spécialisées appelées **anthéridies**. Dans la reproduction sexuée, il y a fusion de ces gamètes pour produire un **zygote** diploïde.

---

1. Comment les algues peuvent-elles être classées sur la base de leur mode de nutrition ?
2. Quels sont les différents types de thalles ?
3. Comment les algues se reproduisent-elles de façon asexuée ?
4. Comment les algues se reproduisent-elles de façon sexuée ?

26.7   Les caractéristiques des embranchements d'algues

Chlorophyta (algues vertes)

Les **chlorophycées** ou algues vertes, forment un embranchement extrêmement varié. Elles se développent dans l'eau douce et salée, dans le sol, sur d'autres organismes et dans d'autres organismes. Les chlorophycées possèdent les chlorophylles a et b ainsi que des caroténoïdes spécifiques, les réserves sucrées sont sous forme d'amidon. Beaucoup ont des parois cellulosiques. Elles montrent une large diversité de formes, depuis le type unicellulaire jusqu'au type en colonie, filamenteux, membranaire et tubulaire (**figure 26.3**). Certaines espèces ont un crampon, structure qui les fixe au substrat. On trouve chez les algues vertes les reproductions sexuée et

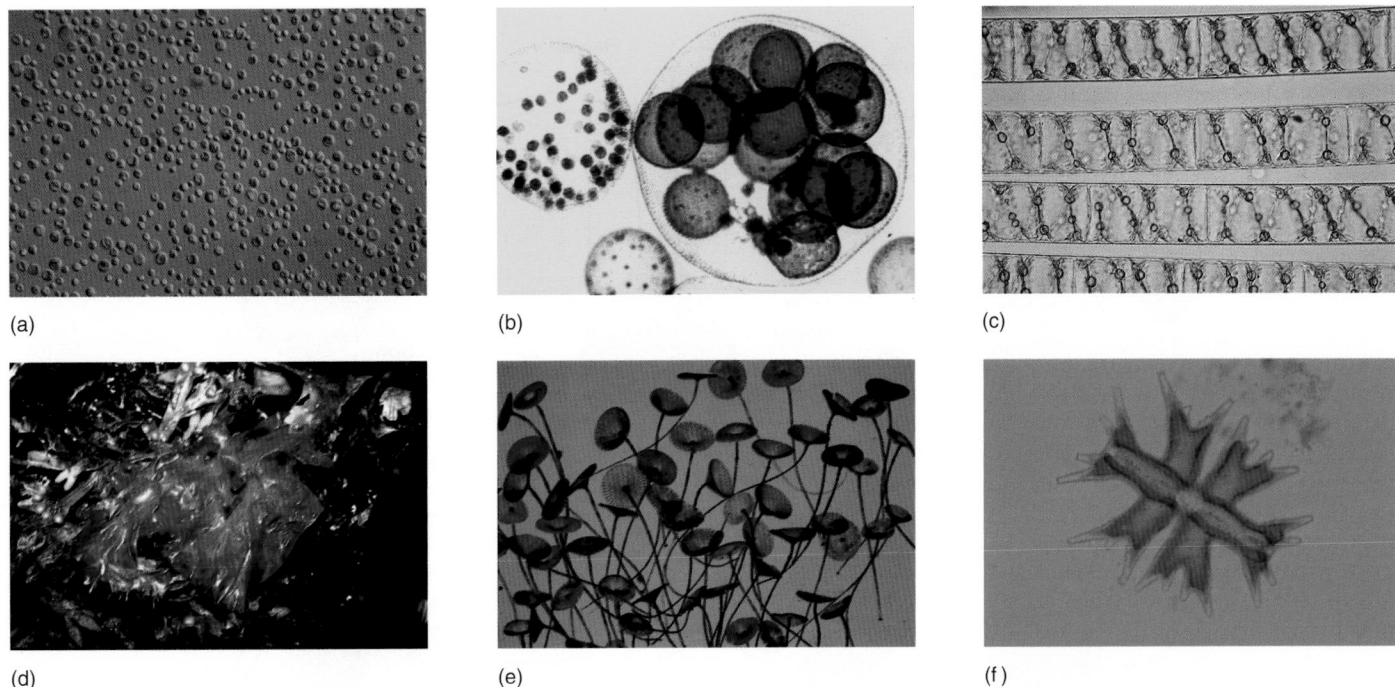

(a)   (b)   (c)

(d)   (e)   (f)

Figure 26.3 Les chlorophycées (algues vertes) ; Images au microscope optique. (**a**) *Chlorella*, une algue verte unicellulaire non mobile (x 160). (**b**) *Volvox*, une algue verte typiquement en colonie (x 450). (**c**) *Spirogyra*, une algue verte filamenteuse (x 100). On voit quatre filaments. Notez, dans chaque filament, les chloroplastes spiralés en forme de ruban. (**d**) *Ulva*, appelée communément laitue de mer, avec apparence feuillue. (**e**) *Acetabularia*, « le verre à vin de la sirène ». (**f**) *Micrasterias*, une grande desmidiée (x 150).

asexuée. Suivant les schémas de classification moléculaire, les algues vertes sont associées aux plantes terrestres et possèdent des mitochondries à crêtes lamellaires (**diagramme phylogénique 26**).

Chlamydomonas est une algue verte unicellulaire très représentative (**figure 26.4**). Les cellules possèdent deux flagelles d'égale longueur au pôle antérieur grâce auxquels elles se déplacent rapidement dans l'eau. Chaque cellule a un noyau unique haploïde, un grand chloroplaste, un pyrénoïde visible et un **stigma** (ou **tache oculaire**) qui aide la cellule par des réponses phototactiques. Deux petites vacuoles pulsatiles à la base des flagelles fonctionnent comme organites osmotiques et rejettent l'eau continuellement. *Chlamydomonas* se reproduit de façon asexuée en formant des zoospores par division cellulaire. L'algue se reproduit aussi sexuellement lorsque certains produits de la division cellulaire fonctionnent comme gamètes et fusionnent pour former un zygote diploïde portant quatre flagelles. Celui-ci perd finalement ses flagelles et entre en phase de repos. La méiose se produit à la fin de cette phase et forme quatre cellules haploïdes qui donnent naissance à des adultes.

Depuis des organismes comme *Chlamydomonas*, les algues vertes ont évolué suivant certaines lignes distinctes de spécialisation. La première ligne contient les algues vertes unicellulaires non mobiles, telle *Chlorella* (figure 26.3*a*), très répandue dans les eaux douces comme salées et dans le sol. Elle ne se reproduit que de façon asexuée et est dépourvue de flagelle, de tache oculaire et de vacuole pulsatile ; le noyau est très petit.

Des organismes coloniaux, mobiles tels *Volvox*, représentent la seconde ligne principale de spécialisation évolutive. Une colonie de *Volvox* (figure 26.3*b* ; *voir aussi figure 2.8*b) est une sphère creuse, faite d'une couche simple de 500 à 60.000 cellules individuelles, chacune possédant deux flagelles et ressemblant à *Chlamydomonas*. Les flagelles de toutes les cellules battent de façon coordonnée et la colonie tourne dans le sens des aiguilles d'une montre en se déplaçant dans l'eau. Quelques cellules seulement sont reproductrices, elles sont localisées au pôle postérieur de la colonie. Certaines se divisent de façon asexuée et produisent de nouvelles colonies. D'autre produisent des gamètes. Après fertilisation, le zygote se divise pour former une colonie fille. Dans les deux cas, les colonies filles restent à l'intérieur de la colonie parentale jusqu'à ce que celle-ci éclate.

Une algue verte, *Prototheca moriformis*, est responsable d'une maladie, la **protothécose** chez l'homme et les animaux. *Prototheca* est assez commune dans le sol et c'est là l'origine de la plupart des infections. On a rapporté chez l'animal des cas d'infection systémique sévère avec invasion massive du sang. Plus commun chez les humains est le type d'infection sous-cutanée. Il débute comme une petite lésion et se répand lentement par les ganglions lymphatiques, couvrant de larges zones du corps.

1. Quelles sont les formes des algues vertes ?
2. Comment les algues vertes se reproduisent-elles ?
3. Décrivez la structure de *Chlamydomonas, Chlorella* et *Volvox*.
4. Pourquoi l'algue verte *Prototheca* est-elle médicalement importante ?

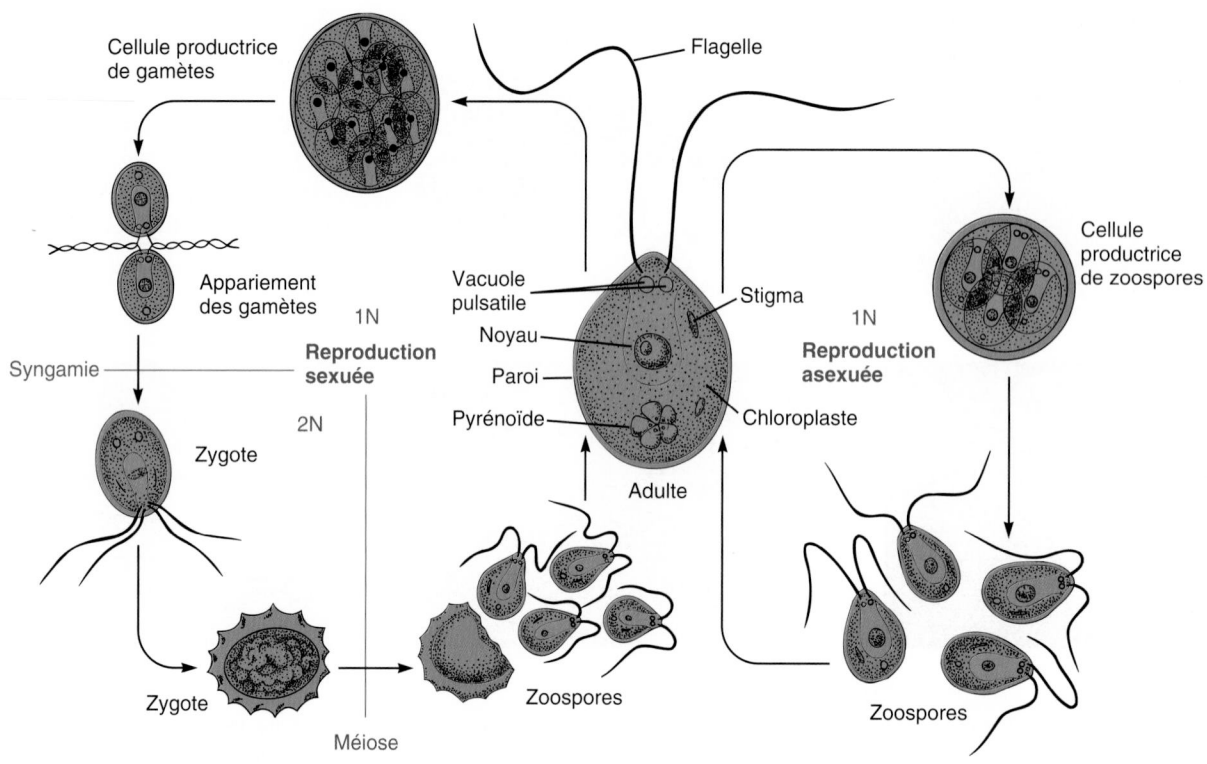

Figure 26.4 *Chlamydomonas* : **Structure et cycle de cette algue verte mobile.** Au cours de la reproduction asexuée, toutes les structures sont haploïdes ; au cours de la reproduction sexuée, seul le zygote est diploïde.

Charophyta

Les **charophycées** sont abondamment répandues dans les eaux douces et saumâtres du monde entier. Souvent, elles apparaissent comme une couverture dense au fond d'étangs peu profonds. Certaines espèces précipitent le carbonate de calcium et de magnésium de l'eau pour former un dépôt calcaire.

Euglenophyta (**Euglénoïdes**)

Les **euglénoïdes** ont comme les chlorophycées et charophycées, les chlorophylles a et b dans leurs chloroplastes. Le principal produit de réserve est le paramylon (un polysaccharide fait de molécules de glucose associées par liaison β-1,3), qui est unique aux euglénoïdes. On les trouve dans les eaux douces, saumâtres et marines et sur les sols humides ; ils forment souvent des fleurs d'eau sur les étangs et les abreuvoirs. Selon la classification moléculaire, les euglénoïdes sont associés aux amoeboflagellés (protozoaires flagellés) et aux kinétoplastides car tous les membres ont des séquences ARNr apparentées et des mitochondries à crêtes discoïdales à un certain stade de leur cycle biologique (diagramme phylogénique 26).

Le genre le plus représentatif est *Euglena*. Une euglène typique (**figure 26.5**) est allongée et entourée d'une membrane plasmique. A l'extérieur de la membrane plasmique se trouve une structure appelée **cuticule**, qui est faite de bandes de protéines articulées, assemblées côte à côte. La cuticule est suffisamment élastique pour permettre à la cellule de tourner et s'infléchir. Cependant, elle est suffisamment rigide pour empêcher d'importantes modifications de forme. Il y a plusieurs chloroplastes conte-

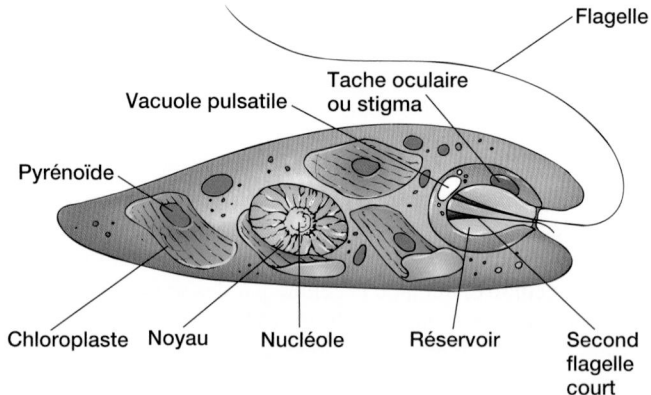

Figure 26.5 L'euglène. Schéma illustrant les structures principales de cet euglénoïde. Notez que le second flagelle court n'émerge pas de l'invagination antérieure. Chez certains euglénoïdes, les deux flagelles ressortent.

nant les chlorophylles *a* et *b* ainsi que des caroténoïdes. Le grand noyau contient un nucléole proéminent. Le stigma est proche du réservoir antérieur. Une grande vacuole pulsatile, proche de ce réservoir collecte continuellement l'eau de la cellule et la vide dans le réservoir, régulant ainsi la pression osmotique à l'intérieur de l'organisme. Deux flagelles sont fixés à la base du réservoir, bien qu'un seul émerge du canal et batte activement pour déplacer la cellule. La reproduction des euglénoïdes se fait par division mitotique longitudinale.

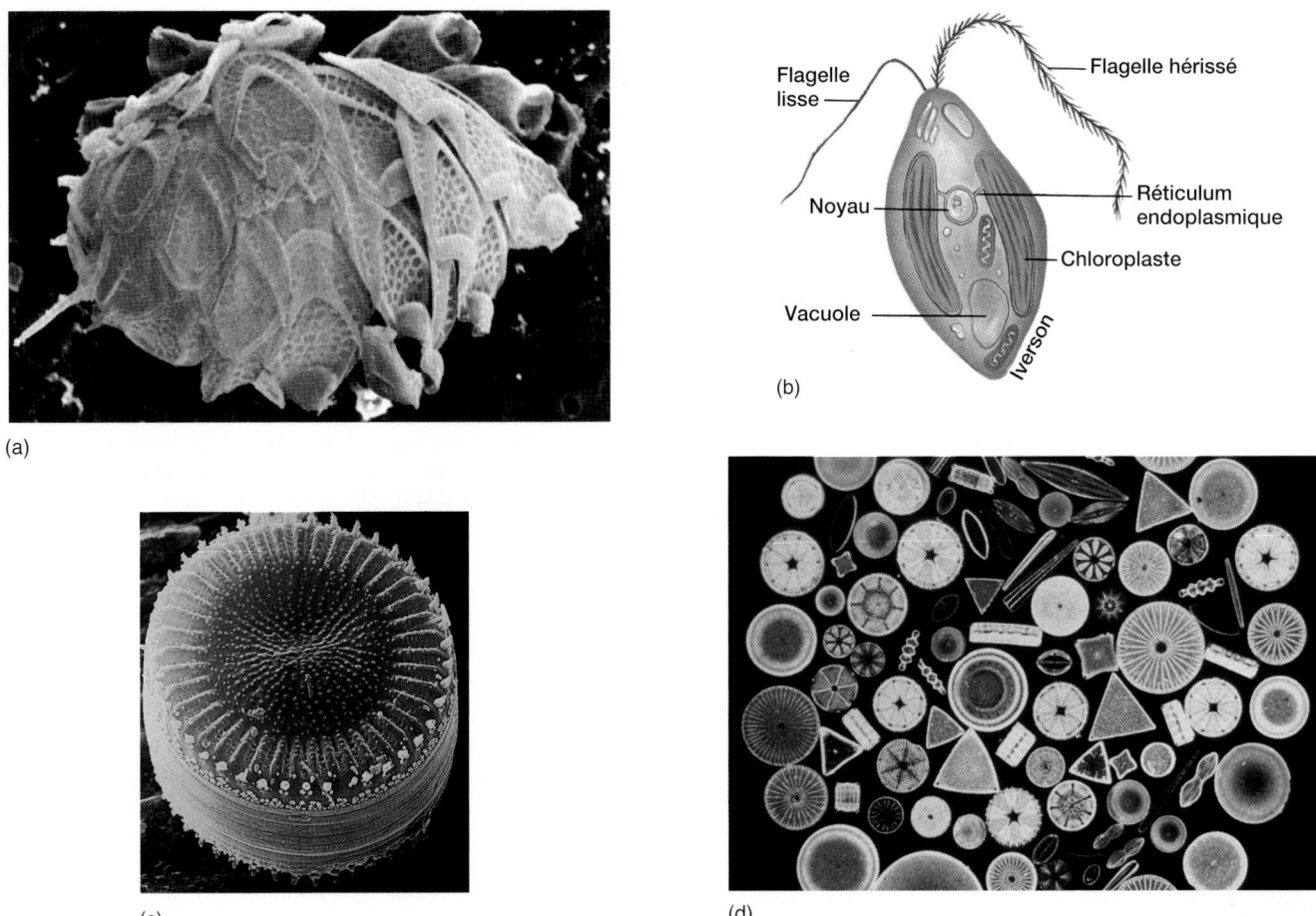

Figure 26.6 Les chrysophycées (algues vert-jaune et brun-jaune ; diatomées). (**a**) Image au microscope électronique à balayage de *Mallomonas*, une chrysophycée, montrant les écailles de silice. Les écailles sont enrobées dans une paroi de pectine mais synthétisées dans l'appareil de Golgi et transportées par des vésicules à la surface cellulaire (x 9.000). (**b**) *Ochromonas*, chrysophycée unicellulaire. Diagramme montrant la structure cellulaire typique. (**c**) Image au microscope à balayage d'une diatomée, *Cyclotella meneghiniana* (x 750). (**d**) Ensemble de diatomées arrangées par un utilisateur du microscope optique (x 900).

Chrysophyta (algues brun-jaune et vert-jaune ; diatomées)

L'embranchement des chrysophycées est très diversifié en ce qui concerne les pigments, la paroi cellulaire et le type de cellule flagellée. Selon la classification moléculaire, ces algues sont associées aux straménopiles et possèdent des mitochondries à crêtes tubulaires (diagramme phylogénique 26). L'embranchement est divisé en trois classes principales : les algues brun-jaune, les algues vert-jaune et les diatomées. Les pigments photosynthétiques principaux sont généralement les chlorophylles a et c$_1$/c$_2$ et un caroténoïde appelé fucoxanthine. Lorsque la fucoxanthine est le pigment dominant, les cellules ont une couleur brun-jaune. Le glucide principal de réserve chez les chrysophytes est la **chrysolaminarine** (un sucre de réserve composé principalement de résidus glucose liés par liaison β-1,3).

Certaines chrysophycées sont dépourvues de paroi cellulaire ; d'autres ont des enveloppes à dessins compliqués, externes à la membrane plasmique, telles des **écailles (figure 26.6***a***)** et des plaques. Les diatomées ont une paroi caractéristique en deux pièces de silice appelée **frustule**. Deux flagelles antérieurs d'inégale longueur sont communs parmi les chrysophytes (figure 26.6*b*), mais certaines espèces n'ont pas de flagelle et d'autres ont soit un flagelle, soit deux d'égale longueur.

Les chrysophycées sont pour la plupart des formes unicellulaires ou en colonies. La reproduction est généralement asexuée mais occasionnellement peut être sexuée. Les algues vert-jaune et brun-jaune vivent en majorité dans l'eau douce bien qu'on connaisse quelques formes marines. Le développement de certaines espèces donne des odeurs et un goût déplaisants à l'eau potable.

Les **diatomées** (figure 26.6*c,d* ; *voir aussi figure 4.1*b) sont des cellules de chrysophytes, photosynthétiques, circulaires ou oblongues ; leur frustule est composé de deux moitiés ou thèques qui s'emboîtent comme une boîte de Petri (d'où leur nom, du grec *diatomos*, coupé en deux). La grande moitié s'appelle **épithèque** tandis que la petite est l'**hypothèque**. Les diatomées vivent dans

Encadré 26.1

Importance pratique des diatomées

Pour les hommes, les diatomées ont une signification économique tant directe qu'indirecte. Comme les diatomées forment la majeure partie du phytoplancton dans les parties les plus froides de l'océan, elles constituent la source la plus importante d'aliments pour les poissons et les autres animaux marins de ces régions. On peut trouver dans un litre d'eau de mer, jusqu'à un million de diatomées.

Lorsque les diatomées meurent, leurs frustules sombrent dans le fond. Les frustules siliceux qui ne sont pas affectés par la mort de la cellule, s'accumulent sur les fonds des milieux aquatiques. Ils forment des dépôts appelés diatomites ou **terre de diatomées**. Ce matériau est utilisé comme ingrédient actif dans de nombreuses préparations commerciales, dont les détergents, les abrasifs fins, les décapants, les huiles décolorantes et désodorisantes et les engrais. La diatomite est aussi très utilisée comme agent filtrant, comme matière isolante (briques réfractaires), comme produit anti-bruit et comme additif à la peinture pour augmenter la visibilité nocturne des signaux et des plaques d'immatriculation.

L'utilisation des diatomées prend une importance croissante en tant qu'indicateur de la qualité de l'eau et de la tolérance à la pollution. On a codifié les tolérances spécifiques de certaines espèces à divers paramètres environnementaux (concentrations en sels, pH, éléments nutritifs, azote, température). Récemment, on a commercialisé un produit dérivé de la terre de diatomées (INSECTO) pour controler des insectes. Les parties molles du corps de l'insecte sont exposées mais protégées par un film cireux qui empêche la dessication. Quand elles entrent en contact avec la terre de diatomées d'INSECTO, les frustules siliceuses brisent le film de cire ce qui entraîne la déshydratation et la mort de l'insecte. INSECTO est un insecticides physique contre lequel aucune résistance ne peut apparaître. De plus ce produit peut être ingéré par la volaille, le bétail et les animaux de compagnie sans effet néfaste.

---

l'eau douce, l'eau salée, sur le sol humide et forment une large part du phytoplancton (**encadré 26.1**). Les chloroplastes de ces chrysophytes contiennent les chlorophylles *a* et *c* ainsi que des caroténoïdes. Certaines diatomées sont des hétérotrophes facultatifs et peuvent absorber des molécules carbonées par les pores de leur paroi. Les cellules végétatives des diatomées sont diploïdes ; elles sont unicellulaires, coloniales ou filamenteuses ; elles sont dépourvues de flagelle, possèdent un grand noyau et des plastes. Lors de la reproduction, l'organisme se divise asexuellement, chaque moitié construisant une nouvelle thèque à l'intérieur de l'ancienne. A cause de ce mode de reproduction, les diatomées deviennent de plus en plus petites à chaque cycle de reproduction. Cependant, lorsque leur taille décroît jusqu'à 30 % de leur dimension d'origine, une reproduction sexuée se produit généralement. Les cellules végétatives, diploïdes subissent une méiose pour former des gamètes, ceux-ci fusionnent alors pour produire un zygote. Le zygote se développe en une auxospore, qui augmente de nouveau en taille et forme une nouvelle paroi. L'auxospore mature peut se diviser par mitose et produire des cellules végétatives à frustule normal.

Les frustules de diatomées sont faits de silice cristallisée [$Si(OH)_4$] avec une ornementation très fine (figure 26.6*c,d*). Ils présentent des dessins distincts, différents pour chaque espèce et souvent exceptionnellement beaux. La morphologie des frustules sert à l'identification des diatomées.

---

1. Comment les euglénoïdes se reproduisent-elles ?
2. Comment se reproduisent les diatomées ?
3. En quoi les cellules de diatomées diffèrent-elles de celles d'autres organismes ?

Phaeophyta (algues brunes)

Les phéophycées ou algues brunes (du grec phaeo, brun) sont des organismes multicellulaires, presqu'exclusivement marins. Certaines espèces ont les plus grandes dimensions connues dans le monde eucaryote (voir figure en tête de chapitre). Comme les algues brunes ont des crêtes mitochondriales tubulaires, elles sont associées aux straménopiles dans les schémas de classification moléculaire (diagramme phylogénique 26). La plupart des algues marquantes de couleur brune à vert olive appartiennent à cet embranchement. Les algues brunes les plus simples sont de petits filaments ramifiés ; les plus grandes espèces ont une organisation complexe. Certains grands **thalles** ou **kelps** sont très différenciés en lames aplaties, stipes et crampons qui ancrent l'algue aux roches (**figure 26.7a**). Des algues brunes, comme *Sargassum*, forment des masses flottantes immenses qui abondent dans la mer des Sargasses. La couleur de ces algues reflète la présence du pigment brun, la fucoxanthine, en plus des chlorophylles *a* et *c*, du β-carotène et de la violaxanthine. Le produit de réserve principal est la **laminarine** dont la structure est assez semblable à celle de la chysolaminarine.

Rhodophyta (algues rouges)

L'embranchement des rhodophycées ou algues rouges, inclut la majeure partie des grandes algues (**figure 26.8**). Si quelques-unes sont unicellulaires, la plupart sont filamenteuses et multicellulaires. Certaines algues rouges atteignent un mètre de long. Leur aliment de réserve est le glucide appelé amidon floridéen (composé de résidus glucose reliés par liaisons α 1–4 et α 1–6).

Les algues rouges contiennent un pigment rouge, la phycoérythrine, un des deux types de phycobilines qu'elles possèdent. L'autre pigment accessoire est bleu, c'est la phycocyanine. La présence de ces pigments explique comment les algues rouges peuvent vivre à des profondeurs de 100 mètres et plus. Les longueurs d'ondes lumineuses qui pénètrent à ces profondeurs (vert, violet et bleu) ne sont pas absorbées par la chlorophylle *a* mais bien par ces phycobilines. Il n'est donc pas surprenant de constater que la concentration de ces pigments augmente avec la profondeur et la diminution de l'intensité lumineuse. Après avoir absorbé l'énergie lumineuse, les phycobilines la transmettent à la chlorophylle *a*. Les algues apparaissent franchement rouges lorsque la phycoérythrine domine les autres pigments. Si la phycoérythrine est détruite par

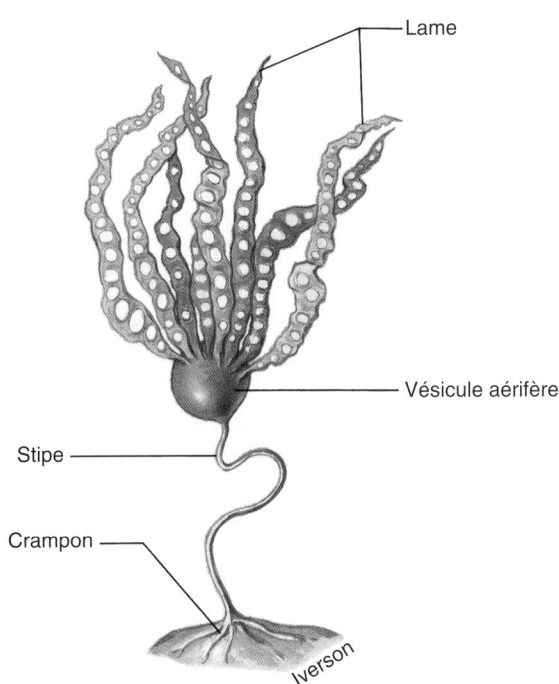

Figure 26.7 **Les phéophycées (algues brunes). (a)** Diagramme d'une algue brune, *Nereocystis*. A cause de leur crampon, les algues brunes restent fixées au substrat, malgré les marées les plus fortes et le ressac. Le stipe est un pied de longueur variable. La vésicule aérifère est un flotteur.

Figure 26.8 **Les rhodophycées (algues rouges).** Ces algues (*Coralina gracilis*) sont beaucoup plus petites et plus délicates que les algues brunes. Elles ont en majorité la morphologie filamenteuse et ramifiée montrée ici.

une lumière vive, les autres pigments prédominent et l'algue prend une teinte bleutée, brune ou vert foncé.

Dans les parois de la plupart des algues rouges, il y a une couche interne rigide faite de microfibrilles et d'une matrice mucilagineuse. Cette matrice est composée de polymères sulfatés du galactose, appelés agar, funori, porphysan et carraghénane. Ce sont ces quatre polymères qui donnent aux algues rouges leur texture souple et glissante. L'agar est utilisé intensivement dans les laboratoires comme composant des milieux de culture (*voir section 5.7*). Dans les parois de beaucoup d'algues rouges, il y a aussi des dépôts de carbonate de calcium, ceux-ci jouent un rôle important dans la construction des récifs coralliens.

Pyrrhophyta (dinoflagellés)

Les pyrrhophycées ou **dinoflagellés** sont des algues alvéolées photosynthétiques (diagramme phylogénique 26). Les dinoflagellés sont marins pour la plupart mais certains vivent dans l'eau douce. Avec les chrysophycées et les diatomées, les dinoflagellés forment une grande partie du plancton des eaux douces et marines, ils sont à la base de nombreuses chaînes alimentaires. Des espèces de *Noctiluca*, *Pyrodinium*, *Gonyaulax* et d'autres genres sont capables de produire de la lumière et sont responsables de la luminescence (phosphorescence) des océans la nuit. Parfois, les populations de dinoflagellés sont tellement importantes qu'il en résulte des marées rouges empoisonnées (**encadré 26.2**).

Les dinoflagellés se distinguent par les flagelles, les plaques protectrices et la biochimie. Beaucoup de dinoflagellés sont cuirassés de plaques de cellulose rigides, ornées, appelées thèques qui peuvent s'incruster de silice (**figure 26.9**). La plupart possèdent deux flagelles. Chez les dinoflagellés armés, ces flagelles battent dans deux sillons qui ceinturent la cellule – l'un équatorial (le cingulum), l'autre postérieur (le sulcus). Le flagelle longitudinal s'étend par derrière comme un gouvernail, le flagelle transversal, aplati comme un ruban, propulse la cellule vers l'avant tout en la faisant tourner. D'où le nom des dinoflagellés, du grec *dinein*, tournoyer.

La plupart des dinoflagellés possèdent les chlorophylles *a* et *c*, en plus de caroténoïdes et de xanthophylles. Ils ont ainsi généralement une couleur vert-jaune à brun. Leurs mitochondries ont des crêtes tubulaires.

Certains dinoflagellés peuvent ingérer d'autres cellules ; d'autres sont incolores et hétérotrophes. Quelques-uns même sont des symbiotes de méduses, d'anémones de mer, de mollusques et de coraux. Dans de telles relations symbiotiques, les dinoflagellés perdent leur plaque de cellulose et leurs flagelles, deviennent, dans les cellules hôtes, des globules sphériques brun – jaune et portent alors le nom de **zooxanthelles**.

1. Décrivez une lame géante ou « kelp ».
2. Pourquoi les algues rouges apparaissent-elles rouges ?
3. En quoi l'arrangement des flagelles des dinoflagellés est-il unique ?

Encadré 26.2

Les toxines des dinoflagellés

La bible rapporte que le premier fléau infligé par Moïse aux Egyptiens fut une marée rouge-sang qui tua le poisson et souilla l'eau. La Mer Rouge a probablement reçu son nom à la suite de ces floraisons d'algues toxiques. Des milliers d'années après, cette peste nous pose toujours des problèmes.

Les **marées rouges**, empoisonnées, qui se produisent fréquemment dans les zones côtières sont associées à des « efflorescences » (blooms) : des explosions de la population de dinoflagellés, le plus souvent des espèces *Gymnodinium* et *Gonyaulax*. Les pigments cellulaires des dinoflagellés sont responsables de la couleur rouge de l'eau. Dans ces conditions de floraison, les dinoflagellés produisent une neurotoxine puissante appelée saxitoxine. La toxine paralyse les muscles respiratoires striés de beaucoup de vertébrés en inhibant le transport du sodium, lequel est essentiel au fonctionnement des cellules nerveuses. La toxine n'est pas dangereuse pour les mollusques et les crustacés qui se nourrissent de dinoflagellés. Cependant, ceux-ci accumulent la toxine et deviennent empoisonnés pour des organismes comme les humains, consommateurs de fruits de mer. Il en résulte un **empoisonnement paralysant par les coquillages** ou empoisonnement neurotoxique par les coquillages. Cet empoisonnement se caractérise par un engourdissement de la bouche, des lèvres, de la face et des extrémités. La maladie dure de quelques heures à quelques jours et n'est généralement pas fatale.

Un autre type d'empoisonnement humain est appelé **ciguatera**. Il résulte d'une consommation de poissons marins (bar rouge, anguille, maquereau gris et d'Espagne) qui se sont nourris du dinoflagellé *Gambierdiscus toxicus*. La toxine de l'algue, appelée ciguatoxine s'accumule dans la chair du poisson. Il s'agit d'une des toxines les plus puissantes connues, elle subsiste dans la chair même après cuisson. Malheureusement, elle ne peut être détectée chez les poissons car ils n'en sont pas visiblement affectés. Chez les humains, la toxine peut causer des troubles gastrointestinaux, de fortes diarrhées, une confusion dans le système nerveux central et une défaillance respiratoire.

En 1988, une marée rouge a pendant longtemps empoisonné la côte du golfe de Floride, s'étendant au nord jusqu'en Caroline du Nord. Les dinoflagellés libéraient une neurotoxine appelée brèvetoxine et les autorités sanitaires arrêtèrent toute récolte de coquillages pour trois mois. En 1987, dans l'île Prince Edouard au Canada, plusieurs personnes moururent et des centaines devinrent malades pour avoir mangé des moules contaminées à l'acide domoïque. On retrouve cet acide dans une efflorescence de diatomées et d'algues brun-jaune réputées jusqu'à ce moment dépourvues de toute toxicité. La maladie résultante, appelée **empoisonnement amnésiant par les coquillages** entraîne chez les victimes une perte de la mémoire à court terme. En 1991, on découvrit que des pélicans se nourrissant d'anchois des côtes californiennes mouraient d'empoisonnement à l'acide domoïque. Les pêcheries de coquillages et de crabes de Washington à la Californie furent fermées pendant plusieurs mois, entraînant des pertes de centaines de millions de dollars. En 1993, on trouva de la saxitonine pour la première fois chez les crabes de l'Alaska. Il n'existe malheureusement pas de traitement pour des empoisonnements de ce type, seulement des mesures de soutien. D'une façon générale, les efflorescences d'algues toxiques sont en augmentation. Ainsi en 1997, *Pfiesteria piscicida* (du latin « tueur de poisson ») et d'autres dinoflagellés de type *Pfiesteria* causèrent la mort de nombreux poissons le long des côtes du Maryland et de Virginie. Une semblable destruction de poissons se produisit dans les années 1980 le long de la côte atlantique. La forme flagellée du dinoflagellé prédateur nage vers le poisson et libère ses toxines ; celles-ci tuent la proie qui peut alors être ingérée (voir p. 647). Personne ne sait de façon certaine pourquoi ces efflorescences toxiques deviennent plus fréquentes mais les phycologues pensent pour la plupart que le phénomène est du à l'apport continuel de nutriments comme les nitrates et les phosphates, dans les eaux côtières. Les sources majeures sont probablement les eaux d'égouts et de ruissellement sur les champs. Une autre possibilité est le commerce mondial : les bateaux transocéaniques véhiculent sans le vouloir les algues dangereuses donnant ainsi aux algues libre accès à d'autres ports et de nouveaux habitats où elles peuvent se développer. Comme nous mangeons de plus en plus de fruits de mer, cette menace d'une toxicité des océans du monde va se répandre dans le futur.

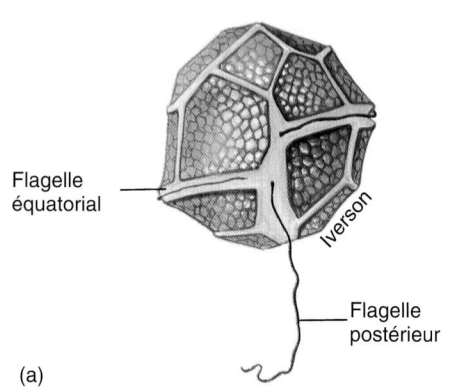

Flagelle équatorial

Iverson

Flagelle postérieur

(a)

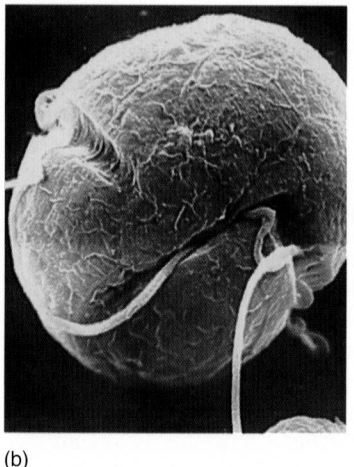

(b)

Figure 26.9 Les dinoflagellés. (a) *Ceratium.* **(b)** Image au microscope à balayage de *Gymnodinium* (x 4.000). Notez les plaques de cellulose et les deux flagelles : l'un dans le sillon transversal, l'autre dirigé vers l'extérieur.

Résumé

1. La phycologie ou algologie est l'étude des algues. Les algues sont des eucaryotes dépourvus de système vasculaire développé et de structures reproductrices complexes mais possédant de la chlorophylle et d'autres pigments pour réaliser la photosynthèse productrice d'oxygène (ou sont des parents proches d'espèces photosynthétiques).

2. On trouve des algues dans presque toutes les niches écologiques, dans les eaux douces, marines et saumâtres, dans certains environnements terrestres et sur des objets humides. Elles peuvent être des endosymbiotes, des parasites ou des composants des lichens et forment une grande partie du phytoplancton mondial.

3. La classification classique des algues est basée principalement sur des propriétés cellulaires (**tableau 26.1**), comme la structure et la chimie de la paroi cellulaire, la forme sous laquelle les aliments sont conservés, les types de chlorophylles et de pigments accessoires, les flagelles, la morphologie du thalle, l'habitat, les structures reproductrices et les modes de vie (**tableau 26.2**). Les systèmes de classification moléculaires indiquent que les algues sont polyphylétiques.

4. Les structures végétatives des algues varient de la relative simplicité d'une cellule unique (**figure 26.1**) à la frappante complexité d'organismes comme les kelps géants. Les algues peuvent être unicellulaires, en colonies, filamenteuses, membraneuses ou tubulaires (**figure 26.2**).

5. Les reproductions sexuée comme asexuée existent chez les algues. La reproduction asexuée implique une fragmentation, la production de spores ou la scission binaire. Lors de la reproduction sexuée, il y a fusion de gamètes pour former un zygote.

6. Les algues vertes ou chlorophycées (*Chlorophyta*) sont un groupe très divers d'organismes, abondant dans la mer, l'eau douce et les habitats terrestres mouillés (**figure 26.3**).

7. Les charophycées (*Charophyta*) ont des structures plus complexes que les algues vertes. Elles possèdent de courtes branches en spirale qui partent régulièrement de leurs noeuds. Leurs gamétanges sont complexes et multicellulaires. Elles sont abondantes dans les eaux douces à saumâtres et ce sont des fossiles communs.

8. Les euglénoïdes (*Euglenophyta*) possèdent des chloroplastes biochimiquement similaires à

ceux des algues vertes. Ils ont une cuticule souple protéique à l'extérieur de la membrane plasmique (**figure 26.5**).

9. Les chrysophycées (*Chrysophyta*) groupent les algues brun-jaune, les algues vert-jaune et les diatomées ; elles varient fortement suivant la composition en pigment, la structure de la paroi cellulaire et le type de cellule flagellée (**figure 26.6**).

10. Les phéophycées ou algues brunes (*Phaeophyta*) sont des algues marines multicellulaires dont certaines peuvent atteindre des longueurs de 75 mètres. Les kelps géants — les plus grandes algues brunes — apportent beaucoup aux hommes et à la productivité de la mer (**figure 26.7**).

11. Les rhodophycées ou algues rouges (*Rhodophyta*) possèdent la chlorophylle *a* et des phycobilines ; elles se développent généralement dans des grandes profondeurs. Certaines produisent de l'agar (**figure 26.8**).

12. Les dinoflagellés (*Pyrrhophyta*) sont des algues mobiles unicellulaires ; elles sont responsables des marées rouges, qui sont empoisonnées pour beaucoup d'êtres vivants (**figure 26.9**).

Mots-clés

algue *571*
algologie *571*
anthéridie *574*
aplanospore *573*
benthique *571*
chrysolaminarine *577*
ciguatera *580*
cuticule *576*
diatomée *577*
dinoflagellé *579*
écaille *577*
empoisonnement amnésiant dû aux coquillages *580*
empoisonnement paralysant dû aux coquillages *580*

épithèque *577*
euglénoïde *576*
fragmentation *573*
frustule *577*
hypothèque *577*
kelp *578*
laminarine *578*
marée rouge *580*
neustonique *571*
oogone *574*
phycologie *571*
phytoplancton *571*
plancton *571*

planctonique *571*
protothécose *575*
pyrénoïde *573*
scission binaire *573*
spore *573*
stigma (tache oculaire) *575*
terre de diatomées *578*
thalle *573*
zooplancton *571*
zoospore *573*
zooxanthelle *579*
zygote *574*

Questions de révision

1. Comment les algues se distinguent-elles des bactéries photosynthétiques ?

2. Quelles sont les caractéristiques utilisées comme bases de la classification des algues ?

3. Bien que la structure multicellulaire ait des origines différentes dans les différents groupes multicellulaires, comment les algues vertes actuelles fournissent-elles un exemple particulièrement clair de l'origine probable de la nature multicellulaire ?

4. Quelles caractéristiques les euglénoïdes partagent-ils avec les plantes supérieures ? Avec les animaux ? Pourquoi sont-ils considérés comme des protistes ?

5. Pourquoi les algues marines varient-elles tellement plus en forme et en taille que celles trouvées dans l'eau douce ?

6. Dans le phytoplancton des océans (par exemple la mer des Sargasses), les algues sont prédominantes et ces cellules sont la base des

chaînes alimentaires océaniques. Quelles sont les caractéristiques morphologiques montrant l'adaptation des algues du plancton à la flottaison ?

7. Les algues d'eau douce ont une distribution mondiale. Elles colonisent rapidement les lacs artificiels et les prises d'eau. Comment font les algues pour avoir une dispersion aussi large ?

8. Quel est le problème rencontré par les diatomées lors d'une reproduction asexuée continue ? Comment ce problème est-il résolu ?

9. En quoi les algues rouges sont-elles similaires aux cyanobactéries ?

10. Quelles sont les caractéristiques importantes des algues vertes ? Des algues rouges ? Des algues brunes ? Des dinoflagellés ?

11. Décrivez les caractères distinctifs de chaque groupe majeur d'algues présenté dans ce chapitre.

Questions de réflexion

1. Pourquoi les algues ont-elles autant de pigments différents pour la photosynthèse ? Ces pigments servent-ils à quelque chose ?

2. Pourquoi ne connaissons-nous pas aussi bien la biologie des algues que celles des mycètes, des virus et des bactéries ?

Lectures complémentaires

Généralités

Bold, H. C., et Wynne, M. J. 1985. *Introduction to the algae,* 2e éd. Englewood Cliffs, N.J.: Prentice-Hall.

Darley, W. M. 1982. *Algal biology: A physiological approach.* Boston: Blackwell Scientific Publications.

Knoll, A. 1992. The early evolution of eukaryotes: A geological perspective. *Science* 256:622–27.

Lee, R. E. 1989. *Phycology,* 2e éd. New York: Cambridge University Press.

Leipe, D.; Wainright P.; Gunderson, J.; Porter, D.; Patterson, D.; Valois, D.; Himmerich, S.; et Sogin, M. 1994. The stramenopiles from a molecular perspective: 16S-like rRNA sequences from *Labyrinthuloides minuta* and *Cafeteria roenbergenesis. Phycologia* 33:369–77.

Lembi, C. A., et Waaland, J. R., éd. 1988. *Algae and human affairs.* New York: Cambridge University Press.

Noble, R. C. 1990. Death on the half-shell: The health hazards of eating shellfish. *Perspect. Biol. Med.* 33:313–22.

Patterson, D. 1989. Stramenopiles: chromphytes from a protistan perspective. In *The chromophyte algae problems and perspectives,* J. Green, B. Leadbeater, et W. Diver, éd. Oxford: Clarendon Press.

Prescott, G. W. 1978. *How to know the freshwater algae,* 3e éd. Dubuque, Iowa: Wm. C. Brown Publishers.

Scagel, R. F.; Bandoni, R. J.; Maze, J. R.; Rouse, G. E.; Schofield, W. B.; et Stein, J. R. 1982. *Nonvascular plants: An evolutionary survey.* Belmont, Calif.: Wadsworth.

Sze, P. 1993. *A biology of the algae,* 2e éd. Dubuque, Iowa: Wm. C. Brown Publishers.

Van den Hoek, C.; Mann, D.; et Jahns, H. 1995. *An introduction to the algae.* New York: Cambridge University Press.

26.1   La distribution des algues

Round, F. E. 1984. *The ecology of algae.* New York: Cambridge University Press.

26.2   La classification des algues

Perasso, R. 1989. Origin of the algae. *Nature* 339:142–44.

26.3   L'ultrastructure de la cellule d'algue

Grossman, A.; Schaefer, M.; Chiang, G.; et Collier, J. 1993. The phycobilisome, a light-harvesting complex responsive to environmental conditions. *Microbiol. Rev.* 57(3):725–49.

Jacobs, W. P. 1994. *Caulerpa. Sci. Am.* 271(6):100–05.

Van Etten, J.; Lane, L.; et Meints, R. 1991. Viruses and viruslike particles of eukaryotic algae. *Microbiol. Rev.* 55(4):586–620.

26.6   La reproduction des algues

Gray, M. W. 1994. One plus one equals one: The making of a crytomonad alga. *ASM News* 60(8):423–27.

26.7   Les caractéristiques des embranchements d'algues

Anderson, D. 1994. Red tides. *Sci. Am.* 271(2):62–69.

Hallegraeff, G. M. 1993. A review of harmful algal blooms and their apparent global increase. *Phycologia* 32(2):79–99.

Lobban, C. S., et Wynne, M. J., éd. 1981. *The biology of seaweeds.* Oxford: Blackwell Scientific Publications.

McCourt, R. M. 1995. Green algal phylogeny. *Trends Ecol. Evol.* 10(4):159–63.

Saffo, M. B. 1987. New light on seaweeds. *BioScience* 37:170–80.

Steidinger, K. A., et Haddad, K. 1981. Biologic and hydrographic aspects of red tides. *BioScience* 31:814–19.

Van der Meer, J. P. 1983. The domestication of seaweeds. *BioScience* 33, 172-76.

CHAPITRE 27

Les protozoaires

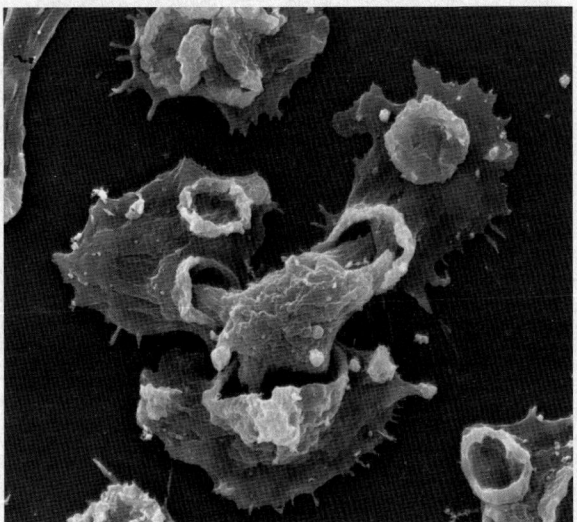

Ceci est une image au microscope électronique à balayage (x 2.160) du protozoaire *Naegleria fowleri*. Trois *N. fowleri*, d'une culture axénique, attaquent et commencent à engloutir une quatrième amibe, probablement morte, grâce à leurs amibastomes (structures en suçoirs qui réalisent la phagocytose). Cette amibe est le principal agent d'une maladie humaine appelée méningo-encéphalite primaire amibienne.

Plan

Concepts

1. Les protozoaires sont des protistes dont la nutrition est hétérotrophe et les modes de locomotion divers. Ils occupent un large éventail de biotopes et de niches ; ils possèdent des organites semblables à ceux d'autres cellules eucaryotes ainsi que des organites spécialisés.

2. Les protozoaires sont répartis en 7 embranchements : *Sarcomastigophora*, *Labyrinthomorpha*, *Apicomplexa*, *Microspora*, *Ascetospora*, *Myxozoa* et *Ciliophora*. Ces embranchements représentent quatre groupes principaux : les flagellés, les amibes, les ciliés et les sporozoaires. Selon la classification moléculaire, les protozoaires sont des eucaryotes polyphylétiques.

3. Les protozoaires se reproduisent habituellement de manière asexuée, par scission binaire. Certains ont des cycles sexués impliquant une méiose et la fusion de gamètes ou de noyaux gamétiques formant un zygote diploïde. Le zygote est souvent une cellule résistante, en repos, à paroi épaisse, appelée un kyste. Certains protozoaires réalisent la conjugaison au cours de laquelle les noyaux sont échangés entre les cellules.

4. Tous les protozoaires ont un ou plusieurs noyaux ; certains ont un macro- et un micro-noyau.

5. Divers protozoaires se nourrissent par pinocytose ou phagocytose ; certains sont des prédateurs, d'autres des parasites.

Quel agréable spectacle ils offrent vraiment. Leurs formes varient depuis les larmes en passant par les cloches, les tonneaux, les coupes, les cornes d'abondance, les étoiles, les flocons de neige, les soleils rayonnants jusqu'aux amibes ordinaires qui n'ont aucune forme précise. Certains vivent dans des paniers qui semblent avoir été délicatement ciselés en filigrane d'ivoire. D'autres utilisent des fragments colorés de silice pour construire des domes brillants en mosaïque. Certains fabriquent même de gracieux récipients transparents en forme de vases ou de verres à vin en cristal fin dans lesquels ils élisent domicile.

— *Helena Curtis*

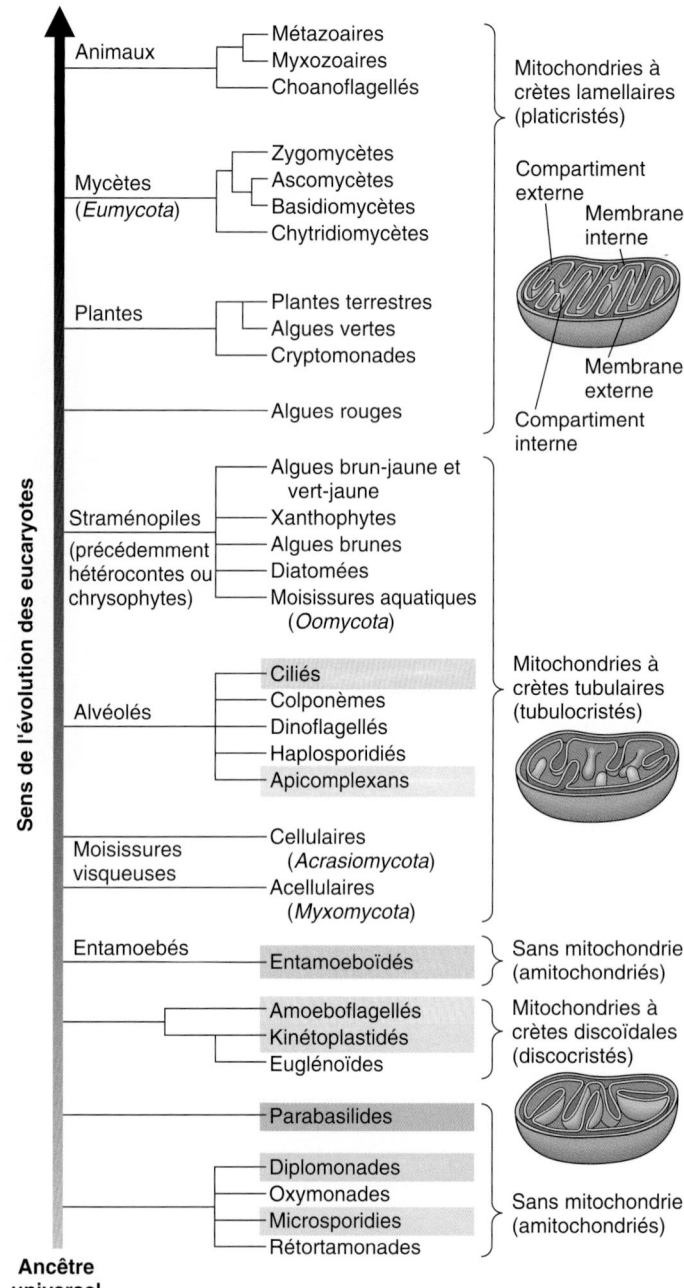

e chapitre 27 présente les principales caractéristiques biologiques des protistes connus sous le nom de protozoaires. Les groupes les plus importants sont les flagellés, les amibes, les sporozoaires et les ciliés. Ces protistes illustrent le grand potentiel adaptatif de la cellule unique eucaryote fondamentale, comme le montrent clairement leurs origines nombreuses en embranchements non apparentés (**diagramme phylogénique 27**).

L'étude des micro-organismes appelés **protozoaires** (du grec *protos*, premier et *zoon*, animal) constitue une discipline appelée **protozoologie**. Un protozoaire peut être défini comme un protiste unicellulaire eucaryote habituellement mobile. Les protozoaires sont reliés uniquement sur la base d'une seule caractéristique négative : ils ne sont pas multicellulaires. Tous, cependant, montrent l'organisation de base d'un protiste eucaryote unicellulaire.

27.1   La répartition

Les protozoaires occupent un large éventail de biotopes humides. L'humidité est absolument nécessaire à l'existence des protozoaires car ils sont sensibles à la dessiccation. La majorité des protozoaires vivent librement dans des milieux dulçaquicoles ou marins. On trouve de nombreux protozoaires terrestres dans les matières organiques en décomposition, dans le sol et même dans le sable des plages. Certains sont des parasites de végétaux ou d'animaux.

27.2   L'importance

Les protozoaires jouent un rôle important dans l'économie de la nature. Par exemple, ils constituent une partie importante du **plancton** : petits organismes aquatiques flottant librement qui sont un lien important dans les nombreux réseaux et chaînes alimentaires des milieux aquatiques. Une **chaîne alimentaire** est formée d'une série d'organismes, chacun se nourrissant de l'autre. Un **réseau alimentaire** est un ensemble complexe de chaînes alimentaires entrecroisées. Les protozoaires sont également utiles à la recherche en biochimie et en biologie moléculaire. De nombreuses voies biochimiques utilisées par les protozoaires le sont par toutes les cellules eucaryotes. Finalement, quelques-unes des maladies humaines (*voir section 40.2*) et animales (**tableau 27.1**) les plus importantes sont provoquées par des protozoaires. Micro-organismes et écosystèmes (pp. 622-23).

Diagramme phylogénique 27   Essai d'établissement d'un arbre phylogénique des eucaryotes de type « Protozoaire » sur la base d'une comparaison des séquences d'ARNr 18S. La phylogénie moléculaire récente basée sur l'ARNr nucléaire SSU indique que ces eucaryotes proviennent de nombreux phyllums (les groupes de protozoaires sont soulignés par différentes couleurs). Ainsi, comme les algues, les protozoaires ne représentent pas un groupe monophylétique et le taxon « Protozoaires » ne devrait plus apparaître dans les classifications qui tentent de rendre compte de l'évolution moléculaire réelle. Le mot « protozoaire » est cependant toujours employé - comme il l'est dans ce chapitre - pour désigner un groupe d'organismes eucaryotes polyphylétiques non apparentés mais qui partagent des caractéristiques morphologiques, écologiques, biochimiques et de reproduction.

Tableau 27.1 **Protozoaires pathogènes provoquant des maladies importantes chez les animaux domestiques**

Groupe de protozoaires[a]	Genre	Hôte	Site préférentiel de l'infection	Maladie
Amibes	*Entamoeba*	Mammifères	Intestin	Amibiase
	Iodamoeba	Porc	Intestin	Entérite
Sporozoaires	*Babesia*	Bétail	Cellules sanguines	Piroplasmose (Babésiose)
	Theileria	Bétail, moutons, chèvres	Cellules sanguines	Theileriose
	Sarcocystis	Mammifères, oiseaux	Muscles	Sarcosporidiose
	Toxoplasma	Chats, porc, cobaye, souris	Intestin	Toxoplasmose
	Isospora	Chiens	Intestin	Coccidiose
	Eimeria	Bétail, chats, volaille, porc	Intestin	Coccidiose
	Plasmodium	Nombreux animaux	Sang, foie	Malaria
	Leucocytozoon	Oiseaux	Rate, poumons, sang	Leucocytozoonose
	Cryptosporidium	Mammifères	Intestin	Cryptosporidiose
Ciliés	*Balantidium*	Porc	Gros intestin	Balantidiose
Flagellés	*Leishmania*	Chiens, chats, chevaux, moutons, bétail	Rate, moelle, muqueuses	Leishmaniose
	Trypanosoma	La plupart des animaux	Sang	Trypanosomiase
	Trichomonas	Chevaux, bétail	Système génital	Trichomonase (avortement)
	Histomonas	Oiseaux	Intestin	Maladie de la tête noire
	Giardia	Mammifères	Intestin	Giardiase

[a]Ces groupes se distinguent l'un de l'autre principalement par leur mode de locomotion (voir texte).

27.3 La morphologie

Comme les protozoaires sont des cellules eucaryotes, leur morphologie et leur physiologie sont, sous maints aspects, semblables à celles des cellules présentes chez les animaux multicellulaires (*voir figures 4.2 et 4.3*). Cependant, comme l'ensemble des diverses fonctions vitales doivent s'exécuter dans le protozoaire unicellulaire, certaines caractéristiques morphologiques et physiologiques sont uniques aux protozoaires. Chez certaines espèces, le cytoplasme placé immédiatement sous la membrane plasmique est semi-solide ou gélatineux, donnant une certaine rigidité au corps cellulaire. On l'appelle l'**ectoplasme**. La base des flagelles ou des cils et les structures fibrillaires qui y sont associées, sont enfouies dans l'ectoplasme. La membrane plasmique et les structures immédiatement sous-jacentes portent le nom de **pellicule**. A l'intérieur de l'ectoplasme se trouve la zone appelée **endoplasme** qui est plus fluide, dont la composition est granulaire et qui contient la plupart des organites. Certains protozoaires ont un noyau, d'autres ont deux ou plusieurs noyaux identiques. D'autres encore, possèdent deux types distincts de noyaux, un macronoyau et un ou plusieurs micronoyaux. Le **macronoyau**, lorsqu'il est présent, est nettement plus grand et associé aux activités trophiques et au processus de régénération. Le **micronoyau** est diploïde et impliqué dans la recombinaison génétique durant la reproduction et la régénération du macronoyau.

On distingue habituellement dans le cytoplasme des protozoaires, une ou plusieurs vacuoles ; elles sont différenciées en vacuoles pulsatiles, sécrétoires et alimentaires. Les **vacuoles pulsatiles** sont des organites osmorégulateurs chez les protozoaires vivant dans un milieu hypotonique comme un lac d'eau douce. La balance osmotique est maintenue par l'expulsion continuelle de l'eau. La plupart des protozoaires marins et des espèces parasites sont isotoniques par rapport à leur milieu et sont dépourvus de ces vacuoles. Les **vacuoles phagocytaires** sont apparentes chez les espèces holozoïques et parasites, elles servent de sites de digestion des aliments (*voir figure 4.10*). Les **vacuoles sécrétoires** contiennent habituellement des enzymes spécifiques remplissant des fonctions variées (telle que le dékystement).

La plupart des protozoaires anaérobies (comme *Trichonympha* vivant dans l'intestin des termites ; *voir figure 28.26*) sont dépourvus de mitochondrie, de cytochrome et leur cycle des acides tricarboxyliques est incomplet. Certains ont cependant de petits organites limités par une membrane, appelés **hydrogénosomes**. Ces structures possèdent une voie particulière de transfert des électrons dans laquelle l'hydrogénase transfère les électrons vers les protons (qui agissent comme accepteurs finaux d'électrons) pour former de l'hydrogène moléculaire. D'autres protozoaires ont des mitochondries à crêtes discoïdes (les trypanosomes), tubulaires (les ciliés, les sporozoaires) et lamellaires (les foraminifères).

---

1. Décrivez un protozoaire typique.
2. Quels rôles les protozoaires jouent-ils dans la structure trophique de leur communauté et dans les organismes avec lesquels ils s'associent ?
3. En quoi les noyaux de certains protozoaires sont-ils particuliers ?
4. Où trouve-t-on des protozoaires ?
5. Quelles sont les fonctions des vacuoles pulsatiles, phagocytaires et sécrétoires ?

27.4   La nutrition

Les protozoaires en majorité sont chimiohétérotrophes. Il y a deux types de nutrition hétérotrophe chez les protozoaires : les nutritions holozoïque et saprozoïte. Dans la **nutrition holozoïque**, les aliments, comme des bactéries, sont ingérés par phagocytose et formation subséquente d'une vacuole phagocytaire. Certains ciliés ont une structure spécialisée pour la phagocytose, appelée le **cyto-stome** (bouche cellulaire). Dans la **nutrition saprozoïque**, les nutriments comme les acides aminés et les sucres traversent la membrane plasmique par pinocytose, par diffusion ou par transport avec l'aide d'un transporteur (diffusion facilitée ou transport actif).

27.5   L'enkystement et le dékystement

De nombreux protozoaires passent par une phase d'**enkystement** au cours de laquelle se différencie un **kyste** qui est une cellule dormante caractérisée par la présence d'une paroi et par la réduction de l'activité métabolique à un très faible niveau. L'enkystement est particulièrement fréquent parmi les formes aquatiques, les protozoaires libres et les formes parasites. Les kystes remplissent trois fonctions importantes : (1) ils servent de protection contre les changements défavorables de l'environnement tels que la carence alimentaire, la dessiccation, la variation du pH et la faible pression partielle en O_2 ; (2) ce sont des sites de réorganisation nucléaire et de division cellulaire (kystes reproductifs) ; (3) chez les espèces parasites, ils servent de moyen de transfert d'un hôte à un autre.

Le stimulus exact pour le **dékystement** (sortie des formes enkystées) est inconnu, mais il est généralement associé au rétablissement de conditions favorables dans le milieu. Ainsi, les kystes des formes parasites se dédifférencient après ingestion par l'hôte et donnent la forme végétative appelée **trophozoite**.

27.6   Les organites locomoteurs

Quelques protozoaires sont non mobiles. Pour la plupart cependant, ils se déplacent grâce à l'un des trois principaux types d'organites locomoteurs : les pseudopodes, les flagelles et les cils. Les **pseudopodes** (faux pieds) sont des extensions cytoplasmiques observées chez les amibes, ils sont responsables du mouvement et de la prise d'aliments. Il y a de nombreux types de pseudopodes. Les flagellés et les ciliés se déplacent grâce à des flagelles et des cils. La microscopie électronique a montré que les flagelles et les cils des parasites ont une structure semblable et une fonction identique à celles des autres cellules eucaryotes (*voir figures 4.22 à 4.25*).

27.7   La reproduction

La plupart des protozoaires se reproduisent par voie asexuée et certains utilisent également un mode de reproduction sexuée. La méthode la plus fréquente de reproduction asexuée est la **scission binaire**. Pendant ce phénomène, le noyau subit d'abord une mitose, puis le cytoplasme se divise par cytodiérèse pour former deux individus identiques (**figure 27.1**).

La méthode la plus fréquente de reproduction sexuée est la **conjugaison**. Dans ce processus, il y a un échange de noyaux gamétiques entre des protozoaires appariés de types sexués complémentaires, les **conjugants** (*voir figure 2.13*b). La conjugaison est

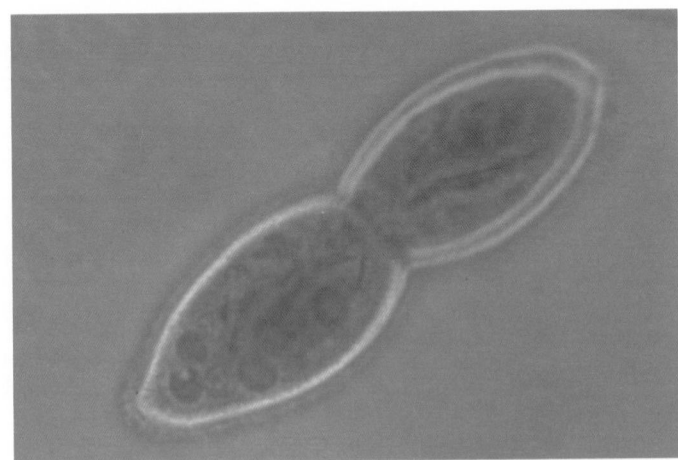

Figure 27.1 La reproduction d'un protozoaire. Scission binaire de *Paramecium caudatum* (x 100).

surtout fréquente chez les ciliés. Un exemple bien étudié est celui de *Paramecium caudatum* (**figure 27.2**). Au début de la conjugaison, deux ciliés s'unissent en fusionnant leur pellicule au point de contact. Le macronoyau est dégradé dans chacune des cellules. Chaque micronoyau subit une double division par méiose pour former quatre pronoyaux haploïdes, dont trois sont désintégrés. Le pronoyau restant se divise à nouveau par mitose pour former deux noyaux gamétiques : un stationnaire et un migrateur. Les noyaux migrateurs s'échangent entre cellules conjuguées. Ensuite les conjugants se séparent, les noyaux gamétiques fusionnent et le noyau zygote diploïde formé se divise trois fois par mitose. Les huit noyaux obtenus subissent des sorts différents : un noyau est retenu comme micronoyau ; trois autres sont détruits et les quatre derniers forment le macronoyau. Chacun des ex-conjugants subit ensuite une division cellulaire. Finalement, il se forme des cellules filles dotées d'un macronoyau et d'un micronoyau.

1. Quels sont les groupes nutritionnels spécifiques présents chez les protozoaires ?
2. Quelles fonctions remplissent les kystes chez un protozoaire typique ? Comment le dékystement est-il induit ?
3. Qu'est-ce qu'un pseudopode ?
4. Comment les protozoaires se reproduisent-ils de façon asexuée ?
5. Comment les protozoaires se reproduisent-ils par voie sexuée ? Décrivez le processus de conjugaison des ciliés.

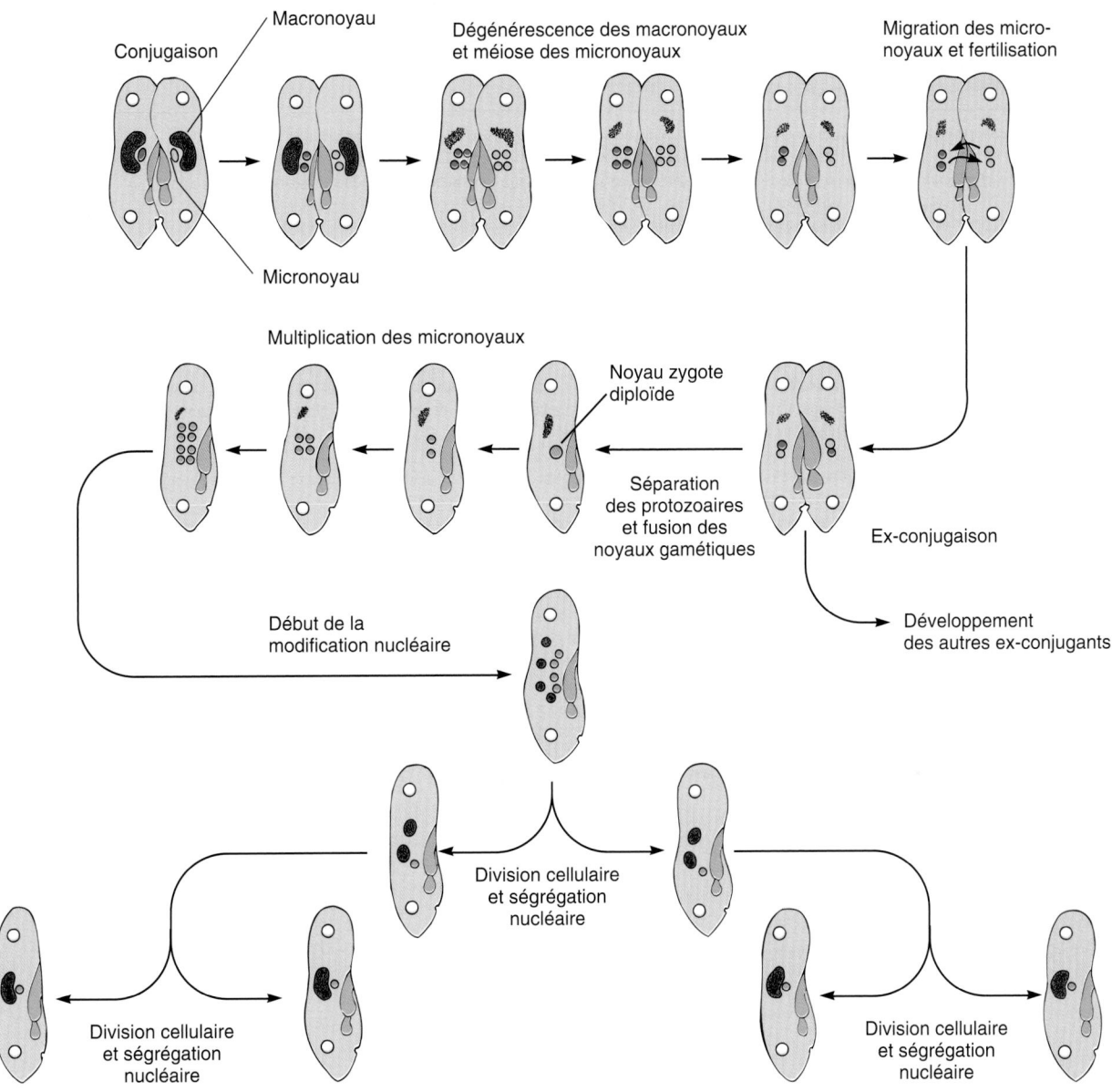

Figure 27.2 Schéma de la conjugaison chez *Paramecium caudatum*. Suivez les flèches. Après séparation des conjugants, un seul des ex-conjugants est décrit mais huit protozoaires nouveaux résultent au total de la conjugaison.

27.8 La classification

Les protozoologistes considèrent maintenant les *Protozoa* comme un sous-règne constitué de sept des 14 embranchements présents dans le règne des *Protista* (**tableau 27.2**). L'embranchement des *Sarcomastigophora* est constitué des flagellés et des amibes possédant un seul type de noyau. Les embranchements des *Labyrinthomorpha*, des *Apicomplexa*, des *Microspora*, des *Ascetospora* et des *Myxozoa* réunissent des espèces soit sapro-

zoïtes soit parasites. L'embranchement des *Ciliophora* est constitué de protozoaires ciliés contenant deux types de noyau. La classification de ce sous-règne en embranchements est basée principalement sur les types de noyau, le mode de reproduction et le mécanisme de locomotion.

Les classifications plus récentes sont tout à fait différentes. En 1993, T. Cavalier - Smith proposa d'élever les protozoaires au rang de règne avec 18 embranchements sur base de la structure des crêtes mitochondriales et d'autres caractères (*voir section 19.7*).

Tableau 27.2 **Classification abrégée actuelle du sous-règne des *Protozoa*[a]**

Groupe taxinomique	Caractéristiques	Exemples
Embranchement : *Sarcomastigophora*	Locomotion par flagelles, pseudopodes ou les deux; lorsqu'elle existe la reproduction sexuée se fait essentiellement par syngamie (union de gamètes externes aux parents); un seul type de noyau.	
Sous-embranchement : *Mastigophora*	Un ou plusieurs flagelles; division par scission binaire longitudinale; reproduction sexuée dans certains groupes.	
Classe : *Zoomastigophora*	Chromatophore absent; un à plusieurs flagelles, formes amiboïdes avec ou sans flagelle; sexualité connue dans certains groupes; surtout parasites.	*Trypanosoma* *Giardia* *Trichomonas* *Leishmania* *Trichonympha*
Sous-embranchement : *Sarcodina*	Locomotion principalement par pseudopodes; coques (thèques) souvent présentes; flagelles, lorsqu'ils existent, réservés aux stades reproductifs; reproduction asexuée par scission; vie libre le plus souvent.	
Superclasse : *Rhizopoda*	Locomotion par pseudopodes ou par flux cytoplasmique avec des pseudopodes peu marqués; certains possèdent des thèques.	*Amoeba* *Elphidium* *Coccodiscus*
Embranchement : *Labyrinthomorpha*	Cellules fusiformes capables de produire des traces muqueuses; stade trophique en un réseau ectoplasmique; cellules non amiboïdes; saprozoïtes et parasites sur des algues.	*Labyrinthula*
Embranchement : *Apicomplexa*	Tous les membres ont un stade sporogène au cours de leur cycle de multiplication; ils contiennent un complexe apical; reproduction sexuée par syngamie; toutes les espèces sont parasites; des kystes sont souvent présents; absence de cil; souvent appelés les sporozoaires.	*Plasmodium* *Toxoplasma* *Eimeria* *Cryptosporidium*
Embranchement : *Microspora*	Spores unicellulaires avec un spiroplasme contenant des filaments polaires; parasites intracellulaires obligés.	*Nosema*
Embranchement : *Ascetospora*	Spore munie d'un ou plusieurs spiroplasmes; absence de capsule ou de filament polaire; tous sont des parasites des invertébrés.	*Haplosporidium*
Embranchement : *Myxozoa*	Spores d'origine multicellulaire; une ou plusieurs capsules polaires; tous sont des parasites surtout chez les poissons	*Myxosoma*
Embranchement : *Ciliophora*	Cils simples ou organites ciliés complexes à un stade au moins du cycle de multiplication; deux types de noyau; présence d'une vacuole pulsatile chez les formes d'eau douce; scission binaire transversale; reproduction sexuée impliquant une conjugaison; la plupart des espèces sont libres mais beaucoup sont commensales et certaines parasites.	*Didinium* *Stentor* *Vorticella* *Tetrahymena* *Paramecium* *Tokophrya* *Entodinium* *Nyctotherus* *Balantidium* *Ichthyophthirius*

[a] 1980, selon le comité sur la systématique et l'évolution de la « Society of Protozoologists ».

Cette nouvelle classification doit cependant encore être acceptée par les protozoologistes. Dans les schémas récents de classification moléculaire, les protozoaires n'existent pas en tant que groupe distinct. On trouve des eucaryotes de type « protozoaire » à tous les niveaux d'évolution (diagramme phylogénique 27).

27.9 Les types représentatifs

Cette partie décrit certains membres de chaque groupe de protozoaires de façon à présenter un aperçu de la diversité des protozoaires et à fournir une base de comparaison des différents groupes. Par souci de simplicité, on a suivi la classification présentée dans le tableau 27.2.

Embranchement des *Sarcomastigophora*

Les protistes qui ont un seul type de noyau et des flagelles (sous-embranchement des *Mastigophora*) ou des pseudopodes (sous-embranchement des *Sarcodina*) sont classés dans l'embranchement des *Sarcomastigophora*. Les organismes qui en font partie se reproduisent par voies sexuée et asexuée.

Le sous-embranchement des *Mastigophora* comprend les phytoflagellés, flagellés à chloroplaste et organismes apparentés, ainsi que les **zooflagellés**. Ces derniers n'ont pas de chlorophylle et sont holozoïques, saprozoïques ou symbiotiques. La reproduction asexuée se fait par scission binaire longitudinale le long de l'axe principal du corps. Quelques espèces ont une reproduction sexuée et on observe fréquemment un enkystement. Les zooflagellés sont caractérisés par la présence d'un ou plusieurs flagelles. La plupart des représentants sont mononucléées. Chez un groupe important, les kinétoplastidés, l'ADN mitochondrial est contenu dans une région spéciale, appelée le **kinétoplaste**, proche de la base du flagelle (**figure 27.3a** ; *voir également figures 2.13c et 4.13*).

Certains zooflagellés vivent librement. Les choanoflagellés sont un exemple caractéristique car ils ont un flagelle, ils vivent solitaires ou en colonies et ils possèdent un pédoncule. D'autres zooflagellés établissent des relations symbiotiques. Par exemple, l'espèce *Trichonympha* (*voir figure 28.26*) se trouve dans l'intestin des termites où elle produit des enzymes qu'utilisent les termites pour digérer les particules de bois dont ils se nourrissent. La relation protozoaire-termite (p. 598).

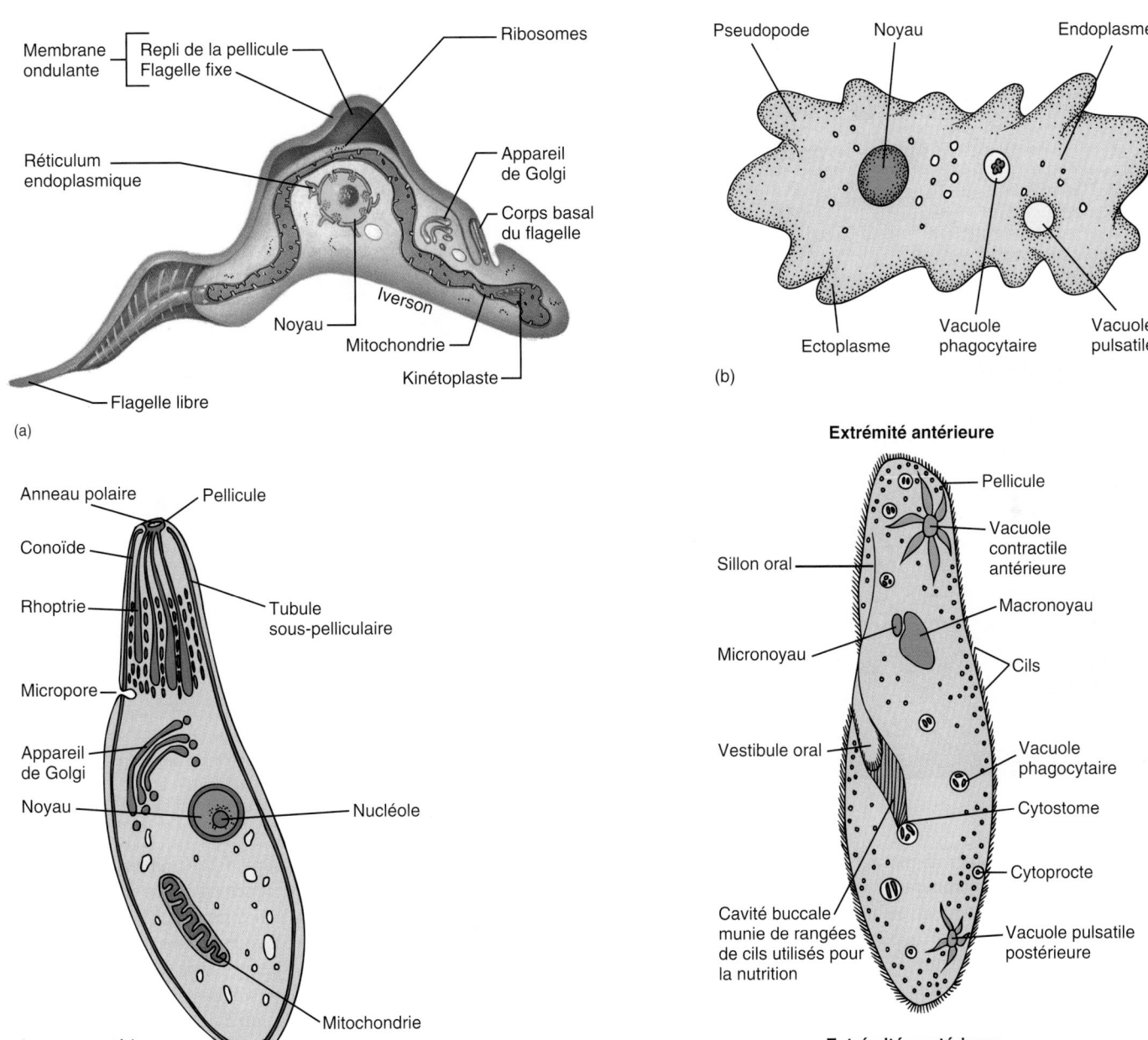

Figure 27.3 Schémas de quelques protozoaires représentatifs. (**a**) Structure du flagellé : *Trypanosoma brucei rhodesiense*. (**b**) Structure de l'amibe : *Amoeba proteus*. (**c**) Structure d'un sporozoïte de sporozoaire. (**d**) Structure d'un cilié : *Paramecium caudatum*.

De nombreux zooflagellés sont des parasites humains importants. Par exemple, on peut rencontrer *Giardia lamblia* (*voir figure 40.18*) dans l'intestin humain où il provoque généralement des diarrhées graves. Ce parasite est transmis par l'eau contaminée de matières fécales (*voir section 40.2*). Les trichomonades, comme *Trichomonas vaginalis*, vivent dans le vagin et l'urètre chez la femme, dans la prostate, les testicules et l'urètre chez l'homme. Elles sont transmises principalement par voie sexuelle (*voir tableau 39.4, p. 927, pour un résumé de toutes les maladies sexuellement transmissibles dont on parle dans ce livre*). La giardiase (pp. 953-54). La trichomonase (p. 958).

Les zooflagellés appelés **trypanosomes** sont des germes pathogènes importants du sang chez l'homme et les animaux dans certaines parties du monde. On les désigne également sous le terme d'hémoflagellés parce qu'ils vivent dans le sang. Ces parasites (figure 27.3a) ont une structure typique de zooflagellé et constituent la branche de protistes qui diverge le plus tôt avec des mitochondries et des peroxysomes. Une trypanosomiase humaine importante en Afrique est la maladie du sommeil due à *Trypanosoma brucei rhodesiense* ou *T. brucei gambiense* (*voir section 40.2*).

Le sous-embranchement des *Sarcodina* comprend les protistes amiboïdes. On les observe partout dans le monde dans les

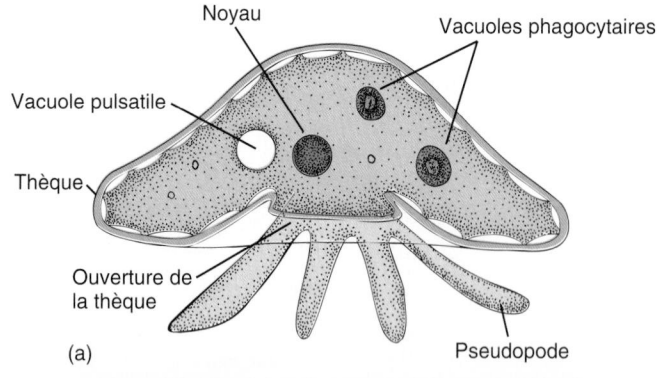

Noyau

Vacuoles phagocytaires

Vacuole pulsatile

Thèque

Ouverture de
la thèque

Pseudopode

(a)

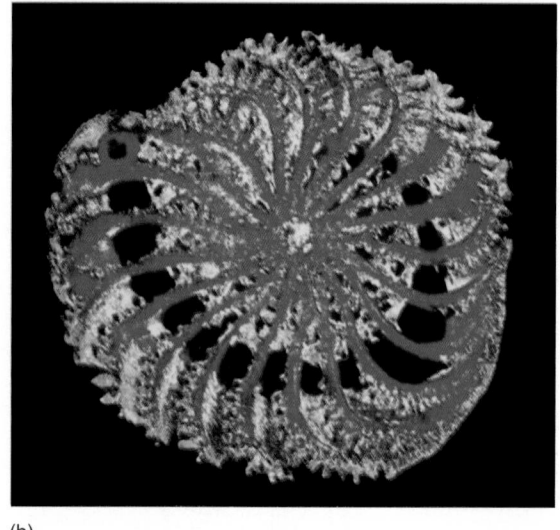

(b)

(c)

Figure 27.4 Quelques sarcodines et actinopodes vivant librement.
(**a**) Schéma d'*Arcella* montrant la thèque ou la coque faite d'une substance protéique résistante associée à de la silice et sécrétée par le protiste. (**b**) Thèque d'un foraminifère : *Elphidium cristum* (x100). (**c**) Groupe de coques siliceuses de radiolaires, image au microscope optique (x63).

eaux douces ou salées et en abondance dans le sol. De nombreuses espèces parasitent les mammifères. Les amibes simples se déplacent presque continuellement au moyen de leurs pseudopodes (**mouvement amiboïde**). Beaucoup n'ont pas de forme définie et leurs structures internes (figure 27.3*b*) n'occupent aucune position particulière. Le noyau, souvent unique, les vacuoles pulsatiles et phagocytaires, l'ecto- et l'endoplasme se déplacent pendant le mouvement de l'amibe. Les amibes engloutissent une grande variété d'organismes (petites algues, bactéries et autres protozoaires) par phagocytose. Certaines substances pénètrent et sortent de la membrane plasmique par pinocytose. Les amibes se reproduisent par simple scission binaire asexuée. Certaines amibes peuvent former des kystes.

De nombreuses formes libres sont plus complexes que les simples amibes. *Arcella* fabrique une large coque ou **thèque** qui offre une protection (**figure 27.4***a*). Ces amibes étendent leurs pseudopodes par l'ouverture de la thèque soit pour se nourrir soit pour ramper. Les foraminifères et les radiolaires sont des amibes essentiellement marines, quelques-unes vivent en eaux douces ou saumâtres. La plupart des foraminifères vivent sur le fond marin tandis que les radiolaires se trouvent en mer libre (**encadré 27.1**). Les thèques des foraminifères et les squelettes des radiolaires ont des formes variées uniques et merveilleuses (figure 27.4*b,c*). Leur diamètre varie d'environ 20µm à plusieurs cm.

Enfin il y a beaucoup d'amibes symbiotiques et la plupart vivent à l'intérieur d'autres animaux. Deux genres communs sont

Endamoeba et *Entamoeba*. On observe fréquemment dans l'intestin des blattes *Endamoeba blattae* et des espèces voisines chez les termites. *Entamoeba histolytica* (*voir figure 40.17*) est un parasite important chez l'homme où elle provoque souvent des dysenteries amibiennes graves dont certaines peuvent être fatales. Les amibes des deux genres *Naegleria* et *Acanthamoeba* vivent librement et peuvent être pathogènes pour l'homme et d'autres mammifères (voir figure en début de chapitre et *section 40.2*).

1. Quelles caractéristiques montrerait un protozoaire appartenant à l'embranchement des *Sarcomastigophora* ? Quels sous-embranchements contient-il ?
2. Comment caractériseriez-vous un zooflagellé ? Une amibe ?
3. Quels sont les deux maladies humaines provoquées par les zooflagellés ?
4. Où peut-on trouver deux amibes symbiotes différentes ?

Embranchement des *Labyrinthomorpha*

Le très petit embranchement des *Labyrinthomorpha* est constitué de protistes dont les cellules végétatives non amiboïdes sont fusiformes ou sphériques. Chez certains genres, les cellules amiboïdes se déplacent dans un réseau de traces muqueuses en utilisant un mouvement typique de glissement. La plupart des membres sont

Encadré 27.1

L'importance des foraminifères

Sur plus de 40.000 espèces de foraminifères décrites, environ 90% sont fossiles. Pendant l'ère tertiaire (il y a environ 230 millions d'années), les foraminifères participèrent aux accumulations massives de coques lors des formations géologiques. Ils furent tellement abondants qu'ils formèrent d'épais dépôts, soulevés au cours des temps et exposés sous forme de gisements calcaires en Europe, en Asie et en Afrique. Les falaises de Douvres, ce point de repère de l'Angleterre méridionale, sont faites presque exclusivement de coques de foraminifères. Les pyramides égyptiennes de Gizeh, près du Caire, sont construites en pierre à chaux composée de foraminifères. Ces fossiles aident énormément les géologues lors de l'identification et de la corrélation des couches rocheuses pour les recherches actuelles de strates pétrolifères. Les coques calcaires des foraminifères planctoniques se déposent en abondance de nos jours et s'accumulent, sur la plus grande partie des fonds océaniques, en dépôts épais appelés boues à globigérines, pour former le calcaire du futur.

marins et saprozoïques ou parasites d'algues. Il y a plusieurs années, *Labyrinthula* détruisit la majeure partie des zostères (monocotylées) de la côte Atlantique américaine privant les canards de leur nourriture et affamant beaucoup d'entre eux.

Embranchement des *Apicomplexa*

Les *Apicomplexa*, souvent appelés collectivement les sporozoaires, ont un stade sporogène au cours de leur cycle de reproduction et sont dépourvus d'organites locomoteurs spéciaux (excepté chez les gamètes mâles et le zygote). Ce sont des parasites intra- ou intercellulaires des animaux, ils se distinguent par une organisation unique de fibrilles, microtubules, vacuoles et autres organites, appelée collectivement le complexe apical et localisée à un pôle de la cellule.

Le **complexe apical** est formé de plusieurs constituants (figure 27.3c). Un ou deux anneaux polaires denses aux électrons sont situés à l'extrémité apicale. Le **conoïde** est un cône formé de fibres disposées en spirales et adjacent aux anneaux polaires. Les microtubules sous-pelliculaires rayonnent des anneaux polaires et servent probablement d'éléments de support. Deux ou plusieurs **rhoptries** s'étendent jusqu'à la membrane plasmique et sécrètent leur contenu à la surface cellulaire. Ces sécrétions facilitent la pénétration dans la cellule hôte. Un ou plusieurs micropores pourraient intervenir dans la prise de nourriture.

Les sporozoaires ont des cycles de reproduction complexes dans lesquels certains stades se déroulent dans un hôte (un mammifère) et d'autres stades dans un hôte différent (souvent un moustique). Le cycle de reproduction présente une phase asexuée et une phase sexuée, il est caractérisé par une alternance de générations haploïdes et diploïdes. A un certain point, survient un processus de reproduction asexuée appelé schizogonie. La **schizogonie** est une série rapide d'événements mitotiques souvent synchrones dans l'hôte et produisant de nombreux petits organismes infectieux par la formation de bourgeons uninucléés. La reproduction sexuée implique la fertilisation d'un grand macro-gamète femelle par un petit gamète mâle flagellé. Le zygote qui en résulte se transforme en un **ookyste** à paroi épaisse. A l'intérieur de ce dernier, les divisions méiotiques produisent des spores haploïdes infectieuses.

Les quatre sporozoaires parasites les plus importants sont : *Plasmodium* (l'agent responsable de la malaria), *Toxoplasma* (l'agent responsable de la toxoplasmose), *Cryptosporidium* (l'agent responsable de la cryptosporidiose), et *Eimeria* (l'agent responsable de la coccidiose). La malaria (pp. 954-56)

Embranchement des *Microspora*

Les microsporidies (3 à 6 µm) sont des parasites intracellulaires obligés dépourvus de mitochondries. C'est une spore résistante qui est infectieuse et transmise d'un hôte à un autre. Parmi ces protozoaires sont incluses plusieurs espèces d'une certaine importance économique parce qu'elles parasitent des insectes utiles. *Nosema bombycis* infecte les vers à soie (**figure 27.5**) provoquant la **pébrine** et *Nosema apis* provoque une dysenterie grave chez les abeilles. On a constaté un intérêt accru pour ces parasites en raison de leur utilité potentielle comme agents de contrôle biologique de certains insectes. Par exemple, l' »Environmental Protection Agency » aux Etats-Unis a approuvé et enregistré *Nosema locustae* pour une utilisation dans le contrôle à long terme des sauterelles. Récemment sept genres de microsporidies (*Nosema, Encephalitozoon, Pleistophora, Microsporidium, Vittaforma, Trachipleistophora* et *Enterocytozoon*) ont été impliqués dans des maladies humaines chez des patients immunodéprimés ou atteints du SIDA.

Embranchement des *Ascetospora*

Les *Ascetospora* forment un embranchement relativement petit comprenant exclusivement des protistes parasites caractérisés par des spores dépourvues de capsules ou de filaments polaires. Des protozoaires comme l'*Haplosporidium*, sont essentiellement parasites dans les cellules, les tissus et les cavités du corps des mollusques.

Embranchement des *Myxozoa*

Les myxosporidies constituant cet embranchement sont toutes parasites, la plupart chez des poissons marins et d'eau douce. Elles ont une spore résistante, pourvue d'un à six filaments polaires enroulés. La myxosporidie la plus importante économiquement est *Myxosoma cerebralis* qui infecte le système nerveux et l'organe auditif de la truite et du saumon (salmonidés). Les poissons infectés perdent le sens de l'équilibre et basculent de manière erratique d'où le nom de « maladie du tournis ». La **maladie rénale proliférative**, due à une myxosporidie d'espèce inconnue, est devenue une des maladies les plus importantes des salmonidés d'élevage à travers le monde.

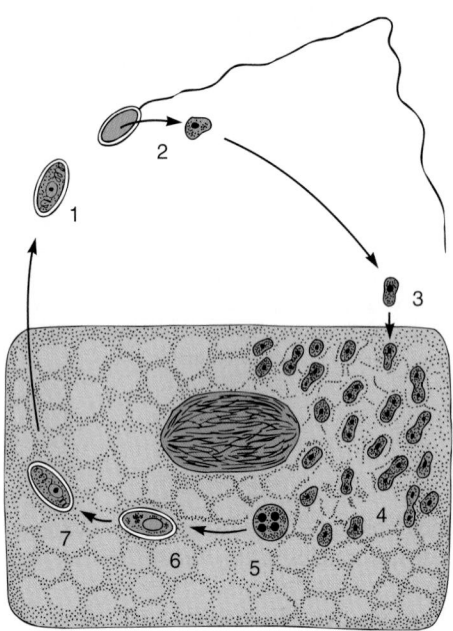

Figure 27.5 La microsporidie _Nosema bombycis_, parasite mortel du ver à soie. (1) Une spore typique munie d'un filament enroulé. (2) Lorsqu'elle est ingérée, elle déroule le filament vers l'extérieur. (3) Le parasite pénètre dans une cellule épithéliale de l'intestin du ver à soie et (4) se divise de nombreuses fois pour former de petites amibes qui remplissent finalement la cellule et la tuent. Pendant cette phase, quelques-unes des amibes contenant quatre noyaux se transforment en spores (5,6,7). Les vers à soie sont infectés en mangeant des feuilles contaminées par les fèces de vers infectés.

---

1. Décrivez un sporozoaire typique, y compris son complexe apical.
2. Résumez le cycle de reproduction du sporozoaire. Qu'est-ce que la schizogonie ?
3. Quels sont les quatre sporozoaires parasites les plus importants et quelles maladies engendrent-ils ?
4. Citez une maladie économiquement importante provoquée par une microsporidie. Quel est le groupe d'animaux habituellement infecté par les myxosporidies ?

Embranchement des _Ciliophora_

L'embranchement des _Ciliophora_ est le plus important des sept embranchements de protozoaires. Il y a environ 8.000 espèces de ces protistes unicellulaires hétérotrophes dont la taille varie de 10 à 3.000 μm. Comme leur nom l'implique, les ciliés utilisent de nombreux cils comme organites locomoteurs. Les cils sont généralement disposés en rangées longitudinales (figure 27.3d ; _voir également figure 4.24_) ou en spirales autour du corps de l'organisme. Ils ont un battement oblique ; en conséquence, le protiste tourne lorsqu'il nage. La coordination des battements ciliaires est si précise que le protiste peut soit avancer soit reculer.

Il y a une grande variété de formes chez les ciliés et peu ressemblent à la structure en pantoufle de la paramécie (voir _figures 2.8e et_ 4.1_a_). Chez certaines espèces (_Vorticella_), on observe un long pédoncule par lequel le protozoaire se fixe sur un support. Le _Stentor_ s'attache à un substrat et s'étire en forme de trompette pour se nourrir (voir _figure 4.1e_). Un petit nombre d'espèces ont des tentacules et certaines autres peuvent libérer des dards toxiques appelés toxicystes qui, dans les deux cas, sont utilisés pour capturer des proies.

La caractéristique la plus marquante des ciliés est leur aptitude à capturer de nombreuses particules en un temps court grâce à l'action des cils entourant la cavité buccale. La nourriture entre en premier lieu par le cytostome. Elle passe ensuite dans les vacuoles phagocytaires qui fusionnent avec les lysosomes après détachement du cytostome. Le contenu vacuolaire est digéré après l'acidification de la vacuole et la libération des enzymes digestives par les lysosomes. Une fois les produits de digestion absorbés dans le cytoplasme, la vacuole fusionne avec une région spéciale de la pellicule appelée le **cytoprocte** et elle vide ses déchets à l'extérieur. A la différence de la majorité des autres espèces, les espèces d'eau douce utilisent des vacuoles pulsatiles pour l'osmorégulation.

Les ciliés ont en majorité deux types de noyau : un gros macronoyau et un micronoyau plus petit. Le micronoyau est diploïde et contient les chromosomes somatiques normaux. Il se divise par mitose et transmet les informations génétiques par la méiose et la reproduction sexuée. Les macronoyaux sont dérivés des micronoyaux par une série complexe d'étapes. Dans chaque macronoyau, on observe un grand nombre de corps chromatiniens, chacun contenant de nombreuses copies d'un ou de deux gènes seulement. Les macronoyaux sont donc polyploïdes et se divisent par allongement puis par constriction. Ils produisent l'ARNm pour permettre la synthèse des protéines, pour maintenir les fonctions cellulaires courantes et pour contrôler le métabolisme cellulaire normal.

Certains ciliés se reproduisent de manière asexuée par scission binaire transversale en formant deux protozoaires égaux. De nombreux ciliés se reproduisent également par conjugaison comme décrit précédemment.

Bien que la plupart des ciliés vivent librement, certains vivent comme des symbiotes ou des commensaux inoffensifs. Ainsi _Entodinium_ se multiplie dans le rumen du bétail et _Nyctotherus_ dans le côlon des grenouilles. D'autres ciliés sont des parasites stricts. Par exemple, _Balantidium coli_ vit dans les intestins des mammifères, y compris l'homme chez lequel il peut provoquer des dysenteries. _Ichthyophthirius_ vit dans les eaux douces en attaquant de nombreuses espèces de poissons et leur occasionnant des lésions épidermiques et branchiales (une infection connue sous le nom de maladie des points blancs).

---

1. Décrivez la morphologie d'un protozoaire cilié typique.
2. Décrivez les structures accumulatrices de nourriture présentes chez les protozoaires ciliés.
3. Chez les ciliés, quelle est la fonction du macronoyau ? Quelle est celle du micronoyau ?
4. Comment se reproduisent les ciliés ?
5. Où peut-on trouver les ciliés suivants : _Entodinium, Nyctotherus, Balantidium, Ichthyophthirius_ ?

Résumé

1. Les protozoaires sont des protistes pouvant être définis comme des micro-organismes unicellulaires eucaryotes habituellement mobiles.

2. Les protozoaires sont présents là où d'autres organismes existent. Ce sont des composants importants des chaînes et des réseaux alimentaires. Beaucoup sont parasites de l'homme et des animaux (**tableau 27.1**) ; certains sont devenus très utiles en biologie moléculaire.

3. Comme les protozoaires sont des cellules eucaryotes, leur morphologie et leur physiologie ressemblent, sous de nombreux aspects, à celles des animaux multicellulaires. Mais comme toutes leurs fonctions doivent s'exécuter dans un protozoaire isolé, de nombreuses caractéristiques morphologiques et physiologiques sont propres aux protozoaires.

4. Certains protozoaires peuvent sécréter une protection résistante et passer par une phase de repos (enkystement) appelée un kyste. Les kystes protègent l'organisme contre les milieux défavorables, fonctionnent parfois comme un site de réorganisation nucléaire et servent de moyen de transmission chez les espèces parasites.

5. Les protozoaires se déplacent au moyen d'un des trois types principaux d'organites locomoteurs : pseudopodes, flagelles ou cils. Certains n'ont aucun moyen de locomotion.

6. La plupart des protozoaires se reproduisent de manière asexuée (**figure 27.1**), certains ont une reproduction sexuée (**figure 27.2**) et d'autres utilisent les deux modes.

7. Selon la classification classique, il y a sept embranchements de protozoaires (**tableau 27.2**). Celui des *Sarcomastigophora* est caractérisé par des protistes contenant un seul type de noyau et possédant des flagelles (sous-embranchement des *Mastigophora*), des pseudopodes (sous-embranchement des *Sarcodina*) ou les deux types d'organites locomoteurs.

8. Le sous-embranchement des *Sarcodina* rassemble les protistes amiboïdes présents partout dans le monde, dans les eaux douces et salées et dans le sol. Certaines espèces sont parasites.

9. L'embranchement des *Labyrinthomorpha* réunit les protistes ayant des cellules végétatives non amiboïdes, fusiformes ou sphériques. La plupart des membres sont marins et saprozoïques ou parasites des algues.

10. L'embranchement des *Apicomplexa* comprend des protistes sporozoaires pourvus d'un complexe apical ayant une organisation typique de fibrilles, de microtubules, de vacuoles et d'autres organites à une extrémité de la cellule. Les membres représentatifs sont : les *Plasmodium*, parasites provoquant la malaria, les *Toxoplasma* causant les toxoplasmoses et *Eimeria*, l'agent responsable des coccidioses.

11. L'embranchement des *Microspora* comprend de très petits protistes qui sont des parasites intracellulaires de plusieurs groupes animaux importants. Ils sont transmis d'un hôte à un autre sous forme de spores ce qui explique le nom de l'embranchement (**figure 27.5**).

12. L'embranchement des *Ascetospora* rassemble les protistes producteurs de spores dépourvues de capsule polaire. Ces protistes sont essentiellement parasites des mollusques.

13. L'embranchement des *Myxozoa* se compose uniquement d'espèces parasites habituellement observées chez les poissons. La spore est caractérisée par un à six filaments polaires.

14. L'embranchement des *Ciliophora* est un groupe de protistes ayant des cils et deux types de noyau. La conjugaison chez les ciliés est une forme de reproduction sexuée impliquant l'échange de dérivés des micronoyaux.

Mots-clés

chaîne alimentaire *584*
complexe apical *591*
conjugaison *586*
conjugant *586*
conoïde *591*
cuticule *585*
cytoprocte *592*
cytostome *586*
dékystement *586*
ectoplasme *585*
endoplasme *585*
enkystement *586*
hydrogénosome *585*

kinétoplaste *588*
kyste *586*
macronoyau *585*
maladie rénale proliférative *591*
micronoyau *585*
mouvement amiboïde *590*
nutrition holozoïque *586*
nutrition saprozoïque *586*
ookyste *591*
pébrine *591*
plancton *584*
protozoaire *584*
protozoologie *584*

pseudopode *586*
réseau alimentaire *584*
rhoptrie *591*
schizogonie *591*
scission binaire *586*
sporozoaire
thèque *590*
trophozoïte *586*
trypanosome *589*
vacuole phagocytaire *585*
vacuole pulsatile *585*
vacuole sécrétoire *585*
zooflagellé *588*

Questions de révision

1. Quel est l'impact économique et humain des protozoaires ?

2. Quels sont les critères utilisés actuellement dans la taxinomie des protozoaires ?

3. Sept embranchements de protozoaires ont été décrits. Quelles sont leurs caractéristiques distinctives ?

4. Quels sont les organites typiques présents chez les protozoaires ?

5. En quoi les protozoaires capables de former un kyste sont-ils avantagés ?

6. Comment se déplacent les protozoaires ? Comment se reproduisent-ils ?

7. Si l'on considère la diversité des sept embranchements de protozoaires, lequel montre la plus grande avancée évolutive ? Argumentez votre réponse.

8. On dit que les protozoaires sont regroupés sur une base négative. Qu'est-ce que cela signifie ?

9. Décrivez comment l'ADN est distribué chez les cellules filles lors de la division de la paramécie. Comparez la conjugaison et la scission binaire.

10. En quoi le kyste d'un protozoaire diffère-t-il d'une endospore bactérienne ?

Questions de réflexion

1. Pourquoi ne connaissons-nous pas aussi bien la biologie des protozoaires que celle des mycètes, des virus, et des bactéries ?

2. Le texte suggère que le dékystement requiert une reconnaissance des signaux de l'environnement. En suivant cette idée, proposez des cibles anti-protozoaires qui pourraient être exploitées pour empêcher le développement chez les patients ayant ingéré des kystes. Une fois les kystes ouverts, y a-t-il d'autres cibles ?

3. Suggérez une raison ou un mécanisme : pourquoi le cytoplasme (l'ectoplasme), situé sous la membrane plasmique est-il si rigide chez certains protozoaires ?

Lectures complémentaires

Généralités

Corliss, J. O. 1991. *Microscopic anatomy of the invertebrates,* In *Protozoa,* vol. 2, New York: Wiley-Liss.

Jahn, T. L.; Bovee, E. C.; et Jahn, F. F. 1979. *How to know the protozoa.* Dubuque, Iowa: Wm. C. Brown.

Krier, J. P. 1995. *Parasitic protozoa.* New York: Academic Press.

Laybourn-Parry, J. 1984. *A functional biology of free-living protozoa.* Berkeley: University of California Press.

Lee, J. J.; Hunter, S. H.; et Bovee, E. C. 1985. *An illustrated guide to the protozoa.* Lawrence, Kan.: Allen Press, Society of Protozoologists.

Margulis, L.; Corliss, J. O.; et Melkonian, M. 1990. *Handbook of Protoctista.* Boston: Jones and Bartlett.

Sleigh, M. 1992. *Protozoa and other protists.* New York: Cambridge University Press.

27.1 La distribution

Fenchel, T. 1987. *Ecology of protozoa.* New York: Springer-Verlag.

27.3 La morphologie

Clayton, C.; Häusler, T.; et Blattner, J. 1995. Protein trafficking in the kinetoplastid protozoa. *Microbiol. Rev.* 59(3):325–44.

Dunelson, J. E., et Turner, M. J. 1985. Les métamorphoses du trypanosome. *Pour la Science,* 90, 14-23.

McFadeen, G.; Gilson, P.; Hofmann, G.; Adcock, G.; et Maier, U.-G. 1994. Evidence that an amoeba acquired a chloroplast by retaining part of an engulfed eukaryotic alga. *Proc. Natl. Acad. Sci.* 91:3690–94.

Prescott, D. M. 1994. The DNA of ciliated protozoa. *Microbiol. Rev.* 58(2):233–67.

Stuart, K.; Allen, T. E.; Heidmann, S.; et Seiwert, S. D. 1997. RNA editing in kinetoplastid protozoa. *Microbiol Mol. Biol. Rev.* 61(1):105–20.

Vanhamme, L., et Pays, E. 1995. Control of gene expression in trypanosomes. *Microbiol. Rev.* 59(2):223–40.

Wilson, R. J. M., et Williamson, D. H. 1997. Extrachromosomal DNA in the Apicomplexa. *Microbiol Mol. Biol. Rev.* 61(1):1–16.

27.4 La nutrition

Barker, J., et Brown, M. R. W. 1994. Trojan horses of the microbial world: Protozoa and the survival of bacterial pathogens in the environment. *Microbiology* 140:1253–59.

Rudzinska, M. A. 1973. Do suctoria really feed by suction? *BioScience* 23(2):87–94.

27.8 La classification

Cavalier-Smith, T. 1993. Kingdom protozoa and its 18 phyla. *Microbiol. Rev.* 57(4):953–94.

Lee, R. E., et Kugrens, P. 1992. Relationship between the flagellates and the ciliates. *Microbiol. Rev.* 56(4):529–42.

Levine, N. D., et al. 1980. A newly revised classification of the protozoa. *J. Protozool.* 27(1):37–58.

27.9 Les types représentatifs

Adam, R. 1991. The biology of *Giardia spp. Microbiol. Rev.* 55(4):706–32.

Band, R. D., éd. 1983. Symposium—the biology of small amoebae. *J. Protozool.* 30:192–214.

Clew, H. R.; Saha, A. K.; Siddhartha, D.; et Remaley, A. T. 1988. Biochemistry of *Leishmania* species. *Microbiol. Rev.* 52(4):412–32.

Corliss, J. O. 1979. *The ciliated protozoa: Characterization, classification and guide to the literature,* 2ᵉ éd. New York: Pergamon Press.

Wichterman, R. 1986. *The biology of Paramecium,* 2ᵉ éd. New York: Plenum Press.

Wolfe, M. 1992. Giardiasis. *Clin. Microbiol. Rev.* 5(1):93–100.

CHAPITRE 28

Les interactions entre les micro-organismes et l'écologie microbienne

Pour comprendre la diversité microbienne, il est important d'étudier les micro-organismes qui vivent dans des milieux où la plupart des organismes connus ne peuvent subsister. Ces rubans de *Ferroplasma*, une bactérie qui oxyde le fer, ont été découverts à pH0, dans une mine abandonnée près de Redding, en Californie. Ce micro-organisme résistant ne dispose que d'une membrane cytoplasmique pour se protéger des rigueurs de cet environnement agressif.

Plan

Concepts

1. La plupart des micro-organismes des communautés complexes n'ont pas été cultivés, ni caractérisés. Cela a limité notre compréhension des interactions microbiennes et des rôles des micro-organismes dans la nature et dans les maladies. Les techniques moléculaires ont permis une meilleure compréhension de ces organismes non cultivables.

2. Le terme symbiose ou « vie en commun » peut désigner de nombreuses interactions entre micro-organismes, ainsi que les interactions microbiennes avec des organismes supérieurs, y compris des plantes et des animaux. Ces interactions peuvent être positives ou négatives.

3. L'écologie microbienne est l'étude des relations des micro-organismes avec d'autres organismes, ainsi qu'avec leurs environnements non vivants. Les effets de ces relations, basées sur l'utilisation interactive des ressources, s'étendent à l'échelle du globe.

4. Les interactions positives comprennent le mutualisme, la protocoopération et le commensalisme ; les interactions négatives, le parasitisme, la prédation, l'amensalisme et la compétition. Ces interactions sont importantes dans les processus naturels et l'apparition des maladies. Elles peuvent varier selon l'environnement et les changements dans les organismes impliqués.

5. Les micro-organismes, lorsqu'ils interagissent, peuvent former des assemblages physiques complexes, souvent décrits sous le nom de biofilms. Ces biofilms apparaissent sur des surfaces vivantes ou inertes et exercent un impact majeur sur la survie microbienne et le déclenchement des maladies.

6. Les micro-organismes interagissent aussi en utilisant des molécules comme signaux chimiques, ce qui leur permet de répondre à une augmentation de la densité de population. Parmi ces réponses, figure la perception du quorum qui contrôle une grande variété de propriétés microbiennes.

7. Énergie, électrons et éléments nutritifs doivent être disponibles, dans un environnement physique adéquat, pour que les micro-organismes puissent vivre. Ceux-ci interagissent avec leur environnement pour obtenir de l'énergie (à partir de la lumière ou de sources chimiques), des électrons et des éléments nutritifs, ce qui conduit à un processus appelé recyclage biogéochimique. Les micro-organismes modifient l'état physique et la mobilité de beaucoup d'éléments nutritifs, en les utilisant dans leurs processus de croissance.

8. Les micro-organismes constituent une partie importante des écosystèmes (communautés biologiques autorégulées et leurs environnements physiques). Ils jouent un rôle majeur dans la succession des changements prévisibles qui se produisent dans les écosystèmes lorsqu'ils sont perturbés.

9. Les milieux extrêmes limitent l'éventail des types microbiens capables de survivre et de se multiplier suite, par exemple, à l'action de facteurs physiques tels que la température, le pH, la pression ou la salinité. De nombreux micro-organismes présents dans les milieux « extrêmes » sont particulièrement adaptés non seulement à survivre, mais à fonctionner dans ces conditions particulières.

10. Les méthodes utilisées pour étudier les interactions et l'écologie microbiennes fournissent des informations sur les caractéristiques environnementales : biomasse, nombres, types et activités des micro-organismes, et sur la structure de la communauté. On emploie dans ces études, des techniques microscopiques, chimiques, enzymatiques et moléculaires.

11. Il est possible aujourd'hui de déterminer les séquences d'acides nucléiques de micro-organismes ou d'organites spécifiques, isolés des environnements naturels et d'étudier la phylogénie de micro-organismes non cultivables. Ceci devrait conduire à de nouveaux progrès importants dans l'étude de l'écologie microbienne.

> *Tout est partout, l'environnement sélectionne.*
>
> — *M.W. Beijerinck*

Dans les chapitres précédents, on a habituellement considéré les micro-organismes comme des entités isolées. Les caractéristiques de base des micro-organismes, incluant la structure et la fonction des cellules microbiennes, le métabolisme, la croissance et le contrôle de la croissance, ont été étudiées. De plus, le métabolisme, la génétique et les aspects moléculaires des micro-organismes, y compris la génomique, ont été décrits. Dans le présent chapitre, nous nous pencherons sur les interactions des micro-organismes, tant avec leur environnement physique qu'avec d'autres organismes.

28.1. Les fondements de l'écologie microbienne

Ce chapitre développera deux thèmes principaux : (1) la nature des relations microbiennes avec d'autres organismes vivants, ou la nature des **symbioses**, et (2) les interactions de ces organismes entre eux et avec leur environnement physique non vivant, ou le domaine de l'**écologie microbienne** (encadré 28.1). Le terme symbiose est utilisé dans son sens original le plus large, comme une association de deux ou plusieurs espèces d'organismes différents, tel que proposé par H. A. deBary en 1879.

Les micro-organismes fonctionnent en tant que **populations** ou assemblages d'organismes similaires, et en tant que **communautés**, ou mélanges de populations microbiennes différentes. Ces micro-organismes ont évolué tout en interagissant avec le monde inorganique et avec les organismes supérieurs, et ils jouent des rôles largement bénéfiques et vitaux. Les organismes responsables de maladies ne constituent qu'un composant mineur du monde microbien. Lorsqu'ils interagissent avec d'autres organismes et avec leur environnement, les micro-organismes contribuent aussi au fonctionnement des **écosystèmes**, c'est-à-dire des communautés biologiques autorégulées et de leurs environnements physiques (p. 622). Connaître ces interactions est important pour comprendre les contributions microbiennes au monde naturel et les rôles des micro-organismes dans les processus pathologiques.

Un problème majeur dans la compréhension des interactions microbiennes est que la plupart des micro-organismes microscopiquement observables ne peuvent pas être cultivés. Les différences entre micro-organismes observables et cultivables, qui limitent ce domaine aujourd'hui encore, ont été notées voici au moins 70 ans. Le problème fut discuté en 1932, dans un manuel sur la microbiologie du sol, écrit par Selman Waksman, le découvreur de la streptomycine, et n'a pas encore été résolu (*voir la section 6.5*). Cependant, l'emploi des techniques moléculaires fournit aujourd'hui des informations de valeur sur ces micro-organismes qu'on n'arrive toujours pas à cultiver, et on réalise de rapides progrès dans le domaine. Ceci demeure un défi central dans nos essais de compréhension des interactions microbiennes, de l'écologie microbienne et de la biologie elle-même.

28.2. Les interactions microbiennes

Les micro-organismes peuvent être associés à d'autres organismes de multiples façons. Un organisme peut s'installer à la surface d'un autre, en tant qu'**ectosymbiote**. Dans ce cas, l'ectosymbiote est d'habitude un organisme plus petit, situé à la surface d'un organisme plus grand. Souvent, des organismes dissemblables de taille similaires sont en contact physique. Le terme **consortium** peut être utilisé pour décrire cette relation physique. Dans les milieux aquatiques, les consortiums sont fréquemment complexes, impliquant de multiples couches de micro-organismes semblables d'aspect qui ont souvent des propriétés physiologiques complémentaires. Un organisme peut, au contraire, s'installer dans un autre organisme, en tant qu'**endosymbiote**. Il y a aussi de nombreux cas où les micro-organismes vivent à la fois à l'intérieur et à l'extérieur d'un autre organisme, un phénomène appelé **ecto/endosymbiose**. L'espèce *Thiothrix*, une bactérie utilisatrice de soufre, qui vit attachée à la surface d'une larve d'éphémère et contient elle-même une bactérie parasite, constitue un intéressant exemple d'ecto/endosymbiose. Les mycètes associés aux racines de plantes (Mycètes mycorhizes) abritent souvent des bactéries endosymbiotiques, tout en ayant des bactéries qui vivent à leur surface (*voir pp. 679-82*).

Encadré 28.1

L'écologie microbienne et la microbiologie environnementale

L'expression « écologie microbienne » est aujourd'hui utilisée d'une façon générale pour décrire la présence des micro-organismes et leur contribution, par leurs activités, aux endroits où on les trouve. Les étudiants en microbiologie devraient savoir qu'une grande partie des informations sur la présence et les contributions de micro-organismes dans les sols, les eaux et les associations avec les plantes, aujourd'hui décrites par ce terme, auraient été considérées dans le passé comme de la « microbiologie environnementale ». Thomas D. Brock, le découvreur de *Thermus aquaticus*, bactérie connue dans le monde entier parce que c'est la source de la polymérase Taq utilisée dans la réaction de polymérisation en chaîne (PCR), a donné une définition de l'écologie microbienne qui peut être utile : « L'écologie microbienne est l'étude du comportement et des activités des micro-organismes dans leurs environnements naturels ». Le mot important dans cette phrase est le mot *leur* environnement, au lieu de *l*'environnement. Pour insister sur ce point, Brock a fait remarquer que « les micro-organismes sont petits ; leurs environnements aussi sont petits ». Dans ces petits environnements ou « micro-environnements », il y a d'autres sortes de micro-organismes (et des macro-organismes), un point essentiel qui fut mis en évidence par Sergei Winogradsky en 1947.

La microbiologie environnementale, en comparaison, se rapporte essentiellement aux processus microbiens globaux qui se déroulent dans le sol, l'eau ou les aliments, par exemple. Elle ne s'occupe pas du « micro-environnement » particulier où les micro-organismes vivent effectivement, mais bien des effets à plus large échelle de la présence et des activités microbiennes. On peut étudier ces processus microbiens et leurs impacts possibles sur la planète, à l'échelle de la « microbiologie environnementale », sans se préoccuper du micro-environnement spécifique où ces processus ont lieu réellement (ni des organismes qui y vivent). Cependant, il est essentiel de se rendre compte que les micro-organismes fonctionnent dans leurs environnements bien circonscrits, mais affectent les écosystèmes à plus grande échelle, allant jusqu'à exercer des effets au niveau planétaire. Dans les dernières décennies, l'expression « écologie microbienne » a largement perdu son sens original, et il a été récemment affirmé que l'écologie microbienne était devenue une expression fourre-tout. Lorsque vous lisez des manuels ou des articles scientifiques, il faut garder à l'esprit les différences possibles entre « écologie microbienne » et « microbiologie environnementale ».

Ces associations physiques peuvent être intermittentes et cycliques ou permanentes. Le **tableau 28.1** donne des exemples d'associations intermittentes et cycliques entre des micro-organismes et des plantes ou des animaux marins. Des maladies humaines importantes, dont la listériose, la malaria, la leptospirose, la légionellose et la vaginose, impliquent aussi des symbioses intermittentes et cycliques. Ces maladies seront étudiées aux chapitres 39 et 40. Des relations permanentes intéressantes s'installent également entre bactéries et animaux, comme le montre le **tableau 28.2**. Parmi les hôtes, citons le calmar, les sangsues, les pucerons, les nématodes et les mollusques. Dans chacun de ces cas, un caractère important de l'animal hôte lui est conféré par le symbiote bactérien permanent.

Bien qu'il soit possible d'observer les micro-organismes dans ces diverses associations physiques avec d'autres organismes, le fait qu'il y ait un certain type de contact physique ne donne aucune information sur les types d'interactions qui pourraient y exister. Ces interactions peuvent être positives (mutualisme, protocoopération et commensalisme) ou négatives (prédation, parasitisme,

Tableau 28.1 Symbioses intermittentes et cycliques entre des micro-organismes et des plantes ou des animaux marins

Symbiose	Hôte	Symbiote cyclique
Plante-bactérie	*Gunnera* (angiosperme tropical)	*Nostoc* (cyanobactérie)
	Azolla (fougère des rizières)	*Anabaena* (cyanobactérie)
	Phaseolus (haricot)	*Rhizobium* (fixateur de N_2)
	Ardisia (angiosperme)	*Protobacterium*
Animaux marins	Coelentérés coralliens	*Symbiodinium* (dinomastigote)
	Poisson lumineux	*Vibrio, Photobacterium*
	Calmar	*Photobacterium fischerei*

Adapté de L. Margulis et M. J. Chapman. 1998. Endosymbioses: Cyclical and permanent in evolution. *Trends in Microbiology* 6(9):342–46, tableaux 1, 2 et 3.

Tableau 28.2 Exemples de symbioses bactérie-animal permanentes et caractéristiques apportées par la bactérie dans la symbiose

Animal-hôte	Symbiote	Contribution du symbiote
Calmar sépiolide (*Euprymna scolopes*)	Bactérie lumineuse	Luminescence (*Vibrio fisheri*)
Sangsue médicinale (*Hirudo medicinalis*)	Bactérie entérique (*Aeromonas veronii*)	Digestion du sang
Puceron (*Schizaphis graminum*)	Bactérie (*Buchnera aphidicola*)	Synthèse d'acides aminés
Ver nématode (*Heterorhabditis* spp.)	Bactérie lumineuse (*Photorhabdus luminescens*)	Prédation et synthèse d'antibiotiques
Taret (*Lyrodus pedicellatus*)	Bactérie des cellules branchiales	Digestion de la cellulose et fixation d'azote

Source: E.G. Ruby, 1999. Ecology of a benign « infection »: Colonization of the squid luminous organ by *Vibrio fischeri*. In *Microbial ecology and infectious disease*, E. Rosenberg, editor, American Society for Microbiology, Washington, D.C., 217–31, tableau 1.

Figure 28.1 Interactions microbiennes.
Caractéristiques fondamentales des interactions positives (+) et négatives (–) qui existent entre différents organismes.

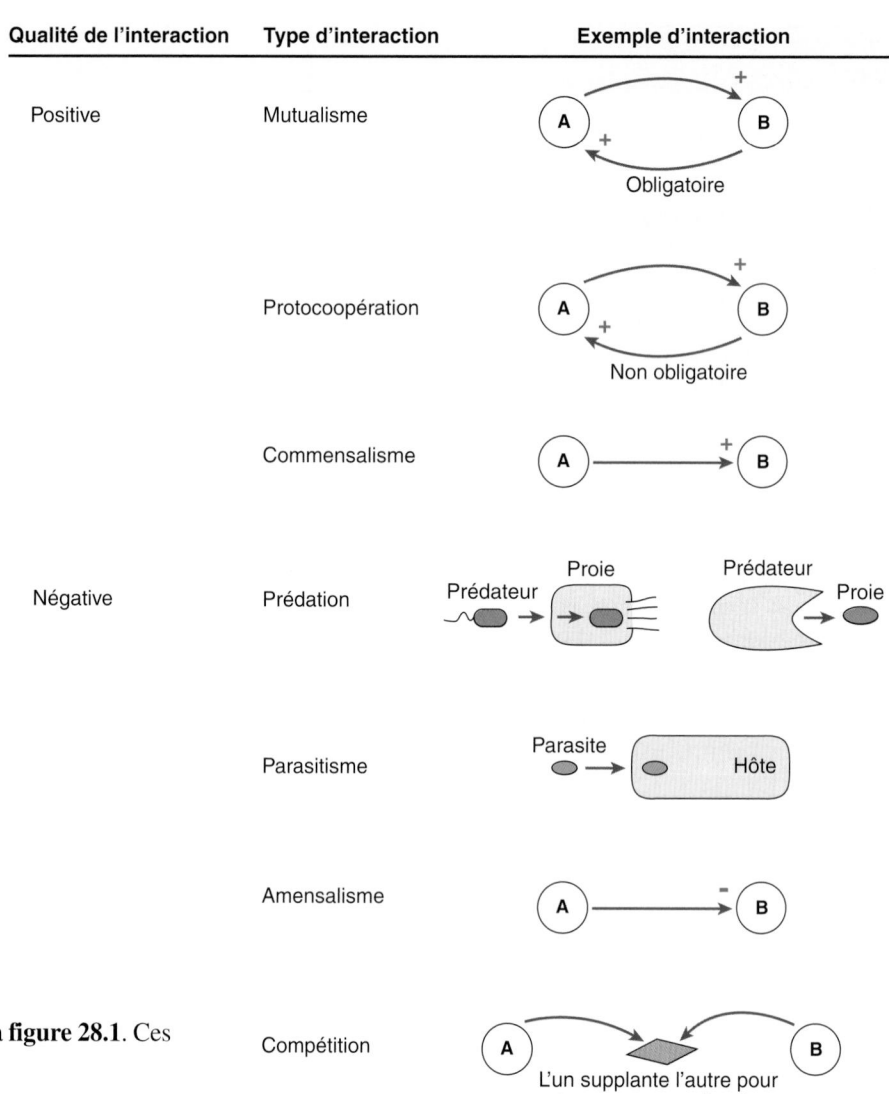

Qualité de l'interaction	Type d'interaction	Exemple d'interaction
Positive	Mutualisme	A ⟶ B, + / + Obligatoire
	Protocoopération	A ⟶ B, + / + Non obligatoire
	Commensalisme	A ⟶ B, +
Négative	Prédation	Prédateur ⟶ Proie / Prédateur ⟶ Proie
	Parasitisme	Parasite ⟶ Hôte
	Amensalisme	A ⟶ B, –
	Compétition	A ⟶ ⬦ ⟵ B, L'un supplante l'autre pour les ressources du site

amensalisme et compétition) comme le montre la **figure 28.1**. Ces interactions seront discutées plus loin.

---

1. Définissez les termes symbiose et écologie microbienne. En quoi sont-ils similaires et en quoi sont-ils différents ?
2. De quelles façons des micro-organismes différents peuvent-ils être en contact physique ?
3. Définissez les termes population, communauté et écosystème.
4. Citez plusieurs maladies importantes qui impliquent des symbioses cycliques et intermittentes.

Le mutualisme

Le **mutualisme** (du latin *mutuus*, réciproque) définit la relation dans laquelle un certain bénéfice réciproque revient aux deux partenaires. Il s'agit d'une relation obligatoire, où le **mutualiste** et l'hôte dépendent métaboliquement l'un de l'autre. Plusieurs exemples de mutualisme sont décrits ci-dessous.

La relation protozoaire-termite est un exemple classique de mutualisme où les protozoaires flagellés vivent dans l'intestin des termites et de larves de xylophages (« wood roaches ») (**figures 28.2a**). Ces flagellés dépendent d'une diète faite de glucides, ingérés par leur hôte sous forme de cellulose. Les protozoaires engloutissent les particules de bois, digèrent la cellulose et la méta-

bolisent en acétate et autres composés. Les termites oxydent l'acétate libéré par leurs flagellés. Comme l'hôte est incapable de synthétiser des cellulases (enzymes qui catalysent l'hydrolyse de la cellulose), il dépend des protozoaires mutualistes pour son existence.

La relation mutualiste peut être facilement testée en laboratoires en plaçant des larves de xylophages sous une cloche en présence de bois et d'une forte concentration en oxygène. Comme l'oxygène est toxique pour les flagellés, ils meurent. Les larves de xylophages ne sont pas affectées par la forte teneur en oxygène et continuent à ingérer du bois mais elles meurent rapidement de faim par manque de cellulases.

Les lichens constituent un autre excellent exemple de mutualisme (**figure 28.3**). Les **lichens** sont une association entre un ascomycète spécifique (le mycète) et certaines genres d'algues vertes ou de cyanobactéries. Dans un lichen, le partenaire fongique est appelé le **mycobiote** et l'algue ou la cyanobactérie, le **phycobiote**. L'aspect remarquable de cette association mutualiste est l'extrême constance de sa morphologie et de ses relations métaboliques, qui a permis l'attribution aux lichens de noms de genre et d'espèce. La morphologie caractéristique d'un lichen donné est

(a)

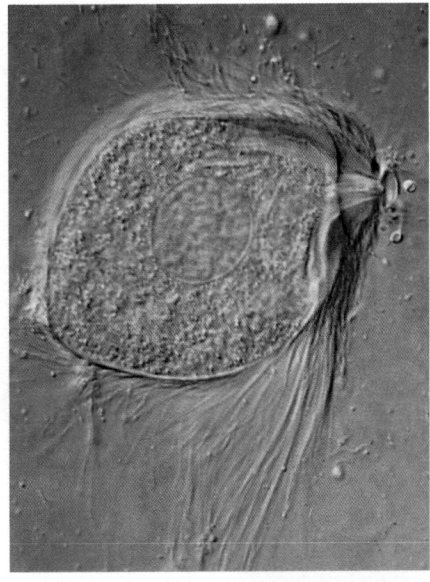

(b)

Figure 28.2 Le mutualisme. Images au microscope optique (**a**) d'une ouvrière chez les termites xylophages du genre *Reticulitermes* (x10) et (**b**) de *Trichonympha*, un protozoaire flagellé de l'intestin de termite (x135). Observez les nombreux flagelles sur la majeure partie de son corps. La capacité qu'a *Trichonympha* de dégrader la cellulose permet aux termites d'utiliser le bois comme aliment.

une propriété de l'association mutualiste et n'est présentée par aucun des deux symbiotes pris séparément. Les ascomycètes (pp. 560-61) ; les cyanobactéries (pp. 471-76).

Du fait que le phycobiote est un photoautotrophe, ne vivant que de lumière, de dioxyde de carbone et d'éléments nutritifs minéraux, le mycète est capable d'obtenir du carbone organique directement de l'algue ou de la cyanobactérie. Le mycète prélève souvent les nutriments chez son partenaire au moyen d'haustoriums (des projections d'hyphes fongiques) traversant la paroi du phycobiote. Il utilise également pour sa propre respiration l'oxygène produit par le phycobiote lors de la photophosphorylation. De son côté, le mycète protège le phycobiote des intensités lumineuses excessives, fournit l'eau et les minéraux et forme un substrat fixe dans lequel le phycobiote se développe à l'abri des stress de l'environnement.

De nombreux invertébrés marins (éponges, méduses, anémones, coraux, ciliés, etc.) abritent dans leurs tissus des cellules sphériques endosymbiotiques d'algues, appelées **zooxanthelles** (**figure 28.4***a*). Comme le degré de dépendance de l'hôte à l'égard de l'algue mutualiste est quelque peu variable, un seul exemple bien connu est décrit ci-dessous.

Les coraux hermatypiques (constructeurs de récifs) (figure 28.4*b*) satisfont la majeure partie de leurs besoins énergétiques au moyen de zooxanthelles et sont incapables d'utiliser le zooplancton de l'eau. Les pigments produits par les coraux protègent les algues des effets nocifs des radiations ultraviolettes. Il est clair que les zooxanthelles profitent également aux coraux, car la vitesse de calcification est au moins 10 fois plus élevée à la lumière qu'à l'obscurité. Les coraux hermatypiques dépourvus de zooxanthelles ont une vitesse de calcification très faible. En étudiant la composition isotopique stable du carbone, il est apparu que la plus grande partie du carbone organique des tissus des coraux hermatypiques provenait des zooxanthelles. Il ressort de cette relation mutualiste coraux-algues (capture, conservation, circulation des éléments nutritifs et de l'énergie) que les récifs coralliens sont les plus productifs et les plus réussis des écosystèmes connus.

Figure 28.3 Les lichens. Lichens crustacés se développant sur un pilier de granit.

Les mutualismes basés sur le sulfure

Des relations entre bactéries et vers tubicoles s'établissent plusieurs milliers de mètres sous la surface des océans, là où les plaques de la croûte terrestre s'écartent l'une de l'autre (**figure 28.5**). Les fluides issus des fontaines hydrothermales sont anoxiques, contiennent de fortes concentrations de sulfure d'hydrogène et peuvent atteindre une température de 350°C. L'eau de mer aux alentours de ces fontaines accusent des concentrations en sulfure voisines de 250 µM et des températures supérieures de 10 à 20°C à la normale de l'eau de mer qui est de 2,1°C.

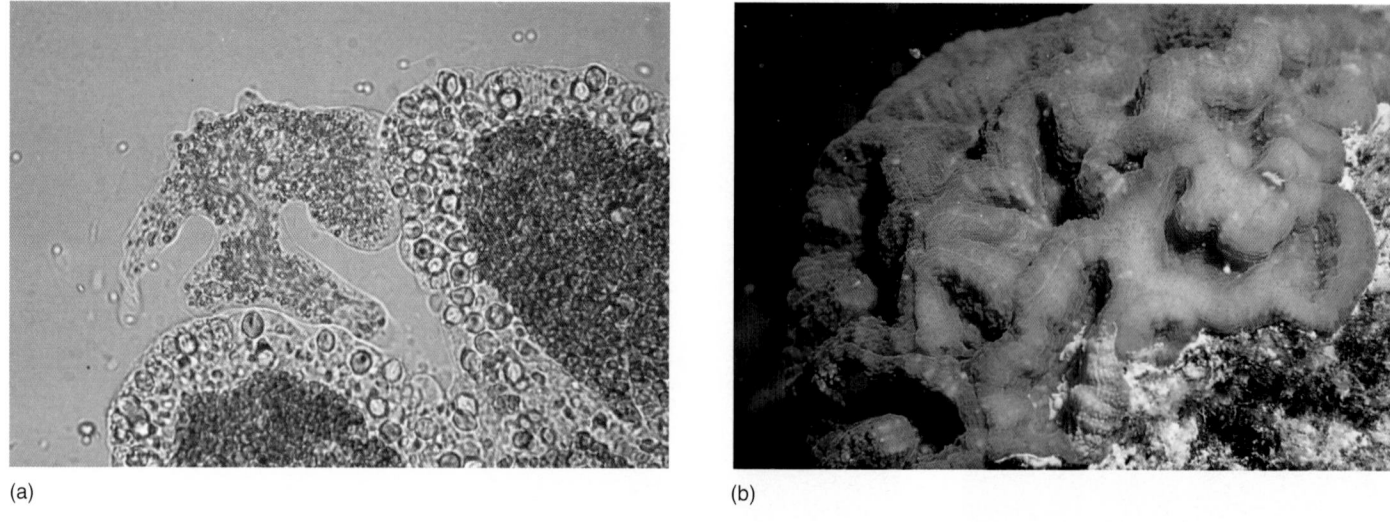

(a)   (b)

Figure 28.4 Les zooxanthelles. (**a**) Zooxanthelles (vert) à l'extrémité d'un tentacule d'hydre (x150). (**b**) La couleur verte de ce corail rose (*Manilina*) est due à l'abondance de zooxanthelles dans ses tissus.

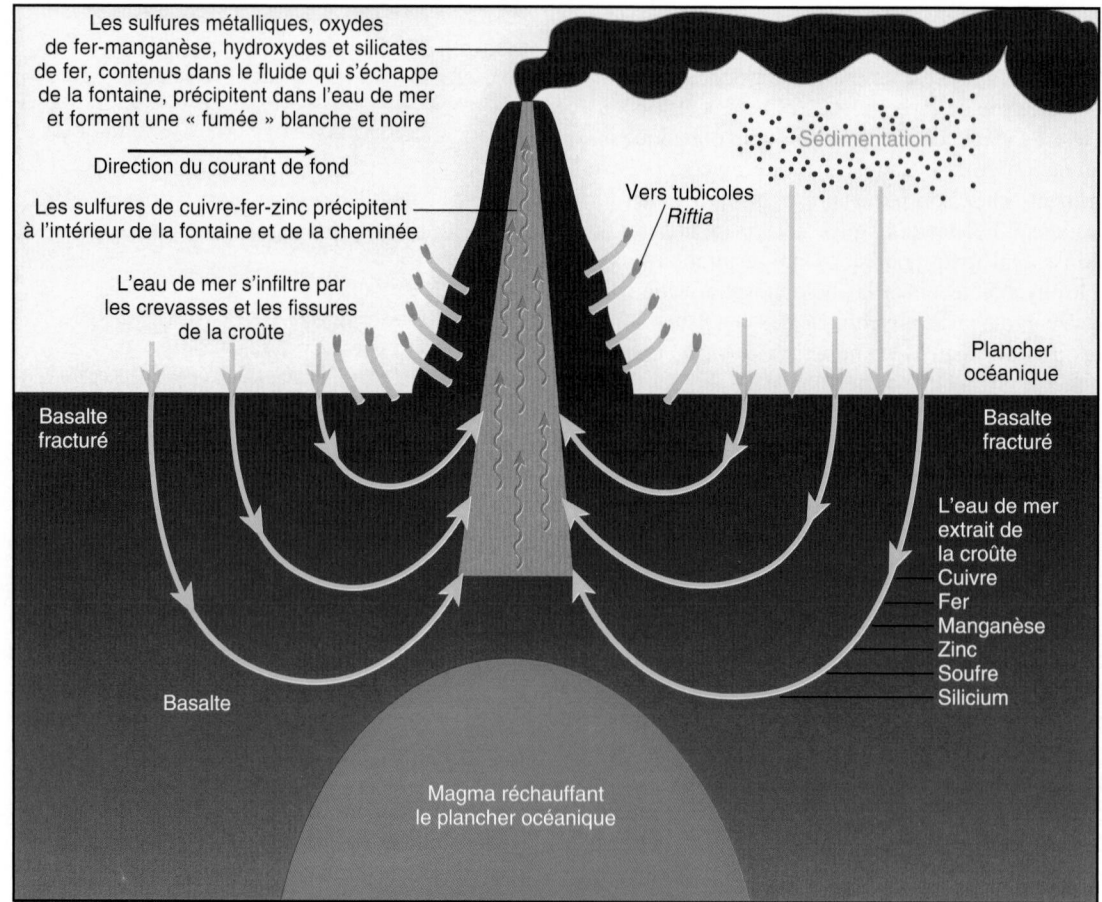

Figure 28.5 Structure schématique d'une fontaine hydrothermale avec ses associations mutualistes entre micro-organisme et animal. Des substances chimiques réduites, dont du sulfure, sont produites lorsque l'eau de mer pénètre dans les fractures du plancher basaltique de l'océan. Elles sont chauffées et retournent dans l'océan avec le fluide de la fontaine, créant l'environnement voulu pour la croissance des vers tubicoles et leurs mutualistes procaryotes.

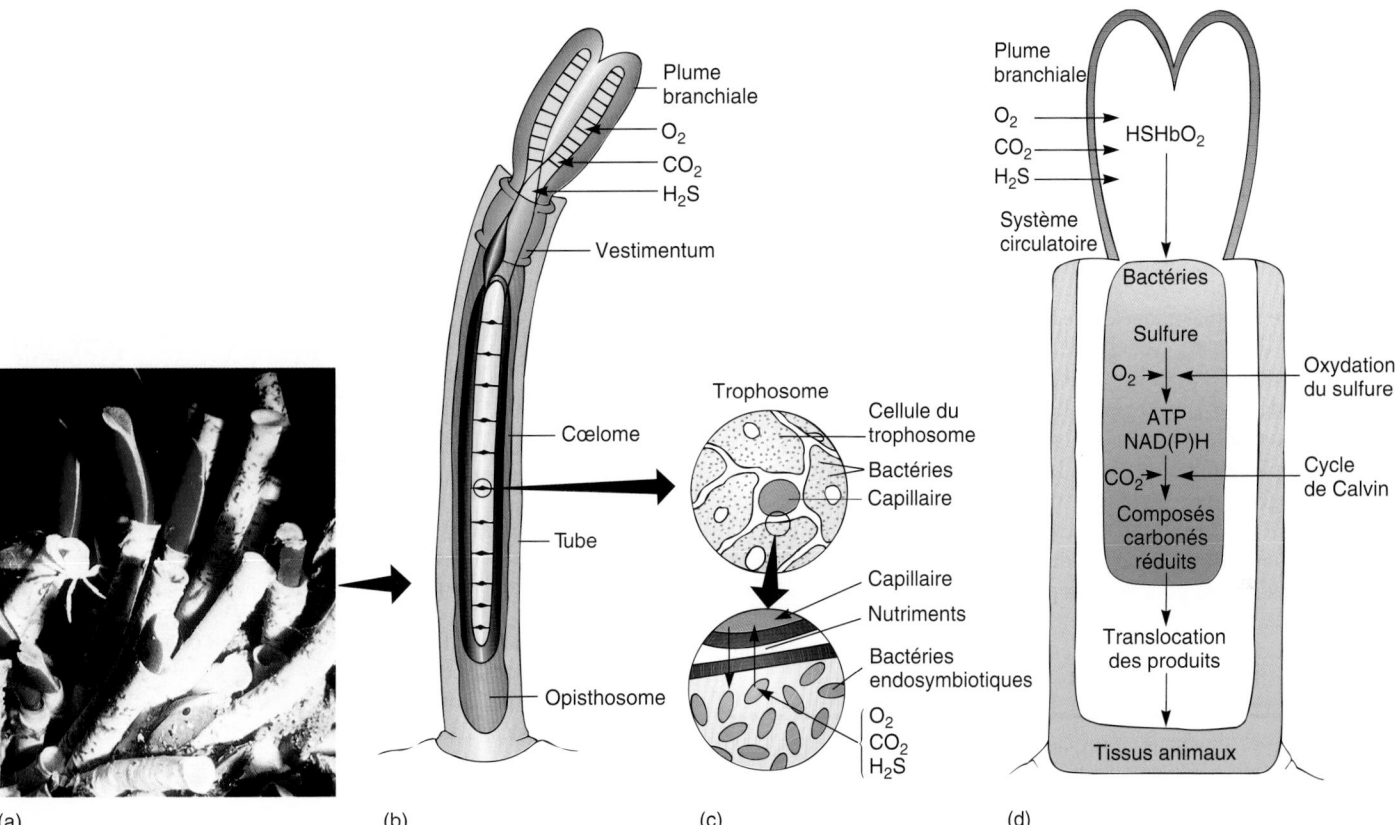

Figure 28.6 La relation ver tubicole-bactérie. (**a**) Une communauté de vers tubicoles (*Riftia pachiptyla*) sur le site de la fontaine hydrothermale de la fosse des Galápagos (2.550 m de profondeur). Chaque ver fait plus d'un mètre de long et possède une plume branchiale de 20 cm. (**b, c**) Illustration schématique de l'organisation anatomique et physiologique du ver tubicole. L'animal est ancré à l'intérieur de son tube protecteur par le vestimentum. À son extrémité antérieure, il y a une plume branchiale respiratoire. À l'intérieur du tronc du ver, on trouve un trophosome, constitué essentiellement de bactéries endosymbiotiques, de cellules associées et de vaisseaux sanguins. À l'extrémité postérieure de l'animal, c'est l'opisthosome, qui attache le ver à son tube. (**d**) Oxygène, dioxyde de carbone et sulfure d'hydrogène sont absorbés par la plume branchiale et transportés jusqu'aux cellules sanguines du trophosome. Le sulfure d'hydrogène se fixe à l'hémoglobine du ver ($HSHbO_2$) et est acheminé vers les bactéries endosymbiotiques. Celles-ci oxydent le sulfure d'hydrogène et utilisent une partie de l'énergie libérée pour fixer du CO_2 via le cycle de Calvin. Une fraction des composés carbonés réduits, synthétisés par l'endosymbiote, est transférée aux tissus de l'animal.

Près de ces fontaines hydrothermales, les vers tubicoles rouges géants, dépourvus d'intestin (*Riftia* spp.) constituent un exemple unique d'une forme de mutualisme et de nutrition animale où des endosymbiotes bactériens chimiolithotrophes sont maintenus dans des cellules spécialisées du ver tubicole hôte (**figure 28.6**). À ce jour, toutes les tentatives pour cultiver ces microorganismes sont restées sans succès.

Le ver tubicole absorbe le sulfure d'hydrogène de l'eau de mer et le fixe sur de l'hémoglobine (c'est la raison pour laquelle les vers sont d'un rouge brillant). Le sulfure d'hydrogène est alors transporté sous cette forme jusqu'aux bactéries, qui utilisent leur pouvoir de réduction du sulfure pour fixer le dioxyde de carbone grâce au cycle de Calvin (*voir figure 10.4*). Le CO_2 nécessaire à ce cycle est amené aux bactéries de trois façons : librement dissous dans le sang, fixé à l'hémoglobine, et sous forme d'acides organiques comme le malate et le succinate. Ces acides sont décarboxylés pour libérer du CO_2 dans le trophosome, tissu qui abrite les symbiotes bactériens. Grâce à ces mécanismes, les bactéries synthétisent du matériel organique réduit à partir de substances inorganiques. Ce matériel organique est alors fourni au ver tubicole via son système circulatoire et constitue la principale source nutritive pour les cellules des tissus.

Les mutualismes basés sur le méthane

D'autres chaînes de nutrition exceptionnelles font intervenir comme première étape, les micro-organismes fixateurs de méthane, qui fournissent la matière organique aux consommateurs. Les méthanotrophes, bactéries capables d'utiliser le méthane, se trouvent comme symbiotes intracellulaires chez les moules des fontaines à méthane. Les épaisses branchies charnues de ces moules sont bourrées de bactéries. De plus, on a découvert des éponges carnivores méthanotrophes dans un volcan de boue, à une profondeur de 4.943 m dans la fosse des Barbades. L'abondance de symbiotes méthanotrophes a été confirmée par la présence, dans les tissus de l'éponge, d'enzymes liées à l'oxydation du méthane. Ces éponges ne se contentent pas d'utiliser les bactéries à leur profit. Elles piègent aussi des proies qui nagent aux alentours, variant ainsi leur régime.

Les mutualismes entre micro-organisme et insecte

Les associations mutualistes sont communes chez les insectes. Ceci est lié aux aliments que les insectes utilisent. Ces aliments incluent souvent des jus de plantes ou des fluides animaux dépourvus de vitamines et d'acides aminés essentiels. Ces vitamines et acides aminés nécessaires sont fournis par des symbiotes bactériens en échange d'un habitat sûr et d'une nourriture abondante. Les pucerons constituent un excellent exemple de cette relation mutualiste. Cet insecte abrite *Buchnera aphidicola* dans son cytoplasme. Le corps d'un insecte mature contient littéralement des millions de ces bactéries. *Buchnera* approvisionne son hôte en acides aminés, particulièrement en tryptophane, et si on traite l'insecte par des antibiotiques, il meurt. *Wolbachia pipientis*, une rickettsie, est un endosymbiote cytoplasmique qu'on trouve dans 15 à 20% des espèces d'insectes, et qui peut contrôler la reproduction de son hôte. On pense que cette association est un facteur majeur dans l'évolution du sexe et de la spéciation chez les guêpes parasites. *Wolbachia* est aussi responsable d'incompatibilité cytoplasmique chez les insectes, de parthénogénèse chez les papillons et de la féminisation des mâles génétiques chez les isopodes. Où se situerait l'avantage pour *Wolbachia* ? En limitant la variabilité sexuelle de son hôte, la bactérie pourrait tirer bénéfice de la création d'un environnement asexué, plus stable pour son propre maintien à long terme. Notre compréhension des mutualismes micro-organisme/insecte, y compris du rôle de *Wolbachia* chez les insectes, est en progrès constant, grâce à l'utilisation croissante des techniques moléculaires.

---

1. Qu'est-ce qu'un lichen ? Discutez des bénéfices que phycobiote et mycobiote se procurent l'un à l'autre.
2. Quelle est la caractéristique essentielle d'une relation mutualiste ?
3. Comment les vers tubicoles obtiennent-ils l'énergie et les composés organiques nécessaires à leur croissance ?
4. D'où vient l'eau qui s'échappe d'une fontaine hydrothermale et comment est-elle chauffée ?
5. Quels sont les rôles importants des bactéries, comme *Buchnera* et *Wolbachia*, chez les insectes ?

L'écosystème du rumen

Les **ruminants** sont un groupe d'animaux herbivores possédant un estomac divisé en quatre compartiments et mâchant un bol alimentaire composé de nourriture régurgitée et partiellement digérée. En font partie les bovins, les cervidés, les chameaux, les buffles, les moutons, les chèvres et les girafes. Ce mode de nutrition est apparu chez les animaux ayant besoin de manger relativement rapidement de grandes quantités de nourriture ; la mastication se déroulant plus tard dans un lieu plus confortable ou plus sûr. L'important est que les ruminants possèdent des micro-organismes pour dégrader les parois cellulosiques épaisses des herbes et autres végétaux, et peuvent ainsi digérer de grandes quantités de fourrage autrement inutilisable. Du fait que les ruminants sont incapables de produire des cellulases, ils ont établi une relation mutualiste avec des micro-organismes anaérobies producteurs de ces enzymes. Les cellulases hydrolysent les liaisons $\beta\,(1 \rightarrow 4)$ entre les résidus successifs de D-glucose de la cellulose et libèrent du glucose qui est ensuite fermenté en acides organiques, comme l'acétate, le butyrate et le propionate (*voir figure 9.10*). Ces acides organiques sont les véritables sources énergétiques du ruminant.

La partie supérieure de l'estomac d'un ruminant se dilate pour former d'une part une large poche appelée le **rumen** ou la **panse** (**figure 28.7**) et d'autre part un bonnet plus petit à dessin en nids

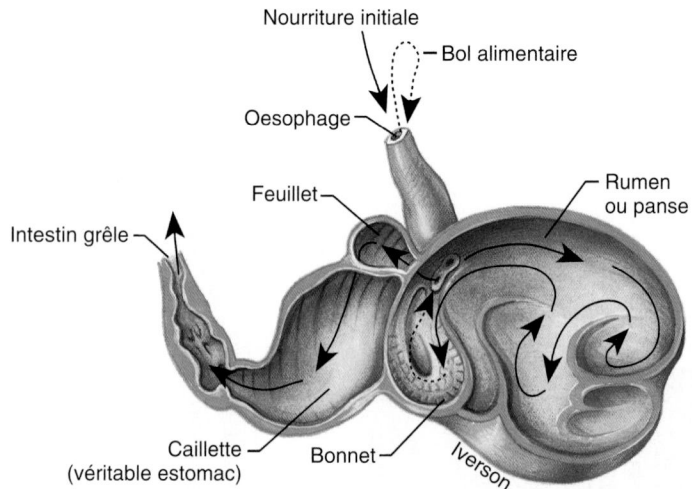

Figure 28.7 L'estomac d'un ruminant. Compartiments de l'estomac d'une vache. Les micro-organismes sont actifs principalement dans le rumen. Les flèches indiquent la direction du mouvement de la nourriture.

d'abeille. La partie inférieure de l'estomac est constituée d'une antichambre dénommée le feuillet, et du « véritable » estomac (la caillette) situé juste derrière.

Les polysaccharides insolubles et la cellulose ingérés par le ruminant sont mélangés avec la salive et entrent dans le rumen. La nourriture y est brassée selon un mouvement rotatif constant et finalement réduite en une masse pulpeuse, qui est partiellement digérée et fermentée par les micro-organismes. Ensuite, la nourriture passe dans le bonnet. Ce bol alimentaire est alors régurgité sous forme de « boulette », qui est soigneusement mâchée pour la première fois. La nourriture mélangée à la salive est réavalée et réintègre le rumen, tandis qu'une autre boulette remonte à la bouche. Avec la continuation du processus, le matériel végétal digéré devient plus liquide. Ce liquide commence alors à couler du bonnet vers la partie inférieure de l'estomac : d'abord le feuillet, puis la caillette. C'est dans la caillette que la nourriture est mise en présence des enzymes digestives normales de l'hôte et le processus de la digestion se poursuit selon le mode habituel chez les mammifères.

Le rumen contient une population microbienne importante et diversifiée (10^{12} organismes par ml), où l'on trouve des procaryotes, des mycètes anaérobies comme *Neocallimastix*, et des ciliés et autres protozoaires. La nourriture entrant dans le rumen est rapidement attaquée par les procaryotes, mycètes et protozoaires anaérobies cellulolytiques. Bien que procaryotes et protozoaires soient présents en masses approximativement égales, le contenu du rumen est transformé principalement par les procaryotes. Les micro-organismes dégradent les matières végétales ainsi que le montre la **figure 28.8**. Comme le potentiel de réduction dans le rumen est de -30 mV, tous les micro-organismes indigènes ont un métabolisme anaérobie. Les bactéries fermentent les glucides en acides gras, CO_2 et H_2. Les archéobactéries (méthanogènes) produisent du méthane (CH_4) à partir d'acétate, de CO_2 et d'hydrogène.

Les glucides alimentaires dégradés dans le rumen comprennent les sucres solubles, l'amidon, la pectine, l'hémicellulose et la cellulose. La plus grande partie de chaque glucide est fermentée en acides gras volatils (acides acétique, propionique, butyrique, formique et valérique), en CO_2, en hydrogène et en méthane. Les acides gras produits par les organismes du rumen sont absorbés dans le sang et oxydés par l'animal pour former sa principale source

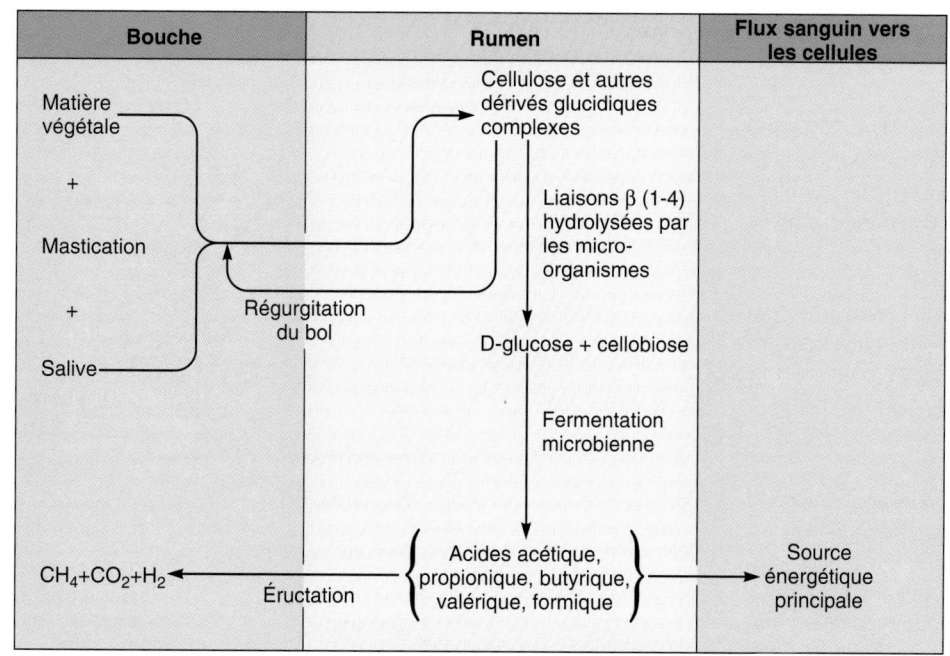

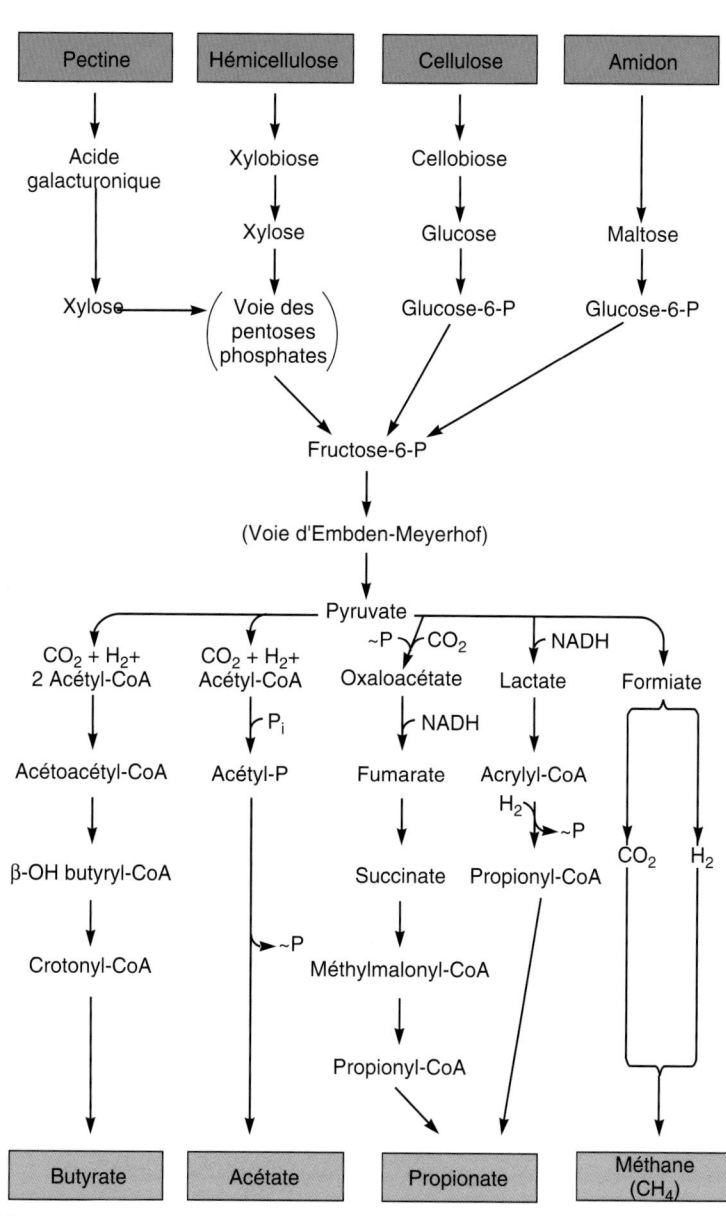

Figure 28.8 La biochimie du rumen. (**a**) Un aperçu des processus biochimiques et physiologiques survenant dans différentes parties du système digestif d'un bovin. (**b**) Voies biochimiques plus spécifiques, impliquées dans la fermentation des principaux glucides végétaux dans le rumen. Les encadrés supérieurs représentent les substrats et les encadrés inférieurs, certains des produits finals.

d'énergie. Le CO_2 et le méthane, produits à une vitesse de 200 à 400 litres par jour chez la vache, sont libérés par l'éructation (du latin *eructare*, éructer), un processus réflexe continu à peine audible, semblable à un renvoi. L'énergie transformée en ATP pendant la fermentation est utilisée pour permettre la croissance des micro-organismes du rumen. Ces micro-organismes, à leur tour, produisent la majorité des vitamines nécessaires au ruminant. Les micro-organismes ayant accompli leur rôle symbiotique sont digérés par les enzymes des deux poches stomacales inférieures pour fournir acides aminés, sucres et autres aliments utilisés par le ruminant.

Le syntrophisme

Le **syntrophisme** (du grec *syn*, ensemble, et *trophe*, nourriture) est une association où la croissance d'un organisme dépend ou est améliorée par des facteurs de croissance, des aliments ou des substrats, fournis par un autre organisme se développant à proximité. Parfois, les deux organismes en tirent bénéfice. Ce type de mutualisme est aussi appelé alimentation croisée ou phénomène satellite.

Un syntrophisme très important a lieu dans les écosystèmes méthanogènes anaérobies, comme les digesteurs de boue (*voir section 29.6*), les sédiments anaérobies en eaux douces et les sols inondés. Dans ces milieux, les acides gras peuvent être dégradés pour produire de l'hydrogène et du méthane, par l'interaction de deux groupes bactériens différents. La production de méthane par les méthanogènes dépend d'un **transfert d'hydrogène interspécifique**. Une bactérie fermentative produit de l'hydrogène gazeux et le méthanogène l'utilise rapidement comme substrat pour la production de gaz méthane.

Diverses bactéries fermentatives produisent des acides gras de faible poids moléculaire qui peuvent être dégradés par des bactéries anaérobies, comme *Syntrophobacter*, pour donner de l'hydrogène, comme suit :

$$\text{Acide propionique} \rightarrow \text{acétate} + CO_2 + H_2$$

Syntrophobacter utilise les protons ($H^+ + H^+ \rightarrow H_2$) comme accepteurs finals d'électrons dans la synthèse d'ATP. La bactérie ne gagne une énergie suffisante pour sa croissance que si l'hydrogène qu'elle génère est consommé. Les produits H_2 et CO_2 sont employés par les archéobactéries méthanogènes (p. ex. *Methanospirillum*) comme suit :

$$4H_2 + CO_2 \rightarrow CH_4 + 2H_2O$$

En synthétisant du méthane, *Methanospirillum* maintient une concentration en H_2 faible dans l'environnement immédiat des deux bactéries. L'élimination continue de H_2 stimule la poursuite de la fermentation des acides gras et de la production d'H_2. Si l'hydrogène n'est pas consommé, il inhibera *Syntrophobacter*. Parce qu'une production accrue d'hydrogène et sa consommation stimulent les vitesses de croissance de *Syntrophobacter* et de *Methanospirillum*, la relation bénéficie aux deux participants.

1. Quelles sont les caractéristiques structurales du rumen qui rendent un régime herbivore possible ? Pourquoi une vache mâche-t-elle son bol alimentaire ?

2. Quel rôle biochimique jouent les micro-organismes du rumen dans ce type de symbiose ?

3. Qu'est-ce que le syntrophisme ? Un contact physique est-il requis pour cette relation ?

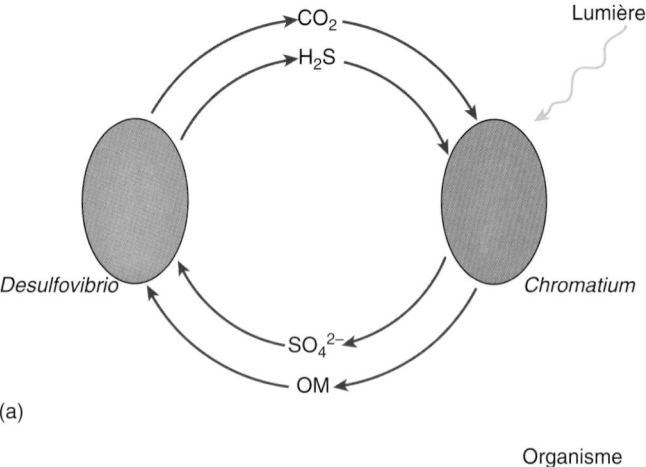

(a)

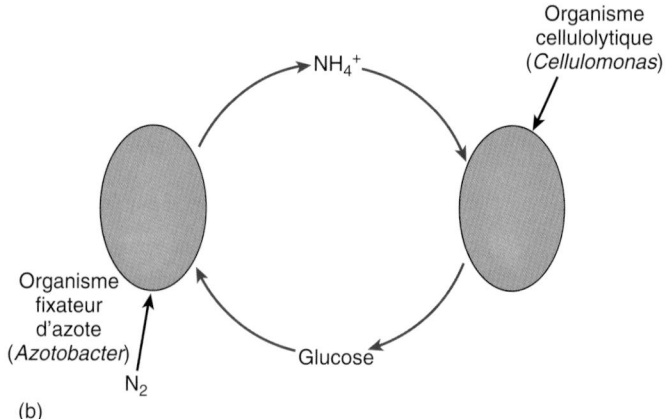

(b)

Figure 28.9 Exemples de processus symbiotiques protocoopératifs. (**a**) La matière organique (MO) et le sulfate nécessaires à *Desulfovibrio* sont produits par *Chromatium* au cours de la réduction photosynthétique du CO_2 en matière organique et l'oxydation du sulfure en sulfate. (**b**) *Azotobacter* utilise le glucose fourni par un micro-organisme qui dégrade la cellulose, comme *Cellulomonas*, lequel emploie l'azote fixé par *Azotobacter*.

4. Qu'est-ce que le transfert d'hydrogène interspécifique, et pourquoi peut-il être bénéfique au producteur comme au consommateur d'hydrogène ?

La protocoopération

Comme noté dans la figure 28.1, la **protocoopération** est une relation mutuellement bénéfique, semblable à celles du mutualisme. Dans la protocoopération toutefois, cette relation n'est pas obligatoire. Comme noté dans cette figure, les ressources complémentaires bénéfiques sont fournies par chacun des micro-organismes appariés. Les micro-organismes impliqués dans ce type de relation peuvent être séparés, et si les ressources qu'offre l'organisme complémentaire sont fournies par le milieu de croissance, chacun des micro-organismes fonctionnera indépendamment. Deux exemples de ce type de relation sont donnés par l'association entre *Desulfovibrio* et *Chromatium* (**figure 28.9a**), dans laquelle les cycles du carbone et du soufre sont liés, et par l'interaction d'un micro-organisme fixateur d'azote avec un organisme cellulolytique comme *Cellulomonas* (figure 28.9b). Dans le second exemple, le micro-organisme cellulolytique libère, à partir de la cellulose, du glucose qui peut être utilisé par les micro-organismes fixateurs d'azote.

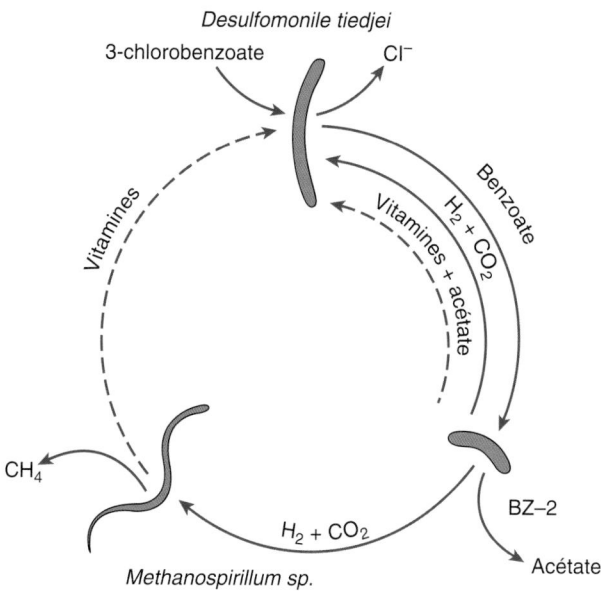

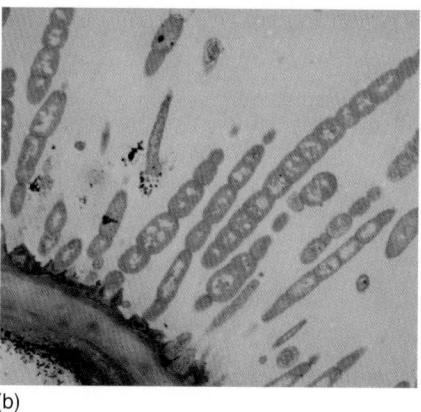

Figure 28.10 Association en une communauté à trois définie, protocoopérative et commensale, capable de dégrader le 3-chlorobenzoate. Si un seul des membres manque, la dégradation n'aura pas lieu. Les flèches pleines montrent les flux nutritifs, et les lignes en pointillé représentent les flux supposés.

Figure 28.11 Une relation protocoopérative entre ver marin et bactérie. *Alvinella pompejana*, un ver de 10 cm, établit une relation protocoopérative avec des bactéries qui se développent à sa surface sous forme de longs fils. Les eaux où vivent ces vers contiennent des composés sulfurés qui sont utilisés par les bactéries comme accepteurs d'électrons, en présence de fumarate et de pyruvate. Le ver se nourrit des bactéries. Les bactéries et *Alvinella* vivent dans des tunnels près de fontaines d'eau chauffées par des fumeurs.

(a)

(b)

Figure 28.12 Une relation protocoopérative entre crustacé et bactérie.
(**a**) Cette image de la crevette marine *Rimicaris exoculata*, s'agglutinant autour d'une fontaine hydrothermale, montre le développement massif de ces crustacés dans la zone où les bactéries chimiolithotrophes croissent en utilisant le sulfure comme source d'électrons et d'énergie. Les bactéries qui se développent sur les orifices des fontaines, mais aussi à la surface des crustacés, fixent le carbone du CO_2, par leur métabolisme autotrophe, et servent de nourriture à la crevette. (**b**) Une image de la patte du crustacé marin *Rimicaris exoculata* (coupe mince en microscopie électronique), montrant les bactéries chimiolithotrophes qui couvrent la surface de la crevette. La nature filamenteuse de ces bactéries, sur lesquelles repose cette relation commensale, est évidente sur cette coupe mince.

La **figure 28.10** montre un excellent exemple d'association protocoopérative pour la biodégradation. Dans ce cas, la dégradation du 3-chlorobenzoate dépend du fonctionnement de micro-organismes aux capacités complémentaires. Si l'un des trois micro-organismes n'est pas présent et actif, la dégradation du substrat n'aura pas lieu.

Dans d'autres relations protocoopératives, des micro-organismes filamenteux, autotrophes, dépendants du sulfure fixent le dioxyde de carbone et synthétisent la matière organique qui sert de source de carbone et d'énergie à un organisme hétérotrophe. Une des relations de ce type les plus intéressantes est celle du ver de

Pompéi (*Alvinella pompejana*), ainsi nommé d'après le nom du sous-marin de Woods Hole, dans le Massachusetts. Cet organisme inhabituel, long de 10 cm, vit dans des tunnels, là où la température des eaux avoisinent les 80°C, dans une région profonde de l'océan Pacifique (**figure 28.11**). Il emploie comme source nutritive des bactéries qui oxydent la matière organique et réduisent les composés sulfurés. On a découvert un crustacé des fonds marins qui se nourrit de bactéries autotrophes oxydant le sulfure. Des bactéries filamenteuses oxydant le sulfure croissent à la surface de cette crevette, *Rimicaris exoculata* (**figure 28.12**). Quand elles

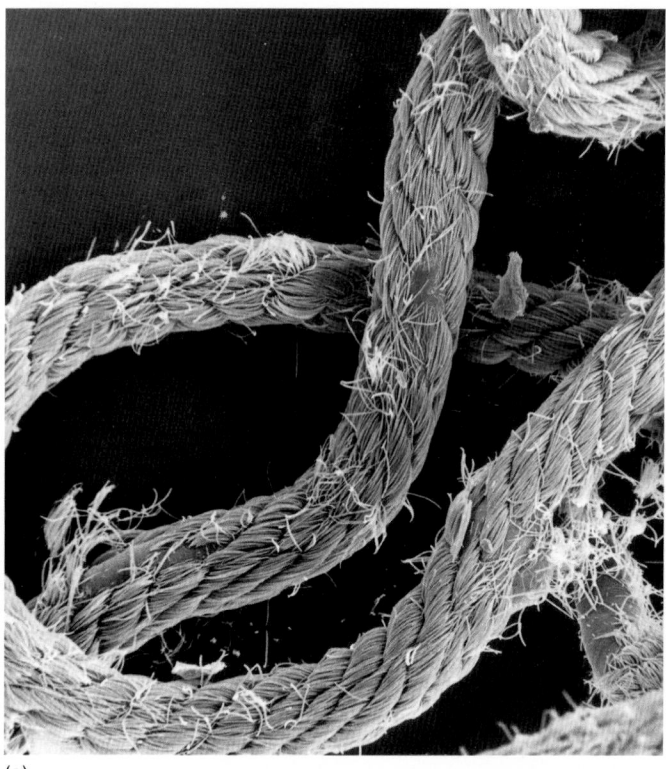

(a)

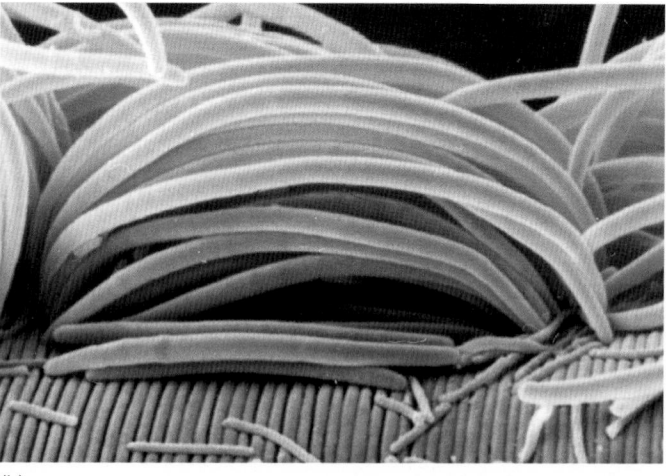

(b)

Figure 28.13 Une relation protocoopérative entre nématode marin et bactérie. Les nématodes marins libres, qui croissent à l'interface entre les zones oxydées et réduites, là où sulfure et oxygène coexistent, sont couverts de bactéries qui oxydent le sulfure. Celles-ci protègent le nématode en diminuant les concentrations en sulfure aux alentours, et le ver utilise les bactéries comme nourriture. (**a**) Le nématode marin *Eubostrichus parasitiferus* avec ses bactéries, disposées selon un motif en hélice caractéristique. La barre = 100 µm. (**b**) Les bactéries chimiolithotrophes attachées à la cuticule du nématode marin *Eubostrichus parasitiferus*. Les cellules sont fixées à la surface du nématode par leurs deux extrémités. La barre = 10µm. *Voir aussi la figure 28.17.*

sont délogées, la crevette les avale. Cette crevette dite « aveugle » peut réagir à la lueur émise par le fumeur, grâce à un organe réfléchissant qu'elle porte à l'arrière du corps. Cet organe est sensible à une longueur d'onde lumineuse que l'homme ne peut détecter.

Les nématodes offrent un autre exemple intéressant d'épicroissance bactérienne. C'est notamment le cas d'*Eubostrichus parasitiferus* qui vit à l'interface aérobie/anaérobie dans les sédiments marins riches en sulfure (**figure 28.13a**). Ces animaux sont couverts de bactéries oxydant le sulfure, qui se disposent en motifs intriqués (figure 28.13b). Les bactéries, non seulement, réduisent la concentration en sulfure toxique qui environne souvent les nématodes, mais elles leur servent aussi de nourriture.

En 1990, on a découvert des fontaines hydrothermales dans un milieu d'eau douce, au fond du lac Baïkal, le lac le plus vieux (25 millions d'années) et le plus profond du monde. Ce lac est situé à l'extrême Est de la Russie (**figure 28.14a**) et il représente, en volume, le plus grand de tous les lacs d'eau douce (en superficie, le plus grand lac est le lac Supérieur). Les croissances bactériennes, avec de longues mèches blanches, sont au centre de la zone des fontaines où l'on observe les températures les plus élevées (figure 28.14b). La croissance bactérienne se termine au bord de la zone des fontaines où la température de l'eau est plus basse et où l'on observe des éponges, des gastéropodes et d'autres organismes, qui se nourrissent aux dépens des bactéries (figure 28.14c). On a trouvé des zones similaires, bien que moins développées, dans le lac de Yellowstone, dans le Wyoming.

On a découvert, dans le sud de la Roumanie, un écosystème basé sur le sulfure d'hydrogène qui est plus proche de la surface terrestre. Dans cette région, des grottes abritent des tapis de micro-organismes qui fixent le dioxyde de carbone en utilisant le sulfure d'hydrogène comme agent réducteur. La subsistance de quarante-huit espèces d'invertébrés cavernicoles repose sur cette base chimioautotrophe.

Une forme de protocoopération s'installe aussi lorsqu'une population de micro-organismes semblables contrôle sa propre densité. C'est le processus de la perception du quorum, qui a été abordé à la section 6.5. Les micro-organismes produisent des composés autoinducteurs spécifiques, et lorsque la population augmente et que la concentration de ces composés atteint des niveaux critiques, des gènes spécifiques sont exprimés. Ces réponses sont importantes pour les micro-organismes qui forment des associations avec des plantes ou des animaux, et particulièrement pour les pathogènes humains.

1. Pourquoi *Alvinella*, *Rimicaris* et *Eubostrichus* constituent-ils de bons exemples d'interactions protocoopératives entre micro-organisme et animal ?
2. Quelles communautés importantes des fontaines hydrothermales d'eau douce ont été décrites ?

Le commensalisme

Le **commensalisme** (du latin *cum*, avec et *mensa*, table) est une relation dans laquelle un organisme, le **commensal** tire un avantage alors que l'autre, l'hôte, n'est ni affecté ni aidé. Comme le montre la figure 28.1. Il s'agit d'un processus unidirectionnel. Souvent, l'hôte et le commensal « mangent à la même table ». La proximité spatiale des deux partenaires permet au commensal de se nourrir de substances captées ou ingérées par l'hôte, et le commensal se voit souvent offrir un abri en vivant sur ou dans l'hôte. Le commensal n'est pas directement dépendant du métabolisme de l'hôte et ne cause chez ce dernier aucun dommage particulier. Lorsque le commensal est séparé expérimentalement de son hôte, il peut survivre en l'absence d'un ou de plusieurs facteurs fournis par l'hôte.

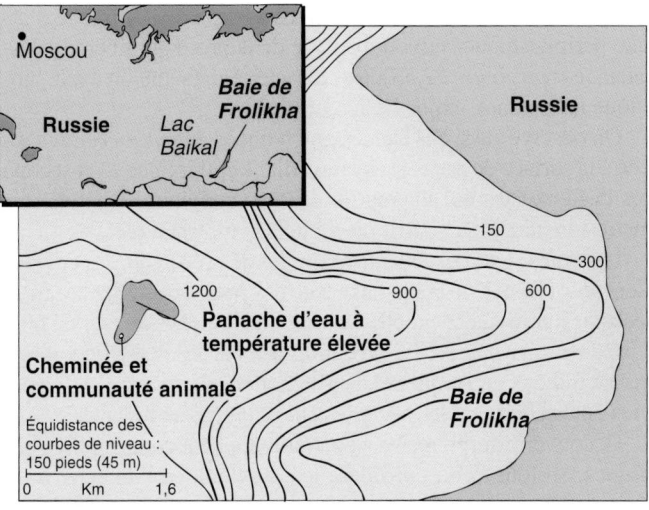

(a)

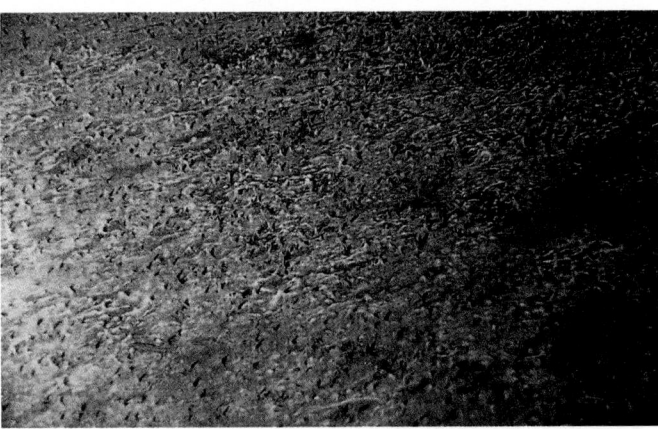

(b)

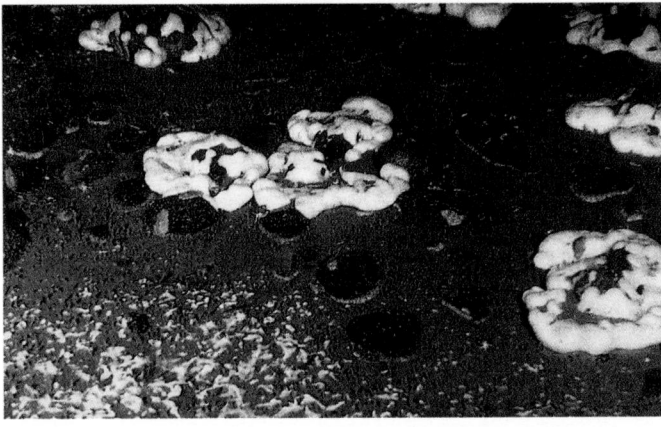

(c)

Figure 28.14 Écosystèmes des fontaines hydrothermales dans les eaux douces. Le lac Baïkal (Russie) a des fontaines hydrothermales à haute température. (**a**) Situation du lac Baïkal (insert) et de la baie de Frolika, des fontaines hydrothermales. (**b**) Tapis bactériens près du centre de la zone des fontaines. (**c**) Filaments bactériens, éponges et tubes au bord de la zone des fontaines.

Les relations commensales entre micro-organismes incluent des situations où un déchet produit par un micro-organisme sert de substrat à une autre espèce. La nitrification en est un exemple : oxydation de l'ion ammonium en nitrite par des micro-organismes comme *Nitrosomonas*, et oxydation subséquente du nitrite en nitrate par *Nitrobacter* et les bactéries similaires (*voir pp. 193-94*). *Nitrobacter* tire bénéfice de son association avec *Nitrosomonas* puisqu'il utilise le nitrite pour obtenir l'énergie nécessaire à sa croissance.

Il y a aussi association commensale lorsqu'un groupe microbien modifie l'environnement et le rend plus propice à un autre organisme. Par exemple, dans l'intestin humain, la souche commune, non pathogène d'*Escherichia coli* vit dans le côlon, mais croît très bien aussi en dehors de son hôte. C'est donc un commensal typique. Lorsque l'anaérobie facultatif qu'est *E. coli* y a épuisé l'oxygène, les anaérobies obligatoires comme *Bacteroides* sont à même de croître dans le côlon. L'association avec l'hôte et *E. coli* est bénéfique pour les anaérobies, mais *E. coli* ne tire aucun avantage évident des anaérobies. Dans ce cas, le commensal *E. coli* contribue au bien-être d'autres symbiotes. Le commensalisme peut impliquer d'autres modifications environnementales. La synthèse de déchets acides lors d'une fermentation stimule la prolifération d'organismes plus acido-tolérants qui, à pH neutre, ne constituent qu'une fraction mineure de la communauté microbienne. Un bon exemple est fourni par la succession des micro-organismes dans un lait avarié. Lorsque des biofilms se forment (section 28.4), la colonisation d'une surface nouvellement exposée par un type de micro-organismes (le colonisateur initial) rend possible l'attachement d'autres micro-organismes à la surface ainsi modifiée.

Un commensalisme important préside aussi à la colonisation du corps humain et de l'extérieur d'autres animaux et plantes. Les micro-organismes associés à la peau ou aux orifices d'un corps animal utilisent comme aliments des composés organiques volatils, solubles et particulaires émis par l'hôte (*section 31.2*). Dans la plupart des conditions, ces micro-organismes ne causent aucun dommage autre que contribuer éventuellement à l'odeur corporelle. Parfois, quand l'organisme hôte est stressé ou que la peau est percée, ces micro-organismes commensaux peuvent devenir pathogènes. Ces interactions seront envisagées dans le chapitre 31.

1. En quoi le commensalisme diffère-t-il de la protocoopération ?
2. Pourquoi la nitrification est-elle un bon exemple de commensalisme ?
3. Pourquoi les micro-organismes commensaux sont-ils importants pour l'homme ? Où les trouve-t-on en relation avec le corps humain ?

La prédation

La **prédation** est un phénomène répandu où le prédateur engloutit ou attaque une proie, comme le montre la figure 28.1. La proie peut être plus grande ou plus petite que le prédateur, et le résultat normal est la mort de la proie.

Un ensemble intéressant de bactéries prédatrices sont actives dans la nature. La **figure 28.15** montre plusieurs des meilleurs exemples, dont *Bdellovibrio*, *Vampirococcus*, et *Daptobacter*. Chacun de ceux-ci a une façon qui lui est propre d'attaquer une bactérie sensible. *Bdellovibrio* perce la paroi cellulaire et se multi-

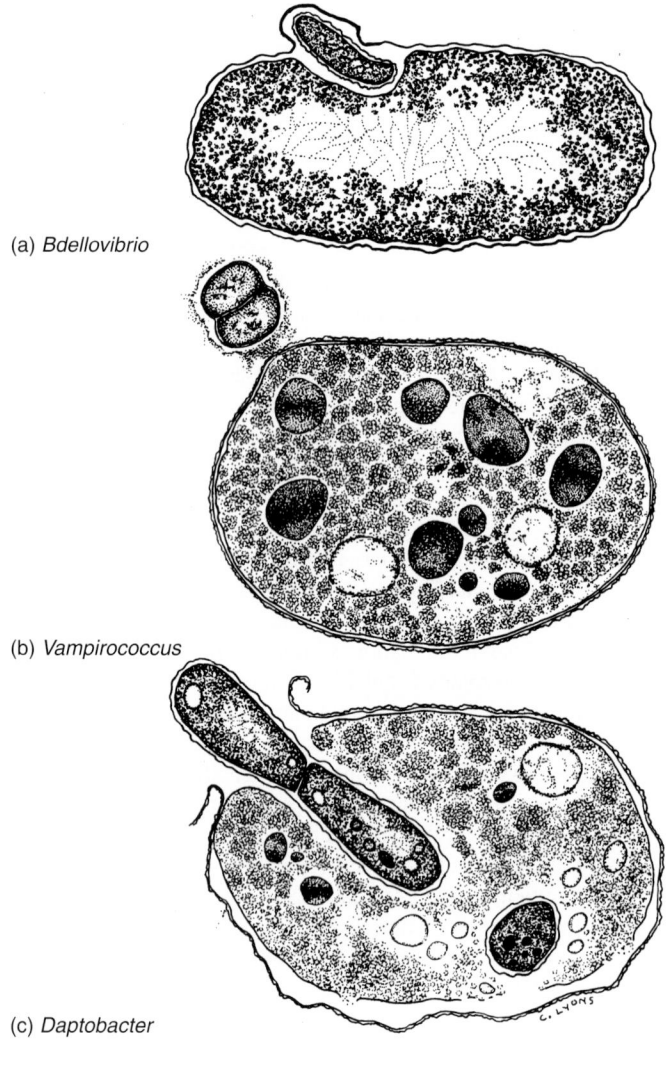

(a) *Bdellovibrio*

(b) *Vampirococcus*

(c) *Daptobacter*

Figure 28.15 Exemples de bactéries prédatrices trouvées dans la nature. (**a**) *Bdellovibrio*, un prédateur périplasmique qui perce la paroi cellulaire et croît à l'extérieur de la membrane plasmique. (**b**) *Vampirococcus* avec son mode épibiotique particulier d'attaquer une proie bactérienne. (**c**) *Daptobacter* se localise dans le cytoplasme de la bactérie sensible qu'ils attaquent.

plie entre la paroi et la membrane plasmique. C'est un mode d'attaque périplasmique, suivi d'une lyse de la proie qui libère la descendance (*voir figure 22.33*). Cette bactérie présente un cycle biologique intéressant, exposé à la section 22.4.

On observe aussi des formes non lytiques. *Vampirococcus* s'attache à la surface de sa proie (relation dite « épibiotique ») et secrète alors des enzymes qui libèrent le contenu cellulaire. *Daptobacter* pénètre son hôte et se nourrit du contenu cytoplasmique.

Les ciliés sont d'excellents exemples de prédateurs qui engloutissent leur proie. Une étude faite avec des proies bactériennes marquées par fluorescence montre qu'un seul cilié peut ingérer de 60 à 70 bactéries par heure ! La prédation des bactéries est importante dans les milieux aquatiques et dans le traitement des eaux d'égouts, où les ciliés éliminent les bactéries qui n'ont pas sédimenté.

Découverte surprenante, la prédation a beaucoup d'effets bénéfiques, surtout si on considère les populations interactives de prédateurs et de proies (voir un résumé dans le **tableau 28.3**). La simple ingestion et l'assimilation d'une proie bactérienne peut conduire à l'augmentation des vitesses de recyclage des éléments nutritifs, vitesses qui sont essentielles pour le fonctionnement de la **boucle microbienne** (*voir section 29.1* et *figure 29.4*). Dans ce processus, la matière organique produite par la photosynthèse et l'activité chimiotrophe est minéralisée avant d'atteindre les consommateurs supérieurs, ce qui remet les éléments minéraux, « en boucle », à la disposition des producteurs primaires. Ceci est important dans les milieux d'eau douce, marins et terrestres. L'ingestion et le court temps de rétention des bactéries sont également critiques pour les ciliés dans le rumen. Les bactéries méthanogènes y contribuent à la bonne santé des ciliés, en diminuant la teneur en hydrogène qui est toxique ; elles utilisent H_2 pour produire du méthane lequel est évacué du rumen.

La prédation peut aussi fournir un environnement protecteur, riche en nourriture pour une proie particulière. Les ciliés ingèrent *Legionella* et protègent du chlore cet important pathogène. Le chlore est fréquemment utilisé en vue du contrôle de *Legionella* dans les tours de refroidissement et les climatiseurs. Le cilié sert d'hôte réservoir. On s'est aussi aperçu qu'après la prédation, *Legionella pneumophila* avait une capacité accrue pour l'invasion des macrophages et des cellules épithéliales. Ceci indique que la prédation, non seulement constitue une protection pour la bactérie, mais qu'elle en fait aussi un meilleur pathogène. On a observé un

Tableau 28.3 Les multiples facettes de la prédation

Résultat de la prédation	Exemple
Digestion	La boucle microbienne. La matière organique soluble venant des producteurs primaires est normalement utilisée par les bactéries, qui constituent une nourriture particulaire pour les consommateurs supérieurs. Les flagellés et les ciliés font leur proie de ces bactéries et les digèrent, ce qui rend les éléments nutritifs qu'elles contiennent, à nouveau disponibles pour une production primaire. C'est la boucle microbienne. De cette façon, une grande partie du carbone fixé par les micro-organismes photosynthétiques est minéralisée et recyclée (d'où l'expression de boucle microbienne) et n'atteint pas les niveaux trophiques supérieurs de l'écosystème (*voir figure 29.4*).
	La prédation peut en outre réduire dans les populations de proies, les facteurs de stress dépendants de la densité. Cela permet une croissance et un renouvellement des proies plus rapides qu'ils ne le seraient en l'absence de prédateurs.
Rétention	Les bactéries retenues au sein du prédateur sont utiles, comme dans la transformation en méthane inoffensif, de l'hydrogène toxique produit par les ciliés du rumen. De même, le piégeage des chloroplastes par les protozoaires (cleptochloroplastie) apporte la photosynthèse au prédateur.
Protection et augmentation de l'aptitude	La survie intracellulaire de *Legionella*, ingérée par les ciliés, la protège de stress comme la chaleur ou la chloration. L'ingestion entraîne aussi une augmentation de la pathogénicité, lorsque la proie est rendue au milieu extérieur, et ceci peut être nécessaire pour l'infection de l'homme. Le prédateur sert de réservoir.
	Les organismes du nanoplancton peuvent être ingérés par les animalcules du zooplancton et se développer dans leur système digestif. Ils sont ensuite relâchés dans le milieu dans un état mieux adapté. Il peut aussi y avoir dissémination vers de nouveaux endroits.

phénomène similaire de survie dans les protozoaires pour *Mycobacterium avium*, un pathogène répandu dans le monde entier. Ces aspects protecteurs de la prédation jouent un rôle important dans la survie et le contrôle des micro-organismes pathogènes, dans les biofilms qu'on trouve dans les canalisations d'eau et dans les appareils de conditionnement d'air. Dans les systèmes marins, les animalcules du zooplancton ingèrent les micro-organismes du nanoplancton et leur fournissent ainsi un environnement riche en nourriture (le système digestif) qui permet la reproduction et favorise la dissémination. On observe un processus similaire lors de l'ingestion de bactéries par les polychètes (vers annelés qu'on trouve surtout dans les milieux marins).

Les mycètes montrent souvent des dispositions prédatrices intéressantes. Certains peuvent capturer des protozoaires grâce à des protubérances ou à des hyphes collants, à des réseaux d'hyphes collants, ou grâce à des anneaux capables ou non de constriction. *Arthrobotrys*, qui piège les nématodes au moyen d'anneaux constricteurs, constitue un exemple classique. Lorsque le nématode est pris, les hyphes s'insinuent dans cette proie immobilisée et utilisent son cytoplasme comme nourriture. D'autres mycètes forment des conidies qui, une fois ingérées par une proie qui ne se doute de rien, se développent dans le système digestif de cet hôte et l'attaquent de l'intérieur. Dans ce cas, le mycète pénètre les cellules hôtes par un processus interactif complexe.

Ainsi la prédation, qui conduit habituellement à une issue fatale pour la proie en tant qu'individu, offre une large gamme d'effets bénéfiques pour la proie en tant que population, et joue un rôle essentiel dans le fonctionnement des milieux naturels.

La parasitisme

Le **parasitisme** est l'une des interactions microbiennes les plus complexes, la frontière entre parasitisme et prédation s'avérant difficile à établir (figure 28.1 ; *voir aussi la section 34.1*). Il s'agit d'une relation où l'un des deux partenaires tire profit de l'autre, et où l'hôte est habituellement lésé. Cela peut comprendre un prélèvement de nourriture sur l'hôte, et/ou l'installation physique dans ou sur l'hôte. Dans le parasitisme, parasite et hôte coexistent en association jusqu'à un certain degré. Selon l'équilibre établi entre les deux organismes, cette coexistence peut varier et passer d'une relation parasite stable à une relation pathogène qui peut être considérée comme une prédation.

Certains virus bactériens peuvent établir une relation lysogène avec leurs hôtes, et dans leur état de prophage, procurer aux bactéries hôtes des caractères positifs nouveaux. C'est le cas pour la production de toxine par *Corynebacterium diphtheriae* (*voir les sections 17.5 et 34.3*). Il existe des mycètes parasites comme *Rhizophydium sphaerocarpum* qui vit aux dépens de l'algue *Spyrogyra* ; également, *Rhizoctonia solani* qui parasite *Mucor* et *Pythium* et est important dans les **processus de biocontrôle** où on utilise un micro-organisme pour en contrôler un autre. Les maladies humaines provoquées par des virus, des bactéries ou des protozoaires font l'objet des chapitres 38 à 40.

---

1. Définissez la prédation et le parasitisme. En quoi sont-ils semblables ? En quoi sont-ils différents ?
2. Comment un prédateur peut-il être bénéfique pour sa proie ? En répondant à cette question, envisagez les organismes individuels en opposition aux populations.
3. Citez des exemples de parasitisme qui sont importants en microbiologie.

L'amensalisme

L'**amensalisme** (du latin « *pas* à la même table ») décrit l'effet négatif qu'un organisme exerce sur un autre, comme montré dans la figure 28.1. Il s'agit d'un processus unidirectionnel, basé sur la production par un organisme, d'un composé spécifique qui agit négativement sur un autre organisme. Exemple classique d'amensalisme : la production d'antibiotiques qui peuvent inhiber ou tuer un organisme qui y est sensible (**figure 28.16a**). La relation mutualiste entre fourmi attine et mycète dépend de bactéries productrices d'antibiotiques qui sont entretenues dans le jardin fongique des fourmis (figure 28.16b). Dans ce cas, c'est un streptomycète qui, grâce à la production d'un antibiotique, contrôle *Escovopsis*, un mycète parasite persistant qui peut détruire le jardin fongique des fourmis. Ce processus amensal particulier semble être apparu voici 50 millions d'années en Amérique du Sud.

D'autres relations d'amensalisme importantes impliquent une production microbienne de composés organiques spécifiques qui causent des ruptures dans la paroi cellulaire ou la membrane plasmique. C'est notamment le cas des bactériocines (*voir p. 297, 712*). On s'intéresse de plus en plus à ces substances, comme additifs alimentaires afin d'empêcher le développement de pathogènes (*voir section 41.3*). Des peptides antibactériens peuvent être libérés dans l'intestin, par l'hôte et par les micro-organismes. On a récemment découvert que ces molécules, appelées cécropines chez les insectes et défensines chez les mammifères, jouaient un rôle important de molécules effectrices dans l'immunité innée (*voir p. 720*). Chez les animaux, ces molécules sont libérées par les phagocytes et les cellules intestinales, et sont aussi puissantes que les tétracyclines. Enfin, un amensalisme peut aussi dépendre de produits métaboliques, comme les acides organiques issus de la fermentation. Ces composés inhibent la croissance en modifiant le pH du milieu, par exemple au cours de la détérioration naturelle du lait (*voir section 41.2*).

La compétition

La **compétition** s'installe lorsque différents micro-organismes d'une population ou d'une communauté cherchent à s'approprier une même ressource, qu'il s'agisse d'occuper un endroit physique, ou de consommer un aliment limitant particulier (figure 28.1). La compétition a été étudiée par E.F. Gause qui, en 1934, l'a décrite comme le **principe de l'exclusion compétitive**. Gause découvrit que si deux ciliés entraient en compétition trop directe pour une même ressource, une des deux populations de protozoaires était exclue. Dans les chimiostats (*voir section 6.3*), on peut voir les micro-organismes, dotés de systèmes de transport d'affinité différente, entrer en compétition pour un aliment limitant. Ceci peut conduire à l'exclusion de la population dont la croissance est la plus lente, dans un ensemble de conditions donné. Si on modifie le taux de dilution, la population qui précédemment était la plus lente à croître peut devenir prédominante. Souvent, deux populations microbiennes qui paraissent semblables coexistent néanmoins. C'est qu'il y a, dans les caractéristiques des micro-organismes ou de leurs micro-environnements, une subtile différence qui rend cette coexistence possible.

---

1. Quelle est l'origine du terme amensalisme ?
2. Que sont les bactériocines ?
3. Qu'est-ce que le principe de l'exclusion compétitive ?

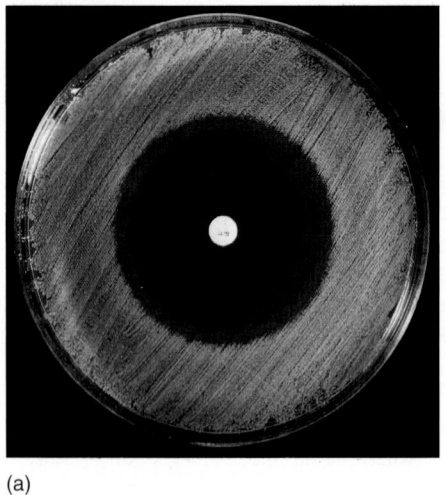

(a)

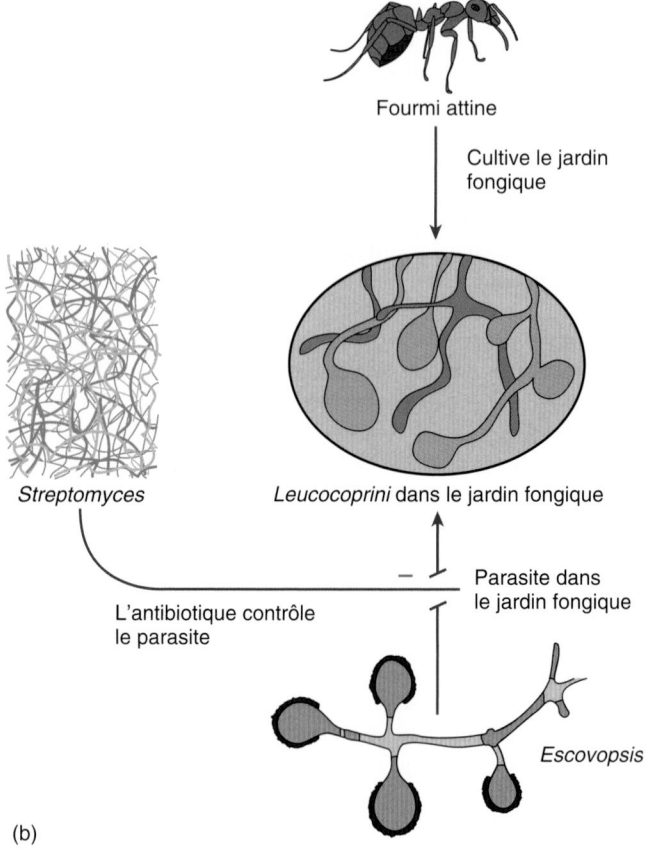

(b)

Figure 28.16 L'amensalisme : une interaction négative entre micro-organismes. (**a**) Production d'antibiotique et inhibition de croissance d'une bactérie sensible sur un milieu gélosé. (**b**) Un dessin schématique décrivant l'emploi, par les fourmis, de streptomycètes producteurs d'antibiotiques, pour contrôler les mycètes parasites dans leur jardin fongique.

Les symbioses dans des systèmes complexes

Il faut insister sur le fait que les interactions symbiotiques étudiées dans cette section n'existent pas indépendamment. Chaque fois qu'un micro-organisme interagit avec d'autres organismes et leurs environnements, il déclenche dans l'ensemble plus vaste de la communauté biologique, une série de réponses qui vont influencer d'autres parties de l'écosystème. Pour illustrer ceci, nous évoquerons les interactions entre le nématode *Eubostrichus parasitiferus* et sa bactérie protocoopérative, qui oxyde le sulfure (p. 606). Cette série d'interactions symbiotiques est montrée dans la **figure 28.17**. Ici, l'interaction protocoopérative entre les nématodes et leur épibiote oxydant le sulfure est influencée par la taille de la population bactérienne, et le fait qu'il s'agisse de bactéries associées à l'hôte ou de bactéries libres. Cet équilibre entre bactéries associées à

Figure 28.17 Les interactions complexes en écologie microbienne. Les interactions entre le nématode marin *Eubostrichus parasitiferus* et les bactéries protocoopératives, tant associées que libres, sont influencées par la quantité de nourriture disponible, aussi bien que par d'autres bactéries entrant en compétition pour cette nourriture. Les prédateurs, à leur tour, se nourrissent des bactéries protocoopératives libres et des bactéries compétitrices, amenant dans cet écosystème dynamique, une réponse rétroinhibitrice complexe. Les flèches montrent les interactions positives ou stimulantes, les lignes terminées par des petits cercles indiquent les interactions négatives ou inhibantes.

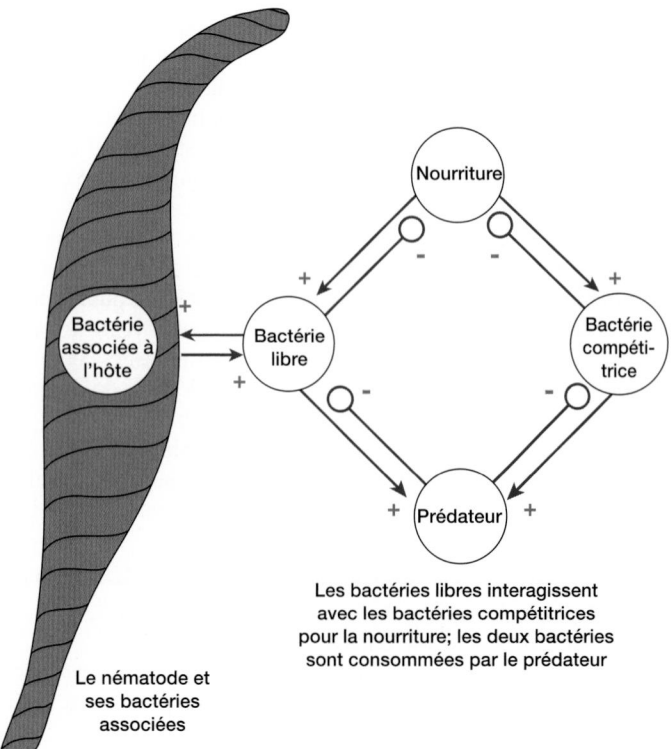

Les bactéries libres interagissent avec les bactéries compétitrices pour la nourriture; les deux bactéries sont consommées par le prédateur

Le nématode et ses bactéries associées

Formes réduites   **Formes oxydées**

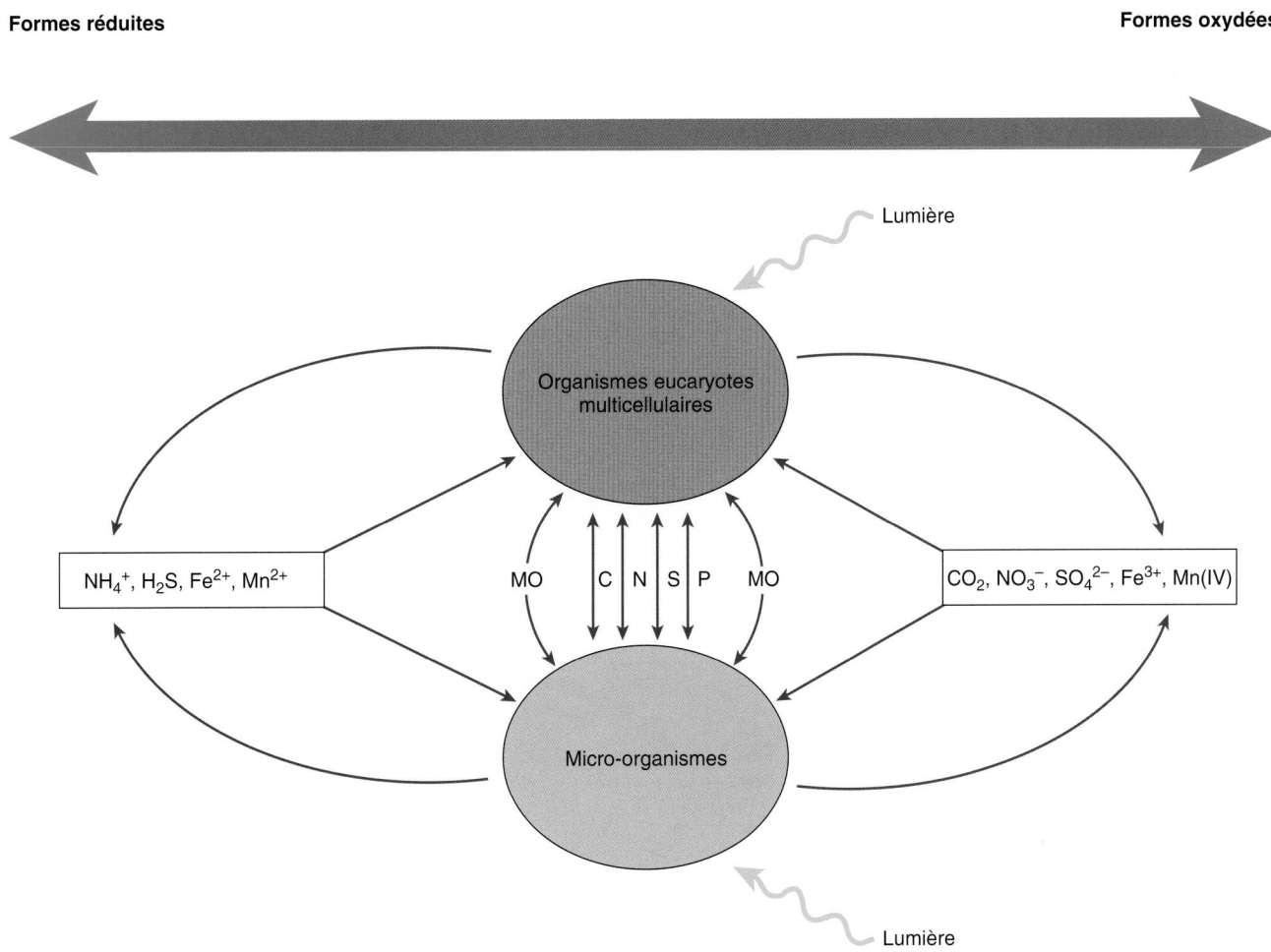

Figure 28.18 Macrobiogéochimie : une vue cosmique du recyclage des minéraux chez les micro-organismes, les organismes supérieurs et le monde chimique non vivant (abiotique). Tous les cycles biogéochimiques sont reliés, l'énergie étant obtenue de la lumière ou de paires de composés réduits et oxydés. La figure ne montre que les flux principaux. Pour des détails sur les relations énergétiquement liées, voir les cycles individuels. Les formes qui passent des micro-organismes aux organismes multicellulaires peuvent varier. Le concept général est que tous les cycles sont reliés. Les composants biotiques comprennent les formes vivantes et celles qui sont mortes ou vieillissantes et en voie de dégradation. Les flux venant de sources lithogènes sont importants dans le cas du phosphore. Les transformations du méthane sont dues uniquement aux micro-organismes (voir la présentation du cycle du carbone). Matière organique (MO).

l'hôte et bactéries libres est contrôlé par une série de processus rétro-inhibiteurs où interviennent la compétition avec d'autres bactéries pour le sulfure, et la prédation de l'épibiote et des bactéries compétitrices. L'équilibre existant à un moment donné est donc le résultat d'une série d'interactions, relevant de la protocoopération, de la prédation et de la compétition.

28.3. Les interactions cycliques des éléments nutritifs

Les micro-organismes, au cours de leur croissance et de leur métabolisme, interagissent entre eux dans le recyclage des nutriments, dont le carbone, le soufre, l'azote, le phosphore, le fer et le manganèse. Ce recyclage des nutriments, qu'on appelle **recyclage biogéochimique** lorsqu'il s'agit d'environnement, fait intervenir à la fois des processus biologiques et des processus chimiques. Les nutriments sont transformés et recyclés, souvent par des réactions d'oxydo-réduction (*voir section 8.5*) qui peuvent changer leurs caractéristiques chimiques et physiques. Tous les cycles biogéochimiques sont reliés entre eux (**figure 28.18**), et les transformations métaboliques de ces nutriments ont des impacts au niveau planétaire.

Le **tableau 28.4** énumère les principales formes réduites et oxydées de ces éléments avec leur état de valence. Il y a des composés gazeux importants dans les cycles du carbone et de l'azote et, dans une moindre mesure, dans le cycle du soufre et du phosphore. En conséquence, un micro-organisme terrestre ou aquatique peut souvent incorporer ou fixer des composés gazeux carbonés et azotés. Dans les cycles « sédimentaires », tels que ceux du fer, il n'y a pas de composé gazeux.

Le cycle du carbone

Le carbone existe sous des formes réduites telles le méthane (CH_4), les matières organiques et également sous des formes plus oxydées comme l'oxyde de carbone (CO) et l'anhydride carbo-

Tableau 28.4 **Les formes principales de carbone, d'azote, de soufre et de fer importantes dans les cycles biogéochimiques**

Cycle	Composant gazeux important présent?	Formes réduites	Formes d'état d'oxydation intermédiaire			Formes oxydées
C	Oui	CH_4 (−4)	CO (+2)			CO_2 (+4)
N	Oui	NH_4^+, N organique (−3)	N_2 (0)	N_2O (+1)	NO_2^- (+3)	NO_3^- (+5)
S	Oui	H_2S, groupes SH dans la matière organique (−2)	S^0 (0)	$S_2O_3^{2-}$ (+2)	SO_3^{2-} (+4)	SO_4^{2-} (+6)
Fe	Non	Fe^{2+} (+2)				Fe^{3+} (+3)

Note: Les cycles du carbone, de l'azote et du soufre ont des composants gazeux importants et on les décrit comme des cycles nutritifs gazeux. Le cycle du fer n'a pas de composant gazeux et on le décrit comme un cycle nutritif sédimentaire. Les formes principales réduites, d'état d'oxydation intermédiaire et oxydées, sont indiquées avec les valences.

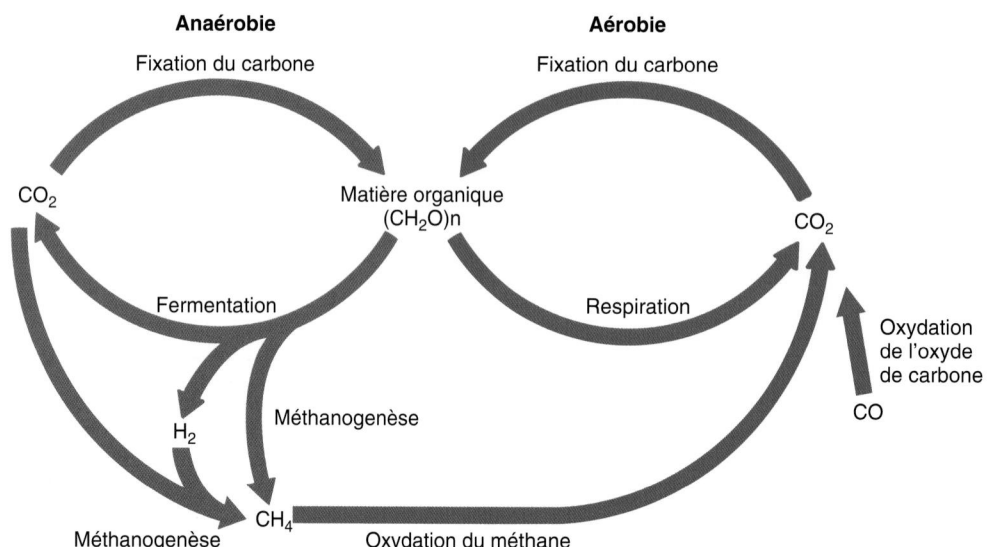

Figure 28.19 Le cycle fondamental du carbone dans l'environnement. La fixation du carbone peut s'effectuer via les activités de micro-organismes photoautotrophes et chimioautotrophes. Le méthane peut être produit au départ de substrats inorganiques (CO_2 + H_2) ou de matières organiques. L'oxyde de carbone (CO) — produit par les automobiles et l'industrie — est repris dans le cycle du carbone par les bactéries oxydatrices du CO. Les flèches bleues désignent les processus aérobies et les flèches rouges, les anaérobies. La méthanogenèse inverse sera vue dans le chapitre 29.

nique (CO_2). La **figure 28.19** montre les principaux réservoirs d'un cycle intégré du carbone. Les réducteurs (ex : l'hydrogène, un réducteur puissant) et les oxydants (ex : l'oxygène) influencent le déroulement des réactions biologiques et chimiques impliquant le carbone. De l'hydrogène peut être produit au cours de la dégradation de la matière organique, particulièrement dans des conditions anaérobies, lorsqu'il y a fermentation. S'il y a formation d'hydrogène et de méthane, on constate leur déplacement de régions anaérobies vers des régions aérobies. Ceci donne l'occasion aux organismes aérobies oxydant l'hydrogène et le méthane de se développer.

Les concentrations de méthane dans l'atmosphère ont augmenté d'environ 1% par an, de 0,7 à 1,6-1,7 ppm (en volume) au cours des 300 dernières années. Ce méthane provient de sources diverses. Si une couche d'eau aérobie couvre une zone anaérobie où se trouvent les méthanogènes, le méthane peut être oxydé avant d'atteindre l'atmosphère. En de nombreux endroits, comme dans les rizières, dépourvues de couche aérobie couvrante, le méthane est libéré directement dans l'atmosphère et contribue donc à l'augmentation du méthane atmosphérique du globe. Les rizières, les ruminants, les mines de charbon, les installations de traitements des déchets, les décharges en fouille et les marais constituent d'importantes sources de méthane. Les micro-organismes anaérobies de l'intestin des termites comme *Methanobrevibacter* participent également à la production de méthane. La physiologie des utilisateurs d'hydrogène et de méthane (pp. 193, 502-3).

| **Tableau 28.5** Caractéristiques des substrats organiques complexes qui influencent la décomposition et le caractère dégradable |

Substrat	Sous-unité de base	Liaisons	Éléments présents en grande quantité					Dégradation	
			C	H	O	N	P	Avec O_2	Sans O_2
Amidon	Glucose	$\alpha(1\rightarrow 4)$	+	+	+	–	–	+	+
		$\alpha(1\rightarrow 6)$							
Cellulose	Glucose	$\beta(1\rightarrow 4)$	+	+	+	–	–	+	+
Hémicellulose	Monosaccharides en C6 et C5	$\beta(1\rightarrow 4)$, $\beta(1\rightarrow 3)$,	+	+	+	–	–	+	+
		$\beta(1\rightarrow 6)$							
Lignine	Phénylpropane	Liaisons C–C, C–O	+	+	+	–	–	+	–
Chitine	N-acétylglucosamine	$\beta(1\rightarrow 4)$	+	+	+	+	–	+	+
Protéines	Acides aminés	Liaisons peptidiques	+	+	+	+	–	+	+
Glucides	Aliphatique, cyclique, aromatique		+	+	–	–	–	+	+–
Lipides	Glycérol, acides gras; certains contiennent du phosphate et de l'azote	Esters	+	+	+	+	+	+	+
Biomasse microbienne		Variées	+	+	+	+	+	+	+
Acides nucléiques	Bases puriques et pyrimidiques, sucres, phosphate	Liaisons phosphodiester et N-glycosidiques	+	+	+	+	+	+	+

La fixation du carbone se fait par l'intermédiaire des activités des cyanobactéries, des algues vertes, des bactéries photosynthétiques (ex. *Chromatium* et *Chlorobium*) et des chimiolithoautotrophes aérobies.

Dans le cycle du carbone décrit dans la figure 28.19, aucune distinction n'est faite entre les différents types de matière organique qui sont formés et dégradés. C'est une simplification nettement excessive, parce que la matière organique varie énormément dans ses caractéristiques physiques et dans la biochimie de sa synthèse et de sa dégradation. La matière organique varie par les éléments qui la composent, par la structure des unités de base répétitives, par les liaisons qui unissent ces unités, et par des caractéristiques physiques et chimiques.

La formation de la matière organique est exposée dans les chapitres 10 à 12. La dégradation de cette matière, une fois formée, est influencée par une série de facteurs. Ceux-ci comprennent (1) les nutriments présents dans le milieu ; (2) les conditions abiotiques (pH, potentiel oxydo-réducteur, O_2, conditions osmotiques) et (3) la communauté microbienne présente.

Les principaux substrats organiques complexes utilisés par les micro-organismes sont résumés dans le **tableau 28.5**. Parmi ceux-ci, seule la biomasse microbienne préexistante contient tous les nutriments requis pour la croissance microbienne. La chitine, les protéines, la biomasse microbienne et les acides nucléiques contiennent de l'azote en grande quantité. Ces substrats sont utilisés pour la croissance, mais l'azote en excès et les autres éléments minéraux non utilisés pour la formation d'une nouvelle masse microbienne seront libérés dans le milieu. C'est le processus de **minéralisation**, par lequel la matière organique est décomposée pour donner des composés inorganiques plus simples (p. ex. CO_2, NH_4^+, CH_4, H_2).

Les autres substrats complexes du tableau 28.5 ne contiennent que du carbone, de l'hydrogène et de l'oxygène. Si les micro-organismes se développent sur de tels substrats, ils doivent aller chercher dans le milieu, les nutriments manquants, nécessaires à la synthèse de biomasse. C'est le processus d'**immobilisation**.

La relation avec l'oxygène pour l'emploi de ces substrats est intéressante aussi, parce que beaucoup d'entre eux peuvent être dégradés facilement, que l'oxygène soit présent ou non. Les glucides et la lignine font exception. Les glucides sont particuliers en ceci que leur dégradation par les micro-organismes, spécialement celle des formes en chaînes linéaires ou ramifiées, implique l'addition initiale d'O_2 moléculaire. Récemment, on a observé une dégradation anaérobie des glucides où le sulfate ou le nitrate jouait le rôle d'oxydant. En présence de sulfate, les organismes du genre *Desulfovibrio* sont actifs. Ceci ne se produit cependant que lentement et lorsque les communautés microbiennes ont été exposées à ces composés pendant des périodes prolongées. Une dégradation de ce type peut avoir donné les sulfures qu'on trouve dans les « gaz acides » associés au pétrole.

La lignine, composant structurel important des matériaux végétaux matures, est un polymère amorphe complexe, dont l'unité de construction est le phénylpropane. Ces unités sont reliées entre elles par des liens carbone-carbone ou carbone-éther. La lignine constitue environ le tiers du poids du bois. Sa biodégradation représente un cas particulier : elle dépend de la présence d'oxygène disponible. Souvent, elle ne subit pas de dégradation importante parce que la plupart des mycètes filamenteux, qui dégradent la lignine native in situ, ne fonctionnent qu'en aérobiose. Dans ces conditions, les oxydases peuvent agir en libérant des formes actives de l'oxygène. Le caractère peu biodégradable de la lignine, dans des conditions anaérobies, conduit à l'accumulation de matériaux lignifiés, notamment à la formation de tourbières et de sols litières (muck soils). Cette absence de dégradation de la lignine est importante aussi dans la construction. On construit souvent de grandes structures en maçonnerie sur des sites marécageux en enfonçant des pilots de bois sous le niveau hydrostatique et en posant la base du bâtiment sur ces pilots. Tant que les fondations restent saturées d'eau et anaérobies, la structure est stable. Si le niveau hydrostatique baisse, les pilots commenceront à pourrir et la structure sera menacée. De même, le nettoyage des ports peut conduire à la décomposition de docks coûteux faits de pilots de bois, parce qu'on

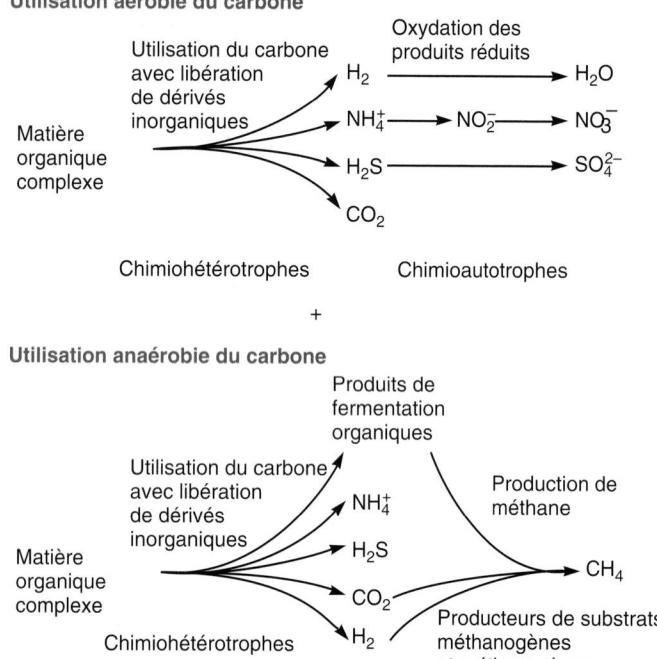

Figure 28.20 L'influence de l'oxygène. Les micro-organismes forment des produits différents selon qu'ils dégradent les matières organiques complexes dans des conditions aérobies ou anaérobies. Dans des conditions aérobies, des produits oxydés s'accumulent alors que des dérivés réduits s'accumulent dans des conditions anaérobies. Ces réactions illustrent également les transformations commensales d'un substrat, où les déchets produits par un groupe de micro-organismes peuvent être utilisés par un second groupe.

augmente ainsi la dégradation aérobie du bois par les mycètes filamenteux. Le fonctionnement du rumen fournit un dernier exemple de la relation entre la dégradation de la lignine et l'oxygène. Le rumen (pp. 602-4), où il n'y a pour ainsi dire pas d'oxygène, ne permet pas une dégradation importante de la lignine présente dans les aliments de l'animal. Après utilisation des sucres et des glucides, il reste dans le rumen un résidu inactif qui peut améliorer les sols plus efficacement que ne le feraient les aliments de départ.

La dégradation microbienne est importante dans de nombreux habitats. Elle contribue à l'accumulation des produits pétroliers, à la formation des tourbières et à la préservation d'objets historiques de valeur.

La présence ou l'absence d'oxygène affecte aussi les produits finals qui s'accumulent lorsque les substrats organiques ont été transformés par les micro-organismes et minéralisés dans des conditions aérobies ou anaérobies. Des produits oxydés tels que les nitrates, les sulfates et l'anhydride carbonique (**figure 28.20**) apparaîtront, dans des conditions aérobies, suite à la dégradation de matières organiques complexes par les micro-organismes. En comparaison, dans des conditions anaérobies, des produits finals réduits tendent à s'accumuler y compris l'ion ammonium, le sulfure et le méthane.

Si ces formes réduites et oxydées restent dans les milieux aérobies ou anaérobies où elles ont été produites, elles serviront le plus souvent uniquement de nourriture. S'il se produit des mélanges, les espèces oxydées pourraient se retrouver dans une zone plus réduite, ou les espèces réduites dans une zone plus oxydée. Dans ces cir-

constances, il se créera des possibilités énergétiques additionnelles (liaison entre oxydants et réducteurs), qui conduiront à un recyclage supplémentaire des nutriments, par l'exploitation par la communauté microbienne, de ces oxydants et réducteurs mélangés.

---

1. Qu'est-ce que le recyclage biogéochimique ?
2. Parmi les polymères organiques cités dans cette section, lesquels contiennent de l'azote et lesquels n'en contiennent pas ?
3. Qu'y a-t-il de particulier dans la lignine et dans sa dégradation ?
4. Définissez minéralisation et immobilisation et donnez des exemples.
5. Quelles formes de C, de N et de S seront accumulées après la dégradation anaérobie de la matière organique ?

Le cycle du soufre

Les micro-organismes tiennent une grande place dans le cycle du soufre dont une version simplifiée est présentée à la **figure 28.21**. Les micro-organismes photosynthétiques transforment le soufre en utilisant le sulfure comme source d'électrons, permettant à *Thiobacillus* et aux genres chimiolithoautotrophes similaires de se développer (*voir pp. 193-94 et 496-98*). Au contraire, lorsque le sulfate diffuse dans des biotopes réduits, il donne l'occasion à différents groupes de micro-organismes de **réduire des sulfates**. Par exemple, en présence d'un réducteur organique utilisable, *Desulfovibrio* utilise le sulfate comme oxydant (*voir pp. 190 et 507-10*). Cette utilisation du sulfate, comme accepteur d'électrons externe pour former un sulfure s'accumulant dans l'environnement, est un exemple d'un processus de **réduction catabolique** et de respiration anaérobie. En comparaison, on décrit la réduction du sulfate utilisée dans la biosynthèse des acides aminés et des protéines comme un processus de **réduction anabolique** (*voir section 10.4*). D'autres organismes, *Desulfuromonas* (*voir pp. 507-10*), les archéobactéries thermophiles (*voir chapitre 20*), ainsi que des cyanobactéries présentes dans des sédiments hypersalins, réalisent une réduction catabolique du soufre élémentaire. Le sulfite est un autre intermédiaire critique qui peut être réduit en sulfure par une grande variété de micro-organismes, incluant *Alteromonas* et *Clostridium*, aussi bien que *Desulfovibrio* et *Desulfotomaculum*. *Desulfovibrio* est habituellement considéré comme un anaérobie obligatoire. Une recherche récente a cependant montré que cet intéressant organisme pratiquait aussi la respiration en utilisant l'oxygène, lorsqu'il est présent à l'état dissous à une teneur de 0,04%.

En plus des très importants organismes photolithotrophes oxydant le soufre, comme *Chromatium* et *Chlorobium*, qui fonctionnent dans des conditions anaérobies strictes en eaux profondes, un groupe vaste et varié de bactéries pratiquent une **photosynthèse aérobie anoxygénique**. Ces phototrophes aérobies anoxygéniques utilisent la bactériochlorophylle *a* et des pigments caroténoïdes. On les trouve dans les milieux marins et les eaux douces, et ils font souvent partie des communautés qui composent les tapis microbiens. Parmi les genres importants, citons *Erythromonas*, *Roseococcus*, *Porphyrobacter* et *Roseobacter*.

Des composants « mineurs » du cycle du soufre jouent des rôles biologiques majeurs. Le diméthylsulfoniopropionate (DMSP) en est un excellent exemple. Il est utilisé par le bactério-plancton (bactéries flottantes) comme source de soufre pour la

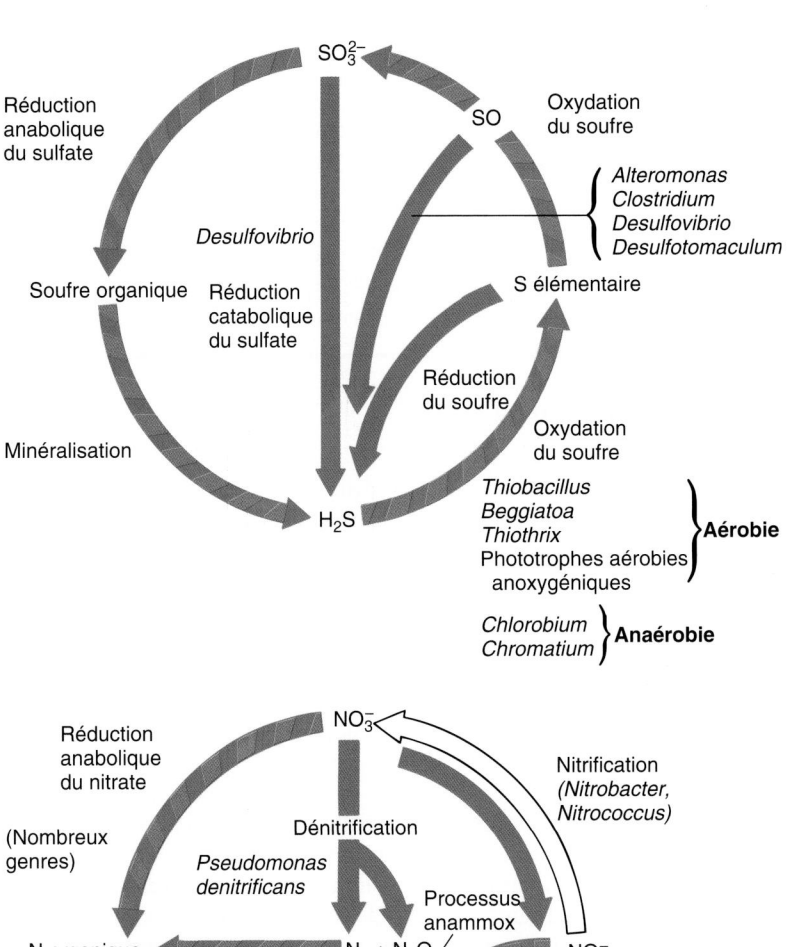

Figure 28.21   Le cycle fondamental du soufre. Les micro-organismes photosynthétiques et chimiosynthétiques participent au cycle du soufre dans l'environnement. Les réductions du sulfate et du sulfite effectuées par *Desulfovibrio* et les micro-organismes apparentés, indiquées par des flèches pourpres, sont des processus cataboliques. La réduction du sulfate peut aussi se produire dans des réactions anaboliques et donner des formes de soufre organique. *Desulfuromonas*, les archéobactéries thermophiles ou des cyanobactéries, dans les sédiments hypersalins, peuvent réduire le soufre élémentaire en sulfure. Un large éventail de chimiotrophes aérobies et de phototrophes anaérobies peuvent oxyder le soufre.

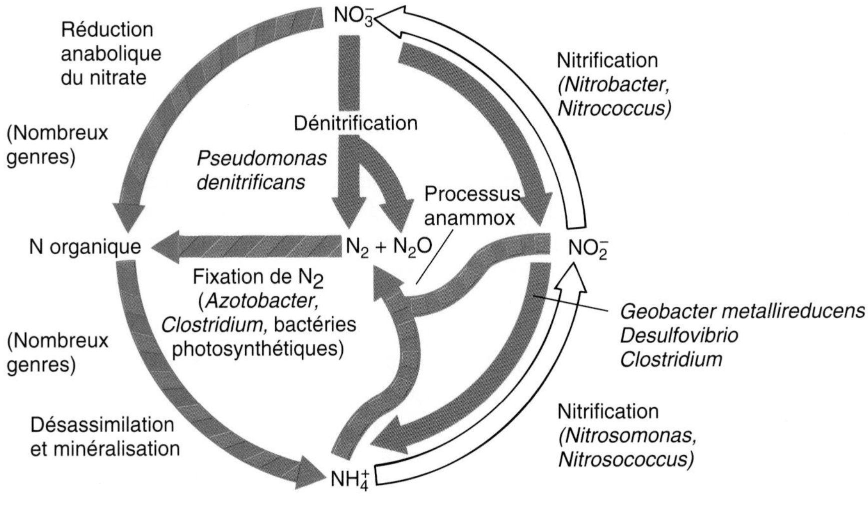

Figure 28.22   Le cycle fondamental de l'azote. Les flux se produisant principalement dans des conditions aérobies correspondent aux flèches vides. Les processus anaérobies correspondent aux flèches pleines. Les processus se déroulant dans des conditions aérobies et anaérobies sont représentés par des flèches hachurées. La réaction anammox de NO_2^- et NH_4^+ pour donner de l'N_2 est indiquée. Les genres importants participant au cycle de l'azote constituent des exemples.

synthèse protéique, et est transformé en diméthylsulfure (DMS), une forme volatile du soufre qui peut affecter les processus atmosphériques.

Lorsque les conditions de pH et d'oxydo-réduction sont favorables, plusieurs transformations essentielles dans le cycle du soufre se produisent également par des réactions chimiques normales en l'absence de micro-organismes. Un important exemple d'un tel processus abiotique est l'oxydation du sulfure en soufre élémentaire. Ceci se déroule rapidement à pH neutre avec une demi-vie d'environ 10 minutes pour le sulfure à température ambiante.

Le cycle de l'azote

Nous discuterons de plusieurs aspects importants du cycle fondamental de l'azote : les processus de nitrification, de dénitrification et de fixation de l'azote (**figure 28.22**). Il faut insister sur ce qu'est un cycle « fondamental » de l'azote. Bien que ce ne soit pas mentionné dans la figure, les hétérotrophes peuvent faire de la nitrification, et certains d'entre eux combinent nitrification et dénitrifica-

tion anaérobie, oxydant l'ion ammonium en N_2O et N_2 à de faibles teneurs en oxygène. Le fait qu'il y ait oxydation anoxique de l'ion ammonium (le processus commercial est désigné par le terme « anammox ») signifie que la nitrification n'est pas seulement un processus aérobie. Ainsi, au fur et à mesure que s'étoffent nos connaissances des cycles biogéochimiques, dont celui de l'azote, on réalise que les cycles simples des anciens manuels ne constituent plus des représentations précises des processus biogéochimiques.

La **nitrification** est le processus aérobie d'oxydation de l'ion ammonium (NH_4^+) en nitrite (NO_2^-) et l'oxydation subséquente du nitrite en nitrate (NO_3^-). Les bactéries des genres *Nitrosomonas* et *Nitrosococcus*, par exemple, jouent des rôles importants dans la première étape et *Nitrobacter* et les organismes chimiolithoautotrophes apparentés participent à la seconde étape. On a récemment découvert que *Nitrosomonas eutropha* oxydait l'ion ammonium en nitrite et oxyde nitrique (NO), en utilisant le dioxyde d'azote (NO_2) comme oxydant, dans une réaction apparentée à la dénitrification. De plus, les bactéries et les mycètes contribuent beaucoup à ces processus par la **nitrification hétérotrophe,** dans des milieux plus acides. La nitrification et les nitrificateurs (p. 193).

Le processus de **dénitrification** requiert un ensemble différent de conditions environnementales. Ce processus catabolique, dans lequel le nitrate est utilisé comme oxydant dans la respiration anaérobie, implique habituellement des hétérotrophes comme *Pseudomonas denitrificans*. Les produits principaux de la dénitrification sont l'azote gazeux (N_2) et l'oxyde nitreux (N_2O), bien que le nitrite (NO_2^-) puisse également s'accumuler. Le nitrite constitue un problème environnemental, car il peut participer à la formation de nitrosamines cancérigènes. Enfin, le nitrate est transformé en ammoniac par réduction catabolique par une variété de bactéries dont *Geobacter metallireducens*, *Desulfovibrio* spp et *Clostridium*. La dénitrification et la respiration anaérobie (pp. 190-91).

L'azote est assimilé lors de l'utilisation de l'azote inorganique comme nutriment et de son incorporation dans la nouvelle biomasse microbienne. L'ion ammonium, parce qu'il est déjà réduit, peut être directement incorporé sans coût énergétique important. Toutefois, lors de l'assimilation du nitrate, la réduction exige une dépense d'énergie significative. Dans ce processus, le nitrite peut également s'accumuler comme un intermédiaire transitoire. La biochimie de l'assimilation de l'azote (pp. 210-14).

La **fixation de l'azote** est réalisée par des procaryotes aérobies ou anaérobies et n'existe pas chez les eucaryotes. Une grande gamme de genres microbiens vivant librement (*Azotobacter, Azospirillum*) participent à ce processus dans des conditions aérobies. Les fixateurs d'azote libres les plus importants, dans des conditions anaérobies, sont des membres du genre *Clostridium*. La fixation d'azote par les cyanobactéries comme *Anabaena* et *Oscillatoria* peut enrichir en azote les milieux aquatiques. Ces processus d'enrichissement en nutriments sont discutés au chapitre 29. De plus, la fixation de l'azote peut se faire grâce à l'activité de bactéries vivant en association symbiotique avec des végétaux. Les *Rhizobium* et les *Bradyrhizobium* s'associent aux légumineuses, *Frankia* à de nombreux arbustes ligneux et *Anabaena* vit en symbiose avec *Azolla*, une fougère aquatique importante pour la culture du riz. L'établissement de l'association Rhizobium-légumineuse (pp. 675-78).

Le processus de fixation de l'azote comprend une séquence d'étapes de réduction qui exigent une grande dépense d'énergie. L'ammoniac, produit de la réduction de l'azote, est immédiatement incorporé dans la matière organique sous forme d'amine. Ces réductions sont extrêmement sensibles à l'oxygène et doivent se faire dans des conditions anaérobies, même chez les micro-organismes aérobies. La protection des enzymes fixant l'azote est assurée par une variété de mécanismes parmi lesquels des barrières physiques, comme dans les hétérocystes de certaines cyanobactéries (*voir section 21.3*), des molécules capteuses d'oxygène et des niveaux élevés d'activité métabolique. La biochimie de la fixation de l'azote (pp. 212-14).

Comme le montre la figure 28.22, on a isolé des micro-organismes qui peuvent coupler l'oxydation anaérobie de NH_4^+ avec la réduction de NO_2^-, pour produire de l'azote gazeux. C'est ce qu'on appelle le **processus anammox** pour *anoxic ammonia oxydation* (oxydation anoxique de l'ammoniac). Ceci peut constituer une façon d'éliminer l'azote des effluents des stations d'épuration, et de diminuer ainsi le flux d'azote vers les écosystèmes d'eaux douces et marins sensibles. On a suggéré que les planctomycètes chimiolithotrophes (*voir section 21.4*) jouaient un rôle dans ce processus.

---

1. Quelles sont les principales formes oxydées et réduites du soufre et de l'azote ?
2. Dessinez un cycle du soufre simple.
3. Pourquoi le diméthylsulfure (DMS) est-il considéré comme une partie « mineure » du cycle du soufre, d'une telle importance environnementale ?
4. Qu'est-ce que la photosynthèse aérobie anoxygénique ?
5. Qu'est-ce que la nitrification, la dénitrification, la fixation de l'azote et le processus anammox.

Le cycle du fer

Le cycle du fer (figure 28.23) fait intervenir plusieurs genres différents qui effectuent les oxydations du fer, transformant l'ion ferreux (Fe^{2+}) en ion ferrique (Fe^{3+}). *Thiobacillus ferrooxidans* réalise ce processus en milieu acide. *Gallionella* est actif à pH neutre, et *Sulfolobus* fonctionne en milieu acide et à température élevée. La littérature ancienne suggérait que d'autres genres, *Sphaerotilus* et *Leptothrix* pouvaient oxyder le fer. De nombreux non-microbiologistes appellent encore les membres de ces deux genres, les « bactéries du fer ». La confusion concernant le rôle de ces genres est due à l'existence d'une oxydation chimique de l'ion ferreux en ion ferrique (formant des précipités de fer insolubles) aux valeurs de pH neutres utilisées par les micro-organismes. On classe maintenant ces micro-organismes parmi les chimiohétérotrophes.

Récemment, on a trouvé des micro-organismes qui oxydent le Fe^{2+} en utilisant le nitrate comme accepteur d'électrons. Ce processus a lieu dans les sédiments aquatiques où la teneur en oxygène est faible. Il a pu constituer une voie alternative par laquelle de grandes quantités de fer oxydé se sont accumulées dans les milieux très pauvres en oxygène.

La réduction du fer se passe dans des conditions anaérobies avec une accumulation des ions ferreux. Bien que de nombreux micro-organismes puissent réduire de petites quantités de fer au cours de leur métabolisme, la majeure partie de la réduction du fer est réalisée par des micro-organismes spécialisés respirant le fer, comme *Geobacter metallireducens*, *Geobacter sulfurreducens*, *Ferribacterium limneticum* et *Shewanella putrefaciens,* qui peuvent tirer l'énergie nécessaire à leur développement de la matière organique, en utilisant l'ion ferrique comme oxydant.

En plus de ces réductions relativement simples en ion ferreux, certaines bactéries magnétotactiques, telles que *Aquaspirillum magnetotacticum* (*voir section 3.3*), transforment le fer extracellulaire en magnétite (Fe_3O_4), un oxyde de fer minéral à valence mixte, et construisent des boussoles magnétiques intracellulaires. En outre, les bactéries réductrices cataboliques du fer accumulent la magnétite comme un produit extracellulaire.

On a détecté de la magnétite dans des sédiments, sous forme de particules semblables à celles des bactéries, montrant ainsi une participation à plus long terme des bactéries aux processus du cycle du fer. Les gènes de la synthèse de la magnétite ont été clonés, créant de nouveaux micro-organismes sensibles aux champs magnétiques. Les bactéries magnétotactiques sont maintenant dites **magnéto-aérotactiques**, en raison de l'utilisation qu'elles font des champs magnétiques, pour migrer dans un marais ou un marécage, vers la concentration en oxygène qui leur convient le mieux. Au cours de la dernière décennie, on a découvert de nouveaux micro-organismes

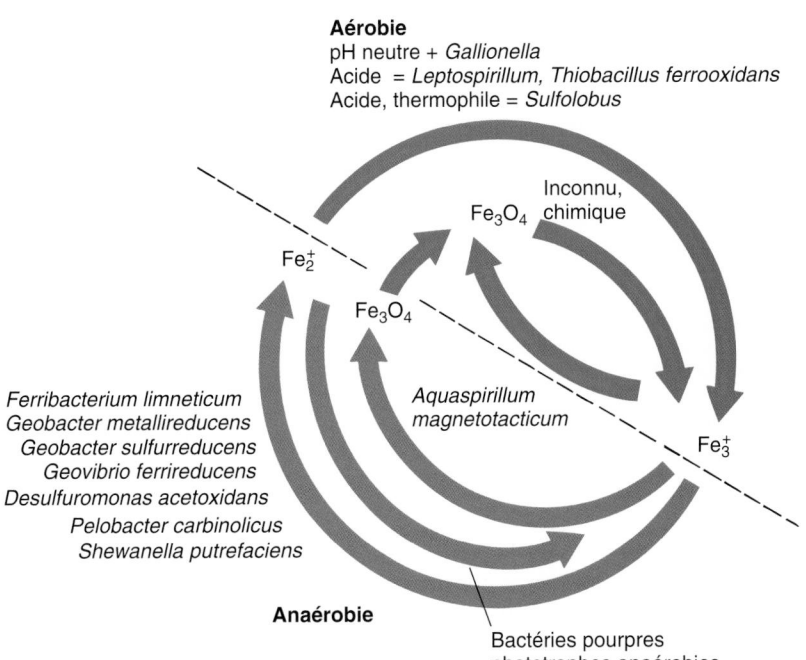

Aérobie
pH neutre + *Gallionella*
Acide = *Leptospirillum, Thiobacillus ferrooxidans*
Acide, thermophile = *Sulfolobus*

Ferribacterium limneticum
Geobacter metallireducens
Geobacter sulfurreducens
Geovibrio ferrireducens
Desulfuromonas acetoxidans
Pelobacter carbinolicus
Shewanella putrefaciens

Inconnu, chimique
Fe_3O_4
Fe_2^+
Fe_3O_4
Fe_3^+

Aquaspirillum magnetotacticum

Anaérobie

Bactéries pourpres phototrophes anaérobies

Figure 28.23 Le cycle fondamental du fer. Ce schéma présente un cycle simplifié du fer avec des exemples de micro-organismes participant aux processus d'oxydation et de réduction. En plus de l'oxydation de l'ion ferreux (Fe^{2+}) et de la réduction de l'ion ferrique (Fe^{3+}), la magnétite (Fe_3O_4), un composé ferreux de valence mixte formé par les bactéries magnétotactiques, est importante dans le cycle du fer. Différents groupes microbiens oxydent l'ion ferreux selon les conditions environnementales.

qui emploient l'ion ferrique comme donneur d'électrons dans une photosynthèse anoxygénique. Ainsi, avec la production d'ions ferriques dans des régions anaérobies éclairées, par les bactéries qui oxydent le fer, tout est prêt pour une réduction chimiotrophe du fer, comme la pratiquent *Geobacter* et *Shewanella*. Il se crée donc un cycle d'oxydo-réduction du fer, strictement anaérobie.

Le cycle du manganèse

L'importance des micro-organismes dans les cycles du manganèse et du phosphore commence à être beaucoup mieux comprise. Le cycle du manganèse (**figure 28.24**) implique la transformation de l'ion manganeux (Mn^{2+}) en MnO_2 (équivalent à l'ion manganique [Mn^{4+}]) qui se produit dans les fontaines hydrothermales, les marais et qui forme une partie importante des vernis des roches. *Leptothrix, Arthrobacter, Pedomicrobium* et « *Metallogenium* », incomplètement caractérisé, sont importants dans l'oxydation de Mn^{2+}. *Shewanella, Geobacter* et d'autres chimioorganotrophes peuvent mener à bien la réduction complémentaire du manganèse.

Autres cycles et liaisons entre cycles

Les micro-organismes peuvent utiliser une large variété d'autres métaux comme accepteurs d'électrons. Des métaux comme l'europium, le tellure, le sélénium et le rhodium peuvent être réduits. Parmi les micro-organismes qui réduisent ces métaux, les photoorganotrophes *Rhodobacter, Rhodospirillum* et *Rhodopseudomonas* sont importants. *Pseudomonas stutzeri, Thauera selenatis* et *Wolinella succinogenes* sont actifs sur le sélénium. De telles réductions peuvent diminuer la toxicité d'un métal.

La transformation microbienne du phosphore (valence +5) concerne essentiellement la transformation de la forme orthophosphate simple en diverses formes plus complexes, y compris les phosphates présents dans les grains métachromatiques (*voir p. 52*). Un produit particulier (d'origine microbienne possible) est la phosphine (PH_3) où la valence est de –3. Elle est libérée des maré-

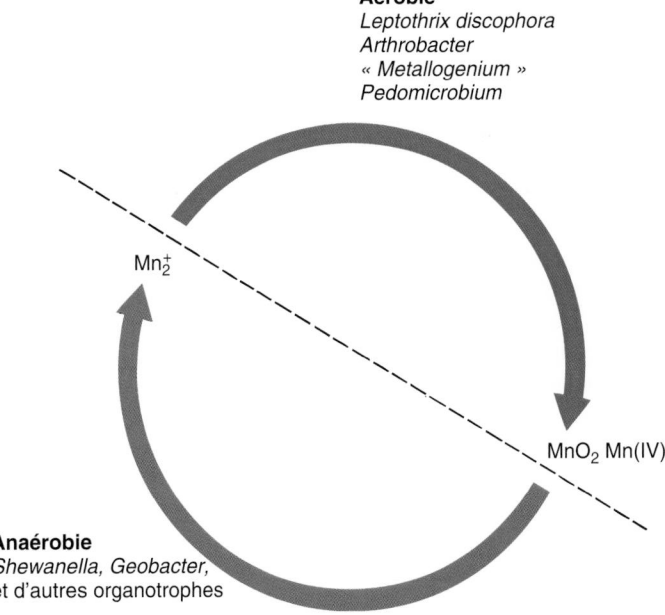

Aérobie
Leptothrix discophora
Arthrobacter
« *Metallogenium* »
Pedomicrobium

Mn_2^+

MnO_2 Mn(IV)

Anaérobie
Shewanella, Geobacter,
et d'autres organotrophes

Figure 28.24 Le cycle fondamental du manganèse. Les micro-organismes participent beaucoup au cycle du manganèse. L'ion manganeux (2+) est oxydé en oxyde manganique (valence équivalente à 4+). La réduction de l'oxyde manganique correspond à la flèche rouge. Cette figure reprend également des exemples d'organismes réalisant ces processus.

cages, des sols et des régions marines et s'enflamme lorsqu'elle est exposée à l'air. Elle peut enflammer à son tour le méthane produit dans le même milieu ! On parlera de la production de méthane par les micro-organismes anaérobies dans le chapitre suivant.

Les cycles du soufre, du fer et du manganèse ont été décrits comme s'ils fonctionnaient indépendamment. Il est important d'insister à nouveau sur le fait que de nombreux micro-organismes relient ces cycles en utilisant des oxydants et des réducteurs com-

Tableau 28.6 Exemples d'interactions micro-organisme-métal et relations avec les effets sur les micro-organismes et les animaux à sang chaud

Groupe de métaux	Métal		Interactions et transformations	
			Micro-organismes	Animaux homéothermes
Métaux nobles	Ag	Argent	Les micro-organismes réduisent les formes ioniques à l'état élémentaire. De faibles quantités de métaux ionisés libérées dans l'environnement ont une activité antimicrobienne.	Beaucoup de ces métaux sont réduits en formes élémentaires et traversent peu la barrière hémato-encéphalique. La réduction de l'argent peut provoquer une argyrose et des dépôts inertes dans la peau.
	Au	Or		
	Pt	Platine		
Métaux formant des liaisons carbone-métal stables	As	Arsenic	Les micro-organismes transforment les formes inorganiques et organiques en formes méthylées dont certaines tendent à s'accumuler dans les niveaux trophiques supérieurs.	Les formes méthylées de certains métaux traversent la barrière hémato-encéphalique en produisant des effets neurologiques ou en provoquant la mort.
	Hg	Mercure		
	Se	Sélénium		
Autres métaux	Cu	Cuivre	Sous la forme ionisée, aux concentrations élevées, ces métaux inhibent directement les micro-organismes. Ils sont souvent requis aux concentrations les plus faibles comme oligo-éléments.	Aux concentrations élevées, ils sont éliminés des organismes supérieurs par réaction avec des protéines plasmiques et par d'autres mécanismes. Nombre de ces métaux servent d'oligo-éléments aux concentrations faibles.
	Zn	Zinc		
	Co	Cobalt		

muns. Par exemple, certains micro-organismes réducteurs de sulfate peuvent réduire le Fe^{3+} en utilisant H_2 ou la matière organique comme réducteur. Ils peuvent aussi oxyder le soufre élémentaire en sulfate lorsqu'ils disposent de Mn(IV) comme accepteur d'électrons. La production de sulfate dépendante de Mn(IV), en anaérobiose, effectuée par *Desulfobulbus propionicus*, constitue une liaison entre le recyclage anaérobie du soufre et celui du manganèse.

Récemment, B. Schinck et M. Friedrich ont décrit un couplage énergétique particulier. Ils ont isolé de sédiments anaérobies, une bactérie lithoautotrophe qui peut relier l'oxydation du phosphite (PO_3^{3-}) en phosphate (PO_4^{3-}) à la réduction du sulfate en sulfure d'hydrogène. Schinck et Friedrich ont suggéré que ce cycle énergétique pourrait avoir fonctionné très tôt sur la Terre.

1. Quelles formes principales du fer, du manganèse et du phosphore sont importantes dans les cycles biogéochimiques ?
2. Pourquoi *Aquaspirillum* est-elle considérée comme une bactérie magnéto-aérotactique ?
3. Citez quelques genres microbiens importants qui contribuent au cycle du manganèse ?
4. Qu'est-ce que la phosphine ? Dans quelles conditions sera-t-elle produite ?
5. Décrivez des liaisons récemment découvertes, entre oxydants et réducteurs.

Les micro-organismes et les métaux toxiques

À côté de métaux comme le fer et le manganèse, qui ne sont pas toxiques, il y a une série de métaux qui ont divers effets toxiques sur les micro-organismes et les animaux homéothermes. Les micro-organismes jouent des rôles importants en modifiant la toxicité de ces métaux (**tableau 28.6**).

On peut séparer les « métaux » en grandes catégories. Les « métaux nobles » ont tendance à ne pas traverser la barrière hémato-encéphalique des vertébrés, mais peuvent avoir des effets marqués sur les micro-organismes. Les micro-organismes peuvent aussi réduire les formes ioniques des métaux nobles en leurs formes élémentaires.

Le second groupe inclut les métaux ou les métalloïdes que les micro-organismes peuvent méthyler pour former des produits plus mobiles appelés les organométaux. Certains de ces produits peuvent traverser la barrière hémato-encéphalique et affecter le système nerveux central des vertébrés. Les organométaux contiennent des liaisons carbone-métal, caractéristiques particulières qui permettent de les identifier.

Le cycle du mercure présente un intérêt particulier et illustre nombre des caractéristiques de ces métaux qui peuvent être méthylés. Les composés mercuriels ont été largement utilisés dans les processus industriels au cours des siècles. Il suffit de penser à l'allusion que Lewis Carroll fit à ce problème avec le personnage du Chapelier fou dans *Alice au pays des merveilles*. À cette époque, on employait le mercure pour la mise en forme des chapeaux de feutre. Les micro-organismes méthylaient ce mercure et le rendaient plus toxique pour les fabricants de chapeaux.

Une situation dramatique se développa, dans le Sud-Ouest du Japon, lors d'un empoisonnement de grande envergure de la population suite à la dispersion de mercure industriel en mer, dans la région de la baie de Minamata. Le mercure inorganique accumulé dans les sédiments boueux de la baie fut méthylé par des bactéries anaérobies du genre *Desulfovibrio* (**figure 28.25**). Ces formes méthylées de mercure sont volatiles et liposolubles ; les concentrations en mercure augmentèrent dans la chaîne alimentaire (un processus connu sous le terme de **bioamplification**). Le mercure fut, en fin de compte ingéré par la population humaine, les « consommateurs supérieurs », par l'intermédiaire du poisson, leur source alimentaire principale, conduisant à de sévères désordres neurologiques.

Une situation semblable s'est présentée dans de nombreux lacs d'eau douce, dans le centre-nord des États-Unis et au Canada, où l'on employait les composés du mercure pour contrôler le développement des micro-organismes dans les usines de pâtes à papier. Des décennies plus tard, le poisson des lacs situés en aval de ces usines reste encore impropre à la consommation, et la pêche n'y est pratiquée que comme loisir.

Le troisième groupe de métaux est constitué de formes ioniques directement toxiques pour les micro-organismes. Les métaux de ce groupe peuvent également affecter des organismes plus complexes. Mais les protéines plasmatiques réagissent avec les formes ioniques de ces métaux et facilitent leur excrétion, sauf s'il y a ingestion et contact de longue durée. Des doses relativement élevées de ces métaux sont nécessaires pour produire des effets létaux. À plus faibles concentrations, beaucoup d'entre eux sont utilisés comme oligo-éléments.

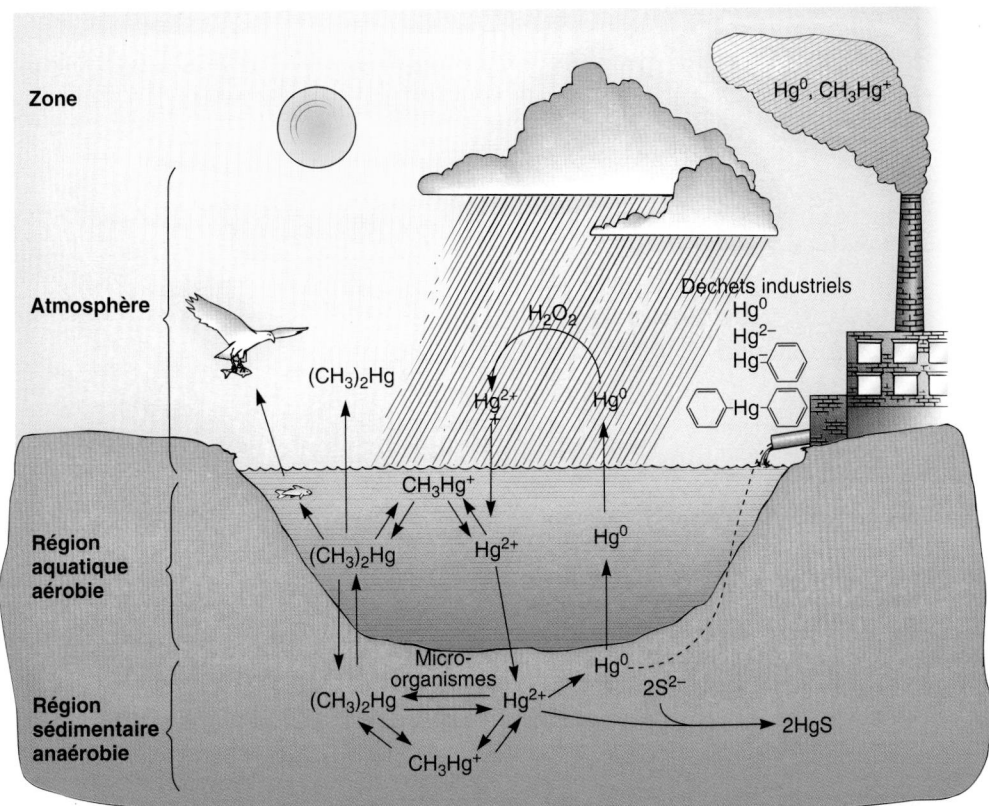

Figure 28.25 Le cycle du mercure. Les interactions entre l'atmosphère, les eaux aérobies et les sédiments anaérobies sont cruciales. Les micro-organismes des sédiments anaérobies, essentiellement *Desulfovibrio*, peuvent transformer le mercure en formes méthylées qui sont susceptibles de passer dans l'eau et dans l'atmosphère. Ces formes méthylées subissent aussi une amplification biologique. Le mercure élémentaire volatil (Hg^0) produit est relâché dans les eaux et dans l'atmosphère. Le sulfure, s'il est présent dans les sédiments anaérobies, peut réagir avec le mercure ionisé et produire du HgS moins soluble.

La différence de sensibilité aux métaux entre organismes complexes et micro-organismes forme la base de nombreuses techniques antiseptiques développées au cours des 150 dernières années (*voir section 7.5*). Les métaux nobles, en dépit du fait que les micro-organismes tendent à y devenir résistants, continuent à être utilisés, par préférence aux antibiotiques, dans de nombreuses applications médicales. Un bon exemple en est le traitement des brûlures au moyen de composés antimicrobiens contenant de l'argent et l'emploi de cathéters argentés.

1. Donnez des exemples pour les trois groupes de métaux, en termes de toxicité vis-à-vis des micro-organismes et des animaux homéothermes.
2. Comment l'activité microbienne peut-elle rendre certains métaux moins ou plus toxiques pour les animaux à sang chaud ?
3. Pourquoi des métaux tels que le mercure ont-ils des effets si importants sur les organismes supérieurs ?

28.4.   L'environnement physique

Lorsqu'ils interagissent entre eux et avec d'autres organismes dans les cycles biogéochimiques, les micro-organismes sont aussi influencés par leur environnement physique immédiat, que ce soit le sol, l'eau, les profondeurs marines ou un hôte végétal ou animal. Il est important de prendre en compte les environnements spécifiques où les micro-organismes interagissent entre eux, avec d'autres organismes et avec l'environnement physique.

Le micro-environnement et la niche

La localisation physique spécifique d'un micro-organisme constitue son **micro-environnement**. Dans ce micro-environnement physique, les flux des oxydants, des réducteurs et des aliments, exigés par ce micro-organisme, peuvent être limités. En même temps, il se peut que la diffusion des déchets produits ne se fasse pas à vitesse suffisante, pour éviter l'inhibition de croissance qu'entraînent de fortes concentrations de déchets. Ces flux et ces gradients créent une **niche** particulière, qui comprend le micro-organisme, son habitat physique, le temps d'utilisation de la nourriture et les aliments disponibles pour sa croissance et son fonctionnement (**figure 28.26**).

Cet environnement physiquement structuré peut aussi limiter les activités prédatrices des protozoaires. S'il présente des pores d'un diamètre de 3 à 6 µm, il protégera de la prédation les bactéries logées dans ces pores, mais permettra la diffusion des nutriments et des déchets. Si les pores sont plus grands, d'un diamètre supérieur à 6 µm, les protozoaires pourront se nourrir des bactéries. Il est important d'insister sur le fait que les micro-organismes peuvent créer leurs propres micro-environnements et leurs propres niches. Par exemple, à l'intérieur d'une colonie, les micro-organismes sont dans des micro-environnements et des niches nettement différents

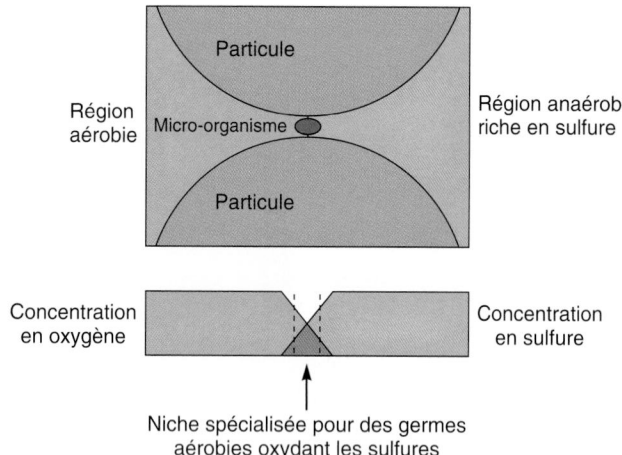

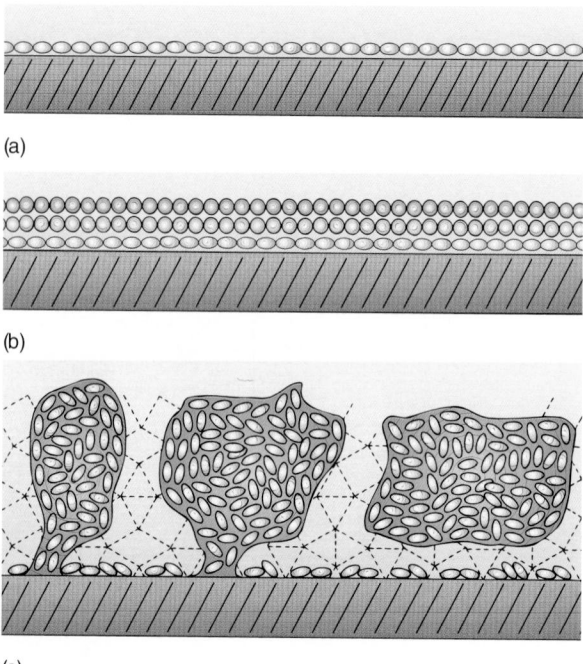

Figure 28.26 La création d'une niche à partir d'un micro-environnement. Comme le montre cette illustration, deux particules proches constituent un micro-environnement physique que des micro-organismes peuvent utiliser. Les gradients chimiques — d'oxygène, à partir de la région aérobie, et de sulfure, à partir de la région anaérobie — créent une niche particulière. Cette niche est donc l'ensemble de l'environnement physique et des ressources disponibles pour les bactéries oxydant le sulfure.

Figure 28.27 La croissance des biofilms. Les biofilms (développements microbiens sur des surfaces, notamment dans les milieux marins ou d'eau douce) peuvent devenir extrêmement complexes, selon les sources d'énergie disponibles. (**a**) Colonisation initiale par un seul type de bactéries. (**b**) Développement d'un biofilm plus complexe avec des micro-organismes de différents types disposés en couches. (**c**) Un biofilm arrivé à maturité avec des agrégats de cellules, des pores interstitiels et des conduits.

de ceux qui prévalent à la surface ou au bord de la colonie. Les micro-organismes peuvent aussi s'associer à des argiles et former des « loges d'argile » pour se protéger (*voir section 42.4*).

---

1. Quelles sont les similitudes et les différences entre micro-environnement et niche ?
2. Pourquoi les pores dans les sols, les eaux et les animaux peuvent-ils être importants pour la survie des bactéries, en présence de protozoaires ?
3. Pourquoi les conditions varient-elles pour une bactérie, selon que celle-ci est située au bord ou au centre de la colonie ?

Les biofilms et les tapis microbiens

Comme nous l'avons noté dans la section précédente, lorsqu'ils ne disposent pas d'un environnement physique structuré, les micro-organismes tendent à créer leurs propres micro-environnements et niches, en créant des **biofilms**. Il s'agit de systèmes microbiens organisés, faits de couches de cellules associées à des surfaces. De tels biofilms constituent un facteur important dans presque tous les domaines de la microbiologie, comme le montre la **figure 28.27a**. Des biofilms simples se développent lorsque des micro-organismes s'attachent et forment une couche monocellulaire.

Si les particularités de l'environnement (lumière, nutriments présents et vitesses de diffusion) le permettent, ces biofilms peuvent devenir plus complexes et comporter des couches d'organismes de différents types (figure 28.27*b*). Un exemple type comprendrait des organismes photosynthétiques en surface, des chimioorganotrophes facultatifs au milieu et peut-être des micro-organismes réducteurs de sulfate dans le bas.

Des biofilms plus complexes peuvent se développer pour for-

mer une structure à quatre dimensions (X, Y, Z et le temps), comportant des agrégats de cellules, des pores interstitiels et des canaux (figure 28.27*c*). Ce développement implique la croissance des micro-organismes attachés, qui aboutit à l'accumulation de cellules additionnelles en surface, avec simultanément, le piégeage et l'immobilisation de micro-organismes libres qui passent au-dessus du biofilm en expansion. Cette structure permet aux nutriments d'atteindre la biomasse, et les canaux sont formés par les protozoaires qui se nourrissent des bactéries.

La microscopie confocale dont nous avons parlé au chapitre 2 permet d'observer ces biofilms plus complexes, où les micro-organismes créent des environnements particuliers. La diversité des surfaces non vivantes ou vivantes qui peuvent être exploitées par les micro-organismes formateurs de biofilms est illustrée dans la **figure 28.28**. Citons les surfaces des cathéters et des unités de dialyse, qui sont en contact intime avec les fluides du corps humain. Le contrôle de ces micro-organismes et de leur installation dans ces appareils médicaux constitue une part importante des précautions prises dans un hôpital moderne.

Les micro-organismes qui forment des biofilms sur des organismes vivants, comme les plantes ou les animaux, en tirent des avantages supplémentaires. Ici, les surfaces elles-mêmes libèrent souvent des nutriments, sous forme de débris cellulaires, de matériaux solubles et de gaz. Ces biofilms peuvent aussi jouer des rôles importants dans les maladies (*voir encadré 39.3*). Ils peuvent en effet protéger les pathogènes des désinfectants, créer un foyer favorable au déclenchement ultérieur de la maladie ou relâcher des mi-

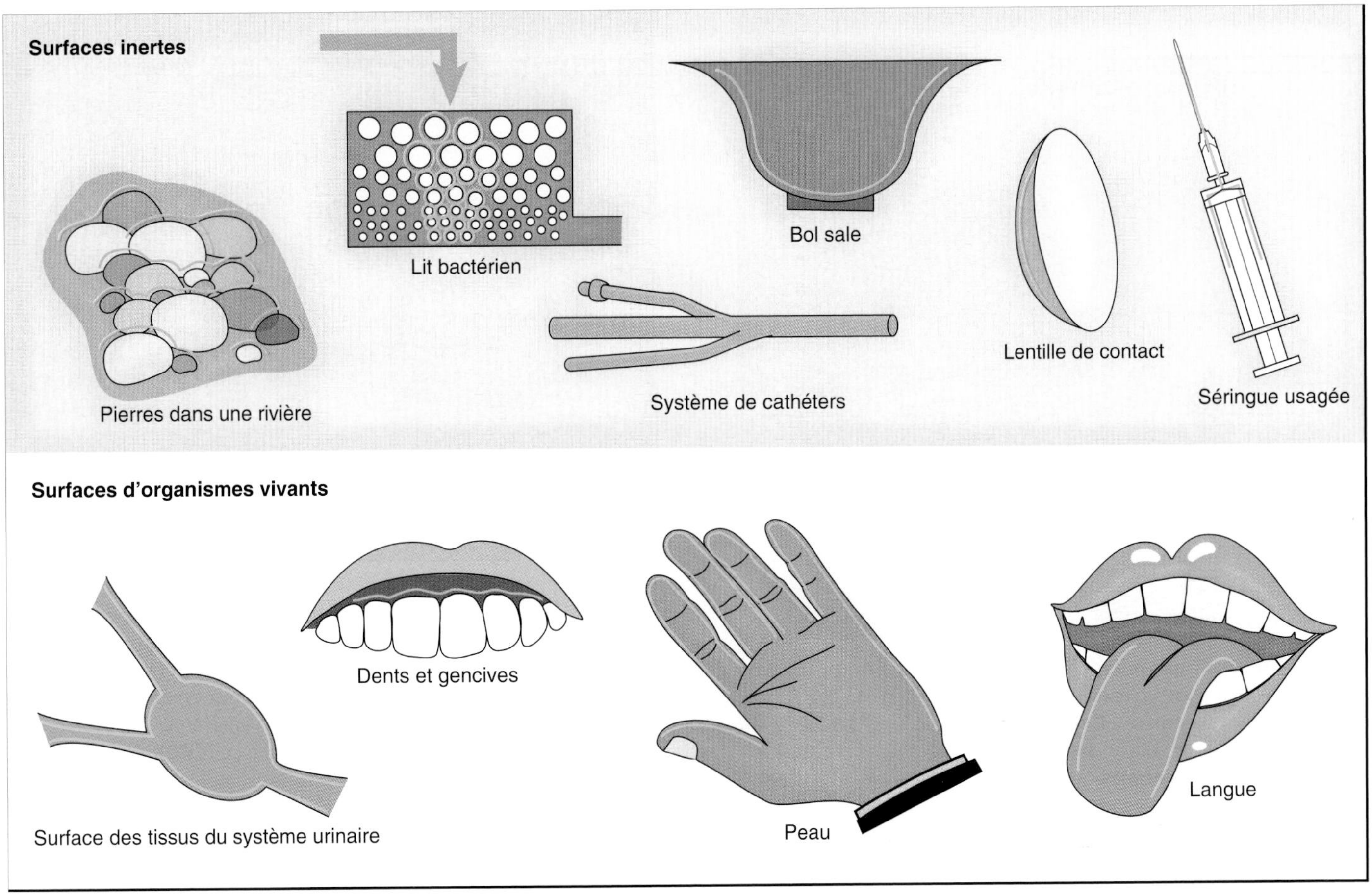

Surfaces inertes

Pierres dans une rivière

Lit bactérien

Bol sale

Système de cathéters

Lentille de contact

Seringue usagée

Surfaces d'organismes vivants

Surface des tissus du système urinaire

Dents et gencives

Peau

Langue

Figure 28.28 La formation de biofilms sur des surfaces inertes et sur des organismes vivants. Les biofilms, indiqués en jaune, font partie du fonctionnement des micro-organismes dans l'environnement, en biotechnologie et dans la santé humaine.

cro-organismes et des produits microbiens qui peuvent affecter le système immunitaire d'un hôte sensible. Les biofilms sont critiques dans les maladies oculaires, parce que *Chlamydia*, *Staphylococcus* et d'autres pathogènes survivent sur les lentilles de contact et dans les solutions de nettoyage (**figure 28.29**).

Si les conditions environnementales le permettent, les biofilms peuvent devenir tellement grands qu'ils atteignent des dimensions macroscopiques et deviennent visibles. Des bandes de micro-organismes de couleurs différentes apparaissent nettement dans la **figure 28.30**. Ces épais biofilms, appelés **tapis microbiens** existent dans de nombreux milieux marins et d'eau douce. Ces tapis sont des communautés microbiennes disposées en couches complexes. Ils peuvent se former à la surface de rochers ou de sédiments dans des lacs hypersalés et d'eau douce, dans des lagunes, des sources chaudes et des zones de plages. Ils sont constitués de filaments de micro-organismes dont des cyanobactéries. Une caractéristique importante des tapis est la présence de gradients extrêmes. La lumière ne pénètre que d'un mm dans ces communautés et sous cette zone photosynthétique, les conditions sont anaérobies et les bactéries sulfato-réductrices jouent un rôle important. Le sulfure produit par ces organismes diffuse dans la région illuminée anaérobie permettant aux micro-organismes photo-

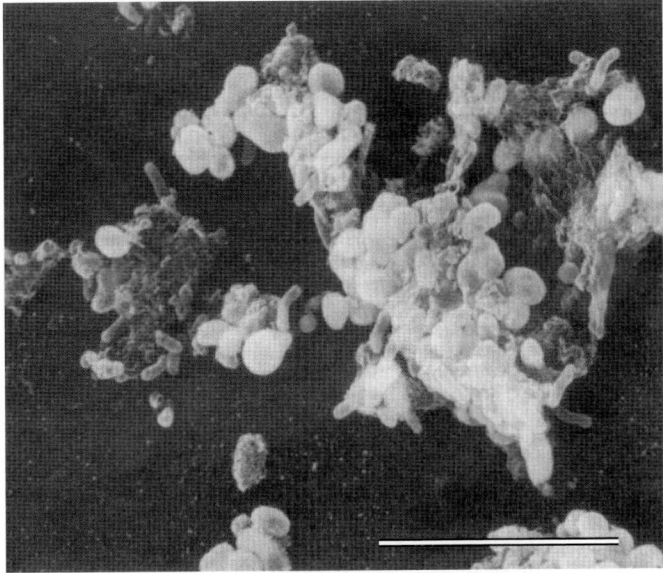

Figure 28.29 Les lentilles de contact peuvent être couvertes de biofilms. Amas de coques et bâtonnets épars sur une lentille de contact. La barre = 10 μm.

Figure 28.30 Les tapis microbiens. Les micro-organismes, par leurs activités métaboliques, créent des gradients environnementaux formant des écosystèmes superposés. Cette figure est une coupe verticale d'un tapis microbien d'une source chaude (55°C) montrant les diverses couches de micro-organismes.

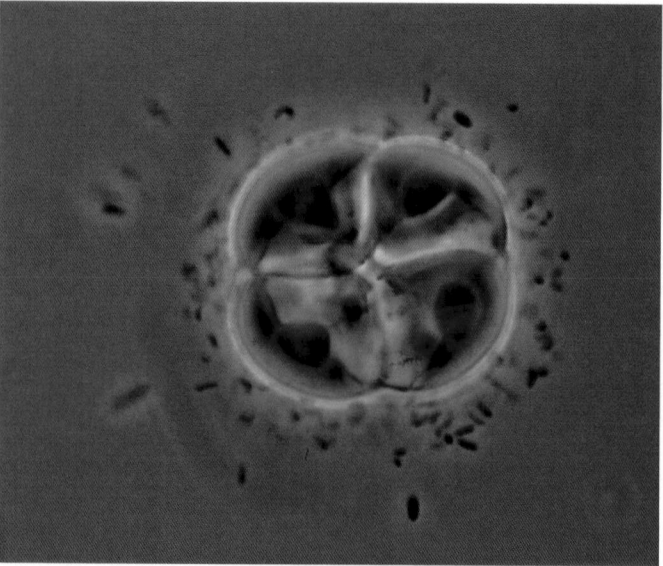

Figure 28.31 Un écosystème simple. Une algue, qui libère dans son environnement l'oxygène et la matière organique produits par photosynthèse, est entourée de chimiohétérotrophes. Ceux-ci utilisent ces nutriments issus de la production primaire. Les deux types de micro-organismes, producteurs et consommateurs d'oxygène et de matière organique, forment un écosystème autorégulé (x 1.000).

synthétiques sulfureux de se développer. Certains pensent que les tapis microbiens auraient permis la formation d'écosystèmes terrestres avant le développement des plantes vasculaires. Des tapis microbiens fossiles, appelés stromatolithes, auraient en effet plus de 3,5 milliards d'années (*voir p. 423*). Des techniques moléculaires et des déterminations d'isotope stable (voir tableau 28.8) ont été utilisées pour mieux comprendre le développement de ces communautés microbiennes particulières.

---

1. Que sont les biofilms ? Quels types de surface, sur les organismes vivants, peuvent constituer un site de formation d'un biofilm ?
2. Pourquoi les biofilms sont-ils importants en santé humaine ?
3. Que sont les tapis microbiens ? Où les trouve-t-on ?

Les micro-organismes et les écosystèmes

En interagissant entre eux et avec d'autres organismes, en influençant le recyclage des nutriments dans leurs micro-environnements et niches spécifiques, les micro-organismes contribuent aussi au fonctionnement des écosystèmes. On a défini ces derniers comme des « communautés d'organismes et leurs environnements physique et chimique qui fonctionnent en unités autorégulées ». Ces unités biologiques autorégulées répondent aux changements environnementaux en modifiant leur structure et leur fonction.

Dans les écosystèmes, les micro-organismes peuvent jouer deux rôles complémentaires : (1) la synthèse de nouvelle matière organique à partir de CO_2 et d'autres composés inorganiques, au cours de la **production primaire** et (2) la décomposition de cette matière organique accumulée. La **figure 28.31** montre un écosystème autorégulé simple où a lieu la production primaire de matière

organique. Il s'agit d'une algue entourée d'un « halo » de bactéries. Celles-ci utilisent la matière organique formée par la photosynthèse de l'algue comme source de carbone, d'électrons et d'énergie, et réduit la matière organique en ses composants minéraux originaux. L'autorégulation de cette unité écologique apparaît dans sa réponse à la lumière. Une diminution du flux lumineux entraîne une diminution de la photosynthèse et de la libération de matière organique. Dans ces conditions, la communauté bactérienne hétérotrophe sera limitée et il se peut que son activité et sa biomasse diminuent.

Les relations générales entre les **producteurs primaires** qui synthétisent la matière organique, les hétérotrophes qui la décomposent (**décomposeurs**) et les consommateurs sont illustrées dans la **figure 28.32**. Des micro-organismes de types différents contribuent à chacune de ces relations complémentaires.

Dans les milieux terrestres, les producteurs primaires sont habituellement les plantes vasculaires. Les cyanobactéries et les algues jouent un rôle similaire dans les milieux marins et d'eau douce (*voir la section 23.3 et le chapitre 26*). Dans ces différents habitats, la principale source d'énergie qui permet la production primaire est la lumière, bien que dans les zones hydrothermales et là où il y a infiltration d'hydrocarbures, il existe des écosystèmes chimiotrophes. Les **consommateurs** supérieurs, où se rangent les hommes, sont chimiohétérotrophes. Ils dépendent des « systèmes supports de vie », fournis par les organismes qui accumulent et décomposent la matière organique.

En interagissant dans les écosystèmes, les micro-organismes remplissent donc de nombreuses fonctions importantes parmi lesquelles :

1. contribuer à la formation de la matière organique via les processus photosynthétiques et chimiosynthétiques.

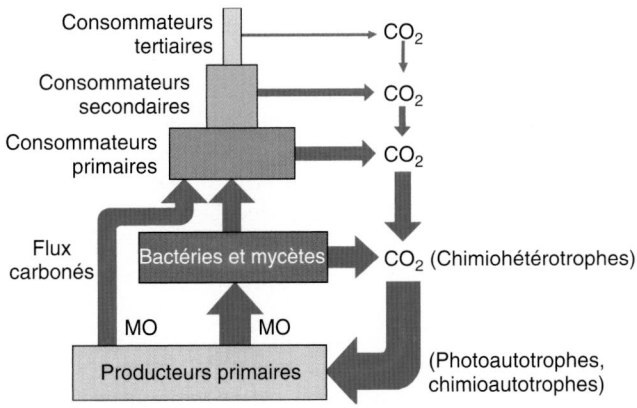

Figure 28.32 Le rôle vital des micro-organismes dans les écosystèmes. Les micro-organismes jouent des rôles vitaux dans les écosystèmes, en tant que producteurs primaires, décomposeurs et consommateurs primaires. Les producteurs primaires, y compris les micro-organismes, fixent le carbone en utilisant la lumière ou de l'énergie chimique. Ce sont principalement les bactéries chimiohétérotrophes et les mycètes qui assurent la décomposition de la matière organique, rendant les composés minéraux utilisables pour les producteurs primaires. Ciliés et flagellés, importants consommateurs primaires microbiens, se nourrissent de bactéries et de mycètes et recyclent ainsi les nutriments dans la boucle microbienne. MO = matière organique.

2. décomposer la matière organique, souvent avec libération de composés inorganiques (p. ex., CO_2, NH_4^+, CH_4, H_2), via les processus de minéralisation.
3. servir de source alimentaire riche pour d'autres micro-organismes chimiohétérotrophes y compris les protozoaires et les animaux.
4. modifier les substrats et nutriments utilisés dans les interactions et les processus de développement symbiotiques, ce qui contribue au recyclage biogéochimique.
5. modifier des quantités de matières en formes solubles et gazeuses. Ceci se produit, soit directement, par des processus métaboliques, soit indirectement, par une modification de l'environnement.
6. produire des substances inhibitrices réduisant l'activité microbienne ou limitant la survie et le développement des végétaux et des animaux.
7. contribuer à la vie des plantes et des animaux par des interactions symbiotiques positives et négatives.

---

1. Définissez les termes suivants : écosystème, production primaire, décomposeurs, minéralisation.
2. Citez les fonctions importantes des consommateurs supérieurs dans les milieux naturels.
3. Quelles fonctions importantes les micro-organismes remplissent-ils dans les écosystèmes ?

Les mouvements de micro-organismes entre écosystèmes

Les micro-organismes se déplacent et sont déplacés constamment d'un écosystème à l'autre. Ceci arrive fréquemment de façon naturelle et de plusieurs façons : (1) le sol, emporté autour de la Terre par les tempêtes, se dépose loin de son point de départ, dans des ré-

gions terrestres ou aquatiques ; (2) les fleuves transportent vers l'océan des matériaux érodés, des effluents de stations d'épuration et des ordures urbaines et (3) les insectes et les animaux qui migrent à la surface du globe, rejettent dans l'environnement, de l'urine, des excréments et d'autres déchets. Quand les plantes et les animaux meurent après s'être déplacés vers un nouvel environnement, ils se décomposent et libèrent (*voir section 29.2*) leurs micro-organismes (et leurs acides nucléiques) spécialement adaptés et qui ont évolué de concert. Deux importants exemples du mouvement des pathogènes entre les écosystèmes sont la transmission de maladies par la voie fécale-orale (où interviennent souvent les aliments et l'eau) et l'acquisition de maladies dans les hôpitaux (infections nosocomiales). Chaque fois qu'une personne tousse ou éternue, des micro-organismes sont expulsés vers de nouveaux écosystèmes.

L'homme aussi, que ce soit délibéré ou sans intention, déplace des micro-organismes d'un écosystème à l'autre. C'est le cas lorsqu'on introduit des micro-organismes dans certains milieux pour accélérer les processus de dégradation microbienne (*voir la biorémédiation, section 42.4*) ou quand on ajoute à un sol, un inoculum associé à un végétal, comme *Rhizobium*, pour augmenter la formation de nodules fixateurs d'azote chez les légumineuses (*voir pp. 675-78*). Les moyens de transport modernes, comme l'automobile, le train, le bateau ou l'avion, constituent les modes de déplacements microbiens fortuits les plus importants. Souvent, ils transportent les micro-organismes rapidement sur de longues distances.

Le devenir des micro-organismes mis dans un environnement où ils ne vivent pas normalement, ou de micro-organismes revenus à leurs milieux de départ, est important tant en théorie qu'en pratique. Les pathogènes qui sont normalement associés à un hôte animal sont fort affectés par un tel déplacement, parce qu'ils ont en grande partie perdu leur capacité à concurrencer les micro-organismes indigènes d'autres milieux. En migrant vers un nouveau milieu, une population de pathogènes viables et cultivables diminue graduellement. Cependant, des tests de viabilité plus sensibles, en particulier les techniques moléculaires, montrent que les **micro-organismes non cultivables**, comme *Vibrio* (*voir section 6.5*), peuvent jouer des rôles critiques dans l'apparition de maladies.

On a entrepris de nombreuses études pour savoir pourquoi des micro-organismes, qui avaient co-évolué avec des animaux, mouraient petit à petit lorsqu'ils étaient rejetés dans les sols ou les eaux. Parmi les causes possibles, il y a la prédation par les protozoaires, *Bdellovibrio* (*voir pp. 510-12*) et d'autres organismes, le manque d'espace, le manque de nourriture et la présence de substances toxiques. Après de nombreuses années d'études, il apparaît que la raison principale pour laquelle les micro-organismes « étrangers » meurent, est qu'ils ne peuvent pas concurrencer efficacement les micro-organismes indigènes dans l'appropriation des faibles quantités de nutriments présentes dans le milieu.

Même des micro-organismes prélevés d'un environnement donné peuvent perdre leur capacité à y survivre, après avoir été cultivés sur milieux riches en laboratoire. La cause peut être physique ou physiologique. D'un point de vue physique, les micro-organismes peuvent ne pas réintégrer la niche qui les protégeait, et être consommés par les protozoaires et autres prédateurs, comme noté précédemment. D'un autre côté, après s'être développés dans les milieux riches du laboratoire, ils peuvent avoir perdu la capacité de concurrencer physiologiquement les populations indigènes. Il est intéressant que ces micro-organismes étrangers survivent plus

Tableau 28.7 Les caractéristiques des milieux extrêmes où croissent les micro-organismes

Stress	Conditions environnementales	Micro-organismes observés
Température élevée	110–113°C, fosses marines profondes	*Pyrolobus fumarii* *Methanopyrus kandleri* *Pyrodictium abyssi*
	67–102°C, fonds marins	*Pyrococcus abyssi*
	85°C, sources chaudes	*Thermus* *Sulfolobus*
	75°C, sources chaudes sulfureuses	*Thermothrix thiopara*
Basse température	–12°C, glace antarctique	*Psychromonas ingrahamii*
Stress osmotique	13–15% en NaCl	*Chlamydomonas*
	25% en NaCl	*Halobacterium* *Halococcus*
pH acide	pH 3,0 ou moins	*Saccharomyces* *Thiobacillus*
	pH 0,5	*Picrophilus oshimae*
	pH 0,0	*Ferroplasma acidarmanus*
pH basique	pH 10,0 ou plus	*Bacillus*
Peu d'eau disponible	$a_w = 0,6$–0,65	*Torulopsis* *Candida*
Température et pH bas	85°C, pH 1,0	*Cyanidium* *Sulfolobus acidocaldarum*
Pression	500–1,035 atm	*Colwellia hadaliensis*
Irradiation	1,5 millions de rads	*Deinococcus radiodurans*

longtemps hors de leurs hôtes d'origine, si la température est basse (p. ex., dans les régions polaires, la glace ou les aliments surgelés). Dans ces conditions, leur temps de survie s'allonge fortement.

---

1. Comment les micro-organismes peuvent-ils passer d'un écosystème à un autre ?
2. Pourquoi les micro-organismes, isolés du sol ou de l'eau, pourraient-ils perdre leur capacité à survivre dans les milieux dont ils proviennent, après avoir été cultivés en laboratoire ?
3. Quel est l'effet de la température sur la vitesse d'extinction des micro-organismes, déplacés dans un environnement nouveau, étranger ?

Le stress et les écosystèmes

Les écosystèmes où vivent des micro-organismes présentent des conditions environnementales qui peuvent varier largement. Variations de pH, de température, de pression, de salinité, de disponibilité en eau et de radiations ionisantes sont résumées dans le **tableau 28.7**. De tels facteurs de stress ont des effets importants sur les populations et les communautés microbiennes, et peuvent constituer un **environnement extrême**, comme montré dans la **figure 28.33**. Dans les cas mentionnés, fortes concentrations en sels, température extrême et acidité ont affecté les communautés micro-

biennes. Les micro-organismes qui survivent dans de tels environnements sont appelés **extrémophiles**, et on considère habituellement que ces environnements extrêmes réduisent la diversité microbienne, si l'on en juge d'après les micro-organismes qu'on arrive à cultiver. Avec le recours de plus en plus fréquent aux techniques de détection moléculaires, il apparaît cependant qu'il existe une diversité surprenante parmi les micro-organismes non cultivables de ces environnements. Dans le futur, il faudra poursuivre les travaux pour établir les relations entre les micro-organismes cultivables et ceux qui peuvent être observés et détectés par ces techniques moléculaires. L'influence des facteurs environnementaux sur la croissance (pp. 121-31)

De nombreux genres microbiens ont des exigences spécifiques pour survivre et se développer dans les milieux dits extrêmes. Une concentration élevée en ion sodique est, par exemple, indispensable au maintien de l'intégrité membranaire chez de nombreuses bactéries halophiles, parmi lesquelles des membres du genre *Halobacterium*. Les halobactéries exigent une concentration en ion sodium minimale de 1,5M et proche de 3 à 4M pour une croissance optimale. Les bactéries halophiles (p. 123 ; 461-63).

Les bactéries présentes dans les fonds marins ont des exigences différentes en pression, selon la profondeur à laquelle on les a prélevées. Ces bactéries se répartissent en bactéries **baro-**, ou **piézotolérantes** (croissance entre environ 1 et 500 atm), bactéries **modérément barophiles** (croissance optimale à 5.000 m et encore possible à 1 atm) et bactéries **barophiles extrêmes** qui requièrent pour leur développement 400 atm ou plus (*voir chapitre 29*).

On observe de curieux changements dans les processus physiologiques de base chez les micro-organismes vivant dans des conditions extrêmement acides ou alcalines. Ces micro-organismes acidophiles et alcalophiles doivent faire face à des problèmes nettement différents pour maintenir un pH interne neutre. Les micro-organismes acidophiles obligatoires peuvent se développer à pH 3,0 ou moins et une grande différence de pH peut exister entre l'intérieur et l'extérieur de la cellule. Parmi ces acidophiles, on trouve des membres des genres *Thiobacillus*, *Sulfolobus* et *Thermoplasma*. Le pH interne relativement plus élevé est maintenu grâce à la translocation nette de protons vers l'extérieur. Ce processus se déroule grâce à la présence de lipides membranaires particuliers, à une élimination des ions hydrogène pendant la réduction de l'oxygène en eau ou à des caractéristiques dépendantes du pH des enzymes membranaires.

Récemment, on a isolé d'un minerai de sulfure californien, une archéobactérie acidophile oxydatrice du fer, qui peut croître à pH 0. Ce procaryote particulier, capable d'un développement massif à la surface des courants d'eau souterrains (**figure 28.34**), possède une simple membrane plasmique et pas de paroi cellulaire.

Les micro-organismes alcalophiles extrêmes se multiplient à pH 10 et au-dessus. Ils doivent maintenir une translocation nette de protons vers l'intérieur. Ces alcalophiles obligatoires ne peuvent se multiplier en dessous d'un pH de 8,5 et sont souvent des membres du genre *Bacillus*. On a également signalé des représentants de *Micrococcus* et *Exiguobacterium*. Des cyanobactéries photosynthétiques présentent aussi ces caractéristiques. Des flux coordonnés d'ions hydrogène et sodium maintiennent des concentrations internes accrues de protons.

La mise en évidence d'une vie microbienne (les **hyperthermophiles**) à des températures approchant 113°C, à proximité de fontaines hydrothermales (**encadré 28.2** ; *voir également*

(a)

(b)

(c)

Figure 28.33 Les micro-organismes se développant dans des milieux extrêmes. De nombreux micro-organismes sont particulièrement adaptés à survivre dans des milieux extrêmes. (**a**) Salines rouges en raison de la présence d'algues halophiles et d'halobactéries. (**b**) Une source chaude colorée en vert et bleu suite à la croissance de cyanobactéries. (**c**) Un point d'écoulement acide d'une mine dans un ruisseau. Le sol et l'eau ont viré au rouge suite à la présence d'oxydes de fer précipités, due à l'activité de bactéries telles que *Thiobacillus*.

Figure 28.34 La croissance massive de l'acidophile extrême *Ferroplasma* dans une mine californienne. Les banderoles visqueuses formées par *Ferroplasma acidarmanus*, une archéobactérie, qui s'est développée dans les sédiments de pyrite, à pH 0 ou presque. Ce procaryote particulier n'a qu'une simple membrane plasmique et pas de paroi cellulaire.

Encadré 28.2

Utilisation des micro-organismes des milieux à haute température en biotechnologie moderne

On porte un grand intérêt aux caractéristiques des procaryotes isolés des zones de mélange situées au-dessus des fontaines hydrothermales qui rejettent de l'eau variant de 250 à 350°C. Ces procaryotes peuvent se développer à des températures voisines de 113°C. Les problèmes rencontrés lors de la multiplication de ces micro-organismes, souvent des archéobactéries, sont énormes. Pour cultiver certains d'entre eux, il est nécessaire par exemple, d'utiliser des chambres de culture spéciales et d'autres équipements spécialisés pour maintenir l'eau à l'état liquide à ces températures élevées.

De tels micro-organismes, appelés hyperthermophiles, dont les températures optimales de croissance atteignent les 80°C ou plus, font face à des défis particuliers pour obtenir leur nourriture, pour leur métabolisme, pour la réplication de leurs acides nucléiques et pour leur croissance. Beaucoup d'entre eux sont anaérobies et dépendent du soufre élé-

mentaire qui leur sert d'oxydant et qu'ils réduisent en sulfure. La stabilité de leurs enzymes est cruciale. Certaines ADN polymérases sont intrinsèquement stables à 140°C, tandis que beaucoup d'autres enzymes sont stabilisées in vivo par des thermoprotecteurs particuliers. Séparées de leurs protecteurs, ces enzymes perdent leur thermostabilité.

Ces enzymes peuvent avoir des applications importantes dans la production de méthane, la lixiviation et la récupération des métaux et pour une utilisation dans des systèmes à enzymes immobilisées. En outre, la possibilité d'une modification stéréochimique sélective, de composés normalement insolubles à des températures plus basses, peut fournir de nouvelles voies pour des synthèses chimiques dirigées. C'est un domaine passionnant et en expansion des sciences biologiques modernes, auquel les microbiologistes environnementalistes peuvent grandement contribuer.

---

encadré 6.1) montre que ce domaine continuera à être un champ de recherche fertile. Pour certains micro-organismes bien adaptés, un milieu extrême peut ne pas être « extrême », mais nécessaire et peut-être même idéal. Les micro-organismes thermophiles (pp. 126 ; 463).

1. Quels sont les principaux facteurs qui créent des environnements extrêmes ?
2. Pourquoi les techniques moléculaires pourraient-elles changer l'idée qu'on se fait de ces environnements ?
3. En quoi *Ferroplasma acidarmanus* est-il particulier ?

28.5. Les méthodes en écologie microbienne

On utilise des techniques variées pour évaluer la présence, les types et les activités des micro-organismes dans l'environnement (**tableau 28.8**). Les mesures effectuées au moyen de ces techniques peuvent couvrir toute une gamme d'échelles de temps et de dimensions physiques. Dans les milieux marins, les eaux douces, les égouts, les racines de plantes, par exemple, on peut mesurer les réponses en secondes et en minutes. Pour les modifications de la matière organique dans les fonds marins ou dans les profondeurs du sol, on peut avoir besoin d'une échelle en années, en décennies, ou même en siècles. L'échelle physique utilisée dans une étude peut aller d'une simple bactérie dans son micro-environnement à un lac, à l'océan, ou un système plante-sol complet.

Comme nous l'avons noté au début de ce chapitre, l'étude des micro-organismes dans la nature se heurte à un obstacle fondamental : la plupart des organismes détectés ne peuvent pas être cultivés et caractérisés. Ce problème de longue date est maintenant en voie d'être résolu par l'emploi des techniques moléculaires, qui permettent de caractériser les micro-organismes non cultivables et de les comparer avec les séquences génomiques connues (*voir chapitre 19*).

On estime la diversité de la communauté microbienne par différentes méthodes dont la phylogénie moléculaire qui analyse

l'ARN ribosomial 16S (*voir p. 433-35*). On peut aussi isoler de petites quantités d'ADN à partir d'un échantillon d'un milieu naturel et les amplifier par la réaction de polymérisation en chaîne . La réaction de polymérisation en chaîne (pp. 326-27).

Comme on le constate dans le tableau 28.8, certaines de ces techniques sont limitées quant aux types d'échantillons analysables. Cela peut être dû à des populations microbiennes peu nombreuses (échantillons marins ou de certaines eaux douces) ou à des concentrations élevées de matière organique ou de particules inhibitrices dans les échantillons. Par contre, les techniques moléculaires plus récentes, telles que l'extraction directe d'ADN, l'empreinte d'ADN par amplification (DAF), la phylogénie basée sur l'ARN 16S, la PCR, les techniques d'hybridation et de sonde d'ADN sont applicables à des échantillons très divers.

Récemment, on a mis au point des arrangements de micropuces sur gel ou **microdamiers**, contenant des mélanges de sondes (*voir pp. 354 ; 1018*). Ceux-ci permettent de détecter l'ARN de la petite sous-unité ribosomiale dans des populations mélangées. En outre, les sondes basées sur l'ARNr 16S peuvent détecter des groupes spécifiques de micro-organismes, comme les bactéries gainées oxydatrices de fer ou de manganèse.

Il existe maintenant de nombreuses techniques nouvelles et plus sensibles, dont l'utilisation de substrats radioactifs, pour mesurer la viabilité et l'activité de micro-organismes individuels. Il est possible d'utiliser des techniques d'hybridation pour sonder des colonies ou des cellules isolées, afin de déterminer si elles contiennent des séquences d'ADN ou d'ARN spécifiques. La technique de l'hybridation sur cellule entière a progressé : on a développé des sondes « spécifiques de sous-groupes ». Celles-ci permettent la détection simultanée de différents types microbiens dans la même préparation (*voir figure 29.9, p. 643*).

Dans la plupart des études qui emploient ces approches moléculaires pour analyser des communautés microbiennes complexes, il y a extraction des acides nucléiques de l'échantillon, habituellement suivie de clonage et d'analyses génomique et phylogénique. La source précise des acides nucléiques étudiés n'est pas connue.

Tableau 28.8 **Méthodes utilisées pour étudier les micro-organismes dans différents milieux naturels**[a]

Caractéristique évaluée	Technique utilisée ou propriété mesurée	Milieux				
		Marins	Eaux douces	Eaux usées	Sol	Nourriture
Éléments nutritifs	Analyse chimique (C, N, P, etc.)	++	++	++	++	++
	DCO (demande chimique en oxygène)	–	+	++	–	–
	DBO (demande biochimique en oxygène)	–	+	++	–	–
Biomasse microbienne	Pigments photosynthétiques	++	++	–	–	–
	Filtration et poids sec	++	++	+	–	+
	Dosage des constituants chimiques (ATP, acide muramique, acide polybêtahydroxybutyrique [PHB], lipopolysaccharides)	++	++	++	++	++
	Microscopie et conversion du biovolume en biomasse en utilisant des facteurs de conversion	++	++	+	++	++
	Incubation/extraction par fumigation	–	–	+	++	–
	Respiration après addition de glucose	–	–	+	++	–
Nombres/types microbiens	Techniques microscopiques-épifluorescence/contraste de phase	++	++	++	++	+
	Cytométrie de flux	++	++	+	–	–
	Lames et films immergés/insérés	+	++	+	++	–
	Méthodes de comptage des cellules viables (culture, microscopie)	++	++	++	++	++
	Isolement direct des micro-organismes	++	++	++	++	++
	Coupes minces d'échantillons	–	–	–	++	++
	Microscope électronique à balayage	++	++	++	++	++
	Extraction et analyse directes d'ADN	++	++	++	++	++
	Réaction de polymérisation en chaîne (PCR) avec des amorces spécifiques de l'espèce	++	++	++	++	++
	Techniques d'hybridation et de sondes d'ADN pour l'ADN et l'ARN	++	++	++	++	++
	PCR in situ avec des amorces de 16S ou de 18S	++	++	++	++	++
	Micromanipulation et PCR sur cellule isolée/analyse phylogénique	++	++	++	++	++
Viabilité et renouvellement microbien	Ac. nalidixique et observation microscopique (inhibiteur empêchant la division cellulaire, induisant la formation de cellules actives allongées); comptages directs des cellules viables	++	++	++	++	++
	Estimation de la bioluminescence (protéine verte fluorescente)	+	+	+	+	+
	Analyses d'isotopes stables et radioactifs	++	++	+	++	++
Activité microbienne	Microscopie avec des colorants réductibles	++	++	++	++	++
	Autoradiographie	++	++	++	++	++
	Tests d'activités enzymatiques	+	+	++	++	+
	Microcalorimétrie	–	–	+	+	+
	Sondes fonctionnelles basées sur l'ARN	++	++	++	++	++
	Échange gazeux (O_2, CO_2, N_2, CH_4)	++	++	++	++	–
	Estimation des contributions fongiques et bactériennes par inhibition au moyen d'un antibiotique sélectif	+	+	–	++	–
	Vitesse d'utilisation d'un substrat	++	++	++	++	+
	Hydrolyse d'un substrat fluorescent	++	++	++	++	+
Structure de la communauté	Analyses microscopiques de la diversité	++	++	++	++	+
	Diversité physiologique des isolements bactériens	++	++	++	++	+
	Analyse de l'ADN ribosomial 16S ou 18S (y compris le polymorphisme de conformation simple-brin [SSCP], l'électrophorèse sur gel en gradient dénaturant [DGGE], l'électrophorèse sur gel en gradient de température [TGGE], etc.)	++	++	++	++	+
	Empreinte d'ADN par amplification (DAF)	++	++	++	++	+

[a] La grande utilité est indiquée par deux signes + + et l'utilité mineure par un + ; la non–utilité ou la faible utilité sont marquées du signe –.

Étant donné l'amélioration de la sensibilité de la réaction de polymérisation en chaîne (*voir section 14.3*), il est possible d'étudier les acides nucléiques issus de cellules individuelles, isolées au moyen de **pinces optiques** (on utilise un rayon laser pour extraire un micro-organisme de son environnement) ou d'un **micromanipulateur**. Avec le micromanipulateur, une cellule ou un organite cellulaire sélectionné est aspiré dans un fin capillaire sous observation directe (**figure 28.35**). L'amplification par PCR des acides nucléiques d'une cellule ou d'un organite isolé permet d'obtenir des données de séquence pour une analyse phylogénique (*voir chapitre 19*). Par exemple, on a pu établir la relation phylogénique d'un mycoplasme isolé du flagellé *Koruga bonita* (**figure 28.36**).

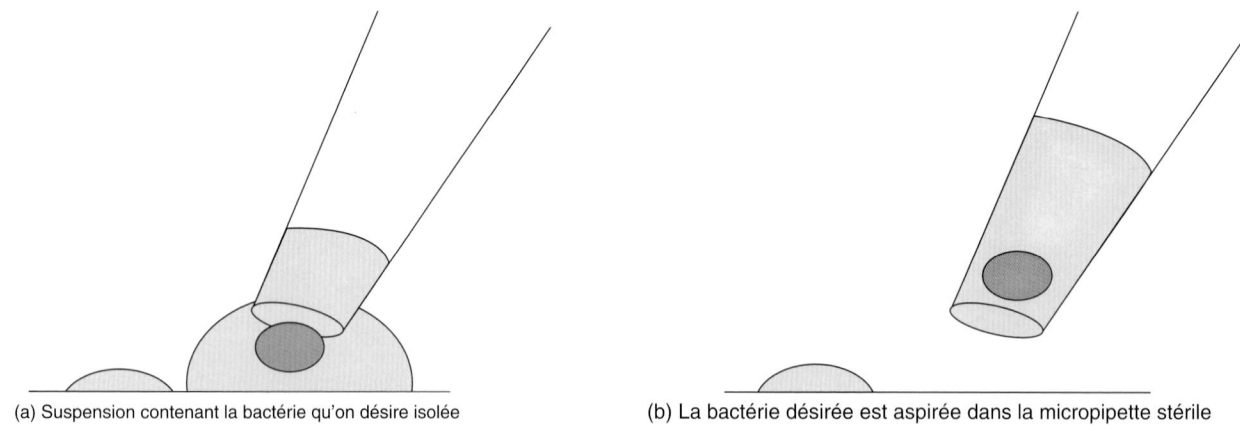

(a) Suspension contenant la bactérie qu'on désire isolée

(b) La bactérie désirée est aspirée dans la micropipette stérile

Figure 28.35 Extraction de cellules ou d'organites cellulaires isolés, à partir de mélanges naturels complexes, au moyen d'un micromanipulateur. Grâce à un microscope à contraste de phase inversé et à un micromanipulateur, un micro-organisme peut être prélevé pour une analyse moléculaire directe. (**a**) La bactérie à isoler est placée sous l'embout du micromanipulateur (5 à 10 μm de diamètre) et on applique un léger vide. (**b**) La bactérie désirée est aspirée dans la micropipette et est prête pour l'analyse moléculaire.

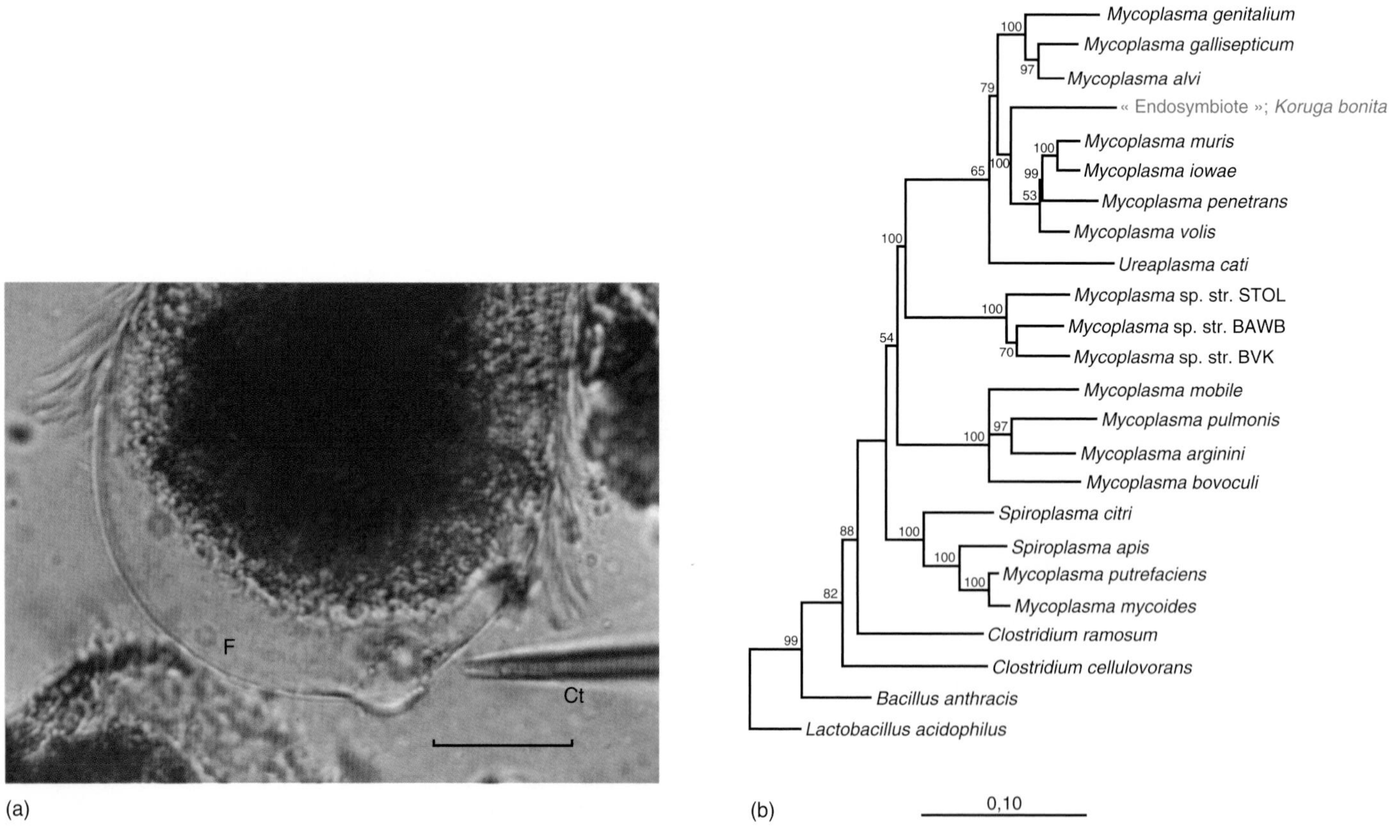

(a)

(b)

Mycoplasma genitalium — 100
Mycoplasma gallisepticum
Mycoplasma alvi — 97
« Endosymbiote »; *Koruga bonita*
Mycoplasma muris — 100
Mycoplasma iowae — 99
Mycoplasma penetrans — 53
Mycoplasma volis
Ureaplasma cati
Mycoplasma sp. str. STOL — 100
Mycoplasma sp. str. BAWB
Mycoplasma sp. str. BVK — 70
Mycoplasma mobile
Mycoplasma pulmonis — 97
Mycoplasma arginini
Mycoplasma bovoculi
Spiroplasma citri
Spiroplasma apis — 100
Mycoplasma putrefaciens — 100
Mycoplasma mycoides
Clostridium ramosum
Clostridium cellulovorans
Bacillus anthracis
Lactobacillus acidophilus

0,10

Figure 28.36 Combinaison de la micromanipulation et de la réaction de polymérisation en chaîne (PCR) pour isoler une cellule ou un organite. (**a**) Extraction par micromanipulation d'un mycoplasme endosymbiote d'une cellule isolée du flagellé *Koruga bonita* (la barre = 10 μm) et (**b**) analyse phylogénique du mycoplasme isolé après amplification par PCR et séquençage du produit amplifié. La barre indique 10 % de divergence estimée dans la séquence. *Lactobacillus acidophilus* sert de référence externe. Cette approche permet de relier un micro-organisme ou un organite spécifique, isolé d'un environnement naturel, à sa séquence moléculaire et à l'information phylogénique. Flagellé (F), tube capillaire (Ct).

Par cette approche basée sur la cellule isolée, il est maintenant possible de relier les structures microbiennes spécifiques observées au microscope, à l'information phylogénique de cette cellule (ou organite). Ceci devrait améliorer notre compréhension du rôle des micro-organismes individuels dans les ensembles microbiens complexes.

Les symbioses et l'écologie microbienne impliquent des relations complexes, dont les subtilités commencent seulement à être comprises. Ceci nécessite non seulement que l'on découvre quels sont les micro-organismes présents (le premier et formidable défi), mais que l'on détermine ce que font les micro-organismes et comment ils interagissent suivant diverses échelles temporelles et spatiales. Ces tâches sont essentielles pour notre compréhension des

associations des micro-organismes avec d'autres organismes et avec l'environnement, ce qui constitue l'essence de l'écologie microbienne.

1. Pourquoi utilise-t-on encore les méthodes physiques et microscopiques « classiques » pour étudier les micro-organismes, alors qu'on dispose des techniques moléculaires ?
2. Que sont des pinces optiques ? Qu'est-ce qu'un micromanipulateur ?
3. Quelles échelles de temps peut-on employer quand on étudie l'activité des micro-organismes ?
4. Qu'est-ce qu'un système de microdamiers ?

Résumé

1. La plupart des micro-organismes des ensembles naturels complexes qui sont visibles au microscope ne peuvent pas être cultivés actuellement. Les techniques moléculaires permettent d'obtenir des informations sur ces micro-organismes non cultivables.

2. L'écologie microbienne est l'étude des interactions des micro-organismes avec leur environnement vivant ou non vivant. La symbiose est un terme plus restreint qui signifie « vie en commun », l'étude des interactions entre organismes.

3. Un micro-organisme vit dans un endroit donné qu'on peut appeler son micro-environnement. Les ressources disponibles dans ce micro-environnement et le temps de leur utilisation par un micro-organisme décrivent la niche. Les pores constituent des micro-environnements importants qui peuvent protéger les bactéries des prédateurs.

4. Un organisme peut croître à la surface d'un autre organisme, en ectosymbiote, ou à l'intérieur, en endosymbiote. On parle d'ecto/endosymbiose lorsque des organismes portent d'autres organismes à leur surface et à l'intérieur en même temps.

5. Les interactions positives (**figure 28.1**) incluent le mutualisme (mutuellement bénéfique et obligatoire), la protocoopération (mutuellement bénéfique, mais non obligatoire) et le commensalisme (un organisme tire profit des produits d'un autre). Les interactions négatives comprennent la prédation (utilisation et ingestion d'une proie plus grande ou plus petite), le parasitisme (maintien à plus long terme d'un organisme dans un autre ou agent infectieux acellulaire) et l'amensalisme (un produit microbien inhibe un autre organisme). La compétition implique des organismes en concurrence pour un espace ou un aliment limitant. La qualité de ces interactions peut changer, selon l'environnement et les caractéristiques des organismes impliqués.

6. L'avantage mutuel est crucial dans les interactions positives entre organismes. Celles-ci peuvent être basées sur des transferts de matériel liés à l'énergétique, à la communication entre cellules ou à la protection physique. Dans plusieurs interactions mutualistes importantes, des micro-organismes chimiolithotrophes jouent un rôle critique en rendant la matière orga-

nique disponible pour un organisme associé (p. ex., les endosymbiotes chez *Riftia*).

7. La prédation et le parasitisme sont en relation étroite. La prédation a beaucoup d'effets positifs pour les populations de prédateurs et de proies. Ceci inclut la boucle microbienne (retour des minéraux immobilisés dans la matière organique vers des formes minérales réutilisables par les producteurs primaires chimiotrophes et photosynthétiques), la protection de la proie de la chaleur et des dommages chimiques et une stimulation possible de la pathogénicité, comme dans le cas de *Legionella*.

8. Un consortium est une association physique d'organismes qui ont une relation mutuellement bénéfique, basée sur une interaction positive.

9. Syntrophisme signifie simplement croissance en commun. Un contact physique n'est pas requis, seulement un transfert de matériel, mutuellement positif, comme le transfert d'hydrogène interspécifique.

10. Le rumen est un excellent exemple d'interaction mutualiste entre un ruminant et une communauté microbienne complexe. Dans cette communauté microbienne, des matériaux végétaux complexes sont découpés en composés organiques simples que l'animal peut alors absorber. Il se forme aussi des déchets gazeux, comme le méthane, qui sont libérés dans l'environnement (**figure 28.8**).

11. Les interactions protocoopératives sont bénéfiques aux deux organismes, mais ne sont pas obligatoires (**figure 28.9**). Les animaux marins en fournissent d'importants exemples, comme *Alvinella*, *Rimicarus* et *Eubostrichus*, impliqués dans des interactions avec des chimiotrophes qui oxydent le sulfure d'hydrogène.

12. Toutes ces interactions positives et négatives se produisent dans des systèmes biologiques complexes et entraînent des réponses rétroinhibitrices de divers membres de la communauté microbienne.

13. Les micro-organismes peuvent être présents en tant que cellules individuelles, en tant que populations d'organismes similaires, ou en tant que mélanges de populations ou communautés. Ces populations et communautés peuvent participer à des écosystèmes autorégulés.

14. Les micro-organismes — en relation avec des végétaux, des animaux et avec l'environne-

ment — jouent un rôle important dans le recyclage des nutriments, ce qu'on appelle aussi le recyclage biogéochimique. Les processus anaboliques (assimilateurs) impliquent l'incorporation des nutriments dans la biomasse de l'organisme au cours du métabolisme ; les processus cataboliques (désassimilateurs), au contraire, impliquent le relargage de nutriments dans l'environnement, au terme du métabolisme (**figure 28.18**).

15. Le recyclage biogéochimique fait intervenir des processus d'oxydation et de réduction. Des changements dans les concentrations des composants gazeux du cycle, comme le carbone, l'azote et le soufre, peuvent résulter de l'activité microbienne.

16. Les micro-organismes servent de producteurs primaires et accumulent la matière organique (**figure 28.32**). Les sources d'énergie comprennent l'hydrogène, le sulfure et le méthane. De plus, beaucoup de chimiohétérotrophes décomposent la matière organique que les producteurs primaires accumulent, et effectuent la minéralisation, libération de nutriments inorganiques à partir de matière organique.

17. Les principaux composés organiques utilisés par les micro-organismes diffèrent en structure, liaisons, composition élémentaire et sensibilité à la dégradation aérobie et anaérobie. La lignine n'est dégradée qu'en aérobiose, un fait qui a d'importantes implications dans la rétention du carbone dans la biosphère.

18. En ce qui concerne leurs effets sur l'homme, les métaux peuvent être classés en trois grands groupes : (1) les métaux nobles, qui ont des propriétés antimicrobiennes, mais n'exercent pas d'effets négatifs sur l'homme, (2) les métaux comme le mercure et le plomb qui peuvent former des composés organométalliques toxiques et (3) certains autres métaux, qui sont antimicrobiens sous leur forme ionique, comme le cuivre et le zinc. Le second de ces groupes présente un intérêt tout particulier.

19. Les biofilms, ou couches de micro-organismes, sont largement répandus et se forment sur une grande variété de surfaces vivantes ou non (**figure 28.28**). Ils jouent un rôle important dans l'apparition de maladies et dans la survie de pathogènes. Les biofilms peuvent se développer pour former des écosystèmes multicouches

complexes.

20. La plupart des bactéries pathogènes du tractus intestinal de l'homme et d'autres organismes supérieurs ne survivent pas dans l'environnement. À basse température cependant, la survie peut être meilleure.

21. Dans les environnements extrêmes, la diversité spécifique est habituellement moindre, et nombre de micro-organismes qui vivent dans de tels habitats, les extrémophiles, ont des exigences de croissance spécialisées. Pour eux, les environnements extrêmes peuvent être nécessaires.

22. On peut recourir à de multiples approches pour étudier les micro-organismes dans leur environnement (**tableau 28.8**). Citons le recyclage des nutriments, la biomasse, le nombre, l'activité, et la structure de la communauté. Il est maintenant possible d'étudier les caractéristiques génétiques de micro-organismes qu'on ne peut pas cultiver en laboratoire.

23. Les méthodes actuellement en usage permettent d'étudier la présence, les types et les activités de micro-organismes dans leurs environnements naturels (dans les sols, les eaux, les plantes et les animaux). Bien que la plupart des micro-organismes observables ne puissent pas encore être cultivés, les techniques moléculaires permettent d'obtenir des informations à leur sujet.

24. On peut utiliser les pinces optiques et les micromanipulateurs pour isoler des cellules individuelles ou des organites cellulaires, à partir de communautés microbiennes complexes. Il est ainsi possible d'obtenir des informations génétiques et phylogéniques sur ces cellules isolées spécifiques, pour des études d'écologie microbienne (**figure 28.36**).

Mots-clés

amensalisme *609*

anammox (processus) *619*

barophiles extrêmes (bactéries) *624*

barophiles modérées (bactéries) *624*

barotolérantes ou piézotolérantes (bactéries) *624*

bioamplification *618*

biocontrôle (processus de) *609*

biofilm *620*

boucle microbienne *608*

commensal *606*

commensalisme *606*

communauté *596*

compétition *609*

consommateur *622*

consortium *596*

décomposeur *622*

dénitrification *616*

écologie microbienne *596*

écosystème *596*

ecto/endosymbiose *596*

ectosymbiote *596*

endosymbiote *596*

environnement extrême *624*

extrémophiles *624*

fixation de l'azote *616*

hyperthermophile *626*

immobilisation *613*

lichen *598*

magnéto-aérotactiques (bactéries) *616*

microdamier *626*

micro-environnement *619*

micromanipulateur *627*

minéralisation *613*

mutualisme *598*

mutualiste *598*

mycobiote *598*

niche *619*

nitrification *615*

nitrification hétérotrophe *615*

non cultivable (micro-organisme) *623*

parasitisme *609*

photosynthèse aérobie anoxygénique *614*

phycobiote *599*

pinces optiques *627*

population *596*

prédation *607*

principe de l'exclusion compétitive *609*

producteur primaire *622*

production primaire *622*

protocoopération *604*

recyclage biogéochimique *611*

réduction anabolique *614*

réduction catabolique *614*

réduction du sulfate *614*

rumen *602*

ruminant *602*

symbiose *596*

syntrophisme *604*

tapis microbien *621*

transfert d'hydrogène interspécifique *604*

zooxanthelles *599*

Questions de révision

1. Il est évident que certains organismes peuvent utiliser une vaste gamme de donneurs et d'accepteurs d'électrons, et que d'autres ne recourent qu'à un seul oxydant et un seul réducteur. Quels sont les avantages et les désavantages de chacune de ces stratégies ?

2. Pourquoi un micro-organisme préférerait-il croître en association avec d'autres, dans les biofilms par exemple, alors qu'il aurait un meilleur accès à la nourriture s'il vivait en cellules isolées ?

3. Pourquoi le mutualisme en association avec des organismes multicellulaires constitue-t-il une stratégie de choix pour un micro-organisme ? Pourquoi ces associations se sont-elles spécialement développées dans des systèmes basés sur le sulfure ou les hydrocarbures simples ?

4. Quels genres d'informations particulières les techniques microscopiques et les techniques moléculaires fournissent-elles ou ne fournissent-elles pas ?

5. Comment pourriez-vous montrer qu'un micro-organisme, trouvé dans un environnement extrême donné, s'y développe réellement ?

6. Pourquoi la prédation constitue-t-elle un aspect très important de l'écologie microbienne ? Un prédateur peut-il en arriver à éliminer complètement sa proie ?

7. Comment essayeriez-vous de cultiver un micro-organisme au laboratoire, pour augmenter ses chances de se comporter en compétiteur fort, une fois réintroduit dans son habitat naturel ?

8. Sachant que des micro-organismes peuvent vivre à des températures approchant les 120°C, quel serait pour vous le facteur limitant de la croissance microbienne à des températures plus élevées et pourquoi ?

9. À quels endroits de leur corps la plupart des gens ont-ils des métaux nobles ? Pourquoi l'usage de ces métaux a-t-il mieux réussi que celui de matériaux comme la céramique, qui a été essayée voici des décennies ?

10. Comparez la dégradation microbienne de la lignine à celle de la cellulose. Quels facteurs environnementaux sont requis pour que ces importants polymères soient dégradés ?

11. Étant donné les recherches intensives qui ont été faites partout dans le monde pour trouver des micro-organismes spéciaux, où pourrions-nous aller voir pour en trouver de nouveaux ?

Questions de révision

1. Comparez et opposez la diversité parmi les micro-organismes et la diversité parmi les macro-organismes.

2. Décrivez une niche naturelle de notre planète que vous pensez inhospitalière à toute vie microbienne ? Expliquez, à la lumière de ce que vous savez des extrémophiles, pourquoi vous estimez que cet environnement ne permettra pas aux micro-organismes de vivre.

Lectures complémentaires

Généralités

Atlas, R. M., et Bartha, R. 1998. *Microbial ecology: Fundamentals and applications,* 4e éd. Redwood City, Calif.: Benjamin/ Cummings.

Blakeslee, S., et Broad, W. J. 1996. Earth's dominant life form is also its smallest: The microbe. *The New York Times,* October 15, Science Times, Section p. B5.

Pace, N. R. 1999. Microbial ecology and diversity. *ASM News* 65:238–333.

Sarbu, S. M.; Kane, T. C.; et Kinkle, B. K. 1996. A chemoautotrophically based cave ecosystem. *Science* 272:1953–55.

Skinner, H. C. W., et Banfield, J. F. 1997. Microbes all around. *Geotimes,* 42(8):16–19.

28.2 Les interactions microbiennes

Boman, H. G. 2000. Gut microflora. *ASM News* 66:57.

Bultman, T. L.; White, J. F., Jr.; et Bowdish, T. I. 1998. A new kind of mutualism between fungi and insects. *Mycol. Res.* 102: 235–38.

Colwell, R. R., et Grimes, D. J., éd. 2000. *Nonculturable microorganisms in the environment.* Washington, D.C.: ASM Press.

Dixon, B. 2000. The ecology of pathogens. *ASM News* 66:126–27.

Epstein, S. S.; Bazylinski, D. A.; et Fowle, W. H. 1998. Epibiotic bacteria on several ciliates from marine sediments. *J. Euk. Microbiol.* 45:64–70.

Harb, O. S., et Kwaik, Y. A. 2000. Interaction of *Legionella pneumophila* with protozoa provides lessons. *ASM News* 66(10):609–16.

Larkin, J. M.; Henk, M. C.; et Burton, S. D. 1990. Occurrence of a *Thiothrix* sp. attached to mayfly larvae and presence of parasitic bacteria in the *Thiothrix* sp. *Appl. Environ. Microbiol.* 56:357–61.

Lewin, R. A. 1982. Symbiosis and parasitism—definitions and evaluations. *BioScience.* 32(4):254, 256.

Margulis, L., et Chapman, M. J. 1998. Endosymbioses: Cyclical and permanent in evolution. *Trends Microbiol.* 6:342–46.

Margulis, L., et Fester, R. 1991. *Symbiosis as a source of evolutionary innovation: Speciation and morphogenesis.* Cambridge, Mass.: MIT Press.

Paracer, S., et Ahmadjian, V. 2000. *Symbiosis.* 2e éd. New York: Oxford University Press.

Ruby, E. G. 1999. Ecology of a benign "infection": Colonization of the squid luminous organ by *Vibrio fischeri.* In *Microbial ecology and infectious disease.* E. Rosenberg, editor, 217–31. Washington, D.C., ASM Press.

Russell, J. B. 2000. Rumen fermentation. In *Encyclopedia of microbiology,* 2e éd., vol. 4, J. Lederberg, éd., 185–94. San Diego: Academic Press.

Segal, G., et Shuman, H. A. 1999. Intracellular multiplication of *Legionella pneumophila* in human and environmental hosts. In *Microbial ecology and infectious disease.* E. Rosenberg, editor, 170–86. Washington, D.C.: ASM Press.

Stouthamer, R.; Breeuwer, J. A. J.; et Hurst, G. D. D. 1999. *Wolbachia pipientis:* Microbial manipulator of arthropod reproduction. *Annu. Rev. Microbiol.* 53:71–102.

Werren, J. H. 1997. *Wolbachia* run amok. *Proc. Natl. Acad. Sci.* 94:11154–55.

28.3 Les interactions cycliques des éléments nutritifs

Barkay, T. 2000. Mercury cycle. In *Encyclopedia of microbiology,* 2e éd., vol. 3, J. Lederberg, éd., 171–81. San Diego: Academic Press.

Caccavo, F. J.; Coates, J. D.; Rossello-Mora, R. A.; Ludwig, W.; Schliefer, K.-H.; Lovley, D. R.; et McInerney, M. J. 1996. *Geovibrio ferrireducens,* a phylogenetically distinct dissimilatory Fe(III)–reducing bacterium. *Arch. Microbiol.* 165:370–76.

Cummings, D. E.; Caccavo, F., Jr.; Spring, S.; et Rosenzweig, R. F. 1999. *Ferribacterium limneticum,* gen. nov., sp. nov., an Fe(III) reducing microorganism isolated from mining-impacted freshwater lake sediments. *Arch. Microbiol.* 171:183–88.

Ehrenreich, A., et Widdel, F. 1994. Anaerobic oxidation of ferrous iron by purple bacteria, a new type of phototrophic metabolism. *Appl. Environ. Microbiol.* 60:4517–26.

Fenchel, T.; King, G. M.; et Blackburn, T. H. 1998. *Bacterial biogeochemistry: The ecophysiology of mineral cycling,* 2e éd. New York: Academic Press.

Gassmann, G.; van Beusekom, J. E. E.; et Glindemann, D. 1996. Offshore atmospheric phosphine. *Naturwissenschaften* 83:129–31.

Larsen, E. I.; Sly, L. I.; et McEwan, A. G. 1999. Manganese (II) adsorption and oxidation by whole cells and a membrane fraction of *Pedomicrobium* sp. ACM 3067. *Arch. Microbiol.* 171:257–64.

Lens, P., et Pol, L. H. 2000. Sulfur cycle. In *Encyclopedia of microbiology,* 2e éd., vol. 4, J. Lederberg, éd., 495–505. San Diego: Academic Press.

Lovley, D. R. 1991. Dissimilatory Fe (III) and Mn (IV) reduction. *Microbiol. Rev.* 55:259–87.

Lovley, D. R.; Phillips, E. J. P.; Lonergan, D. J.; et Widman, P. K. 1995. Fe(III) and S^0 reduction by *Pelobacter carbinolicus. Appl. Environ. Microbiol.* 61:2132–38.

Lovley, D. K., et E. J. P. Phillips. 1994. Novel processes for anaerobic sulfate production from elemental sulfur by sulfate-reducing bacteria. *Appl. Environ. Microbiol.* 60:2394–99.

Stacey, G.; Burris, R. H.; et Evans, H. J. 1991. *Biological nitrogen fixation.* New York: Chapman & Hall.

Straub, K. L.; Benz, M.; Schink, B.; et Widdel, F. 1996. Anaerobic, nitrate-dependent microbial oxidation of ferrous iron. *Appl. Environ. Microbiol.* 62:1458–60.

Vacelet, J.; Boury-Esnault, N.; Flala-Medioni, A.; et Fisher, C. R. 1997. A methanotrophic carnivorous sponge. *Nature* 377:296.

van de Graaf, A. A.; Mulder, A.; de Bruijn, P.; Jetten, M. S. M.; Robertson, L. A.; et Kuenen, J. G. 1995. Anaerobic oxidation of ammonium is a biologically mediated process. *Appl. Environ. Microbiol.* 61:1246–51.

Yrukov, V. V., et Beatty, J. T. 1998. Aerobic anoxygenic phototrophic bacteria. *Microbiol. Mol. Biol. Rev.* 62:695–724.

Zaitsev, G. M.; Tsitko, I. V.; Rainey, F. A.; Trotsenko, Y. A.; Uotila, J. S.; Stackenbrandt, E.; et Salkinoja-Salonen, M. S. 1998. New aerobic ammonium-dependent obligately oxalotrophic bacteria: Description of *Ammoniphilus oxalaticus* gen. nov., sp. nov. and *Ammoniphilus oxalivorans* gen. nov., sp. nov. *Int. J. Syst. Bacteriol.* 48:151–63.

Zumft, W. G. 1997. Cell biology and molecular basis of denitrification. *Microbiol. Mol. Biol. Rev.* 61(4):533–616.

28.4 L'environnement physique

Adams, M. W. W.; Perler, F. B.; et Kelly, R. M. 1995. Extremozymes: Expanding the limits of biocatalysis. *Bio/Technology* 13:662–68.

Blochl, E.; Rachel, E.; Burggraf, S.; Hafenbradl, D.; Jannasch, H. W.; et Stetter, K. O. 1997. *Pyrolobus fumarii,* gen. and sp. nov., represents a novel group of archaea, extending the upper temperature limit for life to 113°C. *Extremophiles* 1:14–21.

Brown, M. R. W., et Barker, J. 2000. Unexplored reservoirs of pathogenic bacteria: Protozoa and biofilms. *Trends Microbiol.* 7:46–49.

Busch, E. M.; Domann, E.; et Chakrabarty, T. 1999. Molecular, cell biological and ecological aspects of infection by *Listeria monocytogenes.* In *Microbial ecology and infectious disease.* E. Rosenberg, editor, 187–92. Washington, D.C.: ASM Press.

Cowan, D. 1998. Hot bugs, cold bugs and sushi. *TibTech* 16:241–42.

Deming, J. W.; Somers, L. K.; Straube, W. L.; Swartz, D. G.; et Macdonell, M. T. 1988. Isolation of an obligately barophilic bacterium and description of a new genus *Colwellia,* gen-nov. *Syst. Appl. Microbiol.* 10:152–60.

Dixon, B. 1998. Biofilms: Cultural diversity in action. *ASM News* 64:484–85.

Eberl, L. 1999. N-acyl homoserinelactone-mediated gene regulation in gram-negative bacteria. *Syst. Appl. Microbiol.* 22:493–506.

Edwards, K. A.; Bond, P. L.; Gihring, T. M.; et Banfield, J. F. 2000. An archaeal iron-oxidizing extreme acidophile important in acid mine drainage. *Science* 287:1796–99.

Fletcher, M. 1991. The physiological activity of bacteria attached to solid surfaces. *Adv. Microb. Physiol.* 32:53–85.

Gottschal, J. C., et Prins, R. A. 1991. Thermophiles: A life at elevated temperatures. *Trends Ecol. & Evol.* 6:157–62.

Greenberg, E. P. 1999. Quorum sensing in gram-negative bacteria: An important signaling mechanism in symbiosis and disease. In *Microbial ecology and infectious disease.* E. Rosenberg, éd., 112–22. Washington, D.C.: ASM Press.

Hardman, A. M.; Stewart, G. S. A.; et Williams, P. 1998. Quorum sensing and the cell-cell communication dependent regulation of gene expression in pathogenic and non-pathogenic bacteria. *Antonie van Leeuwenhoek* 74:199–210.

Jeanthon, C. 2000. Molecular ecology of hydrothermal vent microbial communities. *Antonie van Leeuwenhoek.* 77:117–33.

Krajick, K. To hell and back. *Discover* July 1999, 79–82.

Madigan, M. T., et Marrs, B. L. 1997. Les organismes de l'extrême. *Pour la Science* 236, 86-92.

McLaughlin-Borlace, L.; Stapleton, F.; Matheson, M.; et Dart, J. K. G. 1998. Bacterial biofilm on contact lenses and lens storage cases in wearers with microbial keratitis. *J. Appl. Microbiol.* 84:827–38.

O'Toole, G.; Kaplan, H. B.; et Kolter, R. 2000. Biofilm formation as microbial development. *Annu. Rev. Microbiol.* 54:49–79.

Pepper, I. L. 2000. Hardy microbe thrives at pH 0. *Science* 287:1731–32.

Potera, C. 1999. Forging a link between biofilms and disease. *Science* 283:1837, 1839.

Prieur, D. 2000. Microbiology of deep-sea hydrothermal vents. *TibTech* 15:242–44.

Reysenbach, A.-L., et Cady, S. L. 2001. Microbiology of ancient and modern hydrothermal systems. *Trends Microbiol.* 9(2):79–86.

Sekbach, J. 2000. Enigmatic microorganisms and life in extreme environments, vol. 1. *Cellular origin and life in extreme habitats.* Hingham, Mass.: Kluwer Academic Publishers.

Stetter, K. O. 1995. Microbial life in hyperthermal environments. *ASM News* 61:285–90.

Vielle, C., et Zeikus, G. J. 2001. Hyperthermophilic enzymes: Sources, uses, and molecular mechanisms for thermostability. *Microbiol. Mol. Biol. Rev.* 65(1):1–43.

28.5 Les méthodes en écologie microbienne

Akkermans, A. D. L.; van Elsass, J. D.; et de Bruijn, F. J. 1995. Molecular microbial ecology manual. Hingham, Mass.: Kluwer Academic Publishers.

Amann, R. I.; Ludwig, W.; et Schleifer, K.-H. 1995. Phylogenetic identification and in situ detection of individual microbial cells without cultivation. *Microbiol. Rev.* 59(1):143–69.

Beard, B. L.; Johnson, C. M.; Cox, L.; Sun, H.; Nealson, K. H.; et Aguilar, C. 1999. Iron isotope biosignatures. *Science* 285:1889–92.

Burlage, R. S.; Atlas, R.; Stahl, D.; Geesey, G.; et Sayler, G. 1998. *Techniques in microbial ecology.* New York: Oxford University Press.

Ericsson, M.; Hanstorp, D.; Hagberg, P.; Enger, J.; et Nyström, T. 2000. Sorting out bacterial viability with optical tweezers. *J. Bacteriol.* 182(19):5551–55.

Fröhlich, J., et König, H. 1999. Rapid isolation of single microbial cells from mixed natural and laboratory populations with the aid of a micromanipulator. *Syst. Appl. Microbiol.* 22:249–57.

Fröhlich, J., et König, H. 2000. New techniques for isolation of single prokaryotic cells. *FEMS Microbiol. Revs.* 24:567–72.

Guschin, D. Y.; Mobarry, B. K.; Proudnikov, D.; Stahl, D. A.; Rittmann, B. E.; et Mirzabekov, A. D. 1997. Oligonucleotide microchips as genosensors for determinative and environmental studies in microbiology. *Appl. Environ. Microbiol.* 63:2397–2402.

Hurst, C. J.;Knudsen, G. R.; McInerney, M. J.; et Stetzenbach, L. D. 1997. *Manual of environmental microbiology.* Washington, D.C.: American Society for Microbiology.

Miller, K. M.; Ming, T. J.; Schulze, A. D.; et Withler, R. E. 2000. Denaturing gradient gel electrophoresis (DGGE): A rapid and sensitive technique to screen nucleotide sequence variation in populations. *BioTechniques* 27:1016–30.

Misteli, T., et Spector, D. L. 1997. Applications of the green fluorescent protein in cell biology and biotechnology. *Nature Biotechnol.* 15:961–64.

Muyzer, G., et Smalla, K. 2000. Application of denaturing gradient gel electrophoresis (DGGE) and temperature gradient gel electrophoresis (TGGE) in microbial ecology. *Antonie van Leeuwenhoek* 73:127–41.

Radajewski, S.; Ineson, P.; Parekh, N. R.; et Murrell, J. C. 2000. Stable-isotope probing as a tool in microbial ecology. *Nature* 403:646–49.

CHAPITRE 29

Les micro-organismes dans les milieux aquatiques

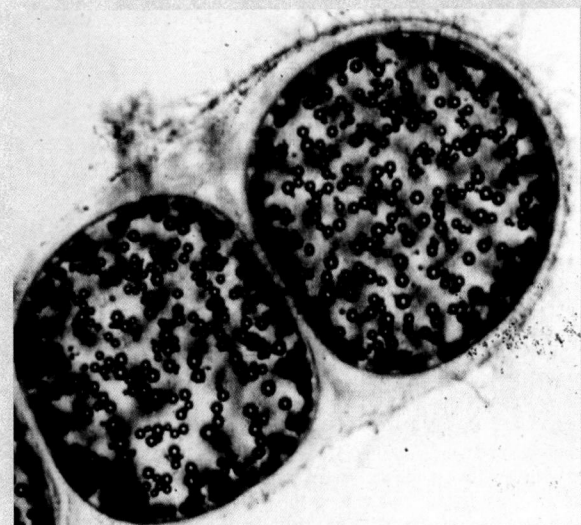

On découvre de nouveaux procaryotes dans des endroits où nutriments réduits et oxydés sont mélangés. Cette bactérie géante, *Thiomargarita namibiensis*, qui a de 100 à 300 µm de diamètre, accumule pour assurer sa croissance, le soufre des sédiments dans des granules soufrés réfringents, et le nitrate des eaux. *Thiomargarita* ressemble à un collier de perles ; on la trouve au large des côtes de Namibie.

Plan

Concepts

1. L'oxygène diffuse dans l'eau à faible vitesse, comparée à celle avec laquelle il diffuse dans l'air ; c'est une caractéristique de l'eau, milieu de vie et de croissance des micro-organismes.

2. Dès que l'oxygène est dissous dans l'eau, son utilisation par les micro-organismes est plus rapide que son renouvellement. Cela conduit à la création de zones anaérobies. Si la lumière pénètre dans ces zones anaérobies, des groupes particuliers de micro-organismes photosynthétiques peuvent y apparaître. Des communautés microbiennes spécialisées se développent aussi à l'interface séparant régions oxiques et anoxiques (avec et sans oxygène).

3. Les milieux aquatiques, tant marins que d'eaux douces, comprennent d'énormes volumes d'eau froide et de glace. Outre l'eau douce emmagasinée dans les glaciers et dans les régions polaires, la glace d'eau de mer couvre environ 7% de la surface du globe. Ces milieux froids, et les eaux froides (2 à 3°C) et à haute pression des océans, constituent des sites importants pour la survie et le fonctionnement des micro-organismes.

4. Les milieux aquatiques permettent à beaucoup de types de micro-organismes particuliers de se développer. Parmi ceux-ci, il y a les micro-organismes des fontaines hydrothermales des profondeurs et des suintements d'hydrocarbures, et d'autres qui profitent des surfaces en s'y déplaçant par glissement et en s'y attachant. D'autres encore rapprochent des ressources séparées dans l'espace, comme le nitrate et le sulfure. On continue à découvrir de nouveaux micro-organismes dans les milieux aquatiques.

5. Les cycles biogéochimiques du carbone, de l'azote, du soufre et du phosphore dans les lacs et les milieux marins, impliquent des interactions à courtes comme à longues distances.

6. Le phytoplancton (des organismes procaryotes et eucaryotes photosynthétiques) forme la base de la production primaire de la plupart des milieux marins et d'eaux douces. Le phytoplancton libère de la matière organique dissoute ou particulaire, qui est utilisée par les bactéries hétérotrophes. Une partie de celles-ci sont consommées par les prédateurs, ce qui libère des matériaux, à leur tour recyclés et réutilisés par le phytoplancton. Ainsi se crée la boucle microbienne. Le fer et l'azote peuvent limiter ces activités dans divers milieux marins.

7. Des micro-organismes pathogènes et des matières organiques sont continuellement rejetés dans les eaux. Ils peuvent être transportés sur de grandes distances, spécialement dans les fleuves à courant rapide, les lacs et les milieux marins. Les poussières en suspension dans l'atmosphère et d'autres matières, dont des polluants, peuvent être transportés jusqu'aux régions les plus lointaines des océans, des eaux douces et des zones couvertes de glace.

8. On trouve dans les eaux de nombreux pathogènes importants chez l'homme, comme *Shigella*, *Vibrio* et *Legionella*. Ces bactéries peuvent apparaître normalement ou survivre pendant des périodes variables après avoir été rejetées dans les eaux. Les protozoaires, surtout lorsqu'ils sont associés à des biofilms, offrent souvent une protection à ces pathogènes.

9. Les milieux aquatiques servent de réservoirs et de voies de transmission pour les micro-organismes pathogènes. Le contrôle de la survie et de la propagation des pathogènes constitue l'un des buts principaux de la gestion des systèmes aquatiques.

10. Les eaux constituent un réservoir important pour la survie et la dissémination des protozoaires et des virus. Ceux-ci ne peuvent pas être valablement contrôlés par la chloration. Parmi les protozoaires pathogènes, figurent *Cyclospora* et *Giardia*.

11. L'utilisation biologique des déchets organiques suit des séquences régulières et prévisibles. Une fois ces séquences comprises, on peut créer des systèmes de traitement plus efficaces des eaux usées.

12. L'épuration des eaux usées peut se faire dans de grands bacs où mélange et aération sont contrôlés (traitement classique). Des lagunes artificielles, où l'on a introduit des plantes aquatiques et les micro-organismes associés, trouvent maintenant une application très répandue dans l'épuration des eaux usées.

13. On utilise des micro-organismes indicateurs qui sont habituellement plus résistants que de nombreux agents pathogènes, pour évaluer la qualité microbiologique de l'eau.

14. Les nappes phréatiques sont une importante source d'eau, particulièrement dans les zones rurales. Ces ressources préoccupent de plus en plus les microbiologistes.

> *L'eau est un bon serviteur mais c'est un maître cruel.*
>
> — *John Bullein*

Les mers et les océans représentent 97% de la totalité des eaux terrestres. Cette eau est en majeure partie à une température de 2 à 3°C, sans lumière et à 62% sous haute pression (> 100 atm). Le phytoplancton microscopique et les bactéries associées créent un réseau alimentaire complexe qui peut s'étendre sur de grandes distances et à des profondeurs extrêmes. L'environnement marin semble tellement vaste qu'il ne peut être affecté par la pollution ; néanmoins dans les zones côtières, les activités humaines perturbent de plus en plus fortement les processus microbiens et détériorent la qualité de l'eau.

Bien qu'elles ne représentent qu'une petite partie des eaux terrestres, les eaux douces sont extrêmement importantes comme source d'eau potable. La contamination des eaux de surface et souterraines par des déchets domestiques et industriels est à l'origine de problèmes environnementaux en de nombreux endroits.

Les milieux marins et d'eaux douces créent des niches exceptionnelles pour de nombreux micro-organismes spécialisés, absents des biotopes dépourvus de phase aqueuse continue.

29.1. Les milieux aquatiques et les micro-organismes

Un facteur important dans les milieux aquatiques est le mouvement des matériaux, qu'ils soient gazeux, solides ou dissous. Les changements de concentration de ces éléments font partie du monde aquatique des micro-organismes. Ceux-ci sont à même d'y répondre rapidement et de choisir le milieu qui leur convient le mieux.

Le mélange et le mouvement des éléments nutritifs, de l'oxygène et des déchets qui se produisent dans les milieux d'eaux douces et marins, sont les facteurs dominants contrôlant la communauté microbienne. La matière organique de la surface peut, par exemple, couler à de grandes profondeurs dans les lacs ou les océans créant des zones riches en éléments nutritifs où il y a décomposition. Les gaz et les déchets solubles produits par les micro-organismes dans ces zones marines profondes peuvent se déplacer vers des eaux moins profondes et stimuler l'activité d'autres groupes microbiens. Des processus similaires se produisent à plus petite échelle dans les lacs riches en éléments nutritifs, dans les biofilms et dans les tapis microbiens (*voir p. 620-22*) où il se forme des gradients sur une échelle de quelques micromètres.

Les milieux aquatiques présentent des superficies et des volumes très divers. On les trouve dans des endroits aussi différents que le corps humain, les boissons, et dans les lieux les plus évidents : les fleuves, les lacs et les océans. En font aussi partie, les zones saturées en eau, de matières que nous considérons habituellement comme des sols ! Ces milieux peuvent aller de l'alcalinité à l'acidité extrême. Les températures auxquelles les micro-organismes se développent dans les milieux aquatiques, s'échelonnent de −5 à −15°C vers le bas, jusqu'à 113°C au moins dans les régions géothermiques. Certains des micro-organismes les plus mystérieux ont été mis au jour lors d'études de milieux à température élevée, comme le travail maintenant classique de T. D. Brock et ses collaborateurs au Parc National de Yellowstone, qui conduisit à la découverte de *Thermus aquaticus*, source de la *Taq* polymérase (*voir p. 326*). Des micro-organismes hyperthermophiles, dont *Pyrolobus fumarii*, ont aussi été isolés à partir des fontaines hydrothermales des profondeurs marines.

Un des buts des microbiologistes est d'isoler et de cultiver des micro-organismes marins particuliers, spécialement à la recherche

De nouveaux agents en médecine : la mer, frontière nouvelle

La plupart des antibiotiques disponibles actuellement proviennent d'organismes du sol, principalement des actinomycètes, mais aussi, en nombre moindre, de bactéries Gram-positives non filamenteuses et de mycètes (*voir section 35.2*). Plus de 100 produits sont aujourd'hui utilisés comme antibiotiques, agents antitumoraux ou produits agrochimiques.

Au cours des dernières années, étant donné le besoin de composés nouveaux pour la médecine, l'attention s'est portée de plus en plus vers les micro-organismes marins. Certains des derniers produits découverts sont des métabolites d'algues microscopiques. On s'intéresse aussi à la culture de micro-organismes marins symbiotiques, dont *Prochloron*, qui sont associés à des hôtes macroscopiques. Toute une variété de composés intéressants d'origine inconnue a également été découverte. On

pense que nombre d'entre eux sont d'origine microbienne, mais il reste du travail à faire pour en être sûr. Beaucoup de biologistes ont le sentiment que les micro-organismes marins peuvent fournir des composés particuliers biologiquement actifs, dont des toxines, qui ne se trouvent pas chez les micro-organismes terrestres. Un effort mondial est consenti pour mieux caractériser la communauté microbienne marine et pour mettre au service de la médecine ces organismes souvent peu étudiés. Le premier défi réside souvent dans leur culture.

Parmi les découvertes récentes, on peut citer la goniodomine A, un macrolide antifongique isolé de *Goniodoma* (*Gonyaulax*) sp. (voir la **figure de l'encadré**, partie *a*) et la didemnine B, un puissant agent antiviral et antitumoral (voir la figure de l'encadré, partie *b*). Ce dernier composé est produit par des membres du genre *Prochloron*.

(a)

(b)

Nouveaux agents chimiothérapeutiques tirés de la mer. (**a**) La goniodomine A, un macrolide antifongique. (**b**) la didemnine B, un agent antiviral et antitumoral.

de nouveaux producteurs d'antibiotiques (**encadré 29.1**). On dispose aujourd'hui de nouvelles techniques pour récolter des micro-organismes sans changement de température ou de pression. Par exemple, les scientifiques japonais et américains ont construit un équipement pour cultiver, sans les décompresser, des micro-organismes qui croissent à une pression de 1.000 atmosphères.

Les gaz et les micro-organismes aquatiques

Dans les milieux aquatiques, la distance (à l'échelle microbienne) par rapport à une bulle d'air ou à la surface de l'eau limite la diffusion de l'oxygène. On dit que les milieux aquatiques sont des **milieux à faible diffusion d'oxygène**. La vitesse du flux d'oxygène dans l'eau est environ le 1/4.000 de ce qu'elle serait si les micro-organismes étaient en association directe avec une phase gazeuse (**figure 29.1**).

Non seulement l'oxygène diffuse lentement dans les eaux, mais sa solubilité est encore diminuée par les hautes températures et les basses pressions (**tableau 29.1**). À cause de cette solubilité limitée et de cette faible diffusion, l'oxygène peut être consommé par les micro-organismes aérobies plus vite qu'il n'est fourni. Ceci conduit fréquemment à la formation dans les milieux aquatiques de zones **hypoxiques** ou **anoxiques**. Ces zones permettent la

croissance de micro-organismes anaérobies spécialisés, dans les couches inférieures des lacs, où la lumière ne pénètre pas. Au contraire, si les micro-organismes se développent dans une pellicule d'eau extrêmement mince, en contact avec une atmosphère contenant de l'oxygène, ils sont dans un **milieu à forte diffusion d'oxygène**. Comme exemples, on peut citer les sols, dont nous parlerons au chapitre 30.

Les milieux à faible diffusion d'oxygène, que nous verrons dans le présent chapitre, peuvent aller du cube de glace dans un verre à cocktail, aux banquises arctique et antarctique (cette dernière couvre 7% de la surface terrestre) et aux immensités des systèmes marins et d'eaux douces.

Le second gaz important dans l'eau, le CO_2, joue de nombreux rôles déterminants dans les processus chimiques et biologiques. L'équilibre anhydride carbonique-bicarbonate-carbonate peut contrôler le pH dans les eaux faiblement tamponnées, ou bien il est contrôlé par le pH des eaux fortement tamponnées. Comme le montre la **figure 29.2**, le pH de l'eau distillée, qui n'est pas tamponnée, est déterminé par le CO_2 dissous, en équilibre avec l'air, et est approximativement de 5 à 5,5. En comparaison, l'eau fortement tamponnée à pH 8 contient le CO_2 absorbé de l'air principalement sous forme de bicarbonate. Lorsque des micro-organismes autotrophes comme des algues utilisent du CO_2, le pH des eaux s'élève.

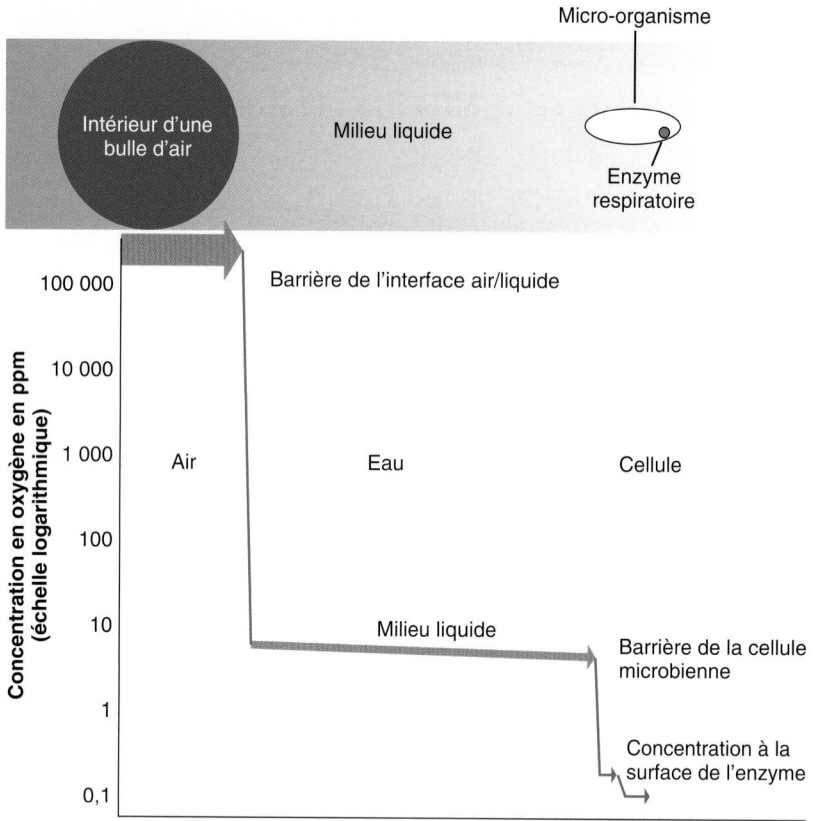

Vitesses de flux et barrières pour le transfert de l'oxygène

Figure 29.1 Le transfert de l'oxygène dans l'eau est limité. L'oxygène diffuse à grande vitesse dans l'air et à une vitesse environ 4.000 fois moindre dans l'eau. La flèche large représente le flux rapide de l'oxygène dans l'air ; la concentration en oxygène est indiquée par l'intensité de la couleur bleue qui diminue. Après une diffusion rapide dans l'air, l'oxygène traverse la barrière air/eau et diffuse alors dans l'eau à vitesse plus faible (flèche étroite) et à concentration plus basse, jusqu'à ce qu'il soit utilisé par le micro-organisme. La concentration en oxygène est exprimée sur une échelle logarithmique et, au niveau de l'enzyme, elle peut être inférieure au millionième de ce qu'elle est dans l'air.

Tableau 29.1	**Les effets de la température de l'eau et de l'altitude sur les quantités (mg/l) d'oxygène dissous dans l'eau**			
	Altitude par rapport au niveau de la mer (mètres)			
Température (°C)	**0**	**1.000**	**2.000**	**3.000**
0	14,6	12,9	11,4	10,2
5	12,8	11,2	9,9	8,9
10	11,3	9,9	8,8	7,9
15	10,0	8,9	7,9	7,1
25	9,1	8,1	7,1	6,4
30	8,2	7,3	6,4	5,8
35	7,5	6,6	5,9	5,3
40	6,9	6,1	5,4	4,9

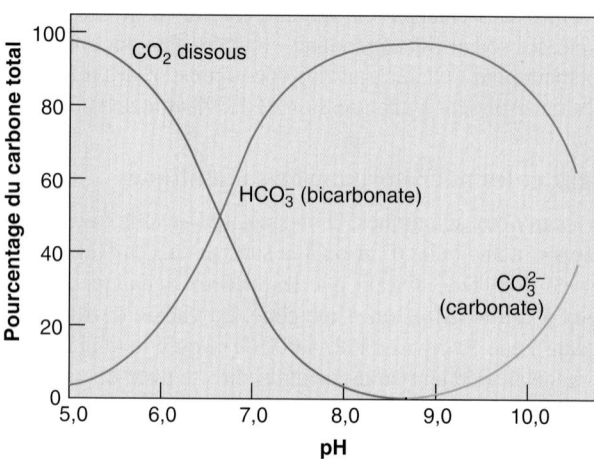

Figure 29.2 La relation entre le pH et le CO_2 dissous. Les gaz atmosphériques peuvent affecter les caractéristiques physiques de l'eau. Le pH de l'eau est influencé par la quantité d'anhydride carbonique dissous dans l'eau et aussi par l'équilibre du CO_2 dissous avec les ions bicarbonate et carbonate.

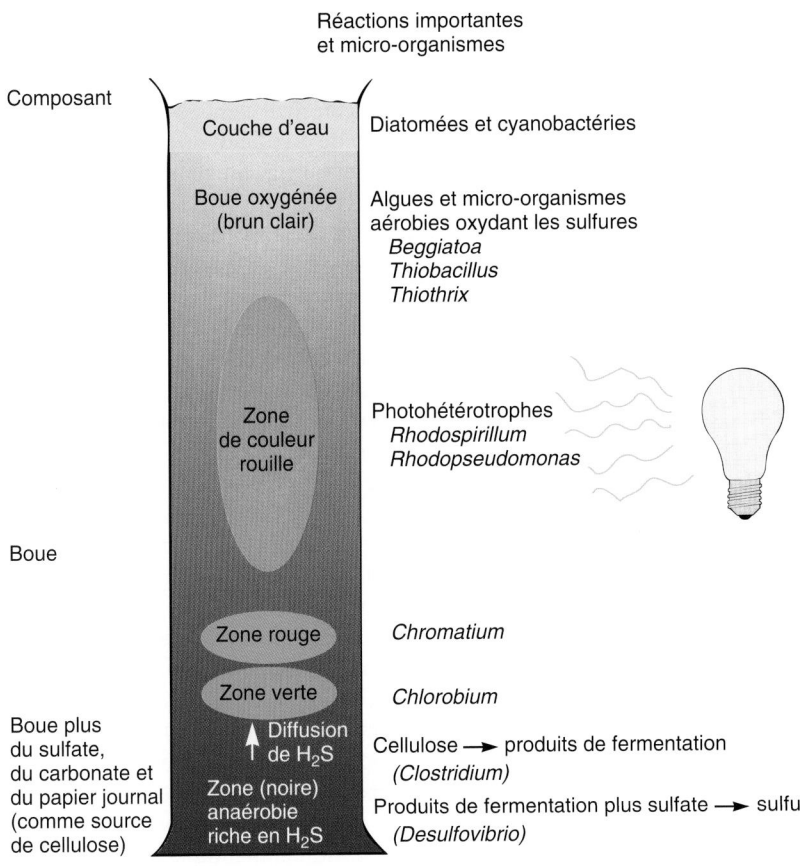

Composant

Boue

Boue plus
du sulfate,
du carbonate et
du papier journal
(comme source
de cellulose)

Réactions importantes
et micro-organismes

Couche d'eau — Diatomées et cyanobactéries

Boue oxygénée
(brun clair) — Algues et micro-organismes
aérobies oxydant les sulfures
Beggiatoa
Thiobacillus
Thiothrix

Zone
de couleur
rouille — Photohétérotrophes
Rhodospirillum
Rhodopseudomonas

Zone rouge — *Chromatium*

Zone verte — *Chlorobium*

Diffusion
de H_2S

Cellulose → produits de fermentation
(*Clostridium*)

Produits de fermentation plus sulfate → sulfure
(*Desulfovibrio*)

Zone (noire)
anaérobie
riche en H_2S

Figure 29.3 La colonne de Winogradsky. Un microcosme dans lequel les micro-organismes et les éléments nutritifs interagissent dans un gradient vertical. Les produits de fermentation et le sulfure diffusent verticalement en quittant la zone inférieure réduite et l'oxygène diffuse vers le bas à partir de la surface. Ceci crée des conditions semblables à celles d'un lac contenant des sédiments riches en éléments nutritifs. La lumière fournie simule la pénétration de la lumière solaire dans la région inférieure anaérobie et permet le développement de micro-organismes photosynthétiques.

Il y a encore d'autres gaz importants dans les milieux aquatiques. Parmi ceux-ci, l'azote utilisé par les fixateurs d'azote, l'hydrogène, qui est à la fois un déchet et un substrat vital, et le méthane (CH_4). Ces gaz ont des solubilités dans l'eau différentes, le méthane étant le moins soluble des trois. Le méthane est donc un exemple de déchet microbien idéal : produit dans des conditions anaérobies, il quitte l'environnement du micro-organisme en diffusant à travers les couches d'eau pour s'échapper dans l'atmosphère. Cela solutionne le problème de l'accumulation d'un déchet toxique que pose la formation de grandes quantités de produits métaboliques microbiens, comme les acides organiques et l'ion ammonium.

1. Citez une caractéristique importante du milieu aquatique.
2. Pourquoi faut-il tenir compte non seulement de la concentration, mais aussi de la vitesse du flux des gaz dans les eaux ?
3. Comment se créent des zones anoxiques dans les milieux aquatiques ?
4. Combien, en milligrammes par litre, y a-t-il d'oxygène dissous dans l'eau à température et pression ambiantes normales ? Quels sont les effets d'une élévation de température et d'une baisse de la pression sur la solubilité de l'oxygène ?
5. Pourquoi le dioxyde de carbone (CO_2) est-il un gaz essentiel dans les milieux aquatiques ? Envisagez à la fois les équilibres chimiques et les processus microbiens.

Les nutriments dans les milieux aquatiques

Les concentrations en nutriments dans les milieux aquatiques peuvent varier de l'extrêmement faible, de l'ordre du microgramme de matière organique par litre, aux niveaux approchant ceux des milieux de culture en laboratoire. Ceci crée des gradients qui sont exploités par les micro-organismes. On trouve de hautes teneurs en nutriments dans les milieux pollués et dans les stations d'épuration des eaux usées, par exemple. Lorsque les teneurs en nutriments changent, il peut y avoir des glissements entre micro-organismes qui se satisfont de peu et micro-organismes qui exigent beaucoup. La vitesse de renouvellement des nutriments varie également. Dans les milieux marins, le temps de renouvellement d'un nutriment peut s'échelonner sur des centaines ou des milliers d'années. Au contraire, dans les zones marécageuses et les estuaires, les vitesses de renouvellement peuvent être rapides, et on y trouve une communauté microbienne variée et complexe de micro-organismes à réponse rapide.

Comme indiqué au chapitre 28, les écosystèmes marins et d'eaux douces reposant sur le chimiotropisme sont des découvertes récentes importantes, que ce soit dans les fumeurs des profondeurs marines (*voir pp. 126, 599-601*), dans les réseaux de grottes souterraines ou dans les zones peu profondes où se forme du méthane.

La **colonne de Winogradsky**, habituellement construite au moyen d'un cylindre gradué, illustre nombre d'interactions et de gradients que l'on trouve dans les milieux aquatiques (**figure 29.3**). On dispose dans ce cylindre une couche de boue réduite mélangée à du sulfate de sodium, du carbonate de sodium et des fragments de papier journal (une source de cellulose), une couche de boue sans additifs et une couche d'eau. La colonne est ensuite incubée à la lumière. Des réactions en série se produisent lorsque la colonne commence à « mûrir », suite au développement de membres particuliers de la communauté microbienne dans les micro-environnements spécifiques formés par les gradients chimiques.

Au fond de la colonne, la cellulose est dégradée en produits de fermentation par des *Clostridium* (*voir section 23.3*). En utilisant ces produits comme réducteurs et le sulfate comme oxydant, les *Desulfovibrio* produisent de l'acide sulfurique (*voir section 22.4*). Ce dernier diffuse verticalement vers la zone oxygénée en créant un gradient stable de sulfure d'hydrogène. Des photoautotrophes, *Chlorobium* et *Chromatium*, se multiplient dans ce gradient en constituant des zones visibles vert olive et violettes. Ces micro-organismes utilisent le sulfure d'hydrogène comme source d'électrons et le CO_2, provenant du carbonate de calcium, comme source de carbone. Les bactéries pourpres non sulfureuses, appartenant aux genres *Rhodospirillium* et *Rhodopseudomonas*, se développent au-dessus de cette région. Ces photohétérotrophes utilisent les matières organiques comme donneurs d'électrons dans des conditions anaérobies et se multiplient dans une zone où la quantité de sulfure est plus faible. Plus haut dans la colonne, l'oxygène et le sulfure d'hydrogène présents permettent la croissance de micro-organismes particulièrement adaptés, comme *Beggiatoa* et *Thiothrix*, qui utilisent les composés sulfurés réduits comme réducteurs et l'oxygène comme oxydant. On peut observer des diatomées et des cyanobactéries dans la partie supérieure de la colonne. Les bactéries photosynthétiques vertes et pourpres (p. 468-71, 487-88, 498-501) ; Les cyanobactéries (p. 471-76).

Ces micro-organismes commensaux se développant séquentiellement dépendent du réducteur fourni à l'origine, comme la cellulose ou les matières végétales. Lorsque ce réducteur est épuisé, la colonne s'oxyde progressivement et les micro-organismes photosynthétiques sulfureux, ainsi que les autres anaérobies ne peuvent plus survivre dans ce microcosme.

---

1. À quelles sources d'énergie les écosystèmes microbiens des milieux d'eaux douces et marins s'approvisionnent-ils ?
2. Pour quelles raisons ajoute-t-on de la cellulose, du sulfate de sodium et du carbonate de sodium dans la colonne de Winogradsky ? Discutez ceci en relation avec les groupes microbiens répondant à ces matières ou à leurs produits.
3. Quels sont les principaux genres microbiens qui colonisent le bas de la colonne de Winogradsky ?

Les cycles des nutriments dans les milieux aquatiques

La principale source de matière organique dans les eaux de surface éclairées est l'activité photosynthétique, essentiellement due au **phytoplancton** (du grec *phyto*, plante et *planktos*, errant). *Synechococcus* est un genre commun dans le plancton ; il peut atteindre des densités de 10^4 à 10^5 cellules par millilitre, à la surface des océans. Les picocyanobactéries (cyanobactéries très petites) peuvent représenter 20 à 80 % de la biomasse phytoplanctonique totale dont dépendent des prédateurs.

En croissant et en fixant le dioxyde de carbone pour former de la matière organique, le phytoplancton tire de l'eau environnante, l'azote et le phosphore dont ils ont besoin. La composition en nutriments de l'eau affecte le rapport final carbone-azote-phosphore du phytoplancton, ou **rapport de Redfield**, du nom de l'hydrobiologiste A. C. Redfield. Une valeur communément employée pour ce rapport est de 106 parts de C, 16 parts de N et 1 part de P. C'est un rapport important pour suivre la dynamique des nutriments, particulièrement les processus de minéralisation et d'immobilisation, et pour étudier les facteurs qui limitent la croissance microbienne, en particulier la sensibilité de la photosynthèse océanique aux additions d'azote, de soufre et de fer dans l'atmosphère.

Lorsque le phytoplancton s'est développé, une grande part de la matière organique fixée par ces minuscules organismes entre dans la **boucle microbienne** (**figure 29.4**). Dans cette boucle, la matière organique est recyclée en dioxyde de carbone et en sels minéraux. La matière organique dissoute libérée par le phytoplancton est utilisée par les bactéries hétérotrophes. Cette matière est donc transformée en bactéries, qui constituent dès lors une partie du pool de matière organique particulaire.

Ces bactéries sont ensuite consommées et digérées par une série de prédateurs de plus en plus grands, dont les protozoaires et les métazoaires du zooplancton. Le carbone est ainsi libéré sous forme de CO_2 et les autres nutriments sous forme de sels minéraux, qui sont à nouveau recyclés par le phytoplancton. Il en résulte un recyclage rapide des nutriments à un stade intermédiaire entre les producteurs primaires et les consommateurs supérieurs, comme les poissons. Ceci entraîne une diminution de la productivité de l'écosystème. On a suggéré que cette perte de carbone via la boucle microbienne était relativement plus importante dans les milieux pauvres en nutriments (oligotrophes) que dans les milieux riches (**copiotrophes**).

Il est important de noter que c'est dans les milieux aérobies que la boucle microbienne fonctionne le mieux. Là où l'on trouve en même temps des micro-organismes photosynthétiques actifs et des consommateurs supérieurs. Si une eau reçoit trop de matière organique, elle devient anaérobie et nauséabonde et impropre à la vie des consommateurs supérieurs comme les poissons. Lorsqu'une eau atteint un tel état, la survie des poissons et autres animaux aquatiques exigeant de l'oxygène n'y redeviendra possible que si de grands efforts de bioremédiation sont consentis pour limiter l'entrée de nutriments.

L'agriculture animale confinée, surtout pratiquée à proximité des zones côtières et des estuaires, peut amener des ajouts massifs de matière organique dans les eaux, ce qui affecte les teneurs en oxygène de ces dernières et le fonctionnement de la boucle microbienne. Un porc produit des déchets qui équivalent à ceux de trois ou quatre personnes, et des millions de tonnes de fumier sont produites chaque année aux États-Unis et ailleurs dans le monde, par les divers élevages confinés de bovins, de cochons et de poulets.

---

1. Que signifie le terme phytoplancton ?
2. Décrivez le rapport de Redfield et son emploi ?
3. Qu'est-ce que la boucle microbienne ? Quel rôle y jouent les protozoaires ?
4. Définissez les termes oligotrophes et copiotrophes.

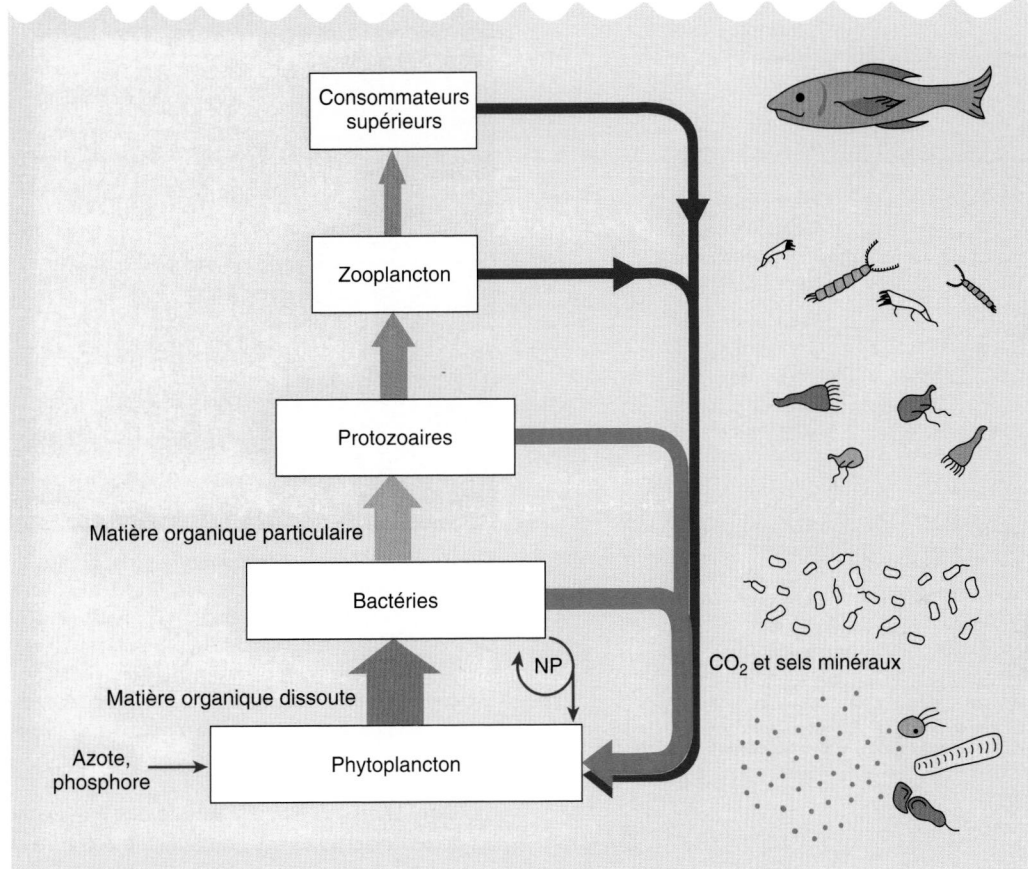

Figure 29.4 La boucle microbienne. Une représentation simplifiée de la boucle microbienne, telle qu'elle se déroule dans les eaux, figure en rouge. Dans cette boucle, une grande partie de la matière organique synthétisée par le phytoplancton au cours de la photosynthèse est libérée sous forme de matière organique dissoute. Celle-ci est utilisée par les bactéries, qui constituent alors une partie du pool de matière organique particulaire. Une certaine quantité de ces bactéries sert de nourriture aux protozoaires. Suite à la digestion par les protozoaires, une partie des nutriments contenus dans les bactéries et les protozoaires eux-mêmes est minéralisée et réintègre la boucle via le phytoplancton. Ces nutriments ne sont donc plus disponibles pour les niveaux trophiques supérieurs de l'écosystème. La taille des flèches représente les flux relatifs de matières. Les types d'organismes ne sont pas montrés à l'échelle. Azote (N), phosphore (P).

29.2. La communauté microbienne

L'eau est un milieu qui permet la survie et le développement d'une grande variété d'organismes (**tableau 29.2**). La diversité microbienne dépend des nutriments disponibles, de leurs diverses concentrations (allant de niveaux extrêmement bas jusqu'à des niveaux très élevés), des transitions de zones aérobies à zones anaérobies, et du mélange des oxydants et des réducteurs dans cet environnement dynamique. De plus, la pénétration de la lumière dans de nombreuses zones anaérobies crée des milieux favorables à certains types de micro-organismes photosynthétiques. D'importants micro-organismes des milieux aquatiques ont été étudiés dans les chapitres précédents, mais il faut encore examiner les adaptations spécifiques des micro-organismes à ces milieux aquatiques particuliers.

Tableau 29.2 Genres procaryotes importants présents principalement dans les milieux marins et d'eaux douces

Groupe	Genres
Photoautotrophes	*Chlorobium*
	Chloroherpeton
	Chromatium
	Pelodictyon
	Thiodictyon
	Thiopedia
Photohétérotrophes	*Chloroflexus*
	Heliobacterium
	Heliothrix
	Rhodocyclus
	Rhodomicrobium
	Rhodopseudomonas
	Rhodospirillum
Chimiohétérotrophes	*Blastobacter*
	Caulobacter
	Flexibacter
	Flexithrix
	Gemmobacter
	Hyphomicrobium
	Leucothrix
	Sphaerotilus
Chimiolithoautotrophes	*Beggiatoa*[a]
	Gallionella
	Thioploca[a]
	Thiothrix[a]
	Thiovulum

Sources: D'après V.M. Gorlenko, et al., « The Ecology of Aquatic Micro-Organisms » *Die Binnengewässer*, Vol. XXVIII., Schweizerbart'sche Verlagsbuchhandlung, Stuttgart, 1983; et B. Rothe, et al., « The Phylogenetic Position of the Budding Bacteria *Blastobacter aggregatus* and *Gemmobacter aquatilis* », *Archives of Microbiology*, 147:92–99, 1987.

[a] Beaucoup sont des mixotrophes.

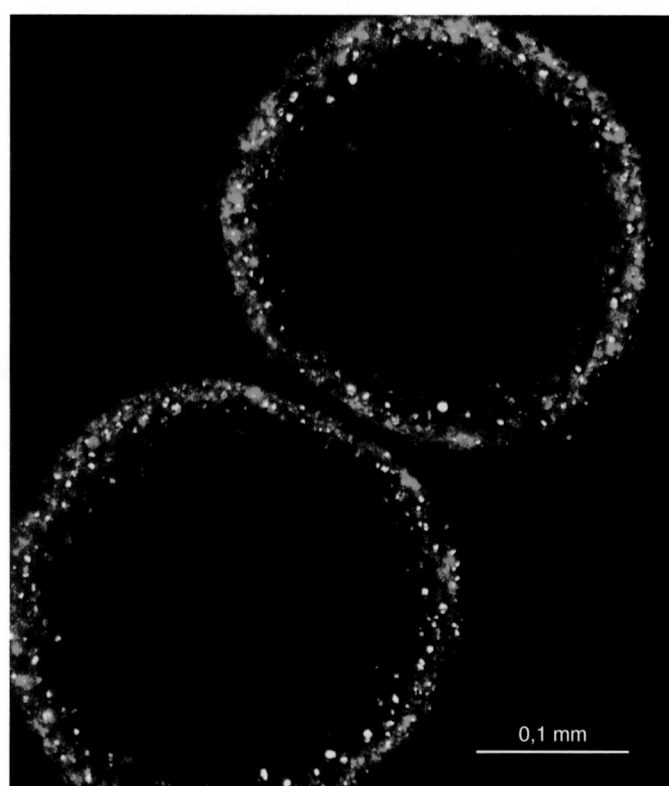

Figure 29.5 *Thiomargarita namibiensis*, **la plus grande bactérie connue au monde.** Ce procaryote, dont le diamètre atteint d'habitude les 100 à 300 μm comme le montre la photo, peut aller jusqu'à une taille de 0,75 mm (plus grande qu'un point sur cette page). C'est 100 fois la taille d'une bactérie ordinaire. Cette bactérie exceptionnelle utilise comme source d'énergie, le sulfure des sédiments du fond marin, et comme accepteur d'électrons, le nitrate des eaux sus-jacentes.

Une des découvertes les plus excitantes de ces quelques dernières années est la présence de très nombreuses **ultramicrobactéries** ou **nanobactéries** dans les milieux aquatiques, en particulier du genre *Sphingomonas* ; celui-ci peut passer facilement à travers une membrane filtrante de 0,2 μm de porosité. Ces cellules, dont le volume est inférieur à 0,08 μm³, sont les bactéries dominantes dans les systèmes marins (ainsi que dans les sols, comme nous le verrons dans le chapitre suivant). On peut en trouver de 10^{12} à 10^{13} par gramme ou millilitre de matière. Elles peuvent constituer le biovolume microbien dominant dans de multiples milieux, comme cela fut montré dans la partie nord de l'océan Pacifique. Ces ultramicrobactéries sont si petites que les nanoflagellés hétérotrophes ne peuvent pas les capturer efficacement. Elles disposent ainsi pour leur survie d'un avantage particulier.

Un autre micro-organisme marin inhabituel, qu'on trouve au large de la côte namibienne, sur la côte ouest de l'Afrique, est *Thiomargarita namibiensis* (**figure 29.5** ; *voir aussi l'encadré 3.1*), nom qui signifie « perle de soufre de Namibie ». On considère ce micro-organisme comme la bactérie la plus grande du monde ! Les cellules ont habituellement un diamètre de 100 à 300 μm (on trouve occasionnellement des cellules de 750 μm) et elles utilisent le sulfure et le nitrate, respectivement comme réducteur et

oxydant. Dans ce cas-ci, le nitrate de l'eau de mer ne pénètre dans les boues anaérobies qui contiennent le soufre qu'à l'occasion des tempêtes. Lorsque ce mélange de courte durée survient, *Thiomargarita* absorbe le nitrate et le met en réserve dans une énorme vacuole interne, qui peut occuper jusqu'à 98% du volume de l'organisme. La concentration du nitrate vacuolaire peut approcher les 800 mM. Les granules de soufre élémentaire apparaissent en périphérie de la cellule, dans une mince couche de cytoplasme. Entre deux tempêtes, l'organisme utilise le nitrate stocké comme oxydant. Ces bactéries exceptionnelles sont importantes pour le recyclage du soufre et de l'azote dans ces milieux.

La capacité d'associer et d'utiliser des ressources situées en des endroits séparés, ou qui ne sont disponibles au même endroit que pendant de courtes périodes, constitue une adaptation cruciale pour les micro-organismes des milieux aquatiques. *Thioploca* spp. sont parmi les bactéries les plus intéressantes, qui associent des ressources très éloignées l'une de l'autre. Elles vivent en paquets, entourées d'une gaine commune (**figure 29.6**). On trouve ces micro-organismes dans les zones de courants ascendants, le long de la côte chilienne, où des eaux pauvres en oxygène mais riches en nitrate, viennent en contact avec les boues du fond, riches en sulfure. Les cellules ont un diamètre de 15 à 40 μm et un bon nombre de centimètres de long, ce qui en fait une des bactéries les plus grandes que l'on connaisse. Elles forment des structures filamen-

(a)

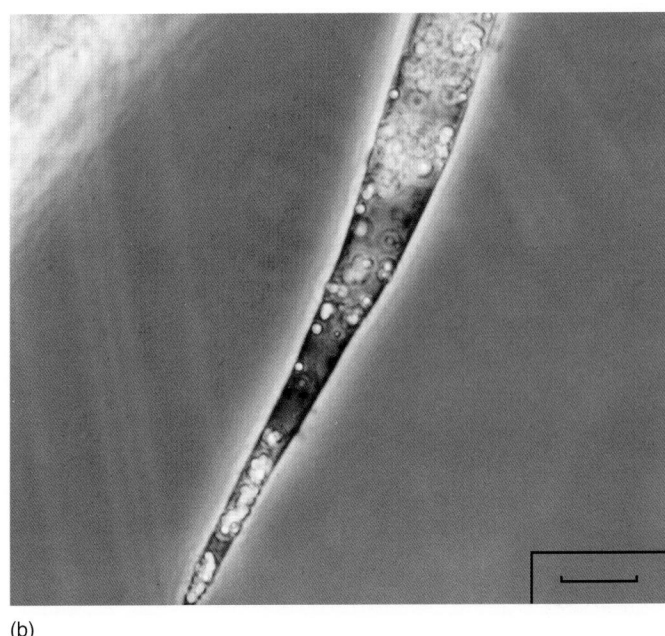

(b)

Figure 29.6 *Thioploca*, la « bactérie-spaghetti ». *Thioploca* (tresse de soufre) est un micro-organisme inhabituel qui associe des ressources séparées l'une de l'autre : le sulfure de la boue et le nitrate de l'eau. (**a**) Amas reliant la surface aérobie à la boue anaérobie sous-jacente ; (**b**) Un *Thioploca* isolé, montrant les globules de soufre élémentaire et l'extrémité effilée. La barre = 40 μm.

teuses gainées, et les cellules individuelles peuvent s'insinuer à une profondeur de 5 à 15 cm dans les sédiments riches en sulfure. On trouve ces micro-organismes particuliers dans de vastes espaces, au large des côtes du Chili. Ce sont « les plus grandes communautés de bactéries visibles du monde ».

D'autres micro-organismes tirent profit des surfaces des milieux aquatiques. Parmi ceux-ci, citons les micro-organismes sessiles des genres *Sphaerotilus* et *Leucothrix*, et les bactéries bourgeonnantes à prosthèque des genres *Caulobacter* et *Hyphomicrobium*. Il y a aussi une large gamme de bactéries aérobies, mobiles par glissement, comme les genres *Flexithrix* et *Flexibacter*, qui se déplacent sur les surfaces où de la matière organique s'est adsorbée. Ces micro-organismes se caractérisent par l'exploitation des surfaces et des gradients de nutriments. Ce sont des aérobies obligatoires, bien qu'ils puissent parfois faire de la dénitrification, comme cela arrive chez le genre *Hyphomicrobium*. En outre, des bactéries peuvent être les premiers colonisateurs des surfaces submergées, et permettre le développement subséquent d'un biofilm plus complexe. Bactérie bourgeonnante (pp. 496-97) ; Bactéries gainées (pp. 490-92) ; Bactéries mobiles par glissement (pp. 482-83)

Les mycètes microscopiques, habituellement considérés comme des organismes terrestres vivant dans le sol, sur les fruits ou d'autres nourritures, se développent aussi dans les milieux d'eaux douces et marins. Les mycètes à zoospores sont adaptés à une existence aquatique et comprennent les oomycètes, qui forment des spores reproductives asexuées mobiles, pourvues de deux flagelles, et les chytrides, dont les spores reproductives asexuées mobiles n'ont qu'un seul flagelle fouettant (*voir chapitre 25*). La plupart des chytrides sont importants, parce qu'ils interviennent dans la décomposition de la matière organiques morte, mais ils sont aussi responsables de la galle verruqueuse de la pomme de terre et ils parasitent les invertébrés, particulièrement les néma-

todes et les moustiques. En outre, beaucoup de chytrides attaquent les algues (**figure 29.7**).

Récemment, on a rapporté que des chytrides vivaient dans des cellules de la peau chez les amphibiens, et le rapprochement a été fait entre cette observation et l'extinction des grenouilles et des crapauds en de nombreuses régions du monde, y compris aux États-Unis, en Australie et en Amérique centrale. Le chytride *Batrachochytrium dendrobatidis* est l'un des principaux mycètes à zoospores qu'on ait associé à la mortalité amphibienne.

Les mycètes filamenteux qui peuvent sporuler sous l'eau constituent un autre groupe important. Ces hypomycètes incluent les **mycètes Ingoldiens**, ainsi nommés d'après C. T. Ingold. En 1942, Ingold a découvert des mycètes qui produisaient des formes tétraradiées tout à fait particulières (**figure 29.8*a***). L'écologie de ces mycètes aquatiques est très intéressante (figure 29.8*b*). La conidie tétraradiée se forme sur un mycélium végétatif, qui se développe à l'intérieur des feuilles en décomposition. Ces conidies sont libérées et transportées par les eaux ; on les trouve souvent dans l'écume superficielle. Mises au contact de feuilles, elles s'y attachent et établissent de nouveaux points de croissance. Ces mycètes à l'adaptation particulière contribuent de façon significative à la transformation de la matière organique, spécialement des feuilles. Souvent, les insectes aquatiques ne se nourrissent que de feuilles infestées de mycètes. Sans la transformation effectuée par les mycètes, les feuilles n'intéresseraient pas les insectes.

Une des découvertes récentes les plus intéressantes, concernant le milieu marin, est la présence d'archéobactéries en grand nombre. Grâce aux comparaisons des séquences d'ARNr (*voir chapitre 19*), on a déterminé qu'environ 1/3 du picoplancton océanique (composé de cellules de moins de 2 μm) était constitué par les archéobactéries, surtout les crénarchéotes, des organismes normalement associés à des environnements hostiles (sources

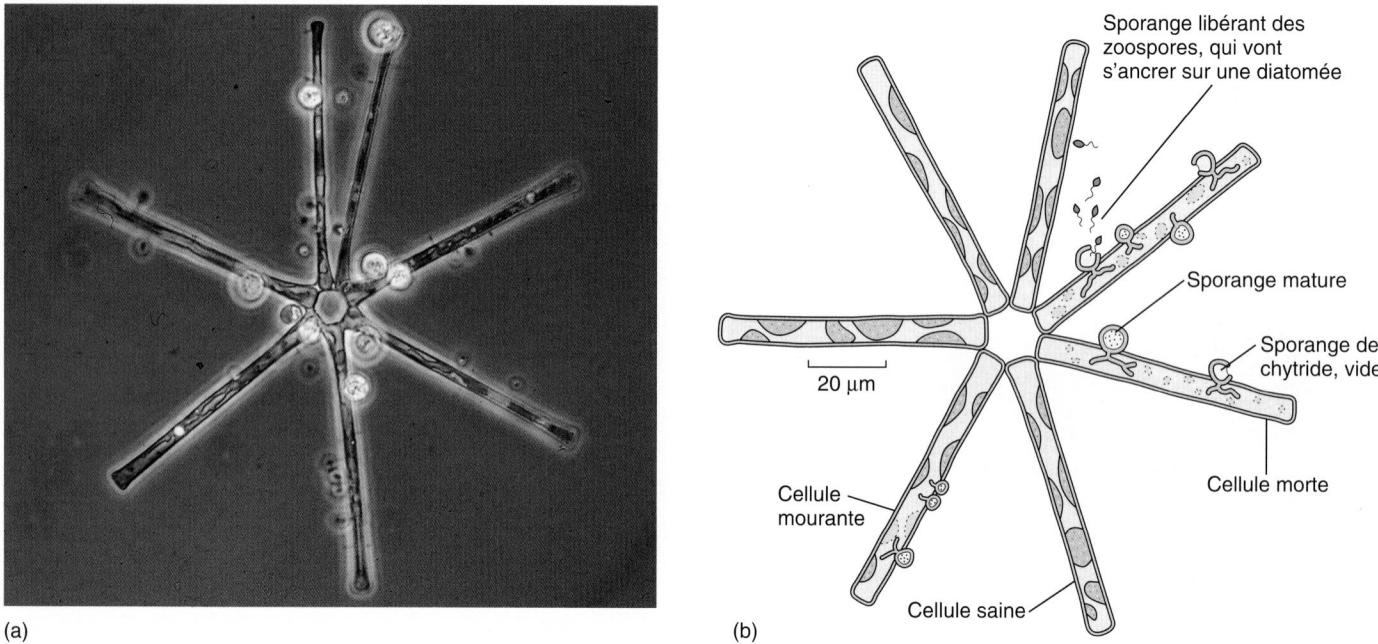

(a)

(b)

Sporange libérant des zoospores, qui vont s'ancrer sur une diatomée

Sporange mature

Sporange de chytride, vide

20 μm

Cellule morte

Cellule mourante

Cellule saine

Figure 29.7 Les chytrides et les milieux aquatiques. Les chytrides jouent des rôles importants dans les milieux aquatiques. (**a**) Infection d'une diatomée par le chytride *Rhizophydium*, et (**b**) Détails du processus parasitaire.

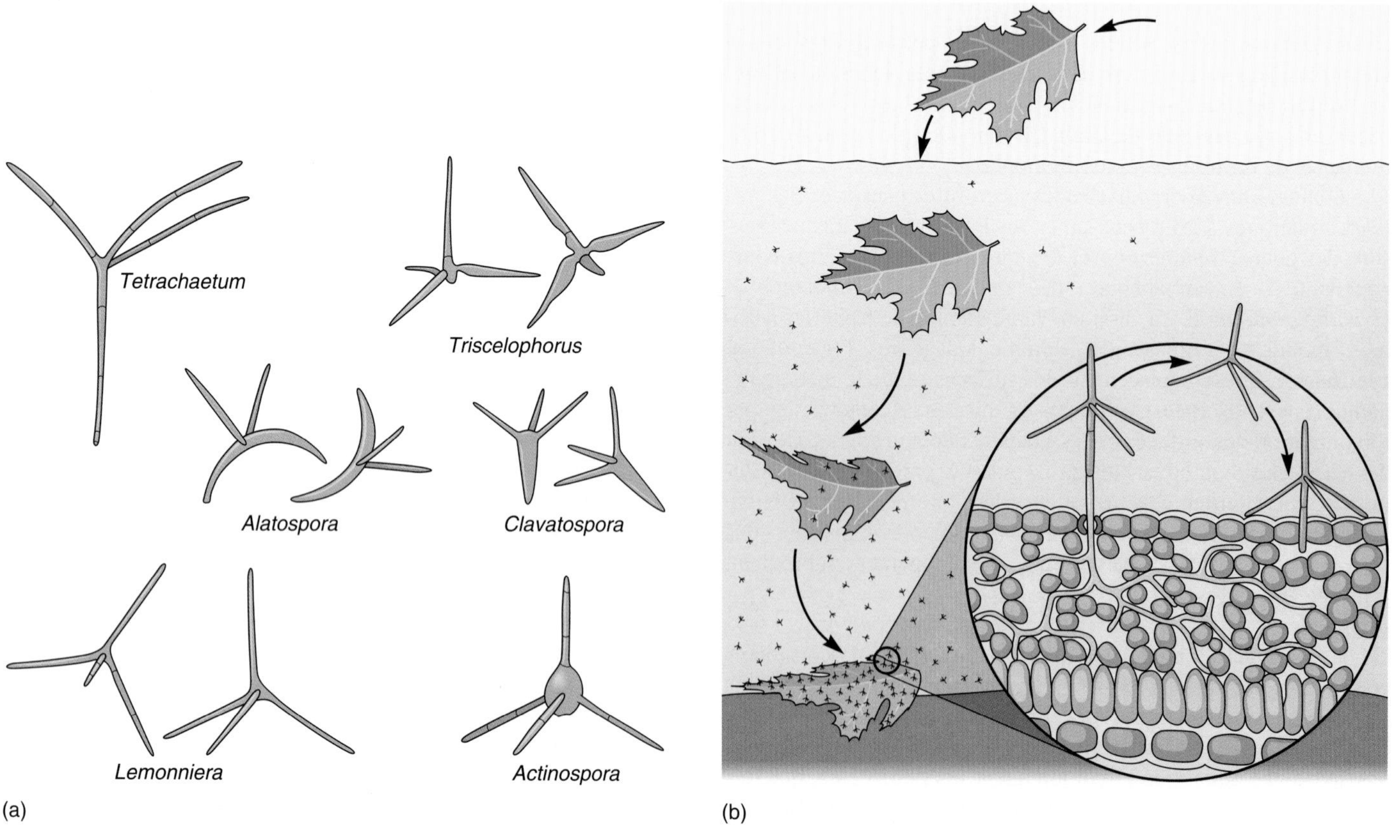

Tetrachaetum

Triscelophorus

Alatospora

Clavatospora

Lemonniera

Actinospora

(a)

(b)

Figure 29.8 Les mycètes Ingoldiens. Ces mycètes aquatiques, nommés d'après C. T. Ingold, sont capables de sporuler sous l'eau. Ils jouent des rôles importants dans la transformation d'une matière organique complexe, comme les feuilles qui tombent dans les rivières et les lacs, en automne. Certains d'entre eux forment des conidies tétraradiées (**a**). Ces conidies sont des structures aériennes, produites à partir du mycélium (**b**), qui se développent à l'intérieur de la feuille en décomposition. La nouvelle conidie tétraradiée est alors libérée et s'attache à la surface d'une autre feuille, reproduit le processus et accélère la décomposition des feuilles.

Figure 29.9 La détection des archéobactéries dans l'océan, au moyen de sondes. On peut utiliser des sondes marquées par fluorescence et des filtres sélectifs, pour détecter au microscope, dans des échantillons d'eau de mer profonde, les archéobactéries (image du dessus) parmi une population mixte de procaryotes (image du dessous). La barre = 5 µm.

chaudes, zones de fumeurs des fonds marins, régions salées et thermoacidophiles).

Les archéobactéries et les bactéries planctoniques sont présentes aussi bien dans les eaux douces que dans les mers, et dans les profondeurs océaniques. Grâce à des sondes marquées par des fluorochromes, une technique d'hybridation in situ a permis de détecter ces différents groupes microbiens dans un même échantillon, en employant des composés qui fluorescent à des longueurs d'ondes différentes (**figure 29.9**). Les concentrations en bactéries sont plus élevées en surface, mais en-dessous de 100 mètres, les archéobactéries constituent une portion plus grande de la population totale (**figure 29.10**). Plus de 90% des cellules réagissent aux colorants et peuvent être détectées par l'emploi de sondes et de longueurs d'ondes différentes.

Les milieux aquatiques abritent aussi de grandes populations de virus. Ceux-ci sont présents à des concentrations 10 fois supérieures à celles des bactéries. Il s'agit pour la plupart de bactériophages. Ce **virioplancton** constitue une partie importante de la communauté microbienne aquatique. Il peut influencer le fonctionnement de la boucle microbienne, intervenir dans le transfert horizontal de gènes entre procaryotes, et contrôler la diversité de la communauté microbienne.

Dans les eaux, il y a constamment mélange et addition de micro-organismes. Des micro-organismes aquatiques passent dans l'atmosphère et sont déposés en d'autres lieux aquatiques par les mouvements de l'air ; c'est une partie de l'aérobiologie. Dans les fleuves, les micro-organismes peuvent effectuer des milliers de kilomètres, depuis les régions de haute montagne jusqu'à l'océan ; dans les lacs, il peut y avoir coup d'eau et renouvellement ; et dans les milieux marins, le mouvement et le recyclage des eaux peuvent durer des siècles. Les micro-organismes associés aux détritus, aux carcasses de poissons et d'autres animaux, se déplacent aussi avec leur substrat. De temps en temps, des carcasses de grands animaux, comme les baleines, coulent au fond de l'océan, à des milliers de

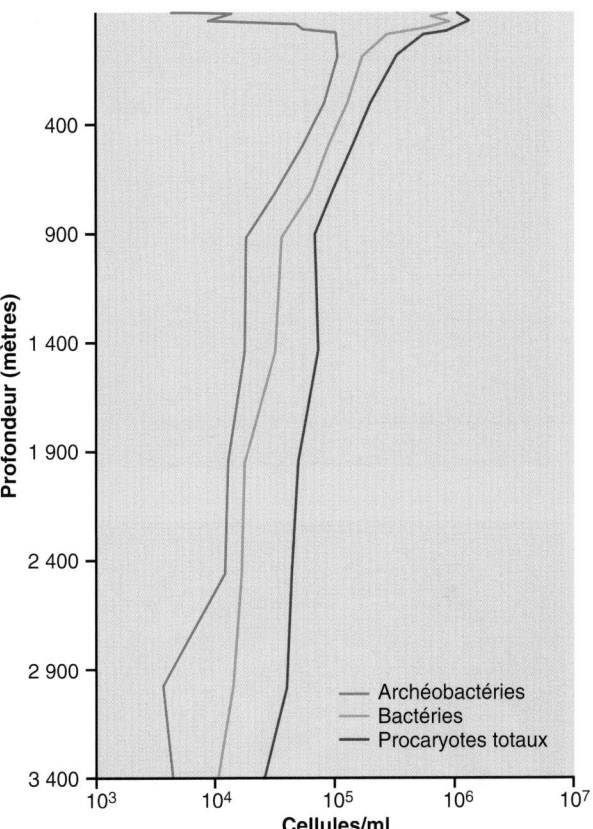

Figure 29.10 Les archéobactéries sont en grand nombre dans les profondeurs océaniques. Le graphe montre la distribution des archéobactéries (groupe I) et des bactéries, en même temps qu'une estimation de la population totale des procaryotes, sur une profondeur de 3.400 mètres, en un endroit de l'Océan Pacifique. Ces résultats indiquent que, sous la zone de surface, les archéobactéries constituent une part importante du picoplancton observable.

mètres de profondeur. Une telle carcasse, ainsi échouée, offre des opportunités nouvelles aux nécrophages et aux micro-organismes (**figure 29.11**). Le stade des nécrophages mobiles dure de 0 à 6 mois (figure 29.11a), l'état sulfophile de 1 à 2 ans, la libération des sulfures à partir des os permettant la croissance des micro-organismes chimioautotrophes (29.11b) ; et finalement, après 2 à 3 ans, arrive le stade d'enrichissement en opportunistes (figure 29.11c). Tous ces transferts contribuent à l'ensemencement continu des océans, en particulier, avec des micro-organismes venus d'autres endroits de la Terre.

Des poussières et des sédiments, issus de régions terrestres éloignées, arrivent continuellement dans toutes les eaux et les zones couvertes de glace, à cause des vents et des tempêtes. C'est une autre partie importante des processus aérobiologiques. Grâce à ces transports atmosphériques, les micro-organismes sont constamment mélangés à travers toutes les régions du globe. À ce propos, de récentes études indiquent que les micro-organismes cultivés à partir de sédiments des profondeurs océaniques sont semblables à ceux des sols de surface. Autre exemple : la poussière transportée par l'air depuis la région subsaharienne, a été associée à la mort massive des coraux de la mer des Caraïbes, mort due aux mycètes et aux algues contenus dans les sols et qui ont dérivé autour du monde dans l'atmosphère.

(a)

(b)

(c)

Figure 29.11 Le devenir d'une carcasse de baleine au fond de l'océan. Dans les milieux aquatiques, les matières peuvent parcourir de grandes distances et transférer des nutriments et des micro-organismes en des endroits où on ne les trouve pas normalement, créant des oasis où les communautés microbiennes sont modifiées. (**a**) La phase des nécrophages mobiles (0 à 6 mois). (**b**) L'état sulfophile, qui dure de 1 à 2 ans, où se développent les micro-organismes chimioautotrophes. (**c**) Le stade d'enrichissement en opportunistes. Voir détails dans le texte. *Adapté des peintures de Michael Rothman, avec sa permission.*

1. Décrivez la structure et le fonctionnement inhabituels de *Thioploca*. Dans quel milieu trouve-t-on cet organisme ?
2. Que signifie *Thiomargarita* ? Où faut-il aller pour trouver cet intéressant micro-organisme ?
3. Citez les genres de bactéries sessiles et à prosthèque qui sont importants dans les milieux aquatiques.
4. Que sont les chytrides ? Pourquoi pourraient-ils être importants dans les milieux aquatiques ?
5. Décrivez les mycètes Ingoldiens. Comment vivent-ils dans les milieux aquatiques et qu'est-ce que leur forme a de particulier ? Que signifie le terme tétraradié ?
6. Quelles concentrations en archéobactéries trouve-t-on dans les milieux aquatiques ? Comment ces organismes ont-ils été détectés ?
7. Comment les micro-organismes sont-ils déplacés au sein d'un même milieu aquatique ou d'un milieu aquatique à l'autre ?

29.3.   Les milieux marins

Les milieux marins représentent, en volume, une partie importante de la biosphère et contiennent 97% des eaux de la terre. La grande partie est en haute mer, à une profondeur supérieure à 1000 mètres, et représente 75% du volume des océans. On a appelé l'océan, un « réfrigérateur à haute pression », car la majeure partie du volume est située à plus de 100 mètres, de profondeur et à une température constante de 3°C. L'océan atteint, à sa plus grande profondeur, un peu plus de 11.000 mètres soit presque l'équivalent de 29 fois la hauteur de l'Empire State Building à New York (hauteur = 381 mètres) ! La pression, dans le milieu marin, augmente d'environ 1 atmosphère tous les 10 mètres et elle atteint des valeurs proches de 1.000 atmosphères aux plus grandes profondeurs (**figure 29.12**).

On observe une série de rapports avec la pression parmi les bactéries qui se développent dans ce système différencié verticalement. Certaines bactéries sont barotolérantes et se multiplient entre 0 et 400 atmosphères mais elles ont un développement maximal à la pression atmosphérique. De nombreuses autres bactéries sont **barophiles** (du grec *baros*, pesanteur et *philein*, aimer) et préfèrent de plus hautes pressions. Les barophiles modérées ont un optimum de croissance à 400 atmosphères mais peuvent encore se développer à une atmosphère. Les barophiles extrêmes ne se multiplient qu'aux pressions élevées. Les différences de pression influencent de nombreux processus biologiques, parmi lesquels la division cellulaire, l'assemblage des flagelles, la réplication de l'ADN, le transport membranaire et la synthèse des protéines. Les porines, protéines de la membrane externe formant des canaux pour la diffusion de certaines molécules dans le périplasme (*voir figure 3.23*), fonctionnent également plus efficacement à des pressions spécifiques. La pression et la croissance microbienne (p. 129).

La plus grande partie du cycle des éléments nutritifs dans les océans se déroule dans les 300 mètres supérieurs, là où la lumière pénètre. Celle-ci permet au phytoplancton de se développer et de tomber comme une « neige marine » sur le fond. Ce « voyage » dure au moins un mois. La majeure partie de la matière organique tombant en dessous de la zone des 300 mètres est décomposée et seulement 1% de la matière dérivée de la photosynthèse est intacte en atteignant le fond de la mer. Comme les apports de matière organique en mer profonde sont faibles, le rôle des micro-organismes se multipliant dans des conditions oligotrophes devient important (*voir section 6.5*).

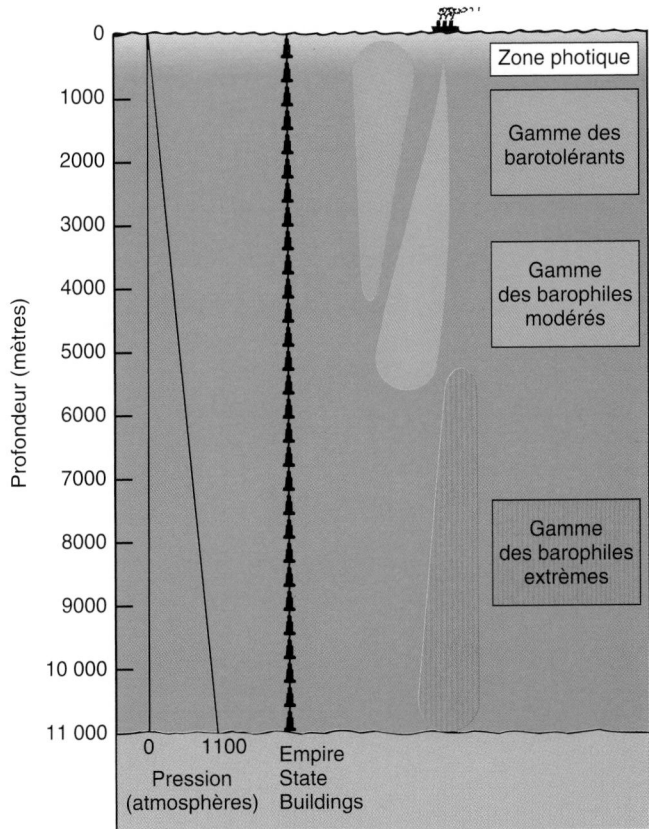

Figure 29.12 Le milieu marin profond. Les micro-organismes ayant des exigences particulières à l'égard de la pression vivent à différentes profondeurs. Les rapports entre l'activité relative et la profondeur, pour les micro-organismes barotolérants, barophiles modérés et barophiles extrêmes, sont indiqués schématiquement. La pression peut approcher 1.100 atmosphères aux plus grandes profondeurs océaniques. Les profondeurs sont données en mètres et les Empire State Buildings empilés sont dessinés à l'échelle. La lumière ne pénètre que dans une couche superficielle relativement peu profonde, constituant la zone photique.

Le cycle du carbone dans le milieu océanique est mal connu (**figure 29.13**), mais de toute évidence, les micro-organismes l'influencent profondément. On estime que la grande quantité de carbone organique dissous (COD) dans l'océan a un âge moyen supérieur à 1.000 ans. La matière organique dans les eaux profondes des océans a un temps de séjour similaire. Outre le COD, il existe dans les sédiments océaniques des dépôts énormes d'hydrate de méthane. Avec les hautes pressions et les basses températures du fond de l'océan, à des profondeurs supérieures à 500 mètres, le méthane s'accumule sous forme de clathrates : des molécules d'eau en un réseau tridimensionnel cristallin constituant des cages plus ou moins sphériques. Il pourrait y avoir dans le monde entier jusqu'à 10.000 milliards de tonnes de carbone sous forme d'hydrate de méthane, 80.000 fois les réserves de gaz naturel actuellement connues dans le monde.

Les cycles de l'azote et du soufre fonctionnent aussi à une « échelle océanique » et ont des effets potentiellement importants sur les processus au niveau planétaire, effets dont on ne s'est rendu compte que récemment. De grands volumes d'eau océanique ont des teneurs en oxygène plus faibles, ce qui conduit à la dénitrification et à une diminution du rapport nitrate-phosphate de l'eau. Il peut en résulter une stimulation de la fixation de l'azote, donc une augmentation de la teneur en azote de l'eau. Il semble que l'azote, mais pas le phosphore, puisse souvent limiter l'activité biologique dans les milieux marins. Le cycle du soufre dans les océans exerce aussi des effets étendus sur les processus planétaires. Le diméthyl-sulfure, un osmolite d'algue, est libéré dans l'atmosphère ; il contribue pour 90% aux composés soufrés volatils du cycle du soufre. Lorsque le diméthylsulfure est oxydé, ses produits finals influencent l'acidité de l'atmosphère, aussi bien que la température de la Terre et la formation de nuages.

D'autres micro-organismes, des cryophiles, sont impliqués dans la production et l'utilisation du méthane. Comme déjà noté, on trouve des hydrates de méthane dans beaucoup de régions marines du globe, où les températures sont basses et les pressions élevées. Les procaryotes, qui consomment ces hydrates de méthane, servent de nourriture aux vers des glaces, *Hesiocaeca methanicola*. Les archéobactéries, membres de communautés microbiennes complexes, semblent métaboliser les dépôts de méthane, à des concentrations en hydrogène faibles, dans des conditions de réduction du sulfate. Ce processus s'appelle la **méthanogenèse inverse**.

Une grande partie du milieu marin est recouverte de glace. Celle-ci, en hiver, peut occuper jusqu'à 7% de la surface du globe, aux pôles nord et sud ! Les micro-organismes se développent et se reproduisent en fait à l'interface glace-eau de mer. La **figure 29.14** montre un bloc de glace prélevé dans la couche inférieure d'une banquise, à l'interface eau de mer-glace. Dans la coupe faite dans la glace, on voit clairement une bande de micro-organismes. Des poches de sel se forment aussi dans cette région, ce qui crée pour ces micro-organismes adaptés au froid, des environnements supplémentaires, variant par la température, la salinité, la concentration en nutriments ou la quantité de lumière. Les micro-organismes qui ont été isolés de ces glaces ont reçu des noms de genre étranges : *Polaromonas*, *Marinobacter*, *Psychroflexus*, *Iceobacter*, *Polibacter* et *Psychromonas antarcticus*.

L'augmentation des populations humaines et le développement urbain le long des zones côtières dans le monde entier, mettent à l'épreuve la capacité apparemment inépuisable des océans d'absorber et de transformer les polluants. Les eaux côtières peu mélangées avec les eaux océaniques (ex. : la mer Baltique, le détroit de Long Island, la baie de Chesapeake, la Méditerranée) montrent des signes d'enrichissement en éléments nutritifs et de pollution microbienne. La contamination des mollusques et des crustacés par les eaux de ruissellement des régions côtières urbanisées, en est un exemple. Il y a quelques années à peine, on pouvait récolter les mollusques et les crustacés immédiatement après d'importantes pluies, maintenant, il faut attendre une semaine (ou plus) pour permettre l'élimination des micro-organismes polluants. Ceci affecte les revenus des personnes vivant de la récolte de ces produits.

Dans le golfe du Mexique, à hauteur du delta du Mississippi, les rejets de nutriments venus des États qui sont drainés par ce fleuve ont stimulé la croissance microbienne et conduit à un appauvrissement en oxygène. Il s'est ainsi créé une « zone morte », région hypoxique ou anoxique, plus grande que l'État du New Jersey. Les teneurs en oxygène réduites qui s'établissent dans ces zones riches en coquillages ont nui à l'économie de ces régions qui dépendent de l'aquaculture.

Un autre problème relatif aux eaux océaniques et au mélange des eaux dans les régions côtières est l'apparition des marées rouges (*voir encadré 26.2*). Elles ont des répercussions économiques importantes lorsqu'on ne peut récolter ni consommer les mollusques et les crustacés. Récemment, l'apparition d'efflores-

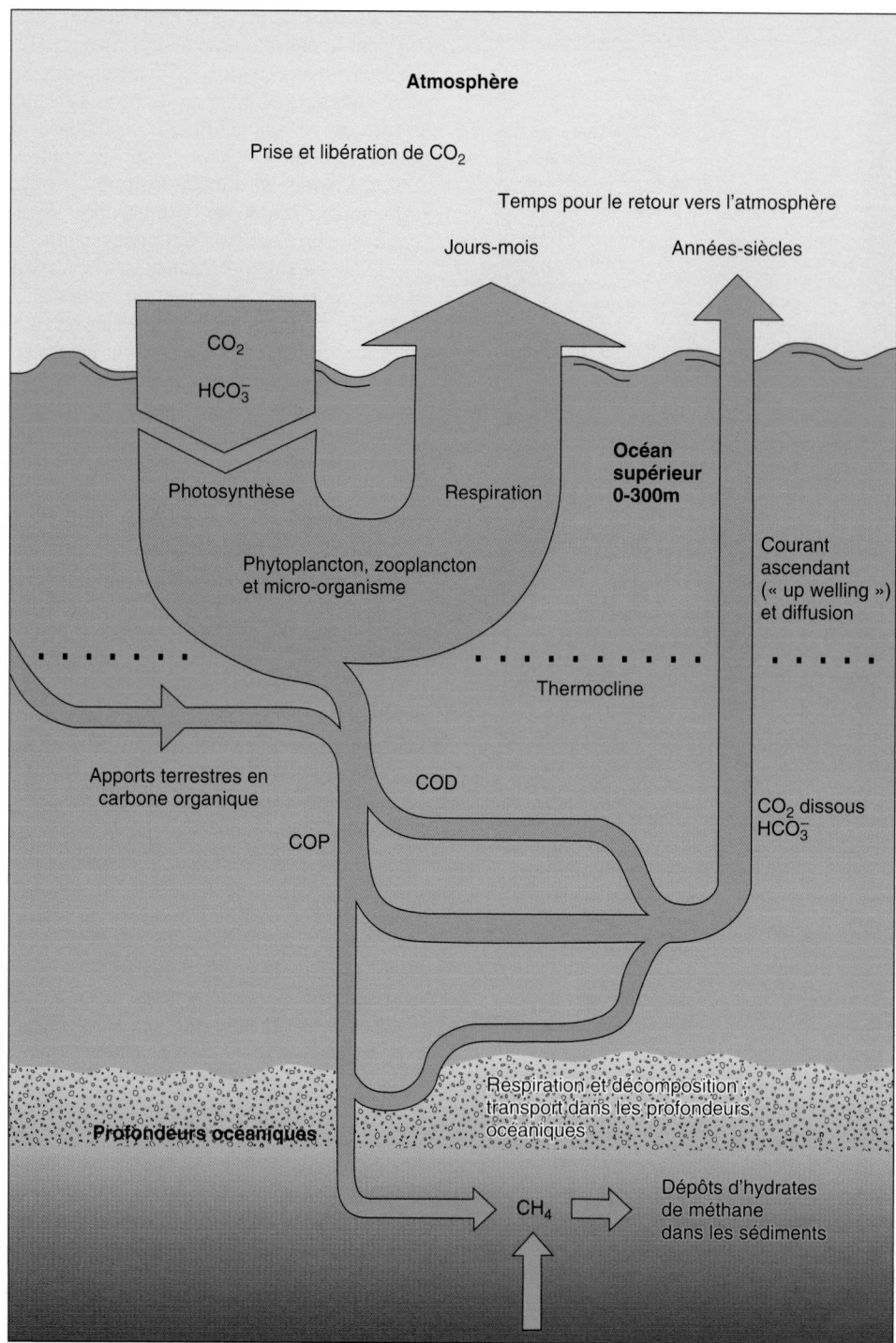

Figure 29.13 Le cycle du carbone dans le milieu océanique. Les micro-organismes des océans peuvent influencer le cycle planétaire du carbone et les interactions océan-atmosphère. La plus grande partie de la transformation du carbone se fait dans les eaux de surface avec le carbone organique particulaire (COP), le carbone organique dissous (COD) et l'hydrate de méthane (dans les sédiments) comme ressources principales en carbone. L'océan contient aussi du bicarbonate et du CO_2 dissous (diss. CO_2) qui viennent de l'atmosphère et de la dégradation du carbone organique. L'hydrate de méthane permet la croissance des micro-organismes et des animaux qui leur sont associés, comme les vers des glaces.

cences algales et de marées rouges dans l'océan Pacifique, au large des côtes de Californie centrale, a entraîné l'extinction des dauphins. Le genre d'algues, principal responsable de la disparition à grande échelle de ces animaux aquatiques, est *Pseudo-nitzschia*. Le chaînon clé est l'anchois. Ce poisson, consommé par les dauphins, se nourrit d'algues qui contiennent de fortes concentrations d'une neurotoxine, l'acide domoïque. Cette toxine a été détectée dans les dauphins morts ou malades.

Les algues peuvent être cause d'autres problèmes que les marées rouges. *Pfiesteria piscicida* en est un excellent exemple. Ce dinoflagellé (*voir pp. 579-80*) a provoqué les plus grandes hécatombes de poissons au sud du Maryland, le long de la côte atlantique des États-Unis. Il peut même causer des vertiges et des pertes de mémoire chez les gens exposés à ses toxines. *Pfiesteria* a un cycle biologique exceptionnellement complexe qui passe probablement par au moins 24 stades (**figure 29.15**) ! Ce protiste algal primitif est un prédateur de poissons. Au stade de cellule végétative flagellée, il peut détecter les effluves de poissons dans l'eau et attaquer littéralement le poisson qui s'approche. *Pfiesteria* produit au moins deux puissantes toxines : une qui rend le poisson inconscient et une autre qui provoque des lésions caractéristiques (**figure 29.16**). Apparemment, ce dinoflagellé utilisait précédemment d'autres algues comme source de nourriture première, mais il est maintenant devenu un tueur de poissons, d'anguilles, de crabes et d'autres animaux. On suspecte l'augmentation de nourriture disponible d'être la cause de sa fréquence croissante.

Les mouvements de l'air autour du globe affectent aussi les micro-organismes marins. Le déplacement des sols via l'atmosphère et les activités industrielles influencent la croissance du

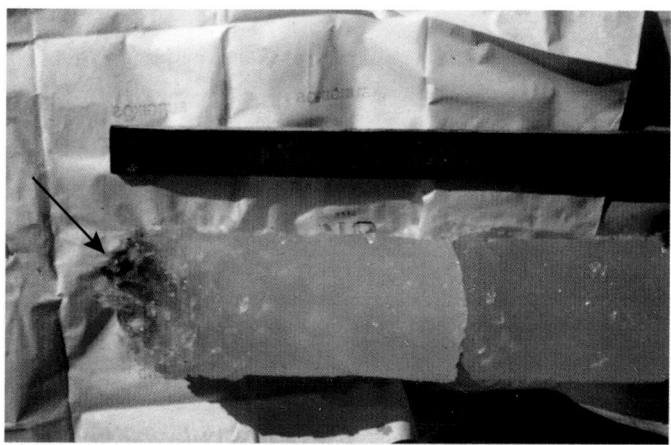

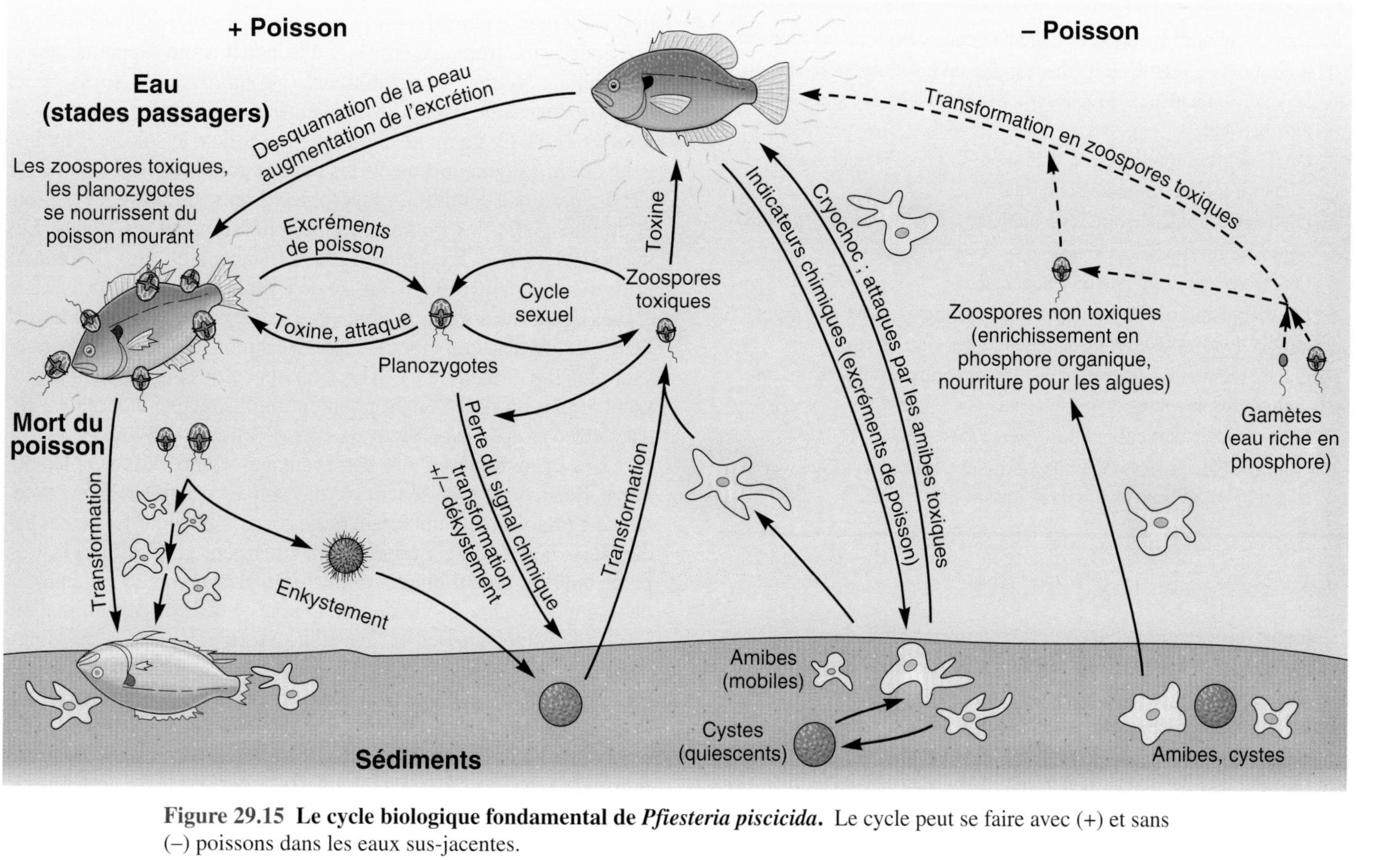

Figure 29.14 La glace d'eau de mer : habitat pour les micro-organismes. La glace d'eau de mer permet le développement de communautés microbiennes complexes. La photographie montre le bas d'une couche de glace de l'océan Antarctique, en contact avec l'eau de mer sous-jacente. La bande foncée (voir la flèche) correspond à la communauté microbienne de la glace d'eau de mer.

Figure 29.15 Le cycle biologique fondamental de *Pfiesteria piscicida*. Le cycle peut se faire avec (+) et sans (−) poissons dans les eaux sus-jacentes.

Figure 29.16 Les lésions dues à *Pfiesteria*. Lésions sur un menhaden parasité par le dinoflagellé *Pfiesteria piscicida*. Notez que le travailleur porte des gants épais : l'homme est sensible aussi à ces toxines, qui peuvent donner des vertiges, des pertes de mémoire et altérer la fonction motrice.

phytoplancton et son rapport de Redfield (p. 638). Dans le Pacifique nord, le contenu en fer de l'eau est limité. Ces eaux reçoivent du fer par la désertification et les tempêtes de poussière de l'Asie centrale, ce qui augmente la production primaire. L'océan Atlantique nord, au contraire, est limité en azote, et il est en train de passer d'une limitation en azote à une limitation en phosphore, à cause de dépôts accrus en azote atmosphérique produit par les activités humaines. Le rapport N:P dans les profondeurs de l'Atlantique nord est en augmentation et le rapport de Redfield du phytoplancton se modifie.

1. Dans le monde, quel pourcentage de l'eau se trouve dans les mers ?
2. Pourquoi la glace d'eau de mer est-elle un habitat important pour les micro-organismes ? Où les micro-organismes s'y situent-ils le plus souvent ?
3. Quel est le composé sulfuré volatil produit par les micro-organismes qui peut influencer le climat ?
4. Où trouve-t-on les hydrates de méthane, et qu'est-ce que la méthanogenèse inverse ?
5. Qu'est-ce que l'hypoxie ou l'anoxie ?
6. La qualité microbiologique des eaux marines côtières est importante. Quels problèmes principaux pose-t-elle ?
7. Quelle relation a-t-on trouvé récemment entre les algues, les anchois et les dauphins ?
8. Qu'y a-t-il de particulier chez *Pfiesteria* ?
9. Comment les processus atmosphériques peuvent-ils influencer la limitation en nutriments des eaux marines ?

29.4. Les milieux d'eaux douces

La plupart des eaux douces qui ne sont pas immobilisées dans les calottes glaciaires, les glaciers ou les eaux souterraines se trouvent dans les lacs et les fleuves. Ceux-ci offrent des milieux microbiens qui diffèrent à bien des égards des systèmes océaniques plus grands. Par exemple, dans les lacs, le mélange et l'échange des eaux peuvent être limités. Il se crée ainsi des gradients verticaux sur des distances beaucoup plus courtes. L'écoulement de l'eau dans les lits des fleuves y produit des changements dans l'espace et/ou dans le temps.

Les lacs

Les lacs varient sur le plan nutritif. Certains sont **oligotrophes** ou pauvres en éléments nutritifs (**figure 29.17*a***), d'autres sont **eutrophes** ou riches en substances nutritives (figure 29.17*b*). Les lacs oligotrophes restent aérobies pendant toute l'année et les changements de température saisonniers ne provoquent pas de stratification distincte. Au contraire, les lacs eutrophes ont habituellement des sédiments chargés de matières organiques. Dans les lacs ayant une stratification thermique, l'**épilimnion** (couche supérieure chaude) est aérobie, alors que l'**hypolimnion** (couche inférieure plus froide et plus profonde) est souvent anaérobie (en particulier si le lac est riche en éléments nutritifs). L'épilimnion et l'hypolimnion sont séparés par une zone de décroissance brutale de température appelée **thermocline** qui limite fort le mélange des eaux. Au printemps et en automne, l'eau de surface aérobie et l'eau profonde anaérobie permutent en raison de différences de température et de gravité spécifique. Après formation du mélange, les bactéries et les algues mobiles migrent dans la colonne d'eau pour retrouver l'environnement le plus approprié.

S'il y a apport de quantités suffisamment importantes d'éléments nutritifs, l'eau subit une **eutrophisation** (un enrichissement en éléments nutritifs) qui stimule la croissance des plantes, des algues et des bactéries (*voir figure 21.11*). Comme l'azote et le phosphore limitent fréquemment la croissance microbienne dans les habitats d'eaux douces, l'addition de composés azotés et phosphorés a un impact particulièrement important sur ces systèmes. Selon l'écosystème aquatique et la vitesse d'addition des éléments nutritifs, l'eutrophisation peut s'étendre sur plusieurs siècles ou se produire très rapidement.

Les cyanobactéries jouent le rôle principal dans l'accumulation d'éléments nutritifs, en cas d'apport de phosphore dans une eau douce oligotrophe, même en l'absence d'azote supplémentaire. Plusieurs genres, notamment *Anabaena*, *Nostoc* et *Cylindrospermum*, fixent l'azote dans des conditions aérobies (*voir section 21.3*). Le genre *Oscillatoria*, qui utilise le sulfure d'hydrogène comme donneur d'électrons pour la photosynthèse, peut fixer l'azote dans des conditions anaérobies. Même en présence d'azote et de phosphore, les cyanobactéries concurrencent les algues. Les cyanobactéries se développent plus efficacement dans des conditions élevées de pH (8,5 à 9,5) et de température (30 à 35°C). Les algues eucaryotes, en comparaison, préfèrent généralement un pH neutre et ont des températures optimales plus faibles. En métabolisant plus rapidement le CO_2, les cyanobactéries augmentent également le pH, rendant l'environnement moins adapté aux algues eucaryotes. Les algues (chapitre 26) ; les cyanobactéries (pp. 471-76).

Les cyanobactéries ont des avantages compétitifs supplémentaires. Beaucoup produisent des hydroxamates qui fixent le fer et rendent cet oligoélément important moins disponible pour les algues eucaryotes. Souvent, les cyanobactéries résistent aussi à la prédation parce qu'elles produisent des toxines. De plus, certaines synthétisent des composés odorants affectant la qualité de l'eau de consommation.

Les cyanobactéries et les algues forment parfois de gigantesques fleurs d'eau sur les lacs fortement eutrophisés (*voir figure 21.11*). Ce problème peut subsister pendant de nombreuses années, jusqu'à l'élimination de l'excès d'éléments nutritifs par le flux normal de l'eau à travers le lac, ou par précipitation des substances nutritives dans les sédiments. La gestion des lacs peut améliorer la situation, en retirant ou en fixant les sédiments lacustres ou encore en ajoutant des agents coagulants pour accélérer la sédimentation.

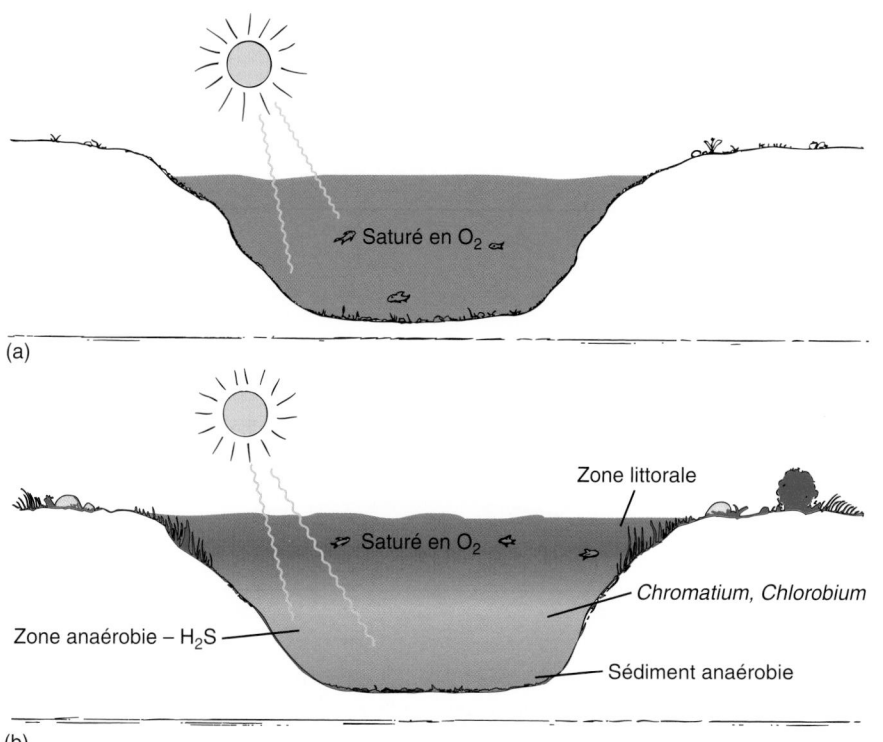

(a)

(b)

Figure 29.17 Les lacs oligotrophes et eutrophes. Les lacs peuvent avoir différentes concentrations en éléments nutritifs, allant des systèmes pauvres jusqu'aux systèmes très riches. Ce schéma compare (**a**) un lac oligotrophe (pauvre en éléments nutritifs) saturé en oxygène et doté d'une population microbienne réduite avec (**b**) un lac eutrophe (riche en éléments nutritifs). Le lac eutrophe possède une couche sédimentaire et peut avoir un hypolimnion anaérobie. Des micro-organismes photosynthétiques sulfureux se multiplient dans cette région anaérobie.

---

1. Quels termes peut-on employer pour décrire les différentes parties d'un lac ?
2. Pourquoi les cyanobactéries sont-elles tellement importantes dans les eaux qui ont été polluées par le phosphore ?
3. Citez quelques effets importants de l'eutrophisation des lacs ?

Les rivières et les fleuves

Les rivières et les fleuves présentent une situation différente de celle des lacs, du fait qu'il y a un mouvement d'eau horizontal suffisant pour minimiser la stratification verticale et qu'en outre, la majeure partie de la biomasse microbienne fonctionnelle y est fixée sur des surfaces. Il n'y a que dans les fleuves les plus grands qu'une portion relativement plus importante de la biomasse microbienne est en suspension dans l'eau. Selon la taille du cours d'eau, la source des substances nutritives varie. Elles peuvent provenir d'une production interne dues aux micro-organismes photosynthétiques (**figure 29.18a**), mais les éléments nutritifs peuvent également être externes comme, par exemple, les sédiments dus aux ruissellements des rives ou aux feuilles et autres matières organiques tombant directement dans l'eau (figure 29.18b). Les micro-organismes chimioorganotrophes métabolisent la matière organique disponible et fournissent une énergie de base à l'écosystème. Dans la plupart des conditions, les quantités de matière organique ajoutée aux rivières n'excèdent pas la capacité oxydative du système, ce qui permet de conserver le charme et la productivité des cours d'eau.

La capacité qu'ont les cours d'eau et les rivières de transformer cette matière organique ajoutée est cependant limitée. En présence d'un excès de matière organique, l'eau devient anaérobie. C'est particulièrement le cas dans les régions urbaines et agricoles irriguées par des cours d'eau. Le rejet de déchets et d'autres pro-

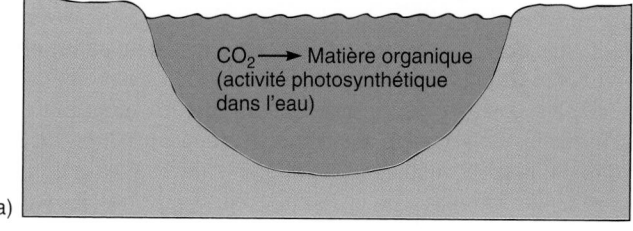

(a)

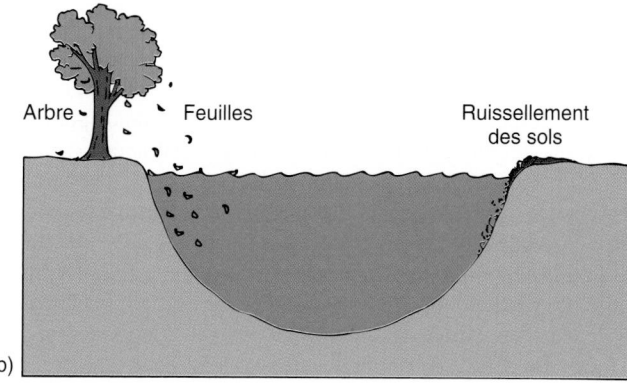

(b)

Figure 29.18 Sources de matières organiques pour les lacs et les rivières. La matière organique utilisée par les micro-organismes dans les lacs et les rivières peut être synthétisée dans l'eau ou y être ajoutée. (**a**) Sources de matière organique internes au cours d'eau, principalement par photosynthèse et (**b**) sources de matière organique externes. Cette figure montre des sections transversales d'un cours d'eau.

Figure 29.19 La courbe affaissée en oxygène dissous. Les micro-organismes et leurs activités peuvent créer des gradients en distance et en temps, lorsque des éléments nutritifs sont ajoutés aux rivières. Un excellent exemple est la courbe affaissée en oxygène dissous, obtenue lors de l'introduction de déchets organiques dans une rivière propre. Pendant les derniers stades de l'auto-épuration, la communauté phototrophe redeviendra dominante, provoquant des variations diurnes de la teneur en oxygène de la rivière.

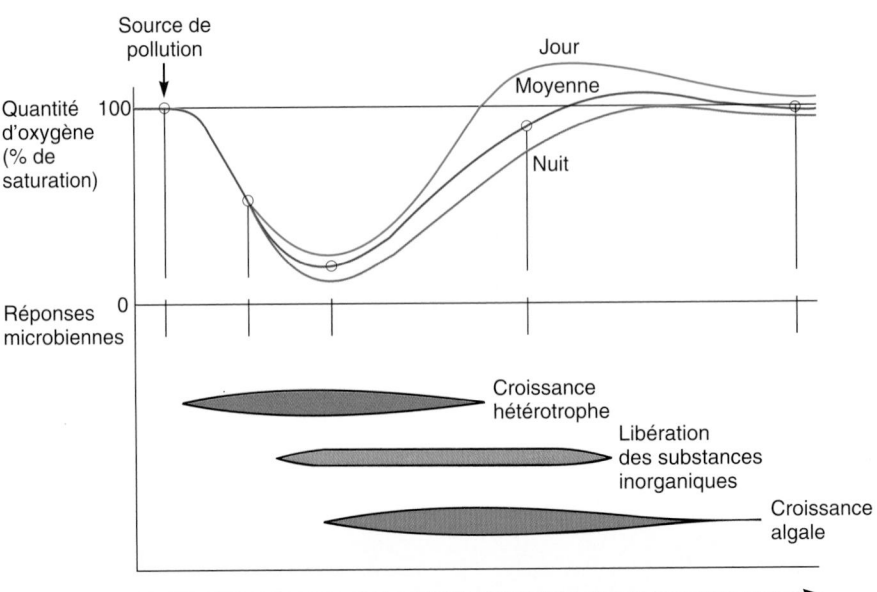

duits urbains, inadéquatement traités, en un site spécifique le long d'une rivière ou d'un cours d'eau constitue une **source ponctuelle de pollution**. Ces ajouts de matière organique d'une source ponctuelle engendrent des modifications nettes et prévisibles de la communauté microbienne et de l'oxygène disponible, ils entraînent un affaissement de la courbe de l'oxygène dissous (**figure 29.19**). Les eaux de ruissellement des champs et des prairies d'élevage, qui font apparaître des fleurs d'eau dans les écosystèmes aquatiques eutrophisés, sont des exemples de **sources généralisées de pollution.**

Lorsque la quantité de matière organique ajoutée n'est pas excessive, les algues se développent en utilisant les dérivés inorganiques libérés de la matière organique. Ceci conduit à la production d'oxygène pendant la journée, alors que la respiration se déroule durant la nuit, plus bas dans la rivière, en suscitant ainsi des **variations diurnes en oxygène.** Finalement, la quantité d'oxygène approche la saturation, complétant le processus d'auto-épuration.

Ajoutés aux stress dus à l'ajout de nutriments, l'élimination du silicium des fleuves par la construction de barrages et le piégeage des sédiments entraînent des perturbations écologiques graves. Par exemple, la construction du barrage des « portes de fer » sur le Danube (à 1.000 km de la Mer Noire) a fait chuter la concentration en silicium au 1/60 de sa valeur. Cette disponibilité réduite en silicium inhibe la croissance des diatomées (*voir pp. 577-78*) parce que le rapport silicium/nitrate s'en trouve modifié (le silicium est nécessaire à la formation de la frustule des diatomées). À cause de ce changement dans leurs ressources, les diatomées de la Mer Noire n'arrivent plus à croître et à fixer les nutriments. Le résultat en a été une augmentation par un facteur 600, des teneurs en nitrate et un développement massif des algues toxiques. Le délicat équilibre des fleuves peut donc être altéré de façon inattendue par les barrages (il y a plus de 36.000 barrages dans le monde et d'autres en voie de construction, y compris en Chine), conduisant à des effets sur les processus microbiologiques aquatiques et sur les écosystèmes entiers.

Maintenant que les effets dommageables des barrages sont reconnus, il y a une tendance croissante à tenter d'aménager des brèches dans ces constructions afin de restaurer les flux normaux

de l'eau et des sédiments, et de permettre aux poissons de migrer vers les portions supérieures des fleuves, dont ils sont souvent exclus depuis des décennies.

Les micro-organismes dans la glace d'eau douce

Les eaux douces incluent les glaciers, aussi bien que les vastes calottes glaciaires des régions polaires arctique et antarctique. Ces régions, bien que très éloignées de la plupart des populations, sont d'importants habitats pour les micro-organismes. Les profonds lacs gelés de l'Antarctique présentent un intérêt tout particulier. Les lacs de la McMurdo Dry Valley constituent un excellent exemple. Ils sont couverts par des couches de glace de 3 à 6 mètres d'épaisseur, dans lesquelles les sédiments apportés par le vent occupent différents niveaux. En été, la glace de ces zones contenant des sédiments fond et donne aux micro-organismes l'occasion de croître. L'étude des micro-organismes qui habitent la glace des pôles nord et sud est intéressante. S'agit-il de populations isolées et différentes ? Certains d'entre eux montrent-ils une distribution biogéographique ?

Un des habitats gelés les plus intéressants se trouve au-dessus du lac Vostok dans l'Antarctique, où des échantillons ont été prélevés jusqu'à une profondeur de 3.600 mètres dans une glace qui est dans cet état depuis plus de 420.000 ans. Le vrai lac Vostok se trouve sous 120 mètres de glace. Il a une dimension similaire à celle du lac Ontario, mais il est plus profond, avec ses 500 mètres de profondeur. Les scientifiques recherchent activement des micro-organismes dans ce milieu unique, fait de glace d'eau douce fort ancienne. On espère pouvoir établir une relation entre les communautés microbiennes et la période où elles se sont déposées.

---

1. Qu'est-ce qu'une courbe affaissée en oxygène, et quels sont les changements qui produisent cet effet dans un fleuve ?
2. Qu'est-ce qu'une pollution ponctuelle, une pollution généralisée ? Donnez des exemples.
3. Comment les barrages pourraient-ils influencer les micro-organismes et les processus microbiens dans les fleuves ?
4. Qu'a de particulier le lac Vostok dans l'Antarctique ?

Tableau 29.3 **Micro-organismes pathogènes transmis par l'eau et conservés dans l'environnement indépendamment de l'homme**

Organismes	Réservoir	Commentaires
Bactéries		
Aeromonas hydrophila	Vie libre	Parfois associé à des gastroentérites, des cellulites et d'autres maladies
Campylobacter	Oiseaux et animaux	Cause principale de diarrhées: commun dans la volaille préparée ; microaérophile
Helicobacter pylori	Libre, non connu	Peut provoquer la gastrite de type B, les ulcères gastriques, les adénocarcinomes gastriques
Legionella pneumophila	Vit libre et associé à des protozoaires	Présente dans les tours de réfrigération, les évaporateurs, les condenseurs, les douches et d'autres sources d'eau
Leptospira	Animaux infectés	Hémorragies et jaunisse
Mycobacterium	Animaux infectés et vie libre	Technique de mise en évidence complexe
Pseudomonas aeruginosa	Vie libre	Infections de l'oreille chez les nageurs et infections apparentées
Salmonella enteriditis	Système intestinal des animaux	Commune dans de nombreuses eaux
Vibrio cholerae	Vie libre	Présent dans beaucoup d'eaux et d'estuaires
Vibrio parahaemolyticus	Vit libre dans les eaux côtières	Provoque des diarrhées chez les consommateurs de fruits de mer
Yersinia enterocolitica	Fréquent chez les animaux et dans l'environnement	Gastroentérites transmises par l'eau
Protozoaires		
Acanthamoeba	Zones d'épandage des boues d'épuration	Peut occasionner une encéphalite amibienne granulomateuse ; kératites, ulcères de la cornée
Cryptosporidium	Nombreuses espèces d'animaux domestiques et sauvages	Occasionne des entérocolites aiguës ; important pour les individus immunodéficients ; kystes résistants à la désinfection chimique
Cyclospora cayetanensis	Dans les eaux—ne supporte pas la dessiccation ; autres réservoirs possibles	Provoque une diarrhée de longue durée (en moyenne 43 jours) ; l'infection se limite d'elle-même chez les hôtes immunocompétents ; sensible à un traitement précoce par du Bactrim
Giardia lamblia	Castors, moutons, chiens, chats	Cause principale des diarrhées printanières précoces ; important dans les eaux froides de montagne
Naegleria fowleri	Eau chaude (bains chauds), piscines, lacs	Inhalation dans les narines ; infection du système nerveux central ; provoque des méningo-encéphalites amibiennes primitives

29.5.   L'eau et la transmission des maladies

Depuis le début de l'Histoire, on a considéré l'eau comme un transporteur potentiel de maladies. Dans le but de préserver sa santé, Alexandre le Grand (356-323 av. J-C) faisait porter son eau potable personnelle dans des urnes d'argent. L'association entre les métaux lourds nobles tels que l'argent et la prévention des maladies d'origine aquatique fut établie très tôt par des observations fortuites. La relation entre une fourniture en eau fraîche et la santé d'une population urbaine était admise sous l'Empire Romain (27 av. J-C). Mais une grande partie de la technologie pour la protection de la distribution d'eau disparut par la suite jusqu'au milieu du 19e siècle.

La consommation de l'eau par l'homme ne fait qu'augmenter. Il s'en sert surtout pour y évacuer ses déchets. Ceci a pour effet d'y ajouter des matières organiques et des pathogènes, ce qui constitue un problème permanent pour la santé humaine.

Le transport des pathogènes et la purification des eaux

De nombreux organismes pathogènes importants pour l'homme survivent en association avec d'autres êtres vivants, comme des animaux et des oiseaux sauvages. Certains de ces protozoaires et bactéries pathogènes peuvent survivre dans l'eau et infecter l'homme. *Vibrio vulnificus*, *V. parahaemolyticus* et *Legionella* sont, par exemple, des sujets de préoccupation constante. Il y a certainement un risque de transmission de maladie lorsqu'on utilise un milieu aquatique dans un but récréatif, ou comme source de fruits de mer à consommer crus. Une infection véhiculée par l'eau peut avoir des conséquences graves pour des individus immunodéficients.

Le **tableau 29.3** résume et le chapitre 37 décrit quelques maladies importantes transmises par l'eau. Les bactéries et virus pathogènes transmis par l'eau sont amplement décrits, dans les sections 38.4 et 39.4. Les protozoaires pathogènes *Giardia*, *Cryptosporidium* sont décrits dans la section 40.2 ; on parle de *Cyclospora* à la page 653.

Une autre maladie à protozoaire transmise par l'eau est l'objet d'un souci croissant dans le monde, il s'agit de la méningo-encéphalite amibienne primitive, une infection du système nerveux central causée par *Naegleria fowleri*. La maladie survient habituellement chez les enfants ou les jeunes adultes ayant nagé dans des lacs, des piscines ou ayant fait du ski nautique. Après une infection nasale, le protozoaire atteint le cerveau et déclenche une réponse inflammatoire. L'issue est habituellement fatale. L'eau chaude et les effluents industriels chauffés favorisent la multiplication de ce protozoaire. Les maladies à protozoaires (p. 950-58) ; Les maladies virales alimentaires et transmises par l'eau (p. 891-93) ; Les maladies bactériennes alimentaires et transmises par l'eau (p. 926-33).

La purification des eaux est un élément essentiel dans le contrôle des maladies d'origine aquatique. Comme le montre la **figure 29.20**, la purification des eaux implique une variété d'étapes dont la nature dépend du type d'impuretés présentes dans la source d'eau brute. Si l'eau contient, par exemple, de grandes quantités de fer et de manganèse, qui souvent précipiteront lors d'une exposition de l'eau à l'air, il peut être nécessaire d'aérer l'eau et d'employer d'autres méthodes tôt dans la séquence de purification, pour éliminer ces ions. Habituellement, on assainit les eaux de distribution municipale par un processus comprenant au moins trois ou quatre étapes. Si l'eau brute contient une grande quantité de ma-

Étapes de purification de l'eau

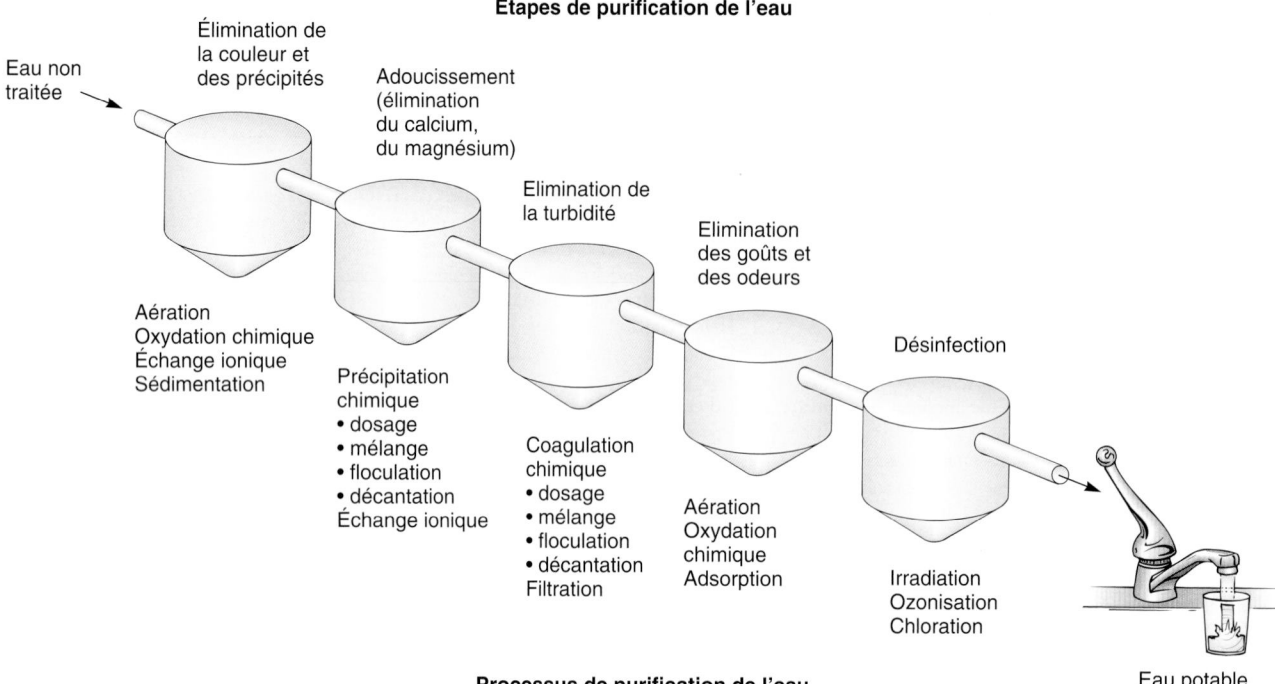

Processus de purification de l'eau

Figure 29.20 La purification de l'eau. Plusieurs voies alternatives existent pour le traitement de l'eau potable, selon la qualité initiale de l'eau. Un problème majeur est sa désinfection : la chloration peut conduire à la formation de sous-produits, dont les trihalométhanes potentiellement cancérigènes.

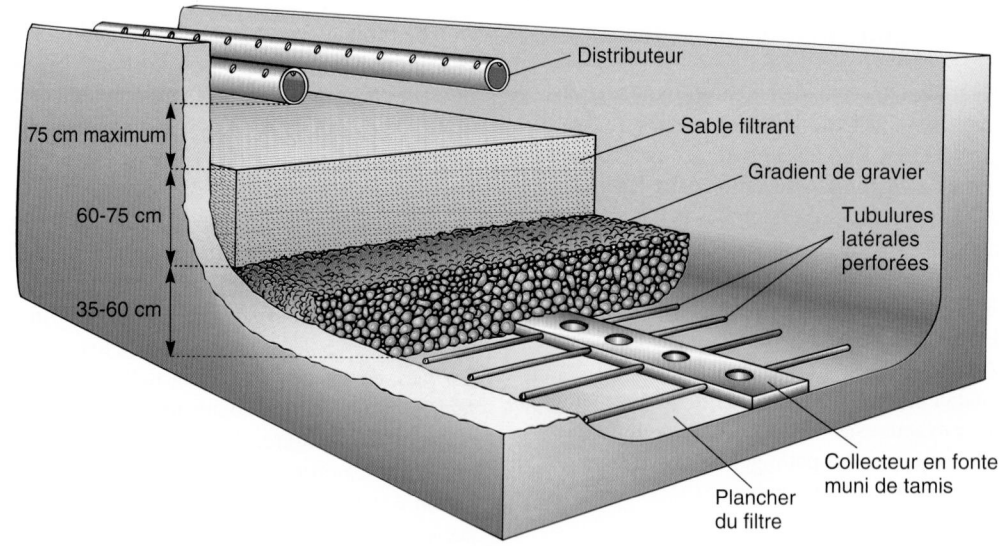

Figure 29.21 La filtration de l'eau. La filtration physique est une étape importante du traitement de l'eau potable. Ceci est une coupe transversale d'un filtre de sable typique montrant les couches de sable et de gravier calibré.

tières en suspension, elle est souvent dirigée dans un premier temps, vers un **bassin de sédimentation** et conservée jusqu'à ce que le sable et les grosses particules se déposent. L'eau partiellement clarifiée est ensuite mélangée à des substances chimiques, comme de l'alun et de la chaux, et déplacée vers un **bassin de décantation** dans lequel de nouvelles matières précipitent. Cette technique s'appelle la **coagulation** ou la floculation. Elle élimine

les micro-organismes, la matière organique, les contaminants toxiques et les fines particules en suspension. Après ces étapes, l'eau est encore purifiée en passant à travers une unité de filtration (**figure 29.21**). On utilise à cette fin des **filtres de sable rapides** retenant les fines particules et les flocons ou flocs. Cette filtration élimine jusqu'à 99% des bactéries restantes. Après filtration, l'eau est traitée par un désinfectant. Cette étape comporte habituellement

Maladies d'origine aquatique, alimentation en eau et filtration lente sur sable : Le retour d'un concept éprouvé par le temps dans le traitement de l'eau potable

La filtration lente sur sable au cours de laquelle l'eau potable passe à travers un filtre de sable portant à sa surface une couche de micro-organismes eut une histoire longue et intéressante. Après la grave épidémie de choléra de 1849 à Londres, le Parlement exigea dans un acte daté de 1852 que toute l'eau de distribution de Londres fut passée, avant utilisation, au travers de filtres de sable lents.

L'utilité de cette méthode fut démontrée en 1892, lorsqu'une importante épidémie de choléra à Hambourg, en Allemagne, fit 10. 000 victimes. La ville voisine d'Altona, qui utilisait la filtration lente sur sable,

fut épargnée. Des filtres de sable lents furent installés dans de nombreuses villes, au début des années 1900, mais la méthode tomba en disgrâce avec l'avènement des filtres de sable rapides, de la chloration et de l'utilisation de coagulants comme l'alun. La filtration lente sur sable, une méthode éprouvée par le temps, revient à la mode en raison de son efficacité et de ses coûts de maintenance inférieurs. La filtration lente sur sable est particulièrement efficace pour éliminer *Giardia* des eaux. C'est pour cette raison qu'on l'utilise dans de nombreuses communautés montagnardes où *Giardia* pose problème.

---

une chloration mais l'ozonisation devient de plus en plus courante. Lors de la chloration, la dose de chlore doit être suffisamment importante pour que le chlore libre résiduel ait une concentration variant de 0,2 à 2 mg/l. La création de **sous-produits de désinfection** comme les **trihalométhanes,** qui se forment lorsque le chlore réagit avec la matière organique, pose un problème. Certains de ces composés peuvent être cancérigènes.

Le processus de purification décrit ci-dessus élimine efficacement ou inactive les bactéries pathogènes et les organismes indicateurs (coliformes). Malheureusement, cependant, l'utilisation de coagulants, de la filtration rapide et d'une désinfection chimique n'élimine pas de manière fiable les kystes de *Giardia lamblia*, les oocystes de *Cryptosporidium*, *Cyclospora* et les virus. On considère maintenant aux États-Unis que *Giardia*, responsable de diarrhée chez l'homme, est l'agent pathogène d'origine aquatique le plus fréquemment identifié. Le protozoaire, initialement observé par van Leeuwenhoek en 1681, a des formes trophozoïtes et enkystées. On appelle souvent cette maladie, « la diarrhée du voyageur ». Elle est transmise, principalement, par l'eau de rivière non traitée ou par une alimentation en eau municipale non fiable. Des **filtres de sable lents** permettent une élimination plus uniforme des kystes de *Giardia*, dont la taille est de 7 à 10 par 8 à 12 μm. Ce traitement implique le passage lent de l'eau à travers un lit de sable. Les micro-organismes transportés par les eaux sont éliminés par adhésion à la couche microbienne gélatineuse de surface (**encadré 29.2**). Giardia (pp. 589, 953-54).

Au cours des quelques dernières années, *Cryptosporidium* a suscité plus d'inquiétude que *Giardia*. Ce protozoaire parasite est plus petit que *Giardia* et est plus difficile à éliminer de l'eau. On discutera de *Cryptosporidium* dans la section 40.2.

Cyclospora est un autre pathogène de l'homme qui émerge depuis peu. Ce protozoaire coccidien est plus grand que *Cryptosporidium* et a deux sporocystes, avec deux sporozoïtes chacun (*Cryptosporidium* a quatre sporozoïtes dans ses oocystes). *Cyclospora* provoque la cyclosporiose, une diarrhée auto-limitante qui dure de 19 à 43 jours et peut être accompagnée de nausées, de vomissements, de crampes et de fièvre. On a récemment associé *Cyclospora* à l'apparition de diarrhées, dues à une contamination fécale par des fruits et des légumes importés.

Il faut également détruire ou éliminer les virus de l'eau potable. La coagulation et la filtration réduisent les concentrations vi-

rales d'environ 90 à 99%. Une inactivation plus poussée des virus, par des oxydants chimiques, des pH élevés et une photooxydation, peut conduire à une réduction atteignant 99,9%. Néanmoins, on estime qu'aucune de ces méthodes ne peut offrir une protection suffisante. La mise au point de nouveaux standards pour l'élimination des virus est en cours. Les bactériophages (*voir chapitre 17*), qui peuvent être facilement cultivés et testés, sont maintenant utilisés comme substituts pour évaluer la désinfection. Si un processus désinfectant donné réduit suffisamment l'infectivité par bactériophage, on suppose qu'il amènera aussi à des niveaux satisfaisants, les virus capables d'infecter l'homme.

Parce que la qualité de l'eau potable aux États-Unis pose des problèmes croissants, on a mis sur pied une « Information Collection Rule ». Ce programme a été élaboré pour évaluer la menace que constituent ces pathogènes pour les eaux des villes dont la population dépasse les 100.000 habitants.

---

1. Quels pathogènes bactériens importants peuvent être transmis par les eaux ?
2. Quelle maladie est due à *Naegleria fowleri* ? Quelle est la voie de pénétration dans le corps humain ?
3. Quelles étapes effectue-t-on habituellement pour purifier l'eau potable ?
4. Pourquoi la chloration, bien que bénéfique dans le contrôle des pathogènes bactériens, constitue-t-elle un problème environnemental ?
5. Quels pathogènes importants transmis par les eaux ne sont pas contrôlés de façon fiable par la chloration ?

L'analyse sanitaire des eaux

La surveillance continue et la détection de micro-organismes indicateurs et pathogènes constituent une partie importante de la microbiologie sanitaire. Les bactéries du système intestinal ne survivent généralement pas dans le milieu aquatique. Elles sont soumises à un stress physiologique et perdent graduellement la capacité de former des colonies sur des milieux différentiels et sélectifs. Leur vitesse de mortalité dépend de la température de l'eau, des effets des rayons solaires, des populations d'autres bactéries présentes et de la composition chimique de l'eau. Il existe des méthodes pour « revivifier » ces coliformes stressés, avant de les identifier au moyen de milieux sélectifs et différentiels.

Un large éventail de maladies virales, bactériennes et à protozoaires résultent de la contamination de l'eau par des matières fécales humaines (*voir chapitres 38, 39 et 40*). Bien qu'ils puissent détecter directement un grand nombre de ces agents pathogènes, les microbiologistes de l'environnement ont généralement utilisé des **organismes indicateurs** comme indices d'une contamination possible de l'eau. Certains des critères proposés pour ces indicateurs sont repris ci-dessous :

1. La bactérie indicatrice doit convenir pour une analyse de tous les types d'eau : du robinet, fluviale, souterraine, en bouteille, à usage récréatif, estuarienne, marine, usée.
2. La bactérie indicatrice doit être présente chaque fois que des agents pathogènes entériques sont présents.
3. La bactérie indicatrice doit survivre plus longtemps que le germe pathogène entérique le plus résistant.
4. La bactérie indicatrice ne doit pas se multiplier dans l'eau contaminée et présenter ainsi une valeur exagérée.
5. La technique de détermination de l'indicateur doit avoir une grande spécificité. En d'autres mots, les autres bactéries ne devraient pas donner de résultats positifs. De plus, la technique devrait avoir une grande sensibilité et détecter de faibles quantités de l'indicateur.
6. La méthode de mesure doit être facile à utiliser.
7. L'indicateur doit être sans danger pour les êtres humains.
8. La concentration de la bactérie indicatrice doit refléter de façon directe le niveau de pollution fécale dans l'eau contaminée.

Les **coliformes**, parmi lesquels *Escherichia coli*, sont des membres de la famille des *Enterobacteriaceae*. Ces bactéries représentent moins de 10% des micro-organismes intestinaux humains et animaux (*voir figure 31.2*) et sont largement utilisées comme organismes indicateurs. Elles perdent leur viabilité dans l'eau plus lentement que la majorité des bactéries pathogènes intestinales importantes. Lorsqu'on ne détecte pas ces bactéries indicatrices entériques « étrangères » dans un volume spécifique (100 ml), on considère l'eau comme **potable** ou bonne à la consommation humaine. Les entérobactériacées (p. 505-7).

Le groupe des coliformes comprend *E. coli, Enterobacter aerogenes* et *Klebsiella pneumoniae*. On définit les coliformes comme des bactéries en forme de bâtonnet, non sporulantes, Gram-négatives, anaérobies facultatives qui fermentent le lactose en 48 h à 35°C, en produisant du gaz. Le test original de mise en évidence des coliformes, utilisé pour répondre à cette définition, comporte les tests de présomption, de confirmation et de démonstration décrits dans la **figure 29.22**. L'étape présomptive est exécutée au moyen de tubes inoculés par trois volumes différents d'échantillon pour donner une estimation du **nombre le plus probable (NPP)** de coliformes dans l'eau. L'examen complet, comprenant les tests de confirmation et de démonstration, exige quatre jours d'incubation et de transferts.

Malheureusement, les coliformes comprennent une large gamme de bactéries dont la source principale peut ne pas être le système intestinal. Pour faire face à cette difficulté, on a développé des méthodes permettant de vérifier la présence de **coliformes fécaux** dans les eaux. Il s'agit des coliformes intestinaux provenant d'animaux homéothermes et capables de se multiplier à la température plus restrictive de 44,5°C.

On a mis au point une variété de méthodes plus simples et plus spécifiques pour la recherche de coliformes et de coliformes fécaux, et pour récupérer plus efficacement les coliformes stressés. En font partie, la technique des membranes filtrantes, le **test de présence-absence (P-A)** des coliformes et la **méthode des substrats définis** de Colilert pour la détection des coliformes et d'*E. coli*.

La **technique des membranes filtrantes** (*voir figure 6.6*) est devenue une méthode classique, elle est souvent préférée pour évaluer les caractéristiques microbiologiques de l'eau. On passe l'échantillon d'eau à travers une membrane filtrante. La membrane avec les bactéries retenues est transférée sur la surface d'un milieu solide ou d'un tampon absorbant contenant un milieu liquide choisi. L'utilisation d'un milieu approprié permet la détection rapide des coliformes totaux, des coliformes fécaux ou des streptocoques fécaux, par la présence de colonies caractéristiques (**figure 29.23** ; *voir également figure 6.7*). On peut placer des échantillons sur un milieu de revivification moins sélectif, ou les incuber à une température moins stressante avant de les cultiver dans les conditions sélectives finales. Un exemple d'une étape de revivification consiste à incuber la membrane pendant 2 heures, sur un tampon imprégné de milieu au sulfate de lauryle, comme dans la technique LES Endo. Une étape de revivification est souvent nécessaire avec les échantillons chlorés contenant des micro-organismes particulièrement stressés. Les avantages et les désavantages de la technique des membranes filtrantes sont résumés dans le **tableau 29.4**. On a beaucoup utilisé les membranes filtrantes pour l'eau contenant peu de micro-organismes, de dépôts ou de métaux lourds.

Il existe maintenant des techniques plus simples de détection des coliformes et des coliformes fécaux. On peut utiliser le test de présence-absence (test P-A) pour les coliformes. Il s'agit d'une modification de la technique du NPP dans laquelle on incube un échantillon d'eau plus important (100 ml) dans un seul flacon de culture avec un bouillon trois fois concentré, contenant du milieu lactosé, du milieu au sulfate de lauryle et du violet de bromocrésol comme indicateur. Le test P-A est basé sur le postulat qu'aucun coliforme ne devrait être présent dans 100 ml d'eau potable. La production d'acide (couleur jaune) constitue un test présomptif positif nécessitant une confirmation.

La méthode des substrats définis de Colilert permet de détecter les coliformes et *E. coli*. On ajoute un échantillon d'eau de 100 ml à un milieu spécial, contenant de l'*o*-nitrophényl-β-D-galactopyranoside (**ONPG**) et du 4-méthylumbelliféryl-β-D-glucuronide (**MUG**) comme seuls éléments nutritifs. La présence de coliformes se traduira par un virage du milieu vers le jaune après 24 heures à 35°C, en raison du clivage de l'ONPG comme le montre la **figure 29.24**. Une fluorescence du milieu sous les UV longs indiquera la présence d'*E. coli* qui modifie le MUG en un dérivé fluorescent. Une réponse négative dans la recherche des coliformes indique que l'eau est acceptable pour la consommation humaine. La différence principale avec les normes antérieures tient dans l'obligation d'avoir des eaux dépourvues de coliformes et de coliformes fécaux. S'il y a des coliformes, il faut rechercher les coliformes fécaux ou *E. coli*.

On utilise maintenant en routine les techniques moléculaires pour détecter les coliformes dans les eaux et dans d'autres milieux,

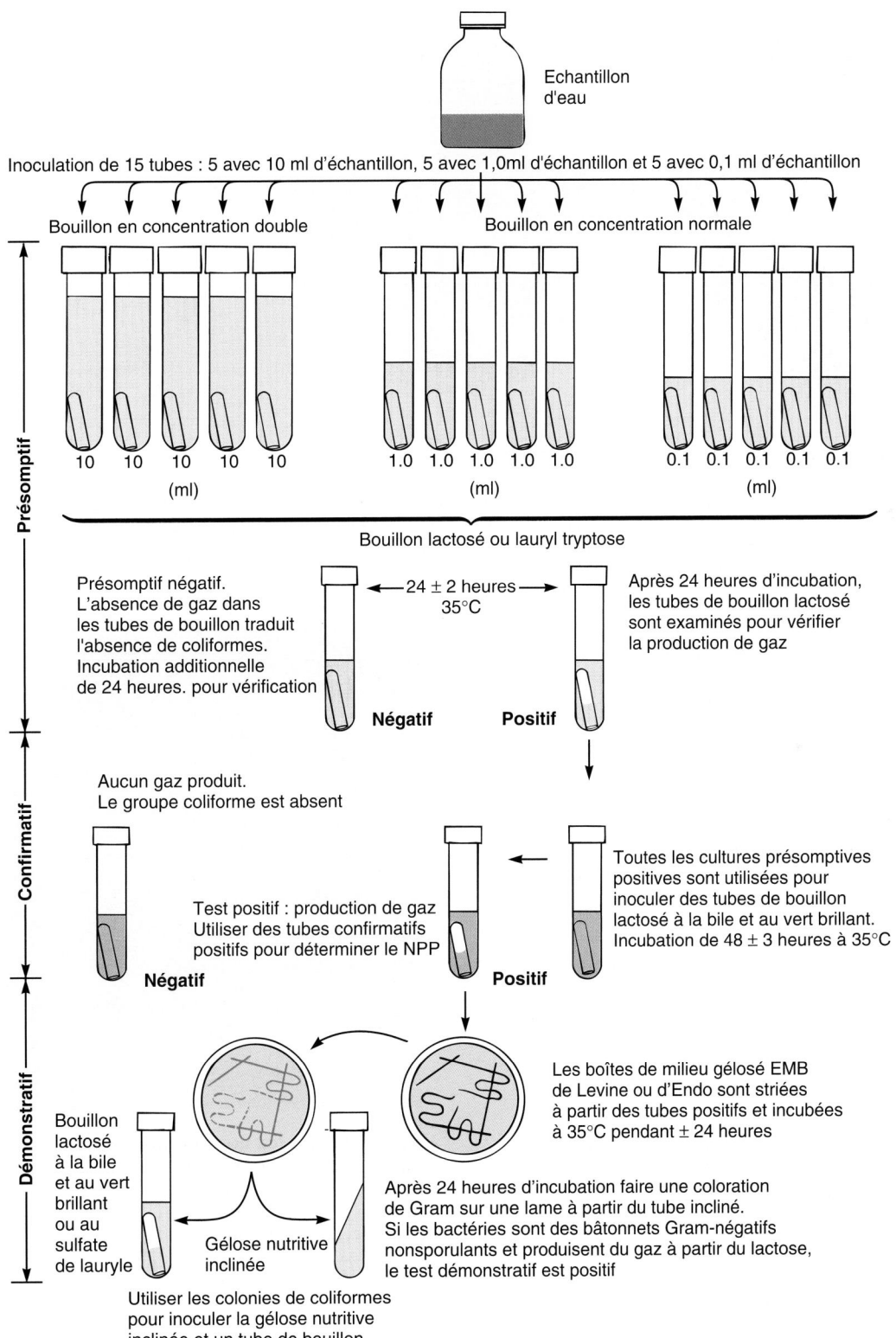

Figure 29.22 Le test de fermentation à tubes multiples. On a utilisé la technique de fermentation à tubes multiples pendant de nombreuses années pour l'analyse bactériologique de l'eau. Dans le test de présomption, des volumes différents d'eau servent à inoculer des tubes de bouillon lactosé. Les tubes positifs produisant du gaz servent d'inoculum dans du milieu lactosé bilié au vert brillant pour le test de confirmation et les tubes positifs sont utilisés pour calculer la valeur du nombre le plus probable (NPP). Le test de démonstration est utilisé pour établir la présence des bactéries coliformes.

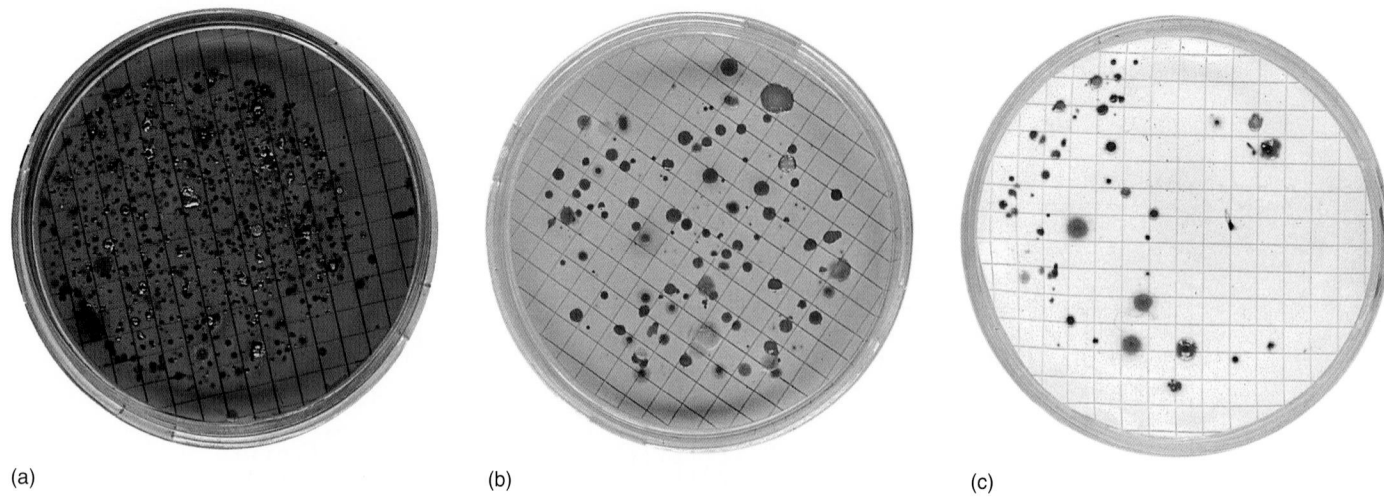

(a)   (b)   (c)

Figure 29.23 Colonies de coliformes et d'entérocoques. Les membranes filtrantes ont permis une recherche plus rapide des coliformes, des coliformes fécaux et des entérocoques fécaux dans les eaux, en utilisant des milieux différentiels. (**a**) Réactions des coliformes sur le milieu d'Endo. (**b**) Croissance de coliformes fécaux sur un milieu salé, à la bile (mFC gélose) contenant du bleu d'aniline. (**c**) Entérocoques fécaux se développant sur un milieu contenant du nitrure (gélose KF) avec du TTC (chlorure de triphényltétrazolium) ajouté pour permettre une meilleure détection des colonies.

Tableau 29.4 Avantages et désavantages de la technique des membranes filtrantes pour l'évaluation de la qualité microbienne de l'eau

Avantages

Une bonne reproductibilité

Souvent, obtention des résultats en une étape

Les membranes peuvent être transférées sur différents milieux

Des volumes importants peuvent être traités pour augmenter la sensibilité de la technique

Les gains de temps sont importants

Une possibilité de terminer les filtrations sur le site

Un coût total plus faible en comparaison avec la technique du NPP

Désavantages

Une turbidité importante des eaux limite les volumes prélevés

Des populations importantes de bactéries du milieu croissent et masquent les organismes indicateurs

Les métaux et les phénols peuvent s'adsorber sur les filtres et inhiber la croissance

Source : D'après A.E. Greenberg et *al.. Standard methods for the examination of water and wastewater.* 16e édition, page 886, 1985. American Public Health Association, Washington, DC.

(a)   (b)   (c)

Figure 29.24 Le test des substrats définis. Ce test beaucoup plus simple est maintenant utilisé pour détecter les coliformes et les coliformes fécaux dans des échantillons uniques de 100 ml d'eau. Le milieu contient de l'ONPG et du MUG (voir texte) comme substrats définis. (**a**) Contrôle non inoculé. (**b**) Coloration jaune due à la présence de coliformes. (**c**) Réaction fluorescente due à la présence de coliformes fécaux.

---

y compris les aliments. On a mis au point des amorces qui ciblent les gènes de l'ARNr 16S des coliformes. Avec ces amorces, il est possible de détecter une unité d'*E. coli* formatrice de colonie par 100 ml d'eau, si une étape d'enrichissement de 8 heures, par amplification par PCR, a précédé. Ceci permet de différencier les souches non pathogènes des souches entérotoxinogènes, y compris *E. coli* O157:H7, productrice de la toxine « Shiga ». La technique PCR (pp. 326-27)

Les États-Unis ont établi un ensemble de directives générales pour la qualité microbiologique des eaux potables comprenant des normes pour les coliformes, les virus et *Giardia* (**tableau 29.5**). En cas d'utilisation d'eaux de surface non filtrées, il faut rechercher les coliformes quotidiennement lorsque les eaux ont des turbidités élevées.

Parmi les autres micro-organismes indicateurs, on compte les **entérocoques fécaux**. On les utilise de plus en plus comme indi-

Tableau 29.5   Standards actuels pour l'eau potable aux États-Unis.

Agent	Teneur maximale en contaminants visée (MCLG[a]) et teneur maximale en contaminants (MCL[b]) permises
Coliformes	MCLG = 0
	MCL = pas plus de 5% d'échantillons positifs pour les coliformes totaux/mois pour les réseaux de distibution qui prélèvent plus de 40 échantillons/mois. Pour les réseaux qui prélèvent moins de 40 échantillons en routine/mois, il ne peut pas y en avoir plus d'un positif aux coliformes. Chaque échantillon qui contient des coliformes totaux doit être analysé pour les coliformes fécaux. Il ne peut y avoir aucun coliforme fécal.
Giardia lamblia	MCLG = 0
Legionella	MCLG = 0
Virus (entériques)	MCLG = 0

Source: Environmental Protection Agency, USA, 24 juillet, 2000.

[a]MCLG = Maximum Contaminant Level Goal
[b]MCL = Maximum Contaminant Level

cateur de contamination fécale dans les eaux saumâtres et marines. Ces bactéries meurent plus lentement dans l'eau salée que les coliformes fécaux et constituent un indicateur plus fiable de pollution potentielle récente. Le genre *Enterococcus* (pp. 531-33).

1. Qu'est-ce qu'un organisme indicateur et quelles propriétés doit-il avoir ?
2. Comment définit-on un coliforme ? Comment cette définition est-elle associée aux tests de présomption, de confirmation et de démonstration ?
3. Comment différencie-t-on coliformes et coliformes fécaux au laboratoire ?
4. Dans quel type de milieu est-il plus indiqué d'employer les entérocoques fécaux comme organismes indicateurs, plutôt que les coliformes fécaux ?
5. Quels sont les avantages et les désavantages des membranes filtrantes pour les analyses microbiologiques de l'eau ?
6. Pourquoi le test des substrats définis avec l'ONPG et le MUG a-t-il été accepté comme test de qualité de l'eau potable.

29.6.   L'épuration des eaux usées

Les eaux contiennent souvent de grandes quantités de matière organique provenant des déchets industriels et agricoles (p. ex. de la préparation des aliments, des usines pétrochimiques et chimiques, et des déchets de résine des usines de contre-plaqué), et des ordures humaines. Il est nécessaire d'éliminer cette matière organique en épurant les eaux usées. Selon les efforts consentis pour cette tâche, elle peut donner des eaux contenant encore des nutriments et des micro-organismes qu'on peut rejeter dans les fleuves et les rivières.

L'épuration des eaux chargées des ordures humaines, où de nombreux pathogènes peuvent être présents, est un des facteurs les plus importants dans l'entretien d'une société développée. En fait, les traitements modernes des eaux d'égout, ajoutés à la chloration, ont permis de réduire fortement la dispersion des pathogènes dans le monde. Cette technologie souvent mal appréciée est ainsi la ligne avancée du maintien d'une société saine. Quand le traitement

Tableau 29.6   Le test de la demande biochimique en oxygène (DBO) : un système avec des composés en excès et limitants

Composés en excès à la fin de la période d'incubation
Azote
Phosphore
Fer
Oligoéléments
Micro-organismes
Oxygène

Composé limitant à la fin de la période d'incubation
Matière organique

des eaux d'égout est interrompu, comme cela arrive souvent lors de catastrophes naturelles ou de troubles civils, des maladies oubliées depuis longtemps, comme le choléra, réapparaissent.

Mesurer la qualité de l'eau

Pour suivre l'élimination du carbone lors de l'épuration des eaux usées, plusieurs approches sont possibles. Cette élimination peut être mesurée (1) en dosant le **carbone organique total (COT)**, (2) en évaluant le carbone chimiquement oxydable par le test de la **demande chimique en oxygène (DCO)**, ou (3) en dosant le carbone biologiquement utilisable par le test de la **demande biochimique en oxygène (DBO)**. Le COT inclut tout le carbone, qu'il soit ou non utilisable par les micro-organismes. On le dose en oxydant la matière organique d'un échantillon, à haute température, dans un courant d'oxygène, et en mesurant le CO_2 formé, par des techniques infrarouges ou potentiométriques. La DCO donne une mesure similaire, mis à part que souvent, la lignine ne réagit pas avec l'oxydant chimique, comme le permanganate utilisé ici. Le test de la DBO, en comparaison, ne mesure que la fraction du carbone total qui peut être oxydée par les micro-organismes pendant 5 jours, dans des conditions standardisées.

La demande biochimique en oxygène est une mesure indirecte de la matière organique dans les milieux aquatiques. C'est la quantité d'oxygène dissous exigée pour l'oxydation microbienne de la matière organique biodégradable. Lorsque l'on mesure la consommation en oxygène, l'oxygène lui-même doit être présent en excès et ne pas limiter l'oxydation des éléments nutritifs (**tableau 29.6**). Pour y parvenir, l'échantillon pollué est dilué de manière telle qu'au moins 2 mg d'oxygène par litre soient utilisés, alors qu'au moins 1 mg d'oxygène par litre subsiste dans le flacon d'essai. L'ammoniac libéré au cours de l'oxydation de la matière organique peut également exercer une demande en oxygène dans le test de la DBO, c'est pourquoi la nitrification ou la **demande de la nitrification en oxygène (DNO)** est souvent inhibée par de la 2-chloro-6-(trichlorométhyl) pyridine (nitrapyrine). Dans le test normal de la DBO, qui se déroule pendant cinq jours à 20°C sur des échantillons non traités, la nitrification n'est pas d'une grande importance. Mais lorsque des effluents traités sont analysés, la DNO peut constituer un problème.

Du point de vue de la vitesse, le COT est la mesure la plus rapide, mais elle nous informe moins sur les processus biologiques. Le test de la DCO est plus lent et implique l'usage de produits chimiques humides, donc des coûts plus élevés en évacuation de dé-

Tableau 29.7 Étapes principales de l'épuration primaire, secondaire et tertiaire des eaux usées

Étape de l'épuration	Procédés
Primaire	Élimination des matières particulaires insolubles par tamisage, par addition d'alun et d'autres agents de coagulation et par d'autres techniques physiques
Secondaire	Élimination biologique des matières organiques dissoutes
	Lits bactériens
	Boues activées
	Lagunage
	Système d'aération prolongée
	Digesteurs anaérobies
Tertiaire	Élimination biologique des éléments nutritifs inorganiques
	Élimination chimique des éléments nutritifs inorganiques
	Élimination/inactivation des virus
	Élimination des produits chimiques en traces

(a)

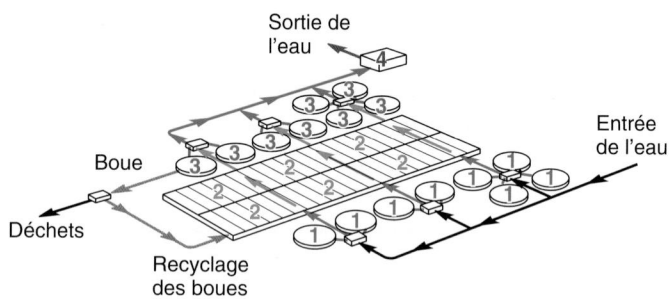

1 = Décanteurs primaires
2 = Bassins avec les boues activées
3 = Décanteurs finaux
4 = Bassin de chloration

(b)

Figure 29.25 Vue aérienne d'une station classique moderne d'épuration des eaux usées. Les stations d'épuration des eaux usées reproduisent dans de grands bassins en béton, et dans des conditions contrôlées plus intensives, les processus d'épuration naturelle qui ont lieu dans les rivières et les lacs. (**a**) Une station dans le New Jersey. (**b**) Diagramme des flux dans la station.

chets chimiques. Le COT, la DCO et la DBO donnent des informations différentes, mais complémentaires sur le carbone présent dans un échantillon d'eau. Il est important de noter que ces mesures, qui visent le carbone et son élimination, n'abordent pas directement les problèmes de l'élimination des sels minéraux, comme le nitrate, le phosphate et le sulfate des eaux. Ces sels minéraux ont un impact dans le monde entier sur le développement des cyanobactéries et des algues dans les lacs, les fleuves et les océans, en contribuant au processus d'eutrophisation. L'élimination de la matière organique dissoute et si possible des nutriments minéraux, l'inactivation et l'élimination des pathogènes sont des points importants de l'épuration des eaux usées.

1. Qu'est-ce que le COT, la DCO et la DBO ? En quoi sont-ils similaires et en quoi diffèrent-ils ?
2. Quels facteurs peuvent conduire à une demande de nitrification en oxygène (DNO) ?
3. Quels composants devraient limiter les réactions dans un test de DBO, et quels composants ne devraient pas limiter les vitesses de réaction ? Pourquoi ?
4. Quels sels minéraux peuvent contribuer à l'eutrophisation ?

Les procédés d'épuration des eaux

On peut reproduire, dans des conditions contrôlées qui intensifient les processus naturels, la séquence d'auto-épuration aérobie qui se produit lorsque des matières organiques sont apportées aux lacs et aux rivières. Ceci implique souvent l'emploi de grands bassins (traitement classique des eaux d'égout) où le mélange et les échanges gazeux sont soigneusement contrôlés. On peut aussi effectuer l'épuration en construisant des lagunes où des communautés naturelles de roseaux et de plantes aquatiques (avec les micro-organismes associés) transforment les nutriments dissous. Ce processus peut efficacement diminuer la dégradation environnementale de ressources précieuses en eau et détruire les agents pathogènes humains potentiels.

L'**épuration** classique **des eaux usées** implique normalement des traitements primaire, secondaire et tertiaire comme le résume le **tableau 29.7**. Le **traitement primaire** élimine physiquement 20 à 30% de la DBO présente sous forme particulaire, par tamisage, par précipitation des petites particules et par décantation en bassins ou réservoirs. On appelle habituellement **boue** la matière solide obtenue.

La **figure 29.25a** montre une vue aérienne d'une station moderne d'épuration des eaux usées, et un schéma de cette station est donné par la figure 29.25b. On y voit la succession des éliminations physiques des solides capables de décanter (traitement primaire) et des traitements secondaires (transformation biologique de la matière organique dissoute en biomasse microbienne et dioxyde de carbone), ainsi que les décanteurs finals. Ces décanteurs séparent la biomasse nouvellement formée (la boue d'épuration) de l'eau traitée, laquelle peut être renvoyée dans le réseau d'origine. À la fin du processus, avant son rejet, l'eau est habituellement chlorée ; ce qui commence à devenir un problème environnemental et de santé humaine.

Le **traitement secondaire** assure ensuite l'élimination biologique de la matière organique dissoute. Ce processus supprime de 90 à 95% de la DBO et de nombreuses bactéries pathogènes. Pour éliminer biologiquement les matières organiques dissoutes, plusieurs types de traitements secondaires sont possibles. Toutes ces techniques font intervenir des activités microbiennes similaires. Dans des conditions aérobies, la matière organique dissoute sera transformée en nouvelle biomasse microbienne et en dioxyde de carbone. Lorsque le développement microbien est achevé, si les conditions sont idéales, les micro-organismes vont s'agréger et former une structure floculante stabilisée qui peut sédimenter. Les sels minéraux présents dans l'eau peuvent eux aussi être piégés dans la biomasse microbienne. Lors de la croissance des micro-organismes, il peut se former des flocons (**figure 29.26**). Comme le montre la figure 29.26*a*, des flocons sains capables de décanter sont compacts. Au contraire, des flocons mal formés peuvent présenter des enchevêtrements de micro-organismes filamenteux qui vont retarder la décantation (figure 29.26*b*).

Lorsque ces processus se déroulent à des concentrations en oxygène trop faibles ou avec une communauté microbienne trop jeune ou trop vieille, une floculation et une décantation peu satisfaisantes peuvent se produire. Il se forme des **boues encombrantes** (phénomène de « bulking ») dues au développement massif de bactéries filamenteuses, telles que *Sphaerotilus* et *Thiothrix* et d'un grand nombre d'organismes filamenteux mal caractérisés. Ces importantes bactéries filamenteuses (*voir pp. 496, 502*) forment des flocons qui ne décantent pas bien et posent des problèmes de qualité des effluents.

Le système aérobie par **boues activées** (**figure 29.27***a*) comporte un flux horizontal de matières avec un recyclage des boues — la biomasse activée, formée lorsque la matière organique est oxydée et dégradée par les micro-organismes. Les systèmes à boues activées varient dans la conception du processus de mélange. De plus, la quantité de matière organique ajoutée par rapport à la biomasse microbienne active peut varier. Un système à faible régime (faible apport d'éléments nutritifs par unité de biomasse microbienne), avec des micro-organismes à croissance lente, produira un effluent où le niveau résiduel de matière organique dissoute sera faible. Un système à régime élevé (apport élevé d'éléments nutritifs par unité de biomasse microbienne), avec des micro-organismes à croissance rapide, éliminera plus de carbone organique dissous par unité de temps, mais produira un effluent de moins bonne qualité.

Pour le traitement secondaire aérobie, on peut appliquer également la méthode des **lits bactériens** ou **biofiltres** (figure 29.27*b*). L'influent pollué est dispersé sur des pierres ou d'autres matières solides, couvertes d'un film microbien dont les micro-organismes dégradent les déchets organiques. On produit moins de boue dans une station d'épuration en employant la méthode d'**aération prolongée** (figure 29.27*c*). Les micro-organismes se multiplient en dégradant la matière organique dissoute et la biomasse microbienne nouvellement formée est finalement consommée pour satisfaire les besoins en énergie de leur conservation. Ceci nécessite des bassins d'aération de très grande taille et des temps d'aération prolongés. En outre, en raison de l'auto-utilisation biologique de la biomasse, il y a souvent une libération, dans l'eau, de substances inorganiques présentes à l'origine dans les micro-organismes.

Tous les processus aérobies produisent une masse microbienne en excès ou boue de retenue, contenant de nombreux déri-

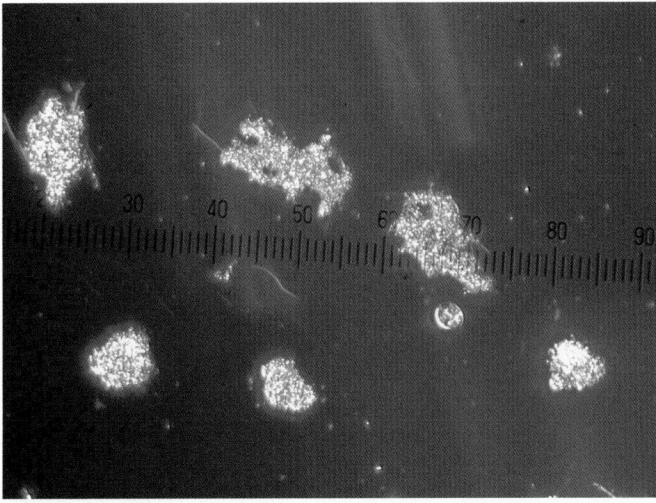

(a)

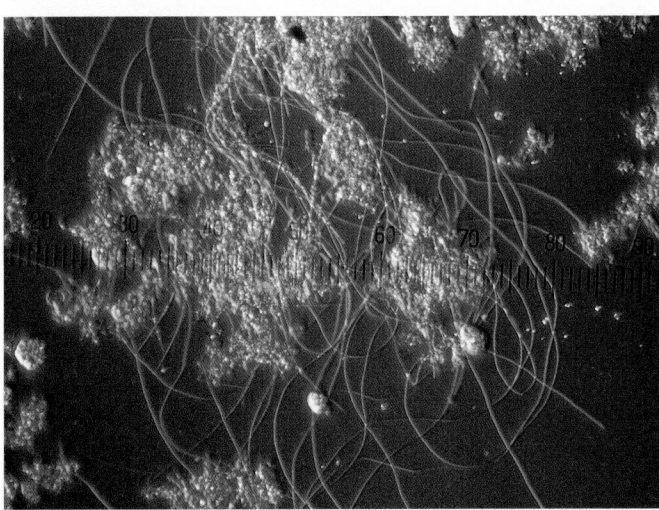

(b)

Figure 29.26 La floculation correcte dans les boues activées. Les micro-organismes jouent un rôle essentiel dans le fonctionnement des systèmes à boues activées. L'opération dépend de la formation de flocons capables de décanter (**a**). Si la station ne marche pas convenablement, il peut se former des flocons qui décantent mal (**b**). Ceci peut être dû à une mauvaise aération, à du sulfure, et à des substrats organiques acides. Ces flocons décantent mal parce que leur structure est lâche ou poreuse. Le résultat est un rejet de matière organique avec l'eau traitée et un abaissement de la qualité de l'effluent final.

vés organiques réfractaires. Les boues provenant d'un traitement aérobie sont souvent retraitées, en même temps que les matières décantées lors du traitement primaire par une **digestion anaérobie** (**figure 29.28**). Les digesteurs anaérobies sont de grands réservoirs conçus pour fonctionner en anaérobiose avec un apport continu de boues non traitées et une élimination des résidus stabilisés. Le méthane est éliminé par un évent et est souvent brûlé pour produire de la chaleur ou de l'électricité. Ce processus de digestion comporte trois étapes : (1) la fermentation des constituants de la boue pour former des acides organiques dont l'acétate ; (2) la production de substrats méthanogènes : acétate, CO_2, hydrogène ; et finalement

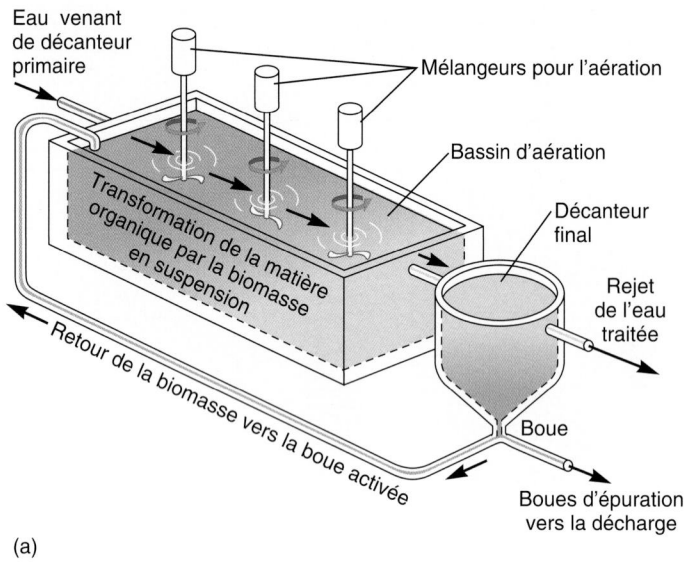

(a)

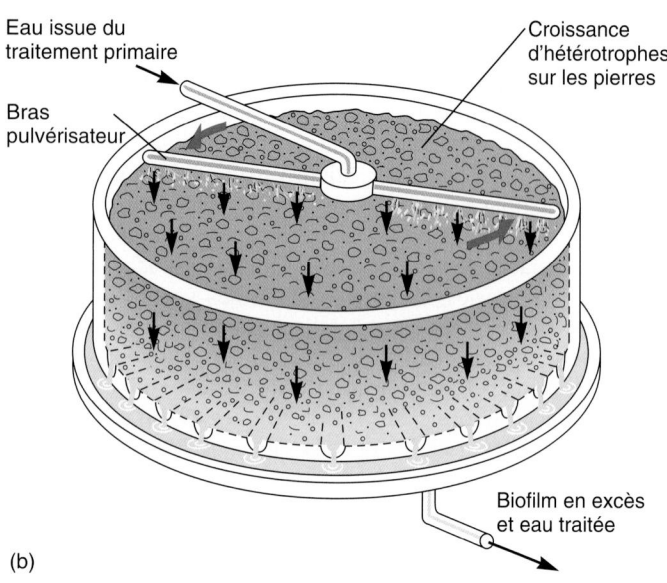

(b)

Figure 29.27 Le traitement secondaire aérobie des eaux usées. (**a**) Boue activée avec recyclage de la biomasse microbienne. La biomasse est maintenue à l'état de suspension pour maximaliser les transferts d'oxygène, de nutriments et de déchets. (**b**) Biofiltre ou lit bactérien, où les eaux usées percolent sur des biofilms formés sur des pierres ou autres supports solides. La matière organique dissoute y est transformée en nouvelle biomasse du biofilm et en dioxyde de carbone. La biomasse en excès et l'eau traitée passent dans un décanteur final. (**c**) Un processus d'aération prolongée, où l'aération est poursuivie alors que la croissance microbienne est achevée. Ceci permet une autoconsommation de la biomasse microbienne, nécessitée par les besoins en énergie du maintien des micro-organismes. (La grande longueur du réacteur permet à ce processus d'auto-consommation de la biomasse d'avoir lieu). Les sels minéraux, incorporés au départ à la biomasse microbienne, sont libérés dans l'eau au cours du processus.

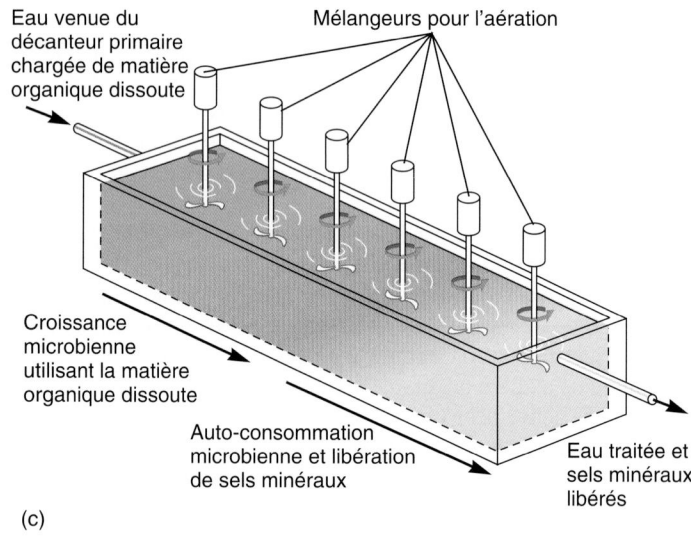

(c)

Figure 29.28 Les bioréacteurs anaérobies à grand rendement, utilisés pour la digestion des boues et la production de méthane. Ces unités ovoïdes sont tellement bien isolées qu'elles conservent leur température (39°C) sans apport de chaleur externe. On peut brûler le méthane pour produire de l'électricité. Ces réacteurs sont situés à Kiel en Allemagne.

Encadré 29.3

Les boues d'épuration, problèmes à long terme dus aux rejets terrestres et aquatiques : un défi environnemental

Les stations d'épuration des eaux usées ont permis aux grandes villes de se développer à proximité des rivières et des lacs et de préserver néanmoins la qualité de l'eau. Le traitement des eaux usées produit de grandes quantités de boues qui sont habituellement soumises à une digestion anaérobie. Ce processus transforme la matière organique complexe (y compris les micro-organismes qui se sont développés au cours du traitement aérobie) en méthane et en CO_2. Simultanément, des métaux lourds se concentrent dans la boue résiduelle et des kystes viables de protozoaires libres peuvent subsister.

La boue est épandue sur le sol ou, pour les grandes zones urbaines comme New York, rejetée dans les eaux côtières en des sites désignés.

Suite au déversement de ces boues au large, des protozoaires libres du genre *Acanthamoeba* peuvent se disperser dans l'eau et infecter les baigneurs. Les infections à *Acanthamoeba* sont plus répandues qu'on ne le reconnaît habituellement et ces organismes contaminent fréquemment des eaux dépourvues de coliformes et de coliformes fécaux.

Le rejet des déchets dans les milieux aquatiques a, bien entendu, fort amélioré les conditions de vie urbaine et envoyé les pots de chambre aux musées. Un produit de ce progrès de la santé publique est la boue d'épuration. Le moyen habituel de gérer ce problème a été la méthode du « Pas dans mon jardin » (ou NIMBY : « not in my backyard »).

Tableau 29.8 Réactions séquentielles dans l'utilisation biologique anaérobie des déchets organiques

Étapes du processus	Substrats	Produits	Micro-organimes principaux
Fermentation	Polymères organiques	Butyrate, propionate, lactate, succinate, éthanol, acétate,[a] H_2,[a] CO_2[a]	*Clostridium* *Bacteroides* *Peptostreptococcus* *Peptococcus* *Eubacterium* *Lactobacillus*
Réactions acétogènes	Butyrate, propionate, lactate, succinate, éthanol	Acétate, H_2, CO_2	*Syntrophomonas* *Syntrophobacter* *Acetobacterium*
Réactions méthanogènes	Acétate	$CH_4 + CO_2$	*Methanosarcina* *Methanothrix*
	H_2 et HCO_3^-	CH_4	*Methanobrevibacter* *Methanomicrobium* *Methanogenium* *Methanobacterium* *Methanococcus* *Methanospirillum*

[a] Substrats méthanogènes produits pendant l'étape initiale de la fermentation.

---

(3) la méthanisation par les producteurs de méthane. Ces processus méthanogènes, résumés dans le **tableau 29.8**, impliquent des équilibres critiques entre oxydants et réducteurs. Pour que la production de méthane se déroule de la manière la plus efficace, il faut que la concentration en hydrogène soit maintenue à un faible niveau. S'il y a une accumulation de ce gaz et des acides organiques, il peut y avoir inhibition de la production, ce qui entraîne un arrêt du digesteur. Les archéobactéries méthanogènes (pp. 458-61).

La digestion anaérobie a de nombreux avantages. La majeure partie de la biomasse microbienne, produite pendant la croissance aérobie, est utilisée pour la production de méthane. La boue résiduelle occupe un volume plus petit et peut être séchée facilement. Mais il y a souvent concentration de métaux lourds et d'autres contaminants de l'environnement dans la boue. Il pourrait donc y avoir des effets à plus long terme sur l'environnement et sur la santé publique en dispersant ces résidus sur le sol ou dans l'eau (**encadré 29.3**).

Au lieu d'être épandues sur le sol ou rejetée dans les eaux, les boues résultant de la digestion anaérobie peuvent subir un traitement supplémentaire dans la station d'épuration, dans des conditions aérobies. On élimine ainsi plus de pathogènes et on oxyde l'ammonium et le sulfure malodorants en formes inodores. Le processus combiné exploite la nature complémentaire des croissances microbiennes dans des conditions successivement anaérobies-aérobies.

Le **traitement tertiaire** purifie les eaux usées à un degré que les traitements primaire et secondaire n'atteignent pas. Le but est d'éliminer des polluants comme les matières organiques non biodégradables (p. ex., les biphényles polychlorés), les métaux lourds et les sels minéraux. Il est particulièrement important d'enlever les composés azotés et phosphorés qui peuvent promouvoir l'eutrophisation. On peut se débarrasser des polluants organiques au moyen de filtres de charbon activé. Habituellement, le phosphate est précipité sous forme de phosphate de calcium ou de fer (par addition de chaux, par exemple). L'excès d'azote peut être supprimé

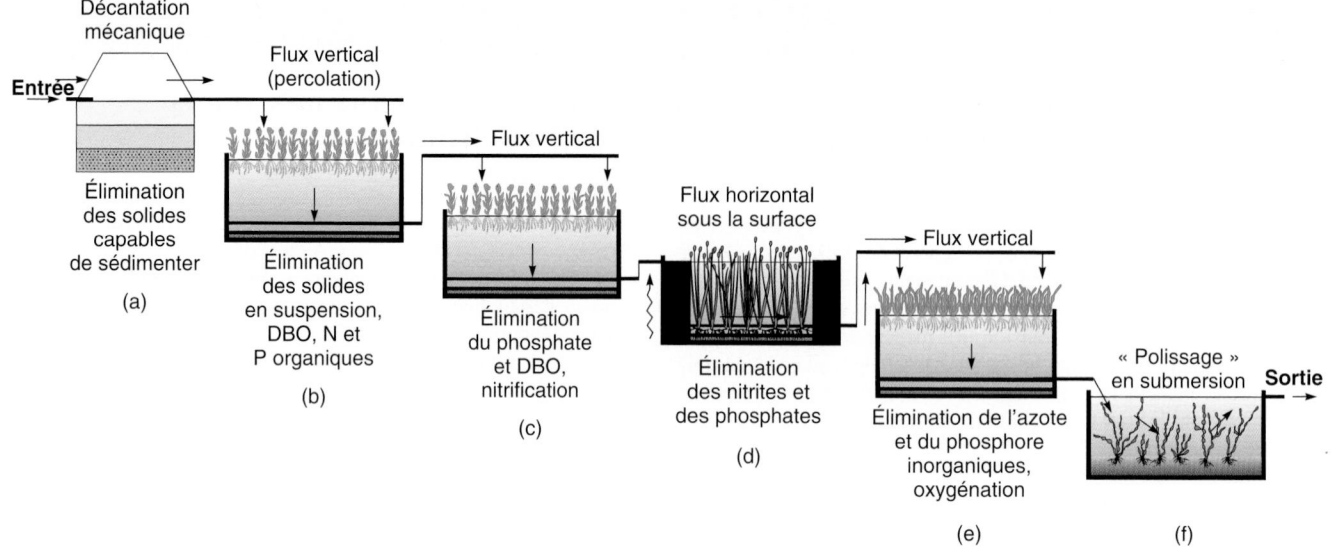

Figure 29.29 L'épuration des eaux usées par les marais artificiels ou lagunes. On peut utiliser des systèmes de marais artificiels à stades multiples pour éliminer la matière organique et les phosphates. Des macrophytes flottant librement (**b,c,e**), comme la lentille et la jacinthe d'eau, peuvent servir à de multiples usages. Des macrophytes émergents (**d**), comme le jonc des marais, permettent le flux en surface aussi bien que les flux verticaux et horizontaux en profondeur. La végétation submergée (**f**), comme l'élodée ou peste d'eau, sert au « polissage » final de l'eau. On peut aussi concevoir ces lagunes pour la nitrification et l'élimination des métaux.

par « déshabillage », une volatilisation à pH élevé, sous forme de NH_3. Cet ammoniac est chloré en dichloramine, laquelle est ensuite convertie en azote moléculaire. Dans certains cas, on emploie aussi les processus biologiques pour éliminer l'azote et le phosphore. Un processus largement utilisé pour l'élimination de l'azote est la dénitrification (*voir p. 190*). Ici, le nitrate produit dans des conditions aérobies sert d'accepteur d'électrons, à faible concentration en oxygène, avec addition de matière organique comme source d'énergie. La réduction du nitrate donne comme produits principaux, de l'azote gazeux et de l'oxyde nitreux (N_2O). Pour l'élimination du phosphore, on utilise alternativement des conditions aérobies et anaérobies, dans une série de traitements, et le phosphore s'accumule sous forme de polyphosphate, dans une biomasse microbienne spécialement adaptée. Le traitement tertiaire est coûteux et il n'est pas appliqué habituellement, sauf lorsqu'il s'avère nécessaire pour éviter un accident écologique évident.

Les processus d'épuration anaérobies et aérobies sont souvent appliqués ensemble dans le traitement tertiaire, suivant une séquence soigneusement étudiée. L'association de ces processus aérobies et anaérobies est maintenant désignée par l'acronyme AAO, pour « anaérobique-anoxique-oxique ». La séquence complète comprend trois stades : (1) le traitement anaérobie (A) des déchets, (2) le traitement de ce produit additionné de nitrate, dans des conditions anoxiques (A) pour promouvoir la dénitrification et (3) le « polissage » de l'effluent dans des conditions aérobies (oxiques) (O) avant le rejet dans l'environnement.

Les **marais** constituent une ressource naturelle vitale et un élément essentiel de notre environnement. Des efforts croissants ont été consentis pour protéger de la pollution ces communautés aquatiques fragiles. Il est surprenant qu'un moyen important d'épuration des eaux soit l'usage de **marais artificiels** ou lagunes,

où les éléments de base des marais naturels (sols, plantes aquatiques, eau) sont utilisés comme système fonctionnel d'épuration des eaux usées. Les lagunes sont aujourd'hui de plus en plus employées pour l'épuration des déchets liquides et pour la bioremédiation (*voir pp. 1012-14*). Ce système est fait de plantes flottantes, émergentes ou submergées, comme le montre la **figure 29.29**. Les plantes aquatiques fournissent, dans la zone des racines, les nutriments qui peuvent assurer la croissance microbienne. Cette zone des racines, en particulier dans le cas des plantes émergentes, peut être maintenue dans un état anaérobie, où le sulfure synthétisé par *Desulfovibrio* (qui utilise la matière organique de la zone comme source d'énergie) peut piéger les métaux. Un tel système de plantes émergentes a trouvé de nombreuses applications dans l'épuration des eaux de mines abandonnées.

Les différents types de plantes aquatiques et les micro-organismes qui y sont associés peuvent, dans des systèmes intégrés, servir à débarrasser les eaux des matières organiques, des nutriments inorganiques et des métaux. Les lagunes sont aussi employées, en de nombreux endroits du globe, pour épurer les eaux acides de drainage des mines. Des rejets industriels très concentrés peuvent aussi être épurés par ce moyen.

Une autre méthode d'épuration des effluents consiste en un simple traitement du sol par un flux superficiel. Dans cette méthode, on fait couler le déchet liquide à travers un champ planté ou labouré, où l'épuration microbienne aérobie des déchets peut s'effectuer. Cette pratique se répand de plus en plus, avec l'importance croissante prise en beaucoup de régions par l'élevage des animaux hors sol. Qu'elles élèvent des bovins, des porcs ou des poulets, ces grandes entreprises commerciales sont source de pollution massive, en particulier lorsqu'elles sont implantées près des zones côtières ou des estuaires.

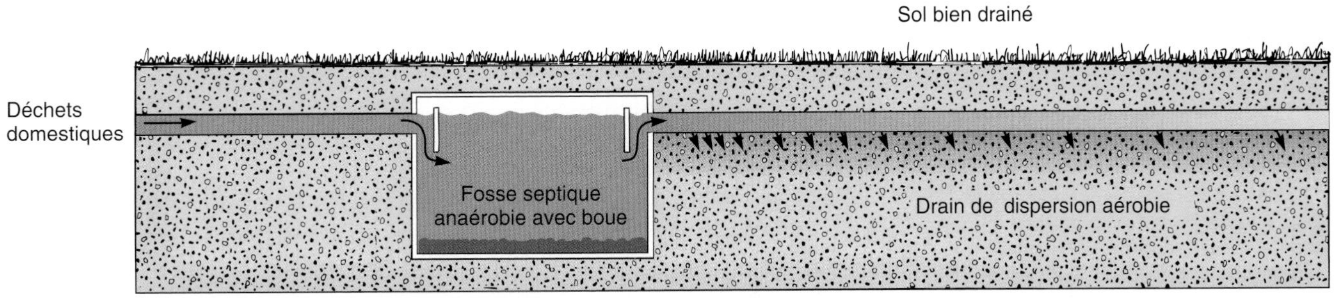

Figure 29.30 Le système de traitement domestique par fosse septique. Ce système combine une unité anaérobie de liquéfaction des déchets (la fosse septique) avec un drain de dispersion aérobie. L'oxydation biologique des déchets liquéfiés se déroule dans le drain de dispersion sauf si le sol est inondé.

1. Expliquez comment on réalise l'épuration primaire, secondaire et tertiaire.
2. Qu'est-ce qu'une boue encombrante ? Citez plusieurs groupes microbiens importants à la base de sa formation.
3. Quelles sont les étapes de la transformation de la matière organique pendant la digestion anaérobie ? Pourquoi la production d'acide acétique est-elle une étape tellement importante ?
4. Pourquoi la dispersion de la boue résiduelle récoltée après la digestion anaérobie, constitue-t-elle un problème ?
5. Pourquoi peut-on utiliser différents types de plantes aquatiques dans les lagunes artificielles ?

29.7. La qualité des eaux souterraines (nappe phréatique) et les systèmes d'épuration domestique

La **nappe phréatique** (du grec *phreatos*, puits), c'est-à-dire l'eau contenue dans les lits de gravier et les roches fracturées sous la surface du sol, est une ressource d'eau amplement utilisée mais souvent sous-estimée. Aux États-Unis, les nappes phréatiques fournissent de l'eau potable à 100 millions de personnes au moins ; dans les régions rurales et suburbaines dépourvues de systèmes de distribution d'eau, elles représentent la source de 90 à 95% de toute l'eau potable.

Notre niveau de connaissance des micro-organismes et des processus microbiologiques, se déroulant dans le milieu des nappes phréatiques, ne correspond pas à notre grande dépendance à l'égard de cette ressource. On accorde maintenant une attention croissante à la prévision du devenir et des effets de la contamination de cette eau souterraine sur sa qualité chimique et microbiologique. L'élimination des micro-organismes pathogènes et de la matière organique dissoute se fait pendant le passage souterrain de l'eau, par adsorption et par piégeage sur le sable fin, sur les argiles et sur la matière organique. Les micro-organismes associés à ces matières — comprenant des prédateurs comme les protozoaires — peuvent utiliser les agents pathogènes capturés comme nourriture. De ceci résulte une eau purifiée dont la population microbienne est réduite.

Les systèmes d'épuration domestique combinent ces processus d'adsorption et de prédation biologique (**figure 29.30**). Les **fosses septiques** conventionnelles comportent une étape de liquéfaction anaérobie qui se déroule dans la fosse septique elle-même. Cette étape est suivie par une adsorption de la matière organique et un piégeage des micro-organismes dans le milieu aérobie du terrain de dis-

persion où une oxydation biologique se produit. Une fosse septique ne fonctionnera pas correctement pour plusieurs raisons. Ce sera le cas si le temps de rétention des déchets dans la fosse septique est trop court. Ce temps diminue lorsque le flux est trop rapide ou que l'accumulation de la boue dans la fosse est excessive. Des solides non digérés vont alors vers le drain de dispersion et le colmatent progressivement. Si le drain de dispersion est inondé et devient anaérobie, il n'y a plus d'oxydation biologique, ni de traitement efficace.

S'il n'y a pas de sol convenable et si la décharge de la fosse septique s'écoule trop rapidement vers les couches plus profondes, il peut aussi y avoir des problèmes. Les roches fracturées et les gros graviers ont une faible efficacité d'adsorption ou de filtration, ce qui entraînera une contamination de l'eau de puits par des pathogènes et la transmission de maladie. De plus, le phosphore des déchets ne sera pas retenu efficacement et polluera la nappe phréatique. Cela provoque souvent une eutrophisation des étangs, des lacs et des rivières lorsque les eaux souterraines entrent dans ces milieux aquatiques sensibles.

Les zones souterraines (*voir section 30.8*) peuvent également être contaminées par des polluants exogènes. Ainsi, l'épandage des boues d'épuration, le déversement illégal du contenu des fosses septiques, l'élimination inappropriée de déchets toxiques et le ruissellement des terrains agricoles contribuent à la contamination des nappes phréatiques par des substances chimiques et des micro-organismes. L'injection de déchets industriels dans des puits profonds a soulevé des questions sur le sort et les effets à long terme de ces produits.

Nombre de polluants atteignant le milieu souterrain persisteront et affecteront la qualité des nappes phréatiques pour longtemps. On fait de nombreuses recherches pour trouver des méthodes de traitement des nappes phréatiques sur place — **traitement in situ** - ou en surface. Dans beaucoup de ces essais de bioremédiation, micro-organismes et procédés microbiens sont essentiels (*voir chapitre 42*).

1. Dans les régions rurales, quel est approximativement le pourcentage de l'eau utilisée pour la consommation humaine provenant des nappes phréatiques ?
2. Quels facteurs peuvent limiter l'activité microbienne dans les milieux souterrains ? Dans votre réponse, considérez les exigences énergétiques et nutritives des micro-organismes.
3. Comment, en principe, une fosse septique et un drain de dispersion sont-ils supposés fonctionner ? Quels facteurs peuvent réduire l'efficacité de ce système ?

Résumé

1. La plus grande partie des eaux du globe sont marines (97%). Elles sont pour la plupart froides (2 à 3°C) et à pression élevée. Les eaux douces ne sont qu'une partie mineure, mais elles sont importantes.

2. Le mouvement de la matière dans les milieux aquatiques couvre de longues distances et se fait à vitesses variées. Le mélange et la diffusion de cette matière sont des processus essentiels pour la création d'environnements particuliers pour différents micro-organismes.

3. La solubilité de l'oxygène et sa vitesse de diffusion dans les eaux sont limitées. Comparées aux sols, les eaux sont des milieux à faible vitesse de diffusion de l'oxygène (**figure 29.1**). Le dioxyde de carbone, l'azote, l'hydrogène et le méthane sont aussi des gaz importants pour la vie des micro-organismes dans les eaux.

4. S'il y a suffisamment de matière organique présente, les micro-organismes hétérotrophes peuvent utiliser cet oxygène dissous plus rapidement qu'il n'est fourni. La respiration ou la décomposition des efflorescences d'algues et de cyanobactéries participent également à l'épuisement du milieu en oxygène.

5. Les concentrations en nutriments dans les eaux peuvent varier, et la diffusion donne naissance à des milieux particuliers, en créant des gradients. La colonne de Winogradsky est un modèle de laboratoire qui permet la formation de gradients et de communautés microbiennes particulières (**figure 29.3**).

6. La composition en nutriments de l'océan influence le rapport C:N:P du phytoplancton, ou rapport de Redfield. Ce rapport est important pour prédire le recyclage des nutriments dans l'océan. L'addition d'éléments minéraux venus de l'atmosphère, dont le fer et l'azote, affecte ce rapport et les processus océaniques au niveau planétaire.

7. La boucle microbienne constitue une voie importante du réseau nutritionnel dans les eaux (**figure 29.4**). Elle est due à la croissance bactérienne aux dépens de la matière organique libérée par le phytoplancton, suivie par la prédation de ces bactéries par les protozoaires. Les nutriments d'une partie de ces proies bactériennes est alors rejetée sous forme de sels minéraux, remettant ceux-ci à la disposition du phytoplancton.

8. La communauté microbienne marine est dominée, en nombre et en biomasse, par les ultramicrobactéries ou nanobactéries. Les archéobactéries sont une composante importante de cette communauté. Les virus sont présents à de fortes concentrations dans de nombreuses eaux (10 fois plus élevées que les concentrations en bactéries). Dans les systèmes marins, ils peuvent jouer un rôle majeur dans le contrôle du développement des cyanobactéries et dans le recyclage des nutriments.

9. On trouve dans les eaux beaucoup de groupes microbiens inhabituels, surtout lorsque oxydants et réducteurs peuvent être associés. Citons *Thioploca* et *Thiomargarita*, trouvés tous deux

dans des zones côtières, où il y a mélange des nutriments. *Thiomargarita* est la bactérie la plus grande qu'on connaisse dans le monde (**figure 29.5**).

10. Les mycètes forment une part importante de la communauté microbienne aquatique. On y trouve les chytrides (**figure 29.7**), avec leurs zoospores mobiles, et les mycètes Ingoldiens (**figure 29.8**) qui ont souvent des structures tétraradiées. Tous deux sont exclusivement adaptés à une existence aquatique. Les chytrides peuvent provoquer des maladies chez les amphibiens.

11. Les micro-organismes et leurs produits métaboliques interagissent avec l'atmosphère et sont importants dans le domaine de l'aérobiologie.

12. Les procaryotes barophiles sont importants dans les milieux des profondeurs marines. On y distingue les barotolérants, les barophiles et les barophiles extrêmes.

13. Dans les milieux aquatiques, les matières peuvent se déplacer sur de grandes distances et jusqu'à de grandes profondeurs. Ceci peut concerner les déchets animaux et humains, les carcasses, et les détritus végétaux. La poussière est transportée sur de grandes distances. Tout ceci a pour conséquence une introduction continuelle d'organismes nouveaux.

14. Les cycles planétaires du carbone, de l'azote, du phosphore et du soufre sont influencés par les processus microbiens qui se déroulent dans les vastes espaces des océans. C'est particulièrement important pour le cycle du soufre, où la production de diméthylsulfure par les algues peut induire des changements d'acidité de l'atmosphère et la formation de nuages.

15. L'eutrophisation peut être due aux nutriments relâchés par les zones rurales et urbaines. Les sources d'azote et de phosphore sont particulièrement importantes à cet égard. Ces ajouts de composés minéraux et le développement des micro-organismes photosynthétiques conduisent fréquemment à de l'hypoxie, voire de l'anoxie, dans les régions côtières et les estuaires.

16. Les lacs peuvent être des milieux oligotrophes (pauvres en nutriments) ou eutrophes (riches en nutriments) (**figure 29.17**). L'apport de matière organique, surtout s'il y a utilisation par les micro-organismes et libération de N et de P, peut entraîner l'eutrophisation.

17. Dans les fleuves, l'apport de matière organique peut conduire à des courbes affaissées de l'O$_2$ dissous et des variations diurnes des teneurs en O$_2$, dans les derniers stades de l'auto-épuration (**figure 29.19**). Ceci se produit lorsque les apports viennent de sources ponctuelles.

18. Une grande partie du milieu marin est recouverte de glace. On trouve des communautés microbiennes spécialement adaptées à l'interface eau-glace. Les lacs profonds de l'Antarctique (comme le lac Vostok) et les lacs gelés de la « McMurdo Dry Valley » offrent aux micro-organismes des environnements particuliers. Dans un milieu comme le lac Vostok, des micro-organismes peuvent avoir été maintenus dans la

glace pendant 420.000 ans ou plus.

19. Pour la purification des eaux, on recourt à la sédimentation, la coagulation, la chloration et la filtration rapide et lente sur sable (**figure 29.20**). La chloration peut induire la formation de sous-produits de la désinfection, dont les trihalométhanes, potentiellement cancérigènes.

20. *Cryptosporidium*, *Cyclospora*, les virus et *Giardia* posent problème, parce que la purification classique des eaux n'assure pas toujours leur élimination ou inactivation jusqu'à des limites acceptables.

21. On recourt à des organismes indicateurs pour vérifier la présence dans l'eau de micro-organismes pathogènes. Le nombre le plus probable (NPP) et les techniques des membranes filtrantes sont utilisés pour estimer le nombre d'organismes indicateurs présents. Les tests de présence–absence (P-A) pour les coliformes et les tests des substrats définis pour les coliformes et *E. coli*, permettent de contrôler des volumes de 100 ml d'eau dans un minimum de temps et avec un minimum de matériel.

22. Les techniques moléculaires basées sur la réaction de polymérase en chaîne (PCR) permettent de détecter *E. coli* O157:H7, producteur de la toxine « Shiga » et transmis par les eaux, en 8 heures, pour autant qu'on pratique une étape de pré-enrichissement.

23. Le test de la demande biochimique en oxygène (DBO) est une mesure indirecte de la matière organique qui peut être oxydée par la communauté microbienne aérobie. Dans cette mesure, l'oxygène ne devrait jamais limiter la vitesse de réaction. Les tests de la demande chimique en oxygène (DCO) et du carbone organique total (COT) fournissent des informations sur le carbone qui n'est pas biodégradé pendant les 5 jours du test de DBO.

24. L'épuration classique des eaux usées est une intensification contrôlée des processus naturels d'auto-épuration. Elle peut comporter des traitements primaire, secondaire et tertiaire (**figure 29.27**).

25. Les marais artificiels ou lagunes utilisent les plantes aquatiques (flottantes, émergentes ou submergées) et les micro-organismes qui y sont associés pour le traitement des déchets liquides (**figure 29.29**). On utilise aujourd'hui ces systèmes dans toute une série de milieux. Ils peuvent servir à traiter les ordures ménagères, les effluents industriels et les eaux de drainage des mines.

26. Les systèmes d'épuration domestique sont basés sur les principes généraux de l'auto-épuration. La fosse septique (**figure 29.30**) assure une liquéfaction et une digestion anaérobies, tandis que le drain de dispersion aérobie permet l'oxydation de l'effluent soluble.

27. Les nappes phréatiques constituent une ressource importante qui peut être altérée par des polluants venus des fosses septiques et d'autres sources. Cette source d'eau vitale doit être protégée et améliorée.

Mots-clés

Questions de révision

1. Pourquoi pourriez-vous décrire l'interaction de nombreux organismes avec l'oxygène comme une relation « amour-haine » ? Comment ces micro-organismes s'arrangent-ils avec ce gaz important ?

2. Comment pourriez-vous mesurer l'activité des nanobactéries ou ultramicrobactéries, bien qu'elles soient si difficiles à cultiver et à observer ?

3. Quelles sont les stratégies fonctionnelles d'organismes comme *Thioploca* et *Thiomargarita* ? Où iriez-vous pour trouver des organismes semblables, et comment les chercheriez-vous ?

4. Vous souhaitez étudier les caractéristiques de micro-organismes qui vivent à une profondeur de 10.000 mètres dans l'océan. Quel effet la décompression pourrait-elle avoir sur eux, et quel type d'équipement concevriez-vous pour les étudier dans les conditions qui leur sont naturelles ?

5. Discutez des avantages et des désavantages qu'il y a pour des micro-organismes à se fixer à des surfaces.

6. La glace d'eau de mer constituant un environnement tellement important pour des micro-organismes spécialisés, quels pourraient être les effets de ces communautés microbiennes à l'échelle planétaire ?

7. Pourquoi les concentrations en particules virales sont-elles aussi élevées dans de nombreux milieux marins ? Prenez en considéra-

tion ce qui est nécessaire à la réplication des virus. Quel âge pensez-vous que ces particules pourraient avoir et pourquoi ?

8. Comment pourrait-on traiter les eaux pour contrôler *Pfiesteria piscicida* ?

9. Comment serait-il possible de rajeunir un lac vieillissant eutrophisé ?

10. En un site donné, vous souhaitez aménager une lagune pour éliminer les métaux d'une rivière, et dans un autre site, vous souhaitez traiter des eaux de drainage minier. Comment aborderiez-vous l'un et l'autre de ces problèmes ?

11. Quelles relations y a-t-il entre le recyclage des nutriments dans les océans et dans les sols ?

12. Pourquoi utilise-t-on encore des organismes indicateurs, en dépit de l'existence de méthodes d'isolement direct pour la plupart des agents pathogènes qu'on peut trouver dans les eaux ?

13. Quelles voies alternatives, s'il y en a, peut-on utiliser pour se protéger d'une infection microbienne, quand on nage dans une eau de baignade polluée ? Imaginez que vous faites partie d'une équipe de sauvetage.

14. Quelles sont les voies alternatives possibles pour éliminer les rejets d'azote et de phosphore, à partir des systèmes d'épuration des eaux usées ? Quelle suggestion pourriez-vous faire qui conduirait à de nouvelles technologies ?

Questions de réflexion

1. Si nous étions capables de diminuer ou d'augmenter l'activité de la boucle microbienne dans l'océan, que faudrait-il faire et pourquoi ? Un quelconque changement est-il souhaitable ?

2. Il y a eu récemment de nombreuses hécatombes de poissons dans les eaux de la région de la baie de Chesapeake. Les pêcheurs accusent les éleveurs de volailles (rejet de fientes) et l'usage excessif d'engrais résidentiels par les propriétaires, avec le lessivage qui s'ensuit. Quels composants des ordures de poulaillers et des engrais peuvent créer un déséquilibre écologique qui aurait pour résultat des centaines de poissons morts flottant dans les bras de mer ?

Lectures complémentaires

Les références fournies à la fin du chapitre 28 peuvent être également consultées pour une information complémentaire.

Généralités

Cole, J. J. 1999. Aquatic microbiology for ecosystem scientists: New and recycled paradigms in ecological microbiology. *Ecosystems* 2:215–25.

Kemp, P. F.; Sherr, B. F.; Sherr, E. B.; et Cole, J. J. 1993. *Handbook of methods in aquatic microbial ecology*. Boca Raton: Lewis Publishers.

Overbeck, J., et Chróst, R. J., éd. 1999. *Aquatic microbial ecology, biochemical and molecular approaches*. New York: Springer-Verlag.

29.1   Les milieux aquatiques et les micro-organismes

DeLong, E. F. 1997. Marine microbial diversity: The tip of the iceberg. *Tibtech* 15:203–7.

DeLong, E. F.; Taylor, L. T.; Marsh, T. L., et Preston, C. M. 1999. Visualization and enumeration of marine planktonic archaea and bacteria by using polyribonucleotide probes and fluorescent in situ hybridization. *Appl. Environ. Microbiol.* 65:5554–63.

Postel, S. 2000. Troubled waters. *The Sciences* 40:19–24.

29.2   La communauté microbienne

Appenzeller, T. 1991. Fire and ice under the deep-sea floor. *Science* 252:1790–92.

Bärlocher, F. 1992. *The ecology of aquatic hyphomycetes*. Ecological Studies 94. Berlin: Springer-Verlag.

Ford, T. E. 1993. *Aquatic microbiology,* Cambridge, Mass.: Blackwell Scientific Publications, Inc.

Fox, J. L. 1999. NASA wonders how small a microbe may be. *ASM News* 65:68–69.

Franklin, C. 1994. "Black smokers" multiply on ocean floor. *New Scientist.* Oct. 22:20.

Fuhrman, J. A. 1999. Marine viruses and their biogeochemical and ecological effects. *Nature* 399:541–48.

Fuhrman, J. A., et Davis, A. A. 1997. Widespread *Archaea* and novel bacteria from the deep sea as shown by 16S rRNA gene sequences. *Mar. Ecol. Prog. Ser.* 150:275–85.

Hinrichs, K-U.; Haynes, J. M.; Sylva, S. P., Ewer, P. G., Long, E. F. 1999. Methane-consuming archaebacteria in marine sediments. *Nature* 398:802–805.

Holzman, D. 1999. Planktonic bacteria show unusual metabolic properties. *ASM News* 65:72–73.

Jørgensen, B. B., et Gallardo, V. A. 1999. *Thioploca* spp.: Filamentous sulfur bacteria with nitrate vacuoles. *FEMS Microbiol. Ecol.* 28:301–13.

Karl, D. M. 1995. *The microbiology of deep-sea hydrothermal vents*. Boca Raton, Fla.: CRC Press.

Olsen, G. J. 1994. Archaea, archaea, everywhere. *Nature* 371:657.

Sherr, E. B., et Sherr, B. F. 1991. Planktonic microbes: Tiny cells at the base of the ocean's food webs. *Trends Ecol. & Evol.* 6(2):50–54.

Schulz, H. N.; Brinkhoff, T.; Ferdelman, T. G.; Hernandez Marine, M.; Teske, A.; et Jorgensen, B. B. 1999. Dense populations of a giant sulfur bacterium in Namibian shelf sediments. *Science* 284:493–95.

Wommack, K. E., et Colwell, R. R., 2000. Virioplankton: Viruses in aquatic ecosystems. *Microbiol. Mol. Biol. Rev.* 64:69–114.

Wuethrich, B. 1999. Giant sulfur-eating microbe found. *Science* 284:415.

29.3   Les milieux marins

Anderson, D. M. 1994. Red tides. *Sci Am.* 271(2):62–68.

Anderson, D. M. 1995. ECOHAB. The ecology and oceanography of harmful algal blooms. A national research agenda. Woods Hole, Mass.: Woods Hole Oceanographic Institution.

Anonymous. 1997. The Danube blues. *Discovery* 18:21.

Annin, P. 1999. Down in the dead zone. *Newsweek* 84:60–61.

Behrenfeld, M. J., et Kolber, Z. S. 1999. Widespread iron limitation of phytoplankton in the South Pacific ocean. *Science* 283:840–43.

Bidle, K. A.; Kastner, M.; et Bartlett, D. H. 1999. A phylogenetic analysis of microbial communities associated with methane hydrate containing marine fluids and sediment in the Cascadia margin (ODP site 892B). *FEMS Microbiol, Ecol. Lett.* 177:101–108.

Bratbak, G.; Heldal, M.; Thingstad, T. F.; et Toumi, P. 1996. Dynamics of virus abundance in coastal seawater. *FEMS Microbiol. Ecol.* 19:263–69.

Burkholder, J. M.; et Glasgow, H. B., Jr. 1995. Interactions of a toxic estuarine dinoflagellate with microbial predators and prey. *Arch. Protistenkunde* 145:177–88.

Culotta, E. 1992. Red menace in the world's oceans. *Science* 257:1476–77.

Dantzer, W. R., et Levin, R. E. 1997. Bacterial influence on the production of paralytic shellfish toxins by dinoflagellated algae. *J. Appl. Microbiol.* 83:464–69.

DeLong, E. F.; Taylor, L. T.; Marsh, T. L.; et Preston, C. M. 1999. Visualization and enumeration of marine planktonic archaea and bacteria by using polyribonucleotide probes and fluorescent in situ hybridization. *Appl. Environ. Microbiol.* 65:5554–63.

Eguchi, M.; Nishikawa, T.; MacDonald, K.; Cavicchioli, R.; Gottschal, J. C.; et Kjelleberg, S. 1996. Responses to stress and nutrient availability by the marine ultramicrobacterium *Sphingomonas* sp. strain RB2256. *Appl. Environ. Microbiol.* 62:1287–94.

Fenical, W. 1997. New pharmaceuticals from marine organisms. *Tibtech* 15:339–41.

Hinrichs, K.-U.; Haynes, J. M.; Sylva, S. P.; Brewer,

P. G.; et DeLong, E. F. 1999. Methane-consuming archaebacteria in marine sediments. *Nature* 398:802–805.

Holzman, D. 1999. Planktonic bacteria show unusual metabolic properties. *ASM News* 65:72–73.

Karl, D. M. 1994. Accurate estimation of microbial loop processes and rates. *Microb. Ecol.* 28:147–50.

Karl, D. M. 2000. A new source of "new" nitrogen in the sea. *Trends Microbiol.* 8:301.

Kirchman, D. L., éd. 2000. *Microbial ecology of the oceans*. New York: Wiley-Liss.

Labrenz, M.; Tindall, B. J.; Lawson, P. A.; Collins, M. D.; Schumann, P.; et Hirsch, P. 2000 *Staleya guttiformis* gen. nov., sp. nov. and *Sulfitobacter brevis* gen. nov., α-3-*Proteobacteria* from hypersaline, heliothermal and meromictic antarctic Ekho Lake. *Int. J. Syst. Evol. Microbiol.* 50:303–13.

Mlot, C. 1997. *Pfiesteria piscicida* puts focus on harmful aquatic microbes. *ASM News* 63:590–92.

Mountfort, D. O.; Rainey, F. A.; Burghardt, J.; Kaspar, H. F.; et Stackenbrandt, E. 1998. *Psychromonas antarcticus* gen. nov., sp. nov., a new aerotolerant anaerobic, halophilic psychrophile isolated from pond sediment of the McMurdo ice shelf, Antarctica. *Arch. Microbiol.* 169:231–38.

Pahlow, M., et Riebesell, U. 2000. Temporal trends in deep ocean Redfield Ratios. *Science* 287:831–33.

Pratt, S. 2001. Death by dust storm. *Discovery* 22:17.

Prieur, D. 1997. Microbiology of deep-sea hydrothermal vents. *Tibtech* 15:242–44.

Raloff, J. 2000. Algae turn fish into a lethal lunch. *Science News* 157:20.

Richardson, C. J. 1998. Coral diseases: What is really known. *TREE* 13:438–442.

Schulz, H. N.; Brinkhoff, T.; Ferdelman, T. G.; Hernández Marine, M.; Teske, A.; et Jørgensen, B. B. 1999. Dense populations of a giant sulfur bacterium in Namibian shelf sediments. *Science* 284:493–95.

Staley, J. T., et Gosink, J. J. 1999. Poles apart: Biodiversity and biogeography of sea ice bacteria. *Annu. Rev. Microbiol.* 53:189–205.

Stanley, S. J.; Smith, D. W.; et Milne, G. D. 1992. Microorganism survival in ice-covered marine environment. *J. Cold Reg. Eng.* 6:58–71.

Taylor, C. D.; Wirsen, C. O.; et Gaill, F. 1999. Rapid microbial production of filamentous sulfur mats at hydrothermal vents. *Appl. Environ. Microbiol.* 65:2253–55.

Tortell, P. D.; Maldonado, M. T.; Granger, J.; et Price, N. M. 1999. Marine bacteria and biological cycling of iron in the oceans. *FEMS Microbiol. Ecol.* 29:1–11.

Valentine, D. L.; Blanton, D. C.; Reeburgh, W. S. 2000. Hydrogen production by methanogens under low-hydrogen conditions. *Arch. Microbiol.* 174:415–21.

Zehr, J. P.; Carpenter, E. J.; et Villareal, T. A. 2000. New perspectives on nitrogen-fixing microorganisms in tropical and subtropical oceans. *Trends Microbiol.* 8(2):68–73.

29.4 Les milieux d'eaux douces

Goldman, E. B. 2001. A tale of two lakes. *The Sciences* 41:9–13.

Hart, D. B.; Stone, L.; et Berman, T. 2000. Seasonal dynamics of the lake Kinneret food web: The importance of the microbial loop. *Limnol. Oceanogr.* 45:350–61.

Jouzel, J.; Petit, J. R.; Souchez, R.; Barkov, N. I.; Lipenkov, V. Y.; Raynaud, D.; Stievenard, M.; Vassiliev, N. I.; Verbeke, V., et Veimeux, F. 1999. More than 200 meters of lake ice above subglacial Lake Vostok, Antarctia. *Science* 286:2138–41.

Mullineaux, C. W. 1999. The plankton and the planet. *Science* 283:801–802.

Nealson, K. H. 1997. Sediment bacteria: Who's there, what are they doing, and what's new? *Annu. Rev. Earth Planet Sci.* 25:403–34.

Priscu, J. C.; Fritsen, C. H.; Adams, E. E.; Giovannoni, S. J.; Paerl, H. W.; McKay, C. P.; Doran, P. T.; Gordon, D. A.; Lanoil, B. D.; et Pinckney, J. L. 1998. Perennial Antarctic lake ice: An oasis for life in a polar desert. *Science* 280:2095–98.

Priscu, J. C.; Adams, E. E.; Lyons, W. B.; Voytek, M. A.; Mogk, D. W.; Brown, R. L.; McKay, C. P.; Takacs, C. D.; Welch, K. A.; Wolf, C. F.; Kirchman, J. D.; et Avci, R. 1999. Geomicrobiology of subglacial ice above Lake Vostok, Antarctica. *Science* 286:2141–47.

Spring, S.; Amann, R.; Ludwig, W.; Schleifer, K-H.; Van Gemerden, H.; et Peterson, N. 1993. Dominating role of an unusual magnetotactic bacterium in the microaerobic zone of a freshwater sediment. *Appl. Environ. Microbiol.* 59(8):2397–2403.

Stanley, S. J.; Smith, D. W.; et Milne, G. D. 1992. Microorganism survival in ice-covered marine environment. *J. Cold Reg. Eng.* 6:58–71.

van Etten, J. L.; Meints, R. H. 1999. Giant viruses infecting algae. *Annu. Rev. Microbiol.* 53:447–94.

29.5 L'eau et la transmission des maladies

Ait Melloul, A., et Hassani, L. 1999. *Salmonella* infection in children from the wastewater spreading zone of Marrakesh city (Morocco). *J. Appl. Microbiol.* 87:536–39.

Anonymous. 1997. *Cryptosporidium* and cryptosporidiosis. Beltsville, Md.: United States Department of Agriculture.

Atlas, R. M., et Bej, A. K. 1990. Detecting bacterial pathogens in environmental water samples by using PCR and gene probes. In *PCR protocols: A guide to methods and applications*. Innis, M. A.; Gelfand, D. H.; Sninsky, J. J.; and White, T. J., editors, 399–407. New York: Academic Press, Inc.

Berger, P. S.; Clark, R. M.; et Reasoner, D. J. 2000. Water, drinking. In *Encyclopedia of microbiology*, 2e éd., vol. 4, J. Lederberg, éd, 898–913. San Diego: Academic Press.

Clesceri, L. S.; Eaton, A. D.; et Greenberg, A. E. 1998. *Microbiological examination of water and wastewater*, 20e éd. Boca Raton, Fla.: Lewis Publishers.

Csuros, M., et Csuros, C. 2000. *Microbiological examination of water and wastewater*. Boca Raton, Fla.: Lewis Publishers.

Fouz, B.; Toranzo, A. E.; Milan, M., et Amaro, C. 2000. Evidence that water transmits the disease caused by the fish pathogen *Photobacterium damselae* subsp. *damselae*. *J. Appl. Microbiol.* 88:531–35.

Hegarty, J. F.; Dowd, M. T.; et Baker, K. H. 1999. Occurrence of *Helicobacter pylori* in surface water in the United States. *J. Appl. Microbiol.* 87:697–701.

Jothikumar, N., et Cliver, D. O. 1998. Fluorescent *Escherichia coli* C for enumeration of coliphages from environmental samples. *BioTechniques* 24:546–50.

LeClerc, H.; Edberg, S. C.; Pierzo, V.; et Delattire, J. M. 2000. Bacteriophages as indicators of enteric viruses and public health risk in groundwaters. *J. Appl. Microl.* 88:5–21.

Lisle, J. T.; Broadaway, S. C.; Prescott, A. M.; Pyle, B. H.; Fricker, C. R.; et McFeters, G. A. 1998. Effects of starvation on physiological activity and chlorine disinfection resistance in *Escherichia coli* O157:H7. *Appl. Environ. Microbiol.* 64:4658–62.

Milius, S. 2000. New frog-killing disease may not be so new. *Sci. News* 157:133.

Szewzyk, U.; Szewzyk, R.; Manz, W.; et Schleifer, K.-H. 2000. Microbiological safety of drinking water. *Annu. Rev. Microbiol.* 54:81–127.

Tsen, H. Y.; Lin, C. K.; et Chi, W. R. 1998. Development and use of 16S rRNA gene targeted PCR primers for the identification of *Escherichia coli* in water. *J. Appl. Microbiol.* 85:554–60.

29.6 L'épuration des eaux usées

Bitton, G. 1994. *Wastewater microbiology.* Gainsville, N.Y.: Wiley-Liss.

Cowan, R. M.; Love, N. G.; Sock, S. M.; et White, K. 1995. Activated sludge and other aerobic suspended culture processes. *Water Environ. Res.* 67:433–50.

Cole, S. 2000. The emergence of treatment wetlands. *Environ. Sci. Technol.* 55:218A–23A.

Grady, C. P. L.; Daigger, G. T.; et Lim, H. C., éd. 1998. *Biological wastewater treatment.* New York: Marcel Dekker.

McKinney, R. E. 2000. Wastewater treatment, municipal. In *Encyclopedia of microbiology*, 2e éd., vol. 4, J. Lederberg, éd., 870–83. San Diego: Academic Press.

Toerien, D. F.; Gerber, A.; et Lötter, C. T. E. 1990. Enhanced biological phosphorus removal in activated sludge systems. *Adv. Microbial. Ecol.* 11:173–230.

van Loosdrecht, M. C. M.; Smolders, G. J.; Kuba, T.; et Heijnen, J. J. 1997. Metabolism of micro-organisms responsible for enhanced biological phosphorus removal from wastewater. *Antonie van Leeuwenhoek* 71:109–16.

Vile, M. A., et Wieder, R. K. 1993. Alkalinity generation by Fe (III) reduction versus sulfate reduction in wetlands constructed for acid mine drainage treatment. *Water, Air, and Soil Poll.* 69:425–41.

Whitmore, T. N., et Robertson, L. J. 1995. The effect of sewage sludge treatment processes on oocysts of *Cryptosporidium parvum*. *J. Appl. Microbiol.* 78:34–38.

29.7 La qualité des eaux souterraines et les systèmes d'épuration domestique

Cullimore, D. R. 1991. *Practical manual for groundwater microbiology*. Boca Raton: Lewis Publishers.

Myers, N. 1993. Tapping into water tables. *Nature* 366:419.

Pye, V. I., et Patrick, R. 1983. Groundwater contamination in the United States. *Science* 221:713–18.

Theim, S. M.; Krumme, M. L.; Smith, R. L.; et Tiede, J. M. 1994. Use of molecular techniques to evaluate the survival of a microorganism injected into an aquifer. *Appl. Environ. Microbiol.* 60(4):1059–67.

CHAPITRE 30

Les micro-organismes dans les milieux terrestres

Les plantes terrestres et les mycètes filamenteux ont développé des relations à long terme qui bénéficient aux deux partenaires. Les extrémités des racines des pins sont généralement recouvertes d'épais manchons fongiques qui font partie d'un réseau hyphal qui s'étend dans le sol. La plante apporte la matière organique nécessaire au mycète, et celui-ci, de son côté, procure à la plante les nutriments et l'eau.

Plan

Concepts

1. Les milieux terrestres (du latin *terra*, la terre) sont faits essentiellement de matières solides inertes. Dans un sol, les substances organiques, y compris les micro-organismes, ne constituent habituellement qu'une partie mineure.

2. L'eau, lorsqu'elle est présente, existera surtout sous forme de minces films à la surface des particules. Dans ces films, les micro-organismes sont en contact étroit avec les gaz de l'air, dont l'oxygène.

3. L'oxygène est beaucoup plus accessible aux micro-organismes dans les sols, parce que sa diffusion, dans ces minces pellicules d'eau, n'est pas limitée comme dans une phase aqueuse continue de grand volume. La vitesse de diffusion de l'oxygène est à peu près 4.000 fois plus élevée dans l'air que dans l'eau.

4. Les micro-organismes, qui croissent dans un milieu où la diffusion de l'oxygène est aussi rapide, ont développé des mécanismes physiques et physiologiques complexes pour s'accommoder des formes potentiellement toxiques de ce gaz. Les mycètes ont même développé des structures imperméables à l'oxygène.

5. Les sols peuvent comporter des zones isolées, saturées en eau, qui deviennent anaérobies. Celles-ci peuvent être considérées comme des milieux aquatiques isolés, entourés de zones où la diffusion de l'oxygène est rapide.

6. Il y a une grande variété de milieux terrestres : zones sèches, froides, tempérées, tropicales, et chauffées par géothermie.

7. Les insectes, les nématodes et autres animaux du sol interagissent avec les micro-organismes dans le recyclage des nutriments et dans d'autres processus.

8. La zone souterraine abrite une communauté microbienne variée. Ces micro-organismes vivent grâce à des sources de nutriments telles que les matières infiltrées depuis la surface, la décomposition de restes végétaux enterrés et la synthèse de méthane.

9. Les mycètes jouent un rôle important dans la vie des plantes. On les trouve à l'intérieur et à la surface des plantes, et leurs effets peuvent être positifs ou négatifs. La plupart des racines de plantes sont infectées par des mycètes.

10. Les micro-organismes du sol interagissent avec les plantes et avec l'atmosphère. L'oxyde nitreux et le méthane, deux gaz à effet de serre, sont des produits microbiens critiques. De plus, les micro-organismes produisent du chlorométhane et du cyanure, généralement considérés comme des polluants d'origine humaine.

> « *Elles (les feuilles) qui ondulent là-haut, comme elles retournent avec bonheur à la poussière, et se couchent par terre, résignées à s'étendre et à dégénérer au pied de l'arbre, offrant la nourriture aux nouvelles générations de leurs congénères pour qu'elles tressaillent de nouveau là-haut !* »
>
> — *Henry D. Thoreau*

Les sols sont dynamiques et évoluent au cours du temps. Ce processus peut prendre des décennies et même des siècles ; la matière organique des sols peut être vieille de milliers d'années. À cause de changements dans la croissance des plantes, de la température, des pluies, des perturbations et de l'érosion, un sol qui a mis des centaines d'années à se former peut être rapidement dégradé, si la communauté microbienne est activée. Par exemple, cela peut se produire lorsqu'un sol marécageux est drainé, ce qui améliore l'accès de l'oxygène à la matière organique accumulée. Dans la plupart des sols, les principaux producteurs de matière organique sont les plantes vasculaires, bien que les algues, les cyanobactéries et les bactéries photosynthétiques puissent aussi contribuer à ces processus, particulièrement dans les croûtes microbiennes des déserts.

Le sol sert d'habitat à une variété d'organismes, dont les bactéries, les protozoaires, les insectes, les nématodes, les vers et beaucoup d'autres animaux. Les virus sont aussi présents. Cette communauté biologique complexe contribue à la formation, au maintien, et dans certaines situations, à la dégradation et à la disparition des sols.

30.1.   Les sols en tant que milieu pour les micro-organismes

Les sols ont été formés, et continuent à se former, dans une grande variété de milieux. Ceux-ci vont des régions de la toundra arctique, où sont stockés environ 11% du pool mondial de carbone, jusqu'aux vallées sèches antarctiques, où il n'y a aucune plante vasculaire. En outre, les zones plus profondes, où les racines des plantes et leurs produits ne peuvent pas pénétrer, abritent aussi des communautés microbiennes. Les activités microbiennes dans ces milieux peuvent conduire à la formation de minerais comme la dolomite ; il peut aussi y avoir de l'activité microbienne dans les profondes réserves continentales de pétrole, dans les pierres, et même dans les affleurements rocheux. Ces micro-organismes dépendent de sources énergétiques provenant des algues, des nutriments apportés par la pluie, et de la poussière.

La plupart des sols sont formés de matériaux géologiques inorganiques, modifiés par la communauté biologique, incluant les micro-organismes et les plantes. Une des caractéristiques principales des sols est de n'être pas saturés en eau, ce qui rend possible la pénétration de l'oxygène par les trous et les pores. Les sols peuvent aussi comprendre des régions isolées qui sont saturées en eau, et deviennent des « mini- » milieux aquatiques.

Une caractéristique importante qui définit un sol, du point de vue microbiologique, est que les micro-organismes s'y trouvent en contact physique étroit avec l'oxygène. Ces micro-organismes sont localisés à la surface des particules, dans de minces pellicules d'eau où l'oxygène se trouve à concentration élevée et peut être facilement renouvelé à partir de la phase gazeuse. Lorsque l'oxygène est consommé par les micro-organismes, il se renouvelle rapidement par diffusion, maintenant ainsi les micro-organismes dans des conditions aérobies. La diffusion de l'oxygène dans l'air du sol se fait environ 4.000 fois plus vite que dans l'eau (**figure 30.1**). Comme le montre cette figure, les concentrations en oxygène et les vitesses de diffusion, dans les pores et les canaux, sont élevées, tandis que dans les zones remplies d'eau, la diffusion de l'oxygène est beaucoup plus lente. Ainsi, même des particules de 2,0 mm peuvent être aérobies à l'extérieur et anaérobies à l'intérieur. Même dans les zones saturées en eau, il peut se créer des environnements aquatiques à l'échelle microbienne, qui sont des « points chauds » pour les processus anaérobies.

Selon ses caractéristiques physiques, un sol peut être rapidement modifié par la pluie ou l'irrigation et cesser d'être un sol idéal, avec ses minces films d'eau bien réoxygénés, pour devenir un milieu comprenant des poches d'eau isolées, qui sont des « mini »- milieux aquatiques. Si le processus d'irrigation est poursuivi, il peut se former un sol détrempé, plus proche d'un sédiment lacustre.

Des changements du contenu en eau et des flux gazeux peuvent aussi affecter les concentrations en CO_2, CO et autres gaz présents dans le sol, comme noté dans le **tableau 30.1**. Ces changements seront accentués dans les petits pores où l'on trouve beaucoup de bactéries. Plus bas dans le sol, il y a moins d'oxygène disponible, particulièrement dans les sols plus humides, moins perméables. Les racines des plantes constituent un autre facteur

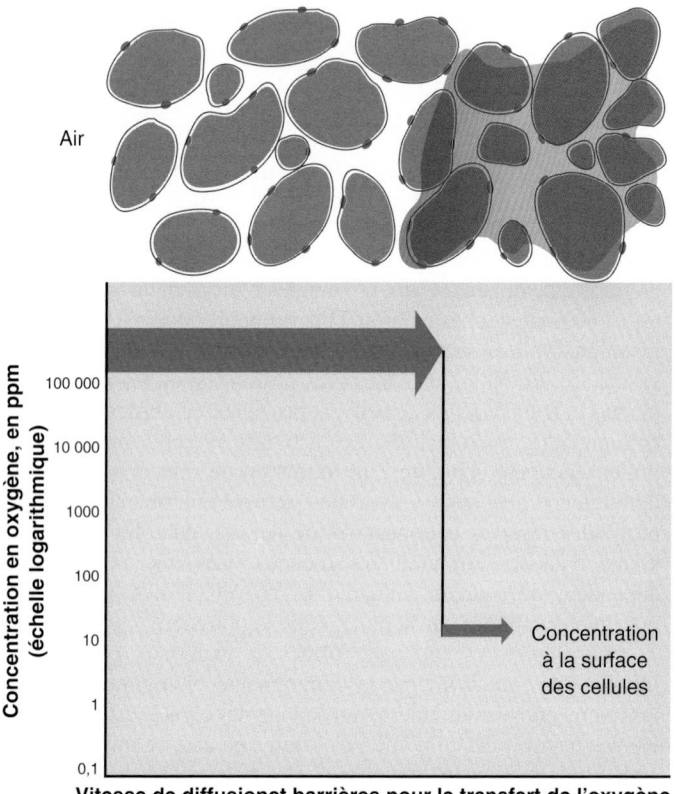

Figure 30.1   Les concentrations et la diffusion de l'oxygène dans un sol. Dans les minces films d'eau qui couvrent la surface des particules du sol, les micro-organismes ont un accès facile à l'oxygène. En comparaison, dans les volumes d'eau isolés, la diffusion de l'oxygène est limitée, ce qui crée des mini-milieux aquatiques.

qui affecte la teneur en oxygène et en CO_2 d'un sol. Les racines qui croissent dans un sol normalement aéré consomment aussi de l'oxygène et relâchent du CO_2, ce qui influence les concentrations de ces gaz dans leur environnement.

---

1. Pourquoi les sols de la toundra arctique sont-ils importants en termes de stockage du carbone ?
2. Faites ressortir les différences entre les vitesses de diffusion et les concentrations en oxygène d'un sol et celles d'un mini-milieu aquatique.
3. Les concentrations en oxygène et en dioxyde de carbone diffèrent entre l'atmosphère et l'intérieur du sol : en quoi ?

30.2.   Les micro-organismes dans le sol

Si nous examinons un sol de façon plus détaillée (**figure 30.2**), nous voyons que les bactéries et les mycètes recourent à des stratégies fonctionnelles différentes pour tirer avantage de cette matrice physique complexe. La plupart des bactéries du sol sont localisées à la surface de particules ; l'eau et les nutriments doivent être dans leur voisinage immédiat. On trouve le plus souvent les bactéries sur les surfaces des petits pores du sol (2 à 6 μm de diamètre). Là, elles risquent probablement moins d'être mangées par les protozoaires, que les bactéries qui se trouvent exposées à la surface externe d'un grain

Tableau 30.1   Concentrations en oxygène et en anhydride carbonique dans l'atmosphère d'un sol tropical dans des conditions humides et sèches

Profondeur du sol (cm)	Contenu en oxygène (%)		Contenu en anhydride carbonique (%)	
	Humide	Sec	Humide	Sec
10	13,7	20,7	6,5	0,5
25	12,7	19,8	8,5	1,2
45	12,2	18,8	9,7	2,1
90	7,6	17,3	10,0	3,7
120	7,8	16,4	9,6	5,1

D'après E.W. Russell. *Soil Conditions and Plant Growth.* 1973. 10e éd.
Reproduit avec l'autorisation de Longman Group Limited Essex, Royaume Uni.
Note : L'air normal contient approximativement 21% d'oxygène et 0,035% d'anhydride carbonique.

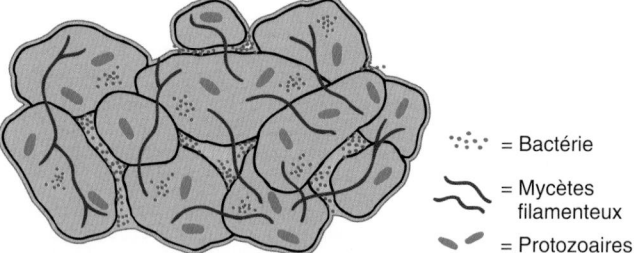

= Bactérie

= Mycètes filamenteux

= Protozoaires

Figure 30.2   Le micro-environnement — le monde des micro-organismes du sol. Les bactéries forment surtout des microcolonies isolées sur les surfaces et dans les pores. Les mycètes filamenteux sont capables de se développer sur et entre les particules agrégées ou structures pédiques. Les protozoaires se déplacent dans les films aqueux et broutent les bactéries, surtout lorsqu'elles ne sont pas abritées dans les pores du sol.

de sable ou d'une particule de matière organique.

Les mycètes filamenteux terrestres jettent des ponts à travers les zones ouvertes qui séparent les particules ou les agrégats du sol (structures pédiques, « **peds** » en anglais), et sont exposés à des concentrations élevées en oxygène (figure 30.2). Ces mycètes auront tendance à devenir plus foncés et à former des structures imperméables à l'oxygène, notamment des sclérotes et des cordelettes hyphales. Ceci est particulièrement important dans la biologie des basidiomycètes, qui forment de telles structures comme mécanisme de protection contre l'oxygène. À l'intérieur de ces structures, les mycètes filamenteux transfèrent nutriments et eau sur de grandes distances, même à travers des espaces aériens, une caractéristique particulière de leur stratégie vitale. Ces frontières hyphales imperméables à l'oxygène, polymérisées par oxydation, n'existent habituellement pas chez les mycètes qui croissent dans des milieux aquatiques. Les basidiomycètes (pp. 561-64)

Une grande variété d'insectes et d'autres animaux sont aussi présents dans les sols. Ils se nourrissent souvent de mycètes et de bactéries et transforment aussi les résidus végétaux. Les vers de terre, qui mélangent et ingèrent les sols, rejettent les bactéries et les enzymes de leur intestin avec leurs moulages de sol, un processus qui a des effets importants sur la structure du sol et sa communauté microbienne. Les vers de terre, avec beaucoup d'insectes et autres animaux du sol, se nourrissent des mycètes filamenteux, et ceci peut

Tableau 30.2	Bactéries Gram-positives irrégulièrement ramifiées et filamenteuses, communes dans les sols et facilement cultivées	
Groupe bactérien	**Genres représentatifs**	**Commentaires et caractéristiques**
Corynébactéries	*Arthrobacter*	Cycle bâtonnet-coque
	Cellulomonas	Important dans la dégradation de la cellulose
	Corynebacterium	Morphologie en massue
Mycobactéries	*Mycobacterium*	Coloration acido résistante
Nocardioformes	*Nocardia*	Ramification rudimentaire
Actinomycètes	*Streptomyces*	Bactéries filamenteuses aérobies
	Thermoactinomyces	Croissance à des températures supérieures

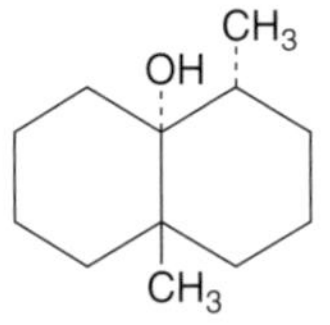

trans-1,10-diméthyl-*trans*-9-décalol

Figure 30.3 La géosmine. La structure de la géosmine, le principal produit chimique synthétisé par les actinomycètes et les cyanobactéries, qui donne aux sols leur odeur caractéristique.

avoir pour résultat de diminuer le développement de ces organismes dans le sol. Les vers de terre aident aussi en mélangeant les matériaux organiques du sol, créant les sols profonds qu'on trouve dans les prairies. Dans les zones forestières, où il y a peu de vers de terre, il se forme une couche de matière organique plus distincte, séparée de la couche inorganique sous-jacente. Les mycètes (chapitre 25)

Les sols peuvent contenir de très fortes populations microbiennes. Dans un sol de surface, la population bactérienne, mesurée au microscope, peut approcher les 10^8 à 10^9 cellules par gramme de poids sec de terre. Les mycètes peuvent développer jusqu'à plusieurs centaines de mètres d'hyphes par gramme de sol. Nous avons tendance à penser que les mycètes du sol sont petits, comme les champignons qui poussent dans nos pelouses. C'est assez naturel parce que la plupart des thalles fongiques se trouvent sous la surface du sol, mais cette idée est parfois très inexacte. Le mycète *Armillaria bulbosa*, qui vit en association avec les racines des arbres dans les forêts de feuillus, offre un cas d'espèce. On a découvert dans la Péninsule supérieure du Michigan, un clone individuel d'*Armillaria* qui couvre environ 120.000 m². On estime qu'il pèse au minimum 100 tonnes (une baleine bleue adulte peut peser 150 tonnes) et qu'il est âgé d'au moins 1.500 ans. Les mycéliums fongiques sont donc parmi les organismes vivants les plus grands et les plus anciens sur terre.

Lorsqu'on parle des sols et de leurs micro-organismes, il est important de se rappeler qu'une petite portion seulement (approximativement 10%) des organismes observables au microscope qui constituent cette biomasse ont été cultivés. Dans les domaines de la biotechnologie et de l'écologie fondamentale, les micro-organismes qui n'ont pas été cultivés peuvent constituer une réserve génétique de valeur pour la recherche fondamentale et appliquée. Petit à petit, notre connaissance de ces micro-organismes non cultivés progresse, grâce à l'emploi des techniques moléculaires. Par exemple, de nouveaux groupes de *Crenarchaeota* (*voir pp. 456-58*) ont été découverts dans des sols forestiers et dans l'océan, en extrayant l'ADN microbien et en l'amplifiant par la réaction de polymérisation en chaîne. L'examen de sols des différentes régions du monde continue à apporter des surprises. Des études moléculaires récentes des sols de la toundra sibérienne ont découvert une diversité microbienne inexplorée considérable, la plupart des bactéries récoltées n'étant apparentées à aucune des espèces connues. Les micro-organismes sont présents et prolifiques dans les milieux souterrains, y compris dans les gisements de pétrole. On a trouvé

des archéobactéries hyperthermophiles dans ces milieux souterrains peu accueillants. Elles sont probablement indigènes de ces régions peu connues de notre monde.

Les bactéries Gram-positives, qui montrent des degrés divers de ramification et de croissance mycéliale, constituent une partie importante et moins étudiée de la communauté microbienne du sol. On y trouve les corynéformes, les nocardioformes, et les vraies bactéries filamenteuses ou actinomycètes (**tableau 30.2**). Ces bactéries jouent un rôle majeur dans la dégradation des hydrocarbures, de la matière végétale ancienne et de l'humus des sols. En outre, certains membres de ces groupes dégradent activement les pesticides. Les actinomycètes filamenteux, essentiellement le genre *Streptomyces*, produit un composé odorant appelé **géosmine**, qui donne aux sols leur odeur de terre caractéristique (**figure 30.3**). Les actinobactéries (chapitre 24)

Comme dans les milieux aquatiques (*voir chapitre 29*), il s'ajoute continuellement aux sols de nouveaux micro-organismes qui proviennent des eaux, du vent, de la poussière, de plantes ou d'animaux. La plupart de ces micro-organismes ajoutés ne vont pas survivre, soit qu'ils ne résistent pas à la concurrence des micro-organismes indigènes, soit que les prédateurs comme les protozoaires les consomment.

La communauté microbienne du sol contribue de façon importante au recyclage biogéochimique et aux cycles du carbone, de l'azote, du soufre, du fer et du manganèse (*voir chapitre 28*). Parce que le sol est essentiellement un milieu oxydé, les formes inorganiques de ces éléments tendront à s'y trouver à l'état oxydé. Si le sol contient des milieux localisés saturés en eau, où la diffusion de l'oxygène est plus lente, les cycles biogéochimiques se déplaceront vers les formes réduites. Les cycles biogéochimiques (section 28.3)

Par rapport à la transformation de la matière organique, on peut classer les micro-organismes du sol sur base (1) de leur préférence pour des substrats, soit facilement disponibles, soit plus résistants, et (2) des concentrations en substrats qu'ils exigent. Lorsque les concentrations en nutriments sont élevées, certains micro-organismes comme *Pseudomonas* répondent rapidement à l'addition de substrats facilement utilisables, comme les sucres et les acides aminés. Les formes indigènes, dont le genre *Arthrobacter* et les nombreux actinomycètes du sol, tendent à utiliser dans une plus large mesure la matière organique native. Une partie moins connue de la communauté microbienne croît dans des milieux oligotrophes, définis comme contenant moins de 15 mg de matière organique/litre. Des études physiologiques et génétiques sur les réponses microbiennes à de tels milieux pauvres en nutriments sont en cours. Comme exposé dans ce livre, les micro-organismes recourent à de nombreuses stratégies pour survivre dans ces milieux pauvres en nutriments, et leur étude pose des problèmes techniques particuliers. *Arthrobacter* (pp. 542-43)

Les insectes et autres animaux du sol comme les vers de terre contribuent aussi aux transformations de la matière organique. Ces organismes décomposent cette matière organique, libérant souvent des sels minéraux, et « réduisant » physiquement la taille des particules organiques, comme les litières végétales. Ce faisant, ils augmentent les surfaces et rendent les matériaux organiques plus accessibles aux bactéries et aux mycètes. Ces organismes mélangent aussi les substrats avec leur microflore et leurs enzymes intestinaux, ce qui contribue substantiellement à la décomposition.

Les protozoaires aussi peuvent influencer le recyclage des nutriments en se nourrissant des micro-organismes « savoureux ». Ce processus de « **microbiphagie** », ou utilisation des micro-organismes comme source de nourriture, a pour résultat une minéralisation rapide de l'azote et du phosphore, il y a donc une disponibilité accrue de ces nutriments pour la croissance des plantes.
Les protozoaires (chapitre 27)

Une partie significative de l'activité biologique des sols provient des enzymes libérées par les plantes, les insectes et autres animaux, et des micro-organismes lysés. Ces enzymes libres contribuent à de nombreuses réactions hydrolytiques de dégradation, comme la protéolyse. On a aussi détecté des activités de catalase et de peroxydase. Apparemment, ces enzymes libres s'associent aux argiles et aux matériaux de l'humus, ce qui contribue à les protéger de la dénaturation et de la dégradation microbienne.

Dans les sols, une boucle microbienne régénère les nutriments, comme cela se passe dans les milieux aquatiques. Dans ce processus, le carbone et les nutriments fixés par les plantes sont recyclés rapidement par les bactéries et les protozoaires prédateurs, et ne sont pas disponibles pour un transfert vers les niveaux trophiques supérieurs du réseau alimentaire. Les protozoaires, surtout les amibes nues qui rampent sur les surfaces, sont les principaux protozoaires prédateurs. Dans les eaux, les principaux prédateurs sont les ciliés et les flagellés.

---

1. Quelles sont les différences entre bactéries et mycètes filamenteux, en ce qui concerne les habitats terrestres préférés ?
2. Comment les vers de terre, les nématodes et les insectes influencent-ils les communautés microbiennes ?
3. Quels types d'archéobactéries a-t-on détectés dans les sols ?
4. La boucle microbienne fonctionne-t-elle dans les sols ?

30.3. Les micro-organismes et la formation des différents sols

Les sols se forment dans différentes conditions environnementales. Lorsque des matériaux géologiques récemment exposés commencent à s'altérer, comme après un phénomène volcanique ou une simple perturbation du sol, on observe une colonisation microbienne. Au cas où seuls des matériaux souterrains sont disponibles, il peut y avoir du phosphore, mais l'azote et le carbone doivent provenir de processus biologiques. De nombreuses cyanobactéries capables de fixer l'azote et le carbone atmosphériques sont des organismes pionniers et participent, dans ces circonstances, à l'accumulation de nutriments.

La plupart des sols, une fois formés, sont des sources riches en éléments nutritifs contenus dans la matière organique, les micro-organismes, les insectes et les autres animaux. Les plantes se développent, vieillissent et meurent. Pendant chacune de ces phases, elles fournissent des éléments nutritifs aux organismes du sol. Les différentes parties des plantes varient dans leur contenu en substances nutritives et dans leur biomasse. En outre, les temps de renouvellement des différentes parties des plantes sont assez différents. Les composants, dans le système plante/sol, ayant les plus faibles rapports carbone/azote (les plus riches en substances nutritives) sont la matière organique du sol, les micro-organismes, les insectes et les autres animaux du sol. La matière organique du sol contient la majorité du carbone et de l'azote d'un sol typique, mais en raison de sa lente rotation dans le temps (100 à 1.000 ans et plus), la plus grande partie de cette ressource nutritive n'est pas immédiatement disponible pour une utilisation par les végétaux ou les microbes. Les principaux types de sols qui peuvent se former sont montrés dans le **figure 30.4**.

Les sols des régions tropicales et tempérées

Les matières organiques se décomposent très rapidement dans les sols tropicaux humides dont les températures moyennes sont élevées, et les nutriments inorganiques mobiles sont lessivés des couches superficielles, provoquant ainsi une perte rapide de fertilité. Pour limiter la perte en nutriments, de nombreuses plantes tropicales ont des systèmes de racines pénétrant la litière en décomposition rapide. Dès que la matière organique et les sels minéraux sont libérés par la décomposition, les racines des plantes peuvent les absorber, ce qui évite les pertes par lessivage. Ces plantes peuvent ainsi « recycler » les nutriments avant qu'ils ne soient perdus par le mouvement de l'eau à travers le sol (figure 30.4*a*). La déforestation empêche le recyclage des nutriments, ceux-ci se perdent et la fertilité du sol diminue.

Les communautés tropicales plante-sol sont souvent utilisées dans une agriculture par **coupe et brûlis**. La végétation d'un site est abattue et brûlée pour libérer les nutriments qu'elle contient. On peut alors cultiver pendant quelques années, tant que les sels minéraux n'ont pas été lessivés des sols. Lorsque ces sols pauvres en matière organique ont perdu leurs sels minéraux, le cultivateur doit aller ailleurs et recommencer en coupant et brûlant à nouveau la végétation. Ce cycle agricole de coupe et brûlis s'avère stable, si on laisse suffisamment de temps à la communauté végétale pour se régénérer, avant d'être à nouveau coupée et brûlée. Si le cycle est trop court, comme cela peut arriver en cas de surpopulation, le sol peut se dégrader rapidement et de façon presque irréversible.

Dans de nombreux sols de régions tempérées, par contre, les vitesses de décomposition sont plus faibles que celles de la production primaire, ce qui conduit à une accumulation de la litière. Une pénétration profonde des racines dans les prairies tempérées aboutit à la formation de sols fertiles qui constituent une ressource précieuse pour l'agriculture intensive (figure 30.4*b*).

Les sols de nombreuses forêts de conifères plus fraîches souffrent d'une accumulation excessive de matière organique sous forme d'une litière végétale (figure 30.4*c*). En hiver, quand l'humidité est présente, les sols sont froids, ce qui limite la décomposition. En été, lorsque les sols sont chauds, l'eau n'est pas disponible pour la décomposition. Des acides organiques sont produits dans la litière humide fraîche et sont lessivés dans le sol sous-jacent. Ces acides solubilisent des constituants du sol, comme l'aluminium et le fer, et induisent ainsi la formation d'une couche décolorée. La litière continue à s'accumuler et le feu devient le principal moyen par lequel le cycle des éléments nutritifs est maintenu. Des incendies contrôlés forment une part importante de la gestion de l'environnement dans ce type de système plante-sol.

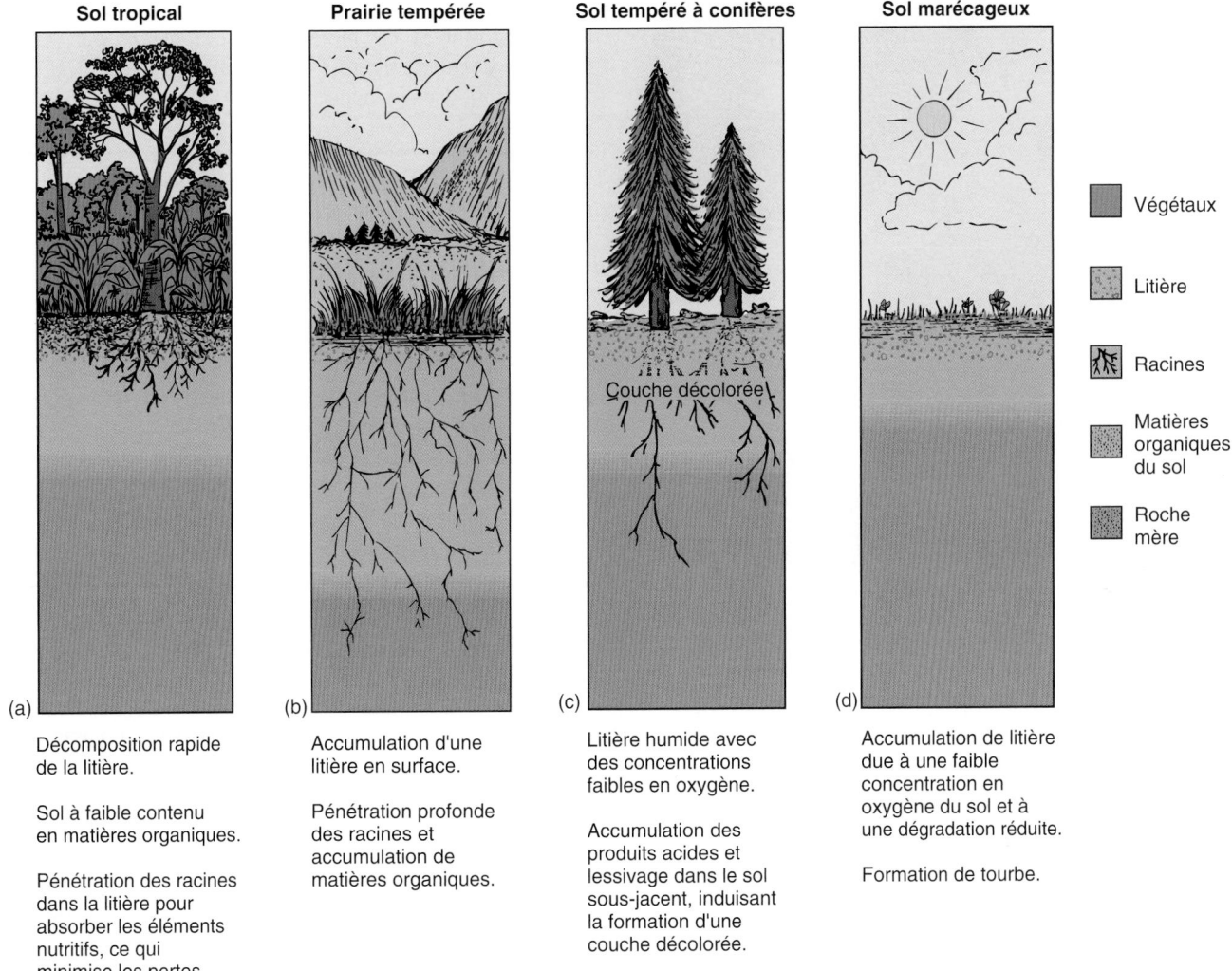

Sol tropical

(a)

Décomposition rapide
de la litière.

Sol à faible contenu
en matières organiques.

Pénétration des racines
dans la litière pour
absorber les éléments
nutritifs, ce qui
minimise les pertes
par lessivage.

Prairie tempérée

(b)

Accumulation d'une
litière en surface.

Pénétration profonde
des racines et
accumulation de
matières organiques.

Sol tempéré à conifères

Couche décolorée

(c)

Litière humide avec
des concentrations
faibles en oxygène.

Accumulation des
produits acides et
lessivage dans le sol
sous-jacent, induisant
la formation d'une
couche décolorée.

Sol marécageux

(d)

Accumulation de litière
due à une faible
concentration en
oxygène du sol et à
une dégradation réduite.

Formation de tourbe.

Végétaux

Litière

Racines

Matières
organiques
du sol

Roche
mère

Figure 30.4 Exemples de systèmes plantes-sols en régions tropicales et tempérées. Le climat, la roche mère, les végétaux, la topographie et les micro-organismes interagissent au cours du temps pour former différents systèmes plante-sol. Ces schémas illustrent les caractéristiques des sols (**a**) tropicaux, (**b**) de prairie tempérée, (**c**) de forêt tempérée de conifères et (**d**) marécageux.

Les sols marécageux présentent un ensemble particulier de conditions pour le développement microbien (figure 30.4d). Dans ces sols, les conditions d'imprégnation en eau et de pauvreté prédominante en oxygène ralentissent la vitesse de décomposition et conduisent à l'accumulation de tourbe. Après assèchement, ces zones deviennent plus aérobies et subissent une dégradation des matières organiques qui entraîne un affaissement du sol. Dans des conditions aérobies, les complexes lignine-cellulose de la matière organique accumulée sont plus sensibles à une décomposition par les mycètes filamenteux.

Les sols des régions froides et humides

Dans les environnements froids, que ce soit dans l'Arctique, l'Antarctique ou les régions alpines, les sols sont extrêmement intéressants à cause de leur vaste distribution et de leurs impacts sur les processus à l'échelle planétaire. Les températures moyennes plus froides des sols en ces endroits diminuent les vitesses aussi bien de décomposition que de croissance des plantes. Dans ces cas-là, la matière organique des sols s'accumulent et la croissance des plantes se trouve limitée par l'immobilisation des nutriments dans cette matière organique. Souvent, sous la zone de croissance des plantes, les sols sont gelés en permanence. Ces permafrosts retiennent 11% du carbone terrestre de la planète et 95% de ses nutriments liés à la matière organique. Ces sols sont très sensibles à la perturbation physique et à la pollution, et l'exploration de ces régions, à la recherche de pétrole et de minerais, peut avoir des effets à long terme sur leur structure et leur fonction. Lorsque les plantes sont recouvertes par la neige, des maladies provoquées par les **moisissures des neiges** apparaissent. Ces moisissures peuvent croître et s'attaquer aux plantes à –5°C. Ces mycètes produisent des protéines spéciales anticongélation qui leur permettent de vivre dans ces conditions rigoureuses.

Dans les zones marécageuses saturées en eau, les bactéries sont plus importantes que les mycètes pour les processus de décomposition, et la dégradation des matériaux lignifiés s'en trouve réduite. Comme dans d'autres sols, les processus de recyclage des nutriments : nitrification, dénitrification, fixation de l'azote, synthèse et utilisation du méthane, bien que se produisant

Figure 30.5 Une croûte des déserts observée au microscope électronique à balayage. La croûte a été dérangée pour montrer les gaines extracellulaires et les filaments de la cyanobactérie *Microcoleus vaginatus*. Les grains de sable sont agrégés par ces croissances filamenteuses, ce qui crée une structure écologique particulière.

à plus faible vitesse, exercent des effets majeurs sur les cycles gazeux du globe. La dégradation de la lignine (pp. 613-14)

Les sols désertiques

Les sols des déserts arides et semi-arides, chauds et froids, dépendent de pluies périodiques et peu fréquentes. Lorsque ces pluies arrivent, l'eau peut former des mares dans les zones basses et être retenue à la surface du sol par des communautés microbiennes, appelées **croûtes des déserts**. Celles-ci consistent en cyanobactéries et micro-organismes commensaux associés, dont *Anabaena*, *Microcoleus*, *Nostoc* et *Scytonema*. La profondeur de la couche photosynthétique est peut-être de 1 mm, et les filaments et les mucus des cyanobactéries agrègent les particules de sable (**figure 30.5**), ce qui change l'albédo de la surface du sol, la vitesse d'infiltration de l'eau et la sensibilité à l'érosion. Ces croûtes sont très fragiles et les dégâts causés par les véhicules peuvent persister pendant des décennies. Après la pluie, la fixation d'azote commencera dans les 25 à 30 heures, et lorsque l'eau se sera évaporée ou écoulée dans le sol, la croûte séchera et l'azote sera libéré pour servir à d'autres micro-organismes et à la communauté végétale.

Les sols hyperthermiques chauffés par géothermie

On trouve des sols chauffés par géothermie dans des régions comme l'Islande et la péninsule du Kamtchatka, à l'est de la Russie. Il en existe aussi en de nombreux sites, faits de déchets miniers. *Thermoplasma* est un micro-organisme important que l'on trouve dans les déchets miniers chauds. Ces sols sont peuplés de procaryotes bactériens et archéobactériens, dont beaucoup sont chimiolithoautotrophes. Une grande variété de genres chimioorganotrophes se trouvent aussi dans ces milieux ; parmi ceux-ci, les organismes aérobies *Thermomicrobium*, *Thermoleophilum* et les anaérobies *Thermosipho* et *Thermotoga*. Ces sols géothermiques

ont été d'un grand intérêt comme source de nouveaux micro-organismes utilisables en biotechnologie (*voir p. 626*), et cette recherche de micro-organismes particuliers s'intensifient dans ces zones partout dans le monde. *Thermoplasma* (p. 463)

---

1. Caractérisez chacun des principaux types de sol examinés dans cette section, en termes d'équilibre entre production primaire et décomposition de la matière organique.
2. Qu'y a-t-il de particulier dans les marécages, en ce qui concerne la décomposition de la matière organique ?
3. Pourquoi les nutriments peuvent-ils devenir limitants pour les plantes et les micro-organismes dans les sols des toundras ?
4. Décrivez les croûtes des déserts. Quels types de micro-organismes vivent dans ces milieux particuliers ?
5. Qu'est-ce que l'agriculture par coupe et brûlis ? Décrivez les rôles des micro-organismes dans ce processus ?
6. Quels genres microbiens particuliers trouve-t-on dans les sols chauffés par géothermie ?

30.4.   Les associations des micro-organismes du sol avec les plantes vasculaires

Les végétaux, principale source de matières organiques dont dépendent les micro-organismes du sol, sont abondamment colonisés par les micro-organismes. Des micro-organismes de types variés vivent en association avec les feuilles, les tiges, les fleurs, les graines et les racines. La communauté microbienne influence les végétaux de beaucoup de façons, directes et indirectes. La communauté inclut les micro-organismes qui se développent à la surface des plantes, entre les cellules à la surface de la plante, et à l'intérieur des cellules de la plante.

Les micro-organismes à l'extérieur des plantes

Les plantes sont couvertes de micro-organismes, aussi bien au-dessus qu'en-dessous de la surface du sol. Ces micro-organismes sont habituellement de simples commensaux ; dans certains cas, ils peuvent devenir parasites ou pathogènes, en particulier lorsque la surface de la plante a été endommagée.

Les micro-organismes de la phyllosphère

On trouve une large variété de micro-organismes sur et dans les surfaces aériennes des plantes, qui constituent la **phyllosphère**. Parmi ces micro-organismes, certains établissent des interactions complexes avec la plante à divers stades de son développement. Les feuilles et les troncs des plantes libèrent des composés organiques, et ceci peut conduire à un développement massif de micro-organismes. Parmi les genres présents sur les feuilles et les troncs des plantes, figure *Sphingomonas*, qui est spécialement équipé pour survivre à la forte irradiation UV que subissent ces surfaces végétales. Cette bactérie, commune aussi dans les sols et les eaux, peut atteindre les 10^8 cellules par gramme de tissu végétal. Dans les espèces cultivables, *Sphingomonas* constitue souvent une majorité. Les micro-organismes de la phyllosphère jouent des rôles importants dans la protection et peut-être l'agression des plantes.

Tableau 30.3 Substances excrétées par des racines de blé dépourvues de micro-organismes

Composés volatils	Composés de faible masse moléculaire	Composés de masse moléculaire élevée
CO_2	Sucres	Polysaccharides
Éthanol	Acides aminés	Enzymes
Isobutanol	Vitamines	
Alcool isoamylique	Acides organiques	
Acétoïne	Nucléotides	
Acide isobutyrique		
Éthylène		

D'après J.W. Woldendorp : « The Rhizosphere as Part of the Plant-Soil System » dans *Structure and Functioning of Plant Populations*. Amsterdam, Hollande : Proceedings, Royal Dutch Academy of Sciences, Natural Sciences Section : 2e Série, 1978. 70 : 243.

Les micro-organismes de la rhizosphère et du rhizoplan

Les racines des plantes rejettent une large variété de matériaux dans le sol environnant, dont divers alcools, de l'éthylène, des sucres, des acides aminés et organiques, des vitamines, des nucléotides, des polysaccharides et des enzymes comme le montre le **tableau 30.3**. Ces matériaux créent des milieux particuliers pour les micro-organismes du sol. La **rhizosphère**, décrite pour la première fois pas Lorenz Hiltner en 1904, est le volume de sol entourant les racines et influencé par les matériaux libérés par ces mêmes racines. La surface des racines des plantes, ce qu'on appelle le **rhizoplan**, constitue aussi un milieu particulier pour les micro-organismes, avec ces matériaux gazeux, solubles ou particulaires qui passent de la plante au sol. Les micro-organismes de la rhizosphère et du rhizoplan, non seulement augmentent en nombre lorsque ces nouveaux substrats deviennent disponibles, mais leur composition et leur fonction changent aussi. En répondant à ces matériaux libérés, les micro-organismes de la rhizosphère et du rhizoplan servent aussi de source labile de nutriments pour d'autres organismes. Ils créent ainsi une boucle microbienne, en plus de remplir des rôles essentiels dans la synthèse et la dégradation de la matière organique. La boucle microbienne (chapitre 29)

De multiples bactéries de la rhizosphère peuvent promouvoir la croissance des plantes, le tout orchestré par certaines d'entre elles qui communiquent avec la plante au moyen de signaux chimiques complexes. On commence seulement aujourd'hui à apprécier pleinement, pour leur potentiel biotechnologique, ces composés qui servent de signaux chimiques, parmi lesquels les auxines, les gibbérellines, les glycolipides et les cytokinines. Parmi les rhizobactéries promotrices de la croissance végétale, citons les genres *Pseudomonas* et *Achromobacter*. Si les bactéries possèdent les protéines de surface nécessaires à leur fixation, elles peuvent s'attacher à la plante, même au stade de graine. Les gènes qui contrôlent l'expression de ces protéines de fixation sont toujours en cours d'identification.

Un processus crucial qui se déroule à la surface de la plante, et en particulier dans la zone des racines, est la **fixation associative de l'azote**, dans laquelle le micro-organisme fixateur d'azote est à la surface de la racine, le rhizoplan (**figure 30.6**), aussi bien que dans la rhizosphère. Ce processus est réalisé par des représentants des genres *Azotobacter*, *Azospirillum* et *Acetobacter*. Ces bactéries contribuent à l'accumulation d'azote dans les herbes tropicales. Des preuves récentes suggèrent que leur principale contribution peut ne pas être la fixation d'azote, mais la production d'hormones promotrices de croissance qui augmentent le déve-

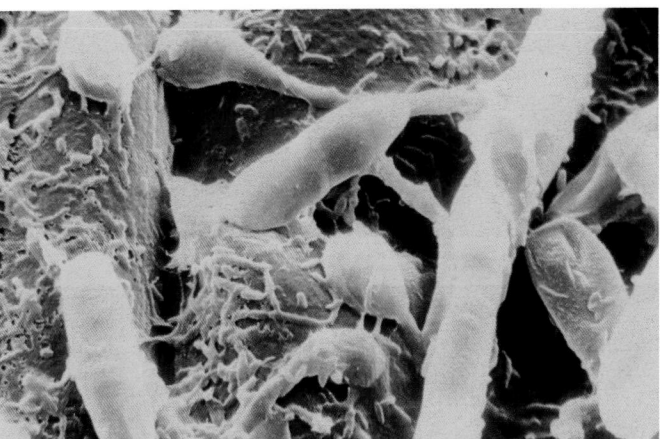

Figure 30.6 Micro-organismes à la surface des racines. Les racines végétales libèrent des éléments nutritifs permettant un développement intensif de bactéries et de mycètes, sur et à proximité de la surface des racines. Une image au microscope électronique à balayage montre des bactéries et des mycètes se multipliant à la surface d'une racine.

loppement des poils radiculaires et donc la capacité de la plante à absorber les nutriments. Ce domaine de recherche est particulièrement important pour l'agriculture tropicale.

1. Définissez les termes suivants : rhizosphère, rhizoplan, et fixation associative de l'azote.
2. Quels genres importants sont impliqués dans la fixation associative de l'azote ?
3. Quels stress particuliers un micro-organisme affronte-t-il sur une feuille, que le micro-organisme du sol ne rencontre pas ?
4. Quels genres microbiens sont considérés comme des rhizobactéries promotrices de croissance végétale.

La croissance des micro-organismes à l'intérieur des plantes

En plus des micro-organismes qui croissent à la surface des plantes, beaucoup de microbes intéressants et importants se développent à l'intérieur de celles-ci. Ces associations dépendent de signaux chimiques complexes, qui indiquent que ces relations sont très anciennes. Il est important d'insister sur ceci : les mécanismes par lesquels beaucoup de ces interactions plantes-microbes s'effectuent, se retrouvent dans les interactions entre micro-organismes et animaux (*voir chapitre 31*).

Rhizobium

Plusieurs genres microbiens sont capables de former des nodules fixateurs d'azote chez les légumineuses. Parmi eux, *Allorhizobium*, *Azorhizobium*, *Bradyrhizobium*, *Mesorhizobium*, *Sinorhizobium* et *Rhizobium*. Le mécanisme de cette interaction sera illustré par le travail sur *Rhizobium*.

Le genre *Rhizobium* (*voir p. 492*) est un membre remarquable de la communauté de la rhizosphère. Cette bactérie peut aussi établir une association symbiotique avec les légumineuses et fixer l'azote au bénéfice de la plante. *Rhizobium* infecte des légumineuses spécifiques et y forment des nodules. La bactérie contient

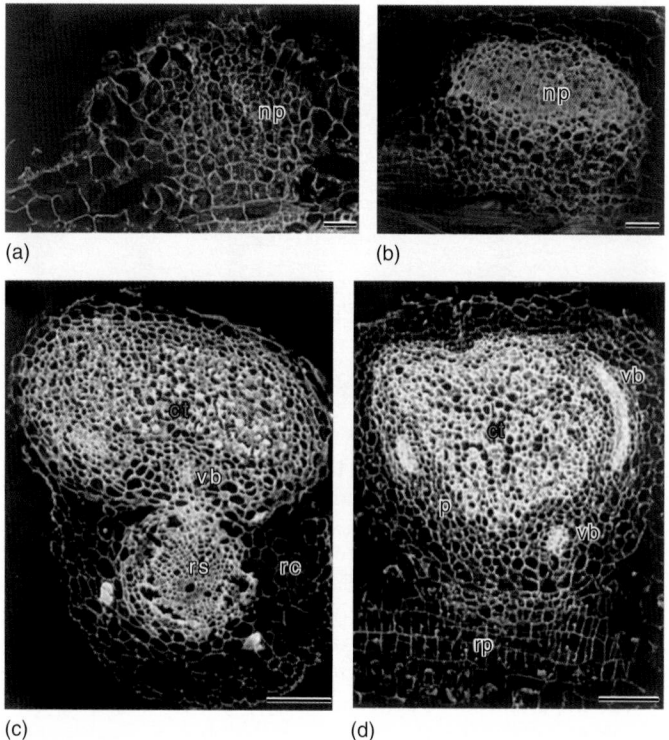

(a)   (b)

(c)   (d)

Figure 30.7 Le développement initial contrôlé des nodules induits par *Rhizobium* sur les racines de légumineuses. L'expression de l'activité initiant le nodule (*nin*) est une étape critique dans la formation du filament infectieux et l'initiation des primordiums : (**a**) stade précoce du développement des cellules primordiales, avec de faibles niveaux d'activité *nin*, (**b**) expression ultérieure d'un niveau plus élevé d'activité *nin*, (**c**) section transversale dans le nodule montrant l'expression accrue de *nin*, (**d**) nodule fixateur d'azote complètement différencié avec de l'activité *nin* dans la zone du tissu central. L'activité a été détectée par hybridation in situ, au moyen de sondes. Abréviations : np, primordium du nodule, ; ct, tissu central ; rc, cortex de la racine ; rs, stèle de la racine ; vb, faisceau vasculaire. La barre = 100 µm.

un grand plasmide où est encodée une information qu'elle n'utilise pas lorsqu'elle croît dans le sol en organisme autonome, mais qui est vitale pour l'infection de la plante hôte et la nodulation. Les gènes codés par le plasmide décident aussi de la gamme des plantes hôtes, chez qui *Rhizobium* peut former des nodules.

La symbiose *Rhizobium*-légumineuses est basée sur des interactions moléculaires complexes, comme une succession de serrures et de portes, qui contrôlent le processus. L'infection par *Rhizobium* est contrôlée par le gène *bacA* qui est nécessaire à l'établissement du nodule. *Brucella abortus* possède un gène *bacA* similaire, requis pour produire l'infection chronique chez l'animal hôte. Une autre similarité avec les pathogènes est la protéase Lon, importante chez *Rhizobium* et qui influence aussi la production de la capsule chez *E. coli*, *Klebsiella* et *Erwinia*. Le développement symbiotique chez les légumineuses est contrôlé par une protéine régulatrice végétale qui dédifférencie les cellules corticales des racines et fait redémarrer les divisions cellulaires pour établir les primordiums de nodules dans les racines envahies. *Rhizobium* investit les primordiums grâce à des filaments infectieux créés par la plante. L'établissement des nodules fait intervenir un gène de la plante nouvellement découvert et appelé *nin*. L'expression de ce gène, pendant le développement du nodule, a été détecté au moyen de sondes in situ dans les tissus

des racines de légumineuses (**figure 30.7**).

Ce processus infectieux complexe (**figure 30.8**), présenté ici sous une forme simplifiée, semble impliquer une série de molécules produites par la plante hôte et qui conduisent à l'échange de signaux de reconnaissance. Des inducteurs flavonoïdes, produits par la plante, jouent un rôle majeur dans ce processus. Ils stimulent chez *Rhizobium* la synthèse de **facteurs Nod** spécifiques qui activent les processus symbiotiques de l'hôte, nécessaires à l'infection des poils radiculaires et au développement du nodule (figure 30.8*a-d*). Après la fixation de la bactérie, le poil s'incurve et la bactérie induit chez la plante la formation d'un **filament infectieux** qui grandit dans le poil radiculaire.

Le *Rhizobium* se répand alors, via le filament infectieux, dans les cellules sous-jacentes de la racine comme le montre la figure 30.8*e*. Tant qu'il est dans le filament infectieux, le *Rhizobium* ne pénètre vraiment dans le cytoplasme de la plante à aucun moment ! Lorsqu'il se libère du filament infectieux et passe dans la cellule hôte (figure 30.8*g*), le *Rhizobium* est enfermé dans une membrane fabriquée par la plante, la membrane péribactéroïdienne, et forme un **bactéroïde** ((figure 30.8*h*). La croissance ultérieure et la différenciation conduisent au développement d'une forme fixatrice d'azote, le **symbiosome** (figure 30.8*h*). À ce stade, les composants spécifiques du nodule sont produits, comme la leghémoglobine, qui protège de l'oxygène, les enzymes de la fixation de l'azote. Le processus de nodulation est ainsi achevé (figure 30.8*i*). La figure 30.8*j* montre les **nodules radiculaires** finals.

Les symbiosomes, dans les nodules radiculaires matures, sont le site de fixation de l'azote. Dans ces nodules, les bactéroïdes différenciés réduisent l'N_2 atmosphérique et forment de l'ammoniac (le produit primaire) et de l'alanine. Ces composés sont libérés dans la cellule de la plante hôte, assimilés dans divers composés organiques azotés, et distribués dans toute la plante. L'azote réduit est le nutriment limitant le plus commun de la croissance végétale. La fixation biologique de l'azote, dont la symbiose *Rhizobium*-légumineuses est l'exemple type, est donc d'importance majeure pour la productivité agricole et pour le cycle biogéochimique de l'azote, nécessaire au maintien de la vie sur la Terre.

Lorsque les cellules de *Rhizobium* sont finalement devenues des bactéries différenciées, elles ne peuvent plus retourner à l'état de bactéries capables de reproduction. Elles sont perdues pour le « pool génétique ». Les membres de la communauté bactérienne les mieux adaptés, qui ont achevé la nodulation, ont donc sacrifié leur propre reproduction ! Cet « altruisme dans la rhizosphère », un concept suggéré par I. Olivieri et S.A. Frank, peut en fait provoquer une exsudation accrue au niveau des racines et le maintien d'un nombre plus élevé de *Rhizobium* dans l'environnement plante-racine. La biologie moléculaire de la fixation de l'azote par *Rhizobium*, et les communications chimiques complexes qui y interviennent, restent un sujet d'étude intense dans le monde entier.

Un but important de la biotechnologie est d'introduire les gènes responsables de la fixation de l'azote dans les plantes qui ne forment normalement pas ces associations. Récemment, on a pu induire la formation de racines latérales modifiées sur des plantes autres que les légumineuses telles que le riz, le blé et le colza. Il semble que l'infection débute par la fixation des bactéries à l'extrémité des racines. Bien que ces nodules ne soient pas encore capables de fixer des quantités utiles d'azote, ils augmentent la production de riz et une recherche intensive se poursuivra sans doute dans ce domaine.

(La biotechnologie végétale, pp. 335-36, 337, 339-41).

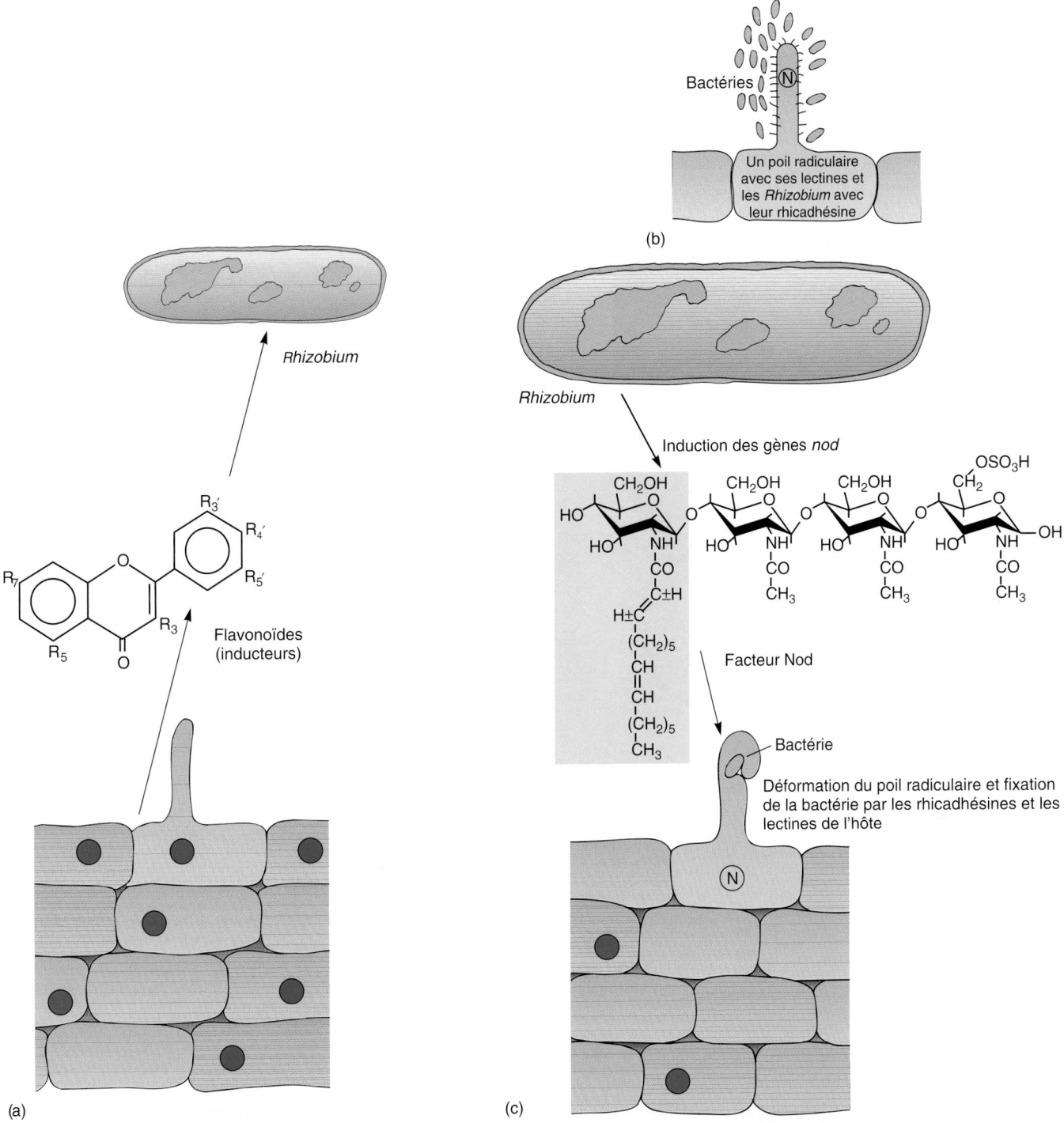

Figure 30.8 La formation de nodules radiculaires par *Rhizobium*. La formation, par *Rhizobium*, de nodules radiculaires chez les légumineuses est un processus complexe qui aboutit à la symbiose fixatrice d'azote (**a**) La racine de la plante libère des flavonoïdes qui stimulent la production, par *Rhizobium*, de divers métabolites Nod. Il y a beaucoup de facteurs Nod différents qui contrôlent la spécificité de l'infection. (**b**) La fixation de *Rhizobium* aux poils radiculaires fait intervenir des protéines bactériennes spécifiques, les rhicadhésines, et des lectines de la plante hôte, qui affectent le mode de fixation et l'expression des gènes *nod*. (**c**) La structure d'un facteur Nod typique qui provoque l'incurvation du poil radiculaire et la division des cellules corticales de la plante. La portion biologiquement active (*N*-acyl-glucosamine non réductrice) est mise en évidence. Ces facteurs Nod pénètrent dans les poils radiculaires et migrent jusqu'à leur noyau. (**d**) Un poil radiculaire couvert de *Rhizobium* et en train de s'incurver. (**e**) L'initiation de la pénétration bactérienne dans le poil radiculaire et la croissance du filament infectieux, coordonnées par le noyau « N » de la plante. (**f**) Un filament infectieux ramifié vu au microscope électronique. (**g**) *Rhizobium* se répand de cellule en cellule, via les filaments infectieux transcellulaires, puis par libération des *Rhizobium* et infection des cellules hôtes. (**h**) La formation des bactéroïdes, entourés des membranes péribactéroïdiennes provenant de la plante, et la différenciation des bactéroïdes en symbiosomes fixateurs d'azote. Les bactéries changent de forme et s'agrandissent de 7 à 10 fois leur volume. Le symbiosome contient le bactéroïde fixateur d'azote, un espace péribactéroïdien, et la membrane péribactéroïdienne. (**i**) Photographie prise au microscope ordinaire de deux nodules qui se développent par division cellulaire (x5). Cette coupe est orientée pour montrer les nodules selon leur axe longitudinal et la racine en section transversale. (**j**) Des nodules fixateurs d'azote de *Sinorhizobium meliloti* sur des racines de mélilot blanc (*Melilotus alba*).

Figure 30.8 **(Suite)**

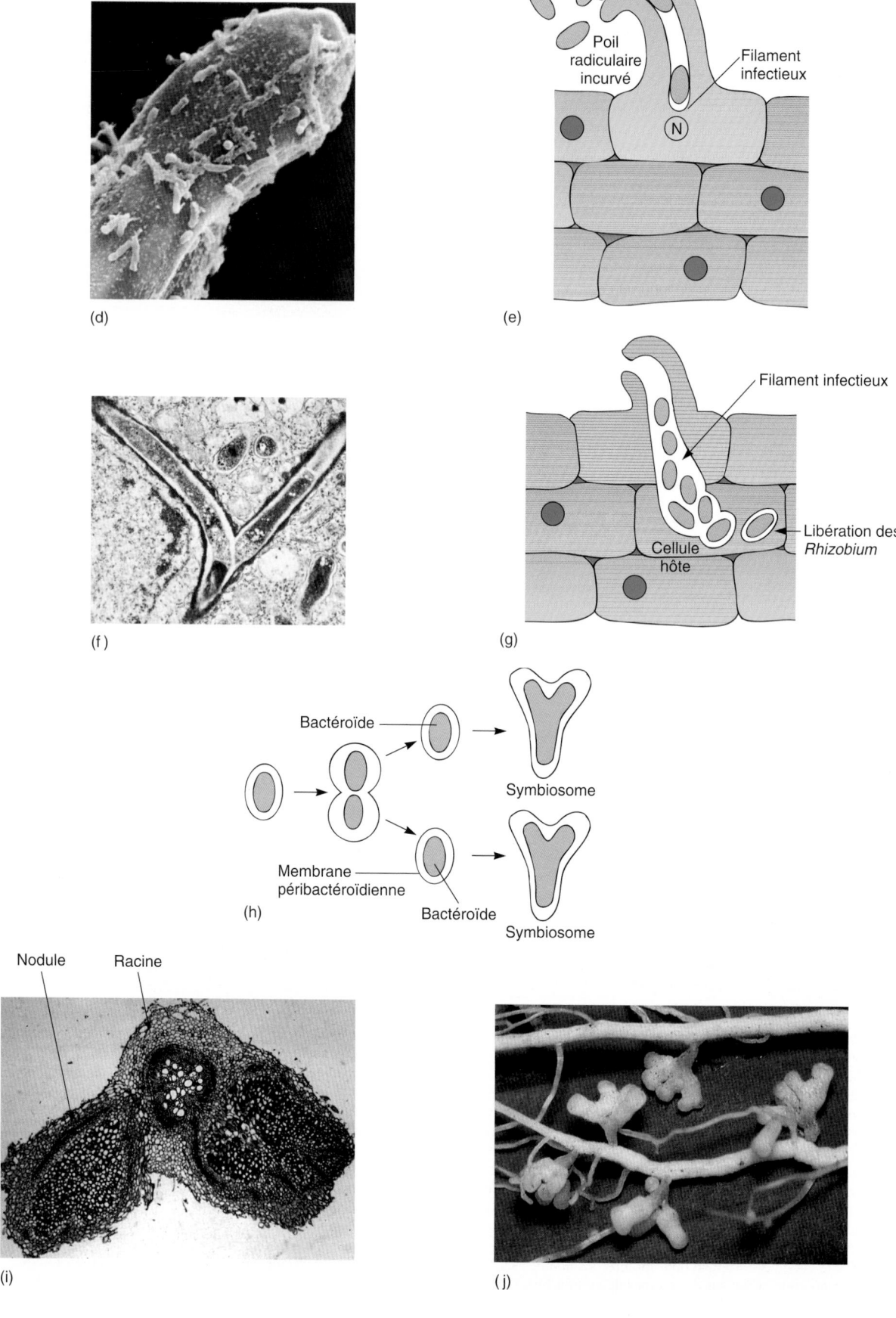

(d)

(e) Poil radiculaire incurvé — Filament infectieux — N

(f)

(g) Filament infectieux — Libération des *Rhizobium* — Cellule hôte

(h) Bactéroïde — Membrane péribactéroïdienne — Bactéroïde — Symbiosome

(i) Nodule — Racine

(j)

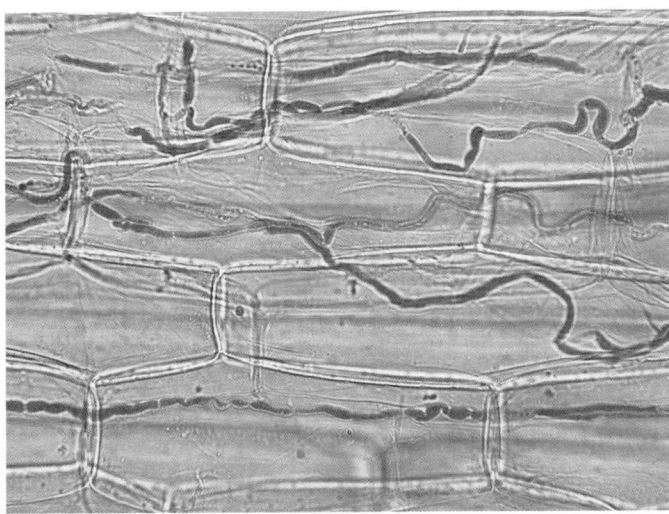

Figure 30.9 Les endophytes fongiques. Les mycètes peuvent envahir les organes supérieurs de certaines plantes. Cette figure montre un endophyte fongique en croissance dans l'épiderme foliaire d'une graminée, la grande fétuque.

Les endophytes fongiques et bactériens des plantes

Des mycètes et des bactéries spécialisés peuvent vivre comme des **endophytes** à l'intérieur de certaines plantes et leur être bénéfiques. Des mycètes spécialisés du type *Claviceps* développent des infections systémiques dans lesquelles l'endophyte croît entre les cellules corticales de la plante (**figure 30.9**). Les plantes infectées par ces endophytes acquièrent une certaine résistance aux attaques d'insectes masticateurs, grâce à la production d'alcaloïdes qui constituent une « défense chimique ». *Rhizobium leguminosarum* bv *trifolii* peut former une association endophyte naturelle avec les racines du riz. Cette interaction, observée pour la première fois dans le delta du Nil, est entretenue par la culture du trèfle en rotation avec le riz. L'association stimule la croissance des racines et des pousses de riz, ce qui donne à maturité, une meilleure production de grains de riz. L'association riz/*Rhizobium*/trèfle fournit à peu près le quart des besoins en azote du riz.

Toutes ces relations ne sont pas mutualistes (bénéfiques aux deux partenaires). Certaines sont parasitaires. Les endophytes fongiques parasites peuvent en fait réduire la variabilité génétique de la plante en stérilisant leur hôte (**figure 30.10**), ce qui diminue la résistance de la plante. Une suggestion veut que la « castration parasitaire des plantes » par des mycètes systémiques, qui permet une expansion accrue du mycète dans une communauté végétale moins variable, soit d'une grande importance pour la co-évolution des plantes et des mycètes.

On a découvert des bactéries endophytes dans le coton, le poirier et la pomme de terre. Certaines sont des bactéries phytopathogènes qui peuvent survivre dans un état quiescent pendant des périodes prolongées. La majorité d'entre elles n'ont pas d'effet positif ou délétère sur le développement de la plante. L'utilisation de ces bactéries comme systèmes microbiens de transmission est un sujet d'actualité en biotechnologie agricole. On a aussi pu introduire *Azorhizobium*, une bactérie qui forme des nodules dans les racines et les tiges de *Sesbana rostrata*, dans les racines latérales de froment. Ceci pourrait augmenter le poids sec de la plante et son contenu en azote.

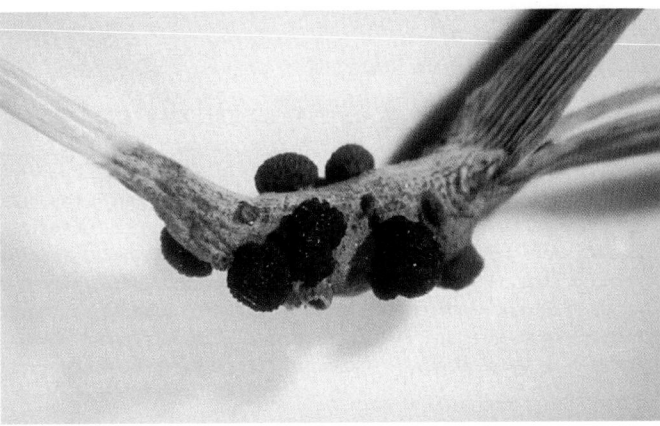

Figure 30.10 La castration parasitaire des végétaux par des mycètes endophytes. Stroma du mycète *Atkinsonella hypoxylon* infectant *Danthonia compressa* et provoquant l'avortement des épillets terminaux.

1. Définissez et mettez en relation primordiums et filament infectieux, dans la formation de nodules.
2. Quels sont les effets possibles des mycètes endophytes sur les plantes ?
3. Donnez des exemples de gènes qui interviennent dans les associations microbe-plante et dans les associations microbe-animal.
4. Décrivez le gène *nin* et son rôle dans l'infection par *Rhizobium*.
5. Quelles sont les étapes de base de l'établissement de la symbiose entre *Rhizobium* et la racine d'une plante.

Les mycorhizes

Les mycorhizes sont des associations mycète-racine découvertes, en 1885, par Albert Bernhard Frank (**encadré 30.1**). Le terme *mycorhize* est issu des mots grecs signifiant mycète et racine. Ces micro-organismes participent au métabolisme de la plante dans les milieux naturels, en agriculture et dans la mise en valeur des sols. Les racines d'environ 95% des plantes vasculaires sont normalement impliquées dans des associations symbiotiques de nature mycorhizienne.

On a décrit cinq associations mycorhiziennes principales (**figure 30.11**). Elles incluent des mycètes avec septums aussi ien que sans septum. Comme on le voit dans la figure 30.11, il y a des mycorhizes endophytes, qui forment des arbuscules et parfois des vésicules (mycorhizes à arbuscules ; figure 30.11*a*), des types avec septums associés aux orchidées (figure 30.11*b*), et ceux qui établissent des relations endomycorhiziennes avec les plantes éricoïdes comme les myrtilles (figure 30.11*c*). Dans les mycorhizes endophytes que montrent la figure 30.11*a-c*, le mycète pénètre dans les cellules de la plante où il forme des structures caractéristiques, dont des arbuscules et des pelotes. On n'observe pas de vésicules dans tous les cas. En outre, les basidiomycètes (*voir p. 561*) forment des ectendomycorhizes (figure 30.11*d*). Celles-ci sont pourvues de gaines et pelotes intracellulaires. Enfin, les **ectomycorhizes** (figure 30.11*e*) possèdent une gaine, et le mycète grandit entre les cellules de la plante, tissant le « filet de Hartig ». Ces ectomycorhizes, qui incluent *Cennococcum*, *Pisolithus* et *Amanita*, produisent des structures irrégulières, faciles à reconnaître (**figure 30.12**).

Les mycorhizes et l'évolution des plantes vasculaires

Les fossiles démontrent que les symbioses endomycorhiziennes étaient aussi fréquentes chez les plantes vasculaires du dévonien, il y a 387 à 408 millions d'années, qu'elles le sont aujourd'hui. C'est pourquoi certains botanistes suggérèrent que l'évolution de ce type d'association fut une étape critique en permettant la colonisation du milieu terrestre par les végétaux. Pendant cette période, les sols étaient peu développés et en conséquence, le rôle des mycètes mycorhiziens était probablement important en facilitant la prise de phosphore et d'autres éléments nutritifs. Même actuellement, les plantes, qui entament la colonisation de sols extrêmement pauvres en éléments nutritifs, survivent beaucoup mieux si elles portent des endomycorhizes. Donc cette association symbiotique entre végétaux et mycètes peut avoir colonisé les terres en premier, et conduit à nos plantes vasculaires modernes.

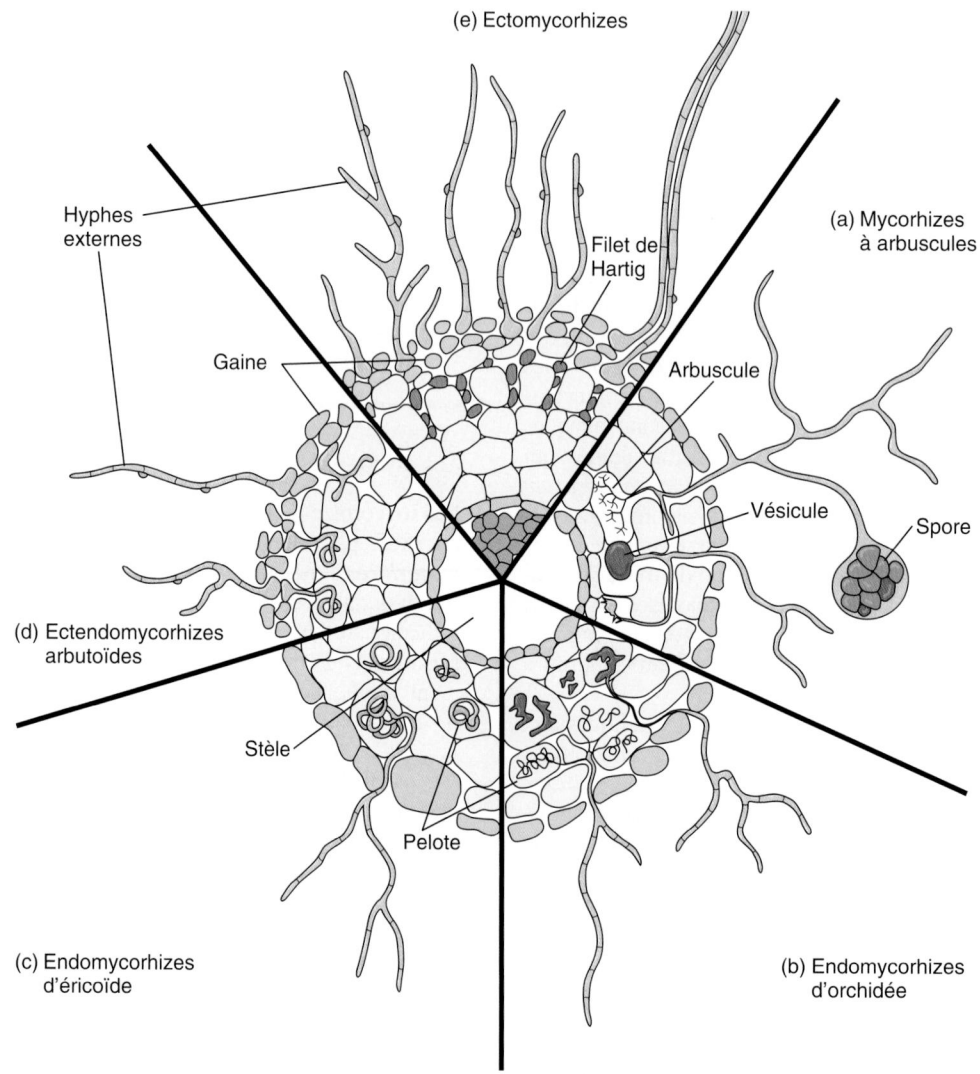

Figure 30.11 Les mycorhizes. Les mycètes établissent des relations mutuellement bénéfiques avec les racines végétales. Des coupes transversales de racines illustrent différentes relations mycorhiziennes (voir détails dans le texte)

Figure 30.12 Ectomycorhizes trouvées sur les racines du pin. La ramification irrégulière, typique des mycorhizes blanches et lisses, est évidente.

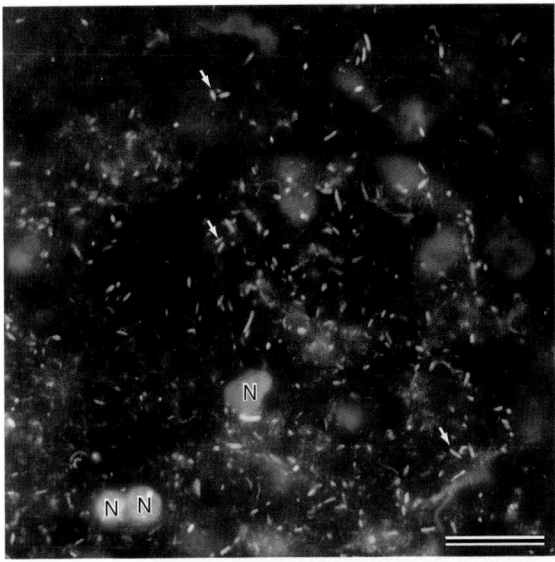

Figure 30.13 Les bactéries auxiliaires de la mycorhisation. Des endosymbiotes bactériens colorés, dans des spores non fixées du mycète mycorhizien à arbuscules *Gigaspora margarita*. Les bactéries vivantes fluorescent en jaune-vert brillant ; les lipides et le noyau du mycète (N) apparaissent comme des masses diffuses. La barre = 7 μm.

Il existe aussi des relations entre les bactéries et les mycètes mycorhiziens. En rayonnant dans le sol, le réseau hyphal externe crée une **mycorhizosphère**, due au flux de carbone qui va de la plante au réseau hyphal mycorhizien, puis dans le sol environnant. De plus, des « bactéries auxiliaires de la mycorhisation » peuvent jouer un rôle dans le développement des relations mycorhiziennes avec le mycète ectomycorhizien. On trouve aussi des symbiotes bactériens dans le cytoplasme des mycètes mycorhiziens à arbuscules, comme le montre la **figure 30.13**. L'emploi de la PCR fait apparaître que ces organismes, qui ressemblent à des bactéries, sont apparentées à *Burkholderia cepacia*. Quelle peut être la fonction de ces symbiotes ? On a suggéré que ces bactéries « piégées » contribuaient au métabolisme azoté du complexe plante-mycète, en aidant à la synthèse des acides aminés essentiels.

On connaît plus de 5.000 espèces fongiques, principalement des basidiomycètes, impliquées dans des relations symbiotiques ectomycorhiziennes. Leur vaste mycélium s'étend loin dans le sol et joue un rôle important dans le transfert d'éléments nutritifs vers la plante. L'un des mycètes ectomycorhiziens les plus importants est *Pisolithus tinctorius*. On peut le cultiver en masse en présence de petites billes en mousse synthétique utilisées comme support physique. Ce type d'inoculum fongique, mélangé à des sols d'enracinement, améliore l'implantation et la croissance des végétaux.

Les **endomycorhizes** (**figure 30.14**) présentent un grand intérêt, car on n'a pas encore réussi à cultiver ces mycètes, habituellement des zygomycètes, en l'absence des végétaux. Dans cette association, les hyphes fongiques pénètrent les cellules corticales externes des racines de la plante, dans lesquelles ils se développent intracellulairement et forment des pelotes, des renflements et de petites ramifications. On connaît l'existence de mycorhizes endotrophes chez le blé, le maïs, le haricot, la tomate, le pommier, l'oranger et de nombreuses autres plantes d'intérêt commercial, ainsi que chez la plupart des graminées de prairies. On distingue une structure intracellulaire caractéristique, l'**arbuscule**, et en conséquence, on appelle souvent les endomycorhizes, **mycètes mycorhiziens à arbuscules** ou **mycètes AM**. De récentes études montrent que les flavonoïdes végétaux peuvent stimuler la germination des spores, ce qui conduirait au développement de méthodes de culture de ces mycorhizes en absence de plante.

Selon l'environnement de la plante, les mycorhizes peuvent accroître la compétitivité du végétal. Dans les milieux humides,

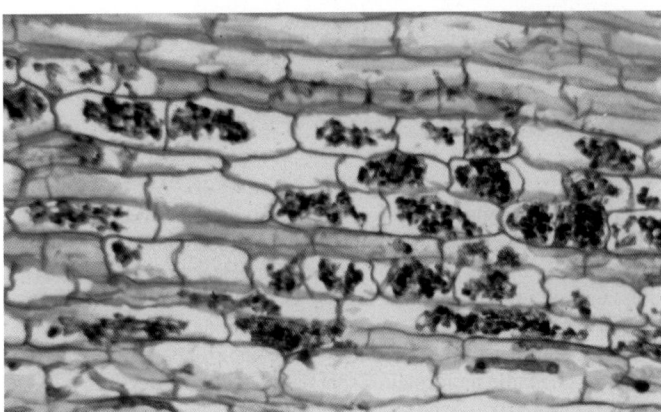

Figure 30.14 Les endomycorhizes, ou mycorhizes à arbuscules, forment des structures caractéristiques dans les racines. On peut les observer au microscope après clarification et coloration des racines. Les arbuscules de *Gigaspora margarita* sont visibles à l'intérieur des cellules corticales de la racine de coton.

elles augmentent la disponibilité en nutriments, particulièrement en phosphore. Dans les milieux arides, où les éléments nutritifs ne limitent pas le développement de la plante de la même manière, les mycorhizes aident à prélever l'eau, augmentant les taux de transpiration, comparativement aux plantes dépourvues de mycorhize. Ces avantages ont des coûts énergétiques nets pour la plante, sous la forme de dérivés photosynthétisés nécessaires au maintien de « l'habitude mycorhizienne » de la plante. Dans certaines conditions, la plante est apparemment désireuse d'échanger ces dérivés photosynthétisés (produits grâce à l'acquisition accrue d'eau) contre de l'eau.

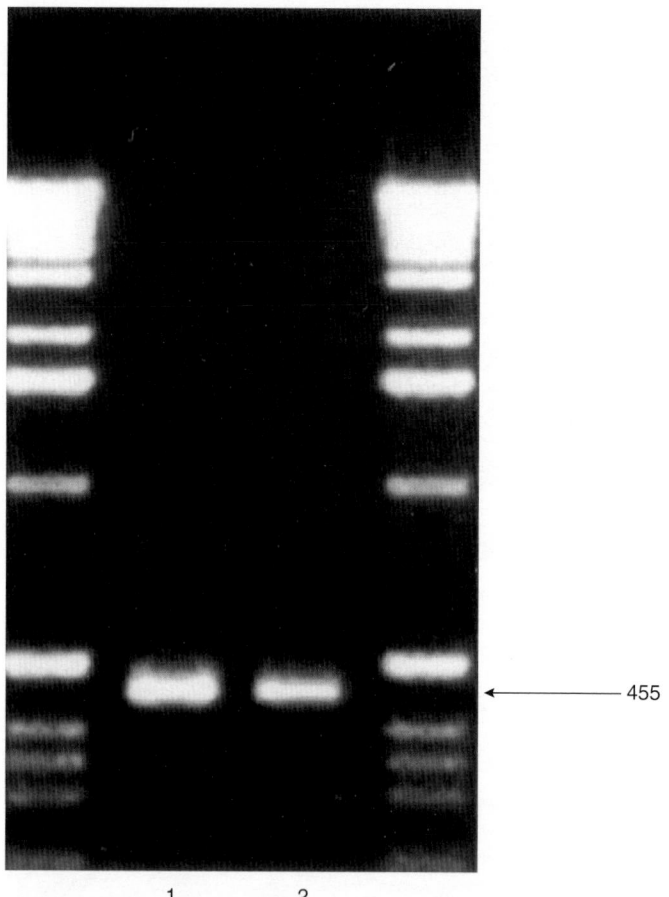

Figure 30.15 Emploi de la réaction de polymérisation en chaîne (PCR) pour détecter un mycète mycorhizien. Emploi de la PCR pour détecter *Glomus intraradices* sous forme de spores (1) et après croissance du mycète dans une racine (2). Dans cet exemple, on a utilisé la PCR nichée. C'est la seconde amplification qui est montrée, avec le produit mycorhizien d'une taille de 455 paires de bases. Les marqueurs de taille moléculaires sont dans les pistes extérieures.

On a découvert que les communautés fongiques mycorhiziennes et endophytes influençaient le développement des communautés végétales. Les mycètes mycorhiziens peuvent aussi permettre le partage, entre différentes plantes, de ressources comme les sels minéraux carbonés et l'eau.

Dans l'étude des relations mycorhiziennes et endophytes, on utilise aujourd'hui les techniques moléculaires pour identifier les spores et aussi les mycètes mycorhiziens dans les racines des plantes (**figure 30.15**). L'emploi de la PCR (*voir pp. 326-27*) avec des amorces spécifiques rend possible, après extraction de l'ARNr de la racine, l'identification de mycètes mycorhiziens spécifiques, associés à une plante donnée !

Les actinorhizes

Il existe également des associations entre actinomycètes et racines végétales appelées **actinorhizes** ou relations actinorhiziennes (**figure 30.16**). Dans les actinorhizes interviennent d'une part, des souches de *Frankia* (*voir pp. 548-49*) et d'autre part, des plantes

Figure 30.16 Les actinorhizes. Des nodules actinorhiziens induits par *Frankia* dans *Ceanothus* (« Buckbrush »).

appartenant à huit familles non légumineuses (**tableau 30.4**). Les actinorhizes fixent l'azote et sont importantes, particulièrement dans les arbres et les arbustes. Par exemple, ces associations s'observent dans les régions où les forêts de sapin de Douglas ont été abattues et dans les milieux marécageux et chauds où les ciriers et les aulnes prédominent. Les nodules de certaines actinorhizes sont aussi gros que des billes (**figure 30.17**). Si ceci ne vous impressionne pas, sachez que certaines plantes (*Alnus* et *Ceanothus*) ont des nodules aussi gros que des balles de baseball. Ceux de *Casuarina* approchent la taille d'un ballon de football.

Les membres du genre *Frankia* ont un développement lent et, jusqu'en 1978, il était impossible de cultiver ces organismes séparément des végétaux. Depuis lors, on a pu cultiver l'actinomycète sur des milieux spécifiques complétés d'intermédiaires métaboliques tels que le pyruvate. Actuellement, on fait de grands progrès dans la compréhension de la physiologie, de la génétique et de la biologie moléculaire de ces micro-organismes.

Comme toutes les associations plante-microbe, les relations actinorhiziennes coûtent de l'énergie à la plante. Cependant, celle-ci en tire bénéfice, sa compétitivité dans la nature s'en trouve améliorée. Cette association constitue une occasion particulière d'améliorer la croissance de la plante en gérant le micro-organisme.

Il y a d'autres associations de micro-organismes fixateurs d'azote avec des plantes. Une association particulièrement intéressante existe dans les **nodules caulinaires à *Rhizobium*,** (**figure 30.18**), trouvés chez les légumineuses tropicales. Ces nodules apparaissent à la base des racines adventices, qui émergent de la tige juste au-dessus de la surface du sol. Parce qu'ils contiennent des tissus photosynthétiques producteurs d'oxygène, ces nodules disposent de mécanismes particuliers pour protéger les enzymes de fixation de l'azote qui sont sensibles à l'oxygène. *Azorhizobium caulinodans* est un autre micro-organisme qui forme de tels nodules caulinaires. On le trouve chez la légumineuse tropicale *Sesbania rostrata*. La fixation de l'azote : aspects biochimiques (pp. 212-14) ; Le cycle de l'azote (pp. 615-16)

Récemment, on a montré que certains de ces *Rhizobium* formateurs de nodules caulinaires étaient photosynthétiques. Ils peuvent donc tirer leur énergie, non seulement des composés organiques de la plante, mais aussi de la lumière !

Tableau 30.4   Plantes autres que les légumineuses portant des nodules symbiotiques à *Frankia*[a]

Famille	Genre	*Frankia* Isolé ?	Souches isolées infectieuses ?
Casuarinaceae	*Allocasuarina*	+	+
	Casuarina	+	+
	Ceuthostoma	–	–
	Gymnostoma	+	+
Coriariaceae	*Coriaria*	+	+
Datiscaceae	*Datisca*	+	–
Betulaceae	*Alnus*	+	+
Myricaceae	*Comptonia*	+	+
	Myrica	+	+
Elaeagnaceae	*Elaeagnus*	+	+
	Hippophae	+	+
	Shepherdia	+	+
Rhamnaceae	*Adolphia*	–	–
	Ceanothus	+	–
	Colletia	+	+
	Discaria	+	+
	Kentrothamnus	–	–
	Retanilla	+	+
	Talguenea	+	+
	Trevoa	+	+
Rosaceae	*Cercocarpus*	+	–
	Chaemabatia	–	–
	Cowania	+	–
	Dryas	–	–
	Purshia	+	–

Source: Données obtenues du Dr. D. Baker, MDS Panlabs et du Dr. J. Dawson, Université de l'Illinois. Communications personnelles.

[a] L'isolement de *Frankia* de nodules et la capacité qu'ont les souches isolées d'initier un nodule sont également indiqués.

(a)

(b)

Figure 30.17 Les actinorhizes. Des actinomycètes fixateurs d'azote forment des associations avec des arbustes ligneux. Le développement de nodules actinorhiziens permet la fixation symbiotique d'azote indispensable au développement de la plante dans des sites infertiles. (**a**) Image au microscope optique d'actinorhizes enveloppant des racines de *Comptonia*. (**b**) Image au microscope électronique à balayage de deux cellules corticales infectées de *Casuarina*. Notez les hyphes des actinorhizes pénétrant les parois cellulaires de l'hôte.

Figure 30.18 ***Rhizobium* formateurs de nodules caulinaires.** Des micro-organismes fixateurs d'azote peuvent également former des nodules sur les tiges de certaines légumineuses tropicales. Nodules formés sur la tige d'une légumineuse tropicale par un *Rhizobium* spécifique.

Figure 30.19 ***Agrobacterium.*** Cette figure montre une tumeur causée par *Agrobacterium* sur une plante de *Kalanchoe* sp.

---

1. Décrivez les principales contributions des mycorhizes et des actinorhizes à la vie des plantes.
2. Quelles sont les principales différences entre endomycorhizes et ectomycorhizes ?
3. Quelle est la contribution principale de *Frankia* à la vie de la plante ? Quel type de plante est infecté ?
4. Qu'entend-on par nodules caulinaires à *Rhizobium* ?

Agrobacterium

Une autre interaction passionnante entre une plante et un micro-organisme du sol est l'infection par *Agrobacterium* qui produit des excroissances tumorales sur les végétaux (**figure 30.19,** *voir aussi encadré 14.2*). La formation de la galle (tumeur) est induite par des souches d'*Agrobacterium* contenant le **plasmide Ti** (pour l'anglais « tumor-inducing », inducteur de tumeur) ou **Ri**. La genèse tumorale est une forme naturelle de génie génétique, au cours de laquelle une portion du plasmide Ti est excisée, transférée de la bactérie à la plante hôte et insérée dans le chromosome nucléaire de l'hôte. La tumeur est due à un déséquilibre phytohormonal, contrôlé par des enzymes codées par l'ADN bactérien Ti introduit. Les biotechnologistes ont modifié ce plasmide pour permettre le transfert aux plantes, de caractères génétiques comme la résistance à un herbicide ou la bioluminescence. Grâce à la capacité de modifier l'ADN végétal via les plasmides d'*Agrobacterium*, la biologie moléculaire végétale effectue actuellement des progrès rapides. *Agrobacteium* (pp. 339-40, 492-93)

La production de tumeur implique la fixation de la bactérie à la plante, habituellement au niveau d'une blessure, lorsque la bactérie a détecté des composés phénoliques de la plante. La bactérie exprime alors un système inducteur de tumeur, à deux composants (**figure 30.20**). Cette interaction oncogène est initiée par le transfert de fragments d'ADN tumorigène (ADN-T) du plasmide bactérien inducteur de tumeur (Ti) au noyau de la cellule végétale. Un composant contrôle l'excision de l'ADN-T, ce qui conduit à l'initiation de la tumeur. Le second composant stimule la synthèse d'opine par la plante. L'agent infectant *Agrobacterium* utilise l'opine comme nutriment, plus efficacement que les micro-organismes concurrents. Le métabolisme de la plante est donc détourné vers la production d'une substance qui stimule la croissance de la bactérie responsable de l'initiation de la tumeur ! Voici une interaction délicate à base génétique.

Les mycètes et les bactéries, pathogènes des plantes

Il faut noter que les mycètes peuvent s'avérer des pathogènes dévastateurs pour les plantes. Citons comme exemples *Puccinia graminis* qui provoque la rouille du blé, et *Phytophthora infestans*, qui fut responsable de la famine due à la pomme de terre en Irlande.

Une large variété de bactéries, dont *Agrobacterium*, attaquent les plantes. Des bactéries sont responsables d'un nombre étonnant de tavelures, de rouilles, de flétrissement, de pourritures, de chancres et de galles, comme le montre le **tableau 30.5**. Les phytoplasmes dépourvus de paroi sont aussi d'importants pathogènes des cultures de légumes, comme la patate douce.

Les virus

Comme décrit dans la section 18.6, une large gamme de virus infectent les plantes et prennent une importance mondiale en terme de maladies végétales et de pertes économiques. On y trouve le TMV, premier virus à avoir été caractérisé en 1892. Un virus présente un intérêt particulier, en terme d'interaction entre plante et micro-organisme pathogène ; c'est un hyphovirus qui infecte le mycète *Cryphanectria parasitica*, responsable de la rouille du châtaignier. Des chercheurs du Connecticut et de Virginie de l'Ouest ont remarqué qu'en infectant le mycète avec l'hyphovirus, ils diminuaient la vitesse et l'apparition de l'infection des arbres. Ils espèrent pouvoir traiter les arbres avec des souches virales moins létales et arriver à transformer les souches indigènes létales de *Cryphanectria* en mycètes plus bénins.

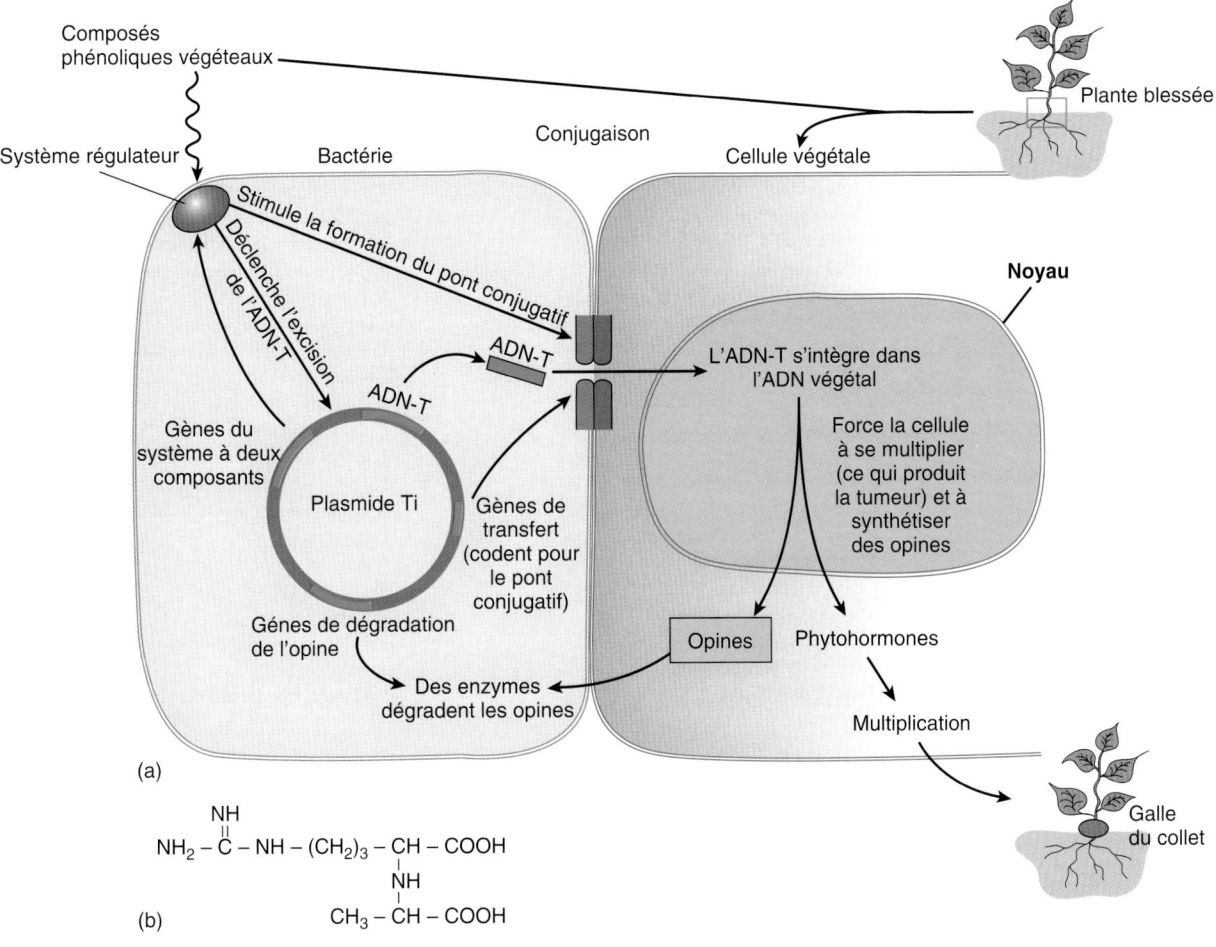

Figure 30.20 Les fonctions des gènes portés par le plasmide Ti d'*Agrobacterium*. (**a**) Les gènes portés par le plasmide Ti d'*Agrobacterium* contrôlent la formation de la tumeur, via un système régulateur à deux composants qui stimule la formation d'un pont conjugatif et l'excision de l'ADN-T. Ce dernier est déplacé par les gènes de transfert, qui l'intègrent dans le noyau végétal. L'ADN-T code pour des hormones végétales qui font que les cellules de la plante se divisent, ce qui produit la tumeur. Les cellules tumorales produisent des opines (montrées en **b**) qui peuvent servir de source de carbone à l'agent infectant *Agrobacterium*. Ceci aboutit à la formation, sur le tronc de la plante blessée, d'une galle du collet, au-dessus de la surface du sol.

Les associations tri- et tétrapartites

Un ensemble supplémentaire d'interactions s'établit lorsque la même plante développe des relations avec deux ou trois types différents de micro-organismes. Ces interactions plus complexes sont importantes pour divers types de végétaux dans les systèmes agricoles tempérés et tropicaux. Décrites pour la première fois en 1896, ces associations symbiotiques impliquent l'interaction des micro-organismes symbiotiques entre eux et avec l'hôte végétal. Il existe plusieurs **associations tripartites** : (1) endomycorhizes plus *Rhizobium* ou *Bradyrhizobium*, (2) endomycorhizes et actinorhizes, (3) ectomycorhizes et actinorhizes. Les plantes à nodules et mycorhizes sont mieux adaptées pour faire face à des milieux déficients en éléments nutritifs. Il existe également des **associations tétrapartites**. Elles comprennent des endomycorhizes, des ectomycorhizes, *Frankia* et l'hôte végétal. Ces associations complexes, en dépit de leurs surcoûts énergétiques, semblent être très profitables à la plante.

1. Quelle est la nature et l'importance du plasmide Ti ?
2. Quelles sont les fonctions des deux composants du système régulateur, lors de l'infection d'une plante par *Agrobacterium* ? Quels sont les rôles des composés phénoliques et des opines dans ce processus infectieux ?
3. Citez quelques importants pathogènes fongiques et bactériens des plantes.
4. Comment les pathologistes tentent-ils de contrôler la rouille du châtaignier ?
5. Que sont les associations tripartites et tétrapartites ?

Tableau 30.5 Les principales maladies végétales dues aux bactéries

Symptômes	Exemples	Pathogène
Tavelures et rouilles	« Wildfire » (tabac)	*Pseudomonas syringae* pv.[a] *tabaci*
	« Haloblight » (haricot)	*P. syringae* pv. *phaseolica*
	« Citrus blast »	*P. syringae* pv. *syringae*
	« Leaf spot » (haricot)	*P. syringae* pv. *syringae*
	Rouille (riz)	*Xanthomonas campestris* pv. *oryzae*
	Rouille (céréales)	*X. campestris* pv. *translucens*
	Tavelure (tomate, poivron)	*X. campestris* pv. *vesicatoria*
	« Ring rot » (pomme de terre)	*Clavibacter michiganensis* pv. *sepedonicum*
Flétrissements vasculaires	Flétrissement (tomate)	*C. michiganensis* pv. *michiganensis*
	Flétrissement de Stewart (maïs)	*Erwina stewartii*
	« Feu bactérien » (pommes)	*E. amylovora*
	Maladie de Moko (banane)	*P. solanacearum*
	Nervation noire (crucifères)	*X. campestris* pv. *campestris*
Pourritures douces	Pourritures douces (nombreuses)	*E. carotovora* pv. *carotovora*
	Pourriture des racines (pomme de terre)	*E. carotovora* pv. *atroseptica*
	« Pink eye » (pomme de terre)	*P. marginalis*
	« Sour skin » (oignon)	*P. cepacia*
Chancre	Chancre (fruits à noyau)	*P. syringae* pv. *syringae*
	Chancre (agrumes)	*X. campestris* pv. *citri*
Galles	Galles du collet (nombreuses)	*Agrobacterium tumefaciens*
	Racines chevelues	*A. rhizogenes*
	Tumeur de l'olivier	*P. syringae* pv. *savastonoi*

Source: J.W. Lengler, G. Drews, H.G. Schlegel. 1999. *Biology of the prokaryotes*, Blackwell Science, Malden, Mass., tableau 34.4

[a] pv., pathovar, une variété de micro-organismes dotée de propriétés pathogènes.

30.5. Les sols, les plantes et les nutriments

La matière organique du sol participe à la rétention des éléments nutritifs et à la conservation de la structure du sol et de l'eau utilisée par les végétaux. Cette ressource importante est soumise à des gains et des pertes en fonction de modifications de l'environnement et des pratiques agricoles. Le labourage et d'autres perturbations similaires exposent les matières organiques du sol à plus d'oxygène et les soumettent à une dégradation microbienne considérable. L'irrigation provoque une humidification et un assèchement périodiques qui peuvent également conduire à une dégradation accrue des matières organiques du sol, particulièrement aux températures élevées.

Plusieurs méthodes permettent de maîtriser les pratiques de gestion, stimulant les micro-organismes et aboutissant à dégrader plus de matières organiques du sol. Parmi ces méthodes, il y a l'agriculture « sans » ou « avec un minimum » de labourage, qui perturbe le moins possible la surface du sol et utilise des agents chimiques pour limiter la croissance des mauvaises herbes.

Le **compostage** est une méthode plus ancienne mais encore efficace, pour conserver et augmenter le contenu en matière organique du sol. Au cours de ce processus, les matières végétales se décomposent rapidement dans des conditions humides et aérobies. Si le compost est trop humide ou trop sec, le processus de décomposition désiré ne se produira pas. Le tas de compost atteint des températures élevées, ce qui assure la participation active des micro-organismes thermophiles. Après compostage, la lignine résiduelle et d'autres matières végétales plus résistantes sont partiellement transformées en humus. L'ajout de compost biologi-

quement stabilisé au sol augmente le contenu en matière organique, mais ne stimule pas les micro-organismes. Les caractéristiques des bactéries thermophiles (pp. 125-26).

Dans le monde entier, les sols sont de plus en plus agressés par les rejets d'azote minéral résultant des activités humaines. Cet azote provient de deux sources : (1) les engrais agricoles qui contiennent de l'azote synthétisé chimiquement, et (2) la combustion des carburants fossiles. Il est intéressant de comparer la distribution de ces deux sources de rejets, à travers le monde (**figure 30.21**). L'Amérique du Nord, l'Europe, l'Inde et la Chine orientale sont les principales sources d'azote provenant de l'agriculture, tandis que les rejets dus aux combustibles fossiles s'observent spécialement dans l'est de l'Amérique du Nord, en Europe, en Chine orientale et au Japon.

Ces rejets d'azote ont eu des effets très variés. Les sols ont une capacité limitée à fixer dans la matière organique, les composés azotés ajoutés ; ils sont limités par la quantité de carbone qui peut être incorporée dans la biomasse microbienne et peuvent atteindre leur **point de saturation en azote**. Au-delà de ce point, l'azote ajouté ne sera pas incorporé dans la matière organique et restera sous une forme libre. Les principaux types d'engrais azotés utilisés en agriculture sont l'ammoniac liquide et le nitrate d'ammonium. On ajoute habituellement des ions ammonium, parce qu'ils sont attirés par les argiles du sol, chargées négativement, et sont retenus à la surface de ces argiles négatives, jusqu'à leur emploi par les plantes (**figure 30.22**). Cependant, les populations nitrifiantes du sol (*voir pp. 615-16*) peuvent oxyder l'ion ammonium en nitrite ou en nitrate. Ces anions peuvent être lessivés de l'environnement des plantes, et gagner les eaux de surfaces et les eaux souterraines.

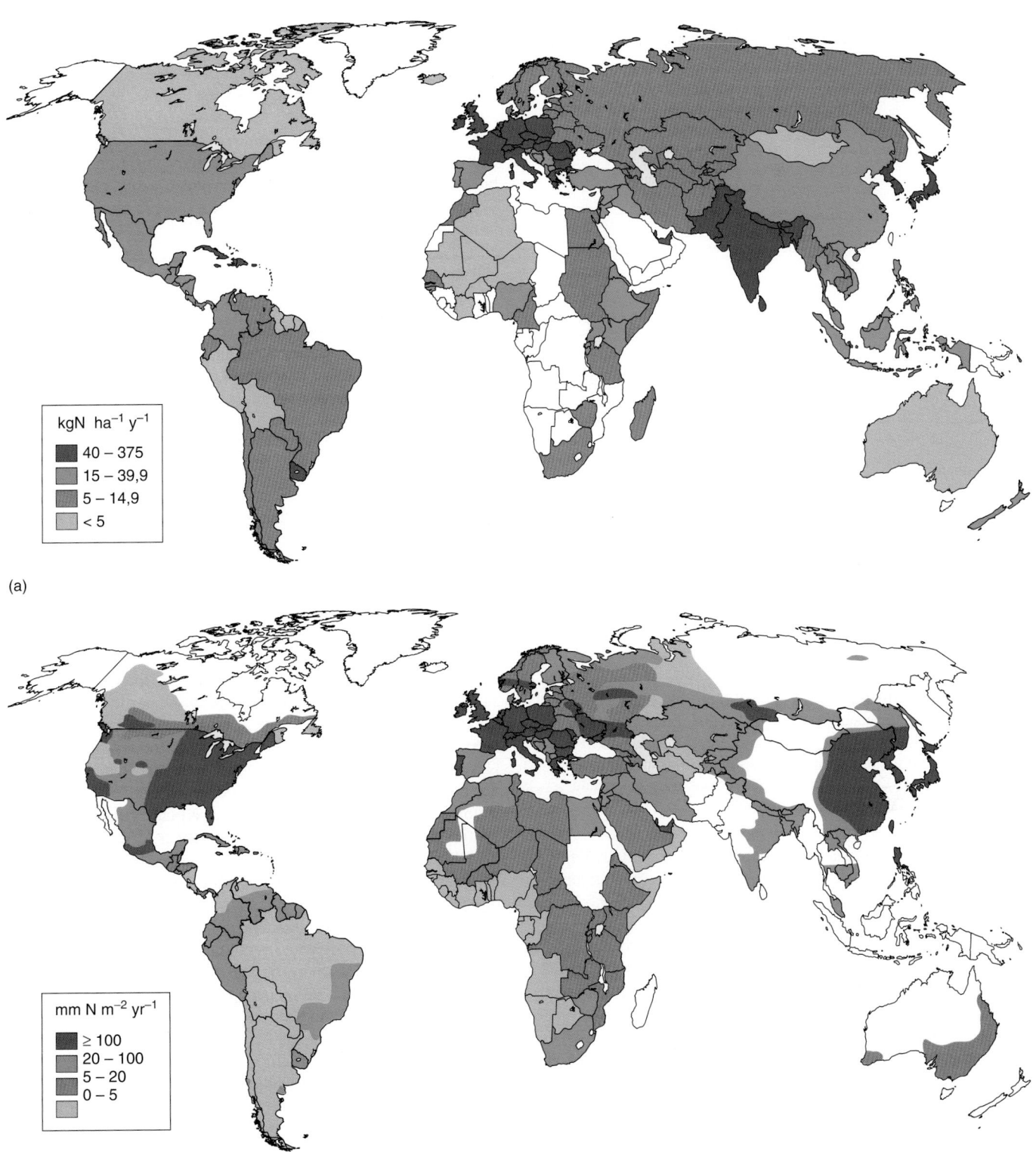

(a)

kgN ha^{-1} y^{-1}
- 40 – 375
- 15 – 39,9
- 5 – 14,9
- < 5

(b)

mm N m^{-2} yr^{-1}
- ≥ 100
- 20 – 100
- 5 – 20
- 0 – 5

Figure 30.21 Les rejets dans l'environnement, à l'échelle mondiale, de l'azote provenant de l'agriculture et des combustibles fossiles. Les rejets dans l'environnement, de l'azote provenant de l'agriculture et des déchets animaux et humains, de 1987 à 1990, présentent une distribution mondiale quelque peu différente de celle des rejets dus à la combustion des carburants fossiles. (**a**) Les rejets de déchets agricoles et animaux des Caraïbes, de l'Europe, de l'Inde et du Pakistan, du Japon et de la Corée sont importants. (**b**) Au contraire, les rejets dus à la combustion des carburants fossiles, exprimés en mmoles N m^{-2} an^{-1}, sont principalement le fait des régions développées ou en développement, où les densités de population sont élevées. *Adapté de Nixon, S.W. 1995. Coastal marine eutrophicaton : a definition, social causes, and future concerns. Ophelia 41 :199-219.*

(a) Les ions ammonium provenant d'un engrais pénètrent dans le sol et sont attirés par les argiles chargées négativement, autour des racines de la plante.

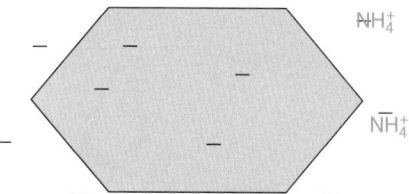

(b) Il y a nitrification dans les zones aérobies. Les ions ammonium sont transformés en nitrate anionique.

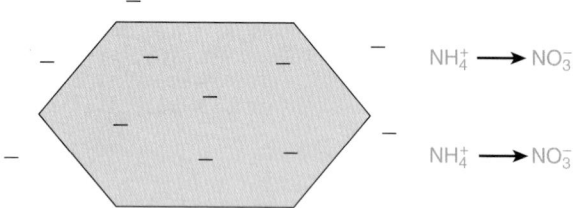

(c) Le nitrate, repoussé par les argiles chargées négativement, entraîné par l'eau du sol, s'éloigne des racines de la plante.

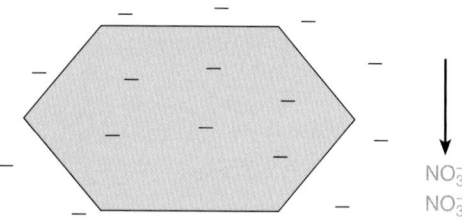

Figure 30.22 Mobilité des engrais et argiles du sol. Le rôle des argiles chargées négativement (**a**) dans la rétention d'un engrais contenant des ions ammonium, et (**b**) dans le rejet, vers l'eau du sol et l'environnement, du nitrate formé par nitrification des ions ammonium. (**c**) Le nitrate, étant anionique ou chargé négativement, n'est pas retenu par les argiles du sol chargées négativement.

L'utilisation d'engrais azotés a pour conséquence inévitable, l'augmentation de la teneur en nitrate des eaux, qui peut amener des problèmes respiratoires chez les nouveau-nés, et contribuer à la production de nitrites et à la formation de nitrosamines cancérigènes. En outre, les plantes qui ont grandi dans des sols à haute teneur en nitrate peuvent accumuler ce nitrate jusqu'à des concentrations nuisibles pour les animaux. Les céréales, beaucoup de mauvaises herbes et le foin accusent des niveaux élevés en nitrate lorsqu'ils sont cultivés dans pareils sols.

Les engrais azotés peuvent aussi affecter la structure et la fonction de la communauté microbienne. Leur emploi peut conduire à une diminution du développement des mycètes filamenteux dans toute une variété de sols. La perte des mycètes se répercute sur la structure du sol, parce que ces mycètes agrègent les particules du sol, ce qui stabilise ces agrégats. Lorsque la communauté fongique est affaiblie et réduite, les plantes qui dépendent des mycorhizes deviennent plus sensibles aux stress, tels que la sécheresse et les métaux toxiques.

Note finale, l'usage excessif des engrais peut avoir des impacts au niveau planétaire, si l'azote envahit les eaux côtières et les mers (*voir chapitre 29*). La synthèse chimique des engrais minéraux, héritage du Processus Haber, développée au début du vingtième siècle, a eu beaucoup d'effets inattendus au niveau planétaire.

Le phosphore aussi est un élément critique dans les engrais. La fixation de ce composant anionique dans les sols dépend de la capacité d'échange cationique et du pH du sol. Lorsque la capacité d'absorption en phosphore du sol est atteinte, le surplus, ajouté au phosphore que l'érosion des sols amène dans les eaux, peut stimuler la croissance des organismes d'eau douce, en particulier les cyanobactéries, dans le processus d'eutrophisation. Les cyanobactéries sont alors capables de fixer plus d'azote, parce que dans la plupart des systèmes d'eaux douces, c'est le phosphore qui est le facteur limitant.

1. Quels processus de gestion du sol peuvent conduire à des augmentations de la dégradation de la matière organique.
2. Pourquoi les additions de matériaux compostés pourraient-elles avoir des effets différents sur les micro-organismes et la matière organique du sol, que les additions de matériaux végétaux frais ?
3. Quels sont les effets possibles des engrais azotés sur les communautés microbiennes ?
4. L'engrais azoté est le plus souvent ajouté sous forme d'ion ammonium. Pourquoi celui-ci est-il préféré au nitrate ?
5. Pourquoi le nitrate pose-t-il problème lorsqu'il contamine les fleuves, les lacs et les nappes phréatiques ?
6. Pourquoi l'enrichissement des eaux douces en phosphore pourrait-il être même plus critique que l'enrichissement en azote ?

30.6. Les sols, les plantes et l'atmosphère

Les micro-organismes du sol établissent des interactions intéressantes avec l'atmosphère. C'est une autre partie essentielle de l'aérobiologie. Les bactéries de nucléation de la glace, isolées de détritus en décomposition, peuvent accroître les précipitations. Des souches spécifiques de *Pseudomonas syringae* synthétisent des protéines qui agissent comme centres de nucléation lors de la formation de neige dans des chambres à nuages. Ces micro-organismes du sol peuvent fortement influencer le temps à l'échelle planétaire. Il est possible de pulvériser des souches de *P. syringae*, dépourvues du « gène de gel », obtenues par manipulation génétique, sur des cultures sensibles au gel, comme les fraisiers. En présence de ces bactéries, l'eau ne gèlera pas aussi rapidement sur les feuilles, ce qui protégera les cultures. La dispersion dans l'environnement de tels micro-organismes génétiquement modifiés est un sujet permanent de préoccupation (*voir pp. 341-42*).

Les micro-organismes du sol influencent aussi l'atmosphère, en dégradant les polluants de l'air, comme le méthane, l'hydrogène, le CO, le benzène, le trichloroéthylène et le formaldéhyde. Ils peuvent améliorer considérablement l'air dans les immeubles confinés (**Encadré 30.2**), car s'ils n'éliminent pas complètement ces polluants, ils peuvent réduire leurs concentrations jusqu'à des niveaux d'équilibre proches de 1 à 2 ppm.

Par leurs activités dans le recyclage biogéochimique (*voir section 28.3*), les micro-organismes du sol peuvent aussi avoir des effets majeurs sur les flux planétaires de toute une variété de gaz. On peut distinguer parmi ceux-ci, les gaz « relativement stables » et les gaz « réactifs ». Les gaz relativement stables qui sont influencés par les activités microbiennes incluent le dioxyde de carbone, l'oxyde nitreux, l'oxyde nitrique et le méthane. Les micro-organismes contribuent aussi aux flux des gaz réactifs, avec, comme principaux exemples, l'ammoniac, le sulfure d'hydrogène

Encadré 30.2

Maintenir l'air frais à l'intérieur, grâce aux micro-organismes du sol

Un problème important dans la réalisation de maisons et d'immeubles de bureaux plus économes en énergie réside dans l'effet que ces environnements clos peuvent avoir sur la santé humaine. Comme beaucoup de personnes passent une grande partie de leur vie dans de tels environnements, le « syndrome de l'immeuble malsain » est un problème qui prend de l'importance. Suite à l'économie d'énergie, ces « immeubles malsains » contiennent des concentrations plus élevées de nombreux composés volatils, dont le benzène, le trichloroéthylène, le formaldéhyde, les composés phénoliques et les solvants. Ces substances proviennent des tapis, des meubles, des couvre-sols en plastique, des peintures et des machines de bureaux, comme les photocopieurs et les impri-

mantes. Un moyen important, mais encore fort sous-estimé, d'améliorer l'air de ces « immeubles malsains » réside dans les plantes et les micro-organismes du sol qui leur sont associés. Non seulement les plantes produisent de l'oxygène, mais les micro-organismes du sol dégradent beaucoup de polluants de l'air. Il est recommandé d'avoir une plante par 10 m^2 de surface occupée. Comme le constatait B. C. Wolverton : « La solution définitive au problème de la pollution de l'air intérieur doit faire intervenir les plantes, les sols où elles poussent et les micro-organismes qui leur sont associés ». Les micro-organismes du sol, surtout en association avec les plantes, peuvent aider au maintien d'un air plus frais et plus sain dans les milieux confinés (les plantes sont en outre belles à regarder).

---

et le diméthylsulfure. La production de ces gaz réactifs vient surtout des milieux gorgés d'eau.

L'addition d'engrais azotés affecte aussi les processus d'échange de gaz entre l'atmosphère et le sol. Les additions d'azote stimulent la production des intermédiaires de la nitrification, NO et N$_2$O, qui sont d'importants **gaz à effet de serre**. NO semble aussi être nécessaire à *Nitrosomonas eutropha* pour effectuer la nitrification. L'oxydation de NH$_4^+$ implique la formation intermédiaire d'hydroxylamine (NH$_2$OH) et d'NO. Ce dernier réagit avec l'oxygène pour donner NO$_2$, qui peut alors répéter le processus, par la réaction suivante :

$$NH_4^+ + NO_2 \rightarrow NH_2OH + NO$$

$$2NO + O_2 \rightarrow NO_2 \text{ (dioxyde d'azote)}$$

Dans cette séquence, l'oxygène moléculaire ne réagit pas avec NH$_4^+$, mais avec NO. Si NO est absent, la réaction n'a pas lieu. La nitrification (p. 193)

Les gaz atmosphériques comme le dioxyde de carbone, l'oxyde de nitrique et le méthane, qui réduisent la perte de radiation par la Terre et peuvent engendrer un réchauffement de l'atmosphère, sont appelés gaz à effet de serre. La production et la consommation de ces gaz peuvent être influencées par toute une série de facteurs liés aux activités humaines. Parmi ceux-ci, citons le recours aux engrais et l'usage de l'automobile, la conversion des sols en terres agricoles et l'exploitation de décharges enfouies, qui tous peuvent conduire à l'augmentation des concentrations en azote minéral.

Le méthane est un gaz à effet de serre qui pose de plus en plus problème. Il peut provenir de diverses sources, comme les ruminants, les rizières et les décharges en fouille. Ces décharges, en particulier, peuvent relâcher du méthane dans l'atmosphère pendant de longues périodes (des décennies, voire des siècles). Une autre source intéressante de méthane atmosphérique réside dans les micro-organismes qui colonisent l'intestin des termites xylophages. Comme noté dans l'**encadré 30.3**, suite à la déforestation croissante et à l'accumulation de résidus végétaux, les populations de termites (et des micro-organismes méthanogènes qui vivent dans leur intestin) sont en augmentation.

Les concentrations en méthane sont influencées par les micro-organismes qui vivent dans le milieu. Les sols aérobies, bien drainés sont capables d'oxyder le méthane grâce aux **méthanotrophes** (*voir pp. 502-3*), tandis que dans les sites saturés en

eau des marécages et des marais, la production de méthane peut être plus rapide que son utilisation par les méthanotrophes. Si on se base sur l'analyse des bulles de gaz dans les glaces des glaciers, les concentrations en méthane dans l'atmosphère sont restées essentiellement constantes jusqu'il y a 400 ans environ. Depuis lors, le niveau en méthane a augmenté de 2,5 fois pour atteindre le niveau actuel de 1,7 part par million par volume. Au vu de cette tendance, il est de l'intérêt du monde entier de bien comprendre les facteurs qui contrôlent la synthèse de méthane et son utilisation par les micro-organismes.

Les processus de synthèse et d'utilisation du méthane ont lieu à diverses échelles, dans les sols des hautes terres et dans les marais, comme le montre la **figure 30.23**. Dans les sols dits aérobies des hautes terres, il peut y avoir synthèse de méthane en des « points chauds » anaérobies (zones saturées en eau). Si ces zones sont entourées de sols aérobies, les méthanotrophes dégradent la plus grande partie du méthane avant qu'il ne soit relâché vers l'atmosphère. Dans les zones contenant plus d'eau, comme les sols des basses terres, la méthanogenèse peut se poursuivre et il y a moins de chance que les méthanotrophes y fonctionnent. Malgré cela, le méthane sera dégradé en grande partie. Les plantes aquatiques transportent l'oxygène jusqu'à leurs rhizosphères et stimulent ainsi l'oxydation du méthane dans ces « points chauds » aérobies très localisés. L'oxydation du méthane est aussi sensible aux engrais azotés et aux accroissements du niveau en CO$_2$ atmosphérique. L'équilibre entre la synthèse de méthane et sa dégradation est très importante. On estime que les sols de tout type fournissent 60% de tout le méthane atmosphérique ; les zones humides, les « points chauds » saturés en eau et les rizières y apportent une contribution particulièrement importante.

---

1. Qu'est-ce qu'un gaz à effet de serre ? Donnez des exemples et discutez de leur importance possible.

2. Quel rôle peuvent jouer les termites dans la production des gaz à effet de serre ?

3. Quels processus microbiens ont lieu dans les sols, pour produire et dégrader le méthane ?

4. Décrivez les facteurs qui pourraient conduire à la formation de « points chauds » localisés, où seraient produits et consommés des gaz à effet de serre.

Les sols, les termites et les micro-organismes intestinaux : une source importante de méthane atmosphérique

Les termites sont des constituants importants des écosystèmes tropicaux où par l'utilisation des matières cellulosiques végétales, ils permettent un recyclage rapide, parfois trop rapide, des matières végétales. Les termites abritent des populations importantes d'archéobactéries utilisant les produits de digestion de la cellulose, y compris le CO_2 et l'hydrogène, pour produire du méthane.

On trouve des termites sur 2/3 de la surface terrestre et sur la base de travaux de laboratoire, les termites libéreraient sous forme de méthane, 0,77% du carbone ingéré. Les populations de termites s'accroissent rapidement dans les savanes et les régions cultivées tropicales humides. Cette augmentation est accélérée par la destruction des forêts tropicales qui provoque l'accumulation de matières végétales mortes sur le sol. Ceci fournit un environnement idéal pour le développement des termites. On estime qu'annuellement, les termites produisent dans l'atmosphère au moins $1,5 \times 10^{14}$ grammes de méthane ainsi que de l'hydrogène et du CO_2. Ceci provoquerait une augmentation mesurable de la quantité de méthane atmosphérique. Donc, les termites invisibles et leurs micro-organismes intestinaux pourraient affecter le réchauffement de la planète.

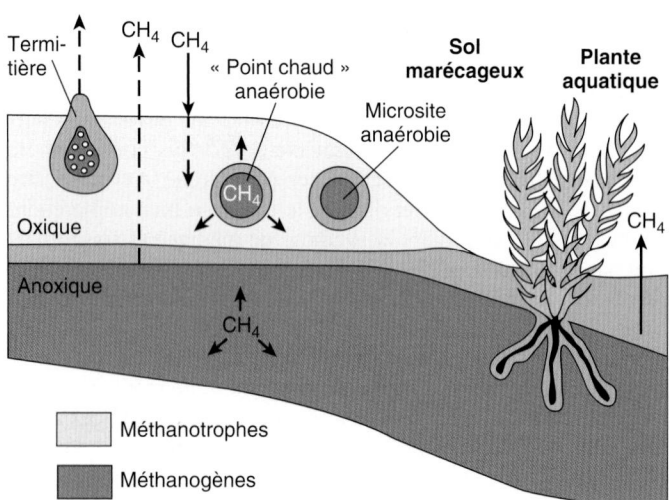

Figure 30.23 La production et l'utilisation du méthane dans les sols. La production du méthane et sa dégradation peuvent avoir lieu dans des zones aérobies et anaérobies étroitement localisées. Dans les sols des hautes terres, la synthèse du méthane peut s'effectuer en des « points chauds » anaérobies localisés et dans les termitières. Une grande partie de ce méthane est dégradée dans les sols aérobies environnants. Dans les régions marécageuses, la production de méthane domine dans les zones gorgées d'eau et le méthane a plus de chances d'être relâché dans l'atmosphère. Les plantes aquatiques, lorsqu'elles sont présentes, transfèrent de l'oxygène dans les zones anaérobies et créent ainsi dans la rhizosphère, des « points chauds » aérobies localisés où l'oxydation du méthane peut avoir lieu.

30.7.   Les micro-organismes et la décomposition des végétaux

Dans les écosystèmes terrestres, la croissance végétale est importante ; tout aussi importants sont la mort des plantes, leur décomposition et leur recyclage. Les plantes perdent constamment des feuilles, des branches et d'autres éléments qui finissent par pénétrer dans le sol. Les matériaux solubles ainsi libérés créent une **sphère des résidus**, située entre le matériel végétal en décomposition et le sol. Cette zone est considérée comme un foyer d'activité microbienne, qui assure une large gamme de processus microbiologiques. Dans les « points chauds » anaérobies, la dénitrification s'effectue aux dépens des matières végétales solubles et des échanges génétiques peuvent avoir lieu. Lorsque la plante a libéré ses matières solubles, l'amidon, la cellulose et les protéines qui restent sont dégradés, aussi bien en aérobiose qu'en anaérobiose. La lignine, un polymère aromatique cyclique aléatoire qui contient de l'azote, constitue une exception : sa dégradation exige de l'oxygène. Les basidiomycètes, qui vivent de préférence en aérobiose, sont les principaux producteurs de laccases et de phénoloxydases nécessaires à la dégradation de la lignine. La décomposition de la lignine est aussi limitée par la nature physique du matériel : les plantes ligneuses saines sont saturées de sève et constituent un milieu aérobie, à faible flux d'oxygène, semblable à ce qu'on trouve dans les eaux (*voir chapitre 29*). En outre, de fortes concentrations en éthylène et en CO_2, ainsi que la présence de composés phénoliques et terpénoïdes, retardent la croissance des mycètes qui dégradent la lignine. La première étape dans la décomposition de la lignine est donc la putréfaction physique, qui implique une cavitation ou la création d'une « embolie gazeuse » dans les tissus vasculaires, phénomène qui commence lorsque cesse l'écoulement de la sève dans le tissu. Ceci apporte suffisamment d'oxygène dans le tissu végétal pour permettre la biodégradation de la lignine.

Dans ce processus de décomposition des plantes ligneuses, des gaz inhabituels sont produits, en particulier par les mycètes. Parmi ces gaz, il y a les chlorométhanes et le cyanure, composés normalement associés à la pollution industrielle. De grandes quantités de CH_3Cl, un important gaz à effet de serre, sont produites par de nombreux mycètes, dont les basidiomycètes *Phellinus* et *Inonotus*, qui font partie des *Hymenochaetaceae* qui putréfient le bois. L'apport de CH_3Cl à l'atmosphère, à partir des plantes en décomposition, est évalué dans le monde à 160.000 tonnes, dont 75% proviennent des sols tropicaux et subtropicaux. On estime que 15 à 20% de la destruction de l'ozone catalysée par le chlore, est due à des hydrocarbures chlorés produits naturellement. Les basidiomycètes (p. 561)

Comme indiqué dans le **tableau 30.6**, les milieux terrestres, les océans et la combustion de la biomasse sont des sources importantes de chlorométhane atmosphérique. On en a aussi détecté de grandes quantités dans certains basidiomycètes. On cite des concentrations de 74 à 2.400 mg/kg dans les basides de certains agarics et polypores. Notons que les concentrations maxi-

Tableau 30.6 **Les émissions de chlorométhane dans le monde**	
Source	Apports dans l'atmosphère (10^5 tonnes/an)
Sources naturelles	
Processus terrestres	0–20
Flux océaniques	3–20
Combustion de la biomasse	4–14
Sources humaines	0–3

Source: R. Watling et D. B. Harper. 1998. *Mycol. Res.* 102(7):769-87.
[a] Apports atmosphériques estimés pour les sources naturelles et humaines.

males de chlorophénol admissibles dans les sols ne sont que de 1 à 10 mg/kg ! Le cyanure est un autre produit chimique, sujet d'inquiétude très répandu, qui est produit par les mycètes, spécialement par les basidiomycètes et les ascomycètes. Ce cyanure peut provenir du groupe S-méthyle de la L- et de la D-méthionine. Il peut aussi être produit lors de la synthèse du méthylbenzoate. Les mycètes producteurs de cyanure les mieux étudiés sont *Marasmius oreades* et les basidiomycètes de la moisissure des neiges. Certaines bactéries produisent également du cyanure. La synthèse du cyanure implique le décarboxylation oxydative de la glycine, qui est stimulée par la méthionine et autres donneurs de méthyle, dans la réaction suivante :

$$NH_2CH_2COOH \rightarrow HCN + CO_2 + 4[H]$$

Le cyanure inhibe la respiration. Il peut aussi servir de source de carbone et d'azote pour les micro-organismes, dont les mycètes cyanogènes, comme *Marasmius* et *Pholiota* et certains actinomycètes. Ceci illustre l'adaptabilité des micro-organismes à l'usage d'un produit métabolique considéré comme toxique.

1. Quel rôle crucial les mycètes jouent-ils dans la dégradation des plantes ligneuses ?
2. Qu'est-ce que la sphère des résidus ?
3. Des mycètes croissant sur le bois produisent des composés qui sont habituellement considérés comme des polluants industriels. Lesquels ?
4. Comment les micro-organismes contribuent-ils au recyclage du cyanure ?

30.8. La biosphère souterraine

La **biosphère souterraine** constitue un habitat important pour les micro-organismes et une source de nombreuses questions sur l'origine de la vie sur Terre. Cette biosphère a été étudiée en examinant les affleurements, les excavations dans la surface, les hydrocarbures du pétrole, les carottes de forage, et les matériaux de sites miniers profonds. On a atteint par forage des profondeurs de 6.100 mètres au puits d'Inigok, à North Slope, en Alaska et de 9.150 mètres au puits de Becha Rogers, dans le bassin de l'Anadarko, situé dans le nord du Texas et l'Oklahoma. Dans une mine d'or sud-africaine, des roches situées à une profondeur supérieure à 3.350 mètres ont été extraites à la main et examinées en vue d'y trouver de nouveaux micro-organismes. L'intérêt pour

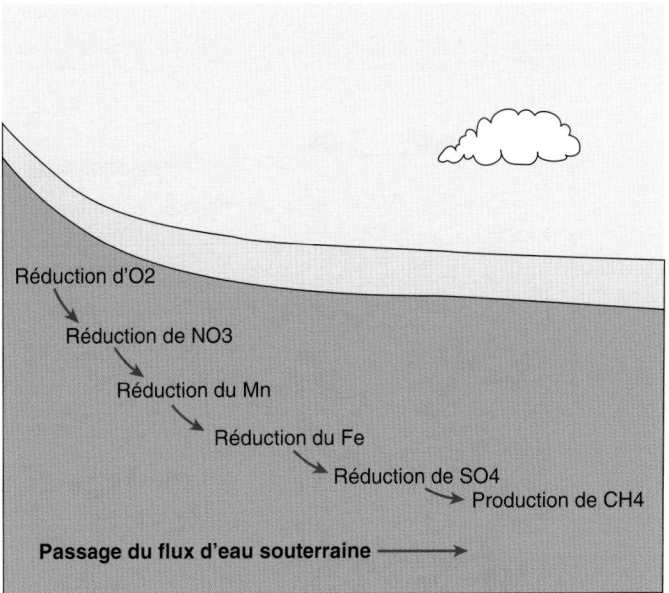

Figure 30.24 La biosphère souterraine peu profonde. La zone souterraine peu profonde, dans un sédiment stable, montre la distribution des oxydants en fonction de la profondeur, comme on peut la trouver dans un aquifère aérobie intact. Dans les sédiments aérobies, la distribution des oxydants placera le plus favorable énergétiquement (l'oxygène) à proximité de la surface, et le moins favorable énergétiquement, dans les zones inférieures de la structure géologique. *Source : Lovley, D. K., 1991, Dissimilatory Fe(III) and Mn(IV) reduction. Microbiol. Rev. 55 :259-287.*

cette zone souterraine a une longue histoire, bien antérieure aux efforts que nous venons de mentionner, et la présence de micro-organismes dans les roches a été rapportée, en particulier dans les roches obtenues par forage profond. On a, la plupart du temps, fait peu de cas de ces observations qui ont été attribuées à des contaminations lors du forage ou à des écoulements d'eau à partir de la surface. Ces dernières années, l'emploi de meilleures techniques, notamment les approches moléculaires, a conduit à une acceptation plus large de l'idée qu'il y avait des micro-organismes loin en-dessous de la surface terrestre. S'ouvrait ainsi un nouveau champ de recherche : la microbiologie souterraine.

Les processus microbiens ont lieu dans différentes zones souterraines : (1) une zone peu profonde où l'eau, venue de la surface, circule sous le niveau des racines des plantes ; (2) des zones où la matière organique, venue aussi de la surface terrestre, a été transformée par des processus chimiques et biologiques pour devenir du charbon (à partir de plantes terrestres), des kérogènes (à partir des micro-organismes marins et d'eaux douces), du pétrole et du gaz ; (3) des zones où le méthane est synthétisé par l'activité microbienne.

Dans la zone peu profonde, les eaux de surface circulent souvent le long d'**aquifères**, structures géologiques poreuses situées sous le niveau des racines des plantes. Comme le montre la **figure 30.24**, dans un système intact où la zone superficielle est aérobie, les oxydants utilisés dans le catabolisme se distribueront depuis le plus oxydé et le plus favorable énergétiquement (l'oxygène), à proximité de la surface, jusqu'au moins favorable, dans les zones inférieures (où le CO_2 est utilisé dans la méthanogenèse).

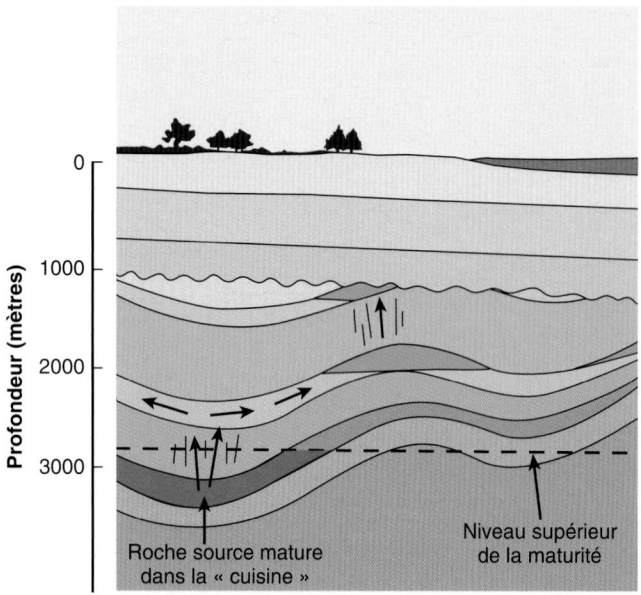

Figure 30.25   La zone souterraine contenant pétrole et gaz. La matiè-re organique, venue de la surface terrestre, est transformée en pétrole, gaz et charbon par des processus chimiques, thermiques et biologiques. Au-dessus de la zone à haute température (la « cuisine »), où s'effectuent les modifications chimiques, les micro-organismes peuvent contribuer à la transformation de ces matériaux organiques. Les hydrocarbures migrent à travers les strates poreuses et les fractures, et s'accumulent finalement dans les structures géologiques poreuses sus-jacentes. Les lignes indi-quent les fractures, et les flèches les flux des hydrocarbures.

Dans les zones souterraines où la matière organique, venue de la surface terrestre, a été ensevelie et modifiée par les processus thermiques et peut-être biologiques, le kérogène et le charbon sont décomposés pour donner du gaz et du pétrole, comme indiqué dans la **figure 30.25**. Lorsqu'ils sont fabriqués, ces produits mobiles, principalement des hydrocarbures, gagnent vers le haut des structures géologiques plus poreuses où les micro-organismes peuvent être actifs. On trouve dans ces hydrocarbures du pétrole, des molécules qui sont la signature chimique de la biomasse végé-tale et microbienne.

En-dessous de ces zones, se trouvent de vastes régions où les structures géologiques contiennent du méthane (**figure 30.26**) qui est continûment libéré vers les strates sus-jacentes. D'après des études menées avec les isotopes stables du carbone, le méthane dans la zone « biogène » contient moins d'isotope ^{13}C, ce qui indique qu'il provient de micro-organismes qui utilisent H_2 comme source d'énergie et le CO_2 comme source de carbone et oxydant. S'ils ont le choix, les micro-organismes auront tendance à utiliser le plus léger des deux isotopes—dans ce cas, le CO_2 contenant du ^{12}C plutôt que du ^{13}C. En comparaison, dans la zone « abiogène » sous-jacente, plus chaude, le méthane n'est pas appauvri en isotope le plus lourd, ce qui indique qu'il est d'origi-ne chimique et thermique.

Il apparaît aussi que les micro-organismes se développent dans les structures chargées de pétrole, à une profondeur intermé-diaire. Des études récentes montrent que des populations de pro-caryotes actifs sont présentes dans les réserves de pétrole à haute température (60 à 90°C), incluant des genres comme *Thermotoga*,

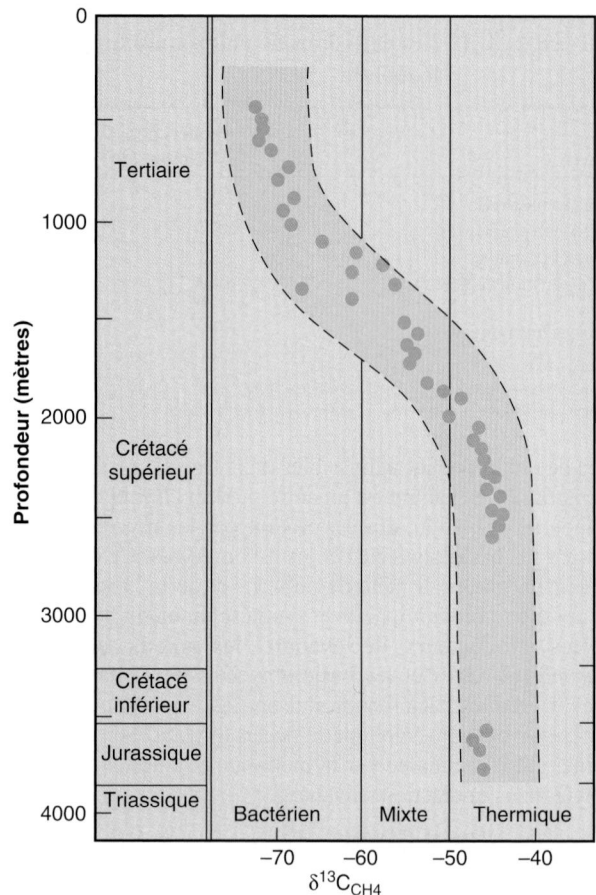

Figure 30.26   La synthèse de méthane par les micro-organismes dans les zones souterraines. On a montré que la production de méthane due aux micro-organismes avait lieu dans les zones souter-raines, en recourant aux isotopes stables. La diminution de la teneur en ^{13}C du méthane indique que celui-ci était produit par les micro-orga-nismes jusqu'à une profondeur de 1.500 mètres sous le plancher de la mer du Nord. Sous les 2.000 mètres, cette teneur ne diminue plus, ce qui signifie que le méthane a été formé par un processus abiotique. La valeur δ ^{13}C donne une indication sur la proportion relative de $^{13}C/^{12}C$ dans l'échantillon. Les valeurs plus négatives de l'échelle indiquent une présence moindre de l'isotope lourd.

Thermoanaerobacter et *Thermococcus*. Les genres archéobacté-riens sont dominés par les méthanogènes. Les activités micro-biennes peuvent donc s'exercer au-dessus ou dans la « biosphère chaude et profonde », une expression suggérée par Thomas Gold pour décrire cette région mal connue.

1. Quels types d'activités microbiennes a-t-on observés dans les pro-fondeurs souterraines ?
2. Quels processus microbiologiques ont lieu lorsque la matière orga-nique passe de la surface à la zone souterraine ?
3. Pourquoi les analyses utilisant les isotopes stables sont-elles aussi importantes dans l'étude des interactions micro-organismes/géolo-gie ?
4. Quels genres microbiens ont été trouvés dans les champs de pétro-le ?

30.9. Les micro-organismes du sol et la santé humaine

Les hommes sont en contact constant avec les sols, tout comme avec les eaux. Ce peut être un contact direct, lorsque les enfants ou les adultes jouent dans la « boue » ou lorsqu'ils mangent des feuilles ou des racines de légumes, couvertes de poussière. Dans la plupart des cas, ce contact avec le sol est inoffensif. Cependant, les sols contiennent une grande variété d'organismes pathogènes. Ce dont ceux-ci ont besoin, c'est une porte d'entrée et des conditions favorables dans ou sur le corps humain. Une grande variété d'anaérobies, dont *Clostridium*, sont présents dans les sols. À moins d'une blessure profonde qui fournirait l'environnement anaérobie nécessaire à leur croissance, ces anaérobies posent peu de problèmes. Des blessures de ce type arrivent cependant lors de guerres ou d'accidents, et peuvent conduire à la gangrène. C'était une cause importante d'issues mortelles chez les militaires avant l'arrivée de la microbiologie moderne et des antibiotiques. Les sols contiennent d'autres pathogènes. Des organismes comme *Acanthamoeba*, qu'on peut inhaler avec la poussière, peuvent provoquer des méningo-encéphalites amibiennes primaires. Quand les sols sont utilisés pour le dépôt en surface d'ordures non traitées, une grande variété de pathogènes peuvent se transmettre, y compris des protozoaires comme *Acanthamoeba* et *Cyclospora*. L'emploi de fumiers d'origine humaine comme engrais a entraîné une vaste contamination des fruits et légumes frais et a eu des répercussions internationales.

Lorsqu'ils se développent dans les constructions (**figure 30.27**), les micro-organismes du sol ou ayant rapport au sol, peuvent aussi devenir préoccupants. Ce problème fréquent et en augmentation, souvent dû à l'inondation de maisons situées dans les régions basses ou à l'accumulation d'humidité aux abords des éviers et dans les salles de bain (même dans de grandes maisons modernes) a des conséquences importantes sur la santé. C'est particulièrement grave lorsque l'eau imprègne les murs des maisons et les matériaux d'isolation. Le problème a atteint un point tel que les magazines nationaux ont publié des articles, montrant de grandes maisons neuves, coûteuses, et intitulés « La moisissure dans votre maison peut être mortelle ! ». Un article récent notait que 50% des maisons présentaient des problèmes de moisissures, source importante d'infection chronique des sinus. Ces moisissures ont aussi été associées à l'augmentation des cas d'asthme. Les principaux mycètes responsables sont *Stachybotrys chartarum*, *Eurotium herbariorum* et *Aspergillus versicolor*. La croissance fongique donne un mucus noir. Celui-ci sèche et il ne reste qu'une couche poussiéreuse d'où les spores peuvent se disperser dans l'air. Ces spores sont particulièrement dangereuses pour les bébés, dont les poumons sont moins développés. L'infection par *Stachybotrys* peut donner l'hémosidérose pulmonaire, qui provoque des hémorragies et entraîne parfois la mort. Le contrôle de ce problème exige un séchage rapide des constructions endommagées par les eaux. Récemment, on a mis au point, pour ces « immeubles malsains », un test biologique qui fait appel aux spermatozoïdes de verrat ! Dans cette analyse, la mobilité des spermatozoïdes est inhibée par des extraits de matériaux humides infestés de mycètes. Des objets dont il faut se méfier particulièrement sont les moquettes moisies et les tas de vieux journaux.

On a rapporté que les panneaux muraux pouvaient contenir une charge biologique de base de ces organismes, qui ne demandent qu'une forte humidité pour se mettre à croître. En outre, *Mycobacterium komossense* et des bactéries Gram-négatives pro-

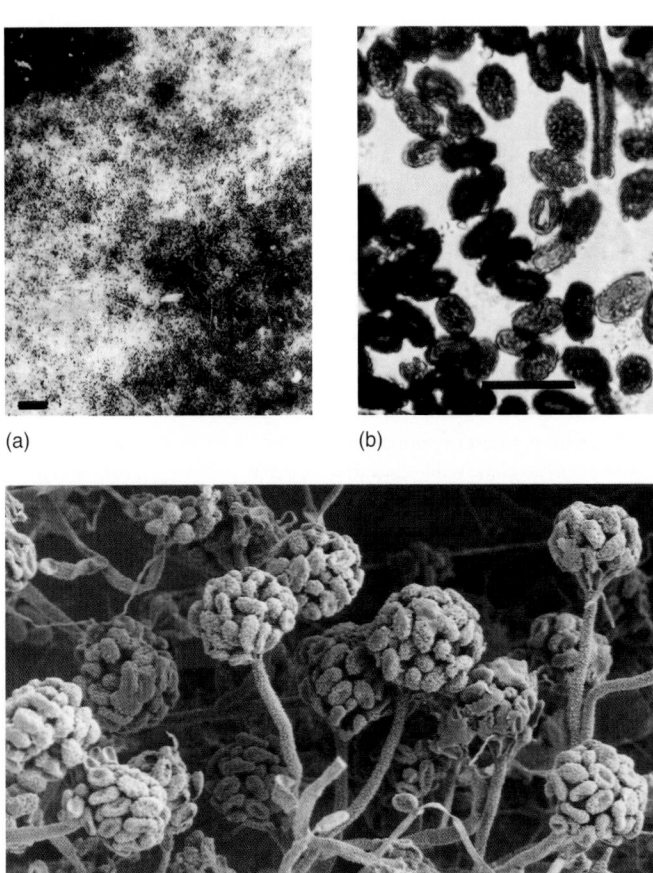

(a)

(b)

(c)

Figure 30.27 Développement de mycètes dans un bâtiment.
Croissance de mycètes sur des dalles de pierre provenant d'une construction endommagée par les eaux. (**a**) Vue au microscope stéréoscopique montrant des décolorations noires. La barre = 500 μm.(**b**) Observation microscopique sur fond clair de conidies similaires à *Stachybotrys* et (**c**) Image, prise au microscope électronique à balayage, de mycéliums denses et de conidiophores caractéristiques de *Stachybotrys*. Les barres = 10 μm.

ductrices d'endotoxines en ont été isolées. Les moyens de contrôle et d'élimination de ces dangereux mycètes sont limités. Les plus importants sont l'élimination et la désinfection des matériaux moisis et le maintien d'une maison sèche.

30.10. Comprendre la biodiversité microbienne du sol

Comme on le voit dans le tableau 28.8, on dispose d'une grande variété de méthodes pour tenter d'en savoir plus sur la diversité des micro-organismes présents dans le sol. Comme pour d'autres milieux (les eaux, le corps des animaux et les insectes), on estime que 1 à 10% seulement des organismes observables au microscope peuvent être cultivés au laboratoire. Depuis qu'on dispose des techniques moléculaires (voir chapitres 19 et 28), il est possible d'estimer le degré de diversité microbienne d'un échantillon de sol, en extrayant et en analysant les acides nucléiques présents. Pour finir, il faudra cultiver les micro-organismes et établir une relation entre les acides nucléiques spécifiques et les structures connues du sol (*voir section 28.5*). Si on n'arrive pas à faire croître les micro-organismes supposés contenir ces acides nucléiques, il n'est pas possible de faire plus que noter la présence de ces séquences spécifiques. Ceci rend doublement important de mieux comprendre la physiologie et les activités des micro-organismes qui façonnent tellement notre monde.

1. Comment la croissance des mycètes peut-elle affecter la santé humaine dans une habitation ?
2. Quels sont les genres importants de mycètes qui sont impliqués dans les problèmes de moisissures dans les maisons ?
3. L'épandage des ordures humaines en surface est pratiqué en beaucoup d'endroits dans le monde. Citez certains effets de cette pratique.
4. Pourquoi la culture des micro-organismes est-elle importante pour faire progresser notre compréhension de la diversité microbienne ?

Résumé

1. Les milieux terrestres consistent principalement en une phase solide, faite de composants organiques et inorganiques.
2. Dans un sol idéal, les micro-organismes vivent dans de minces pellicules d'eau, en contact étroit avec l'air (**figure 30.1**). Si le sol contient des poches d'eau isolées, celles-ci constituent, d'un point de vue microbien, des mini-milieux aquatiques.
3. Les micro-organismes du sol sont pour la plupart associés à des surfaces, ce qui influence leur nutrition et leurs interactions avec les végétaux et autres organismes vivants (**figure 30.2**).
4. Les sols se forment dans des conditions étonnamment variées (**figure 30.4**). Dans tous les cas, il y a accumulation de matière organique, due directement aux activités des producteurs primaires ou à l'apport de matériaux organiques préformés. Des sols peuvent se former dans des régions dépourvues de plantes vasculaires, comme l'Antarctique.
5. Les bactéries et les mycètes des sols adoptent des stratégies fonctionnelles différentes. Les mycètes ont tendance à se développer à la surface des agrégats, tandis que les microcolonies bactériennes sont communément associées avec les pores de petite taille.
6. Les insectes et autres animaux du sol sont des composants importants du sol. Ces agents de décomposition et de réduction interagissent avec les micro-organismes pour influencer les cycles des éléments nutritifs et d'autres processus.
7. Les sols diffèrent par la relation qui s'établit

entre accumulation de matière organique — production primaire — et décomposition.
8. Les plantes établissent des associations avec de nombreux types de micro-organismes. Parmi celles-ci, il y a les importantes associations avec les *Rhizobium*, avec les actinomycètes qui forment les actinorhizes, et les mycètes et bactéries endophytes. *Agrobacterium* forme des tumeurs et est utilisé en biologie moléculaire (**figure 30.20**).
9. La symbiose *Rhizobium*-légumineuse est un des exemples les mieux étudiés d'interaction entre plante et micro-organisme. Cette interaction est assurée par des composés chimiques complexes qui servent de signaux de communication (**figure 30.8**).
10. Les relations mycorhiziennes (associations plante-mycète) sont variées et complexes. On sait maintenant qu'il en existe de cinq types (**figure 30.11**). Le réseau hyphal du mycobiote peut aboutir à la formation d'une mycorhizosphère.
11. La relation mycorhizienne s'établit souvent avec l'assistance d'une bactérie auxiliaire de la mycorhization. En outre, on peut trouver des bactéries à l'intérieur du mycète mycorhizien. Ces bactéries contribuent apparemment au cycle de l'azote dans le complexe plante-mycète.
12. Certaines plantes forment des associations tripartites ou tétrapartites.
13. Le compostage est utile pour la conservation et l'amélioration de la fertilité du sol.
14. Les micro-organismes du sol peuvent interagir avec l'atmosphère. Certains servent d'agents

de nucléation, alors que d'autres dégradent les polluants de l'air.
15. Les micro-organismes jouent des rôles importants dans la dynamique des gaz à effet de serre, comme le dioxyde de carbone, l'oxyde nitreux, l'oxyde nitrique et le méthane. Les micro-organismes contribuent à la production et à la consommation de ces gaz.
16. Les engrais azotés affectent les communautés microbiennes du sol, et la transformation en nitrate (nitrification) des engrais contenant des ions ammonium permet à l'azote de pénétrer dans le sol et dans les eaux de surface.
17. Les mycètes jouent des rôles importants dans la décomposition des plantes ligneuses. Les basidiomycètes sont les principaux agents de décomposition de la lignine des matières végétales ligneuses. Ces mycètes ne vivent qu'en présence d'oxygène.
18. Les mycètes en particulier peuvent produire des composés chimiques qui sont normalement considérés comme des polluants d'origine humaine, notamment le chlorométhane et le cyanure.
19. On distingue au moins trois zones souterraines : la zone souterraine peu profonde, la zone où le gaz, le pétrole et le charbon se sont accumulés, et la zone souterraine profonde, où a lieu la synthèse de méthane.
20. Les micro-organismes, et en particulier les mycètes, peuvent se développer dans les parties humides des maisons et être la cause de sérieux problèmes de santé, dont l'asthme. *Stachybotrys* est un mycète fort impliqué dans ces problèmes.

Mots-clés

actinorhize *682*

agriculture par coupe et brûlis *672*

aquifère *691*

arbuscule *681*

association tétrapartite *685*

association tripartite *685*

bactéroïde *676*

biosphère souterraine *691*

compostage *686*

croûte des déserts *673*

ectomycorhize *681*

endomycorhize *681*

endophyte *679*

facteurs Nod *676*

filament infectieux *676*

fixation associative de l'azote *675*

gaz à effet de serre *689*

géosmine *671*

méthanotrophe *689*

microbiphagie *672*

moisissures des neiges *673*

mycète mycorhizien à arbuscule *681*

mycorhizosphère *681*

nodule caulinaire à *Rhizobium* 682

nodule radiculaire *676*

« ped » *670*

plasmide Ti ou Ri *684*

phyllosphère *674*

point de saturation en azote *686*

rhizoplan *675*

rhizosphère *675*

sphère des résidus *690*

symbiosome *676*

Questions de révision

1. Étant donné les gradients en oxygène, en éléments nutritifs et en déchets, présents dans les sols, y a-t-il un micro-environnement typique du sol ? Expliquez.

2. Pourquoi les protozoaires préféreraient-ils se nourrir des micro-organismes cultivés en laboratoire, plutôt que des micro-organismes indigènes du sol ?

3. Les sols tropicaux, à travers le monde, subissent une pression intense en raison du développement agricole. À quelle utilisation de la terre et à quelles méthodes microbiennes pourrait-on recourir pour mieux conserver ces précieuses ressources ?

4. Les micro-organismes interagissent avec les plantes de nombreuses façons. Comment serait-il possible d'améliorer ces interactions par la biologie moléculaire ?

5. Pourquoi les plantes vasculaires auraient-elles développé d'astucieuses relations avec tant de types de micro-organismes ? Ces interactions au niveau moléculaire montrent de nombreuses similarités quand on considère les interactions entre les micro-organismes et les plantes, et entre les micro-organismes et l'homme. Que cela suggère-t-il en termes de possibilité de relations évolutives communes ?

6. Pourquoi une plante aiderait-elle *Agrobacterium* à la parasiter ?

7. À quelles méthodes alternatives pourrait-on recourir pour minimiser les effets environnementaux des engrais azotés ?

8. Que se passerait-il si les matériaux ligneux des plantes ne se décomposaient pas ?

9. Comment pourriez-vous conserver dans leurs conditions naturelles, des organismes issus de la zone souterraine profonde et chaude ? Comparez ce problème à celui posé par le travail sur les micro-organismes des grands fonds marins.

10. Citez quelques-uns des points forts et points faibles possibles dans les analyses des processus microbiens, basées sur l'emploi des isotopes stables.

Questions de réflexion

1. Comment serait-il possible de minimiser la production de polluants par les mycètes du sol ? Y a-t-il un rôle possible pour le génie génétique dans la résolution de ce problème ?

2. Les bactéries du sol comme *Streptomyces* produisent la plus grande partie des antibiotiques connus. Considérez les compétiteurs de *Streptomyces*, les types d'antibiotiques que ces bactéries produisent, et l'efficacité de ces composés sur les compétiteurs (quelles sont les cibles physiologiques ?). Vous attendriez-vous à ce que les bactéries aquatiques/marines soient les principales productrices d'antibiotiques ? Pourquoi oui, pourquoi non ?

Lectures complémentaires

Les références fournies à la fin du chapitre 28 peuvent également être consul-tées pour une information complémentaire

Généralités

Alef, K., et Nannipieri, P. 1995. Methods in applied soil microbiology and biochemistry. San Diego: Academic Press.

Atlas, R. M., et Bartha, R. 1998. *Microbial ecology: Fundamentals and applications,* 4ᵉ éd. Redwood City, Calif., Benjamin/Cummings.

Killham, K. 1994. *Soil ecology.* New York: Cambridge University Press.

Robertson, G. P.; Coleman, D. C.; Bledsoe, C. S.; et Sollins, P. 1999. *Standard soil methods for long-term ecological research.* New York: Oxford University Press.

Rondon, M. R.; Goodman, R. M.; et Handelsman, J. 1999. The earth's bounty: Assessing and accessing soil microbial diversity. *TibTech* 17:403–409.

Scow, K. M. 2000. Soil microbiology. In *Encyclopedia of microbiology,* 2ᵉ éd., vol. 4, J. Lederberg, éd., 321–35. San Diego: Academic Press.

Sylvia, D. M.; Fuhrmann, J. J.; Hartel, P. G.; et Zuberer, D. A. 1998. *Principles and applications of soil microbiology.* Upper Saddle River, N.J.: Prentice-Hall.

Tate, R. L., III. 1994. *Soil microbiology,* New York: John Wiley.

Van der Heijden, M. G. A.; Klironomos, J. N.; Ursic, M.; Moutoglis, P.; Streitwolf-Engel, R.; Boller, T.; Wiemken, A.; et Sanders, I. R. 1998. Mycorrhizal fungal diversity determines plant biodiversity, ecosystem variability and productivity. *Nature* 396:69–72.

van Elsas, J. D.; Trevors, J. T.; et Wellington, E. M. H. 1997. *Modern soil microbiology.* New York: Marcel Dekker, Inc.

30.2 Les micro-organismes dans le sol

Clarholm, M. 1998. The microbial loop in soil. In *Beyond the biomass.* K. Ritz, J. Dighton, et K. E. Giller, editors, 221–30. New York: Wiley-Sayce.

Knowles, C. J. Cyanide utilization and degradation by microorganisms. In *Cyanide compounds in biology.* CIBA Foundation Symposium 140, 3–9. New York: John Wiley.

Lal, R.; Kimble, J. M.; et Follett, R. F. 1997. *Soil processes and the carbon cycle.* Boca Raton, Fla.: CRC Press.

Mulongoy, K.; Gueye, M., et Spencer, D. S. C. 1993. *Soil organic matter dynamics and the sustainability of tropical agriculture.* New York: John Wiley.

Rayner, A. D. M. 1995. Fungi, a vital component of ecosystem function in woodland. In *Microbial diversity and ecosystem function,* D. Allsopp, R. R. Colwell, et D. L. Hawksworth, éd., 231–51. Egham, England: CAB International.

Sengeløv, G.; Kowalchuk, G. A.; et Sørensen, S. J. 2000. Influence of fungal-bacterial interactions on bacterial conjugation in the residuesphere. *FEMS Microbiol. Ecol.* 31:39–45.

Watling, R., et Harper, D. B. 1998. Chloromethane production by wood-rotting fungi and an estimate of the global flux to the atmosphere. *Mycol. Res.* 102(7):769–87.

30.3 Les micro-organismes et la formation des différents sols

Aldhous, P. 1993. Tropical deforestation: Not just a problem in Amazonia. *Science* 259: 1390.

Ehrlich, H. L. 1997. *Geomicrobiology,* 3d ed. New York: Marcel Dekker, Inc.

Garcia-Pichel, F., et Belnap, J. 1996.

Microenvironments and microscale productivity of cyanobacterial desert crusts. *J. Phycol.* 32:774–82.

Jenny, H. 1980. *The soil resource. Origin and behavior.* New York: Springer-Verlag.

Jurgens, G.; Lindstrom, K.; et Saano, A. 1997. Novel group within the kingdom *Crenarchaeota* from boreal forest soil. *Appl. Environ. Microbiol.* 63:803–5.

Krumholz, L. R.; McKinley, J. P.; Ulrich, F. A.; et Sulfita, J. M. 1997. Confined subsurface microbial communities in cretaceous rock. *Nature* 386:64–66.

L'Haridon, S.; Reysenbach, A-L.; Glenat, P.; Prieur, D.; et Jeanthon, C. 1995. Hot subterranean biosphere in a continental oil reservoir. *Nature* 377:223–24.

Marquiss, M., et Woudin, S. J. 1997. *Ecology of arctic environments.* Oxford: Blackwell.

Morita, R. Y. 1997. *Bacteria in oligotrophic environments: Starvation-survival lifestyle.* New York: Chapman & Hall.

Redman, R. S.; Litvintseva, A.; Sheehan, K. B.; Henson, J. M.; et Rodriguez, R. J. 1999. Fungi from geothermal soils in Yellowstone National Park. *Appl. Environ. Microbiol.* 65(12):5193–97.

Snider, C. S.; Hsiang, T.; Zhao, T.; et Griffith, M. 2000. Role of ice nucleation and antifreeze activities in pathogenesis and growth of snow molds. *Phytopathology* 90:354–61.

30.4 Les associations des micro-organismes du sol avec les plantes vasculaires

Allen, M. F. 2000. Mycorrhizae. In *Encyclopedia of microbiology,* 2ᵉ éd., vol. 3, J. Lederberg, éd., 328–36. San Diego: Academic Press.

Assmus, B.; Schloter, M.; Kirchof, G.; Hutzler, P.; et Hartmann, A. 1997. Improved in situ tracking of rhizosphere bacteria using dual staining with fluorescence-labeled antibodies and rRNA-targeted oligonucleotides. *Microb. Ecol.* 33:32–40.

Bacon, C. W., et White, J. F., éd. 2000. *Microbial endophytes.* New York: Marcel Dekker.

Bunk, S. 1999. Chestnut poised for revival, thanks to transgenic work. *The Scientist.* 13:6.

Clay, K., et Holah, J. 2000. Fungal endophyte symbiosis and plant diversity in successional fields. *Science* 285:1742–44.

Graham, P. H. 2000. Nodule formation in legumes. In *Encyclopedia of microbiology,* 2ᵉ éd., vol. 3, J. Lederberg, éd., 407–17. San Diego: Academic Press.

Kim, D. H.; Nishiyama, M.; Kunito, T.; Senoo, K.; Kawahara, K.; Murakami, K.; et Oyaizu, H. 1998. High population of *Sphingomonas* species on plant surface. *J. Appl. Microbiol.* 85:731–36.

Klein, D. A. 2000. The rhizosphere. In *Encyclopedia of microbiology,* 2ᵉ éd., vol. 4, J. Lederberg, éd., 117–26. San Diego: Academic Press.

Kuykendall, L. D.; Dadson, R. B.; Hashem, F. M.; et Elkan, G. H. 2000. Nitrogen fixation. In *Encyclopedia of microbiology,* 2ᵉ éd., vol. 3, J. Lederberg, éd., 392–406. San Diego: Academic Press.

LeVier, K.; Phillips, R. W.; Grippe, V. K.; Roop, R. M. II.; et Walker, G. C. 2000. Similar requirements of a plant symbiont and a mammalian pathogen for prolonged intracellular survival. *Science* 287:2492–93.

Matthysse, A. G. 1999. Initial interactions of *Agrobacterium tumefaciens* with plants. In *Microbial ecology and infectious diseases,* E. Rosenberg, editor, 232–41. Washington, D.C.: American Society for Microbiology.

Olivieri, I., et Frank, S. A. 1994. The evolution of nodulation in *Rhizobium:* Altruism in the rhizosphere. *J. Heredity* 85(1):46–47.

Perotto, S., et Bonfante, P. 1997. Bacterial associations with mycorrhizal fungi: Close and distant friends in the rhizosphere. *Trends Microbiol.* 5:496–501.

Perret, X.; Staehelin, C.; et Broughton, W. J. 2000. Molecular basis of symbiotic promiscuity. *Microbiol. Mol. Biol. Rev.* 64(1):180–81.

Philip-Hollingsworth, S.; Dazzo, F. B.; et Hollingsworth, R. I. 1997. Structural requirements of *Rhizobium* chitolipooligosaccharides for uptake and bioactivity in legume roots as revealed by synthetic analogs and fluorescent probes. *J. Lipid. Res.* 38:1229–41.

Schauser, L.; Roussis, A.; Stiller, J.; et Stougaard, J. 1999. A plant regulator controlling development of symbiotic root nodules. *Nature* 402:191–95.

Schwintzer, C. R., et Tjepkema, J. D. 1990. *The biology of* Frankia *and actinorhizal plants.* New York: Academic Press.

Spaink, H. P. 2000. Root nodulation and infection factors produced by rhizobial bacteria. *Annu.*

Rev. Microbiol. 54:257–88.

Strobel, G. A., et Long, D. M. 1998. Endophytic microbes embody pharmaceutical potential. *ASM News* 64(5):263–68.

Summers, M. L.; Botero, L. M.; Busse, S. C.; et McDermott, T. R. 2000. The *Sinorhizobium meliloti* lon protease is involved in regulating exopolysaccharide synthesis and is required for nodulation of alfalfa. *J. Bacteriol.* 182(9):2551–58.

Sylvia, D. M. 1998. Mycorrhizal symbioses. In *Principles and applications of soil microbiology,* D. M. Sylvia, J. J. Fuhrmann, P. G. Hartel, et D. A. Zuberer, éd., 408–28. Upper Saddle River, N.J.: Prentice-Hall.

Van Tuinen, D.; Jaquot, E.; Zhao, B.; Gollotte, A.; et Gianinazzi-Pearson, V. 1998. Characterization of root colonization profiles of arbuscular mycorrhizal fungi using 25S rDNA-targeted nested PCR. *Molec. Ecol.* 7:879–87.

Vidaver, A. K. 1999. Plant microbiology: Century of discovery with golden years ahead. *ASM News* 65(5):358–63.

30.5   Les sols, les plantes et les nutriments

Bodelier, P. L. E.; Roslev, P.; Henckel, T.; et Frenzel, P. 2000. Stimulation by ammonium-based fertilizers of methane oxidation in soil around rice roots. *Nature* 403:421–24.

Helgason, T.; Daniell, T. J.; Husband, R.; Fitter, A. H.; et Young, J. P. W. 1998. Ploughing up the world-wide web. *Nature* 324:431.

Vitousek, P. M., Aber, J. D., Howarth, R. W.; Likens, G. E.; Matson, P. A.; Schindler, D. W.; Schlesinger, W. H.; et Tilman, G. D. 1997. Human alteration of the global nitrogen cycle: Causes and consequences. *Issues in Ecology* 1:1–15.

30.6   Les sols, les plantes et l'atmosphère

Dixon, R. K.; Brown, S.; Houghton, R. A.; Solomon, A. M.; Trexler, M. C.; et Wisniewski, J. 1994. Carbon pools and flux of global forest ecosystems. *Science* 263:185–90.

King, G. M., et Schnell, S. 1994. Effect of increasing atmospheric methane concentration on ammonium inhibition of soil methane consumption. *Nature* 370:282–84.

Lloyd, D. 1993. Aerobic denitrification in soils and sediments: From fallacies to facts. *Trends Ecol. & Evol.* 8(10):352–58.

Waibel, A. E.; Peter, T.; Carslaw, K. S.; Oelhaf, H.; Wetzel, G.; Crutzen, P.; Tsias, A.; Reimer, E.; et Fisher, H. 2000. Arctic ozone loss due to denitrification. *Science* 283:2064–69.

Yoshinari, T. 1993. Nitrogen oxide flux in tropical soils. *Trends Ecol. & Evol.* 8(5):155–56.

Zart, D.; Schmidt, I.; et Bock, E. 2000. Significance of gaseous NO for ammonia oxidation by *Nitrosomonas eutropha. Ant. van Leeuwenhoek.* 77:49–55.

30.8   La biosphère souterraine

Amy, P. S., et Haldeman, D. L., editors. 1997. *The microbiology of the terrestrial deep subsurface.* Boca Raton, Fla.: CRC Press.

Anderson, R. T.; Chapelle, F. H.; et Lovley, D. R. 1998. Evidence against hydrogen-based microbial ecosystems in basalt aquifers. *Science* 281:976–77.

Fisk, M. R.; Giovannoni, S. J.; et Thorseth, I. H. 1998. Alteration of oceanic volcanic glass: Textural evidence of microbial activity. *Science* 281(978):980.

Gold, T. 1992. The deep, hot biosphere. *Proc. Natl. Acad. Sci.* 89:6045–49.

Krajick, K. 1999. To hell and back. *Discover* 20: 76–82.

Krumholz, L. R. 2000. Microbial communities in the deep subsurface. *Hydrogeology J.* 8:4–10.

Lipman, C. B. 1931. Living microorganisms in ancient rocks. *J. Bacteriol.* 22(3):183–98.

Lovley, D. K. 1991. Dissimilatory Fe (III) and Mn (IV) reduction. *Microbiol. Rev.* 55:259–87.

Orphan, V. J.; Taylor, L. T.; Hafenbradl, D.; et DeLong, E. F. 2000. Culture-dependent and culture-independent characterization of microbial assemblages associated with high-temperature petroleum reservoirs. *Appl. Environ. Microbiol.* 66(2):700–11.

Summons, R. 1999. Molecular probing of deep secrets. *Nature* 398:752–53.

30.9   Les micro-organismes du sol et la santé humaine

Andersson, M. A.; Nikulin, M.; Kolhjalg, U.; Andersson, M. C.; Rainey, F.; Reijula, K.; Hintikka, E.-L.; et Salkinoja-Salonen, M. 1997. Bacteria, molds and toxins in water-damaged building materials. *Appl. Environ. Microbiol.* 63:387–93.

Crow, S. A.; Ahearn, D. G.; Noble, J. A.; Moyenuddin, M.; et Price, D. L. 1994. Microbial ecology of buildings: Effects of fungi on indoor air quality. *Am. Environ. Lab.* 6(1):16–18.

Price, D. L., et Ahearn, D. G. 2000. Sanitation of wallboard colonized with *Stachybotrys chartarum. Curr. Microbiol.* 39:21–26.

Partie IX

La résistance non spécifique et la réponse immunitaire

CHAPITRE 31

La microflore normale et la résistance non spécifique de l'hôte

Cette cellule dandritique (vue au microscope électronique) est ainsi nommée car elle est couverte de longues extensions cellulaires qui ressemblent aux dendrites des cellules nerveuses. De nombreuses cellules dendritiques traitent et présentent les antigènes aux cellules T auxiliaires.

Plan

Concepts

1. Gnotobiotique qualifie un environnement ou un animal contrôlé du point de vue microbiologique dans lequel tous les micro-organismes présents ont été identifiés ou bien un environnement ou un animal dépourvu de micro-organisme.

2. Les micro-organismes associés au corps humain sont pour la plupart des bactéries. La présence de ces micro-organismes normaux a des effets tant positifs que négatifs. Parfois, ils entrent en compétition avec des germes pathogènes, parfois ils sont responsables d'infections opportunistes.

3. La capacité de l'hôte à résister aux infections dépend d'une défense constante contre les invasions microbiennes. Des mécanismes de défense non spécifiques et spécifiques sont responsables de la résistance.

4. Les défenses non spécifiques sont des mécanismes innés dont l'hôte est doté génétiquement, comme par exemple les barrières physiques et mécaniques telles la peau, les muqueuses, l'œil, les systèmes respiratoire, gastrointestinal et génito-urinaire. Les barrières chimiques comme les bactériocines, la bêta-lysine et autres polypeptides, sont aussi des défenses non spécifiques de l'hôte.

5. L'inflammation, la voie alterne du complément, la phagocytose, les cytokines, la fièvre et les cellules tueuses naturelles sont d'autres mécanismes non spécifiques qui aident à protéger l'hôte contre les micro-organismes et le cancer.

> « Le secret de la résistance réside pour moitié dans la propreté, pour l'autre moitié dans la malpropreté »
>
> *Anonyme*

Comme présenté au chapitre 28, de nombreux micro-organismes passent une grande part de leur vie dans une relation écologique particulière : leur environnement est en majeure partie une autre espèce. Beaucoup d'environnements différents ont été envisagés dans les chapitres 28, 29 et 30 ; ce chapitre-ci concerne les micro-organismes normalement associés au corps humain. On connaît peu la nature de ces associations normales qui doivent cependant être plutôt des interactions dynamiques que des associations d'indifférence mutuelle. Chaque membre de la symbiose reçoit quelque bénéfice de l'autre et les associations sont mutualistes ou commençales (*voir section 28.2*). La survie d'un hôte, comme un être humain, dépend d'un réseau défensif élaboré qui empêche l'infection du corps par des micro-organismes nuisibles et d'autres matériaux étrangers. Si ceux-ci parviennent à pénétrer, l'hôte possède des défenses supplémentaires pour prévenir l'établissement d'un autre type de relation, celui du parasitisme ou de la pathogénie. La pathogénie ou **pouvoir pathogène** est la propriété d'induire des modifications pathologiques c'est-à-dire une maladie. Tout micro-organisme produisant une maladie est dit **pathogène**. Les défenses non spécifiques de l'hôte incluent les barrières générales, physiques, chimiques et biologiques comme l'inflammation et la fièvre. Ce chapitre est consacré à la microflore humaine normale et aux mécanismes de défense non spécifiques contre l'invasion de micro-organismes dangereux, de cellules cancéreuses et de protéines étrangères. Il débutera cependant par une note sur la gnotobiotique qui est la possibilité d'obtenir un environnement ou un animal dépourvu de micro-organismes.

31.1 Les animaux gnotobiotiques

On utilise de plus en plus en recherche des animaux et des environnements avec des micro-organismes connus. Par exemple, pour déterminer le rôle joué par la microflore normale d'un hôte, il est possible de faire naître un animal par césarienne et de l'élever en absence totale de micro-organismes. Un tel animal est dit axénique. Ces animaux axéniques sont de bons modèles expérimentaux pour l'étude des interactions entre les animaux et leurs micro-organismes. Ainsi, on compare des animaux possédant une microflore normale avec des animaux axéniques pour élucider les relations complexes, exposées aux chapitres 28, 29 et 30, entre micro-organismes, hôtes et environnements. Les expériences sur animaux axéniques sont la version « in vivo » du concept de « culture pure » du microbiologiste.

Le terme **gnotobiotique** (du grec *gnotos,* connu, et *biota,* la faune et la flore d'une région) a été défini de deux manières. Pour certains, le milieu ou l'animal gnotobiotique est celui dont toute la microflore est connue, ce qui est différent de axénique, réellement dépourvu de micro-organismes. Nous utiliserons le terme gnotobiotique dans un sens plus large, l'adressant à un environnement ou un animal contrôlé microbiologiquement qu'il soit axénique ou porteur de micro-organismes tous identifiés.

Le fœtus humain *in utero* (comme celui de la plupart des mammifères) est vierge de toute bactérie ou de tout autre micro-organisme. Dans les heures suivant la naissance, le bébé acquiert progressivement une microflore normale dont la composition se stabilise au cours de la première ou la deuxième semaine. Dès ce moment, des quantités énormes de micro-organismes s'associent au corps humain. Dans des conditions normales, les êtres humains vivent avec des milliards de micro-organismes.

Louis Pasteur suggéra le premier que les animaux ne pouvaient vivre en l'absence de micro-organismes. Les essais faits, entre 1899 et 1908, pour élever des poulets dépourvus de micro-organismes, eurent un succès limité car les volatiles mouraient dans le mois. En conséquence, on crut que les bactéries intestinales étaient essentielles à une bonne nutrition et à la santé des poulets. Ce n'est qu'en 1912 qu'on démontra que des poulets axéniques étaient aussi sains que des poulets normaux pour autant qu'ils aient un régime alimentaire adéquat. Depuis lors, l'utilisation d'animaux et de systèmes gnotobiotiques est devenue pratique courante dans les laboratoires de recherche (**figure 31.1**).

Les animaux et les techniques gnotobiotiques fournissent de bons systèmes expérimentaux pour examiner les interactions entre des animaux et des micro-organismes spécifiques. La comparaison d'animaux pourvus d'une microflore normale avec des animaux gnotobiotiques permet de mieux comprendre les nombreuses associations symbiotiques complexes existant entre l'hôte et ces micro-organismes.

L'établissement d'une colonie axénique de rats, de souris, de hamsters, de lapins, de cobayes ou de singes débute par des césariennes pratiquées sur des femelles gravides. L'intervention se déroule dans des conditions aseptiques dans une chambre stérile. On transfère ensuite les animaux nouveau-nés dans des incubateurs stériles dans lesquels l'air, l'eau et la nourriture fournis sont stériles. Lorsque les animaux axéniques sont accoutumés à leurs conditions de vie, on les reproduit entre eux pour maintenir la colonie.

La création d'une colonie axénique est plus aisée avec des poulets et d'autres oiseaux qu'avec des mammifères. On stérilise

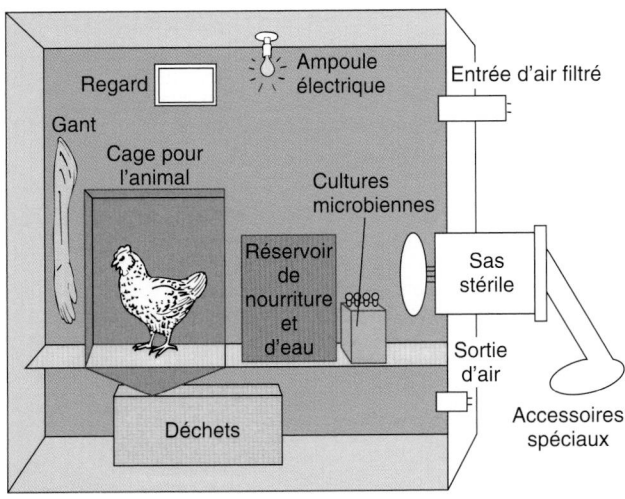

(a)   (b)

Figure 31.1 L'élevage d'animaux gnotobiotiques. (a) Schéma d'une chambre gnotobiotique, les cultures contrôlent la stérilité de l'environnement. S'il y a développement de micro-organismes dans l'une de ces cultures, les conditions gnotobiotiques ne sont pas respectées. (**b**) Chambres gnotobiotiques pour l'élevage de colonies de petits animaux.

des oeufs fécondés au moyen d'un germicide avant de les placer dans des incubateurs stériles. Lorsque les poussins éclosent, ils sont stériles et capables de se nourrir seuls. Afin de s'assurer de la stérilité de la colonie, on réalise des examens bactériologiques périodiques des rejets d'air, des déchets solides et des cages. Aucun micro-organisme ne devrait être présent.

Les animaux axéniques n'ont pas une anatomie et une physiologie normales. Ils ont, par exemple, des tissus lymphoïdes peu développés, une paroi intestinale peu épaisse, un cæcum élargi et un faible titre en anticorps (*voir section 32.3*). Ils exigent de grandes quantités de vitamine K et de complexes B. Chez les animaux normaux, la vitamine K est synthétisée par *E. coli*. Les animaux axéniques ont également un débit cardiaque et des taux métaboliques réduits.

Les animaux axéniques sont habituellement plus sensibles aux agents pathogènes. En l'absence d'une microflore normale protectrice, les organismes étrangers et pathogènes s'établissent très facilement. Le nombre de micro-organismes nécessaires pour infecter un animal axénique et pour produire un état pathologique est nettement inférieur. Inversement, ces animaux sont presque totalement résistants au protozoaire intestinal (*Entamoeba histolytica*) responsable de la dysenterie amibienne. Cette résistance résulte de l'absence de bactéries qu'*E. histolytica* utilise habituellement comme source de nourriture. Les animaux axéniques ne présentent non plus ni carie dentaire, ni plaque dentaire (*voir section 39.6*). Cependant, si on les infecte avec des streptocoques cariogènes (provoquant des caries) du groupe de *Streptococcus mutans - Streptococcus gordonii* et s'ils ont un régime riche en saccharose, ils développeront des caries. (*S. gordonii* était, auparavant, considéré comme une sous-population de *S. sanguis*). *Entamoeba histolytica* (pp. 950-51).

---

1. Définissez gnotobiotique.
2. Comment créeriez-vous une colonie de souris axéniques ? Ou de poulets ?
3. Comparez une souris axénique avec une souris normale au point de vue de leur état de santé général. Quels bénéfices un animal tire-t-il de sa microflore ?

31.2   La microflore normale du corps humain

Chez un homme sain, les tissus internes (cerveau, sang, liquide céphalorachidien, muscles) sont normalement dépourvus de micro-organismes. Inversément, les tissus de surface (peau, muqueuses) sont toujours en contact avec les micro-organismes de l'environnement et sont rapidement colonisés par certaines espèces microbiennes. On appelle **microflore normale** (ou microbiota normale) le mélange de micro-organismes que l'on trouve régulièrement dans un site anatomique donné. Ce chapitre présente un aperçu des micro-organismes propres aux différentes régions du corps (**figure 31.2**) et une introduction aux types microbiens que l'on doit s'attendre à trouver dans les relevés microbiologiques. Les bactéries qui constituent la plus grande partie de la microflore normale sont détaillées ici, alors que les mycètes (principalement les levures) et les protozoaires sont traités de manière plus superficielle.

Parmi les nombreuses raisons d'acquérir des connaissances sur la microflore naturelle du corps humain, il y en a quatre majeures :

1. La connaissance des différents micro-organismes présents en des endroits spécifiques fournit un plus large aperçu des infections possibles, résultant de blessures dans ces sites particuliers.
2. Une connaissance des organismes indigènes de la partie infectée du corps donne au clinicien une perspective sur la source et l'importance possibles des micro-organismes isolés du site d'infection.
3. Une connaissance de la microflore indigène aide le clinicien à comprendre les causes et les conséquences de la croissance excessive de micro-organismes normalement absents d'un site spécifique du corps.
4. On peut acquérir une meilleure connaissance du rôle de ces microflores normales dans la stimulation de la réponse immunitaire de l'hôte. Cette connaissance est importante car le système immunitaire fournit une protection contre les agents pathogènes potentiels.

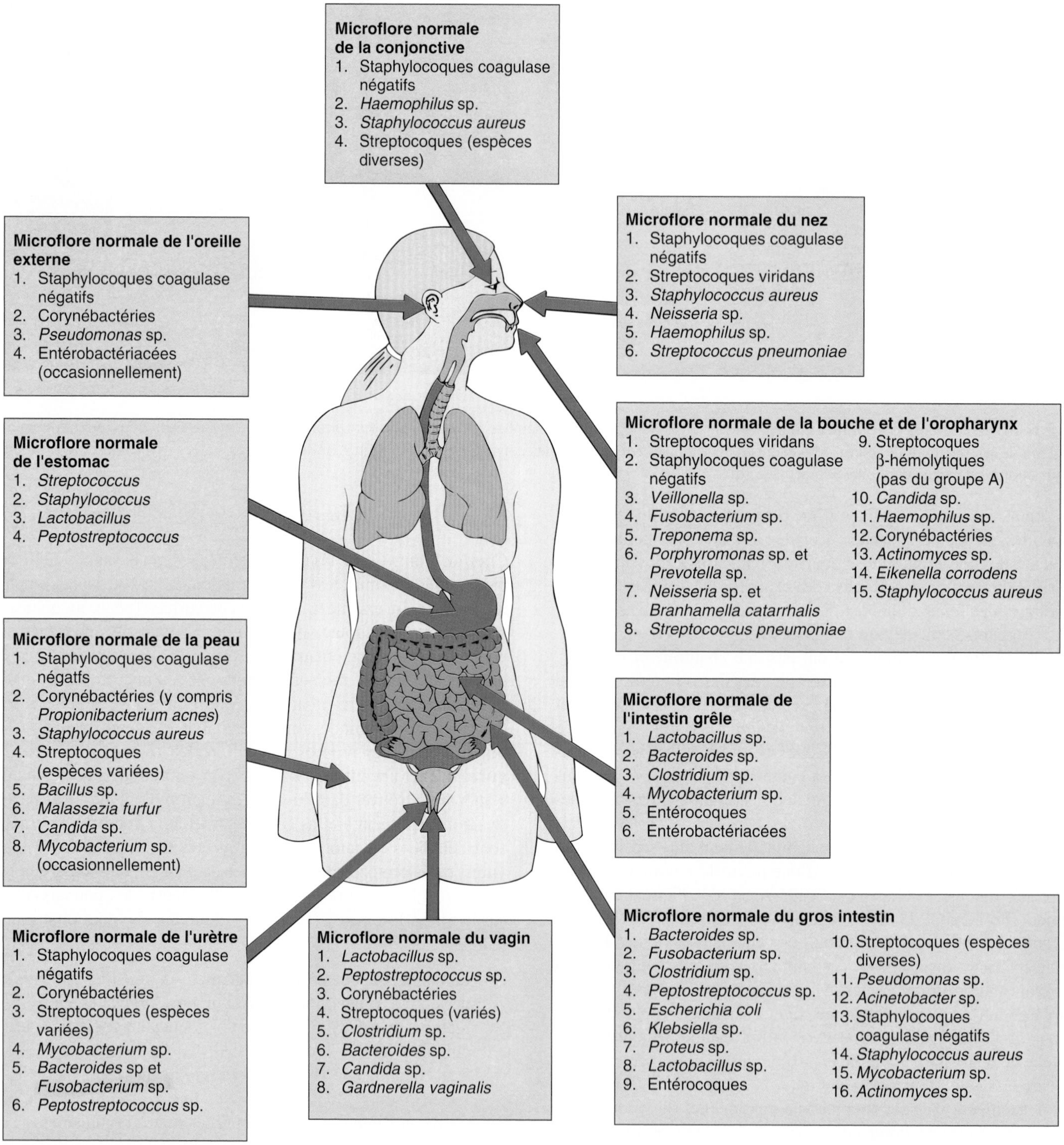

**Microflore normale
de la conjonctive**
1. Staphylocoques coagulase
   négatifs
2. *Haemophilus* sp.
3. *Staphylococcus aureus*
4. Streptocoques (espèces
   diverses)

Microflore normale du nez
1. Staphylocoques coagulase
   négatifs
2. Streptocoques viridans
3. *Staphylococcus aureus*
4. *Neisseria* sp.
5. *Haemophilus* sp.
6. *Streptococcus pneumoniae*

**Microflore normale de l'oreille
externe**
1. Staphylocoques coagulase
   négatifs
2. Corynébactéries
3. *Pseudomonas* sp.
4. Entérobactériacées
   (occasionnellement)

Microflore normale de la bouche et de l'oropharynx
1. Streptocoques viridans
2. Staphylocoques coagulase
   négatifs
3. *Veillonella* sp.
4. *Fusobacterium* sp.
5. *Treponema* sp.
6. *Porphyromonas* sp. et
   Prevotella sp.
7. *Neisseria* sp. et
   Branhamella catarrhalis
8. *Streptococcus pneumoniae*
9. Streptocoques
   β-hémolytiques
   (pas du groupe A)
10. *Candida* sp.
11. *Haemophilus* sp.
12. Corynébactéries
13. *Actinomyces* sp.
14. *Eikenella corrodens*
15. *Staphylococcus aureus*

**Microflore normale
de l'estomac**
1. *Streptococcus*
2. *Staphylococcus*
3. *Lactobacillus*
4. *Peptostreptococcus*

Microflore normale de la peau
1. Staphylocoques coagulase
   négatfs
2. Corynébactéries (y compris
   Propionibacterium acnes)
3. *Staphylococcus aureus*
4. Streptocoques
   (espèces variées)
5. *Bacillus* sp.
6. *Malassezia furfur*
7. *Candida* sp.
8. *Mycobacterium* sp.
   (occasionnellement)

**Microflore normale de
l'intestin grêle**
1. *Lactobacillus* sp.
2. *Bacteroides* sp.
3. *Clostridium* sp.
4. *Mycobacterium* sp.
5. Entérocoques
6. Entérobactériacées

Microflore normale de l'urètre
1. Staphylocoques coagulase
   négatifs
2. Corynébactéries
3. Streptocoques (espèces
   variées)
4. *Mycobacterium* sp.
5. *Bacteroides* sp et
   Fusobacterium sp.
6. *Peptostreptococcus* sp.

Microflore normale du vagin
1. *Lactobacillus* sp.
2. *Peptostreptococcus* sp.
3. Corynébactéries
4. Streptocoques (variés)
5. *Clostridium* sp.
6. *Bacteroides* sp.
7. *Candida* sp.
8. *Gardnerella vaginalis*

Microflore normale du gros intestin
1. *Bacteroides* sp.
2. *Fusobacterium* sp.
3. *Clostridium* sp.
4. *Peptostreptococcus* sp.
5. *Escherichia coli*
6. *Klebsiella* sp.
7. *Proteus* sp.
8. *Lactobacillus* sp.
9. Entérocoques
10. Streptocoques (espèces
    diverses)
11. *Pseudomonas* sp.
12. *Acinetobacter* sp.
13. Staphylocoques
    coagulase négatifs
14. *Staphylococcus aureus*
15. *Mycobacterium* sp.
16. *Actinomyces* sp.

Figure 31.2 La microflore normale d'un être humain. Une compilation des micro-organismes constituant la microflore normale rencontrée en différents sites du corps.

Distribution de la microflore normale

Comme l'explique le chapitre 28, les trois relations symbiotiques les plus importantes sont le commensalisme, le mutualisme et le parasitisme. Dans chaque catégorie, la relation peut être ectosymbiotique ou endosymbiotique. Dans l'**ectosymbiose**, un organisme reste extérieur à l'autre. Dans d'**endosymbiose**, un organisme se trouve à l'intérieur de l'autre. Dans les paragraphes suivants, des exemples de relations tant ecto- que endosymbiotiques seront donnés chez l'hôte humain. Seront considérées les relations commensales et mutualistes tandis que le parasitisme et la pathogénie feront l'objet du chapitre 34.

La peau

Un adulte humain est couvert d'environ 2 m^2 de peau. On a estimé que cette surface porte aux environs de 10^{12} bactéries. Comme vu au chapitre 28, le commensalisme (auquel participent les organismes commensaux) est une symbiose qui bénéficie à une espèce et n'est pas nuisible à l'autre. Les micro-organismes commensaux vivant sur ou dans la peau peuvent faire partie d'une microflore soit résidante (normale) soit transitoire. Les organismes résidants se développent normalement sur ou dans la peau. Leur présence est établie en profils de distribution bien définis. Les micro-organismes présents temporairement sont appelés transitoires. Habituellement, ces organismes ne se fixent pas fermement ; ils sont incapables de se multiplier et meurent normalement après quelques heures.

L'anatomie et la physiologie de la peau varient d'une partie à l'autre du corps et la microflore résidante reflète ces variations. L'épiderme n'est pas un environnement favorable pour la colonisation par les micro-organismes. Plusieurs facteurs sont responsables de ce micro-environnement hostile. Premièrement, la peau est sujette à un dessèchement périodique. L'absence d'humidité induit un état de dormance chez de nombreux résidants de la microflore. Cependant, sur certaines parties du corps (l'épicrâne, les oreilles, les régions axillaires, les régions génito-urinaire et anale, le périnée, les paumes), l'humidité est suffisamment élevée pour permettre l'existence d'une microflore résidante. Deuxièmement, la peau a un pH légèrement acide en raison des acides organiques produits par les staphylocoques et les sécrétions des glandes sébacées et sudoripares. Le pH acide (4-6) décourage la colonisation par de nombreux micro-organismes. Troisièmement, la sueur contient une concentration élevée de chlorure sodique qui établit des conditions hyperosmotiques à la surface de la peau et pèse osmotiquement sur la plupart des micro-organismes. Finalement, certaines substances inhibitrices (bactéricides et/ou bactériostatiques) aident à contrôler la colonisation, la croissance excessive et l'infection de la surface de la peau par les micro-organismes résidants. Par exemple, les glandes sudoripares excrètent du lysozyme qui lyse *Staphylococcus epidermidis* et d'autres bactéries Gram-positives en hydrolysant les liaisons β (1 → 4) qui connectent l'acide N-acétylmuramique à la N-acétylglucosamine dans le peptidoglycane de la paroi bactérienne (figure 31.9). Les glandes sébacées sécrètent des lipides complexes qui peuvent être partiellement dégradés par les enzymes de certaines bactéries Gram-positives (*Propionibacterium acnes*). Ces bactéries peuvent changer les lipides sécrétés en acides gras insaturés tels que l'acide oléique, qui ont une forte activité antimicrobienne sur les bactéries Gram-négatives et des mycètes. Certains de ces acides gras sont volatils et peuvent être associés à une forte odeur. C'est pour cette raison que de nombreux désodorisants contiennent des substances antibactériennes agissant sélectivement sur les bactéries Gram-positives pour réduire la production d'acides gras insaturés aromatiques et l'odeur corporelle. Mais les désodorisants peuvent modifier la microflore, principalement en faveur des bactéries Gram-négatives, et déclencher en conséquence des infections.

La plupart des bactéries de la peau sont présentes sur l'épiderme squameux superficiel, colonisant les cellules mortes ou étroitement associées aux glandes sébacées et sudoripares. Les excrétions de ces glandes fournissent de l'eau, des acides aminés, de l'urée, des électrolytes et des acides gras spécifiques servant d'éléments nutritifs principalement pour *Staphylococcus epidermidis* et des corynébactéries aérobies. Les bactéries Gram-négatives sont généralement présentes dans les régions plus humides. Les levures *Pityrosporum ovale* et *P. orbiculare* sont normalement présentes sur l'épicrâne. Certains mycètes dermatophytes peuvent coloniser la peau et provoquer des mycoses, par exemple le pied d'athlète et la teigne tondante. La maladie du pied d'athlète (p. 944).

La bactérie associée, le plus fréquemment, aux glandes cutanées est *Propionibacterium acnes*, un bâtonnet Gram-positif, anaérobie et lipophile. Cette bactérie est habituellement inoffensive, toutefois, on l'a associée à une maladie cutanée, l'acné juvénile. L'acné apparaît ordinairement pendant l'adolescence lorsque le système endocrinien est très actif. L'activité hormonale stimule la surproduction de **sébum**, un fluide sécrété par les glandes sébacées. Un volume important de sébum s'accumule dans les glandes et fournit un micro-environnement idéal pour *P. acnes*. Chez certains individus, cette accumulation déclenche une réponse inflammatoire provoquant une rougeur et un gonflement du canal glandulaire ; ceci produit un **comédon,** ou bouchon de sébum et de kératine dans le canal. Il en résulte des lésions inflammatoires (papules, pustules, nodules), communément appelées « points noirs ». *P. acnes* semble être l'organisme producteur de lipases qui dégradent les triglycérides du sébum en acides gras libres. Ces dérivés sont particulièrement irritants parce qu'ils peuvent pénétrer dans le derme et promouvoir une inflammation. Comme *P. acnes* est extrêmement sensible à la tétracycline, cet antibiotique peut aider les personnes souffrant d'acné. On utilise également l'accutane, une forme synthétique de la vitamine A.

Certains agents pathogènes présents sur ou dans la peau sont des résidants transitoires colonisant les zones autour des orifices. *Staphylococcus aureus* est le meilleur exemple. Il est présent dans les narines et la région périanale mais survit mal ailleurs. De la même manière, *Clostridium perfringens* colonise habituellement et uniquement le périnée et les cuisses, particulièrement chez les patients souffrant du diabète.

---

1. Citez quatre raisons pour lesquelles la connaissance de la microflore humaine normale est importante.
2. Pourquoi la peau n'est-elle pas ordinairement un micro-environnement favorable à la colonisation bactérienne ?
3. Comment les micro-organismes contribuent-ils à l'odeur corporelle ?
4. Quel rôle physiologique joue *Propionibacterium acnes* dans l'apparition de l'acné juvénile ?

Le nez et le rhinopharynx

On trouve la microflore normale du nez dans les fosses nasales. *Staphylococcus aureus* et *S. epidermidis* sont les bactéries dominantes. Elles forment des populations presque équivalentes à celles de la peau du visage.

Le rhinopharynx, la partie du pharynx située au-dessus du niveau du voile du palais, peut contenir de petites populations de bactéries potentiellement pathogènes telles que *Streptococcus pneumoniae*, *Neisseria meningitidis* et *Haemophilus influenzae*. On observe fréquemment dans le nez et le rhinopharynx des diphtéroïdes, un vaste groupe de bactéries Gram-positives non pathogènes ressemblant à *Corynebacterium* (voir section 24.5).

L'oropharynx

L'oropharynx est la partie du pharynx située entre le voile du palais et le bord supérieur de l'épiglotte. Comme dans le cas du nez, *Staphylococcus aureus* et *S. epidermidis* en grand nombre colonisent cette région. Les bactéries présentes les plus importantes sont les différents streptocoques alpha-hémolytiques (*S. oralis*, *S. milleri*, *S. gordonii*, *S. salivarius*), un grand nombre de diphtéroïdes, *Branhamella catarrhalis* et de petits coques Gram-négatifs apparentés à *Neisseria meningitidis*. Il faut noter que les amygdales (palatines et pharyngiennes) portent une microflore similaire sauf dans les cryptes amygdaliennes où il y a un accroissement des *Micrococcus* et des anaérobies *Porphyromonas*, *Prevotella* et *Fusobacterium*. (*Porphyromonas* sp et *Prevotella* sp étaient classés précédemment dans le genre *Bacteroides*).

Le système respiratoire

Les systèmes respiratoires supérieur et inférieur (trachée, bronches, bronchioles et alvéoles) n'ont pas de microflore indigène car les micro-organismes sont éliminés par (1) le flot continu de mucus généré par les cellules épithéliales ciliées et (2) l'activité phagocytaire des macrophages alvéolaires. En outre, le lysozyme présent dans le mucus nasal exerce un effet bactéricide. La couverture mucociliaire (p. 711).

La cavité buccale

La microflore normale de la cavité buccale comprend des organismes capables de résister à une élimination mécanique en adhérant à différentes surfaces comme les gencives et les dents. Ceux qui en sont incapables sont éliminés par le passage mécanique du contenu de la cavité buccale vers l'estomac où ils sont détruits par l'acide chlorhydrique. La desquamation continue des cellules épithéliales élimine également les micro-organismes. Ceux qui peuvent coloniser la bouche trouvent un environnement très confortable dû à la disponibilité en eau et en éléments nutritifs, aux valeurs adéquates du pH et de la température et à l'existence de nombreux autres facteurs de croissance. Biofilms (pp. 620-22)

Les micro-organismes de l'environnement proche colonisent la cavité buccale humaine dans les heures suivant la naissance. À l'origine, la microflore comprend surtout les genres *Streptococcus*, *Neisseria*, *Actinomyces*, *Veillonella*, *Lactobacillus* et également quelques levures. La plupart des micro-organismes envahissant, au début, la cavité buccale sont des aérobies et des anaérobies obligés. Lorsque les premières dents apparaissent, les anaérobies (*Porphyromonas*, *Prevotella* et *Fusobacterium*) prédominent en raison de la nature anaérobie du sillon gingival. *Streptococcus parasangis* et *S. mutans* se fixent sur l'émail des dents pendant leur développement. *S. salivarius* se fixe sur les surfaces épithéliales de la bouche et des gencives et colonise la salive. Ces streptocoques produisent un glycocalyx et divers facteurs d'adhérence leur per-

mettant de s'attacher aux surfaces buccales. La présence de ces bactéries contribue à l'apparition de la plaque dentaire, des caries, des gingivites et des parodontites. Les parodontites (p. 936).

L'œil

À la naissance et pendant toute la vie de l'homme, on observe des bactéries commensales sur la conjonctive de l'œil. La bactérie prédominante est *Staphylococcus epidermidis* suivie par *S. aureus*, les corynébactéries aérobies (les diphtéroïdes) et *Streptococcus pneumoniae*. Des prélèvements faits sur les paupières ou la conjonctive, révèlent également la présence de *Branhamella catarrhalis* et des espèces d'*Escherichia*, de *Klebsiella*, de *Proteus*, d'*Enterobacter*, de *Neisseria* et de *Bacillus*. On trouve peu d'organismes anaérobies.

L'oreille externe

La microflore de base de l'oreille externe ressemble à celle de la peau avec une prédominance des staphylocoques coagulase négatifs et de *Corynebacterium*. On isole moins fréquemment des représentants des genres *Bacillus*, *Micrococcus* et *Neisseria*. Occasionnellement, on observe des bâtonnets Gram-négatifs tels que *Proteus*, *Escherichia* et *Pseudomonas*. Les études mycologiques montrent que les mycètes, *Aspergillus*, *Alternaria*, *Penicillium*, *Candida* et *Saccharomyces*, font partie de la microflore normale.

L'estomac

Comme indiqué précédemment, de nombreux micro-organismes sont balayés de la cavité buccale dans l'estomac. En raison du pH très acide (2-3) du contenu gastrique, la plupart des micro-organismes sont tués. En conséquence, l'estomac contient habituellement moins de 10 bactéries viables par ml de fluide gastrique. Ce sont surtout des représentants des genres *Sarcina*, *Streptococcus*, *Staphylococcus*, *Lactobacillus*, *Peptostreptococcus* et des levures telles que les *Candida*. Des micro-organismes peuvent survivre s'ils passent rapidement à travers l'estomac ou si les organismes ingérés avec la nourriture sont particulièrement résistants au pH gastrique (ex : les mycobactéries). Normalement le nombre de micro-organismes augmente après un repas mais chute rapidement lorsque le pH acide agit. Des modifications de la microflore gastrique surviennent s'il y a un accroissement du pH gastrique suite à une obstruction intestinale permettant un reflux des sécrétions duodénales alcalines dans l'estomac. Si le pH gastrique augmente, la microflore de l'estomac reflètera vraisemblablement celle de l'oropharynx et contiendra, en plus, des bactéries anaérobies et aérobies Gram-négatives.

L'intestin grêle

L'intestin grêle est divisé en trois régions anatomiques : le duodénum, le jéjunum et l'iléon. Le duodénum (les premiers 25 cm de l'intestin grêle) contient peu de micro-organismes en raison de l'influence combinée des sucs acides de l'estomac et de l'action inhibitrice de la bile et des sécrétions pancréatiques. Les coques et les bacilles Gram-positifs constituent la majeure partie de la microflore. On trouve occasionnellement *Enterococcus faecalis*, des lactobacilles, des corynébactéries et la levure *Candida albicans* dans le jéjunum. Dans la partie distale de l'intestin grêle (l'iléon),

Encadré 31.1

La probiotique pour l'homme et les animaux

Le colon humain et animal contient une microflore très complexe et très équilibrée. Ces micro-organismes préviennent normalement les infections et ont un effet positif sur l'alimentation. Qu'un changement brusque survienne dans le régime, le stress ou la prise d'antibiotiques et cet équilibre microbien est perturbé, laissant l'hôte plus susceptible à la maladie et moins bien alimenté. On appelle **probiotique** l'administration orale soit de micro-organismes vivants soit de substances favorables à la santé, dans le but de rétablir la balance de la microflore naturelle et de rendre à l'hôte santé et nutrition normale.

Les micro-organismes probiotiques sont spécifiques de l'hôte ; une souche sélectionnée comme probiotique chez un animal, peut ne pas convenir à une autre espèce. De plus les micro-organismes sélectionnés doivent présenter les caractéristiques suivantes :

1. adhérer à la muqueuse intestinale de l'hôte,
2. être facilement cultivables,
3. n'être ni toxiques ni pathogènes pour l'hôte,
4. exercer un effet bénéfique chez cet hôte,
5. produire des enzymes utiles ou d'autres substances utilisables par l'hôte,
6. rester longtemps viables,
7. résister à l'HCl de l'estomac et aux sels biliaires de l'intestin grêle de l'hôte.

Il y a plusieurs explications possibles au fait que les micro-organismes probiotiques déplacent les agents pathogènes et augmentent le développement microbien et la stabilité de l'équilibre dans le gros intestin. Il s'agit :

1. d'une compétition avec les germes pathogènes pour les nutriments et les sites de fixation ;
2. de l'inactivation des toxines ou des métabolites des bactéries pathogènes ;
3. de la production d'inhibiteurs de la croissance des organismes pathogènes ;
4. de la stimulation de l'immunité spécifique.

Une grande variété de préparations probiotiques ont été brevetées à l'usage du bétail, des chèvres, des chevaux, des porcs, de la volaille, des moutons et autres animaux domestiques. Pour la plupart, elles contiennent des lactobacilles et/ou des streptocoques, quelques-unes contiennent des bifidobactéries.

On a la preuve que certains micro-organismes probiotiques sont très bénéfiques à la santé humaine car ils apportent :

1. une activité anti-cancérogène,
2. un contrôle des agents pathogènes intestinaux,
3. une amélioration de l'utilisation du lactose, chez les personnes souffrant d'une intolérance au lactose,
4. une réduction de la concentration du cholestérol sérique.

Bien que la probiotique en soit encore à ses débuts, de plus en plus de microbiologistes s'y intéressent, ils apporteront une meilleure compréhension de la microflore normale du gros intestin de l'homme et des animaux.

Microbiologie alimentaire (chapitre 41)

---

la microflore acquiert progressivement les caractéristiques de celle du côlon. C'est dans l'iléon que le pH devient plus alcalin. De ce fait, les bactéries Gram-négatives anaérobies et les membres des *Enterobacteriaceae* commencent à s'y établir.

Le gros intestin ou côlon

Le côlon contient la population microbienne la plus importante du corps. Les comptages microscopiques des selles approchent 10^{12} organismes/g de poids humide. Plus de 400 espèces différentes ont été isolées des matières fécales humaines. Le côlon peut être considéré comme une grande cuve de fermentation car la microflore est composée principalement de bactéries non-sporulantes Gram-négatives anaérobies et de bacilles Gram-positifs sporulants et non-sporulants. La plupart des micro-organismes sont anaérobies et représentatifs de nombreuses espèces différentes. Plusieurs études ont montré que le rapport des bactéries anaérobies aux bactéries anaérobies facultatives est approximativement de 300 à 1. Même la plus abondante de celles-ci, *Escherichia coli*, ne représente pas plus de 0,1% de la population totale.

En plus d'un grand nombre de bactéries, le côlon peut contenir la levure *Candida albicans*. Certains protozoaires, comme *Trichomonas hominis, Entamoeba hartmanni, Endolimax nana* et *Iodamoeba butschlii*, sont des commensaux inoffensifs communs. Les parasitoses à protozoaires (pp. 950-58).

Divers processus physiologiques tendent à déplacer la flore microbienne à travers le côlon ce qui permet à un adulte d'excré-

ter journellement environ 3×10^{13} micro-organismes. Ces processus incluent le péristaltisme et la segmentation, la desquamation des cellules épithéliales sur lesquelles les micro-organismes sont fixés et le flux continu de mucus emportant les micro-organismes qui y adhèrent. Pour maintenir l'homéostase de la microflore, le corps doit continuellement remplacer les micro-organismes perdus. La population bactérienne du côlon humain double habituellement une à deux fois par jour. Dans des conditions normales, la communauté microbienne résidante est autorégulée. La compétition et le mutualisme entre les différents micro-organismes et entre les micro-organismes et leur hôte permettent de maintenir un *statu quo*. Cependant, si le milieu intestinal est perturbé, la flore normale peut changer fortement. Ces facteurs perturbants incluent le stress, les variations d'altitude, la privation de nourriture, les organismes parasites, la diarrhée et l'utilisation d'antibiotiques ou la probiotique (**encadré 31.1**). Finalement, il faudrait souligner le fait que les proportions réelles de populations bactériennes particulières au sein de la flore microbienne indigène dépend dans une large mesure du régime de l'hôte.

Les premiers résidants du côlon des nourrissons alimentés au sein sont des membres du genre Gram-positif *Bifidobacterium*, car le lait humain contient un disaccharide d'hexosamines que les souches de *Bifidobacterium* exigent comme facteur de croissance. Chez les nourrissons alimentés artificiellement, les *Lactobacillus*, également des Gram-positifs, prédominent en raison de l'absence du facteur de croissance dans le lait reconstitué. Lors de l'ingestion de nourriture solide, les colonisateurs initiaux sont progressivement remplacés par une microflore Gram-négative typique pour atteindre finalement la composition de la flore microbienne de l'adulte.

Le système urogénital

Le système urogénital supérieur (reins, uretères et vessie) est habituellement dépourvu de micro-organismes. On trouve quelques bactéries (*Staphylococcus epidermidis*, *Enterococcus faecalis* et *Corynebacterium* sp. dans la partie distale de l'urètre chez l'homme et chez la femme. On observe occasionnellement des *Neisseria* et quelques membres des entérobactériacées.

En revanche, le système génital de la femme adulte, en raison de sa grande surface et de ses sécrétions muqueuses, a une microflore complexe qui change constamment avec le cycle menstruel. Les micro-organismes principaux sont les *Lactobacillus* acido-tolérants, appelés bacilles de Döderlein, qui fermentent le glycogène produit par l'épithélium vaginal, en formant de l'acide lactique. En conséquence, le pH du vagin et du col de l'utérus est maintenu entre 4,4 et 4,6.

---

1. Quels sont les micro-organismes les plus communs présents dans le nez ? Dans l'oropharynx ? Dans le rhinopharynx ? Dans les cryptes amygdaliennes ? Dans le système respiratoire inférieur ? Dans la cavité buccale ? Dans l'œil ? Dans l'oreille externe ? Dans l'estomac ? Dans l'intestin grêle ? Dans le côlon ? Dans le système urogénital ?
2. Pourquoi le côlon est-il considéré comme un grand fermenteur ?
3. Quels sont les processus physiologiques déplaçant la microflore à travers le système gastro-intestinal ?
4. En quoi diffèrent les premiers résidants des nourrissons alimentés au sein de ceux des nourrissons alimentés au biberon ?
5. Décrivez la flore microbienne du système urogénital supérieur et inférieur chez la femme.

La relation entre l'hôte et la microflore normale

L'interaction entre un hôte et un micro-organisme est dynamique : chaque protagoniste agit pour augmenter ses chances de survie. Dans certains cas, après un contact du micro-organisme et de l'hôte, une relation bénéfique pour les deux parties s'établit et devient un composant de la santé de l'hôte. De tels micro-organismes font partie de la microflore normale. Dans d'autres cas, le micro-organisme a sur l'hôte des effets délétères induisant une maladie ou même la mort (*voir chapitre 34*).

Notre environnement grouille de micro-organismes, tous les jours nous entrons en contact avec beaucoup d'entre eux. Certains sont pathogènes (donnant des maladies) mais leur action est parfois empêchée grâce à la compétition de la microflore normale. En général, la microflore normale utilise l'espace, les ressources, les nutriments et peut sécréter des produits chimiques qui repoussent les envahisseurs pathogènes ; elles prévient donc la colonisation par les agents pathogènes et éventuellement la maladie par « interférence bactérienne ». Par exemple, les lactobacilles du tractus génital femelle maintiennent une valeur basse du pH et inhibent la colonisation par des bactéries pathogènes. Les corynébactéries de la peau font de même en produisant des acides gras. Ce sont de

bons exemples d'amensalisme (*voir p. 609*).

Dans certaines circonstances, les organismes de la microflore normale peuvent devenir eux-mêmes pathogènes et sont alors qualifiés d'**opportunistes**. Ces micro-organismes opportunistes ont un mode de vie non invasif dû aux limitations de leur environnement normal. S'ils sont soustraits à ces restrictions et introduits dans le sang ou les tissus, ils peuvent entraîner une maladie. Par exemple, les streptocoques du groupe viridans sont les plus communes des bactéries résidantes des voies respiratoires supérieures. Si ces bactéries arrivent en grand nombre dans le sang (à la suite d'une extraction de dent ou d'une amygdalectomie), elles peuvent s'établir sur des valvules cardiaques (déformées ou en prothèse) et causer une endocardite.

Cependant, c'est chez un hôte compromis que les micro-organismes opportunistes causent souvent des maladies. Un **hôte compromis** est sévèrement débilité et présente une résistance amoindrie aux infections. Cet état peut résulter de causes diverses comme, la malnutrition, l'alcoolisme, le cancer, le diabète, la leucémie, une autre maladie infectieuse, un traumatisme post-opératoire, une microflore altérée par l'emploi prolongé d'antibiotiques, et une immunodépression due à différents facteurs (médicaments, virus comme HIV, hormones, déficiences génétiques). Par exemple, des espèces de *Bacteroïdes* sont très communes dans le gros intestin (figure 31.2) où elles sont inoffensives. Si à la suite d'un traumatisme, elles pénètrent dans la cavité péritonéale ou le tissu pelvien, elles entraînent la suppuration et la bactériémie (présence de bactéries dans le sang). Beaucoup d'autres exemples d'infections opportunistes seront donnés dans les chapitres 38, 39 et 40. Le point important ici est que la flore normale est inoffensive et bénéfique dans sa localisation normale mais qu'elle peut induire la maladie si elle s'introduit dans d'autres sites ou chez un hôte compromis.

---

1. Donnez un exemple de bénéfice pour l'hôte apporté par la microflore normale.
2. Montrez par deux exemples comment la microflore normale empêche l'établissement d'organismes pathogènes.
3. Comment définissez-vous un micro-organisme opportuniste ? Un hôte compromis ?

31.3   Aperçu général de la résistance de l'hôte

Pour établir une infection, le micro-organisme pathogène doit d'abord franchir de nombreuses barrières de surface – comme des enzymes et du mucus – qui soit ont un effet antimicrobien direct soit inhibent la fixation du micro-organisme à l'hôte (section 31.5). Cependant, ni la surface de la peau ni les cavités bordées de mucus ne sont de bons environnements et les micro-organismes doivent percer ces barrières pour atteindre les tissus sous-jacents. Le micro-organisme qui pénètre rencontre alors deux types de résistance : d'autres mécanismes de résistance non spécifique et la réponse immunitaire spécifique.

Les vertébrés (dont les hommes) sont continuellement exposés à des micro-organismes, à leurs produits métaboliques et à d'autres molécules étrangères provoquant des maladies. Heureusement, ces animaux sont équipés d'un système immunitaire qui les protège contre les conséquences néfastes de cette exposition. Le **système immunitaire** est composé de cellules largement distribuées, de tissus et d'organes qui reconnaissent les micro-organismes et les produits étrangers et les neutralisent ou les détruisent. L'**immunité** (du latin *immunis*, libre de charge) réfère à la capacité générale d'un hôte à résister à une maladie particulière. L'**immunologie** est la science qui s'intéresse aux réponses immunitaires face au défi de l'étranger et à leurs mécanismes de résistance. Elle comprend la distinction entre le « soi » et le « non soi » et tous les aspects physiques, chimiques et biologiques de la réaction immunitaire.

Il y a deux types fondamentaux de réponse immunitaire. La **réponse immunitaire non spécifique** ou **résistance non spécifique** ou **immunité naturelle**, **innée**, qui offre une résistance à tout micro-organisme ou matériel étranger rencontré par l'hôte vertébré. Elle comprend les mécanismes généraux innés, hérités par chaque animal et agit comme première ligne de défense. La réponse non spécifique n'a pas de mémoire immunologique, c'est-à-dire qu'elle se produit de la même façon à chaque rencontre avec un micro-organisme ou un corps étranger.

Au contraire, les **réponses immunitaires spécifiques** ou **immunité acquise** ou **immunité spécifique** résistent à un agent étranger particulier ; de plus, les réponses spécifiques s'améliorent avec les expositions répétées aux agents étrangers comme les virus, les bactéries et les toxines. Les antigènes sont les substances qui, reconnues comme étrangères, provoquent les réponses immunitaires. Des cellules spécifiques sont stimulées par les antigènes à produire des protéines appelées anticorps. Les anticorps se fixent et inactivent un antigène particulier. D'autres cellules détruisent les cellules infectées par un virus. Les réponses non spécifiques et spécifiques agissent de concert pour éliminer les micro-organismes pathogènes et d'autres agents étrangers.

La section 31.4 donne une vue générale des acteurs du système immunitaire et la section 31.5 décrit les réponses immunitaires non spécifiques. Quant à la réponse immunitaire spécifique, elle fait l'objet du chapitre 32.

---

1. Définissez les termes : système immunitaire, immunité, immunologie, antigène, anticorps.
2. Décrivez en bref la réponse immunitaire non spécifique. Quelles sont ses caractéristiques ?
3. Décrivez en bref la réponse immunitaire spécifique. Quelles sont ses caractéristiques ?

31.4   Les cellules, tissus et organes du système immunitaire

Le système immunitaire représente toute une organisation de cellules, tissus, organes et molécules avec chacun des rôles particuliers dans la défense contre les virus, les micro-organismes, les cellules cancéreuses et les protéines du « non soi » (comme les organes transplantés). Nous considérons ici les cellules du système immunitaire puis les tissus.

Cellules du système immunitaire

Les cellules responsables de l'immunité spécifique comme non spécifique sont les globules blancs ou **leucocytes** (du grec : *leukos*,

blanc et *kytos*, cellule). Tous les leucocytes proviennent de cellules souches pluripotentes se trouvant dans le foie fœtal et la moelle osseuse de l'animal (**figure 31.3**). À partir de là, ils migrent vers d'autres endroits du corps, se développent plus complètement et remplissent leurs différentes fonctions. Ces cellules du système immunitaire sont partout dans le corps de l'hôte : certaines deviennent résidantes dans des tissus où elles répondent à des traumatismes locaux et sonnent l'alarme ; d'autres sont circulantes et seront recrutées aux sites d'infection. Dans leur rôle défensif contre les micro-organismes pathogènes, les leucocytes coopèrent entre eux pour d'abord reconnaître l'agent comme envahisseur et pour ensuite le détruire. Les différents types de leucocytes vont être brièvement décrits.

Les cellules lymphoïdes

Les **lymphocytes** sont les cellules-clés de la réponse immunitaire spécifique, ils se divisent en 3 populations : les cellules T, les cellules B et les cellules tueuses naturelles. Les **cellules B** ou **lymphocytes B** atteignent leur maturité dans la moelle osseuse, circulent dans le sang et s'établissent dans différents organes lymphoïdes. Les **cellules T** ou **lymphocytes T** deviennent matures dans le thymus, ils peuvent rester dans le thymus, circuler dans le sang ou résider dans des organes lymphoïdes comme les ganglions et la rate. On décrira plus avant les cellules B et les cellules T au chapitre 32 en même temps que leurs rôles dans l'immunité spécifique. Les cellules tueuses naturelles sont importantes pour tuer les cellules infectées par des virus ou des bactéries intracellulaires et pour détruire les cellules cancéreuses (section 31.10).

Les mononucléaires

Les cellules mononucléaires (avec un grand noyau unique) sont de 2 types : les monocytes et les macrophages — fortement phagocitaires et formant le **système monocytes-macrophages (figure 31.4)**. Au cours de la phagocytose (*voir figure 4.10 pour rappel*), de grosses particules et même des micro-organismes sont engloutis et enfermés dans une vacuole phagocytaire ou phagosome.

Les **monocytes** sont les leucocytes phagocytaires mononucléaires, leur noyau est ovoïde ou en forme de haricot et leur cytoplasme contient des granules qui se colorent en gris-bleu (figure 31.3). Ils naissent dans la moelle osseuse puis entrent dans le sang et circulent pendant environ 8 heures ; ils augmentent de volume, migrent vers les tissus, et par maturation donnent les macrophages.

Les **macrophages** (du grec *macros*, grand et *phagein*, manger) dérivent donc des monocytes et sont aussi classés comme leucocytes phagocytaires mononucléaires. Ils sont cependant plus grands que les monocytes, contiennent des organites en plus grand nombre (surtout des lysosomes et des phagolysosomes) et ont une membrane plasmique couverte de villosités (**figure 31.5**). Les macrophages possèdent des récepteurs pour les anticorps et le complément. La phagocytose est ainsi augmentée par un processus appelé opsonisation lorsque anticorps et complément tapissent des micro-organismes ou des particules étrangères. Les macrophages se répandent dans tout le corps et s'installent spécifiquement dans certains tissus dont ils tirent leur nom particulier (figure 31.4) ; leur fonction dans la résistance non spécifique sera présentée plus en détails avec la phagocytose.

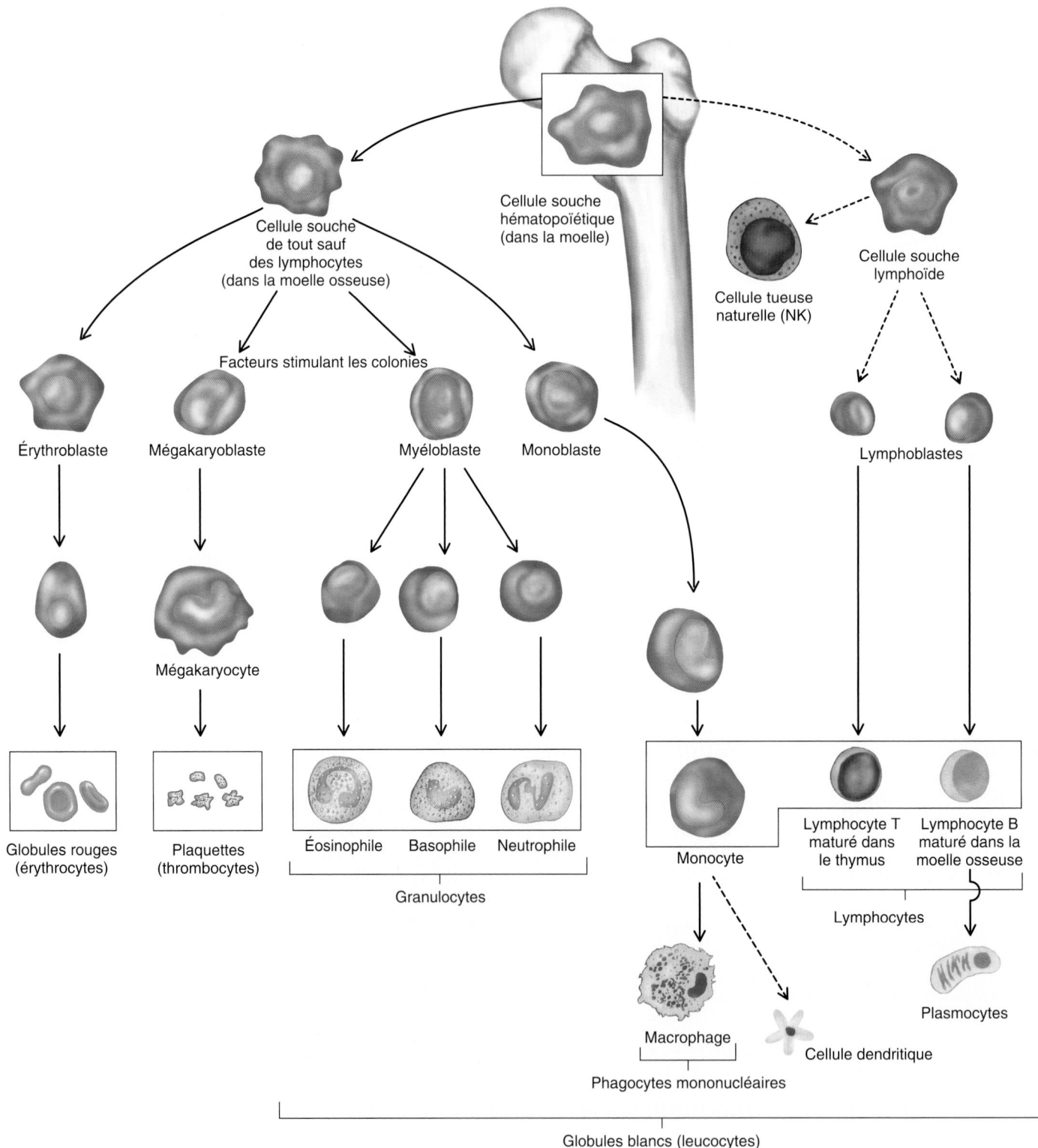

Figure 31.3   Les différents types de cellules sanguines humaines. Les cellules souches pluripotentes de la moelle osseuse se divisent pour former deux lignées. (1) Les cellules souches lymphoïdes donnent naissance aux cellules B qui deviennent des plasmocytes sécréteurs d'anticorps, aux cellules T qui deviennent des cellules T activées, et aux cellules tueuses naturelles. (2) Les cellules progénitrices myéloïdes communes donnent naissance - aux granulocytes (neutrophiles, éosinophiles, basophiles), - aux monocytes qui donneront les macrophages et les cellules dendritiques, - à des précurseurs inconnus qui donneront les mastocytes, les mégacaryocytes producteurs de plaquettes, et - aux érythroblastes qui donneront les érythrocytes (ou globules rouges). Les pointillés indiquent des étapes encore mal connues.

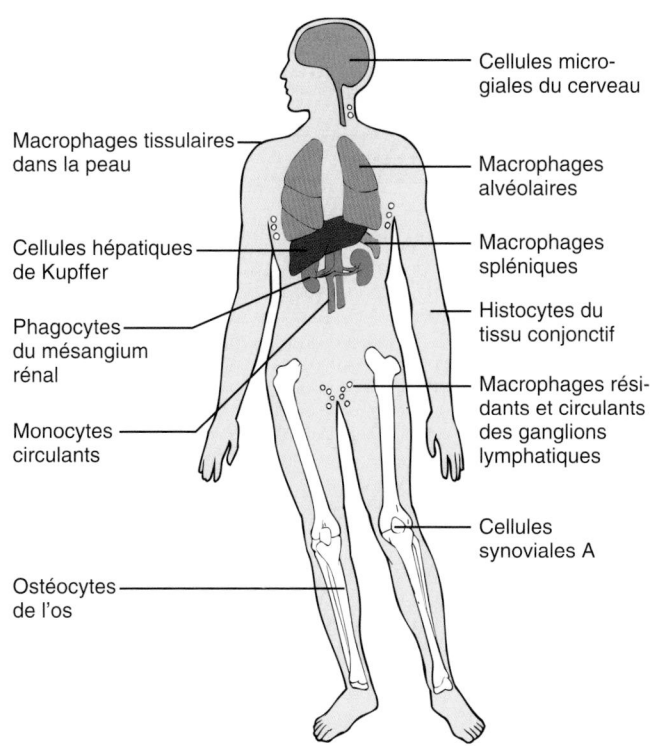

Légendes de la figure :
Cellules micro-
giales du cerveau
Macrophages tissulaires
dans la peau
Macrophages
alvéolaires
Cellules hépatiques
de Kupffer
Macrophages
spléniques
Histocytes du
tissu conjonctif
Phagocytes
du mésangium
rénal
Macrophages rési-
dants et circulants
des ganglions
lymphatiques
Monocytes
circulants
Cellules
synoviales A
Ostéocytes
de l'os

Figure 31.4 Le système monocytes-macrophages. Ce système est composé de tissus (présents dans le foie, la rate, les ganglions lymphatiques) contenant des phagocytes « fixés » ou immobiles ayant des noms spécifiques dérivés de leur localisation.

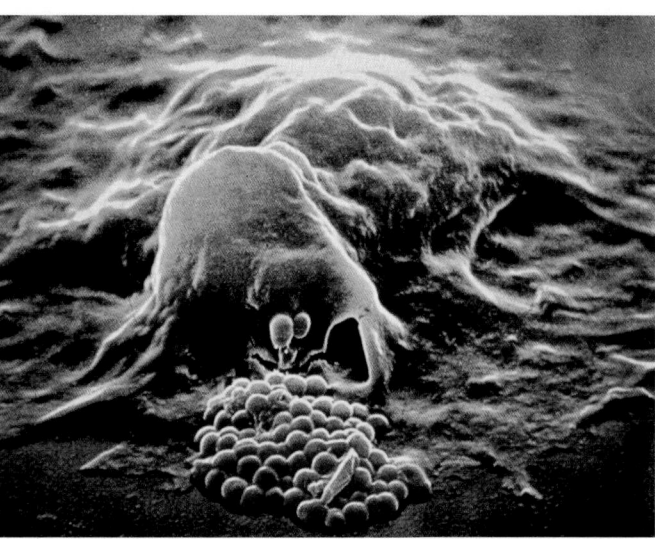

Figure 31.5 La phagocytose par un macrophage. Un mécanisme de résistance non spécifique de l'hôte est la phagocytose réalisée par certains globules blancs : les macrophages. Image au microscope électronique à balayage (X 3.000) d'un macrophage dévorant une colonie de bactéries. La phagocytose est une des nombreuses défenses non spécifiques qu'ont les humains et d'autres animaux pour combattre les micro-organismes pathogènes.

Les granulocytes

Les granulocytes ont un noyau de forme irrégulière avec 2 à 5 lobes et leur cytoplasme est granuleux (figure 31.3). Ces granulations contiennent des réactifs qui tuent les micro-organismes et augmentent l'inflammation. À cause de la forme polylobée de leur noyau, les granulocytes sont aussi appelés **leucocytes polymorphonucléaires** ou **PMN**, il y en a de 3 types : les basophiles, les éosinophiles et les neutrophiles.

Les **basophiles** ont un noyau à 2 lobes et leurs granules se colorent en bleu-noir avec les colorants basiques. Les basophiles ne sont pas phagocytaires mais libèrent par dégranulation de l'histamine, des prostaglandines, de la sérotonine et des leucotriènes, lorsqu'elles sont stimulées. Ces médiateurs physiologiques qui influencent le diamètre et le tonus des vaisseaux sanguins sont dits vasoactifs. Les basophiles (et les mastocytes) ont des récepteurs de haute affinité pour les IgE (*voir figure 32.14*) et peuvent se recouvrir d'immunoglobulines IgE. Une fois ainsi tapissés, ils sont stimulés pour les antigènes à sécréter les médiateurs vasoactifs inflammatoires qui jouent un rôle majeur dans certaines réactions allergiques comme l'eczéma, le rhume des foins et l'asthme.

Les **éosinophiles** ont un noyau à 2 lobes connectés par un mince fil de chromatine et des granules qui se colorent en rouge avec les colorants acides. Au contraire des basophiles, les éosinophiles sont des cellules mobiles qui migrent du courant circulatoire vers les tissus. Ils n'ont un rôle que dans la défense contre les protozoaires et les parasites helminthiques, ils agissent en libérant des protéines cationiques et des dérivés réactionnels de l'oxygène qui endommagent les membranes plasmiques des parasites.

Les **neutrophiles** se colorent facilement à pH neutre, ont un noyau avec 3 à 5 lobes connectés par de minces filaments de chromatine et contiennent de fins granules primaires et secondaires peu visibles. Comme les macrophages, les neutrophiles ont des récepteurs pour les anticorps et le complément mais au contraire de ces derniers, ils ne résident pas dans les tissus sains mais migrent rapidement vers les sites d'infection ou de dommage tissulaire où ils sont les principales cellules phagocytaires et microbicides. Les enzymes lytiques et les substances bactéricides des neutrophiles sont contenues dans des granules primaires plus grands et des granules secondaires plus petits. Dans les granules primaires se trouvent la peroxydase, le lysozyme et différentes enzymes hydrolytiques ; dans les granules secondaires, la collagénase, la lactoferrine et le lysozyme. Les deux types de granules aident à la digestion intracellulaire. Par des voies dépendantes et indépendantes de l'oxygène, les neutrophiles synthétisent des antimicrobiens et des défensines capables de tuer les micro-organismes ingérés (section 31.8). Ces cellules sont décrites avec plus de détails dans le contexte de la réponse inflammatoire et de la phagocytose.

Les mastocytes

Les **mastocytes** sont des cellules issues de la moelle osseuse et qui se trouvent dans le tissu conjonctif. Ils possèdent des granules contenant de l'histamine et d'autres substances actives impliquées

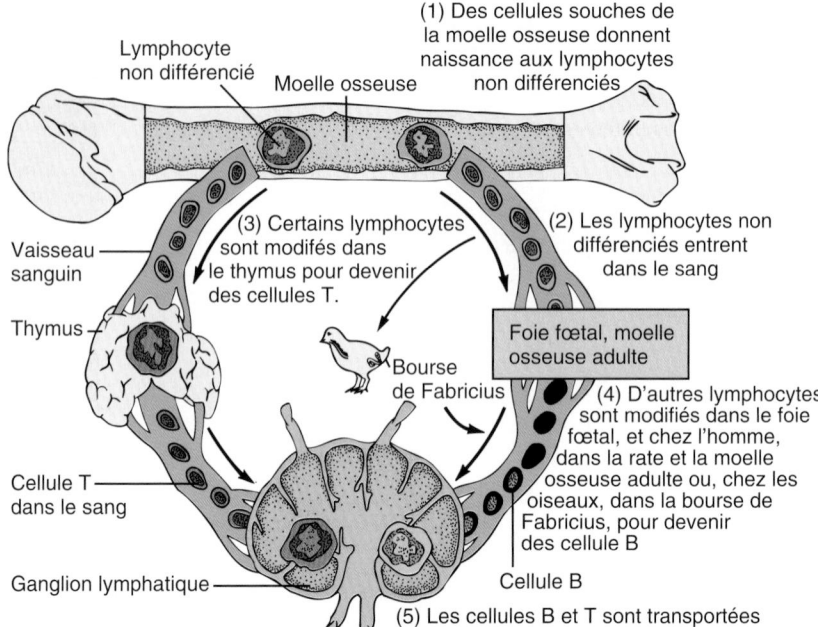

Lymphocyte non différencié

Moelle osseuse

(1) Des cellules souches de la moelle osseuse donnent naissance aux lymphocytes non différenciés

Vaisseau sanguin

(3) Certains lymphocytes sont modifés dans le thymus pour devenir des cellules T.

(2) Les lymphocytes non différenciés entrent dans le sang

Thymus

Bourse de Fabricius

Foie fœtal, moelle osseuse adulte

(4) D'autres lymphocytes sont modifés dans le foie fœtal, et chez l'homme, dans la rate et la moelle osseuse adulte ou, chez les oiseaux, dans la bourse de Fabricius, pour devenir des cellule B

Cellule T dans le sang

Ganglion lymphatique

Cellule B

(5) Les cellules B et T sont transportées aux organes lymphoïdes par le sang

Figure 31.6 Représentation schématique du développement lymphocytaire. La moelle osseuse libère des lymphocytes non différenciés qui, après évolution, deviennent les cellules T et B.

dans la réponse inflammatoire. Les mastocytes comme les basophiles jouent un rôle important dans les allergies et les hypersensibilités (*voir section 33.2*).

Les cellules dendritiques

Les **cellules dendritiques** (voir figure du début de chapitre p. 697) peuvent reconnaître sur des micro-organismes des réseaux moléculaires particuliers, associés aux agents pathogènes et de ce fait ont un rôle à jouer dans la résistance non spécifique. Elles font la différence entre des molécules du « soi » et des micro-organismes potentiellement dangereux. Si l'agent pathogène est reconnu, il est fixé aux récepteurs de réseaux et est phagocyté. Les cellules dendritiques sont également stimulées par des activateurs endogènes libérés en réponse à une infection, comme l'interféron α, les protéines du choc thermique et le TNF (facteur nécrosant des tumeurs). Après stimulation, les cellules dendritiques migrent vers le courant sanguin ou lymphatique et présentent les antigènes aux cellules T. Ainsi, les cellules dendritiques ont aussi un rôle important dans la réponse immunitaire spécifique.

Organes et tissus du système immunitaire

Selon leur fonction, on divise les organes et tissus du système immunitaire en organes et tissus lymphoïdes primaires ou secondaires. Dans les organes et tissus primaires se fait la maturation des lymphocytes immatures qui se différencient en cellules B et T matures et sensibles aux antigènes. L'organe lymphoïde primaire est le thymus et le tissu lymphoïde primaire, la moelle osseuse. Dans les organes et les tissus secondaires, les lymphocytes peuvent rencontrer et fixer les anticorps puis se mettre à proliférer et se différencier en cellules effectrices spécifiques de l'antigène. La rate est l'organe lymphoïde secondaire ; les tissus lymphoïdes secondaires sont les ganglions lymphatiques et les tissus lymphoïdes associés aux muqueuses : le système GALT (pour *G*ut *a*ssociated *l*ymphoïd *t*issue) associé à l'intestin et le système SALT (pour *s*kin *a*ssocia-

ted *l*ymphoïd *t*issue) associé à la peau. La description des thymus, moelle osseuse, ganglions lymphatiques et rate se continue dans le paragraphe suivant tandis que les systèmes GALT et SALT sont repris dans la section 31.5 avec les barrières physiques et mécaniques.

Organes et tissus lymphoïdes primaires

Les lymphocytes non différenciés immatures sont formés dans la moelle osseuse, ils deviennent matures dans les organes et tissus lymphoïdes primaires dont les plus importants chez les mammifères sont le thymus et la moelle osseuse.

Le **thymus** est un organe lymphoïde situé au dessus du cœur. Les précurseurs venant de la moelle osseuse pénètrent dans le cortex externe du thymus où ils prolifèrent. Avec la maturation et l'acquisition des marqueurs de surface des cellules T ils passent dans le cortex interne où environ 90 % d'entre eux meurent probablement dans une partie du processus d'acquisition de la tolérance immunitaire (*voir section 32.8*). Les 10 % restant passent dans la médulla, deviennent des cellules T matures et entrent dans le sang (**figure 31.6**).

Chez les oiseaux, les lymphocytes non différenciés migrent de la moelle osseuse vers la « **bourse de Fabricius** » où se fait la maturation des cellules B. Chez les mammifères, cette maturation des cellules B se fait dans la moelle osseuse. Comme se fait la sélection thymique des cellules T, il se déroule dans la moelle osseuse une sélection qui élimine les cellules B porteuses de récepteurs pour des anticorps « anti-soi » (l'acquisition de la tolérance).

Organes et tissus lymphoïdes secondaires

L'organe lymphoïde secondaire le plus hautement organisé est la rate, quant aux tissus, ce sont les ganglions lymphatiques.

La **rate** est l'organe lymphoïde secondaire important de la cavité abdominale. Si les ganglions lymphatiques se spécialisent dans la capture des micro-organismes et des antigènes au niveau local des tissus, la rate est spécialisée dans la filtration du sang et la capture des micro-organismes et antigènes sanguins. Une fois fixé aux macrophages et aux cellules dendritiques, l'agent pathogène est phagocyté et les antigènes sont présentés aux cellules B et T qui sont activées à remplir leurs fonctions immunitaires.

Les **ganglions lymphatiques** se situent aux jonctions des vaisseaux lymphatiques dans des endroits où ils peuvent filtrer hors de la lymphe, les micro-organismes nuisibles et les antigènes ; ceux-ci sont alors capturés par les phagocytes et les cellules dendritiques. Les macrophages fixes phagocytent alors les matériaux étrangers. C'est à l'intérieur des ganglions lymphatiques que les cellules B prolifèrent et donnent les **plasmocytes** sécréteurs d'anticorps. On trouve aussi dans les ganglions lymphatiques des cellules dendritiques servant à présenter les antigènes et des cellules T auxiliaires servant à promouvoir la réponse immunitaire des cellules B.

1. Décrivez la structure et la fonction des cellules sanguines suivantes : monocytes, macrophages, basophiles, éosinophiles, neutrophiles, mastocytes, cellules dendritiques.
2. Décrivez brièvement chacun des organes et des tissus lymphoïdes primaires.
3. Quelle est la fonction de la rate ? d'un ganglion lymphatique ? du thymus ?

31.5   Les barrières physiques et chimiques dans la résistance non spécifique

En dehors de quelques exceptions, un agent pathogène potentiel, envahissant un hôte humain, affronte immédiatement un ensemble important de mécanismes de défense immunitaire non spécifiques de l'hôte (**figure 31.7**). Bien que l'efficacité de certains mécanismes ne soit pas élevée, collectivement leur défense contre l'infection est redoutable.

Plusieurs facteurs directs (la nutrition, la physiologie, la fièvre, l'âge, la génétique, la race) ainsi que plusieurs facteurs indirects (l'hygiène personnelle, le statut socio-économique, les conditions de vie) influencent toutes les relations hôte-parasite. Par moments, ils favorisent l'établissement de l'organisme parasite, à d'autres moments, ils fournissent des moyens de défense à l'hôte. Par exemple, lorsqu'un hôte est ou très jeune ou très âgé, sa susceptibilité aux infections augmente. Les bébés forment un groupe à risque particulier après la disparition de leur immunité d'origine maternelle et avant la maturité de leur propre système immunitaire. Chez les personnes très âgées, il y a un déclin du système immunitaire et du fonctionnement homéostatique de nombreux organes, ce qui réduite les défenses de l'hôte. En plus de ces facteurs directs et indirects, l'hôte vertébré possède des barrières physiques et mécaniques bien définies.

Les barrières physiques et mécaniques

Les barrières physiques ou mécaniques, associées aux sécrétions de l'hôte (mécanismes de flux), constituent la première ligne de défense contre les micro-organismes. Ces mécanismes protégeant les surfaces du corps les plus importantes, sont décrits ci-dessous.

La peau

La peau intacte contribue beaucoup à la résistance non spécifique, elle forme une barrière mécanique très efficace contre l'invasion

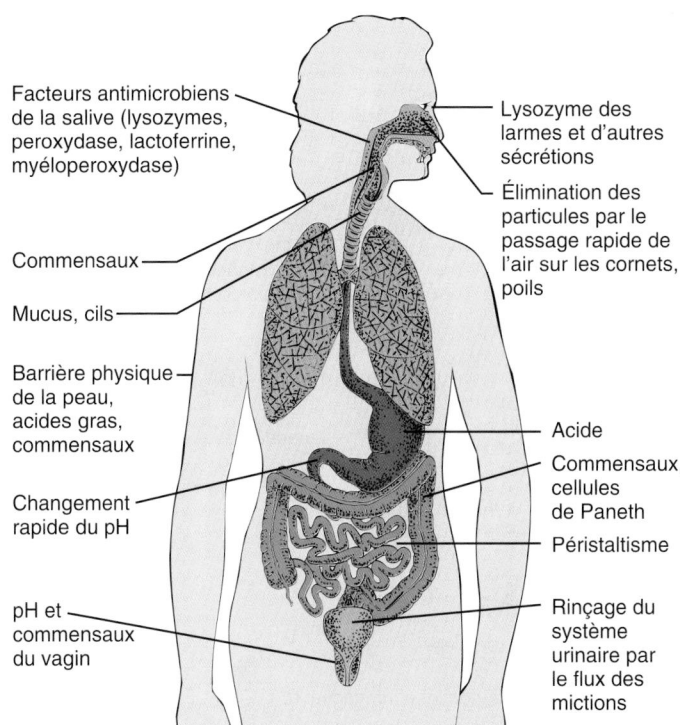

Figure 31.7   Les défenses de l'hôte. Cette figure montre quelques mécanismes de défense non spécifiques de l'hôte empêchant l'entrée des micro-organismes dans les tissus.

parasitaire. Il y a plusieurs raisons à cela :

1. Peu d'organismes ont la capacité naturelle de pénétrer la peau parce que sa couche externe est constituée de cellules épaisses et très serrées, les **kératinocytes**. Ces cellules produisent des kératines qui sont des scléroprotéines comprenant les constituants principaux des cheveux, des ongles et des cellules cutanées externes. Les micro-organismes n'ont pas d'enzymes pour les attaquer. Les kératinocytes produisent également des protéines particulières qui suscitent l'inflammation.
2. La desquamation continuelle des cellules épithéliales externes élimine les organismes qui s'y attachent.
3. La sécheresse relative de la peau ralentit le développement microbien.
4. La légère acidité (pH 5-6 dû à la dégradation des lipides en acides gras par la microflore cutanée normale (figure 31.2)) inhibe le développement de nombreux organismes.
5. La microflore cutanée normale a une action antagoniste à l'égard de nombreux agents pathogènes, elle occupe les sites d'attachement et entre en compétition pour les nutriments.
6. Le sébum libéré des glandes sébacées forme un film protecteur à la surface de la peau.
7. Le lavage régulier (par les êtres humains) élimine continuellement les micro-organismes.

Malgré ces défenses, certains micro-organismes pathogènes atteignent le tissu sous-cutané. Là, ils rencontrent un jeu de cellules spécialisées appelé **tissu lymphoïde associé à la peau** ou **SALT** (pour *skin associated lymphoïd tissue*). La fonction principale du SALT est de confiner les envahisseurs dans des zones directement

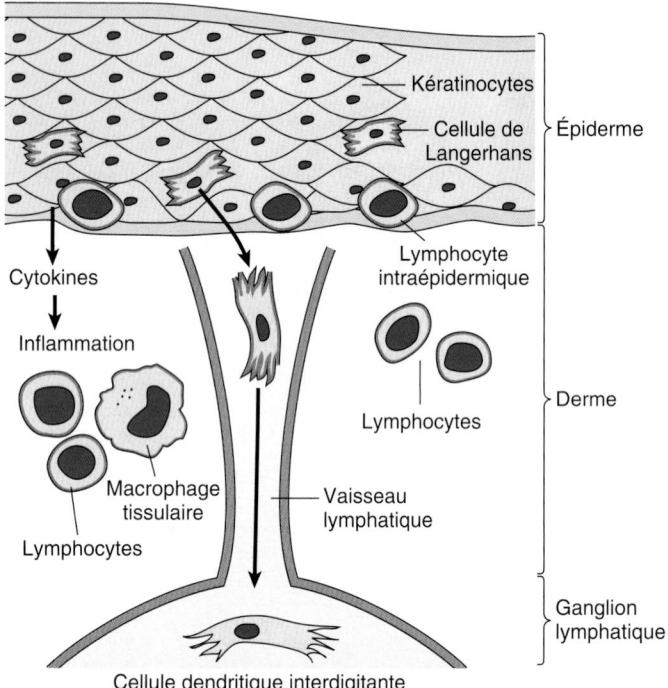

Figure 31.8 Le tissu lymphoïde associé à la peau. Les kératinocytes représentent 90 % de l'épiderme. En réponse à l'invasion de micro-organismes pathogènes, ils sécrètent des cytokines causant une inflammation. Les cellules de Langerhans internalisent l'antigène, migrent vers un ganglion lymphatique où elles se différencient en cellules dendritiques interdigitantes qui présentent l'antigène aux cellules T auxiliaires. Les lymphocytes intraépidermiques peuvent fonctionner comme des cellules T.

sous-jacentes à la peau et ainsi d'empêcher qu'ils accèdent à la circulation sanguine.

Les **cellules de Langerhans**, un type de cellules du SALT, sont des cellules dendritiques spécialisées qui phagocytent les antigènes. Une fois qu'elles ont internalisé l'antigène, elles migrent de l'épiderme vers les ganglions lymphatiques les plus proches ou elles se différencient en **cellules dendritiques interdigitantes**. Ces cellules savent présenter l'antigène à leur surface et activer les cellules T voisines qui détruiront l'antigène (**figure 31.8**).

L'épiderme héberge aussi un autre type de cellules du SALT, appelées **lymphocytes intraépidermiques** (figure 31.8). Ces cellules sont stratégiquement disposées dans la peau de façon à pouvoir intercepter tout antigène qui a franchi la première ligne de défense, elles fonctionnent comme des cellules T et détruisent l'antigène. Des macrophages tissulaires (figure 31.4) sont également localisés en grand nombre dans le derme et phagocytent la plupart des micro-organismes qu'ils rencontrent (figure 31.5).

Les muqueuses

Les membranes muqueuses de l'œil (conjonctive), du système respiratoire, du système digestif et du système urogénital offrent une résistance mécanique contre les organismes parasites. En effet, l'épithélium squameux stratifié intact et les sécrétions muqueuses forment une couverture protectrice, qui résiste à la pénétration et capture de nombreux micro-organismes. De plus, des sécrétions antiparasitaires spécifiques couvrent de nombreuses surfaces mu-

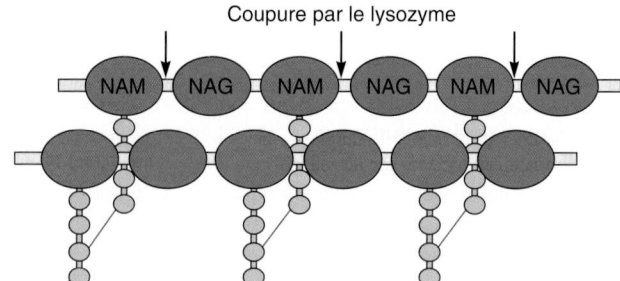

Figure 31.9 L'action du lysozyme sur la paroi des bactéries Gram-positives. Dans la structure de base du peptidoglycane de la paroi, les liaisons β (1 → 4) relient les résidus alternés de N-acétylglucosamine (*NAG*) et d'acide N-acétylmuramique (*NAM*). Les chaînes sont pontées par les chaînes latérales des tétrapeptides. Le lysozyme hydrolyse la molécule aux endroits indiqués par les flèches.

queuses. Par exemple, le mucus du col utérin, le liquide prostatique et les larmes sont toxiques pour de nombreuses bactéries. Une substance antibactérienne est le **lysozyme**, une muramidase qui lyse les bactéries en coupant la liaison β (1 → 4) reliant l'acide N-acétylmuramique et la N-acétylglucosamine dans le peptidoglycane pariétal bactérien (*voir figures 3.16 à 3.19*) surtout chez les organismes Gram-positifs (**figure 31.9**). Ces sécrétions muqueuses contiennent également des protéines immunitaires spécifiques empêchant la fixation d'organismes et de quantités significatives de protéines fixatrices du fer (la lactoferrine), rendu ainsi indisponible pour les micro-organismes. La **lactoferrine** est sécrétée par les PMN et les macrophages activés, elle séquestre le fer du plasma. Cette séquestration réduit la quantité de fer disponible pour les agents pathogènes envahisseurs et limite leur possibilité de multiplication. Enfin, les muqueuses sécrètent la lactoperoxydase, une enzyme qui produit des radicaux superoxyde (*voir p. 128*), une forme activée de l'oxygène toxique pour de nombreux micro-organismes.

Comme la peau, les muqueuses possèdent leur barrière immunitaire spéciale appelée **tissu lymphoïde mucosal** ou **MALT** (pour *m*ucosal *a*ssociated *l*ymphoïd *t*issue) dont il existe plusieurs types. Le plus étudié est le système **GALT** (pour *g*ut *a*ssociated *l*ymphoïd *t*issue), **tissu lymphoïde du tractus intestinal** qui comprend les amygdales, les adénoïdes et les plaques de Peyer de l'intestin. Moins bien organisé est le **BALT** (pour *b*ronchial *a*ssociated *l*ymphoïd *t*issue) ou **tissu lymphoïde du système respiratoire**. Le système MALT diffus du tractus urogénital ne porte pas de nom particulier.

Le système MALT opère selon deux mécanismes de base : (1) quand un antigène arrive sur la muqueuse, il entre en contact avec une cellule appelée **cellule M (figure 31.10a)**. La cellule M est dépourvue de bordure en brosse et des micro-villosités qui caractérisent les cellules épithéliales adjacentes, mais elle présente une large poche contenant des cellules B, des cellules T et des macrophages. L'antigène qui contacte la cellule M, est phagocyté et libéré dans cette poche où il est englouti par les macrophages et détruit. Une cellule M est aussi capable de transporter l'antigène phagocyté vers un groupe de cellules organisé en follicule lymphoïde (figure 31.10b). À l'intérieur du follicule, les cellules B reconnaissent l'antigène et se différencient en plasmocytes. Ceux-ci quittent le follicule et sécrètent une classe d'anticorps, les IgA sécrétoires. Les IgA sécrétoires sont transportées dans la lumière de l'intestin où elles interagissent avec l'antigène qui a stimulé leur production.

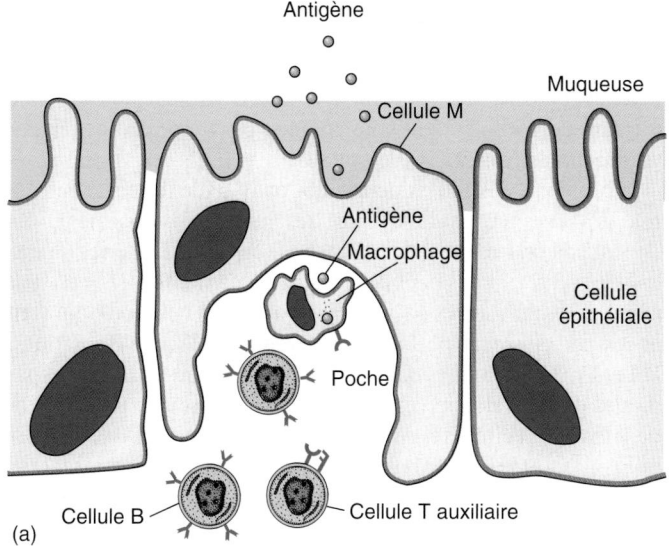

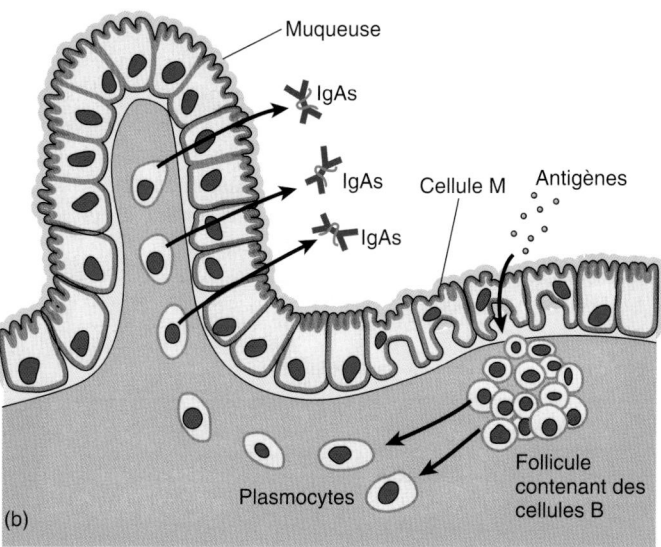

Figure 31.10 La fonction des cellules M dans l'immunité mucosale. (**a**) Structure d'une cellule M située entre deux cellules épithéliales d'une muqueuse. La cellule M endocyte l'agent pathogène et le relâche dans la poche où se trouvent des cellules T auxiliaires, des cellules B et des macrophages. C'est à l'intérieur de cette poche que le micro-organisme est souvent détruit. (**b**) L'antigène est transporté par la cellule M au follicule lymphoïde organisé qui contient des cellules B. La maturation des cellules B activées donne des plasmocytes qui produisent des IgA sécrétoires et les libèrent dans la lumière de l'intestin où elles peuvent réagir avec l'antigène qui a suscité leur production.

---

1. Pourquoi la peau est-elle une si bonne première ligne de défense contre les micro-organismes pathogènes ?
2. Comment les muqueuses intactes empêchent-elles l'invasion microbienne ?
3. Comment fonctionnent les cellules M dans le système MALT ?
4. Décrivez la fonction du système SALT dans la réponse immunitaire.

Le système respiratoire

Le système respiratoire des mammifères a des mécanismes de défense redoutables. Une personne inhale en moyenne 8 micro-organismes au moins à la minute, soit 10.000 chaque jour. Après avoir été inhalé, un micro-organisme doit en premier lieu survivre et pénétrer le système de filtration de l'air des systèmes respiratoires supérieur et inférieur. Étant donné l'extrême turbulence du flux d'air dans ces systèmes, les micro-organismes se déposent sur les surfaces muqueuses collantes et humides. Les cils de la cavité nasale battent en direction du pharynx de manière à déplacer le mucus contenant les micro-organismes capturés et à l'expulser vers la bouche. L'humidification de l'air via les cornets du nez provoque le gonflement de nombreux organismes hygroscopiques et facilite la phagocytose.

La **couverture mucociliaire** de l'épithélium respiratoire capture les micro-organismes d'un diamètre inférieur à 10 μm déposés sur la surface muqueuse et les élimine des poumons par l'action des cils. Les poils et les cils couvrant la cavité nasale capturent habituellement les organismes d'une taille supérieure à 10 μm. Les réflexes de toux et d'éternuement débarrassent le système respiratoire des micro-organismes en expulsant énergiquement l'air des poumons par la bouche et le nez. La salivation lave également les organismes des régions buccale et nasopharyngienne vers l'estomac. Les micro-organismes qui arrivent jusqu'aux alvéoles pulmonaires rencontrent une population de cellules phagocytaires fixes appelées **macrophages alvéolaires** (figure 31.4). Ces cellules ingèrent et tuent la plupart des bactéries par phagocytose.

Le tractus intestinal

Le suc gastrique (un mélange d'acide chlorhydrique, d'enzymes et de mucus) tue de nombreux organismes parasites lorsqu'ils atteignent l'estomac. La très grande acidité du suc gastrique (pH 2 à 3) est habituellement suffisante pour détruire la plupart des micro-organismes et leurs toxines mais il existe des exceptions (les kystes des protozoaires, les toxines de *Clostridium* et de *Staphylococcus*). Beaucoup de micro-organismes sont cependant protégés par les particules de nourriture et atteignent l'intestin grêle.

Diverses enzymes pancréatiques, la bile, les enzymes des sécrétions intestinales et le système GALT endommagent souvent les organismes, lorsqu'ils atteignent l'intestin grêle. Le **mouvement péristaltique** (du grec *peri*, autour et *stalsis*, contraction) et la perte normale des cellules épithéliales cylindriques agissent parallèlement pour purger les intestins des micro-organismes. De plus, la microflore normale du gros intestin (figure 31.2) joue un rôle extrêmement important en empêchant l'installation de micro-organismes pathogènes. Par exemple, de nombreux commensaux habituels du tractus intestinal produisent des métabolites tels que des acides gras qui empêchent une colonisation par des organismes indésirés. D'autres éléments de la microflore normale se fixent aux sites d'attachement et entrent en compétition pour les éléments nutritifs.

Les muqueuses du tractus intestinal contiennent des cellules appelées **cellules de Paneth** qui produisent du lysosyme (figure 31.9) et une série de peptides, les **cryptines**. Les cryptines sont toxiques pour certaines bactéries mais leur mécanisme d'action n'est pas connu.

Le tractus urogénital

Dans des conditions normales, les reins, les uretères et la vessie des mammifères sont stériles. L'urine contenue dans la vessie est également stérile. Mais, chez l'homme comme chez la femme, il y a quelques bactéries dans la partie distale de l'urètre (figure 31.2).

Les facteurs responsables de cette stérilité sont complexes. L'urine par exemple tue certaines bactéries en raison de son faible pH et de la présence d'urée et d'autres déchets métaboliques (acide urique, acide hippurique, indican, acides gras, mucine, enzymes). La zone médullaire rénale est tellement hypertonique que peu d'organismes peuvent y survivre. L'urine et un peu de mucus, rincent le tractus urinaire inférieur 4 à 10 fois par jour et éliminent les agents pathogènes potentiels. Chez l'homme, la longueur de l'urètre (20 cm) constitue une barrière anatomique qui exclut les micro-organismes de la vessie. Inversement, les micro-organismes remontent plus facilement l'urètre court (5 cm) de la femme ; ceci explique pourquoi les infections généralisées du système urinaire sont 14 fois plus fréquentes chez les femmes que chez les hommes.

Le vagin a une autre défense spécifique. Sous l'influence des œstrogènes, l'épithélium vaginal produit des quantités accrues de glycogène que les espèces acido-tolérantes de *Lactobacillus*, appelées bacilles de Döderlein, dégradent pour libérer de l'acide lactique. Les sécrétions vaginales normales contiennent jusqu'à 10^8 bacilles de Döderlein par ml. De ce fait, il s'établit un environnement acide (pH 3 à 5) défavorable à la plupart des organismes. Le mucus du col utérin a également une certaine activité antibactérienne.

L'œil

La conjonctive est une membrane épithéliale spécialisée sécrétant du mucus. Elle couvre la surface interne de chaque paupière et la surface exposée de l'œil. Elle est constamment humidifiée par l'écoulement des larmes à partir des glandes lacrymales. Les larmes contiennent de grandes quantités de lysozyme, de lactoferrine, et d'IgAs (*voir p. 738*), elles fournissent ainsi une protection autant chimique que physique.

---

1. Décrivez les différents mécanismes de défense antimicrobienne existant dans le système respiratoire des mammifères.
2. Quels sont, dans le système gastro-intestinal, les facteurs qui empêchent l'établissement d'organismes pathogènes ?
3. Pourquoi, à l'exception de la partie antérieure de l'urètre, le tractus urogénital est-il un milieu stérile ?

Les barrières chimiques

Les hôtes mammifères ont un arsenal chimique avec lequel ils combattent l'attaque continuelle des micro-organismes. Certains de ces agents chimiques (suc gastrique, glycoprotéines salivaires, acide oléique sur la peau, urée) ont déjà été décrits en fonction du ou des site(s) spécifique(s) du corps qu'ils protègent. En plus, les tissus, le sang, la lymphe et d'autres liquides biologiques contiennent un mélange d'agents chimiques défensifs tels que les bactériocines, la bêta-lysine et d'autres polypeptides.

Les bactériocines

Comme noté précédemment, la première ligne de défense contre les organismes parasites est la barrière anatomique de l'hôte comprenant la peau et les membranes muqueuses. La microflore normale colonise ces surfaces et constitue elle-même une barrière biologique contre la prolifération non contrôlée de micro-organismes étrangers. Nombre de ces bactéries normales synthétisent et libè-

rent des substances appelées **bactériocines** et codées par des plasmides. Les bactériocines sont létales pour des espèces voisines. Elles avantagent les cellules productrices par rapport aux autres bactéries. Parfois, elles peuvent accroître la virulence bactérienne en lésant des cellules de l'hôte comme, par exemple, les phagocytes mononucléaires.

La plupart des bactériocines qui ont été identifiées, sont des protéines et sont produites par des bactéries Gram-négatives (Cependant, on a montré récemment que certaines bactéries Gram-positives sécrètent des peptides de type bactériocines). *E. coli*, par exemple, synthétise des bactériocines, appelées **colicines**, qui sont codées par plusieurs plasmides différents (ColB, ColE1, ColE2, ColI et ColV). Certaines colicines se fixent sur des récepteurs spécifiques de l'enveloppe cellulaire de bactéries sensibles et provoquent une lyse cellulaire, ou attaquent des sites intracellulaires particuliers comme les ribosomes, ou encore désorganisent la production d'énergie. On reconnaît maintenant que ces peptides antimicrobiens sont des molécules de défense efficaces dans le gros intestin.

La β-lysine et les autres polypeptides

Les plaquettes sanguines libèrent la **β-lysine**, un polypeptide cationique capable de tuer certaines bactéries Gram-positives en désorganisant leur membrane plasmique. Il existe d'autres polypeptides cationiques comme les leukines, les plakines, les cécropines et la phagocytine. La prostate chez l'homme sécrète une substance antimicrobienne importante, un polypeptide à zinc connu sous le nom de facteur antibactérien prostatique.

---

1. Comment fonctionne la β-lysine contre les bactéries Gram-positives ?
2. Comment fonctionnent les bactériocines ?

31.6   L'inflammation

L'**inflammation** est une réaction défensive non spécifique importante, elle fait suite à une blessure ou à une lésion produite par un agent pathogène. L'inflammation est la réponse immédiate du corps à une lésion ou à la mort de cellules. Ses caractères majeurs ont été décrits il y a plus de 2.000 ans et sont encore connus actuellement comme les signes classiques d'une inflammation : une rougeur (*rubor*), une chaleur (*calor*), une douleur (*dolor*), un gonflement (*tumor*) et une altération de la fonction (*functio laesa*).

La réponse inflammatoire aigüe débute lorsque les cellules du tissu lésé libèrent des signaux chimiques (les médiateurs de l'inflammation) qui activent l'endothélium interne des capillaires proches (**figure 31.11**). Sur ces cellules endothéliales activées apparaissent des **sélectines** (une famille de molécules d'adhésion), d'abord la sélectine P puis la sélectine E. Ces molécules d'adhésion attirent les neutrophiles au hasard, les forcent à ralentir et à rouler sur l'endothélium où ils rencontrent les médiateurs chimiques (figure 31.3) qui sont des signaux d'activation. Sur les neutrophiles, ce sont des **intégrines** (des récepteurs d'adhésion) qui sont activées, celles-ci les fixent aux molécules d'adhésion endothéliales telles ICAM-1 (*intracellular adhesion molecule-1*) et VCAM-1 (*vascular cell adhesion molecule-1*). Les neutrophiles collent donc à l'endothélium et s'arrêtent de rouler. Ils subissent

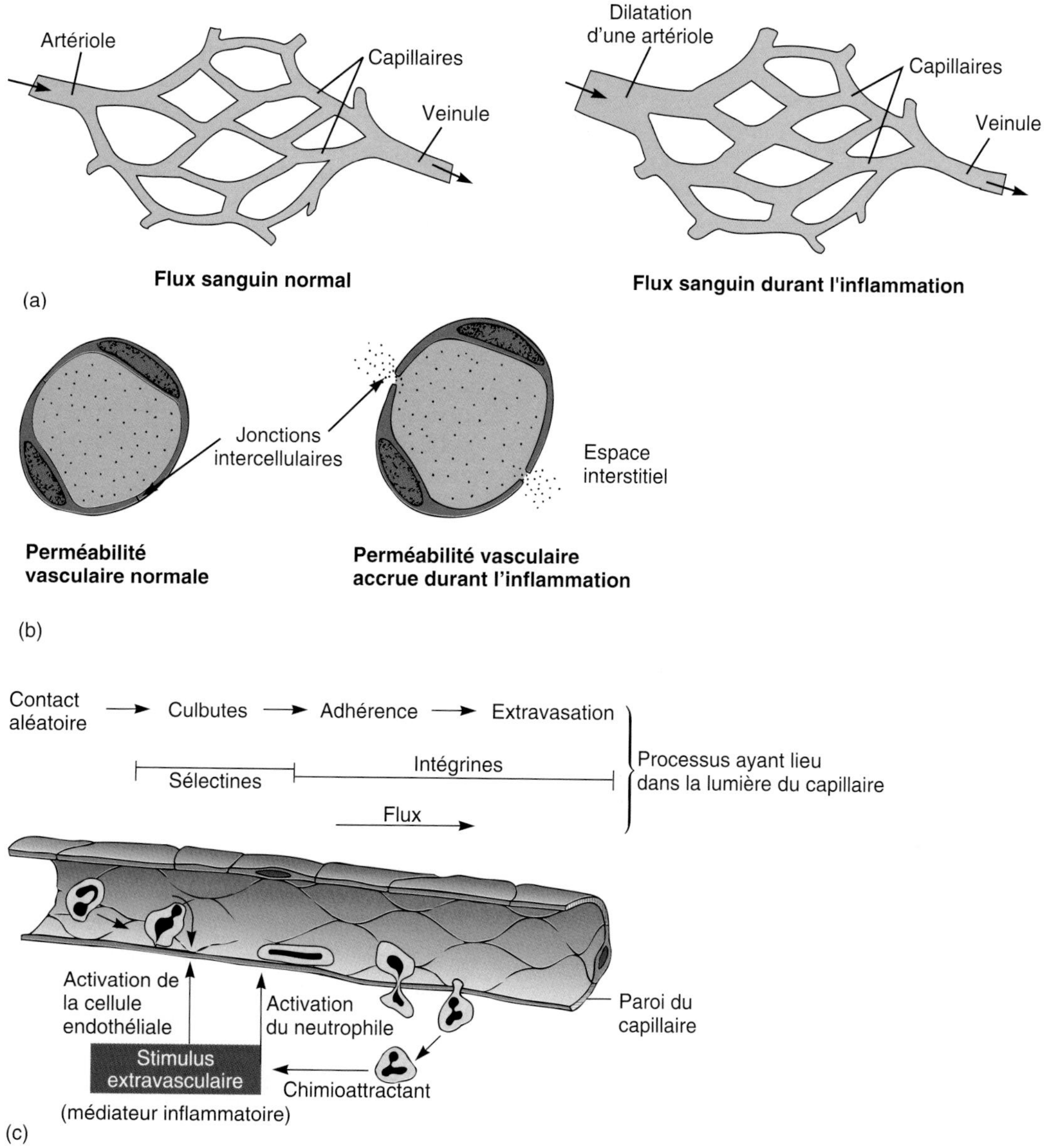

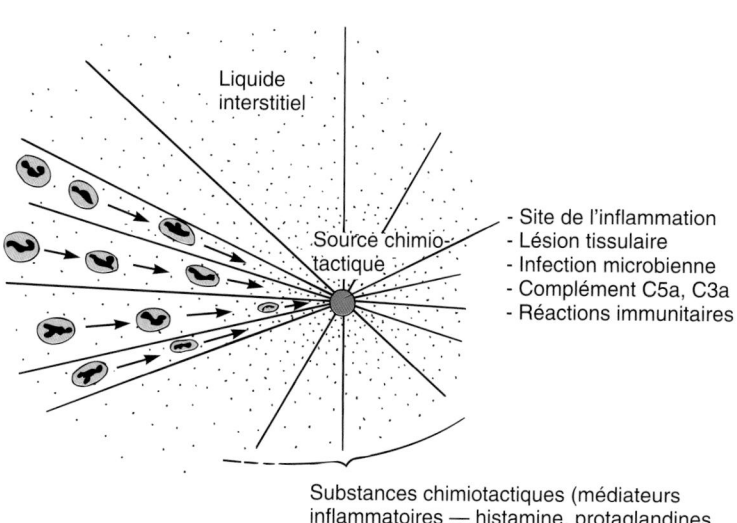

(a)

Artériole

Capillaires

Veinule

Flux sanguin normal

Dilatation d'une artériole

Capillaires

Veinule

Flux sanguin durant l'inflammation

(b)

Jonctions intercellulaires

Espace interstitiel

Perméabilité vasculaire normale

Perméabilité vasculaire accrue durant l'inflammation

(c)

Contact aléatoire → Culbutes → Adhérence → Extravasation

Sélectines

Intégrines

Flux

Processus ayant lieu dans la lumière du capillaire

Activation de la cellule endothéliale

Activation du neutrophile

Paroi du capillaire

Stimulus extravasculaire

Chimioattractant

(médiateur inflammatoire)

(d)

Liquide interstitiel

Source chimio-tactique

- Site de l'inflammation
- Lésion tissulaire
- Infection microbienne
- Complément C5a, C3a
- Réactions immunitaires

Substances chimiotactiques (médiateurs inflammatoires — histamine, protaglandines et leucotriènes)

Chimiotactisme des leucocytes

Figure 31.11 Les événements physiologiques d'une inflammation aiguë. (a) Le diamètre de l'artériole contrôle le flux sanguin normal dans un réseau de capillaires. L'inflammation induit une dilatation de l'artériole et accroît le flux sanguin (hyperémie) dans le tissu affecté. Les capillaires se distendent et colorent le tissu en rouge pourpre en raison d'un apport sanguin plus important. **(b)** Les jonctions intercellulaires entre les cellules endothéliales des capillaires sont suffisamment étroites pour garder les grosses molécules dans la lumière du vaisseau. Au cours de l'inflammation, des interstices apparaissent et facilitent la perte de liquide et de grosses molécules dans l'espace interstitiel. La perte de liquide engendre un gonflement (œdème). **(c)** Normalement, des leucocytes (comme les neutrophiles) sont transportés dans la lumière des capillaires. Pendant l'inflammation, sous l'action des sélectines et des intégrines, les leucocytes adhèrent aux parois des capillaires, insèrent des pseudopodes entre les cellules endothéliales et s'insinuent (extravasation) par un processus appelé la diapédèse. **(d)** À l'extérieur du capillaire, les leucocytes sont attirés (chimiotactisme) vers la source de l'inflammation par diverses substances chimiotactiques ou chimiocinétiques (stimulus extravasculaire). Arrivés au site de l'infection, les leucocytes phagocytent les micro-organismes ou les tissus morts.

alors d'importantes modifications de forme, s'insinuent à travers la paroi du capillaire (extravasation) dans le liquide intersticiel, migrent vers le site de la lésion et s'attaquent à l'agent pathogène ou à toute autre cause de dommages. Les neutrophiles et d'autres lymphocytes sont attirés vers l'endroit de l'infection par des facteurs chimiotactiques tels des substances libérées par des bactéries ou des mastocytes ou des produits de la destruction cellulaire. Selon la gravité et la nature du dommage, d'autres leucocytes (lymphocytes, monocytes et macrophages) entrent en jeu après les neutrophiles.

Les médiateurs inflammatoires libérés par les cellules du tissu lésé augmentent aussi l'acidité du liquide extracellulaire environnant. Cette diminution du pH active la kallikréine, une enzyme extracellulaire, qui libère la bradykinine de son précurseur à longue chaîne. La bradykinine se fixe sur des récepteurs de la paroi des capillaires, ouvrant les jonctions entre les cellules et permettant la fuite de liquide ainsi que le passage de leucocytes hors des capillaires et dans le tissu infecté. Simultanément, la bradykinine (**figure 31.12**) se fixe aux mastocytes dans le tissu conjonctif associé à la majorité des capillaires sanguins. Ceci active les mastocytes en provoquant une entrée d'ions calciques qui conduisent à une dégranulation et à une libération de médiateurs préformés tels que l'histamine. Si des nerfs sont endommagés dans la zone infectée, ils libèrent une substance P qui se fixe également sur les mastocytes augmentant la libération de médiateurs préformés. L'histamine, de son côté, élargit les jonctions intercellulaires de la paroi du capillaire ; ainsi plus de liquide, de leucocytes, de précurseurs de kallikréine et de bradykinine s'échappent en provoquant un œdème. La bradykinine se fixe ensuite aux cellules des capillaires voisins et stimule la production de prostaglandines (PGE_2 et $PGF_{2\alpha}$) induisant le gonflement des tissus dans la zone infectée. Les prostaglandines se fixent également aux extrémités nerveuses libres initiant ainsi une douleur.

La modification de la perméabilité de la membrane plasmique mastocytaire, résultat de l'activation, permet à la phospholipase A2 de libérer de l'acide arachidonique. Ce dernier est métabolisé, par la voie de la cyclo-oxygénase ou par celle de la lipoxygénase selon le type de mastocyte. Les médiateurs néoformés comprennent les prostaglandines E_2 et $F_{2\alpha}$, le thromboxane A_2, la « slow-reacting substance » (SRS) et les leucotriènes (LTC_4 et LTD_4). Ils ont chacun un rôle différent dans la réponse inflammatoire.

Au cours de l'inflammation aiguë, l'agent pathogène attaquant est neutralisé et éliminé par une série d'événements dont les plus importants sont les suivants :

1. L'accroissement du flux sanguin et la dilatation capillaire apportent dans la région plus de facteurs antimicrobiens et de leucocytes. Les cellules mortes libèrent également des facteurs antimicrobiens.

2. L'élévation de température stimule la réponse inflammatoire et peut inhiber la croissance microbienne.

3. Un caillot de fibrine se forme souvent et peut limiter la propagation des envahisseurs de manière à ce qu'ils restent localisés.

4. Les phagocytes se rassemblent dans la zone enflammée et engloutissent les agents pathogènes. De plus, des médiateurs chimiques stimulent la libération des neutrophiles de la moelle osseuse et augmentent la production des granulocytes.

L'inflammation chronique

L'inflammation chronique est un processus lent dans lequel il y a formation de tissu conjonctif nouveau ; il endommage généralement le tissu de façon permanente. Il y a entre l'inflammation aiguë ou chronique une différence de durée. Quelle qu'en soit la cause, l'inflammation chronique dure deux semaines ou plus, elle peut se produire comme un processus distinct sans inflammation aiguë. La persistance de bactéries par divers mécanismes, stimule l'inflammation chronique. Par exemple, les mycobactéries avec leurs parois très riches en lipides et en cires, sont relativement insensibles à la phagocytose. Les bactéries responsables de la tuberculose, la lèpre et la syphilis survivent bien à l'intérieur du macrophage. De plus, certaines bactéries produisent des toxines qui endommagent les tissus même après la mort des bactéries.

La caractéristique de l'inflammation chronique est une infiltration dense de lymphocytes et de macrophages. Si les macrophages n'arrivent pas à protéger l'hôte du dommage tissulaire, le corps réagit en isolant le site dans un **granulome**. Les granulomes se forment lorsque les neutrophiles et les macrophages sont incapables de détruire les micro-organismes au cours de l'inflammation. Les infections par certaines bactéries (listériose, brucellose), certains champignons (histoplasmose, coccidioïdomycose), des parasites (leishmaniose, schistosomiase) et de larges complexes antigène-anticorps (arthrite rhumatoïde) conduisent à la formation de granulomes et à l'inflammation chronique.

---

1. Quels événements importants surviennent pendant une réaction inflammatoire et comment contribuent-ils à la destruction de l'organisme pathogène ?
2. Qu'est-ce qui provoque la dégranulation des mastocytes ?
3. En quoi l'inflammation chronique diffère-t-elle de l'inflammation aiguë ?

31.7 Le système du complément

Le complément a été découvert, il y a de nombreuses années, comme un composant thermosensible du plasma sanguin humain. Il augmente l'opsonisation (section 31.8) des bactéries par les anticorps et aide d'autres anticorps à tuer les bactéries. On a qualifié cette activité de « complémentaire » à l'action antibactérienne des anticorps, d'où le nom de complément. Le **système du complément** est composé d'un groupe de protéines sériques qui jouent un rôle majeur dans la réponse immunitaire de défense de l'organisme. Par exemple, les protéines du complément peuvent lyser des cellules eucaryotes et des bactéries tapissées d'anticorps (cytolyse). Le complément est un médiateur de l'inflammation, il attire et active les cellules phagocytaires. En général, les protéines du complément amplifient les effets des anticorps (ex. de la lyse cellulaire).

La cascade du complément est formée d'au moins 20 protéines désignées C1 (qui a trois sous-composants protéiques) jusqu'à C9, avec, en plus, le facteur B, le facteur D, le facteur H, le facteur I, la protéine fixant C4b, le complexe C1 INH, la protéine

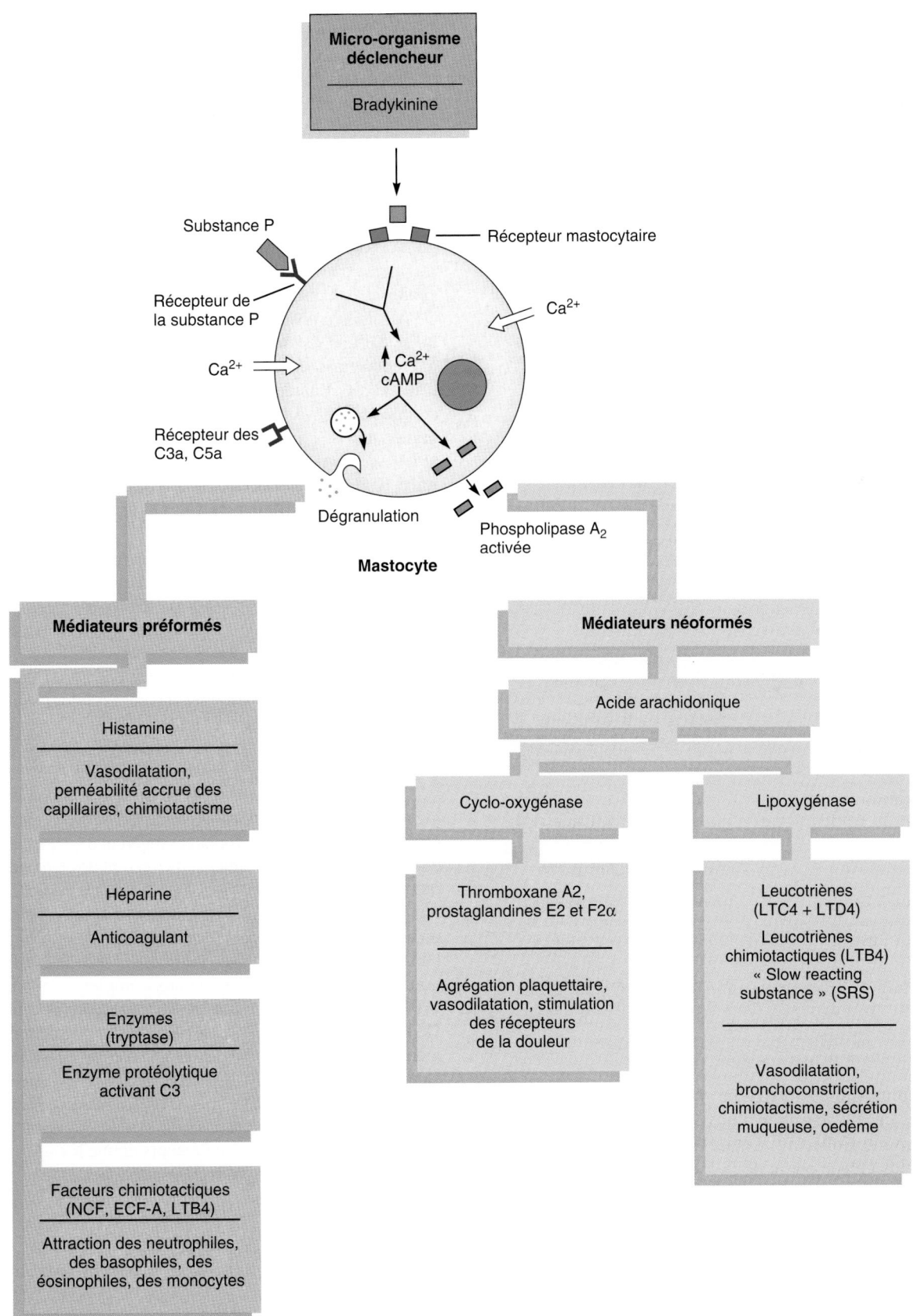

Figure 31.12 Les événements biochimiques de l'inflammation. Cette figure illustre l'activation des mastocytes et les effets physiologiques des médiateurs préformés et néoformés par les mastocytes, conduisant à la réponse inflammatoire.

Tableau 31.1		Les protéines sériques de la cascade du complément

Protéine	Fragment	Fonction
Unité de reconnaissance		
C1	q	Se fixe à la portion Fc des complexes antigène-anticorps
	r	Sous-unité de C1; active C1s
	s	Clive C4 et C2 par son activité enzymatique
Unité d'activation		
C2		Cause la neutralisation virale
C3	a	Anaphylatoxine, immunorégulatoire
	b	Composant clé de la voie alterne et opsonine majeure du sérum
	e	Induit la leucocytose
C4	a	Anaphylatoxine
	b	Cause la neutralisation virale ; opsonine
Unité d'attaque membranaire		
C5	a	Anaphylatoxine; facteur chimio-tactique principal du sérum ; induit l'attachement des neutrophiles aux parois des vaisseaux sanguins
	b	Initie l'attaque membranaire
C6 C7 C8 C9		Participent avec C5b à la formation du complexe d'attaque membra-naire qui lyse les cellules cibles
Voie alterne		
Facteur B		Cause la dispersion des macrophages sur des surfaces; précurseur de la convertase de C3
Facteur $\overline{D}$		Clive le facteur B en une forme C3Bb active dans la voie alterne
Properdine		Stabilise la convertase C3 de la voie alterne
Protéines régulatrices		
Facteur H		Favorise la rupture de C3b et régule la voie alterne
Facteur I		Dégrade C3b et régule la voie alterne
Protéine fixant C4b		Inhibe l'assemblage et accélère la décomposition de C4bC2a
Complexe C1 INH		Se fixe à et dissocie C1r et C1s de C1
Protéine S		Se fixe à C5b67 en phase liquide; empêche l'attachement à la membrane

S et la properdine (**tableau 31.1**). Le système du complément agit en effet en cascade, l'activation d'un composant entraînant l'acti-vation du suivant. Collectivement, les protéines du complément forment la plus grande partie de la fraction globuline du sérum (*voir section 32.3 et figure 32.6*). Dans le plasma et les autres li-quides corporels, les protéines du complément sont sous une forme inactive.

Il y a trois voies d'activation du complément : la voie clas-sique, la voie alterne et la voie lectine. Bien qu'elles impliquent des mécanismes similaires, il existe des protéines spécifiques uniques à la première partie de chaque voie. Comme pour la voie classique, il faut comprendre la réponse immunitaire spécifique, elle sera pré-sentée plus loin à la section 32.7.

L'activation de la **voie alterne du complément** (**figure 31.13**) joue un rôle important dans la défense immunitaire non spécifique innée contre l'invasion des vaisseaux par des bactéries et certains champignons. La voie alterne débute par le clivage de C3 en frag-ments C3a et C3b par une enzyme du sang. Ces fragments sont produits lentement et ne réalisent pas l'étape suivante, le clivage de C5, car le C3b libre est rapidement découpé en fragments inactifs. Cependant, C3b devient stable lorsqu'il se fixe aux lipopolysac-charides (LPS) des membranes externes bactériennes, à des aggré-gats d'IgA ou d'IgE ou à certaines endotoxines. Une protéine san-guine appelée facteur B s'adsorbe au C3b fixé et est clivée en deux fragments par le facteur D. Ceci conduit à la formation d'une en-zyme active C3bBb (ce complexe est parfois appelé convertase de C3 car il clive plus de C3 en C3a et C3b). $\overline{C3bBb}$ est ensuite sta-bilisé par une seconde protéine sanguine, la properdine et devient une convertase de C5 ($\overline{C3bBb3b}$). Cette convertase clive C5 en C5a et C5b. Rapidement, C6 et C7 se fixent à C5b, formant un complexe C5b67 qui possède un site instable de fixation à la mem-brane ; une fois fixé à la membrane, ce complexe est stabilisé. C8 et C9 se fixent alors, formant le **complexe d'attaque membra-naire** ($\overline{C5b6789}$) qui va créer un pore dans la membrane plasmique de la cellule cible (**figure 31.14**). On pense que le pore lui-même est un polymère biconcave de C9. S'il s'agit d'une cellule euca-ryote, il y a entrée de Na^+ et d'H_2O par le pore et lyse osmotique de la cellule. Si la cellule est une bactérie Gram-négative, le lyso-zyme du sang pénètre par le pore et digère le peptidoglycane de la paroi entraînant la lyse osmotique de la bactérie. Au contraire, les bactéries Gram-positives sont résistantes à l'action cytolytique du complexe d'attaque membranaire car elles sont dépourvues de membrane externe mais possèdent un peptidoglycane épais qui empêche l'attaque de la membrane plasmique. Cependant, les bac-téries Gram-positives sont très sensibles à l'opsonisation (fi-gure 31.15) lorsqu'elles sont tapissées de C3b.

La **voie lectine du complément** active la convertase de C3 grâce à une lectine, sorte de protéine qui se fixe à des sucres spé-cifiques. Lorsque les macrophages ingèrent des virus, des bactéries et d'autres matériaux étrangers, ils libèrent des facteurs chimiques qui stimulent les cellules du foie à sécréter une protéine fixant le mannose (MBP pour *m*annose *b*inding *p*rotein). Le mannose étant un élément majeur des parois bactériennes, des enveloppes de cer-tains virus et des complexes immuns, la lectine MBP se lie à de nombreux agents pathogènes et aux complexes immuns solubles. MBP est une opsonine qui augmente directement la phagocytose. De plus, la lectine active la cascade du complément de deux ma-nières (figure 31.13) : (1) Après sa fixation en surface, elle en-clenche directement la voie alterne et (2) si elle se lie à une sérine estérase particulière (MASP pour *M*BP *a*ssociated *s*erine *e*sterase), elle active la voie classique du complément. Ainsi, bien qu'elle ac-tive la voie classique du complément comme les voies classique et alterne, la voie lectine se sert d'un mécanisme indépendant d'une part, de l'interaction antigène-anticorps (voire classique) et d'autre part, de l'interaction du complément avec la surface des agents pa-thogènes (voie alterne).

Ce survol des voies alterne et lectine du complément fournit une base pour considérer la fonction du complément comme un système intégré à l'effort de défense de l'organisme. Des bactéries Gram-négatives arrivant dans un tissu, interagiront avec les com-posants de la voie alterne ; il en résulte la formation de fragments biologiquement actifs, l'opsonisation des bactéries et l'initiation

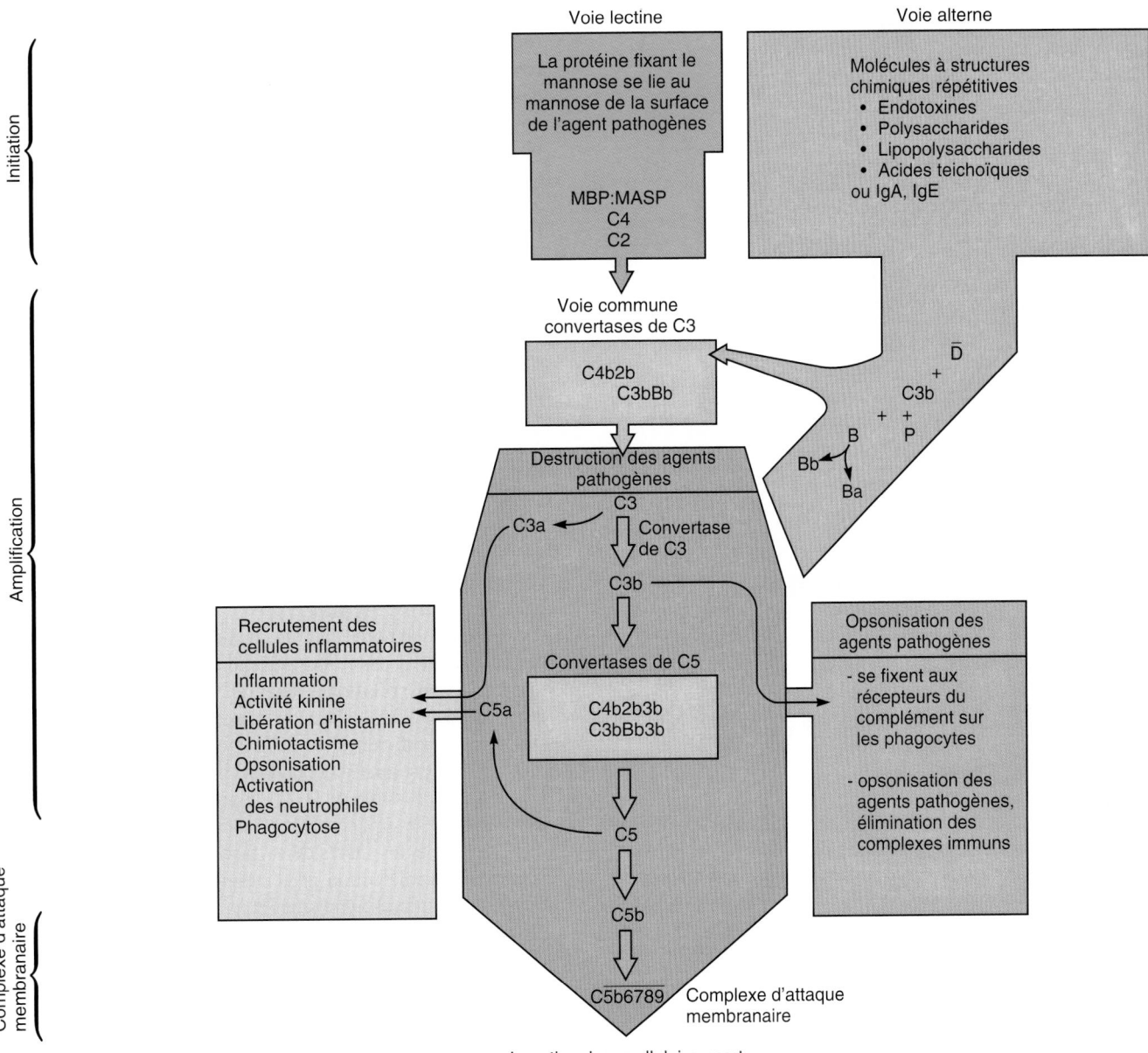

Figure 31.13 Les voies alterne et lectine du complément. Les composants de chaque voie sont arrangés dans l'ordre de leur activation et alignés en face de leurs analogues fonctionnels et structuraux de l'autre voie. La figure montre deux des trois voies d'activation du complément : (1) la voie lectine (en rouge) qui est déclenchée par une protéine sérique se liant au mannose des bactéries et (2) la voie alterne (en bleu) qui débute directement à la surface de l'agent pathogène. Les deux voies génèrent une enzyme cruciale (voie commune des convertases de C₃) qui à son tour entraîne l'activité effectrice du complément. Les trois conséquences principales de cette activation du complément sont le recrutement des cellules inflammatoires (à gauche), la destruction des agents pathogènes par le complexe d'attaque membranaire (au centre) et l'opsonisation des agents pathogènes (à droite).

de la séquence lytique. Si les bactéries subsistent ou si elles envahissent l'animal une seconde fois, ce sont les anticorps qui activeront la voie classique (*voir section 32.7*).

La formation des fragments C3a et C5a entraîne de nombreux effets inflammatoires importants. Les mastocytes relâchent leur contenu et l'apport de sang augmente de façon marquée (hyperémie), car les vaisseaux sanguins se dilatent sous l'effet de l'hista-

mine libérée (voir figure 31.12). Ces fragments entraînent aussi la libération de neutrophiles dans la circulation, à partir de la moelle osseuse. Les neutrophiles voyagent jusqu'au site d'hyperémie où, en présence de C5a, ils s'attachent à l'endothélium et quittent les vaisseaux sanguins. C5a induit une migration dirigée chimiotactique des neutrophiles vers le site d'activation du complément. Les macrophages de la zone peuvent même synthétiser plus de com-

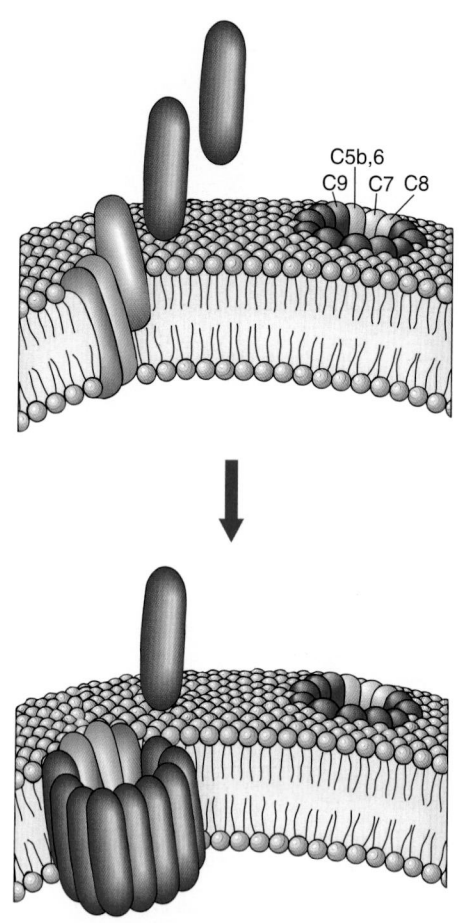

Figure 31.14 Le complexe d'attaque membranaire. Le complexe d'attaque membranaire est une structure tubulaire qui forme un pore dans la membrane plasmique de la cellule cible. Cette figure montre la structure sous-unitaire du complexe d'attaque membranaire. Le canal transmembranaire est formé d'un complexe C5b678 et de 10 à 16 molécules de C9 polymérisées.

posants du complément pour interagir avec les bactéries. Tous ces processus défensifs favorisent l'ingestion et finalement la destruction des bactéries par les neutrophiles et les macrophages.

1. Donnez les fonctions majeures du complément.
2. Comment est activée la voie alterne du complément ? La voie lectine ?
3. Qu'est-ce que le complexe d'attaque membranaire et comment sa formation conduit-elle à la lyse cellulaire ?
4. Quel est le rôle joué par les fragments C3a et C5a dans la défense de l'organisme contre les bactéries Gram-négatives ?

31.8 La phagocytose

Au cours de leur vie, les hommes et les autres vertébrés rencontrent de nombreuses espèces de micro-organismes, mais chez des hôtes sains, seules quelques-unes d'entre elles peuvent se déve-

lopper et donner des maladies graves. Les cellules phagocytaires (monocytes, macrophages tissulaires et neutrophiles) sont une défense précoce importante car elles reconnaissent, ingèrent et tuent des micro-organismes extracellulaires de nombreuses espèces, par un processus appelé **phagocytose** (du grec *phagein*, manger). La phagocytose, brièvement introduite à la section 4.5 avec les lysosomes et l'obtention de nutriments par endocytose, est considérée ici avec plus de détails dans le contexte de la résistance non spécifique.

Les cellules phagocytaires ont deux mécanismes moléculaires pour reconnaître les micro-organismes : (1) une reconnaissance dépendante des opsonines (opsonique) et (2) une reconnaissance indépendante ou non opsonique. En effet, la phagocytose peut être fortement augmentée par l'**opsonisation** (du grec *opson*, préparer les victimes à) ; dans ce processus, les micro-organismes et d'autres particules sont recouverts de composants sériques (anticorps et/ou complément C3b) ce qui les prépare à la reconnaissance et à l'ingestion par les cellules phagocytaires. Dans la reconnaissance **opsonine dépendante**, ce sont les composants du sérum qui servent de pont entre les micro-organismes et le phagocyte car ils se fixent d'un côté à la surface de l'organisme et de l'autre à des récepteurs spécifiques sur le phagocyte (**figure 31.15b-d**).

Comme son nom l'indique, le mécanisme **opsonine indépendant** ne requiert pas l'oposonisation mais utilise d'autres récepteurs soit non spécifiques (figure 31.15a), soit spécifiques (**figure 31.16a**) à la surface du phagocyte, qui reconnaissent des structures superficielles sur différents micro-organismes. Dans ce mécanisme opsonine indépendant, il y a trois modes majeurs de reconnaissance (**tableau 31.2**) : le premier, la phagocytose par les lectines, se base sur la reconnaissance entre les lectines de surface d'une cellule et les sucres de surface de l'autre cellule. Le second résulte d'une interaction protéine-protéine entre le peptide Arg-Gly-Asp des micro-organismes et les récepteurs des macrophages. Enfin, des interactions hydrophobes entre bactéries et phagocytes favorisent également la phagocytose. Il faut noter qu'une espèce microbienne donnée peut porter de multiples adhésines différentes, reconnues chacune par un récepteur distinct porté par les cellules phagocytaires.

Après ingestion par phagocytose, l'organisme enveloppé d'une membrane est transféré vers les lysosomes par fusion de la vésicule phagocytaire (**phagosome**) avec la membrane lysosomiale pour former une nouvelle vacuole, appelée un **phagolysosome** (figure 31.16b). Les lysosomes apportent au phagolysosome une variété d'hydrolases telles que le lysozyme, la phospholipase A_2, une ribonucléase, une désoxyribonucléase et des protéases. Le pH acide de la vacuole favorise l'action des hydrolases. Collectivement, ces enzymes participent à la destruction de l'organisme emprisonné.

En plus des hydrolases lysosomiales oxygéno-indépendantes, les lysosomes des macrophages contiennent des enzymes oxygéno-dépendantes qui peuvent produire des **intermédiaires réactionnels de l'oxygène** (**ROI** pour « *Reactive oxygen intermediates* ») tels que le radical superoxyde (O_2^-), le peroxyde d'hydrogène (H_2O_2), l'oxygène singulet ($^1O_2$), le radical hydroxyle (OH•). Le NADPH nécessaire à ce processus est fourni par une augmentation de la voie des pentoses-phosphates (*voir figure 9.6*). Les neutrophiles contiennent aussi la myéloperoxydase et produisent de

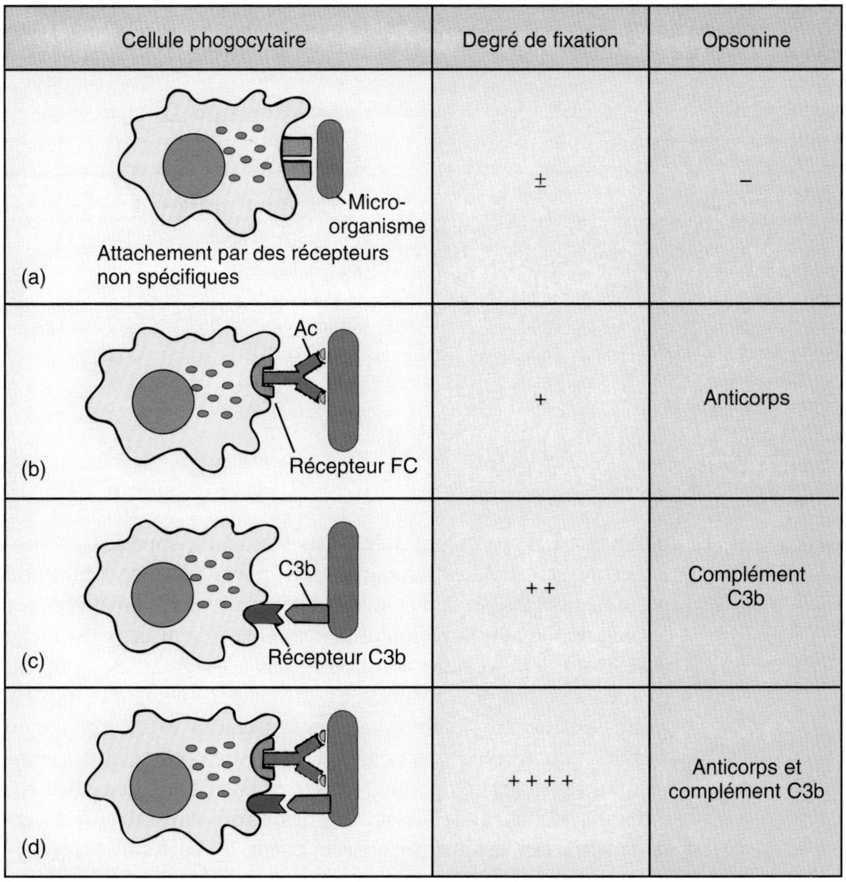

Cellule phogocytaire	Degré de fixation	Opsonine
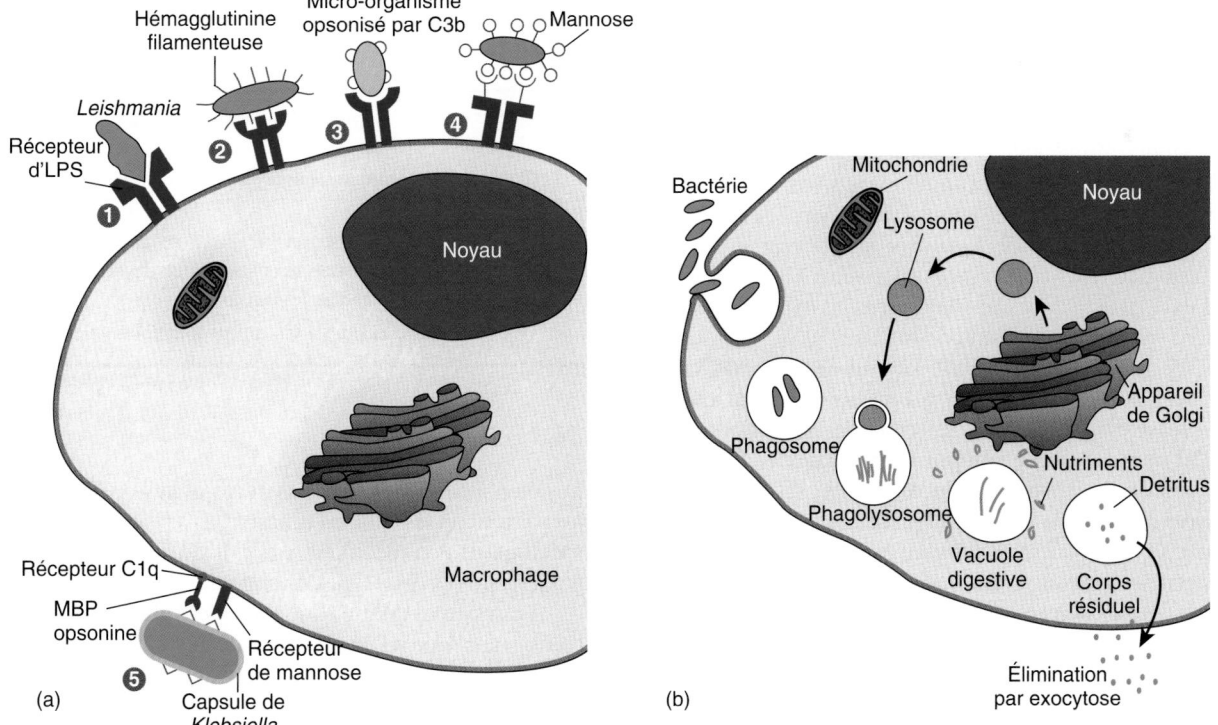Attachement par des récepteurs non spécifiques (a)	±	–
(b) Récepteur FC, Ac	+	Anticorps
(c) Récepteur C3b, C3b	+ +	Complément C3b
(d)	+ + + +	Anticorps et complément C3b

Figure 31.15 L'opsonisation. (**a**) Une cellule phago-cytaire se fixe directement au micro-organisme par des récepteurs non spécifiques. (**b**) Cette propriété de fixa-tion est augmentée si le micro-organisme induit la fixation d'anticorps (Ac) qui forment un pont entre le micro-organisme et le récepteur Fc de la cellule pha-gocytaire. (**c**) Si le micro-organisme a activé le com-plément (C3b), la fixation est encore accrue par le ré-cepteur de C3b. (**d**) Si l'anticorps et le C3b sont tous deux opsonisants, la fixation est fortement augmentée.

Figure 31.16 La phagocytose. (**a**) Schéma montrant les récepteurs portés par une cellule phagocytaire comme un macrophage et les adhésines correspondantes sur les surfaces des micro-organismes. (1) Le site de fixation du LPS pour le lipophosphoglycane de *Leishmania* sp ; (2) l'hémagglutinine filamenteuse de *Bordetella pertussis* ; (3) fixation au C3b d'une cellule opsonisée ; (4) chaîne latérale oligosaccharidique contenant du mannose pour la phagocytose par les lectines, de bactéries porteuses de fimbriae de type I et (5) la participation du polysaccharide capsulaire de *Klebsiella pneumoniae* dans la fixation non opsonique médiée par le récepteur du mannose. (**b**) Schéma de la phagocytose montrant l'ingestion, la digestion intracellulaire et l'exocytose.

Tableau 31.2 Modes de reconnaissance non opsoniques par les phagocytes

Type d'interaction	Ligand bactérien (exemple)	Récepteur sur le phagocyte (exemple)
Lectine-sucre	Lectine (fimbriae de type I ; *voir figure 3.30*)	Glycoprotéine (intégrines)
	Polysaccharide (capsules ; *voir figure 3.27*)	Lectine (récepteurs Man/GlcNAc)
Protéine-protéine	Arginine-glycine-acide aspartique; protéines contenant RGD (hémagglutinine filamenteuse ; *voir tableau 34.3*)	Récepteur RGC (intégrines)
Protéines hydrophobes	Glycolipide (acide lipotéichoïque : *voir figure 3.21*)	Récepteurs de lipides (intégrines)

l'acide hypochloreux. Certaines des réactions formant ces produits toxiques sont présentées ici.

Formation du superoxyde

$$NADPH + 2O_2 \xrightarrow{\text{NADPH oxydase}} 2O_2^- + H^+ + NADP^+$$

Formation du peroxyde d'hydrogène

$$2O_2^- \cdot + 2H^+ \xrightarrow{\text{superoxyde dismutase}} H_2O_2 + O_2$$

Formation d'acide hypochloreux

$$H_2O_2 + Cl^- \xrightarrow{\text{myéloperoxydase}} HOCl + OH^-$$

Formation d'oxygène singulet

$$ClO^- + H_2O_2 \longrightarrow {}^1O_2 + Cl^- + H_2O$$

Formation du radical hydroxyle

$$O_2^- \cdot + H_2O_2 \longrightarrow OH\cdot + OH^- + O_2$$

Ces réactions résultent de la **poussée respiratoire** (« respiratory burst ») qui accompagne la consommation accrue d'oxygène et la génération d'ATP, requises pour la phagocytose. Comme ces dernières réactions se déroulent aussitôt que le phagosome est formé, la fusion du lysosome n'est pas nécessaire à la poussée respiratoire. Les dérivés toxiques de l'oxygène et les hypohalogénures ainsi produits sont efficaces dans la destruction des organismes envahisseurs. Oxygène et développement des micro-organismes (pp. 127-29).

On a démontré récemment que les macrophages, les neutrophiles et les mastocytes forment des **intermédiaires réactionnels de l'azote** (**RNI** pour « *Reactive nitrogen intermediates* »). Ces molécules comprennent le monoxyde d'azote (NO) et ses formes oxydées : le nitrite (NO_2^-) et le nitrate (NO_3^-). Les intermédiaires azotés sont des agents cytotoxiques très puissants et peuvent être libérés des cellules ou générés dans les vacuoles cellulaires. L'oxyde nitrique est probablement le plus efficace d'entre eux. Les macrophages le produisent à partir d'arginine lorsqu'ils sont stimulés par les cytokines. L'oxyde nitrique peut arrêter la respiration cellulaire en se complexant au fer dans les protéines transporteuses d'électrons. La destruction du virus herpétique (HSV), des protozoaires *Toxoplasma gondii* et *Leishmania*, du mycète opportuniste *Cryptococcus neoformans*, du métazoaire pathogène *Schistosoma mansoni* et des cellules tumorales par les macrophages implique des RNI.

Les granules des neutrophiles contiennent en outre une variété d'autres molécules microbicides telles plusieurs protéines cationiques, une protéine augmentant la perméabilité et bactéricide, et une famille de peptides antimicrobiens à large spectre appelées les **défensines**. Il y a quatre défensines humaines, appelées les protéines de neutrophiles humains (HNP pour « *Human neutrophil proteins* ») : HNP-1, 2, 3 et 4. Ces défensines sont synthétisées par les cellules souches myéloïdes pendant leur séjour dans la moelle osseuse et sont ensuite conservées dans les granules cytoplasmiques des cellules matures. Cette compartimentation localise stratégiquement des défensines pour la sécrétion extracellulaire ou la libération dans les vacuoles phagocytaires. Les cibles microbiennes sensibles comprennent diverses bactéries Gram-positives et Gram-négatives, des levures et des moisissures ainsi que certains virus. Les défensines agissent contre les bactéries et les mycètes par perméabilisation des membranes cellulaires. Elles y forment des canaux permettant la sortie des ions. L'activité antivirale implique la neutralisation directe des virus enveloppés. Les virus non enveloppés ne sont pas affectés.

1. Quelle est la différence entre phagocytose opsonique et non opsonique ?
2. Comment se forme un phagolysosome, comment l'organisme englobé est-il détruit ?
3. Quel est l'intérêt du « burst » respiratoire survenant dans les macrophages ? Décrivez la nature et la fonction des intermédiaires réactionnels de l'oxygène et de l'azote.
4. Que sont les défensines ? Comment fonctionnent-elles ?

31.9 Les cytokines

La défense contre les virus, les micro-organismes et leurs produits, les parasites et les cellules cancéreuses, est assurée par l'immunité spécifique et non spécifique. Les cytokines sont nécessaires à la régulation de ces deux types d'immunité.

Le terme **cytokine** (du grec *cyto*, cellule et *kinesis*, mouvement) s'applique à toute protéine ou glycoprotéine soluble libérée par une population cellulaire et qui agit comme un médiateur intercellulaire ou une molécule signal. Ces protéines sont appelées **monokines** lorsqu'elles sont synthétisées par des phagocytes mononucléés, **lymphokines** lorsqu'elles sont libérées par des lymphocytes T. Si, produites par un leucocyte, elles ont une action sur un autre leucocyte, ce sont des **interleukines**. Enfin, si leur effet est de stimuler la multiplication et la différenciation des leucocytes immatures de la moelle osseuse, elles se nomment **facteurs stimulant les colonies** (**CFS** pour *colony stimulating factors*). Récemment, les cytokines ont été groupées en catégories ou fa-

Tableau 31.3   Les quatres familles de cytokines

Famille	Exemples	Fonctions
Chimiokines	IL-8, RANTES, MIP (protéine inflammatoire des macrophages)	Chimiotactisme et chimiocinèse des leucocytes ; stimulent la migration cellulaire ; attirent les phagocytes et les lymphocytes ; jouent un rôle central dans la réponse inflammatoire.
Hématopoïétines	Epo (érythropoïétine), différents facteurs stimulant les colonies	Stimulent et régulent le développement et la différenciations des cellules sanguines (hématopoïèse).
Interleukines	IL-1 à IL-18	Produites par des lymphocytes et des monocytes ; régulent le développement et la différentiation d'autres cellules, surtout des lymphocytes et des cellules souches hématopoïétiques ; ont souvent d'autres effets biologiques.
Famille du TNF (« Tumor necrosis factor »)	TNF-α, TNF-β, Fas ligand	Sont cytotoxiques pour les cellules tumorales ; ont beaucoup d'autres effets comme promouvoir l'inflammation, la fièvre et le choc ; certaines sont inductrices d'apoptose.

milles : les chimiokines, les hématopoïétines, les interleukines et les membres de la famille du TNF (facteur nécrosant des tumeurs). Des exemples de ces familles sont donnés au **tableau 31.3.**

Les cytokines peuvent affecter la cellule qui les produit (fonction autocrine), les cellules voisines (fonction paracrine) ou sont distribuées par la circulation sanguine jusqu'à leurs cellules cibles (fonction endocrine). Leur production est induites par des stimuli non spécifiques comme une infection virale bactérienne ou parasitaire, un cancer, une inflammation ou l'interaction entre une cellule T et un antigène. Certains cytokines induisent la production d'autres cytokines.

Durant ces vingt dernières années, la connaissance que l'on a des effets biologiques des cytokines s'est accrue énormément. Ceci est dû, d'une part à leur pouvoir incroyable et la diversité de leurs effets sur les cellules eucaryotes et d'autre part à leur implication dans tous les aspects de la maladie. Les cytokines n'exercent leurs actions biologiques que si elles agissent comme ligands, elles se fixent à des récepteurs spécifiques de haute affinité appelés CD (antigènes cellulaires de différenciation) (*voir section 32.2*) présents à la surface des cellules cibles. L'affinité des récepteurs de cytokines pour leurs ligands est très élevée et donc les cytokines sont efficaces à des concentrations de 10^{-10} à 10^{-15} M. La plupart des cellules n'ont que peu de récepteurs (de quelques centaines à quelques milliers) et l'occupation d'un petit nombre de ces sites suffit à entraîner une réponse maximale. La fixation d'une cytokine active des voies spécifiques de signalisation intracellulaires et enclenche l'expression de gènes pour des protéines essentielles aux fonctions de la cellule cible appropriée. Comme exemples de ces protéines, citons d'autres cytokines, des molécules d'adhésion cellule-cellule, des protéases, des enzymes pour la synthèse de lipides et la synthase d'oxyde nitrique. Les cytokines sont activatrices de prolifération et/ou de différenciation cellulaire (**figure 31.17**). Elles peuvent aussi inhiber la division cellulaire et entraîner l'apoptose (ou mort cellulaire programmée). Les chimiokines, un type de cytokine, stimulent le chimiotactisme et la chimiocinèse (i.e., elles dirigent le mouvement des cellules) et de ce fait, jouent un rôle important dans la réponse inflammatoire aigüe (figure 31.11). Le **tableau 31.4** donne des exemples de cytokines importantes et de leurs fonctions.

Les interférons

Les **interférons** (IFN) forment un groupe de cytokines régulatrices, de faible poids moléculaire ; ils sont produits par de nombreuses cellules eucaryotes en réponse à divers inducteurs : une infection virale, un ARN double brin, des endotoxines, des stimuli antigé-

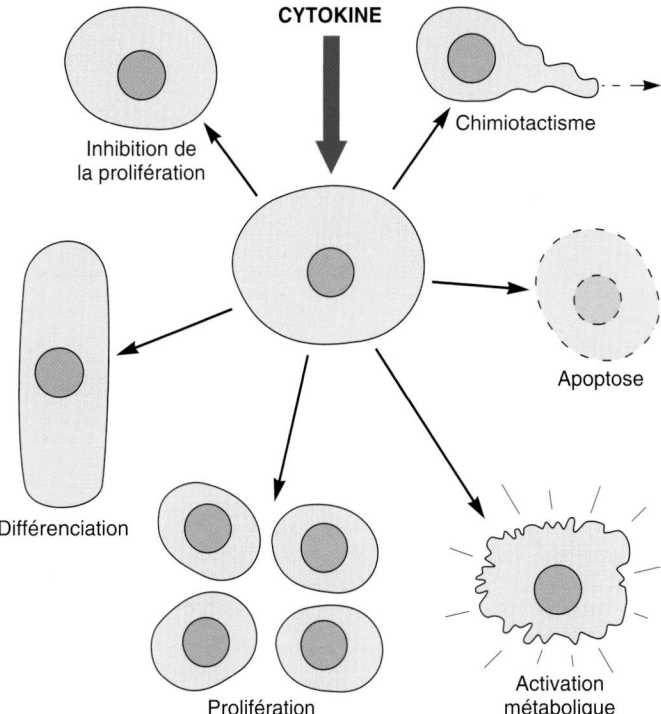

Figure 31.17 Diversité des actions biologiques des cytokines sur les cellules eucaryotes. Les chimiokines sont une famille de cytokines qui induisent le chimiotactisme et la migration des lymphocytes. D'autres cytokines activent le métabolisme et les synthèses cellulaires. Il en résulte la production d'une vaste gamme de protéines incluant la cyclooxygénase II, des enzymes protéolytiques, la NO synthase, et différents facteurs d'adhésion. D'autres cytokines sont en outre responsables de la prolifération cellulaire, de l'inhibition de cette prolifération ou de l'apoptose.

niques, des agents mitogènes (stimulant la mitose), et beaucoup d'organismes pathogènes capables de développement intracellulaire (*Listeria monocytogenes*, des chlamydies, des rickettsies, des protozoaires). Généralement les interférons sont spécifiques des espèces productrices mais ne sont pas spécifiques du virus. On reconnaît plusieurs classes d'interférons : l'IFN-α est une famille de 20 molécules différentes synthétisées par des leucocytes infectés par un virus (tableau 34.1) ; l'IFN-β provient de fibroblastes virosés et l'IFN-γ est produit par des cellules T antigéniquement stimulées. Il y a probablement beaucoup d'autres cellules qui, infectées

Tableau 31.4 Quelques cytokines, médiatrices des réponses immunitaires

Cytokine	Origine cellulaire	Fonctions
IL-1 (interleukine-1)	Monocytes/macrophages, cellules endothéliales, fibroblastes, neurones, cellules gliales, kératinocytes, cellules épithéliales	Produit une grande variété d'effets sur la différenciation et la fonction des cellules impliquées dans l'inflammation, affecte aussi le système nerveux central et le système endocrinien ; c'est un pyrogène endogène
IL-2 (interleukine-2, facteur de croissance des cellules T)	Cellules T (T_H1)	Stimule la prolifération et la différenciation des cellules T, augmente l'activité cytolytique des cellules NK ; favorise la prolifération et la sécrétion d'immunoglobulines par les cellules B activées
IL-3 (interleukine-3)	Cellules T, kératinocytes, neurones, mastocytes	Stimule la production et la différenciation des macrophages, neutrophiles, éosinophiles, basophiles, mastocytes
IL-4 (interleukine-4, facteur de croissance-1 des cellules B [BCGF-1], facteur de stimulation 1 des cellules B [BCSF-1])	Cellules T (T_H2), macrophages, mastocytes, basophiles, cellules B	Induit la différenciation des cellules T naïves CD4$^+$ en cellules T auxiliaires ; induit la prolifération et la différenciation des cellules B ; a divers effets sur les cellules T, monocytes, granulocytes, fibroblastes, cellules endothéliales
IL-5 (interleukine-5)	Cellules T (T_H2)	Développement et activatioin des cellules B et des éosinophiles ; activation de la fonction des éosinophiles, chimiotactisme des éosinophiles
IL-6 (interleukine-6, facteur de différenciation des cellules T cytotoxiques, facteur de différenciation des cellules B)	Cellules T_H2, monocytes/macrophages, fibroblastes, hépatocytes, cellules endothéliales, neurones	Active les cellules hématopoïétiques ; induit le développement des cellules T, des cellules B, des hépatocytes, des kératinocytes, et des neurones ; stimule la production des protéines de phase aigüe
IL-8 (interleukine-8)	Monocytes, cellules endothéliales, fibroblastes, épithélium alvéolaire, cellules T, kératinocytes, neutrophiles, hépatocytes	Chimioattractant pour les PMN ; responsable de la dégranulation et de l'expression des récepteurs ; inhibe l'adhésion des PMN à l'endothélium, favorise la migration des PMN à travers l'endothélium ; induit l'adhésion des neurophiles aux cellules endothéliales
IL-10 (interleukine-10)	Cellules T (T_H2), cellules B, macrophages, kératinocytes	Réduit la production d'IFN-γ, d'IL-1, de TNF-α, et d'IL-6 par les macrophages ; en conjonction avec IL-3 et IL-4, induit le développement des mastocytes ; en conjonction avec IL-2, induit le développement des cellules T cytotoxiques et la différenciation des cellules CD8$^+$
IFN α/β (interférons α/β)	Cellules T, cellules B ; monocytes/macrophages, fibroblastes	Activité antivirale, stimule l'activité des macrophages, module l'expression des protéines CMH de classe I et II sur différentes cellule ; régule le développement de la réponse immunitaire spécifique
IFN-γ (interféron-γ)	Cellules T (T_H1, T_C), Cellules NK	Active les cellules T, les macrophages, les neutrophiles et cellules NK ; augmente la quantité des molécules CMH de classe I et II
TNF-α (facteur nécrosant des tumeurs-α [cachectine])	Cellules T, macrophages et cellules NK	Grande variété d'effets grâce à sa propriété de médier l'expression de gênes pour des facteurs de croissance, des cytokines, des facteurs de transcription, des récepteurs, des médiateurs de l'inflammation et des protéines de la phase aigüe ; joue un rôle dans la résistance de l'hôte à l'infection par son action comme immunostimulant et médiateur de l'inflammation ; cytotoxique pour les cellules tumorales
TNF-β (facteur nécrosant des tumeurs-β [lymphotoxine])	Cellules T, cellules B	Comme le TNF-α
G-CSF (facteur stimulant les colonies des granulocytes)	Cellules T, macrophages, neutrophiles	Accroît la différenciation et l'activation des neutrophiles
M-CSF (facteur stimulant les colonies des macrophages)	Cellules T, neutrophiles, macrophages, fibroblastes, cellules endothéliales	Stimule des fonctions diverses des macrophages et des monocytes ; favorise la croissance et le développement des colonies de macrophages à partir de précurseurs non différenciés

par un virus, peuvent synthétiser l'IFN-α et l'IFN-β. La **figure 31.18** montre certaines des voies empruntées par l'interféron pour rendre les cellules résistantes à l'infection virale.

La fièvre

D'un point de vue physiologique, la fièvre résulte de perturbations de l'activité thermorégulatrice hypothalamique, aboutissant à un accroissement du point de référence thermique. Chez les êtres humains adultes, on définit la **fièvre** comme une température orale supérieure à 37°C ou une température rectale supérieure à 37,5°C. La fièvre est due le plus souvent à une infection virale ou bactérienne (ou à des toxines bactériennes). Dans presque tous les cas, il y a un constituant spécifique, le pyrogène endogène, qui déclenche l'apparition de fièvre directement. Citons comme exemples l'interleukine I, l'IL-6 et le TNF produits par les macrophages en réponse à l'infection. Une fois libérés, ces pyrogènes circulent jusqu'à l'hypothalamus et induisent la sécrétion de prostaglandines par les neurones. Les prostaglandines règlent le ther-

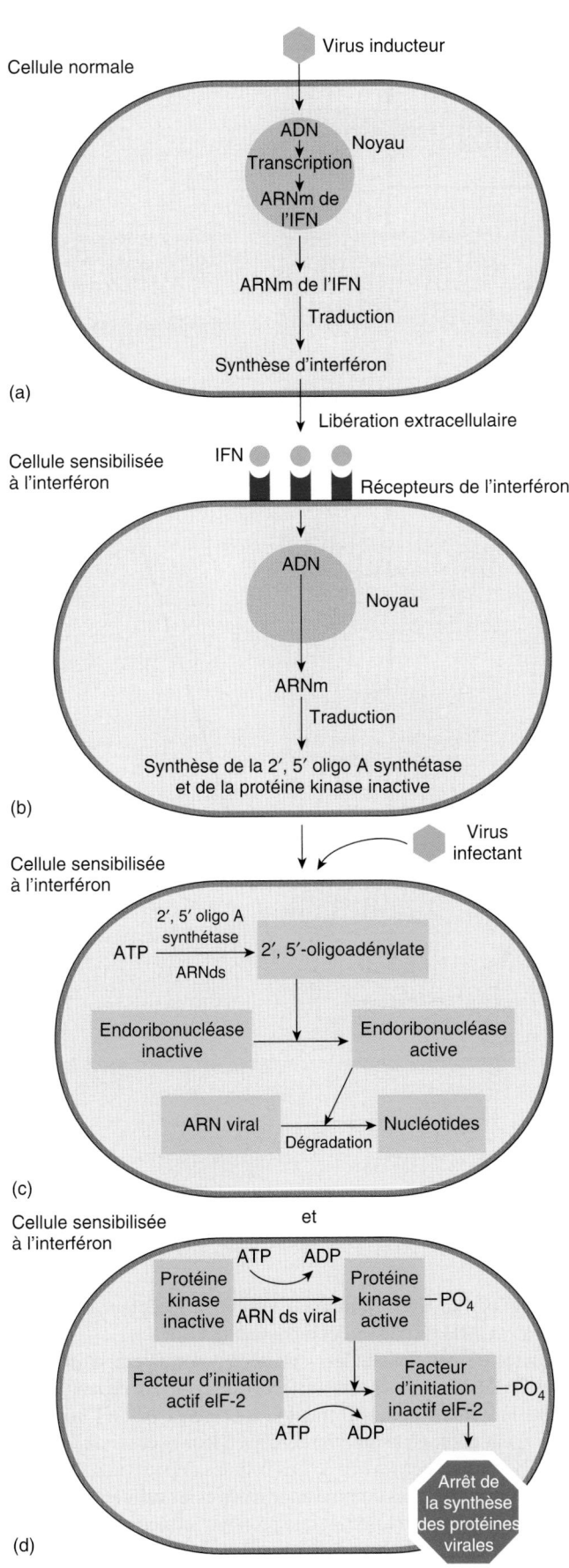

Cellule normale

(a)

Cellule sensibilisée à l'interféron

(b)

Cellule sensibilisée à l'interféron

(c)

Cellule sensibilisée à l'interféron

(d)

mostat hypothalamique à une température plus élevée et les mécanismes réflexes régulateurs agissent pour élever le corps à cette nouvelle température.

La fièvre induite par un organisme parasite accroît les défenses de l'hôte par trois voies complémentaires (**figure 31.19**) : (*a*) elle stimule les leucocytes de manière telle qu'ils détruisent le parasite, (*b*) elle augmente l'activité spécifique du système immunitaire et (*c*) elle augmente la microbiostase (inhibition de la croissance) en diminuant le fer disponible pour le parasite. Il est prouvé que certains hôtes sont capables durant une fièvre, de redistribuer le fer en le rendant indisponible pour le micro-organisme (**hypoferrémie**). Inversement, l'**hyperferrémie** peut faciliter les infections par certains organismes normalement inoffensifs ou favoriser leur dissémination. Les gonocoques, par exemple, se propagent plus fréquemment au cours de la menstruation, une période pendant laquelle il y a une concentration accrue en fer libre disponible pour ces bactéries.

1. Qu'est ce qu'une cytokine ?
2. Définissez monokine, lymphokine, interleukine et facteur stimulant les colonies.
3. Quelles sont les quatre familles de cytokines (tableau 31.3) ?
4. Comment les cytokines jouent-elles un rôle de médiateurs dans l'immunité naturelle ?
5. Comment les interférons rendent-ils les cellules résistantes aux virus ?
6. Pourquoi la fièvre peut-elle être bénéfique à un hôte ?

31.10   Les cellules tueuses naturelles

Les **cellules tueuses naturelles** (**NK** pour *n*atural *k*iller) représentent une petite population de grands lymphocytes granulaires non phagocytaires (figure 31.3). Leur fonction principale est de détruire les cellules cancéreuses et les cellules infectées par des micro-organismes. Elles reconnaissent leurs cibles de 2 façons. Comme beaucoup de cellules, les cellules NK possèdent des récepteurs Fe pour les anticorps IgG. Ces récepteurs relient les cellules NK à leurs cellules cibles couvertes d'IgG qui seront tuées par un processus appelé **cytotoxicité cellulaire dépendant des**

Figure 31.18 L'action antivirale de l'interféron. Les flèches indiquent la séquence des événements. (**a**) La synthèse et la libération d'interféron (IFN) sont souvent induites par une infection virale ou un ARN double-brin (ARN ds). (**b**) L'interféron se fixe à un ganglioside récepteur sur la membrane plasmique d'une seconde cellule et enclenche la production d'enzymes qui rendent la cellule résistante à une infection virale. Les deux enzymes les plus importantes sont l'oligo A synthétase et une protéine kinase particulière. (**c**) Quand une cellule stimulée par l'interféron est infectée, la synthèse protéique virale est inhibée par une endoribonucléase active qui dégrade l'ARN viral. (**d**) Une protéine kinase active phosphoryle et inactive le facteur d'initiation eIF-2 requis pour la synthèse protéique virale.

Figure 31.19 Les effets de la fièvre chez un hôte mammifère. (**a**) Un des premiers effets de la fièvre est d'accélérer et d'augmenter la mobilisation et le déploiement des leucocytes de l'hôte qui, à leur tour, isolent et aident à détruire l'organisme pathogène. (**b**) Une fièvre aboutit à la réduction du fer plasmatique libre, ceci a un effet limitant important sur la croissance des organismes qui exigent une concentration en fer déterminée, cruciale pour leur réplication et la synthèse de toxines. (**c**) Une des conséquences immunologiques de la fièvre est la production d'un pyrogène endogène, l'interleukine-1 (IL-1). L'IL-1 provoque la prolifération, la maturation et l'activation des lymphocytes (cellules T et B) qui, à leur tour, augmentent la réponse immunitaire de l'hôte à l'égard de l'agent pathogène.

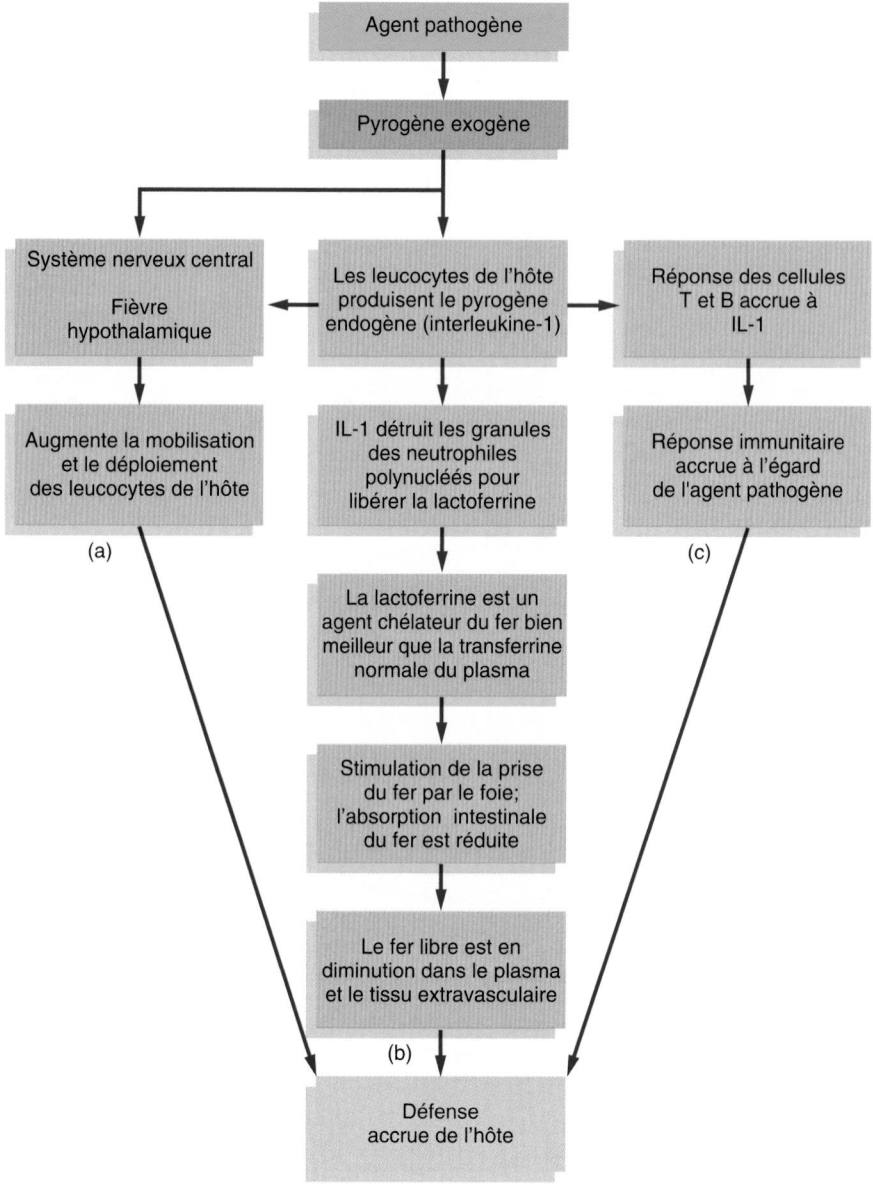

anticorps (ADCC pour *a*ntibody-*d*ependent *c*ell-mediated cytotoxicity) (**figure 31.20**). Le second mode de reconnaissance des cellules infectées ou cancéreuses implique les récepteurs K (pour killer) activateurs et les récepteurs K inhibiteurs des cellules NK (**figure 31.21**). Les récepteurs activateurs reconnaissent différentes molécules présentes à la surface de toute cellule nucléée, tandis que les récepteurs inhibiteurs reconnaissent les molécules du complexe majeur d'histocompatibilité (CMH) de classe I, aussi un marqueur de surface des cellules nucléées mais indicateur du « soi » (*voir section 32.4*). Si le récepteur activateur se fixe, un ordre de « tuer » est intimé aux cellules NK ; inversement ce signal

est annulé par un signal inhibiteur lorsque le récepteur inhibiteur se fixe aux CMH de classe I et reconnaît le « soi ».

Toutes les cellules nucléées possèdent normalement des molécules CMH de classe I à leur surface. Elles peuvent cependant les perdre à la suite de la transformation cancéreuse ou de l'infection par un agent pathogène qui interfère avec leur expression (par ex. l'infection par un herpèsvirus). Les cellules dépourvues de CMH de classe I sont perçues comme anormales et les cellules NK tuent la cellule anormale en insérant une protéine formatrice de pore, la perforine, dans la membrane plasmique de la cellule cible et en y injectant des enzymes cytotoxiques appelées granzymes.

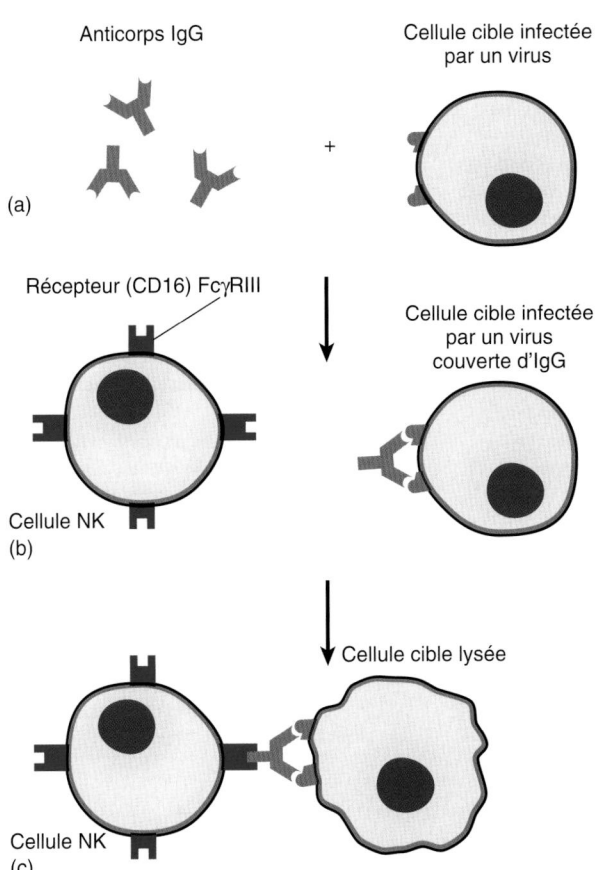

Figure 31.20 La cytotoxicité cellulaire dépendant des anticorps. (**a**) Dans ce mécanisme, les anticorps IgG se fixent à une cellule cible infectée par un virus. (**b**) Les cellules NK ont des récepteurs FcγRIII (CD16) à leur surface. (**c**) Lorsque les cellules NK rencontrent les cellules nécrosées couvertes d'IgG, elles tuent la cellule cible par libération de médiateurs cytotoxiques et/ou dommage à la membrane plasmique.

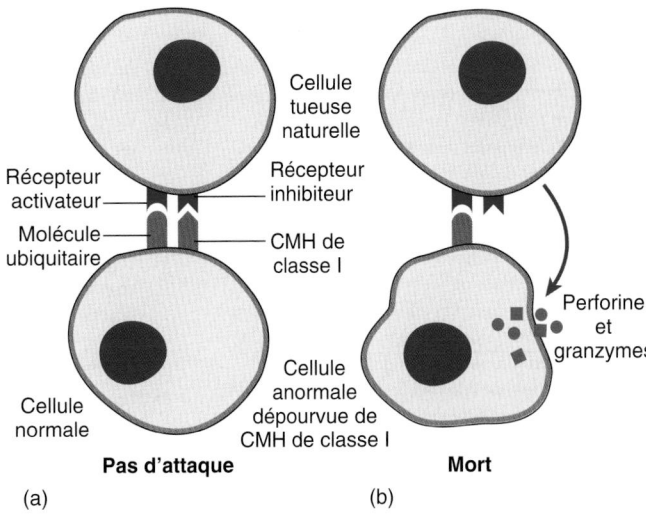

Figure 31.21 Système utilisé par les cellules NK pour reconnaître les cellules normales des cellules anormales dépourvues des molécules du complexe majeur d'histocompatibilité de classe I. (**a**) Le récepteur K-activateur reconnaît une molécule normale ubiquitaire sur la membrane plasmique de la cellule normale. Comme le récepteur K-inhibiteur reconnaît aussi la molécule CMH de classe I, il n'y a pas d'attaque. (**b**) En l'absence du signal inhibiteur, le récepteur intime l'ordre à la cellule NK d'attaquer et de tuer la cellule anormale. Les granules cytotoxiques de la cellule NK contiennent la perforine et des granzymes. Sans signal inhibiteur, les granules libèrent leur contenu qui tuera la cellule anormale.

1. Discutez le rôle des cellules NK dans la protection de l'hôte.
2. Quel est le but de la cytotoxicité cellulaire dépendant des anticorps ?

Résumé

1. Les animaux et les environnements stériles ou ne possédant que un ou quelques micro-organismes connus, sont dits gnotobiotiques. Il existe des méthodes d'élevage d'organismes gnotobiotiques (**figure 31.1**). Les animaux gnotobiotiques et les techniques spécifiques d'élevage constituent de bons systèmes expérimentaux grâce auxquels on peut étudier les interactions entre des animaux et des espèces spécifiques de micro-organismes.

2. Les micro-organismes commensaux vivant sur ou dans la peau peuvent être caractérisés soit comme transitoires, soit comme résidants (**figure 31.2**).

3. La microflore normale de la cavité buccale comprend des organismes capables de résister à l'élimination mécanique.

4. L'estomac contient très peu de micro-organismes en raison de son pH acide.

5. La partie distale de l'intestin grêle et l'entièreté du côlon ont les populations microbiennes les plus importantes du corps. On a identifié plus de 400 espèces, pour la plupart anaérobies.

6. Le système urogénital supérieur ne contient, habituellement, pas de micro-organismes. Par contre, le système génital de la femme adulte a une microflore complexe.

7. Après le contact ou l'entrée du micro-organisme dans un hôte, il s'établit dans certains cas, une relation positive, mutuellement bénéfique, partie intégrante de la bonne santé de l'hôte. Dans d'autres cas, le micro-organisme cause une maladie ou même entraîne le décès de l'hôte.

8. De nombreux composants de la microflore normale de l'hôte entrent en compétition avec les micro-organismes pathogènes.

9. Une infection opportuniste n'est généralement pas dangereuse dans un environnement normal mais peut devenir pathogène chez un hôte compromis.

10. Il y a deux types fondamentalement différents de réponse immunitaire face aux micro-organismes envahisseurs ou aux matériaux étrangers. La réponse non spécifique offre une résistance à tout micro-organisme ou matériau étranger, elle implique des mécanismes généraux qui sont une partie de la structure et des fonctions innées de l'animal ; elle n'a pas de mémoire et a chaque fois la même ampleur. Au contraire, la réponse spécifique offre une résistance à un agent étranger particulier, de plus elle s'accroît au fur et à mesure des expositions répétées à l'agent.

11. Les cellules responsables de l'immunité spécifique comme non spécifique sont les globules blancs sanguins ou leucocytes (**figure 31.3**), exemples en sont les cellules lymphoïdes, les cellules mononucléées (**figures 31.4** et **31.5**), les granulocytes, les mastocytes et les cellules dendritiques.

12. Les lymphocytes immatures, non differenciés, sont issus de la moelle osseuse mature et s'engagent dans une spécificité antigénique donnée dans les organes et tissus lymphoïdes primaires (**figure 31.6**). Chez les mammifères, les cellules T deviennent matures dans les thymus et les cellules B dans la moelle osseuse. Le thymus est l'organe lymphoïde primaire et la moelle osseuse le tissu lymphoïde primaire.

13. Les organes et tissus lymphoïdes secondaires sont des endroits où les lymphocytes peuvent rencontrer et fixer des antigènes où donc, ils prolifèrent et se différencient en cellules effectrices matures, spécifiques de l'antigène. La rate est l'organe lymphoïde secondaire, les ganglions lymphatiques et les tissus associés aux muqueuses (GALT et SALT) sont les tissus lymphoïdes secondaires.

14. De nombreux facteurs directs (la nutrition, l'âge), ainsi qu'autant de barrières générales participent à toutes les relations hôte-parasite. A certains moments, ils favorisent l'établissement de l'organisme parasite ; à d'autres, ils fournissent à l'hôte certains moyens de défense.

15. Les barrières physiques et mécaniques forment avec les sécrétions de l'hôte, la première ligne de défense contre les agents pathogènes (**figure 31.7**). Comme exemples, on peut citer : la peau (**figure 31.8**) et les muqueuses, les épithéliums des systèmes respiratoires, gastro-intestinal (**figure 31.10**) et génito-urinaire.

16. Les hôtes mammifères ont des barrières chimiques spécifiques qui aident à combattre l'attaque continuelle des organismes parasites. En font partie différents produits chimiques, les bactériocines et la β-lysine.

17. L'inflammation est une des réactions défensives non spécifiques de l'hôte contre une lésion tissulaire pouvant être occasionnée par un agent pathogène (**figures 31.11** et **31.12**). L'inflammation est aiguë ou chronique.

18. Le système du complément comprend un grand nombre de protéines sériques (**tableau 31.1**) qui jouent un rôle majeur dans la réponse immunitaire défensive de l'animal. Il y a trois voies d'activation du complément : les voies classique, alterne et lectine (**figure 31.13**).

19. La phagocytose implique la reconnaissance, l'ingestion et la destruction des organismes parasites par les enzymes lysosomiales, les radicaux superoxydes, le peroxyde d'hydrogène, les défensines, les intermédiaires réactionnels de l'azote et les ions métalliques (**figure 31.16**, *voir aussi figure 32.31*). Les cellules phagocytaires reconnaissent les micro-organismes par deux processus : l'un, opsonine dépendant, l'autre opsonine indépendant.

20. Les cytokines (**tableau 31.3** et **31.4**) sont nécessaires à l'immunorégulation de la réponse non spécifique comme de la réponse spécifique. Les cytokines ont un large spectre d'actions sur les cellules eucaryotes (**figure 31.17**).

21. Les interférons sont un groupe de cytokines qui répondent de manière défensive à des infections virales, de l'ARN double brin, des endotoxines, des stimuli antigéniques, des agents mitogènes et de nombreux agents pathogènes dont le développement est intracellulaire (**figure 31.18**).

22. La fièvre induite par un micro-organisme élève les défenses de l'hôte de 3 façons (**figure 31.19**) : elle stimule les leucocytes à détruire l'envahisseur, elle accroît la microbiostase en diminuant le fer disponible pour les micro-organismes et elle augmente l'activité spécifique du système immunitaire.

23. Les cellules tueuses naturelles sont une petite population de grands lymphocytes non phagocytaires (**figures 31.20** et **31.21**) qui détruisent les cellules cancéreuses et les cellules infectées par des micro-organismes.

Mots-clés

Questions de révision

1. A quoi utilise-t-on les animaux gnotobiotiques en microbiologie ?
2. Que nous apprend la branche de la microbiologie appelée gnotobiotique sur la relation entre le corps humain et les bactéries trouvées dans ou sur lui ?
3. Décrivez pourquoi le micro-environnement de la peau est à la fois favorable à certains micro-organismes et défavorables à d'autres. Expliquez votre réponse.
4. Quelle est la relation entre un hôte compromis et un micro-organisme opportuniste ?
5. Comparez et différenciez les réponses immunitaires non spécifique et spécifique.
6. Décrivez les différents types de cellules sanguines humaines, donnez une fonction pour

chacune d'elles.
7. Décrivez la contribution à la défense de l'hôte des sytèmes respiratoire, gastrointestinal et génito-urinaire.
8. Comment fonctionnent les systèmes SALT et MALT ?
9. Comment l'inflammation peut-elle être bénéfique à un hôte et préjudiciable à un organisme parasite ?
10. Quelle est la relation entre la poussée respiratoire et la phagocytose ?
11. Pourquoi est-il si difficile de grouper les cytokines en catégories spécifiques ?
12. Pourquoi les fièvres sont-elles pour la plupart dues à des virus ou des bactéries ?

Questions de réflexion

1. Certains patients qui prennent des antibiotiques pour de l'acnée développent des infections par des levures. Expliquez.
2. Certains micro-organismes sont des agents pathogènes intracellulaires. Expliquez pourquoi la réponse immunitaire non spécifique n'est pas la même contre ces agents que contre des agents présents sur ou dans la peau ?

Lectures complémentaires

31.1   Les animaux gnotobiotiques
Gordon, H. A., et Pesti, L. 1971. The gnotobiotic animal as a tool in the study of host microbial relationships. *Bacteriol. Rev.* 35:390–429.

31.2   La microflore normale du corps humain
Drasar, B. S., et Barrow, P. A. 1985. *Intestinal microbiology*. Washington, D.C.: American Society for Microbiology.
Mackowiak, P. A. 1982. The normal microbial flora. *N. Engl. J. Med.* 307:83.
Marcotte, H., et Lavoie, M. C. 1998. Oral microbial ecology and the role of salivary immunoglobulin A. *Microbiol. Mol. Biol. Rev.* 62(1):71–109.
Roth, R., et Jenner, W. 1998. Microbial ecology of the skin. *Annu. Rev. Microbiol.* 42:441–48.

31.3   Aperçu général de la résistance de l'hôte
Fearon, D. T., et Locksley, R. M. 1996. The instructive role of innate immunity in the acquired immune response. *Science* 272:50–56.
Medzhitov, R., et Janeway, C. A. 1998. An ancient system of host defense. *Curr. Opin. Immunol.* 10:12–14.
Modlin, R., et al. 1999. The toll of innate immunity on microbial pathogens. *N. Engl. J. Med.* 340(23):1834–35.

31.4   Les cellules, tissus et organes du système immunitaire
Caux, C. 1995. Recent advances in the study of dendritic cells and follicular dendritic cells. *Immunol. Today* 16:2–14.
Golde, D. 1992. Les cellules souches. *Pour la Science*, 172, 62-69.
Picker, L., et Siegelman, M. 1999. Lymphoid tissues and organs. In *Fundamental immunology*, 4ᵉ éd.

Philadelphia: Lippincott-Raven.

31.5   Les barrières physiques et chimiques de la résistance non spécifique
Baba, T., et Schneewind, O. 1998. Instruments of microbial warfare: Bacteriocin synthesis, toxicity, and immunity. *Trends Microbiol.* 6(2):66–71.
Baggiolini, M. 1993. Activation of neutrophil leukocytes: Chemoattractant receptors and respiratory burst. *FASEB J.* 7(11):1004–10.
Beaman, L., et Beaman, B. 1984. The role of oxygen and its derivatives in microbial pathogenesis and host defense. *Annu. Rev. Microbiol.* 38:27–48.
Edelson, R. L., et Fink, J. M. 1985. Le rôle immunitaire de la peau. *Pour la Sciences*, 94, 59-67.
McNabb, D. 1981. Host defense mechanisms at mucosal surfaces. *Annu. Rev. Microbiol.* 33:477–96.
Verschuere, L., et al. 2000. Probiotic bacteria as biological control agents in aquaculture. *Microbiol. Mol. Biol. Rev.* 64(4):655–71.

31.6   L'inflammation
Baumann, H., et Gauldie, J. 1994. The acute response. *Immunol. Today.* 15:74–80.

31.7   Le système du complément
Joiner, K. A. 1988. Complement evasion by bacteria and parasites. *Annu. Rev. Microbiol.* 42:201–30.
Mayer, M. 1973. The complement system. *Sci. Am.* 229(5):54–66.
Muller-Eberhard, H. J. 1988. Molecular organization and function of the complement system. *Annu. Rev. Biochem.* 57:321–47.
Ross, G. D., éd. 1986. *Immunobiology of the complement system*. New York: Academic Press.

31.8   La phagocytose
Hancock, R. E. W., et Diamond, G. 2000. The role of cationic antimicrobial peptides in innate host defenses. *Trends Microbiol.* 8(9):402–10.
Labro, M.-T. 2000. Interference of antibacterial agents with phagocyte functions: Immunomodulation or "immuno-fairy tales"? *Clin. Microbiol. Rev.* 13(4):615–50.
Lancaster, J. R. 1992. Nitric oxide in cells. *Am. Scientist* 80(3):248–59.
Lehrer, R. 1990. Defensins. Natural peptide antibiotics from neutrophils. *ASM News* 56(6):315–18.
Mosser, D. 1994. Receptors of phagocytic cells involved in microbial recognition. In *Macrophage-pathogen interactions*. New York: Dekker.
Ofek, I.; Goldhar, J.; Keisari, Y.; et Sharon, N. 1995. Nonopsonic phagocytosis of microorganisms. *Annu. Rev. Microbiol.* 49:239–76.
Vazquez-Torres, A., et Fang, F. C. 2001. Oxygen-dependent anti-*Salmonella* activity of macrophages. *Trends Microbiol.* 9(1):29–33.

31.9   Les cytokines
Luster, A. 1998. Chemokines-chemotactic cytokines that mediate inflammation. *N. Engl. J. Med.* 338(7):436–45.

31.10   Les cellules tueuses naturelles
Berke, G. 1995. Unlocking the secrets of CTL and NK cells. *Immunol. Today* 16:343.
Henkart, P. A., et Stitkovsky, M. 1994. Two ways to kill target cells. *Curr. Biol.* 4:923–70.
Lanier, L. L. 1998. NK cell receptors. *Annu. Rev. Immunol.* 16:359–70.

CHAPITRE 32

L'immunité spécifique

Les souris nues (athymiques) ont un défaut génétique (la mutation *nu*) qui affecte le développement du thymus et les cellules T ne se forment pas. Elles ont cependant des cellules B et une immunité humorale effective. Cette déficience unique fournit des animaux chez lesquels on peut étudier la dichotomie cellules B/T, l'influence de facteurs du milieu sur la maturation et la différenciation des cellules T, ainsi que de nombreux désordres immunitaires.

Plan

Concepts

1. La fonction principale de la réponse immunitaires chez les animaux supérieurs est de fournir une protection spécifique (immunité) contre des micro-organismes nuisibles, des cellules cancéreuses et certaines macromolécules.

2. L'immunité spécifique a deux branches : l'humorale et la cellulaire. L'immunité humorale, médiée par les anticorps, implique la production d'anticorps par les plasmocytes dérivés des cellules B. L'immunité cellulaire implique des lymphocytes particuliers, les cellules T, qui combattent les micro-organismes et les tissus étrangers. Ils régulent aussi l'activation et la prolifération d'autres cellules du système immunitaire comme les macrophages, les cellules B et les autres cellules T.

3. On appelle antigènes des substances étrangères (« non soi ») - des protéines, nucléoprotéines, polysaccharides, certains glycolipides - auxquelles les lymphocytes répondent.

4. Il y a cinq classes d'immunoglobulines (Ig) selon leurs propriétés physicochimiques et biologiques. Il s'agit des IgG, IgM, IgA, IgD et IgE.

5. Les deux caractéristiques distinctives des immunoglobulines sont leur diversité et leur spécificité.

6. Chez les vertébrés, il existe différents types de réactions antigène-anticorps qui forment des produits importants dans la réponse immunitaire. L'union de l'antigène avec l'anticorps déclenche l'enrôlement d'autres éléments qui détermineront le devenir de l'antigène. Par exemple, la voie classique du complément peut être activée et conduire à la lyse cellulaire ou à la phagocytose. La neutralisation des toxines, l'opsonisation et la formation de complexes immuns sont d'autres mécanismes de défense.

> « Le système immunitaire a la remarquable propriété de répondre avec une spécificité exquise à des milliers de substances diverses, ceci nous sauve tous d'une mort certaine par infection. »
>
> *Martin C. Raff*

C'est grâce au système immunitaire qu'un hôte peut résister aux envahisseurs étrangers. Il comprend toute une série de cellules et de molécules, chacune avec son rôle particulier dans la défense de l'organisme contre les agressions continuelles de micro-organismes envahisseurs et de cellules cancéreuses. Le chapitre 31 présente la base de la résistance de l'hôte : la résistance non spécifique ou immunité innée. Le chapitre 32 continue cette description de la réponse immunitaire et présente l'immunité spécifique. Celle-ci s'acquiert soit naturellement soit artificiellement, elle implique des antigènes, des anticorps, des cellules T et B et la voie classique du complément.

32.1 L'immunité spécifique : vue générale

L'immunité spécifique des vertébrés a trois fonctions principales : reconnaître tout ce qui est étranger (« non soi »), répondre à ce matériel étranger et s'en rappeler. La reconnaissance est hautement spécifique. Le système immunitaire sait distinguer un agent pathogène d'un autre, identifier des cellules cancéreuses et reconnaître ses propres protéines et cellules (du « soi ») comme différentes des protéines, cellules, tissus et organes du « non soi ». Lorsque l'envahisseur a été reconnu, le système immunitaire répond en recrutant les molécules et les cellules défensives qui vont attaquer l'étranger. Il s'agit de la **réponse effectrice** qui soit élimine le matériel étranger soit le rend inoffensif de façon à prévenir la maladie. Si cet envahisseur est rencontré de nouveau plus tard, le sys-

tème immunitaire se rappelle et développe une réponse mémoire (ou anamnestique) plus intense et plus rapide qui éliminera encore l'envahisseur et protègera l'hôte (p. 743).

L'immunité spécifique se distingue de la résistance non spécifique par quatre caractères :

1. La *spécificité*. L'immunité est dirigée contre un agent pathogène ou une substance étrangère en particulier, elle ne confère pas, en général, une immunité contre d'autres éléments.

2. La *mémoire*. Lorsqu'il est réexposé au même agent ou produit, le corps réagit si vite qu'il n'y a pas de pathogénie décelable. Au contraire, le temps de réaction de l'inflammation ou d'autres défenses non spécifiques est exactement le même à la première exposition ou aux suivantes.

3. La *diversité*. Le système est capable de générer un nombre énorme de molécules différentes, des anticorps, qui reconnaissent des millions d'antigènes distincts.

4. La *discrimination entre le « soi » et le « non soi »*. Le système immunitaire spécifique répond toujours (presque toujours) aux seuls antigènes « non soi » et ainsi n'a pas d'action destructrice sur l'organisme qu'il défend.

Il y a deux branches à l'immunité spécifique (**figure 32.1**) : l'immunité humorale (médiée par les anticorps) et l'immunité cellulaire (médiée par des cellules). **L'immunité humorale (médiée par les anticorps)**, dont le nom dérive des « humeurs » du corps, repose sur l'action de protéines solubles appelées anticorps que l'on trouve dans les fluides corporels et à la membrane plasmique des lymphocytes B. Les anticorps circulants se fixent aux bactéries, toxines et virus extracellulaires, les neutralisent ou les marquent pour les vouer à la destruction par d'autres mécanismes, décrits à la section 32.6.

L'immunité cellulaire (médiée par des cellules) repose sur l'action de lymphocytes T particuliers (*voir section 31.4 et figure 31.3*) qui attaquent directement des cellules infectées par des virus ou des parasites, des cellules ou des organes transplantés et des cellules cancéreuses. Les cellules T sont capables de lyser ces cellules ou de sécréter des substances chimiques (cytokines) qui augmentent l'immunité spécifique et les défenses non spécifiques comme la phagocytose ou l'inflammation.

Les types d'immunité acquise

L'**immunité acquise** se réfère à l'immunité spécifique que l'hôte développe à la suite d'une exposition à un antigène convenable ou à la suite du transfert d'anticorps ou de lymphocytes à partir d'un donneur immun. L'immunité acquise s'obtient par des moyens naturels ou artificiels et de façon active ou passive (**figure 32.2**).

L'immunité acquise naturellement

On parle d'**immunité active acquise naturellement** lorsque le système immunitaire d'un individu reçoit un stimulus antigénique comme une infection, qu'il y répond en produisant des anticorps et des lymphocytes activés qui détruiront ou inactiveront l'antigène. Cette immunité dure toute la vie comme dans le cas de la rougeole et de la varicelle ou dure seulement quelques années comme dans le cas du tétanos.

L'**immunité passive acquise naturellement** implique le transfert d'anticorps d'un hôte vers un autre. Par exemple, certains anticorps, chez une femme enceinte, passent au fœtus à travers le

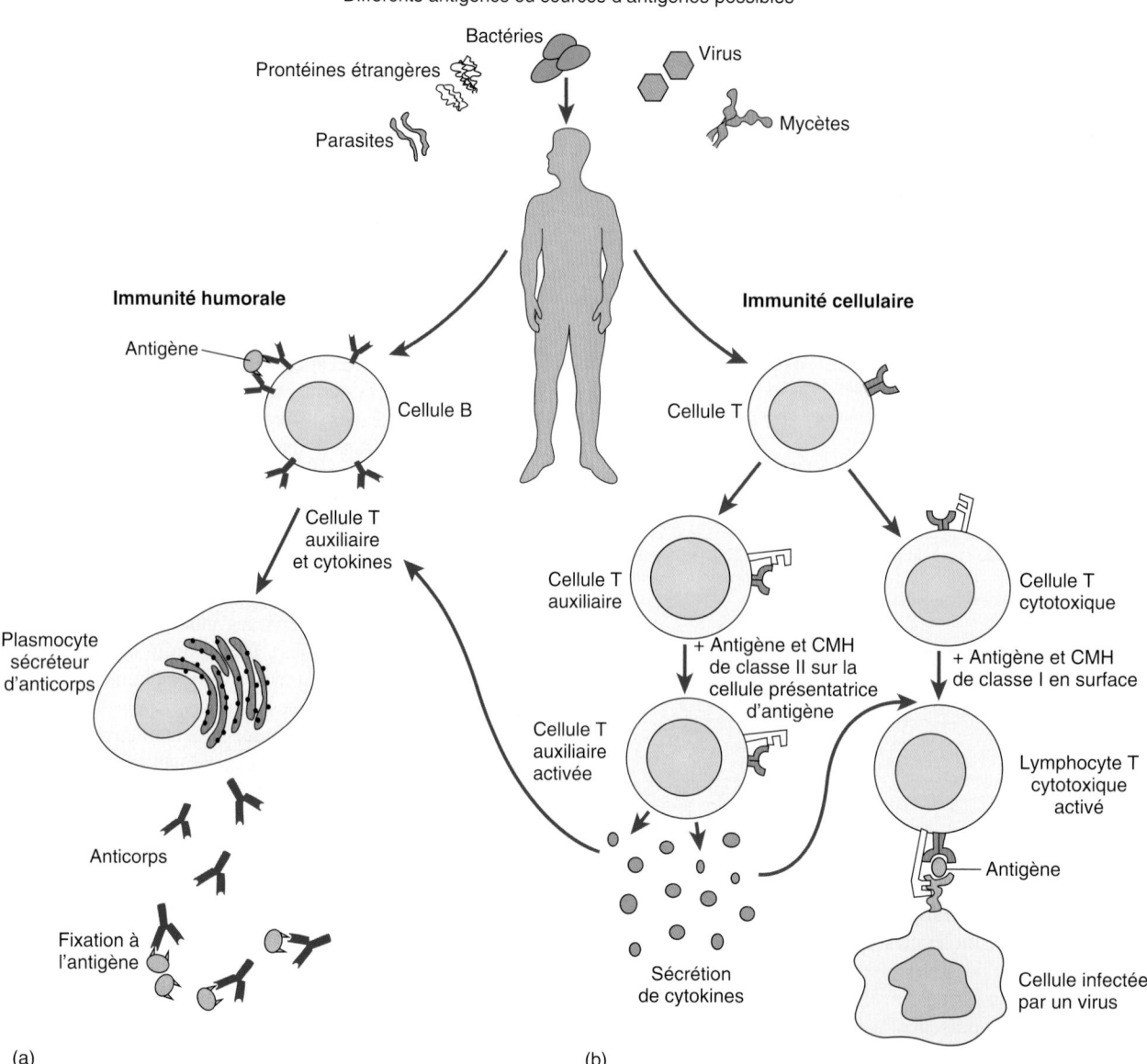

Figure 32.1 Les deux branches — humorale et cellulaire — de l'immunité. (**a**) Dans la branche humorale, les cellules B interagissent avec l'antigène et se différencient en plasmocytes sécréteurs d'anticorps. L'anticorps se fixe à l'antigène et le marque pour qu'il soit détruit par d'autres mécanismes. (**b**) Dans la réponse cellulaire, des sous-populations de cellules T sont activées par l'antigène présenté avec un complexe majeur d'histocompatibilité (CMH). Des cellules T auxiliaires activées répondent en produisant des cytokines qui facilitent les réponses tant cellulaire que humorale. Les cellules T cytotoxiques répondent à l'antigène en donnant des lymphocytes T cytotoxiques qui tueront les cellules infectées par des virus ou autrement altérées. Des cellules B et T se différencient aussi en cellules mémoire (non montré) qui seront impliquées lors de réponses ultérieures.

placenta. Si la mère est immunisée contre la polio ou la diphtérie, le fœtus et le nouveau-né acquéreront une immunité contre ces maladies par transfert placentaire. D'autres anticorps passent de la mère à l'enfant par les premières sécrétions de la glande mammaire (le colostrum). Ces anticorps maternels sont essentiels à donner au nouveau-né une immunité avant que son propre système immunitaire n'arrive à maturité. Malheureusement cette immunité ne dure qu'un temps court, quelques semaines ou mois tout au plus.

L'immunité acquise artificiellement

On parle d'**immunité active acquise artificiellement** lorsqu'un individu ou un animal reçoit une préparation antigénique dans le but d'induire la formation d'anticorps et de lymphocytes activés. Une telle préparation est appelée vaccin et le procédé vaccination (ou immunisation). Un vaccin est une préparation de micro-organismes tués, ou de micro-organismes vivants et atténués (affaiblis),

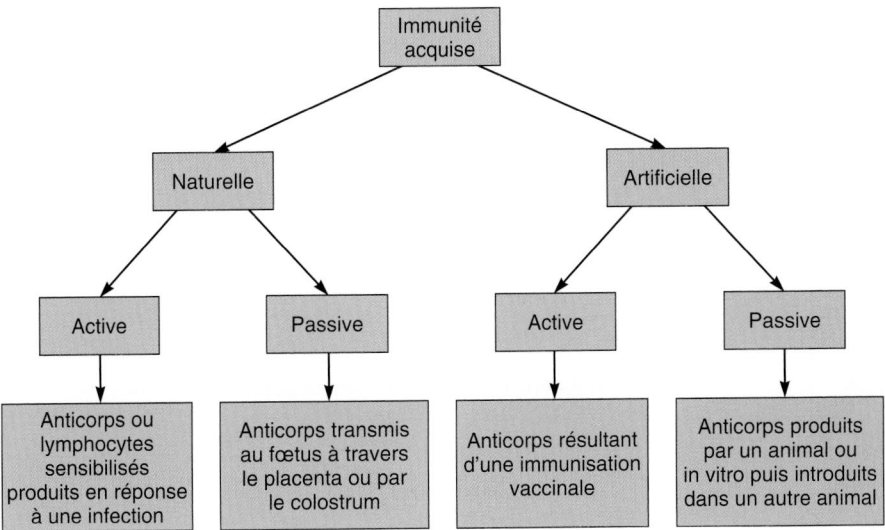

Figure 32.2 L'immunité spécifique. Cette figure est un guide à la description de l'immunité acquise, dans le texte. Les détails du système immunitaire humain sont étonnamment complexes ; on a ainsi omis plusieurs événements pour que l'organisation générale de la réponse immunitaire apparaisse clairement.

ou de toxines bactériennes inactivées (anatoxines), qui est injectée à l'animal pour induire l'immunité artificiellement. Les vaccins et la vaccination font l'objet de la section 33.1.

L'**immunité passive acquise artificiellement** résulte de l'introduction chez un hôte, d'anticorps qui ont été produits soit chez un animal soit par des méthodes in vitro. Bien que ce type d'immunité soit immédiate, elle est de courte durée et ne dure que quelques semaines à quelques mois. Comme exemple, citons l'antitoxine botulique produite chez le cheval et donnée à un être humain souffrant d'un empoisonnement alimentaire botulique.

1. La réponse immunitaire spécifique peut être divisée en trois activités, quelles sont-elles ?
2. Qu'est-ce qui distingue l'immunité spécifique de la résistance non spécifique ?
3. Quels sont les deux bras de l'immunité spécifique ?
4. Comment se produit l'immunité acquise naturellement ? Différenciez immunité active et passive.

32.2 Les antigènes

Le système immunitaire distingue entre « soi » et « non-soi » grâce à un processus de reconnaissance élaboré. Avant la naissance, le corps fait un inventaire des protéines et des autres grosses molécules présentes (soi) et élimine la plupart des cellules T spécifiques de ces auto-antigènes. Par conséquent, les substances du soi pourront être distinguées des substances du non-soi et les lymphocytes produiront des réactions immunologiques spécifiques du non-soi conduisant à leur destruction.

Des substances comme des protéines, des nucléoprotéines, des polysaccharides et certains glycolipides qui induisent une réponse immunitaire et qui réagissent avec les produits de cette ré-

ponse, sont appelées **antigènes** (pour **gén**érateurs d'**anti**corps). La plupart des antigènes sont de grosses molécules complexes dont la masse moléculaire est généralement supérieure à 10.000. La propriété d'une molécule de fonctionner comme un antigène dépend de sa taille et de la complexité de sa structure.

Chaque antigène peut avoir plusieurs **déterminants antigéniques** ou **épitopes** (**figure 32.3**). Les épitopes sont les régions de l'antigène qui se lient au site de fixation de l'antigène sur un anticorps spécifique ou à un récepteur de cellule T. Les anticorps se forment au mieux en réaction à des déterminants faisant saillie sur la molécule étrangère ou contre les résidus terminaux d'une chaîne polymérique. D'un point de vue chimique, ces déterminants sont des sucres, des bases et des acides organiques, des acides aminés, des hydrocarbures et des groupes aromatiques.

Le nombre de déterminants antigéniques à la surface de l'antigène est la **valence** de l'antigène. La valence détermine le nombre de molécules d'anticorps qui peuvent se combiner à l'antigène en même temps. S'il n'y a qu'un site déterminant, l'antigène est monovalent. La plupart des antigènes, cependant, possèdent plus d'un déterminant ou plus d'une copie du même épitope, et sont dits multivalents. Les antigènes multivalents induisent généralement une réponse immunitaire plus forte que les antigènes monovalents.

Les haptènes

Beaucoup de petites molécules organiques ne sont pas antigéniques par elles-mêmes mais peuvent le devenir si elles sont fixées à une molécule porteuse plus grande, comme une protéine (**figure 32.4**). Ces petites molécules sont incapables de stimuler par elles-mêmes la formation d'anticorps ou les réponses des cellules T, mais elles peuvent réagir avec des anticorps formés ; elles sont appelées **haptènes** (du grec *haptein*, saisir). Quand les lymphocytes sont stimulés par la molécule combinée, ils peuvent réagir soit à l'haptène, soit à la grosse molécule porteuse. La conjugaison

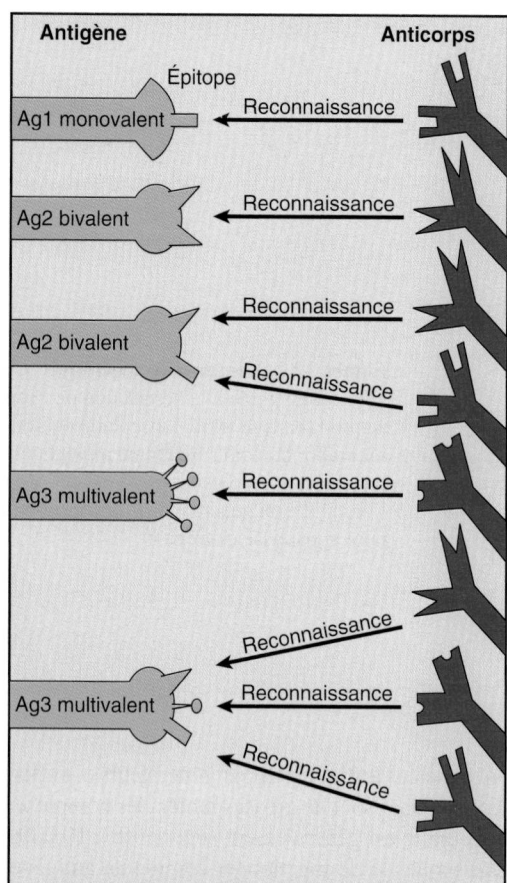

Figure 32.3 Le nombre de déterminants antigéniques ou épitopes sur un antigène est sa valence. Les molécules d'antigènes (Ag) ont chacune un jeu de déterminants antigéniques ou épitopes. Il n'y a qu'un seul épitope sur un antigène monovalent (Ag1). Un antigène bivalent (Ag2) peut avoir 2 épitopes semblables ou différentes, et un antigène multivalent (Ag3) a plusieurs épitopes semblables et trois ou plus d'épitopes différents. Cependant, chaque anticorps reconnaît seulement un épitope plutôt que l'ensemble de l'antigène multivalent.

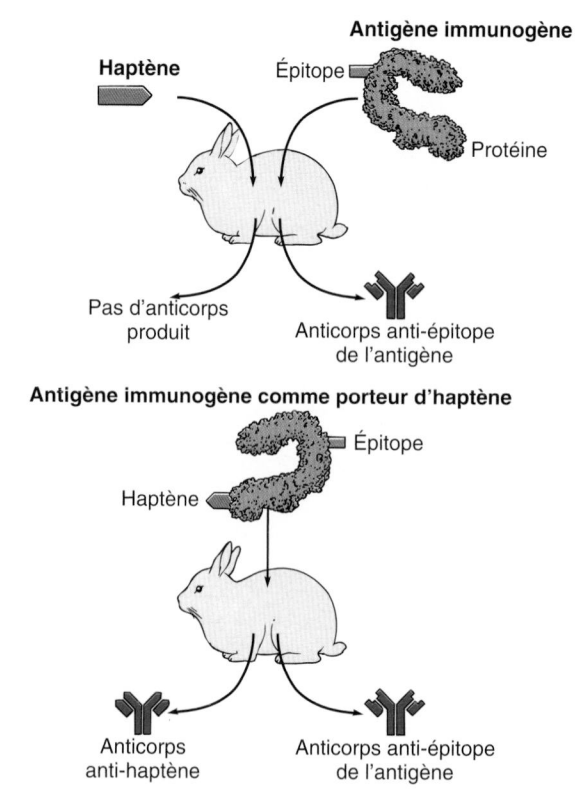

Figure 32.4 Effet du porteur sur l'immunogénicité d'un haptène. Les haptènes, petites molécules, sont incapables, lorsqu'ils se présentent seuls, d'induire une réponse immunitaire. La situation est tout à fait différente quand un antigène complexe immunogène est présenté. Dans ce cas, l'anticorps dirigé contre le ou les épitope(s) spécifique(s) est produit. Cependant, si l'haptène est lié à une grosse molécule (utilisée comme porteur), il devient immunogène. Dans ces conditions, un anticorps est produit non seulement contre l'épitope de la molécule porteuse immunogène mais aussi contre l'épitope de l'haptène.

d'un haptène et d'une protéine porteuse rend l'haptène immunogène car la protéine porteuse peut être fragmentée et présentée aux cellules T spécifiques. Ainsi des anticorps seront formés, spécifiques de l'haptène et spécifiques du porteur. Un exemple d'haptène est la pénicilline. Par elle-même, la pénicilline n'est pas antigénique. Cependant, lorsqu'elle se combine avec certaines protéines sériques chez des individus sensibles, la molécule résultante déclenchera une réponse immunitaire allergique sévère et parfois fatale. Dans ces cas, l'haptène agit comme un déterminant antigénique de la molécule porteuse.

Les superantigènes

Certains antigènes provoquent une réponse immunitaire si dras-

tique qu'ils sont appelés **superantigènes**. Ce sont des protéines bactériennes qui stimulent non spécifiquement la prolifération des cellules T en interagissant avec d'une part le récepteur des cellules T et d'autre part avec les molécules CMH de classe II sur les cellules présentatrices d'antigènes (**figure 32.5**). De bons exemples de superantigènes sont les entérotoxines staphylococciques, responsables d'empoisonnements alimentaires et la toxine responsable du syndrome du choc toxique. Les superantigènes sont causes de symptômes car ils induisent la libération de quantités énormes de cytokines à partir des cellules T ; il est possible qu'ils soient chroniquement associés à des maladies comme la fièvre rhumatoïde, l'arthrite, le syndrome de Kawasaki, la dermatite atopique et une sorte de psoriasis.

Les classes de différenciation (CD)

L'implication des lymphocytes dans la réponse immunitaire et dans certaines maladies peut être estimée par l'énumération des cellules portant des protéines de membrane particulières appelées **molécules de classe de différenciation** (**CD**, pour *c*luster of *di*fferentiation molecules). Il s'agit de protéines fonctionnelles de la surface cellulaire que l'on peut identifier in situ ou dans le sang périphérique, les biopsies, ou d'autres liquides corporels. Elles servent souvent de nomenclature pour différencier des subpopulations leucocytaires. Plus de 200 CD ont été caractérisées à l'heure actuelle, le **tableau 32.1** résume les fonctions de quelques CD.

Les CD ont une signification autant biologique que diagnostique. La concentration de ces molécules est très faible chez l'individu normal, mais elle augmente et fluctue lorsque le système immunitaire est activé en réponse à la maladie. Ainsi le suivi des niveaux de CD peut aider au traitement d'une maladie. Par exemple, les taux circulants de CD 54 sont directement en relation avec la progression et le pronostic du mélanome malin de la peau. CD 23 est un facteur de croissance des cellules B dont le niveau élevé est associé à la leucémie lymphocytaire chronique. CD 35 est un agent suppresseur puissant du dommage tissulaire dépendant du complément dans la maladie inflammatoire auto-immune. On a trouvé des taux élevés de CD8 dans des cancers lymphoïdes pédiatriques et chez les patients infectés par HIV. Il est établi que la molécule CD34 est le récepteur cellulaire de surface d'HIV (*voir figure 38.9*) et on recherche actuellement activement quel est le rôle de CD34 tant cellulaire que soluble dans le SIDA.

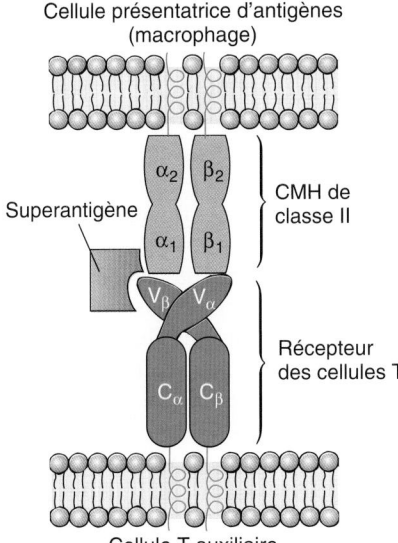

Figure 32.5 Les superantigènes. Le récepteur des cellules T est le récepteur d'antigène principal sur les cellules T. Les superantigènes stimulent des cellules T portant, dans ce récepteur, un élément V_β particulier quelle que soit la nature de l'élément V_α. Ils se fixent directement à la partie externe de la molécule CMH de classe II sans être découpés par la cellule présentatrice d'antigènes. Un superantigène peut ainsi activer bien plus de cellules T qu'un antigène normal.

1. Définissez un antigène et donnez quelques exemples.
2. Qu'est-ce qu'un déterminant antigénique ou épitope ?
3. Décrivez un haptène.
4. Quelle est la signification biologique des antigènes de différenciation, donnez quelques exemples.
5. Différenciez les substances soi et non-soi.

Tableau 32.1 Exemples de fonction des molécules des classes de différenciation (CD)

Molécule CD	Nature et fonction
CD2	Glycoprotéine présente sur les cellules T, les thymocytes et les cellules NK ; c'est une molécule d'adhésion intercellulaire qui se fixe à CD58 (aussi appelé LFA-3, antigène 3 humain associé à la fonction leucocytaire) ; serait impliquée dans l'attachement des cellules T_H aux cellules présentatrices d'antigènes dans l'attachement des cellules T cytotoxiques aux cellules cibles et dans d'autres interactions cellulaires ; c'est une molécule transductrice de signal qui stimule la prolifération et la sécrétion de cytokines des cellules T.
CD4	Glycoprotéine trouvée principalement sur des cellules T à fonction auxiliaire/inductrice et dans une moindre mesure sur les monocytes et les macrophages ; c'est une molécule d'adhésion avec une haute affinité pour les CMH de classe II.
CD8	Polypeptide présent à la surface des cellules T cytotoxiques, participe à l'interaction avec les CMH de classe I trouvés sur les cellules cibles.
CD23	Protéine de surface des cellules B porteuses d'IgM, des éosinophiles, des macrophages et des plaquettes. La molécule CD3 soluble est un facteur de croissance des cellules B qui, avec l'interleukine 4 libérée des cellules T, stimule la synthèse des IgE.
CD35	Glycoprotéine présente sur les érythrocytes, les PMN, les monocytes, toutes les cellules B et certaines cellules T, les mastocytes et sous forme soluble dans le plasma ; c'est le récepteur du complément C3b/C4b et sa fonction varie suivant la cellule qui porte le récepteur. Par exemple, le CD35 des érythrocytes fixe les complexes immuns portant C3b ou C4b et favorise leur élimination de la circulation ; sur les cellules B, il accroit la maturation en cellules sécrétrices d'anticorps ; sur les leucocytes, il aide à la fixation et à la phagocytose des particules couvertes de C3b ou de C4b.
CD54	Aussi connu sous le nom de ICAM-I (molécule d'adhésion intercellulaire de type I) ; protéine importante comme marqueur précoce de l'activation et de la réponse immunitaire ; c'est un ligand pour LFA-1 (antigène-1 associé à la fonction lymphocytaire) qui se trouve sur les lymphocytes, les monocytes et les neutrophiles. L'interaction CD54/LFA-1 est importante dans les réponses antigène-spécifiques des cellules T et dans la migration des lymphocytes vers les sites d'inflammation. CD54 se trouve aussi sur les cellules épithéliales mucosales et les érythrocytes ; on a montré récemment que CD54 est le récepteur des rhinovirus humains et des érythrocytes infectés par *Plasmodium falciparum*.

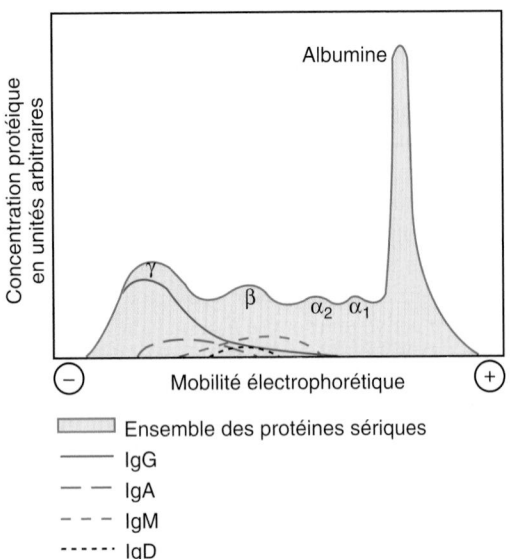

Figure 32.6 Électrophorèse de sérum humain. Représentation schématique des résultats d'une électrophorèse illustrant la distribution des protéines sériques et des quatre classes majeures d'immunoglobulines.

32.3 Les anticorps

Un **anticorps** ou **immunoglobuline (Ig)** est une glycoprotéine synthétisée en réponse à un antigène, capable de reconnaître et de fixer l'antigène responsable de sa production. Les anticorps sont présents dans le sérum sanguin, les liquides tissulaires et les muqueuses des vertébrés. Les glycoprotéines sériques peuvent être séparées selon leur charge dans un champ électrique et classifiées comme albumine, alpha -1 globuline, alpha -2 globuline, bêta-globulines et gamma -globulines (**figure 32.6**). Notez que la bande des gamma-globulines est large car elle représente une classe hétérogène d'immunoglobulines ; en fait, les IgG, IgA, IgM et IgD. Celles-ci diffèrent l'une de l'autre par leur masse moléculaire, leur structure, leur charge, leur composition en acides aminés et leur contenu en glucides. La plupart des anticorps du sérum font partie de la classe IgG. Les IgE, une cinquième classe d'immunoglobulines, ont une mobilité semblable aux IgD mais ne sont pas représentées quantitativement car leur concentration dans le sérum est faible.

La structure des immunoglobulines

Les anticorps ont plus d'un site de combinaison à l'antigène. Par exemple, la plupart des anticorps humains ont deux sites de fixation ou sont bivalents (figure 32.3). Certaines molécules d'anticorps bivalents se combinent pour former des anticorps multimériques qui peuvent avoir jusqu'à dix sites de fixation.

Toutes les molécules d'immunoglobuline ont une structure de base faite de quatre chaînes polypeptidiques (**figure 32.7a,b**) reliées entre elles par des ponts disulfure. Chaque chaîne légère est faite d'environ 220 acides aminés et a une masse moléculaire d'environ 25.000. Chaque chaîne lourde a environ 440 acides aminés et une masse moléculaire de 50 000 à 70 000. Pour chaque classe ou sous-classe d'immunoglobulines, les chaînes lourdes sont structurellement distinctes. Les chaînes lourdes comme les chaînes légères

contiennent deux régions différentes. Les **régions constantes (C$_L$ et C$_H$)** ont des séquences d'acides aminés qui ne varient pas de façon significative entre les anticorps d'une même classe. Les **régions variables (V$_L$ et V$_H$)** des anticorps possèdent des séquences différentes (figure 32.7a). Repliées ensemble, les régions variables (V$_L$ et V$_H$) forment le site de fixation de l'antigène.

Les quatre chaînes sont arrangées en forme d'Y flexible avec une région charnière (figure 32.7b). Cette région charnière permet à la molécule d'anticorps de prendre une forme en T. La tige de cet Y est appelé **fragment cristallisable (Fc)** et contient le site par lequel la molécule d'anticorps se fixe à un récepteur cellulaire approprié. Le sommet de l'Y consiste en deux **fragments fixant l'antigène (Fab** pour *f*ragment « *a*ntigen-*b*inding ») qui se lient aux épitopes correspondants. Les fragments Fc sont composés seulement de régions constantes tandis que les fragments Fab possèdent et des régions constantes et des régions variables. Les chaînes lourde et légère contiennent plusieurs unités homologues de 100 à 110 acides aminés. À l'intérieur de chaque unité ou **domaine**, des ponts disulfure forment une boucle de quelque 60 acides aminés (figure 32.7c). Des ponts disulfure intercaténaires lient entre elles les chaînes lourdes et légères.

De façon plus spécifique, il existe deux formes distinctes de chaînes légères, appelées kappa (κ) et lambda (λ), caractérisées par leur séquence carboxy-terminale (**figure 32.8a**). Dans les immunoglobulines humaines, la partie carboxy-terminale de toutes les chaînes κ est identique ; ainsi, cette région est appelée le domaine constant (C$_L$). En ce qui concerne les chaînes λ, il y a quatre séquences très semblables qui définissent les sous-types λ$_1$ λ$_2$, λ$_3$ et λ$_4$ avec leur région constante correspondante C$_λ$1, C$_λ$2, C$_λ$3 et C$_λ$4. À l'intérieur du domaine variable de la chaîne légère sont situées des régions hypervariables ou régions complémentaires dont la séquence en acides aminés varie plus souvent que celle du reste du domaine variable.

Dans la chaîne lourde, le domaine amino-terminal suit un modèle de variabilité semblable à celui des domaines V$_κ$ et V$_λ$ et est appelé le domaine V$_H$. Cependant, notez dans la figure 32.8b que ce domaine contient quatre régions hypervariables. Les autres domaines des chaînes lourdes sont appelés domaines constants et sont désignés C$_H$1, C$_H$2, C$_H$3 et parfois C$_H$4, en commençant par le domaine adjacent au domaine variable (figure 32.7c). Les domaines constants de la chaîne lourde forment la région constante C$_H$. C'est la séquence en acides aminés de cette région qui détermine la classe des chaînes lourdes. Chez l'homme, il existe cinq classes de chaînes lourdes appelées gamma (γ), alpha (α), mu (μ), delta (δ) et epsilon (ε). Les propriétés de ces chaînes lourdes déterminent respectivement les cinq classes d'immunoglobulines IgG, IgA, IgM, IgD et IgE. Chaque classe d'immunoglobulines diffère par ses propriétés générales, sa demi-vie, sa distribution dans le corps et son interaction avec les autres composants des systèmes défensifs de l'hôte.

A l'intérieur de deux des classes majeures d'immunoglobulines, il y a des variants que l'on peut classer en : (1) **isotypes,** selon la nature des régions constantes de la chaîne lourde en rapport avec les classes et sous-classes qui sont normalement présentes chez tous les individus (**figure 32.9a**) ; (2) **allotypes,** formes alléliques génétiquement contrôlées des immunoglobulines qui ne sont pas présentes chez tous les individus (figure 32.9b) ; et (3) **idiotypes,** molécules spécifiques individuelles qui diffèrent par la

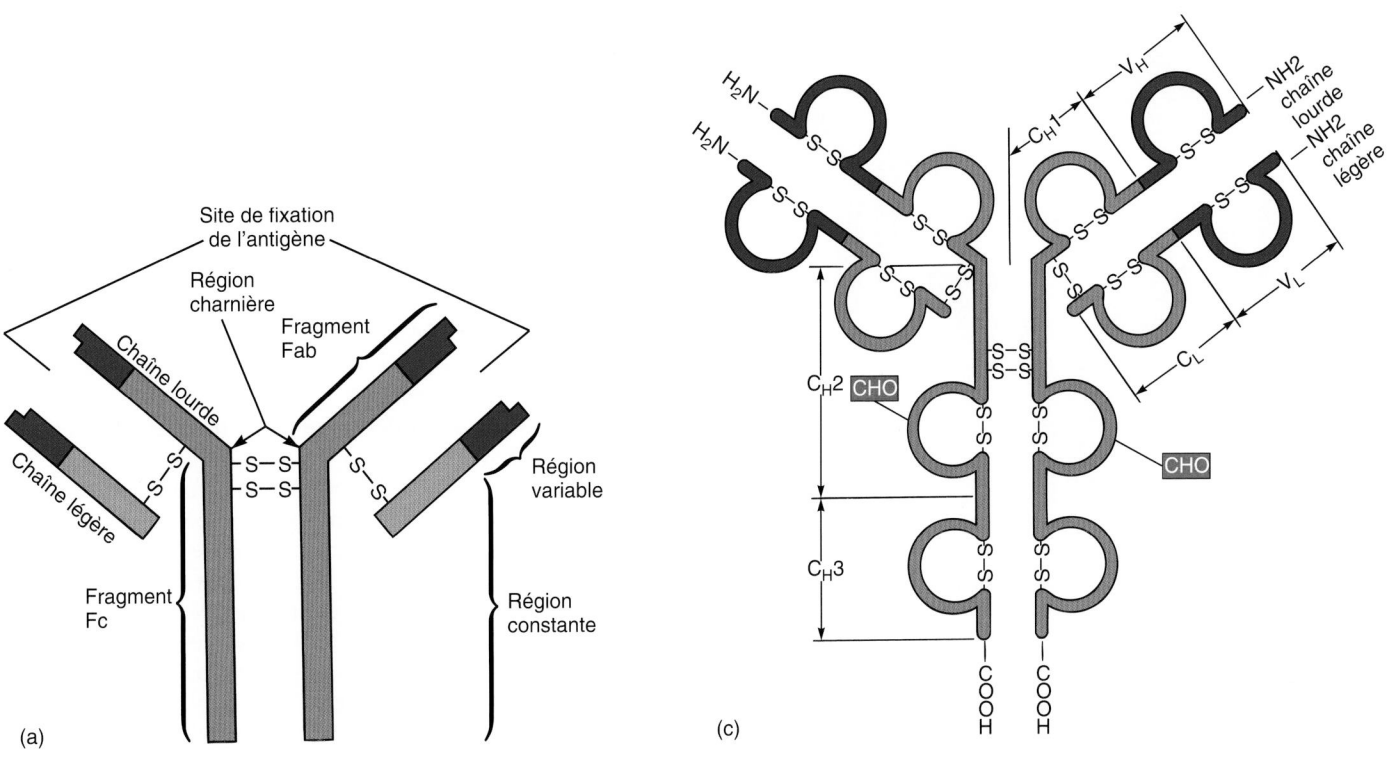

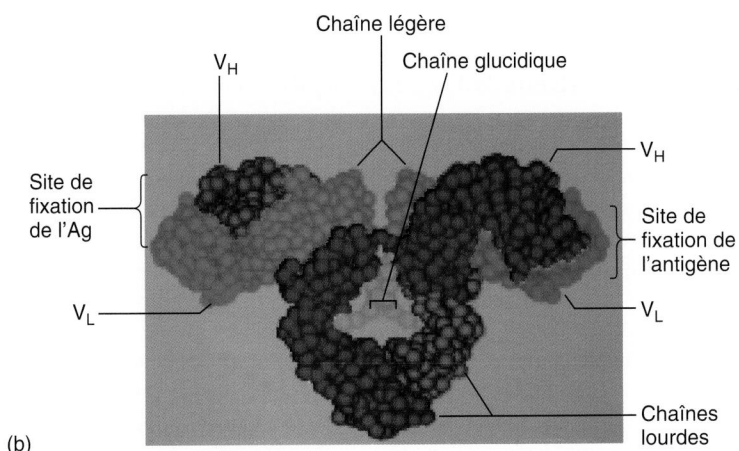

Figure 32.7 La structure d'une immunoglobuline (anti-corps). (**a**) Une molécule d'immunoglobuline. La molécule est faite de deux chaînes légères identiques et de deux chaînes lourdes identiques maintenues ensemble par des ponts disulfure. (**b**) Modèle composé par ordinateur de la structure d'un anticorps montrant l'arrangement des quatre chaînes polypepti-diques. (**c**) À l'intérieur de la structure unitaire de l'immuno-globuline, des ponts disulfure intracaténaires créent des boucles qui délimitent des domaines. Toutes les chaînes légères contiennent un domaine variable unique (V_L) et un domaine constant unique (C_L). Les chaînes lourdes contiennent un do-maine variable (V_H) et trois ou quatre domaines constants (C_H1, C_H2, C_H3 et C_H4). Les régions variables V_H et V_L, re-pliées dans l'espace, forment les sites de fixation des antigènes.

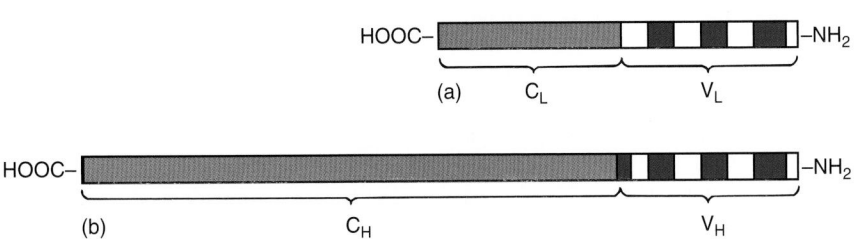

Figure 32.8 Les domaines constants et variables. Localisation des domaines constants (C) et variables (V) à l'intérieur des chaînes légères (**a**) et des chaînes lourdes (**b**). Les bandes bleu foncé représentent les régions hy-pervariables ou complémentaires à l'intérieur des domaines variables.

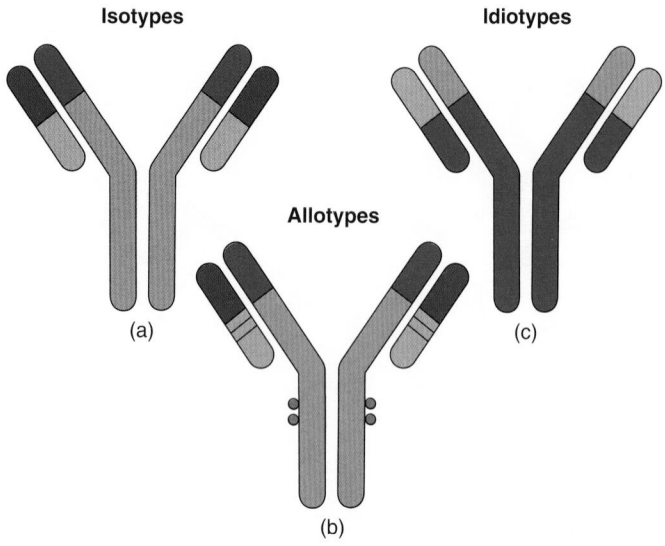

Figure 32.9 Les variants d'immunoglobulines. (**a**) Les isotypes sont tous les variants présents dans le sérum d'un individu normal. (**b**) Les allotypes sont des formes alternatives ; contrôlés génétiquement, ils ne sont pas présents chez tous les individus. (**c**) Les idiotypes sont spécifiques de chaque molécule d'immunoglobuline.

région hypervariable de la portion Fab (figure 32.9*c*). Les multiples variations de structure des immunoglobulines reflètent la diversité des anticorps générés par la réponse immunitaire.

1. Nommez les deux isotypes des chaînes légères d'anticorps.
2. Quelle est la fonction de la région Fc d'un anticorps ? De la région Fab ?
3. Qu'est-ce que la région variable d'un anticorps ? La région hypervariable ou complémentaire ? La région constante ?
4. Qu'est-ce qui détermine la classe de chaîne lourde dans un anticorps ?
5. Citez les cinq classes d'immunoglobulines.
6. Faites la distinction entre isotype, allotype et idiotype.

La fonction des immunoglobulines

Chaque extrémité de l'immunoglobuline a un rôle différent. Les régions Fab sont impliquées dans la fixation à l'antigène, tandis que la région Fc sert de médiateur pour la fixation à différentes cellules de l'hôte, à certaines cellules phagocytaires ou au premier composant du système du complément. La fixation de l'anticorps à un antigène n'entraîne pas la destruction de l'antigène, du micro-organisme, de la cellule ou de l'agent auxquels il est attaché. L'anticorps sert plutôt à marquer et identifier la cible de l'attaque immunologique et à activer les réponses immunitaires non spécifiques qui pourront détruire cette cible. Par exemple, les bactéries qui sont couvertes d'anticorps sont de meilleures cibles pour la phagocytose par les neutrophiles et les macrophages. Cette modification de la surface des bactéries, virus et autres particules de façon à ce qu'ils soient phagocytés plus facilement, est appelée opsonisation (*voir section 31.8*). L'activation par l'anticorps du système du complément favorise aussi la destruction immunitaire (voir section 32.7).

Les classes d'immunoglobulines

Les **IgG** sont les immunoglobulines majeures du sérum humain, formant 80 % du contenu en immunoglobulines (**figure 32.10***a*). L'IgG est présente dans le plasma sanguin et les liquides tissulaires. Les Ig de la classe G agissent contre les bactéries et les virus en opsonisant les envahisseurs et en neutralisant les toxines. C'est aussi une des deux classes d'immunoglobulines qui activent la voie classique du complément (section 32.7, *voir aussi section 31.7*). L'IgG est la seule molécule d'immunoglobuline capable de traverser le placenta et de fournir une immunité naturelle in utéro et au nouveau-né à la naissance .

Il y a quatre sous-classes d'IgG (IgG1, IgG2, IgG3 et IgG4) qui varient chimiquement par la composition des chaînes, le nombre et l'arrangement des ponts disulfure intercaténaires (figure 32.10*b*). Environ 65% du total des IgG sériques sont des IgG1, 23% sont des IgG2. Il existe des différences dans les fonctions biologiques de ces sous-classes. Par exemple, les anticorps IgG2 sont opsonisants et constituent la réponse antitoxinique. Les anticorps anti-Rh appartiennent aux sous-classes IgG1 ou IgG3. Les IgG1 et IgG3, lorsqu'elles ont reconnu leur antigène spécifique, se fixent à des récepteurs présents sur les monocytes et les macrophages ce qui rend ces derniers meilleurs phagocytes. Ces récepteurs sont appelés récepteurs Fc. Les anticorps IgG4 fonctionnent, entre autres, comme des immunoglobulines sensibilisatrices au niveau de la peau (*voir section 33.2*).

Les **IgM** représentent environ 10% de la population des immunoglobulines. Ce sont des polymères (pentamères) de cinq monomères, chacun fait de deux chaînes lourdes et de deux chaînes légères (**figure 32.11**). Les monomères sont arrangés en roue avec les terminaisons Fc au centre, ils sont maintenus par une protéine spéciale, la **chaîne J** (pour *joining*). L'IgM est la première immunoglobuline synthétisée au cours de la maturation des cellules B et qui est fixée à la membrane des cellules B. L'IgM est sécrétée dans le sérum au cours de la réponse primaire (figure 32.19*b*). Comme l'IgM est encombrante, elle ne quitte pas le système circulatoire ni ne franchit la barrière placentaire. Les IgM agglutinent les bactéries, activent le complément par la voie classique et augmentent l'ingestion des pathogènes par les cellules phagocytaires.

Bien que les IgM soient pour la plupart pentamériques, environ 5 % au moins des IgM sériques humaines sont des hexamères. Cette molécule est donc faite de 6 monomères mais est dépourvue de chaîne J ; elle active le complément d'une façon au moins 20 fois plus efficace que la forme pentamérique normale. On pense que des antigènes de paroi bactérienne comme les lipopolysaccharides des bactéries Gram-négatives peuvent stimuler les cellules B à former des IgM hexamériques sans chaîne J. Si c'était effectivement le cas, les immunoglobulines synthétisées lors des réponses primaires (figure 32.19*a*) seraient moins homogènes que pensé précédemment.

Les **IgA** représentent environ 15% de l'ensemble des immunoglobulines. Certaines IgA sont présentes dans le sérum en tant que monomères avec deux chaînes légères et deux chaînes lourdes. Cependant, la plupart des IgA se présentent dans le sérum comme des dimères maintenus par une chaîne J (**figure 32. 12**). La caractéristique particulière de l'IgA est son association aux muqueuses sécrétoires. L'IgA acquiert une protéine appelée pièce sécrétoire au cours de son transport depuis les tissus lymphoïdes associés aux muqueuses jusqu'aux surfaces mucosales. **L'IgA sécrétoire**

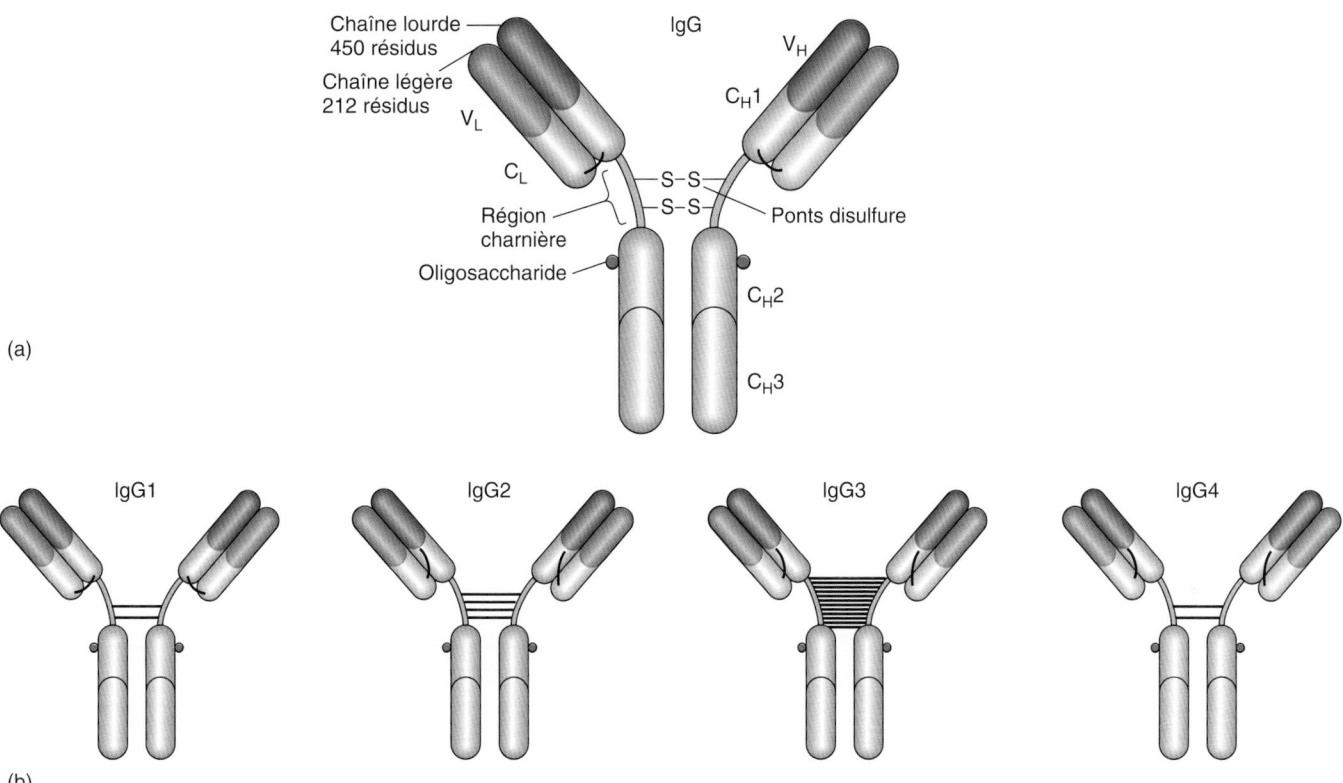

Figure 32.10   Les immunoglobulines G.   (**a**) Structure de base d'une IgG humaine. (**b**) Structure des quatre sous-classes d'IgG humaines. Notez l'arrangement et le nombre des ponts disulfure (fines lignes noires).

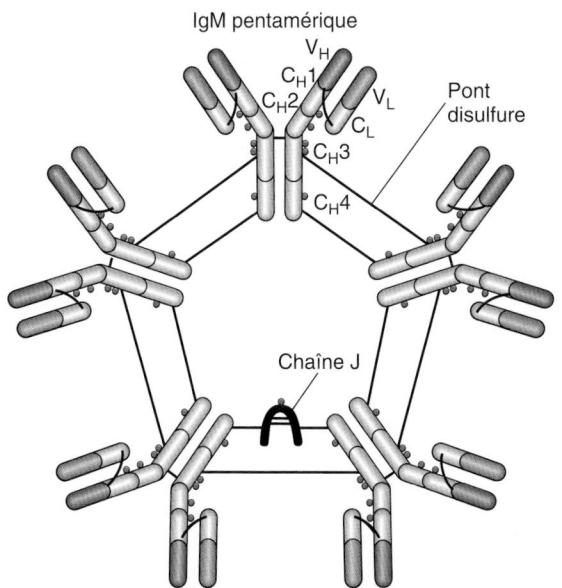

Figure 32.11   L'immunoglobuline M.   Structure pentamérique de l'IgM humaine. Les ponts disulfure liant les chaînes peptidiques sont dessinés en noir ; les chaînes latérales oligosaccharidiques sont en rouge. Notez qu'il y a 10 sites de fixation de l'antigène.

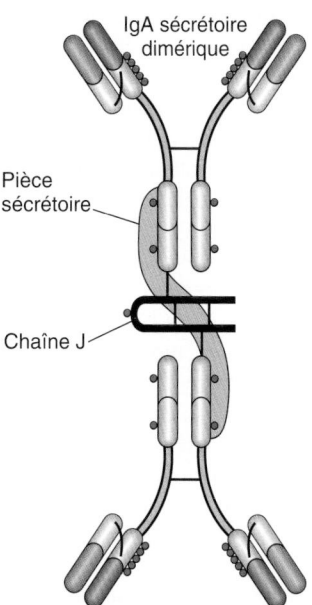

Figure 32.12   L'immunoglobuline A.   Structure dimérique de l'IgA humaine sécrétoire. Notez la pièce sécrétoire enroulée autour du dimère IgA et attachée à la région constante de chaque monomère IgA.

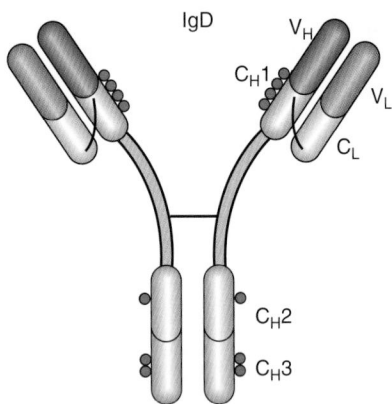

Figure 32.13 L'immunoglobuline D. Structure de l'IgD humaine. Les ponts disulfure liant les chaînes protéiques sont en noir ; les chaînes latérales oligosaccharidiques sont en rouge.

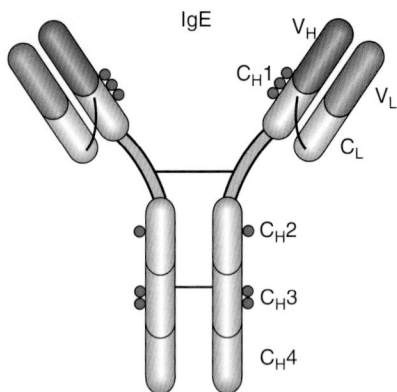

Figure 32.14 L'immunoglobuline E. Structure de l'IgE humaine.

(IgAs), nom de la molécule modifiée, est l'immunoglobuline principale du tissu lymphoïde associé aux muqueuses (*voir figure 31.10*). Les IgA sécrétoires sont détectées dans la salive, les larmes et le lait. Dans ces liquides et les régions du corps concernées, les IgAs jouent un rôle majeur en protégeant la surface des tissus contre les micro-organismes infectieux. Par exemple, les IgAs du lait maternel aident à protéger les nouveau-nés. Dans l'intestin, les IgAs s'attachent aux virus, aux bactéries et aux protozoaires parasites tels *Entamoeba histolytica*. Cette action empêche l'adhérence du pathogène à la muqueuse et l'invasion des tissus de l'hôte, un phénomène connu comme l'exclusion immunitaire. De plus, l'IgAs se fixe aux antigènes dans la muqueuse de l'intestin grêle et des complexes antigène-IgAs sont sécrétés à travers l'épithélium dans la lumière de l'intestin. Ceci débarrasse le corps de complexes immuns formés localement et diminue leur accès à la circulation. Les IgA sécrétoires jouent également un rôle dans la voie alterne du complément (*voir section 31.7).*

Les **IgD** sont des immunoglobulines trouvées en traces dans le sérum sanguin. Leur structure est monomérique (**figure 32.13**) semblable à celle de l'IgG. Les anticorps IgD ne fixent pas le complément et ne passent pas le placenta mais combinés aux IgM, ils sont abondants à la surface des cellules B où ils fixent les antigènes, stimulant ainsi la cellule B à produire les anticorps.

Les **IgE** (**figure 32.14**) ne constituent qu'une très faible proportion de la population totale des immunoglobulines. Les anticorps classiques sensibilisateurs de la peau et anaphylactiques appartiennent à cette classe. Les molécules d'IgE ont quatre domaines dans la région constante ($C_\varepsilon 1$, $C_\varepsilon 2$, $C_\varepsilon 3$ et $C_\varepsilon 4$) et deux chaînes légères. La portion Fc de la chaîne $C_\varepsilon 4$ peut se fixer à des récepteurs Fc_ε spéciaux sur les mastocytes et les basophiles. Ces cellules se dégranulent lorsque deux molécules d'IgE à leur surface sont pontées par la fixation d'un même antigène. Cette dégranulation libère de l'histamine et d'autres médiateurs pharmacologiques de l'anaphylaxie. Elle stimule aussi l'éosinophilie et la mobilité intestinale (augmentation de la vitesse du mouvement du contenu intestinal). Ceci aide à l'élimination de parasites helminthiques. Ainsi, même si les IgE sont présentes en quantité faible, cette classe d'anticorps a des potentialités biologiques importantes. L'anaphylaxie (pp. 768-69).

Le **tableau 32.2** résume certaines des propriétés physico-chimiques les plus importantes des classes d'immunoglobulines humaines.

---

1. Que fait la fixation d'un antigène chez un hôte ?
2. Donnez les fonctions majeures de chaque classe d'immunoglobulines.
3. Pourquoi considère-t-on la structure des IgG comme un modèle pour les cinq classes d'immunoglobulines ?
4. Quelles sont les immunoglobulines capables de traverser le placenta ?
5. Dans la population des immunoglobulines, quelles sont celles qui sont quantitativement les plus importantes ? Les moins importantes ?

La diversité des anticorps

Une propriété unique aux anticorps est leur remarquable diversité. On estime généralement que chaque homme peut synthétiser plus de 10^{11} (100 milliards) d'anticorps différents. Comment cette diversité est-elle générée ? La réponse est triple : par réarrangement de segments des gènes d'anticorps, par mutations somatiques et par génération de différents codons lors de la jonction des gènes d'anticorps.

Les gènes d'immunoglobulines sont des gènes morcelés ou interrompus formés de nombreux exons (*voir section 12.1*). Les cellules B embryonnaires contiennent un petit nombre d'exons, proches l'un de l'autre sur le même chromosome, et qui déterminent la région constante (C) des chaînes légères (**figure 32.15**). Séparé de ceux-ci mais sur le même chromosome, se trouve un grand groupe d'exons, qui déterminent la région variable (V) des chaînes légères. Au cours de la différenciation des cellules B, un exon de la région constante est recombiné (coupé - collé) à un exon de la région variable. C'est ce réarrangement qui produit un gène pour une chaîne légère complète. Un mécanisme similaire de réarrangement se produit également pour joindre les exons constants et variables des chaînes lourdes.

Comme les gènes de chaînes légères sont faits de trois parties et que les gènes de chaînes lourdes sont faits de quatre parties, la formation de la molécule d'anticorps terminée est un peu plus complexe que ce qui vient d'être décrit (**figure 32.16**). Dans l'ADN de la lignée germinale, le gène encodant la chaîne légère

Tableau 32.2 Propriétés physico-chimiques des classes d'immunoglobulines humaines

Propriété	Classes immunoglobulines				
	IgG[a]	IgM	IgA[b]	IgD	IgE
Chaîne lourde	γ_1	μ	α_1	δ	ε
Concentration moyenne sérique (mg/ml)	9	1,5	3,0	0,03	0,00005
Pourcentage des anticorps totaux	80–85	5–10	5–15	<1	0,002–0,05
Valence	2	5(10)	(2–4)	2	2
Masse moléculaire de la chaîne lourde (kDa)	51	65	56	70	72
Masse moléculaire de la molécule entière(kDa)	146	970	160[c]	184	188
Transfert transplacentaire	+	–	–	–	–
Demi-vie dans le sang (en jours)[d]	23	5	6	3	2
Activation du complément					
Voie classique	++	+++	–	–	–
Voie alterne	–	–	+	–	–
Induction de la dégranulation des mastocytes	–	–	–	–	+
Caractéristiques majeures	Ig la plus abondante dans les liquides corporels : neutralise les toxines, opsonise les bactéries, active le complément, anticorps maternels	Première à apparaître après la stimu-lation antigénique : agglutinant très efficace ; membranaire sur les cellules B	Anticorps sécrétoire protège les surfaces externes	Présente à la surface des cellules B ; reconnaissance de l'antigène par les cellules B	Impliquée dans l'anaphylaxie ; résistance aux helminthes
% de glucides	3	7–10	7	12	11

[a] Propriétés des IgG de sous-classe 1.

[b] Propriétés des IgA de sous-classe 1.

[c] IgAs = 360 à 400 kDa

[d] Temps nécessaire à la disparition de la moitié des anticorps.

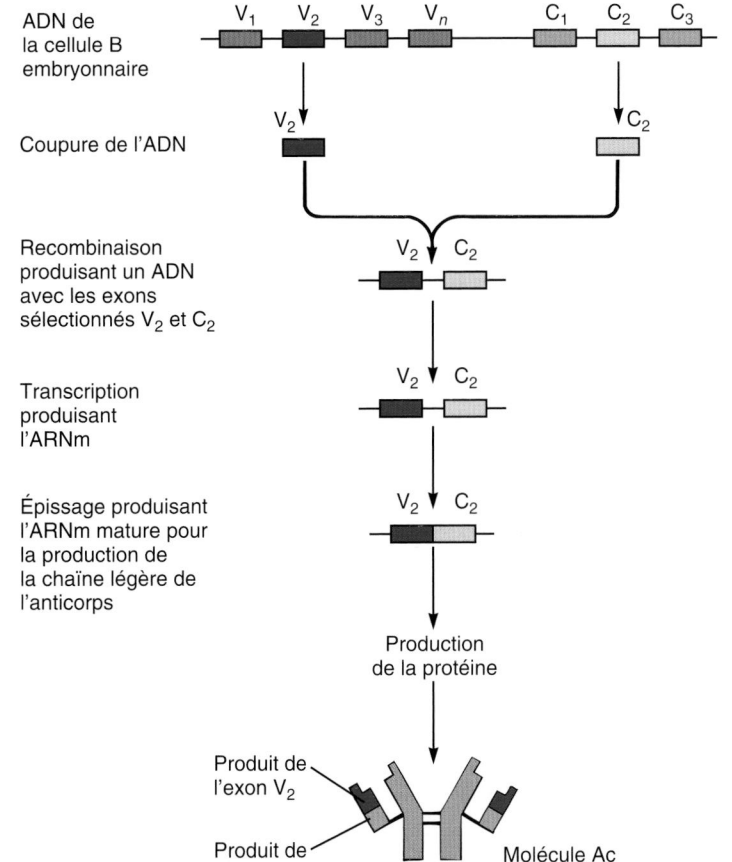

contient des séquences codantes multiples appelées régions V et J (pour jonction). Au cours de la différenciation d'une cellule B, une délétion (dont la longueur est variable) se produit, qui joint un exon V à un exon J. Ce processus de réarrangement de l'ADN est appelé réarrangement combinatoire car il permet la création de nombreuses combinaisons entre les régions V et J. Quand le gène de chaîne légère est transcrit, la transcription continue sur l'ADN encodant la portion constante du gène. Les régions VJ et C sont alors reliées par épissage de l'ARN transcrit donnant naissance à l'ARN messager.

Un réarrangement combinatoire est également à l'origine d'un gène de chaîne lourde. Il se produit par jonction de l'ADN des régions V et J de la chaîne lourde à un troisième jeu de séquences D (pour diversité) (**figure 32.17a**). Initialement, toutes les chaînes lourdes ont une région constante de type μ. Celle-ci correspond à un anticorps de classe IgM (figure 32.17b). Une autre translocation d'ADN rejoint la région VDJ à une région constante différente qui peut par la suite changer la classe de l'anticorps produit par la cellule B (figure 32.17c).

Figure 32.15 Le remaniement génétique et la diversité des anticorps. La diversité des anticorps résulte en partie du remaniement des séquences géniques codant pour les chaînes lourdes et légères. Ce schéma montre le remaniement, la coupure et la recombinaison, produisant une chaîne légère assemblée de la molécule d'anticorps.

Figure 32.16 Production d'une chaîne légère chez la souris. Un exon V est lié au hasard avec une région J-C par délétion de l'ADN intermédiaire. Les exons J restants sont éliminés de l'ARN transcrit au cours de la maturation de l'ARN. Un intron est un segment d'ADN situé entre deux régions exprimées des gènes.

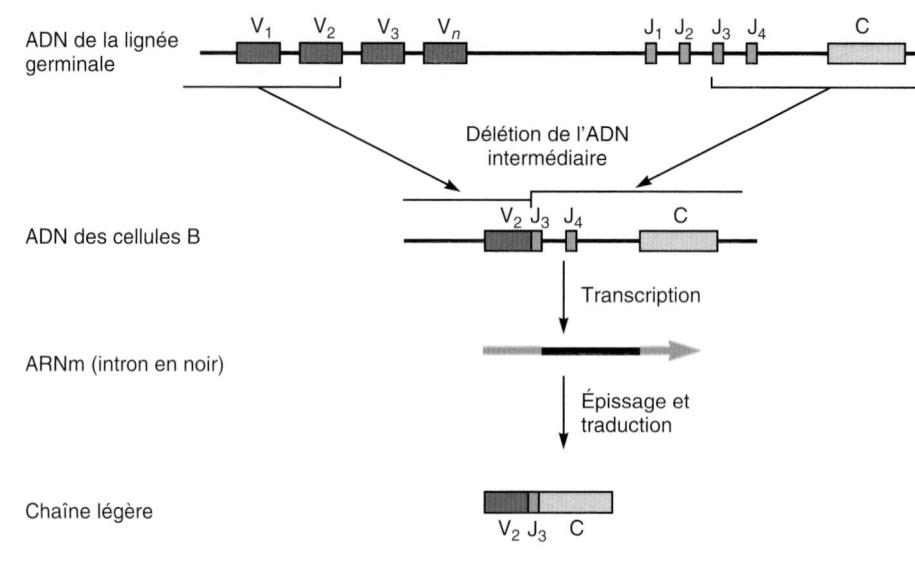

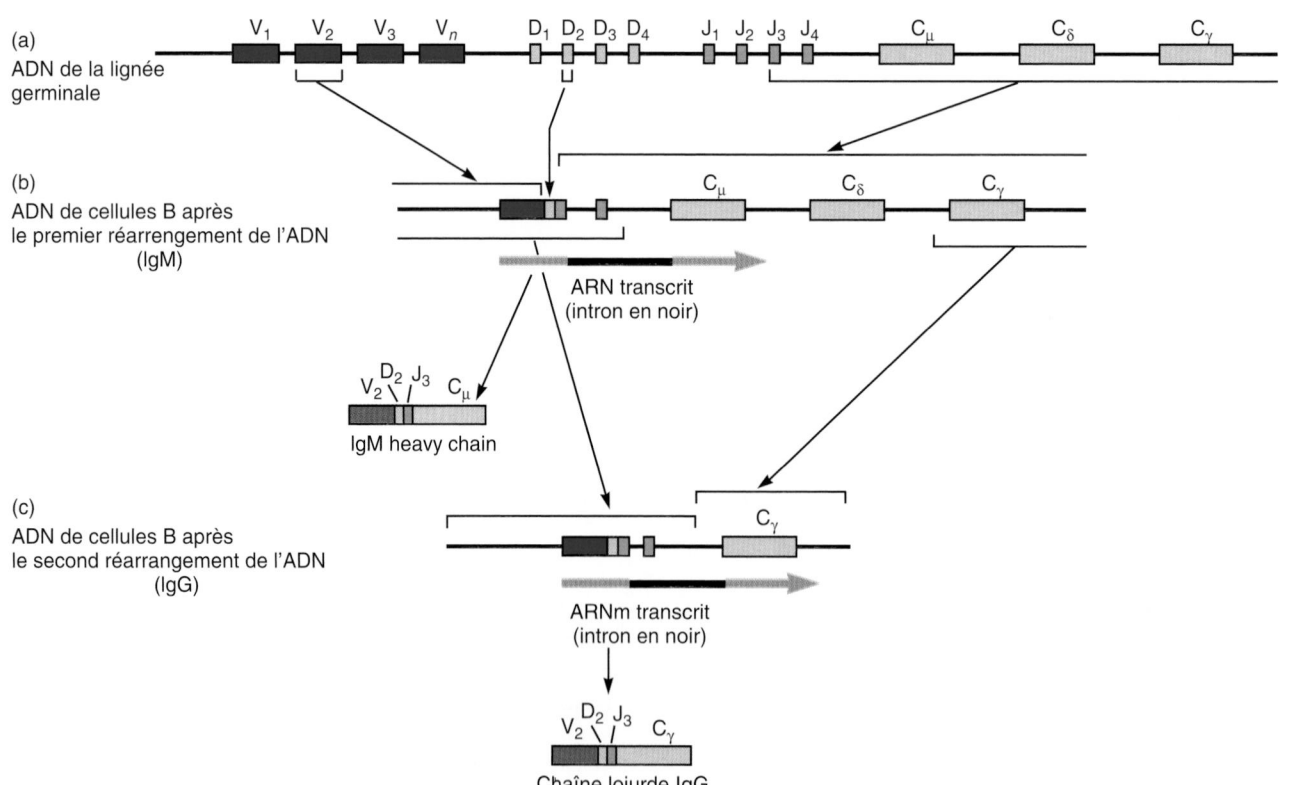

Figure 32.17 La formation d'un gène de chaîne lourde pour une molécule d'anticorps. Voir texte pour plus de détails.

Le **tableau 32.3** montre l'énorme diversité d'anticorps qui peut être générée chez la souris par réarrangement combinatoire. Chez cet animal, les chaînes légères κ sont formées de la combinaison d'environ 250 à 350 régions V_κ et 4 régions J_κ donnant approximativement un maximum de 1.400 chaînes κ différentes. Les chaînes λ ont leurs propres régions V_λ et J_λ mais en moins grand nombre que leurs homologues κ (6 chaînes λ différentes). Les chaînes lourdes possèdent approximativement 250 à 1.000 régions V_H, 10 à 30 régions D et 4 régions J_H donnant un maximum de 120.000 combinaisons différentes. Comme n'importe quelle chaîne légère peut se combiner à n'importe quelle chaîne lourde, il y aura un maximum de 2 X 10^8 types possibles d'anticorps.

Tableau 32.3   **Nombre possible d'anticorps par réarrangement combinatoire des gènes
de la lignée germinale de souris**[a]

Chaînes légères λ	Régions V = 2
	Régions J = 3
	Combinaisons = 2 × 3 = 6
Chaînes légères κ	Régions $V_κ$ = 250–350
	Régions $J_κ$ = 4
	Combinaisons = 250 × 4 = 1000
	= 350 × 4 = 1400
Chaînes lourdes	V_H = 250–1000
	D = 10–30
	J_H = 4
	Combinaisons = 250 × 10 × 4 = 10.000
	= 1,000 × 30 × 4 = 120.000
Diversité des anticorps	Contenant κ : 1,000 × 10.000 = 10^7
	1,400 × 120.000 = 2 × 10^8
	Contenant λ : 6 × 10.000 = 6 × 10^4
	6 × 120.000 = 7 × 10^5

[a] Valeurs approximatives.

La valeur de 2 X 10^8 anticorps différents est en fait une sous-
estimation car la diversité des anticorps est encore augmentée par
deux processus.

1. Dans l'ADN de la lignée germinale, les régions V sont sujettes à un taux élevé de mutations somatiques au cours du
développement des cellules B en réponse à un antigène. Ces
mutations permettent à des clones de cellules B de produire
des polypeptides différents.
2. Au cours du réarrangement combinatoire, la jonction entre
VJ ou VDJ peut se faire entre différents nucléotides et générer ainsi d'autres codons dans le gène soudé. Par exemple,
une recombinaison VJ peut joindre la séquence V :
CCTCCC avec la séquence J : TGGTGG de deux façons :

$$CCTCCC + TGGTGG = CCGTGG,$$

ce qui code pour les acides aminés proline et tryptophane ; et

$$CCTCCC + TGGTGG = CCTCGG,$$

ce qui code pour la proline et l'arginine. Ainsi, la même
jonction VJ peut produire des polypeptides qui diffèrent
l'un de l'autre par un seul acide aminé.

1. Combien de chromosomes sont-ils impliqués dans la production
des anticorps, chez les humains ?
2. Quel est le nom de chaque jeu d'exons qui encodent les différentes
régions des chaînes d'anticorps ?
3. Décrivez la signification du réarrangement combinatoire des régions VJ et C d'un chromosome.
4. En plus du réarrangement combinatoire, quels sont les deux autres
processus qui jouent un rôle dans la diversité des anticorps ?

La spécificité des anticorps

Comme nous venons de le voir, les réarrangements combinatoires,
les mutations somatiques et les variations dans le processus de re-

combinaison génèrent la grande variété des anticorps produits par
les cellules B. Parmi cette population de cellules B diverses, des
cellules spécifiques sont stimulées par les antigènes à se multiplier
et à former un clone de cellules B qui contiennent la même information génétique. Ce phénomène est connu sous le nom de **théorie de la sélection clonale,** comme une hypothèse pour expliquer
la spécificité et la mémoire immunologiques.

Le premier dogme de cette théorie est l'existence d'un petit
clone de cellules B (une population de cellules dérivées de façon
asexuée d'un parent unique) qui peut répondre à un antigène ou à
un nombre limité d'antigènes en produisant l'anticorps correct. Le
système lymphoïde est ainsi considéré comme composé d'un
grand nombre de clones de cellules B, chaque clone étant capable
de reconnaître un antigène spécifique. L'antigène sélectionne le
clone de cellules B approprié (d'où le terme « sélection clonale ») ;
les cellules des autres clones ne sont pas affectées.

Le second dogme suppose que chaque clone de cellules B soit
programmé génétiquement à répondre à un antigène donné avant
que cet antigène ne soit introduit. L'anticorps vis-à-vis duquel une
cellule B particulière est génétiquement compétente, est intégré
dans la membrane plasmique de cette cellule B et agit comme un
récepteur de surface spécifique pour la molécule antigénique correspondante. La réaction de l'anticorps avec l'antigène provoque
la différenciation et la multiplication de cette cellule B de façon à
former deux populations cellulaires différentes : les plasmocytes et
les **cellules B mémoire** (**figure 32.18**).

Les plasmocytes sont littéralement des usines à protéines qui
produisent environ 2.000 anticorps à la seconde, au cours de leur
vie longue de 5 à 7 jours. Les cellules mémoire sont capables de déclencher la réponse immunitaire humorale lorsqu'elles rencontrent
l'antigène particulier pour lequel elles sont génétiquement pro-
grammées (c'est-à-dire, dont elles sont spécifiques). Ces cellules
mémoire circulent plus activement du sang vers la lymphe et vivent
beaucoup plus longtemps (des années ou même des dizaines d'années) que les plasmocytes. Les cellules mémoire sont responsables
de la réponse secondaire rapide du système immunitaire à un même
antigène (figure 32.19). Enfin, les cellules B mémoire et les plasmocytes ne sont en général pas produits avant que les cellules B
n'aient interagi avec des cellules T auxiliaires activées ou n'aient
reçu des signaux de celles-ci sous forme de cytokines (figure 32.1).

Les sources d'anticorps

L'utilisation d'anticorps purs et homogènes s'est considérablement accrue au cours de ces dernières années. Les anticorps sont
produits couramment soit par des moyens naturels (immunisation), soit par des moyens artificiels (formation d'hybridomes).

L'immunisation

Des anticorps spécifiques peuvent être produits naturellement par
l'immunisation d'animaux domestiques ou de volontaires humains. Quelle qu'en soit la source, l'antigène purifié est injecté à
l'hôte. Le système immunitaire de l'hôte reconnaît l'antigène et y
répond, ses cellules B prolifèrent, se différencient et produisent les
anticorps spécifiques. Pour augmenter l'efficacité de la stimulation
antigénique, l'antigène peut être mélangé avec un **adjuvant** (du latin *adjuvans,* aidant) qui augmente la vitesse et la quantité d'anticorps produits. Après des injections répétées d'antigènes à inter-

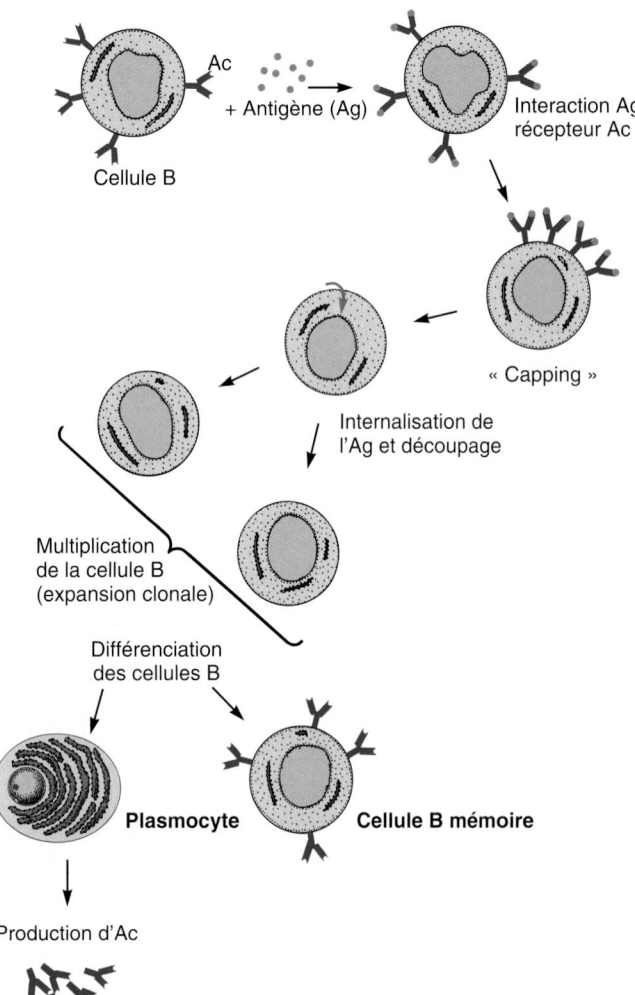

Figure 32.18 La sélection clonale. Le système immunitaire est capable de répondre à une myriade d'antigènes, qu'ils soient isolés ou fixés à des agents pathogènes ou des cellules anormales comme des cellules cancéreuses. Les lymphocytes B parcourent le corps sans arrêt surtout dans le sang et les tissus lymphoïdes. Une cellule B ne synthétise qu'un des millions d'anticorps possibles et le présente à sa surface. Quand un antigène rencontre une cellule B porteuse de la bonne spécificité (en haut à gauche), il se fixe à l'anticorps et le « capping » se produit (c'est-à-dire l'agrégation locale des anticorps à la surface cellulaire à la suite de l'interaction antigène-anticorps). L'antigène est alors internalisé, la cellule B gonfle et la division débute rapidement formant un clone de cellules B. Le clone se différencie en plasmocytes et cellules mémoire. Les plasmocytes synthétisent l'anticorps particulier qui attaque immédiatement l'antigène responsable de sa formation. Les cellules mémoire persistent dans le corps et réveillent le système immunitaire lors d'une nouvelle rencontre avec le même antigène. La plupart de ces réponses requièrent également des signaux provenant des cellules T auxiliaires (non montré).

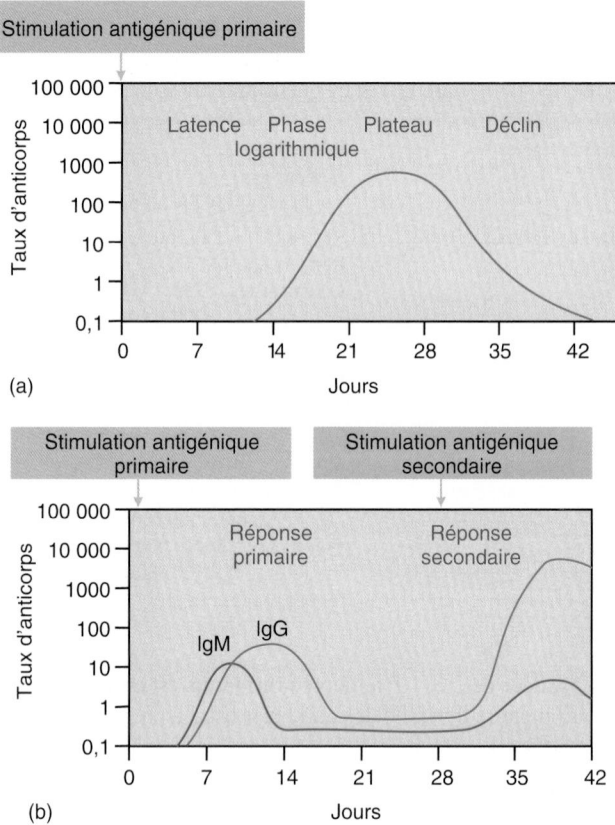

Figure 32.19 Les réponses immunitaires primaire et secondaire. (**a**) Les quatre phases de la réponse immunitaire primaire. (**b**) Comparaison des réponses immunitaires primaire et secondaire. Notez que la réponse secondaire à l'antigène est plus rapide et plus importante que la réponse primaire. Les réponses médiées par les cellules T ont une mémoire immunologique similaire.

ils sont produits par plusieurs clones de cellules B et ont des spécificités différentes. Ceci décroît leur sensibilité à des antigènes particuliers et résulte en un certain nombre de réactions croisées avec d'autres antigènes étroitement apparentés.

2. Une seconde injection ou plusieurs injections répétées d'antisérum provenant d'une espèce dans une autre peut entraîner une immunisation du receveur.

3. L'antisérum contient un mélange d'anticorps (figure 32.6), ils ne sont pas tous intéressants pour une immunisation donnée.

La réponse immunitaire primaire

Comme dans l'immunité naturellement acquise, il y a, au cours des procédés d'immunisation, une phase initiale de latence de plusieurs jours après la rencontre primaire avec un antigène. On ne détecte aucun anticorps spécifique au cours de la phase de latence (**figure 32.19a**). Le **taux d'anticorps** est l'inverse de la dilution la plus élevée de l'antisérum qui donne une réaction positive dans le test utilisé. Ce taux augmente de façon logarithmique durant la seconde phase ou phase logarithmique, jusqu'à atteindre un plateau où le taux d'anticorps se stabilise. Cette phase est suivie d'une phase de décroissance durant laquelle les anticorps sont naturellement métabolisés ou fixés aux antigènes et enlevés de la circulation. Lors de la réponse primaire, ce sont des IgM qui apparaissent d'abord (fi-

valles réguliers, le sang de l'hôte est recueilli et coagulé. Le liquide qui exsude du caillot sanguin est le **sérum.** Comme ce sérum a été obtenu d'un hôte spécifiquement immunisé et qu'il contient les anticorps désirés, il est appelé **antisérum.**

Bien que l'antisérum soit une source majeure et pratique d'anticorps, son utilité est limitée pour trois raisons :

1. Les anticorps obtenus par cette méthode sont polyclonaux ;

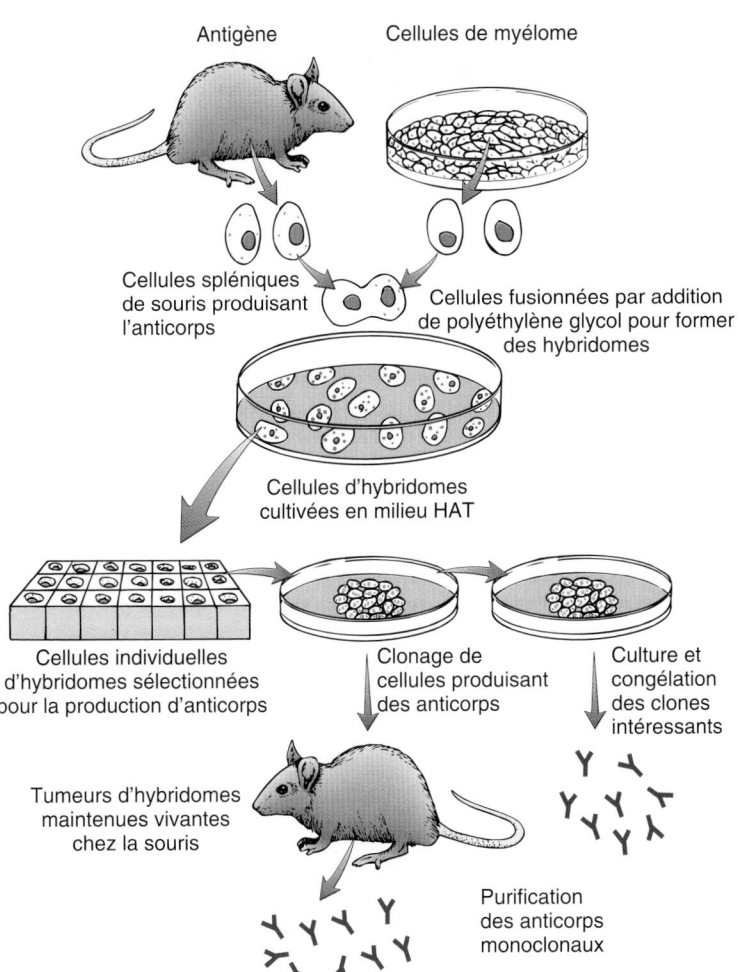

Antigène

Cellules de myélome

Cellules spléniques de souris produisant l'anticorps

Cellules fusionnées par addition de polyéthylène glycol pour former des hybridomes

Cellules d'hybridomes cultivées en milieu HAT

Cellules individuelles d'hybridomes sélectionnées pour la production d'anticorps

Clonage de cellules produisant des anticorps

Culture et congélation des clones intéressants

Tumeurs d'hybridomes maintenues vivantes chez la souris

Purification des anticorps monoclonaux

Figure 32.20 La technique de production des anticorps monoclonaux. Des lymphocytes sont fusionnés avec des cellules d'un myélome mutant particulier, ceci donne des hybridomes. Chacun d'eux sécrète un anticorps unique « monoclonal ». L'hybridome sécrétant l'anticorps désiré étant identifié, il est cloné et mis en culture pour produire de nombreuses cellules sécrétrices d'anticorps fournissant en quantité énorme l'anticorps unique nécessaire à la science ou la médecine. Certaines cellules d'hybridomes peuvent être gardées congelées et clonées ultérieurement pour la production d'anticorps ou maintenues vivantes dans des animaux de laboratoire.

gure 32.19*b*). L'affinité des anticorps pour les déterminants de l'antigène est faible à modérée, durant cette réponse primaire.

La réponse immunitaire secondaire

La réponse primaire amorce le système immunitaire qui possède ainsi la mémoire immunologique spécifique grâce à ses clones de cellules B mémoire. Lors d'une seconde rencontre avec l'antigène (figure 32.19*b*), les cellules B enclenchent une réponse plus élevée ou **réponse anamnestique** (du grec *anamnesis,* souvenir) contre le même antigène. Comparée à la réponse primaire, la réponse secondaire a une phase de latence plus courte, une phase logarithmique plus rapide, elle persiste pour une période en plateau plus longue, elle atteint un taux plus élevé en IgG et produit des anticorps dont l'affinité pour l'antigène est plus élevée (dite affinité de maturation grâce à l'hypermutation somatique).

Les hybridomes

Récemment, les limitations des antisérums comme source d'anticorps ont été surmontées par la mise au point de techniques permettant de manipuler et de cultiver diverses cellules de mammifères qui synthétisent des anticorps in vitro. Chaque cellule et sa descendance produisent normalement un **anticorps monoclonal** à spécificité unique.

Cette méthodologie est illustrée à la **figure 32.20**. Des animaux (généralement des souris ou des rats) sont immunisés avec

des antigènes comme décrit précédemment. Une fois que les animaux produisent une grande quantité d'anticorps, on prélève leur rate. Les cellules de la rate (cellules B productrices d'anticorps et plasmocytes) sont dissociées et fusionnées avec des **cellules de myélome** par l'addition de polyéthylène glycol qui favorise la fusion de membranes. Les cellules de myélome sont des cellules cancéreuses plasmiques facilement cultivables. On utilise des cellules d'un myélome mutant incapable de produire des immunoglobulines. Ces cellules fusionnées, dérivées des cellules spléniques et des cellules myélomateuses, sont appelées **hybridomes** (ce sont des hybrides de deux cellules).

Le mélange de fusion est alors transféré dans un milieu de culture contenant une combinaison d'**h**ypoxanthine, d'**a**minoptérine et de **t**hymidine (HAT). L'aminoptérine est un poison qui bloque une voie métabolique particulière des cellules. Les cellules de myélome sont dépourvues d'une enzyme permettant leur croissance en présence d'aminoptérine. Cependant, une voie métabolique de sauvetage est utilisée par les cellules spléniques pourvu que les métabolites intermédiaires, hypoxanthine et thymidine, leur soient fournis. Il en résulte que les hybridomes se développent en milieu HAT mais que les cellules de myélome y meurent car elles ont une carence métabolique qui les rend incapables d'employer la voie de sauvetage.

Quand la culture est établie initialement en milieu HAT, elle contient des cellules spléniques, des cellules de myélome et des

Encadré 32.1

Les immunotoxines

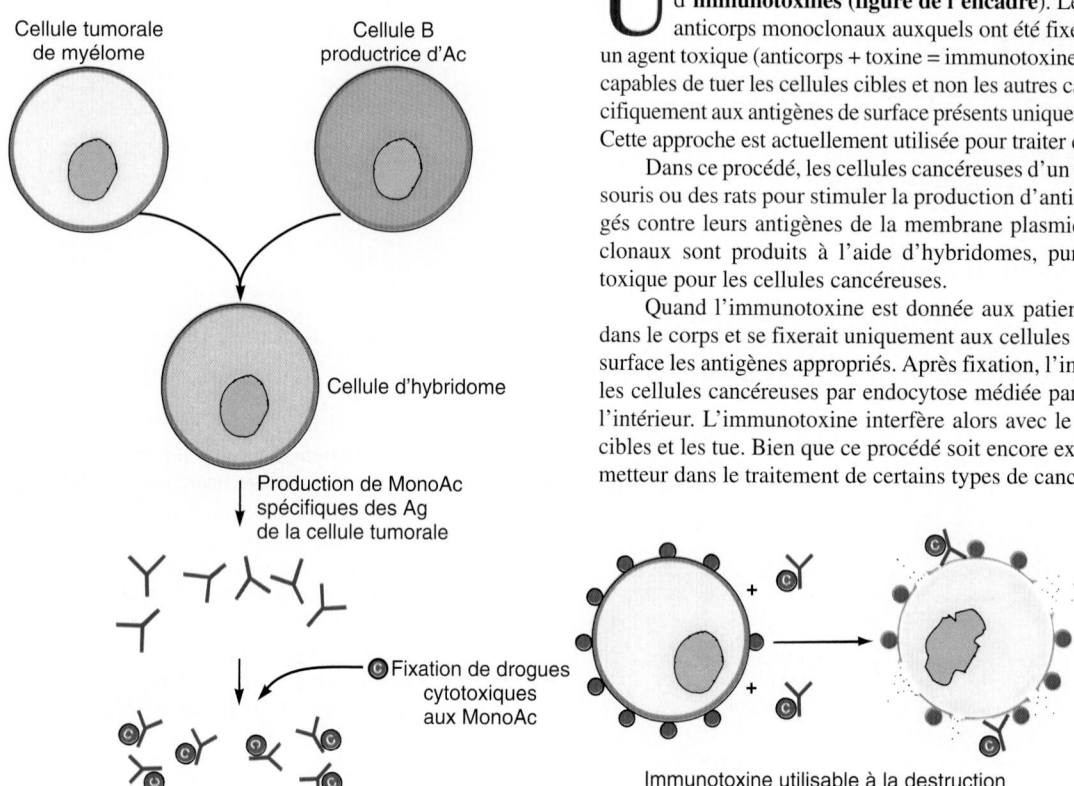

Cellule tumorale de myélome

Cellule B productrice d'Ac

Cellule d'hybridome

Production de MonoAc spécifiques des Ag de la cellule tumorale

© Fixation de drogues cytotoxiques aux MonoAc

Immunotoxine utilisable à la destruction sélective des cellules tumorales

Un des résultats de la recherche sur les hybridomes est la production d'**immunotoxines (figure de l'encadré)**. Les immunotoxines sont des anticorps monoclonaux auxquels ont été fixés une toxine spécifique ou un agent toxique (anticorps + toxine = immunotoxine). Les immunotoxines sont capables de tuer les cellules cibles et non les autres car l'anticorps se fixera spécifiquement aux antigènes de surface présents uniquement sur les cellules cibles. Cette approche est actuellement utilisée pour traiter certains types de cancer.

Dans ce procédé, les cellules cancéreuses d'un patient sont injectées à des souris ou des rats pour stimuler la production d'anticorps spécifiquement dirigés contre leurs antigènes de la membrane plasmique. Des anticorps monoclonaux sont produits à l'aide d'hybridomes, purifiés et fixés à un agent toxique pour les cellules cancéreuses.

Quand l'immunotoxine est donnée aux patients cancéreux, elle circule dans le corps et se fixerait uniquement aux cellules cancéreuses qui ont à leur surface les antigènes appropriés. Après fixation, l'immunotoxine pénètre dans les cellules cancéreuses par endocytose médiée par récepteur et est libérée à l'intérieur. L'immunotoxine interfère alors avec le métabolisme des cellules cibles et les tue. Bien que ce procédé soit encore expérimental, il est très prometteur dans le traitement de certains types de cancer.

---

hybridomes. Les cellules spléniques non fusionnées meurent naturellement en culture après une semaine ou deux et les cellules de myélome meurent en milieu HAT comme on vient de le décrire ; cependant, les cellules fusionnées survivent car elles ont conservé l'immortalité du myélome et la voie métabolique de sauvetage des cellules de la rate. Certains hybridomes qui ont la capacité de produire les anticorps des cellules spléniques originales, sont ensemencés dans des cupules de culture. Ces cupules sont testées individuellement pour la production de l'anticorps désiré et, si elles sont positives, les cellules sont clonées. Le clone est immortel et produit un anticorps monoclonal.

Les anticorps monoclonaux ont actuellement de nombreuses applications. Par exemple, ils sont utilisés en routine pour le typage des tissus, l'identification et l'étude épidémiologique de micro-organismes infectieux, l'identification d'antigènes tumoraux et d'autres antigènes de surface, la classification des leucémies et l'identification des populations fonctionnelles de différents types

de lymphocytes T. On peut prévoir leur utilisation future dans (1) l'immunisation passive contre des agents infectieux ou des substances toxiques, (2) la protection de greffes de tissus et d'organes, (3) la stimulation du rejet d'une tumeur et son élimination, (4) la manipulation de la réponse immunitaire, (5) la préparation de procédés diagnostiques plus spécifiques et plus sensibles et (6) la fourniture d'agents antitumoraux (immunotoxine) aux cellules tumorales (**encadré 32.1**).

---

1. Quels sont les deux dogmes de la théorie de la sélection clonale ?
2. Quelles sont les deux populations cellulaires produites par une cellule.B après sa réaction initiale avec un antigène ?
3. Quelle est la fonction d'un adjuvant ?
4. Quelle est la différence entre sérum et antisérum ?
5. Qu'est-ce qu'un hybridome ? Comment est-il produit ?

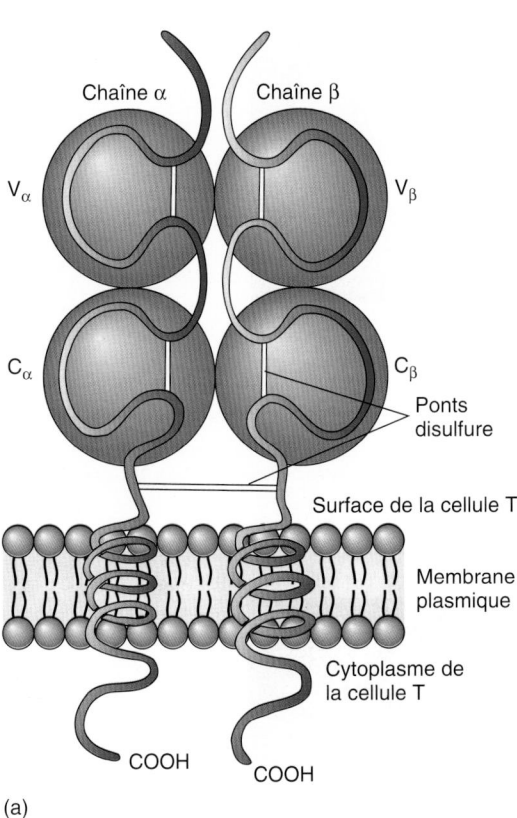

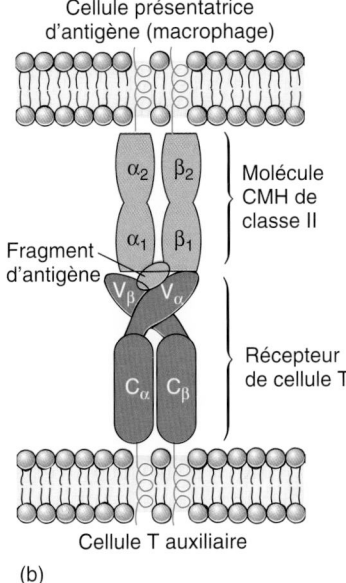

Figure 32.21 Le rôle du récepteur des cellules T dans l'activation des cellules T auxiliaires. (**a**) Schéma de la structure proposée pour le site récepteur d'antigène à la membrane plasmique d'une cellule T. (**b**) Une cellule présentatrice d'antigènes débute l'activation par la présentation d'un fragment d'antigène à sa surface, en complexe avec les antigènes d'histocompatibilité. Une cellule T auxiliaire est stimulée quand la région variable de son récepteur (désignée V_α et V_β) réagit avec le fragment d'antigène et une molécule CMH à la surface de la cellule présentatrice.

32.4 La biologie des cellules T

Les cellules T sont les éléments de la réponse immunitaire à médiation cellulaire (figure 32.1), et ont un rôle majeur dans l'activation des cellules B. Elles sont immunologiquement spécifiques, elles peuvent porter un large répertoire de mémoire immunologique et fonctionner suivant des mécanismes régulateurs et effecteurs divers.

Les récepteurs des cellules T

Les cellules T possèdent sur la membrane plasmique des **récepteurs des cellules T (RCT)** spécifiques pour des antigènes. Le récepteur est composé de deux parties, une chaîne protéique alpha et une chaîne protéique bêta (**figure 32.21a**). Chaque chaîne est stabilisée par des ponts disulfure. La protéine réceptrice est ancrée dans la membrane plasmique et des parties des chaînes α et β pénètrent dans le cytoplasme. Les sites de reconnaissance de ces récepteurs font saillie sur la membrane et possèdent une région variable terminale complémentaire des antigènes. Les cellules T ne répondent qu'aux fragments d'antigènes exposés à la surface des **cellules présentatrices d'antigènes**, le plus souvent des macrophages, des cellules dendritiques et des cellules B. Ces cellules captent les matériaux étrangers (antigènes ou agents pathogènes) dans le sang ou les tissus et les digèrent. À l'intérieur des cellules, de petits fragments d'antigènes se fixent à des protéines particulières appelées complexe majeur d'histocompatibilité (CMH) de classe II (section 32.5). Le complexe CMH-antigène est alors transporté à la surface de la cellule présentatrice et montré aux lymphocytes qui passent, les cellules T auxiliaires (figure 32.21b). Il faut aborder certaines notions sur ces antigènes d'histocompati-

bilité avant de pouvoir comprendre les interactions entre cellules T et macrophages et la biologie des cellules T.

Le complexe majeur d'histocompatibilité

Une femme meurt car son corps a rejeté un rein transplanté ; un homme est perclus d'arthrite rhumatoïde ; un enfant africain entre dans le coma à cause d'une malaria cérébrale et un autre enfant meurt d'immunodéficience. Ces quatre situations cliniques sont différentes, elles ont cependant une chose en commun car leur cause implique le complexe majeur d'histocompatibilité. Le dysfonctionnement de ce système entraîne une gamme d'effets aussi vaste pas seulement à cause de son rôle dans la réponse immunitaire spécifique mais aussi à cause de sa complexité génétique.

Le **complexe majeur d'histocompatibilité (CMH)** est une série de gènes sur le chromosome 6 humain et le chromosome 17 chez la souris. Le nom vient du grec *histo* pour tissu et la capacité de fonctionner ensemble (compatibilité). Le CMH est appelé **complexe HLA (*h*uman *l*eucocyte *a*ntigen)** chez l'homme et **complexe H-2** chez la souris. Presque toutes les cellules des tissus humains portent des molécules CMH sur leur membrane plasmique ; on les sépare en trois classes : les molécules de classe I trouvées sur presque tous les types de cellules nucléées, les molécules de classe II présentes seulement sur les leucocytes impliqués dans les réponses immunitaires et associées aux cellules T auxiliaires (macrophages, cellules présentatrices d'antigènes — dont les cellules dendritiques —, cellules B) et les molécules de classe III comprenant diverses protéines sécrétées : protéines à fonctions immunitaires (composants C2, C4a et facteur B du système du complément), deux hydroxylases de stéroïdes 21 (21-OHA et 21-OHB), des cytokines inflammatoires, les TNF α et β et deux protéines du

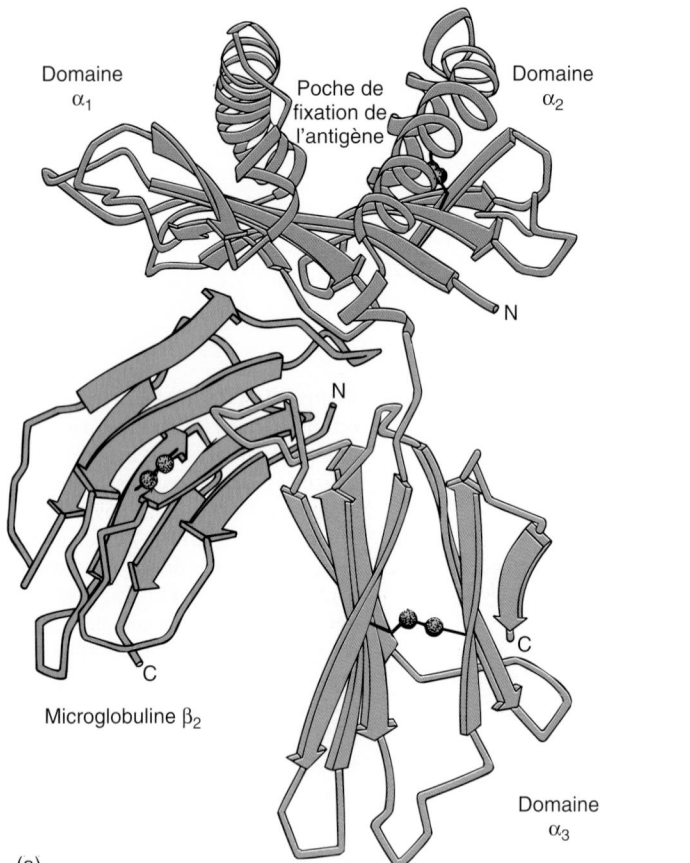

Domaine α₁

Poche de fixation de l'antigène

Domaine α₂

N

N

C

C

Microglobuline β₂

Domaine α₃

(a)

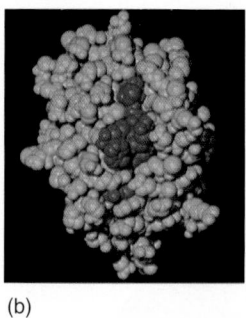

(b)

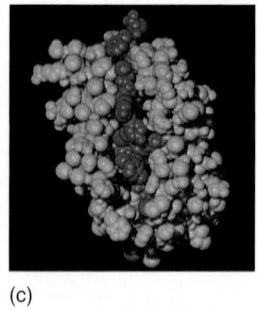

(c)

Figure 32.22 La structure d'une molécule du complexe majeur d'histocompatibilité de classe I. (**a**) Cette vue latérale de la molécule montre l'arrangement des 3 domaines (α₁, α₂, α₃) et de la β₂ microglobuline. (**b**) Les molécules CMH de classe I (modèle spatial) ne peuvent tenir que des petits peptides (en bleu) car le site de fixation est fermé. (**c**) Comme leur site de fixation est ouvert des 2 côtés, les molécules CMH de classe II peuvent lier des peptides de différentes longueurs (en bleu).

choc thermique. Au contraire des molécules CMH de classe I et II, les molécules de classe III ne sont pas membranaires ; elles ne sont pas apparentées aux molécules de classe I et de classe II, n'ont pas de rôle dans la présentation des antigènes et ne seront plus considérées ici.

La molécule CMH de classe I (**figure 32.22a**) consiste en un complexe de deux chaînes protéiques, l'une de masse moléculaire 45.000 (la chaîne lourde) et l'autre de masse moléculaire 12.000 (la chaîne légère). Les deux chaînes contiennent quatre régions. Le segment externe de la chaîne lourde peut être divisé en trois domaines fonctionnels désignés α₁, α₂ et α₃. La protéine β₂ microglobuline (β₂m) et le segment α₃ de la chaîne lourde sont associés de façon non covalente et sont proches de la membrane plasmique. Un segment de la chaîne lourde est attaché à la membrane par une courte séquence d'acides aminés qui s'étend à l'intérieur de la cellule, mais le reste de la protéine est extérieur. Les domaines α₁ et α₂, externes, forment la poche fixant l'antigène.

Les molécules CMH de classe II sont aussi des protéines transmembranaires faites d'une chaîne α et d'une chaîne β de masse moléculaire 34 000 et 28 000 respectivement et qui sont toutes deux repliées en deux domaines.

Bien que les molécules de classe I et de classe II soient très différentes, elles se replient dans l'espace en des formes très similaires (figure 32.22b,c), avec chacune une gorge profonde dans laquelle un court peptide peut se fixer. Ce peptide, qui varie d'une molécule CMH à une autre, provient d'une protéine du « soi » dans une cellule saine. La présence d'un peptide étranger (un fragment d'antigène) dans cette gorge, alerte le système immunitaire et active les cellules T qui, à leur tour, activeront les macrophages.

Les peptides présentés par les molécules de classe I et II, proviennent de différentes parties de la cellule et résultent d'un processus connu comme la fragmentation des antigènes. Les peptides qui se lient aux molécules de classe I sont originaires du cytoplasme (par ex. des antigènes de virus en réplication). Les pro-

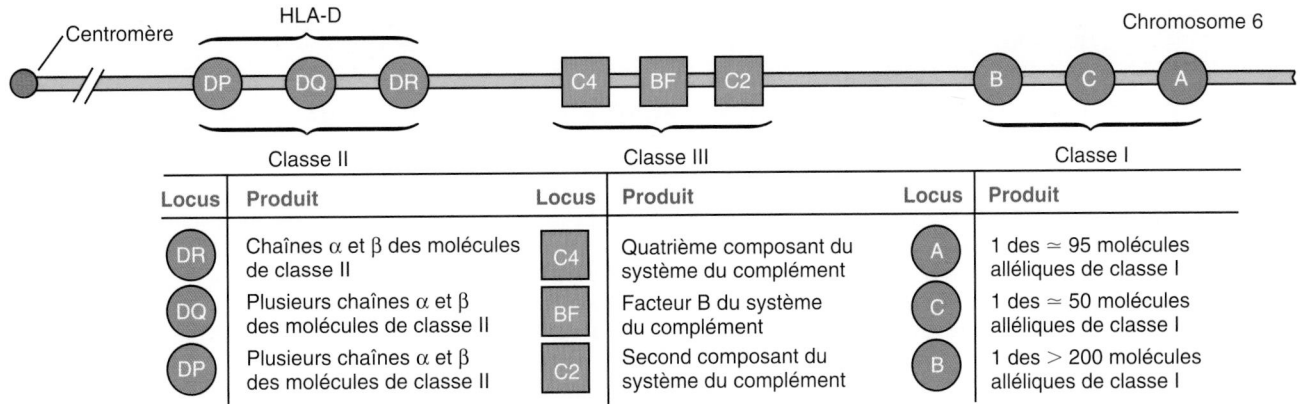

Figure 32.23   Le complexe majeur d'histocompatibilité. La région CMH sur le chromosome 6 humain et les produits des gènes associés à chaque locus.

téines antigéniques endogènes sont digérées dans la cellule en suivant la voie naturelle par laquelle la cellule renouvelle continuellement ses protéines. Les courts fragments peptidiques formés sont pompés par un transporteur protéique spécifique, du cytoplasme vers le réticulum endoplasmique. La chaîne α du CMH de classe I est synthétisée dans ce réticulum où elle s'associe à la β₂ microglobuline ; ce dimère fixe le peptide dès qu'il pénètre dans le réticulum. Le complexe peptide - CMH est transporté vers la membrane plasmique puis ancré dans cette membrane. S'il s'agit d'un peptide étranger (comme un fragment d'une protéine virale), une cellule T CD8⁺ circulante (un lymphocyte T cytotoxique) dont le récepteur est spécifique du peptide antigénique se fixera au complexe CMH-peptide et finira par tuer la cellule infectée.

Les molécules CMH de classe II se fixent à des fragments d'antigènes exogènes, un processus qui fonctionne avec des bactéries ou des virus capturés par endocytose. La cellule présentatrice d'antigène capte l'antigène ou l'agent pathogène par phagocytose ou endocytose médiée par un récepteur, et elle fragmente l'antigène par digestion dans le phagolysosome. Les fragments se combinent alors avec des molécules de classe II préformées et sont amenés à la surface de la cellule. C'est là que le peptide est reconnu par les cellules T auxiliaires CD4⁺. Ces cellules, au contraire des cellules T CD8⁺, ne tuent pas directement leurs cellules cibles, mais répondent de deux manières : la première est de se diviser et ainsi augmenter le nombre de cellules T CD4⁺ qui réagissent avec l'antigène ; la seconde est de sécréter des cytokines (comme l'interleukine 2) qui soit inhibent l'agent dont l'antigène est issu, soit recrutent et stimulent d'autres cellules qui se joignent à la réponse immunitaire.

Comme on l'a déjà dit, les molécules CMH sont encodées par un groupe de gènes appelé complexe majeur d'histocompatibilité (**figure 32.23**). Chez l'homme, le CMH est localisé sur le chromosome 6 et contient 3 classes principales de gènes. Il existe de nombreuses formes des gènes CMH à cause de multiples allèles générés par des taux de mutation élevés, par recombinaison ou par d'autres mécanismes. Chaque individu possède deux jeux de ces gènes, un

de chaque parent et tous les deux sont exprimés (i.e. ils sont codominants). Ainsi une personne synthétise de nombreux produits CMH différents, ceux-ci diffèrent aussi entre individus et plus proches seront-ils, plus semblables seront leurs molécules CMH.

Les molécules de classe I sont synthétisées par toutes les cellules du corps à l'exception des globules rouges et de quelques autres cellules ; ils comprennent les CMH de types A, B et C. Les molécules de classe I servent à identifier les cellules du corps comme « soi ». Ils stimulent également la production d'anticorps lorsqu'on les introduit chez un hôte dont les molécules de classe I sont différentes. C'est la base du typage CMH lorsqu'on prépare un malade pour la transplantation d'un organe (**encadré 32.2**).

Les molécules de classe II comprennent le groupe D des CMH et sont produites seulement par les macrophages activés, les cellules B matures, certaines cellules T et quelques cellules d'autres tissus. Les molécules de classe II sont nécessaires pour que les cellules T communiquent avec les macrophages et les cellules B. Comme nous en discuterons en détail plus loin, une partie du récepteur de la cellule T doit reconnaître un peptide et une molécule de classe II sur la cellule adjacente avant que la cellule T puisse sécréter les cytokines nécessaires à la réponse immunitaire.

Les gènes de classe III codent pour le deuxième composant du complément (C2), le facteur B, deux formes du quatrième composant du complément (C4a et C4b), le facteur nécrosant des tumeurs (TNF), des protéines du choc thermique et d'autres protéines. C2, C4a et C4b participent à la voie classique et le facteur B à la voie alterne (*voir figure 31.13*).

Les CMH de classes I et II sont impliqués dans de nombreux aspects de la reconnaissance immunitaire des micro-organismes aussi bien que dans la susceptibilité de l'individu à certaines maladies non infectieuses. Par exemple, on a des preuves d'une corrélation entre des déterminants associés aux CMH et la lèpre tuberculoïde, la poliomyélite, la sclérose en plaques et la glomérulonéphrite aigüe. On commence seulement à mettre en évidence les corrélations entre la présence des molécules CMH et la fréquence de ces maladies.

Sélection des donneurs pour les transplantations de tissus ou d'organes

En prenant des individus avec un haut degré de similarité génétique, on augmente fortement la probabilité d'une tolérance à la transplantation de tissus ou d'organes. Plus la parenté est élevée, plus les personnes ont de chances de posséder des gènes du CMH similaires. En effet, il n'y a seulement que quatre gènes d'histocompatibilité humains ; ceux-ci déterminent 77 allèles d'histocompatibilité ; il s'agit des gènes A, B, C et D (qui inclut DQ, DR et DP). Ces gènes sont transmis des parents à leurs descendants selon la génétique mendélienne. Par exemple, un frère et une sœur ont approximativement 25% de chances de posséder le même B, 50% de chances d'avoir un gène du B en commun et seulement 25% de chances d'avoir des gènes B complètement différents. Donc, lorsqu'on réalise des transplantations de tissus ou d'organes, on cherche délibérément à utiliser des tissus de parents génétiquement proches et d'individus histocompatibles.

Le tissu du donneur ayant été sélectionné, différents tests sont réalisés in vitro pour déterminer la parenté CMH exacte. Plus le degré de similitude est grand, plus grandes sont les chances que la transplantation soit couronnée de succès. Un de ces tests est le test de lymphocytotoxicité pour détermination de compatibilité : le sérum du receveur est mélangé aux lymphocytes du donneur pour rechercher d'éventuels anticorps qui seraient cause du rejet du tissu. Dans le test de lymphocytose à médiation cellulaire, les leucocytes du receveur sont mélangés aux leucocytes du donneur pour détecter un rejet aigu. Après un temps prolongé d'incubation, la présence de cellules tueuses activées indique que le rejet va se produire.

Tableau 32.4 Classes de cellules T

Classes	Fonction
Les cellules qui tuent	
Cellules Tc (cytotoxiques) aussi appelées CD8$^+$	Entraînent la cytolyse et la mort des cellules cibles, virosées ou tumorales ; importantes comme moyen de défense contre les agents pathogènes cytoplasmiques.
Les cellules qui régulent d'autres cellules	
Cellules T$_H$ (auxiliaires ou *helper*), aussi appelées CD4$^+$	Aident les cellules B à produire les anticorps, face aux antigènes ; stimulent l'immunité cellulaire.
Cellules T$_S$ (suppressives)	En mélange avec les cellules T naïves ou effectrices, elles suppriment l'activité de ces cellules.

Les types de cellules T

Il existe plusieurs classes ou subpopulations de cellules T (**tableau 32.4**). Une de ces classes (effectrice) est responsable de la cytolyse et de la mort des cellules cibles ; les autres ont une fonction régulatrice sur des cellules spécifiques. Les cellules T effectrices et régulatrices sont présentées ci-après.

Les cellules T effectrices

Les **cellules T cytotoxiques** CD8$^+$ (**Tc**) sont activées au cours d'un processus complexe impliquant au moins trois signaux. Par le récepteur des cellules T, elles s'attachent au complexe antigène viral - CMH de classe I à la surface de cellules virosées (**figure 32.24**). Cette activation demande en plus un signal CD28-B7 costimulateur et requiert une exposition à l'interleukine 2 provenant des cellules T$_H$1. Les cellules T se mettent alors à proliférer et se différencient en **lymphocyte T cytotoxiques** (**CTL**) capables d'attaquer les cellules infectées par des virus. Les CTL et les cellules T$_H$1 libèrent des cytokines comme l'IFN-γ (interféron γ) et le TNF-α (facteur nécrosant des tumeurs α), ce dernier produit également par les macrophages. Les cytokines limitent la réplication virale tout en activant des macrophages et autres phagocytes pouvant détruire la cellule infectée.

Les cellules T$_H$2 sécrètent les interleukines IL-4, IL-5 et IL-6 qui stimulent la prolifération des cellules B et leur différenciation en plasmocytes producteurs d'anticorps (figure 32.24). Ainsi, il faut une activation des cellules T auxiliaires par les macrophages pour qu'il y ait production de CTL comme d'anticorps.

Les CTL ont au moins deux moyens de détruire leurs cellules cibles : la voie CD95 qui déclenche l'apoptose ou mort programmée et la voie perforine, probablement plus utilisée, qui grâce à la perforine et aux granzymes induit la cytolyse osmotique et l'apoptose.

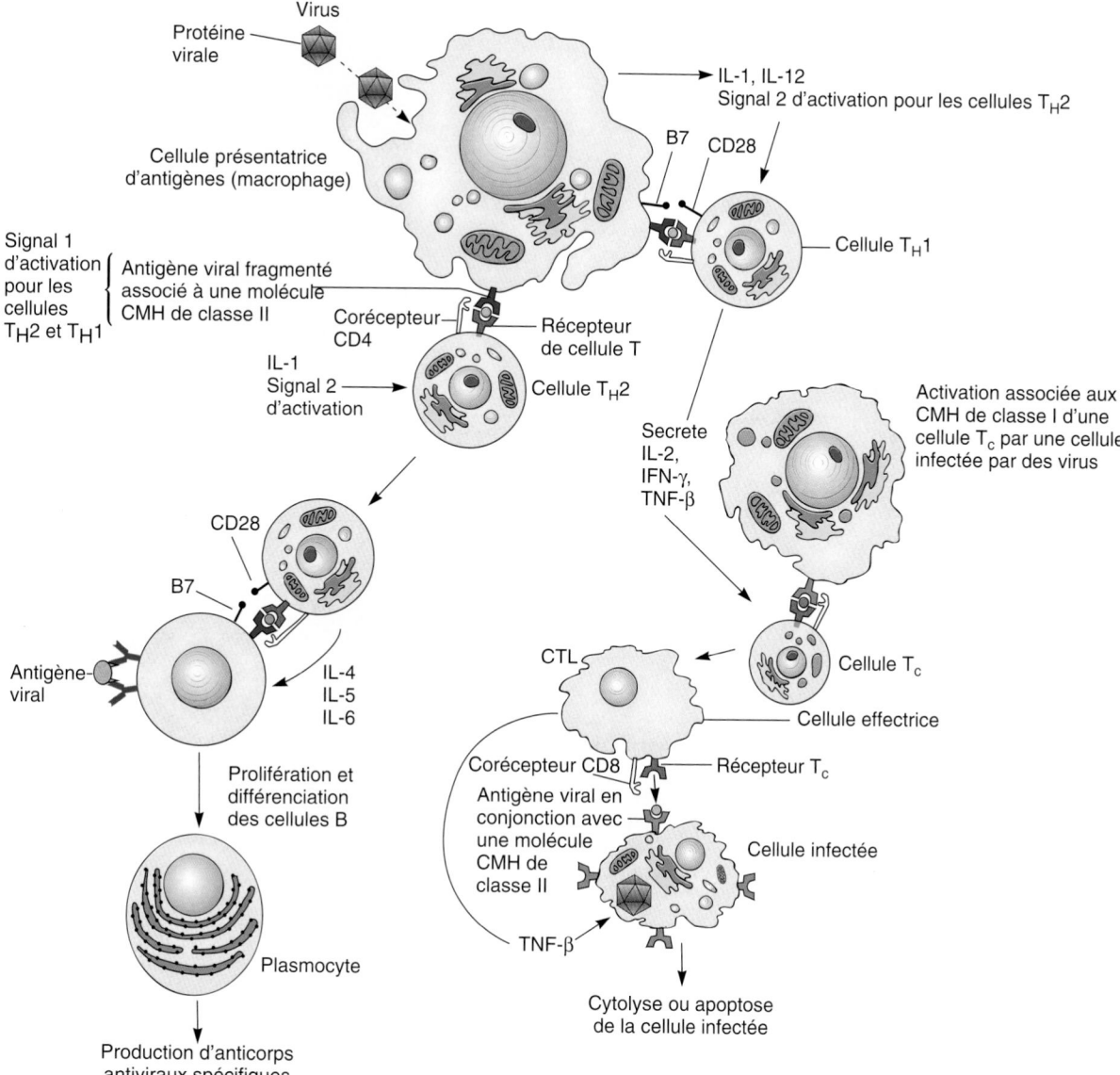

Figure 32.24 Les réponses des cellules T auxiliaires dans l'immunité à médiation cellulaire.
Un virus est plagocyté par un macrophage et un petit fragment (peptide) de l'antigène est présenté aux cellules T auxiliaires (T$_H$1 et T$_H$2) en association avec les molécules CMH de classe II. Une fois activées, par les signaux 1 et 2, les cellules T$_H$2 sécrètent les cytokines IL-4, IL-5, IL-10 et IL-13, ce qui entraîne la prolifération de cellules B et la production d'anticorps spécifiques antiviraux. Les signaux d'activation 1 et 2 entrainent également la production d'IL-2, d'IFN-γ et de TNF-β par les cellules T$_H$1. L'interleukine 2 régule la prolifération des cellules T cytotoxiques. Une fois entrée en prolifération, la cellule T$_c$ effectrice attaque la cellule virosée et induit la lyse ou la mort par apoptose de celle-ci par les voies Fas ou perforine.

Cellule infectée par un virus

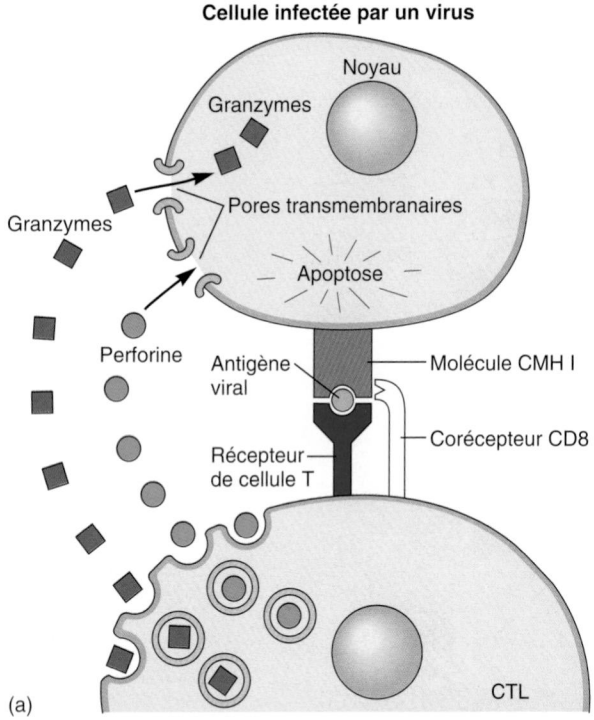

(a)

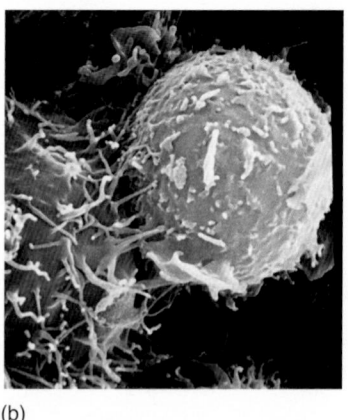

(b)

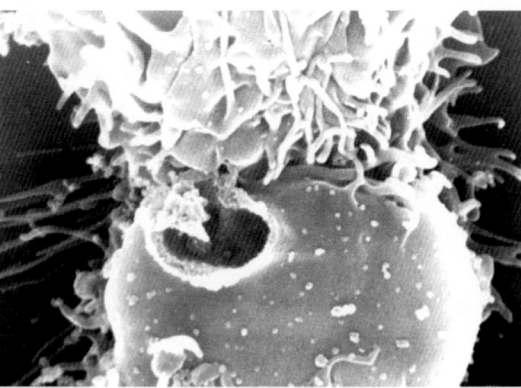

(c)

Figure 32.25 Comment une cellule T effectrice cytotoxique détruit une cellule cible infectée par un virus. (**a**) La cytotoxicité des cellules T implique souvent la voie perforine et conduit à l'apoptose et à la cytolyse. (**b**) Une cellule T cytotoxique (à gauche) en contact avec une cellule cible (à droite) (x 5.700). (**c**) La cellule T sécrète une perforine qui troue la membrane de la cellule cible dont le contenu est libéré (cytolyse) (x 45.000).

La **voie CD95** dépend de CD95 ou protéine Fas, un récepteur transmembranaire présent sur de nombreuses cellules eucaryotes. Le **gène** *fas* qui encode CD95 ou Fas, est un membre de la famille des gènes du TNF. Lorsque le ligand de Fas (CD95L) se fixe à la protéine Fas de la cellule cible, le complexe CD95-CD95L active plusieurs protéines cytoplasmiques qui initient la cascade de réactions aboutissant à l'apoptose. Les CTL possèdent de grandes quantités de ligand Fas (CD95L) à leur surface. La cellule cible subit l'apoptose lorsque le ligand de Fas se fixe.

La **voie perforine** débute lorsque le CTL se fixe, par son récepteur des cellules T, au complexe peptide viral-CMH de classe I à la surface de la cellule cible (**figure 32.25***a*). Une série compliquée d'événements se déroule alors :

1. Une séquence dépendante du Ca^{2+} a lieu d'abord : (a) as-

semblage de microtubules ; (b) mouvement de granules cytoplasmiques vers la zone de contact de la membrane plasmique avec la cellule cible ; (c) réorientation de l'appareil de Golgi vers la cellule cible et (d) mouvement du centre organisateur des microtubules et d'autres composants du cytosquelette vers la région cytoplasmique adjacente à la cellule cible fixée.

2. Ensuite, le CTL sécrète la perforine, une protéine formatrice de pores dans la membrane plasmique de la cellule cible où la perforine polymérise pour former des pores circulaires transmembranaires (figure 32.25*c*). Ceci peut conduire à la lyse osmotique.

3. Finalement, le CTL sécrète des granzymes, des enzymes protéolytiques qui pénètrent dans la cellule cible et induisent l'apoptose.

Cette séquence d'événements induira donc soit la cytolyse soit l'apoptose de la cellule cible. Le CTL se sépare alors de la cellule mourante et recycle ses composants cytoplasmiques en préparation d'une nouvelle attaque.

Les cellules T régulatrices

Les **cellules T régulatrices** contrôlent le développement des cellules T effectrices. Il en existe deux sous-populations : les cellules T auxiliaires (CD4⁺) et les cellules T suppressives. Les **cellules T auxiliaires** (T_H pour helper) se divisent en T_H1, T_H2 et T_H0. Les cellules T_H1 et T_H2 synthétisent et secrètent des cytokines spécifiques. Les **cellules T_H1** produisent l'IL-2, l'IFN-γ et le TNF-β impliqués dans l'immunité cellulaire. Ces cytokines sont responsables des réactions d'hypersensibilité retardée et de l'activation des macrophages. Les **cellules T_H2** produisent aussi différentes cytokines (dont IL-4, IL-5, IL-10, IL-13), elles sont impliquées dans l'immunité humorale, aident à la production d'anticorps par les cellules B et à la défense contre les helminthes. Les **cellules T_H0** sont simplement les précurseurs non différenciés des cellules T_H1 et T_H2.

La stimulation des cellules T_H1 par un antigène nécessite deux signaux (c'est une costimulation). Le premier est la présentation de fragments d'antigène par un macrophage, une cellule dendritique ou une cellule B activée. Par exemple, lors d'une infection virale, certains virus sont phagocytés par un macrophage et partiellement digérés (figure 32.24). Des fragments de protéine virale sont transportés à la surface du macrophage et présentés en association étroite avec des molécules CMH de classe II. Cette association est indispensable à la reconnaissance par le récepteur des cellules T présent à la surface des cellules T_H1.

Le second signal d'activation implique le récepteur CD28 présent à la surface des cellules T_H1 (**figure 32.26**) (CD : abréviation de classes de différenciation, molécules fonctionnelles ou récepteurs servant de marqueurs de surface, section 32.2). Lorsque CD28 se lie à la protéine B7 (CD80) de la surface du macrophage, le second signal est délivré, qui comme le premier, est alors transmis au cytoplasme de la cellule T_H1.

Le signal 1 active une tyrosine kinase cytoplasmique (une tyrosine kinase ajoute des groupes phosphate à la tyrosine des protéines). À la suite de cette phosphorylation, la phospholipase Cγ1 clive le phosphatidylinositol biphosphate situé dans la membrane plasmique de la cellule T auxiliaire, ceci libère deux produits de réaction et ouvre deux voies de signalisation.

Un des produits de clivage, le diacylglycérol, active la protéine kinase C ; celle-ci se déplace dans le noyau où elle catalyse la formation d'un complexe protéique appelé AP-1. L'autre produit de clivage, l'inositol triphosphate, entraîne l'ouverture d'un canal à calcium ; les ions calciques pénètrent dans le cytoplasme, ce qui permet d'autres réactions enzymatiques et l'activation de la calmoduline, de la calcineurine et du facteur nucléaire des cellules T_H1 activées (NF-AT). Le facteur NF-AT migre alors dans le nucléoplasme où il se lie à AP-1 nouvellement formé. Ceci donne un complexe NF-AT/AP-1 qui est un facteur de transcription ; il se fixe à une séquence d'ADN spécifique et permet la transcription de l'ARNm de l'interleukine-2. L'ARNm passe du noyau aux ribosomes et l'IL-2 est synthétisée.

Le signal 2, médié par le récepteur CD28 et la protéine B7, active une autre tyrosine kinase, induit la formation du facteur de transcription CD28RC qui stabilise l'ARNm transcrit du gène IL-2. Ceci augmente la concentration de l'interleukine-2.

Les cellules T_H1 activées par ces deux signaux sécrètent l'IL-2 en grande quantité et ainsi activent les cellules T cytotoxiques (figure 32.24), elles sécrètent aussi l'interféron γ (IFN-γ) capable d'activer les macrophages et d'augmenter l'action microbicide.

La figure 32.24 montre les activités des cellules T_H2 costimulées par la présentation antigénique et l'interleukine-1. Les cellules T_H2 libèrent alors plusieurs cytokines qui stimulent la prolifération et la différenciation en plasmocytes des cellules B.

Bien que les preuves ne soient pas concluantes, de nombreux immunologistes croient à l'existence de **cellules T suppressives** (T_s) qui peuvent supprimer les réponses des cellules B et T. La prolifération des sous-populations des cellules T_s spécifiques d'un antigène donné est stimulée par l'IL-2 provenant des cellules T auxiliaires. Cette prolifération est un processus lent qui fournit un rétrocontrôle (« feedback ») négatif pour cette partie de la réponse immunitaire connue comme tolérance immunitaire acquise.

---

1. Quelle est la fonction d'une cellule présentatrice d'antigènes ? Qu'est-ce qu'un récepteur des cellules T et comment est-il impliqué dans l'activation des cellules T ?
2. Qu'est-ce qu'une molécule d'histocompatibilité ? Que sont les CMH et les HLA ? Décrivez les rôles des 3 classes de CMH.
3. Décrivez la fragmentation de l'antigène, en quoi ce processus est-il différent pour les antigènes endogènes ou exogènes ?
4. Décrivez brièvement la cellule T cytotoxique, son rôle, comment elle est activée, et ses deux moyens de destruction des cellules cibles.
5. Résumez les fonctions d'une cellule T auxiliaire. En quoi la fonction des cellules T_H1 et T_H2 diffère-t-elle ? Décrivez brièvement comment les cellules T_H sont activées par costimulation.

32.5   La biologie des cellules B

Les cellules souches de la moelle osseuse produisent des cellules B non engagées (*voir figure 31.3*). Ces cellules B matures contiennent des immunoglobulines de surface transmembranaires associées aux hétérodimères Ig-α/Ig-β ; ces complexes sont les **récepteurs d'antigènes des cellules B** (BCR : *B cell antigen receptor*), ils peuvent contenir des IgM et des IgD. C'est l'IgM cependant qui est le récepteur majeur pour l'antigène approprié. Les cellules B ont aussi des récepteurs pour le fragment Fc de certaines classes d'immunoglobulines et peuvent avoir des récepteurs pour le complément (C3b). Il y aurait sur chaque cellule B jusqu'à 50.000 de ces sites récepteurs spécifiques d'un antigène. Chez chaque individu, la population totale de cellules B matures porte ainsi des récepteurs pour un grand nombre d'antigènes ; cependant, chaque cellule B mature ne possède des récepteurs spécifiques que pour un déterminant antigénique particulier.

Les anticorps sont sécrétés par les plasmocytes et fixent les antigènes en solution. Les diverses classes d'anticorps (IgG, IgM, IgA, IgD, IgE, figures 32.10 à 32.14) sont en relation avec les récepteurs membranaires. Les BCR déclenchent aussi l'endocytose

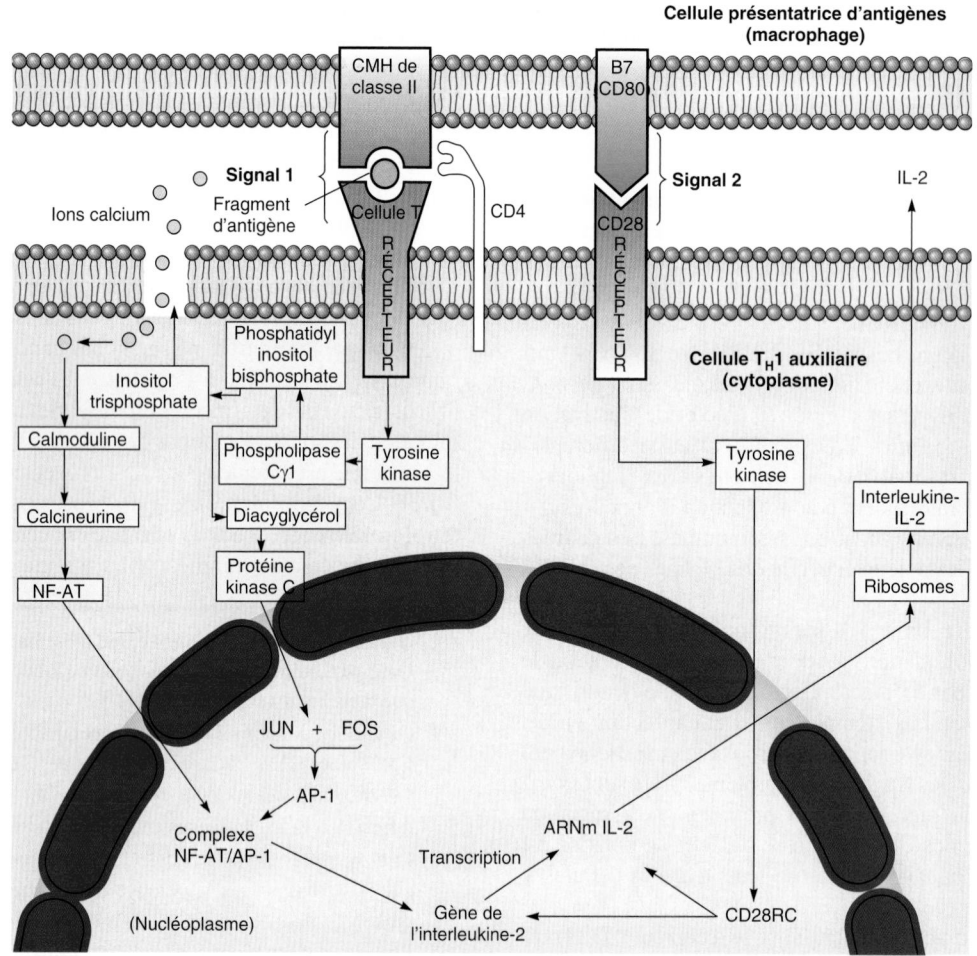

Figure 32.26 Deux signaux sont nécessaires à l'activation des cellules T auxiliaires (T_H1). Le premier signal est la présentation d'un fragment d'antigène par un macrophage ou une autre cellule présentatrice d'antigènes, en même temps qu'une molécule CMH de classe II, au récepteur de la cellule T_H et à la protéine CD4. Le second signal est donné lorsque le macrophage présente la protéine B7 (CD80) au récepteur CD28 de la cellule T auxiliaire. Ces deux signaux envoient l'information dans le cytoplasme de la cellule T_H. Le premier signal conduit à la synthèse de l'ARNm de l'interleukine-2. Le second signal élève la production d'IL-2 jusqu'à des concentrations efficaces. On sait que le gène de l'IL-2 est régulé étroitement et ne peut être transcrit en l'absence du complexe NF-AT/AP–1, d'AP–1 et d'autres facteurs de transcription, dont CD28RC. Ces facteurs sont produits de novo ou activés lorsque la cellule T auxiliaire est activée par son récepteur spécifique de l'antigène.

de l'antigène. Ceci conduit au clivage dans la cellule B, de l'antigène dont un petit fragment sera présenté à la surface cellulaire en association avec les molécules du CMH de classe II. Ainsi les cellules B ont deux rôles : (1) elles prolifèrent, se différencient en plasmocytes et répondent aux antigènes en sécrétant les anticorps, mais en même temps, (2) ce sont des cellules présentatrices d'antigènes.

La fixation de l'antigène à l'anticorps

Un antigène s'associe à un anticorps au site de fixation de l'antigène à l'intérieur des régions Fab de l'anticorps. Plus spécifique-

ment, le reploiement des régions V_H et V_L forme une poche (figure 32.7). C'est à cet endroit que des acides aminés spécifiques entrent en contact avec l'épitope de l'antigène ou les groupes hapténiques et forment de multiples liaisons non covalentes entre l'antigène et les acides aminés du site de fixation (**figure 32.27**).

Comme la fixation est due à des liaisons faibles, telles que des ponts hydrogène et des attractions électrostatiques, la forme de l'antigène doit correspondre exactement à celle du site de fixation. Si les formes de l'épitope (figure 32.3) et du site de fixation ne sont pas réellement complémentaires, l'anticorps ne fixera pas efficacement l'antigène. Bien que le mécanisme normal soit celui d'une clé entrant dans sa serrure, il existe au moins un cas où le site de

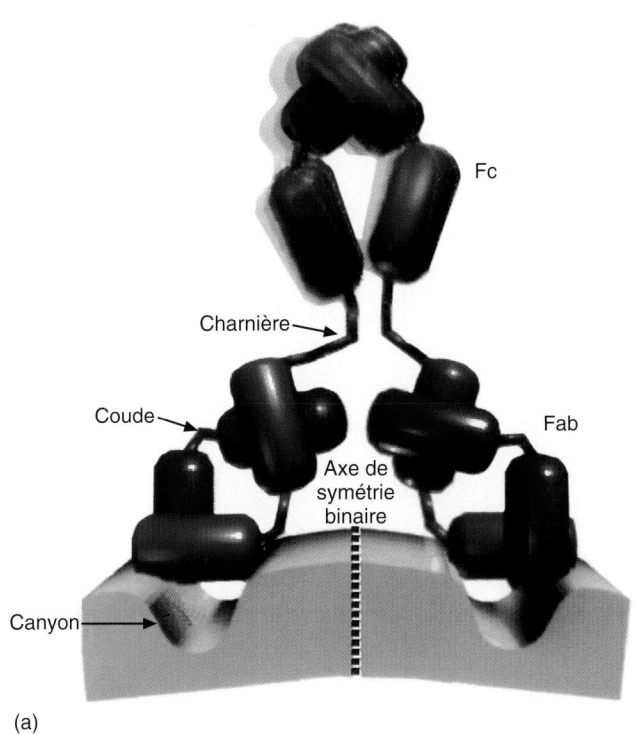

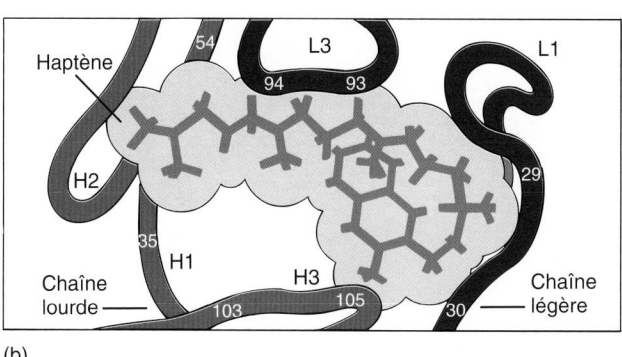

Figure 32.27 La fixation antigène-anticorps. (**a**) Exemple de fixation de l'antigène à l'anticorps : modèle de la fixation de l'anticorps monoclonal MAb17-IA à la surface d'un rhinovirus humain. Les chaînes lourdes sont en rouge, les chaînes légères en bleu et la capside virale en jaune. L'ARN viral interne serait au bas du diagramme. L'anticorps est fixé de façon bivalente de part et d'autre de l'axe de symétrie binaire de l'icosaèdre viral. (**b**) Représentation basée sur l'analyse aux rayons X de cristaux d'une molécule d'haptène nichée dans une poche formée par le site de fixation de l'anticorps. Dans cette illustration, l'haptène n'entre en contact qu'avec 10 à 12 acides aminés des régions hypervariables des chaînes lourde et légère. Les nombres sont ceux des acides aminés de contact.

fixation de l'antigène change de forme lors de l'association avec l'antigène (mécanisme d'induction de forme). Quel qu'en soit le mécanisme précis, la spécificité de l'anticorps résulte de la nature de la fixation de l'antigène à l'anticorps.

L'activation des cellules B

La cellule B mature se divise et se différencie en un plasmocyte qui sécrète des anticorps quand elle est stimulée par des signaux appropriés. La stimulation se fait par un antigène spécifique activant un clone cellulaire particulier, mais elle peut être non spécifique et polyclonale par l'intermédiaire des mitogènes de cellules B.

Stimulation par des antigènes thymodépendants

La plupart des antigènes portent sur chaque molécule plus d'un type de déterminant antigénique (épitope) (figure 32.3). Les cellules B spécifiques d'un épitope de l'antigène (ex. épitope X) ne peuvent souvent se développer en plasmocytes sécréteurs d'anticorps (anti-X) sans la collaboration de cellules T auxiliaires. En d'autres termes, la fixation de l'épitope X à la cellule B peut être nécessaire mais non suffisante à l'activation de cette cellule B. Les antigènes qui sont apprêtés avec l'aide des cellules T auxiliaires sont appelés **antigènes thymodépendants**. Comme exemples, citons des bactéries, des globules sanguins étrangers, certaines protéines et des combinaisons haptène-porteur (figure 32.4).

Le mécanisme de base de la stimulation d'une cellule B par un antigène thymodépendant est illustré à la **figure 32.28** ; il implique trois cellules : (1) un macrophage présentateur d'antigène qui fragmente et présente l'antigène ; (2) une cellule T auxiliaire capable de reconnaître l'antigène et de lui répondre ; et (3) une cellule B spécifique de l'antigène. Les événements se succèdent alors de la façon suivante : le macrophage présente une partie de l'antigène et son propre complexe majeur d'histocompatibilité à la cellule T auxiliaire (signal #1 pour la cellule T). L'interaction B7-CD28 (signal #2), assure la co-stimulation. Les interleukines 1 et 6 stimulent les cellules T à se diviser et à synthétiser les interleukines 2 et 4-6. L'interleukine-1 stimule aussi l'hypothalamus de façon à élever la température corporelle (causant de la fièvre), ceci augmente l'activité des cellules T. La multiplication des cellules T auxiliaires est stimulée par les interleukines 2 et 4-6. Ces cellules auxiliaires s'associent directement aux cellules B qui portent les complexes corrects, antigènes-CMH de classe II, et secrètent des cytokines appelées facteurs de croissance des cellules B (BCGF pour « *B-c*ell *g*rowth *f*actor »), ce qui entraîne la multiplication des cellules B. En même temps que le nombre de cellules B augmente, les cellules T auxiliaires produisent d'autres cytokines appelées facteurs de différenciation des cellules B (BCDF pour « *B-c*ell *d*ifferenciation *f*actor »). Celles-ci indiquent à certaines cellules B d'arrêter la réplication, de se différencier en plasmocytes et de débuter la production d'anticorps. L'activation des cellules B implique plus que l'activité des cellules T auxiliaires, car la cellule B reconnaît aussi l'antigène par ses récepteurs IgM de surface (signal #1 pour la cellule B). La cellule B est ensuite stimulée à proliférer et à se différencier en plasmocyte sécréteur d'anticorps (un plasmocyte peut sécréter plus de 10 millions de molécules d'anticorps à l'heure !). Il faut noter que les cellules B présentent les antigènes de façon plus efficace que les macrophages aux concentrations faibles en antigène, pour autant que l'antigène soit fixé aux immunoglobu-

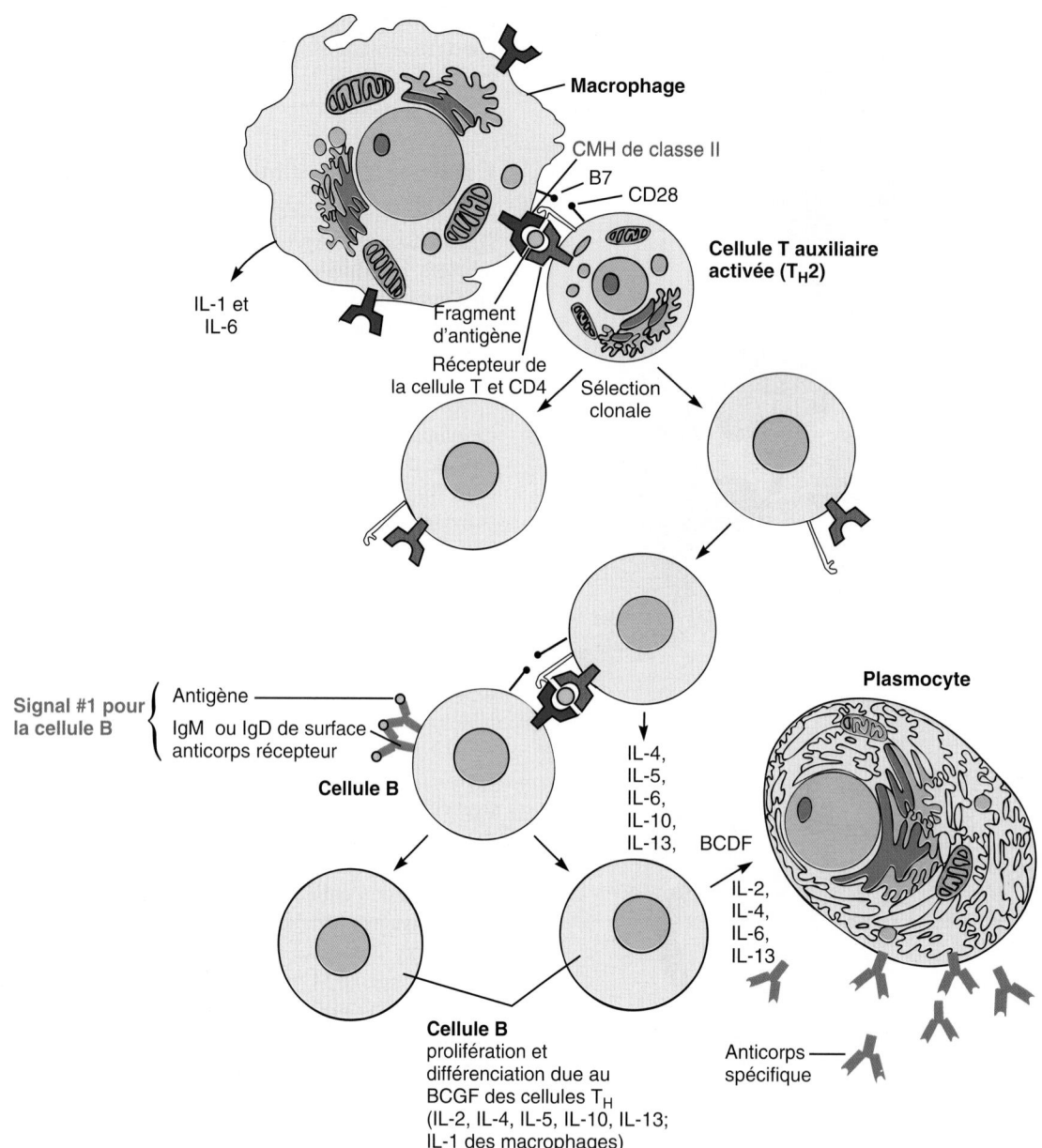

Figure 32.28 La stimulation d'une cellule B par un antigène thymodépendant. Représentation schématique de l'interaction entre macrophages, cellules T auxiliaires et cellules B, produisant l'immunité humorale. De nombreuses cytokines (IL-1, IL-4, IL-5, IL-10, IL-13) stimulent la prolifération des cellules B et sont appelées facteurs de croissance des cellules B (BCGF pour B cell growth factor). Les cytokines comme IL-2, IL-4, IL-6 et IL-13 stimulent la différenciation des cellules B et sont nommées facteurs de différenciation des cellules B (BCDF pour B cell differentiation factor).

lines de surface. Les cellules B fixent l'antigène, le captent par endocytose et le présentent aux cellules T auxiliaires pour les activer. Dans cette situation, les cellules B et les cellules T$_H$ s'activent mutuellement. Toutes les réponses immunitaires qui produisent des IgG, des IgA et des IgE impliquent cette stimulation par un antigène thymo-dépendant. La fièvre (pp. 722-23).

Stimulation par des antigènes thymo-indépendants

Il existe des antigènes qui stimulent la production d'immunoglobulines par les cellules B sans coopération avec des cellules T. Ce sont des **antigènes thymo-indépendants**. Comme exemples, citons des agents promoteurs de tumeurs, des anticorps anti-immu-

Tableau 32.5   Comparaison des lymphocytes impliqués dans la réponse immunitaire

Propriété	Cellules T	Cellules B
Origine	Moelle osseuse des adultes	Moelle osseuse des adultes
Maturation et différenciation	Thymus	Tissu lymphoïde ; bourse de Fabricius chez les oiseaux
Mobilité	Grande	Très faible (certains stades circulent)
Récepteurs du complément	Absents	Présents
Immunoglobulines de surface	Absentes	Présentes
Prolifération	Par stimulation antigénique, différenciation en cellules effectrices et mémoire	Par stimulation antigénique, prolifération et différenciation en plasmocytes et cellules mémoire
Type d'immunité	À médiation cellulaire et humorale, activation des cellules B par les cellules T_H	Humorale
Distribution	Concentrées dans le sang, la lymphe et les tissus lymphoïdes	Concentrées dans la rate, les ganglions lymphatiques, la moelle osseuse et autres tissus lymphoïdes ; peu concentrées dans le sang
Produits de sécrétion	Cytokines	Anticorps
Sous-populations et fonctions	Cellule T auxiliaire (T_H) : nécessaire à l'activation des cellules B par les antigènes thymodépendants et les cellules T effectrices. Il y a 3 types de cellules T auxiliaires : T_H1, T_H2, et T_H0.	Plasmocyte : cellule provenant d'une cellule B qui fabrique les anticorps spécifiques
	Cellule T suppressive (T_S) : bloque l'induction et/ou l'activation des cellules T_H et des cellules B ; aide à maintenir la tolérance	Cellule mémoire : cellule à vie longue responsable de la réponse anamnestique
	Cellule T cytotoxique (T_C) se différencie en CTL qui lyse les cellules reconnues comme non-soi et les cellules infectées par des parasites et les virus	
	Cellule mémoire	

Tableau 32.6   Reconnaissance de l'antigène par les cellules T et B

Caractéristique	Cellules T	Cellules B
Fixation d'antigènes solubles	Non	Oui
Nature des antigènes	Le plus souvent des protéines mais aussi certains glycolipides présentés par les CMH.	Protéines, glycolipides, polysaccharides
Reconnaissance de l'antigène	Antigènes fragmentés dans la cellule et présentés comme des peptides linéaires fixés aux molécules CMH	Zones accessibles sur la protéine avec des acides aminés séquentiels ou non séquentiels
	Implique 3 partenaires : le récepteur des cellules T,	L'immunoglobuline réceptrice fixe l'antigène dans sa conformation naturelle.
	l'antigène et la molécule CMH	Implique 2 partenaires : l'antigène et l'immunoglobuline de surface.

noglobulines (anti-Ig) contre certains antigènes de différenciation des cellules B et des lipopolysaccharides bactériens. Les antigènes thymo-indépendants sont polymériques, c'est-à-dire qu'ils sont composés de sous-unités protéiques ou polysaccharidiques répétitives. Ils induisent presqu'exclusivement la formation d'IgM avec très peu de passage aux IgG ; l'anticorps produit est généralement de faible affinité pour l'antigène.

Le mécanisme de l'activation par les antigènes thymo-indépendants dépend probablement de leur structure polymérique. Ces grosses molécules présentent à la cellule B spécifique un large réseau d'épitopes identiques. L'activation cellulaire se produit à cause de la nature multivalente du récepteur cellulaire (IgM de surface) et les IgM sont sécrétées. Comme il n'y a pas d'aide par une cellule T, la cellule B ne peut pas passer à une production d'IgG de haute affinité et aucune cellule mémoire n'est formée.

La biologie des cellules T a fait l'objet de la section 32.4, cette section-ci traite de la biologie des cellules B. Les **tableaux 32.5** et **32.6** récapitulent et comparent les propriétés les plus importantes des lymphocytes décrites dans ces deux sections.

1. Que sont les antigènes des cellules B et comment sont-ils impliqués dans l'activation des cellules B ?
2. Comparez brièvement et différenciez cellules B et cellules T en ce qui concerne leur formation, leur structure et leur rôle dans la réponse immunitaire.
3. Comment se fait la liaison antigène-anticorps ? Quelle est la base de la spécificité de l'anticorps ?
4. Quelle est la différence entre stimulation des cellules B par un antigène thymodépendant et par un antigène thymo-indépendant ?

32.6 Actions des anticorps

La réaction antigène-anticorps est une association de 2 molécules d'une exquise spécificité : les interactions qui se produisent in vivo chez les vertébrés sont essentielles à la protection de l'animal contre les attaques continuelles de virus, de micro-organismes (et leurs produits), de certaines macromolécules et de cellules cancéreuses. In vitro, cette même spécificité a permis l'élaboration d'une variété de tests détectant la présence de l'antigène ou de l'anticorps. Ces tests sont importants pour le diagnostic des maladies, l'identification de virus, de bactéries ou de parasites, le suivi de la réponse humorale et des problèmes immunologiques, l'étude de molécules médicalement ou biologiquement intéressantes. Ces essais plus ou moins rapides et sensibles sont qualitatifs ou quantitatifs. La fin de cette section examine les interactions antigène-anticorps qui ont lieu dans le corps, in vivo, tandis que les interactions dont s'occupent les laboratoires, in vitro, sont décrites au chapitre 33 dont l'objet est l'immunologie médicale.

Neutralisation des toxines

L'immunité contre une maladie telle que la diphtérie dépend de la production d'anticorps spécifiques qui inactivent les toxines produites par les bactéries. Ce processus est appelé **neutralisation de toxines (figure 32.29)**. Une fois réalisé, le complexe anticorps-toxine est soit incapable d'entrer dans les cellules, soit incapable de s'attacher au site récepteur des cellules cibles, soit ingéré par les macrophages. Par exemple, la toxine diphtérique inhibe la synthèse protéique après fixation à la surface cellulaire du fragment B et ensuite passage du fragment actif A dans le cytoplasme de la cellule cible (*voir figure 34.5*). Ainsi, l'anticorps bloque l'effet toxique en inhibant l'entrée du fragment A ou la fixation du fragment B. On appelle **antitoxine**, un antisérum contenant des anticorps neutralisants dirigés contre une toxine (figure 32.29*b*). Les exotoxines (pp. 794-99).

Neutralisation des virus

Des anticorps IgG, IgM et IgA ont la capacité de se fixer à certains virus au cours de leur phase extracellulaire et de les inactiver. Cette inactivation virale due à des anticorps est appelée **neutralisation virale**. La fixation au virus du composant C3b de la voie classique du complément (section 32.7) facilite le processus de neutralisation. L'infection virale est empêchée car le virus est devenu incapable de se fixer à sa cellule cible (figure 32.29*c*).

Inhibition de l'adhérence

Certaines bactéries sont capables de coloniser les muqueuses des mammifères, cette propriété dépend en partie de leur adhérence aux cellules épithéliales des muqueuses. On a montré que des anticorps IgA sécrétoires (IgAs ; voir p. 736-38) inhibent certains facteurs qui favorisent l'adhérence bactérienne. Ainsi, les IgAs ont un rôle unique dans la protection de l'hôte contre l'infection des muqueuses par des bactéries pathogènes et peut-être par d'autres micro-organismes.

IgE et infections parasitaires

Les réactions immunitaires contre les protozoaires et les parasites helminthiques ne sont encore comprises que partiellement. Les parasites dont le cycle infectieux possède une phase d'invasion tissulaire, sont souvent associés à l'éosinophilie (un nombre excessif d'éosinophiles dans le sang) et à des niveaux élevés d'IgE. Des résultats récents montrent qu'en présence de quantités importantes d'IgE, les éosinophiles peuvent se fixer aux parasites et décharger leurs granules lysosomiaux. La dégranulation libère des médiateurs lytiques et inflammatoires qui détruisent les parasites (*voir figure 33.2*).

Opsonisation

Les phagocytes ont la propriété intrinsèque de se fixer directement aux micro-organismes par des récepteurs cellulaires de surface non spécifiques, de former ensuite des phagosomes et de digérer les micro-organismes (*figure 31.16*). Ce processus phagocytaire est fortement facilité par l'opsonisation. L'**opsonisation** (du grec *opson*, préparer les victimes pour) est le phénomène de recouvrement de micro-organismes ou d'autres particules par l'anticorps et/ou le complément, ceci prépare à la reconnaissance et l'ingestion par les cellules phagocytaires. Les anticorps opsonisants, IgG1 et IgG3 et des neutrophiles se fixent à un récepteur Fc à la surface des macrophages et des neutrophiles. Cette fixation forme un pont entre le phagocyte et l'antigène. La phagocytose (pp. 718-20).

Formation des complexes immuns

Comme les anticorps ont au moins deux sites de fixation pour les antigènes et que la plupart des antigènes ont au moins deux déterminants antigéniques, il y a fixation croisée et de grands agrégats sont produits, appelés **complexes immuns (figure 32.30)**. Si le complexe immun devient suffisamment grand pour sédimenter dans la solution, une **réaction de précipitation** se produit, l'anticorps, appelé alors **précipitine**, est responsable de la réaction. Quand le complexe immun contient des cellules ou des particules, une **réaction d'agglutination** se produit et l'anticorps responsable est dit **agglutinine**. L'agglutination spécifique des globules rouges sanguins est une réaction d'**hémagglutination** et est causée par une **hémagglutinine**. In vivo, ces complexes immuns sont phagocytés plus rapidement que des antigènes libres.

Que ce soit chez l'animal ou in vitro, l'importance des complexes immuns dépend des concentrations relatives d'anticorps et d'antigène. Lorsque l'anticorps est en grand excès, il y a fixation de molécules d'anticorps séparées à chaque déterminant antigénique et une quantité moindre de réseau insoluble se forme (*figure 33.18a*). Quand l'antigène est présent en excès, deux molécules d'antigène différentes se fixent à chaque anticorps et le développement du réseau est aussi inhibé. Dans la zone d'équivalence, le rapport des concentrations anticorps-antigène est optimal et un large réseau de molécules d'anticorps et d'antigène interconnectées se forme. Toutes les molécules d'antigène ou d'anticorps précipitent ou s'agglutinent en un complexe insoluble. Les réactions de précipitation se produisent en solution ou dans un milieu gélosé. Dans chaque cas, une équivalence anticorps-antigène est nécessaire pour obtenir le meilleur résultat.

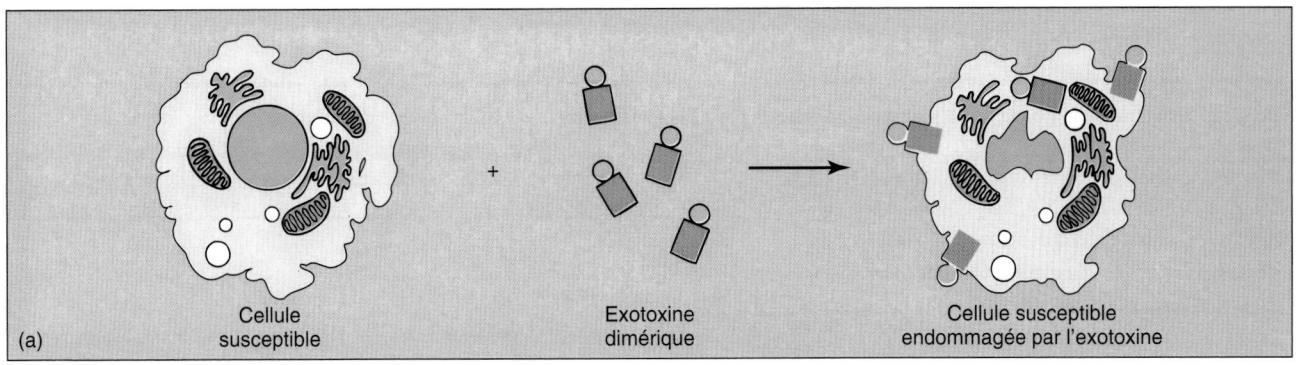

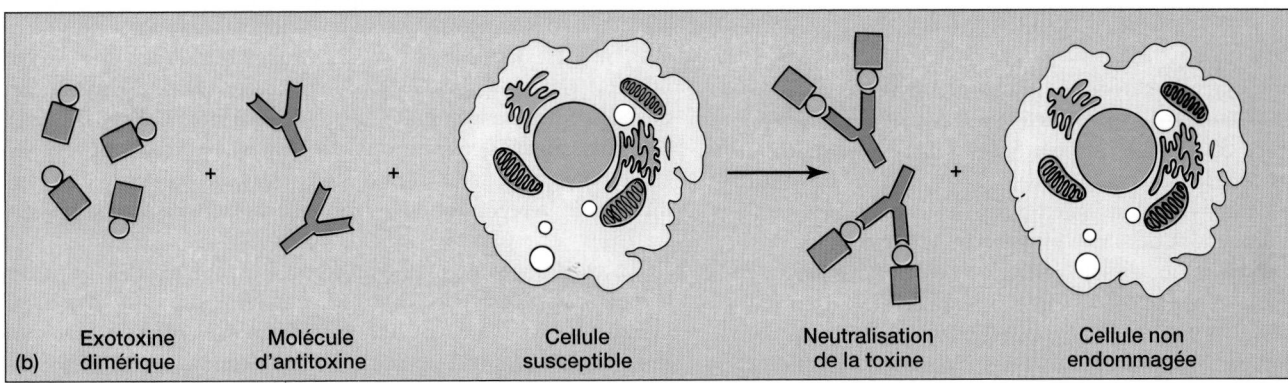

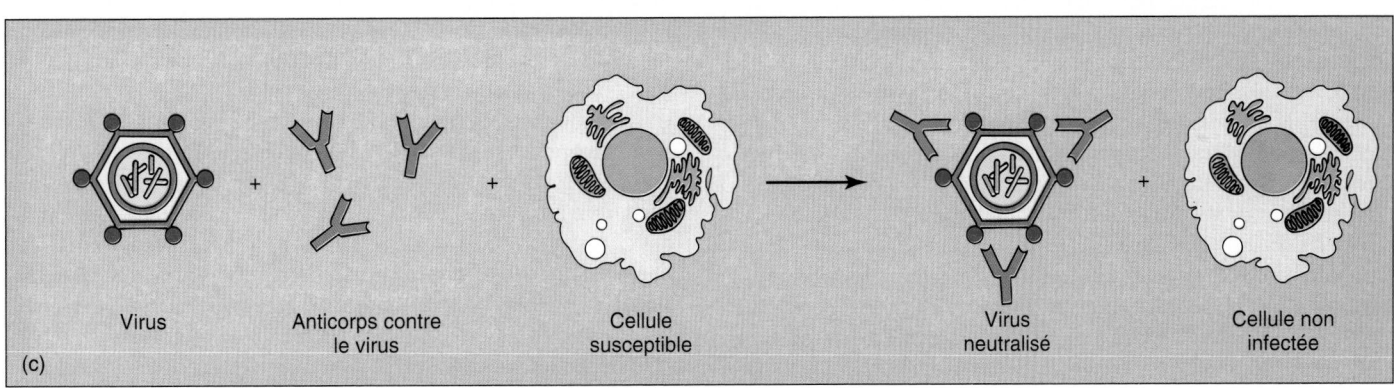

Figure 32.29 Les réactions de neutralisation. (**a**) Effets d'une exotoxine dimérique sur une cellule susceptible. (**b**) Neutralisation d'une toxine par l'antitoxine. (**c**) Au cours de la neutralisation virale, les anticorps spécifiques neutralisent le virus et empêchent sa fixation à la cellule susceptible.

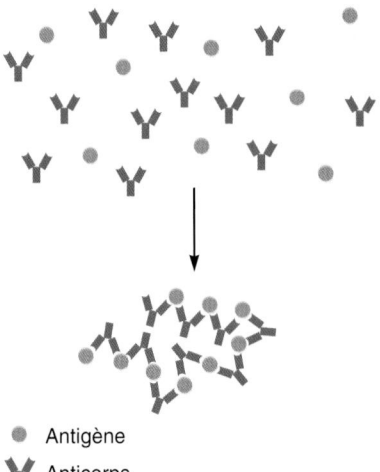

● Antigène

Y Anticorps

Figure 32.30 La formation de complexes immuns. Les anticorps forment des ponts entre les antigènes, il en résulte un agrégat d'anticorps et d'antigènes appelé complexe immun.

1. Comment se fait la neutralisation d'une toxine ? La neutralisation d'un virus ?
2. Décrivez le rôle des IgE dans la résistance aux infections parasitaires.
3. Comment se fait l'inhibition de l'adhérence ?
4. Décrivez un complexe immun ; que sont les deux types formés ?

32.7 La voie classique du complément

L'activation de la **voie classique du complément** est initiée par l'interaction d'anticorps avec un antigène généralement lié à une cellule (**figure 32.31**). L'ordre d'efficacité dans l'activation du complément est le suivant : IgM > IgG3 > IgG1 > IgG2. Cependant, certains produits microbiens (le lipide A de l'endotoxine et la protéine A de staphylocoque) ou la plasmine (une enzyme protéolytique qui dissout la fibrine des caillots sanguins) peuvent activer directement C1 sans la participation d'un anticorps. Après la fixation de l'antigène à l'anticorps, le composant C1, qui comprend trois protéines (q, r et s) s'attache à la portion Fc de l'anticorps par son sous-composant C1q. En présence d'ions calcium, il se forme rapidement un complexe trimoléculaire ($C1qrs^-$-Ag-Ac) qui possède une activité estérasique. Le sous-composant C1s activé attaque et clive ses substrats naturels du sérum (C2 et C4). Ceci conduit à la fixation d'une portion de chaque molécule (C2b et C4b) au complexe antigène-anticorps-complément avec la libération des petits fragments C4a et C2a. (Les fragments libérés sont traditionnellement appelés a. Pour simplifier, on appellera b tous les fragments du complément fixés à la cellule cible). La fixation de C2b à C4b forme une enzyme à activité protéolytique du type trypsine. Le substrat naturel de cette enzyme est C3 ; ainsi, on appelle cette enzyme une convertase de C3. Grâce à l'activité de $\overline{C4b2b}$ (la barre indique que le complexe possède une activité enzymatique), C3 est clivé en un sous-composant fixé C3b et un composant soluble C3a. C3b s'absorbe alors à C4b2b fixé, formant le complexe $\overline{C4b2b3b}$ qui agit comme une convertase de C5 et clive C5 en 2 fragments C5a et C5b. C6 et C7 se fixent rapidement à C5b formant le complexe $\overline{C5b67}$ qui possède un site instable de fixation à la membrane. Une fois lié à la membrane, le complexe devient stable, fixe C8 et C9 et constitue le **complexe d'attaque membranaire** (C5b6789) capable de créer un pore dans la membrane de la cellule cible (*voir figure 31.14*). On pense que le pore lui-même est un polymère biconcave de C9. (Les pores de perforine, générés par les lymphocytes T cytotoxiques - figure 32.25 - sont assez semblables aux pores de complément). S'il s'agit d'une cellule eucaryote, Na^+ et l'eau pénètrent par les pores et la cellule meurt par lyse osmotique. Au contraire, les bactéries Gram-négatives sont résistantes à cette action cytolytique car elles sont dépourvues de membrane externe exposée et que leur peptidoglycane épais empêche l'attaque de la membrane plasmique. Le système du complément et sa fonction (pp. 714-18)

1. Comment la voie classique du complément est-elle activée ?
2. Quel est l'effet du complexe d'attaque membranaire sur les cellules eucaryotes ? sur les cellules procaryotes ?

32.8 La tolérance immunitaire acquise

La **tolérance immunitaire acquise** est la capacité de l'organisme à produire des anticorps contre des antigènes non soi tandis qu'il « tolère » les antigènes du soi (ne produit pas d'anticorps contre ceux-ci). Cette tolérance se développe tôt dans la vie embryonnaire quand la compétence immunologique est en voie d'établissement. Trois mécanismes généraux de tolérance ont été proposés : une sélection négative par délétion clonale, l'induction d'anergie et l'inhibition de la réponse immunitaire par les cellules T suppressives (p. 751).

La tolérance immunologique peut être acquise grâce à une sélection négative par délétion clonale, un processus qui soustrait du système immunitaire, les cellules T thymiques qui reconnaissent tout antigène propre à l'organisme. La tolérance des cellules T induite dans le thymus avec celle des cellules B induite dans la moëlle osseuse est appelée tolérance centrale. Cependant, il faut un autre mécanisme pour prévenir l'auto-immunité car beaucoup d'antigènes sont spécifiquement tissulaires et sont absents du thymus ou de la moelle osseuse.

La tolérance périphérique, complément de la tolérance centrale, groupe les mécanismes se déroulant en d'autres endroits du corps. Elle est basée sur des signaux d'activation incomplets qui seraient donnés aux lymphocytes quand ils rencontrent des auto-antigènes au niveau d'organes périphériques. Ce mécanisme aboutit à un état de non réponse appelé **anergie** (les immunologistes disent d'un lymphocyte inactif qu'il est anergique) auquel est associé une signalisation intracellulaire altérée ou l'apoptose.

Beaucoup de cellules B auto-réactives subissent la délétion clonale ou deviennent anergiques en cours de maturation dans la moelle osseuse. La sélection négative se produit si les cellules B rencontrent des auto-antigènes en grande quantité, sous forme soit soluble soit membranaire. La délétion des cellules B autoréactives a lieu également dans des tissus lymphoïdes secondaires comme la rate et les ganglions lymphatiques. Comme les cellules B reconnaissent l'antigène natif, aucune molécule CMH n'est nécessaire à ces processus. Pour les auto-antigènes présents en quantité relativement faible, la tolérance immunitaire n'est maintenue qu'au sein de la population de cellules T. Cela suffit néanmoins car une aide essentielle à la production d'anticorps est enlevée aux cellules B.

1. Quels sont les trois mécanismes par lesquels un vertébré développe la tolérance immunitaire ?
2. Comment définiriez-vous le terme anergie ?

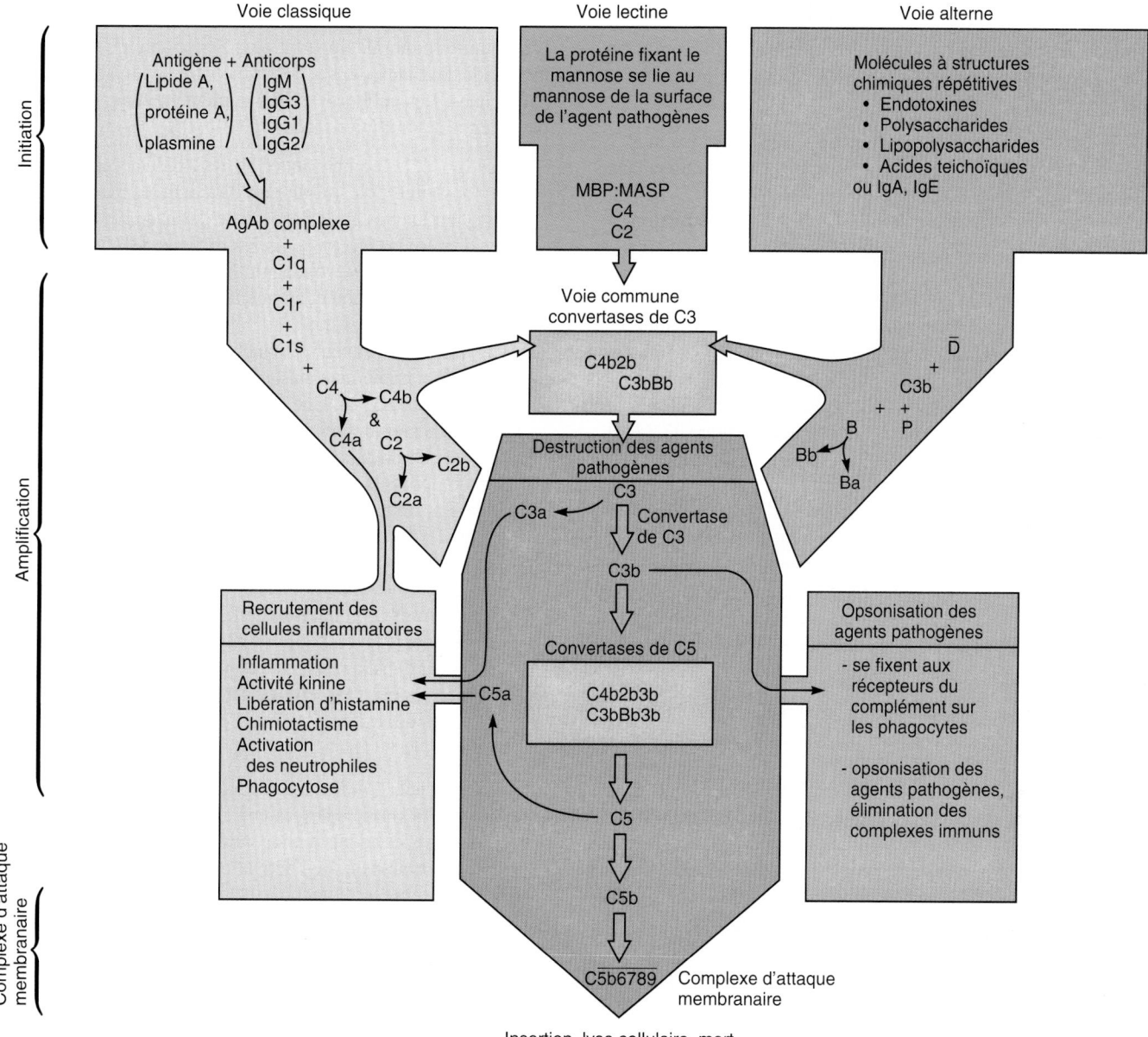

Figure 32.31 L'activation du complément. Dans chaque voie, les composants sont rangés dans l'ordre de leur activation et alignés en face de leurs analogues structurels et fontionnels dans les autres voies. Il y a 3 voies d'activation du complément (1) la voie classique (en jaune), médiée par l'anticorps, (2) la voie lectine (en rouge) déclenchée par une protéine sérique qui se fixe au mannose des bactéries et (3) la voie alterne (en bleu), stimulée directement à la surface des agents pathogènes. Elles aboutissent toutes les trois à une activité enzymatique cruciale, — les convertases de C3 — qui à son tour génère les composants effecteurs du complément. Les conséquences majeures de l'activation du complément sont le recrutement des cellules inflammatoires (à gauche), la mort des agents pathogènes sous l'action du complexe d'attaque membranaire (au centre) et l'opsonisation des agents pathogènes (à droite).

32.9   Résumé : le rôle des anticorps et des lymphocytes dans la résistance

La dernière partie du chapitre 31 a trait à l'immunité non spécifique et ce chapitre décrit l'immunité spécifique. Bien que les deux bras, humoral et cellulaire, de la réponse immunitaire spécifique aient été considérés séparément, il est important de comprendre que la réponse d'un hôte à n'importe quel agent pathogène implique une interaction complexe entre hôte et agent ; elle implique aussi les composants de l'immunité spécifique et non spécifique pour assurer à l'hôte un avantage maximal de survie. Ce dernier paragraphe résume donc les mécanismes de défense des vertébrés contre les virus et les bactéries. Le chapitre 34 continue cette analyse et décrit les mécanismes que les agents pathogènes ont développés pour circonvenir ces moyens défensifs.

Immunité contre les infections virales

La résistance aux infections virales fait intervenir l'immunité humorale, la sensibilisation des cellules de l'hôte à l'interféron et l'immunité à médiation cellulaire.

1. Les anticorps peuvent neutraliser les virus s'ils se fixent à ceux-ci et interfèrent avec leur adsorption et leur entrée dans les cellules (figure 32.29).
2. Les anticorps augmentent la phagocytose et la destruction des virus de la même façon que celles des bactéries (*voir figure 31.15*).
3. Les interférons sont un élément important de la résistance quand la cellule cible est atteinte immédiatement, comme dans le cas des rhumes et de la grippe. Les cellules stimulées par l'interféron coupent la synthèse des protéines (*voir figure 31.18*) et détruisent l'ARNm viral. Certains interférons stimulent aussi l'activité des cellules T (figure 32.24) et des cellules naturelles tueuses (*voir figure 31.21*), ce qui accélère la réponse à l'infection virale.
4. L'immunité cellulaire est un mécanisme de défense majeur contre les virus enveloppés qui modifient la membrane de la cellule hôte et bourgeonnent de la surface (i.e. les virus herpès, pox, influenza, oreillons, rougeole, rage et rubéole). Les lymphocytes activés reconnaissent et détruisent les cellules virosées car leur membrane plasmique a été altérée.

- Les CTL détruisent les cellules infectées par un virus par la voie FasL et la production de granzymes ainsi que par la voie perforine qui crée des pores dans la membrane plasmique de la cellule cible causant l'apoptose et la cytolyse (figure 32.25). Les protéines CMH de classe I sont impliquées dans cette reconnaissance des cellules infectées par les cellules T (figure 32.24). Les cellules qui portent et les antigènes viraux et leurs propres CMH de classe I seront détruites. Les CTL sont aussi impliqués dans la destruction des cellules cancéreuses, c'est la **surveillance immunitaire**.
- Les cellules tueuses naturelles (NK) sont des lymphocytes ni T ni B qui agissent sans exposition préalable à l'antigène ; elles seront cependant fortement stimulées par l'interféron et les anticorps. Elles sont également capables de détruire les cellules virosées et cancéreuses (*voir figure 31.21*) ; elles font partie de l'immunité innée et ne possèdent pas de récepteurs aux antigènes.

Immunité contre les infections bactériennes

L'immunité humorale apparaît plus importante que l'immunité à médiation cellulaire dans la défense contre la plupart des bactéries pathogènes. Les anticorps et le complément attaquent ces agents pathogènes de multiples façons :

1. Les IgG et les composants C3b et C4b du complément sont des opsonines, c'est-à-dire qu'ils aident les macrophages et les granulocytes à la phagocytose des bactéries par le processus d'opsonisation (*voir figures 31.15 et 31.16*).
2. Les IgM et les IgG vont agglutiner les bactéries, limitant ainsi leur dispersion et augmentant l'efficacité de la phagocytose (figure 32.30).
3. Les anticorps peuvent déclencher l'attaque par la voie classique du complément sur la paroi des bactéries Gram-négatives (figure 32.31). Une fois cette voie activée, un complexe d'attaque membranaire C5b-9 se forme et crée des pores dans la cellule bactérienne ce qui conduit à sa lyse.
4. Les composants de la cascade du complément C3a, C5a et C5b67 attirent aussi les neutrophiles et les macrophages vers le site d'infection (*voir figure 31.11*).
5. Des anticorps appelés antitoxines (figure 32.29) se fixent aux exotoxines bactériennes et les neutralisent.
6. Les réponses immunitaires cellulaires des macrophages et des cellules T activés (figure 32.1) jouent aussi un rôle, spécialement dans la résistance contre les bactéries pathogènes intracellulaires. Les cellules T activées sécrètent plusieurs cytokines qui ont une variété d'effets (*voir figure 31.17 et tableau 31.4*).

- Le facteur d'activation des macrophages stimule l'aggressivité des macrophages et l'efficacité de la phagocytose à détruire les agents pathogènes. L'interféron γ est un des facteurs principaux de l'activation des macrophages.
- Le facteur chimiotactique et le facteur d'inhibition de la migration attirent des macrophages encore plus nombreux et une fois arrivés, les maintiennent dans la zone infectée.
- L'interleukine-2 (IL-2) stimule la prolifération des cellules T activées et ainsi augmente la population des cellules actives dans la réponse immunitaire cellulaire. Elle accroît également l'efficacité des cellules T cytotoxiques et des cellules NK par son action promotrice sur la synthèse de l'interféron γ par les cellules T.

Résumé

1. La réponse immunitaire spécifique concerne certaines cellules qui reconnaissent des agents étrangers (antigènes) et leur répondent. L'immunité comporte deux branches : l'immunité humorale médiée par les anticorps, et l'immunité cellulaire, à médiation cellulaire (**figure 32.1**).
2. L'immunité acquise se rapporte au type d'immunité spécifique que l'hôte développe après exposition à un antigène. Elle peut être obtenue activement ou passivement, par des moyens naturels ou artificiels (**figure 32.2**).
3. Un antigène est une substance qui stimule la réponse immunitaire et réagit avec les produits

de celle-ci. Chaque antigène possède un certain nombre de déterminants antigéniques qui stimulent la production d'anticorps spécifiques et se combinent à ceux-ci (**figure 32.3**). Les haptènes sont de petites molécules organiques qui ne sont pas antigéniques par elles-mêmes mais peuvent le devenir si elles sont fixées à une molécule porteuse plus grosse (**figure 32.4**).

4. Les anticorps ou immunoglobulines sont un groupe de glycoprotéines présent dans le sang, les liquides tissulaires et les muqueuses de tous les vertébrés. Toutes les immunoglobulines ont une structure de base composée de quatre chaînes polypeptidiques (deux légères et deux

lourdes) reliées entre elles par des ponts disulfure (**figure 32.7**). Il existe chez les humains cinq classes d'immunoglobulines : IgG, IgA, 1gM, IgD et IgE (**figures 32.10 à 32.14, tableau 32.2**).

5. La diversité des anticorps résulte du réarrangement et de l'épissage d'exons individuels sur les chromosomes codant pour les anticorps, de mutations somatiques, de la génération de différents codons lors de la jonction et du réassortiment indépendant des gènes des chaînes lourde et légère (**figure 32.15** et **tableau 32.3**).

6. La théorie de la sélection clonale explique en partie la spécificité et la mémoire immunolo-

gique (**figure 32.18**).

7. Des anticorps spécifiques peuvent être produits naturellement chez des animaux immunisés. La réponse immunitaire primaire chez un hôte se déclenche à la suite de l'exposition initiale à l'antigène. Cette réponse comprend des phases de latence, logarithmique, de plateau et de décroissance. Une seconde rencontre avec l'antigène entraîne chez les cellules B une réponse anamnestique plus importante et plus rapide (**figure 32.19**).

8. Les hybridomes résultent de la fusion de cellules de rate avec des cellules de myélome. Certaines de ces cellules produisent un anticorps monoclonal unique (**figure 32.20**). Les utilisations des anticorps monoclonaux sont multiples.

9. Les cellules T sont les éléments clés de la réponse immunitaire. Les cellules T possèdent à la surface de leur membrane plasmique des protéines réceptrices spécifiques d'antigènes (**figure 32.21**).

10. Les cellules présentatrices d'antigènes (pour la plupart, des macrophages, des cellules dendritiques et des cellules B) capturent les antigènes étrangers ou les agents pathogènes, les fragmentent et présentent les peptides antigéniques complexés avec les molécules CMH (**figure 32.22**) aux cellules T auxiliaires. Ces molécules CMH sont des protéines codées par un groupe de gènes appelé complexe majeur d'histocompatibilité.

11. Les lymphocytes T cytotoxiques reconnaissent des cellules cibles comme des cellules virosées ayant des antigènes étrangers et des molécules CMH de classe 1, à leur surface. Les CTL attaquent alors et détruisent les cellules cibles au moyen des voies CD95 et/ou perforine (**figures 32.24** et **32.25**).

12. Les cellules T régulatrices contrôlent le développement des cellules effectrices. Deux sous-populations existent : les cellules T auxiliaires et les cellules T suppressives. Il y a trois classes de cellules T auxiliaires : T_H1, T_H2 et T_H0. Les cellules T_H1 produisent diverses cytokines et sont impliquées dans l'immunité cellulaire (**figure 32.24**). Les cellules T_H2 produisent aussi des cytokines mais sont impliquées dans l'immunité humorale. Les cellules T_H0 sont des précurseurs non différenciés des cellules T_H1 et T_H2.

13. Les cellules B défendent contre des antigènes en se différenciant en plasmocytes qui sécrètent des anticorps dans le sang et la lymphe, fournissant l'immunité humorale ou médiée par anticorps.

14. Les cellules B ne sont stimulées à proliférer et/ou à se différencier pour sécréter des anticorps que lorsqu'elles reçoivent les signaux appropriés (**figures 32.24** et **32.27**).

15. Les cellules B possèdent à leur membrane plasmique des immunoglobulines réceptrices spécifiques de déterminants antigéniques donnés (**figure 32.28**). La cellule B doit entrer en contact avec le déterminant antigénique pour entrer en division et se différencier en plasmo-

cytes et cellules mémoire.

16. Divers types de réactions antigène-anticorps ont lieu chez les vertébrés, elles entraînent la participation d'autres processus qui déterminent le sort ultime de l'antigène. Un exemple est l'activation du système du complément qui conduit à la lyse cellulaire, la phagocytose, le chimiotactisme ou la stimulation de la réponse inflammatoire. La neutralisation de toxines et de virus, l'inhibition de l'adhérence, l'opsonisation et la formation de complexes immuns sont d'autres interactions antigène-anticorps défensives (**figures 32.29** et **32.30**).

17. Une fois activée, la voie classique du complément (**figure 32.31**) forme le complexe d'attaque membranaire qui peut lyser des cellules couvertes d'anticorps.

18. La tolérance immunitaire acquise est la capacité d'un hôte à produire des anticorps contre les antigènes non-soi tout en tolérant (ne produisant pas d'anticorps contre) les antigènes du soi. Elle peut être induite de différentes manières.

19. Bien que les voies humorale et cellulaire de la réponse immunitaire aient été considérées séparément, il faut comprendre que la réaction d'un vertébré à un agent pathogène donné est en fait un ensemble complexe de réponses. Les réponses immunitaires tant humorale que cellulaire se joignent aux défenses non spécifiques, pour assurer à l'hôte un avantage de survie maximal face aux virus et aux bactéries pathogènes.

Mots-clés

Questions de révision

1. Quelle est la différence entre un mécanisme de défense de l'hôte non spécifique et un mécanisme de défense spécifique ? Donnez des exemples.

2. Quelles sont les différences majeures entre immunité naturelle et artificielle et entre immunité active et passive ?

3. Quelle est la différence entre l'immunité médiée par anticorps et l'immunité à médiation cellulaire ?

4. Un malade du SIDA a un faible rapport entre les cellules T auxiliaires et les cellules T suppressives. Quels problèmes cela crée-t-il ?

5. Comment les cellules B et T coopèrent-elles dans la réponse immunitaire ? Quel est le rôle des macrophages ?

6. Tous les anticorps sont des protéines. Y a-t-il certaines propriétés des protéines qui ont favorisé l'évolution des anticorps à l'intérieur de ce groupe de biomolécules plutôt que dans d'autres groupes ?

7. Comment la théorie de la sélection clonale a-t-elle inspiré le développement des techniques de production d'anticorps monoclonaux ?

8. Quelle est la différence entre les cinétiques de production d'anticorps en réponse à une première exposition ou une seconde exposition au même antigène ?

9. Quelle est la base de la mémoire immunologique ?

10. Décrivez l'évolution des cellules B et T.

11. Discutez le rôle de la voie classique du complément dans la défense de l'hôte.

12. Quel est le but de la tolérance immunitaire acquise ?

13. Pourquoi les récepteurs des cellules T sont-ils un lien important dans le fonctionnement des cellules T ?

Questions de réflexion

1. Parmis les nombreuses fonctions, le placenta est un organe immunosuppresseur. Pourquoi est-ce nécessaire ?

2. D'un point de vue évolutif, pourquoi les spermatozoïdes n'expriment-ils pas les CMH à leur surface ?

3. Quelles sont les protéines importantes à la surface des cellules B ? des cellules T ?

4. Une des différences majeures entre cellules B immatures et plasmocytes est la quantité de réticulum endoplasmique. Expliquez qui en a le plus et pourquoi.

5. Comment pourriez-vous distinguer une cellule souche d'une cellule B au niveau de l'ADN ?

Lectures complémentaires

Généralités

Abbas, A. K.; Lichtman, A. H.; et Pober, J. S. 1997. *Cellular and molecular immunology,* 3e éd. Philadelphia: W. B. Saunders.

Cruse, J. M., and Lewis, R. E., Jr. 1995. *Illustrated dictionary of immunology.* Boca Raton, Fla.: CRC Press.

Goldsby, R. A.; Kindt, T. J.; et Osborne, B. A. 2000. *Kuby Immunology,* 4e éd. New York: W. H. Freeman.

Janeway, C. A., Jr.; Travers, P.; et Walport, M. 1999. *Immunobiology: The immune system in health and disease,* 4e éd. New York: Garland Publishing.

Pour la Science, 1993 n° spécial 193, La vie, la mort, le système immunitaire

Roitt, I. M. 1997. *Essential immunology,* 9e éd. Boston: Blackwell Scientific Publications.

Roitt, I. M.; Brostoff, J.; et Male, D. 1998. *Immunology,* 5e éd. St Louis: C. V. Mosby.

Silverstein, A. M. 1989. *A history of immunology.* San Diego: Academic Press.

Tizard, I. R. 1995. *Immunology: An Introduction,* 4e éd. Philadelphia: W. B. Saunders.

32.1   L'immunité spécifique : vue générale

Science (Special Issue). 1996. Elements of immunity. *Science* 272(5258):50–79.

32.2   Les antigènes

Engelhard, V. H. 1994. La présentation des antigènes. *Pour la Sciences,* 204, 88-95.

Mellman, I. 1998. Antigen processing for amateurs and professionals. *Trends Cell Biol.* 8:232–30.

Papageorgiou, A. C., et Acharya, K. R. 2000. Microbial superantigens: From structure to function. *Trends Microbiol.* 8(8):369–75.

32.3   Les anticorps

Ada, G. L., et Nossal, G. 1987. La théorie de la sélection clonale. *Pour la Science,* 120, 86-95.

Collier, R. J., et Koplan, D. A. 1984. Les immunotoxines. *Pour la Science,* 83, 34-43.

Kennedy, R. C. 1986. Anti-idiotypes et immunité. *Pour la Science,* 107, 52-63.

Lerner, F. A. 1983. L'origine génétique de la diversité des anticorps. *Pour la Science,* 67, 81-92.

Metzger, H. 1990. *Fc receptors and the action of antibodies.* Washington, D.C.: American Society for Microbiology.

Milstein, C. 1980. Les anticorps monoclonaux. *Pour la Science,* 38, 48-55.

Tonegawa, S. 1985. Les molécules du système immunitaire. *Pour la Science,* 98, 106-119.

32.4   La biologie des cellules T

Bahram, S., et Spies, T. 1996. The MIC gene family. *Res. Immunol* 147:328–40.

Gruen, J., et Weissman, S. 1997. Evolving views of the major histocompatibility complex. *Blood* 90:4252–60.

Henkart, P., et Sitovsky, M. 1994. Two ways to kill target cells. *Curr. Biol.* 4:923–40.

Lanzavecchia, A., et Sallusto, F. 2000. Dynamics of T lymphocyte responses: Intermediates, effectors, and memory cells. *Science* 290:92–97.

Lehner, P., et Trowsdale, J. 1998. Antigen presentation: Coming out gracefully. *Curr. Biol.* 8:R605–10.

Marrack, P., et Kappler, J. 1987. The T cell and its receptor. *Sci. Am.* 254(3):36–45.

Mellman, I., et al. 1998. Antigen processing for amateurs and professionals. *Trends Cell. Biol.* 8:232–30.

Moss, P., et al. 1993. The human T-cell receptor in health and disease. *Annu. Rev. Immunol.* 10:71–85.

Schwartz, R. H. 1993. L'anergie : le sommeil des lymphocytes. *Pour la Science,* 192, 90-97.

32.5   La biologie des cellules B

Benschop, R., et Cambier, J. 1999. B cell development: Signal transduction by antigen receptors and their surrogates. *Curr. Opin. Immunol.* 11:143–50.

Fagarasan, S., et Honjo, T. 2000. T-independent immune response: New aspects of B cell biology. *Science* 290:89–92.

32.6   Actions des anticorps

Berzofsky, J., et al. 1991. Antigen-antibody interactions and monoclonal antibodies. In *Fundamental immunology,* 3e éd., W. E. Paul, éd. New York: Raven Press.

Keller, M. A., et Stiehm, R. 2000. Passive immunity in prevention and treatment of infectious diseases. *Clin. Microbiol. Rev.* 13(4):602–14.

Rose, N., et al. 1997. *Manual of clinical laboratory immunology,* 5e éd. Washington, D.C.: American Society for Microbiology.

32.7   La voie classique du complément

Caroll, M. C. 1998. The role of complement and complement receptors in induction and regulation of immunity. *Annu. Rev. Immunol.* 16:545–60.

Kinoshita, T. 1991. Biology of complement: The overture. *Immunol. Today* 12:291.

Liszewski, M. K. 1996. Control of the complement system. *Adv. Immunol.* 61:201–31.

Muller-Eberhard, H. J. 1988. Molecular organization and function of the complement system. *Annu. Rev. Biochem.* 57:321–35.

32.8   La tolérance immunitaire acquise

Ramsdell, F., et Fowlkes, B. 1990. Clonal deletion versus clonal anergy. *Science* 248:342–48.

Rajewsky, K. 1996. Clonal selection and learning in the antibody system. *Nature* 381:751–58.

CHAPITRE 33

L'immunologie médicale

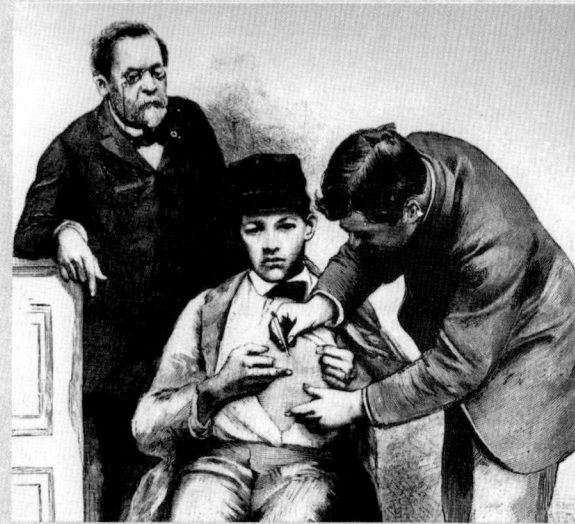

Cette illustration est une gravure sur bois publiée pour la première fois dans le « Harper's Weekly » en 1885. On y voit Louis Pasteur (à gauche), qui supervise l'administration d'un vaccin antirabique par un collègue (à droite) à Joseph Meister (au centre), un jeune garçon qui avait été mordu plusieurs fois par un chien enragé. Grâce à cette vaccination, Joseph Meister survécut à ses blessures et devint garde au laboratoire de Louis Pasteur, appelé maintenant l'Institut Pasteur.

Plan

Concepts

1. Les vaccins et les immunisations sont parmi les armes les plus efficaces et les moins coûteuses de prévention des maladies microbiennes. Les vaccins sont un des aboutissements majeurs de la médecine moderne.

2. Des hyperréactivités dangereuses du système immunitaire se produisent chez certains individus. Elles sont connues sous le nom d'hypersensibilités et sont de quatre types : le type I est caractérisé par la libération de médiateurs physiologiques à partir de basophiles et de mastocytes ayant fixé des IgE ; le type II résulte d'une lyse cellulaire dépendante du complément ; l'hypersensibilité de type III implique la formation de complexes immuns qui se déposent dans les membranes basales ; et l'hypersensibilité de type IV provient de la réaction de cellules T_H1, de cytokines et de macrophages.

3. L'union de l'antigène à l'anticorps in vitro produit une réaction soit directement visible soit détectable par une variété de moyens. Ces techniques sont utilisées pour identifier des virus, des micro-organismes et leurs produits ; pour quantifier et identifier des antigènes et des anticorps ; pour suivre le déroulement d'une maladie ; pour déterminer le sérotype d'un micro-organisme et pour déterminer le degré de protection d'un animal contre une maladie.

Les premières immunisations

Depuis le temps des anciens Grecs, on avait reconnu que les personnes guéries de la peste, la variole, la fièvre jaune et d'autres maladies infectieuses, contractaient rarement ces maladies une seconde fois. Les premiers essais scientifiques d'immunisation artificielle furent réalisés à la fin du dix-huitième siècle par le médecin anglais Edward Jenner (1749-1823), un médecin de campagne de Berkley dans le Gloucestershire (Grande-Bretagne). Jenner rechercha la base d'une croyance répandue parmi les paysans anglais selon laquelle tout qui avait fait la vaccine ne contractait pas la variole. La variole était souvent mortelle - 10 à 40% des malades mouraient- et ceux qui en guérissaient gardaient des marques défigurantes. Cependant, la plupart des filles de ferme anglaises qui étaient facilement infectées par la vaccine, gardaient une peau claire car la vaccine est une infection relativement bénigne et ne laisse guère de cicatrices.

C'est le 14 mai 1796 que Jenner ponctionna le contenu d'une pustule sur le bras d'une fille de ferme, Sarah Nelmes, malade de la vaccine et l'injecta dans le bras d'un jeune homme de 18 ans James Phipps. Comme Jenner s'y attendait, l'immunisation avec le virus de la vaccine ne causa que quelques symptômes légers chez le garçon. Quand il inocula ensuite au jeune homme le virus de la variole, celui-ci ne montra aucun symptôme de la maladie.

Jenner inocula ensuite à un grand nombre de ses patients le pus vaccinal ; d'autres médecins firent de même en Angleterre et sur le continent européen (**figure de l'encadré**). En 1800, la pratique connue comme vaccination, entra en Amérique et en 1805, Napoléon Bonaparte ordonna que tous les soldats français soient vaccinés.

Louis Pasteur (1822-1895) continua le travail sur l'immunisation. Pasteur découvrit que des cultures vieilles de deux à trois mois, de bactéries du choléra de poulet, ne pouvaient produire qu'une faible attaque

Médecins du dix-neuvième siècle vaccinant des enfants

de cette maladie chez les poulets. D'une certaine façon, les cultures âgées étaient devenues moins pathogènes (atténuées) pour les poulets. Il trouva alors que les cultures fraîches de bactéries ne donnaient pas le choléra aux poulets si ceux-ci avaient été auparavant inoculés avec les cultures âgées atténuées. En l'honneur de Jenner, Pasteur donna le nom de vaccin à toute préparation d'un agent pathogène atténué qui était utilisée pour immuniser contre une maladie infectieuse (comme l'était le « virus vaccinal » de Jenner).

Les trois plus grandes découvertes de la médecine de ces 200 dernières années sont l'antisepsie, les antibiotiques et les vaccins.

– Stanley A. Plotkin

Les chapitres 31 et 32 décrivent comment le système immunitaire répond in vivo pour protéger l'hôte par la résistance non spécifique et l'immunité spécifique. Étant donné le nombre de maladies qui résultent d'une réponse immunitaire inadéquate ou inappropriée, les microbiologistes cliniciens recherchent les moyens de manipuler cette réponse au bénéfice de l'humanité. Ce chapitre examine trois domaines de l'immunologie médicale dans lesquels cette recherche se poursuit : les vaccins et immunisations, les désordres immunitaires et les interactions antigènes-anticorps in vitro.

33.1   Vaccins et immunisations

L'**immunisation active** est la protection d'individus sensibles ou d'animaux domestiques contre des maladies contagieuses par l'administration de vaccins (vaccination). Un **vaccin** est préparé à partir d'un agent infectieux et est administré aux hommes ou aux ani-

maux pour induire une immunité protectrice. Il consiste en une préparation de micro-organismes tués, ou de micro-organismes vivants atténués (affaiblis), ou de toxines bactériennes inactivées (anatoxines) ; de macromolécules purifiées, de vecteurs recombinants (par ex. vaccin antipolio modifié), ou de vaccins ADN (dont aucun n'est encore approuvé) qui sont administrés à un homme ou un animal pour induire artificiellement l'immunité.

L'ère des vaccins et de la vaccinologie débuta en 1798 lorsque Edward Jenner utilisa la vaccine comme un vaccin contre la variole (**encadré 33.1**) puis en 1881 lorsque Louis Pasteur développa un vaccin contre le charbon. Les vaccins contre d'autres maladies n'arrivèrent qu'à la fin du 19e siècle lorsqu'on développa, le plus souvent par essai et erreur, des méthodes d'inactivation ou d'atténuation des micro-organismes et de préparation des vaccins. Finalement, on obtint des vaccins contre la plupart des maladies épidémiques, fléaux d'Europe occidentale et d'Amérique du Nord (diphtérie, rougeole, oreillons, coqueluche, rubéole, poliomyélite). À la fin du 20e siècle, on crut à l'idée que la combinaison des vaccins et des antibiotiques allait réduire le problème des maladies infectieuses. Cet optimisme n'est actuellement plus de mise à cause de l'émergence de maladies nouvelles (*voir section 37.8*) et de la résistance des maladies connues aux antibiotiques (*voir section 35.7*). Cependant, la vaccination reste une des armes les plus efficaces et les moins coûteuses pour combattre les maladies microbiennes, et les vaccins sont parmi les plus grandes réalisations

Tableau 33.1 Exemples de vaccins utilisés aux États-Unis pour prévenir des maladies virales et bactériennes chez l'homme

Maladie	Vaccin	Rappel	Recommandation
Maladies virales			
Varicelle	Souche Oka atténuée (Varivax)	Pas	Enfants de 12 à 18 mois, enfants plus âgés qui n'ont pas fait la varicelle
Hépatite A	Virus inactivé (Havrix)	6–12 mois	Voyageurs internationaux
Hépatite B	Antigène viral HB (Engerix-B, Recombivax HB)	Pas	Personnel médical à haut risque ; enfants de la naissance à 18 mois et à 11–12 ans
Influenza	Virus inactivé ou composants viraux	Annuel	Individus atteints de maladies chroniques et âgés de plus de 65 ans
Rougeole, Oreillons, Rubéole	Virus atténués (vaccin combiné ROR)	Pas	Enfants de 15 à 19 mois
Poliomyélite	Vaccin atténué (vaccin poliomyélitique oral, VPO) ou inactivé	Adultes si nécessaire	Enfants de 2 à 3 ans
Rage	Virus inactivité	Pas	Personnes en contact avec les animaux sauvages, personnel contrôlant des animaux, vétérinaires
Fièvre jaune	Virus atténué	10 ans	Militaires ou voyageurs en zones endémiques
Maladies bactériennes			
Charbon	Composants extracellulaires de *B. anthracis* non encapsulé	Pas	Travailleurs agricoles, personnel vétérinaire
Choléra	Fraction de *Vibrio cholerae*	6 mois	Individus en zones endémiques, voyageurs
Diphtérie, Coqueluche, Tétanos	Anatoxine diphtérique ou acellulaire *Bordetella pertussis* tué, anatoxine tétanique (vaccin DPT)	10 ans	Enfants de 2 à 3 mois
Haemophilus influenzae type b	Conjugué polysaccharide-protéine (HbCV) ou polysaccharide bactérien (HbPV)	Pas	Enfants de moins de 5 ans
Maladie de Lyme	Antigène unique de surface (lipoprotéine Osp A)	Pas	Individus en zones d'endémie du vecteur ou du micro-organisme
Infections à méningocoques	Polysaccharides bactériens des sérotypes A/C/Y/W-135	Pas	Militaires ; individus à haut risque
Peste	Fraction de *Yersinia pestis*	Annuel	Individus en contact avec des rongeurs en zones endémiques
Pneumonies à pneumocoques	Polysaccharide purifié de *S. pneumoniae* de 23 types de pneumocoques	Pas	Adultes, malades chroniques, de plus de 50 ans
Tuberculose	*Mycobacterium bovis* atténué (vaccin BCG)	3–4 ans	Individus exposés aux bacilles pour des périodes prolongées
Fièvre typhoïde	*Salmonella typhi* tué	3–4 ans	Individus en zones endémiques
Typhus	*Rickettsia prowazekii* tué	Annuel	Scientifiques et personnel médical en zones endémiques

de la médecine moderne. Le **tableau 33.1** résume les principaux vaccins utilisés chez l'homme pour prévenir les maladies virales et bactériennes.

Chez les enfants, la vaccination doit débuter aux environs de 2 mois. Avant cet âge, ils sont protégés par une immunité naturelle passive. Le programme des immunisations recommandé aux USA pour les enfants est schématisé à la **figure 33.1**. La vaccination des adultes dépend des risques qu'ils encourent. Des vaccins contre la grippe, la méningite et la pneumonie sont donnés à des personnes vivant en quartiers clos (les militaires), aux personnes plus âgées, et à celles dont l'immunité est diminuée (patients transplantés ou souffrant d'anémie falciforme). Selon leur destination, les grands voyageurs sont aussi immunisés contre le choléra, l'hépatite, la peste, la polio, la fièvre typhoïde, la fièvre jaune ou le typhus. Quant au personnel soignant et aux gens exposés par leur mode de vie, ils sont vaccinés contre l'hépatite B. L'immunisation contre le charbon est réservée à ceux (ouvriers agricoles ou vétérinaires) qui sont susceptibles d'entrer en contact avec des animaux infectés ou leurs produits. Les vétérinaires, les gardes forestiers et tous ceux dont le travail comporte un contact avec des animaux sont vaccinés contre la rage, la peste et la maladie de Lyme. On a récemment suspecté l'utilisation de spores du bacille du charbon par des terroristes ou pour une guerre biologique (*voir section 37.10*), ce qui a poussé l'armée à vacciner son personnel contre le charbon. Cette procédure est cependant très controversée.

L'**immunisation passive**, ou immunité passive acquise artificiellement (*voir figure 32.2*) résulte de l'injection chez un homme ou un animal d'anticorps préformés qui ont été produits soit par autre homme, soit par un autre animal, soit in vitro (*voir section 32.3*). Cette immunisation est dite passive car la protection ne demande pas la participation du système immunitaire de celui qui la reçoit. Cette immunisation passive est administrée en routine à ceux qui ont été exposés aux micro-organismes responsables du botulisme, de la diphtérie, de l'hépatite, de la rougeole, de la rage et du tétanos ainsi qu'à ceux qui ont été mordus par un serpent ou une araignée (**tableau 33.2**). Cependant ce traitement ne peut être appliqué qu'en cas d'absolue nécessité car il implique des risques de choc anaphylactique, de maladie sérique ou d'une réaction d'hypersensibilité de type III. De plus, la protection ne dure que le temps de vie des molécules d'anticorps dans le sang : des mois avec des anticorps d'un autre humain mais seulement des semaines avec des anticorps produits par des animaux ou in vitro.

Figure 33.1 Schéma de vaccinations recommandé pour les enfants aux USA. (données de l'« American Academy of Pediatrics »)

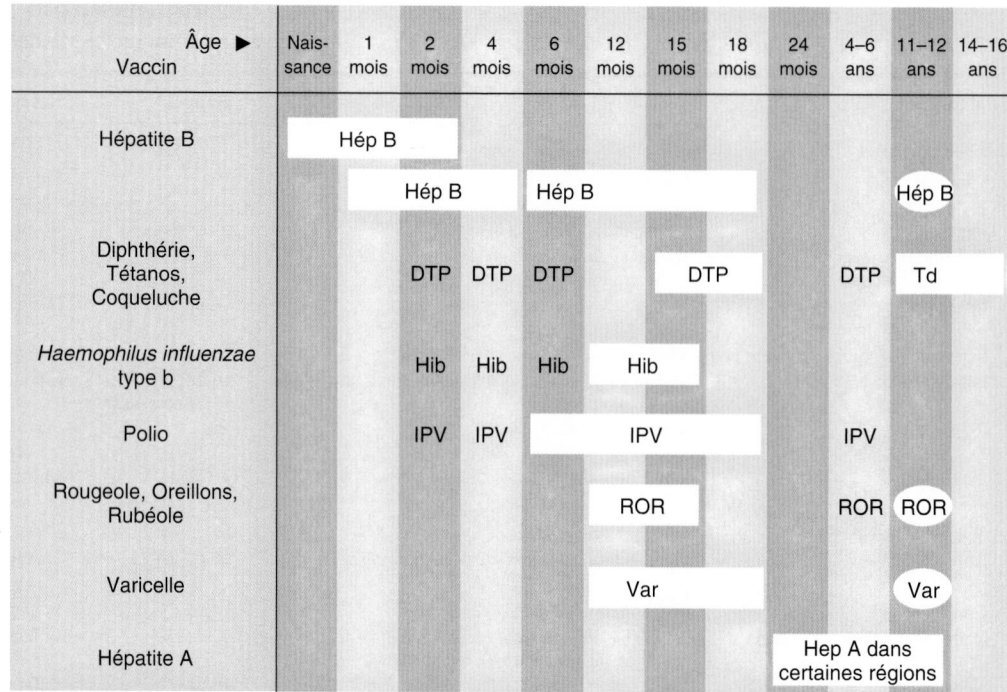

Âge ▶ Vaccin	Nais-sance	1 mois	2 mois	4 mois	6 mois	12 mois	15 mois	18 mois	24 mois	4–6 ans	11–12 ans	14–16 ans
Hépatite B		Hép B										
			Hép B		Hép B						Hép B	
Diphthérie, Tétanos, Coqueluche			DTP	DTP	DTP		DTP			DTP	Td	
Haemophilus influenzae type b			Hib	Hib	Hib	Hib						
Polio			IPV	IPV	IPV					IPV		
Rougeole, Oreillons, Rubéole						ROR				ROR	ROR	
Varicelle						Var					Var	
Hépatite A										Hep A dans certaines régions		

Les limites d'âge recommandées pour l'immunisation sont indiquées par les barres. Dans les ovales sont les vaccins à donner si les doses recommandées précédentes n'ont pas été données ou ont été données à un âge inférieur à celui recommandé.

Tableau 33.2 Immunoglobulines et antitoxines utilisées aux USA pour l'immuni-sation passive contre des maladies ou des organismes spécifiques.

Organisme/maladie	Agent[a]
Piqûre d'araignée (« veuve noire »)	Antisérum de cheval
Morsure de serpent	Antisérum de cheval
Défaillance respiratoire aigüe (virus syncitial respiratoire)	Anticorps monoclonaux
Botulisme	Antitoxine (de cheval) botulique
Diphtérie	Antitoxine diphtérique (de cheval)
Hépatites A et B	Mélange de gammaglobulines humaines
Rougeole	Mélange de gammaglobulines humaines
Rage	Immunoglobulines antirabiques admi-nistrées autour de la blessure en plus de l'injection intramusculaire.
Tétanos	Immunoglobulines antitétaniques
Eczéma	Immunoglobulines produites par le virus de la vaccine
Individus immuno-déprimés	Immunoglobulines produites par le virus de la varicelle et du zona

[a] Les immunoglobulines et les antitoxines sont administrées par voie intramusculaire.

Les types de vaccins et leurs caractéristiques

Comme nous l'avons déjà dit, les maladies contre lesquelles nous avons des vaccins sont des infections aigües qui soit se résolvent en quelques semaines soit entraînent la mort. En absence de vaccin, beaucoup d'individus survivent car leur système immunitaire a gagné la bataille contre l'envahisseur. Pour ces maladies, le vaccin mime l'agent pathogène et induit une réponse immunitaire semblable à celle induite par l'agent lui-même. De tels vaccins ont éradiqué la variole, ont poussé la poliomyélite au bord de l'extinction et ont épargné à un nombre incalculable d'individus, les hépatites A et B, la rougeole, la maladie à rotavirus, le tétanos, le typhus et autres affections dangereuses

Au contraire, pour bien des maladies mortelles ou débilitantes (SIDA, herpès, hépatite C, malaria, tuberculose), les vaccins restent à découvrir, car il s'agit d'infections chroniques. Dans une infection chronique, l'agent pathogène est capable d'échapper au système immunitaire ou de le subvertir en rendant les réponses inefficaces. Contre les maladies chroniques, de bons vaccins doivent pouvoir stimuler des réponses qui ressemblent à celles qui suivent les expositions naturelles à l'agent pathogène. Jusqu'à présent, l'immunologie médicale et la vaccinologie n'ont pu résoudre ce défi.

Dans le reste de cette section, on décrira les diverses façons de concevoir un vaccin, qu'il soit déjà utilisé ou seulement en expérimentation et on verra sa capacité à induire l'immunité cellulaire, l'immunité humorale et la production de cellules mémoire. La « **vaccinomique** » est l'application de la génomique et de la bioinformatique au développement de vaccins ; elle est une approche nouvelle des problèmes herculéens posés par certains micro-organismes et parasites.

Vacciner avec des organismes entiers

Beaucoup de vaccins d'utilité courante pour les humains contre des maladies virales ou bactériennes sont des micro-organismes complets qui sont soit inactivés (tués) soit **atténués** (vivants mais non virulents) (tableau 33.1). Ces **vaccins complets** sont caractérisés dans le **tableau 33.3**. Les vaccins inactivés sont efficaces mais demandent souvent plusieurs rappels et ne stimulent pas tou-

Tableau 33.3 Comparaison entre vaccins inactivés (tués) et vaccins atténués (vivants)

Caractéristique principale	Vaccin inactivé	Vaccin atténué
Injections de rappel	Multiples injections de rappel requises	Une seule injection de rappel
Production	Micro-organisme virulent inactivé par des produits chimiques ou par irradiation	Micro-organisme virulent produit en conditions adverses ou passé dans plusieurs hôtes différents jusqu'à devenir avirulent
Possibilité de réversion	Aucune	Peut retourner à la forme virulente
Stabilité	Très stable même si la réfrigération n'est pas disponible	Moins stable
Immunité induite	Humorale	Humorale et cellulaire

Source: adapté de Goldsby, T.J. Kindt, and B.A. Osborne, *Kuby Immunology*. 2000, New York: W.H. Freeman.

jours bien l'immunité cellulaire ou la production d'IgA sécrétoires. Au contraire, les vaccins atténués sont administrés en une seule dose et stimulent aussi bien l'immunité cellulaire qu'humorale.

Même si les organismes entiers sont « l'étalon or » des vaccins existants, ils ont aussi leurs problèmes. Ainsi ils peuvent ne pas protéger contre certaines maladies et les vaccins atténués peuvent causer une maladie déclarée chez des personnes dont le système immunitaire est affaibli, comme les patients sidéens, les patients cancéreux sous chimiothérapie, les personnes âgées. Ces mêmes personnes peuvent d'ailleurs contracter la maladie à partir d'individus sains qui viennent d'être vaccinés. De plus, les virus atténués sont susceptibles de muter et de récupérer ainsi leur virulence, ce qui est arrivé chez certains singes ayant reçu une forme simienne atténuée du virus du SIDA. Ce risque de réversion vers la virulence est évidemment intolérable dans les cas de maladies graves souvent mortelles. De plus les vaccins complets, qu'ils soient vivants ou morts, ont conservé des molécules qui ne sont pas nécessaires au développement de l'immunité ; ces composants ainsi que les contaminants qui sont des sous-produits inévitables des procédés de préparation, peuvent entraîner des réactions allergiques ou d'autres réactions dangereuses.

Vacciner avec des molécules purifiées

On peut éviter quelques-uns des risques associés aux vaccins complets en utilisant seulement des macromolécules spécifiques purifiées à partir des micro-organismes pathogènes. Il existe actuellement trois types de **vaccins macromoléculaires** : (1) des polysaccharides capsulaires, (2) des antigènes de surface recombinants, et (3) des exotoxines inactivées appelées **anatoxines** (*voir* p. 796). Les molécules purifiées disponibles comme vaccins humains actuellement font l'objet du **tableau 33.4**.

Vacciner avec un vecteur recombinant

Les vaccins génétiques sont en principe très différents des vaccins complets. Il est maintenant possible d'isoler les gènes des antigènes majeurs d'un agent pathogène et de les insérer dans des virus ou des bactéries non virulents. Ces vaccins sont généralement injectés ou administrés avec un appareil appelé « fusil à gènes ». Le micro-organisme non virulent sert de vecteur, il se réplique chez l'hôte et synthétise les protéines antigéniques encodées par les gènes de l'agent pathogène. Quand ils s'échappent du vecteur, ces antigènes suscitent l'immunité humorale ou bien l'immunité

Tableau 33.4 Macromolécules purifiées actuellement disponibles comme vaccins humains

Macromolécule (maladie ou micro-organisme)	Forme du vaccin
Polysaccharide capsulaire	
Haemophilus influenzae de type b	Conjugué polysaccharide – protéine (HbCV) ou polysaccharide bactérien (HbPV)
Neisseria meningitidis	Polysaccharides des sérotypes A/C/Y/W-135
Streptococcus pneumoniae	23 polysaccharides capsulaires différents
Antigène de surface	
Hépatite B	Antigène de surface recombinant (Hbs Ag)
Anatoxines	
Diphtérie	Exotoxine inactivée
Tétanos	Exotoxine inactivée

cellulaire s'ils sont clivés et présentés convenablement à la surface cellulaire (de la même façon que lorsque les cellules hébergent l'agent pathogène actif).

Plusieurs micro-organismes ont été récemment utilisés pour construire ces **vaccins recombinants**, il s'agit d'adénovirus de virus vaccinal, de virus canarypox, de poliovirus atténué et de souches atténuées de *Salmonella* ou de *Mycobacterium*.

Vacciner avec de l'ADN

Un vaccin génétique plus compliqué à développer est apparu ces dernières années, il s'agit du **vaccin ADN** qui protège contre un agent pathogène en activant l'immunité des 2 types, humorale et cellulaire. Des cellules mémoire sont aussi générées.

L'immunisation débute par l'injection intramusculaire d'un plasmide qui porte les gènes des antigènes du micro-organisme pathogène. Les plasmides sont captés par les cellules musculaires, pénètrent dans les noyaux et expriment leurs gènes en ARN. Les cellules musculaires synthétisent alors les protéines antigéniques de l'agent pathogène.

Dans la réponse humorale, les antigènes libérés des cellules musculaires se fixent aux récepteurs des cellules B. En même temps, les cellules présentatrices d'antigènes, ingèrent les protéines antigéniques, les fractionnent et exposent les fragments sur les molécules CMH de classe II. Les cellules T auxiliaires reconnaissent l'antigène et sécrètent les cytokines T_H2 qui activent les cellules B porteuses de l'antigène fixé. Les cellules B se multiplient et se différencient en plasmocytes ; ceux-ci libèrent les anticorps qui se fixeront à l'agent pathogène pour le neutraliser ou l'engager dans la voie de destruction. D'autres cellules B deviennent des cellules mémoire qui protégeront l'hôte contre les infections futures de l'agent pathogène considéré.

La réponse immunitaire cellulaire débute lorsque les cellules musculaires exposent les mêmes protéines antigéniques ou leurs fragments peptidiques sur les molécules CMH de classe I. Le plasmide vecteur pénètre également dans les cellules présentatrices d'antigènes qui synthétisent les antigènes encodés et présentent les fragments sur des molécules CMH de type I avec des molécules co-stimulatrices. Les cellules T cytotoxiques reconnaissent ces signaux et sont de plus stimulées par les cytokines, ici T_H1, venant des cellules T auxiliaires. Les cellules T cytotoxiques activées se multiplient et attaquent les cellules infectées par l'agent pathogène, certaines deviennent des cellules mémoire qui protégeront contre de futures infections.

Des essais cliniques sont actuellement en cours avec différents vaccins ADN contre la malaria, le SIDA, l'influenza, l'hépa-tite B et l'herpèsvirus. Des vaccins contre certains cancers (lymphomes, prostate, colon) vont aussi être testés.

---

1. Qu'est-ce qu'un vaccin ? Décrivez brièvement et différenciez immunisation active et passive.
2. Décrivez les différences majeures entre vaccins inactivés et atténués. Quels sont les avantages ou les désavantages de l'utilisation de micro-organismes atténués comme vaccins ?
3. Citez 3 types de molécules purifiées employées actuellement comme vaccins.
4. Quels sont les avantages et les désavantages des vaccins issus de l'ingéniérie génétique ?

33.2   Les désordres immunitaires

Les chapitres 31 et 32 ont montré le pouvoir impressionnant du système immunitaire à protéger l'hôte contre les attaques continuelles des envahisseurs microbiens et des cellules cancéreuses. Comme pour tout autre système, il existe des désordres du système immunitaire divisés en hypersensibilités, maladies auto-immunes, rejet de greffe et immunodéficiences. Ce sont les sujets des paragraphes suivants.

Les hypersensibilités

L'**hypersensibilité** est une réponse immunitaire exagérée qui endommage le tissu et se manifeste chez l'individu après un deuxième ou énième contact avec l'antigène. On classe les réactions d'hypersensibilité en immédiate ou retardée. Évidemment, les réactions immédiates apparaissent plus rapidement que les retardées mais ce qui les différencie principalement est la nature de la réponse immunitaire à l'antigène. Ayant réalisé ce fait, Peter Gell et Robert Coombs développèrent en 1963 un système de classification des réactions responsables des hypersensibilités. Le système de classification de Gell-Coombs met en relation les symptômes cliniques et les événements immunologiques qui se déroulent durant les réactions d'hypersensibilité ; il divise l'hypersensibilité en quatre types : I, II, III et IV.

Hypersensibilité de type I

Les réactions allergiques se produisent quand un individu qui a synthétisé des anticorps IgE contre un antigène inoffensif (**allergène**), rencontre de nouveau cet allergène. L'**allergie** est une des réactions d'hypersensibilité de type I.

L'**hypersensibilité de type I** est caractérisée par une réaction allergique qui se produit immédiatement lors du second contact de l'individu avec l'antigène responsable. Lors de l'exposition initiale à un allergène soluble, les cellules B sont stimulées et se différencient en plasmocytes produisant des IgE spécifiques avec l'aide des cellules T (**figure 33.2**). Ces IgE sont parfois appelées **réagines** et un individu est prédisposé héréditairement à leur production. Une fois synthétisée, l'IgE se fixe aux mastocytes (les basophiles et les éosinophiles peuvent aussi être activés) par l'intermédiaire des récepteurs Fc, elle sensibilise ces cellules et rend l'individu allergique à l'allergène. Lors d'une seconde exposition, l'allergène s'attache aux IgE superficielles du mastocyte sensibilisé entraînant la dégranulation. La dégranulation libère des médiateurs physiologiques tels que l'histamine, les leucotriènes, l'héparine, les prostaglandines, le PAF (*platelet-activation factor* ou facteur d'activation des plaquettes), l'ECF-A (*eosinophil chemotactic factor of anaphylaxis* ou facteur chimiotactique des éosinophiles dans l'anaphylaxie) et des enzymes protéolytiques. Ces médiateurs induisent la contraction des muscles lisses, la vasodilatation, l'augmentation de la vasoperméabilité et la sécrétion de mucus. Ces réactions sont groupées sous le terme d'**anaphylaxie** (du grec *ana*, de nouveau et *phylaxis*, protection). L'anaphylaxie se divise en réactions localisées et systémiques.

L'anaphylaxie systémique est une réponse généralisée qui se produit lorsqu'un individu sensibilisé est exposé une seconde fois à l'allergène. La réaction est immédiate car les médiateurs mastocytaires sont libérés en grande quantité en un temps très court. Généralement, la respiration est altérée à cause de la constriction des muscles lisses des bronchioles. Les artérioles se dilatent, ce qui réduit très fort la pression artérielle et augmente la perméabilité capillaire avec une perte rapide de liquide dans les espaces tissulaires. L'individu peut mourir de ces réactions dans les quelques minutes à cause d'un retour veineux réduit, d'une asphyxie, d'une réduction de la pression sanguine et d'un choc circulatoire. Parmi les allergènes susceptibles de produire ce choc anaphylactique, on trouve des médicaments comme la pénicilline, des antisérums administrés passivement et des venins d'insectes, guêpes, frelons et abeilles (**figure 33.3**).

L'anaphylaxie localisée s'appelle allergie atopique (« au mauvais endroit »). Les symptômes qui se développent dépendent essentiellement de la voie empruntée par l'allergène pour pénétrer dans le corps. Le **rhume des foins** (rhinite allergique) est un bon exemple d'allergie atopique impliquant les voies respiratoires supérieures. L'exposition initiale à des allergènes inhalés - tels des pollens de plantes, des spores de champignons, des poils d'animaux et des déjections d'acariens dans les poussières de maison - sensibilise les mastocytes des muqueuses. Une réexposition à l'allergène cause une réponse anaphylactique localisée typique : des yeux piquants et larmoyants, le nez congestionné, la toux et l'éter-

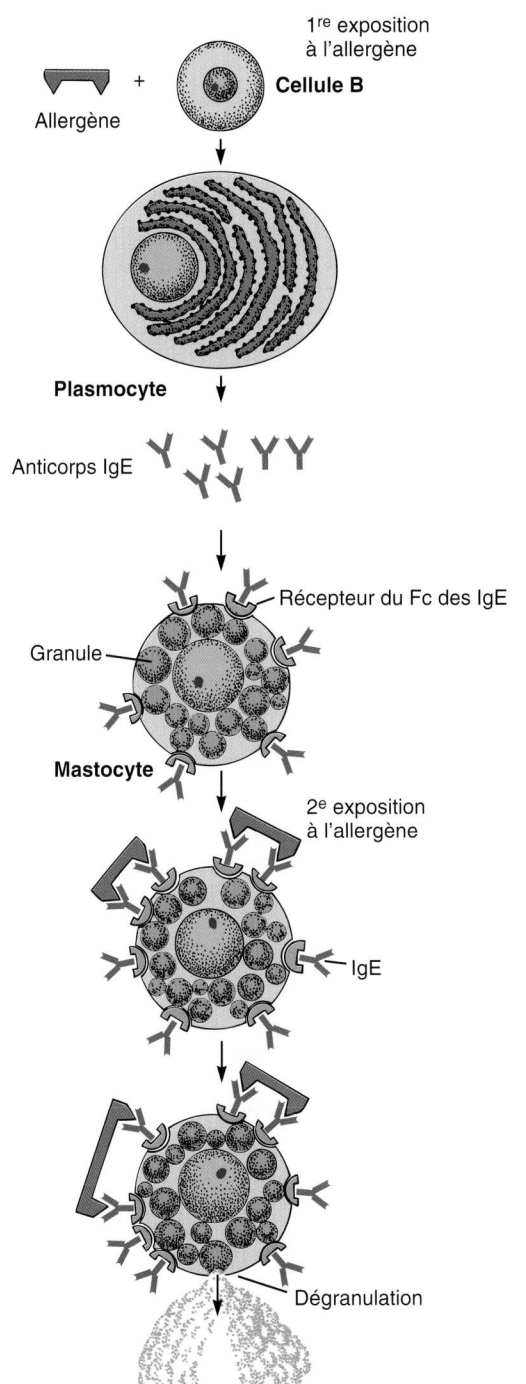

1re exposition à l'allergène

Cellule B

Allergène +

Plasmocyte

Anticorps IgE

Récepteur du Fc des IgE

Granule

Mastocyte

2e exposition à l'allergène

IgE

Dégranulation

Libération d'histamine et d'autres médiateurs physiologiques

Figure 33.2 L'hypersensibilité de type I (anaphylaxie). Ce type d'hypersensibilité se produit lorsque des anticorps IgE s'attachent aux mastocytes. La combinaison de ces anticorps avec des allergènes stimule la dégranulation du mastocyte (ou basophile) et la production de médiateurs physiologiques responsables de la réaction anaphylactique, de l'asthme ou du rhume des foins.

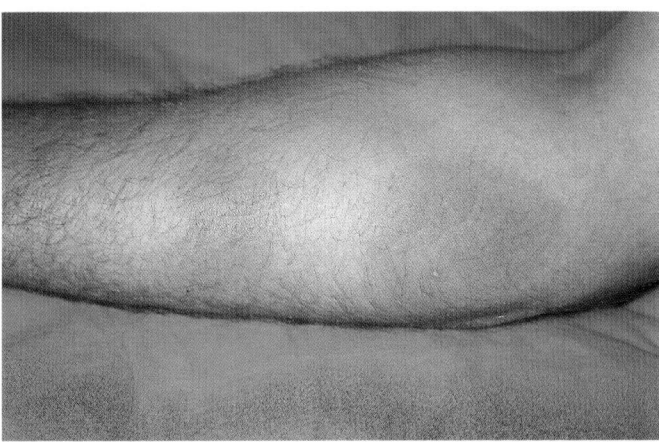

Figure 33.3 Réponse anaphylactique au venin d'abeille. Cette personne a été piquée sur le bras par une abeille, ceci entraîne une hypersensibilité de type I sur une zone étendue.

férieures. Les allergènes fréquents sont les mêmes que pour le rhume des foins. Dans l'asthme bronchique cependant, les alvéoles se distendent et se remplissent de fluide et de mucus. Le muscle lisse se contracte et rétrécit les parois des bronches. Cette constriction bronchique produit un sifflement lors de l'expiration. On obtient un soulagement symptomatique par des bronchodilatateurs qui aident à la relaxation des muscles des bronches ainsi que par des expectorants et des liquéfiants qui dissolvent et expulsent les bouchons de mucus accumulés.

Les allergènes qui pénètrent dans le corps par le système digestif peuvent causer des allergies alimentaires. Les **urticaires** (éruptions de la peau) constituent un bon signe diagnostique d'une allergie alimentaire. Une fois établies, les allergies alimentaires de type I sont généralement permanentes mais peuvent être partiellement contrôlées par des antihistaminiques ou en évitant l'allergène.

Des tests cutanés sont utilisés pour identifier l'allergène responsable. Ces tests impliquent l'inoculation dans la peau de petites quantités de l'allergène suspect. Une sensibilité à l'antigène est indiquée par une réaction inflammatoire rapide caractérisée par un rougissement, un gonflement et des démangeaisons au site d'inoculation (**figure 33.4**).

Lorsque l'allergène responsable a été identifié, l'individu doit éviter tout contact avec lui. Parfois, ce n'est pas possible et on conseille alors la **désensibilisation**. Ce procédé consiste en une série d'injections sous-cutanées de l'allergène, de façon à stimuler la production d'anticorps IgG au lieu d'anticorps IgE. Les anticorps IgG circulants pourraient alors agir comme anticorps bloquants, intercepter et neutraliser les allergènes avant qu'ils n'aient le temps de réagir avec les IgE fixées aux mastocytes. Des observations récentes indiquent que l'activité des cellules T suppressives peut aussi être à la base d'une diminution de la synthèse d'IgE. Ces injections ont une efficacité de 65 à 75% chez les individus dont les allergies sont dues à des allergènes inhalés.

Hypersensibilité de type II

L'**hypersensibilité de type II** est souvent appelée réaction cytolytique ou cytotoxique car elle entraîne la destruction des cellules de

nuement. Comme médicaments, les antihistaminiques sont utilisés pour aider à diminuer ces symptômes.

L'**asthme bronchique** (asthma signifie haletant) est un exemple d'allergie atopique impliquant les voies respiratoires in-

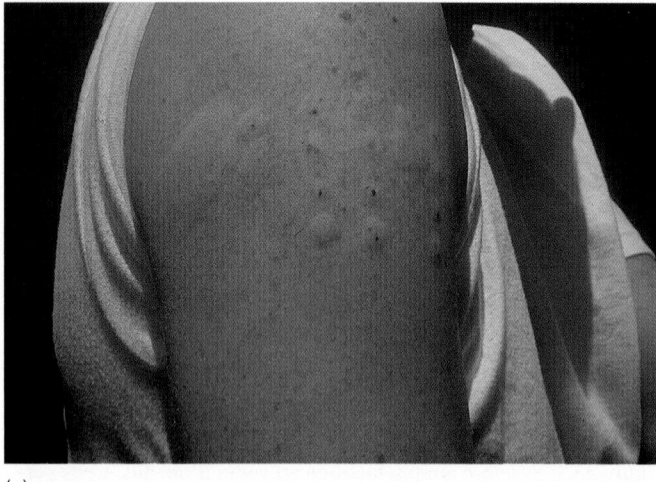

(a)

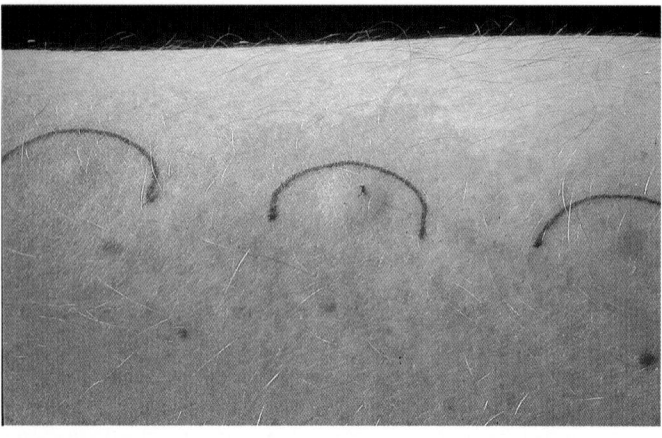

(b)

Figure 33.4 Les tests cutanés in vivo. (**a**) Test cutané en piqûre, avec du pollen de graminée chez une personne souffrant du rhume des foins. Notez la différence de réaction avec les doses croissantes (de haut en bas). (**b**) Test cutané en applicateur. On gratte la surface de la peau et on y dépose l'extrait suspect. Après 48 heures (au centre), l'eczéma cutané indique un test positif pour l'antigène suspecté.

l'hôte soit par lyse, soit par action de médiateurs toxiques. Dans ce type d'hypersensibilité, des anticorps IgG ou IgM dirigés contre des antigènes tissulaires, stimulent la cascade du complément et une variété de cellules effectrices (**figure 33.5**). Les anticorps interagissent avec le complément (C1q) et les cellules effectrices par l'intermédiaire de leurs régions Fc. Les mécanismes d'altération sont un reflet des processus physiologiques normaux impliqués dans l'interaction du système immunitaire avec les organismes pathogènes. L'exemple classique d'hypersensibilité de type II résulte de la transfusion chez un receveur, du sang d'un donneur dont le groupe sanguin est différent.

Hypersensibilité de type III

L'**hypersensibilité de type III** implique la formation de complexes immuns (**figure 33.6***a*) qui sont normalement enlevés de façon efficace par les monocytes du système réticulo-endothélial. En présence d'un excès de certains antigènes, les complexes antigène-

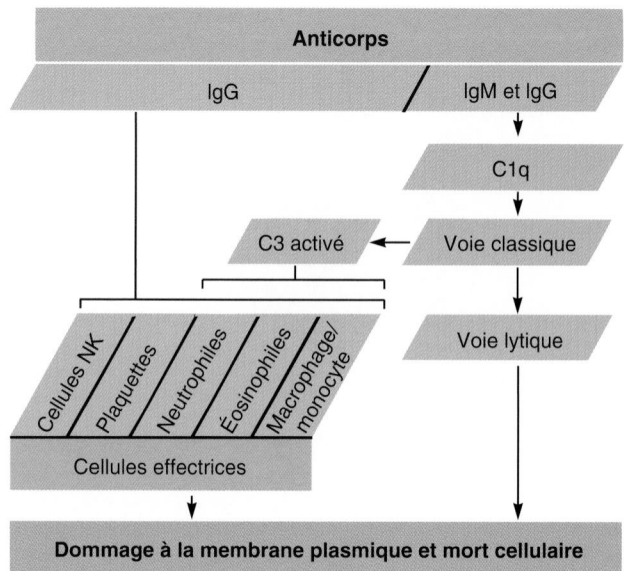

Figure 33.5 L'hypersensibilité de type II. L'anticorps agit par l'intermédiaire de cellules effectrices ou du complexe d'attaque membranaire. La cellule est détruite à cause des dommages induits dans la membrane plasmique de la cellule cible.

anticorps ne sont plus convenablement résorbés. Leur accumulation peut conduire à une réaction d'hypersensibilité par l'intermédiaire du complément qui stimule une variété de processus inflammatoires. Cette inflammation endommage en particulier les vaisseaux sanguins (vascularite ; figure 33.6*b*), les membranes basales des glomérules rénaux (glomérulonéphrite), les articulations (arthrite) et la peau.

Les maladies résultant des réactions de type III se divisent en trois groupes. Dans le premier, une infection virale persistante, une infection bactérienne ou une infection par un protozoaire, accompagnée d'une réponse faible en anticorps, conduit à la formation chronique de complexes immuns et au dépôt possible de ces complexes dans les tissus de l'hôte. Dans le second groupe, la production continue d'auto-anticorps contre un antigène du soi lors d'une maladie auto-immune entraîne la formation constante de complexes immuns. Dans ce cas, le système réticulo-endothélial est surchargé et des complexes se déposent dans le tissu (par exemple dans le **lupus érythémateux disséminé**). Dans le troisième groupe, les complexes immuns se forment sur les muqueuses (par exemple des poumons) à la suite d'inhalations répétées d'allergènes de moisissures, de plantes ou d'animaux. Ainsi, dans l'asthme du fermier, l'individu possède des anticorps circulants dirigés contre des mycètes après avoir été exposé de façon répétée à du foin moisi. Ces anticorps sont principalement des IgG. Lorsque les antigènes responsables (les spores de mycètes) pénètrent dans les alvéoles pulmonaires, des complexes immuns se forment localement et entraînent une inflammation.

Certaines infections à streptocoques du groupe A produisent des glomérulonéphrites aigües d'origine immunologique. Bien que le mécanisme n'en soit pas complètement connu, on pense que des complexes d'anticorps et d'antigènes streptococciques sont déposés dans les glomérules rénaux et génèrent une réaction d'hypersensibilité de type III.

1. Formation du complexe

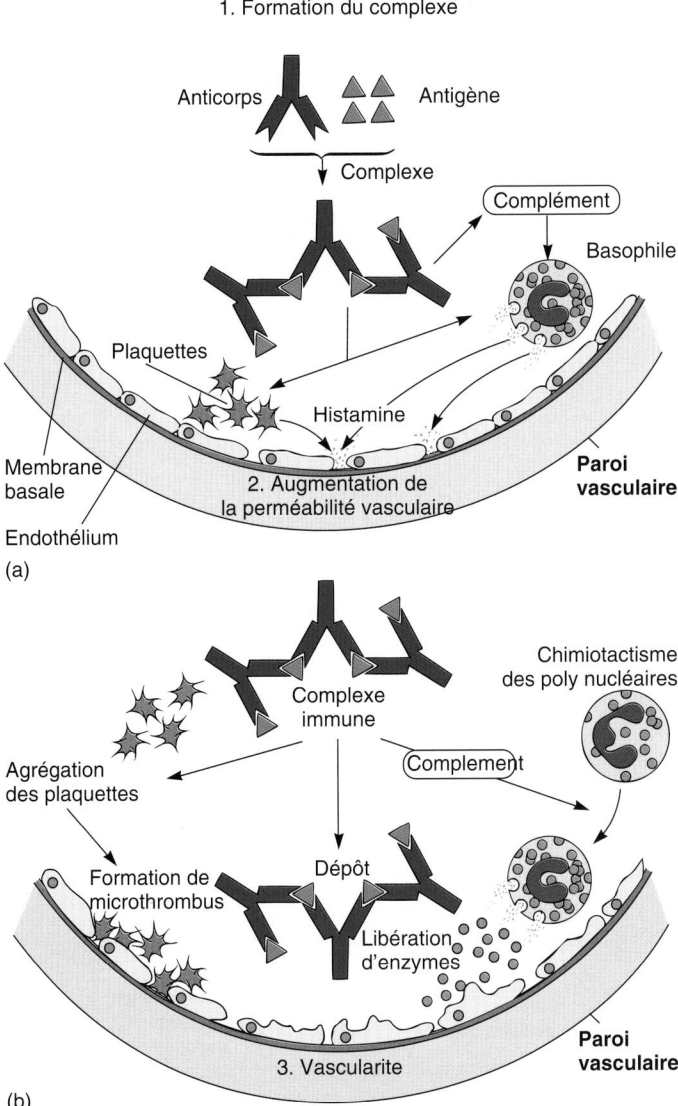

(a)

(b)

Figure 33.6 L'hypersensibilité de type III. Dépôt de complexes immuns dans les parois de vaisseaux sanguins. (**a**) Les anticorps et les antigènes se combinent pour former les complexes immuns. Ceux-ci agissent sur le complément qui déclenche une libération, par les basophiles et les plaquettes, d'histamine et d'autres médiateurs de dégranulation. Ces médiateurs augmentent la perméabilité vasculaire. (**b**) L'augmentation de perméabilité permet aux complexes immuns de se déposer dans la paroi du vaisseau sanguin. Ceci induit alors l'agrégation des plaquettes et la formation de microthrombus (caillots sanguins) sur la paroi vasculaire. Les polynucléaires, par la voie du complément, se dégranulent et causent des dommages enzymatiques à la paroi du vaisseau sanguin.

Hypersensibilité de type IV

L'**hypersensibilité de type IV** implique les réactions immunitaires retardées médiées par les cellules T. Un facteur majeur dans les réactions de type IV est le temps requis pour que migre et s'accumule près des antigènes, une population particulière de cellules T_H1 (souvent appelées cellules T d'hypersensibilité retardée, T_{DTH}). Ce processus prend habituellement un jour ou plus.

Les réactions de type IV se produisent lorsque des antigènes, en particulier ceux qui se fixent aux cellules, sont phagocytés par les macrophages puis présentés aux récepteurs de surface des cellules T_H1 avec les molécules CMH de classe I. Du contact entre l'antigène et la cellule T_H1 résulte la prolifération cellulaire et la libération de cytokines. Les cytokines attirent des lymphocytes, des macrophages et des basophiles vers le tissu affecté. Il peut en résulter un dommage tissulaire important. Comme exemples d'hypersensibilité de type IV, citons l'hypersensibilité tuberculinique (le **test cutané TB**), la dermatite allergique de contact, certaines maladies auto-immunes, le rejet de greffe et la mort de cellules cancéreuses.

Dans l'hypersensibilité tuberculinique, on injecte dans la peau de l'avant-bras (**figure 33.7a**) une protéine partiellement purifiée appelée tuberculine qui est extraite du bacille responsable de la tuberculose (*Mycobacterium tuberculosis ; voir section 39.1*). Chez un individu dont le test à la tuberculine est positif, la réponse commence après 8 heures environ ; la zone entourant le site d'injection rougit et devient dure dans les 12 à 24 heures. La réaction atteint son pic en 48 heures puis disparaît. La dimension de l'induration est directement reliée à la quantité d'antigènes introduits et au degré d'hypersensibilité de l'individu testé. On utilise d'autres produits microbiens dans des tests cutanés de type IV comme l'histoplasmine pour l'histoplasmose, la coccidioïdine pour la coccidioïdomycose, la lépromine pour la lèpre et le brucellergène pour la brucellose.

La **dermatite allergique de contact** (*voir figure 32.4*) est due à des haptènes qui se combinent dans la peau avec des protéines pour former l'allergène qui provoquera la réponse immunitaire. Les haptènes sont les déterminants antigéniques et les protéines cutanées sont les molécules porteuses. On trouve des exemples de ces haptènes dans des cosmétiques, des produits végétaux (les molécules de catéchol du sumac et du chêne vénéneux ; figure 33.7b), dans des agents chimiothérapeutiques, dans des métaux et la bijouterie (spécialement celle qui contient du nickel).

Les réactions d'hypersensibilité de type IV causent des destructions cellulaires et tissulaires dans un nombre important de maladies chroniques. Ces maladies sont dues à des virus, des mycobactéries, des protozoaires et des mycètes qui produisent des infections chroniques au cours desquelles les macrophages et les cellules T sont continuellement stimulés. Comme exemples, citons la lèpre, la tuberculose, la leishmaniose, la candidose et les lésions herpétiques.

1. Discutez le mécanisme des réactions d'hypersensibilité de type I et comment celles-ci peuvent conduire à une anaphylaxie généralisée et localisée.
2. Pourquoi les réactions d'hypersensibilité de type II sont-elles appelées cytolytiques ou cytotoxiques ?
3. Qu'est-ce qui caractérise une réaction d'hypersensibilité de type III ? Donnez un exemple.
4. Caractérisez une réaction d'hypersensibilité de type IV.
5. Qu'est-ce qu'un test cutané à la tuberculine ?

Les maladies auto-immunes

Comme nous l'avons déjà dit, l'organisme est normalement capable de faire la distinction entre des antigènes étrangers non-soi et ses propres antigènes contre lesquels il ne développe pas d'attaque immunitaire, un phénomène appelé tolérance immunitaire. Parfois l'organisme perd cette tolérance et une attaque immunitaire anormale avec anticorps ou cellules T s'installe contre les antigènes des propres tissus de l'individu.

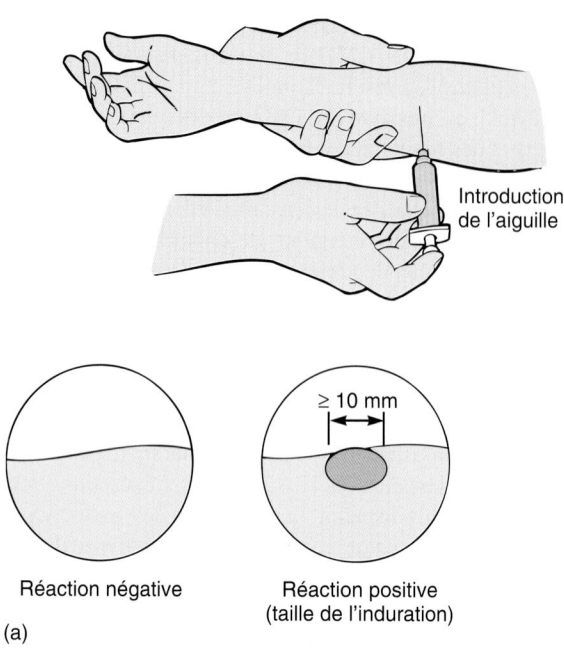

Introduction
de l'aiguille

≥ 10 mm

Réaction négative

Réaction positive
(taille de l'induration)

(a)

Sumac
vénéneux
(« Poison ivy »)

Contact

Molécules
de catéchol
(haptènes)

Protéine
de la peau

Catéchols combinés
aux protéines de la peau

7–10 jours

1–2 jours

Sensibilisation primaire

Second contact

Production de
cellules T puis de
cellules mémoire

Activation des cellules T
sensibilisées ; réaction
inflamatoire
et dermatite

(b)

Figure 33.7 Le mécanisme de l'hypersensibilité de type IV. (**a**) Test cutané à la tuberculine. La réaction est positive lorsque le diamètre de l'induration est d'au moins 10 mm. (**b**) Dans cet exemple de dermatite de contact, un individu est exposé une première fois aux molécules de catéchol de la plante vénéneuse. Les catéchols se combinent avec des protéines cutanées de haut poids moléculaire et agissent comme haptènes. Après 7 à 10 jours, des cellules T sensibilisées sont produites et donnent naissance à des cellules T mémoire. Lors d'un second contact, les catéchols se fixent aux mêmes protéines de la peau et les cellules T mémoire sont activées en 1 à 2 jours seulement, ceci conduit à une réaction inflammatoire (dermatite de contact).

Il faut distinguer auto-immunité — souvent bénigne — et maladie auto-immune, souvent mortelle. L'**auto-immunité** se caractérise seulement par la présence dans le sérum d'auto-anticorps. Elle est une conséquence normale de l'âge, est facilement induite par des agents infectieux ou des médicaments et est aussi réversible, c'est-à-dire qu'elle disparaît lorsque l'agent agresseur est enlevé. La **maladie auto-immune** résulte de l'activation de cellules T et B auto-réactives qui endommagent les tissus à la suite d'une stimulation par des facteurs génétiques ou environnementaux (**tableau 33.5**).

Quatre facteurs influencent le développement d'une maladie auto-immune, les deux principaux étant génétique et viral. Le troisième facteur est endocrinien : les œstrogènes favorisent les maladies auto-immunes et les androgènes agissent comme des immunosuppresseurs naturels. Ces effets modulateurs physiologiques exercés par les hormones sexuelles sur les réponses immunitaires normales, expliquent en partie la prédominance marquée des maladies auto-immunes chez les femmes. Le quatrième facteur est

neuropsychologique, car le stress et les neuroleptiques ont un effet sur la réponse immunitaire. D'une façon générale, ces 4 facteurs interfèrent avec l'expression de gènes immunorégulateurs.

Bien que leur mécanisme de base soit mal connu, ces maladies sont plus communes chez les personnes âgées et peuvent impliquer des infections virales ou bactériennes. Certains chercheurs pensent que lorsqu'un agent infectieux endommage un tissu, des quantités anormalement grandes d'antigènes sont libérées. Ces mêmes agents peuvent aussi modifier les protéines corporelles en des formes qui stimulent la production d'anticorps ou l'activation des cellules T. En même temps, l'activité des cellules T suppressives qui limite normalement ce type de réaction, paraît être réprimée. Beaucoup de maladies auto-immunes ont une composante génétique. Par exemple, on sait qu'il y a une association entre la susceptibilité d'un individu à la maladie de Graves ou à la sclérose en plaques avec un déterminant spécifique du complexe majeur d'histocompatibilité.

Tableau 33.5 Quelques maladies humaines auto-immunes

Affection	Auto-antigène	Physiologie pathologique
Hypersensibilité de type II : anticorps contre des antigènes de surface ou de matrice cellulaire (cytotoxiques)		
Rhumatisme articulaire aigu	Antigènes de la paroi des streptocoques, réaction croisée des anticorps et des cardiomyocytes	Arthrite – scarification des valvules cardiaques, myocardite
Anémie hémolytique auto-immune	Facteur sanguin Rh, antigène I	Destruction des globules rouges par le complément et la phagocytose, anémie
Purpura thrombocytopénique auto-immun	Intégrine des plaquettes	Saignement
Syndrome de Goodpasture	Collagène de la membrane basale	Glomérulonéphrite, hémorragies pulmonaires
Maladie de Grave	Récepteur de l'hormone stimulatrice de la thyroïde	Hyperthyroïdie
Myasthénie grave	Récepteur de l'acétylcholine	Affaiblissement musculaire progressif
Pemphigus vulgaris	Cadhérine dans l'épiderme	Vésicules sur la peau
Hypersensibilité de type III : maladie à complexes immuns		
Lupus erythémateux disséminé	ADN, histones, ribosomes	Arthrite, glomérulonéphrite, vascularite
Hypersensibilité de type IV : maladie médiée par les cellules T		
Diabète sucré de type 1	Antigène pancréatique des cellules bêta	Destruction des cellules bêta
Sclérose en plaques	Protéine basique de la myéline	Démyélisation des axones
Arthrite rhumatoïde[a]	Antigène synovial des articulations inconnu	Inflammation et destruction des articulations

[a] Peut aussi impliquer une hypersensibilité de type III.

Le rejet de greffe

Le rejet d'un tissu transplanté est le troisième cas (après l'hypersensibilité et l'auto-immunité) dans lequel le système immunitaire a une action préjudiciable. Il faut, à l'occasion, remplacer une partie du corps non fonctionnelle ou endommagée en transplantant un tissu ou un organe d'une personne à une autre. Des transplantations entre individus d'une même espèce génétiquement différents sont appelées **allogreffes** (du grec *allos*, autre). Certaines transplantations ne stimulent pas de réponse immunitaire. Par exemple, une cornée transplantée est rarement rejetée car les lymphocytes ne circulent pas dans la chambre antérieure de l'œil. Ce site est considéré comme un site immunologiquement privilégié. Un autre exemple de transplantation d'un tissu privilégié est la valvule cardiaque transplantée d'un porc à un homme. Une telle greffe entre des espèces différentes est appelée une **xénogreffe** (du grec *xenos*, étranger).

Lors d'allogreffes, il est possible que les cellules du receveur reconnaissent les tissus du donneur comme étrangers. Ceci enclenche les mécanismes immunitaires du receveur et entraîne la destruction du tissu donné. Une telle réponse est appelée réaction de rejet. Deux mécanismes différents peuvent être responsables d'une réaction de rejet. Dans le premier, les antigènes de classe II du complexe majeur d'histocompatibilité (CMH) étrangers de la greffe, stimulent les cellules T auxiliaires de l'hôte à aider les cellules T cytotoxiques dans la destruction de la greffe (**figure 33.8a**). Des cellules T cytotoxiques reconnaissent la greffe par l'intermédiaire des antigènes CMH de classe I étrangers. Le second mécanisme implique une réaction à la greffe des cellules T auxiliaires avec libération de cytokines (figure 33.8b). Les cytokines stimulent la pénétration des macrophages dans la greffe et sa destruction.

Comme le montre la figure 33.8, les antigènes du complexe majeur d'histocompatibilité jouent un rôle dominant dans les réactions de rejet à cause de leur association unique avec le système de reconnaissance des cellules T. Au contraire des anticorps, les cellules T ne réagissent pas directement avec des antigènes non-CMH (virus, allergènes) ; elles reconnaissent ces antigènes seulement en association avec un antigène CMH. Il y a deux classes d'antigènes du CMH. Les antigènes du CMH de classe I sont présents sur toutes les cellules du corps et pour cette raison sont des cibles importantes de la réaction de rejet. Comme décrit précédemment, les antigènes du CMH de classe II sont impliqués dans l'activation des cellules T auxiliaires. Plus la différence antigénique entre les antigènes de classe I des tissus receveurs et donneurs est grande, plus la réaction de rejet sera sévère et rapide. La réaction peut cependant être minimisée si les tissus du donneur et du receveur sont choisis aussi proches que possible.

Lors de transplantations d'organes, l'immunosuppression peut conduire à la **maladie du greffon contre l'hôte**. Celle-ci se déclare lorsque le tissu transplanté contient des cellules immunocompétentes qui reconnaissent les antigènes de l'hôte et attaquent l'hôte. Le receveur immunodéprimé ne peut pas contrôler cette réaction du tissu greffé. La maladie du greffon contre l'hôte est un problème courant lors de transplantations allogéniques de moelle osseuse. La moelle greffée contient de nombreuses cellules T matures (post-thymiques) qui reconnaissent les antigènes CMH de l'hôte et attaquent les cellules du tissu normal du receveur immunodéprimé. Une façon actuelle d'empêcher cette maladie est d'épuiser la moelle osseuse de ses cellules T matures par des méthodes immunosuppressives. Ces méthodes incluent l'utilisation

Figure 33.8 La destruction d'une cellule de greffe. (**a**) Les molécules du CMH de classe II étrangers sur la cellule greffée stimulent les cellules T auxiliaires de l'hôte, ces dernières aident les cellules T cytotoxiques à détruire la cellule cible greffée. Les cellules T cytotoxiques reconnaissent la cellule greffée par l'intermédiaire des molécules CMH de classe I étrangères. (**b**) Des cellules T auxiliaires, réagissant à la cellule du greffon, libèrent des cytokines qui stimulent les macrophages à pénétrer dans la greffe et à la détruire par action cytotoxique.

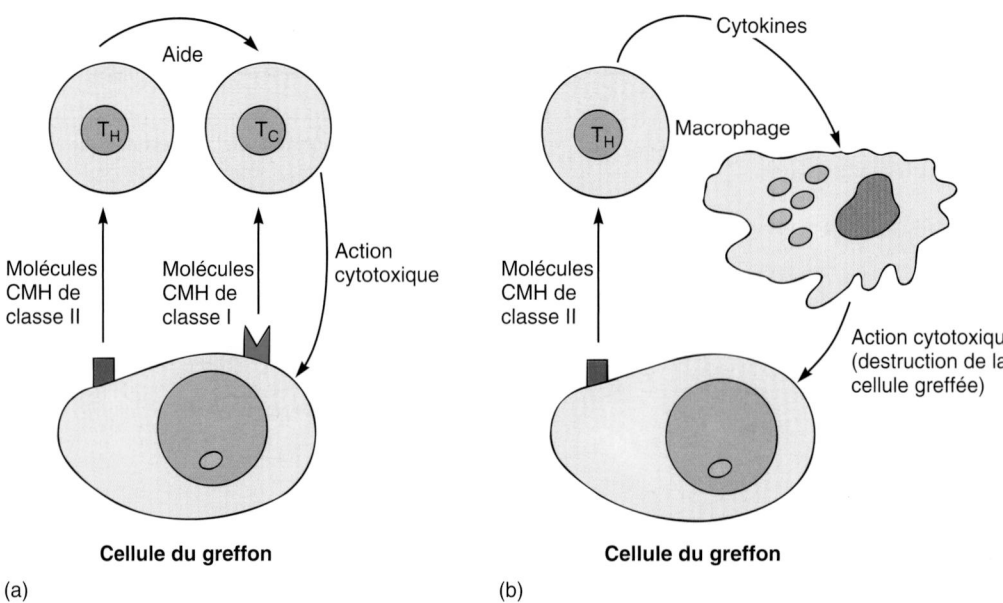

Tableau 33.6 Quelques déficiences immunitaires humaines congénitales

Affection	Symptômes	Cause
Maladie granulomateuse chronique	Monocytes et neutrophiles défectueux conduisant à des infections par des bactéries et des mycètes	Absence de production d'intermédiaires réactionnels de l'oxygène à cause d'une NADPH oxydase défectueuse
Agammaglobulinémie liée à l'X	Déficience en cellules B et incapacité de produire les anticorps humoraux spécifiques adéquats	Différenciation des cellules B défectueuse à cause d'une perte de thyrosine kinase
Syndrome de DiGeorge	Déficience en cellules T et très faible immunité à médiation cellulaire	Absence de thymus ou thymus peu développé
Immunodéficience combinée sévère (SCID pour *severe combined immunodeficiency*)	Affaiblissement de la production d'anticorps et de l'immunité cellulaire à cause d'une forte réduction du nombre des cellules B et T	Différents mécanismes (par ex. mauvaise maturaton des cellules B et T à cause d'une mutation sur le chromosome X; manque d'adénosine désaminase dans les lymphocytes).

de drogues qui attaquent les cellules T (azathioprine et cyclophosphamide), d'immunosuppresseurs (la cyclosporine) ou d'anti-inflammatoires (les corticostéroïdes), l'irradiation du tissu lymphoïde ou l'emploi d'anticorps dirigés contre les antigènes des cellules T.

Les immunodéficiences

Des défauts dans l'un ou l'autre des composants du système immunitaire peuvent résulter en une perte de la reconnaissance ou de la réponse correcte aux antigènes. De telles **immunodéficiences** rendent une personne plus susceptible à l'infection que celle capable d'une réponse immunitaire complète et active. En dépit d'une connaissance croissante des dérangements fonctionnels et des anomalies cellulaires, les erreurs biologiques fondamentales responsables des affections immunodéficitaires restent largement inconnues. À l'heure actuelle, la plupart des défauts génétiques associés à ces immunodéficiences sont localisés sur le chromosome X et produisent des immunodéficiences primaires ou congénitales (**tableau 33.6**). D'autres immunodéficiences peuvent être acquises à la suite d'infections par des micro-organismes immunosuppresseurs (candidose chronique mucocutanée) ou par certains virus (SIDA).

1. Qu'est-ce qu'une maladie auto-immune et comment peut-elle se développer ?
2. Qu'est-ce qu'un site immunologiquement privilégié et comment est-il lié au succès d'une transplantation ?
3. Comment se produit une réaction de rejet ?
4. Décrivez une immunodéficience. Comment peut-elle se produire ?

33.3 Les réactions antigène-anticorps in vitro

Le chapitre précédent (*section 32.6, p. 756-57*) concerne les réactions antigène-anticorps qui se déroulent dans l'organisme (in vivo). Beaucoup de ces réactions peuvent être réalisées en-dehors de l'organisme (in vitro) dans des conditions de laboratoire contrôlées, elles sont utilisées de façon intensive pour le diagnostic. On appelle **sérologie** (sérum et -logie) cette partie de l'immunologie comprenant les réactions in vitro.

Au cours des vingt dernières années, on a vu le nombre, la sensibilité et la spécificité des tests sérologiques augmenter fortement. Ceci résulte d'une meilleure connaissance de la surface cellulaire des différents lymphocytes, de la production d'anticorps monoclo-

Encadré 33.2

Détection rapide de drogues dans l'urine

Historiquement, les tests anti-drogue se faisaient par des méthodes chimiques classiques telle la chromatographie en couche mince ou la chromatographie en phase liquide qui, quoique précises, sont des procédés laborieux. Les tests anti-drogue utilisés actuellement sont basés sur des réactions antigène-anticorps. Comme exemple, citons les dosages radio-immunologiques, immuno-enzymatiques ou par immunofluorescence, toutes ces méthodes dépendent d'instruments sophistiqués. Il faut cependant disposer de méthodes rapides car les besoins de tests anti-drogue sont massifs pour les sports, l'administration civile, l'armée, etc...

Une de ces méthodes rapides est l'agglutination de latex pour la détection de cocaïne, de morphine, de barbituriques, de marijuana, de méthadone, de pentacyclidine et d'amphétamines. Cette méthode a la précision du dosage immunologique sans exiger d'équipement coûteux et donne des réponses « oui » ou « non » dans les 3 minutes.

Les tests d'inhibition de l'agglutination du latex reposent sur une compétition pour l'anticorps entre le latex tapissé de drogue et la drogue éventuellement présente dans l'urine. Un échantillon d'urine est mis dans la cupule d'une lame contenant l'anticorps, le tampon et les billes de latex. S'il n'y a pas de drogue, le conjugué drogue-latex se fixe à l'anticorps et forme de grandes particules qui s'agglutinent. Ainsi l'agglutination est la preuve de l'absence de drogue dans l'échantillon d'urine (**figure de l'encadré a,c**). Si la drogue est présente dans l'échantillon d'urine, elle entre en compétition avec les billes de latex pour la faible quantité d'anticorps disponible. Une quantité suffisante de drogue va empêcher la formation de particules et l'agglutination (figure de l'encadré b), ainsi un échantillon positif d'urine ne modifie pas l'apparence laiteuse du mélange réactionnel (figure de l'encadré c).

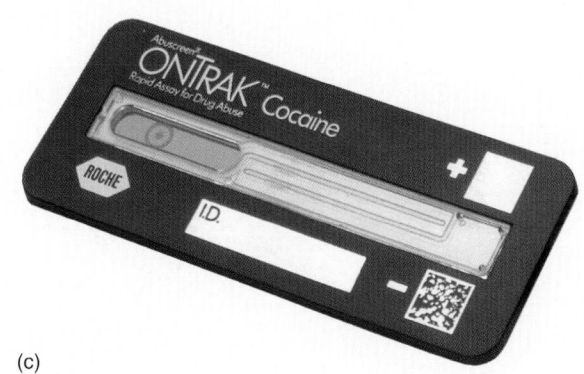

Test urinaire rapide anti-drogue. (**a**) Illustration de la réaction avec un échantillon d'urine négatif. (**b**) Echantillon d'urine positif. (**c**) Un test rapide anti-cocaïne appelé Abuscreen est commercialisé par Roche Diagnostic Systems.

naux, du développement des dosages radioactifs et à enzymes conjugués et de l'utilisation de produits fluorescents. Cette section présente les tests sérologiques les plus communément utilisés pour le diagnostic de maladies microbiennes et immunologiques.

Agglutination

Comme le montre la figure 32.30, il y a réaction d'agglutination lorsqu'un complexe immun se forme par pontage de cellules ou de particules avec des anticorps spécifiques. Les réactions d'agglutination forment le plus souvent des agrégats visibles à l'œil nu ou **agglutinats**. Les réactions d'agglutination directe sont très utiles au diagnostic de certaines maladies. Par exemple, le **test de Widal**

est une réaction d'agglutination des bacilles typhiques mélangés au sérum contenant les anticorps d'un individu atteint de fièvre typhoïde. Formation des complexes immuns (pp. 756-57)

On a aussi développé des techniques qui utilisent des billes de latex microscopiques recouvertes d'antigènes. Ces microsphères facilitent beaucoup les réactions diagnostiques d'agglutination. Par exemple, un test actuel de grossesse mesure les niveaux élevés de l'hormone gonadotrope chorionique humaine (HCG) que l'on trouve dans l'urine et le sang de la femme au début de la grossesse (**figure 33.9**). On utilise également les tests d'agglutination de latex pour détecter les drogues (**encadré 33.2**) et les anticorps qui se développent au cours de certaines infections fongiques, helminthiques ou bactériennes.

Figure 33.9 Un test de grossesse. (a) Test positif. L'urine de la femme contenant HCG est mélangée à une solution d'anticorps spécifiques de l'HCG. Dans la seconde étape, des billes de latex tapissées d'HCG sont ajoutées. S'il y a de l'HCG, il se fixe aux anticorps spécifiques empêchant ainsi l'agglutination des microbilles. **(b)** Test négatif. Les microbilles tapissées d'antigènes sont agglutinées par les anticorps spécifiques anti-HCG.

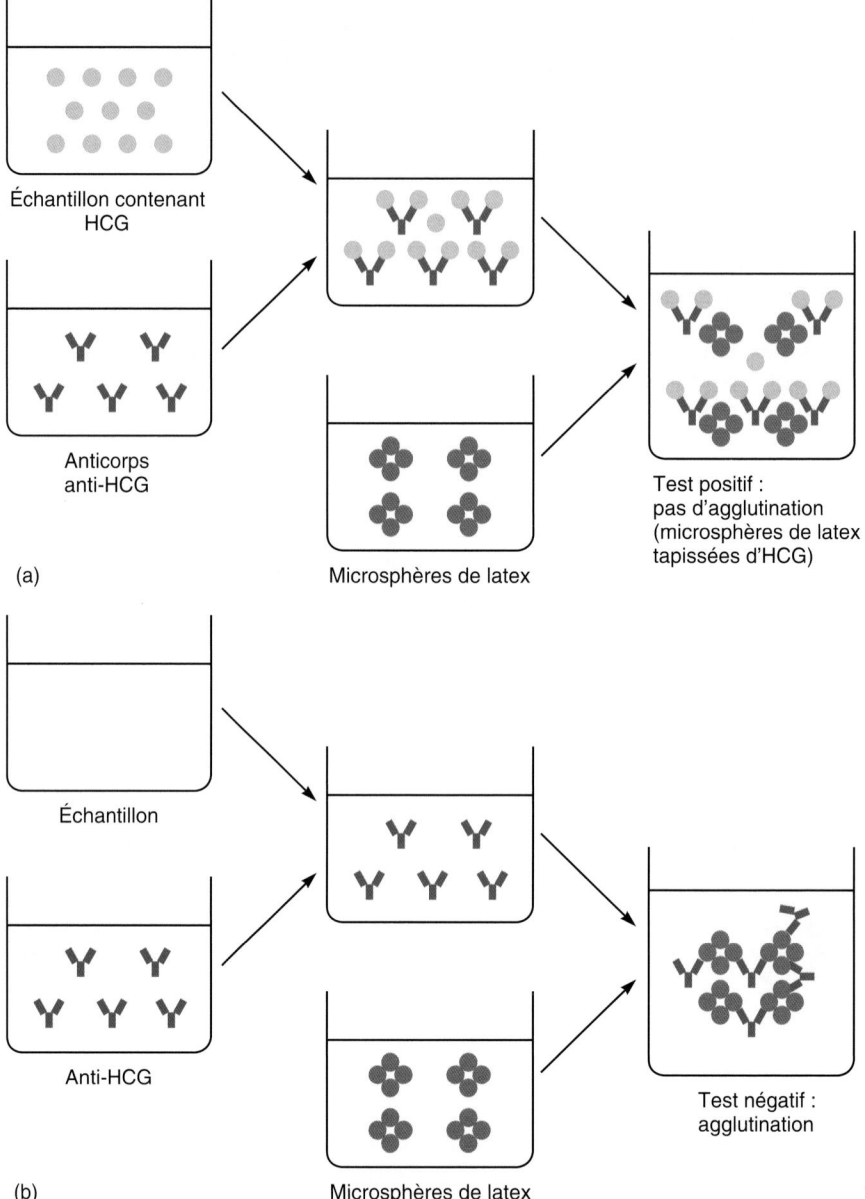

Échantillon contenant HCG

Anticorps anti-HCG

(a)

Microsphères de latex

Test positif : pas d'agglutination (microsphères de latex tapissées d'HCG)

Échantillon

Anti-HCG

(b)

Microsphères de latex

Test négatif : agglutination

L'hémagglutination résulte généralement du pontage des globules rouges par des anticorps qui s'attachent aux antigènes de surface. Ce test est utilisé en routine pour le typage des groupes sanguins. De plus, certains virus sont capables d'**hémagglutination virale**. Par exemple, si une personne fait une maladie virale telle que la rougeole, son sérum contiendra des anticorps qui réagissent avec le virus rougeoleux et inhibent sa propriété hémagglutinante. Dans un test positif, l'hémagglutination qui se produit lors du mélange des virus de la rougeole et des globules rouges, disparaît si on ajoute le sérum du patient : ceci indique que les anticorps sériques se sont fixés aux virus rougeoleux. Ce test d'inhibition de l'hémagglutination est largement utilisé pour diagnostiquer la grippe, la rougeole, les oreillons, la mononucléose et d'autres infections virales (*voir chapitre 38*).

Les tests d'agglutination servent aussi à mesurer le taux d'anticorps (*voir figure 32.19*). Dans le test d'agglutination en tubes ou

en puits, une quantité donnée d'antigène est déposée dans une série de tubes (**figure 33.11 *a***) ou de puits d'une plaque de microtitration (figure 33.11 *b*). On ajoute alors à chaque tube ou puits des dilutions en série (1/20, 1/40, 1/80, 1/160, etc.) du sérum contenant l'anticorps. On détermine la dilution la plus forte du sérum qui montre une réaction d'agglutination, l'inverse de cette dilution est le taux du sérum en anticorps.

1. Qu'est-ce que la sérologie ?
2. Quand utiliseriez-vous le test de Widal ?
3. Pourquoi y a-t-il hémagglutination et comment peut-on l'utiliser au laboratoire clinique ?
4. Décrivez comment fonctionnent les tests d'agglutination de latex.

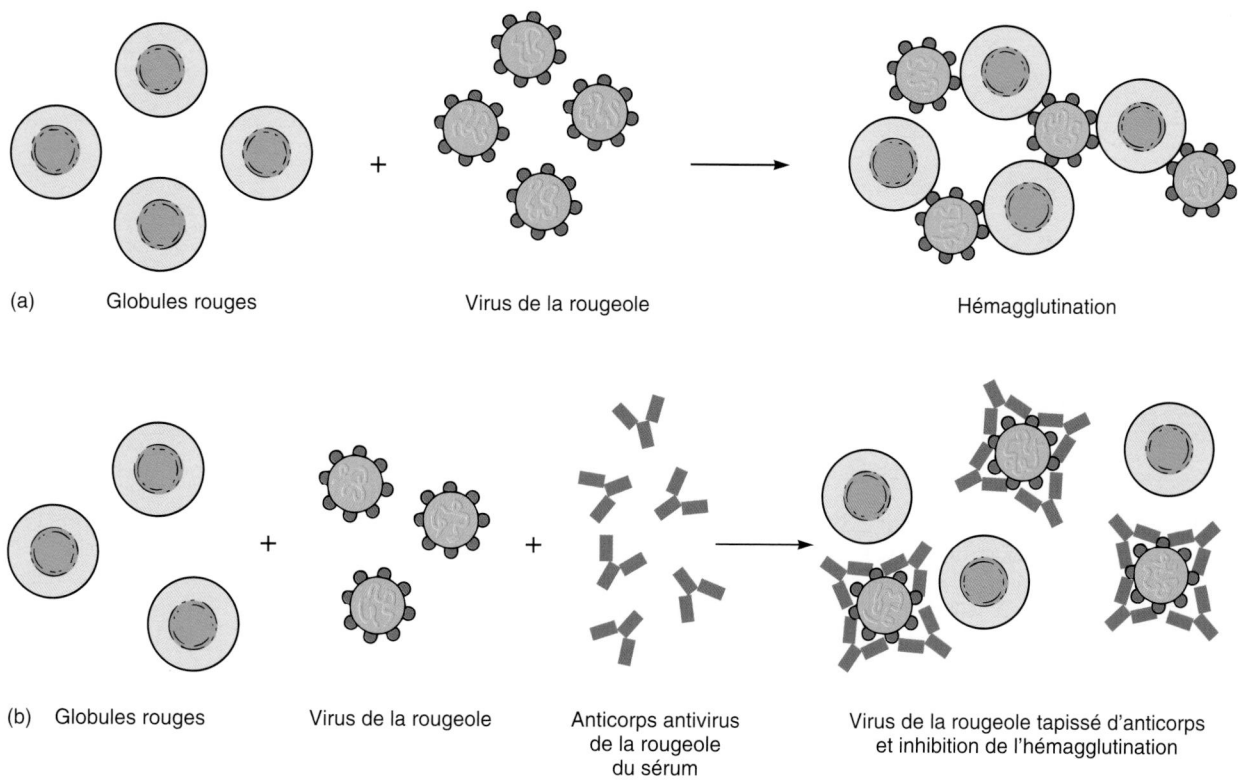

(a) Globules rouges — Virus de la rougeole — Hémagglutination

(b) Globules rouges — Virus de la rougeole — Anticorps antivirus de la rougeole du sérum — Virus de la rougeole tapissé d'anticorps et inhibition de l'hémagglutination

Figure 33.10 L'hémagglutination virale. (**a**) Certains virus sont capables d'hémagglutiner les globules rouges. (**b**) Si un sérum, contenant des anticorps spécifiques, contre le virus, est mélangé aux globules rouges, les anticorps vont se fixer au virus et inhiber l'hémagglutination (test positif).

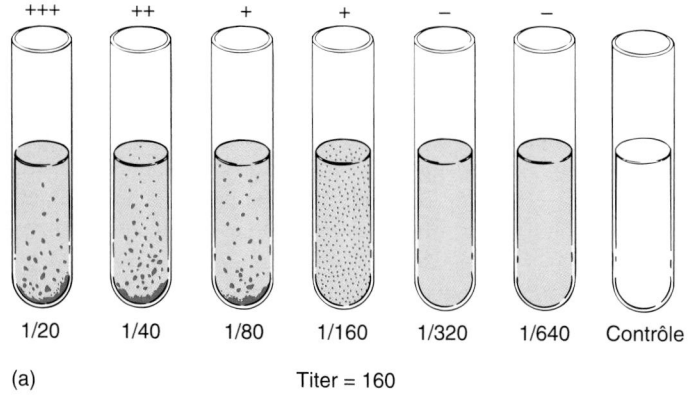

+++   ++   +   +   −   −

1/20   1/40   1/80   1/160   1/320   1/640   Contrôle

(a)   Titer = 160

Figure 33.11 Les tests d'agglutination. (**a**) Agglutination en tubes pour la détermination du taux d'anticorps. Dans cet exemple, le taux est 160 car il n'y a plus d'agglutination dans le tube suivant des dilutions en série (1/320). La couleur des tubes de dilution indique la présence du sérum de patient. (**b**) Plaque de microtitration illustrant l'hémagglutination. L'anticorps est déposé dans les cupules (1-10). Des contrôles positifs (rangée 11) et négatifs (rangée 12) sont inclus. Les globules rouges sont ajoutés à chaque cupule. S'il y a assez d'anticorps pour agglutiner les cellules, celles-ci forment un tapis au fond de la cupule. Si la quantité d'anticorps présente est insuffisante, les cellules forment un culot dans le fond de la cupule. Pouvez-vous lire les différents taux des rangées A à H ?

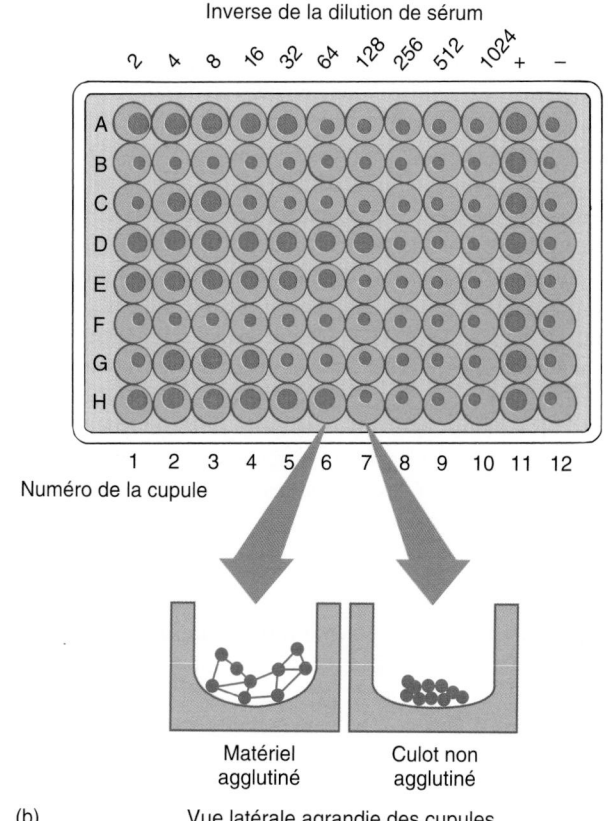

Inverse de la dilution de sérum

2   4   8   16   32   64   128   256   512   1024   +   −

A B C D E F G H

1   2   3   4   5   6   7   8   9   10   11   12

Numéro de la cupule

Matériel agglutiné   Culot non agglutiné

(b)   Vue latérale agrandie des cupules

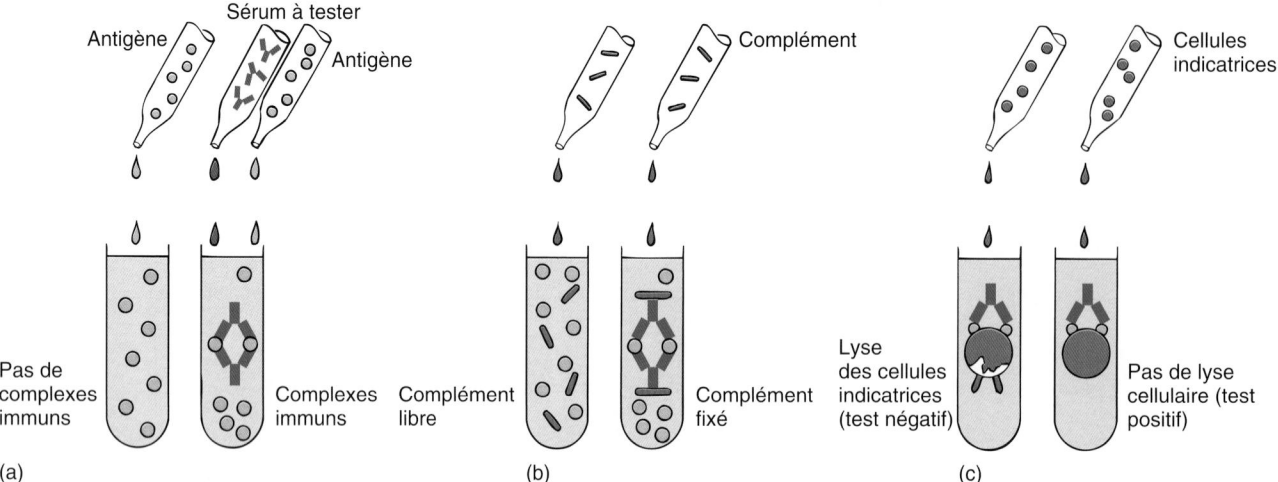

Figure 33.12 La fixation du complément. (**a**) Le sérum à tester est ajouté à l'un des tubes. On ajoute aux deux tubes une quantité fixe d'antigènes. S'il y a des anticorps, les complexes immuns se forment. (**b**) Quand le complément est ajouté, les complexes présents fixent le complément et le consomment. (**c**) Les cellules indicatrices ainsi qu'une quantité faible d'anticorps anti-érythrocytes sont ajoutées aux deux tubes. Si le complément est présent, les cellules indicatrices se lyseront (test négatif) ; si le complément est consommé, il n'y aura pas de lyse (test positif).

Fixation du complément

Lorsque le complément se fixe à un complexe antigène-anticorps, il est « consommé ». Les tests de fixation du complément sont très sensibles et peuvent être utilisés pour détecter des quantités très faibles d'un anticorps contre un micro-organisme dans un sérum de patient. Un antigène connu est mélangé avec le sérum à tester dépourvu de complément (**figure 33.12 a**). Après le temps nécessaire pour former les complexes immuns, on ajoute du complément (figure 33.12 b) au mélange. Si des complexes immuns sont présents, ils fixeront et consommeront le complément. Ensuite, des cellules indicatrices sensibilisées sont ajoutées au mélange, il s'agit généralement de globules rouges de mouton tapissés au préalable avec des anticorps fixant le complément. Si dans la partie a du test il n'y a pas de complexe immun formé parce qu'il n'y a pas d'anticorps dans le sérum, la lyse des cellules indicatrices se produit (figure 33.12 c). En l'absence d'anticorps, le complément reste et lyse les cellules indicatrices. D'autre part, s'il y a des anticorps spécifiques dans le sérum à tester et que le complément est fixé par les complexes immuns, les quantités de complément restantes sont insuffisantes pour lyser les cellules indicatrices. L'absence de lyse montre donc la présence d'anticorps spécifiques dans le sérum à tester.

La fixation du complément sert au diagnostic de la syphilis (c'est le test de Wassermann) et actuellement au diagnostic de certaines maladies virales, fongiques ou causées par des rickettsies, des chlamydies et des protozoaires.

Test ELISA

Le **test ELISA** (pour ***e****nzyme-**l****inked **i****mmuno**s****orbent **a****ssay*) ou test immuno-enzymatique, (test EIA pour « *e*nzyme *i*mmuno*a*ssay ») est devenu l'un des tests sérologiques les plus utilisés pour la détection d'anticorps ou d'antigènes. Ce test implique la fixation de différentes enzymes marqueurs aux antigènes ou aux anticorps. Il y a deux méthodes plus utilisées : le test en double sandwich et le test indirect.

Le test en double sandwich sert souvent à la détection d'antigènes (**figure 33.13 a**). L'anticorps spécifique est déposé dans les cupules d'une plaque de microtitration (il peut aussi être attaché à une membrane). L'anticorps est adsorbé sur les parois, sensibilisant la plaque. L'antigène à tester est alors ajouté à chaque cupule. Si l'antigène réagit avec l'anticorps, il est retenu lorsque la cupule est lavée pour enlever l'antigène non fixé. Un anticorps conjugué à une enzyme et spécifique de l'antigène est alors ajouté à chaque cupule. Le complexe final est formé de l'anticorps marqué externe, de l'antigène médian et de l'anticorps interne : c'est donc un sandwich (Ac-Ag-Ac). On ajoute alors un substrat que l'enzyme va convertir en un produit coloré, ce dernier produit est dosé par mesure spectrophotométrique de la plaque (figure 33.13c). Si l'antigène a réagi avec les anticorps adsorbés dans la première étape, le test ELISA est positif. Si l'antigène n'est pas reconnu par l'anticorps adsorbé, le test ELISA est négatif car l'antigène non fixé a été lavé et il n'y a pas fixation d'anticorps marqué. Ce test sert, par exemple, à la détection des infections à *Helicobacter pylori* et à la détection des agents responsables de la syphilis, la brucellose, la salmonellose et du choléra. Beaucoup d'autres antigènes peuvent être détectés par le test en sandwich. Par exemple, il y a des trousses ELISA sur le marché qui testent de très nombreux allergènes alimentaires différents.

Le test indirect sert plutôt à détecter les anticorps que les antigènes. Dans ce test, l'antigène dans un tampon approprié est incubé dans les cupules de la plaque de microtitration (figure 33.13 b), il est adsorbé sur les parois des cupules. L'antigène libre est enlevé par lavage. L'antisérum à tester est ajouté et s'il contient des anticorps spécifiques, ils se fixeront à l'antigène. Les anticorps non fixés sont lavés. L'échantillon à tester peut être aussi incubé avec une suspension de billes de latex recouvertes de l'antigène désiré. Après avoir laissé le complexe anticorps-antigène se faire, les billes sont récoltées sur un filtre et l'anticorps non fixé est enlevé par lavage. On ajoute alors un anticorps couplé comme auparavant à une enzyme telle la peroxydase de raifort. Le conjugué enzyme-

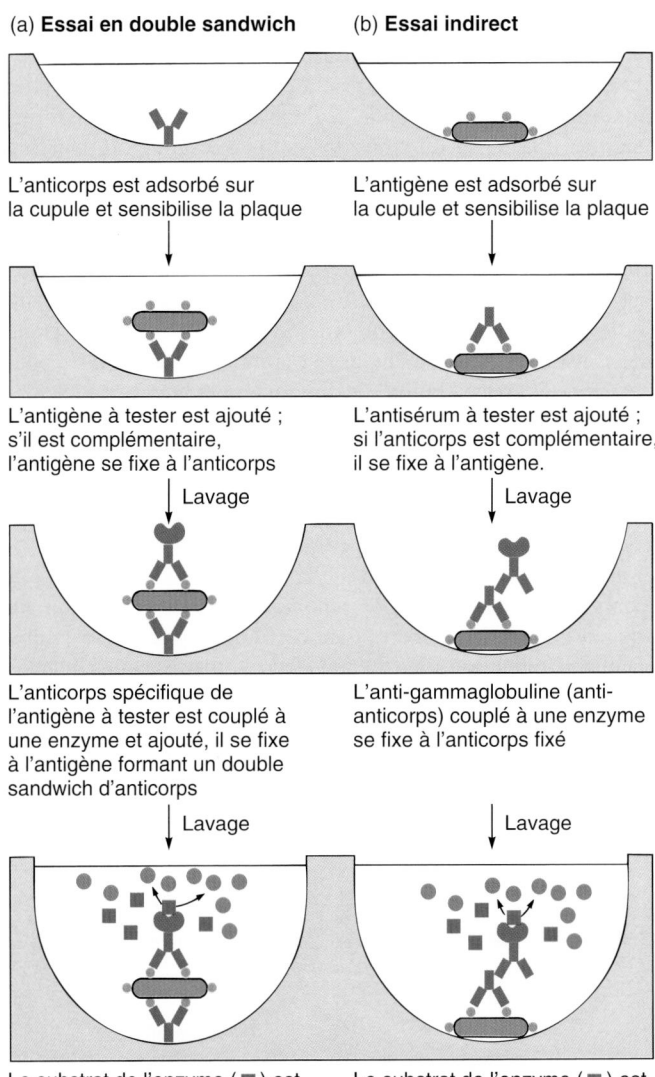

(a) Essai en double sandwich

L'anticorps est adsorbé sur la cupule et sensibilise la plaque

L'antigène à tester est ajouté ; s'il est complémentaire, l'antigène se fixe à l'anticorps

Lavage

L'anticorps spécifique de l'antigène à tester est couplé à une enzyme et ajouté, il se fixe à l'antigène formant un double sandwich d'anticorps

Lavage

Le substrat de l'enzyme (■) est ajouté et la réaction entraîne une modification visible de la couleur (●) qui est mesurée par spectrophotométrie

(b) Essai indirect

L'antigène est adsorbé sur la cupule et sensibilise la plaque

L'antisérum à tester est ajouté ; si l'anticorps est complémentaire, il se fixe à l'antigène.

Lavage

L'anti-gammaglobuline (anti-anticorps) couplé à une enzyme se fixe à l'anticorps fixé

Lavage

Le substrat de l'enzyme (■) est ajouté et la réaction produit une modification visible de couleur (●) qui est mesurée par spectrophotométrie

Figure 33.13 Les tests ELISA ou EIA. (a) Méthode du double sandwich d'anticorps pour la détection des antigènes. **(b)** Test indirect de détection des anticorps. Voir texte pour plus de détails.

anticorps se fixe à l'anticorps testé et après lavage du conjugué non fixé, le ligand attaché est détecté par addition d'un chromogène. Un **chromogène** est un substrat incolore qui sous l'action de la portion enzymatique du ligand donne un produit coloré. On détermine la quantité d'anticorps de la même façon que celle de l'antigène dans la méthode en double sandwich. Cet essai indirect est actuellement utilisé pour rechercher les anticorps contre le virus de l'immunodéficience humaine (l'agent du SIDA), contre le virus de la rubéole et pour détecter certaines drogues dans le sérum. Ainsi on se sert de billes de latex recouvertes d'antigènes dans le test SUDS HIV-1 qui révèle les anticorps dirigés contre HIV en 10 minutes environ.

Cytométrie de flux et fluorescence

Comme il faut souvent cultiver les micro-organismes, les techniques microbiologiques classiques (*voir section 36.2*) sont relativement plus lentes que les méthodes analytiques. De plus, ces techniques classiques ne permettent pas l'identification d'un organisme non cultivable. Cependant, l'arrivée des techniques de biologie moléculaire, en particulier l'utilisation d'anticorps et de sondes d'acide nucléique combinée à des méthodes d'amplification, a fourni au laboratoire clinique des tests de diagnostic microbiologique rapides et très spécifiques.

Une de ces techniques nouvelles est la **cytométrie de flux**, celle-ci permet la détection facile, fiable et rapide de un ou plusieurs micro-organismes dans des échantillons cliniques (*voir section 36.1*) ; l'identification repose sur des paramètres cytométriques particuliers ou sur des fluorochromes utilisés soit seuls soit fixés à des anticorps ou des oligonucléotides. Dans un cytomètre de flux, la suspension de cellules passe devant un rayon laser ; pendant ce passage, l'appareil mesure la lumière diffractée ou la fluorescence émise par les cellules. Par exemple, on marque des cellules avec un anticorps fluorescent dirigé contre un antigène de surface spécifique ; et lorsqu'elles s'écoulent devant le rayon laser, les cellules fluorescentes sont reconnues, comptées et peuvent même être séparées des autres cellules de la suspension. Le cytomètre sait mesurer aussi la forme cellulaire, la taille et le contenu en ADN ou en ARN. Cette technique est la base de méthodes quantitatives, rapides, précises et très reproductibles pour déterminer la sensibilité aux antimicrobiens et la toxicité de ceux-ci. L'apport le plus notoire de cette technique est la possibilité d'analyser des populations hétérogènes de micro-organismes dont les réponses aux traitements antimicrobiens sont différentes.

Immunotransfert (Western blot)

Une autre technique immunologique utilisée au laboratoire de microbiologie clinique est l'**immunotransfert**. Cette technique comprend une électrophorèse en gel de polyacrylamide d'un échantillon protéique, suivie du transfert des protéines séparées sur une membrane de nitrocellulose (*voir figure 14.5*). Les bandes protéiques sont alors visualisées en traitant les membranes avec des solutions d'anticorps couplés à un enzyme. Cette technique met en évidence la présence de protéines communes ou spécifiques, parmi différentes souches de micro-organismes (**figure 33.14**). L'immunotransfert peut aussi être utilisé pour mettre en évidence une réponse immunitaire spécifique d'une souche bactérienne, servant d'indice diagnostique important d'une infection récente par cette souche particulière et permettant un pronostic dans le cas de maladies infectieuses graves.

Immunodiffusion

Immunodiffusion se dit d'une réaction de précipitation qui se déroule entre un anticorps et un antigène dans un milieu gélosé. Deux techniques sont utilisées couramment : l'immunodiffusion radiale simple et la double diffusion.

Le **test d'immunodiffusion radiale simple** ou technique de Mancini, mesure la quantité d'antigènes. Un anticorps monospécifique est mélangé à de l'agar et déposé sur des lames. On découpe des puits dans l'agar et des quantités connues d'antigène standard

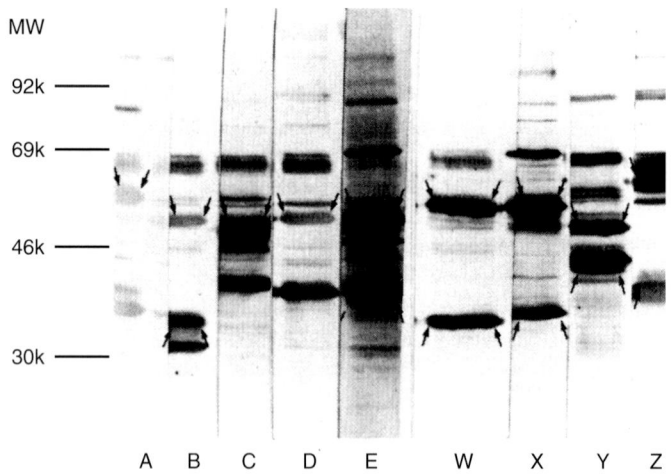

Figure 33.14 L'immunotransfert (Western blot). Immunotransfert de souches types de *Clostridium difficile*. Les flèches indiquent des bandes spécifiques de souches parmi les différentes protéines des canaux A à E. Le poids moléculaire des protéines de référence est indiqué à gauche.

sont ajoutées. L'antigène inconnu à tester est mis dans un puits séparé (**figure 33.15***a*). On laisse diffuser pendant 24 heures ou jusqu'à équilibre ; l'antigène diffuse à partir des puits et forme des complexes insolubles. La taille de l'anneau de précipitation formé autour des différentes dilutions de l'antigène est proportionnelle à la quantité d'antigène dans le puits (l'anneau est d'autant plus grand que la concentration en antigène est élevée). En effet, la concentration de l'antigène diminue en fonction de la distance de diffusion dans l'agar. L'antigène forme un anneau de précipition dans l'agar quand son niveau a suffisamment diminué pour atteindre l'équivalence et se combiner avec l'anticorps en un grand réseau insoluble. Cette méthode est communément utilisée pour déterminer la concentration des immunoglobulines sériques, des protéines du complément et d'autres substances.

Le **test de double diffusion en agar** (**technique d'Ouchterlony**) est basé sur le fait que la diffusion de l'anticorps et de l'antigène (donc la double diffusion) à travers l'agar forme des complexes immuns stables et facilement observables. Les solutions à tester d'antigènes et d'anticorps sont mises dans des puits séparés creusés dans l'agar. Les solutions diffusent vers l'extérieur et quand l'antigène rencontre l'anticorps approprié, ils se combinent et précipitent à la zone d'équivalence, produisant une ligne ou des lignes indicatrices (figure 33.15 *b*). La ligne visible de précipitation permet de dire si, vis-à-vis d'un anticorps donné, des antigènes sont identiques (même déterminant antigénique), partiellement identiques (réactions croisées) ou non identiques. Par exemple, une ligne de précipitation en forme de V démontre que

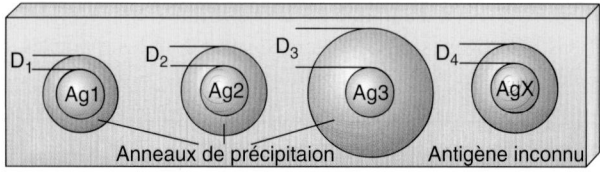

Ag1 = 10 mg/dl
Ag2 = 50
Ag3 = 200

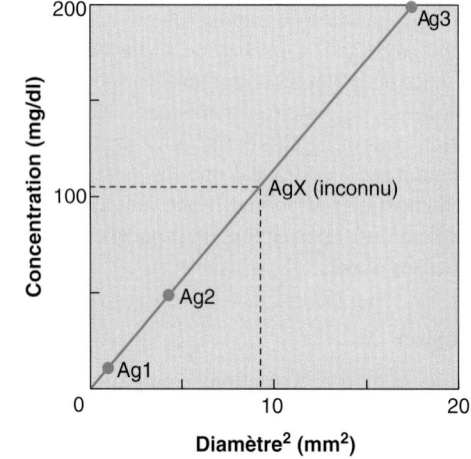

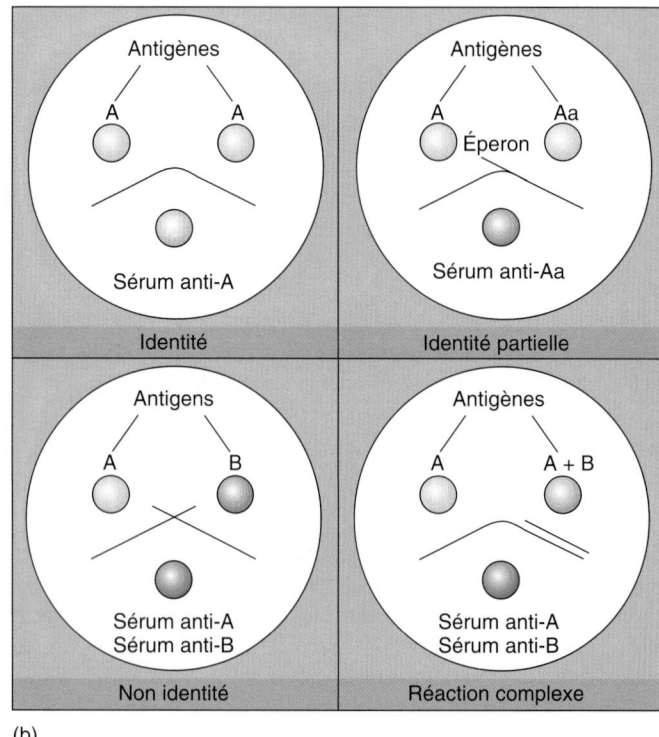

Figure 33.15 L'immunodiffusion. (**a**) Immunodiffusion radiale simple. Trois solutions de référence de concentrations en antigène différentes (Ag1, Ag2, Ag3) et une solution inconnue (AgX) sont déposées sur l'agar. Après équilibre, les diamètres de l'anneau sont mesurés. Généralement, le carré du diamètre des anneaux de référence est porté sur l'axe des x et la concentration en antigène sur l'axe des y. De cette droite de référence, on détermine la concentration de l'échantillon inconnu. (**b**) Test de double diffusion en agar montrant les caractéristiques de la réaction d'identité (à gauche), de non identité (en bas à gauche), d'identité partielle (en haut à droite) et une réaction complexe (en bas à droite).

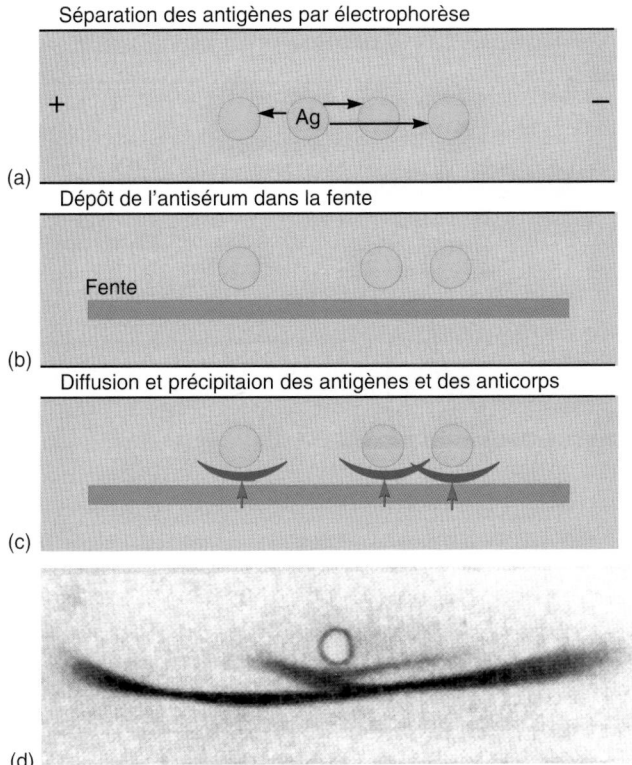

Séparation des antigènes par électrophorèse

(a)

Dépôt de l'antisérum dans la fente

Fente

(b)

Diffusion et précipitaion des antigènes et des anticorps

(c)

(d)

Figure 33.16 L'immuno-électrophorèse classique. (**a**) Les antigènes sont séparés dans une gélose par un champ électrique. (**b**) L'anticorps (antisérum) est alors déposé dans une fente découpée parallèlement au sens de migration des antigènes. (**c**) Les antigènes et les anticorps diffusent dans l'agar et forment des arcs de précipitations. (**d**) La visualisation est meilleure après coloration.

les anticorps se fixent aux mêmes déterminants antigéniques de chaque échantillon d'antigène et sont donc identiques. Si dans un puits se trouve un autre antigène qui possède certains déterminants, mais pas tous, en commun avec le premier antigène, une ligne de précipitation en forme d'Y se forme, démontrant une identité partielle. Dans cette réaction, la tige de l'Y ou éperon est formée si ce sont l'antigène ou les déterminants antigéniques absents du premier puits mais présents dans le second (antigène A de la figure 33.15 b) qui réagissent avec les anticorps diffusant. Si deux antigènes totalement différents sont mis dans les puits, il apparaîtra entre les deux puits soit une seule ligne droite de précipitation soit deux lignes de précipitation séparées formant une image en forme d'X, réaction de non-identité.

Immuno-électrophorèse

Certains mélanges d'antigènes sont trop complexes pour être résolus par simple diffusion et précipitation. Une meilleure résolution s'obtient par la technique d'**immuno-électrophorèse** dans laquelle les antigènes sont d'abord séparés suivant leur charge électrique et visualisés ensuite par la réaction de précipitation. Dans ce procédé, les antigènes sont donc séparés par électrophorèse sur gélose. Les protéines chargées positivement se déplacent vers l'électrode négative et les protéines chargées négativement migrent vers l'électrode positive (**figure 33.16 a**). On découpe alors une fente à proximité des puits (figure 33.16 b) et on la remplit d'anticorps. Lors de l'in-

cubation de la plaque, les anticorps et les antigènes diffuseront et formeront finalement des bandes de précipitation (figure 33.16 c) qui sont mieux visibles après coloration (figure 33.16 d). Cet essai est utilisé dans certains tests diagnostiques, pour séparer des protéines sanguines majeures du sérum. L'électrophorèse (p. 327).

Immunofluorescence

L'**immunofluorescence** se sert de colorants appelés fluorochromes qui, exposés à la lumière ultra-violette, violette ou bleue deviennent fluorescents, c'est-à-dire émettent une lumière visible. Des colorants tels que la rhodamine B ou l'isothiocyanate de fluorescéine (FITC) peuvent être couplés à une molécule d'anticorps sans changer la spécificité de l'anticorps. Il est aussi possible de fixer des fluorochromes aux antigènes. Les tests direct et indirect sont les deux essais principaux utilisant les anticorps fluorescents.

L'immunofluorescence directe implique la fixation de l'échantillon (cellule ou micro-organisme) contenant l'antigène d'intérêt, sur une lame (**figure 33.17 a**). Des anticorps marqués à la fluorescéine sont alors ajoutés à la lame et incubés. La lame est lavée pour enlever les anticorps non fixés puis examinée au microscope à fluorescence (*voir figure 2.12*) pour rechercher une fluorescence jaune-verte. La disposition de la fluorescence indique la localisation de l'antigène. L'immunofluorescence directe sert à l'identification d'antigènes tels que ceux de la surface des streptocoques de groupe A et au diagnostic d'*Escherichia coli*, de *Neisseria meningitidis*, *Salmonella typhi*, *Shigella sonnei*, *Listeria monocytogenes*, *Haemophilus influenzae* b et du virus de la rage. Le microscope à fluorescence (pp. 25-26).

L'immunofluorescence indirecte (figure 33.17 b) est utilisée pour détecter les anticorps présents dans le sérum à la suite de l'exposition d'un individu à des micro-organismes. Dans cette technique, c'est l'antigène connu qui est fixé sur la lame. L'antisérum à tester est alors ajouté et si l'anticorps spécifique est présent, il réagit avec l'antigène et forme un complexe. Si on ajoute une anti-immunoglobuline marquée à la fluorescéine, elle réagit avec l'anticorps fixé. Après incubation et lavage, la lame est examinée au microscope à fluorescence. Le développement d'une fluorescence montre la présence dans le sérum de l'anticorps dirigé contre l'antigène utilisé dans le test. L'immunofluorescence indirecte sert à identifier la présence d'anticorps contre *Treponema pallidum* lors du diagnostic de la syphilis (adsorption de l'anticorps tréponémal, FTA-ABS ; *voir figure 39.21*) ainsi que la présence d'anticorps dirigés contre d'autres micro-organismes.

Immunoprécipitation

La technique d'**immunoprécipitation** détecte des antigènes solubles qui réagissent avec des anticorps appelés précipitines. La réaction de précipitation se produit lorsque des anticorps bivalents ou multivalents sont mélangés à des antigènes en proportion convenable. Les anticorps relient les antigènes et forment un large réseau antigènes-anticorps qui précipite lorsqu'il devient suffisamment important (**figure 33.18 a**). Les réactions d'immunoprécipitation ne se produisent que dans la zone d'équivalence quand la proportion antigènes-anticorps est optimale et que le réseau se forme. Si la réaction de précipitation se passe dans un tube à essais (figure 33.18 b), un anneau de précipitation se forme dans la zone d'équivalence. Formation des complexes immuns (p. 756)

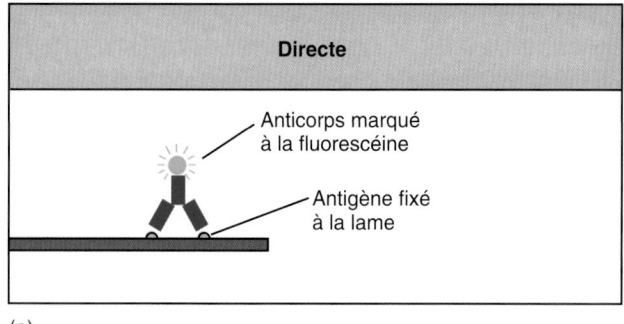

(a)

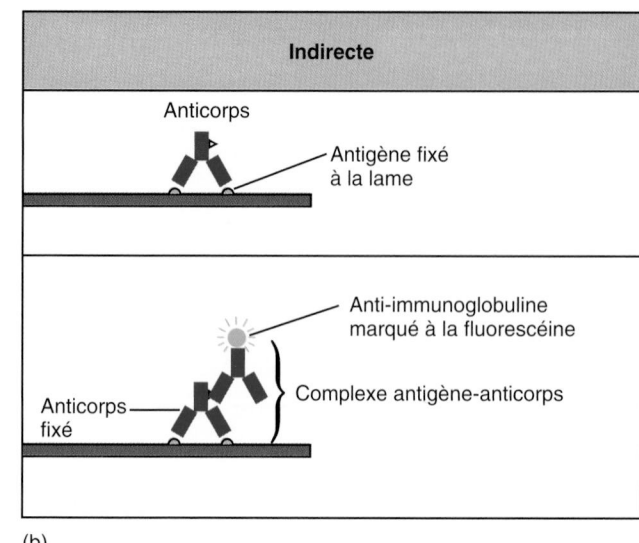

(b)

Figure 33.17 L'immunofluorescence directe et indirecte. (**a**) Dans la technique directe aux anticorps fluorescents, l'échantillon contenant l'antigène est fixé à une lame. Des anticorps fluorescents reconnaissant l'antigène sont alors ajoutés et la fluorescence jaune-vert de l'échantillon est recherchée au microscope à ultra-violets. (**b**) Technique indirecte aux anticorps fluorescents. L'antigène sur la lame réagit avec un anticorps spécifiquement dirigé contre lui. Le complexe antigène-anticorps est alors localisé par un anticorps fluorescent reconnaissant les immunoglobulines.

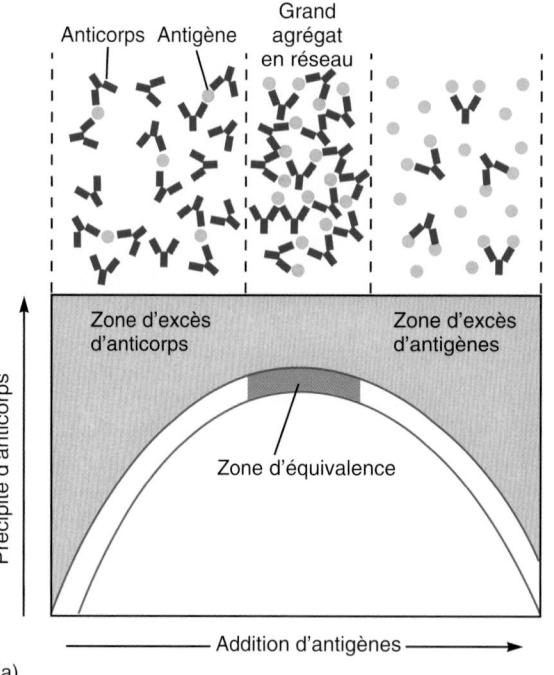

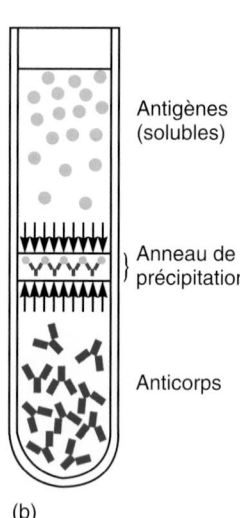

Figure 33.18 L'immunoprécipitation. (**a**) Graphique montrant que la courbe de précipitation est basée sur le rapport antigène-anticorps. La zone d'équivalence représente le rapport optimal pour la précipitation. (**b**) Un test de précipitation en anneau. Les anticorps et les antigènes diffusent l'un vers l'autre dans un tube à essai. Un anneau de précipitation se forme à la zone d'équivalence.

(a)

(b)

---

1. Que montre un test de fixation du complément négatif ? Un test positif ?
2. Quels sont les deux types de tests ELISA, comment fonctionnent-ils ? Qu'est-ce qu'un chromogène ?
3. Quels sont les avantages de la cytométrie de flux en comparaison des techniques classiques de détection des micro-organismes ?
4. Donnez le nom des deux méthodes d'immunodiffusion et décrivez comment elles fonctionnent.
5. Décrivez la technique d'immuno-électrophorèse.
6. Qu'est-ce qu'un fluorochrome ?
7. Nommez et décrivez deux types de tests utilisant les anticorps fluorescents.
8. Quand se produisent spécifiquement les réactions d'immunoprécipitation ?

Liposomes

Une autre technique immunologique récente utilise les liposomes (du grec *lipos*, gras et *soma*, corps). Un **liposome** est une vésicule sphérique microscopique, créée artificiellement et constituée d'une bicouche lipidique entourant un compartiment aqueux. Le compartiment aqueux contient un colorant. Le liposome est alors sensibilisé en couplant un anticorps (ou un antigène) spécifique à sa surface. Les anticorps, spécifiques d'un organisme pathogène recherché, sont attachés à une membrane dans un secteur de forme géométrique précis, tel qu'un triangle. Après avoir ajouté l'échantillon du patient dans le godet (**figure 33.19a**), la substance recherchée se lie instantanément aux anticorps immobilisés (ou les antigènes). Lorsque les liposomes sensibilisés et gorgés de colorant sont ajoutés (figure 33.19b) et se lient à la substance immobi-

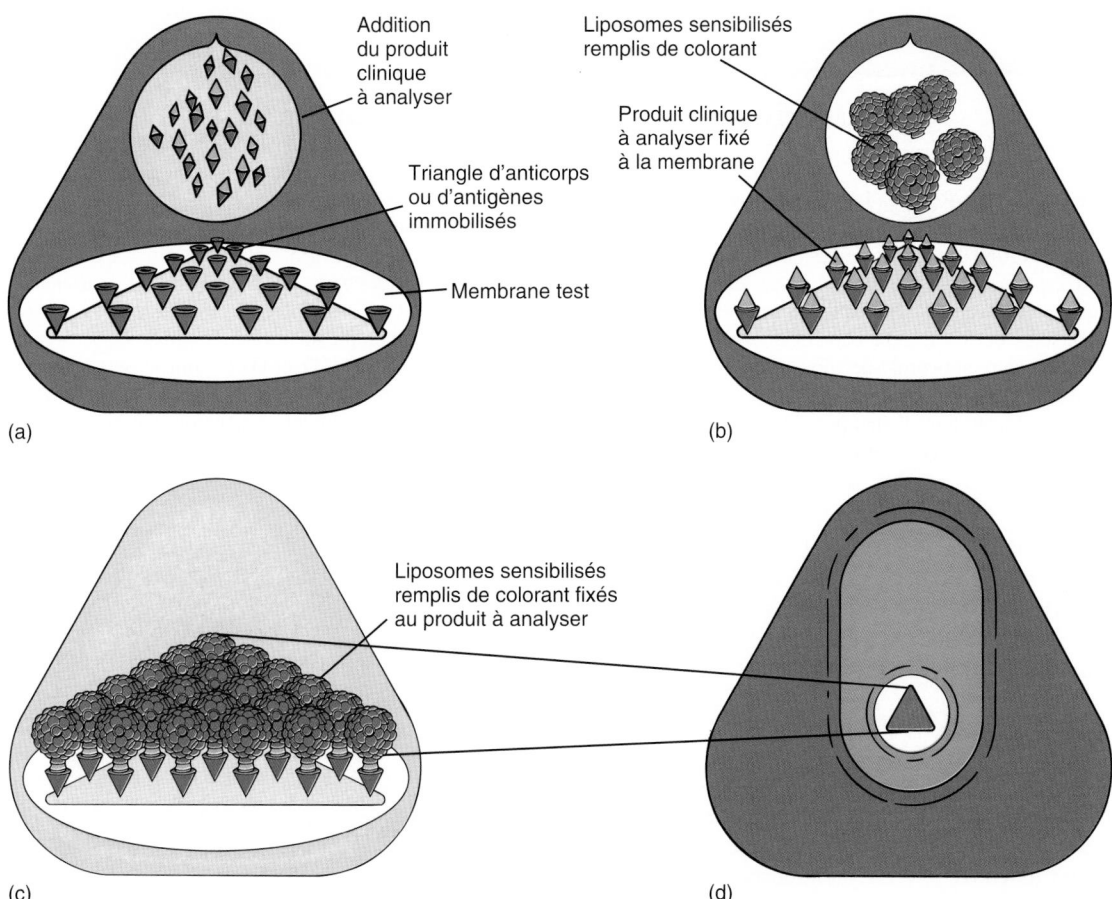

Figure 33.19 L'emploi de liposomes dans des tests diagnostiques. (**a**) L'addition de l'échantillon clinique contenant la substance cible. Les anticorps (ou antigènes) de capture sont immobilisés sur une membrane dans une forme géométrique, telle qu'un triangle. (**b**) Lorsque les liposomes remplis de colorant sont ajoutés, ils se fixent à la substance du patient, liée à la membrane (**c**) au niveau du triangle. (**d**) L'apparition du triangle coloré indique une réaction positive.

lisée (figure 33.19*c*), l'apparition d'un triangle (ou d'une autre forme géométrique) indique une réaction positive (figure 33.19*d*). Si l'échantillon ne contient pas la substance recherchée, les liposomes ne se lieront pas à la zone géométrique et donneront une image diffuse, constituant une réponse négative. De tels tests aux liposomes sont actuellement disponibles pour la recherche de streptocoques du groupe A et du virus respiratoire syncytial.

Neutralisation

Les tests de neutralisation sont des réactions antigène-anticorps qui montrent si l'activité d'une toxine ou d'un virus a été neutralisée par l'anticorps. Les systèmes indicateurs de ces tests sont des animaux de laboratoire ou des cellules en culture. La toxine ou le virus testé doit avoir des effets connus sur le système indicateur. L'effet chez l'animal peut être la mort, la paralysie ou des lésions cutanées. Par exemple, quand l'exotoxine de *Clostridium botulinum* est suspectée de causer un empoisonnement alimentaire chez un individu (*voir section 39.4*), on collecte un échantillon soit de l'aliment suspect soit de sérum, de selles ou de vomissures du malade. Deux groupes de souris indicatrices sont utilisés. Le groupe contrôle reçoit l'antitoxine botulique et le groupe expérimental ne la reçoit pas. Des filtrats des échantillons sources sont injectés aux deux groupes de souris. Si la toxine est présente, les souris mour-

ront sauf celles qui ont reçu l'antitoxine, le test sera ainsi positif pour un botulisme alimentaire.

Les essais de neutralisation virale servent fréquemment à diagnostiquer les infections virales. Le sérum sanguin suspecté de contenir des anticorps antiviraux est introduit dans une culture de cellules ou dans des oeufs embryonnés (*voir figure 16.1*). S'il y a des anticorps contre le virus, le virus sera neutralisé et n'infectera pas les cellules en culture. On n'observera pas d'effet cytopathique.

Test radio-immunologique

Le **test radio-immunologique** (RIA pour « *radio*immuno*assay* ») est devenu un outil extrêmement important en recherche biomédicale et en pratique clinique (par exemple, en cardiologie, en hématologie, en diagnostic d'allergies, en endocrinologie). Rosalyn Yalow fut, en 1977, lauréate du prix Nobel de Physiologie et de Médecine pour la mise au point de ce test. Le RIA utilise un antigène purifié et marqué par un radioisotope. Cet antigène entre en compétition pour l'anticorps, avec un antigène de référence non marqué ou un antigène d'échantillons expérimentaux. La radioactivité associée à l'anticorps est alors mesurée par des analyseurs de radioisotopes ou des autoradiographies (émulsions photographiques qui détectent les zones de radioactivité). S'il y a beaucoup

Historique et importance du sérotypage

Au début des années 30, Rebecca Lancefield (1895 - 1981) reconnut l'importance des tests sérologiques. Elle développa un système de classification des streptocoques basé sur la nature antigénique des sucres de la paroi cellulaire. Son système est connu actuellement comme les **groupes de Lancefield** dans lequel chaque sérotype différent est identifié par une lettre de A à T. Cette classification repose sur des réactions d'agglutination entre anticorps spécifiques et antigènes polysaccharidiques de la paroi cellulaire (polysaccharides C) extraits des streptocoques. Lancefield montra aussi qu'il était possible de subdiviser encore les streptocoques du groupe A en types sérologiques d'après les antigènes M protéiques type-spécifiques.

Plus récemment, *Escherichia coli, Salmonella* et d'autres bactéries ont été groupées sérologiquement par des réactions spécifiques antigènes-anticorps impliquant des antigènes flagellaires (H), capsulaires (K) et somatiques (paroi ou O). Chez *E. coli*, il y a plus de 167 antigènes O différents.

On se rend compte de la valeur actuelle du sérotypage car les sérotypes d'*E. coli* O55, O111 et O127 sont le plus fréquemment associés aux diarrhées infantiles. Ainsi le sérotype d'*E. coli* trouvé dans les échantillons fécaux d'enfants diarrhéiques a une valeur diagnostique et aide à l'identification de la source de l'infection.

---

d'antigènes dans un échantillon expérimental, il entre en compétition avec l'antigène marqué pour les sites de fixation sur l'anticorps et ainsi peu de radioactivité sera fixée. Au contraire une grande quantité de radioactivité fixée indique qu'il y a peu d'antigènes présents dans l'échantillon expérimental.

Sérotypage

On appelle **sérotypage** les techniques sérologiques utilisées pour différencier les souches de micro-organismes (sérovars ou sérotypes) qui diffèrent dans la composition antigénique d'une structure ou d'un produit (**encadré 33.3**). L'identification sérologique d'une souche pathogène a valeur diagnostique. Souvent, les symptômes des infections dépendent de la nature des produits cellulaires libérés par un pathogène. Les gènes de virulence se retrouvent fréquemment sur le même clone que des gènes encodant le matériel antigénique de la paroi cellulaire. Ainsi il est possible d'identifier sérologiquement un pathogène en analysant les antigènes de la paroi cellulaire. Par exemple, il existe 84 souches de *Streptococcus pneumoniae*, différant chacune par la nature de leur matériel capsulaire. On observe ces variations par le gonflement capsulaire (appelé **réaction de Quellung**) produit par les antisérums dirigés spécifiquement contre un type capsulaire (**figure 33.20**).

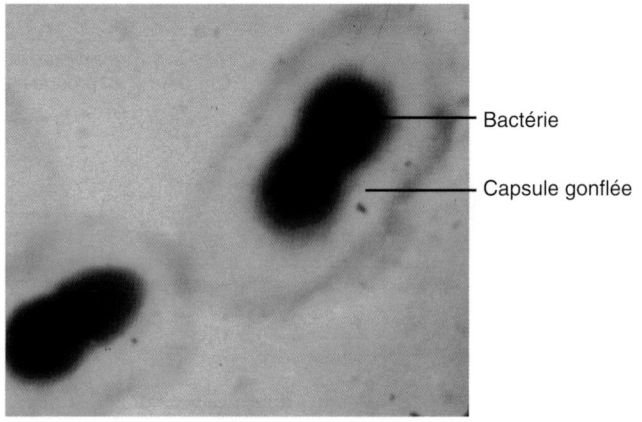

Bactérie

Capsule gonflée

Figure 33.20 Le sérotypage. *Streptococcus pneumoniae* a réagi avec un antisérum spécifique conduisant au gonflement des capsules (la réaction de Quellung). Les capsules observées autour des paires de bactéries indiquent une virulence potentielle.

---

1. Qu'est-ce qu'un test de neutralisation ?
2. Décrivez la technique RIA. Qu'est-ce que le sérotypage ?
3. Comment les liposomes sont-ils utilisés pour rechercher le virus respiratoire syncytial ?

Résumé

1. La vaccination est une des armes les moins chères et les plus efficaces pour prévenir les maladies microbiennes. Les vaccins sont un des plus grands succès de la médecine moderne.
2. L'immunité contre un agent pathogène peut être artificiellement acquise par une immunisation soit active soit passive (**tableaux 33.1, 33.2** et **figure 33.1**).

3. Les vaccins humains actuels (**tableau 33.3**) consistent pour la plupart en organismes complets qui sont soit inactivés (tués) soit atténués (vivants mais avirulents).
4. On évite certains risques associés aux vaccins complets en utilisant seulement des macromolécules purifiées, spécifiques des micro-organismes pathogènes (**tableau 33.4**). Il existe actuellement trois types de vaccins

macromoléculaires : les polysaccharides capsulaires, des antigènes de surface recombinants et des exotoxines inactivées (anatoxines).
5. Récemment, certains micro-organismes ont servi de vecteurs pour des vaccins recombinants. L'organisme atténué se réplique chez l'hôte et exprime les gènes qu'il porte et qui codent pour les protéines antigéniques de l'agent pathogène. Ces protéines, libérées, in-

duisent une immunité humorale et une immunité cellulaire lorsqu'elles sont clivées et convenablement exposées à la surface cellulaire.

6. Il existe aussi des vaccins génétiques plus complexes appelés vaccins ADN. Ceux-ci induisent une protection contre un pathogène en activant les réponses immunitaires humorale et cellulaire.

7. Quand une réponse immunitaire se produit sous une forme exagérée et entraîne des dommages dans les tissus de l'individu, on parle d'hypersensibilité. Il y a quatre types de réactions d'hypersensibilité, désignées types I à IV (**figures 33.2** à **33.7**).

8. Les maladies auto-immunes se déclarent lorsque des cellules B et T auto-réactives attaquent le corps et endommagent les tissus (**tableau 33.5**). Le développement de ces maladies est influencé par une variété de facteurs.

9. Le système immunitaire peut avoir une action préjudiciable et rejeter des greffes de tissus. Il existe plusieurs types de transplantations : les xénogreffes où un tissu privilégié est transplanté entre des espèces différentes et des allogreffes où la transplantation se fait entre individus génétiquement différents d'une même espèce.

10. Les immunodéficiences regroupent des conditions diverses dans lesquelles la susceptibilité d'un individu aux infections est augmentée ; un certain nombre de maladies graves peuvent se déclarer en conséquence d'un ou de plusieurs défauts dans la réponse immunitaire spécifique ou non spécifique.

11. Les réactions d'agglutination in vitro forment généralement des agrégats ou des agglutinats

visibles à l'œil nu (**figure 33.9**). On a mis au point des tests de détection d'antigènes comme de détermination de taux d'anticorps : le test de Widal, la réaction d'agglutination de billes de latex, l'hémagglutination et l'inhibition de l'hémagglutination virale (**figure 33.10**).

12. Le test de fixation du complément peut être utilisé pour détecter des anticorps spécifiques d'un micro-organisme suspecté dans le sérum d'un individu (**figure 33.12**).

13. Le test ELISA (pour *enzyme linked immunosorbent assay*) implique le couplage de certaines enzymes aux anticorps ou aux antigènes. Les deux méthodes les plus utilisées sont le double sandwich d'anticorps et l'essai indirect (**figure 33.13**). La première méthode détecte des antigènes, la seconde des anticorps.

14. La cytométrie de flux basée sur certains paramètres cytométriques particuliers ou sur l'utilisation de fluorochromes, permet la détection d'un ou de plusieurs micro-organismes.

15. L'immunotransfert implique l'électrophorèse des protéines sur gel de polyacrylamide suivie du transfert des protéines séparées sur des membranes de nitrocellulose et l'identification des bandes spécifiques.

16. L'immunodiffusion est une réaction de précipitation qui se produit entre un anticorps et un antigène dans un milieu gélosé. Deux techniques sont d'utilisation courante : la double diffusion et la diffusion radiale simple (**figure 33.15**).

17. Dans l'immuno-électrophorèse, les antigènes sont séparés suivant leur charge électrique puis mis en évidence par précipitation et coloration (**figure 33.16**).

18. L'immunofluorescence est un procédé dans lequel on utilise certains colorants appelés fluorochromes rendus fluorescents par irradiation à la lumière ultra-violette. Ces colorants peuvent être couplés à des anticorps. Les tests directs et indirects sont les deux principales réactions utilisant les anticorps fluorescents (**figure 33.17**).

19. Les réactions d'immunoprécipitation ne se produisent que lorsqu'un rapport optimal antigène-anticorps induit la formation d'un réseau dans la zone dite d'équivalence (**figure 33.18**) ; celle-ci s'observe par un précipité visible.

20. Les liposomes sont des sphères microscopiques artificielles qu'on utilise dans la détection des streptocoques du groupe A et du virus syncytial respiratoire (**figure 33.19**).

21. Les tests de neutralisation sont des réactions antigènes-anticorps qui déterminent si l'activité d'une toxine ou d'un virus a été neutralisée par l'anticorps. Dans ces tests, on utilise des animaux de laboratoire ou des cellules en culture comme systèmes indicateurs.

22. Les tests radio-immunologiques impliquent un antigène purifié marqué par un isotope radioactif. Celui-ci est mis en compétition pour un anticorps spécifique avec un antigène de référence non marqué ou l'antigène des échantillons expérimentaux.

23. Le sérotypage comprend des techniques sérologiques qui différencient les souches de micro-organismes (sérovars ou sérotypes), celles-ci varient dans la composition antigénique d'une structure ou d'un produit (**figure 33.20**).

Mots-clés

Questions de révision

1. Décrivez comment les IgE peuvent avoir à la fois des effets bénéfiques et préjudiciables dans le même hôte. Pourquoi les effets préjudiciables persistent-ils ? Expliquez votre raisonnement.

2. Dans les procédés de désensibilisation, le médecin injecte plus de ce même allergène auquel la personne est allergique. Comment cela peut-il être bénéfique ?

3. Si on ajoute un excès de complément à un test de fixation du complément, comment les résultats seront-ils affectés ?

4. Des marqueurs chimiques spécifiques sont conjugués aux anticorps ou aux antigènes dans certains tests immunologiques. Quels sont les avantages de cette technique sur des tests comme l'agglutination ou la fixation du complément ?

5. De quelle valeur sont les tests de neutralisation réalisés chez des animaux ou dans des cellules en culture ?

6. Quelle est l'importance du sérotypage ?

7. Quels sont les caractères d'une réaction anti-gène-anticorps in vitro qui la rendent si utile pour des tests d'identification ou de suivi ?

8. Comment les chromogènes sont-ils utilisés comme marqueurs biologiques ?

9. Bien qu'il existe plus de 80 sérotypes différents de *Streptococcus pneumoniae*, les réactions sérologiques sont suffisamment sensibles pour différencier les sérotypes l'un de l'autre. Comment cela est-il possible ?

10. Comment peut-on utiliser l'électrophorèse dans des techniques immunologiques ?

11. Décrivez chacun des 4 types d'hypersensibilité.

12. Les vaccins atténués sont-ils plus aptes que les vaccins inactivés à induire l'immunité cellulaire ?

13. Les vaccins ADN peuvent-ils générer une mémoire immunologique ? Expliquez votre réponse.

14. Citez les 3 types de molécules purifiées utilisables comme vaccins.

15. Définissez l'immunisation vaccinale.

Questions de réflexion

1. Pourquoi un vaccin inactivé n'induit-il qu'une réponse humorale alors qu'un vaccin atténué induit les réponses humorale et cellulaire ?

2. Pourquoi un vaccin ADN est-il administré intramusculairement et non par voie orale ou intraveineuse ?

3. Dans les tests ELISA, on utilise un anticorps primaire et un anticorps secondaire ; pourquoi ? Quels sont les contrôles qu'il faut faire pour s'assurer que l'anticorps est bien spécifique (pas de faux positifs ni de faux négatifs) ?

Lectures complémentaires

Généralités

Frank, M., éd. 1994. *Santer's immunologic diseases*. 5ᵉ éd. Boston: Little Brown and Company.

Leffel, M; Donnenberg, A.; et Rose, N. 1997. *Handbook of human immunology*. Boca Raton, Fla.: CRC Press.

Science Special Issue. 1996. Elements of immunity. *Science* 272(5258):50–79.

Pour la Science 1993. La vie, la mort et le système immunitaire, n° spécial 193.

33.1   Vaccins et immunisations

Arvin, A. M. 2000. Vaccines, viral. In *Encyclopedia of microbiology*, 2ᵉ éd., vol. 4, J. Lederberg, éd, 779–87. San Diego: Academic Press.

Chattergoon, M., et al. 1997. Genetic immunization: A new era in vaccines and immune therapies. *FASEB J.* 11:754–60.

Hoiseth, S. K. 2000. Vaccines, bacterial. In *Encyclopedia of microbiology*, 2d ed., vol. 4, J. Lederberg, éd, 767–78. San Diego: Academic Press.

Langridge, W. H. R. 2000. Edible vaccines. *Sci. Am.* 283(3):66–71.

Ogra, P. L.; Faden, H.; et Welliver, R. C. 2001. Vaccination strategies for mucosal immune responses. *Clin. Microbiol. Rev.* 14(2):430–45.

Steward, M., et Howard, C. 1987. Synthetic peptides: A next generation of vaccines. *Immunol. Today* 8:51–62.

Suhrbier, A. 1997. Multi-epitope DNA vaccines. *Immunol. Cell Biol.* 75:402–10.

Weiner, D., et Kennedy, R. 1999. Les vaccins génétiques. *Pour la Science*, 263, 54-61.

33.2   Les désordres immunitaires

Atkinson, M. A., et MacClaren, N. K. 1990. Le développement du diabète. *Pour la Science*, 153, 26-33.

Bach, F., and Sachs, D. 1987. Transplantation immunology. *N. Engl. J. Med.* 317(8):402–09.

Baggiolini, M., et Dahinden, C. 1994. CC chemokines in allergic inflammation. *Immunol. Today* 15(3):127–33.

Bochner, B. S., et Lichtenstein, L. M. 1991. Anaphylaxis. *N. Engl. J. Med.* 324(25): 1785–90.

Buckley, R. H. 1992. Immunodeficiency diseases. *JAMA* 268(20):2797–2806.

Buisseret, P. D. 1982. L'allergie, *Pour la Science*, 60, 23-32.

Cohen, I. R. 1988. L'auto-immunité, une menace et une sécurité. *Pour la Science*, 128, 62-73.

Cunningham, M. W., et Fujinami, R. S. 2000. *Molecular mimicry, microbes, and autoimmunity*. Herndon, Virginia: ASM Press.

Koffler, D. 1980. Le lupus érythémateux disséminé. *Pour la Science*, 35, 72-85.

Lanza R.; Cooper, D.; et Chick, W. 1997. Les xéno-transplantations. *Pour la Science*, 239, 80-85.

Lichtenstein, L. 1993. Les allergies et le système immunitaire. *Pour la Science*, 193, 112-121.

Moller, G., éd. 1995. Chronic autoimmune diseases. *Immunol. Rev.* 144:1–314.

Platt, J. L., éd. 2000. *Xenotransplantation*. Herndon, Virginia: ASM Press.

Reiser, H., et Stadecker, M. 1996. Costimulatory B7 molecules in the pathogenesis of infectious and autoimmune diseases. *New Engl. J. Med.* 335(18):1369–77.

Rennie, J. 1991. Les maladies auto-immunes. *Pour la Science*, 160, 72-80.

Rose, N. R. 1981. Les maladies auto-immunes. *Pour la Science*, 42, 72-80.

Steinman, L. 1993. Immunité et auto-immunité. *Pour la Science*, 193, 100-111.

33.3   Les réactions antigène-anticorps in vitro

Herrmann, J. E. 1986. Enzyme-linked immunoassays for the detection of microbial antigens and their antibodies. *Adv. Appl. Microbiol.* 31:271–89.

Herzenberg, L. A.; Sweet, R. G.; et Herzenberg, L. A. 1976. Fluorescence activated cell sorting. *Sci. Am.* 234(3):108–17.

Lopez, M.; Fleisher, T.; et deShazo, R. D. 1992. Use and interpretation of diagnostic immunologic laboratory tests. *JAMA* 268(20):2970–90.

Mahony, J. B., et Chernesky, M. A. 1999. Immunoassays for the diagnosis of infectious diseases. In *Manual of clinical microbiology*, 7ᵉ éd., P. R. Murray, éd, 202–14. Washington, D.C.: ASM Press.

CHAPITRE 34

Le pouvoir pathogène des micro-organismes

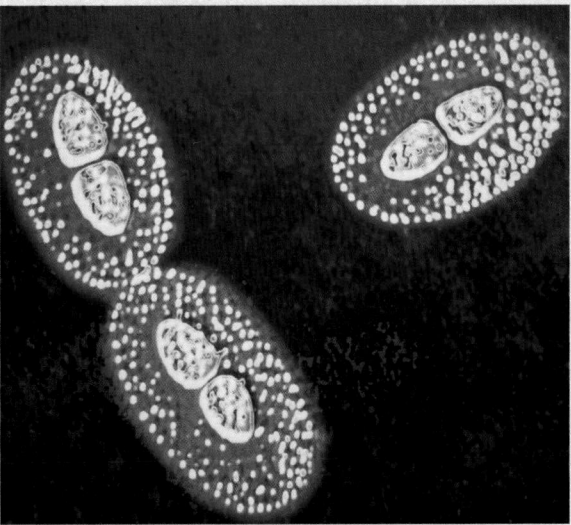

Trois *Streptococcus pneumoniae*, entourés chacun d'une capsule mucoïde gluante (vue comme une couche de sphères blanches autours des diplocoques). La capsule polysaccharidique est essentielle au pouvoir pathogène de la bactérie car elle empêche la phagocytose par les cellules phagocytaires.

Plan

Concepts

1. Si un symbiote porte atteinte ou vit aux dépens d'un autre organisme, on le définit comme un organisme parasite et on appelle la relation, le parasitisme. Dans cette relation, on désigne le corps de l'animal comme l'hôte.

2. Les organismes capables de provoquer une maladie sont dits pathogènes. La maladie correspond à tout changement de l'hôte passant d'un état sain à un état maladif, un état anormal dans lequel l'entièreté ou une partie du corps de l'hôte n'est pas en parfait équilibre ou capable de remplir ses fonctions normales.

3. Dans une maladie virale, il y a les étapes obligatoires de l'infection : un virus doit pénétrer dans un hôte, entrer en contact avec des cellules sensibles, se répliquer dans ces cellules, se répandre aux cellules adjacentes, endommager les cellules, susciter chez l'hôte une réponse immunitaire, être éliminé du corps de l'hôte ou établir une infection persistante, être libéré de nouveau dans l'environnement.

4. Dans une maladie bactérienne, les étapes obligatoires de l'infection sont : la bactérie doit être transmise à un hôte convenable, se fixer à et/ou coloniser l'hôte, se multiplier dans ou sur l'hôte, interférer avec les activités physiologiques normales de l'hôte ou les altérer.

5. Une conséquence importante de la conservation des gènes chromosomiques est que les bactéries sont clonales. Il n'y a dans la nature que un ou quelques clones de certaines bactéries pathogènes.

6. Au cours de leur co-évolution avec leurs hôtes humains, certaines bactéries pathogènes ont acquis des mécanismes complexes de transmission de signal qui peuvent réguler les gènes nécessaires à la virulence.

7. De nombreuses bactéries sont pathogènes parce qu'elles possèdent de longs segments d'ADN, appelés « îlots de pathogénicité » qui portent les gènes responsables de la virulence.

8. Il y a deux catégories distinctes de maladies selon le rôle joué par les bactéries dans le processus responsable de cette maladie : les infections (ou invasions) et les intoxications.

9. Les toxines produites par les bactéries pathogènes sont des exotoxines ou des endotoxines.

10. Les virus et les bactéries sont en continuelle évolution et sans arrêt développent des mécanismes uniques qui leur permettent d'échapper à la batterie des défenses de l'hôte.

Le pouvoir pathogène n'est pas la règle. En effet, il est si peu fréquente et n'implique qu'un si petit nombre d'espèces dans l'immense population des bactéries, qu'il a un aspect insolite. La maladie résulte généralement de négociations symbiotiques peu concluantes, un dépassement de la ligne d'un côté ou de l'autre, une mauvaise interprétation biologique des frontières.

— Lewis Thomas

Le chapitre 28 introduit le concept de symbiose et traite de deux de ses aspects : le commensalisme et le mutualisme. Ce chapitre décrit la troisième catégorie, le parasitisme, avec une de ses conséquences possibles, le pouvoir pathogène. Le mode de vie parasitaire a été couronné d'un tel succès qu'il est apparu indépendamment dans presque tous les groupes de micro-organismes. Au cours de ces dernières années, on a chercher de façon concertée à comprendre les micro-organismes parasites et leurs relations avec leurs hôtes dans diverses disciplines : la virologie, la rickettsiologie, la chlamydiologie, la bactériologie, la mycologie, la parasitologie (la protozoologie et l'helminthologie), l'entomologie et la zoologie. Ce chapitre examine le mode de vie parasitaire en termes de santé et de maladie de l'organisme et détaille les mécanismes des maladies virales et bactériennes. Le chapitre se termine avec les moyens développés par virus et bactéries pour échapper aux défenses de l'hôte.

34.1 Les relations hôte-parasite

Si un symbiote porte atteinte ou vit aux dépens d'un autre organisme (l'**hôte**), c'est un **organisme parasite** et la relation s'appelle le **parasitisme**. Dans cette relation, le corps de l'hôte peut être considéré comme un micro-environnement qui abrite et supporte le développement et la multiplication du parasite. Ce dernier est habituellement le plus petit des deux partenaires et dépend métaboliquement de l'hôte. Il y a de nombreux organismes ou agents parasites parmi les virus, les procaryotes, les mycètes, les

Tableau 34.1 Classement par taille des organismes et agents parasites

Discipline	Groupe parasite		Taille approximative
Virologie	Prions		350 kDa
	Viroïdes	Agents	130 kDa
	Virus	25–400 nm	
Bactériologie	Chlamydies		0,2–1,5 µm
	Mycoplasmes		0,3–0,8 µm
	Rickettsies		0,5–2 µm
	Autres bactéries		1–10 µm
		Micro-organismes (microflore)	
Mycologie	Mycètes		3–15 µm (diamètre)
Protozoologie	Protozoaires		1–150 µm
	Parasitologie		
Helminthologie	Nématodes		3 mm–30 cm
	Platyhelminthes (cestodes, trématodes)	Parasites	1 mm–10 m
Entomologie	Tiques et acariens		0,1–15 mm
Zoologie	Gordiens	Ectoparasites	10–20 cm
	Mésozoaires		jusqu'à 100 cm
	Sangsues		1–5 cm

Tableau 34.2 Divers types d'infections associées aux organismes parasites

Type	Définition
Abcès	Infection localisée comportant un amas de pus entouré d'une zone enflammée.
Aiguë	Dont le développement est court mais grave.
Bactériémie	Bactéries viables dans le flux sanguin.
Cachée	Inapparente, sans symptôme.
Choc septique	Sepsie avec hypotension malgré une bonne reconstitution des fluides, accompagnée d'anormalités du débit sanguin, qui peuvent inclure mais ne sont pas limitées à, une acidose lactique, une oligurie ou une grave altération de l'état mental.
Chronique	Qui persiste longtemps.
Croisée	Transmise entre hôtes infectés par différents organismes.
Évidente	Symptomatique.
Focale	Existant dans des zones circonscrites.
Fulminante	Due à la multiplication très intense d'un agen infectieux.
Iatrogène	Causée par l'administration de soins.
Inapparente (subclinique)	Sans symptôme ou manifestaion détectable.
Latente	Subsistant dans les tissus pendant de longues périodes au cours desquellles il n'y a pas de symptôme.
Localisée	Restreinte à une région limitée ou à une ou plusieurs régions anatomiques.
Mixte	Produite par la présence simultanée de plusieurs organismes.
Nosocomiale	Survenant en milieu hospitalier.
Opportuniste	Due à un agent n'affectant pas un hôte sain mais portant préjudice à un hôte en mauvaise santé.
Phytogène	Causée par des agents pathogènes végétaux.
Primaire	Se dit d'une première infection permettan souvent l'apparition d'autres organismes.
Pyogène	Induisant l'apparition de pus.
Secondaire	Provoquée par un organisme suivant une infection initiale ou primaire.
Septicémie	Empoisonnement du sang associé à la persistance de bactéries pathogènes ou de leurs toxines dans le sang.
Sepsie	(1) État venant de la présence de bactéries ou de leurs toxines dans le sang ou les tissus ; présence d'agents pathogènes ou de leurs toxines dans le sang et autres tissus.
	(2) Réponse systémique à l'infection, se manifeste par deux ou plus des conditions suivantes résultant de l'infection : température > 38 ou < 36°C ; pouls : > 90 battements/min ; > 20 respirations par min ou pCO_2, < 32 mm Hg ; >12.000 leucocytes/ml, ou >10% formes immatures.
Sepsie grave	Sepsie avec disfonctionnement d'organes, hypoperfusion ou hypotension, anormalités du débit sanguin qui peuvent inclure mais ne sont pas limitées à, une acidose lactique, une oligurie ou une grave altération de l'état mental.
Sporadique	Ne survenant qu'occasionnellement.
Systémique	Répandue dans tout le corps.
Toxémie	Trouble provoqué par les toxines véhiculées par le sang.
Zoonose	Maladie due à un organisme parasite normalement présent chez les animaux et non chez les êtres humains.

plantes et les animaux (**tableau 34.1**). Par convention, lorsque le terme **parasite** est utilisé sans qualificatif, il se rapporte spécifiquement à un protozoaire ou à un helminthe (nématode, trématode, cestode).

On distingue plusieurs formes de parasitisme. Si un organisme vit à la surface de son hôte, c'est un **ectoparasite ;** s'il vit à l'intérieur, c'est un **endoparasite**. L'hôte sur lequel ou dans lequel l'organisme parasite atteint sa maturité sexuelle ou se reproduit est l'**hôte final**. Un hôte servant de milieu temporaire mais essentiel pour le développement est un **hôte intermédiaire**. Par contraste, un **hôte vecteur** n'est pas nécessaire à l'accomplissement du cycle reproductif mais il sert de véhicule pour atteindre l'hôte final. Un hôte infecté par un organisme parasite capable d'infecter également les êtres humains, s'appelle un **hôte réservoir**.

Comme par définition, les organismes parasites dépendent de leurs hôtes, la relation symbiotique entre l'hôte et le parasite est très dynamique (**figure 34.1**). Lorsqu'un parasite se développe et se multiplie dans ou sur un hôte, ce dernier subit une **infection**. La nature d'une infection peut varier fortement au point de vue de la gravité, de la localisation et du nombre d'organismes impliqués (**tableau 34.2**). Une infection peut ou non déboucher sur une maladie évidente. On définit une **maladie infectieuse**

comme toute modification d'un état de bonne santé, dans laquelle l'entièreté ou une partie du corps de l'hôte n'est pas en parfait équilibre ou capable de remplir ses fonctions normales en raison de la présence d'un organisme parasite ou de ses produits. Tout organisme parasite produisant cette maladie est dit **pathogène**. Sa capacité de provoquer une maladie est son **pouvoir pathogène**. Un **agent pathogène primaire** est un organisme causant une maladie chez un hôte sain par interaction directe. Au contraire, un **agent pathogène opportuniste** est un organisme soit normalement libre soit faisant partie de la microflore normale de l'hôte mais qui peut devenir pathogène dans certaines circonstances, comme l'affaiblissement du système immunitaire.

À certains moments, un agent infectieux peut entrer dans un état latent de sorte qu'il n'y a ni perte de l'agent, ni symptôme apparent chez l'hôte. Cette latence peut être intermittente ou quiescente. La latence intermittente est illustrée par le virus herpétique provoquant des boutons de fièvre. Après une infection initiale, les symptômes disparaissent. Mais le virus survit dans les tissus nerveux locaux et peut être activé des semaines ou des mois plus tard par des facteurs tels que le stress ou la lumière solaire. Dans la latence quiescente, l'agent persiste mais reste inactif pendant de longues périodes, habituellement pendant des années. Par exemple, le virus de la varicelle provoque la varicel-

Figure 34.1 La symbiose. Toutes les relations symbiotiques sont dynamiques et des changements entre elles peuvent survenir ainsi que l'indiquent les flèches. La relation la plus avantageuse est le mutualisme, la plus destructrice est le parasitisme. La sensibilité de l'hôte, la virulence de l'organisme parasite et le nombre de parasites sont des facteurs qui influencent ces relations. La maladie peut être le résultat d'un changement du mutualisme ou du commensalisme vers le parasitisme. La santé peut être recouvrée par le rétablissement du mutualisme ou du commensalisme.

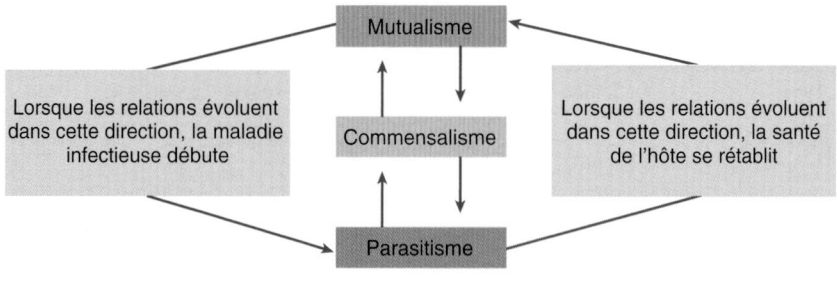

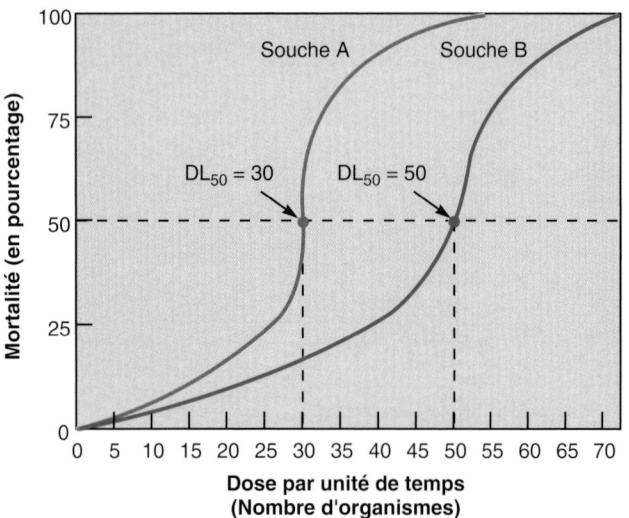

Figure 34.2 La détermination de la DL$_{50}$ d'un micro-organisme pathogène. On injecte différentes doses d'un agent pathogène spécifique à des animaux d'expérience utilisés comme hôtes. On détermine le taux de mortalité qui est porté sur un graphique. Dans cet exemple, les courbes représentent la sensibilité des animaux à deux souches différentes A et B d'un agent pathogène. Pour la souche A, la DL$_{50}$ est égale à 30 et pour la souche B, elle est égale à 50. Il en résulte que la souche A est plus virulente que la souche B.

le chez les enfants et subsiste après la fin de la maladie. À l'âge adulte, le même virus peut, dans certaines conditions, induire une maladie appelée le zona. Les boutons de fièvre (p. 884). La varicelle et le zona (pp. 871-72).

L'aboutissement de la plupart des relations hôte-parasite dépend de trois facteurs principaux : (1) le nombre d'organismes présents dans ou sur l'hôte, (2) la virulence de l'organisme et (3) les défenses de l'hôte ou son degré de résistance. Habituellement, plus le nombre d'organismes parasites, dans un hôte donné, est élevé, plus la probabilité de maladie est grande. Néanmoins, un petit nombre d'organismes peut occasionner une maladie, s'ils sont extrêmement virulents ou si la résistance de l'hôte est faible. En fait, la résistance d'un hôte peut tellement faiblir que sa propre microflore induit une maladie. On la définit parfois comme endogène parce que l'agent est originellement issu du corps même de l'hôte. Les maladies endogènes peuvent être un problème grave pour les patients hospitalisés dont la résistance est fortement réduite.

Le terme **virulence** (du latin *virulentia*, de *virus*, poison) fait référence à l'intensité du pouvoir pathogène. En général, elle est

déterminée par trois caractéristiques de l'agent pathogène : les pouvoirs invasif, infectieux et toxinogène. Le **pouvoir invasif** est la capacité de l'organisme de se répandre dans les tissus adjacents ou les autres tissus. Le **pouvoir infectieux** est la capacité qu'a l'organisme d'établir un foyer d'infection. Le **potentiel pathogène** fait référence à l'intensité de production des symptômes morbides. Un des aspects majeurs du potentiel pathogène est le pouvoir toxinogène. Le **pouvoir toxinogène** est la capacité du germe de produire des **toxines**, des substances chimiques qui porteront préjudice à l'hôte et produiront une maladie. On mesure souvent expérimentalement la virulence en déterminant la **dose létale 50 (DL$_{50}$)** ou la **dose infectieuse 50 (DI$_{50}$)**. Ces valeurs représentent la dose ou le nombre d'agents pathogènes qui vont respectivement tuer ou infecter 50 % des hôtes d'un groupe expérimental en un temps déterminé (**figure 34.2**).

Il faut dire que la maladie peut résulter de causes autres qu'une production de toxines. Parfois, un hôte fera des réactions immunitaires exagérées (c'est l'**immunopathologie**) après une seconde exposition ou une exposition chronique à un antigène microbien. Ces réactions d'hypersensibilité endommagent l'hôte même si l'agent pathogène ne produit pas de toxine. La tuberculose est un bon exemple de l'implication des réactions d'hypersensibilité dans la maladie (*voir p. 906-8*). Certaines maladies sont aussi dues à des réponses auto-immunitaires. Par exemple, un virus ou une bactérie stimule le système immunitaire à attaquer les propres tissus de l'hôte parce qu'il porte des antigènes qui ressemblent à certains antigènes de l'hôte, un phénomène appelé mimétisme moléculaire. Les infections streptococciques peuvent causer de cette façon le rhumatisme articulaire aigu (*voir p. 905*). Les réactions d'hypersensibilité (*pp. 768-71*)

---

1. Définissez un organisme parasite, le parasitisme, l'infection, la maladie infectieuse, la virulence, le pouvoir invasif, le pouvoir infectieux, le potentiel pathogène et le pouvoir toxinogène.
2. Quels facteurs déterminent l'aboutissement de la plupart des relations hôte-parasite ?

34.2 La pathogénie des maladies virales

Le processus de base de l'infection virale est l'expression du cycle réplicatif du virus (*voir figures 17.5, 18.4 à 18.17*) dans une cellule. Pour établir une infection, un virus doit :

1. pénétrer dans l'hôte ;
2. entrer en contact et pénétrer dans les cellules sensibles ;

3. se répliquer à l'intérieur de ces cellules ;
4. se répandre aux cellules adjacentes ;
5. causer des dommages cellulaires ;
6. induire une réponse immunitaire chez l'hôte ;
7. être soit éliminé du corps de l'hôte soit établir une infections persistante soit tuer l'hôte ;
8. être de nouveau libéré dans l'environnement.

Les paragraphes qui suivent donnent plus de détails sur ces déterminants du pouvoir pathogène.

Pénétration, contact et réplication primaire

La première étape du processus infectieux est l'attachement et l'entrée du virus dans un hôte sensible puis dans les cellules de cet hôte. L'entrée peut se faire par une surface corporelle (peau, voies respiratoires, système gastro-intestinal, système urogénital ou la conjonctive de l'œil). D'autres virus pénètrent par des piqûres de seringues, des transfusions sanguines, des transplantations d'organes ou des insectes **vecteurs** (c'est-à-dire qui transmettent un agent pathogène d'un hôte à un autre). Certains virus se répliquent à la porte d'entrée, causent une maladie locale à cet endroit (infections respiratoires ou gastro-intestinales) et ne se répandent pas dans le corps. D'autres encore atteignent des sites distants de la porte d'entrée et se multiplient dans ces sites ; par exemple, les entérovirus pénètrent par voie gastro-intestinale mais causent des maladies du système nerveux central. Les muqueuses *(pp. 710-12)*

Dissémination et tropisme cellulaire

Les mécanismes de dissémination des virus sont variés mais les voies les plus courantes sont les systèmes sanguin et lymphatique. La présence de virus dans le sang est appelée **virémie**. Dans certains cas, le virus chemine par les nerfs (par ex. les virus de la rage, de l'herpès et de la varicelle-zona, *voir figure 38.2*).

Les virus sont spécifiques de cellules, de tissus et d'organes. Ces spécificités sont appelées **tropismes**. Le tropisme d'un virus reflète généralement la présence sur la cellule hôte eucaryote des récepteurs de surface de ce virus (*voir figures 18.4 et 38.14*).

Dommage cellulaire et symptômes cliniques

La destruction des cellules infectées par le virus dans le tissu cible et les altérations dans la physiologie de l'hôte sont responsables de l'apparition de la maladie et des symptômes cliniques. Certains tissus, comme l'épithélium intestinal régénèrent rapidement après l'attaque virale et peuvent supporter des dommages importants. D'autres tissus au contraire ne régénèrent pas et ne peuvent jamais retrouver un fonctionnement normal après avoir été endommagés.

Les effets potentiels d'un virus sur les cellules de l'hôte résultent d'une suite complexe d'événements. (1) Dans une infection lytique, le virus se multiplie, tue immédiatement la cellule hôte et de nouveaux virions sont libérés. (2) Dans une infection persistante, le virus vit dans la cellule hôte. (3) Dans une infection latente, le virus est intracellulaire mais ne produit pas de nouveaux virions. Par après, le virus pourra être réactivé et entamera un cycle lytique (*voir section 18.4*). (4) Certains virus transforment la cellule hôte en une cellule cancéreuse qui devient le point de départ d'une tumeur (*voir section 18.5*).

Réponse immunitaire de l'hôte

Les réponses immunitaires humorale comme cellulaire sont impliquées dans le contrôle des infections virales, elles sont présentées en détail aux chapitres 31 et 32.

Guérison

Soit l'hôte succombera soit il guérira d'une infection virale. Les mécanismes de la guérison comprennent les défenses non spécifiques et l'immunité, humorale et cellulaire. L'importance relative de ces facteurs varie avec le virus et la maladie, ce qui fait partie du chapitre 38.

Excrétion du virus

La dernière étape de l'infection est le retour du virus infectieux dans l'environnement. Il est en effet nécessaire de maintenir une source de virus dans la population d'hôtes potentiels. L'excrétion se fait souvent par la même surface corporelle que l'entrée. Pendant cette période, un hôte infecté est infectieux et peut répandre le virus. Dans certaines infections, comme la rage, l'être humain est un cul-de-sac pour le virus qui n'est pas excrété.

---

1. Pour qu'un virus cause une maladie, certaines étapes doivent s'accomplir. Décrivez brièvement chacune de ces étapes.
2. Quels sont les quatre types les plus courants d'infections virales ?

34.3 La pathogénie des maladies bactériennes

Pour induire une maladie, une bactérie pathogénie doit être capable :

1. de maintenir un réservoir. Un réservoir est un endroit où vivre avant et après avoir causé l'infection (*voir p. 854*)
2. d'être, à l'origine, transporté vers l'hôte
3. d'adhérer et de coloniser ou d'envahir l'hôte
4. de se multiplier (de croître) ou de compléter son cycle reproductif sur ou dans l'hôte ou dans les cellules de l'hôte
5. d'échapper aux mécanismes de défense de l'hôte
6. de posséder la capacité de nuire à l'hôte.
7. de quitter l'hôte et de retourner au réservoir ou d'atteindre un hôte nouveau

Les cinq premiers facteurs influencent les pouvoirs infectieux et invasif. Le pouvoir toxinogène joue un rôle majeur dans le sixième. Chaque déterminant est analysé plus en détail ci-dessous.

Réservoir de la bactérie pathogène

Toute bactérie pathogène doit avoir au moins un réservoir. Les réservoirs les plus communs des agents pathogènes humains sont les autres humains, les animaux et l'environnement. Comme la source et/ou le réservoir de l'agent sont caractéristiques de la maladie infectieuse, cet aspect de la pathogénie est présenté au chapitre 37 sur l'épidémiologie des maladies infectieuses. Le cycle de la maladie infectieuse (pp. 852-58).

Tableau 34.3 **Facteurs d'adhérence bactériens (adhésines) jouant un rôle dans les maladies infectieuses**

Facteur d'adhérence	Description
Acides teichoïques et lipoteichoïques	Constituants de la paroi des bactéries Gram-positives participant à l'adhérence.
Couche mucoïde	Film bactérien tenace moins compact qu'une capsule.
Couche S	Couche régulièrement structurée, la plus externe des enveloppes cellulaires des archéobactéries et des eubactéries, pouvant promouvoir l'adhérence à des surfaces.
Fimbriae	Structures filamenteuses participant à l'attachement des bactéries à d'autres bactéries et aux surfaces solides.
Glycocalyx ou capsule	Couche de fibres exopolysaccharidiques ayant un bord externe net et entourant de nombreuses cellules ; elle inhibe la phagocytose et aide à l'adhérence. Quand cette couche est bien organisée et se détache difficilement, on parle de capsule.
Pili	Stuctures filamenteuses fixant des procaryotes entre eux pour le transfert de matériel génétique.

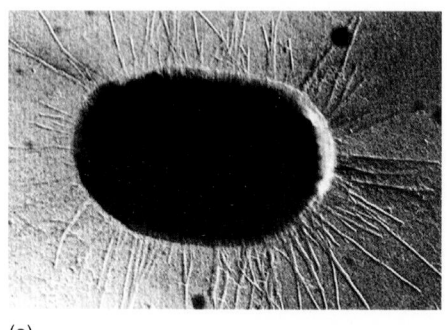
(a)

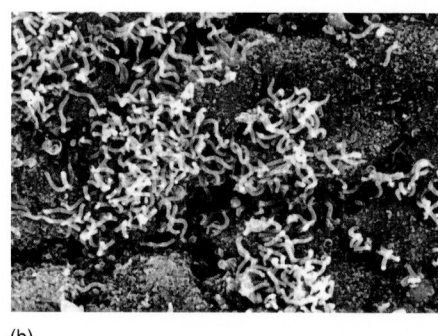
(b)

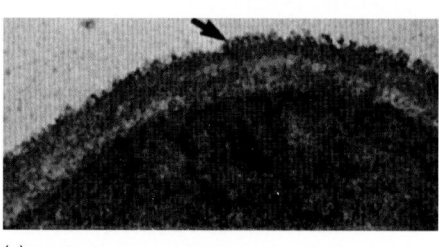
(c)

Figure 34.3   L'adhérence microbienne. (**a**) Image au microscope électronique d'une cellule d'*Escherichia coli* garnie de frimbriae (x16.625). (**b**) Image au microscope électronique à balayage de cellules épithéliales ayant fixé des vibrions (x1.200). (**c**) Fimbriae de *Candida albicans* (flèche) utilisées pour fixer le mycète aux cellules épithéliales vaginales.

Transport de la bactérie pathogène vers l'hôte

Un trait essentiel dans le développement d'une maladie infectieuse est le transport initial de la bactérie vers l'hôte. Le moyen le plus évident est le contact direct - d'un hôte à un autre (par la toux, les éternuements et le contact du corps). Les bactéries sont également transmises indirectement par des voies variées. Les hôtes infectés dispersent les agents pathogènes dans leur entourage et une fois dans l'environnement, ceux-ci se déposent sur diverses surfaces d'où ils sont remis en suspension dans l'air ou transmis, plus tard, directement à un hôte. Le sol, l'eau et la nourriture sont des véhicules indirects, hébergeant et transmettant les agents pathogènes aux hôtes. Les vecteurs et les **vecteurs inanimés** (fomites : objets abritant et transmettant les agents pathogènes) sont impliqués dans la propagation de nombreuses bactéries.

Fixation et colonisation

Après avoir été transmis à un hôte approprié, l'agent pathogène doit être capable de se fixer et de coloniser les cellules et les tissus de l'hôte. Dans ce contexte, la **colonisation** signifie l'établissement d'un site de multiplication de la bactérie en surface ou à l'intérieur de l'hôte. La colonisation dépend de la capacité qu'a la bactérie pathogène de concurrencer avec succès la microflore normale de l'hôte pour les éléments nutritifs essentiels. Des structures spécialisées, permettant d'entrer en concurrence pour des sites d'attachement en surface, sont également nécessaires à la colonisation.

Les organismes pathogènes, comme beaucoup de non pathogènes, se fixent de manière très spécifique à des tissus particuliers. Les facteurs d'adhérence, appelés **adhésines (tableau 34.3)**, sont un des éléments de cette spécificité. Ce sont des molécules ou des structures spécialisées présentes sur la surface de la cellule bactérienne et qui se fixent sur des récepteurs spécifiques des cellules hôtes (figure 34.3). Il s'agit d'un type de facteur de virulence. Les **facteurs de virulence** sont des produits ou des composants bactériens (comme les capsules et les adhésines) qui contribuent à la virulence ou au pouvoir pathogène.

Invasion

L'entrée dans les cellules et les tissus de l'hôte est une stratégie spécialisée assurant la survie et la multiplication de nombreuses bactéries pathogènes. Celles-ci peuvent s'introduire activement dans l'épithélium de l'hôte après fixation sur la surface épithéliale. Elles y parviennent souvent en produisant des substances lytiques qui altèrent le tissu de l'hôte par (1) l'attaque de la substance fondamentale et des membranes basales des téguments et des tissus intestinaux, (2) par la dépolymérisation des complexes glycoprotéiques entre les cellules ou sur la surface cellulaire (le glycocalyx) ou (3) par la désorganisation de la surface cellulaire.

Parfois, une bactérie pathogène peut pénétrer la surface épithéliale par des mécanismes passifs non associés au micro-organisme lui-même. Elles utilisent (1) de petites fissures, des lésions ou des ulcères dans une muqueuse ; (2) des blessures, des éra-

Tableau 34.4 Facteurs de virulence impliqués dans la dissémination des bactéries pathogènes dans le corps d'un hôte mammifère

Substance	Organismes impliqués	Mécanisme d'action
Coagulase	*Staphylococcus aureus*	Coagule le fibrinogène dans le plasma. Le caillot protège la bactérie contre la phagocytose et l'isole des autres défenses du corps.
Collagénase	*Clostridium* sp.	Dégrade le collagène formant la charpente des tissus conjonctifs ; permet à la bactérie de se répandre.
Désoxyribonucléase (avec du calcium et du magnésium)	Streptocoques du groupe A, staphylocoques, *Clostridium perfringens*	Diminue la viscosité des exsudats donnant ainsi plus de mobilité à l'agent pathogène.
Elastase et protéase alcaline	*Pseudomonas aeruginosa*	Hydrolyse la laminine associée aux membranes basales.
Hémolysines	Staphylocoques, streptocoques, *Escherichia coli*, *Clostridium perfringens*	Lysent les érythrocytes en provoquant une anémie et en affaiblissant les défenses de l'hôte ; libèrent du fer qui est disponible pour la croissance microbienne.
Hyaluronidase	Streptocoques des groupes A, B, C et G, staphylocoques, clostridies	Hydrolyse l'acide hyaluronique, un constituant de la substance fodamentale intercellulaire assemblant les cellules et rend ainsi possible le passage des bactéries pathogènes dans les espaces intercellulaires.
Lécithinase ou phospholipase	*Clostridium* sp.	Détruit la lécithine (phosphatidylcholine), un composant des membranes plasmiques pour permettre la propagation des bactéries.
Leucocidines	Staphylocoques, pneumocoques, streptocoques	Exotoxines formant des pores qui suent les leucocytes ; provoquent la dégranulation des lysosomes dans les leucocytes ce qui réduit la résistance de l'hôte.
Peroxyde d'hydrogène (H_2O_2) et ammoniaque (NH_3)	*Mycoplasma* sp., *Ureaplasma* sp.	Sont des déchets métaboliques. Ils sont toxiques et endommagent l'épithélium du système respiratoire et du système urogénital.
Porines	*Salmonella typhimurium*	Inhibent la phagocytose par les leucocytes en activant le système de l'adénylate cyclase.
Protéase de l'immunoglobine A	*Streptococcus pneumoniae*	Hydrolyse l'immunoglobuline A en fragments Fab et Fc.
Protéine A	*Staphylococcus aureus*	Localisée dans la paroi. Les immunoglobulines G (IgG) se fixent sur la protéine A par leur extrémité Fc empêchant ainsi l'interaction du complément avec les IgG fixées.
Streptokinase (fibrinolysine, staphylokinase)	Streptocoques des groupes A, C et G staphylocoques	Une protéine qui se fixe au plasminogène et active la production de plasmine, digérant ainsi la fibrine des caillots ; ceci permet aux bactéries de quitter la zone du caillot.

flures ou des brûlures à la surface de la peau ; (3) des arthropodes vecteurs causant de petites blessures lorsqu'ils se nourrissent ; (4) des dégâts tissulaires occasionnés par d'autres organismes et (5) des voies d'internalisation eucaryotiques (ex : endocytose et phagocytose, voir figure 31.16).

Une fois dans l'épithélium, l'agent pathogène peut atteindre des tissus plus profonds et continuer à se disséminer dans le corps de l'hôte. Pour y parvenir, la bactérie produit, par exemple, des substances et/ou des enzymes spécifiques qui facilitent la propagation (**tableau 34.4**). Ces produits sont des facteurs de virulence. La bactérie peut également pénétrer dans les petits capillaires lymphatiques terminaux entourant les cellules épithéliales. Ces capillaires s'associent pour former des vaisseaux lymphatiques plus larges qui, finalement, aboutissent dans le système circulatoire. Une fois le système circulatoire atteint, la bactérie pathogène a accès à tous les organes et tous les systèmes de l'hôte.

Multiplication

Pour qu'une bactérie pathogène soit efficace dans son développement et sa multiplication (colonisation), elle doit trouver un environnement approprié (éléments nutritifs, pH, température, potentiel redox) chez l'hôte. Les régions du corps de l'hôte offrant les conditions les plus favorables vont héberger la bactérie pathogène et permettront à celle-ci de se développer et de se multiplier pour produire une infection. Certaines bactéries envahissent des cellules spécifiques dans lesquelles elles se multiplient. Beaucoup de ces parasites intracellulaires ont développé des mécanismes de collecte des éléments nutritifs tellement élaborés qu'ils sont deve-

nus totalement dépendants des cellules hôtes. Finalement, il y a des bactéries qui se développent activement et se multiplient spécifiquement dans le plasma sanguin. La présence de bactéries viables dans le courant sanguin est appelée **bactériémie**. La présence de bactéries ou de leurs toxines dans le sang est souvent désignée par le terme de **septicémie** (du grec *septikos*, produit par putréfaction et *haima*, sang).

Sortie de l'hôte

Le dernier facteur de succès d'une bactérie pathogène est la propriété de quitter l'hôte et de rentrer soit dans un nouvel hôte soit dans un réservoir. Si cette étape ne réussit pas, le cycle de la maladie sera interrompu et la bactérie ne se perpétuera pas : les mécanismes de sortie sont le plus souvent passifs : les micro-organismes sortent de l'hôte dans les matières fécales, l'urine, les gouttelettes de salive ou les cellules qui désquament.

La nature clonale des bactéries pathogènes

Le mécanisme principal par lequel les bactéries échangent des informations génétiques est le transfert d'éléments extrachromosomiques, de plasmides et de phages (*voir chapitre 13*). De nombreux gènes encodant les facteurs de virulence bactériens sont portés par des plasmides ou des phages. Ces éléments génétiques mobiles transfèrent les facteurs de virulence entre les membres d'une même espèce ou d'une espèce différente par transfert de gènes horizontal (*voir section 13.1*). Parfois, les gènes font partie d'un ADN très mobile (les transposons, *voir section 13.3*) et il y a recombinaison entre cet ADN extrachromosomique et le chromosome. Ainsi les gènes de virulence peuvent devenir chromosomiques.

Une conséquence importante de la conservation de ces gènes chromosomiques est que les bactéries sont clonales. Certaines bactéries pathogènes n'existent dans l'environnement qu'en un seul ou quelques clones. Par exemple, *Salmonella typhi*, responsable de la fièvre typhoïde, a des clones de deux types, tandis qu'il y en a plus de cent dans le cas de *Haemophilus influenzae* dont quelques-uns seulement sont associés à la pneumonie bactérienne.

La régulation des facteurs de virulence bactériens

Comme déjà mentionné dans plusieurs chapitres, certaines bactéries pathogènes se sont adaptées à vivre et à l'état libre et à l'intérieur d'un hôte humain. Au cours de cette adaptation, les agents pathogènes ont développé des voies complexes de transmission de signal pour réguler l'activité des gènes nécessaires à la virulence. La présence d'un facteur de virulence peut être due simplement au fait que la bactérie est infectée par un phage. Souvent, des facteurs environnementaux contrôlent l'expression des gènes de virulence ; parmi ceux-ci, la température, l'osmolalité, le fer disponible, le pH et d'autres facteurs nutritifs. Voici quelques exemples.

Le gène de la toxine diphtérique (figure 34.5*b*) porté par *Corynebacterium diphtheriae* se trouve sur le bactériophage tempéré β et son expression est régulée par le fer. La toxine n'est produite que par les bactéries lysogènes. L'expression du gène de virulence de *Bordetella pertussis* responsable de la coqueluche, augmente quand la bactérie se développe à la température du corps (37 °C) ; elle est annihilée quand la bactérie pousse à une température plus basse. Les facteurs de virulence de *Vibrio cholerae*, responsable de choléra, sont exprimés à différents niveaux sous l'influence de nombreux facteurs de l'environnement. Ainsi, la production de toxine cholérique est plus élevée à pH 6.0 qu'à pH 8.0 et à 30 °C plutôt qu'à 37 °C. L'osmolalité et la disponibilité des acides aminés sont aussi importantes.

Les ilots de pathogénicité

De nombreuses bactéries (*Yersinia* sp, *Pseudomonas aeruginosa*, *Shigella flexneri*, *Salmonella thyphimurium*, les *E. coli* entéropathogènes) sont pathogènes parce qu'elles possèdent de longues séquences d'ADN, appelées « **îlots de pathogénicité** » qui portent les gènes responsables de la virulence. Au cours de l'évolution, ces îlots ont été acquis par transfert horizontal de gènes . Il peut y avoir plus d'un îlot chez une bactérie pathogène. Un excellent exemple d'îlot de gènes de virulence est celui des gènes impliqués dans la sécrétion de protéines. Jusqu'à présent, on a décrit cinq voies de sécrétion protéique (types I à V) chez les bactéries Gram-négatives. Le **système de sécrétion de type III** est encodé par en ensemble de 20 gènes, il permet à la bactérie Gram-négative de sécréter et d'injecter les protéines de virulence dans le cytoplasme des cellules hôtes eucaryotes (**figure 34.4**). Au contraire d'autres systèmes sécrétoires, le système de type III se déclenche spécifiquement au contact des cellules hôtes, ceci permet d'éviter une activation inappropriée des défenses de l'hôte. L'injection des protéines de virulence dans la cellule hôte initie un « dialogue biochimique » entre l'agent pathogène et l'hôte. Les protéines injectées ressemblent à des facteurs eucaryotes transmetteurs de signal et elles sont capables d'interférer avec les voies de signalisation eucaryotes. La déviation du signal cellulaire peut désarmer les réactions immunitaires de l'hôte ou réorganiser le cytosquelette, établissant ainsi des niches que la bactérie va coloniser et facilitant le détournement des lignes de communication des défenses de l'hôte.

Les îlots de pathogénicité augmentent généralement la virulence des bactéries, on ne les trouve pas chez les membres non pathogènes de la même espèce. Comme exemple, citons l'*E. coli* entéropathogène qui possède des séquences d'ADN longues de 35 à 170 kilobases portant plusieurs gènes de virulence et absentes de l'*E. coli* commensale. Certains de ces gènes encodent des protéines capables d'altérer les microfilaments d'actine de la cellule intestinale de l'hôte. En conséquence, la cellule gonfle puis développe une protrusion en forme de coupe à laquelle la bactérie s'attache fermement.

1. Que sont les sept étapes de l'infection et de la pathogénie des maladies bactériennes ?
2. Quels sont les mécanismes principaux de transmission des bactéries pathogènes à leurs hôtes ? Définissez les termes : vecteur et vecteur inanimé.
3. Décrivez plusieurs adhésines spécifiques grâce auxquelles les bactéries pathogènes se fixent sur les cellules de l'hôte.
4. Citez certains mécanismes utilisés par les bactéries pathogènes pour promouvoir leur dissémination dans le corps de l'hôte, une fois passée la surface épithéliale.
5. Que sont les facteurs de virulence ? Les îlots de pathogénicité ?
6. Que signifie la nature clonale des bactéries pathogènes ? La régulation des facteurs de virulence ?

Le pouvoir toxinogène

On reconnaît deux catégories distinctes de maladies sur la base du rôle de la bactérie pathogène dans le processus provoquant la maladie : les infections et les intoxications. Une maladie infectieuse résulte partiellement de la multiplication bactérienne qui provoque souvent des altérations tissulaires.

Les **intoxications** sont des maladies qui résultent de l'entrée d'une toxine spécifique dans le corps de l'hôte. Les toxines peuvent même induire une maladie en l'absence de l'organisme producteur. Une **toxine** (du latin *toxicum*, poison) est une substance spécifique, souvent un métabolite de l'organisme, qui nuit à l'hôte. Le terme de **toxémie** se rapporte à l'état induit par les toxines présentes dans le sang de l'hôte. Les toxines produites par les bactéries sont de deux sortes : les exotoxines et les endotoxines. Les caractéristiques premières de ces deux groupes sont comparées au **tableau 34.5**.

Les exotoxines

Les **exotoxines** sont des toxines protéiques solubles, thermolabiles, habituellement libérées dans l'environnement pendant la multiplication de la bactérie pathogène. Dans de nombreux cas, les exotoxines peuvent voyager du site d'infection vers d'autres tissus ou cellules cibles dans lesquels elles agissent. En général, les exotoxines sont :

1. synthétisées par des bactéries spécifiques contenant souvent un plasmide ou un prophage porteur des gènes de l'exotoxine ;

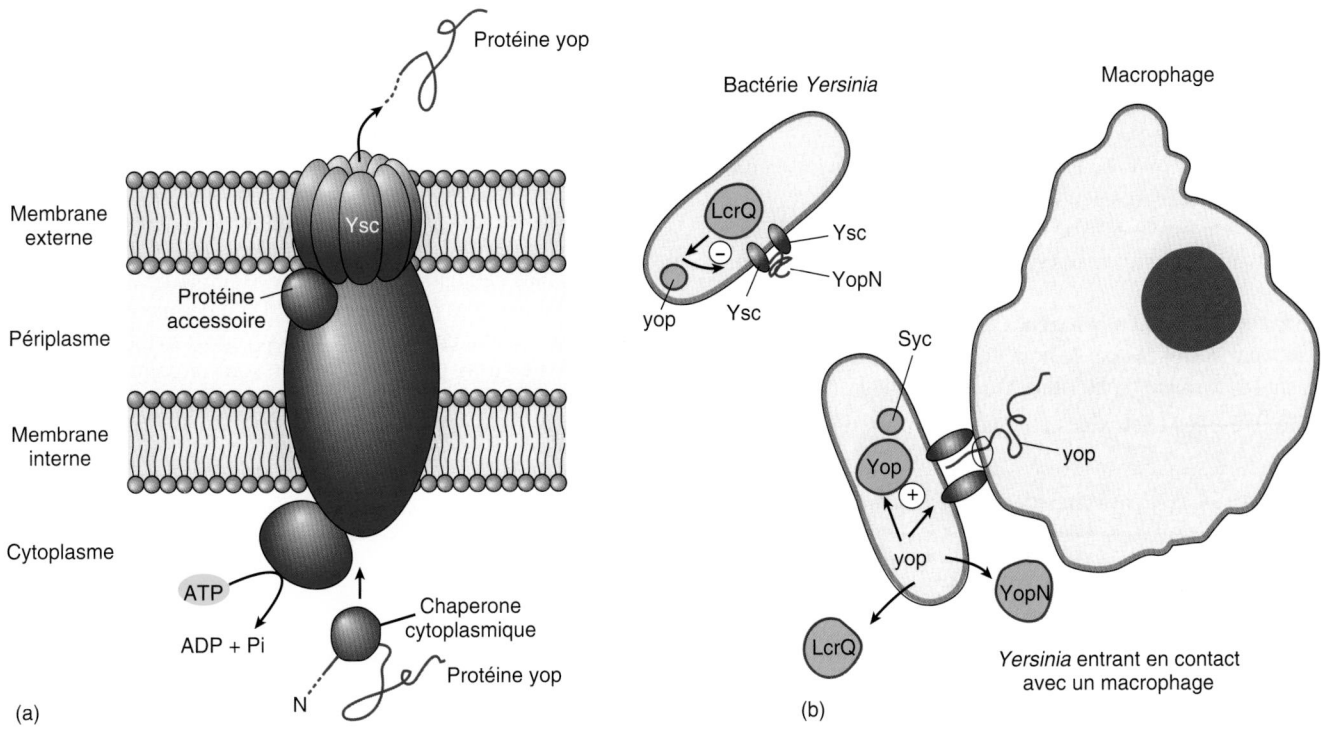

Figure 34.4 Système de sécrétion de type III et mode d'action de la protéine de virulence Yop. (**a**) Schéma du système de sécrétion de type III et de la sécrétion par *Yersinia* sp de Yop une protéine spécifique de virulence. (**b**) Avant le contact entre les deux cellules, les canaux sécrétoires de type III (Ysc) sont maintenus fermés par YopN et l'accumulation dans le cytoplasme du facteur de régulation négative LcrQ réprime la transcription des gènes *yop* (signe négatif encerclé). Après le contact entre *Yersinia* et le macrophage, YopN est libéré, permettant la sécrétion rapide de LcrQ et la levée du blocage de l'expression des gènes *yop* (signe positif encerclé). Les protéines Yop, protégées par leur chaperone, sont transportées à l'intérieur du macrophage par la machinerie sécrétoire de type III (montrée en a). La protéine yop est donc injectée dans le cytoplasme de la cellule cible où elle catalyse une déphosphorylation spécifique et rapide de plusieurs protéines du macrophage nécessaires à une phagocytose normale.

Tableau 34.5 Caractéristiques des exotoxines et des endotoxines

Caractéristique	Exotoxines	Endotoxines
Composition chimique	Protéines, souvent à deux composants (A et B)	Complexe lipopolysaccharidique de la membrane externe ; c'est le lipide A qui est toxique.
Exemples de maladie	Botulisme, diphthérie, tétanos	Infections à bactéries Gram-négatives, à méningocoques
Effet sur l'hôte	Très variable suivant la toxine	Similaire pour toutes les endotoxines
Fièvre	Ne donnent généralement pas de fièvre	Donnent de la fièvre par libération d'interleukine-1
Génétique	Souvent portées par des gènes extrachromosomiques comme des plasmides	Produites à partir de gènes chromosomiques
Stabilité à la chaleur	Sensibles pour la plupart et inactivées à 60–80°C	Résistantes à la chaleur
Réponse immunitaire	Très antigéniques, les antitoxines rendent l'hôte immun	Faiblement immunogènes, peu d'anticorps produits
Localisation	Généralement excrétées hors de la cellule vivante	Partie de la membrane externe des bactéries Gram-négatives
Production	Produites par des bactéries Gram-positives et négatives	Présentes seulement chez les bactéries Gram-négatives ; libérées à la mort de la bactérie, certaines libérées pendant la croissance
Toxicité	Extrêmement toxiques et fatales en quantité de l'ordre du microgramme	Faiblement toxiques
Production d'anatoxines	Convertibles en anatoxines, antigéniques et non toxiques, utilisation des anatoxines dans l'immunisation (par ex. anatoxine tétanique)	Pas de production possible d'anatoxines

2. des protéines thermolabiles inactivées entre 60° et 80°C ;

3. parmi les substances connues les plus létales (toxiques à des doses de l'ordre du µg par kilo) par ex., la toxine botulique ;

4. associées avec des maladies spécifiques, elles ont un mode d'action propre ;

5. fortement immunogènes et susceptibles de stimuler la production d'anticorps neutralisants (**antitoxines**) ;

6. facilement inactivées par le formaldéhyde, l'iode et d'autres substances chimiques pour former des **anatoxines** immunogènes ;

7. habituellement non pyrogènes chez l'hôte

8. souvent désignées par le nom de la maladie qu'elles induisent (ex : toxine diphtérique, toxine botulique).

On divise les exotoxines en quatre groupes selon leur structure et leurs activités physiologiques. (1) Le premier type est la toxine AB formée d'une portion B se fixant à un récepteur de la cellule hôte et séparée de la portion A portant l'activité enzymatique responsable de la toxicité. (2) Le second type, qui peut être aussi une toxine AB, comprend les toxines qui affectent des endroits spécifiques de l'hôte : système nerveux (neurotoxines), intestin (entérotoxines), autres tissus (cytotoxines). Elles agissent sur l'hôte de manière extra- ou intracellulaire. (3) Le troisième type, sans parties A et B séparables, agit en désorganisant les membranes cellulaires, comme par exemple les leucocidines, les hémolysines et les phopholipases. (4) Le dernier type est le super-antigène qui agit en stimulant la sécrétion de cytokines par les cellules T. Les trois premiers groupes sont présentés ici, les super-antigènes dans la section 32.2. Le **tableau 34.6** donne les propriétés générales des toxines AB.

Tableau 34.6 **Propriétés de quelques exotoxines bactériennes du type AB**

Toxine	Organisme	Localisation contrôle du génétique	Structure	Récepteur de la cellule cible	Activité enzymatique	Effets biologiques
Entérotoxines thermolabiles[a]	*E. coli*	Plasmide	——————————— Similaire ou identique à la toxine cholérique ———————————			
Exotoxine A de *Pseudomonas*	*P. aeruginosa*	Chromosome	A-B	α_2-Macroglobuline/ récepteur LDL	—— Similaire ou identique à la toxine diphtérique ——	
Toxine (adénylate cyclase) de *Bordetella*	*Bordetella* sp.	Chromosome	A-B[b]	Inconnu, probablement glycolipide	Cyclase activée par la calmoduline	Accroissement de la concentration en AMPc dans la cellule cible ; fonction cellulaire modifiée ou mort cellulaire.
Toxine botulique	*C. botulinum*	Phage	A-B[c]	Probablement ganglioside (GD_{1b})	Clivage de la synaptobrévine par une endopeptidase dépendante du zinc	Décroissance de la libération de l'acétylcholine présynaptique périphérique ; paralysie flasque
Toxines charbonneuses	*B. anthracis*	Plasmide	Trois protéines séparées (EF, LF, PA)[d]	Inconnu, probablement glycoprotéine	EF est une adénylate cyclase dépendante de la calmoduline ; LF a une activité enzymique inconnue	EF + PA: augmentation de la concentration en AMPc, oedème localisé ; LF + PA: mort des cellules cibles et des animaux d'expérience
Toxine cholérique	*V. cholerae*	Chromosome	A-5B[e]	Ganglioside (GM_1)	ADP-ribosylation de la protéine régulatrice G_S de l'adénylate cyclase	Activation de l'adénylate cyclase, accumulation accrue d'AMPc ; diarrhée sécrétoire
Toxine coquelucheuse	*B. pertussis*	Chromosome	A-5B[f]	Inconnu, probablement glycoprotéine	ADP-ribosylation des protéines régulatrices G	Inhibition de la transmission du signal réalisée par les protéines cibles G
Toxine diphtérique	*C. diphtheriae*	Phage	A-B[g]	Précurseur d'un facteur de croissance de la famille de l'EGF fixant l'héparine	ADP ribosylation du facteur d'élongation EF-2	Inhibition de la synthèse protéique ; mort cellulaire
Toxine tétanique	*C. tetani*	Plasmide	A-B[c]	Ganglioside (GT_1 et/ou GD_{1b})	Clivage de la synaptobrévine par une endopeptidase dépendante du zinc	Diminution de la libération du neurotransmetteur des neurones inhibiteurs ; paralysie spasmodique
Toxine « Shiga »	*S. dysenteriae*	Chromosome	A-5B[h]	Globotriaosylcéramide (Gb_3)	*N*-glycosidase de l'ARN	Inhibition de la synthèse protéique, mort de la cellule
Toxine de type Shiga	*Shigella* sp., *E. coli*	Phage	—————————— Similaire ou identique à la toxine « Shiga » ——————————			

Extrait de G.L. Mandell, R.G. Douglas et J.E. Bennett. *Principles and Practice of Infectious Disease*. 3[e] éd. 1990. Reproduit avec l'autorisation de Churchill Livingstone, Inc. Medical Publishers, New York, N.Y.

[a] Les entérotoxines thermolabiles d'*E. coli* sont maintenant reconnues comme une famille de molécules apparentées ayant des mécanismes d'action identiques

[b] Apparemment synthésiée comme un polypeptide unique avec des domaines de fixation et catalytique (adénylae cyclase)

[c] Holotoxine apparemment synthésiée comme un polypeptide unique et clivée par protéolyse comme la toxine diphtérique; les sous-unités sont désignées par les lettres L = chaîne légère, équivalente à A et H : chaîne lourde, équivalente à B.

[d] Le constituant fixateur appelé antigène protecteur (PA) catalyse apparemment ou facilite l'entrée du facteur oedémateux (EF) ou du facteur létal (LF).

[e] L'élément A est clivé par protéolyse en A_1 et A_2, A_1 possède une activité d'ADP-ribosyl transférase; la partie fixatrice est composée de cinq sous-unités B identiques.

[f] La partie fixatrice est composée de deux hétérodimères dissemblables dénommés S_2-S_3 et S_2-S_4 unis par un pont peptidique SS.

[g] Holotoxine synthétisée comme un seul polypeptide et clivée par protéolyse en composés A et B unis par des liaisons disulfures.

[h] Composition et structure des sous-unités semblables à celles de la toxine cholérique.

Les exotoxines AB. Les **toxines AB** comportent un fragment A ou sous-unité enzymatique qui est responsable de l'effet toxique dès l'entrée dans la cellule hôte et un fragment B ou sous-unité fixatrice. Les sous-unités A isolées sont enzymatiquement actives mais dépourvues de capacité de fixation et de pénétration, alors que les sous-unités B isolées se fixent sur les cellules cibles mais sont non toxiques et biologiquement inactives. La sous-unité B interagit avec des récepteurs spécifiques de la cellule ou du tissu cible tels que les gangliosides GM_1 pour la toxine cholérique, GT_1 et/ou GD_1 pour la toxine tétanique et GD_1 pour la toxine botulique.

On a proposé plusieurs mécanismes d'entrée des fragments ou sous-unités A dans les cellules. Dans un cas, la sous-unité B s'insère dans la membrane et crée un pore à travers lequel la sous-unité A pénètre (**figure 34.5a**). Dans un autre mécanisme, l'entrée se fait par endocytose du complexe récepteur-toxine (figure 34.5b).

Le mécanisme d'action d'une toxine AB est assez complexe comme le montre l'exemple de la toxine diphtérique (figure 34.5b). Cette toxine est une protéine d'une masse moléculaire proche de 62.000 Da. Elle se fixe aux récepteurs de la surface cellulaire par le fragment B et est entraînée dans la cellule par la formation de vésicules tapissées de clathrine (*voir p. 403*). La toxine pénètre ensuite dans la membrane vésiculaire et est séparée en deux éléments dont l'un, le fragment A, s'échappe dans le cytoplasme. Le fragment A est une enzyme catalysant l'addition d'un groupe ADP-ribose sur le facteur d'élongation eucaryote EF2 qui participe à la translocation pendant la synthèse protéique (*voir p. 270-71*). Le substrat de cette réaction est la coenzyme NAD^+.

$$NAD^+ + EF2 \rightarrow ADP\text{-}ribosyl\text{-}EF2 + nicotinamide$$

La protéine EF2 modifiée ne peut plus participer au cycle d'élongation de la synthèse protéique et la cellule meurt parce qu'elle ne synthétise plus de protéines.

Les exotoxines AB varient fortement dans leur contribution relative au processus de la maladie à laquelle elles sont associées.

Les exotoxines site-spécifiques. On peut répartir les exotoxines en trois catégories sur la base du site affecté : les **neurotoxines** (tissus nerveux), les **entérotoxines** (muqueuse intestinale) et les **cytotoxines** (tissus généraux). Le tableau 34.6 présente quelques bactéries pathogènes entériques productrices de ces exotoxines : les neurotoxines (toxines botulique et tétanique), les entérotoxines (la toxine cholérique et les toxines thermolabiles d'*E. coli*) et les cytotoxines (toxine diphtérique et toxine Shiga).

Les neurotoxines sont habituellement ingérées sous forme de toxines préformées affectant le système nerveux et provoquant indirectement des symptômes entériques (au niveau de l'intestin grêle). Comme exemples, on peut citer l'entérotoxine staphylococcique B, la toxine émétique (du grec *emein*, vomir) de *Bacillus cereus* et la toxine botulique.

Les vraies entérotoxines (du grec *enter*, intestin) ont un effet direct sur la muqueuse intestinale et provoquent une sécrétion abondante de liquide. L'entérotoxine classique, la toxine cholérique, a été beaucoup étudiée. C'est une toxine AB. La sous-unité B comporte 5 parties organisées en un anneau biconcave. Cet anneau se fixe à la membrane plasmique des cellules épithéliales et insère la petite sous-unité A dans la cellule. Ce fragment A active l'adénylate cyclase pour accroître les concentrations d'AMP cyclique intestinal (AMPc). Des concentrations élevées en AMPc provoquent le déplacement de quantités importantes d'eau et d'électrolytes à travers les cellules intestinales vers la lumière de l'intestin. Les gènes de cette entérotoxinogénèse se situent sur le chromosome de *Vibrio cholerae*. Les toxines dans la nourriture (pp. 926-33, 975-76) ; Les toxines comme superantigènes (p. 732).

Les **cytotoxines** sont nommées d'après les types de cellules, de tissus ou d'organes où elles exercent leur action spécifique, ainsi la néphrotoxine (rein), l'hépatotoxine (foie) et la cardiotoxine (cœur).

Les exotoxines désorganisatrices de membranes. Le troisième type d'exotoxine lyse la cellule hôte en interrompant la continuité de la membrane. Ces **exotoxines désorganisatrices de membranes** sont de deux sous-types. Le premier (**figure 34.6a**) est une protéine qui se fixe au cholestérol de la membrane plasmique de la cellule hôte, s'insère dans la membrane et forme un canal. Ceci entraîne la perte de cytoplasme et comme l'osmolalité du cytoplasme est plus élevée que celle du milieu extérieur, il y a une entrée soudaine d'eau qui gonfle puis brise la cellule. En voici deux exemples.

Certaines bactéries pathogènes produisent des toxines désorganisatrices de membranes qui tuent les leucocytes phagocytaires et qu'on appelle des **leucocidines** (leucocyte et du latin *caedere*, tuer). Les leucocidines sont produites en majorité par des pneumocoques, des streptocoques et des staphylocoques. Comme les pores formés par ces exotoxines détruisent les leucocytes, la résistance de l'hôte s'en trouve diminuée. Les bactéries pathogènes peuvent également sécréter d'autres toxines, appelées **hémolysines** (du grec *haima*, sang et *lysis*, solubilisation). De nombreuses hémolysines forment des pores dans la membrane plasmique des érythrocytes, à travers lesquels l'hémoglobine et/ou les ions sont libérés (les érythrocytes se lysent ou plus exactement s'hémolysent). La **streptolysine O (SLO)** est une hémolysine, produite par *Streptococcus pyogenes*, qui est inactivée par l'oxygène (d'où le O dans son nom). La SLO provoque une hémolyse β des hématies sur des boîtes de gélose incubées en anaérobiose (*voir figure 23.17*). On désigne une zone complètement transparente autour de la colonie bactérienne, se développant sur une gélose au sang, comme une **hémolyse β** et une lyse partielle comme une **hémolyse α**. *S. pyogenes* produit également la **streptolysine S (SLS)** qui est insoluble et fixée à la cellule bactérienne. Cette hémolysine est stable en présence d'oxygène (d'où le S dans son nom) et induit une hémolyse β sur les boîtes de gélose au sang incubées en aérobiose. SLS et SLO agissent comme des leucocidines et tuent des leucocytes. Il faut remarquer que les hémolysines attaquent les membranes de nombreuses cellules en plus des érythrocytes et des leucocytes.

Les exotoxines du second sous-type qui déstabilisent les membranes sont des enzymes : les phospholipases. Celles-ci enlèvent un groupe terminal chargé (figure 34.6b) de la partie lipidique des phopholipides membranaires. La membrane se trouve ainsi désorganisée, la cellule hôte se lyse et meurt. Un exemple de pathogénie due à des phospholipases est la gangrène gazeuse. Dans cette maladie, la toxine α de *Clostridium perfringens* détruit presque totalement la population locale de globules blancs.

Rôles des exotoxines dans la maladie. Les exotoxines bactériennes ont trois manières d'affecter l'être humain : (1) l'ingestion d'une toxine déjà synthétisée, (2) la colonisation d'une surface muqueuse suivie de la production locale

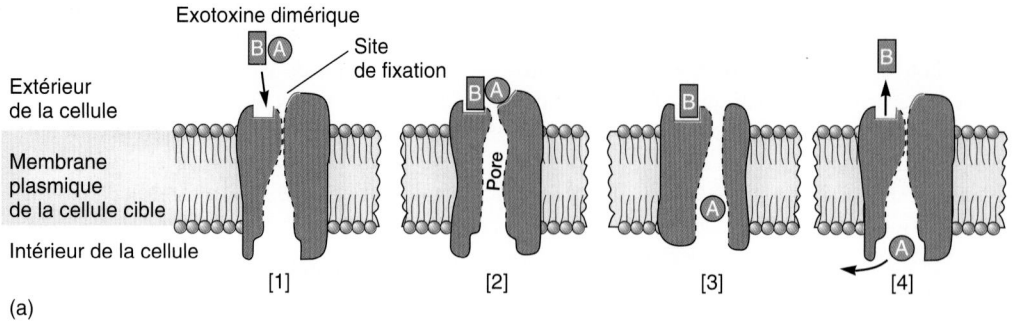

(a)

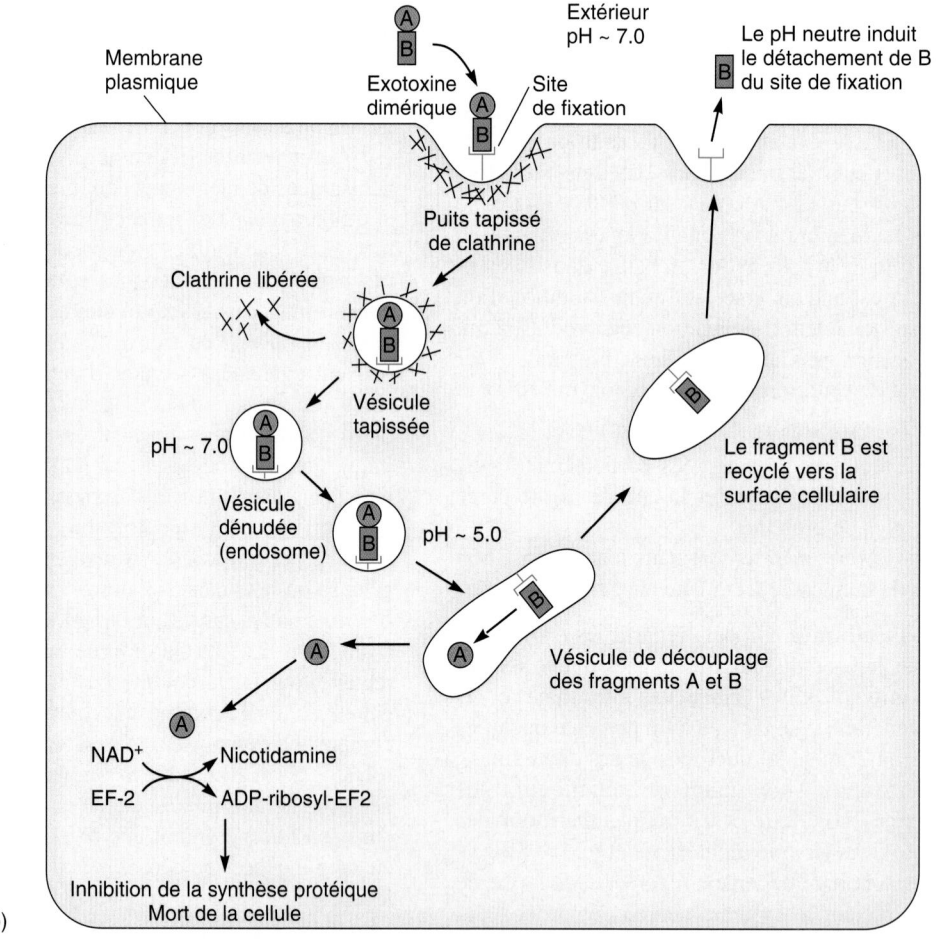

(b)

Figure 34.5 Représentation schématique des mécanismes de transport de deux exotoxines AB. (a) Le domaine B de l'exotoxine dimérique (AB) se fixe sur un récepteur membranaire spécifique d'une cellule cible [1]. Un changement de conformation [2] génère un pore [3] à travers lequel le domaine A traverse la membrane et pénètre dans le cytosol, ensuite [4] le site de fixation se reforme. **(b)** L'endocytose de la toxine diphtérique réalisée grâce au récepteur implique la fixation de l'exotoxine dimérique sur un complexe récepteur-ligand qui est internalisé dans un puits tapissé de clathrine se refermant et s'isolant de la membrane pour former une vésicule tapissée. La couche de clathrine se dépolymérise libérant ainsi une vésicule dénudée ou endosome. Le pH dans l'endosome décroît en raison de l'activité de la H+ ATPase. Le pH acide induit la séparation des sous-unités A et B. Le domaine B est ensuite recyclé vers la surface cellulaire. Le domaine A pénètre dans le cytosol, catalyse l'ADP-ribosylation de EF-2 (facteur d'élongation 2) et inhibe la synthèse protéique, provoquant ainsi la mort de la cellule.

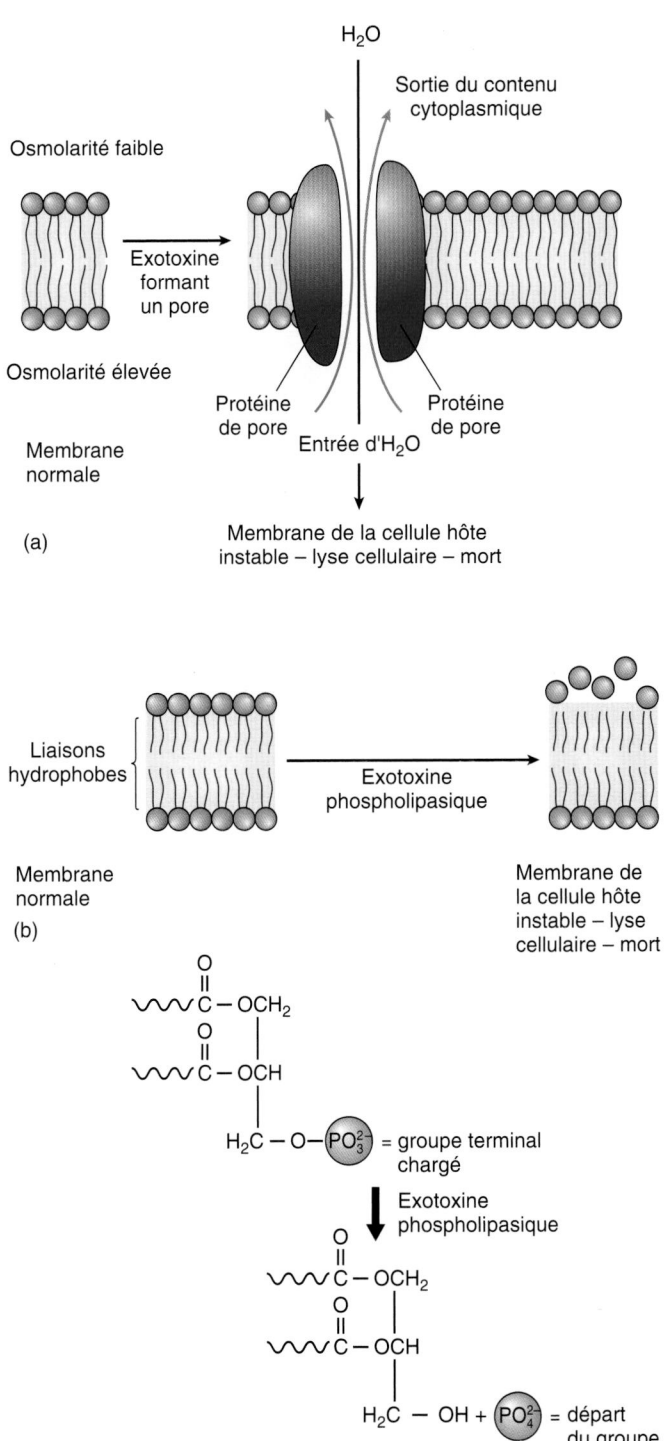

d'exotoxine et (3) la colonisation d'une blessure ou d'un abcès suivie aussi de la production locale d'exotoxine.

Dans l'exemple du premier cas (**figure 34.7a**), ce sont des bactéries se développant dans la nourriture qui produisent l'exotoxine. L'exotoxine préformée est consommée avec les aliments. C'est l'exemple classique de l'empoisonnement alimentaire à staphylocoques (*voir section 39.4*) dû uniquement à l'ingestion de l'entérotoxine. Comme elle est incapable de coloniser le tube digestif, la bactérie (*Staphyloccus aureus*) traverse le corps sans produire plus de toxine et donc ce type de maladie bactérienne est auto-limitant.

Dans le second cas (figure 37.7*b*) les bactéries colonisent la muqueuse en surface mais n'envahissent pas le tissu sous-jacent ni n'entrent dans le courant sanguin. La toxine cause soit une maladie locale soit atteint le sang, est distribuée de façon systémique et cause une maladie dans des sites distants. Ici l'exemple classique est le choléra dû à *Vibrio cholerae* (*voir section 34.9*). Une fois entrées dans le corps, les bactéries adhèrent à la muqueuse intestinale, elles ne l'envahissent pas mais sécrètent la toxine (une exotoxine AB qui catalyse une ADP-ribosylation, comme la toxine diphtérique, figure 34.5*b*). En conséquence, la toxine cholérique stimule une hypersécrétion d'eau et d'ions chlorure et le patient perd d'énormes quantités d'eau.

Le troisième cas se produit quand les bactéries se développent dans une blessure ou un abcès (figure 34.7*c*). L'exotoxine est alors responsable d'un dommage tissulaire local ou tue les phagocytes qui pénètrent dans la zone infectée. La gangrène gazeuse (*voir section 39.3*) est une maladie de ce type dans laquelle l'exotoxine (toxine α) de *Clostridium perfringens* détruit les tissus autour de la blessure.

---

1. Quelle est la différence entre une maladie infectieuse et une intoxication ? Définissez la toxémie.
2. Décrivez quelques caractéristiques générales des exotoxines.
3. Comment les exotoxines pénètrent-elles dans les cellules hôtes ?
4. Décrivez les effets biologiques de quelques exotoxines bactériennes.
5. Discutez les mécanismes par lesquels les exotoxines peuvent altérer les cellules.
6. Quelles sont les quatre catégories d'exotoxines ?
7. Quel est le mode d'action d'une leucocidine, d'une hémolysine ?
8. Citez deux hémolysines spécifiques.
9. Quels sont les trois rôles principaux des exotoxines dans la pathogénie des maladies humaines ?

Les endotoxines

La plupart des bactéries Gram-négatives ont, dans la membrane externe de leur paroi, un lipopolysaccharide (LPS) qui, dans certaines circonstances, est toxique pour des hôtes spécifiques. Ce LPS (*voir figures 3.23 et 3.25*) s'appelle une **endotoxine** parce qu'il est fixé à la bactérie et libéré lorsque celle-ci se lyse (**encadré 34.1**). Une certaine quantité est également libérée pendant la multiplication bactérienne. L'élément toxique du LPS est la partie lipidique appelée lipide A. Il n'a pas une structure macromoléculaire unique mais il semble former un ensemble complexe de résidus lipidiques. Le lipide A montre toutes les propriétés (voir la caractéristique 5 p. 801) associées à l'endotoxicité et à la bactériémie Gram-négative. La paroi des bactéries Gram-négatives (*pp. 58-60).*

Figure 34.6   Deux sous-types d'exotoxines désorganisatrices de membrane. (**a**) Type d'exotoxine formant un canal (un pore) : elle s'insère dans la membrane normale de la cellule hôte et fait un canal ouvert. La formation de multiples pores conduit à la perte de cytoplasme et à l'entrée de l'eau ; la cellule se lyse et meurt. (**b**) Exotoxine phospholipasique : elle hydrolyse les phospholipides et détruit l'intégrité de la membrane. (**c**) L'exotoxine enlève les groupes terminaux polaires chargés des phospholipides de la membrane de la cellule hôte : elle déstabilise la membrane et entraîne la lyse de la cellule.

Encadré 34.1

Détection et élimination des endotoxines

Les endotoxines bactériennes posèrent, pendant des années, des problèmes à l'industrie pharmaceutique et aux producteurs d'équipements à usage médical. En effet, l'administration de médicaments contaminés par des endotoxines peut provoquer des complications allant jusqu'à la mort des patients. Plus récemment, les endotoxines constituèrent un problème pour les personnes et les firmes utilisant des cultures de cellules et des techniques de génie génétique. Cela a conduit au développement de tests et de méthodes sensibles d'identification et d'élimination de ces endotoxines. Les méthodes doivent être très sensibles aux faibles concentrations en endotoxine. La plupart des firmes ont établi une limite maximale de 0,25 **unité d'endotoxine** (U.E), soit 0,025 ng/ml au moins, comme standard de mise en vente de leurs médicaments, de leurs milieux ou de leurs produits.

Une des méthodes très précises de dosage des endotoxines est la technique du lysat d'amoebocytes de limule (LAL). Cette technique est basée sur le principe de la formation d'un caillot gélatineux lorsqu'une endotoxine entre en contact avec une protéine de coagulation des amoebocytes de limule. Les trousses de dosage, disponibles actuellement, contiennent du calcium, de la précoagulase et du procoagulogène. La précoagulase est activée par l'endotoxine bactérienne et par le calcium pour former une coagulase active (**figure de l'encadré**). L'enzyme active catalyse ensuite le clivage du procoagulogène en sous-unités polypeptidiques (coagulogène). Les sous-unités s'unissent par des ponts disulfure pour former le caillot gélatineux. C'est par spectrophotométrie que l'on mesure la protéine précipitée par le lysat. Le test LAL est sensible à l'échelle du nanogramme mais doit être standardisé au moyen d'étalons d'endotoxine de référence. Les résultats sont exprimés en UE/ml en mentionnant le type d'étalon utilisé.

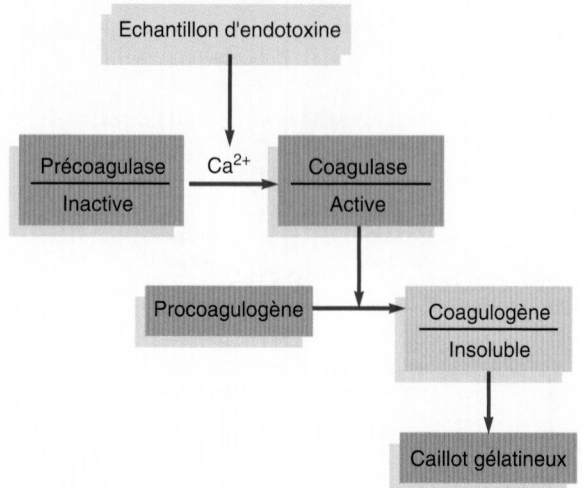

L'élimination des endotoxines est plus complexe que leur détection. Un chauffage du matériel à 250°C pendant 30 minutes peut inactiver celles qui sont présentes sur la verrerie ou sur les équipements à usage médical. Celles qui sont en solution varient en taille, depuis des molécules d'une masse moléculaire de 20.000 jusqu'à de grands agrégats d'un diamètre atteignant 0,1 μm. On ne peut, de ce fait, les éliminer par des systèmes conventionnels. Les fabricants développent actuellement des systèmes de filtration spéciaux et des cartouches de filtration qui retiennent ces endotoxines et aident à résoudre le problème de la contamination.

Figure 34.7 Rôles des exotoxines dans le développement des maladies. Les exotoxines bactériennes contribuent de trois manières différentes à la progression d'une maladie chez l'homme.

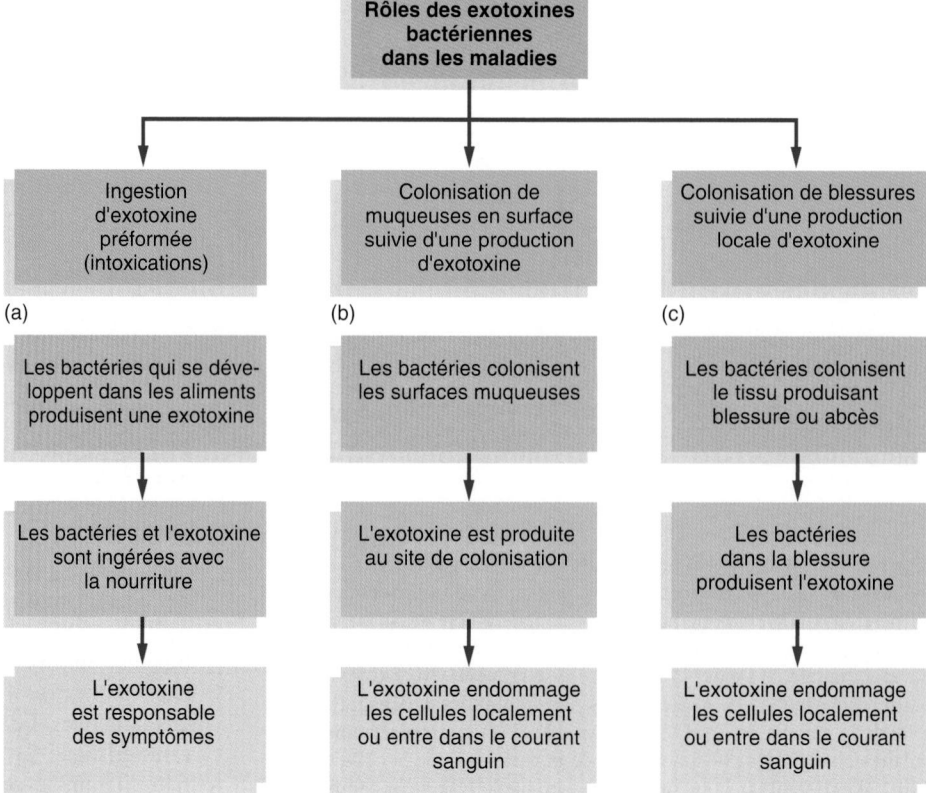

En plus des caractéristiques précédentes, les endotoxines sont :

1. thermostables ;
2. toxiques uniquement aux concentrations élevées (quantités de l'ordre du milligramme par kg) ;
3. faiblement immunogènes ;
4. généralement semblables quelle qu'en soit l'origine ;
5. habituellement capables d'induire des effets systémiques : de la fièvre (pyrogène), un état de choc, une coagulation sanguine, un état de faiblesse, une diarrhée, une inflammation, une hémorragie intestinale et une fibrinolyse (une dégradation enzymatique de la fibrine, le constituant protéique principal des caillots sanguins).

Les caractéristiques des endo et des exotoxines sont comparées dans le tableau 34.5.

L'effet biologique principal des LPS est indirect, se faisant plutôt via des systèmes ou des molécules de l'hôte que par le LPS lui-même. Par exemple, les endotoxines activent d'abord le facteur de Hageman (facteur de coagulation XII) qui, à son tour, active jusqu'à quatre systèmes humoraux : les systèmes de coagulation, du complément, de fibrinolyse et kininogène.

Les endotoxines des organismes Gram-négatifs induisent également indirectement une fièvre chez l'hôte en incitant les macrophages à libérer des **pyrogènes endogènes** qui perturbent le thermostat hypothalamique. Des résultats récents indiquent qu'un pyrogène endogène important est une lymphokine, l'interleukine-1 (figure 31.19). D'autres cytokines libérées par les macrophages, telles que le facteur nécrosant des tumeurs (TNF), déclenchent également de la fièvre.

On a acquis récemment la preuve que le LPS affecte les macrophages et les monocytes en se fixant à des protéines plasmatiques particulières appelées **protéines fixant le LPS**. Le complexe LPS + protéines fixant le LPS s'attache alors à des récepteurs présents sur les monocytes, les macrophages et d'autres cellules. Ceci déclenche une suite d'évènements dont la production des cytokines IL-1-IL-6 et TNF (tumor necrosis factor). L'IL-1 et le TNF sont pyrogènes et favorisent aussi d'autres effets de l'endotoxine : l'activation du complément, la coagulation, la synthèse des prostaglandines, etc.

---

1. Décrivez la structure chimique de l'endotoxine lipopolysaccharidique.
2. Citez quelques caractéristiques générales des endotoxines.
3. Comment les endotoxines des bactéries Gram-négatives induisent-elles de la fièvre chez un mammifère ?

34.4 Les mécanismes microbiens pour échapper aux défenses de l'hôte

Jusqu'à présent, nous avons vu comment les virus et les bactéries pathogènes rendent leur hôte malade. Cependant au cours de l'évolution des micro-organismes et des humains, ces agents pathogènes ont acquis des moyens d'échapper aux défenses de l'hôte. On trouve ces mécanismes partout dans le monde microbien, quelques-uns sont présentés ici.

Mécanismes viraux

Comme on l'a déjà vu, la pathologie résultant d'une infection virale est due soit (1) à la réponse immunitaire de l'hôte qui attaque les cellules virosées ou produit des réactions d'hypersensibilité (*voir section 33.2*) soit (2) directement à la multiplication du virus dans les cellules de l'hôte. Pour supprimer ou dévier les défenses immunitaires de l'hôte, les virus ont développé des mécanismes qui sont maintenant reconnus grâce à la génomique et à l'analyse fonctionnelle des produits de gènes spécifiques. Voici quelques exemples.

Certains virus, comme le virus de l'influenza, modifient par mutation des sites antigéniques sur les protéines virales. C'est la dérive antigénique. D'autres, comme le virus de l'herpès, diminuent le niveau d'expression des protéines virales localisées à la surface cellulaire. D'autres encore comme le virus du SIDA, infectent les cellules (T) du système immunitaire et donc diminuent l'efficacité de celui-ci.

HIV ainsi que le virus de la rougeole et le cytomégalovirus induisent la fusion cellulaire. De cette façon les virus se déplacent d'une cellule infectée dans une cellule non infectée sans s'exposer aux anticorps de l'hôte. Le virus de l'herpès peut infecter des neurones qui expriment peu ou pas les molécules du complexe majeur d'histocompatibilité (*voir section 34.2*). Les adenovirus produisent des protéines qui inhibent la fonction du complexe majeur d'histocompatibilité. Enfin, les cellules infectées par le virus de l'hépatite B synthétisent en grandes quantités des protéines qui ne font pas partie du virus complet. Ces antigènes fixent les anticorps neutralisants disponibles (*voir section 36.2*). Ceci rend insuffisante la quantité d'anticorps libres capables de se fixer aux virus complets.

Mécanismes bactériens

Les bactéries possèdent aussi des moyens de résister aux défenses de l'hôte. Les bactéries n'ont intérêt ni à la mort de leur hôte ni à leur propre mort, ainsi leur stratégie de survie sera de se protéger contre les défenses de l'hôte plutôt que de détruire cet hôte. Voici quelques exemples de ces mécanismes de résistance.

Échapper au système du complément

Pour se soustraire à l'action du complément, certaines bactéries sont entourées de capsules (voir figure du début de chapitre) qui empêchent l'activation du complément. Chez certaines bactéries Gram-négatives, les chaînes O du lipooligosaccharide sont allongées ce qui aussi prévient l'activation du complément. D'autres, comme *Neisseria gonorrhoeae* développent une **résistance au sérum**. Ces bactéries possèdent en surface des lipooligosaccharides modifiés qui interfèrent avec la formation correcte du complexe d'attaque membranaire (*voir figure 31.14*) au cours de la cascade du complément. Les formes virulentes de *N. gonorrhœae* ont cette résisatnce, elles sont capables de se répandre dans tout le corps de l'hôte et de causer une maladie systémique. Au contraire, les souches de *N. gonorrhœae* qui sont dépourvues de la résistance au sérum, restent localisées au tractus génital. Activation du complément *(pp. 714-18, 758-59)*

Résister à la phagocytose

Nous l'avons déjà dit, pour qu'un phagocyte puisse ingérer une bactérie, il faut d'abord qu'il entre en contact direct avec la surface de cette bactérie. Des bactéries comme *Streptococcus pneumoniae*, *Neisseria meningitidis* et *Haemophilus influenzae* sécrètent une capsule mucoïde glissante qui empêche le contact effectif du phagocyte avec la bactérie. D'autres bactéries produisent des protéines superficielles particulières, comme la protéine M de *S. pyogenes* qui empêchent l'adhérence à la cellule phagocytaire.

Certaines bactéries pathogènes résistent à la phagocytose par des moyens tout à fait différents. Ainsi, *Staphylococcus* synthétise des leucocidines qui détruisent les phagocytes avant qu'ils ne puissent agir. *Streptococcus pyogenes* libère une protéase qui clive le facteur du complément C5a et ainsi inhibe la propriété du complément d'attirer les phagocytes vers la zone infectée.

Survivre dans le phagocyte

Certaines bactéries ont acquis la capacité de survivre à l'intérieur des neutrophiles, des monocytes et des macrophages. Ces agents sont très pathogènes car ils sont inaccessibles au mécanisme majeur de protection de l'hôte. Une voie de résistance, utilisée par *Listeria monocytogenes*, *Shigella* et *Rickettsia*, est de s'échapper du phagosome avant qu'il ne fusionne avec le lysosome. Une autre voie, est de résister aux substances toxiques libérées dans le phagolysosome après la fusion. Un bon exemple de ceci est *Mycobacterium tuberculosis* qui grâce à sa couche externe cireuse, résiste aux enzymes lysosomiales. D'autres bactéries encore, comme *Chlamydia*, empêchent la fusion du phagosome avec le lysosome. La phagocytose *(p. 718-20)*

Échapper à la réponse immunitaire

Pour échapper à la réponse immunitaire spécifique, des bactéries, comme *Streptococcus pyogenes* forment des capsules qui ne sont pas antigéniques car elles ressemblent à des molécules de l'hôte. *Neisseria gonorrhoeae* a deux mécanismes pour échapper au système immunitaire : (1) les pili varient génétiquement (variation de phase) de sorte que les anticorps spécifiques ne reconnaissent plus les pili nouveaux et la bactérie est capable d'adhérer aux tissus de l'hôte. (2) elle produit des protéases d'IgA qui détruisent les IgA secrétoires et permettent l'adhérence. Enfin, certaines bactéries synthétisent des protéines qui interfèrent avec le processus d'opsonisation *(voir figure 31.15)* en se fixant à la partie Fc des immunoglobulines ; c'est le cas de la protéine A staphylococcique et de la protéine G de *Streptococcus pyogenes*.

---

1. Décrivez des mécanismes par lesquels les virus peuvent se soustraire aux défenses de l'hôte.
2. Comment les bactéries échappent-elles au système du complément ? à la phagocytose ? à la réponse immunitaire ?

Résumé

1. Le parasitisme est un type d'association entre deux espèces dans laquelle le plus petit organisme est physiologiquement dépendant du plus grand, dénommé l'hôte. L'organisme parasite porte habituellement préjudice d'une certaine manière à son hôte.

2. Une infection est la colonisation de l'hôte par un organisme parasite. Une maladie infectieuse est le résultat de l'interaction entre l'organisme parasite et son hôte (**figure 34.1**), changeant l'état de bonne santé de l'hôte en un état maladif. Tout organisme produisant une maladie est dit pathogène.

3. Le pouvoir pathogène fait référence à la qualité ou à la capacité d'un organisme d'induire des changements pathologiques ou une maladie. La virulence se rapporte au degré ou à l'intensité du pouvoir pathogène d'un organisme et est mesurée expérimentalement par la DL_{50} ou la DI_{50} (**figure 34.2**).

4. Le processus de base d'une infection virale est la réalisation du cycle de réplication du virus dans la cellule hôte. Pour donner une maladie, le virus doit pénétrer dans l'hôte, entrer en contact avec les cellules sensibles, se multiplier, se répandre dans les cellules adjacentes, endommager les cellules, et induire une réponse immunitaire. Il doit soit être éliminé du corps de l'hôte, soit établir une infection persistante soit tuer l'hôte. Il doit enfin retourner dans l'environnement.

5. Les agents pathogènes ou leurs produits peuvent être transmis à un hôte par des moyens directs ou indirects. La transmissibilité est l'exigence initiale dans l'implantation d'une maladie infectieuse.

6. Des facteurs spéciaux d'adhérence (**tableau 34.3**) permettent la fixation des agents pathogènes à des sites récepteurs spécifiques sur les cellules de l'hôte et la colonisation de ce dernier (**figure 34.3**).

7. Les parasites pathogènes peuvent pénétrer dans les cellules de l'hôte par des mécanismes actifs et passifs. À l'intérieur, ils sont capables de produire des substances et/ou des enzymes spécifiques qui favorisent la dissémination à travers le corps de l'hôte. Ceux-ci sont appelés facteurs de virulence (**tableau 34.4**).

8. L'agent pathogène recherche généralement la région du corps de l'hôte qui offre les conditions les plus favorables pour sa croissance et sa multiplication.

9. Une conséquence importante de la conservation des gènes chromosomiques est que les bactéries sont clonales. Pour la plupart des bactéries pathogènes, il n'existe seulement que quelques clones dans l'environnement.

10. Au cours de la coévolution avec leurs hôtes humains, certaines bactéries pathogènes ont acquis des mécanismes complexes de transmission de signal pour réguler l'expression des gènes nécessaires à la virulence.

11. Beaucoup de bactéries sont pathogènes parce qu'elles possèdent de longues séquences d'ADN appelées « îlots de pathogénicité » et qui portent les gènes responsables de la virulence.

12. Les intoxications sont des maladies résultant de l'entrée d'une toxine spécifique dans l'hôte. La toxine peut induire la maladie en l'absence de l'organisme toxinogène. On répartit les toxines produites par les organismes parasites en deux grandes catégories : les exotoxines et les endotoxines (**tableau 34.5**).

13. Les exotoxines sont des protéines toxiques solubles, thermolabiles, produites au cours du métabolisme normal de l'agent pathogène. Elles ont des effets très spécifiques et peuvent être cataloguées en neurotoxines, cytotoxines ou entérotoxines. La plupart des exotoxines répondent au modèle AB dans lequel la sous-unité ou fragment A est enzymatique et la sous-unité ou fragment B est la partie fixatrice (**tableau 34.6**). Il existe plusieurs mécanismes grâce auxquels le composant A entre dans les cellules cibles (**figure 34.5**).

14. Les exotoxines sont de quatre types : (a) les toxines AB, (b) les toxines site-spécifiques (neurotoxines, entérotoxines et cytotoxines), (c) les toxines désorganisatrices de membrane (leucocidines, hémolysines et phospholipases) et (d) les superantigènes.

15. Les exotoxines bactériennes donnent des maladies chez l'homme par trois mécanismes principaux (a) l'ingestion d'une exotoxine déjà synthétisée, (b) la colonisation en surface d'une muqueuse suivie de la production de l'exotoxine et (c) la colonisation d'une blessure suivie de la production locale d'exotoxine.

16. Les endotoxines sont des substances toxiques, thermostables, faisant partie du lipopolysaccharide pariétal de certaines bactéries Gram-négatives. La plupart des endotoxines agissent en activant, au départ, le facteur de Hageman qui, à son tour, active un à quatre systèmes humoraux. Il s'agit de la cascade intrinsèque de la coagulation sanguine, de l'activation du complément, du système fibrinolytique et du

système kininogène. Les endotoxines stimulent également la libération par les macrophages de cytokines telles que IL-1, IL-6 et TNF-α.

17. Au cours de leur évolution avec l'homme, des agents pathogènes ont acquis des moyens d'échapper aux défenses de l'hôte. Des virus peuvent supprimer les défenses immunitaires ou leur résister. Des bactéries sont capables de résister au système du complément, à la phagocytose et à la réponse immunitaire.

Mots-clés

agent pathogène primaire *789*

anatoxine *796*

adhésine *792*

antitoxine *796*

bactériémie *793*

colonisation *792*

cytotoxine *797*

dose infectieuse 50 (DI$_{50}$) *790*

dose létale 50 (DL$_{50}$) *790*

ectoparasite *788*

endoparasite *789*

endotoxine *799*

entérotoxine *797*

exotoxine *794*

exotoxine désorganisatrice de membrane *797*

facteur de virulence *792*

hémolyse α *797*

hémolyse β *797*

hémolysine *797*

hôte *788*

hôte final *789*

hôte intermédiaire *789*

hôte réservoir *789*

hôte vecteur *789*

« îlot de pathogénicité » *794*

immunopathologie *790*

infection *789*

intoxication *794*

leucocidine *797*

maladie infectieuse *789*

neurotoxine *797*

organisme parasite *788*

parasite *788*

parasitisme *788*

pathogène *790*

pathogène opportuniste *789*

phospholipase *797*

potentiel pathogène *790*

pouvoir pathogène *789*

pouvoir infectieux *790*

pouvoir invasif *790*

pouvoir toxinogène *790*

protéine fixant le LPS *801*

pyrogène endogène *801*

réservoir *791*

résistance au sérum *801*

septicémie *793*

streptolysine O (SLO) *797*

streptolysine S (SLS) *797*

système sécrétoire de type III *794*

toxémie *794*

toxine *797*

toxine AB *797*

tropisme *791*

unité d'endotoxine (UE) *800*

vecteur *791*

vecteur inanimé *792*

virémie *791*

virulence *790*

Questions de révision

1. En général, les maladies infectieuses fatales sont des relations récemment établies entre l'organisme parasite et l'hôte. Pourquoi en est-il ainsi ?

2. Que requiert un organisme pour être un parasite ?

3. Quels facteurs d'une bactérie parasite déterminent la capacité de coloniser et d'envahir l'hôte ?

4. Quelle est la signification de la nature clonale des bactéries pathogènes ?

5. Comment certaines bactéries régulent-elles leurs facteurs de virulence ?

6. Décrivez un « îlot de pathogénicité » ?

7. Quels sont les quatre types d'exotoxines selon leur structure et leurs activités physiologiques ?

8. En quoi diffèrent les propriétés générales des endotoxines et des exotoxines ?

9. Comment certains virus échappent-ils aux défenses de l'hôte humain ? Comment le font certaines bactéries ?

Questions de réflexion

1. Comment expliquez-vous que différents agents pathogènes infectent différentes parties de l'hôte ?

2. Les infections par des bactéries intracellulaires présentent pour l'hôte des difficultés particulières. Pourquoi est-il plus difficile de se défendre contre ces infections que contre des infections virales ou des infections par des bactéries extracellulaires ?

Lectures complémentaires

Généralités

Ayoub, E. M., éd. 1990. *Microbial determinants of virulence and host response.* Washington, D.C.: ASM Press.

Clark, V. 1994. *Bacterial pathogenesis: Identification and regulation of virulence factors.* San Diego, Calif. Academic Press.

Ewald, P. 1994. *Evolution of infectious diseases.* New York: Oxford University Press.

Falkow, S. 1997. What is a pathogen ? *ASM News* 63(7):359–65.

Finlay, B. B., et Falkow, S. 1997. Common themes in microbial pathogenicity revisited. *Microbiol. Mol. Biol. Rev.* 61(2):136–69.

Groisman, E., et Ochman, H. 1994. How to become a pathogen. *Trends in Microbiol.* 2(8):289–93.

Groisman, E. A., et Ochman, H. 1996. Pathogenicity islands: Bacterial evolution in quantum leaps. *Cell* 87:791–94.

Hoeprich, P. D.; Jordan, M.; et Ronald, A. 1994. *Infectious diseases: A treatise of infectious processes.* Philadelphia: J. B. Lippincott Company.

Lee, C. 1996. Pathogenicity islands and the evolution of bacterial pathogens. *Infect. Agents Dis.* 5:1–7.

Ofek, I., et Doyle, R. 1994. *Bacterial adhesion to cells and tissues.* New York: Chapman & Hall.

Roth, J.; Bolin, C.; Brogden, K.; Minion, F.; et Wannemuehler, M. 1995. *Virulence mechanisms of bacterial pathogenesis.* Washington, D.C.: ASM Press.

Salyers, A., et Whitt, D. 1994. *Bacterial pathogenesis: A molecular approach.* Washington, D.C.: ASM Press.

34.1 Les relations hôte-parasite

Ewald, P. W. 1993. L'évolution de la virulence. *Pour la Science*, 188, 90-97.

Hacker, J., et Kaper, J. B. 2000. Pathogenicity islands and the evolution of microbes. *Annu. Rev. Microbiol.* 54:641–79.

Isenberg, H. D. 1988. Pathogenicity and virulence: Another view. *Clin. Microbiol. Rev.* 1(1):40–53.

Kaper, J., et Hacker, J. 1999. *Pathogenicity islands and other mobile virulence elements*. Washington, D.C.: ASM Press.

Toft, C. A. 1991. *Parasite-host associations: Coexistence or conflict?* New York: Oxford University Press.

34.2 La pathogénie des maladies virales

Flint, S. J., et al. 1999. *Principles of virology: Molecular biology, pathogenesis, and control*. Washington, D.C.: ASM Press.

Tyler, K., et Fields, B. 1996. Pathogenesis of viral infections. In *Fields' virology*, 3ᵉ éd., B. N. Fields, et al., éd. Philadelphia: Lippincott-Raven.

34.3 La pathogénie des maladies bactériennes

Brogden, K. A.; Roth, J. A.; Stanton, T. B.; Bolin, C. A.; Minion, F. C.; et Wannemuehler, M. J., éd. 2000. *Virulence mechanisms of bacterial pathogens*, 3ᵉ éd. Herndon, Virginia: ASM Press.

Brubaker, R. R. 1985. Mechanisms of bacterial virulence. *Annu. Rev. Microbiol.* 39: 21–50.

Eidels, L. R. L., et Hart, D. A. 1983. Membrane receptors for bacterial toxins. *Microbiol. Rev.* 47:596–614.

Gao, L.-Y, et Kwaik, Y. A. 2000. The modulation of host cell apoptosis by intracellular bacterial pathogens. *Trends Microbiol.* 8(7):306–13.

Gill, D. M. 1982. Bacterial toxins: A table of lethal amounts. *Microbiol. Rev.* 46:86–88.

Hueck, C. 1998. Type III protein secretion systems in bacterial pathogens of animals and plants. *Microbiol. Mol. Biol. Rev.* 62(2):379–433.

Johnson, J. R. 1991. Virulence factors in *Escherichia coli* urinary tract infection. *Clin. Microbiol. Rev.* 4(1):80–128.

Krueger, K. M., et Barbieri, J. T. 1995. The family of bacterial ADP-ribosylating exotoxins. *Clin. Microbiol. Rev.* 8(1):34–47.

Mitchell, T. J.; Godfree, A. F.; et Stewart-Tull, D. E. S., editors. 1998. *Toxins*, The Society for Applied Microbiology Symposium Series No. 27. *J. Appl. Microbiol. Symp. Suppl.* 84 (entire issue).

Moss, J., et Vaughan, M. 1990. *ADP-ribosylating toxins and G proteins*. Washington, D.C.: ASM Press.

Rietschel, E. T., et Brade, H. 1992. Les endotoxines bactériennes. *Pour la Sciences*, 180, 48-55.

Schantz, E. J., et Johnson, E. A. 1992. Properties and use of botulinum toxin and other microbial neurotoxins in medicine. *Microbiol. Rev.* 56(1):80–99.

Schmitt, C. 1999. Bacterial toxins: Friends or foes? *Emerg. Infect. Dis.* 5(2):224–33.

Sears, C. L., et Kaper, J. B. 1996. Enteric bacterial toxins: Mechanisms of action and linkage to intestinal secretion. *Microbiol. Rev.* 60(1):167–215.

Sokurenko, E., et al. 1999. Photoadaptative mutations: Gene loss and variation in bacterial pathogens. *Trends Microbiol.* 7(5):191–95.

Spangler, B. D. 1992. Structure and function of cholera toxin and the related *Escherichia coli* heat-labile enterotoxin. *Microbiol. Rev.* 56(4):622–47.

Stanley, P. ; Koronakis, V.; et Hughes, C. 1998. Acylation of *Escherichia coli* hemolysin: A unique protein lipidation mechanism underlying toxin function. *Microbiol. Mol. Biol. Rev.* 62(2):309–33.

Waters, V. L., et Crosa, J. H. 1991. Colicin V virulence plasmids. *Microbiol. Rev.* 55(3):437–50.

34.4 Les mécanismes microbiens pour échapper aux défenses de l'hôte

Alcami, A., et Koszinowski, U. H. 2000. Viral mechanisms of immune evasion. *Trends Microbiol.* 8(9):410–18.

Stephens, R. 1999. *Chlamydia: Intracellular biology, pathogenesis, and immunity*. Washington, D.C.: ASM Press.

Sinai, A., et K. Joiner. 1997. Safe haven: The cell biology of nonfusogenic pathogen vacuoles. *Annu. Rev. Microbiol.* 51:415–62.

CHAPITRE 35

La chimiothérapie antimicrobienne

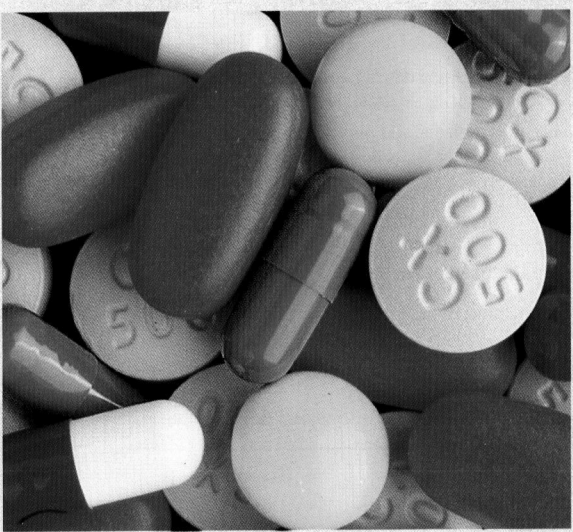

De nombreux médicaments antimicrobiens sont disponibles pour combattre les infections.

Plan

Concepts

1. De nombreuses maladies sont traitées au moyen d'agents chimiothérapeutiques tels que les antibiotiques qui inhibent ou tuent l'organisme pathogène en nuisant le moins possible à l'hôte.

2. Idéalement, les substances antimicrobiennes perturbent les processus ou les structures qui diffèrent chez le microbe et chez l'hôte. Ils endommagent les agents pathogènes en entravant la synthèse de la paroi bactérienne, en inhibant la synthèse des protéines et des acides nucléiques microbiens ou en bloquant les voies métaboliques par l'inhibition d'enzymes-clés.

3. L'efficacité des agents chimiothérapeutiques dépend de nombreux facteurs : la voie d'administration et la localisation de l'infection, la présence de substances interférentes, la concentration de l'agent dans le corps, la nature du micro-organisme pathogène, l'existence d'allergies à l'agent et la résistance des micro-organismes à l'agent.

4. L'augmentation du nombre et de la variété des organismes pathogènes résistants aux antibiotiques est un problème de santé publique important.

5. Bien que la chimiothérapie antibactérienne soit plus développée, on observe un accroissement du nombre de produits destinés au traitement des infections fongiques et virales.

La connaissance de la grande abondance et de la large distribution des actinomycètes, vieille de trois décennies, et la reconnaissance de l'importante activité de ce groupe d'organismes contre d'autres, me conduisirent en 1939 à entreprendre une étude systématique de leur capacité à produire des antibiotiques.

— *Selman A. Waksman*

L e contrôle des micro-organismes est essentiel à la prévention et au traitement des maladies. Le chapitre 7 concerne principalement les agents chimiques et physiques utilisés pour traiter des objets inanimés dans le but de détruire les micro-organismes ou d'inhiber leur croissance. En outre, l'utilisation des antiseptiques y est brièvement passée en revue. Les micro-organismes se développent également sur et dans d'autres organismes et la colonisation microbienne peut conduire à la maladie, à l'invalidité et à la mort. En conséquence, le contrôle ou la destruction de micro-organismes résidant dans le corps humain ou animal est très important.

Lorsqu'on désinfecte ou stérilise un objet inanimé, on doit, bien entendu, utiliser des méthodes qui n'endommagent pas l'objet lui-même. Il en est de même pour le traitement d'hôtes vivants. Les substances les plus efficaces interfèrent avec des processus qui diffèrent chez l'agent pathogène et chez l'hôte et elles portent sérieusement atteinte au micro-organisme cible en agressant le moins possible son hôte. Ce chapitre introduit les principes de la chimiothérapie et passe brièvement en revue les caractéristiques d'une sélection de substances antibactériennes, antifongiques et antivirales.

La médecine moderne dépend des **agents chimiothérapeutiques**, agents chimiques employés pour le traitement des maladies. Les agents chimiothérapeutiques tuent les micro-organismes pathogènes en inhibant leur développement à des concentrations suffisamment faibles pour éviter d'occasionner des dommages chez l'hôte. La plupart de ces agents sont des **antibiotiques** (du grec *anti*, contre et *bios*, la vie), des produits microbiens ou leurs dérivés, capables de tuer les micro-organismes sensibles ou d'inhiber leur croissance. Des substances comme les sulfamides sont parfois désignées comme des antibiotiques bien qu'il s'agisse d'agents chimiothérapeutiques synthétiques d'origine non microbienne.

35.1   Le développement de la chimiothérapie

L'ère moderne de la chimiothérapie débuta avec les travaux du médecin allemand Paul Ehrlich (1854-1915). Ehrlich pensa qu'une substance chimique ayant une toxicité sélective, qui tuerait les agents pathogènes et non les cellules humaines, pourrait être efficace dans le traitement des maladies. Il espérait trouver une molécule de colorant toxique, un « boulet magique », qui se fixerait spécifiquement aux microbes pathogènes et les détruirait ; c'est pourquoi il commença à expérimenter les colorants. Dès 1904, Ehrlich observa que le rouge de Trypan était actif et pouvait être utilisé comme agent thérapeutique contre le trypanosome responsable de la maladie du sommeil en Afrique (*voir figure 27.3*). Plus tard, Ehrlich et un jeune scientifique japonais Sahachiro Hata, testèrent divers dérivés arsénicaux sur des lapins infectés par la syphilis et notèrent que le composé 606, l'arsphénamine, était actif contre le spirochète de la syphilis (*voir figure 21.15b*). L'arsphénamine fut commercialisée en 1910 sous le nom de Salvarsan. Les succès d'Ehrlich dans la chimiothérapie de la maladie du sommeil et de la syphilis démontrèrent son concept de la toxicité sélective et conduisirent aux essais de centaines de composés pour leur potentiel thérapeutique.

En 1927, le géant de l'industrie chimique allemande, IG. Farbenindustrie, entreprit, sous la direction de Gerhard Domagk, une recherche à long terme d'agents chimiothérapeutiques. La société fournit un grand nombre de colorants et d'autres produits chimiques que Domagk testa pour leur activité contre des bactéries pathogènes et pour leur toxicité chez les animaux. Au cours de cet examen systématique, Domagk découvrit que le rouge Prontosil, un nouveau colorant du cuir, était non toxique pour les animaux et protégeait totalement les souris contre les streptocoques et les staphylocoques pathogènes. Ces résultats furent publiés en 1935 et au cours de la même année, les scientifiques français Jacques et Thérèse Tréfouel montrèrent que le rouge Prontosil était converti dans le corps en sulfanilamide, le véritable facteur actif. Domagk avait réellement trouvé les sulfamidés et il reçut le prix Nobel en 1939 pour sa découverte.

L'histoire de la découverte et du développement de la pénicilline, le premier antibiotique à usage thérapeutique, est complexe et fascinante. La pénicilline fut réellement découverte en 1896 par un étudiant en médecine français âgé de 21 ans, Ernest Duchesne, mais son travail fut oublié et la pénicilline fut redécouverte et portée à l'attention des scientifiques par le médecin écossais, Alexander Fleming. Fleming voulait trouver quelque chose qui pût détruire les bactéries pathogènes depuis qu'il avait travaillé sur les infections des blessures durant la première guerre mondiale. Un jour de septembre 1928, une spore de *Penicillium notatum* tomba accidentellement sur la surface d'une boîte de Petri ouverte, avant que celle-ci ne fût inoculée avec des staphylocoques. Une nouvelle ère était née. Les événements précis sont encore confus mais, Ronald Hare émit l'hypothèse que Fleming laissa la boîte contaminée sur une table de laboratoire pendant ses vacances. Comme les premiers jours de cette période furent frais, la moisissure se développa plus rapidement que la bactérie et produisit de la pénicilline. Quand le temps se réchauffa, les bactéries commencèrent à se multiplier et furent lysées. À son retour, Fleming nota qu'une colonie de *Penicillium* s'était développée sur un bord et que les staphylocoques l'entourant avaient été détruits. Plutôt que de se débarrasser de la boîte contaminée, il déduisit correctement que la moisissure contaminante produisait une substance diffusible létale pour les staphylocoques. Il entreprit de caractériser ce qu'il appela

Encadré 35.1

Les antibiotiques dans la recherche en microbiologique

L'utilisation des antibiotiques dans le traitement de la maladie est soulignée dans ce chapitre, mais il faut dire aussi que les antibiotiques sont des outils de recherche extrêmement importants. Ils facilitent par exemple, la multiplication des virus en empêchant les contaminations bactériennes. Lors de l'inoculation des oeufs avec un échantillon de virus, on inclut souvent des antibiotiques dans l'inoculum pour préserver la stérilité. On ajoute également un mélange d'antibiotiques (ex : pénicilline, amphotéricine et streptomycine) aux cultures de tissus utilisées notamment pour la propagation de virus.

Les chercheurs emploient souvent les antibiotiques comme instruments pour disséquer les processus métaboliques par inhibition ou blocage d'étapes spécifiques et par l'observation des conséquences. Une toxicité sélective est critique lors de l'emploi thérapeutique des antibiotiques, mais une toxicité spécifique est plus importante dans ce contexte-ci : l'antibiotique doit agir selon un mécanisme spécifique et parfaitement connu. Un agent antimicrobien utile en clinique tel que la pénicilline peut être parfois utilisé en recherche, mais souvent, un agent possédant une toxicité spécifique et un excellent potentiel en recherche est trop toxique pour une utilisation thérapeutique. Les actinomycines, découvertes en 1940 par Selman Waksman, sont un cas d'espèce. Elles sont tellement toxiques pour les organismes supérieurs qu'on suggéra de les utiliser comme raticide. De nos jours, l'actinomycine D est un ou-

til de recherche standard spécifiquement utilisé pour inhiber la synthèse des ARN. D'autres exemples d'antibiotiques utiles en recherche et, entre parenthèses, les processus métaboliques cibles sont les suivants : le chloramphénicol (synthèse protéique bactérienne), la cyclosérine (synthèse du peptidoglycane), l'acide nalidixique et la novobiocine (synthèse de l'ADN bactérien), la rifampine (synthèse de l'ARN bactérien), la cycloheximide (synthèse protéique eucaryote), la daunomycine (synthèse de l'ARN fongique), la mitomycine C (synthèse de l'ADN), la polyoxine D (synthèse de la chitine pariétale fongique) et la cérulénine (synthèse des acides gras).

En pratique, on administre l'antibiotique et on contrôle les modifications de la fonction cellulaire. Si l'on voulait étudier la relation entre la synthèse des flagelles bactériens et la transcription de l'ARN, on pourrait éliminer les flagelles par une agitation très rapide dans un mixeur et ajouter de l'actinomycine D au mélange d'incubation. La régénération des flagelles serait observée dans la culture bactérienne en absence de synthèse d'ARN. On doit interpréter les résultats de ces expériences avec prudence. La synthèse des flagelles peut avoir été bloquée parce que l'actinomycine D a inhibé d'autres processus, affectant ainsi indirectement la régénération des flagelles plutôt qu'en inhibant simplement la transcription d'un gène requis pour la synthèse des flagelles. En outre, tous les micro-organismes ne répondent pas de la même manière à une substance donnée.

---

la pénicilline. Il trouva que le bouillon d'une culture de *Penicillium* contenait de la pénicilline et que l'antibiotique pouvait détruire nombre de bactéries pathogènes. Malheureusement, les expériences suivantes de Fleming le convainquirent que la pénicilline ne pouvait rester active dans le corps suffisamment longtemps après une injection pour détruire les bactéries pathogènes. Après avoir fait un exposé sur la pénicilline et avoir publié plusieurs articles sur le sujet entre 1929 et 1931, il abandonna cette recherche.

En 1939, Howard Florey, un professeur de pathologie à l'Université d'Oxford, était occupé à tester l'activité bactéricide de nombreuses substances y compris le lysozyme et les sulfamides. Après avoir lu l'article de Fleming sur la pénicilline, un des collaborateurs de Florey, Ernest Chain, obtint la culture de *Penicillum notatum* de Fleming et entreprit de la cultiver et de purifier la pénicilline. Florey et Chain furent grandement aidés en cela par le biochimiste Norman Heatley. Heatley conçut les techniques originales de dosage, de culture et de purification nécessaires à produire la pénicilline brute pour d'autres expérimentations. Lorsque la pénicilline purifiée fut injectée à des souris infectées par des streptocoques ou des staphylocoques, presque toutes les souris survécurent. Le succès de Florey et Chain fut publié en 1940 et les essais subséquents chez l'homme furent également couronnés de succès. Fleming, Florey et Chain reçurent le prix Nobel en 1945 pour la découverte et la production de la pénicilline.

La découverte de la pénicilline stimula la recherche d'autres antibiotiques. Selman Waksman annonça en 1944 qu'il avait trouvé un nouvel antibiotique, la streptomycine, produit par l'actinomycète *Streptomyces griseus*. Cette découverte fut faite après l'examen sélectif patient d'environ 10.000 souches de bactéries et de mycètes du sol. Waksman reçut le prix Nobel en 1952 et son succès conduisit à la recherche, dans le monde entier, d'autres micro-organismes du sol producteurs d'antibiotique. Des micro-organismes producteurs de chloramphénicol, de néomycine, de terramycine et de tétracycline furent isolés dès 1953. La découverte des agents chimiothérapeutiques et le développement de nouveaux

médicaments plus puissants ont révolutionné la médecine moderne et ont fortement diminué la souffrance humaine. De plus, les antibiotiques se sont montrés exceptionnellement utiles en recherche microbiologique (**encadré 35.1**).

---

1. Que sont les agents chimiothérapeutiques ? Et les antibiotiques ?
2. Quelles contributions furent faites à la chimiothérapie par Ehrlich, Domagk, Fleming, Florey et Chain, et Waksman ?

35.2 Les caractéristiques générales des substances antimicrobiennes

Comme Paul Ehrlich l'avait vu si clairement, pour être efficace un agent chimiothérapeutique doit avoir une **toxicité sélective** : il doit tuer ou inhiber le germe pathogène en portant le moins possible préjudice à l'hôte. Le niveau de toxicité sélective peut être exprimé en termes (1) de dose thérapeutique, la concentration de produit requise pour le traitement clinique d'une infection particulière et (2) de dose toxique, la concentration de produit à laquelle l'agent devient trop toxique pour l'hôte. L'**indice thérapeutique** est le rapport de la dose toxique sur la dose thérapeutique. Plus l'indice thérapeutique est élevé, meilleur sera l'agent chimiothérapeutique (toutes autres choses étant égales).

Une substance interrompant une fonction microbienne absente dans les cellules eucaryotes, a souvent une toxicité sélective et un indice thérapeutique élevés. Par exemple, la pénicilline inhibe la synthèse du peptidoglycane pariétal de la bactérie mais a peu d'effet sur les cellules hôtes car elles n'ont pas de peptidoglycane. De ce fait, l'indice thérapeutique de la pénicilline est élevé. Une substance peut avoir un indice thérapeutique faible parce qu'elle inhibe le même processus dans les cellules hôtes ou affecte l'hôte par d'autres mécanismes. Les effets indésirables sur l'hôte, appelés **effets secondaires**, sont de différents types et impliquent presque n'importe quel organe (**tableau 35.1**). Comme les effets secondaires peuvent

Tableau 35.1 Propriétés de quelques substances antibactériennes communes

Produit	Effet primaire	Spectre	Effets secondaires[a]
Ampicilline	-cide	Large (Gram +, certains –)	Réactions allergiques (diarrhées, anémie)
Bacitracine	-cide	Étroit (Gram +)	Lésions rénales après injection
Carbénicilline	-cide	Large (Gram +, nombreux –)	Réactions allergiques (nausées, anémie)
Céphalosporines	-cide	Large (Gram +, certains –)	(Réactions allergiques, thrombophlébite, lésions rénales)
Chloramphénicol	-statique	Large (Gram +, –; rickettsies, chlamydies)	Fonction de la moelle osseuse réduite, réactions allergiques
Ciprofloxacine	-cide	Large (Gram +, –)	Dérangements intestinaux, réactions allergiques
Clindamycine	-statique	Étroit (Gram +, anaérobies)	Diarrhée
Dapsone	-statique	Étroit (mycobactéries)	(Anémie, réactions allergiques)
Erythromycine	-statique	Étroit (Gram +, mycoplasmes)	(Dérangements intestinaux, lésions hépatiques)
Gentamicine	-cide	Étroit (Gram –)	(Réactions allergiques, nausées, perte de l'ouïe, lésions rénales)
Isoniazide	-statique ou -cide	Étroit (mycobactéries)	(Réactions allergiques, dérangements intestinaux, lésions hépatiques)
Méthicilline	-cide	Étroit (Gram +)	Réactions allergiques (toxicité rénale, anémie)
Pénicilline	-cide	Étroit (Gram +)	Réactions allergiques (nausées, anémie)
Polymyxine B	-cide	Étroit (Gram –)	(Lésions rénales, réactions neurotoxiques)
Rifampicine	-statique	Large (Gram +, mycobactéries)	(Lésions hépatiques, nausées, réactions allergiques)
Streptomycine	-cide	Large (Gram +, –; mycobactéries)	(Réactions allergiques, nausées, perte de l'ouïe, lésions rénales)
Sulfamides	-statique	Large (Gram +, –)	Réactions allergiques (lésions rénales et hépatiques; anémie)
Tétracyclines	-statique	Large (Gram +, –; rickettsies, chlamydies)	Dérangements intestinaux, coloration des dents (lésions rénales et hépatiques)
Triméthoprime	-cide	Large (Gram +, –)	(Réactions allergiques, éruptions, nausées, leucopénie)
Vancomycine	-cide	Étroit (Gram +)	Hypotension, neutropénie, dommage rénal, réactions allergiques

[a] Les effets secondaires occasionnels sont entre parenthèses. D'autres effets secondaires non indiqués ci-dessus peuvent également survenir.

être graves, on doit administrer les agents chimiothérapeutiques avec grande prudence.

Les substances antibactériennes varient considérablement en ce qui concerne leur champ d'efficacité. Beaucoup sont des **antibiotiques à spectre étroit**, c'est-à-dire qu'ils ont une efficacité limitée à une variété restreinte de micro-organismes (tableau 35.1). D'autres ont un **large spectre** et attaquent de nombreux types d'agents pathogènes différents. On classe également ces substances sur la base du groupe microbien qu'elles inhibent : antibactérien, antifongique, antiprotozoaire et antiviral. Certains agents sont efficaces contre plus d'un groupe : par exemple les sulfamides agissent contre les bactéries et certains protozoaires.

Les agents chimiothérapeutiques peuvent être synthétisés par des micro-organismes ou par des méthodes chimiques indépendantes de l'activité microbienne. Certains des antibiotiques les plus fréquemment utilisés sont naturels, c'est-à-dire totalement synthétisés par quelques bactéries ou quelques mycètes (**tableau 35.2**). À l'opposé, plusieurs agents chimiothérapeutiques importants sont totalement synthétiques. Les produits antibactériens synthétiques du tableau 35.1 sont les sulfamides, la triméthoprime, le chloramphénicol, la ciprofloxacine, l'isoniazide et la dapsone. De nombreuses substances antivirales et antiprotozoaires sont synthétiques. De plus en plus d'antibiotiques sont semi-synthétiques. Ce sont des antibiotiques naturels ayant subi une modification par l'addition de groupes chimiques supplémentaires dans le but de les rendre moins sensibles à l'inactivation par les organismes pathogènes. L'ampicilline, la carbénicilline et la méthicilline (tableau 35.1) en sont de bons exemples. Les agents chimiothérapeutiques, comme les désinfectants, ont un effet soit -**cide**, soit -**statique**. Comme indiqué antérieurement (*voir section 7.1*), les agents de type -statique inhibent la croissance réversiblement : si l'agent est éliminé, les micro-organismes récupèrent et se multiplient à nouveau.

Table 35.2 Micro-organismes producteurs d'antibiotiques

Micro-organisme	Antibiotique
Bactéries	
Streptomyces sp.	Amphotéricine B
	Chloramphénicol (également synthétique)
	Erythromycine
	Kanamycine
	Néomycine
	Nystatine
	Rifampine
	Streptomycine
	Tétracyclines
	Vancomycine
Micromonospora sp.	Gentamicine
Bacillus sp.	Bacitracine
	Polymyxines
Mycètes	
Penicillium sp.	Griséofulvine
	Pénicilline
Cephalosporium sp.	Céphalosporines

Un agent bactéricide tue l'organisme cible, mais son activité dépend de la concentration et dans certains cas, aux faibles concentrations, il peut être uniquement bactériostatique. L'effet d'un agent varie également selon l'espèce cible : un agent peut être bactéricide pour une espèce et bactériostatique pour une autre. Comme les agents à effet statique ne détruisent pas directement l'organisme pathogène, l'élimination de l'infection dépend des mécanismes de résistance propres à l'hôte. Un agent -statique peut ne pas être efficace si la résistance de l'hôte est trop faible. La résistance de l'hôte et la réponse immunitaire *(chapitres 31-33)*.

Une certaine idée de l'efficacité d'un agent chimiothérapeutique contre un micro-organisme peut être fournie par la **concentration minimale inhibitrice (CMI)**. La CMI est la concentration la plus faible d'un antibiotique capable d'empêcher le développement d'un micro-organisme particulier. La **concentration minimale létale (CML)** ou **bactéricide (CMB)** est la concentration la plus faible capable de tuer le micro-organisme (ou la bactérie). Une substance bactéricide détruit les micro-organismes à des concentrations à peine 2 à 4 fois supérieures à la CMI, alors qu'un agent bactériostatique tue à des concentrations nettement supérieures (si elles peuvent être atteintes).

1. Définissez les termes suivants : toxicité sélective, indice thérapeutique, effet secondaire, antibiotique à spectre étroit, antibiotique à large spectre, antibiotiques synthétiques et semi-synthétiques, agents bactériostatiques et bactéricides, concentration minimale inhibitrice (CMI) et concentration minimale létale (CML) ou bactéricide (CMB).

35.3 La détermination du niveau de l'activité antimicrobienne

La détermination de l'efficacité antimicrobienne à l'égard d'organismes pathogènes spécifiques est essentielle pour une thérapie appropriée. L'analyse peut indiquer à quels agents un germe pathogène est le plus sensible et donne une estimation de la dose thérapeutique appropriée.

Les méthodes de dilution

Grâce aux **méthodes de dilution** on peut déterminer les valeurs de la CMI et de la CML (CMB). Dans la méthode de dilution en bouillon, on prépare une série de tubes de bouillon (habituellement du milieu Mueller-Hinton) contenant des concentrations d'antibiotique variant de 0,1 à 128 µg/ml, et on l'inocule avec une population standard de l'organisme testé. La concentration la plus faible de l'antibiotique inhibant la croissance après 16 à 20 heures d'incubation est la CMI. On détermine la CML (CMB) en transférant un échantillon des tubes ne présentant pas de croissance dans un milieu frais dépourvu d'antibiotique. La concentration d'antibiotique la plus faible à laquelle les micro-organismes ne se développent pas dans ce nouveau milieu est la CML (CMB). La méthode de dilution en gélose est très semblable à la méthode de dilution en bouillon. Les boîtes de Petri contenant de la gélose Mueller-Hinton et des quantités différentes d'antibiotique sont inoculées et examinées pour vérifier la croissance. Récemment, on a développé plusieurs systèmes automatiques d'estimation de la sensibilité et de la CMI avec des cultures en bouillon ou en gélose.

Les méthodes de diffusion (méthodes des disques)

Si une bactérie pathogène aérobie ou facultative, à développement rapide, comme *Staphylococcus* ou *Pseudomonas* est testée, on peut gagner du temps et épargner du milieu en utilisant une technique de diffusion mettant en oeuvre des disques. Le principe sous-tendant la technique est relativement simple. Lorsqu'un disque imprégné d'antibiotique est placé sur une gélose préalablement inoculée avec la bactérie testée, il s'humidifie et l'antibiotique diffuse radialement du disque, dans la gélose, en formant ainsi un gradient de concentration. L'antibiotique est présent en fortes concentrations à proximité du disque et affecte des micro-organismes même faiblement sensibles (les organismes résistants se développent jusqu'au disque). Plus l'on s'écarte du disque, plus la concentration en antibiotique diminue et seules les bactéries pathogènes les plus sensibles sont affectées. Après incubation, une zone ou un halo clair est présent autour d'un disque d'antibiotique si l'agent inhibe le développement bactérien. Plus grande est la zone entourant le disque, plus le germe pathogène est sensible. Le diamètre du halo est également fonction de la concentration initiale de l'antibiotique, de sa solubilité et de sa vitesse de diffusion à travers la gélose. Le diamètre de la zone d'inhibition ne peut pas être utilisé pour comparer directement l'efficacité de deux antibiotiques différents.

La méthode de diffusion, la plus couramment utilisée, est la **méthode de Kirby-Bauer**, qui a été mise au point au début des années 1960 à la Medical School de l'Université de Washington par William Kirby, AW. Bauer et leurs collègues. On utilise une boucle d'inoculation mise en contact avec quatre ou cinq colonies isolées de la bactérie pathogène se développant sur la gélose, pour inoculer un tube de bouillon de culture. Après une incubation de quelques heures à 35° C, jusqu'à obtention d'un léger trouble, on dilue la culture pour atteindre une densité standard. Un écouvillon stérile trempé dans la suspension bactérienne standardisée sert à ensemencer uniformément toute la surface d'une boîte de gélose Mueller-Hinton. Après séchage de la surface pendant environ 5 minutes, les disques d'antibiotique appropriés sont déposés à l'aide de pinces stériles ou d'un applicateur multiple (figure 35.1). La boîte est immédiatement placée dans une étuve à 35° C. Les diamètres des zones d'inhibition sont mesurés au millimètre près, après une incubation de 16 à 18 h.

On interprète les résultats du test de Kirby-Bauer en utilisant une table rapportant le diamètre de la zone au niveau de résistance des micro-organismes (tableau 35.3). Les valeurs du **tableau 35.3** présentent les valeurs de la CMI et les diamètres des zones d'inhibition obtenus pour de nombreuses souches microbiennes différentes. Pour chaque antibiotique, un graphique illustre la relation existant entre la valeur de la CMI (échelle logarithmique) et le diamètre de la zone d'inhibition (échelle arithmétique) (**figure 35.2**). On utilise ces graphiques pour trouver les diamètres de la zone d'inhibition correspondant aux concentrations de l'antibiotique réellement atteintes dans le corps. Si le diamètre de la zone d'inhibition pour la concentration la plus faible atteinte dans le corps est inférieur à celui observé avec l'agent pathogène témoin, la bactérie pathogène devrait avoir une CMI suffisamment faible pour être inhibée par l'antibiotique. Un organisme pathogène ayant une valeur de CMI trop élevée (un diamètre de la zone d'inhibition trop petit) est résistant à l'agent aux concentrations corporelles normales.

La mesure des concentrations d'un antimicrobien dans le sang

Un agent doit atteindre au siège de l'infection une concentration supérieure à la CMI du germe pathogène pour être efficace. Dans les cas de maladie grave, potentiellement mortelle, il est souvent nécessaire de contrôler la concentration des agents chimiothérapeutiques dans le sang et d'autres liquides corporels. On peut le faire par des méthodes microbiologiques, chimiques, immunologiques, enzymatiques ou chromatographiques.

1. Comment les méthodes de dilution et les méthodes de diffusion (méthode des disques) peuvent-elles être utilisées pour déterminer la sensibilité microbienne à un agent chimiothérapeutique ?
2. Décrivez brièvement la méthode de Kirby-Bauer et son but.

(a)

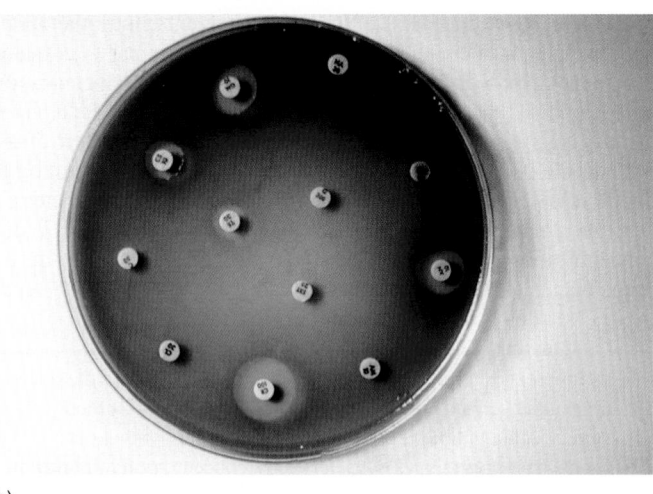

(b)

Figure 35.1 Méthode de Kirby-Bauer. (a) Un distributeur de disques d'antibiotique et (**b**) résultats d'un test de diffusion par la méthode des disques.

Tableau 35.3 Diamètre de la zone d'inhibition d'agents chimiothérapeutiques choisis

Agent chimiothérapeutique	Contenu du disque	Diamètre de la zone (en mm)		
		Résistant	**Intermédiaire**	**Sensible**
Carbénicilline (avec *Proteus* sp. et *E. coli*)	100 µg	≤17	18 à 22	≥23
Carbénicilline (avec *Pseudomonas aeruginosa*)	100 µg	≤13	14 à 16	≥17
Ceftriaxone	30 µg	≤13	14 à 20	≥21
Chloramphénicol	30 µg	≤12	13 à 17	≥18
Erythromycine	15 µg	≤13	14 à 17	≥18
Pénicilline G (avec les staphylocoques)	10 U[a]	≤20	21 à 28	≥29
Pénicilline G (avec d'autres micro-organismes)	10 U	≤11	12 à 21	≥22
Streptomycine	10 µg	≤11	12 à 14	≥15
Sulfamides	250 ou 300 µg	≤12	13 à 16	≥17
Tétracycline	30 µg	≤14	15 à 18	≥19

[a] Un milligramme de pénicilline G sodique = 1.600 unités.

35.4   Les mécanismes d'action des substances antimicrobiennes

Les mécanismes d'action d'agents chimiothérapeutiques spécifiques sont donnés de manière plus détaillée lorsque des agents particuliers et des groupes d'agents sont traités plus tard dans ce chapitre. Quelques observations générales sont présentées à ce stade. Il est important d'avoir des notions sur les mécanismes d'action d'un agent car cette connaissance permet d'expliquer la nature et le degré de toxicité sélective de substances particulières et parfois, facilite la conception de nouveaux agents chimiothérapeutiques.

Les agents antimicrobiens peuvent nuire aux bactéries patho-gènes de différentes façons ainsi qu'on peut s'en rendre compte dans le **tableau 35.4** qui résume les mécanismes d'action des agents cités dans le tableau 35.1. Les antibiotiques les plus sélectifs sont ceux qui interfèrent avec la synthèse des parois bactériennes (ex : les pénicillines, les céphalosporines, la vancomycine et la bacitracine). Ces produits ont un indice thérapeutique élevé parce que les parois bactériennes possèdent une structure unique (*voir section 3.5*) inexistante dans les cellules eucaryotes.

La streptomycine, la gentamicine, la spectinomycine, la clindamycine, le chloramphénicol, les tétracyclines, l'érythromycine et de nombreux autres antibiotiques inhibent la synthèse protéique par fixation sur le ribosome procaryote. Comme ces agents distinguent

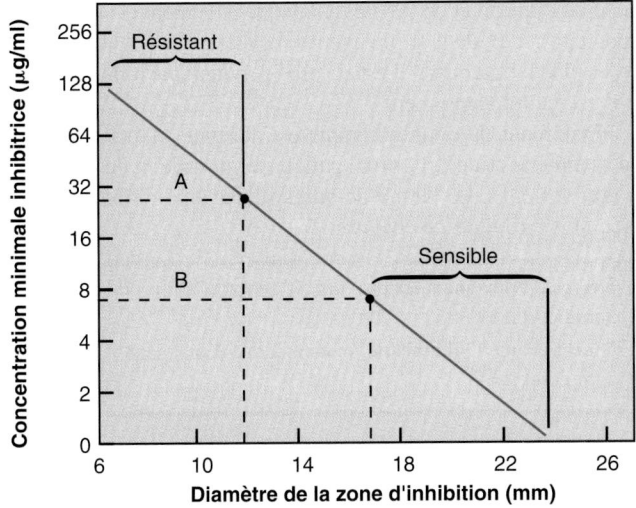

Figure 35.2 Interprétation des résultats de la méthode de Kirby-Bauer. Rapport entre les concentrations minimales inhibitrices d'un antibiotique hypothétique et la taille de la zone d'inhibition de la croissance microbienne entourant un disque. En fonction de l'augmentation de la sensibilité des micro-organismes, la valeur de la CMI décroît et la zone d'inhibition s'élargit. Supposons que la concentration de ce produit dans le corps varie de 7 à 28 μg/ml pendant le traitement. La ligne interrompue A montre que tout agent pathogène dont la zone d'inhibition est inférieure à 12 mm de diamètre aura une CMI supérieure à 28 mg/ml et sera résistant au traitement par l'antibiotique. Un agent pathogène dont le diamètre de la zone est supérieur à 17 mm aura une CMI inférieure à 7 μg/ml et sera sensible à l'antibiotique (voir ligne *B*). Les diamètres de la zone entre 12 et 17 mm indiquent une sensibilité intermédiaire et traduisent habituellement une résistance.

Tableau 35.4 Mécanismes d'action de substances antibactériennes

Agent	Mécanisme d'action
Inhibition de la synthèse de la paroi	
Pénicilline	Inhibent les enzymes de transpeptidation impliquées dans le pontage des chaînes polysaccharidiques du peptido-
Ampicilline	glycane de la paroi bactérienne. Elles activent les enzymes lytiques de la paroi.
Carbénicilline	
Méthicilline	
Céphalosporines	
Vancomycine	Se fixe directement à la terminaison D-Ala-D-Ala et inhibe la transpeptidation.
Bacitracine	Inhibe la synthèse du peptidoglycane en interférant avec l'action du transporteur lipidique qui transfère les précurseurs de ce polymère à travers la membrane cellulaire.
Inhibition de la synthèse protéique	
Streptomycine	Se fixent à la sous-unité 30S du ribosome bactérien pour inhiber la synthèse protéique et provoquer des erreurs
Gentamicine	de lecture de l'ARNm.
Chloramphénicol	Se fixe à la sous-unité 50S du ribosome et empêche la formation de la liaison peptidique par l'inhibition de la peptidyl-transférase.
Tétracyclines	Se fixent à la sous-unité 30S du ribosome et interfèrent avec la fixation de l'aminoacyl-ARNt.
Erythromycine et clindamycine	Se fixe à la sous-unité 50S du ribosome et inhibe l'élongation de la chaîne peptidique.
Acide fusidique	Se fixe sur EF-G et arrête la translocation.
Inhibition de la synthèse des acides nucléiques	
Ciprofloxacine et autres quinolones	Inhibent l'ADN gyrase bactérienne et interfèrent de ce fait avec la réplication de l'ADN, la transcription et d'autres activités impliquant l'ADN.
Rifampine	Inhibe la synthèse des ARN en se fixant sur et en inhibant l'ARN polymérase ADN dépendante.
Destruction de la membrane cellulaire	
Polymyxine B	Se fixe à la membrane cellulaire et en perturbe la structure et les propriétés de perméabilité.
Antagonisme métabolique	
Sulfamides	Inhibent la synthèse de l'acide folique par compétition avec l'acide p-aminobenzoïque.
Triméthoprime	Inhibe la synthèse du tétrahydrofolate par compétition avec le substrat de la dihydrofolate réductase.
Dapsone	Interfère avec la synthèse de l'acide folique.
Isoniazide	Peut modifier le métabolisme et le fonctionnement du pyridoxal ou du NAD. Il inhibe la synthèse des acides mycoliques intervenant dans le « *cord factor* ».

les ribosomes procaryotes des ribosomes eucaryotes, leur indice thérapeutique est relativement élevé mais moins favorable que celui des inhibiteurs de la synthèse de la paroi. Certains agents se fixent sur la (petite) sous-unité 30S, alors que d'autres s'attachent à la (grande) sous-unité 50S du ribosome. Plusieurs étapes différentes du mécanisme de la synthèse protéique peuvent être affectées : la fixation de l'aminoacyl-ARNt, la formation de la liaison peptidique, la lecture de l'ARNm et la translocation. Par exemple, l'acide fusidique se fixe sur EF-G et inhibe la translocation alors que la mucopirocine inhibe l'isoleucyl-ARNt synthétase (*voir section 12.2*).

Les agents antibactériens inhibiteurs de la synthèse des acides nucléiques ou détériorant les membranes cellulaires n'ont habituellement pas une toxicité sélective aussi élevée que les autres antibiotiques car les procaryotes et les eucaryotes ne se différencient pas beaucoup au niveau des mécanismes synthétiques des acides nucléiques ou des structures de la membrane cellulaire. De bons exemples de substances affectant la synthèse des acides nucléiques ou la structure de la membrane sont les quinolones et les polymyxines. Les quinolones inhibent l'ADN gyrase et interfèrent ainsi avec la réplication, la réparation et la transcription de l'ADN.

Les polymyxines agissent comme des détergents ou des tensio-actifs et endommagent la membrane cytoplasmique bactérienne.

Plusieurs agents précieux agissent comme des **antimétabolites** : ils bloquent le fonctionnement des voies métaboliques en inhibant par compétition l'utilisation de métabolites par des enzymes-clés. Les sulfamides et plusieurs autres substances inhibent le métabolisme de l'acide folique. Les sulfamides (p. ex. la sulfanilamide, le sulfamethoxazole et la sulfacétamide) ont un indice thérapeutique élevé parce que les êtres humains ne peuvent pas synthétiser l'acide folique et doivent le trouver dans leur nourriture. La plupart des bactéries pathogènes synthétisent leur propre acide folique et sont de ce fait sensibles aux inhibiteurs de son métabolisme. Les antimétabolites peuvent également inhiber d'autres voies. Par exemple, l'isoniazide interfère avec le métabolisme soit du pyridoxal soit du NAD.

1. Donnez cinq manières par lesquelles les agents chimiothérapeutiques tuent ou nuisent aux bactéries pathogènes.
2. Que sont les antimétabolites ?

35.5   Les facteurs influençant l'efficacité des substances antimicrobiennes

Il est crucial de reconnaître que la thérapie antimicrobienne n'est pas chose simple. Les agents peuvent être administrés de différentes manières et ils ne se répandent pas toujours rapidement à travers le corps ou ils ne détruisent pas immédiatement tous les envahisseurs pathogènes. Un ensemble complexe de facteurs influence l'efficacité des agents.

En premier lieu, l'agent doit être réellement capable d'atteindre le siège de l'infection. Le mode d'administration joue un rôle important. Une substance comme la pénicilline G ne convient pas pour une administration orale car elle est relativement instable dans le milieu stomacal acide. Certains antibiotiques, par exemple la gentamicine et d'autres aminoglycosides, ne sont pas bien absorbés à travers l'intestin et doivent être injectés par voie intramusculaire ou par voie intraveineuse. D'autres antibiotiques (la néomycine, la bacitracine) sont appliqués directement sur les lésions de la peau. On désigne souvent les voies d'administration autres que les voies orales comme les **voies parentérales**. Même lorsqu'un agent est administré correctement, il peut être exclu du site infectieux. Les caillots sanguins ou les tissus nécrotiques peuvent, par exemple, protéger les bactéries contre un agent parce que, soit les liquides corporels contenant l'agent ne peuvent aisément atteindre les bactéries pathogènes, soit l'agent est absorbé par les matières qui l'entourent.

Deuxièmement, le germe doit être sensible à l'antibiotique. Les bactéries dans les abcès peuvent être dans une phase de latence et, de ce fait, être résistantes à la chimiothérapie, parce que les pénicillines et de nombreux autres agents n'affectent les bactéries pathogènes que si elles se développent et se divisent activement. Bien qu'en phase de croissance, une bactérie peut simplement ne pas être sensible à un agent particulier. Ainsi, les pénicillines et les céphalosporines, inhibiteurs de la synthèse de la paroi (tableau 35.4), ne portent pas atteinte aux mycoplasmes dépourvus de paroi.

Troisièmement, s'il doit être efficace, l'agent chimiothérapeutique doit excéder en concentration la valeur de la CMI de la bactérie pathogène. La concentration atteinte dépendra de la quantité de substance administrée, de la voie d'administration, de la vi-

tesse d'absorption et de la vitesse à laquelle l'agent est éliminé du corps. Il paraît évident qu'un agent subsistera à des concentrations élevées plus longtemps s'il est absorbé pendant une longue période et s'il est excrété lentement.

Finalement, la chimiothérapie est devenue moins efficace et plus complexe suite à la propagation de plasmides de résistance aux antibiotiques. La nature de la résistance aux antibiotiques est traitée plus tard dans ce chapitre.

1. Décrivez brièvement les facteurs influençant l'efficacité des agents antimicrobiens.
2. Qu'est-ce que l'administration parentérale d'un agent antimicrobien ?

35.6   Les substances antibactériennes

On peut décrire brièvement quelques-uns des agents chimiothérapeutiques les plus importants en utilisant les informations de base contenues dans l'introduction à la chimiothérapie. Les tableaux 35.1 et 35.4 résument les propriétés et le mécanisme d'action des différents agents.

Les sulfamides

Un bon moyen d'inhiber ou de tuer les micro-organismes pathogènes consiste à utiliser des composés qui sont des **analogues de structure**, des molécules structurellement semblables à des intermédiaires métaboliques. Ces analogues entrent en compétition avec les métabolites en raison de leur similarité, mais ils sont suffisamment différents pour qu'ils ne puissent pas fonctionner normalement dans le métabolisme cellulaire. Les premiers antimétabolites utilisés avec succès comme agents chimiothérapeutiques, furent les sulfamides découverts par G. Domagk. Les **sulfamides** ont une structure proche du sulfanilamide, un analogue de l'acide p-aminobenzoïque (**figures 35.3** et **35.4**). Cette dernière substance participe à la synthèse de l'acide folique.

Lorsque le sulfanilamide ou un autre sulfamide pénètre dans une cellule bactérienne, il entre en compétition avec l'acide p-aminobenzoïque pour le site actif d'une des enzymes impliquées dans la synthèse de l'acide folique et la concentration en acide folique décroît. Cette diminution est nuisible à la bactérie parce que l'acide folique est essentiel à la synthèse des purines et pyrimidines, les bases utilisées dans la construction de l'ADN, de l'ARN et d'autres constituants cellulaires importants. L'inhibition de la synthèse des purines et des pyrimidines conduit à l'arrêt de la croissance ou à la mort de la bactérie pathogène. Les sulfamides sont sélectivement toxiques pour de nombreuses bactéries pathogènes car celles-ci fabriquent leur propre acide folique et ne peuvent absorber efficacement ce cofacteur. Par contre, l'homme ne synthétise pas l'acide folique et doit l'obtenir de sa nourriture ; c'est pourquoi, les sulfamides n'auront pas d'effet sur l'hôte. Les sulfamides et l'inhibition compétitive des enzymes (p. 164). La structure et la synthèse des purines et des pyrimidines (pp. 216-18).

L'efficacité des sulfamides est limitée par la résistance croissante de nombreuses bactéries. De plus, au moins 5 % des patients traités aux sulfamides présentent des effets secondaires, principalement sous la forme de réactions allergiques (fièvre, urticaire et érythème).

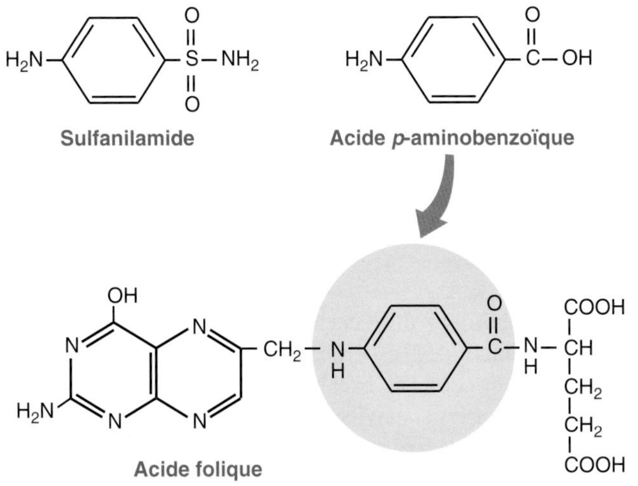

Figure 35.3 Le sulfanilamide. Sa relation avec la structure de l'acide folique.

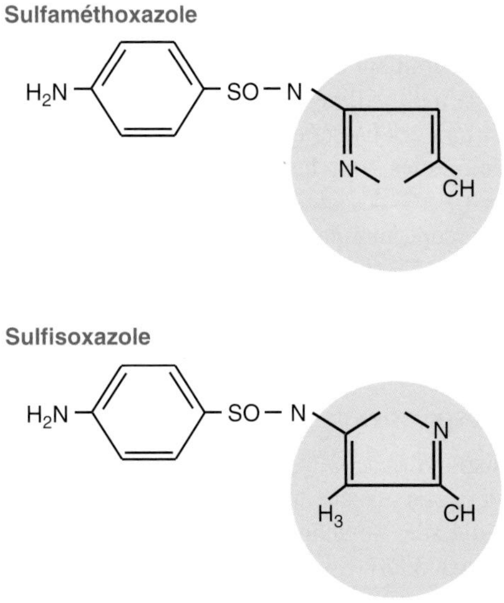

Figure 35.4 Deux sulfamides modernes. Les zones ombrées sont des chaînes latérales substituant un hydrogène du sulfanilamide (voir figure 35.3).

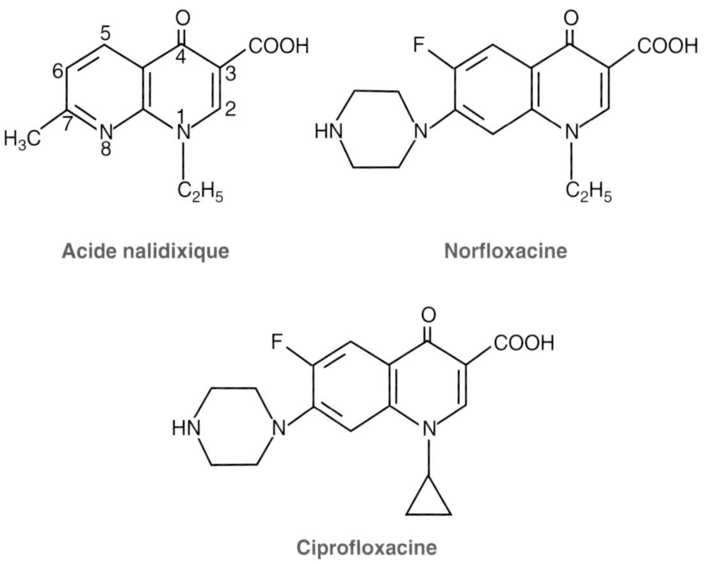

Figure 35.5 Les quinolones antimicrobiennes. La ciprofloxacine et la norfloxacine sont des fluoroquinolones d'une génération plus récente. Le noyau 4-quinolone de l'acide nalidixique a été numéroté.

Les quinolones

On utilise de plus en plus un second groupe d'agents antimicrobiens synthétiques pour traiter une grande variété d'infections. Les **quinolones** sont des antibiotiques synthétiques possédant un noyau 4-quinolone. La première quinolone, l'acide nalidixique (**figure 35.5**), a été synthétisée en 1962. Plus récemment, on a produit une famille de fluoroquinolones. Trois d'entre elles — la ciprofloxacine, la norfloxacine et l'ofloxacine — sont couramment utilisées aux Etats-Unis et en Europe et d'autres fluoroquinolones sont

en cours de synthèse et d'essai. Les quinolones sont efficaces lorsqu'elles sont administrées par voie orale. Elles induisent parfois des effets secondaires, en particulier des dérangements intestinaux.

Les quinolones agissent en inhibant l'ADN gyrase bactérienne ou topoisomérase II, probablement en se fixant au complexe ADN-gyrase. Cette enzyme provoque des torsions négatives de l'ADN et facilite la séparation des chaînes (**figure 35.6**). L'inhibition de l'ADN gyrase perturbe la réplication et la réparation de l'ADN, la transcription, la séparation du chromosome bactérien durant la division et d'autres processus cellulaires impliquant l'ADN. Les fluoroquinolones inhibent aussi la topoisomerase IV, une autre enzyme qui démêle l'ADN pendant la réplication. Il n'est donc pas surprenant que les quinolones soient bactéricides. Le mécanisme de réplication de l'ADN (pp. 236-39).

Les quinolones sont des antibiotiques à large spectre. Elles sont très efficaces contre les bactéries entériques comme *E. coli* et *Klebsiella pneumoniae* et contre *Haemophilus, Neisseria, Pseudomonas aeruginosa* et d'autres bactéries pathogènes Gram-négatives. Les quinolones sont également actives contre des bactéries Gram-positives telles que *Staphylococcus aureus, Streptococcus pyogenes* et *Mycobacterium tuberculosis*. Elles sont couramment utilisées dans le traitement des infections du système urinaire, des maladies sexuellement transmises dues à *Neisseria* et à *Chlamydia*, des infections du système gastro-intestinal et du système respiratoire, des infections cutanées et de l'ostéomyélite.

Les pénicillines

La pénicilline G ou benzylpénicilline, le premier antibiotique à avoir été largement employé en médecine, a les propriétés structu-

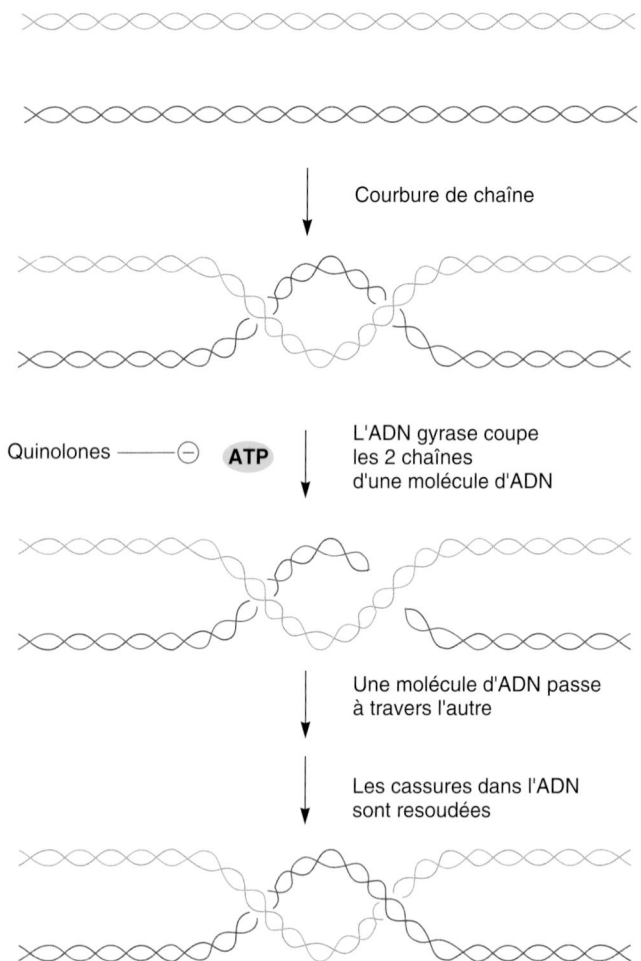

Courbure de chaîne

Quinolones ——⊖ ATP   L'ADN gyrase coupe
les 2 chaînes
d'une molécule d'ADN

Une molécule d'ADN passe
à travers l'autre

Les cassures dans l'ADN
sont resoudées

Figure 35.6   Action de la gyrase de l'ADN et inhibition par les quinolones.

rales caractéristiques de la famille des pénicillines (**figure 35.7**). La plupart des **pénicillines** sont des dérivés de l'acide 6-aminopénicillanique et ne diffèrent l'une de l'autre que par la chaîne latérale fixée au groupe aminé. La caractéristique la plus marquante de la molécule est le noyau β-lactame qui est essentiel pour l'activité. La **pénicillinase**, l'enzyme synthétisée par de nombreuses bactéries résistantes à la pénicilline, détruit l'activité de la pénicilline en hydrolysant la liaison amide de ce cycle (figure 35.7).

Le mécanisme d'action des pénicillines n'est pas encore entièrement élucidé. Leur structure ressemble à celle de la D-alanyl-D-alanine terminale présente à l'extrémité de la chaîne peptidique de la sous-unité du peptidoglycane. On a émis l'hypothèse que les pénicillines inhibent l'enzyme catalysant la réaction de transpeptidation (en raison de la similarité de structure présentée ci-dessus) ce qui bloquerait la synthèse d'un peptidoglycane complet, totalement ponté et conduirait à une lyse osmotique. Le mécanisme est en accord avec l'observation selon laquelle les pénicillines n'agissent que sur des bactéries en voie de croissance et de synthèse du peptidoglycane. Cependant, plus récemment, on a découvert que les pénicillines se fixent sur plusieurs protéines liant la pénicilline et peuvent détruire les bactéries en activant leurs propres enzymes autolytiques (autolysines). On a maintenant montré que la pénicil-

line tue les bactéries même en absence d'autolysines ou d'hydrolases de muréine. La lyse se produirait alors que les bactéries sont déjà mortes. La pénicilline stimulerait des protéines bactériennes particulières appelées holines pour introduire des lésions dans la membrane plasmique. Ceci entrainerait des fuites membranaires et la mort. Les hydrolases passeraient par les trous, briseraient le peptidoglycane et lyseraient la cellule. Apparemment, le mécanisme d'action de la pénicilline est plus complexe qu'on ne l'imaginait auparavant. La structure du peptidoglycane bactérien (p. 56-57). La synthèse du peptidoglycane (pp. 221-22).

Les pénicillines diffèrent l'une de l'autre de diverses manières. La pénicilline G est efficace contre les gonocoques, les méningocoques et certaines bactéries Gram-positives telles que les streptocoques et les staphylocoques (**tableau 35.5**) mais elle doit être administrée par voie parentérale car elle est détruite par l'acide stomacal. La pénicilline V est similaire à la pénicilline G mais elle est plus résistante à l'acide et peut être donnée par voie orale. L'ampicilline est administrable par voie orale. Elle a un spectre d'activité plus large puisqu'elle est active contre les bactéries Gram-négatives telles que *Haemophilus, Salmonella* et *Shigella*. La carbénicilline et la ticarcilline ont également un large spectre et sont particulièrement efficaces contre *Pseudomonas* et *Proteus*.

De plus en plus de bactéries sont résistantes à la pénicilline. On utilise fréquemment des pénicillines résistantes à la pénicillinase comme la méthicilline (figure 35.7), la nafcilline et l'oxacilline pour détruire ces bactéries pathogènes.

Les pénicillines sont les moins toxiques des antibiotiques mais environ 1 à 5 % des adultes aux Etats-Unis y sont allergiques. Occasionnellement, une personne peut mourir d'une réaction allergique violente. C'est pourquoi, il faudrait interroger les patients sur une allergie éventuelle aux pénicillines avant de débuter un traitement.

Les céphalosporines

Les **céphalosporines** sont une famille d'antibiotiques dont le premier, produit par un mycète du genre *Cephalosporium*, fut isolé en 1948. Ces molécules possèdent un cycle β-lactame comme les pénicillines (**figure 35.8**). En raison de similarité structurale, les céphalosporines agissent comme les pénicillines en inhibant la réaction de transpeptidation pendant la synthèse du peptidoglycane. Ce sont des agents à large spectre prescrits fréquemment aux patients souffrant d'allergie aux pénicillines.

On utilise de nombreuses céphalosporines. Il y a trois groupes ou générations de ces antibiotiques différant par leur spectre d'activité (figure 35.8). Les céphalosporines de première génération sont plus efficaces contre les bactéries pathogènes Gram-positives que contre les Gram-négatives. Les antibiotiques de seconde génération agissent contre de nombreuses bactéries pathogènes Gram-négatives et Gram-positives. Les antibiotiques de troisième génération sont particulièrement efficaces contre les bactéries Gram-négatives; ils atteignent souvent le système nerveux central.

La plupart des céphalosporines (y compris la céphalotine, la céfoxitine, la ceftriaxone et la céfopérazone) sont administrées par voie parentérale. La céfopérazone est résistante à la destruction par les β-lactamases et efficace contre de nombreuses bactéries Gram-négatives, y compris *Pseudomonas aeruginosa*. La céphalexine et la céfixime sont données par voie orale plutôt que par injection.

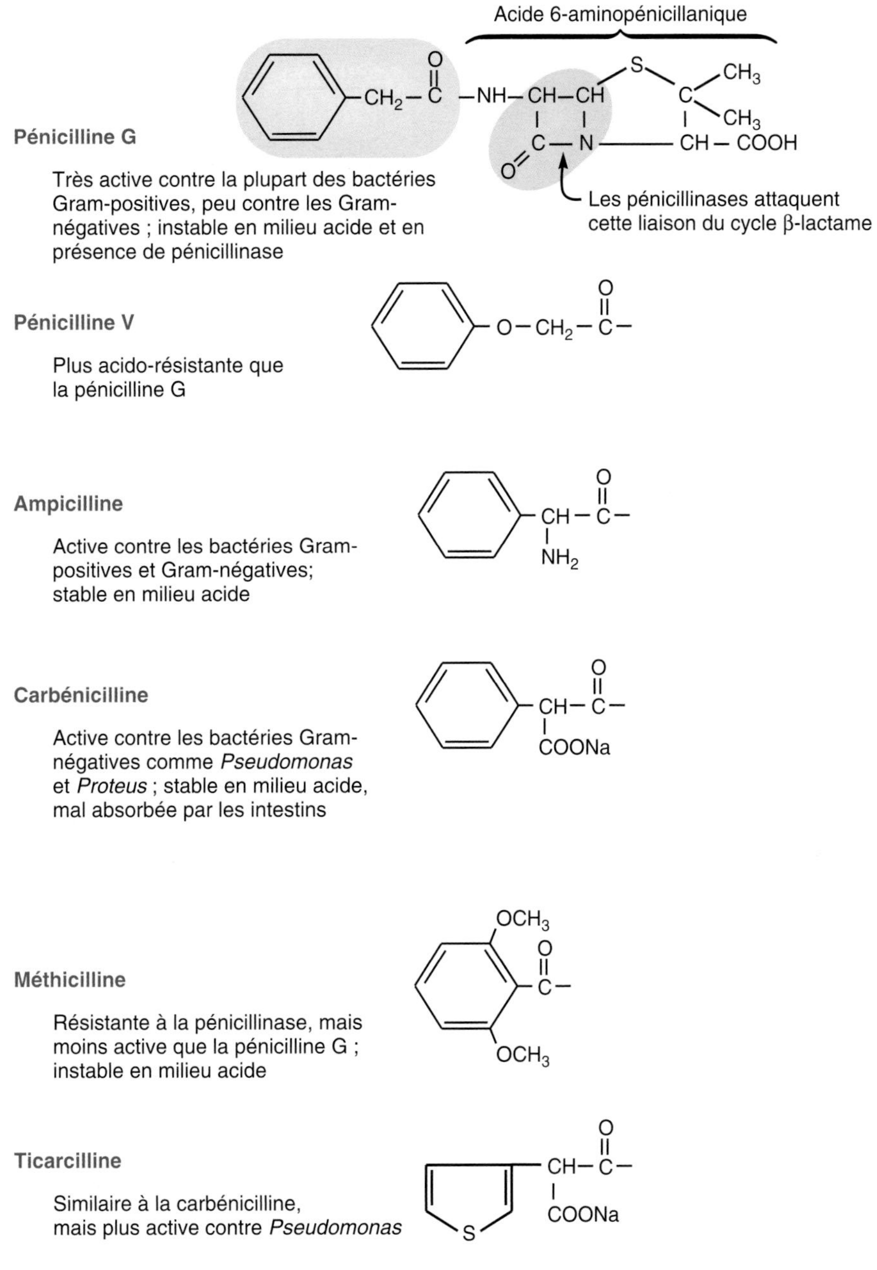

Figure 35.7 Les pénicillines. Les structures et les caractéristiques de pénicillines représentatives sont présentées dans cette figure. Toutes sont dérivées de l'acide 6-aminopénicillanique. Dans chaque cas, la portion colorée de la pénicilline G est remplacée par la chaîne latérale représentée. Le cycle β-lactame est également coloré et une flèche indique la liaison hydrolysée par les pénicillinases.

Les tétracyclines

Les **tétracyclines** sont une famille d'antibiotiques ayant en commun une structure à quatre cycles sur lesquels sont fixées diverses chaînes latérales (**figure 35.9**). Certaines espèces du genre *Streptomyces* produisent naturellement l'oxytétracycline et la chlortétracycline. D'autres sont des substances semi-synthétiques.

Ces antibiotiques inhibent la synthèse protéique en se fixant sur la petite sous-unité (30S) du ribosome et inhibent la fixation des molécules d'aminoacyl-ARNt sur le site A du ribosome. Comme leur action n'est que bactériostatique, l'efficacité du traitement dépend de la résistance active de l'hôte à l'agent pathogène. Le mécanisme de la synthèse protéique (*p*p. 265-72*).

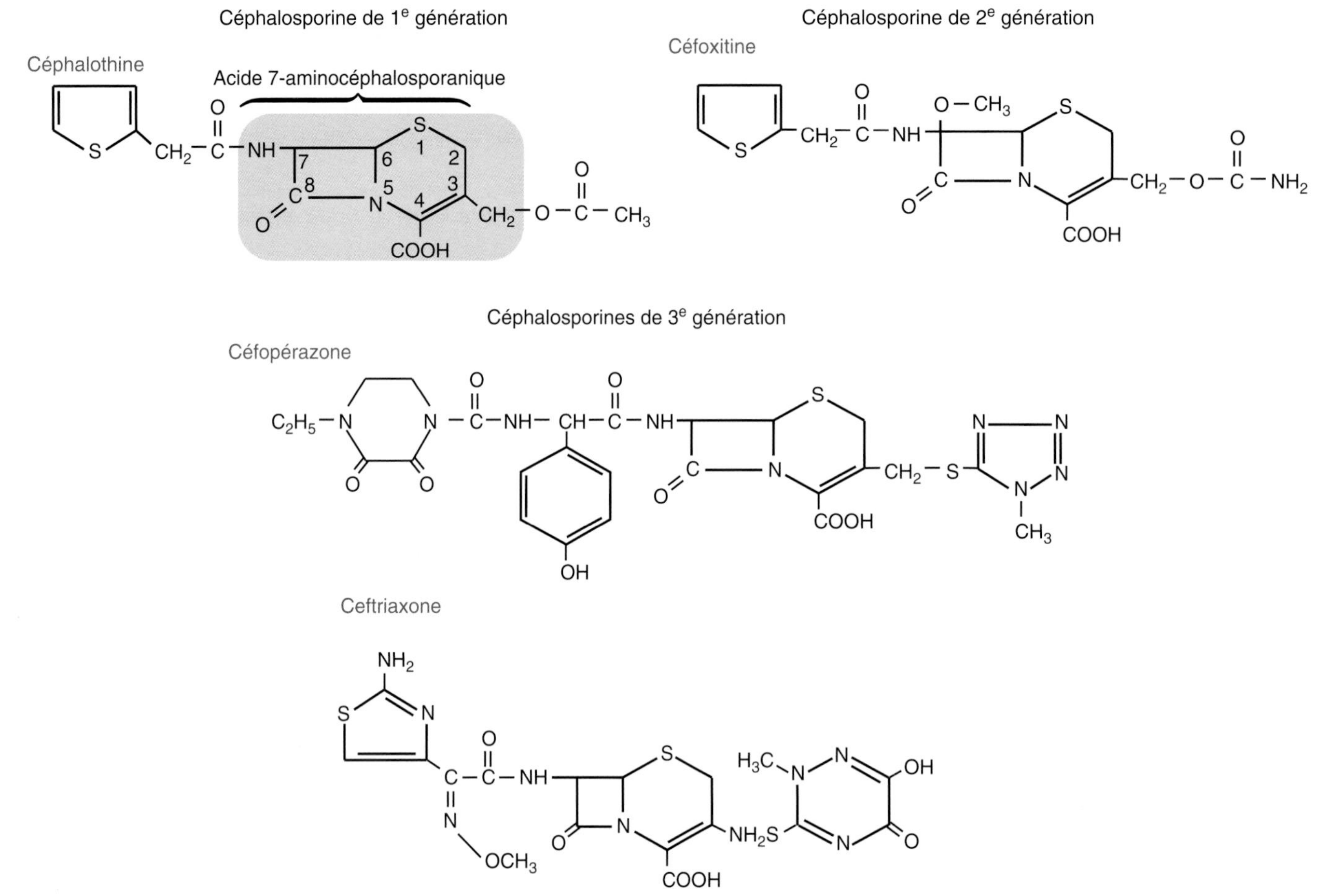

Céphalosporine de 1ᵉ génération

Céphalothine

Acide 7-aminocéphalosporanique

Céphalosporine de 2ᵉ génération

Céfoxitine

Céphalosporines de 3ᵉ génération

Céfopérazone

Ceftriaxone

Figure 35.8 Les céphalosporines. Ces antibiotiques sont des dérivés de l'acide 7-aminocéphalosporanique contenant un cycle β-lactame.

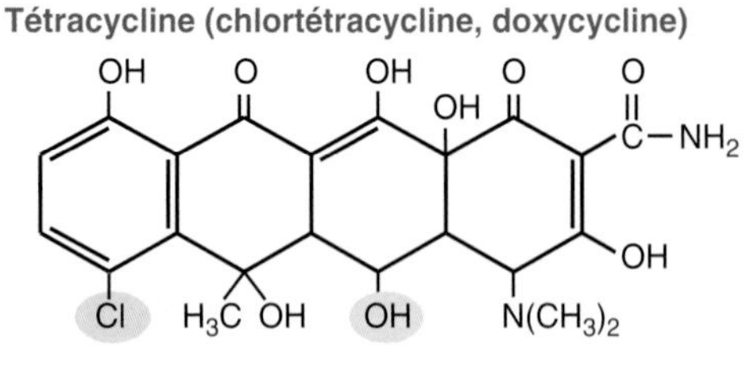

Tétracycline (chlortétracycline, doxycycline)

igure 35.9 Les tétracyclines. Trois membres de la famille des tétracyclines. La tétracycline ne possède pas les deux groupes colorés. La chlortétracycline (auréomycine) diffère de la tétracycline par un atome de chlore qui est coloré ; la doxycycline est une tétracycline portant un hydroxyle supplémentaire (coloré).

Les tétracyclines sont des antibiotiques à large spectre, actifs contre les bactéries Gram-négatives, les bactéries Gram-positives, les rickettsies, les chlamydies et les mycoplasmes. Des doses élevées peuvent provoquer des nausées, des diarrhées, un jaunissement des dents chez les enfants et endommager le foie et les reins.

Les aminoglycosides

Il y a plusieurs **aminoglycosides** importants. La **streptomycine**, la kanamycine, la néomycine et la tobramycine sont synthétisées par des *Streptomyces*, alors que la gentamicine provient d'une bactérie apparentée : *Micromonospora purpurea*. Bien que la structure des différents aminoglycosides varie considérablement, tous ces antibiotiques contiennent un noyau cyclohexane et des sucres aminés (**figure 35.10**). Les aminoglycosides se fixent sur la petite sous-unité ribosomiale et interfèrent avec la synthèse protéique de deux façons au moins. Ils inhibent directement la synthèse protéique et ils provoquent également des erreurs de lecture du message génétique porté par l'ARNm.

Les aminoglycosides sont bactéricides et tendent à être plus actifs contre les bactéries pathogènes Gram-négatives. L'utilité de la streptomycine a fortement décru en raison d'une résistance largement répandue, mais elle est encore efficace contre la tuberculose et la peste. On peut traiter les infections à *Proteus*, *Escherichia*, *Klebsiella* et *Serratia* à la gentamicine. Les aminoglycosides sont assez toxiques et peuvent entraîner une surdité, des dommages rénaux, des pertes d'équilibre, des nausées et des réactions allergiques.

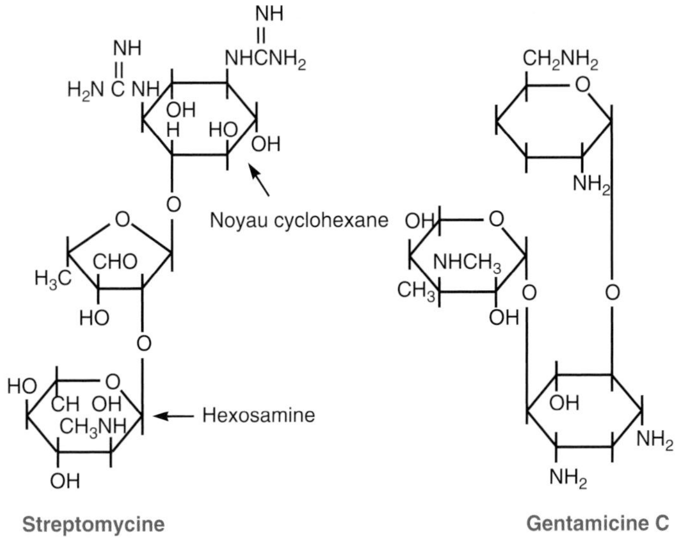

Figure 35.10 Aminoglycosides représentatifs.

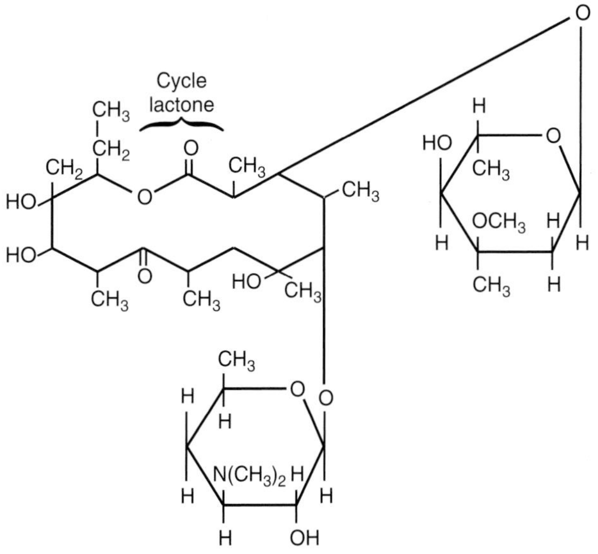

Figure 35.11 L'érythromycine, un macrolide. Deux sucres sont substitués sur le cycle lactone à 14 éléments.

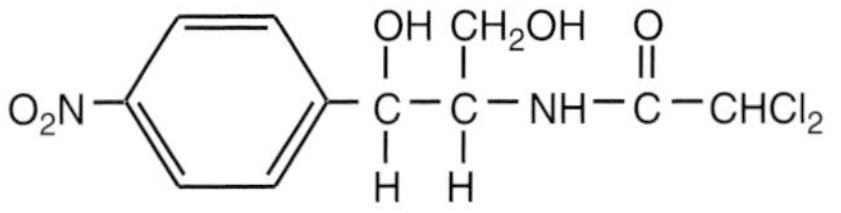

L'érythromycine et les autres macrolides

L'**érythromycine**, le **macrolide** le plus fréquemment employé, est synthétisée par *Streptomyces erythraeus*. Les macrolides ont un cycle lactone de 12 à 22 carbones associé à un ou plusieurs sucres (**figure 35.11**). L'érythromycine est habituellement bactériostatique et se fixe sur l'ARNr 23S de la sous-unité 50S du ribosome pour inhiber l'élongation de la chaîne peptidique pendant la synthèse protéique.

L'érythromycine est un antibiotique à spectre relativement large, efficace contre les bactéries Gram-positives, les mycoplasmes et quelques organismes Gram-négatifs. On l'utilise chez les patients allergiques aux pénicillines et dans le traitement de la coqueluche, de la diphtérie, de la diarrhée provoquée par *Campylobacter* et de la pneumonie due aux infections à *Legionella* ou à *Mycoplasma*.

Il y a maintenant de nouveaux macrolides. La clindamycine est active contre diverses bactéries dont les staphyloccoques et des organismes anaérobies comme *Bacteroïdes*. L'azithromycine est particulièrement active contre *Chlamydia trachomatis*.

La vancomycine et la teïchoplanine

La vancomycine est un glycopeptide produit par *Streptomyces orientalis*. C'est une molécule concave faite d'un peptide lié à un dissaccharide. L'antibiotique bloque la synthèse du peptidoglycane en inhibant l'étape de transpeptidation qui ponte les chaînes adjacentes. La paroi devient ainsi mécaniquement faible et les cellules se lysent sous l'effet de la pression osmotique. La portion peptidique de la vancomycine se lie spécifiquement à la séquence terminale D-alanine-D-alanine du pentapeptide porté par le peptidoglycane. Ce complexe bloque l'action de la transpeptidase.

Cet antibiotique est bactéricide pour *Staphylococcus* et quelques membres des genres *Clostridium*, *Bacillus*, *Streptococcus* et *Enterococcus*. Il est administré oralement comme en intraveineuse et prend une importance particulière dans le traitement des infections staphylococciques et entérococciques résis-

tantes aux antibiotiques. Cependant, des souches d'*Enterococcus* résistantes à la vancomycine se sont répandues et quelques cas de *Staphylococcus aureus* résistants sont apparus.

La teïcoplanine est un antibiotique glycopeptidique produit par *Actinoplanes teichomyecticus* dont la structure et le mode d'action sont similaires à ceux de la vancomycine. Il est actif contre les staphylocoques, les entérocoques, les streptocoques, les clostridies, *Listeria* et beaucoup d'autres bactéries Gram-positives pathogènes. Pour le moment, cet antibiotique est utilisé en Europe et ailleurs mais pas aux Etats-Unis.

Figure 35.12 Le chloramphénicol.

Le chloramphénicol

Même si le **chloramphénicol** (**figure 35.12**) a été initialement produit à partir de cultures de *Streptomyces venezuelae*, il est maintenant obtenu par synthèse chimique. Comme l'érythromycine, le chloramphénicol se fixe à l'ARNr 23S sur la sous-unité 50S du ribosome. Il inhibe la peptidyltransférase avec un effet bactériostatique.

Cet antibiotique a un très large spectre d'activité mais malheureusement, il est assez toxique. Il induit des réactions allergiques ou neurotoxiques. L'effet secondaire le plus fréquent est un abaissement temporaire ou permanent de la fonction de la moelle, conduisant à une anémie aplasique et à une réduction du nombre des leucocytes sanguins. On n'utilise le chloramphénicol que dans les cas où la vie du patient est menacée lorsqu'aucun autre antibiotique n'est utilisable.

L'abus d'antibiotiques et la résistance aux antibiotiques

La vente des antimicrobiens représente un énorme marché. Aux Etats-Unis, des milliers de tonnes d'antibiotiques, évaluées à des milliards de dollars, sont produites annuellement. Approximativement 40 à 50% de ces antibiotiques sont utilisés comme additifs dans la nourriture du bétail.

Comme d'énormes quantités d'antibiotiques sont utilisées, un nombre croissant de maladies résistent aux traitements suite à la propagation d'une résistance à ces substances. *Neisseria gonorrhoeae*, le germe responsable de la blennorragie en est un bon exemple. En 1936, cette infection était traitée avec succès par les sulfamides, mais dès 1942 la plupart des souches étaient résistantes et les médecins se tournèrent vers la pénicilline. Après 16 ans, une souche résistante émergea en Extrême Orient. Un gonocoque producteur de pénicillinase atteignit les Etats-Unis en 1976, la France en 1979 et il se propage encore à travers le monde.

Fin 1968, on observe, au Guatémala, une épidémie de dysenterie à *Shigella* touchant au moins 112.000 personnes et provoquant la mort de 12.500 d'entre elles. Les souches responsables de ce fléau portaient un facteur R responsable de la résistance au chloramphénicol, à la tétracycline, à la streptomycine et au sulfamide. En 1972, une épidémie de fièvre typhoïde se répandit à travers le Mexique provoquant 100.000 infections et 14.000 morts. Elle était due à une souche de *Salmonella typhi* possédant le même profil de résistance multiple que celui observé au cours de l'épidéme précédente à *Shigella*.

Haemophilus influenzae type b est responsable de nombreuses pneumonies infantiles et d'infections de l'oreille moyenne ainsi que d'infections respiratoires et de méningites. Il devient de plus en plus résistant aux tétracyclines, à l'ampicilline et au chloramphénicol. Le même constat s'applique à *Streptococcus pneumoniae*.

En 1946, presque toutes les souches de *Staphylococcus* étaient sensibles à la pénicilline G. De nos jours, la majorité des souches hospitalières sont résistantes à la pénicilline G et certaines sont maintenant également résistantes à la méthicilline et/ou à la gentamicine et peuvent être seulement traitées à la vancomycine. Certaines souches d'*Enterococcus* sont devenues résistantes à la plupart des antibiotiques dont la vancomycine. Récemment, quelques cas de *S. aureus* résistants à la vancomycine ont été rapportés aux Etats-Unis et au Japon. Pour le moment ces souches n'ont qu'une résistance intermédiaire à la vancomycine mais si une résistance complète devait apparaître et se répandre, *S.aureus* pourrait devenir impossible à traiter.

Il apparaît clairement de ces exemples et de nombreux autres (dont *Mycobacterium tuberculosis* multirésistant) que la résistance aux antibiotiques devient un problème de santé publique extrêmement sérieux. Les difficulté proviennent en grande partie de l'abus d'antibiotiques. Ces substances ont été trop utilisées dans le passé. On a estimé que plus de 50% des prescriptions d'antibiotiques dans les hôpitaux sont données en l'absence d'un signe évident d'infection ou d'une indication médicale suffisante. De nombreux praticiens ont administré des antibactériens à des patients souffrant de rhume, de grippe, de pneumonie virale et d'autres maladies virales. Une étude récente montre que des antibiotiques ont été administrés à plus de 50 % des patients souffrant de rhumes et d'infections des voies respiratoires supérieures, et à 66 % des patients atteints de bronchite, alors que plus de 90 % de ces infections sont virales. Des antibiotiques sont fréquemment prescrits sans que le germe pathogène ait été cultivé ou identifié ou que sa sensibilité aux antibiotiques ait été déterminée. Des antibiotiques toxiques à large spectre sont parfois administrés au lieu de substances à spectre étroit, pour éviter un isolement et un antibiogramme, avec pour conséquence le risque d'effets secondaires dangereux, de surinfections et d'une sélection de mutants résistants. La situation est encore aggravée par les patients interrompant prématurément leur traitement. Lorsqu'une antibiothérapie est arrêtée trop tôt, les mutants résistants à l'antibiotique peuvent survivre. Les antibiotiques sont disponibles au public dans le nombreux pays ; la population peut pratiquer l'automédication et encore augmenter la prédominance des souches résistantes aux antibiotiques.

L'utilisation d'antibiotiques dans la nourriture animale est, de manière indubitable, un autre facteur contribuant à l'accroissement de la résistance à ces substances. L'addition de faibles quantités d'antibiotiques dans les aliments pour bétail augmente l'efficacité et la vitesse de prise de poids chez les bovins, les porcins et la volaille (partiellement en raison d'une réduction des infections dans des populations animales surpeuplées). Mais cette addition augmente également le nombre de bactéries résistantes aux antibiotiques dans le système intestinal des animaux. Il existe des preuves d'une propagation d'une bactérie comme *Salmonella* des animaux vers les êtres humains. En 1983, 18 personnes, dans quatre états du Middle-West (USA), ont été infectées par une souche de *Salmonella newport* multirésistante aux antibiotiques. Onze ont été hospitalisées pour une salmonellose et une d'entre elles en mourût. Les 18 patients avaient été infectés en mangeant des hamburgers contenant du boeuf ayant été nourri avec des doses de chlortétracycline inférieures aux doses thérapeutiques et favorisant la croissance. On a pu associer la résistance à certains antibiotiques à l'utilisation d'antibiotiques particuliers pour les fermiers. Ainsi, l'avoparcine a une structure voisine de celle de la vancomycine et la virginiamycine ressemble au Sinercid. Il y a de bonnes preuves que l'usage intensif de ces deux antibiotiques dans la nourriture animale a conduit à une élévation de la résistance à la vancomycine et au Sinercid chez les entérocoques. L'emploi de l'enrofloxacine, une quinolone, pour les troupeaux de porcs a favorisé la résistance à la ciprofloxacine parmi les souches pathogènes de *Salmonella*. L'élimination des antibiotiques ajoutés à la nourriture pourrait bien aider à ralentir l'expansion de la résistance aux antimicrobiens.

Ce sont parfois des facteurs très subtils qui font se répandre la résistance. Ainsi, les savons et les désodorisants contiennent maintenant souvent du triclosan et d'autres germicides. On a des preuves que cette large utilisation du triclosan favorise l'augmentation de la résistance aux antibiotiques (*voir section 7.5*).

---

1. Pour chaque classe de substances antibactériennes présentées, donnez les informations suivantes : la composition ou la structure chimique générale, le mécanisme d'action, le comportement (bactéricide ou - statique, spectre large ou étroit), la voie d'administration et les utilisations thérapeutiques, les effets secondaires significatifs et la résistance au produit.

2. Définissez : analogue de structure, acide 6-aminopénicillanique, pénicillinase, aminoglycoside, macrolide.

35.7 La résistance aux antibactériens

La propagation d'organismes pathogènes résistants aux antibactériens est une des menaces les plus sérieuses pour un traitement efficace d'une maladie (**encadré 35.2**). Cette section décrit les moyens par lesquels les bactéries acquièrent une résistance aux antimicrobiens et comment la résistance se propage au sein d'une population bactérienne.

Les mécanismes de résistance

Les bactéries deviennent résistantes aux antimicrobiens de différentes manières. Il faudrait préalablement noter qu'un type particulier de mécanisme de résistance n'est pas réservé à une seule catégorie de substances. Deux bactéries peuvent utiliser des mécanismes différents pour résister à un même agent chimiothérapeutique. En outre, des mutants résistants apparaissent spontanément et sont ensuite sélectionnés. Les mutants ne sont pas créés directement par une exposition à un antibiotique.

Les germes pathogènes deviennent souvent résistants simplement en empêchant la pénétration de l'antibiotique. La pénicilline G ne peut atteindre de nombreuses bactéries Gram-négatives parce qu'elle ne peut traverser la membrane externe de l'enveloppe. Des modifications des protéines liant la pénicilline rendent également une cellule résistante. Une diminution de perméabilité peut aboutir à une résistance aux sulfamides. Les mycobactéries résistent à beaucoup de médicaments car ils ont à l'extérieur du peptidoglycane une couche lipidique complexe riche en acides mycoliques (*voir p. 543*). Cette couche est imperméable à la plupart des médicaments.

Une seconde stratégie de résistance est de rejeter hors de la cellule, la substance qui vient d'y entrer. Certains agents pathogènes ont, dans leur membrane plasmique des transloquases, appelées souvent pompes effluentes, qui expulsent les drogues. Ces protéines de transport sont relativement non spécifiques et agissent sur de nombreuses substances différentes, ce sont des pompes de résistance multidrogues, souvent des systèmes antiport drogue/protons où les protons entrent dans la cellule quand la drogue en sort. On trouve ces systèmes chez *E. coli*, *Pseudomonas aeruginosa*, *Mycobacterium smegmatis* et *Staphylococcus aureus*.

De nombreuses bactéries pathogènes résistent à l'attaque en inactivant les antimicrobiens par des modifications chimiques. L'exemple le plus connu est l'hydrolyse du noyau β-lactame de nombreuses pénicillines par la pénicillinase. Les antimicrobiens sont également inactivés par l'addition de groupes chimiques. Des organismes résistants peuvent phosphoryler ou acétyler les aminoglycosides et acétyler le chloramphénicol.

Comme chaque agent chimiothérapeutique agit sur une cible spécifique, une résistance apparaît lorsque l'enzyme ou l'organite cible est modifié de façon à ne plus être sensible à cet agent. Par exemple, l'affinité des ribosomes pour l'érythromycine et le chloramphénicol peut être réduite par une modification de l'ARNr 23S sur lequel ils se fixent. Les entérocoques deviennent résistants à la vancomycine en modifiant la terminaison D-ala-D-ala de leur peptidoglycane en D-ala. D-lactate-, ce qui réduit de façon drastique la fixation de l'antibiotique. Une altération des enzymes sensibles peut diminuer les effets des antimétabolites. Dans les bactéries résistantes aux sulfamides, l'enzyme qui utilise l'acide p-aminobenzoïque pendant la synthèse de l'acide folique (la synthétase de l'acide tétrahydroptéroïque) a souvent une affinité beaucoup plus faible pour les sulfamides.

Les bactéries résistantes peuvent soit utiliser une voie alternative pour éviter la séquence inhibée par l'agent, soit augmenter la production du métabolite cible. Certaines bactéries sont, par exemple, résistantes aux sulfamides simplement parce que, plutôt que de le synthétiser elles-mêmes, elles utilisent de l'acide folique préformé provenant de leur environnement. D'autres souches accroissent leur vitesse de production de l'acide folique et contrecarrent ainsi l'inhibition due aux sulfamides.

L'origine et la transmission de la résistance

Les gènes de résistance aux antimicrobiens sont présents à la fois sur le chromosome bactérien et sur des **plasmides**, petites molécules d'ADN circulaire, qui peuvent exister séparément du chromosome ou y être intégrés. Les plasmides *(pp. 294-97)*.

Même si elles ne surviennent pas très souvent, certaines mutations spontanées dans le chromosome bactérien rendent les bactéries résistantes aux antimicrobiens. Habituellement, ces mutations induisent une modification du récepteur de l'antibiotique, empêchant ce dernier de se fixer et d'inhiber (ex : la protéine réceptrice de la streptomycine sur les ribosomes bactériens). De nombreux mutants sont probablement détruits par les mécanismes naturels de résistance de l'hôte, mais lorsqu'un patient est traité massivement par des antibiotiques, quelques mutants résistants peuvent survivre et se multiplier en raison de leur avantage compétitif sur les souches sensibles.

Une bactérie pathogène est fréquemment résistante aux antibiotiques parce qu'elle contient un plasmide porteur d'un ou de plusieurs gènes de résistance. On appelle ces plasmides, des **plasmides R** (plasmides de résistance). Les gènes plasmidiques de résistance encodent souvent des enzymes de destruction ou de modification des antibiotiques : par exemple, l'hydrolyse de la pénicilline ou l'acétylation du chloramphénicol et des aminoglycosides. On a impliqué des gènes associés à un plasmide dans la résistance aux aminoglycosides, au chloramphénicol, aux pénicillines et céphalosporines, à l'érythromycine, aux tétracyclines, aux sulfamides et à d'autres antibiotiques. Un plasmide R, présent dans une cellule bactérienne, peut être assez rapidement transmis à d'autres cellules par des mécanismes normaux d'échange génétique comme la conjugaison, la transduction et la transformation. Du fait qu'un seul plasmide peut porter des gènes de résistance à plusieurs substances, une population pathogène peut devenir simultanément résistante à plusieurs antibiotiques, même si le patient infecté n'est traité qu'avec un seul antimicrobien. La conjugaison *(pp. 302-5)* La transduction *(pp. 307-9)*. La transformation *(pp. 305-7)*.

Un traitement massif aux antibiotiques favorise le développement et la propagation de souches résistantes car l'antibiotique détruit les bactéries sensibles qui pourraient habituellement concurrencer les souches résistantes. La conséquence peut en être l'émergence de germes pathogènes résistants conduisant à une **surinfection**. Les surinfections constituent un problème important en raison de l'existence de bactéries multirésistantes souvent responsables d'infections respiratoires et urinaires résistantes aux antibiotiques. Un exemple classique de surinfection résultant de l'administration d'un antibiotique est l'entérocolite pseudomembranaire à *Clostridium difficile*. Lorsqu'on traite un patient à la clindamycine, à l'ampicilline ou à la céphalosporine, on tue de nombreuses bactéries intestinales à l'exception *de C. difficile*. Ce constituant mineur de la microflore intestinale prospère en l'absence de compétition et produit une toxine qui stimule la sécrétion d'une pseudomembrane par les cellules intestinales. Si la surinfection n'est pas traitée suffisamment tôt à la vancomycine, la pseudomembrane doit être éliminée par voie chirurgicale sinon le patient mourra. Des mycètes, comme la levure *Candida albicans*, occasionnent également des surinfections quand on élimine la compétition bactérienne par une antibiothérapie.

On peut utiliser plusieurs stratégies pour réduire le risque d'émergence d'une résistance aux antimicrobiens. Une administration à une concentration suffisamment élevée détruit les bactéries sensibles et la plupart des mutants spontanés qui pourraient apparaître durant le traitement. Parfois deux antibiotiques différents sont employés simultanément avec l'espoir que chacun d'eux empêchera l'apparition d'une résistance à l'autre. Finalement, on ne devrait utiliser des agents chimiothérapeutiques, particulièrement ceux à large spectre, qu'en cas d'absolue nécessité. Dans la mesure du possible, il faudrait identifier la bactérie pathogène, déterminer sa sensibilité aux antibiotiques et utiliser l'antibiotique à spectre étroit approprié.

Malgré les efforts déployés pour empêcher l'émergence et la dispersion de la résistance aux antimicrobiens, la situation continue d'empirer. Bien sûr les antibiotiques devraient être utilisés au mieux, de façon à réduire le développement de la résistance, mais une autre approche consiste à chercher des antibiotiques nouveaux que les bactéries n'ont jamais rencontrés (*voir encadré 29.1*). Les compagnies pharmaceutiques rassemblent et analysent des échantillons venant du monde entier en quête d'antimicrobiens totalement neufs. La troisième option est la conception rationnelle d'une drogue basée sur les études de structure tridimensionnelle de la molécule cible, comme par exemple une enzyme essentielle au métabolisme microbien. Des programmes informatiques peuvent alors être utilisés qui dessinent des molécules s'ajustant de façon précise dans la cible. Ces drogues seront capables de se fixer à la cible et de perturber suffisamment son fonctionnement pour détruire l'agent pathogène. Cette approche est suivie par les compagnies pharmaceutiques dans la recherche de médicaments contre le SIDA, le cancer et le rhume. Au moins, une compagnie développe des « adjuvants » c'est-à-dire des peptides cationiques qui brisent les membranes bactériennes en déplaçant leurs ions magnésium. Les antibiotiques peuvent alors pénétrer et exercer rapidement leur action. D'autres firmes développent des inhibiteurs des pompes effluentes. Il faut les administrer avec l'antibiotique et ils empêchent l'expulsion de celui-ci par la bactérie pathogène résistante.

Il y a quelques progrès récents dans la lutte contre les bactéries résistantes : deux nouveaux produits se montrent actifs contre les entérocoques résistants à la vancomycine. Le Synercid est un mélange de deux antibiotiques de la famille de la streptogramine : la quinupristine et la dalfopristine ; il inhibe la synthèse des protéines. Un autre produit, le linézolide (Zyvox) est le premier d'une nouvelle famille d'antibiotiques, les oxazolidinones. Il inhibe la synthèse protéique et est actif contre les entérocoques résistants à la vancomycine ainsi que contre *Staphylococcus aureus* résistant à la méthicilline.

Une réponse très intéressante à la crise actuelle est un renouveau d'intérêt pour une idée déjà avancée au début du XXe siècle par Félix d'Hérelle, un des découvreurs des virus bactériens (*p. 363*). D'Hérelle aurait proposé d'utiliser les bactériophages pour traiter les maladies bactériennes. Il n'a pas été suivi par beaucoup de microbiologistes, principalement à cause de difficultés techniques et de l'arrivée des antibiotiques. Cependant, des scientifiques russes développent actuellement l'utilisation médicale des virus bactériens pour traiter de nombreuses infections. Ainsi des bandages sont imbibés de suspensions de phages, des mélanges de phages sont donnés oralement et des préparations de phages sont injectées en intraveineuse pour traiter des infections à *Straphylococcus*. Trois compagnies américaines sont activement impliquées dans la recherche sur l'effet thérapeutique des phages et préparent les essais cliniques. Les bactériophages (chapitre 17),

1. Décrivez brièvement les cinq moyens principaux par lesquels les bactéries deviennent résistantes aux antibiotiques et donnez un exemple de chacun.
2. Définissez les termes : plasmide, plasmide R et surinfection. En quoi les plasmides R sont-ils impliqués dans la propagation de la résistance aux antibiotiques ?

35.8 Les substances antifongiques

Le traitement des mycoses est généralement moins efficace que celui des infections bactériennes, principalement parce que les cellules eucaryotes des mycètes sont beaucoup plus semblables aux cellules humaines que ne le sont les bactéries. De nombreuses substances inhibant ou tuant les mycètes sont de ce fait assez toxiques pour les êtres humains. En outre, la plupart des mycètes ont un système de détoxification qui modifie de nombreux antibiotiques, probablement par hydroxylation. En conséquence, les antibiotiques utilisés sont fongistatiques pour autant que des applications répétées maintiennent des quantités élevées d'antibiotique inaltéré. Malgré leur indice thérapeutique relativement faible, quelques substances sont utiles dans le traitement de nombreuses mycoses importantes. Les agents antifongiques efficaces agissent fréquemment par extraction des stérols membranaires, ou par inhibition de la synthèse de ceux-ci ou encore, vu l'absence de paroi chez les cellules animales, la chitine synthase est la cible d'antifongiques efficaces comme la polyoxine D et la nikkomycine.

Les mycoses sont souvent subdivisées en mycoses superficielles (infections des tissus superficiels) et mycoses systémiques. Le traitement de ces deux types de maladie est très différent. On emploie plusieurs substances pour traiter les mycoses superficielles. Trois dérivés de l'imidazole, le miconazole, le cétoconazole (**figure 35.13**) et le clotrimazole, sont des agents à large spectre disponibles sous forme de crèmes et de solutions pour le traitement de dermatomycoses comme le pied d'athlète et les candidoses orales et vaginales (*voir chapitre 40*). On pense qu'ils perturbent la perméabilité de la membrane fongique et inhibent la synthèse des stérols. Le tolnaftate est employé localement pour traiter des infections cutanées mais il n'est pas aussi efficace contre les infections de la peau et des cheveux. La **nystatine** (figure 35.13), un polyène de *Streptomyces*, permet de contrôler les infections à *Candida* de la peau, du vagin ou du système digestif. La **griséofulvine** (figure 35.13), un antibiotique synthétisé par *Penicillium* et administré par voie orale, intervient dans le traitement des infections dermatophytes chroniques. Elle semble perturber le fuseau mitotique et inhiber la division cellulaire ; elle peut également inhiber la synthèse des protéines et des acides nucléiques. La griséofulvine occasionne des effets secondaires comme des maux de tête, des dérangements gastro-intestinaux et des réactions allergiques. *Les mycoses superficielles et systémiques (pp. 942-44, 945-48).*

Les infections systémiques sont très difficiles à contrôler et peuvent être fatales. Les trois substances, les plus communément utilisées contre les mycoses systémiques, sont l'**amphotéricine B**, la 5-flucytosine et le fluconazole (figure 35.13). L'amphotéricine B, produite par *Streptomyces*, se fixe aux stérols dans les membranes des mycètes, perturbant ainsi la perméabilité membranaire et induisant la perte de constituants cellulaires. Elle est assez toxique et uniquement utilisée en cas d'infections graves mettant la vie en péril. La 5-flucytosine (5-fluorocytosine), un antifongique synthétique oral, est efficace contre la plupart des mycètes systémiques mais souvent une résistance apparaît rapidement. L'antibiotique est converti en 5-fluorouracile par les mycètes, incorporé dans l'ARN au lieu de l'uracile, il perturbe le fonctionnement de l'ARN. Parmi ses effets secondaires, on compte des érythèmes, des diarrhées, des nausées, des anémies aplasiques et des lésions hépatiques.

On utilise le fluconazole dans le traitement des candidoses, des méningites cryptococciques et coccidioïdiennes. Les effets secondaires sont relativement rares.

Comme pour les antibactériens, l'utilisation abusive des antifongiques conduit à une augmentation de la résistance. Par exemple, on rencontre plus souvent des infections à *Candida* résistants.

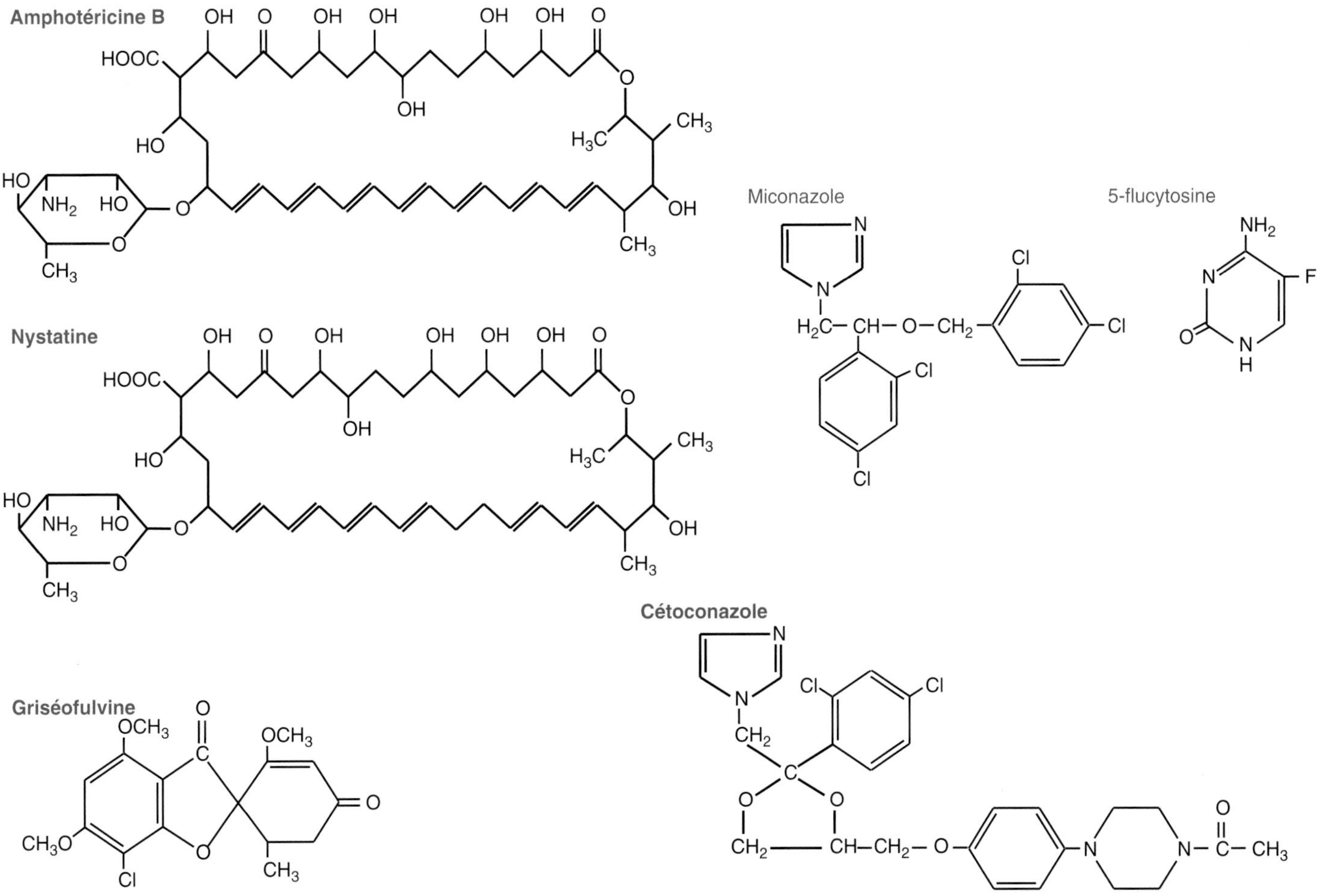

Figure 35.13 Les antifongiques. Six substances communément utilisées sont présentées ici.

---

1. Résumez le mécanisme d'action et l'usage thérapeutique des antifongiques suivants : le miconazole, la nystatine, la griséofulvine, l'amphotéricine B et la 5-flucytosine.

35.9   Les substances antivirales

Pendant de nombreuses années, la perspective de traiter des infections virales avec des médicaments a semblé peu probable, car les virus pénètrent dans les cellules hôtes et utilisent largement les enzymes et les constituants de ces cellules. Une substance empêchant la multiplication des virus était également considérée comme toxique pour l'hôte. Depuis, on a découvert des inhibiteurs d'enzymes spécifiquement viraux et de processus du cycle des virus. Plusieurs substances ont un usage thérapeutique. Des exemples importants sont présentés dans la **figure 35.14.** La multiplication des virus d'animaux (pp. 399-409).

La plupart des substances antivirales inhibent des étapes critiques du cycle du virus ou la synthèse des acides nucléiques spécifiques du virus. On peut utiliser l'**amantadine** et la rimantadine pour empêcher les infections dues au virus Influenza A. Lorsqu'elle est donnée à temps, elle peut réduire l'incidence de l'influenza de 50 à 70 %. L'amantadine inhibe la pénétration et la décapsidation des particules du virus Influenza (*voir section 18.2*). **L'adénine arabinoside** ou **vidarabine** perturbe l'activité de l'ADN polymérase et de plusieurs autres enzymes impliquées dans la synthèse et le fonctionnement de l'ADN et de l'ARN. Elle est administrée par voie intraveineuse ou appliquée en pommade pour traiter les infections herpétiques. On utilise également une troisième substance, l'**acyclovir**, dans le traitement des infections herpétiques. Après phosphorylation, l'acyclovir ressemble au désoxy-GTP et inhibe l'ADN polymérase virale. Malheureusement des souches d'herpès résistantes à l'acyclovir apparaissent déjà.

On dispose actuellement de substances actives dérivées ou apparentées à l'acyclovir. Le valacyclovir, administré oralement, est une prodrogue de l'acyclovir. Le ganciclovir, le penciclovir et sa forme orale, le famciclovir sont efficaces dans le traitement de l'herpès. Le foscarnet est un antiviral d'un autres type qui inhibe de façon différente l'ADN polymérase virale. Le foscarnet est un analogue organique du pyrophosphate (figure 35.14) qui se fixe au site actif de la polymérase et bloque le clivage du pyrophosphate à partir des nucléosides triphosphates. Les infections à herpès et cytomégalovirus sont traitées par le foscarnet.

Plusieurs drogues à spectre large anti-ADN viral ont été développées. Un bon exemple est l'HPMPC ou cidofovir (figure 35.14) qui est actif contre les papova-, adéno-, herpès-, irido- et poxvirus. Le produit est un analogue du dCTP et agit sur l'ADN

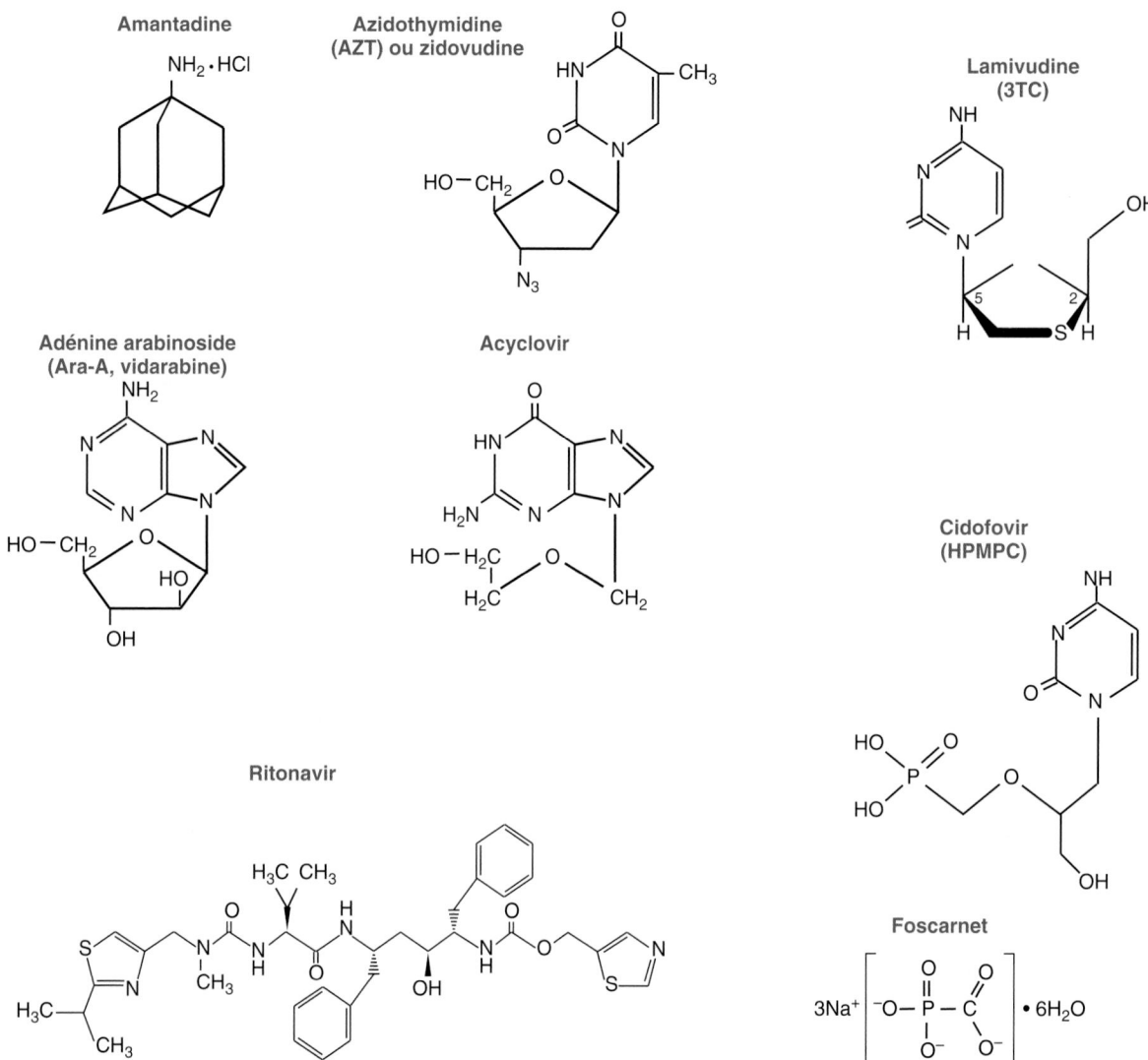

Figure 35.14 Substances antivirales représentatives.

polymérase virale comme un inhibiteur compétitif. Il a été utilisé d'abord contre le cytomégalovirus mais aussi contre les infections par l'herpes simplex et les papillomavirus humains. La recherche de médicaments anti-HIV a été particulièrement active. Les premières drogues développées furent pour beaucoup, des inhibiteurs de la transcriptase inverse telles l'**azidothymidine (AZT)** ou **zidovudine**, la lamivudine (3TC), la didanosine (ddI), la zalcitabine (ddC) et la stavudine (d4T) (figure 35.14). Celles-ci interfèrent avec l'activité de la transcriptase inverse et ainsi bloquent la multiplication d'HIV. Plus récemment, on a développé les **inhibiteurs de protéase**, parmi lesquels le saquinvir, l'indinavir et le ritonavir (figure 34.14) sont les plus employés. Ces substances imitent la liaison peptidique normalement attaquée par la protéase d'HIV. Le traitement le meilleur est un cocktail d'agents, chacun à doses élevées, de façon à prévenir l'apparition de la résistance. Par exemple, la combinaison AZT, 3TC et ritonavir est très efficace et réduit presqu'à zéro la concentration de virus dans le sang. Ce traitement

n'élimine cependant pas l'ADN proviral d'HIV latent, qui reste dans les cellules T mémoire et peut-être ailleurs. La biologie et la multiplication d'HIV (pp. 407, 878-84)

Les agents antiviraux probablement les plus connus du public sont les **interférons**. Ces petites protéines, produites par l'hôte, inhibent la réplication virale et peuvent être utiles en clinique dans le traitement de l'influenza, de l'hépatite, de l'herpès et des rhumes. Le mécanisme d'action de l'interféron est décrit plus en détail dans la *section 31.9*.

---

1. Décrivez deux manières différentes par lesquelles les agents antiviraux perturbent la multiplication d'un virus et donnez un exemple de chacune.

2. Résumez la manière dont est traité HIV actuellement. Comment agissent les deux classes de substances anti-HIV ?

Résumé

1. Les agents chimiothérapeutiques sont des composés détruisant les micro-organismes pathogènes ou inhibant leur développement et utilisés dans le traitement des maladies. La plupart sont des antibiotiques, des produits microbiens ou leurs dérivés, capables de tuer les micro-organismes sensibles ou d'inhiber leur multiplication.

2. L'ère moderne de la chimiothérapie débuta avec les travaux de Paul Ehrlich sur les substances actives contre la maladie du sommeil et la syphilis. Les autres pionniers furent Gerhard Domagk, Alexander Fleming, Howard Florey, Ernst Chain, Norman Heatley et Selman Waksman.

3. Un agent chimiothérapeutique efficace doit avoir une toxicité sélective. Une substance ayant une grande toxicité sélective a un indice thérapeutique élevé et perturbe habituellement une structure ou un processus spécifique du germe pathogène. Elle induit moins d'effets secondaires.

4. On regroupe les antibiotiques sur la base de l'importance de la gamme des micro-organismes cibles (spectre étroit ou spectre large), de leur origine (naturelle, semi-synthétique ou synthétique) et de leur effet général (-statique ou -cide) (**tableau 35.1**).

5. On estime l'efficacité de l'antibiotique en déterminant la concentration minimale inhibitrice et la concentration minimale létale (ou bactéricide) par des méthodes de dilution. Les méthodes de diffusion, comme la méthode de Kirby-Bauer (méthode des disques), sont souvent utilisées pour estimer rapidement la sensibilité d'une bactérie pathogène aux antibiotiques (**figure 35.2**).

6. Les agents chimiothérapeutiques peuvent porter atteinte aux bactéries pathogènes de différentes manières : inhibition de la synthèse de la paroi, de la synthèse protéique ou de la synthèse des acides nucléiques, altération de la structure de la membrane et inhibition d'enzymes-clés (**tableau 35.4**).

7. Divers facteurs peuvent fortement influencer l'efficacité des antimicrobiens pendant leur utilisation.

8. Les sulfamides ressemblent à l'acide p-aminobenzoïque et inhibent compétitivement la synthèse de l'acide folique (**figure 35.3**).

9. Les quinolones forment une famille d'agents bactéricides synthétiques inhibant l'ADN gyrase et, de ce fait, inhibant un processus tel que la réplication de l'ADN (**figure 35.6**).

10. Les membres de la famille de la pénicilline ont un cycle β-lactame et perturbent la synthèse de la paroi bactérienne jusqu'à induire une lyse cellulaire (**figure 35.7**). Certains, comme la pénicilline G, sont habituellement administrés par injection et sont particulièrement efficaces contre les bactéries Gram-positives. On en donne d'autres par voie orale (pénicilline V). Ils ont un large spectre (ampicilline, carbénicilline) ou sont résistants à la pénicillinase (méthicilline).

11. Les céphalosporines sont semblables aux pénicillines et sont prescrites aux patients souffrant d'allergie aux pénicillines (**figure 35.8**).

12. Les tétracyclines sont des antibiotiques à large spectre possédant un noyau à quatre cycles porteurs de substituants divers (**figure 35.9**). Elles se fixent sur la petite sous-unité du ribosome et inhibent la synthèse protéique.

13. Les aminoglycosides comme la streptomycine et la gentamicine, se fixent sur la petite sous-unité du ribosome, inhibent la synthèse protéique et sont bactéricides (**figure 35.10**).

14. L'érythromycine est un macrolide bactériostatique qui se fixe sur la grande sous-unité du ribosome et inhibe la synthèse protéique (**figure 35.11**).

15. La vancomycine est un antibiotique glycopeptidique qui inhibe la transpeptidation au cours de la synthèse du peptidoglycane. On l'utilise contre des germes résistants : staphylocoques, entérocoques et clostridies.

16. Le chloramphénicol est un antibiotique bactériostatique à large spectre qui inhibe la synthèse protéique (**figure 35.12**). Il est assez toxique et n'est utilisé que pour des infections graves.

17. Les bactéries peuvent devenir résistantes à un antibiotique en l'excluant de la cellule, en l'altérant enzymatiquement, en modifiant l'enzyme ou l'organite cible pour le rendre moins sensible, etc... Les gènes de résistance aux antibiotiques peuvent être présents, soit sur le chromosome bactérien, soit sur un plasmide appelé plasmide R.

18. Un abus d'agents chimiothérapeutiques favorise l'augmentation et la propagation de la résistance aux antibiotiques et peut provoquer des surinfections.

19. Comme les mycètes sont plus proches des cellules humaines que les bactéries, les antifongiques ont généralement un indice thérapeutique plus faible que les antibactériens et induisent plus d'effets secondaires.

20. On peut traiter les mycoses superficielles par le miconazole, le cétoconazole, le clotrimazole, le tolnaftate, la nystatine et la griséofulvine (**figure 35-13**). L'amphotéricine B, la 5-flucytosine et le fluconazole sont employés contre les mycoses systémiques.

21. Les substances antivirales interfèrent avec des étapes critiques du cycle du virus (amantadine, rimantadine et ritonavir) ou inhibent la synthèse des acides nucléiques spécifiques du virus (zidovudine, adénine arabinoside, acyclovir) (**figure 35.14**). Les interférons inhibent la réplication virale et pourraient avoir une utilité thérapeutique dans le futur.

Mots-clés

Questions de révision

1. Pourquoi les pénicillines et les céphalosporines ont-elles un indice thérapeutique plus élevé que la plupart des autres antibiotiques ? Que sont les antimétabolites ?

2. Y aurait-il un avantage à administrer un agent bactériostatique avec une pénicilline ? Ou un désavantage ?

3. Pourquoi les substances antifongiques ont-elles un indice thérapeutique plus faible que la plupart des substances antibactériennes ? Pourquoi doit-on souvent faire des applications fréquentes des produits antifongiques ?

4. Quel avantage y aurait-il à administrer simultanément deux agents chimiothérapeutiques ?

5. Décrivez différentes façons de ralentir ou d'empêcher le développement de bactéries pathogènes résistantes aux antibiotiques.

Questions de réflexion

1. Quel avantage pourraient acquérir des bactéries et des mycètes du sol en synthétisant des antibiotiques ?

2. Pourquoi pourrait-il être avantageux de préparer une variété d'antibiotiques semi-synthétiques ?

3. Pourquoi est-il si difficile de trouver ou de synthétiser des substances antivirales efficaces ?

Lectures complémentaires

Généralités

Abramowicz, M., éd. 1990. The choice of antimicrobial drugs. *Medical Letter on Drugs and Therapeutics* 32(817):41–48.

Brooks, G. F.; Butel, J. S.; et Morse, S. A. 1998. *Jawetz, Melnick & Adelberg's medical microbiology,* 21e éd. Stamford, Conn.: Appleton & Lange.

Bugg, C. E.; Carson, W. M.; et Montgomery, J. A. 1994. Les médicaments sur mesure. *Pour la Science*, 196, 70-79.

Fernandes, P. B. 1996. Pharmaceutical perspective on the development of drugs to treat infectious diseases. *ASM News* 62(1):21–24.

Gootz, T. D. 1990. Discovery and development of new antimicrobial agents. *Clin. Microbiol. Rev.* 3(1):13–31.

Kessler, D. A., et Feiden, K. L. 1995. L'évaluation des médicaments. *Pour la Science*, 211, 84-91.

Liu, H., and Reynolds, K. A. 2000. Antibiotic biosynthesis. In *Encyclopedia of microbiology,* 2e éd., vol. 1, J. Lederberg, éd., 189–207. San Diego: Academic Press.

Mandell, G. L.; Bennett, J. E.; et Dolin, R. 2000. *Principles and practice of infectious diseases,* 5e éd. New York: Churchill Livingstone.

Murray, P. R., éd. 1999. *Manual of clinical microbiology,* 7e éd. Washington, D.C.: ASM Press.

Physicians' desk reference. Oradell, N.J.: Medical Economics Books (published annually).

35.1 Le développement de la chimiothérapie

Bottcher, H. M. 1964. *Wonder drugs: A history of antibiotics.* Philadelphia: J. B. Lippincott.

Hare, R. 1970. *The birth of penicillin.* Atlantic Highlands, NJ: Allen and Unwin.

35.3 La mesure de l'activité antimicrobienne

Courvalin, P. 1992. Interpretive reading of antimicrobial susceptibility tests. *ASM News* 58(7):368–75.

Sanders, C. C. 1991. A problem with antimicrobial susceptibility tests. *ASM News* 57(4):187–90.

35.4 Les mécanismes d'action des antimicrobiens

Franklin, T. J. 2001. *Biochemistry and molecular biology of antimicrobial drug action.* New York: Chapman & Hall.

35.6 Les substances antibactériennes

Abraham, E. P. 1981. Des antibiotiques : les β-lactamines. *Pour la Science*, 46, 92-105.

Bayles, K. W. 2000. The bactericidal action of penicillin: New clues to an unsolved mystery. *Trends Microbiol.* 8(6):274–78.

Drlica, K. 1999. Refining the fluoroquinolones. *ASM News* 65(6):410–15.

Drlica, K., et Zhao, X. 1997. DNA gyrase, topoisomerase IV, and the 4-quinolones. *Microbiol. Mol. Biol. Rev.* 61(3):377–92.

Hooper, D. C., et Wolfson, J. S. 1991. Fluoroquinolone antimicrobial agents. *N. Engl. J. Med.* 324(6):384–92.

Maxwell, A. 1997. DNA gyrase as a drug target. *Trends Microbiol.* 5(3):102–9.

Nayler, J. H. C. 1991. Semi-synthetic approaches to novel penicillins. *Trends Biochem. Sci.* 16:234–37.

Piepersberg, W. 2000. Aminoglycosides, bioactive bacterial metabolites. In *Encyclopedia of microbiology,* 2e éd., vol. 1, J. Lederberg, éd, 162–170. San Diego: Academic Press.

Sepkowitz, K. A.; Raffalli, J.; Riley, L.; Kiehn, T. E.; et Armstrong, D. 1995. Tuberculosis in the AIDS era. *Clin. Microbiol. Rev.* 8(2):180–99.

Tomasz, A. 1979. The mechanism of the irreversible antimicrobial effects of penicillins: How the beta-lactam antibiotics kill and lyse bacteria. *Annu. Rev. Microbiol.* 33:113–37.

35.7 La résistance aux antibactériens

Borges-Walmsley, M. I., et Walmsley, A. R. 2001. The structure and function of drug pumps. *Trends Microbiol.* 9(2):71–79.

Cetinkaya, Y.; Falk, P.; et Mayhall, C. G. 2000. Vancomycin-resistant enterococci. *Clin. Microbiol. Rev.* 13(4):686–707.

Clowes, R. C. 1973. The molecule of infectious drug resistance. *Sci. Am.* 228(4):19–27.

Davies, J. 1994. Inactivation of antibiotics and the dissemination of resistance genes. *Science* 264:375–82.

Davies, J., et Wright, G. D. 1997. Bacterial resistance to aminoglycoside antibiotics. *Trends Microbiol.* 5(6):234–40.

Davison, H. C.; Low, J. C.; et Woolhouse, M. E. J. 2000. What is antibiotic resistance and how can we measure it? *Trends Microbiol.* 8(12):554–59.

Drlica, K. 2001. A strategy for fighting antibiotic resistance. *ASM News* 67(1): 27–33.

Field, A. K., et Biron, K. K. 1994. "The end of innocence" revisited: Resistance of herpes viruses to antiviral drugs. *Clin. Microbiol. Rev.* 7(1):1–13.

Gold, H. S., et Moellering, Jr. R. C. 1996. Antimicrobial-drug resistance. *N. Engl. J. Med.* 335(19):1445–53.

Hancock, R. E. W. 1997. The bacterial outer membrane as a drug barrier. *Trends Microbiol.* 5(1):37–42.

Huycke, M. M.; Sahm, D. F.; et Gilmore, M. S. 1998. Multiple-drug resistant enterococci: The nature of the problem and an agenda for the future. *Emerg. Infect. Dis.* 4(2):239–49.

Jacoby, G. A., et Archer, G. L. 1991. New mechanisms of bacterial resistance to antimicrobial agents. *N. Engl. J. Med.* 324(9):601–9.

Klugman, K. P. 1990. Pneumococcal resistance to antibiotics. *Clin. Microbiol. Rev.* 3(2):171–96.

Lappe, M. 1982. *Germs that won't die: The medical consequences of the misuse of antibiotics.* Garden City, N.Y.: Doubleday.

Laughlin, C. A.; Black, R. J.; Feinberg, J.; Freeman, D. J.; Ramsey, J.; Ussery, M. A.; et Whitley, R. J. 1991. Resistance to antiviral drugs. *ASM News* 57(10):514–17.

Levy, S. B. 1992. *The Antibiotic Paradox.* New York: Plenum.

Levy, S. B. 1998. The challenge of antibiotic resistance. *Sci. Am.* 278(3):46–53.

Lewis, K.; Hooper, D. C.; et Ouellette, M. 1997. Multidrug resistance pumps provide broad defense. *ASM News* 63(11):605–10.

Ma, D.; Cook, D. N.; Hearst, J. E.; et Nikaido, H. 1994. Efflux pumps and drug resistance in gram-negative bacteria. *Trends Microbiol.* 2(12):489–93.

Mah, T.-F. C., et O'Toole, G. A. 2001. Mechanisms of biofilm resistance to antimicrobial agents. *Trends Microbiol.* 9(1):34–9.

Mlot, C. 2001. Antimicrobials in food production: Resistance and alternatives. *ASM News* 67(4):196–200.

Nicas, T. I.; Zeckel, M. L.; et Braun, D. K. 1997. Beyond vancomycin: New therapies to meet the challenge of glycopeptide resistance. *Trends Microbiol.* 5(6):240–49.

Nikaido, H. 1994. Prevention of drug access to bacterial targets: Permeability barriers and active efflux. *Science* 264:382–88.

Nicolaou, K. C., et Bobby, C. N. C. 2001. Behind enemy lines. *Sci Am.* 284(5):54–61.

Palzkill, T. 1998. β-Lactamases are changing their activity spectrums. *ASM News* 64(2):90–95.

Rattan, A.; Kalia, A.; et Ahmad, N. 1998. Multidrug-resistant *Mycobacterium tuberculosis:* Molecular perspectives. *Emerg. Infect. Dis.* 4(2):195–209.

Spratt, B. G. 1994. Resistance to antibiotics mediated by target alterations. *Science* 264:388–93.

Trends Microbiol. 1994. 2(10). Drug resistance: The new apocalypse. (Thematic Issue).

Wegener, H. C.; Aarestrup, F. M.; Jensen, L. B.; Hammerum, A. M.; et Bager, F. 1999. Use of antimicrobial growth promoters in food animals and *Enterococcus faecium* resistance to therapeutic antimicrobial drugs in Europe. *Emerg. Infect. Dis.* 5(3):329–35.

35.8 Les substances antifongiques

Debono, M., et Gordee, R. S. 1994. Antibiotics that inhibit fungal cell wall development. *Annu. Rev. Microbiol.* 48:471–97.

Espinel-Ingroff, A. 2000. Antifungal agents. In *Encyclopedia of microbiology,* 2e éd., vol. 1, J. Lederberg, éd., 232–53. San Diego: Academic Press.

Georgopapadakou, N. H., et Tkacz, J. S. 1995. The fungal cell wall as a drug target. *Trends Microbiol.* 3(3):98–104.

Ghannoum, M. A., and Rice, L. B. 1999. Antifungal agents: Mode of action, mechanisms of resistance, and correlation of these mechanisms with bacterial resistance. *Clin. Microbiol. Rev.* 12(4):501–17.

Groll, A. H.; De Lucca, A. J.; et Walsh, T. J. 1998. Emerging targets for the development of novel antifungal therapeutics. *Trends Microbiol.* 6(3):117–24.

Klepser, M. E.; Ernst, E. J.; et Pfaller, M. A. 1997. Update on antifungal resistance. *Trends Microbiol.* 5(9):372–75.

35.9 Les substances antivirales

Balfour, Jr., H. H. 1999. Antiviral drugs. *N. Engl. J. Med.* 340(16):1255–68.

Bean, B. 1992. Antiviral therapy: Current concepts and practices. *Clin. Microbiol. Rev.* 5(2):146–82.

De Clercq, E. 1995. Antiviral therapy for human immunodeficiency virus infections. *Clin. Microbiol. Rev.* 8(2):200–39.

De Clercq, E. 1997. In search of a selective antiviral chemotherapy. *Clin. Microbiol. Rev.* 10(4):674–93.

Hirsch, M. S., et Kaplan, J. C. 1987. Les traitements antiviraux. *Pour la Science,* 116, 42-54.

Whitley, R. J. 2000. Antiviral agents. In *Encyclopedia of microbiology,* 2e éd., vol. 1, J. Lederberg, éd., 286–310. San Diego: Academic Press.

CHAPITRE 36

La microbiologie clinique

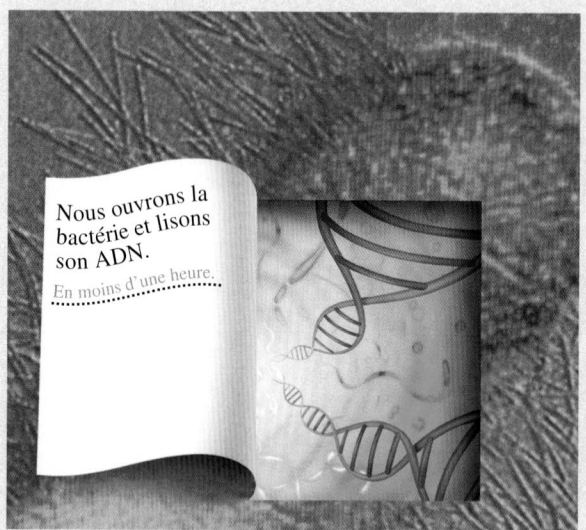

Nous ouvrons la bactérie et lisons son ADN.

En moins d'une heure.

Avec les infections microbiennes, le moment et la précision du diagnostic sont d'une importance cruciale. Les laboratoires de microbiologie clinique utilisent des méthodes nouvelles (comme la PCR ou l'analyse de l'acide nucléique, comme sur l'illustration). Celles-ci remplacent des méthodes plus anciennes d'identification car elles sont plus précises et plus rapides.

Plan

Concepts

1. Les microbiologistes médicaux et les laboratoires de microbiologie clinique œuvrent à l'identification et au contrôle des micro-organismes.

2. Le succès de la microbiologie clinique dépend : (1) de l'utilisation de techniques aseptiques adéquates; (2) du prélèvement correct des échantillons chez le patient infecté, à l'aide d'un écouvillon, par aspiration à la seringue, par intubation ou à l'aide de cathéters ; (3) de la manipulation correcte des échantillons ; et (4) de la rapidité du transport des échantillons au laboratoire.

3. Dès son arrivée au laboratoire, l'échantillon est mis en culture en vue de l'identification des organismes par les techniques suivantes : microscopie ; croissance dans des milieux d'enrichissement sélectifs, différentiels ou caractéristiques ; tests biochimiques spécifiques ; méthodes de tests rapides ; techniques immunologiques ; typage par bactériophages ; méthodes moléculaires telles que sondes d'ADN, chromatographie gaz-liquide et recherche de plasmides.

4. Après l'isolement, la culture et/ou l'identification du micro-organisme, les échantillons sont employés dans des tests de sensibilité afin de déterminer la méthode de contrôle la plus efficace. Les résultats sont transmis au médecin dans les délais les plus brefs.

5. Les ordinateurs en microbiologie clinique servent à accélérer l'identification des organismes pathogènes et la transmission des résultats au médecin.

L'échantillon est le point de départ. Toute information diagnostique du laboratoire dépend du choix des échantillons et du soin avec lequel ils sont prélevés et transportés.

— *Cynthia A. Needham*

Les organismes pathogènes, surtout bactéries et levures, cohabitent avec des micro-organismes inoffensifs à la surface ou dans l'hôte humain. Ces organismes pathogènes doivent être identifiés correctement comme agents étiologiques de maladies infectieuses. C'est le but de la microbiologie clinique qui identifie ces micro-organismes à l'aide de procédés morphologiques, biochimiques, immunologiques et moléculaires. Le temps requis pour l'identification est un facteur important, surtout lorsque la vie de malades est en jeu. Les ordinateurs et les méthodes d'identification rapide maintenant disponibles sur le marché, ont fortement aidé le microbiologiste clinicien. Les méthodes moléculaires contribuent à l'identification de micro-organismes sur base de propriétés génomiques et biochimiques très spécifiques. Dès qu'ils sont isolés et identifiés, les micro-organismes peuvent alors être soumis à des tests de sensibilité antimicrobienne. L'objet de ce chapitre est de montrer comment la microbiologie clinique contribue au bien-être et à la santé des patients.

36.1 Les échantillons

Le rôle principal du **microbiologiste clinicien** consiste à isoler et identifier rapidement les micro-organismes dans des échantillons biologiques. Le but du laboratoire de microbiologie clinique est de fournir au médecin des informations sur la présence ou l'absence de micro-organismes qui peuvent être impliqués dans la maladie infectieuse (**figure 36.1**). Le laboratoire a aussi la tâche de déterminer la sensibilité des micro-organismes aux agents antimicrobiens. La microbiologie clinique exploite des données de recherche dans des domaines aussi variés que la biochimie et la physiologie microbienne, l'immunologie, la biologie moléculaire, la génomique et les rapports hôte-parasite au cours de la maladie infectieuse. Le rôle des ordinateurs et des tests rapides n'a fait que croître en microbiologie clinique.

En microbiologie clinique, un échantillon biologique ou clinique représente une quantité ou une portion de matériel humain soumis à analyse afin de déterminer la présence ou l'absence de micro-organismes donnés. La sécurité des patients comme du personnel de l'hôpital et du laboratoire est extrêmement importante. Les règles présentées dans l'**encandré 36.1** sont établies par les « Centers of Disease control and Prevention » et concernent les zones dans lesquelles les échantillons sont manipulés. D'autres directives concernant les échantillons méritent d'être détaillées :

1. L'échantillon choisi doit représenter correctement la zone malade et peut inclure d'autres sites (par ex foie et sang).
2. La quantité prélevée doit permettre un examen complet.
3. Le prélèvement de l'échantillon doit être fait avec soin afin d'éviter une contamination par les nombreuses espèces bactériennes de la flore de la peau et des muqueuses (*voir figure 31.2*).
4. L'échantillon doit être acheminé rapidement au laboratoire clinique.
5. Si possible, l'échantillon doit être prélevé avant l'administration d'agents antimicrobiens au patient.

Le prélèvement

D'une manière générale, les résultats fournis par le laboratoire clinique ne sont bons que dans la mesure où l'échantillon est correct. Les échantillons sont prélevés de différentes manières par des techniques aseptiques, visant à prévenir la contamination de l'échantillon avant son arrivée au laboratoire clinique. Chaque méthode est conçue pour que seul le matériel approprié soit envoyé au laboratoire.

Pour les échantillons de peau et de muqueuses (œil, oreille, nez, gorge, plaie ouverte), on emploie le plus souvent un **écouvillon** stérile, fait d'une tige de polystyrène dont le sommet est recouvert de dacron, d'alginate de calcium ou de rayonne. Les fabricants d'écouvillons ont développé différents récipients, accompagnés du mode d'emploi. Ainsi, beaucoup d'écouvillons disponibles sur le marché sont plongés dans un milieu de transport protégeant certains micro-organismes et prévenant la multiplication des germes à croissance rapide (**figure 36.2a**). Cependant, il vaut mieux ne pas utiliser les écouvillons (sauf pour les narines et la gorge) car leur capacité est limitée (< 0,1 ml) et ils ont un plus grand risque de contamination par des micro-organismes superficiels.

Les échantillons de sang, de pus et de liquide céphalorachidien sont prélevés par **aspiration à la seringue**. En appliquant des techniques aseptiques strictes, l'échantillon est recueilli dans un tube stérile additionné d'un anticoagulant tel que l'héparine ou le citrate sodique (figure 36.2b). L'anticoagulant empêche les micro-organismes d'être pris dans un caillot.

L'**intubation** (du latin, *in*, dans et *tuba*, tube) consiste à introduire un tube dans un canal ou un organe creux du corps. Par exemple, on recueille des échantillons de l'estomac par intubation. Un long tube stérile est attaché à une seringue (figure 36.2c) et le tube est soit avalé par le patient soit introduit dans son estomac par la voie nasale. Des échantillons sont alors prélevés périodiquement dans la seringue stérile. Le tube de Levin est le plus souvent employé pour les intubations.

Un **cathéter** est un instrument tubulaire destiné à prélever ou introduire des liquides dans un organe. Par exemple, on peut obtenir des échantillons d'urine à l'aide de cathéters pour détecter une infection urinaire et ceci en particulier chez des bébés nouveaux-nés ou prématurés. Les cathéters sont de trois types. Le cathéter dur est employé lorsque l'urètre est très étroit ou présente des constrictions. Le cathéter de French est un tube souple pour l'obtention d'un échantillon d'urine unique. Si on veut des échantillons multiples au cours d'une période prolongée, le cathéter de Foley est utilisé (figure 36.2d).

L'urine peut aussi être obtenue proprement en respectant les consignes suivantes. Après que le patient se soit lavé le méat urétral (l'orifice du canal), l'urine est récoltée dans un récipient. Le meilleur prélèvement se fait tôt le matin, car l'urine, stockée dans la vessie toute la nuit, contiendra plus de micro-organismes. Dans cette technique, on ne pas récolte pas la première urine, parce

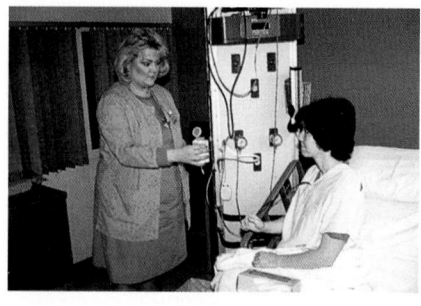

(a) L'identification d'un micro-organisme commence au lit du malade. L'infirmière donne des instructions au malade sur la manière d'obtenir un échantillon de crachat.

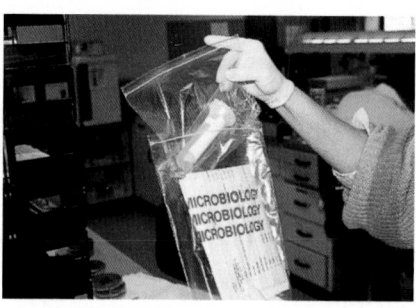

(b) L'échantillon est envoyé au laboratoire pour analyse. Remarquez que l'échantillon et le document administratif sont enveloppés dans des sacs distincts.

(c) Des échantillons, tels les crachats, sont étalés sur différents milieux de culture. Ceci est fait sous une hotte à flux laminaire, afin d'éviter le contact du microbiologiste avec les aérosols de l'échantillon.

(d) Les crachats et autres échantillons sont soumis à une coloration de Gram, afin de vérifier la présence éventuelle de bactéries et afin d'obtenir des renseignements préliminaires sur leur nature.

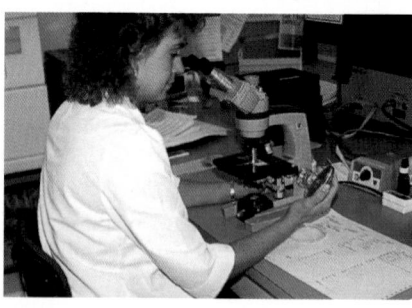

(e) Après incubation, les boîtes sont examinées pour y repérer des colonies suspectes. On peut alors réexaminer la coloration de Gram pour établir des corrélations.

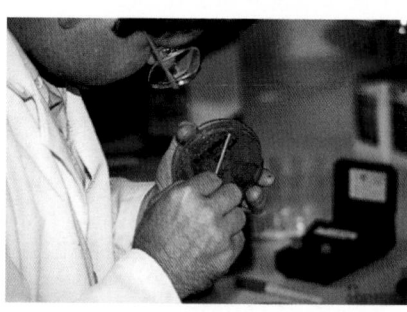

(f) Les colonies suspectes sont prélevées pour être soumises à des tests biochimiques, sérologiques ou moléculaires.

(g) Les colonies sont préparées pour identification par des systèmes rapides.

(h) Dans un délai bref, parfois quatre heures, des informations générées par ordinateur sont obtenues, comportant l'identification biochimique et des résultats sur la sensibilité aux antibiotiques.

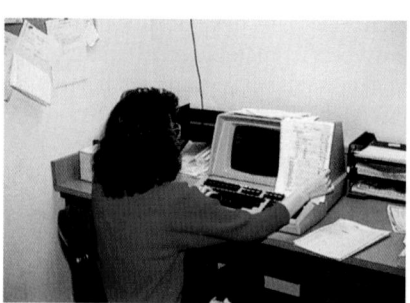

(i) Toutes les informations concernant cet échantillon, sont maintenant transmises directement au bureau médical par ordinateur.

Figure 36.1 Isolement et identification des micro-organismes dans un laboratoire clinique.

Encadré 36.1

Précautions universelles pour les professionnels de la santé

Comme il est impossible d'identifier de façon sure par l'anamnèse et l'examen médical, tous les patients infectés par HIV ou par d'autres agents présents dans le sang, le sang et les autres liquides biologiques de tous les patients doivent être considérés comme potentiellement infectieux. Ceux qui travaillent dans les laboratoires de microbiologie sont aussi exposés et doivent prendre les précautions universelles (présentées dans l'*encadré 7.2 p. 145*). Pour tous les professionnels de la santé il faut donc toujours :

1. éviter d'exposer peau et muqueuses lorsqu'on entre en contact avec du sang de patient ou autres fluides corporels. Il faut porter des gants pour toucher le sang, d'autres liquides, les muqueuses ou la peau blessée de n'importe quel patient, pour manipuler instruments, échantillons ou surfaces souillées et pour toutes injections dans le système vasculaire. Après chaque patient, les gants doivent être changés. Si des actes sont susceptibles de générer des gouttes de sang ou d'autres liquides corporels, il faut porter un masque, des lunettes ou se protéger toute la face pour ne pas exposer les muqueuses de la bouche, du nez et des yeux. Blouses, tabliers, tabliers de laboratoire doivent être portés si du sang ou d'autres liquides peuvent gicler.

2. se laver les mains et autres peaux exposées soigneusement et immédiatement après une éventuelle contamination par du sang ou d'autres liquides ; se laver les mains dès que les gants sont enlevés.

3. prendre toutes les précautions nécessaires pour éviter de se blesser avec les aiguilles, scalpels et autres instruments contondants, lorsqu'on nettoie les instruments utilisés, que l'on jette les aiguilles usagées ou que l'on manipule des instruments coupants. Pour éviter les blessures par des seringues, les aiguilles ne doi-

vent pas être recapuchonnées, ni courbées ou cassées à la main ni enlevées de leur seringue ou autrement manipulées. Après usage, les seringues à jeter, les aiguilles, les lames de scalpel ou autres couteaux doivent être placés dans des poubelles jetables résistantes aux incisions.

4. avoir à dispostion, dans les endroits où une réanimation est susceptible d'avoir lieu, des embouts, des sacs de réanimation et autres appareils de ventilation de façon à minimiser le besoin de faire du bouche-à-bouche d'urgence (bien que la salive ne soit pas un vecteur de transmission de HIV).

5. éviter tout soin direct et tout contact avec l'équipement de soins si le travailleur à des lésions exsudantes ou une dermatose suintante.

6. suivre la procédure suivante pour nettoyer des taches de sang ou de liquides contenant du sang : (1) mettre des gants et toute autre protection nécessaire, (2) essuyer le liquide en excès avec un torchon jetable et mettre les torchons dans un récipient pour la stérilisation (3) désinfecter la zone avec soit un germicide approuvé soit de l'hypochlorite de soude ménager (eau de javel, dilué 1/100 pour les surfaces lisses et 1/10 pour les surfaces poreuses ou très sales). La dilution doit être fraîche (moins de 24 h). Si les tahces sont grandes ou contiennent des objets contondants comme du verre cassé, couvrir d'abord la tache avec un torchon jetable le saturer ensuite avec le germicide ou l'eau de javel 1/10 et laisser agir pendant 10 minutes, nettoyer ensuite comme décrit plus haut.

Source : Adapté des « Morbidity and Mortality weekly report, 36 (suppl. 25) 5S-10S » Centers for Disease Control and Prevention Guidelines, Atlanta, GA, USA.

---

qu'elle sera contaminée par les micro-organismes transitoires, normalement présents dans la partie inférieure de l'urètre. Par contre, on récolte le flux suivant d'urine, qui contiendra vraisemblablement des micro-organismes présents dans la vessie. Si nécessaire, on récolte aussi de l'urine directement pour aspiration à la seringue dans la vessie.

Les échantillons du système respiratoire inférieur sont obtenus par crachat. Un **crachat** contient les sécrétions muqueuses expectorées des poumons, des bronches et de la trachée par la bouche, contrairement à la salive sécrétée par les glandes salivaires. Les crachats sont récoltés dans des coupes spéciales (figure 36.2*e*).

La manipulation

Immédiatement après son prélèvement, l'échantillon doit être correctement étiqueté. La personne effectuant le prélèvement est responsable de l'inscription correcte et lisible du nom sur la demande d'analyse, numéro d'enregistrement à l'hôpital, de l'adresse de l'hôpital, du diagnostic, du traitement antimicrobien en cours, du nom du médecin responsable, de la date d'admission et du type d'échantillon. Cette information doit correspondre à celle écrite

ou imprimée sur une étiquette apposée sur le récipient contenant l'échantillon. Le type ou l'origine de l'échantillon, ainsi que le choix des analyses demandées doivent être précisés sur le formulaire de demande.

Le transport

Il est important d'acheminer rapidement un échantillon vers le laboratoire clinique, aussitôt après son prélèvement. Certains laboratoires refusent des échantillons, dont le transit a été trop long. Les échantillons microbiologiques peuvent être transportés de différentes manières (figure 36.1b). Par exemple, on est amené à mettre certains échantillons dans des milieux de transport, qui protègent certains micro-organismes et maintiennent le rapport d'un micro-organisme un autre. Ceci est particulièrement important pour des échantillons, dans lesquels une flore normale peut être mélangée à des micro-organismes normalement absents du lieu de prélèvement sur le corps.

Lorsqu'on suspecte un micro-organisme anaérobie, l'échantillon doit être traité spécialement. Le matériel est aspiré à l'aide d'une aiguille et d'une seringue. D'habitude le plus aisé est d'écarter l'aiguille, remettre le capuchon d'origine sur la seringue

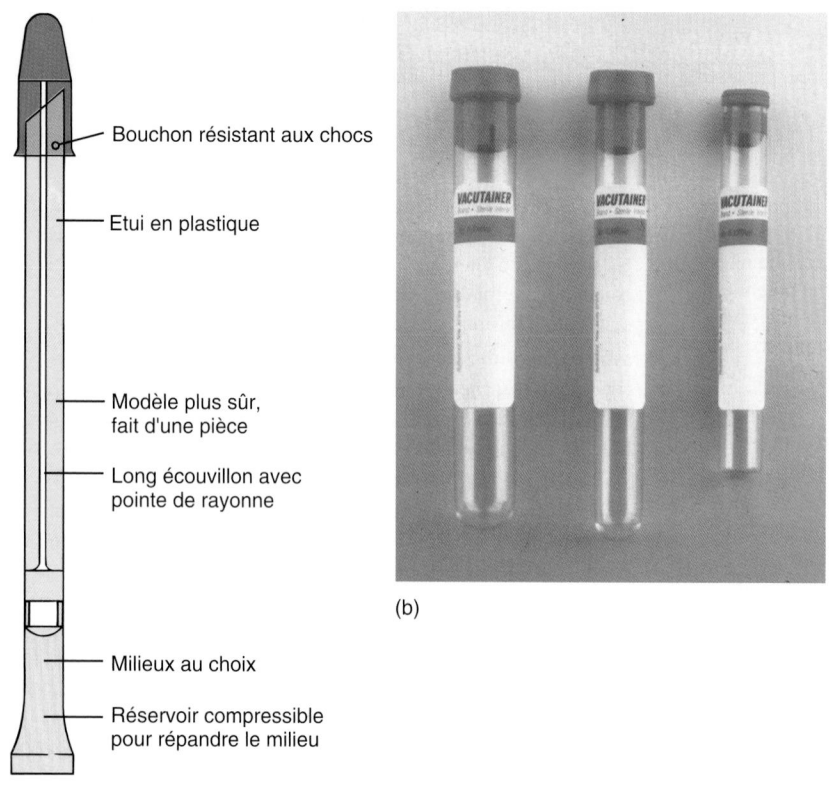

Bouchon résistant aux chocs

Etui en plastique

Modèle plus sûr,
fait d'une pièce

Long écouvillon avec
pointe de rayonne

Milieux au choix

Réservoir compressible
pour répandre le milieu

(a)

(b)

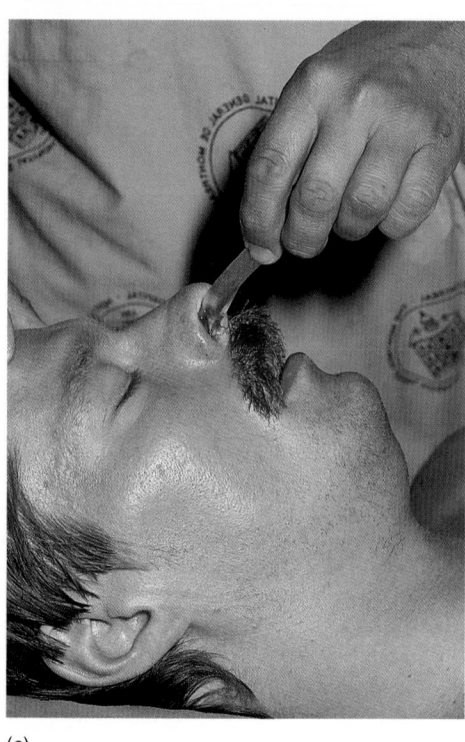

(c)

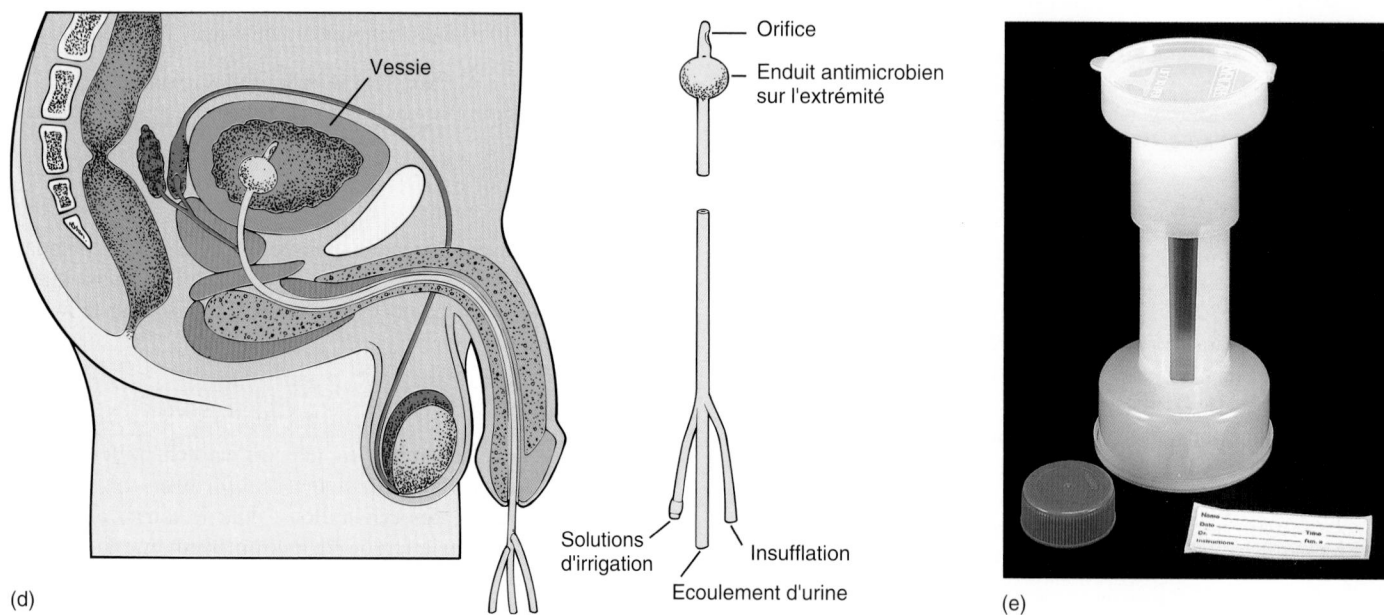

Vessie

Orifice

Enduit antimicrobien
sur l'extrémité

Solutions
d'irrigation

Insufflation

Ecoulement d'urine

(d)

(e)

Figure 36.2 Le prélèvement d'échantillons cliniques. (a) Dessin d'un écouvillon stérile avec milieu de transport spécifique. **(b)** Tubes stériles de récolte de sang. **(c)** Intubation nasotrachéale. **(d)** Dessin d'un cathéter de Foley. Trois conduits séparés sont aménagés dans le tube du cathéter pour la récolte d'urine, pour insuffler de l'air et pour introduire des solutions dans la vessie. Après introduction du cathéter dans la vessie, le sommet est gonflé pour éviter son expulsion. **(e)** Cette coupe pour crachat permet au patient d'expectorer directement dans le récipient. Au laboratoire, la coupe peut être ouverte par le fond afin de réduire les chances de contamination par des germes pathogènes externes.

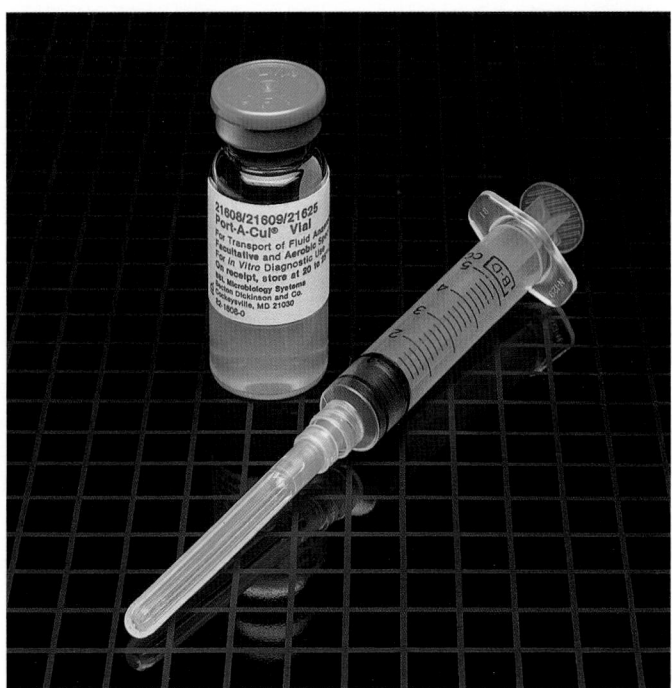

Figure 36.3 Systèmes anaérobies de transport. Un flacon et une seringue. Ces systèmes peuvent contenir un milieu de transport non nutritif qui retarde la diffusion de l'oxygène après l'addition de l'échantillon et contribue à la viabilité des micro-organismes jusqu'à 72 heures. Un indicateur incolore dans le milieu prend une couleur bleu lavande en présence d'oxygène.

et amener immédiatement l'échantillon au laboratoire clinique. Le transport ne devrait pas prendre plus de 10 minutes, faute de quoi l'échantillon doit être injecté immédiatement dans un flacon de transport anaérobie (**figure 36.3**). Ces flacons contiennent un milieu de transport avec un indicateur, tel la résazurine, montrant que le contenu du flacon est anaérobie au moment où l'échantillon y est introduit. Les écouvillons sont moins satisfaisants en vue d'une culture d'anaérobies, même s'ils sont transportés dans un récipient anaérobie.

Beaucoup de laboratoires cliniques préfèrent que des échantillons de selles (décharge fécale des intestins) leur soient envoyés dans des tampons de préservation variés. La préparation de ces milieux de transport est décrite dans des ouvrages spécialisés (voir lectures complémentaires).

Le transport d'échantillons d'urine vers le laboratoire clinique doit se faire le plus rapidement possible. Pas plus d'une heure après le prélèvement, l'échantillon doit être analysé. Si ce délai ne peut pas être respecté, l'échantillon d'urine doit être réfrigéré immédiatement. Le liquide céphalorachidien de patients susceptibles de faire une méningite doit être examiné immédiatement par du personnel spécialisé : le liquide est obtenu par ponction lombaire dans des conditions strictes d'asepsie et l'échantillon est transporté au laboratoire dans les 15 minutes. Pour l'isolement de virus, l'échantillon, congelé avant transport, peut être gardé à 4°C pendant 72 heures ; pour un temps plus long, il doit être congelé à –72°C.

1. Quel est le rôle du microbiologiste clinicien ? et du laboratoire de microbiologie clinique ?
2. Quelles recommandations générales doivent être suivies pour le prélèvement et les manipulations ultérieures des échantillons ?
3. Définissez les termes suivants : échantillon, écouvillon, cathéter, crachat.
4. Quels sont les problèmes posés par le transport d'échantillons de selles ? de cultures anaérobies ? d'échantillons d'urine ?

36.2 L'identification des micro-organismes

Le laboratoire de microbiologie clinique peut fournir une identification provisoire ou définitive des micro-organismes contenus dans un échantillon, basée sur (1) l'examen microscopique de l'échantillon, (2) la croissance et les caractères biochimiques de micro-organismes isolés, (3) des tests immunologiques pour la détection d'anticorps ou d'antigènes microbiens, (4) le typage par bactériophage (réservé aux laboratoires de recherche et de contrôle) et (5) des méthodes moléculaires.

La microscopie

Des échantillons non fixés, fixés à la chaleur ou chimiquement peuvent être examinés au microscope optique à fond clair, au microscope à contraste de phase ou à fond noir.

Le microscope à fond noir est employé de préférence pour la recherche de spirochètes dans des lésions de la peau de patients avec une syphilis primaire ou dans le sang de patients atteints d'une leptospirose débutante. Le microscope à fluorescence est employé pour l'identification de certains micro-organismes acido-alcoolo-résistants (*Mycobacterium tuberculosis*) après coloration avec des fluorochromes (*voir section 2.2*). (Certains caractères morphologiques utilisés dans la classification et l'identification des micro-organismes sont présentés à la section 19.3 et dans le tableau 19.3). Le microscope optique (*pp. 19-27*).

De nombreuses colorations ont été décrites pour la recherche de micro-organismes spécifiques dans des échantillons. Les deux colorations les plus courantes sont la coloration de Gram et la coloration acido-alcoolo-résistante. Etant basées sur la composition chimique des parois bactériennes, ces colorations ne sont pas utiles pour l'identification de bactéries dépourvues de paroi. Consultez des ouvrages de référence, tel le « Manual of Clinical Microbiology » publié par l'« American Society for Microbiology » pour les détails techniques et les réactifs utilisés dans d'autres colorations.

La croissance et les caractères biochimiques

Les micro-organismes ont été identifiés sur base de leur croissance ou de caractères biochimiques. Ces critères spécifiques varient selon que le microbiologiste clinicien est confronté à l'identification de virus, de rickettsies, de chlamydies, des mycoplasmes, de bactéries Gram-positives ou négatives, de champignons (levures ou moisissures) ou de parasites (protozoaires ou helminthes).

Virus

Les virus sont identifiés par leur isolement dans des cellules vivantes par des tests sérologiques (anticorps fluorescents, tests

Elisa, radio-immuno-essais, agglutination de billes de latex et test à la peroxydase) ou par des techniques de biologie moléculaire (analyse par endonucléase de restriction, hybridation, et réaction de polymérisation en chaîne. Plusieurs sortes de cellules vivantes sont disponibles : cultures de cellules, oeufs de poules embryonnés et animaux d'expérience. Tests immunologiques *(section 33.3)*

Les cultures cellulaires sont divisées en trois classes générales :

1. Des cultures primaires consistent en cellules isolées directement des tissus, tels le rein et le poumon.
2. Des cultures cellulaires semi-continues résultent de la sous-culture de cultures primaires et contiennent habituellement des fibroblastes diploïdes, qui se divisent un nombre limité de fois.
3. Des cultures cellulaires continues sont dérivées de cellules transformées, le plus souvent d'origine épithéliale. Ces cultures se caractérisent par une croissance rapide, une hétéroploïdie (le nombre de chromosomes n'est pas un multiple simple du nombre haploïde) et la capacité d'être sous-cultivées indéfiniment.

Chaque type de culture cellulaire permet la multiplication d'un ensemble différent de virus, de même que les milieux de culture ont des propriétés sélectives et restrictives pour la croissance de bactéries.

La réplication virale dans les cellules en culture est mise en évidence de deux manières : (1) en observant les effets cytopathiques, (2) par hémadsorption.

Un **effet cytopathique** est une modification visible des cellules suite à la réplication virale (*voir section 16.3*). Des exemples de ces modifications sont le ballonnement, la liaison entre elles, l'agglomération ou même la mort des cellules en culture (*voir figure 16.3*). Au cours de l'incubation des cellules, on peut y ajouter des globules rouges. Plusieurs virus modifient la membrane cytoplasmique des cellules infectées de telle sorte que les globules rouges y adhèrent fermement. Ce phénomène est appelé l'**hémadsorption** (*voir figure 33.10*).

Des oeufs embryonnés de poule peuvent être utilisés pour isoler des virus. Il y a trois voies d'inoculation : (1) l'allantoïde, (2) le sac amniotique et (3) la membrane chorio-allantoïdienne (*voir figure 16.1*). La réplication virale s'accompagne de l'apparition de taches (« pocks ») sur la membrane chorio-allantoïdienne, par la mise en évidence d'hémagglutinines (*voir figure 33.10*) dans les liquides allantoïque et amniotique et par la mort de l'embryon.

Des animaux de laboratoire, en particulier les souriceaux, peuvent servir à isoler des virus. On observe l'apparition de symptômes spécifiques ou la mort des animaux inoculés.

Plusieurs nouveaux tests sérologiques d'identification virale utilisent l'immunofluorescence avec anticorps monoclonaux. Ces tests (**figure 36.4**) mettent en évidence des virus tels que le cytomégalovirus et le virus herpès simplex dans des cultures de tissus.

---

1. Citez deux échantillons, où l'examen microscopique contribue au diagnostic initial d'une maladie infectieuse.
2. Citez trois catégories générales de culture de cellules.
3. Quelles sont les trois manifestations de réplication virale dans les cultures cellulaires ?
4. Quelles sont les voies principales d'inoculation d'oeuf embryonné pour l'isolement de virus ?

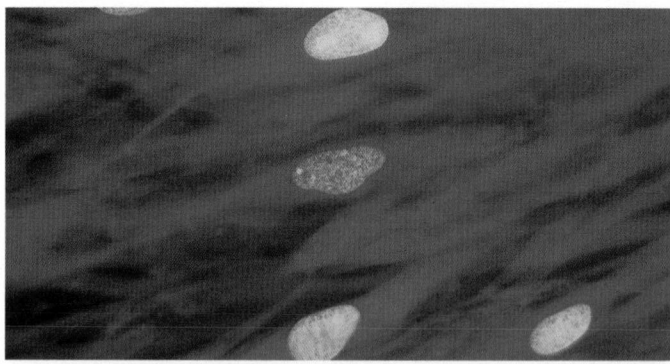

(a)

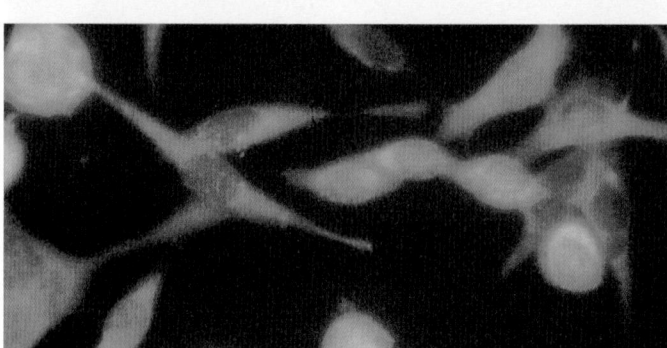

(b)

Figure 36.4 Test d'identification virale par immunofluorescence en culture de tissu. (**a**) Deux noyaux infectés par le cytomégalovirus (CMV) dans une culture de tissu positive. (**b**) Plusieurs cellules infectées par le virus herpès simplex dans des cultures cellulaires positives.

Mycètes

Les infections fongiques, à levures ou moisissures, sont souvent diagnostiquées par examen microscopique (à fluorescence) direct des échantillons. Par exemple, la mise en évidence de moisissures se fait en mélangeant une partie de l'échantillon avec une goutte d'hydroxyde de potassium 10 % sur une lame en verre, qui est ensuite couverte d'une lame couvre-objet, fixée légèrement à la flamme et examinée au microscope. La mise en culture peut également être envisagée, mais la croissance et l'identification prennent quelques jours à plusieurs semaines selon l'organisme. La sérologie (i.e. fixation du complément et immunodiffision) est une méthode de choix pour détecter les anticorps sériques mais est limitée à quelques mycètes (*Blastomyces dermatitidis, Coccidioides immitis, Histoplasma capsulatum*). Le test avec antigènes cryptococciques sur latex est utilisé en routine pour détecter *Cryptococcus neoformans* dans le sérum et le liquide cephalorachidien. On dispose également de trousses et de méthodes automatiques pour l'identification rapide des levures (4 à 24 h). Toute méthode biochimique doit être accompagnée d'une recherche morphologique d'hyphes, de cellules de levures, de chlamydospores etc.

Tableau 36.1 L'isolement de cultures bactériennes pures à partir d'échantillons

Milieux sélectifs

Un milieu sélectif est préparé par l'addition à un milieu de culture de certaines substances, permettant la croissance d'un groupe de bactéries alors que la croissance d'autres groupes est inhibée. Voici quelques exemples :

La *gélose Salmonella-Shigella* (SS) sert à isoler les espèces *Salmonella* et *Shigella*. Son contenu en sels biliaires inhibe la croissance de nombreux coliformes. Les souches de *Salmonella* et *Shigella* donnent des colonies incolores, parce qu'elles sont incapables de fermenter le lactose. Des bactéries fermentant le lactose donnent des colonies roses.

La *gélose mannitol-sel* (MS) permet l'isolement de staphylocoques. Leur sélection est due à la haute concentration en sel (7,5%), qui inhibe la croissance de nombreux groupes de bactéries. Le mannitol dans ce milieu permet la distinction entre staphylocoques pathogènes, capables de fermenter le mannitol en acide, et non pathogènes, qui ne fermentent pas le mannitol.

La *gélose bismuth-sulfite* (BS) est utilisée pour l'isolement de *Salmonella typhi* dans des échantillons de selles ou de nourriture. *S typhi* réduit le sulfite en sulfure, donnant des colonies noires avec un reflet métallique.

Milieux différentiels

L'addition de certaines substances chimiques dans le milieu entraîne après incubation, la croissance d'organismes spécifiques ou des modifications visibles, servant au diagnostic. Voici quelques exemples :

La *gélose à l'éosine et au bleu de méthylène* (EMB) différencie les colonies fermentant le lactose de celles qui ne fermentent pas le lactose. EMB contient du lactose, des sels et deux colorants, l'éosine et le bleu de méthylène. *E. coli*, qui fermente le lactose, donnera une colonie de couleur foncée ou avec un reflet métallique. Par contre, *S. typhi*, qui ne fermente pas le lactose, donnera une colonie incolore.

La *gélose Mac Conkey* permet d'isoler les *Enterobacteriaceae* et les bacilles Gram-négatifs apparentés. Les sels biliaires et le crystal violet contenus dans ce milieu inhibent la croissance des bactéries Gram-positives et de certaines bactéries Gram-négatives fastidieuses. Le lactose étant le seul sucre, les bactéries fermentant le lactose donneront des colonies rouges, alors que les bactéries ne fermentant pas le lactose donneront des colonies incolores.

La *gélose Hektoen* favorise la croissance des souches de *Salmonella* et *Shigella* par rapport à d'autres micro-organismes. La concentration élevée en sels biliaires inhibe la croissance des bactéries Gram-positives et retarde la croissance de beaucoup de souches coliformes.

Milieux d'enrichissement

L'addition de sang ou de sérum à de l'agar contenant des extraits tryptiques de soya favorisera la croissance de nombreuses bactéries à croissance fastidieuse. Ces milieux servent principalement à isoler des bactéries à partir de liquide céphalorachidien, de liquide pleural, de crachats et d'abcès de plaies. Voici quelques exemples :

La *gélose au sang* : l'addition de sang citraté à un milieu nutritif rend possible une hémolyse variable, qui permet de différencier certaines espèces bactériennes. Trois sortes d'hémolyse peuvent être distinguée sur gélose au sang.

1. l'hémolyse α - halo verdâtre ou brunâtre autour de la colonie (ex. *Streptococcus gordonii*, *Streptococcus pneumoniae*).
2. l'hémolyse β - lyse complète des globules rouges donnant une zone translucide autour de la colonie (ex. *Staphylococcus aureus* et *Streptococcus pyogenes*).
3. pas d'hémolyse - pas de changement du milieu (ex. *Staphylococcus epidermidis* et *Staphylococcus saprophyticus*).

La *gélose chocolatée* contient du sang chauffé, qui apporte les facteurs de croissance nécessaires au développement d'*Haemophilus influenzae* et de *Neisseria gonorrhoeae*.

Milieux particuliers

Les milieux particuliers servent à mettre en évidence des activités métaboliques particulières, des produits ou des exigences propres à certaines espèces. Voici quelques exemples :

Le *bouillon à l'urée* permet de détecter la présence d'uréase. Certaines entérobactéries, porteuses d'uréase, transforment l'urée en ammoniaque et CO_2.

La *gélose triple sucre fer* (TSI) contient du lactose, du saccharose et du glucose, ainsi que du sulfate d'ammonium ferreux et du thiosulfate de sodium. La gélose TSI sert à l'identification d'organismes entériques par leur pouvoir de métaboliser le glucose, le lactose ou le saccharose et de libérer des sulfures à partir de sulfate d'ammonium ou de thiosulfate de sodium.

La *gélose au citrate* contient du citrate de sodium comme seule source de carbone, et du phosphate d'ammonium, comme unique source d'azote. Ce milieu permet de différencier des entérobactéries sur base de leur utilisation du citrate.

La *gélose lysine-fer* (LIA) permet la mise en évidence de bactéries qui peuvent soit désaminer soit décarboxyler la lysine. Le citrate d'amonium ferrique contenu dans le milieu détecte la production d'H_2S.

La *gélose SIM -sulfure, indole, mobilité -* permet la recherche de trois propriétés différentes, à savoir la production de sulfate, la formation d'indole (métabolite de l'utilisation du tryptophane) et la mobilité. Ce milieu est couramment utilisé pour différencier les entérobactéries.

Parasites

Des préparations aqueuses et concentrées de selles ou d'urines peuvent être examinées au microscope pour rechercher des oeufs, des cystes, des larves ou des cellules végétatives de parasites. Des frottis de sang sont soumis à la coloration de Giemsa pour la recherche des protozoaires de la malaria ou des trypanosomes. Des tests sérologiques sont également utilisés.

Bactéries

Il faut isoler et faire croître les bactéries avant de pouvoir utiliser les tests diagnostiques qui confirmeront l'identification de l'agent pathogène. La croissance bactérienne se manifeste par l'apparition de colonies sur milieux solides ou de turbidité dans des milieux liquides. Le temps requis pour une croissance observable est une variable importante au laboratoire clinique : alors que la croissance de la plupart des bactéries pathogènes est déjà visible après quelques heures, les colonies de mycobactéries ne deviennent évidentes qu'après plusieurs semaines. Le microbiologiste, ainsi que le praticien, doivent être conscients d'un délai de réponse raisonnable pour différentes cultures.

L'identité initiale d'un organisme bactérien est suggérée par (1) le type d'échantillon mis en culture ; (2) son apparence au microscope ; (3) sa croissance sur des milieux sélectifs, différentiels, d'enrichissement ou caractéristiques (**tableau 36.1** ; *voir aussi figure 5.11*) ; et (4) ses propriétés hémolytiques, métabo-

Tableau 36.2 **Tests biochimiques pour l'identification d'une bactérie provenant d'un échantillon clinique**

Test biochimiques	Description	Applications
Catalase (figure 36.5 *de*)	Détecte la présence de catalase, qui convertit l'eau oxygénée en eau et O_2.	Différencie *Streptococcus* (−) de *Staphylococcus* (+) et *Bacillus* (+) de *Clostridium* (−).
Coagulase	Détecte la présence de coagulase, qui entraîne la coagulation du plasma.	Test important pour différencier *Staphylococcus aureus* (+) de *S. epidermidis* (−).
Décarboxylases (arginine, lysine, ornithine) (figure 36.5 *g*)	Décarboxylation de l'acide aminé libérant amine et CO_2.	Classification des bactéries entériques.
Fermentation des sucres (figure 36.5 *m*)	Producion d'acide et/ou de gaz durant la croissance avec fermentation de sucres ou de sucres-alcools.	Fermentation de certains sucres spécifiques, différencie les bactéries entériques ainsi que d'autres genres et espèces.
Hydrolyse de l'amidon (figure 36.5 *c*)	Détecte la présence de l'amylase hydrolysant l'amidon.	Identifie les bactérie hydrolysant typiquement l'amidon comme *Bacillus* sp.
Hydrolyse de la caséine	Détecte la présence de caséinase, enzyme hydrolysant la caséine du lait. Les bactéries utilisant la caséine forment des colonies avec un halo clair.	Cultiver et différencier des actinomycètes aérobies, ainsi *Streptomyces* utilise la caséine et *Nocardia* ne le fait pas.
Hydrolyse de l'esculine	Clivage d'un glycoside.	Différencier *Staphylococcus aureus*, *Streptococcus mitis*, et autres (−) de *S. bovis*, *S. mutans*, et les entérocoques (+)
Hydrolyse des lipides	Détecte la présence de lipase, hydrolysant les lipides en acides gras et glycérol.	Séparer les clostridies.
IMViC (figure 36.5 *a,b,h*) (indole, rouge de méthyl, Voges-Proskauer, citrate)	La recherche d'indole détecte la production d'indole à partir de tryptophane. Le rouge de méthyle est un indicateur de pH déterminant si une bactérie a produit des acides. La réaction de Voges-Proskauer (Vi) détecte la production d'acétoïne. Le test au citrate détermine si la bactérie peut utiliser le citrate de sodium comme seule source de carbone.	Séparer *Escherichia* (RM+, VP−, indole+) de *Enterobacter* (RM−, VP+, indole−) et *Klebsiella pneumoniae* (RM−, VP+, indole−) ; caractériser des membres du genre *Bacillus*.
Liquéfaction de la gélatine (figure 36.5 *i*)	Détecte dans une bactérie la présence ou l'absence d'une enzyme, capable d'hydrolyser la gélatine.et de liquéfier un milieu solide à la gélatine.	Identifier *Clostridium*, *Serratia*, *Pseudomonas* et *Flavobacterium*.
Oxydase (figure 36.5 *n,p*)	Détecte la présence de cytochrome *c* oxydase, capable de réduire l'O_2 et des accepteurs d'électrons artificiels.	Important pour distinguer *Neisseria* et *Moraxella* sp. (+) de *Acinetobacter* (−), et les bactéries entériques (toutes −) des pseudomonades (+).
Phénylalanine désaminase (figure 36.5 *j*)	Désamination de la phénylalanine avec production d'acide phénylpyruvique détectable par colorimétrie.	Caractériser les genres *Proteus* et *Providencia*.
Production de sulfure d'hydrogène (H_2S)	Détecte la formation de sulfure d'hydrogène à partir de cystéine par l'action de la désulfurase de cystéine.	Important pour identifier *Edwardsiella*, *Proteus*, et *Salmonella*.
Réduction du nitrate (figure 36.5 *f*)	Détecte si une bactérie peut utiliser le nitrate comme accepteur d'électrons.	Identifier les bactéries entériques qui sont généralement +.
Test à la β-galactosidase (ONPG)	Démontre la présence d'une enzyme qui clive le lactose en glucose et galactose.	Séparer le bactéries entériques (*Citrobacter*+, *Salmonella*−) et identifier les pseudomonades.
Utilisation du citrate	Si le citrate est utilisé comme seule source de carbone, le milieu devient alcalin.	Classifier les bactéries entériques (*Klebsiella* (+), *Enterobacter* (+), *Salmonella* (souvent +), *Escherichia* (−), *Edwardsiella* (−).
Uréase (figure 36.5 *r*)	Détecte l'enzyme qui scinde l'urée en NH_3 et CO_2	Distinguer *Proteus*, *Providencia rettgeri*, et *Klebsiella pneumoniae* (+) de *Salmonella*, *Shigella* et *Escherichia* (−).

liques et de fermentation sur les différents milieux (tableau 36.1 ; *voir aussi tableau 19.4*). Après examen des caractéristiques microscopiques et de croissance d'une bactérie, des tests biochimiques spécifiques peuvent être effectués. Ces tests représentent la méthode la plus courante pour l'identification des bactéries (**tableau 36.2** et **figure 36.5**). La nutrition microbienne et les types de milieux (chapitre 5).

Les bactéries contenues dans un échantillon sont identifiées en appliquant des clés de répartition dichotomiques aux tests biochimiques. Habituellement, moins de 20 tests suffisent pour identifier un isolat clinique en tant qu'espèce (**figure 36.6**).

Rickettsies

Les rickettsies, chlamydies et mycoplasmes diffèrent fortement des autres bactéries pathogènes, même s'il s'agit d'organismes bactériens. L'identification de ces trois groupes est dès lors discutée séparément. Les rickettsies peuvent être reconnues par la sérologie ou par l'isolement du micro-organisme. Les méthodes sérologiques sont utilisées de préférence, parce que l'isolement est à la fois coûteux et dangereux pour le microbiologiste. L'isolement des rickettsies et le diagnostic des rickettsioses sont généralement réservé aux centres de référence et aux laboratoires de recherche spécialisés.

(a) Test au rouge de méthyle. Test qualitatif de la production d'acides par des bactéries après croissance en milieu MRVP. Après addition de quelques gouttes de rouge de méthyle, une couleur rouge brillante (tube de gauche) indique un test positif ; l'apparition d'une couleur jaune ou orange (à droite) indique une réponse négative. Utilisé pour séparer les bactéries entériques ; p. ex. *E. coli* est RM positif et *Enterobacter aerogenes* est RM négatifs.

(b) La réaction de Voges-Proskauer. Les bactéries VP-positives produisent de l'acétoïne ou de l'acétylméthylcarbinol, qui donnent une couleur rouge avec les réactifs (à gauche) ; une réaction VP-négative est montrée à droite. Utilisée pour différencier les *Bacillus* des bactéries entériques ; p. ex., *E. coli* est UP négatif et *Enterobacter aerogenes* est UP positif.

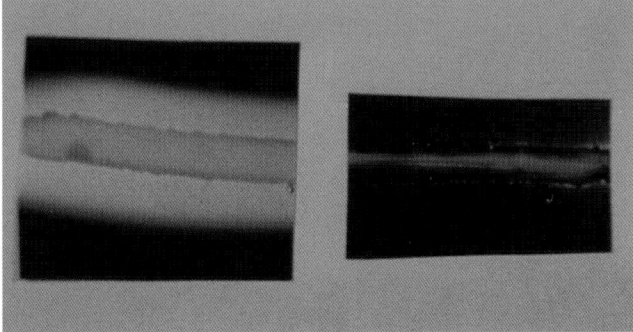

(c) Hydrolyse de l'amidon. Après incubation d'une gélose à l'amidon, la boîte est couverte d'une solution d'iode. Un test positif est indiqué par la zone décolorée qui entoure les colonies bactériennes (à gauche) ; un test négatif est montré à droite. Utilisée pour détecter la production d'α-amylase par certaines bactéries.

(d) Test de catalase en tube. Après incubation d'une gélose inclinée, 1 ml d'une solution d'eau oxygénée 3% est ajoutée le long de la paroi. La catalase convertit l'eau oxygénée en eau, avec un dégagement d'oxygène (tube de gauche) ; un test de catalase négatif est montré à droite. Utilisé pour différencier *Streptococcus* (catalase négatif) de *Staphylococcus* (catalase positif).

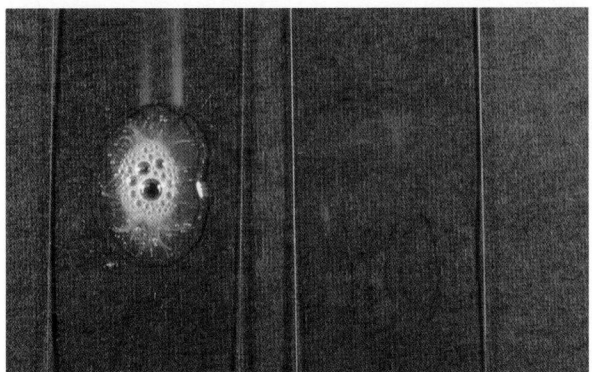

(e) Test de catalase sur lame. À l'aide d'une tige en bois ou d'une boucle en nickel-chrome, une colonie isolée est prélevée d'une gélose et déposée dans une goutte d'eau oxygénée sur une lame en verre. L'apparition de bulles d'air indique une réponse positive (lame de gauche) ; un test de catalase négatif est indiqué par l'absence de bulle (lame de droite). Utilisée pour différencier *Streptococcus* (catalase négatif) de *Staphylococcus* (catalase positif).

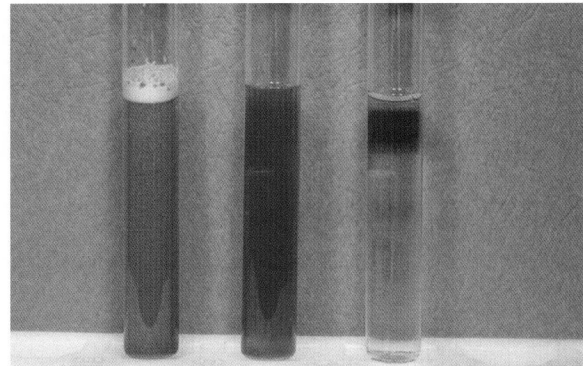

(f) Réduction du nitrate. Après 24 à 48 heures d'incubation, du nitrate est ajouté aux cultures en tubes. Le tube de gauche montre la formation de gaz (réaction positive de réduction du nitrate) ; le tube du milieu, de couleur rouge, indique une réduction du nitrate en nitrite ; à droite, une culture de contrôle négative. Utilisé pour tester différentes bactéries Gram-négatives.

Figure 36.5 Quelques tests diagnostiques communément employés en microbiologie.

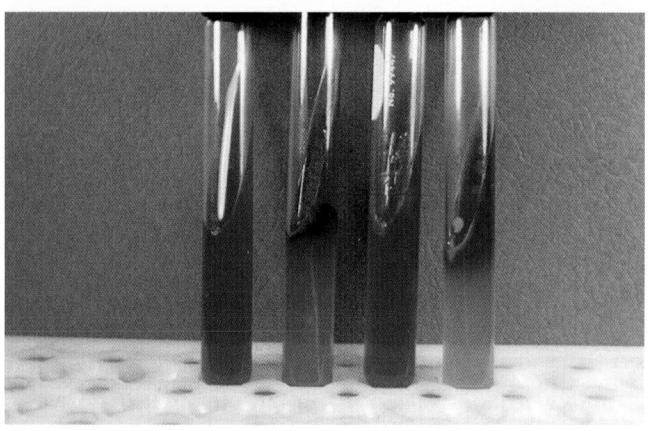

(g) Test de la décarboxylase des acides aminés. Le tube de gauche est un contrôle, qui n'a pas été inoculé ; le deuxième tube à partir de la gauche montre une culture bactérienne négative pour la lysine décarboxylase ; le troisième tube contient une culture lysine-décarboxylase positive ; et la culture de droite est lysine désaminase positive. Utilisé pour classer les bactéries entériques ; recommandé pour la détection de l'arginine dihydrolase et de la lysine-ornithine décarboxylase.

(h) Test de l'indole. Certaines bactéries transforment le trytophane en indole. La présence d'indole est mise en évidence par l'addition du réactif de Kovacs. L'apparition d'une couleur rouge à la surface indique un test indole positif (à gauche) et la couleur jaune-orange est une réponse négative pour l'indole (à droite). Utilisé pour séparer les bactéries entériques comme *E. coli* (indole positif) de *Enterobacter* (indole négatif).

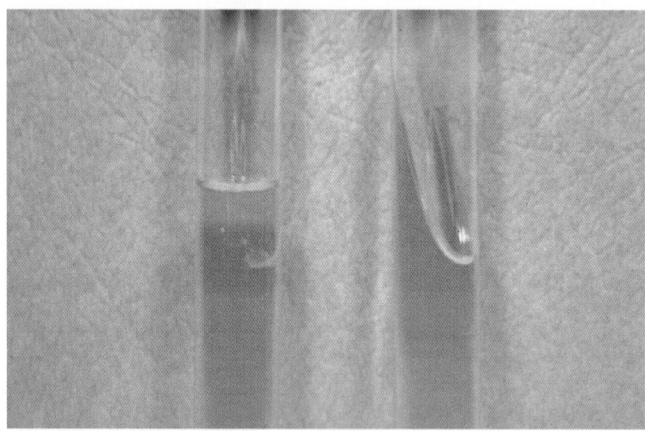

(i) Hydrolyse de la gélatine. Lorsque la gélatine est hydrolysée par la gélatinase, elle ne se solidifie pas en baissant la température et reste liquide, ce qui se voit en inclinant le tube (à droite). Le contrôle négatif est à gauche, la gélatine solide ne bougeant pas lorsqu'on incline le tube. Utilisé pour différencier une série de bactéries hétérotrophes comme les clostridies.

(j) Test de désamination de la phénylalanine. Lorsqu'on ajoute une solution de chlorure ferrique 10% à une gélose inclinée contenant de la phénylalanine, l'apparition d'une couleur vert foncé indique la présence de l'enzyme (test positif à droite). Le tube de gauche est un contrôle, qui n'a pas été inoculé et le tube au milieu montre une réponse négative. Utilisé pour différencier les membres du groupe *Froteuz* (*Proteus vulgaris* est positif) de *E. coli* (négatif).

Figure 36.5 *suite*

(k) Solubilité des pneumocoques dans les sels biliaires. Les tubes de gauche et au centre contiennent une culture de pneumocoques (*Streptococcus pneumoniae*). Le tube de droite contient un streptocoque α. 0,1 ml de désoxycholate a été ajouté aux tubes du centre et de droite, et 0,1 ml d'eau distillée au tube de gauche. Les pneumocoques au centre sont solubles dans les acides biliaires, puisque la suspension est claire. Les bactéries dans le tube de droite ne sont pas solubles dans les sels biliaires, puisque la suspension est trouble.

(l) Fermentation en flocons du lait au tournesol. Le tube de gauche indique de la fermentation ; le tube de droite montre l'absence de fermentation. Utilisé pour l'identification des clostridies.

(m) Réactions de fermentation. Le tube de gauche montre la production d'acides (couleur jaune) et de gaz dans la cloche de Durham. Le tube au centre indique que le sucre n'est pas utilisé, ne produisant ni acide ni gaz. Le tube de droite montre une production d'acide moindre que dans le tube de gauche. Utilisé pour séparer les bactéries entériques.

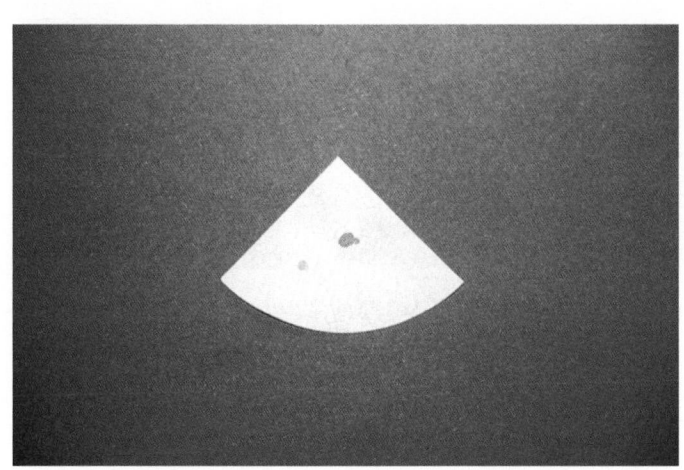

(n) Test de l'oxydase. Du papier filtre est trempé avec quelques gouttes de dihydrochlorure de tétraméthyl-p-phénylènediamine (1%). Avec un applicateur en bois, des colonies prélevées d'une gélose sont étalées sur le papier filtre. Le test est positif, lorsqu'une couleur pourpre apparaît après 10 secondes. Utilisé pour différencier les bactéries entériques des pseudomonades ; p. ex. *Pseudomonas acruginosa* est positif tandis que *E. coli* est négatif.

(o) Test de sensibilité à la bacitracine. Les bactéries à gauche sont présumées être des streptocoques du groupe A, inhibées par l'antibiotique bacitracine. Les bactéries à droite (*Enterococcus faecalis*) sont résistantes à la bacitracine.

Figure 36.5 *suite*

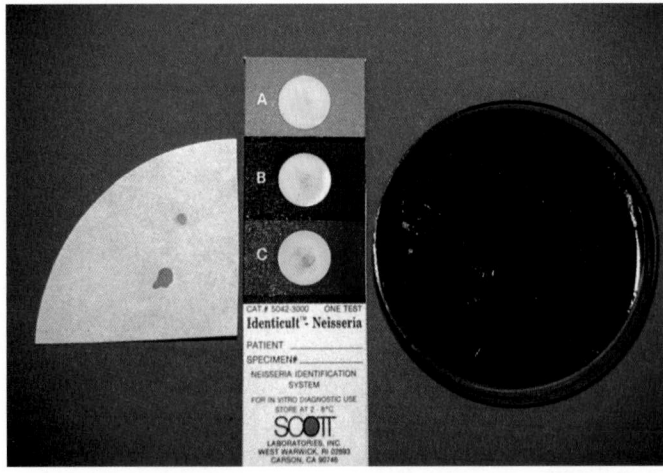

(p) Identification de *Neisseria gonorrhoeae*. Un test positif de l'oxydase sur papier filtre est montré à gauche. Réaction Identicult pour *N. gonorrhoeae* (au centre). La gélose à droite montre des colonies caractéristiques sur le milieu modifié de Thayer-Martin.

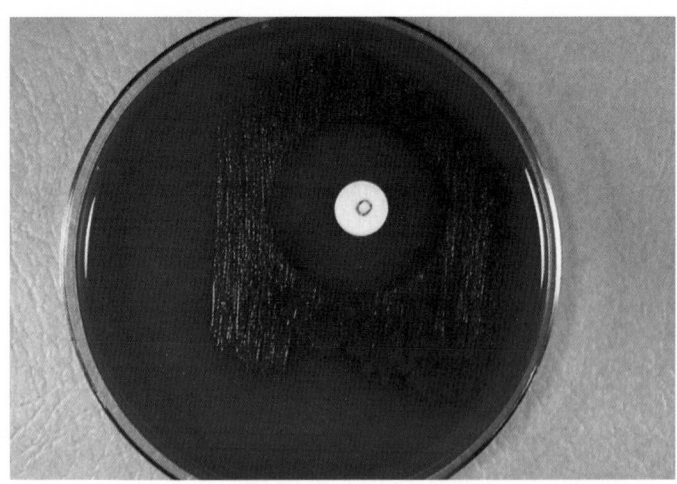

(q) Sensibilité à l'optochine. Un disque chargé d'optochine sur une gélose au sang inhibe spécifiquement la croissance des pneumocoques. Le test à l'optochine pour *Streptococcus pneumoniae* est révélé par la zone d'inhibition.

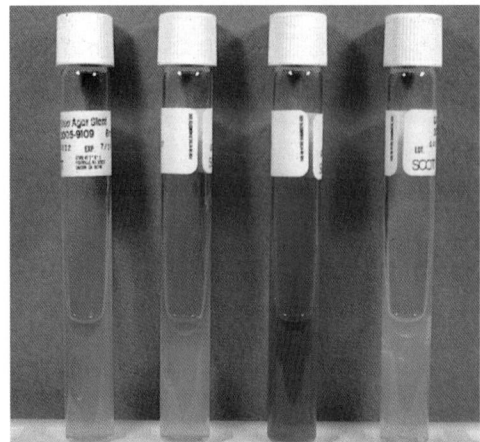

(r) Production d'uréase. Gélose inclinée à l'urée de Christensen. Des bactéries uréase-positives hydrolysent l'urée en ammoniaque, qui fait virer l'indicateur de pH, le rouge de phénol, vers le rouge-violet. De gauche à droite : contrôle négatif pas inoculé, réaction positive retardée (plus de 24 h), réaction positive précoce (moins de 4 h), réaction négative. Utilisée pour séparer les bactéries entériques.

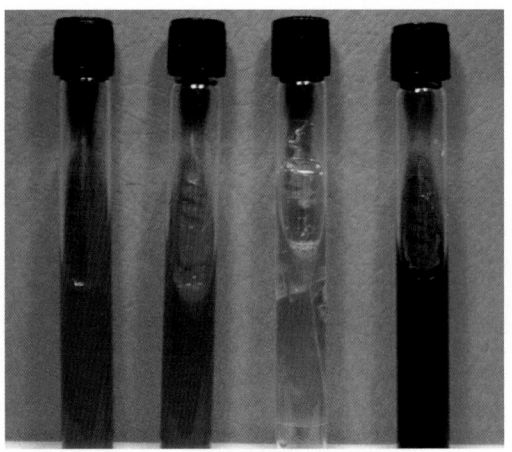

(s) Gélose au triple sucre et fer. De gauche à droite : le tube de gauche n'a pas été inoculé (contrôle négatif) ; le second contient une bactérie non fermentante, donnant une réponse K/K ; le troisième donne une réponse A/A avec production de gaz, témoignant de la fermentation du lactose ou du sucrose ; le tube à droite est K/A avec production de H_2S.

A = production d'acides ; K = alcalinisation du milieu.

Utilisée pour différencier les membres des *Enterobacteriacae* sur la base de la fermentation du lactose, du sucrose, du glucose et de la production d'H_2S.

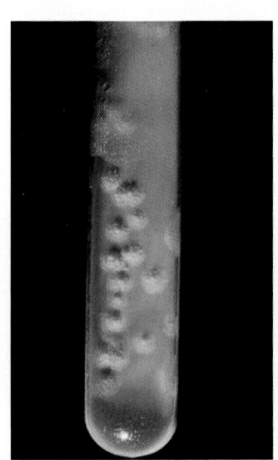

(t) Milieu de Lowenstein-Jensen. Des colonies de *Mycobacterium tuberculosis* nodulaires et non pigmentées.

Figure 36.5 *suite*

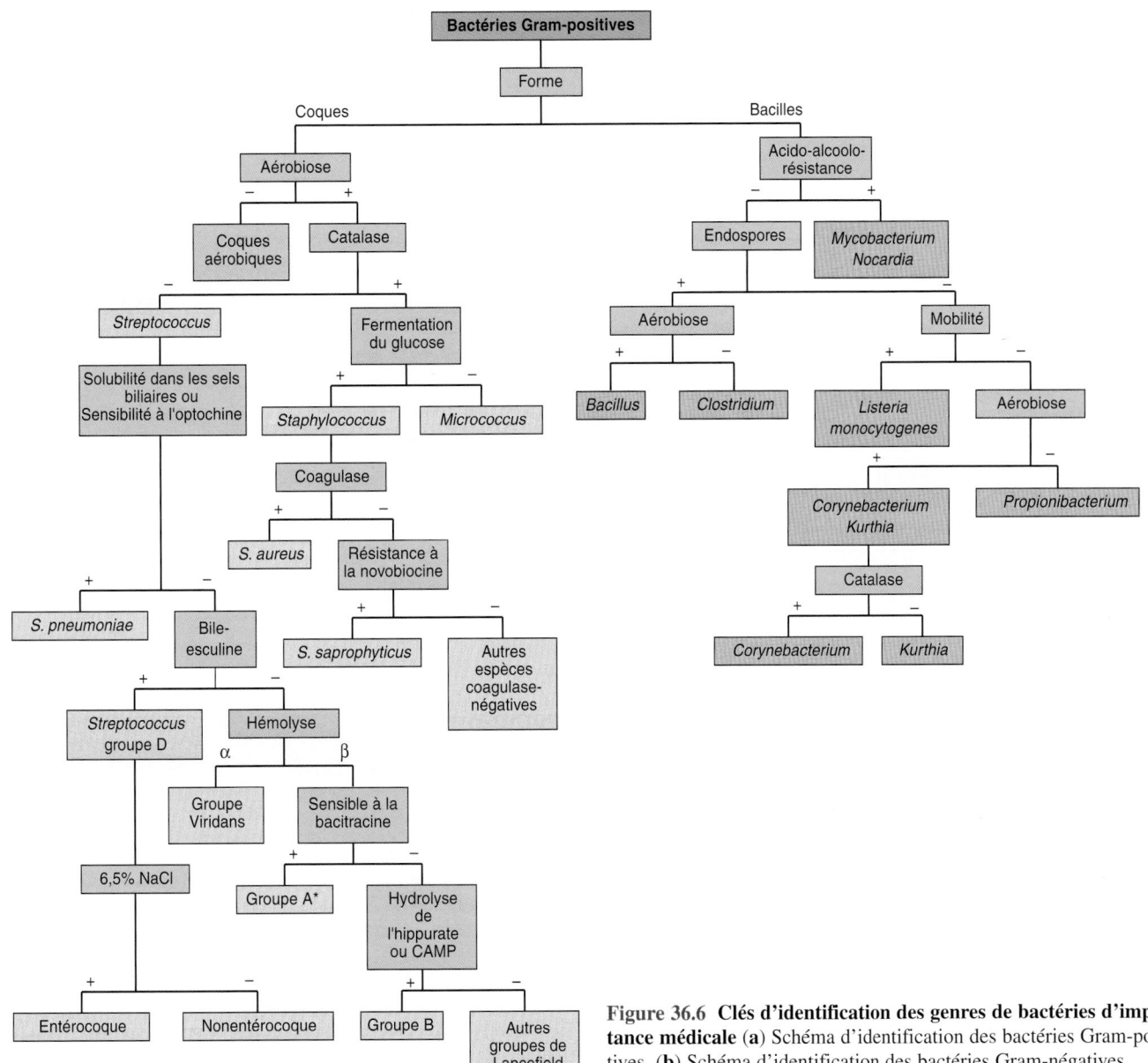

(a)   * Avec présomption

Figure 36.6 Clés d'identification des genres de bactéries d'importance médicale (**a**) Schéma d'identification des bactéries Gram-positives. (**b**) Schéma d'identification des bactéries Gram-négatives.

Chlamydies

La présence de chlamydies peut être mise en évidence dans des frottis de tissus et cellules par la coloration de Giemsa, qui révèle les corps d'inclusion intracellulaires caractéristiques (*voir figure 21.13*). L'immunofluorescence de tissus et de frottis cellulaires par des anticorps monoclonaux permet un diagnostic plus sensible et plus spécifique (**encadré 36.2** ; *voir aussi figure 32.20*). Les méthodes les plus sensibles pour démontrer la présence de chlamydies dans des échantillons sont les sondes d'ADN (*voir p. 322*) et la PCR (*voir section 14.3*).

Mycoplasmes

Le diagnostic de mycoplasmes en routine fait le plus souvent appel à des réactions immunologiques (hemagglutinines) ou des réactions antigène-anticorps fixant le complément. Ces micro-organismes ont une croissance lente et des résultats positifs de techniques d'isolement ne peuvent dès lors pas être attendus avant

30 jours. Ce délai est trop long pour une technique, qui ne présente guère d'avantage par rapport aux techniques sérologiques habituelles. Récemment, l'hybridation d'acides nucléiques a été utilisée pour la recherche de *Mycoplasma pneumoniae* dans des échantillons cliniques.

1. Comment peut-on détecter dans un échantillon clinique la présence de mycètes et de parasites ? de rickettsies ? de chlamydies ? de mycoplasmes ?
2. Pourquoi le microbiologiste doit-il connaître les délais moyens requis pour l'identification de différentes espèces bactériennes suspectées dans des échantillons cliniques ?
3. Comment le microbiologiste peut-il faire une première identification d'une bactérie ?
4. Décrivez une clé de répartition dichotomique utilisée dans l'identification d'une bactérie.

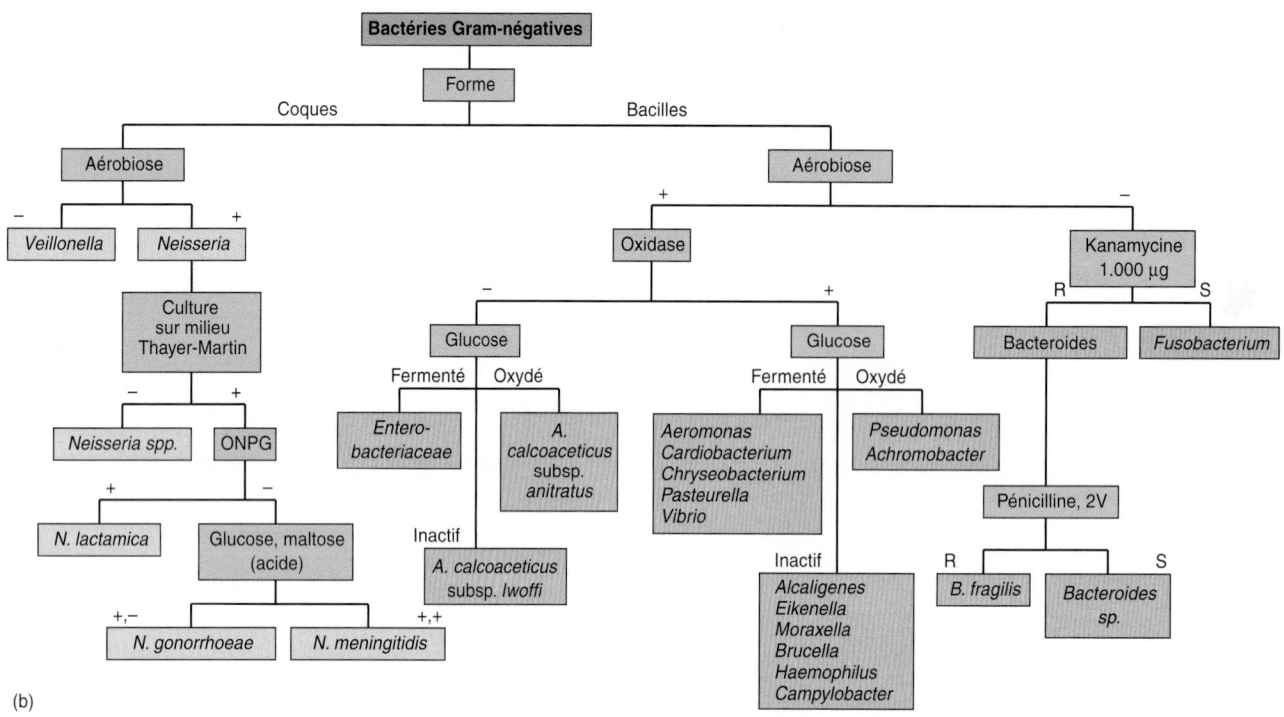

(b)

Figure 36.6 *suite*

Encadré 36.2

Les anticorps monoclonaux en microbiologie clinique

Les techniques avec anticorps monoclonaux (*voir hybridomes, section 32.3*) ont trouvé une application importante dans l'identification des micro-organismes. Des anticorps monoclonaux ont été préparés contre une grande variété de virus, bactéries, champignons et parasites ; beaucoup restent des outils de recherche et ne sont pas commercialisés. Si on fait la sélection d'anticorps monoclonaux spécifiques, des réactions immunologiques peuvent être élaborées pour différents types d'analyses. Par exemple, la taxinomie des micro-organismes peut être abordée par des anticorps monoclonaux réagissant avec les membres d'une espèce ou d'un genre. Les anticorps monoclonaux qui reconnaissent des antigènes spécifiques d'une espèce sont particulièrement intéressants pour le diagnostic. Les anticorps monoclonaux ayant une spécificité plus restreinte sont utilisés pour identifier des souches ou biotypes au sein d'une espèce, dans des études de dérive antigénique et d'épidémiologie. En plus, on peut localiser les déterminants antigéniques d'une protéine.

Au laboratoire de microbiologie clinique, les anticorps monoclonaux reconnaissant des antigènes viraux ou bactériens, remplacent les anticorps polyclonaux, lorsqu'une identification précise et rapide est souhaitée en confirmation des cultures. Des techniques sensibles comme celles qui utilisent des anticorps fluorescents, permettent l'identification plus précise et plus rapide de micro-organismes moins nombreux. Des mesures directes à l'aide d'anticorps monoclonaux, ne contenant pas d'anticorps contaminants et présentant peu d'artéfacts, font maintenant partie de la réalité quotidienne. Les propriétés bien définies et reproductibles des anticorps monoclonaux incitent à leur insertion dans des dosages immunologiques destinés aux instruments de la prochaine génération qui seront capables de détecter les antigènes microbiens et les anticorps sériques.

Les méthodes rapides d'identification

La microbiologie clinique a largement bénéficié des progrès technologiques des appareils, des programmes d'ordinateur et des banques de données, de la biologie moléculaire et de l'immunochimie. En ce qui concerne la détection de micro-organismes dans des échantillons, on est passé des méthodes à étapes multiples, discutées plus haut, vers des techniques et des systèmes unitaires qui intègrent standardisation, rapidité, reproductibilité, miniaturisation, mécanisation et automation. Ces techniques rapides d'identification peuvent être divisées en trois catégories : (1) des systèmes biochimiques manuels, (2) des systèmes mécanisés et

automatisés, et (3) des systèmes immunologiques.

Le système API 20E est un des systèmes manuels les plus courants pour l'identification rapide des espèces d'*Enterobacteriaceae* et d'autres bactéries Gram-négatives. Il s'agit d'une bande de plastique (**figure 36.7**) avec 20 microcupules contenant des substrats déshydratés pouvant détecter certains caractères biochimiques. Les substrats testés dans les 20 microtubes sont inoculés avec des bactéries dans une solution physiologique stérile. Après une incubation de 5 heures ou d'une nuit, les 20 résultats sont convertis en une grille de sept ou de neuf données (**figure 36.8**). Cette grille peut être traitée par ordinateur

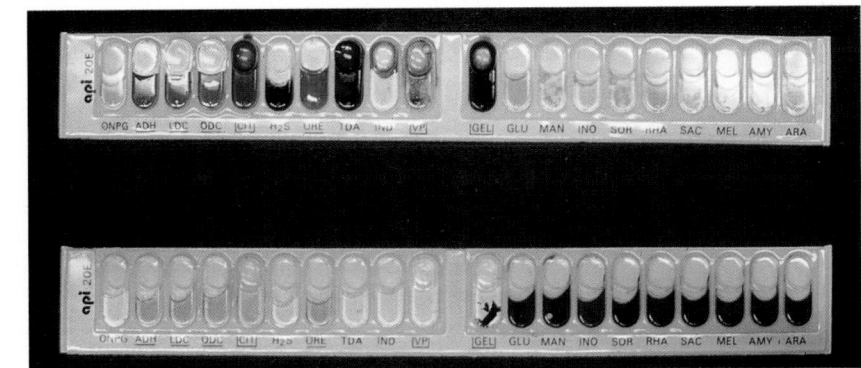

(a)
api 20E
ONPG ADH LDC ODC CIT H2S URE TDA IND VP GEL GLU MAN INO SOR RHA SAC MEL AMY ARA
(b)
api 20E
ONPG ADH LDC ODC CIT H2S URE TDA IND VP GEL GLU MAN INO SOR RHA SAC MEL AMY ARA

Figure 36.7 Les tests rapides. Le système biochimique manuel API 20E pour l'identification microbienne. Résultats (**a**) positifs et (**b**) négatifs.

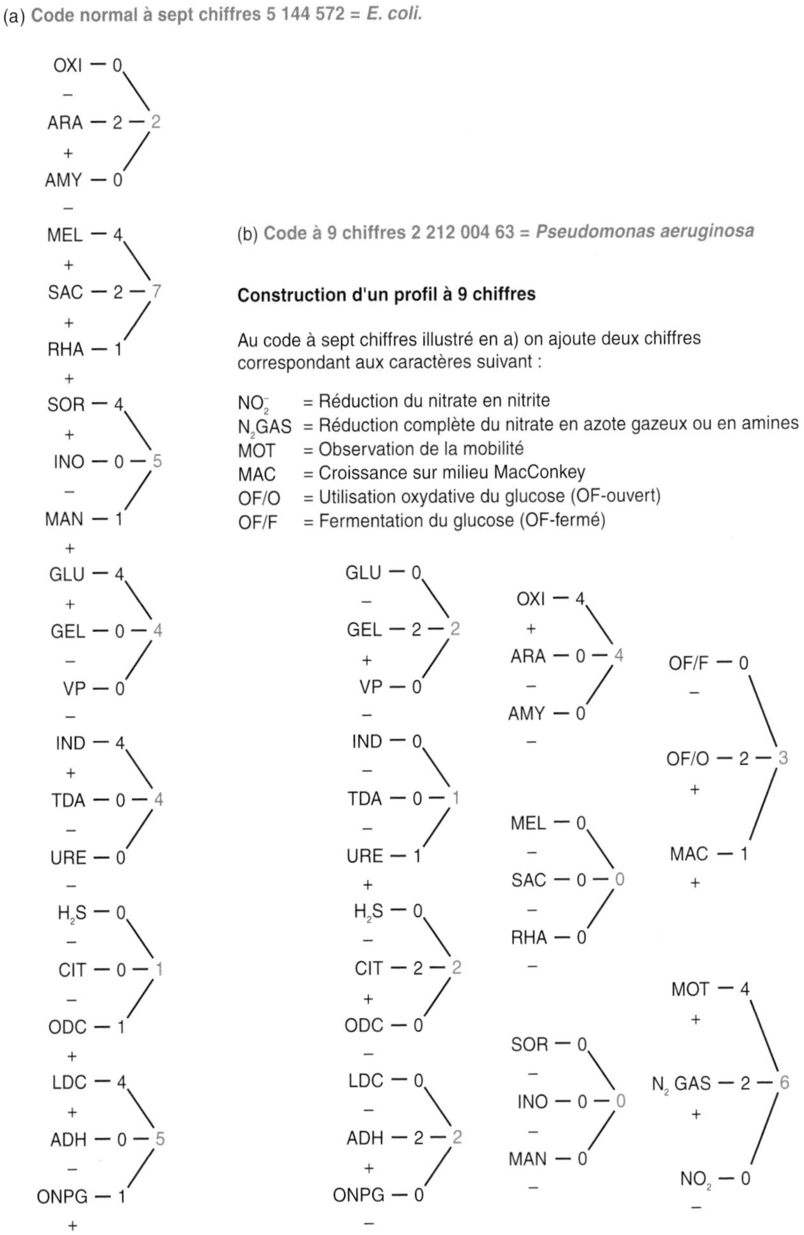

(a) Code normal à sept chiffres 5 144 572 = *E. coli.*
OXI — 0 –
ARA — 2 — 2 +
AMY — 0 –
MEL — 4 +
SAC — 2 — 7 +
RHA — 1 +
SOR — 4 +
INO — 0 — 5 –
MAN — 1 +
GLU — 4 +
GEL — 0 — 4 –
VP — 0 –
IND — 4 +
TDA — 0 — 4 –
URE — 0 –
H_2S — 0 –
CIT — 0 — 1 –
ODC — 1 +
LDC — 4 +
ADH — 0 — 5 –
ONPG — 1 +
(b) Code à 9 chiffres 2 212 004 63 = *Pseudomonas aeruginosa*
Construction d'un profil à 9 chiffres
Au code à sept chiffres illustré en a) on ajoute deux chiffres correspondant aux caractères suivant :
NO_2^- = Réduction du nitrate en nitrite
N_2GAS = Réduction complète du nitrate en azote gazeux ou en amines
MOT = Observation de la mobilité
MAC = Croissance sur milieu MacConkey
OF/O = Utilisation oxydative du glucose (OF-ouvert)
OF/F = Fermentation du glucose (OF-fermé)
GLU — 0 –
GEL — 2 — 2 +
VP — 0 –
IND — 0 –
TDA — 0 — 1 –
URE — 1 +
H_2S — 0 –
CIT — 2 — 2 +
ODC — 0 –
LDC — 0 –
ADH — 2 — 2 +
ONPG — 0 –
OXI — 4 +
ARA — 0 — 4 –
AMY — 0 –
MEL — 0 –
SAC — 0 — 0 –
RHA — 0 –
SOR — 0 –
INO — 0 — 0 –
MAN — 0 –
OF/F — 0 –
OF/O — 2 — 3 +
MAC — 1 +
MOT — 4 +
N_2 GAS — 2 — 6 +
NO_2 — 0 –

Figure 36.8 Le profil numérique de API 20E. La conversion des résultats des tests en codes utilisés pour l'identification de bactéries. Les résultats lus de bas en haut (et de g. à dr. dans la partie b) correspondent aux codes à 7 et 9 chiffres, lus de gauche à droite. Les tests requis pour un code à 7 chiffres exigent une incubation de 18 à 24 h. et identifieront la plupart des *Enterobacteriaceae*. La technique plus longue, donnant le code à 9 chiffres, est requise pour identifier de nombreuses bactéries Gram-négatives non fermentantes. Les tests suivants sont communs aux deux techniques : ONPG (β galactosidase) ; ADH (arginine déshydrogénase) ; LDC (lysine décarboxylase) ; ODC (ornithine décarboxylase) ; CIT (citrate, seule source de carbone) ; H2S (production de sulfure d'hydrogène) ; URE (uréase) ; TDA (tryptophane désaminase) ; IND (production d'indole) ; VP (test Voges-Proskauer pour l'acétoïne) ; GEL (liquéfaction de la gélatine) ; fermentation du glucose (GLU), mannitol (MAN), inositol (INO), sorbitol (SOR), rhamnose (RHA), saccharose (SAC), mélibiose (MEL), amygdaline (AMY) et arabinose (ARA) ; et OXI (test de l'oxydase).

Tableau 36.3 Trousses courantes pour la détection immunologique rapide de bactéries et de virus dans des échantillons cliniques

Bactigen (Wampole Laboratories, Cranburg, N.J.)
La trousse Bactigen est employée pour la détection de *Streptococcus pneumoniae, Haemophilus influenzae* type b, et *Neisseria meningitidis* groupes A, B, C, et Y dans le sérum, du liquide céphalorachidien et de l'urine.

Culturette groupe A Strep ID Kit (Marion Scientific, Kansas City, Mo.)
La trousse Culturette est utilisée pour la recherche de streptocoques du groupe A dans des frottis de la gorge.

Directigen (Hynson, Wescott, and Dunning, Baltimore, Md.)
La trousse « Directigen meningitis Test » est utilisée pour la détection de *H. influenzae* type b, *S. pneumoniae* et *N. meningitidis* groupes A et C.
La trousse « Directigen group A Strep » permet la recherche directe de streptocoques du groupe A dans des frottis de gorge.

Gono Gen (Micro-Media Systems, San Jose, Calif.)
La trousse Gono Gen détecte *Neisseria gonorrhoeae.*

QuickVue *H. pylori* Test (Quidel, San Diego, Calif.)
Cette trousse détecte en sept minutes les anticorps IgG contre *Helicobacter pylori* dans du sérum ou du plasma humain.

Staphaurex (Wellcome Diagnostics, Research Triangle Park, N.C.)
Staphaurex recherche et confirme la présence de *Staphylococcus aureus* en 30 secondes.

Directigen RSV (Becton Dickinson Microbiology Systems, Cockeysville, Md.)
À partir d'un écouvillon nasopharyngé, le virus respiratoire syncytial peut être détecté en 15 minutes.

SureCell Herpes (HSV) Test (Kodak, Rochester, N.Y.)
Détecte le virus de l'herpès (HSV) 1 et 2 en quelques minutes.

SUDS HIV-1 Test (Murex Corporation, Norcross, Ga.)
Détecte des anticorps contre des antigènes de HIV-1 en 10 minutes.

ou à l'aide d'un manuel appelé l'*API Profile Index*, afin de trouver le nom de la bactérie.

Les techniques immunologiques

La mise en culture de certains virus, bactéries, mycètes et parasites contenus dans des échantillons cliniques n'est pas possible parce qu'on ne sait pas le faire (*Treponema pallidum* ; virus de l'hépatite A, B, C et virus d'Epstein-Barr).

Dans d'autres cas, la mise en culture expose à des dangers (rickettsies) ou est réservée à des laboratoires spécialisés (mycobactéries). Des cultures peuvent être négatives, suite à un traitement antimicrobien ou parce qu'il s'agit d'un état chronique de la maladie infectieuse. Dans ces différents cas, la détection d'antigènes ou d'anticorps peut être d'un apport diagnostique considérable.

Les systèmes immunologiques de détection et d'identification d'agents pathogènes dans les échantillons cliniques sont faciles à employer, ils sont sensibles et spécifiques, ils donnent des résultats rapides. Quelques techniques immunologiques rapides utilisées couramment dans le diagnostic de bactéries et de virus sont présentées au **tableau 36.3**.

La réponse immunitaire à un micro-organisme varie d'après l'individu. En conséquence, l'interprétation des tests sérologiques peut parfois présenter des difficultés. Par exemple, un taux élevé en un anticorps IgM unique ne permet pas de distinguer une infection active ou passée. De même, l'absence d'un taux d'anticorps mesurable peut refléter l'absence d'immunogénicité du micro-organisme ou le temps trop court depuis le début de la maladie infectieuse, n'ayant pas permis l'apparition des anticorps. Certains patients sont de plus immunodéprimés par d'autres maladies et/ou par des traitements et ne répondent donc plus (i.e.

patients atteints de cancer ou du SIDA). Pour ces raisons, le choix du test et le moment du prélèvement sanguin sont essentiels pour l'interprétation correcte des tests immunologiques. Le taux d'anticorps *(p. 742-776).*

Les techniques immunologiques les plus courantes sont décrites en détail à la section 33.3. Aucune technique à elle seule ne permet de détecter la réponse immunitaire d'un individu à tous les micro-organismes. Les techniques sont dès lors choisies d'après leur sensibilité et spécificité, d'après la facilité et le temps requis par leur exécution, et d'après le coût.

1. Décrivez comment les tests biochimiques sont utilisés dans le système API pour identifier les bactéries.
2. Citez les deux procédés immunologiques de base employés dans les tests rapides d'identification des bactéries.
3. Pourquoi ne peut-on pas disposer de la culture de certains micro-organismes ?
4. Pourquoi le choix d'un test et le moment du prélèvement d'un échantillon sont-ils importants pour l'interprétation du test immunologique ?

La lysotypie

Les bactériophages (ou phages) sont des virus attaquant certains membres d'une espèce bactérienne, ou certaines souches au sein d'une espèce (*voir chapitre 17*). La **lysotypie** (ou **typage par bactériophages**) est basée sur la spécificité des récepteurs du phage pour ceux de la cellule. Seuls les bactériophages capables de s'attacher aux récepteurs de surface, peuvent infecter les bactéries et causer la lyse. Sur une culture en boîte de Petri, les bactériophages lytiques forment des plages de lyse sur un tapis de bactéries sensibles. Ces plages résultent de l'infection par des virus (*voir figure 16.4*).

En vue de la lysotypie, le microbiologiste ensemence la bactérie à tester sur une boîte de Petri avec une tige de coton afin que les cellules forment un tapis bactérien uniforme. On marque ensuite la boîte en carrés (de 15 à 20 mm de côtés), et chaque carré est inoculé par une goutte d'une suspension des différents phages disponibles pour la lysotypie. Après incubation de 24 h, on y recherche les plages de lyse. On rend compte de la lysotypie, en se référant à un genre et une espèce de bactéries, susceptibles d'être infectés par certains bactériophages. Par exemple, la série 10/16/24 indique que cette bactérie, sensible aux phages 10, 16 et 24, appartient donc à un ensemble de souches, appelées **phagovar**, qui ont cette sensibilité particulière aux phages. La lysotypie reste un outil de recherche et de laboratoire de référence.

Les méthodes moléculaires et l'analyse des métabolites

En appliquant les nouvelles techniques moléculaires, il est maintenant possible d'analyser les caractères moléculaires des micro-organismes au laboratoire clinique. Les approches d'identification microbienne les plus exactes dépendent de l'analyse des protéines et des acides nucléiques. Parmi les exemples décrits précédemment (*voir chapitre 19*), relevons la comparaison des protéines, les propriétés physiques et cinétiques des enzymes bactériennes, ainsi que la régulation de leurs activités, la composition en bases des acides nucléiques (*voir tableau 19.5*), l'hybridation et le séquençage des acides nucléiques. Trois autres méthodes moléculaires devenues courantes sont les sondes d'ADN, la chromatographie gaz-liquide et les profils plasmidiques.

Méthodes de détection basées sur les acides nucléiques

L'utilisation de l'ADN (ou de l'ARN) comme réactif diagnostique pour la détection et l'identification des micro-organismes est une nouveauté au laboratoire de microbiologie clinique. Les techniques de sondes d'ADN (*voir section 14.4*) identifient un micro-organisme en se basant sur sa composition génétique.

L'emploi d'ADN cloné comme sonde repose sur la capacité de l'ADN simple brin de se lier (hybrider) à une séquence nucléotidique complémentaire, présente dans un échantillon soumis à l'analyse, pour former un hybride d'ADN double brin (**figure 36.9**). Une séquence simple brin provenant d'un micro-organisme (la sonde) est utilisée pour en rechercher d'autres contenant la séquence complémentaire. Cette réaction d'hybridation peut être appliquée à des préparations d'ADN purifié, à des colonies bactériennes ou à des échantillons cliniques, tels que des tissus, du sérum, des crachats ou du pus. Récemment, on a développé des sondes d'ADN qui se lient aux séquences complémentaires d'ARN ribosomial. Ces hybrides ADN-ARNr sont plus sensibles que les sondes d'ADN conventionnelles, les résultats sont obtenus en 2 heures ou même moins et requièrent la présence de moins d'organismes. La sensibilité de la technique de la sonde d'ADN peut être multipliée par plus d'un million si l'ADN cible est d'abord amplifié par la réaction de polymérisation en chaîne (*voir section 14.3*). Des sondes ADN-ARNr ont été développées ou sont en cours de développement pour les micro-organismes les plus importants en clinique.

L'ARN ribosomial d'*E. coli* sert à typer des souches bactériennes par hybridation à l'ADN chromosomique après un transfert de Southern (*voir figure 14.5*). Cette méthode ou **ribotypage** se base sur le fait que les gènes d'ARNr sont distribués sur tout le chromosome bactérien. Lorsque celui-ci est clivé par des endonucléases de restriction, et que les produits de disgestion sont séparés par transfert de Southern, les sondes d'ARNr vont en s'hybridant, donner un marquage spécifique de chacune des souches. Au lieu de l'ARNr d'*E. coli*, on utilise comme sondes des gènes d'ARNr clonés, avec les mêmes résultats.

Chromatographie gaz-liquide

Au cours de la chromatographie, des substances entraînées par un liquide ou un gaz peuvent être séparées sur base de propriétés telles que l'adsorption, l'échange d'ions et la partition entre différentes phases de solvants. La chromatographie gaz-liquide (CGL) permet l'analyse et l'identification de métabolites bactériens, d'acides gras cellulaires et des produits de pyrolyse (modification chimique due à la chaleur) de cellules bactériennes entières. Ces substances sont facilement extraites de cultures bactériennes par des solvants organiques, tels que l'éther. L'extrait est ensuite injecté dans la colonne de chromatographie gazeuse. Les acides volatils et non volatils sont identifiés. Les organismes anaérobies couramment isolés d'échantillons cliniques peuvent être identifiés sur base du spectre des acides gras produits.

La précision, la reproductibilité et le pouvoir de résolution de la chromatographie gazeuse ont largement bénéficié des progrès technologiques des instruments et de l'introduction d'appareils de chromatographie HPLC (pour « high performance liquid chroma-

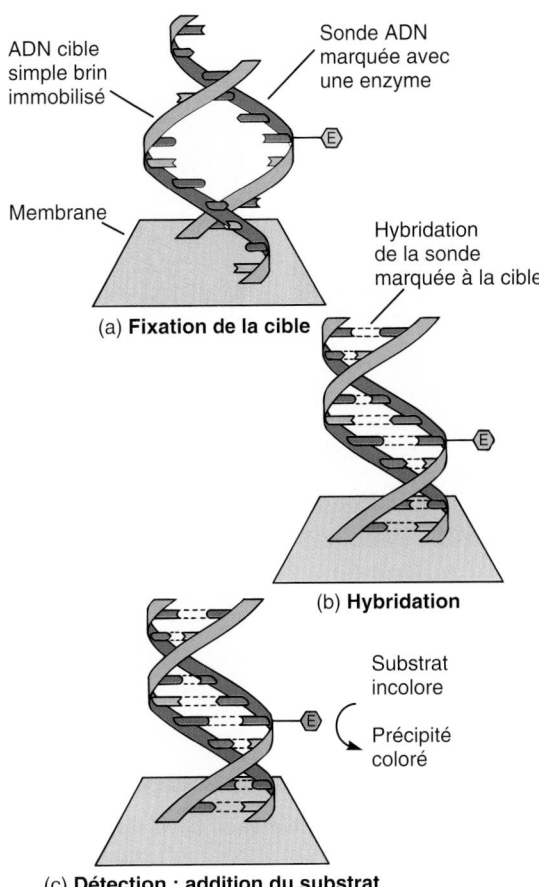

Figure 36.9 Les sondes d'ADN. (**a**) Un acide nucléique monocaténaire est fixé sur une membrane. Une sonde d'ADN, avec une enzyme (E) liée, y est ajoutée. (**b**) Si la sonde s'hybride à l'ADN immobilisé, un hybride d'ADN bicaténaire est formé. (**c**) Un substrat incolore est ajouté. L'enzyme liée à la sonde convertit le substrat en un précipité coloré. Ce système de détection est semi-quantitatif, dans la mesure où l'intensité de la couleur est proportionnelle à la quantité d'ADN de la sonde impliquée dans l'hybride.

tography »). Des substances séparées par chromatographie peuvent être identifiées en y associant l'emploi de la spectrométrie de masse, la spectroscopie de résonance magnétique nucléaire et d'autres techniques d'analyse. L'ensemble de ces techniques ont récemment permis de découvrir des marqueurs chimiques spécifiques de différents agents infectieux par analyse directe de liquides biologiques.

Profils plasmidiques

Un plasmide est une molécule extrachromosomique d'ADN douée de propriétés autoréplicatives au sein d'une bactérie (*voir section 13.2*). Les **profils plasmidiques** permettent d'identifier des isolats bactériens par comparaison avec des souches identiques ou similaires. Des souches apparentées contiennent souvent le même nombre de plasmides ayant la même taille et déterminant des phénotypes similaires. En revanche, des isolats microbiens qui sont phénotypiquement distincts ont des profils plasmidiques différents. Les profils plasmidiques de nombreuses souches et espèces d'*E. coli*, *Salmonella*, *Campylobacter* et *Pseudomonas* ont

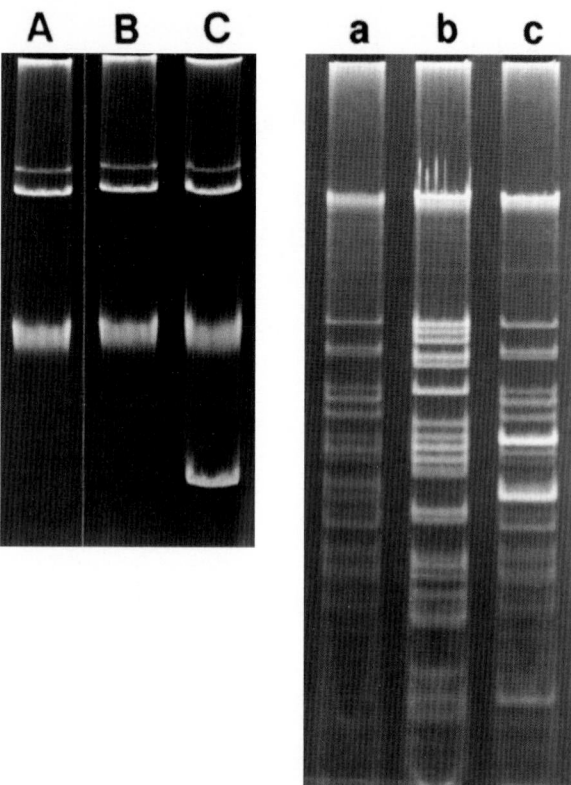

Figure 36.10 Les profils plasmidiques. Gel d'électrophérèse en agarose d'ADN plasmidiques.

démontré que cette méthode est souvent plus précise que d'autres techniques basées sur la biochimie, la résistance aux antibiotiques, la lysotypie et le sérotypage.

La technique des profils plasmidiques comporte cinq étapes :

1. Les souches bactériennes sont cultivées en milieu liquide ou sur gélose nutritive.
2. Les cellules sont récoltées et lysées par un détergent.
3. L'ADN plasmidique est séparé de l'ADN chromosomique.
4. L'ADN plasmidique est déposé dans un gel d'agarose et séparé par électrophorèse.
5. Le gel est coloré au bromure d'éthidium, qui en se liant à l'ADN engendre une fluorescence sous la lumière UV. Les bandes d'ADN, plasmidiques sont ainsi localisées.

Des plasmides de taille différente apparaissent comme des bandes distinctes dans le gel coloré, parce que la vitesse de migration de l'ADN plasmidique dans l'agarose est inversément proportionnelle à sa masse moléculaire. La masse moléculaire de chaque plasmide peut alors être déterminée à partir d'un graphique montrant la distance parcourue en fonction du logarithme de la masse moléculaire de plasmides connus, soumis en même temps à l'électrophorèse dans le même gel (**figure 36.10**).

36.3 Les tests de sensibilité

Beaucoup de microbiologistes cliniciens pensent que la détermination de la sensibilité d'un micro-organisme à des agents antibactériens, est un des tests les plus importants effectués dans leur laboratoire. Les résultats (figure 36.5*o*), en effet, peuvent montrer

les substances auxquelles un micro-organisme est le plus sensible, ainsi que les doses thérapeutiques requises dans le traitement de la maladie infectieuse. Dans la section 35.3 sont discutés en détail les tests de sensibilité par dilution, par diffusion à l'aide de disques (la méthode de Kirby-Bauer) et le dosage de ces médicaments dans le sang.

1. Quelle est la base de la lysotypie ?
2. Comment le microbiologiste clinicien peut-il utiliser les sondes d'ADN ? La chromatographie gazeuse ?
3. Comment effectuer des profils plasmidiques d'une bactérie suspectée ? Pourquoi les tests de sensibilité aux antimicrobiens sont-ils si importants en microbiologie clinique ?

36.4 Les ordinateurs en microbiologie clinique

Les systèmes informatiques dans le laboratoire de microbiologie clinique visent à remplacer les procédés manuscrits d'acquisition et de transmission des résultats. Les ordinateurs améliorent l'efficacité du laboratoire et les résultats sont acheminés au médecin plus rapidement et avec plus de précision. Les ordinateurs contribuent à l'organisation du travail en facilitant les demandes d'analyses, la récolte et l'analyse des résultats, ainsi que la préparation de la réponse (figure 36.1*h, i*).

Les demandes d'analyse sont introduites dans l'ordinateur directement au laboratoire ou dans l'unité hospitalière. Les rubriques comprennent un numéro d'identification, les renseignements concernant le patient et des requêtes spécifiques (ex. exclure la présence de *Nocardia* et de diphtériques). Après introduction de la demande d'analyse, le système doit permettre la poursuite du travail habituel avec l'échantillon clinique marqué, la date, le numéro d'identification et la liste des analyses demandées.

Après obtention des résultats, ceux-ci sont inscrits dans un cahier de laboratoire et puis introduits dans l'ordinateur. Afin de répondre aux exigences multiples de l'encodage en microbiologie, l'ordinateur doit disposer de moyens d'introduction rapides et souples.

Le rapport imprimé avec les résultats d'analyses est produit par l'ordinateur. Les programmes d'impression doivent permettre une mise en page flexible de ces rapports afin de pouvoir y inclure des données additionnelles. Par exemple, il peut être utile que l'ordinateur puisse générer un rapport cumulatif résumant les analyses d'un patient au cours de son séjour hospitalier de plusieurs jours ou semaines.

En plus de fournir les rapports avec les résultats d'analyses de routine, les ordinateurs peuvent également faire le relevé des échantillons, de la liste des analyses encore à faire, des statistiques en vue du contrôle de qualité, des probabilités de sensibilité aux agents antimicrobiens, des données épidémiologiques de l'hôpital et bien d'autres tâches. L'ordinateur peut être relié à différents instruments automatisés du laboratoire en vue du calcul rapide et exact des résultats et de leur transfert.

1. Quels sont les différentes utilisations de l'ordinateur au laboratoire de microbiologie clinique ?
2. Quelles sont les différentes étapes du travail d'un laboratoire de microbiologie clinique, où l'intervention d'un ordinateur est utile ?

Résumé

1. Le rôle principal du microbiologiste clinicien est d'isoler et d'identifier rapidement les micro-organismes d'un échantillon clinique (**figure 36.1**). Un échantillon clinique est une partie ou une quantité de matériel biologique, qu'on soumet à des analyses, examens ou études pour déterminer la présence ou l'absence de micro-organismes spécifiques.

2. Les échantillons peuvent être récoltés par différentes techniques (**figure 36.2**) qui comprennent les écouvillons, l'aspiration à la seringue, l'intubation, le cathéter et la récolte aseptique d'urine. Chacune de ces méthodes vise à ce que seul le matériel recherché soit envoyé au laboratoire clinique.

3. Aussitôt après la récolte, l'échantillon doit être manipulé et étiqueté correctement. Il est important d'acheminer rapidement l'échantillon vers le laboratoire clinique.

4. Le laboratoire de microbiologie clinique peut fournir une identification provisoire ou définitive des micro-organismes sur base (1) d'examen microscopique de l'échantillon ; (2) de la croissance ou des caractères biochimiques des micro-organismes isolés (**figure 36.5**) ; et (3) de techniques immunologiques pour la détection d'anticorps ou d'antigènes microbiens.

5. Les virus sont identifiés par isolement dans des cellules vivantes ou par des tests sérologiques. Différents types de cellules vivantes peuvent être utilisées : cultures cellulaires, oeufs embryonnés de poule et animaux d'expérience. Les maladies à rickettsies peuvent être diagnostiquées par sérologie ou par isolement de l'organisme. Les chlamydies peuvent être mises en évidence dans des tissus et des cellules par la coloration au Giemsa, qui détecte les inclusions intracellulaires typiques. Les techniques sérologiques permettent, en routine, le diagnostic des mycoplasmes. La présence de mycètes peut souvent être mise en évidence en ajoutant une goutte de 10 % d'hydroxyde de potassium à une partie de l'échantillon. La présence de parasites est recherchée au microscope sur une préparation non fixée de l'échantillon de selles ou d'urine.

6. L'identité initiale d'un organisme bactérien est suggérée par (1) l'origine de l'échantillon mis en culture ; (2) l'aspect microscopique ; (3) son profil de croissance sur des milieux sélectifs, différentiels, d'enrichissement et caractéristiques et (4) ses propriétés hémolytiques, métaboliques et de fermentation.

7. Les méthodes d'identification rapide des micro-organismes peuvent être divisées en trois catégories : (1) systèmes biochimiques manuels (**figure 36.7**). (2) systèmes automatisés ou mécanisés. (3) systèmes immunologiques.

8. La lysotypie pour l'identification bactérienne (ou typage par virus bactériens) est basée sur la liaison spécifique entre bactériophages et récepteurs cellulaires de surface. Sur gélose en boîte de Petri, les bactériophages forment des plages de lyse sur un tapis de bactéries ayant les récepteurs adéquats.

9. Diverses méthodes moléculaires sont également utilisées pour identifier des micro-organismes, parmi lesquelles les sondes d'ADN, la chromatographie gazeuse et le profil de plasmides.

10. Après l'isolement, la culture et/ou l'identification des micro-organismes, les échantillons sont soumis à des tests de sensibilité pour déterminer la meilleure méthode de contrôle. Les résultats sont fournis au médecin aussi vite que possible.

11. Les ordinateurs en microbiologie clinique remplacent les échanges manuscrits d'information et accélèrent l'évaluation des résultats et la préparation du protocole d'analyses.

Mots-clés

aspiration à la seringue *827*
cathéter *827*
crachat *843*
écouvillon *827*

effet cytopathique *832*
hémadsorption *832*
intubation *827*
lysotypie (ou typage par bactériophages) *842*

microbiologiste clinicien *827*
phagovar *842*
profil plasmidique *843*
ribotypage *843*

Questions de révision

1. Comment peut-on prélever des échantillons cliniques d'un patient atteint de différentes maladies infectieuses ? Donnez des exemples précis de techniques utilisées.

2. Quelles sont les précautions à prendre lorsqu'on obtient une culture provenant du système repiratoire ?

3. En quoi la chromatographie gazeuse est-elle une approche utile pour l'identification des organismes anaérobies ?

4. Comment le microbiologiste clinicien convertit-il les résultats de tests sur API 20E en un code numérique pour l'identification bactérienne ?

5. Comment utiliser une clé dichotomique en identification bactérienne ?

6. Quelles sont différentes manières d'exploiter des réactions biochimiques pour l'identification des micro-organismes ?

7. Quels sont les avantages de l'automation dans le laboratoire de microbiologie clinique ?

8. Quand est-on amené à utiliser des animaux de laboratoire pour l'identification de micro-organismes ?

9. Pourquoi le profil plasmidique est-il une méthode si précise pour l'identification des micro-organismes ?

Questions de réflexion

1. À mesure que de nouvelles techniques permettent de caractériser les micro-organismes, le nombre d'espèces bactériennes distinctes augmente. Comment expliquez-vous ce phénomène ?

2. Pourquoi employer des systèmes d'identification miniaturisés en microbiologie clinique ? Décrivez un tel système et son avantage par rapport à une clé dichotomique classique.

Lectures complémentaires

Généralités

Alverez-Barrientos, A., et al. 2000. Applications of flow cytometry to clinical microbiology. *Clin. Microbiol. Rev.* 13(2):167–95.

Fleming, D. O.; Richardson, J. H.; Tulis, J.; et Vesley, D. 1995. *Laboratory safety,* 2e éd. Washington, D.C.: ASM Press.

Forbes, B. A.; Sahm, D. F.; et Weissfeld, A. S.

1998. *Bailey and Scott's diagnostic microbiology,* 10e éd. St. Louis: C. V. Mosby.

Garcia, L. S. 1999. *Practical guide to diagnostic parasitology.* Washington, D.C.: ASM Press.

Gerhardt, P.; Murray, R. G. E.; Wood, W. A.; et Krieg, N. R., editors. 1994. *Methods for general and molecular bacteriology.* Washington, D.C.: American Society for Microbiology.

Isenberg, H. D., éd. 1998. *Essential procedures for clinical microbiology.* Washington, D.C.: American Society for Microbiology.

Koneman, E. W.; Allen, S. D.; Dowell, V. R., Jr.; Janda, W. M.; Sommers, H. M.; et Winn, W. C., Jr. 1988. *Color atlas and textbook of diagnostic microbiology,* 3e éd. Philadelphia: J. B. Lippincott.

Larone, D. 1995. *Medically important fungi: A guide to identification,* 3ᵉ éd. Washington, D.C.: ASM Press.

Murray, P. R., éd. 1999. *Manual of clinical microbiology,* 7ᵉ éd. Washington, D.C.: ASM Press.

Murray, P. R., éd. 1999. *ASM pocket guide to clinical microbiology.* Washington, D.C.: ASM Press.

Persing, D. H., éd. 1993. *Diagnostic molecular microbiology.* Washington, D.C.: American Society for Microbiology.

Rose, N. R.; Macario, E.; Fahey, J.; Friedman, H.; et Penn, G., éd. 1997. *Manual of clinical laboratory immunology,* 5ᵉ éd. Washington, D.C.: American Society for Microbiology.

Stites, D. P.; Terr, A. I.; et Parslow, T. G. 1994. *Basic and clinical immunology,* 8th ed. Norwalk, Conn.: Appleton and Lange.

Sewell, D. L. 1995. Laboratory-associated infections and biosafety. *Clin. Microbiol. Rev.* (8(3):389–405.

Turgeon, M. L. 1990. *Immunology and serology in laboratory medicine.* St. Louis: C. V. Mosby Co.

36.1 Les échantillons

Bartlett, R.; Mazens-Sullivan, M.; Tetreault, J.; Lobel, S.; et Nivard, J. 1994. Evolving approaches to management of quality in clinical microbiology. *Clin. Microbiol. Rev.* 7(1):55–88.

Emori, T., et Gaynes, R. 1993. An overview of nosocomial infections, including the role of the microbiology laboratory. *Clin. Microbiol. Rev.* 6(4):428–42.

Johnson, F. B. 1990. Transport of viral specimens. *Clin. Microbiol. Rev.* 3(2):120–31.

Mayer, L. W. 1988. Use of plasmid profiles in epidemiologic surveillance of disease outbreaks and in tracing the transmission of antibiotic resistance. *Clin. Microbiol. Rev.* 1(2):228–43.

Miller, M. J. 1998. *A guide to specimen management in clinical microbiology.* Washington, D.C.: ASM Press.

36.2 L'identification des micro-organismes des échantillons

Amann, R. I.; Ludwig, W.; et Schleifer, K.-H. 1995. Phylogenetic identification and in situ detection of individual microbial cells without cultivation. *Microbiol. Rev.* 59(1):143–69.

Arens, M. 1999. Methods for subtyping and molecular comparisons of human viral genomes. *Clin. Microbiol. Rev.* 12(4):612–26.

Belkum, A. 1994. DNA fingerprinting of medically important microorganisms by use of PCR. *Clin. Microbiol. Rev.* 7(2):174–84.

Check, W. 1998. Clinical microbiology eyes nucleic acid–based technologies. *ASM News* 64(2):84–89.

Ieven, M., et Goossens, H. 1997. Relevance of nucleic acid amplification techniques for diagnosis of respiratory tract infections in the clinical laboratory. *Clin. Microbiol. Rev.* 10(2):242–56.

Manafi, M.; Kneifel, W.; et Bascomb, S. 1991. Fluorogenic and chromogenic substrates used in bacterial diagnostics. *Microbiol. Rev.* 55(3):335–48.

Olivo, P. D. 1996. Transgenic cell lines for detection of animal viruses. *Clin. Microbiol. Rev.* 9(3):321–34.

Persing, D. H. 1996. *PCR protocols for emerging infectious diseases.* Washington, D.C.: ASM Press.

Pezzlo, M. 1988. Detection of urinary tract infections by rapid methods. *Clin. Microbiol. Rev.* 1(3):268–80.

Powers, C. 1998. Diagnosis of infectious diseases: A cytopathologists's perspective. *Clin. Microbiol. Rev.* 11(2):341–65.

Stager, C. E., et Davis, J. R. 1993. Automated systems for identification of microorganisms. *Clin. Microbiol. Rev.* 5(3):302–27.

Weiss, J. B. 1995. DNA probes and PCR for diagnosis of parasitic infections. *Clin. Microbiol. Rev.* 8(1):113–30.

Wolcott, M. J. 1992. Advances in nucleic acid-based detection methods. *Clin. Microbiol. Rev.* 5(4):370–86.

Woods, G. L. et Walker, D. H. 1996. Detection of infection or infectious agents by use of cytologic and histologic stains. *Clin. Microbiol. Rev.* 9(3):382–404.

36.3 Les tests de sensibilité

Canton, R., et al. 2000. Evaluation of the Wider System, a new computer-assisted image-processing device for bacterial identification and susceptibility testing. *J. Clin. Microbiol.* 38(4):1339–46.

Food and Drug Administration. 1991. Federal guidelines. Review criteria for assessment of antimicrobial susceptibility testing device. Rockville, Md.: Food and Drug Administration.

36.4 Les ordinateurs en microbiologie clinique

Ryon, K. J., et Peebles, J. E. 1982. On-line computer entry of routine and AutoMicrobic System bacteriology results. In *Rapid methods and automation in microbiology,* R. C. Tilton, editor, 23–27. Washington, D.C.: American Society for Microbiology.

CHAPITRE 37

L'épidémiologie des maladies infectieuses

Photo des « Centers for Disease Control and Prevention » situés près de l'Université Emory à Atlanta (Georgie). Ces centres font partie, du Département de la Santé Publique des États-Unis. Ce sont des centaines de microbiologistes, médecins, statisticiens et aides sociaux qui travaillent dans ces installations gouvernementales, à tous les aspects des maladies infectieuses humaines.

Plan

Concepts

1. L'épidémiologie traite de la présence et de la distribution des maladies dans une population donnée. L'épidémiologie des maladies infectieuses concerne les organismes ou agents responsables de la dissémination des maladies infectieuses dans les populations humaines et animales.

2. La statistique est un outil de travail important dans cette discipline parce que les nombres et le temps sont des paramètres majeurs en épidémiologie. Les statistiques sont employées pour déterminer les taux de morbidité, la fréquence et les taux de mortalité.

3. Il est nécessaire de déterminer l'agent pathogène responsable pour reconnaître le foyer d'origine et le mode de dissémination d'une maladie infectieuse.

4. Les épidémiologistes recherchent cinq liens dans le cycle d'une maladie infectieuse : (1) les caractéristiques de l'agent pathogène, (2) son foyer et/ou son réservoir, (3) son mode de transmission, (4) la sensibilité de l'hôte et (5) les mécanismes d'extinction.

5. Les maladies et les agents pathogènes émergents et réémergents sont un problème mondial de même que le danger potentiel du bioterrorisme.

6. La globalisation des voyages entraîne la globalisation des problèmes de santé.

7. Le contrôle des infections nosocomiales (hospitalières) a fait l'objet d'une attention accrue au cours de ces dernières années suite au nombre d'individus concernés, à l'augmentation des coûts et à la durée des hospitalisations.

On compare souvent les épidémies de maladies infectieuses à des incendies de forêts. Une fois une étendue ravagée par le feu, celui-ci ne revient plus avant que de nouveaux arbres n'aient poussé. Ainsi les épidémies se répandent chez les hommes s'il y a une vaste population d'individus susceptibles. Mais si beaucoup de personnes sont immunisées, l'épidémie ne se produira pas.

— *Andrew Cliff et Peter Haggett*

Ce chapitre décrit les paramètres épidémiologiques étudiés dans le cycle des maladies infectieuses. Le but pratique de l'épidémiologie est d'établir au sein d'une population donnée, un contrôle efficace, une prévention et des mesures d'éradication. On parlera aussi des maladies et des agents émergents comme du danger potentiel du bioterrorisme qui sont des sujets mondiaux d'inquiétude. Les émidimiologistes suivent aussi continuellement les problèmes de santé dûs à la mondialisation des voyages. Un bref résumé de l'épidémiologie des infections nosocomiales (hospitalières) est également présenté vu leur nombre croissant au cours de ces dernières années.

L'épidémiologie en tant que science trouva son origine et évolua en réponse aux grandes maladies épidémiques telles que le choléra, la fièvre typhoïde, la variole et la fièvre jaune (**encadré 37.1**). À ce jour, elle concerne toutes les maladies : les maladies infectieuses et celles résultant de malformations anatomiques, de défauts génétiques, de dysfonctions métaboliques, de malnutrition, de néoplasmes, de désordres psychiatriques et de l'âge. Ce chapitre ne concerne que l'épidémiologie des maladies infectieuses.

Par définition, l'**épidémiologie** (du grec, *epi*, sur, *demos*, peuple ou population, et *logos*, étude) est la science qui évalue l'apparition, les déterminants, la distribution et le contrôle de la santé et de la maladie dans une population humaine définie. La **santé** est l'état de l'organisme (et de ses parties) effectuant normalement et adéquatement ses fonctions vitales. C'est un état de bien-être physique et mental, et pas simplement l'absence de maladie. Une **maladie** est une altération de l'état normal d'un organisme ou de l'un de ses composants qui empêche l'accomplissement de fonctions vitales. Cet état survient en réponse à des facteurs de l'environnement (ex. malnutrition, pollutions

---

Encadré 37.1

John Snow : le premier épidémiologiste

Les études classiques menées par le médecin britannique John Snow entre 1849 et 1854, contribuèrent largement à ce que nous connaissons aujourd'hui sur l'épidémiologie du choléra. Durant ces années, une série d'éruptions de choléra eurent lieu à Londres, en Angleterre, et Snow se mit à chercher l'origine de la maladie. Quelques années auparavant, lorsqu'il était encore étudiant en médecine, Snow avait été envoyé comme aide médical lors d'une éruption de choléra parmi les mineurs de charbon. Ses observations le portèrent à croire que la maladie était habituellement disséminée par l'intermédiaire de mains non lavées et de nourriture partagée plutôt que par une atmosphère contaminée ou des contacts directs occasionnels.

Lors de l'éruption de 1849, Snow pensa donc que le choléra était propagé dans la population pauvre de la même manière que parmi les mineurs. Il suspecta que l'eau était la source de l'infection par le choléra parmi les habitants plus aisés, plutôt que des mains non lavées et une nourriture partagée. Snow examina les registres officiels des décès et découvrit que la plupart des victimes dans la zone de la Grand' Rue avaient vécu près de la pompe de la Grand' Rue et avaient l'habitude d'en boire l'eau. Il conclut que le choléra était propagé par l'eau potable de la pompe de la Grand' Rue qui avait été contaminée par des égouts contenant l'agent de la maladie. Le nombre de cas de choléra diminua de manière drastique lorsque le balancier de la pompe fut enlevé.

En 1854, une autre éruption de choléra frappa Londres. L'eau potable de la ville était partiellement prise en charge par deux fournisseurs différents : la compagnie Southwark et Vauxhall et la compagnie Lambeth. Snow interrogea les malades du choléra et découvrit que la plupart d'entr'eux achetaient l'eau potable de la compagnie Southwark et Vauxhall. Il trouva également que cette compagnie tirait l'eau de la Tamise en deçà de l'endroit où les égouts se déversaient. Par contre, la compagnie Lambeth prenait son eau de la Tamise avant que la rivière n'atteigne la ville. Le taux de mortalité dû au choléra était plus de 8 fois inférieur dans les maisonnées qui s'approvisionnaient en eau auprès de la compagnie Lambeth. L'eau contaminée par les égouts transmettait la maladie. En plus, Snow conclua que l'agent de la maladie devait pouvoir se multiplier dans l'eau. Il était donc sur le point d'attribuer le choléra à un micro-organisme, alors que la découverte de la bactérie responsable (*Vibrio cholerae*) par Robert Koch n'eut lieu qu'en 1883.

Le Pub John Snow se trouve toujours sur le site de la vieille pompe de la Grand' Rue en commémoration de ces découvertes. Ceux qui terminent le programme d'études épidémiologiques au Centre de Contrôle des Maladies reçoivent un emblème qui porte la réplique d'un tonneau de la bière qu'on sert au Pub John Snow.

industrielles, climat), à des agents infectieux spécifiques (ex. virus, bactéries, mycètes, protozoaires, helminthes), des malformations inhérentes à l'organisme (différentes anomalies génétiques ou immunologiques) ou à des combinaisons de ces différents facteurs.

Un **épidémiologiste** est tout individu qui pratique l'épidémiologie. En fait, les épidémiologistes sont les détectives des maladies. Ils sont principalement concernés par la découverte des facteurs impliqués dans l'apparition de la maladie et par le développement des méthodes de prévention de la maladie.

37.1 La terminologie épidémiologique

Lorsqu'une maladie se déclare occasionnellement à des intervalles irréguliers dans une population humaine, il s'agit d'une **maladie sporadique** (ex. la fièvre typhoïde). Lorsque la fréquence en est maintenue à un taux bas et régulier à intervalles moyennement réguliers, il s'agit d'une **maladie endémique** (ex. le rhume). Les **maladies hyperendémiques** ont une fréquence d'apparition graduellement croissante au-delà du niveau endémique mais pas au niveau d'une épidémie (ex. le rhume en période hivernale). Une **épidémie** est l'accroissement soudain de l'apparition de la maladie au-delà d'un taux prévisible (**figure 37.1**). L'influenza est un excellent exemple de maladie qui souvent, atteint le niveau d'une épidémie.. Le premier cas d'une épidémie est appelé le **cas indice**. Une **éruption** par ailleurs est l'apparition brutale inattendue d'une maladie, d'habitude dans un foyer ou une partie limitée de la population (ex. la maladie des légionnaires). Cette éruption est considérée communément comme moins sérieuse qu'une épidémie même si leur épidémiologie peut ne pas être différente. Une **pandémie** (du grec, *pan*, tous et *demos*, peuple) est l'apparition de la maladie au sein d'une large population se propageant d'un continent à l'autre et couvrant ainsi toute la planète. De bons exemples en sont donnés par la grippe des années 1960 et le SIDA des années 1980.

La discipline concernée par les facteurs influençant la fréquence d'une maladie dans une population animale est connue sous le nom d'**épizootiologie**. La propagation modérée d'une maladie animale est appelée **enzootique**, une émergence brutale est **épizootique** et une dissémination large est **panzootique**. Les maladies animales qui peuvent être transmises à l'homme sont appelées **zoonoses** (du grec, *zoon*, animal, et *nosos*, maladie).

37.2 Les mesures de fréquences : les outils des épidémiologistes

Historiquement l'étude des maladies épidémiques est liée aux statistiques. Les **statistiques** sont une branche des mathématiques concernée par la récolte, l'organisation et l'interprétation de données numériques. L'épidémiologie fut la première branche médicale où les méthodes statistiques furent largement employées, parce qu'il s'agissait d'une science s'occupant particulièrement de rapports et de la comparaison de rapports.

Les mesures de fréquences sont habituellement exprimées en fractions. Le numérateur est le nombre d'individus atteints — infections ou autres affections — et le dénominateur est le nombre d'individus où l'affection pouvait avoir lieu, c'est-à-dire la population à risque. La fraction est une proportion ou un rapport mais

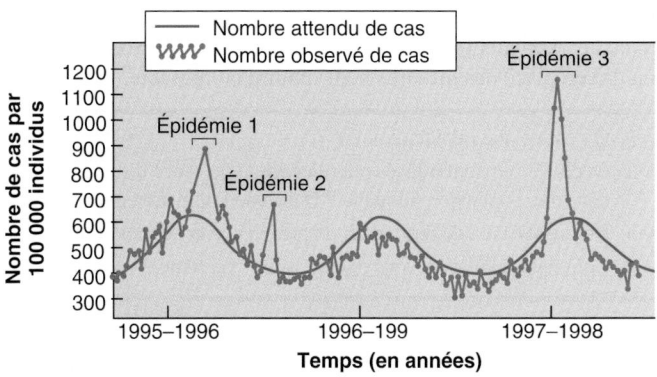

Figure 37.1 Un graphique illustrant trois épidémies. La ligne bleu continue indique le nombre attendu de cas endémiques. Les points reliés indiquent le nombre observé de cas. Les épidémies (marquées par les crochets) sont des augmentations brusques du nombre de cas d'une maladie au-dessus du nombre normalement attendu (ligne continue).

on parle communément d'un taux parce qu'une durée est toujours spécifiée. Un taux peut également être exprimé en pourcentage si la fraction est multipliée par 100. Dans les statistiques des populations, les taux sont généralement exprimés par 1.000 individus, même si d'autres puissances de 10 peuvent être employées pour des maladies particulières (ex. par 100 individus pour des maladies fréquentes et par 10.000 ou 100.000 pour des maladies rares).

Le **taux de morbidité** mesure le nombre d'individus atteints d'une maladie spécifique au sein d'une population au cours d'une période déterminée. C'est un taux d'incidence qui reflète le nombre de nouveaux cas au cours d'une période. Ce taux est déterminé habituellement lorsque les rapports cliniques donnent le nombre de nouveaux cas dans la population générale. Il est calculé de la manière suivante :

$$\text{Taux de morbidité} = \frac{\text{Nombre de nouveaux cas d'une maladie au cours d'une période donnée}}{\text{Nombre d'individus dans la population}}$$

Par exemple, s'il y a 700 nouveaux cas de grippe par 100.000 individus, le taux de morbidité sera exprimé comme 700 par 100.000 ou 0,7 %.

Le **taux de prévalence** fait référence au nombre total d'individus infectés dans une population à un moment donné sans tenir compte du début de la maladie. Le taux de prévalence dépend du taux d'incidence et de la durée de la maladie.

Le **taux de mortalité** est le rapport entre le nombre de décès dus à une maladie donnée et le nombre total de cas de cette maladie. Le taux de mortalité reflète simplement la proportion d'issues fatales attribuées à un agent causal unique. Il est calculé de la manière suivante :

$$\text{Taux de mortalité} = \frac{\text{Nombre de décès dus à une maladie}}{\text{Nombre de cas de la même maladie dans la population totale}}$$

Si par exemple 15.000 morts étaient dues au SIDA en un an et si le nombre total de personnes infectées était de 30.000, le taux de mortalité serait de 15.000 pour 30.000 ou 1 sur 2 ou 50 %.

L'évaluation des taux de morbidité, de prévalence, et de mortalité aide les responsables de la santé publique à formuler des directives permettant de contrôler la propagation de maladies infectieuses. Une brusque augmentation dans le taux de morbidité d'une maladie particulière, par exemple, permet de prévoir qu'il faut mettre en place des mesures pour réduire la mortalité.

---

1. Qu'est-ce que l'épidémiologie ?
2. Quels termes sont utilisés pour décrire la présence d'une maladie dans une population humaine ? Dans une population animale ?
3. Définissez taux de morbidité, de prévalence et de mortalité.
4. Comment définissez-vous une maladie ? La santé ?

37.3 L'épidémiologie d'une maladie infectieuse

Une maladie infectieuse est due à des agents tels que virus, bactéries, mycètes, protozoaires et helminthes qui peuvent être transmis d'un hôte à un autre. Les conséquences de cette maladie peuvent être bénignes, sévères ou mortelles pour l'hôte. Un épidémiologiste étudiant une maladie infectieuse recherche l'agent causal, l'origine et/ou le réservoir de l'agent étiologique, comment il a été transmis, quels facteurs de l'hôte ou de l'environnement peuvent avoir favorisé le développement de la maladie au sein d'une population définie et comment au mieux contrôler ou éliminer la maladie. Ces facteurs décrivent l'histoire naturelle ou le cycle d'une maladie infectieuse.

37.4 La reconnaissance d'une maladie infectieuse dans une population

Les épidémiologistes peuvent reconnaître une maladie infectieuse dans une population par différentes méthodes de surveillance. La surveillance est une activité dynamique qui comprend la récolte d'informations sur le développement et la présence d'une maladie, l'organisation et l'analyse de ces données et l'application de ces informations pour choisir les méthodes de contrôle. Le plus souvent une combinaison des méthodes de surveillance suivantes est utilisée :

1. L'établissement d'un taux de morbidité à partir des cas rapportés
2. La récolte des données de mortalité à partir des certificats de décès
3. L'examen de cas concrets
4. La récolte de données sur des épidémies reconnues
5. L'examen des épidémies sur le terrain
6. L'analyse des résultats de laboratoire : relevés dans une population des anticorps contre l'agent causal et des sérotypes microbiens spécifiques, tests cutanés, cultures, analyse des selles, etc.
7. L'examen des statistiques valables pour une population en vue de déterminer l'incidence de la maladie
8. L'examen des données sur la maladie animale et ses vecteurs
9. La récolte d'informations concernant l'utilisation de substances biologiques spécifiques : antibiotiques, antitoxines, vaccins et autres mesures prophylactiques
10. .L'étude de données démographiques sur les habitudes caractéristiques d'une population, telles que les déplacements humains au cours d'une période spécifique de l'année
11. .L'utilisation de la télédétection et des systèmes d'information géographiques

La surveillance ne nécessite pas toujours un examen direct des cas. Cependant, les épidémiologistes et les autres médecins doivent connaître les caractéristiques des maladies infectieuses pour interpréter correctement les données de surveillance et pour étudier le déroulement d'une maladie chez les individus.

Les maladies infectieuses ont souvent leurs signes et leurs symptômes propres. Les **signes** sont des modifications corporelles objectives comme la fièvre ou une éruption ; on peut les observer directement. Les **symptômes** sont des modifications subjectives comme la douleur, ou la perte d'appétit, qui sont ressenties par le patient personnellement. On utilise cependant souvent le terme symptôme dans un sens plus large qui inclut les signes cliniques. On appelle **syndrome** l'ensemble des signes et des symptômes qui caractérisent une maladie. Des tests additionnels de laboratoire sont souvent nécessaires pour établir un diagnostic précis car les symptômes et les signes observables ne suffisent pas.

Une maladie infectieuse se déroule généralement de façon caractéristique comme une suite de plusieurs phases. Il est essentiel de connaître cette évolution pour diagnostiquer convenablement la maladie.

1. La **période d'incubation** est le temps qui sépare l'entrée de l'agent pathogène de l'apparition de signes et des symptômes. L'agent se répand mais n'a pas encore atteint une charge suffisante pour donner des manifestations cliniques. La durée de cette période varie avec la maladie.
2. Le **stade prodromique** est la période pendant laquelle les signes et les symptômes commencent à apparaître mais ne sont pas encore suffisamment flagrants pour permettre le diagnostic. Le patient est souvent contagieux.
3. La période de maladie est la phase sévère de l'affection, celle qui présente les signes et les symptômes caractéristiques. La réponse immunitaire a été enclenchée, les cellules B et T sont devenues actives.
4. Au cours de la période de déclin, les signes et les symptômes s'estompent. L'étape de récupération est souvent appelée convalescence.

Télédétection et systèmes d'information géographiques : la cartographie des maladies infectieuses

La télédétection et les systèmes d'information géographiques sont des outils de cartographie qui permettent d'étudier la distribution, la dynamique d'une maladie ainsi que ses relations avec l'environnement. La **télédétection** rassemble les images digitales de la surface terrestre obtenues par satellites et transforme ces données en cartes. Un **système d'information géographique** (SIG) est un système de traitement des données qui organise les cartes des données de télédétection et facilite l'analyse des relations entre les caractères cartographiés. Il existe en effet souvent des relations statistiques entre ces caractères et les maladies chez leur hôte naturel ou les populations humaines. Citons comme exemples, la localisation des habitats de l'agent de la malaria et des moustiques vecteurs au Mexique et en Asie ; la localisation de la fièvre de la vallée du Rift au Kénya, de la maladie de Lyme aux Etats-Unis, de la trypanosomiase en Afrique et de la schistosomiase de l'homme et du bétail dans le Sud-Est américain. Ces techniques permettent aussi d'évaluer le risque encouru par l'homme vis-à-vis d'agents

Encadré 37.2

« La Mary typhoïde »

Au début des années 1900, plusieurs milliers de cas de fièvre typhoïde se déclarèrent dont beaucoup furent suivis de décès. La plupart des cas apparaissaient lorsque des personnes buvaient de l'eau contaminée par les égouts ou mangeaient des aliments préparés ou manipulés par des individus qui répandaient la bactérie de la fièvre typhoïde (*Salmonella typhi*). Le porteur le plus célèbre de la bactérie typhoïde fut Mary Mallon.

Entre 1896 et 1906, Mary Mallon fut cuisinière dans 7 ménages de la ville de New York. 28 cas de fièvre typhoïde apparurent pendant qu'elle y travailla. En conséquence, le département de la santé de la ville arrêta Mary et la recueillit dans un hôpital pour patients infectieux.

L'examen des selles de Mary montra qu'elle répandait un grand nombre de bactéries de la typhoïde malgré qu'elle n'avait aucun symptôme de la maladie. Un article publié en 1908 dans le *Journal of the American Medical Association* fait référence à « la Mary typhoïde ». Après avoir été relâchée suite à sa promesse de ne plus cuisiner ou servir des aliments à d'autres, Mary changea de nom et reprit à nouveau son travail de cuisinière. Pendant 5 ans, elle réussit à passer inaperçue tout en continuant à répandre la fièvre typhoïde. Enfin les autorités retrouvèrent sa trace. Elle fut gardée en lieu sûr pendant 23 ans jusqu'à sa mort en 1938. Comme porteur tout au long de sa vie, Mary Mallon fut reconnue responsable de 10 émergences de fièvre typhoïde, 53 cas et 3 décès.

---

pathogènes comme le virus « Sin Nombre » responsable aux Etats-Unis de la pneumonie à hantavirus. Leur utilité est la plus grande lorsque clairement la dynamique et la distribution d'une maladie sont influencées par des variables environnementales qui peuvent être cartographiées. Ainsi, si une maladie est associée à un certain type de végétation ou à des caractères physiques comme l'altitude ou les précipitations, la télédétection et les SIG pourront identifier les zones à risques.

La corrélation avec un agent causal unique

Après avoir reconnu une maladie infectieuse dans une population, les épidémiologistes établissent une corrélation entre l'éruption de la maladie et un organisme spécifique. Sa cause exacte doit être découverte (**encadré 37.2**). À ce stade, le laboratoire de microbiologie clinique ou diagnostique participe à l'investigation. Son but est d'isoler et d'identifier l'organisme causant la maladie.

37.5 La reconnaissance d'une épidémie

Une épidémie de maladie infectieuse se manifeste habituellement par un accroissement rapide du nombre de cas de la maladie dans une population donnée (figure 37.1). Deux types majeurs d'épidémies sont reconnus, qui peuvent être attribués à une source commune et/ou à la propagation de l'agent causal.

Une **épidémie liée à une source commune** est caractérisée par un accroissement brutal du nombre d'individus infectés suivis d'un déclin rapide mais pas aussi prononcé (**figure 37.2a**). Ce type d'épidémie provient habituellement d'une source contaminée commune telle que l'alimentation (intoxication alimentaire) ou l'eau (la maladie des légionnaires).

Une **épidémie par propagation** se manifeste par une augmentation relativement lente et prolongée du nombre d'individus infectés suivie d'un déclin progressif (figure 37.2b). Ce type d'épidémie résulte de l'introduction d'un individu infecté unique dans une population sensible. L'infection initiale est alors propagée aux autres d'une manière progressive jusqu'à l'infection de nombreux individus dans la population. Un exemple est fourni par l'augmentation des cas d'oreillons et de varicelle qui coïncident chaque automne avec l'arrivée d'une population neuve d'enfants sensibles dans les établissements scolaires. La présence d'un seul enfant infecté suffit à initier l'épidémie.

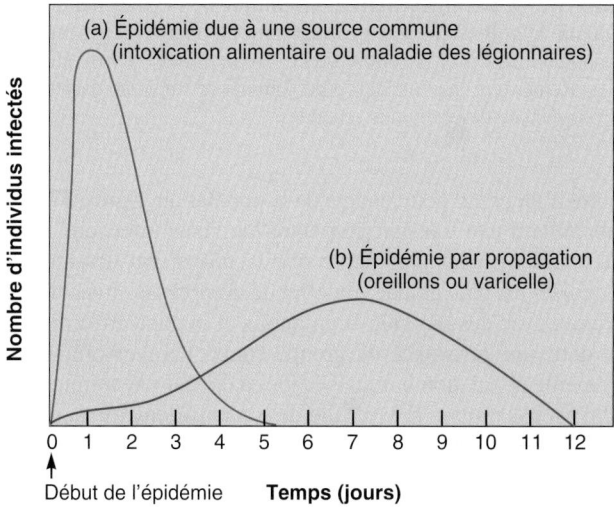

Figure 37.2 Les courbes d'épidémie. (**a**) Au cours d'une épidémie liée à une source commune, il y a un accroissement rapide du nombre d'individus infectés vers un sommet, suivi d'une diminution rapide mais plus graduelle. Les cas sont souvent signalés pendant une période approximativement égale à une période d'incubation de la maladie. (**b**) Au cours d'une épidémie par propagation, la courbe montre une augmentation progressive, suivie d'une diminution lente. Les cas sont souvent déclarés pendant un intervalle de temps qui correspond à plusieurs périodes d'incubation de la maladie.

Examinez la **figure 37.3** pour comprendre comment les épidémies se propagent. Au temps 0 tous les individus de cette population sont sensibles à un agent pathogène hypothétique. L'introduction d'un individu infecté initie l'éruption de l'épidémie (courbe du bas), elle se propage et atteint un sommet (le 15e jour). Au fur et à mesure que les individus guérissent de la maladie, ils deviennent immuns et ne transmettent plus l'agent (courbe supérieure). Le nombre d'individus susceptibles dès lors décroît. La diminution du nombre d'individus sensibles vers la densité limite (le nombre minimum d'individus nécessaire pour que la maladie continue à se propager) coïncide avec le sommet de l'épidémie. Ensuite l'apparition de nouveaux cas diminue parce que l'agent pathogène ne peut plus se propager.

L'**immunité de groupe** est la résistance d'une population à l'infection et à la propagation d'un agent pathogène, suite à l'im-

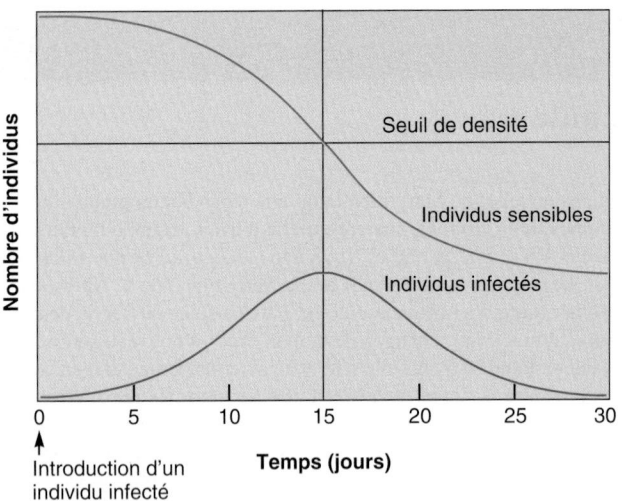

Figure 37.3 Une représentation graphique de l'expansion d'une épidémie hypothétique par propagation. La courbe du bas représente le nombre de cas et la courbe supérieure le nombre d'individus sensibles. Remarquez la coïncidence du sommet de l'épidémie avec le seuil de densité des individus sensibles.

munité d'un grand pourcentage de la population (**figure 37.4**). La probabilité d'une transmission entre individus infectieux et sensibles sera d'autant plus petite que la proportion des individus immunisés est plus grande. En effet de nombreuses transmissions se feront avec des individus immunisés et la population manifestera donc une résistance du groupe entier. Un membre sensible d'une telle population immunisée jouira donc d'une immunité qui ne lui est pas propre. Elle résulte de son appartenance au groupe.

Les responsables de santé publique immunisent occasionnellement, de larges proportions d'une population sensible en vue de maintenir l'immunité de groupe à un niveau élevé. Toute augmentation du nombre d'individus sensibles peut entraîner l'évolution d'une maladie endémique en épidémie. La proportion d'individus immunisés par rapport aux individus sensibles doit constamment être évaluée parce que de nouveaux individus sensibles entrent continuellement dans la population par le biais des migrations ou des naissances. De plus les agents pathogènes peuvent se modifier par des processus tels que des modifications antigéniques (voir paragraphe suivant) de telle sorte que des individus immunisés redeviennent sensibles.

La nature de beaucoup d'organismes pathogènes ne change habituellement pas. Ils causent des maladies endémiques parce que des humains infectés les transmettent continuellement à d'autres (ex. les maladies transmises sexuellement) ou parce qu'ils pénètrent continuellement dans la population humaine à partir de réservoirs animaux (ex. la rage). D'autres agents pathogènes continuent à évoluer et peuvent produire des épidémies (ex. le SIDA, le virus influenza -souche A- et les bactéries *Legionella*). Un agent pathogène peut également devenir différent par **cassure antigénique**, une modification majeure des caractères antigéniques, déterminée génétiquement. Une cassure antigénique peut être si étendue que l'agent pathogène n'est plus reconnu par le système immunitaire de l'hôte. Par exemple, les virus influenza sont fréquemment modifiés par mutation d'un type antigénique en un autre. La cassure antigénique résulte de la recombinaison de dif-

férents sérovars du virus de la grippe : deux sérovars d'un virus se mélangent pour former un nouveau type antigénique. Une recombinaison peut avoir lieu entre une souche animale et une souche humaine du virus. Lorsque la population humaine devient largement résistante et lorsque le virus ne peut se propager plus longtemps (par immunité de groupe), le virus est transmis aux animaux où la recombinaison a lieu. De plus petits changements antigéniques peuvent aussi se produire dans des souches pathogènes et aider celles-ci à éviter les réponses immunitaires de l'hôte. Ces modifications plus modestes sont appelées **dérives antigéniques**.

Dès qu'apparaissent des cassures ou des dérives antigéniques, la population sensible augmente parce que le système immunitaire n'a pas été exposé à la nouvelle souche mutante. Si le pourcentage d' individus sensibles est au-dessus de la densité seuil (figure 37.3), le taux de protection dû à l'immunité de groupe diminuera et le taux de morbidité augmentera. Par exemple, les taux de morbidité de la diphtérie et de la rougeole parmi les enfants en âge d'école, peuvent atteindre des niveaux épidémiques si le nombre d'enfants sensibles dépasse 30 % de la population totale. En conséquence, l'objectif des agents sanitaires est de s'assurer que la population soit immunisée à 70 % au moins contre ces maladies afin de procurer l'immunité de groupe nécessaire pour la protection de ceux qui ne sont pas immunisés.

---

1. Comment un épidémiologiste peut-il reconnaître une maladie infectieuse dans une population ? Définissez signe, symptôme, syndrome. Quelles sont les 4 phases d'une maladie infectieuse ?
2. Comment la télédétection et les systèmes d'information géographiques cartographient-ils les maladies infectieuses ?
3. Différenciez les épidémies liées à une source commune et par propagation.
4. Expliquez l'immunité de groupe.
5. Quelle est en épidémiologie, la signification d'une cassure ou d'une dérive antigénique.

37.6   Le cycle de la maladie infectieuse : histoire d'une maladie

Pour se perpétuer, un agent pathogène doit se reproduire et être disséminé parmi ses hôtes. Un aspect important de l'épidémiologie infectieuse est donc la notion de reproduction et de propagation de l'agent infectieux. Le **cycle** ou la **chaîne d'une maladie infectieuse** représente ces évènements sous la forme d'une histoire d'intrigues épidémiologiques (**figure 37.5**).

Par quel agent pathogène la maladie est-elle causée ?

Le premier maillon dans le cycle de la maladie infectieuse est l'organisme pathogène. Lorsqu'une maladie infectieuse a été reconnue dans une population, les épidémiologistes doivent établir une corrélation entre l'éruption de la maladie et un agent pathogène spécifique. La cause exacte de la maladie doit être découverte. L'étiologie ou la cause de la maladie infectieuse est déterminée en appliquant les postulats de Koch (*voir section 1.3*) et ses modifications. À ce point, le laboratoire de microbiologie clinique ou diagnostique participe à l'enquête (*voir section 36.1*). Son objectif est d'isoler et d'identifier l'organisme pathogène causant la maladie et d'en déterminer la sensibilité aux agents ou méthodes de contrôle qui peuvent aider à son éradication.

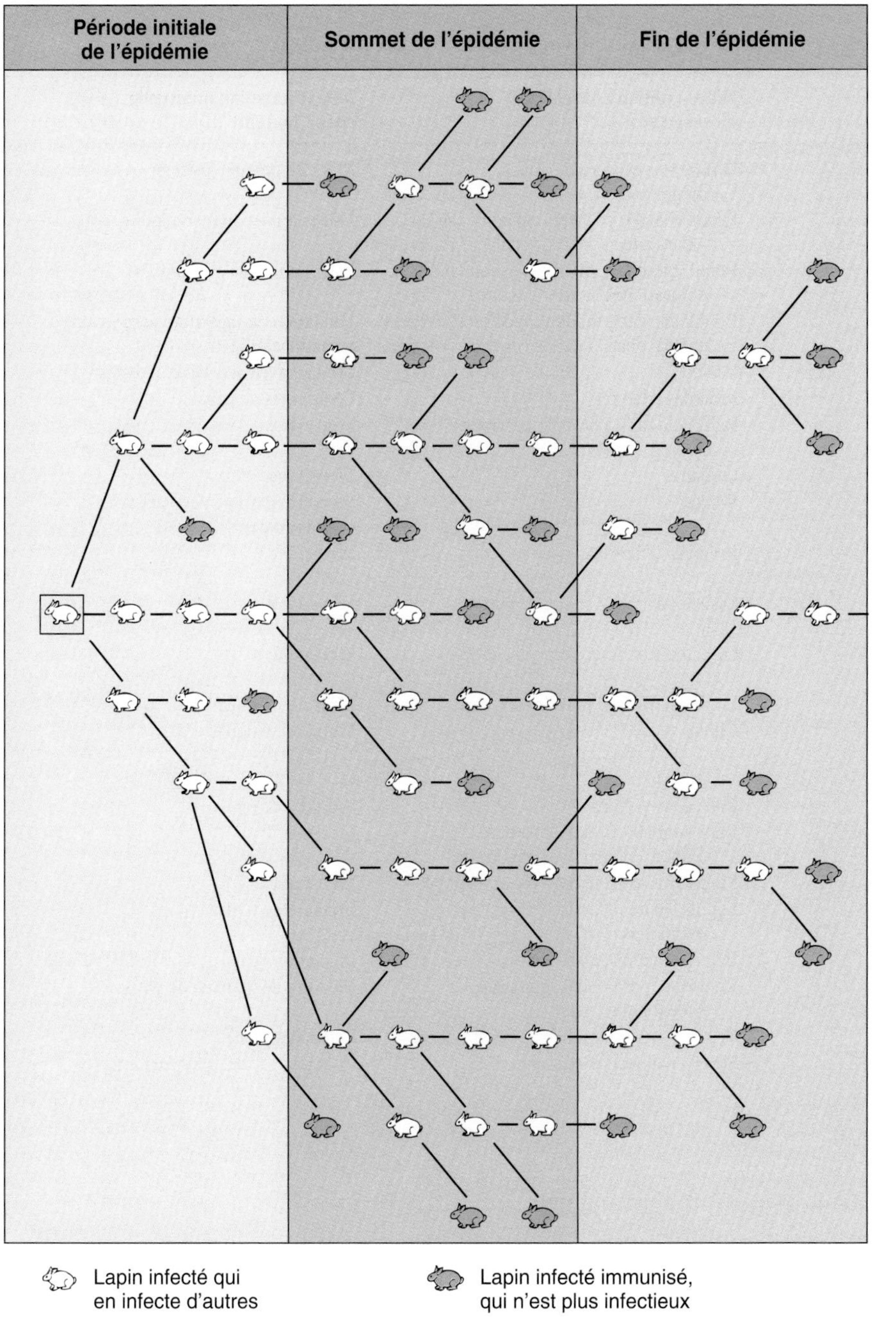

Période initiale de l'épidémie	Sommet de l'épidémie	Fin de l'épidémie

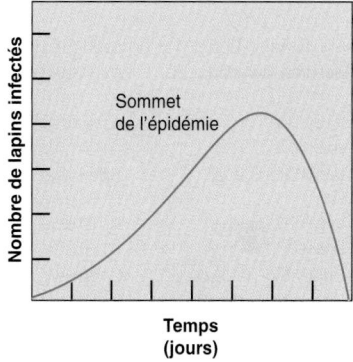

Figure 37.4 L'immunité de groupe. La cinétique de l'expansion d'une maladie infectieuse et l'effet de l'augmentation du nombre d'individus immunisés sur la limitation de la maladie au sein de la population. Au jour 1, un seul individu infecté pénètre dans la population. La période d'incubation est d'un jour, et la guérison intervient en deux jours. Le nombre d'individus sensibles correspond à la population entière au jour 1. Le nombre d'individus infectés et guéris est illustré dans les deux graphiques.

Lapin infecté qui en infecte d'autres

Lapin infecté immunisé, qui n'est plus infectieux

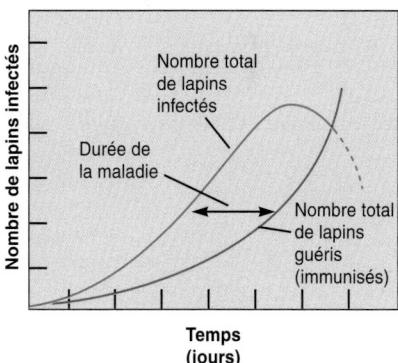

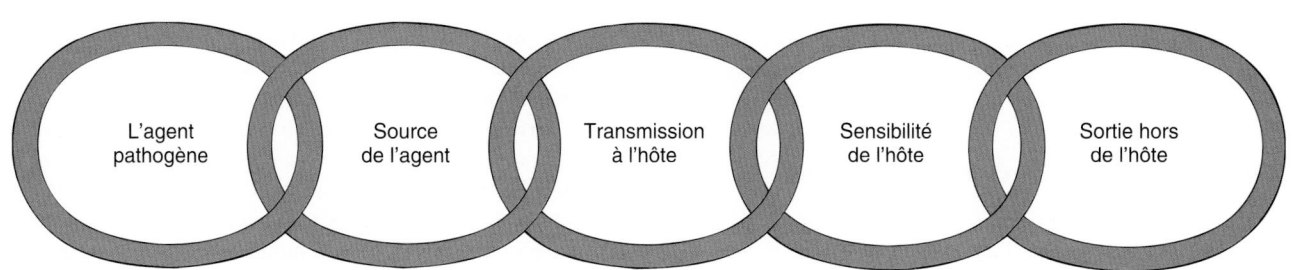

Figure 37.5 Le cycle de la maladie infectieuse. Voir le texte pour les détails.

Tableau 37.1 **Organismes infectieux dans des réservoirs animaux, pouvant être transmis à l'homme**

Maladie	Agent étiologique	Hôtes animaux usuels ou suspectés	Voie d'infection habituelle chez l'homme
Babésiose	*Babesia bovis, B. divergens, B. microti, B. equi*	Différentes espèces de tiques du genre *Ixodes*	Morsure de tique infectée
Brucellose (fièvre ondulante)	*Brucella melitensis, B. abortus, B. suis*	Bétail, chèvres, cochons, moutons, chevaux, mulets, chiens, chats, volaille, cervidés, lapins	Lait ; contact direct ou indirect
Campylobactériose	*Campylobacter fetus, C. jejuni*	Bétail, moutons, volaille, cochon, animaux domestiques, autres animaux	Eau et aliments contaminés
Charbon	*Bacillus anthracis*	Bétail, chevaux, moutons, cochons, chèvres, chiens, chats, animax sauvages, oiseaux	Inhalation ou ingestion de spores ; contact direct
Cryptosporidiose	*Cryptosporidium* sp.	Veaux	Contact avec des veaux infectés
Dermatite pustuleuse contagieuse	Virus Orf	Moutons, chèvres	Écorchures de peau
Encéphalite de Californie	Arbovirus	Rats, écureuils, chevaux, cervidés, lièvres, vaches	Moustique
Encéphalite de Saint-Louis	Arbovirus	Oiseaux	Moustique
Encéphalite virale herpétique B.	*Herpesvirus simiae*	Singes	Morsure de singe ; contact avec des singes
Encéphalomyélite du Vénézuéla	Arbovirus	Rongeurs, chevaux	Moustique
Encéphalomyélite équine de l'Est	Arbovirus	Oiseaux, canards, volaille, chevaux	Moustique
Encéphalomyélite équine de l'Ouest	Arbovirus	Oiseaux, écureuils, serpents, chevaux	Moustique
Fièvre à tiques du Colorado	*Coltivirus*	Écureuils, souris, porcs-épics, cerf	Morsure de tiques
Fièvre boutonneuse (fièvre méditerranéenne, typhus africain à tiques)	*Rickettsia conorii*	Chiens	Morsure de tiques
Fièvre de la morsure du rat	*Spirillum minus*	Rats, souris, chats	Morsure de rat
	Streptobacillus moniliformis	Rats, souris, écureuils, belettes, dindons, nourriture contaminée	Morsure de rat
Fièvre jaune	Virus de la fièvre jaune	Singes, ouistitis, lémuriens, moustiques	Moustique
Fièvre pourprée des Montagnes Rocheuses	*Rickettsia rickettsii*	Lapins, écureuils, rats, souris, marmottes	Morsure de tique
Fièvre Q	*Coxiella burnetii*	Bétail, moutons, chèvres	Inhalation de sol et de pousière infectés
Fièvre récurrente (borréliose)	*Borrelia* sp.	Rongeurs, porc-épics, opossums, tatous, tiques, poux	Morsure de tique ou de poux
Giardiase	*Giardia lamblia*	Rongeurs, cervidés, bétail, chiens, chats	Eau contaminée
Infection humaine à LCMV	Virus de la chorioméningite lymphocytaire	Souris, hamsters virémiques	Contact avec des rongeurs infectés

De nombreux agents pathogènes causent des maladies infectieuses humaines et seront présentés en détail aux chapitres 38 à 40. Ils sont souvent transmissibles d'une personne à l'autre. Une **maladie contagieuse** est une maladie causée par un agent qui peut être transmis d'un hôte à un autre. Les agents pathogènes ont la capacité d'entraîner une maladie ; néanmoins, ce pouvoir pathogène est fonction de facteurs tels que le nombre des agents, leur virulence, ainsi que la nature et l'ampleur des défenses de l'hôte.

Quel était le foyer et/ou le réservoir de l'agent pathogène ?

L'origine et/ou le réservoir de l'agent pathogène est le second maillon du cycle de la maladie infectieuse. Un aspect important de l'épidémiologie concerne l'identification du foyer et/ou du réservoir. Si le foyer ou le réservoir de l'infection peut être éliminé ou contrôlé, le cycle infectieux lui-même sera interrompu et la transmission sera prévenue (voir encadrés 37.1 et 37.2).

L'origine ou le **foyer** est le lieu duquel l'organisme pathogène est immédiatement transmis à l'hôte, soit directement par l'environnement ou indirectement par un agent intermédiaire. Le foyer peut être soit animé (ex. les humains ou les animaux) ou inanimé (ex. l'eau, le sol ou les aliments). La **période infectieuse** est le temps durant lequel le foyer est infectieux ou dissémine l'agent pathogène.

Le **réservoir** est le lieu ou l'environnement naturel dans lequel l'organisme pathogène est normalement retrouvé et à partir duquel l'infection de l'hôte peut se produire. Les réservoirs peuvent également être animés ou inanimés.

Le plus souvent des hôtes humains sont les sources animées les plus importantes de l'agent pathogène et sont appelés **porteurs**. Un porteur est un individu infecté pouvant être à l'origine de l'infection d'autres personnes. Les porteurs jouent un rôle

Tableau 37.1 Suite

Maladie	Agent éthiologique	Hôtes animaux usuels ou suspectés	Voie d'infection habituelle chez l'homme
Leptospirose	*Leptospira interrogans*	Chiens, rongeurs, animaux sauvages	Contact direct avec de l'urine ; des tissus ou de l'eau infectés
Listériose	*Listeria monocytogenes*	Moutons, bétail, chèvre, cobayes,volaille chevaux, rongeurs, oiseaux, crustacés	Par l'alimentation
Maladie de la griffe du chat	*Bartonella henselae*	Chats, chiens	Griffure de chat ou de chien
Maladie de Lyme	*Borrelia burgdorferi*	Tiques *Ixodes dammini* ou autres tiques apparentées	Morsure d'une tique infectée
Maladie de Weil (leptospirose)	*Leptospira interrogans*	Rats, souris, mouffettes, opossums, chats sauvages, renards, ratons laveurs, musaraignes, chiens, bétail, cochons, bandicoots	Par la peau, a consommation d'eau et d'aliments
Mélioïdose	*Pseudomonas pseudomallei*	Rats, souris, lapins, chiens, chats	Vecteurs arthropodes, eau, nourriture
Morve du cheval	*Pseudomonas mallei*	Chevaux	Contact cutané ; inhalation
Pasteurellose	*Pasteurella multocida*	Volaille, bétail, moutons, cochons, chèvres, souris, rats, lapins	Morsure d'animaux
Peste (bubonique)	*Yersinia pestis*	Rats domestiques, nombreux rongeurs sauvages	Morsure de puce
Psittacose	*Chlamydia psittaci*	Oiseaux	Contact direct, inhalation d'aérosols
Rage	Virus de la rage (du groupe des Rhabdovirus)	Chiens, chauves-souris, opossums, mouffettes, renards chats, bétail	Morsure d'un animal enragé
Rickettsiose vésiculeuse	*Rickettsia akari*	Souris	Morsure d'acarien
Salmonellose	*Salmonella* sp. (sauf *S. typhosa*)	Volaille, cochons, moutons, bétail, chevaux, chiens, chats, rongeurs, reptiles, oiseaux, tortues	Contact direct ; nourriture
Stomatite vésiculaire	Virus (groupe des Rhabdovirus)	Bétail, cochons, chevaux	Contact direct
Syndrome pulmonaire à Hantavirus	Hantavirus du syndrome pulmonaire	Souris	Contact avec la salive, l'urine, les fèces de souris ; virus en aérosols
Tuberculose	*Mycobacterium bovis*	Bétail, chevaux, chats, chiens	Lait ; contact direct
Tularémie	*Francisella tularensis*	Lapins sauvages, la plupart des autres animaux sauvages et domestiques	Contact direct avec des cadavres infectés, le plus souvent des lapins; morsure de tique et de mouche
Typhus de brousse	*Rickettsia tsutsugamushi*	Rongeurs sauvages, rats	Morsure d'acarien
Typhus endémique (murin)	*Rickettsia mooseri*	Rats	Morsure de puce
Vaccine	Virus de la vaccine	Bétail, chevaux	Écorchures de peau

Modifié de Guy Youmans, Philip Paterson, et Hubert Sommers, « *The Biologic and Clinical Basis of Infectious Diseases* ». 1985. Repris avec la permission de W.B. Saunders, Philadelphia. PA.

important dans l'épidémiologie de la maladie. Quatre types de porteurs sont reconnus :

1. Un **porteur actif** est un individu atteint des symptômes cliniques manifestes de la maladie.
2. Un **porteur convalescent** est une personne qui a récupéré de la maladie infectieuse mais qui continue à héberger les agents pathogènes en grand nombre.
3. Un **porteur sain** est un individu hébergeant des agents pathogènes tout en n'étant pas malade.
4. Un **porteur en incubation** est un individu qui n'est pas encore malade tout en portant des organismes pathogènes en grand nombre.

Des porteurs convalescents,sains ou en incubation, peuvent héberger des agents pathogènes pour une période brève (heures, jours ou semaines) et sont alors appelés **porteurs occasionnels, aigus ou transitoires**. S'ils hébergent les agents pathogènes pour des temps longs (mois, années ou pour la vie), ils sont appelés **porteurs chroniques**.

Les zoonoses déjà mentionnées, sont des maladies infectieuses des animaux qui sont occasionnellement transmises aux humains. Ces animaux peuvent donc servir de réservoirs. Les humains acquièrent l'agent par différents mécanismes : contacts directs avec de la chair animale malade (tularémie) ; consommation du lait de vache contaminée (tuberculose et brucellose) ; inhalation de particules de poussières contaminées par des excréments ou des produits animaux (fièvre Q, charbon) ; ingestion de viande infectée insuffisamment cuite (charbon, trichinose). En plus une infection peut être transmise par piqûre d'insectes **vecteurs** (organismes qui propagent la maladie d'un hôte à un autre), tels que moustiques, tiques, puces, acariens ou mouches (encéphalomyélite équine et malaria, maladie de Lyme, fièvre pourprée des Montagnes Rocheuses, peste, typhus exanthématique et tularémie) ; la morsure par un animal malade (la rage) peut également entraîner l'infection.

Le **tableau 37.1** énumère quelques-unes des zoonoses communes observées dans l'hémisphère occidental. Ce tableau est limitatif ; il énumère en abrégé l'énorme spectre des maladies ani-

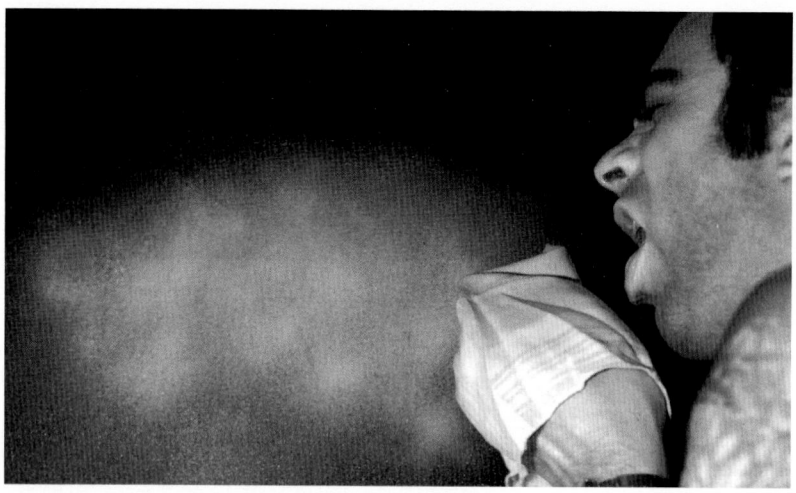

Figure 37.6 Un éternuement. Photographie à haute vitesse d'un éternuement non réprimé. Les particules visibles sont constituées de salive et de mucosités chargées de micro-organismes. Ces particules en aérosol peuvent être infectieuses lorsqu'elles sont inhalées par un hôte sensible. Même un masque chirurgical n'empêche pas toutes les particules de se répandre.

males qui concernent l'épidémiologie humaine. Les animaux domestiques sont la source la plus commune des zoonoses parce qu'ils vivent en contact plus direct avec les humains que les animaux sauvages. Les maladies des animaux sauvages transmises aux humains ne se présentent que sporadiquement parce que le contact direct est peu fréquent. Les autres réservoirs majeurs d'agents pathogènes sont l'eau, le sol et les aliments. Ces réservoirs sont discutés en détail aux chapitres 29, 30 et 41.

Comment l'agent pathogène a-t-il été transmis ?

Pour maintenir une maladie infectieuse dans une population humaine, l'agent pathogène doit être transmis d'un hôte ou d'un foyer à un autre. La transmission est le 3e maillon dans le cycle de la maladie infectieuse et se fait de 4 manières principales : par aérosols, contacts, objets contaminés et vecteurs.

La transmission par aérosol

L'air n'étant pas un milieu favorable à la croissance d'organismes, tout agent pathogène transporté par l'air doit avoir trouvé son origine dans une source telle que les humains, les animaux, les plantes, le sol, les aliments ou l'eau. Dans la **transmission aérienne** ou en **aérosol**, l'agent est véritablement mis en suspension dans l'air et se déplace d'un mètre ou plus de la source vers l'hôte. L'agent pathogène peut être contenu dans une gouttelette ou des poussières. Les **microgouttes** sont de petites particules d'un diamètre de 1 à 4 microns, qui représentent ce qui reste après évaporation de particules plus grandes (diamètre de 10 microns ou plus). Ces gouttelettes peuvent rester en suspension pendant des heures ou des jours et se déplacer sur de longues distances.

Lorsque des animaux ou des humains sont la source d'un agent transmis par aérosol, celui-ci est habituellement propulsé du système respiratoire dans l'air par la toux, l'éternuement ou la conversation d'un individu. Par exemple, un nombre énorme de gouttelettes humides sont transformées en aérosol lors d'un éternuement (**figure 37.6**). Chaque gouttelette a un diamètre d' à peu près 10 microns et voyage initialement à une vitesse de 100 m/s ou plus de 300 km/h !

Les poussières sont également des véhicules importants de transmission par l'air. Parfois, un agent pathogène adhère à ces particules de poussière et contribue au nombre d'agents véhiculés par l'air quand la poussière est remuée. Un organisme pathogène qui peut survivre pour des périodes assez longues dans ou sur des poussières crée un problème épidémiologique, principalement dans les hôpitaux, où la poussière peut être l'origine d'infections hospitalières. Le **tableau 37.2** reprend certains agents pathogènes transmis par l'air et les maladies qu'ils causent.

La transmission par contact

La **transmission par contact** implique la rencontre ou l'attouchement de la source ou du réservoir de l'agent pathogène avec l'hôte (**encadré 37.3**). Le contact peut être direct, indirect ou par propagation de gouttelettes. Le contact direct implique une interaction physique avec la source infectieuse. Cette voie est fréquemment appelée contact interhumain. La transmission interhumaine a lieu principalement par attouchements, baisers ou contact sexuel (maladies sexuellement transmises), par contact avec des sécrétions orales ou des lésions cutanées (lésions herpétiques et furoncles), par le lait maternel (infection staphylococcique) et par le placenta (SIDA, syphilis). Certains agents infectieux peuvent aussi être transmis par contact direct avec des animaux ou des produits animaux (*Salmonella* et *Campylobacter*).

Le contact indirect fait référence à la transmission de l'agent pathogène du foyer vers l'hôte par un intermédiaire, le plus souvent un objet inanimé. L'intermédiaire est habituellement conta-

Tableau 37.2 Quelques agents pathogènes aéroportés et les maladies qu'ils causent chez les humains

Micro-organisme	Maladie	Micro-organisme	Maladie
Virus		**Bactéries**	
Varicelle-zona	Varicelle	*Actinomyces* sp.	Infections pulmonaires
Influenza	Grippe	*Bordetella pertussis*	Coqueluche
Rougeole	Rougeole	*Chlamydia psittaci*	Psittacose
Rubéole	Rubéole	*Corynebacterium diphtheriae*	Diphthérie
Oreillons	Oreillons	*Mycoplasma pneumoniae*	Pneumonie
Poliovirus	Poliomyélite	*Mycobacterium tuberculosis*	Tuberculose
Virus des maladies respiratoires aiguës	Pneumonie virale	*Neisseria meningitidis*	Méningite
Hantavirus du syndrome pulmonaire	Syndrome pulmonaire à hantavirus	*Streptococcus* sp.	Pneumonie, maux de gorge
		Mycètes	
		Blastomyces sp.	Infections pulmonaires
		Coccidioides sp.	Coccidioïdomycose
		Histoplasma capsulatum	Histoplasmose

Encadré 37.3

Les premières indications de la propagation d'homme à homme d'une maladie infectieuse

En 1773, Charles White, un chirurgien et obstétricien anglais publia son « Traité sur les soins aux femmes enceintes et parturientes ». Il y fit appel à la propreté chirurgicale pour combattre la fièvre puerpérale de la femme après l'accouchement. (La **fièvre puerpérale** est un accès fébrile qui peut faire suite à l'accouchement et qui est causée par une infection streptococcique de l'utérus et/ou des régions adjacentes). En 1795, Alexander Gordon, un obstétricien écossais, publia son « Traité sur la fièvre puerpérale épidémique à Aberdeen » qui démontra pour la première fois la contagiosité de la maladie. En 1843, Oliver Wendell Holmes, médecin et anatomiste réputé aux Etats-Unis publia un article intitulé « Sur la contagiosité de la fièvre puerpérale » et recommanda également la propreté chirurgicale en vue de combattre cette maladie.

Cependant, le premier à réaliser qu'un agent pathogène pouvait être transmis d'une personne à une autre fut le médecin hongrois, Ignaz Phillip Semmelweis. Entre 1847 et 1849, Semmelweis fit l'observation que les femmes accouchant à l'hôpital avec l'aide d'étudiants en médecine et de

médecins avaient quatre fois plus de chances de contracter la fièvre puerpérale que celles qui accouchaient avec l'aide de sages-femmes. Il conclut que les médecins et les étudiants infectaient les femmes avec du matériel restant sur leurs mains après les autopsies et d'autres activités. Semmelweis décida donc de se laver les mains avec une solution de chlorure de calcium avant d'examiner des patientes ou d'effectuer des accouchements. Cette méthode simple réduisit d'une manière drastique le nombre de cas de fièvre puerpérale et sauva la vie de nombreuses femmes. D'ailleurs Semmelweis est reconnu comme le pionnier de l'antisepsie en obstétrique. Malheureusement de son vivant, la plupart des notoriétés médicales refusèrent de reconnaître sa contribution et d'adopter ses méthodes. Après des années de rejet, Semmelweis eut une dépression nerveuse en 1865. Il mourut peu de temps après, d'une blessure infectée. Il est très probable qu'il s'agissait d'une infection streptococcique due à l'agent pathogène qu'il avait combattu pendant toute sa vie professionnelle.

---

miné par la source infectieuse. Des exemples courants d'objets inanimés comprennent les thermomètres, les couverts, les tasses et la literie. Les *Pseudomonas* sont facilement transmises par cette voie. Ce mode de transmission est souvent considéré comme une forme de transmission par vecteur passif (voir section suivante).

Dans la propagation par gouttelettes, l'agent pathogène est porté sur des particules dépassant 5 microns. La voie est aérienne mais seulement sur une courte distance, d'habitude moins d'un mètre. Ces particules se déposent rapidement vu leur grande taille. Il en résulte qu'une telle transmission dépend de la proximité du foyer et de l'hôte. La rougeole est un exemple de maladie transmise par gouttelettes.

La transmission par vecteur passif

Des matériaux ou objets inanimés impliqués dans la transmission

de pathogènes sont appelés **vecteurs passifs**. Dans la **transmission par vecteur passif commun**, un vecteur inanimé unique permet la propagation de l'agent pathogène à des hôtes multiples mais ne permet pas sa reproduction. Des exemples sont fournis par les instruments chirurgicaux, la literie et les couverts. Une source unique contenant les organismes pathogènes (sang, médicaments, liquides intraveineux) peut contaminer un vecteur passif commun, causant de multiples infections. L'alimentation et l'eau sont des vecteurs communs importants pour de nombreuses maladies humaines (*voir tableaux 39.5 et 41.6*).

La transmission par vecteur animal

Les vecteurs animaux sont des organismes vivants transmettant un agent pathogène. La plupart des vecteurs sont des arthropodes (insectes, tiques, acariens, poux) ou des vertébrés (chiens, chats, mouffettes, chauves-souris). La **transmission par vecteur ani-**

mal peut être soit externe soit interne. Dans la transmission externe (mécanique), l'agent pathogène est porté à la surface du corps d'un vecteur. Le port est passif, sans croissance de l'agent pendant la transmission. Un exemple est celui de mouches portant des *Shigella* sur leurs pattes, d'une source fécale vers une assiette de nourriture en voie de consommation.

Dans la transmission interne, l'organisme pathogène est porté à l'intérieur du vecteur. Ici il peut s'agir d'une phase de transmission par hébergement ou biologique. Dans la **transmission par hébergement,** l'agent ne subit aucune modification morphologique ou physiologique au sein du vecteur. La transmission par la puce de *Yersinia pestis* (agent étiologique de la peste) du rat à l'homme est un exemple. La **transmission biologique** implique que l'agent pathogène subisse des modifications morphologiques ou physiologiques dans le vecteur. Un exemple est donné par la séquence de développement du parasite de la malaria dans le moustique servant de vecteur. La malaria *(pp. 954-55).*

Pourquoi l'hôte était-il sensible à l'agent pathogène ?

Le quatrième maillon dans la maladie infectieuse est l'hôte. La sensibilité de l'hôte dépend du pouvoir pathogène de l'agent, ainsi que des mécanismes de défense non spécifiques et spécifiques de l'hôte. Ces facteurs de sensibilité sont décrits dans les chapitres 31 et 32 et dépassent le cadre de l'épidémiologie.

Comment l'agent pathogène a-t-il quitté l'hôte ?

Le cinquième et dernier maillon du cycle infectieux est la sortie de l'agent pathogène du corps humain. Il est important que l'agent pathogène s'échappe de son hôte. À défaut d'une sortie réussie, le cycle de la maladie sera interrompu et l'espèce pathogène ne sera pas perpétuée. La sortie peut être active ou passive, même si souvent une combinaison des deux se produit. La sortie active a lieu lorsqu'un agent pathogène se déplace activement vers une voie de sortie et quitte l'hôte. Des exemples en sont les nombreux helminthes parasites qui migrent à travers le corps de leur hôte pour finalement atteindre la surface et en sortir. La sortie est passive lorsque l'organisme pathogène ou ses descendants quittent l'hôte dans les selles, l'urine, des gouttelettes de salive ou des cellules de desquamation. Les micro-organismes utilisent généralement des mécanismes de sortie passive.

---

1. Quelles sont les caractéristiques importantes d'un agent pathogène pour l'épidémiologie ? Qu'est-ce qu'une maladie transmissible ?
2. Définissez foyer, réservoir, période infectieuse et porteur.
3. Quels sont les types de porteurs de maladies infectieuses reconnus par l'épidémiologiste ?
4. Décrivez les quatre types principaux de transmission des maladies infectieuses et donnez des exemples de chacun.
5. Définissez microgouttes, vecteur passif, vecteur animal.

37.7   La virulence et le mode de transmission

Il est prouvé que la virulence d'un agent pathogène est fortement influencée par le mode de transmission et la faculté de vivre en dehors de l'hôte. Quand l'agent se transmet pas contact direct, il ne peut pas rendre l'hôte tellement malade car sa transmission ne sera plus assurée. C'est le cas des rhinovirus et autres virus respiratoires responsables des rhumes. Si le virus se multiplie trop rapidement et affecte considérablement son hôte, celui-ci devra s'aliter et n'aura plus de contact avec d'autres personnes. L'efficacité de la transmission diminuera car les virus libérés par le malade enrhumé n'entreront plus en contact avec des hôtes nouveaux et seront inactivés dans le milieu extérieur. Les enrhumés doivent pouvoir circuler et rencontrer d'autres gens. Ainsi la virulence de ces virus est faible et le rhume n'empêche pas les malades de travailler.

D'autre part, lorsque la transmission de l'agent ne dépend pas de la santé ni de la mobilité de l'hôte, l'état du patient ne sera plus un facteur critique. L'agent peut réussir, c'est-à-dire être transmis à de nombreux hôtes nouveaux, même s'il tue son hôte relativement rapidement. La mort de l'hôte marquera la fin de tout résident pathogène mais l'ensemble de l'espèce peut se répandre et prospérer aussi longtemps que la vitesse accrue de transmission contrebalancera les pertes dûes à la mort de l'hôte. Une telle situation peut se produire de différentes manières :

Lorsqu'il est transmis par un vecteur, un agent pathogène bénéficiera d'une multiplication intense et de l'envahissement de l'hôte. En effet, il aura plus de chance d'être emporté par un insecte piqueur et transmis à un nouvel hôte s'il est présent chez le patient infecté à des niveaux très élevés. Ainsi, les agents pathogènes transmis par des authropodes piqueurs comme des moustiques, sont généralement très virulents (par ex. la malaria, le typhus, la maladie du sommeil). Ces agents doivent prendre soin de leurs vecteurs, et il est vrai que ceux-ci restent généralement sains au moins jusqu'à ce que la transmission soit assurée.

La virulence est aussi en relation directe avec la capacité du micro-organisme à résister dans le milieu extérieur. Si l'agent pathogène n'a pas de vecteur et survit mal dans l'environnement, il dépendra de la survie de son hôte et sera moins virulent. Lorsqu'il résiste pour de longues périodes en dehors de son hôte, l'agent pathogène peut quitter l'hôte et simplement attendre un contact avec un hôte nouveau. Cette situation semble reliée à une virulence accrue car si la santé de l'hôte n'est pas critique, une multiplication intense de l'agent dans son hôte favorisera la transmission. La tuberculose et la diphtérie sont de bons exemples car *Mycobacterium* et *Corynebacterium* survivent longtemps, des semaines et des mois, en dehors de leur hôte humain. Les habitudes et le comportement humains influencent aussi la virulence. Les agents transmis par l'eau comme *Vibrio cholerae* (responsable de diarrhées) sont souvent transmis par les systèmes de distribution d'eau potable. Ces agents sont virulents car même libérés par des hôtes immobiles, ils arrivent fréquemment à atteindre l'eau. Ainsi, il semble bien qu'on diminue la virulence du choléra en établissant des systèmes de fourniture d'eau potable non contaminée. Ceci est vrai aussi pour les dysenteries dues à *Shigella*. Le meilleur moyen de réduire la virulence est souvent de réduire la fréquence de transmission.

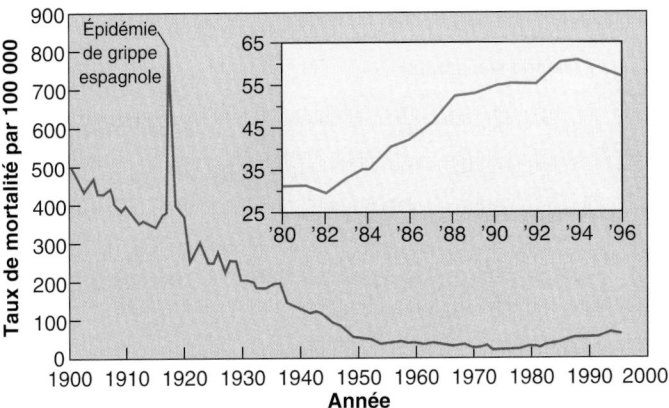

Figure 37.7 Forte diminution aux États-Unis de la mortalité due aux maladies infectieuses au cours du XXe siècle. L'encart est un aggrandissement de la partie droite du graphique et montre que la mortalité entraînée par les maladies infectieuses a augmenté entre 1980 et 1994.

37.8 Les maladies et agents émergents et réémergents

Il y a seulement quelques années, le public reconnaissant pensait que la science avait triomphé des maladies infectieuses en bâtissant une forteresse protectrice de la santé : les antibiotiques, les vaccins, les campagnes énergiques de santé publique avaient remporté une série de victoires contre de vieux ennemis comme la coqueluche, la pneumonie, la poliomyélite et la variole. Dans les pays industrialisés, les gens se sont bercés de l'idée que les dangers des microbes relevaient du passé, idée confortée par l'évolution de la mortalité due aux maladies infectieuses entre 1900 et 1982 (aux Etats-Unis, **figure 37.7**). Cependant, cette diminution prend fin en 1982 et la mortalité augmente de nouveau au cours des 20 dernières années.

Pendant ces années, le monde a été confronté à la propagation du SIDA, la résurgence de la tuberculose et l'apparition d'ennemis nouveaux, comme le hantavirus responsable du syndrome pulmonaire, les hépatites C et E, le virus Ebola, la maladie de Lyme, la cryptosporidiose et le *E. coli* mortel 0157 : H7. De plus, durant cette période :

- Un virus de « grippe aviaire » qui n'avait jamais attaqué les humains, a fait des morts à Hong-Kong.
- Un nouveau variant d'une maladie nerveuse mortelle, la maladie de Creutzfeldt-Jakob (*voir section 38.5 et tableau 38.6*) a été identifié en Grande-Bretagne, il pourrait être transmis par la viande d'animaux atteints de la « maladie de la vache folle ».
- Des staphyloccoques présentant une résistance accrue à la vancomycine, l'antibiotique de choix, ont été isolés pour la première fois.
- Plusieurs épidémies graves d'origine alimentaire sont apparues à différents endroits des Etats-Unis, dont celles causées par des parasites sur les framboises, des virus sur les fraises et des bactéries dans la viande hachée, la charcuterie et les céréales du petit déjeuner.

- Une nouvelle souche de tuberculose résistante à de nombreux médicaments et isolée le plus souvent de personnes infectées par HIV, est apparue à New York et dans d'autres grandes villes.

Dans les années 90, l'idée que les maladies infectieuses ne constituaient plus un danger pour la santé publique était clairement obsolète. Globalement, les humains seront continuellement confrontés à de nouvelles maladies infectieuses et à la réémergence de maladies anciennes que l'on pensait avoir éliminées (comme la tuberculose, la dengue, la fièvre jaune). Dans « Plagues and peoples », 1976, William H. Mc Neill pose ainsi le problème : « L'ingéniosité, la connaissance et l'organisation modifient mais ne suppriment pas la vulnérabilité de l'humanité aux invasions par les parasites. La maladie infectieuse, plus ancienne que les hommes, existera aussi longtemps que l'humanité elle-même et restera, comme elle l'a été jusqu'aujourd'hui, un paramètre fondamental et déterminant de l'histoire humaine ».

Les « Centres de prévention et de contrôle des maladies » (Centers for Disease Control and Prevention CDC. Atlanta, USA) ont défini ces maladies comme étant « des infections nouvelles, réémergentes ou résistantes dont l'incidence chez les humains a augmenté durant les 20 dernières années ou dont l'incidence menace d'augmenter dans un avenir proche ». Des exemples parmi les plus récents sont donnés **figure 37.8**. L'importance croissante des maladies infectieuses émergentes et réémergentes a stimulé un domaine appelé **épidémiologie systématique** qui s'intéresse aux facteurs sociaux et écologiques influençant le développement de ces maladies.

Après un siècle marqué par les avances spectaculaires de la recherche médicale, la découverte de médicaments, la technologie et les sciences sanitaires, pourquoi les virus, bactéries, champignons et parasites posent-ils de tels problèmes et de tels défis ? De nombreux facteurs propres à notre monde moderne favorisent indubitablement le développement et l'expansion de ces micro-organismes et des maladies qu'ils occasionnent. Citons comme exemples :

1. la croissance sans précédent de la population mondiale, les mouvements de population et l'urbanisation ;
2. l'augmentation des voyages internationaux ;
3. l'augmentation du transport commercial mondial, le transport et la relocalisation d'animaux et de produits alimentaires ;
4. des modifications dans les traitements et la manipulation des aliments et dans les pratiques agricoles ;
5. des modifications du comportement humain, des techniques et des industries ;
6. l'empiétement des hommes sur les habitats sauvages, réservoirs d'insectes et autres animaux porteurs d'agents infectieux ;
7. l'évolution des micro-organismes (sous l'effet de la pression de sélection) et l'apparition de la résistance aux antibiotiques et à d'autres drogues antimicrobiennes (ex. *Streptoccus pneumoniae* résistant à la pénicilline *Staphylococcus aureus* résistant à la méthicilline, entérocoques résistants à la vancomycine.
8. les changements écologiques et climatiques ;
9. la médecine moderne (emploi des immunosuppresseurs) ;

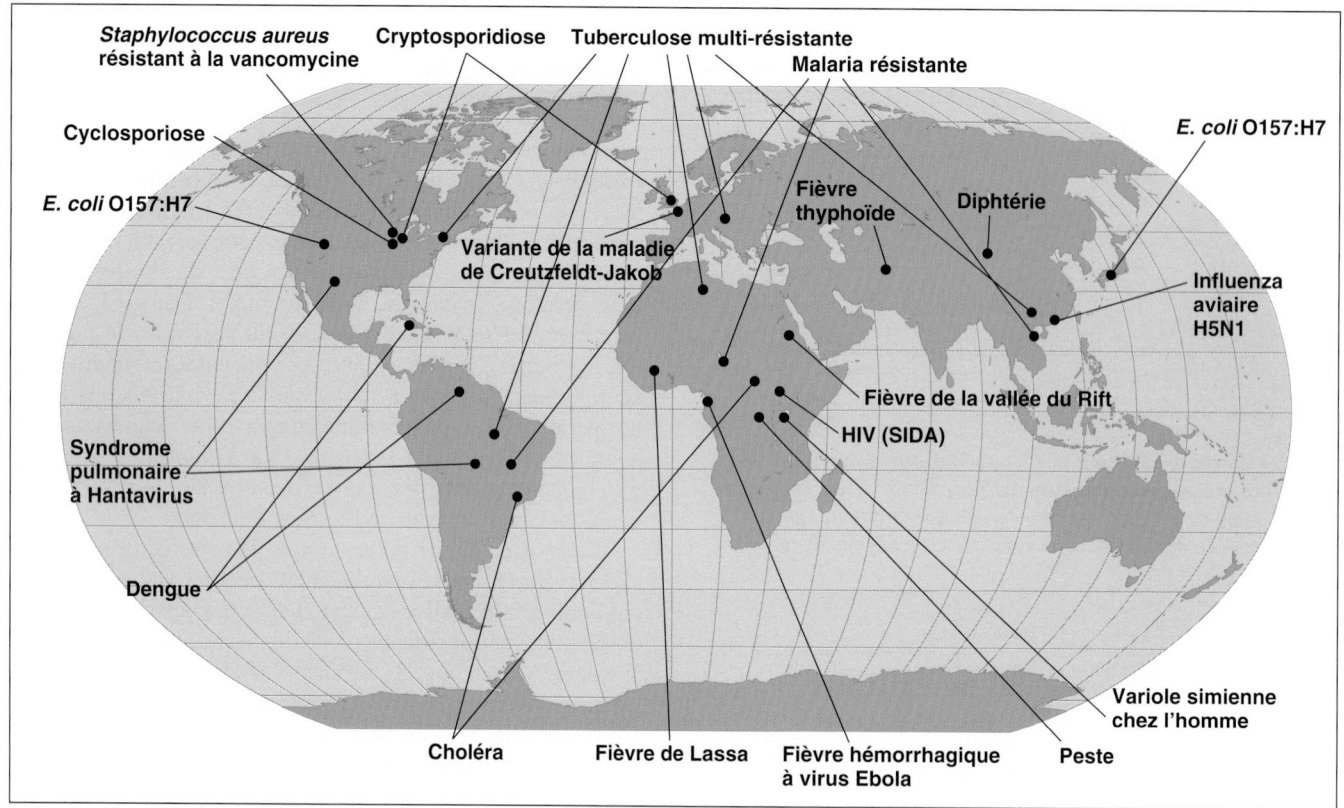

Figure 37.8 Quelques exemples de maladies infectieuses émergentes et réémergentes. Bien que indiquées seulement en un ou deux endroits significatifs, des maladies comme le SIDA sont très répandues et sont un danger pour de nombreux pays. Voir texte pour plus de détails.

10. l'inadéquation des infrastructures publiques et des programmes de vaccination ;
11. les conflits sociaux et les guerres civiles ;
12. le danger de bioterrorisme (section 37.10) ;
13. les mécanismes d'augmentation de la virulence chez les agents pathogènes (ex. éléments génétiques mobiles : bactériophages, plasmides, transposons).

Certains de ces exemples vont être détaillés dans le paragraphe suivant.

Les raisons de l'accroissement des maladies infectieuses émergentes et réemergentes

De nombreux facteurs contribuent à l'augmentation des maladies infectieuses. Les mouvements de population dûs à des raisons économiques ou militaires, créent un terrain fertile pour l'apparition et l'expansion des maladies. La façon dont les microbes se répandent est aussi affectée par les comportements humains que ce soit les pratiques sexuelles, les injections intraveineuses de drogues ou les préférences alimentaires.

La préparation des aliments, ce qui inclut la manipulation, le découpage, la réfrigération et autres traitements propres à maintenir la qualité, dissémine les micro-organismes pathogènes et sélectionne ceux qui se multiplient dans les conditions utilisées. La globalisation des procédés et des distributeurs alimentaires a créé des conditions idéales pour qu'apparaissent partout des infections microbiennes d'origine alimentaire, provenant d'un seul lot d'aliments infectés ou pourris, d'une mauvaise gestion d'arrivages de nourriture ou de la distribution de produits frais chargés de microbes. Le « Centre de contrôle des maladies » estime à 76 millions le nombre de maladies d'origine alimentaire, à 350 000 le nombre d'hospitalisations et à 5000 le nombre de décès par an aux Etats-Unis. Seulement 18 % de ces cas de maladie sont dûs à des agents pathogènes connus et globalement, *Listeria*, *Salmonella* et *Toxoplasma* sont responsables de 75 % des décès liés à l'alimentation. Au cours de ces dernières années, on relève (1) en 1994, l'éruption de salmonelloses due à des crèmes glacées contaminées ; (2) en 1996 et 1997 l'apparition d'infections à *Cyclospora* provenant de framboises guatémaltèques et (3) des éruptions périodiques de *E. coli* 0157 : H7 liées à la consommation de viande de bœuf crue ou trop peu cuite et de jus de pommes non pasteurisé. Cet agent est responsable du syndrome d'urémie hémolytique chez les enfants (*voir section 39.4*).

Avec l'augmentation de la densité de population dans les villes, la dynamique de l'exposition aux micro-organismes et l'évolution de ceux-ci s'accélère : les hommes sont entassés dans les villes et sont plus exposés aux micro-organismes. Ces regroupements entraînent de mauvaises conditions sanitaires, empêchent l'implantation d'aides médicales efficaces et permettent une plus large propagation des agents pathogènes. Dans nos sociétés modernes, la transmission des germes est facilitée par l'encombrement des lieux de travail, les habitations communautaires, la grandeur des hôpitaux et des centres de soins, ou les transports publics. De plus, le développement rural et la destruction des habitats natu-

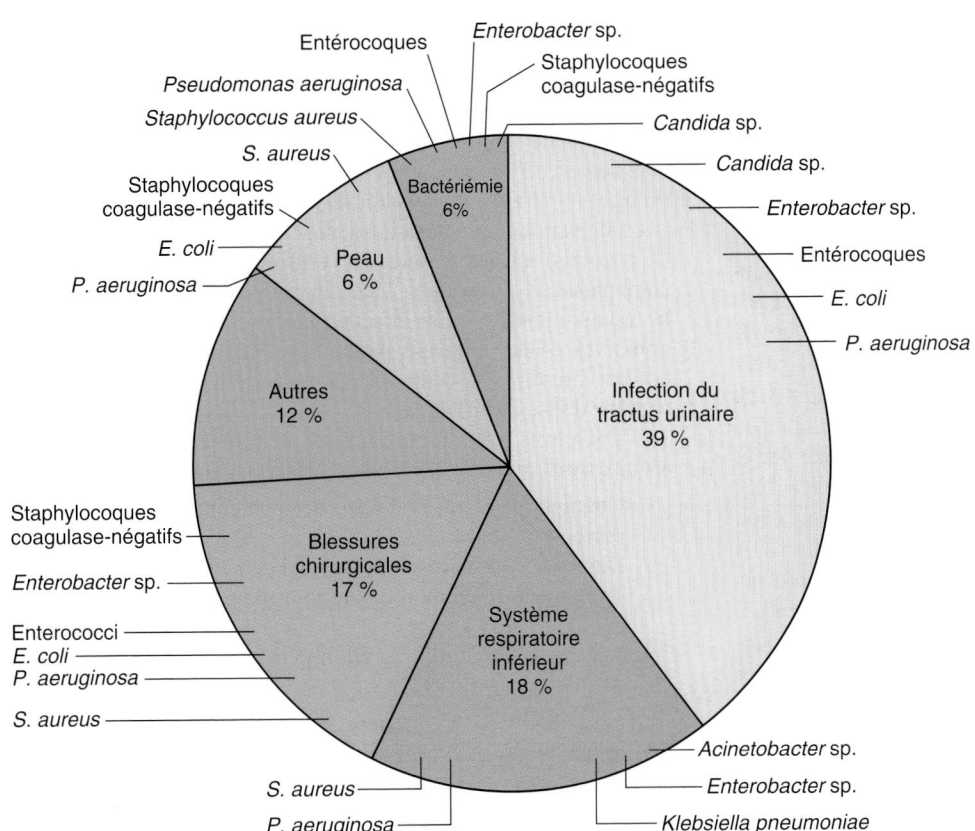

Figure 37.9 Les infections nosocomiales. Fréquence relative de ces infections dans les différents endroits du corps. Ces données proviennent de la branche « Surveillance nationale des infections nosocomiales » des « Centres de prévention et de contrôle des maladies ».

rels ont augmenté (1) la probabilité de l'exposition de l'homme à de nouveaux agents pathogènes et (2) la pression de sélection exercée sur les micro-organismes pour qu'ils s'adaptent à des hôtes et des environnements nouveaux. L'introduction de pathogènes dans un hôte ou un environnement nouveau peut altérer les modes de transmission ainsi que les risques d'exposition et conduire à une recrudescence soudaine de la maladie. Par exemple, l'expansion de la maladie de Lyme en Nouvelle-Angleterre est probablement en rapport avec une rupture des conditions écologiques qui amena l'élimination des prédateurs du cerf. Les populations de cerfs et de tiques des cerfs augmentèrent ce qui favorisa la dissémination de l'agent chez les humains. Chaque fois qu'il y a altération du milieu et création d'environnements nouveaux, l'agent pathogène peut survivre mieux mais aussi voir sa virulence accrue et sa sensibilité aux médicaments, modifiée.

S'il se produit des variations climatiques ou écologiques, il n'est pas étonnant de constater des modifications, bonnes ou mauvaises, chez les micro-organismes. Le réchauffement général du climat affecte la sélection et la survie des micro-organismes. Enfin, les flux migratoires de réfugiés, de travailleurs, de personnes déplacées ont conduit à la croissance continuelle des centres urbains au détriment des zones rurales.

Les microbiologistes connaissent bien le problème de l'augmentation de la résistance aux antibiotiques utilisés en médecine. La distribution des infections nosocomiales s'est modifiée depuis l'avènement des antibiotiques (**figure 37.9**). Au début, il s'agissait surtout d'infections à staphyloccoques qui répondaient à la pénicilline. Par après, les staphylocoques résistants à la méticilline apparurent et leur fréquence augmenta de 2 % en 1975 à 14 % en 1987 et à plus de 40 % en 1999. Le même phénomène se produisit pour les *Streptococcus pneumoniae* résistants à la pénicilline. En 1997 apparut un *S. aureus* avec une résistance intermédiaire à la vancomycine et le « Center for Disease Control » pense que l'arrivée d'infections à *S. aureus* résistant aux glycopeptides est inévitable. La présence d'un *Enterococcus faecium* résistant aux glycopeptides a été rapportée pour la première fois à la fin des années 1980 ; en 1993, près de 14 % des infections nosocomiales à entérocoques étaient dues à des souches résitantes à la vancomycine, ce nombre était de 25 % en 1998. Ces dernières années, des coques Gram-positives ont réapparus de façon significative dans les infections nosocomiales : parmi ceux-ci *Corynebacterium jeikeium* et *Rhodococcus equi*. L'incidence des infections à *P. aeruginosa* et *Acinetobacter*, des bactéries Gram-négatives pathogènes, a augmenté. En ce qui concerne les bâtonnets Gram-négatifs qui deviennent résistants aux β-lactamases, des bactéries comme *Klebsiella pneumoniae*, *Escherichia coli* d'autres *Klebsiella sp*, *Proteus sp*, *Morganella sp*, *Citrobacter sp*, *Salmonella sp* et *Serratia marcescens* sont résistants aux pénicillines, aux céphalosporines de première génération et à certaines céphalosporines de troisième génération comme les céfotaxine (Claforan), ceftriaxone (Rocephin), ceftazidine et aztreonam (Azactam). Des bactéries Gram-négatives pathogènes nouvellement renommées *Burkholderia cepacia* et *Stenotrophomonas maltophilia* sont à ajouter à la liste.

Il est évident que les facteurs-clés responsables de cette augmentation des germes résistants ont été l'emploi excessif ou inapproprié des antimicrobiens en particulier l'usage sans discrimination des antibiotiques à large spectre.

Le CDC reconnaît qu'il est trop tard pour résoudre ce problème simplement en utilisant avec plus de prudence les antibiotiques, mais il est certain que la situation va empirer si on ne le fait pas. Spécialement dans les pays plus pauvres, il faut insister de nouveau sur les stratégies de prévention et de contrôle alternatives qui étaient de règle avant l'avènement de la chimiothérapie antibactérienne. Celle-ci comprennent une meilleure hygiène et de meilleures conditions sanitaires, l'isolement des personnes infectées, l'antisepsie et la vaccination. *Résistance aux médicaments (pp. 818-20)*

C'est un des paradoxes de la médecine moderne que certaines maladies infectieuses émergent alors qu'on arrive à en juguler et même à en éradiquer d'autres. Le nombre des individus sensibles à de nouveaux agents augmente à cause de l'immunosuppression — qu'elle soit due à un autre pathogène comme le virus du SIDA ou aux médicaments administrés lors d'une transplantation d'organe par exemple. Les patients immunodéprimés représentent un habitat intermédiaire en expansion qui donne à un agent pathogène l'opportunité de s'adapter à l'homme et d'acquérir la capacité de circonvenir les défenses immunitaires chez une personne saine. Ces populations immunodéprimées constituent donc un réservoir pour les infections émergentes et réémergentes, celles-ci peuvent finalement s'étendre à l'ensemble de la communauté.

Pour ce nouveau millénaire, c'est la rapidité et le nombre de voyages internationaux qui sont les facteurs principaux de la globalisation de l'émergence des maladies infectieuses. Lorsque la durée du voyage était suffisamment longue - comme pour la traversée d'un océan en bateau -, les voyageurs infectés avaient le temps soit de guérir soit de décéder avant d'atteindre une population nouvelle. Comme l'avion a aboli le temps entre exposition et éruption de la maladie, le voyageur peut répandre n'importe quelle infection en quelques heures. Les moyens de transport eux-mêmes, avion ou bateau, véhiculent les agents infectieux et leurs vecteurs.

Une convergence de nombreux facteurs différents est sans doute la meilleure vision de l'émergence et la réémergence des micro-organismes pathogènes et des maladies qu'ils occasionnent. Le monde est maintenant tellement interconnecté que nous ne pouvons plus nous isoler des autres pays ni des autres continents. Si le statut d'une maladie change dans une partie du monde, la santé du reste du monde sera affectée. Josua Lederberg, lauréat du prix Nobel le dit en ces termes éloquents « Le microbe qui s'est hier abattu sur un enfant d'un continent lointain atteindra aujourd'hui votre enfant et demain déclenchera une pandémie ».

---

1. Décrivez comment la virulence est liée au mode de transmission. Quelle peut être la cause du développement de nouvelles maladies humaines ?
2. Comment définissez-vous maladies infectieuses émergentes et réémergentes ?
3. Citez certains facteurs responsables de l'émergence et la réémergence des micro-organismes pathogènes.
4. Citez des facteurs-clés responsables de l'augmentation des bactéries résistantes aux antimicrobiens.

37.9 Le contrôle des épidémies

L'évolution d'une maladie infectieuse est un processus complexe impliquant de nombreux facteurs, aussi complexes que les actions spécifiques de contrôle épidémiologique. Les épidémiologistes doivent considérer les ressources disponibles, les contraintes de temps, les effets contraires de mesures de contrôle potentielles et les activités humaines qui peuvent influencer la propagation de l'infection. Le plus souvent, les mesures de contrôle reflètent des compromis entre plusieurs alternatives. Dans un ordre logique, il faut identifier les composants du cycle infectieux qui sont en premier lieu responsables d'une épidémie particulière. Les mesures de contrôle doivent être dirigées contre la partie du cycle qui est la plus susceptible d'être contrôlée, le maillon le plus faible dans la chaîne.

Il y a trois sortes de mesures de contrôle. La première vise à réduire ou éliminer le foyer ou le réservoir de l'infection :

1. Quarantaine et mise à l'écart des personnes infectées et des porteurs
2. Destruction d'un réservoir animal de l'infection
3. Traitement des eaux d'égout pour réduire la contamination de l'eau
4. Traitement qui réduit ou élimine le pouvoir infectieux des individus.

Le second type de mesures de contrôle vise à interrompre le lien entre le foyer d'infection et les individus sensibles. Les exemples comprennent des mesures générales d'hygiène publique :

1. Chloration des réservoirs d'eau
2. Pasteurisation du lait
3. Surveillance et inspection des aliments ainsi que des personnes qui les manipulent
4. Destruction des vecteurs par pulvérisation à l'aide d'insecticides

Le troisième type de mesures de contrôle réduit le nombre d'individus sensibles et augmente le taux général d'immunité de groupe par immunisation. Parmi les exemples, on peut citer les suivants :

1. Immunisation passive pour donner une immunité temporaire après exposition à un agent pathogène ou lorsqu'une maladie menace de prendre une forme épidémique.
2. Immunisation active pour protéger l'individu du pathogène et la population hôte d'une épidémie.

Le rôle des services publics de santé : le gardien épidémiologique

Le contrôle d'une maladie infectieuse dépend largement d'un réseau bien défini d'infirmières, médecins, épidémiologistes et personnel de contrôle des infections, qui fournissent les informations épidémiologiques à un réseau d'organisations locales, nationales et internationales. Le système de santé publique inclut tous ces individus et ces organisations. Ainsi chaque état a un laboratoire de santé publique dont le rôle est de surveiller et de contrôler les infections. La section du laboratoire d'état, concernée par les maladies contagieuses, comprend des services spécialisés de laboratoires pour l'examen d'échantillons ou de cultures présentés par des médecins, par le département local de santé publique, des laboratoires hospitaliers, des agents sanitaires, des épidémiologistes et d'autres. Ces groupes communiquent leurs observations aux autres services de santé de l'état, aux centres de contrôle des maladies (Centers for Disease Control, CDC) et à l'Organisation Mondiale de la Santé (OMS).

37.10 La montée de la menace bioterroriste

Le **bioterrorisme** (du grec *bios*, vie et terrorisme : utilisation systématique de la terreur pour démoraliser, intimider ou assujettir) est aujourd'hui une réalité. Il a été défini récemment par les CDC comme « utiliser intentionnellement ou menacer d'utiliser des virus, des bactéries, des mycètes ou des toxines d'organismes vivants pour donner la mort ou répandre des maladies chez les hommes, les animaux et les végétaux ». À la fin du siècle dernier, l'Irak a utilisé des armes chimiques contre l'Iran et contre ses propres citoyens, il a aussi conçu un programme d'armement biologique. À cette époque, une secte japonaise, jusque là peu connue, Aum Shinrikyo, répandit le gaz sarin neurotoxique dans le métro de Tokyo. Actuellement, les incidents et les alertes terroristes aux agents toxiques ou infectieux sont en augmentation.

Quelque part, un jour ou l'autre dans le futur, il se peut que des terroristes menacent ou tentent d'employer des armes biologiques contre les Etats-Unis ou tout autre pays. Bien que l'arsenal du terroriste soit potentiellement très vaste, ce sont les menaces biologiques dont il sera question ici.

Parmi les armes de destruction massive, les armes biologiques sont plus dangereuses que les armes chimiques même neurotoxiques. Les armes biologiques pourraient être dans certaines circonstances plus dévastatrices qu'une explosion nucléaire (quelques kilos de bacilles du charbon peuvent tuer autant de gens qu'une bombe atomique comme celle d'Hiroshima). En 1998, le gouvernement américain a lancé le premier programme de défense contre les armes biologiques. Cette initiative comprend : (1) l'acquisition pour la première fois de vaccins et de médicaments spéciaux pour une réserve nationale de protection civile ; (2) la stimulation de la recherche et du développement dans la science de la biodéfense ; (3) l'investissement de plus de temps et plus d'argent au séquençage génomique, à la recherche de nouveaux vaccins et de nouvelles thérapeutiques ; (4) la mise au point de meilleures techniques de détection et de diagnostic et (5) la préparation de microbiologistes cliniciens et de laboratoires de microbiologie clinique de première ligne pouvant répondre rapidement aux actes de bioterrorisme.

La liste des agents biologiques qui peuvent faire courir le plus grand risque à la santé publique est courte (**tableau 37.3**), elle comprend des virus, des bactéries, des parasites et des toxines. Ces agents, bien que peu nombreux, sont tels que si acquis et convenablement disséminés, il deviendrait difficile de limiter le nombre de victimes et de contrôler les dommages.

Comme nous l'avons déjà écrit dans la section 33.1, la vaccination est l'intervention des services publics la moins chère et la plus efficace qui a mis des populations entières à l'abri de nombreuses maladies contagieuses graves ou parfois mortelles. Cependant, comme moyens de protection des populations civiles contre le bioterrorisme, les vaccins posent de nouveaux problèmes. En fait, il est impossible de protéger toute une population contre le bioterrorisme avec des vaccins, à cause des grandes difficultés de l'opération, de son coût élevé et du large spectre d'agents potentiels.

Aux Etats-Unis, la « Food and Drug Administration » a été chargée de pousser le développement de vaccins, drogues, produits de diagnostic, protecteurs alimentaires et de tout autre moyen capable de répondre à la menace bioterroriste

Tableau 37.3 Agents biologiques associés aux crimes et au terrorisme

	Armes de guerre biologique traditionelle	Armes de crimes et de terrorisme biologique
Agents pathogènes	Virus de la variole	*Ascaris suum*
	Encéphalites virales	*Bacillus anthracis*
	Fièvres hémorragiques virales	*Coxiella burnetii*
	Bacillus anthracis	*Giardia lamblia*
	Brucella suis	HIV
	Coxiella burnetii	*Rickettsia prowazekii* (typhus épidémique)
	Francisella tularensis	*Salmonella typhi*
	Yersinia pestis	*Schistosoma* sp.
		Vibrio cholerae
		Fièvres hémorragiques virales (Ebola)
		Virus de la fièvre jaune
		Yersinia enterocolitica
		Yersinia pestis (peste)
Toxine	Botulique	Toxine botulique
	Du ricin	Endotoxine cholérique
	Entérotoxine B staphylococcique	Toxine diphtérique
		Nicotine
		Toxine du ricin
		Toxine de serpent
		Toxine de tétrodon
Agents anticéréales	« blast » du riz	
	Rouille du blé	
	Rouille du riz	

Source: Adapté du 2000 *NATO Handbook on the Medical Aspects of NBC Defensive Operations.*

(**tableau 37.4**). On espère ainsi trouver 1) des produits efficaces et sans danger pour traiter et prévenir la toxicité des agents chimiques et biologiques ; 2) des méthodes rapides pour détecter, identifier et détruire les micro-organismes dangereux, 3) de meilleurs moyens d'assurer la sécurité alimentaire et 4) une plus grande capacité à fournir l'aide médicale nécessaire et la réponse appropriée des services de santé publique.

1. Quelles sont les trois manières générales de contrôler les épidémies ? Donnez un ou deux exemples spécifiques pour chaque type de mesure de contrôle.
2. Citez quelques micro-organismes utilisables dans la biocriminalité. Parmi ceux-ci, quels sont les deux agents les plus dangereux ?
3. Pourquoi les armes biologiques sont-elles plus destructives que les armes chimiques ?
4. Que peut-on faire pour défendre une population contre le bioterrorisme ?

37.11 La mondialisation des voyages et des problèmes de santé

Au point de vue de la santé mondiale, les pays développés comme l'Australie, l'Europe, Israël, la Nouvelle Zélande et les Etats-Unis ont des systèmes de santé publique efficaces. Sur les 5 milliards de gens de notre planète, environ 25 % vivent dans ces contrées et seulement 500 000 décès sont dus aux maladies infectieuses sur

---

Tableau 37.4   Actions de la « Food and Drug Administration US » pour contrer le bioterrorisme

1. Augmenter le développement et l'approbation rapides de thérapeutiques et de vaccins nouveaux en favorisant la recherche (par ex. sur le vaccin anti-charbon et les antisérums anti-toxine botulique).
2. Augmenter la fréquence de revue des dossiers pour l'approbation de nouveaux médicaments ou produits biologiques ainsi que d'autres produits nouveaux ou connus.
3. Participer à l'organisation des réponses médicales et de santé publique à une attaque terroriste avec agents chimiques ou biologiques.
4. Participer au développement de méthodes rapides de détection et de décontamination d'agents de bioterrorisme comme les toxines botuliques, les bacilles de la peste et du charbon.
5. Assurer la sécurité des aliments, médicaments, équipements médicaux et produits biologiques réglementés ; organiser la saisie et l'évacuation des produits atteints.
6. Développer des techniques de détection de modifications génétiques des micro-organismes qui les rendraient plus toxiques ou plus résistants aux drogues et aux vaccins.
7. Déterminer rapidement la sensibilité d'un micro-organisme aux médicaments.
8. Déterminer le mécanisme de replication, de pathogénie ou de virulence des micro-organismes, y compris les éléments transférables à d'autres organismes, qui pourraient circonvenir la détection, la prévention ou le traitement.
9. Augmenter les possibilités de surveillance et d'enregistrement des agents du bioterrorisme.

---

les 12 millions de morts annuels enregistrés dans ces pays. Les régions sous-développées au contraire - comme l'Afrique, l'Amérique Centrale et du Sud, l'Inde, les pays de l'ancien URSS, n'ont pas de service de santé publique performant ; elles représentent 75 % de la population mondiale et les maladies infectieuses y sont la cause principale des décès. Ainsi 18 millions de décès par an y sont attribuables aux maladies infectieuses sur environ 38.5 millions de morts par an.

Les personnes qui voyagent vers ces destinations doivent être très attentives à cette incidence élevée des maladies infectieuses. Chaque année, un milliard de passagers prennent l'avion ; plus de 500 000 venant de pays développés se rendent dans les régions sous-développées. En plus, le temps nécessaire à faire le tour de la terre est passé de 365 jours à moins de 3 jours. Des précautions de plusieurs sortes peuvent être prises pour éviter les maladies infectieuses du voyageur, parmi celles-ci :

1. Si on se rend dans une zone où la malaria est endémique, on recommande une prophylaxie antimalarique une semaine avant l'arrivée et après le départ.
2. À l'étranger, les voyageurs peuvent se sentir plus libres sexuellement et encourir un plus grand risque d'être atteints de maladies sexuellement transmissibles ; il faut donc rappeler de se protéger (par les préservatifs) ou de s'abstenir. S'il est indiqué, le vaccin anti-hépatite B doit être administré.
3. Les voyageurs doivent éviter la nourriture crue, l'eau et les boissons non bouchées et les produits laitiers non pasteurisés. Il faut utiliser de l'eau en bouteilles pour boire, se laver les dents ou faire des glaçons.
4. Il faut souvent se laver les mains à l'eau et au savon, particulièrement avant chaque repas.
5. Pour prévenir les infections respiratoires, il faut éviter trop d'activités extérieures dans les zones de grande pollution atmosphérique pendant la partie chaude et humide de la journée ; il faut aussi penser à faire un test tuberculinique avant et après le voyage.
6. Pour prévenir les maladies transmises par les insectes (malaria, dengue, fièvre jaune, encéphalite japonaise), il faut minimiser les surfaces de peau exposées et utiliser des anti-moustiques.

7. Il faut éviter les pratiques où la peau est perforée comme : l'acuponcture, le « piercing », le tatouage, le partage de rasoir, la ponction veineuse.
8. Il est recommandé de ne pas caresser ou nourrir les animaux, spécialement les chiens et les singes.
9. Il faut éviter de nager ou de patauger dans l'eau douce non chlorée.

En médecine du voyage, les vaccins sont une des plus importantes mesures prophylactiques. Une consultation médicale avant le départ, est une bonne occasion de mettre à jour ses immunisations. On sélectionnera les immunisations suivant les nécessités et les risques du voyage envisagé. Suivant les « Règles Internationales de Santé », beaucoup de pays demandent la preuve d'une vaccination contre la fièvre jaune ; certains pays demandent en plus une vaccination contre le choléra, la diphtérie et la méningite à méningocoques. Les recommandations de base du CDC en matière d'immunisation pour les voyages à l'étranger sont données au **tableau 37.5**. Dans un futur proche, les voyageurs se verront offrir toute une série de vaccins oraux contre les agents de la dengue et des diarrhées (comme *E. coli* entérotoxinogène, *Campylobacter* et *Shigella*). La disponibilité de vaccins contre la malaria et le SIDA, les deux maladies qui causent le plus de décès parmi les voyageurs, fait partie d'un avenir beaucoup plus lointain.

Enfin, les voyageurs doivent

1. lire attentivement et suivre les recommandations fournies par le CDC au sujet de leur destination ;
2. débuter les vaccinations suffisamment tôt ;
3. trouver une clinique spécialisée dans le voyage pour informations et immunisation ;
4. prévoir les nécessités spéciales en particulier pour des enfants ;
5. s'informer sur les nourritures saines (les aliments et l'eau contaminés étant les sources majeures des troubles de l'estomac et de l'intestin en cours de voyage), la protection contre les insectes et autres précautions.
6. se préparer à des urgences médicales et non médicales (aggressions ou catastrophes naturelles).

Tableau 37.5   Vaccins recommandés aux voyageurs (à partir de 2 ans)

Immunisations normalement reçues au cours de l'enfance (*voir figure 33.1*) doivent être vérifiées :
1. Vaccin ROR : rougeole, oreillons, rubéole—au moins 1 dose donnée à ou après l'âge de 12 mois.
2. Vaccin DTP diphtérie, tétanos, coqueluche—4 ou 5 doses jusqu'à l'âge de 7 ans, après cela 1 dose de vaccin pour adulte antitétanique et diphitérique (DiTe) tous les 10 ans.
3. Vaccin anti-polio—au moins 3 doses
4. Vaccin anti-*Haemophilus influenzae* de type b (hib)—n'est pas recommandé au dessus de l'âge de 5 ans.
5. Vaccin anti-hépatite B—3 doses.
6. Vaccin anti-varicelle (pour ceux qui n'ont pas fait la varicelle).

En plus, les voyageurs doivent envisager suivant leur destination :
1. Vaccin anti-grippal (anti-influenza)—recommandé aux personnes à risque et de plus de 65 ans.
2. Vaccin anti-pneumocoques—recommandé aux personnes à risque et de plus de 65 ans.

Rappels ou doses supplémentaires :
1. Vaccin DT adulte (diphtérie-tétanos) 1 dose de rappel tous les 10 ans.
2. Vaccin anti-polio inactivé : 1 dose unique est recommandée aux personnes de plus de 18 ans, ayant reçu la série complète des vaccins anti-polio et qui se rendent en Afrique, Asie, Moyen-Orient, Inde, et l'ancienne URSS.
3. Une deuxième dose de vaccin anti-rougeole pour les personnes nées après 1957.

Immunisations à faire selon la destination :

Vaccin anti-	*Lieu de destination*
Fièvre jaune	Afrique et Amérique du Sud
Hépatite A (ou immunoglobulines)	Partout sauf Japon, Australie, Nouvelle Zélande, Europe du Nord et Occidentale, Amérique du Nord (à l'exception du Mexique)
Hépatite B (séjours de 6 mois ou plus)	Asie du Sud-Est, Afrique, Moyen-Orient, îles du Pacifique Sud et Ouest et Amazonie en Amérique du Sud
Fièvre typhoïde	Tous les pays en développement et les séjours dans les pays où des précautions alimentaires et de boissons doivent être prises
Méningocoque	Afrique sub-Saharienne
Encéphalite japonaise et encéphalite à tiques	Zones à risque
Choléra	Le risque de choléra pour les voyageurs occidentaux est si faible qu'il n'est pas sûr qu'un vaccin soit bénéfique

Modes d'administration

Tous les vaccins (exceptés ceux contre la fièvre jaune et la typhoïde) peuvent être administrés simultanément sans danger ni perte d'activité. Les immunoglobulines peuvent être administrées simultanément à différents endroits du corps, avec un vaccin inactivé tel que DTP, IPV, Hib ou l'anti-hépatite A et l'anti-hépatite B. Cependant les IG diminuent l'efficacité de vaccins vivants (comme le ROR et l'anti-varicelle) si elles sont administrées simultanément. Les IG n'interfèrent pas avec les vaccins anti-polio oral et anti-fièvre jaune quand elles sont données simultanément.

Les femmes enceintes ou qui peuvent être enceintes dans les trois mois, ne doivent pas recevoir les vaccins ROR et anti-varicelle. Les vaccins anti-fièvre jaune et anti-polio oral ne doivent être donnés aux femmes enceintes que si les risques sont élevés.

Source: « *National Center for Infectious Diseases, Travelers' Health*, CDC » Recommandations vaccinales (2000).

Les voyages dans l'espace

Les voyages dans l'espace représentant des conditions uniques — en particulier l'absence de gravité — qui auront une influence sur la santé des astronautes. L'impact de l'apesanteur sur la physiologie humaine est grand et affecte les systèmes nerveux, psychiques, vestibulaire, cardiovasculaire, musculaire, endocrinien, hématologique et immunologique. Par exemple, des études récentes montrent une diminution de l'immunité cellulaire. L'espace pose aussi un défi au développement des micro-organismes : on a remarqué une augmentation de la résistance aux antimicrobiens chez *E. coli* et *S. aureus* dans l'espace ; le développement de champignons peut aussi être un problème à cause de modifications d'humidité et de poches de condensation à bord des navettes et des stations spatiales. Les principales mesures prises par la NASA pour empê-cher les accidents de santé sont l'enrôlement d'astronautes particulièrement en forme et en bonne santé et leur mise en quarantaine avant le vol. Dix jours avant le départ, l'astronaute ne peut plus rencontrer que sa famille et sept jours avant il est en stricte quarantaine.

1. Montrez par quelques exemples, comment les mouvements de population affectent la transmission des maladies infectieuses.
2. En plus des vaccinations, quelles précautions les voyageurs intercontinentaux devraient-ils prendre ?
3. Citez certains problèmes de santé associés aux voyages dans l'espace.

37.12   Les infections nosocomiales

Les **infections nosocomiales** (du grec, *nosos*, maladie et *komeion*, prendre garde) sont produites par des agents pathogènes infectieux qui se développent au sein d'un hôpital ou d'autres centres de soins de santé et qui sont acquis par les patients lors de leur passage dans ces institutions. Les infections nosocomiales peuvent affecter, non seulement les patients mais également les infirmières, les médecins, les gardes-malades, les visiteurs, les commerçants, des livreurs, des gardiens et quiconque a des contacts avec l'hôpital. La plupart des infections nosocomiales deviennent cliniquement manifestes lorsque les patients sont encore hospitalisés ; néanmoins, le début de la maladie peut avoir lieu après le renvoi du patient. Les infections qui sont en incubation lorsque les patients sont admis à l'hôpital ne sont pas nosocomiales ; elles ont été contractées dans la communauté. Néanmoins, elles sont considérées dans l'épidémiologie des infections nosocomiales, parce que ces infections peuvent devenir des foyers ou des réservoirs de germes pour d'autres patients ou le personnel. Les CDC estiment que 5 à 10 % des patients hospitalisés acquièrent une infection nosocomiale. Comme il y a autour de 40 millions de personnes admises annuellement dans les hôpitaux, il y a 2 à 4 millions de patients susceptibles de développer une infection qu'ils n'avaient pas lors de leur entrée à l'hôpital. Les infections nosocomiales représentent donc une proportion significative des maladies infectieuses humaines. Les maladies nosocomiales sont généralement dues à des bactéries, la plupart non invasives et faisant partie de la microflore normale ; les virus, protozoaires et mycètes sont rarement impliqués. Les infections et les agents pathogènes nosocomiaux les plus courants sont repris dans la figure 37.9.

Le foyer

Les agents responsables de maladies nosocomiales proviennent de sources soit endogènes soit exogènes. Les foyers endogènes sont les micro-organismes du patient lui-même ; les sources exogènes sont les micro-organismes qui n'appartiennent pas au patient. Les pathogènes endogènes sont soit amenés par le patient dans l'hôpital soit acquis lorsque le patient est colonisé après son admission. Dans les deux cas, l'agent infectant peut ensuite causer une maladie nosocomiale (par exemple, lorsque le pathogène est transporté vers une autre partie du corps ou lorsque la résistance de l'hôte diminue). On utilise le terme autogène lorsqu'on ne peut pas déterminer si le pathogène spécifique responsable d'une maladie nosocomiale est exogène ou endogène. Une **infection autogène** est due à un micro-organisme du patient, sans distinguer si celui-ci fait partie de la flore du patient avant ou après son admission à l'hôpital.

Il y a de nombreuses sources exogènes potentielles dans un hôpital. Les sources animées sont le personnel de l'hôpital, d'autres patients et les visiteurs. Quelques exemples de foyers exogènes inanimés sont la nourriture, les cathéters urinaires, l'équipement de thérapie intraveineuse et respiratoire, et les appareils à eau (adoucisseurs d'eau, unités de dialyse et équipements d'hydrothérapie).

Le contrôle, la prévention et la surveillance

Aux Etats-Unis, les maladies nosocomiales prolongent le séjour à l'hôpital de 4 à 13 jours, entraînent plus de 4,5 milliards de dollars par an de frais hospitaliers directs, et causent directement plus de 20.000 décès et 60.000 décès indirectement par an. L'importance de ce problème a conduit la plupart des hôpitaux à consacrer des ressources importantes au développement de méthodes et de programmes pour la surveillance, la prévention et le contrôle des infections nosocomiales.

Tout le personnel concerné par les soins aux patients doit être familiarisé avec les mesures de base pour le contrôle des infections, telles que les consignes d'isolement de l'hôpital, les techniques aseptiques, la manipulation correcte de l'équipement, des fournitures, des vivres et des excrétions, ainsi que le soin des plaies chirurgicales et des pansements. Ceci implique l'utilisation de méthodes aseptiques appropriées, le lavage correct des mains et le port de gants lors de contacts avec des muqueuses, des sécrétions et des « liquides physiologiques ». Les patients doivent également être suivis pour la fréquence, la distribution, la symptomatologie et les autres caractéristiques communes aux infections nosocomiales. Le contrôle et la surveillance constants sont inestimables pour prévenir de nombreuses infections nosocomiales, des inconforts pour le patient, des séjours prolongés et des dépenses accrues.

L'épidémiologiste hospitalier

En raison des infections nosocomiales, tous les hôpitaux désirant être accrédités doivent avoir une personne directement responsable du développement et de l'application des règles et consignes qui permettent le contrôle des infections et des maladies transmissibles. Cette personne est généralement un(e) infirmier(ère) diplômé(e) et est connu(e) comme épidémiologiste hospitalier(ère), infirmier(ère) épidémiologiste ou praticien(ne) du contrôle de l'infection. Lui ou elle doit faire rapport à une commission de contrôle des infections, composée de professionnels compétents dans les différents aspects du contrôle de l'infection. Cette commission de contrôle évalue périodiquement les rapports de laboratoires, les dossiers de patients et les relevés faits par l'épidémiologiste hospitalier pour déterminer s'il y a eu une fréquence accrue de maladies infectieuses particulières ou d'agents pathogènes potentiels.

D'une façon générale, les services rendus par le praticien chargé du contrôle des infections devraient inclure au moins les suivants :

1. Recherche d'un meilleur contrôle de l'infection
2. Evaluation des désinfectants, des systèmes de tests rapides et d'autres produits
3. Encouragement d'une législation appropriée concernant le contrôle des infections, en particulier au niveau de l'état
4. Maîtrise des dépenses hospitalières, en particulier les dépenses fixes, telles que celles ayant trait au diagnostic
5. Surveillance et comparaison des fréquences d'infections endémiques et épidémiques

6. Participation directe à diverses activités hospitalières concernées par le contrôle des infections et la santé du personnel.
7. Formation du personnel hospitalier sur le contrôle des maladies contagieuses et des techniques de stérilisation et de désinfection.
8. Création et mise à jour d'un système permettant d'identifier, rapporter, investiguer et contrôler les infections et maladies transmissibles des patients et du personnel hospitalier
9. Mise à jour d'un registre des incidents relatifs aux infections et maladies transmissibles
10. Suivi de la résistance aux antimicrobiens des agents infectieux.

Récemment, des programmes d'ordinateurs ont été développés pour aider les praticiens du contrôle des infections. Ces programmes permettent la rédaction de rapports de routine, les tabulations de causes à effets et l'établissement de graphiques pour la surveillance épidémiologique quotidienne.

1. Décrivez une infection nosocomiale.
2. Quelles sont les deux sources générales responsables des infections nosocomiales ? Donnez des exemples spécifiques pour chacune de ces sources.
3. Pourquoi les infections nosocomiales sont-elles importantes ?
4. Quelles sont les tâches de l'épidémiologiste hospitalier dans le contrôle des infections nosocomiales ?

Résumé

1. L'épidémiologie est la science qui évalue les déterminants, la présence, la distribution et le contrôle de la santé et de la maladie dans une population donnée.
2. On utilise une terminologie épidémiologique particulière pour décrire l'incidence d'une maladie dans une population. On parlera donc de maladie sporadique, endémique ou hyper-endémique, d'épidémie, de cas indice, d'éruption ou de pandémie.
3. La statistique est un outil important de l'épidémiologie moderne.
4. Des données épidémiologiques sont obtenues à partir des rapports concernant les taux de morbidité, de prévalence et de mortalité.
5. Une maladie infectieuse est due à des bactéries, des mycètes, des protozoaires ou des helminthes qui peuvent se transmettre d'un hôte à un autre.
6. Les manifestations d'une maladie infectieuse vont de légères à sévères et mortelles suivant l'hôte et l'agent pathogène.
7. La surveillance est requise pour reconnaître une maladie infectieuse spécifique dans une population donnée. Cela consiste à récolter les données sur l'apparition d'une maladie, organiser et analyser ces données, résumer les constatations et appliquer ces informations dans des directives de contrôle.
8. On utilise la télédétection et les systèmes d'information géographiques pour rassembler des données épidémiologiques sur l'environnement.
9. Une épidémie à partir d'une source commune est caractérisée par une augmentation rapide du nombre d'individus infectés vers un sommet, suivie d'une décroissance rapide mais moins prononcée, du nombre de cas (**figure 37.2**). Une épidémie par propagation est caractérisée par une augmentation relativement lente et prolongée du nombre d'individus infectés, suivie de la diminution graduelle du

nombre de cas.
10. L'immunité de groupe est la résistance d'une population à l'infection et à la propagation de l'agent pathogène suite à l'immunité d'un grand pourcentage des individus dans cette population (**figure 37.4**).
11. Le cycle ou la chaîne de la maladie infectieuse dépend des caractéristiques de l'agent, du foyer et/ou du réservoir et de la transmission de l'agent pathogène, ainsi que de la sensibilité de l'hôte, des mécanismes de sortie du pathogène du corps de l'hôte et de sa propagation à un nouveau réservoir ou à un nouvel hôte (**figure 37.5**).
12. Il y a quatre moyens majeurs de transmission : par l'air, par contact, par vecteur passif et par vecteur animal.
13. Le degré de virulence est influencé par le mode de transmission de l'agent pathogène. Des maladies humaines nouvelles arrivent et se répandent à cause d'une destruction de l'écosystème, des transports rapides, des comportements humains et d'autres facteurs.
14. Il est clair que l'humanité aura à faire face continuellement à d'une part de nouvelles maladies infectieuses et d'autre part à des maladies anciennes réémergentes que l'on pensait vaincues.
15. Le CDC a défini ces maladies comme « des infections nouvelles, réémergentes ou résistantes dont l'incidence chez les hommes augmente depuis les 20 dernières années ou menace d'augmenter dans un futur proche (**figure 37.8**).
16. De nombreux facteurs propres au monde moderne, favorisent certainement l'apparition et l'extension de ces maladies et des micro-organismes associés.
17. Le système de santé publique comprend des individus et des organisations dont le rôle est de contrôler les maladies infectieuses et les épidémies.

18. Les mesures de contrôle épidémiologiques peuvent viser à réduire ou éliminer les sources d'infections, rompre le rapport entre les foyers et les individus sensibles, ou isoler les individus sensibles et augmenter le taux général d'immunité de groupe par immunisation.
19. Aujourd'hui, le bioterrorisme est une réalité. Les incidents et les canulars impliquant des agents toxiques ou infectieux sont en augmentation.
20. Parmi les armes de destruction massive, les armes biologiques sont plus dangereuses que les armes chimiques. La liste des agents qui poseraient le plus de problèmes de santé publique en cas d'attaque terroriste est courte et comprend des virus, des bactéries, des parasites et des toxines (**tableau 37.3**).
21. Lorsqu'on fait des voyages intercontinentaux, il faut considérer les problèmes de santé et prendre des précautions.
22. Dans la médecine des voyageurs, les vaccinations sont un des meilleurs moyens de prophylaxie (**tableau 37.5**).
23. Les voyages dans l'espace présentent des problèmes uniques pour la santé des cosmonautes, surtout à cause de l'absence de gravité. L'espace est aussi un défi pour le développement des micro-organismes.
24. Les infections nosocomiales sont des infections qui se répandent dans un hôpital et sont produites par un agent pathogène acquis par le patient pendant son séjour hospitalier. Ces infections proviennent de sources soit endogènes soit exogènes (**figure 37.9**).
25. Les hôpitaux doivent désigner une personne responsable de l'identification et du contrôle des infections nosocomiales. Cette personne est connue comme infirmier(ère) épidémiologiste, épidémiologiste hospitalier(ère), infirmier(ère) du contrôle des infections ou praticien(ne) du contrôle des infections.

Mots-clés

Questions de révision

1. Pourquoi la coopération internationale est-elle nécessaire dans le domaine de l'épidémiologie ?

2. Y a-t-il des risques à vouloir éliminer un agent pathogène du globe terrestre ?

3. Pourquoi la connaissance des statistiques est-elle importante pour un épidémiologiste ?

4. Quel est le rôle des centres de contrôle des maladies en épidémiologie ?

5. Quelles sources communes des maladies infectieuses observez-vous dans votre communauté ? Comment les agents étiologiques de ces maladies infectieuses se propagent-ils de leurs foyers ou réservoirs vers les membres de votre communauté ?

6. Comment démontrer expérimentalement la cause d'une maladie infectieuse ?

7. Comment les épidémiologistes reconnaissent-ils une maladie infectieuse dans une population donnée ?

8. Comment pouvez-vous démontrer qu'une épidémie d'une maladie infectieuse donnée avait cours ?

9. Pourquoi fait-on référence à une chaîne en décrivant le cycle de la maladie infectieuse ?

10. Comment peut-on contrôler les épidémies ?

11. Pourquoi les infections nosocomiales sont-elles importantes ?

12. Pourquoi certains épidémiologistes prétendent-ils qu'il est impossible de prévenir toutes les infections nosocomiales ?

13. Quelle est la différence entre un vecteur passif et un vecteur animé ? Un réservoir et un foyer ?

14. Comment des modifications de l'immunité de groupe peuvent- elles contribuer à l'éruption d'une maladie sur une île ?

15. .Qu'est-ce qu'un cas indice ?

16. .Où dans le monde pensez-vous que de nouvelles maladies vont apparaître ? Pourquoi ?

17. Comparez la mortalité due aux maladies infectieuses dans les pays industrialisés et en voie de développement.

18. Citez quelques facteurs importants dans la réémergence d'un agent pathogène potentiel.

19. Pourquoi devons-nous nous soucier du bioterrorisme ?

20. Quelles précautions devons-nous prendre quand nous voyageons à l'étranger ?

Questions de réflexion

1. Les dortoirs de pensionnats sont connus pour leurs éruptions de grippe et d'autres maladies infectieuses. Ceci prévaut surtout pendant les semaines des examens de fin d'année. Avec votre connaissance de la réponse immunitaire et de l'épidémiologie, suggerez des pratiques à adopter pour minimiser les risques à cette période critique de l'année.

2. Certains domaines de l'exploration de l'espace posent problème : quelles précautions faudrai-il avoir prises pour empêcher les contaminations du sol de Mars par des micro-organismes de la Terre lorsque la capsule terrestre touchera cette planète ?

Lectures complémentaires

Généralités

Brachman, P. 1991. *Bacterial infections of humans: Epidemiology and control.* New York: Plenum.

Centers for Disease Control and Prevention. *Morbidity and mortality reports.* (A weekly report that discusses infectious diseases.) Atlanta: Centers for Disease Control and Prevention.

Centers for Disease Control and Prevention.

Surveillance. (Annual summaries of specific infectious diseases.) Atlanta: Centers for Disease Control and Prevention.

Chin, J., éd. 2000. *Control of communicable diseases manual.* 17e éd. Waldorf, Md.: American Public Health Association.

Epstein, P. R. 2000. Oui, le réchauffement de la planète est dangereux. *Pour la Science*, 276, 80-89.

Ewald, P. W. 1993. L'évolution de la virulence. *Pour la Science*, 188, 90-97.

Garrett, L. 2000. *Betrayal of trust: The collapse of global public health.* New York: Hyperion.

Giesecke, J. 1994. *Modern infectious disease epidemiology.* Boston: Little, Brown and Company.

Kiple, K. F., éd. 1993. *The Cambridge world history of human disease.* New York: Cambridge University Press.

Lilienfeld, D. E., et Stolley, P. 1994. *Foundations of epidemiology,* 3ᵉ éd. New York: Oxford University Press.

Lipsitch, M., et Moxon, E. R. 1997. Virulence and transmissibility of pathogens: What is the relationship? *Trends Microbiol.* 5(1):31–37.

Mack, A., éd. 1991. *In time of plague: The history and social consequences of lethal epidemic disease.* New York: New York University Press.

Mandell, G. L.; Bennett, J. E.; et Dolin, R. 2000. *Principles and practice of infectious diseases,* 5th ed. New York: Churchill Livingstone.

Nesse, R. M., et Williams, G. C. 1999. L'origine des maladies. *Pour la Science,* 255, 50-57.

Preston, R. 1994. *The hot zone.* New York: Random House.

Rothman, K. J., et Greenland, S. 1998. *Modern epidemiology,* 2ᵉ éd. Philadelphia: Lippincott-Raven.

Thomas, G., et Morgan-Witts, M. 1982. *Anatomy of an epidemic.* New York: Doubleday.

37.1 La terminologie épidémiologique

Dorland's Illustrated Medical Dictionary, 28ᵉ éd. Philadelphia: W. B. Saunders.

Stedman's medical dictionary, 27ᵉ éd. Philadelphia: Lippincott, Williams and Wilkins.

37.2 Les mesures de fréquence, les outils de l'épidémiologiste

The State of World Health. 1997. In The world health report 1996—fighting disease, fostering development. Geneva: World Health Organization, 1–62.

37.3 L'épidémiologie des maladies infectieuses

Outbreak of West Nile-like encephalitis—New York. 1999. *Morb. Mortal. Weekly Rep.* 48:845–48.

37.4 La reconnaissance d'une maladie infectieuse dans une population

Pinner, R. W.; Koo, D.; et Berkelman, R. L. 2000. Surveillance of infectious diseases. In *Encyclopedia of microbiology,* 2ᵉ éd., vol. 4, J. Lederberg, editor-in-chief, 506–25. San Diego: Academic Press.

Taormina, P. 1999. Infections associated with eating seed sprouts: An international concern. *Emerg. Infect. Dis.* 5:626–34.

37.5 La reconnaissance d'une épidémie

Mack, A., éd. 1991. *In time of Plague: the history and social consequences of lethal epidemic disease.* New York: New York University Press.

37.6 Le cycle de la maladie infectieuse

Anderson, R. M., et May, R. M. 1992. La pandémie du SIDA. *Pour la Science,* 177, 28-35.

Cliff, A., et Haggett, P. 1984. Les épidémies dans une île : l'Islande. *Pour la Science,* 81, 22-45.

Costerton, J. W., Stewart, P. S., et Greenberg, E. P. 1999. Bacterial biofilms: A common cause of persistent infections. *Science* 284:1318–22.

Fraser, D. W., et McDade, J. E. 1979. Legionellosis. *Sci. Am.* 241(4):82–99

Kaplan, M. M., et Webster, R. G. 1977. The epidemiology of influenza. *Sci. Am.* 237(6):88–92.

Leavitt, J. 1996. *Typhoid Mary: Captive to the public's health.* Boston, Mass.: Beacon Press.

McEvedy, C. 1988. La peste bubonique. *Pour la Science,* 126, 72-77.

Moore, P., et Broome, C. 1994. Les épidémies de méningite cérébrospinale. *Pour la Science,* 207, 40-47.

37.8 Les maladies et agents émergents et réémergents

Anderson, B. E., et Neuman, M. A. 1997. *Bartonella* spp. as emerging human pathogens. *Clin. Microbiol. Rev.* 10(2):203–19.

Centers for Disease Control and Prevention. *Emerging infectious diseases.* (A journal published since 1995 by the National Center for Infectious Diseases.) Atlanta: Centers for Disease Control and Prevention.

Garrett, L. 1994. *The Coming plague: Newly emerging diseases in a world out of balance.* New York: Farrar, Straus and Giroux.

Hazen, K. C. 1995. New and emerging yeast pathogens. *Clin. Microbiol. Rev.* 8(4):462–78.

Krause, R., éd. 1998. *Emerging infectious diseases.* New York: Academic Press.

Le Guenno, B., 1995. Les nouveaux virus. *Pour la Science,* 212, 36-44.

Levins, R.; Awerbuch, T.; Brinkmann, U.; Eckardt, I.; Epstein, P.; Makhoul, N.; de Possas, C. A.; Puccia, C.; Spielman, A.; et Wilson, M. E. 1994. The emergence of new diseases. *American Scientist* 82:52–60.

Levy, S. B. 1998. The challenge of antibiotic resistance. *Sci. Am.* 278(3):46–55.

Morse, S. 1993. *Emerging viruses.* New York: Oxford University Press.

Morse, S. S. 2000. Viruses, emerging. In *Encyclopedia of microbiology,* 2ᵉ éd., vol. 4, J. Lederberg, éd, 811–31. San Diego: Academic Press.

Nathanson, N. 1997. The emergence of infectious diseases: Societal causes and consequences. *ASM News* 63(2):83–88.

Park, S.; Worobo, R. W.; et Durst, R. A. 1999. *Escherichia coli* O157:H7 as an emerging foodborne pathogen: A literature review. *Crit. Rev. Food Sci. Nutr.* 39(6):481–502.

Patz, J. A.; Epstein, P. R.; Burke, T. A.; et Balbus, J. M. 1996. Global climate change and emerging infectious diseases. *JAMA* 275(3):217–23.

Roizman, B. 1995. *Infectious diseases in an age of change: The impact of human ecology and behavior on disease transmission.* Washington, D.C.: National Academy Press.

Sanders, W. E., Jr., et Sanders, C. C. 1997. *Enterobacter* spp.: Pathogens poised to flourish at the turn of the century. *Clin. Microbiol. Rev.* 10(2):220–41.

37.9 Le contrôle des épidémies

Haley, R. W.; Quade, D.; Freeman, H. E.; et Bennett, J. V. 1980. Conceptual model of an infection surveillance and control program. *Am. J. Epidemiol.* 111:608–12.

Jaret, P. 1991. The disease detectives. *Nat. Geographic* 179(1):114–40.

Keller, M. A., et Stiehm, E. R. 2000. Passive immunity in prevention and treatment of infectious diseases. *Clin. Microbiol. Rev.* 13(4):602–14.

Salk, D. 1980. Eradication of poliomyelitis in the United States. *Rev. Infect. Dis.* 2:228–30.

37.10 La montée de la menace de bioterrorisme

Alibek, K., et Handelman, S. 1999. *Biohazard.* New York: Random House.

Berche, P. 2001. The threat of smallpox and bioterrorism. *Trends Microbiol.* 9(1):15–18.

Block, S. M. 2001. The growing threat of biological weapons. *American Scientist* 89:28–37.

Klietmann, W. F., et Ruoff, K. L. 2001. Bioterrorism: Implications for the clinical microbiologist. *Clin. Microbiol. Rev.* 14(2):364–81.

Synder, James. 1999. Responding to bioterrorism: The role of the microbiology laboratory. *ASM News:* 65(8):524–25.

Zilinskas, R. A. 1997. Iraq's biological weapons: The past as future? *JAMA* 278:418–24.

37.11 La mondialisation des voyages et des problèmes de santé

Ryan, E., et Kain, K. 2000. Health advice and immunizations for travelers. *New Engl. J. Med.* 342(23):1716–25.

37.12 Les infections nosocomiales

Beyt, B. E., Jr.; Troxler, S. H.; et Guidry, J. L. 1984. Computer assisted hospital surveillance and control of nosocomial infections. *Clinical Research* 32:291A.

Fridkin, S. K., et Jarvis, W. R. 1996. Epidemiology of nosocomial fungal infections. *Clin. Microbiol. Rev.* 9(4):499–511.

Harris, A. A.; Levin, S.; et Rrenholme, G. 1984. Selected aspects of nosocomial infections in the 1980s. *Am. J. Med.* 77(1B):3–11.

CHAPITRE 38

Les maladies humaines dues aux virus

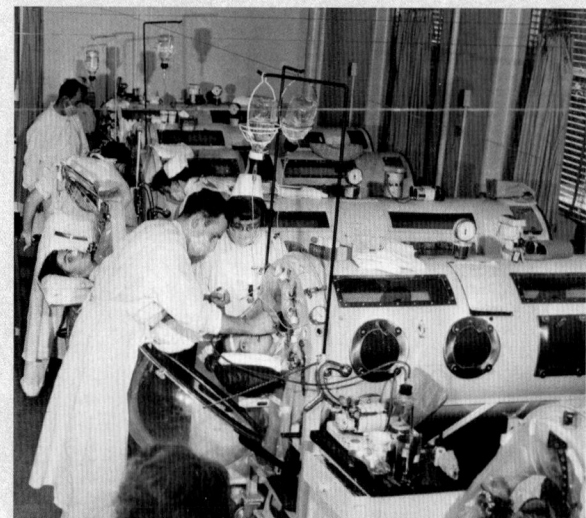

Ces respirateurs méca-
niques aussi appelés
« poumons d'acier »
furent utilisés pour maintenir les patients en vie
durant l'épidémie de
poliomyélite de 1940 à
1955. En 1955, un micro-
biologiste américain Jonas
Salk, développa le vaccin
inactivé antipolio et en
1961, un virologue améri-
cain Albert Sabin, mit au
point le vaccin oral anti-
polio. En conséquence, la
polyomyélite a été éradi-
quée des Etats-Unis et les
poumons d'acier font par-
tie de l'histoire.

Plan

Concepts

1. Certains virus peuvent être transmis par l'air et infecter directement ou indirectement le système respiratoire. La plupart de ces virus sont très contagieux et causent des maladies telles que varicelle, grippe, rougeole, oreillons, syndromes respiratoires et pneumonie virale, rubéole ainsi que le syndrome pulmonaire à hantavirus.

2. Les maladies transmises par arthropodes sont portées par ces vecteurs d'un homme à un autre homme ou d'un animal à l'homme. Comme exemples citons différentes encéphalites, la fièvre à tiques du Colorado l'encéphalite West Nile et la fièvre jaune dont l'importance est historique.

3. Certains virus sont sensibles aux conditions de l'environnement de telle sorte qu'ils ne peuvent pas survivre en dehors de leur hôte pendant des périodes prolongées. Ces virus sont transmis d'un hôte à l'autre par contact direct et causent des maladies que SIDA, boutons de fièvre, rhume, maladie des inclusions cytomégaliques, herpès génital, infections à l'herpès virus 6, infections au parvovirus B 19, certaines leucémies, mononucléose infectieuse, infection par papilloma virus, rage et hépatites virales.

4. Les virus qui peuvent être transmis par les aliments et par l'eau se développent habituellement dans le système intestinal ou ne font qu'y passer. Ils quittent le corps par les selles et entrent par la voie orale. Les exemples de telles maladies comprennent les gastroentérites virales, les hépatites A et E et la poliomyélite.

5. Les maladies virales lentes ont des évolutions pathologiques progressives causées par des virus ou des prions qui restent cliniquement silencieux durant des périodes de mois ou d'années. Plus tard la maladie clinique progressive devient apparente, se terminant habituellement des mois plus tard, par des troubles profonds ou la mort. Des exemples en sont la variante de la maladie de Creutzfeldt-Jakob, le kuru, la leucoencéphalite multifocale progressive, le syndrome de Gerstmann-Sträussler-Scheinker et la panencéphalite subaiguë sclérosante.

6. Les verrues sont une autre maladie associée aux virus mais qui n'entre pas dans les catégories ci-dessus.

Une seule fois dans l'histoire des hommes, nous avons pu être témoins de l'éradication d'une maladie redoutable : c'était la variole, il y a plus de vingt ans. Aujourd'hui, l'humanité est au bord d'une seconde éradication globale, celle de la polio.

— Du site Internet « polio » de l'UNICEF

Les chapitres 16, 17 et 18 donnent un aperçu de la biologie des virus et les bases de la virologie. Le chapitre 38 étend cette matière aux virus pathogènes pour l'homme. Les virus sont groupés d'après leur mode d'acquisition et de transmission, en soulignant les maladies virales les plus répandues dans le monde occidental.

Plus de 400 virus différents peuvent infecter l'homme. Les maladies humaines causées par les virus sont particulièrement intéressantes si on considère la petite quantité d'information génétique introduite dans la cellule hôte. Cette apparente simplicité est en contradiction avec la pathologie grave, les conséquences cliniques et la mort qui résultent de nombreuses maladies virales. À peu d'exceptions près, seuls des traitements prophylactiques ou d'appoint sont disponibles. D'une manière générale, ces maladies sont parmi les plus courantes et pourtant les plus intriguantes de toutes les maladies infectieuses. La frustration qui en résulte s'aggrave d'année en année lorsque des maladies communes d'étiologie inconnue sont attribuées à des infections virales (**tableau 38.1**).

Tableau 38.1 **Maladies humaines d'origine virale reconnues depuis 1967**

Année	Virus	Maladie
1967	Virus Marbourg	Fièvre hémorragique
1973	Rotavirus	Cause principale des diarrhées infantiles dans le monde
1975	Parvovirus	Crise aplastique dans l'anémie hémolytique chronique
1977	Virus Ebola	Fièvre hémorragique due au virus Ebola
1977	Hantavirus	Fièvre hémorragique avec syndrome rénal
1980	Virus humain T-lymphotrope de type 1 (HTLV-1)	Leucémie à cellules T de l'adulte
1982	Virus humain T-lymphotrope de type 2 (HTLV-2)	Leucémie à cellules chevelues
1983	Virus humain de l'immuno-déficience (HIV)	Syndrome de l'immunodéfience acquise (SIDA)
1988	Herpèsvirus humain de type 6 (HHV-6)	Exanthème subit ; pourrait être associé à la sclérose en plaques
1988	Virus de l'hépatite E	Hépatite non-A non-B, transmise par voie entérique
1989	Virus de l'hépatite C	Infection du foie non-A non-B, transmise par voie parentérale
1991	Virus Guanarito	Fièvre hémorragique du Vénézuéla
1992	Virus de la chorioméningite lymphocytaire	Infection du système nerveux central donnant une méningite, une encéphalomyélite, ou d'autres maladies
1993	Virus « sans nom »	Syndrome pulmonaire de l'adulte
1994	Virus Sabia	Fièvre hémorragique du Brésil
1994	Virus Ross River	Maladie australienne due au virus Ross River
1995	Herpèsvirus humain de type 8 (HHV-8)	Associé au sarcome de Kaposi chez les patients atteints du SIDA
1996	Virus O'nyong-nyong	Fièvre épidémique O'nyong
1997	Virus des tiques de cerf	Encéphalite enzootique transmise par les tiques
1997	Virus West Nile	Fièvre West Nile
1997	Virus aviaire de l'influenza (H5N1)	Maladie de type influenza
1997	Virus transmis par transfusion (TTV)	Hépatite
1999	Lassavirus des chauves-souris australiennes (ABL pour australian bat lassavirus)	Infection par le virus ABL

38.1   Les maladies transmises par l'air

Tout virus transmis par l'air doit provenir d'une autre source telle qu'un hôte humain, parce que l'air ne permet pas la multiplication virale. Lorsque l'homme est la source d'un virus transmis par l'air, il est habituellement propulsé du système respiratoire d'un individu par la toux, les éternuements ou la parole.

La varicelle et le zona

La **varicelle** est une maladie de la peau très contagieuse affectant principalement des enfants de 2 à 7 ans. Aux Etats-Unis, on estime qu'il y a environ 4 millions de cas par an. L'agent causal est le virus de la varicelle et du zona (VZV pour varicella-zoster virus), un membre de la famille des *Herpesviridae*, qui est acquis par inhalation de gouttelettes dans le système respiratoire. Le virus produit au moins 6 glycoprotéines qui dirigent la fixation du virus à des récepteurs spécifiques sur les cellules de l'épithélium respiratoire. Reconnues par le système immunitaire humain, elles induisent une

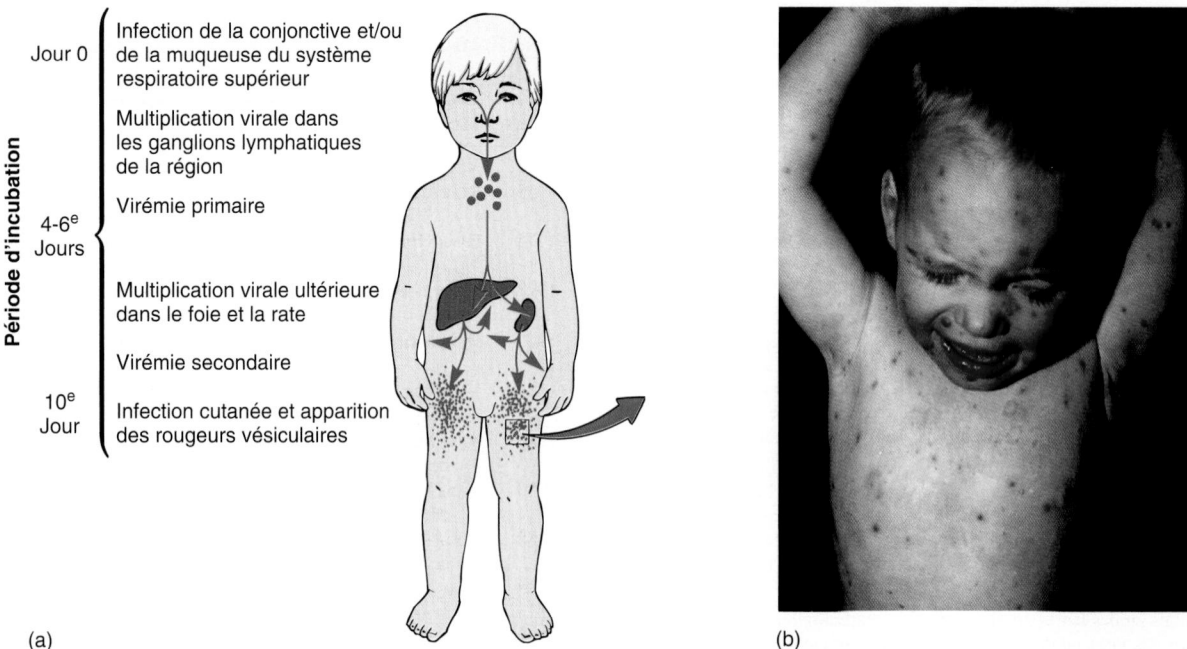

Période d'incubation

Jour 0 — Infection de la conjonctive et/ou de la muqueuse du système respiratoire supérieur

Multiplication virale dans les ganglions lymphatiques de la région

4-6ᵉ Jours — Virémie primaire

Multiplication virale ultérieure dans le foie et la rate

Virémie secondaire

10ᵉ Jour — Infection cutanée et apparition des rougeurs vésiculaires

(a)   (b)

Figure 38.1 La varicelle (**a**) Pathogénie (**b**) Eruption cutanée vésiculaire. L'eruption se produit sur tout le corps mais elle est plus intense au niveau du tronc et diminue vers la périphérie.

immunité cellulaire et humorale. Après une période d'incubation de 10 à 23 jours, de petites vésicules apparaissent sur le visage et la partie supérieure du tronc, se remplissent de pus, se rompent puis se couvrent de croûtes (**figure 38.1**). La guérison des vésicules se fait après environ 10 jours. Pendant cette période, les démangeaisons sont souvent vives. L'infection peut être empêchée ou raccourcie grâce à un vaccin vivant atténué contre la varicelle (Varivax voir *tableau 33.1*) ou un médicamment, l'acyclovir (Zovirax ou Valtrex).

Les individus qui se rétablissent de la varicelle sont ensuite immunisés contre cette maladie ; pourtant ils ne sont pas débarrassés du virus. Certains virus résident sous la forme d'ADN viral à l'état dormant dans les noyaux des neurones sensoriels des ganglions dorsaux, produisant une infection latente (**figure 38.2a**). Durant cette latence, l'ADN viral est maintenu dans les cellules infectées mais on ne peut pas mettre en évidence la présence de virions. Lorsque la personne infectée devient immunodéprimée par des facteurs comme l'âge, le SIDA, les stress psychologiques ou physiologiques, les virus peuvent être réactivés (figure 38.2b). Ils migrent le long des nerfs sensoriels, initient la réplication virale et produisent des vésicules très douloureuses (figure 38.2c) suite à la lésion des nerfs sensoriels, un syndrome appelé **névralgie postherpétique**. Cette forme réactivée de la varicelle est appelée **zona**. La plupart des cas apparaissent chez des personnes ayant plus de 50 ans. Des patients ayant subi une chirurgie cardiaque sont souvent atteints de zona suite au stress qui accompagne ces interventions. Le zona ne requiert pas de thérapie spécifique ; néanmoins chez des individus immunodéprimés, l'acyclovir (Zovirax : *voir figure 35.14*), la vidarabine (Vira-A) ou le famciclovir (Famvir) sont recommandés. On dénombre chaque année aux Etats-Unis plus de 300 000 cas de zona.

La grippe (ou l'influenza)

La **grippe** ou l'**influenza** (de l'italien, influencer) est une maladie du système respiratoire causée par des orthomyxovirus. Les virus influenza (*voir figures 16.10i, 16.17a, b*) sont divisés en types A, B et C sur base des antigènes (H et N) de leur capside protéique. Un phénomène particulier au virus influenza est la fréquence avec laquelle des modifications antigéniques ont lieu. Ces modifications sont appelées des variations antigéniques. Si cette variation est réduite, on parle de dérive antigénique ; si elle est importante, on parle de casssure antigénique. Des variations antigéniques se produisent à peu près annuellement chez le virus influenza A, moins fréquemment chez le virus B et n'ont pas été démontrées chez le virus C.

Les réservoirs animaux sont critiques dans l'épidémiologie de l'influenza humaine. Ainsi la campagne chinoise est une région où la promiscuité entre poulets, porcs et humains est particulièrement grande. L'influenza est très répandue chez les poulets ; ceux-ci ne peuvent transmettre le virus à l'homme , mais bien aux porcs. Les porcs transfèrent le virus aux hommes et les hommes en retour aux porcs. La recombinaison entre les souches aviaires et humaines se produit chez les porcs, entraînant des cassures antigéniques majeures. Ceci explique pourquoi la grippe reste une maladie épidémique grave et cause fréquemment des pandémies. La pandémie la plus importante fut enregistrée en 1918 et tua plus de 20 millions de personnes. Ce désastre dû au virus de la grippe espagnole (*voir figure 37.7*) fut suivi par les pandémies de grippe asiatique (1957), de grippe de Hong-Kong (1968) et de grippe russe (1977). (Ces noms reflètent une impression populaire sur l'origine de ces épisodes mais on pense actuellement qu'ils ont tous débuté en Chine).

Les virus (*voir figures 16.17a, 18.7, 18.9*) pénètrent par inhalation ou par ingestion de sécrétions respiratoires contaminées. Au cours d'une période d'incubation d'un ou deux jours, le virus adhère à l'épithélium du système respiratoire et hydrolyse le mucus qui le couvre grâce à la neuraminidase présente dans les spicules de l'enveloppe virale. Le virus s'attache ensuite à la cellule épithéliale par l'hémagglutinine, autre protéine des spicules, induisant un bourgeonnement interne de la membrane plasmique.

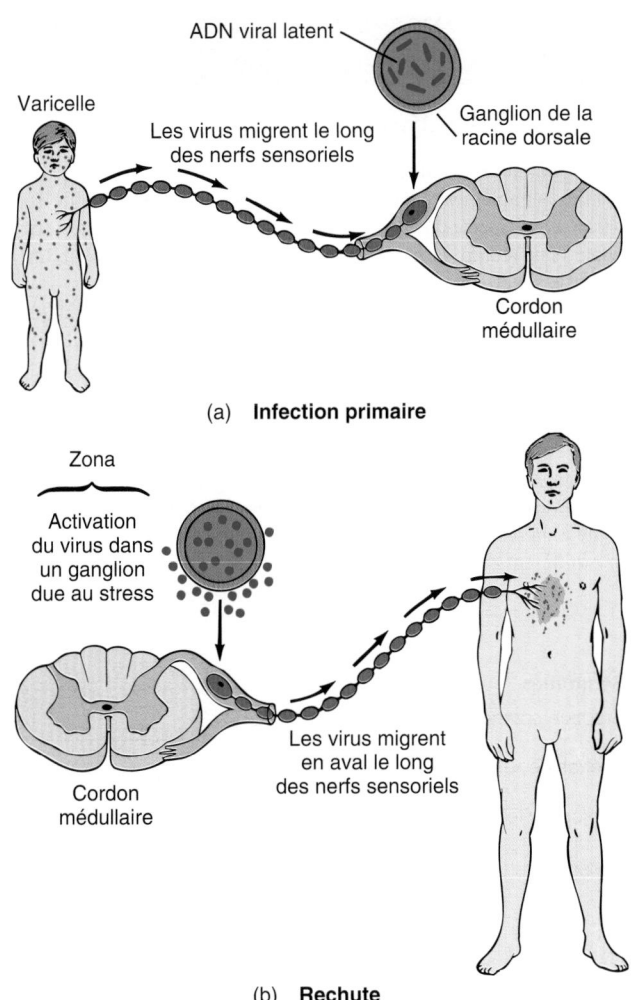

ADN viral latent

Varicelle

Les virus migrent le long des nerfs sensoriels

Ganglion de la racine dorsale

Cordon médullaire

(a) **Infection primaire**

Zona

Activation du virus dans un ganglion due au stress

Cordon médullaire

Les virus migrent en aval le long des nerfs sensoriels

(b) **Rechute**

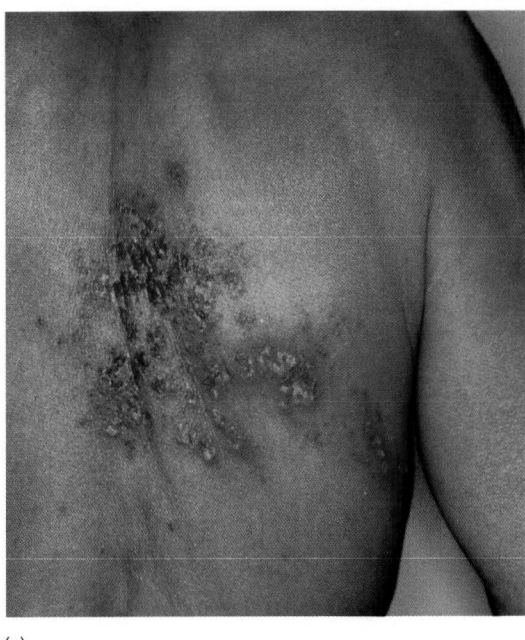

(c)

Figure 38.2 La pathogénie du virus de la varicelle et du zona. (a) Après une infection initiale de varicelle, les virus migrent en amont sur le trajet des nerfs sensoriels périphériques vers leurs ganglions, causant une infection latente. (**b**) Lorsqu'un individu est immunodéprimé ou soumis à un stress physiologique ou psychologique, les virus peuvent être activés. (**c**) Les virus, migrant en aval sur le trajet des axones sensoriels, initient leur multiplication et produisent des vésicules douloureuses. Ces vésicules apparaissent autour du tronc du patient d'où le nom d'herpès zoster (du grec *zooster* : ceinture) donné initialement à l'affection.

Celui-ci se scelle et forme une vésicule — c'est l'endocytose médiée par récepteur — et le virus se trouve inclu dans un endosme. Quand le pH de l'endosme décroit, l'hémogglutinine subit une modification conformationnelle drastique : sa terminaison hydrophobe jaillit vers l'extérieur et atteint la membrane de l'endosme. La fusion de membranes se produit et la ribonucléocapside est libérée dans le cytoplasme.

La grippe se caractérise par des frissons, de la fièvre, des maux de tête, un malaise et des douleurs musculaires généralisées. Ces symptômes résultent de la mort de cellules épithéliales respiratoires probablement due aux attaques par des cellules T activées. La guérison survient habituellement en 3 à 7 jours pendant lesquels des symptômes de rhume se présentent et la fièvre tombe. La grippe à elle seule n'est habituellement pas fatale. Cependant le décès peut résulter d'une pneumonie causée par des invasions bactériennes secondaires de *Staphylococcus aureus*, *Streptococcus pneumoniae* et *Haemophilus influenzae*. Un test d'identification rapide est disponible dans le commerce. C'est un EIA (Directigen Flu-A) qui détecte l'influenza A dans les échantillons cliniques en moins de 15 minutes.

Comme dans le cas de nombreuses autres maladies virales, seuls les symptômes de la grippe sont habituellement traités. Cependant on a montré que des substances antivirales, l'amantadine (*voir figure 35.14*), la rimantadine, le zanamivir et l'oseltamivir, réduisent la durée et les symptômes de la grippe de type A, si elles sont administrés dans les deux premiers jours de la mala-

die. Ces quatres drogues attaquent directement le virus en bouchant le site actif de la neuraminidase. Quand cette enzyme est inactivée, les particules virales ne peuvent plus passer d'une cellule à l'autre. L'aspirine (acide salicylique) doit être évitée chez des enfants de moins de 14 ans pour réduire le risque du syndrome de Reye (**encadré 38.1**). Pour éviter la grippe, on s'est tourné depuis la fin des années 40, vers des vaccins de virus inactivés, destinés spécialement aux malades chroniques, aux individus de plus de 65 ans, aux pensionnaires de maisons de repos et au personnel de santé en contact avec les personnes à risque. Les médicaments antiviraux (pp. 821-22).

Actuellement, les épidémies humaines sont dûes à trois sous-types du virus influenza A : H_1N_1, H_2N_1 et H_3N_2, d'après leurs glycoprotéines de surface, l'hémagglutinine et la neuraminidase. Les infections par le virus influenza A culminent durant l'hiver et impliquent 10 % ou plus de la population, avec des taux allant jusqu'à 50 à 75 % chez les enfants en âge scolaire. Le virus influenza B ne rend compte que de 3 % des cas de grippe aux Etats-Unis.

La rougeole

La **rougeole** (du latin *rubeus*, rouge) est une maladie de la peau très contagieuse, mondialement endémique. Le virus de la rougeole est un membre du genre *Morbillivirus* et de la famille des *Paramyxoviridae*. Il n'y a qu'un seul type de virus mais on a décrit dans variations légères de certains épitopes. Celles-ci sont dues à la variabilité génétique du virus et n'ont pas d'effet sur la protec-

Encadré 38.1

Les syndromes de Reye et de Guillain-Barré

Le **syndrome de Reye** est une complication occasionnelle de la grippe, de la varicelle et de quelques autres maladies virales survenant chez des enfants en dessous de 14 ans. Après la disparition de l'infection initiale, l'enfant se met brusquement à vomir d'une manière persistante et montre des signes de convulsions suivis de délire et de coma. Les signes pathologiques résultent d'un gonflement du cerveau avec des lésions des mitochondries neuronales, des infiltrations graisseuses dans le foie, l'augmentation de la concentration en ions ammonium du sang, ainsi que l'élévation dans le sang de la glutamate-oxaloacétate transaminase sérique (SGOT) et de la glutamate-pyruvate transaminase sérique (SGPT). Le diagnostic est d'ailleurs établi par la mesure du taux de ces enzymes et de l'ion ammonium.

On ne connaît toujours pas le rapport entre l'infection virale initiale et les lésions du cerveau et du foie. Le traitement est non spécifique et vise à réduire la pression intracranienne et à corriger les anomalies du métabolisme et des électrolytes. Certains enfants qui en récupèrent gardent des déficits neurologiques résiduels, une capacité mentale diminuée, des attaques et des hémiplégies (paralysie d'un côté du corps). La mortalité est de 10 à 40 %. On suspecte que la prise d'aspirine ou de produits contenant du salicylate pour réduire la fièvre virale initiale augmente la probabilité de contracter le syndrome de Reye.

Le **syndrome de Guillain-Barré** est une autre complication d'infection grippale impliquant le système nerveux central. Dans cette maladie, l'individu présente des réactions retardées (habituellement dans les 8 semaines) soit envers l'infection virale elle-même, soit envers les vaccins antigrippaux. Le virus ou l'antigène viral du vaccin endommage les cellules de Schwann qui entourent les nerfs périphériques myélinisés, causant donc leur démyélinisation. Les symptômes principaux de ce syndrome sont une faiblesse symétrique des extrémités et des pertes sensorielles. Heureusement, la récupération est d'habitude complète car les cellules de Schwann prolifèrent et entourent à nouveau les nerfs démyélinisés.

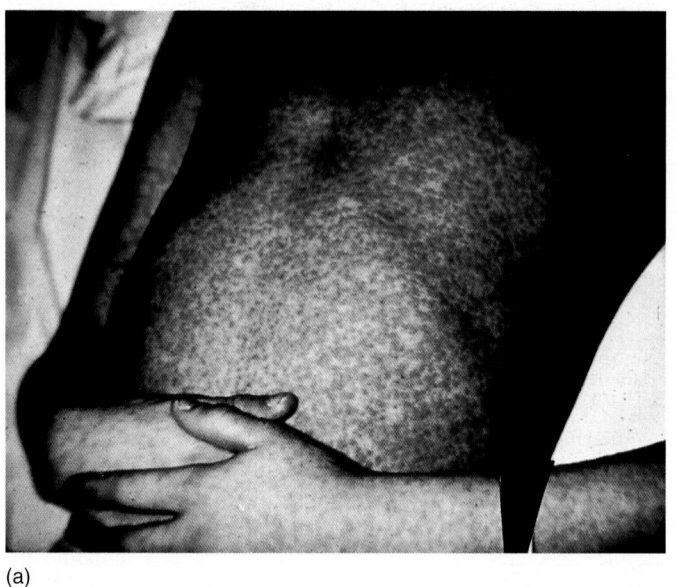

(a)

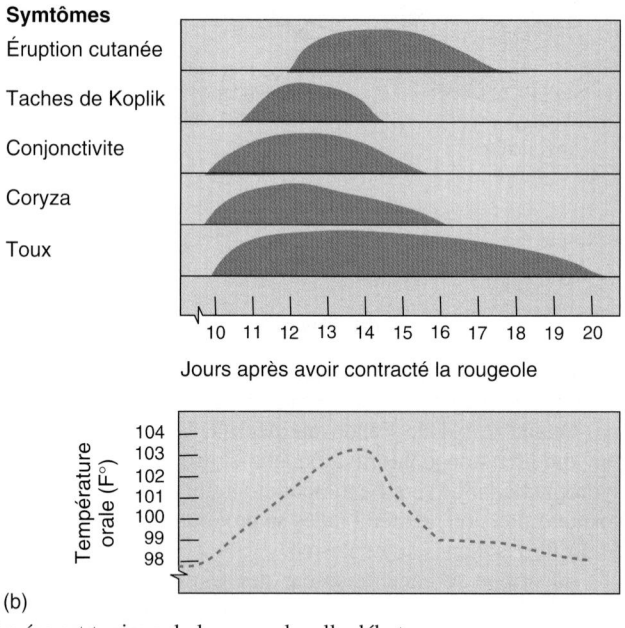

(b)

Figure 38.3 La rougeole. (**a**) L'éruption de petites taches surélevées est typique de la rougeole, elle débute généralement sur le visage puis s'étend vers le tronc. (**b**) Signes et symptômes de la rougeole.

---

tion. L'infection rougeoleuse en effet confère une immunité à vie contre la réinfection. Le virus entre dans le corps par le système respiratoire ou par les conjonctives oculaires. Le récepteur récemment identifié est la protéine CD 46 régulatrice du complément, appelée aussi cofacteur membranaire.

La période d'incubation est habituellement de 10 à 21 jours et les premiers symptômes se manifestent aux environs du 10e jour par des sécrétions nasales, de la toux, de la fièvre, des céphalées et de la conjonctivite. Après 3 à 5 jours, la maladie provoque une éruption maculo-papuleuse rosée (**figure 38.3**) qui persiste normalement de 5 à 10 jours. Des lésions de la cavité buccale typiques, les **taches de Koplik** marquent le diagnostic par leur

couleur rouge brillant avec un centre de couleur bleu-blanc. Très rarement, il apparaît une dégénérescence progressive du système nerveux central, appelée **panencéphalite sclérosante subaiguë** (tableau 38.6). On ne dispose pas de traitement spécifique. Pour les enfants, on recommande le vaccin atténué de la rougeole (Attenuvax) ou une combinaison de vaccins contre la rougeole, la rubéole et les oreillons (vaccin ROR) (*voir tableau 33.1*). Depuis l'instauration, en 1963, d'un programme généralisé d'immunisation, il y a eu une diminution de 99 % des cas de rougeole. Actuellement, il y a de 2 à 3.000 cas par an aux Etats-Unis et 90 % de ceux-ci se présentent chez des individus non vaccinés. Dans des pays moins développés, la morbidité et la mortalité restent

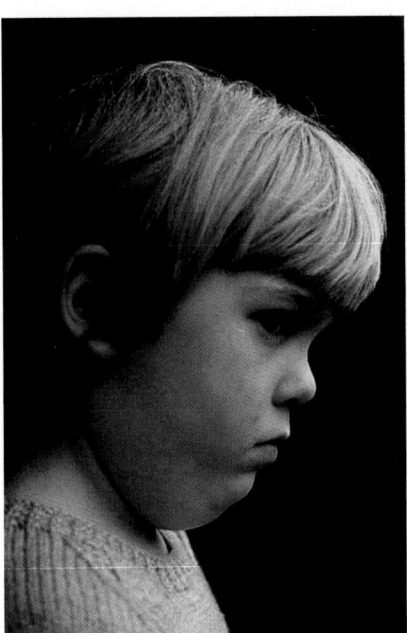

Figure 38.4 Les oreillons. Enfant avec un gonflement diffus des glandes parotides dû au virus des oreillons.

néanmoins importantes chez de jeunes enfants. On a estimé que, mondialement, la rougeole infecte 50 millions de personnes et en tue environ 4 millions par an. Des éruptions de rougeole graves sont toujours rapportées aux Etats-Unis et en Europe, spécialement parmi les étudiants.

Les oreillons

Les **oreillons** sont une maladie aiguë généralisée se présentant principalement chez des enfants en âge d'école. Le virus des oreillons est un membre du genre *Rubulavirus* dans la famille des *Paramyxoviridae*. Il s'agit d'un virus enveloppé, pléomorphe (*voir figure 16.10b*) contenant une nucléocapside hélicoïdale faite d'un ARN simple brin négatif et de trois protéines associées (L, NP et P). Le virus est transmis par la salive et des gouttelettes respiratoires à des individus non immunisés. L'entrée se fait par le système respiratoire. Les manifestations principales des oreillons sont le gonflement et la douleur des glandes salivaires (parotides) de 16 à 18 jours après l'infection de l'hôte par le virus (**figure 38.4**). Le gonflement perdure habituellement de une à deux semaines et est accompagné d'une légère fièvre. Des complications importantes de cette maladie sont la méningite et une inflammation de l'épididyme et des testicules (**orchite**), particulièrement chez les garçons en période postpubertaire. La thérapie des oreillons se limite à des mesures symptomatiques et d'appoint. On dispose d'un vaccin atténué. Il est généralement administré en association avec le vaccin contre la rougeole et la rubéole (vaccin ROR, *voir tableau 33.1*). On compte actuellement 3.000 cas d'oreillons par an aux Etats-Unis. Récemment, la maladie est apparue brutalement parmi des enfants non vaccinés dans des états où la loi d'immunisation scolaire, a été mal suivie. La prévention et le contrôle se fait en éloignant pendant deux semaines de l'école et des activités associées, les enfants atteints.

Les syndromes respiratoires et la pneumonie virale

Parmi les causes les plus courantes de maladies humaines, on trouve les infections virales aiguës du système respiratoire. Les agents infectieux, virus des maladies respiratoires aiguës, donnent collectivement une variété de symptômes cliniques comprenant la rhinite (inflammation de la membrane muqueuse nasale), l'amygdalite, la laryngite et la bronchite. En sont responsables les adénovirus, les virus Coxsackie A, B, les échovirus, les virus influenza, parainfluenza, le poliovirus, le virus syncytial respiratoire et les réovirus. Il faut souligner que pour la plupart de ces virus, il manque une corrélation spécifique entre l'agent infectieux et les symptômes cliniques. Dès lors, on emploie le terme syndrome. L'immunité n'est pas complète et la réinfection est courante. Le repos est le seul traitement. La classification des virus d'animaux (pp. 399-402 appendice V). Les syndromes, signes et symptômes des maladies (p. 850)

Dans les cas où la cause de pneumonie ne peut être identifiée, on suspecte une cause virale pour autant qu'une pneumonie due aux mycoplasmes ait pu être écartée. L'image clinique n'est pas spécifique. Les symptômes peuvent être légers ou il peut y avoir maladie grave suivie de décès. Une maladie due aux mycoplasmes, la pneumonie primaire atypique (p. 773).

Le **virus syncytial respiratoire** (RSV pour « *R*espiratory *S*yncytial *V*irus ») est souvent décrit comme la cause la plus dangereuse d'infection respiratoire chez de jeunes enfants. Aux Etats-Unis, plus de 90 000 enfants sont hospitalisés chaque année et plus de 4 000 en meurent. Le RSV est un membre de la famille des *Paramyxoviridae* : des virus à ARN simple brin. Son enveloppe contient deux glycoprotéines spécifiques. La grande glycoprotéine ou protéine G est responsable de la liaison du virus à la cellule hôte. L'autre, la protéine de fusion ou F, opère la fusion de l'enveloppe virale avec la membrane plasmique de la cellule hôte, permettant ainsi l'entrée du virus. La protéine F induit également la fusion entre les membranes plasmiques de cellules infectées. Ainsi, le nom du virus provient de la formation d'un syncytium ou masse multinucléée de cellules fusionnées. Les syncytiums sont responsables de l'inflammation et de l'épaississement alvéolaire ainsi que du remplissage des alvéoles par du liquide. Le RSV est transmis par le contact des mains et les sécrétions respiratoires. Les symptômes cliniques comportent un accès aigu de fièvre, une toux, une rhinite et une congestion nasale. Chez les nourrissons et les jeunes enfants, la maladie évolue en bronchite et pneumonie virales. Le diagnostic est fait à l'aide d'une trousse d'identification rapide Directigen. Le virus existe dans le monde entier et induit des apparitions annuelles de la maladie (en hiver et début de printemps) pouvant durer plusieurs mois. Le traitement est à base de ribavirine en aérosol (Virazole). Récemment, on a réalisé des séries d'injections d'anticorps (globulines anti-RSV) qui ont réduit de 75 % la sévérité de la maladie chez les enfants. La prévention et le contrôle consistent à isoler les individus infectés par le RSV, à employer des vêtements protecteurs lorsque le contact avec des sécrétions est probable et à se laver particulièrement bien les mains.

La rubéole

La **rubéole** (du latin, *rubellus*, rougeâtre) a été décrite pour la première fois en Allemagne dans les années 1800. Elle est toujours appelée en anglais « german measles ». C'est une maladie de la peau moyennement contagieuse affectant principalement les enfants de 5 à 9 ans. Elle est causée par le virus de la rubéole, un virus à ARN simple brin, membre de la famille des *Togaviridae*.

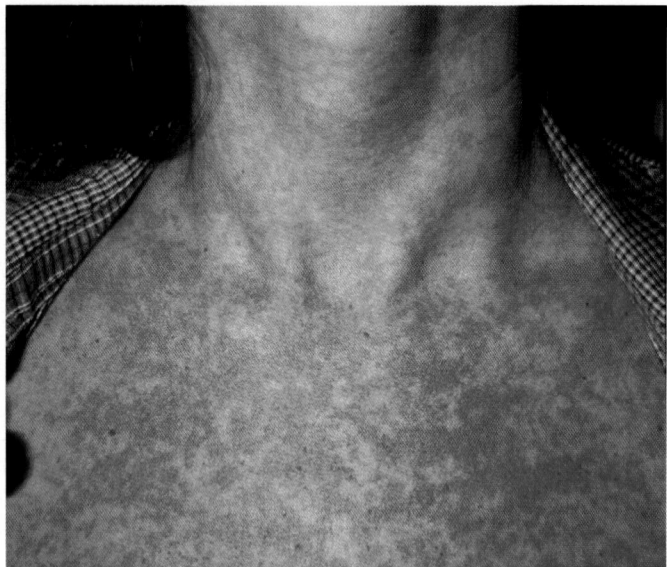

Figure 38.5 La rubéole. Cette maladie est caractérisée par une éruption de taches rouges. Notez que ces taches ne sont pas en saillie par rapport à la peau environnante, comme pour la rougeole (voir figure 38.3).

La rubéole est une maladie mondiale et se manifeste plus fréquemment durant les mois d'hiver et de printemps. Ce virus se répand en gouttelettes émises par les sécrétions respiratoires d'individus infectés. Lorsque le virus envahit le corps, la période d'incubation varie de 12 à 23 jours. Une éruption de petites taches rouges (**figure 38.5**) ne durant pas plus de 3 jours et une fièvre légère, sont les symptômes habituels. L'éruption apparaît lorsque l'immunité se développe alors que le virus disparaît du sang, suggérant que l'éruption résulte de phénomènes immunologiques plutôt que de l'infection des cellules de la peau par le virus.

La rubéole peut être une maladie gravissime (la **rubéole congénitale**) durant le premier trimestre d'une grossesse : elle peut mener à la mort du fœtus, à un accouchement prématuré ou à une variété de malformations congénitales touchant le cœur, les yeux ou les oreilles.

Il n'y a pas d'indications de traitement car la rubéole est habituellement une infection légère. Néanmoins, tous les enfants et les femmes en âge de procréer, qui n'ont pas été précédemment exposés à la rubéole, doivent être vaccinés. On recommande le vaccin vivant atténué de la rubéole (partie de vaccin ROR, *voir tableau 33.1*). Aux Etats-Unis, moins de 1.000 cas de rubéole et 10 cas de rubéole congénitale sont déclarés chaque année, depuis le début de la vaccination en routine en 1969.

La variole

La **variole** a été une maladie parmi les plus répandues. Le virus de la variole appartient à la famille des *Poxviridae*. Le virion est grand (un peu plus grand que les plus petites bactéries comme *Chlamydia*), en forme de brique avec à l'intérieur, un nucléoïde en forme d'haltère, contenant une seule molécule linéaire d'ADN en double brin (*voir figure 16.18*).

Parmi les humains, la variole se transmettait par contact et aérosols. Le virus produisait une fièvre grave, la prostration et une éruption. Il y avait 30 % de cas mortels dûs à une toxémie et un

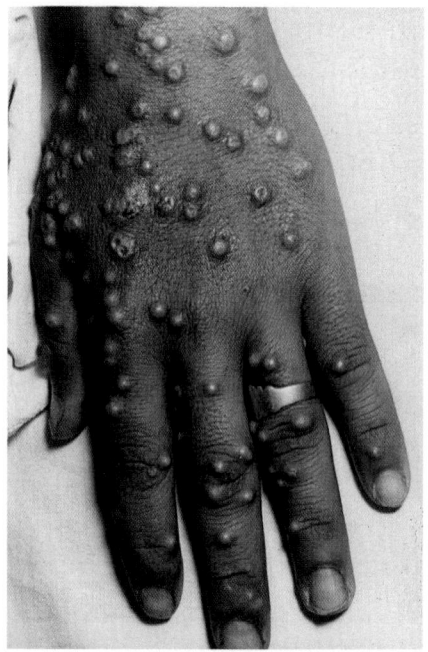

Figure 38.6 La variole. Dos de la main montrant des vésicules varioliques.

choc sceptique. L'infection progresse d'une éruption cutanée à la formation de papules, vésicules et pustules (**figure 38.6**).

Depuis la découverte de l'immunisation avec le virus de la vaccine et suite aux efforts concertés de l'Organisation Mondiale de la Santé, la variole a été éradiquée de la planète (le dernier cas fut déclaré en Somalie en 1977). Cet aboutissement résulte de plusieurs facteurs : la manifestation de cette maladie par des symptômes cliniques évidents, l'absence de porteurs asymptomatiques, l'existence du seul réservoir humain et la courte période de contagion (3 à 4 semaines). La dissémination du virus de la variole a pu être prévenue parce que les humains sont les hôtes uniques. Ceci a mené à l'éradication totale de la maladie. Néanmoins, le virus est maintenu dans différents laboratoires sélectionnés (le CDC à Atlanta en Géorgie aux USA et le Centre de Recherches de Virologie et Biotechnologie à Koltsovo dans la région de Novosibirsk en Russie). La variole et le début de la colonisation en Amérique *(p. 363)*.

---

1. Pourquoi la varicelle et le zona sont-ils décrits ensemble ? Quel est leur rapport ?
2. Décrivez brièvement le cours d'une infection par le virus de la grippe et la manière dont le virus cause les symptômes associés. Pourquoi fut-il difficile de développer un vaccin unique contre la grippe ?
3. Quels sont les symptômes courants de la rougeole ?
4. Que sont les taches de Koplik ?
5. Quelles sont les complications des oreillons chez de jeunes hommes postpubertaires ?
6. Décrivez quelques manifestations cliniques des virus des affections respiratoires aiguës.
7. La pneumonie virale est-elle une maladie spécifique ? Expliquez.
8. Quand la rubéole est-elle la plus dangereuse et pourquoi ?

Encadré 38.2

Fièvres hémorragiques virales : une leçon d' histoire de la microbiologie

Les scientifiques suspectent que plusieurs virus cachés dans les régions tropicales pourraient à la faveur de circonstances naturelles, causer bien plus de décès que la pandémie du SIDA. Dans l'ensemble, ces virus produisent des **fièvres hémorragiques**. Ils sont transmis entre animaux sauvages vertébrés servant de réservoirs. Des arthropodes transmettent les virus entre les vertébrés et à l'homme lorsque celui-ci envahit l'environnement de l'hôte naturel. Ces maladies retrouvées dans les différentes parties du monde sont connues sous plus de 70 noms, reprenant habituellement l'aire géographique où elles ont été décrites pour la première fois.

Les fièvres hémorragiques virales sont le plus souvent fatales. Les patients souffrent de céphalées, de douleurs musculaires, d'éruptions pourprées de la peau, d'hémorragies massives soit locales, soit généralisées et d'un choc circulatoire suivi de décès.

Malgré le manque d'information du public, les accès récents peuvent présager d'accès plus importants dans le futur. Par exemple, à la fin des années 60, des dizaines de scientifiques en Allemagne Fédérale devinrent sérieusement malades et plusieurs moururent d'une nouvelle maladie mystérieuse. Les victimes souffraient de lésions hépatiques et d'une combinaison bizarre d'hémorragie et de formation de caillots sanguins. L'Organisation Mondiale de la Santé put attribuer ces cas à un nouveau lot de cellules de singes que ces chercheurs avaient utilisé pour produire du virus de la poliomyélite. Les cellules de ces singes importés d'Ouganda étaient infectées par le virus tropical Marbourg et ces scientifiques souffraient de la **fièvre hémorragique due au virus Marbourg**.

En 1977, le phlebovirus causant la fièvre de la vallée du Rift chez les moutons et les bovidés se déplaça de ces animaux vers la population d'Afrique du Sud. Le virus, causant un affaiblissement grave, des céphalées débilitantes, des lésions de la rétine et des hémorragies, se déplaça ensuite vers l'Egypte où des millions de personnes furent infectées et plusieurs milliers en moururent.

Parmi les fièvres hémorragiques les plus effrayantes, il y a la **fièvre hémorragique due au virus Ebola** au Zaïre et au Soudan en 1976. Cette maladie infectieuse concerna 1.000 personnes dont 500 moururent. Les cas étaient concentrés dans les hôpitaux où de nombreux médecins et infir-

mières belges traitant les patients infectés, décédèrent. Une épidémie similaire se déclara dans la même région en 1995 mais fut rapidement jugulée.

Aux Etats-Unis, en 1989, les épidémiologistes démontrèrent que des rats infectés par un virus hémorragique essentiellement fatal étaient très répandus dans les bas-fonds de Baltimore. Le virus paraît être responsable d'un nombre de cas de **fièvre hémorragique de Corée** parmi la population citadine défavorisée.

Durant l'été 1993, on rapporta dans les média l'existence d'une mystérieuse maladie ayant entraîné plus de 30 décès parmi les Navajos dans le Sud-Ouest américain. Le « Centre de contrôle des maladies » détermina finalement que l'agent responsable était un hantavirus. Il s'agit d'un virus à ARN simple brin de la famille des *Bunyaviridae*. Les hantavirus sont endémiques parmi les rongeurs (comme des souris) dans de nombreuses régions du monde. Les virus sont libérés dans la salive, les fèces et l'urine des souris. Les humains contractent la maladie en respirant des particules de l'air chargées de virus. En Asie et en Europe centrale, les hantavirus sont responsables d'une fièvre hémorragique humaine avec syndrome rénal. Cependant le virus trouvé dans le Sud-Ouest américain n'avait jamais été identifié auparavant et aucun hantavirus dans le monde n'avait été précédemment associé à un syndrome clinique tel celui observé chez les Navajos, c'est-à-dire le **syndrome pulmonaire à hantavirus** (HPS : Hantavirus pulmonary syndrome) dans lequel le virus détruit les poumons. En 1993, ce virus fut appelé **hantavirus du syndrome pulmonaire** (aussi connu comme le virus « Sin Nombre » ou « sans nom ») et actuellement, des cas isolés ont été rapportés partout aux États-Unis. Pour prévenir cette infection, il faut porter des gants quand on manipule des souris et arroser de désinfectant les déchets de souris.

Ces épidémies donnent une vision de la précarité et de la vulnérabilité de l'humanité, même si à l'heure actuelle ces épidémies ne sont pas devenues mondiales. L'histoire montre que ces hémorragies virales mortelles se sont souvent révélées lorsque les humains pénètrent dans des territoires inexplorés ou lorsque les conditions de vie se détériorent de manière à générer de nouveaux hôtes pour les virus. Dans chaque cas, les ressources médicales et scientifiques ont permis de réagir mais pas de prévenir.

Tableau 38.2 Résumé des sept maladies humaines majeures à arbovirus aux États-Unis

Maladies	Distribution	Vecteurs	Taux de mortalité
Encéphalite de Californie (La Crosse)	Centre Nord, Atlantique Sud	Moustiques (*Aedes* sp.)	Décès rares
Encéphalite équine de l'Est (EEE)	Atlantique, Côte du Sud	Moustiques (*Aedes* sp.)	50–70%
Encéphalite de Saint-Louis (SLE)	très répandue	Moustiques (*Culex* sp.)	10–30%
Encéphalite équine du Vénézuéla (VEE)	Sud des États-Unis	Moustiques (*Aedes* sp. et *Culex* sp.)	20–30% (enfants) <10% (adultes)
Encéphalite équine de l'Ouest (WEE)	Montagnes de l'Ouest	Moustiques (*Culex* sp.)	3–7%
Encéphalite West Nile	Plus grande partie de la côte atlantique	Moustiques (différentes sp.)	?
Fièvre à tiques du Colorado	Côte du Pacifique (montagnes)	Tiques (*Dermacentor andersoni*)	Décès rares

38.2 Les maladies transmises par arthropodes

Les virus transmis par arthropodes (arbovirus) sont transportés par des arthropodes hémophages d'un hôte vertébré à un autre. Ils se multiplient dans les tissus de l'arthropode sans produire de maladie et le vecteur reste infecté pour la vie. Il y a environ 150 arbovirus identifiés responsables de maladies humaines. Les maladies produites par les arbovirus peuvent être divisées en trois syndromes

cliniques : (1) fièvres non différenciées avec ou sans éruption cutanée ; (2) encéphalites (inflammation du cerveau) suivies d'un taux élevé de décès et (3) fièvres hémorragiques souvent graves et fatales (**encadré 38.2**). Le **tableau 38.2** résume les 7 maladies humaines majeures à arbovirus se présentant aux Etats-Unis. Pour toutes ces maladies, l'immunité acquise après une seule infection semble être permanente. Il n'y a pas de vaccin disponible contre les maladies citées au tableau 38.2 et le traitement ne sera que palliatif.

La fièvre à tiques du Colorado

La fièvre à tiques du Colorado est causée par un virus à ARN du genre *Coltivirus*. Les tiques (*Dermacentor andersoni*) en sont le vecteur principal et transmettent la maladie aux humains. Les réservoirs principaux sont les écureuils, les lapins et les cerfs. La maladie apparaît dans les régions montagneuses des États de l'Ouest. Environ 300 cas annuels sont rapportés aux États-Unis mais l'incidence réelle doit être beaucoup plus grande. Après 3 à 6 jours d'incubation, il y a un accès soudain de fièvre, avec frissons, migraines graves, photophobie, éruption et douleur musculaire. Ces symptômes persistent quelques jours puis disparaissent, les complications étant rares. Le diagnostic est confirmé par la sérologie. Il n'y a pas de traitement spécifique et les soins sont palliatifs. La prévention implique les précautions classiques à prendre contre les tiques (*voir p. 910-11*).

La fièvre jaune

Bien qu'elle ne soit pas endémique aux Etats-Unis, la **fièvre jaune** est présentée ici à cause de son importance historique. La fièvre jaune fut la première maladie humaine attribuée à un virus par Walter Reed en 1901. C'est aussi la première fois que fut confirmée, par Carlos Juan Finley, la transmission d'un virus par un insecte. La fièvre jaune est causée par un flavivirus qui est endémique dans beaucoup de régions tropicales telles que le Mexique, l'Amérique du Sud et l'Afrique.

La maladie reçut son nom parce que la jaunisse est un symptôme fréquent dans les cas graves. La jaunisse est due au dépôt de pigments biliaires dans la peau et les muqueuses suite aux lésions du foie. La maladie se répand dans une population par deux voies épidémiologiques. Dans le cycle urbain, la transmission d'homme à homme se fait par le moustique *Aedes aegypti*. Dans le cycle sylvestre (c'est-à-dire dans les bois ou affectant les animaux sauvages), les moustiques transmettent le virus entre les singes et des singes aux humains.

Après avoir pénétré dans un organisme, le virus envahit les ganglions lymphatiques, et s'y multiplie. À partir de ce site, il se répand dans le foie, la rate, les reins ainsi que le coeur et il peut persister pendant des jours. Durant les stades précoces de la maladie, la personne infectée souffre de fièvre, de frissons, des céphalées et de douleurs au dos suivies de nausées et de vomissements. Dans les cas graves, le virus produit des lésions dans les organes infectés et des hémorragies.

Il n'y a pas de traitement spécifique de la fièvre jaune. Le diagnostic se fait par sérologie. Une immunité active contre la fièvre jaune découle d'une infection initiale ou de vaccins contenant les souches atténuées du virus de la fièvre jaune, 17D ou Dakar. La prévention et le contrôle de cette maladie impliquent la vaccination (*voir tableau 33.1*) et le contrôle des insectes vecteurs.

38.3   Les maladies transmises par contact direct

Le syndrome d'immunodéficience acquise *(SIDA)*

Il est maintenant reconnu que le **SIDA**, **syndrome d'immunodéficience acquise** (AIDS pour acquired immunodeficiency syndrome) est la première grande pandémie de la seconde moitié du 20e siècle. Décrit pour la première fois en 1981, le SIDA résulte de l'infection par un nouveau virus, le **virus de l'immunodéfi-**

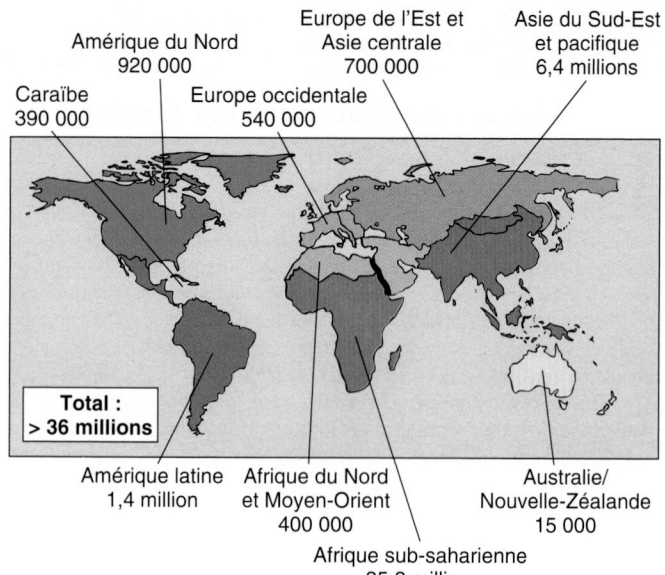

Figure 38.7 **Distribution de HIV et du SIDA chez les adultes selon le continent ou la région.** Les données de la figure proviennent du rapport 2000 des Nations-Unies. Selon les estimations récentes le nombre de cas de SIDA dus à HIV dépasserait les 36 millions (Source des données ONUSIDA).

cience humaine (**HIV** pour human immunodeficiency virus). HIV est un lentivirus de la famille des *Rétroviridae*. Il semble que la maladie ait débuté en Afrique Centrale dès les années 1950. Le virus lui-même aurait atteint la population humaine aux environs de 1930 ou même plus tôt. Des virus simiens de l'immunodéficience (SIV) ont été isolés de primates africains, ils sont proches de HIV-1 et HIV-2, les deux souches virales humaines les plus importantes. Le SIV de chimpanzé aurait infecté l'homme et donné HIV-1 ; la souche HIV-2 proviendrait du virus qui infecte les cercocèbes noirs. Après son apparition, HIV-1 se répandit dans les Caraïbes et ensuite aux Etats-Unis et en Europe.

Le SIDA sévit dans le monde entier. (voir **figure 38.7**). Les groupes de personnes qui risquent le plus d'acquérir le SIDA sont en ordre décroissant : les hommes homosexuels/ bisexuels ; les consommateurs de drogues par injection intraveineuse ; les hétérosexuels qui ont des rapports sexuels avec des drogués, des prostituées et des bisexuels ; des patients transfusés ou souffrant d'hémophilie, qui reçoivent des préparations de facteurs de coagulation extraits de sang ; et les enfants nés de mères infectées. Les taux de mortalité du SIDA sont particulièrement élevés.

Aux Etats-Unis, le SIDA est causé principalement par le virus HIV-1 (certains cas sont dus à une infection par HIV-2). Ce virus est un rétrovirus proche de HTLV-1 qui entraîne la leucémie à cellules T de l'adulte et de HTLV-2 qui a été isolé d'individus souffrant d'une leucémie à cellules chevelues (voir leucémie, p. 887-88). HIV-1 est un lentivirus enveloppé de la famille des *Retroviridae* (*voir section 18.1*), avec un nucléoïde cylindrique contenu dans la capside (**figure 38.8**). Ce nucléoïde contient deux copies du génome à ARN simple brin positif et plusieurs enzymes. Jusqu'à présent 10 protéines spécifiques du virus ont été découvertes. Une d'entre elles, la protéine d'enveloppe gp120 permet l'attachement d'HIV-1 à des cellules CD4$^+$ (cellules T auxiliaires ; voir figure 38.9).

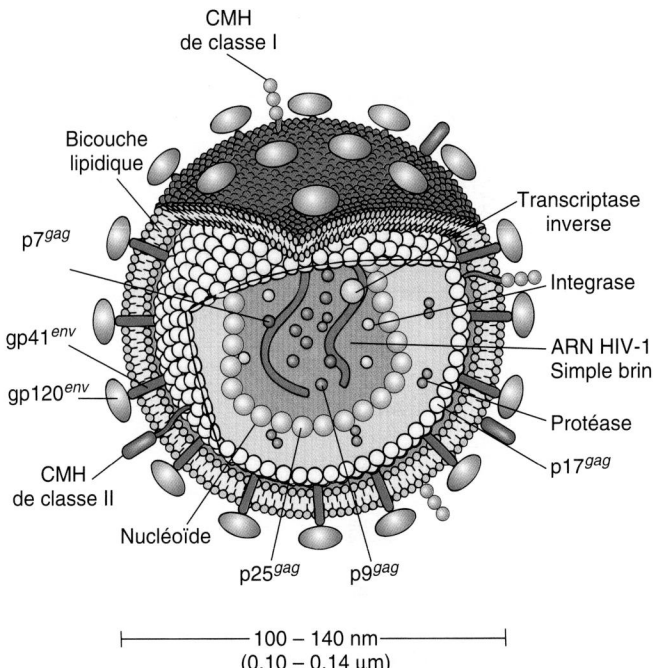

CMH
de classe I

Bicouche
lipidique

p7^{gag}

gp41^{env}

gp120^{env}

CMH
de classe II

Nucléoïde

p25^{gag} p9^{gag}

Transcriptase
inverse

Integrase

ARN HIV-1
Simple brin

Protéase

p17^{gag}

— 100 – 140 nm —
(0,10 – 0,14 µm)

Figure 38.8 Schéma du virion HIV-1. Le virus du Sida se compose d'un nucléoïde en forme de cône tronqué contenu dans une enveloppe sphérique portant 72 spicules. Ces projections sont constituées des 2 glycoprotéines majeures de l'enveloppe : gp 120 qui est externe et gp 41 qui est transmembranaire. La bicouche lipidique de HIV-1 est aussi parsemée de protéines de l'hôte, y compris les antigènes d'histocompatibilité de classe I et II, acquises au cours du bourgeonnement des virions. Le précurseur gag de 53 kDa est clivé par la protéase de HIV-1 en 4 protéines (p24, p17, p9, p7). La protéine p17 (de matrice) est associée à la face interne de l'enveloppe et stabilise les composants externes et internes du virus. La protéine phosphorylée p25 est l'élément majeur du nucléoïde central. La protéine p7 se lie directement à l'ARN génomique par un motif structural en doigt de zinc, et forme avec p9 le centre du nucléoïde. Le nucléoïde contient deux copies de l'ARN génomique simple brin de HIV-1, associées aux différentes enzymes virales préformées, la transcriptase inverse, l'intégrase, la ribonucléase et la protéase.

Le virus du SIDA est transmis par contact direct entre la circulation sanguine d'une personne et des liquides biologiques (sang, sperme, sécrétion vaginale) qui contiennent le virus, par contacts sexuels ou pour transmission périnatale d'une mère infectée à son fœtus. Il est également possible qu'un nouveau-né puisse être infecté par l'allaitement. Après la pénétration du virus dans l'organisme, la glycoprotéine d'enveloppe gp120 (figure 38.8) se lie au récepteur glycoprotéique CD4 de la membrane plasmique de cellules CD4$^+$, lymphocytes T, macrophages monocytes et cellules dendritiques (**figure 38.9**). (Les cellules dendritiques sont présentes sur toutes les muqueuses du corps. Elles possèdent la protéine CD4 et pourraient donc être les premières cellules infectées par transmission sexuelle). Des résultats récents prouvent que le virus a besoin d'un corécepteur en plus du récepteur CD4. Les souches à tropisme macrophagique qui prédominent en début d'infection et infectent les macrophages comme les cellules T, demandent une protéine réceptrice supplémentaire qui est le récepteur de chimiokine CCR5 (CC-CKR-5). Une souche lymphotrope active au cours des étapes plus tardives de l'infec-

tion, requiert un autre corécepteur, le CXCR4, un autre récepteur de chimiokine, appelé aussi fusine. Cette souche induit la formation de syncytiums comme décrit plus loin. Les personnes porteuses de deux copies défectueuses du gène CCR5 semblent ne pas faire le SIDA car le virus ne pourrait pas infecter leurs cellules T. Les personnes portant une copie intacte du gène CCR5 font la maladie, mais survivent plus longtemps, plusieurs années, que celles qui n'ont pas de mutation. Récepteurs cellulaires et adsorption des virions (pp. 399-403). Réplication et transcription des rétrovirus (p. 407).

La pénétration dans la cellule hôte débute lorsque l'enveloppe fusionne avec la membrane plasmique et libère dans le cytoplasme le nucléoïde avec ses deux chaînes d'ARN. À l'intérieur de la cellule infectée, la protéine du nucléoïde reste associée avec l'ARN pendant que celui-ci est copié en ADN simple brin par l'activité d'ADN polymérase ARN/ADN-dépendante de la transcriptase inverse. L'ARN est ensuite dégradé par une autre composante de la transcriptase inverse, la ribonucléase H et la chaîne d'ADN est dupliquée pour former une copie d'ADN bicaténaire du génome ARN d'origine. Un complexe fait de l'ADN bicaténaire (le provirus) et de l'enzyme intégrase se déplace vers le noyau. L'ADN proviral est alors intégré dans l'ADN de la cellule par une suite complexe de réactions catalysées par l'intégrase (figure 38.9). Le provirus intégré peut rester latent sans donner de signe de sa présence. Alternativement, le provirus peut forcer la cellule à synthétiser de l'ARNm viral. Une partie de l'ARN est traduite pour produire les protéines virales par les ribosomes cellulaires. Les protéines virales et le génome ARN d'HIV-1 complet sont alors assemblés en nouveaux virions qui bourgeonnent à la surface de la cellule hôte infectée (*voir figure 18.10*). En fin de compte, la cellule hôte est lysée.

Le mécanisme précis de la pathogénie du SIDA n'est toujours pas connu et beaucoup d'hypothèses sont avancées. D'aucuns pensent que le SIDA est causé principalement par la destruction directe des cellules T, le mécanisme exact n'étant toutefois pas clair. L'effet cytopathique peut être dû à une perte de la perméabilité et de la fonction de la membrane plasmique par un bourgeonnement excessif de virus. Des protéines gp120 libres peuvent se lier aux protéines CD4 sur des cellules non infectées, les transformant en cibles pour l'attaque par des cellules du système immunitaire. De plus, des cellules infectées fusionnent avec d'autres cellules pour former de grands syncytiums multinucléés qui par la suite mourront, un phénomène pouvant contribuer largement à la destruction cellulaire. Il est possible également que l'insertion de l'ADN proviral dans le génome cellulaire et la transposition du provirus intégré inhibent les fonctions et détruisent la cellule T. Des études récentes montrent que le virus se réplique à une vitesse incroyable : environ un milliard de particules par jour. Le système immunitaire arrive à contrôler cela pendant des années puis finalement succombe dans presque tous les cas.

Après infection de cellules humaines CD4$^+$ par HIV-1, quatre types de modifications pathologiques surviennent. D'abord, une maladie légère peut se développer, entraînant fatigue, fièvre, céphalées, perte de poids, éruption cutanée, gonflement des ganglions lymphatiques (lymphadénopathie), candidose orale (**figure 38.10a**) et la présence d'anticorps anti-HIV-1 (**figure 38.11**). Ces symptômes peuvent apparaître au cours des premiers mois après l'infection, persister pendant 1 à 3 semaines puis disparaître. Ceci est connu sous le nom de **complexe associé au SIDA (ARC pour AIDS related complex)**. L'ARC se développe en SIDA manifeste dans une proportion de cas indéterminée.

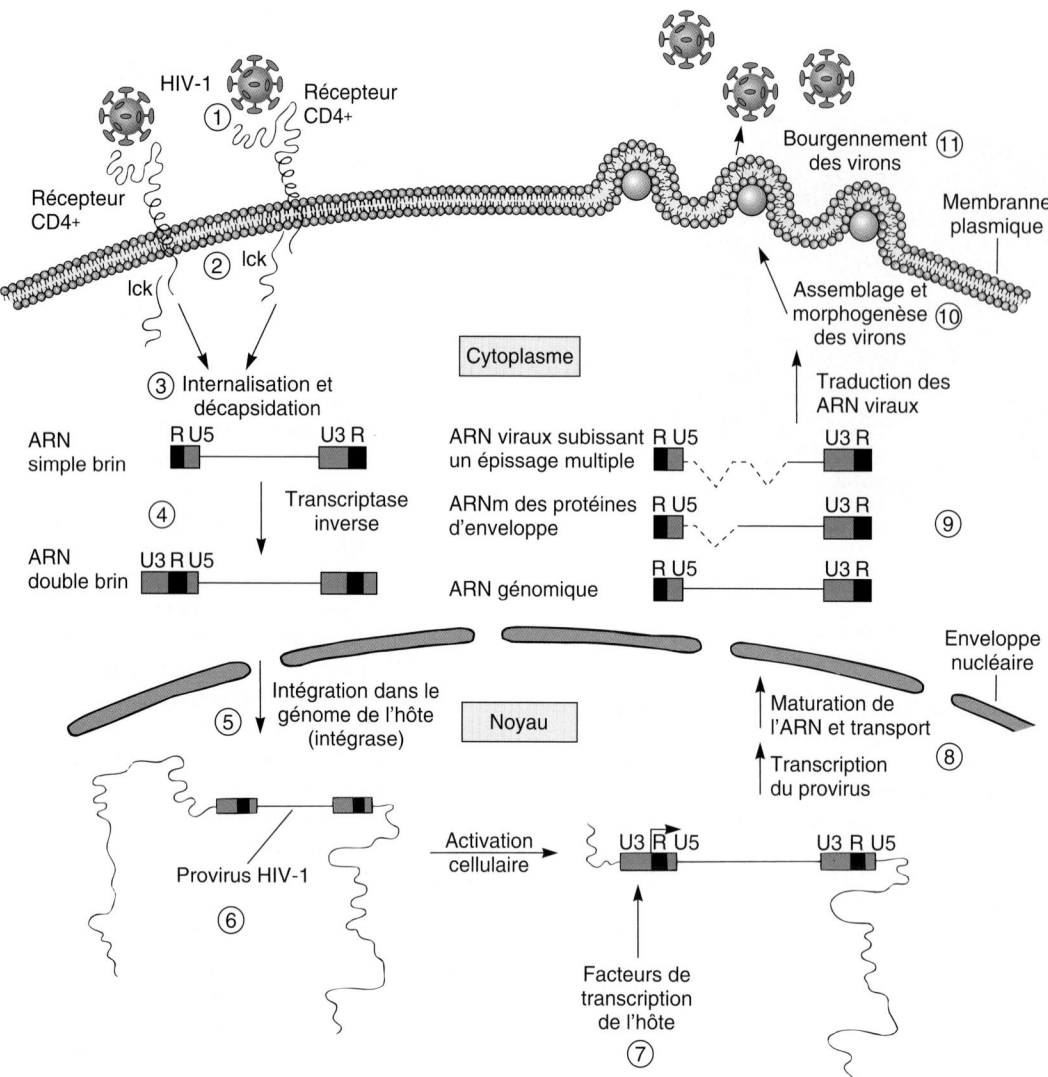

Figure 38.9 Le cycle biologique de HIV-1. (1) Après interaction de gp120 avec le récepteur CD4 de la membrane plasmique, la fusion du virion avec la membrane est médiée par gp41. (2) Ceci entraîne l'entrée d'HIV-1 dans la cellule. *lck* indique une tyrosine kinase, spécifique de cellules lymphoïdes, qui se lie à CD4. (3) Après passage du virion dans la cellule hôte et décapsidation, la transcription inverse de l'ARN viral débute. (4) Ceci produit l'ADN viral bicaténaire en présence des facteurs appropriés de l'hôte. (5) L'intégrase de HIV-1 permet l'insertion de cet ADN viral bicaténaire dans le génome de la cellule après pénétration de l'ADN dans le noyau. (6) Le provirus de HIV-1 en résulte. (7) L'expression du génome de HIV-1 est stimulée initialement par l'action de facteurs de transcription spécifiques de l'hôte, inductibles et constitutifs, ayant des sites de liaison dans l'LTR. Leur liaison entraîne la production séquentielle de plusieurs ARNm. (8) Les premiers ARNm produits, environ 2,0 kilobases, ont subi différents épissages multiples et encodent les protéines régulatrices *tat*, *rev* et *nef*. (9) Ensuite, les protéines virales de structure sont produites, permettant (10) l'assemblage et la morphogenèse des virions. (11) Les nouveaux virions HIV-1, produits par bourgeonnement à la surface des cellules CD4[+] de l'hôte, peuvent alors réinitier le cycle rétroviral en infectant d'autres cellules cibles CD4[+].

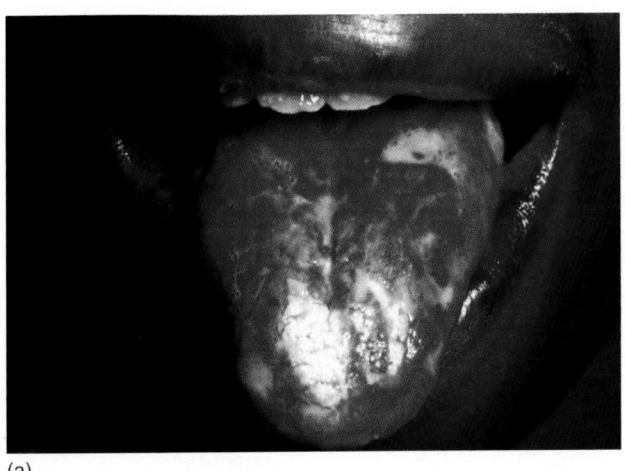

(a)

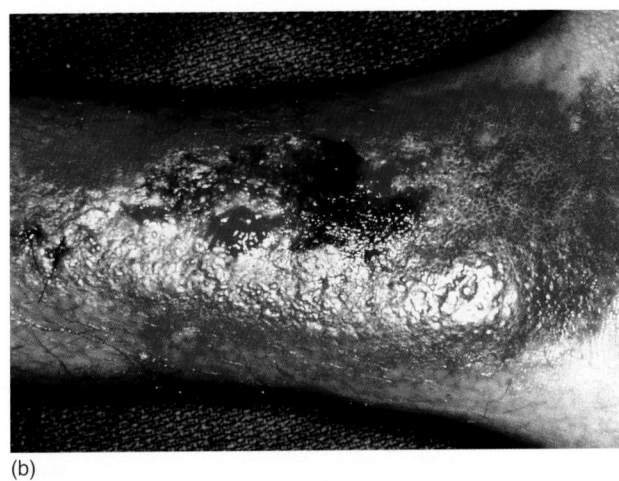

(b)

Figure 38.10 Quelques maladies associées au SIDA. (**a**) Candidose de la cavité buccale et de la langue (muguet) causé par *Candida albicans*. (**b**) Sarcome de Kaposi du bras chez un patient sidéen. Les tumeurs plates, pourpres se forment dans n'importe quel tissu et sont souvent multiples.

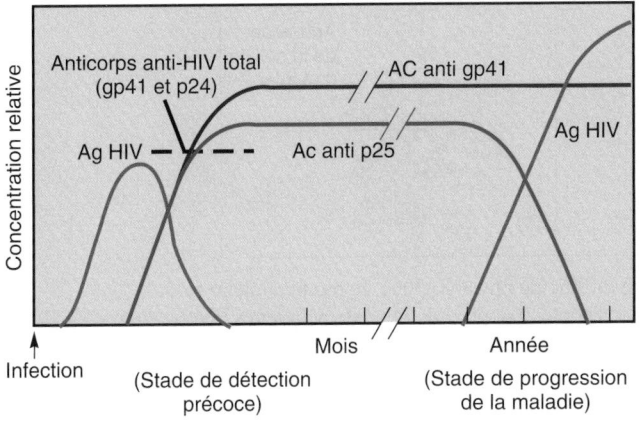

Figure 38.11 L'évolution typique des taux sériques au cours d'une infection par HIV-1. Un antigène HIV-1 (Ag HIV) peut être détecté dès deux semaines après l'infection et typiquement son taux baisse au moment de la séroconversion. La séroconversion intervient lorsque les anticorps anti-HIV-1 ont atteint un taux détectable, habituellement plusieurs semaines à plusieurs mois après l'infection par HIV-1. La période entre l'infection par HIV-1 et la séroconversion est souvent marquée par une maladie aiguë. Indépendamment du fait que l'individu a des symptômes grippaux, l'apparition d'antigènes HIV-1 circulants a lieu avant que des anticorps IgG contre gp41 et gp24 ne soient produits. L'antigène HIV-1 disparaît ensuite après la séroconversion, mais réapparaît dans les stades plus tardifs de la maladie. La réapparition de l'antigène coïncide le plus souvent avec une déterioration clinique imminente. Un individu asymptomatique, positif pour l'antigène HIV-1, a six fois plus de chances de développer le SIDA dans les 3 ans qu'un individu, qui a une réponse négative à l'antigène HIV-1. Les tests permettant de détecter l'antigène HIV-1 aident donc les cliniciens à suivre la progression de la maladie.

Deuxièmement, un vrai SIDA peut apparaître directement à l'infection ; cependant, l'intervalle moyen entre une infection par HIV et le début du SIDA semble être de 8 à 10 ans, avec une variation individuelle considérable. Au départ, le système immunitaire d'un individu répond à l'infection par HIV-1 en produisant des anticorps anti-HIV-1, mais pas en quantité suffisante pour arrêter

l'attaque virale. Le virus s'établit principalement dans des cellules T auxiliaires CD4$^+$ et s'accumule en grandes quantités dans les organes lymphoïdes même avant l'apparition des symptômes. Initialement, les cellules T auxiliaires CD4$^+$ prolifèrent anormalement dans les ganglions lymphatiques. Ensuite, les structures internes des ganglions lymphatiques se résorbent suite à la réplication virale. Ceci entraîne une diminution du nombre de lymphocytes au sein des ganglions lymphatiques et résulte en une perte sélective de la sous-population des cellules T CD4$^+$, devenant critique pour la propagation de la population entière des cellules T. Lorsque la population CD4$^+$ diminue, la production d'interleukine-2 (IL-2) diminue également. Comme l'IL-2 stimule la production générale des cellules T, la population entière de ces cellules T peut diminuer. Ceci rend l'individu infecté sensible aux infections opportunistes : invasion par des agents pathogènes qui ne prolifèrent beaucoup que lorsque le système immunitaire est déficient.

Il faut ajouter que des facteurs autres que la destruction directe de cellules T peuvent contribuer à la pathogénie du SIDA. HIV diminue la réponse immunitaire en détruisant ou invalidant les cellules dendritiques, qui présentent les antigènes étrangers aux cellules T. En plus, HIV mute à un taux exceptionnellement rapide, il déjoue ainsi et finalement submerge la surveillance immunitaire. HIV peut rompre l'équilibre entre les différents types de cellules T auxiliaires et réduire en conséquence la population de cellules T tueuses. Plusieurs mécanismes sont probablement impliqués. De nouveaux résultats suggèrent encore un autre mécanisme possible pour la déplétion des cellules CD4$^+$ (**figure 38.12**). Chez les individus infectés par HIV, la perte de cellules CD4$^+$ est associée à une activation des lymphocytes. Cependant, cette activation ne conduit pas, comme c'est normalement le cas, à une prolifération cellulaire mais bien à la mort cellulaire par un mécanisme appelé **apoptose** ou mort cellulaire programmée.

En 1993, le « Center for Disease Control » révisa sa définition du SIDA pour y inclure toute personne avec moins de 200 cellules CD4$^+$ par µl de sang ou une proportion de cellules CD4$^+$ parmi les lymphocytes totaux inférieure à 14. Cette modification de la définition est nécessaire car l'apparition d'une infection opportuniste particulière est en relation avec la concentration en

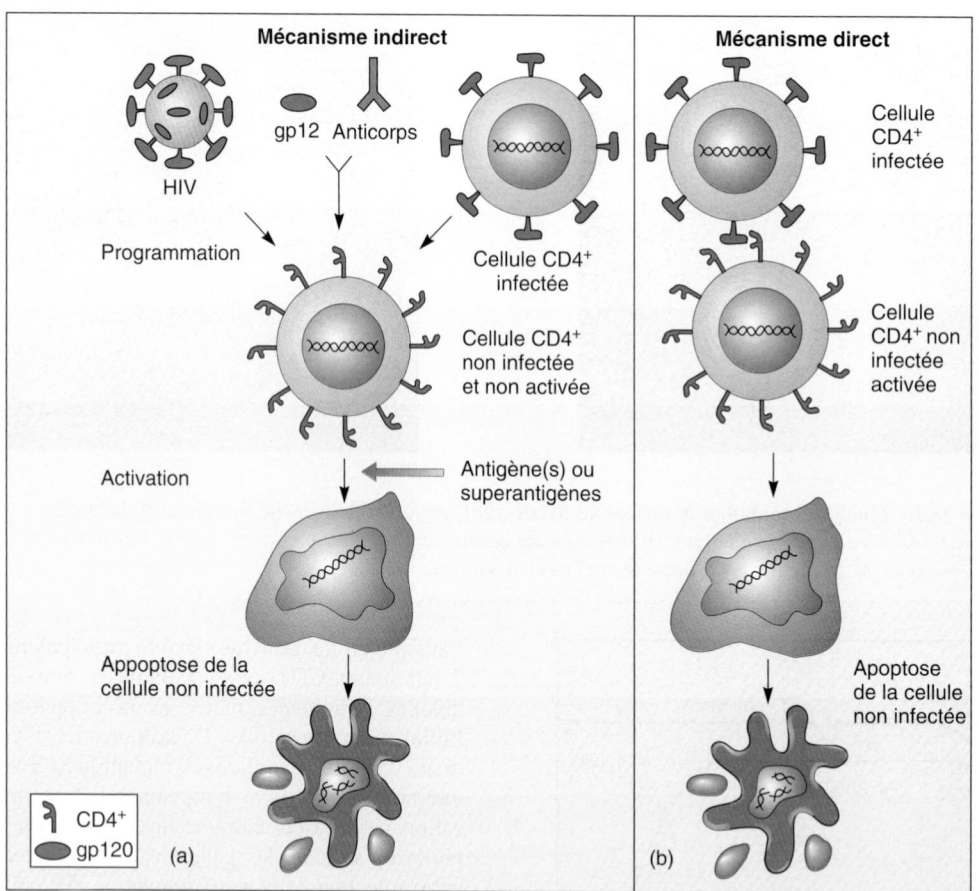

Figure 38.12 Apoptose et SIDA. L'apoptose est un mécanisme du suicide physiologique, la mort cellulaire se produisant naturellement au cours du renouvellement tissulaire. L'apoptose se produit généralement après l'activation d'une endonucléase endogène calcium-dépendante. Les cellules apoptotiques sont profondément modifiées avec diminution du volume cellulaire, formation de vésicules à la membrane plasmique et fragmentation nucléaire. L'ADN nucléaire est clivé en courts fragments oligonucléosomiques. La cellule mourante relache des vésicules apoptotiques qui sont phagocytées et digérées. (**a**) HIV peut induire indirectement l'apoptose de plusieurs manières. Dans tous les cas, l'évèvement primaire serait une programmation de la cellule cible et l'apoptose serait induite par la fixation d'antigènes ou de superantigènes aux récepteurs des cellules T de la cellule à programmer. Il se peut que la glycoprotéine gp120 de l'enveloppe d'HIV se fixe au CD4 des lymphocytes et programme le lymphocyte. Il se pourrait aussi que ce soit le complexe gp120 et anticorps anti-gp120 qui stimule l'apoptose : la gp120 se fixerait d'abord au récepteurs CD4 ensuite les anticorps se fixeraient, induisant un rassemblement des récepteurs et la programmation de la cellule CD4+ non infectée. Il est enfin aussi possible que ce soient les gp120 portées à la surface d'une cellule infectée qui se fixent aux récepteurs CD4 d'une cellule non infectée pour programmer cette cellule non infectée à répondre aux antigènes par l'apoptose.
(**b**) L'apoptose peut être induite directement dans une cellule non infectée : les gp120 présentes à la surface d'une cellule infectée se fixeraient aux récepteurs CD4 d'une cellule non infectée et stimuleraient directement la mort programmée sans intervention des antigènes.

cellules CD4$^+$ dans le sang. Des individus sains ont environ 1.000 de ces cellules par mm3 de sang. Chez des individus infectés par HIV-1, ce nombre diminue en moyenne de 40 à 80 cellules par mm3 par an. Lorsque le nombre de cellules CD4$^+$ chute à un taux de 400 à 200 par mm3, les premières infections opportunistes apparaissent (**tableau 38.3**). Parmi les exemples de ces infections et maladies opportunistes, on observe la pneumonie à *Pneumocystis carinii*, la pneumonie à *Mycobacterium avium-intracellulare* (*voir p. 902-03*), la toxoplasmose, le zona (figure 38.2*b*), les diarrhées chroniques dues à *Cyclospora*, la méningite à cryptocoques, l'infection à *Histoplasma capsulatum* et la tuberculose (*voir figure 39.7*).

Le troisième type principal de maladies causées par HIV-1 implique le système nerveux central, car des macrophages infectés par le virus peuvent passer la barrière hémato-encéphalique. Les symptômes classiques de la maladie du système nerveux central chez des patients atteints de SIDA, sont des céphalées, des fièvres, des modifications cognitives subtiles, des reflexes anormaux et de l'ataxie (action musculaire irrégulière). Les stades plus avancés de la maladie se caractérisent par la démence ainsi que par des perturbations sensorielles et motrices graves. On observe fréquemment des neuropathies auto-immunes, des maladies cerebro-vasculaires et des tumeurs cérébrales. Parmi les modifications histologiques, on observe une inflammation des neurones, la forma-

Tableau 38.3 Affections associées au SIDA

Candidose bronchique, trachéale ou pulmonaire
Candidose œsophagienne
Cancer invasif du col de l'utérus
Coccidioïdomycose disséminée ou extrapulmonaire
Cryptosporidiose intestinale, chronique (durant plus d'un mois)
Cyclospora : diarrhées
Infection à cytomégalovirus (autre qu'au foie, rate et ganglions lymphatiques)
Rétinite à cytomégalovirus (avec cécité)
Encéphalopathie, reliée à HIV
Infections par le virus *Herpes simplex* : ulcères chroniques (durant plus d'un
    mois) bronchite, pneumonie ou œsophagite
Histoplasmose, disséminée ou extrapulmonaire
Isosporidiose intestinale (durant plus d'un mois) chronique
Sarcome de Kaposi
Lymphome de Burkitt
Lymphome immunoblastique
Lymphome primaire cérébral
Infection par *Mycobacterium avium* ou *M. kansasii*
Infection par *Mycobacterium tuberculosis,* partout
Infection par d'autres espèces de *Mycobacterium* ou des espèces non identifiées
Pneumonie à *Pneumocystis carinii*
Pneumonie récurrente
Leucoencéphalopathie multifocale progressive
Septicémie à *Salmonella,* récurrente
Toxoplasmose cérébrale
Syndrome cachectique dû au SIDA

Source: données du *MMWR* 41 (N°. RR17). de 1993 « Revised Classification System for HIV
Infection and Expanded Surveillance Case Definition for AIDS Among Adolescents and Adults ».

tion de nodules et une démyélinisation. Tout semble indiquer que ces modifications neurologiques sont en rapport avec un taux plus élevé d'antigènes HIV-1 (*voir figure 38.11*) et/ou la présence du génome HIV-1 dans les tissus du système nerveux central. Dans la démence due au SIDA, les macrophages et les cellules gliales (cellules nourricières du système nerveux) sont principalement infectées et de nouveaux virus en bourgeonnent. Néanmoins, il est peu vraisemblable que l'infection directe de ces cellules par HIV-1 soit responsable des symptômes. Les symptômes plus vraisemblablement résultent soit de la sécrétion de protéines virales soit de l'induction virale de cytokines qui se lient aux cellules gliales et aux neurones. L'induction par HIV-1 de l'interleukine-1 et du facteur de nécrose des tumeurs α (TNF-α) peut stimuler ensuite la multiplication virale et l'induction d'autres cytokines [par exemple l'interleukine-6, le facteur de stimulation des colonies de granulocytes- macrophages (GM-CSF)]. L'IL-1 et le TNF-α en combinaison avec l'IL-6 et le GM-CSF pourraient rendre compte des nombreuses modifications cliniques et histopathologiques dans le système nerveux de patients atteints de SIDA.

En quatrième lieu, l'infection par HIV entraîne des cancers. Des individus infectés par HIV-1 ont une plus grande probabilité de développer trois types de tumeurs : (1) le sarcome de Kaposi (figure 38.10*b*), (2) des carcinomes de la bouche et du rectum et (3) des lymphomes à cellules B ou des désordres lymphoprolifératifs. Il semble que la diminution de la réponse immunitaire initiale permette l'initiation de cancers par des agents tumorigènes secondaires. En 1994, on découvrit que l'herpèsvirus humain de type 8 (HHV-8) était régulièrement présent dans les sarcomes de Kaposi et dans les lymphomes d'effusion primaire. Ces cancers sont les plus fréquents chez les patients sidéens. HHV-8 est un gammaherpèsvirus présentant une certaine homologie avec l'herpèsvirus Saimiri et le virus d'Epstein-Barr qui peuvent tous les deux transformer des lymphocytes.

Le SIDA est diagnostiqué au laboratoire par l'isolement et la culture du virus ou par la détection de l'activité transcriptase inverse virale ou la détection d'antigènes viraux (figure 38.11). Cependant, le diagnostic est mieux établi par la détection d'anticorps spécifiques anti-HIV dans le sang. Ces anticorps sont mis en évidence par des tests rapides GENIE ou HIVAG-1 (Abbott), le test ELISA en 10 minutes de SUDS (Murex), l'immunofluorescence indirecte, l'immunotransfert (Western blot) et des méthodes de radio-immunoprécipitation. La méthode la plus sensible utilise la réaction de polymérisation en chaîne (*PCR voir p. 326-27*). La PCR amplifie et détecte des quantités infimes d'ARN viral et d'ADNc dans les virions ou les cellules infectées. La PCR quantitative fournira une estimation de la charge virale du patient. Cette donnée est particulièrement importante car le taux de virus dans le sang, comme la concentration en cellules CD4$^+$, permet de prédire l'évolution clinique de l'infection. On peut en effet estimer le moment auquel le patient développera le SIDA d'après la concentration en virus dans le sang et le nombre de cellules CD4$^+$.

Actuellement il n'y a pas de guérison complète du SIDA. Le traitement vise d'abord à réduire la charge virale et les symptômes de la maladie puis à soigner les infections opportunistes et les cancers. Les agents antiviraux approuvés actuellement pour lutter contre le SIDA sont de trois types : (1) les inhibiteurs de transcriptase inverse qui sont pour la plupart des analogues de nucléosides bloquant la synthèse d'ADN. Comme exemples citons l'AZT ou zidovudine (Retrovir), la didanosine (Videx), le ddC ou zalcitabine (HIVID), la stavudine (Zerit) et la lamivudine ou 3TC (Epivîr) ; (2) les inhibiteurs de la transcriptase inverse non nucléosidiques ; parmi ceux-ci, la delavirdine (Rescriptor) et la névirapine (Viramune) ; (3) les inhibiteurs de protéase qui bloquent l'activité de la protéase d'HIV et ainsi interfèrent avec l'assemblage du virion. Des exemples de ces derniers sont l'indinavir (Crixivan), le ritonavir (Norvir), le nelfinavir (Viracept) et le saquinavir (Invirase). La meilleure approche thérapeutique est de combiner les drogues. Ainsi un cocktail d'AZT, de lamivudine et d'un inhibiteur de protéase comme le rétonavir, est une combinaison efficace. Chez de nombreux patients convenablement traités, le virus disparaît du sang et il ne semble pas que des souches résistantes apparaissent. On a cependant découvert récemment que HIV, dormant dans les cellules T-mémoire survivait à ce cocktail et pouvait se réactiver. Ainsi, les patients ne sont pas guéris complètement après ce protocole de traitement. Il faut noter que les effets secondaires sont très sévères et qu'il n'est pas donné à tous de supporter le traitement. Si on n'a pas débuté le traitement suffisamment tôt, le système immunitaire n'est pas totalement restauré après la chute du taux d'HIV.

Une autre voie de recherche récente concerne le développement d'un vaccin qui (1) stimule la production d'anticorps neutralisants pouvant se lier à l'enveloppe virale et ainsi prévenir sa pénétration dans les cellules de l'hôte et (2) favorise la destruction des cellules déjà infectées par le virus. La production d'un vaccin efficace, si elle est possible, n'est pas encore à l'horizon. Dans ce contexte, une des difficultés résulte du fait que les propriétés antigéniques des protéines de l'enveloppe virale (figure 38.8) changent continuellement.

La prévention et le contrôle du SIDA comprennent la surveillance du sang et le chauffage des produits sanguins pour détruire le virus. L'éducation et la pratique d'habitudes sexuelles proté-

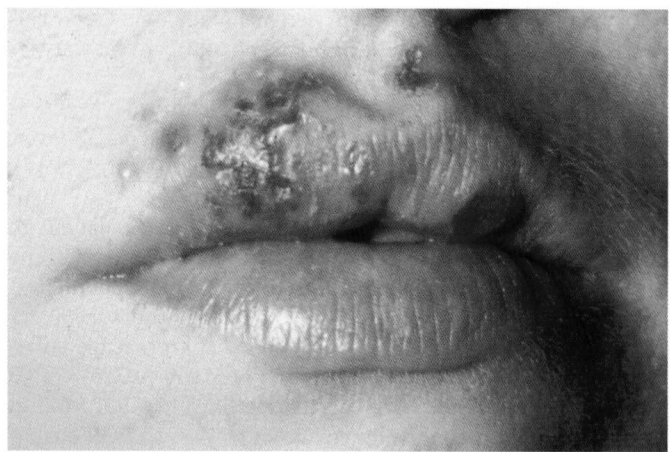

Figure 38.13 Les boutons de fièvre. Des ampoules sur les lèvres, dues au virus *Herpes simplex* de type 1.

gées, comprenant l'utilisation de préservatifs, sont à la base des programmes de prévention. L'éducation des utilisateurs de drogues par voie intraveineuse, visant à éviter le partage des aiguilles et des seringues, est également très importante dans ces programmes de prévention. Il faut souligner que si des habitudes sexuelles protégées par l'utilisation de préservatifs, augmentent la sécurité, elles ne l'assurent pas complètement. La seule protection absolue contre le SIDA et d'autres maladies sexuellement transmissibles sont l'abstinence et des rapports strictement monogames.

Les boutons de fièvre

Les **boutons de fièvre** (**herpès labial**) sont causés par le virus Herpes simplex type I (HSV-1). Il s'agit d'un virus à ADN bicaténaire avec une capside icosaédrique enveloppée similaire à tous les herpèsvirus (Le terme herpes provient du mot grec, qui veut dire « ramper »). On retrouve des descriptions cliniques de l'herpès labial dans les écrits d'Hippocrate (aux environs de 400 avant J.C.). La transmission se fait par contact direct de la surface de tissus épithéliaux avec le virus (*voir figure 18.5*). Une ampoule apparaît au site d'inoculation (**figure 38.13**) suite à la destruction tissulaire médiée par l'hôte et le virus. Dans la plupart des cas, ces ampoules impliquent l'épiderme et les muqueuses des lèvres, de la bouche et des gencives (**gingivostomatite**). Ces vésicules guérissent généralement en une semaine. Cependant, après une infection primaire, le virus migre vers le ganglion du nerf trijumeau où il persiste sous forme latente pendant toute l'existence de la personne infectée. Le virus peut être réactivé par des stimulus tels que des rayons solaires excessifs, la fièvre, un traumatisme, le froid, un stress émotionnel et des changements hormonaux. Une fois qu'il est réactivé, le virus se déplace du ganglion du trijumeau par des nerfs périphériques vers la commissure des lèvres ou d'autres parties du visage pour produire de nouveaux boutons de fièvre. Des infections primaires et récurrentes peuvent aussi être localisées dans les yeux donnant une **kératite herpétique** (inflammation de la cornée), cause majeure de la cécité aux Etats-Unis à l'heure actuelle. Des médicaments, la vidarabine (Vira-A) et l'acyclovir (Zovirax), sont efficaces contre ces boutons de fièvre. À l'âge adulte, 70 à 90 % de la population aux États-Unis ont été infectés et possèdent des anticorps contre l'herpèsvirus de type I. La meilleure technique de détection du virus est la culture

de cellules. Cependant, il faut 14 jours pour obtenir les résultats. La détection rapide des antigènes viraux se fait grâce à plusieurs trousses commerciales de EIA (HER-PCHEK, VIDAS IDEIA, Sure Cell). Ces tests rapides sont particulièrement utiles dans le cas de femmes enceintes avec des infections génitales et les individus à risque d'infections sévères.

Le rhume

Le **rhume** ou coryza (du grec *koryzon*, écoulement nasal) est une des infections les plus fréquentes pour l'être humain de tout âge. Environ 30 % des cas sont dus à des rhinovirus (du grec *rhinos*, nez), virus à ARN monocaténaire de la famille des *Picornaviridae* (*voir figure 16.10k*). On distingue plus de 115 sérotypes et chacun de ces types antigéniques a une capacité variable d'infecter les muqueuses nasales et d'entraîner le rhume. De plus, l'immunité contre beaucoup d'entre eux est transitoire. Plusieurs autres virus respiratoires sont également associés au rhume (par exemple, des coronavirus et des virus parainfluenza). Les rhumes sont donc fréquents à cause de la diversité des rhinovirus, l'implication d'autres virus respiratoires et l'absence d'immunité persistante.

Les rhinovirus fournissent un excellent exemple de l'importance médicale que peuvent avoir les recherches sur la structure des virus. Grâce à l'utilisation des techniques de diffraction des rayons X, on a élucidé récemment la structure complète de la capside du rhinovirus. Les résultats expliquent pourquoi le virus résiste aux défenses immunitaires humaines. Les anticorps humains dirigés contre le virus se combinent à des protéines superficielles de 4 types. Il existe malheureusement au moins 89 variants de ces quatre antigènes ce qui rend très improbable la production d'un vaccin contre le rhume. Les études de structure ont montré que le site viral qui reconnaît et se fixe aux récepteurs cellulaires au début de l'infection, se trouve au fond d'un canyon superficiel d'environ 25 nm de profondeur et de 0,15 à 0,3 nm de large. Ainsi le site de fixation est bien protégé contre les anticorps et on ne peut préparer de vaccin dirigé contre lui. Cependant, on conçoit maintenant des médicaments qui s'emboitent dans le canyon et empêchent l'attachement du virus.

Le mécanisme pathogénique à la base d'un rhume est l'invasion virale des voies respiratoires supérieures. Les manifestations cliniques sont l'obstruction partielle du nez, des éternuements, des irritations de la gorge et des écoulements aqueux du nez. Ces écoulements deviennent plus épais et prennent une couleur jaunâtre après quelques jours. Un malaise général est souvent ressenti. La maladie dure environ une semaine. Le diagnostic du rhume est basé sur l'observation des symptômes cliniques. Il n'y a pas de méthode pour un examen direct d'échantillons cliniques ou pour un diagnostic sérologique.

La source des virus du rhume peut être des individus infectés libérant des virus dans des sécrétions nasales, une transmission sur de courtes distances d'un aérosol de gouttelettes ou une transmission par des mains ou des objets contaminés. Les études épidémiologiques de rhumes à rhinovirus ont montré que l'éternuement familier explosif, non réprimé (*voir figure 37.6*) peut ne pas jouer un rôle important dans la dissémination virale. Des contacts manuels entre un donneur de rhinovirus et un receveur sensible sont plus vraisemblables. Le rhume se retrouve sur tous les continents avec deux pics saisonniers principaux, au printemps et au début de l'automne. L'infection est plus commune dans la jeunesse et généralement diminue avec l'âge. On ne dispose pas de trai-

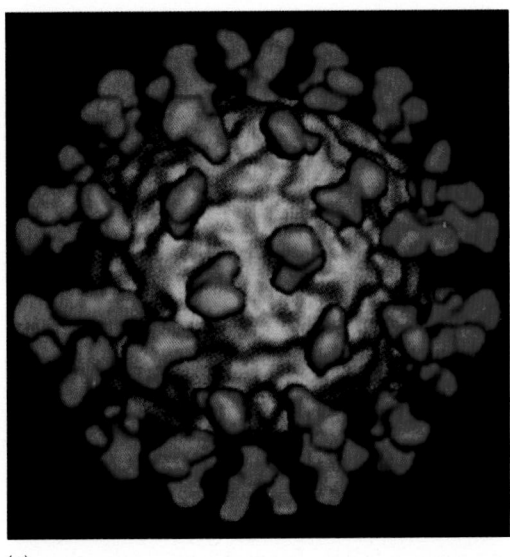

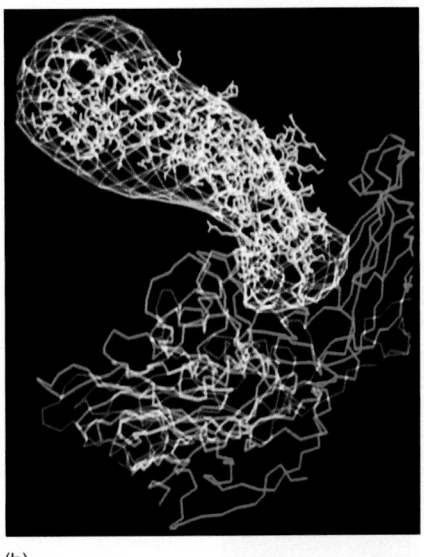

(a)   (b)

Figure 38.14 Rôle d'une intégrine (ICAM-1 pour _i_nter _c_ellular _a_dhesion _m_olecule-1) dans la fixation du rhinovirus aux cellules des voies respiratoires supérieures. Les rhinovirus forment une grande famille de virus, cause majeure des infections respiratoires aigües humaines. Le récepteur cellulaire de ces virus est ICAM-1 (molécule d'adhésion intercellulaire de type 1). (**a**) sur ce modèle digitalisé, la portion d'ICAM-1 se fixant au virus est montrée en orange sur le rhinovirus (au centre en gris la capside protéique icosaédrique). (**b**) diagramme illustrant comment la protéine de surface du rhinovirus (en bleu-vert) se fixe à ICAM-1 (en jaune et rouge).

tement pour le rhume, à l'exception d'un repos, la prise de liquide et d'aspirine pour remédier aux malaises locaux et généraux.

La maladie des inclusions cytomégaliques

La **maladie des inclusions cytomégaliques** est causée par le cytomégalovirus humain (HCMV pour « _h_uman _c_ytomegalovirus ») membre de la famille des _Herpesviridae_. Le virus est formé d'un nucléoïde central contenant l'ADN double brin, d'une capside en icosaèdre et d'une enveloppe phospholipidique. La plupart des humains sont infectés par ce virus à un moment donné de leur vie. Aux Etats-Unis, 80 % des individus au-dessus de 35 ans ont été exposés au virus et sont infectés à vie. Bien que les infections à HCMV soient le plus souvent asymptomatiques, certains groupes de patients risquent de développer une maladie grave et de subir des effets à long terme. Par exemple, ce virus reste la cause la plus fréquente d'infections virales congénitales aux Etats-Unis, une cause importante d'infections acquises lors de transfusions et un agent fréquent de morbidité et de mortalité chez des receveurs d'organes et chez des individus immunodéprimés (en particulier les patients atteints de SIDA). Comme le virus persiste dans l'organisme, il est libéré pendant plusieurs années dans la salive, l'urine, le sperme et les sécrétions vaginales.

L'HCMV peut infecter n'importe quelle cellule au sein de laquelle il se multiplie lentement et chez laquelle il entraîne un gonflement — d'où le préfixe cytomégalo, ce qui veut dire une « cellule agrandie ». Des cellules infectées contiennent des **inclusions intranucléaires** typiques et des inclusions cytoplasmiques (**figure 38.15**). Dans les cas mortels, on observe, des lésions cellulaires dans les voies gastro-intestinales, les poumons le foie, la rate et les reins. Normalement, les symptômes de la maladie des inclusions cytomégaliques ressemblent à ceux de la mononucléose infectieuse.

Le diagnostic se fait au laboratoire par l'isolement du virus à partir de l'urine, du sang, des poumons, du sperme ou de tissus. On dispose également de tests sérologiques (ex. immunofluorescence, fixation du complément, ELISA et coloration immunohistologique) et d'une trousse de diagnostic rapide (CMV-vue kit).

Du point de vue épidémiologique, le virus est mondialement répandu spécialement dans les pays en voie de développement où

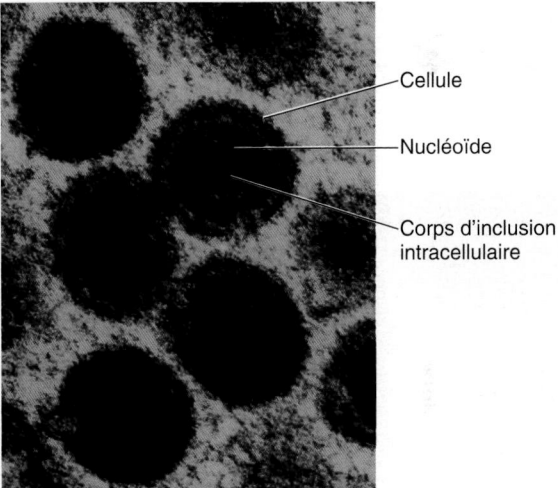

Cellule

Nucléoïde

Corps d'inclusion
intracellulaire

Figure 38.15 La maladie des inclusions cytomégaliques. Image en microscopie électronique d'une cellule animale infectée par le cytomégalovirus (x 66.000). L'inclusion intranucléaire a une apparence typique en « oeil de hibou ».

l'infection est généralisée au cours de l'enfance. La prévalence de cette maladie augmente avec une diminution des conditions socio-économiques et des pratiques d'hygiène. Les seuls médicaments disponibles, le ganciclovir (Cytovene-IV) et le cidofovir (Vestide), sont employés exclusivement chez des patients à haut risque. La prévention de l'infection consiste à éviter des contacts personnels intimes (y compris sexuels) avec un individu infecté. La transmission par transfusion sanguine ou transplantation d'organes peut être évitée en employant du sang ou des organes de donneurs séronégatifs.

L'herpès génital

L'**herpès génital** est causé par le virus _Herpes simplex_ de type 2 (HSV-2) (**figure 38.16_a_**). HSV-2 fait partie de la sous famille des alphaherpesvirus dans la famille des _Herpesviridae_. Tous les membres de cette sous famille ont un cycle réplicatif très court.

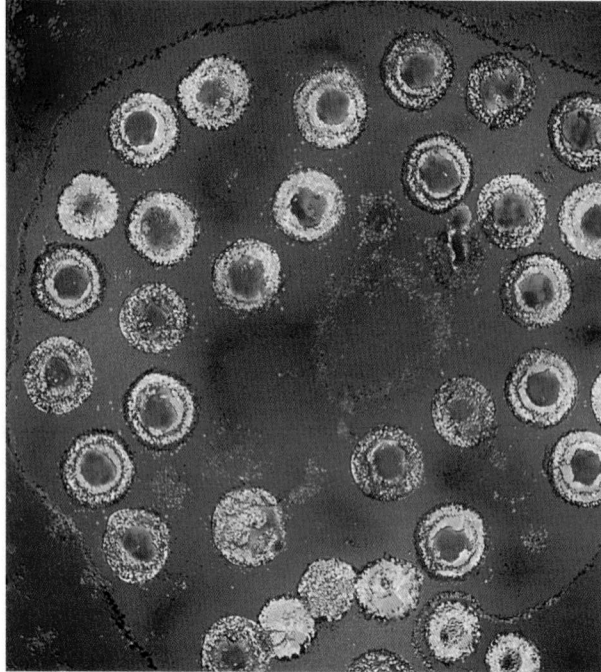

(a)

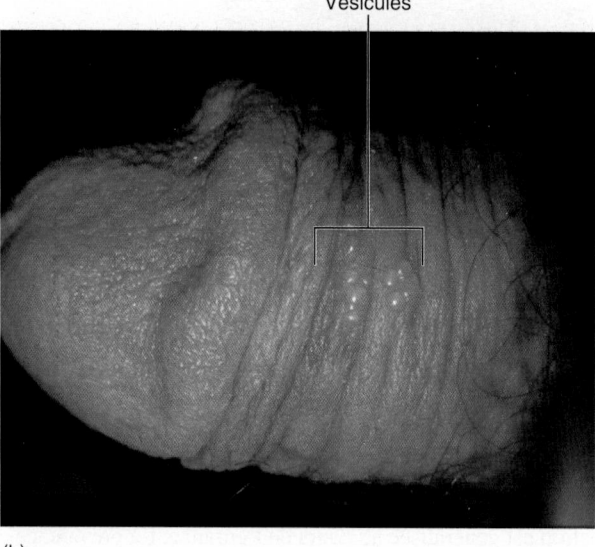

Vésicules

(b)

Figure 38.16 L'herpès génital. (**a**) Virus *Herpes simplex* de type 2 (jaune et vert) dans une cellule infectée (*voir aussi figure 16.17e*). (**b**) Vésicules herpétiques sur le pénis. Les vésicules contiennent un fluide infectieux.

L'ADN double brin est linéaire et l'enveloppe d'HSV-2 contient au moins 8 glycoprotéines. Le plus fréquemment, il est transmis par des contacts sexuels (*voir tableau 39.4 p. 927 pour toutes les maladies sexuellement transmises présentées dans ce livre*). L'infection débute avec l'entrée du virus par une blessure de la peau ou des muqueuses. Le virus infecte les cellules épithéliales des organes génitaux externes, de l'urètre et du col de l'utérus. Un herpes rectal ou pharyngé peut aussi résulter de contacts sexuels.

Le virus HSV-2 doit d'abord pénétrer dans une cellule épithéliale : la glycoprotéine C de l'enveloppe virale se fixe aux protéoglycans de la surface cellulaire. Il s'en suit une interaction spécifique avec un des récepteurs cellulaires appelés collectivement « médiateurs de l'entrée de l'herpèsvirus » (HVEM pour *h*erpes *v*irus *e*ntry *m*ediators). Cette association requiert aussi une interaction spécifique avec la glycoprotéine D. Vient ensuite la fusion avec la membrane cellulaire dans laquelle interviennent d'autres glycoprotéines virales. La capside avec certaines protéines virales du tégument migrent alors vers les pores de l'enveloppe nucléaire par le système cellulaire de transport des microtubules. On pense que cet arrimage conduit à l'injection de l'ADN à travers les pores nucléaires, la capside restant dans le cytoplasme. Certaines protéines du tégument pénètrent aussi dans le noyau avec le génome viral.

Chez la personne infectée, se déroulent une phase active et une phase de latence. Durant la phase active qui débute après une période d'incubation d'une semaine environ, le virus se multiplie de façon explosive : entre 50.000 et 200.000 nouveaux virions sont produits par cellule infectée. Pendant cette réplication, le virus inhibe le métabolisme et dégrade l'ADN de la cellule hôte, celle-ci finit par mourir. Une telle infection active peut être sans symptôme ou bien des vésicules douloureuses apparaissent dans les zones infectées (figure 38.16*b*). Celles-ci résultent de lyses cellulaires et du développement d'une réponse inflammatoire locale : elles contiennent du liquide et des virus infectieux. Au cours de cette phase active, on observe fréquemment de la fièvre, des céphalées, des douleurs musculaires, une sensation de brûlure et des douleurs génitales. Bien que les vésicules guérissent d'habitude spontanément en quelques semaines, les virus se retirent dans les cellules nerveuses du plexus sacré où ils restent sous forme latente. Pendant la phase de latence, le génome viral se trouve dans le noyau de la cellule hôte et celle-ci ne meurt pas. Comme les gènes viraux ne s'expriment pas, la personne atteinte ne développe pas de symptôme. Cependant, périodiquement, les virus se multiplient et migrent par les fibres nerveuses vers l'épithélium où ils produisent de nouvelles vésicules. L'activation peut être due à la lumière solaire, l'activité sexuelle, des maladies accompagnées de fièvre, les hormones ou le stress. Il faut insister sur le fait que et l'infection primaire et la réactivation peuvent se produire sans qu'il y ait de symptôme, des personnes apparemment saines peuvent ainsi transmettre le virus HSV-2 à leurs partenaires sexuels ou leurs nouveaux-nés.

En plus de la transmission par contact sexuel, l'herpès peut être transmis à un enfant au cours d'un accouchement par voie vaginale, entraînant l'**herpès congénital** (**néonatal**). L'herpès congénital est une des infections, chez les nouveau-nés, les plus meurtrières affectant 1.500 à 2.200 bébés par an aux Etats-Unis. Il peut entraîner des complications neurologiques de même que la cécité. Il en résulte que toute femme ayant un herpès génital devrait accoucher par césarienne plutôt que par voie vaginale. Pour des raisons inconnues, l'herpès génital est également associé avec un taux accru de cancers du col et de fausses couches.

Quoiqu'il n'y ait pas de traitement de l'herpès génital, la prise orale de substances antivirales, l'acyclovir (Zovirax) et le famciclovir (Famvir), s'est montrée efficace pour réduire l'apparition récurrente des vésicules. Le traitement local par l'acyclovir est également efficace pour diminuer la formation de nouvelles lésions et la dissémination du virus, jusqu'au moment où les vésicules s'assèchent. Pour traiter les infections herpétiques de l'oeil, on utilise de l'idoxuridine et de la trifluridine.

Au cours de la dernière décennie aux Etats-Unis, l'incidence de l'herpès génital a augmenté jusqu'à devenir une des maladies sexuellement transmises les plus communes. On estime que plus de 25 millions d'Américains (20 % des adultes) sont infectés par le virus *Herpes simplex* de type 2.

Les infections par l'herpèsvirus humain de type 6

L'herpèsvirus humain-6 (HHV-6) est l'agent étiologique de l'**exanthème subit** chez les enfants. HHV-6 est unique dans la famille des *Herpesviridae* car il se distingue génétiquement et sérologiquement des autres herpèsvirus. L'enveloppe virale entoure une capside icosaédrique contenant le nucléoïde central avec l'ADN double brin. La maladie due à HHV-6 a été appelée au début **roséole infantile** puis **sixième maladie** pour la différencier des autres exanthèmes et roséoles. L'exanthème subit est une maladie courte donnant beaucoup de fièvre pendant 3 à 4 jours, après quoi la température redevient brusquement normale. Une éruption maculaire apparaît sur le tronc qui s'étend alors aux autres parties du corps. HHV-6 infecte plus de 95 % de la population infantile aux Etats-Unis et les enfants sont en majorité séropositifs pour HHV-6 dès 3 ans. Les cellules T CD4+ sont le site principal de la réplication virale tandis que les monocytes sont le siège de la phase de latence. HHV-6 a un large tropisme : il inclut les cellules T CD8+, les cellules tueuses naturelles et probablement les cellules épithéliales. Chez l'adulte, on détecte souvent HHV-6 dans les mononucléaires du sang périphérique et la salive, ce qui suggère que l'infection perdure toute la vie. C'est probablement par la salive que se fait la transmission car les glandes salivaires sont le site majeur de l'infection latente.

HHV-6 donne donc aussi des infections chroniques et latentes, le virus est occasionnellement réactivé chez des hôtes immunodéprimés, ce qui conduit à une pneumonie. HHV-6 a de plus été impliqué dans plusieurs autres maladies (lymphadénite, sclérose en plaques, syndrome de type mononucléose infectieuse et syndrome de fatigue chronique), chez des adultes immunocompétents. Le diagnostic se fait par immunofluorescence ou EIA. Il n'existe aujourd'hui aucun moyen thérapeutique ni préventif.

Les infections par le parvovirus humain B 19

Depuis sa découverte en 1975, le **parvovirus humain B 19** (du genre *Parvovirus* dans la famille des *Parvoviridae*) émerge comme un agent pathogène humain significatif. Les virions sont des particules non enveloppées de 23 nm de diamètre, icosaèdriques et le génome est un ADN simple brin. L'infection par le parvovirus B 19 donne une variété de désordres depuis des symptômes légers (fièvre, malaise, céphalée, frissons) chez des adultes normaux, l'**érythème infectieux** (ou **cinquième maladie**) chez l'enfant, un syndrome articulaire chez l'adulte jusqu'à des maladies beaucoup plus sérieuses comme des crises d'aplasie chez les personnes atteintes d'anémie falciforme ou d'anémie hémolytique auto-immune et chez les patients immunodéprimés, d'aplasie des globules rouges. Le parvovirus B 19 peut également infecter le fœtus, lui donnant de l'anémie et une accumulation de liquide dans les tissus (hydrops fœtal).

On pense que l'infections naturelle se fait par la voie respiratoire. Diverses techniques sont disponibles pour détecter le virus B 19. Le principal moyen de défense contre l'infection et la maladie due au parvovirus B 19 sont les anticorps antiviraux. Ainsi la

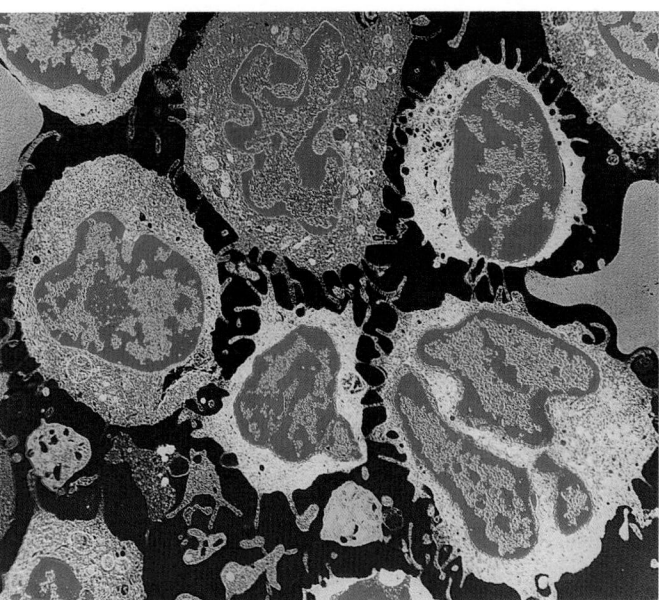

Figure 38.17   La leucémie à cellules chevelues. Image coloriée en microscopie électronique à transmission (x 3.100) de lymphocytes B anormaux. Remarquez les lymphocytes couverts de protrusions caractéristiques, dérivées de la membrane, qui prennent la forme de cheveux.

thérapie efficace est de traiter les patients atteints des formes aigue ou latente d'infection, par des immunoglobulines anti-B19 commerciales et des anticorps monoclonaux humains anti-B19. Le plus souvent, l'infection confère une immunité à vie.

Les leucémies

Certaines **leucémies** chez les humains sont causées par deux rétrovirus : HTLV-1 (pour « *h*uman *T*-cell *l*ymphotropic *v*irus-1 ») et HTLV-2. Ces deux virus sont membres de la famille des *Retroviridae*. Ils possèdent un nucléoïde central contenant deux génomes en ARN simple brin positifs. Une fois la cellule infectée, l'ARN viral est converti en ADN par la transcriptase inverse ; celui-ci s'intègre dans le génome de la cellule hôte. Les virus sont transmis par transfusion de sang contaminé, par échange de seringues entre drogués, par contact sexuel, à travers le placenta, par le lait maternel ou par des moustiques. Les rétrovirus et leur réplication *(p. 407). Virus et cancer (pp. 411-12).*

HTLV-1 cause la **leucémie à cellules T de l'adulte**. Après son entrée dans l'organisme, le virus HTLV-1 pénètre dans des globules blancs et s'intègre dans le génome cellulaire où il active des gènes de croissance cellulaire. Les cellules transformées se multiplient abondamment et la mort résulte généralement d'une prolifération explosive des cellules leucémiques ou d'infections opportunistes. Jusqu'à présent, il n'existe pas de traitement efficace.

En 1982, le second rétrovirus humain (HTLV-2) a été identifié comme agent responsable de la leucémie à cellules chevelues. Ce virus possède le même mécanisme d'activation que HTLV-1. Le nom de leucémie à cellules chevelues (tricholeucocytes) provient des nombreuses protrusions de la membrane qui donnent cet aspect aux globules blancs (**figure 38.17**). Cette leucémie est une maladie chronique lymphoproliférative progressive. On pense que la malignité trouve son origine dans un stade de développement des cellules B. La moelle osseuse, la rate et le foie sont infiltrés par les cellules malignes. Ceci diminue l'immunité de l'individu atteint. La cause première de mortalité est le développement d'infections opportunistes, bactériennes et autres. Dans certains cas, l'IFN-α n₃ (Alferon N) a donné quelques espoirs de traitement.

La mononucléose infectieuse

Le virus d'Epstein-Barr (EBV) est membre de la famille des *Herpesviridae* et possède les caractéristiques de cette famille : une enveloppe (120 nm de diamètre) et une capside faite de 162 capsomères organisés en icosaèdre. L'ADN double brin est linéaire dans le virion mature et sous forme circulaire épisomique dans les cellules infectées de façon latente. EBV est l'agent étiologique de la **mononucléose infectieuse**, une maladie dont les symptomes ressemblent à ceux de la mononucléose induite par le cytomégalovirus. Le virus d'Epstein-Barr se trouvant dans les sécrétions oropharyngées, il peut se répandre de bouche à bouche (d'où l'épithète infectieux et le nom anglais de « kissing disease ») et par l'usage en commun de bouteilles ou de verres. Après s'être introduit chez un individu, le virus pénètre dans les tissus lymphatiques, se multiplie et infecte les cellules B. Les cellules B infectées prolifèrent rapidement et prennent une apparence atypique utile dans le diagnostic (cellules de Downey). La maladie se manifeste par le gonflement des ganglions lymphatiques et de la rate, par des maux de gorge, des céphalées, des nausées, une faiblesse et une fatigue généralisées ainsi qu'une fièvre modérée qui augmente en début de soirée. Cette maladie dure de 1 à 6 semaines et disparaît spontanément. Comme les autres herpèsvirus EBV devient latent, probablement dans les cellules B.

Le traitement de la mononucléose est essentiellement symptomatique et comprend un repos prolongé. Le diagnostic de la mononucléose est basé sur une recherche sérologique d'anticorps non spécifiques (hétérophiles). Plusieurs tests rapides sont disponibles sur le marché.

L'incidence majeure de la mononucléose se trouve chez des individus de 15 à 25 ans. Les populations vivant en communauté, principalement celles des classes socio-économiques supérieures ont une haute incidence de la maladie. Environ 50 % des étudiants du niveau supérieur n'ont aucune immunité et environ 15 % de ceux-ci, doivent s'attendre à contracter la mononucléose. Les personnes de classes socio-économiques inférieures possèdent une immunité contre cette maladie suite à une infection durant l'enfance. EBV doit être le virus le plus commun chez les humains car on estime qu'il infecte 80 à 90 % de la population adulte mondiale. Les infections par EBV sont associées à des cancers : le lymphome de Burkitt en Afrique tropicale et le carcinome du nasopharynx en Asie du Sud-Est, Afrique de l'Est et du Nord et chez les esquimaux.

La rage

Depuis le moment où elle fut reconnue la **rage** a été pour l'homme un sujet de fascination, de tourment et de peur. Avant que Pasteur ne mette au point un vaccin antirabique, il y avait peu d'injures plus terrifiantes que de se faire traiter de « chien enragé ! ». L'amélioration de la prévention au cours des 50 dernières années a éliminé presque totalement la rage indigène aux États-Unis. Au niveau mondial, virtuellement tous les cas de rage humaine sont attribuables à des morsures de chiens dans des régions où la rage canine est encore endémique.

Il existe différentes souches de virus hautement neurotropes qui sont responsables de rage. Ils appartiennent pour la plupart, à un sérotype unique du genre *Lyssavirus* (du grec *lyssa* : rage) dans la famille des *Rhabdoviridae*. Le virion en forme d'obus (**figure 38.18a**, voir aussi figure 16.17c) contient un ARN simple brin négatif.

Aux Etats-Unis, la rage est principalement une maladie animale ; beaucoup d'animaux sauvages sont infectés mais leur sensibilité varie suivant l'espèce. Les renards, les coyotes et les loups sont les plus sensibles, les mouffettes, les ratons laveurs et les chauve-souris insectivores ont une sensibilité moyenne, tandis que les lynx et les opossums sont résistants.

Le virus se multiplie dans les glandes salivaires des animaux infectés. La transmission aux humains se fait par la morsure d'un animal infecté dont la salive contient le virus, par des aérosols du virus qui peuvent être présents dans des grottes habitées par les chauves-souris ou par la contamination de griffures, éraflures, plaies ouvertes et muqueuses, avec la salive d'un animal infecté.

Après incubation, une région de la glycoprotéine de l'enveloppe virale s'attache à la membrane plasmique d'une cellule musculaire proche, le virus pénètre dans la cellule et commence à se multiplier. Quand la concentration virale dans le muscle devient suffisante, le virus atteint le système nerveux par les terminaux sensoriels et moteurs non myélinisés ; on pense que le site de fixation est le récepteur nicotinique de l'acétylcholine. Le virus est ainsi hors d'atteinte du système immunitaire et l'infection n'est plus arrêtée par l'immunisation. Le virus circule avec le flux axonal rétrograde à une vitesse de 8 à 20 mm par jour jusqu'à atteindre la moelle épinière. A ce moment, les premiers symptômes de la maladie (douleur ou paresthésie au site de la blessure) apparaissent. Une encéphalite progressive se développe alors rapidement avec la dissémination du virus dans le système nerveux central. Le virus se répand dans tout le corps en suivant les nerfs périphériques dont ceux des glandes salivaires et il est sécrété dans la salive.

Dans les neurones du cerveau, le virus produit les **corps de Négri** caractéristiques, masses de virus ou de sous-unités virales non assemblées, visibles au microscope optique. Dans le passé, le diagnostic de la rage reposait sur la seule recherche de ces corps dans les tissus nerveux. Aujourd'hui le diagnostic est basé sur la recherche d'antigènes viraux dans le tissu nerveux par des anticorps fluorescents, l'isolement du virus, l'observation des corps de Négri et des tests EIA anti-rabiques rapides.

Les symptomes de la rage se manifestent de 2 à 16 semaines après contact avec le virus et comprennent angoisse, irritabilité, dépression, fatigue, perte d'appétit, fièvre et sensibilité à la lumière et au son. La maladie évolue rapidement vers un stade de paralysie. Dans environ 50 % des cas, des spasmes intenses et douloureux de la gorge et des muscles de la poitrine surviennent lorsque la victime ingurgite des liquides. Ces spasmes peuvent être provoqués par la simple vue, l'idée ou l'odeur de l'eau. De ce fait, la rage a été appelée hydrophobie (peur de l'eau). Le décès résulte de la destruction des zones du cerveau qui contrôlent la respiration.

On dispose de vaccins sûrs et efficaces contre la rage (vaccin antirabique de cellules humaines diploïdes, Imovax Rabies, ou vaccin antirabique adsorbé, RVA). Cependant, pour être efficaces, ils doivent être administrés aussitôt après l'infection de l'individu. Les vétérinaires et le personnel de laboratoire qui risquent d'être exposés à la rage sont habituellement vaccinés tous les deux ans et testés pour la présence d'un titre d'anticorps adéquat. Aux Etats-Unis, environ 30.000 personnes par an reçoivent ce traite-

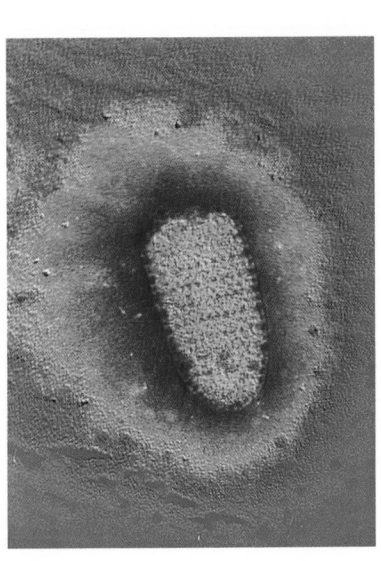

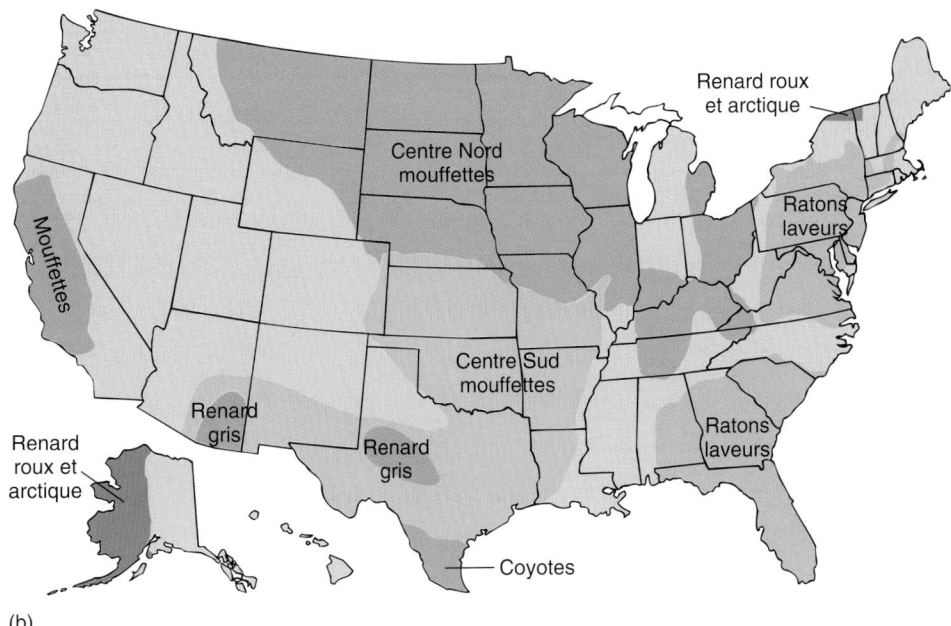

(a) (b)

Figure 38.18 La rage. (**a**) Image au microscope électronique (x 36.700) du virus de la rage en forme d'obus. La surface externe du virus porte des projections glycoprotéiques qui se fixent spécifiquement aux récepteurs cellulaires. (**b**) Aux Etats-Unis on trouve la rage chez des animaux terrestres en 10 zones géographiques distinctes. Dans chacune de ces zones, une espèce animale particulière est le réservoir et un des cinq variants antigéniques du virus prédomine (comme illustré par cinq couleurs différentes). Il existe 8 autres variants viraux portés par des chauves-souris insectivores (non montré) qui causent des cas de rage sporadiques chez les animaux terrestres dans tout le pays. L'absence d'une souche sur la figure n'implique pas l'absence de rage.

ment. Il y a moins de 10 cas de rage par an chez les humains. Environ 8.000 cas de rage animale sont déclarés par an (figure 38.18*b*). La prévention et le contrôle comportent une vaccination préventive des chiens et des chats, une vaccination des humains après contact avec le virus et une vaccination préventive des humains à risque (personnes séjournant un mois ou plus dans des régions où les chiens enragés sont fréquents).

Les hépatites virales

Toute infection qui résulte en une inflammation du foie est appelée **hépatite** (du grec *hepar*, foie). Neuf virus sont actuellement reconnus comme responsables d'hépatite : 2 herpèsvirus (le cytomégalovirus, CMV et le virus d'Epstein-Barr EBV) et 7 virus hépatotrophes.

EBV et CMV donnent des hépatites légères guérissant d'elles-même sans dommage permanent au foie et un syndrome de mononucléose infectieuse avec fatigue, malaise et nausée.

Des huits autres agents humains, 5 seulement sont bien caractérisés. Les virus des hépatites F, G, et TTV (*transmise par *t*ransfusion*) on été découverts récemment (**tableau 38.4**) L'hépatite A (parfois appelée hépatite infectieuse) ainsi que l'hépatite E (anciennement appelée hépatite NANB transmise par voie entérique) sont transmis par voie fécale-orale et sont donc décrites dans la section des maladies transmises par les aliments et l'eau (section 38.4).

Les autres hépatites sont l'hépatite B (parfois appelée hépatite à la seringue ou l'hépatite sérique), l'hépatite C (ou hépatite non-A, non-B) et l'hépatite D (ou hépatite delta).

L'**hépatite B** (sérique) est causée par le virus de l'hépatite B (HBV), un virus de structure complexe à ADN bicaténaire. L'HBV est un *Orthohepadnavirus* dans la famille des *Hepadnaviridae*. Le sérum d'individus infectés par l'hépatite B contient trois particules antigéniques distinctes : une particule sphérique de 22 nm, une particule sphérique de 42 nm (contenant l'ADN et l'ADN polymérase) appelée **particule de Dane** et des particules tubulaires ou filamenteuses de taille variable (**figure 38.19**). Les petites particules sphériques et les particules tubulaires sont les composants non assemblés de la particule de Dane, la forme infectieuse du virus. Les particules non assemblées contiennent l'antigène de surface de l'hépatite B (HBs-Ag) dont la présence dans le sang est (1) un indicateur de l'hépatite B, (2) la base d'une recherche systématique du virus de l'hépatite B dans des échantillons de sang et (3) la base du premier vaccin à usage humain développé par la technologie de l'ADN recombinant.

Le virus de l'hépatite B est transmis par transfusion sanguine, par de l'équipement contaminé, des aiguilles contaminées employées par des drogués ou toute sécrétion de l'organisme (salive, sueur, sperme — *voir tableau 39.4 p. 927* — lait maternel, urine, fèces). Le virus peut également passer du sang d'une mère infectée par le placenta pour infecter le foetus. On estime que chaque année 300.000 individus, aux Etats-Unis, sont infectés par HBV. Environ 5.000 personnes meurent chaque année de cirrhose liée à l'hépatite et environ 1.000 meurent de cancer du foie lié à une infection par HBV. Mondialement, HBV infecte plus de 200 millions de personnes.

Tableau 38.4 Caractéristiques des hépatites virales[a]

Maladie (Virus)	Génome	Classification	Transmission	Symptomes	Prévention
Hépatite A (virus de l'hépatite A-HAV)	ARN	*Picornaviridae, Hepatovirus*	Par voie fécale-orale	Infection aiguë, subclinique	Vaccin tué (Havrix)
Hépatite B (virus de l'hépatite B-HBV)	ADN	*Hepadnaviridae, Orthohepadnavirus*	Par le sang, les aiguilles, les sécrétions, le placenta ; par voie sexuelle	Infection subclinique, aiguë, chronique, cirrhose, hépatocarcinome primaire	Vaccin anti HBV recombinant
Hépatite C (virus de l'hépatite C-HCV)	ARN	*Flaviviridae, Pestivirus,* ou *Flavivirus* (?)	Par voie sanguine ou sexuelle	Infection subclinique, aiguë, chronique, hépatocarcinome primaire	Tests d'analyse sanguine de routine
Hépatite D (agent delta)	ARN	Non classé	Par voie sanguine ou sexuelle	Superinfection ou coinfection avec HBV	Vaccin anti-HBV
Hépatite E (virus de l'hépatite E-HEV)	ARN	*Caliciviridae* (?)	Par voie fécale-orale	Infection subclinique, aiguë, (mais mortalité élevée chez les femmes enceintes)	Améliorer les conditions sanitaires

[a] Les hépatites F, G, et TTV, récemment découvertes, sont encore mal caractérisées et n'entrent donc pas dans ce tableau.

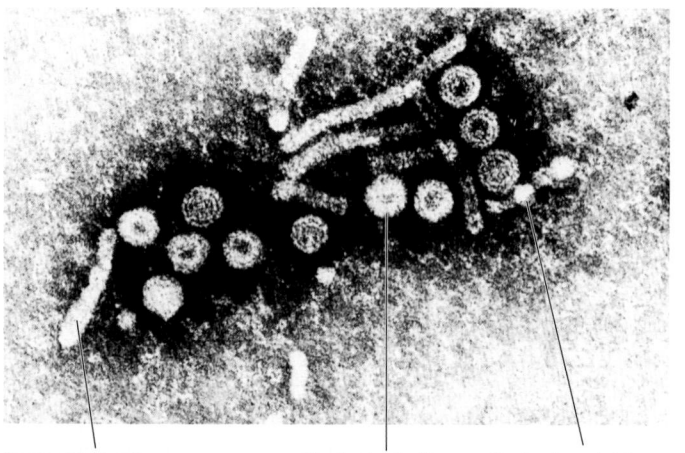

Forme filamenteuse
(diamètre : 22 nm)

Particule de Dane
(diamètre 42 nm)

Particule sphérique
(diamètre : 22 ± 2 nm)

Figure 38.19 Le virus de l'hépatite B dans le sérum. Image en microscopie électronique (x 210.000) montrant les trois types distincts de particules antigéniques de l'hépatite B. Les particules sphériques et les formes filamenteuses sont de petites sphères ou de longs filaments sans structure interne, et seules deux des trois protéines caractéristiques de l'enveloppe virale apparaissent à leur surface. Les particules de Dane sont les virions complets infectieux.

Les signes cliniques de l'hépatite B sont très variables. La plupart des cas sont asymptomatiques. Néanmoins, après une période d'incubation de un à trois mois, des symptômes apparaissent graduellement parmi lesquels fièvre, perte d'appétit, douleurs abdominales, nausées, fatigue, etc. Le virus infecte les cellules hépatiques, il cause une dégénérescence du tissu hépatique et le relargage dans la circulation sanguine d'enzymes hépatiques (transaminases). Il s'en suit une jaunisse, car l'accumulation de bilirubine (un produit de dégradation de l'hémoglobine) donne à la peau et d'autres tissus un aspect jaune. Une infection chronique par HBV peut entraîner également le développement d'un cancer primaire du foie, le carcinome hépatocellulaire (parmi les cancérogènes humains connus, l'hépatite B est le second en importance après le tabac).

Les mesures générales de prévention et de contrôle comprennent (1) l'exclusion du contact avec du sang ou des sécrétions infectées par HBV et la diminution du nombre des piqûres d'aiguilles par une technique méticuleuse ; (2) la prophylaxie passive par injection intramusculaire d'immunoglobulines anti-hépatite B au cours des 7 jours après contact et (3) la prophylaxie active à l'aide de deux nouveaux vaccins recombinants : Engerix-B et Recombivax HB. Ces vaccins sont largement employés par les professionnels de la santé qui sont exposés à des contacts avec le virus de l'hépatite B. Les autres individus qui devraient être vaccinés comprennent :

1. les personnes en contact avec des porteurs de HBV (par exemple les membres de la maisonnée, les partenaires sexuels et les pensionnaires d'institution)
2. les voyageurs internationaux (*voir tableau 37.5*)
3. les hommes homosexuels sexuellement actifs
4. les patients en hémodialyse
5. les receveurs de sang et de produits dérivés qui peuvent être contaminés par HBV.

Une autre forme d'hépatite est l'**hépatite C**. Le virion a un diamètre de 80nm, une enveloppe lipidique, un ARN simple brin et a été désigné comme virus de l'hépatite C (HCV) dans la famille des *Flaviviridae*. Ce virus est transmis par du sang contaminé, par voie fécale-orale, par voie sexuelle, par passage de la mère au fœtus in utero ou par transplantation d'organes. Le diagnostic est fait par un test immuno-enzymatique (ELISA) qui détecte les anticorps sériques contre un antigène recombinant de HCV. L'hépatite C est mondialement répandue. Au cours des dernières années, l'hépatite C a été responsable de plus de 90 % des cas d'hépatites dues à une transfusion sanguine. L'infection a atteint des proportions d'épidémie avec plus d'un million de nouveaux cas par an dans le monde. Aux États-Unis, il y a 4 millions de personnes infectées avec 30.000 nouveaux cas annuels et de 8.000 à

10.000 décès par an. Sans une intervention efficace, ce nombre pourrait tripler dans les 10 prochaines années. De plus, HCV est la raison majeure des greffes de foie aux États-Unis. Le traitement est à base d'IFN-α 2 a ou 2 b recombinant administré trois fois par semaine pendant 6 mois.

En 1977, un agent d'hépatite cytopathique appelé **agent delta** a été découvert. Plus tard, l'hépatite faisant intervenir cet agent fut appelée **hépatite D**. L'agent delta est unique car il dépend du virus de l'hépatite B qui fournit les protéines de l'enveloppe (HBs-Ag) pour empaqueter son génome ARN. Ainsi l'agent delta ne se multiplie que dans les cellules hépatiques où HVB se réplique activement. De plus son ARN, beaucoup plus petit que l'ARN des plus petits picornavirus, est circulaire en simple brin ce qui le différencie aussi de l'ARN des virus des animaux. En fait, ses parents les plus proches se trouvent chez les végétaux : il s'agit des viroïdes, des virusoïdes et des ARN satellites (*voir chapitre 18*). L'agent delta ne se répand que chez les personnes déjà infectées par HBV (super-infection) ou celles qui sont contaminées par les deux virus en même temps (co-infection).

Les outils disponibles au laboratoire pour diagnostiquer l'hépatite D sont des tests sérologiques pour les anticorps anti-delta. Le traitement des patients reste difficile, certains résultats seraient obtenus avec l'interféron alpha pendant une période de 3 mois à 1 an. Il y a au monde environ 300 millions de porteurs d'HBV dont 5 % seraient infectés par l'agent delta. Comme cet agent est la cause d'hépatites fulminantes aussi bien que chroniques, son intrusion dans les régions où l'infection persistente par HBV est endémique, aura des conséquences graves. L'emploi à grande échelle des vaccins anti-hépatite B est la meilleure mesure de contrôle et de prévention.

Récemment, deux autres formes d'hépatites ont été identifiées : il s'agit de l'**hépatite F** (hépatite fulminante post-transfusionnelle) et de l'**hépatite G** (une hépatite à cellules syncytiales géantes avec des particules ressemblant au virus rougeoleux, un paramyxovirus). Des études virologiques, épidémiologiques et moléculaires sont en cours pour caractériser mieux ces nouveaux agents et les maladies qu'ils occasionnent.

---

1. Décrivez le virus du SIDA et comment il paralyse le système immunitaire. Comment le virus est-il transmis ? Quels sont les modifications pathologiques qui en résultent ?

2. Pourquoi des personnes souffrent-elles périodiquement de boutons de fièvre ? Décrivez l'agent responsable.

3. Pourquoi le rhume est-il si fréquent ? Comment se répandent les virus du rhume ?

4. Donnez deux voies majeures par lesquelles se répand le virus *Herpes simplex* de type 2. Pourquoi les infections herpétiques se réactivent-elles périodiquement ?

5. Quels sont les deux types de leucémie causés par les virus ?

6. Décrivez l'agent causal et quelques symptômes de la mononucléose et l'exanthème subit.

7. Comment le virus de la rage entraîne-t-il la mort chez les humains ?

8. Quels sont les différents agents responsables des hépatites et comment se différencient-ils entre eux ? Comment éviter l'hépatite ? Connaissez-vous quelqu'un qui est bon candidat à l'infection par ces virus ?

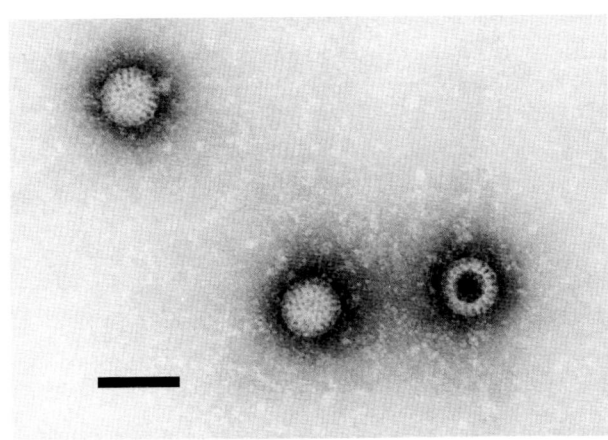

Figure 38.20 La gastro-entérite virale. Image au microscope électronique de rotavirus (des réovirus) dans un filtrat de selles dans un cas de gastro-entérite humaine. Notez la disposition en rayon des capsides qui entourent l'ARN double brin. Barre = 100 nm.

38.4 Les maladies transmises par les aliments et l'eau

La nourriture et l'eau ont été reconnus comme vecteurs de maladies depuis le début des temps historiques. Dans l'ensemble, plus d'infections sont transmises par ces deux voies que par aucune autre. Quelques viroses humaines transmises par les aliments et par l'eau sont présentées ci-dessous. Les maladies transmises par l'eau (section 29.5). Les maladies et les aliments (section 41.4).

La **gastro-entérite virale aiguë** (inflammation de l'estomac ou des intestins) est causée par 4 catégories principales de virus : les rotavirus (**figure 38.20**), le virus de Norwalk et d'autres virus de type Norwalk, d'autres calicivirus et des astrovirus. L'importance médicale de ces virus est résumée dans le **tableau 38.5**.

Les virus responsables de gastro-entérites sont probablement transmis par la voie fécale-orale. L'infection est plus courante pendant les mois froids contrairement aux maladies diarrhéiques causées par les bactéries qui se présentent habituellement pendant les mois plus chauds de l'année. Les maladies diarrhéiques sont les causes les plus importantes de décès de jeunes enfants (5 à 10 millions de décès par an) dans les pays en voie de développement où la malnutrition règne. Des estimations récentes indiquent que les gastro-entérites virales sont responsables de 30 à 40 % de cas de diarrhées infectieuses aux Etats-Unis, dépassant de loin les cas établis de diarrhées bactériennes ou parasitaires (la cause d'environ 40 % des cas de diarrhées reste inconnue). Aux États-Unis, les rotavirus rendent compte d'environ 3,5 millions de cas de maladies, de 35 % des hospitalisations pour gastro-entérites et de 75 à 150 décès par an.

La gastro-entérite virale se présente le plus fréquemment chez des enfants de 1 à 11 mois. Le virus attaque les cellules épithéliales des villosités de l'intestin supérieur entraînant une mauvaise absorption, une diminution du transport de sodium et une diarrhée. Les manifestations cliniques peuvent être absentes ou

Tableau 38.5   Les virus de gastro-entérites d'importance médicale

Virus	Caractéristiques épidémiologiques	Manifestations cliniques
Rotavirus		
groupe A	Diarrhée endémique mondiale chez les enfants	Diarrhée déshydratante pendant 5 à 7 jours ; fièvre, crampes abdominales, nausées et vomissements fréquents
groupe B	Éruptions importantes chez les adultes et les enfants en Chine	Diarrhée aqueuse grave pendant 3 à 5 jours
groupe C	Cas sporadiques chez les enfants au Japon	Similaires au groupe A
Virus Norwalk et virus de même type	Épidémies de vomissements et de diarrhées chez des enfants plus âgés et des adultes ; s'observent dans des familles, des communautés et des homes de vieillards ; souvent associées à des fruits de mer, d'autres aliments, l'eau ou des personnes qui manipulent de la nourriture infectée	Vomissements intenses, fièvre, myalgie et céphalées pendant 1 à 2 jours
Calicivirus autres que le groupe Norwalk	Diarrhée pédiatrique ; associée à des fruits de mer et à d'autres aliments chez les adultes	Maladie similaire à celle due aux rotavirus chez les enfants ; similaire à celle due au virus Norwalk chez les adultes
Astrovirus	Diarrhée pédiatrique ; également dans des homes de vieillards	Diarrhée liquide pendant 1 à 3 jours

varier d'une diarrhée relativement bénigne avec céphalée et fièvre à une maladie déshydratante occasionnellement fatale. On observe presque toujours des vomissements.

La gastro-entérite virale guérit habituellement spontanément. Le traitement consiste à soulager le patient en lui administrant des liquides isotoniques de remplacement, des analgésiques et des agents antipéristaltiques.

L'hépatite A

L'**hépatite A** (hépatite infectieuse) est généralement transmise par contamination fécale-orale de la nourriture, des boissons, ou des fruits de mer qui vivent dans des eaux contaminées et portent le virus dans leur système digestif. La maladie est causée par le virus de l'hépatite A (HAV). HAV a été récemment reclassé comme espèce type d'un nouveau genre (les *Hepatovirus*) de la famille des *Picornaviridae*. Le virus de l'hépatite A est un virus icosaédrique, sans enveloppe, qui contient de l'ARN simple brin linéaire positif. Ayant atteint le système digestif, le virus se multiplie dans l'épithélium intestinal. Il n'en résulte le plus souvent que des symptômes intestinaux bénins. Parfois, il y a virémie (présence de virus dans le sang) et les virus peuvent se répandre dans le foie. Les virus se multiplient dans le foie, pénètrent dans la bile et sont relachés dans l'intestin grêle. Ceci explique pourquoi les selles sont si infectieuses. Les symptômes durent de 2 à 20 jours. Ils peuvent inclure une anorexie, un malaise général, la nausée, la diarrhée, de la fièvre et des frissons. Lorsque le foie est infecté, il s'ensuit une jaunisse. Le diagnostic de laboratoire se fait par la détection d'anticorps contre HAV. Aux États-Unis, 30.000 cas environ sont enregistrés chaque année ; heureusement le taux de mortalité est faible (moins de 1 %). Les infections chez les enfants sont le plus souvent asymptomatiques. La plupart des cas guérissent en 4 à 6 semaines et produisent une forte immunité. De 40 à 80 % de la population aux États-Unis ont des anticorps sériques, même si peu de personnes se sont rendues compte de la maladie. Le contrôle de l'infection dépend de mesures hygiéniques simples et de l'élimination appropriée des selles et d'un vaccin tué anti-HAV (Havrix). Le vaccin est recommandé aux voyageurs (*voir tableau 37.5*) se rendant dans des régions où l'incidence de l'hépatite A est élevée.

L'hépatite E

L'**hépatite E** est impliquée dans de nombreuses épidémies qui se déclarent dans des pays en développement en Asie, Afrique, Amérique centrale et Amérique du Sud. Le virus a été cloné et séquencé : l'organisation de son génome suggère qu'il serait le prototype pathogène humain d'une nouvelle classe de virus à ARN linéaire simple brin ou peut-être d'un genre séparé de la famille des *Caliciviridae*. L'infection se produit généralement par ingestion d'eau contaminée par des fèces. L'HEV atteindrait le sang par la voie gastro-intestinale, il se réplique alors dans le foie, est libéré des hépatocytes dans la bile et est ensuite excrété avec les fèces. Comme l'hépatite A, l'infection par HEV est généralement bénigne et auto-limitante. Il y a une exception cependant : 10 % des femmes infectées au cours des trois derniers mois de grossesse sont mortes d'hépatite fulminante. Des test sérologiques sont en cours de développement grâce aux produits synthétisés sur l'ADNc d'HEV. Il n'y a pas de mesure particulière de prévention autre que l'amélioration générale de l'état de santé et des conditions d'hygiène dans les régions concernées. Il n'y a que quelques cas d'hépatite E rapportés aux Etats-Unis et ils étaient tous importés.

La poliomyélite

La **poliomyélite** (du grec *polios*, gris et *myelos*, moelle osseuse ou épinière), **polio** ou **paralysie infantile** est causée par le poliovirus, un membre de la famille des *Picornaviridae* (**encadré 38.3**). Le poliovirus est un virus à ARN simple brin avec trois sérotypes différents — 1, 2 et 3. Le virus est très stable et peut rester infectieux pour des périodes assez longues dans les aliments et l'eau, ses voies de transmission principales. Une fois ingéré, le virus se multiplie dans la muqueuse de la gorge et de l'intestin grêle. De ces sites, le virus envahit les amygdales et les ganglions lymphatiques du cou et de la partie terminale de l'intestin grêle. Le plus souvent, il n'y a pas de symptôme ou une courte maladie caractérisée par de la fièvre, des céphalées, des maux de gorge, des vomissements et une perte de l'appétit. Les virus pénètrent parfois dans la circulation sanguine et causent une virémie. Dans la plupart des cas (plus de 99 %), la virémie est transitoire et aucune maladie clinique n'en résulte. Dans la minorité des cas (moins de 1 %), la virémie persiste et le virus pénètre dans le système ner-

Encadré 38.3

Petite histoire de la polio

La polio est probablement d'origine ancienne, comme beaucoup d'autres maladies infectieuses. Plusieurs hiéroglyphes datant d'environ 2000 avant J.C. représentent des individus avec des bras et des jambes atrophiées (voir **figure de l'encadré**). En 1840, l'orthopédiste allemand Jacob von Heine décrivit les symptômes cliniques de la poliomyélite et reconnaît l'atteinte de la moelle épinière. Peu de progrès furent réalisés jusqu'en 1890, lorsque Oskar Medin, un pédiatre suédois, découvrit la nature épidémique de la maladie. Il reconnaît également qu'une phase généralisée, caractérisée par des symptômes mineurs et de la fièvre, avait lieu précocement lors de l'infection et était compliquée occasionnellement par des paralysies. Un progrès majeur eut lieu en 1908 lorsque Karl Landsteiner et William Popper transmirent la maladie avec succès à des singes. Au cours des années 1930, l'intérêt du public s'intensifia suite à la polio contractée par Franklin D. Roosevelt. Ceci mena à la fondation « March of Dimes » en 1938 ; le seul but de la campagne « March of Dimes » était de récolter de l'argent pour la recherche sur la polio. En 1949, John Enders, Thomas Weller et Frederick Robbins découvrirent que le virus de la polio pouvait être propagé in vitro dans des cultures de tissus embryonnaires humains qui n'étaient pas d'origine neuronale. Cette découverte fut la clé qui conduisit au développement de vaccins.

En 1952, David Bodian reconnut qu'il existait trois sérotypes distincts du virus de la polio. Jonas Salk immunisa des humains avec succès par le virus de la poliomyélite inactivé par le formaldéhyde en 1953. Ce vaccin (IPV) obtint une licence en 1955. En 1962, Albert Sabin et d'autres développèrent les vaccins de virus vivants atténués (vaccins oraux contre la polio, OPV). Autant le vaccin de Salk que celui de Sabin amenèrent une diminution drastique des cas de poliomyélite paralytique dans la plupart des pays développés, et en tant que tels ont été reconnus avec raison comme deux des grands succès de la science médicale.

Egyptien de l'antiquité souffrant de poliomyélite. Notez la jambe dégénérée.

veux central et cause une paralysie. Le virus a une grande affinité pour les cellules nerveuses motrices de la corne antérieure de la moelle épinière. Le virus se multiplie à l'intérieur de ces cellules et les détruit : ceci résulte en une paralysie motrice et musculaire. Depuis qu'on dispose du vaccin de Salk, virus inactivés par le formaldéhyde (1954), et du vaccin de Sabin, virus atténués (1962), l'incidence de la polio a considérablement diminué. Il y a moins de 10 cas par an et il n'existe plus de réservoir endogène de virus de la polio aux Etats-Unis. Cependant, des programmes continus de vaccination sont requis dans tous les groupes de la population pour limiter la dissémination du virus lorsqu'il est introduit à partir d'autres pays. Dans les pays en voie de développement, il y a chaque année 4 enfants sur 1.000 naissances qui ont une paralysie due au virus polio. La prévention et le contrôle se font par vaccination. L'éradication mondiale de la polio est possible dans les prochaines années (voir citation en tête de chapitre).

1. Quels sont les deux groupes de virus associés à la gastro-entérite virale aiguë ? Comment causent-ils les symptômes de la maladie ?
2. Décrivez quelques symptômes de l'hépatite A.
3. Pourquoi l'hépatite A est-elle appelée hépatite infectieuse ?
4. Dans quels sites spécifiques du corps le virus de la poliomyélite peut-il se multiplier ? Quel est le décours habituel d'une infection ?

38.5   Les maladies lentes à virus et à prions

Une introduction aux maladies lentes causées par des virus et des prions est présentée aux pages 410 et 416-17. Une **maladie virale lente** peut être définie comme un processus pathologique progressif causé par un agent transmissible — virus ou prion — qui reste cliniquement silencieux pendant une période d'incubation longue de mois ou d'années, après quoi la maladie clinique progressive devient apparente. Ceci se termine le plus souvent après plusieurs mois, par une infirmité profonde ou la mort. Il est probablement inapproprié de dire qu'une maladie virale lente ou une maladie lente est causée par un virus lent, et ceci pour deux raisons. En premier lieu, l'agent causal de certaines de ces maladies ne correspond pas à la définition conventionnelle d'un virus. En deuxième lieu, même si ces maladies sont causées par des virus, le processus de la maladie est lent et non pas le virus lui-même. Six de ces maladies sont résumées dans le **tableau 38.6**, les 4 premières maladies de cette liste sont dûes à des prions et seront brièvement décrites ici.

Les maladies à prions, aussi appelées **encéphalopathies spongiformes** sont des maladies neurodégénératives mortelles ; elles ont attiré l'attention très fortement pas seulement pour leur biologie qui est unique, mais pour leur impact sur la santé publique. Dans ce groupe de maladies il y a le kuru, la maladie de Creutzfeldt-Jakob (CJ) le syndrome de Gertsmann — Sträussler

Tableau 38.6 Maladies humaines lentes à virus et à prions

Maladies	Agent	Période d'incubation	Nature de la maladie
Maladie de Creutzfeldt-Jakob (sporadique, familiale, nouveau variant)	Prion	Mois, années	Encéphalopathie spongiforme (modification dégénérative du système nerveux central)
Kuru	Prion	Mois, années	Encéphalopathie spongiforme
Syndrome de Gerstmann-Sträussler-Scheinker (GSS)	Prion	Mois, années	Maladie génétique neurodégénérative
Insomnie familiale fatale	Prion	Mois, années	Maladie génétique neurodégénérative avec insomnie progressive incurable
Leucoencéphalite multifocale progressive	Papovavirus	Années	Démyélinisation du système nerveux central
Panencéphalite sclérosante subaiguë (SSPE)	Variant du virus de la rougeole	2–20 années	Panencéphalite sclérosante chronique (impliquant les matières blanche et grise du cerveau)

— Sheinker (GSS) et l'insomnie familiale fatale (IFF). Le symptôme premier de ces maladies est la démence accompagnée de dysfonctionnements moteurs comme l'ataxie cérébrale (incapacité de coordonner les activités musculaires) et les myoclonus (contraction en choc de groupes de muscles).

IFF se caractérise aussi par une dysautonomie (fontionnement anormal du système nerveux autonome) et des troubles du sommeil. Ces symptômes apparaissent de façon insidieuse au milieu ou à la fin de la vie et durent pendant des mois (CJ, IFF et kuru) ou des années (GSS) avant que mort ne s'en suive. Du point de vue neuropathologique, ces maladies induisent une dégénérescence spongiforme du cerveau caractéristique ainsi que la formation de plaques amyloïdes. Ces traits cliniques, neuropathologiques et biologiques se retrouvent également lors d'une maladie cérébrale amyloïde plus commune, la maladie d'Alzheimer.

Récemment une nouvelle forme, variante, de la maladie de Creutzfeldt-Jakob est apparue. Elle provient du bétail atteint d'encéphalopathie spongiforme (maladie de la vache folle) comme décrit à la section 41.4.

38.6   Autres maladies

Plusieurs autres maladies humaines (le diabète sucré, l'arthrite virale) ont été associées à des virus mais ne peuvent être classées dans aucune des catégories précédentes. Un bon exemple en est les verrues.

Les verrues

Les **verrues** (du latin *verruca*) sont des projections calleuses de la peau causées par les papillomavirus humains (*voir figure 16.12d*). Les papillomavirus font partie de la famille des *Papillomaviridae* (anciennement, ils étaient dans la famille des *Papovaviridae*). Ces virus ont des capsides icosaèdriques nues et comme génome, un ADN circulaire double brin, superenroulé. Au moins 8 génotypes distincts produisent des tumeurs épithéliales bénignes qui varient par la localisation, les aspects cliniques et les particularités histopathologiques. Les verrues apparaissent principalement chez les enfants et les jeunes adultes et se limitent à la peau et aux muqueuses. Les virus se répandent par contact direct.

L'auto-inoculation se fait par grattage. Les quatre sortes majeures de verrues sont les **verrues plantaires**, les **verrues communes**, les **verrues planes** ou étalées et les **condylomes anogénitaux** (**verrues vénériennes**) (**figure 38.21**). Le traitement comprend la destruction physique des verrues par l'électrochirurgie, la cryochirurgie à l'aide d'azote liquide ou de CO_2 solide, le traitement au laser (dessiccation), l'application directe d'un médicament, le podophyllum, sur la verrue ou l'injection d'IFN-α (Intron A Alferon N).

Les condylomes anogénitaux (verrues vénériennes) sont transmis sexuellement et causés par des papillomavirus humains ou HPV de type 6, 11 et 42 principalement. La période d'incubation est de 1 à 6 mois après l'entrée du virus dans l'organisme. Les verrues (figure 38.21*d*) sont des excroissances molles, rosées, en forme de chou-fleur qui apparaissent sur les organes génitaux externes, dans le vagin, sur le col ou dans le rectum. Ils sont souvent multiples et de taille variable. En plus d'être une infection sexuellement transmise commune, (*voir tableau 39.4, p. 927*), l'infection génitale par HPV revêt une importance considérable car certains types d'HPV jouent un rôle majeur dans la pathogénie de cancers épithéliaux du tractus génital mâle et femelle. Au cours des 10 dernières années, les recherches ont montré de façon convainquante que certains types particuliers d'HPV sont responsables d'au moins 90 % des cancers du col. Les virus qui donnent ces hauts risques de cancer sont les HPV 16, 18, 31, 33, 35, 45, 51, 52 et 56. Il existe aussi peut-être un lien entre les papillomavirus et des cancers des cellules basales et des cellules non mélaniques squameuses. Parmi les individus qui souffrent d'un rare syndrome de verrues persistantes (qui ne sont pas des verrues communes mais une forme particulière d'excroissances verruqueuses), 30 % développent finalement un cancer de la peau et on détecte l'ADN d'HPV dans les cellules malignes. Cependant, l'épidémiologie, la biologie moléculaire et le rôle d'HPV dans le développement de ces cancers sont inconnus.

---

1. Citez six maladies virales lentes des humains.
2. Quels virus causent la formation de verrues ? Décrivez les verrues vénériennes ou condylomes anogénitaux.

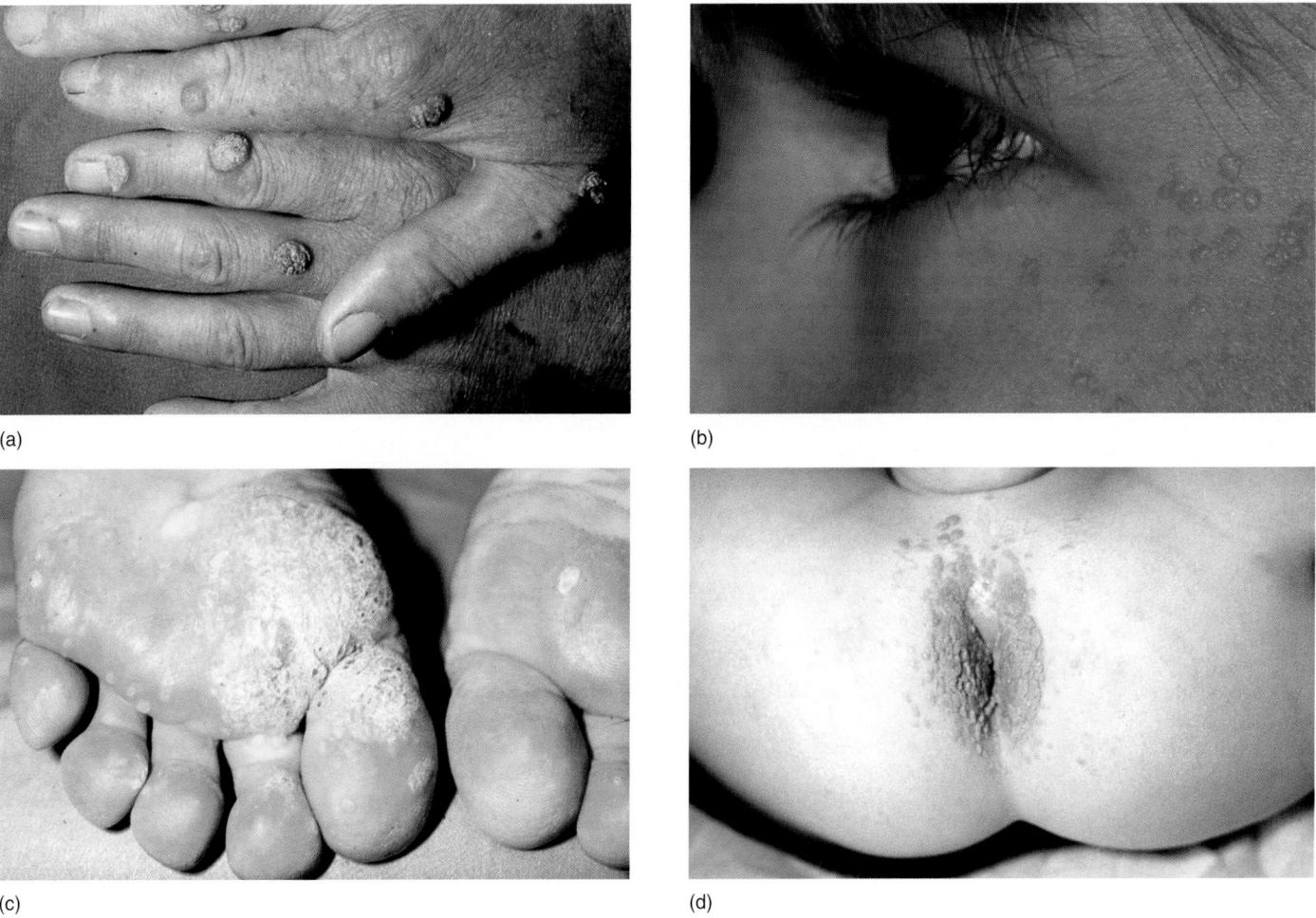

(a)

(b)

(c)

(d)

Figure 38.21 Les verrues. (**a**) Verrues communes sur les doigts. (**b**) Verrues planes sur le visage. (**c**) Verrues plantaires sur le pied. (**d**) Condylome acuminé périanal.

Résumé

1. Plus de 400 virus différents infectent l'homme. Ces virus peuvent être groupés d'après leur mode d'acquisition ou de transmission.

2. La plupart des maladies virales transmises par l'air, impliquent directement ou indirectement le système respiratoire. On peut citer la varicelle (**figure 38.1**) et le zona (**figure 38.2**), la rubéole (**figure 38.5**), et la grippe ou influenza, la rougeole (**figure 38.3**), les oreillons (**figure 38.4**), les viroses respiratoires aiguës causées par le virus syncytial respiratoire, la variole (**figure 38.6**) actuellement disparue et la pneumonie virale.

3. Les maladies virales transmises par arthropodes sont portées par ces vecteurs d'homme à homme ou d'animal à homme (**tableau 38.2**). Des exemples en sont l'encéphalite de Californie, la fièvre à tiques du Colorado, l'encéphalite de St. Louis, les encéphalites équines de l'Est, de l'Ouest ou du Vénézuéla, l'infection par le virus West Nile, et la fièvre jaune. Toutes ces maladies sont accompagnées de fièvre, céphalées, nausées, vomissements et

d'encéphalite caractéristique.

4. Le contact interhumain est une autre voie d'acquisition ou de transmission d'une maladie virale. Les exemples de telles maladies comprennent le SIDA, les boutons de fièvre (**figure 38.13**), le rhume, la maladie des inclusions cytomégaliques, l'herpès génital (**figure 38.1***b*), les infections par l'herpèsvirus humain 6, l'infection par le parvovirus humain B 19, certaines leucémies, la mononucléose infectieuse, la rage, et les cinq types d'hépatite (**tableau 38.4**) : l'hépatite A (hépatite infectieuse), l'hépatite B (hépatite sérique) et l'hépatite C (NANB post-transfusionnelle), l'hépatite D (hépatite delta) et l'hépatite E (NANB transmise par voie entérique).

5. Les virus qui sont transmis par les aliments et par l'eau se multiplient habituellement dans l'intestin et quittent le corps par les selles (**tableau 38.5**). La contamination se fait généralement par la voie orale. Des exemples de maladies causées par ces virus comprennent les gastro-entérites virales aiguës (rotavirus et

autres), l'hépatite A infectieuse et la poliomyélite.

6. Une maladie lente à virus ou à prions est un processus pathologique causé par un agent transmissible (un prion ou un virus) qui reste cliniquement silencieux pendant une période prolongée après laquelle la maladie clinique devient apparente. Comme exemples (**tableau 38.6**) il y a la maladie de Creutzfeldt-Jakob, le kuru, la panencéphalite sclérosante subaiguë, le syndrome de Gerstmann-Sträussler-Scheinker, l'insomnie familiale fatale et la leucoencéphalopathie multifocale progressive. Ces maladies sont des infections chroniques du système nerveux central qui entraînent des altérations progressivement dégénératives et finalement le décès.

7. Les verrues de la peau (**figure 38.21**) sont causées par des virus et peuvent se propager par auto-inoculation suite à des grattages ou par contacts directs ou indirects. Les condylomes anogénitaux (verrues vénériennes) sont transmis sexuellement.

Mots-clés

agent delta *891*

apoptose *881*

boutons de fièvre *884*

complexe associé au SIDA (ARC) *879*

condylome anogénital *894*

corps de Negri *888*

encéphalopathie spongiforme *893*

érithème infectieux *887*

exanthème subit *887*

fièvre à tiques du Colorado *878*

fièvre hémorragique de Corée *877*

fièvre hémorragique *877*

fièvre hémorragique due au virus Ebola *877*

fièvre hémorragique due au virus Marbourg *877*

fièvre jaune *878*

gastro-entérite virale aiguë *891*

gingivostomatite *884*

grippe (influenza) *872*

hépatite *889*

hépatite A *892*

hépatite B *889*

hépatite C *890*

hépatite D *891*

hépatite E *892*

hépatite F *891*

hépatite G *891*

herpès congénital (néonatal) *886*

herpès génital *885*

herpès labial *884*

herpèsvirus humain de type 6 *887*

inclusion intranucléaire *885*

kératite herpétique *884*

leucémie *887*

leucémie à cellules T de l'adulte *887*

maladie des inclusions cytomégaliques *885*

maladie virale lente *893*

mononucléose infectieuse *888*

névralgie postherpétique *872*

orchite *875*

oreillons *875*

panencéphalite sclérosante subaigüe *874*

parvovirus humain B 19 *887*

particule de Dane *889*

poliomyélite (polio, paralysie infantile) *892*

rage *888*

rhume *884*

roséole infantile *887*

rougeole *873*

rubéole *875*

rubéole congénitale *876*

syndrome de l'immunodéficience acquise (SIDA) *878*

syndrome de Guillain-Barré *874*

syndrome de Reye *874*

syndrome pulmonaire à hantavirus *877*

taches de Koplik *874*

varicelle *871*

variole *876*

verrue *894*

verrue commune *894*

verrue plane *894*

verrue plantaire *894*

virus de l'immunodéficience humaine (HIV) *878*

virus syncytial respiratoire *875*

zona *872*

Questions de révision

1. Décrivez brièvement chacune des maladies virales majeures ou les plus fréquentes en considérant l'agent causal, les signes et symptômes, le cours de l'infection, le mécanisme de pathogénie, l'épidémiologie, la prévention et/ou le traitement.

2. Quel virus est responsable de chacune des maladies suivantes : zona, rubéole, influenza ou grippe, rougeole, oreillons et variole ?

3. Que sont les syndromes respiratoires ?

4. Dans une perspective épidémiologique, pourquoi la plupart des maladies virales transmises par arthropodes sont-elles difficiles à contrôler ?

5. En termes de génétique moléculaire, pourquoi le rhume est-il une infection virale si fréquente chez l'homme ?

6. Quelles sont les différences entre les cinq types d'hépatite.

7. Quelles sont les maladies virales qui peuvent être transmises par contacts sexuels ?

8. Pourquoi les virus de l'herpès sont-ils appelés virus persistants ?

9. Quels virus s'attaquent spécifiquement au système nerveux ?

10. Pourquoi craint-on particulièrement la rage ?

11. Quels virus peuvent causer une encéphalite ? Une hépatite ?

12. Quels sont les deux types de mononucléose ?

13. Sera-t-il possible d'éradiquer de nombreuses maladies virales de la même manière que la variole ? Pourquoi ou pourquoi pas ?

Questions de réflexion

1. Expliquez pourquoi les antibiotiques n'ont pas d'action contre les infections virales. Conseillez une personne sur ce qu'elle doit faire pour diminuer les symptômes d'une infection virale et pour guérir rapidement. Adressez ce conseil a) à quelqu'un qui n'a eu qu'un cours de biologie de base de l'enseignement secondaire et b) à un étudiant de licence.

2. Plusieurs caractéristiques font du SIDA une maladie particulièrement difficile à détecter, à prévenir et à soigner. Discutez deux de celles-ci et comparez avec la polio et la variole.

Lectures complémentaires

Généralités

Bean, B. 1992. Antiviral therapy: current concepts and practices. *Clin. Microbiol. Rev.* 5(2):146–82.

Dimmock, N. J., et Primrose, S. B. 1994. *Introduction to modern virology,* 4th ed. Cambridge, Mass.: Blackwell Science, Inc.

Fields, B. N.; Knipe, D. M.; Chanock, R. M.; Hirsch, M. S.; Melnick, J. L.; Monath, T. P.; et Roizman, B., éd. 1995. *Fields' virology,* 3e

éd. New York: Raven Press.

Flint, S.; Enquist, L.; Krug, R.; Racaniello, V.; et Skalka, A. 1999. *Principles of virology: Molecular biology, pathogenesis, and control.* Washington, D.C.: ASM Press.

Joklik, W. K.; Willett, H. P.; Amos, D. B.; et Wilfert, C. M. 1992. *Zinsser microbiology,* 20e éd. E. Norwalk, Conn.: Appleton & Lange.

Le Guenno, B. 1995. Les nouveaux virus. *Pour la Science,* 212, 36-44.

Levy, J. A. 1997. *HIV and the pathogenesis of AIDS,* 2e éd. Washington, D.C.: ASM Press.

Levy, J.; Fraenkel-Conrat, H.; et Owens, R. 1994. *Virology,* 3e éd. Englewood Cliffs, N.J.: Prentice-Hall.

Mandell, G. L.; Douglas, R. G., Jr.; et Bennett, J. E. 2000. *Principles and practice of infectious disease,* 5e éd. New York: John Wiley and Sons.

Morse, S. S. 1993. *Emerging viruses.* New York: Oxford University Press.

Murray, P. R.; Baron, E.; Pfaller, M.; Tenover, F.; et Yolken, R. 1999. *Manual of clinical microbiology,* 7e éd. Washington, D.C.: ASM Press.

Porterfield, J., éd. 1995. *Exotic viral infections.* London: Chapman and Hall.

Waner, J. L. 1994. Mixed viral infections: Detection and management. *Clin. Microbiol. Rev.* 7(2):143–51.

White, D. O., et Fenner, F. J. 1994. *Medical virology,* 4e éd. San Diego: Academic Press.

38.1 Les maladies transmises par l'air

Arvin, A. 1996. Varicella-zoster virus. *Clin. Microbiol. Rev.* 9(3):361–81.

Basler, C. F., et Palese, P. 2000. Influenza viruses. In *Encyclopedia of microbiology,* 2e éd., vol. 2, J. Lederberg, éd., 797–812. San Diego: Academic Press.

Buller, R. M., et Palumbo, G. 1991. Poxvirus pathogenesis. *Microbiol. Rev.* 55(1):80–122.

Dudas, R., et Karron, R. 1998. Respiratory syncytial virus vaccines. *Clin. Microbiol. Rev.* 11(3):430–39.

Field, A., et Biron, K. 1994. "The end of innocence" revisited: resistance of herpesviruses to antiviral drugs. *Clin. Microbiol. Rev.* 7(1):1–13.

Horimoto, T., et Kawaoka, Y. 2001. Pandemic threat posed by influenza A viruses. *Clin. Microbiol. Rev.* 14(1):129–49.

Gilden, D., et al. 2000. Neurological complications of the reactivation of varicella-zoster virus. *N. Engl. J. Med.* 342(9):635–45.

Henderson, D. A. 1976. The eradication of smallpox. *Sci. Am.* 235(1):25–33.

Laver, W.; Bischofberger, N.; et Webster, R. 1999. La lutte contre la grippe. *Pour la Science,* 257, 60-69.

Shaw, M. W.; Arden, H. H.; et Maassab, H. F. 1992. New aspects of influenza virus. *Clin. Microbiol. Rev.* 5(1):74–92.

Stevens, J. G. 1989. Human herpesviruses: A consideration of the latent state. *Microbiol. Rev.* 53(3):318–32.

Sullender, W. 2000. Respiratory syncytial virus genetic and antigenic diversity. *Clin. Microbiol. Rev.* 13(1):1–15.

Taubenberger, J. 1999. Seeking the 1918 Spanish influenza virus. *ASM News* 65(7):472–78.

Vainionpää, R., et Hyypiä, T. 1994. Biology of parainfluenza viruses. *Clin. Microbiol. Rev.* 7(2):265–75.

Welliver, R. C. 1989. Detection, pathogenesis, and therapy of respiratory syncytial virus infections. *Clin. Microbiol. Rev.* 1(2):27–39.

Wood, D. L., et Brunell, P. A. 1995. Measles control in the United States: Problems of the past and challenges for the future. *Clin. Microbiol. Rev.* 8(2):260–67.

38.2 Les maladies transmises par arthropodes

Calisher, C. H. 1994. Medically important arboviruses of the United States and Canada. *Clin. Microbiol. Rev.* 7(1):89–116.

Strauss, J. H., et Strauss, E. G. 1994. The alphaviruses: Gene expression, replication, and evolution. *Microbiol. Rev.* 58(3):491–562.

Tsai, T. 1999. Arboviruses. In *Manual of clinical microbiology,* 7e éd., P. Murray, éd., 1107–36. Washington, D.C.: ASM Press.

38.3 Les maladies transmises par contact direct

Alcamo, I. E. 1996. *AIDS: The biological basis,* 2e éd. Dubuque, Iowa: Wm. C. Brown Communications, Inc.

Alter, M., et al. 1997. Acute non-A-E hepatitis in the United States and the role of hepatitis G virus infection. *N. Engl. J. Med.* 336(11):741–46.

Aral, S. O., et Holmes, K. 1991. Sexually transmitted diseases in the AIDS era. *Sci. Am.* 264(2):62–69.

Ashley, R., et Wald, A. 1999. Genital herpes: Review of the epidemic and potential use of type-specific serology. *Clin. Microbiol. Rev.* 12(1):1–8.

Atwood, J.; Berger, J. R.; Kaderman, R.; Tornatore, C. S.; et Major, E. O. 1993. Human immunodeficiency virus type 1 infection of the brain. *Clin. Microbiol. Rev.* 6(4):339–66.

Braun, D. K.; Dominguez, G.; et Pellett, P. E. 1997. Human herpesvirus 6. *Clin. Microbiol. Rev.* 10(3):521–67.

Caldwell, J. C., et Caldwell, P. 1996. TL'épidémie de SIDA en Afrique. *Pour la Science,* 223, 76-82.

Cuthbert, J. A. 2001. Hepatitis A: Old and new. *Clin. Microbiol. Rev.* 14(1):38–58.

Falsey, A. R., et Walsh, E. E. 2000. Respiratory syncytial virus infection in adults. *Clin. Microbiol. Rev.* 13(3):371–84.

Feitelson, M. 1993. Hepatitis B virus infection and primary hepatocellular carcinoma. *Clin. Microbiol. Rev.* 5(3):275–301.

Fishbein, D. B., et Robinson, L. E. 1993. Rabies. *N. Engl. J. Med.* 25(329):1632–38.

Gayle, H. D., et Hill, G. L. 2001. Global impact of human immunodeficiency virus and AIDS. *Clin. Microbiol. Rev.* 14(2):327–335.

Hahn, B. H.; Shaw, G. M.; De Cock, K. M.; et Sharp, P. M. 2000. AIDS as zoonosis: Scientific and public health implications. *Science* 287:607–14.

Hollinger, F. B. 1990. *Viral hepatitis,* 2e éd. New York: Raven Press.

Hu, D. J., et al. 1996. The emerging genetic diversity of HIV. *JAMA* 275(3):210–16.

Jones, C. 1995. Cervical cancer: Is herpes simplex virus type II a cofactor? *Clin. Microbiol. Rev.* 8(4):549–56.

Jones, D. S., et Brandt, A. M. 2000. AIDS, Historical. In *Encyclopedia of microbiology,* 2e éd., vol. 1, J. Lederberg, éd., 104–15. San Diego: Academic Press.

Lee, J.-Y., et Bowden, D. S. 2000. Rubella virus replication and links to teratogenicity. *Clin. Microbiol. Rev.* 13(4):571–87.

Levy, J. 1993. Pathogenesis of human immunodeficiency virus infection. *Microbiol. Rev.* 57(1):183–289.

Mahoney, F. 1999. Update on diagnosis, management, and prevention of hepatitis B

virus infection. *Clin. Microbiol. Rev.* 12(2):351–66.

Masucci, M. G., et Ernberg, I. 1994. Epstein-Barr virus: Adaptation to a life within the immune system. *Trends in Microbiol.* 2(4)125–30.

Nowak, M. A., et McMichael, A. J. 1995. Affaiblissement immunitaire et SIDA. *Pour la Science,* 216, 60-68.

O'Brien, S. J., et Dean, M. 1997. Pourquoi certaines personnes résistent au SIDA. *Pour la Science,* 240, 82-89.

Polish, L. B.; Gallagher, M.; Fields, H. A.; et Hadler, S. C. 1993. Delta hepatitis: Molecular biology and clinical epidemiological features. *Clin. Microbiol. Rev.* 6(3):211–29.

Science. 1993. AIDS: The unanswered questions (Special News Report). 260:1253–93.

Seeger, C., et Mason, W. 2000. Hepatitis B virus biology. *Microbiol. Mol. Biol. Rev.* 64(1):51–68.

Smith, J. S. 1996. New aspects of rabies with emphasis on epidemiology, diagnosis, and prevention of the disease in the United States. *Clin. Microbiol. Rev.* 9(2):166–76.

Staczek, J. 1990. Animal cytomegaloviruses. *Microbiol. Rev.* 54(3):247–65.

Steffy, K., et Wong-Staal, F. 1991. Genetic regulation of human immunodeficiency virus. *Microbiol. Rev.* 55(2):193–205.

Stine, G. J. 1997. *Acquired immune deficiency syndrome: Biological, medical, social & legal issues,* 3e éd. New Jersey: Prentice-Hall.

Stine, G. J. 1998. *AIDS update 1998.* New Jersey: Prentice-Hall.

Tiollais, P., et Buendia, M. A. 1991. Le virus de l'hépatite B. *Pour la Science,* 164, 28-34.

Vlahov, D., et al. 1998. Prognostic indicators for AIDS and infectious disease death in HIV-infected injection drug users. *JAMA* 279(1):35–40.

Wagner, E. K., et Bloom, D. C. 1997. Experimental investigation of herpes simplex virus latency. *Clin. Microbiol. Rev.* 10(3):419–43.

Ward, D. E., et Krim, M. 1998. *The AmFAR AIDS handbook: The complete guide to understanding HIV and AIDS.* New York: W. W. Norton.

Winkler, W. G., et Vogel, K. 1992. La vaccination des animaux sauvages contre la rage. *Pour la Science,* 178, 76-82.

Wunner, W. H. 2000. Rabies. In *Encyclopedia of microbiology,* 2e éd., vol. 4, J. Lederberg, éd., 15–31. San Diego: Academic Press.

Zein, N. 2000. Clinical significance of hepatitis C virus genotypes. *Clin. Microbiol. Rev.* 13(2):223–35.

38.4 Les maladies transmises par les aliments et l'eau

Blacklow, N. R., et Greenberg, H. B. 1991. Viral gastroenteritis. *N. Engl. J. Med.* 325(4):252–64.

Cuthbert, J. A. 1994. Hepatitis C: Progress and problems. *Clin. Microbiol. Rev.* 7(4):505–32.

de Quadros, C. A. 2000. Polio. In *Encyclopedia of microbiology,* 2e éd., vol. 3, J. Lederberg, éd., 762–72. San Diego: Academic Press.

Hedberg, C. W., et Osterholm, M. T. 1993. Outbreaks of food-borne and waterborne viral gastroenteritis. *Clin. Microbiol. Rev.* 6(3):199–210.

Melnick, J. L. 1996. Current status of poliovirus infection. *Clin. Microbiol. Rev.* 9(3):293–300.

Xiang, J., et Stapleton, J. 1999. Hepatitis A virus. In *Manual of clinical microbiology,* 7ᵉ éd., P. Murray, éd., 1014–24. Washington, D.C.: ASM Press.

38.5 Les maladies lentes à virus et à prions

Aiken, J. M., et Marsh, R. F. 1990. The search for scrapie agent nucleic acid. *Microbiol. Rev.* 54(3):242–46.

Baker, H., et Ridley, R., éd. 1996. *Prion disease.* Totowa, N.J.: Humana Press.

Gambetti, P., et Parchi, P. 1999. Insomnia in prion diseases: Sporadic and familial. *N. Engl. J. Med.* 340(21): 1675–77.

Harris, D. 1999. Cellular biology of prion disease. *Clin. Microbiol. Rev.* 12(3):429–44.

Johnson, R., et Gibbs, C. 1998. Creutzfeldt-Jacob disease and related spongiform encephalopathies. *N. Engl. J. Med.* 339(27):1994–2004.

Prusiner, S. B. 1995. Les maladies à prions. *Pour la Science,* 209, 42-50.

Prusiner, S. B. 1997. Prion disease and the BSE crisis. *Science* 278:245–251.

38.6 Autres maladies

Kiviat, N. 1999. Human papillomavirus. In *Manual of clinical microbiology,* 7ᵉ éd., P. Murray, éd., 1080–88. Washington, D.C.: ASM Press.

Norkin, L. C. 1982. Papoviral persistent infections. *Microbiol. Rev.* 46:384–91.

Roman, A., et Fife, K. 1989. Human papillomaviruses: Are we ready to type? *Clin. Microbiol. Rev.* 2:166–90.

CHAPITRE 39

Les maladies humaines dues aux bactéries

La victime du tétanos. Le genre bactérien *Clostridium* comprend de nombreuses espèces pathogènes parmi lesquelles l'agent responsable du tétanos (*C. tetani*). Cette peinture de Charles Bell (1821) montre un soldat de la guerre d'Espagne mourant de tétanos.

Plan

Concepts

1. Les maladies bactériennes humaines peuvent être groupées d'après leur mode d'acquisition ou de transmission.

2. Les maladies bactériennes transmises par l'air impliquent pour la plupart, le système respiratoire. C'est le cas de la diphtérie, la maladie des légionnaires et la fièvre de Pontiac, la pneumonie à *Mycobacterium avium-M. intracellulaire*, la coqueluche, les maladies streptococciques, la tuberculose. D'autres bactéries portées par l'air peuvent causer des maladies de la peau dont la cellulite, l'érysipèle et la scarlatine ou des maladies systémiques telles que la méningite, la glomérulonéphrite et le rhumatisme articulaire aigu.

3. Si les maladies bactériennes transmises par les arthropodes sont généralement rares, elles ont un intérêt historique (la peste) ou parce qu'elles ont été récemment introduites chez les humains (maladie de Lyme). Les maladies à rickettsies sont pour la plupart transmises par arthropodes. Les rickettsioses aux États-Unis peuvent être divisées en typhus (typhus épidémique dû à *R. prowazekii* et typhus murin dû à *R. typhi*) et en fièvres pourprées et boutonneuses (fièvre pourprée des Montagnes Rocheuses due à *R. rickettsii* et l'ehrlichiose due à *Ehrlichia chaffeenses*). La fièvre Q (causée par *Coxiella burneti*) est une exception car elle ne se transmet pas par l'intermédiaire d'insectes vecteurs, comme les autres rickettsioses et que la bactérie responsable forme des structures ressemblant à des endospores.

4. Les maladies bactériennes transmises par contact direct concernent en majorité la peau, les muqueuses et les tissus sous-jacents. Comme exemples citons : le charbon, la vaginite bactérienne, la maladie de la griffe de chat, le chancre mou, la gangrène gazeuse, la lèpre, l'ulcère gastrique, les maladies staphylococciques, la syphilis. D'autres atteignent certaines régions spécifiques de l'organisme par exemple, la blennorragie, les maladies staphylococciques, la syphilis, le tétanos et la tubarémie. Trois espèces de chlamydies sont responsables de maladies de contact : *Chlamydia pneumoniæ* responsable de la pneumonie chlamydienne, *Chlamydia trachomatis*, qui cause une conjonctivite à inclusions, la lymphogranulomatose vénérienne, l'urétrite non gonococcique et le trachome et *C. psittaci* qui provoque la psittacose. Trois espèces de mycoplasmes sont des agents pathogènes humains : *Mycoplasma hominis* et *Ureaplasma urealyticum* donnent des maladies du système génito-urinaire, alors que *M. pneumoniae* est une cause majeure de maladies respiratoires aiguës et de pneumonies.

5. Les maladies bactériennes transmises par l'eau et les aliments sont contractées lors de l'ingestion de nourriture ou d'eau contaminée. Ces maladies sont essentiellement de deux types : des infections et des intoxications. Une infection a lieu lorsqu'une bactérie pathogène pénètre dans le tube digestif et s'y multiplie. C'est le cas de la gastro-entérite à *Campylobacter*, la salmonellose, la listériose, la shigellose, la diarrhée des voyageurs, les infections à *Escherichia coli* et la fièvre typhoïde. Une intoxication a lieu suite à l'ingestion d'une toxine produite en dehors de l'organisme comme dans le cas du botulisme, du choléra et de l'intoxication alimentaire staphylococcique.

6. Certaines maladies et leurs effets n'entrent pas dans les catégories des modes de transmission. Deux exemples importants sont la sepsie et le choc septique. La cascade pathogène allant de la septsie au choc septique peut-être initiée par des bactéries Gram-positives, des mycètes ou des bactéries Gram-négatives contenant des endotoxines.

7. Plusieurs bactéries odontopathogènes sont responsables des maladies bactériennes les plus courantes chez l'homme : caries dentaires et parodontites. Les deux résultent de la formation d'une plaque dentaire ainsi que de la production d'acides lactique et acétique par les agents odontopathogènes.

> *Les soldats ont rarement gagné les guerres. Le plus souvent, ils ont nettoyé les lieux après le passage d'épidémies. Et le typhus, avec ses frères et soeurs — peste, choléra, fièvre typhoïde, dysenterie — a enlevé plus de victoires que César, Hannibal, Napoléon et tous les généraux de l'histoire. On rejette le blâme de la défaite sur les épidémies et les généraux reçoivent les mérites de la victoire. Ce devrait être le contraire...*
>
> — *Hans Zinsser*

Les quatre premières parties de cet ouvrage couvrent la biologie générale des bactéries. Les chapitres 19 à 24 passent spécifiquement en revue la morphologie et la taxinomie bactériennes. Le chapitre 39 continue cette analyse des bactéries

Tableau 39.1 Quelques maladies bactériennes humaines reconnues depuis 1973

Année	Bactérie	Maladie
1977	*Legionella pneumophila*	Maladie des légionnaires
1977	*Campylobacter jejuni*	Gastro-entérite
1981	*Staphylococcus aureus*	Syndrome du choc toxique
1982	*Escherichia coli* O157:H7	Colite hémorragique, syndrome de l'urémie hémolytique
1982	*Borrelia burgdorferi*	Maladie de Lyme
1982	*Helicobacter pylori*	Ulcère gastrique
1986	*Ehrlichia chaffeensis*	Ehrlichiose
1992	*Vibrio cholerae* O139	Nouvelle souche associée à une épidémie de choléra en Asie
1992	*Bartonella henselae*	Maladie de la griffe de chat et angiomatose bacillaire
1993	*Enterococcus faecium;* Entérocoques résistants à la vancomycine	Colite et entérite
1994	*Ehrlichia* sp.	Ehrlichiose granulocytaire
1995	*Neisseria meningitidis*	Supraglottite à méningocoques
1997	*Kingella kingae*	Infections pédiatriques

en présentant certains des plus importants micro-organismes-bactéries Gram-positives, Gram-négatives, chlamydies, mycoplasmes et rickettsies — qui sont pathogènes pour l'homme.

De toutes les espèces bactériennes connues, seules quelques-unes sont pathogènes pour les humains. Certaines maladies humaines n'ont été reconnues que récemment (**tableau 39.1**), d'autres sont connues depuis l'antiquité. Dans les sections suivantes, les bactéries pathogènes les plus importantes sont groupées d'après leur mode d'acquisition ou de transmission.

39.1 Les maladies transmises par l'air

La plupart des maladies bactériennes transmises par l'air impliquent le système respiratoire. D'autres bactéries portées par l'air peuvent causer des maladies de la peau. Quelques-unes de ces maladies les plus connues sont décrites ci-dessous.

La diphtérie

La **diphtérie** (du grec *diphthera*, membrane, et *ia*, condition) est une maladie contagieuse aiguë causée par l'organisme Gram-positif *Corynebacterium diphtheriae* (*voir figure 24.8*). *C. diphtheriae* est bien adapté à la transmission aérienne à partir de sécrétions nasopharyngées et est très résistant à la dessiccation. La diphtérie affecte principalement des personnes pauvres vivant dans des zones très peuplées. Après leur pénétration dans le système respiratoire, les bactéries qui portent le prophage-β contenant le gène *tox* (*voir section 17.5*), produisent la toxine diphtérique, une exotoxine qui cause une réponse inflammatoire et la formation de pseudomembranes grisâtres sur les muqueuses du système respiratoire supérieur (**figure 39.1**). La pseudomembrane est faite de cellules de *C. diphtheriae* et de cellules mortes de l'hôte. L'exotoxine est également absorbée dans le système circulatoire et distribuée à travers tout l'organisme, où elle peut causer la destruction des tissus cardiaques, rénaux et nerveux en inhibant la synthèse protéique (*voir tableau 34.6 et figure 34.5*).

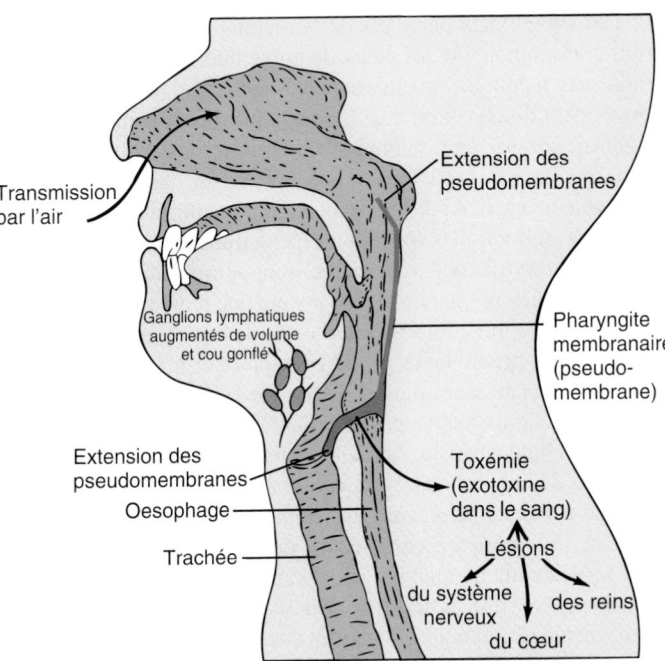

Figure 39.1 Pathogénie de la diphtérie. La diphtérie est une maladie infectieuse bien connue due à l'exotoxine de *Corynebacterium diphteriae*. Il s'agit d'une maladie aiguë, contagieuse, avec fièvre, caractérisée par une inflammation locale de l'oropharynx et la formation de pseudomembranes. Si l'exotoxine atteint le sang et est disséminée, elle peut endommager les nerfs périphériques, le cœur et les reins.

Les symptômes typiques de la diphtérie comprennent un écoulement nasal mucopurulent (contenant du mucus et du pus), de la fièvre et la toux. Le diagnostic se fait par l'observation des pseudomembranes dans la gorge et par la culture des bactéries. De l'antitoxine diphtérique est administrée pour neutraliser toute exotoxine non absorbée dans les tissus de l'individu infecté ; l'infection est traitée par la pénicilline et l'érythromycine. La prévention est faite par immunisation active avec le **vaccin DPT** (**d**iphtérie-**p**ertussis-**t**étanos) (*voir tableau 33.1*).

C. diphtheriae peut aussi infecter la peau, habituellement au niveau d'une plaie ou d'une lésion cutanée, causant une ulcération à guérison lente, appelée **diphtérie cutanée**. La plupart de ces cas concernent des personnes de plus de 30 ans qui ont une immunité diminuée contre la toxine diphtérique et qui vivent dans des régions tropicales.

Moins de 100 cas de diphtérie sont observés aux Etats-Unis chaque année et la plupart se déclarent chez des individus non immunisés. Depuis 1990, une épidémie massive de diphtérie s'est répandue dans 14 des 15 états indépendants de l'ancienne URSS : environ 50 000 nouveaux cas sont déclarés chaque année.

La maladie des légionnaires et la fièvre de Pontiac

En 1976, le terme de **maladie des légionnaires** ou **légionellose** fut inventé pour décrire la pneumonie qui affecta les participants à la réunion de l'American Legion de l'État de Pennsylvanie à Philadelphie. La bactérie responsable de cette épidémie fut décrite comme *Legionella pneumophila*, un bacille Gram-négatif aérobie à croissance fastidieuse (**figure 39.2**). On sait maintenant que cette bactérie fait partie d'une communauté microbienne naturelle du sol

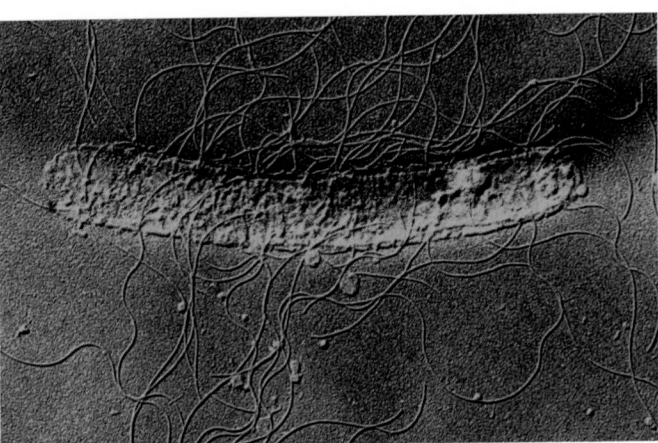

Figure 39.2 La maladie des légionnaires. *Legionella pneumophila*, l'agent responsable de la maladie des légionnaires, avec de nombreux flagelles latéraux ; image en microscopie électronique (x 10.000).

et d'écosystèmes aquatiques. Elle se trouve en grand nombre dans des systèmes d'air conditionné et des installations de douches.

Il est de mieux en mieux établi que le facteur le plus important pour la survie et le développement de *Legionella* dans la nature sont des protozoaires (*voir p. 608*). Dans les eaux suspectées d'être des sources d'infections à *Legionella*, on a isolé des amibes libres et des protozoaires ciliés porteurs de *Legionella sp*. Cette bactérie se multiplie à l'intérieur de l'amibe unicellulaire comme elle le fait dans les monocytes et les macrophages humains. Ceci peut expliquer pourquoi la légionellose n'est pas contagieuse d'homme à homme.

L'infection par *L. pneumophila* résulte de la dissémination par l'air des bactéries, à partir d'un réservoir de l'environnement, vers le système respiratoire humain. Les hommes au-delà de l'âge de 50 ans sont le plus souvent atteints par cette maladie, spécialement s'ils sont immunodéprimés par l'alcoolisme, une maladie chronique ou s'ils sont fumeurs invétérés. Les bactéries résident dans les phagosomes des macrophages alvéolaires où elles se multiplient et produisent une destruction tissulaire localisée, par la sécrétion d'une exoprotéase cytotoxique. Les symptômes comprennent une forte fièvre, une toux non productive (les sécrétions respiratoires ne sont pas dégagées par la toux), des céphalées, des manifestations neurologiques et une bronchopneumonie grave. Le diagnostic dépend de l'isolement de la bactérie, de l'établissement d'une augmentation du taux d'anticorps avec le temps ou de la détection d'antigènes dans l'urine à l'aide d'une trousse de test rapide. Le traitement est instauré par des mesures d'appoint et l'administration d'érythromycine ou de rifampine.

La prévention de la maladie des légionnaires dépend de l'identification et de l'élimination de la source de *L. pneumophila* dans l'environnement. La chloration, le chauffage de l'eau et le nettoyage des circulateurs d'eau peuvent aider à contrôler la multiplication et la dissémination de *Legionella*. Ces mesures de contrôle sont efficaces parce que la bactérie ne semble pas se transmettre entre individus.

Depuis la première manifestation de cette maladie en 1976, de nombreuses éruptions ont été reconnues dans toutes les parties des Etats-Unis pendant les mois d'été. On diagnostique chaque année de 1.000 à 1.400 cas et on pense qu'il pourrait y avoir environ 30.000 cas supplémentaires légers avec peu de symptômes cliniques. On

Tableau 39.2	Les agents responsables des méningites par catégorie diagnostique

Type de méningite	Agent causal
Méningite bactérienne	*Streptococcus pneumoniae*
	Neisseria meningitidis
	Haemophilus influenzae type b
	Bacilles Gram-négatifs
	Streptocoques du groupe B
	Listeria monocytogenes
	Mycobacterium tuberculosis
	Nocardia asteroides
	Staphylococcus aureus
	Staphylococcus epidermidis
Syndrome méningé aseptique	
Agents exigeant des antibiotiques	Mycètes
	Amibes
	Syphilis
	Mycoplasmes
	Leptospires
Agents exigeant d'autres traitements	Virus
	Cancers
	Kystes parasitaires
	Substances chimiques

estime que 3 à 6 % de toutes les pneumonies nosocomiales sont dues à *L. pneumophila*, surtout parmi les patients immunodéprimés.

L. pneumophila cause également une maladie appelée **fièvre de Pontiac**. Cette maladie, qui ressemble plus à une maladie allergique qu'à une infection, est caractérisée par un accès brutal de fièvre, des céphalées, des étourdissements et des douleurs musculaires. Du point de vue clinique, cette maladie ne peut être distinguée des divers syndromes respiratoires causés par des virus. Il n'apparaît pas de pneumonie. Une guérison spontanée survient après 2 à 5 jours. On n'a pas rapporté de décès suite à une fièvre de Pontiac.

La fièvre de Pontiac fut décrite pour la première fois lorsqu'elle se déclara dans un département de santé publique à Pontiac dans le Michigan : 9 % des employés devinrent malades et on leur trouva par la suite des titres sériques élevés contre *L. pneumophila*. Ces bactéries furent isolées plus tard des poumons de cochons d'Inde exposés à l'air du bâtiment. La source la plus vraisemblable était l'eau d'un conditionnement d'air défectueux.

Les méningites

La **méningite** (du grec *meninx*, membrane et *itis*, inflammation) est une inflammation des méninges (membranes) du cerveau ou de la moelle épinière. Sur base de la cause spécifique, elle peut être divisée en **méningite bactérienne (septique)** et **syndrome méningé aseptique (tableau 39.2)**. Comme indiqué dans le tableau, il y a de nombreuses causes au syndrome méningé aseptique, seules quelques-unes pouvant être traitées par des substances antimicrobiennes. Il est donc essentiel d'identifier avec exactitude l'agent causal en vue d'un traitement adéquat de la maladie. Les sources immédiates des bactéries responsables de méningites sont les sécrétions respiratoires de porteurs ou de cas déclarés. Les bactéries colonisent initialement le nasopharynx, après quoi elles passent la barrière muqueuse et pénètrent dans la circulation sanguine et le liquide céphalorachidien où elles produisent une inflammation des méninges.

Les symptômes habituels de la méningite sont une maladie respiratoire initiale ou des maux de gorge interrompus par un des syndromes méningés : vomissement, céphalée, léthargie, confusion, raideur du cou et du dos. La méningite bactérienne peut être diagnostiquée par une coloration de Gram et une culture bactérienne du liquide céphalorachidien ou par un des tests rapides (*voir tableau 36.3*). Après avoir identifié par culture la bactérie en cause, des antibiotiques spécifiques (pénicilline, chloramphénicol, céfotaxime, ceftriaxone, ofloxacine) sont administrés immédiatement. Au milieu des années 1980, il y eut une réduction brutale de l'incidence des infections à *H. influenza* de type b grâce à la vaccination, à la prophylaxie par la rifampine, et à la disponibilité d'agents thérapeutiques plus efficaces. De 1987 à 1999, l'incidence de l'infection invasive parmi les enfants américains de moins de 5 ans a chuté de 95 %. Actuellement, tous les enfants dès l'âge de 2 mois doivent être vaccinés contre *H. influenzae* de type b.

Une personne peut avoir les symptômes de la méningite sans qu'on ne puisse mettre en évidence de bactéries Gram-négatives dans des échantillons soumis à la coloration de Gram. De même, les cultures peuvent restées négatives. Dans ce cas, le diagnostic du syndrome méningé aseptique est souvent établi. La méningite aseptique est plus difficile à traiter et le pronostic est habituellement mauvais.

La pneumonie à *Mycobacterium avium-M. intracellulare*

Au cours de la dernière décennie, on a découvert qu'un très vaste groupe de mycobactéries faisait partie de la population normale du sol et de l'eau et des poussières domestiques. Deux de celles-ci sont devenues des bactéries pathogènes importantes aux Etats-Unis : *Mycobacterium avium* et *Mycobacterium intracellulare*. Elles sont si proches qu'on s'y réfère en tant que complexe *M. avium* (MAC).

Ces mycobactéries se retrouvent partout et infectent divers insectes, oiseaux et autres animaux. On pense que les portes d'entrée du complexe *M. avium* sont les systèmes respiratoire et gastro-intestinal. Ce dernier est le site le plus fréquent de colonisation et de dissémination chez les patients sidéens. MAC donne une infection pulmonaire chez l'homme similaire à celle due à *M. tuberculosis*. L'infection pulmonaire est plus fréquente chez les patients non sidéens, spécialement chez les personnes âgées ayant une maladie pulmonaire préexistante.

Peu après la reconnaissance du SIDA et des infections opportunistes associées (*voir tableau 38.3*), il apparut que l'une des infections les plus fréquentes était causée par MAC. Une infection généralisée par des organismes du groupe MAC se déclare chez 15 à 40 % des personnes atteintes du SIDA aux Etats-Unis, dont le nombre de cellules CD4$^+$ est inférieur à 100 par mm^3. L'infection disséminée par MAC produit des symptômes débilitants comme la fièvre, des malaises, une perte de poids et des diarrhées. Des études épidémiologiques bien contrôlées ont montré que MAC abrège la survie des personnes atteintes de SIDA de 5 à 7 mois. Suite à une thérapeutique antivirale plus efficace contre le SIDA et une survie prolongée, le nombre de cas d'infections généralisées par des organismes MAC sera vraisemblablement en augmentation et leur contribution à la mortalité du SIDA augmentera dans la même proportion.

Les organismes MAC peuvent être isolés du crachat, du sang et de ponctions de moelle osseuse. La coloration spécifique pour la mise en évidence des bacilles alcoolo-acido-résistants est utile pour établir le diagnostic. La méthode de détection la plus sensible est le système commercialement disponible de cultures de sang lysé et centrifugé (Wampole Laboratories). Bien qu'actuellement aucune drogue anti-MAC n'ait été approuvée par la FDA, tout traitement doit comprendre de l'azithromycine ou la clarithromycine ou l'éthambutol comme seconde drogue, accompagnant une ou plusieurs drogues parmi la closfazimine, la rifabutine, la rifampine, la ciprofloxacine et l'amikacine.

La coqueluche

La **coqueluche** est causée par *Bordetella pertussis*, une bactérie Gram-négative (*B. parpertussis* est une espèce très voisine responsable d'une forme moins grave de la maladie). La coqueluche est une maladie hautement contagieuse qui affecte principalement les enfants. On a estimé que plus de 95 % de la population mondiale a présenté des symptômes légers ou graves de la maladie. Chaque année, environ 500.000 individus en meurent. Aux Etats-Unis cependant, il y a moins de 5.000 cas et moins de 10 décès par an.

La transmission se fait par inhalation de la bactérie dans des gouttelettes dégagées par une personne infectée. La période d'incubation est de 7 à 14 jours. Après avoir pénétré dans le système respiratoire supérieur, les bactéries s'attachent aux cellules épithéliales ciliées car elles produisent un facteur d'adhérence spécifique, appelé hémagglutinine filamenteuse qui reconnaît une molécule complémentaire sur les cellules. Après leur attachement, les bactéries synthétisent plusieurs toxines (*voir tableau 34.6*) qui sont responsables des symptômes. La toxine la plus importante est la toxine coquelucheuse qui cause une sensibilisation tissulaire accrue à l'histamine et à la sérotonine et augmente la réponse lymphocytaire. *B. pertussis* produit également une adénylate cyclase extracytoplasmique, une cytotoxine trachéale et une toxine dermonécrotique qui détruisent le tissu épithélial. En plus, la sécrétion d'un mucus épais entrave l'action des cils et souvent, les cellules épithéliales ciliées meurent.

La coqueluche est divisée en trois stades. (1) Le stade catarrhal, ainsi nommé à cause de l'inflammation des muqueuses, est insidieux et ressemble à un rhume. (2) Le stade paroxysmique est caractérisé par des quintes de toux prolongées. Durant ce stade, la personne infectée essaye de se débarrasser des sécrétions muqueuses en faisant de 5 à 15 toussotements rapides et consécutifs suivis par une inspiration longue et sifflante caractéristique. Les stades catarrhal et paroxysmique durent environ 6 semaines. (3) Le stade de convalescence et de récupération peut durer plusieurs mois.

Le diagnostic de la coqueluche au laboratoire se fait par la culture de la bactérie, par la coloration de frottis d'écouvillons nasopharyngés à l'aide d'anticorps fluorescents et par des tests sérologiques. Après infection, une immunité efficace et durable se développe. Le traitement est à base d'érythromycine, de tétracycline ou de chloramphénicol. Débuté pendant la phase catarrhale, le traitement améliore les symptômes cliniques ; débuté pendant les 2 semaines de paroxysme, il peut aussi réduire la gravité de la maladie La prévention est faite avec le vaccin DTP (*p. 765*). La vaccination des enfants est recommandée dès l'âge de 2 à 3 mois (*voir tableau 33.1*).

Les maladies streptococciques

Les streptocoques sont un groupe hétérogène de bactéries Grampositives. Dans ce groupe, *Streptococcus pyogenes* (streptocoques β-hémolytiques du groupe A ; *voir p. 530-33*) est une des bactéries pathogènes les plus importantes. Les différents sérotypes produisent (1) des enzymes extracellulaires qui dégradent des molécules de l'hôte ; (2) des streptokinases, enzymes activant un facteur sanguin de l'hôte, qui dissout les caillots sanguins ; (3) des toxines cytolytiques, la streptolysine O et la streptolysine S, qui tuent les leucocytes de l'hôte et (4) des capsules et la protéine M qui retardent la phagocytose.

S. pyogenes est largement répandu chez les humains, mais le plus souvent, ce sont des porteurs asymptomatiques. Les individus avec une infection aiguë peuvent répandre la bactérie pathogène, la transmission se faisant par des gouttelettes respiratoires, par contact direct ou indirect. Lorsqu'une souche hautement virulente apparaît dans une école, elle peut causer un accès brutal de maux de gorge et de scarlatine. Chez les adultes, ces émergences sont moins fréquentes suite à la synthèse cumulative d'anticorps contre de nombreux sérotypes différents de *S. pyogenes*.

Le diagnostic d'une infection streptococcique est basé autant sur les observations cliniques que sur les résultats du laboratoire. Plusieurs tests rapides sont disponibles (*voir tableau 36.3*). La pénicilline et l'érythromycine sont employées pour le traitement. Sauf pour la pneumonie streptococcique, on ne dispose pas de vaccin pour les maladies streptococciques à cause du grand nombre de sérotypes.

La meilleure mesure de contrôle est la prévention de la transmission bactérienne. Les individus infectés doivent être isolés et traités. Le personnel travaillant avec des patients infectés doit suivre des consignes rigoureuses d'asepsie. Dans les sections suivantes, plusieurs maladies streptococciques humaines parmi les plus importantes seront décrites (**figure 39.3**).

La cellulite et l'érysipèle

La **cellulite** (*sensu stricto*) est une infection étendue des tissus sous-cutanés. L'inflammation qui en résulte est caractérisée par une zone définie de rougeur (érythème) et par l'infiltration de liquide séreux (œdème). L'infection de la peau la plus fréquente due à *S. pyogenes* est l'**impétigo** (peut être dû aussi à *S. aureus*, figure 39.19c). Il s'agit d'une infection cutanée superficielle, plus commune chez les enfants. Généralement localisée au visage, elle se caractérise par des lésions crouteuses et des vésicules bordées de rouge. L'impétigo est le plus fréquent en fin d'été et début d'automne. Le traitement de choix est la pénicilline ou l'érythromycine pour ceux qui sont allergiques à la pénicilline.

L'**érysipèle** (du grec *erythros*, rouge et *pella*, peau) est une infection aiguë et une inflammation de la couche dermique de la peau. Elle apparaît principalement chez des enfants et des personnes de plus de 30 ans avec un antécédent de maux de gorge streptococciques. La peau se couvre souvent de plages rougeâtres douloureuses qui s'agrandissent, s'épaississent et présentent un bord nettement défini (**figure 39.4**). La guérison survient généralement après une semaine ou plus sans traitement. Les médicaments de choix pour l'érysipèle sont l'érythromycine et la pénicilline. Les érysipèles peuvent récidiver périodiquement aux mêmes endroits du corps, pendant des années.

Infections invasives à *Streptococcus A*

Au 19e siècle, les infections invasives à *Streptococcus pyogenes* étaient une cause majeure de morbidité et de mortalité. Cependant

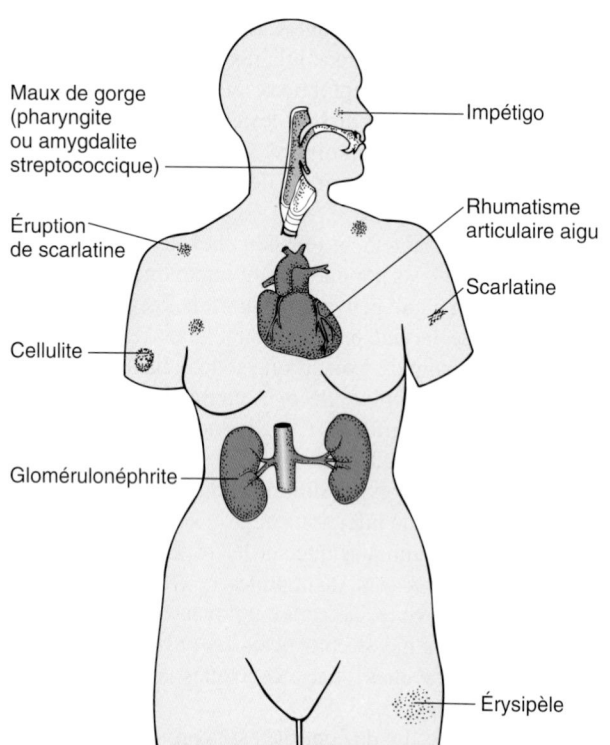

Maux de gorge (pharyngite ou amygdalite streptococcique)

Impétigo

Éruption de scarlatine

Rhumatisme articulaire aigu

Scarlatine

Cellulite

Glomérulonéphrite

Érysipèle

Figure 39.3 Les maladies streptococciques. Certaines des maladies les plus fréquentes associées aux infections streptococciques du groupe A et les organes affectés.

au cours du siècle dernier, la fréquence des infections graves à streptocoques du groupe A a diminué, surtout depuis l'arrivée des antibiotiques. Au milieu des années 80, s'est produite au niveau mondial une augmentation de la septicité des streptocoques du groupe A : des foyers de rhumatisme articulaire aigu sont rapportés dans différentes régions des Etats-Unis et on voit émerger un syndrome streptococcique proche du choc toxique. (un streptocoque A virulent tua en 1990, Jim Henson des « Muppets de Sesame street » et en 1994, la presse fit ses grands titres de la « maladie invasive mangeuse de chair »).

L'apparition de la maladie invasive à streptocoques A dépend de la présence de certaines souches virulentes (des sérotypes M1 et M3) et de facteurs prédisposants chez le patient (plaies chirurgicales ou non, diabète et autres problèmes médicaux). Une infection pouvant être mortelle, débute par le passage de souches virulentes à travers une muqueuse ou la colonisation d'une contusion de la peau. Il s'en suit soit une **fasciite nécrosante** (du grec *nekrosis*, mort ; du latin *fascis*, bande) qui détruit la gaine entourant les muscles squelettiques, soit une **myosite** (du grec *myos*, muscle) qui enflamme et détruit les muscles squelettiques et le tissu graisseux. Ces deux maladies qui apparaissent et se développent si rapidement ont reçu le nom général de gangrène gallopante.

Ces maladies doivent être traitées immédiatement pour diminuer les risques de décès, la pénicilline G étant l'antibiotique de choix. Il faut aussi enlever chirurgicalement les tissus morts ou mourants dans les cas de fasciite nécrosante plus avancés. On estime à 10 - 15.000 le nombre de cas par an de ces infections invasives aux Etats-Unis, parmi celles-ci 5 à 10 % sont associées à des nécroses.

Une raison pour laquelle ces souches de streptocoque A sont mortelles est qu'elles portent les gènes encodant les exotoxines

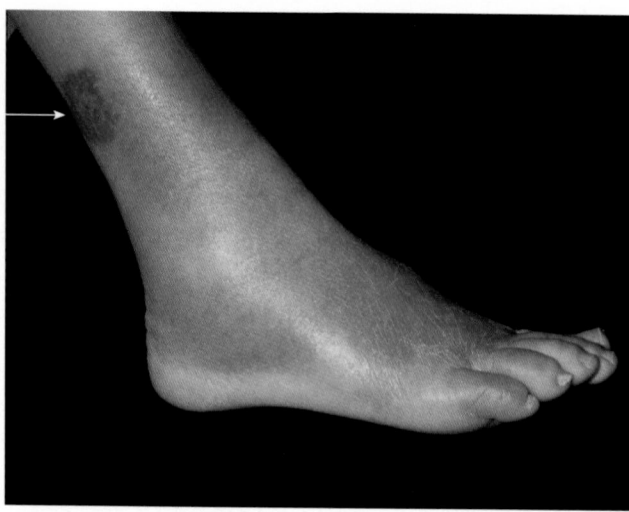

Figure 39.4 L'érysipèle. Notez la lésion brillante, en relief, de consistance caoutchouteuse au site d'entrée (flèche blanche) et l'extension de l'inflammation au pied. Le rougissement est causé par des toxines produites par les streptocoques qui envahissent de nouveaux tissus.

pyrogènes A et B (exotoxines Spe pour « *S*treptococcal *p*yrogenic *e*xotoxins »). L'exotoxine A agit comme un superantigène qui stimule rapidement les cellules T à produire des quantités anormalement élevées de cytokines. Celles-ci endommagent les cellules endothéliales qui bordent les vaisseaux sanguins causant des pertes de liquide et la mort rapide du tissu par manque d'oxygène. La sécrétion de l'exotoxine B est un autre mécanisme pathogène. Cette exotoxine est une protéase à cystéine qui détruit les tissus par protéolyse.

Depuis 1986, on sait que les infections invasives à streptocoques A peuvent déclencher un **syndrome de choc toxique** (TSLS pour *t*oxic *s*hock *l*ike *s*yndrome) caractérisé par la chute brutale de la pression sanguine, la défaillance de nombreux organes et une très forte fièvre. Ce syndrôme dont le taux de morta-lité dépasse 30 %, est dû à la production par le streptocoque invasif d'une ou de plusieurs exotoxines pyrogènes. Comme les streptocoques du groupe A sont moins contagieux que les virus du rhume et de la grippe par exemple, les personnes infectées ne sont pas un danger pour leurs proches. Les meilleurs mesures de prévention sont simple : couvrir la nourriture, se laver les mains, nettoyer et soigner les plaies.

Les maladies post-streptococciques

Les maladies post-streptococciques sont la glomérulonéphrite aiguë et le rhumatisme articulaire aigu. Elles apparaissent de une à quatre semaines après une infection aiguë à streptocoques (d'où le terme post-streptococciques). À l'heure actuelle, ces deux maladies sont les problèmes les plus sérieux associés aux infections streptococciques aux États-Unis.

La **glomérulonéphrite aiguë** ou **maladie de Bright** est une maladie inflammatoire des glomérules rénaux, structures membranaires à l'intérieur du rein où le sang est filtré. Les lésions résultent probablement du dépôt dans les glomérules de complexes antigènes-anticorps, qui impliqueraient la protéine streptococcique M. La maladie résulte donc d'une réaction d'hypersensibilité de type III (*voir figure 33.6*). Les complexes entraînent la destruction de la membrane glomérulaire permettant aux protéines et au sang de s'écouler dans l'urine. Cliniquement, l'individu affecté souffre d'œdème, de fièvre, d'hypertension et d'hématurie (du sang dans les urines). La maladie se manifeste principalement chez les enfants en âge scolaire. Le diagnostic est basé sur l'histoire clinique, un examen clinique et des données de laboratoire confirmant une infection streptococcique antérieure. L'incidence de la glomérulonéphrite aux Etats-Unis concerne moins de 0,5 % des infections streptococciques. La pénicilline G ou l'érythromycine peuvent être administrées pour éliminer tout streptocoque résiduel. Cependant, il n'y a pas de thérapie spécifique lorsque des lésions du rein sont apparues. Environ 80 à 90 % des cas évoluent vers une guérison spontanée lente des glomérules endommagés, les autres cas développant une forme chronique de la maladie. Ces derniers demandent une transplantation rénale ou des dialyses rénales pendant toute leur vie.

Le **rhumatisme articulaire aigu** ou **fièvre rhumatismale** est une maladie auto-immune caractérisée par des lésions inflammatoires impliquant les valvules cardiaques, les articulations, les tissus sous-cutanés et le système nerveux central. Elle résulte habituellement d'une précédente infection streptococcique de la gorge. Le mécanisme exact du développement du rhumatisme articulaire aigu reste inconnu. La maladie se présente le plus fréquemment chez des enfants de 6 à 15 ans et se manifeste par une variété de signes et de symptômes rendant le diagnostic difficile. Aux États-Unis, le rhumatisme articulaire aigu est devenu fort rare (moins de 0,05 % des infections streptococciques), mais sa fréquence est 100 fois plus élevée dans des régions tropicales. La thérapeutique vise à diminuer l'inflammation et la fièvre et à contrôler la défaillance cardiaque. Les salicylates et les corticostéroïdes sont les soutiens principaux du traitement. Malgré sa rareté, le rhumatisme articulaire aigu est la cause la plus commune de lésions permanentes des valvules cardiaques chez les enfants.

La scarlatine

La **scarlatine** résulte d'une infection de la gorge par une souche de *S. pyogenes* lysogène pour un bactériophage. Celui-ci code pour la production d'une toxine érythrogène (c'est-à-dire induisant une éruption) qui cause l'exfoliation de la peau. La scarlatine est une maladie contagieuse qui se répand par inhalation de gouttelettes infectieuses. Après une incubation de 2 jours, une éruption scarlatineuse apparaît sur la partie supérieure de la poitrine et s'étend ensuite au reste du corps. Cette éruption représente la réaction cutanée généralisée à la toxine circulante. En plus de l'éruption, l'individu infecté souffre de maux de gorge, frissons, fièvre, céphalées et a une langue framboisée (**figure 39.5**). La pénicilline est le traitement de choix.

Les angines streptococciques

Les **angines streptococciques** sont parmi les infections bactériennes les plus courantes chez l'homme. Les streptocoques du groupe A β-hémolytiques se répandent par des gouttelettes de salive ou de sécrétions nasales. La période d'incubation chez l'homme est de 2 à 4 jours. L'incidence des maux de gorge est plus fréquente pendant les mois d'hiver et de printemps.

L'action des streptocoques dans la gorge (**pharyngite**) ou sur les amygdales (**amygdalite**) stimule une réponse inflammatoire et la lyse de leucocytes et d'érythrocytes. Un exsudat inflammatoire com-

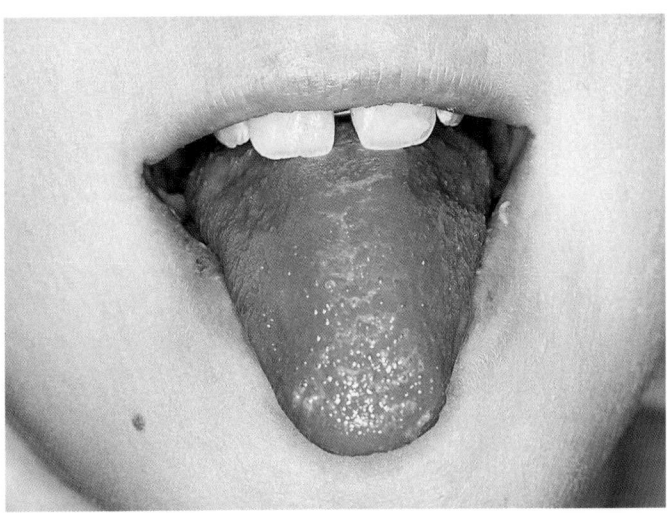

Figure 39.5 La scarlatine. La langue framboisée, caractéristique de cette maladie streptococcique.

prenant des cellules et du liquide est libéré des vaisseaux sanguins et déposé dans les tissus environnants. Ceci s'accompagne d'un sentiment général d'inconfort ou de malaise, de fièvre et de maux de tête. Les manifestations physiques principales comprennent rougeur, œdème et gonflement des ganglions lymphatiques dans la gorge. Plusieurs tests rapides sont disponibles sous forme de trousses pour diagnostiquer les infections à streptocoques de la gorge. En absence de complications, la maladie évolue vers une guérison spontanée en une semaine. Cependant un traitement à la pénicilline G-benzathine (ou à l'érythromycine pour les individus allergiques à la pénicilline) peut raccourcir l'infection et les symptômes cliniques, ce qui aide à prévenir chez des enfants des complications telles que le rhumatisme articulaire aigu et la glomérulonéphrite. Les infections chez des enfants plus âgés et chez les adultes tendent à être bénignes et moins fréquentes, sans doute à cause de l'immunité développée contre les nombreux sérotypes rencontrés durant la prime enfance. La prévention et les mesures de contrôle comprennent l'élimination adéquate ou les nettoyages des objets (mouchoirs) contaminés par les écoulements d'individus infectés.

La pneumonie streptococcique

La **pneumonie streptococcique** est maintenant considérée comme une **infection endogène**, c'est-à-dire que cette infection est causée par la propre flore normale d'un individu (*voir figure 31.2*). Elle est causée par *Streptococcus pneumoniae*, organisme Gram-positif normalement présent dans les voies respiratoires supérieures (**figure 39.6**). Cependant, la maladie n'apparaît habituellement que chez des individus ayant des facteurs prédisposants comme des infections virales du système respiratoire, une blessure de ces voies, l'alcoolisme ou le diabète. Environ 60 à 80 % de toutes les maladies respiratoires reconnues comme pneumonies sont causées par *S. pneumoniae*. De 150.000 à 300.000 individus aux États-Unis, sont victimes de cette forme de pneumonie par an et environ 13.000 à 66.000 décès en résultent.

Le facteur de virulence principal de *S. pneumoniae* est le polysaccharide capsulaire composé d'acide hyaluronique. C'est la production en grandes quantités du polysaccharide capsulaire qui

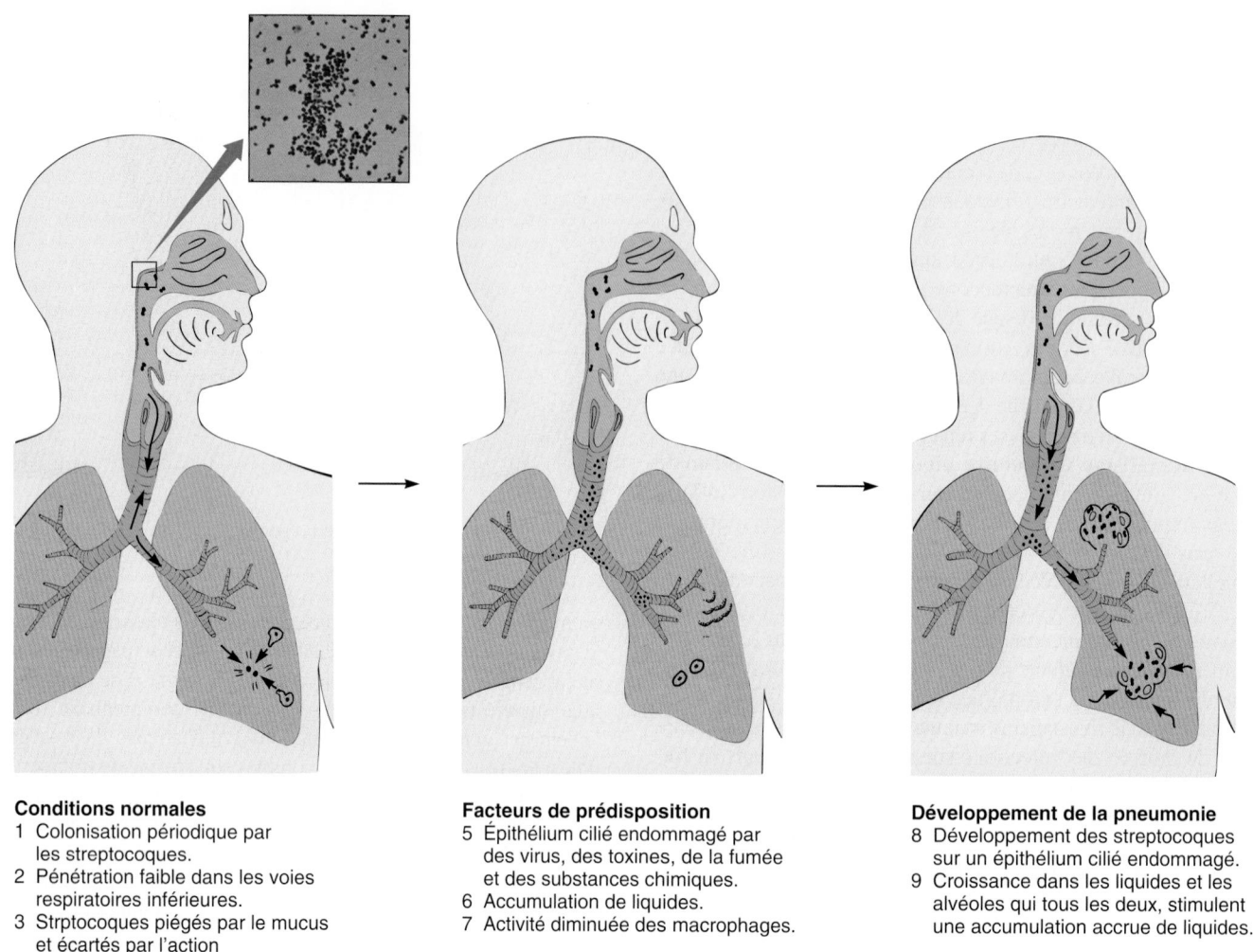

Conditions normales
1 Colonisation périodique par les streptocoques.
2 Pénétration faible dans les voies respiratoires inférieures.
3 Strptocoques piégés par le mucus et écartés par l'action de membranes ciliées.
4 Phagocytés par les macrophages.

Facteurs de prédisposition
5 Épithélium cilié endommagé par des virus, des toxines, de la fumée et des substances chimiques.
6 Accumulation de liquides.
7 Activité diminuée des macrophages.

Développement de la pneumonie
8 Développement des streptocoques sur un épithélium cilié endommagé.
9 Croissance dans les liquides et les alvéoles qui tous les deux, stimulent une accumulation accrue de liquides.

Figure 39.6 La pneumonie streptococcique, prédisposition et développement. L'insert montre la morphologie de *Streptococcus pneumoniae* (x 1.000). Les streptocoques sont des bactéries Gram-positives sphériques à ovoïdes qui forment de façon caractéristique, des chaînes en milieu liquide et des diplocoques sur milieu solide.

protège la bactérie contre l'ingestion par les phagocytes (*voir figure début du chapitre 34*). La pathogénie est due à la multiplication rapide des bactéries dans les espaces alvéolaires. Les bactéries produisent aussi une pneumolysine, toxine qui détruit les cellules de l'hôte. Les alvéoles se remplissent de sang et deviennent le siège d'une inflammation. Les crachats sont souvent de couleur rouille à cause du sang dans les poumons, entraîné par la toux. Le début des symptômes cliniques est généralement brutal avec des frissons, une respiration accélérée et des douleurs à la poitrine. Le diagnostic est fait par une radiographie du thorax, des tests biochimiques et la culture. La pénicilline G, la céfotaxime, l'ofloxacine et la ceftriaxone ont contribué à la forte réduction du taux de mortalité. Pour des individus sensibles à la pénicilline, l'érythromycine ou la tétracycline peuvent être employées. Récemment, une souche de *S. pneumoniae* résistante à la pénicilline et à la tétracycline est apparue aux États-Unis. Un vaccin pneumococcique (Pneumovax) est disponible pour des personnes affaiblies (comme des individus dans les institutions de soins chroniques). Le vaccin est une série de 23 polysaccharides capsulaires différents, son efficacité est due

aux anticorps générés contre la capsule. Ceux-ci se déposent sur la capsule, deviennent opsonisants et augmentent la phagocytose. Les mesures préventives et de contrôle comprennent l'immunisation et le traitement adéquat des personnes infectées.

La tuberculose

Robert Koch (*voir figure 1.4*) identifia *Mycobacterium tuberculosis* comme agent causal de la **tuberculose** il y a plus d'un siècle. A l'époque, la tuberculose sévissait, causant 1/7 de tous les décès en Europe et 1/3 des décès parmi les jeunes adultes actifs. Aujourd'hui cette maladie reste un problème de santé mondial énorme. On estime qu'il y a 1 milliard d'individus infectés (20 % de la population humaine du globe) avec 10 millions de nouveaux cas et plus de 3 millions des décès par an. Aux États-Unis, cette maladie s'observe le plus fréquemment parmi les sans-abris, les gens âgés, les mal nourris ou alcooliques, les pauvres, les minorités, les immigrants, les prisonniers et les américains de souche indienne. Plus de 26.000 nouveaux cas de tuberculose et plus de

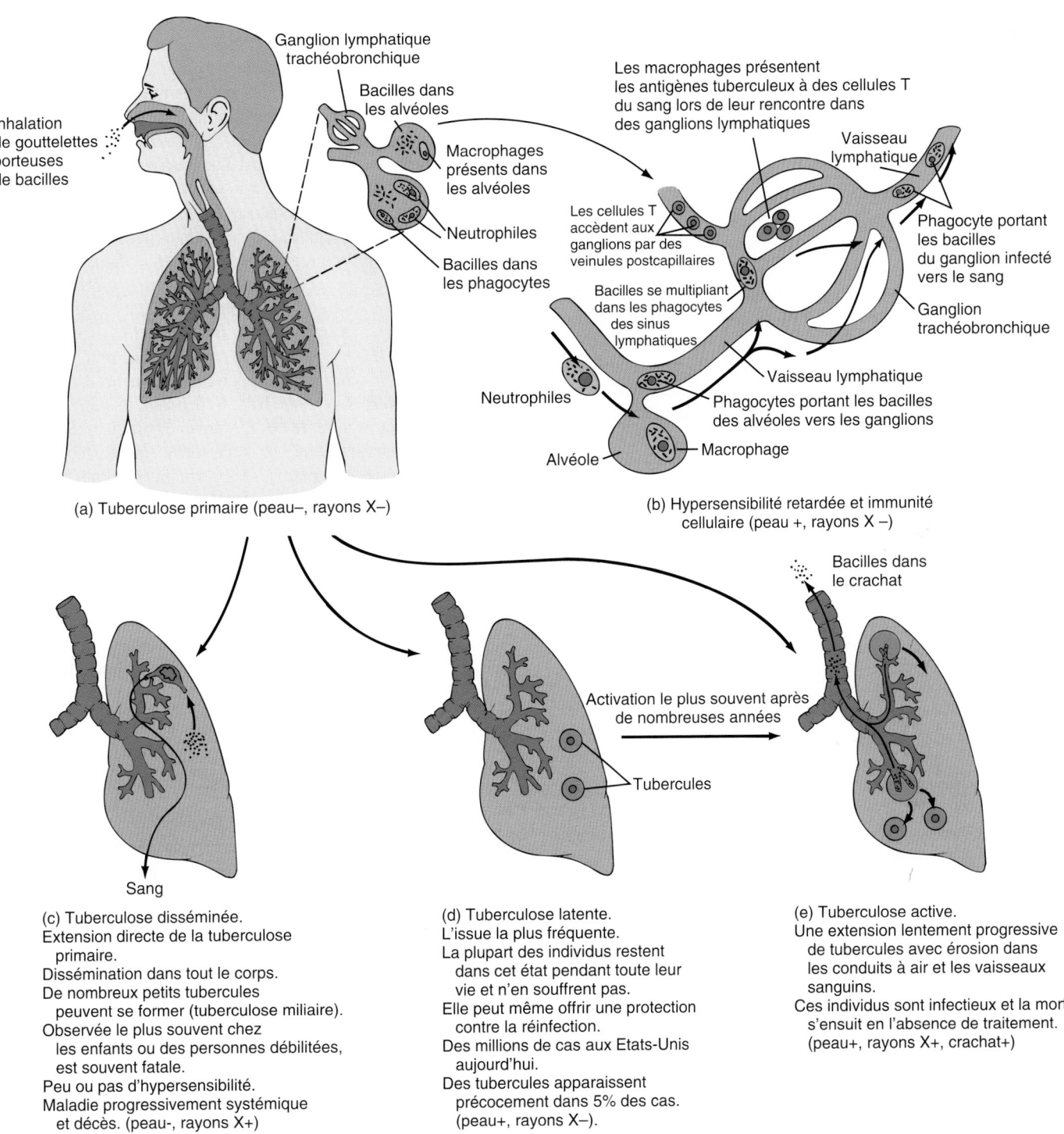

Les macrophages présentent les antigènes tuberculeux à des cellules T du sang lors de leur rencontre dans des ganglions lymphatiques

Inhalation de gouttelettes porteuses de bacilles

Ganglion lymphatique trachéobronchique

Bacilles dans les alvéoles

Macrophages présents dans les alvéoles

Neutrophiles

Bacilles dans les phagocytes

Les cellules T accèdent aux ganglions par des veinules postcapillaires

Bacilles se multipliant dans les phagocytes des sinus lymphatiques

Vaisseau lymphatique

Phagocyte portant les bacilles du ganglion infecté vers le sang

Ganglion trachéobronchique

Neutrophiles

Vaisseau lymphatique

Phagocytes portant les bacilles des alvéoles vers les ganglions

Alvéole

Macrophage

(a) Tuberculose primaire (peau–, rayons X–)

(b) Hypersensibilité retardée et immunité cellulaire (peau +, rayons X –)

Bacilles dans le crachat

Activation le plus souvent après de nombreuses années

Tubercules

Sang

(c) Tuberculose disséminée.
Extension directe de la tuberculose primaire.
Dissémination dans tout le corps.
De nombreux petits tubercules peuvent se former (tuberculose miliaire).
Observée le plus souvent chez les enfants ou des personnes débilitées, est souvent fatale.
Peu ou pas d'hypersensibilité.
Maladie progressivement systémique et décès. (peau-, rayons X+)

(d) Tuberculose latente.
L'issue la plus fréquente.
La plupart des individus restent dans cet état pendant toute leur vie et n'en souffrent pas.
Elle peut même offrir une protection contre la réinfection.
Des millions de cas aux Etats-Unis aujourd'hui.
Des tubercules apparaissent précocement dans 5% des cas. (peau+, rayons X–).

(e) Tuberculose active.
Une extension lentement progressive de tubercules avec érosion dans les conduits à air et les vaisseaux sanguins.
Ces individus sont infectieux et la mort s'ensuit en l'absence de traitement. (peau+, rayons X+, crachat+)

Figure 39.7 La tuberculose. L'histoire d'une tuberculose non traitée, dans l'organisme humain

12.000 décès sont enregistrés par an. La plupart des cas sont causés par *Mycobacterium tuberculosis*, une bactérie acido-alcoolorésistante acquise d'autres humains par inhalation de gouttelettes et par la voie respiratoire (**figure 39.7**). Aux États-Unis, environ 1/4 à 1/3 des cas de tuberculose active paraissent provenir d'une transmission récente ; les autres cas, majoritaires, résultent de la réactivation d'infections dormantes anciennes. *M. bovis* et *M. africanus* sont aussi responsables de tuberculose dans le reste du monde. La transmission vers l'homme à partir d'espèces animales

sensibles et de leurs produits (ex. le lait) est également possible. Récemment, il y eut une augmentation annuelle continue du nombre de cas suite à l'épidémie de SIDA. Les statistiques établies indiquent une association étroite entre SIDA et tuberculose. Dès lors, l'extension progressive de l'infection à HIV dans une population à haute prévalence d'infections tuberculeuses résulte en une augmentation dramatique des cas de tuberculose.

Après leur entrée dans les poumons, les bactéries sont phagocytées par les macrophages. Une de cette réponse d'hypersensibilité se développe et des nodules petits et durs, appelés **tubercules** se forment ; ceux-ci sont caractéristiques de la tuberculose et donnent leur nom à la maladie. Le processus pathologique s'arrête habituellement à ce stade, les bactéries restant néanmoins vivantes au sein des phagosomes des macrophages. On peut expliquer cette survie par la résistance de *M. tuberculosis* aux agents oxydants, à l'inhibition de la fusion lysosome-phagosome et à l'inhibition de la diffusion des enzymes lysosomiales. Avec le temps, le tubercule peut prendre une consistance de fromage (caséification) et est alors appelé une **lésion caséeuse**. Si de telles lésions se calcifient, elles s'appellent **complexes de Ghon** et se révèlent facilement à la radiographie du poumon. Parfois les lésions tuberculeuses se liquéfient et forment des **caves tuberculeuses** remplies d'air. De ces cavernes les bactéries peuvent se répandre vers de nouveaux foyers d'infection dans l'organisme. Cette extension est souvent appelée **tuberculose miliaire** à cause des nombreux tubercules, de la taille des grains de mil, formés dans les tissus infectés. Dans ces cas, on parle également de **tuberculose de réactivation** parce que les bactéries ont été réactivées dans le site initial d'infection.

Les individus infectés par *M. tuberculosis* développent une immunité à médiation cellulaire suite à la phagocytose des bactéries par les macrophages. Cette immunité implique des cellules T sensibilisées (figure 39.7*b*) et est à la base du test cutané à la tuberculine (*voir figure 33.7a*). Dans ce test, un dérivé protéique purifié (PPD pour « purified protein derivative ») de *M. tuberculosis* est injecté dans la peau (le test de Mantoux). Si la personne a eu la tuberculose, les cellules T sensibilisées réagissent avec ces protéines et une réaction d'hypersensibilité retardée a lieu dans les 48 heures. Cette réaction cutanée positive apparaît comme une induration et un rougissement de la zone autour du site d'injection. Des tests par piqûres multiples tels que le test de Tine, sont plus commodes mais moins précis.

Chez un individu jeune, un test cutané positif peut indiquer une tuberculose active. Chez des personnes plus âgées, il peut résulter d'une maladie antérieure, d'une vaccination ou d'un test faussement positif. Dans tous ces cas, on doit effectuer des radiographies et un isolement bactérien.

La période d'incubation est de 4 à 12 semaines environ et la maladie se développe lentement. Les symptômes de la tuberculose sont la fièvre, la fatigue, la perte de poids. Une toux, caractéristique des maladies pulmonaires, peut entraîner des expectorations de crachats sanguinolents.

Le diagnostic de la tuberculose repose sur l'isolement de bactéries acido-alcoolo-résistantes au laboratoire, la radiographie du thorax, des sondes d'ADN commercialement disponibles, le test BACTE CNAP et le test cutané de Mantoux ou à la tuberculine. La chimiothérapie autant que la chimioprophylaxie se font par l'administration d'isoniazide (INH), avec de la rifamine, de l'éthambutol et de la pyrazinamide. Ces médicaments sont administrés simultanément pendant 12 à 24 mois afin de réduire la possibilité de rendre le patient résistant.

Récemment, des **souches multi-résistantes** (**MDR-TB** pour *multi-drug-resistant strains of tuberculosis*) sont apparues et se répandent. On définit une souche multi-résistante comme un *M. tuberculosis* résistant à l'isoniazide et à la rifampine, qu'il soit porteur ou non d'une résistance à d'autres antibactériens. Aux États-Unis, cette résistance est passée de 2 à 9 % au cours des 30 dernières années, une même augmentation a été observée dans d'autres pays. Il s'en est suivi l'apparition de nombreux cas difficilement traitables, souvent mortels. La façon la plus commune

d'acquérir des bactéries résistantes est une thérapie inadéquate ; les patients qui ont déjà subi un traitement doivent être considérés comme porteurs de souches résistantes jusqu'à preuve du contraire.

On ne sait pas comment les souches multi-résistantes apparaissent ; les bacilles tuberculeux ont un taux connu de mutations chromosomiques spontanées qui confèrent la résistance. Ces mutations ne sont pas liées, ainsi l'acquisition de la résistance à une drogue n'est pas associée à la résistance à un autre médicament non apparenté. L'émergence de la résistance représente la survie de mutations au hasard, préexistantes et non une modification induite par la drogue. Le fait que ces mutations ne sont pas liées constitue la base de la chimiothérapie anti-tuberculose. Par exemple : les mutations conférant la résistance à l'isoniazide ou à la rifampine apparaissent avec une fréquence d'environ 1 par 10^8 réplications de *M. tuberculosis*. La probabilité de mutations spontanées donnant la résistance aux deux médicaments est la somme de ces probabilités sont 1 sur 10^{16}. Cependant, une mauvaise thérapie entraîne la rupture de ces mécanismes biologiques. Dans le cas de monothérapie, d'une prise de médicament irrégulière, un dosage suboptimal, une mauvaise absorption ou un nombre insuffisant de molécules actives dans les doses, et une souche sensible de *M. tuberculosis* devient multi-résistante en quelques mois.

La prévention et le contrôle de la tuberculose exigent une thérapeutique rapide pour interrompre la propagation de l'infection. Le retraitement de patients porteurs de tuberculose multi-résistante doit se faire dans le cadre de programmes complets tant microbiologiques que pharmacocinétiques, psychosociaux et nutritionnels. Dans de nombreux pays, des individus particulièrement les enfants, sont vaccinés avec le bacille de **C**almette-**G**uérin (BCG) pour prévenir les complications telle que la méningite. Le BCG paraît protéger la moitié des personnes inoculées. La fréquence des cas de tuberculose peut également être diminuée par de meilleures mesures de santé publique et de conditions sociales, par exemple en réduisant le nombre des sans-logis et des toxicomanes.

---

1. Quelles sont les causes des symptômes typiques de la diphtérie et comment les individus sont-ils protégés contre cette maladie ?

2. Quelle est, dans l'environnement, la source de la bactérie qui cause la maladie des légionnaires ? la fièvre de Pontiac ?

3. Quels sont les deux types majeurs de méningite ? Pourquoi est-il si important de déterminer quel type affecte un patient ?

4. Nommez les trois stades de la coqueluche.

5. Citez sept maladies humaines causées par *Streptococcus pyogenes*. Comment se distinguent-elles ?

6. Comment diagnostiquer une tuberculose ? Décrivez les divers types de lésions et la manière dont elles se forment. Comment des souches du bacille tuberculeux multi-résistantes se développent-elles ?

39.2   Les maladies transmises par arthropodes

Si les maladies bactériennes transmises par les arthropodes sont généralement rares, elles présentent un intérêt historique (la peste, le typhus, *voir citation en début de chapitre*) ou parce qu'elles ont été récemment introduites chez l'homme (ehrlichiose, fièvre Q, maladie de Lyme). Les maladies qui sévissent en Occident sont examinées ici.

Les dangers de la recherche microbiologique

La recherche sur les organismes pathogènes humains peut être très dangereuse et plusieurs microbiologistes furent tués par les micro-organismes qu'ils étudiaient. L'étude du typhus en fournit un exemple classique. En 1906, Howard T. Ricketts (1871-1910), professeur associé de pathologie à l'université de Chicago, s'intéressa à la fièvre pourprée des Montagnes Rocheuses, maladie ayant décimé les indiens Nez Percé et Flathead du Montana. En infectant des cobayes, il put démontrer qu'une petite bactérie était l'agent de la maladie et était transmise par des tiques. A la fin de 1909, Ricketts voyagea au Mexique pour étudier le typhus mexicain.

Il découvrit qu'un micro-organisme similaire au bacille de la fièvre pourprée des Montagnes Rocheuses pouvait causer la maladie chez des singes et être transmise par des poux. Malgré sa technique soigneuse, il fut mordu en transférant des poux dans son laboratoire et mourut de typhus le 3 mai 1910. L'agent étiologique du typhus fut décrit en détail par le scientifique brésilien H. da Roche-Lima en 1916 et fut nommé *Rickettsia prowazekii* en honneur de Ricketts et de Stanislaus von Prowazek, un microbiologiste tchèque décédé en 1915 au cours de ses études sur le typhus.

Aujourd'hui des équipements modernes pour le contrôle des micro-organismes, dont les hottes à flux laminaire, ont largement réduit les risques des recherches sur les agents pathogènes.

L'ehrlichiose

En 1996, on diagnostiqua le premier cas d'ehrlichiose aux États-Unis et on identifia l'agent responsable, *Ehrlichia chaffeensis*, une nouvelle espèce bactérienne (tableau 39.1). Les membres du genre *Ehrlichia* sont proches du genre *Rickettsia* et placés dans l'ordre *Rickettsiales* des α-protéobactéries. Depuis cette découverte, plus de 400 cas ont été rapportés aux États-Unis. A partir de vecteurs animaux inconnus, *E. chaffeensis* est transmis à l'homme par une tique, *Amblyomma americanum*. Une fois dans le corps humain, la bactérie infecte les monocytes circulants, donnant une maladie fébrile non spécifique qui ressemble à la fièvre pourprée des montagnes Rocheuses. Le diagnostic se fait par des tests sérologiques et la tétracycline est le traitement de choix.

En 1994, une nouvelle forme de l'ehrlichiose — granulocytaire — fut découverte. Elle est transmise par des tiques de cerf (*Ixodes scafularis*) et peut-être des tiques de chiens (*Dermacentor variabilis*). On la trouve dans 30 états des USA particulièrement au Sud-Est et au Sud-central. L'agent responsable est une espèce d'*Ehrlichia* différente de *E.chaffeensis*. La maladie se caractérise par un accès soudain de fièvre, des frissons, céphalées et douleurs musculaires. Le traitement est à base de doxycycline.

Le typhus épidémique *(exanthématique)*

Le **typhus épidémique** (**exanthématique**) est causé par *Rickettsia prowazekii*, transmis entre humains par les poux du corps. Aux États-Unis, il existe également un réservoir de *R. prowazekii* chez une espèce d'écureuil. Lorsqu'un pou se nourrit sur un individu atteint de rickettsiose, les rickettsies infectent le tube digestif de l'insecte, se multiplient, et un grand nombre d'organismes apparaissent dans les déjections après une semaine. Lorsqu'un pou ingurgite du sang, il expulse des matières fécales. L'irritation amène l'individu à se gratter et à contaminer la morsure avec des rickettsies. Les rickettsies se répandent alors par la circulation sanguine et infectent les cellules endothéliales de vaisseaux sanguins, causant une **vascularite** (inflammation des vaisseaux sanguins). Ceci produit brutalement des maux de tête, de la fièvre et des douleurs musculaires. Un érythème apparaît sur la partie supérieure du tronc et s'étend. Sans traitement, la guérison survient après environ deux semaines. Le taux de mortalité peut cependant être fort élevé (environ 50 %) surtout chez les personnes âgées. La guérison de cette maladie donne une immunité importante protégeant l'individu également contre le typhus murin.

Le diagnostic est basé sur la rougeur ou l'exanthème caractéristique, les symptômes et la réaction de Weil-Felix (**encadré 39.2**). Le chloramphénicol et la tétracycline sont efficaces contre le typhus. Le contrôle des poux humains (*Pediculus humanus corporis*) et des conditions qui favorisent leur prolifération sont les mesures de prévention principales du typhus épidémique, bien qu'un vaccin soit disponible pour des individus à haut risque. L'importance du contrôle des poux et d'une bonne hygiène publique est montrée par l'apparition d'épidémies typhiques durant les guerres et les famines, lorqu'il y a surpeuplement et qu'on porte peu d'attention au maintien de conditions sanitaires adéquates. Par exemple, il y eut en Union Soviétique et en Europe de l'Est entre 1918 et 1922, environ 30 millions de cas de typhus épidémique et trois millions de décès. Le bactériologiste Hans Zinsser croit que la retraite de Russie de Napoléon en 1812 fut partiellement provoquée par des épidémies de typhus et de dysenterie qui ravagèrent l'armée française. Moins de 25 cas de typhus sont déclarés chaque année aux États-Unis.

Le typhus endémique ou murin

L'agent étiologique du **typhus endémique** (**murin**) est *Rickettsia typhi*. Il survient dans des régions isolées de différentes parties du monde et les états américains du Sud-Est de la côte du Golfe, spécialement le Texas. Cette maladie apparaît sporadiquement chez des individus qui sont en contact avec des rats et leurs puces (*Xenopsylla cheopi*). Cette maladie n'est pas fatale pour le rat et est transmise d'un animal à l'autre par les puces. Pendant qu'une puce infectée suce le sang d'un homme, elle expulse des matières fécales. Ces déjections sont très riches en rickettsies qui contamineront la plaie.

Les manifestations cliniques du typhus murin (du latin *mus, muris*, souris ou rat) sont similaires à celles du typhus épidémique, mais néanmoins à un degré moindre et un taux de mortalité, inférieur à 5 %, également beaucoup plus bas. Le diagnostic et le traitement sont identiques. Dératiser et éviter les rats sont les mesures préventives de la maladie. Moins de 100 cas par an de typhus endémique sont rapportés aux États-Unis.

Encadré 39.2

La réaction de Weil-Felix

Au cours de la première guerre mondiale, les bactériologistes autrichiens, Edmond Weil (1880-1922) et Arthur Félix (1887-1956), furent chargés de diagnostiquer le typhus dans l'armée autrichienne. En 1916, ils développèrent le test d'agglutination pour le typhus qui porte leur nom.

La **réaction de Weil-Félix** est basée sur la mise en évidence d'anticorps hétérophiles, c'est-à-dire des anticorps à réactions croisées. Dans ce test, des anticorps produits en réponse à une rickettsiose particulière agglutinent des souches bactériennes de *Proteus*, désignées OX-19, OX-2, OX-K. Ces réactions croisées ont lieu parce que des souches de rickettsies possèdent des antigènes pariétaux qui sont similaires aux antigènes polysaccharidiques O des souches de *Proteus*. Les résultats permettent de donner un diagnostic présomptif de rickettsiose. Cependant, il faut garder à l'esprit que les espèces de *Proteus* sont endogènes à l'homme et peuvent causer des infections urinaires. Dès lors, la présence d'anticorps contre des souches de *Proteus* OX n'est pas en soi un critère absolu de la présence d'une rickettsiose.

La maladie de Lyme

La **maladie de Lyme (borréliose de Lyme)** fut observée et décrite pour la première fois en 1975 dans la population de Old Lyme, au Connecticut. Elle est devenue la zoonose transmise par les tiques la plus commune aux États-Unis, 10.000 cas étant rapportés chaque année. En fait la maladie de Lyme a pris des proportions épidémiques. Après le SIDA, la maladie de Lyme est la nouvelle maladie infectieuse humaine la plus importante aux États-Unis (voir tableau 39.1) ; la maladie sévit aussi en Europe et en Asie.

Les spirochètes responsables de la maladie de Lyme sont au moins de trois espèces : *Borrelia burgdorferi* (**figure 39.8a**), *B. garinii* et *B. afzelii*. Les cervidés et les mulots en sont les hôtes naturels. Dans le Nord-Est des États-Unis, *B. burgdorferi* est transmis aux humains par la morsure de tiques (*Ixodes scapularis* ; figure 39.8b) infectées par un cervidé. Sur la côte du Pacifique, spécialement en Californie, le réservoir est un rat musqué et la tique, *I. pacificus*.

D'un point de vue clinique, la maladie de Lyme est une maladie complexe évoluant en trois stades majeurs. Le stade initial, aigu, survient dans les 10 jours après une morsure de tique infectée. La maladie débute habituellement par une lésion cutanée circulaire en expansion avec un bord externe rouge et un éclaircissement partiel au centre (figure 39.8c). Ceci est souvent accompagné d'un épisode grippal (malaises et fatigue, maux de tête, fièvre et frissons). La morsure de tique peut rester inaperçue et la lésion cutanée échappe à l'observation suite à la couleur de la peau ou à sa localisation peu évidente telle que dans le cuir chevelu. Dès lors le traitement qui est habituellement efficace à ce stade, n'est pas administré parce que la maladie est ressentie comme un épisode grippal mineur.

Le second stade peut apparaître des semaines ou des mois après l'infection initiale. Il consiste en plusieurs symptômes tels que des anomalies neurologiques, une inflammation cardiaque, et des épisodes d'arthrite (habituellement dans les articulations majeures comme les coudes ou les genoux). Les recherches actuelles indiquent que l'arthrite de Lyme serait une réponse auto-immune aux molécules HLA des cellules articulaires ayant des similarités avec les antigènes bactériens. L'inflammation produisant la lésion de l'organe est initiée et probablement maintenue par la réponse immunitaire contre une ou plusieurs protéines du spirochète.

Enfin, comme pour la syphilis, le stade tertiaire peut apparaître après plusieurs années. Les individus infectés subissent une démyélinisation des neurones, accompagnée de symptômes ressemblant à la maladie d'Alzheimer et à la sclérose en plaques. Des modifications du comportement peuvent aussi apparaître.

Le diagnostic au laboratoire de la maladie de Lyme est basé sur (1) la mise en évidence du spirochète dans les liquides biologiques du patient, (2) la détection d'ADN de *B. burgdorferi* dans les urines par la réaction de polymérisation en chaîne (*voir section 14.3*) ou (3) les tests sérologiques (ELISA ou Western blot) pour la détection d'anticorps IgM et IgG dirigés contre l'agent. Un traitement à l'amoxicilline ou la tétracycline au début de la maladie permet une guérison rapide et prévient l'arthrite et les autres complications. Si on suspecte une atteinte du système nerveux, on utilise la ceftriaxone qui peut passer la barrière hémato-encéphalique.

La prévention et le contrôle de la maladie de Lyme impliquent des modifications de l'environnement (nettoyage et incendie de l'habitat des tiques) et l'application de substances qui détruisent les acariens. L'éducation et la protection de l'individu peuvent largement réduire le risque de contracter la maladie de Lyme. Il existe un vaccin (Lymerix) pour les personnes vivant dans les zones où la maladie prévaut. Les points suivants doivent être gardés à l'esprit chaque fois qu'une personne va dans une zone où on retrouve la maladie de Lyme ou d'autres zoonoses transmises par les tiques :

1. Il faut un minimum de 24 heures d'attachement et d'alimentation pour que la tique transmette le spirochète ; l'éloignement rapide des tiques de la peau réduira donc considérablement le risque d'infection. Pour enlever une tique incrustée, il faut prendre des pinces pour attraper la tique aussi près que possible de la peau puis exercer lentement une pression perpendiculairement à la peau.
2. On doit être conscient que le risque d'infection est accru à certaines périodes parce que le stade du cycle de la tique sur le cerf varie selon la saison. La période la plus dangereuse est de mai à juillet, lorsque la majorité des tiques sont au stade de nymphes ce qui augmente le risque de transmission.
3. Si vous allez dans les bois, habillez-vous en conséquence. Portez des pantalons de couleur claire et de bonnes chaussures. Pour éviter l'entrée facile des tiques en-dessous des vêtements, introduisez le bas du pantalon dans de hautes chaussettes. En quittant les bois, recherchez les tiques sur tous les vêtements.
4. Des anti-acariens contenant de fortes concentrations de DET (diéthyltoluamide) ou permanone sont disponibles sans ordonnance et sont très nuisibles pour les tiques. La préméthrine tue les tiques par contact mais ne peut être utilisé que sur les vêtements.

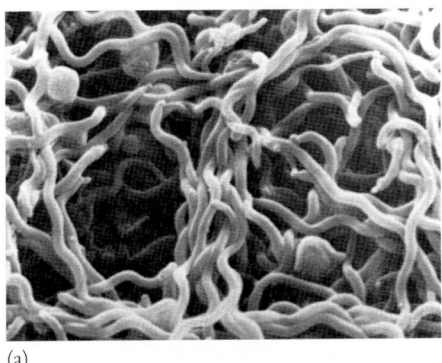

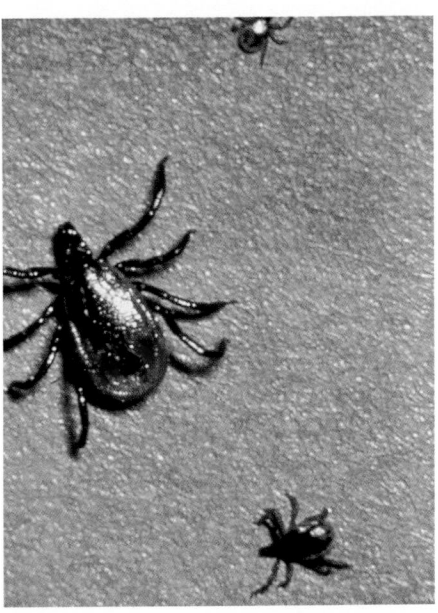

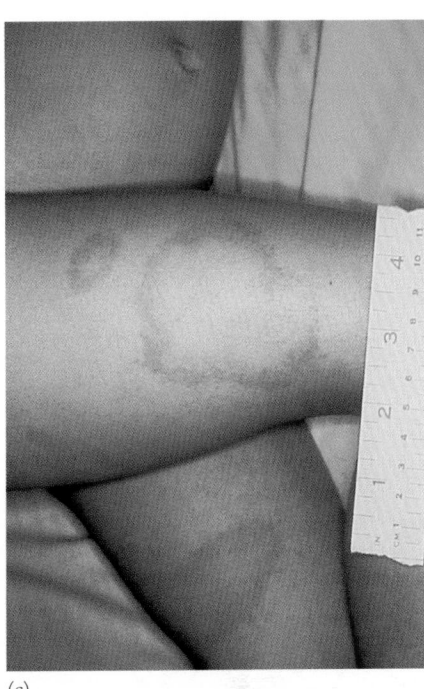

Figure 39.8 La maladie de Lyme. (a) L'agent étiologique est le spirochète *Borrelia burgdorferi* ; image au microscope électronique à balayage. **(b)** Le vecteur dans le Nord-Est des États-Unis est la tique *Ixodes scapularis*. La plus jeune (stade de nymphe, sommet) a la taille d'une graine de coquelicot. Un adulte (en bas), un adulte repu de sang (au centre) peut atteindre la taille d'un haricot. **(c)** Eruption typique montrant les cercles concentriques autour du site initial de la morsure de tique.

(a)

(b)

(c)

5. Examinez votre corps à la recherche de morsures et de taches aussitôt que possible après avoir quitté une zone à risque. Une douche et beaucoup de savon aident dans cet examen. Il est difficile de vérifier des régions comme le cuir chevelu, les aisselles et le pli de l'aine qui par ailleurs sont les sites préférés d'attachement des tiques. Une attention particulière doit être portée à ces parties du corps.

La peste

Dans la partie Sud-Ouest des États-Unis, la **peste** est observée principalement chez des rongeurs sauvages (écureuils et chiens de prairies). Cependant, il y eut des épidémies humaines massives durant le Moyen-Âge. La maladie était connue sous le nom de Mort Noire à cause des taches cutanées noires caractéristiques dues à des hémorragies sous-cutanées. Actuellement les infections chez l'homme sont sporadiques et limitées. Aux États-Unis, on relève environ 25 cas par an, le taux de mortalité étant environ de 15 %.

Cette maladie est causée par la bactérie Gram-négative *Yersinia pestis*. Elle est transmise du rongeur à l'homme par la morsure d'une puce infectée, par contacts directs avec des animaux infectés ou leurs produits ou par inhalation de gouttelettes aériennes contaminées **(figure 39.9)**. Une fois dans le corps humain, les bactéries se multiplient dans le sang et la lymphe. Un facteur déterminant la virulence de *Y. pestis* est sa capacité de survivre et de proliférer à l'intérieur de cellules phagocytaires plutôt que d'être tué par celles-ci. Un des mécanismes de cette virulence dépend des YOPS (protéines de membrane externe de *yersinia* encodées par des plasmides, en anglais « **y**ersinal **o**uter membrane **p**roteins »). Celles-ci sont sécrétées par la bactérie et agissent comme protéines anti-phagocytaires pour contrecarrer les mécanismes de défense naturelle et contribuer à la multiplication et à la dissémination des bactéries dans l'hôte (*voir figure 34.4*).

En plus des hémorragies sous-cutanées, la maladie se manifeste par de la fièvre et l'apparition de nodules lymphatiques amplifiés appelés **bubons** (d'où le nom ancien de **peste bubonique**). 50 à 70 % des cas non traités, meurent en 3 à 5 jours suite aux conditions toxiques entraînées par la présence d'un grand nombre de bacilles dans le sang.

La peste est diagnostiquée au laboratoire par examen microscopique direct, par culture de la bactérie, tests sérologiques, lysotypie et réaction PCR pour détecter les puces infectées. Le traitement se fait à l'aide de streptomycine, de chloramphénicol ou de tétracycline, et les malades guéris ont une bonne immunité.

La **peste pulmonaire** provient (1) d'une première exposition à des gouttelettes respiratoires infectieuses provenant d'une personne ou d'un chat atteint de peste respiratoire ou (2) secondairement d'une dissémination par le sang chez un patient malade de peste bubonique. La peste pulmonaire peut aussi résulter de l'inhalation accidentelle de *Y. pestis* au laboratoire. Le taux de mortalité pour cette sorte de peste est pratiquement 100 %, si elle n'est pas reconnue dans les 12 à 24 heures. Manifestement, il faut prendre grand soin de prévenir la propagation aérienne d'infections au personnel qui s'occupe des patients atteints de peste pulmonaire.

La prévention et le contrôle comprennent la maîtrise des ectoparasites et des rongeurs, l'isolement des patients, la prophylaxie ou la thérapie préventive de personnes exposées et la vaccination (vaccin contre la peste, USP) des personnes à haut risque.

La fièvre Q

La **fièvre Q** (*Q* pour question, parce que la cause de la fièvre était inconnue) est une zoonose aiguë causée par la γ-protéobactérie *Coxiella burnetii*. *C. burnetii* est une bactérie Gram-négative strictement intracellulaire ; elle diffère des rickettsies par sa capacité de survivre en dehors des cellules hôtes en formant un corps résistant de type endospore.

Cette bactérie infecte autant les animaux sauvages que le bétail. Chez les animaux, les tiques (de nombreuses espèces) transmettent *C. burnetii*, alors que chez les humains, la transmis-

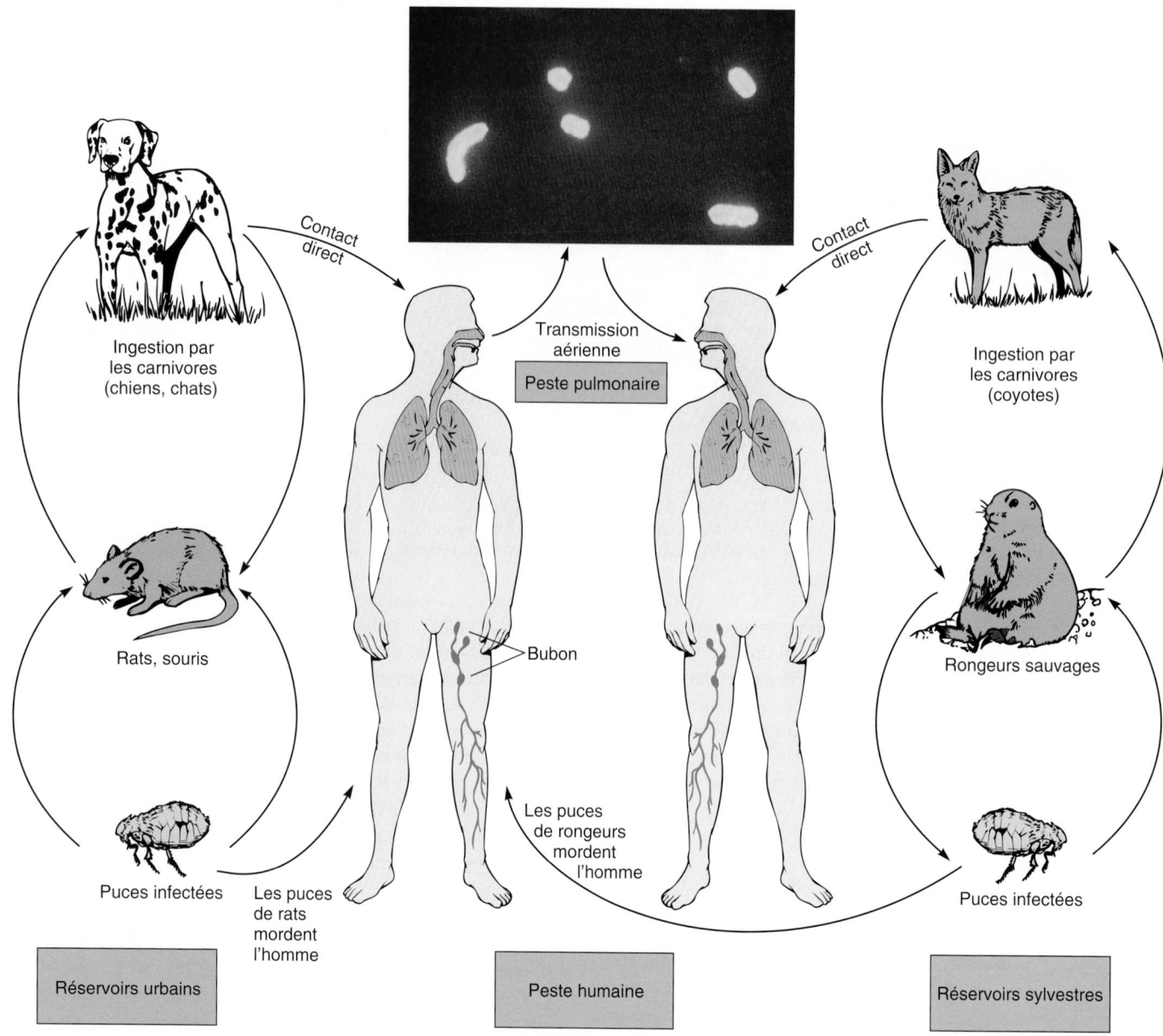

Figure 39.9 La peste. La peste se répand chez les humains par (1) le cycle urbain et les puces de rats, (2) le cycle sylvestre par l'intermédiaire des rongeurs sauvages et de leurs puces ou (3) par transmission aérienne à partir d'une personne infectée, ce qui conduit à la peste pulmonaire. Les chiens, chats et coyotes peuvent également acquérir la bactérie par ingestion d'animaux infectés. L'insert montre *Yersinia pestis* coloré par des anticorps fluorescents.

sion se fait principalement par inhalation de poussières contaminées par des germes provenant d'excréments animaux séchés, d'urine ou de lait. La maladie peut prendre une forme épidémique parmi les ouvriers des abattoirs et sporadiquement parmi les fermiers et les vétérinaires. Chaque année, moins de 100 cas de fièvre Q apparaissent aux États-Unis.

Chez l'homme, les *Coxiella* se multiplient dans les poumons après inhalation. Ceci peut conduire à des symptômes respiratoires légers similaires à ceux d'une pneumonie atypique ou d'une grippe. La fièvre Q elle-même est une maladie aiguë caractérisée par un début brutal accompagné de céphalées graves, de myalgies (douleurs musculaires) et de fièvre qui peut rester fort élevée pendant plus d'un mois en l'absence de traitement. Contrairement aux

rickettsioses, la fièvre Q n'est pas accompagnée d'érythème. Elle est rarement fatale, mais une endocardite (inflammation du muscle cardiaque) apparaît dans 10 % des cas environ. De 5 à 10 années peuvent se passer entre l'infection initiale et l'apparition de l'endocardite. Durant cet intervalle, les bactéries colonisent le foie et causent souvent une hépatite. Le diagnostic est le plus souvent établi par des méthodes sérologiques. Le traitement consiste à administrer du chloramphénicol et de la tétracycline. La prévention et le contrôle impliquent la vaccination des chercheurs et autres personnes à haut risque professionnel ou résidant dans les zones où la fièvre Q est endémique. Le lait de vache et de brebis doit être pasteurisé avant consommation.

La fièvre pourprée des Montagnes Rocheuses

La **fièvre pourprée des Montagnes Rocheuses** est causée par *Rickettsia rickettsii*. Alors que la maladie fut décelée au départ dans la région des Montagnes Rocheuses, la plupart des cas apparaissent maintenant à l'Est du Mississippi. Cette maladie est transmise par des tiques et survient habituellement chez des personnes qui sont ou ont été dans des zones infestées par les tiques. Il y a deux vecteurs principaux : *Dermacentor andersoni*, la tique des bois, est répandue dans les états des Montagnes Rocheuses et est active pendant le printemps et le début de l'été. *D. variabilis*, la tique du chien, a acquis une plus grande importance et est exclusivement confinée à la moitié Est des États-Unis. Contrairement aux autres rickettsies, *R. rickettsii* peut passer d'une génération de tiques à l'autre par les oeufs dans un processus de **transmission transovarienne**. Ni les humains ni les mammifères ne sont nécessaires comme réservoirs pour la dissémination continue de cette rickettsie dans l'environnement.

Lorsque l'homme entre en contact avec des tiques infectées, les rickettsies sont soit déposées sur la peau (par les fèces de la tique) pour ensuite pénétrer dans la peau par grattage, soit introduites dans la peau par piqûre de la tique. Dès qu'elles sont dans la peau, les rickettsies entrent dans les cellules endothéliales des petits vaisseaux sanguins où elles se multiplient et produisent une vascularite (inflammation des vaisseaux sanguins) caractéristique.

La maladie est caractérisée par un début brutal accompagné de maux de tête, fièvre élevée, frissons et rougeurs cutanées (**figure 39.10**) qui apparaissent initialement aux chevilles et aux poignets pour ensuite se répandre sur le tronc. En l'absence de traitement, les rickettsies peuvent détruire les vaisseaux sanguins dans le coeur, les poumons ou les reins et entraîner la mort. Cependant, les manifestations pathologiques graves sont évitées par des antibiotiques (chloramphénicol, chlortétracycline), le développement d'une résistance immunitaire et une thérapie d'appoint. Le diagnostic est établi par l'observation de symptômes tels que l'érythème caractéristique et par des tests sérologiques. La meilleure prévention consiste à éviter les habitats et les animaux infectés par les tiques (*voir mesures préventives de la maladie de Lyme, p. 910*). Il y a aux États-Unis environ 1.000 cas par an de fièvre pourprée des Montagnes Rocheuses.

---

1. Quel est l'agent causal de la maladie de Lyme et comment est-il transmis aux humains ? Quels sont les premiers symptômes de la maladie ? Décrivez les trois stades de la maladie de Lyme.

2. Pourquoi la peste fut-elle appelée Mort Noire ? Comment est-elle transmise ? Distinguez la peste bubonique et pulmonaire.

3. Quels sont les deux antibiotiques utilisés contre la plupart des infections à rickettsies ?

4. Comment se propage le typhus épidémique ? l'ehrlichiose ? le typhus murin ? Quels sont leurs symptômes ?

5. Quelle est la propriété unique de *Coxiella burnetii* par comparaison aux autres rickettsies ?

6. Décrivez les symptômes de la fièvre pourprée des Montagnes Rocheuses ?

7. Comment a lieu la transmission transovarienne ?

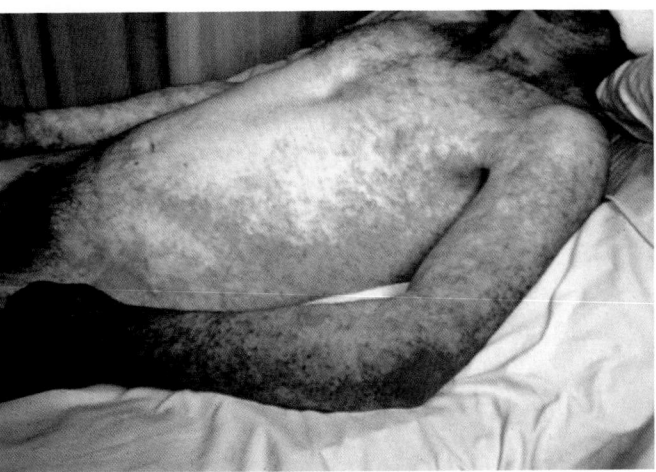

Figure 39.10 La fièvre pourprée des Montagnes Rocheuses. L'érythème typique sur les bras et la poitrine est caractérisé par des macules aux contours tranchés, distribuées partout.

39.3 Les maladies transmises par contact direct

La plupart des maladies bactériennes transmises par contact direct concernent la peau ou les tissus sous-jacents. D'autres peuvent être disséminées vers des régions spécifiques du corps. Des exemples de ces maladies parmi les mieux connus sont décrits maintenant.

Le charbon

Le **charbon** est une maladie animale hautement infectieuse qui peut être transmise aux humains par contact direct avec des animaux infectés (bovins, chèvres, moutons) ou leurs produits. La bactérie en cause est *Bacillus anthracis*, un bacille Gram-positif. Ses endospores peuvent rester viables dans le sol ou des produits animaux pendant des décennies (*voir figure 3.41*). L'infection humaine a lieu habituellement au niveau d'une coupure ou d'une éraflure de la peau et résulte en un **charbon cutané**. Cependant, l'inhalation d'endospores peut entraîner un charbon pulmonaire, également connu comme maladie des cardeurs de laine. Si les endospores atteignent l'intestin, un **charbon gastro-intestinal** peut s'en suivre.

Chez l'homme, la période d'incubation d'un charbon cutané est de 1 à 15 jours. Le charbon débute par l'apparition d'une pustule cutanée qui s'ulcère et est appelée **escarre** (**figure 39.11**). Les symptômes majeurs sont la céphalée, la fièvre et les nausées. Le charbon pulmonaire ressemble à la grippe. Si les bactéries envahissent la circulation sanguine, la maladie peut être fatale. Les symptômes du charbon sont dus aux toxines du bacille charbonneux, une exotoxine complexe composée de trois protéines. Les gènes codant pour ces facteurs sont portés par des plamides.

Le diagnostic se fait par examen microscopique direct, culture de la bactérie et sérologie. Le traitement est l'administration de pénicilline G ou de pénicilline G plus streptomycine. La vaccination des animaux, principalement le bétail, est une importante mesure de contrôle. Cependant, des personnes soumises à des risques professionnels, maniant des animaux infectés ou leurs produits (ex. peaux et laine) devraient être immunisées avec les vaccins acellulaires disponibles dans les centres spécialisés. Moins de

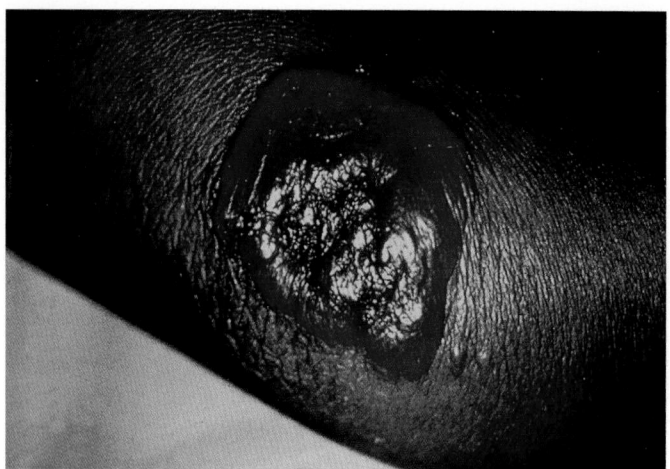

Figure 39.11 Le charbon. Les pustules malignes (destructives) d'une escarre charbonneuse sur le bras d'une personne infectée.

10 cas par an sont observés chaque année aux États-Unis. Malheureusement, le charbon est une des principales maladies de la menace bioterroriste (*voir section 37.10*).

La vaginite bactérienne

La vaginite bactérienne est une maladie sexuellement transmissible (tableau 39.4), son étiologie comprend plusieurs agents dont *Gardnerella vaginalis* (un bâtonnet pléomorphe, non mobile, Gram-négatif à Gram-variable), *Mobiluncus* sp, *Mycoplasma hominis* et diverses autres bactéries anaérobies. On a trouvé chez 20 à 40 % des femmes en bonne santé, ces micro-organismes dans le rectum, ce qui est une source potentielle d'auto-infection en plus de la transmission sexuelle. La maladie, bien que légère, est un facteur de risque d'infections obstétricales, de fausses-couches et d'inflammations pelviennes. La vaginite se caractérise par des pertes abondantes, mousseuses, à odeur de poisson, sans douleur ni démangeaison. Le diagnostic se fait par l'odeur et l'observation au microscope de cellules indicatrices dans les sécrétions. Les **cellules indicatrices** sont des cellules épithéliales du vagin détachées et couvertes de bactéries principalement *G. vaginalis*. Le traitement se fait au métronidazole (Flagyl-Métrogel Vaginal), un médicament qui détruit les bactéries anaérobies nécessaires à prolonger la maladie.

La maladie de la griffe de chat

La **maladie de la griffe de chat** est un syndrôme mal défini dont la cause a intrigué les microbiologistes pendant des années. Actuellement, les recherches étiologiques convergent vers un bacille Gram-négatif décrit récemment *Bartonella henselae* (tableau 39.1). Le diagnostic se base sur une détection par PCR et l'histoire clinique avec une griffure ou une morsure de chat comme lésion primaire de la peau, suivie du gonflement des ganglions lymphatiques locaux. Ceci s'accompagne de malaise et de fièvre. La maladie guérit d'elle-même, des symptomes de fatigue durent quelques jours à des semaines et la lymphadénopathie plusieurs mois.

Le chanere mou

Le **chanere mou** aussi connu sous le nom d'**ulcère génital** est une maladie sexuellement transmissible due à un bacille Gram-néga-

tif : *Haemophilus ducreyi* (tableau 39.4). La bactérie entre par la peau au niveau d'une blessure de l'épithélium. Après incubation de 4 à 7 jours, une papule se forme à l'intérieur de l'épithélium avec gonflement et infiltration de globules blancs. Après quelques jours, une pustule apparaît puis s'ouvre en donnant un ulcère douloureux avec un bord en lambeaux. Chez les hommes les ulcères son le plus souvent sur le pénis et chez les femmes, à l'entrée du vagin. L'ulcère génital est fréquent sous les tropiques, cependant il a fait des apparitions importantes aux États-Unis, ces dix dernières années. Au niveau mondial, l'ulcère génital est un cofacteur majeur dans la transmission du virus du SIDA et il pourrait donc aussi jouer ce rôle aux États-Unis. Le diagnostic est établi par l'isolement de *H. ducreyi* à partir des ulcères. Le traitement comporte l'érythromycine ou la ceftriaxone, le contrôle se fait par l'emploi de préservatifs ou l'abstinence.

La pneumonie à chlamydies

L'agent responsable de cette **pneumonie à chlamydies** est *Chlamydia pneumoniae*. Cliniquement, la maladie est légère, elle implique des voies respiratoires inférieures et s'accompagne de pharyngite, bronchite et sinusite. les symptômes sont fièvre, toux grasse, enrouement et douleur lorsqu'on avale. Les infections à *C. pneumoniae* sont communes mais sporadiques et 50 % des adultes ont des anticorps. Les faits suggèrent que *C. pneumoniae* est un organisme pathogène propre à l'homme qui se transmet d'un individu à l'autre par les sécrétions respiratoirres. Le diagnostic de pneumonie chlamydiale se base sur les symptômes et des tests d'immunofluorescence, on emploie la tétracycline et l'erythromycine pour le traitement.

Les infections de *C. pneumoniae* ont été associées à la maladie des artères coronaires ainsi qu'à des affections d'autres vaisseaux par les études séro-épidémiologiques. A la suite de la démonstration par microscope électronique de la présence de ces chlamydies dans du tissu athéromateux, des gènes et des antigènes de *C. pneumoniae* ont été détectés dans des athéromes, mais on a rarement récupéré l'organisme en culture de tissu athéromateux. Depuis lors, le rôle possible de *C. pneumoniae* dans l'étiologie de la maladie des artères coronaires et de l'athérosclérose systémique, fait l'objet d'une recherche intense.

La gangrène gazeuse ou la myonécrose à clostridies

Clostridium perfringens, *C. novyi* et *C. septicum* sont des bâtonnets Gram-positifs sporogènes appelés clostridies histotoxiques. Ils peuvent produire une infection nécrosante des muscles striés appelée **gangrène gazeuse** (du grec *gaggraina*, plaie étendue) ou **myonécrose à clostridies** (*myo*, muscle, *necrosis*, mort).

Les clostridies histotoxiques se retrouvent mondialement dans le sol et font également partie de la microflore normale endogène du gros intestin humain. La voie de transmission habituelle est une contamination de tissus blessés par des spores de clostridies histotoxiques provenant du sol ou de la flore intestinale. Les infections sont généralement associées à des blessures résultant d'avortements, d'accidents de la route, de guerres ou de gelures.

Si les spores germent dans des tissus anaérobies, les bactéries croissent et sécrètent la toxine α. Cette multiplication s'accompagne souvent de l'accumulation de gaz (principalement de l'hydrogène résultant d'une fermentation de glucides) et de produits toxiques provenant de la dégradation des tissus musculaires.

Les manifestations cliniques comprennent de fortes douleurs, de l'œdème, des écoulements et une nécrose musculaire. La pathologie résulte de la nécrose progressive des muscles striés due aux effets de la toxine α. D'autres enzymes produites par les bactéries détruisent le collagène et les tissus, facilitant l'extension de la maladie.

La gangrène gazeuse est une urgence médicale. Elle est diagnostiquée par la mise en évidence au laboratoire de l'espèce de *Clostridium* et par les symptômes caractéristiques de la maladie. Le traitement consiste en un débridement chirurgical large (suppression de tous les tissus morts), l'administration d'antitoxines polyvalentes et une thérapie antimicrobienne par pénicilline et tétracycline. L'utilisation de hautes concentrations d'oxygène à des pressions élevées, peut également être considérée comme efficace. L'oxygène sature les tissus infectés et prévient dès lors la croissance des *Clostridium* anaérobies obligatoires.

La prévention et le contrôle exigent l'ouverture des blessures traumatiques contaminées en plus d'une prophylaxie antimicrobienne et un traitement précoce de toutes les infections de plaies. L'amputation de membres est souvent nécessaire pour empêcher l'extension de la maladie.

Les maladies urogénitales à mycoplasmes

Les mycoplasmes *Ureaplasma urealitycum* et *M. hominis* sont des micro-organismes parasites fréquents des voies génitales et leur transmission est en relation avec l'activité sexuelle (tableau 39.4). Ces deux mycoplasmes peuvent être des causes opportunistes d'inflammations des organes reproducteurs mâles et femelles. Le diagnostic et le traitement de ces infections dépendent largement de la reconnaissance des symptômes cliniques, parce que les mycoplasmes ne sont habituellement pas mis en culture par les cliniciens. Les tétracyclines sont actives contre la plupart des souches. Les organismes résistants peuvent être traités par de l'érythromycine.

La blennorragie

La **blennorragie** (du grec *blennos*, mucus et *rhagé*, éruption) est une maladie aiguë, infectieuse, sexuellement transmise, des muqueuses du système génito-urinaire, des yeux, du rectum et de la gorge (tableau 39.4). Elle est causée par un diplocoque Gram-négatif, oxydase positif, appelé *Neisseria gonorrhoeae*. Ces bactéries sont aussi nommées **gonocoques** (du grec *gono*, semence et *kokkos*, grain) et sont mondialement répandues.

Après leur entrée dans le corps, les gonocoques s'attachent aux microvillosités des cellules muqueuses par l'intermédiaire de leur pili et de la protéine II qui jouent le rôle d'adhésines. Ceci empêche les bactéries d'être emportées par les décharges vaginales normales ou par le flux intense d'urine. Elles sont ensuite phagocytées par les cellules muqueuses et peuvent également être transportées au travers des cellules vers les espaces intercellulaires et le tissu subépithélial. Les phagocytes, tels que les neutrophiles, peuvent aussi contenir des gonocoques (**figure 39.12**) au sein de vésicules. Les gonocoques étant intracellulaires à ce moment-là, les défenses de l'hôte ont peu d'effet sur les bactéries. Après pénétration des bactéries, le tissu de l'hôte répond localement par l'infiltration de mastocytes, de plus nombreux polymorphonucléaires et de plasmocytes. Ces cellules sont remplacées plus tard par des tissus fibreux ce qui peut conduire

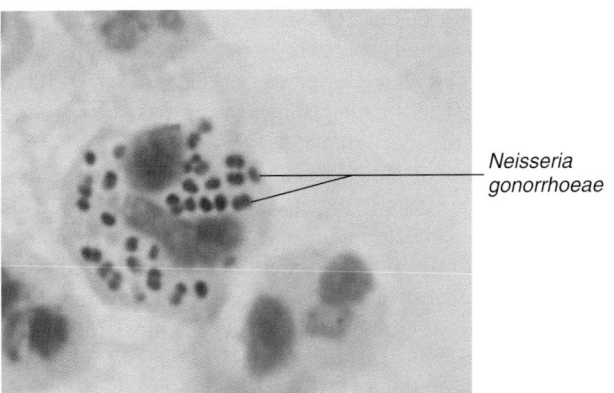

Neisseria gonorrhoeae

Figure 39.12 La blennorragie. Coloration de Gram d'un exsudat urétral mâle montrant *Neisseria gonorrhoeae* (diplocoque) à l'intérieur de polymorphonucléaires ; image au microscope optique (x 500). Bien que la présence des diplocoques Gram-négatifs dans des exsudats soit une indication probable de blennorragie, la bactérie doit être isolée et identifiée.

à des blocages ou des rétrécissements urétraux chez les hommes.

Chez les hommes, la période d'incubation est de 2 à 8 jours. Les symptômes initiaux comportent un écoulement urétral de pus crémeux jaunâtre et des mictions fréquentes douloureuses avec des sensations de brûlure. Chez les femmes, la maladie est plus insidieuse car il y a peu de symptômes. Cependant certains symptômes peuvent apparaître de 7 à 21 jours après l'infection. Ils sont généralement bénins avec parfois un écoulement vaginal. Des gonocoques peuvent aussi infecter les conduits utérins et les tissus avoisinants, menant à des **infections génitales hautes**. Ceci se présente chez 10 à 20 % des femmes infectées. Ces infections gonococciques sont une cause majeure de stérilité et de grossesses ectopiques suite à la formation de cicatrices dans les trompes de Fallope. Les gonocoques se répandent davantage au cours de la menstruation, car les bactéries disposent d'une concentration accrue en fer libre. Dans les deux sexes, l'infection gonococcique peut être disséminée avec bactériémie. Ceci conduit à des complications dans les articulations (arthrites gonococciques), le coeur (endocardites gonococciques) ou le pharynx (pharyngites gonococciques). Les nouveau-nés ont fréquemment des infections gonococciques des yeux lorsqu'ils passent par un canal vaginal infecté. La maladie qui en résulte est appelée **ophtalmie** ou **conjonctivite purulente du nouveau-né,** elle fut dans le temps une cause majeure de cécité dans de nombreuses régions du monde. Pour prévenir cette complication, on dépose dans les yeux des nouveau-nés de la tétracycline, de l'érythromycine ou du nitrate d'argent en solution diluée. Ce traitement est exigé par la loi aux États-Unis et dans beaucoup d'autres pays.

Le diagnostic au laboratoire de la blennorragie, repose sur le succès de la mise en culture de *N. gonorrhoeae* pour voir la réaction à l'oxydase, la coloration de Gram, l'aspect des cellules et des colonies. Des tests de confirmation sont aussi nécessaires. Des milieux de transport spéciaux sont nécessaires pour la recherche des gonocoques car ceux-ci sont très sensibles aux conditions défavorables de l'environnement et survivent mal en dehors du corps humain. Une sonde ADN pour *N. gonorrhoeae* a été mise au point et sert à suppléer d'autres techniques de diagnostic.

Les « Centers for Disease Control » considèrent quatre traitements comme équivalents après que les tests de sensibilité aient été effectués : (1) pénicilline G avec probénécide, (2) ampicilline avec probénécide, (3) ceftriaxone ou ofloxacine avec doxycycline pendant 7 jours, ou (4) spectinomycine.

Des souches de gonocoques résistantes à la pénicilline se sont maintenant répandues dans le monde. La plupart de ces souches portent un plasmide qui détermine la synthèse d'une β-lactamase, enzyme capable d'inactiver la pénicilline G et l'ampicilline. Depuis 1980, des souches de *N. gonorrhoeae* sont apparues, porteuses d'une résistance chromosomique à la pénicilline. Plutôt que de produire une pénicillinase, ces souches ont une altération des protéines liant la pénicilline. Depuis 1986, des souches de *N. gonorrhoeae* résistantes à la tétracycline sont aussi apparues.

L'éducation du public, le diagnostic et le traitement des patients asymptomatiques sont parmi les méthodes les plus efficaces pour le contrôle de cette maladie sexuellement transmissible, ainsi que l'usage des préservatifs et le traitement rapide des individus infectés en vue de prévenir une propagation de la maladie. Un peu moins d'un million de cas de blennorragie sont enregistrés aux États-Unis chaque année, le nombre réel de cas étant supposé être 3 à 4 fois supérieur. Plus de 60 % des cas apparaissent dans le groupe d'âge de 15 à 24 ans. Des infections gonococciques répétées sont fréquentes. Il n'y a pas d'immunité protectrice contre une réinfection, à cause de la variation antigénique : une souche unique peut modifier ses gènes de piline par recombinaison et changer l'expression des divers gènes de protéine II par mésappariement. Il s'agit donc d'une technique d'évasion programmée de la bactérie plutôt que du simple reflet de la variation de la souche.

La conjonctivite à inclusions

La **conjonctivite à inclusions** est une maladie infectieuse aiguë causée par les sérotypes D-K de *Chlamydia trachomatis* et elle existe dans le monde entier. Elle est caractérisée par une exsudation mucopurulente abondante des yeux, des conjonctives enflammées et gonflées ainsi que par la mise en évidence de grands corps d'inclusion. Dans la conjonctivite à inclusions du nouveau-né, les chlamydies sont acquises au cours du passage par un canal génital infecté. La maladie apparaît de 7 à 12 jours après l'accouchement. Lorsque les chlamydies colonisent le nasopharynx et les ramifications trachéobronchiques de l'enfant, une pneumonie peut résulter. La conjonctivite à inclusions de l'adulte est acquise par contact avec les écoulements infectieux de voies génitales.

Sans traitement, la guérison intervient d'habitude spontanément après plusieurs semaines ou mois. La thérapie implique un traitement à la tétracycline, l'érythromycine ou un sulfamide. Le diagnostic spécifique de *C. trachomatis* peut être fait par immunofluorescence, coloration de Giemsa, sondes d'acide nucléique et cultures. Les infections à chlamydies génitales et la conjonctivite à inclusions sont des maladies sexuellement transmises, répandues par contacts avec des partenaires sexuels multiples. La prévention dépend du diagnostic et du traitement de tous les individus infectés.

La lèpre

La **lèpre** (du grec *lepra*, croûteux) ou **maladie de Hansen** est une maladie grave et défigurante de la peau, causée par *Mycobacterium leprae* (*voir figure 24.9*). Les seuls réservoirs dont la signification est établie sont les humains. La maladie apparaît le plus souvent dans les pays tropicaux, où on dénombre plus de 14 millions de cas. Aux États-Unis, on estime à 4.000 le nombre de cas, avec environ 200 à 300 nouveaux cas par an.

La transmission de la lèpre se fait le plus vraisemblablement lorsque des enfants sont exposés pendant des périodes prolongées à des individus infectés qui répandent autour d'eux *M. leprae* en grand nombre. Les sécrétions nasales sont le matériel infectieux le plus probable pour les contacts au sein d'une famille.

L'incubation est de 3 à 5 ans mais peut être plus longue, la maladie progressant lentement. La bactérie envahit des cellules des nerfs périphériques et de la peau, elle devient un parasite intracellulaire obligé. On la retrouve dans les cellules de Schwann qui entourent les axones nerveux périphériques et dans les phagocytes mononucléaires. Le symptôme de la lèpre le plus précoce est habituellement une éruption cutanée pigmentée ayant un diamètre de plusieurs centimètres. Environ 75 % de tous les individus ayant uniquement cette lésion précoce guérissent spontanément grâce à la réponse immunitaire cellulaire contre *M. leprae*. Cependant, chez certains individus cette réponse immunitaire est faible et l'une des deux formes distinctes de la maladie apparait : la lèpre tuberculoïde ou lépromateuse (**figure 39.13**).

La **lèpre tuberculoïde** (**neurologique**) est une forme de lèpre mineure, non progressive, associée à une réaction d'hypersensibilité de type retardé (*voir section 33.2*) envers les antigènes superficiels de *M. leprae*. Elle est caractérisée par des lésions neurologiques qui affectent la sensibilité au niveau de régions cutanées, entourées par des nodules (**figure 39.14**). Les personnes atteintes qui ne développent pas d'hypersensibilité acquièrent une forme lentement progressive de la maladie, appelée **lèpre lépromateuse** (**progressive**), au cours de laquelle de grands nombres de *M. leprae* se multiplient dans les cellules cutanées. Les bactéries tuent le tissu cutané menant à une perte progressive des traits du visage, des doigts, des doigts de pied et d'autres structures. De plus, des nodules faisant saillie sous la peau se forment sur tout le corps. Les nerfs sont également infectés, mais sont habituellement moins touchés que dans la lèpre tuberculoïde.

Le bacille de la lèpre ne pouvant pas être cultivé in vitro, le diagnostic au laboratoire dépend de la mise en évidence de bacilles acido-alcoolo-résistants dans des biopsies. Des méthodes de sérodiagnostic, telles que le test d'absorption d'anticorps fluorescents antilépreux, d'amplification d'ADN et des tests ELISA ont récemment été développées.

Le traitement consiste à administrer pendant de longues périodes du sulfone — diacétyl dapsone — et de la rifampine, avec ou sans clofazimine. Des médicaments alternatifs sont l'éthionamide ou le protionamide. L'emploi d'un vaccin antimycobactéries en conjonction avec les médicaments, raccourcit la durée du traitement et accélère la guérison. On a de bonnes raisons de penser que le tatou est un réservoir animal du bacille de la lèpre aux États-Unis mais qu'il ne joue aucun rôle dans la transmission de la lèpre à l'homme. L'identification et le traitement de patients atteints de lèpre est la clé du contrôle. Les enfants de parents présumés contagieux doivent recevoir des médicaments chimioprophylactiques jusqu'au moment où le traitement des parents aura rendu ceux-ci non infectieux.

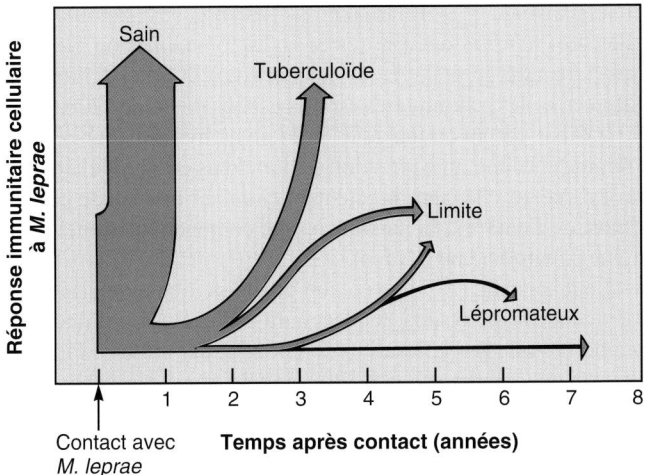

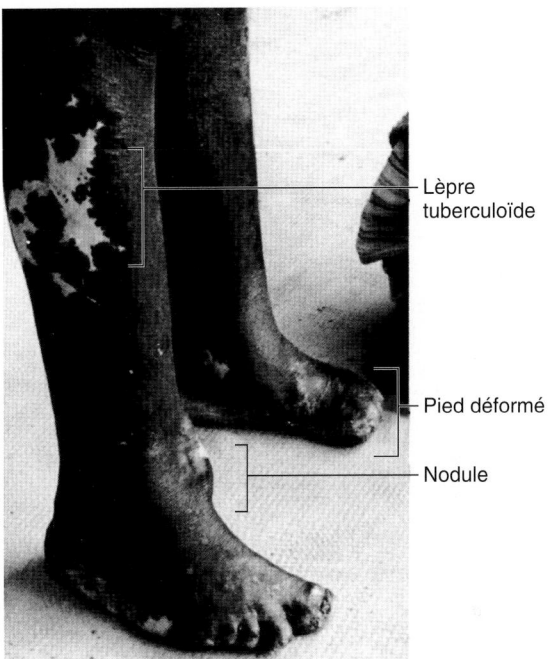

Figure 39.13 Le développement de la lèpre. Une représentation hypothétique de la relation entre infection subclinique, différents types de lèpre et début de la réponse immunitaire cellulaire aux antigènes de *M. leprae* après le contact initial. L'épaisseur des lignes indique la proportion des individus d'une population exposée, susceptible de se retrouver dans chaque catégorie.

---

1. Comment l'homme peut-il attraper le charbon ? la gangrène gazeuse ? la blennorragie ? le chanere ? la lèpre ? Pour chacune de ces maladies, décrivez les principaux symptômes.
2. Définissez les termes suivants : charbon cutané, vaginite bactérienne, infections génitales hautes, ophtalmie néonatale, lèpre tuberculoïde et lépromateuse.
3. Comment un enfant acquiert-il une conjonctivite à inclusions ?
4. Comment les humains contractent-ils la pneumonie à chlamydies ?

La lymphogranulomatose vénérienne

La l**ymphogranulomatose vénérienne** (**LGV**) est une maladie sexuellement transmise (tableau 39.4) causée par les sérotypes L1-L3 de *Chlamydia trachomatis*. Elle a une distribution mondiale mais elle est plus répandue sous les climats tropicaux.

La LGV se développe en trois phases. (1) Dans la phase primaire, une petite papule évoluant vers une ulcération apparaît plusieurs jours ou plusieurs semaines après le contact d'une personne avec les chlamydies. L'ulcère peut apparaître sur le pénis ou le gland chez les hommes, sur les lèvres ou le vagin chez les femmes. L'ulcère guérit rapidement et ne laisse pas de cicatrice. (2) La phase secondaire commence 2 à 6 semaines après le contact lorsque les chlamydies infectent les cellules lymphoïdes, entraînant un gonflement et une sensibilisation des ganglions lymphatiques de la région inguinale ; ces nodulations sont appelées bubons (**figure 39.15**). Des symptômes systémiques tels que fièvre, frissons et anorexie sont fréquents. (3) Lorsque la maladie n'est pas traitée, une phase tardive apparaît. Celle-ci résulte de modifications fibreuses et d'écoulements lymphatiques anormaux qui produisent des fistules (passage anormal menant d'un abcès ou d'un organe creux à la surface du corps ou d'un organe creux à un autre) et des constrictions (réduction de taille) urétrales ou rectales. Il peut en résulter une accumulation de liquide, difficile à traiter, dans le pénis, le scrotum ou la région vaginale.

Figure 39.14 La lèpre. Dans la lèpre tuberculoïde, la peau au niveau des nodules est complètement dépourvue de sensibilité. Le pied déformé est associé à la lèpre lépromateuse. Remarquez le nodule déformant sur la cheville.

La maladie est détectée par coloration à l'iode des cellules infectées pour l'observation des inclusions (vacuoles gorgées de chlamydies), par la culture des chlamydies à partir d'un bubon, par des sondes d'acide nucléique, ou par la détection d'un taux d'anticorps élevé spécifique d'un sérotype de LGV. Le traitement dans les phases précoces consiste à ponctionner les bubons et à administrer des antibiotiques : tétracycline, doxycycline, érythromycine ou céfotoxine. La phase tardive peut exiger de la chirurgie. Les méthodes de contrôle de la LGV sont les mêmes que pour les autres maladies sexuellement transmissibles : la réduction de la promiscuité, l'usage de préservatifs ainsi que le diagnostic précoce et le traitement des individus infectés. Environ 300 cas de LGV apparaissent annuellement aux États-Unis.

La pneumonie à mycoplasmes

Une pneumonie typique est d'origine bactérienne. Si une bactérie ne peut être isolée, la pneumonie est appelée atypique et l'intervention d'un virus est généralement suspectée. Si des virus ne peuvent être détectés, la pneumonie peut être considérée comme **pneumonie à mycoplasmes**. Cette pneumonie est causée par *Mycoplasma pneumoniae* (*voir figure 23.2*), un mycoplasme à distribution mondiale. Sa dissémination dépend de contacts étroits et parfois de gouttelettes aériennes. La maladie est assez répandue et bénigne chez les enfants et les nouveau-nés ; une maladie grave est observée principalement chez des enfants plus âgés et de jeunes adultes.

M. pneumoniae infecte habituellement les voies respiratoires supérieures et se déplace ensuite vers le système respiratoire inférieur où il s'attache aux cellules des muqueuses respiratoires. Il produit alors des peroxydes qui peuvent être des facteurs toxiques, le mécanisme exact de la pathogenèse restant cependant encore inconnu. On a observé une altération du métabolisme des acides

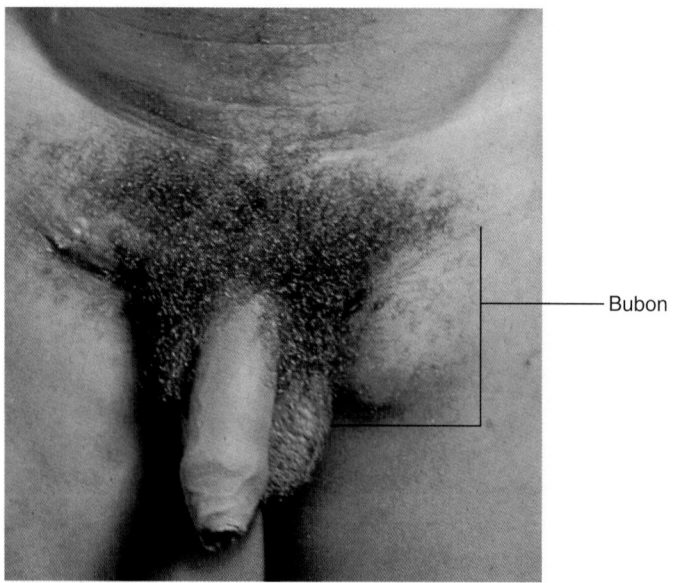

Bubon

Figure 39.15 La lymphogranulomatose vénérienne. Le bubon dans la région inguinale gauche s'écoule.

nucléiques dans les cellules des muqueuses. Les manifestations de cette maladie varient en gravité, étant parfois subcliniques, mais pouvant entraîner une pneumonie grave. Cette dernière s'accompagne de la mort des cellules de la muqueuse, d'infiltration des poumons ou de congestion. Les symptômes initiaux comprennent des céphalées, de la fatigue, une fièvre légère et une toux sèche persistante. La maladie et ses symptômes durent généralement des semaines. Le taux de mortalité est inférieur à 1 %.

Plusieurs tests rapides utilisant l'agglutination sur billes de latex d'anticorps anti-*M. pneumoniae*, sont disponibles pour le diagnostic de la pneumonie à mycoplasmes. Lorsqu'ils sont isolés de sécrétions respiratoires, les mycoplasmes forment des colonies particulières ayant l'apparence d'un « œuf sur le plat » (*voir figure 23.3*). Durant le stade aigu de la maladie, le diagnostic doit se faire sur base des observations cliniques. Les tétracyclines ou l'érythromycine sont efficaces pour le traitement. Il n'y a pas de mesures préventives.

L'urétrite non gonococcique

L'urétrite non gonococcique (**NGU**) est toute inflammation de l'urètre qui n'est pas due à *Neisseria gonorrhoeae*. Cette maladie est causée autant par des facteurs non microbiens tels que des cathéters et des médicaments que par des micro-organismes infectieux. Les agents étiologiques les plus importants sont *Chlamydia trachomatis*, *Ureaplasma urealyticum*, *Mycoplasma hominis*, *Trichomonas vaginalis*, *Candida albicans* et les virus herpès simplex. La plupart des infections s'acquièrent sexuellement (tableau 39.4), et de celles-ci 50 % sont des infections à *Chlamydia*. La NGU due aux chlamydies est probablement la maladie sexuellement transmissible la plus courante aux États-Unis, plus de 10 millions d'Américains sont infectés. Elle est endémique ailleurs dans le monde.

Les symptômes de la NGU sont très variables. Les hommes ont peu ou pas de symptômes de la maladie. Cependant, des complications peuvent survenir, comme un écoulement urétral, des

démangeaisons et l'inflammation des organes reproducteurs mâles. Les femmes peuvent rester asymptomatiques ou avoir une grave infection génitale haute menant souvent à la stérilité. Aux États-Unis, les chlamydies sont responsables de 200.000 à 400.000 cas par an de maladies inflammatoires pelviennes. Chez la femme enceinte, une infection à chlamidies est particulièrement grave parce qu'elle peut directement entraîner une fausse couche, la mort de l'enfant à la naissance, une conjonctivite à inclusions ou une pneumonie de l'enfant.

Le diagnostic de l'urétrite non gonococcique requiert la mise en évidence d'un exsudat leucocytaire et l'exclusion d'une blennoragie urétrale par coloration de Gram et par culture. Plusieurs tests rapides de détection de *Chlamydia* dans des échantillons d'urine sont également disponibles. Le traitement est à base de tétracycline, doxycycline, érythromycine ou sulfisoxazole.

L'ulcère gastrique

Un bacille courbé Gram-négatif micro-aérophile provenant de biopsies gastriques de patients souffrant de gastrites (du grec, *gasteros* estomac et *itis*, inflammation), confirmées par l'histologie, a été mis en culture avec succès à Perth en Australie, en 1982. Il fut appelé *Campylobacter pylori*, le nom étant devenu en 1993 *Helicobacter pylori*. Il apparaît maintenant que cette bactérie est responsable de la plupart des cas de gastrites qui ne sont pas associées à une cause primaire connue (ex. gastrite auto-immune ou gastrite à éosinophiles). Cette bactérie est un facteur important dans la pathogénie de l'**ulcère gastrique**. De plus, on a montré des corrélations positives entre le taux de cancers gastriques et le taux d'infections par *H. pylori* dans certaines populations.

On a maintenant la preuve que *H. pylori* est bien un agent pathogène gastro-intestinal. Par exemple, *H. pylori* a été isolé de la muqueuse gastrique (**figure 39.16**) de 95 % de patients atteints de maladies gastriques ulcéreuses et de pratiquement 100 % de ces patients avec gastrites chroniques, alors qu'on ne trouve pas cette bactérie dans des tissus sains.

H. pylori colonise seulement des épithéliums de type gastrique, sécréteurs de mucus, situés sous les couches de mucus. On pense que des fimbriae de surface sont les adhésines nécessaires au processus. *H. pylori* se fixe aux antigènes de Lewis (qui font partie des antigènes de groupes sanguins déterminant le groupe O) et à l'acide sialique, un monosaccharide terminal des glycoprotéines de la surface des cellules épithéliales gastriques. Après fixation, la bactérie pénètre dans la couche de mucus.

H. pylori est également un fort producteur d'uréase. L'activité de l'uréase peut créer un environnement alcalin suite à l'hydrolyse de l'urée en ammoniac, ceci protège la bactérie de l'acide gastrique jusqu'au moment où elle s'établit en dessous de la couche de mucus stomacal. Les facteurs de virulence potentiels responsables des atteintes des cellules épithéliales et de l'inflammation comprennent des protéases, des phospholipases, des cytokines et des cytotoxines.

On estime que environ 50 % de la population mondiale est infectée par *H. pylori*. Cette bactérie est probablement transmise de personne à personne, quoique l'infection à partir d'une source exogène commune ne puisse pas être complètement écartée. Certains pensent qu'elle se répand par l'eau et la nourriture. A l'appui d'une transmission interhumaine, il y a l'observation de regroupements de cas au sein des familles et une fréquence de cas plus élevée qu'attendue chez des résidents de homes d'accueil et de soins.

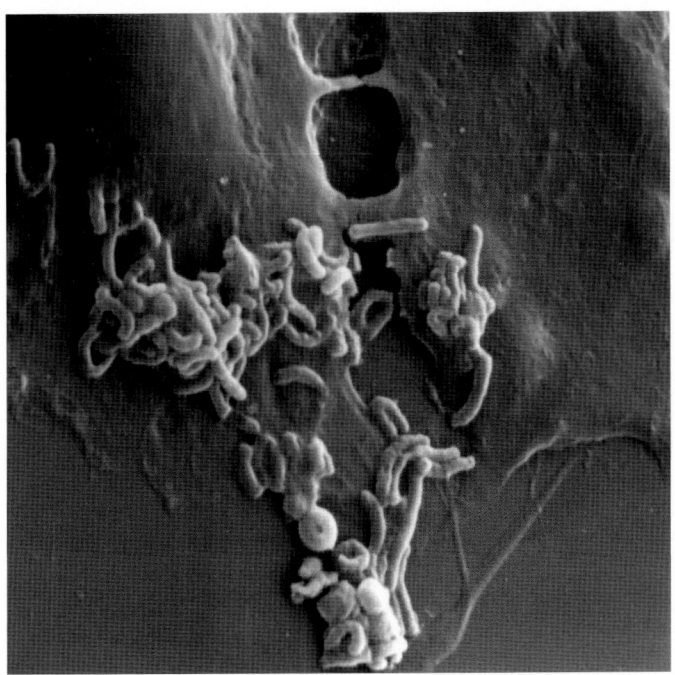

Figure 39.16 L'ulcère gastrique. Image au microscope électronique à balayage (x 3.441) de *Helicobacter pylori* adhérant aux cellules gastriques.

Le diagnostic au laboratoire de *H. pylori* est fait par la mise en culture de biopsies gastriques, la recherche des bactéries dans des biopsies colorées, l'excrétion d'ammonium [N^{15}] dans l'urine ou la détection d'activité uréasique dans les biopsies. On recherche également la présence d'anticorps sériques IgG anti-*H. pylori* (une trousse de test rapide est maintenant disponible). Le traitement se fait par administration (1) de subsalicylate de bismuth (Pepto-Bismol) en association avec du métronidazole et de la tétracycline ou de l'amoxycilline; (2) de la clarithromycine, ranitidine et citrate de bismuth, ou (3) de la clarithromycine, amoxicilline et lansoprazole (Prévacid).

La psittacose (ornithose)

La **psittacose** (**ornithose**) est une maladie infectieuse des oiseaux, mondialement répandue et transmissible aux humains. Elle fut d'abord décrite en association avec les perroquets et les perruches, faisant tous les deux partie de la famille des psittacidés. La maladie est maintenant reconnue chez beaucoup d'autres oiseaux parmi lesquels les pigeons, les poules, les canards et les dindons. On emploie dès lors le terme plus général d'ornithose (du grec *ornis*, oiseau).

L'ornithose est due à *Chlamydia psittaci*. Les humains contractent cette maladie en maniant des oiseaux infectés ou en inhalant des excréments séchés d'oiseaux qui contiennent des *C. psittaci* vivants. L'ornithose est reconnue comme maladie du travail dans l'industrie aviaire, en particulier chez les ouvriers d'usines traitant les dindes.

Après être entrées dans le système respiratoire, les chlamydies sont transportées vers les cellules du foie et de la rate. Elles se multiplient dans ces cellules pour ensuite envahir les poumons où elles causent une inflammation, une hémorragie et une pneumonie.

Le diagnostic en laboratoire se fait par isolement de *C. psittaci* du sang ou de crachat, ou par des tests sérologiques. Le traitement est l'administration de tétracycline. Suite à l'antibiothérapie, le taux de mortalité a chuté de 20 à 2 %. Entre 100 et 200 cas d'ornithose sont signalés chaque année aux États-Unis. La prévention et le contrôle résultent d'une chimioprophylaxie (tétracycline) pour les oiseaux domestiques et pour la volaille bien que celle-ci conduise au développement de la résistance aux antibiotiques et doive donc être découragée.

Les maladies staphylococciques

Le genre *Staphylococcus* comprend des coques Gram-positifs, de 0.5 à 1.5 μm de diamètre, trouvés isolés, en paires ou en tétrades et de façon caractéristique, se divisant dans plusieurs plans pour former des amas irréguliers. Leur paroi contient du peptidoglycane et de l'acide téichoïque. Les staphylocoques sont anaérobies facultatifs et généralement catalase positifs. Les staphylocoques sont parmi les bactéries pathogènes les plus importantes chez l'homme. Ils sont normalement présents dans le système respiratoire supérieur, l'intestin, le vagin et sur la peau (*voir figure 31.2*). Les staphylocoques avec les pneumocoques et les streptocoques, font partie des bactéries Gram-positives invasives connues sous le nom de coques pyogènes (produisant du pus). Ces bactéries causent différentes maladies humaines suppuratives (furoncles, anthrax, folliculites, impétigo contagieux, syndrome de la peau ébouillantée).

Les staphylocoques peuvent être divisés en souches pathogènes et souches relativement non pathogènes sur base de la synthèse de coagulase. Les souches coagulase-positives identifiées comme *S. aureus* (*voir figure 23.12a*) produisent souvent un pigment caroténoïde jaune, ce qui leur a valu l'appellation commune de staphylocoques dorés (*voir figure 5.9*). Ils causent des infections chroniques graves. Les souches non productrices de coagulase, telles que *S. epidermidis*, sont non pigmentées et sont généralement moins invasives, mais elles sont associées de plus en plus comme bactéries pathogènes opportunistes, à des infections nosocomiales graves.

Les staphylocoques peuvent aussi se diviser en producteurs et non producteurs de mucus. Cette propriété de produire du mucus est proposée comme marqueur des souches pathogènes (**figure 39.17a**).

Le **mucus** est un glycoconjugué visqueux extracellulaire qui permet aux bactéries d'adhérer à des surfaces lisses comme des prothèses médicales et des cathéters. La microscopie électronique à balayage a clairement démontré la présence de biofilms (figure 39.17b) qui sont des staphylocoques enchâssés dans une matrice visqueuse sur du matériel médical (**encadré 39.3**). Ce mucus peut aussi inhiber le chimiotactisme des neutrophiles, la phagocytose et l'action antibactérienne de la vancomycine et de la téïcoplanine.

Les staphylocoques hébergés soit par un porteur asymptomatique soit par une personne malade, peuvent se répandre par les mains, par expulsion hors du système respiratoire et par le transport dans ou sur des êtres ou des objets. Les staphylocoques peuvent produire une maladie dans presque tous les organes ou tissus du corps (**figure 39.18**). Cependant, il faut souligner que les maladies staphylococciques, dans la plupart des cas, s'observent chez des individus dont les mécanismes de défense sont diminués comme les personnes hospitalisées.

Les staphylocoques entraînent une maladie par leur capacité de se multiplier et de se répandre largement dans les tissus ainsi que par leur production de nombreuses substances extracellulaires

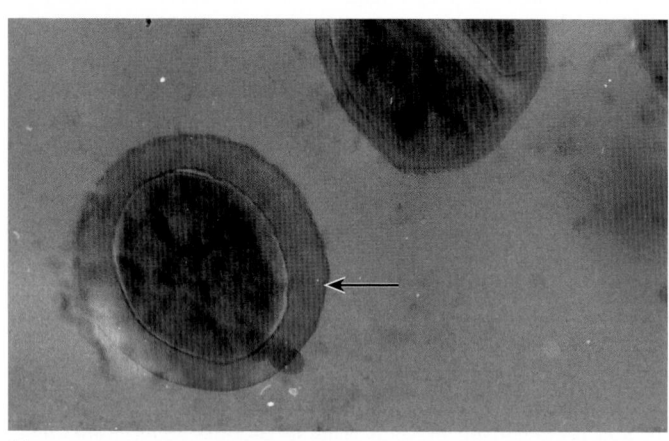

(a)   (b)

Figure 39.17 Mucus et biofilms. *S. aureus* et certains staphylocoques coagulase-négatifs, produisent un glycoconjugué extracellulaire visqueux appelé mucus. (**a**) Cellules de *S. aureus* dont l'une produit une couche visqueuse (flèche, microscopie électronique à balayage, x 10.000). (**b**) sur un catheter veineux, un biofilm fait de *S. epidermidis* et de mucus ; celui-ci enchâsse les colonies bactériennes et les fait adhérer au cathéter (microscopie électronique à balayage, x 6.000).

Encadré 39.3

Les biofilms

Les **biofilms** sont des micro-organismes immobilisés sur un substrat et typiquement enchâssés dans un polymère organique d'origine microbienne (*voir section 28.4*). Il se développent sur virtuellement toutes les surfaces dans les environnements naturels aqueux qu'elles soient biologiques (plantes et animaux aquatiques) ou non (béton, métal, plastique, pierres). Les biofilms se forment particulièrement rapidement dans des systèmes où l'eau circule et où les micro-organismes reçoivent un apport régulier de nutriments. Un intense développement microbien accompagné de l'excrétion de grandes quantités de polymères extracellulaires, conduit à la formation de couches visqueuses visibles (les biofilms) sur les surfaces solides.

Le système gastro-intestinal humain est colonisé en majeure partie par des groupes spécifiques de micro-organismes (la flore indigène naturelle : *voir section 31.2*) constitués en biofilms naturels. Ceux-ci peuvent fournir aux espèces pathogènes une protection et leur permettre ainsi de coloniser l'hôte.

L'insertion d'un dispositif médical dans le corps humain aboutit souvent à la formation de biofilms à la surface de ce dispositif. Les micro-organismes impliqués sont surtout *Staphylococcus epidermitis* (figure 39.17b), d'autres staphylocoques coagulase-négatifs et des bactéries Gram-négatives. Ces résidents normaux de la peau savent s'accrocher avec ténacité aux surfaces de dispositifs inanimés. À l'intérieur du biofilm, ils sont protégés contre les mécanismes naturels de défense du corps mais aussi contre les antibiotiques. Ainsi, le biofilm est une source d'infection pour d'autres parties du corps quand il se détache et que des bactéries sont libérées.

Voici quelques exemples où les biofilms ont une importance médicale :

1. les décès à la suite d'infections massives, de patients receveurs d'un cœur artificiel (Jarvik 7).
2. les patients souffrant de mucoviscidose qui portent de nombreux *Pseudomonas aeruginosa*, produisant de l'alginate en quantité, ce qui inhibe la diffusion des antibiotiques.
3. les dents sur lesquelles le biofilm forme une plaque qui conduit à la carie (figure 39.25).
4. les lentilles de contact où les bactéries peuvent provoquer une irritation oculaire grave, l'inflammation et l'infection.
5. les conditionnements d'air et autres systèmes de rétension d'eau dans lesquels des bactéries potentiellement pathogènes comme *Legionella*, peuvent être protégées des effets de la chloration par des biofilms.

(**tableau 39.3**). Certaines de ces substances sont des exotoxines alors que d'autres sont des enzymes dont on suspecte le rôle dans l'invasion staphylococcique. De nombreux gènes de toxines sont portés par des plasmides. Dans certains cas, les gènes responsables du pouvoir pathogène sont portés à la fois par un plasmide et le chromosome.

Le pouvoir pathogène d'une souche donnée de *S. aureus* est dû à l'effet combiné de facteurs extracellulaires et de toxines associés aux propriétés invasives de la souche. A une extrémité du spectre de la maladie, on trouve l'intoxication alimentaire staphy-lococcique, dont l'unique cause est l'ingestion d'entérotoxines préformées (tableau 39.3). A l'autre extrémité du spectre, on trouve la bactériémie staphylococcique et les abcès disséminés dans la plupart des organes du corps.

L'exemple classique de la lésion staphylococcique est l'abcès localisé (**figure 39.19a-d**). Lorsqu'il se développe dans un follicule pileux, *S. aureus* entraîne la nécrose tissulaire. De la coagulase est produite et forme une paroi de fibrine autour de la lésion, ce qui en limite l'extension. Au centre de la lésion, les tissus nécrotiques sont liquéfiés et l'abcès se répand dans la direction de

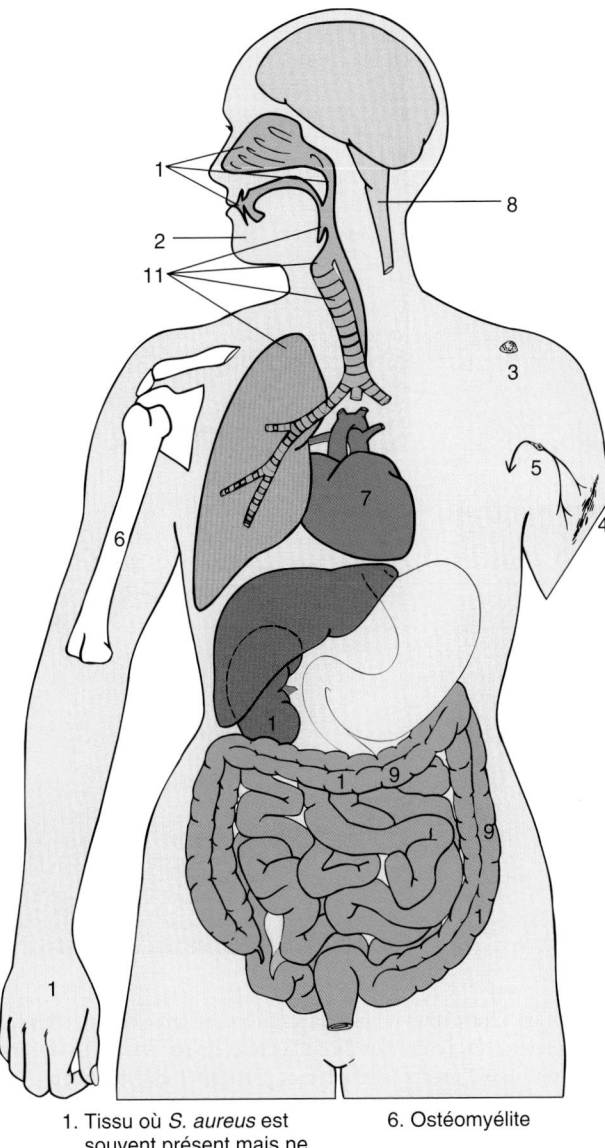

1. Tissu où *S. aureus* est souvent présent mais ne cause normalement pas de maladie

Maladies pouvant être causées par *S. aureus*

2. Boutons et impétigo

3. Furoncles et anthrax à différents endroits de la peau.

4. Infection de plaies et abcès

5. Migration vers les ganglions lymphatiques et le sang (septicémie) résultant en une infection généralisée.

6. Ostéomyélite

7. Endocardite

8. Méningite

9. Entérite et empoisonnement par entérotoxines (empoisonnement alimentaire)

10. Néphrite

11. Infections respiratoires
Pharyngite
Laryngite
Bronchite
Pneumonie

Figure 39.18 Les staphylococcies. Les sites majeurs des infections staphylococciques humaines sont indiqués par les numéros ci-dessus.

Tableau 39.3 Toxines et enzymes produites par les staphylocoques

Produit	Action physiologique
β-lactamase	Dégrade la pénicilline
Catalase	Transforme l'eau oxygénée en eau et oxygène et diminue la mortalité bactérienne par phagocytose
Coagulase	Réagit avec la prothrombine pour former un complexe qui peut cliver le fibrinogène et causer la formation d'un caillot de fibrine ; la fibrine peut également être déposée à la surface des staphylocoques, ce qui les protège de la destruction par les cellules phagocytaires ; la production de coagulase signifie pouvoir pathogène invasif
DNase	Hydrolyse l'ADN
Entérotoxines	Sont divisées en toxines thermorésistantes de 6 types connus (A, B, C1, C2, D, E); responsables des troubles gastro-intestinaux typiques d'intoxication alimentaire
Exfoliatines A et B (superantigènes)	Toxines causant la perte des couches superficielles de la peau dans le syndrome de la peau ébouillantée
Hémolysines	L'hémolysine α détruit les érythrocytes et cause une destruction de la peau
	L'hémolysine β détruit les érythrocytes et la sphingomyéline autour des nerfs
	L'hémolysine γ détruit les érythrocytes
	L'hémolysine δ détruit les érythrocytes
Hyaluronidase	Aussi connue comme facteur de diffusion ; hydrolyse l'acide hyaluronique du tissu conjonctif permettant la pénétration et la propagation des bactéries
Leucocidine Panton-Valentine	Inhibe la phagocytose par les granulocytes, détruit ces cellules en créant des pores dans les membranes des phagosomes
Lipases	Hydrolysent les lipides
Nucléase	Hydrolyse les acides nucléiques
Protéine A	Est antiphagocytaire par compétition avec les neutrophiles pour le fragment Fc d'opsonines spécifiques
Protéinases	Hydrolysent les protéines
Toxine-1 du syndrome du choc toxique (un superantigène)	Toxine staphylococcique associée à la fièvre, au choc, et à l'implication des systèmes multiples du syndrome du choc toxique.

moindre résistance. L'abcès peut prendre la forme soit d'un furoncle soit d'un anthrax. Le tissu nécrotique central s'écoule, entraînant finalement la guérison. Cependant, les bactéries peuvent se répandre à partir de tout foyer vers d'autres parties du corps, par les vaisseaux lymphatiques ou la circulation sanguine.

Des enfants et des nouveau-nés peuvent développer une infection superficielle de la peau caractérisée par des pustules encroûtées (figure 39.19). Cette maladie, appelée impétigo contagieux, est causée par *S. aureus* et par les streptocoques du groupe A. Elle est contagieuse et peut se répandre au sein d'une crèche ou d'une école. Elle apparaît le plus souvent dans des quartiers où l'état sanitaire et l'hygiène personnelle sont réduits.

Le **syndrome du choc toxique** (**TSS** pour « Toxic shock syndrome ») est une maladie staphylococcique pouvant avoir des conséquences graves. Ce syndrome se déclare souvent chez des femmes qui emploient des tampons vaginaux très absorbants pendant la menstruation. Cependant la toxine associée à ce syndrome est également produite chez l'homme et chez la femme, en dehors de la période de menstruation, par *S. aureus* vivant dans des sites autres

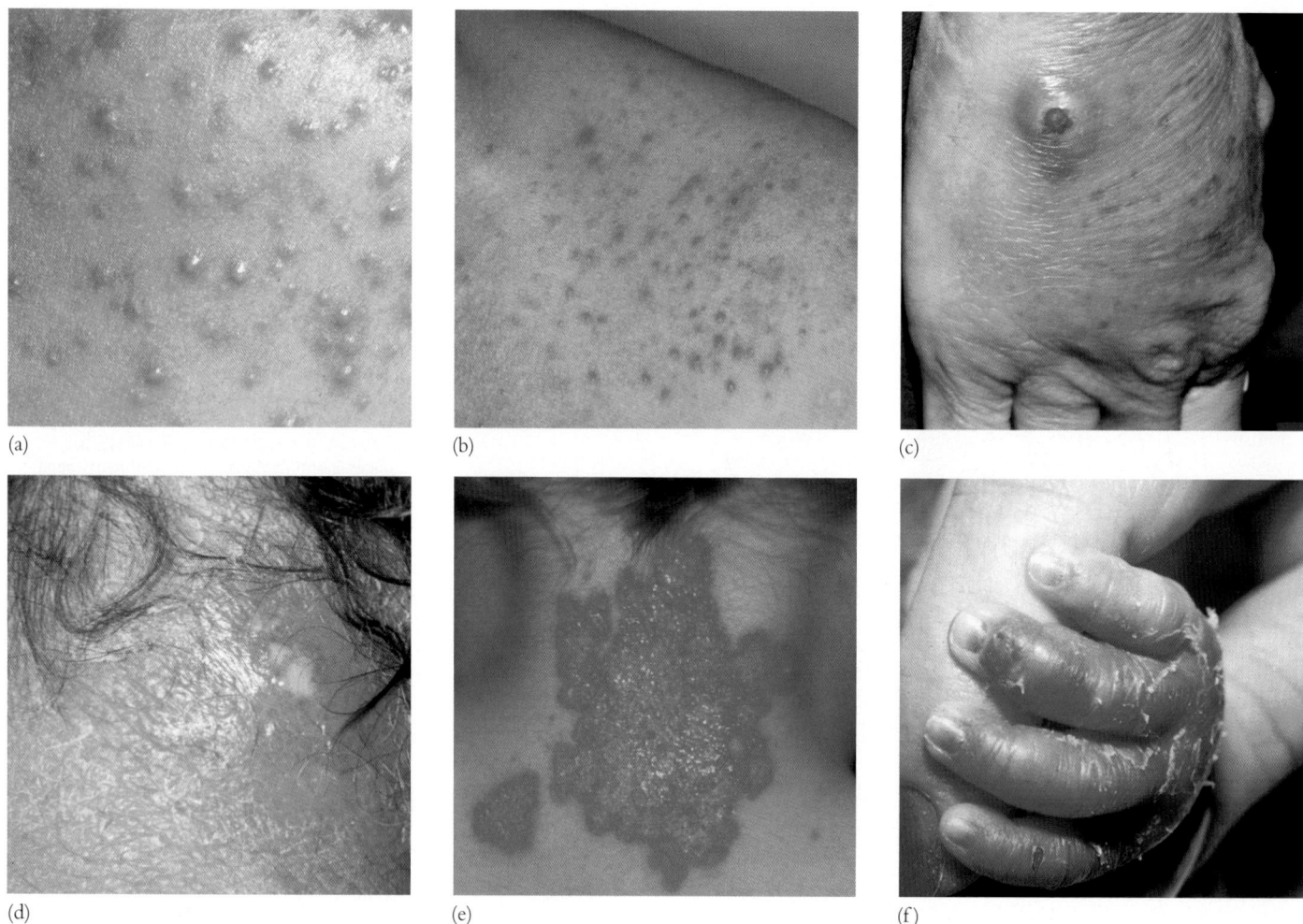

Figure 39.19 Les infections staphylococciques de la peau (a) Folliculite superficielle avec formation de pustules surélevées en forme de dômes autour des follicules pileux. (**b**) Dans la folliculite profonde le micro-organisme envahit les parties profondes du follicule et du derme. (**c**) Un furoncle apparaît lorsqu'un gros abcès se forme autour d'un follicule pileux (**d**) Un anthrax est constitué d'un abcès réunissant plusieurs follicules pileux. (**e**) Un impétigo sur le cou d'un garçon âgé de deux ans. (**f**) Syndrome de la peau ébouillantée chez un garçon prématuré âgé d'une semaine. Les zones rougies de la peau pèlent, découvrant des zones humides d'allure écailleuse.

que la région génitale (ex. dans des infections de plaies chirurgicales). Le syndrome du choc toxique est caractérisé par une diminution de la pression sanguine, de la fièvre, de la diarrhée, une rougeur cutanée étendue et une desquamation de la peau. Ces symptômes sont causés par un superantigène (*voir section 32-2*) : la toxine-1 du syndrome du choc toxique sécrétée par *S. aureus* (tableau 39.3), mais plusieurs autres entérotoxines (SEB et SEC$_1$) peuvent également jouer un rôle. Chaque année on rapporte plusieurs centaines de cas de syndrome du choc toxique aux États-Unis.

Le **syndrome staphylococcique de la peau ébouillantée** (SSSS pour « Staphylococcal scalded skin syndrome ») est un troisième exemple de maladie staphylococcique courante (figure 39.9). Cette maladie est causée par des souches de *S aureus* qui contiennent le gène de la **toxine exfoliative** ou **exfoliatine**, porté par un plasmide (parfois le gène de la toxine est porté par le chromosome bactérien). Au cours de cette maladie, l'épiderme se décolle en mettant à nu une zone rouge sous-jacente, d'où le nom de la maladie. Le SSSS est observé le plus fréquemment chez les enfants, y compris ceux en bas âge. Dans les crèches, il y a parfois une multiplication soudaine et massive de ces cas.

Le diagnostic définitif de la maladie staphylococcique ne peut être établi que par l'isolement et l'identification du staphylocoque impliqué. Ceci requiert la culture, les tests de catalase et de coagulase, la sérologie, les empreintes d'ADN et la lysotypie. On dispose également de trousses de tests rapides. Il n'y a pas de prévention spécifique de la maladie staphylococcique. Le traitement principal consiste à administrer des antibiotiques spécifiques : pénicilline, cloxacilline, méthicilline, vancomycine, oxacilline, céfotaxime, ceftriaxone, une céphalosporine, ou la rifampine et d'autres. Tous les isolats staphylococciques doivent être soumis aux tests de sensibilité à cause de la prévalence de souches résistantes aux antibiotiques (**encadré 39.4**). Les meilleurs moyens de contrôle sont la propreté, l'hygiène et les soins aseptiques des lésions.

La syphilis

La **syphilis** (du grec, *syn*, ensemble et *philein*, aimer) vénérienne est une maladie contagieuse sexuellement transmise (tableau 39.4), causée par le spirochète *Treponema pallidum* subsp. *pallidum* (*T. pallidum, voir figure 21.15b*). La **syphilis**

Encadré 39.4

Staphylocoques résistants

A la fin des années 1950 et au début des années 1960, *Staphylococcus aureus* devint un organisme pathogène nosocomial (acquis à l'hôpital) entraînant une morbidité et une mortalité considérables. Depuis lors, des pénicillines semi-synthétiques, résistantes à la pénicillinase, se sont avérées être des agents antimicrobiens efficaces dans le traitement d'infections staphylococciques. Malheureusement, des souches de *S. aureus* résistantes à la méthicilline (MRSA) sont apparues récemment, elles créent un problème nosocomial majeur. Un moyen par lequel les staphylocoques deviennent résistants est l'acquisition d'un gène chromosomique (*mecA*) qui encode une cible protéique alternative qui n'est pas inactivée par la méthicilline. La plupart des souches sont résistantes à plusieurs des agents antimicrobiens d'usage courant, dont les macrolides, les aminoglycosides et les antibiotiques à noyau β-lactame, y compris la dernière génération de céphalosporines. Des infections graves

par des souches résistantes à la méthicilline ont été le plus souvent traitées avec succès à l'aide d'un antibiotique plus ancien, potentiellement toxique, la vancomycine. Cependant, des souches d'*Enterococcus* et de *Staphylococcus* sont devenues récemment résistantes à la vancomycine.

De plus, des souches de *S. epidermidis* résistantes à la méthicilline sont également apparues comme problèmes nosocomiaux, particulièrement chez des individus avec des prothèses valvulaires cardiaques ou chez des personnes ayant subi d'autres formes de chirurgie cardiaque. La résistance à la méthicilline peut également s'étendre aux céphalosporines. Il est encore difficile d'effectuer des tests in vitro pour bien reconnaître la résistance de ces souches aux céphalosporines. Des infections graves dues à *S. epidermidis* résistant à la méthicilline ont été traitées avec succès par une combinaison de médicaments, comprenant la vancomycine et la rifampine ou un aminoglycoside.

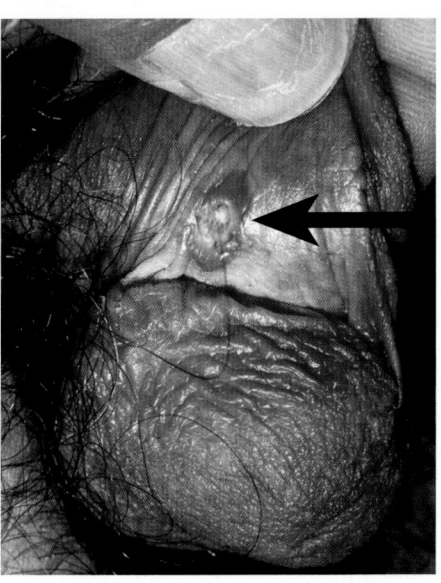
(a)

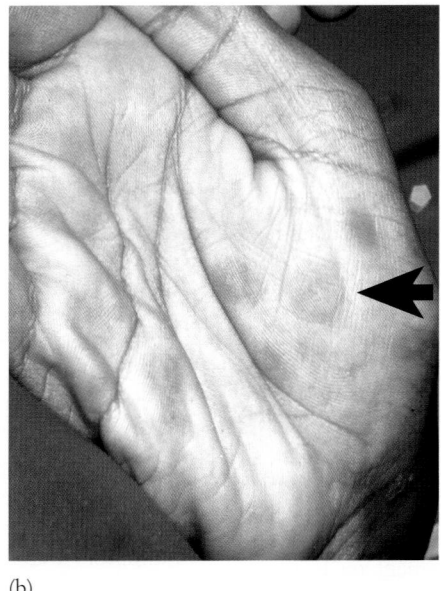
(b)

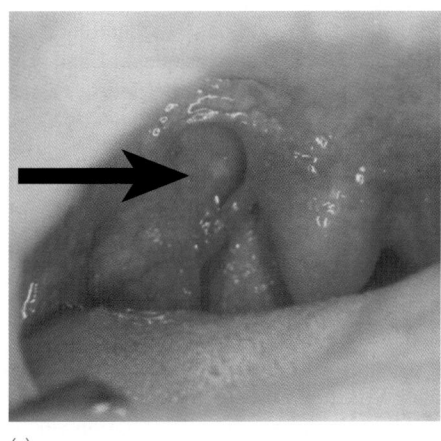
(c)

Figure 39.20 La syphilis. (**a**) Chancre syphilitique primaire du pénis. (**b**) Lésions palmaires de la syphilis secondaire. (**c**) Gomme ouverte et ulcère du palais supérieur de la bouche.

congénitale est la maladie acquise de la mère in utero.

T. pallidum pénètre dans le corps par les muqueuses ou par des éraflures de la peau. Il migre vers les ganglions lymphatiques de la région et se répand rapidement dans tout l'organisme. Cette maladie n'est pas hautement contagieuse et il y a de l'ordre d'une chance sur dix de l'acquérir lors d'un contact unique avec un partenaire sexuel infecté.

Trois stades de la syphilis sont reconnus chez des adultes non traités. Dans le stade primaire, après une période d'incubation allant de 10 jours à 3 semaines ou plus, le symptôme initial est une petite papule rouge indolore ou **chancre syphilitique** (du latin, *cancer*, lésion destructrice) suivi d'ulcération avec des bords indurés. Il apparaît au site d'infection (**figure 39.20***a*) et contient des spirochètes. Le contact avec le chancre au cours d'un rapport sexuel peut conduire à la transmission de la maladie. Dans un tiers des cas environ, la maladie ne progresse pas au-delà et le chancre disparaît. Les tests sérolo-

giques sont positifs durant ce stade chez environ 80 % des individus (**figure 39.21**). Dans les autres cas, les spirochètes entrent dans la circulation sanguine et se répandent dans tout le corps.

Deux à dix semaines après la lésion primaire, la maladie peut entrer dans le stade secondaire caractérisé par une éruption cutanée (figure 39.20*b*). A ce moment, 100 % des indidivus infectés sont sérologiquement positifs. D'autres symptômes durant ce stade comprennent une alopécie « en clairière » (perte de touffes de cheveux), des malaises et de la fièvre. Autant le chancre que les lésions cutanées sont infectieux.

Après plusieurs semaines, la maladie devient latente. Durant cette période de latence, le malade n'est normalement pas contagieux, sauf pour une transmission possible de la mère au fœtus (syphilis congénitale). Après plusieurs années, un stade tertiaire se développe chez environ 40 % des individus non traités ayant une syphilis secondaire. Durant ce stade, des lésions dégénératives,

Figure 39.21 Le cours d'une syphilis non traitée. Voir texte pour plus de détails.

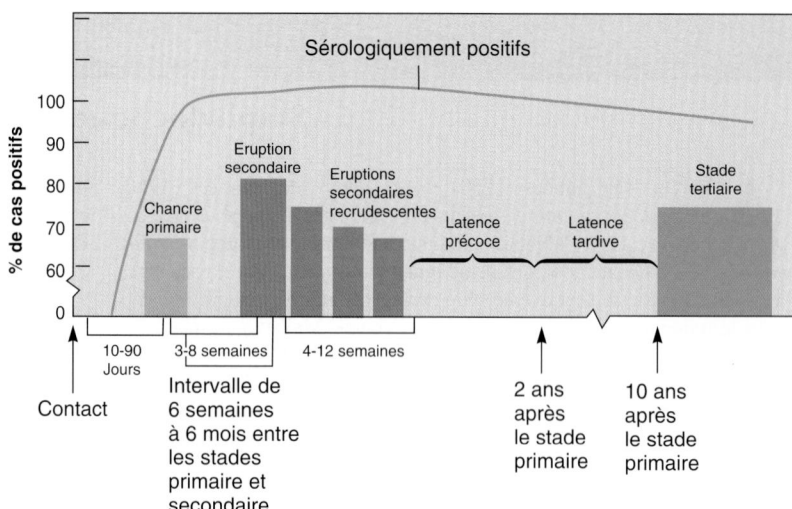

Figure 39.21 Le cours d'une syphilis non traitée. Voir texte pour plus de détails.

appelées **gommes** (figure 39.20c) se forment dans la peau, les os et le système nerveux, suite à des réactions d'hypersensibilité. Ce stade est également caractérisé par une diminution considérable du nombre de spirochètes dans l'organisme. L'implication du système nerveux central entraîne une perte de tissu qui peut mener à un retard mental, une cécité, un tabes (démarche hésitante) ou une démence. Beaucoup de ces symptômes ont été associés avec des personnages aussi connus que Al Capone, Francisco Goya, Henry VIII, Adolf Hitler, Scott Joplin, Friedrich Nietzsche, Franz Schubert, Oscar Wilde, et l'Empereur Guillaume (**encadré 39.5**).

Le diagnostic de la syphilis est basé sur l'histoire clinique, un examen physique approfondi et une recherche des spirochètes typiques mobiles ou fluorescents après immunomarquage, dans des liquides provenant de lésions (sauf des lésions orales). Les tests sérologiques sont très informatifs parce que l'homme répond à *T. pallidum* par la formation d'anticorps anti-tréponèmes et de réagines fixant le complément. Comme exemples, on peut citer les tests qui utilisent des antigènes non-tréponémiques (VDRL, test du « **V**enereal **D**isease **R**esearch **L**aboratories » ; RPR, test rapide de réagine plasmique ; fixation du complément ou test de Wassermann) et ceux à base d'antigènes tréponémiques (FTA-ABS, pour « **f**luorescent **t**reponemal **a**ntibody-**abs**orption test ; TPI, immobilisation de *T. pallidum* ; fixation du complément par *T. pallidum* ; TPHA, hémagglutination de *T. pallidum*).

Dans le premier stade, la maladie est facilement traitée par la benzathine-pénicilline G à action prolongée ou par la pénicilline procaïne en solution aqueuse. Les stades tardifs de la syphilis sont plus difficiles à traiter et requièrent des doses plus importantes pendant une plus longue période. Par exemple dans les cas de neurosyphilis, les tréponèmes survivent occasionnellement à ces traitements. L'immunité à la syphilis n'est pas complète et des infections ultérieures peuvent survenir lorsqu'une première infection a disparu spontanément ou a été éliminée par les antibiotiques.

La prévention et le contrôle de la syphilis dépendent de : (1) l'éducation publique (2) un traitement précoce et adéquat de tous les nouveaux cas, (3) la recherche des sources d'infection et de contact afin de les traiter, (4) l'hygiène sexuelle et (5) la prophylaxie (préservatifs) pour éviter le contact. Actuellement, l'incidence de la syphilis, et d'autres maladies sexuellement transmises, est en augmentation dans la plupart des parties du monde. Aux

États-Unis, on rapporte annuellement environ 50.000 cas de syphilis primaires ou secondaires dans la population civile et environ 1.000 cas de syphilis congénitale. L'incidence la plus élevée se situe parmi les personnes de 20 à 39 ans.

Le tétanos

Le **tétanos** (du grec *tetanos*, tension) est causé par *Clostridium tetani*, bactérie sporulante anaérobie, Gram-positive (*figure 23.6b*). Cette bactérie se trouve communément dans l'environnement hospitalier, dans le sol et la poussière, et dans les fèces d'humains et de nombreux animaux de ferme.

La transmission à l'homme est associée à des plaies cutanées. Toute brèche de la peau peut permettre aux spores de *C. tetani* de pénétrer et si la tension d'oxygène est suffisamment basse, les spores peuvent germer. Lorsque les bactéries meurent et sont lysées, une neurotoxine, la **tétanospasmine** est libérée. La tétanospasmine bloque les synapses inhibitrices des neurones moteurs de la moelle épinière en empêchant la libération des médiateurs de l'inhibition, l'acide gamma-aminobutyrique et la glycine. Ceci résulte en une stimulation incontrôlée des muscles squelettiques.

Au début de la maladie, la tétanospasmine cause des crampes et des contractures des muscles autour de la plaie et une raideur des muscles de la mâchoire. Au cours d'une maladie plus avancée apparaît le trismus, incapacité d'ouvrir la bouche suite à la contracture des muscles masséters. Ces muscles de la face se contractent produisant l'expression caractéristique appelée sourire sardonique. Les contractures ou spasmes du tronc et des muscles des extrémités peuvent être si importantes qu'apparaît une rigidité de planche de bois, des convulsions toniques douloureuses et l'opisthotonos (courbure du dos de telle sorte que les talons et le dos se rapprochent, voir figure en début de chapitre). La mort résulte finalement de spasmes du diaphragme et des muscles intercostaux (muscles respiratoires). Une seconde toxine, la **tétanolysine**, est une hémolysine qui favorise la destruction des tissus.

La recherche de tétanos est indiquée chaque fois qu'un individu présente une histoire d'infection de plaie et de raideur musculaire. La prévention du tétanos comprend l'administration de l'anatoxine tétanique . Celle-ci est complétée d'un adjuvant (sels d'aluminium) pour augmenter son pouvoir immunisant, et est

Encadré 39.5

Une courte histoire de la syphilis

La syphilis fut d'abord reconnue en Europe vers la fin du XVIe siècle. Durant cette période, la maladie prit des proportions épidémiques dans la région méditerranéenne. Selon une hypothèse, la syphilis eut son origine dans le Nouveau Monde, Christophe Colomb (1451-1506) et son équipage l'acquirent dans les Antilles et l'introduisirent en Espagne au retour de leur voyage historique. Selon une autre hypothèse, la syphilis était endémique depuis des siècles en Afrique et put être transportée vers l'Europe en même temps que les grandes migrations des populations civiles (1500).

Au début la syphilis fut appelée indifféremment la maladie italienne, la maladie française et la petite vérole pour la distinguer de la variole. En 1530, le médecin et poète italien, Girolamo Fracastoro écrivit *Syphilis sive Morbus Gallicus* (la syphilis ou la maladie française). Dans ce poème, un berger espagnol nommé Syphilis est puni pour son manque de respect envers les dieux en étant maudit par cette maladie. Plusieurs années plus tard, Francastoro publia une série d'articles dans lesquels il décrivit les moyens de transmission possibles des « graines » de syphilis par contact sexuel.

La transmission vénérienne ne fut définitivement démontrée qu'au cours du XVIIIe siècle. Le terme « vénérien » est dérivé du nom de Vénus, la déesse romaine de l'amour. L'existence des différents stades de la syphilis fut démontrée en 1838 par Philippe Ricord, qui rapporta ses observations sur plus de 2.500 personnes infectées. En 1905, Fritz Schaudinn et Erich Hoffmann découvrirent la bactérie en cause et en 1906, August von Wassermann développa le test diagnostique qui porte son nom. En 1909, Paul Ehrlich introduisit l'utilisation d'un dérivé d'arsenic, l'arsphénamine ou salvarsan, comme traitement.

De cette période date un conte anonyme qui décrit fort bien l'évolution de la maladie :

Il y eut un jeune homme de Black Bay
Qui pensa que la syphilis avait disparu
Il croyait qu'un chancre
N'était qu'une tumeur qui guérit
en une semaine et un jour
Mais maintenant il souffre d'acné vulgaire
(ou peu importe comment on l'appelle à Paris)
Sur sa peau cela s'est répandu
Des pieds à la tête
Et ses amis se demandent où sont ses cheveux.
Il y a plus à son triste état :
Ses pupilles ne se ferment plus à la lumière
Son coeur fait des cabrioles,
Sa femme fait des fausses couches,
Et il louche de son regard en forme de canon de fusil.
L'arthralgie lui coupe le sommeil,
Son aorte a besoin d'un plombier,
Mais maintenant il souffre d'ataxie locomotrice,
Il a des enfants émaciés,
Alors que des gommes il en a un certain nombre.
Il a été traité de toutes les manières connues,
Mais ses spirochètes se multiplient de jour en jour.
Il souffre de parésie,
Il a de longues conversations avec Jésus,
Et pense qu'il est la reine de Mai.

associée dans la routine avec l'anatoxine diphtérique et le vaccin anticoquelucheux (pertussis). Une dose initiale est normalement administrée quelques mois après la naissance, une seconde dose 4 à 6 mois plus tard, et finalement une dose de renforcement 6 à 12 mois après la seconde injection. Une dose de rappel est administrée entre l'âge de 4 et 6 ans. Pendant de nombreuses années, des doses de rappel de l'anatoxine tétanique furent administrées tous les 3 à 5 ans. Cependant, on abandonne cette pratique depuis qu'il est démontré qu'une seule dose de rappel peut assurer la protection pendant 10 à 20 ans. De sérieuses réactions d'hypersensibilité sont apparues lorsque de trop nombreux rappels d'anatoxine sont administrés au cours des ans. Aujourd'hui, on donne une dose de rappel seulement lorsqu'un individu a une plaie infectée.

Des mesures de contrôle du tétanos ne sont pas possibles à cause de la large distribution de la bactérie dans le sol et de la longue survie de ses endospores. Le taux de décès du tétanos généralisé varie de 30 à 90 % car le traitement du tétanos n'est pas très efficace. Dès lors la prévention a toute son importance et dépend de (1) l'immunisation active à l'aide d'anatoxine, (2) la bonne désinfection de plaies contaminées par de la terre, (3) l'usage prophylactique d'antitoxine, et (4) l'administration de pénicilline. Environ 100 cas de tétanos sont rapportés chaque année aux États-Unis, la plupart d'entre eux se présentent chez des toxicomanes qui se droguent par voie intraveineuse.

Le trachome

Le **trachome** (du grec *trakhoma*, rugosité) est une maladie contagieuse causée par les sérotypes A-C de *Chlamydia trachomatis*. Elle est parmi les maladies infectieuses les plus anciennement connues chez les humains et elle est la cause principale de cécité dans le monde entier. Chaque année, plus de 500 millions de personnes sont probablement infectées par cette chlamydie et 20 millions en deviennent aveugles. Dans les régions endémiques, la plupart des enfants sont chroniquement infectés dans les quelques années après la naissance. Chez les adultes au-delà de 20 ans, la maladie active est trois fois plus fréquente chez les femmes que chez les hommes en raison du contact entre la mère et l'enfant. Le trachome est très répandu en Asie, en Afrique et en Amérique du Sud. Il est très rare aux États-Unis sauf chez les indiens du Sud-Ouest.

Le trachome est transmis par contact avec des objets inanimés tels que savons et serviettes, par un contact manuel portant *C. trachomatis* d'un oeil infecté vers un oeil non infecté ou par les mouches. La maladie débute brutalement par l'apparition d'une inflammation de la conjonctive. Celle-ci montre un exsudat cellulaire inflammatoire et des follicules nécrotiques de la paupière en dessous de la surface conjonctivale (**figure 39.22**). Cette maladie guérit habituellement spontanément. Cependant, lors de réinfections, une vascularisation de la cornée a lieu, ou formation de

Figure 39.22 Le trachome. Une infection active montrant une hypertrophie folliculaire marquée des deux paupières. Les nodules inflammatoires couvrent la conjonctive épaissie de l'oeil.

pannus, menant à la cicatrisation de la conjonctive ou kératoconjonctivite. Si le tissu cicatriciel s'étend à toute la cornée, la cécité en résulte. Le diagnostic et le traitement du trachome sont les mêmes que pour la conjonctivite à inclusions, décrite précédemment. Cependant la prévention et le contrôle du trachome dépendent plus de l'éducation sanitaire et de l'hygiène personnelle — tel que l'emploi d'eau propre pour la toilette — que du traitement.

La tularémie

La bactérie Gram-négative *Francisella tularensis* subsp *tularensis* (Jellison type A) est largement répandue dans des réservoirs animaux aux États-Unis et cause la maladie appelée **tularémie** (de Tulare, une région en Californie où la maladie fut décrite pour la première fois). Elle peut être transmise à l'homme par morsure d'arthropodes (tiques, mouches et moustiques), contact direct avec des tissus infectés (lapins), inhalation d'aérosols et ingestion d'aliments ou d'eau contaminés. Après une incubation de 2 à 10 jours, une lésion primaire ulcérative apparaît au site d'infection, les ganglions lymphatiques grossissent et de fortes fièvres apparaissent. Le diagnostic est établi par culture de la bactérie, par PCR et par des tests d'anticorps fluorescents et d'agglutination. Le traitement est à base de streptomycine, de tétracycline ou d'aminoglycosides. La prévention et le contrôle comprennent l'éducation publique, des vêtements protecteurs et le contrôle des vecteurs. Un vaccin vivant atténué est disponible auprès de l'armée des États-Unis pour des techniciens de laboratoires à haut risque d'être infectés. Moins de 300 cas de tularémie sont signalés chaque année aux États-Unis.

Les maladies sexuellement transmissibles

Les maladies sexuellement transmissibles (MST) sont un problème mondial de santé publique. Parmi les agents responsables d'MST, les différents virus sont décrits au chapitre 38, les bactéries au chapitre 39, les levures et les protozoaires au chapitre 40. Le **tableau 39.4** reprend la liste des micro-organismes qui peuvent être transmis par voie sexuelle et les maladies qu'ils occasionnent.

Actuellement, la propagation de la plupart de ces maladies sexuellement transmissibles est hors de contrôle. Aux seuls USA, il y a chaque année de 8 à 10 millions de personnes qui contractent une MST ; les plus fréquentes dans ce pays étant la blennorragie, la syphilis, l'herpès génital, les infections à chlamydies, la trichomoniase, l'hépatite B et la plus grave de toutes par son taux élevé de mortalité, le SIDA.

Les MST, anciennement appelées maladies vénériennes (de Vénus, la déesse de l'amour) touchent le plus le groupe d'âge des 15 à 30 ans, des jeunes sexuellement actifs mais tout contact sexuel avec une personne infectée, fait une victime potentielle. En général, le risque de contracter une MST est d'autant plus grand que le nombre de partenaires est élevé. Comme il a déjà été dit dans les chapitres précédents, des micro-organismes responsables de MST se transmettent aussi par voie non sexuelle, citons par exemple la transmission par des aiguilles et des seringues contaminées partagées par les toxicomanes, par les transfusions de sang contaminé, par les mères infectées à leurs enfants.

Certaines MST guérissent facilement, mais d'autres en particulier les maladies virales, sont à l'heure actuelle difficiles voire impossibles à guérir ; la prévention est donc essentielle. Les mesures de prévention sont basées surtout sur une meilleure éducation de toute la population et si possible sur le contrôle des sources d'infection et le traitement chimiothérapeutique des personnes infectées.

1. Décrivez les trois phases de la lymphogranulomatose vénérienne ?
2. Décrivez plusieurs maladies causées par les staphylocoques.
3. Comment les sérotypes A-C de *C. trachomatis* causent-ils le trachome ? Décrivez comment il est transmis et la manière dont il peut entraîner une cécité.
4. Qu'est-ce qu'une urétrite non gonococcique et quels agents peuvent en être la cause ? Décrivez des complications qui surviennent en l'absence de traitement.
5. Nommez et décrivez les trois stades de la syphilis.
6. Comment contracte-t-on le tétanos ? Quels sont ses symptômes et comment apparaissent-ils ?
7. Quel animal peut transmettre la tularémie ?
8. Citez quatre façons de contracter une maladie sexuellement transmissible.

39.4 Les maladies transmises par les aliments et l'eau

De nombreuses bactéries contaminant la nourriture et l'eau peuvent causer des gastro-entérites aiguës ou l'inflammation de l'estomac et du tube digestif. Lorsque la nourriture est la source pathogène, la maladie est souvent appelée **empoisonnement alimentaire**. La gastro-entérite survient de deux manières. Les bactéries peuvent produire une **infection alimentaire**, c'est-à-dire qu'elles colonisent d'abord le tube digestif et s'y multiplient pour ensuite envahir des tissus de l'hôte ou sécréter des exotoxines. Alternativement, la bactérie secrète une exotoxine qui contamine la nourriture et qui est ensuite ingérée par l'hôte. Cet état de fait est souvent appelé **intoxication alimentaire** parce que la toxine est ingérée et la présence de bactéries vivantes n'est pas requise. Ces toxines sont appelées **entérotoxines**, parce qu'elles interfè-

Tableau 39.4 **Résumé des principales maladies sexuellement transmissibles (MST)**

Micro-organisme	Maladie	Remarques	Traitement
Virus			
Virus humain de l'immuno-déficience (HIV)	Syndrome de l'immunodéficience acquise (SIDA)	Pandémie dans de nombreuses parties du monde	
Virus de l'herpès simplex (HSV-2)	Herpès génital	Vésicules douloureuses ; entre en phase de latence avec réactivation due au stress; aussi herpès oro-pharyngé, rectal, pas de guérison, très fréquent aux USA	Acyclovir et médicaments similaires, diminuent les symptômes
Papillomavirus humain de type 6 (HPV-6)	Verrues génitales (condyloma acuminata)	Prédispose au cancer du col, pas de guérison, très commun aux USA	Enlèvement par différents moyens chimiques et mécaniques, injection d'interféron
Virus de l'hépatite B (HBV)	Hépatitis B (hépatite à la seringue)	Transmis dans le sperme ; cirrhose, hépatocarcinome primaire	Pas de traitement, prévention par vaccin HBV recombinant
Cytomégalovirus (CMV)	Maladie des inclusions cytomégaliques	Éviter les contacts sexuels avec une personne infectée	Ganciclovir et cidofovir pour patients à haut risque
Molluscum contagiosum	Molluscum contagiosum génital	Lésions de type verrues localisées dans la peau	Aucun
Bactéries			
Calymmatobacterium granulomatis	Granulome inguinal (donovanose)	Rare aux USA ; drainage des ulcères qui persistent pendant des années	Tétracycline – érythromycine, nouveaux quinolones
Campylobacter (Heliobacter) cinaedi, C. fennelliae	Diarrhée et inflammation rectales chez les homosexuels mâles	Commun chez les individus immunodéprimés	Métronidazole, macrolides
Chlamydia trachomatis	Urétrite non gonococcique, infection du col, infection génitale haute, lymphogranulomatose vénérienne	Aux USA, les sérovars D et K donnent la majorité des MST, la lymphogranulomatose vénérienne est rare aux USA	Tétracyclines, érythromycine, doxycycline, ceftriaxone
Gardnerella vaginalis	Vaginite bactérienne	Présence des cellules indices	Métronidazole
Haemophilus ducreyi	Chancre mou	Plaies ouvertes sur les organes génitaux, sans traitement, laisse des cicatrices – en augmentation aux USA	Érythromycin ou ceftriaxone
Mycoplasma genitalium	Impliqué dans certains cas d'urétrite non gonococcique	Décrit seulement récemment comme MST	Tétracyclines ou érythromycine
Mycoplasma hominis	Impliqué dans certains cas d'infection génitale haute	Très répandu, souvent asymptomatique mais peut donner une infection génitale haute chez les femmes	Tétracyclines ou érythromycine
Neisseria gonorrhoeae	Blennorragie, infection génitale haute	MST très fréquente aux USA, avec symptômes chez les hommes, sans symptômes chez les femmes, souches résistantes nouvelles	Céphalosporines de 3e génération
Treponema pallidum subsp. *pallidum*	Syphilis, syphilis congénitale	Syndromes cliniques nombreux	Benzathine pénicilline G
Ureaplasma urealyticum	Urétrite	Très répandu, souvent asymptomatique, mais donne l'infection génitale haute chez les femmes et l'urétite nongonococcique chez les hommes	Tétracyclines ou érythromycine
Levures			
Candida albicans	Candidose (moniliase)	Donne un écoulement vaginal blanc épais et de fortes démangeaisons	Nystatine, terconazole
Protozoaires			
Trichomonas vaginalis	Trichomonase	Donne un écoulement vaginal écumeux ; très commun aux USA	Métronidazole oral

rent avec le fonctionnement de la muqueuse intestinale. Les symptômes courants d'empoisonnement entérotoxique sont des nausées, des vomissements et de la diarrhée.

Après les maladies respiratoires, les maladies diarrhéiques sont dans le monde, les causes principales de décès. Elles sont la cause la plus fréquente de décès d'enfants et dans certaines régions du monde, elles sont responsables de plus d'années de vie potentielle perdue que toutes les autres causes combinées. Par exemple, chaque année environ 5 millions d'enfants (plus de 13.600 par jour) meurent de maladies diarrhéiques en Asie, en Afrique et en Amérique du Sud. Aux États-Unis, on estime que

plus de 10.000 personnes meurent par an de diarrhées et parmi elles, on signale une moyenne de 500 décès d'enfants.

Cette section décrit plusieurs des bactéries communément associées à des infections gastro-intestinales, intoxications alimentaires et maladies transmises par l'eau. Le **tableau 39.5** résume les données concernant de nombreuses bactéries pathogènes responsables d'empoisonnents alimentaires. Les protozoaires responsables de maladies transmises par l'eau et les aliments sont décrits au chapitre 40. Les maladies transmises par les aliments (pp. 973-76). Les aliments avariés (pp. 966-69), les agents pathogènes provenant de l'eau (pp. 651-57).

Tableau 39.5 Bactéries causant des diarrhées bactériennes aiguës et des empoisonnements alimentaires

Organisme	Période d'incubation (en heure)	Vomissement	Diarrhée	Fièvre	Épidémiologie	Pathogénie
Staphylococcus aureus	1–8 (rarement jusqu'à 18)	+++	+	–	Développement des staphylocoques dans les viandes, les produits de laiterie et de boulangerie; ils produisent des entérotoxines.	Les entérotoxines agissent sur des récepteurs intestinaux qui transmettent l'impulsion aux centres médullaires ; peuvent aussi agir comme superantigènes.
Bacillus cereus	2–16	+++	++	–	Croissance dans du riz cuit réchauffé cause des vomissements ou diarrhées	Entérotoxines produites dans les aliments ou dans l'intestin suite à la croissance de *B. cereus*.
Clostridium perfringens	8–16	±	+++	–	Développement des clostridies dans des plats de viande réchauffés Ingestion en grand nombre.	L'entérotoxine produite au cours de la sporulation dans l'intestin cause une hypersécrétion.
Clostridium botulinum	18–24	±	Rare	–	Les clostridies croissent dans des aliments dépourvus d'oxygène et produisent la toxine	La toxine absorbée par l'intestin bloque la libération de l'acétylcholine à la jonction neuromusculaire.
Escherichia coli (souches entérotoxinogènes)	24–72	±	++	–	Développement dans l'intestin, cause majeure de la diarrhée des voyageurs.	Les toxines, une labile, une stable à la chaleur, causent l'hypersécrétion dans l'intestin grêle.
Vibrio parahaemolyticus	6–96	+	++	±	Les bactéries se développent dans les fruits de mer et dans l'intestin ; elles produisent de l'entérotoxine ou elles envahissent.	La toxine cause l'hypersécrétion; les vibrions envahissent l'épithélium ; les selles peuvent être sanguinolentes.
Vibrio cholerae	24–72	+	+++	–	Les bactéries se multiplient dans l'intestin et produisent l'entérotoxine.	L'entérotoxine cause l'hypersécrétion dans l'intestin grêle. Dose infectieuse supérieure à 10^5 vibrions.
Shigella sp. (cas bénins)	24–72	±	++	+	Les bactéries se développent dans l'épithélium superficiel de l'intestin *S. dysenteriae* produit une toxine.	Les organismes envahissent les cellules épithéliales, le sang, le mucus et les neutrophiles des selles. Dose infectieuse inférieure à 10^3 organismes.
Salmonella sp. (gastro-entérite)	8–48	±	++	+	Développement des bactéries dans l'intestin.	Infection superficielle de l'intestin, peu d'invasion. Dose infectieuse supérieure à 10^5 organismes.
Salmonella typhi (fièvre typhoïde)	10–14 jours	±	±	++	Les bactéries se multiplient dans l'épithélium de l'intestin et atteignent les ganglions lymphatiques, le foie, la rate, et la vésicule biliaire.	Symptômes dûs aux endotoxines et à l'inflammation, dose infectieuse supérieure ou égale à 10^7 organismes.
Clostridium difficile	Jours à semaines après thérapie antibiotique	–	+++	+	Colites associées aux traitements antibiotiques.	La toxine cause une nécrose épithéliale dans le colon : colites pseudomembraneuses.
Campylobacter jejuni	2–10 jours	–	+++	++	Infection par voie orale, par les aliments, les animaux. Les bactéries se multiplient dans l'intestin grêle.	Invasion de la muqueuse, avec production incertaine de toxine.
Yersinia enterocolitica	4–7 jours	±	++	+	Transmission fécale-orale. Transmission par les aliments. Animaux infectés.	Gastro-entérite ou adénite mésentérique. Occasionnellement de la bactériémie. Occasionnellement production de toxine.

Reproduit de Jawetz E., Melnick J.L., Adelberg E.A., 1987, *Review of Medical Microbiology*, 17e édition. Avec l'autorisation de Appleton et Lang.

Symptômes cliniques

Accès brutal, vomissements intenses pouvant durer jusqu'à 24 heures, guérison en 24 à 48 heures. S'observe chez les personnes ayant mangé la même nourriture. Habituellement, un traitement n'est pas requis sauf pour restaurer les fluides et les électrolytes.

Avec une période d'incubation de 2 à 8 heures, surtout des vomissements. Avec une période d'incubation de 8 à 16 heures, surtout des diarrhées.

Début brutal d'une diarrhée abondante ; occasionnellement des vomissements. Guérison habituellement sans traitement en 1 à 4 jours. De nombreuses clostridies dans les cultures des aliments ou des selles de patients.

Diplopie, dysphagie, dysphonie, gêne respiratoire. Le traitement requiert la libération des voies respiratoires supérieures, la ventilation et des antitoxines polyvalentes par voie intraveineuse. Exotoxine présente dans les aliments et le sérum. Taux de mortalité élevé.

Habituellement début brutal d'une diarrhée ; rarement des vomissements. Infection grave chez les nouveau-nés. Chez les adultes, la diarrhée des voyageurs guérit habituellement spontanément en 1 à 3 jours.

Début brutal de diarrhées dans des groupes ayant consommé la même nourriture, spécialement des crabes et d'autres fruits de mer. La guérison est habituellement complète en 1 à 3 jours. Les cultures à partir des aliments ou des selles sont positives pour *Vibrio*.

Début fulgurant de diarrhées liquides dans une région endémique. Requiert un remplacement rapide des liquides et des électrolytes par voie intraveineuse ou orale. Les tétracyclines raccourcissent l'excrétion des vibrions. Cultures de selles positives pour *Vibrio*.

Début brutal de la diarrhée souvent avec du sang et du pus dans les selles, crampes, ténesme et léthargie. Les cultures de selles sont positives pour *Shigella*. Dans les cas graves, administrer triméthoprime-sulfaméthoxazole ou ampicilline ou chloramphénicol. Ne pas donner d'opiacés. Souvent bénin et guérison spontanée. Restituer les liquides.

Début graduel ou brutal de diarrhées et fièvre peu élevée, souvent nausée, céphalée et douleurs musculaires. Pas d'antimicrobien sauf si on suspecte une dissémination systémique. Les cultures de selles sont positives pour *Salmonella*. Portage prolongé fréquent.

Au début, fièvre, céphalée, malaise, anorexie et douleurs musculaires ; fièvre atteignant 40°C à la fin de la première semaine et durant 2 semaines ou plus ; avec souvent diarrhée, douleurs abdominales, toux et maux de gorge. Maladie raccourcie par l'antibiothérapie.

Diarrhées sanguinolentes brutales et fièvre, spécialement après chirurgie abdominale. Toxine dans les selles. La vancomycine par voie orale est utile dans la thérapie.

Fièvre, diarrhées ; polymorphonucléaires et sang frais dans les selles, surtout chez les enfants. La guérison est habituellement spontanée. Milieux spéciaux requis pour la culture à 43°C. Erythromycine dans les cas graves accompagnés d'invasion. Guérison habituellement en 5 à 8 jours.

Douleurs abdominales fortes, diarrhées, fièvre ; polymorphonucléaires et sang dans les selles, polyarthrites, érythème noueux, surtout chez les enfants. Traiter par de la gentamicine dans les cas graves. Garder l'échantillon de selles à 4°C avant la culture.

Le botulisme

Le **botulisme** (du latin *botulus*, boudin) est une intoxication alimentaire causée par *Clostridium botulinum*. *C. botulinum* est un bacille Gram-positif anaérobie obligé, formant des endospores, présent dans le sol et les sédiments aquatiques. La source d'infection la plus répandue est la nourriture en boîte qui n'a pas été chauffée suffisamment pour tuer les endospores contaminantes de *C. botulinum*. Ces endospores peuvent germer et une exotoxine est produite au cours de la croissance végétative. Si la nourriture est alors consommée sans cuisson adéquate, l'exotoxine reste active et entraîne la maladie.

La toxine botulique est une neurotoxine qui se lie aux synapses des neurones moteurs. Elle clive sélectivement une protéine membranaire de la vésicule synaptique : la synaptobrévine. Ceci empêche l'exocytose et la libération d'un neurotransmetteur, l'acétylcholine. En conséquence, les muscles ne se contractent pas en réponse à l'activité des neurones moteurs et il en résulte une paralysie flasque (**encadré 39.6**). Les symptômes du botulisme apparaissent dans les 18 à 24 heures après l'ingestion de toxine et comprennent une vision trouble, des difficultés de déglutition et de parole, une faiblesse musculaire, des nausées et des vomissements. Sans traitement adéquat, 1/3 des patients décèdent après quelques jours suite à une défaillance respiratoire ou cardiaque.

Le diagnostic en laboratoire se fait par tests d'hémagglutination ou par inoculation de souris avec le sérum, les selles ou les vomissures du patient pour mettre en évidence la toxicité. Le traitement dépend de soins palliatifs et d'antitoxines polyvalentes. Moins de 100 cas de botulisme par an sont signalés aux États-Unis.

Le botulisme infantile est la forme de botulisme la plus courante aux États-Unis et est limité aux enfants de moins d'un an. Environ 100 cas se présentent chaque année. Il semble que des endospores ingérées présentes dans le miel ou d'autres aliments pour bébés, germent dans l'intestin de l'enfant. *C. botulinum* ensuite se multiplie et produit la toxine. L'enfant devient constipé, sans entrain, s'affaiblit et mange mal. La mort peut résulter d'une déficience respiratoire.

La prévention et le contrôle du botulisme comprennent (1) une stricte observation des règles de sécurité par l'industrie alimentaire, (2) l'éducation du public sur les méthodes sûres pour faire des conserves domestiques et (3) ne pas donner du miel à des enfants de moins d'un an.

La gastro-entérite à *Campylobacter jejuni*

Campylobacter jejuni est un bâtonnet courbé Gram-négatif trouvé dans le tube digestif d'animaux. Des études avec des poulets, des dindes, des bovins ont montré que de 50 à 100 % de ces animaux excrètent *C. jejuni*. Ces bactéries peuvent également être isolées en grand nombre des eaux de surface. Elles sont transmises aux humains par des aliments ou de l'eau contaminés, par contact avec les animaux infectés ou par contact sexuel anal-oral. *C. jejuni* cause, chaque année aux États-Unis, environ 2 millions de cas de **gastro-entérite à *Campylobacter***, inflammation de l'intestin et diarrhée qui en résulte.

La période d'incubation est de 2 à 10 jours. *C. jejuni* envahit l'épithélium de l'intestin grêle causant une inflammation et sécrète également une exotoxine qui est similaire du point de vue antigénique à la toxine cholérique. Les symptômes comprennent une diarrhée, une fièvre élevée, une inflammation importante de l'in-

---

Encadré 39.6

Les toxines de clostridies comme agents thérapeutiques ou comment mettre à profit les protéines naturelles les plus toxiques

Certaines toxines sont actuellemnt utilisées pour traiter des maladies humaines. La toxine botulique, en particulier, le poison biologique le plus fort connu, est utilisé pour traiter des désordres neuromusculaires caractérisés par des contractions musculaires involontaires. En 1989, la FDA a approuvé l'emploi de la toxine A botulique dans trois cas : le strabisme (orientation des yeux dans des directions différentes), le blépharospasme (contractions spaspodiques des muscles oculaires) et le spasme hémifacial (contractions d'un côté du visage). Depuis lors, les problèmes neuromusculaires traités sont devenus plus nombreux et incluent des tremblements, des céphalées et d'autres maladies.

Cette remarquable utilisation thérapeutique vient de la propriété de la toxine botulique d'inhiber fortement, spécifiquement et durablement l'activité musculaire involontaire. Dans l'ensemble, les clostridies qui forment actuellement un des genres bactériens les plus vastes et les plus divers, avec 130 espèces officiellement recensées, produisent un plus grand nombre de toxines qu'aucun autre genre bactérien. Ces toxines sont une source riche pour la recherche et la médecine. Par exemple, on cherche à utiliser des toxines de clostridies ou des domaines de ces toxines pour administrer les médicaments, prévenir l'empoisonnement alimentaire, traiter le cancer et d'autres maladies. Le remarquable succès thérapeutique de la toxine botulique a donc ouvert un nouveau champ d'investigation microbiologique.

---

testin accompagnée d'ulcération et de selles sanguinolentes.

Le diagnostic en laboratoire est basé sur une culture dans une atmosphère réduite en O_2 et enrichie en CO_2. La guérison est spontanée et le traitement d'appoint est la restitution de liquides et d'électrolytes. L'érythromycine ou les quinolones sont employées dans les cas graves. La guérison survient après 5 à 8 jours. La prévention et le contrôle impliquent une bonne hygiène personnelle et des précautions au cours de la manipulation des aliments, incluant la pasteurisation du lait et une cuisson suffisante de la volaille.

Le choléra

Tout au long de l'histoire, le **choléra** (du grec *kholera*) a causé des épidémies répétées dans différentes parties du monde, plus spécialement en Asie, dans le Moyen-Orient et en Afrique. La maladie est rare aux États-Unis depuis 1800, mais un foyer endémique semble exister le long de la côte du Golfe de Louisiane et du Texas.

Le choléra est dû à la bactérie Gram-négative *Vibrio cholerae* de la famille des *Vibrionaceae* (**figure 39.23**). Bien que de nombreux sérogroupes existent, seuls O1 et O139 sont causes d'épidémies. *V. cholerae* O$_1$ est divisé en 2 sérotypes, Inaba et Ogawa, et en 2 biotypes, classique et El tor.

Le choléra s'acquiert par ingestion d'aliments ou d'eau contaminés par des matières fécales de patients ou de porteurs. Les mollusques, les crustacés et les copépodes sont des réservoirs naturels. En 1961, le biovar de *V. cholerae*, appelé El tor, émergea comme une cause importante de pandémie de choléra et en 1992, une souche nouvelle, *V. cholerae* O139, émergea en Asie ; elle ne s'agglutine pas avec le sérum anti-O1. Cette souche nouvelle toxinogène est potentiellement épidémique et pandémique. A Calcutta (en Inde), O139 a déplacé le sérogroupe O1 de la souche El tor (agent de la 7ᵉ pandémie), ce qui n'était jamais arrivé dans l'histoire connue du choléra.

La période d'incubation est de 24 à 72 heures après infection de l'hôte. Les bactéries adhèrent aux muqueuses intestinales de l'intestin grêle où elles ne sont pas invasives mais sécrètent la **toxine cholérique**, l'entérotoxine du choléra. Il s'agit d'une protéine composée de 2 unités fonctionnelles, une sous-unité A enzymatique et une sous-unité B se fixant au récepteur intestinal. La sous-unité A pénètre dans les cellules épithéliales de l'intestin et active l'adénylate cyclase par l'addition d'un groupe ADP-ribosyle selon un mécanisme similaire à celui employé par la toxine

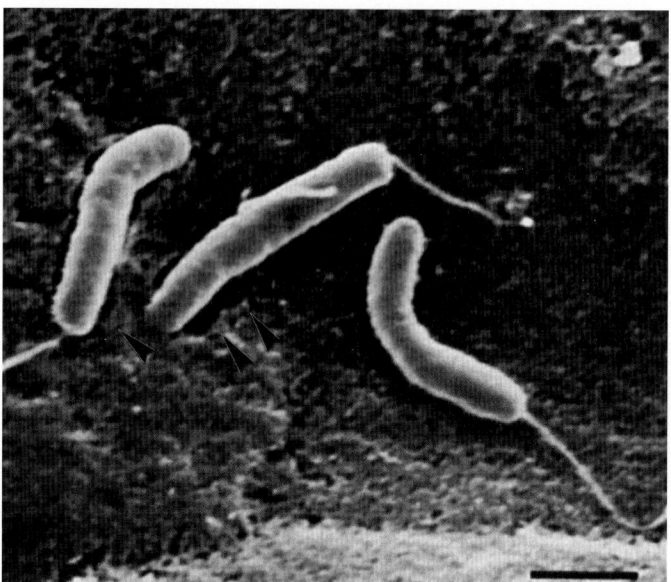

Figure 39.23 Le choléra. *Vibrio cholerae* adhérant à l'épithélium intestinal ; image au microscope électronique à balayage (x 12.000). Notez que les bactéries sont légèrement courbées avec un flagelle polaire unique.

diphtérique (*voir figure 34.5*). En conséquence, la toxine cholérique stimule l'hypersécrétion d'eau et de chlorures tout en inhibant l'absorption d'ions sodium. Le patient souffre d'une déperdition massive de liquides et d'électrolytes associée à des crampes musculaires abdominales, des vomissements, de la fièvre et des diarrhées liquides. La diarrhée est parfois si importante qu'une personne peut perdre de 10 à 15 litres de liquide durant l'infection. La mort résulte d'une concentration élevée des protéines sanguines causée par un taux réduit de liquide circulant, menant à un choc circulatoire et un collapsus subit. On a maintenant prouvé que le gène de la toxine cholérique est porté par le bactériophage filamenteux CTX. Le phage se fixe aux pili bactériens qui sont utilisés à la colonisation de l'intestin de l'hôte ; il entre ensuite dans la bactérie et s'intègre dans le chromosome bactérien.

Au laboratoire, le diagnostic est basé sur la culture de la bactérie à partir de selles et sur une identification ultérieure par des réactions d'agglutination avec des antisérums spécifiques. Le traitement consiste en une thérapeutique de réhydratation per os avec du NaCl et du saccharose afin de stimuler la résorption par l'intestin. Les antibiotiques de choix sont une tétracycline, du triméthoprime-sulfaméthoxazole ou de la ciprofloxacine. Les méthodes de contrôle les plus fiables sont basées sur des conditions sanitaires adéquates spécialement en ce qui concerne l'approvisionnement en eau. Le taux de mortalité en absence de traitement est souvent supérieur à 50 % ; avec traitement et soins palliatifs, ce taux est inférieur à 1 %. Moins de 20 cas de choléra par an sont signalés aux États-Unis.

La listériose

Listeria monocytogenes est un bâtonnet Gram-positif qu'on isole du sol, des végétaux et de nombreux réservoirs animaux. La maladie humaine due à *L. monocytogenes* se déclare généralement en début de grossesse ou dans des conditions d'immunodépression après maladie ou médication. On sait maintenant qu'un nombre important de cas de **listériose** humaine sont attribuables à une transmission alimentaire de la bactérie, les sources étant du lait, des fromages tendres, des légumes ou de la viande contaminés. Au contraire des autres agents pathogènes d'origine alimentaire responsables principaux des maladies gastro-intestinales, *L. monocytogenes* cause des syndromes invasifs comme des méningites, la sepsie et des enfants morts-nés.

L. moncytogenes est intracellulaire, une caractéristique en accord avec sa propriété de rendre malade des personnes dont l'immunité cellulaire est déficiente. La bactérie fait partie de la flore gastro-intestinale normale des individus sains. Chez les personnes immunodéprimées, l'invasion, la multiplication intracellulaire, le passage de cellule à cellule se font par l'intermédiaire de protéines comme la phopholipase C., l'internaline, et la listériolysine O (une hémolysine). *Listeria* utilise aussi les filaments d'actine pour se déplacer à l'intérieur et entre les cellules (*voir figure 4.4*). Le risque accru d'infection des femmes enceintes peut être dû aux modifications immunologiques locales comme systémiques qui sont associées à la grossesse. Par exemple, une immunosuppression locale à l'interface placentaire mère-fœtus, peut faciliter une infection intra-utérine à la suite d'une bactériémie maternelle transitoire.

La listériose est diagnostiquée par culture de la bactérie. Elle est traitée par administration intraveineuse d'ampicilline ou de pénicilline. Comme *L. monocytogenes* est fréquemment isolé des aliments, le Département de l'Agriculture comme les producteurs développent des mesures susceptibles de réduire la contamination par cette bactérie.

La salmonellose

La **salmonellose** (gastro-entérite à *Salmonella*) est causée par plus de 2.000 sérovars de *Salmonella* (souches ; une catégorie de sous-espèces). Le plus fréquent dans des infections humaines est le sérovar S de *typhimurium*. Cette bactérie est un bâtonnet Gram-négatif mobile non sporulant.

La source initiale de la bactérie est le tube digestif d'oiseaux et d'autres animaux. L'homme acquiert les bactéries d'aliments contaminés tels que produits bovins, volaille, oeufs, produits avec oeufs ou eau. Environ 45.000 cas par an sont rapportés aux États-Unis mais en fait, il peut y avoir de 2 à 3 millions de cas par an.

Le temps d'incubation est seulement de 8 à 48 heures. La maladie est l'aboutissement d'une réelle infection alimentaire parce que les bactéries se multiplient et envahissent la muqueuse intestinale où elles produisent une entérotoxine et une cytotoxine qui détruisent les cellules épithéliales. Douleurs abdominales, crampes, diarrhées et fièvre sont les symptômes fréquents et remarquables qui durent habituellement de 2 à 5 jours mais peuvent se prolonger pendant plusieurs semaines. Durant la phase aiguë de la maladie, un gramme de selles peut contenir jusqu'à 1 milliard de salmonelles. La plupart des patients adultes guérissent, mais la perte de liquide peut causer des problèmes pour les enfants et les personnes âgées.

Le diagnostic en laboratoire est établi par isolement de la bactérie à partir d'aliments ou de selles de patients. Le traitement est basé sur la restitution de liquides et d'électrolytes. La prévention dépend de bonnes pratiques de production alimentaire, d'une réfrigération adéquate et de cuisson appropriée.

La shigellose

La dysenterie bacillaire ou **shigellose** est une diarrhée qui résulte d'une réaction inflammatoire aigüe du tractus intestinal due à quatre espèces du genre *Shigella* (des bâtonnets Gram-négatif, non mobiles, facultatifs). On enregistre aux États-Unis de 25.000 à 30.000 cas par an et dans le monde, on évalue à quelques 600.000 les décès causés annuellement par cette dysenterie.

Seuls les humains sont porteurs de *Shigella* ; l'agent pathogène rencontré en Angleterre et aux USA est *S. sonnei* mais *S. flexneri* est aussi très commun. L'organisme se transmet par voie fécale-orale (importance des aliments, des doigts, des selles et des mouches), il est le plus répandu chez les enfants de 1 à 4 ans. La dose infectieuse n'est que de 10 à 100 bactéries. Aux États-Unis, la shigellose constitue un problème dans les hôpitaux de jour et les institutions de garde lorsqu'ils sont surpeuplés.

Les shigelles sont des parasites intracellulaires facultatifs qui colonisent les cellules épithéliales du colon. La bactérie induit sa propre phagocytose par les cellules mucosales puis détruit la membrane du phagosome. Après multiplication intracytoplasmique, les shigelles vont envahir les cellules voisines. Elles produisent des exo- et des endo- toxines mais ne se répandent généralement pas plus loin que l'épithélium du colon. Les symptômes sont des selles liquides contenant du sang, du mucus et du pus ; dans les cas graves, le colon peut être ulcéré.

L'incubation dure de 1 à 3 jours et les bactéries sont excrétées pendant une période de 1 à 2 semaines. L'identification des isolats se base sur les caractères biochimiques et sérologiques. Chez les adultes, la maladie dure en moyenne de 4 à 7 jours et guérit spontanément, mais elle peut être fatale chez les bébés et les jeunes enfants. Une bonne réhydratation et le remplacement des électrolytes suffisent généralement et les antibiotiques ne sont pas nécessaires dans les cas bénins bien qu'ils puissent raccourcir la durée des symptômes. Parfois, il y a des complications neurologiques et une défaillance rénale en particulier chez des enfants qui souffrent de malnutrition. S'il est nécessaire, le traitement comprend les trimethoprime-sulfaméthoxazole ou les fluoroquinolones. Les souches résistantes deviennent un problème. La prévention est matière de bonne hygiène personnelle et de propreté de l'eau de distribution.

L'intoxication alimentaire staphylococcique

L'**intoxication alimentaire staphylococcique** est le type majeur d'intoxication alimentaire aux États-Unis. Elle est causée par l'ingestion d'aliments mal conservés ou mal cuits (plus particulièrement du jambon, des viandes traitées, de la salade de poulet, de la pâtisserie, de la crème glacée et de la sauce hollandaise) dans lesquels *Staphylococcus aureus* s'est multiplié.

S. aureus (coque Gram-positif) est très résistant à la chaleur, à la dessiccation et aux irradiations ; on le trouve mondialement dans la cavité nasale et sur la peau des humains et d'autres mammifères. De ces sources, il peut facilement contaminer de la nourriture. Si les bactéries ont eu l'occasion de se développer dans certains aliments, elles produisent des entérotoxines thermostables qui rendent les aliments dangereux même s'ils apparaissent normaux. Une fois la toxine produite, elle n'est pas détruite même si les bactéries sont tuées par une bonne cuisson des aliments. L'intoxication peut donc provenir de nourriture cuite longuement. Six entérotoxines ont été identifiées et désignées A, B, C1, C2, D et E. Il s'agit de neurotoxines qui stimulent le vomissement par le nerf vague. Certaines au moins sont des superantigènes qui déclenchent la sécrétion d'IL-2 et d'autres lymphokines.

Les symptômes typiques sont une douleur abdominale intense, des diarrhées, des vomissements et des nausées. Le début des symptômes est habituellement brutal (de 1 à 6 heures) et de courte durée (moins de 24 heures). Le taux de mortalité par empoisonnement staphylococcique alimentaire est négligeable parmi les individus sains.

Le diagnostic est basé sur les symptômes ou la mise en évidence des bactéries dans les aliments. Les entérotoxines peuvent être détectées dans les aliments par des tests de toxicité sur animaux. Le traitement est basé sur l'administration de liquides et le remplacement des électrolytes. La prévention et le contrôle supposent qu'on évite la contamination alimentaire et qu'on surveille le personnel responsable de la préparation et de la distribution des aliments.

La diarrhée des voyageurs et les infections à *Escherichia coli*

Des millions de personnes font chaque année des voyages vers des pays étrangers (*voir section 37.11*). Malheureusement, nombre de ces voyageurs sont atteints de **diarrhée des voyageurs**, un état de déshydratation survenant brutalement. Celle-ci résulte d'une rencontre avec certains virus, bactéries ou protozoaires normalement absents de l'environnement du voyageur. Un des organismes majeurs impliqués est *Escherichia coli*. Cette bactérie circule dans la population locale habituellement sans causer de symptômes, suite vraisemblablement à l'immunité procurée par des contacts antérieurs. Des aliments et l'eau contaminés sont les voies majeures de dissémination de la maladie, vu qu'un grand nombre de bactéries sont requises pour initier l'infection. Ceci est à la base des conseils populaires donnés aux voyageurs internationaux : « ne buvez pas l'eau locale » et « Fais-le bouillir, pèle-le, cuis-le ou oublie-le ».

E. coli peut donner des diarrhées par plusieurs mécanismes et on reconnaît actuellement 6 catégories de souches : *E. coli* entérotoxinogène, *E. coli* entéro-invasif, *E. coli* entéro-hémorragique, *E. coli* entéropathogène, *E. coli* entéro-aggrégatif et *E. coli* adhérant-diffus.

Les souches d'*E. coli* **entérotoxinogènes** (ECET) produisent une ou les deux entérotoxines (*voir encadré 13.1*) responsables des diarrhées et différentes par leur stabilité à la chaleur : l'entérotoxine stable (ST) et l'enttérotoxine labile à la chaleur (LT). Les gènes codant pour ST, LT et les facteurs de colonisation sont portés par des plasmides et acquis par transfert horizontal de gènes. ST se fixe à un récepteur glycoprotéique couplé à la guanylate

cyclase et situé à la surface des cellules épithéliales de l'intestin. L'activation de la guanylate cyclase stimule la production de guanosine monophosphate cyclique (GMPc) ; ceci entraîne la sécrétion d'eau et d'électrolytes dans le lumen de l'intestin grêle donnant les diarrhées liquides caractéristiques d'une infection par ECET. L'entérotoxine LT se fixe à des gangliosides spécifiques à la surface des cellules épithéliales et active l'adénylate cyclase fixée à la membrane ; ceci augmente la production d'adénosine monophosphate cyclique (AMPc) par le même mécanisme d'action que celui de la toxine cholérique. Il en résulte de nouveau une hypersécrétion d'eau et d'électrolytes dans le lumen intestinal.

Les souches d'*E. coli* **entéro-invasives** (ECEI) sont causes de diarrhées parce qu'elles pénètrent et se multiplient à l'intérieur des cellules de l'épithélium intestinal. Cette propriété invasive est associée à la présence d'un grand plasmide. Les ECEI produisent aussi une cytotoxine et une entérotoxine.

Les souches d'*E. coli* **entéropathogènes** (ECEP) se fixent à la bordure en brosse de l'épithélium intestinal et causent des dommages particuliers appelés lésions effaçantes. Ces **lésions effaçantes** sont la marque d'une destruction des microvilli de la bordure en brosse au voisinage de la bactérie fixée. Cette destruction cellulaire entraîne la diarrhée. Ces souches d'*E. coli* connues comme adhérantes-effaçantes sont une cause majeure de diarrhées infantiles dans les pays en voie de développement.

Les souches d'*E. coli* **entéro-hémorragiques** (ECEH) portent les gènes pour d'une part, induire les lésions effaçantes et d'autre part, produire une toxine de type Shiga. Les lésions donnent des colites hémorragiques avec des crampes et de fortes douleurs abdominales suivies de diarrhées sanguinolentes. Les toxines 1 et 2 de type Shiga (aussi appelées verotoxines 1 et 2) sont également impliquées dans deux maladies qui ne concernent pas l'intestin : le **syndrome d'urémie hémolytique** et le purpura thrombotique thrombocytopénique. On pense que ces toxines tuent les cellules endothéliales des vaisseaux. La souche *E. coli O157 : H7* est une ECEH très importante, reconnue responsable de nombreuses éruptions de colite hémorragique aux États-Unis depuis son identification première en 1992. Actuellement, il y a aux USA chaque année un minimum de 20.000 cas d'infection par *E. coli O157 : H7* et 250 décès.

Les souches d'*E. coli* **entéro-aggrégatives** (ECEAgg) adhère aux cellules épithéliales dans certaines régions formant des amas de bactéries comme des briques empilées. Aucune toxine extracellulaire connue n'a été identifiée chez ces souches, cependant le type unique de lésions induites dans les cellules épithéliales suggère l'implication de toxines.

Les souches d'*E. coli* **adhérentes diffuses** (ECAD) se fixent sur toute la surface des cellules épithéliales, elles sont responsables de maladie chez les enfants mal nourris ou non immunisés. On pense que ces souches possèderaient un facteur de virulence non encore identifié.

Le diagnostic de la diarrhée des voyageurs repose sur l'histoire d'un récent voyage et sur la symptomatologie. Le diagnostic au laboratoire se fait par l'isolement du type particulier d'*E.coli* à partir des selles et son identification par des sondes ADN, la réaction de polymérisation en chaîne et la détermination de leurs facteurs de virulence. Le traitement comprend la prise de liquides et d'électrolytes, en plus de doxycycline et de triméthoprime-sulfaméthoxazole. La guérison survient habituellement sans complications. La prévention et le contrôle impliquent qu'on évite les aliments et l'eau contaminés.

La fièvre typhoïde

La **fièvre typhoïde** (du grec *typhodes*, fumée) est causée par plusieurs sérovars virulents de *Salmonella typhi* et s'acquiert par ingestion de nourriture ou d'eau contaminées par des selles d'humains ou d'animaux infectés. Au cours des siècles passés, la maladie apparaissait en grandes épidémies.

La période d'incubation est de 10 à 14 jours après l'entrée de la bactérie dans l'intestin grêle. Les bactéries colonisent l'intestin grêle, pénètrent dans l'épithélium et se répandent dans le tissu lymphoïde, le sang, le foie et la vésicule biliaire. Les symptômes comprennent de la fièvre, des céphalées, des douleurs abdominales, de l'anorexie et des malaises durant plusieurs semaines. La plupart des individus n'éliminent plus de bactéries dans leurs selles après environ 3 mois. Cependant, quelques individus continuent à éliminer *S. typhi* pendant des périodes prolongées sans manifester de symptômes. Chez ces porteurs, les bactéries continuent à se multiplier dans la vésicule biliaire et atteignent l'intestin par le canal biliaire (*voir encadré 37.2 sur la Marie typhoïde, une des porteuses de bacilles typhiques le mieux connue.*)

Le diagnostic de la fièvre typhoïde au laboratoire dépend de la mise en évidence de bacilles typhiques dans le sang, l'urine ou les selles, et de la sérologie (test de Widal). Les traitements par ceftriaxone, triméthoprime-sulfaméthoxazole ou ampicilline ont réduit les taux de mortalité à moins de 1 %. La guérison confère une immunité permanente.

Les mesures prophylactiques les plus efficaces sont la purification de l'eau potable, la pasteurisation du lait, la défense imposée aux porteurs de manipuler des denrées alimentaires et l'isolement complet des malades. Il y a un vaccin pour individus soumis à de grands risques (*voir tableau 33.1*). Environ 400 à 500 cas annuels de fièvre typhoïde apparaissent aux États-Unis.

---

1. Faites la distinction entre empoisonnement, intoxication et infection alimentaire. Qu'est-ce qu'une entérotoxine ?
2. Pourquoi le choléra est-il la forme la plus grave de gastro-entérite ?
3. Comment contracte-t-on le botulisme ? Décrivez la manière dont la toxine botulique cause une paralysie flasque.
4. Quelle est la forme de gastro-entérite la plus répandue aux États-Unis et comment les symptômes sont-ils causés ?
5. Quelle est la source la plus commune des infections à *Listeria* ? Comment le développement intracellulaire de *Listeria* est-il associé aux symptômes produits et au fait que les patients immunodéprimés soient les personnes au risque le plus élevé ?
6. Quelle est la source habituelle de la bactérie responsable de salmonellose ? de shigellose ? Quand et comment les individus sont-ils infectés par *Shigella* ?
7. Décrivez le type d'empoisonnement alimentaire le plus répandu aux États-Unis et la manière dont il survient.
8. Décrivez un porteur de bacilles typhiques. Comment devient-on porteur ?
9. Citez quelques causes spécifiques de la diarrhée des voyageurs ; décrivez brièvement les 6 types majeurs d'*E. coli* pathogènes.

39.5   La sepsie et le choc septique

Certaines maladies microbiennes n'entrent pas dans les catégories basées sur les modes spécifiques de transmission. C'est le cas de deux maladies importantes : la sepsie et le choc septique. Dans les unités de soins intensifs, le choc septique est la cause la plus fréquente de décès et la treizième cause de mortalité aux USA. Malheureusement l'incidence de ces deux maladies continue d'augmenter. On estime à 400.000 cas de sepsie et à 200.000 épisodes de choc septique, l'incidence annuelle aux États-Unis, entraînant plus de 100.000 décès.

La **sepsie**, redéfinie récemment, est une réponse systémique à une infection par un micro-organisme (*voir aussi tableau 34.2*). Cette réponse se manifeste par un ou plus des symptômes suivants : température au dessus de 38°C ou en dessous de 36°C, battements cardiaques au-dessus de 90 par minute, plus de 20 respirations par minute ou une pCO_2 inférieure à 32 mm Hg, un nombre de globules blancs supérieur à 12.000 ou inférieur à 4.000 par ml.

Le **choc sceptique** est une sepsie associée à une hypotension grave (faible pression sanguine due au choc) malgré une hydratation adéquate. Des bactéries Gram-positives, des mycètes et des bactéries Gram-négatives productrices d'endotoxines peuvent débuter la cascade pathogène de la sepsie conduisant au choc septique. La sepsie à Gram-négatifs est le plus souvent due à *Escherichia coli* suivi de *Klebsiella* sp, *Enterobacter* sp et *Pseudomonas aeruginosa*. L'endotoxine ou lipopolysaccharide (LPS, *voir figure 3.25*), un composant intrinsèque de la membrane externe des bactéries Gram-négatives, a été impliqué dans l'initiation du choc septique à Gram-négatifs.

La pathogénie de la sepsie comme du choc septique débute par la prolifération des micro-organismes au site d'infection (**figure 39.24**). Ceux-ci soit envahissent directement le courant sanguin, soit prolifèrent localement et libèrent divers produits dans le sang, parmi lesquels des composants de structure (endotoxines, acides téichoïques) et des exotoxines néosynthétisées. Tous ces produits stimulent la sécrétion de médiateurs endogènes par les cellules endothéliales, les cellules plasmatiques (monocytes, macrophages, neutrophiles) et leurs précurseurs. Les médiateurs endogènes ont un impact physiologique profond car ils agissent sur le cœur, les vaisseaux et d'autres organes. La maladie évolue vers la guérison ou vers le choc septique mortel dû à la défaillance totale de un ou plusieurs organes.

39.6   Les infections dentaires

Certains micro-organismes de la cavité buccale sont présentés dans la section 31.2 et dans la figure 31.2. Parmi ce grand nombre, seules quelques bactéries peuvent être considérées comme vraiment **odontopathogènes**, ou pathogènes dentaires. Celles-ci sont responsables de maladies bactériennes humaines parmi les plus courantes : la carie dentaire et la parodontite.

La plaque dentaire

La dent humaine a un mécanisme naturel de défense contre la colonisation bactérienne que complémente le rôle protecteur de la salive. La surface dure de l'émail absorbe sélectivement des gly-

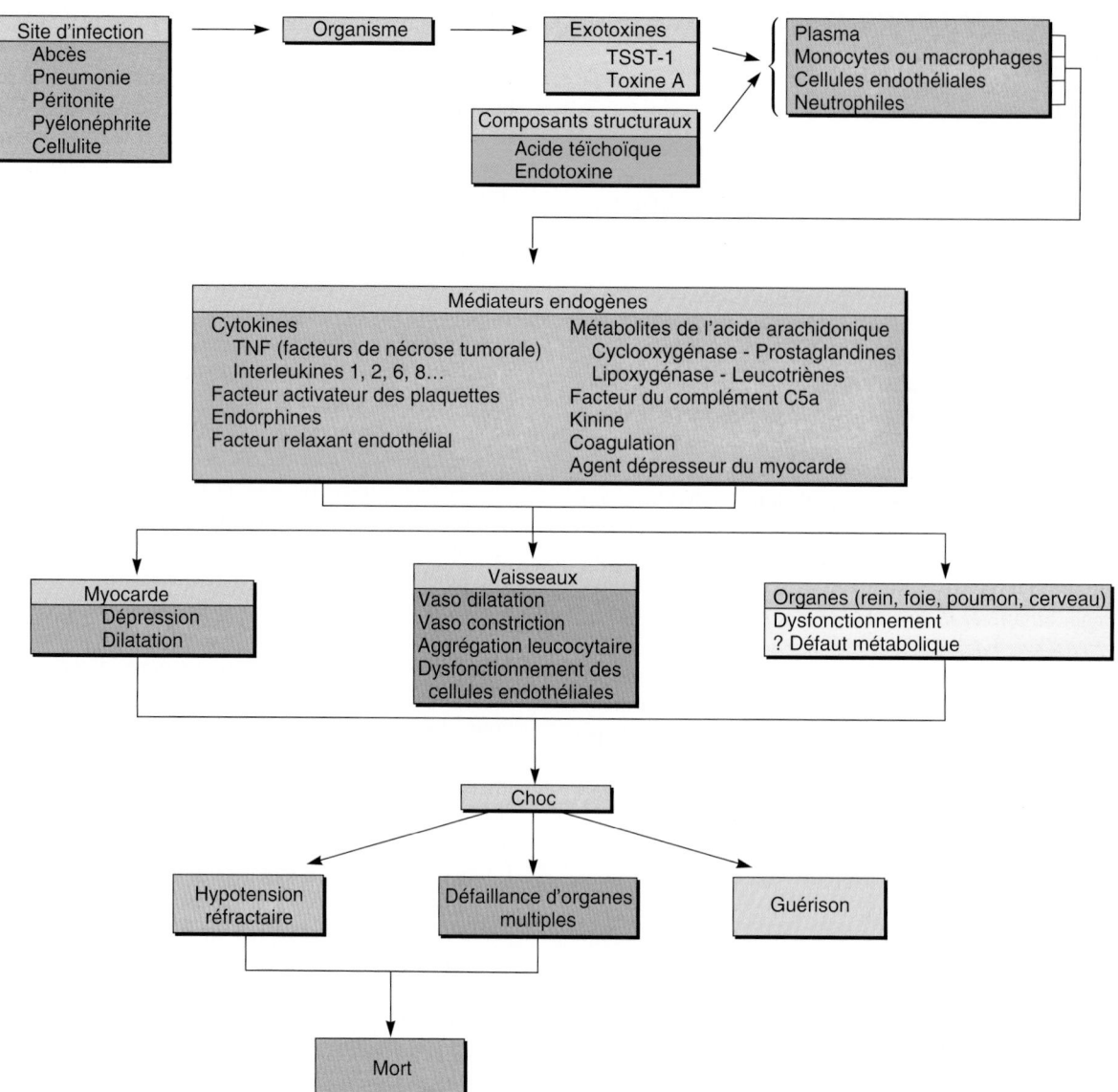

Figure 39.24 La cascade du choc septique. Des endotoxines (toxine 1 du syndrome du choc toxique TSST-1 ou toxine A de *Pseudomonas aeruginosa*) et des composants de structure des micro-organismes (acide teïchoique, endotoxine) déclenchent une suite de réactions biochimiques qui conduisent à des complications aussi graves que le choc, le syndrome de détresse respiratoire de l'adulte et la coagulation intravasculaire disséminée.

coprotéines acides (mucines) de la salive formant une couche membraneuse appelée **pellicule acquise de l'émail**. Cette pellicule ou recouvrement organique, contient de nombreux groupes sulfate (SO_4^{2-}) et carboxylate ($-COO^-$) qui confèrent à la surface dentaire une charge nette négative. Puisque la plupart des bactéries ont également une charge nette négative, il y a répulsion naturelle entre la surface de la dent et les bactéries dans la cavité buccale. Malheureusement ce mécanisme naturel de défense est anéanti lorsque la plaque dentaire se forme.

La formation de la **plaque dentaire** débute par la colonisation de la pellicule acquise par *Streptococcus gordonii*, *S. oralis* et *S. mitis*. Ces bactéries adhèrent sélectivement à la pellicule par des interactions spécifiques ioniques, hydrophobes et de type lectine. Dès que la surface de la dent est colonisée, l'attachement ultérieur d'autres bactéries résulte d'une variété de réactions de coaggrégations spécifiques (**figure 39.25a, b**). La **coaggrégation** résulte du fait que des bactéries génétiquement distinctes se reconnaissent

entre elles : beaucoup de ces interactions sont médiées par une lectine d'une bactérie qui se lie au récepteur glucidique complémentaire de l'autre bactérie. Les espèces les plus importantes à ce stade sont : *Actinomyces viscosus*, *A. naeslundii* et *S. gordonii*. Après la colonisation de la pellicule par ces espèces, un microenvironnement est créé, permettant à *Streptococcus mutans* et *S. sobrinus* de s'établir à la surface dentaire par attachement à ces colonisateurs initiaux. Biofilms (pp. 620-22)

Ces streptocoques produisent des enzymes extracellulaires (glycosyl transférases) qui polymérisent le résidu glucose du saccharose en un groupe hétérogène de dextranes extracellulaires solubles et insolubles dans l'eau et en d'autres polysaccharides. Le fructose, un sous-produit peut être utilisé dans des fermentations. Les **glucanes** sont des polysaccharides branchés, composés d'unités glucose ; de nombreux glucanes synthétisés par les streptocoques oraux ont des résidus glucose liés entre eux par des liaisons α (1 → 6) et α (1 → 3) (figure 39.25c). Ils agissent comme

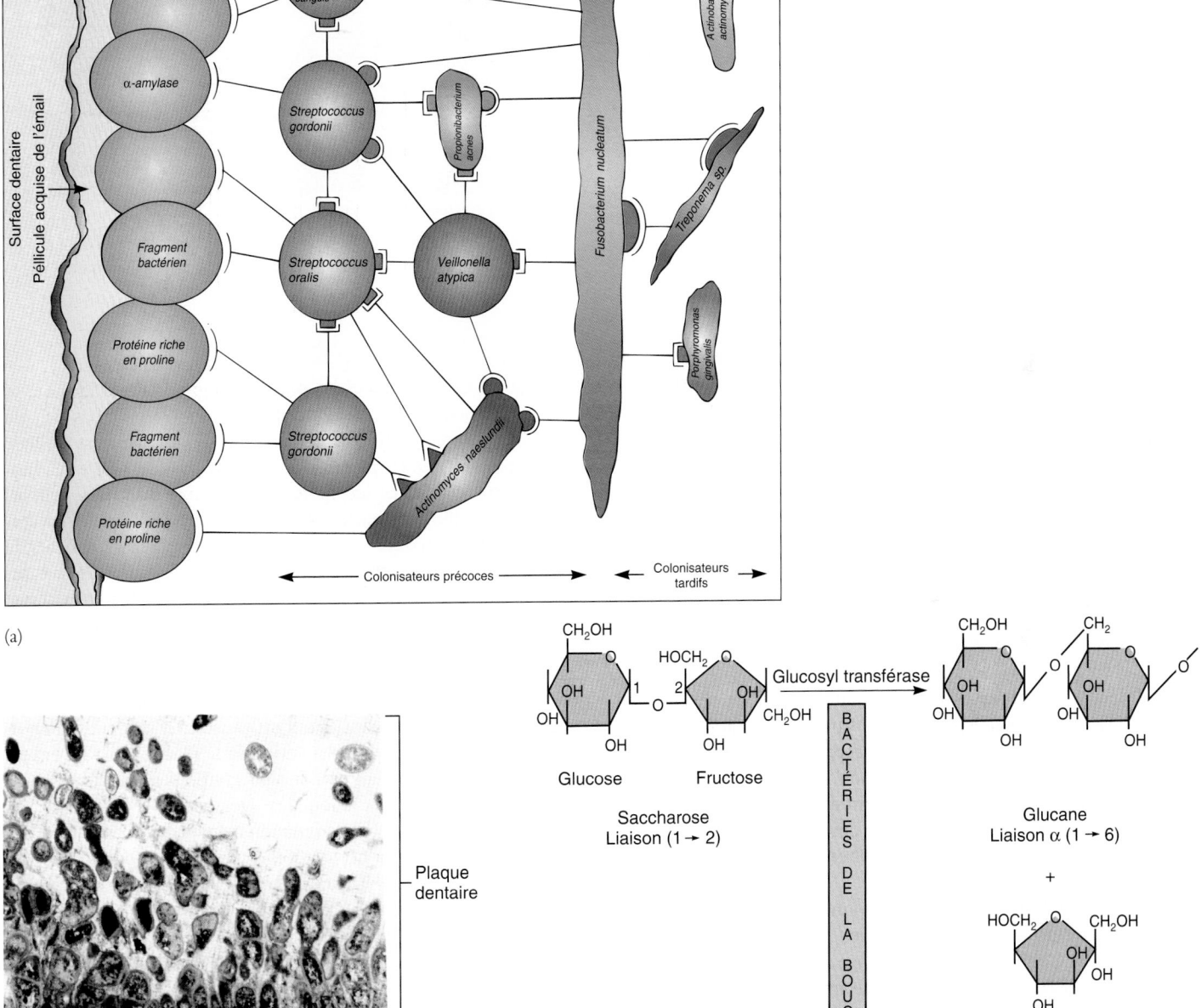

(a)

(b)

(c)

Figure 39.25 La formation de la plaque dentaire sur une dent fraîchement nettoyée. (**a**) Schéma du déroulement de l'accumulation bactérienne et de la coaggrégation de plusieurs genres bactériens au cours de la formation de la plaque dentaire sur la pellicule acquise de l'émail. Les colonisateurs précoces s'aggrègent entre espèces. Sauf quelques exceptions, les précoces ne reconnaissent pas les colonisateurs tardifs. Après dépôt des plus précoces chaque nouvelle bactérie fixée devient une surface de reconnaissance pour les bactéries libres. (**b**) On voit la plaque dentaire constituée de bactéries et de polysaccharides tels que des glucanes, attachés à la surface de l'émail de la dent ; image au microscope électronique à transmission (x 13.600). (**c**) À partir de saccharose, la glucosyl transférase (produite par les bactéries de la bouche) assemble des unités glucose en glucanes et le fructose est libéré. Des molécules de saccharose, glucose, et fructose sont également métabolisées par les bactéries orales pour produire du lactate et d'autres acides. Le lactate est responsable des caries dentaires.

un ciment pour lier les cellules bactériennes entre elles, formant ainsi un écosystème de la plaque dentaire. (La plaque dentaire contient une des populations bactériennes les plus denses du corps, elle est peut être la source des premiers micro-organismes humains à avoir été vus au microscope par Antonie van Leeuwenhoek au XVIIe siècle). Dès que la plaque dentaire est constituée, un faible potentiel d'oxydo-réduction se crée à la surface de la dent. Ceci entraîne la croissance de bactéries anaérobies strictes (*Bacteroides melaninogenicus, B. oralis* et *Veillonella alcalescens*), plus spécialement entre les dents qui se chevauchent et à la jonction gingivo-dentaire.

Après le développement de l'écosystème microbien de la plaque dentaire, les bactéries produisent des acides lactique et probablement acétique, à partir de saccharose et d'autres sucres. Ces acides ne sont pas dilués ni neutralisés parce que la plaque n'est pas perméable à la salive. Ces acides déminéralisent l'émail pour produire une lésion de la dent. Cette lésion chimique initie la carie dentaire.

La carie dentaire

Comme décrit plus haut, le processus de cariogenèse est initié par une lésion chimique, qui ne peut être détectée histologiquement, et qui est causée par la diffusion dans l'émail dentaire d'acides de fermentation. Après le passage de ces acides non-dissociés sous la surface de l'émail, ils se dissocient et réagissent avec l'hydroxyapatite de l'émail pour former des ions calcium et phosphate solubles. Au cours de la diffusion vers l'extérieur, certains ions reprécipitent comme sels de phosphate calcique dans la couche superficielle de la dent pour créer une couche externe histologiquement saine couvrant une zone poreuse sous la surface. Entre les repas et les en-cas, le pH retourne à la neutralité et du phosphate calcique pénètre dans la lésion et cristallise. Il en résulte un cycle de déminéralisation-reminéralisation.

Lorsque des aliments fermentescibles riches en saccharose sont consommés pendant des périodes prolongées, la production d'acides submerge les processus de réparation, la déminéralisation l'emportant sur la reminéralisation. Ceci entraîne la formation d'une cavité, connue sous le nom de **carie** (du latin *caries,* pourriture) dentaire. Lorsque l'émail dur a été entamé, les bactéries peuvent envahir la dentine et pénétrer dans la pulpe de la dent, causant la mort de celle-ci.

Aucun médicament n'existe qui prévient les caries dentaires. Les stratégies principales de prévention comprennent une ingestion minimale de saccharose, le brossage quotidien, l'emploi du fil dentaire, les rinçages de bouche et le nettoyage par un dentiste deux fois par an pour enlever les plaques dentaires. L'addition de fluorures dans la pâte dentifrice, l'eau potable, les solutions de rinçage de bouche ou leur application par un patricien, protègent les dents contre les acides lactique et acétique, réduisant ainsi la cariogenèse.

La parodontite

Les **paradontites** sont un groupe d'infections diverses affectant le **parodonte** qui est la structure de soutien d'une dent et comprend le cément, le périodonte, les os de la mâchoire et les gencives. Les gencives sont le tissu limité par une muqueuse, qui entoure les collets des dents et couvre les mâchoires. La maladie

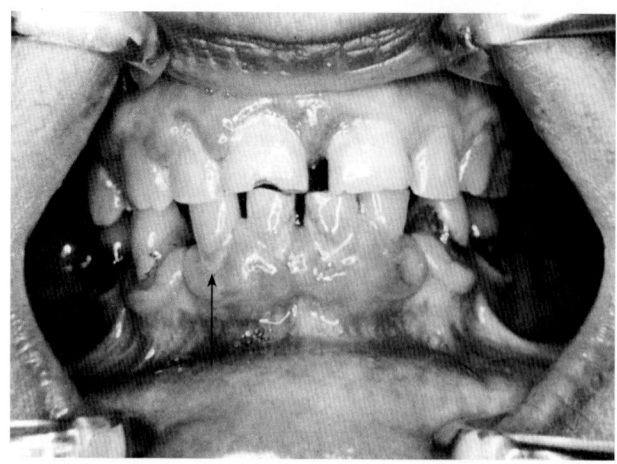

Figure 39.26 La parodontite. Remarquez la plaque sur la dent (flèche), en particulier à la limite des gencives, et l'inflammation des gencives.

débute par la formation d'une **plaque subgingivale**, plaque qui se forme à la jonction dentogingivale et s'étend vers le bas dans la gencive. La colonisation de cette région subgingivale est facilitée par la propriété de *Porphyromonas gingivalis* d'adhérer à des substrats (protéine de matrice, molécules de salive absorbées, cellules épithéliales, biofilms bactériens) se trouvant sur la dent et les épithéliums. Cette fixation est due à la fimbrilline de *P. gingivalis*, la sous-unité de structure des fimbriae. La bactérie n'utilise pas les sucres comme source d'énergie mais requiert une hémine comme sources de fer et de peptides pour son développement. La bactérie produit au moins trois hémagglutinines et cinq protéases pour satisfaire ces besoins. Ce sont les protéases qui sont responsables de la destruction du tissu. Il en résulte une réaction initiale inflammatoire appelée **parodontite** qui est causée par la réponse immunitaire de l'hôte envers les bactéries de la plaque ainsi qu'envers les tissus nécrosés. Ceci entraîne un gonflement des tissus et la formation de poches parodontales. Des bactéries colonisent ces poches et augmentent l'inflammation menant à la formation d'abcès du parodonte, à la destruction de l'os ou **parodontose**, l'inflammation de la gencive ou **gingivite**, et la nécrose tissulaire généralisée (**figure 39.26**). En absence de traitement, la dent peut se déchausser et quitter son alvéole.

La parodontite peut être contrôlée par enlèvement fréquent des plaques dentaires, brossage, emploi du fil dentaire et rinçages de bouche ainsi que parfois par chirurgie buccale des gencives et administration d'antibiotiques.

1. Citez quelques agents odontopathogènes courants responsables de caries dentaires, plaques dentaires, et parodontites. Soyez précis.
2. Quelle est la fonction de la pellicule acquise de l'émail ?
3. Comment se forme la plaque dentaire ? La carie dentaire ?
4. Décrivez quelques manifestations pathologiques des parodontites ?
5. Comment peut-on prévenir les caries dentaires et les parodontites ?

Résumé

1. Les souffrances et les morts causées par les maladies bactériennes humaines sont nombreuses bien que celles-ci n'impliquent qu'un faible pourcentage de toutes les bactéries. Chaque année, des millions de personnes sont infectées par des bactéries pathogènes qui utilisent les 4 voies principales de transmission : l'air, les arthropodes, le contact direct, l'eau et les aliments.

2. Depuis que la microbiologie, l'immunologie, la pathologie, la pharmacologie et l'épidémiologie ont permis une meilleure compréhension des mécanismes pathologiques, l'incidence de nombreuses maladies humaines a fortement baissé. Beaucoup d'infections bactériennes jadis causes principales de décès, ont été contrôlées avec succès dans la plupart des pays développés. Par contre, l'incidence de certaines maladies ne fait qu'augmenter de par le monde.

3. Les bactéries traitées dans ce chapitre et les maladies qu'elles causent sont les suivantes :

   a. Maladies transmises par l'air :
   diphtérie (*Corynebacterium diphtheriae*) (**figure 39.1**)
   maladie des légionnaires et fièvre de Pontiac (*Legionella pneumophila*)
   méningites (*Haemophilus influenzae b*, *Neisseria meningitidis* et *Streptococcus pneumoniae*)
   pneumonie à *M. avium-M.intracellulare*
   maladies streptococciques (*Streptococcus pyogenes*) (**figure 39.3**)
   tuberculose (*Mycobacterium tuberculosis*) (**figure 39.7**)
   coqueluche (*Bordetella pertussis*)

   b. Maladies transmises par des arthropodes :
   erlichiose (*Ehrlichia chaffeensis*)

   typhus épidémique (exanthématique) (*Rickettsia prowazekii*)
   typhus endémique (murin) (*Rickettsia typhi*)
   maladie de Lyme (*Borrelia burgdorferi*)
   peste (*Yersinia pestis*) (**figure 39.9**)
   fièvre Q (*Coxiella burnetii*)
   fièvre pourprée des montagnes Rocheuses (*Rickettsia rickettsii*)

   c. Maladies transmises par contact direct :
   charbon (*Bacillus anthracis*)
   vaginite bactérienne (*Gardnerella vaginalis*)
   maladie de la griffe du chat (*Bartonella henselae*)
   chanere mou (*Haemophilus ducreyi*)
   pneumonie à chlamydies (*Chlamidia pneumoniae*)
   gangrène gazeuse ou myonécrose à clostridies (*Clostridium perfringens*)
   blennorragie (*Neisseria gonorrhoeae*)
   lèpre (*Mycobacterium leprae*)
   maladies génito-urinaires à mycoplasmes (*Ureaplasma urealyticum, Mycoplasma hominis*)
   conjonctive à inclusions (*Chlamydia trachomatis*)
   lymphogranulomatose vénérienne (*Chlamydia trachomatis*)
   pneumonie à mycoplasmes (*Mycoplasma pneumoniae*)
   urétrite non gonococcique (*différents micro-organismes*)
   ulcère gastrique (*Helicobacter pylori*)
   psittacose-ornithose (*Chlamydia psittaci*)
   maladies staphylococciques (*Staphylococcus aureus*) (**figure 39.18**)
   syphilis (*Treponema pallidum*)
   tétanos (*Clostridium tetani*)

   tularémie (*Francisella tularensis*)
   trachome (*Chlamydia trachomatis*)

   d. Maladies transmises par les aliments et l'eau :
   choléra (*Vibrio cholerae*)
   botulisme (*Clostridium botulinum*)
   gastro-entérite (*Campylobacter jejuni* et d'autres bactéries)
   salmonellose (*Salmonella* sérovar *typhimurium*)
   shigellose (*Shigella* sp)
   intoxication alimentaire staphylococcique (*Staphylococcus aureus*)
   fièvre typhoïde (*Salmonella typhi*)
   diarrhée des voyageurs (*Escherichia coli*)

4. Des bactéries Gram-positives, des mycètes et des bactéries Gram-négatives contenant des endotoxines peuvent initier la cascade pathogène de la sepsie conduisant au choc sceptique (**figure 39.24**). La sepsie à Gram-négatifs est due le plus souvent à *E. coli* suivi de *Klebsiella* sp, *Enterobacter* sp et *Pseudomonas aeruginosa*.

5. La formation de la plaque dentaire débute par la colonisation de la pellicule acquise de l'émail de la dent par *Streptococcus gordonii*, *S. oralis* et *S. mitis*. D'autres bactéries peuvent alors s'attacher et former l'écosystème de la plaque dentaire (**figure 39.25**). Les bactéries produisent des acides qui causent une lésion chimique de la dent et initient la formation de carie. Les parodontites sont un groupe d'entités cliniques variées affectant le parodonte. La maladie est initiée par la formation d'une plaque subgingivale, entraînant l'inflammation tissulaire et la formation de poches parodontales. Les bactéries qui colonisent ces poches peuvent causer un abcès, la parodontose, la gingivite et la nécrose généralisée des tissus.

Mots-clés

Questions de révision

1. Décrivez brièvement chacune des maladies bactériennes majeures ou très répandues en précisant son agent causal, les signes et symptômes, l'évolution de l'infection, le mécanisme de pathogénie, l'épidémiologie, la prévention et le traitement.

2. Parce qu'il y a de nombreuses étiologies de gastro-entérites, comment en fait-on le diagnostic définitif ?

3. Différenciez une intoxication et une infection bactérienne à propos des facteurs suivants : agents étiologiques, début, durée, symptômes et traitement.

4. Comment feriez-vous la distinction entre salmonellose et botulisme ?

5. Pourquoi les infections des voies urinaires surviennent-elles fréquemment après l'utilisation de cathéters ?

6. Pourquoi le botulisme est-il la forme la plus grave d'intoxication alimentaire par les bactéries ?

7. Pourquoi la tuberculose est-elle toujours un problème dans les pays en voie de développement ? aux États-Unis ?

8. Quel est le traitement standard de la plupart des diarrhées bactériennes ?

9. Pourquoi la plupart des cas de gastro-entérites ne sont-ils pas traités aux antibiotiques ?

10. Quel est le rapport entre tétanos, gangrène gazeuse et botulisme ?

11. Donnez plusieurs raisons expliquant la difficulté de traiter la tuberculose.

12. Décrivez les différentes bactéries causant un empoisonnement alimentaire et pour chacune, donnez la source la plus probable.

13. Expliquez pourquoi on s'intéresse de plus en plus à la maladie de Lyme aux États-Unis.

14. Pourquoi la prévalence du choc septique dû à une sepsie Gram-négative augmente-t-elle aux États-Unis ?

15. Quelle est la différence majeure entre trachome et conjonctivite à inclusions ?

16. Pourquoi la fièvre pourprée des Montagnes Rocheuses est-elle la rickettsiose la plus importante aux États-Unis ?

17. Quels sont les symptômes caractéristiques et les conséquences pathologiques communs des rickettsioses, considérées dans leur ensemble ?

18. Pourquoi est-il difficile d'isoler les micro-organismes responsables d'urétrite non gonococcique ?

19. Pourquoi les maladies dentaires sont-elles des maladies infectieuses assez récentes chez les humains ?

20. En quoi la fièvre Q diffère-t-elle des rickettsioses ?

21. Quelles sont les maladies spécifiquement dues à des chlamydies et des mycoplasmes, qui sont sexuellement transmises ?

Questions de réflexion

1. Pourquoi le tétanos n'est-il un souci que lorsqu'on a une blessure profonde et étroite et non lorsque la blessure est superficielle ?

2. Pensez à votre mode de vie occidental, moderne. Pouvez-vous citer et décrire des maladies bactériennes qui résultent de cette vie dans un luxe relatif. (se référer à « Infections of leisure » 2ᵉ éd., éd. David Schlossberg, 1999, publié par l'American Society for Microbiology Press)

3. On vous a assigné la tâche d'éradiquer la blennorragie dans votre communauté. Expliquez comment vous allez vous y prendre.

4. Vous êtes employé d'un parc naturel. Comment éviteriez-vous que des personnes contractent des maladies transmises par les arthropodes ?

Lectures complémentaires

Généralités

Brooks, G. F.; Butel, J. S.; Morse, S. A. 1998. *Medical microbiology,* 21ᵉ éd. Norwalk, Conn.: Appleton & Lange.

Chin, J. 2000. *Control of communicable diseases manual,* 17ᵉ éd. Washington, D.C.: American Public Health Association.

Fischetti, V. A., et al. 2000. *Gram-positive pathogens.* Washington, D.C.: ASM Press.

Jett, B. D.; Huycke, M. M.; et Gilmore, M. S. 1994. Virulence of enterococci. *Clin. Microbiol. Rev.* 7(4):462–78.

Joklik, W. K.; Willett, H. P.; Amos, D. B.; et Wilfert, C. M. 1992. *Zinsser microbiology,* 20ᵉ éd. E. Norwalk, Conn.: Appleton & Lange.

Kotb, M. 1995. Bacterial pyrogenic exotoxins as superantigens. *Clin. Microbiol. Rev.* 8(3)411–26.

Levy, S. 1998. The challenge of antibiotic resistance. *Sci. Am.* 278(3):46–55.

Mandell, G. L.; Bennett, J. E.; et Dolan, R. 2000. *Principles and practices of infectious diseases.* 5ᵉ éd. New York: Churchill Livingston.

Nataro, J.; Blaser, M.; et Cunningham-Rundles, S. 2000. *Persistent bacterial infections.* Washington, D.C.: ASM Press.

Rood, J. et al., éd. 1997. *The clostridia: Molecular biology and pathogenesis.* San Diego: Academic Press.

Rosebury, T. 1973. *Microbes and morals: The strange story of venereal disease.* New York: Ballantine.

Salyers, A. A., et Whitt, D. D. 1994. *Bacterial Pathogenesis: A molecular approach.* Washington, D.C.: ASM Press.

Schaechter, M.; Engleberg, N. C.; Eisenstein, B. I.; et Medoff, G. 1998. *Mechanisms of microbial disease,* 3ᵉ éd. Philadelphia: Williams & Wilkins.

Shulman, S. T.; Phair, J. P.; et Sommers, H. M. 1992. *The biologic and clinical basis of infectious diseases,* 4ᵉ éd. Philadelphia: W. B. Saunders.

Stephens, R. 1999. *Chlamydia: Intracellular biology, pathogenesis, and immunity.* Washington, D.C.: ASM Press.

Ulrich, R. G.; Bavari, S.; et Olson, M. A. 1995. Bacterial superantigens in human disease: Structure, function and diversity. *Trends Microbiol.* 3(12):463–68.

Zinsser, H., 1935. *Rats, lice, and history.* Boston: Little, Brown.

39.1 Les maladies transmises par l'air

AlonsoDe Velasco, E.; Verheul, A. F. M.; Verhoef, J; et Snippe, H. 1995. *Streptococcus pneumoniae:* Virulence factors, pathogenesis, and vaccines. *Microbiol. Rev.* 59(4):591–603.

Barbaree, J. éd. 1993. *Legionella: Current status and emerging perspectives.* Washington, D.C.: ASM Press.

Bisno, A. L. 1991. Group A streptococcal infections and acute rheumatic fever. *N. Engl. J. Med.* 325(11):783–93.

Bloom, B. 1994. *Tuberculosis: Pathogenesis, protection, and control.* Washington, D.C.: American Society for Microbiology.

Brouqui, P., et Raoult, D. 2001. Endocarditis due to rare and fastidious bacteria. *Clin. Microbiol. Rev.* 14(1):177–207.

Clemens, D. L. 1996. Characterization of the *Mycobacterium tuberculosis* phagosome. *Trends Microbiol.* 4(3):113–18.

Cunninham, M. W. 2000. Pathogenesis of group A streptococcal infections. *Clin. Microbiol. Rev.* 13(3):470–511.

Deuren, M.; Brandzaeg, P.; et van der Meer, J. 2000. Update on meningococcal disease with emphasis on pathogenesis and clinical management. *Clin. Microbiol. Rev.* 13(1):144–66.

Dowling, J. N.; Saha, A. K.; et Glew, R. H. 1992. Virulence factors of the family *Legionellaceae. Microbiol. Rev.* 56(1):32–60.

Fischetti, V. A. 1991. La protéine M des streptocoques. *Pour la Science,* 166, 56-65.

Friedman, R. L. 1988. Pertussis: The disease and new diagnostic methods. *Clin. Microbiol. Rev.* 1(4):365–76.

Inderlied, C. B.; Kemper, C. A.; et Bermudez, L. E. M. 1993. The *Mycobacterium avium* complex. *Clin. Microbiol. Rev.* 6(3):266–310.

Iseman, M. 1993. Treatment of multidrug-resistant tuberculosis. *N. Engl. J. Med.* 329(11):784–91.

Kloos, W., et Bannerman, T. 1994. Update on clinical significance of coagulase-negative staphylococci. *Clin. Microbiol. Rev.* 7(1):117–40.

Maniloff, J., éd. 1992. *Mycoplasmas: Molecular biology and pathogenesis.* Washington, D.C.: American Society for Microbiology.

Orme, I. M.; McMurray, D. N.; et Belisle, J. T. 2001. Tuberculosis vaccine development: Recent progress. *Trends Microbiol.* 9(3):115–18.

Paton, J. C. 1996. The contribution of pneumolysin to the pathogenicity of *Streptococcus pneumoniae. Trends Microbiol.* 4(3):103–6.

Peltola, H. 2000. Worldwide *Haemophilus influenzae* type b disease at the beginning of the 21st century: Global analysis of the disease burden 25 years after the use of the polysaccharide vaccine and a decade after the advent of conjugates. *Clin. Microbiol. Rev.* 13(2):302–17.

Quagliarello, V., et Scheld, W. 1992. Bacterial meningitis: Pathogenesis, pathophysiology, and progress. *N. Engl. J. Med.* 327(12):864–71.

Sepkowitz, K.; Raffalli, J.; Riley, L.; Kiehn, T.; et Armstrong, D. 1995. Tuberculosis in the AIDS era. *Clin. Microbiol. Rev.* 8(2):180–99.

Todd, J. K. 1988. Toxic shock syndrome. *Clin. Microbiol. Rev.* 1(4):432–46.

Tomasz, A., éd. 2000. *Streptococcus pneumoniae: Molecular biology & mechanisms of disease.* Larchmont, N.Y.: Mary Ann Liebert.

Tunkel, A. R., et Scheld, W. M. 1993. Pathogenesis and pathophysiology of bacterial meningitis.

Clin. Microbiol. Rev. 6(2):118–36.

Wayne, L. G., et Sramek, H. A. 1992. Agents of newly recognized or infrequently encountered mycobacterial diseases. *Clin. Microbiol. Rev.* 5(1):1–25.

Winn, W. C., 1988. Legionnaires' disease: Historical perspective. *Clin. Microbiol. Rev.* 1(1):60–81.

39.2 Les maladies transmises par arthropodes

Baca, O. G., et Pretsky, D. 1983. Q fever and *Coxiella burnetti:* A model for host-parasite interactions. *Microbiol. Rev.* 47:127–44.

Barbour, A. G. 1988. Laboratory aspects of Lyme borreliosis. *Clin. Microbiol. Rev.* 1(4):399–414.

Burgdorfer, W., et Anacker, R. L., editors. 1981. *Rickettsiae and rickettsial disease.* New York: Academic Press.

Coburn, J., et Kalish, R. A. 2000. Lyme disease. In *Encyclopedia of microbiology,* 2ᵉ éd., vol. 3, J. Lederberg, éd., 109–30. San Diego: Academic Press.

Eremeeva, M. E., et Dasch, G. A. 2000. Rickettsiae. In *Encyclopedia of microbiology,* 2ᵉ éd., vol. 4, J. Lederberg, éd., 140–80. San Diego: Academic Press.

Habicht, G. S.; Beck, G.; et Benach, J. L. 1987. La maladie de lyme. *Pour la Science,* 119, 48-55.

Kantor, F. S. 1994. Disarming lyme disease. *Sci. Am.* 271(3):34–39.

Maurin, M., et Raoult, D. 1999. Q fever. *Clin. Microbiol. Rev.* 12(4):518–53.

McEvedy, C. 1988. La peste bubonique. *Pour la Science,* 126, 72-77.

Perry, R. D., et Fetherston, J. D. 1997. *Yersinia pestis*—Etiologic agent of plague. *Clin. Microbiol. Rev.* 10(1):35–66.

Raoult, D., et Roux, V. 1997. Rickettsioses as paradigms of new or emerging infectious diseases. *Clin. Microbiol. Rev.* 10(4):694–719.

Reimer, L. G. 1993. Q fever. *Clin. Microbiol. Rev.* 6(3):193–98.

Spach, D. et al. 1993. Tick-borne diseases in the United States. *N. Engl. J. Med.* 329(13):936–47.

Szczepanski, A., et Benach, J. 1991. Lyme borreliosis: Host response to *Borrelia burgdorferi. Microbiol. Rev.* 55(1):21–34.

Walker, D. H. 1989. Rocky Mountain spotted fever: A disease in need of microbial concern. *Clin. Microbiol. Rev.* 2(3):227–40.

Woodward, T. E. 2000. Typhus fevers and other rickettsial diseases. In *Encyclopedia of microbiology,* 2ᵉ éd., vol. 4, J. Lederberg, éd, 758–66. San Diego: Academic Press.

39.3 Les maladies transmises par contact direct

Anderson, B. E., et Neuman, M. A. 1997. *Bartonella* spp. as emerging human pathogens. *Clin. Microbiol. Rev.* 10(2):203–19.

Aral, S. O., et Holmes, K. K. 1991. Sexually transmitted diseases in the AIDS era. *Sci. Am.* 264(2):62–69.

Barnes, R. C. 1989. Laboratory diagnosis of human chlamydial infections. *Clin. Microbiol. Rev.* 2(2):119–36.

Beatty, W. L.; Morrison, R. P.; et Byrne, G. I. 1994. Persistent chlamydiae: From cell culture to a paradigm for chlamydial pathogenesis. *Microbiol. Rev.* 58(4):686–99.

Black, C. M. 1997. Current methods of laboratory diagnosis of *Chlamydia trachomatis* infections. *Clin. Microbiol. Rev.* 10(1):160–84.

Blaser, M. J. 1996. The bacteria behind ulcers. *Sci. Am.* 274(2):104–7.

Campbell, L.; Kuo, Cho-Chou; et Graystone, J. 1998. *Chlamydia pneumoniae* and cardiovascular disease. *Emerg. Infect. Dis.* 4(4):571–80.

Catlin, B. W. 1993. *Gardnerella vaginalis:* Characteristics, clinical considerations, and controversies. *Clin. Microbiol. Rev.* 5(2):213–37.

Dunn, B.; Cohen, H.; et Blaser, M. 1997. *Helicobacter pylori. Clin. Microbiol. Rev.* 10(4):720–41.

Hastings, R. C.; Gillis, T. P.; Krahenbuhl, J. L.; et Franzblau, S. G. 1988. Leprosy. *Clin. Microbiol. Rev.* 1(3):330–48.

Hook, E. W., et Marra, C. M. 1992. Acquired syphilis in adults. *N. Engl. J. Med.* 326(16):1060–69.

Kuo, C-C.; Jackson, L. A.; Campbell, L. A.; Grayson, J. T. 1995. *Chlamydia pneumoniae* (TWAR). *Clin. Microbiol. Rev.* 8(4):451–61.

Larsen, S. A.; Steiner, B. M.; et Rudolph, A. H. 1995. Laboratory diagnosis and interpretation of tests for syphilis. *Clin. Microbiol. Rev.* 8(1):1–21.

Lee, A.; Fox, J.; et Hazell, S. 1993. Minireview. Pathogenicity of Helicobacter pylori: A perspective. *Infect. Immun.* 61(5):1601–10.

Lowy, F. 1998. *Staphylococcus aureus* infections. *N. Engl. J. Med.* 339(8):520–32.

Moulder, J. W. 1991. Interaction of chlamydiae and host cells in vitro. *Microbiol. Rev.* 55(1):143–90.

Nassif, X., et So, M. 1995. Interaction of pathogenic neisseriae with nonphagocytic cells. *Clin. Microbiol. Rev.* 8(3):376–88.

Ngeh, J., et Gupta, S. 2000. C. pneumoniae and atherosclerosis: Causal or coincidental link? *ASM News* 66(12):732–37.

Saikku, P., et al. 1992. Chronic *Chlamydia pneumoniae* infection as a risk factor for coronary heart disease in the Helsinki Heart Study. *Ann. Intern. Med.* 15(116):273–78.

Singh, A., et Romanowski, B. 1999. Syphilis: Review with emphasis on clinical, epidemiological, and some biologic features. *Clin. Microbiol. Rev.* 12(2):187–209.

Solnick, J. V., et Schauer, D. B. 2001. Emergence of diverse *Helicobacter* species in the pathogenesis of gastric and enterohepatic disease. *Clin. Microbiol. Rev.* 14(1):59–97.

Stine, G. J. 1992. *The biology of sexually transmitted diseases.* Dubuque, Iowa: Wm. C. Brown Communications, Inc.

Trees, D. L., and Morse, S. A. 1995. Chancroid and *Haemophilus ducreyi:* An update. *Clin. Microbiol. Rev.* 8(3):357–75.

39.4 Les maladies transmises par l'eau et les aliments

Acheson, D. W. K. 2000. Food-borne illnesses. In *Encyclopedia of microbiology,* 2e éd., vol. 2, J. Lederberg, éd., 390–411. San Diego: Academic Press.

Archer, D. L., et Young, F. E. 1988. Contemporary issues: Diseases with a food vector. *Clin. Microbiol. Rev.* 1(4):377–98.

Darwin, K. H., et Miller, V. 1999. Molecular basis of the interaction of *Salmonella* with the intestinal mucosa. *Clin. Microbiol. Rev.* 12(3):405–28.

Dowell, V. R. J. 1984. Botulism and tetanus: Selected epidemiologic and microbiologic aspects. *Rev. Infect. Dis.* 6:202–7.

Guerrant, R., et Bobak, D. 1991. Bacterial and protozoal gastroenteritis. *N. Engl. J. Med.* 325(5):327–40.

Hatheway, C. L. 1990. Toxigenic clostridia. *Clin. Microbiol. Rev.* 3(1):66–98.

Janda, J. M.; Powers, C.; Bryant, R. G.; et Abbott, S. L. 1988. Current perspectives on the epidemiology and pathology of clinically significant *Vibrio* spp. *Clin. Microbiol. Rev.* 1(3)245–67.

Johnson, E. A. 1999. Clostridial toxins as therapeutic agents: Benefits of nature's most toxic proteins. *Annu. Rev. Microbiol.* 53:551–75.

Kaper, J. B.; Morris, J. G., Jr.; et Levine, M. M. 1995. Cholera. *Clin. Microbiol. Rev.* 8(1):48–86.

Knoop, F. C.; Owens, M.; et Crocker, I. C. 1993. Clostridium difficile: Clinical disease and diagnosis. *Clin. Microbiol. Rev.* 6(3):251–65.

Ménard, R.; Dehio, C.; et Sansonetti, P. J. 1996. Bacterial entry into epithelial cells: The paradigm of *Shigella. Trends Microbiol.* 4(6):220–26.

Midura, T. F. 1996. Update: Infant botulism. *Clin. Microbiol. Rev.* 9(2):119–25.

Nachamkin, I., éd. 1992. *Campylobacter jejuni: Current status and future trends.* Washington, D.C.: American Society for Microbiology.

Nataro, J. P., et Kaper, J. B. 1998. Diarrheagenic *Escherichia coli. Clin. Microbiol. Rev.* 11(1):142–201.

Rippey, S. R. 1994. Infectious diseases associated with molluscan shellfish consumption. *Clin. Microbiol. Rev.* 7(4):419–25.

Sanders, W. E., Jr., et Sanders, C. C. 1997. *Enterobacter* spp.: Pathogens poised to flourish at the turn of the century. *Clin. Microbiol. Rev.* 10(2):220–41.

Sansonetti, P. 1999. *Shigella* plays dangerous games. *ASM News* 65(9):611–17.

Wachsmuth, K.; Blake, P.; et Olsvik, O. 1994. *Vibrio cholerae and cholera: Molecular to global perspectives.* Washington, D.C.: American Society for Microbiology.

Wassenaar, T. M. 1997. Toxin production by *Campylobacter* spp. *Clin. Microbiol. Rev.* 10(3):466–76.

39.5 La sepsie et le choc septique

Bone, R. 1993. Gram-negative sepsis: A dilemma of modern medicine. *Clin. Microbiol. Rev.* 6(1):57–68.

Hoge, C. W.; Schwartz, B.; Talkington, D.; Breiman, R.; MacNeil, E.; et Englender, S. 1993. The changing epidemiology of invasive group A streptococcal infections and the emergence of streptococcal toxic-shock like syndrome. *JAMA* 269:384–89.

39.6 Les infections dentaires

Bolstad, A. I.; Jensen, H. B.; et Bakken, V. 1996. Taxonomy, biology, and periodontal aspects of *Fusobacterium nucleatum. Clin. Microbiol. Rev.* 9(1):55–71.

Cottone, J.; Terezhalmy, G.; et Molinari, J. 1996. *Practical infection control in dentistry.* Baltimore: Williams and Wilkins.

Cutler, W. C.; Kalmar, J. R.; et Genco, C. A. 1995. Pathogenic strategies of the oral anaerobe, *Porphyromonas gingivalis. Trends Microbiol.* 3(2):45–51.

Hamada, S., et Slade, H. D. 1980. Biology, immunology, and cariogenicity of *Streptococcus mutans. Microbiol. Rev.* 44:331–46.

Hamilton, I. R., et Bowden, G. H. 2000. Oral microbiology. In *Encyclopedia of microbiology,* 2e éd., vol. 3, J. Lederberg, éd., 466–81. San Diego: Academic Press.

Jenkinson, H. F. 1994. Adherence and accumulation of oral streptococci. *Trends Microbiol.* 2(6):209–12.

Kolenbrander, P.; Ganeshkumar, N.; Cassels, F.; et Hughes, C. 1993. Coaggregation: Specific adherence among human oral plaque bacteria. *The FASEB Journal* 7(5):406–13.

Lamont, R., et Jenkinson, H. 1999. Life below the gum line: Pathogenic mechanisms of *Porphyromonas gingivalis. Microbiol. Mol. Biol. Rev.* 62(4):1244–63.

Li, X.; Kolltveit, K. M.; Tronstad, L.; et Olsen, I. 2000. Systemic diseases caused by oral infection. *Clin. Microbiol. Rev.* 13(4):547–58.

Loesche, W. J. 1986. Role of *Streptococcus mutans* in human dental decay. *Microbiol. Rev.* 50:353–71.

Marcotte, H., et Lavoie, M. 1998. Oral microbial ecology and the role of salivary immunoglobin A. *Microbiol. Mol. Biol. Rev.* 62(1):71–109.

Marsh, P. D., et Martin, M. V. 1984. *Oral microbiology,* 2e éd. Washington, D.C.: American Society for Microbiology.

Mergenhan, S. E., et Rosan, B. 1985. *Molecular basis of oral microbial adhesion.* Washington, D.C.: American Society for Microbiology.

CHAPITRE 40

Les maladies humaines dues aux mycètes et aux protozoaires

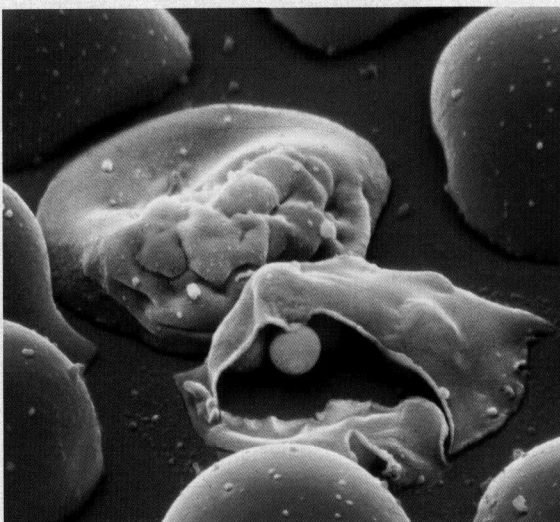

Cette image montre les parasites de la malaria (en jaune) jaillissant de globules rouges. La malaria est une des pires plaies de l'humanité. En effet, elle a joué un rôle important dans l'essor et le déclin de nations et a tué des millions de gens dans le monde. Actuellement, malgré les efforts concertés de 102 pays pour l'éradiquer, la malaria reste la maladie la plus grave au monde en termes de vies humaines et de charges économiques.

Plan

Concepts

1. Les maladies fongiques (mycoses) sont habituellement divisées en 5 groupes d'après le tissu infecté et le mode de pénétration dans l'hôte : infections (1) superficielle, (2) cutanée, (3) sous-cutanée, (4) systémique et (5) opportuniste.

2. Les mycoses superficielles apparaissent principalement sous les tropiques et comprennent la piedra blanche, la piedra noire et le pityriasis versicolor.

3. Les mycoses cutanées, celles de la couche externe de la peau, sont généralement appelées teignes inflammatoires ou dermatophytoses. Ces maladies sont cosmopolites et représentent les maladies fongiques humaines les plus courantes.

4. Les dermatophytes qui causent les mycoses sous-cutanées (en dessous de la peau) sont des saprophytes normaux du sol. Ils doivent être introduits dans le corps en dessous de la couche cutanée. Comme exemples de ces maladies, on peut citer : les chromomycoses, les maduromycoses et les sporotrichoses.

5. Les mycoses systémiques sont les infections fongiques les plus graves parce que les mycètes responsables peuvent se disséminer dans tout l'organisme. Les blastomycoses, les coccidioïdomycoses, les cryptococcoses et les histoplasmoses en sont des exemples.

6. Les mycoses opportunistes peuvent mettre en danger la vie des hôtes compromis. Les aspergilloses, les candidoses et la pneumonie à *Pneumocystis carinii* sont des exemples de ces maladies.

Concepts

7. Environ vingt protozoaires différents causent des maladies humaines qui affligent des centaines de millions d'individus dans différentes parties du monde. L'amibiase, la cryptosporidiose, la giardiase, la malaria, les maladies dues à des hémoflagellés, la toxoplasmose et la trichomonase en sont des exemples.

8. L'incidence de certaines maladies dues à des mycètes ou des protozoaires, s'accroît à cause des transplantations d'organes, des médicaments immunosuppresseurs et du SIDA.

> *Les historiens pensent que la malaria a eu sur l'histoire mondiale un impact, plus grand que toute autre maladie infectieuse, influençant l'issue des guerres, les mouvements de populations, l'essor et le déclin de civilisations.*
>
> — *Lynne S. Garcia*

Le but de ce chapitre est de décrire certains micro-organismes parmi les mycètes et les protozoaires, qui sont pathogènes pour les humains et d'examiner les manifestations cliniques, le diagnostic, l'épidémiologie, la pathogénie et le traitement des maladies causées par ces micro-organismes.

En plus des virus et des bactéries, deux groupes majeurs de micro-organismes causent des maladies infectieuses chez les humains : les mycètes et les protozoaires. La biologie de ces organismes a été traitée aux chapitres 25 et 27 respectivement. Le présent chapitre est consacré aux maladies dont ils sont responsables.

40.1   Les maladies dues aux mycètes

Parmi les centaines de milliers d'espèces fongiques trouvées dans l'environnement, environ cinquante seulement provoquent une maladie chez les humains. La **mycologie médicale** est la discipline qui traite des mycètes causant une maladie humaine. Ces maladies fongiques ou **mycoses** (du grec *mykes*, mycète) sont divisées en 5 groupes d'après le tissu infecté : mycoses superficielles, cutanées, sous-cutanées, systémiques et opportunistes (**tableaux 40.1 et 40.2**). Il faut noter l'importance croissante des infections fongiques opportunistes due à l'augmentation du nombre de patients sous immunosuppresseurs.

Les mycoses superficielles

Les mycoses superficielles sont très rares aux États-Unis, elles apparaissent sous les tropiques. Les mycètes responsables sont présents uniquement à la surface externe des cheveux et de la peau, d'où leur nom de mycoses superficielles. Les infections sont collectivement appelées **piedras** (pierre, en espagnol) car les

Tableau 40.1 Quelques mycètes d'importance médicale

Groupe	Agent pathogène	Localisation	Maladie
Mycoses superficielle	*Piedraia hortae*	Cuir chevelu	Pièdre noire
	Trichosporon beigelii	Barbe, moustache	Pièdre blanche
	Malassezia furfur	Tronc, cou, face et bras	Pityriasis versicolor
Mycoses cutanées	*Trichophyton mentagrophytes, T. verrucosum, T. rubrum*	Poils de barbe	Teigne de la barbe
	Trichophyton, Microsporum canis	Cheveux	Teigne tondante
	Trichophyton rubrum, T. mentagrophytes, Microsporum canis	Parties lises et nues de la peau	Herpès circiné (teigne corporelle)
	Epidermophyton floccosum, T. mentagrophytes, T. rubrum	Aine, fesses	Eczéma marginé de Hébra (teigne de la jambe)
	T. rubrum, T. mentagrophytes, E. floccosum	Pied	Pied d'athlète (teigne du pied)
	T. rubrum, T. mentagrophytes, E. floccosum	Ongles	Onychomycose (teigne de l'ongle)
Mycoses sous-cutanées	*Phialophora verrucosa, Fonsecaea pedrosoi*	Jambes, pieds	Chromomycose
	Madurella mycetomatis	Pieds, autres parties du corps	Maduromycose
	Sporothrix schenckii	Blessures de pîqures	Sporotrichose
Mycoses systémiques	*Blastomyces dermatitidis*	Poumons, peau	Blastomycose
	Coccidioides immitis	Poumons, autres parties du corps	Coccidioïdomycose
	Cryptococcus neoformans	Poumons, peau, os, viscères, système nerveux central	Cryptococcose
	Histoplasma capsulatum	Dans les phagocytes	Histoplasmose
Mycoses opportunistes	*Aspergillus fumigatus, A. flavus*	Système repiratoire	Aspergillose
	Candida albicans	Peau et muqueuses	Candidose
	Pneumocystis carinii	Poumons, parfois cerveau	Pneumonie à pneumocystis

Tableau 40.2	Exemples de mycoses humaines reconnues depuis 1973	
Année	**Mycète**	**Maladie**
	Moisissures	
1974	*Phialophora parasitica*	Phaeohyphomycose
1992	*Penicillium marneffei*	Infection disséminée
	Levures	
1989	*Candida lusitaniae*	Fongémie
1989	*Malassezia furfur*	Fongémie
1990	*Rhodotorula rubra*	Fongémie
1991	*Candida ciferrii*	Fongémie
1993	*Hansenula anomala*	Fongémie
1993	*Trichosporon beigelii*	Fongémie

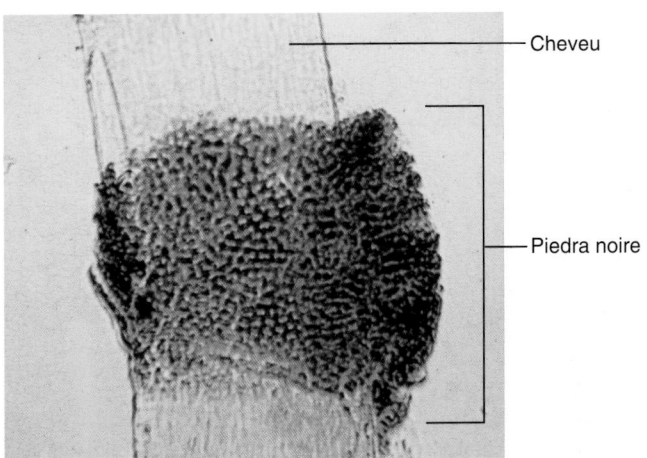

Cheveu

Piedra noire

Figure 40.1 Une mycose superficielle : la piedra noire. Cheveu infecté par *Piedraia hortae* ; image au microscope optique (x 200).

nodules mycéliens autour du poil ont l'aspect et la consistance d'une petite pierre (*voir figure 25.4*).

Les mycoses superficielles sont également appelées **teignes** (larve, en latin), le type spécifique étant désigné par un adjectif approprié. Par exemple, la **piedra noire** (ou teigne noire) est causée par *Piedraia hortae* et forme des nodules noirs durs sur les cheveux (**figure 40.1**). La **piedra blanche** (teigne blanche) est causée par la levure *Trichosporon beigelii* et forme des nodules de couleur pâle sur la barbe et la moustache. Le **pityriasis versicolor** est causé par la levure *Malassezia furfur* et forme des nodules finement squameux (furfuracés) de couleurs variant du jaune au brun sur le tronc, le cou, la face et les bras. Le traitement comprend l'élimination des squames cutanées à l'aide d'un agent nettoyant et l'élimination des cheveux infectés. Une bonne hygiène personnelle prévient ces infections.

Les mycoses cutanées

Les mycoses cutanées, également appelées **dermatomycoses** ou **teignes inflammatoires**, sont cosmopolites et représentent les maladies fongiques humaines les plus courantes. Trois genres de mycètes cutanés ou **dermatophytes** sont impliqués dans ces mycoses : *Epidermophyton*, *Microsporum* et *Trichophyton*. Le diagnostic est établi par examen microscopique de biopsies de la peau clarifiées par de l'hydroxyde de potassium 10 % ainsi que par culture sur milieu de Sabouraud au dextrose. Le traitement est à base d'onguents topiques tels que le miconazole (Monistatderm), le tolnaftate (Tinactin) ou le clotrimazole (Lotrimin) pendant deux à quatre semaines. La griséofulvine est le seul médicament antifongique oral approuvé par le FDA (Food and Drug Administration) dans le traitement de dermatophytoses.

Mode d'action du cétoconazole, du miconazole, du tolnaftate et de la griséofulvine (p. 820).

La **teigne de la barbe** est une infection des poils de la barbe (**figure 40.2**) due à *Trichophyton mentagrophytes* ou *T. verrucosum*. Elle atteint principalement des hommes, vivant dans des zones rurales, ayant acquis le mycète d'animaux infectés.

La **teigne tondante** est une infection du cuir chevelu (**figure 40.3a**). Elle est caractérisée par une alopécie, une inflammation et une desquamation. La teigne tondante est principalement une maladie de l'enfance causée par des espèces de *Trichophyton* ou de *Microsporum*. Le mycète se transmet d'une

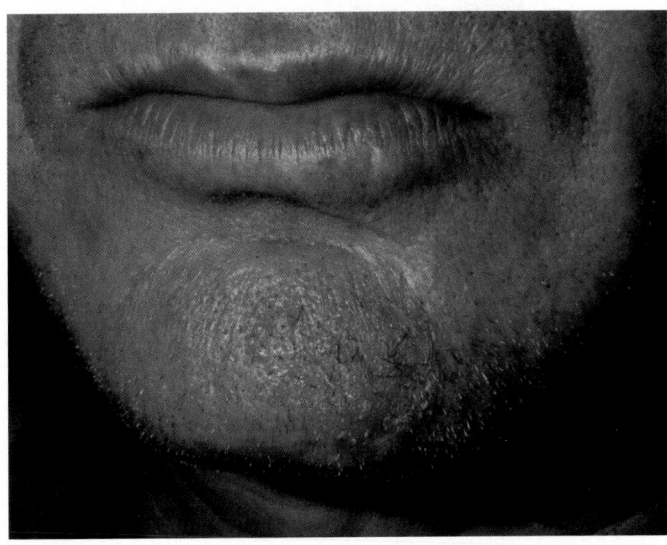

Figure 40.2 Une mycose cutanée : la teigne de la barbe. Causée par *Tricophyton mentagrophytes*.

personne à l'autre lorsqu'une hygiène insuffisante prévaut dans des habitats surpeuplés. Le mycète apparaît également chez des animaux domestiques, qui peuvent le transmettre aux humains. La lampe de Wood (lumière UV) peut aider au diagnostic de la teigne tondante car les cheveux infectés par le mycète deviennent fluorescents lorsqu'ils sont éclairés par une irradiation UV (figure 40.3b).

L'**herpès circiné** (teigne corporelle) est une dermatomycose des parties glabres ou duveteuses de la peau (**figure 40.4**). La maladie est caractérisée par des lésions prurigineuses, vésiculeuses, circulaires, érythémateuses, bien démarquées et couvertes de squames. L'herpès circiné est causé par *Trichophyton rubrum*, *T. mentagrophytes* ou *Microsporum canis*. La maladie est transmise par contact direct avec des animaux infectés (voir figu-

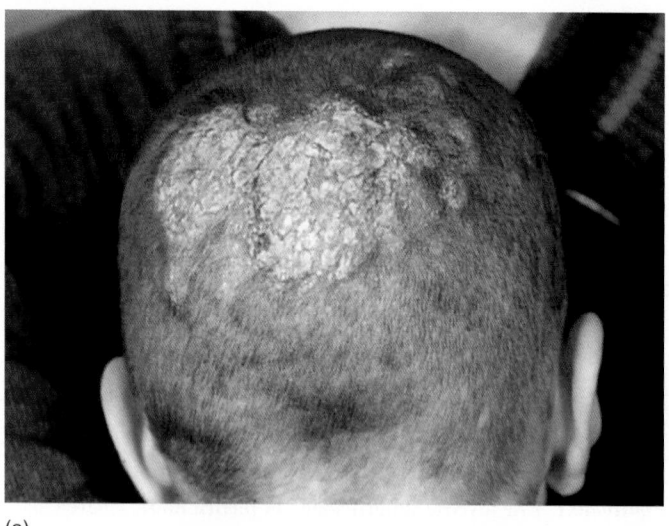

(a)

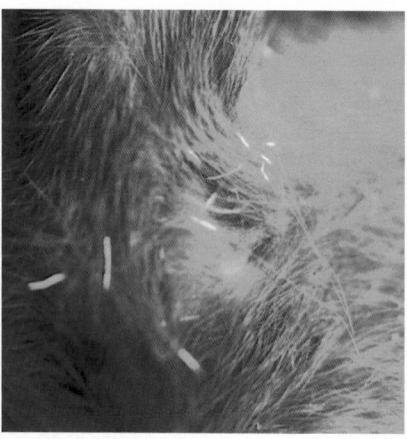

(b)

Figure 40.3 Une mycose cutanée : la teigne tondante. (a) Teigne du cuir chevelu causée par *Microsporum audouinii*. (**b**) Gros plan sous lumière UV d'une lampe de Wood.

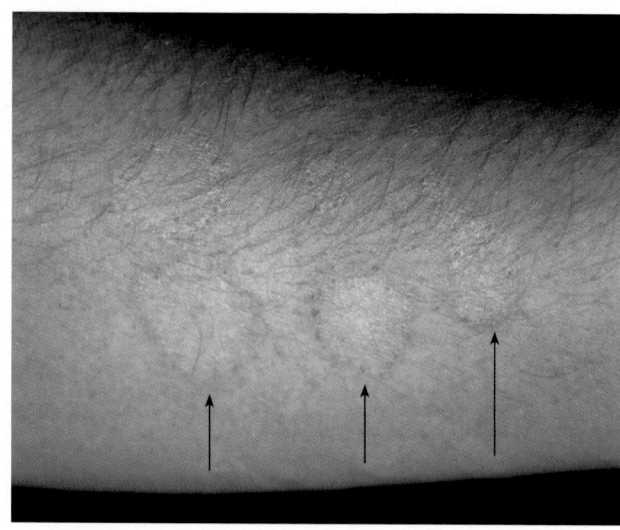

Figure 40.4 Une mycose cutanée : l'herpès circiné. — dans ce cas de l'avant-bras — causé par *Tricophyton mentagrophytes*. Remarquez les taches circulaires (flèches).

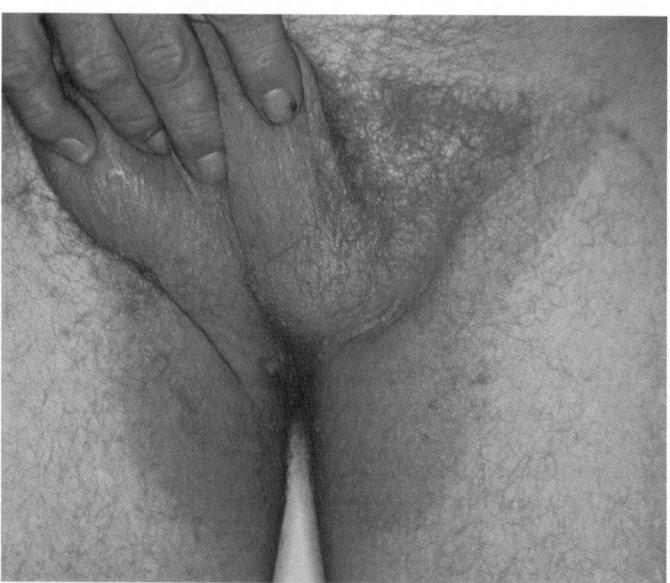

Figure 40.5 Une mycose cutanée : l'eczéma marginé de Hebra. Teigne de l'aine causée par *Epidermophyton floccosum*.

re 25.1*b*), des humains infectés ou par l'usage commun d'essuie-mains ou de linge.

L'**eczéma marginé de Hébra** (teigne de la jambe) est une dermatomycose de l'aine (**figure 40.5**). La pathogenèse et les manifestations cliniques sont similaires à ceux de l'herpès circiné. Les mycètes responsables sont *Epidermophyton floccosum*, *T. mentagrophytes* ou *T. rubrum*. Les facteurs de prédisposition à une maladie récurrente sont l'humidité, l'occlusion et des plaies de la peau. Des maillots de bain humides, des slips d'athlète, des pantalons ou des bas collants et l'obésité sont souvent des facteurs favorisant la maladie.

Le **pied d'athlète** (teigne du pied) et l'**intertrigo des espaces interdigitaux** (teigne de la main) sont respectivement des dermatomycoses des pieds (**figure 40.6**) et des mains. Les symptômes cliniques varient d'une fine desquamation à un érythème vésiculopustulaire. Le prurit est fréquent. La chaleur, l'humidité, les plaies et l'occlusion augmentent la susceptibilité à l'infection. La plupart des infections sont causées par *T. rubrum*, *T. mentagro-*

phytes ou *E. floccosum*. Le pied d'athlète et l'intertrigo des espaces interdigitaux, sont des infections cosmopolites de l'adulte et augmentent de fréquence avec l'âge.

L'**onychomycose à dermatophyte** (teigne de l'ongle) est une dermatomycose du pli unguéal (**figure 40.7**). Dans cette maladie, l'ongle se décolore et s'épaissit. La lame unguéale se soulève et se détache du lit de l'ongle. *Trichophyton rubrum* ou *T. mentagrophytes* sont les agents incriminés.

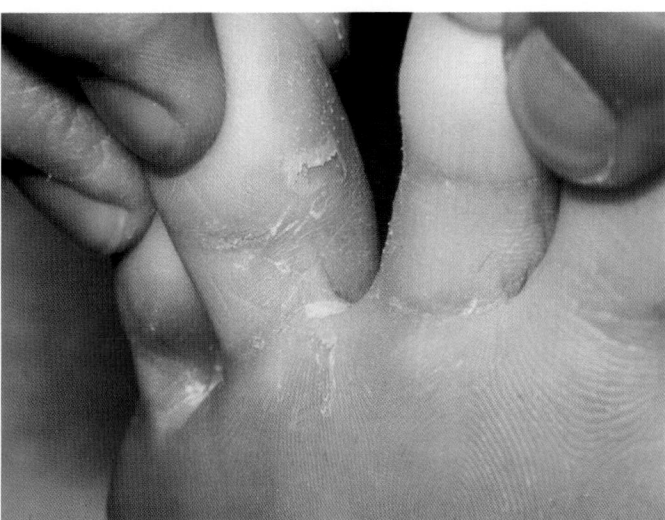

Figure 40.6 Une mycose cutanée : le pied d'athlète. Teigne du pied causée par *Tricophyton rubrum*, *T. mentagrophytes* ou *Epidermophyton floccosum*.

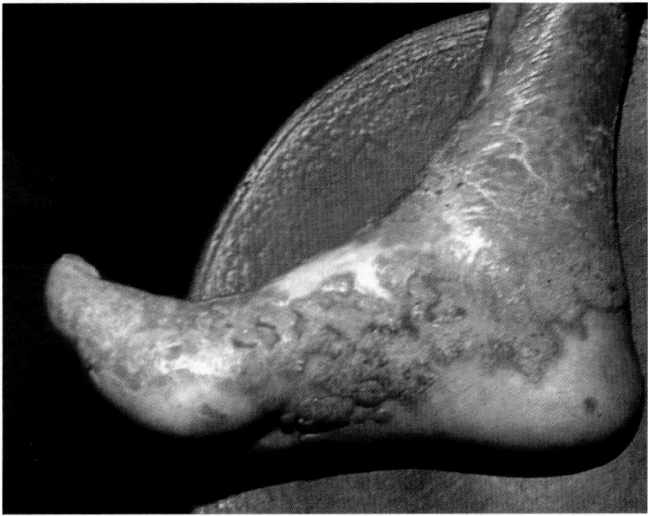

Figure 40.8 Une mycose sous-cutanée. Chromomycose du pied causée par *Fonsecaea pedrosoi*.

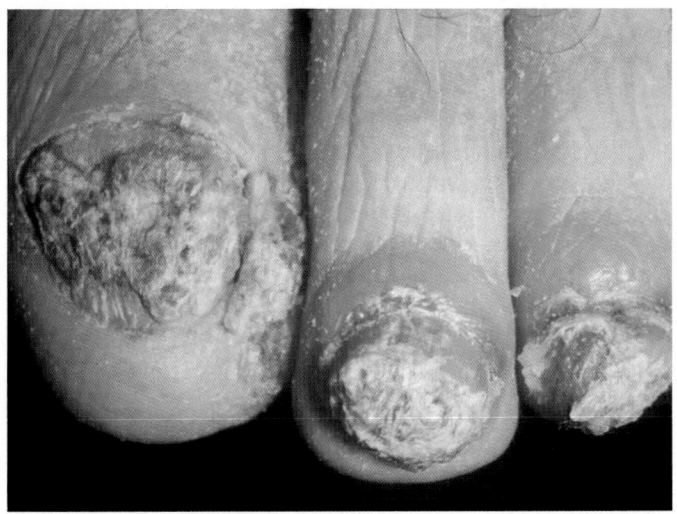

Figure 40.7 Une mycose cutanée : l'onychomycose. Dermatophytose des ongles causée par *Tricophyton rubrum*.

Les mycoses sous-cutanées

Les dermatophytes causant des mycoses sous-cutanées sont des saprophytes normaux du sol et de végétaux en décomposition. Ils sont incapables par eux-mêmes de traverser la peau et doivent être introduits dans le tissu sous-cutané par des plaies contaminées avec de la terre contenant des mycètes. La plupart des infections concernent des travailleurs agricoles allant nu-pieds. La maladie se développe lentement, souvent plusieurs années après la pénétration dans le tissu sous-cutané. Durant ce temps, les mycètes produisent un nodule qui finit par s'ulcérer. Les organismes se répandent alors le long des canaux lymphatiques et produisent davantage de nodules sous-cutanés. A l'occasion, ces nodules sont drainés vers la surface de la peau. Le traitement habituel consiste en l'administration par voie orale de 5-fluorocytosine, d'iodures, d'amphotéricine B et des excisions chirurgicales. Le diagnostic se

fait par mise en culture de tissu infecté. Le mode d'action de l'amphotéricine B (p. 820).

La **chromomycose** est un type de mycose sous-cutanée. Les nodules sont de couleur brun foncé. Cette maladie est causée par les moisissures noires *Phialophora verrucosa* ou *Fonsecaea pedrosoi*. Ces mycètes sont répandus dans le monde entier, surtout dans les régions tropicales et subtropicales. La plupart des infections se forment aux ongles et aux pieds (**figure 40.8**).

Une autre mycose sous-cutanée est la **maduromycose**, causée par *Madurella mycetomatis*, qui est mondialement répandue, surtout sous les tropiques. Parce que le mycète détruit le tissu sous-cutané et produit de graves déformations, l'infection est souvent appelée **mycétome** ou tumeur fongique (**figure 40.9**). Une forme de mycétome, connue sous le nom de pied de Madura, résulte d'abrasions de la peau acquises par la marche nu-pieds sur un sol contaminé.

La **sporotrichose** est la mycose sous-cutanée causée par un mycète dimorphe (*voir tableau 25.2*) *Sporothrix schenckii*. La maladie mondialement répandue, est l'infection fongique sous-cutanée la plus courante aux États-Unis. Le mycète peut être trouvé dans le sol, sur des plantes vivantes telles que buissons épineux et rosiers ou dans des débris végétaux comme la tourbe et les copeaux d'écorce de pin. L'infection se fait par une plaie profonde due à une épine ou une écharde contaminée par le mycète. Il s'agit d'une maladie professionnelle chez les fleuristes, les jardiniers et les ouvriers forestiers. Après une incubation de 1 à 12 semaines, une petite papule rouge émerge puis devient ulcéreuse (**figure 40.10**). De nouvelles lésions apparaissent le long des canaux lymphatiques. Elles peuvent rester localisées ou se répandre dans le corps produisant une **sporotrichose extracutanée.**

Les mycoses systémiques

Sauf pour *Cryptococcus neoformans* qui n'existe que sous la forme de levure, les mycètes causant les mycoses profondes ou systémiques sont dimorphes : ils ont une phase parasitaire de type levure (Y) et une phase saprophyte mycélienne de type moisissu-

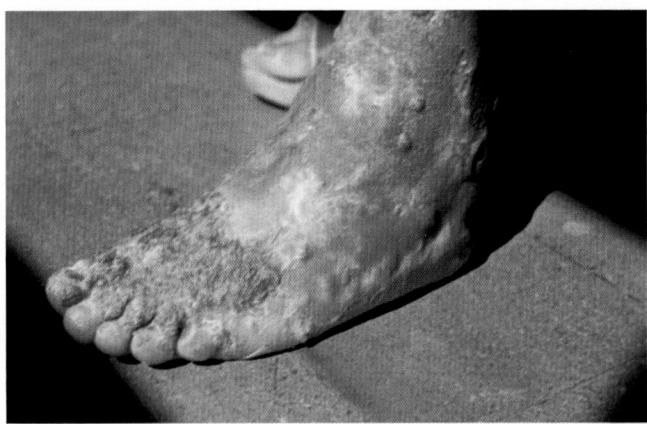

Figure 40.9 Une mycose sous-cutanée. Mycétome fongique du pied causé par *Madurella mycetomatis*.

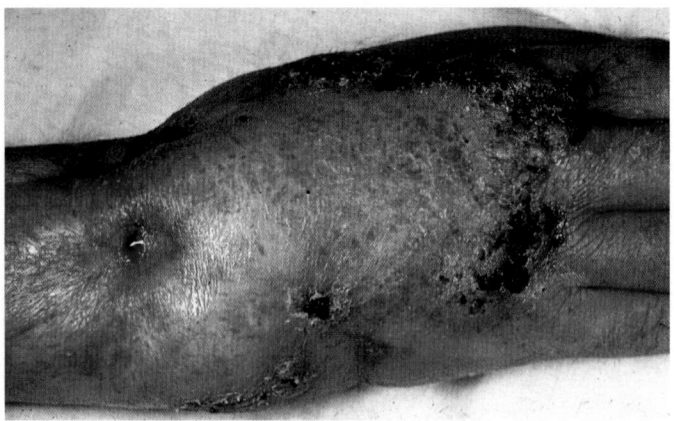

Figure 40.11 Une mycose systémique. Blastomycose de l'avant-bras causée par *Blastomyces dermatitidis*.

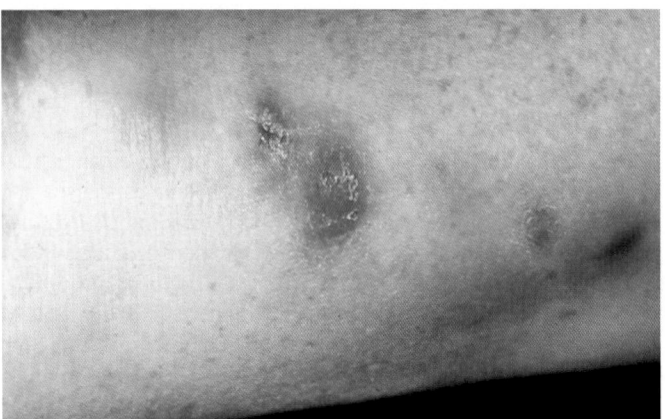

Figure 40.10 Une mycose sous-cutanée. Sporotrichose du bras causée par *Sporothrix schenckii*.

re (M) (*voir la transition YM, section 25.3*). Les mycoses systémiques s'acquièrent en général par inhalation de spores venant d'un sol où il y a des mycètes libres. Quand une personne respire suffisamment de spores, l'infection débute comme une lésion pulmonaire, puis devient chronique et se répand par la circulation sanguine vers d'autres organes (l'organe cible dépend des espèces).

La **blastomycose** est une mycose systémique causée par *Blastomyces dermatitidis,* un mycète qui se développe comme une levure bourgeonnante chez les humains mais comme un mycélium sur des milieux de culture et dans l'environnement. On le trouve dans le sol des vallées du Mississippi et de l'Ohio. La maladie se présente sous trois formes cliniques : cutanée, pulmonaire et disséminée. L'infection initiale commence par inhalation de blastospores (*voir figure 25.7f*) dans les poumons. Le mycète peut alors se répandre rapidement, spécialement vers la peau où des ulcères cutanés et des abcès se forment (**figure 40.11**). *B. dermatitidis* peut être isolé du pus et de biopsies. Le diagnostic repose sur la mise en évidence de cellules en forme de levures de 8 à 15 μm de diamètre et avec une paroi épaisse. Les tests de fixation

du complément, d'immunodiffusion et de sensibilité cutanée à la blastomycine sont également utiles. Les médicaments de choix pour le traitement sont : l'amphotéricine B, l'itroconazole ou le cétoconazole. La chirurgie peut être nécessaire pour drainer de grands abcès. Environ 30 à 60 morts sont enregistrés chaque année aux États-Unis. Il n'y a pas de mesures de prévention ou de contrôle.

La **coccidioïdomycose** aussi appelée « valley fever », fièvre de San Joaquin ou rhumatisme du désert à cause de la distribution géographique du mycète, est due à *Coccidioides immitis*. On trouve *C. immitis* dans les sols secs et très alcalins de l'Amérique du Nord, Centrale et du Sud. On estime qu'aux États-Unis environ 100.000 individus par an sont contaminés et que 50 à 100 en meurent. Des zones endémiques ont été définies par des campagnes de tests cutanés avec un antigène, la coccidioïdine . Dans le sol et sur les milieux de culture, ce mycète adopte la forme mycélienne, avec des arthroconidies (*voir figure 25.7b*) à la pointe des hyphes. Les arthroconidies sont si abondantes dans les régions endémiques que l'on acquiert la maladie en les inhalant, simplement en voyageant dans ces régions. On a pu associer une augmentation des infections avec la violence du vent ou la construction de structures extérieures. Chez l'homme, ce mycète prend la forme de sphérules à paroi épaisse remplies d'endospores (**figure 40.12**). La plupart des cas de coccidioïdomycose sont asymptomatiques ou ne peuvent être distingués d'infections ordinaires du système respiratoire supérieur. La plupart des cas guérissent spontanément en quelques semaines et une immunité durable en résulte. Quelques infections entraînent une maladie pulmonaire chronique progressive. Le mycète peut aussi se répandre dans le corps et atteindre n'importe quel site ou organe. Le diagnostic est établi par aspiration et identification des grandes sphérules (environ 80 μm de diamètre) dans le pus, les expectorations ou les produits d'aspiration. La mise en culture des échantillons cliniques en présence de pénicilline et de streptomycine sur une gélose de Sabouraud, permet également le diagnostic. Des méthodes plus récentes de confirmation rapide comprennent la mise en évidence d'antigènes dans le surnageant de culture en milieu liquide, la sérologie et des tests cutanés. Les médicaments de choix pour le traitement sont : le miconazole, l'itraconazole, le cétoconazole et

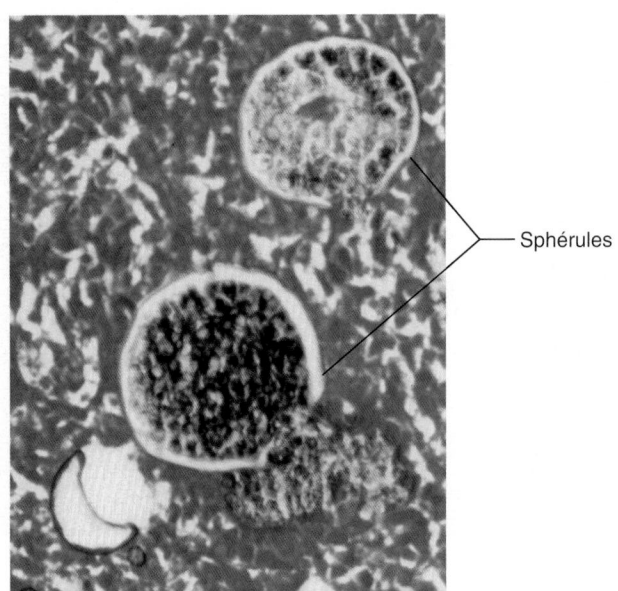

Sphérules

Figure 40.12 Une mycose systémique : la coccidioïdomycose. Les sphérules matures de *Coccidioides immitis* remplies d'endospores dans une section tissulaire ; image au microscope optique (x 400).

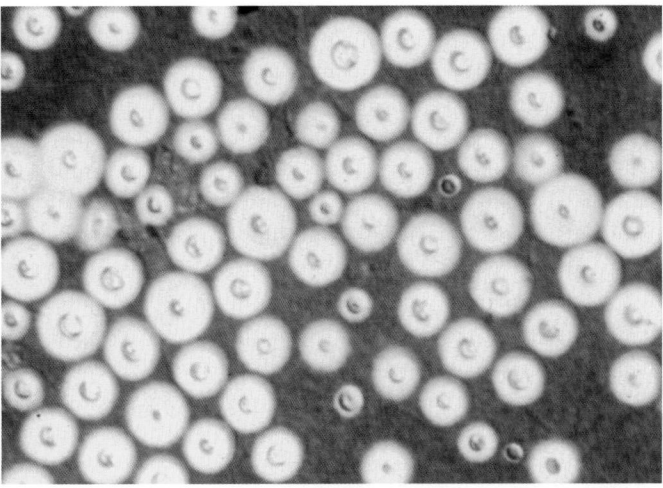

Figure 40.13 Une mycose systémique : la cryptococcose. Préparation à l'encre de Chine montrant *Cryptococcus neoformans*. Ces micro-organismes qui ne bourgeonnent pas, se distinguent par des parois cellulaires doublement réfractiles, des capsules distinctement délimitées et des inclusions réfractiles dans le cytoplasme ; image au microscope optique (x 150).

l'amphotéricine B. La prévention consiste à réduire le contact avec la poussière du sol dans les régions endémiques.

La **cryptococcose** est une mycose systémique causée par *Cryptococcus neoformans*. Ce mycète prend toujours la forme d'une grande levure bourgeonnante. Dans l'environnement *C. neoformans* est saprophyte, avec une distribution cosmopolite. Des fientes anciennes et séchées de pigeons sont une source d'infection. La cryptococcose est observée chez 15 % des patients atteints de SIDA. Les mycètes entrent dans l'organisme par le système respiratoire causant une infection pulmonaire mineure qui est habituellement transitoire. Certaines infections pulmonaires migrent vers la peau, les os, les viscères et le système nerveux central. Il en résulte habituellement une méningite. Le diagnostic est établi par la mise en évidence de cellules du type levure, sphériques à parois épaisses (**figure 40.13**) dans le pus, le crachat ou les frottis d'exsudats, en utilisant l'encre de Chine pour mettre l'organisme en évidence. Le mycète peut être aisément cultivé sur une gélose de Sabouraud au dextrose. Le mycète est identifié dans les liquides biologiques par des techniques immunologiques. Le traitement inclut l'amphotéricine B et l'itraconazole. Il n'y a pas de mesure de prévention ni de contrôle.

L'**histoplasmose** est due à *Histoplasma capsulatum* var. *capsulatum*, un mycète parasite facultatif intracellulaire. Il apparaît comme une petite levure bourgeonnante chez l'homme et en culture à 37°C. A 25°C, il forme un mycelium produisant des microconidies (de 1 à 5 μm de diamètre), une seule microconidie est portée à la pointe de courts conidiophores. De grandes macroconidies ou chlamydospores (de 8 à 16 μm de diamètre) sont également formées sur les conidiophores (**figure 40.14a**). Chez l'homme, la forme levure se développe au sein de cellules phagocytaires (figure 40.14b). On trouve *H. capsulatum* var. *capsulatum* dans les sols du monde entier sous la forme mycélienne, particulièrement dans des régions contaminées par des excréments d'oiseaux

ou de chauves-souris. Les macro- et les microconidies sont aisément répandues par des courants d'air. Aux États-Unis, l'histoplasmose est endémique dans les bassins du Mississippi, du Kentucky, du Tennessee, de l'Ohio et du Rio Grande. Plus de 75 % de la population résidant dans ces régions, ont des anticorps contre ce mycète. On estime que dans les régions endémiques environ 500.000 individus sont infectés annuellement ; parmi ceux-ci, 50.000 à 200.000 développent la maladie, 3.000 sont hospitalisés et environ 50 en meurent. Le nombre total d'individus infectés peut dépasser 40 millions aux États-Unis. L'histoplasmose est une maladie professionnelle parmi les spéléologues et les ouvriers récoltant le guano de chauves-souris.

Les humains développent l'histoplasmose à partir de microconidies portées par l'air. Les microconidies sont abondantes dans les accumulations de fiente ou de guano, provenant spécialement d'étourneaux, de corneilles, de merles, de mouettes, de dindons et de poulets. Les oiseaux eux-mêmes, par contre, ne sont pas infectés à cause de leur température corporelle élevée. Leurs fientes procurent simplement des aliments à ce mycète. Seuls les chauves-souris et les humains développent la maladie et portent le mycète.

L'histoplasmose est une maladie du système monocyte-macrophage. Dès lors de nombreux organes du corps peuvent être infectés (*voir figure 31.4*). Plus de 95 % des cas d'histoplasmose ne présentent pas de symptôme ou des symptômes légers tels que toux, fièvre et douleurs articulaires. Des lésions peuvent apparaître dans les poumons et entraîner des calcifications. La plupart des infections guérissent spontanément. Dans de rares cas, la maladie se dissémine.

Le diagnostic de laboratoire est établi par des tests de fixation du complément et par isolement du mycète à partir d'échantillons tissulaires. Les individus qui ont contracté cette maladie montrent souvent une hypersensibilité qui peut être mise en évidence par le

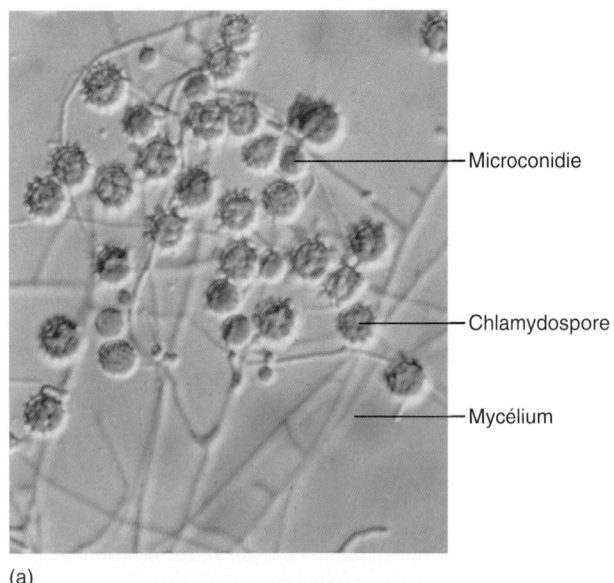

(a)

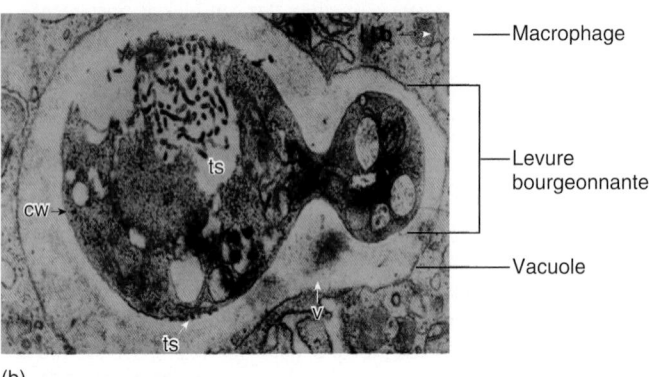

(b)

Figure 40.14 Morphologie de *Histoplasma capsulatum* var. *capsulatum*. (**a**) Mycéliums, microconidies et chlamydospores tels que trouvés dans le sol. Ce sont les particules infectieuses ; image au microscope optique (x 125). (**b**) Cellules en forme de levures dans un macrophage. *H. capsulatum* bourgeonnant au sein d'une vacuole. Des structures tubulaires, *ts,* sont observées en dessous de la paroi cellulaire, *cw* ; image au microscope électronique (x 23.000).

test cutané à l'hystoplasmine. Actuellement, le traitement le plus efficace est à base d'amphotéricine B, de cétoconazole ou d'itraconazole. La prévention et le contrôle comprennent le port de vêtements protecteurs et de masques avant d'entrer ou de travailler dans des habitats infestés. La décontamination du sol avec du formol 3 à 5 % est efficace, là où elle est économiquement et physiquement faisable.

Les mycoses opportunistes

Un **organisme opportuniste** est généralement inoffensif dans son environnement normal mais devient pathogène chez un hôte compromis. Un **hôte compromis** est affaibli et moins résistant à l'infection. Parmi les nombreuses causes de cet état, on peut citer : la malnutrition, l'alcoolisme, le cancer, le diabète, la leucémie ou une autre maladie infectieuse, un traumatisme chirurgical ou accidentel, une microflore altérée suite à la prise prolongée d'antibiotiques

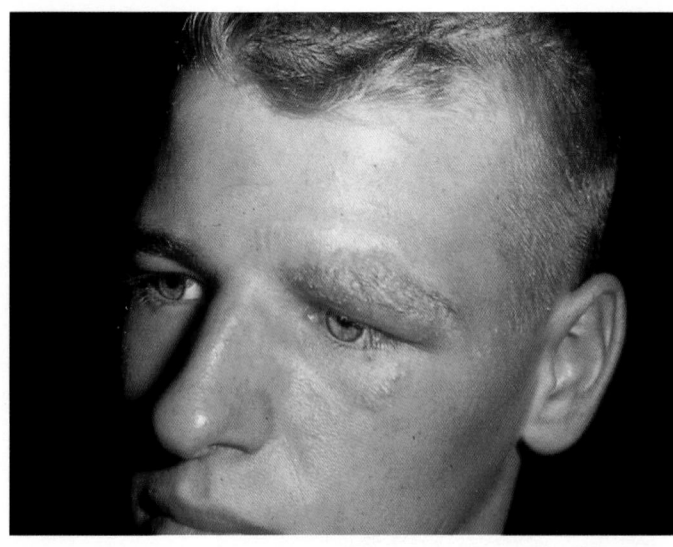

Figure 40.15 Une mycose opportuniste. Aspergillose de l'oeil causée par *Aspergillus fumigatus*.

(ex. candidose vaginale) et une immunosuppression due à des médicaments, des virus (HIV), des hormones, des déficiences génétiques, la chimiothérapie ou l'âge. Les mycoses opportunistes les plus importantes comprennent des aspergilloses, des candidoses systémiques et la pneumonie à *Pneumocystis carinii*.

De tous les mycètes responsables de maladies chez des hôtes compromis, les *Aspergillus* sont les plus répandus. *Aspergillus* est omniprésent dans la nature puisqu'on le trouve partout où il y a des débris organiques. *Aspergillus fumigatus* est la cause habituelle de l'**aspergillose.** *A. flavus* est la seconde espèce en importance surtout dans les maladies invasives de patients sous immunosuppresseurs.

Les voies respiratoires sont la porte d'entrée majeure d'*Aspergillus*. L'inhalation de conidiospores (*voir figure 25.7 e*) peut mener à plusieurs sortes d'aspergilloses pulmonaires. L'aspergillose allergique en est un type. Les individus infectés développent une réponse allergique immédiate et présentent des crises d'asthme typiques lorsqu'ils sont exposés aux antigènes fongiques des conidiospores. Dans l'aspergillose bronchopulmonaire, la manifestation clinique majeure de la réponse allergique est une bronchite résultant d'hypersensibilités de type I et III (*voir figures 33.2 et 33.6*). Bien qu'il y ait rarement une invasion tissulaire dans l'aspergillose bronchopulmonaire, *Aspergillus* peut souvent être mis en culture à partir d'expectorations. Une manifestation fréquente d'aspergillose pulmonaire est la formation de colonies dans les poumons appelées aspergillomes et prenant à l'examen radiologique, la forme d'opacités arrondies en « grelots ». Ceux-ci consistent en une masse mycélienne touffue se multipliant dans une zone circonscrite. À partir du foyer pulmonaire, le mycète peut se répandre et produire une aspergillose disséminée dans une variété de tissus et d'organes (**figure 40.15**). Chez des patients dont la résistance est sévèrement compromise, une aspergillose invasive peut apparaître et remplir le poumon de mycélium fongique.

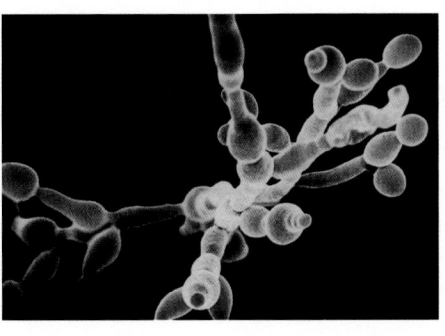
(a)

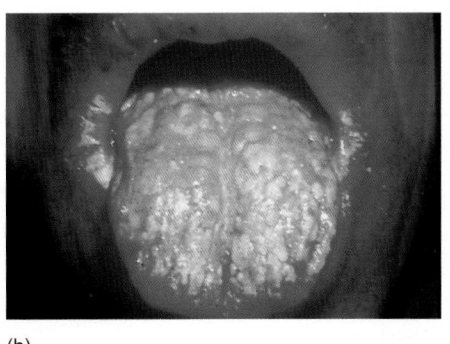
(b)

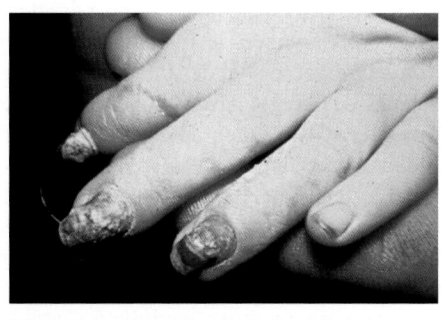
(c)

Figure 40.16 Les mycoses opportunistes dues à *Candida albicans*. (**a**) Image au microscope électronique à balayage de la forme levure (x 10.000). Notez que certaines cellules se reproduisent par bourgeonnement. (**b**) Le muguet ou candidose buccale est caractérisé par la formation de taches blanches sur les muqueuses de la langue et ailleurs dans la région oropharyngée. Ces taches forment une pseudomembrane composée de cellules sphériques de levures, de leucocytes et de débris cellulaires. (**c**) Paronychie et onychomycose des mains.

Encadré 40.1

L'émergence des candidoses

Dès les années 1800, on trouve des descriptions écrites de lésions buccales qui furent probablement des cas de muguet. En 1839, Bernard Langenbeck en Allemagne décrivit l'organisme trouvé dans les lésions buccales d'un patient comme « Typhus-Leichen ». En 1841, Emil Berg établit l'étiologie fongique du muguet en infectant des nouveau-nés sains avec ce qu'il appela le « matériel membranaire aphteux ». En 1843, Charles Robin donna à cet organisme son premier nom : *Oidium albicans*. Depuis lors, une centaine de synonymes furent utilisés pour désigner ce mycète. De tous ceux-ci, *Candida albicans,* le nom proposé par Roth Berkhout en 1923, persista.

En 1861, Albert Zenker décrivit le premier cas bien documenté d'une candidose systémique. Dans l'histoire des candidoses, la période la plus intéressante coïncida avec l'introduction des antibiotiques. Depuis lors, on décrivit des infections par ce mycète de tous les tissus et organes du corps, de même qu'une augmentation de l'incidence générale des candidoses. Comme maladies associées à *Candida,* on peut citer l'arthrite, l'endophtalmie, la méningite, la myocardite, la myosite et la péritonite. En plus de l'utilisation généralisée des antibiotiques, d'autres méthodes thérapeutiques et des techniques chirurgicales comme les transplantations d'organes et les prothèses, ont contribué à augmenter l'incidence mondiale des candidoses.

Le diagnostic de l'aspergillose au laboratoire dépend de l'identification du mycète par examen direct d'échantillons pathologiques ou par isolement et caractérisation. Une thérapie efficace dépendra du traitement de l'affection que l'aspergillose est venue compliquer afin d'augmenter la résistance de l'hôte. Le traitement se fait par l'itraconazole.

La **candidose** est la mycose causée par le mycète dimorphe *Candida albicans* (**figure 40.16***a*). Contrairement aux autres mycètes pathogènes, *C. albicans* est un membre de la flore normale du tractus digestif, de l'appareil respiratoire, du vagin et de la bouche (*voir figure 31.2*). Chez les individus sains, *C. albicans* ne cause pas de maladie. Son développement est inhibé par les autres microbes. Cependant si l'équilibre de la flore normale est troublé, *Candida* peut se multiplier rapidement et produire une candidose. Récemment, des *Candida* sont devenus des agents pathogènes nosocomiaux importants. Dans certains hôpitaux, ils représentent 10 % des infections sanguines nosocomiales. L'infection a *Candida* peut se transmettre par voie sexuelle et se

trouve donc dans la liste des maladies sexuellement transmissibles (*voir tableau 39.4*).

Aucun autre mycète pathogène ne produit un spectre de maladies aussi varié chez l'homme que *C. albicans* (**encadré 40.1**). Les infections affectent en majorité la peau ou les muqueuses. Ceci résulte du fait que *C. albicans* est un aérobie strict et qu'il trouve sur ces surfaces des conditions de développement adéquates. La peau est souvent concernée si elle est lésée ou très humide.

La **candidose orale** ou **muguet** (figure 40.16*b*) est une maladie assez fréquente chez les nouveau-nés. Elle est révélée par de nombreuses petites plaques blanches couvrant la langue et la bouche. À la naissance, les nouveau-nés n'ont pas une flore normalement développée dans la région oropharyngée. Si la région vaginale de la mère est fortement infectée par *C. albicans,* les voies respiratoires supérieures du nouveau-né seront colonisées lors de l'accouchement. Le muguet se développe parce que la croissance de *C. albicans* n'est pas inhibée par les autres microbes. Dès que le nouveau-né a développé sa propre flore normale oropharyngée, le muguet devient rare. La **paronychie** et l'**onychomycose** sont des infections par *Candida* des tissus sous-cutanés des doigts et des ongles respectivement (figure 40.16*c*). Ces infections résultent le plus souvent de l'immersion prolongée des membres dans l'eau.

L'**intertrigo à *Candida*** se développe au niveau des replis cutanés chauds et humides : les aisselles, les plis de l'aine, les plis sous-mammaires et interfessiers. L'**intertrigo périanal** est typiquement observé chez les enfants dont les langes ne sont pas changés assez fréquemment. La **vulvo-vaginite à *Candida*** peut survenir comme complication de diabète, de thérapies antibiotiques, de l'emploi de contraceptifs oraux, de grossesse ou de tout autre facteur compromettant l'hôte. Normalement, les lactobacilles (bacilles de Döderlein) omniprésents contrôlent le développement de *Candida* dans cette région, en maintenant le pH bas. Cependant si leur nombre est abaissé par l'un ou l'autre des facteurs mentionnés plus haut, les *Candida* peuvent proliférer et provoquer un écoulement vaginal ayant un aspect de lait caillé jaunâtre. Les *Candida* sont transmissibles aux hommes au cours des rapports sexuels et entraînent une **balanite**. Celle-ci peut dès lors aussi être considérée comme une maladie transmise sexuellement. La balanite est une infection du gland par *Candida* et s'observe principalement chez des hommes non circoncis. La maladie débute par des vésicules sur le pénis qui se développent en placards érythémateux et sont accompagnés de prurit important et de sensations de brûlure.

Le diagnostic des candidoses est difficile parce que (1) ce mycète est un envahisseur secondaire fréquent chez des hôtes malades, (2) très souvent on trouve une flore mixte dans les tissus malades et (3) il n'existe pour l'instant aucune technique immunologique complètement spécifique pour l'identification des *Candida*. Il n'y a pas de traitement satisfaisant des candidoses. Les lésions cutanées peuvent être traitées par des applications locales de substances comme le caprylate de sodium, le propionate de sodium, le violet de gentiane, la nystatine, le miconazole et la trichomycine. Pour les candidoses systémiques on peut également utiliser le cétoconazole, l'amphotéricine B, le fluconazole, la flucytosine et l'itraconazole.

Pneumocystis carinii est un protiste eucaryote trouvé dans les poumons. On connaît mal le cyle biologique de *P. carinii* principalement par manque d'une technique de culture in vitro, pour sa propagation. Bien qu'il ait été considéré comme un protozoaire, les études récentes de séquences d'ADN et d'ARNr de plusieurs gènes, montrent que *P. carinii* est plus proche des mycètes.

La maladie causée par ce parasite, la **pneumonie à *Pneumocystis carinii*** (**PCP**), se déclare presqu'exclusivement chez les hôtes immunodéprimés. Les taux de prévalence si importants observés récemment, s'expliquent par l'usage répandu de médicaments immunosuppresseurs et par l'irradiation thérapeutique de cancers ou suite à des transplantations d'organes. Cette pneumonie apparaît également chez plus de 80 % des patients atteints de SIDA. Autant l'organisme que la maladie restent confinés aux poumons, même dans les cas mortels. Dans les poumons, *Pneumocystis* provoque le remplissage des alvéoles par un exsudat mousseux.

Le diagnostic de la pneumonie à *Pneumocystis* au laboratoire ne peut être établi avec certitude que par la mise en évidence des micro-organismes dans des liquides d'aspiration pulmonaires

ou par une analyse par PCR. Le traitement comprend une thérapie à l'oxygène et soit un mélange de triméthoprime et de sulfaméthoxazole et de atovaquone soit du trimétrexate. La prévention et le contrôle dépendent d'une prophylaxie à l'aide de ces médicaments chez des personnes sensibles.

---

1. Comment sont classées les maladies fongiques humaines ?
2. Décrivez deux piédras qui affectent l'homme.
3. Décrivez brièvement les teignes majeures qui se manifestent chez l'homme.
4. Décrivez les trois sortes de mycoses sous-cutanées affectant les humains.
5. Pourquoi trouve-t-on *Histoplasma capsulatum* dans les fientes d'oiseaux mais pas dans les oiseaux eux-mêmes ?
6. Pourquoi certaines maladies fongiques de l'homme sont-elles appelées mycoses opportunistes ?
7. Quelles parties du corps humain peuvent être affectées par des infections à *Candida* ?
8. Quand une pneumonie à *Pneumocystis carinii* est-elle susceptible de se développer chez l'homme ?

40.2 Les maladies dues aux protozoaires

Les protozoaires se sont adaptés à pratiquement tous les habitats à la surface de la terre, y compris le corps humain. Même si moins de 20 genres de protozoaires sont responsables de maladies humaines (**tableaux 40.3** et **40.4**), leur impact est considérable. Par exemple, chaque année dans le monde, il y a plus de 150 millions de cas de malaria. En Afrique tropicale, la malaria à elle seule est responsable chaque année du décès de plus d'un million d'enfants en dessous de 14 ans. On estime que chaque année, il y a au moins 8 millions de cas de trypanosomiase, 12 millions de cas de leishmaniose et plus de 500 millions de cas d'amibiase. La contamination de l'eau et des aliments par *Cryptosporidium* et *Cyclospora* est un problème dont l'impor-tance s'accroît. Dans notre population, le nombre de personnes âgées augmente ainsi que celui des personnes immunocompromises suite à une infection par HIV, une transplantation d'organes ou une chimiothérapie anticancéreuse. Ces populations ont un risque accru d'infections par les protozoaires. Le restant de ce chapitre décrit quelques-unes de ces maladies humaines dues aux protozoaires.

L'amibiase

Il est maintenant admis que 2 espèces d'*Entamœba* infectent l'homme, la première *E. dispar* n'est pas pathogène tandis que la seconde, *histolytica* est responsable de l'**amibiase (dysenterie amibienne)**. Ce parasite très commun est endémique sous les climats chauds où les conditions sanitaires et l'hygiène individuelle sont mauvaises. Alors qu'aux États-Unis, de 3.000 à 5.000 cas sont déclarés chaque année, dans le monde, 500 millions d'individus sont infectés et 100.000 meurent d'amibiase.

L'infection se fait par ingestion de kystes matures. Après dékystement dans la région inférieure de l'intestin grêle, les amibes se divisent rapidement en huit petits trophozoïtes (**figure 40.17**). Ces trophozoïtes se déplacent vers le gros intestin, où

Tableau 40.3 Exemples de protozoaires d'importance médicale

Phylum	Groupe	Organisme pathogène	Maladie
Sarcomastigophora	Amibes	*Entamoeba histolytica*	Amibiase, dysenterie amibienne
		Acanthamoeba sp., *Naegleria fowleri*	Méningo-encéphalite amibienne
Apicomplexa	Coccidies	*Cryptosporidium parvum*	Cryptosporidiose
		Cyclospora cayetanensis	Cyclosporidiose
		Isospora belli	Isosporiase
		Toxoplasma gondii	Toxoplasmose
Ciliophora	Ciliés	*Balantidium coli*	Balantidiase
Sarcomastigophora	Flagellés sanguins et tissulaires	*Leishmania tropica*	Leishmaniose cutanée
		L. braziliensis	Leishmaniose mucocutanée
		L. donovani	Kala-azar (leishmaniose viscérale)
		Trypanosoma cruzi	Trypanosomiase américaine
		T. brucei gambiense, T. brucei rhodesiense	Maladie du sommeil africaine
Sarcomastigophora	Flagellés des organes digestifs et génitaux	*Giardia lamblia*	Giardiase
		Trichomonas vaginalis	Trichomonase
Apicomplexa	Sporozoaires	*Plasmodium falciparum, P. malariae, P. ovale, P. vivax*	Malaria
Microspora	Microsporidies	*Encephalitozoon, Nosema, Vitta forma, Pleistophora, Enterocytozoon, Trachipleistophora, Microsporidium*	Microsporidioses

Tableau 40.4 Maladies humaines à protozoaires reconnues récemment

Année	Protozoaire	Maladie
1976	*Cryptosporidium parvum*	Cryptosporidiose, diarrhées aigues et chroniques
1985	*Enterocytozoon bieneusi*	Diarrhée, microsporidiose
1986	*Cyclospora cayatanensis*	Diarrhée persistante
1991	*Encephalitozoon hellem*	Conjonctivite, microsporidiose disséminée
1991	*Babesia* sp.	Babésiose atypique
1993	*Encephalitozoon cuniculi*	Microsporidiose disséminée
1996	*Trachipleistophora hominis*	Microsporidiose disséminée
1998	*Brachiola vesicularum*	Myosite

ils peuvent envahir les tissus de l'hôte, vivre comme commensaux dans la lumière intestinale ou s'enkyster.

Si les trophozoïtes infectieux envahissent les tissus intestinaux, ils se multiplient rapidement et se répandent latéralement en se nourrissant d'érythrocytes, de bactéries et de levures. Les trophozoïtes envahisseurs détruisent la surface épithéliale du gros intestin en produisant des enzymes protéolytiques. Des protéases à cystéine sont probablement un facteur de virulence de *E. histolytica*, elles ont un rôle dans l'invasion intestinale en dégradant la matrice extracellulaire et en déjouant les défenses immunitaires de l'hôte par le clivage d'IgA sécrétoires, d'IgG et de facteurs du complément. Ces protéases sont encodées par 7 gènes au moins dont plusieurs sont présents chez *E. histolytica* et pas chez *E. dispar*. Les lésions (ulcères) sont caractérisées par des petits points de pénétration dans la muqueuse, la colonisation de la couche muqueuse et par un accroissement considérable de la lésion après pénétration dans la sous-muqueuse. *E. histolytica* peut également envahir et produire des lésions dans des foyers en dehors de l'intestin, spécialement le foie où il cause l'amibiase hépatique. Toutefois, toutes les lésions extra-intestinales des amibes sont secondaires à celles établies dans le gros intestin.

Les symptômes d'amibiase sont très variables allant d'une infection asymptomatique à une dysenterie fulgurante, des diarrhées épuisantes accompagnées de sang et de mucus, une appendicite et des abcès dans le foie, les poumons ou le cerveau.

Le diagnotic de l'amibiase au laboratoire est basé sur la mise en évidence de trophozoïtes dans des selles chaudes et fraîches et de kystes dans des échantillons normaux de selles. Le test sérologique doit également être réalisé. La thérapie de l'amibiase est complexe et dépend du lieu de l'infection et de la condition de l'hôte. Un porteur asymptomatique de kystes doit toujours être traité (à l'iodoquinol ou la paromomycine) parce qu'il représente le réservoir le plus important du parasite dans la population. Dans l'amibiase intestinale symptomatique, les traitements de choix sont à base de métronidazole (Flagyl) ou d'iodoquinol (Yodoxin). La prévention et le contrôle de l'amibiase consistent à éviter l'eau ou la nourriture qui peut être contaminée par les selles humaines dans les régions endémiques. Les kystes viables présents dans l'eau peuvent être détruits par une hyperchloration ou une iodination.

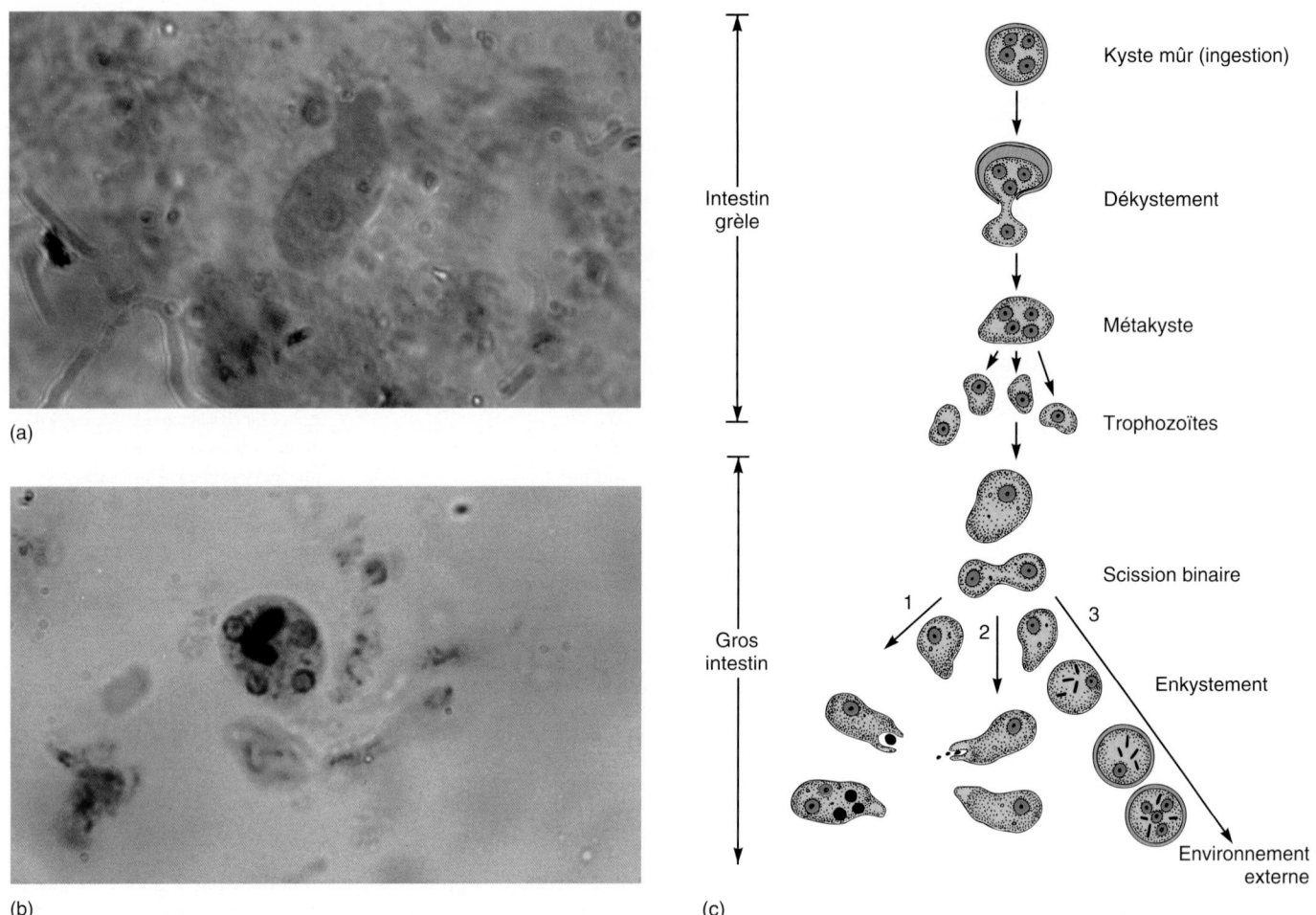

(a)

(b)

(c)

Figure 40.17 L'amibiase causée par *Entamoeba histolytica*. (**a**) Images au microscope optique d'un trophozoïte (x 1.000) et (**b**) d'un kyste (x 1.000). (**c**) Cycle biologique. Un individu est infecté lors de l'ingestion d'un
kyste mûr du parasite. Le dékystement a lieu dans la partie inférieure de l'intestin grêle et les métakystes se
divisent rapidement pour donner 8 petits trophozoïtes (seuls 4 sont montrés). Ceux-ci pénètrent dans le gros
intestin, se divisent par scissiparité et peuvent soit (1) envahir les tissus de l'hôte soit (2) vivre dans le lumen du
gros intestin sans invasion, soit (3) s'enkyster et quitter l'hôte dans les selles.

La crytposporidiose

On a rapporté le premier cas de **cyptosporidiose** humaine en 1976
(voir tableau 40.4) et on a identifié le protozoaire responsable
comme étant *Cryptosporidium parvum*. En 1993, dans le
Milwaukee et le Wisconsin, *C. parvum* contamina l'eau de distribution et causa des diarrhées sévères chez 400.000 personnes
environ. Il s'agit de la plus vaste épidémie provenant de l'eau, de
toute l'histoire des États-Unis. *Cryptosporidium* (« à kystes
cachant les spores ») est présent dans 90 % des eaux d'égouts,
dans 75 % des eaux de rivières et dans 28 % des eaux potables.

    C. parvum est un parasite apicomplexan commun de type coc-
cidie, trouvé dans l'intestin de nombreux oiseaux et mammifères.
Quand ces animaux défèquent, les ookystes sont libérés dans le
milieu extérieur. Si un humain prend une nourriture ou de l'eau
contaminée, le dékystement se produit dans l'intestin grêle, les sporozoïtes pénètrent dans les cellules épithéliales et se transforment
en mérozoïtes. Certains de ceux-ci auront ensuite une reproduction

sexuée donnant des zygotes et les zygores se différencieront en
ookystes à paroi épaisse. Le cycle reprend lorsque ces ookystes sont
libérés dans l'environnement. Les ookystes n'ont que 4 à 6 µm de
diamètre ce qui pose un problème de santé publique car ils sont
beaucoup trop petits pour être retenus par les filtres de sable utilisés pour rendre l'eau potable. *Cryptosporidium* est aussi extrêmement résistant aux produits désinfectants comme le chlore. Le problème est encore aggravé car la dose infectieuse est très faible (de
10 à 100 ookystes) et les ookystes restent viables de 2 à 6 mois dans
un environnement humide. La purification de l'eau *(pp. 651-53)*

    La période d'incubation de la cryptosporidiose va de 5 à
28 jours, le symptome le plus courant est la diarrhée, du type de
celle donnée par le choléra, les autres symptomes étant une douleur
abdominale, la nausée, la fièvre et la fatigue. L'agent est diagnostiqué en routine par l'examen de fèces et de frottis colorés pour l'acido-alcoolo-résistance ; des techniques immunologiques rapides
existent également. Il n'y a pas de chimiothérapie et les patients

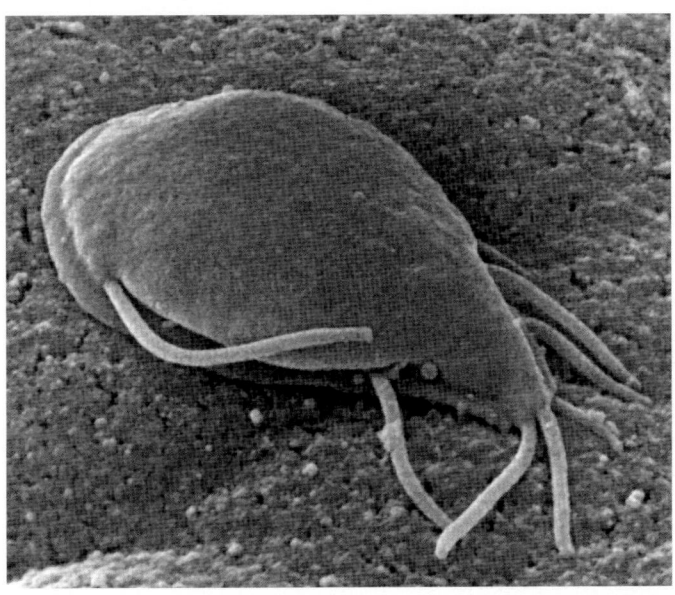

(a)

Figure 40.18 La giardiase. *Giardia lamblia* adhérant à l'épithélium par une ventouse ; image au microscope électronique à balayage. (**b**) Lorsqu'ils se détachent de l'épithélium, les protozoaires laissent souvent une marque à la surface des microvilli (cercles supérieurs) ; image au microscope électronique à balayage.

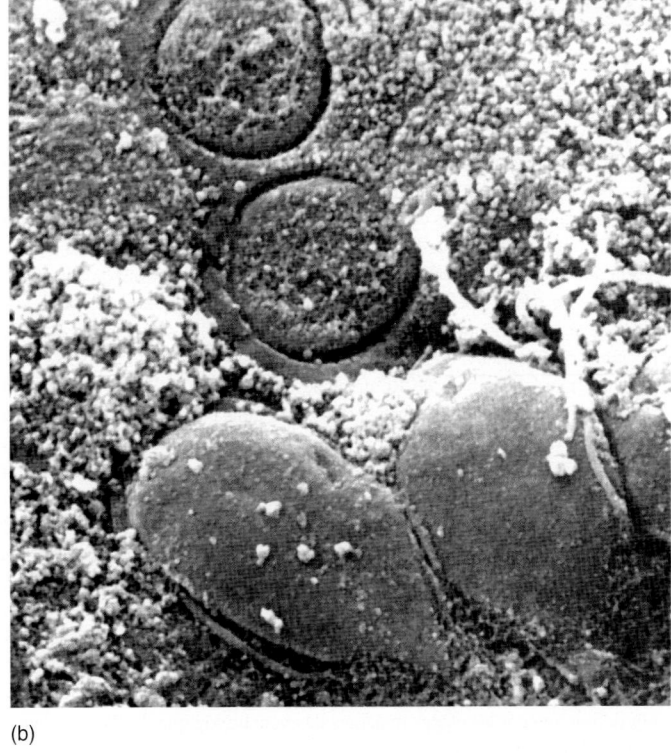

(b)

sont simplement réhydratés. Bien que la maladie s'arrête d'elle-même chez les individus sains, elle donne des diarrhées sévères, persistantes, pouvant être mortelles, chez des patients souffrant de SIDA avancé ou immunodéprimés pour d'autres raisons.

Les amibiases d'eau douce

Des amibes libres du genre *Naegleria* et *Acanthamoeba* sont des parasites facultatifs responsables de **méningo-encéphalites amibiennes** primaires (*voir tableau 39.2*) chez l'homme. Ils sont parmi les protozoaires les plus communs trouvés dans les eaux douces et les sols humides. En plus, plusieurs espèces d'*Acanthamoeba* infectent les yeux causant une **kératite à Acanthamoeba**, inflammation ulcérative de la cornée progressivement chronique, qui peut entraîner la cécité. Les porteurs de lentilles de contact souples peuvent être prédisposés à cette infection et doivent prendre soin d'éviter la contamination des solutions de nettoyage et de trempage de leurs lentilles. Le diagnostic de ces infections se fait par la mise en évidence des amibes dans des échantillons cliniques. La plupart des amibes d'eau douce sont résistantes aux antibiotiques généralement employés. Ces amibes sont identifiées dans moins de 100 cas de maladies annuelles aux États-Unis mais leur incidence doit être plus élevée (particulièrement celle des kératites).

La giardiase

Giardia lamblia (syn. *G. duodenalis*, *G. intestinalis*) est un protozoaire flagellé (**figure 40.18a**) qui cause la **giardiase**, une maladie intestinale répandue. (Ce flagellé fut découvert par van

Leeuwenhoek en 1681 lorsqu'il examina ses propres selles). *G. lamblia* est cosmopolite et affecte davantage les enfants que les adultes. Aux États-Unis, ce protozoaire est la cause la plus fréquente d'épidémies de maladies diarrhéiques portées par l'eau (environ 30.000 cas par an). Les porteurs sains rejetant des kystes dans leurs selles représentent environ 7 % de la population. *G. lamblia* est endémique dans les garderies d'enfants aux États-Unis et on estime que 5 à 15 % des enfants porteurs de langes sont infectés.

La transmission se fait le plus fréquemment par des réserves d'eau contaminée de kystes. Des épidémies ont été observées dans des régions sauvages, suggérant que les humains peuvent être infectés à partir d'« eaux propres » contenant des *Giardia* amenés par des rongeurs, des cervidés, des bovins ou des animaux domestiques. Ceci implique que des infections humaines peuvent également être des zoonoses (*voir tableau 37.1*). Mondialement, 200 millions d'humains seraient infectés.

Après ingestion, les kystes subissent le dékystement dans le duodénum pour former des trophozoïtes qui résident dans la partie supérieure de l'intestin grêle et s'attachent à la muqueuse intestinale par leur disque de succion (figure 40.18a). La capacité des trophozoïtes d'adhérer à l'épithélium intestinal rend compte du fait qu'ils sont rarement trouvés dans les selles. On pense que les trophozoïtes se nourrissent des sécrétions muqueuses et se multiplient pour former une population tellement importante qu'ils interfèrent avec l'absorption des aliments par l'épithélium intestinal.

La giardiase varie en gravité et les porteurs asymptomatiques sont fréquents. La maladie peut être aiguë ou chronique. La giardiase aiguë est caractérisée par une diarrhée grave, des douleurs

Encadré 40.2

Brève histoire de la malaria

Aucune autre maladie infectieuse n'a eu autant d'impact sur les hommes que la malaria ou le paludisme. Les premières références à ces fièvres et ces frissons peuvent être trouvées dans des écrits anciens chaldéens, chinois et hindous. A la fin du 5e siècle av. J.C., Hippocrate décrivit certains aspects de la malaria. Au 4è siècle av. J.C., les Grecs constatèrent une association entre des individus exposés à des environnements marécageux et le développement ultérieur de fièvres périodiques avec grossissement de la rate (splénomégalie). Au 17e siècle, les Italiens appelèrent la maladie *mal'aria* (air mauvais) par association avec les vapeurs malodorantes émanant des marécages près de Rome. A la même époque, l'écorce de l'arbre quina-quina (cinchoma) d'Amérique du Sud était employée pour traiter les fièvres intermittentes, alors que la quinine, l'alcaloïde actif, ne fut identifiée qu'au milieu du 19e siècle. Le progrès épidémiologique majeur survint en 1880 lorsque le chirurgien militaire français, Charles Louis Alphonse Laveran, observa des gamétocytes exflagellés dans du sang frais. Cinq ans plus tard, l'histologiste Camillo Golgi observa la multiplication des formes sanguines asexuées. A la fin des années 1890, Patrick Manson émit l'hypothèse de la transmission de la malaria par des moustiques. Sir Ronald Ross, un chirurgien militaire anglais dans le service médical indien, observa ensuite des plasmodiums en voie de multiplication dans l'intestin de moustiques, renforçant la théorie de Manson. En étudiant des modèles expérimentaux aviaires, Ross établit définitivement les étapes majeures du cycle biologique de *Plasmodium* et reçut le Prix Nobel en 1902.

On sait que la malaria chez l'homme contribua à la chute des anciens empires grec et romain. Des armées furent gravement atteintes par la maladie, tant pendant la guerre civile des Etats-Unis que pendant la guerre hispano-américaine. Plus de 25% de tous les patients admis à l'hôpital au cours de ces deux guerres, étaient atteints de malaria. Au cours de la deuxième guerre mondiale, les épidémies de malaria menaçèrent gravement autant les forces japonaises qu'alliées dans le Pacifique. Ce fut la même chose dans les guerres de Corée et du Vietnam.

Au 20e siècle, les efforts se concentrèrent sur la compréhension de la biochimie et de la physiologie de la malaria, sur le contrôle du moustique vecteur et sur le développement de médicaments antimalariques. Au cours des années 1960, le lien fut démontré entre la résistance à *P. falciparum* chez les habitants de l'Ouest africain et la présence d'hémoglobine-S dans leurs érythrocytes. L'Hb-S diffère de l'hémoglobine-A normale par un seul acide aminé, la valine, dans chaque moitié de la molécule d'hémoglobine. En conséquence, ces érythrocytes, responsables de l'anémie falciforme, ont une faible capacité de liaison à l'oxygène. Le parasite de la malaria, ayant un métabolisme aérobie très actif, ne peut pas se développer ni se reproduire au sein de ces érythrocytes.

En 1955, l'Organisation Mondiale de la Santé entama un programme mondial d'éradication de la malaria qui fut finalement abandonné en 1976. Le développement de moustiques vecteurs resistants au DDT et l'apparition de souches de *Plasmodium* résistantes à la chloroquine furent les raisons majeures de cet échec. Actuellement les scientifiques dirigent leurs efforts vers des approches épidémiologiques nouvelles, telles que le développement de vaccins et de médicaments plus puissants. Par exemple, en 1984 le gène codant pour l'antigène de sporozoïtes a été cloné, permettant la production en masse de l'antigène par les techniques du génie génétique. On ne pourrait imaginer de plus grande réalisation de la biologie moléculaire que le contrôle de la malaria, une maladie qui a causé de grandes souffrances partout dans le monde depuis l'Antiquité et qui reste une des maladies infectieuses les plus graves.

épigastriques, des crampes, une flatulence importante et de l'anorexie. La giardiase chronique est caractérisée par une diarrhée intermittente avec apparition et rémission périodiques des symptômes.

Le diagnostic au laboratoire est basé sur l'identification des trophozoïtes (dans les cas de diarrhées graves) ou des kystes dans les selles. Un test ELISA commercialisé est également disponible pour la détection d'antigènes de *G. lamblia* dans des échantillons de selles. L'hydrochlorure de quinacrine (Atabrine) et le métronidazole (Flagyl) sont les médicaments employés pour les adultes, la furazolidone est employée pour les enfants car elle est disponible en suspension liquide avec un goût agréable. La prévention et le contrôle comprennent un traitement adéquat des réserves d'eaux de la communauté, comme une filtration lente à travers du sable (*voir section 29.5*) car les kystes sont hautement résistants au chlore.

La malaria

Le parasite humain le plus important parmi les sporozoaires est *Plasmodium*, agent responsable de la **malaria** ou **paludisme** (**encadré 40.2**). On estime qu'il y a, par an, plus de 100 millions d'individus infectés et environ un million de décès dus à la malaria, en Afrique uniquement. Aux États-Unis, on rapporte environ 1.000 cas par an parmi des voyageurs rentrant aux États-Unis et des citoyens non-américains.

La malaria humaine est causée par quatre espèces de *Plasmodium* : *P. falciparum*, *P. malariae*, *P. vivax* et *P. ovale*. La

figure 40.19 montre le cycle biologique de *P. vivax*. Le parasite pénètre dans la circulation sanguine par la piqûre d'un moustique, l'anophèle femelle, infecté. Pendant qu'il se nourrit, le moustique injecte une petite quantité de salive contenant un anticoagulant en plus des petits sporozoïtes haploïdes (*voir figure 27.3 c*). Les sporozoïtes de la circulation sanguine pénètrent immédiatement dans les cellules hépatiques. Dans le foie, ils subissent de nombreuses multiplications asexuées (schizogonie) et produisent des mérozoïtes. Après avoir été relargués des cellules hépatiques, les mérozoïtes s'attachent aux érythrocytes et pénètrent dans ces cellules.

Après sa pénétration dans l'érythrocyte, *Plasmodium* augmente de volume et se développe en une cellule uninuclée appelée trophozoïte. Le noyau du trophozoïte subit alors plusieurs mitoses pour produire un schizonte possédant de 6 à 24 noyaux. Le schizonte se divise et produit des mérozoïtes mononucléées. Finalement, l'érythrocyte se lyse et libère les mérozoïtes dans le flux sanguin pour infecter d'autres érythrocytes. Ce stade érythrocytaire est cyclique et se répète environ toutes les 48 h, 72 h ou d'avantage, d'après l'espèce de *Plasmodium* concernée. Cette libération brutale de mérozoïtes, de toxines et de débris de globules rouges déclenche la crise de frissons et de fièvre si caractéristique de la malaria. A l'occasion, des mérozoïtes se différencient en macrogamétocytes et en microgamétocytes, qui ne rompent pas l'érythrocyte. Lorsque ceux-ci sont ingérés par un moustique, ils se développent respectivement en gamètes femelles et mâles. Dans

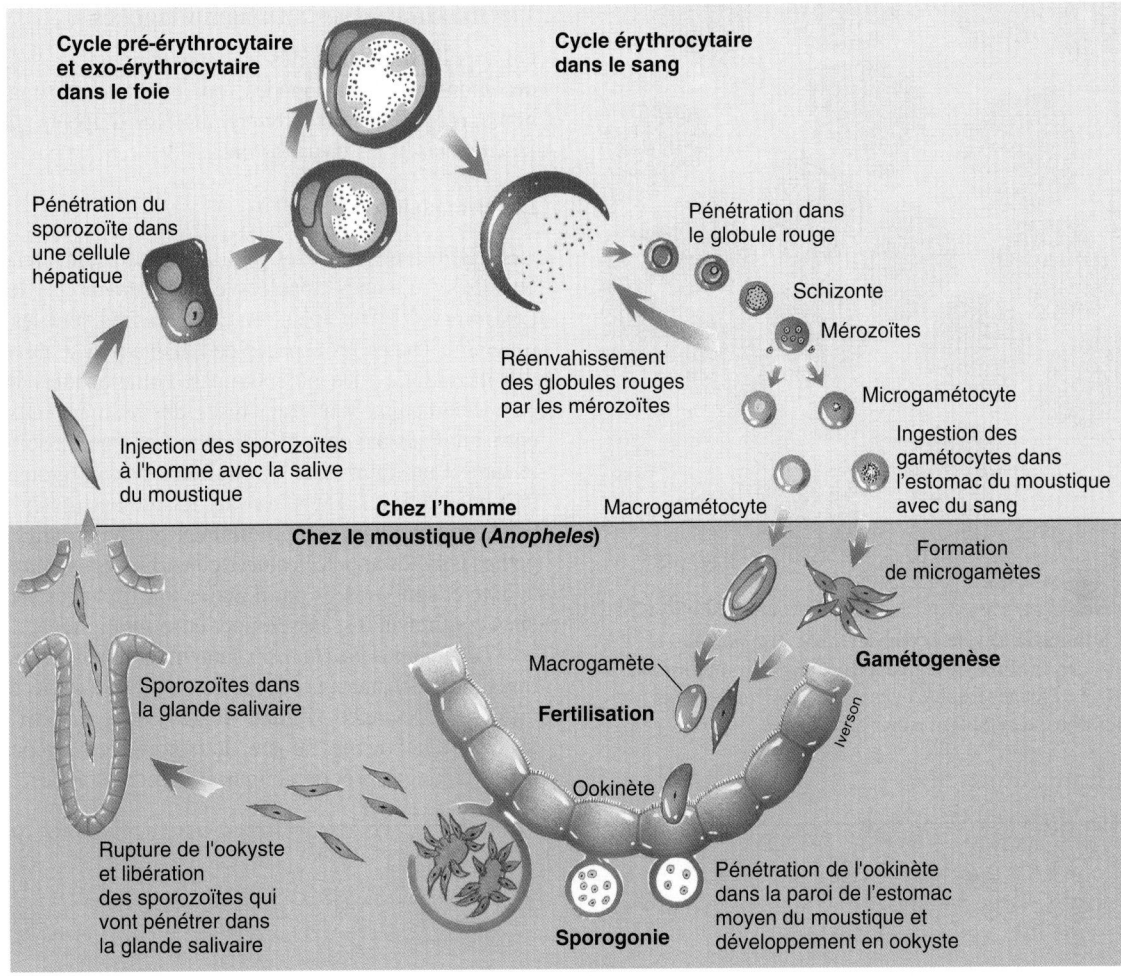

Figure 40.19 La malaria. Cycle biologique de *Plasmodium vivax*.

l'intestin du moustique, les érythrocytes infectés se lysent et les gamétocytes fusionnent pour former un zygote diploïde appelé ookinète. L'ookinète migre vers la paroi intestinale du moustique, y pénètre et forme un ookyste dans sa surface externe. Dans un processus appelé sporogonie, l'ookyste subit une méiose et forme des sporozoïtes qui migrent vers les glandes salivaires du moustique. Le cycle est maintenant complet, et lorsque le moustique pique un autre hôte humain, le cycle recommence à nouveau.

Les modifications pathologiques causées par la malaria affectent non seulement les érythrocytes mais également la rate et d'autres organes viscéraux. Les symptômes classiques se développent d'abord par la libération synchronisée de mérozoïtes et de débris d'érythrocytes dans le sang, ce qui donne l'accès de malaria, avec frissons, suivis de fortes fièvres et de sudation. Il est possible que la fièvre et les frissons soient dus en partie à une toxine qui stimule la production de TNF-α et d'interleukine-1 par les macrophages. Plusieurs de ces accès constituent une crise. Après une crise, il y a une rémission qui dure quelques semaines à plusieurs mois. Ensuite, il y a rechute. Entre les accès, le patient se

sent bien. Une anémie peut résulter de la perte d'érythrocytes. La rate et le foie sont souvent hypertrophiés. Les enfants et les individus non immunisés peuvent mourir de malaria cérébrale.

La malaria est diagnostiquée par la mise en évidence des parasites dans les érythrocytes soumis à la coloration de Wright ou de Giemsa (**figure 40.20**). Lorsque des frottis de sang sont négatifs, des tests sérologiques peuvent établir le diagnostic de malaria. Le traitement qui dépend de la région, comprend l'administration de chloroquine, d'amodiaquine ou de méfloquine. Ces substances sont efficaces dans l'éradication des stades érythrocytaires asexués. La primaquine s'est révélée satisfaisante pour l'éradication des stades non érythrocytaires. Cependant des combinaisons plus chères de ces substances sont employées, parce que la résistance aux médicaments isolés apparaît rapidement. Le Fansidar, une combinaison de pyriméthamine et de sulfadoxine, en est un exemple. Il faut remarquer que les individus qui voyagent dans des régions où la malaria est endémique (**figure 40.21**) doivent recevoir un traitement prophylactique à la chloroquine. Les efforts pour développer un vaccin se poursuivent.

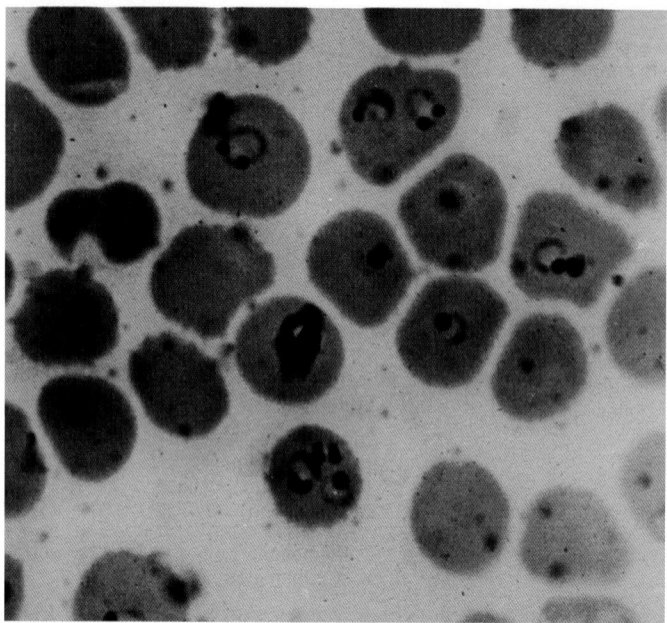

Figure 40.20 La malaria : cycle érythrocytaire. Trophozoïtes de *P.falciparum* dans des érythrocytes circulants ; image au microscope optique (x 1.100). Les jeunes trophozoïtes ressemblent à de petits anneaux contenus dans le cytoplasme de l'érythrocyte.

Les maladies dues aux hémoflagellés

On appelle **hémoflagellés** les protozoaires flagellés, transmis par des morsures d'arthropodes, qui infectent le sang et les tissus humains. Il y a deux groupes majeurs d'agents pathogènes, les leishmanias et les trypanosomes.

La leishmaniose

Les **leishmanias** sont des protozoaires flagellés responsables des maladies humaines appelées collectivement les **leishmanioses**. Les réservoirs principaux de ces parasites sont les chiens et les rongeurs. Toutes les espèces de *Leishmania* se développent chez des moustiques, les phlébotomes, comme hôtes intermédiaires. Les leishmanias sont transmises des animaux aux humains ou entre humains par ces phlébotomes. Lorsque l'insecte infecté suce le sang d'un homme, il introduit des promastigotes dans la peau de l'hôte définitif. Dans la peau, les promastigotes sont engloutis par les macrophages, se multiplient par scissiparité et forment de petites cellules appelées amastigotes. Celles-ci détruisent la cellule hôte et sont avalées par d'autres macrophages au sein desquels elles continuent à se développer et se multiplier.

Leishmania braziliensis, largement répandue dans les régions forestières d'Amérique tropicale, est responsable de la leishmaniose mucocutanée (**figure 40.22a**). La maladie entraîne des lésions de la bouche, du nez, de la gorge et de la peau, suivies de larges ulcérations et de défigurations cicatricielles.

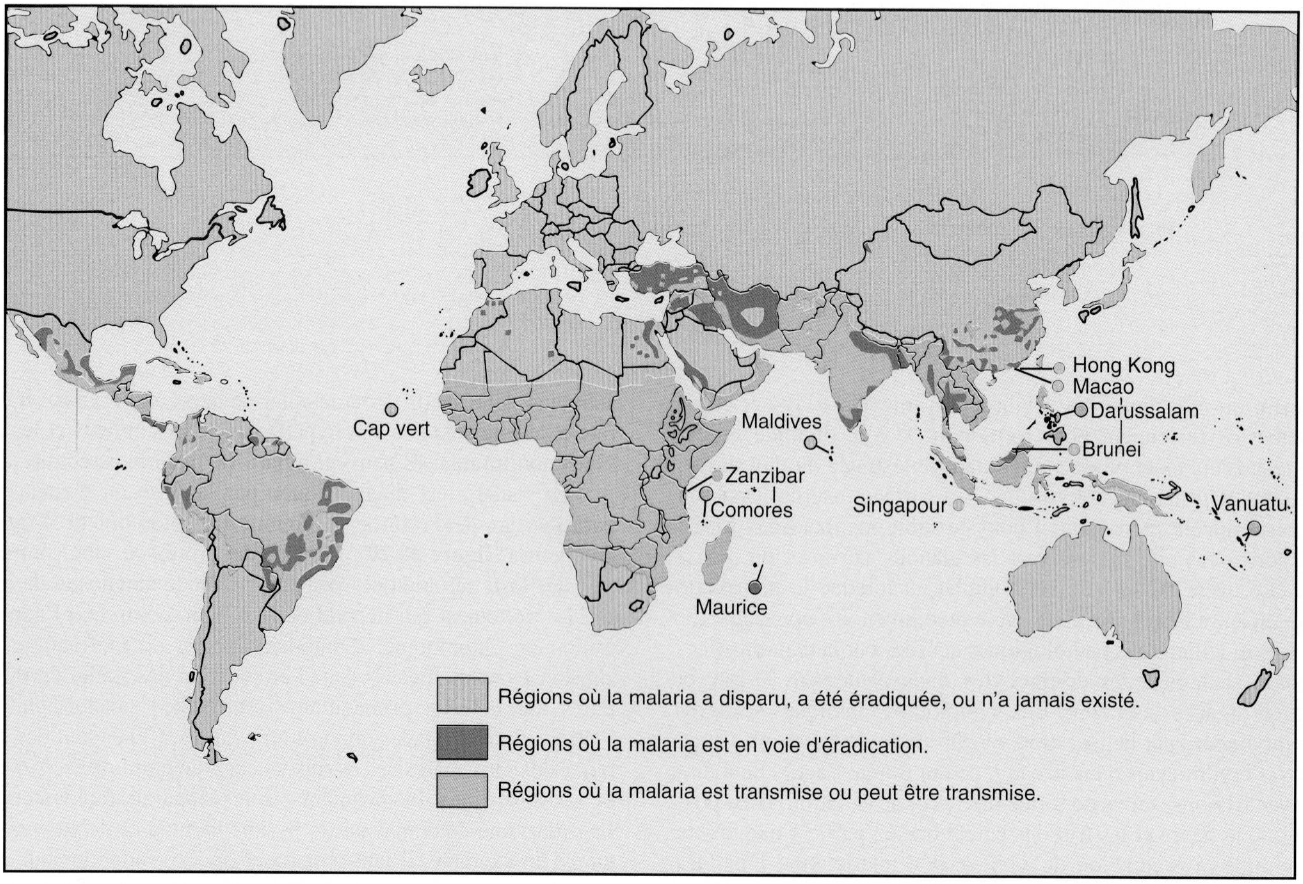

Cap vert

Hong Kong
Macao
Darussalam
Maldives
Brunei
Zanzibar
Comores
Singapour
Vanuatu
Maurice

Régions où la malaria a disparu, a été éradiquée, ou n'a jamais existé.

Régions où la malaria est en voie d'éradication.

Régions où la malaria est transmise ou peut être transmise.

Figure 40.21 La distribution géographique de la malaria. Remarquez que la malaria est endémique autour de l'Equateur. Source : données du *World Health Statistics Quarterly* 41 :69 (1988). Reproduit avec permission de l'Organisation Mondiale de la Santé, Suisse.

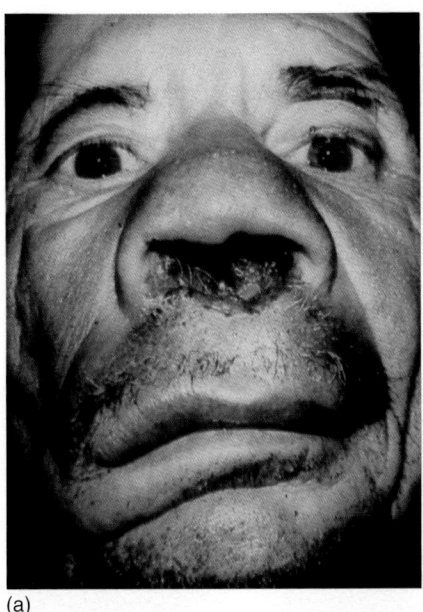 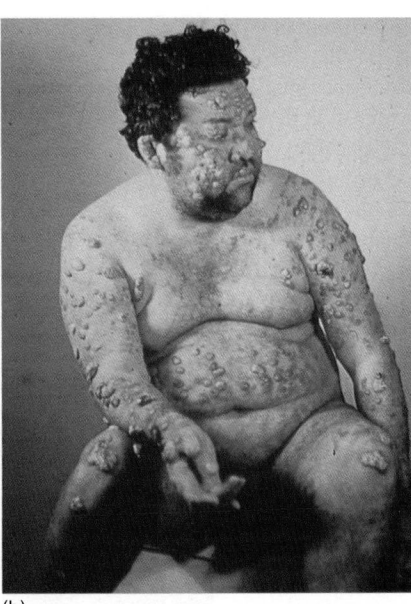

(a)   (b)

Figure 40.22 La leishmaniose (a) Malade atteint d'une leishmaniose mucocutanée qui a détruit le septum nasal et déformé le nez et les lèvres. (**b**) Individu souffrant de leishmaniose cutanée diffuse.

Leishmania donovani est endémique dans de vastes régions de la Chine du Nord, de l'Est de l'Inde, des pays méditerranéens, du Soudan et de l'Amérique latine. Il produit la leishmaniose viscérale (kala-azar). La maladie implique le système réticulo-endothélial et entraîne souvent des fièvres intermittentes et un gonflement de la rate et du foie. Les individus qui en guérissent développent une immunité permanente.

Leishmania tropica et *L. mexicana* se trouvent dans les régions plus arides de l'hémisphère oriental et causent une leishmaniose cutanée. On trouve aussi *L. mexicana* dans la péninsule de Yucatan (au Mexique) et dans le nord, jusqu'au Texas. Au cours de cette maladie, une papule rouge relativement petite se forme à l'endroit de la piqûre de l'insecte, le site d'inoculation. Ces papules sont fréquemment observées sur le visage et les oreilles. Elles se développent finalement en ulcères croûteux (figure 40.22*b*). La guérison s'accompagne de cicatrices et d'une immunité permanente.

Au laboratoire, le diagnostic des leishmanioses se base sur la mise en évidence du parasite dans des macrophages sur des frottis colorés de lésions ou d'organes infectés. Le traitement comprend des dérivés pentavalents d'antimoine (Pentostam, Glucantime). Mais les meilleurs moyens de prévenir et de circonscrire cette maladie sont le contrôle des vecteurs et de leurs réservoirs ainsi qu'une surveillance épidémiologique sévère.

La trypanosomiase

Un autre groupe de protozoaires flagellés appelés **trypanosomes** (*voir figure 27.3*a) est responsable de l'ensemble des maladies appelées **trypanosomiases**. *Trypanosoma brucei gambiense,* trouvé dans les forêts humides d'Afrique centrale et occidentale, et *T. brucei rhodesiense,* trouvé dans les hautes savanes de l'Afrique de l'Est, causent la trypanosomiase africaine. Les réservoirs de ces trypanosomes sont les bovins domestiques et les animaux sauvages chez qui la présence des parasites entraîne une malnutrition grave. Pour les deux espèces, des mouches tsé-tsé sont les hôtes intermédiaires. Les parasites sont transmis aux humains par la piqûre d'une mouche infectée. Dès que le protozoaire pénètre dans la circulation sanguine, il se multiplie. Il cause une inflammation interstitielle et une nécrose des ganglions lymphatiques et des petits vaisseaux sanguins du cerveau et du coeur. L'infection par *T. brucei rhodesiense* se développe tellement rapidement que les individus infectés meurent souvent dans l'année. Dans l'infection par *T. brucei gambiense,* les parasites envahissent le système nerveux central où des lésions nécrotiques provoquent une variété de manifestations nerveuses, dont la maladie du sommeil caractéristique. Le nom de maladie du sommeil provient de la léthargie du patient, typiquement prostré, avec des bavures à la bouche, et insensible à la douleur. Le plus souvent, la victime meurt après deux à trois ans. La trypanosomiase est un tel problème dans certaines régions d'Afrique que des millions d'hectares sont devenus inhabitables.

T. cruzi cause la **trypanosomiase américaine** (ou **maladie de Chagas**) observée dans les régions tropicales et subtropicales du continent américain. Le parasite se sert de punaises (réduves) comme vecteurs. Lorsque la punaise se nourrit de sang, les parasites sont déféqués par l'insecte. Certains trypanosomes pénètrent dans la circulation sanguine par la morsure et envahissent le foie, la rate, les ganglions lymphatiques et le système nerveux central où ils se multiplient et détruisent les cellules parasitées. Dans certaines contrées d'Amérique latine, l'existence de cellules cardiaques parasitées entraîne un pourcentage élevé des maladies cardiaques.

La trypanosomiase est diagnostiquée par l'observation de parasites mobiles dans du sang frais et par des tests sérologiques. Le traitement de la trypanosomiase africaine fait usage de suramine et de pentamidine pour les patients sans complications au système nerveux et de mélarsoprol lorsque le système nerveux est atteint. Actuellement, il n'y a pas de médicament pour la maladie de Chagas, bien que le nifurtimox (Lampit) et le benznidazole aient quelque efficacité. Les vaccins ne sont pas utiles car le parasite est capable de modifier ses protéines de surface et d'échapper ainsi à la réponse immunitaire.

La toxoplasmose

La **toxoplasmose** est une maladie due au protozoaire *Toxoplasma gondii*. On trouve ce protozoaire apicomplexan chez presque tous les animaux, les chats sont les hôtes définitifs et sont nécessaires au déroulement du cycle sexuel complet. Les animaux éliminent des kystes dans leurs excréments. Les kystes aboutissent chez un autre hôte par le nez ou la bouche et les parasites colonisent l'intestin. La toxoplasmose peut aussi se transmettre par ingestion de viande crue ou pas assez cuite, par transfert congénital, par transfusion sanguine ou par transplantation d'organe. A l'origine, la toxoplasmose attira l'attention publique quand on découvrit que chez les femmes enceintes, le protozoaire pouvait infecter le foetus et provoquer des malformations congénitales graves ou la mort de celui-ci.

La plupart des cas de toxoplasmose sont asymptomatiques. Si les adultes se plaignent, c'est de symptômes semblables à ceux de la mononucléose infectieuse. Chez des individus immunodéprimés, l'infection résulte fréquemment en une maladie disséminée fatale avec des complications cérébrales importantes.

La toxoplasmose aiguë s'accompagne le plus souvent de gonflement des ganglions lymphatiques (lymphadénopathie) avec un grossissement ou hyperplasie des cellules réticulaires. Une nécrose pulmonaire, une myocardite et une hépatite causée par la nécrose tissulaire sont fréquentes. Une rétinite (inflammation de la rétine oculaire) est associée à la nécrose due à la prolifération du parasite au sein des cellules de la rétine. Actuellement, la toxoplasmose est devenue une cause majeure de décès chez les patients atteints du SIDA. Ceux-ci font une encéphalite particulière avec des lésions nécrosantes accompagnées d'infiltrats inflammatoires. Le parasite continue à causer plus de 3.000 infections congénitales par an aux États-Unis.

Le diagnostic de la toxoplasmose se fait au laboratoire par des tests sérologiques. Au point de vue épidémiologique, la toxoplasmose est ubiquitaire chez les animaux supérieurs. La toxoplasmose est traitée à l'aide d'une combinaison de pyriméthamine (Daraprim) et de sulfadiazine. Une moindre exposition au parasite est la méthode de prévention et de contrôle, il faut : éviter la consommation de viande crue, se laver les mains après le travail de la terre, nettoyer journellement les litières de chats, garder les chats domestiques à l'intérieur si possible et les nourrir d'aliments commerciaux.

La trichomonase

La **trichomonase** est une maladie sexuellement transmise (*voir tableau 39.4*) due au protozoaire flagellé, *Trichomonas vaginalis* (**figure 40.23**). Il s'agit de l'une des maladies sexuellement transmissibles les plus communes. On estime à 7 millions le nombre de cas aux États-Unis par an et à 180 millions le nombre de cas annuels dans le monde. En réponse au parasite, le corps accumule des leucocytes au site d'infection. Chez les femmes, ceci résulte le plus souvent en des écoulements purulents et abondants qui sont de couleur crème jaunâtre et caractérisés par une odeur désagréable. Ces pertes sont accompagnées de prurit. Les hommes infectés sont généralement asymptomatiques à cause d'une action trichomonocide des sécrétions prostatiques. Cependant, à l'occasion, l'émission d'urine entraîne une sensation de brûlure. Le diagnostic chez les femmes est fait par examen microscopique des

Figure 40.23 Trichomoniasis. *Trichomonas vaginalis,* showing the characteristic undulating membranes and flagella; scanning electron micrograph (×12,000).

pertes et identification du parasite. Chez les hommes infectés, le parasite sera recherché dans le sperme ou l'urine. Le traitement consiste en l'administration de métronidazole (Flagyl).

---

1. Comment se produisent les infections par *Entamoeba histolytica* ?
2. Quelle est la cause la plus commune des diarrhées épidémiques causées par l'eau ?
3. Decrivez en détail le cycle biologique du parasite de la malaria.
4. Quels protozoaires font partie des hémoflagellés ? Quelles maladies causent-ils ?
5. Quelles sont les deux manières par lesquelles *Toxoplasma* affecte la santé ?
6. Comment feriez-vous le diagnostic d'une trichomonase chez une femme ? Chez un homme ?

Résumé

1. Les infections fongiques humaines, ou mycoses, peuvent être divisées en 5 groupes d'après le tissu infecté et le mode d'entrée dans l'hôte. Il s'agit de mycoses superficielles, cutanées, sous-cutanées, systémiques, et opportunistes (**tableau 40.1**).

2. Les mycoses superficielles sont collectivement appelées teignes ou peidras. Trois types existent chez l'homme : la teigne noire, la teigne blanche et le pityriasis versicolor (**figure 40.1**).

3. Les mycètes cutanés parasitant le cuir chevelu, les ongles et la couche externe de la peau sont appelés dermatophytes et les infections sont dénommées dermatophytoses ou teignes inflammatoires. Sept types au moins, peuvent se présenter chez les humains : teigne de la barbe (**figure 40.2**), teigne tondante (**figure 40.3**), herpès circiné (**figure 40.4**), eczéma marginé de Hebra (**figure 40.5**), pied d'athlète (**figure 40.6**), intertrigo des espaces interdigitaux et onychomycose (**figure 40.7**).

4. Les dermatophytes qui causent des mycoses sous-cutanées sont des saprophytes normaux du sol et de la végétation en décomposition. Trois types de mycoses sous-cutanées peuvent survenir chez l'homme : la chromomycose (**figure 40.8**), la maduromycose (**figure 40.9**) et la sporotrichose (**figure 40.10**).

5. La plupart des mycoses systémiques chez l'homme sont acquises par inhalation des spores du sol où les mycètes se trouvent à l'état libre. Quatre types peuvent se présenter chez l'homme : la blastomycose (**figure 40.11**), la coccidioïdomycose, la cryptococcose et l'histoplasmose.

6. Un organisme opportuniste est généralement inoffensif dans son environnement normal mais peut devenir pathogène chez un hôte compromis. Les mycoses opportunistes humaines les plus importantes sont l'aspergillose systémique (**figure 40.15**), la candidose (**figure 40.16***b*) et la pneumonie à *Pneumocystis carinii*.

7. Les protozoaires sont responsables de maladies humaines qui sont parmi les plus graves et qui affectent des centaines de millions d'individus dans le monde (**tableau 40.3**).

8. *Entamoeba histolytica* est l'amibe responsable de l'amibiase. C'est une maladie fréquente dans les climats chauds de différents continents. Elle est acquise lorsqu'on ingère des kystes avec de la nourriture ou de l'eau contaminée (**figure 40.17**).

9. *Cryptosporidium parvum* est une coccidie commune, un parasite apicomplexan responsable de diarrhées sévères. Il est transmis par l'eau et la nourriture contaminées.

10. *Giardia lamblia* est un protozoaire flagellé causant une maladie intestinale, la giardiase (**figure 40.18**). Cette maladie est répandue partout et aux États-Unis, c'est l'agent le plus fréquent des diarrhées dues à l'eau.

11. Parmi les sporozoaires, le parasite humain le plus important est *Plasmodium*, l'agent de la malaria (**figure 40.19**). La malaria humaine est causée par 4 espèces de *Plasmodium* : *P. falciparum*, *P. vivax*, *P. malariae* et *P. ovale*.

12. Les protozoaires flagellés qui sont transmis par des arthropodes et qui infectent le sang et les tissus humains sont appelés hémoflagellés. Il y a deux groupes majeurs : les leishmanias, causant les maladies collectivement appelées leishmanioses (**figure 40.22**) et les trypanosomes qui causent les trypanosomiases.

13. La toxoplasmose est une maladie due au protozoaire *Toxoplasma gondii*. C'est une cause majeure de décès chez les malades du SIDA.

14. La trichomonase est une maladie sexuellement transmise causée par le protozoaire flagellé *Trichomonas vaginalis* (**figure 40.23**).

Mots-clés

Questions de révision

1. Décrivez brièvement chacune des maladies majeures ou fréquentes causées par des mycètes et des protozoaires en précisant pour chacune : agent, signes et symptômes, cours de l'infection, mécanisme de pathogenèse, épidémiologie, prévention et/ou traitement.

2. Il n'y a pas d'antibiotique, aucun au moins équivalent à la pénicilline ou la streptyomycine, pour contrôler les mycètes dans le corps humain. Se rappelant les mécanismes par lesquels les antibiotiques affectent les bactéries, pourquoi pensez-vous qu'il n'y a pas eu de succès semblable dans le contrôle des mycètes pathogènes ?

3. Donnez plusieurs explications raisonnables du fait que la plupart des mycoses chez l'homme ne sont pas contagieuses ?

4. Quels sont les facteurs qui déterminent la susceptibilité d'un individu aux maladies fongiques ?

5. Quel est le rapport entre le SIDA et les maladies dues à des mycètes ou à des protozoaires ?

6. Pourquoi la plupart des maladies dues à des protozoaires s'observent-elles dans des pays tropicaux ?

7. Donnez plusieurs raisons pour lesquelles la malaria reste une des plus graves maladies infectieuses humaines ?

8. Quelle est la propriété morphologique la plus importante dans l'identification de mycètes ?

9. Comment les parasites protozoaires sont-ils transmis, comparez aux parasites fongiques ?

10. Que sont les dermatomycoses ?

Questions de réflexion

1. Comparez et différenciez le traitement des maladies fongiques et celui des maladies virales ou bactériennes.

2. Citez une caractéristique particulière des mycètes qui pourrait-être exploitée en thérapie antibiotique.

3. Les trypanosomes sont célèbres pour leur propriété de modifier souvent leurs antigènes superficiels. Etant donné la cinétique de la réponse immunitaire primaire (production primaire d'anticorps), avec quelle fréquence ces antigènes devraient-ils être changés pour toujours « devancer » la spécificité des anticorps ? Pourquoi l'expression ne doit-elle pas être changée chaque fois qu'il y a transcription ?

Lectures complémentaires

Généralités

Ash, L. R., et Orihel, T. C. 1996. *Atlas of human parasitology.* Washington, D.C.: American Society for Microbiology.

Espinel-Ingroff, A. 1996. History of medical mycology in the United States. *Clin. Microbiol. Rev.* 9(2):235–72.

Evans, E. G., et Richardson, M., (editors). 1989. *Medical mycology: A practical approach.* New York: Oxford University Press.

Fisher, F., et Cook, N. 1998. *Fundamentals of diagnostic mycology.* Philadelphia: W. B. Saunders.

Gutierrez, Y. 1999. *Diagnostic pathology of parasite infections.* Cary, N.Y.: Oxford University Press.

Mandell, G. L.; Bennett, J. E.; et Dolan, R. 2000. *Principles and practice of infectious diseases,* 5e éd. New York: Churchill Livingstone.

Markell, E. K. 1986. *Medical parasitology,* 6e éd. Philadelphia: W. B. Saunders.

Rippon, J. W. 1988. *Medical mycology,* 3e éd. Philadelphia: W. B. Saunders.

Roberts, L. R., et Janovy, J. 2000. *Foundations of parasitology,* 6th ed. Dubuque, Iowa: McGraw-Hill.

40.1 Les maladies dues aux mycètes

Bartlett, M., et Smith, J. 1991. *Pneumocystis carinii,* an opportunist in immunocompromised patients. *Clin. Microbiol. Rev.* 4(2):137–49.

Casadevall, A. 2000. Fungal infections, systemic. In *Encyclopedia of microbiology,* 2e éd., vol. 2, J. Lederberg, éd., 460–67. San Diego: Academic Press.

Chandler, F. W., et Watts, J. 1997. *Pathologic diagnosis of fungal infections.* Chicago: ASCP Press.

Channoum, M. 2000. Potential role of phospholipases in virulence and fungal pathogenesis. *Clin. Microbiol. Rev.* 13(1):122–43.

Hazen, K. C. 1995. New and emerging yeast pathogens. *Clin. Microbiol. Rev.* 8(4):462–78.

Jones, J. M. 1990. Laboratory diagnosis of invasive candidiasis. *Clin. Microbiol. Rev.* 3(1):32–45.

Klotz, S. A.; Penn, C. C.; Negvesky, G. J.; et Butrus, S. I. 2000. Fungal and parasitic infections of the eye. *Clin. Microbiol. Rev.* 13(4):662–85.

Larone, D. H. 1995. *Medically important fungi.* Washington, D.C.: American Society for Microbiology.

Latge, J. 1999. *Aspergillus fumigatus* and aspergillosis. *Clin. Microbiol. Rev.* 12(2): 310–50.

McGough, D. 1993. Clinical and laboratory aspects of the "black yeasts." *Clin. Microbiol. Newsletter* 15(19):145–51.

Mills, J., et Masur, H. 1990. Les infections opportunistes du SIDA. *Pour la Science,* 156, 72-79.

Mitchell, T. G., et Perfect, J. R. 1995. Cryptococcosis in the era of AIDS—100 years after the discovery of *Cryptococcus neoformans. Clin. Microbiol. Rev.* 8(4):515–48.

Richardson, M., et Warnock, D. 1993. *Fungal infection.* Oxford, England: Blackwell Scientific Publications.

Sohnle, P. G., et Wagner, D. K. 2000. Fungal infections, cutaneous. In *Encyclopedia of microbiology,* 2e éd., vol. 2, J. Lederberg, éd., 451–59. San Diego: Academic Press.

Stringer, J. R. 1996. *Pneumocystis carinii:* What is it, exactly? *Clin. Microbiol. Rev.* 9(4):489–98.

Weitzman, I., et Summerbell, R. C. 1995. The dermatophytes. *Clin. Microbiol. Rev.* 8(2):240–59.

Wheat, J. 1995. Endemic mycoses in AIDS: A clinical review. *Clin. Microbiol. Rev.* 8(1):146–59.

40.2 Les maladies dues aux protozoaires

Adam, R. D. 1991. The biology of *Giardia* spp.

Microbiol. Rev. 55(4):706–32.

Black, M. W., et Boothroyd, J. C. 2000. Lytic cycle of *Toxoplasma gondii. Microbiol. Mol. Biol. Rev.* 64(3):607–23.

Boothroyd, J. C. 2000. Toxoplasmosis. In *Encyclopedia of microbiology,* 2e éd., vol. 4, J. Lederberg, éd., 598–609. San Diego: Academic Press.

Bruckner, D. A. 1992. Amebiasis. *Clin. Microbiol. Rev.* 5(4):356–69.

Chen, O.; Schlichtherle, M; et Wahlgren, M. 2000. Molecular aspects of severe malaria. *Clin. Microbiol. Rev.* 13(3):439–50.

Clark, D. 1999. New insights into human cryptosporidiosis. *Clin. Microbiol. Rev.* 12(4):554–63.

Cogswell, F. 1992. The hypnozoite and relapse in primate malaria. *Clin. Microbiol. Rev.* 5(1):26–35.

Dubey, J. P.; Lindsay, D. S.; et Speer, C. A. 1998. Structures of *Toxoplasma gondii* tachyzoites, bradyzoites, and sporozoites and biology and development of tissue cysts. *Clin. Microbiol. Rev.* 11(2):267–99.

Dubremetz, J. F. 1998. Host cell invasion by *Toxoplasma gondii. Trends in Microbiol.* 6(1):27–30.

Faubert, G. 2000. Immune response to *Giardia duodenalis. Clin. Microbiol. Rev.* 13(1):35–54.

Garcia, L. 1999. *Practical guide to diagnostic parasitology.* Washington, D.C.: ASM Press.

Garcia, L. S., et Bruckner, D. A., editors. 1997. *Diagnostic medical parasitology.* 3e éd. Washington, D.C.: American Society for Microbiology.

Gardner, T. B., et Hill, D. R. 2001. Treatment of giardiasis. *Clin. Microbiol. Rev.* 14(1):114–28.

Grimaldi, G., et Tesh, R. B. 1993. Leishmaniases of the new world: Current concepts and implications for future research. *Clin. Microbiol. Rev.* 6(3):230–50.

Homer, M. J.; Aguilar-Delfin, I.; Telford III, S. R.; Krause, P. J.; et Persing, D. H. 2000.

Babesiosis. *Clin. Microbiol. Rev.* 13(3):451–69.

Hyde, J. E. 2000. *Plasmodium.* In *Encyclopedia of microbiology,* 2e éd., vol. 3, J. Lederberg, éd., 745–61. San Diego: Academic Press.

Jones, T., et Hoffman, S. 1994. Malaria vaccine development. *Clin. Microbiol. Rev.* 7(3):303–10.

Khaw, M., et Panosian, C. B. 1995. Human antiprotozoal therapy: Past, present, and future. *Clin. Microbiol. Rev.* 8(3):427–39.

Kretschmer, R. R. 1990. *Amebiasis.* Boca Raton, Fla.: CRC Press.

Lindsay, D. S.; Dubey, J. P.; et Blagburn, B. L. 1997. Biology of *Isospora* spp. from humans, nonhuman primates, and domestic animals. *Clin. Microbiol. Rev.* 10(1):19–34.

Lujan, H. D.; Mowatt, M. R.; et Nash, T. E. 1997. Mechanisms of *Giardia lamblia* differentiation into cysts. *Microbiol. Mol. Biol. Rev.* 61(3):294–304.

Marshall, M. M.; Naumovitz, D.; Ortega, Y.; et Sterling, C. R. 1997. Waterborne protozoan pathogens. *Clin. Microbiol. Rev.* 10(1):67–85.

Mathiopoulos, K. D. 2000. Malaria. In *Encyclopedia of microbiology,* 2e éd., vol. 3, J. Lederberg, éd., 131–50. San Diego: Academic Press.

McCoy, J. 1994. Adherence and cytotoxicity of *Entamoeba histolytica* or how lectins let parasites stick around. *Infect. and Immun.* 62(8):3045–50.

Miller, L. H.; Good, M. F.; et Milon, G. 1994. Malaria pathogenesis. *Science* 264:1878–83.

Petri, W. 1991. Invasive amebiasis and the galactose-specific lectin of *Entamoeba histolytica. ASM News* 57(6):299–306.

Phillips, R. S. 2001. Current status of malaria and potential for control. *Clin. Microbiol. Rev.* 14(1):208–26.

Que, X., et Reed, S. 2000. Cysteine proteinases and the pathogenesis of amebiasis. *Clin. Microbiol. Rev.* 13(2):196–206.

Seed, R. 2000. Current status of African trypanosomiasis. *ASM News* 66(7):395–402.

Sherman, I. 1995. *Malaria: Parasite biology, pathogenesis, and protection.* Washington, D.C.: ASM Press.

Tanowitz, H. B.; Wittner, M.; Werner, C.; Weiss, L. M.; Kirchhoff, L. V.; et Bacchi, C. 2000. Trypanosomes. In *Encyclopedia of microbiology,* 2e éd., vol. 4, J. Lederberg, éd., 725–41. San Diego: Academic Press.

Tanowitz, H. B.; Kirchhoff, D. S.; Morris, S. A.; Weiss, L. M.; et Wittner, M. 1992. Chagas' disease. *Clin. Microbiol. Rev.* 5(4):400–419.

Upcroft, P., et Upcroft, J. A. 2001. Drug targets and mechanisms of resistance in the anaerobic protozoa. *Clin. Microbiol. Rev.* 14(1):150–64.

Weber, R.; Bryan, R. T.; Schwartz, D. A.; et Owen, R. L. 1994. Human microsporidial infections. *Clin. Microbiol. Rev.* 7(4):426–61.

Weiss, J. B. 1995. DNA probes and PCR for diagnosis of parasitic infections. *Clin. Microbiol. Rev.* 8(1):113–30.

White, N. 1996. The treatment of malaria. *N. Engl. J. Med.* 335(11):800–806.

Wittner, M. 1999. *The microsporidia and microsporidiosis.* Washington, D.C.: ASM Press.

Wolfe, M. 1992. Giardiasis. *Clin. Microbiol. Rev.* 5(1):93–100.

PARTIE XI

La microbiologie alimentaire et industrielle

CHAPITRE 41

La microbiologie alimentaire

Grandes cuves utilisées pour la production de vin. Dans les régions tempérées, on peut conduire des fermentations dans de telles unités à l'air libre. Lorsque la fermentation est achevée, le vin est transféré dans des barriques pour stockage et vieillissement.

Plan

Concepts

1. Les aliments fournissent souvent un environnement idéal pour la survie et la multiplication des micro-organismes.

2. La croissance des micro-organismes dans les aliments implique des modifications successives au cours desquelles des facteurs intrinsèques (associés aux aliments) et extrinsèques (environnementaux) interagissent en fonction du temps avec la communauté microbienne.

3. La détérioration des aliments constitue un problème important dans toutes les sociétés. Elle peut se produire à n'importe quel stade de la production, du transport, du stockage ou de la préparation. Les toxines transmises par les aliments sont un sujet croissant de préoccupation, en particulier à cause de l'augmentation des transports internationaux et du stockage prolongé des produits alimentaires avant consommation. La croissance des mycètes peut s'accompagner de la synthèse de toxines comme les aflatoxines, les fumonisines et les alcaloïdes de l'ergot. Les toxines synthétisées par les algues peuvent se transmettre aux hommes via les produits alimentaires tirés des eaux douces ou de la mer.

4. On conserve les aliments par des procédés physiques, chimiques et biologiques. La réfrigération ne réduit pas de façon significative les populations microbiennes, mais retarde l'altération. La pasteurisation permet d'obtenir un produit dépourvu d'agent pathogène dont la durée de conservation est plus longue.

5. On ajoute des substances chimiques aux aliments pour limiter la croissance microbienne. Parmi ces dérivés chimiques, il y a le sucre, le sel (diminuant la disponibilité en eau) et de nombreuses substances organiques qui affectent des groupes spécifiques de micro-organismes. Pour contrôler les organismes qui détériorent les aliments, on peut y ajouter des produits microbiens, comme les bactériocines.

6. Les aliments peuvent transmettre une large gamme de maladies aux humains. Dans l'infection alimentaire, les aliments véhiculent l'agent pathogène qui se développe chez le consommateur et induit la maladie. Lors d'une intoxication alimentaire, les micro-organismes se multiplient dans les aliments et produisent des toxines qui affectent ensuite le consommateur.

7. On continue à découvrir de nouveaux pathogènes. Ce peut-être dû à une capacité de détection accrue ou à ce que les maladies qui surviennent sont mieux signalées et suivies.

8. Les aliments consommés crus, comme les germes, les coquillages et les poissons, les fruits, ont de plus en plus de succès. Ces nourritures périssables constituent un risque de transmission de maladies si on n'apporte pas le soin voulu à leur production, à leur stockage et à leur transport. Sans les précautions adéquates, des épidémies importantes peuvent éclater parce que les aliments voyagent dans le monde en des temps extrêmement courts.

9. La détection des pathogènes dans les aliments se fait au moyen des techniques de culture classiques, aussi bien que par des procédés immunologiques ou moléculaires. Les techniques modernes permettent d'attribuer rapidement l'apparition d'une maladie alimentaire à des sources pathogènes communes. Avec les systèmes de diagnostic rapide, sous forme de kit, les pathogènes peuvent souvent être détectés en 1 jour ou 2.

10. Les produits laitiers, les céréales, les viandes, les fruits et les légumes peuvent être fermentés. Certains produits laitiers fermentés auraient des propriétés antimicrobiennes et anticancéreuses, spécialement, lors de l'utilisation de bactéries lactiques particulières.

11. Les vins proviennent de la fermentation directe de jus de fruits ou de moûts. Lors de la fermentation des céréales, les amidons et les protéines doivent d'abord être hydrolysés pour libérer des substrats utilisables dans la fermentation alcoolique.

12. La fabrication du pain, de la choucroute, du sufu, des pickles et de beaucoup d'autres aliments implique aussi l'emploi de procédés de fermentation complexes. Quand les matières végétales hachées sont fermentées, on obtient des fourrages ensilés qui peuvent être stockés et consommés par les animaux.

13. Des cellules microbiennes peuvent servir de sources d'aliments et d'adjuvants alimentaires. C'est le cas des champignons, des cyanobactéries comme *Spirulina* et des levures. Un intérêt croissant se manifeste pour le probiotique, c'est-à-dire l'usage des micro-organismes pour modifier la communauté microbienne de l'intestin. La colonisation microbienne des parois de l'intestin joue un rôle critique dans ces processus.

> *Dis moi ce que tu manges et je te dirai qui tu es.*
>
> — *Brillat-Savarin*

La relation entre les aliments, les micro-organismes et les hommes est une longue et intéressante histoire qui a commencé bien avant l'Histoire écrite. Les aliments ne sont pas seulement une valeur nutritive pour ceux qui les consomment, ils constituent souvent des milieux de culture idéaux pour la croissance microbienne. La fermentation par certains micro-organismes peut conduire à la conservation de la nourriture plutôt qu'à sa détérioration.

On utilise des micro-organismes pour transformer des aliments bruts en délices gastronomiques comme fromages, pickles, saucissons et sauce au soja. Vins, bières et autres produits alcoolisés sont également obtenus grâce à l'activité microbienne. Les aliments peuvent aussi servir de véhicule pour la transmission de maladies. La détection et la limitation des micro-organismes qui causent des maladies ou avarient la nourriture sont des parties importantes de la microbiologie alimentaire. Les micro-organismes peuvent affecter la qualité des aliments pendant toutes les phases de la manipulation, depuis le producteur jusqu'au consommateur final.

Pour tout le monde, il est important d'avoir des aliments sains et nutritifs. Une croissance microbienne entraîne soit la conservation, soit la détérioration de la nourriture, selon les micro-organismes impliqués et les conditions de conservation.

La contamination par des micro-organismes pathogènes peut se produire à n'importe laquelle des phases successives de la manipulation des aliments.

41.1 La croissance des micro-organismes dans les aliments

Parce qu'ils nous fournissent les éléments nutritifs, les aliments sont aussi d'excellents milieux pour la croissance des micro-organismes. Cette croissance est contrôlée par des facteurs liés à l'aliment lui-même, ou **facteurs intrinsèques**, et aussi par d'autres, liés à l'environnement où l'aliment est conservé, ce sont les **facteurs extrinsèques** (voir **figure 41.1**).

Les facteurs intrinsèques ou associés aux aliments, comprennent le pH, l'humidité, l'activité ou la disponibilité de l'eau, le potentiel d'oxydo-réduction, la structure physique de l'aliment, les éléments nutritifs disponibles et la présence possible d'agents antimicrobiens naturels. Les facteurs extrinsèques ou environnementaux concernent la température, l'humidité relative, les gaz (CO_2, O_2), les types et les quantités de micro-organismes présents dans l'aliment.

Les facteurs intrinsèques

La composition de l'aliment est un facteur intrinsèque crucial qui influence la croissance microbienne. Si un aliment consiste essentiellement en glucides, sa détérioration ne produira pas beaucoup d'odeurs. Des aliments comme les pains, les confitures et certains fruits, gâtent d'abord sous l'action de mycètes. Au contraire, lorsque l'aliment contient de grandes quantités de protéines et/ou de graisses

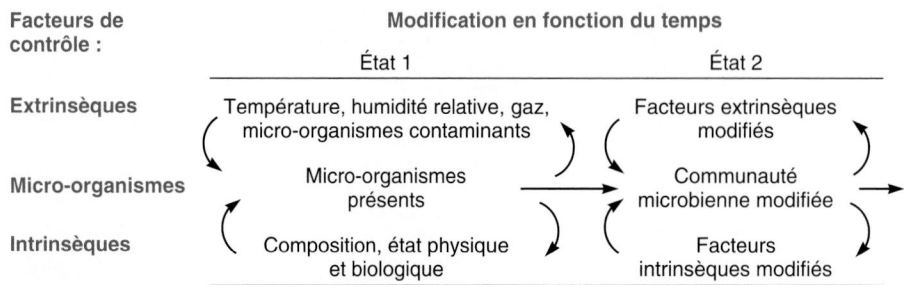

Figure 41.1 Facteurs intrinsèques et extrinsèques. Des facteurs intrinsèques et extrinsèques peuvent influencer la croissance microbienne dans les aliments. La communauté microbienne et les aliments subissent des modifications qui se succèdent dans le temps.

Tableau 41.1 Différences dans les processus de détérioration en fonction des caractéristiques des aliments

Substrat	Exemple d'aliment	Réactions chimiques ou processus[a]	Produits typiques et effets
Pectine	Fruits	Pectinolyse	Méthanol, acides uroniques (perte de structure du fruit, pourritures molles)
Protéines	Viande	Protéolyse, désamination	Acides aminés, peptides, amines, H_2S, ammoniaque, indole (amertume, aigrissement, odeur désagréable, viscosité)
Glucides	Féculents	Hydrolyse, fermentations	Acides organiques, CO_2, alcools mixtes (aigrissement, acidification)
Lipides	Beurre	Hydrolyse, dégradation des acides gras	Glycérol et acides gras mixtes (rancissement, amertume)

[a] D'autres réactions se produisent aussi pendant la détérioration de ces substrats.

(par exemple, la viande et le beurre), sa détérioration peut s'accompagner de toute une variété d'odeurs infectes. Il suffit de penser aux œufs pourris. Cette protéolyse et la dégradation anaérobie des protéines qui donnent des composés aminés nauséabonds s'appellent la **putréfaction**. Une source importante d'odeur est l'amine organique, appelée cadavérine (devinez l'origine du nom). La dégradation des graisses ruine tout autant la nourriture. Par exemple, la production à partir des lipides, d'acides gras à courtes chaînes rend le beurre rance et désagréable.

Le pH d'un aliment est aussi critique, car un pH faible favorise le développement des levures et des moisissures (*voir section 6.4*). Les bactéries prédominent au cours du processus de détérioration et de putréfaction des aliments à pH neutre ou alcalin, comme les viandes. Comme le résume le **tableau 41.1**, différents types de détérioration peuvent se produire selon le substrat principal.

L'eau et sa disponibilité affectent la capacité qu'ont les micro-organismes de coloniser les aliments. En séchant simplement un aliment, on arrive à contrôler ou éviter la détérioration. On peut rendre l'eau moins disponible, même si elle présente, en ajoutant des solutés comme le sucre et le sel. La disponibilité en eau est mesurée en termes d'activité de l'eau (a_w). Cette activité représente le rapport entre l'humidité relative de l'air au-dessus d'une solution test et celle de l'eau distillée. Les micro-organismes sont pour la plupart déshydratés par les conditions hypertoniques et ne se multiplient pas si on ajoute de grandes quantités de sel ou de sucre aux aliments (**tableau 41.2** ; *voir également le tableau 6.4*). Des micro-organismes osmophiles et xérophiles peuvent avarier la nourriture même dans ces conditions hostiles. Les micro-organismes **osmophiles** (du grec *osmos*, poussée et *philein*, aimer) se développent mieux dans ou sur des milieux dont la pression osmotique est élevée, alors que les micro-organismes **xérophiles** (du grec *xeros*, sec et *philein*, aimer) préfèrent un environnement où a_w est faible et peuvent ne pas se développent si a_w est élevée. L'activité de l'eau et le développement microbien *(pp. 121-23)*.

Le potentiel d'oxydo-réduction d'un aliment influence aussi la détérioration. Après cuisson, les dérivés carnés, particulièrement les bouillons, ont souvent des potentiels d'oxydo-réduction faibles. Ces dérivés, contenant acides aminés, peptides et facteurs de croissance directement disponibles, sont des milieux idéaux pour le développement d'anaérobies comme *Clostridium* (*voir tableau 39.5*).

La structure physique d'un aliment affecte également le déroulement et l'étendue de la décomposition. Broyer et mélanger des aliments, tels que les saucisses et les hamburgers, non seulement, augmentent la surface de la nourriture et altèrent la structure cellulaire, mais dispersent aussi les germes contaminants partout dans la nourriture. Ceci provoque une détérioration rapide si ces aliments sont mal conservés. Les légumes et les fruits ont des épidermes (pelures) qui les protègent d'une altération. Les micro-organismes du pourrissement ont souvent des enzymes spécialisées qui les aident à affaiblir et à pénétrer les pelures protectrices, surtout lorsque les fruits et les légumes ont été blessés.

De nombreux aliments contiennent des substances antimicrobiennes naturelles, parmi lesquelles des inhibiteurs chimiques complexes et des enzymes. Les coumarines présentes dans les fruits et les légumes montrent une activité antimicrobienne. Le lait de vache et les oeufs contiennent également des substances antimicrobiennes. Les oeufs sont riches en lysozyme, une enzyme lytique pour les parois des bactéries Gram-positives contaminantes (*voir figure 31.9*). D'autres aliments intéressants, dotés d'activités antimicrobiennes sont les sauces épicées qu'on utilise avec les huîtres crues et autres fruits de mer. Le tabasco et autres sauces au poivre rouge possèdent apparemment des caractéristiques antimicrobiennes particulièrement intéressantes.

Les herbes et les épices contiennent souvent des substances antimicrobiennes importantes ; les mycètes y sont généralement plus sensibles que la plupart des bactéries. La sauge et le romarin sont deux des épices les plus antimicrobiennes. Il y a des composés aldéhydiques et phénoliques dans la cannelle, la moutarde et l'origan ; ce sont des inhibiteurs de la croissance microbienne.

L'ail, qui contient l'allicine, et les clous de girofle, avec l'eugénol, sont d'autres inhibiteurs importants. Cependant, les épices peuvent aussi contenir des organismes pathogènes et inducteurs de pourriture. Des coliformes, *B. cereus*, *C. perfringens* et des espèces de *Salmonella* ont été détectés dans la plupart des épices. Les micro-organismes peuvent être éliminés ou réduits en nombre par stérilisation à l'oxyde d'éthylène. Ce traitement peut donner des épices et des herbes dépourvues de *Salmonella*, et réduire de 90 % la teneur générale en organismes inducteurs de pourriture.

Les thés vert et noir non fermentés ont aussi des propriétés antimicrobiennes bien étudiées, à cause de leurs contenus en polyphénols, qui diminuent apparemment lors de la fermentation. Ces thés sont actifs contre les bactéries, les virus et les mycètes et peuvent avoir des propriétés anticancéreuses.

Les facteurs extrinsèques

La température et l'humidité relative sont des facteurs extrinsèques importants dans l'avarie d'un aliment. Les microbes se développent plus rapidement dans une humidité relative élevée, même à basse température (particulièrement lorsque les réfrigérateurs n'ont pas de dégivrage). Quand des aliments secs sont mis à l'humidité, ils absorbent l'eau en surface, ce qui permet finalement une croissance microbienne.

L'atmosphère, dans laquelle la nourriture est conservée, est également importante. C'est particulièrement vrai pour des aliments emballés sous plastique, car beaucoup de films plastiques permettent une diffusion de l'oxygène qui favorise la croissance de micro-organismes superficiels. Un excès de CO_2 peut réduire le pH de la solution, inhibant ainsi le développement microbien. La conservation de

Tableau 41.2 **Relations entre l'activité minimale approximative de l'eau et les groupes microbiens et les organismes spécifiques importants dans la détérioration de la nourriture**

Organismes	a_w	Organismes	a_w
Groupes		**Groupes**	
Majorité des bactéries	0,9	Bactéries halophiles	0,75
Majorité des levures	0,88	Moisissures xérophiles	0,61
Majorité des moisissures	0,80	Levures osmophiles	0,61
Micro-organismes spécifiques		**Micro-organismes spécifiques**	
Clostridium botulinum, type E	0,97	*Candida scottii*	0,92
Pseudomonas spp.	0,97	*Trichosporon pullulans*	0,91
Acinetobacter spp.	0,96	*Candida zeylanoides*	0,90
Escherichia coli	0,96	*Geotrichum candidum*	~ 0,90
Enterobacter aerogenes	0,95	*Trichothecium* spp.	~ 0,90
Bacillus subtilis	0,95	*Byssochlamys nivea*	~ 0,87
Clostridium botulinum, types A and B	0,94	*Staphylococcus aureus*	0,86
Candida utilis	0,94	*Alternaria citri*	0,84
Vibrio parahaemolyticus	0,94	*Pencillium patulum*	0,81
Botrytis cinerea	0,93	*Eurotium repens*	0,72
Rhizopus stolonifer	0,93	*Aspergillus conicus*	0,70
Mucor spinosus	0,93	*Aspergillus echinulatus*	0,64
		Zygosaccharomyces rouxii	0,62
		Xeromyces bisporus	0,51

Adapté d'après James M. Jay. 2000. *Modern Food Microbiology*, 6ᵉ édition. Reproduit avec l'autorisation d'Aspen Publishers, Inc. Gaithersburg, MD. Tableaux 3–5, p. 42.

la viande dans une atmosphère riche en CO_2 inhibe les bactéries Gram-négatives, en produisant une population dominée par les lactobacilles.

L'atmosphère où l'aliment est stocké a de l'importance ; cette observation a suscité la mise au point de l'**emballage sous atmosphère modifiée**. L'utilisation moderne de matériaux d'emballage rétrécissants et de la technologie du vide rend possible un empaquetage des aliments sous atmosphère contrôlée. Si le contenu en dioxyde de carbone de l'atmosphère qui entoure l'aliment est de 60 % ou plus, les mycètes inducteurs de pourriture ne pourront pas croître, même si l'oxygène est présent à faibles concentrations. On laisse un peu d'oxygène parce que, s'il est complètement éliminé, le psychrophile *Clostridium gasigenes* peut se développer. Cet organisme peut produire du gaz en 14 jours à 2°C, ce qui fait gonfler les emballages. Ces procédés d'emballage sous atmosphère modifiée, tout en contribuant à la conservation de l'aliment, entraînent aussi un glissement dans la structure générale de la communauté microbienne, qui passent des organismes Gram-négatifs aux Gram-positifs.

---

1. Quels sont les effets de la composition de l'aliment sur les processus de détérioration ?

2. Citez quelques facteurs intrinsèques influençant la détérioration de la nourriture et dites comment ils exercent leurs effets.

3. Pourquoi les saucisses et les viandes broyées sont-elles un meilleur environnement que les viandes crues coupées pour le développement des organismes altérant la nourriture ?

4. Citez quelques substances antimicrobiennes présentes dans les aliments. Quel est le mécanisme d'action du lysozyme ?

5. Quels sont les facteurs extrinsèques principaux pouvant favoriser une détérioration des aliments ?

6. Quels sont les principaux gaz qui interviennent dans l'emballage sous atmosphère modifiée ? Comment fait-on varier leurs concentrations pour inhiber la croissance microbienne ?

41.2   La croissance microbienne et la détérioration des aliments

Puisque les aliments sont d'excellentes sources d'éléments nutritifs, si les conditions intrinsèques et extrinsèques sont appropriées, les micro-organismes s'y développeront rapidement et feront de ce qui était une nourriture appétissante, une masse aigre, nauséabonde ou couverte de moisissure, juste bonne pour le bac à ordures. La croissance microbienne dans les aliments peut amener des changements visibles, y compris des couleurs variées dues aux micro-organismes, qui ont souvent été associés à des « miracles » et à de la « sorcellerie ». Un des exemples les plus célèbres, qui a eu lieu en 1263, est la description de « sang » sur des hosties et d'autres pains, ce qu'on a appelé le « miracle de Bolsena ». L'énigme fut finalement résolue par Bartolomeo Bizio, en 1879, qui décrivit la bactérie responsable du phénomène. Il l'appela *Serratia marcescens*.

Les produits carnés et laitiers, à haute valeur nutritive contiennent glucides, graisses et protéines. Ce sont des milieux parfaits pour une décomposition d'origine microbienne et leur pourrissement résulte typiquement en protéolyse et putréfaction. Le lait non pasteurisé s'altère en une succession de quatre étapes prévisibles. Une production d'acide par *Lactococcus lactis* subsp. *lactis* est suivie par une production supplémentaire d'acide, associée au développement d'organismes plus tolérants aux acides comme les *Lactobacillus*. A ce stade, les levures et les moisissures deviennent dominantes et dégradent l'acide lactique accumulé ce qui diminue progressivement l'acidité. Finalement, des bactéries digérant les protéines entrent en action et donnent une odeur putride et un goût amer. Le lait, au départ opaque, peut finalement devenir limpide (**figure 41.2**).

En comparaison de la viande et des produits laitiers, la plupart des fruits et des légumes ont un contenu nettement plus faible en protéines et en graisses et subissent une altération d'un autre genre. Les glucides facilement dégradables favorisent la décomposition des légumes par les bactéries, particulièrement les bactéries de pour-

Figure 41.2 La détérioration d'un produit laitier. Lait frais (à gauche) et lait caillé (à droite). Le lait caillé a subi la séquence naturelle d'activités des organismes de détérioration, séparant le lait caillé du petit lait.

ritures molles, comme *Erwinia carotovora* qui produit des enzymes hydrolytiques. Le potentiel élevé d'oxydo-réduction et l'absence de conditions réductrices permettent aux aérobies et aux anaérobies facultatifs de participer aux processus de décomposition. Lorsque des fruits entiers commencent à pourrit, il semble que les bactéries soient de peu d'importance. Ce sont plutôt les moisissures qui initient souvent cette détérioration. Ces organismes possèdent des enzymes qui aident à fragiliser et à pénétrer la pelure protectrice.

Les dérivés d'agrumes concentrés, congelés, traités au minimum s'altèrent également. Ils sont préparés sans ou avec un faible traitement thermique et des *Lactobacillus* et des *Leuconostoc* peuvent les altérer et faire apparaître un goût de margarine, suite à la formation de diacétyle. *Saccharomyces* et *Candida* peuvent également avarier des jus. Un jus concentré a une activité de l'eau réduite ($a_w = 0,8$ à $0,83$) ; congelés à environ -9°C, les jus peuvent être stockés pendant de longues périodes. Mais les problèmes apparaissent lorsqu'on dilue les jus concentrés avec de l'eau contenant des germes, ou si l'on conserve le jus dans des récipients mal lavés. Les micro-organismes présents dans les jus concentrés congelés peuvent également amorcer le processus de détérioration après dilution, car les jus prêts à être servis présentent des valeurs a_w suffisamment élevées pour permettre la croissance microbienne. C'est particulièrement vrai lors de stockages prolongés dans des réfrigérateurs. On utilise également la pasteurisation, mais la plupart des consommateurs sont sensibles à la perte de goût que ce procédé occasionne.

Les moisissures constituent un problème particulier pour les tomates. Une meurtrissure, la plus légère soit-elle, de la peau de la tomate expose l'intérieur du fruit et aura pour résultat un développement fongique rapide. Les genres fréquemment observés sont *Alternaria*, *Cladosporium*, *Fusarium* et *Stemphylium*. Cette croissance affecte la qualité des produits tomatés, y compris les jus et ketchups.

Les moisissures peuvent se développer rapidement sur les grains de céréales et de maïs conservés à l'humidité (**figure 41.3**). L'infection de grains de céréales par l'ascomycète *Claviceps purpurea* provoque une intoxication, l'**ergotisme**. Des alcaloïdes hal-

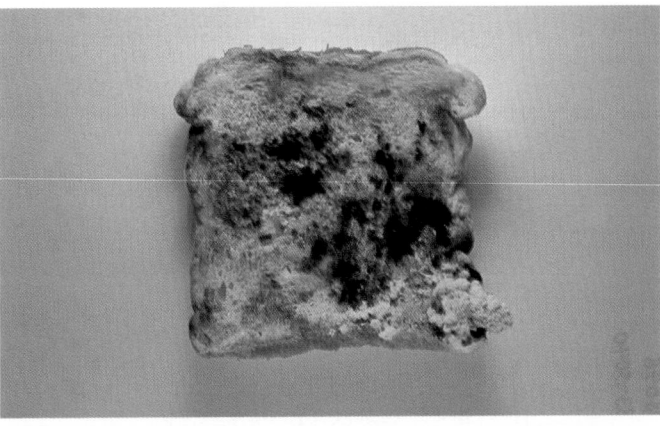

(a)

(b)

Figure 41.3 La détérioration des aliments. Lorsque les aliments ne sont pas conservés correctement, des micro-organismes peuvent les avarier. Exemples typiques de détérioration par des champignons (**a**) du pain et (**b**) du maïs. Cette altération du maïs, la pourriture de l'épi, entraîne des pertes économiques importantes.

lucinogènes produits par ce mycète peuvent engendrer des troubles du comportement, un avortement et la mort, en cas d'ingestion de céréales infectées. L'ergotisme est détaillé au chapitre 25 (*p. 561*).

Parmi les composés cancérigènes produits par les mycètes, citons les aflatoxines et les fumonisines. Les **aflatoxines** sont produites le plus souvent dans des grains de céréales et des dérivés de noix humides. On découvrit les aflatoxines en 1960, lorsque 100.000 dindonneaux périrent après avoir mangé de la farine de cacahuètes infectées par un mycète. On identifia *Aspergillus flavus* dans la farine infectée, de même que des toxines extractibles à l'alcool et appelées aflatoxines. Ces composés cycliques plans s'intercalent dans les acides nucléiques cellulaires et agissent comme des substances mutagènes, décalant le cadre de lecture, et cancérigènes. Leur conversion en dérivés instables se fait principalement dans le foie.

Les aflatoxines B_1 et B_2, après ingestion par les animaux en lactation, sont modifiées dans le corps de l'animal pour donner les aflatoxines M_1 et M_2, comme noté dans la **figure 41.4**. Si le bétail consomme des aliments contaminés par les aflatoxines, celles-ci peuvent aussi apparaître dans le lait et les produits laitiers. Il est possible d'examiner rapidement céréales et maïs pour la présence de ces composés, et de limiter les expéditions de céréales et de

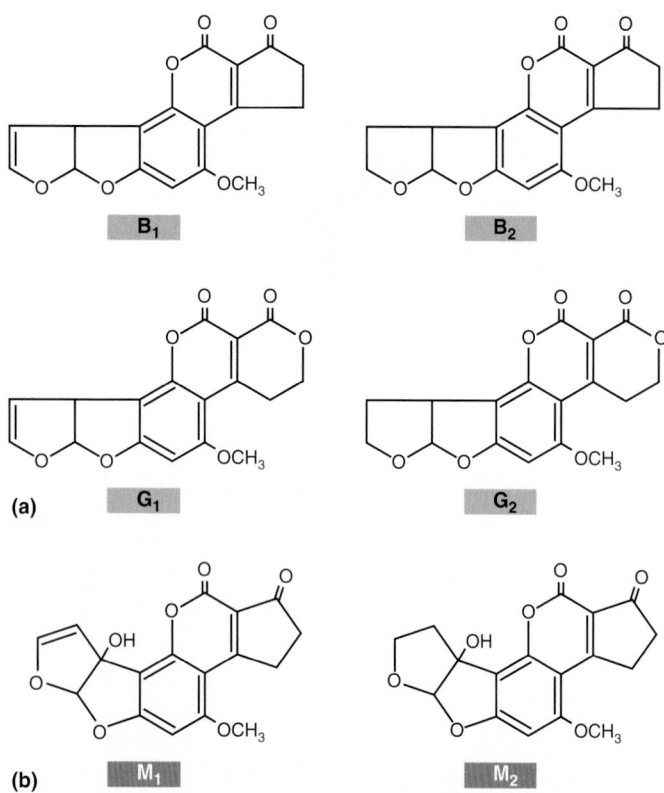

Figure 41.4 Les aflatoxines. Lorsque *Aspergillus flavus* et des champignons apparentés se développent sur des aliments, ils peuvent former des aflatoxines cancérigènes. Elles ont quatre structures de base. (**a**) La désignation par des lettres correspond à la couleur des composés sous UV après extraction des grains de céréales et séparation par chromatographie. Les composés B_1 et B_2 fluorescent en bleu alors que les composés G_2 et G_2 paraissent verts. (**b**) On trouve les deux types d'aflatoxines M dans le lait des animaux qui ont ingéré les aflatoxines de type B.

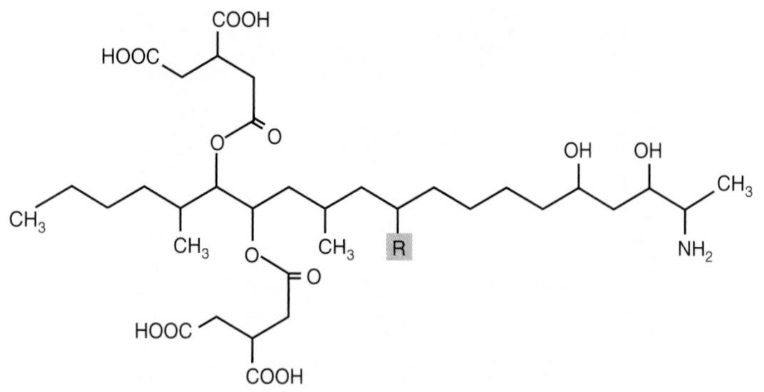

Figure 41.5 La structure des fumonisines. La structure de base des fumonisines FB1 et FB2, produites par *Fusarium moniliforme*, un mycète contaminant qui peut se développer dans le maïs stocké improprement. On a isolé un total d'au moins dix fumonisines différentes. Ce sont des composés fortement polaires qui provoquent des maladies chez les animaux domestiques et aussi chez l'homme. FB1, R = –OH ; FB2, R = H.

produits dérivés contaminés. Les aflatoxines sont de puissants cancérigènes du foie, auxquels on a attribué des effets sur l'immunocompétence, la croissance et la résistance aux maladies chez le bétail et les animaux de laboratoire. On peut séparer les principaux types d'aflatoxines et leurs dérivés par chromatographie. Ils sont visibles sous lumière ultraviolette, grâce à leur fluorescence caractéristique. Outre leur importance dans les céréales, les aflatoxines ont aussi été observées dans la bière, le cacao, les raisins et la farine de soja.

En définitive, le point critique réside dans les quantités d'aflatoxines qui sont ingérées. Il apparaît que l'exposition aux aflatoxines dépend des préférences de régime : l'absorption moyenne d'aflatoxines dans un régime européen typique est de 19 ng/jour, tandis que dans les régimes extrême orientaux, elle est estimée à 103 ng/jour. La sensibilité aux aflatoxines peut aussi être influencée par l'exposition à une maladie antérieure. On a découvert que chez les individus qui ont souffert d'hépatite B, le risque de faire un cancer du foie suite à une exposition aux aflatoxines, est 30 fois plus élevé que chez ceux qui n'ont pas eu cette maladie. Sur base de ce lien, on a remarqué que la prévention de l'hépatite B

par vaccination, et la réduction des populations porteuses, aident à contrôler de manière significative les effets potentiels des aflatoxines présentes dans les produits céréaliers.

Les **fumonisines** sont des contaminants fongiques du maïs découverts plus récemment : elles ont été isolées pour la première fois en 1988. Elles sont produites par *Fusarium moniliforme* et provoquent la leucoencéphalopathie chez les chevaux, des œdèmes pulmonaires chez les porcs et des cancers de l'œsophage chez l'homme. Les fumonisines agissent en interrompant la synthèse et le métabolisme des sphingolipides, importants composés biochimiquement actifs, qui influencent une large gamme de fonctions cellulaires.

Il y a au moins dix fumonisines différentes. La structure de base des fumonisines FB1 et FB2 est montrée dans la **figure 41.5**. Le maïs et les fourrages et aliments dérivés, y compris la farine et le gruau de maïs, sont souvent contaminés. Les fumonisines inhibent la céramide synthase, une enzyme clé pour l'utilisation correcte des substances lipidiques par la cellule. Il est donc extrêmement important de stocker le maïs et les produits dérivés dans des endroits secs, où les mycètes producteurs ne peuvent pas se développer.

Les micro-organismes eucaryotes peuvent synthétiser des toxines puissantes, autres que les aflatoxines et les fumonisines. Les phycotoxines (toxines provenant d'une algue) contaminent les poissons et affectent ainsi la santé des animaux marins situés plus haut dans la chaîne alimentaire. Elles peuvent aussi contaminer les coquillages qui sont ensuite consommés par l'homme. La plupart des toxines sont produites par les dinoflagellés, mais certaines diatomées sont également toxiques. Parmi les principales maladies humaines dues aux phycotoxines, citons les empoisonnements amnésogènes, diarrhéiques et neurotoxiques dus aux coquillages (**tableau 41.3**). Ces phycotoxines complexes (**figure 41.6**), pour la plupart thermostables, sont connues pour leurs effets périphériques sur le système neurologique, effets qui apparaissent souvent moins d'une heure après l'ingestion.

Efflorescences algales toxiques *(Encadré 26.2).*

Tableau 41.3 **Les syndromes toxiques associés aux phycotoxines marines**

Syndrome	Organisme(s) responsable(s)	Vecteur	Type de toxine
Empoisonnement par les parasites des coquillages	*Alexandrium* spp.	Coquillages	Saxitoxines
	Gymnodinium spp.		
	Pyrodinium spp.		
Empoisonnement neurotoxique par les coquillages	*Gymnodinium breve*	Coquillages	Brévitoxines
Empoisonnement par les poissons (Ciguatera)	*Gambierdiscus toxicus*	Poisson des récifs	Ciguatoxines
Empoisonnement amnésogène par les coquillages	*Pseudo-nitzchia* spp.	Coquillages	Acide domoïque
Empoisonnement diarrhéique par les coquillages	*Dinophysis* spp.	Coquillages	Dinophysistoxines
	Prorocentrum spp.		Acide okadaïque
Syndrome des estuaires	*Pfiesteria piscicida*	Eau	Inconnu

Source: F. M. van Dolah, 2000. Marine algal toxins: Origins, health effects, and their increased occurrence. *Environ. Health Perspect.* 108(Suppl. 1):133–141. Tableau 1, p. 134.

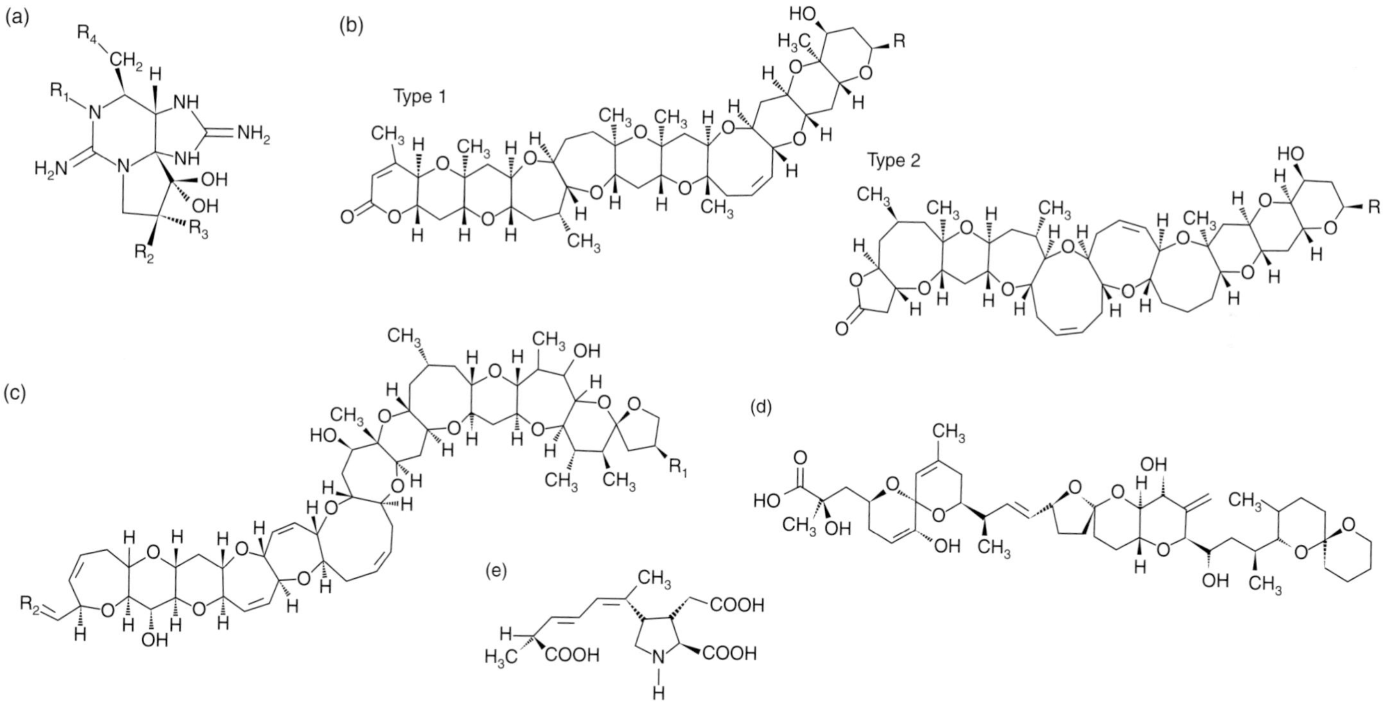

Figure 41.6 Les phycotoxines marines. Les structures des phycotoxines marines qui peuvent avoir des effets sur l'homme, via les fruits de mer et l'eau : (**a**) saxitoxine, (**b**) brévitoxine, (**c**) ciguatoxine, (**d**) acide okadaïque, (**e**) acide domoïque

1. Quel genre de mycète produit les alcaloïdes de l'ergot ? Quelles sont les conditions requises pour la synthèse de ces substances ?

2. Par quel genre de mycète les aflatoxines sont-elles produites ? Comment affectent-elles les animaux qui mangent de la nourriture contaminée ?

3. Quel genre microbien produit les fumonisines et pourquoi ces composés posent-ils problème ? Quels sont les principaux aliments et fourrages qui, quand ils sont stockés improprement, peuvent contenir ces substances chimiques ?

4. Décrivez comment se produit, en général, la détérioration des aliments. Quels facteurs influencent la nature des organismes responsables de la pourriture ?

5. Pourquoi les jus d'agrumes concentrés présentent-ils des problèmes de détérioration intéressants ?

6. D'où viennent habituellement les phycotoxines ingérées par l'homme ? Quels sont les principaux groupes d'algues qui produisent ces substances complexes ?

41.3 Le contrôle de la détérioration des aliments

Aux premiers temps de l'agriculture, lorsque la dépendance vis-à-vis de la chasse et de la cueillette diminua, la conservation des surplus de nourriture devint un besoin essentiel à la survie. L'emploi de sel comme agent préservateur de la viande et la fabrication de fromages et de laits caillés furent introduits dans la civilisation du Proche Orient dès 3.000 avant J.C. La production de vins et la conservation de poisson et de viande par fumaison étaient aussi répandues à cette époque. En dépit d'une longue tradition d'efforts pour empêcher la détérioration de la nourriture, ce n'est qu'au dix-neuvième siècle que la détérioration microbienne fut étudiée avec rigueur. Louis Pasteur jeta les fondement de la microbiologie alimentaire de l'ère moderne en 1857, lorsqu'il montra que les micro-organismes étaient la cause du lait avarié. Le travail de Pasteur dans les années 1860 prouva qu'on pouvait utiliser la chaleur pour empêcher la détérioration des vins et des bières (*voir section 1.4*). Le contrôle de la croissance des micro-organismes (*chapitre 7*)

Différentes méthodes permettent de conserver les aliments (**tableau 41.4**). Il est vital d'éliminer ou de réduire les populations de micro-organismes pathogènes ou avariant des aliments par un stockage et un emballage appropriés. La contamination se produit souvent après l'ouverture d'un paquet ou d'une boîte et avant que la nourriture soit servie. Ces circonstances sont une excellente occasion de développement et de transmission des pathogènes, si des précautions ne sont pas prises.

L'élimination des micro-organismes

Les micro-organismes de l'eau, de la bière, du vin, des jus, des boissons non alcoolisées et d'autres liquides peuvent être éliminés par filtration. Cette technique réduit fortement ou élimine complètement les populations bactériennes. Des préfiltres et une centrifugation permettent souvent d'augmenter la durée et l'efficacité d'un filtre. Plusieurs bières de grande marque sont filtrées plutôt que pasteurisées pour mieux préserver le goût et l'arôme du produit d'origine.

Tableau 41.4 Méthodes de base de la conservation alimentaire

Approche	Exemples de méthodes
Élimination des micro-organismes	Limitation de la contamination microbienne, filtration, centrifugation
Basse température	Réfrigération, congélation
Haute température	Inactivation thermique partielle ou complète des micro-organismes (pasteurisation et mise en conserve)
Réduire la quantité d'eau disponible	L'élimination de l'eau, par exemple par lyophilisation ou cryodessiccation ; utilisation de séchoirs atomiseurs ou de tambours chauffants ; réduction de la quantité d'eau disponible par addition de solutés comme le sel ou le sucre. Addition de solutés comme le sel ou le sucre pour diminuer les valeurs d'a_w
Conservation chimique	Addition de composés inhibiteurs spécifiques (p. ex. : acides organiques, nitrates, anhydride sulfureux)
Irradiation	Utilisation de radiations ionisantes (rayons gamma) et non ionisantes (UV)

Les basses températures

La réfrigération à 5°C retarde le développement microbien, bien qu'au cours d'un stockage prolongé, des psychrophiles et des psychrotrophes finissent par se multiplier et par induire une altération. On a observé une croissance microbienne lente à des températures inférieures à -10°C, particulièrement dans des jus de fruits concentrés, des glaces et certains fruits. Le froid réduit le nombre de certains micro-organismes qui y sont très sensibles, mais il ne diminue pas les populations microbiennes totales. Les effets de la température sur le développement microbien (*pp. 125-27*).

Les températures élevées

Le contrôle des populations microbiennes dans les aliments, au moyen de températures élevées, peut limiter significativement la transmission de maladies et le pourrissement. Les procédés de chauffage, instaurés par Nicolas Appert en 1809 (**encadré 41.1**), constituent un moyen sûr de conservation des aliments, spécialement lorsqu'ils sont utilisés au cours d'opérations de **mise en conserve** industrielles (**figure 41.7**). La nourriture en boîte est chauffée dans divers types d'autoclaves, à environ 115°C, pendant 25 à plus de 100 minutes. Le temps et la température exacts dépendent de la nature de l'aliment. Parfois, la mise en conserve ne tue pas tous les micro-organismes, mais seulement ceux qui pourraient avarier les aliments (les bactéries restantes sont incapables de se développer à cause de l'acidité de l'aliment, par exemple). Après le chauffage, les boîtes sont refroidies aussi rapidement que possible, habituellement avec de l'eau froide. Cependant, la qualité et l'efficacité ne sont pas toujours assurées lors du traitement domestique des aliments, particulièrement avec des produits moins acides (valeurs de pH supérieures à 4,6), comme les haricots verts ou les viandes. La destruction thermique des micro-organismes (*pp. 139-42*).

La **pasteurisation** implique un chauffage des aliments à une température qui tue les micro-organismes pathogènes et réduit nettement la quantité des organismes qui avarient les aliments. Au cours de la pasteurisation conventionnelle à basse température (LTH pour « low-temperature holding ») du lait, des bières et des jus de fruits, on maintient le liquide à 62,8°C pendant 30 minutes. Les produits peuvent également être traités à 71°C pendant 15 secondes pour une pasteurisation rapide à haute température dite HTST (pour « high temperature-short time ») ; le lait peut être traité 2 secondes à 141°C,

Encadré 41.1

Une armée voyage avec son estomac

Le mouvement et la subsistance d'un grand nombre de soldats furent toujours limités par les vivres. Le besoin d'entretenir un grand nombre de troupes dans des conditions hostiles et rudes poussa le gouvernement français, en 1795, à offrir un prix de 12.500 francs à la personne qui pourrait conserver des aliments pour une utilisation dans les conditions rencontrées au cours d'une campagne. Le prix fut finalement attribué à Nicolas Appert, un confiseur, pour l'invention d'un procédé de chauffage pour la conservation des viandes et d'autres produits dans des emballages scellés.

Le travail d'Appert se fondait sur l'hypothèse que le chauffage et l'ébullition inhibaient les « ferments » et que le scellage des aliments dans des bouteilles, avant le chauffage, évitait les effets de l'air sur la détérioration. Malgré les travaux antérieurs de van Leeuwenhoek, Appert n'avait pas le soutien du concept des micro-organismes pour l'aider à expliquer l'efficacité de son procédé. Ses récipients étaient de grandes bouteilles en verre, scellées avec des lamelles de liège et de la colle de poisson. Il fut capable de chauffer ces bouteilles dans de l'eau bouillante, avec un soin extrême et une attention au moindre détail, pour fournir des aliments qui pouvaient se conserver pendant plusieurs années. Les travaux d'Appert furent une base importante pour les études ultérieures de Louis Pasteur.

Figure 41.7   Une opération de mise en conserve. Les micro-organismes doivent être contrôlés lors de la préparation et de la conservation de nombreux aliments. Un ouvrier verse des pois dans une grande cuve propre, pendant la préparation d'un potage de légumes. Le potage préparé est transféré dans des boîtes. Chaque boîte est chauffée pendant une courte période, scellée, traitée à des températures voisines de 110 à 121°C dans un autoclave particulier, pour détruire les micro-organismes, et est finalement refroidie.

Figure 41.8   La conservation des aliments en boîtes. Cette technique est largement utilisée et très efficace. Occasionnellement, il y a une mauvaise mise en conserve comme le montre cette boîte pliée et percée.

---

procédé UHT (pour « ultra high temperature »). Des traitements de plus courte durée améliorent le goût et augmentent la durée de vie du produit. Ce traitement thermique provient de la probabilité statistique selon laquelle le nombre de micro-organismes survivants sera inférieur à un certain niveau, après un temps de chauffage particulier à une température donnée (discuté en détail pp. 138-40).

En dépit des précautions, des aliments mis en boîtes subissent parfois une détérioration (**figure 41.8**). Cela peut être dû à une altération avant la mise en boîte, à un mauvais traitement pendant la mise en conserve ou à une entrée d'eau contaminée, passant par les soudures de la boîte, pendant le refroidissement. La nourriture peut être détériorée dans sa couleur, sa texture, son odeur et son goût. Il peut y avoir production d'acides organiques, de sulfures et de gaz (particulièrement CO_2 et H_2S). L'aigrissement « plat » est caractérisé par l'absence de gaz et de bombage de la boîte, par contre le contenu de la boîte est suri, par la présence d'acides de fermentation. Si les micro-organismes détériorants produisent du gaz, les deux fonds de la boîte vont se déformer et bomber. Parfois, il est possible de déprimer les fonds bombés par une pres-

sion du pouce (phénomène du « flochage ») ; dans d'autres cas, la pression du gaz est si élevée que les fonds ne peuvent être déprimés par une pression de la main (bombage vrai). Le bombage n'est pas toujours dû à une altération microbienne : une forte acidité des aliments peut provoquer une réaction avec le métal et libérer de l'hydrogène qui déforme la boîte. Le sulfure d'hydrogène produit par *Desulfotomaculum* engendre une odeur putride.

La disponibilité en eau

La déshydratation, comme la lyophilisation qui produit des aliments congelés à sec, est maintenant un moyen ordinaire d'empêcher le développement microbien. Le procédé moderne est simplement une amélioration de techniques plus anciennes de séchage des céréales, des viandes, du poisson et des fruits. La combinaison de la perte de l'eau libre, avec une augmentation de la concentration en soluté dans l'eau restante, permet ce type de conservation.

La conservation par les substances chimiques

On utilise différents agents chimiques pour conserver les aliments. Ils sont étroitement réglementés par la Food and Drug Administration (FDA) américaine et par différentes administrations européennes et sont enregistrés comme « généralement reconnus

Tableau 41.5 Groupes principaux de composés chimiques utilisés pour la conservation des aliments

Conservateurs	Concentrations maximales approximatives	Organismes affectés	Denrées alimentaires
Acide propionique/propionates	0,32%	Moissisures	Pain, gâteau, certains fromages, inhibiteur de la pâte à pain filante
Acide sorbique/sorbates	0,2%	Moissisures	Fromages durs, figues, sirops, assaisonnements pour salade, gelées, gâteaux
Acide benzoïque/benzoates	0,1%	Levures et moissisures	Margarines, achards, cidre, boissons non alcoolisées, ketchup, assaisonnements pour salade
Parabens[a]	0,1%	Levures et moissisures	Produits de boulangerie, boissons non alcoolisées, pickles, assaisonnements pour salade
SO₂/sulfites	200–300 ppm	Insectes et micro-organismes	Mélasses, fruits séchés, vin, jus de citron (à ne pas utiliser avec des viandes ou d'autres aliments connus comme sources de thiamine)
Oxydes d'éthylène/de propylène	700 ppm	Levures, moissisures, vermine	Agent de fumaison pour épices, noix
Diacétate de sodium	0,32%	Moissisures	Pain
Acide déshydroacétique	65 ppm	Insectes	Pesticides sur les fraises, courge
Nitrite de sodium	120 ppm	Clostridies	Salaisons
Acide caprylique	—	Moissisures	Emballages de fromage
Formate d'éthyle	15–200 ppm	Levures et moissisures	Fruits séchés, noix

Tiré de James M. Jay. 2000. *Modern Food Microbiology*, 6ᵉᵐᵉ édition. Reproduit avec l'autorisation d'Aspen Publishing, Frederick, Md, USA.
[a] Esters méthyl-propyl-et heptyl de l'acide p-hydroxybenzoïque.

comme sains » ou **GRAS** (pour « generally recognized as safe ») (**tableau 41.5**). Ils comprennent des acides organiques simples, les sulfites, l'oxyde d'éthylène comme gaz stérilisant, le nitrite de sodium et le formiate d'éthyle. Ces agents chimiques affectent les micro-organismes en désorganisant un facteur cellulaire essentiel. Par exemple, ils peuvent endommager la membrane plasmique ou dénaturer diverses protéines de la cellule. Il y a encore d'autres composés qui interfèrent avec le fonctionnement des acides nucléiques, inhibant ainsi la reproduction de la cellule. L'efficacité de nombreux additifs chimiques dépend du pH de l'aliment. Le propionate de sodium, par exemple, est plus efficace aux pH faibles, où il existe principalement sous forme non dissociée, et peut être intégré par les lipides des micro-organismes. Les pains, avec leur pH bas, contiennent souvent du propionate de sodium comme additif. On utilise ces conservateurs chimiques avec des produits de céréales, de lait, de légumes et de fruits. Le nitrite de sodium est un composé chimique important utilisé pour conserver jambons, saucisses, lards et autres viandes, en inhibant la croissance de *Clostridium botulinum* et la germination de ses spores. On se protège ainsi du botulisme et on réduit la vitesse de la détérioration. En plus de maintenir la viande plus saine, le nitrite se décompose en acide nitrique qui réagit avec les pigments à hème, ce qui permet de garder la couleur rouge de la viande. Un problème posé actuellement par le nitrite vient de ce qu'il peut réagir avec des amines et former des nitrosamines cancérigènes. Le nitrite est ajouté en très petites quantités et il se peut qu'on arrive à supprimer complètement son usage.

Les radiations

Les radiations ionisantes et non ionisantes ont une histoire intéressante en relation avec la conservation des aliments. Les radiations UV permettent le contrôle des micro-organismes à la surface des équipements de laboratoire et de traitement des aliments, mais ne pénètrent pas dans la nourriture. La méthode principale de stérilisation des aliments par les radiations est l'irradiation gamma par une source de cobalt 60 (*voir p. 144*). Ces radiations électro-

magnétiques ont un excellent pouvoir de pénétration ; elles doivent être appliquées sur des aliments humides, car à partir de l'eau des cellules microbiennes, elles produisent des peroxydes, qui oxydent les constituants cellulaires sensibles. Ce procédé s'appelle la **radappertisation**, appellation dérivée du nom de Nicolas Appert. Elle prolonge la durée de conservation des fruits de mer, des fruits et des légumes. On utilise ordinairement 4,5 à 5,6 mégarads pour stériliser des produits carnés.

Deinococcus radiodurans est l'une des bactéries les plus intéressantes parmi celles qui résistent aux radiations (*voir section 21.2*). Cette bactérie a une paroi cellulaire de structure complexe et se développe en formant des tétrades (*voir figure 21.2*). Elle a également la capacité extraordinaire de supporter de fortes doses de radiations, mais son mécanisme de résistance n'est pas encore compris.

L'inhibition par les produits microbiens

L'utilisation de **bactériocines** (*voir p. 712*) pour la conservation des aliments suscite de plus en plus d'intérêt. Les bactériocines sont des protéines bactéricides, actives contre des bactéries étroitement apparentées à l'organisme producteur. Elles se fixent à des sites cellulaires spécifiques et affectent l'intégrité et la fonction de la membrane cellulaire. Le seul produit approuvé pour le moment est la nisine. C'est une petite protéine hydrophobe qui est produite par certaines souches de *Streptococcus lactis*. La nisine n'est pas toxique pour l'homme et touche principalement les bactéries Gram-positives, surtout *Streptococcus faecalis*. On peut l'utiliser tout particulièrement dans les aliments pauvres en acides, pour améliorer l'inactivation de *Clostridium botulinum* lors de la mise en boîte, ou pour inhiber la germination de toute spore survivante.

Les bactériocines agissent en dissipant la force proton motrice des bactéries sensibles. Ces composés ont une grande variété de noms, selon l'organisme qui les produit. Les bactériocines forment des pores hydrophiles dans la bactérie sensible, ce qui permet aux molécules de faible poids moléculaire de s'échapper. Ceci peut aussi arriver suite à l'inhibition de la synthèse du peptidoglycane

Table 41.6 Principales maladies infectieuses d'origine alimentaire

Maladie	Organisme	Période d'incubation et caractéristiques	Principales denrées alimentaires impliquées
Salmonellose	*S. typhimurium, S. enteritidis*	8–48 heures Entérotoxine et cytotoxines	Viandes, volailles, poissons, oeufs, produits laitiers
Diarrhée à *Arcobacter*	*Arcobacter butzleri*	Diarrhée sévère, crampes récurrentes	Produits carnés, particulièrement la volaille
Campylobactériose	*Campylobacter jejuni*	Habituellement 2–10 jours En majorité des toxines thermolabiles	Lait, porc, dérivés de volaille, eau
Listériose	*L. monocytogenes*	Périodes variables Associé à des méningites et à des avortements; nouveau-nés et personnes âgées particulièremet sensibles	Produits carnés, en particulier de porc, et lait
Diarrhées et colites à *Escherichia coli*	*E. coli,* y compris le sérotype O157:H7	6–36 heures Souches entérotoxinogènes positives et négatives ; hémorragie	Boeuf haché mal cuit, lait cru
Shigellose	*Shigella sonnei, S. flexneri*	24–72 heures	Dérivés des oeufs, puddings
Yersiniose	*Yersinia enterocolitica*	16–48 heures Quelques toxines thermostables	Lait, produits carnés, tofu
Diarrhée à *Plesiomonas*	*Plesiomonas shigelloides*	1–2 heures	Mollusques crus et voyage à l'étranger
Gastro-entérite à *Vibrio parahaemolyticus*	*V. parahaemolyticus*	16–48 heures	Fruits de mer, crustacés

et aux effets de type détergent sur la membrane plasmique. L'addition de bactériocines à des aliments comme le fromage cheddar peut réduire par un facteur deux ou trois la contamination par *Listeria monocytogenes*, dans des fromages vieux de 180 jours. Des composés semblables existent aussi chez les eucaryotes.

1. Décrivez les méthodes principales de conservation des denrées alimentaires.
2. Quels types de dérivés chimiques utilise-t-on pour conserver des aliments ?
3. Les nitrites sont souvent employés pour améliorer les caractéristiques du stockage de viandes préparées. Quels peuvent être les problèmes toxicologiques résultant de l'emploi de ces substances ?
4. Dans quelles conditions peut-on mettre en oeuvre les radiations ultra-violettes et gamma pour contrôler les populations microbiennes dans les aliments ? Qu'est-ce que la radappertisation ?
5. Comment agissent en principe les bactériocines comme la nisine ? Quel genre bactérien produit cet important polypeptide ?

41.4 Les maladies transmises par les aliments

Les maladies transmises par les aliments touchent le monde entier. Aux États-Unis, selon une information récente donnée par les Centres pour le Contrôle et la Prévention des Maladies, les cas de maladies liées à l'alimentation s'élèvent à 76 millions par an, dont 14 seulement peuvent être attribués à des pathogènes connus. Les maladies transmises par les aliments sont responsables de 325.000 hospitalisations et d'au moins 5.000 décès par an. Depuis 1942, le nombre de pathogènes alimentaires reconnus a augmenté de plus d'un facteur cinq ! S'agit-il de nouveaux organismes ? Dans la plupart des cas, ces pathogènes sont simplement des agents que nous pouvons décrire aujourd'hui, grâce à une meilleure connaissance de la diversité microbienne. Des estimations récentes indiquent que les virus de type Norwalk, *Campylobacter jejuni* et *Salmonella* sont les principales causes de maladies transmises par les aliments. Ajoutons qu'*Escherichia coli* O157:H7 et *Listeria* sont des pathogènes importants associés à la nourriture.

Les chapitres 38 et 39 décrivent de nombreuses maladies transmises par les aliments ou empoisonnements alimentaires, et seules quelques importantes bactéries pathogènes d'origine alimentaire seront citées ici. Il y a deux grands types de maladie d'origine alimentaire : les infections alimentaires et les intoxications alimentaires. Les maladies transmises par l'eau et les aliments *(pp. 891-93, 926-33).*

Toutes ces maladies transmises par les aliments sont liées à une mauvaise hygiène. Que la transmission se fasse par l'eau ou par les aliments, la voie fécale-orale n'est pas interrompue, et la nourriture fournit le lien vital entre les hôtes. Les objets inertes comme les robinets, les gobelets, les planches à découper jouent aussi un rôle dans la voie de contamination fécale-orale.

L'infection alimentaire

Une **infection alimentaire** implique l'ingestion du pathogène, suivie d'une multiplication dans l'hôte, accompagnée par une invasion tissulaire et/ou la libération de toxines. Le **tableau 41.6** reprend les principales maladies de ce type *(voir aussi le tableau 39.5).*

La salmonellose résulte de l'ingestion de divers sérovars de *Salmonella*, en particulier *typhimurium* et *enteritidis (voir aussi la section 39.4).* La gastro-entérite est la maladie la plus importante qui soit due à des aliments tels que les viandes, les volailles et les œufs, et les premiers symptômes apparaissent après un temps d'incubation assez court (huit heures). L'infection par *Salmonella* peut provenir d'une contamination par le personnel des usines de traitement des denrées alimentaires et des restaurants, ainsi que par les procédés de mise en conserve (**encadré 41.2**).

Campylobacter jejuni est considéré comme une cause importante de gastro-entérite bactérienne aiguë chez l'homme et peut affecter des personnes de tout âge. Cette bactérie est souvent transmise par des produits de volaille crus ou mal cuits. La transmission se produit par exemple, lorsque des ustensiles de cuisine et des récipients sont utilisés pour préparer successivement du poulet, puis des salades. Une contamination par un petit inoculum de 10 cellules viables de *Campylobacter jejuni* peut déclencher une diarrhée. *Campylobacter jejuni* est également transmis par le lait cru et différentes viandes rouges. Une cuisson soignée de la

Encadré 41.2

La fièvre typhoïde et la viande en boîte

Des erreurs mineures de mise en conserve ont conduit à des épidémies importantes de typhoïde. En 1964, du boeuf en conserve (corned beef), produit en Amérique du Sud, fut refroidi, après stérilisation, avec de l'eau non chlorée. Le vide créé lors du refroidissement des boîtes aspira *S. typhi* dans certaines boîtes qui n'étaient pas complètement scellées. Ce produit contaminé fut découpé, plus tard, dans une épicerie d'Aberdeen, en Ecosse, et l'éminceur fut à l'origine d'une contamination continue et d'une épidémie importante qui toucha 400 personnes. La souche de *S. typhi* était une souche sud-américaine et, finalement, l'origine de la contamination fut attribuée à l'eau contaminée utilisée pour le refroidissement des boîtes.

Ce cas met en évidence l'importance d'un traitement et d'une manipulation soigneux de la nourriture pour empêcher la propagation de maladies pendant la production et la préparation des denrées alimentaires.

---

nourriture prévient ce problème de transmission de la maladie.

La listériose, due à *Listeria monocytogenes* (*voir section 39.4*), doit être surveillée, comme le montre l'apparition de la maladie dans le Sud de la Californie, en 1985. La cause de ce déclenchement soudain fut une mauvaise pasteurisation du lait utilisé dans la production industrielle de fromages. Au moins 86 cas d'infection furent répertoriés, parmi lesquels 58 cas impliquant des couples mère-enfant. Quarante-sept personnes décédèrent. L'origine de l'épidémie fut attribuée à des fuites minuscules dans les échangeurs de chaleur d'une unité de pasteurisation. Les entrées de lait cru contaminaient le lait pasteurisé avant la production du fromage. *Listeria* est difficile à manipuler, car sa croissance et sa détection nécessitent l'incubation prolongée des échantillons.

Escherichia coli est maintenant considéré comme un organisme pathogène alimentaire important. Des types entéropathogènes, entéro-invasifs et entérotoxinogènes peuvent provoquer des diarrhées.

On pense qu'*E. coli* O157:H7 (*voir p. 932*), avec ses antigènes spécifiques somatiques (O) et flagellaires (H) (*voir encadré 33.3*), a acquis les gènes entérohémorragiques de *Shigella*, y compris les gènes des vérocytotoxines « shiga-like ». Ceci a donné une nouvelle souche pathogène, découverte pour la première fois en 1982 et aujourd'hui connue dans le monde entier. Le pathogène se propage par la voie fécale-orale, et il semble que la dose infectieuse ne soit que de 500 bactéries. On a trouvé *E.coli* entérohémorragique dans les produits carnés, comme les hamburgers et les salamis, dans les boissons fruitées non pasteurisées, sur les fruits et légumes, et dans les eaux de puits non traitées. En août 1997, 11.000 tonnes de hamburgers furent retirées du marché par une usine de traitement de la viande, à cause d'une contamination par *E. coli* O157:H7. Voici quelques années, un enfant est décédé à Denver, dans le Colorado, après avoir bu une boisson fruitée en vogue, non pasteurisée, qui contenait cet organisme. Les personnes les plus sensibles à ce pathogène sont les jeunes.

Il est essentiel d'empêcher la contamination de la nourriture par *E. coli* O157:H7, depuis la production jusqu'à la consommation. L'hygiène doit être soigneusement surveillée dans les grands abattoirs où il peut y avoir contact entre la viande et les matières fécales. Même les fruits et les légumes doivent être manipulés avec soin, parce qu'il y a eu des cas de maladie dus à un produit importé. Il est aussi essentiel de prendre des précautions à l'endroit d'utilisation. Par exemple, il importe d'éviter la contamination de la nourriture par les mains et les ustensiles. Lorsque ces derniers ont été utilisés avec des aliments crus, ils ne devraient pas venir en contact avec les aliments cuits. Un nettoyage convenable des planches à découper et des ustensiles minimise la contamination. Cette menace peut être réduite par la destruction du pathogène par les rayons gamma, une méthode de conservation de la nourriture qu'on envisage d'utiliser plus largement.

A propos de nourriture saine, un agent infectieux inquiète de plus en plus le monde entier. C'est le prion, responsable d'une nouvelle variante, encore mal connue, de la maladie de Creutzfeldt-Jakob (CJD). Celle-ci appartient à un groupe de maladies qui se manifestent par une dégénérescence neuronale progressive et qui portent le nom d'encéphalopathies spongiformes transmissibles. Elle est associée aux élevages bovins. On l'appelle souvent « maladie de la vache folle ». Avec l'apparition récente chez l'homme de la nouvelle variante de la CJD, beaucoup de régions ont interdit les importations de boeuf. Les principaux problèmes dans le contrôle de cette nouvelle variante de la CJD résident dans la longue période d'incubation—qui peut durer de nombreuses années avant le déclenchement de la maladie, laquelle est invariablement fatale—et le manque de méthode de détection fiable. Les principaux moyens de transmission de la CJD d'un animal à l'autre est l'emploi de tissus mammaliens dans l'alimentation des ruminants. Pour le moment, on éprouve de sérieux problèmes pour détecter de tels produits animaux prohibés dans l'alimentation des ruminants. La maladie de Creutzfeld-Jakob *(CJD), section 38.5* ; Les prions, *voir section 18.9*

Les aliments qui sont transportés et consommés sans être cuits constituent une source de plus en plus importante d'infections alimentaires. Cela pose particulièrement problème lorsqu'il y a possibilité de contact avec de l'eau contaminée, quelque part entre la production et la consommation. La question devient plus critique encore avec les déplacements de plus en plus rapides des gens et des produits partout dans le monde. Le commerce international d'aliments non cuits, ajouté aux transports aériens rapides, offre de nombreuses occasions de transmission des maladies. Les aliments frais comme les germes, les fruits de mer et les framboises sont sources de sérieux dangers, dont nous allons traiter.

Les germes sont de plus en plus à la mode et font partie du nouveau style de vie « saine ». Il sont frais, fins et forment une garniture appétissante en complément à toute une variété d'aliments. Malheureusement, s'ils n'ont pas germé dans des eaux dépourvues de pathogènes et grandi dans de bonnes conditions d'hygiène, ils peuvent véhiculer quantité de pathogènes. Des précautions doivent être prises, spécialement lors de la germination des semences, parce qu'une semence nouvellement germée libère de la matière organique ; ceci crée une **spermosphère** qui stimule la croissance microbienne, comme cela se passe dans la rhizosphère. Les germes produits dans des régions du monde où la qualité de l'eau est peu contrôlée et le système sanitaire déficient, ne devraient être utilisés

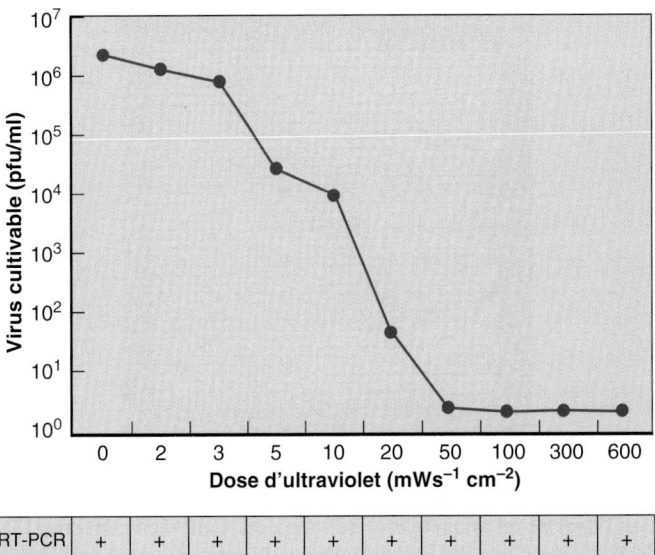

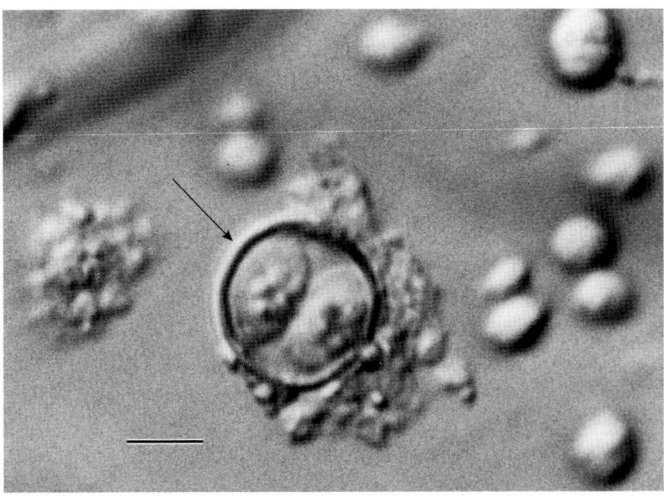

Figure 41.10 *Cyclospora cayetanensis*, un contaminant important des aliments crus. On peut reconnaître *Cyclospora cayetanensis* dans les eaux usées ou isolé à partir d'aliments contaminés, grâce à la présence d'un oocyste et de deux sporocystes. La barre = 5 µm.

Figure 41.9 La détection des virus par culture ou par la méthode moléculaire. La capacité de former des plages de lyse est comparée, à diverses doses d'UV, avec la mise en évidence par RT-PCR d'ARN du poliovirus de type 2. Les acides nucléiques sont encore détectables, alors que la capacité de former des plages a disparu. Pfu = unité formatrice de plage.

qu'avec précaution. Les germes de luzerne, de haricot, de cresson de fontaine, de haricot mungo et de moutarde peuvent être des sources importantes de typhoïde et de choléra.

Les coquillages et les poissons posent aussi de sérieux problèmes. Les eaux d'égout non traitées peuvent contaminer les zones de croissance des coquillages. De plus, les pathogènes transmis par l'eau, comme *Vibrio*, sont plus répandus dans les eaux durant les mois chauds (p. ex. dans la Baie de Chesapeake, au milieu de la côte atlantique des États-Unis). Les virus aussi peuvent constituer un problème. Les huîtres filtrent pour se nourrir, plusieurs litres d'eau par jour, et peuvent ainsi concentrer au moins 100 types de virus entériques. On peut recourir à la PCR inverse (au moyen de la transcriptase inverse) ou RT-PCR pour détecter les virus à ARN dans les huîtres, par le biais de leurs acides nucléiques. Cependant, les techniques moléculaires ne sont pas capables de distinguer entre les particules infectieuses et celles qui ne le sont pas, et c'est là un inconvénient majeur. Par exemple, le traitement par les UV peut inactiver de nombreux virus à ARN, sans éliminer le signal donné par la RT-PCR., bien que les virions ne sachent plus se répliquer dans un milieu de culture de tissus adéquat (**figure 41.9**). Des pluies abondantes, dans les zones à coquillages, peuvent entraîner les pathogènes présents dans les systèmes d'épuration des pavillons de vacances voisins et contaminer les eaux côtières. Il est souvent nécessaire d'interdire la récolte des coquillage jusqu'à ce que ceux-ci aient évacué les pathogènes de leurs systèmes digestifs. Ou bien, les coquillages des zones contaminées peuvent être déplacés vers des eaux propres, pour leur permettre de nettoyer leurs systèmes digestifs.

La réaction de polymérisation en chaîne (pp. 326-27)

Les framboises constituent un important exemple d'un autre problème majeur : le transport aérien rapide dans le monde entier, de produits agricoles crus. Récemment, la trace d'une grave épidémie de *Cyclospora cayetanensis* a pu être remontée jusqu'à des framboises importées d'Amérique Centrale vers les États-Unis et

le Canada. Les framboises avaient apparemment été contaminées pendant leur croissance et leur récolte, ce qui provoqua chez les individus atteints une diarrhée sérieuse. Cet organisme a un cycle biologique complexe, qu'on ne comprend pas encore complètement aujourd'hui. Contrairement à *Giardia* et *Cryptosporidium*, qui sont infectieux dès qu'ils ont été évacués dans les fèces, *Cyclospora* ne l'est pas immédiatement. Sa sporulation ou sa maturation prend 12 heures après qu'il ait été éliminé du corps. Le cyste infectieux mature possède deux sporocystes (**figure 41.10**), un critère important pour confirmer la présence de ce parasite dans les aliments ou dans l'environnement. *Cyclospora (p. 653)*

1. Quelles sont les principales maladies alimentaires aux États-Unis ?
2. Donnez la principale caractéristique d'une infection alimentaire, en ce qui concerne le temps requis entre l'ingestion du pathogène et le début de la maladie. Pourquoi cela se passe-t-il ainsi ?
3. Quelles sont les denrées alimentaires ordinaires associées aux gastro-entérites dues à *Campylobacter* ? Quel moyen peut-on utiliser pour empêcher l'apparition de cette maladie alimentaire ?
4. Donnez quelques sources d'*E. coli* O157:H7 qui ont posé problème en termes de transmission de maladie.
5. Pourquoi la nouvelle variante de la maladie de Creutzfeld-Jakob suscite-t-elle tant d'inquiétude ?
6. Citez quelques aliments crus qui ont été impliqués dans la transmission de maladies alimentaires.
7. Pourquoi la spermosphère est-elle importante pour la survie des pathogènes sur les germes ?

Les intoxications alimentaires

La multiplication microbienne dans les produits alimentaires peut également déboucher sur une **intoxication alimentaire**, comme le résume le tableau 39.5 (*voir pp. 928-29*). L'intoxication produit des symptômes peu de temps après consommation de la nourriture, car la croissance des micro-organismes pathogènes n'est pas requise. Les toxines produites dans la nourriture peuvent être associées aux cellules ou libérées par les cellules.

La plupart des souches de *Staphylococcus aureus* engendrent une entérite staphylococcique, associée à la synthèse de toxines extra-cellulaires (*voir section 39.4*). Ce sont des protéines thermorésistantes, donc un chauffage n'assainira généralement pas les aliments. Les effets des toxines sont rapidement ressentis et les symptômes de la maladie apparaissent endéans deux à six heures. Le réservoir principal de *S. aureus* est la cavité nasale de l'homme. Fréquemment, *S. aureus* est transmis par les mains et introduit dans les aliments au cours de leur préparation. Sa croissance et la production de l'entéro-toxine se produisent souvent lors de la conservation des aliments contaminés à température ambiante, pendant plusieurs heures.

Trois bâtonnets Gram-positifs sont responsables d'intoxications alimentaires : *Clostridium botulinum, C. perfringens* et *Bacillus cereus* (*voir tableau 39.5*). Le chapitre 39 décrit l'empoisonnement par *C. botulinum* et celui-ci l'intoxication par *C. perfringens*.

L'empoisonnement par *Clostridium perfringens* est une des intoxications alimentaires les plus répandues. Ces micro-organismes producteurs d'exotoxines doivent se développer dans un aliment, en quantités proches ou supérieures à 10^6 bactéries par gramme, pour provoquer une maladie. Au moins 10^8 bactéries doivent être ingérées. Ce sont des habitants ordinaires du sol, de l'eau, des denrées alimentaires, des épices et du système digestif. Après ingestion, les cellules sporulent dans l'intestin. L'entérotoxine est une protéine produite spécifiquement lors de la sporulation. On la détecte dans les selles des individus atteints. L'empoisonnement alimentaire par *C. perfringens* est fréquent et se produit après chauffage de produits carnés, ce qui engendre une diminution de l'oxygène. Les micro-organismes se développent si les aliments sont refroidis lentement. A 45°C, on détecte l'entéro-toxine trois heures après le début de la croissance. L'apparition des symptômes—diarrhée aqueuse, nausées, et crampes abdomi-nales—se produit habituellement dans les 8 à 16 heures.

Les pommes de terre cuites, servies dans une feuille d'alumi-nium, peuvent constituer un environnement particulier pour des organismes pathogènes. Les pommes de terre, même après lava-ge, sont couvertes de *Clostridium botulinum*, un micro-organisme naturellement présent dans le sol. Si les pommes de terre enve-loppées d'aluminium ne sont pas chauffées suffisamment lors de la cuisson, les clostridies survivantes peuvent proliférer après le retrait du four, et produire rapidement des toxines.

Bacillus cereus pose aussi problème dans les aliments à base d'amidon. Il peut occasionner deux maladies distinctes selon la toxine produite : une indisposition caractérisée par des nausées et des vomissements avec une période d'incubation de 1 à 16 heures ou des troubles diarrhéiques avec une incubation de 4 à 16 heures. Le type émétique est souvent associé au riz bouilli ou frit, alors que le type diarrhéique est associé à un plus large éventail d'aliments.

---

1. Citez quelques-uns des principaux genres impliqués dans les intoxications alimentaires.
2. En quoi une intoxication alimentaire diffère-t-elle d'une infection alimentaire ?

41.5   La détection des pathogènes dans les aliments

Le problème principal dans le maintien de l'hygiène alimentaire est la nécessité de détecter rapidement les micro-organismes pour

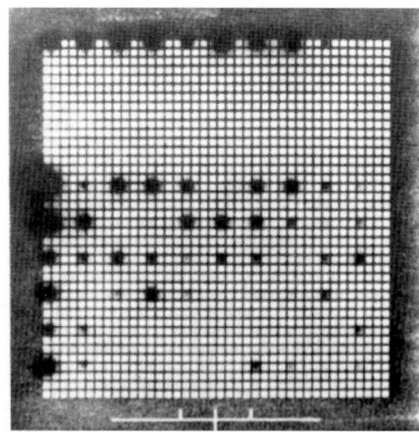

Figure 41.11 Les sondes moléculaires et la microbiologie alimen-taire. Les techniques moléculaires trouvent une utilisation croissante dans l'analyse microbiologique des aliments. Cette figure montre l'hybridation d'une sonde radioactive de *Listeria monocytogenes* avec 100 cultures de *Listeria*. Seules les cultures de *Listeria monocyto-genes* ont une homologie de séquence et fixent la sonde d'ADN, noir-cissant l'autoradiogramme. Les autres espèces de *Listeria* ne réagis-sent pas avec la sonde.

réprimer les manifestations pouvant affecter des populations importantes. C'est particulièrement indispensable en raison de la grande distribution des vivres périssables. Les techniques de cul-ture standards (*voir chapitre 5*) peuvent prendre des jours, voire des semaines pour identifier les pathogènes. L'identification est souvent compliquée parce que ces pathogènes sont en petit nombre par rapport à l'ensemble de la microflore normale. En outre, la composition chimique et physique variée des aliments peut rendre l'isolement difficile. Les tests aux anticorps fluores-cents, les tests ELISA et les tests radioimmunologiques se sont révélés très précieux (*voir section 33.3*). On les utilise pour détec-ter de faibles quantités d'antigènes spécifiques du pathogène.

On utilise également de plus en plus les techniques molécu-laires pour l'identification. Le chapitre 14 décrit les méthodes de base de l'analyse et de la manipulation de l'ADN et de l'ARN. Ces méthodes servent à (1) détecter la présence d'un seul agent pathogène spécifique, (2) détecter des virus ne se multipliant pas facilement et (3) identifier des agents pathogènes à croissance lente ou incultivables.

Il est possible maintenant d'identifier des bactéries patho-gènes en détectant des séquences nucléotidiques spécifiques d'ADN ou d'ARN, au moyen de **sondes** qui ont habituellement de 14 à 40 bases de long. On les génère à partir de fragments de res-triction ou par synthèse chimique directe. On marque ces sondes en y fixant divers marqueurs enzymatiques, isotopiques, chromo-gènes ou luminescents/fluorescents. Comme le montre la **figu-re 41.11**, le grand avantage de ces sondes est la vitesse de détec-tion des micro-organismes spécifiques dans un ensemble de cul-tures. Dans cet exemple, on a employé une membrane quadrillée hydrophobe. Les cultures de *Listeria monocytogenes* sont radio-actives, indiquant qu'elles ont fixé la sonde, alors que les autres espèces de *Listeria* ne montrent pas de fixation.

Un autre exemple de l'utilisation des techniques moléculaires est donné par la détection d'un *E. coli* pathogène. D'habitude, on isole et on identifie *E. coli* O157:H7 au moyen de milieux de cul-ture sélectifs, de kits d'identification rapide (*voir* **figure 41.12**), de

(a)

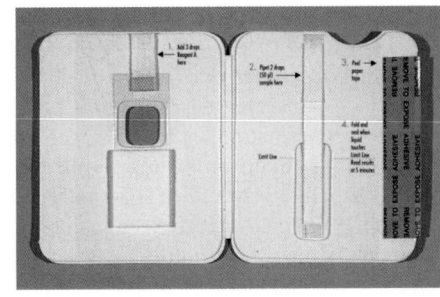

(b)

Figure 41.12 Un test en kit pour l'identification rapide d'*Escherichia coli* O157:H7, après croissance dans un milieu d'enrichissement. (a) Le kit complet contenant la membrane immunochromatique ; **(b)** l'intérieur avec les instructions pour l'analyse des échantillons.

protocoles d'identification rapide basés sur des sondes, de sondes spécifiques de sérotypes, et de techniques PCR. Ces techniques ont aussi été adaptées pour la détection de quelques cellules cibles, au sein de populations importantes de micro-organismes. Par exemple, avec la réaction de polymérisation en chaîne, on peut déceler jusqu'à 10 cellules d'*E. coli* productrices de toxines, parmi une population de 100.000 cellules isolées d'échantillons de fromage à pâte molle.

Un système spécial de PCR (**figure 41.13**) permet de détecter jusqu'à deux unités formatrices de colonie de *Salmonella*. Avec ce procédé, il est possible de confirmer la présence de *Salmonella* dans les 24 à 48 heures, alors qu'avec les procédés de culture standards, il fallait de 3 à 4 jours pour une identification préliminaire. Et la confirmation de cette identification demandait encore un délai supplémentaire. Pour améliorer la sensibilité et augmenter la vitesse de la nouvelle méthode, on passe souvent par une étape de pré-enrichissement avant la PCR. Dans ce type d'analyse, en particulier pour les pathogènes bien caractérisés, tous les réactifs pour la culture et la PCR sont fournis sous forme de « pilule » pour accélérer tout le processus. On utilise maintenant la PCR pour détecter rapidement les pathogènes alimentaires. Dans des études récentes, la construction de produits de PCR spécifiques, longs de 159 et 1.223 paires de bases, séparables par électrophorèse, a permis de détecter *Campylobacter jejuni* et *Arcobacter butzleri* dans le même échantillon, en 8 heures.

L'emploi d'empreintes d'ADN de pathogènes alimentaires constitue un progrès majeur dans la détection de ces pathogènes. Aux États-Unis, les Centres pour le Contrôle et la Prévention des Maladies ont établi un nouveau programme, appelé **PulseNet**, dans lequel on utilise un gel d'électrophorèse en champ pulsé, dans des conditions soigneusement contrôlées et dupliquées pour déterminer le pattern de l'ADN distinctif de chaque pathogène bactérien. Grâce à ce protocole uniformisé, il est possible d'associer à une source alimentaire spécifique, les pathogènes responsables d'épidémies en différents points du globe,. Les données récoltées dans le monde entier sont actuellement utilisées dans **FoodNet**, un réseau de surveillance active, qui suit neuf maladies importantes d'origine alimentaire. Grâce à la méthode FoodNet, il est possible de retracer le chemin suivi par une infection et d'en trouver la cause, en quelques jours au lieu de semaines. Par exemple, la trace d'une épidémie due à *Shigella*, apparue dans

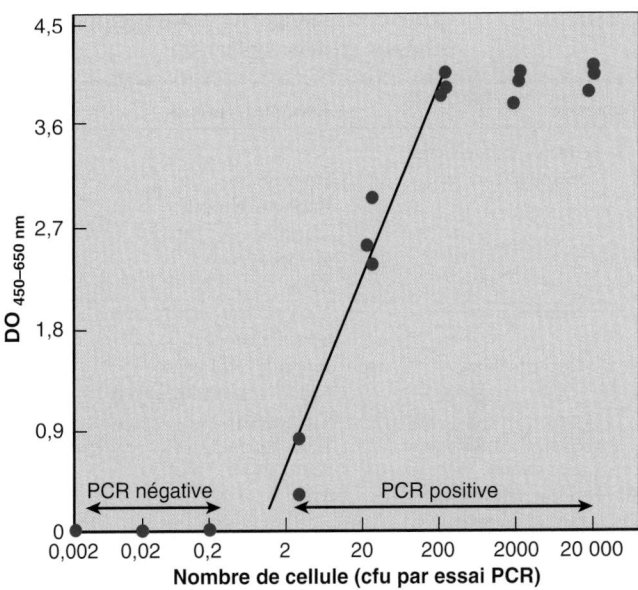

Figure 41.13 La détection de pathogènes basée sur la réaction de polymérisation en chaîne (PCR). Comparaison entre la sensibilité de la PCR et de la croissance, pour la détection de *Salmonella agona*. Le système PCR Probalia™ peut détecter jusqu'à deux unités formatrices de colonie (cfu) du pathogène. DO = densité optique.

trois régions différentes d'Amérique du Nord, a été suivie jusqu'à un persil mexicain qui avait été souillé par une eau d'irrigation polluée. Ce programme a eu pour résultat une mise en évidence plus rapide des relations épidémiologiques et une diminution des cas observés de bon nombre de ces importantes maladies d'origine alimentaire.

1. Qu'est-ce qu'une « sonde » et comment l'utilise-t-on pour détecter les pathogènes d'origine alimentaire ?
2. Comment utilise-t-on la réaction de polymérisation en chaîne pour détecter un pathogène ?
3. Comment utilise-t-on PulseNet et FoodNet pour surveiller les maladies d'origine alimentaire ?

41.6 La microbiologie des aliments fermentés

Cela fait des milliers d'années que la fermentation constitue un moyen important de conserver des aliments. La croissance de populations microbiennes naturelles ou inoculées occasionne des modifications chimiques et/ou de texture, formant un produit qui peut être stocké longtemps. On utilise également la fermentation pour créer de nouveaux goûts et parfums alimentaires agréables.

Les principales fermentations utilisées en microbiologie alimentaire sont les fermentations lactique, propionique et alcoolique (*voir section 9.3*). Ces fermentations sont réalisées avec une large gamme de cultures, dont beaucoup n'ont pas été caractérisées.

Les laits fermentés

A travers le monde, on produit au moins 400 laits fermentés différents. Ces fermentations sont conduites avec des bactéries lactiques thérapeutiques, mésophiles et thermophiles, aussi bien qu'avec des levures et des moisissures (**tableau 41.7**). On ne présentera dans cette section que quelques principaux exemples de ces types de fermentation.

Mésophile

Les fermentations mésophiles du lait proviennent de techniques de fabrication similaires, dans lesquelles l'acide produit par l'activité microbienne entraîne la dénaturation des protéines. Dans ce procédé, on inocule habituellement le lait avec la culture désirée (**encadré 41.3**), on l'incube à une température optimale (de 20 à 30°C environ) et on arrête ensuite la croissance microbienne par refroidissement. On utilise des cultures de *Lactobacillus* sp. et de *Lactococcus lactis* pour donner le goût et l'acidité. *Lactococcus lactis* subsp. *diacetylactis* convertit le citrate du lait en diacétyle qui donne un goût de noisette particulier au produit fini. Ces micro-organismes sont utilisés aussi dans du lait écrémé pour produire du babeurre fermenté, et dans la crème pour produire de la crème surie. Le genre *Lactobacillus* (pp. 529-30). Le genre *Lactococcus* (pp. 531-33).

Thermophile

En plus des fermentations mésophiles du lait, on peut effectuer des fermentations thermophiles à des températures voisines des 45°C. La production de yaourt en est un exemple.

Le yaourt est fabriqué au moyen d'un levain spécial dans lequel il y a deux bactéries, *S. thermophilus* et *L. bulgaricus* dans un rapport 1:1. Pendant la croissance parallèle de ces organismes, l'acide est produit par le streptocoque et les composés aromatiques sont formés par le lactobacille. Du yaourt fraîchement préparé contient 10^9 bactéries par gramme.

Thérapeutique

Les laits fermentés ont des effets bénéfiques. Le lait à *acidophilus* est produit en utilisant *Lactobacillus acidophilus*. *L. acidophilus* modifie la flore microbienne de l'intestin inférieur, améliorant ainsi la santé générale et servant souvent d'auxiliaire diététique.

Tableau 41.7 Principales catégories et exemples de produits laitiers fermentés

Catégorie	Exemples typiques
I. Fermentations lactiques	
Mésophiles	Babeurre
	Babeurre fermenté
	Långofil
	Tëmjolk
	Ymer
Thermophiles	Yaourt, laban, zabadi, labneh, skyr babeurre bulgare
Thérapeutiques	Biogarde®, Bifighurt®
	Lait à l'acidophilus, yakult
	Cultura-AB®
II. Fermentations lactiques avec levures	Kefir, koumiss, lait à l'acidophilus et à la levure
III. Fermentations lactiques avec moisissures	Viili

Source : Tableau 3.1, p. 58. Dans B. A. Law, éditeur. 1997. *Microbiology and Biochemistry of cheese and fermented milk*, 2ème éd. New York : Chapman and Hall.

Encadré 41.3

Les levains, les infections par bactériophages et les plasmides

Des cultures de bactéries lactiques, appelées **levains** (« starter cultures »), sont ajoutées au lait lors de la préparation de beaucoup de produits laitiers. Par exemple, *Streptococcus lactis* et *S. cremoris* interviennent dans la production de fromage. Un des problèmes les plus importants pour l'industrie laitière est la présence de bactériophages qui détruisent ces levains. La production d'acide lactique par un levain fortement infecté par des phages peut s'arrêter dans les 30 minutes. L'industrie a essayé de résoudre ce problème en appliquant des techniques stériles, de manière à réduire la contamination par les phages, et en sélectionnant des cultures bactériennes résistantes aux phages.

A long terme, la plupart de ces efforts n'ont pas été fructueux. Il est apparu que les techniques strictement stériles et les cultures pures résistantes aux phages faisaient en réalité partie du problème. Les cultures les plus stables et les plus fiables, les levains P, contiennent des bactériophages à l'état pseudolysogénique. Quand les cultures croissent en l'absence de phages ou dans des conditions stériles (levains L), elles perdent leur résistance aux phages. La clef de cette énigme se trouve dans les plasmides, qui peuvent bloquer l'adsorption des phages. La perte des plasmides dans une sous-population de bactéries permet aux phages d'atteindre l'état pseudolysogène. De nouveaux phages peuvent se développer en acquérant des enzymes de restriction (*voir section 14.1*), portés par les plasmides. Ces phages modifiés deviennent à nouveau lytiques, et il s'établit un nouvel équilibre dans la population.

On teste actuellement d'autres méthodes de contrôle. Dans la lutte permanente entre les bactéries lactiques et leurs phages, on utilise aujourd'hui de l'ARN antisens comme agent contre les gènes phagiques.

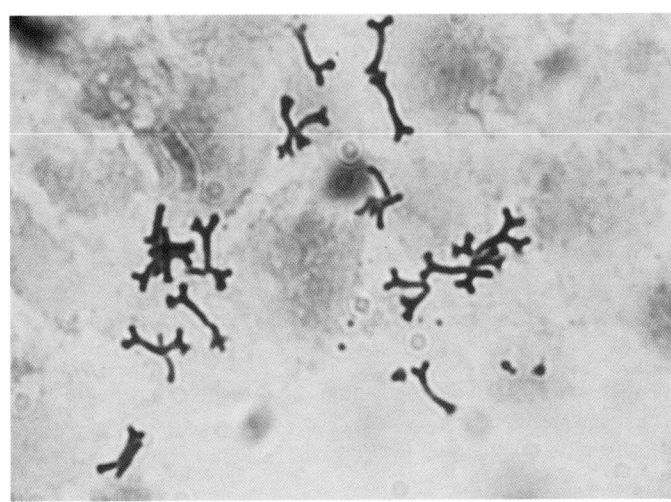

Figure 41.14 Les bifidobactéries. Les laits fermentés augmentent en popularité. Une image au microscope optique de *Bifidobacterium* est présentée ci-dessus. On pense que ce micro-organisme est très profitable à la santé.

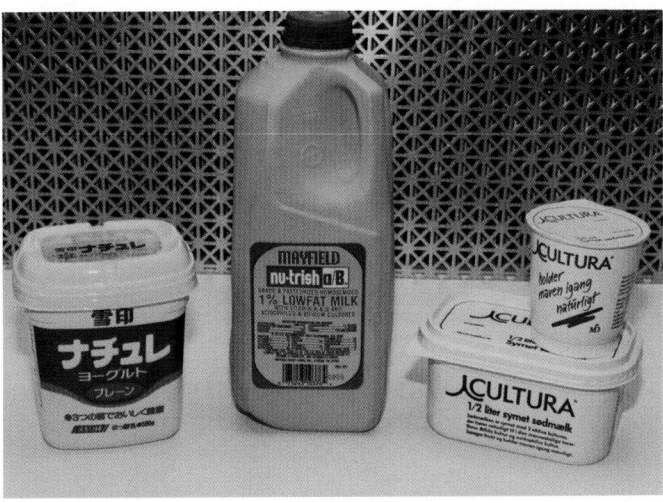

Figure 41.15 Exemples de produits laitiers au *Bifidus actif* (*Bifidobacterium*). Ces produits sont fabriqués dans de nombreux pays.

De nombreux micro-organismes des produits laitiers fermentés stabilisent la microflore de l'intestin et certains semblent avoir des propriétés antimicrobiennes. La nature exacte et l'étendue des avantages pour la santé sont encore mal définis, mais ils peuvent minimiser l'intolérance au lactose, réduire le cholestérol sérique et avoir peut-être un pouvoir anticancéreux. Plusieurs lactobacilles ont des composés anticancéreux dans leur paroi. Ces observations suggèrent que des régimes avec des bactéries lactiques, particulièrement *L. acidophilus*, contribueraient au contrôle du cancer du côlon.

Un autre groupe intéressant est celui des bifidobactéries. Le genre *Bifidobacterium* contient des bâtonnets irréguliers, non sporulants, Gram-positifs qui ont une extrémité en forme de crosse ou fourchue (**figure 41.14**). Les bifidobactéries sont non mobiles, anaérobies et fermentent le lactose, ainsi que d'autres sucres, en acides acétique et lactique. Ce sont des hôtes typiques de l'intestin humain, découverts en 1906. Plusieurs propriétés bénéfiques leur sont attribuées. On pense que ces bactéries contribuent à l'équilibre intestinal normal, tout en améliorant la tolérance au lactose, possèdent une activité antitumorale et réduisent les niveaux de cholestérol sérique. De plus, elles favoriseraient l'absorption du calcium et la synthèse des vitamines B. On a aussi suggéré que les bifidobactéries réduisaient ou empêchaient la sécrétion des rotavirus, une cause de diarrhée chez les enfants. Des produits laitiers fermentés améliorés au *Bifidus* sont maintenant disponibles dans différents pays (**figure 41.15**).

Lactique avec levures

Le **kefir**, un produit contenant jusqu'à 2 % d'alcool, fait partie des produits de la fermentation lactique en présence de levures. Ce lait fermenté particulier provient des montagnes du Caucase et est produit jusqu'en Mongolie. Une production active de dioxyde de carbone tend à rendre les kefirs mousseux et écumeux. Ce procédé est basé sur l'emploi des « grains » de kefir comme inoculum. Ce sont des mottes de caséine coagulée qui contiennent des levures, des bactéries lactiques et des bactéries acétiques (**figure 41.16**). Dans cette fermentation, on utilise les grains pour inoculer le lait frais, et on les récupère à la fin de la fermentation. A l'origine, le kefir était produit dans des sacs de cuir qu'on mettait pendre à la porte de devant. Les passants étaient supposés appuyer sur le sac et le malaxer afin d'en mélanger le contenu et de stimuler la fermentation. On pouvait à l'occasion ajouter du lait frais pour entretenir l'activité.

Lactique avec moisissures

La fermentation lactique en présence de moisissures donne un lait finnois fermenté particulier, appelé viili. Le lait est placé dans une tasse et inoculé avec un mélange du mycète *Geotrichium candidum* et de bactéries lactiques. La crème monte à la surface et après incubation à 18-20°C pendant 24 heures, l'acide lactique atteint une concentration de 0,9 %. Le mycète forme une couche veloutée à la surface du produit fini, qui peut aussi être fait avec une couche de fruit au fond de la tasse, pour ajouter un goût supplémentaire.

---

1. Quels sont les principaux types de fermentations du lait ?
2. Décrivez brièvement comment on fabrique le babeurre, la crème surie et le yaourt.
3. Qu'y a-t-il de particulier dans la morphologie de *Bifidobacterium* ? Pourquoi l'utilise-t-on dans le lait ?
4. Comment et où sont fabriqués le kefir et le viili ?

La production de fromage

Le fromage est une des denrées alimentaires humaines les plus anciennes, car son origine remonterait à environ 8.000 ans. Au moins 2.000 variétés différentes de fromage sont produites à travers le monde, représentant approximativement 20 types généraux

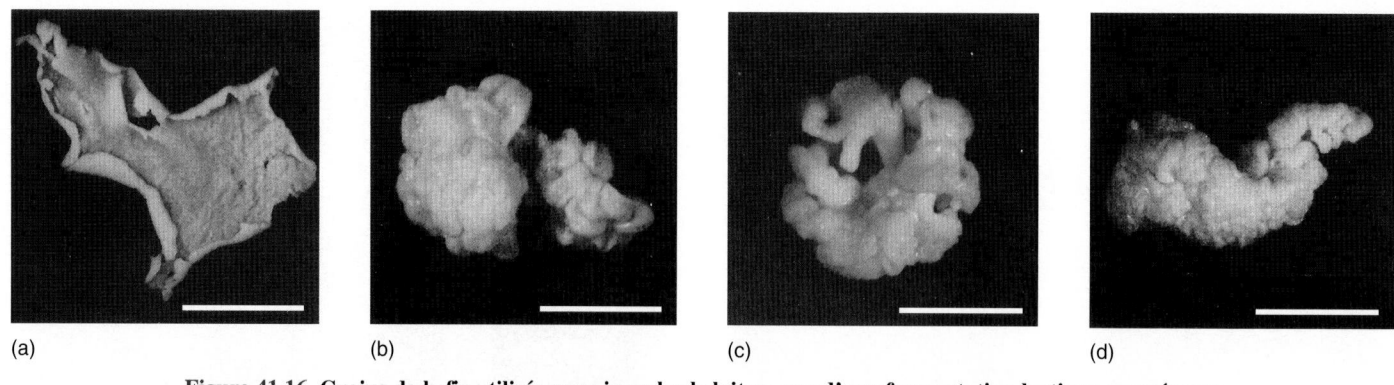

(a)   (b)   (c)   (d)

Figure 41.16 Grains de kefir utilisés pour inoculer le lait en vue d'une fermentation lactique en présence de levures. Les grains de kefir sont des extraits de lait séché qui contiennent une variété de bactéries et de levures. Lorsque la fermentation est achevée, les grains sont récupérés, lavés et utilisés pour inoculer un autre volume de lait frais. La barre = 1 cm.

Tableau 41.8 Principaux types de fromage et de micro-organismes utilisés pour leur production

Fromage (pays d'origine)	Micro-organismes impliqués[a]	
	Stades précoces de la production	**Stades tardifs de la production**
Mou, non affiné		
Fromage blanc	*Lactococcus lactis*	*Leuconostoc cremoris*
Fromage crémeux	*L. cremoris, L. diacetylactis, S. thermophilus, L. bulgaricus*	
Mozzarella (Italie)	*S. thermophilus, L. bulgaricus*	
Mou, affiné		
Brie (France)	*Lactococcus lactis, L. cremoris*	*Penicillium camemberti, P. candidum, Brevibacterium linens*
Camembert (France)	*L. lactis, L. cremoris*	*Penicillium camemberti, Brevibacterium linens*
Demi-dur, affiné		
Bleu, Roquefort (France)	*Lactococcus lactis, L. cremoris*	*Penicillium roqueforti*
Brick, Muenster (États-Unis)	*L. lactis, L. cremoris*	*Brevibacterium linens*
Herve (limburger) (Belgique)	*L. lactis, L. cremoris*	*Brevibacterium linens*
Dur, affiné		
Cheddar, Colby (Grande Bretagne)	*Lactococcus lactis, L. cremoris*	*Lactobacillus casei, L. plantarum*
Gruyère (Suisse)	*L. lactis, L. helveticus, S. thermophilus*	*Propionibacterium shermanii, P. freudenreichii*
Très dur, affiné		
Parmesan (Italie)	*Lactococcus lactis, L. cremoris, S. thermophilus*	*Lactobacillus bulgaricus*

[a]*Lactococcus lactis* signifie *L. lactis* subsp. *lactis. Lactococcus cremoris* est *L. lactis* subsp. *cremoris,* et *Lactococcus diacetilactis* est *L. lactis* subsp. *diacetilactis.*

(**tableau 41.8** et **figure 41.17**). Les fromages sont souvent classés, sur la base de leur texture et de leur fermeté, en fromages à pâte molle (fromage blanc, crème, brie), à pâte demi-dure (munster, herve, bleu), à pâte pressée ou dure (cheddar, colby, gruyère) ou à pâte très dure (parmesan). Tous ces fromages résultent d'une fermentation lactique du lait qui provoque une coagulation des pro-téines du lait et la formation d'un caillé. Celle-ci peut être induite également par la rennine, une enzyme de l'estomac de veau, pro-duite actuellement par des micro-organismes génétiquement modifiés. Après formation du caillé, il y a chauffage et pressage pour éliminer la partie liquide du lait appelée petit-lait. Viennent enfin le salage et, habituellement, l'affinage (**figure 41.18**). Le

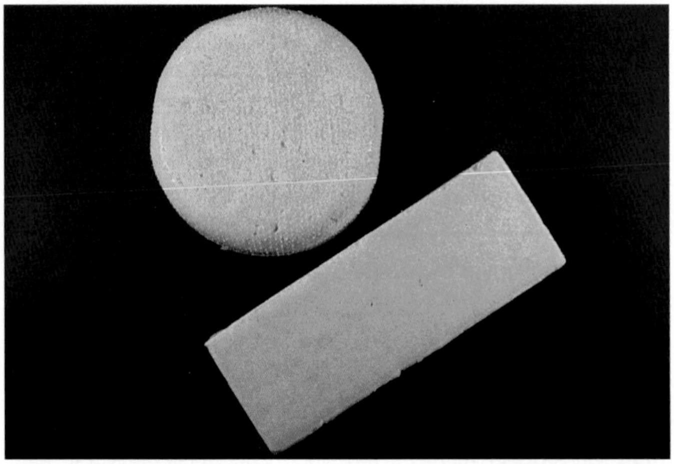

(a)

(b)

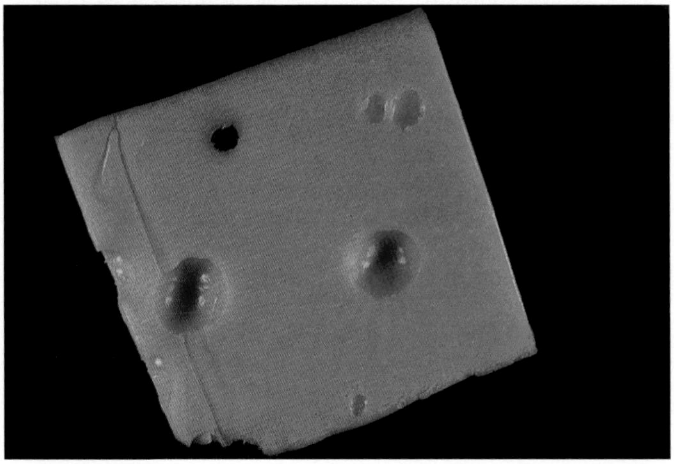

(c)

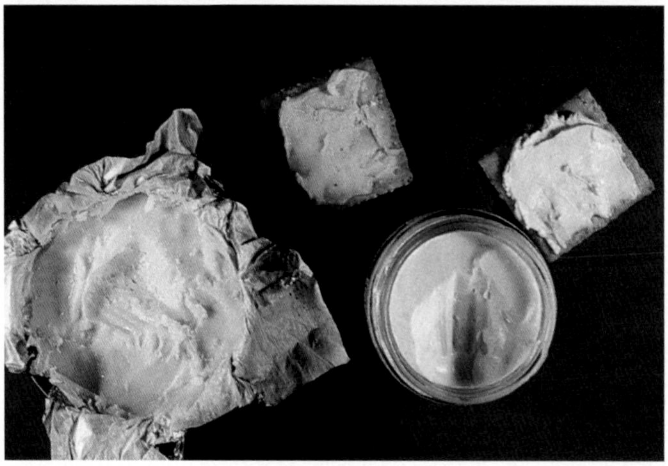

(d)

Figure 41.17 Les fromages. Un assortiment étonnant de fromages est produit dans le monde, en utilisant des micro-organismes. (**a**) Gouda (en haut, à gauche) et cheddar (inférieur droit). Notez à la surface du gouda les bosselures typiques dues à l'étamine et au recouvrement de cire rouge. (**b**) Roquefort émietté pour préparer un assaisonnement de salade. Les zones foncées sont dues à la croissance intense du *Penicillium*. (**c**) Gruyère. Ce fromage affiné dur contient des trous formés par le gaz carbonique produit par la fermentation due à *Propionibacterium*. (**d**) Le brie (à gauche) et le herve (limburger, à droite) sont des fromages affinés, respectivement, mou et demi-dur. L'affinage se fait grâce à la croissance superficielle de *Penicillium camemberti* (brie) et *Brevibacterium linens* (herve). (**e**) Les fromages blancs et crémeux (étalés sur des crackers) sont des fromages mous non affinés. Ils sont vendus immédiatement après la production et le caillé est consommé sans autre modification par des micro-organismes.

(e)

Figure 41.18 La production de cheddar. Cheddar, un village anglais, a donné son nom à un fromage fabriqué dans plusieurs parties du monde. La texture particulière de ce fromage tient au procédé de tournage et d'entassement du caillé pour exprimer le petit lait.

caillé du fromage peut être conditionné pour un affinage avec ou sans micro-organismes supplémentaires. Dans la fabrication du roquefort et des fromages persillés (bleus), on ensemence le caillé avec des spores de *Penicillium roqueforti*, juste avant le traitement final du fromage. Parfois, on inocule la surface d'un fromage déjà formé, au début de l'affinage. Par exemple, le camembert est inoculé avec des spores de *Penicillium camemberti*. La fermeté finale du fromage est en partie fonction de la durée de l'affinage. Les fromages mous ne sont affinés que pendant 1 à 5 mois, alors que les fromages durs exigent 3 à 12 mois et que les fromages très durs, comme le parmesan, nécessitent 12 à 16 mois d'affinage.

Le processus d'affinage est également critique pour le fromage suisse, comme le gruyère. La production de gaz par *Propionibacterium* contribue au développement du goût final et à la formation des trous. Certains fromages comme le herve, subissent un trempage dans une saumure pour stimuler le développement de mycètes et de bactéries spécifiques.

La viande et le poisson

Outre les produits laitiers fermentés, il existe une variété de produits carnés fermentés, comme les jambons de campagne fumés, les saucissons, les salamis, les sauces de poisson (traitées avec des espèces halophiles de *Bacillus*), et deux préparations japonaises l'izushi et le katsuobushi. *Pediococcus cerevisiae* et *Lactobacillus plantarum* sont, le plus souvent, impliqués dans les fermentations des saucissons. L'izushi est basé sur la fermentation de poissons frais, de riz et de légumes par des *Lactobacillus*, le katsuobushi résulte de la fermentation du thon par *Aspergillus glaucus*.

1. Quelles sont les principales étapes de la production de fromage ? Comment, dans ce processus, se forme le caillé ? Qu'est-ce que le petit lait ? Comment se forment les trous du fromage de Gruyère ?
2. Quel genre de mycète intervient souvent dans la fabrication du fromage ? Quels fromages sont produits au moyen de ce genre ?
3. Citez un genre microbien utilisé dans les fermentations de viande.

La production de boissons alcoolisées

Toute une variété de plantes qui contiennent les glucides nécessaires peuvent être utilisées pour produire des boissons alcoolisées. Quand les glucides sont disponibles sous une forme facilement fermentable, la fermentation peut démarrer immédiatement. Par exemple, les raisins sont broyés pour en extraire le jus ou **moût**, qu'on peut mettre à fermenter sans autre délai. On peut aussi stériliser le moût par pasteurisation ou addition de dioxyde de soufre et y ajouter ensuite la culture microbienne voulue.

Par contre, avant de pouvoir utiliser des céréales et d'autres matières amylacées pour la production d'alcool, il faut hydrolyser leurs glucides complexes. Ceux-ci sont mélangés à de l'eau et incubés au cours du **brassage**. On écarte ensuite les matières insolubles pour obtenir le **moût de brasserie**, un liquide clair contenant des sucres et d'autres molécules simples. Une grande partie de l'art de la bière concerne l'hydrolyse contrôlée des protéines et des glucides pour donner le corps et le goût au produit final.

Les vins et les champagnes

L'**oenologie** (du grec *oinos*, vin et *logia*, théorie) est l'étude des techniques de fabrication et de conservation des vins. La production du vin débute par le récolte des raisins, se poursuit par leur foulage et la séparation du liquide (moût) avant la fermentation et se termine par une variété de méthodes de stockage et de maturation (**figure 41.19**). Tous les raisins ont un jus blanc. Pour obtenir un vin rouge d'un raisin rouge, il faut garder les peaux des grains de raisin en contact avec le moût, avant la fermentation, pour libérer leurs composés colorés. On peut faire du vin grâce aux micro-organismes présents sur les peaux des raisins. Ce mélange naturel de bactéries et de levures donne des résultats de fermentation imprévisibles. Pour éviter ces problèmes, on traite le moût frais à l'anhydride sulfureux et on ajoute la souche désirée de *Saccharomyces cerevisiae* ou de *S. ellipsoideus*. Après inoculation, le jus fermente pendant trois à cinq jours, à des températures variant de 20 à 28°C. Selon la tolérance en alcool de la souche de levure, le produit final contient de 10 à 18 % d'alcool. La clarification et le développement du goût se produisent pendant le processus de vieillissement. Les levures (pp. 554, 560-63).

Une partie critique de la fabrication du vin est celle du choix de la production d'un vin sec (sans sucre libre) ou d'un vin plus doux (contenant des quantités variables de sucre). Le contenu en sucre du moût peut être ajusté avant la fermentation. En présence de concentrations élevées en sucre, l'alcool s'accumulera et inhibera la fermentation avant que le sucre ne soit complètement utilisé, produisant ainsi un vin plus doux. Les composés parfumés s'accumulent pendant la fermentation finale, au cours du vieillissement et influencent ainsi le bouquet du vin.

Le développement microbien, durant la fermentation, produit des sédiments qui sont éliminés pendant le **soutirage**. Le soutirage peut se faire au moment où le vin fermenté est mis en bouteilles ou en fûts pour vieillir, ou même après que le vin ait été mis en bouteilles.

Étape du traitement   **Modification biologique**

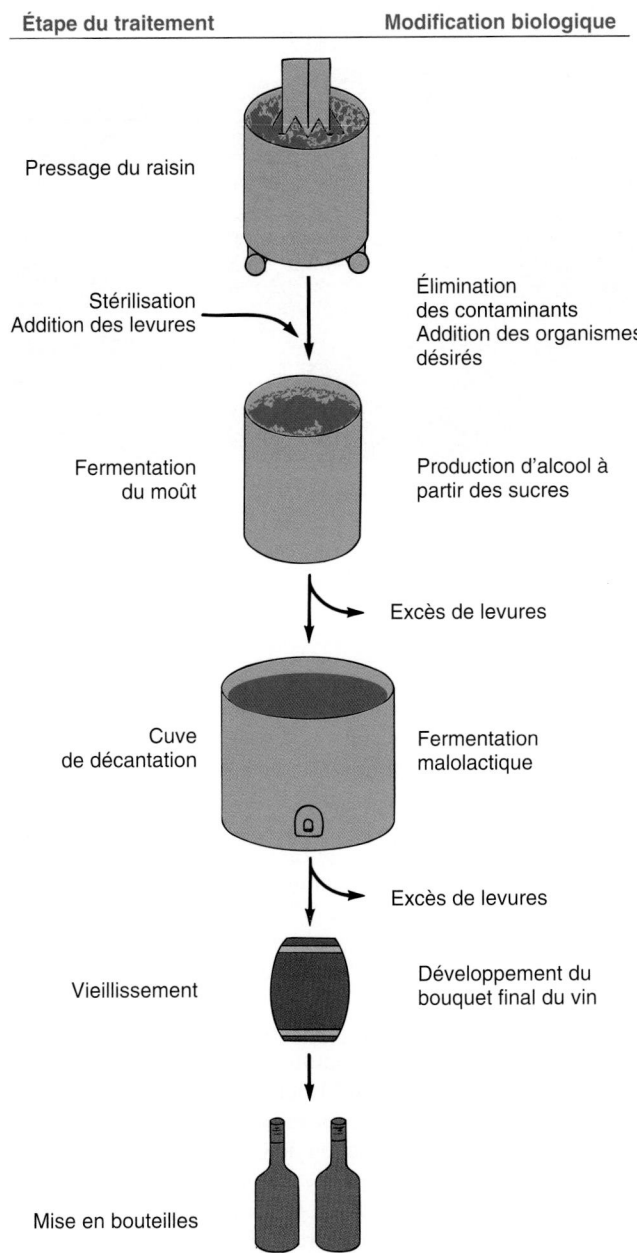

Pressage du raisin

Stérilisation
Addition des levures

Élimination
des contaminants
Addition des organismes
désirés

Fermentation
du moût

Production d'alcool à
partir des sucres

Excès de levures

Cuve
de décantation

Fermentation
malolactique

Excès de levures

Vieillissement

Développement du
bouquet final du vin

Mise en bouteilles

Figure 41.19 La fabrication du vin. Après pressage des raisins, les sucres du jus (le moût) sont immédiatement fermentés pour produire du vin. Préparation du moût, fermentation et vinification sont des étapes critiques.

Il existe de nombreuses variations de fabrication du vin. Le vin peut être distillé pour obtenir un vin « brûlé » ou « brandy » ou différents types de cognacs. *Acetobacter* et *Gluconobacter* oxydent l'éthanol en acide acétique pour transformer le vin en **vinaigre de vin**. Anciennement, on utilisait un générateur d'acide acétique en faisant circuler le vin sur un lit de copeaux de bois à la surface desquels les micro-organismes désirés se développaient. Actuellement, on obtient ce vinaigre dans des conditions beaucoup plus contrôlées, grâce à des cultures aérobies submergées.

On produit les champagnes naturels en poursuivant la fermentation en bouteille pour obtenir un vin naturellement pétillant. La collecte des sédiments subsistants se fait dans le col des bou-teilles inversées, après qu'on les ait soigneusement tournées. Après congélation des cols et débouchage des bouteilles, on peut retirer les sédiments accumulés congelés. Un remplissage des bouteilles à l'aide de champagne clarifié donne un produit prêt pour le rebouchage et l'étiquetage final.

Les bières et les ales

La bière et l'ale sont préparées à partir de grains de céréales comme l'orge, le blé et le riz. Les amidons et les protéines complexes de ces grains doivent être transformés en un mélange de glucides et d'acides aminés plus facilement utilisables. Dans ce procédé, montré dans la **figure 41.20**, les grains d'orge sont forcés à germer et à activer leurs enzymes pour produire le **malt**. Le malt mélangé avec de l'eau et les grains désirés, est transféré dans la cuve de brassage pour hydrolyser l'amidon en glucides utilisables. Le **brassin** est obtenu lorsque le **moût de brasserie** subit un chauffage en présence de houblon (des fleurs séchées de la plante grimpante femelle *Humulus lupulus*), qui était anciennement ajouté au moût pour inhiber les micro-organismes responsables de l'altération. Le houblon aromatise et facilite la clarification du moût. Au cours de cette étape de chauffage, on inactive les enzymes hydrolytiques. Le moût est ensuite ensemencé avec la levure désirée.

La plupart des bières sont fermentées avec des **levures basses** (fermentation basse), apparentées à *Saccharomyces carlsbergensis,* qui se déposent au fond de la cuve de fermentation. Le goût de la bière est également influencé par la production de petites quantités de glycérol et d'acide acétique. Les levures de fermentation basse produisent, après 7 à 12 jours de fermentation, des bières dont le pH est égal à 4,1-4,2 (**figure 41.21**). Avec une levure de fermentation haute, comme *Saccharomyces cerevisiae*, le pH est baissé à 3,8 pour produire des ales (bières anglaises). Les bières fraîchement fermentées subissent un **affinage** ou vieillissement. Lors de la mise en bouteille, on ajoute habituellement du CO_2. La bière peut être pasteurisée à 60°C et au-delà, ou stérilisée par passage à travers des membranes filtrantes pour minimiser les modifications de goût.

Un peu partout, se manifeste un intérêt grandissant pour les bières spéciales. Des « Braumeisters » (maîtres-brasseurs) locaux développent des produits particuliers, grâce à des techniques de brassage et à des ingrédients spéciaux. Ces créations reçoivent souvent des noms inhabituels. Ceci a donné naissance à des festivals de dégustation locale et à un intérêt croissant pour l'art et le métier du brassage.

Les eaux de vie

La production des eaux de vie est une extension des procédés de production de la bière. Après ébullition du liquide fermenté on condense les composés volatils pour produire un liquide dont le contenu en alcool est supérieur à celui de la bière. Le rye et le bourbon sont des exemples de whisky. Le rye doit contenir au moins 51 % d'alcool de seigle et le bourbon doit contenir au moins 51 % d'alcool de maïs. Le whisky écossais est fait principalement d'orge. On utilise habituellement un **moût acide**. Le moût est inoculé avec une bactérie homolactique (dont le produit de fermentation principal est l'acide lactique), comme *Lactobacillus delbrueckii* qui diminue le pH du moût à une valeur proche de 3,8 en 6 à 10 heures. Ceci limite le développement des organismes indésirables. La vodka et les alcools de grain sont éga-

Étape du traitement	Modification biologique

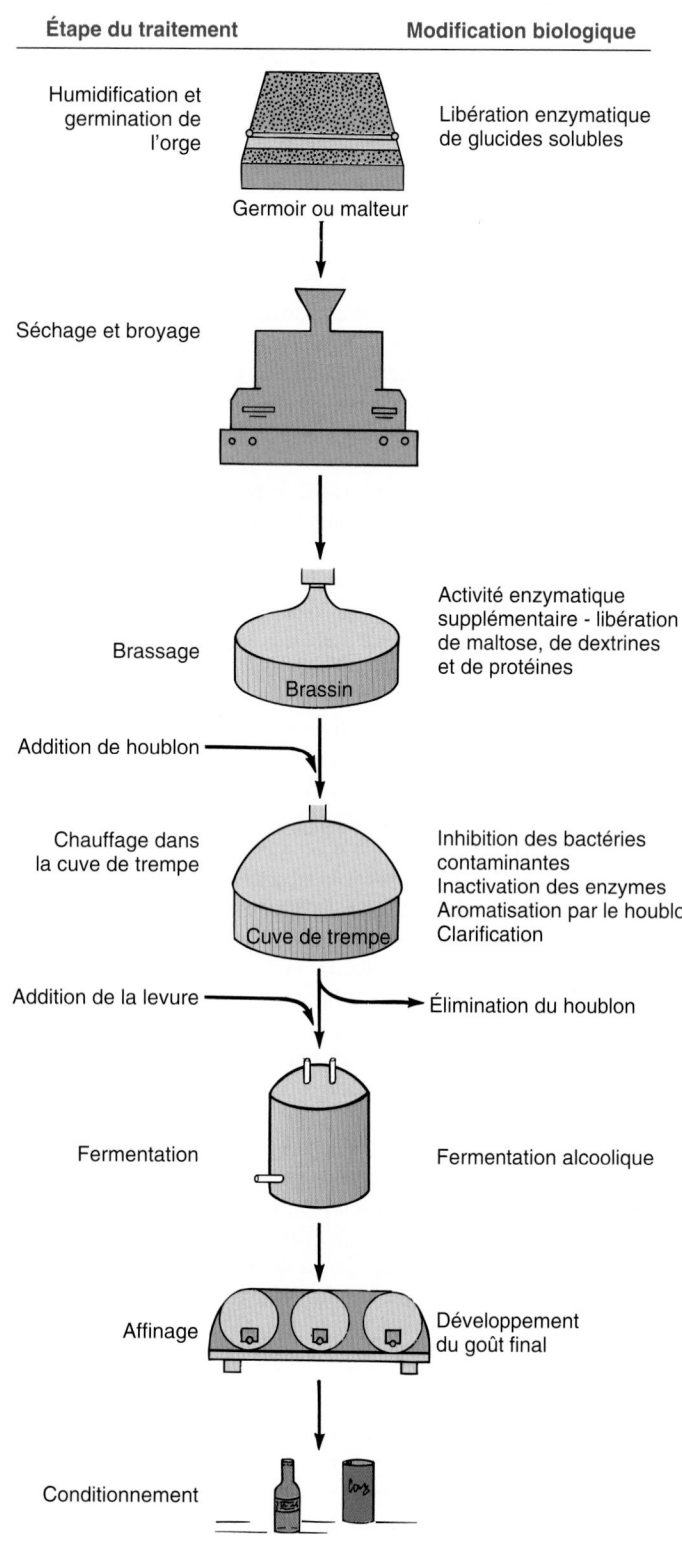

Humidification et germination de l'orge — Libération enzymatique de glucides solubles

Germoir ou malteur

Séchage et broyage

Brassage — Activité enzymatique supplémentaire - libération de maltose, de dextrines et de protéines

Brassin

Addition de houblon

Chauffage dans la cuve de trempe — Inhibition des bactéries contaminantes / Inactivation des enzymes / Aromatisation par le houblon / Clarification

Cuve de trempe

Addition de la levure → Élimination du houblon

Fermentation — Fermentation alcoolique

Affinage — Développement du goût final

Conditionnement

Figure 41.20 La production de la bière. Pour fabriquer de la bière, il faut d'abord transformer les glucides complexes des grains en un substrat de fermentation. Les étapes importantes du maltage sont donc nécessaires, ainsi que l'utilisation du houblon et la cuisson pour la clarification, le développement du goût et l'inactivation des enzymes de maltage. La véritable fermentation ne peut avoir lieu qu'une fois ces étapes accomplies.

Figure 41.21 La fermentation de la bière. La fabrication de la bière peut se faire sur une grande échelle ou dans une cuisine. Dans les processus à grande échelle, on utilise souvent des cuves de brassage en cuivre, comme on le montre ici, dans la brasserie Carlsberg à Copenhague, Danemark.

lement obtenus par distillation. Le gin est de la vodka à laquelle on a ajouté des aromates résineux — souvent des baies de genévrier — pour obtenir un arôme et un goût particuliers.

La production de pain

Le pain est une des denrées alimentaires humaines les plus anciennes et est produit avec l'aide de micro-organismes. L'utilisation des levures pour faire lever le pain est soigneusement décrite dans les peintures de l'ancienne Egypte. Une boulangerie datant de 2575 avant J.C. a été mise au jour, dans le périmètre des pyramides à Gizeh. On estime qu'elle fournissait du pain à 30.000 personnes chaque jour. Des échantillons de pain remontant à 2100 av. J-C sont exposés au British Museum. Au cours de la préparation du pain, la levure se développe en aérobiose. Ce type de développement augmente la production de CO_2 et diminue l'accumulation d'alcool. La fermentation du pain comporte plusieurs étapes : les alpha et bêta-amylases, présentes dans la pâte humide, libèrent du maltose et du saccharose de l'amidon. Ensuite, on ajoute une souche de boulangerie de la levure *Saccharomyces cerevisiae* contenant plusieurs enzymes : maltase, invertase et zymase. La production de CO_2 par la levure donne la texture légère de nombreux pains et les traces de produits de fermentation contribuent au goût final. Habituellement, les boulangers ajoutent suffisamment de levure pour permettre au pain de lever en deux heures — plus long est le temps de levage, plus les germes contaminants se développent (bactéries et mycètes) et moins attrayant est le produit final.

En utilisant des ensembles plus complexes de micro-organismes, les boulangers peuvent produire des pains spéciaux comme les pains au levain. La levure *Saccharomyces exiguus* et une espèce de *Lactobacillus* donnent le goût acide et l'arôme caractéristiques de ces pains.

Certaines espèces de *Bacillus* diminuent parfois la qualité des produits panifiés. Une cuisson de la pâte après le développement de ces organismes fournit un pain filant de mauvaise qualité que les consommateurs acceptent mal.

Tableau 41.9   Aliments fermentés dérivés de fruits, de légumes, de graines et de produits apparentés

Aliments	Ingrédients crus	Micro-organismes fermentants	Régions
Café	Grains de café	*Erwinia dissolvens, Saccharomyces* spp.	Brésil, Congo, Hawaï, Inde
Choucroute	Chou	*L. mesenteroides, L. plantarum*	Monde entier
Gari	Manioc	*Corynebacterium manihot, Geotrichum* spp.	Afrique de l'Ouest
Kenkey	Maïs	*Aspergillus* spp., *Penicillium* spp., lactobacilles, levures	Ghana, Nigéria
Kimchi	Chou et légumes apparentés	Bactéries lactiques	Corée
Miso	Graines de soja	*Aspergillus oryzae, Zygosaccharomyces rouxii*	Japon
Ogi	Maïs	*Lactobacillus plantarum, Lactococcus lactis, Zygosaccharomyces rouxii*	Nigéria
Olives	Olives vertes	*Leuconostoc mesenteroides, Lactobacillus plantarum*	Monde entier
Ontjom	Gâteau pressé d'arachides	*Neurospora sitophila*	Indonésie
Peujeum	Manioc	Moisissures	Indonésie
Pickles	Concombres, cornichons	*Pediococcus cerevisiae, L. plantarum*	Monde entier
Poi	Racines de taro	Bactéries lactiques	Hawaï
Choucroute	Chou	*L. mesenteroides, L. plantarum*	Monde entier
Sauce au soja	Graines de soja	*Aspergillus oryzae* ou *A. soyae, Z. rouxii, Lactobacillus delbrueckii*	Japon
Sufu	Graines de soja	*Mucor* spp.	Chine
Tao-si	Graines de soja	*A. oryzae*	Philippines
Tempeh	Graines de soja	*Rhizopus oligosporus, R. oryzae*	Indonésie, Nouvelle Guinée, Surinam

D'après James M. Jay. 2000. *Modern Food Microbiology*, 6ᵉ édition. Reproduit avec l'autorisation de l'éditeur Van Nostrand Reinhold. Tous droits réservés.

Autres aliments fermentés

Le **tableau 41.9** montre de nombreux autres produits végétaux fermentescibles. Parmi ceux-ci, il y a le sufu obtenu par la fermentation du tofu, un produit de coagulation chimique du lait de soja. Pour réaliser cette fermentation, le caillé de tofu est coupé en petits morceaux et plongé dans une solution de sel et d'acide citrique. Après chauffage des cubes pour pasteuriser leurs surfaces, on ajoute *Actinomucor elegans* et d'autres espèces de *Mucor*. Lorsqu'un mycélium blanc apparaît, les cubes, appelés à ce stade pehtze, sont mûris dans un vin de riz salé. Ce produit est considéré, dans certaines parties du monde, comme un mets délicieux. Un autre produit populaire est le tempeh, un moût de graines de soja fermenté par *Rhizopus* (**figure 41.22**).

La choucroute est un dérivé de chou émincé, flétri, comme le montre la **figure 41.23**. On utilise habituellement la communauté microbienne mixte du chou. Une concentration de 2,2 à 2,8 % de chlorure sodique restreint le développement des bactéries Gram-négatives tout en favorisant celui des bactéries lactiques. Les micro-organismes principaux participant à la préparation de ce produit sont *Leuconostoc mesenteroides* et *Lactobacillus plantarum*. Des microbes se succèdent de façon prévisible au cours de l'évolution de la choucroute. Les activités des coques producteurs d'acide lactique cessent habituellement lorsque la concentration de cet acide atteint 0,7 à 1,0 %. A ce stade, *L. plantarum* et *Lactobacillus brevis* poursuivent leurs activités. L'acidité finale d'un bon produit, atteint généralement 1,6 à 1,8 et l'acide lactique représente 1 à 1,3 % de l'acide total.

Les pickles sont produits en plaçant des concombres, des cornichons et des condiments, comme des graines d'aneth, dans des tonneaux remplis d'une saumure. La concentration de chlorure sodique, de 5 % à l'origine, augmente jusqu'à environ 16 % en six à neuf semaines. Le sel inhibe non seulement le développement

Figure 41.22   Produits fermentés du soja. On peut utiliser également des micro-organismes pour traiter des dérivés comme le tempeh, obtenu à partir de graines de soja et de *Rhizopus*. Le cliché montre le gâteau cru et le produit frit.

des bactéries indésirables, mais extrait également l'eau et les composés hydrosolubles des concombres. Les glucides solubles sont convertis en acide lactique. La fermentation, qui peut exiger 10 à 12 jours, implique le développement de *Leuconostoc mesenteroides, Enterococcus faecalis, Pediococcus cerevisiae, Lactobacillus brevis* et *L. plantarum*. *L. plantarum* joue un rôle dominant dans cette fermentation. Parfois, pour obtenir une qualité plus uniforme de la saumure, on détruit d'abord les micro-organismes naturels pour utiliser ensuite des cultures pures de *P. cerevisiae* et *L. plantarum*.

Étapes du traitement   **Modification biologique**

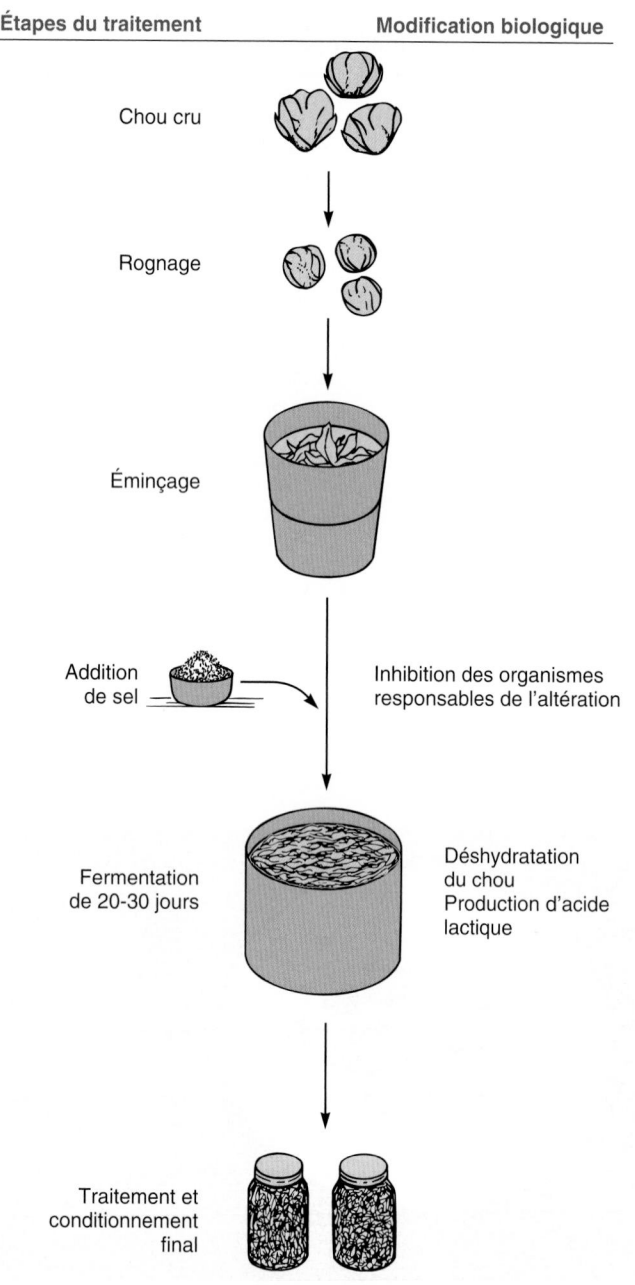

Chou cru

Rognage

Éminçage

Addition de sel — Inhibition des organismes responsables de l'altération

Fermentation de 20-30 jours — Déshydratation du chou Production d'acide lactique

Traitement et conditionnement final

Figure 41.23 La choucroute. La production de choucroute met en oeuvre une fermentation lactique. La technique de base implique la fermentation de chou éminçé, en présence de 2,2 à 2,5% (en poids) de sel, utilisé pour inhiber les organismes responsables de la détérioration.

L'herbe, le maïs haché et d'autres aliments frais pour animaux subiront une fermentation mixte du type lactique qui produit des **fourrages ensilés** à l'odeur agréable, s'ils sont conservés dans des conditions anaérobies humides. On utilise des tranchées ou des silos verticaux, plus traditionnels, en acier ou en béton pour conserver le fourrage ensilé. L'accumulation d'acides organiques dans ces fourrages peut provoquer une altération rapide de ces silos. Les silos anciens en bois risquent, s'ils ne sont pas bien entretenus, de devenir aérobies dans les parties externes. Il en résulte une détérioration d'une grande partie des matières végétales.

Figure 41.24 La culture des champignons. La culture des champignons exige une préparation soigneuse du milieu de culture et un contôle des conditions environnementales. La couche est un compost soigneusement préparé qui est souvent stérilisé à la vapeur pour améliorer la croissance des champignons.

1. Décrivez et comparez les procédés de production du vin et de la bière. Comment sont produits les vins rouges alors que le jus de tous les raisins est blanc ?
2. En quoi le champagne diffère-t-il des autres vins ?
3. Décrivez comment sont produits les spiritueux comme le whisky.
4. Comment sont produits le pain, la choucroute et les pickles ? Quels micro-organismes sont les plus importants dans ces fermentations ?

41.7 Les micro-organismes en tant qu'aliments et adjuvants alimentaires

Outre un rôle dans la fermentation en tant qu'agents de transformations physiques et biologiques, les micro-organismes peuvent eux-mêmes servir d'aliments. On a utilisé une variété de bactéries, de levures et d'autres mycètes comme sources d'aliments pour les animaux et les hommes. Les champignons blancs (*Agaricus bisporus*) sont un des mycètes importants comme denrée alimentaire. De grandes cavernes permettent de maintenir les conditions optimales de production de ce mets délicat (**figure 41.24**).

Les micro-organismes peuvent être utilisés directement comme nourriture ou comme suppléments à d'autres aliments. On parle alors de protéine d'origine unicellulaire. La cyanobactérie *Spirulina* est un des suppléments alimentaires microbiens les plus populaires. Elle est utilisée comme source alimentaire en Afrique et on la vend maintenant aux États-Unis, dans les magasins d'alimentation diététique, sous forme de gâteau sec ou de poudre.

On utilise actuellement des micro-organismes comme *Lactobacillus* et *Bifidobacterium* dans le domaine, en développement rapide, des **probiotiques**. Ceux-ci consistent en l'addition de micro-organismes à la nourriture, afin qu'à la valeur nutritive de base, s'ajoutent des avantages pour la santé. On peut appeler ces suppléments des **adjuvants diététiques microbiens**. Dans le passé, bon nombre de déclarations sur la valeur des probiotiques ne reposaient sur aucune recherche scientifique sérieuse, et relevaient plus de la tradition et de l'ouï-dire. Un changement est en train de se produire : le travail récent dans ce domaine s'appuie sur une base plus scientifique. Par exemple, les chercheurs ont mis au point une simulation de l'écosystème microbien de l'intestin humain (système SHIME, pour « *S*imulated *H*uman *I*ntestinal *M*icrobial *E*cosystem »), pour mieux comprendre les effets de l'addition d'organismes probiotiques. Les probiotiques (Encadré 31.1)

En outre, on apprécie plus le rôle des polymères oligosaccharidiques ou **prébiotiques**, qui ne sont pas transformés tant qu'ils ne sont pas passés dans le gros intestin. La combinaison des micro-organismes prébiotiques et probiotiques est considérée comme un système **synbiotique**. Cette combinaison synbiotique peut aboutir à une augmentation des teneurs en acides butyrique et propionique, aussi bien qu'à une augmentation en *Bifidobacterium* dans l'intestin humain. Le butyrate, plus spécialement, peut jouer un rôle dans les effets bénéfiques possibles des probiotiques sur les processus intestinaux.

On emploie les probiotiques avec succès dans les élevage de volailles. Récemment, la « US Drug Administration » a déclaré GRAS (« Generally Recognized As Safe »), une souche probiotique de *Bacillus* à donner aux poulets. En nourrissant des poulets avec une souche de *Bacillus subtilis* (Calsporin), on a obtenu une meilleure conversion des aliments et une meilleure prise de poids.

On a aussi noté une réduction des coliformes et de *Camplylobacter* dans les carcasses traitées. Il a été suggéré que ce probiotique diminuait le besoin en antibiotiques pour la production de volailles et les concentrations en pathogènes des poulaillers. On peut contrôler *Salmonella* en pulvérisant sur des poussins d'un jour, un mélange de 29 bactéries, isolées du caecum de poulet. En se lissant les plumes, les poulets ingèrent le mélange bactérien. Une communauté microbienne fonctionnelle s'établit dans le caecum et limite la colonisation de l'intestin par *Salmonella*, par un processus appelé **exclusion compétitive**. En 1998, ce produit appelé PREEMPT[TM] a été approuvé aux États-Unis par la « Food and Drug Administration ».

1. Quelles sont les conditions requises pour avoir la production de champignons comestibles la plus efficace ?
2. Une cyanobactérie est largement utilisée comme complément alimentaire. Quel est son genre et dans quelle partie du monde a-t-elle d'abord été employée comme source alimentaire importante ?
3. Qu'est-ce que des prébiotiques, des probiotiques et des synbiotiques ?
4. Quel probiotique a été récemment reconnu comme GRAS (« Generally Recognized As Safe ») ?

Résumé

1. La majorité des aliments, particulièrement lorsqu'ils sont crus, fournissent un excellent milieu pour le développement des micro-organismes. Cette croissance peut conduire à une détérioration ou à une conservation, selon les micro-organismes présents et les conditions environnementales.

2. L'évolution du développement microbien dans un aliment est influencé par les caractéristiques intrinsèques de cet aliment — pH, contenu en sels, présence de substrats, présence et disponibilité en eau — et par les facteurs extrinsèques, dont la température, l'humidité relative, et la composition de l'atmosphère (**figure 41.1**).

3. Les micro-organismes peuvent altérer de diverses manières la viande, les produits laitiers, les fruits, les légumes et les aliments en boîte. Les épices, grâce à leurs composés antimicrobiens, protègent parfois ces denrées alimentaires.

4. L'emballage sous atmosphère modifiée est maintenant utilisé pour contrôler le développement des micro-organismes dans les aliments et prolonger leur temps de conservation. Dans ce processus, on diminue la concentration en oxygène et on augmente la teneur en dioxyde de carbone, dans l'espace compris entre l'aliment et l'emballage.

5. La détérioration de la nourriture est un problème majeur dans le monde entier. Elle peut se produire à n'importe quelle étape du processus de production : culture, récolte, transport, stockage ou préparation finale. La nourriture peut aussi se détériorer, si elle n'est pas stockée convenablement.

6. Si on les laisse se développer dans les aliments, particulièrement dans les céréales et les grains, les mycètes peuvent produire des substances chimiques, causes de maladies graves, comme les aflatoxines et les fumonisines (cancérigènes) et les alcaloïdes de l'ergot (drogues agissant sur le cerveau).

7. Avoir souffert d'une hépatite B peut augmenter la susceptibilité au cancer du foie dû aux aflatoxines. On pense qu'il est plus important de contrôler l'hépatite B que les aflatoxines.

8. Les phycotoxines peuvent être transmises à l'homme par la chaîne alimentaire, via les produits marins. Ceux-ci peuvent avoir des effets amnésogènes, diarrhéiques et neurotoxiques.

9. On peut conserver les aliments par une variété de méthodes physiques et chimiques, parmi lesquelles la filtration, la modification de la température (réfrigération, pasteurisation, stérilisation), le séchage, l'addition de produits chimiques, l'irradiation et la fermentation (**tableau 41.4**).

10. On s'intéresse de plus en plus à l'emploi de bactériocines pour conserver les aliments. La nisine, produite par *Streptococcus lactis*, est la principale substance admise dans les aliments. Les bactériocines sont particulièrement importantes dans le contrôle de *Listeria monocytogenes*.

11. Les aliments peuvent être contaminés par des pathogènes, à n'importe quelle étape de leur production, de leur stockage ou des processus de préparation. Des pathogènes comme *Salmonella, Campylobacter, Listeria* et *E. coli* peuvent se transmettre par la nourriture, aux consommateurs sensibles chez qui ils se développent et provoquent des maladies, ou infections alimentaires (**tableau 41.6**). Si le pathogène se multiplie dans la nourriture avant consommation et y forme des toxines qui affectent le consommateur, sans qu'il y ait de croissance microbienne ultérieure, on parlera d'intoxication alimentaire. Citons comme exemple les intoxications par *Staphylococcus, Clostridium* et *Bacillus*.

12. On estime que les virus de type Norwalk, *Campylobacter* et *Salmonella* sont les causes les plus importantes de maladies alimentaires. Dans la plupart des cas de maladies alimentaires, la cause n'est pas connue.

13. *E. coli* O157:H7 est une bactérie entérohémorragique qui peut apparemment produire des vérotoxines « shiga-like », affectant particulièrement les jeunes. Une manipulation correcte de la nourriture et une cuisson soigneuse sont essentielles pour son contrôle.

14. La nouvelle variante de la maladie de Creutzfeld-Jakob, due à un possible agent infectieux alimentaire, constitue un problème mondial croissant, lié à l'apparition de la « maladie de la vache folle ». Les principaux moyens de transmission de cette maladie entre animaux est l'emploi de tissus mammaliens dans la nutrition des ruminants. La détection de ces produits animaux prohibés dans l'alimentation des ruminants est difficile.

15. La vogue croissante des aliments crus comme les germes, les fruits de mer et les framboises a fourni de nouvelles voies de transmission des maladies. L'augmentation des transports internationaux d'aliments frais aggrave la situation. *Cyclospora* est un protozoaire qui pose problème. On le trouve principalement dans les eaux contaminées.

16. La détection des pathogènes dans la nourriture prend une part majeure dans la microbiologie alimentaire. Le recours aux techniques immunologiques et moléculaires, comme les sondes, la PCR et l'électrophorèse en champ pulsé, permet de relier les diverses apparitions de maladies à une source d'infection commune

(**figure 41.13**). On utilise maintenant les programmes PulseNet et InfoNet pour coordonner ces efforts de contrôle.

17. On peut mettre à fermenter les produits laitiers pour obtenir une large gamme de dérivés du lait (**tableau 41.7**). Citons les produits mésophiles, thérapeutiques, thermophiles, lacto-alcooliques et lactiques avec moisissures.

18. La croissance des bactéries lactiques, souvent additionnées de rennine, peut coaguler le lait. On peut traiter ce lait coagulé pour obtenir une grande variété de fromages, parmi lesquels ceux de type non affiné à pâte molle, affiné à pâte molle, à pâte semi-dure, dure et très dure (**tableau 41.8** et **figure 41.17**). Les bactéries aussi bien que les mycètes sont utilisés dans les processus de production de fromage.

19. Les vins sont produits à partir de raisins pressés et peuvent être secs ou doux, selon la quantité de sucre libre qui reste à la fin de la fermentation alcoolique (**figure 41.19**). Le champagne est obtenu en poursuivant la fermentation productrice de CO_2, dans la bouteille.

20. La bière et l'ale sont produites à partir de grains de céréales. Les amidons contenus dans ces derniers sont hydrolysés au cours du maltage et du brassage, pour donner un moût fermentescible. *Saccharomyces cerevisiae* est la principale levure utilisée pour la production de bière et d'ale (**figure 41.20**).

21. .Les bactéries, les levures et les mycètes fermentent de nombreux produits végétaux. Les aliments importants sont les pains, la sauce au soja, le sufu et le tempeh (**tableau 41.9**). La choucroute et les pickles sont obtenus par un procédé de fermentation au cours duquel les populations naturelles de lactobacilles jouent un rôle majeur (**figure 41.23**).

22. Les micro-organismes peuvent eux-mêmes constituer une source de nourriture importante. Le champignon *Agaricus bisporus* est l'un des mycètes les plus importants utilisé comme aliment. *Spirulina*, une cyanobactérie, est aussi une nourriture en vogue, vendue dans les magasins de spécialités.

23. De nombreux micro-organismes, dont certains de ceux qu'on utilise dans les fermentations du lait, peuvent servir comme suppléments nutritifs ou adjuvants diététiques microbiens. Des micro-organismes, comme *Lactobacillus* et *Bifidobacterium*, appelés probiotiques, peuvent être utilisés avec les oligopolysaccharides, appelés prébiotiques, pour donner les synbiotiques. Plusieurs types de micro-organismes probiotiques sont utilisés avec succès dans la production de volaille.

Mots-clés

adjuvant diététique microbien 986
affinage 983
aflatoxine 967
bactériocine 972
brassage 982
brassin 983
emballage sous atmosphère modifiée 966
ergotisme 967
exclusion compétitive 987
facteur extrinsèque 964
facteur intrinsèque 964
FoodNet 977
fourrage ensilé 986
fumonisine 968

GRAS 972
infection alimentaire 973
intoxication alimentaire 975
kefir 979
levain (starter) 978
levure basse 983
malt 983
mise en boîte 970
moût 982
moût acide 983
moût de brasserie 982
œnologie 982
osmophile 965
pasteurisation 970

prébiotique 987
probiotique 986
phycotoxine 968
PulseNet 977
putréfaction 965
raddappertisation 972
sonde 976
soutirage 982
spermosphère 974
synbiotique 987
système SHINE 987
vinaigre de vin 983
xérophile 965
yaourt 978

Questions de révision

1. Vous avancez devant un étalage de salades mixtes dans une cafétaria en fin de journée. Quels types de préparations auriez-vous tendance à éviter et pourquoi ?

2. Pourquoi la loi ne permet-elle qu'une seule pasteurisation des aliments ? Quelles pourraient être les conséquences de pasteurisations répétées ?

3. Pourquoi recommande-t-on que les produits alimentaires congelés ne soient pas recongelés après décongélation ? Proposez quelques raisons de ce principe important de la manipulation des aliments.

4. Le hamburger est réputé pour son contenu relativement important en microbes. Comment peut-on limiter ces populations pendant la préparation et la conservation de ce produit ?

5. La crème pour le café est maintenant emballée en petites portions pouvant être conservées à température ambiante pendant de longues périodes. Comment pensez-vous que ce produit soit préparé et emballé ?

6. Quels facteurs pourraient limiter l'application des techniques moléculaires de détection à l'ADN et l'ARN des agents pathogènes des aliments ? Comment pourrait-on surmonter ces difficultés ?

7. Pourquoi n'a-t-on pas découvert les afla-toxines avant les années 1960 ? Pensez-vous que c'était la première fois qu'elles étaient présentes dans un produit alimentaire en causant une maladie ?

8. Quel avantage la toxine « shiga-like » pourrait-elle donner à *E. coli* O157:H7 ? Peut-on s'attendre à voir apparaître d'autres « nouveaux » pathogènes, et que devrait-on faire, s'il y a quelque chose à faire ?

9. Parce que les micro-organismes probiotiques pourraient avoir des effets bénéfiques sur la microflore intestinale, les scientifiques s'intéressent de plus en plus à leur usage comme suppléments diététiques. Comment pourrait-on utiliser la biotechnologie moderne pour améliorer l'efficacité de ces micro-organismes ?

10. On continue à découvrir de « nouveaux » pathogènes d'origine alimentaire. Quelle part de ce phénomène est due, selon vous, aux nouvelles techniques qui mettent en évidence des organismes existants, plutôt qu'à une réelle émergence d'organismes nouveaux ? Comment décideriez-vous de la réponse à cette question ?

11. Comment l'écologie microbienne pourrait-elle servir à mieux protéger l'homme contre les maladies d'origine alimentaire ?

Questions de réflexion

1. Des tranches de citron frais sont souvent servies avec les fruits de mer crus ou fumés (huîtres, crabes, crevettes). Dans une perspective de microbiologie alimentaire, donnez une explication à cela. Y a-t-il d'autres exemples, dans la cuisson ou dans la préparation d'aliments, de procédés qui non seulement renforcent le goût, mais pourraient servir une stratégie antimicrobienne ? Prenez l'exemple des marmelades.

2. Dressez la liste de ce que vous mangez pendant un jour ou deux. Déterminer si la nourriture, les boissons et les collations que vous avez mangées pourraient avoir été produites (à n'importe quel niveau) sans l'aide de micro-organismes. Indiquez à quel(s) niveau(x)n, on a employé délibérément les micro-organismes. Tenez compte des ingrédients comme l'acide citrique, qui est produit au niveau industriel par plusieurs espèces de mycètes.

3. La colonisation d'une personne sensible est essentielle pour les micro-organismes responsables de maladies d'origine alimentaire. Comment serait-il possible de modifier les aliments pour limiter ces processus d'attachement ?

Lectures complémentaires

Généralités

Downes, F. P., et Ito, K., editors. 2001. *Compendium of methods for the microbiological examination of foods*, 4e éd. Washington, D.C.: American Public Health Association.

Doyle, M. P.; Beuchat, L. R., et Montville, T. J. 1997. *Food microbiology: Fundamentals and frontiers*. Washington, D.C.: ASM Press.

Frazer, W. C., et Westhoff, D. C. 1988. *Food microbiology*, 4e éd. New York: McGraw-Hill.

Jay, J. H. 2000. *Modern food microbiology*, 6e éd. Frederick, Md.: Aspen Publishing.

Robinson, R. K.; Batt, C. A.; et Patel, P. D. 2000. *Encyclopedia of food microbiology*. San Diego: Academic Press.

Sherman, P. W., et Flaxman, S. M. 2001. Protecting ourselves from food. *American Scientist* 89:142–51.

41.1 La croissance des micro-organismes dans les aliments

Cullen, J. C. 1994. The miracle of Bolsena. *ASM News* 60(4):187–90.

Davidson, M. D., et Branen, A. L. 1993. *Antimicrobials in foods*, 2e éd. New York: Marcel Dekker, Inc.

Diker, K. S., et Hascelik, G. 1994. The bactericidal activity of tea against *Helicobacter pylori*. *Let. Appl. Microbiol.* 19:299–300.

Fung, D. Y. C., et Pabon, R., 1998. Rapid methods and automation in microbiology. *Food Test. & Anal.* 3:20–26.

Gonzalez-Fandos, E.; Garcia-Lopez, M. L.; Sierra, M. L.; et Otero, A. 1994. Staphylococcal growth and enterotoxins (A-D) and thermonuclease synthesis in the presence of dehydrated garlic. *J. Appl. Bacteriol.* 77:549–52.

Marth, E. H., et Steele, J. L., editors. 1998. *Applied dairy microbiology*. New York: Marcel Dekker, Inc.

Meng, J.; Zhao, S.; Doyle, M. P.; et Kresovich, S. 1997. A multiplex PCR for identifying Shiga-like toxin-producing *Escherichia coli* O157:H7. *Let. Appl. Microbiol.* 24:172–76.

Ray, B. 1996. *Fundamental food microbiology*. Boca Raton, Fla.: CRC Press.

41.2 La croissance microbienne et la détérioration des aliments

Becker, H.; Schalier, G.; von Wiese, W., et Terplan, G. 1994. *Bacillus cereus* in infant foods and dried milk products. *Int. J. Food Microbiol.* 23:1–15.

Barrett, J. R. 2000. Mycotoxins: of molds and maladies. *Environ. Health Perspect.* 108:A20–A23.

Broda, D.; Saul, D. J.; Lawson, P. A.; Bell, R. G.; et Musgave, D. R., 2000. *Clostridium gasigenes* sp.nov., a psychrophile causing spoilage of vacuum-packed meat. *Int. J. Syst. Evol. Microbiol.* 50:107–18.

Hebert, L. 1998. Outbreak of the killer potatoes. *U.S. News & World Report*. August 10, 1998:66.

Henry, S. H.; Bosch, F. X.; Troxell, T. C.; et Bolger,

P. M. 2000. Reducing liver cancer—global control of aflatoxin. *Science* 286:2453–54.

Horn, N.; Martinez, M. I.; Martínez, J. M.; Hernández, P. E.; Gasson, M. J.; Rodriguez, J. M.; et Dodd, H. M. 1999. Enhanced production of pediocin PA-1 and coproduction of nisin and pediocin PA-1 by *Lactococcus lactis*. *Appl. Environ. Microbiol.* 65(10):4443–50.

Kaper, J. B., et O'Brien, A. D., editors. 1998. *Escherichia coli O157:H7 and other shiga toxin–producing E. coli strains*. Washington, D.C.: American Society for Microbiology.

Pitt, J. I., et Hocking, A. D., editors. 1997. *Fungi and food spoilage*. London: Blackie Academic & Professional.

Pohland, A. E.; Dowell, V. R., Jr.; et Richard, J. L. 1990. *Microbial toxins in foods and feeds*. New York: Plenum Publishing.

Potts, S. J.; Slaughter, D. C.; et Thompson, J. F. 2000. A fluorescent lectin test for mold in raw tomato juice. *J. Food Sci.* 65(2):346–50.

Scott, P. M. 1993. Fumonisins. *Int. J. Food Microbiol.* 18:257–70.

Trail, F.; Mahanti, N.; et Linz, J. 1995. Molecular biology of aflatoxin biosynthesis. *Microbiology* 141:755–65.

van Dolah, F. M. 2000. Marine algal toxins: Origins, health effects, and their increased occurrence. *Environ. Health Perspect.* 108(Suppl. 1):133–41.

41.3 Le contrôle de la détérioration des aliments

Fung, D. Y. C. 2000. Food spoilage and preservation. In *Encyclopedia of microbiology*, 2e éd., vol. 2, J. Lederberg, éd., 412–20. San Diego: Academic Press.

Kimura, B.; Yoshiyama, T.; et Fujii, T. 2000. Carbon dioxide inhibition of *Escherichia coli* and *Staphylococcus aureus* on a pH-adjusted surface in a model system. *J. Food Sci.* 64(2):367–70.

Lowes, K. F.; Shearman, C. A.; Payne, J.; MacKenzie, D.; Archer, D. B.; Merry, R. J.; et Gasson, M. J. 2000. Prevention of yeast spoilage in feed and food by yeast mycocin HMK. *Appl. Environ. Microbiol.* 66(3):1066–76.

Lutter, R. 1999. Food irradiation—the neglected solution to food-borne illness. *Science* 286:2275–76.

Rocelle, J.; Clavero, S.; Monk, D.; Beuchat, L. R.; Doyle, M. P.; et Brackett, R. E. 1994. Inactivation of *Escherichia coli* O157:H7, salmonellae, and *Campylobacter jejuni* in raw ground beef by gamma irradiation. *Appl. Environ. Microbiol.* 60:2069–75.

41.4 Les maladies transmises par les aliments

Batt, C. 1999. *Listeria* not gone, not forgotten. *Food Microbiol.* 16:103.

Baylis, C. L.; MacPhee, S.; et Betts, R. P. 2000. Comparison of methods for the recovery and detection of low levels of injured *Salmonella* in ice cream and milk powder. *Lett. Appl.*

Microbiol. 30:320–324.

Bell, C., and Kyriakides, A. 2000. *Listeria. A practical approach to the organism and its control in foods*. Oxford, U.K.: Blackwell Science.

Burkhardt, W. I., et Calci, K. R. 2000. Pathogen levels in oysters are seasonal. *Appl. Environ. Microbiol.* 66:1375–78.

Busch, E. M.; Domann, E.; et Chakraborty, T. 1999. Molecular, cell biological, and ecological aspects of infection by *Listeria monocytogenes*. In *Microbial ecology and infectious disease*, E. Rosenberg, editor, 187–92. Washington, D.C., American Society for Microbiology.

Castro-Rosas, J., et Escartin, E. F. 2000. Survival and growth of *Vibrio cholerae* 01, *Salmonella typhi*, and *Escherichia coli* O157:H7 in alfalfa sprouts. *J. Food Sci.* 65(1):162–65.

Clark, B. T. 1998. Fault and liability: Lessons from Jack in the Box. *Food Test. Anal.* 4(2):29–30.

Cliver, D. O. 1990. *Food-borne diseases*. San Diego: Academic Press, Inc.

Detweiler, L. A., et Rubenstein, R. 2000. Bovine spongiform encephalopathy: An overview. *Asaio J.* 46(6):S73–S79.

Doyle, M. P. 2000. Reducing foodborne disease. *FoodTechnology* 54(11):130.

Herwaldt, B. L., et Beach, M. J. 1999. The return of *Cyclospora* in 1997: Another outbreak of cyclosporiasis in North America associated with imported raspberries. *Ann. Intern. Med.* 130(3):210.

Lewis, G. D.; Molloy, S. L.; Greening, G. E.; et Dawson, J. 2000. Influence of environmental factors on virus detection by RT-PCR and cell culture. *J. Appl. Microbiol.* 88:633–40.

Lewis, R. 1999. On the trail of *E. coli* O157:H7. *The Scientist* 13(21):10.

Park, S.; Worobo, R. W., et Durst, R. A., 1999. *Escherichia coli* O157:H7 as an emerging foodborne pathogen: A literature review. *Crit. Rev. Food Sci. Nutrit.* 39(6):481–502.

Pierard, D.; van Damme, L.; Moriau, L.; Stevens, D.; et Lauwers, S. 1997. Virulence factors of verocytotoxin-producing *Escherichia coli* isolated from raw meats. *Appl. Environ. Microbiol.* 63:4585–87.

Rose, J. B.; et Slifko, T. R. 1999. *Giardia, Cryptosporidium, et Cyclospora* and their impact on foods: A review. *J. Food Protect.* 62(9):1059–70.

Sturbaum, G. D.; Ortega, Y. R.; Gilman, R. H.; Sterling, C. R.; Cabrera, L.; et Klein, D. A. 1998. Detection of *Cyclospora cayetanensis* in wastewater. *Appl. Environ. Microbiol.* 64(6):2284–86.

Tauxe, R. V. 1997. Emerging foodborne diseases: An evolving public health challenge. *Emerg. Infect. Dis.* 3:425–34.

41.5 La détection des pathogènes dans les aliments

Baylis, C. L.; MacPhee, S.; et Betts, R. P. 2000. Comparison of methods for the recovery and detection of low levels of injured *Salmonella* in ice cream and milk powder. *Lett. Appl.*

Microbiol. 30:320–24.

Cimons, M. 2000. Rapid foodborne pathogen ID system is making a difference. *ASM News* 66(10):617–19.

Fung, D. Y. C. 1999. Predictions on the future of rapid methods in microbiology. *Food Test. Anal.* 5(3):18–21.

Harrigan, W. F. 1998. *Laboratory methods in food microbiology,* 3e éd. Orlando, Fla.: Academic Press.

Kricka, L. J. 1997. Prospects in food testing. *Food Test. Anal.* 3:20–23.

Momcilovic, D., et Rasooly, A. 2000. Detection and analysis of animal materials in food and feed. *J. Food. Prot.* 63(11):1602–09.

Vernozy-Rozand, C. 1997. Detection of *Escherichia coli* O157:H7 and other verocytotoxin-producing *E. coli* (VTEC) in food. *J. Appl. Microbiol.* 82:537–51.

Wan, J. K.; King, K.; Craven, H.; McAuley, C.; Tan, S. E.; et Coventry, M. J. 2000. Probelia™ PCR system for rapid detection of *Salmonella* in milk powder and ricotta cheese. *Lett. Appl. Microbiol.* 30:267–71.

Winters, D. K., et Slavik, M. F. 2000. Multiplex PCR detection of *Campylobacter jejuni* and *Arcobacter butzleri* in food products. *Mol. Cell. Probes* 14:95–99.

41.6 La microbiologie des aliments fermentés

Abraham, A. G., et DeAntoni, G. L. 1999. Characterization of kefir grains grown in cows' milk and in soya milk. *J. Dairy Res.* 66(2):327–33.

Law, B. A., éd. 1997. *Microbiology and biochemistry of cheese and fermented milk,* 2e éd. New York: Chapman & Hall.

Wood, J. B., éd. 1998. *Microbiology of fermented foods.* London: Blackie Academic and Professional.

41.7 Les micro-organismes en tant qu'aliment et adjuvants alimentaires

Atlas, R. M. 2000. Probiotics—snake oil for the new millennium? *Environ. Microbiol.* 1:375–82.

Chang, S. T.; Buswell, J. A.; et Miles, P. G. 1993. *Genetics and breeding of edible mushrooms.* New York: Gordon and Breach.

Fritts, C. A.; Kersey, J. H.; Motl, M. A.; Kroger, E. C.; Yan, F. S. J.; Jiang, Q.; Campos, M. M.; Waldroup, A. L.; et Waldroup, P. W. 2000. *Bacillus subtilis* C-3102 (Calsporin) improves live performance and microbiological status of broiler chickens. *J. Appl. Poultry Res.* 9(2):149–55.

Gmeiner, M.; Kneifel, W.; Kulbe, K. D.; Wouters, R.; De Boever, P.; Nollet, L.; et Verstraete, W. 2000. Influence of a synbiotic mixture consisting of *Lactobacillus acidophilus* 74-2 and a fructooligosaccharide preparation on the microbial ecology sustained in a simulation of the human intestinal ecosystem (SHIME reactor). *Appl. Microbiol. Biotechnol.* 53:219–23.

Gusils, C.; Gonzalez, S. N.; et Oliver, G. 1999. Some probiotic properties of chicken lactobacilli. *Can. J. Microbiol.* 45:981–87.

Hume, M. E.; Corrier, D. E.; Nisbet, D. J.; et DeLoach, J. R. 1996. Reduction of *Salmonella* crop and cecal colonization by a characterized competitive exclusion culture in broilers during grow-out. *J. Food. Prot.* 59(7):688–93.

Lee, Y-K., Nomoto, K.; Salminen, S.; et Gorbach, S. L. 1999. *Handbook of probiotics.* New York: John Wiley & Sons, Inc.

Reid, G. 2000. In defense of probiotics. *ASM News* 66(5):261.

Rowland, I. 2000. Probiotics and benefits to human health—the evidence in favour. *Environ. Microbiol.* 1(5):375–82.

CHAPITRE 42

La microbiologie industrielle et la biotechnologie

On peut souvent accélérer la biodégradation en modifiant les conditions environnementales. Les biphényles polychlorés (PCB) sont des contaminants industriels largement répandus, qui s'accumulent dans les vases anaérobies des fleuves. Bien que de la déchloration réductrice ait lieu dans ces conditions anaérobies, il faut de l'oxygène pour compléter le processus de dégradation. Dans l'expérience montrée ici, les vases sont aérées pour permettre les étapes finales de la biodégradation.

Plan

Concepts

1. On utilise les micro-organismes en microbiologie industrielle et en biotechnologie pour fabriquer une grande variété de produits et pour contribuer à l'entretien et à l'amélioration de l'environnement.

2. La plupart du travail en microbiologie industrielle a été réalisé grâce à des micro-organismes trouvés dans la nature ou modifiés par mutations. En biotechnologie moderne, on peut construire des micro-organismes dotés de caractéristiques génétiques spécifiques, pour atteindre les objectifs voulus.

3. La plupart des micro-organismes n'ont pas été cultivés, ni même décrits. C'est un défi majeur de la biotechnologie d'arriver à cultiver et à caractériser ces micro-organismes observés, mais non cultivés. C'est ce qu'on appelle la « bioprospection ».

4. L'évolution forcée et les mutations adaptatives font aujourd'hui partie de la biotechnologie moderne. Les processus employés pour cela constituent le « génie génétique naturel ».

5. Une grande partie de la microbiologie industrielle et de la biotechnologie consiste à mettre au point des milieux de culture et des conditions spécifiques pour la croissance des micro-organismes. Ceux-ci peuvent être cultivés dans des milieux contrôlés, avec des limitations spécifiques, afin de maximiser la synthèse des produits désirés.

6. La croissance de micro-organismes dans les sols, les eaux et autres milieux où des communautés microbiennes complexes sont déjà présentes, ne peut pas être complètement contrôlée, et il n'est pas possible d'y définir avec précision les facteurs limitants ou les conditions physiques.

7. La croissance microbienne dans des milieux contrôlés coûte cher ; on l'utilise pour synthétiser des métabolites microbiens à haute valeur ajoutée et d'autres produits pour la santé animale et humaine. En comparaison, la croissance microbienne dans les milieux naturels ne conduit pas à la fabrication de produits microbiens spécifiques. Les micro-organismes sont utilisés dans ce cas pour effectuer des transformations de faible valeur, qui se rapportent à l'agriculture ou à l'environnement.

8. Dans les systèmes de culture contrôlée, différents produits sont synthétisés au cours de la croissance et après que celle-ci soit achevée. La plupart des antibiotiques sont produits alors que la croissance active est terminée.

9. Les antibiotiques et d'autres produits microbiens continuent à contribuer à la santé animale et humaine. Les médicaments anticancéreux sont des produits plus nouveaux.

10. Les produits de la microbiologie industrielle ont un impact sur tous les aspects de notre vie. Ce sont souvent de grosses quantités de composés chimiques qui servent d'additifs alimentaires et d'agents acidifiants. D'autres produits sont utilisés comme biosurfactants et émulsifiants, dans toute une série d'applications.

11. Pour comprendre combien les micro-organismes contribuent aux milieux naturels, l'étape de dégradation est essentielle. La structure chimique des substrats et les caractéristiques de la communauté microbienne interviennent pour beaucoup dans le devenir des produits chimiques. Les processus anaérobies de dégradation sont importants pour la modification initiale de nombreux composés, spécialement ceux qui contiennent du chlore ou d'autres halogènes. La dégradation peut donner des composés plus simples ou modifiés, qui ne sont pas nécessairement moins toxiques que les composés, de départ.

12. Les biosenseurs sont en progrès rapides, limités seulement par les avancées de la biologie moléculaire et des autres domaines de la science. Il est aujourd'hui possible, spécialement au moyen des systèmes utilisant la streptavidine-biotine, de détecter des pathogènes importants, quasi en temps réel.

13. Les damiers de gènes, basés sur la technologie de l'ADN recombinant, permettent de suivre l'expression génétique. Ces techniques sont maintenant utilisées dans l'analyse de systèmes microbiens complexes.

14. Les bactéries, les mycètes et les virus sont de plus en plus employés comme biopesticides, réduisant notre dépendance vis-à-vis des pesticides chimiques.

15. Le recours aux micro-organismes et à la technologie associée a des aspects à la fois positifs et négatifs. Dans ce domaine en expansion rapide, il faudrait être attentif aux plus larges impacts que la microbiologie industrielle et la biotechnologie pourraient avoir.

Le microbe aura le dernier mot

—*Louis Pasteur*

La microbiologie industrielle et la biotechnologie impliquent toutes deux l'emploi de micro-organismes pour atteindre des buts spécifiques, soit la fabrication de nouveaux produits à valeur marchande, soit l'amélioration de l'environnement. La microbiologie industrielle, telle qu'elle s'est traditionnellement développée, se concentre sur des produits comme les composés pharmaceutiques et médicaux (antibiotiques, hormones, stéroïdes modifiés), les solvants, les acides organiques, les matières premières chimiques, les acides aminés et les enzymes qui ont une valeur économique directe. Les micro-organismes employés par l'industrie ont été isolés dans la nature, et dans beaucoup de cas, ont été modifiés par les procédés classiques de mutation-sélection.

La biotechnologie s'est développée rapidement au cours des dernières décennies. Elle se caractérise par la modification des micro-organismes au moyen de la biologie moléculaire, y compris la technologie de l'ADN recombinant (*voir chapitre 14*). Il est aujourd'hui possible de manipuler l'information génétique et de construire des produits comme les protéines, ou de modifier l'expression génétique microbienne. En outre, il peut y avoir transfert d'information génétique entre groupes d'organismes nettement différents, par exemple entre bactéries et plantes.

La sélection et l'emploi des micro-organismes en microbiologie industrielle et en biotechnologie sont des tâches stimulantes qui requièrent une solide connaissance de la culture et de la manipulation des micro-organismes, ainsi que des interactions microbiennes avec les autres organismes. L'emploi des micro-organismes en microbiologie industrielle et en biotechnologie s'inscrit dans une séquence logique. Il est nécessaire d'abord d'identifier ou de créer un micro-organisme qui effectue le processus désiré de la façon la plus efficace. Ce micro-organisme est alors utilisé, soit dans un environnement contrôlé comme un fermenteur, soit dans des systèmes complexes comme les sols ou les eaux, pour réaliser des objectifs spécifiques.

42.1. Le choix des micro-organismes pour la microbiologie industrielle et la biotechnologie

La première tâche d'un microbiologiste industriel est de trouver un micro-organisme convenable pour le processus qu'il a en vue. Une grande variété d'approches sont disponibles qui vont de l'isolement de micro-organismes à partir de l'environnement, jusqu'aux techniques moléculaires sophistiquées pour modifier un micro-organisme existant.

Trouver des micro-organismes dans la nature

Jusqu'il y a relativement peu, les sources principales des cultures microbiennes utilisées en microbiologie industrielle furent des matières naturelles, comme des échantillons de sol, des eaux, du pain et des fruits avariés. Des cultures provenant de toutes les parties du monde furent examinées, dans le but d'identifier des souches possédant les caractéristiques voulues. L'intérêt dans cette « chasse » aux micro-organismes nouveaux n'a pas faibli.

Dans la plupart des milieux, une petite partie seulement des espèces microbiennes ont été isolées ou cultivées (**tableau 42.1**).

Encadré 42.1

Le potentiel biotechnologique des archéobactéries isolées des milieux à haute température

On accorde beaucoup d'intérêt aux caractéristiques des archéobactéries isolées des régions situées au-dessus des fontaines hydrothermales des fonds océaniques, qui laissent s'échapper une eau à 250-350°C. C'est que ces organismes résistants peuvent croître à des températures aussi élevées que 113°C. La culture de ces micro-organismes soulèvent d'énormes problèmes. Par exemple, pour certains d'entre eux, il est nécessaire d'utiliser des chambres de culture et d'autres équipements spécialisés, afin de maintenir l'eau à l'état liquide à de telles températures.

Ces micro-organismes, appelés hyperthermophiles, dont les températures optimales de croissance sont de 80°C ou plus (*voir p. 126*), font face à des défis particuliers pour obtenir leur nourriture, pour leur métabolisme, la réplication de leurs acides nucléiques et leur croissance. Beaucoup d'entre eux sont des anaérobies qui utilisent le soufre élémentaire comme oxydant et le réduisent en sulfure. La stabilité de leurs enzymes est cruciale. Certaines ADN polymérases sont fondamentalement stables à 140°C, tandis que beaucoup d'autres sont stabilisées in vivo par des thermoprotecteurs particuliers. Quand ces enzymes sont séparées de leur protecteur, elles perdent leur thermostabilité.

De telles enzymes peuvent trouver d'importantes applications dans la production de méthane, l'extraction et la récupération des métaux, et dans les systèmes à enzymes immobilisées. En outre, il est possible de modifier stéréochimiquement et de façon sélective, des composés qui ne sont pas en solution à des températures plus basses. Ceci peut ouvrir de nouvelles voies pour les synthèses chimiques dirigées. Il s'agit d'un domaine des sciences biologiques modernes, excitant et en expansion, auquel les microbiologistes de l'environnement peuvent apporter des contributions importantes.

Tableau 42.1   Estimation du total des espèces et des espèces connues parmi différents groupes microbiens

Groupe	Total estimé des espèces	Espèces connues[a]	Pourcentage connu
Virus	130.000[b]	5.000	[4][c]
Archéobactéries	?[d]	<500	?
Bactéries	40.000[b]	4.800	[12]
Mycètes	1.500.000	69.000	5
Algues	60.000	40.000	67

[a] Valeurs datant du milieu des années 90, qui devraient être augmentées de 10 à 50%.
[b] Ces valeurs sont nettement sous-estimées, peut-être d'un ou deux ordres de grandeur.
[c] [ ] indique que ces valeurs sont probablement de grossières surestimations.
[d] Les données de l'ARNt de la petite sous-unité indiquent une diversité in situ beaucoup plus élevée que celle fournie par les études faites sur des cultures.
Adapté d'après D.A. Crown. 2000. Microbial genome—the untapped resource. *Tibtech* 18:14-16, tableau 1, p. 15.

Tableau 42.2   Estimation du pourcentage micro-organismes « cultivés » dans divers milieux

Milieux	Pourcentage cultivé estimé
Eau de mer	0,001–0,100
Eau douce	0,25
Lac mésotrophe	0,1–1,0
Eaux d'estuaires non polluées	0,1–3,0
Boue activée	1–15
Sédiments	0,25
Sol	0,3

Source: D.A. Crown. 2000. Microbial genomes—the untapped resource. *Tibtech* 18:14–16. Tableau 2, p. 15.

Aussi, l'effort se poursuit-il à travers le monde pour trouver de nouveaux micro-organismes, même dans des milieux qui ont été explorés depuis des décennies. En dépit de ces efforts à long terme, peu de micro-organismes ont été cultivés et étudiés. La plupart des microbes qu'on peut observer dans la nature n'ont pas été cultivés, ni identifiés, bien que les techniques moléculaires permettent d'obtenir des informations à leur sujet (**tableau 42.2**). Portant un intérêt croissant à la diversité et à l'écologie microbiennes, et particulièrement aux micro-organismes des environnements extrêmes (**Encadré 42.1**), les microbiologistes ont agrandi rapidement le pool des micro-organismes connus, dotés de caractéristiques souhaitables pour la microbiologie industrielle et la biotechnologie. Ils sont aussi en train d'identifier des micro-organismes impliqués dans des relations mutualistes et protocoopératives avec d'autres micro-organismes, ainsi qu'avec les plantes et les animaux supérieurs. Un intérêt soutenu pour la bioprospection persiste partout dans le monde, et les plus grandes compagnies se sont organisées pour poursuivre l'exploration de la diversité microbienne et l'identification de micro-organismes aux capacités nouvelles. Les micro-organismes non cultivés et la diversité microbienne (section 6.5)

La manipulation génétique des micro-organismes

Les manipulations génétiques sont utilisées pour produire des micro-organismes dotés de caractéristiques nouvelles et souhaitées. Les méthodes classiques de la génétique microbienne (*voir chapitre 13*) jouent un rôle vital dans le développement de cultures pour la microbiologie industrielle.

La mutation

Dès la découverte d'une culture prometteuse, on peut utiliser pour l'améliorer une variété de techniques parmi lesquelles la mutagenèse chimique et l'irradiation UV (*voir chapitre 11*). A titre d'exemple, les premières cultures de *Penicillium notatum*, qui ne pouvaient être cultivées que dans des conditions statiques, produisaient de faibles quantités de pénicilline. En 1943, on isola une souche de *Penicillium chrysogenum*—la souche NRRL 1951— qui fut encore améliorée par mutation (**figure 42.1**). Aujourd'hui, la plus grande partie de la pénicilline est produite par *P. chrysogenum*, cultivé dans des fermenteurs aérobies à agitation rotative, qui donnent des rendements en pénicilline 55 fois supérieurs à celui des cultures statiques originales.

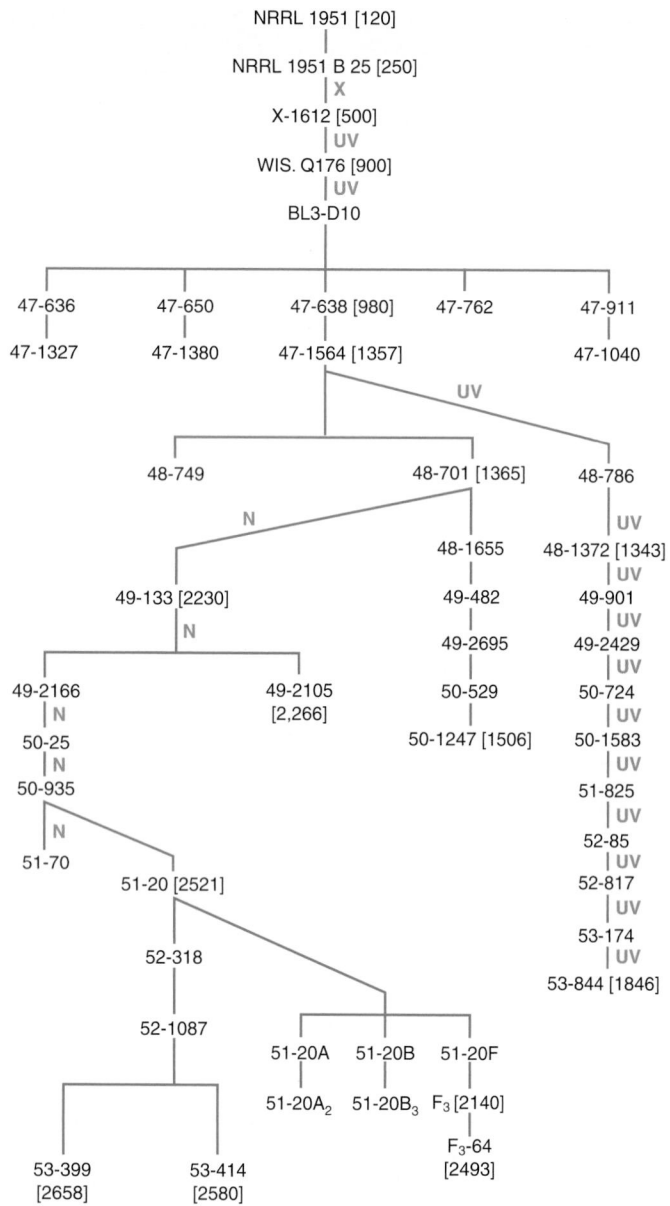

Figure 42.1   La mutation permet d'augmenter les rendements de la fermentation. Une « généalogie » des processus de mutation utilisés pour augmenter les rendements en pénicilline de *Penicillium chrysogenum* par traitements aux rayons X (X), aux UV (UV), ou au gaz moutarde (N). Grâce à ces procédés mutagènes, le rendement est passé de 120 à 2.580 unités internationales, soit une augmentation d'un facteur 20. Les transferts non marqués ont servi à cultiver et à isoler les mutants. Les rendements en unités internationales/ml figurent entre crochets.

La fusion des protoplastes

Actuellement, la **fusion des protoplastes** est largement utilisée avec les levures et les moisissures. La plupart de ces micro-organismes sont asexués ou n'ont qu'un seul type conjugant, ce qui réduit la probabilité des mutations aléatoires qui pourraient conduire à une dégénérescence de la souche. Pour effectuer des études génétiques sur ces micro-organismes, on prépare des protoplastes en cultivant des cellules dans des solutions isotoniques, tout en les traitant par des enzymes, dont la cellulase et la β-galacturonidase. Les protoplastes sont ensuite régénérés en utilisant des stabilisateurs osmotiques, comme le saccharose. Lorsqu'il y a fusion et formation d'hybrides, on identifie les recombinants désirés par les techniques sélectives d'étalement sur boîte. Après régénération de la paroi, le produit de la fusion des protoplastes peut servir à des études ultérieures.

Un grand avantage de la technique de fusion des protoplastes est de pouvoir fusionner des protoplastes de différentes espèces microbiennes, même si elles ne sont pas très proches taxinomiquement. Par exemple, on a fusionné des protoplastes de *Penicillium roqueforti* et de *P. chrysogenum*. Même des protoplastes de levure et des érythrocytes peuvent être fusionnés.

L'insertion de courtes séquences d'ADN

De courts segments d'ADN synthétisé chimiquement peuvent être insérés dans des micro-organismes hôtes, par le processus de la **mutagenèse dirigée**. On peut ainsi créer de petites modifications génétiques qui induisent le changement d'un ou de plusieurs acides aminés dans la protéine cible. On s'est aperçu que, dans beaucoup de cas, ces changements mineurs entraînaient des modifications inattendues dans les caractéristiques de la protéine et donnaient de nouveaux produits : enzymes plus résistantes aux conditions environnementales, enzymes capables de catalyser des réactions souhaitées. Ces approches relèvent du domaine de l'**ingénierie des protéines**. La mutagenèse dirigée *(p. 323)*

On peut ainsi construire des enzymes et des peptides biologiquement actifs, dotés de caractéristiques nettement différentes (stabilité, cinétique, activités). On peut aussi mieux comprendre la base moléculaire du fonctionnement de ces produits modifiés. Un des domaines les plus intéressants est la conception de sites actifs d'enzymes, qui pourraient modifier des « substrats non naturels ». Cette approche peut conduire à une meilleure transformation de matières récalcitrantes, ou même à la biodégradation de matières qui jusque là, n'y étaient pas sujettes.

---

1. En quoi la microbiologie industrielle et la biotechnologie diffèrent-elles ?
2. Sur la base d'estimations récentes, quel est le pourcentage de micro-organismes du sol et des milieux aquatiques qui ont été cultivés ?
3. Qu'est-ce que la fusion des protoplastes et à quels types de micro-organismes s'applique-t-elle ?
4. Décrivez la mutagenèse dirigée et la façon dont elle est utilisée en biotechnologie.
5. Qu'est-ce que l'ingénierie des protéines ?

Tableau 42.3 La biologie combinatoire en biotechnologie : l'expression des gènes dans d'autres organismes pour améliorer les procédés et les produits

Propriété ou produit transféré	Micro-organisme utilisé	Processus combinatoire
Production d'éthanol	*Escherichia coli*	Intégration de la pyruvate décarboxylase et de l'alcool déshydrogénase II de *Zymomonas mobilis*.
Production de 1,3-propanediol	*E. coli*	Introduction dans *E. coli*, des gènes de la région dha de *Klebsiella pneumoniae* permet la production anaérobie de 1,3-propanediol.
Synthèse du précurseur de la céphalosporine	*Penicillium chrysogenum*	Production des précurseurs 7-ACA et 7-ADCA[a] par incorporation du gène de l'expandase de *Cephalosoporium acremonium* dans *Penicillium*, par transformation.
Production d'acide lactique	*Saccharomyces cerevisiae*	Un gène de lactate déshydrogénase du muscle de bœuf est exprimé dans *S. cerevisiae*.
Production de xylitol	*S. cerevisiae*	La conversion à 95% du xylose en xylitol est obtenue en transférant chez *S. cerevisiae*, le gène XYLI de *Pichia stipitis*, qui code pour une xylose réductase. Le xylitol sert d'édulcorant en industrie alimentaire.
Créatininase[b]	*E. coli*	Expression du gène de la créatininase de *Pseudomonas putida* R565. Le gène est inséré au moyen du vecteur pUC18.
Pédiocine[c]	*S. cerevisiae*	Expression de la bactériocine de *Pediococcus acidilactici* dans *S. cerevisiae*, pour inhiber les contaminants du vin.
Production d'acétone et de butanol	*Clostridium acetobutylicum*	Introduction d'un vecteur navette chez *C. acetobutylicum* par un protocole d'électrotransformation amélioré qui a pour résultat la formation d'acétone et de butanol.

[a] 7-ACA = acide 7-aminocéphalosporanique; 7-ADCA = acide 7-aminodésacétoxycéphalosporanique.

[b] T.-Y. Tang, C.-J. Wen et W.-H. Liu. 2000. Expression of the creatinine gene from *Pseudomonas putida* R565 in *Escherichia coli. J. Ind. Microbiol. Biotechnol.* 24:2-6.

[c] H. Schoeman; M.A. Vivier; M. DuToit; L M.Y. Dicks et I.S. Pretorius. 1999. The development of bactericidal yeast strains by expressing the *Pediococcus acidilactici* pediocin gene (pedA) in *Saccharomyces cerevisiae. Yeast* 15:647–656.

Adapté de S. Ostergaard, L. Olsson et J. Nielson. 2000. Metabolic engineering of *Saccharomyces cerevisiae*. Microbiol. Mol. Biol. Rev. 64(1):34-50.

Transfert d'information génétique entre organismes différents

Le transfert d'acides nucléiques entre organismes différents a ouvert des voies alternatives nouvelles. Nous sommes ici dans un domaine qui se développe rapidement : la **biologie combinatoire** (**tableau 42.3**). Des gènes codant pour la synthèse d'un produit spécifique sont transférés d'un organisme dans un autre, ce qui donne au receveur des capacités variées, telles que le pouvoir de dégrader plus efficacement les hydrocarbures. Un des premiers exemples importants de cette approche fut la création du « super-microbe », breveté par A. M. Chakrabarty en 1974. Cet organisme était doté d'une capacité accrue de dégrader les hydrocarbures. On peut transférer les gènes de la production d'un antibiotique dans un micro-organisme qui produit un autre antibiotique, ou même dans un micro-organisme qui n'en produit pas. Par exemple, les gènes de la synthèse de bialaphos (un antibiotique herbicide) ont été transférés de *Streptomyces hygroscopicus* à *S. lividans*. L'expression de l'enzyme créatininase de *Pseudomonas putida* chez *E. coli* et la production de pédiocine, une bactériocine, par une levure de la fermentation du vin, en vue de contrôler les contaminants bactériens, constituent d'autres exemples. Les bactériocines *(pp. 297-712).*

En exprimant l'ADN dans des organismes différents, on peut obtenir une production plus efficace et réduire les étapes de purification requises pour avoir un produit utilisable. Par exemple, on peut répliquer les baculovirus recombinants *(voir p. 415)* dans des larves d'insectes, pour obtenir rapidement une production à grande échelle du virus ou de la protéine désirée. Les plantes transgéniques *(voir pp. 335-36)* peuvent être utilisées pour fabriquer de grandes quantités de toute une variété de produits métaboliques. Une façon plus imaginative d'incorporer de l'ADN nouveau dans une plante est tout simplement de tirer dessus avec un fusil et des micro-projectiles enrobés d'ADN *(voir section 14.6).*

On peut aussi insérer une large gamme d'informations génétiques dans des micro-organismes, au moyen de vecteurs et des techniques de l'ADN recombinant. Les vecteurs *(voir section 14.5)* incluent les chromosomes artificiels comme ceux de levure (YAC), de bactéries (BAC), de mammifères (MAC) et les chromosomes dérivés du bactériophage P1 (PAC). Les YAC sont particulièrement intéressants, parce qu'on peut ainsi maintenir dans la cellule de levure, de longues séquences d'ADN (plus de 100 kb) sur un chromosome séparé. Un bon exemple de l'emploi d'un vecteur est fourni par le virus qui provoque la fièvre aphteuse chez le bétail. On peut incorporer chez *E. coli*, l'information génétique pour un antigène de ce virus, cette information s'y exprime, le produit du gène est synthétisé et sert à la production de vaccin (**figure 42.2**).

Le transfert de l'information génétique permet de produire des protéines et des peptides spécifiques, sans qu'ils soient contaminés par des produits similaires que synthétiserait l'organisme d'origine. Cette approche peut diminuer le temps et le coût nécessaires à la récupération et à la purification d'un produit. Un autre grand avantage de la production de peptides par la biotechnologie moderne est qu'il n'y a que les stéréoisomères biologiquement actifs qui soient synthétisés. Cette spécificité est requise pour éviter les possibles effets secondaires nocifs des stéréoisomères inactifs, comme ce fut le cas lors du drame de la thalidomide.

En résumé, les techniques modernes de clonage de gènes offrent un éventail considérable de possibilités pour la manipulation des micro-organismes et l'emploi des plantes et des animaux (ou de leurs cellules) comme usines à exprimer l'ADN recombinant. On continue à découvrir de nouvelles techniques moléculaires et à les appliquer au transfert de l'information génétique et à la construction de micro-organismes pourvus de capacités nouvelles.

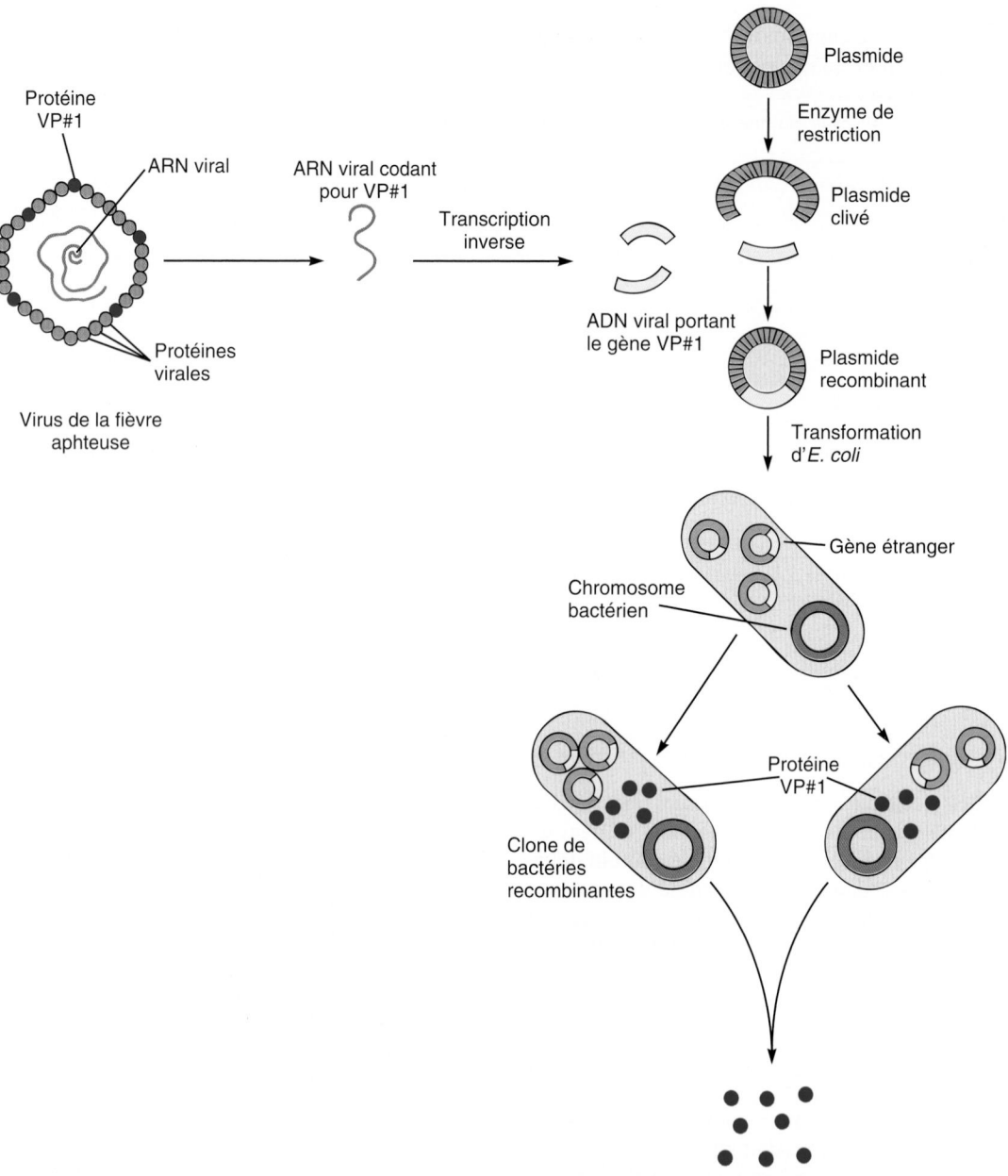

Figure 42.2 La production d'un vaccin recombinant. Les gènes codant pour les produits voulus peuvent être exprimés dans un organisme différent. En recourant aux techniques de l'ADN recombinant, on produit un vaccin contre la fièvre aphteuse, grâce au clonage des gènes du vaccin dans *Escherichia coli*.

Tableau 42.4 Exemples de l'emploi de l'ADN recombinant pour modifier l'expression de gènes

Produit	Micro-organisme	Modification
Actinorhodine	*Streptomyces coelicolor*	Modification de la transcription des gènes
Cellulase	Gènes de *Clostridium* dans *Bacillus*	Amplification de la sécrétion par amplification de l'ADN chromosomique
Albumine recombinante	*Saccharomyces cerevisiae*	Fusion en une protéine abondamment produite
Protéine hétérologue	*Saccharomyces cerevisiae*	Emploi d'un promoteur hybride fort et inductible UAS$_{gal}$/CYCL
Augmentation de la vitesse de croissance[a]	*Aspergillus nidulans*	Surproduction de la glycéraldéhyde-3-phosphate déshydrogénase
Acides aminés[b]	*Corynebacterium*	Isolement des gènes biosynthétiques qui conduisent à des activités enzymatiques accrues ou à la suppression d'une rétrorégulation

[a,b] S. Ostergaard, L. Olsson et J. Nielson. 2000. Metabolic engineering of *Saccharomyces cerevisiae*. *Microbiol. Mol. Biol. Rev.* 64(1):34–50. Tableau 1, p. 35

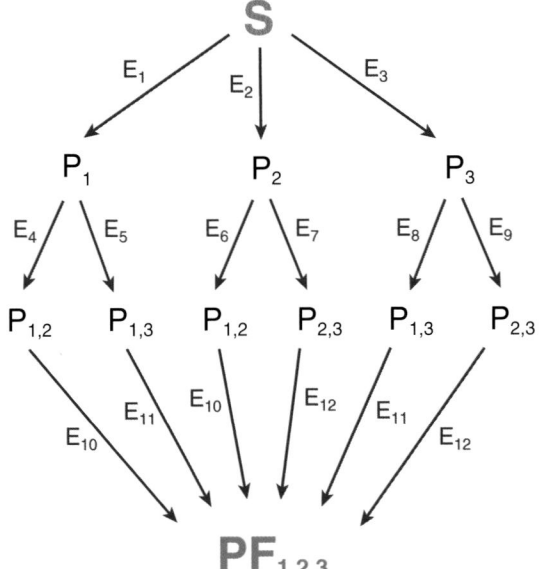

Figure 42.3 L'architecture des voies métaboliques, un facteur critique dans l'ingénierie métabolique. Les étapes alternatives pour ajouter trois groupes fonctionnels à un squelette chimique de base peuvent avoir des efficacités différentes. Il est crucial de choisir la combinaison la plus efficace des étapes enzymatiques ou des voies métaboliques qui conduisent au produit désiré. E1 → E12 = différentes enzymes ; P = produits intermédiaires après l'addition du premier et du second groupe fonctionnel ; PF = produit final.

1. Qu'est-ce que la biologie combinatoire et quelle est l'approche fondamentale utilisée dans cette technique ?
2. Quels sont les principaux types de produits qui ont été créés au moyen de la biologie combinatoire ?
3. Pourquoi souhaite-t-on insérer un gène dans une cellule étrangère et comment fait-on cela ?
4. Pourquoi est-il important de produire des isomères spécifiques des produits utilisés pour la santé animale et humaine ?

La modification de l'expression génétique

En plus d'insérer des gènes nouveaux dans certains organismes, il est aussi possible de modifier la régulation génétique en touchant à la transcription, en fusionnant des protéines, en créant des promoteurs hybrides et en supprimant des contrôles de rétrorégulation. Ces approches permettent de surproduire une large variété de produits, comme le montre le **tableau 42.4**. Exemple supplémentaire, les gènes de la synthèse de l'actinorhodine ont été transférés dans des souches produisant un autre antibiotique, avec pour résultat la production de deux antibiotiques par la même cellule.

Cette approche de modification de l'expression génétique peut aussi consister en un changement intentionnel de voies métaboliques, par inactivation ou dérégulation de gènes spécifiques. C'est le domaine de l'**architecture des voies métaboliques (figure 42.3)**. On peut utiliser des voies alternatives pour ajouter trois groupes fonctionnels à une molécule. Il se peut que certaines de ces voies soient plus efficaces que d'autres. La connaissance de l'architecture des voies métaboliques permet de construire une voie plus efficace, en évitant des passages plus lents ou plus coûteux énergétiquement. La production de pénicilline a ainsi été améliorée par **ingénierie des voies métaboliques**.

Une application récente de la modification de l'expression génétique illustre l'**ingénierie du contrôle métabolique**. Elle consiste à modifier les contrôles de la synthèse du lycopène, un antioxydant important, normalement présent à fortes concentrations dans les tomates et les produits tomatés. Ici, un circuit régulateur a été construit par ingénierie, afin que la synthèse du lycopène soit contrôlée en fonction de l'état métabolique interne d'*E. coli*. Une région manipulée artificiellement contrôle deux enzymes clés de la synthèse du lycopène. Elle est stimulée par un excès d'activité glycolytique et influence les concentrations en acétylphosphate. Ceci permet une augmentation importante de la production de lycopène, tout en réduisant les impacts négatifs des déséquilibres métaboliques.

Un autre développement récent est l'emploi d'une expression génétique modifiée pour produire des variantes de l'érythromycine. Le blocage d'étapes biochimiques spécifiques (**figure 42.4**) dans les voies de biosynthèse d'un précurseur de l'antibiotique conduit à des produits finals modifiés. Ces produits modifiés, qui ont des structures légèrement différentes, sont testés pour leur éventuels effets antimicrobiens. En outre, par cette approche, il est possible de préciser la relation structure-fonction des antibiotiques. On a aussi développé, par cette ingénierie des voies métaboliques, des procédures d'utilisation de micro-organismes pour

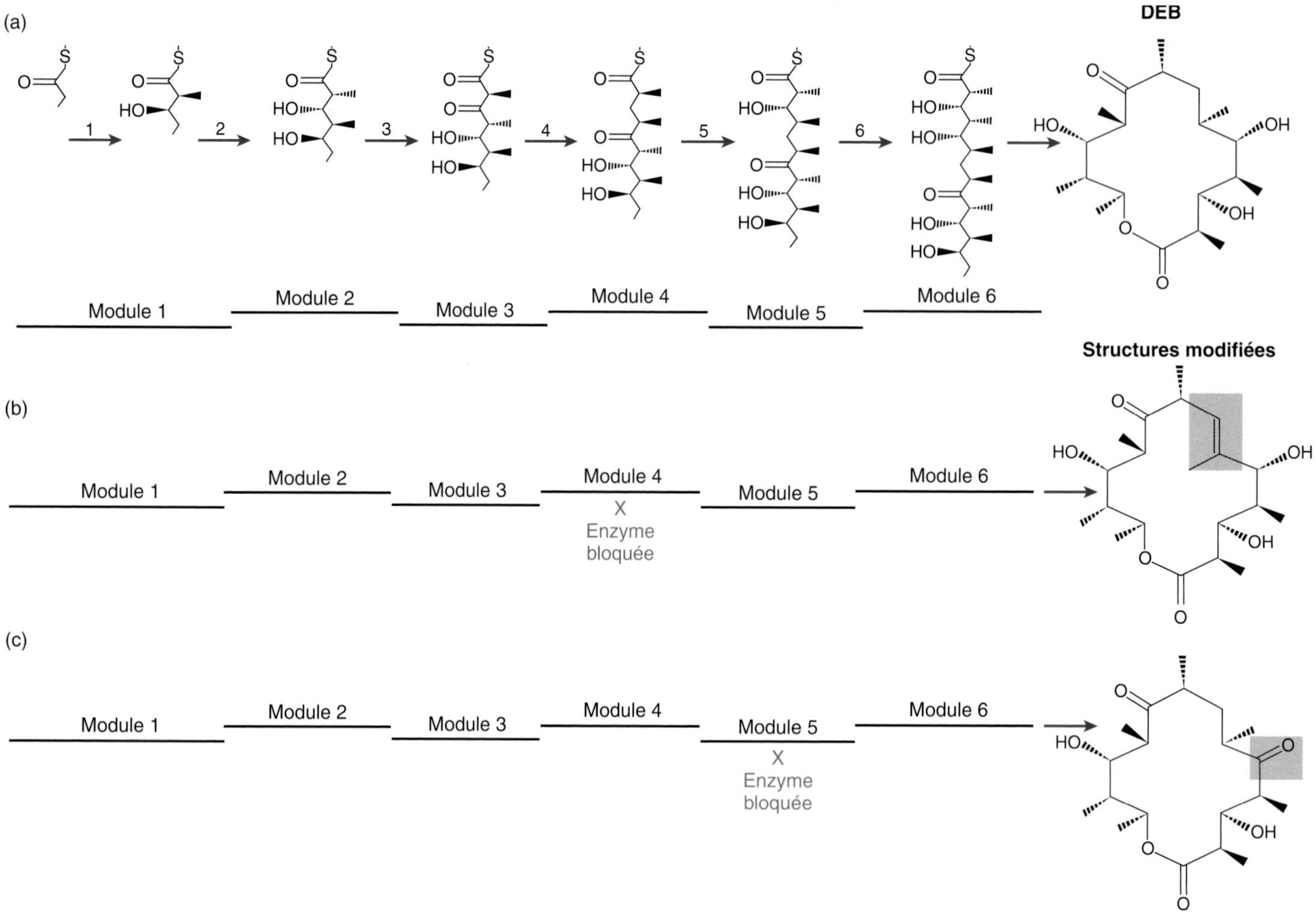

(a)

Module 1   Module 2   Module 3   Module 4   Module 5   Module 6

(b)

Module 1   Module 2   Module 3   Module 4   Module 5   Module 6
                                     X
                                  Enzyme
                                  bloquée

(c)

Module 1   Module 2   Module 3   Module 4   Module 5   Module 6
                                                  X
                                               Enzyme
                                               bloquée

Figure 42.4 Ingénierie métabolique en vue de créer un antibiotique modifié. (**a**) Modèle pour six cycles d'allongement (modules) dans la synthèse du 6-désoxyérythronilide B (DEB), précurseur de l'érythromycine, un antibiotique important. (**b**) Les changements de structure qui se produisent lorsque l'énoylréductase du module 4 est bloquée. (**c**) les changements de structure qui se produisent lorsque la cétoréductase du module 5 est bloquée. Ces structures différentes (les zones mises en évidence) peuvent conduire à la synthèse d'antibiotiques modifiés aux propriétés améliorées.

produire des aliments chimiques. En allumant ou en éteignant des gènes spécifiques, on peut produire des substances chimiques comme le 1,2-propanediol et le 1,3-propanediol en très grandes quantités (**figure 42.5**). Ces produits chimiques particuliers sont ajoutés dans les aliments semi-humides pour chien !

Parmi d'autres exemples, citons l'augmentation de la synthèse d'antibiotiques et de cellulases, la modification de l'expression génétique, l'amplification de l'ADN, l'accroissement de la synthèse protéique et la surproduction enzymatique interactive ou la suppression de la rétro-inhibition. Le plasminogène recombinant, par exemple, peut constituer 20 à 40 % des protéines solubles dans une souche modifiée, une augmentation d'un facteur 10 par rapport à la souche originelle.

L'ingénierie génétique naturelle

L'approche la plus neuve pour doter un micro-organisme donné de nouvelles capacités métaboliques est l'**ingénierie génétique**

naturelle, qui recourt à l'**évolution forcée** et aux **mutations adaptatives** (*voir p. 246*). Ce processus tire parti des stress environnementaux spécifiques pour « forcer » les micro-organismes à muter et à s'adapter, ce qui crée des micro-organismes aux capacités biologiques nouvelles. Les mécanismes de ces mutations adaptatives incluent des réarrangements d'ADN où les éléments transposables et divers types de recombinaison jouent des rôles essentiels (**tableau 42.5**).

Les études sur l'ingénierie génétique naturelle sont en pleine évolution. Il se pourrait que les « processus d'évolution forcée » soient, dans certains cas, plus efficaces que les conceptions rationnelles. De telles mutations « dirigées par l'environnement » peuvent produire des micro-organismes dotés de capacités nouvelles de dégradation ou de biosynthèse.

Bien qu'il y ait beaucoup de controverse en ce domaine, les réponses des micro-organismes au stress offrent la possibilité de générer de nouvelles capacités microbiennes pour la microbiologie industrielle et la biotechnologie.

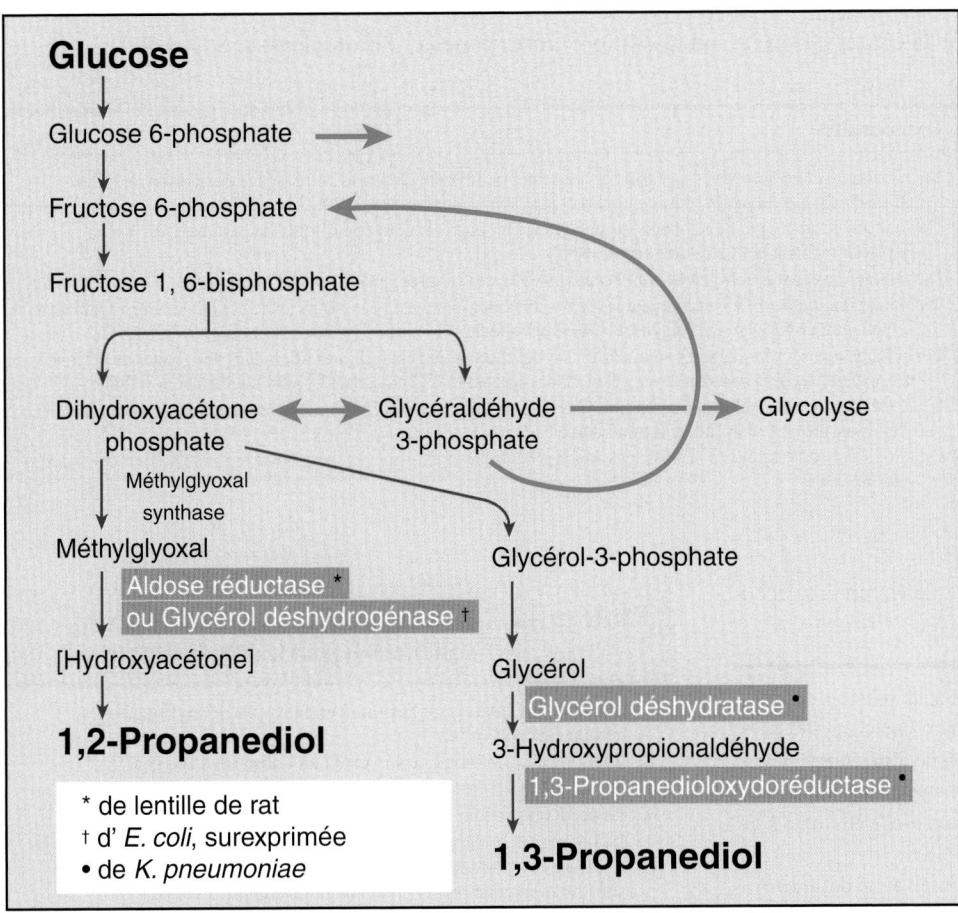

Figure 42.5 L'emploi de la biologie combinatoire pour produire du propanediol chez *E. coli*. Le métabolisme intermédiaire d'*E coli* est déplacé vers la production des propanediols, au moyen d'une aldose réductase de lentille de rat ou d'une glycérol déshydrogénase de *E. coli* surexprimée et de deux enzymes de *Klebsiella pneumoniae* : la glycérol déshydratase et la 1,3-propanedioloxydoréductase (toutes en vert).

Tableau 42.5 **Systèmes d'ingénierie génétique naturelle chez les bactéries**

Mécanismes d'ingénierie génétique	Changements introduits dans l'ADN
Mutagenèse SOS localisée	Substitution de bases, décalages du cadre de lecture
Décalage adapté du cadre de lecture	Décalage du cadre de lecture (− 1)
Excision précise (Tn*5*, Tn*9*, Tn*10*)	Recombinaison réciproque des séquences répétées bordantes de 8/9 pb ; restaure la séquence originelle
Délétion, inversion, fusion et formation de duplicats, in vivo	Généralement, recombinaison réciproque de courtes séquences répétées ; occasionnellement non homologues
Recombinaison par la topoisomérase de type II	Délétions et fusions par recombinaison non homologue, parfois au niveau de courtes séquences répétées
Recombinaison localisée (topoisomérase de type I)	Insertions, excisions/délétions, inversions par des réactions concertées ou des réactions de clivage-ligation successives, au niveau de courtes séquences répétées ; tolère des mésappariements
Éléments transposables (nombreuses espèces)	Insertions, transpositions, fusions de réplicon, délétions/excisions adjacentes, inversions adjacentes par ligation des extrémités 3'-OH de transposon à des groupes 5'-PO_4 de coupures décalées, au niveau de sites cibles non homologues
Absorption d'ADN (transformation)	Absorption d'un simple-brin de séquence indépendante ou d'ADN double-brin porteur d'une séquence caractéristique de l'espèce.

Adapté de J.A. Shapiro. 1999. Natural genetic engineering, adaptive mutation, and bacterial evolution. In *microbial ecology of infectious disease*, E. Rosenberg, éditeur, 259–75. Washington, D.C. : American Society for Microbiology. Tiré du tableau 2, pp. 263–64.

La conservation des micro-organismes

Lorsqu'un micro-organisme ou un virus a été sélectionné ou construit dans un but spécifique, il doit être conservé dans son état originel pour usage ultérieur et étude. On a eu recours dans le passé, aux repiquages périodiques des cultures, bien que cela puisse conduire à des mutations et à des changements phénotypiques.

Pour éviter ces problèmes et garder les caractéristiques intéressantes d'une culture, il existe une variété de techniques de conservation (**tableau 42.6**). On emploie fréquemment la **lyophilisation**, ou cryodessiccation, et le stockage dans l'azote liquide. Bien qu'elles soient complexes et exigent un équipement coûteux, ces deux méthodes permettent effectivement le stockage des cultures

Tableau 42.6 **Méthodes utilisées pour la conservation de souches importantes pour la microbiologie industrielle et la biotechnologie**

Méthode	Commentaires
Transfert périodique	Les variables du transfert périodique dans de nouveaux milieux comprennent la fréquence du transfert, le milieu utilisé et la température de conservation; ceci peut augmenter les taux de mutation et produire des variants
Géloses en pente couvertes d'huile de paraffine	Une culture de stockage, développée sur une gélose inclinée est couverte d'huile de paraffine stérilisée ; la gélose inclinée peut être conservée à 4°C
Milieu minimum, eau distillée ou eau gélosée	Des cultures lavées sont réfrigérées pour la conservation; ces cultures gardent une viabilité pendant 3 à 5 mois ou plus
Congélation dans le milieu de culture	Technique non fiable; elle endommage les structures microbiennes; néanmoins, avec certains micro-organismes, ce peut être un moyen utile de conservation des souches
Dessiccation	Les cultures sont séchées dans des sols stériles, sur des disques de papier filtre stériles, dans des gouttes de gélatine ; ces matières séchées sont conservées dans un dessiccateur à 4°C ou congelées pour augmenter la viabilité
Cryodessiccation (lyophilisation)	L'eau est éliminée par sublimation en présence d'un agent cryoprotecteur; la conservation dans une ampoule scellée assure une viabilité de longue durée
Ultracongélation	On utilise de l'azote liquide à -196°C; des souches de micro-organismes exigeants ont ainsi été conservées pendant plus de 15 ans

microbiennes pendant des années, sans perte de viabilité, ni accumulation de mutations.

1. Quels sont les techniques de l'ADN recombinant utilisées pour modifier l'expression génétique chez les micro-organismes ?
2. Définissez l'ingénierie du contrôle métabolique, l'ingénierie des voies métaboliques, l'évolution forcée et les mutations adaptatives.
3. En quoi l'ingénierie génétique naturelle pourrait-elle être utile à la biotechnologie microbienne moderne ?
4. Quelles approches sont possibles pour la conservation des micro-organismes ?

42.2 La croissance des micro-organismes dans des environnements contrôlés

Pour beaucoup de processus industriels, les micro-organismes doivent être cultivés dans des milieux spécifiques, avec un contrôle soigneux des conditions : température, aération, apport de nutriments au cours de la fermentation. Cultiver des micro-organismes dans des environnements ainsi contrôlés coûte cher et on ne le fait que lorsque le produit visé peut être vendu avec profit. Ces coûts élevés proviennent des dépenses consenties pour la mise au point d'un micro-organisme particulier, utilisable en fermentation à grande échelle, pour l'équipement, la préparation du milieu, la purification et le conditionnement du produit et les efforts de marketing. En outre, s'il s'agit d'un produit destiné à soigner les animaux ou l'homme, il faut consacrer des millions d'euros à effectuer des essais et à obtenir les approbations requises, avant qu'un seul euro de revenu ne parvienne aux investisseurs. Des brevets sont pris chaque fois que c'est possible, pour s'assurer que les sommes investies soient récupérées sur une plus longue période de temps. Il est clair que les produits mis sur le marché doivent avoir une haute valeur marchande. Cette section traite de la mise au point des milieux de culture appropriés et de la culture des micro-organismes dans des conditions industrielles.

Avant d'aller plus loin, il est nécessaire de clarifier la terminologie. Le terme de **fermentation**, employé dans un sens physiologique au début de ce livre, est utilisé dans un sens beaucoup

Tableau 42.7 **La fermentation : un mot à plusieurs significations pour le microbiologiste**

1. Tout procédé impliquant la culture en masse de micro-organismes aérobies ou anaérobies
2. Tout processus biologique survenant en l'absence d'oxygène
3. La détérioration des aliments
4. La production de boissons alcoolisées
5. L'utilisation d'un substrat organique comme donneur et accepteur d'électrons
6. L'utilisation d'un substrat organique comme un réducteur et du même substrat organique partiellement dégradé comme un oxydant
7. La croissance dépendante du niveau de phosphorylation du substrat

plus général en microbiologie industrielle et en biotechnologie. Ainsi qu'on le constate dans le **tableau 42.7**, le terme peut avoir plusieurs sens, parmi lesquels la culture en masse de micro-organismes (ou même de cellules végétales et animales). Le développement de méthodes de fermentation industrielle exige la préparation de milieux de culture appropriés et le criblage à grande échelle des micro-organismes. Il faut parfois des années avant d'atteindre des rendements optimums d'un produit. On doit tester de nombreuses souches pour leur capacité de produire un nouveau produit en quantités souhaitées. Peu donnent des résultats.

â La fermentation en tant que processus physiologique *(pp. 179-81).*

La mise au point des milieux

Le milieu de culture d'un micro-organisme est critique parce qu'il peut influencer la compétitivité économique d'un procédé particulier. Fréquemment, des matières brutes peu coûteuses servent de sources de carbone, d'azote, de phosphore et de facteurs de croissance (**tableau 42.8**). C'est le cas des hydrolysats végétaux bruts. Les sous-produits de brasserie sont aussi souvent employés car ils ne coûtent pas cher et sont disponibles en quantité. Il y a d'autres sources de carbone, comme les mélasses et le petit-lait obtenu lors de la fabrication du fromage. Les milieux de culture microbiennes *(pp. 104-6).*

Tableau 42.8 Les principaux constituants des milieux de culture utilisés dans les procédés industriels

Source	Matière brute	Source	Matière brute
Carbone et énergie	Mélasses Petit-lait Grains de céréales Déchets agricoles (épis de maïs)	Vitamines Fer, oligo-éléments Tampons	Préparations brutes de produits végétaux et animaux Dérivés chimiques inorganiques bruts Craie ou carbonates bruts Phosphates pour engrais
Azote	Eaux de lavage du maïs (« corn steep liquor ») Farine de soja Déchets d'abattoir (« stick liquor ») Ammoniac et sels d'ammonium Nitrates Vinasses (« distiller's solubles »)	Antimousses	Alcools supérieurs Silicones Esters naturels Saindoux et huiles végétales

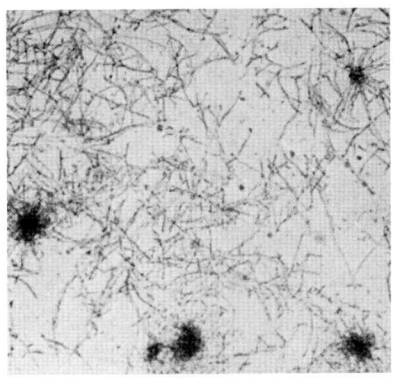

(a)

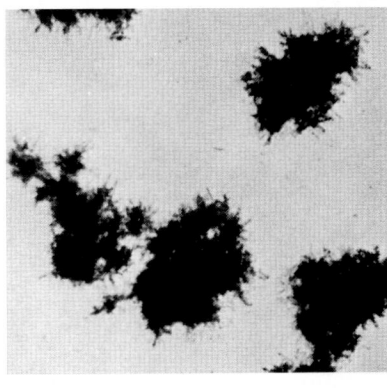

(b)

Figure 42.6 La croissance filamenteuse pendant la fermentation. Les mycètes filamenteux et les actinomycètes peuvent modifier leur type de développement pendant le déroulement d'une fermentation. Le développement en formes de flocons a des effets importants sur le transfert de l'oxygène et sur l'énergie requise pour agiter la culture. (**a**) Culture initiale. (**b**) après 18 heures de croissance.

Les concentrations et l'équilibre des minéraux (particulièrement le fer) ainsi que des facteurs de croissance sont critiques dans la formulation d'un milieu. La biotine et la thiamine, par exemple, en influençant les réactions biosynthétiques, contrôlent l'accumulation des produits dans de nombreuses fermentations. Le milieu peut être conçu de façon à ce que le carbone, l'azote, le phosphore, le fer ou un facteur de croissance spécifique deviennent limitants après un temps donné, pendant la fermentation. Cette limitation occasionne un changement d'un simple état de croissance vers la production de métabolites désirés.

La croissance des micro-organismes dans une installation industrielle

Une fois que le milieu est mis au point, il faut définir l'environnement physique pour le développement microbien dans le système de culture en masse. Ceci comporte souvent un contôle précis de l'agitation, de la température, des modifications du pH et de l'oxygénation. Des tampons phosphate sont utiles pour comtôler le pH tout en servant de source de phosphore. Les limitations en oxygène peuvent être particulièrement critiques dans les procédés de croissance aérobie. La concentration et la vitesse du flux de l'oxygène doivent être suffisamment élevées pour qu'il soit en excès à l'intérieur des cellule et ne constitue pas un facteur limitant. C'est particulièrement vrai dans une culture microbienne dense. L'aération peut être encore plus limitée quand on cultive des mycètes et des actinomycètes filamenteux (**figure 42.6**). Cette croissance filamenteuse entraîne la formation d'un milieu plastique, visqueux, appelé **milieu non Newtonien**, offrant encore

plus de résistance à l'agitation et à l'aération. Pour éviter ce problème, on cultive souvent ces organismes sous forme de pelotes, de flocons (flocs) ou fixés à des particules artificielles.

Il est essentiel de s'assurer que ces facteurs physiques ne sont pas limitants pour la croissance microbienne. C'est particulièrement critique lors de l'**extrapolation** ou du « **scale-up** », étape où une méthode mise au point dans un petit flacon agité, est modifiée pour être appliquée dans un grand fermenteur. On doit comprendre le micro-environnement de la culture et maintenir des conditions similaires à proximité de chaque cellule, malgré un accroissement du volume de la culture. S'il est possible de réaliser une bonne transition entre une culture faite dans un Erlenmeyer de 250 ml et celle fait dans un réacteur de 100.000 litres, on considère que le processus d'extrapolation a été accompli correctement.

Les micro-organismes peuvent être cultivés dans des tubes, des flacons agités et des fermenteurs à agitation rotative ou d'autres systèmes de culture en masse. Les fermenteurs à agitation rotative ont, selon les nécessités de production, une taille qui varie de 3 ou 4 litres à plus de 100 000 litres (**figure 42.7**). Une unité de fermentation typique de grande taille est illustrée dans la figure 42.7*b* ; elle nécessite un investissement en capital important et des opérateurs qualifiés. Toutes les étapes de la production et la récupération des produits doivent être réalisées dans des conditions aseptiques. Il faut non seulement stériliser le milieu, mais aérer, ajuster le pH, échantillonner et surveiller l'opération dans des conditions rigoureusement contrôlées. En cas de nécessité, on doit ajouter des agents antimousse, particulièrement avec des milieux riches en

(a)

Figure 42.7 Les fermenteurs industriels à agitation rotative. (a) Grands fermenteurs utilisés par une compagnie pharmaceutique pour la synthèse microbienne d'antibiotiques. (**b**) Détails d'une unité de fermentation. Cette unité peut fonctionner dans des conditions aérobies ou anaérobies. Les additions de nutriments, la prise d'échantillon et la surveillance de la fermentation sont effectuées de façon stérile. Des biosenseurs et la surveillance infrarouge fournissent une information en temps réel sur l'évolution de la fermentation. Il est possible de détecter substrats spécifiques, intermédiaires métaboliques et produits finals.

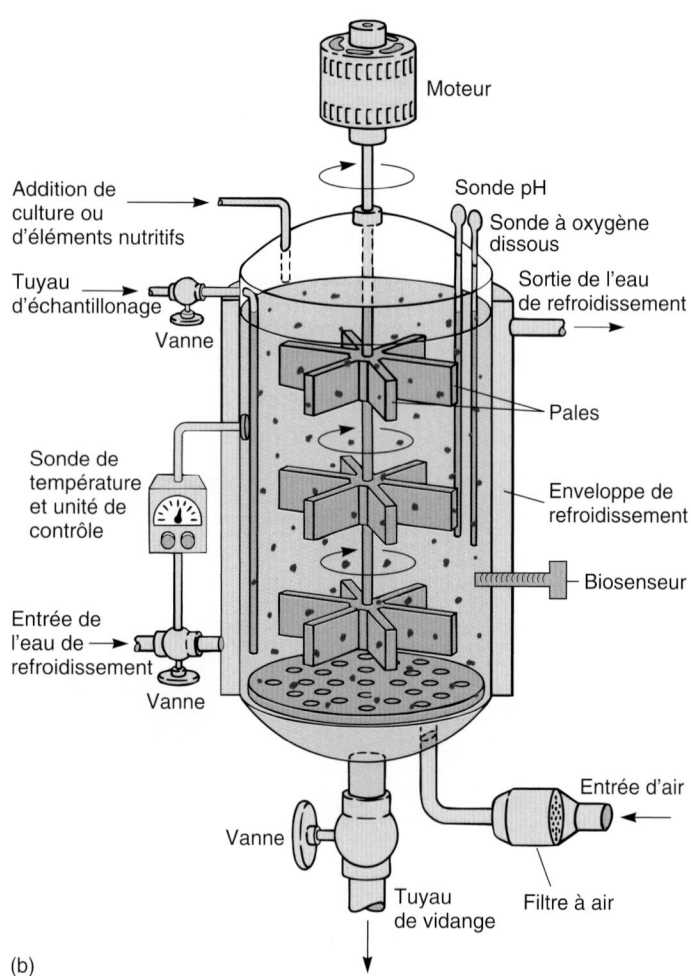

(b)

protéines. Fréquemment, des ordinateurs permettent de surveiller les informations fournies par les sondes mesurant la biomasse microbienne, les concentrations de dérivés métaboliques critiques, le pH, la composition des gaz entrants et sortants et d'autres paramètres. Ces informations sont nécessaires pour contrôler avec précision le processus et la production. Les conditions environnementales peuvent être modifiées ou maintenues constantes au cours du temps, selon les buts du processus en question.

Fréquemment, on ajoute un composant essentiel (souvent la source de carbone) dans le milieu, de façon continue — **alimentation continue** — de sorte que le micro-organisme ne dispose à aucun moment d'un excès de substrat, lequel pourrait provoquer l'accumulation dc déchets métaboliques indésirables. Ceci est particulièrement important pour le glucose et autres glucides. Si le glucose se trouve en excès au début de la fermentation, il peut être catabolisé et donner de l'éthanol. Celui-ci est perdu sous forme volatile, ce qui réduit le rendement final. Ceci peut se produire même dans des conditions anaérobies. Outre le fermenteur traditionnel, aérobie ou anaérobie, à agitation rotative, il existe d'autres méthodes de culture des micro-organismes. Ces alternatives, illustrées dans la **figure 42.8.** comprennent les fermenteurs à agitation pneumatique (« air lift fermentors ») (figure 42.8a). qui supriment l'agitation rotative, problématique avec les mycètes filamenteux. Il existe également une fermentation à l'état solide (figure 42.8b), dans laquelle le substrat n'est pas dilué dans l'eau. Dans différents types de réacteurs à lit fixe (figure 42.8c) et à lit fluidisé (figure 42.84d), les micro-organismes sont associés à des surfaces inertes sous forme de biofilms (*voir pp. 620-22*), et le milieu s'écoule le long des particules fixées ou en suspension. On utilise également des unités de culture en dialyse (figure 42.8e). Elles permettent la diffusion de métabolites ou de sous-produits toxiques, qui sont

ainsi éliminés de la culture microbienne, ainsi que la diffusion de nouveaux substrats, à travers la membrane, vers la culture. Les techniques de culture en continu, utilisant des chimiostats (figure 42.8f), améliorent fortement les productions cellulaires et les vitesses de consommation du substrat, car les micro-organismes sont maintenus en phase logarithmique continue. Toutefois, dans de nombreux procédés industriels, il n'est pas souhaitable de maintenir un organisme dans une phase de croissance active.

On classe souvent les produits microbiens en métabolites primaires et secondaires. Comme le montre la **figure 42.9**, les **métabolites primaires** consistent en composés associés à la synthèse des cellules microbiennes, pendant la phase de croissance. Ils comprennent les acides aminés, les nucléotides et les produits finals des fermentations, comme l'éthanol et les acides organiques. De plus, des enzymes à valeur industrielle, soit associés aux cellules, soit des exoenzymes, sont souvent synthétisés par les micro-organismes au cours de leur croissance. Ces enzymes trouvent de nombreux usages dans la production alimentaire et dans la finition des textiles.

Les **métabolites secondaires** s'accumulent habituellement pendant la période de limitation des nutriments ou d'accumulation des déchets, qui suit la phase de croissance active. Ces composés n'ont pas de relation directe avec la synthèse du matériel cellulaire et la croissance normale. La plupart des antibiotiques et les mycotoxines se placent dans cette catégorie.

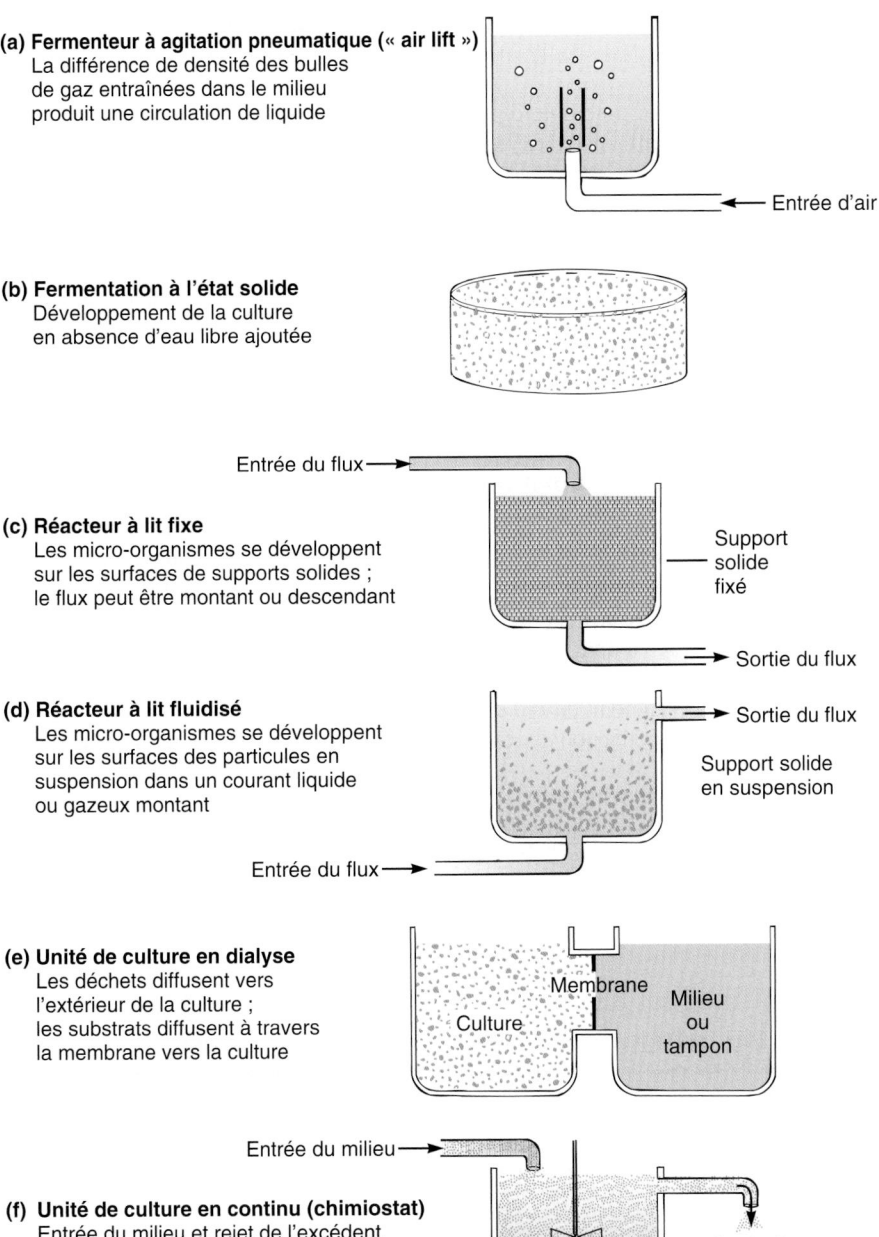

(a) Fermenteur à agitation pneumatique (« air lift »)
La différence de densité des bulles de gaz entraînées dans le milieu produit une circulation de liquide

Entrée d'air

(b) Fermentation à l'état solide
Développement de la culture en absence d'eau libre ajoutée

Entrée du flux

(c) Réacteur à lit fixe
Les micro-organismes se développent sur les surfaces de supports solides ; le flux peut être montant ou descendant

Support solide fixé

Sortie du flux

(d) Réacteur à lit fluidisé
Les micro-organismes se développent sur les surfaces des particules en suspension dans un courant liquide ou gazeux montant

Sortie du flux

Support solide en suspension

Entrée du flux

(e) Unité de culture en dialyse
Les déchets diffusent vers l'extérieur de la culture ; les substrats diffusent à travers la membrane vers la culture

Membrane

Milieu ou tampon

Culture

Entrée du milieu

(f) Unité de culture en continu (chimiostat)
Entrée du milieu et rejet de l'excédent de milieu et de cellules

Sortie du milieu et des cellules

Figure 42.8 Méthodes alternatives pour la culture en masse. Il existe d'autres méthodes, en plus des fermenteurs à agitation rotative, pour cultiver les micro-organismes dans les procédés industriels. Ces méthodes alternatives ont souvent des coûts d'exploitation inférieurs et offrent les conditions de culture particulières, requises pour la synthèse du produit.

---

1. Comment réduit-on les coûts des milieux dans les opérations industrielles ? Discutez l'effet de changements d'équilibre parmi les nutriments (tels les sels minéraux), les facteurs de croissance et les sources de carbone, d'azote et de phosphore.

2. Quels facteurs augmentent les coûts des produits microbiens, comme les antibiotiques, utilisés pour la santé animale ou humaine ?

3. Qu'est-ce que les milieux non Newtoniens et pourquoi sont-ils importants dans les fermentations ?

4. Qu'est-ce que l'extrapolation (« scale-up ») et quels sont les objectifs de ce processus ?

5. Quels paramètres peut-on suivre dans une fermentation industrielle moderne, à grande échelle ?

6. De quelles alternatives dispose-t-on à côté du fermenteur aéré, à agitation rotative, pour la culture en masse de micro-organismes dans des processus industriels ? Selon quel principe fonctionne le système de culture en dialyse ?

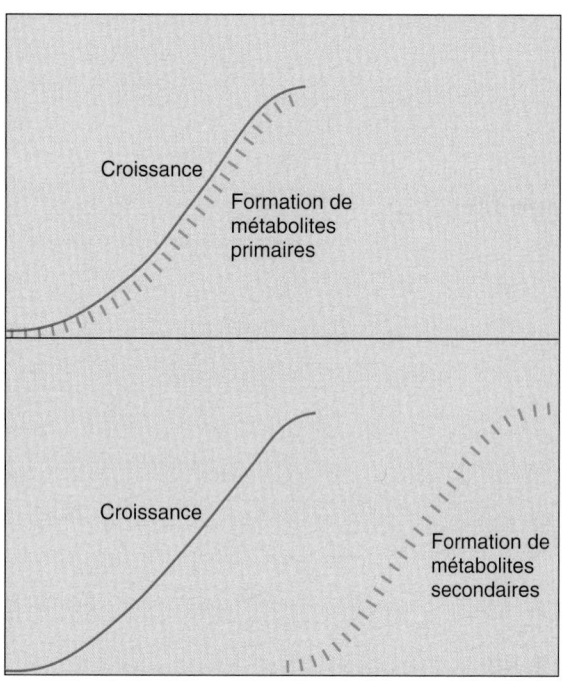

Temps

Figure 42.9 Les métabolites primaires et secondaires. Selon l'organisme, le produit désiré peut être formé pendant ou après la croissance. Les métabolites primaires sont formés durant la phase de croissance active, alors que les métabolites secondaires sont formés après la fin de la croissance.

42.3 Les principaux produits de la microbiologie industrielle

La microbiologie industrielle a donné des produits qui ont influencé directement notre vie de multiples façons, souvent mal appréciées. Ces produits ont profondément changé notre vie et notre espérance de vie. Il y a les produits industriels et agricoles, les additifs alimentaires, les produits pharmaceutiques pour la santé humaine ou animale et les biocombustibles (**tableau 42.9**). En particulier, au cours des quelques dernières années, des composés autres que les antibiotiques ont été utilisés en médecine et ont contribué de façon importante à l'amélioration du bien-être des populations humaines et animales. Nous ne traiterons ici que des principaux produits de chaque catégorie.

Les antibiotiques

De nombreux antibiotiques sont produits par les micro-organismes, surtout par les actinomycètes du genre *Streptomyces*, et par les mycètes filamenteux (*voir tableau 35.2*). Le contrôle du milieu est crucial pour la production de ces composés importants. Dans ce chapitre, nous parlerons de la synthèse de plusieurs des antibiotiques les plus importants, pour illustrer le rôle essentiel de la mise au point du milieu et du contrôle des conditions de culture dans la production de ces composés. Les antibiotiques en médecine (chapitre 35).

La pénicilline

La pénicilline, produite par *Penicillium chrysogenum*, est un excellent exemple d'une fermentation pour laquelle on ajuste soigneusement la composition du milieu pour atteindre des rendements maximums. La production rapide de cellules avec des

Tableau 42.9 Principaux produits microbiens et procédés en microbiologie industrielle et en biotechnologie

Substances	Micro-organismes
Produits industriels	
Éthanol (à partir de glucose)	*Saccharomyces cerevisiae*
Éthanol (à partir de lactose)	*Kluyveromyces fragilis*
Acétone et butanol	*Clostridium acetobutylicum*
2,3-Butanediol	*Enterobacter, Serratia*
Enzymes	*Aspergillus, Bacillus, Mucor, Trichoderma*
Produits agricoles	
Gibbérellines	*Gibberella fujikuroi*
Additifs alimentaires	
Acides aminés (lysine, etc.)	*Corynebacterium glutamicum*
Acides organiques (acide citrique)	*Aspergillus niger*
Nucléotides	*Corynebacterium glutamicum*
Vitamines	*Ashbya, Eremothecium, Blakeslea*
Polysaccharides	*Xanthomonas*
Produits médicaux	
Antibiotiques	*Penicillium, Streptomyces, Bacillus*
Alcaloïdes	*Claviceps purpurea*
Transformations de stéroïdes	*Rhizopus, Arthrobacter*
Insuline, hormone de croissance humaine, somatostatine, interférons	*Escherichia coli, Saccharomyces cerevisiae,* et autres (technologie de l'ADN recombinant)
Biocarburants	
Hydrogène	Micro-organismes photosynthétiques
Méthane	*Methanobacterium*
Éthanol	*Zymomonas, Thermoanaerobacter*

concentrations élevées en glucose comme sources de carbone, ne conduit pas à des rendements maximums en antibiotique. Si on fournit du lactose, disaccharide hydrolysé lentement, tout en limitant l'azote, la pénicilline s'accumule (**figure 42.10**) après l'arrêt de la croissance. On peut atteindre le même résultat en ajoutant

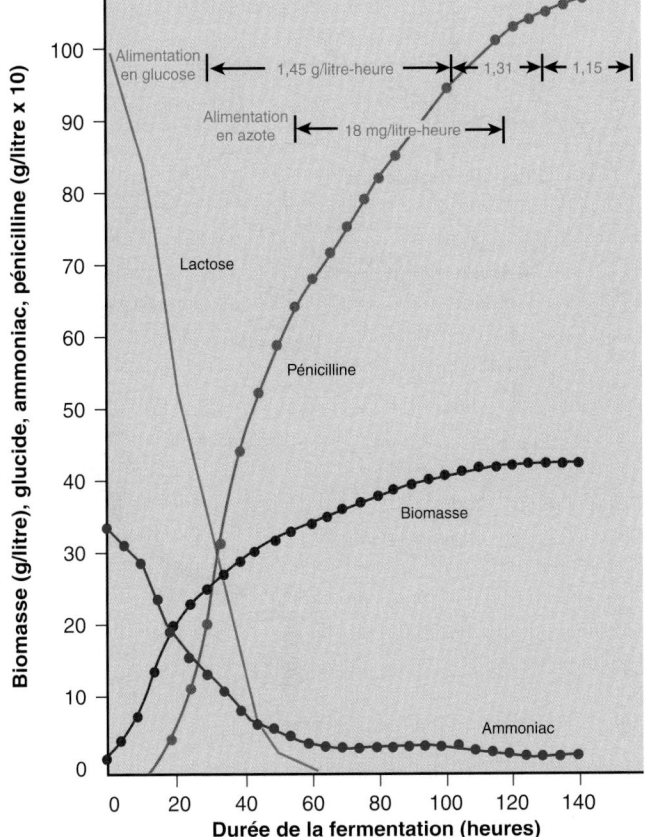

Figure 42.10 La fermentation de la pénicilline implique un contrôle précis des nutriments. La synthèse de la pénicilline commence lorsque l'azote de l'ammoniac devient limitant. Lorsque la plus grande partie du lactose (un disaccharide catabolisé lentement) a été dégradée, on ajoute du glucose (un monosaccharide rapidement utilisé), en même temps qu'un faible niveau d'azote. On stimule ainsi la transformation maximale des sources de carbone en pénicilline.

continuellement et lentement du glucose. Lorsqu'on veut produire une pénicilline particulière, on ajoute le précurseur spécifique au milieu. Ainsi, l'acide phénylacétique induit la production de pénicilline G qui a une chaîne latérale benzyle (*voir figure 35.7*). Le maintien du pH de fermentation au voisinage de la neutralité, par l'addition d'alcali stérile, assure un maximum de stabilité à la pénicilline nouvellement synthétisée. Lorsque la fermentation est terminée, normalement au bout de six à sept jours, le milieu est séparé du mycélium et traité par absorption, précipitation et cristallisation, pour donner la substance finale. Ce produit de base peut ensuite être modifié par des techniques chimiques pour donner une variété de **pénicillines semi-synthétiques**.

La streptomycine

La streptomycine est un métabolite secondaire produit par *Streptomyces griseus*. Des modifications des conditions environnementales et de la disponibilité en substrat influencent également l'accumulation du produit final. On utilise dans cette fermentation un milieu au soja avec du glucose comme source de carbone. La source d'azote est donc sous une forme combinée (farine de soja). Après la croissance, la concentration en antibiotique dans la culture commence à augmenter (**figure 42.11**), dans des conditions de limitation contrôlée en azote.

Les acides aminés

On utilise des acides aminés tels que la lysine et l'acide glumatique dans l'industrie alimentaire, comme additifs nutritifs dans les pains et comme exhausteurs de goût dans le cas du glutamate monosodique.

Les acides aminés sont typiquement produits par des **mutants de régulation** dont la capacité de limiter la synthèse d'un produit final est réduite. Le micro-organisme normal évite la surproduction d'intermédiaires biochimiques par la régulation précise de son métabolisme. Actuellement, de grandes quantités d'acide glutamique et de plusieurs autres acides aminés sont synthétisées par des mutants de *Corynebacterium glutamicum* qui ne savent plus, ou n'ont plus qu'une capacité limitée de transformer l'α-cétoglutarate (un intermédiaire du cycle des acides tricaboxyliques) en succinyl-CoA, comme le montre la **figure 42.12**. Une

Figure 42.11 La production de streptomycine par *Streptomyces griseus*. L'utilisation séquentielle de différentes sources de carbone conduit à des productions maximales d'antibiotique.

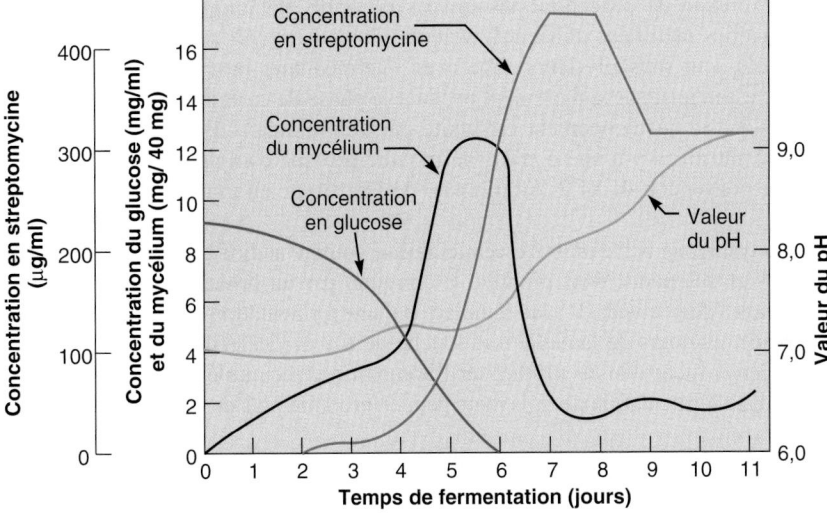

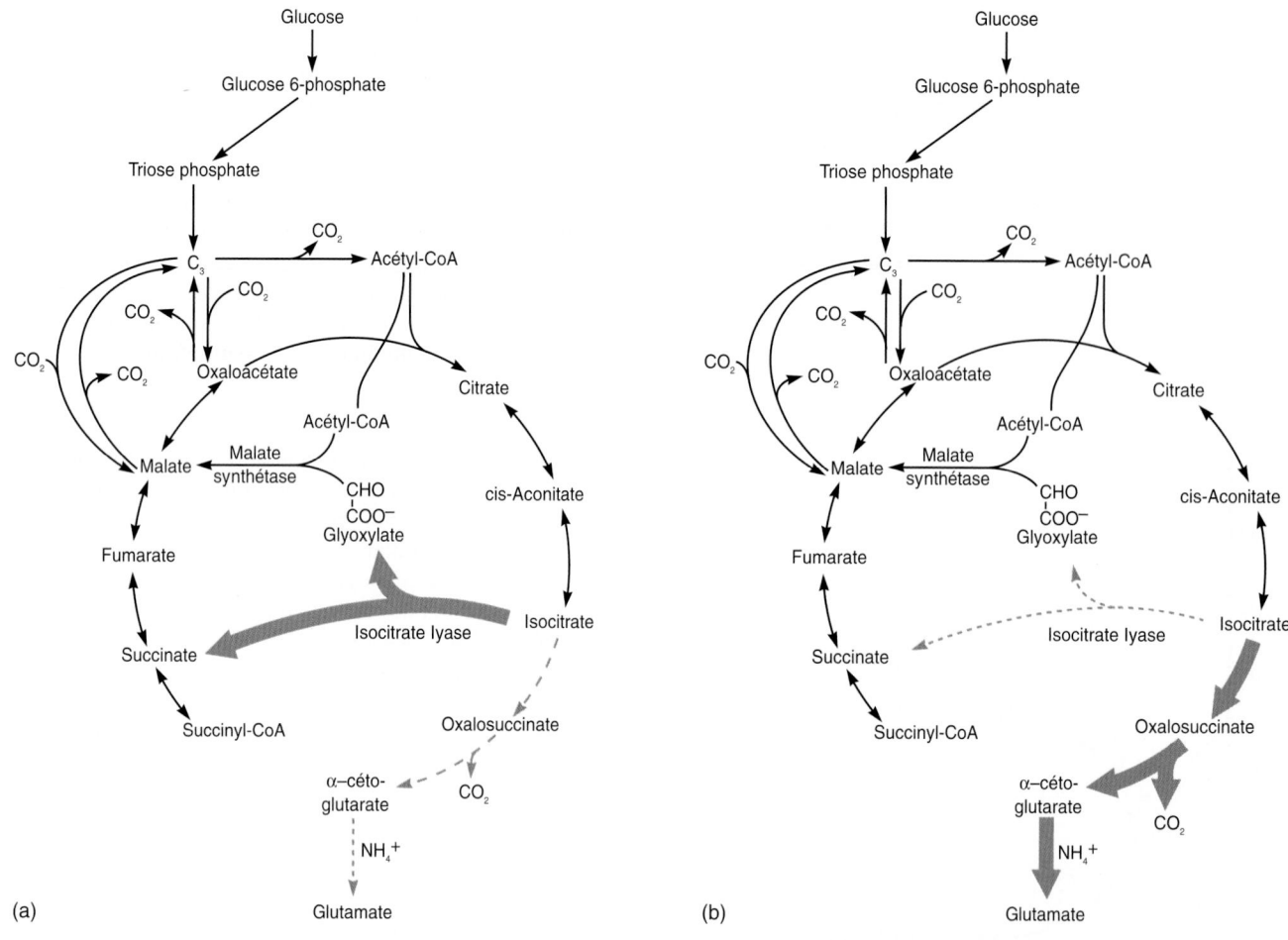

Figure 42.12 La production d'acide glutamique. Ce schéma décrit la séquence des réactions biosynthétiques partant du glucose et conduisant à l'accumulation de glutamate par *Corynebacterium glutamicum*. Les principaux flux de carbone sont montrés par des flèches épaisses. (**a**) Croissance avec intervention de la voie du glyoxylate qui fournit des intermédiaires essentiels du cycle des acides tricarboxyliques. (**b**) Lorsque la croissance est achevée, la majorité du substrat carboné est transformé en glutamate (notez le déplacement des flèches épaisses). Les lignes pointillées indiquent les réactions utilisées à un degré moindre.

concentration contrôlée, faible en biotine et l'addition de dérivés d'acides gras augmentent la perméabilité membranaire et permettent l'excrétion de concentrations élevées en acide glutamique. Les bactéries modifiées utilisent la voie du glyoxylate (*voir section 10.6*) pour satisfaire leurs besoins en intermédiaires biochimiques essentiels, particulièrement pendant la phase de croissance. Lorsque le développement est limité par la diminution d'un élément nutritif, il y a une conversion molaire presque complète (ou une conversion de 81,7 % du poids) de l'isocitrate en glutamate.

La lysine, un acide aminé essentiel utilisé comme additif des céréales et des pains, était produite à l'origine, par un procédé microbien à deux étapes. Il a été remplacé par une fermentation en une étape, au cours de laquelle une souche de *Corynebacterium glutamicum*, incapable de synthétiser l'homosérine, accumule la lysine. Une fermentation de trois jours peut en produire plus de 44 g/litre.

Bien que ce soit peu répandu aux États-Unis, on a employé des micro-organismes, avec des mutations de régulation apparen-

tées, pour produire une série de nucléotides puriques servant à rehausser le goût de potages et de produits carnés.

Les acides organiques

La production d'acides organiques par les micro-organismes est importante en microbiologie industrielle et illustre les effets des concentrations et des équilibres des oligo-éléments sur la synthèse et l'excrétion de ces substances. Les acides citrique, acétique, lactique, fumarique et gluconique sont les produits principaux (**tableau 42.10**). Avant l'apparition des procédés microbiens, la source d'acide citrique était les agrumes italiens. Actuellement, la majeure partie de l'acide citrique est produite par les micro-organismes. L'industrie alimentaire (y compris les boissons) consomme 70 % de la production, l'industrie pharmaceutique 20 % et le solde entre dans d'autres applications industrielles.

La base de la fermentation de l'acide citrique est une limitation des oligo-éléments, comme le manganèse et le fer, pour arrêter la croissance d'*Aspergillus niger* à un point spécifique de la

Tableau 42.10   Principaux acides organiques produits par des procédés microbiens

Produit	Micro-organisme utilisé	Usages représentatifs	Conditions de fermentation
Acide acétique	*Acetobacter* dans des solutions d'éthanol	Grande diversité d'usages alimentaires	Oxydation en une étape produisant des solutions à 15% ; rendements de 95 à 99%
Acide citrique	*Aspergillus niger* dans un milieu à base de mélasses	Produits pharmaceutiques, additifs alimentaires	Concentrations élevées en glucides et limitation contrôlée des oligo-éléments ; rendements de 60 à 80%
Acide fumarique	*Rhizopus nigricans* dans un milieu à base de sucre	Fabrication de résines, tannage et calibrage	Fermentation fortement aérobie ; le rapport carbone-azote est critique ; le zinc doit être limité ; rendements de 60%
Acide gluconique	*Aspergillus niger* dans un milieu avec glucose et sels minéraux	Transporteur de calcium et de sodium	Utilisation de fermenteurs à agitation rotative ou de cultures agitées ; rendements de 95%
Acide itaconique	*Aspergillus terreus* dans un milieu à base de mélasses et de sels	Polymérisation des esters pour fabriquer des plastiques	Milieu hautement aérobie à pH inférieur à 2,2 ; rendements de 85%
Acide kojique	*Aspergillus flavus-oryzae* dans un milieu à base de glucide et d'azote inorganique	Fabrication de fongicides et d'insecticides lorsqu'il est complexé à des métaux	Contrôle soigneux du fer pour éviter un réaction avec l'acide kojique après fermentation
Acide lactique	*Lactobacillus delbrueckii* homofermentateur	Transporteur de calcium et acidifiant	Milieu purifié utilisé pour faciliter l'extraction

fermentation. Le traitement du milieu par des résines échangeuses d'ions permet d'obtenir des concentrations faibles et contrôlées des métaux disponibles. La production de l'acide citrique, qui se déroulait anciennement dans des cultures flottantes statiques, se fait maintenant dans des fermenteurs aérobies à agitation rotative. Généralement, on utilise des concentrations élevées en sucre (15 à 18 %) et on a observé que le cuivre, au-delà de 0,2 ppm, lève l'inhibition de la production d'acide citrique par le fer. Le succès de cette fermentation dépend de la régulation et du fonctionnement de la glycolyse et du cycle des acides tricarboxyliques (*voir section 9.4*). Après la phase de croissance active, lorsque la concentration en substrat est élevée, l'activité de la citrate synthase augmente et les activités de l'aconitase et de l'isocitrate déshydrogénase diminuent. Ceci entraîne l'accumulation et l'excrétion d'acide citrique par le micro-organisme soumis au stress.

En comparaison, la production de l'acide gluconique implique une seule enzyme, la glucose oxydase, présente chez *Aspergillus niger*. Cet organisme est cultivé en conditions optimales dans un milieu à base d'eau de lavage du maïs (« corn steep liquor »). L'azote limite la croissance et les cellules en repos transforment, par une seule réaction, le glucose restant en acide gluconique. L'acide gluconique sert de transporteur de calcium et de fer et entre dans la composition des détergents.

Les composés spéciaux pour la médecine et la santé

On a aussi recours aux micro-organismes pour synthétiser des composés spéciaux, en plus de la masse de substances qui ont été produites au cours des 30 ou 40 dernières années, comme les antibiotiques, les acides aminés et les acides organiques. Citons les hormones sexuelles, les agents antitumoraux, les ionophores et des composés spéciaux qui agissent sur les bactéries, les mycètes, les amibes, les insectes et les plantes (**tableau 42.11**). Dans tous ces cas, il est nécessaire de produire et de récupérer ces produits dans des conditions soigneusement contrôlées, pour être certain que ces composés médicalement importants arrivent au consommateur dans un état stable et efficace.

1. Combien d'antibiotiques environ découvre-t-on par an ? Quel pourcentage d'entre eux provient des actinomycètes ?
2. Quelle est la principale limitation créée pour stimuler l'accumulation d'acide citrique par *Aspergillus niger* ?
3. Quels types de limitations en nutriments emploie-t-on fréquemment pour mener une fermentation fructueuse ? Envisagez les sources de carbone et d'azote.
4. Quels facteurs limitants essentiels utilise-t-on pour les productions de pénicilline et de streptomycine ?
5. Citez quelques composés spéciaux importants produits au moyen de micro-organismes.

Les biopolymères

Les biopolymères sont des polymères produits par des micro-organismes. Ils modifient la fluidité des liquides et servent d'agents gélifiants. Il sont utilisés en de nombreux domaines des industries pharmaceutiques et alimentaires. L'avantage d'utiliser les biopolymères microbiens est que leur production est indépendante du climat, des événements politiques pouvant limiter la fourniture de matières brutes, et de l'épuisement des ressources naturelles. Les unités de production peuvent aussi être implantées à proximité de sources de substrats peu coûteux (ex : à proximité de régions agricoles). Les exopolysaccharides bactériens *(p. 61)*.

On utilise 75 %, au moins, de tous les polysaccharides comme agents stabilisants, ou pour disperser des particules, former des films ou faciliter la rétention d'eau dans des produits divers. Les polysaccharides aident à maintenir la texture de nombreux aliments congelés, comme les crèmes glacées, soumis à des modifications drastiques de température. Ces polysaccharides doivent conserver leurs propriétés dans les conditions de pH de l'aliment concerné et être compatibles avec les autres polysaccharides. Ils ne devraient pas perdre leurs caractéristiques physiques s'ils sont soumis à la chaleur.

Les biopolymères incluent (1) les dextranes, qu'on utilise comme absorbants et pour augmenter le volume sanguin ; (2) les polysaccharides d'*Erwinia* qu'on ajoute aux peintures ; et (3) les

Tableau 42.11 **Composés spéciaux non antibiotiques produits par des micro-organismes**

Type de composé	Source	Produit spécifique	Processsus/Organisme affecté
Polyéthers	*Streptomyces cinnamonensis*	Monensine	Coccidiostatique, promoteur de croissance dans le rumen
	S. lasaliensis	Lasalocide	Coccidiostatique, promoteur de croissance dans le rumen
	S. albus	Salinomycine	Coccidiostatique, promoteur de croissance dans le rumen
Avermectines	*S. avermitilis*		Helminthes et arthropodes
Statines	*Aspergillus terreus*	Lovastatine	Agent anticholestérolémiant
	Penicillium citrinum + actinomycète[a]	Pravastatine	Agent anticholestérolémiant
Inhibiteurs enzymatiques	*S. clavuligerus*	Acide clavulanique	Inhibiteur de pénicillinase
	Actinoplanes sp.	Acarbose	Inhibiteur de la glucosidase intestinale (réduit l'hyperglycémie et la synthèse des triglycérides)
Bioherbicide	*S. hygroscopicus*	Bialaphos	
Immunosuppresseurs	*Tolypocladium inflatum*	Cyclosporine A	Transplantation d'organes
	S. tsukabaensis	FK-506	Transplantation d'organes
	S. hygroscopicus	Rapamycine	Transplantation d'organes
Agents anabolisants	*Gibberella zeae*	Zéaralénone	Médicament pour animaux de ferme
Utérocontractants	*Claviceps purpurea*	Alcaloïdes de l'ergot	Déclenchement de l'accouchement
Agents antitumoraux	*S. peuceticus* subsp. *caesius*	Doxorubicine	Traitement de cancers
	S. peuceticus	Daunorubicine	Traitement de cancers
	S. caespitosus	Mitomycine	Traitement de cancers
	S. verticillus	Bléomycine	Traitement de cancers

[a] La compactine, produite par *Penicillium citrinum*, est changée en pravastatine par bioconversion dans un actinomycète.

D'après A.L. Demain. 2000. Microbial biotechnology. *Tibtech* 18:26-31 ; A.L. Demain. 2000. Pharmaceutically active secondary metabolites of microorganisms. *App. Microbiol. Biotechnol.* 52:455-463 ; G. Lancini, A.L. Demain. 1999. Secondary metabolism in bacteria : Antibiotic pathways regulation and function. In *Biology of the prokaryotes*. J.W. Lengeler, G. Drews et H.G. Schlegel, éditeurs, 627-51. New York : Thieme.

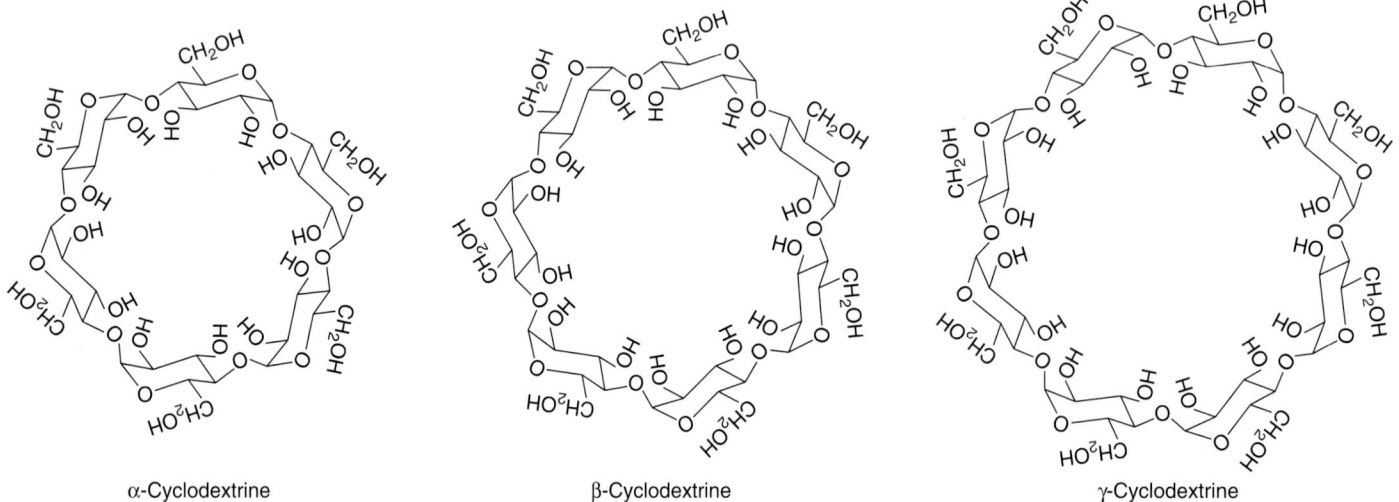

α-Cyclodextrine   β-Cyclodextrine   γ-Cyclodextrine

Figure 42.13 **Les cyclodextrines.** Les structures de base des cyclodextrines produites par *Thermoanaerobacter*.
Ces oligopolysaccharides particuliers trouvent de nombreuses applications en médecine et dans l'industrie.

polyesters, tirés de *Pseudomonas oleovorans*, qui servent de matières premières pour la fabrication de plastiques spéciaux. On utilise des microfibrilles de cellulose produites par une souche d'*Acetobacter* comme épaississant alimentaire.

Des polysaccharides tels que le scléroglucane interviennent dans l'industrie pétrolière comme additifs à la boue de forage. Les polymères de xanthane accroissent la récupération du pétrole en améliorant le rinçage par l'eau et le déplacement du pétrole. Cette utilisation de la gomme de xanthane, produite par *Xanthomonas campestris*, représente un grand marché potentiel.

Les cyclodextrines ont une structure particulière, montrée dans la **figure 42.13**. Ce sont des oligosaccharides cycliques dont les sucres sont reliés par les liaisons α-1,4. On peut employer les cyclodextrines dans une grande variété de cas, parce que ces molécules cycliques se lient à certaines substances et en modifient les propriétés physiques. Par exemple, elles vont augmenter la solubilité de produits pharmaceutiques, réduire leur amertume et masquer leur odeur chimique. Les cyclodextrines sont aussi utilisées comme absorbants sélectifs pour éliminer le cholestérol des œufs et du beurre, et protéger les épices de l'oxydation.

Les biosurfactants

De nombreux surfactants utilisés dans des buts commerciaux sont produits par synthèse chimique. Mais les biosurfactants suscitent actuellement de plus en plus d'intérêt, car ils trouvent des applications particulièrement importantes dans le domaine de l'environnement, où l'on exige des substances biodégradables. On emploie les biosurfactants aussi bien pour solubiliser que pour émulsifier, augmenter le caractère détergent, mouiller et disperser les phases. Ces propriétés sont particulièrement importantes pour la bioremédiation, la dispersion des nappes de pétrole et pour une meilleure récupération de ce pétrole.

Les biosurfactants d'origine microbienne les plus largement utilisés sont les glycolipides. Ces composés possèdent des régions hydrophiles et hydrophobes distinctes. La structure et les caractéristiques du composé final dépendent des conditions de croissance et de la source de carbone utilisée. On obtient souvent de bons rendements avec des substrats insolubles. Ces biosurfactants sont d'excellents agents dispersants ; ils ont été employés lors de la marée noire de l'*Exxon Valdez*.

Méthodes de bioconversion

On appelle bioconversions, ou **transformations microbiennes** ou encore **biotransformations**, des changements mineurs (comme l'insertion d'une fonction hydroxyle ou cétone, ou la saturation/désaturation d'une structure cyclique complexe) qui sont introduits dans les molécules par des micro-organismes en repos. Les micro-organismes agissent donc comme des **biocatalyseurs**. Les bioconversions présentent de nombreux avantages par rapport aux méthodes chimiques. L'un des principaux est d'ordre stéréochimique : c'est la forme biologiquement active du produit qui est biosynthétisée. Au contraire, la plupart des synthèses chimiques donnent des mélanges racémiques, dont un seul des deux isomères sera utilisé efficacement par l'organisme. Les enzymes aussi réalisent des réactions très spécifiques dans des conditions douces et peuvent transformer des molécules insolubles de grande taille. Les bactéries unicellulaires, les actinomycètes, les levures et les moisissures réalisent diverses bioconversions, grâce à des enzymes intracellulaires ou extracellulaires. Les cellules peuvent être produites en « batch » (un seul volume) ou en culture continue, et être ensuite séchées pour un emploi direct ; ou elles peuvent être préparées par des méthodes plus spécifiques pour réaliser les bioconversions voulues.

L'hydroxylation d'un stéroïde (**figure 42.14**) est une bioconversion typique. Dans cet exemple, le stéroïde insoluble dans l'eau est dissous dans l'acétone, puis versé dans le réacteur qui contient les cellules microbiennes précultivées. On suit l'évolution de la bioconversion et le produit final est extrait du milieu et purifié.

Les biotransformations effectuées par des enzymes libres ou des cellules intactes en repos ont des limites. Les réactions se déroulant en l'absence d'un métabolisme actif — sans avoir de pouvoir réducteur ou d'ATP disponible continuellement — sont principalement des réactions exergoniques (*voir section 8.3*). Si de l'ATP ou des réducteurs sont requis, il faut fournir une source d'énergie comme du glucose dans des conditions de phase stationnaire soigneusement contrôlées.

Lors de l'emploi de cellules végétatives ou de spores libres en suspension, on n'utilise habituellement la biomasse microbienne qu'une seule fois. Les cellules sont jetées à la fin du processus. On

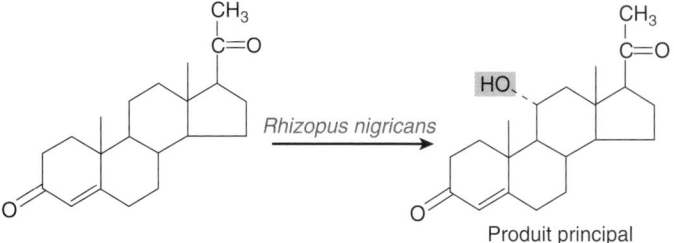

Figure 42.14 Modification d'un stéroïde par biotransformation. Hydroxylation de la progestérone en position 11α par *Rhizopus nigricans*. Le stéroïde est dissous dans l'acétone avant d'être ajouté à une culture prédéveloppée du mycète.

utilise souvent les cellules de façon répétée, en les fixant sur des résines échangeuses d'ions par des interactions ioniques ou en les immobilisant dans une matrice polymérisée. Des méthodes ioniques, covalentes et de piégeage physique permettent d'immobiliser les cellules microbiennes, les spores et les enzymes. On immobilise également des micro-organismes sur les parois internes de tubes étroits. La solution à transformer est ensuite simplement passée à travers ces tubes tapissés de micro-organismes. Cette technique trouve des applications dans de nombreux procédés industriels et environnementaux. Ceux-ci incluent les bioconversions de stéroïdes, la dégradation du phénol et la production d'une large gamme d'antibiotiques, d'enzymes, d'acides organiques et d'intermédiaires métaboliques. L'emploi de cellules comme biocatalyseurs trouve une application dans la récupération de métaux précieux à partir des effluents dilués.

1. Donnez les principaux usages des biopolymères et des biosurfactants.
2. Qu'est-ce que les cyclodextrines et pourquoi sont-elles des additifs importants ?
3. Qu'est-ce que les bioconversions ou biotransformations ? Décrivez les changements que ces processus introduisent dans les molécules.

42.4 La croissance microbienne dans des environnements complexes

On peut faire de la microbiologie industrielle et de la biotechnologie dans des environnements naturels complexes comme les eaux, les sols, ou des composts riches en matières organiques. Dans ces environnements complexes, il est impossible de contrôler complètement les conditions physiques et nutritives de la croissance microbienne. On est en présence d'une communauté microbienne largement inconnue. Ces applications de la microbiologie industrielle et de la biotechnologie sont habituellement des processus peu coûteux, sur grands volumes, où les micro-organismes ne fabriquent aucun produit commercial spécifique. Citons comme exemples : (1) l'emploi de communautés microbiennes pour faire de la biodégradation, de la bioremédiation, ou de l'entretien environnemental ; et (2) l'addition de micro-organismes aux sols ou aux plantes pour améliorer les récoltes. Ces deux applications seront discutées ci-dessous.

Figure 42.15 Le mot biodégradation a plusieurs sens. Le terme biodégradation peut décrire trois types principaux de changements dans une molécule. (**a**) Un changement mineur parmi les groupes fonctionnels attachés à un composé organique, comme la substitution d'un chlore par un hydroxyle. (**b**) Une vraie cassure du composé en fragments organiques, de telle façon que la molécule initiale puisse être reconstruite. (**c**) La dégradation complète d'un composé organique en sels minéraux.

(a) Chahgement mineur (déshalogénation)

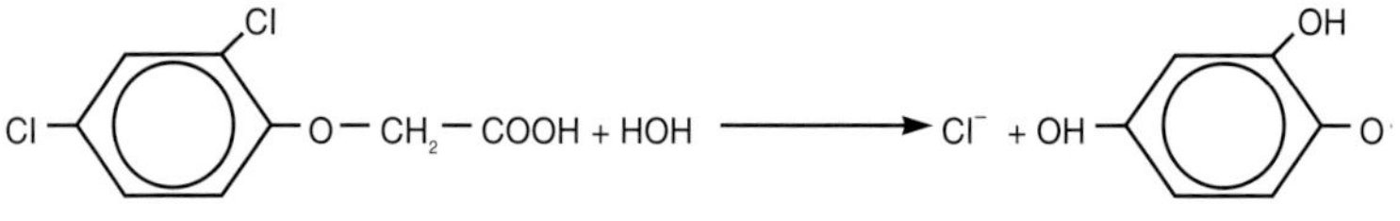

(b) Fragmentation

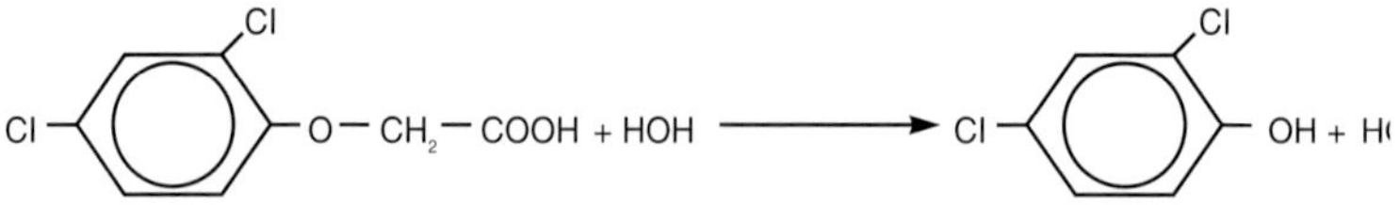

(c) Minéralisation

La biodégradation par des communautés microbiennes naturelles

Avant de discuter des processus de biodégradation effectués par des communautés microbiennes naturelles, il est important de parler définitions. Le mot biodégradation peut se définir de trois façons au moins (**figure 42.15**) : (1) un changement mineur dans une molécule organique, laissant presque intacte la structure principale, (2) une fragmentation d'une molécule organique complexe, de façon telle que les fragments puissent être réassemblés pour revenir à la structure initiale, et (3) une minéralisation complète. Comme nous l'avons mentionné précédemment (*voir p. 613*), la minéralisation est la transformation de molécules organiques en formes minérales, dont le dioxyde de carbone ou le méthane, et en formes inorganiques d'autres éléments que les structures auraient pu contenir au départ.

On supposait à l'origine, vu le temps et la variété presque infinie des micro-organismes, que tous les composés organiques, y compris ceux synthétisés en laboratoire, finiraient par être dégradés. Au vu de l'accumulation dans les milieux naturels de composés naturels et synthétiques, on se mit à se poser des questions quant à la capacité des micro-organismes de dégrader ces diverses substances et quant au rôle de l'environnement (argiles, conditions anaérobies) dans la protection de certaines substances chimiques. Avec le développement des pesticides synthétiques, il devint péniblement évident que tous les composés organiques n'étaient pas immédiatement biodégradables. Cette **récalcitrance** (résistance à l'autorité ou au contrôle) chimique est due à l'apparente faillibilité des micro-organismes, c'est-à-dire à leur incapacité à dégrader certains composés chimiques synthétisés par l'industrie.

La dégradation d'un composé complexe s'effectue en plusieurs étapes. Souvent, dans le cas d'un composé halogéné, la déshalogénation se produit tôt dans le processus global. La déshalogénation de nombreux composés contenant du chlore, du brome ou du fluor est plus rapide dans des conditions anaérobies qu'aérobies. L'étude de la **déshalogénation réductrice**, et spécialement de ses applications commerciales, prend rapidement de l'ampleur. La recherche sur la déshalogénation des PCB montre que ce processus coréducteur utilise des électrons tirés de l'eau ; d'autres études indiquent que l'hydrogène peut servir d'agent réducteur pour la déshalogénation de différents composés chlorés. Parmi les principaux genres qui réalisent ce processus, citons *Desulfitobacterium*, *Dehalospirillum* et *Desulfomonile*.

On a montré que les acides humiques, résidus polymériques brunâtres de la décomposition de la lignine, qui s'accumulent dans les sols et dans les eaux, jouaient un rôle dans les processus anaérobies de biodégradation. Ils peuvent servir d'accepteurs d'électrons dans ce que l'on appelle les « conditions de réduction de l'acide humique ». L'emploi des acides humiques comme accepteurs d'électrons a été observé dans la déchloration anaérobie du chlorure de vinyle et du dichloroéthylène.

Lorsque les étapes anaérobies de déshalogénation sont achevées, la dégradation de la structure principale de nombreux pesticides et d'autres xénobiotiques procèdent souvent plus rapidement en présence d'oxygène.

La structure et la stéréochimie sont cruciales pour prédire ce qu'un composé chimique spécifique deviendra dans la nature. Si un constituant est en position méta plutôt qu'en position ortho, la dégradation du composé sera beaucoup plus lente. L'**effet *méta*** est montré dans la **figure 42.16**. C'est à cause de cette différence stéréochimique que l'herbicide commun des pelouses : l'acide 2,4-dichlorophénoxyacétique, qui porte un chlore en position ortho, sera largement dégradé en un seul été. Au contraire, l'acide 2,4,5-trichlorophénoxyacétique, qui a un constituant en méta, persistera dans le sol pendant des années et est donc employé pour le contrôle à long terme des broussailles. Vérifiez les étiquettes sur les paquets d'herbicides la prochaine fois que vous irez au magasin de jardinage !

Dans la gestion de la biodégradation, il est important de savoir que beaucoup de composés qu'on déverse dans l'environnement sont des composés **chiraux**, c'est-à-dire qu'ils sont asymétriques. Souvent, les micro-organismes ne peuvent dégrader qu'un seul isomère d'une substance donnée ; l'autre isomère persistera dans l'environnement. 25 % au moins des herbicides sont chiraux (**figure 42.17**). Il est donc crucial d'utiliser l'isomère de l'herbicide qui est efficace et aussi dégradable. Des études récentes ont montré que des communautés microbiennes, mises dans des environnements différents, dégraderont des énantiomères différents. Si les conditions environnementales et les nutri-

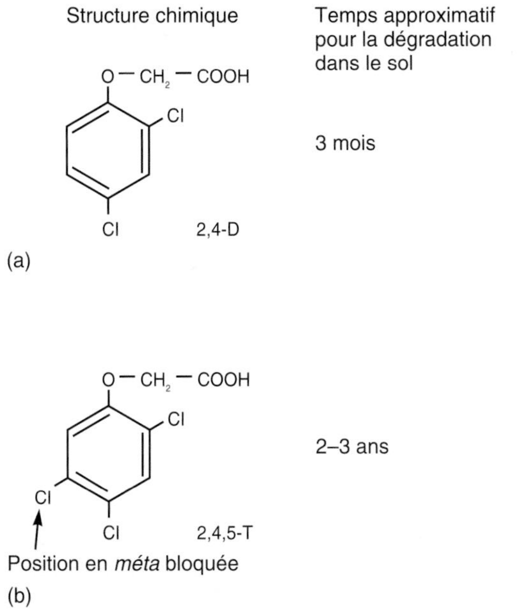

Structure chimique

Temps approximatif
pour la dégradation
dans le sol

O — CH₂ — COOH

2,4-D

3 mois

(a)

O — CH₂ — COOH

2,4,5-T

2–3 ans

Position en *méta* bloquée

(b)

Figure 42.16 L'effet *méta* et la biodégradation. Des différences mineures dans la structure peuvent avoir des effets majeurs sur le caractère biodégradable des substances chimiques. L'effet *méta* en est un exemple important. (**a**) L'acide 2,4-dichlorophénoxyacétique (2,4-D), facilement dégradable, a une position *méta* accessible. Il se dégrade en quelques mois. (**b**) L'acide 2,4,5-trichlorophénoxyacétique (2,4,5-T), récalcitrant, où le groupe *méta* est bloqué, peut persister pendant des années.

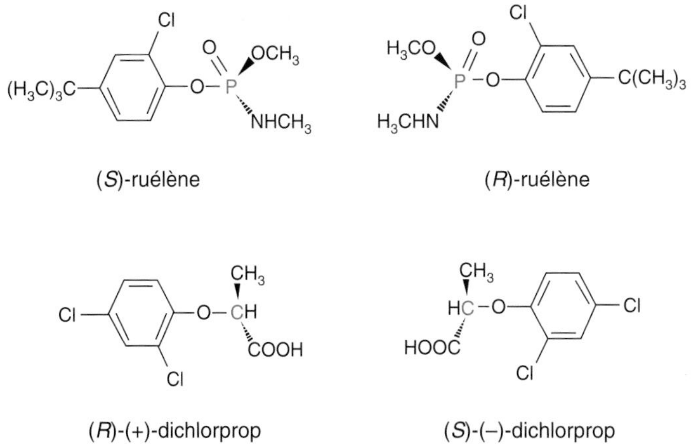

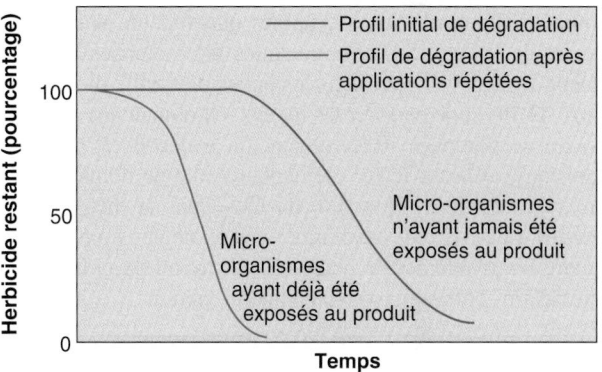

(S)-ruélène

(R)-ruélène

(R)-(+)-dichlorprop

(S)-(−)-dichlorprop

Figure 42.17 La chiralité est importante pour la biodégradation. Il est maintenant connu qu'une forme énantiomère d'une substance chimique peut être plus efficace, et aussi être différemment dégradable, que l'autre. La figure montre les énantiomères des herbicides ruélène et dichlorprop. Il est essentiel d'utiliser les isomères qui sont efficaces et biodégradables.

Figure 42.18 Exposition répétée et vitesse de dégradation. L'addition d'un herbicide à un sol peut conduire à des changements dans la capacité de dégradation de la communauté microbienne. On voit ici les vitesses relatives de dégradation d'un herbicide, après son addition initiale à un sol, et après exposition répétée au même produit chimique.

---

ments disponibles changent, les modes de dégradation des formes chirales peuvent s'en trouver altérés.

Les caractéristiques des communautés microbiennes changent en réponse aux modifications physiques des milieux, comme le mélange du sol ou de l'eau pour les enrichir en oxygène, ou l'addition de substrats inorganiques ou organiques, qui peuvent stimuler différents membres de la communauté. Si une communauté microbienne est soumise de façon répétée, à un composé particulier, comme un herbicide, cette communauté s'adapte et la vitesse de dégradation peut s'accélérer (**figure 42.18**). Souvent, le processus d'adaptation est tellement efficace qu'on peut utiliser cette approche, basée sur l'enrichissement de la culture, établie selon les principes découverts par Beijerinck (*voir p .11*), pour isoler des organismes dotés d'un ensemble de capacités souhaitées. Par exemple, une communauté microbienne peut dégrader un herbicide avec une rapidité telle que l'efficacité de celui-ci s'en trouve diminuée. Pour contrer ce processus, on peut changer d'herbicide afin de déséquilibrer la communauté microbienne, préservant ainsi l'efficacité des produits chimiques. La dégradation de nombreux pesticides peut aussi conduire à l'accumulation de fragments organiques qui se fixent à la matière organique du sol. On ne sait presque rien du devenir à long terme de ces résidus de pesticides « liés », ni de leurs effets sur les sols, les plantes et les organismes supérieurs.

On peut aussi utiliser les processus de dégradation qui se produisent dans les sols, pour la dégradation à grande échelle des déchets hydrocarbonés ou des eaux usées, en particulier s'ils proviennent de l'agriculture. C'est ce qu'on appelle le « **land farming** ». Les déchets sont incorporés dans le sol (ou bien on les

laisse s'y infiltrer à travers la surface) où la dégradation a lieu. Il convient d'insister sur le fait que ces processus de dégradation ne diminuent pas toujours les problèmes environnementaux. En fait, la dégradation partielle ou la modification d'un composé organique peut ne pas diminuer sa toxicité. Un exemple en est fourni par le métabolisme microbien du 1,1,1-trichloro-2,2-*bis*-(p-chlorophényl)éthane (DDT), un xénobiotique ou composé organique synthétisé chimiquement. La dégradation enlève une fonction chlore pour donner le 1,1-dichloro-2,2-*bis*-(p-chlorophényl)éthylène (DDE) qui reste un problème pour l'environnement. Un autre exemple important est la dégradation du trichloroéthylène, un solvant fort utilisé. S'il est dégradé dans des conditions anaérobies, il peut donner le chlorure de vinyle, un dangereux cancérigène.

$$Cl2{=}CHCl \rightarrow ClHC{=}CH2$$

La biodégradation peut aussi provoquer des dommages et des pertes financières énormes. La corrosion des métaux en est un exemple important.

Encadré 42.2

Les méthanogènes : un nouveau rôle pour un ancien groupe de micro-organismes

On considère que les méthanogènes, un groupe important de producteurs de méthane au sein des archéobactéries, existent depuis plus de 3,5 milliards d'années. En dépit d'une recherche intensive, on continue à faire de nouvelles découvertes concernant ces microorganismes. On vient de trouver que les bactéries méthanogènes contribuent à la corrosion anaérobie du fer doux. Auparavant, on considérait que le groupe principalement responsable du processus de corrosion anaérobie était le genre *Desulfovibrio*, qui peut utiliser le sulfate comme un oxydant et l'hydrogène produit dans le processus de corrosion comme un réducteur. Les méthanogènes utilisent le fer élémentaire comme une source d'électrons dans leur métabolisme. Il semble que la corrosion puisse se produire même en l'absence de sulfate, qui est nécessaire pour la multiplication de *Desulfovibrio*. Les taux d'élimination du fer par les méthanogènes, pour une période de 24 heures, sont proches de 79 mg/1 000 cm^2. Cela paraît faible, mais en fonction de la durée d'utilisation prévue des structures métalliques dans les boues et les sols — peut-être des années et des décennies — cette corrosion constitue un problème important. Il faudra de gros efforts pour améliorer la protection des structures en fer, en raison de la diversité des bactéries qui corrodent ce métal.

La corrosion des métaux par les micro-organismes est particulièrement critique dans des milieux anaérobies gorgés d'eau où se trouvent des tuyaux en fer, ou dans les procédés de récupération secondaire du pétrole mis en œuvre dans les anciens champs pétrolifères. Dans ce dernier cas, le pétrole résiduel est rassemblé en un point central de pompage par injection d'eau dans une série de puits. Si l'eau contient de faibles quantités de matière organique et de sulfate, des communautés microbiennes anaérobies risquent de se développer dans les bulles de rouille ou tubercules (**figure 42.19**) et de perforer les tuyaux, entraînant une chute de la pression de pompage. Récemment, on a découvert des microorganismes, utilisant le fer élémentaire comme donneur d'électrons au cours de la réduction du CO$_2$ dans la méthanogenèse (**encadré 42.2**). Il faut développer des stratégies nouvelles pour résoudre les problèmes de corrosion, en raison du grand nombre d'interactions entre micro-organismes et métaux.

1. Donnez des définitions alternatives du mot biodégradation.
2. Qu'est-ce que la déshalogénation réductrice ? Décrivez les acides humiques et le rôle qu'ils peuvent jouer dans les processus de dégradation anaérobies.
3. Expliquez la chiralité et son importance pour comprendre les effets de la dégradation dans l'environnement.
4. Pourquoi « l'effet *méta* » est-il important pour comprendre la biodégradation ?
5. Qu'est-ce que le « land farming » et pourquoi est-il important dans la dégradation des déchets ?

Changer les conditions environnementales pour stimuler la biodégradation

Souvent, les communautés microbiennes naturelles ne seront pas capables d'effectuer la biodégradation à la vitesse désirée, à cause de facteurs physiques ou nutritionnels limitants. Par exemple, les faibles teneurs en oxygène limiteront souvent la biodégradation. Les hydrocarbures, l'azote, le phosphore et d'autres nutriments nécessaires peuvent aussi manquer ou n'être fournis que lentement, limitant ainsi les vitesses de dégradation. Dans ces cas-là, il est nécessaire de déterminer quels sont les facteurs limitants, selon les lois de Liebig et de Shelford, et d'ensuite ajouter les matières requises ou modifier l'environnement. Les lois de Liebig et de Shelford (p. 131)

Au début, la plupart des efforts pour stimuler les activités de dégradation des micro-organismes consistaient à modifier les

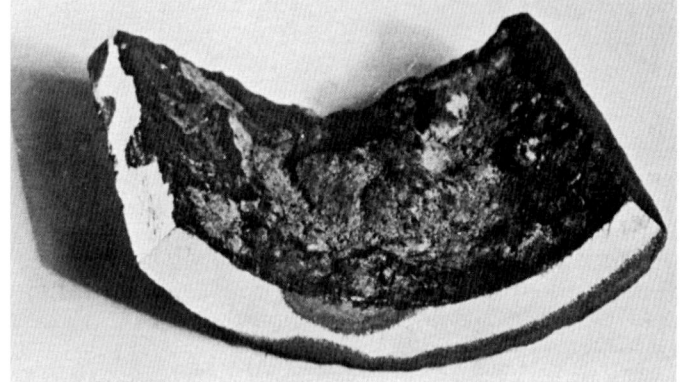

(a)

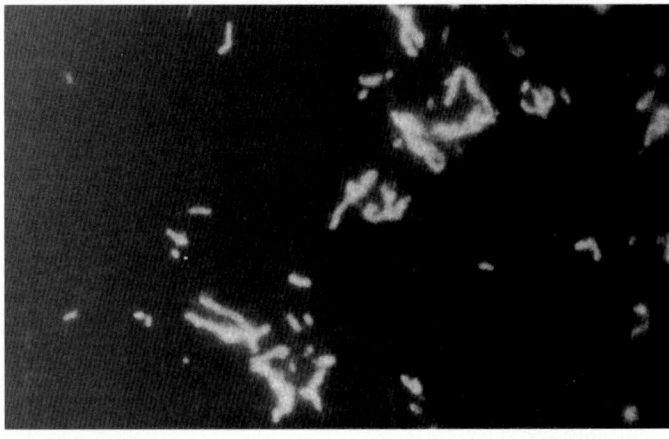

(b)

Figure 42.19 La corrosion du métal due à des micro-organismes. La corrosion microbiologique du fer est un problème important. (**a**) Le graphitage du fer sous une bulle de rouille, à la surface d'un tuyau, permet aux micro-organismes, parmi lesquels *Desulfovibrio*, de corroder la surface interne. (**b**) Les preuves font ressortir l'importance des communautés de micro-organismes, plutôt que les espèces solitaires agissant seules, comme facteur important dans la corrosion d'origine microbienne. Cette vue prise au microscope à épifluorescence (x 1.600) montre une conduite en acier quelques heures après une colonisation par des bactéries sulfato-réductrices et productrices d'acides organiques comme des *Enterobacter* et des *Clostridium*.

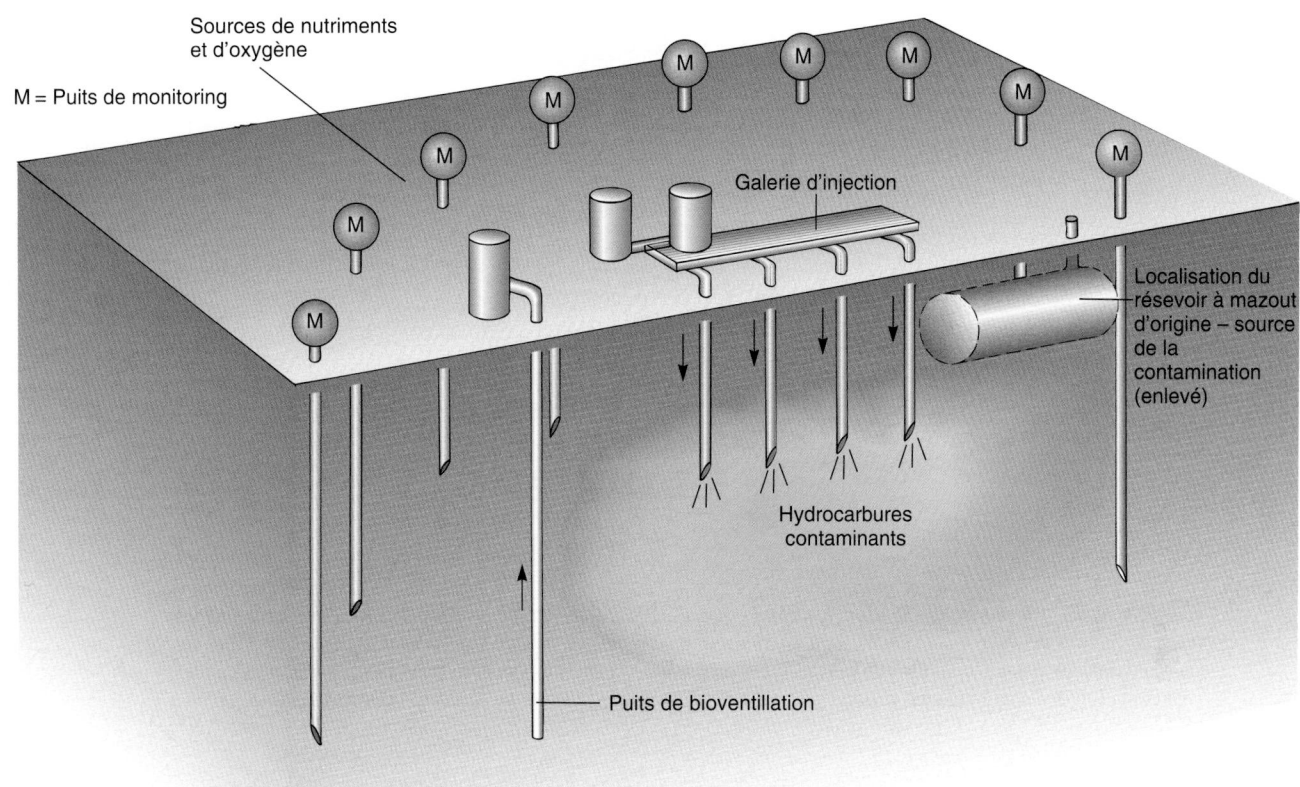

Figure 42.20 Un système de bioremédiation organisée souterraine. Les puits de monitoring et de récupération servent à surveiller le dégagement de vapeur et le mouvement qu'il pourrait faire. On ajoute des nutriments et de l'oxygène (sous forme de peroxyde ou d'air) dans le sol et la nappe phréatique contaminés. Un puits de bioventilation peut accélérer l'élimination des vapeurs d'hydrocarbures.

eaux et les sols par l'addition d'oxygène et de nutriments, ce qu'on appelle maintenant la **bioremédiation assistée**. Sont essentiels dans ce processus dirigé : le contact entre micro-organismes et substrats ; l'environnement physique adéquat, les nutriments, l'oxygène (dans la plupart des cas) et l'absence de composés toxiques.

Souvent, on observe que l'addition de matière organique facile à métaboliser, comme le glucose, augmente la biodégradation des composés récalcitrants, qui ne sont pas habituellement utilisés par les micro-organismes comme sources de carbone et d'énergie. Ce processus, appelé **cométabolisme**, trouve de nombreuses applications dans la gestion de la biodégradation. On peut faire du cométabolisme en ajoutant simplement à une communauté microbienne complexe, une matière organique facilement catabolisée, comme le glucose ou la cellulose, et le composé que l'on veut dégrader. Les plantes peuvent aussi fournir la matière organique. Le cométabolisme est important dans beaucoup de systèmes différents de biodégradation. On en parle aussi au chapitre 30.

Stimuler la dégradation des hydrocarbures dans les eaux et les sols

Les expériences faites sur les nappes de pétrole répandues en mer illustrent ces principes. Quand on travaille sur des hydrocarbures dispersés dans l'océan, il faut maintenir un contact entre les micro-organismes, le substrat hydrocarboné et les autres nutri-

ments essentiels. Pour y arriver, on recourt à des pastilles contenant des nutriments et une préparation oléophile (hydrocarbure soluble). Cette technique a accéléré de 30 à 40 %, la dégradation de plusieurs nappes de pétrole brut, comparée au traitement de nappes de pétrole pour lesquelles les nutriments additionnels n'étaient pas disponibles.

La marée noire due à l'*Exxon Valdez*, survenue en Alaska en mars 1989, constitua une mise à l'épreuve particulière. On eut recours à plusieurs approches différentes pour augmenter la biodégradation : additions de nutriments, de dispersants chimiques, de biosurfactants, emploi de vapeur à haute pression. Un émulsifiant glycolipidique d'origine microbienne s'est révélé utile.

La dégradation d'hydrocarbures et d'autres résidus chimiques dans des milieux souterrains contaminés représente des défis spéciaux. La principale différence vient de ce que les structures géologiques ont une perméabilité limitée. Bien que les concentrations en O_2 dans les régions souterraines vierges soient souvent proches de la saturation, l'arrivée de petites quantités de matière organique dans ces structures peut conduire rapidement à l'épuisement de l'O_2.

Une approche typique qu'on peut utiliser pour faire de la bioremédiation in situ dans des milieux souterrains est illustrée dans la **figure 42.20**. Selon la contamination pétrolière et les caractéristiques géologiques du site, on peut installer des puits d'injec-

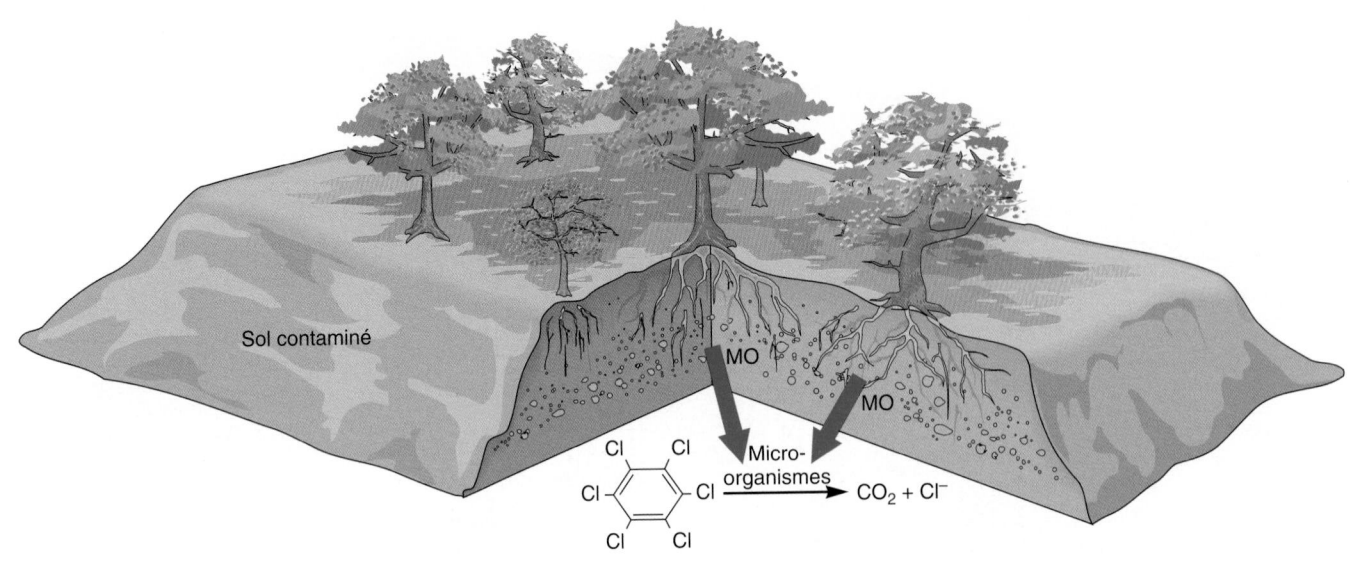

Figure 42.21 La phytoremédiation. Une vue conceptuelle d'un système de phytoremédiation, avec une vue en coupe de la zone sol-racines. Quand la matière organique (MO) est rejetée par les racines des plantes, les micro-organismes peuvent accomplir efficacement des processus cométaboliques, qui conduisent à une meilleure dégradation des contaminants. La dégradation d'hexachlorobenzène est montrée ici comme exemple.

tion et de monitoring. On peut aussi ajouter des nutriments et une source d'oxygène (air comprimé ou peroxyde). Ce processus est souvent combiné à de la bioventilation, c'est-à-dire l'élimination physique des vapeurs par aspiration. Selon le volume et la situation du sol contaminé, le processus peut demander des mois ou des années avant d'être achevé.

On peut recourir à un processus particulier en deux étapes pour dégrader les PCB dans les sédiments des fleuves. D'abord, une déshalogénation partielle des PCB s'effectue naturellement dans des conditions anaérobies. Ensuite, les vases sont aérées pour pousser à la dégradation complète des résidus moins chlorés, produits par ce processus de bioremédiation intrinsèque (figure en tête de chapitre).

Stimuler la dégradation par les plantes

La **phytoremédiation**, ou emploi des plantes pour stimuler la dégradation, la transformation ou l'élimination de composés, soit directement, soit en conjonction avec des micro-organismes, prend une part importante dans la technologie de la biodégradation. Une plante fournit des nutriments qui permettent l'installation de cométabolisme dans la zone des racines ou rhizosphère (**figure 42.21**). La phytoremédiation comprend aussi les contributions des plantes aux processus de dégradation, d'immobilisation et de volatilisation (**tableau 42.12**). Les plantes transgéniques peuvent être employées pour la phytoremédiation. Au moyen des techniques de clonage utilisant *Agrobacterium* (*voir pp. 340, 492-93, 684*), les gènes *mer*A et *mer*B ont été intégrés dans une plante (*Arabidopsis thaliana*), la rendant ainsi capable de transformer des formes organiques du mercure extrêmement toxiques, en mercure élémentaire, qui présente moins de danger pour l'environne-

Tableau 42.12 Les types de phytoremédiation

Processus	Fonction
Phytoextraction	Emploi de plantes accumulatrices de polluants pour enlever des métaux ou des produits organiques du sol, en les concentrant dans des parties végétales récoltables
Phytodégradation	Emploi de plantes et de micro-organismes associés pour dégrader des polluants organiques
Rhizofiltration	Emploi de racines de plantes pour absorber et adsorber des polluants, principalement des métaux, à partir d'eau et de déchets liquides
Phytostabilisation	Emploi de plantes pour réduire la biodisponibilité de polluants dans l'environnement
Phytovolatilisation	Emploi de plantes pour volatiliser les polluants

D'après T. Macek, M. Mackova et J. Kás. 2000. Exploitation of plants for the removal of organics in environmental remediation. *Biotechnol. Adv.* 18:23-34, p. 25.

ment. Récemment, on a construit des plantes de tabac transgéniques qui expriment la tétranitrate réductase, une enzyme issue d'une bactérie qui dégrade les explosifs. La plante transgénique peut donc dégrader les explosifs à base d'ester de nitrate et d'aromatiques nitrés. Les plantes génétiquement modifiées croissent dans des solutions d'explosifs que les plantes témoins ne peuvent pas supporter. D'autres plantes ont été manipulées de la même manière pour dégrader le trichloroéthylène, un contaminant environnemental qui pose problème dans le monde entier.

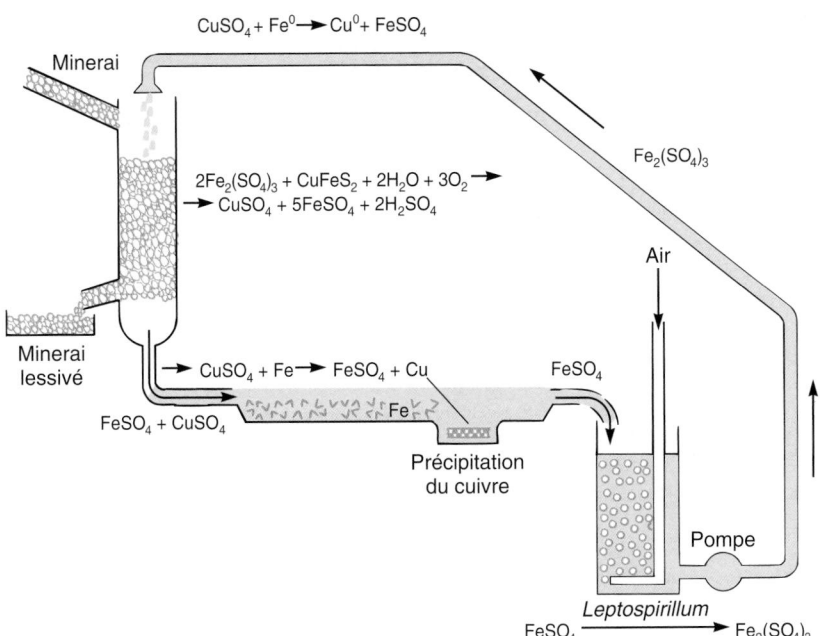

Figure 42.22 La lixiviation des minerais à faible teneur en cuivre. La chimie et la microbiologie de la lixiviation de minerais de cuivre impliquent des réactions complémentaires intéressantes. *Leptospirillum ferrooxidans* et les micro-organismes apparentés sont très actifs dans l'oxydation de l'ion ferreux (+ 2) en ion ferrique (+ 3). L'ion ferrique réagit ensuite chimiquement pour solubiliser le cuivre. Le cuivre soluble est récupéré par une réaction chimique avec du fer élémentaire, ce qui entraîne la précipitation de cuivre élémentaire.

Stimulation de la biolixiviation des métaux

La biolixiviation consiste à employer des micro-organismes qui produisent des acides à partir de composés soufrés réduits, pour créer un environnement acide. On solubilise ainsi les métaux recherchés, en vue de leur récupération. Cette méthode est utilisée pour récolter des métaux au départ de minerais et de déchets miniers, dont la teneur est trop faible pour une extraction par fusion. La biolixiviation, avec par exemple des populations naturelles de souches de type *Leptospirillum*, de *Thiobacillus ferroxidans* et de thiobacilles apparentés, permet de récupérer jusqu'à 70 % du cuivre contenu dans des minerais à faible teneur. Comme le montre la **figure 42.22**, ceci implique l'oxydation biologique du cuivre présent dans ces minerais pour produire du sulfate de cuivre soluble. Celui-ci est ensuite récupéré en faisant réagir la solution de lessivage, contenant jusqu'à 3 g/litre de cuivre soluble, avec du fer. Le sulfate de cuivre réagit avec le fer élémentaire pour former du ferrosulfate et le cuivre est réduit dans sa forme élémentaire qui précipite dans une fosse de décantation. Le processus est résumé par la réaction suivante :

$$CuSO_4 + Fe° \rightarrow Cu° + FeSO_4$$

La biolixiviation peut exiger l'addition de phosphate et d'azote, s'ils sont limitants dans les minerais. Le même processus permet de solubiliser l'uranium.

Il est manifeste que la nature contribuera à la bioremédiation si on lui en laisse la possibilité. Le rôle des micro-organismes naturels dans la biodégradation est aujourd'hui mieux apprécié. Un excellent exemple en est donné par le récent travail qui utilise le mycète très polyvalent *Phanerochaete chrysosporium* (**Encadré 42.3**).

La biodégradation et la biodétérioration ont souvent de graves effets négatifs. Il devient important de contrôler et de limiter ces processus par une gestion de l'environnement. Posent notamment problème, la dégradation non voulue du papier, des carburants d'avions à réaction, des textiles et des articles en cuir.

La corrosion des métaux due aux micro-organismes constitue un problème à l'échelle mondiale.

1. Quels facteurs doit-on considérer en tentant de stimuler la dégradation microbienne d'un déversement massif de pétrole dans un milieu marin ?
2. Qu'est-ce que le cométabolisme et pourquoi est-il important dans les processus de dégradation ?
3. Comment fait-on de la bioremédiation in situ ?
4. Décrivez les principaux types de phytoremédiation. Quel est le rôle des micro-organismes dans chacun de ces processus ?
5. Comment s'effectue la biolixiviation et quels sont les genres microbiens qui y interviennent ?
6. Qu'y a-t-il de particulier chez *Phanerochaete chrysosporium ?* Que signifie ce nom ?

L'addition de micro-organismes à des communautés microbiennes complexes

Dans des études aussi bien de laboratoire que de terrain, on a essayé d'accélérer les processus microbiologiques existants, en ajoutant des micro-organismes actifs connus dans les sols, les eaux ou d'autres systèmes complexes. Les micro-organismes utilisés dans ces expériences ont été isolés de sites contaminés, pris dans des collections de cultures ou tirés de cultures d'enrichissement non caractérisées. Par exemple, il y a des cultures disponibles dans le commerce pour faciliter l'ensilage et améliorer le fonctionnement des fosses septiques.

L'addition de micro-organismes sans prendre en considération les microhabitats protecteurs

La mise au point du « supermicrobe » par A. M. Chakrabarty en 1974 suscita au départ de l'excitation, parce qu'on espérait que ce

Encadré 42.3

Phanerochaete chrysosporium : un mycète qui dégrade le bois avec un appétit vorace

Le basidiomycète *Phanerochaete chrysosporium* (dont le nom signifie « cheveu visible, spore dorée ») est un mycète aux capacités de dégradation inhabituelles. Cet organisme est appelé « pourriture blanche », à cause de sa capacité à dégrader la lignine, un composant polymérique du bois, fait de phénylpropane lié de façon aléatoire (*section 28.3*). La portion cellulosique du bois est attaquée dans une moindre mesure, ce qui donne la couleur blanche caractéristique du bois dégradé. Cet organisme dégrade aussi une gamme vraiment étonnante de composés xénobiotiques (produits chimiques non naturels), grâce à des enzymes intra- et extracellulaires.

Par exemple, ce mycète dégrade le benzène, le toluène, l'éthylbenzène et les xylènes, les composés chlorés comme le 2,4,5-trichloroéthylène et les trichlorophénols. Ces derniers sont présents comme contaminants dans les agents préservateurs du bois et sont aussi utilisés comme pesticides. En outre, d'autres benzènes chlorés peuvent être dégradés, qu'il y ait ou non des toluènes présents. Même l'insecticide Hydraméthylnon est dégradé !

Comment ce micro-organisme réalise-t-il de tels exploits ? Apparemment, la dégradation de ces composés xénobiotiques se produit pour majorité après la croissance active, au cours de la phase métabolique secondaire de dégradation de la lignine. La dégradation de certains composés fait intervenir d'importantes enzymes extracellulaires, dont la lignine peroxydase, la peroxydase manganèse-dépendante et la glyoxal oxydase. Une enzyme cruciale est la pyranose oxydase, qui libère de l'H_2O_2, lequel est employée par la peroxydase manganèse-dépendante. L'H_2O_2 est aussi un précurseur du radical hydroxyle hautement réactif, qui participe à la dégradation du bois. Apparemment, la pyranose oxydase est localisée dans l'espace interpériplasmique de la paroi cellulaire fongique. Elle peut fonctionner en tant que partie du mycète, ou être libérée et pénétrer dans le substrat ligneux. Il semble que le système enzymatique non spécifique, qui libère ces produits oxydants, dégrade de nombreux composés cycliques, aromatiques et chlorés, apparentés à la lignine.

On peut encore s'attendre à beaucoup de progrès dans le travail sur cet organisme. Une des applications potentielles intéressantes actuellement étudiée est la croissance en bioréacteurs, où on pourrait maintenir les enzymes intra- et extracellulaires, tout en faisant passer un courant de déchets liquides sur les mycètes immobilisés.

---

type de micro-organisme amélioré allait être capable de dégrader très efficacement les hydrocarbures polluants. Mais on avait négligé un point essentiel : la localisation réelle, ou microhabitat, où le micro-organisme devrait survivre et fonctionner. Les micro-organismes manipulés furent ajoutés aux sols et aux eaux et on s'attendait à ce que les vitesses de dégradation soient stimulées dès qu'ils s'y seraient établis. Généralement, ces additions entraînèrent à court terme des augmentations du taux de l'activité recherchée, mais après quelques jours, les réponses de la communauté microbienne étaient les mêmes dans les systèmes traités que dans les témoins. Après de nombreux essais infructueux, on découvrit que le manque d'efficacité de ces cultures ajoutées était dû à trois facteurs au moins : (1) l'attrait que présentaient les micro-organismes élevés en laboratoire, comme source de nourriture pour les prédateurs, tels que les protozoaires du sol, (2) l'incapacité des micro-organismes ajoutés à entrer en contact avec les composés à dégrader et (3) l'échec des micro-organismes ajoutés dans leur survie et leur compétition avec les micro-organismes indigènes (**figure 42.23**). Un micro-organisme ainsi modifié peut être moins bien adapté à supporter la compétition et à survivre, à cause de la charge énergétique additionnelle, nécessitée par le maintien de l'ADN supplémentaire.

On a fait des essais pour rendre ces cultures développées en laboratoire, plus à même de survivre dans un milieu naturel. On les a fait croître dans des milieux pauvres, ou on les a mis en état de privation avant de les lâcher dans l'environnement. Ces méthodes « d'endurcissement » ont quelque peu amélioré la survie et le fonctionnement microbiens, mais elles n'ont pas résolu le problème. Au cours des dernières années, on a accordé moins d'intérêt à ces additions simples de micro-organismes dans l'environnement, qui ne prenaient pas en considération la niche ou le

« *Oh là là ! je n'avais pas réalisé que « sur le terrain », ce serait comme ceci ! Nous aurions dû rester au laboratoire.* »

Figure 42.23 Le retour dans leur environnement original de micro-organismes cultivés en laboratoire, vu par un caricaturiste. *Source* : Tibtech *1993 11 :344-352.*

micro-environnement spécifique dans lesquels ces micro-organismes allaient devoir survivre et fonctionner. Ceci a conduit au domaine de l'**atténuation naturelle**, qui insiste sur l'emploi de communautés microbiennes naturelles dans la gestion environnementale des polluants.

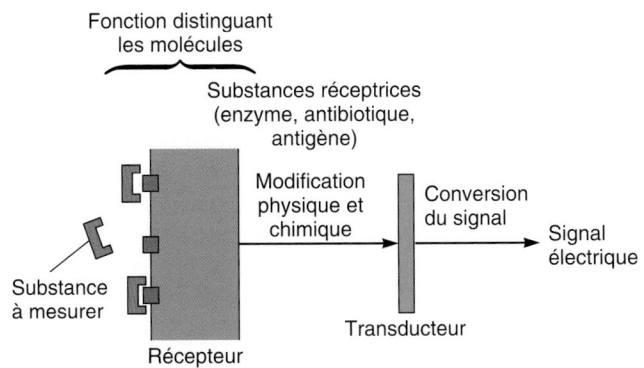

Figure 42.24   Modèle d'un biosenseur. Les biosenseurs trouvent des applications croissantes en médecine, en microbiologie industrielle et dans la surveillance de l'environnement. Dans un biosenseur, une biomolécule ou un micro-organisme entier effectue une réaction biologique et les produits de la réaction sont utilisés pour produire un signal électrique.

L'addition de micro-organismes prenant en considération les microhabitats protecteurs

Les additions de micro-organismes dans les milieux naturels peuvent être plus fructueuses si elles s'accompagnent de l'addition d'un microhabitat qui offre à l'organisme une protection physique, aussi bien qu'une source possible de nutriments. Le micro-organisme peut alors survivre en dépit des intenses pressions de compétition qui s'exercent dans les milieux naturels, dont la pression des protozoaires prédateurs comme les ciliés, les flagellés et les amibes. Ces microhabitats peuvent être vivants ou inertes. La prédation (pp. 607-9)

Les microhabitats vivants. Parmi les microhabitats vivants spécialisés, on peut citer la surface d'une semence, d'une racine ou d'une feuille. En offrant aux micro-organismes ajoutés un flux de nutriments plus important et la possibilité d'une colonisation initiale, ces microhabitats peuvent les protéger de la compétition féroce qui prévaut dans les milieux naturels. L'emploi de *Rhizobium* et de *Bacillus thuringiensis* peuvent être pris comme exemples. Pour s'assurer que *Rhizobium* soit en association étroite avec la légumineuse, on enrobe les semences avec le micro-organisme sous forme d'une mixture huile-organisme. Ou encore, on place *Rhizobium* dans une bandelette, placée juste sous la semence, là où la racine primaire en développement va pénétrer le sol. Au contraire, on dispose *Bacillus thuringiensis* à la surface de la feuille de la plante, ou bien on manipule la plante pour y introduire les gènes de la bactérie qui permettent la production in situ de la protéine toxique, dès qu'elle est ingérée. Après ingestion par l'organisme cible, la protéine sera dans le système digestif où elle est plus efficace. *Bacillus thuringiensis* (pp. 525, 1020-21) ; *Rhizobium* (sections 22.1 et 30.4)

Les microhabitats inertes. Récemment, on a découvert que l'on pouvait ajouter des micro-organismes à des communautés naturelles, avec des microhabitats protecteurs inertes. Par exemple, si les micro-organismes sont ajoutés au sol, en même temps que du verre microporeux, leur survie s'en trouvera nettement augmentée. On a vu d'autres micro-organismes créer leur propre microhabitat ! Dans la couche d'eau recouvrant des sols sablo-argileux contaminés au PCB, des micro-organimes fabriquent leur propres « loges d'argile » en fixant des argiles à leurs surfaces, au moyen d'exopolysaccharides. Ces exemples montrent qu'en appliquant les principes de l'écologie microbienne, il est possible de gérer les communautés microbiennes dans la nature avec plus de succès.

---

1. Quels facteurs pourraient limiter la capacité de micro-organismes, ajoutés dans un sol ou dans l'eau, d'y persister et d'y remplir les fonctions attendues ?
2. Quels types de microhabitats peut-on ajouter avec des micro-organismes dans un milieu naturel complexe ?
3. Pourquoi inocule-t-on des plantes avec *Bacillus thuringiensis* ?

42.5   Les applications biotechnologiques

Des micro-organismes et des parties de micro-organismes, spécialement des enzymes, sont utilisés dans une large variété d'applications biotechnologiques, pour surveiller les teneurs en composés critiques dans l'environnement, chez les animaux et chez l'homme. Ces techniques trouvent de nombreuses applications dans la science de l'environnement, dans la santé humaine et animale et dans la science fondamentale.

Les biosenseurs

Un domaine de la biotechnologie en développement rapide suscite un intérêt scientifique international intense : la production de **biosenseurs**. Dans ce nouveau champ de la bioélectronique, des micro-organismes vivants (leurs enzymes ou leurs organites) sont reliés à des électrodes et les réactions biologiques sont converties en courants électriques (**figure 42.24**). On développe des biosenseurs pour mesurer des composés spécifiques dans la bière, pour surveiller des polluants et pour détecter des composés aromatiques dans la nourriture. Il est possible de mesurer la concentration de substances présentes dans de nombreux milieux différents (**tableau 42.13**). Les applications concernées sont : la détection du glucose, de l'acide acétique, de l'acide glutamique, de l'éthanol et la demande biochimique en oxygène. De plus, on a décrit l'utilisation de biosenseurs pour mesurer la céphalosporine, l'acide nicotinique et plusieurs vitamines B.

Tableau 42.13   Biosenseurs : applications biomédicales, industrielles et environnementales potentielles

Diagnostic chimique et surveillance biomédicale
Analyse agricole, horticole et vétérinaire
Détection de polluants et de contaminants microbiens de l'eau
Analyse et contrôle de fermentation
Surveillance de gaz et de liquides industriels
Mesure de gaz toxique dans les industries minières
Mesure biologique directe d'arômes, d'essences et de phéromones

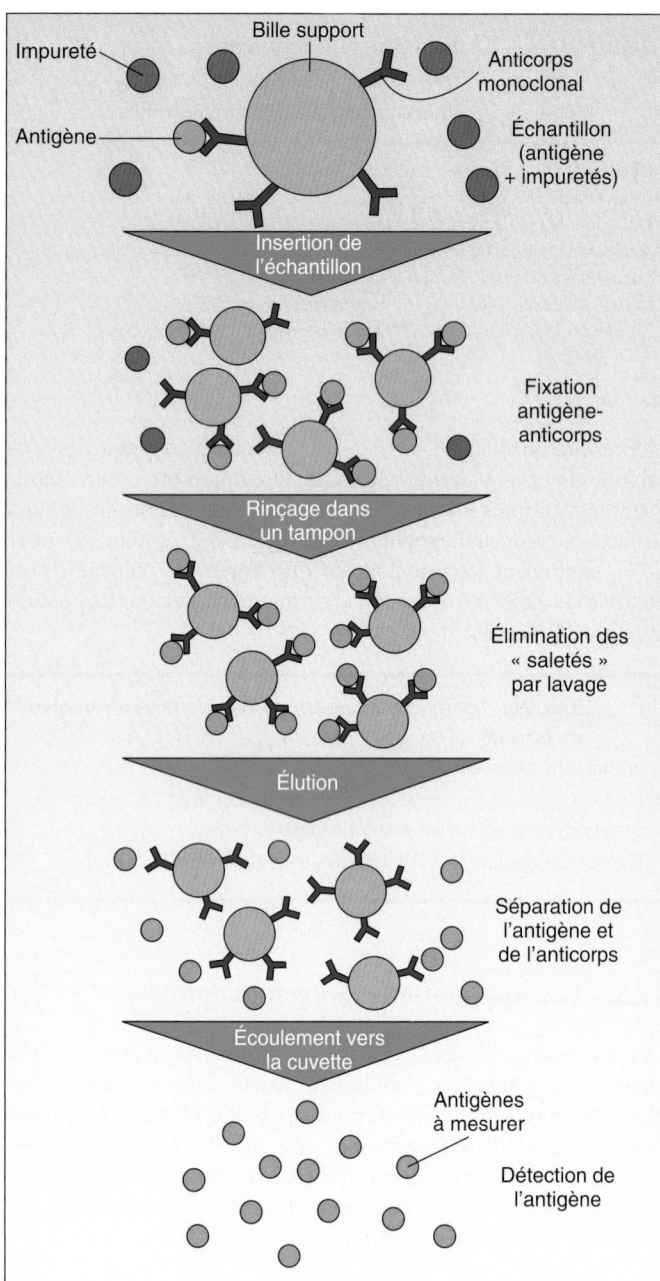

Figure 42.25 Un biosenseur pour la détection rapide d'un pathogène. Schéma des réactions de base pour la capture immunochimique, la purification et la détection d'un pathogène, reposant sur un système d'anticorps monoclonaux. La détection peut s'effectuer au moyen d'un petit instrument portable.

Récemment, on a développé des biosenseurs avec des systèmes de détection immunochimiques (**figure 42.25**). Ces nouveaux biosenseurs détecteront pathogènes, herbicides, toxines, protéines et ADN. Beaucoup d'entre eux sont basés sur le système de reconnaissance streptavidine-biotine (**Encadré 42.4**).

L'un des développements récents les plus intéressants utilisant cette méthode est un système portable de détection de l'aflatoxine, destiné au contrôle de la qualité des aliments. Cette unité automatisée, basée sur une nouvelle procédure fluorimétrique d'immunoaffinité sur colonne, peut effectuer 100 mesures avant d'être rechargée. Elle peut détecter de 0,1 à 50 ppm d'aflatoxine dans un échantillon de 1,0 ml, en moins de 2 minutes. Les aflatoxines (pp. 967-68)

On fait actuellement des avancées rapides dans tous les secteurs de la technologie des biosenseurs. Parmi celles-ci, il y a de grandes améliorations de la stabilité et de la durée de vie de ces unités, qu'on fait maintenant plus faciles à porter et plus sensibles. On peut évaluer des micro-organismes et des métabolites comme le glucose, ce qui rencontre des besoins cruciaux de la médecine moderne.

Les microdamiers

Une grande partie de la biotechnologie microbienne nouvelle et en cours de développement repose sur l'emploi de séquences d'ADN dans des **damiers de gènes**, pour suivre l'expression génétique dans des systèmes biologiques complexes (*voir section 15.6*). Les avancées rapides qui ont eu lieu dans ce domaine sont le résultat des progrès de la génomique, de la technologie de l'ADN recombinant, de l'optique, des systèmes de flux liquides et de l'acquisition et du traitement de données à haute vitesse. On a suggéré que cette **technologie des microdamiers** fournissait l'équivalent du tableau périodique des chimistes. Elle permet de tester tous les gènes utilisés pour assembler un organisme et de suivre l'expression de dizaines de milliers de gènes, en se basant sur les principes montrés dans la **figure 42.26**. Dans cette technique, des volumes de 100 à 200 μl, contenant les séquences désirées, sont déposés sur des lames de verre ou d'un autre matériau inerte, et séchés. Ces damiers sont alors mis en contact avec les ADNc issus de l'expression des gènes (*voir p. 321*). La liaison des ADNc sur divers gènes est mesurée au moyen de techniques de monitoring photométrique rapide. La génomique (chapitre 15) ; L'hybridation des acides nucléiques (pp. 431-32)

On peut aujourd'hui se procurer dans le commerce, des microdamiers contenant 6.400 cadres de lecture pour le criblage de l'expression génétique chez *Saccharomyces cerevisiae*. Pour *E. coli*, 4.200 cadres de lecture ouverts peuvent être passés en revue, sous format de microdamier. Ces méthodes, aujourd'hui et dans le futur, permettront de suivre l'expression de milliers de gènes et d'étudier la régulation globale de la croissance microbienne et les réponses aux changements environnementaux.

---

1. Que sont les biosenseurs et comment détectent-ils des substances ?
2. Dans quels domaines les biosenseurs sont-ils utilisés pour du monitoring chimique et biologique ?
3. Décrivez les systèmes streptavidine-biotine et la façon dont ils fonctionnent. Pourquoi cette technique est-elle importante ?
4. Qu'est-ce qu'un damier de gènes ? Quelles techniques de base sont utilisées dans cette procédure nouvelle ?

Les biopesticides

On s'est intéressé depuis longtemps à l'emploi des bactéries, mycètes et virus comme **bioinsecticides** et **biopesticides** (**tableau 42.14**). On définit ceux-ci comme des agents biologiques, comme les bactéries, les mycètes, les virus ou leurs composants, qui peuvent être utilisés pour tuer un insecte sensible.

La liaison streptavidine-biotine et la biotechnologie

Le blanc d'œuf contient de nombreuses protéines et glycoprotéines douées de propriétés particulières. L'une des plus intéressantes, qui fixe fortement la biotine, a été isolée en 1963. On a suggéré que cette glycoprotéine, appelée avidine à cause de son « avidité » à fixer la biotine, jouait un rôle important : rendre le blanc d'œuf antimicrobien, en « immobilisant » la biotine, nécessaire à beaucoup de micro-organismes. L'avidine, qui fonctionne mieux dans des conditions alcalines, présente l'affinité de liaison la plus élevée que l'on connaisse entre une protéine et un ligand. Plusieurs années plus tard, des scientifiques chez Merck & Co., Inc. découvrirent une protéine similaire chez un actinomycète, *Streptomyces avidini*. Cette protéine fixe la biotine à pH neutre et ne contient pas de glucides. Ces caractéristiques font de la streptavidine un agent idéal pour la biotine, et on l'a employée dans une série quasi illimi-tée d'applications (voir la **figure de l'encadré**). La streptavidine est atta-chée à une sonde. Quand un échantillon est incubé avec le capteur bioti-nylé, ce dernier s'attache à toutes les molécules cibles disponibles. La pré-sence et la localisation de ces molécules cibles peuvent être déterminées en traitant l'échantillon avec la sonde-streptavidine, parce que cette strep-tavidine se fixe à la biotine sur le capteur biotinylé et que la sonde est visualisée. Ce système de détection est aujourd'hui employé dans une grande variété d'applications biotechnologiques, y compris comme sonde non radioactive dans les études d'hybridation et comme composant essen-tiel dans les biosenseurs, pour toute une gamme de monitoring environ-nementaux et d'applications cliniques. Pas mal pour une protéine issue d'une « simple » bactérie filamenteuse.

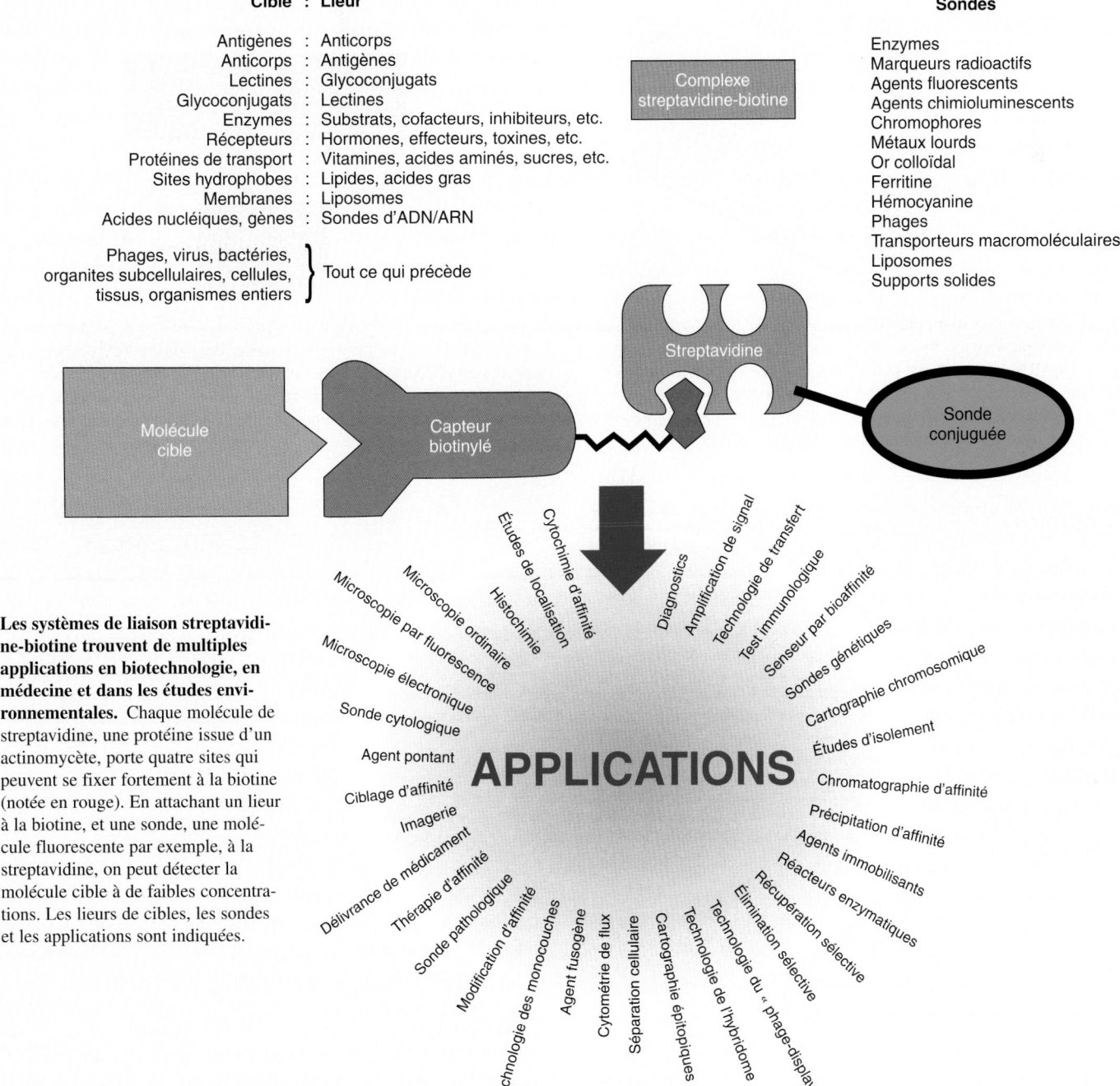

Cible : Lieur

Antigènes : Anticorps
Anticorps : Antigènes
Lectines : Glycoconjugats
Glycoconjugats : Lectines
Enzymes : Substrats, cofacteurs, inhibiteurs, etc.
Récepteurs : Hormones, effecteurs, toxines, etc.
Protéines de transport : Vitamines, acides aminés, sucres, etc.
Sites hydrophobes : Lipides, acides gras
Membranes : Liposomes
Acides nucléiques, gènes : Sondes d'ADN/ARN

Phages, virus, bactéries, organites subcellulaires, cellules, tissus, organismes entiers } Tout ce qui précède

Sondes

Enzymes
Marqueurs radioactifs
Agents fluorescents
Agents chimioluminescents
Chromophores
Métaux lourds
Or colloïdal
Ferritine
Hémocyanine
Phages
Transporteurs macromoléculaires
Liposomes
Supports solides

Complexe streptavidine-biotine

Streptavidine

Molécule cible

Capteur biotinylé

Sonde conjuguée

Les systèmes de liaison streptavidi-ne-biotine trouvent de multiples applications en biotechnologie, en médecine et dans les études envi-ronnementales. Chaque molécule de streptavidine, une protéine issue d'un actinomycète, porte quatre sites qui peuvent se fixer fortement à la biotine (notée en rouge). En attachant un lieur à la biotine, et une sonde, une molé-cule fluorescente par exemple, à la streptavidine, on peut détecter la molécule cible à de faibles concentra-tions. Les lieurs de cibles, les sondes et les applications sont indiqués.

APPLICATIONS

Cytochimie d'affinité
Études de localisation
Histochimie
Microscopie ordinaire
Microscopie par fluorescence
Microscopie électronique
Sonde cytologique
Agent pontant
Ciblage d'affinité
Imagerie
Délivrance de médicament
Thérapie d'affinité
Sonde pathologique
Modification d'affinité
Technologie des monocouches
Agent fusogène
Cytométrie de flux
Séparation cellulaire
Cartographie épitopiques
Technologie de l'hybridome
Technologie du « phage-display »
Élimination sélective
Récupération sélective
Réacteurs enzymatiques
Agents immobilisants
Précipitation d'affinité
Chromatographie d'affinité
Études d'isolement
Cartographie chromosomique
Sondes génétiques
Senseur par bioaffinité
Test immunologique
Technologie de transfert
Amplification de signal
Diagnostics

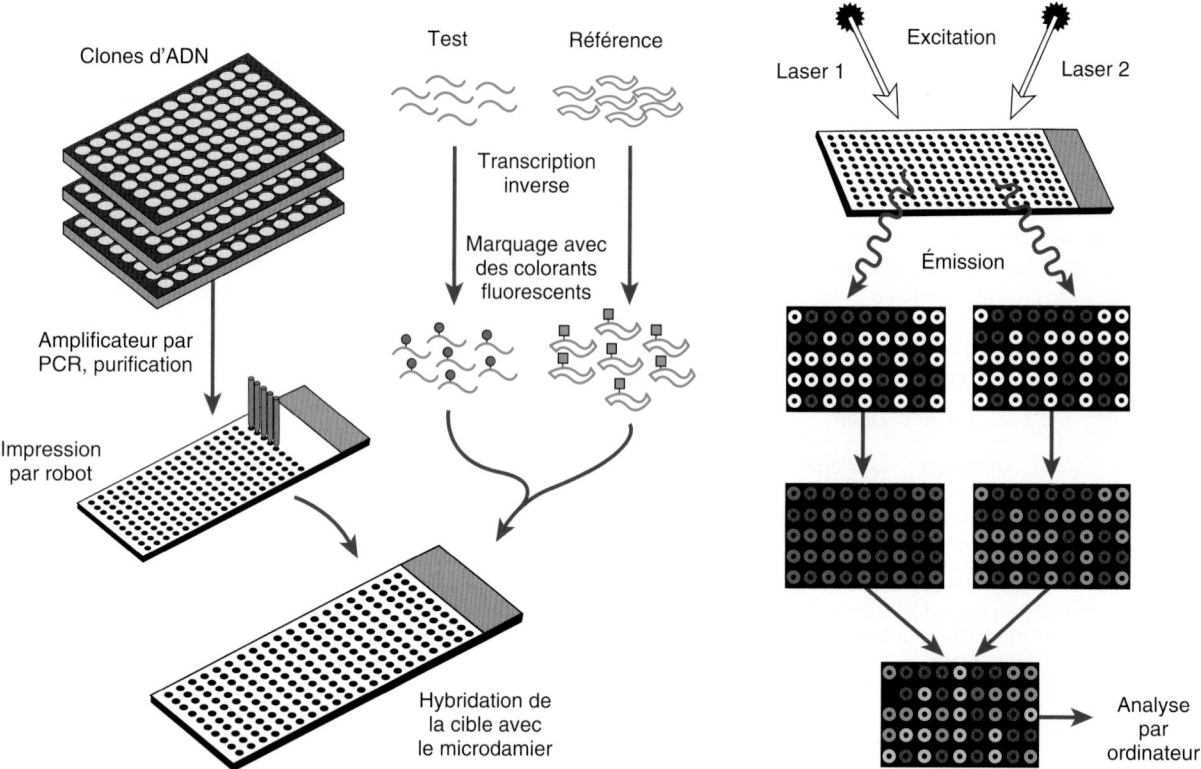

Figure 42.26 Un système de microdamier pour le monitoring de l'expression génétiqe. Les gènes d'un organisme sont clonés et amplifiés par PCR. Après purification, des échantillons sont disposés sur un support, selon un pattern donné, au moyen d'un robot. Pour suivre l'expression génétique, les ARN extraits d'une culture test et d'une culture de référence sont convertis en ADNc par la trancriptase inverse et marqués avec deux colorants fluorescents différents. Le mélange marqué est hybridé avec le microdamier et celui-ci est alors balayé au moyen de deux lasers de longueurs d'onde différentes. Après colorisation, les réponses fluorescentes sont mesurées sous forme de rapports normalisés, qui indiquent si la réponse du gène testé est plus forte ou plus faible que celle de la référence.

Tableau 42.14 L'utilisation de bactéries, de virus et de mycètes comme insecticides : nouvelles applications d'une vieille technologie

Groupe microbien	Organismes et applications principaux
Bactéries	*Bacillus thuringiensis* et *Bacillus popilliae* sont les deux principaux organismes intéressants. On utilise *B. thuringiensis* sur une grande gamme de récoltes horticoles et agricoles. *B. popilliae* est particulièrement utilisé contre les larves de *Popillia japonica*. On considère que les deux bactéries sont inoffensives pour l'homme. On utilise *Pseudomonas fluorescens*, contenant le gène producteur de la toxine de *B. thuringiensis*, pour éliminer un parasite du maïs, *Agrotis ipsilon* (« black cutworm »).
Virus	On utilise trois grands groupes de virus qui ne semblent pas se répliquer chez les animaux homéothermes : les virus de la polyédrose nucléaire (NPV), de la granulose (GV) et de la polyédrose cytoplasmique (CPV). Ces virus en inclusions sont mieux protégés dans l'environnement.
Mycètes	Plus de 500 mycètes différents sont associés aux insectes. L'infection se fait principalement à travers la cuticule de l'insecte. On a surtout utilisé quatre genres. *Beauveria bassiana* et *Metarhizium anisopliae* permettent de contrôler, respectivement, le doryphore de la pomme de terre et un cercopidé parasite de la canne à sucre (« froghopper »). *Verticillium lecanii* et *Entomophthora* sp. contrôlent les pucerons dans les serres et les champs.

Dans la présente section, nous examinerons les principaux usages de bactéries, de mycètes et de virus dans le contrôle des populations d'insectes.

Les bactéries

Les agents bactériens comprennent une variété d'espèces de *Bacillus*, principalement *B. thuringiensis* (*voir pp. 525*). Dans sa forme végétative, cette bactérie n'est que faiblement toxique pour les insectes mais, pendant la sporulation, elle produit un cristal intracellulaire de toxine protéique, agissant comme un insecticide microbien pour des groupes spécifiques d'insectes.

Exposé aux conditions alcalines de l'intestin, le cristal parasporal se fragmente et libère la protoxine (**figure 42.27**). Six unités de toxine active s'intègrent dans la membrane plasmique (figure 42.27b,c) pour former un pore de forme hexagonale à travers une cellule du mésogastre (figure 42.27d). Ceci conduit à une

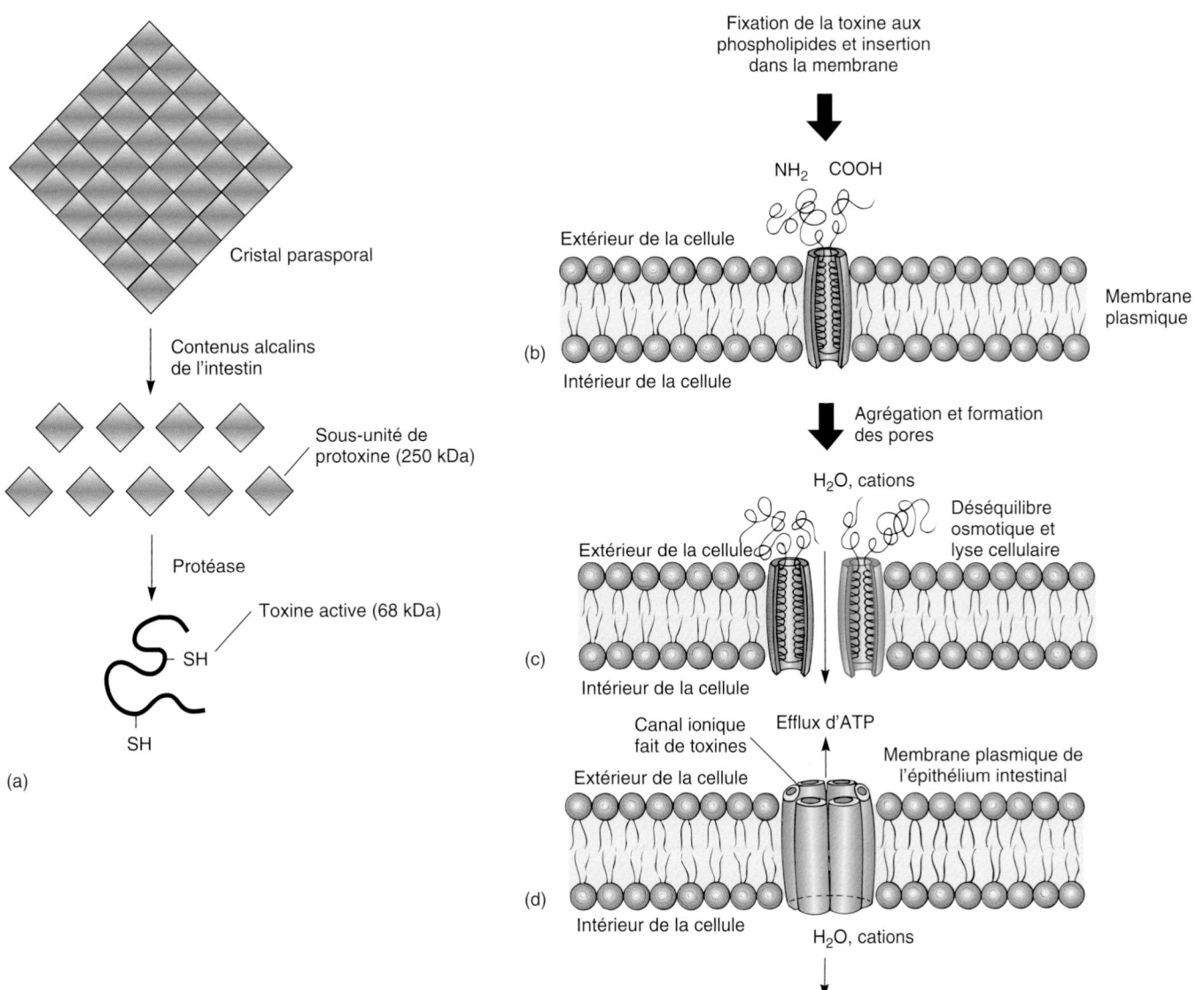

Figure 42.27 Le mode d'action de la toxine de *Bacillus thuringiensis*. (**a**) Libération de la protoxine du corps parasporal et modification en toxine par les protéases de l'intestin. (**b**) Insertion des molécules de la toxine active (68 kDa) dans la membrane. (**c**) Agrégation et formation des pores. La figure montre une coupe dans le pore. (**d**) Formation finale d'un pore hexagonal qui provoque une entrée d'eau et de cations en même temps qu'une perte d'ATP, d'où déséquilibre cellulaire et lyse.

perte de l'équilibre osmotique et d'ATP et finalement, à la lyse cellulaire.

Les avancées les plus récentes dans notre connaissance de *Bacillus thuringiensis* concernent la création de plantes résistantes aux insectes parasites. Le première étape de ce travail consista en l'insertion du gène de la toxine chez *E. coli*. On montra ainsi que la protéine du cristal pouvait être exprimée dans un autre organisme et que la toxine y était efficace. Ce progrès scientifique majeur fut suivi, en 1987, par la production de plants de tomates contenant le gène de la toxine.

B. thuringiensis se développe en fermenteur. Lors de la lyse cellulaire, les spores et les cristaux sont libérés dans le milieu. Après centrifugation, le milieu est séché jusqu'à l'obtention d'une poussière ou d'une poudre humidifiable qu'on peut appliquer sur les plantes. Une bactérie apparentée, *Bacillus popilliae*, détruit l'insecte *Popillia japonica,* mais cette bactérie ne se cultive pas dans des fermenteurs et il faut multiplier les inoculums dans l'hôte vivant. Le micro-organisme inhibe le développement des larves, mais la destruction de l'insecte adulte exige des insecticides chimiques.

Les virus

Les virus pathogènes d'insectes spécifiques comprennent les virus de polyédroses nucléaires (NPV), les virus de granuloses (GV) et les virus de polyédroses cytoplasmiques (CPV). Actuellement, on connaît 125 types d'NPV dont environ 90 % affectent les lépidoptères diurnes et nocturnes. On connaît environ 50 GV qui, eux également, affectent les papillons. Les CPV sont les virus qui montrent le moins de spécificité d'hôte et infectent environ 200 types différents d'insectes. Un important pesticide viral commercialisé sous le nom d'Elcar était destiné à éliminer un parasite du coton, *Heliothis zea*.

L'une des avancées les plus passionnantes est l'utilisation de baculovirus génétiquement modifiés pour produire une puissante toxine de scorpion, active contre les larves d'insectes. Après ingestion par les larves, les virus sont dissous dans le mésogastre et sont libérés. Comme c'est le baculovirus recombinant qui produit la neurotoxine spécifique, celle-ci agit plus rapidement que le virus et l'étendue des dégâts foliaires est nettement réduite. Les caractéristiques des virus d'insectes (p. 415).

Les mycètes

On peut aussi utiliser les mycètes pour lutter contre les insectes parasites. Les bioinsecticides fongiques, dont la liste figure dans le tableau 42.14, sont de plus en plus employés en agriculture. Le développement des biopesticides progresse rapidement.

Les bioinsecticides dérivés des mycètes comprennent la kasugamycine et les polyoxines. De plus, des métabolites microbiologiques spéciaux comme la nikkomycine et les spinosynes sont actifs contre les insectes.

---

1. Quelles sont les deux bactéries importantes qui sont utilisées comme bioinsecticides ?
2. Décrivez brièvement comment la toxine de *Bacillus thuringiensis* tue les insectes.
3. Quels types de virus sont utilisés pour lutter contre les insectes ? Citez la marque commerciale d'un de ces produits.
4. Quels mycètes sont actuellement utilisés comme biopesticides ?

42.6 Les impacts de la biotechnologie microbienne

L'emploi de micro-organismes en microbiologie industrielle et biotechnologie, tel que discuté dans le présent chapitre, pose des questions éthiques et écologiques. La fabrication d'un produit donné, les méthodes utilisées, peuvent avoir des effets à long terme, souvent inattendus, comme l'apparition dans le monde entier de pathogènes résistants aux antibiotiques. La microbiologie prend une part essentielle dans l'**écologie industrielle**. Celle-ci s'emploie à suivre le flux des éléments et des composés dans l'univers naturel, la **biosphère**, et dans l'univers social, l'**anthrosphère**. La microbiologie, surtout dans son volet appliqué, devrait être considérée dans l'ensemble de l'univers social où elle s'insère.

Les micro-organismes ont été d'un immense profit pour l'humanité, par leur rôle dans la production et la transformation des aliments, par l'emploi de leurs produits pour améliorer la santé humaine et animale, en agriculture, et pour entretenir et améliorer la qualité de l'environnement. D'autres micro-organismes cependant sont d'importants pathogènes ou des agents de détérioration ; les microbiologistes ont aidé à contrôler ou à limiter leurs activités. La découverte et l'usage des produits microbiens bénéfiques, comme les antibiotiques, ont contribué à doubler l'espérance de vie de l'homme, au cours du siècle passé.

Un microbiologiste qui travaille dans n'importe lequel de ces domaines de la biotechnologie, devrait être attentif aux impacts à long terme de ses décisions techniques. On trouvera une excellente introduction à la relation entre la technologie et ses impacts possibles sur la société chez Samuel Florman (voir les Lectures additionnelles). Le premier défi qui se pose à nous, microbiologistes, est de comprendre autant que faire se peut, les impacts potentiels des nouveaux produits et des nouveaux procédés, sur la société au sens large, aussi bien que sur la microbiologie. Un aspect essentiel de cette responsabilité est de savoir communiquer efficacement avec les divers « piliers » de la société, des impacts potentiels, tant immédiats qu'à long terme, des technologies basées sur les micro-organismes (et les autres).

---

1. Discutez des impacts éthiques et écologiques possibles d'un produit ou d'un procédé particulier, envisagé dans ce chapitre. Pensez aux impacts les plus larges possibles.
2. Définissez l'écologie industrielle.
3. Qu'est-ce que la biosphère et l'anthrosphère ? Pourquoi pensez-vous que le terme anthrosphère a été créé ?

Résumé

1. La microbiologie industrielle a permis la fabrication de produits comme les antibiotiques, les acides aminés et les acides organiques et a eu beaucoup d'effets positifs importants sur la santé animale et la santé humaine. La plus grande part du travail réalisé dans ces domaines a utilisé des micro-organismes isolés à partir de la nature ou modifiés par les techniques classiques de mutation. La biotechnologie implique l'emploi de techniques moléculaires pour modifier et améliorer les micro-organismes.

2. Trouver dans la nature de nouveaux micro-organismes pour la biotechnologie est un défi permanent. Dans la plupart des milieux, seule une très petite partie de la communauté microbienne observable a été examinée (**tableaux 42.1 et 42.2**).

3. La sélection et la mutation restent des méthodes importantes pour identifier de nouveaux micro-organismes. Ces procédures bien établies sont maintenant complétées par les techniques moléculaires, y compris l'ingénierie métabolique et la biologie combinatoire. Avec cette dernière (**tableau 42.3**), il est possible de transférer des gènes d'un organisme à un autre et de former de nouveaux produits (**figure 42.5**).

4. On utilise la mutagenèse dirigée et l'ingénierie des protéines pour modifier l'expression génétique. Ces méthodes conduisent à des produits nouveaux et souvent différents, dotés de propriétés nouvelles (**figure 42.4**).

5. L'ingénierie génétique naturelle bénéficie d'un intérêt croissant. Elle exploite les réponses microbiennes aux stress, dans la mutation adaptative et l'évolution forcée, avec l'espoir de découvrir des micro-organismes doués de propriétés nouvelles.

6. On peut cultiver les micro-organismes dans des environnements contrôlés de divers types, au moyen de fermenteurs ou d'autres systèmes de culture. Si les constituants utilisés sont définis, on peut choisir les paramètres de la croissance et les faire varier au cours du développement du micro-organisme. Cette approche est employée en particulier pour la production d'acides aminés, d'acides organiques et d'antibiotiques (**figures 42.10 et 42.11**).

7. La croissance en environnement contrôlé est coûteuse et utilisée principalement pour des produits servant à entretenir et à améliorer la santé animale et humaine.

8. Une grande part de la microbiologie industriel-

le et de la biotechnologie est dévolue aux composés spéciaux non antibiotiques. Parmi ceux-ci, les agents antitumoraux sont abondamment utilisés (**tableau 42.11**).

9. Une grande variété de composés, produits par l'industrie microbiologique, influencent notre vie de multiples façons (**tableau 42.9**) ; parmi ceux-ci, les biopolymères, comme les cyclodextrines (**figure 42.13**), et les biosurfactants. Les micro-organismes peuvent aussi agir en biocatalyseurs pour réaliser des réactions chimiques spécifiques (**figure 42.14**).

10. La croissance de micro-organismes dans des milieux complexes, comme les pétroles et les eaux, n'est pas utilisée pour créer des produits microbiens, mais pour élaborer des processus de gestion de l'environnement, dont la bioremédiation, l'inoculation de plantes, et autres activités apparentées. Dans ces cas-là, les micro-organismes ne constituent pas le produit final.

11. La biodégradation est une partie essentielle des systèmes naturels, largement assurée par les micro-organismes. Elle peut impliquer des changements mineurs dans une molécule, une fragmentation ou une minéralisation (**figure 42.15**).

12. La biodégradation peut être influencée par de nombreux facteurs, dont la présence ou l'absence d'oxygène, les acides humique et la présence de matière organique facilement utili-

sable. La déshalogénation réductrice fonctionne mieux dans des conditions anaérobies et la présence de matière organique peut faciliter la modification de composés récalcitrants, dans le processus de cométabolisme.

13. La structure des composés organiques influence la dégradation. Si les constituants occupent des endroits spécifiques sur une molécule, comme la position *méta* (**figure 42.16**), ou s'il y a des structures isomériques variées (**figure 42.17**), la dégradation peut s'en trouver affectée.

14. La dégradation peut se gérer sur place, que ce soit lors des grandes marées noires, dans les sols ou les zones souterraines (**figure 42.20**). De tels travaux à grande échelle font habituellement intervenir des communautés microbiennes naturelles.

15. Dans beaucoup de cas, la dégradation peut augmenter la toxicité. Si elle n'est pas gérée avec précaution, cette pollution peut se répandre. C'est particulièrement crucial dans le " land farming ", où l'on épand des déchets industriels ou agricoles pour en faciliter la dégradation.

16. On peut utiliser les plantes pour stimuler les processus de biodégradation. C'est la phytoremédiation. Elle peut impliquer l'extraction, la filtration, la stabilisation et la volatilisation des polluants (**figure 42.21** et **tableau 42.12**).

17. On peut introduire avec plus de succès des micro-organismes dans des milieux qui contiennent des communautés microbiennes complexes, si on y ajoute des microhabitats vivants ou inertes. Ceux-ci peuvent être des surfaces végétales vivantes (semences, racines, feuilles) ou des matériaux inertes, comme du verre microporeux. *Rhizobium* est un exemple important de micro-organisme ajouté à un environnement complexe, avec un microhabitat vivant (les racine des plantes).

18. On utilise les micro-organismes comme biosenseurs (**figure 42.24**) dans une large gamme d'applications biotechnologiques. Les microdamiers servent à suivre l'expression génétiques dans des systèmes complexes (**figure 42.26**).

19. On peut employer des bactéries, des virus et des mycètes comme bioinsecticides et biopesticides (**tableau 42.14**). *Bacillus thuringiniensis* est un biopesticide important et le gène BT a été incorporé dans le maïs.

20. La microbiologie industrielle et la biotechnologie peuvent avoir à long terme, des effets positifs ou négatifs inattendus sur l'environnement, ainsi que sur les animaux et les hommes qui subissent ces technologies. Les avancées en biotechnologie devraient être envisagées dans un large contexte écologique et sociétal. C'est la préoccupation de l'écologie industrielle.

Mots-clés

Questions de révision

1. Quelle information ou quelles approches techniques seront requises pour pouvoir caractériser la grande majorité des micro-organismes de la nature qui n'ont pas été cultivés ? Considérez que la plupart de ces micro-organismes sont à l'état de repos végétatif.

2. Qu'est-ce qui fait la particularité de l'ingénierie génétique naturelle ? Ne s'agit-il pas simplement de reproduire ce qui s'est passé dans la nature depuis que les micro-organismes ont été capables d'y vivre ?

3. Quels sont les avantages des microdamiers pour l'étude de l'expression génétique chez les organismes complexes ?

4. Comment peut-on créer une niche ou microhabitat pour un micro-organisme ? Quels points posent particulièrement problème quand on veut s'assurer que le micro-organisme peut trouver sa meilleure place pour survivre et fonctionner ?

5. En quoi l'ère « post-génomique » pourrait-elle différer de « l'ère génomique » ?

6. La plupart des antibiotiques commerciaux sont produits par des actinomycètes, et quelques-uns seulement par les mycètes et les autres bactéries. Comment expliqueriez-vous cette observation des points de vues physiologique et environnemental ?

7. On parle beaucoup des avantages de la technologie de l'ADN recombinant. Quels sont les problèmes et les désavantages qu'il faudrait avoir à l'esprit lorsqu'on emploie des micro-organismes pour ces applications ?

8. Pourquoi les bioinsecticides basés sur *Bacillus thuringiensis* pourraient-ils être intéressants dans d'autres domaines de la biotechnologie ? Pensez aux aspect moléculaires de leur mode d'action.

9. Pensez-vous que la bioremédiation intrinsèque peut résoudre nos problèmes de dégradation des polluants dans l'environnement ?

1. La recherche de plantes ou de micro-organismes nouveaux et de leurs produits peut entrer en conflit direct avec l'exposition des hommes à de nouveaux pathogènes. Discutez des risques et des profits relatifs—y a-t-il des stratégies qui ont plus de chance d'être uniquement positives ?

2. *Deinococcus radiodurans* est une espèce bactérienne hautement résistante aux radiations. Pouvez-vous en imaginer une application biotechnologique ? Comment testeriez-vous son utilité ?

3. Discutez les risques qu'il y aurait à lâcher

Pourquoi oui, pourquoi non ?

10. Quels sont quelques-uns des avantages possibles des biosenseurs par rapport aux techniques de mesure physiques et chimiques plus traditionnelles ?

11. Quels sont les principaux types de matériaux utilisés comme nutriments dans les milieux de fermentation ?

Questions de réflexion

dans la nature des micro-organismes génétiquement modifiés ou d'autres qui ne seraient pas naturels à un environnement particulier. Quelles précautions prendriez-vous, s'il en existe ? Quels seraient vos problèmes ?

4. Pourquoi, lorsqu'un micro-organisme est retiré de son milieu naturel et cultivé en laboratoire, n'est-il habituellement plus capable de coloniser efficacement son milieu d'origine si on l'y remet ? En cherchant à comprendre ce problème fondamental d'écologie microbienne, pensez à la nature des milieux de croissance utilisés au laboratoire, comparés aux condi-

12. Dans quels sens différents peut-on utiliser le terme fermentation ?

13. Quels paramètres peut-on contrôler dans un fermenteur industriel moderne ?

14. En quoi les métabolites primaires et secondaires diffèrent-ils en termes de synthèses et de fonctions ?

tions de croissance dans le sol ou dans l'eau.

5. Dans ce chapitre et dans les précédents, on a parlé de l'ère postgénomique. Pouvez-vous concevoir le travail d'un « postgénomiste » ?

6. Pourquoi la phytoremédiation suscite-t-elle actuellement un tel intérêt pour la gestion de l'environnement ? Pourquoi est-il intéressant de combiner cette approche avec l'usage des plantes transgéniques ?

7. On a employé les termes biosphère et anthrosphère, en même temps que le terme écologie industrielle. Quelle relation y a-t-il entre la biotechnologie microbienne et ces concepts ?

Lectures complémentaires

Généralités

Barnum, S. 1998. *Biotechnology.* Scarborough, Ontario, Canada: Nelson Canada Ltd.

Benkovic, S. J., et Ballesteros, A. 1997. Biocatalysts—the next generation. *Tibtech.* 15:385–86.

Crueger, W., et Crueger, A. 1990. *Biotechnology: A textbook of industrial microbiology.* 2ᵉ éd. T. D. Brock, éd. Sunderland, Mass.: Sinauer Associates.

Demain, A. L. 2000. Microbial biotechnology. *Tibtech* 18:26–31.

Demain, A. L., and Davis, J. E., éd. 1999. *Manual of industrial microbiology and biotechnology.* Washington, D.C.: American Society for Microbiology.

Demain, A. L., et Solomon, N. A. 1986. La microbiologie industrielle. *Pour la Science*, 49, 14-24.

Finkelstein, D. B., et Ball, C. editors. 1992. *Biotechnology of filamentous fungi: Technology and products.* Stoneham, Mass.: Butterworth-Heinemann.

Glazer, A. N., et Nakaido, H. 1994. *Microbial biotechnology.* New York: W. H. Freeman and Co.

Glick, B. R., et Pasternak, J. J. 1998. *Molecular biotechnology: Principles and applications of recombinant DNA,* 2ᵉ éd. Washington, D.C.: ASM Press.

Leatham, G. 1992. *Frontiers in industrial mycology.* New York: Chapman & Hall.

Lillehoj, E. P., et Ford, G. M. 2000. Industrial biotechnology, overview. In *Encyclopedia of microbiology,* 2ᵉ éd., vol. 2, J. Lederberg, éd., 722–37. San Diego: Academic Press.

Moo-Young, M.; Anderson, W. A.; et Chakrabarty, A. M. 1996. *Environmental biotechnology: Principles and applications.* Boston, Mass.:

Kluwer Academic Publishers.

Smith, J. E. 1996. *Biotechnology,* 3ᵉ éd. New York: Cambridge University Press.

Wainwright, M. 1999. *An introduction to environmental biotechnology.* Boston, Mass. Kluwer Academic Publishers.

42.1 Le choix de micro-organismes pour la microbiologie industrielle et la biotechnologie

Alper, J. 1999. Engineering metabolism for commercial gains. *Science* 283:1625–26.

Bridges, B. A. 1997. Hypermutation under stress. *Nature* 387:557–58.

Brookfield, J. F. Y. 1996. Forced and natural molecular evolution. *Trends Ecol. & Evol.* 11:353–54.

Bull, A. T.; Ward, A. C.; et Goodfellow, M. 2000. Search and discovery strategies for biotechnology: The paradigm shift. *Microbiol. Mol. Biol. Rev.* 64(3):573–606.

Cowan, D. A. 2000. Microbial genomes—the untapped resource. *Tibtech* 18:14–16.

Donadio, S. S. D.; McAlpine, J. B.; Staver, M. J.; Sheldon, P. J.; Jackson, M.; Swanson, S. J.; Wendt-Pienkowski, E.; Wang, Y.-G.; Jarvis, B.; Hutchison, C. R.; et Katz, L. 1993. Recent developments in the genetics of erythromycin formation. In *Industrial microorganisms: Basic and applied molecular genetics,* 257–65. Washington, D.C.: American Society for Microbiology.

Farmer, W. R., et Liao, J. C. 2000. Improving lycopene production in *Escherichia coli* by engineering metabolic control. *Nature Biotechnol.* 18:533–37.

Flores, N.; Xiao, J.; Berry, A.; Bolivar, F.; et Valle, F. 1996. Pathway engineering for the production of aromatic compounds in *Escherichia coli.*

Nature Biotechnol. 14:620–23.

Heesche-Wagner, K.; Schwartz, T.; et Kaufmann, M. 2001. A directed approach to the selection of bacteria with enhanced catabolic activity. *Let. Appl. Microbiol.* 32:162–65.

Huang, S. 2000. The practical problems of postgenomic biology. *Nature Biotechnol.* 18:471–72.

Kim, B. K.; Kang, J. H.; Jin, M.; Kim, H. W.; Shim, M. J.; et Chi, E. C. 2000. Mycelial protoplast isolation and regeneration of *Lentinus lepideus.* *Life Sciences* 66(14):1359–67.

Lander, E. S. 1999. Array of hope. *Nature Genetics* (Suppl) 21:3–4.

Lévêque, E.; Janecek, S.; Haye, B.; et Belarbi, A. 2000. Thermophilic archaeal amylolytic enzymes. *Enzyme Microb. Technol.* 23(1–2) 26:3–14.

Monaco, A. P., et Larin, Z. 1994. YAC's, BAC's, PAC's and MAC's: Artificial chromosomes as research tools. *Tibtech.* 12:280–86.

Ostergaard, S.; Olsson, L.; et Nielsen, J. 2000. Metabolic engineering of *Saccharomyces cerevisiae.* *Microbiol. Mol. Biol. Rev.* 64(1):34–50.

Rittmann, B. E., et McCarty, P. L. 2001. *Environmental biotechnology: Principles and applications.* New York: McGraw-Hill.

Shapiro, J. A. 1999. Natural genetic engineering, adaptive mutation, and bacterial evolution. In *Microbial ecology and infectious disease,* E. Rosenberg, éd., 259–75. Washington, D.C.: American Society for Microbiology.

Schober, A.; Walter, N. G.; Tangen, U.; Strunk, G.; Ederhof, T.; Dapprich, J.; et Eigen, M. 1995. Multichannel PCR and serial transfer machine as a future tool in evolutionary biotechnology. *BioTechniques* 18:652–70.

Schuman, H.; Vivier, M. A.; DuToit, M.; et Dicks, L. M. Y. 1999. The development of bacteridical yeast strains by expressing the *Pediococcus acidilactici* pediocin gene (pedA) in *Saccharomyces cerevisiae*. *Yeast* 15:647–56.

Tang, T.-Y.; Went, C.-J.; et Liu, W.-H. 2000. Expression of the creatinase gene from *Pseudomonas putida* RS65 in *Escherichia coli*. *J. Ind. Microbiol. Biotechnol.* 24:2–6.

Toffaletti, D. L.; Rude, T. H.; Johnston, S. A.; Durack, D. T.; et Perfect, J. R. 1993. Gene transfer in *Cryptococcus neoformans* by use of biolistic delivery of DNA. *J. Bacteriol.* 175(5):1405–11.

van den Berg, M. A.; Bovenberg, R. A. L.; de Laat, W. T. A. M.; et van Velzen, A. G. 1999. Engineering aspects of β-lactam biosynthesis. *Antonie van Leeuwenhoek* 75(155):161.

Verpoorte, R.; van der Heijden, R.; ten Hoopen, H. J. G.; et Memelink, J. 1999. Metabolic engineering of plant secondary metabolite pathways for the production of fine chemicals. *Biotechnol. Lett.* 21:467–79.

42.2 La croissance de micro-orga-nismes dans des environnements contrôlés

Anderson, T. M. 2000. Industrial fermentation processes. In *Encyclopedia of microbiology*, 2e éd., vol. 2, J. Lederberg, éd., 767–81. San Diego: Academic Press.

42.3 Le principaux produits de la microbiologie industrielle

Demain, A. L. 1999. Metabolites, primary and secondary. In *Encyclopedia of bioprocess technology: Fermentation, biocatalysis, and bioseparation*, 1713–32. New York: John Wiley & Sons, Inc.

Demain, A. L. 2000. Pharmaceutically active secondary metabolites of microorganisms. *Appl. Microbiol. Biotechnol.* 52:455–63.

King, L. A., et Possee, R. D. 1992. *The Baculovirus expression system*. New York: Chapman & Hall.

Lancini, G.; et Demain, A. L. 1999. Secondary metabolism in bacteria: Antibiotic pathways, regulation, and function. In *Biology of the prokaryotes*, 627–51. New York: Thieme.

Stevenson, R. 1994. Extremozymes. *Am. Biotechnol. Lab.* 12(9):5–8.

Strohl, W. R. 1997. *Biotechnology of antibiotics*. New York: Marcel Dekker, Inc.

42.4 La croissance microbienne dans des environnements complexes

Alexander, M. 1999. *Biodegradation and bioremediation*, 2e éd. San Diego, Calif.: Academic Press.

Armenante, P. M.; Pal, N.; et Lewandowski, G. 1994. Role of mycelium and extracellular protein in the biodegradation of 2,4,6-trichlorophenol by *Phanerochaete chrysosporium*. *Appl. Environ. Microbiol.* 60(6):1711–18.

Bizily, S. P.; Rugh, C. L.; et Meagher, R. B. 2000. Phytodetoxification of hazardous organomercurials by genetically engineered plants. *Nature Biotechnol.* 18:213–17.

Bollag, W. B.; Dec, J.; et Bollag, J.-M. 2000. Biodegradation. In *Encyclopedia of microbiology*, 2e éd., vol. 1, J. Lederberg, éd., 461–71. San Diego: Academic Press.

Bradley, P. M.; Chapelle, F. H.; et Lovley, D. R. 1998. Humic acids as electron acceptors for anaerobic microbial oxidation of vinyl chloride and dichloroethene. *Appl. Environ. Microbiol.* 64(8):3102–05.

Chakrabarty, A. M. 1996. Microbial degradation of toxic chemicals: Evolutionary insights and practical considerations. *ASM News* 62:130–36.

Chen, S., et Wilson, D. B. 1997. Genetic engineering of bacteria and their potential for Hg^{2+} remediation. *Biodegradation* 8:97–103.

Coates, J. D.; Ellis, D. J.; Blunt-Harris, E. L.; Gaw, C. V.; Roden, E. E.; et Lovley, D. R. 1998. Recovery of humic-reducing bacteria from a diversity of environments. *Appl. Environ. Microbiol.* 64(4):1504–09.

Cookson, Jr., J. T. 1995. *Bioremediation engineering: Design and application*. New York: McGraw-Hill.

Dolfing, J., et Beurskens, J. E. M. 1995. The microbial logic and environmental significance of reductive dehalogenation. *Adv. Microb. Ecol.* 14:143–206.

French, C. E.; Rosser, S. J.; Davies, G. J.; Nicklin, S.; et Bruce, N. C. 1999. Biodegradation of explosives by transgenic plants expressing pentaerythritol tetranitrate reductase. *Nature Biotechnol.* 17:491–93.

Hughes, J. B.; Neale, C. N.; et Ward, C. H. 2000. Bioremediation. In *Encyclopedia of microbiology*, 2e éd., vol. 1, J. Lederberg, éd., 587–610. San Diego: Academic Press.

Kohler, H.-P. E.; Nickel, K.; et Zipper, C. 2000. Effect of chirality on the microbial degradation and the environmental fate of chiral pollutants. *Adv. Microb. Ecol.* 16:201–31.

Lewis, D. L.; Garrison, A. W.; Wommack, K. E.; Whittemore, A.; Steudler, P.; et Melillo, J. 1999. Influence of environmental changes on degradation of chiral pollutants in soils. *Nature* 401: 898–901.

Lunsdorf, H.; Erb, R. W.; Abraham, W. R.; et Timmis, K. N. 2000. 'Clay hutches': A novel interaction between bacteria and clay minerals. *Environ. Microbiol.* 2:161–68.

Macek, T.; Mackova, M.; et Kás, J. 2000. Exploitation of plants for the removal of organics in environmental remediation. *Biotechnol. Adv.* 18:23–34.

Moffat, A. S. 1994. Microbial mining boosts the environment, bottom line. *Science* 264:778–79.

Nishiyama, M.; Senoo, K.; et Matsumoto, S. 1995. Survival of a bacterium in microporous glass in soil. *Soil Biol. Biochem.* 27:1359–61.

Okon, Y., et Vanderleyden, J. 1997. Root-associated *Azospirillum* species can stimulate plants. *ASM News* 63:366–70.

Ou, L.-T. 2000. Pesticide biodegradation. In *Encyclopedia of microbiology*, 2e éd., vol. 3, J. Lederberg, éd., 594–606. San Diego:

Academic Press.

Rawlings, D. E.; Tributsch, H.; et Hansford, G. S. 1999. Reasons why 'Leptospirillum'-like species rather than *Thiobacillus ferrooxidans* are the dominant iron-oxidizing bacteria in many commercial processes for the biooxidation of pyrite and related ores. *Microbiology* 145:5–13.

Shannon, M. J. R., et Unterman, R. 1993. Evaluating bioremediation: Distinguishing fact from fiction. *Annu. Rev. Microbiol.* 47:715–38.

Wackett, L. P., et Hershberger, C. D. 2001. *Biocatalysis and biodegradation: Microbial transformation of organic compounds*. Herndon, Virginia: ASM Press.

Wolfarth, G., et Diekert, G. 1997. Anaerobic dehalogenases. *Curr. Opin. Biotechnol.* 8:290–95.

42.5 Les applications biotechnologiques

Abernethy, G. A., et Walker, J. R. L. 1993. Degradation of the insecticide Hydramethylnon by *Phanerochaete chrysosporium*. *Biodegradation* 4:131–39.

Daniel, D.; Volc, J.; et Kubatova, E. 1994. Pyranose oxidase, a major source of H$_2$O$_2$ during wood degradation by *Phanerochaete chrysosporium*, *Trametes versicolor*, and *Oudemansiella mucida*. *Appl. Environ. Microbiol.* 60:2524–32.

Duggin, D. J.; Bittner, M.; Chen, Y.; Meltzer, P.; et Trent, J. M. 1999. Expression profiling using cDNA microarrays. *Nature Genetics* (Suppl.) 21:10–14.

Gil, G. C.; Mitchell, R. J.; Chang, S. T.; et Gu, M. B. 2000. A biosensor for the detection of gas toxicity using a recombinant bioluminescent bacterium. *Biosens. Bioelectron.* 15:23–30.

Gill, S. S.; Cowles, E. A.; et Pietrantonio, P. V. 1992. The mode of action of *Bacillus thuringiensis* endotoxins. *Annu. Rev. Entomol.* 37:615–36.

Hegde, P.; Qi, R.; Abernathy, C.; Gay, C.; Dharap, S.; Gaspard, R.; Hughes, J. E.; Snesrud, E.; Lee, N.; et Quackenbush, J. 2000. A concise guide to cDNA microarray analysis. *BioTechniques* 29:548–62.

Hoheisel, J. D. 1997. Oligomer-chip technology. *Tibtech* 15:465–69.

Ivinski, D.; Abdel-Hamid, I.; Atanasov, P.; et Wilkins, E. 1999. Biosensors for detection of pathogenic bacteria. *Biosens. Bioelectron.* 14:599–24.

Leathers, T. D.; Gupta, S. C.; et Alexander, N. J. 1993. Mycopesticides: Status, challenges and potential. *J. Ind. Microbiol.* 12:69–75.

Llewellyn, D.; Cousins, Y.; Mathews, A.; Hartweck, L.; et Lyon, B. 1994. Expression of *Bacillus thuringiensis* insecticidal protein genes in transgenic crop plants. *Agric. Ecosystems Environ.* 49:85–93.

Wang, J.-M.; Marlowe, E. M.; Miller-Maier, R. M.; et Brusseau, M. L. 1998. Cyclodextrin-enhanced biodegradation of phenanthrene. *Environ. Sci. Technol.* 32:1907–12.

Warhurst, A. M., et Fewson, C. A. 1994. Biotransformations catalyzed by the genus *Rhodococcus*. *Crit. Rev. Biotechnol.* 14(1):29–73.

Wilchek, M., et Bayer, E. A. 1990. Introduction to avidin-biotin technology. *Adv. Enzymol.* 184:5–67.

Wilchek, M., et Bayer, E. A. 1999. Foreword and introduction to the book (strept)avidin-biotin system. *Biomolec. Eng.* 16:1–4.

Wood, H. A., et Granados, R. R. 1991. Genetically engineered baculoviruses as agents for pest control. *Annu. Rev. Microbiol.* 45:69–87.

Wu, C. 2000. Power plants: Algae churn out hydrogen. *Science News* 157:134.

Xiang, C. C., et Chen, Y. 2000. cDNA microarray technology and its applications. *Biotechnol. Adv.* 18:35–46.

Yousten, A. A.; Federici, B.; et Roberts, D. 2000. Insecticides, microbial. In *Encyclopedia of microbiology*, 2e éd., vol. 2, J. Lederberg, éd, 813–25. San Diego: Academic Press.

42.6 Les impacts de la biotechnologie microbienne

Florman, S. C. 1981. *Blaming technology: The irrational search for scapegoats.* New York: St. Martin's Press.

Florman, S. C. 1996. *The introspective engineer.* New York: St. Martin's Press.

Lifset, R. J. 2000. Full accounting. *The Sciences* 40:32–37.

APPENDICE I

Chimie des molécules biologiques

L'appendice I contient un bref résumé de la chimie des molécules organiques mettant particulièrement l'accent sur les molécules présentes dans les cellules microbiennes. Seuls sont présentés les concepts et la terminologie de base. Des manuels introductifs de biologie et de chimie devraient être consultés pour un traitement plus large de ces sujets.

Les atomes et les molécules

La matière est faite d'éléments qui sont composés d'atomes. Un élément ne contient qu'un seul type d'atome et ne peut être décomposé en constituants plus simples par des réactions chimiques. Un atome est la plus petite unité caractéristique d'un élément et peut exister seul ou en combinaison avec d'autres atomes. Lorsqu'ils se combinent, les atomes forment des molécules. Les molécules sont les plus petites particules d'une substance. Elles ont toutes les propriétés de la substance et sont composées de deux ou plusieurs atomes.

Bien que les atomes contiennent de nombreuses particules subatomiques, trois de celles-ci influencent directement leur comportement chimique — les protons, les neutrons et les électrons. Le noyau de l'atome est localisé au centre et contient des nombres variables de protons et de neutrons (**figure AI.1**). Les protons ont une charge positive et les neutrons n'ont pas de charge. La masse de ces particules et des atomes qu'elles composent est donnée en termes d'unité de masse atomique (UMA) qui est équivalente à $^1/_{12}^e$ de la masse de l'isotope le plus abondant du carbone. On utilise souvent le terme dalton (d) pour exprimer la masse des molécules. C'est aussi $^1/_{12}^e$ de la masse d'un atome de ^{12}C ou $1,661 \times 10^{-24}$ grammes. Les protons et les neutrons ont une masse d'environ un dalton. La masse atomique est la masse réelle mesurée d'un élément et elle est presque identique au nombre de masse de l'élément, le nombre total de protons et de neutrons de son noyau. Le nombre de masse est indiqué par l'exposant précédant le symbole de l'élément (ex : ^{12}C, ^{16}O et ^{14}N).

Les particules chargées négativement, appelées électrons, tournent autour du noyau atomique (figure AI.1). Le nombre d'électrons, dans un atome neutre est identique au nombre des protons et est donné par le nombre atomique, le nombre de protons dans un noyau atomique. Le nombre atomique est caractéristique d'un atome particulier. Par exemple, le carbone a un nombre atomique de six, le nombre de l'hydrogène est un et celui de l'oxygène est huit (**tableau AI.1**).

Les électrons se déplacent constamment dans un volume de l'espace entourant le noyau bien que leur localisation précise dans ce volume ne puisse être déterminée exactement. Ce volume de l'espace s'appelle une orbitale. Chaque orbitale peut contenir deux électrons. Les orbitales sont groupées en couches d'énergie différente entourant le noyau. La première couche est la plus rapprochée du noyau et a l'énergie la plus faible. Elle ne contient qu'une orbitale. La seconde couche comporte quatre orbitales, une circulaire et trois en forme d'haltères (**figure AI.2a**). Elle peut contenir jusqu'à huit électrons. La troisième couche a une énergie encore supérieure et possède

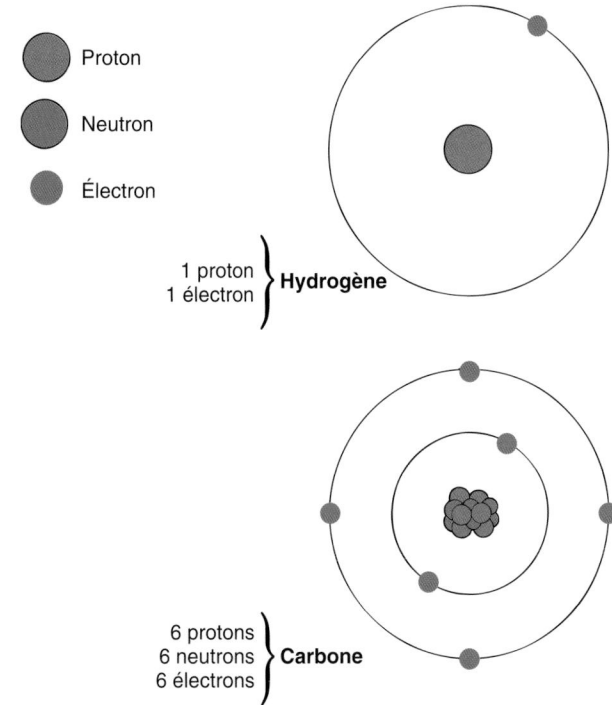

Figure AI.1 Schéma des atomes d'hydrogène et de carbone. Les orbitales électroniques sont représentées comme des cercles concentriques.

Tableau AI.1   Atomes fréquemment présents dans les molécules organiques

Atome	Symbole	Nombre atomique	Nombre atomique	Nombre de liaisons chimiques
Hydrogène	H	1	1,01	1
Carbone	C	6	12,01	4
Azote	N	7	14,01	3
Oxygène	O	8	16,00	2
Phosphore	P	15	30,97	5
Soufre	S	16	32,06	2

D'après Stuart Ira Fox, *Human Physiology*. 2e ed. 1987. Reproduit avec l'autorisation de Wm. C. Brown Publishers, Dubuque, Iowa.

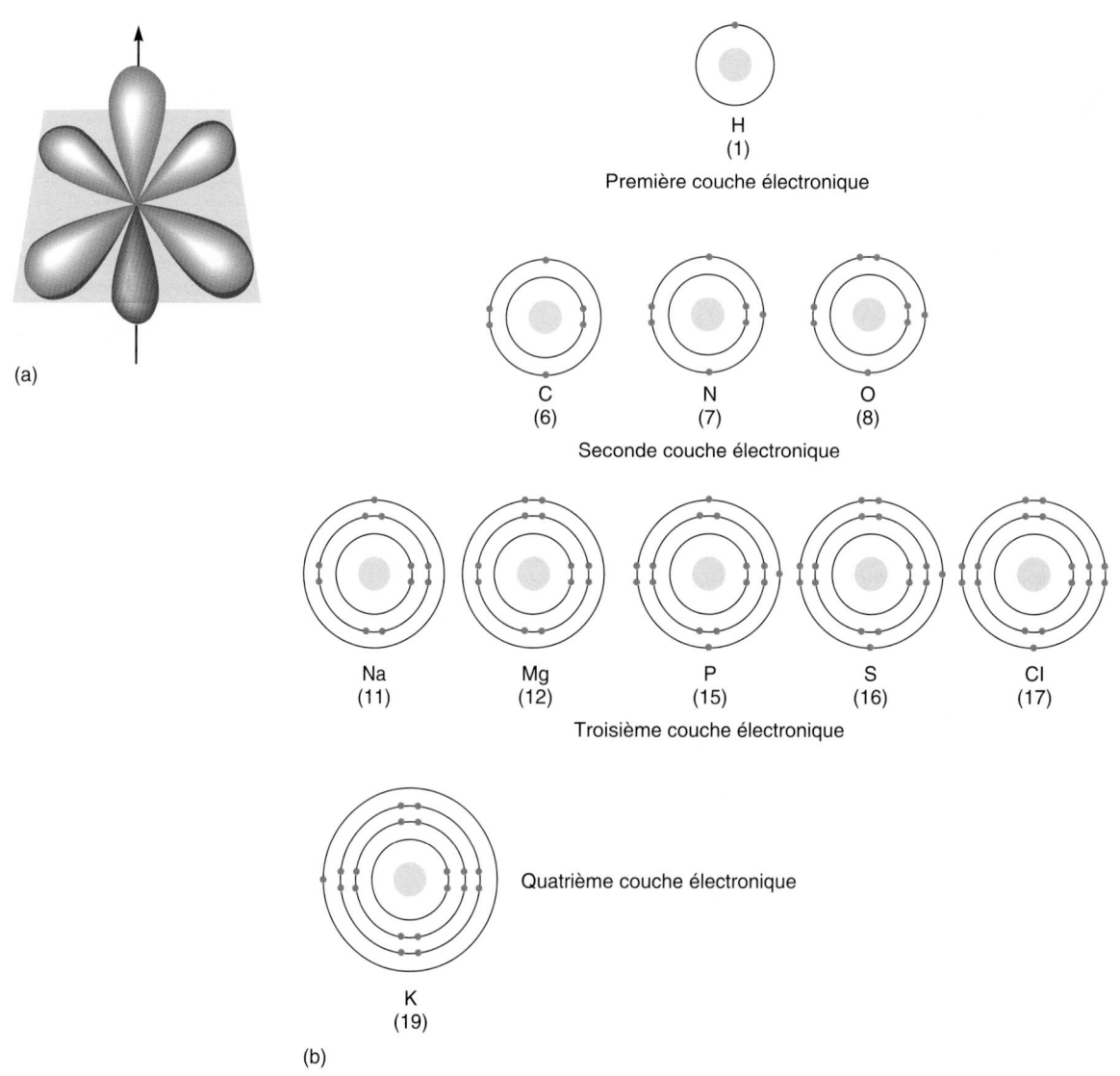

Figure AI.2 Les orbitales électroniques. (a) Les trois orbitales en forme d'haltère de la seconde couche. Les orbitales sont disposées en angle droit les unes par rapport aux autres. **(b)** La distribution des électrons dans quelques éléments communs. Les nombres atomiques sont donnés entre parenthèses.

plus de huit électrons. Les couches sont remplies en commençant par la plus interne et en se déplaçant vers l'extérieur. Par exemple, le carbone a six électrons, deux dans la première couche et quatre dans la seconde (figures AI.1 et AI.2*b*). Les électrons de la couche la plus externe sont ceux qui participent aux réactions chimiques. L'état le plus stable est atteint lorsque la couche externe est remplie d'électrons. En conséquence, le nombre de liaisons qu'un élément peut former dépend du nombre d'électrons nécessaires pour remplir la couche externe. Comme le carbone a quatre électrons dans sa couche externe et comme la couche est remplie lorsqu'elle contient huit électrons, il peut former quatre liaisons covalentes (tableau AI.1).

Les liaisons chimiques

Des molécules sont formées lorsque deux ou plusieurs atomes s'associent par des liaisons chimiques. Ces dernières sont les forces d'attraction maintenant ensemble les atomes, les ions ou les groupes d'atomes dans une molécule ou d'autres substances. Plusieurs types de liaison chimique existent dans les molécules organiques : trois des plus importantes sont les liaisons covalentes, les liaisons ioniques et les liaisons hydrogène.

Dans les liaisons covalentes, les atomes s'associent en partageant des paires d'électrons (**figure AI.3**). Si les électrons sont partagés également entre atomes identiques (ex : dans une liaison carbone-carbone), la liaison covalente est forte et non polaire. Lorsque deux atomes différents comme le carbone et l'oxygène échangent des électrons, la liaison covalente formée est polaire puisque les électrons sont attirés vers l'atome le plus électronégatif, l'atome qui attire le plus fortement les électrons. Une seule paire d'électrons est partagée dans une liaison simple ; une liaison double se forme lorsque deux paires d'électrons sont partagées.

Les atomes contiennent souvent plus ou moins d'électrons que le nombre de protons de leur noyau. Lorsque c'est le cas, ils portent une charge nette négative ou positive et on les appelle des ions. Les cations portent des charges positives et les anions ont une charge nette négative. Lorsqu'un cation et un anion s'approchent l'un de l'autre, ils sont attirés par leurs charges opposées. Cette attraction ionique, qui maintient ainsi deux groupes ensemble, est appelée une liaison ionique. Les liaisons ioniques

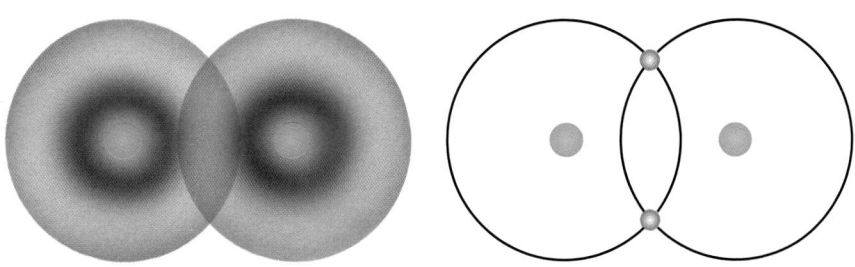

Figure AI.3 La liaison covalente. Une molécule d'hydrogène est formée lorsque deux atomes d'hydrogène partagent leurs électrons.

sont beaucoup plus faibles que les liaisons covalentes et elles sont facilement rompues par un solvant polaire comme l'eau. Par exemple, le cation Na^+ est fortement attiré par l'anion Cl^- dans un cristal de chlorure de sodium mais ce composé se dissocie en ions séparés (s'ionise) lorsqu'il est dissous dans de l'eau. Les liaisons ioniques sont importantes dans la structure et la fonction des protéines et d'autres molécules biologiques.

Lorsqu'un atome d'hydrogène est fixé de manière covalente à un atome plus électronégatif comme l'oxygène ou l'azote, les électrons sont partagés inégalement et l'atome d'hydrogène porte une charge positive partielle. Il sera attiré vers un atome électronégatif comme l'oxygène ou l'azote qui porte une paire non partagée d'électrons. Cette attraction s'appelle une liaison hydrogène (**figure AI.4**). Bien qu'une liaison hydrogène individuelle soit faible, il y a de si nombreuses liaisons hydrogène dans les protéines et les acides nucléiques qu'elles jouent un rôle important dans la détermination de la structure des protéines et des acides nucléiques.

Figure AI.4 Les liaisons hydrogène. Exemples représentatifs de liaisons hydrogène présentes dans les molécules biologiques.

Les molécules organiques

La plupart des molécules dans les cellules sont des molécules organiques, des molécules qui contiennent du carbone. Comme le carbone a quatre électrons dans sa couche externe, il tend à former quatre liaisons covalentes de manière à compléter cette couche avec huit électrons. Cette propriété permet la formation de chaînes et de cycles d'atomes de carbone qui peuvent également fixer de l'hydrogène et d'autres atomes (**figure AI.5**). Bien que des carbones adjacents soient habituellement associés par des liaisons simples, ils peuvent être unis par des liaisons doubles ou triples. Les cycles qui ont des liaisons simples et doubles alternées, comme le cycle du benzène, s'appellent des cycles aromatiques. La chaîne ou le cycle d'hydrocarbure présente un squelette chimiquement inactif sur lequel des groupes d'atomes plus réactionnels peuvent être attachés. Ces groupes réactifs pourvus de propriétés spécifiques s'appellent des groupes fonctionnels. Ils contiennent habituellement des atomes d'oxygène, d'azote, de phosphore ou de soufre (**figure AI.6**) et sont en grande partie responsables de la plupart des propriétés chimiques caractéristiques des molécules organiques.

Les molécules organiques sont souvent réparties en classes basées sur la nature de leurs groupes fonctionnels. Les cétones ont un groupe carbonyle inséré dans la chaîne carbonée, alors que les alcools ont un hydroxyle sur la chaîne. Les acides organiques ont un groupe carboxyle et les amines ont un groupe aminé (**figure AI.7**).

Les molécules organiques peuvent avoir la même composition chimique et pourtant différer dans leur structure moléculaire et leurs propriétés. On appelle ces molécules des isomères. Une classe importante d'isomères est celle des stéréo-isomères qui ont les mêmes atomes disposés selon la même séquence de noyaux mais qui diffèrent dans l'organisation spatiale de leurs atomes. Par exemple, un acide aminé

Figure AI.5 Les hydrocarbures. Exemples d'hydrocarbures (**a**) linéaires, (**b**) cycliques et (**c**) aromatiques.

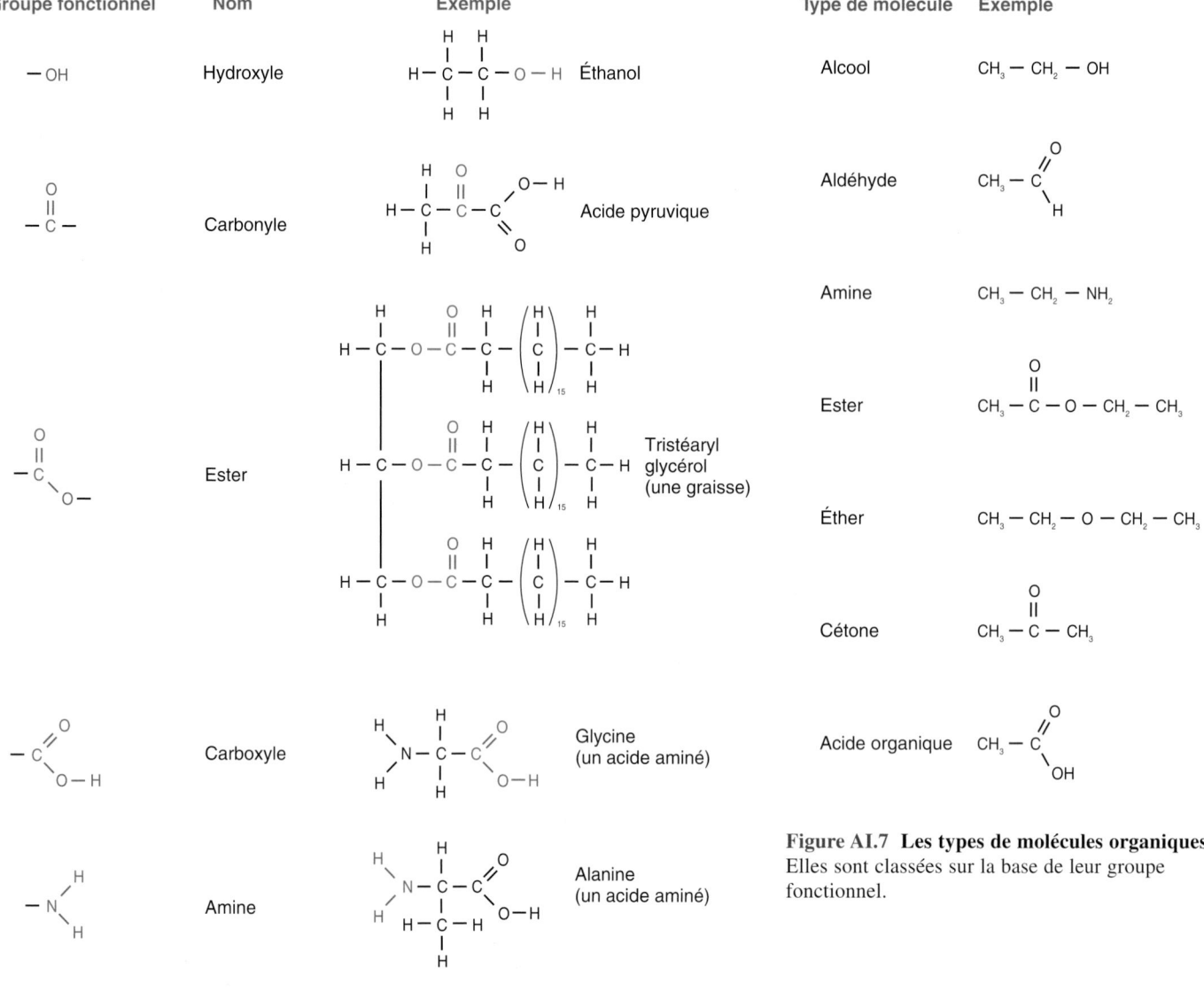

Groupe fonctionnel	Nom	Exemple

Hydroxyle — Éthanol

Carbonyle — Acide pyruvique

Ester — Tristéaryl glycérol (une graisse)

Carboxyle — Glycine (un acide aminé)

Amine — Alanine (un acide aminé)

Sulfhydryle — Cystéine (un acide aminé)

Type de molécule	Exemple

Alcool — $CH_3 — CH_2 — OH$

Aldéhyde

Amine — $CH_3 — CH_2 — NH_2$

Ester — $CH_3 — C — O — CH_2 — CH_3$

Éther — $CH_3 — CH_2 — O — CH_2 — CH_3$

Cétone — $CH_3 — C — CH_3$

Acide organique

Figure AI.7 Les types de molécules organiques. Elles sont classées sur la base de leur groupe fonctionnel.

Figure AI.6 Les groupes fonctionnels. Quelques groupes fonctionnels fréquents dans les molécules organiques sont présentés en couleur.

comme l'alanine peut former des stéréo-isomères (**figure AI.8**). La L-alanine et les autres acides aminés L sont les stéréo-isomères normalement présents dans les protéines.

Les glucides

Les glucides sont des aldéhydes ou des cétones d'alcools polyhydroxylés. Les glucides les plus petits et les moins complexes sont les sucres simples ou monosaccharides. Les sucres les plus communs ont cinq ou six carbones (**figure AI.9**). Un sucre, dans sa forme cyclique, a deux structures isomères,

les formes α et β, qui diffèrent par l'orientation de l'hydroxyle sur le carbone du groupe aldéhyde ou cétone, qui porte le nom des carbone anomérique ou glycosidique (**figure AI.10**). Les micro-organismes ont de nombreux dérivés glucidiques dans lesquels un hydroxyle est remplacé par un groupe aminé ou certains autres groupes fonctionnels (ex : la glucosamine).

Deux monosaccharides peuvent être unis par une liaison entre le carbone anomérique d'un sucre et un hydroxyle ou le carbone anomérique du second (**figure AI.11**). La liaison unissant les sucres est une liaison glycosidique qui peut être α ou β selon l'orientation du carbone anomérique. Deux sucres unis de cette manière forment un disacchari- de. Parmi les disaccharides les plus fréquents, il y a le maltose (deux

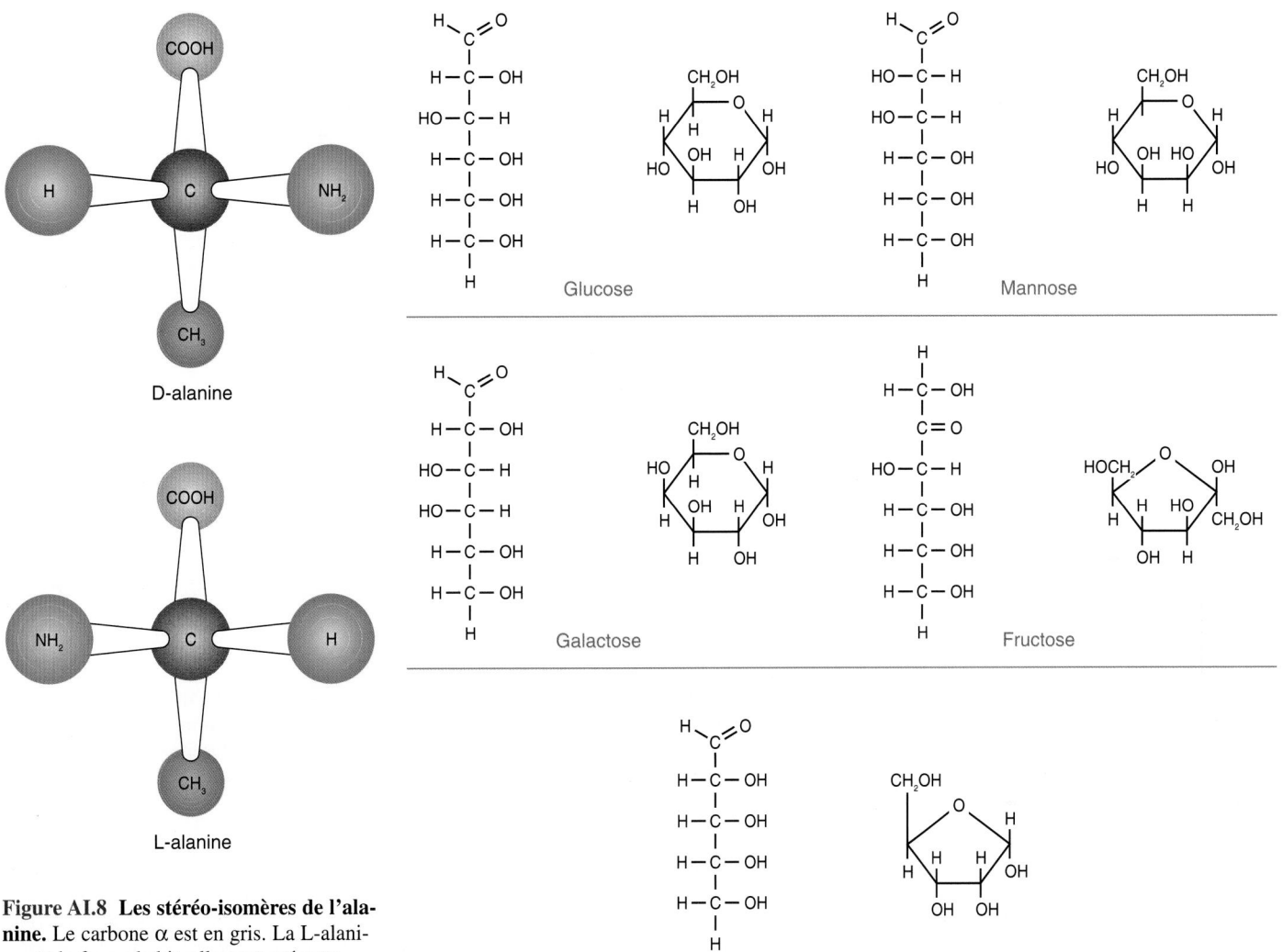

Figure AI.8 Les stéréo-isomères de l'alanine. Le carbone α est en gris. La L-alanine est la forme habituellement présente dans les protéines.

Figure AI.9 Les monosaccharides les plus fréquents. Les formules structurales montrent les formes linéaires et cycliques.

Figure AI.10 L'interconversion des structures monosaccharidiques. La forme linéaire du glucose et d'autres sucres est en équilibre avec des structures cycliques (représentées ici selon les projections d'Haworth). Les sucres aldéhydiques forment des hémiacétals cycliques et les sucres cétoniques produisent des hémicétals cycliques. Lorsque le groupe hydroxyle du carbone 1 des hémiacétals cycliques est disposé au-dessus du cycle, on est en présence de la forme β. La forme α a un hydroxyle placé sous le plan du cycle. La même convention est utilisée pour présenter les formes α et β des hémicétals du fructose.

Figure AI.11   Les disaccharides les plus fréquents. (**a**) La formation de maltose à partir de deux molécules de glucose alpha (α-glucose). La liaison unissant les glucoses s'étend entre les carbones 1 et 4 et implique la forme α du carbone anomérique. De ce fait, on appelle cette liaison glycosidique, une liaison α (1 → 4). (**b**) Le saccharose est composé d'un glucose et d'un fructose liés l'un à l'autre par leur carbone anomérique, une liaison αβ (1 → 2). (**c**) Le lactose du lait contient du galactose et du glucose joints par une liaison glycosidique β (1 → 4).

molécules de glucose), le lactose (glucose et galactose) et le saccharose (glucose et fructose). L'union de dix sucres, au minimum, par des liaisons glycosidiques forme un polysaccharide. L'amidon et le glycogène, par exemple, sont des polymères ordinaires de glucose utilisés comme sources de carbone et d'énergie (**figure AI.12**).

Les lipides

Toutes les cellules contiennent un mélange hétérogène de molécules organiques relativement insolubles en milieu aqueux mais très solubles dans des solvants non polaires tels que le chloroforme, l'éther et le benzène. Ces molécules s'appellent des lipides. Les lipides varient énormément en structure et comprennent les triacylglycérols, les phospholipides, les stéroïdes, les caroténoïdes et de nombreux autres types. Entre autres fonctions, ils servent de constituants membranaires, de formes de stockage de carbone et d'énergie, de précurseurs pour d'autres constituants cellulaires et de barrières de protection contre la perte d'eau.

La plupart des lipides contiennent des acides gras, des acides monocarboxyliques souvent linéaires mais parfois ramifiés. Les acides gras saturés n'ont pas de double liaison dans leur chaîne carbonée alors que les acides gras insaturés ont des doubles liaisons. Les acides gras les plus fréquents ont 16 ou 18 carbones.

Deux bons exemples de lipides communs sont les triacylglycérols et les phospholipides. Les triacylglycérols sont composés de glycérol estérifié par trois acides gras (**figure AI.13a**). Ils sont utilisés comme réserve de carbone et d'énergie. Les phospholipides sont des lipides contenant au moins un groupement phosphate et possédant également souvent un composé azoté. La phosphatidyléthanolamine est un phospholipide important fréquemment présent dans les membranes bactériennes (figure AI.13b).

Elle est composée de deux acides gras estérifiés sur le glycérol. Le troisième hydroxyle du glycérol est uni à un groupe phosphate lui-même associé à une éthanolamine. Le lipide formé est très asymétrique avec une extrémité non polaire hydrophobe formée par les acides gras et une extrémité polaire hydrophile. Dans les membranes cellulaires, l'extrémité hydrophobe est enfouie à l'intérieur de la membrane alors que l'extrémité polaire chargée est à la surface de la membrane et exposée à l'eau.

Les protéines

Les sous-unités de base des protéines sont les acides aminés. Un acide aminé porte un groupe carboxyle et un groupe aminé sur son carbone alpha (**figure AI.14**). On trouve normalement environ 20 acides aminés dans les protéines. Ils diffèrent l'un l'autre par leur chaîne latérale (**figure AI.15**). Dans les protéines, les acides aminés sont unis par des liaisons peptidiques entre les groupes carboxyle et α-aminé pour former des polymères linéaires appelés polypeptides (**figure AI.16**). Chaque protéine est composée d'une ou de plusieurs chaînes polypeptidiques et a une masse moléculaire supérieure à environ 6.000 à 7.000.

Les protéines ont trois ou quatre niveaux d'organisation structurelle et de complexité. La structure primaire d'une protéine est la séquence des acides aminés de sa ou de ses chaîne(s) polypeptidique(s). La structure du squelette polypeptidique fait également partie de la structure primaire. Chaque polypeptide a sa propre séquence en acides aminés qui est un reflet de la séquence nucléotidique du gène dirigeant sa synthèse. La chaîne polypeptidique peut s'enrouler dans l'espace le long d'un axe pour prendre différentes formes, comme par exemple, l'hélice α (**figure AI.17**). On appelle cette organisation du polypeptide dans l'espace autour d'un seul axe, la structure secondaire. Cette dernière est

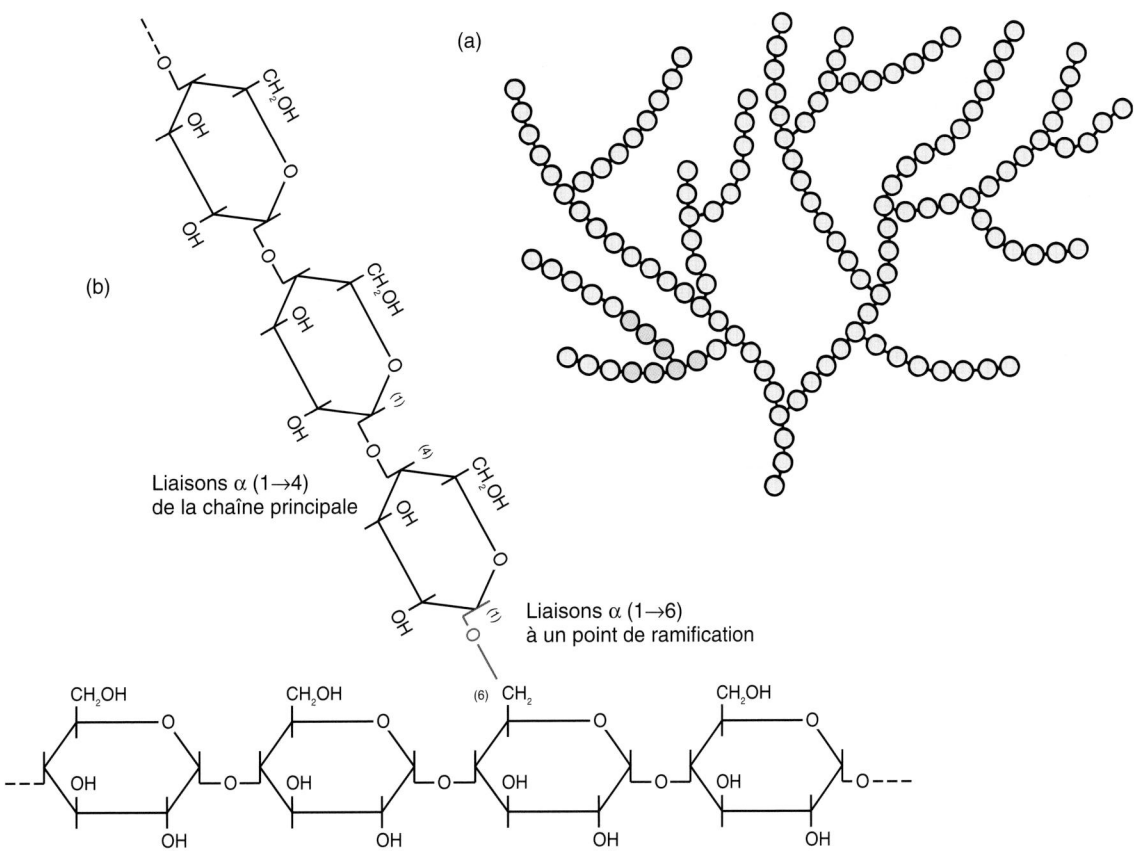

(a)

(b)

Liaisons α (1→4)
de la chaîne principale

Liaisons α (1→6)
à un point de ramification

Figure AI.12 La structure du glycogène et de l'amidon. (**a**) Une vue d'ensemble de la structure fortement ramifiée caractéristique du glycogène et de la plupart des amidons. Les cercles représentent les résidus de glucose. (**b**) Une vue rapprochée d'une petite partie de la chaîne (en couleur dans la partie *a*) montrant un point de ramification avec sa liaison glycosidique α (1 → 6).

$$CH_2 - O - \overset{\overset{\displaystyle O}{\|}}{C} - R$$
$$CH - O - \overset{\overset{\displaystyle O}{\|}}{C} - R$$
$$CH_2 - O - \overset{\overset{\displaystyle O}{\|}}{C} - R$$

(a)

$$CH_2 - O - \overset{\overset{\displaystyle O}{\|}}{C} - R$$
$$CH - O - \overset{\overset{\displaystyle O}{\|}}{C} - R$$
$$CH_2 - O - \overset{\overset{\displaystyle O}{\|}}{P} - O - CH_2 - CH_2 - \overset{+}{NH_3}$$
$$O^-$$

(b)

Figure AI.13 Exemples de lipides communs. (**a**) Un triacylglycérol appelé également un lipide neutre. (**b**) Un phospholipide : la phosphatidyléthanolamine. Les groupes R représentent des chaînes latérales d'acide gras.

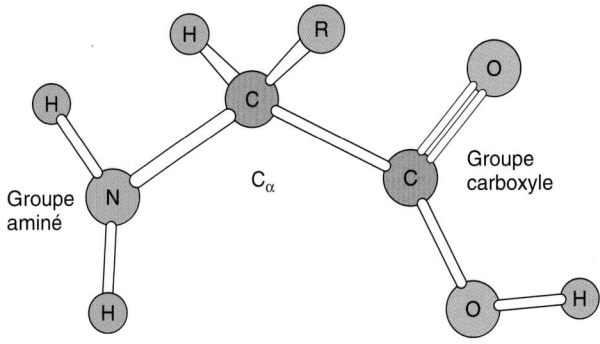

Groupe
aminé

C_α

Groupe
carboxyle

Figure AI.14 La structure d'un acide aminé L. Cette figure montre la forme non chargée.

Figure AI.15 Les acides aminés communs. Cette figure illustre les structures des acides aminés α normalement présents dans les protéines. Leurs chaînes latérales sont en couleur et ils sont regroupés en fonction de la nature de celles-ci en acides aminés — non polaires, polaires, chargés négativement (acides) ou chargés positivement (basiques). La proline est plutôt un acide iminé qu'un acide aminé.

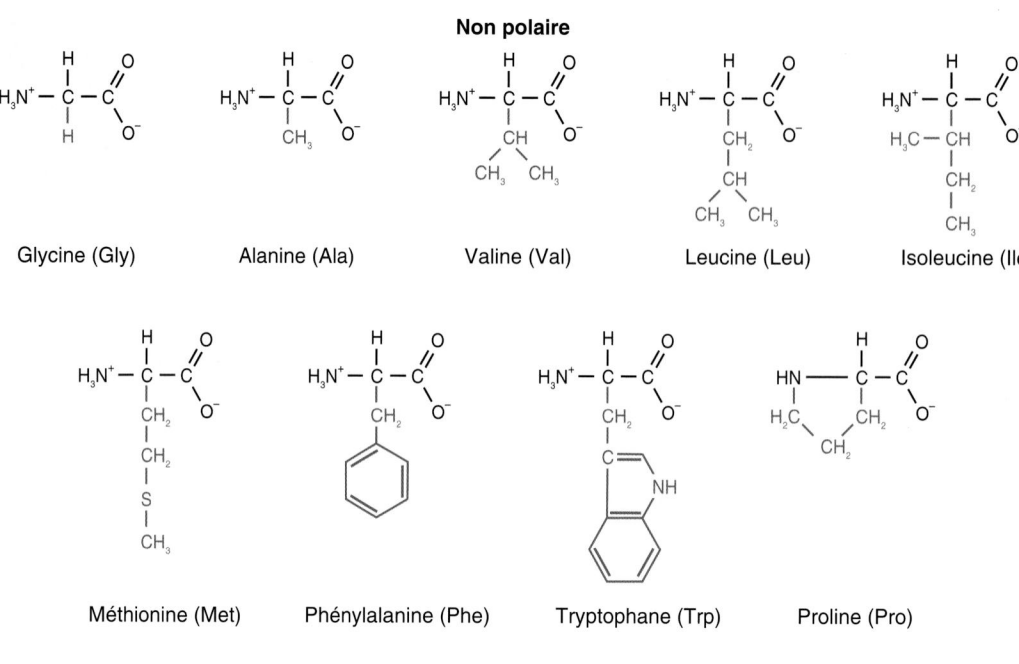

Figure AI.16 Une chaîne tétrapeptidique. L'extrémité de la chaîne munie d'un groupe aminé α libre est le groupe aminé terminal ou N-terminal. L'extrémité pourvue d'un carboxyle α libre est le groupe carboxyle terminal ou C-terminal. La zone colorée contient une liaison peptidique.

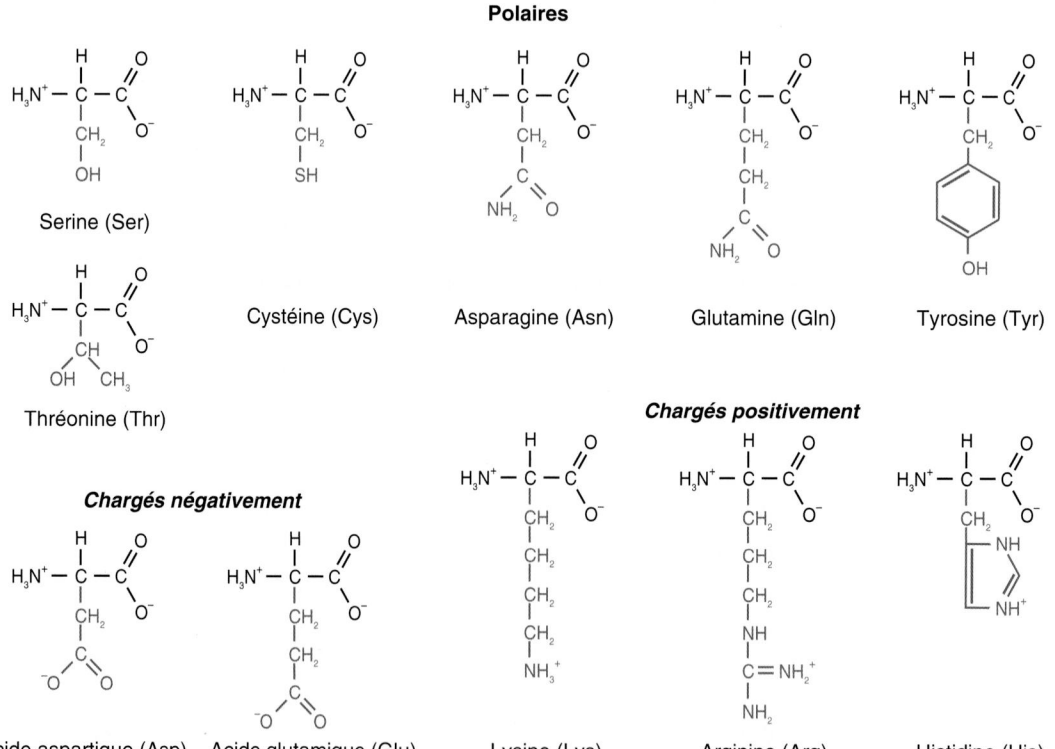

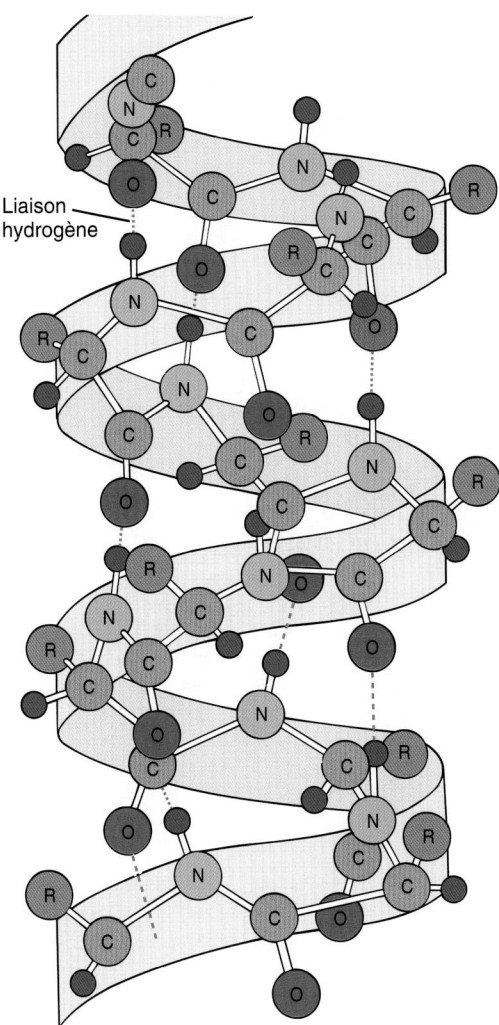

Figure AI.17 L'hélice α. Un polypeptide enroulé selon un type de structure secondaire, l'hélice α. Cette hélice est stabilisée par des liaisons hydrogène reliant les liaisons peptidiques séparées par trois acides aminés.

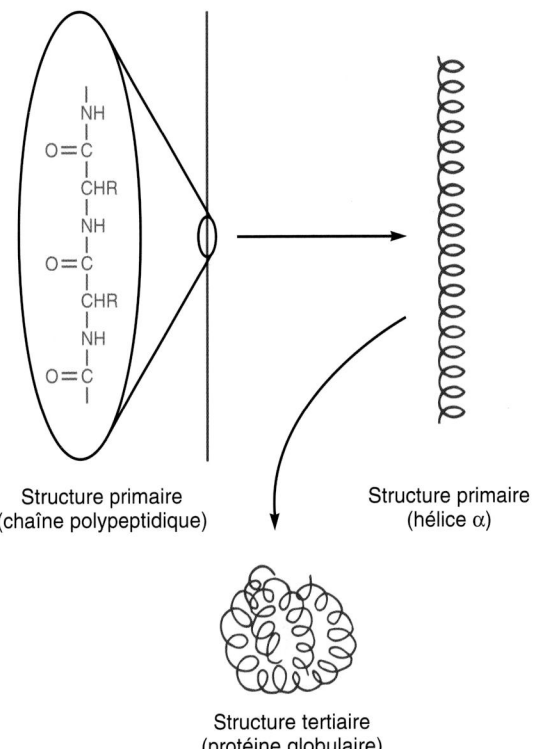

Figure AI.18 Les structures protéiques secondaires et tertiaires. Ces schémas illustrent la formation des structures protéiques secondaires et tertiaires par reploiement d'une chaîne polypeptidique avec sa structure primaire.

formée et stabilisée par les interactions des acides aminés qui sont assez proches les uns des autres dans la chaîne polypeptidique. Le polypeptide avec sa structure primaire et secondaire peut être enroulé ou organisé dans l'espace le long de trois axes pour former une structure tridimensionnelle plus complexe (**figure AI.18**). Ce niveau d'organisation est la structure tertiaire (**figure AI.19**). Des acides aminés plus distants les uns des autres sur la chaîne polypeptidique contribuent à la structure tertiaire. Les structures secondaires et tertiaires sont des exemples de conformation, la forme moléculaire qui peut être modifiée par rotation autour des liaisons sans rompre les liaisons covalentes. Lorsqu'une protéine contient plus d'une chaîne polypeptidique, chaque chaîne, avec sa propre structure primaire, secondaire et tertiaire, s'associe avec les autres chaînes pour former la molécule finale. La manière selon laquelle les polypeptides s'associent l'un à l'autre dans l'espace pour former la protéine finale s'appelle la structure quaternaire de la protéine (**figure AI.20**).

La conformation finale d'une protéine est fondamentalement déterminée par la séquence en acides aminés de ses chaînes polypeptidiques. Dans des conditions appropriées, un polypeptide complètement déroulé se repliera pour reprendre, sans aide, sa forme finale.

La structure secondaire, tertiaire et quaternaire des protéines est en grande partie déterminée et stabilisée par de nombreuses forces non covalentes, faibles, telles que les liaisons hydrogène et les liaisons ioniques. C'est pour cette raison que la forme des protéines est souvent très flexible et aisément modifiable. Cette flexibilité est très importante pour la fonction de la protéine et pour la régulation de l'activité enzymatique. Mais, en raison de leur flexibilité, les protéines perdent facilement leur forme et leur activité propres lorsqu'elles sont exposées à des conditions rigoureuses. La seule liaison covalente fréquemment impliquée dans la structure secondaire et tertiaire des protéines est la liaison disulfure, formée lorsque deux cystéines sont unies par leur groupe sulfhydryle. Les liaisons disulfure renforcent ou stabilisent généralement la structure de la protéine mais ne sont pas particulièrement importantes dans la détermination directe de la conformation de la protéine.

Les acides nucléiques

Les acides nucléiques, acide désoxyribonucléique (ADN) et acide ribonucléique (ARN), sont des polymères de désoxyribonucléosides et de ribonucléosides unis par des groupes phosphate. Les nucléosides dans l'ADN contiennent les bases puriques : adénine et guanine et les bases pyrimidiques : thymine et cytosine. Dans l'ARN, l'uracile remplace la thymine. La chimie des acides nucléiques est introduite plus tôt dans le texte en raison de son importance pour la génétique et la biologie moléculaire. La structure et la synthèse des purines et des pyrimidines sont traitées dans le chapitre 10 (*p. 217-18*). La structure de l'ADN et de l'ARN est décrite dans le chapitre 11 (*p. 230-35*).

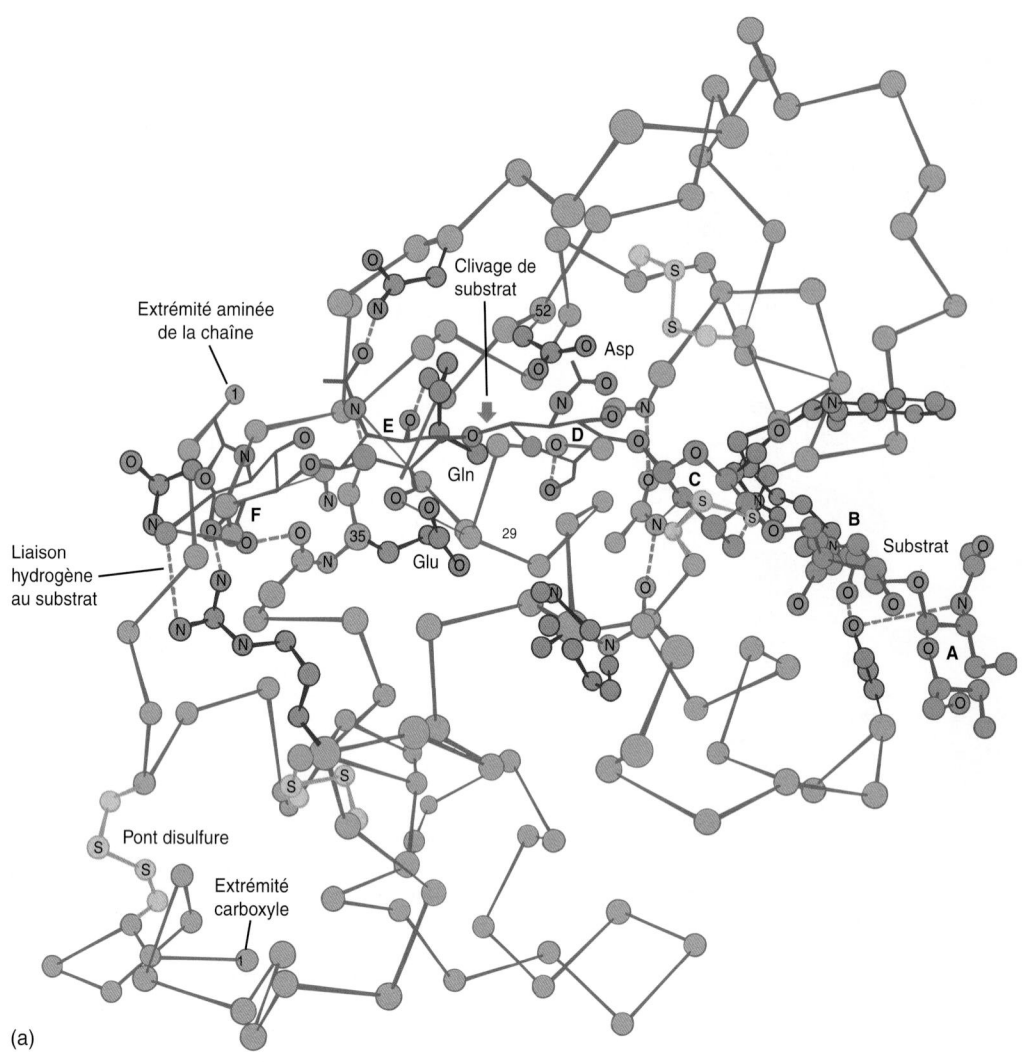

Figure AI.19 Le lysozyme. La structure tertiaire du lysozyme. (**a**) Ce schéma montre le squelette polypeptidique de la protéine avec le substrat hexasaccharidique en couleur. Le point de clivage du substrat est indiqué. (**b**) Modèle spatial du lysozyme. La figure de gauche montre le site actif vide et quelques uns de ses acides aminés les plus importants. A droite, l'enzyme a fixé son substrat.

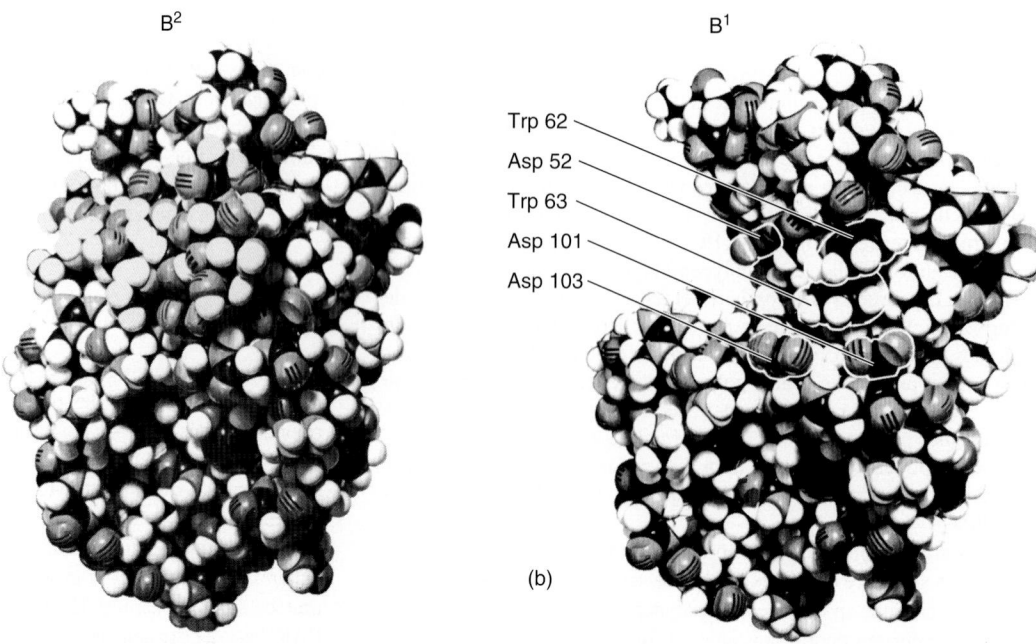

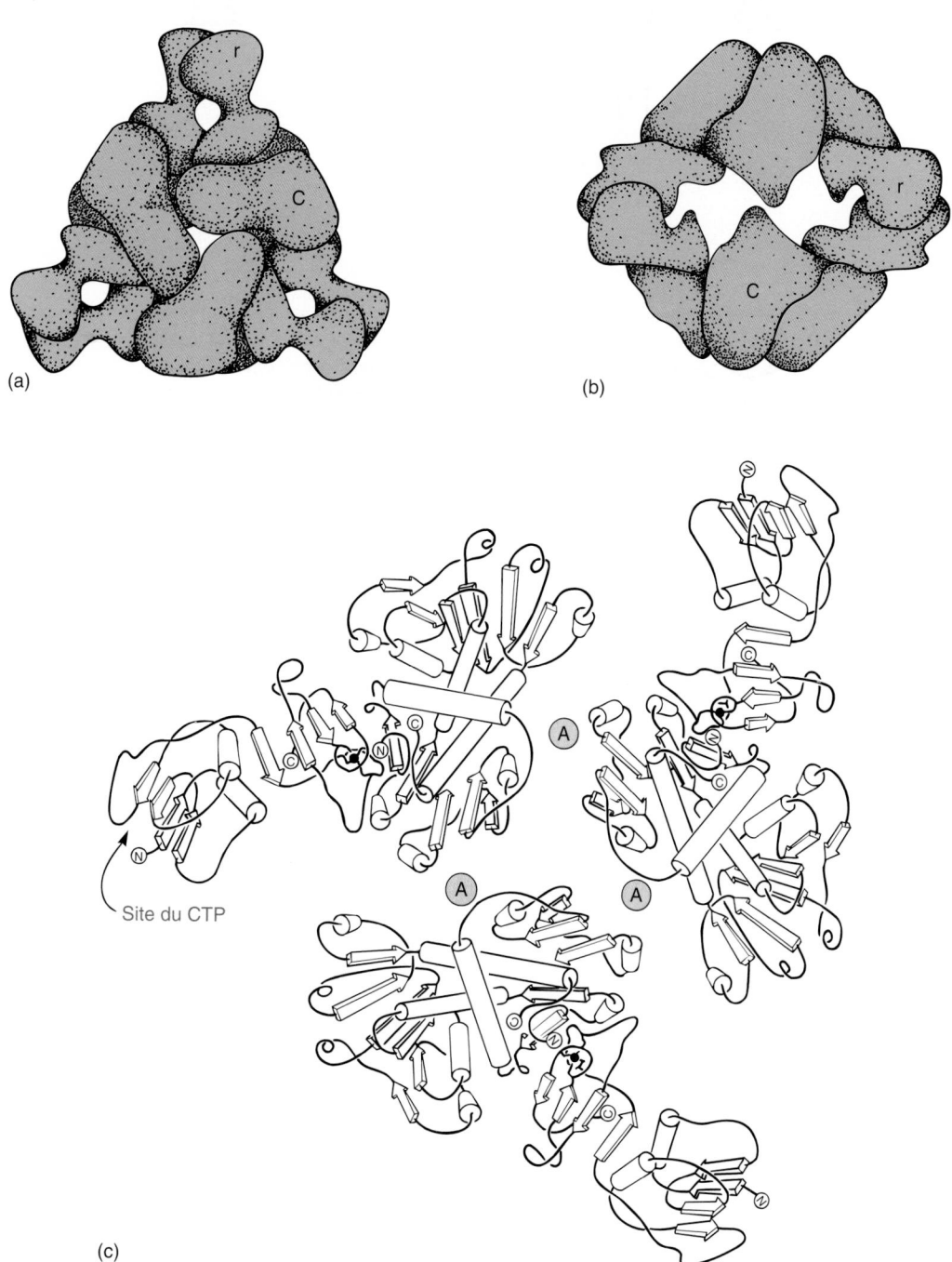

(a)

(b)

Site du CTP

(c)

Figure AI.20 Un exemple de structure quaternaire. L'aspartate transcarbamylase d'*E. coli* a deux types de sous-unités : une catalytique et une régulatrice. La figure montre l'association entre les deux types de sous-unités : (**a**) vue supérieure et (**b**) vue latérale de l'enzyme. Les sous-unités catalytiques (**c**) et régulatrices (r) ont des couleurs différentes. (**c**) Les chaînes peptidiques telles qu'elles se présentent lorsqu'elles sont vues du dessus comme en (**a**). Les sites actifs de l'enzyme sont situés aux positions indiquées par un A. (*voir p. 166-68 pour plus de détails*). *D'après* Biochemistry 3e éd. *par Lubert Stryer. 1988. Avec l'autorisation de W.H. Freeman and Compagny.* (a *et* b : *D'après Krause et al dans* Proceedings of the National Academy of Sciences, *Vol. 82, 1985.* c : *D'après Kantrowitz et al dans* Trends in Biochemical Science, *Vol. 5, 1980*), comme repris dans *Biochemistry*, 3e éd par Lubert Styler, 1988, avec l'autorisation de W. H. Freeman and Company.

APPENDICE II

Principales voies métaboliques

Cet appendice contient quelques-unes des voies les plus importantes traitées dans le texte, particulièrement celles impliquées dans le métabolisme des glucides. Les noms des enzymes et les produits terminaux sont présentés en couleur. Consultez le texte pour une description de chaque voie et de ses rôles.

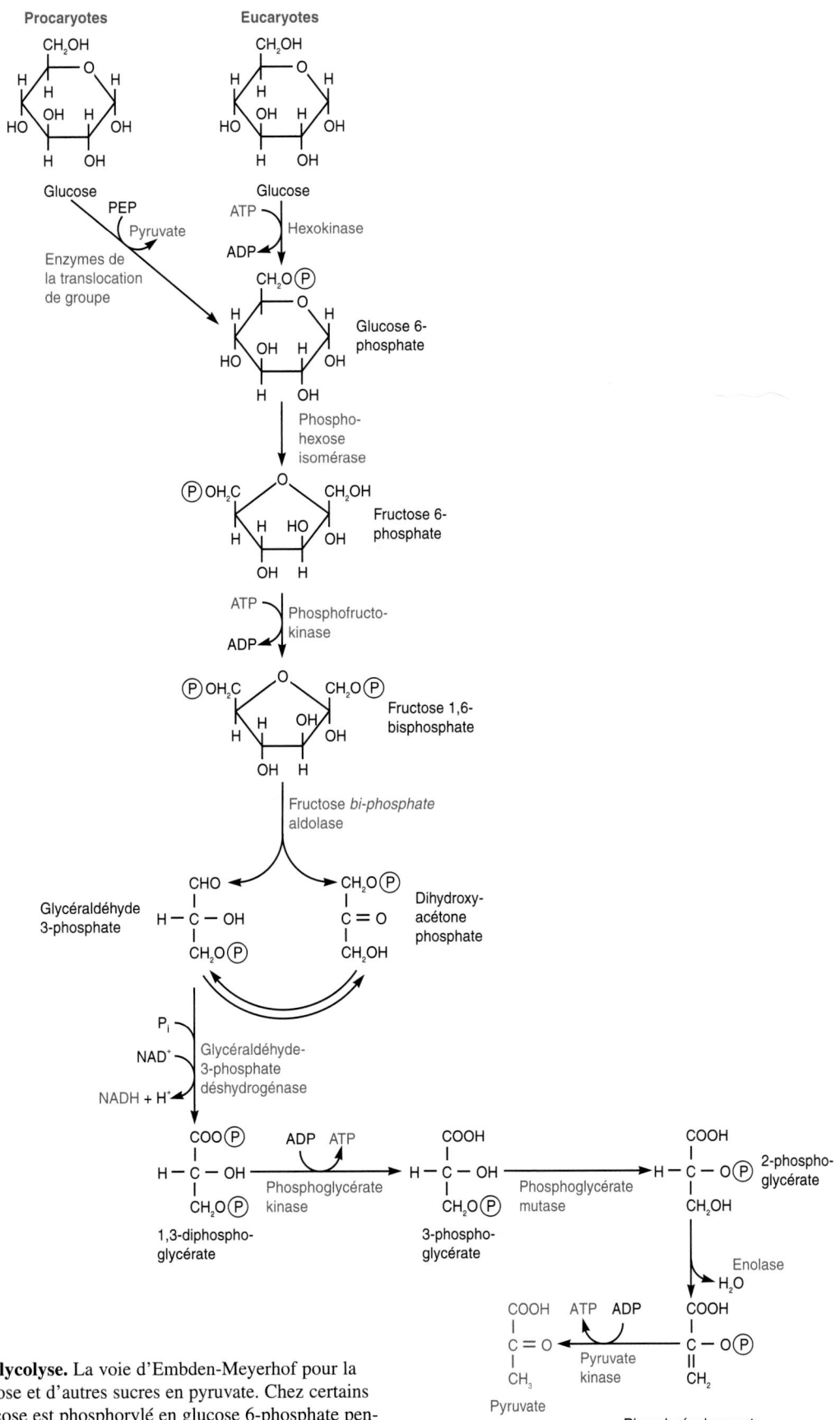

Figure AII.1 La glycolyse. La voie d'Embden-Meyerhof pour la conversion du glucose et d'autres sucres en pyruvate. Chez certains procaryotes, le glucose est phosphorylé en glucose 6-phosphate pendant le transport par translocation de groupe à travers la membrane plasmique.

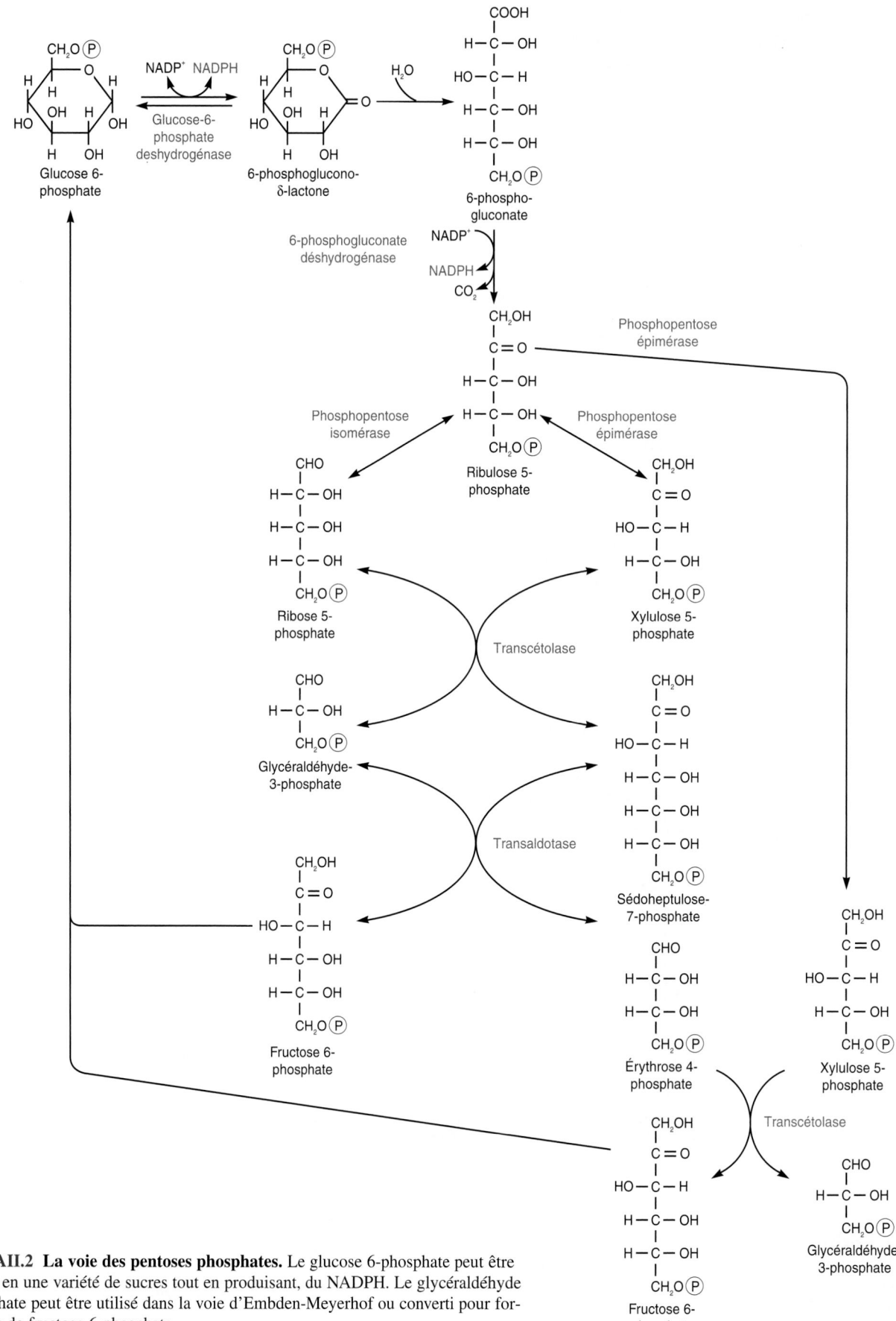

Figure AII.2 La voie des pentoses phosphates. Le glucose 6-phosphate peut être converti en une variété de sucres tout en produisant, du NADPH. Le glycéraldéhyde 3-phosphate peut être utilisé dans la voie d'Embden-Meyerhof ou converti pour former plus de fructose 6-phosphate.

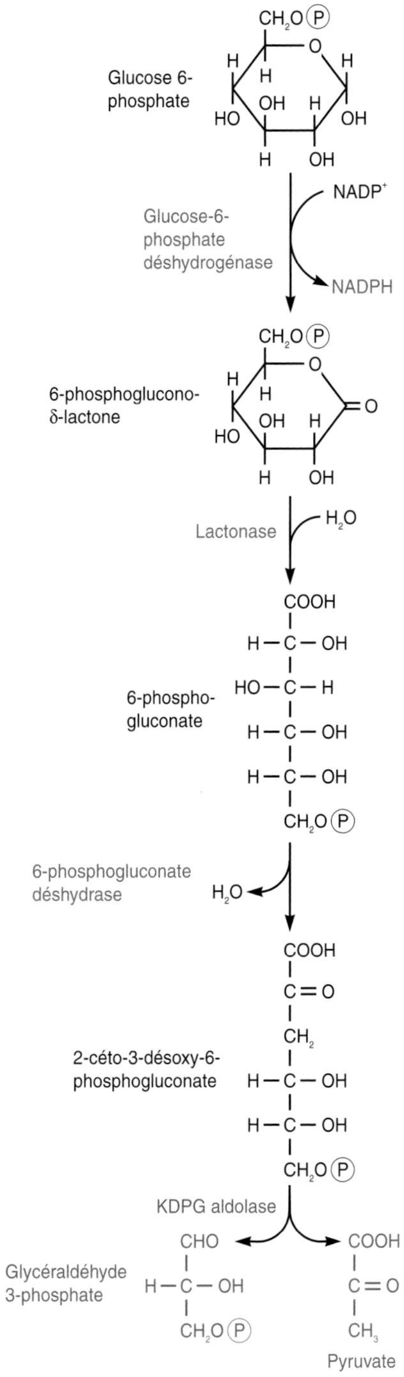

Figure AII.3 La voie d'Entner-Doudoroff

Glucose 6-phosphate

Glucose-6-phosphate déshydrogénase

NADP⁺

NADPH

6-phosphoglucono-δ-lactone

Lactonase

H_2O

6-phospho-gluconate

6-phosphogluconate déshydrase

H_2O

2-céto-3-désoxy-6-phosphogluconate

KDPG aldolase

Glycéraldéhyde 3-phosphate

Pyruvate

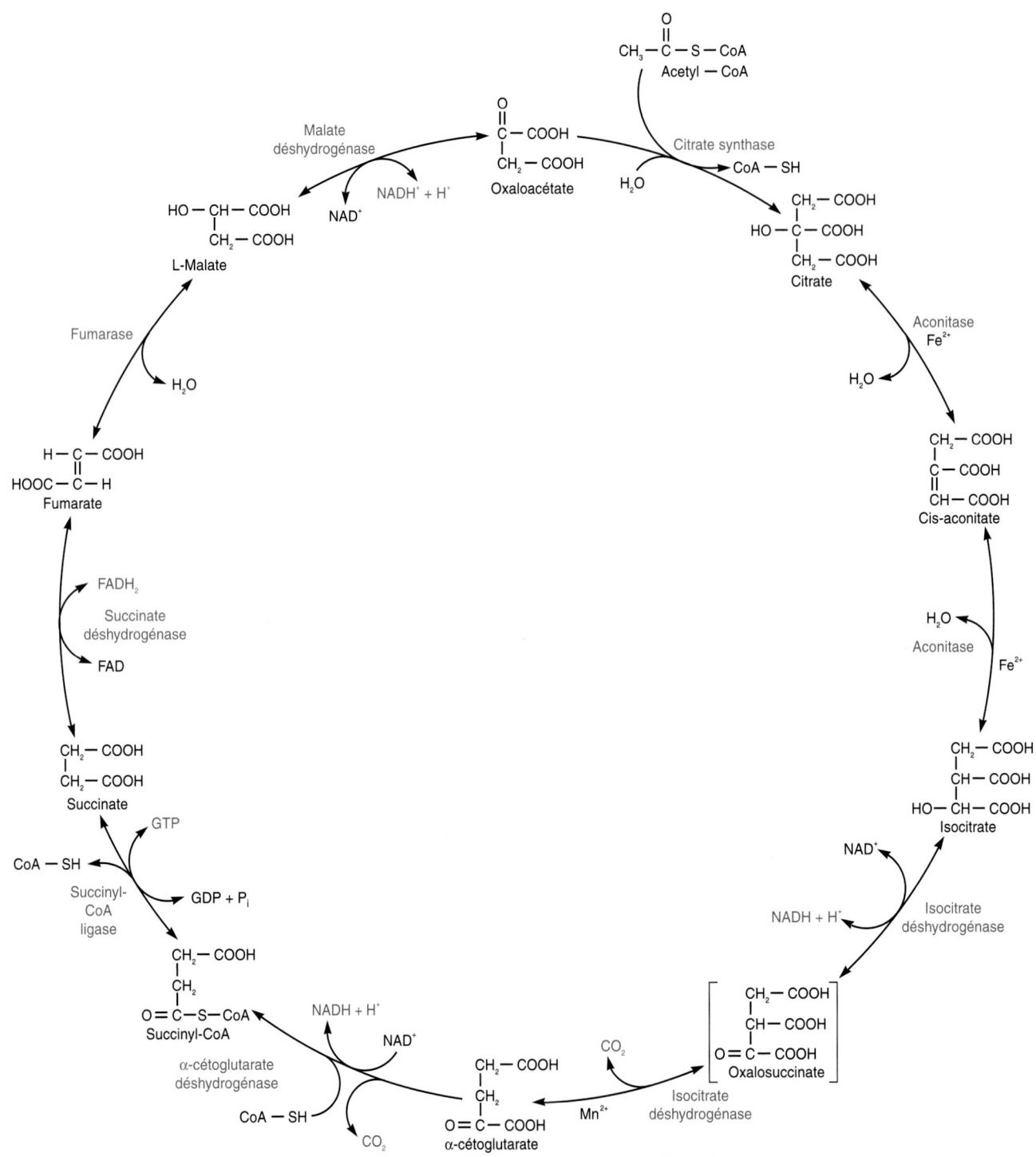

Figure AII.4 Le cycle des acides tricarboxyliques. Le cis-aconitate et l'oxalosuccinate restent fixés, respectivement, à l'aconitase et à l'isocitrate déshydrogénase. L'oxalosuccinate a été placé entre crochets en raison de sa grande instabilité.

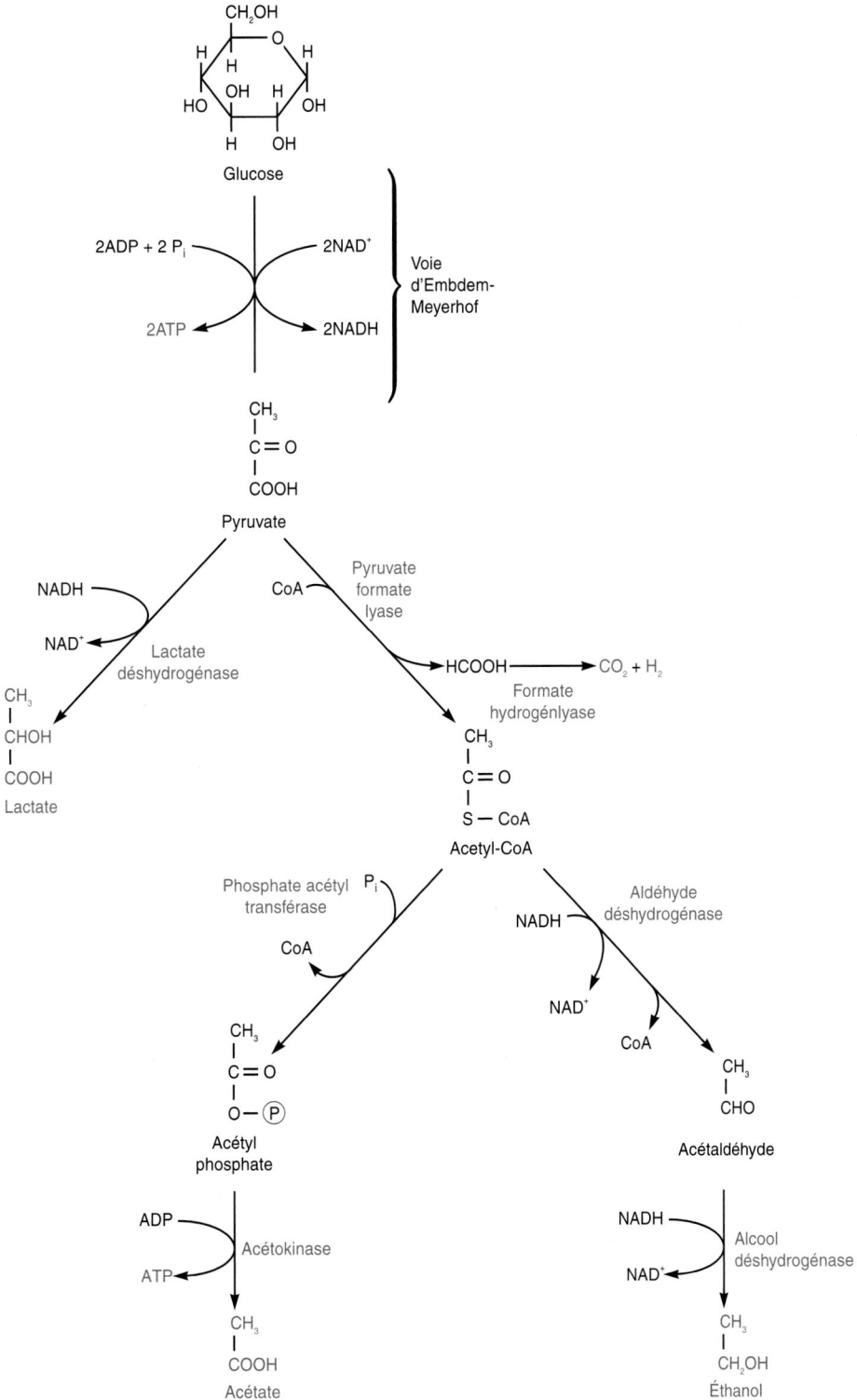

Figure AII.5 La voie de la fermentation acides mixtes. Cette voie est caractéristique de nombreux membres des *Enterobacteriaceae,* comme *E. coli.*

Figure AII.6 La voie de la fermentation butanediolique. Cette voie est caractéristique des membres des *Enterobacteriaceae,* comme *Enterobacter.* D'autres produits peuvent également être formés pendant la fermentation butanediolique.

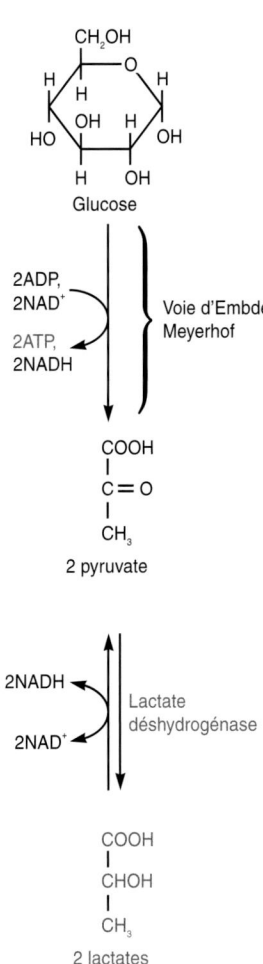

(a)

Figure AII.7 Les fermentations lactiques. (**a**) Voie de la fermentation homolactique. (**b**) Voie de la fermentation hétérolactique.

Glucose — ATP, Mg^{2+}, ADP, Hexokinase → **Glucose 6-phosphate**

Glucose 6-phosphate — NAD(P)$^+$, NAD(P)H, Glucose 6-phosphate déshydrogénase → **6-phosphoglucono-δ-lactone**

6-phosphoglucono-δ-lactone — H$_2$O, Lactonase → **6-phospho-gluconate**

6-phospho-gluconate — NAD(P)$^+$, NAD(P)H, CO$_2$, 6-phospho-gluconate déshydrogénase → **Ribulose 5-phosphate**

Ribulose 5-phosphate ⇌ Ribulose phosphate-3-épimérase ⇌ **Xylulose 5-phosphate**

Xylulose 5-phosphate — P$_i$, TPP, Mg^{2+}, Phospho-cétolase → **Acétyl-phosphate** + **Glycéraldéhyde 3-phosphate**

Acétyl-phosphate — ATP, ADP, Acétokinase → **Acétate**

Acétyl-phosphate — CoASH, P$_i$, Phosphate acéyl transférase → **Acetyl-CoA**

Acetyl-CoA — NADH, NAD$^+$, CoASH, Aldéhyde déshydrogénase → **Acétaldéhyde**

Acétaldéhyde — NADH, NAD$^+$, Alcool déshydrogénase → **Éthanol**

Glycéraldéhyde 3-phosphate — ADP, NAD$^+$, NADH, ATP, Reactions d'Embden-Meyerhof → **Pyruvate**

Pyruvate — NADH, NAD$^+$, Lactate déshydrogénase → **Lactate**

(b)

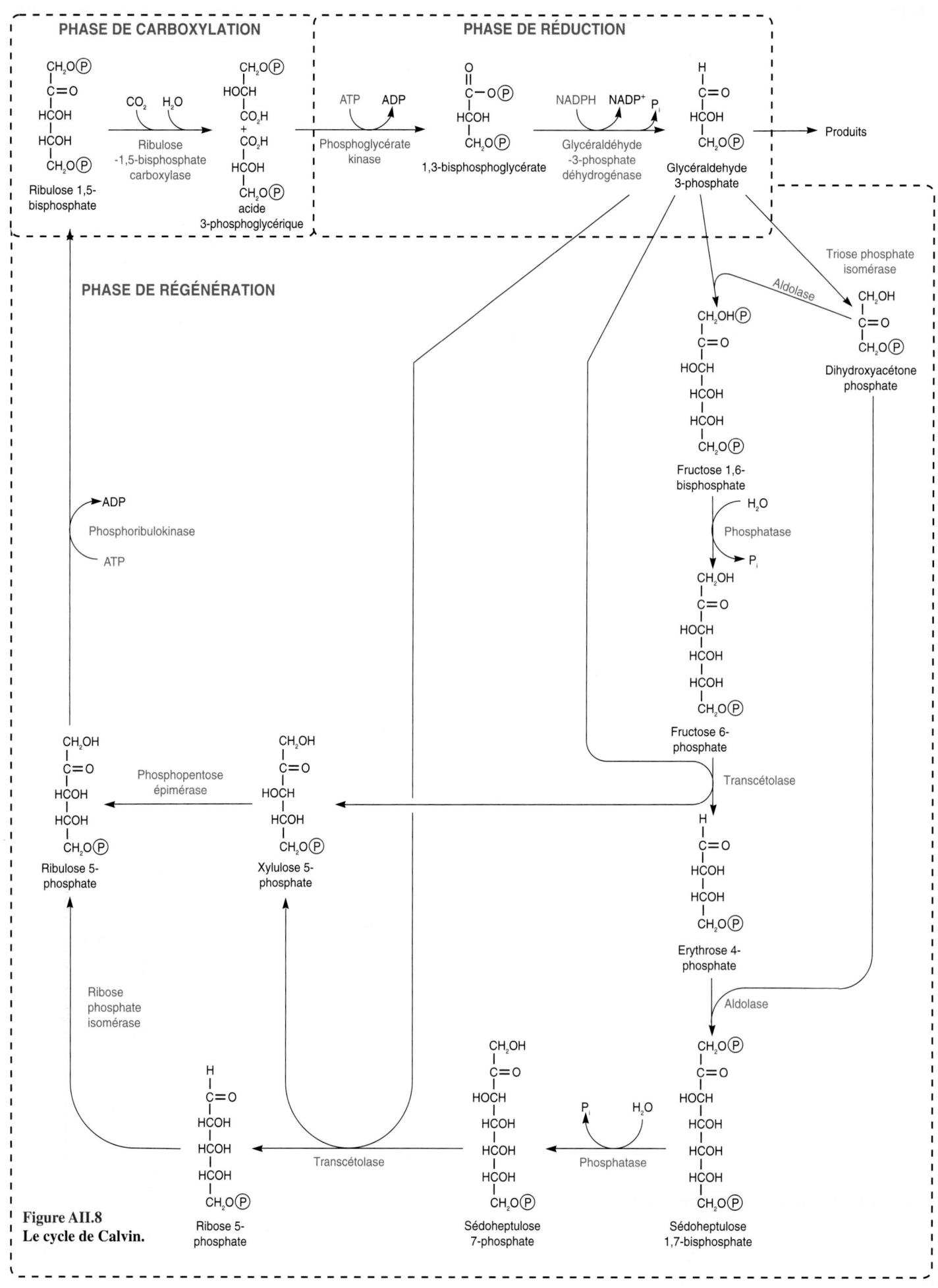

Figure AII.8
Le cycle de Calvin.

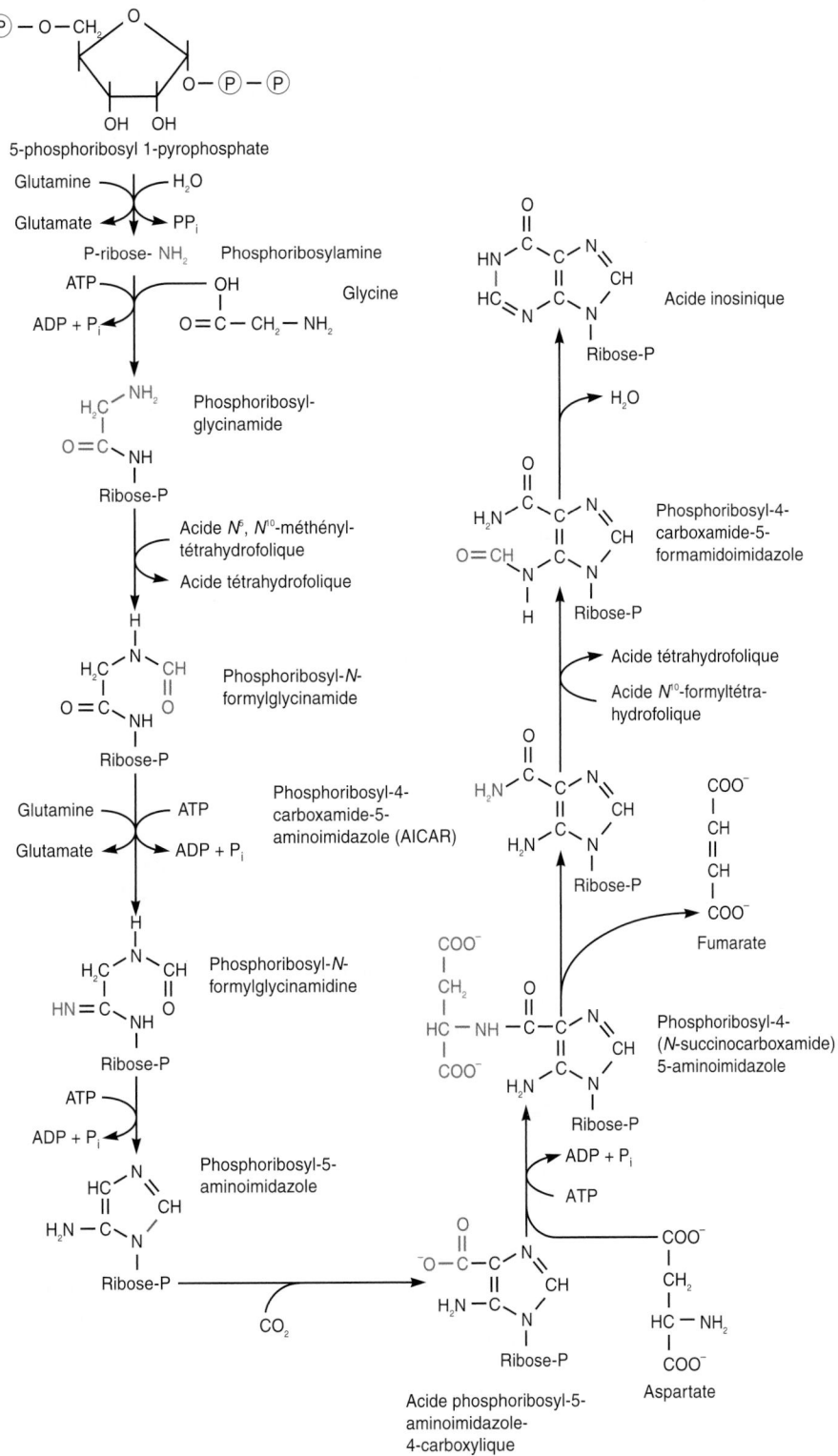

Figure AII.9 La voie de la biosynthèse des purines. L'acide inosinique est le premier produit purinique. Le squelette de la purine est construit en étant fixé sur un ribose phosphate.

APPENDICE III

Classification des procaryotes selon la première édition du « *Bergey's Manual of Systematic Bacteriology* »

D e grands progrès ont été réalisés en taxinomie bactérienne depuis la première édition publiée entre 1984 et 1989, du « *Bergey's Manual of Systematic Bacteriology* ». De nombreux taxons, entièrement nouveaux, ont été ajoutés et des genres vastes et complexes comme *Pseudomonas*, *Streptococcus* et *Bacillus* ont été subdivisés. Ainsi la classification présentée ici diffère de celle donnée dans l'édition de 1984 du *Bergey's Manual of Determinative Bacteriology* et même ce travail plus récent est déjà dépassé. L'appendice III résume le système établi dans la première édition du « *Bergey's Manual of Systematic Bacteriology* ».

Volume I*

Section 1

Spirochètes

Ordre I *Spirochaetales*
   Famille I *Spirochaetaceae*
      Genre I *Spirochaeta*
      Genre II *Cristispira*
      Genre III *Treponema*
      Genre IV *Borrelia*
   Famille II *Leptospiraceae*
      Genre I *Leptospira*
Autres organismes
   Spirochètes de l'intestin postérieur des termites et de *Cryptocercus punctulatus*

Section 2

Bactéries Gram-négatives, vibrioïdes/ hélicoïdales, mobiles, aérobies/ microaérophiles

      Genre *Aquaspirillum*
      Genre *Spirillum*
      Genre *Azospirillum*
      Genre *Oceanospirillum*
      Genre *Campylobacter*
      Genre *Bdellovibrio*
      Genre *Vampirovibrio*

Section 3

Bactéries Gram-négatives incurvées, non mobiles (ou rarement mobiles)

   Famille I *Spirosomaceae*
      Genre I *Spirosoma*
      Genre II *Runella*
      Genre III *Flectobacillus*
   Autres genres
      Genre *Microcyclus*
      Genre *Meniscus*
      Genre *Brachyarcus*
      Genre *Pelosigma*

Section 4

Bâtonnets et coques Gram-négatifs aérobies

   Famille I *Pseudomonadaceae*
      Genre I *Pseudomonas*
      Genre II *Xanthomonas*
      Genre III *Frateuria*
      Genre IV *Zoogloea*
   Famille II *Azotobacteraceae*
      Genre I *Azotobacter*
      Genre II *Azomonas*
   Famille III *Rhizobiaceae*
      Genre I *Rhizobium*
      Genre II *Bradyrhizobium*
      Genre III *Agrobacterium*
      Genre IV *Phyllobacterium*
   Famille IV *Methylococcaceae*
      Genre I *Methylococcus*
      Genre II *Methylomonas*
   Famille V *Halobacteriaceae*
      Genre I *Halobacterium*
      Genre II *Halococcus*
   Famille VI *Acetobacteriaceae*
      Genre I *Acetobacter*
      Genre II *Gluconobacter*
   Famille VII *Legionellaceae*
      Genre I *Legionella*
   Famille VIII *Neisseriaceae*
      Genre I *Neisseria*
      Genre II *Moraxella*
      Genre III *Acinetobacter*
      Genre IV *Kingella*
   Autres genres
      Genre *Beijerinckia*
      Genre *Derxia*
      Genre *Xanthobacter*
      Genre *Thermus*
      Genre *Thermomicrobium*
      Genre *Halomonas*
      Genre *Alteromonas*
      Genre *Flavobacterium*
      Genre *Alcaligenes*
      Genre *Serpens*
      Genre *Janthinobacterium*
      Genre *Brucella*
      Genre *Bordetella*
      Genre *Francisella*
      Genre *Paracoccus*
      Genre *Lampropedia*

Section 5

Bâtonnets Gram-négatifs anaérobies facultatifs

   Famille I *Enterobacteriaceae*
      Genre I *Escherichia*
      Genre II *Shigella*
      Genre III *Salmonella*
      Genre IV *Citrobacter*
      Genre V *Klebsiella*
      Genre VI *Enterobacter*
      Genre VII *Erwinia*
      Genre VIII *Serratia*
      Genre IX *Hafnia*
      Genre X *Edwardsiella*
      Genre XI *Proteus*
      Genre XII *Providencia*
      Genre XIII *Morganella*
      Genre XIV *Yersinia*
   Autres genres des *Enterobacteriaceae*
      Genre *Obesumbacterium*
      Genre *Xenorhabdus*
      Genre *Kluyvera*
      Genre *Rahnella*
      Genre *Cedecea*
      Genre *Tatumella*
   Famille II *Vibrionaceae*
      Genre I *Vibrio*
      Genre II *Photobacterium*
      Genre III *Aeromonas*

---

* L'*Appendice III est modifié à partir du « *Bergey's Manual of Systematic Bacteriology*. J.G. Holt et N.R. Krieg (éds) 1984-1989. Reproduit avec l'autorisation de Williams and Wilkins Co., Baltimore, MD.

Genre *Gardnerella*
Genre *Arcanobacterium*
Genre *Arthrobacter*
Genre *Brevibacterium*
Genre *Curtobacterium*
Genre *Caseobacter*
Genre *Microbacterium*
Genre *Aureobacterium*
Genre *Cellulomonas*
Genre *Agromyces*
Genre *Arachnia*
Genre *Rothia*
Genre *Propionibacterium*
Genre *Eubacterium*
Genre *Acetobacterium*
Genre *Lachnospira*
Genre *Butyrivibrio*
Genre *Thermoanaerobacter*
Genre *Actinomyces*
Genre *Bifidobacterium*

Section 16
Mycobactéries

Famille Mycobacteriaceae
Genre *Mycobacterium*

Section 17
Nocardioformes

Genre *Nocardia*
Genre *Rhodococcus*
Genre *Nocardioides*
Genre *Pseudonocardia*
Genre *Oerskovia*
Genre *Saccharopolyspora*
Genre *Micropolyspora*
Genre *Promicromonospora*
Genre *Intrasporangium*

Volume III

Section 18
Bactéries phototrophes non productrices d'oxygène

I. Bactéries pourpres

FamilleI Chromatiaceae
GenreI *Chromatium*
GenreII *Thiocystis*
GenreIII *Thiospirillum*
GenreIV *Thiocapsa*
GenreV *Lamprobacter*
GenreVI *Lamprocystis*
GenreVII *Thiodictyon*
GenreVIII *Amoebobacter*
GenreIX *Thiopedia*
FamilleII *Ectothiorhodospiraceae*
Genre *Ectothiorhodospira*
Bactéries pourpres non sulfureuses
Genre *Rhodospirillum*
Genre *Rhodopila*
Genre *Rhodobacter*
Genre *Rhodopseudomonas*

Genre *Rhodomicrobium*
Genre *Rhodocyclus*

II. Bactéries vertes

Bactéries vertes sulfureuses
Genre *Chlorobium*
Genre *Prosthecochloris*
Genre *Pelodictyon*
Genre *Ancalochloris*
Genre *Chloroherpeton*
Bactéries vertes filamenteuses multicellulaires
Genre *Chloroflexus*
Genre *Heliothrix*
Genre« *Oscillochloris* »
Genre *Chloronema*

III. Genres à position incertaine

Genre *Heliobacterium*
Genre *Erythrobacter*

Section 19
Bactéries photosynthétiques productrices d'oxygène
Groupe I Cyanobactéries

Sous-section I Ordre *Chroococcales*
1.   GenreI *Chamaesiphon*
2.   GenreII *Gloeobacter*
3.   Groupe de *Synechococcus*
4.   GenreIII *Gloeothece*
5.   Groupe de *Cyanothece*
6.   Groupe de *Gloeocapsa*
7.   Groupe de *Synechocystis*
Sous-section II Ordre *Pleurocapsales*
1.   GenreI *Dermocarpa*
2.   GenreII *Xenococcus*
3.   GenreIII *Dermocarpella*
4.   GenreIV *Myxosarcina*
5.   GenreV *Chroococcidiopsis*
6.   Groupe de *Pleurocapsa*
Sous-section III Ordre *Oscillatoriales*
GenreI *Spirulina*
GenreII *Arthrospira*
GenreIII *Oscillatoria*
GenreIV *Lyngbya*
GenreV *Pseudanabaena*
GenreVI *Starria*
GenreVII *Crinalium*
GenreVIII *Microcoleus*
Sous-section IV Ordre *Nostocales*
FamilleI *Nostocaceae*
GenreI *Anabaena*
GenreII *Aphanizomenon*
GenreIII *Nodularia*
GenreIV *Cylindrospermum*
GenreV *Nostoc*
FamilleII *Scytonemataceae*
GenreI *Scytonema*
FamilleIII *Rivulariaceae*
GenreI *Calothrix*
Sous-section V Ordre *Stigonematales*
GenreI *Chlorogloeopsis*

GenreII *Fischerella*
GenreIII *Stigonema*
GenreIV *Geitleria*
Groupe II Ordre *Prochlorales*

Famille I *Prochloraceae*
Genre *Prochloron*
Autres taxons
Genre« *Prochlorothrix* »

Section 20
Bactéries chimiolithotrophes aérobies et organismes apparentés

A.   Bactéries nitrifiantes
Famille *Nitrobacteraceae*
Bactéries oxydant les nitrites
GenreI *Nitrobacter*
GenreII *Nitrospina*
GenreIII *Nitrococcus*
GenreIV *Nitrospira*
Bactéries oxydant l'ammoniaque
GenreV *Nitrosomonas*
GenreVI *Nitrosococcus*
GenreVII *Nitrosospira*
GenreVIII *Nitrosolobus*
GenreIX « *Nitrosovibrio* »
B.   Bactéries sulfureuses incolores
Genre *Thiobacterium*
Genre *Macromonas*
Genre *Thiospira*
Genre *Thiovulum*
Genre *Thiobacillus*
Genre *Thiomicrospira*
Genre *Thiosphaera*
Genre *Acidiphilium*
Genre *Thermothrix*
C.   Bactéries chimiolithotrophes obligées de l'hydrogène
Genre *Hydrogenobacter*
D.   Bactéries oxydant et/ou précipitant le fer et le manganèse
Famille« *Siderocapsaceae* »
GenreI « *Siderocapsa* »
GenreII « *Naumanniella* »
GenreIII « *Siderococcus* »
GenreIV « *Ochrobium* »
E.   Bactéries magnétotactiques
Genre*Aquaspirillum*
(A. magnetotacticum)
Genre« *Bilophococcus* »

Section 21
Bactéries bougeonnantes et/ou appendiculées

I. Bactéries à prostheca

A.   Bactéries bourgeonnantes
1.   Bourgeons formés à l'extrémité de la prostheca
Genre *Hyphomicrobium*
Genre *Hyphomonas*
Genre *Pedomicrobium*

2. Bourgeons formés sur la surface cellulaire
   Genre *Ancalomicrobium*
   Genre *Prosthecomicrobium*
   Genre *Labrys*
   Genre *Stella*
B. Bactéries à division transverse binaire
   Genre *Caulobacter*
   Genre *Asticcacaulis*
   Genre *Prosthecobacter*

II. **Bactéries sans prostheca**
A. Bactéries bourgeonnantes
   1. Sans peptidoglycane
      Genre *Planctomyces*
      Genre« *Isosphaera* »
   2. Avec peptidoglycane
      Genre *Ensifer*
      Genre *Blastobacter*
      Genre *Angulomicrobium*
      Genre *Gemmiger*
B. Bactéries non bourgeonnantes à pédoncule extracellulaire
   Genre *Gallionella*
   Genre *Nevskia*
C. Autres bactéries
   1. Bactéries non épineuses
      Genre *Seliberia*
      Genre« *Metallogenium* »
      Genre« *Thiodendron* »
   2. Bactéries épineuses

Section 22

Bactéries engainées

Genre *Sphaerotilus*
Genre *Leptothrix*
Genre *Haliscomenobacter*
Genre« *Lieskeella* »
Genre« *Phragmidiothrix* »
Genre *Crenothrix*
Genre« *Clonothrix* »

Section 23

Bactéries mobiles par glissement, sans fructification, non photosynthétiques

Ordre I *Cytophagales*
   FamilleI *Cytophagaceae*
      GenreI *Cytophaga*
      GenreII *Capnocytophaga*
      GenreIII *Flexithrix*
      GenreIV *Sporocytophaga*
   Autres genres
      Genre *Flexibacter*
      Genre *Microscilla*
      Genre *Chitinophaga*
      Genre *Saprospira*
Ordre II *Lysobacterales*
   FamilleI *Lysobacteraceae*
      GenreI *Lysobacter*
Ordre III *Beggiatoales*
   FamilleI *Beggiatoaceae*

GenreI *Beggiatoa*
GenreII *Thiothrix*
GenreIII *Thioploca*
GenreIV « *Thiospirillopsis* »
Autres familles et genres
   Famille *Simonsiellaceae*
      GenreI *Simonsiella*
      GenreII *Alysiella*
   Famille« *Pelonemataceae* »
      GenreI « *Pelonema* »
      GenreII « *Achroonema* »
      GenreIII « *Peloploca* »
      GenreIV « *Desmanthos* »
   Autres genres
      Genre *Toxothrix*
      Genre *Leucothrix*
      Genre *Vitreoscilla*
      Genre *Desulfonema*
      Genre *Achromatium*
      Genre *Agitococcus*
      Genre *Herpetosiphon*

Section 24

Bactéries mobiles par glissement, avec fructifications : Myxobactéries

Ordre *Myxococcales*
   FamilleI *Myxococcaceae*
      Genre *Myxococcus*
   FamilleII *Archangiaceae*
      Genre *Archangium*
   FamilleIII *Cystobacteraceae*
      GenreI *Cystobacter*
      GenreII *Melittangium*
      GenreIII *Stigmatella*
   FamilleIV *Polyangiaceae*
      GenreI *Polyangium*
      GenreII *Nannocytis*
      GenreIII *Chondromyces*

Section 25

Archéobactéries

Groupe I Archéobactéries méthanogènes

Ordre I *Methanobacteriales*
   FamilleI *Methonobacteriaceae*
      GenreI *Methanobacterium*
      GenreII *Methanobrevibacter*
   FamilleII *Methanothermaceae*
      Genre *Methanothermus*
Ordre II *Methanococcales*
   Famille *Methanococcaceae*
      Genre *Methanococcus*
Ordre III *Methanomicrobiales*
   FamilleI *Methanomicrobiaceae*
      GenreI *Methanomicrobium*
      GenreII *Methanospirillum*
      GenreIII *Methanogenium*
   FamilleII *Methanosarcinaceae*
      GenreI *Methanosarcina*
      GenreII *Methanolobus*
      GenreIII *Methanothrix*
      GenreIV *Methanococcoides*

Autres Taxons
   Famille *Methanoplanaceae*
      Genre *Methanoplanus*
   Autre genre *Methanosphaera*

Groupe II Archéobactéries sulfato-réductrices

Ordre « *Archaeoglobales* »
   Famille« *Archaeoglobaceae* »
      Genre*Archaeoglobus*

Groupe III Archéobactéries halophiles extrêmes

Ordre *Halobacteriales*
   Famille *Halobacteriaceae*
      GenreI *Halobacterium*
      GenreII *Haloarcula*
      GenreIII *Haloferax*
      GenreIV *Halococcus*
      GenreV *Natronobacterium*
      GenreVI *Natronococcus*

Groupe IV Archéobactéries sans paroi

Genre *Thermoplasma*

Groupe V Bactéries sulfo-oxydantes thermophiles extrêmes

Ordre I *Thermococcales*
   Famille *Thermococcaceae*
      GenreI *Thermococcus*
      GenreII *Pyrococcus*
Ordre II *Thermoproteales*
   FamilleI *Thermoproteaceae*
      GenreI *Thermoproteus*
      GenreII *Thermofilum*
   FamilleII *Desulfurococcaceae*
      Genre *Desulfurococcus*
Autres bactéries
   Genre *Staphylothermus*
   Genre *Pyrodictium*
Ordre III *Sulfolobales*
   Famille *Sulfolobaceae*
      GenreI *Sulfolobus*
      GenreII *Acidianus*

Volume IV

Section 26

Actinomycètes nocardioformes

Genre *Nocardia*
Genre *Rhodococcus*
Genre *Nocardioides*
Genre *Pseudonocardia*
Genre *Oerskovia*
Genre *Saccharopolyspora*
Genre *Faenia*
Genre *Promicromonospora*
Genre *Intrasporangium*
Genre *Actinopolyspora*
Genre *Saccharomonospora*

Section 27

Actinomycètes à sporanges multiloculaires

Genre *Geodermatophilus*

Genre *Dermatophilus*
Genre *Frankia*

Section 28

Actinoplanètes

Genre *Actinoplanes*
Genre *Ampullariella*
Genre *Pilimelia*
Genre *Dactylosporangium*
Genre *Micromonospora*

Section 29

Streptomycètes et genres apparentés

Genre *Streptomyces*
Genre *Streptoverticillium*
Genre *Kineosporia*

Genre *Sporichthya*

Section 30

Maduromycètes

Genre *Actinomadura*
Genre *Microbispora*
Genre *Microtetraspora*
Genre *Planobispora*
Genre *Planomonospora*
Genre *Spirillospora*
Genre *Streptosporangium*

Section 31

Thermomonospora et genres apparentés

Genre *Thermomonospora*
Genre *Actinosynnema*

Genre *Nocardiopsis*
Genre *Streptoalloteichus*

Section 32

Thermoactinomycètes

Genre *Thermoactinomyces*

Section 33

Autres genres
Genre *Glycomyces*
Genre *Kibdelosporangium*
Genre *Kitasatosporia*
Genre *Saccharothrix*
Genre *Pasteuria*

APPENDICE IV

Classification des procaryotes selon la seconde édition du « *Bergey's Manual of Systematic Bacteriology* »

Cet appendice résume la classification des procaryotes qui a été employée dans la seconde édition du Bergey. Cette seconde édition sera publiée en cinq volumes, sur une période de plusieurs années commençant en 2001. Etant donné les progrès que la taxinomie fera dans les quelques années à venir, il se peut que certains détails de la présente classification changent. L'organisation générale et les taxons principaux devraient cependant être maintenus. Les guillemets qui encadrent certains noms indiquent qu'il ne s'agit pas de noms taxinomiques formellement approuvés.

Domaine *Archaea*

Phylum AI. *Crenarchaeota*

Classe I. *Thermoprotei*

Ordre I.. *Thermoproteales*
    Famille I. *Thermoproteaceae*
        Genre I. *Thermoproteus*
        Genre II. *Caldivirga*
        Genre III. *Pyrobaculum*
        Genre IV. *Thermocladium*
    Famille II. *Thermofilaceae*
        Genre I. *Thermofilum*
Ordre II.. *Desulfurococcales*
    Famille I. *Desulfurococcaceae*
        Genre I. *Desulfurococcus*
        Genre II. *Aeropyrum*
        Genre III. *Ignicoccus*
        Genre IV. *Staphylothermus*
        Genre V. *Stetteria*
        Genre VI. *Sulfophobococcus*
        Genre VII. *Thermodiscus*
        Genre VIII. *Thermosphaera*
    Famille II. *Pyrodictiaceae*
        Genre I. *Pyrodictium*
        Genre II. *Hyperthermus*
        Genre III. *Pyrolobus*
Ordre III. *Sulfolobales*
    Famille I. *Sulfolobaceae*
        Genre I. *Sulfolobus*
        Genre II. *Acidianus*
        Genre III. *Metallosphaera*
        Genre IV. *Stygiolobus*
        Genre V. *Sulfurisphaera*
        Genre VI. *Sulfurococcus*

Phylum AII. *Euryarchaeota*

Classe I. *Methanobacteria*

Ordre I. *Methanobacteriales*
    Famille I. *Methanobacteriaceae*
        Genre I. *Methanobacterium*
        Genre II. *Methanobrevibacter*
        Genre III. *Methanosphaera*
        Genre IV. *Methanothermobacter*
    Famille II. *Methanothermaceae*

        Genre I. *Methanothermus*

Classe II. *Methanococci*

Ordre I. *Methanococcales*
    Famille I. *Methanococcaceae*
        Genre I. *Methanococcus*
        Genre II. *Methanothermococcus*
    Famille II. *Methanocaldococcaceae*
        Genre I. *Methanocaldococcus*
        Genre II. *Methanotorris*
Ordre II. *Methanomicrobiales*
    Famille I. *Methanomicrobiaceae*
        Genre I. *Methanomicrobium*
        Genre II. *Methanoculleus*
        Genre III. *Methanofollis*
        Genre IV. *Methanogenium*
        Genre V. *Methanolacinia*
        Genre VI. *Methanoplanus*
    Famille II. *Methanocorpusculaceae*
        Genre I. *Methanocorpusculum*
    Famille III. *Methanospirillaceae*
        Genre I. *Methanospirillum*
    Genres incertae sedis
        Genre I. *Methanocalculus*
Ordre III. *Methanosarcinales*
    Famille I. *Methanosarcinaceae*
        Genre I. *Methanosarcina*
        Genre II. *Methanococcoides*
        Genre III. *Methanohalobium*
        Genre IV. *Methanohalophilus*
        Genre V. *Methanolobus*
        Genre VI. *Methanosalsum*
    Famille II. *Methanosaetaceae*
        Genre I. *Methanosaeta*

Classe III. *Halobacteria*

Ordre I. *Halobacteriales*
    Famille I. *Halobacteriaceae*
        Genre I. *Halobacterium*
        Genre II. *Haloarcula*
        Genre III. *Halobaculum*
        Genre IV. *Halococcus*
        Genre V. *Haloferax*
        Genre VI. *Halogeometricum*
        Genre VII. *Halorhabdus*

        Genre VIII. *Halorubrum*
        Genre IX. *Haloterrigena*
        Genre X. *Natrialba*
        Genre XI. *Natrinema*
        Genre XII. *Natronobacterium*
        Genre XIII. *Natronococcus*
        Genre XIV. *Natronomonas*
        Genre XV. *Natronorubrum*

Classe IV. *Thermoplasmata*

Ordre I. *Thermoplasmatales*
    Famille I. *Thermoplasmataceae*
        Genre I. *Thermoplasma*
    Famille II. *Picrophilaceae*
        Genre I. *Picrophilus*

Classe V. *Thermococci*

Ordre I. *Thermococcales*
    Famille I. *Thermococcaceae*
        Genre I. *Thermococcus*
        Genre II. *Pyrococcus*

Classe VI. *Archaeoglobi*

Ordre I. *Archaeoglobales*
    Famille I. *Archaeoglobaceae*
        Genre I. *Archaeoglobus*
        Genre II. *Ferroglobus*

Classe VII. *Methanopyri*

Ordre I. *Methanopyrales*
    Famille I. *Methanopyraceae*
        Genre I. *Methanopyrus*

Domaine *Bacteria*

Phylum BI. *Aquificae*

Classe I. *Aquificae*

Ordre I. *Aquificales*
    Famille I. *Aquificaceae*
        Genre I. *Aquifex*
        Genre II. *Calderobacterium*
        Genre III. *Hydrogenobacter*
        Genre IV. *Thermocrinis*
    Genres incertae sedis
        Genre I. *Desulfurobacterium*

Phylum BII. . *Thermotogae*

Classe I. *Thermotogae*

Ordre I. *Thermotogales*
    Famille I. *Thermotogaceae*
        Genre I. *Thermotoga*
        Genre II. *Fervidobacterium*
        Genre III. *Geotoga*
        Genre IV. *Petrotoga*
        Genre V. *Thermosipho*

Phylum BIII. *Thermodesulfobacteria*

Classe I. *Thermodesulfobacteria*

Ordre I. *Thermodesulfobacteriales*
    Famille I. *Thermodesulfobacteriaceae*
        Genre I. *Thermodesulfobacterium*

Phylum BIV. « Deinococcus-Thermus »

Classe I. *Deinococci*

Ordre I. *Deinococcales*
    Famille I. *Deinococcaceae*
        Genre I. *Deinococcus*
Ordre II. *Thermales*
    Famille I. *Thermaceae*
        Genre I. *Thermus*
        Genre II. *Meiothermus*

Phylum BV. *Chrysiogenetes*

Classe I. *Chrysiogenetes*

Ordre I. *Chrysiogenales*
    Famille I. *Chrysiogenaceae*
        Genre I. *Chrysiogenes*

Phylum BVI. *Chloroflexi*

Classe I. « Chloroflexi »

Ordre I. « Chloroflexales »
    Famille I. « Chloroflexaceae »
        Genre I. *Chloroflexus*
        Genre II. *Chloronema*
        Genre III. *Heliothrix*
        Genre IV. *Oscillochloris*
Ordre II. « Herpetosiphonales »
    Famille I. « Herpetosiphonaceae »
        Genre I. *Herpetosiphon*

Phylum BVII. *Thermomicrobia*

Classe I. *Thermomicrobia*

Ordre I. *Thermomicrobiales*
    Famille I. *Thermomicrobiaceae*
        Genre I. *Thermomicrobium*

Phylum BVIII. *Nitrospira*

Classe I. « Nitrospira »

Ordre I. « Nitrospirales »
    Famille I. « Nitrospiraceae »
        Genre I. *Nitrospira*
        Genre II. *Leptospirillum*
        Genre III. *Magnetobacterium*
        Genre IV. *Thermodesulfovibrio*

Phylum BIX. *Deferribacteres*

Classe I. *Deferribacteres*

Ordre I. *Deferribacterales*
    Famille I. *Deferribacteraceae*
        Genre I. *Deferribacter*
        Genre II. « Flexistipes »
        Genre III. *Geovibrio*
    Generes incertae sedis
        Genre I. *Synergistes*

Phylum BX. *Cyanobacteria*

Classe I. « Cyanobacteria »

Sous-section I.
    Genre I. *Chamaesiphon*
    Genre II. *Chroococcus*
    Genre III. *Cyanobacterium*
    Form Genre IV. *Cyanobium*
    Genre V. *Cyanothece*
    Genre VI. *Dactylococcopsis*
    Genre VII. *Gloeobacter*
    Genre VIII. *Gloeocapsa*
    Genre IX. *Gloeothece*
    Genre X. *Microcystis*
    Genre XI. *Prochlorococcus*
    Genre XII. *Prochloron*
    Form Genre XIII. *Synechococcus*
    Form Genre XIV. *Synechocystis*
Sous-section II.
    Sous-groupe I.
        Genre I. *Cyanocystis*
        Genre II. *Dermocarpella*
        Genre III. *Stanieria*
        Genre IV. *Xenococcus*
    Sous-groupe II.
        Genre I. *Chroococcidiopsis*
        Genre II. *Myxosarcina*
        Genre III. *Pleurocapsa*
Sous-section III.
    Genre I. *Arthrospira*
    Genre II. *Borzia*
    Genre III. *Crinalium*
    Genre IV. *Geitlerinema*
    Genre V. *Leptolyngbya*
    Genre VI. *Limnothrix*
    Genre VII. *Lyngbya*
    Genre VIII. *Microcoleus*
    Genre IX. *Oscillatoria*
    Genre X. *Planktothrix*
    Genre XI. *Prochlorothrix*
    Genre XII. *Pseudanabaena*
    Genre XIII. *Spirulina*
    Genre XIV. *Starria*
    Genre XV. *Symploca*
    Genre XVI. *Trichodesmium*
    Genre XVII. *Tychonema*
Sous-section IV.
    Sous-groupe I.
        Genre I. *Anabaena*
        Genre II. *Anabaenopsis*

        Genre III. *Aphanizomenon*
        Genre IV. *Cyanospira*
        Genre V. *Cylindrospermopsis*
        Genre VI. *Cylindrospermum*
        Genre VII. *Nodularia*
        Genre VIII. *Nostoc*
        Genre IX. *Scytonema*
    Sous-groupe II.
        Genre I. *Calothrix*
        Genre II. *Rivularia*
        Genre III. *Tolypothrix*
Sous-section V.
    Famille I. .
        Genre I. *Chlorogloeopsis*
        Genre II. *Fischerella*
        Genre III. *Geitleria*
        Genre IV. *Iyengariella*
        Genre V. *Nostochopsis*
        Genre VI. *Stigonema*

Phylum BXI. *Chlorobi*

Classe I. « Chlorobia »

Ordre I. *Chlorobiales*
    Famille I. *Chlorobiaceae*
        Genre I. *Chlorobium*
        Genre II. *Ancalochloris*
        Genre III. *Chloroherpeton*
        Genre IV. *Pelodictyon*
        Genre V. *Prosthecochloris*

Phylum BXII. *Proteobacteria*

Classe I. « Alphaproteobacteria »

Ordre I. *Rhodospirillales*
    Famille I. *Rhodospirillaceae*
        Genre I. *Rhodospirillum*
        Genre II. *Azospirillum*
        Genre III. *Magnetospirillum*
        Genre IV. *Phaeospirillum*
        Genre V. *Rhodocista*
        Genre VI. *Rhodospira*
        Genre VII. *Rhodothalassium*
        Genre VIII. *Rhodovibrio*
        Genre IX. *Roseospira*
        Genre X. *Skermanella*
    Famille II. *Acetobacteraceae*
        Genre I. *Acetobacter*
        Genre II. *Acidiphilium*
        Genre III. *Acidocella*
        Genre IV. *Acidomonas*
        Genre V. *Craurococcus*
        Genre VI. *Gluconacetobacter*
        Genre VII. *Gluconobacter*
        Genre VIII. *Paracraurococcus*
        Genre IX. *Rhodopila*
        Genre X. *Roseococcus*
        Genre XI. *Stella*
        Genre XII. *Zavarzinia*
Ordre II. *Rickettsiales*
    Famille I. *Rickettsiaceae*
        Genre I. *Rickettsia*

Genre II. *Orientia*
Genre III. *Wolbachia*
Famille II. *Ehrlichiaceae*
Genre I. *Ehrlichia*
Genre II. *Aegyptianella*
Genre III. *Anaplasma*
Genre IV. *Cowdria*
Genre V. *Neorickettsia*
Famille III. « *Holosporaceae* »
Genre I. *Holospora*
Genre II. *Caedibacter*
Genre III. *Lyticum*
Genre IV. *Polynucleobacter*
Genre V. *Pseudocaedibacter*
Genre VI. *Symbiotes*
Genre VII. *Tectibacter*
Ordre III. « *Rhodobacterales* »
Famille I. « *Rhodobacteraceae* »
Genre I. *Rhodobacter*
Genre II. *Ahrensia*
Genre III. *Amaricoccus*
Genre IV. *Antarctobacter*
Genre V. *Gemmobacter*
Genre VI. *Hirschia*
Genre VII. *Hyphomonas*
Genre VIII. *Maricaulis*
Genre IX. *Octadecabacter*
Genre X. *Paracoccus*
Genre XI. *Rhodovulum*
Genre XII. *Roseivivax*
Genre XIII. *Roseobacter*
Genre XIV. *Roseovarius*
Genre XV. *Rubrimonas*
Genre XVI. *Ruegeria*
Genre XVII. *Sagittula*
Genre XVIII. *Staleya*
Genre XIX. *Stappia*
Genre XX. *Sulfitobacter*
Ordre IV. « *Sphingomonadales* »
Famille I. « *Sphingomonadaceae* »
Genre I. *Sphingomonas*
Genre II. *Blastomonas*
Genre III. *Erythrobacter*
Genre IV. *Erythromicrobium*
Genre V. *Erythromonas*
Genre VI. *Porphyrobacter*
Genre VII. *Rhizomonas*
Genre VIII. *Sandaracinobacter*
Genre IX. *Zymomonas*
Ordre V. *Caulobacterales*
Famille I. *Caulobacteraceae*
Genre I. *Caulobacter*
Genre II. *Asticcacaulis*
Genre III. *Brevundimonas*
Genre IV. *Phenylobacterium*
Ordre VI. « *Rhizobiales* »
Famille I. *Rhizobiaceae*
Genre I. *Rhizobium*
Genre II. *Agrobacterium*
Genre III. *Carbophilus*

Genre IV. *Chelatobacter*
Genre V. *Ensifer*
Genre VI. *Sinorhizobium*
Famille II. *Bartonellaceae*
Genre I. *Bartonella*
Famille III. *Brucellaceae*
Genre I. *Brucella*
Genre II. *Mycoplana*
Genre III. *Ochrobactrum*
Famille IV. « *Phyllobacteriaceae* »
Genre I. *Phyllobacterium*
Genre II. *Allorhizobium*
Genre III. *Aminobacter*
Genre IV. *Aquamicrobium*
Genre V. *Defluvibacter*
Genre VI. *Mesorhizobium*
Genre VII. *Pseudaminobacter*
Famille V. « *Methylocystaceae* »
Genre I. *Methylocystis*
Genre II. *Methylopila*
Genre III. *Methylosinus*
Famille VI. « *Beijerinckiaceae* »
Genre I. *Beijerinckia*
Genre II. *Chelatococcus*
Genre III. *Derxia*
Famille VII. « *Bradyrhizobiaceae* »
Genre I. *Bradyrhizobium* »
Genre II. *Afipia*
Genre III. *Agromonas*
Genre IV. *Blastobacter*
Genre V. *Bosea*
Genre VI. *Nitrobacter*
Genre VII. *Oligotropha*
Genre VIII. *Rhodopseudomonas*
Famille VIII. *Hyphomicrobiaceae*
Genre I. *Hyphomicrobium*
Genre II. *Ancalomicrobium*
Genre III. *Ancylobacter*
Genre IV. *Angulomicrobium*
Genre V. *Aquabacter*
Genre VI. *Azorhizobium*
Genre VII. *Blastochloris*
Genre VIII. *Devosia*
Genre IX. *Dichotomicrobium*
Genre X. *Filomicrobium*
Genre XI. *Gemmiger*
Genre XII. *Labrys*
Genre XIII. *Methylorhabdus*
Genre XIV. *Pedomicrobium*
Genre XV. *Prosthecomicrobium*
Genre XVI. *Rhodomicrobium*
Genre XVII. *Rhodoplanes*
Genre XVIII. *Seliberia*
Genre XIX. *Xanthobacter*
Famille IX. « *Methylobacteriaceae* »
Genre I. *Methylobacterium*
Genre II. *Protomonas*
Genre III. *Roseomonas*
Famille X. « *Rhodobiaceae* »
Genre I. *Rhodobium*

Classe II. « ***Betaproteobacteria*** »
Ordre I. « *Burkholderiales* »
Famille I. « *Burkholderiaceae* »
Genre I. *Burkholderia*
Genre II. *Cupriavidus*
Genre III. *Lautropia*
Genre IV. *Thermothrix*
Famille II. « *Ralstoniaceae* »
Genre I. *Ralstonia*
Famille III. « *Oxalobacteraceae* »
Genre I. *Oxalobacter*
Genre II. *Duganella*
Genre III. *Herbaspirillum*
Genre IV. *Janthinobacterium*
Genre V. *Telluria*
Famille IV. *Alcaligenaceae*
Genre I. *Alcaligenes*
Genre II. *Achromobacter*
Genre III. *Bordetella*
Genre IV. *Pelistega*
Genre V. *Sutterella*
Genre VI. *Taylorella*
Famille V. *Comamonadaceae*
Genre I. *Comamonas*
Genre II. *Acidovorax*
Genre III. *Aquabacterium*
Genre IV. *Brachymonas*
Genre V. *Delftia*
Genre VI. *Hydrogenophaga*
Genre VII. *Ideonella*
Genre VIII. *Leptothrix*
Genre IX. *Polaromonas*
Genre X. *Rhodoferax*
Genre XI. *Roseateles*
Genre XII. *Rubrivivax*
Genre XIII. *Sphaerotilus*
Genre XIV. *Thiomonas*
Genre XV. *Variovorax*
Ordre II. « *Hydrogenophilales* »
Famille I. « *Hydrogenophilaceae* »
Genre I. *Hydrogenophilus*
Genre II. *Thiobacillus*
Ordre III. « *Methylophilales* »
Famille I. « *Methylophilaceae* »
Genre I. *Methylophilus*
Genre II. *Methylobacillus*
Genre III. *Methylovorus*
Ordre IV. « *Neisseriales* »
Famille I. *Neisseriaceae*
Genre I. *Neisseria*
Genre II. *Alysiella*
Genre III. *Aquaspirillum*
Genre IV. *Catenococcus*
Genre V. *Chromobacterium*
Genre VI. *Eikenella*
Genre VII. *Formivibrio*
Genre VIII. *Iodobacter*
Genre IX. *Kingella*
Genre X. *Microvirgula*
Genre XI. *Prolinoborus*

Genre XII. *Simonsiella*
Genre XIII. *Vitreoscilla*
Genre XIV. *Vogesella*
Ordre V. « Nitrosomonadales »
  Famille I. « Nitrosomonadaceae »
    Genre I. *Nitrosomonas*
    Genre II. *Nitrosospira*
  Famille II. *Spirillaceae*
    Genre I. *Spirillum*
  Famille III. *Gallionellaceae*
    Genre I. *Gallionella*
Ordre VI. « Rhodocyclales »
  Famille I. *Rhodocyclaceae*
    Genre I. *Rhodocyclus*
    Genre II. *Azoarcus*
    Genre III. *Propionibacter*
    Genre IV. *Propionivibrio*
    Genre V. *Thauera*
    Genre VI. *Zoogloea*

Classe III. *« Gammaproteobacteria »*
Ordre I. « Chromatiales »
  Famille I. *Chromatiaceae*
    Genre I. *Chromatium*
    Genre II. *Allochromatium*
    Genre III. *Amoebobacter*
    Genre IV. *Halochromatium*
    Genre V. *Isochromatium*
    Genre VI. *Lamprobacter*
    Genre VII. *Lamprocystis*
    Genre VIII. *Marichromatium*
    Genre IX. *Nitrosococcus*
    Genre X. *Pfennigia*
    Genre XI. *Rhabdochromatium*
    Genre XII. *Thermochromatium*
    Genre XIII. *Thiocapsa*
    Genre XIV. *Thiococcus*
    Genre XV. *Thiocystis*
    Genre XVI. *Thiodictyon*
    Genre XVII. *Thiohalocapsa*
    Genre XVIII. *Thiolamprovum*
    Genre XIX. *Thiopedia*
    Genre XX. *Thiorhodococcus*
    Genre XXI. *Thiorhodovibrio*
    Genre XXII. *Thiospirillum*
  Famille II. *Ectothiorhodospiraceae*
    Genre I. *Ectothiorhodospira*
    Genre II. *Arhodomonas*
    Genre III. *Halorhodospira*
    Genre IV. *Nitrococcus*
    Genre V. *Thiorhodospira*
Ordre II. « Xanthomonadales »
  Famille I. « Xanthomonadaceae »
    Genre I. *Xanthomonas*
    Genre II. *Frateuria*
    Genre III. *Lysobacter*
    Genre IV. *Nevskia*
    Genre V. *Pseudoxanthomonas*
    Genre VI. *Rhodanobacter*
    Genre VII. *Stenotrophomonas*
    Genre VIII. *Xylella*

Ordre III. « Cardiobacteriales »
  Famille I. *Cardiobacteriaceae*
    Genre I. *Cardiobacterium*
    Genre II. *Dichelobacter*
    Genre III. *Suttonella*
Ordre IV. « Thiotrichales »
  Famille I. « Thiotrichaceae »
    Genre I. *Thiothrix*
    Genre II. *Achromatium*
    Genre III. *Beggiatoa*
    Genre IV. *Leucothrix*
    Genre V. *Macromonas*
    Genre VI. *Thiobacterium*
    Genre VII. *Thiomargarita*
    Genre VIII. *Thioploca*
    Genre IX. *Thiospira*
  Famille II. « Piscirickettsiaceae »
    Genre I. *Piscirickettsia*
    Genre II. *Cycloclasticus*
    Genre III. *Hydrogenovibrio*
    Genre IV. *Methylophaga*
    Genre V. *Thiomicrospira*
  Famille III. « Francisellaceae »
    Genre I. *Francisella*
Ordre V. « Legionellales »
  Famille I. *Legionellaceae*
    Genre I. *Legionella*
  Famille II. « Coxiellaceae »
    Genre I. *Coxiella*
    Genre II. *Rickettsiella*
Ordre VI. « Methylococcales »
  Famille I. *Methylococcaceae*
    Genre I. *Methylococcus*
    Genre II. *Methylobacter*
    Genre III. *Methylocaldum*
    Genre IV. *Methylomicrobium*
    Genre V. *Methylomonas*
    Genre VI. *Methylosphaera*
Ordre VII. « Oceanospirillales »
  Famille I. « Oceanospirillaceae »
    Genre I. *Oceanospirillum*
    Genre II. *Balneatrix*
    Genre III. *Fundibacter*
    Genre IV. *Marinomonas*
    Genre V. *Marinospirillum*
    Genre VI. *Neptunomonas*
  Famille II. *Halomonadaceae*
    Genre I. *Halomonas*
    Genre II. *Alcanivorax*
    Genre III. *Carnimonas*
    Genre IV. *Chromohalobacter*
    Genre V. *Deleya*
    Genre VI. *Zymobacter*
Ordre VIII. *Pseudomonadales*
  Famille I. *Pseudomonadaceae*
    Genre I. *Pseudomonas*
    Genre II. *Azomonas*
    Genre III. *Azotobacter*
    Genre IV. *Cellvibrio*
    Genre V. *Chryseomonas*
    Genre VI. *Flavimonas*

Genre VII. *Lampropedia*
Genre VIII. *Mesophilobacter*
Genre IX. *Morococcus*
Genre X. *Oligella*
Genre XI. *Rhizobacter*
Genre XII. *Rugamonas*
Genre XIII. *Serpens*
Genre XIV. *Thermoleophilum*
Genre XV. *Xylophilus*
  Famille II. *Moraxellaceae*
    Genre I. *Moraxella*
    Genre II. *Acinetobacter*
    Genre III. *Psychrobacter*
Ordre IX. « Alteromonadales »
  Famille I. « Alteromonadaceae »
    Genre I. *Alteromonas*
    Genre II. *Colwellia*
    Genre III. *Ferrimonas*
    Genre IV. *Glaciecola*
    Genre V. *Marinobacter*
    Genre VI. *Marinobacterium*
    Genre VII. *Microbulbifer*
    Genre VIII. *Moritella*
    Genre IX. *Pseudoalteromonas*
    Genre X. *Shewanella*
Ordre X. « Vibrionales »
  Famille I. *Vibrionaceae*
    Genre I. *Vibrio*
    Genre II. *Allomonas*
    Genre III. *Enhydrobacter*
    Genre IV. *Listonella*
    Genre V. *Photobacterium*
    Genre VI. *Salinivibrio*
Ordre XI. « Aeromonadales »
  Famille I. *Aeromonadaceae*
    Genre I. *Aeromonas*
    Genre II. *Tolumonas*
  Famille II. *Succinivibrionaceae*
    Genre I. *Succinivibrio*
    Genre II. *Anaerobiospirillum*
    Genre III. *Ruminobacter*
    Genre IV. *Succinimonas*
Ordre XII. « Enterobacteriales »
  Famille I. *Enterobacteriaceae*
    Genre I. *Enterobacter*
    Genre II. *Alterococcus*
    Genre III. *Arsenophonus*
    Genre IV. *Brenneria*
    Genre V. *Buchnera*
    Genre VI. *Budvicia*
    Genre VII. *Buttiauxella*
    Genre VIII. *Calymmatobacterium*
    Genre IX. *Cedecea*
    Genre X. *Citrobacter*
    Genre XI. *Edwardsiella*
    Genre XII. *Erwinia*
    Genre XIII. *Escherichia*
    Genre XIV. *Ewingella*
    Genre XV. *Hafnia*
    Genre XVI. *Klebsiella*
    Genre XVII. *Kluyvera*

Genre XVIII. *Leclercia*
Genre XIX. *Leminorella*
Genre XX. *Moellerella*
Genre XXI. *Morganella*
Genre XXII. *Obesumbacterium*
Genre XXIII. *Pantoea*
Genre XXIV. *Pectobacterium*
Genre XXV. *Photorhabdus*
Genre XXVI. *Plesiomonas*
Genre XXVII. *Pragia*
Genre XXVIII. *Proteus*
Genre XXIX. *Providencia*
Genre XXX. *Rahnella*
Genre XXXI. *Saccharobacter*
Genre XXXII. *Salmonella*
Genre XXXIII. *Serratia*
Genre XXXIV. *Shigella*
Genre XXXV. *Sodalis*
Genre XXXVI. *Tatumella*
Genre XXXVII. *Trabulsiella*
Genre XXXVIII. *Wigglesworthia*
Genre XXXIX. *Xenorhabdus*
Genre X. L*Yersinia*
Genre X. LI*Yokenella*
Ordre XIII. « *Pasteurellales* »
Famille I. *Pasteurellaceae*
Genre I. *Pasteurella*
Genre II. *Actinobacillus*
Genre III. *Haemophilus*
Genre IV. *Lonepinella*
Genre V. *Mannheimia*
Genre VI. *Phocoenobacter*

Classe IV. « *Deltaproteobacteria* »
Ordre I. « *Desulfurellales* »
Famille I. « *Desulfurellaceae* »
Genre I. *Desulfurella*
Genre II. *Hippea*
Ordre II. « *Desulfovibrionales* »
Famille I. « *Desulfovibrionaceae* »
Genre I. *Desulfovibrio*
Genre II. *Bilophila*
Genre III. *Lawsonia*
Famille II. « *Desulfomicrobiaceae* »
Genre I. *Desulfomicrobium* »
Famille III. « *Desulfohalobiaceae* »
Genre I. *Desulfohalobium*
Genre II. *Desulfomonas*
Genre III. *Desulfonatronovibrio*
Ordre III. « *Desulfobacterales* »
Famille I. « *Desulfobacteraceae* »
Genre I. *Desulfobacter*
Genre II. *Desulfobacterium*
Genre III. « *Desulfobacula* »
Genre IV. « *Desulfobotulus* »
Genre V. *Desulfocella*
Genre VI. *Desulfococcus*
Genre VII. *Desulfofaba*
Genre VIII. *Desulfofrigus*
Genre IX. *Desulfonema*
Genre X. *Desulfosarcina*

Genre XI. *Desulfospira*
Genre XII. *Desulfotalea*
Famille II. « *Desulfobulbaceae* »
Genre I. *Desulfobulbus*
Genre II. *Desulfocapsa*
Genre III. *Desulfofustis*
Genre IV. *Desulforhopalus*
Famille III. « *Desulfoarculaceae* »
Genre I. « *Desulfoarculus* »
Genre II. *Nitrospina*
Genre III. *Desulfobacca*
Genre IV. *Desulfomonile*
Ordre IV. « *Desulfuromonadales* »
Famille I. « *Desulfuromonadaceae* »
Genre I. *Desulfuromonas*
Genre II. *Desulfuromusa*
Famille II. « *Geobacteraceae* »
Genre I. *Geobacter*
Famille III. « *Pelobacteraceae* »
Genre I. *Pelobacter*
Genre II. *Malonomonas*
Ordre V. « *Syntrophobacterales* »
Famille I. « *Syntrophobacteraceae* »
Genre I. *Syntrophobacter*
Genre II. *Desulfacinum*
Genre III. *Desulforhabdus*
Genre IV. *Thermodesulforhabdus*
Famille II. « *Syntrophaceae* »
Genre I. *Syntrophus*
Genre II. *Smithella*
Ordre VI. « *Bdellovibrionales* »
Famille I. « *Bdellovibrionaceae* »
Genre I. *Bdellovibrio*
Genre II. *Micavibrio*
Genre III. *Vampirovibrio*
Ordre VII. *Myxococcales*
Famille I. *Myxococcaceae*
Genre I. *Myxococcus*
Genre II. *Angiococcus*
Famille II. *Archangiaceae*
Genre I. *Archangium*
Famille III. *Cystobacteraceae*
Genre I. *Cystobacter*
Genre II. *Melittangium*
Genre III. *Stigmatella*
Famille IV. *Polyangiaceae*
Genre I. *Polyangium*
Genre II. *Chondromyces*
Genre III. *Nannocystis*

Classe V. « *Epsilonproteobacteria* »
Ordre I. « *Campylobacterales* »
Famille I. *Campylobacteraceae*
Genre I. *Campylobacter*
Genre II. *Arcobacter*
Genre III. *Sulfurospirillum*
Genre IV. *Thiovulum*
Famille II. « *Helicobacteraceae* »
Genre I. *Helicobacter*
Genre II. *Wolinella*

Phylum BXIII. *Firmicutes*

Classe I. « *Clostridia* »
Ordre I. *Clostridiales*
Famille I. *Clostridiaceae*
Genre I. *Clostridium*
Genre II. *Acetivibrio*
Genre III. *Acidaminobacter*
Genre IV. *Anaerobacter*
Genre V. *Caloramator*
Genre VI. *Natronincola*
Genre VII. *Oxobacter*
Genre VIII. *Sarcina*
Genre IX. *Sporobacter*
Genre X. *Thermobrachium*
Genre XI. *Tindallia*
Famille II. « *Lachnospiraceae* »
Genre I. *Lachnospira*
Genre II. *Acetitomaculum*
Genre III. *Anaerofilum*
Genre IV. *Butyrivibrio*
Genre V. *Catonella*
Genre VI. *Coprococcus*
Genre VII. *Johnsonella*
Genre VIII. *Pseudobutyrivibrio*
Genre IX. *Roseburia*
Genre X. *Ruminococcus*
Genux XI. *Sporobacterium*
Famille III. « *Peptostreptococcaceae* »
Genre I. *Peptostreptococcus*
Genre II. *Filifactor*
Genre III. *Fusibacter*
Genre IV. *Helococcus*
Genre V. *Tissierella*
Famille IV. « *Eubacteriaceae* »
Genre I. *Eubacterium*
Genre II. *Acetobacterium*
Genre III. *Pseudoramibacter*
Famille V. *Peptococcaceae*
Genre I. *Peptococcus*
Genre II. *Anaeroarcus*
Genre III. *Anaerosinus*
Genre IV. *Anaerovibrio*
Genre V. *Carboxydothermus*
Genre VI. *Centipeda*
Genre VII. *Dehalobacter*
Genre VIII. *Dendrosporobacter*
Genre IX. *Desulfitobacterium*
Genre X. *Desulfonispora*
Genre XI. *Desulfosporosinus*
Genre XII. .*Desulfotomaculum*
Genre XIII. *Mitsuokella*
Genre XIV. *Propionispira*
Genre XV. *Succinispira*
Genre XVI. *Syntrophobotulus*
Genre XVII. *Thermoterrabacterium*
Famille VI. « *Heliobacteriaceae* »
Genre I. *Heliobacterium*
Genre II. *Heliobacillus*
Genre III. *Heliophilum*
Famille VII. « *Acidaminococcaceae* »

Genre I. *Acidaminococcus*
Genre II. *Acetonema*
Genre III. *Anaeromusa*
Genre IV. *Dialister*
Genre V. *Megasphaera*
Genre VI. *Pectinatus*
Genre VII. *Phascolarctobacterium*
Genre VIII. *Quinella*
Genre IX. *Schwartzia*
Genre X. *Selenomonas*
Genre XI. *Sporomusa*
Genre XII. *Succiniclasticum*
Genre XIII. *Veillonella*
Genre XIV. *Zymophilus*
Famille VIII. *Syntrophomonadaceae*
Genre I. *Syntrophomonas*
Genre II. *Acetogenium*
Genre III. *Aminobacterium*
Genre IV. *Aminomonas*
Genre V. *Anaerobaculum*
Genre VI. *Anaerobranca*
Genre VII. *Caldicellulosiruptor*
Genre VIII. *Dethiosulfovibrio*
Genre IX. *Syntrophospora*
Genre X. *Thermaerobacter*
Genre XI. *Thermanaerovibrio*
Genre XII. *Thermohydrogenium*
Genre XIII. *Thermosyntropha*
Ordre II. « *Thermoanaerobacteriales* »
Famille I. « *Thermoanaerobacteriaceae* »
Genre I. *Thermoanaerobacterium*
Genre II. *Ammonifex*
Genre III. *Coprothermobacter*
Genre IV. *Moorella*
Genre V. *Sporotomaculum*
Genre VI. *Thermoanaerobacter*
Genre VII. *Thermoanaerobium*
Ordre III. *Haloanaerobiales*
Famille I. *Haloanaerobiaceae*
Genre I. *Haloanaerobium*
Genre II. *Halocella*
Genre III. *Halothermothrix*
Genre IV. *Natroniella*
Famille II. *Halobacteroidaceae*
Genre I. *Halobacteroides*
Genre II. *Acetohalobium*
Genre III. *Haloanaerobacter*
Genre IV. *Orenia*
Genre V. *Sporohalobacter*

Classe II. *Mollicutes*
Ordre I. *Mycoplasmatales*
Famille I. *Mycoplasmataceae*
Genre I. *Mycoplasma*
Genre II. *Eperythrozoon*
Genre III. *Haemobartonella*
Genre IV. *Ureaplasma*
Ordre II. *Entomoplasmatales*
Famille I. *Entomoplasmataceae*
Genre I. *Entomoplasma*
Genre II. *Mesoplasma*

Famille II. *Spiroplasmataceae*
Genre I. *Spiroplasma*
Ordre III. *Acholeplasmatales*
Famille I. *Acholeplasmataceae*
Genre I. *Acholeplasma*
Ordre IV. *Anaeroplasmatales*
Famille I. *Anaeroplasmataceae*
Genre I. *Anaeroplasma*
Genre II. *Asteroleplasma*
Ordre V. . Incerta*sedis*
Famille I. « *Erysipelotrichaceae* »
Genre I. *Erysipelothrix*
Genre II. *Holdemania*

Classe III. « *Bacilli* »
Ordre I. *Bacillales*
Famille I. *Bacillaceae*
Genre I. *Bacillus*
Genre II. *Amphibacillus*
Genre III. *Exiguobacterium*
Genre IV. *Gracilibacillus*
Genre V. *Halobacillus*
Genre VI. *Saccharococcus*
Genre VII. *Salibacillus*
Genre VIII. *Virgibacillus*
Famille II. *Planococcaceae*
Genre I. *Planococcus*
Genre II. *Filibacter*
Genre III. *Kurthia*
Genre IV. *Sporosarcina*
Famille III. *Caryophanaceae*
Genre I. *Caryophanon*
Famille IV. « *Listeriaceae* »
Genre I. *Listeria*
Genre II. *Brochothrix*
Famille V. « *Staphylococcaceae* »
Genre I. *Staphylococcus*
Genre II. *Gemella*
Genre III. *Macrococcus*
Genre IV. *Salinicoccus*
Famille VI. « *Sporolactobacillaceae* »
Genre I. *Sporolactobacillus*
Genre II. *Marinococcus*
Famille VII. « *Paenibacillaceae* »
Genre I. *Paenibacillus*
Genre II. *Ammoniphilus*
Genre III. *Aneurinibacillus*
Genre IV. *Brevibacillus*
Genre V. *Oxalophagus*
Genre VI. *Thermobacillus*
Famille VIII. « *Alicyclobacillaceae* »
Genre I. *Alicyclobacillus*
Genre II. *Pasteuria*
Genre III. *Sulfobacillus*
Famille IX. « *Thermoactinomycetaceae* »
Genre I. *Thermoactinomyces*
Ordre II. « *Lactobacillales* »
Famille I. *Lactobacillaceae*
Genre I. *Lactobacillus*
Genre II. *Pediococcus*
Famille II. « *Aerococcaceae* »

Genre I. *Aerococcus*
Genre II. *Abiotrophia*
Genre III. *Dolosicoccus*
Genre IV. *Eremococcus*
Genre V. *Facklamia*
Genre VI. *Globicatella*
Genre VII. *Ignavigranum*
Famille III. « *Carnobacteriaceae* »
Genre I. *Carnobacterium*
Genre II. *Agitococcus*
Genre III. *Alloiococcus*
Genre IV. *Desemzia*
Genre V. *Dolosigranulum*
Genre VI. *Lactosphaera*
Genre VII. *Trichococcus*
Famille IV. « *Enterococcaceae* »
Genre I. *Enterococcus*
Genre II. *Melissococcus*
Genre III. *Tetragenococcus*
Genre IV. *Vagococcus*
Famille V. « *Leuconostocaceae* »
Genre I. *Leuconostoc*
Genre II. *Oenococcus*
Genre III. *Weissella*
Famille VI. *Streptococcaceae*
Genre I. *Streptococcus*
Genre II. *Lactococcus*
Famille VII. . Incerta*sedis*
Genre I. *Acetoanaerobium*
Genre II. *Oscillospira*
Genre III. *Syntrophococcus*

Phylum BXIV. *Actinobacteria*

Classe I. *Actinobacteria*
Sous-classe I. *Acidimicrobidae*
Ordre I. *Acidimicrobiales*
Sous-ordre I. « *Acidimicrobineae* »
Famille I. *Acidimicrobiaceae*
Genre I. *Acidimicrobium*
Sous-classe II. *Rubrobacteridae*
Ordre I. *Rubrobacterales*
Sous-ordre I. « *Rubrobacterineae* »
Famille I. *Rubrobacteraceae*
Genre I. *Rubrobacter*
Sous-classe III. *Coriobacteridae*
Ordre I. *Coriobacteriales*
Sous-ordre I. « *Coriobacterineae* »
Famille I. *Coriobacteriaceae*
Genre I. *Coriobacterium*
Genre II. *Atopobium*
Genre III. *Collinsella*
Genre IV. *Crytobacterium*
Genre V. *Eggerthella*
Genre VI. *Slackia*
Sous-classe IV. *Sphaerobacteridae*
Ordre I. *Sphaerobacterales*
Sous-ordre I. « *Sphaerobacterineae* »
Famille I. *Sphaerobacteraceae*
Genre I. *Sphaerobacter*
Sous-classe V. *Actinobacteridae*

Ordre I. *Actinomycetales*
Sous-ordre I. *Actinomycineae*
Famille I. *Actinomycetaceae*
Genre I. *Actinomyces*
Genre II. *Actinobaculum*
Genre III. *Arcanobacterium*
Genre IV. *Mobiluncus*
Sous-ordre VI. *Micrococcineae*
Famille I. *Micrococcaceae*
Genre I. *Micrococcus*
Genre II. *Arthrobacter*
Genre III. *Bogoriella*
Genre IV. *Demetria*
Genre V. *Kocuria*
Genre VI. *Leucobacter*
Genre VII. *Nesterenkonia*
Genre VIII. *Renibacterium*
Genre IX. *Rothia*
Genre X. *Stomatococcus*
Genre XI. *Terracoccus*
Famille II. *Brevibacteriaceae*
Genre I. *Brevibacterium*
Famille III. *Cellulomonadaceae*
Genre I. *Cellulomonas*
Genre II. *Oerskovia*
Genre III. *Rarobacter*
Famille IV. *Dermabacteraceae*
Genre I. *Dermabacter*
Genre II. *Brachybacterium*
Famille V. *Dermatophilaceae*
Genre I. *Dermatophilus*
Genre II. *Dermacoccus*
Genre III. *Kytococcus*
Famille VI. *Intrasporangiaceae*
Genre I. *Intrasporangium*
Genre II. *Janibacter*
Genre III. *Ornithinicoccus*
Genre IV. *Sanguibacter*
Genre V. *Terrabacter*
Famille VII. *Jonesiaceae*
Genre I. *Jonesia*
Famille VIII. *Microbacteriaceae*
Genre I. *Microbacterium*
Genre II. *Agrococcus*
Genre III. *Agromyces*
Genre IV. *Aureobacterium*
Genre V. *Clavibacter*
Genre VI. *Cryobacterium*
Genre VII. *Curtobacterium*
Genre VIII. *Frigoribacterium*
Genre IX. *Leifsonia*
Genre X. *Rathayibacter*
Famille IX. « *Beutenbergiaceae* »
Genre I. *Beutenbergia*
Famille X. *Promicromonosporaceae*
Genre I. *Promicromonospora*
Sous-ordre VII. *Corynebacterineae*
Famille I. *Corynebacteriaceae*
Genre I. *Corynebacterium*
Famille II. *Dietziaceae*
Genre I. *Dietzia*

Famille III. *Gordoniaceae*
Genre I. *Gordonia*
Genre II. *Skermania*
Famille IV. *Mycobacteriaceae*
Genre I. *Mycobacterium*
Famille V. *Nocardiaceae*
Genre I. *Nocardia*
Genre II. *Rhodococcus*
Famille VI. *Tsukamurellaceae*
Genre I. *Tsukamurella*
Famille VII. « *Williamsiaceae* »
Genre I. *Williamsia*
Sous-ordre VIII. *Micromonosporineae*
Famille I. *Micromonosporaceae*
Genre I. *Micromonospora*
Genre II. *Actinoplanes*
Genre III. *Catellatospora*
Genre IV. *Catenuloplanes*
Genre V. *Couchioplanes*
Genre VI. *Dactylosporangium*
Genre VII. *Pilimelia*
Genre VIII. *Spirilliplanes*
Genre IX. *Verrucosispora*
Sous-ordre IX. *Propionibacterineae*
Famille I. *Propionibacteriaceae*
Genre I. *Propionibacterium*
Genre II. *Luteococcus*
Genre III. *Microlunatus*
Genre IV. *Propioniferax*
Genre V. *Tessaracoccus*
Famille II. *Nocardioidaceae*
Genre I. *Nocardioides*
Genre II. *Aeromicrobium*
Genre III. *Friedmanniella*
Genre IV. *Kribbella*
Genre V. *Micropruina*
Sous-ordre X. *Pseudonocardineae*
Famille I. *Pseudonocardiaceae*
Genre I. *Pseudonocardia*
Genre II. *Actinopolyspora*
Genre III. *Amycolatopsis*
Genre IV. *Kibdelosporangium*
Genre V. *Kutzneria*
Genre VI. *Prauserella*
Genre VII. *Saccharomonospora*
Genre VIII. *Saccharopolyspora*
Genre IX. *Streptoalloteichus*
Genre X. *Thermobispora*
Genre XI. *Thermocrispum*
Famille II. *Actinosynnemataceae*
Genre I. *Actinosynnema*
Genre II. *Actinokineospora*
Genre III. *Lentzea*
Genre IV. *Saccharothrix*
Sous-ordre XI. *Streptomycineae*
Famille I. *Streptomycetaceae*
Genre I. *Streptomyces*
Genre II. *Kitasatospora*
Genre III. *Streptoverticillium*
Sous-ordre XII. *Streptosporangineae*
Famille I. *Streptosporangiaceae*

Genre I. *Streptosporangium*
Genre II. *Herbidospora*
Genre III. *Microbispora*
Genre IV. *Microtetraspora*
Genre V. *Nonomuraea*
Genre VI. *Planobispora*
Genre VII. *Planomonospora*
Genre VIII. *Planopolyspora*
Genre IX. *Planotetraspora*
Famille II. *Nocardiopsaceae*
Genre I. *Nocardiopsis*
Genre II. *Thermobifida*
Famille III. *Thermomonosporaceae*
Genre I. *Thermomonospora*
Genre II. *Actinomadura*
Genre III. *Spirillospora*
Sous-ordre XIII. *Frankineae*
Famille I. *Frankiaceae*
Genre I. *Frankia*
Famille II. *Geodermatophilaceae*
Genre I. *Geodermatophilus*
Genre II. *Blastococcus*
Genre III. *Modestobacter*
Famille III. *Microsphaeraceae*
Genre I. *Microsphaera*
Famille IV. *Sporichthyaceae*
Genre I. *Sporichthya*
Famille V. *Acidothermaceae*
Genre I. *Acidothermus*
Famille VI. « *Kineosporiaceae* »
Genre I. *Kineosporia*
Genre II. *Cryptosporangium*
Genre III. *Kineococcus*
Sous-ordre XIV. *Glycomycineae*
Famille I. *Glycomycetaceae*
Genre I. *Glycomyces*
Ordre II. *Bifidobacteriales*
Famille I. *Bifidobacteriaceae*
Genre I. *Bifidobacterium*
Genre II. *Falcivibrio*
Genre III. *Gardnerella*
Famille II. UnknowAffiliation
Genre I. *Actinobispora*
Genre II. *Actinocorallia*
Genre III. *Excellospora*
Genre IV. *Pelczaria*
Genre V. *Turicella*

Phylum BXV. Planctomycetes

Classe I. « Planctomycetacia »
Ordre I. *Planctomycetales*
Famille I. *Planctomycetaceae*
Genre I. *Planctomyces*
Genre II. *Gemmata*
Genre III. *Isosphaera*
Genre IV. *Pirellula*

Phylum BXVI. *Chlamydiae*

Classe I. « Chlamydiae »
Ordre I. *Chlamydiales*

Famille I. *Chlamydiaceae*
  Genre I. *Chlamydia*
  Genre II. *Chlamydophila*
Famille II. *Parachlamydiaceae*
  Genre I. *Parachlamydia*
Famille III. *Simkaniaceae*
  Genre I. *Simkania*
Famille IV. *Waddliaceae*
  Genre I. *Waddlia*

Phylum BXVII. Spirochaetes

Classe I. « Spirochaetes »

Ordre I. *Spirochaetales*
  Famille I. *Spirochaetaceae*
    Genre I. *Spirochaeta*
    Genre II. *Borrelia*
    Genre III. *Brevinema*
    Genre IV. *Clevelandina*
    Genre V. *Cristispira*
    Genre VI. *Diplocalyx*
    Genre VII. *Hollandina*
    Genre VIII. *Pillotina*
    Genre IX. *Treponema*
  Famille II. « Serpulinaceae »
    Genre I. *Brachyspira*
    Genre II. *Serpulina*
  Famille III. *Leptospiraceae*
    Genre I. *Leptonema*
    Genre II. *Leptospira*

Phylum BXVIII. *Fibrobacteres*

Classe I. « *Fibrobacteres* »

Ordre I. « Fibrobacterales »
  Famille I. « Fibrobacteraceae »
    Genre I. *Fibrobacter*

Phylum BXIX. *Acidobacteria*

Classe I. « *Acidobacteria* »

Ordre I. « Acidobacteriales »
  Famille I. « Acidobacteriaceae »
    Genre I. *Acidobacterium*
    Genre II. *Geothrix*
    Genre III. *Holophaga*

Phylum BXX. *Bacteroidetes*

Classe I. « *Bacteroides* »

Ordre I. « Bacteroidales »
  Famille I. *Bacteroidaceae*

    Genre I. *Bacteroides*
    Genre II. *Acetofilamentum*
    Genre III. *Acetomicrobium*
    Genre IV. *Acetothermus*
    Genre V. *Anaerorhabdus*
    Genre VI. *Megamonas*
  Famille II. « Rikenellaceae »
    Genre I. *Rikenella*
    Genre II. *Marinilabilia*
  Famille III. « Porphyromonadaceae »
    Genre I. *Porphyromonas*
  Famille IV. « Prevotellaceae »
    Genre I. *Prevotella*

Classe II. « Flavobacteria »

Ordre I. « Flavobacteriales »
  Famille I. *Flavobacteriaceae*
    Genre I. *Flavobacterium*
    Genre II. *Bergeyella*
    Genre III. *Capnocytophaga*
    Genre IV. *Cellulophaga*
    Genre V. *Chryseobacterium*
    Genre VI. *Coenonia*
    Genre VII. *Empedobacter*
    Genre VIII. *Gelidibacter*
    Genre IX. *Ornithobacterium*
    Genre X. *Polaribacter*
    Genre XI. *Psychroflexus*
    Genre XII. *Psychroserpens*
    Genre XIII. *Riemerella*
    Genre XIV. *Weeksella*
  Famille II. « Myroidaceae »
    Genre I. *Myroides*
    Genre II. *Psychromonas*
  Famille III. « Blattabacteriaceae »
    Genre I. *Blattabacterium*

Classe III. « Sphingobacteria »

Ordre I. « Sphingobacteriales »
  Famille I. *Sphingobacteriaceae*
    Genre I. *Sphingobacterium*
    Genre II. *Pedobacter*
  Famille II. « Saprospiraceae »
    Genre I. *Saprospira*
    Genre II. *Haliscomenobacter*
    Genre III. *Lewinella*
  Famille III. « Flexibacteraceae »
    Genre I. *Flexibacter*
    Genre II. *Cyclobacterium*

    Genre III. *Cytophaga*
    Genre IV. *Flectobacillus*
    Genre V. *Hymenobacter*
    Genre VI. *Meniscus*
    Genre VII. *Microscilla*
    Genre VIII. *Runella*
    Genre IX. *Spirosoma*
    Genre X. *Sporocytophaga*
  Famille IV. « Flammeovirgaceae »
    Genre I. *Flammeovirga*
    Genre II. *Flexithrix*
    Genre III. *Persicobacter*
    Genre IV. *Thermonema*
  Famille V. *Crenotrichaceae*
    Genre I. *Crenothrix*
    Genre II. *Chitinophaga*
    Genre III. *Rhodothermus*
    Genre IV. *Toxothrix*

Phylum BXXI. *Fusobacteria*

Classe I. « Fusobacteria »

Ordre I. « Fusobacteriales »
  Famille I. « Fusobacteriaceae »
    Genre I. *Fusobacterium*
    Genre II. *Ilyobacter*
    Genre III. *Leptotrichia*
    Genre IV. *Propionigenium*
    Genre V. *Sebaldella*
    Genre VI. *Streptobacillus*
  Famille II. Incertasedis
    Genre I. *Cetobacterium*

Phylum BXXII. *Verrucomicrobia*

Classe I. *Verrucomicrobiae*

Ordre I. *Verrucomicrobiales*
  Famille I. *Verrucomicrobiaceae*
    Genre I. *Verrucomicrobium*
    Genre II. *Prosthecobacter*

Phylum BXXIII. *Dictyoglomi*

Classe I. « Dictyoglomi »

Ordre I. « Dictyoglomales »
  Famille I. « Dictyoglomaceae »
    Genre I. *Dictyoglomus*

APPENDICE V
Classification des virus

Cet appendice décrit brièvement les groupes principaux de virus et leurs caractéristiques. Les illustrations ne sont pas à l'échelle mais donnent une idée générale de la morphologie de chaque groupe. Les virus sont divisés en 6 sections selon leurs hôtes préférentiels. La classification présentée est adaptée, avec permission, du chapitre 21 de *Introduction to Modern Virology*, 4e éd. de N.Y. Dimmock et S.B. Primrose (1994, Blackwell Scientific Publications, ltd).

Virus se multipliant chez les vertébrés et d'autres hôtes

Notez que certains ou tous les membres des *Reoviridae*, *Bunyaviridae*, *Rhabdoviridae* et *Togaviridae* se multiplient et chez les vertébrés et chez d'autres hôtes. Les autres familles comprennent des genres qui se multiplient uniquement chez les vertébrés.

1. Famille : *Iridoviridae*

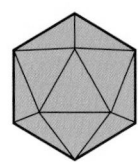

Particule icosaédrique (125 à 300 nm) faite d'une nucléocapside sphérique entourée de lipides modifiés par des sous-unités protéiques. ADN double brin de masse moléculaire 100 à 250 x 10^6 avec permutation circulaire et répétitions terminales directes. Contient quelques enzymes. Transcription et synthèse de l'ADN nucléaires. ARNm sans queue poly-A. Cytoplasmique.

Genres sélectionnés :
  Iridovirus (petit virus — 120 nm — de l'iridescence bleue des insectes).
  Chloriridovirus (grand virus — 180 nm — de l'iridescence des insectes).
  Ranavirus (virus de grenouilles)
  Lymphocystivirus (virus de poissons)

2. Famille : *Poxviridae*

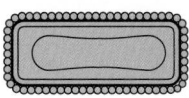

ADN double brin de masse moléculaire 85 à 240 x 10^6, avec répétitions terminales inversées. Les plus grands virus : 170 à 260 x 300 à 450 nm. Structure complexe à plusieurs couches et contenant des lipides. Nucléoïde possédant tous les enzymes nécessaires à la synthèse de l'ARNm. Multiplication cytoplasmique.

Genres sélectionnés :
  Orthopoxvirus (vaccine et virus apparentés).
  Molluscipoxvirus (virus humain du *Molluscum contagiosum*)
  Avipoxvirus (variole aviaire et virus apparentés).
  Parapoxvirus (virus du nodule des trayeurs et virus apparentés).

  } Poxvirus des vertébrés

  Entomopoxvirus   Poxvirus d'insectes

3. Famille : *Parvoviridae*

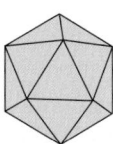

ADN simple brin de masse moléculaire 1,5 à 2,2 x 10^6. Particule icosaédrique de 18 à 22 nm. Multiplication avec étape nucléaire.

Genres :
  Parvovirus : virus de vertébrés dont l'homme. Virions le plus souvent à ADN négatif.
  Dependovirus : ou virus adéno-associés. Infectent les vertébrés. Virions contenant soit l'ADN$^+$, soit l'ADN$^-$ (ceux-ci formant des doubles brins lors de l'extraction). Demandent un virus auxiliaire (adénovirus ou herpès virus).
  Densovirus : virus d'insectes. Virions contenant soit l'ADN$^+$, soit l'ADN$^-$, pas de virus auxiliaire nécessaire.

4. Famille : *Reoviridae*

Dix à douze segments d'ARN double brin de masse moléculaire totale : 12 à 20 x 10^6. Particule icosaédrique de 60 à 80 nm. Nucléocapside isométrique contenant une activité de transcriptase. Multiplication cytoplasmique.

Genres :
  Reovirus : de vertébrés.
  Orbivirus : de vertébrés mais se multiplient aussi chez les insectes.
  Coltivirus : de vertébrés et de tiques.
  Rotavirus : de vertébrés.
  Cypovirus : virus de la polyédrose cytoplasmique : d'insectes.
  Phytoreovirus : virus des tumeurs de blessures.

5. Famille : *Picornaviridae*

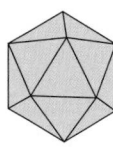

ARN simple brin de masse moléculaire 2 à 5 x 10^6. Particule icosaédrique de 30 nm. Multiplication cytoplasmique.

Genres :
  Enterovirus : virus à action primaire sur le tractus gastro-intestinal, résistants à l'acide.
  Hepatovirus (groupe de virus de l'hépatite A)
  Rhinovirus : virus principalement des voies respiratoires supérieures, sensibles à l'acide.
  Aphtovirus : virus de la fièvre aphteuse.
  Cardiovirus : virus EMC de la souris
  Aussi différents virus d'insectes.

6. Famille : *Togaviridae*

ARN simple brin positif de masse moléculaire 4 x 10⁶. Particule enveloppée d'un diamètre de 40 à 70 nm contenant une nucléocapside icosaédrique. Hémagglutinant. Multiplication cytoplasmique, ont un ARNm subgénomique. Bourgeonnement à la membrane plasmique.

Genres :

Alphavirus (des arbovirus comme le virus de la forêt de la Semliki et le virus Sindbis).

Rubivirus (virus de la rubéole)

7. Famille : *Flaviviridae*

ARN simple brin de masse moléculaire environ 4 x 10⁶. Particule enveloppée de 40 à 70 nm de diamètre. Se différencie des *Alphaviridae* par la présence d'une protéine de matrice, l'absence d'ARNm subgénomique cytoplasmique et le bourgeonnement au niveau du réticulum endoplasmique. Hémagglutinant. Cytoplasmique.

Genres :

Flavivirus (des arbovirus comme le virus de la fièvre jaune).

Pestivirus (comme le virus de la peste porcine) groupe de virus de l'hépatite C.

8. Famille : *Rhabdoviridae*

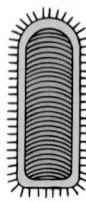

ARN simple brin négatif de masse moléculaire 3,5 à 4,6 x 10⁶, complémentaire de l'ARNm. Particule oblongue (ou bacilliforme) de 100 à 430 x 70 nm, enveloppée avec projections de 5 à 10 nm. Nucléocapside interne hélicoïdale avec activité de transcriptase. Multiplication cytoplasmique, bourgeonnement à la membrane plasmique. Certains sont des arbovirus.

Genres :

Vesiculovirus : (groupe du virus de la stomatite vésiculaire), virus de vertébrés et d'insectes.

Lyssavirus : (de vertébrés comme le virus de la rage ou d'insectes comme le virus sigma)

Virus de végétaux (comme le virus de la jaunisse nécrotique de la laitue, du nanisme jaune de la pomme de terre, et beaucoup d'autres).

9. Famille : *Bunyaviridae*

ARN simple brin en 3 fragments (grand, moyen et petit) d'une masse moléculaire totale de 6 x 10⁶. Particules enveloppées de 100 nm avec des projections. Trois filaments internes (2 nm de large) de ribonucléoprotéines. Multiplication cytoplasmique et bourgeonnement à partir de l'appareil de Golgi. Transmis par arthropodes, à l'exception du genre *Hantavirus*.

Genres :

Bunyavirus : (virus Bunyamwera et environ 150 virus apparentés).

Hantavirus : (virus de la fièvre hémorragique de Corée ou virus Hantaan), ne sont pas des arbovirus.

Tospovirus (groupe du virus de la maladie des taches bronzées de la tomate, «tomato spotted wilt virus»).

Virus se multipliant uniquement chez les vertébrés

1. Famille : *Herpesviridae*

ADN double brin de masse moléculaire 80 à 150 x 10⁶. Particule composée d'une capside icosaédrique de 100 à 110 nm de diamètre, entourée d'une enveloppe lipidique (diamètre du virionde 120 à 200 mm). Bourgeonnement à la membrane nucléaire. La latence durant toute la vie de l'hôte est fréquente.

Sous-famille : *Alphaherpesvirinae.*

Genres :

Simplexvirus : (alpha) herpès virus humains 1 et 2 (ou virus de l'herpès simplex types 1 et 2).

Varicellovirus : (alpha) herpes virus humain 3 ou virus de la varicelle et du zona.

Sous-famille : *Betaherpesvirinae* (les cytomégalovirus)

Genres :

Cytomegalovirus : Groupe du cytomégalovirus humain (ou [beta]herpes virus humain 5).

Muromegalovirus : Groupe du cytomégalovirus de souris.

Sous-famille : *Gammaherpesvirinae* (virus lymphoprolifératifs)

Genres :

Lymphocryptovirus : (gamma) herpes virus humain 4 (ou virus humain d'Epstein-Barr).

2. Famille : *Adenoviridae*

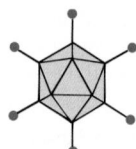

ADN double brin de masse moléculaire 20 à 30 x 10⁶. Particule icosaédrique de 70 à 90 nm, assemblée dans le noyau.

Genres :

Mastadenovirus : (adénovirus de mammifères)

Aviadenovirus : (adénovirus d'oiseaux)

3. Famille : *Polyomaviridae*

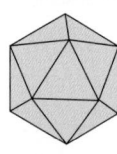

ADN double brin circulaire. Particule icosaèdrique non enveloppée de 40 nm de diamètre à 72 capsomères arrangés obliquement, assemblée dans le noyau. Oncogénique.

Genre :

Polyomavirus (de rongeurs, humains et d'autres primates) : particule de 45 nm, ADN de masse moléculaire 3 x 10⁶, comprend le virus SV40 et le virus polyoma lui-même.

4. Famille : *Papillomaviridae*

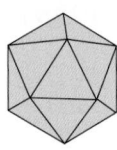

ADN double brin circulaire. Particule non enveloppée en icosaèdre de 55 nm de diamètre, à 72 capsomères arrangés obliquement, assemblée dans le noyau. Oncogénique.

Genre :

Papillomavirus (responsable de papillomes chez plusieurs espèces de mammifères) : ADN de masse moléculaire 5 x 10⁶. Comprend les papillomavirus humains, HPV.

5. Famille : *Hepadnaviridae*

    Une chaîne complète d'ADN négatif de masse moléculaire 1 x 10⁶ portant une protéine à l'extrémité 5'. ADN circularisé par la chaîne complémentaire positive de longueur variable (50-100 %) qui recouvre les extrémités 3' et 5' de l'ADN négatif. Particule enveloppée de 40-48 nm contenant un nucléoïde qui possède une ADN polymérase et une protéine kinase. Transcriptase inverse impliquée dans la multiplication virale.
    Comprend les virus de l'hépatite B des humains (HBV), de l'hépatite du canard Pékin, de l'hépatite de l'écureuil terrestre et de l'hépatite de la marmotte. HBV est fortement associé au cancer du foie.

    Genre :
    Orthohepadonavirus, virus de l'hépatite B

6. Famille : *Calicivirus*

    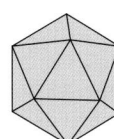

    ARN simple brin de masse moléculaire 2,7 x 10⁶. Particule icosaédrique de 37 nm, avec dépressions de surface caliciformes.

    Genre :
    Calicivirus (virus porcin de l'exanthème vésiculaire, virus de Norwalk, peut-être virus de l'hépatite E)

7. Famille : *Arenaviridae*

    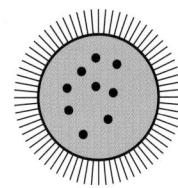

    ARN simple brin en 2 segments : un grand de masse moléculaire 3 x 10⁶ et un petit 1,3 x 10⁶ qui est ambisens. Particule enveloppée de 50 à 300 nm portant des projections. Contient des ribosomes sans fonction connue. Multiplication cytoplasmique, bourgeonnement à la membrane plasmique.

    Genre :
    Arenavirus (virus de la chorioméningite lymphocytaire et virus apparentés dont les virus Lassa, Junin et Macupo).

8. Famille : *Paramyxoviridae*

    ARN simple brin de masse moléculaire 5 à 7 x 10⁶. Particule enveloppée de 150 nm avec projections. Contient une nucléocapside hélicoïdale de 12 à 17 nm portant une activité de transcriptase. Formes filamenteuses fréquentes. Multiplication cytoplasmique, bourgeonnement à la membrane cytoplasmique. Transmission par l'air.

    Sous-famille : *Paramyxovirinae*
    Genres :
    Rubulavirus (virus des oreillons, de la maladie de Newcastle, virus parainfluenza).
    seul ce genre a une activité neuraminidasique portée par la même protéine (HN) que l'activité hémagglutinante.
    Morbillivirus : (groupe du virus de la rougeole), hémagglutinant.
    Sous-famille : *Pneumovirinae*
    Pneumovirus : (groupe du virus syncytial respiratoire).

9. Famille : *Orthomyxoviridae*

    ARN simple brin en 8 segments de masse moléculaire totale 4 x 10⁶. Particule enveloppée avec spicules de 100 nm, contient une nucléocapside hélicoïdale de 9 nm de large portant une activité de transcriptase. Les virus A et B ont seuls une hémagglutinine et une neuraminidase séparées. Le noyau est nécessaire à la multiplication. Les segments d'ARN se réassortissent facilement lors d'infections mixtes et forment des virus hybrides génétiquement stables. Bourgeonnement à la membrane plasmique.

    Genres : Virus influenza A et B
    Virus influenza C : a 7 segments d'ARN et porte sur la même protéine la neuraminidase (activité O-acétylestérase de l'acide sialique, détruisant le récepteur) et l'hémagglutinine.

10. Famille : *Filoviridae*

    Longue particule filamenteuse de 800 à 900 (parfois 14 000) x 80 nm, contenant une nucléocapside hélicoïdale de 50 nm de large. ARN linéaire, simple brin, négatif de masse moléculaire 4,2 x 10⁶. Bourgeonnement à la membrane plasmique. Comprend les virus Marburg et Ebola très pathogènes pour l'homme. Transmission par contact.

    Genre :
    Filovirus : virus Marburg et Ebola.

11. Famille : *Retroviridae*

    ARN « diploïde » simple brin dont la séquence unique a une masse moléculaire de 1 à 3 x 10⁶. Particule enveloppée de 80 à 100 nm contenant une nucléocapside icosaédrique Possède une ADN polymérase ARN-dépendante. L'ADN proviral est nucléaire.

    Genres sélectionnés :
    virus apparentés à MuLV:, virus de la leucémie murine (groupe des rétrovirus de type C des mammifères).
    Spumavirus : virus spumeux humain.
    groupe HIV-BLV : des virus humains T lymphotropes de types 1 et 2.
    Lentivirus : virus humains de l'immunodéficience de types 1 et 2, virus simien de l'immunodéficience, virus visna.

Virus se multipliant uniquement chez les invertébrés

Virus infectant non seulement des insectes, des crustacés et des mollusques, mais probablement tous les groupes d'invertébrés. Certains membres des *Poxviridae, Reoviridae, Parvoviridae, Rhabdoviridae* et *Togaviridae* (voir plus haut) se multiplient chez les invertébrés. Certains virus de végétaux sont transmis par des invertébrés mais ne se multiplient pas chez ces vecteurs.

1. Famille : *Baculoviridae*

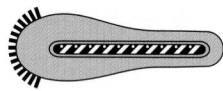
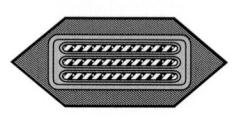

ADN circulaire double brin d'une masse moléculaire 60 à 110 x 10^6. Particule bacilliforme de 30 à 60 x 250 à 300 nm avec une membrane externe. Peut être enfermé dans une inclusion protéique contenant généralement une seule particule (virus de granulose, figure supérieure) ou dans un polyèdre contenant de nombreuses particules (virus de polyédrose, figure inférieure).

Genre sélectionnés :
- virus de la polyédrose nucléaire
- les virus de granulose
- les baculovirus non inclus

2. Famille : *Tetraviridae*

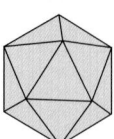

ARN simple brin de masse moléculaire 1,8 x 10^6. Particule icosaédrique de 35 nm. T = 4 (alors que T = 1 chez les *Picornaviridae*). Tous isolés de lépidoptères. Pas d'infection de cellules en cultures. virus ß de *Nudaurelia*.

Virus se multipliant uniquement chez les végétaux

La multiplication de ces virus est moins bien connue car la culture de cellules végétales est plus difficile que celle des cellules animales. Travaux nombreux sur les propriétés physiques et les caractéristiques des maladies. Certains membres des *Reoviridae* et des *Rhabdoviridae* se multiplient chez les plantes et les invertébrés. Les virus de végétaux présentés ci-après ne se multiplient pas chez leur vecteur invertébré. Les différences dans les protéines virales et les stratégies de traduction sont des critères de classification importants.

1. *Caulimoviridae*

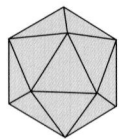

ADN double brin circulaire ouvert avec des discontinuités comme chez les hépadnavirus, de masse mol. 4 à 5 x 10^6. Particules isométriques de 50 nm, certains sont bacilliformes. Contient une transcriptase inverse, transmis par des aphidés. Comprend le virus de la mosaïque de chou-fleur (« cauliflower mosaic virus »).

2. *Geminiviridae*

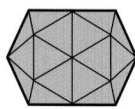

ADN simple brin circulaire de masse mol. 0,7 à 0,8 x 10^6. Particules quasi isométriques de 18 nm, associées en paires, trouvées généralement dans le noyau. Une ou deux molécules d'ADN par paire de particules. Persistant chez les vecteurs, cicadelles ou aleurodes.

3. Luteoviridae

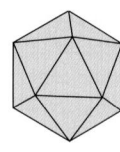

ARN simple brin positif de masse mol. 2 x 10^6. Particule isométrique de 25-30 nm. Persistant chez les vecteurs aphidés.
Comprend le virus de la jaunisse nanisante de l'orge (« barley yellow dwarf virus »).

4. Tombusviridae

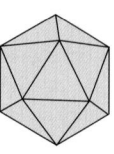

ARN simple brin linéaire positif de masse mol. 1,5 x 10^6 non polyadénylé. Particule icosaédrique de 32 à 35 nm. Localisation cytoplasmique, nucléaire et parfois mitochondriale. Transmis par le sol, inoculation mécanique, contact et graines. Comprend le virus de la nécrose du tabac (« tabacco necrosis virus ») et le virus du rabougrissement buissonnant de la tomate (« tomato bushy stunt virus »).

5. *Bromoviridae*

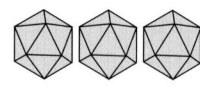

ARN simple brin en 3 segments linéaires positifs. Particules icosaédriques de 26 à 35 nm et particules bauliiformes (18 à 26 nm x 30 à 85nm). Les trois ARN nécessaires à l'infection, sont encapsidés chacun dans une particule différente. Assemblage dans le cytoplasme. Certains transmis par les coléoptères. Comprend le virus de la mosaïque du brome (« brome mosaic virus »), le virus de la mosaïque du concombre (« cucumber mosaic virus ») et le virus de la mosaïque de la luzerne (« alfalfa mosaic virus »)

6. *Comoviridae*

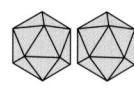

Deux particules de 28 à 30 nm non enveloppées contenant chacune un segment d'ARN simple brin de masse mol. 2,4 et 1,4 x 10^6. Le petit ARN code pour deux polypeptides de capside. Les deux ARN sont nécessaires à l'infection. Cytoplasmique. Transmis par des coléoptères ou les graines. Comprend le virus de la mosaïque du niébé (« cowpea mosaie virus ») et le virus des anneaux nécrotiques du tabac (« tobacco ringspot virus »).

7. *Tobamoviridae* : groupe du virus de la mosaïque du tabac (« tobacco mosaic virus »).
ARN simple brin linéaire positif de masse mol. 2 x 10^6. Particule cylindrique rigide de 300 x 18 nm. Transmis mécaniquement ou par les graines.

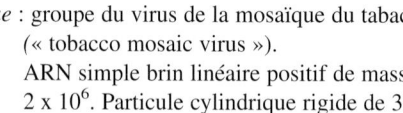

8. *Potyviridae*

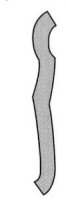

ARN simple brin, linéaire, positif de masse mol. 3,0 à 3,5 x 10^6. Longs bâtonnets flexueux à symétrie hélicoïdale, généralement 650 à 900 nm x 11 à 15 nm. Cytoplasmiques mais certains ont des inclusions nucléaires. Non persistents chez les vecteurs aphidés. Comprend le virus Y de la pomme de terre (« potato virus Y »).

Virus se multipliant uniquement chez les algues, les mycètes et les protozoaires

1. Famille : *Totiviridae*

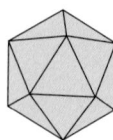

ARN double brin de masse moléculaire 3,3 à 4,2 x 10⁶. Particule isométrique de 40 à 43 nm. Une protéine majeure de capside. Cytoplasmique. Une seule capside. Présence de transcriptase.

Genres :

Totivirus (virus LA de *Saccharomyces cerevisiae*).

2. Famille : *Phycodnaviridae*

Grandes particules polyédriques de 130 à 200 nm de diamètre contenant un ADN double brin linéaire de masse mol. 150 à 210 x 10⁶. Non enveloppés, la coque contient des lipides, infecte *Paramecium* et *Chlorella* sp.

Virus se multipliant uniquement chez les bactéries

On connaît étonnamment peu la biologie comparée des virus bactériens car seuls quelques représentants ont été étudiés en détail.

1. Famille : *Myoviridae* (phages à queue contractile)

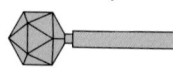

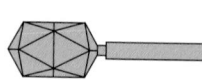

ADN double brin linéaire de masse moléculaire 120 x 10⁶. Tête isométrique ou allongée de 110 x 80 nm, queue complexe contractile de 113 x 16 nm. La queue comprend un collier, une plaque basale, des spicules et des fibres. Comprend les phages T2, T4, T6, PBS1, SP8, SP50, P2 et Mu.

2. Famille : *Siphoviridae* (phages à longue queue non contractile)

ADN double brin linéaire de masse moléculaire 33 x 10⁶. Tête de 60 nm de diamètre, longue queue non contractile jusqu'à 570 nm ; pas de dégradation de l'ADN de l'hôte. Comprend λ, χ (chi) et φ80.

3. Famille : *Podoviridae* (phages à queue courte)

ADN double brin linéaire de masse moléculaire 25 x 10⁶. Tête de 60 nm de diamètre, queue courte (17 x 8 nm) portant 6 courtes fibres. Comprend T7 et P22.

4. Famille : *Tectiviridae* (phages à double capside)

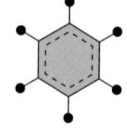

ADN double brin linéaire de masse moléculaire 10 x 10⁶. Particule de 65 nm. Contient des lipides internes, possède une double capside avec une coque externe rigide et un manteau interne flexible. Après injection de l'ADN, une structure de queue apparaît de 60 nm environ. Comprend PRDI, Bam35.

5. Famille : *Plasmaviridae* (groupe des phages pléomorphes)

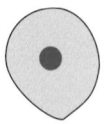

ADN double brin circulaire de masse moléculaire 8 x 10⁶. Particule de 50 à 125 nm de diamètre avec enveloppe contenant des lipides et un petit centre dense. Formé par bourgeonnement. Infecte les mycoplasmes.

6. Famille : *Corticoviridae* (groupe du phage PM2)

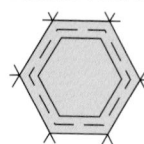

ADN double brin circulaire de masse moléculaire 6 x 10⁶. Particule isométrique de 60 nm de diamètre, lipide entre les coques protéiques, pas de queue, pas d'enveloppe, spicules aux sommets. Infecte *Pseudomonas*.

7. Famille : Microviridae (phages isométriques à ADN simple brin)

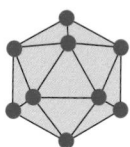

ADN simple brin circulaire de masse moléculaire 1,6 à 1,7 x 10⁶. Particule en icosaèdre de 25 à 27 nm de diamètre avec des boutons aux 12 sommets, pas d'enveloppe. Comprend G4 et φ X 174.

8. Famille : *Inoviridae* (phages en bâtonnets)

Phages hélicoïdaux, filamenteux ou en bâtonnets à ADN simple brin circulaire positif. Pas de lyse de l'hôte.

Genres :
Inovirus
ADN de masse moléculaire 1,9 à 2,7 x 10⁶, longue particule filamenteuse flexible, jusqu'à 1.950 x 6 à 8 nm. Pas de lyse des bactéries hôtes. Comprend les phages M13 et fd.
Plectovirus
Virus de mycoplasme-type 1
ADN de masse moléculaire 2,5 à 5,2 x 10⁶, bâtonnet court de 85 à 280 x 14 nm.

9. Famille : *Cystoviridae* (groupe du phage φ6)

Trois segments d'ARN double brin linéaire de masse moléculaire 2,3 ; 3,1 et 5 x 10⁶. Particule isométrique de 75 nm avec une enveloppe lipidique. Infecte *Pseudomonas*.

10. Famille : *Leviviridae* (phages à ARN simple brin)

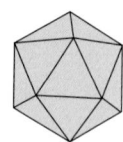

ARN simple brin linéaire positif de masse moléculaire 1,2 x 10⁶. Particule icosaédrique de 24 nm de diamètre.

Genres :
Levivirus
Groupe de coliphage MS2
Allolevivirus
Groupe de coliphage Qβ

GLOSSAIRE

A

Acétyl coenzyme A (acétyl-CoA) Combinaison riche en énergie, constituée d'acide acétique et de la coenzyme A ; est produit suivant de nombreuses voies cataboliques et est le substrat du cycle des acides tricarboxyliques, de la biosynthèse des acides gras et d'autres voies. 183

Acide désoxyribonucléique (ADN) Acide nucléique constituant le matériel génétique de tous les organismes cellulaires ; polynucléotide composé de désoxyribonucléotides unis par des liaisons phosphodiesters. 54, 230

Acide dipicolinique Substance présente en grandes quantités dans les endospores bactériennes. On pense qu'il contribue à la thermorésistance de l'endospore. 69

Acide mycolique Acide gras complexe de 60 à 90 carbones avec un groupe hydroxyle sur le carbone β et une chaîne aliphatique sur le carbone α ; présent dans les parois des mycobactéries. 543

Acide ribonucléique (ARN) Polynucléotide composé de ribonucléotides unis par des liaisons phosphodiesters. 230

Acide ribonucléique ribosomial (ARNr) ARN présent dans les ribosomes. Plusieurs ARNr simple brin de tailles différentes contribuent à la structure du ribosome et sont aussi directement impliqués dans la synthèse protéique. 261

Acide téichoïque Polymère de glycérol et de ribitol liés par des phosphates. On le trouve dans la paroi cellulaire des bactéries Gram-positives. 56

Acido-alcoolo-résistante Bactérie qui, telles les mycobactéries, ne se décolore pas facilement à l'alcool-acide après coloration par une substance comme la fuchsine basique. 543

Acidophile Micro-organisme dont le développement optimal se fait entre pH 0 et 5,5. 123

Actinobactéries Groupe de bactéries Gram-positives contenant les actinomycètes et les bactéries apparentées riches en GC. 541

Actinomycète Bactérie aérobie Gram-positive qui forme des filaments ramifiés (hyphes) et des spores asexuées. 682

Actinorhize Association d'un actinomycète et d'une racine végétale. 682

Activation d'un acide aminé Étape initiale de la synthèse des protéines dans laquelle les acides aminés sont fixés à des ARN de transfert. 266

Activité de l'eau (a$_w$) Mesure quantitative de la disponibilité en eau dans un habitat ; l'activité de l'eau d'une solution est un centième de son humidité relative. 122

Acyclovir Dérivé synthétique d'un nucléoside purique doué d'une activité antivirale contre le virus de l'herpès simplex. 821

Adénine Base purique (6-aminopurine) trouvée dans les nucléosides, nucléotides, coenzymes et acides nucléiques. 217

Adénosine diphosphate (ADP) Nucléoside diphosphate se formant lors de la dégradation de l'ATP génératrice d'énergie. 155

Adénosine 5'-triphosphate (ATP) Triphosphate du nucléoside adénosine, molécule riche en énergie ou à haut potentiel de transfert de groupe phosphate, constituant la source majeure d'énergie de la cellule. 155

Adhésine Molécule située à la surface d'un micro-organisme, impliquée dans l'adhésion à un substrat ou une cellule. L'adhésion à un tissu spécifique de l'hôte est une étape préliminaire de la pathogénèse et les adhésines sont d'importants facteurs de virulence. 792

Adjuvant Matériel ajouté à un antigène pour augmenter son immunogénicité, par exemple, de l'alun, des *Bordetella pertussis* tués, une émulsion huileuse de l'antigène, soit seul (adjuvant incomplet de Freund), soit additionné de mycobactéries tuées (adjuvant complet de Freund). 741

Adjuvant diététique microbien Substance ajoutée à un régime pour stimuler spécialement certaines populations ou processus microbiens. 986

ADN complémentaire (ADNc) Copie ADN d'une molécule d'ARN, généralement d'ARN messager. 321

ADN ligase. Enzyme unissant deux fragments d'ADN par la formation d'une nouvelle liaison phosphodiester. 239

ADN hétéroduplexe Fragment d'ADN bicaténaire formé de deux chaînes légèrement différentes, pas parfaitement complémentaires. 292

ADN polymérase Enzyme synthétisant un nouvel ADN à partir d'un brin d'ADN matrice. 236

Aérobie Organisme qui se développe en présence d'oxygène atmosphérique. 126

Aérobie obligatoire Organisme qui ne croît qu'en présence d'oxygène. 127

Affinage Processus de vieillissement de la bière permettant le développement de la saveur. 983

Aflatoxine Un polykétide, métabolite secondaire de mycète qui peut provoquer un cancer. 967

Agar Polysaccharide sulfaté complexe, généralement extrait d'une algue rouge ; utilisé comme agent de solidification des milieux de culture. 105

Agent antimicrobien Agent qui tue les micro-organismes ou inhibe leur développement. 139

Agent chimiothérapeutique Composé utilisé pour le traitement des maladies, il détruit les micro-organismes pathogènes ou inhibe leur croissance à des doses suffisamment faibles pour ne pas être nocives pour l'hôte. 806

Agent delta Virus défectif à ARN, transmis comme un agent infectieux mais incapable d'induire une maladie sauf si le porteur est déjà infecté par le virus de l'hépatite B., voir hépatite D. 891

Agent intercalant Molécule s'insérant entre les bases d'une double hélice d'ADN, déformant ainsi l'ADN et induisant des mutations par insertion et par délétion. 248

Agent réducteur (réducteur) Donneur d'électrons dans une réaction d'oxydo-réduction. 157

Agent oxydant (oxydant) Accepteur d'électrons dans une réaction d'oxydo-réduction. 157

Agent pathogène primaire Tout organisme responsable d'un maladie chez un hôte par interaction directe ou infection de cet hôte. 789

Agglutinat Agrégat visible formé lors d'une réaction d'agglutination. 775

Agglutinine Anticorps responsable d'une réaction d'agglutination. 756

Agriculture par coupes et brûlis Coupe et incendie d'une végétation tropicale pour rendre disponibles les éléments minéraux nécessaires aux cultures. 672

Akinète Cellule quiescente spécialisée, non mobile, à paroi épaisse, formée par certaines cyanobactéries. 473

Alcalophile Micro-organisme qui se développe le mieux à un pH compris entre 8,5 et 11,5. 123

Algicide Mortel pour les algues. 138

Algologie Étude scientifique des algues. 571

Algue Terme courant utilisé pour une série de groupes non apparentés de micro-organismes eucaryotes photosynthétiques, dépourvus d'organes sexuels multicellulaires (à l'exception des charophycées) et de vaisseaux conducteurs. 571

Allergène Substance capable d'induire une allergie ou une susceptibilité spécifique. 768

Allergie *Voir* Hypersensibilité. 768

Allogreffe Greffe entre individus d'une même espèce mais dont le génotype est différent. 773

Allotypes Variants alléliques de déterminant(s) antigéniques, se trouvent sur les chaînes d'anticorps de certains membres d'une espèce mais pas tous, sont hérités comme des caractères mendéliens simples. 734

Alpha-protéobactéries Un des cinq sous-groupes de protéobactéries, chacun ayant des séquences d'ARNr 16 S distinctes ; comprend la plupart des protéobactéries oligotrophes, certaines avec des métabolismes particuliers comme la méthylotrophie, la chimiolitotrophie et la fixation d'azote ; beaucoup d'entre elles ont des caractéristiques morphologiques particulières. 487

Amantadine Substance antivirale utilisée dans la prévention d'infections grippales de type A. 821

Amensalisme Relation dans laquelle le produit d'un organisme a un effet négatif sur un autre organisme. 609

Amibiase ou **dysenterie amibienne** Infection par des amibes, le plus souvent *Entamoeba histolytica*. 950

Aminoglycosides Groupe d'antibiotiques synthétisés par *Streptomyces* et *Micromonospora* ; ils ont un anneau cyclohexane et des sucres aminés ; ils se fixent tous à la petite sous-unité du ribosome et inhibent la synthèse des protéines. 816

Amphitriche Cellule portant un seul flagelle à chaque extrémité. 63

Amphotéricine B Antibiotique synthétisé par une souche de *Streptomyces nodosus* et utilisé dans le traitement d'infections fongiques généralisées et de certaines candidoses. 820

Amygdalite Infection des amygdales particulièrement du palais, souvent due à *S. pyogenes*. 905

Anabolisme Ensemble des réactions métaboliques qui synthétisent des molécules complexes à partir de molécules plus simples, nécessite un apport d'énergie. 173

Anaérobie Organisme qui se développe en absence d'oxygène libre. 127

Anaérobie aérotolérant Micro-organisme qui se développe aussi bien en présence qu'en absence d'oxygène. 127

Anaérobie facultatif Micro-organisme n'exigeant pas d'oxygène pour la croissance mais se développant mieux en sa présence. 127

Anaérobie obligatoire Micro-organisme qui ne tolère pas l'oxygène et meurt en sa présence. 127

Anaérobie strict *Voir* Anaérobie obligatoire. 127

Analogues de base Molécules qui ressemblent aux nucléotides normaux de l'ADN, peuvent se substituer à eux lors de la réplication de l'ADN et conduire à des mutations. 246

Anaphylaxie Réaction immédiate d'hypersensibilité (de type I) à la suite de l'exposition d'un individu sensibilisé à l'antigène approprié ; se fait par l'intermédiaire de réagines, principalement les IgE. 768

Anatoxine Exotoxine bactérienne modifiée de sorte qu'elle ne soit plus toxique, mais qu'elle puisse encore stimuler la production d'antitoxine quand elle est injectée à une personne ou un animal. 767, 796

Anergie État de non réponse aux antigènes ; absence de capacité à générer une réaction de sensibilisation à des substances devant être antigéniques. 758

Angine streptococcique Infection bactérienne humaine parmi les plus communes, maladie répandue par les gouttelettes de salive et les sécrétions nasales, due à *Streptococcus* sp, spécialement du groupe A. 905

Annotation Détermination de la position de gènes particuliers dans une carte génomique obtenue par séquençage de l'acide nucléique. 347

Anoxique En l'absence d'oxygène. 635

Anthéridie Organe producteur de gamètes mâles, uni- ou multicellulaire. 561, 524

Anthrax *Voir* Charbon. 913

Antibiotique Produit d'origine microbienne — ou un dérivé — qui tue les micro-organismes sensibles ou inhibe leur développement. 806

Antibiotique à large spectre Agent chimiothérapeutique actif contre de nombreux micro-organismes pathogènes différents. 808

Antibiotique à spectre étroit Agent chimiothérapeutique qui n'est efficace que contre un nombre restreint d'espèces de micro-organismes. 808

Anticodon Triplet de bases sur un ARNt, complémentaire du codon de l'ARNm. 266

Anticorps ou **immunoglobuline (Ig)** Glycoprotéine produite en réponse à l'introduction d'un antigène, a la propriété de se combiner à l'antigène qui a stimulé sa production. 734

Anticorps monoclonal Anticorps de spécificité unique produit par une population de plasmocytes génétiquement identiques ; est produit par une culture cellulaire résultant de la fusion d'une cellule cancéreuse et d'une cellule productrice d'anticorps (un hybridome). 743

Antigène Substance étrangère (non-soi), telle que protéine, nucléoprotéine, polysaccharide et certains glycolipides, à laquelle les lymphocytes répondent, est dit **immunogène** quand il induit une réponse immunitaire. 731

Antigène O Antigène polysaccharidique s'étendant à l'extérieur de la membrane externe de certaines bactéries Gram-négatives ; il fait partie du lipopolysaccharide. 58

Antigène thymodépendant Antigène qui, effectivement, stimule la réponse cellulaire B seulement à l'aide des lymphocytes T auxiliaires qui produisent de l'interleukine-2 et le facteur de croissance des cellules B. 753

Antigène thymo-indépendant Antigène qui déclenche la production d'immunoglobulines par les cellules B sans la coopération des lymphocytes T. 754

Antimétabolite Composé arrêtant le fonctionnement d'une voie métabolique par inhibition compétitive de l'utilisation d'un métabolite par une enzyme-clé, en raison de sa forte ressemblance avec le substrat normal de l'enzyme. 812

Antisepsie Prévention de l'infection ou sepsie. 138

Antiseptique Agent chimique qui tue ou inhibe les organismes pathogènes et que l'on applique sur un tissu pour prévenir une infection. 138

Antisérum Sérum contenant des anticorps induits. 742

Antitoxine Anticorps dirigé contre une toxine microbienne, généralement une exotoxine bactérienne, se combine spécifiquement à la toxine in vivo et in vitro et la neutralise. 756, 796

Apicomplexan Protiste sporozoaire dépourvu d'appareil locomoteur spécialisé mais possédant un complexe apical et passant par un stade sporulateur ; parasite intra- ou extracellulaire d'animaux ; membre de l'embranchement *Apicomplexa*. 591

Aplanospore Spore non mobile, non flagellée, impliquée dans la reproduction asexuée. 573

Apoenzyme Partie protéique d'une enzyme qui possède aussi un composant non protéique. 161

Apoptose ou mort cellulaire programmée, fragmentation d'une cellule en particules entourées d'une membrane qui sont éliminées par phagocytose ; est un mécanisme de suicide physiologique qui préserve l'homéostase et se produit au cours du renouvellement normal des tissus. Est responsable de mort cellulaire dans les conditions pathologiques comme l'exposition à faibles doses de substances xériobiotiques, l'infection par HIV ou d'autres virus. Les cellules apoptotiques ont une structure profondément altérée avec des membranes boursouflées et un noyau disloqué, l'ADN est clivé en courts fragments oligonucléosomiques. L'apoptose se produit généralement après activation d'une endonucléase endogène dépendante du calcium. 750, 881

Aporépresseur Forme inactive d'un répresseur protéique, devient un répresseur actif par la fixation du corépresseur. 276

Appareil de Golgi Organite eucaryote constitué d'empilements de sacs membranaires aplatis (citernes) et impliqué dans la modification de matériaux pour la sécrétion et dans plusieurs autres processus. 80

Arbuscule Structure ramifiée, arborescente formée dans les cellules de racines végétales colonisées par des endomycorhizes. 681

ARC pour AIDS-related complex Voir complexe associé au SIDA. 879

Arbre phylogénique Graphique fait de nœuds et de branches (en forme d'arbre) qui montre les relations phylogéniques existant entre des groupes d'organismes et qui indique parfois l'évolution des groupes. 433

***Archaea* (Archéobactéries)** Domaine des procaryotes qui parmi de nombreuses différences, ont de l'ARN$_r$ archéal et dans leurs membranes des lipides isoprenoïdes avec des diéthers de glycerol ou des tétraéthers de diglycerol. 424, 451

Architecture des voies métaboliques L'analyse, le dessin et les modifications des voies métaboliques en vue d'en accroître l'efficacité. 997

ARN antisens ARN monocaténaire dont la séquence est complémentaire d'un segment d'un autre ARN ; peut se fixer spécifiquement à cet ARN cible et en inhiber l'activité. 283

ARN messager (ARNm) ARN monocaténaire, synthétisé à partir d'une matrice d'ADN au cours de la transcription, se lie aux ribosomes et détermine la synthèse protéique. 230

ARN nucléaire hétérogène (ARNnh) ARN nucléaire contenant les transcrits primaires de l'ADN, obtenus par l'ARN polymérase II, avant qu'ils ne soient modifiés pour former les ARNm. 263

ARN polymérase Enzyme qui catalyse la synthèse d'ARNm à partir d'une matrice d'ADN. 261

ARNm précoce ARN messager produit au début d'une infection virale ; code des protéines nécessaires au contrôle de la cellule hôte et à la synthèse des acides nucléiques viraux. 385

ARNm tardif ARN messager produit tardivement lors d'une infection virale ; code pour des protéines nécessaires à la construction des capsides et la libération des virus. 387

ARN de transfert (ARNt) Petit ARN qui se lie à un acide aminé et l'apporte au ribosome pour l'incorporer à la chaîne polypeptidique durant la synthèse protéique. 261

Arthroconidie Conidie thallique libérée par la fragmentation ou la lyse d'un hyphe, pas beaucoup plus grande que l'hyphe parental, la séparation se faisant au niveau du septum. 557

Arthrospore Spore formée par fragmentation d'un hyphe. 557

Ascocarpe Chez les ascomycètes, structure multicellulaire garnie de cellules spécialisées ou asques, lesquelles produisent les ascospores après fusion nucléaire et méiose ; l'ascocarpe, organe de fructification, peut être ouvert ou fermé. 561

Ascogonie Chez les ascomycètes, organe récepteur (femelle), donne naissance après fertilisation à un hyphe ascogène puis aux asques et aux ascospores. 561

Ascomycètes Embranchement de mycètes formant des ascospores. 560

Ascospore Spore contenue ou produite dans une asque. 558

Aspergillose Mycose due à certaines espèces d'*Aspergillus*. 948

Asque Cellule spécialisée, caractéristique des ascomycètes dans laquelle deux noyaux haploïdes fusionnent pour donner un zygote qui se divise immédiatement par méiose ; une asque mature contient des ascospores. 561

Association tétrapartite Association mutualiste de la même plante avec trois types différents de micro-organismes. 856

Association tripartite Association mutualiste de la même plante avec deux types de micro-organismes. 685

Asthme bronchique Exemple d'allergie atopique affectant les voies respiratoires inférieures. 769

Atténuateur Site de terminaison de la transcription indépendant du facteur rho, localisé dans la séquence de tête (leader) de l'ARNm et impliqué dans l'atténuation. 279

Atténuation 1° Mécanisme de régulation de la transcription de certains opérons bactériens par les aminoacyl-ARNt. 2° Technique qui diminue ou supprime la virulence d'un agent pathogène sans modifier son pouvoir immunogène. 281, 766

Atténuation naturelle Diminution du niveau d'un contaminant environnemental résultant de processus naturels, chimiques, physiques ou biologiques. 1016

Auto-assemblage Formation spontanée d'une structure complexe à partir des molécules qui la composent, sans l'aide d'enzymes ou de facteurs spéciaux. 65, 207

Autoclave Appareil qui stérilise les objets par de la vapeur sous pression, sa mise au point a très fortement stimulé le développement de la microbiologie. 140

Auto-immunité État caractérisé par la présence dans le sérum d'auto-anticorps et de lymphocytes auto-réactifs ; peut être bénigne ou pathogène ; est une conséquence normale de l'âge ; est facilement induite par des organismes infectieux ou des drogues et est potentiellement réversible lorsque l'agent inducteur disparait. 772

Autolysine Enzyme qui digère partiellement le peptidoglycane des bactéries en développement et permet la croissance de la paroi. 223

Autotrophe Organisme qui utilise le CO_2 comme source de carbone unique ou principale. 96

Autotrophe chimiolithotrophe Micro-organisme qui oxyde des produits inorganiques réduits avec production d'énergie et d'électrons et utilise le CO_2 comme source de carbone aussi appelé chimiolithoautotrophe. 98

Autotrophe photolithotrophe Micro-organisme utilisant de l'énergie lumineuse, une source inorganique d'électrons (ex. H_2O, H_2, H_2S) et du CO_2 comme source de carbone. 97

Auxotrophe Prototrophe qui, par mutation, a perdu la capacité de synthétiser un nutriment essentiel, qu'il doit donc trouver (ou un précurseur) dans son milieu. 245

B

Bacille Bactérie en forme de bâtonnet. 43

Bacteria Domaine qui contient les cellules procaryotes avec des diesters de diacyl-glycerol dans leurs membranes et de l'ARN$_r$ bactérien. Bactérie

est aussi le nom général d'organismes procaryotes qui ne sont pas multicellulaires. 424

Bactéricide Qui tue les bactéries. 138

Bactéries incolores sulfureuses Groupe varié de protéobactéries non photosynthétiques qui oxydent des composés souffrés réduits (comme le sulfure d'hydrogène) ; beaucoup sont lithotrophes et obtiennent leur énergie de l'oxydation du souffre ; certaines sont unicellulaires, d'autres sont des bactéries filamenteuses se déplaçant par glissement. 496

Bactérie méthanogène Archéobactérie anaérobie stricte, dérivant son énergie par conversion de CO_2, H_2, formate, acétate et autres composés en méthane ou méthane et CO_2. 458

Bactérie nitrifiante Bactérie chimiolithotrophe Gram-négative, membre de la famille des *Nitrobacteriaceae* ; convertit l'ammoniaque en nitrate et le nitrite en nitrate. 193, 493

Bactériémie Présence de bactéries dans le sang. 793

Bactériochlorophylle Chez les bactéries photosynthétiques pourpres et vertes, chlorophylle modifiée qui sert de premier pigment capteur de lumière. 199

Bactériocine Protéine produite par une souche bactérienne qui tue d'autres souches de bactéries étroitement apparentées. 297, 712, 972

Bactériophage ou **phage** Virus dont l'hôte est une bactérie. 364, 382

Bactériostatique Qui inhibe le développement et la reproduction des bactéries. 138

Bactéroïde Cellule bactérienne modifiée, souvent pléomorphe, fixatrice d'azote et vivant à l'intérieur des cellules des nodules sur les racines de légumineuses, après transformation en symbiosome, réalise la fixation de l'azote. 676

Baeocyte Petite cellule sphérique, reproductrice produite à la suite de scissions multiples par les cyanobactéries pleurocapsales. 475

Balanite Infection du pénis due à *Candida albicans*. Maladie sexuellement transmissible. 950

Barophile Organisme qui préfère ou exige des pressions élevées pour sa croissance et sa reproduction. 129, 644

Barophile extrême Se dit d'une bactérie qui demande une pression élevée pour fonctionner. 624

Barotolérant Organisme qui tolère des pressions élevées mais ne les requiert pas. 129, 624

Baside Structure portant à sa surface un nombre défini de basidiospores (typiquement quatre) formées après caryogamie et méiose ; se trouve chez les basidiomycètes, généralement en forme de massue. 561

Basidiocarpe Fructification d'un basidiomycète, contient les basides. 561

Basidiomycètes Embranchement de mycètes chez lesquels les spores sont formées dans des organes en forme de massues appelés *basides*. 561

Basidiospore Spore formée après caryogamie et méiose à la partie externe d'une baside. 558

Basophile Un leucocyte phagocytaire dont les granules se colorent en bleu-noir avec un colorant basique, possède un noyau segmenté, les granules contiennent de l'histamine et de l'héparine. 707

Bassin de décantation Bassin utilisé pour purifier l'eau par précipitation chimique. Ce procédé appelé coagulation ou floculation permet d'éliminer de fines particules, des micro-organismes ou des ma-

tières organiques. 652

Benthique A trait au fond de la mer ou d'un autre milieu aqueux. 571

Béta-protéobactéries Un des cinq sous-groupes de protéobactéries distincts chacun par des séquences d'ARN$_r$ 16 S particulières ; bactéries métaboliquement semblables aux alpha-protéobactéries mais avec une tendance à utiliser des substances qui diffusent de la matière organique en décomposition dans des zones anaérobiques. 495

Bioaccumulation Accumulation d'une substance dans les organismes consommateurs supérieurs. 618

Biocapteur Couplage d'un processus biologique avec la production d'un signal électrique pour détecter la présence de substances particulières. 1017

Bioconversion Utilisation d'organismes vivants pour modifier des substances qui ne sont pas normalement des substrats de croissance ; aussi connue sous le nom de **biotransformation** ou de **transformation microbienne**. 1009

Biodégradation Décomposition d'une substance chimique complexe par des processus biologiques, résulte soit en une perte mineure de groupes fonctionnels, soit en une fragmentation en constituants soit en une dégradation complète en CO_2 et éléments minéraux, réfère souvent à la destruction microbienne non désirée de produits comme du papier, de la couleur, des textiles. 1010

Biofilm Système organisé de couches de cellules microbiennes associé à une surface, avec des caractéristiques structurelles et fonctionnelles complexes ; contient des gradients physiques et chimiques qui influencent le métabolisme des micro-organismes ; ils se forment souvent sur des objets (cathéters, prothèses médicales ...) et encrassent des tuyauteries, des tours de refroidissement ou des coques de bateaux). 620, 920

Bioinsecticide Un organisme pathogène utilisé pour détruire des insectes nuisibles, peut être une bactérie, un mycète ou un virus, utilisé soit directement soit après manipulation pour contrôler les populations d'insectes. 1018

Biologie combinatoire Introduction de gènes d'un micro-organisme dans un autre en vue de la synthèse d'un produit nouveau ou modifié, en particulier en relation avec la synthèse des antibiotiques. 995

Bioluminescence Production de lumière par des cellules vivantes, souvent par oxydation de molécules sous l'action d'une enzyme : la luciférase. 505

Biopesticide Utilisation d'un micro-organisme ou autre agent biologique pour contrôler une peste particulière. 1018

Bioremédiation Utilisation de processus biologiques pour résoudre certains problèmes, en particulier ceux causés par la pollution ; se fait par modification du milieu pour accélérer le processus biologique avec ou sans addition de micro-organismes particuliers. 1012

Biosynthèse *Voir* Anabolisme. 173

Bioterrorisme Utilisation intentionnelle ou comme menace, de virus, bactéries, mycètes ou toxines biologiques pour donner la mort ou répandre la maladie chez des humains, des animaux ou des végétaux. 863

Blastomycose Infection fongique systémique causée par *Blastomyces dermatitidis*, accompagnée de tumeurs suppuratives de la peau et de lésions des poumons. 946

Blastospore Spore formée par bourgeonnement d'un hyphe. 557

Blennorragie Maladie infectieuse aiguë, sexuellement transmissible, affectant les membranes muqueuses du système urogénital, de l'oeil, du rectum et de la gorge. Elle est provoquée par *Neisseria gonorrhoeae*. 915

Boîte d'isolement par stries et par étalement Boîte de Petri contenant un milieu solide à la surface de laquelle des colonies microbiennes isolées se sont développées : soit après avoir fait des stries à l'aide d'une boucle d'inoculation soit après avoir étalé un mélange dilué de bactéries. 106

Boîte de Petri Boîte ronde, peu profonde, utilisée pour la croissance de micro-organismes sur des milieux de culture solides ; le couvercle de la boîte est plus grand que la partie inférieure, afin d'éviter la contamination de la culture. 108

Boîte de Pribnow Séquence en bases particulière dans un promoteur, site de reconnaissance et de liaison initiale de l'ARN polymérase. 244, 262

Borréliose de Lyme *Voir* Maladie de Lyme. 910

Botulisme Forme d'empoisonnement alimentaire dû à une neurotoxine (la botuline) produite par *Clostridium botulinum*, bactérie qui peut se trouver dans des aliments mal conservés. 929

Boue Terme général donné à la matière solide détenue durant le traitement des eaux usées ; particules solides composées de matières organiques et de micro-organismes qui sont impliqués dans le traitement aérobie des eaux d'égout (boue activée). 658

Boue activée Matière solide ou sédiment fait de micro-organismes en développement actif, participe à la partie aérobique du traitement biologique des eaux usées. Les microbes utilisent les substrats organiques dissous et les transforment en d'autres cellules et du CO_2. 659

Boues encombrantes (« bulking ») Boues produites lors du traitement des eaux usées et qui se déposent mal, généralement en raison du développement de micro-organismes filamenteux. 659

Boule microbienne Minéralisation de matières organiques provenant de la photosynthèse du phytoplancton grâce à l'action de bactéries et de protozoaires ; les minéraux et le CO_2 sont ainsi réutilisables par les producteurs primaires et la matière organique n'est plus disponible pour les consommateurs supérieurs. 608, 638

Bourgeonnement Excroissance végétative chez les levures et certaines bactéries servant de mode de reproduction asexuée, la cellule fille est plus petite que la cellule parentale. 490

Bourse de Fabricius Chez les oiseaux, structure en sac située à la paroi postérieure du cloaque ; a la fonction d'un thymus ; c'est un organe lymphoïde primaire où se fait la maturation des cellules B (équivalent de la moelle osseuse chez les mammifères). 708

Bouton de fièvre Lésion causée par le virus *Herpes simplex*, apparaît aux bords des lèvres ou des narines, aussi connu comme **herpès labial**. 884

Brassage Procédé au cours duquel des céréales sont mélangées à de l'eau et incubées en vue de la dégradation des polysaccharides complexes (ex. l'amidon) en des formes utilisables tels des sucres simples. 982

Brassin Matières solubles relachées de grains germés, utilisées comme milieu de culture microbienne. 983

Brin sens (instructeur) Brin d'ADN transcrit par l'ARN polymérase en ARNm, ARNr ou ARNt. 202, 241

Bubon Ganglion lymphatique gonflé, enflammé, douloureux à la suite d'infections variées. 911

C

Cadre de lecture ouvert (ORF pour *open reading frame***)** Séquence dont la lecture n'est pas interrompue par un codon d'arrêt, est généralement déterminé à la suite du séquençage de l'acide nucléique. 347

Cancer Tumeur maligne qui envahit localement les tissus qui l'entourent puis se répand de façon systémique par métastases. 411

Candidose Infection — généralement de la peau — par des espèces de *Candida*. 949

Canon à gènes Introduction d'ADN dans des cellules végétales ou animales par bombardement à l'aide de micro-projectiles couverts d'ADN. 335

Capside Coque protéique entourant l'acide nucléique d'un virion. 369

Capsomère Sous-unité morphologique annulaire constituant les capsides icosaédriques. 390

Capsule Couche bien organisée, résistante, située par-dessus la paroi cellulaire bactérienne. 61

Carboxysome Inclusion polyédrique contenant l'enzyme fixatrice de CO2 (la ribulose 1,5-*bis*phosphate carboxylase), se rencontre chez les cyanobactéries, les bactéries nitrifiantes et les thiobacilles. 51, 207

Carie Lésion de la dent. 936

Caroténoïde Pigment jaunâtre qui aide la chlorophylle à capter l'énergie lors de la photosynthèse. 196

Cartographie par dénaturation Technique d'observation en microscopie électronique, après dénaturation ménagée. 280

Cas indice Premier cas de maladie au cours d'une épidémie dans une population déterminée. 849

Cassure antigénique Modification majeure des caractères antigéniques d'un organisme qui entraîne la non reconnaissance de la souche par le système immunitaire de l'hôte. 852

Catabolisme Ensemble des réactions métaboliques qui dégradent les grosses molécules complexes en molécules plus petites et plus simples avec libération d'énergie. 173

Catalyseur Substance qui accélère une réaction sans subir elle-même de modification permanente. 161

Cathéter Instrument chirurgical tubulaire, sert à retirer les fluides d'une cavité corporelle (en particulier : introduction d'un cathéter dans le pénis par l'urètre pour prélever l'urine). 827

Caverne tuberculeuse Cavité remplie d'air résultant d'une lésion tuberculeuse due à *M. tuberculosis*. 908

Cellule B *Voir* Lymphocyte B. 705, 751

Cellule dendritique Cellule présentatrice d'antigènes portant de longues extensions membranaires ressemblant aux dendrites des neurones ; cellules trouvées dans les ganglions lymphatiques, la rate, le thymus (cellules dendritiques interdigitantes), la peau (cellules de Langerhans) et d'autres tissus (cellules dendritiques intersticielles) ; expriment les CMH de classe II et B7, la molécule costimulatrice, sont donc des présentateurs efficaces des antigènes aux cellules T auxiliaires. 708

Cellule dendritique interdigitante Cellule dendritique particulière des ganglions lymphatiques, fonctionne comme une cellule présentatrice d'antigènes puissante et provient des cellules de Langerhans. 710

Cellule d'essaimage Cellule flagellée ; s'applique généralement aux cellules mobiles des *Myxomycota*. 565

Cellule de Langerhans Cellule présente dans la peau, internalise les antigènes, se transporte dans la lymphe jusqu'aux ganglions où elle se différencie en cellule dendritique. 709

Cellule de myélome Cellule tumorale similaire au type cellulaire présent dans la moëlle osseuse. Désigne également une cellule néoplasique maintenue facilement en culture et produisant de grandes quantités d'anticorps. 743

Cellule de Paneth Cellule granuleuse située à la base des glandes de l'intestin grêle, produit du lysozyme. 711

Cellule eucaryote Cellule pourvue d'une membrane nucléaire et différant sous de nombreux aspects des cellules procaryotes ; les protistes, les algues, les mycètes, les végétaux et les animaux sont tous des organismes eucaryotes. 11, 91

Cellule M Cellule spécialisée de la muqueuse intestinale et d'autres sites comme le tractus urogénital, la face apicale de la cellule délivre l'antigène aux lymphocytes groupés dans la poche de sa face basolatérale. 710

Cellule présentatrice d'antigène CPA Cellule qui capte les antigènes protéiques, les découpe et en présente les fragments au cellules B et T en conjonction avec les molécules CMH de classe II, ceci conduit à l'activation des cellules. Les macrophages, cellules B, cellules dendritiques et cellules de Langerhans peuvent agir comme CPA. 745

Cellule procaryote Cellule dépourvue de noyau véritable entouré d'une membrane ; les bactéries sont des procaryotes, leur matériel génétique est situé dans un nucléoïde. 11, 91

Cellule T *Voir* Lymphocyte T. 705, 745

Cellule T auxiliaire (T_H pour *helper*) Cellule nécessaire pour que les antigènes dépendant des cellules T soient convenablement présentés aux cellules B ; favorise aussi la réponse immunitaire à médiation cellulaire. 751

Cellule T_H1 *Voir* lymphocyte T régulateur. 751

Cellule T_H2 *Voir* lymphocyte T régulateur. 751

Cellule T_H0 *Voir* lymphocyte T régulateur. 751

Cellule tueuse naturelle (NK) Lymphocyte ni T, ni B présent chez des individus non-immunisés, ayant une activité cytolytique envers des cellules tumorales, qui ne dépend pas du système majeur d'histocompatibilité (CMH). 723, 760

Cellulite Infection sous-cutanée diffuse due à des streptocoques, des staphylocoques ou d'autres organismes, le tissu est enflammé avec oedème, rougeur, douleur et dysfonctionnement. 903

Céphalosporines Groupe d'antibiotiques à noyau β-lactame ayant en commun l'acide 7-aminocéphalosporanique, produits par le mycète *Cephalosporium*. 814

Chaîne alimentaire Flux d'énergie et de matière chez des organismes vivants suivant une séquence producteur-consommateur. 584

Chaîne J Polypeptide qui, chez les IgM et les IgA polymériques, unit les sous-unités ensemble. 736

Chaîne négative ou chaîne moins Chaîne nucléotidique virale, dont la séquence en bases est complémentaire à celle de l'ARNm viral. 374

Chaîne positive ou chaîne plus Chaîne nucléotidique virale dont la séquence en bases est équivalente à celle de l'ARNm viral. 374

Chaîne de transfert d'électrons Série de transporteurs d'électrons opérant ensemble et permettant le transfert des électrons de donneurs tels le NADH et la FADH$_2$ vers des accepteurs comme l'oxygène. 184

Chancre Lésion syphilitique primaire au site d'entrée de l'infection. 923

Chancre mou ou Chancroïde Maladie sexuellement transmissible causée par la bactérie Gram-positive *Haemophilus ducreyi* ; répandu mondialement, est un cofacteur important pour la transmission du virus du SIDA ; aussi appelé ulcère génital à cause des ulcères douloureux qui se forment sur le pénis et à l'entrée du vagin. 914

Chaperone moléculaire Protéine qui favorise le reploiement convenable des polypeptides ou des protéines partiellement dénaturées, aide souvent au transport des protéines à travers les membranes. 272

Charbon Maladie infectieuse des animaux causée par l'ingestion de spores de *Bacillus anthracis*, peut aussi se déclarer chez l'homme, où elle est parfois appelée « maladie des cardeurs de laine ». 913

Charbon cutané Infection cutanée par *Bacillus anthracis.* 913

Charbon pulmonaire Maladie des cardeurs de laine. 913

Chémostat Appareil de culture en continu dans lequel le milieu frais est introduit à la même vitesse qu'est retiré le milieu contenant les micro-organismes. Le milieu de culture d'un chémostat contient un nutriment essentiel en quantité limitante. 120

Chimère Plasmide recombinant contenant de l'ADN étranger, est utilisé comme vecteur de clonage en génie génétique. 334

Chimioautotrophe *Voir* Autotrophe chimiolithotrophe. 98, 193

Chimiohétérotrophe *Voir* Hétérotrophe chimioorganotrophe. 98

Chimiolithotrophe *Voir* Autotrophe chimiolithotrophe. 98, 193

Chimiorécepteur Récepteur protéique particulier se trouvant dans la membrane plasmique ou dans l'espace périplasmique, fixe certains composés chimiques et déclenche la réponse chimiotactique appropriée. 67

Chimiotactisme Comportement d'un micro-organisme qui se déplace vers des substances attractives et s'éloigne de substances répulsives. 67

Chimiotrophe Organisme dont l'énergie provient de l'oxydation de composés chimiques. 97

Chiral Se dit d'un composé pouvant adopter une forme stéréochimique ou une autre. 1010

Chitine Polysaccharide dense, résistant, polymère de glucosamine ; forme les parois cellulaires de certains mycètes, l'exosquelette des arthropodes et la cuticule épidermique d'autres structures superficielles chez certains protistes et animaux. 554

Chlamydie Membre du genre *Chlamydia*, cellules coccoïdes, Gram-négatives, se reproduisant uniquement dans des vésicules cytoplasmiques de la cellule hôte avec un cycle alternant les corps élémentaires et les corps réticulés. 477

Chlamydospore Spore quiescente à paroi épaisse, formée par voie asexuée chez certains mycètes. 557

Chloramphénicol Antibiotique à large spectre, produit par *Streptomyces venezuelae* ou synthétisé ; il se fixe à la grande sous-unité du ribosome et inhibe l'action de la peptidyl transférase. 817

Chlorophylle Pigment vert photosynthétique formé d'un grand anneau tétrapyrollique centré sur un atome de magnésium. 196

Chloroplaste Plaste eucaryote contenant la chlorophylle dans lequel se déroule la photosynthèse. 85

Choc septique Sepsie associée à une hypotension sévère (malgré un apport de fluide adéquat) et à d'autres dysfonctionnements qui peuvent inclure, mais ne sont pas limités à, une acidose lactique, une oligurie ou un désordre mental aigu. Cette cascade pathogène de la sepsie peut être initiée par des bactéries Gram-positives, des mycètes et des bactéries Gram-négatives porteuses d'endotoxine. 933

Choléra Entérite infectieuse aiguë due à *Vibrio cholerae*, endémique et épidémique en Asie, il se répand périodiquement dans le Moyen-Orient, l'Afrique, le Sud de l'Europe et l'Amérique du Sud. 930

Choléragène La toxine cholérique, une protéine extrêmement puissante synthétisée par des souches de *Vibrio cholera* dans l'intestin grêle après ingestion d'eau ou d'aliments contaminés par des fèces ; agit sur les cellules épithéliales en provoquant une hypersécrétion de chlorure et de bicarbonate et la sortie d'une grande quantité de liquide de la muqueuse. 930

Chromatine Partie du noyau eucaryote contenant l'ADN presque toujours complexé à des histones ; peut être très condensée (hétérochromatine) ou organisée de façon plus lâche et génétiquement active (euchromatine). 86

Chromogène Substrat incolore modifié par une enzyme pour produire une substance colorée. 779

Chromomycose Mycose chronique de la peau produisant des nodules verruciformes pouvant s'ulcérer, est causée par les moisissures noires *Phialophora verrucosa* ou *Fonsecaea pedrosoi*. 945

Chromosome Structure contenant la majeure partie ou l'entièreté de l'ADN cellulaire et donc de l'information génétique (les mitochondries et les chloroplastes contiennent aussi de l'ADN et des gènes). 86

Chromosome bactérien artificiel (BAC) Vecteur de clonage dérivé du facteur F plasmidien de *E. coli*, est utilisé au clonage de fragments d'ADN étranger dans *E. coli*. 335

Chromosome artificiel de levure (YAC) Segment d'ADN portant tous les éléments nécessaires à la propagation d'un chromosome chez la levure, est utilisé pour le clonage de fragments d'ADN étranger dans la levure. 335

Chronomètre moléculaire Séquence d'acide nucléique ou de protéine qui se modifie graduellement dans le temps au hasard et à vitesse constante ; peut donc servir à établir des relations phylogéniques. 432

Chrysolaminarine Polysaccharide de réserve chez les chrysophycées et les diatomées. 577

Chytride Membre du groupe des chytridomycètes qui sont des mycètes simples terrestres ou aquatiques produisant des zoospores mobiles à flagelle postérieur unique en fouet, aussi considérés comme des protistes.

Cils Appendices filamenteux portés par la surface de certains protozoaires et qui battent rythmiquement pour les propulser ; ce sont des cylindres entourés d'une membrane et contenant un réseau complexe de microtubules, généralement organisés en 9 + 2. 89

Classes de différenciation (CD) Protéines fonctionnelles de la surface cellulaire ou récepteurs qui peuvent être détectés dans le sang périphérique, les biopsies et autres prélèvements corporels, sont utilisées pour différencier les sous-populations leucocytaires ; exemples : le récepteur de l'interleukine 2 (Il 2 R), CD4, CD8, CD25 et la molécule d'adhésion intercellulaire 1 (ICAM-1). 733

Classification Arrangement des organismes en groupes suivant leurs similitudes ou leurs relations évolutives. 422

Classification naturelle Système de classification des organismes en groupes, dont les membres partagent de nombreuses caractéristiques et qui reflète au mieux la nature biologique des organismes. 426

Classification phylogénique ou phylétique Classification basée sur les relations évolutives plutôt que sur une ressemblance générale. 428

Clone Groupe de cellules ou d'organismes génétiquement identiques provenant d'un seul parent par reproduction asexuée. 228, 741

Coagrégation Assemblage de diverses bactéries sur une surface comme celle de la dent à cause d'une reconnaissance entre bactéries distinctes génétiquement ; beaucoup de ces interactions sont médiées par une lectine sur une bactérie qui réagit avec son récepteur complémentaire, un sucre, sur l'autre bactérie. 934

Coagulase Enzyme qui induit la coagulation du sang, produite de façon caractéristique par des staphylocoques pathogènes. 529

Coccidioïdomycose Maladie fongique due à *Coccidioides immitis* qui existe dans les sols secs et très alcalins ; aussi connue comme fièvre de la vallée, fièvre San Joaquin ou rhumatisme du désert. 946

Codon Séquence de 3 nucléotides dans l'ARNm qui dirige l'incorporation d'un acide aminé dans la synthèse protéique ; peut aussi signaler l'initiation ou l'arrêt de la traduction. 240

Codon non sens Codon ne codant pas pour un acide aminé, mais constituant un signal de terminaison de la synthèse protéique. 241, 270

Coefficient de Jaccard (Sj) Coefficient d'association utilisé en taxinomie numérique, proportion des caractères communs à l'exclusion de ceux dont les deux organismes sont dépourvus. 427

Coefficient de simple appariement (S_{sm}) Coefficient d'association utilisé en taxinomie numérique, proportion des caractères communs déterminée sur base de l'ensemble des caractères présents ou absents. 426

Cœnocytique Se dit d'une cellule multinucléée ou d'un hyphe résultant de divisions nucléaires répétées sans divisions cellulaires concomitantes. 113, 556

Coenzyme Cofacteur fixé de façon lâche et qui se dissocie souvent du site actif de l'enzyme lorsque le produit a été formé. 161

Cofacteur Composant non protéique d'une enzyme, indispensable à l'activité catalytique. 161

Colicine Protéine codée par un plasmide et produite par des bactéries entériques ; elle se fixe à des récepteurs spécifiques à la surface de bactéries sensibles et peut causer la lyse ou attaquer des sites intracellulaires particuliers comme les ribosomes. 712

Coliforme Bâtonnet facultatif Gram-négatif, non sporulant, qui fermente le lactose en produisant du gaz en 48 heures à 35°C. 654

Coliformes fécaux Coliformes capables de se développer à 44,5°C et normalement présents dans le système intestinal. 654

Colonie Ensemble de micro-organismes se développant sur une surface solide comme celle d'un milieu de culture gélosé, souvent visible à l'oeil nu mais pouvant aussi être microscopique. 106

Colonisation Établissement d'un site de reproduction de micro-organismes sur un objet ou un organisme sans qu'il y ait nécessairement invasion et dommage du tissu. 792

Colonne de Winogradsky Colonne de verre constituée d'une zone inférieure anaérobie et d'une zone supérieure aérobie. Elle permet la croissance des micro-organismes dans des conditions semblables à celles trouvées dans un lac riche en éléments nutritifs. 617

Colorant acide Colorant anionique ou portant des groupes chargés négativement comme le groupe carboxyle. 27

Colorant basique Colorant cationique ou possédant des groupes chargés positivement, se fixant aux structures cellulaires chargées négativement, généralement vendus sous forme de chlorures. 27

Coloration acido-alcoolo-résistante Procédé de coloration qui différencie les bactéries suivant leur capacité de retenir un colorant après lavage par une solution alcool-acide. 28

Coloration de Gram Technique de coloration différentielle distinguant les bactéries Gram-positives et Gram-négatives sur la base de leur capacité à retenir le crystal violet, lorsqu'elles sont décolorées à l'aide d'un solvant organique comme l'éthanol. 28

Coloration négative Méthode où le colorant obscurcit l'arrière-plan, alors que l'échantillon ne retient pas le colorant. 28

Comédon Bouchon de sébum séché dans un canal sécréteur de la peau. 701

Cométabolisme Modification d'une substance qui n'est pas utilisée pour la croissance du micro-organisme ; elle se déroule en présence d'un autre produit organique servant de source de carbone et d'énergie. 1013

Commensal Organisme vivant sur ou à l'intérieur d'un autre organisme sans lui causer de dommage ou de bénéfice. 606

Commensalisme Type de symbiose dans laquelle un individu profite de l'association tandis que l'autre n'est ni atteint, ni avantagé. 606

Communauté Rassemblement d'organismes de différents types ou mélange de différentes populations microbiennes. 595

Compartimentation ou **canalisation métabolique** Localisation de métabolites et d'enzymes dans différentes parties de la cellule. 165

Compétente (cellule) Qualifie une cellule bactérienne capable de capter des fragments d'ADN libre et de les incorporer dans son génome au cours de la transformation. 305

Compétition Interaction entre deux organismes cherchant à utiliser les mêmes ressources (alimentaires, spatiales ou autres). 609

Complexe apical Ensemble d'organites caractéristiques des membres de l'embranchement des *Apicomplexa*, comprenant les anneaux polaires, les microtubules sous-cuticulaires, le conoïde, les rhoptries et les micronèmes. 591

Complexe associé au SIDA Ensemble de symptômes tels la lymphadénopathie (gonflement des ganglions lymphatiques), la fièvre, les malaises, la fatigue, la perte d'appétit et la perte de poids ; résulte d'une infection par HIV et peut évoluer en un SIDA vrai. 879

Complexe d'attaque membranaire (MAC) Composants du complément (C5b-C9) qui perforent la membrane plasmique d'une cellule cible et entraînent la lyse cellulaire. C9 constitue probablement le pore. 716, 758

Complexe de Ghon Foyer initial de l'infection parenchymateuse dans la tuberculose pulmonaire primaire. 908

Complexe immun Produit de la réaction antigène — anticorps, peut aussi contenir des composés du système du complément. 756

Complexe H2 Désigne le CMH de la souris. 745

Complexe HLA (antigène leucocytaire humain) Antigène à la surface des cellules de tissus ou d'organes humains qui est reconnu par les cellules du système immunitaire, est donc important dans la régulation de la réponse immunitaire et dans le rejet de greffe, désigne la même chose qu CMH de classe II. 745

Complexe majeur d'histocompatibilité (CMH) Nombreux antigènes à la surface des cellules de chaque individu, encodés par une famille de gènes, marqueurs biochimiques de l'identité individuelle ; peut provoquer des réponses des cellules T, entraînant le rejet de tissus ou d'organes transplantés. Les molécules du MHC sont également impliquées dans la régulation de la réponse immunitaire et dans l'interaction des cellules immunitaires. 745

Compostage Décomposition par les micro-organismes de matière organique fraîche dans des conditions aérobies et humides, résulte en l'accumulation d'un produit stable humidifié utile à l'amélioration des sols et à la stimulation de la croissance des végétaux. 686

Concaténat Longue molécule d'ADN formée de plusieurs génomes liés l'un à la file de l'autre. 387

Concentration minimale inhibitrice (CMI) Concentration la plus basse d'une substance empêchant la croissance d'un micro-organisme donné. 809

Concentration minimale létale (CML) ou **bactéricide (CMB)** Concentration la plus basse d'une substance tuant un micro-organisme donné. 809

Condylome anogénital Sorte de verrue transmise sexuellement et causée par les papillomavirus humains de type 6, 11 et 42, apparaît le plus souvent au niveau du col de l'utérus, de la vulve, du périnée, de l'anus, du canal anal, de l'urètre et du gland du pénis. 894

Conidie *Voir* Conidiospore. 537

Conidiospore Spore asexuée à paroi mince, formée sur un hyphe et non dans un sporange, produite isolément ou en chaînes. 537, 557

Conjonctivite à inclusions Maladie infectieuse aiguë répandue partout dans le monde. Elle est provoquée par *Chlamydia trachomatis* infectant l'oeil, causant une inflammation et la formation de grands corps d'inclusion. 916

Conjonctivite (ophtalmie) purulente du nouveau-né Infection oculaire gonococcique du nouveau-né ; peut conduire à la cécité. 916

Conjugaison 1. Chez les bactéries, mode de transfert de gènes et de recombinaison qui nécessite un contact direct entre les cellules. 2. Forme complexe de reproduction sexuée fréquemment utilisée chez les protozoaires. 302, 586

Conjugants Types sexuels complémentaires impliqués dans une forme de reproduction sexuée des protozoaires appelée conjugaison. 586

Conoïde Cône creux formé de filaments spiralés à l'extrémité antérieure de certains sporozoaires apicomplexan. 591

Consommateur Organisme qui se nourrit d'animaux morts ou vivants, par ingestion ou phagocytose. 622

Consortium Association physique de deux organismes différents généralement bénéfique aux deux partenaires. 596

Constante de Michaelis (K_m) Constante cinétique d'une réaction enzymatique égale à la concentration en substrat requise pour que l'enzyme agisse à la moitié de sa vitesse maximale. 163

Constante de vitesse de croissance moyenne (k) Vitesse de croissance d'une population bactérienne, exprimée en nombre de générations par unité de temps. 116

Coque Cellule bactérienne sphérique. 42

Coqueluche Maladie infectieuse aiguë et très contagieuse caractérisée par un catarrhe du tractus respiratoire et le paroxysme particulier de la toux, se terminant par une respiration chantante prolongée et convulsive. Elle affecte fréquemment les jeunes enfants et est provoquée par *Bordetella pertussis* ou *B. parapertussis*. 903

Corépresseur Petite molécule qui inhibe la synthèse d'une enzyme répressible. 276

Corpuscule basal Structure cylindrique à la base du flagelle qui fixe celui-ci à la cellule procaryote ou eucaryote. 64, 90

Corps élémentaire Petite cellule dormante servant d'agent de transmission entre cellules hôtes dans le cycle biologique des chlamydies. 477

Corps initial *Voir* Corps réticulé. 477

Corps de Negri Masse de virus ou de sous-unités virales non assemblées, présente dans les neurones du cerveau d'animaux infectés par la rage. 888

Corps réticulé Au cours du cycle des chlamydies, forme responsable de la croissance et de la reproduction dans la cellule hôte. 477

Cortex Couche amorphe épaisse d'une endospore bactérienne supposée être particulièrement importante dans la résistance à la chaleur. 69

Cosmide Plasmide portant les sites *cos* du phage l, peut être empaqueté dans une capside de phage, est utilisé comme vecteur de clonage pour de grands fragments d'ADN. 335

Couche mucoïde Couche de matériel diffus, sans structure, localisée à l'extérieur de la paroi bactérienne et que l'on peut facilement enlever. 61

Couche régulièrement structurée (couche S) Couche structurellement organisée de protéines ou de glycoprotéines à la surface de la plupart des bactéries, protège la bactérie et aide à maintenir forme et rigidité. 62

Course Mouvement en ligne droite d'une bactérie. 67

Couverture mucociliaire Couche de cils et de mucus recouvrant certaines parties du système respiratoire ; elle piège les micro-organismes ayant un diamètre jusqu'à 10 μm et les éloigne des poumons par le mouvement des cils. 711

Crachat Sécrétion muqueuse expectorée des poumons, des bronches et de la trachée par la bouche. 829

Crampon Structure produite par certaines bactéries et algues pour fixer la cellule à un objet solide. 491

Crête Reploiement de la membrane mitochondriale interne. 83

Croissance Augmentation des constituants cellulaires. 113

Croissance à l'équilibre Croissance microbienne où tous les constituants cellulaires sont synthétisés à des vitesses constantes les unes par rapport aux autres. 114

Croissance diauxique Croissance biphasique d'un micro-organisme exposé à deux nutriments et utilisant d'abord l'un d'eux pour se développer avant de modifier son métabolisme pour utiliser le second. 281

Croûte du désert Croûte formée à la surface d'un sol désertique par la fixation de grains de sable par des micro-organismes, principalement des cyanobactéries. 673

Crossing-over (ou enjambement) Processus d'échange de segments entre deux chaînes adjacentes d'ADN ; les deux chaînes se cassent et les extrémités exposées d'une chaîne se lient aux extrémités opposées de l'autre chaîne. 292

Crustacé Se dit d'un lichen ayant une forme compacte et collé à un substrat. 566

Cryptines Peptides produits par les cellules de Paneth de l'intestion, sont toxiques pour certaines bactéries mais leur mode d'action est inconnu. 711

Cryptococcose Maladie infectieuse due au basidiomycète *Cryptococcus neoformans*, peut affecter la peau, les poumons, le cerveau ou les méninges. 561, 947

Cryptosporidiose Infection par un protozoaire du genre *Cryptosporidium*, les symptômes les plus fréquents sont diarrhée prolongée, perte de poids, fièvre et douleurs abdominales. 952

Culbute Mouvement au hasard avec changement de direction des bactéries après un déplacement en ligne droite. 67

Culture en « batch » Culture de micro-organismes obtenue après inoculation d'un flacon fermé contenant un seul lot de milieu. 113

Culture continue Système de culture dans des conditions constantes d'environnement, maintenues par un apport continu de nutriments et un enlèvement des déchets. 120

Culture pure Population de cellules identiques, parce qu'issues d'une cellule unique. 106

Cuticule Couche assez rigide d'éléments protéiques juste au dessous de la membrane plasmique chez beaucoup de protozoaires et d'algues. La membrane plasmique est parfois considérée comme faisant partie de la cuticule. 89, 576, 585

Cyanobactéries Grand groupe de bactéries à photosynthèse oxygénique dont l'appareil photosynthétique ressemble à celui des eucaryotes. 471

Cycle biogéochimique Oxydation et réduction de substances réalisées par des organismes vivants et/ou des processus abiotiques qui résultent en un cycle des éléments à l'intérieur d'un écosystème et entre ses différentes parties (dans le sol, l'environnement aquatique ou l'atmosphère). 611

Cycle de Calvin Voie principale de fixation (ou réduction et incorporation) du CO_2 dans le matériel organique au cours de la photosynthèse, se déroule également chez les chimiolithotrophes. 207, A-20

Cycle de l'acide citrique *Voir* Cycle des acides tricarboxyliques. 183, A-16

Cycle cellulaire Suite d'événements de la division cellulaire depuis la fin d'une division jusqu'à la fin de la division suivante. Pour les cellules eucaryotes, il se compose des phases G1, S (de synthèse de l'ADN et des histones), G2 et M (de mitose). 87, 285

Cycle d'élongation Cycle, dans la synthèse protéique, conduisant à l'addition d'un acide aminé à l'extrémité en croissance d'une chaîne peptidique. 270

Cycle de Krebs *Voir* cycle des acides tricarboxyliques. 183

Cycle des acides tricarboxyliques Cycle conduisant à l'oxydation de l'acétyl-coenzyme A en CO_2 et à la formation de NADH et de $FADH_2$ qui seront oxydés dans la chaîne respiratoire. Il fournit aussi des squelettes carbonés à la biosynthèses. 183, A-16

Cycle du glyoxylate Cycle modifié des acides tricarboxyliques dans lequel les réactions de décarboxylation sont court-circuitées par l'isocitrate lyase et la malate synthase ; il est utilisé pour convertir l'acétyl-CoA en acide succinique et autres métabolites. 216

Cycle d'une maladie infectieuse Cycle des événements décrivant la manière dont un organisme infectieux se développe, se reproduit et est disséminé. 852

Cycle lytique Cycle d'un virus aboutissant à la lyse de la cellule hôte. 383

Cytochrome Protéine hémique qui transporte les électrons dans les chaînes de transfert d'électrons. 159

Cytokine Terme général pour des protéines qui ne sont pas des anticorps mais sont relâchées par une cellule en réponse à un stimulus inducteur, sont des médiateurs qui influencent d'autres cellules, sont produites par des lymphocytes, monocytes, macrophages et autres cellules. 720

Cytoplasme Protoplasme cellulaire interne à la membrane plasmique et externe aux organites. Chez les bactéries, il est compris entre la membrane et le nucléoïde. 49, 76

Cytoprocte Sur un protozoaire, site d'expulsion des matières non digestibles. 592

Cytosine Base pyrimidique (2-oxy-4-aminopyrimidine) composant des nucléosides, nucléotides et acides nucléiques. 217

Cytosquelette Réseau cytoplasmique de microfilaments, microtubules, filaments intermédiaires et autres structures qui participe au maintien de la forme des cellules eucaryotes. 79

Cytostome Site permanent sur le corps d'un cilié par lequel la nourriture est ingérée. 586

Cytotoxicité à médiation cellulaire dépendant des anticorps Destruction de cellules cibles tapissées d'anticorps par des cellules porteuses de récepteurs Fc qui reconnaissent la portion Fc de l'anticorps fixé ; médiée le plus souvent par des cellules NK qui ont en surface le récepteur Fc ou CD16. 723

Cytotoxine Toxine ou anticorps ayant une activité toxique spécifique sur les cellules ; on désigne les cytotoxines selon leur spécificité cellulaire (ex. néphrotoxine). 797

D

Décomposeur Organisme capable de scinder des substances complexes en de plus simples, même inorganiques, souvent un décomposeur comme un insecte ou un ver diminue physiquement la taille des particules de substrat. 622

Décontamination Diminution de la quantité de bactéries présentes sur un objet inanimé à des niveaux jugés sans danger par les normes de la santé publique ; habituellement l'objet est propre. 138

Défensine Peptide spécifique produit par les neutrophiles et capable de perméabiliser les membranes externe et interne de certains micro-organismes et entraînant leur mort. 720

Dégénérescence du code génétique Un même acide aminé est codé par plusieurs codons. 240

Dékystement Dégagement d'une ou plusieurs cellules ou organismes d'un kyste. 586

Delta-protéobactéries Un des cinq sous-groupes de protéobactéries ayant chacun des séquences d'ARN$_r$ 16S distinctes ; bactéries chimioorganotrophes qui sont soit des prédateurs pour d'autres bactéries soit des anaérobies qui produisent du sulfure à partir de sulfates et de sulfites. 507

Demande biochimique en oxygène (DBO) Quantité d'oxygène utilisée par les micro-organismes dans l'eau et dans certaines conditions standard ; elle fournit une indication sur la quantité de matière organique présente oxydable par les micro-organismes. 657

Demande chimique en oxygène (DCO) Quantité d'oxydation chimique requise pour convertir la matière organique en CO_2 dans l'eau et les eaux usées. 657

Demande de la nitrification en oxygène (DNO) Exigence en oxygène dans le traitement des eaux d'égout, causée par les micro-organismes nitrifiants. 657

Dénaturation Changement de conformation d'une enzyme, induisant une perte d'activité. Ce terme est également utilisé pour les changements de conformation des acides nucléiques. 163

Dendogramme Diagramme arborescent utilisé pour résumer graphiquement les similitudes et les relations mutuelles entre les organismes. 427

Dénitrification Réaction de réduction des nitrates en azote gazeux pendant la respiration anaérobie. 190, 616

Dérive antigénique Modification mineure des caractères antigéniques d'un organisme, lui permet d'éviter l'attaque par le système immunitaire. 852

Dermatite allergique de contact Réaction allergique causée par la combinaison d'un haptène avec des protéines de la peau formant ainsi un allergène responsable de la réaction immunitaire. 771

Dermatophyte Mycète parasite de la peau. 943

Dermatophytose Infection fongique de la peau. Ce terme général comprend les diverses formes de teigne, il est parfois employé pour désigner spécifiquement le pied d'athlète. 943

Désamination Enlèvement du groupe aminé d'un acide aminé. 192

Désensibilisation Processus destiné à rendre insensible ou non réactif à un agent sensibilisant, un individu sensible ou hypersensible. 769

Déshalogénation réductrice Clivage d'une liaison carbone-halogène par des bactéries anaérobies, ce qui crée un environnement fortement donneur d'électrons. 1010

Désinfectant Agent généralement chimique, normalement employé pour désinfecter des objets inanimés. 138

Désinfection Destruction, inhibition ou élimination des micro-organismes pathogènes, se rapporte le plus souvent au traitement des objets par des produits chimiques. 138

Détergent Molécule organique, différente d'un savon, utilisée comme agent mouillant et comme émulsifiant. Il est habituellement utilisé comme nettoyant, mais certains peuvent être employés comme agents antimicrobiens. 148

Déterminant antigénique (épitope) *Voir* épitope. 731

Deuxième principe de la thermodynamique. Les processus physiques et chimiques se déroulent de telle façon que l'entropie de l'univers (le système et ses environs) augmente jusqu'au maximum possible. 156

Diarrhée des voyageurs Déshydratation survenant brutalement, suite à la rencontre avec certains virus, bactéries ou protozoaires, normalement absents de l'environnement du voyageur. Un des organismes pathogènes principaux est un *Escherichia coli* entérotoxinogène. 932

Distance évolutive Indication quantitative du nombre de positions qui diffèrent entre deux macromolécules alignées, représente une mesure de la similitude évolutive entre des molécules et des organismes. 433

Diatomée Algue protiste dont la paroi cellulaire siliceuse est appelée frustule, constitue une partie importante du phytoplancton. 577

Dicaryote Se dit de mycètes ayant des paires de noyaux dans les cellules ou les compartiments cellulaires, chaque cellule contient deux noyaux haploïdes, un de chaque parent. 557

Diffusion *Voir* Diffusion facilitée et diffusion passive. 100

Diffusion facilitée Diffusion à travers la membrane plasmique à la suite de l'action d'un transporteur. 100

Diffusion passive Processus au cours duquel les molécules migrent d'une région de concentration plus élevée vers une région de concentration moins élevée à la suite de l'agitation thermique ambiante. 100

Digestion anaérobie Traitement de déchets liquides en anaérobiose par des micro-organismes pour produire du méthane. 659

Dinoflagellé Algue protiste caractérisée par deux flagelles donnant un mouvement tourbillonnant. Beaucoup sont bioluminescents et constituent une fraction importante du phytoplancton marin, certains sont d'importants agents pathogènes marins. 579

Diphtérie Maladie infantile aiguë très contagieuse, affectant généralement les membranes de la gorge et moins fréquemment le nez. Elle est due à *Corynebacterium diphtheriae*. 900

Diphtérie cutanée Maladie de la peau due à *Corynebacterium diphtheriae* qui, infectant une blessure ou une lésion cutanée, cause une ulcération. 901

Diplocoque Paire de coques. 42

Division par cassure (« snapping division ») Type de scission binaire entraînant un arrangement des cellules angulaire ou palissadique, caractérise les genres *Arthrobacter* et *Corynebacterium*. 542

Domaine (1) Région compacte, structurellement indépendante et se repliant d'elle-même, dans une protéine (généralement de 100 à 300 acides aminés de long), les grandes protéines ont deux ou plus de domaines connectés entre eux par des polypeptides moins structurés. Dans une molécule d'anticorps, ce sont des boucles avec 25 acides aminés de part et d'autre qui forment des zones compactes et globulaires.

(2) Le groupe taxinomique premier au dessus du règne ; tous les organismes vivants se placent dans un des trois domaines reconnus. 274, 424, 734

Dose infectieuse 50 (DI$_{50}$) Dose ou nombre d'organismes infectant 50% des hôtes expérimentaux en un temps donné. 368, 790

Dose létale 50 (LD$_{50}$) Dose ou nombre d'organismes tuant 50% des hôtes expérimentaux dans un temps donné. 368, 790

Dysenterie amibienne *Voir* amibiase. 950

E

Écaille Structure organique en forme de plaque trouvée à la surface de certaines cellules (chrysophycées). 577

Éclatement *Voir* Période de lyse. 383

***E. coli* adhérant diffus (DAEC)** Souches d'*E. coli* adhérant à toute la surface des cellules épithéliales et donnant une diarrhée chez des enfants non immunisés et mal nourris. 932

***E. coli* entéro-hémorragique (EHEC)** Souches de *E. coli* (0157 :H7) produisant plusieurs cytotoxines qui provoquent la sécrétion de liquide dans la diarrhée des voyageurs, mode d'action cependant inconnu. 932

***E. coli* entéro-invasif (EIEC)** Souches d'*E. coli* responsables de diarrhée des voyageurs car elles pénètrent et se fixent aux cellules épithéliales de l'intestion, peuvent aussi produite une cytotoxine et une entérotoxine. 932

***E. coli* entéropathogène (EPEC)** Souches d'*E. coli* qui s'attachent à la bordure en brosse de l'épithélium intestinal causant un dommage particulier connu sous le nom de lésion effaçante et conduisant à la diarrhée des voyageurs. 932

***E. coli* entérotoxinogène (ETEC)** Souches d'*E. coli* produisant deux entérotoxines codées par des plasmides (responsables de diarrhée des voyageurs) qui se distinguent d'après leur stabilité en entérotoxine stable à la chaleur (ST) et entérotoxine labile à la chaleur (LT) 932

Écologie industrielle Étude de l'écologie des sociétés industrielles avec un intérêt majeur pour le recyclage des matériaux, le flux de l'énergie et les impacts de ces sociétés sur l'écologie. 1022

Écologie microbienne Étude des micro-organismes dans leur environnement naturel en insistant particulièrement sur les conditions physiques, les processus et les interactions physiques existant à l'échelle des cellules microbiennes. 596

Écosystème Communauté biologique auto-régulée et son environnement physique et chimique associé. 596

Écouvillon Tampon de matériel absorbant habituellement enroulé à l'extrémité d'une petite tige et utilisé pour des applications médicales ou pour enlever du matériel d'une surface ; aussi applicateur en polystyrène surmonté de dacron. 827

Ectomycorhize Association mutualiste entre un mycète et les racines d'un végétal. Le mycète enveloppe les extrémités des racines en formant un fourreau. 681

Ectoparasite Parasite vivant à la surface de son hôte. 788

Ectoplasme Région externe plus épaisse du cytoplasme chez un protozoaire, pouvant être différenciée de la région interne ou endoplasme par sa texture. 585

Ectosymbiose Type de symbiose dans laquelle les deux organismes partenaires restent externes l'un à l'autre. 701

Eczéma marginé de Hebra Dermatophytose de l'aisne due soit à *Epidermophyton floccosum*, soit *Tricophyton mentagrophytes* ou *T. rubrum*. 944

Effet cytopathique Modifications observables des cellules en culture à la suite d'une multiplication virale, par exemple cellules ballonnées, agrégées et même mortes. 364, 832

Effet Pasteur Diminution de la vitesse du catabolisme des sucres et passage à la respiration aérobie, lorsque des micro-organismes sont transférés de conditions anaérobies à des conditions aérobies. 189

Ehrlichiose Maladie à rickettsies transmise par des tiques *Dermacentor andersoni*, *Amblyomma americanum*, due à *Ehrlichia chaffeensis* ; une fois dans les lymphocytes, une maladie non spécifique se déclare qui ressemble à la fièvre pourprée des Montagnes Rocheuses. 909

Électrophorèse Technique séparant les substances sur la base de leurs différentes vitesses de migration dans un champ électrique en raison des variations du nombre et du type de groupements chargés qu'elles présentent. 327

Élément transposable *voir* transposon 298

Emballage sous atmosphère modifiée Addition de gaz comme de l'azote ou du CO$_2$ lors de l'emballage d'aliments de façon à inhiber le développement de micro-organismes susceptibles de l'avarier. 966

Empoisonnement amnésiant par les coquillages Maladie des hommes et des animaux qui ont mangé des fruits de mer comme des moules, contaminés par l'acide domoïque des diatomées, entraîne chez les victimes une perte de mémoire à court terme. 580

Empoisonnement alimentaire Terme général se rapportant habituellement à une maladie gastro-intestinale provoquée par l'ingestion d'aliments contaminés par des agents pathogènes ou leurs toxines. 926

Empoisonnement alimentaire staphylococcique Empoisonnement dû à l'ingestion de nourriture mal cuite ou mal conservée dans laquelle *Staphylococcus aureus* s'est développé. Cette bactérie produit une exotoxine qui s'accumule dans la nourriture. 932

Empoisonnement paralysant par les coquillages
Les dinoflagellés (*Gonyaulax* sp.) produisent une neurotoxine puissante appelée saxitoxine, elle est accumulée par les coquillages et empoisonne les consommateurs humains ou animaux. La saxitoxine paralyse les muscles striés respiratoires en inhibant le transport du sodium. Empoisonnement caractérisé par l'engourdissemebt de la bouche, des lèvres, de la face et des extrémités. 580

Encéphalopathie spongiforme Maladie dégénérative du système nerveux central due à des prions, dans laquelle le cerveau prend un aspect d'éponge. 893

Endergonique Réaction qui ne se réalise pas spontanément ni complètement ; la variation d'énergie libre standard est positive et la constante d'équilibre est inférieure à un. 156

Endocytose Processus par lequel une cellule absorbe des solutés ou des particules en les englobant dans des vésicules par invagination de la membrane plasmique. 80

Endogénote Matériel génétique d'une cellule bactérienne receveuse, dans lequel l'ADN du donneur peut s'intégrer. 294

Endomycorhize Association mutualiste entre un mycète et les racines d'un végétal. Le mycète pénètre dans les cellules des racines en formant des arbuscules et des vésicules. 681

Endoparasite Parasite vivant dans le corps de son hôte. 789

Endophyte Micro-organisme vivant dans une plante sans être nécessairement parasite. 679

Endoplasme Partie centrale du cytoplasme chez un protozoaire. 585

Endosome Vésicule membranaire formée par endocytose. 80

Endospore Spore à paroi épaisse, dormante, extrêmement thermo- et chimiorésistante, formée dans une bactérie. 68

Endosymbiose Type de symbiose dans laquelle un organisme vit à l'intérieur d'un autre organisme. 701

Endosymbiote Organisme vivant en association symbiotique à l'intérieur d'un autre organisme. 596

Endotoxine Lipopolysaccharide thermostable de la membrane externe des bactéries Gram-négatives, libéré lors de la lyse ou parfois de la croissance bactérienne et toxique pour l'hôte. 799

Énergie Capacité de faire un travail ou de provoquer des changements particuliers. 154

Énergie d'activation Énergie requise pour rapprocher les molécules réactionnelles et atteindre l'état de transition dans une réaction chimique. 162

Énergie d'entretien Énergie nécessaire à l'entretien d'une cellule. Elle n'inclut pas l'énergie requise pour la croissance ou la division. 121

Enjambement *voir* **crossing-over** 292

Enkystement Formation d'un kyste. 586

Entérobactérie ou **Bactérie entérique** Membre de la famille des *Enterobacteriaceae* (bâtonnets droits, Gram-négatifs, anaérobies facultatifs, non mobiles ou à flagelles péritriches, aux exigences nutritionnelles simples) ; terme également utilisé pour les bactéries vivant dans l'intestin. 505

Entérocoques fécaux Entérocoques présents dans

l'intestin de l'homme et d'autres animaux homéothermes. Ils sont utilisés comme indice d'une pollution fécale de l'eau. 656

Entérotoxine Toxine affectant spécifiquement les cellules de la muqueuse intestinale, provoquant des vomissements et des diarrhées. 797, 927

Entropie Mesure du désordre d'un système ; mesure de la partie de l'énergie totale d'un système qui est indisponible pour un travail utile. 156

Enveloppe 1. Toutes les structures externes à la membrane plasmique des cellules bactériennes. 2. En virologie, couche membranaire externe entourant la nucléocapside de certains virus. 55, 369

Enveloppe nucléaire Structure membranaire complexe à double feuillet, limitant le noyau eucaryote. On y observe des pores par lesquels des substances entrent et sortent du noyau. 86

Environnement extrême Environnement dans lequel les facteurs physiques (température, pH, salinité, pression) sont hors normes pour la croissance de la plupart des micro-organismes ; conditions permettant à certains organismes uniques de survivre et de fonctionner. 624

Enzootie Maladie à fréquence modérée dans une population déterminée d'animaux. 849

Enzyme Protéine catalytique spécifique de la réaction catalysée et des substrats. 161

Enzyme allostérique Enzyme dont l'activité est modifiée par la fixation d'une petite molécule effectrice à un site régulateur distinct du site catalytique ; la liaison de l'effecteur induit un changement conformationnel de l'enzyme et de son site catalytique conduisant à une activation ou une inhibition de l'enzyme. 165

Enzyme-clé Enzyme d'une voie métabolique, qui catalyse la réaction la plus lente ou limitante ; lorsque sa vitesse change, l'activité de toute la voie métabolique est modifiée. 169

Enzyme inductible Enzyme dont la quantité augmente en présence d'une petite molécule stimulant sa synthèse. 275

Enzyme répressible Enzyme dont la quantité est réduite par la présence d'une petite molécule, habituellement le produit final de la voie métabolique. 276

Enzyme de restriction Enzyme produite par les cellules hôtes qui coupe l'ADN viral à des endroits spécifiques et protège ainsi les cellules d'une infection virale ; sont utilisées en génie génétique. 320, 386

Épidémie Maladie dont le nombre de cas, dans une population déterminée, augmente soudainement audessus du niveau normalement attendu. 849

Épidémie liée à une source commune Épidémie atteignant très rapidement un sommet puis un déclin aussi rapide mais moins prononcé du nombre d'individus infectés, résulte généralement d'une source unique de contamination. 851

Épidémie par propagation Épidémie caractérisée par un début lent et prolongé puis un déclin graduel du nombre d'individus infectés ; résulte généralement de l'introduction d'un individu infecté unique dans une population susceptible. L'agent pathogène étant transmis d'un homme à un autre. 851

Épidémiologie Étude des facteurs déterminant et influençant la fréquence et la distribution d'une maladie, d'une lésion ou d'autres événements relatifs à la santé, ainsi que l'étude de leurs causes dans une

population humaine définie. 848

Épidémiologiste Spécialiste en épidémiologie. 849

Épidémiologie systématique S'intéresse aux facteurs sociaux et économiques qui influencent le développement de maladies infectieuses émergentes et réémergentes. 859

Épisome Plasmide existant soit de manière indépendante du chromosome de la cellule hôte, soit de manière intégrée dans celui-ci. 294

Épissage protéique Processus post-translationnel dans lequel une partie du polypeptide initial est enlevé avant que le polypeptide mature ne prenne sa forme finale ; est réalisé par des protéines d'autoépissage qui enlèvent les intéines et rejoignent les extéines restantes. 275

Épithèque La plus grande des deux moitiés d'un frustule de diatomée. 577

Épitope Partie d'une molécule d'antigène qui stimule la production de et se complexe avec des anticorps spécifiques (aussi appelé déterminant antigénique). 731

Épizootie Manifestation soudaine d'une maladie dans une population animale. 849

Épizootiologie Discipline concernée par l'étude des facteurs déterminant la fréquence d'une maladie dans une population animale. 849

Epsilon-protéobactéries Un des cinq sous-groupes de protéobactéries ayant chacun des séquences d'ARN$_r$ 16S distinctes ; minces bâtonnets Gram-négatifs, certains sont médicalement importants (*Campylobacter* et *Helicobacter*). 514

Épuration des eaux usées Utilisation de processus physiques et biologiques pour éliminer les constituants particulaires et solubles des eaux usées et pour contrôler les agents pathogènes. 658

Équilibre État d'un système dans lequel aucun changement net ne survient et dont l'énergie libre est minimale ; dans une réaction chimique à l'équilibre, les vitesses dans les deux sens de la réaction sont exactement égales. 156

Ergot Sclérote sec de *Claviceps purpurea*. Terme désignant également un ascomycète parasite du seigle et d'autres plantes supérieures causant la maladie dite de l'ergot. 561

Ergotisme Maladie ou état toxique provoqué par l'ingestion de grains infectés par l'ergot ; souvent accompagnée de gangrène, d'hallucinations, de spasmes nerveux, d'avortement et de convulsions chez l'être humain et les animaux. 561, 967

Éruption (Outbreak) Apparition brutale et inattendue d'une maladie dans une population donnée. 849

Érysipèle Inflammation aiguë du derme survenant principalement chez les enfants et les adultes de plus de 30 ans ayant subi des angines à streptocoques. 903

Erythème infectieux Maladie infantile due au parovirus B19, commune chez les enfants entre 4 et 11 ans, appelée parfois cinquième maladie car dans la classification ancienne, elle était la cinquième des six erythèmes infantiles décrits. 887

Érythromycine Antibiotique du groupe des macrolides à spectre intermédiaire et produit par *Streptomyces erythreus*. 817

Escarre Croûte produite sur la peau par une brûlure, la gangrène ou le bacille du charbon. 914

Espace périplasmique ou **périplasme** Espace entre la membrane plasmique et la membrane externe des bactéries Gram-négatives et entre la membrane plasmique et la paroi des bactéries Gram-positives. 55

Espèces Chez les organismes supérieurs, sont des groupes de populations naturelles se reproduisant par voie sexuée ou pouvant le faire et étant incapables de se reproduire avec la grande majorité des autres espèces. Les espèces bactériennes sont des collections de souches qui ont de nombreuses propriétés stables en commun et diffèrent significativement d'autres groupes de souches. 425

Espèce procaryote Collection de souches qui partagent de nombreuses propriétés stables et qui diffèrent significativement des autres groupes de souches. 425

Étalement en profondeur Technique d'isolement de cultures pures. Les micro-organismes, mélangés à la gélose liquide refroidie, sont versés dans une boîte gélosée de manière à obtenir des colonies séparées à la surface ou dans le milieu après croissance. 107

Étalement en surface Technique d'isolement de cultures pures consistant à étaler un mélange microbien à la surface d'une boîte gélosée à l'aide d'un étaloir de verre. 107

Eucarya Domaine des organismes composés de cellules eucaryotes avec un ARN$_r$ eucaryote et des diesters de glycerol et d'acides gras dans leurs membranes. 424

Euglénoïdes Groupe d'algues (embranchement *Euglenophyta*) ou de protozoaires (ordre des *Euglenida*) possédant normalement des chloroplastes avec les chlorophylles a et b ; ont habituellement un stigma et un ou deux flagelles émergeant d'un goulot antérieur. 576

Eumycota Embranchement des mycètes dans certains systèmes de classification, ce sont des mycètes vrais comprenant les zygomycètes, les ascomycètes, les basidiomycètes et les chytridomycètes. 553

Eutrophe Qualifie un environnement enrichi en éléments nutritifs. 648

Eutrophisation Enrichissement d'un environnement aquatique par des matières nutritives organiques et inorganiques. 648

Exergonique Réaction qui se déroule spontanément jusqu'à son accomplissement ; la variation d'énergie libre standard est négative et la constante d'équilibre est supérieure à un. 156

Exfoliatine Exotoxine produite par *Staphylococcus aureus*, causant la séparation des couches épidermiques et la désquamation des couches de surface ; produit les symptômes du syndrome de la peau ébouillantée. 922

Exoenzyme Enzyme sécrétée par les cellules. 55

Exogénote Fragment d'ADN donneur entrant dans une bactérie pendant un échange et une recombinaison génétiques. 294

Exon Région codante d'un gène fragmenté de cellule eucaryote. 263

Exotoxine Protéine toxique thermostable produite au cours du métabolisme normal d'une bactérie ou en raison de la présence d'un plasmide ou d'un prophage qui en modifie le métabolisme. Elle est habituellement libérée dans l'environnement de la bactérie. 794

Exotoxine désorganisatrice de membrane Type d'exotoxine qui lyse la cellule hôte en brisant l'intégrité de la membrane plasmique. 797

Expérience de cycle unique (« one step growth experiment ») Expérience concernant la multiplication des phages lytiques, au cours de laquelle un cycle de multiplication du phage se réalise et se termine par la lyse de la population bactérienne. 383

Extéines Séquences polypeptidiques d'une protéine précurseur douée d'auto-épissage qui sont jointes au cours de la formation de la protéine finale fonctionnelle ; sont séparées l'une de l'autre par les séquences flanquantes des intéines. 275

Extrêmophile Micro-organisme qui se développe dans des conditions extrêmes comme une température très élevée ou un pH très bas. 121, 624

F

Facteur extrinsèque Facteur environnemental comme la température, qui influence le développement des micro-organismes dans la nourriture. 964

Facteur intrinsèque Facteur associé à la nourriture tel que humidité, pH, nutriments disponibles, qui peut influencer la croissance microbienne. 964

Facteur de croissance Composé organique ajouté à la nourriture parce qu'il est un constituant cellulaire essentiel ou un précurseur de ce constituant et qu'il n'est pas synthétisé par l'organisme. 99

Facteur F Facteur de fertilité ; plasmide porteur des gènes de conjugaison bactériens et transformant sa cellule hôte, *E. coli*, en cellule donneuse de gènes pendant la conjugaison. 295

Facteur R Plasmide R, portant un ou plusieurs gènes de résistance à des agents antibactériens. 297, 819

Facteur rho Protéine facilitant la dissociation de l'ARN polymérase du terminateur après l'arrêt de la transcription. 263

Facteur sigma Protéine qui aide l'ARN polymérase à reconnaître le promoteur localisé en amont d'un gène. 262

FAD *Voir* Flavine adénine dinucléotide. 159

Fermentation Processus producteur d'énergie dans lequel un substrat énergétique est oxydé sans accepteur d'électons exogène ; généralement les molécules organiques servent à la fois de donneurs et d'accepteurs d'électrons. 173, 1000

Fermentation acides mixtes Fermentation effectuée par des organismes de la famille des *Enterobacteriaceae*, avec production d'éthanol et d'un mélange complexe d'acides organiques. 181, A-17

Fermentation alcoolique Processus de fermentation qui produit de l'éthanol et du CO_2 à partir de sucres. 179

Fermentation butanediolique Type de fermentation rencontrée plus souvent chez les Entérobactéries. Le produit majeur est le 2-3 butanediol ; un métabolite intermédiaire, l'acétoïne, peut être détecté par le test de Voges-Proskauer. 181, A-18

Fermentation hétérolactique Fermentation produisant de l'acide lactique et d'autres produits comme de l'éthanol et du CO_2. 181

Fermentation homolactique Fermentation où les sucres sont presque complètement transformés en acide lactique. 181

Fermentation lactique Fermentation produisant de l'acide lactique comme produit principal ou unique. 179, A-19

Fièvre Réponse physiologique complexe à une maladie, due à des cytokines pyrogènes et caractérisée par une élévation de la température corporelle et l'activation du système immunitaire. 722

Fièvre à tiques du Colorado Maladie des montagnes de l'Ouest des États-Unis, due à un virus à ARN du genre *Coltivirus* et transmis à l'homme par des tiques (*Dermacentor andersoni*) à partir d'écureuils, de lapins ou de cerfs ; les complications sont rares. 878

Fièvre de Pontiac Maladie due à *Legionella pneumophila* qui ressemble plus à une maladie allergique qu'à une infection ; décrite pour la première fois à Pontiac (Michigan, USA). 902

Fièvre hémorragique Fièvre généralement causée par un virus et conduisant à des hémorragies, un choc, et parfois la mort. 877

Fièvre hémorragique de Corée Infection virale aiguë produisant à des degrés divers des hémorragies, un choc puis parfois la mort. 877

Fièvre hémorragique due au virus Ebola Infection virale aiguë produisant à des degrés divers des hémorragies, un choc ; est parfois mortelle. 877

Fièvre hémorragique due au virus Marburg Infection virale aiguë produisant des hémorragies à des degrés divers et un choc ; est parfois mortelle. 877

Fièvre jaune Maladie infectieuse aiguë provoquée par un flavivirus qui se transmet à l'homme par des moustiques. Le foie est atteint et la peau devient jaune. 878

Fièvre pourprée des Montagnes Rocheuses Maladie provoquée par *Rickettsia rickettsii*. 913

Fièvre puerpérale État fébrile aigu après un accouchement, causé par une infection streptococcique de l'utérus et/ou des tissus adjacents. 857

Fièvre Q Maladie aiguë zoonotique causée par *Coxiella burnetii*. 912

Fièvre rhumatismale *Voir* rhumatisme articulaire aigu. 905

Fièvre typhoïde Infection bactérienne transmise par la nourriture contaminée, l'eau, le lait ou des coquillages ; est due à *Salmonella typhi*, présente dans les selles de l'homme. 933

Filament axial Organe de mobilité des spirochètes. Consiste en fibrilles axiales ou flagelles périplasmiques qui s'étendent entre les deux extrémités du cylindre protoplasmique et se chevauchent au milieu de la cellule. La gaine superficielle est à l'extérieur du filament axial. 66, 479

Filament infectieux Structure tubulaire formée pendant l'infection d'une racine par des bactéries fixatrices d'azote. Les bactéries pénètrent dans la racine grâce au filament infectieux et stimulent la formation du nodule radiculaire. 676

Filament intermédiaire Petit filament protéique de 8 à 10 nm de diamètre, présent dans le cytoplasme des cellules eucaryotes et jouant un rôle important dans la structure cellulaire. 79

Filtre de sable lent Lit de sable au travers duquel l'eau peut filtrer doucement ; sa surface est recouverte d'une couche microbienne gélatineuse qui élimine les micro-organismes se développant dans l'eau, particulièrement *Giardia*, par adhésion à ce gel. Ce type de filtre est utilisé pour la purification de l'eau dans certaines installations. 653

Filtre de sable rapide Lit de sable au travers duquel de l'eau est passée rapidement afin de retenir les impuretés physiques et de la purifier. 652

Fimbriae Appendices protéiques fibrillaires de la surface de certaines bactéries Gram-négatives. Ils participent à l'adhérence des bactéries sur diverses surfaces. 62

Fixation Processus par lequel les structures internes et externes des cellules et des organismes sont préservées et fixées en position. 27

Fixation associative de l'azote Fixation d'azote par des bactéries dans la zone des racines végétales, la rhizosphère. 675

Fixation de l'azote Processus métabolique par lequel l'azote moléculaire de l'air est réduit en ammoniaque ; effectué par les cyanobactéries, *Rhizobium* et d'autres bactéries fixatrices d'azote. 212, 616, 676

Flagelle Appendice filiforme étroit responsable de la mobilité des cellules procaryotes et eucaryotes. 63, 89

Flagelle périplasmique Chez un spirochète, se situe sous le manteau externe ; des flagelles portés par les extrémités se chevauchent au milieu et forment le filament axial, aussi appelés endoflagelles ou fibrilles axiales. 479

Flagelle polaire Flagelle localisé à une extrémité d'une cellule allongée. 63

Flagelline Protéine constitutive du filament du flagelle bactérien. 64

Flavine adénine dinucléotide (FAD) Cofacteur porteur d'électron, fréquemment impliqué dans la production d'énergie (ex. dans le cycle des acides tricarboxyliques et dans la voie de la β-oxydation). 159

Flore microbienne *Voir* microflore. 699

Fongicide Se dit d'un agent dont l'action est mortelle pour les mycètes. 138

Fongistatique Capable d'inhiber la croissance et la reproduction des mycètes. 138

Force proton-motrice (FPM) Force qui résulte d'un gradient de protons et d'un potentiel de membrane et qui fournit de l'énergie pour la synthèse d'ATP et d'autres processus. 187

Forme réplicative Acide nucléique double brin formé à partir d'un génome viral simple brin et utilisé pour la synthèse de nouvelles copies du génome. 388, 406

Fosse septique Fosse utilisé pour traiter de petites quantités d'eaux usées domestiques. La matière solide sédimente et est partiellement dégradée par les bactéries anaérobies tandis que les eaux usées coulent doucement au travers de la fosse. La décharge est traitée à son tour ou dispersée dans le sol aérobie. 663

Fourche de réplication Structure en forme d'Y où l'ADN est répliqué. Les bras de l'Y sont formés du brin matrice et de la copie d'ADN nouvellement synthétisée. 235

Fourrage ensilé Produit agricole (particulièrement des fourrages verts) fermenté, de plus grande valeur nutritive pour le bétail et qui peut se conserver longtemps. 986

Foyer Emplacement ou objet à partir duquel un germe pathogène est immédiatement transmis à un hôte soit directement, soit par un agent intermédiaire. 854

Fragment cristallisable (Fc) Tige de la forme en Y d'une molécule d'anticorps, site de fixation de certaines cellules comme les macrophages, est impliqué dans l'activation du complément. 734

Fragment fixant l'antigène (Fab) Fragment d'une molécule d'immunoglobuline, monovalent, fixant l'antigène, fait d'une chaine légère et d'une partie d'une chaine lourde, liées par des ponts disulfure interchaines. 734

Fragmentation Type de reproduction asexuée dans laquelle un thalle se sépare en deux ou plusieurs parties, chacune formant un nouveau thalle. 573

Fragments d'Okazaki Courtes séquences polynucléotidiques produites au cours de la réplication discontinue de l'ADN. 239

Fruticuleux Se dit des lichens ayant une forme dressée comme un arbuste. 566

Fructification Structure spécialisée portant des spores produites de façon sexuée ou asexuée, présente chez les mycètes et certaines bactéries. 512, 565

Frustule Paroi siliceuse des diatomées. 577

Fusion de protoplastes Union de cellules débarrassées de leur paroi. 994

G

Gaine Structure creuse tubulaire entourant une chaîne de cellules chez plusieurs genres de bactéries. 496

Gamétange Structure contenant les gamètes ou dans laquelle se forment les gamètes. 557

Gamma-protéobactéries Un des cinq sous-groupes de protéobactéries ayant chacun des séquences d'ARN$_r$ 16S distinctes ; c'est le groupe le plus large, très divers d'un point de vue physiologique ; beaucoup de genres importants sont des anaérobies facultatifs et chimio-orgnotrophes. 498

Ganglion lymphatique Petit organe lymphoïde secondaire, contient des lymphocytes, des macrophages et des cellules dendritiques ; sert à 1) la filtration et l'élimination des antigènes étrangers et 2) l'activation et la prolifération des lymphocytes. 709

Gangrène gazeuse Type de gangrène apparaissant dans des blessures lacérées, sales, infectées par des bactéries anaérobies, particulièrement les espèces du genre *Clostridium*. Les bactéries en se multipliant, libèrent des toxines et fermentent les glucides pour produire du CO_2 et de l'hydrogène. 915

Gastrite Inflammation de l'estomac. 918

Gastro-entérite Inflammation aiguë de la paroi de l'estomac et de l'intestin, se caractérise par anorexie, nausées, diarrhée, souffrance abdominale et faiblesse. Elle a des causes variées dont l'empoisonnement alimentaire dû à *E. coli, S. aureus* et certaines *Salmonella,* l'ingestion de boisson ou d'aliment irritant, ou des facteurs psychologiques comme l'angoisse, le stress et la peur. 928

Gastro-entérite virale aiguë Inflammation de l'estomac et des intestins généralement due à l'agent de Norwalk et les virus apparentés ou des calicivirus, des rotavirus et des astrovirus. 891

Gaz à effet de serre Gaz libéré de la surface terrestre à la suite de processus chimiques et biologiques et qui interagit avec des éléments de la stratosphère et diminue la libération de radiations à partir de la terre ; on pense que ceci conduit à un réchauffement climatique global. 689

Gène Fragment ou séquence d'ADN déterminant un polypeptide, un ARNr ou un ARNt. 241

Gène *fas* Gène actif dans des cellules cibles susceptibles d'être tuées par d'autres cellules exprimant le ligand Fas, un membre de la famille du TNF (cytokines et molécules de surface). 750

Gène fragmenté ou **interrompu** Gène de structure constitué de séquences d'ADN qui codent pour l'ARN mature (séquences traduites ou exons) séparées par des régions qui codent pour de l'ARN qui ne se retrouve pas dans le produit final (séquences intermédiaires ou introns). 263

Gène de structure Gène codant pour la synthèse d'un polypeptide ou d'un polynucléotide dont la fonction n'est pas régulatrice. 277

Génération spontanée Hypothèse selon laquelle les organismes vivants peuvent provenir de la matière non vivante. 2

Génie génétique Ensemble de techniques utilisées pour modifier délibérément l'information génétique d'un organisme par un changement de son acide nucléique génomique. 320

Génome Ensemble des gènes présents dans une cellule ou un virus ; jeu haploïde des gènes cellulaires, tout le matériel génétique d'un organisme. 228

Génome segmenté Génome viral divisé en plusieurs parties ou segments, chacun codant probablement pour un seul polypeptide ; très courant chez les virus à ARN. 374

Génomique Étude de l'organisation moléculaire des génomes, de l'information qu'ils contiennent et des produits pour lesquels ils codent. 345

Genre Groupe bien défini d'une ou plusieurs espèces qui se distingue clairement des autres genres. 426

Germicide Capable de tuer les organismes pathogènes et de nombreux germes non pathogènes mais pas nécessairement les endospores bactériennes. 138

Germination Stade suivant l'activation des endospores bactériennes au cours duquel celles-ci abandonnent leur état de dormance. La germination est suivie par l'émergence d'une cellule. 71

Giardiase Maladie intestinale commune causée par *Giardia lamblia*, un protozoaire parasite. 953

Gingivite Inflammation du tissu gingival. 936

Gingivostomatite Inflammation des gencives et des autres muqueuses de la bouche. 884

Glissement Type de mobilité dans lequel une cellule microbienne glisse lorsqu'elle est en contact avec une surface solide. 66, 482

Glomérulonéphrite Maladie inflammatoire des glomérules rénaux. 905

Glucanes Polysaccharides formés d'unités glucose reliées par des liaisons glycosidiques ; certains ont des liaisons α 1-3 et α 1-6, ils maintiennent ensemble les bactéries sur la dent pour former l'écosystème de la plaque dentaire. 936

Gluconéogenèse Synthèse de glucose à partir de précurseurs non glucidiques comme l'acide lactique et des acides aminés. 209

Glycocalyx Réseau de polysaccharides recouvrant la surface de bactéries et d'autres cellules. 61

Glycogène Polysaccharide fortement ramifié, contenant du glucose, réserve du carbone et d'énergie. 49, A-6

Glycolyse *Voir* Voie d'Embden-Meyerhof. 176

Gnotobiotique Se dit des animaux dépourvus de germe (dépourvus de micro-organismes) ou vivant en association avec un ou plusieurs micro-organismes connus. 698

Gomme Tumeur gommeuse, molle survenant au cours du stade tertiaire de la syphilis. 924

Gonocoque Bactérie de l'espèce *Neisseria gonorrhoeae* causant la blennorragie. 915

Grana Empilement de thylacoïdes dans le stroma du chloroplaste. 85

Granule métachromatique Granule de polyphosphate dans le cytoplasme de certaines bactéries, révélé par une teinte différente sous l'effet d'un colorant bleu basique. Ce sont des réserves de phosphate, parfois appelé granule de volutine. 52

Granulome Désigne une lésion inflammatoire nodulaire contenant des cellules phagocytaires. 714

Grippe Infection virale aiguë des voies respiratoires survenant isolément, de manière épidémique ou pandémique. La grippe est provoquée par trois souches du virus influenza, désignées A, B et C, selon les antigènes des enveloppes protéiques. 872

Griséofulvine Antibiotique produit par *Penicillium griseofulvum* et utilisé oralement pour le traitement de mycoses chroniques de la peau et des ongles. 820

Groupe de Lancefield Un des groupes sérologiques parmi lesquels on classe les streptocoques (ex. groupe A, groupe B). 532, 784

Groupe chromophore Groupe chimique possédant des doubles liaisons, absorbant la lumière visible et donnant au colorant sa couleur. 27

Groupe prosthétique Cofacteur lié fortement, qui est maintenu au site actif d'une enzyme pendant la catalyse. 161

Guanine Base purique (2-amino-6-oxypurine) trouvée dans les nucléosides, nucléotides et acides nucléiques. 217

H

Halobactérie ou **halophile extrême** Groupe d'orchéobactéries dépendant absolument de concentrations élevées en NaCl pour sa croissance, ne survit pas en dessous de 1,5 M en NaCl. 461

Halophile Micro-organisme exigeant des concentrations élevées en chlorure sodique pour sa croissance. 123

Haptène Molécule non immunogène par ellemême, mais capable d'induire l'apparition d'anticorps dirigés contre elle lorsqu'elle est couplée à un porteur macromoléculaire. 731

Hélicase Enzyme utilisant de l'ATP pour dérouler l'ADN en avant de la fourche de réplication. 236

Hélicoïdal Se réfère, en virologie, à un virus dont la capside à symétrie hélicoïdale entoure l'acide nucléique. 369

Hémadsorption Adhérence des globules rouges sur une surface comme celle d'une autre cellule ou d'un virus. 832

Hémagglutination Agglutination des hématies par des anticorps. 756

Hémagglutination virale Agglutination des hématies provoquée par certains virus. 776

Hémagglutinine Anticorps responsable d'une réaction d'hémagglutination. 756

Hémoflagellé Protozoaire flagellé parasite du système sanguin. 956

Hémolyse Disruption des globules rouges et libération de leur hémoglobine. Plusieurs types d'hémolyse s'observent lorsque des bactéries comme les streptocoques et les staphylocoques se développent sur de la gélose au sang (*voir* **hémolyse** α **et** β). 531, 797

Hémolyse alpha Zone verdâtre d'hémolyse partielle autour d'une colonie bactérienne se développant sur gélose au sang. 531, 797

Hémolyse bêta Zone complètement claire, sans modification de couleur, autour d'une colonie bactérienne se développant sur gélose au sang. 532, 797

Hémolysine Substance provoquant une hémolyse (une lyse des hématies). Certaines hémolysines sont des enzymes hydrolysant les phospholipides des membranes plasmiques érythrocytaires. 797

Hépatite Toute infection provoquant une inflammation du foie. Désigne aussi toute inflammation du foie. 889

Hépatite A (précédemment dite **infectieuse**) Type d'hépatite transmise par contamination fécaleorale ; elle touche principalement les enfants et les jeunes adultes, particulièrement dans les régions surpeuplées et à hygiène faible. Elle est causée par le virus de l'hépatite A, un virus à ARN monocaténaire. 892

Hépatite B (précédemment dite **sérique**) Cette forme d'hépatite est provoquée par un virus à ADN bicaténaire (HBV, « hepatitis B virus »), appelé anciennement la « particule de Dane ». Le virus est transmis par les liquides biologiques. 889

Hépatite C HAV et HBV sont responsables d'environ 90% des cas d'hépatite virale. Les 10 % des autres cas sont causés par un ou peut-être plusieurs autres types de virus. Au moins un de ceux-ci est le virus de l'hépatite C (anciennement non-A, non-B). 890

Hépatite D (anciennement hépatite delta) Maladie du foie due à l'agent delta chez des individus déjà infectés par le virus de l'hépatite B. 891

Hépatite E (anciennement hépatite NANB à transmission entérique) Maladie du foie due au virus de l'hépatite E, généralement une infaection aiguë subclinique avec cependant un taux élevé de mortalité chez les femmes dans le dernier trimestre de la grossesse. 892

Herpès circiné Dermatophytose des parties glabres ou duveteuses de la peau, due soit à *Trichophyton rubrum, T. mentagrophytes* ou *Microsporum canis*. 943

Herpès congénital (ou néonatal) Infection du nouveau-né par l'herpèsvirus transmis au cours de l'accouchement. 886

Herpès génital Maladie sexuellement transmissible, provoquée par le virus *Herpes simplex* de type 2 (HSV2). 885

Herpès labial *Voir* Bouton de fièvre. 884

Herpèsvirus humain de type 6 (**HHV6**, type A et B), découvert en 1986, ce virus a un tropisme marqué pour les cellules T CD4+, il est génétiquement similaire au cytomégalovirus, est cause de l'exanthème subit (ou roséole infantile ou sixième maladie) chez les enfants, est suspecté d'implication dans des infections opportunistes chez des patients immunocompromis, dans des hépatites, des maladies lymphoprolifératives, des interactions synergiques avec HIV, la lymphadénite et le syndrome de fatigue chronique. 887

Hétérocyste Cellule spécialisée des cyanobactéries dans laquelle se fait la fixation de l'azote. 473

Hétérotrophe Organisme utilisant des molécules organiques réduites comme sources principales de carbone. 96

Hétérotrophe chimio-organotrophe Organisme qui utilise des produits organiques comme sources métaboliques d'énergie, d'hydrogène, d'électrons et de carbone. 98

Hétérotrophe photo-organotrophe Micro-organisme utilisant de l'énergie lumineuse, des donneurs organiques d'électrons, et des molécules organiques simples plutôt que du CO_2 comme sources de carbone. 98

Hexon ou **hexamère** Capsomère composé de 6 protomères. 370

Histone Petite protéine basique riche en lysine et en arginine, associée à l'ADN des eucaryotes dans la chromatine. 234

Histoplasmose Infection fongique systémique provoquée par *Histoplasma capsulatum*. 947

Holoenzyme Enzyme complète composée de l'apoenzyme et d'un cofacteur. 161

Hormogonie Petit fragment mobile libéré par fragmentation de cyanobactéries filamenteuses ; sert pour la reproduction asexuée et la dispersion. 473

Hôte Corps d'un organisme abritant un autre organisme. Il peut être perçu comme un microenvironnement protecteur tolérant la croissance et la multiplication d'un organisme parasite. 788

Hôte compromis Hôte qui présente une résistance diminuée à la maladie et l'infection due à une débilitation sévère (à cause de malnutrition, cancer, diabète, leucémie ou autre infection), un traumatisme (à la suite d'une opération chirurgicale ou une blessure), une immunodépression ou une altération de la flore microbienne due à un usage prolongé d'antibiotiques. 704, 948

Hôte final Hôte sur ou dans lequel un organisme parasite atteint soit la maturité sexuelle, soit se reproduit. 789

Hôte intermédiaire Hôte servant d'environnement temporaire mais essentiel pour le développement d'un parasite et l'achèvement de son cycle biologique. 789

Hôte réservoir Organisme différent de l'homme, infecté par un agent pathogène qui peut également infecter l'homme. 789

Hôte vecteur *Voir* Vecteur. 322, 791, 854

Hotte de sécurité biologique à flux laminaire Enceinte de travail stérile soumise à un flux d'air stérile dans le but de protéger le manipulateur contre une infection d'organismes pathogènes et d'empêcher une contamination de la pièce où se trouve la hotte par ces mêmes organismes. 317

Hybridation d'acides nucléiques Formation de molécules hybrides d'ADN bicaténaire en utilisant un mélange chauffé d'ADN simple brin de deux sources différentes ; dans la mesure où les séquences sont complémentaires, des hybrides stables seront formés. 431

Hybridome Lignée cellulaire à croissance rapide obtenue par la fusion d'une cellule cancéreuse (myélome) avec une autre cellule telle une cellule productrice d'anticorps. 743

Hydrogénosome Organite microcorpusculaire contenant un système de transfert d'électrons particulier par lequel une hydrogénase transfère des électrons à des protons (agissant comme accepteurs finals d'électrons) pour former de l'hydrogène moléculaire. 585

Hydrophile Se dit d'une substance polaire ayant une forte affinité pour l'eau (ou facilement soluble dans l'eau). 46

Hydrophobe Se dit d'une substance non polaire dépourvue d'affinité pour l'eau (ou difficilement soluble dans l'eau). 46

Hypermutation Introduction rapide de mutations multiples dans un gène par activation de gènes mutateurs particuliers, peut être utilisé volontairement pour augmenter au maximum la possibilité de création de mutations désirées. 246

Hypersensibilité État de sensibilité immunitaire accru au cours duquel l'organisme réagit à un antigène par une réponse immunitaire exagérée qui porte atteinte à l'individu, aussi appelée allergie. 768

Hypersensibilité de type I Forme d'hypersensibilité immédiate à la suite de la fixation d'un antigène aux IgE des mastocytes, ceux-ci libèrent alors les médiateurs anaphylactiques tels que l'histamine (ex. rhume des foins, asthme et allergies alimentaires). 768

Hypersensibilité de type II Forme d'hypersensibilité immédiate impliquant la liaison d'anticorps aux antigènes à la surface des cellules, suivie par la destruction des cellules cibles (ex. au moyen d'une attaque par le complément, par phagocytose ou agglutination). 769

Hypersensibilité de type III Forme d'hypersensibilité immédiate résultant de l'exposition à des quantités excessives d'antigènes auxquels se lient des anticorps pour produire des complexes antigène-anticorps. Ceux-ci activent le complément et déclenchent une réponse inflammatoire aiguë et ultérieurement des dégâts cellulaires. (ex. glomérulonéphrite poststreptococcique, maladie du sérum et asthme du fermier). 770

Hypersensibilité de type IV Hypersensibilité retardée (elle apparaît 24 à 48 heures après exposition à l'antigène). Elle résulte de la liaison d'un antigène aux lymphocytes T activés, ceux-ci libèrent alors les lymphokines et déclenchent l'inflammation et les attaques de macrophages qui endommagent les tissus. L'hypersensibilité de type IV se rencontre dans les dermites de contact du sumac vénéneux, la lèpre et la syphilis tertiaire. 771

Hyperthermophile Se dit d'une bactérie qui se développe au mieux entre 80°C et environ 113°C et qui généralement ne se développe pas en dessous de 55°C. 126, 626

Hyphe Unité de structure de la plupart des mycètes et de certaines bactéries ; filament tubulaire. 556

Hyphe ascogène Hyphe spécialisé qui donne naissance à une ou plusieurs asques. 561

Hypoferrémie Déficience en fer dans le sang. 723

Hypothèque Plus petite moitié d'un frustule de diatomée. 577

Hypothèse Proposition développée pour expliquer un ensemble d'observations. 8

Hypothèse chimiosmotique Hypothèse selon laquelle un gradient de protons et un gradient électrochimique sont générés par le transport des électrons et sont ensuite utilisés à la synthèse de l'ATP par phosphorysation oxydative. 187

Hypothèse (ou théorie) endosymbiotique *Voir* Théorie endosymbiotique. 85, 424

Hypoxique Dont le niveau en oxygène est bas. 635

I

Icosaédrique Se dit, en virologie, d'un virus dont la capside est un polyèdre régulier à 20 faces triangulaires équilatérales et 12 sommets. 369

Identification Processus de détermination de l'appartenance d'un isolat particulier ou d'un organisme à un taxon. 422

Idiotype Ensemble d'un ou plusieurs épitopes uniques dans la région variable d'une immunoglobuline qui la distingue des immunoglobulines produites par d'autres plasmocytes. 734

IgA Immunoglobuline A. Classe d'immunoglobulines présentes sous forme dimérique dans de nombreuses sécrétions corporelles (ex. salive, larmes, sécrétions bronchiques et intestinales) et protégeant les surfaces corporelles ; est aussi présente dans le sérum. 736

IgA sécrétoire Immunoglobuline principale du système immunitaire sécrétoire. *Voir* IgA. 738

IgD Immunoglobuline D. Classe d'immunoglobulines présentes à la surface de nombreux lymphocytes B, pourraient servir de récepteurs d'antigène dans la stimulation de la synthèse des anticorps. 738

IgE Immunoglobuline E. Classe d'immunoglobulines se fixant sur les mastocytes et les basophiles et responsables des réactions d'hypersensibilité de type I ou anaphylactique telles le rhume des foins et l'asthme ; est également impliquée dans la résistance aux helminthes parasites. 738

IgG Immunoglobuline G. Classe d'immunoglobulines prédominante dans le sérum ; interviennent dans la neutralisation des toxines, l'opsonisation des bactéries, l'activation du complément. En traversant le placenta, elles protègent le foetus et le nouveau-né. 736

IgM Immunoglobuline M. Classe d'immunoglobulines sériques produites en premier lieu pendant une infection ; grosse molécule pentamérique capable d'agglutiner les agents pathogènes et d'activer le complément ; la forme monomérique est présente à la surface de certains lymphocytes B. 736

Ilot de pathogénicité Grand fragment d'ADN chez certains organismes pathogènes, contient les gènes responsables de la virulence, code souvent pour le système de sécrétion de type III qui permet à l'agent de sécréter les protéines de virulence et d'endommager les cellules de l'hôte ; un organisme pathogène peut en posséder plusieurs. 794

Immobilisation Incorporation d'une substance soluble simple dans un organisme, la rendant inutilisable pour d'autres organismes. 613

Immunisation active Induction d'une immunité active par exposition naturelle à un agent pathogène ou par vaccination. 764

Immunisation passive Induction d'une immunité temporaire par transfert d'anticorps ou de cellules T sensibilisées d'un vertébré immun vers un vertébré non immun. 765

Immunité Capacité globale qu'a un hôte de résister à une maladie particulière. 705

Immunité à médiation cellulaire Immunité qui résulte de la destruction des cellules étrangères ou infectées par contact physique avec les lymphocytes T, peut être transmise à un individu non immun par un transfert de cellules. 729

Immunité active acquise artificiellement Résulte de l'immunisation d'un animal par un vaccin. L'animal immunisé produit alors ses propres anticorps et des lymphocytes T activés. 730

Immunité active acquise naturellement Se développe lorsque le système immunitaire d'un individu entre en contact avec un stimulus antigénique approprié au cours d'activités normales ; apparaît habituellement lorsque l'individu récupère d'une infection. 729

Immunité acquise Se développe spécifiquement à la suite de l'exposition à un antigène convenable ou résulte du transfert d'anticorps d'un individu à un autre. 729

Immunité de groupe Résistance d'une population à une infection et à la propagation d'un organisme infectieux ; est due à l'immunité d'un pourcentage élevé de la population. 851

Immunité humorale Immunité due à la présence d'anticorps solubles dans le sang et la lymphe. 729

Immunité médiée par anticorps *Voir* Immunité humorale. 729

Immunité naturelle ou **innée** *Voir* résistance non spécifique. 705

Immunité non spécifique *Voir* Résistance non spécifique. 705

Immunité passive acquise artificiellement Résulte de l'introduction dans un animal d'anticorps produits chez un autre animal ou « in vitro ». L'immunité n'est que temporaire. 731

Immunité passive acquise naturellement Implique le transfert d'anticorps d'un individu à un autre. 729

Immunodéficience Incapacité de produire un complément normal d'anticorps ou de cellules T sensibilisées immunologiquement, en réponse à des antigènes spécifiques. 774

Immunodiffusion Technique impliquant la diffusion d'antigènes et/ou d'anticorps dans un gel semi-solide pour faire une réaction de précipitation lorsqu'ils se rencontrent dans de bonnes proportions, parfois l'antigène diffuse dans un gel qui contient l'anticorps. 779

Immuno-électrophorèse Séparation électrophorétique de protéines dans des gels suivie d'une diffusion et d'une précipitation en utilisant des anticorps dirigés contre les protéines séparées. 781

Immunofluorescence Technique utilisée pour identifier microscopiquement des antigènes particuliers, dans des cellules ou des tissus par la fixation d'anticorps couplés à un fluorochrome. 781

Immunoglobuline *Voir* Anticorps. 734

Immunologie Science qui s'occupe du système immunitaire en tentant de comprendre les nombreux phénomènes responsables de l'immunité acquise et innée ; comprend également l'utilisation des réactions antigène-anticorps dans d'autres travaux de laboratoire (sérologie et immunochimie). 705

Immunopathologie Étude des maladies ou des conditions qui découlent de réactions immunitires. 790

Immunoprécipitation Réaction entre des antigènes solubles et des anticorps formant un grand aggrégat précipitant, insoluble. 781

Immunosurveillance Processus encore quelque peu hypothétique par lequel des lymphocytes, les cellules tueuses naturelles (NK), reconnaissent et détruisent les cellules tumorales ; d'autres cellules portant des antigènes de surface anormaux (ex. cellules infectées par un virus) peuvent également être détruites. 760

Immunotoxine Anticorps monoclonal fixé à une

toxine spécifique ou un agent toxique (anticorps + toxine = immunotoxine) capable de tuer spécifiquement des cellules cibles. 744

Immunotransfert Transfert électrophorétique de protéines, depuis des gels de polyacrylamide sur des membranes de nitrocellulose pour démontrer la présence de protéines spécifiques par réaction avec des anticorps marqués. 779

Impétigo Maladie cutanée superficielle, généralement infantile ; se caractérise par des lésions en croutes souvent sur le visage, les lésions sont des vésicules bordées de rouge ; est dû à *S. pyogenes*, peut aussi être dû à *S. aureus*. 903

Inclusion Granule de matière organique ou inorganique présent dans le cytoplasme bactérien. 49, 410

Inclusion intranucléaire Structure présente dans les cellules infectées par le cytomégalovirus. 885

Indice de réfraction Rapport entre la vitesse de propagation de la lumière dans le premier de deux milieux et dans le second lorsqu'elle passe de l'un à l'autre. 18

Inducteur Petite molécule stimulant la synthèse d'une enzyme inductible. 275

Infection Invasion d'un hôte par un micro-organisme suivie par son établissement et sa multiplication dans l'hôte. Une infection peut ou pas déboucher sur une maladie évidente. 789

Infection aiguë Infection virale qui se déclare rapidement et dure relativement peu. 410

Infection alimentaire Maladie gastro-intestinale provoquée par l'ingestion de micro-organismes et par la multiplication de ces derniers dans le système intestinal. Les symptômes proviennent de l'invasion du tissu et/ou de la production d'une toxine. 926, 973

Infection autogène Infection provenant de la propre flore microbienne du patient même si l'agent a été acquis à la suite d'une admission à l'hôpital. 866

Infection endogène Infection d'un individu par un micro-organisme appartenant à la microflore normale de l'individu lui-même. 905

Infection génitale haute Infection grave des organes reproducteurs féminins, à la suite de l'infection par des gonocoques des trompes de Fallope et tissus avoisinants. 915, 918

Infection nosocomiale Infection qui se manifeste dans un hôpital ou une institution de soins, causée par un organisme infectieux acquis pendant le séjour du patient. 866

Infection virale latente Infection virale pendant laquelle le virus ne se multiplie pas et reste dormant avant de redevenir actif. 410

Inflammation Réponse protectrice localisée à la blessure ou la destruction d'un tissu. Une inflammation aiguë est caractérisée par une douleur, une élévation de température, un gonflement et une rougeur de la région atteinte. 712

Ingénierie des protéines Conception rationnelle des protéines par la construction de séquences spécifiques en acides aminés au moyen de techniques moléculaires, dans le but de modifier les caractéristiques des protéines. 994

Ingénierie des voies métaboliques Amélioration de l'efficacité des voies métaboliques par l'utilisation de la biologie moléculaire. 997

Ingénierie du contrôle métabolique Modification des contrôles des voies métaboliques (sans modification de la voie elle-même) en vue d'améliorer l'efficacité du processus. 997

Ingénierie génétique Modification délibérée de l'information génétique d'un organisme, en changeant directement l'acide nucléique génomique. 320

Intégration Incorporation d'un segment d'ADN dans une autre molécule d'ADN pour former un ADN hybride nouveau ; se produit au cours de la recombinaison génétique, de l'incorporation d'un épisome dans l'ADN hôte, et de l'insertion du prophage dans le chromosome bactérien. 394

Intégrines Grande famille largement distribuée d'hétérodimères α / β ; sont des récepteurs cellulaires d'adhésion médiant les interactions cellule-cellule et cellule-substrat, reconnaissent généralement la séquence linéaire des acides aminés de leur ligand protéique. 712

Intéines Séquences internes dans les précurseurs des protéines capables d'auto-épissage ; elles séparent les extéines et sont enlevées lors de la formation de la protéine finale. 275

Interféron (IFN) Une glycoprotéine dont l'activité antivirale non spécifique stimule des cellules à produire des protéines antivirales inhibant la synthèse d'ARN viral et de protéines virales. Les interférons contrôlent également la croissance, la différenciation et/ou la fonction de différentes cellules du système immunitaire. Leur production peut être stimulée par des infections virales, des agents pathogènes intracellulaires (chlamydies et rickettsies), des protozoaires parasites, des endotoxines et d'autres agents. 791, 822

Intertrigo à *Candida*. Infection à *Candida* au niveau de replis cutanés chauds et humides (aisselles, aine, ...). 950

Intertrigo des espaces interdigitaux Dermatophytose des mains due à *Trichophyton rubrum, T. mentagrophytes* ou *E. floccosum*. 944

Intertrigo périanal Intertrigo à *Candida* typiquement observé chez les enfants dont les couches ne sont pas changées suffisamment fréquemment et qui ne sont donc pas maintenus au sec. 950

Interleukine Une glycoprotéine produite par les macrophages et les cellules T ; contrôle la croissance et la différenciation, particulièrement des lymphocytes ; stimule les réponses immunitaires cellulaires et humorales. 720

Intoxication Maladie induite par une toxine spécifique, même en l'absence de l'organisme producteur. 794

Intoxication alimentaire Empoisonnement provoqué par des toxines microbiennes produites dans les aliments avant leur consommation. La présence de bactéries vivantes n'est pas requise. 927, 975

Intron Séquence intercalaire non codante d'un gène interrompu, code pour l'ARN qui a disparu de l'ARN final. 261

Isotype Forme variante d'une immunoglobuline (ex. une classe, une sous-classe ou un type d'immunoglobuline) présente chez chaque individu normal d'une espèce particulière. Habituellement, le déterminant antigénique caractéristique est dans la région constante des chaînes H et L. 734

K

Kelp ou **lame** Nom commun donné aux membres de grande dimension de l'ordre des laminariales chez les algues brunes. 578

Kératinocyte Cellule présente dans le tissu lymphoïde associé à la peau, sécrète des cytokines qui peuvent induire une réponse inflammatoire. 709

Kératite Inflammation de la cornée de l'oeil. 953

Kératite herpétique Inflammation de la cornée et de la conjonctive de l'oeil à la suite d'une infection par le virus *Herpes simplex*. 884

Kinétoplaste Structure particulière présente dans la mitochondrie des protozoaires kinétoplastidés. Il contient l'ADN mitochondrial. 588

Kyste Terme général donné à une cellule microbienne spécialisée enfermée dans une paroi. Les kystes sont formés par des protozoaires et quelques bactéries. Ce sont des cellules dormantes, résistantes, formées en réponse à des conditions défavorables, ou des kystes reproductifs, étape normale d'un cercle biologique. 586

L

Lagune artificielle Installation volontaire de communautés de micro-organismes dans des marécages de façon à restaurer le milieu ou purifier l'eau au moment où elle passe à travers ces communautés aquatiques et que les produits chimiques, les bactéries et la matière organique sont retenus. 662

Laminarine Un des matériaux de réserve majeur des algues jaune-brun ; polymère de glucose. 578

« Land farming » Addition au sol de détritus (comme des hydrocarbures) pour qu'ils soient dégradés ; le sol peut être humidifié ou mélangé pour favoriser cette dégradation. 1011

Légionellose Pneumonie due à *Legionella pneumophila*, bacille Gram-négatif aérobie à croissance fastidieuse. 901

Leishmanie Zooflagellé, du genre *Leishmania*, responsable de leishmaniose. 956

Leishmaniose Maladie due à des protozoaires zooflagellés, appelés *Leishmania*. 956

Lèpre Maladie défigurante grave de la peau, causée par *Mycobacterium leprae*. Aussi connue sous le nom de maladie de Hansen. 916

Lèpre lépromateuse Forme de lèpre, au cours de laquelle de grands nombres de *M. leprae* se multiplient dans les cellules cutanées, menant à une perte progressive des traits du visage et à une déformation des extrémités. 916

Lèpre tuberculoïde Forme peu sévère et non progressive de la lèpre qui est associée à une hypersensibilité de type retardé aux antigènes de surface de *Mycobacterium leprae*. Elle est caractérisée par des dommages nerveux précoces et des zones de la peau dépourvues de toute sensation et entourées d'une bordure de nodules. 916

Lésion caséeuse Lésion à aspect grumeleux le plus souvent due à *M. tuberculosis*. 908

Lésion effaçante Type de lésion causée par les souches d'*E. coli* entéropathogènes quand les bactéries qui se fixent, détruisent la bordure en brosse des cellules épithéliales de l'intestin. On désigne maintenant ces souches par AE (pour adhérantes-effaçantes), elles sont une cause importante de diarrhées des voyageurs et de diarrhées infantiles dans les pays en développement. 932

Leucémie Maladie maligne progressive des organes hématopoïétiques, accompagnée d'une prolifération désordonnée des leucocytes et de leurs précurseurs dans le sang et dans la moelle osseuse. Certaines leucémies sont dues à des virus (HTLV-1, HTLV-2). 887

Leucémie des cellules T adultes Type de cancer des globules blancs sanguins causé par le virus

HTLV-1. 887

Leucocidine Toxine microbienne qui peut léser ou tuer les leucocytes. 797

Leucocyte Tout globule blanc sanguin non coloré, ils se classent en lymphocytes granulaires et agranulaires. 705

Leucocyte polymorphonucléaire (PMN) Leucocyte dont le noyau a des formes variées. 707

Levain (« Starter culture ») Inoculum constitué d'un mélange de micro-organismes soigneusement sélectionnés, utilisé pour amorcer une fermentation commerciale. 978

Levure Mycète unicellulaire avec un seul noyau, se reproduit soit de façon asexuée par bourgeonnement ou scission, soit de façon sexuée par formation de spores. 554

Levure basse Levure utilisée dans la fabrication des bières par fermentation basse et qui a tendance à se déposer au fond du fermenteur. 880

Lichen Association symbiotique entre un champignon et soit une algue verte soit une cyanobactérie, formant un organisme. 598

Lipopolysaccharide Molécule formée de lipides et de polysaccharides, constituant important de la membrane externe des bactéries Gram-négatives. 58

Liposome Particule sphérique formée d'une bicouche lipidique entourant une solution aqueuse ; peut être utilisé pour administrer des agents chimiothérapeutiques ou dans des tests diagnostiques. 782

Listériose Maladie sporadique animale et humaine, spécialement chez les hôtes immuno compromis et des femmes enceintes, est due à la bactérie *Listeria monocytogenes*. 931

Lit bactérien ou **biofiltre** Lit de caillous couverts de micro-organismes formant un film, qui dégradent aérobiquement les déchets organiques lors du traitement secondaire des eux usées. 659

Lithotrophe Organisme utilisant des substances inorganiques réduites comme source d'électrons. 97

Loi du minimum de Liebig Des organismes ou des populations se développeront jusqu'à ce qu'un facteur limite leur croissance. 131

Lophotriche Cellule ayant une touffe de flagelles à une ou à ses deux extrémités. 63

Lumière fluorescente Lumière émise par une substance excitée par une lumière d'une autre longueur d'onde. 25

Lumière ultraviolette Radiation de courte longueur d'onde (10 nm à 400 nm) et de haute énergie. 130, 144

Lupus érythémateux disséminé Maladie inflammatoire auto-immune qui peut affecter tous les tissus du corps. 770

Lymphocyte Leucocyte (globule blanc du sang) non phagocytaire mononucléaire qui est une cellule immunologiquement compétente ou un précurseur ; sont présents dans le sang, la lymphe et les tissus lymphoïdes. 705

Lymphocyte B Type de lymphocyte dérivé de cellules souches de la moelle osseuse ; leur maturation en cellules immunologiquement compétentes se fait au niveau de la bourse de Fabricius chez les oiseaux et de la moelle osseuse chez les espèces non aviaires ; à la suite de l'interaction avec un anticorps, devient un plasmocyte qui synthétise et secrète les molécules d'anticorps impliquées dans l'immunité humorale. 705, 751

Lymphocyte B mémoire Lymphocyte initiant la réponse immunitaire liée aux anticorps lors de la reconnaissance génétiquement programmée d'une molécule antigénique spécifique ; circule dans le sang et la lymphe et a une durée de vie de plusieurs années. 741

Lymphocytes intra-épidermiques Cellules T de l'épiderme cutané qui expriment le récepteur γ / δ des cellules T. 710

Lymphocyte T Type de lymphocyte dérivé de cellules souches de la moelle osseuse, mûrit en cellule immunologiquement compétente sous l'influence du thymus ; sont impliqués dans une variété de réactions immunologiques à médiation cellulaire. 705, 745

Lymphocyte T cytotoxique (Tc) Cellule activée capable de reconnaître, avec l'aide des antigènes du complexe majeur d'histocompatibilité, une cellule infectée par un virus, une cellule tumorale ou une cellule étrangère et de la détruire. 748

Lymphocytes T régulateurs Contrôlent le développement des cellules T effectrices, en existe de deux types : les cellules T auxiliaires (cellules CD4$^+$) et les cellules T suppressives. Il y a trois sous populations de cellules T auxiliaires : T_H1, T_H2 et T_HO. Les cellules T_H1 produisent Il-2, IFN-γ et TNF β, elles réalisent l'immunité cellulaire et sont responsables de l'hypersensibilité retardée et de l'activation des macrophages. Les cellules T_H2 produisent IL-4, IL-5, IL-6, IL-10, IL-13, elles aident les cellules B dans la production d'anticorps et l'immunité humorale, elles interviennent aussi dans les réponses IgE et l'éosinophilie. Les cellules T_HO ont une production complète de cytokines. 751

Lymphogranulomatose vénérienne (LGV) Maladie à transmission sexuelle due aux sérotypes L1-L3 de *Chlamydia trachomatis*, affecte les organes lymphoïdes de la région génitale. 917

Lymphokine Glycoprotéine biologiquement active sécrétée par des lymphocytes activés, en particulier par des cellules T stimulées (ex. IL-1). Elle agit comme médiateur cellulaire de la réponse immunitaire et transmet des signaux régulant la croissance, la différenciation et le comportement cellulaire. 720

Lyse Rupture ou désintégration physique d'une cellule. 61

Lysogène Bactérie porteuse d'un prophage et capable de produire des bactériophages dans les conditions appropriées. 308, 390

Lysogénie État du génome phagique qui reste dans la bactérie hôte après infection et se multiplie avec celle-ci, plutôt que de prendre le contrôle de l'hôte et de le détruire. 307, 390

Lysosome Organite membranaire eucaryote, contenant des enzymes hydrolytiques et responsable de la digestion intracellulaire des substances. 80

Lysotypie ou **typage par bactériophages** Méthode d'identification de souches bactériennes basée sur leur susceptibilité à une série de bactériophages. 842

Lysozyme Enzyme dégradant le peptidoglycane par hydrolyse du lien β (1 → 4) entre l'acide N-acétylmuramique et la N-acétylglucosamine. 61, 710

M

Macrolide Antibiotique formé d'un noyau macrolide ayant une liaison lactone, de nombreux groupes cétone ou hydroxyle et portant un ou plusieurs sucres. 817

Macromolécule Polymère résultant de l'assemblage de plus petites unités. 205

Macronoyau Le plus grand des deux noyaux des protozoaires ciliés. Il est normalement polyploïde et dirige les activités cellulaires de routine. 585

Macrophage Nom d'une grande cellule mononucléaire phagocytaire, présente dans le sang, la lymphe et d'autres tissus. Les macrophages dérivent des monocytes. Ils phagocytent et détruisent des organismes pathogènes ; certains activent aussi des cellules B et T. 705

Macrophage alvéolaire Macrophage très phagocytaire situé à la surface épithéliale des alvéoles pulmonaires où il ingère les particules inhalées et les micro-organismes. 711

Maduromycose Infection fongique sous-cutanée par *Madurella mycetoma* ; aussi appelé mycétome. 945

Madurose Le 3-O-méthyl-D-galactose, un sucre caractéristique de plusieurs genres d'actinomycètes, appelés collectivement maduromycètes. 548

Magnétosome Particule magnétisée dans des bactéries magnétotactiques, petits aimants leur permettant de s'orienter dans des champs magnétiques. 52

Maladie Déviation ou arrêt d'une structure ou d'une fonction normale de n'importe quelle partie de l'organisme, se manifeste par un ensemble caractéristique de symptômes et de signes. 848

Maladie auto-immune Résulte de l'attaque par le système immunitaire des antigènes du soi ; due à l'activation de cellules B et T auto-réactives qui endommagent les tissus après stimulation génétique ou environnementale. 772

Maladie contagieuse Causée par un agent pathogène qui peut être transmis d'un hôte à l'autre. 854

Maladie de Bright *Voir* glomérulonéphrite. 905

Maladie de Chagas *Voir* Tripanosomiase. 957

Maladie de Hansen *Voir* Lèpre. 916

Maladie de Lyme Spirochétose à *Borrelia burgdorferi* transmise par des morsures de tiques. 910

Maladie de la griffe de chat Syndrome mal défini dû à l'un des bacilles Gram-négatifs *Bartonella (Rochalimaea) henselae* ou *Afipia felis*, le cas typique guérit spontanément, les symptomes disparaissant après des jours ou des semaines. 914

Maladie des inclusions cytomégaliques Infection par le cytomégalovirus et caractérisée par la présence d'inclusions nucléaires dans les cellules infectées agrandies. 885

Maladie des légionnaires Forme pulmonaire de légionellose, à la suite d'une infection par *Legionella pneumophila*. 901

Maladie du greffon contre l'hôte Se produit lorsque des cellules T matures, post-thymiques, présentes dans la greffe du donneur (ex. moelle osseuse) reconnaissent l'hôte comme étranger et l'attaquent. 773

Maladie endémique Maladie communément ou constamment présente dans une population mais dont la fréquence est habituellement faible. 849

Maladie hyperendémique Maladie qui a, dans une population donnée, une persistance progressivement supérieure au niveau endémique mais inférieure au niveau épidémique ; ce terme peut aussi faire référence à une maladie également endémique dans tous les groupes d'âge. 849

Maladie infectieuse État pathologique d'une partie

ou de l'entièreté du corps de l'hôte en raison de la présence d'un agent infectieux ou de ses produits. 789

Maladie rénale proliférative Maladie cosmopolite chez les salmonidés, due à un myxozoaire non classé. 591

Maladie sporadique Maladie se produisant occasionnellement et à intervalle irrégulier dans une population. 849

Maladie virale lente Processus pathologique progressif dû à un agent transmissible (virus ou prion) qui reste silencieux cliniquement pendant une période d'incubation de plusieurs mois ou années après quoi la maladie devient apparente cliniquement. 418, 893

Malaria Maladie infectieuse grave due au protozoaire parasite *Plasmodium* ; se caractérise par des accès de frissons et de fièvre à intervalles réguliers. 954

Malt Grain d'orge imbibé d'eau, afin de l'amollir, induire la germination et activer ses enzymes. Le malt est ensuite employé en brasserie et distillerie. 983

Marée rouge Se produit souvent dans les régions côtières et en association avec la floraison d'une population de dinoflagellés ; ces derniers ont des pigments qui sont responsables de la couleur rouge de l'eau et produisent la saxitonine qui peut entraîner l'empoisonnement paralysant des coquillages. 580

Marqueur de séquence exprimée (**EST** pour *expressed sequence tag*) Séquence génique partielle unique pouvant servir à l'identification et à la localisation d'un gène au cours d'une analyse génétique. 354

Mastocyte Cellule dérivée de la moelle osseuse, présente dans différents tissus ; ressemble aux basophiles du sang périphérique et contient un récepteur Fc pour les IgE, subit une dégranulation sous l'influence des IgE. 707

Matrice Brin d'ADN ou d'ARN qui détermine la séquence en bases du brin complémentaire d'ADN ou d'ARN nouvellement synthétisé. 242

Mécanisme du cercle roulant Mode de réplication de l'ADN dans lequel la fourche réplicative progresse autour d'une molécule d'ADN circulaire déplaçant un des brins pour donner une queue qui est aussi copiée pour produire un nouvel ADN double brin. 236

Méiose Processus au cours duquel une cellule diploïde se divise pour former deux cellules haploïdes. 88

Membrane externe Membrane située sur la face externe du peptidoglycane des parois de bactéries Gram-négatives. 55

Membrane plasmique Membrane entourant le cytoplasme cellulaire et douée de perméabilité sélective ; aussi appelée membrane cellulaire ou membrane cytoplasmique. 46

Membrane pourpre Zone de la membrane plasmique de *Halobacterium*, contenant la bactériorhodopsine et active dans la capture photosynthétique de l'énergie lumineuse. 461

Méningite Inflammation des méninges du cerveau ou de la colonne vertébrale. Ces maladies sont soit des méningites bactériennes, septiques (causées par des bactéries), soit des syndromes méningés aseptiques (causées par des facteurs non bactériens). 902

Méningo-encéphalite amibienne primaire

Infection méningée du cerveau par des amibes libres, *Naegleria* et *Acanthamoeba*. 953

Mésophile Micro-organisme ayant un optimum de croissance de 20 à 45°C, un minimum de 15 à 20°C et un maximum d'environ 45°C ou moins. 126

Métabolisme Ensemble des réactions chimiques au sein d'une cellule, la plupart étant catalysées par des enzymes. 173

Métabolite primaire Métabolite microbien produit pendant la phase de croissance d'un organisme. 1002

Métabolite secondaire Produit du métabolisme synthétisé après la fin de la phase de croissance. 1002

Métastase Transfert d'une maladie, en particulier le cancer, d'un organe à un autre, pas nécessairement relié au premier. 411

Méthode de dilution Une suspension bactérienne est inoculée dans des conditions standardisées, dans des tubes de milieu liquide contenant des concentrations croissantes d'un antibiotique. La sensibilité ou CMI est déterminée après croissance des bactéries à 37°C pendant 24h. 328

Méthode de Kirby-Bauer Méthode des disques ou de diffusion utilisée pour déterminer la sensibilité d'un micro-organisme aux agents chimiothérapeutiques. 809

Méthode du coefficient phénol Méthode de mesure de l'efficacité d'un désinfectant en comparant son activité contre des bactéries témoins avec celle du phénol. 149

Méthylotrophe Bactérie utilisant des composés monocarbonés, tels le méthane ou le méthanol, comme seule source de carbone et d'énergie. 491, 502

Microaérophilie Micro-organisme exigeant des quantités réduites (de 2 à 10%) d'oxygène pour sa croissance, alors qu'une teneur atmosphérique normale en oxygène l'endommage. 127

Microbiologie Étude d'organismes trop petits pour être vus à l'oeil nu, requérant des techniques spéciales pour les isoler et les cultiver. 2

Microbivore Se dit d'un organisme capable d'ingérer ou de phagocyter des micro-organismes comme source alimentaire. 672

Micro-damier ADN Support solide sur lequel de l'ADN est fixé suivant un damier bien organisé, sert normalement à évaluer l'expression génique ; aussi appelé « puces à ADN ». 354, 1018

Micro-environnement L'environnement immédiat autour d'une cellule microbienne ou d'autre structure, telle qu'une racine. 619

Microfilament Filament protéique, ayant un diamètre de 4 à 7 nm, présent dans le cytoplasme des cellules eucaryotes et jouant un rôle dans la structure et le mouvement cellulaire. 77

Microflore normale ou **flore microbienne** ou **population microbienne endogène** Ensemble des micro-organismes normalement associés à un tissu ou une structure donnée. 699

Microgoutte Petite particule (1 à 4 μm de diamètre) représentant le reste de particules plus grandes (gouttes de 10 μm ou plus) après évaporation. 856

Micronoyau Le plus petit des deux noyaux des protozoaires ciliés. Les micronoyaux sont diploïdes et impliqués uniquement dans la recombinaison génétique et la régénération des macronoyaux. 585

Micro-organisme Organisme trop petit pour être vu à l'oeil nu. 2

Microscope à contraste de phase Microscope convertissant de faibles différences d'indice de réfraction et de densité cellulaire en différences observables d'intensités lumineuses. 22

Microscope à fluorescence Microscope dans lequel l'échantillon est exposé à une lumière ayant une longueur d'onde spécifique qui permet la formation d'une image par la lumière fluorescente émise. Habituellement, l'échantillon est coloré au moyen d'une substance fluorescente ou fluorochrome. 25

Microscope à fond clair Microscope où l'objet est directement illuminé de manière intense et forme une image sombre sur un fond plus clair. 19

Microscope à fond noir Microscope où l'échantillon est fortement éclairé tandis que le fond est noir. 22

Microscope atomique Microscope à balayage de sonde qui donne une image d'une surface en déplaçant une fine sonde à une distance constante de cette surface ; une force très légère est exercée sur la pointe et le mouvement de la sonde est suivi au laser. 38

Microscope confocal au laser Microscope optique dans lequel le rayon laser monochromatique balaie le spécimen à un niveau donné et illumine un point à la fois pour former l'image, la lumière perdue dans les autres parties de l'objet est éliminée ce qui donne une image dont le contraste et la résolution sont excellents. 36

Microscope électronique à balayage Microscope électronique qui balaye un faisceau d'électrons sur la surface d'un échantillon et forme une image de la surface à partir des électrons réfractés par celle-ci. 34

Microscope électronique à transmission Microscope qui forme une image en faisant passer un faisceau d'électrons dans un échantillon et en concentrant les électrons dispersés à l'aide de lentilles magnétiques. 30

Microscope interférentiel Microscope optique qui emploie deux rayons de lumière plane polarisée. Les rayons sont combinés après passage à travers l'objet et leur interférence est utilisée pour créer l'image. 25

Microscope à balayage de sonde Microscope étudiant les caractères de surface en déplaçant une sonde très pointue à la surface de l'objet (ex. microscope à effet tunnel et à balayage). 38

Microscope à effet tunnel et à balayage Type de microscope à balayage de sonde formant l'image d'une surface en déplaçant par-dessus une très fine sonde à une hauteur constante, cette distance est maintenue en gardant constant le flux d'électron (courant de tunnel) entre la pointe et la surface. 38

Microtubule Petit cylindre de tubuline, ayant un diamètre de 25 nm, présent dans le cytoplasme et dans les flagelles des cellules eucaryotes. Ils jouent un rôle dans la structure et le mouvement cellulaire. 78

Milieu à forte diffusion d'oxygène Environnement microbien en contact étroit avec l'air et dans lequel l'oxygène se déplace rapidement (en comparaison avec la diffusion lente de l'oxygène dans l'eau). 635

Milieu à faible diffusion d'oxygène Milieu aquatique dans lequel les micro-organismes sont entourés d'eau profonde, ce qui limite la diffusion de l'oxygène vers la surface cellulaire ; au contraire, les micro-organismes entourés d'un fin film aqueux ont un bon apport d'oxygène à leur surface. 635

Milieu complexe Milieu de culture contenant des ingrédients de composition chimique inconnue. 105

Milieu défini Milieu de culture de composition connue. 105

Milieu différentiel Milieu de culture permettant la distinction entre des groupes de micro-organismes sur la base de caractéristiques biologiques différentes. 106

Milieu non Newtonien Liquide dont la viscosité varie avec le degré d'agitation ; il a d'habitude des caractéristiques d'un plastique. 891

Milieu oligotrophe Environnement pauvre en nutriments nécessaires au développement microbien. 131, 648

Milieu sélectif Milieu de culture qui favorise la croissance de micro-organismes particuliers en inhibant celle de micro-organismes indésirables. 105

Milieu synthétique *Voir* Milieu défini. 105

Minéralisation *Voir* Processus de minéralisation. 504, 613

Mise en conserve Conservation des aliments placés dans des boîtes métalliques, scellées et chauffées de façon à détruire les micro-organismes pouvant avarier la nourriture. 869

Mitochondrie Organite eucaryote, siège du transport d'électrons, de la phosphorylation oxydative et de voies métaboliques telles que le cycle de Krebs ; elle produit la majorité de l'énergie non photosynthétique d'une cellule en conditions aérobies. Elle est faite d'une membrane externe et d'une membrane interne, qui contient la chaîne transporteuse d'électrons. 83

Mitose Processus dans le noyau d'une cellule eucaryote, aboutissant à la formation de deux nouveaux noyaux, chacun avec le même nombre de chromosomes que la cellule parentale. 87

Mixotrophe Micro-organisme combinant des métabolismes autotrophe et hétérotrophe, utilise des sources inorganiques pour les électrons et organiques pour le carbone. 98

Mobilité par glissement Type de mobilité par laquelle une cellule microbienne glisse au contact d'une surface solide. 66, 482

Modèle de la membrane en mosaïque fluide Modèle couramment accepté dans lequel la membrane cellulaire est une bicouche lipidique contenant des protéines intrinsèques enfouies dans les lipides et des protéines fixées plus lâchement à la surface de la membrane. 47

Modification covalente réversible Mécanisme de régulation enzymatique au cours duquel l'enzyme est soit activée, soit inactivée par l'addition covalente réversible de groupe phosphate ou d'AMP. 167

Modification posttranscriptionnelle Transformation de l'ARN nucléaire hétérogène, produit primaire de la transcription, en ARN messager. 263

Moisissure Membre d'un grand groupe de mycètes, formant des colonies multicellulaires filamenteuses et causant la moisissure, désigne aussi le dépôt ou l'amas formé par ces mycètes ; ne produisent pas d'organe de fructification macroscopique. 556

Moisissure aquatique Nom commun pour un membre de l'embranchement des *Oomycota*. 564

Moisissure visqueuse Nom commun pour les membres des embranchements *Acrasiomycota* et *Myxomycota*. 564

Moisissure visqueuse acellulaire Membre de l'embranchement *Myxomycota*, existe sous forme d'une masse protoplasmique mince, coulante et multinucléée, rampe de manière amiboïde. 564

Moisissure visqueuse cellulaire Moisissure visqueuse dont la phase végétative est un agrégat de cellules amiboïdes ou pseudoplasmode multicellulaire ; appartient à l'embranchement des *Acrasiomycota*. 565

Molécule riche en énergie Molécule dont l'hydrolyse dans des conditions standard produit une grande quantité d'énergie libre (la variation d'énergie libre standard est plus négative que -7 kcal/mole) ; une molécule riche en énergie est facilement hydrolysée et transfère des groupes comme le phosphate à des accepteurs. 157

Monocyte Leucocyte phagocytaire mononucléaire qui circule dans le sang pendant un temps court puis migre vers des tissus où il devient un macrophage. 705

Monokine Terme général pour une cytokine produite par des phagocytes mononucléaires (macrophages ou monocytes). 720

Mononucléose infectieuse Maladie infectieuse autolimitée, aiguë, du système lymphatique, provoquée par le virus d'Epstein-Barr (EBV [*Epstein-Barr virus*]) et caractérisée par de la fièvre, un mal de gorge, un gonflement des ganglions lymphatiques et de la rate ainsi que par la prolifération de monocytes et de lymphocytes anormaux. 888

Monotriche Ayant un flagelle unique. 63

Mordant Substance qui contribue à fixer un colorant sur ou dans une cellule. 28

Moût Jus de fruits, parmi lesquels les raisins, pouvant être fermenté pour produire de l'alcool. 982

Moût acide Moût qui a été inoculé à l'aide de micro-organismes produisant de l'acide lactique pour contrôler une croissance indésirable et donner le goût caractéristique au produit final. 880

Moût de brasserie Filtrat de grains maltés utilisé comme substrat pour la production de la bière par fermentation. 982

Mouvement amiboïde Déplacement qui résulte d'un flux cytoplasmique et de la formation de pseudopodes (prolongements cytoplasmiques temporaires). 590

Mouvement péristaltique Mouvement progressif ondulatoire d'une structure tubulaire, telle l'intestin grêle. Ce mouvement fait progresser de proche en proche le contenu de l'organe. 593

Mucus Glycoprotéine ou glycolipide extracellulaire visqueux produit par des staphylocoques et *Pseudomonas aeruginosa*, permet d'adhérer à des surfaces lisses comme des ustensiles médicaux et des cathéters ; d'une façon générale, désigne une couche diffuse, non organisée, facilement détachable, de matériel extracellulaire qui entoure certaines bactéries. 61, 919

Muguet Infection de la muqueuse buccale par le champignon *Candida albicans*, aussi connue comme candidose buccale. 949

Muréine *Voir* Peptidoglycane. 55

Mutagène Agent chimique ou physique causant des mutations. 246

Mutagenèse dirigée Introduction d'une mutation donnée dans une localisation précise d'un gène. 290

Mutant constitutif Souche qui, à cause d'une mutation de l'opérateur ou d'un gène régulateur, produit continuellement une enzyme normalement inductible. 276

Mutant de régulation Mutant ayant perdu la possibilité de limiter la synthèse d'un produit qui est normalement régulée au cours des premières étapes de la biosynthèse. 1005

Mutation Modification permanente et héréditaire du matériel génétique. 244

Mutation conditionnelle Mutation qui s'exprime uniquement dans certaines conditions d'environnement. 245

Mutation de transition Mutation qui résulte dans la substitution d'une base purique (pyrimidique) par une base purique (pyrimidique). 246

Mutation de transversion Mutation qui résulte de la substitution d'une base purique (pyrimidique) par une base pyrimidique (purique). 246

Mutation directe Passage de la forme prévalente du gène, de type sauvage, vers une forme mutante. 247

Mutation faux-sens Substitution d'une base dans l'ADN, changeant le codon d'un acide aminé en codon pour un autre acide aminé. 250

Mutation non-sens Mutation convertissant un codon sens en un codon non-sens ou codon stop. 251

Mutation par décalage du cadre de lecture (frameshift) Mutation survenant par la perte ou l'addition d'une ou plusieurs bases, aboutissant à un changement de la phase de lecture des codons et, par conséquent, à un changement des acides aminés incorporés dans la protéine. 251

Mutation ponctuelle Mutation affectant seulement une paire de bases dans une séquence précise. 249

Mutation réverse Mutation par laquelle un organisme retrouve le phénotype sauvage. 248

Mutation réverse vraie Reconvertit la séquence nucléotidique du mutant en la séquence de type sauvage. 248

Mutation silencieuse Mutation qui ne résulte pas en une modification des protéines de l'organisme ou du phénotype même si la séquence d'une base de l'ADN a été modifiée. 249

Mutation suppresseur Mutation qui supprime l'effet d'une autre mutation et produit un phénotype normal. 248

Mutualisme Symbiose profitant aux deux partenaires et sans laquelle les partenaires ne peuvent pas survivre. Le métabolisme de l'hôte et de l'organisme mutualiste dépendent l'un de l'autre. 598

Mutualiste Un organisme associé à un autre dans une relation bénéfique pour chacun et souvent obligatoire. 598

Mycélium Masse d'hyphes ramifiés présente chez les mycètes et certaines bactéries. 43, 556

Mycète Eucaryote sporulant, hétérotrophe, non chlorophyllien, se nourrissant par absorption ; habituellement, les mycètes ont un thalle muni de parois. 553

Mycètes ingoldiens Hyphomycètes aquatiques avec souvent un développement caractéristique d'hyphes à quatre branches ; capables de sporuler dans l'eau ; découverts par le mycologue anglais C.T., Ingold dans les années 1940. 641

Mycétome *Voir* Maduromycose. 945

Mycobionte Partenaire fongique chez un lichen.

598

Mycologie Science et étude des mycètes. 553

Mycologie médicale Discipline concernant les mycètes capables de causer des maladies. 942

Mycologue Personne spécialisée en ou étudiant la mycologie. 553

Mycoplasme Bactérie membre de la classe *Mollicutes* et de l'ordre des *Mycoplasmatales* ; dépourvue de paroi, étant incapable de synthétiser les précurseurs de peptidoglycane ; exige souvent des stérols pour la croissance ; ce sont les plus petits organismes capables de reproduction indépendante. 520

Mycose Maladie causée par un mycète. 553, 942

Mycotoxicologie Étude des toxines fongiques et leurs effets sur des organismes variés. 553

Mycorhize arbusculaire Mycorhize fungique dans l'association racine-mycète, elle pénètre dans la couche externe de la racine, se développe à l'intérieur des cellules, et forme des hyphes en structures branchées appelées arbuscules. 681

Mycorhizophère Région qui entoure les mycorhizes d'un mycète dans laquelle les nutriments libérés par le mycète augmentent la population et l'activité des micro-organismes. 681

Myonécrose à clostridies Mort de cellules musculaires individuelles due à des clostridies ; aussi appelée gangrène gazeuse. 915

Myosite Inflammation d'un muscle strié volontaire. 904

Myxamibe Cellule amoeboïde libre, pouvant s'agréger avec d'autres myxamibes pour former un plasmode ou un pseudoplasmode, se rencontre chez les moisissures visqueuses cellulaires et les myxomycètes. 565

Myxobactérie Groupe de bactéries aérobies du sol, Gram-négatives, caractérisées par une mobilité par glissement, un cycle biologique complexe avec production de fructifications et formation de myxospores. 512

Myxospores Spores quiescentes formées par les myxobactéries. 512

N

Nappe phréatique Eau dans une partie du sol qui est complètement saturé ; elle approvisionne les puits et les sources. 842

Neuralgie postherpétique Douleur grave après une infection herpétique. 872

Neurotoxine Toxine qui empoisonne ou détruit le tissu nerveux ; particulièrement les toxines sécrétées par *C. tetani*, *Corynebacterium diphtheriae* et *Shigella dysenteriae*. 797

Neustonique Micro-organisme vivant à l'interface eau-atmosphère. 571

Neutralisation de toxines Inactivation de toxines par réaction avec des anticorps spécifiques, appelés antitoxines. 756

Neutralisation virale Processus médié par un anticorps dans lequel les IgA, IgM et IgG se lient à certains virus pendant leur phase extracellulaire et les inactivent ou les neutralisent. 756

Neutrophile Globule blanc mature de la lignée granulocytaire, formé dans la moelle osseuse, est très phagocytaire et son noyau présente trois à cinq lobes. 123, 707

Neutrophile Micro-organisme poussant le mieux à un pH neutre entre pH 5,5 et 8,0. 123

Niche Fonction d'un organisme dans un système complexe, ceci inclut la place de l'organisme, les ressources utilisées et le moment de cette utilisation. 619

Nicotinamide adénine dinucléotide (NAD⁺) Coenzyme transporteuse d'électrons très importante dans des processus cataboliques, au cours desquels elle cède habituellement des électrons à la chaîne transporteuse d'électrons dans des conditions aérobies. 157

Nicotinamide adénine dinucléotide phosphate (NADP⁺) Coenzyme transporteuse d'électrons participant le plus souvent à des métabolismes biosynthétiques. 158

Nitrification Oxydation de l'ammoniaque en nitrate. 193, 495, 615

Nitrification hétérotrophe Nitrification réalisée par des micro-organismes chimiohétérotrophes. 615

Nitrogénase Enzyme catalysant la fixation biologique de l'azote. 213

Nocardioforme Bactérie qui ressemble à des membres du genre *Nocardia* ; elle développe un mycélium, qui se morcelle en bâtonnets et formes coccoïdes. 544

Nodule Structure ressemblant au nodule de la galle, localisée sur les racines. Il abrite des bactéries endosymbiotiques fixant l'azote (ex. *Rhizobium* ou *Bradyrhizobium* dans les nodules des légumineuses). 676

Nombre le plus probable Estimation statistique de la population probable dans un liquide par détermination de la dernière dilution montrant une croissance bactérienne. 654

Nomenclature Branche de la taxinomie, concernée par l'attribution de noms à des groupes taxinomiques en accord avec les règles publiées. 422

Noyau Organite eucaryote bordé d'une double enveloppe, contenant les chromosomes de la cellule. 86

Nucléocapside Unité structurale du virion, constituée de l'acide nucléique et de sa coque protéique ou capside, structure de base d'un virion. 369

Nucléoïde Région de forme irrégulière contenant le matériel génétique dans la cellule procaryote. 54

Nucléole Organite situé dans le noyau eucaryote et non limité par une membrane, lieu de la synthèse de l'ARN ribosomial et de l'assemblage des sous-unités ribosomiales. 87

Nucléoside Combinaison de ribose ou de désoxyribose avec une base purique ou pyrimidique. 219

Nucléosome Complexe d'histones et d'ADN dans la chromatine eucaryote ; l'ADN est enroulé autour de la surface du complexe d'histones en forme de collier. 235

Nucléotide Combinaison de ribose ou de désoxyribose avec du phosphate et une base purique ou pyrimidique ; nucléoside avec un ou plusieurs phosphates. 217

Nutriment Substance permettant la croissance et la reproduction. 96

Nutrition holozoïque Dans ce type de nutrition, les aliments (ex. des bactéries) sont ingérés par phagocytose et par la formation d'une vacuole nutritive ou phagosome. 586

Nutrition saprozoïque Type de nutrition dans laquelle les éléments nutritifs organiques sont captés à l'état dissout ; se réfère normalement à des animaux. 586

Nystatine Antibiotique polyène de *Streptomyces noursei*, utilisé pour le traitement d'infections de la peau, du vagin et du tube digestif par *Candida*. 820

O

Œnologie Science de la vinification. 982

Odontopathogène Se dit d'un organisme pathogène dentaire. 933

Oligo-élément Nutriment tel le zinc, le manganèse et le cuivre qui est nécessaire en très faible quantité à la croissance et la reproduction, appelé aussi micronutriment. 96

Oncogène Gène dont l'activité est associée à la transformation d'une cellule normale en cellule cancéreuse. 411

Onychomycose Infection fongique de l'ongle donnant des ongles blancs opaques épais, friables et cassants, due à *Tricophyton* et d'autres mycètes comme *Candida albicans*. 950

Ookyste Kyste formé autour du zygote de la malaria et de protozoaires apparentés. 591

Oogonie Cellule germinale femelle en voie de division mitotique, produisant les oocytes primaires. 574

Oomycètes Nom collectif des membres de l'embranchement *Oomycota* ; aussi nommés moisissures aquatiques. 565

Opérateur Séquence d'ADN liant le répresseur et contrôlant l'expression des gènes qui lui sont adjacents. 276

Opéron Séquence d'ADN contenant un ou plusieurs gènes de structure, ainsi que l'opérateur qui contrôle leur expression. 277

Opportuniste Se dit d'un micro-organisme libre ou faisant partie de la flore normale de l'hôte mais qui peut devenir pathogène dans certaines conditions comme par exemple chez un hôte dont le système immunitaire est compromis. 704, 789, 948

Opsonisation Action des opsonines, qui facilitent la phagocytose de bactéries ou d'autres cellules. Les anticorps, le complément (en particulier C3b) et la fibronectine sont des opsonines efficaces. 718, 756

Orchite Inflammation des testicules. 875

Oreillons Maladie aiguë généralisée principalement chez les enfants en âge d'école, causée par un paramyxovirus transmis par la salive et les gouttelettes respiratoires. Le symptôme principal est le gonflement des glandes salivaires de la parotide. 875

Organisme indicateur Organisme dont la présence traduit l'état d'une substance ou d'un environnement, par exemple la présence potentielle de germes pathogènes. Les coliformes sont utilisés comme des indicateurs d'une pollution fécale. 654

Organite Structure dans ou à la surface d'une cellule, ayant des fonctions spécifiques pour la cellule, comme un organe pour le corps. 76

Organotrophe Organisme utilisant des composés organiques réduits comme source d'électrons. 97

Ornithose *Voir* psittacose. 919

Osmophile Se dit d'un micro-organisme se multipliant de préférence dans ou à la surface d'un milieu ayant une concentration osmotique élevée. 965

Osmose Mouvement de l'eau au travers d'une membrane à perméabilité sélective à partir d'une solution diluée (concentration aqueuse plus élevée) vers une solution plus concentrée. 61

Osmotolérant Organisme croissant dans des milieux variant largement en activité de l'eau ou en concentration osmotique. 122

Ouverture numérique Propriété d'une lentille de microscope qui détermine combien de lumière peut passer et la résolution qu'elle permet d'obtenir. 20

P

Paludisme *Voir* Malaria. 954

Pandémie Augmentation du nombre de cas d'une maladie dans une population géographiquement étendue ; se dit souvent d'une épidémie mondiale. 849

Panencéphalite sclérosante subaiguë Inflammation diffuse du cerveau résultant d'infections virales ou à prions. 874

Pannus Vascularisation superficielle de la cornée avec infiltration de tissu granuleux. 926

Panse *Voir* Rumen. 602

Panzootie Large dissémination d'une maladie dans une population animale. 849

Paralysie infantile *Voir* Poliomyélite. 892

Parasite Organisme vivant sur ou dans un autre organisme (l'hôte) ; il bénéficie de l'association au détriment de l'hôte. Le parasite se nourrit souvent aux dépens de l'hôte. 788

Parasitisme Symbiose au cours de laquelle un organisme porte atteinte à un autre (l'hôte) et ne peut vivre sans lui. 609, 788

Parodonte Structure de soutien d'une dent, comprend le cément, le ligament périodontal, l'os alvéolaire et les gencives. 936

Parodontite Inflammation du parodonte. 936

Parodontose État dégénératif non inflammatoire du parodonte, se caractérise par une destruction du tissu. 936

Paroi cellulaire Couche extra-cellulaire, résistante, protégeant la membrane plasmique et donnant sa forme à la cellule. 88

Paronichie Infection par *Candida* des tissus sous-cutanés des doigts. 788

Particule de Dane Particule sphérique de 42 nm de diamètre, une des 3 particules formées par les antigènes du virus de l'hépatite B, c'est le virion complet. 889

Particule F$_1$ Particule disposée à la surface interne de la membrane mitochondriale et site de synthèse d'ATP par phosphorylation oxydative. 83, 187

Pasteurisation Procédé de chauffage du lait et d'autres liquides pour tuer les micro-organismes pathogènes ou capables de détériorer ces liquides. 142, 970

Pathogène Se dit d'un organisme ou d'une substance causant une maladie. 698, 789

Pébrine Maladie infectieuse des vers à soie, causée par le protozoaire *Nosema bombycis*. 591

« Ped » Agrégat naturel du sol formé en partie par le développement de bactéries et de mycètes dans le sol. 670

Pédoncule Appendice bactérien externe non vivant, produit par la cellule. 490

Pellicule acquise de l'émail Couche membranaire sur la couche de l'émail dur de la dent ; est formée de glycoprotéines (mucines) sélectivement absorbées à partir de la salive ; confère une charge négative nette à la surface dentaire. 934

Pénicillines Groupe d'antibiotiques contenant un cycle β-lactame, actifs contre des bactéries Gram-positives. 61, 814

Penton ou **pentamère** Capsomère composé de cinq protomères. 370

Peptidoglycane Grand polymère composé de longues chaînes, faites de résidus de N-acétylglucosamine alternant avec des résidus d'acide N-acétylmuramique, reliées entre elles par des tétrapeptides liés aux acides N-acétylmuramiques. Il est responsable de la résistance mécanique et de la rigidité des parois bactériennes. 55, 521

Peptidyl transférase Enzyme catalysant la réaction de transpeptidation au cours de la synthèse protéique. Cette réaction assure l'addition d'un acide aminé à la chaîne peptidique en croissance. 270

Peptone Hydrolysat ou produit de digestion de protéines, utilisé dans la préparation de milieux de culture. 105

Perception du quorum Processus par lequel les bactéries suivent leur propre densité de population en percevant le niveau de molécules signal libérées par les micro-organismes. Quand la concentration de ces molécules atteint un seuil, cela signifie que la densité de population a atteint un niveau critique ou quorum et que les gènes dépendant du quorum doivent être exprimés. 132

Période de lyse ou **éclatement** [burst] Dans une expérience de cycle unique, période pendant laquelle les cellules hôtes sont lysées rapidement et libèrent les particules de phages. 383

Période d'éclipse Partie initiale de la période de latence durant laquelle la bactérie hôte infectée ne contient pas de virion complet. 383

Période d'incubation Période se situant après la pénétration de l'agent pathogène chez l'hôte et avant l'apparition des premiers signes ou symptômes. 850

Période d'infectivité Temps pendant lequel une source d'infection permet la propagation de la maladie infectieuse. 854

Période de latence Phase initiale dans une expérience de cycle unique, au cours de laquelle il n'y a pas de production de virus. 383

Périplasme *Voir* Espace périplasmique. 55

Péritriche Cellule ayant des flagelles distribués régulièrement sur sa surface. 63

Perméase Protéine de transport membranaire. 100

Peste Maladie infectieuse avec accès de fièvre et un taux de mortalité élevée, causée par le bacille *Yersinia pestis* ; les deux types principaux sont la peste bubonique et la peste pulmonaire. 911

Phage *Voir* Bactériophage. 364

Phage tempéré Bactériophage qui peut infecter les bactéries et établir une relation lysogène plutôt que de lyser immédiatement leur hôte. 308, 390

Phage virulent Bactériophage lysant la cellule hôte durant son cycle de multiplication. 390

Phagocytose Processus d'endocytose par lequel une cellule capture de grosses particules dans une va-

cuole phagocytaire délimitée par une membrane (le phagosome) et les ingurgite. 80, 718

Phagolysosome Vésicule résultant de la fusion d'un phagosome avec un lysosome. 718

Phagosome Vésicule phagocytaire. 585

Phagovar Type spécifique de phage. 842

Pharyngite Inflammation du pharynx, souvent due à une infection par *S. pyogenes*. 905

Phase de latence Temps qui suit l'introduction de micro-organismes dans un milieu de culture frais, pendant lequel il n'y a pas d'augmentation du nombre ou de la masse cellulaire. 113

Phase exponentielle Phase de la courbe de croissance pendant laquelle la population microbienne augmente à une vitesse constante, se divise et double à intervalles réguliers. 114

Phase logarithmique *Voir* Phase exponentielle. 114

Phase de mortalité Phase du développement microbien dans une culture en « batch », dans laquelle le nombre de germes viables diminue. 115

Phase stationnaire Phase de la croissance bactérienne dans une culture en « batch », au cours de laquelle la croissance s'arrête et la courbe de croissance s'incurve pour arriver à un plateau. 114

Phosphatase Enzyme hydrolysant les groupes phosphate des molécules. 210

Phosphorylation au niveau du substrat Synthèse d'ATP à partir d'ADP par phosphorylation couplée à la rupture exergonique d'une molécule de substrat riche en énergie. 177

Phosphorylation oxydative Synthèse d'ATP à partir d'ADP en utilisant l'énergie rendue disponible pendant le transport d'électrons. 184

Photo-autotrophe *Voir* Photolithotrophe autotrophe. 97

Photophosphorylation cyclique Formation d'ATP au cours de la photosynthèse (par le photosystème I) grâce à l'utilisation de l'énergie lumineuse pour entraîner de façon cyclique les électrons à travers une chaîne de transporteurs. 198

Photophosphorylation non cyclique Processus par lequel l'énergie lumineuse est utilisée pour produire de l'ATP lorsque les électrons sont transférés de l'eau au NADP$^+$ au cours de la photosynthèse ; les photosystèmes I et II sont impliqués. 198

Photoréactivation Processus par lequel l'enzyme de photoréactivation utilise la lumière bleue pour réparer l'ADN en scindant les dimères de thymine. 130, 254

Photosynthèse Capture et conversion d'énergie lumineuse en énergie chimique, qui est ensuite utilisée pour réduire du CO_2 et l'incorporer dans des molécules organiques. 154, 195, 207

Photosynthèse aérobie anoxygénique Photosynthèse dans laquelle les donneurs d'électrons, matière organique ou sulfure, qui ne donnent pas d'oxygène, sont utilisés en conditions aerobies. 614

Photosynthèse anoxygénique Photosynthèse qui n'oxyde pas l'eau pour produire de l'oxygène, caractéristique des bactéries photosynthétiques pourpres et vertes. 199, 468

Photosynthèse oxygénique Photosynthèse qui oxyde l'eau avec formation d'oxygène ; caractéristique des algues eucaryotes et des cyanobactéries. 199, 468

Photosystème I Photosystème de cellules absorbant

de la lumière d'une longueur d'onde élevée, d'habitude au-dessus de 680 nm, pour en transférer l'énergie à la chlorophylle P700 au cours de la photosynthèse ; ce système concerne autant la photophosphorylation cyclique que non cyclique. 196

Photosystème II Photosystème de cellules eucaryotes absorbant de la lumière d'une longueur d'onde courte, d'habitude moins de 680 nm, pour en transférer l'énergie à la chlorophylle P680 au cours de la photosynthèse ; ce système participe à la photophosphorylation non cyclique. 196

Phototrophe Organisme utilisant la lumière comme source d'énergie. 97

Phycobiliprotéine Pigment photosynthétique de nature protéique, auquel sont attachés des tétrapyrroles ; souvent présent dans les cyanobactéries et les algues rouges. 196

Phycobilisome Particule spécialisée des membranes de cyanobactéries, contenant des pigments photosynthétiques et des chaînes transporteuses d'électrons. 471

Phycobionte Algue partenaire chez un lichen. 599

Phycocyanine Pigment phycobiliprotéique bleu, capturant l'énergie lumineuse durant la photosynthèse. 196

Phycoérythrine Pigment phycobiliprotéique photosynthétique rouge utilisé pour capturer l'énergie lumineuse. 196

Phycologie Étude des algues ; algologie. 571

Phyllosphère Surface des feuilles des plantes. 674

Phytorémédiation Utilisation des végétaux et de leurs micro-orgnismes associés pour enlever, maintenir ou dégrader des contaminants environnementaux. 1014

Phytoplancton Communauté d'organismes photosynthétiques flottant dans l'eau et composée principalement d'algues et de cyanobactéries. 571, 638

Pied d'athlète Infection fongique du pied due à *Trichophyton rubum*, *T. mentagrophytes* ou *E. floccosum*. 944

Piedra blanche *Voir* Teigne blanche. 943

Piedra noire *Voir* Teigne noire. 943

Pigment accessoire Pigment photosynthétique comme les caroténoïdes et les phycobilines, aide la chlorophylle à capter l'énergie lumineuse. 196

Pilus sexuel Fin filament protéique nécessaire à l'appariement des bactéries lors de la conjugaison. La cellule ayant un pilus donne de l'ADN à la cellule réceptrice. 63, 303

Pinocytose Processus d'endocytose par lequel une cellule entoure une faible quantité de liquide environnant et ses solutés dans de petites vésicules pinocytaires ou pinosomes. 80

Pityriasis versicolor Infection due à la levure *Malassezia furfur*, forme des nodules furfuracés de couleur jaune-brun sur le tronc, le cou, la face et les bras. 943

Plancton Nom collectif des micro-organismes essentiellement microscopiques flottant librement dans presque toutes les eaux. 571, 584

Plaque dentaire Film déposé à la surface des dents, composé de bactéries engluées dans un réseau de polysaccharides bactériens, de glycoprotéines salivaires et d'autres substances. 934

Plaque subgingivale Plaque qui se forme à la limite dentogingivale et s'étend dans le tissu gingival. 936

Plasmide Molécule d'ADN bicaténaire, circulaire, pouvant exister et se répliquer indépendamment du chromosome ou y être intégrée. Un plasmide est transmis aux cellules filles de manière stable, mais n'est pas requis pour la croissance et la reproduction cellulaire. 54, 294, 819

Plasmide chimère Plasmide recombinant contenant de l'ADN étranger, est utilisé comme vecteur de clonage en ingénierie génétique. 334

Plasmide conjugatif Plasmide porteur des gènes pour les pili sexuels, capable de transférer des copies de lui-même à d'autres bactéries au cours de la conjugaison. 294

Plasmide F' Plasmide F portant quelques gènes bactériens et les transmettant aux cellules receveuses quand la cellule F' entre en conjugaison ; le transfert des gènes bactériens réalisé de cette manière est souvent appelé la sexduction. 305

Plasmide Ti Plasmide isolé d'*Agrobacterium tumefaciens*, utilisé pour insérer des gènes dans les cellules végétales. 339, 684

Plasmide R *Voir* Facteur R. 297, 819

Plasmocyte Lymphocyte B mature, différencié, synthétisant et sécrétant des anticorps ; vit seulement de 5 à 7 jours. 709

Plasmode Stade du cycle de myxomycètes plasmodiales (moisissures visqueues acellulaires) ; masse protoplasmique multinucléée entourée d'une membrane. Désigne aussi un parasite du genre *Plasmodium*. 565

Plasmolyse Processus par lequel l'eau quitte la cellule sous l'effet de la pression osmotique ; dès lors le cytoplasme se rétracte et la membrane cytoplasmique se décolle de la paroi cellulaire. 61

Plaste Organite cytoplasmique d'algues et de végétaux supérieurs, contenant des pigments chlorophylliens, accumulant des réserves nutritionnelles ; est souvent le siège de la photosynthèse. 85

Pléiomorphe Se dit de virus ou de bactéries ayant des formes variables et dépourvues d'une morphologie unique et caractéristique. 44

Pneumonie à chlamydies Pneumonie à *Chlamydia pneumoniae*, cliniquement l'infection est légère et 50 % des adultes ont des anticorps contre cette chlamydie. 914

Pneumonie à mycoplasmes Pneumonie causée par *Mycoplasma pneumoniae*. Elle se propage par des gouttelettes en aérosol et par contacts intimes. 917

Pneumonie pneumocystique Pneumonie causée par le protiste *Pneumocystis carinii*. 950

Pneumonie streptococcique Infection endogène des poumons due à *Streptococcus pneumoniae*, chez des individus prédisposés. 905

Point de saturation en azote Niveau atteint par l'azote minéral lorsqu'il ne peut plus être incorporé biologiquement à la matière organique quand on l'ajoute à un écosystème. 685

Poliomyélite Maladie virale aiguë, contagieuse, s'attaquant au système nerveux central avec des lésions ou la destruction des cellules nerveuses qui contrôlent les muscles, parfois suivi de paralysies ; aussi appelée polio ou **paralysie infantile**. 892

Poly β-hydroxybutyrate Polymère linéaire de β-hydroxybutyrate servant de réserve de carbone et d'énergie à de nombreuses bactéries. 49

Polyribosome Complexe de plusieurs ribosomes et d'un ARN messager ; chaque ribosome traduit le même message. 83, 206

Pont interpeptidique Court peptide reliant des tétrapeptides dans certains peptidoglycanes. 56

Population Ensemble d'organismes de même type. 596

Porine Protéine formant des canaux au travers de la membrane externe de la paroi des bactéries Gram-négatives. Ces canaux permettent le passage de petites molécules. 60

Porteur Individu infecté, représente une source potentielle d'infection pour les autres et joue donc un rôle épidémiologique important. 854

Porteur actif Individu contagieux faisant une maladie cliniquement évidente. 854

Porteur chronique Individu qui héberge un organisme infectieux pour un temps prolongé. 854

Porteur convalescent Individu guéri d'une maladie infectieuse mais qui héberge encore l'agent en quantités importantes. 854

Porteur en incubation Individu incubant un organisme infectieux en grand nombre mais qui n'est pas encore malade. 854

Porteur occasionnel aigu ou **transitoire** Individu porteur pour un temps court d'un agent infectieux. 854

Porteur sain Individu sain porteur d'un organisme infectieux. 854

Postulats de Koch Ensemble de règles utilisées pour prouver qu'un micro-organisme est responsable d'une maladie particulière. 7

Potable Se dit de l'eau qui peut être bue. 654

Potentiel de transfert de groupe phosphate Mesure de la capacité d'une molécule phosphorylée (comme l'ATP) de transférer son phosphate à l'eau ou d'autres accepteurs, c'est la valeur négative de $\Delta G^{o'}$ pour l'hydrolyse du phosphate. 157

Potentiel de réduction Mesure de la tendance d'un réducteur à perdre des électrons dans une réaction d'oxydoréduction. Un composé est un donneur d'électrons d'autant meilleur que son potentiel de réduction est négatif. 157

Potentiel pathogène Degré des symptômes et des signes de morbidité donnés par un agent pathogène. 790

Poussée respiratoire Augmentation de la consommation d'oxygène et de la production d'ATP observée chez les phagocytes lors de la phagocytose ; génère des dérivés de l'oxygène hautement toxiques comme l'oxygène singulet, le radical superoxyde, H_2O_2, le radical hydroxyle et de l'hypochlorure. 720

Pouvoir infectieux Nature infectieuse, caractère communicatif d'un micro-organisme. 790

Pouvoir invasif Capacité d'un micro-organisme d'entrer, de se développer, de se reproduire dans un hôte et de se répandre dans son corps. 790

Pouvoir pathogène Capacité qu'a un agent pathogène de causer une maladie avec des signes et des symptômes morbides d'intensité variable. 698, 789

Pouvoir toxinogène Capacité pour un organisme de produire une toxine. 790

Précipitine Anticorps responsable d'une réaction de précipitation. 756

Premier principe de la thermodynamique L'énergie ne peut être ni créée ni détruite (même si elle peut être transformée ou redistribuée). 155

Principe de l'exclusion compétitive Deux organismes en compétition se chevauchent pour l'utilisation des ressources ce qui conduit à l'élimination de l'un d'eux. 609, 987

Prion Particule infectieuse causant des maladies lentes, telle la scrapie chez le mouton et la chèvre ; elle a une composante protéique, mais on n'a pas encore détecté d'acide nucléique. 416

Probiotique (1) Administration orale de micro-organismes vivants ou de substances utiles à la santé et la croissance d'un homme ou un animal ; (2) organisme vivant dont l'ingestion peut être utile à la santé en dehors de sa valeur nutritive. 703, 986

Processus anammox Utilisation couplée de nitrite comme oxydant et d'ion ammonium comme réducteur pour fournir de l'azote dans des conditions d'anaérobiose. 616

Processus de minéralisation Dégradation microbienne de matériaux organiques en substances inorganiques. 504, 613

Producteur primaire Organismes photoautotrophes et chimioautotrophes qui intègrent de l'anhydride carbonique dans des molécules organiques et procurent ainsi une nouvelle biomasse à l'écosystème. 622

Production primaire Intégration de l'anhydride carbonique dans des molécules organiques par les organismes photosynthétiques et les bactéries chimioautotrophes. 622

Profil plasmidique Technique utilisée pour grouper des isolats bactériens dans une même souche parce qu'ils contiennent le même nombre de plasmides de même masse moléculaire et que leurs phénotypes sont semblables. 843

Progamétange Cellule donnant naissance à un gamétange et un suspenseur proximal au cours des stades précoces de la reproduction sexuée chez les zygomycètes. 560

Projection ou **spicule** Protéine ou complexe protéique faisant saillie de l'enveloppe virale et souvent importante dans l'attachement du virus à la surface de la cellule hôte. 374

Promoteur Séquence d'ADN en amont d'un gène, à laquelle se lie l'ARN polymérase avant de commencer la transcription. 242, 262

Prophage Forme latente d'un phage tempéré qui reste dans la bactérie lysogène, habituellement intégré dans le chromosome de l'hôte. 308, 390

Prosthèque Extension d'une cellule bactérienne, plus rigide que la cellule mature et incluant la membrane plasmique et la paroi cellulaire. 490

Protéase Enzyme qui hydrolyse les protéines en acides aminés, aussi appelée protéinase. 192

Protéasome Grand complexe protéique cylindrique qui dégrade les protéines marquées à l'ubiquitine en peptides par un mécanisme ATP-dépendant. 82

Protéine d'assemblage Protéine propre à la construction de la procapside lors de l'assemblage de la tête d'un bactériophage et qui est enlevée lorsque la procapside est formée. 388

Protéine du choc thermique Protéine produite lorsque les cellules sont exposées à des températures élevées ou d'autres conditions de stress, protège la cellule contre les dommages et aide souvent au bon repliement des protéines. 273

Protéine fixant le LPS Protéine plasmatique particulière qui fixe les lipopolysaccharides bactériens puis s'attache aux récepteurs des monocytes, des macrophages ou d'autres cellules ; ceci déclenche la

libération d'IL-1 et d'autres cytokines et stimule l'apparition de fièvre et des effets des endotoxines. 801

Protéobactéries Grand groupe de bactéries principalement Gram-négatives phylogéniquement reliées comme le montre la comparaison de séquence de l'ARN$_r$ 16 S ; contiennent aussi les bactéries pourpres photosynthétiques et autres bactéries apparentées, sont divisées en cinq sous-groupes ; α, β, δ et ε. 487

Protéome Ensemble des protéines synthétisées par un organisme. 356

Protistes Eucaryotes unicellulaires, vivant sous la forme de cellules indépendantes ou de colonies de cellules sans différenciation tissulaire. 438

Protocoopération Interaction positive, non obligatoire, entre deux organismes différents dont les deux parties bénéficient. 604

Protomère Sous-unité d'une capside virale ; un capsomère est fait de protomères. 369

Protoplaste Bactérie ou mycète dépourvu de paroi, de forme sphérique et osmotiquement sensible. 49, 61

Protothécose Maladie des humains et des animaux, causée par l'algue verte *Prototheca moriformis*. 575

Prototrophe Micro-organisme ayant les mêmes exigences nutritives que la majorité des membres de cette espèce dans la nature. 245

Protozoaire Micro-organisme appartenant au sous-règne des *Protozoa*. Protiste eucaryote unicellulaire dont les organites ont le rôle des organes et des tissus des organismes plus complexes. Les protozoaires ont des tailles, morphologies, nutritions et cycles biologiques très variés. 584

Protozoologie Étude des protozoaires. 584

Provirus ADN viral intégré dans le génome cellulaire ; chez les rétrovirus, il s'agit d'une copie de l'ARN viral en ADN double brin. 407

Pseudomuréine Peptidoglycane modifié, sans acide aminé D, contenant de l'acide N-acétyltalosaminuronique en lieu d'acide N-acétylmuramique ; trouvé chez les archéobactéries méthanogènes. 452

Pseudoplasmode Structure amiboïde boudinée, faite de nombreuses myxamibes et se comportant comme une entité ; résulte de l'agrégation des myxamibes chez les moisissures visqueuses cellulaires. 565

Pseudopode Extension cytoplasmique non permanente du corps cellulaire par lequel les amibes et les organismes amiboïdes se meuvent et se nourrissent. 586

Psittacose (ornithose) Maladie due à une souche de *Chlamydia psittaci*, d'abord observée chez les perroquets et plus tard chez d'autres oiseaux et volailles domestiques (où on parle d'ornithose). Cette maladie est transmissible à l'homme. 919

Psychrophile Micro-organisme ayant une bonne croissance à 0°C, un optimum de croissance à 15°C ou moins, et un maximum à environ 20°C. 126

Psychrophile facultatif *Voir* Psychrotrophe. 126

Psychrotrophe Micro-organisme se développant à 0°C, ayant un optimum de croissance entre 20° et 30°C, et un maximum à environ 35°C. 126

Purine Molécule azotée basique hétérocyclique faite de deux noyaux aromatiques, présente dans les acides nucléiques et d'autres constituants cellulaires ; la plupart des purines sont des oxy- ou amino-dérivés du squelette purique. L'adénine et la

guanine sont les plus importantes. 216

Putréfaction Décomposition des matières organiques par les microbes, particulièrement dégradation catabolique anaérobie des protéines avec production de substances malodorantes, telles que le sulfure d'hydrogène et des amines. 965

Pyrénoïde Région différenciée du chloroplaste, centre de formation d'amidon dans les algues vertes et les charophycées. 85, 573

Pyrimidine Molécule azotée basique hétérocyclique faite d'un noyau aromatique, présente dans les acides nucléiques et autres constituants ; les pyrimidines sont des oxy- ou amino-dérivés du squelette pyrimidique. La cytosine, l'uracile et la thymine sont les plus importantes. 216

Pyrogène endogène Substance analogue à l'interleukine-1, qui est produite par les cellules de l'hôte et qui induit une élévation de température chez l'hôte. 801

R

Radappertisation Utilisation de rayons gamma (à partir d'une source de cobalt) pour la stérilisation de la nourriture. 972

Radiation ionisante Radiation dont la très courte longueur d'onde ou la haute énergie provoque chez les atomes une perte d'électrons ou une ionisation. 130, 144

Radiation ultra-violette (UV) Radiation de haute énergie, dont la longueur d'onde est relativement courte (de 10 à 400 nm). 130, 144

Radio-immuno-essai (RIA) *Voir* test radio-immunologique. 783

Rapport de Redfield Chez les micro-organismes aquatiques, rapport carbone-azote-phosphore, est important si on veut prédire les facteurs qui limiteront la croissance microbienne. 638

Rage Maladie infectieuse aiguë du système nerveux central affectant tous les animaux à sang chaud (y compris l'homme). Elle est causée par un virus à ARN appartenant au genre *Lissavirus* de la famille des *Rhabdoviridae*. 888

Rate Organe lymphoïde secondaire où sont détruits les erythrocytes âgés et où les antigènes sanguins sont capturés et présentés aux lymphocytes. 708

Réaction anaplérotique Réaction qui fournit les intermédiaires épuisés du cycle des acides tricarboxyliques. 216

Réaction d'agglutination Formation d'un complexe immun insoluble par le pontage de cellules ou de particules. 756

Réaction de polymérisation en chaîne (technique PCR) Amplification d'une séquence donnée d'ADN par des cycles de dénaturation, de renaturation en présence d'amorces bordant la séquence ciblée, et de polymérisation. 326

Réaction d'oxydo-réduction (Redox) Réaction accompagnée de transfert d'électrons ; le réducteur cède des électrons à un oxydant. 157

Réaction de précipitation Réaction d'un anticorps avec un antigène soluble pour former un précipité insoluble. 756

Réaction de Quellung Meilleure visibilité ou gonflement de la capsule d'un micro-organisme en présence d'anticorps dirigés contre les antigènes de la capsule. 784

Réaction de Weil-Felix Sert au diagnostic du typhus et d'autres maladies à rickettsies. Test du sérum d'un patient suspect, vis à vis de certaines souches de *Proteus vulgaris* (OX-2, OX-19, OX-K). Les réactions d'agglutination, basées sur des antigènes communs aux deux organismes déterminent la présence et le type d'infection. 910

Réactivation à l'obscurité Processus d'excision et de remplacement de dimères de thymine dans l'ADN ayant lieu en absence de lumière. 130

Réagine Anticorps qui intervient dans les réactions d'hypersensibilité immédiate. IgE est la principale réagine chez l'homme. 768

Récalcitrance Résistance d'une substance à une modification ou une dégradation par des micro-organismes. 859

Récepteurs d'antigènes des cellules B (**BCR** pour B-cell antigen receptor) Complexe transmembranaire d'immunoglobulines à la surface d'une cellule B qui fixe un antigène et stimule la cellule B ; est composé d'une immunoglobuline fixée à la membrane (généralement une IgD ou une IgM modifiée) complexée à une autre protéine membranaire (l'hétérodimère Igα / Igβ). 751

Récepteur d'antigènes des cellules T (**TCR**) Récepteur de surface des cellules T, fait de deux chaînes peptidiques fixatrices d'antigènes ; est associé à un grand nombre d'autres glycoprotéines ; la fixation de l'antigène au TCR, en association généralement avec le CMH, active la cellule T. 745

Recombinaison Processus par lequel un nouveau chromosome recombinant, est formé en combinant du matériel génétique de deux organismes. 292

Recombinaison à spécificité de site Insertion de matériel génétique non homologue à un endroit particulier du chromosome. 292

Recombinaison généralisée Échange réciproque entre une paire de séquences d'ADN homologues, se passe n'importe où sur le chromosome. 292

Réduction anabolique Incorporation par réduction d'une molécule inorganique (sulfate ou nitrate) dans le matériel organique. Elle ne libère pas d'énergie. 210, 211, 614

Réduction anabolique des nitrates Processus par lequel certaines bactéries utilisent les nitrates comme accepteurs d'électrons en fin de chaine de transport d'électrons pour produire l'ATP, les nitrates sont réduits en nitrites et azote. 190

Réduction catabolique Utilisation d'une substance comme accepteur d'électrons pendant la production d'énergie. L'accepteur est réduit mais n'est pas incorporé dans la matière organique pendant les processus biosynthétiques. 614

Réduction des sulfates Processus d'utilisation des sulfates comme agent oxydant, débouche sur l'accumulation de formes réduites de soufre telles que les sulfures ou l'incorporation de soufre dans des molécules organiques, habituellement des groupes sulfhydryle. 614

Réfraction Déviation du rayonnement lumineux au passage de la surface de séparation entre deux milieux (ex. verre et air). 18

Région constante Partie de la molécule d'anticorps dont la séquence en acides aminés varie peu entre les molécules de même classe, sous-classe ou type. 734

Région variable Région à l'extrémité N terminale des chaînes lourdes et légères des immunoglobulines dont la séquence en acides aminés varie entre anticorps de spécificité différente. Les régions variables constituent le site de liaison de l'antigène. 734

Régulon Série de gènes ou d'opérons qui est contrôlée par une même protéine régulatrice. 281

Rendement de lyse Nombre de phages libérés par une bactérie hôte à la fin du cycle lytique. 383

Réparation par recombinaison Mécanisme de réparation de l'ADN endommagé quand il n'y a plus de matrice ; dans ce cas, c'est un morceau d'ADN d'une molécule soeur qui est utilisé. 255

Réparation SOS Processus de réparation complexe et inductible qui est utilisé pour réparer l'ADN lors de dommages importants. 255

Réplication Mécanisme au cours duquel une copie exacte d'ADN ou d'ARN parental est synthétisée à partir d'une molécule parentale servant de matrice. 230

Réplicon Unité du génome qui contient une origine pour l'initiation de la réplication et dans laquelle l'ADN est répliqué. 235, 294

Réplique sur boîte *Voir* Technique de réplique sur boîte. 252

Réponse anamnestique Réaction où le système immunitaire se souvient d'une réponse antérieure à un antigène donné. 729, 743

Répresseur Protéine codée par un gène régulateur qui peut se lier à l'opérateur et empêcher la transcription, elle peut être active par elle-même ou seulement quand elle est liée au corépresseur. 276

Répression catabolique Inhibition de la synthèse de plusieurs enzymes du catabolisme par un métabolite tel que le glucose. 281

Réseau alimentaire ou **trophique** Ensemble des chaînes alimentaires associées comprenant les producteurs primaires, les consommateurs, les décomposeurs et les détritivores. 584

Réservoir Site, hôte alternatif ou porteur qui héberge normalement des organismes pathogènes et constitue une réserve à partir de laquelle d'autres individus peuvent être infectés. 791, 854

Résistance au sérum Se produit chez des bactéries comme *Neisseria gonorrhoeae* parce que l'agent interfère avec la formation du complexe d'attaque membranaire du complément. 801

Résistance non spécifique Mécanismes généraux de défense, faisant partie des structures et fonctions héréditaires de chaque animal ; également appelé immunité non spécifique. 705

Résolution Capacité d'un microscope de séparer ou de distinguer de petits objets proches l'un de l'autre. 20

Respiration Processus générateur d'énergie dans lequel le substrat énergétique est oxydé par un accepteur d'électrons exogène ou dérivé d'un produit extérieur. 173

Respiration aérobie Processus métabolique d'oxydation des molécules organiques dans lequel l'oxygène est l'accepteur final d'électrons. 154, 173

Respiration anaérobie Processus générateur d'énergie dans lequel l'accepteur de la chaîne de transfert d'électrons est une molécule inorganique autre que l'oxygène. 173

Respiration endogène Utilisation de nutriments, habituellement des réserves internes, pour préserver un organisme en l'absence de croissance. 833

Restriction Destruction du matériel génétique étranger par des nucléases après pénétration de ce matériel génétique dans une cellule hôte. 294

Réticulum endoplasmique Système membranaire de tubules et de sacs aplatis (citernes) présent dans le cytoplasme des cellules eucaryotes. Le réticulum endoplasmique rugueux (RER) ou granuleux (REG) porte des ribosomes à sa surface ; le réticulum endoplasmique lisse (REL) n'en possède pas. 79

Rétro-inhibition Mécanisme au cours duquel le produit final d'une voie métabolique inhibe l'activité d'une enzyme de la séquence conduisant à sa formation ; lorsque le produit final s'accumule en excès, il inhibe sa propre synthèse. 169

Rétrovirus Groupe de virus à ARN qui possèdent une transcriptase inverse et synthétisent une copie ADN de leur génome durant leur cycle de multiplication. 407

Rhizosphère Région autour de la racine d'une plante où sont libérées des substances qui augmentent la population microbienne du sol et son activité. 675

Rhoptrie Structure en sac, opaque en microscopie électronique, situé dans la partie antérieure d'un sporozoïte membre de l'embranchement des *Apicomplexa* ; peut-être impliquée dans la pénétration des cellules hôtes. 591

Rhumatisme articulaire aigu Maladie auto-immune caractérisée par des lésions inflammatoires touchant les valvules cardiaques, les articulations, les tissus sous-cutanés et le système nerveux central. La maladie est associée à la présence de streptocoques hémolytiques dans le corps. On l'appelle rhumatisme articulaire parce qu'elle présente les mêmes symptômes, fièvre et douleurs articulaires, que le rhumatisme. 905

Rhume Infection virale aiguë très contagieuse guérissant spontanément et localisée aux voies respiratoires supérieures, occasionne une inflammation, une sécrétion abondante et d'autres symptômes. 884

Rhume des foins Rhinite allergique ; type d'allergie atopique impliquant le système respiratoire supérieur. 768

Ribosome Organite, siège de la synthèse protéique, lieu de traduction du message encodé dans l'ARNm. 52, 267

Ribulose-1,5-*bis*phosphate carboxylase Enzyme catalysant l'incorporation de CO_2 dans le cycle de Calvin. 208

Roséole infantile Maladie cutanée infantile donnant une éruption rose, due à l'herpèsvirus de type 6, elle est de courte durée et se caractérise par une forte fièvre durant trois à quatre jours. 887

Rougeole Maladie de la peau, très contagieuse, endémique partout dans le monde ; est due à un morbillivirus de la famille des *Paramyxoviridae* qui pénètre l'organisme par les voies respiratoires ou la conjonctive. 873

Rubéole Maladie de la peau, modérément contagieuse, affecte principalement les enfants entre 5 et 9 ans ; est due au virus de la rubéole qui est inhalé avec les gouttelettes dans le système respiratoire. 875

Rubéole congénitale Due au virus de la rubéole et affectant le foetus durant le premier trimestre d'une grossesse, elle peut mener à la mort du foetus, à un accouchement prématuré ou à des malformations congénitales (principalement du cœur, des yeux et des oreilles). 876

Rumen Premier compartiment de l'estomac des ruminants. 602

Ruminant Herbivore caractérisé par un estomac constitué de quatre poches ; mâche de la nourriture régurgitée et partiellement digérée. 602

S

Salmonellose Infection provoquée par l'ingestion de nourriture contenant certaines espèces du genre *Salmonella* ou leurs produits. Aussi connue comme gastro-entérite à *Salmonella* ou empoisonnement à *Salmonella*. 931

Santé État de bien-être optimal tant physique que mental et social ; pas seulement l'absence de maladie ou d'infirmité. 848

Saprophyte Organisme saprophyte, prenant sous forme dissoute, les nutriments organiques non vivants, se développant généralement sur de la matière organique en décomposition. 557

Scarlatine Maladie contagieuse résultant d'une infection par *Streptococcus pyogenes* qui porte un prophage codant pour une toxine érythrogène provoquant la desquamation de la peau ; transmise par les gouttelettes de la respiration. 905

Schizogonie Scission asexuée multiple. 591

Scission binaire ou **scissiparité** Reproduction asexuée dans laquelle une cellule ou un organisme se sépare en deux. 490, 573, 586

Sepsie Réponse systémique à l'infection accompagnée de deux ou plus des manifestation suivantes : température > 38°C ou < 36°C ; pouls : plus de 90 battements/min. ; plus de 20 respirations/min. ou p CO_2 > 32 mm Hg ; plus de 12.000 leucocytes/mm^3 sang ou plus de 10 % de formes immatures ; a aussi été défini comme la présence d'agents pathogènes ou de leurs toxines dans le sang et d'autres tissus. 933

Septé Divisé de façon plus ou moins régulière par des septums ou des parois transversales. 556

Septicémie Présence de bactéries et de toxines bactériennes dans le sang. 514, 793

Septum Paroi ou séparation dans un filament fungique ou bactérien (ex. actinomycètes) ou comme séparation de structures telles les spores de mycètes ; divise aussi les cellules parentales en deux cellules filles au cours de la seissiparité bactérienne. 286, 556

Séquence de Shine-Dalgarno Séquence consensus dans la séquence de tête de l'ARNm procaryote, dont le transcrit complémente une séquence de l'ARN 16S de la petite sous-unité du ribosome. Aide à orienter convenablement l'ARNm sur le ribosome. 244

Séquence d'insertion Transposon simple ne contenant que les gènes codant les enzymes comme la transposase qui sont requis pour la transposition. 298

Séquence de tête ou **leader** Séquence d'ARNm non traduite située à son extrémité 5' entre l'opérateur et le codon d'initiation ; elle contribue à l'initiation et à la régulation de la traduction. 244, 261

Sélectine Membre d'une famille de molécules d'adhésion cellulaire, présentes sur les celules endothéliales activées, médiatrices de la fixation des leucocytes à l'endothélium vaculaire, ex. : sélectine P et sélectine E. 712

Séquençage du génome entier par « shotgun » Technique dans laquelle le génome entier est scindé en fragments au hasard ; ceux-ci sont séquencés individuellement et finalement remis dans le bon ordre par un programme sophistiqué d'ordinateur. 346

Sérologie Branche de l'immunologie concernée par les réactions *in vitro* faisant intervenir un ou plusieurs constituants du sérum (ex. les anticorps ou le complément). 774

Sérotypage Technique ou procédé sérologique qui est utilisé pour distinguer des souches de micro-organismes (sérotypes ou sérovar) présentant des différences dans la composition antigénique d'une structure ou d'un produit. 784

Sérum Partie claire et fluide du sang dépourvue de cellules sanguines et de fibrinogène. C'est le liquide restant après coagulation du plasma (portion liquide non cellulaire du sang). 742

Shigellose Diarrhée provenant d'une infection par un membre du genre *Shigella*, aussi appelée dysenterie bacillaire. 931

SIDA *Voir* Syndrome d'immunodéficience acquise. 878

Sidérophore Petite molécule complexant les ions ferriques et les transportant au travers de la membrane plasmique. 104

Signe Modification du corps, objective et directement observable due à la maladie (ex. éruption ou fièvre). 850

Site actif Dans une enzyme, domaine qui fixe le substrat pour former le complexe enzyme-substrat et qui catalyse la réaction. Aussi appelé site catalytique. 162

Site aminoacyl ou site accepteur (site A) Site sur le ribosome qui fixe l'aminoacyl-ARNt lors de l'étape d'élongation dans la synthèse protéique ; la chaîne peptidique en croissance est transférée sur l'aminoacyl-ARNt et s'allonge d'un acide aminé. 270

Site de sortie ou **site E** pour exit sur un ribosome, site vers lequel un ARNt vide se déplace à partir du site P, avant de finalement quitter le ribosome sur lequel la synthèse des protéines se fait. 270

Site catalytique *Voir* Site actif. 162

Site de liaison de l'ARN polymérase *Voir* Boîte de Pirbnow. 2424, 262

Site peptidyl ou site donneur (site P) Site ribosomial contenant le peptidyl-ARNt au début du cycle d'élongation de la synthèse protéique. 270

Sonde Fragment d'acide nucléique marqué, qui s'hybride avec des fragments d'ADN complémentaires et qui sert à les localiser et à les isoler dans un mélange. 322, 976

Sorc Type de fructification faite d'une masse de spores ou de sporanges. 565

Sorocarpe Fructification des *Acrasiomycota*. 565

Souche ou **clone** Population d'organismes issue d'un seul organisme ou isolée d'une culture pure. 425

Souche Hfr Souche bactérienne donnant ses gènes avec une fréquence élevée à une cellule receveuse pendant la conjugaison parce que le facteur F est intégré dans le chromosome bactérien. 303

Souche de tuberculose multi-résistante MDR-TB Est un *Mycobacterium tuberculosis* résistant à l'isoniazide et la rifampine avec ou sans résistance à d'autres antimicrobiens. 908

Sous produit de désinfection Composé organique chloré formé durant la chloration de désinfection de l'eau ; beaucoup sont cancérogènes. 653

Soutirage Élimination des sédiments des bouteilles de vin. 982

Spermosphère Région entourant une graine en germination où la matière organique libérée stimule la croissance microbienne. 974

Sphère de résidus Région entourant la matière organique telle une graine ou une partie de plante dans laquelle la croissance microbienne est stimulée par une disponibilité accrue des nutriments. 690

Sphéroplaste Cellule relativement sphérique formée par la fragilisation ou l'élimination partielle de la paroi cellulaire rigide (ex. traitement par la pénicilline des bactéries Gram-négatives). Les sphéroplastes sont habituellement osmotiquement sensibles. 61

Spicule *Voir* Projection. 374

Spirille Bactérie en forme de spirale rigide. 44

Spirochète Bactérie en forme de spirale flexible, avec des flagelles périplasmiques. 424, 479

Sporange Structure ou cellule en forme de sac, qui contient un nombre indéfini de spores. Se forme sur un hyphe particulier appelé sporangiophore. 68, 557

Sporangiospore Spore formée dans un sporange. 539, 557

Spore Cellule reproductrice, habituellement unicellulaire capable soit de se développer en un organisme adulte sans fusion avec une autre cellule, soit d'agir comme un gamète ; peuvent être produites de façon asexuée ou sexuée et sont de plusieurs types. 538

Sporotrichose Infection fongique sous-cutanée provoquée par le mycète dimorphe *Sporothrix schenckii*. 945

Sporotrichose extracutanée Infection par le mycète *Sporothrix schenckii* se répandant dans tout le corps. 945

Sporulation Processus de formation de spores. 69

Stade prodromal Dans le cours d'une maladie, période pendant laquelle les signes et les symptômes apparaissent mais ceux-ci ne sont pas encore suffisamment clairs et distinctifs pour établir un diagnostic précis. 850

Statistique Les mathématiques de la collection, l'organisation et l'interprétation des données numériques. 849

Stérilisation Processus par lequel toutes les cellules vivantes, les spores viables, le virus, les viroïdes sont soit détruits, soit éliminés d'un objet ou d'un habitat. 137

Stigma Zone sensible à la lumière que l'on trouve chez quelques algues et protozoaires photosynthétiques ; probablement impliqué dans certains cas de phototactisme. 575

Streptolysine O (SLO) Hémolysine spécifique produite par *Streptococcus pyogenes*, inactivée par l'oxygène (d'où le O dans son nom). La SLO provoque une hémolyse β des cellules sanguines sur une gélose incubée en anaérobiose. 797

Streptolysine S (SLS) Produite par *Streptococcus pyogenes*. Elle est liée à la cellule bactérienne, mais peut parfois être libérée. La SLS provoque une hémolyse β sur une gélose au sang incubée en aérobiose ; elle peut agir comme une leucocidine en tuant les leucocytes qui phagocytent les cellules bactériennes sur lesquelles elle est liée. 797

Streptomycine Aminoglycoside bactéricide produit par *Streptomyces griseus*. 816

Stroma Matrice des chloroplastes, siège des réactions photosynthétiques de fixation du CO_2. 85

Stromatolite Réseau de communautés microbiennes en forme de dôme, fait de bactéries photosynthétiques filamenteuses et pris dans des sédiments (silicieux ou calcaireux), de structure laminaire, beaucoup sont fossiles mais des formes actuelles existent. 423

Sulfamide Agent chimiothérapeutique ayant un groupe SO$_2$ -NH$_2$ et dérivé de la sulfanilamide. 812

Superantigène Protéine bactérienne qui stimule le système immunitaire beaucoup plus que les antigènes normaux, stimule la prolifération non spécifique des cellules T par une interaction avec en même temps une molécule CMH de classe II sur une cellule présentatrice d'antigènes, et la région variable d'une chaîne β du récepteur des cellules T. Exemples sont les toxines streptococciques de la scarlatine, la toxine 1 staphylococcique du syndrome du choc toxique et la protéine M streptococcique. 732

Superoxide dismutase Enzyme qui protège de nombreux micro-organismes des radicaux superoxides toxiques, en catalysant leur destruction. 128

Surinfection Nouvelle infection bactérienne ou fongique, résistante aux antibiotiques utilisés pour le traitement d'un patient. 819

Surveillance immunitaire Processus encore hypothétique dans lequel des lymphocytes, comme les cellules tueuses naturelles reconnaissent et détruisent des cellules tumorales et d'autres cellules avec des antigènes de surface anormaux (ex. cellules infectées par un virus). 760

Symbiose Association de deux organismes différents vivant ensemble ou étroitement liés, chacun des organismes étant connu comme un symbiote. 596

Symbiosome Forme finale de *Rhizobium*, fixatrice d'azote et active dans les cellules des nodules radiculaires. 676

Symétrie binaire Symétrie de certaines capsides virales (ex. celles des phages complexes), est une combinaison des symétries icosaédrique et hélicoïdale. 376

Symptôme Changement qu'une personne malade ressent subjectivement (douleur, inconfort, fatigue et perte d'appétit), terme aussi utilisé dans un sens plus large pour désigner n'importe quel signe observable. 850

Syndrome Ensemble de signes et de symptômes qui se produisent ensemble et qui caractérisent une maladie particulière. 850

Syndrome du choc toxique Maladie à staphylocoques qui affecte le plus souvent les femmes utilisant certains types de tampons durant la menstruation. Il est associé à la production d'une toxine du syndrome du choc toxique par certaines souches de *Staphylococcus aureus*. 922

Syndrome de Guillain-Barré Maladie relativement rare affectant le système nerveux périphérique, spécialement les nerfs spinaux mais également les nerfs crâniens. La cause est inconnue mais la maladie survient souvent après une infection à influenza ou une vaccination antigrippale. 874

Syndrome d'immunodéficience acquise (SIDA) Syndrome d'une maladie infectieuse due au retrovirus humain de l'immunodéficience ; est caractérisé par la perte de la réponse immunitaire normale, suivie d'une augmentation de la susceptibilité aux infections opportunistes et du risque de certains cancers. 878

Syndrome de la peau ébouillantée Maladie causée par des staphylocoques qui produisent une toxine exfoliative ; la peau rougit (érythème) et l'épiderme

peut se décoller du tissu sous-jacent. 922

Syndrome méningé aseptique *Voir* méningite. 902

Syndrome de Reye Maladie aiguë, potentiellement mortelle chez l'enfant. Elle est caractérisée par un oedème sévère du cerveau, une augmentation de la pression intracrânienne, des vomissements, une hypoglycémie et un dysfonctionnement du foie. De cause inconnue, elle est presque toujours associée à une infection virale antérieure comme par le virus de la grippe ou celui de la varicelle et du zona. 874

Syndrome pulmonaire à hantavirus Maladie humaine due au hantavirus du syndrome pulmonaire. Des souris excrètent le virus dans leur fèces, les humains inhalent le virus et développent d'abord une sorte de grippe ; après quelques jours le virus cause un dommage pulmonaire et une perméabilisation des capillaires ; après une semaine environ le patient entre en crise et peut succomber. 877

Syndrome du type de celui du choc toxique Maladie due à l'infection par des streptocoques invasifs du groupe A, se caractérise par une chute rapide de la pression sanguine, une défaillance de beaucoup d'organes et une fièvre très élevée ; résulte probablement de la libération d'une ou de plusieurs exotoxines pyrogènes streptococciques. 904

Syndrome de l'urémie hémolytique Maladie rénale caractérisée par la présence de sang dans l'urine et souvent une défaillance du rein, due aux souches d'*E. coli* entérohémorragiques O157 :H7 qui produisent une toxine de type Shiga qui attaque les reins. 932

Synthétase des acides gras Complexe multienzymatique synthétisant les acides gras ; le produit de ce complexe est habituellement l'acide palmitique. 218

Syntrophisme Association dans laquelle un organisme dépend ou profite d'un ou de plusieurs facteurs de croissance ou nutriments fournis par un autre organisme voisin ; parfois les deux organismes sont bénéficiaires, ce type de mutualisme est aussi nommé nutrition croisée ou phénomène satellite. 604

Syphilis congénitale Syphilis transmise de la mère au foetus *in utero*. 923

Syphilis vénérienne Maladie contagieuse, sexuellement transmissible provoquée par le spirochète *Treponema pallidum*. 923

Systématique Étude scientifique des organismes dans le but ultime de les caractériser et de les arranger d'une manière ordonnée ; souvent considérée comme synonyme de taxinomie. 422

Système binominal Système de nomenclature dans lequel un organisme reçoit deux noms, le premier avec une majuscule est le nom de genre, le second est l'adjectif spécifique sans majuscule. 426

Système du complément Ensemble de protéines du plasma qui jouent un rôle majeur dans la défense immunitaire. 714, 758

Système d'information géographique (SIG) Système d'organisation des données qui fournit des cartes digitales à partir des données de télédétection et aide à l'analyse des relations entre facteurs cartographiés. 850

Système de sécrétion de type III *Voir* ilot de pathogénicité. 794

Système SHIME (pour *simulated human intestinal microbial ecosystem*) Réacteurs de type chémostat, connectés en série et qui fournissent une séquence de milieux semblables à celle du système digestif humain. 987

Système immunitaire Système de défense d'un hôte comprenant les réponses immunitaires spécifiques et non spécifiques, est fait de cellules largement distribuées, de tissus et d'organes qui reconnaissent les substances étrangères et les micro-organismes et agit pour les neutraliser ou les détruire. 705

Système phénétique Classification regroupant les organismes d'après leur similitude. 426

Système régulateur global Système régulateur qui affecte simultanément des voies métaboliques et des gènes nombreux. 281

Système monocyte-macrophage Système de cellules phagocytaires fixes (système de cellules phagocytaires incluant macrophages, monocytes et cellules endothéliales spécialisées), localisé dans le foie, la rate, les ganglions lymphatiques, la moelle osseuse. C'est un constituant important de la défense générale et non spécifique de l'hôte contre les organismes pathogènes. 705

T

Taches de Koplik Macules rouges de la cavité buccale provoquées par le virus de la rougeole et caractérisées par un centre blanc bleuâtre. 874

Tapis microbien Structure solide formée de couches de micro-organismes aux activités physiologiques complémentaires, se développe sur différentes surfaces, dans les milieux marins et d'eaux douces. 621

Taux En épidémiologie, le nombre d'individus expérimentant un événement divisé par le nombre d'individus chez qui l'événement a pu se réaliser. 699

Taux d'anticorps Réciproque de la dilution la plus élevée d'un antisérum qui donne une réaction positive dans le test utilisé. 742

Taux de morbidité Désigne le nombre d'individus contractant une maladie donnée dans une population susceptible pendant un temps spécifique. 849

Taux de mortalité Rapport du nombre de décès causés par une maladie donnée sur le nombre de sujets atteints de la même maladie. 849

Taux de prévalence Nombre d'individus infectés dans une population donnée à un moment donné, sans tenir compte du moment où la maladie s'est déclarée. 849

Taxinomie Science de la classification biologique, comprenant trois parties : classification, nomenclature et identification. 422

Taxinomie polyphasique Taxinomie dans laquelle les schémas développés utilisent une large information phénotypique et génotypique. 435

Taxinomie numérique Groupement des unités taxinomiques par des méthodes numériques en taxons sur la base des états de leurs caractères. 426

Taxon Groupe dans lequel des organismes différents apparentés sont classés. 422

Technique de coloration différentielle Technique de coloration permettant de diviser les bactéries en groupes séparés selon leur sensibilité au colorant. 28

Technique de double diffusion en agar (technique d'Ouchterlony) Réaction d'immunodiffusion dans laquelle l'anticorps et l'antigène diffusent dans l'agar pour former des complexes immuns stables visibles à l'oeil nu. 780

Technique de simple diffusion radiale Détermine la quantité d'antigènes en suivant leur diffusion dans un gel contenant un anticorps contre l'antigène testé. 779

Technique de Southern Détection de fragments spécifiques d'ADN, par transfert capillaire, suivi d'hybridation avec une sonde complémentaire. 322

Technique des membranes filtrantes Emploi d'un filtre poreux mince d'acétate de cellulose ou d'un autre polymère pour récolter les micro-organismes de l'eau, de l'air ou des aliments. 118, 654

Technique de réplique sur boîte Technique permettant de sélectionner des mutants dans une population bactérienne. Elle consiste à transférer les cellules de chaque colonie poussant sur un milieu gélosé non sélectif sur des milieux gélosés sélectifs, par exemple dépourvus d'un nutriment ou contenant un antibiotique ou un phage. La localisation des mutants sur la boîte mère pourra être déterminée à partir de la répartition des colonies sur les boîtes de réplique. 252

Technique PCR *Voir* Réaction de polymérisation en chaîne. 291

Technique des stries Technique d'isolement de culture pure. Les bactéries sont étalées à la surface d'une boîte gélosée à l'aide d'une boucle d'inoculation. 106

Technologie de l'ADN recombinant Techniques utilisées dans l'ingénierie génétique. Elles comportent l'identification et l'isolement d'un gène spécifique, son insertion dans un vecteur tel qu'un plasmide pour former un recombinant, et la production de grandes quantités du gène et de son produit. 320

Technologie des microdamiers Détection de l'expression d'un gène par la fixation de l'ARN extrait des cellules en croissance à un damier d'oligonucléotides spécifiques attachés à un support inerte. 354, 1018

Teigne Nom donné à plusieurs sortes d'infection fongique de la peau, les ongles et les cheveux ; le type spécifique (dépendant de l'apparence caractéristique, de l'agent étiologique, du site) étant habituellement désigné par un terme supplémentaire. 943

Teigne blanche Infection fongique due à la levure *Trichosporon beigelii,* formant des nodules pâles sur la barbe et la moustache. 943

Teigne de la barbe Infection fongique des poils de la barbe due à *Trichophyton mentagrophytes* ou *T. verrucosum.* 944

Teigne noire Infection fongique due à *Piedraia hortai* formant des nodules noirs et durs sur les cheveux. 943

Teigne du pied *Voir* pied d'athlète. 944

Teigne tondante Infection fongique du cuir chevelu due à certaines espèces de *Trichophyton* et de *Microsporum.* 943

Température de fusion (T_m) de l'ADN La température à laquelle l'ADN double brin se sépare en chaînes individuelles, dépend de la teneur de l'ADN en G + C. Cette valeur est utilisée pour comparer le matériel génétique en taxinomie microbienne. 430

Temps de doublement *Voir* Temps de génération. 115

Temps de génération Temps requis par une population microbienne pour doubler en nombre. 115

Temps de réduction décimale (D ou valeur D) Temps nécessaire pour tuer 90% des micro-organismes ou des spores d'un échantillon à une température donnée. 140

Temps de mort thermique Temps la plus court nécessaire à tuer tous les micro-organismes d'une population dans des conditions et à une température définies. 140

Terminateur Séquence qui indique la fin d'un gène et arrête la transcription. 244 263

Thèque Gaine ample entourant une amibe. 590

Test de Ames Test qui se fait avec une souche spéciale de *Salmonella* pour détecter l'effet mutagène de produits chimiques et leur éventuel pouvoir cancérogène. 253

Test ELISA (*enzyme-linked immunosorbent assay*) Technique utilisée pour détecter et quantifier des anticorps ou des antigènes spécifiques. 778

Test radioimmunologique (RIA) Technique très sensible qui utilise un antigène ou un anticorps radioactif purifié pour entrer en compétition avec l'anticorps ou l'antigène, avec un standard non marqué et des échantillons pour déterminer la concentration d'une substance dans les échantillons. 783

Test tuberculinique cutané Test d'hypersensibilité à la tuberculine pour une infection antérieure ou en cours par *Mycobacterium tuberculosis.* 771

Test de Widal Test consistant en l'agglutination des salmonelles responsables de la fièvre typhoïde quand elles sont mélangées à du sérum contenant des anticorps d'un individu atteint de fièvre typhoïde ; utilisé pour détecter la présence de *Salmonella typhi* et *paratyphi.* 775

Tétanolysine Hémolysine qui aide à la destruction des tissus et est produite par *Clostridium tetani.* 925

Tétanos Maladie souvent mortelle due au bacille anaérobie formant des spores *Clostridium tetani,* caractérisée par des spasmes musculaires et des convulsions. 924

Tétanospasmine Composé neurotoxique de la toxine tétanique qui provoque les spasmes musculaires du tétanos. La production de la tétanospasmine dépend d'un gène plasmidien. 924

Tétracyclines Famille d'antibiotiques ayant une structure commune à quatre noyaux, isolés du genre *Streptomyces* ou produits semi-synthétiquement. Toutes ont une parenté avec la chlortétracycline ou l'oxytétracycline. 815

Thalle Structure dépourvue de racine, de tige et de feuille ; elle est caractéristique de quelques algues, de beaucoup de mycètes et de lichens. 537, 554, 573

Théorie Ensemble de principes et de concepts qui ont subi des tests rigoureux et qui donnent une explication systématique d'un aspect de la nature. 8

Théorie endosymbiotique Théorie selon laquelle les organites eucaryotes tels les mitochondries et les chloroplastes sont apparus lorsque des bactéries établirent une relation endosymbiotique avec la cellule eucaryote primitive, puis évoluèrent en organites eucaryotes. 85, 424

Thermoacidophile Bactérie qui se développe mieux à des pH acides et à des températures élevées ; fait partie des archéobactéries. 457

Thermophile Micro-organisme qui peut se développer à des températures de 55°C ou plus, le minimum étant habituellement de 45°C. 126

Thylacoïde Sac aplati dans le stroma des chloroplastes contenant les pigments photosynthétiques et la chaîne photosynthétique de transport des électrons ; l'énergie lumineuse est captée et utilisée pour fabriquer de l'ATP et du NAD(P)H dans les membranes thylacoïdes. 85

Thymine Base pyrimidique (5-méthyluracile) présente dans les nucléosides, nucléotides et ADN. 237

Tissu lymphoïde associé aux bronches (BALT) Tissu défensif présent dans les poumons, fait partie des défenses immunitaires non spécifiques. 710

Tissu lymphoïde associé à l'intestin (GALT) Tissu lymphoïde défensif présent au niveau de l'intestin, voir plaque de Peyer. 710

Tissu lymphoïde associé à la peau (SALT) Tissu lymphoïde de la peau, composant de l'immunité non spécifique qui assure la première ligne de défense. 709

Tissu lymphoïde mucosal (MALT) Tissu lymphoïde défensif situé dans la muqueuse intestinale. 710

Thymus Organe lymphoïde primaire de la gorge, est nécessaire au début de la vie pour assurer le développement des fonctions immunitaires ; site de maturation des cellules T. 708

Tolérance immunitaire acquise Capacité de produire des anticorps contre des antigènes étrangers (non-soi) tandis que les antigènes « du soi » sont tolérés (ne provoquant pas la production d'anticorps). 758

Toxémie Condition provoquée par les toxines dans le sang de l'hôte. 794

Toxicité sélective Capacité d'un agent chimiothérapeutique de tuer ou d'inhiber un micro-organisme pathogène tout en ménageant l'hôte. 807

Toxine Produit microbien ou composé qui, à faible concentration, peut endommager une autre cellule ou un organisme. Souvent, ce terme se rapporte à une protéine toxique, mais les toxines peuvent être des lipides et d'autres substances. 794

Toxine AB Modèle AB qui rend compte de la structure et de l'activité de nombreuses exotoxines, la partie B de la toxine est responsable de la fixation de celle-ci à la cellule mais ne l'endommage pas directement. La partie A de la toxine pénètre dans la cellule et détruit ses fonctions. 797

Toxine cholérique *Voir* choléragène. 930

Toxoplasmose Maladie de l'animal ou de l'homme provoquée par le parasite protozoaire *Toxoplasma gondii.* 957

Trachome Maladie infectieuse chronique de la conjonctive et de la cornée produisant des douleurs, de l'inflammation et parfois la cécité. Elle est due à *Chlamidya trachomatis* sérotype A-C. 925

Traduction Processus au cours duquel le message génétique porté par l'ARNm dirige la synthèse des polypeptides à l'aide des ribosomes et d'autres constituants cellulaires. 230

Traitement primaire La première étape de l'épuration des eaux usées dans laquelle les matériaux particulaires sont éliminés physiquement par sédimentation et filtration. 658

Traitement secondaire Dans l'épuration des eux d'égouts, c'est la dégradation biologique de la matière organique dissoute ; celle-ci est soit minéralisée soit solidifiée et donc transportable. 659

Traitement tertiaire Élimination des matières organiques, des métaux lourds, des virus etc. par des moyens chimiques et biologiques après la dégradation des matières organiques par les micro-organismes durant le traitement secondaire pour l'épuration des eux usées. 661

Transamination Le transfert du groupe aminé d'un acide aminé sur un accepteur α-cétoacide. 192

Transcriptase Enzyme qui catalyse la transcription ; chez les virus à ARN, c'est une ARN polymérase-ARN dépendante qui est utilisée pour faire des copies ARNm à partir de génomes à ARN. 406

Transcriptase inverse ADN-polymérase ARN dépendante ; synthétise de l'ADN complémentaire à partir d'une matrice d'ARN génomique. Ceci est l'inverse du processus normal où l'information génétique est transférée de l'ADN vers l'ARN. 407, 879

Transcription Processus au cours duquel un ARN simple brin est synthétisé à partir d'une matrice d'ADN ou d'ARN. 230

Transduction Transfert de gènes entre bactéries par l'intermédiaire de bactériophages. 308

Transduction généralisée Transfert de n'importe quelle partie d'un génome bactérien lorsque le fragment d'ADN est incorporé par erreur dans la capside d'un phage. 308

Transduction restreinte Processus de transduction au cours duquel seul un groupe spécifique de gènes bactériens sont transmis à une autre bactérie par un phage tempéré ; les gènes bactériens ont été acquis à cause d'une erreur dans l'excision du prophage dans le cycle lysogène. 309

Transduction spécialisée *Voir* Transduction restreinte. 309

Transfert génétique horizontal Processus dans lequel des gènes sont transférés d'un organisme mature indépendant à un autre. 292

Transfert d'hydrogène interspécifique Liaison de la production d'hydrogène à partir de matière organique par les micro-organismes anaérobies hétérotrophes avec l'utilisation de cet hydrogène par d'autres anaérobies qui réduisent le CO_2 en méthane, ceci évite une possible toxicité de l'hydrogène. 604

Transformation Mode de transfert de gènes chez les bactéries dans lequel un morceau d'ADN est pris par une cellule bactérienne et intégré dans son génome (récepteur). 228, 305

Transformation microbienne *Voir* Bioconversion. 1009

Transgénique Animal ou plante dont le génome contient de manière stable de l'information génétique nouvelle par l'acquisition d'ADN étranger ; est obtenu par injection d'ADN dans un œuf animal, **électroporation** de cellules de mammifères et de protoplastes végétaux ou par bombardement de cellules végétales avec un **Fusil à gènes.** 335

Transition LM Modification de la forme des mycètes dimorphes : ils ont la forme d'une levure (L) dans le corps d'un animal et se transforment en mycélium (M) dans le milieu. 556

Translocation de groupe Processus de transport dans lequel une molécule est transférée au travers de la membrane par des transporteurs protéiques en subissant une modification chimique. 103

Transmission aérienne ou **en aérosol** Mode de transmission d'un organisme infectieux où, réellement suspendu dans l'air, il voyage d'un mètre ou plus depuis la source jusqu'à l'hôte. 854

Transmission biologique Type de transmission par vecteur animal où l'organisme infectieux est modifié morphologiquement ou physiologiquement par

son passage dans le vecteur. 858

Transmission par contact Transmission d'un agent infectieux par contact direct entre l'hôte et la source ou le réservoir de cet agent. 856

Transmission par hébergement Mode de transmission dans lequel un organisme infectieux ne subit pas de modification morphologique ou physiologique dans le vecteur. 858

Transmission par vecteur animal Transmission d'un agent pathogène infectieux entre hôtes au moyen d'un vecteur animal. 857

Transmission par vecteur passif commun Transmission d'un agent pathogène à un hôte au moyen d'un milieu inanimé ou d'un objet. 857

Transmission transovarienne Passage d'un micro-organisme comme une rickettsie, d'une génération à l'autre chez l'hôte par l'intermédiaire de leurs oeufs (il ne faut aucun mammifère comme réservoir pour propager la rickettsie). 913

Transpeptidation (1) Réaction qui aboutit à la formation de ponts interpeptidiques lors de la synthèse du peptidoglycane ; (2) réaction qui forme une liaison peptidique durant la synthèse protéique. 223, 270

Transport actif Transport de molécules en solution à travers une membrane contre un gradient électrochimique ; nécessite un transporteur protéique et un apport d'énergie. 101

Transporteur ABC (pour ATP-binding-cassette) Complexe protéique membranaire qui utilise l'énergie de l'ATP pour transporter des substances sans modification à travers les membranes, requiert pour fonctionner, une protéine extracytoplasmique fixant le substrat. 101

Transposition Déplacement d'un fragment d'ADN le long du chromosome. 298

Transposon Fragment d'ADN qui porte les gènes nécessaires à la transposition et qui se déplace sur le chromosome ; est appelé transposon composite s'il porte d'autres gènes que ceux nécessaires à la transposition ; nom souvent réservé aux éléments contenant aussi des gènes non reliés à la transposition. 298

Trichome Rangée ou filament de cellules bactériennes qui sont en contact étroit l'une avec l'autre sur une grande surface. 472

Trichomonase Maladie sexuellement transmissible provoquée par le protozoaire parasite *Trichomonas vaginalis*. 958

Trihalométhane Composé halogène à 1 carbone qui se forme au cours de la désinfection de l'eau, ils sont pour la plupart des cancérogènes potentiels. 653

Trophozoïte ou **trophonte** Stade actif et mobile servant à l'alimentation d'un protozoaire ; pour le parasite de la malaria, c'est le stade de schizogonie entre le stade en forme de bague et le schizonte. 586

Tropisme Mouvement des organismes vivants vers ou loin d'un centre de chaleur, de lumière ou d'autres stimulus. 791

Trypanosome Protozoaire du genre *Trypanosoma*. Les trypanosomes sont des protozoaires flagellés parasites qui vivent souvent dans le sang de l'homme et d'autres vertébrés et sont transmis par des piqûres d'insectes. 589, 957

Trypanosomiase Infection due à des trypanosomes qui vivent dans le sang et la lymphe des hôtes infectés. 957

Trypanosomiase américaine ou **Maladie de Chagas**. 957

Tubercule Petite lésion nodulaire ronde produite par *Mycobacterium tuberculosis*. 908

Tuberculose Maladie infectieuse de l'homme et d'autres animaux résultant d'une infection par une espèce de *Mycobacterium*. Elle est caractérisée par la formation de tubercules et de tissus nécrosés, dus principalement à l'hypersensibilité de l'hôte et à l'inflammation. L'infection se fait habituellement par inhalation ; la maladie affecte souvent les poumons (tuberculose pulmonaire) bien qu'elle puisse se produire dans n'importe quelle partie du corps. 906

Tuberculose miliaire Forme aiguë de tuberculose, caractérisée par la dissémination des bacilles par la circulation sanguine et l'apparition de petites nodulations dans de nombreux organes du corps. Aussi connu sous le nom de tuberculose de réactivation. 908

Tularémie Maladie animale ressemblant à la peste causée par la bactérie *Francisella tularensis*, subsp *tularensis* (type A Jellison) ; peut être transmise à l'homme. 926

Tumeur Masse cellulaire résultant d'une croissance et d'une multiplication anormale de cellules (néoplasme). 411

Turbidostat Appareil de culture continue équipé d'une cellule photoélectrique qui ajuste le flux de milieu de façon à maintenir constante la densité de cellules ou turbidité. 121

Typage par bactériophages *Voir* Lysotypie. 842

Typage plasmidique *Voir* Profil plasmidique. 843

Typhus endémique (murin) Forme de typhus dû à *Rickettsia typhi*, sporadique chez des individus en contact avec des rats et leurs puces. 909

Typhus épidémique (exanthématique) Maladie causée par *Rickettsia prowazekii* et transmise d'individu à individu par les poux. 909

U

Ulcère gastrique Gastrite, associée à l'infection de la muqueuse de l'estomac par *Helicobacter pylori*. 918

Ulcère génital *Voir* chancroïde. 914

Ultramicrobactérie Bactérie qui existe normalement sous forme miniature ou qui se miniaturise lorsqu'il y a peu de nutriments, peut avoir un diamètre de 0,2 µm ou même inférieur. 640

Unité formatrice de colonie (CFU [*colony forming unit*]) Micro-organisme qui peut former des colonies après étalement sur gélose, est une indication du nombre total de germes viables dans un échantillon. 118

Unité Svedberg Unité du coefficient de sédimentation ; plus grande est la valeur en Svedberg d'une particule, plus rapide est son trajet dans une centrifugeuse. 52

Uracile Base pyrimidique (2,4-dioxypyrimidine) constituant des nucléosides, nucléotides et ARN. 217

Urétrite non gonococcique (NGU) Toute inflammation de l'urètre qui n'est pas causée par *Neisseria gonorrhoeae*. 918

Urticaire Éruption cutanée. 769

V

Vaccin Préparation constituée soit de micro-organismes tués ou de micro-organismes vivants atténués, soit de toxines bactériennes inactivées (anatoxines) ; est administré pour induire le développement d'une réponse immunitaire et protéger l'individu contre un agent pathogène ou une toxine. 764

Vaccin ADN Vaccin fait d'ADN codant pour des protéines antigéniques, est injecté directement dans le muscle ; l'ADN pénètre dans les cellules musculaires et dirige la synthèse des antigènes, donne une immunité cellulaire et humorale. 767

Vaccin DPT (diphtérie-pertussis-tétanos) Vaccin contenant trois antigènes utilisé pour immuniser l'être humain contre la diphtérie, le tétanos et la coqueluche. 901

Vaccin complet Vaccin fait d'agents pathogènes totaux, peut être de 4 types ; virus inactivés, virus atténués, micro-organismes tués ou vivants et atténués. 766

Vaccin recombinant Vaccin produit par l'introduction d'un ou plusieurs gènes d'un agent pathogène dans un virus ou une bactérie atténuée servant de vecteur. Le vecteur se réplique dans l'hôte vertébré et exprime le ou les gènes de l'agent pathogène, ces produits sont des antigènes qui induisent la réponse immunitaire. 767

Vaccinomique Application de la génomique et de la bioinformatique au développement de vaccins. 766

Vacuole gazeuse Vacuole remplie de gaz, présente chez les cyanobactéries et quelques autres bactéries aquatiques, permettant la flottaison de ces organismes. Elle est composée d'un ensemble de vésicules gazeuses à paroi protéique. 51

Vacuole phagocytaire Vacuole limitée par une membrane, formée par des cellules au cours de la phagocytose par l'invagination de la membrane plasmique. Elle contient des matières solides. On l'appelle également un **phagosome**. 585

Vacuole pulsatile Chez les protozoaires et certains animaux, vacuole remplie d'un liquide clair. De manière cyclique, elle pompe l'eau du cytoplasme et la rejette par un pore en se contractant. Les vacuoles pulsatiles servent à l'osmorégulation et à l'excrétion. 585

Vacuole sécrétoire Chez les protistes et certains animaux, ces organites contiennent habituellement des enzymes spécifiques qui ont diverses fonctions telles que le dékystement. Leur contenu est libéré dans le milieu extérieur lors de l'exocytose. 585

Vaginite à *Candida* Vaginite due à certanes espèces de *Candida*. 950

Vaginite bactérienne Maladie sexuellement transmissible, due à *Gardnerella vaginalis*, *Mobiluneus* sp, *Mycoplasma hominis* et d'autres bactéries anaérobies ; bien que légère, cette maladie est un facteur de risque pour des infections obstétricales et l'infection génitale haute. 914

Valence Nombre de déterminants antigéniques à la surface d'un antigène ou nombre de sites de fixation d'un antigène que possède une molécule d'anticorps. 731

Valeur D *Voir* Temps de réduction décimal. 140

Valeur F Temps, exprimé en minutes, à une température spécifique, habituellement 121°C (250°F), nécessaire pour tuer une population de cellules ou de spores. 140

Valeur Z Augmentation de la température requise

pour réduire le temps de réduction décimale (*D*) à un dixième de sa valeur initiale. 140

Variation d'énergie libre Variation de l'énergie totale d'un système qui est disponible pour réaliser un travail utile lorsque le système passe de son état initial à son état final, à température et pression constantes. 156

Variation d'énergie libre standard Variation d'énergie libre d'une réaction à une pression de une atmosphère quand tous les réactifs et les produits sont présents dans leur état standard ; habituellement, la température est de 25°C. 156

Variation diurne de l'oxygène Variation des quantités d'oxygène présent dans les eaux lorsque les algues produisent et utilisent l'oxygène durant le cycle nycthéméral. 650

Varicelle Maladie très contagieuse de la peau, affecte généralement les enfants entre 2 et 7 ans, est causée par le virus de la varicelle et du zona ; on acquiert le virus par inhalation de gouttelettes dans les voies respiratoires. 871

Variole Maladie très contagieuse, souvent mortelle, provoquée par un virus ; le symptôme le plus frappant est l'apparition de vésicules et de pustules sur la peau. La vaccination a éradiqué la variole du monde. 876

Vascularite Inflammation d'un vaisseau sanguin. 909

Vecteur (1) En ingénierie génétique, synonyme de vecteur de clonage : une molécule d'ADN capable de se répliquer (réplicon) est utilisé pour transporter un morceau inséré d'ADN étranger (comme un gène) dans une cellule réceptrice ; peut être un plasmide, un phage, un cosmide ou un chromosome artificiel. (2) En épidémiologie, c'est un objet inanimé ou un organisme vivant, généralement un arthropode ou un autre animal, qui transfère un agent infectieux d'un hôte à un autre. 322, 791, 854

Vecteur d'expression Vecteur de clonage particulier utilisé pour exprimer des gènes recombinants dans les cellules hôtes ; le gène recombinant est transcrit et la protéine qu'il code est synthétisée. 336

Vecteur inanimé Objet non dangereux par lui-même, mais capable de porter et de transmettre des organismes pathogènes. 792, 857

Vecteur passif Substance ou milieu sans vie impliqué dans la transmission d'un agent pathogène. 707

Verrue Tumeur épidermique d'origine virale. 894

Verrue commune Lésion épidermique saillante dont la surface est calleuse. Cette infection est provoquée par un papillomavirus humain. 894

Verrue plane Petite verrue lisse et légèrement surélevée. 894

Verrue plantaire Verrue apparaissant à la plante du pied. 894

Vibrion Cellule bactérienne en forme de bâtonnet courbé formant une virgule ou une spirale incomplète. 43

Virémie Présence de virus dans le sang. 791

Virion Particule virale complète qui représente la phase extracellulaire du cycle du virus ; dans le cas le plus simple, il consiste en une capside protéique entourant une seule molécule d'acide nucléique. 363

Viroïde Agent infectieux végétal à ARN simple brin qui n'est associé à aucune protéine ; l'ARN ne code pour aucune protéine et n'est pas traduit. 416

Virologie Branche de la microbiologie s'intéressant aux virus et aux maladies virales. 362

Virulence Degré ou intensité du pouvoir pathogène d'un organisme estimé par la quantité de cas mortels et/ou sa capacité d'envahir les tissus de l'hôte et de provoquer la maladie. 790

Virus Agent infectieux ayant une organisation acellulaire simple constituée d'une capside protéique et d'un acide nucléique d'un seul type. Dépourvu de métabolisme indépendant, il se multiplie uniquement dans des cellules hôtes vivantes. 363

Virus complexe Virus dont la capside présente une symétrie complexe, ni hélicoïdale ni icosaédrique. 369

Virus de l'immunodéficience humaine (HIV [human immunodeficiency virus**])** un lentivirus de la famille des *Retroviridae*, associé au SIDA. 878

Virucide Qui inactive les virus de sorte qu'ils ne peuvent se multiplier dans les cellules hôtes. 138

Virus syncytial respiratoire Membre de la famille des *Paramyxoviridae* et du genre *Pneumovirus*, contient un ARN simple bien négatif, cause des infections respiratoires chez de jeunes enfants. 875

Vitamine Composé organique nécessaire en très faible quantité à la croissance et à la reproduction d'organismes qui ne peuvent les synthétiser. Les vitamines sont souvent des cofacteurs ou parties de cofacteurs des enzymes. 99

Voie alterne Voie d'activation du complément, indépendante des anticorps, implique les composants C_3-C_9 de la voie classique et plusieurs autres protéines sériques (ex. facteur B et properdine). 916

Voie amphibolique Voie du métabolisme qui fonctionne à la fois dans le catabolisme et l'anabolisme. 176

Voie CD95 De nombreuses cellules eucaryotes nucléées possèdent le récepteur CD95, fixé à son ligand spécifique (CD95L), le complexe CD95-CD95L active plusieurs protéines cytoplasmiques qui initient la cascade suicidaire de l'apoptose. 750

Voie classique Voie d'activation du complément dépendante de l'anticorps, conduit à la lyse des agents pathogènes, stimule la phagocytose et d'autres défenses de l'hôte. 758

Voie d'Embden-Meyerhof Voie au cours de laquelle le glucose est dégradé en acide pyruvique ; le stade à 6 carbones voit la conversion de glucose en fructose-1,6-*bis*phosphate et le stade à 3 carbones produit de l'ATP lors de la production d'acide pyruvique à partir du glycéraldéhyde 3-phosphate. 176, A-13

Voie d'Entner-Doudoroff Voie dans laquelle le glucose est converti en acide pyruvique et glycéraldéhyde 3-phosphate par la production intermédiaire de 6-phosphogluconate et de son dérivé déshydraté. 179, A-15

Voie des hexoses monophosphates *Voir* Voie des pentoses phosphates. 177

Voie des pentoses phosphates Voie responsable de l'oxydation du glucose-6-phosphate en ribulose-5-phosphate, suivie de sa conversion en divers sucres de trois à sept carbones ; elle aboutit à la formation de plusieurs produits importants (NADPH pour les biosynthèses, pentoses et autres sucres) et est également utilisée pour la dégradation du glucose en CO_2. 177, A-14

Voie de la β-oxydation Voie métabolique principale d'oxydation des acides gras, avec production de

NADH, FADH$_2$ et d'acétyl-coenzyme A. 192

Voie glycolytique *Voir* Voie d'Embden-Meyerhof. 176, A-13

Voie lectine du complément Voie d'activation du complément déclenchée par la fixation d'une lectine sérique (fixatrice de mannane) à du mannose porté par des protéines ou des sucres viraux ou bactériens. 716

Voie parentérale Voie d'administration de médicaments, différente de la voie orale (ex. par injection). 812

Voie perforine Voie cytotoxique faisant intervenir la perforine, une protéine qui se polymérise pour former des pores membranaires conduisant à la destruction cellulaire au cours de la cytotoxicité à médiation cellulaire. La perforine est produite par les cellules T cytotoxiques et les cellules NK, elle est accumulée dans des granules qui la libèrent au contact des cellules cibles. 750

Vulvovaginite à *Candida* Complication de diabète, de thérapies antibiotiques, de l'emploi de contraceptifs oraux et de grossesse. 788

X

Xénogreffe Greffe de tissu entre animaux d'espèces différentes. 773

Xérophile Se dit d'un micro-organisme qui se développe mieux dans des milieux ayant une faible activité de l'eau et est incapable de se développer dans des conditions humides (forte activité de l'eau). 965

Z

Zona Forme réactivée de la varicelle provoquée par le virus de la varicelle et du zona (VZV). 872

Zooflagellés Protozoaires flagellés dépourvus de chlorophylle. Ils sont holozoïques, saprozoïques ou symbiotiques. 588

Zoonose Maladie des animaux pouvant se transmettre à l'homme. 849

Zooplancton Ensemble d'animaux microscopiques et de protistes non photosynthétiques aquatiques flottant à la surface de l'eau. 571

Zoospore Spore mobile flagellée. 573

Zooxanthelle Dinoflagellé vivant en symbiose avec les cnidaires et d'autres invertébrés. 579, 599

Zygomycètes Embranchement de mycètes à mycélium généralement cœnocytique et à parois de chitine ; reproduction sexuée impliquant normalement la formation de zygospores ; pas de spores mobiles. 560

Zygospore Spore quiescente, sexuée à paroi épaisse et caractéristique des zygomycètes. 558

Zygote Cellule diploïde (2N) résultant de la fusion de gamètes mâle et femelle. 574

CRÉDITS

Photos

Chapitre 1

Opener : © John D. Cunningham/Visuals Unlimited ; **Fig. 1.1a :** Corbis ; **Fig. 1.2 :** Corbis ; **Fig. 1.4 :** Corbis ; **Fig. 1.5 :** American Society for Microbiology ; **Fig. 1.6 :** North Wind Picture Archives ; **Fig. 1.7a :** Rita R. Colwell ; **Fig. 1.7b :** Dr. Robert G.E. Murray ; **Fig. 1.7c :** American Society for Microbiology Archives Collection ; **Fig. 1.7d :** Martha M. Howe ; **Fig. 1.7e :** Frederick C. Neidhardt ; **Fig. 1.7f :** Jean E. Brenchley.

Chapitre 2

Opener : © George J. Wilder/Visuals Unlimited ; **Fig. 2.3 :** Courtesy of Leica, Inc. ; **Fig. 2.4 :** Courtesy of Nikin Inc. ; **Fig. 2.8a :** © Arthur M. Siegelman/Visuals Unlimited ; **Fig. 2.8b :** © Robert Calentine/Visuals Unlimited ; **Fig. 2.8c :** © M. Abbey/Visuals Unlimited ; **Fig. 2.8d :** © George J. Wilder/Visuals Unlimited ; **Fig. 2.8e :** © M. Abbey/Visuals Unlimited ; **Fig. 2.11 :** © M. Abbey/Visuals Unlimited ; **Fig. 2.13a :** © Arthur M. Siegelman/Visuals Unlimited ; **Fig. 2.13b :** Courtesy of Joan Smith Sonneborn, University of Wyoming ; **Fig. 2.13c :** Courtesy of Sanofi Diagnostics ; **Fig. 2.13d :** Photo contributed by Bruce Roth and Paul Millard, Molecular Probes, Inc. ; **Fig. 2.15a :** © Arthur M. Siegelman/Visuals Unlimited ; **Fig. 2.15b :** © Michael A. Gabridge/Visuals Unlimited ; **Fig. 2.15c :** Dr. L. Tomalty/ Dr. G. Delisle, Queen's University, Kingston, Ontario, Canada ; **Fig. 2.15d :** © George J. Wilder/Visuals Unlimited ; **Fig. 2.16 :** © John D. Cunningham/Visuals Unlimited ; **Fig. 2.17 :** © John D. Cunningham/Visuals Unlimited ; **Fig. 2.18 :** Lansing Prescott ; **Fig. 2.19 :** © John D. Cunningham/Visuals Unlimited ; **Fig. 2.21a :** © George J. Wilder/Visuals Unlimited ; **Fig. 2.21b :** © Biology Media/Photo Researchers, Inc. ; **Fig. 2.21c :** © KG Murti/Visuals Unlimited ; **Fig. 2.22 :** © William Ormerod, Jr./Visuals Unlimited ; **Fig. 2.24a :** © Fred Hossler/Visuals Unlimited ; **Fig. 2.24b :** © Fred Hossler/Visuals Unlimited ; **Fig. 2.26 :** Courtesy of E.J. Laishley, University of Calgary ; **Fig. 2.28a :** David M. Phillips/Photo Researchers, Inc. ; **Fig. 2.28b :** © Paul W. Johnson/Biological Photo Service ; **Fig. 2.31a,b :** From L. Tijuis, W.A.J. van Benthum, M.C.M. van Loosdrecht, and J.J. Heinen, « Solids Retention Time in Spherical Biofilms in a Biofilm Airlift Suspension Reactor, » *Biotechnology and Bioengineering*, 44 :867-879, 1994. Reprinted by permission of John Wiley & Sons ; **Fig. 2.32 :** © Driscoll, Youngquist, and Baldeschwieler, Caltech/SPL/Photo Researchers, Inc.

Chapitre 3

Opener : © E.C.S. Chan/Visuals Unlimited ; **Fig. 3.1a :** Dr. Leon J. Le Beau ; **Fig. 3.1b :** © Arthur M. Siegelman/Visuals Unlimited ; **Fig. 3.1c :** © George J. Wilder/Visuals Unlimited ; **Fig. 3.1d :** © Thomas Tottleben/Tottleben Scientific Company ; **Fig. 3.1e :** Dr. Leon J. Le Beau ; **Fig. 3.2a-c :** © David M. Phillips/Visuals Unlimited ; **Fig. 3.2d :** Reprinted from *The Shorter Bergey's Manual of Determinative Bacteriology*, Eighth Edition, John G. Holt, Editor, 1977. © Bergey's Manual Trust. Published by Williams and Wilkins, Baltimore, MD ; **Fig. 3.2e :** From Walther Stoeckenius : *Walsby's Square Bacterium : Fine Structures of an Orthogonal Procaryote* ; **Fig. 3.2f :** © Hans Hanert ; **Box Fig. 3.1b :** Reprinted with permission from Science 284, 16 April 1999, fig. 1b, page 494. © 1999 American Association for the Advancement of Science. Image courtesy of Heide Schulz ; **Fig. 3.8 :** © Stanley C. Holt/Biological Photo Service ; **Fig. 3.9a :** American Society for Microbiology ; **Fig. 3.9b :** Reprinted from *The Shorter Bergey's Manual of Determinative Bacteriology*, Eighth Edition, John G. Holt, Editor, 1977. © Bergey's Manual Trust. Published by Williams and Wilkins, Baltimore, MD ; **Fig. 3.10 :** *American Scientist*, Volume 87, November-December 1999. Image courtesy of David S. Goodsell, the Scripps Research Institute ; **Fig. 3.11 :** © Ralph A. Slepecky/ Visuals Unlimited ; **Fig. 3.12a :** American Society for Microbiology ; **Fig. 3.12b :** Courtesy of Daniel Branton, Harvard University ; **Fig. 3.13a :** National Research Council of Canada ; **Fig. 3.13b :** Reprinted from *The Shorter Bergey's Manual of Determinative Bacteriology*, Eighth Edition, John G. Holt, Editor, 1977. © Bergey's Manual Trust. Published by Williams and Wilkins, Baltimore, MD ; **Box 3.3a :** D. Balkwill and D. Maratea ; **Box 3.3b :** Y. Gorby ; **Box 3.3c :** Courtesy of Ralph Wolfe and A. Spormann, University of Illinois at Urbana-Champaign ; **Fig. 3.14a :** American Society for Microbiology ; **Fig. 3.14b :** American Society for Microbiology ; **Fig. 3.14c :** American Society for Microbiology ; **Fig. 3.15 :** © T.J. Beveridge/Biological Photo Service ; **Fig. 3.19 b :** From H. Formanek et al., « Peptido Glycan Structure » from, *Eur. Journal of Biochemistry* 253, 383-389 ; **Fig. 3.20 :** Courtesy of M.R.J. Salton, NYU Medical Center ; **Fig. 3.24 :** Reprinted from J.M. Ghuysen and R. Hakenbeck/Bacterial Cell Wall, pp. 263-79. With kind permission from Elsevier Science-NL, Sara Burgerhartstratt 25, 1055 KV Amsterdam, The Netherlands ; **Fig. 3.25b :** From M. Kastowsky, T. Gutberlet, and H. Bradaczek, *Journal of Bacteriology*, 774 : 4798-4806, 1992 ; **Fig. 3.27a :** © John D. Cunningham/Visuals Unlimited ; **Fig. 3.27b :** © John D. Cunningham/Visuals Unlimited ; **Fig. 3.28 :** © Georg Musil/Visuals Unlimited ; **Fig. 3.29 :** Courtesy of R.G. E. Murray, University of Western Ontario ; **Fig. 3.30 :** © Fred Hossler/Visuals Unlimited ; **Fig. 3.31a,b :** © E.C.S. Chan/Visuals Unlimited ; **Fig. 3.31c :** © George J. Wilder/Visuals Unlimited ; **Fig. 3.32a,b :** Courtesy of Dr. Julius Adler ; **Fig. 3.37, 3.38 :** Courtesy of Dr. Julius Adler ; **Fig. 3.41 :** American Society for Microbiology ; **Fig. 3.43a-f :** Academic Press ; **Fig. 3.44 :** American Society for Microbiology.

Chapitre 4

Opener : © Arthur M. Siegelman/Visuals Unlimited ; **Fig. 4.1a :** © Eric Grave/Photo Researchers, Inc. ; **Fig. 4.1b :** Carolina Biological Supply/Phototake ; **Fig. 4.1c :** © Arthur M. Siegelman/Visuals Unlimited ; **Fig. 4.1d :** © John D. Cunningham/Visuals Unlimited ; **Fig. 4.1e :** © Tom E. Adams/Visuals Unlimited ; **Fig. 4.1f :** © John D. Cunningham/Visuals Unlimited ; **Fig. 4.2a :** © Richard Rodewald/Biological Photo Service ; **Fig. 4.2b :** R.F. Illingworth, A.H. Rose, A. Beckett, « Change in the Lipid Composition and Fine Structure of Saccharomyes Cerevisiae During Ascus Formation, » *Journal of Bacteriology* 113 :1, 373-386, fig. 4 on page 381, American Society of Microbiology ; **Fig. 4.4 :** Reprinted fig. 3a on page 98, L. Mahadevan & P. Matsudaira, with permission from *Science*, Volume 288 : 95-98, April 7, 2000. © 2000 American Association for the Advancement of Science. Image courtesy of Lewis Tilney ; **Fig. 4.6a-4.7b :** © Manfred Schliwa/Visuals Unlimited ; **Fig. 4.8 :** © B.F. King/Biological Photo Service ; **Fig. 4.9a :** © Henry C. Aldrich/Visuals Unlimited ; **Fig. 4.14b :** Academic Press ; **Fig. 4.14c :** © Keith Porter/Photo Researchers, Inc. ; **Fig. 4.15a :** © Michael J. Dykstra/Visuals Unlimited ; **Fig. 4.15b :** © Manfred Schliwa/Visuals Unlimited ; **Fig. 4.16a :** Prentice Hall, Upper Saddle River, New Jersey ; **Fig. 4.17 :** Courtesy of Dr. Garry T. Cole, Univ. of Texas at Austin ; **Fig. 4.19 :** © Henry C. Aldrich/Visuals Unlimited ; **Fig. 4.22 :** National Research Council of Canada ; **Fig. 4.23 :** © Karl Aufderheide/Visuals Unlimited ; **Fig. 4.24a :** © K.G. Murti/ Visuals Unlimited ; **Fig. 4.25a :** © Ralph A. Slepecky/ Visuals Unlimited ; **Fig. 4.25b :** © W.L. Dentler/Biological Photo Service.

Chapitre 5

Opener : © Lauritz Jensen/Visuals Unlimited ; **Fig. 5.9 :** © Luritz Jensen/Visuals Unlimited ; **Fig. 5.11b 1,2 :** Courtesy of Dr. Eshel Ben-Jacob ; **Fig. 5.12a-d :** © David M. Phillips/Visuals Unlimited.

Chapitre 6

Opener : Courtesy of Nagle Company ; **Fig. 6.7a :** Courtesy Nagle Corporation ; **Fig. 6.7b :** © B. Otero/Visuals Unlimited ; **Fig. 6.7c, d :** Courtesy Nagle Corporation ; **Box 6.1 :** © Science VU-D. Foster, Woods Hole Oceanographic Institution/Visuals Unlimited ; **Figs. 6.15 :** Photo Provided by ThermoForma of Marietta, Ohio ; **Fig. 6.18a,b :** Courtesy of Jeanne S. Poindexter, Long Island University.

Chapitre 7

Opener : © Visuals Unlimited ; **Fig. 7.3a :** Courtesy of AMSCO Scientific, Apex, NC ; **Fig. 7.4b :** Courtesy of Millipore Corporation ; **Fig. 7.5a :** Courtesy of Pall Ultrafine Filter Corporation ; **Fig. 7.5b :** © Fred Hossler/Visuals Unlimited ; **Fig. 7.6a :** Provided by ThermoForma, Marietta, Ohio.

Chapitre 8

Opener : Reprinted by permission W.N. Lipscomb, Harvard University ; **Fig. 8.1 :** © Artville CD ; **Fig. 8.16a,b :** John Wiley & Sons. Courtesy of Donald Voet ; **Fig. 8.26a,b :** Courtesy of David Eisenberg, UCLA.

Chapitre 9

Opener : © The Nobel Foundation 1989 ; **Fig. 9.24a,b :** © The Nobel Foundation 1989.

Chapitre 10

Opener : From A.S. Moffat, « Nitrogenase Structure Revealed, » *Science* 250 : 1513, December 14, 1990. Photo by M.N. Georgiadis and D.C. Rees, Caltech ; **Fig. 10.15 :** « Nitrogenase Structure Revealed, » *Science* 250 : 1513, December 14, 1990. Photo by M.N. Georgiadis and D.C. Rees, Caltech.

Chapitre 11

Fig. 11.6c-1 : © Irving Geis ; **Fig. 11.6c-2 :** From Voet-Voet, Biochemistry, 1/e, 1990, John Wiley & Sons. Courtesy of Donald Voet ; **Fig. 11.9a :** Courtesy Prof. Dr. Timothy J. Richmond.

Chapitre 12

Opener : Lewis, M., et al. 1996. Crystal structure of the lactose operon repressor and its complexes with DNA and inducer. *Science* 271 :1247-54. Figures 5A (p. 250), 6A (p. 1251), and 1J (p. 153, the left illustration) ; **Fig. 12.9 :** From R. Rould and T. Steitz, « Structure of E. Coli Glutaminyl-tRNA Synthetase Complexed with t RNA gln and ATP at 2.8 A Resolution, » *Science* 246 :1135-1142, Dec. 1, 1989. Copyright 1991 by the AAAS ; **Fig. 12.19 a1,a2 :** Reprinted with permission from *Nature* 388 :741-750. Figures 1a and 1b, page 742. Courtesy Paul Sigler ; **Fig. 12.19b :** Reprinted with permission from *Nature* 388 :

1972, « Antonie van Leeuwenhoek » ; **Fig. 22.17, 22.18a :** From M.P. Starr, et al. (Eds.), *The Prokaryotes,* Springer-Verlag ; **Fig. 22.18b :** From J.T. Staley, M.P. Bryant, N. Pfenning, and J.G. Holt (Eds.), *Bergey's Manual of Systematic Bacteriology,* Vol. 3 © 1989 Williams and Wilkins Co., Baltimore ; **Fig. 22.18c :** From M.P. Starr, et al. (Eds.), *The Prokaryotes,* Springer-Verlag ; **Fig. 22.19a :** From *ASM News* 53(2)cover, 187, American Society for Microbiology. Photo by H. Kaltwasser ; **Fig. 22.19b :** Shirley Sparling ; **Fig. 22.20 :** From M.P. Starr, et al. (Eds.), *The Prokaryotes,* Springer-Verlag ; **Fig. 22.21b-d :** Original micrographs courtesy of Ruth L. Harold and *Bacteriological Reviews* ; **Fig. 22.21e :** Courtesy of Dr. Harkisan D. Raj ; **Fig. 22.22 :** Courtesy of Michael Richard, Colorado State University ; **Fig. 22.23a :** ASM Digital Image Collection, Ghiorse. Photo micrograph by William Ghiorse ; **Fig. 22.23b :** ASM Digital Image Collection, Harwood. Photo courtesy of Caroline Harwood, University of Iowa ; **Fig. 22.24** © Christine Case/Visuals Unlimited ; **Fig. 22.25a :** © David M. Phillips/Visuals Unlimited ; **Fig. 22.25b,c :** From N.R. Krieg and J.G. Holt (Eds.), *Bergey's Manual of Systematic Bacteriology,* Vol 1, 1984. Williams and Wilkins Co., Baltimore ; **Fig. 22.26 :** From N.R. Krieg and J.G. Holt (Eds.), *Bergey's Manual of Systematic Bacteriology,* Vol. 1, 1984. Williams and Wilkins Co., Baltimore ; **Fig. 22.27a :** © Kenneth Lucas, Steinhart Aquarium/Biological Photo Service ; **Fig. 22.27b,c :** Courtesy of James G. Morin, University of California, Los Angeles ; **Fig. 22.29a :** © Arthur M. Siegelman/Visuals Unlimited ; **Fig. 22.29b :** © E.S. Anderson/Photo Researchers, Inc. ; **Fig. 22.31a,b,c :** © F. Widdel/Visuals Unlimited ; **Fig. 22.32 :** Courtesy Dr. Jeffrey C. Burnham ; **Fig. 22.33b,c :** Courtesy Dr. Jeffrey C. Burnham ; **Fig. 22.34a-c :** From M.P. Starr, et al. (Eds), *The Prokaryotes,* Springer Verlag ; **Fig. 22.36b,c :** © M. Dworkin-H. Reichenbach/ Phototake ; **Fig. 22.36d :** © Patricia L. Grillione/Phototake.

Chapitre 23

Opener : © Arthur M. Siegleman/VisualsUnlimited ; **Fig. 23.2a :** © Michael G. Gabridge/Visuals Unlimited ; **Fig. 23.2b :** © David M. Phillips/Visuals Unlimited ; **Fig. 23.3 :** © Michael G. Gabridge/Visuals Unlimited ; **Fig. 23.5 :** © From M.P. Starr, et al. (Eds.), *The Prokaryotes,* Springer-Verlag ; **Fig. 23.6a,b :** © Arthur M. Siegelman/Visuals Unlimited ; **Fig. 23.7 :** © F. Widdel/Visuals Unlimited ; **Fig. 23.8a :** © Arthur M. Siegelman/Visuals Unlimited ; **Fig. 23.8b :** © Cabisco/Visuals Unlimited ; **Fig. 23.8c :** Courtesy of Molecular Probes, Inc. Eugene, OR ; **Fig. 23.9a :** Courtesy of Dr. A.A. Yousten ; **Fig. 23.9b :** From H. de Barjac & J.F. Charles, « Une nouvelle toxine active sur les moustiques, presente dans des inclusions cristallines produites par *Bacillus sphaericus. » C.R. Acad. Sci. Paris ser. II :* 296 :905-910, 1983 ; **Fig. 23.10a :** © From M.P. Starr, et al. (Eds.), *The Prokaryotes,* Springer-Verlag ; **Fig. 23.10b,c :** From S.T. Williams, M.E. Sharpe, and J.G. Holt (Eds.), *Bergey's Manual of Systematic Bacteriology,* Vol. 4, © 1989 Williams and Wilkins Co., Baltimore ; **Fig. 23.11 ;** From J.G. Holt, et al. (Eds.), *Bergey's Manual of Systematic Bacteriology,* Vol. 2, © 1986 Williams and Wilkins Co., Baltimore ; **Fig. 23.12a :** © Bruce Iverson ; **Fig. 23.12b :** © David M. Phillips/Visuals Unlimited ; **Fig. 23.13a,b :** © Arthur M. Siegelman/Visuals Unlimited ; **Fig. 23.13c :** © George J. Wilder/Visuals Unlimited ; **Fig. 23.14 :** From M.P. Starr, et al. (Eds.), *The Prokaryotes,* Springer-Verlag ; **Fig. 23.16a :** © Thomas Tottleben/Tottleben Scientific Company ; **Fig. 23.16b ;** © David M. Phillips/ Visuals Unlimited ; **Fig. 23.16c :** © M. Abbey/Visuals Unlimited ; **Fig. 23.17a,b,c :** © Fred E. Hossler/Visuals Unlimited ; **Fig. 23.17d :** © Carroll H. Weiss/Camera M.D. Studios.

Chapitre 24

Opener : © Howard Berg/Visuals Unlimited ; **Fig. 24.2 a-c :** From S.T. Williams, M.E. Sharpe, and J.G. Holt (Eds.), *Bergey's Manual of Systematic Bacteriology,* Vol. 4, © 1989 Williams and Wilkins Co., Baltimore ; **Fig. 24.2d ;** © Eli Lilly and Company. Used with permission. ; **Fig. 24.2e :** From S.T. Williams, M.E. Sharpe, and J.G. Holt (Eds.), *Bergey's Manual of Systematic Bacteriology,* Vol. 4, © 1986 Williams and Wilkins Co., Baltimore ; **Fig. 24.2f :** Courtesy Yoko U. Takahashi ; **Fig. 24.5a :** © E.C.S. Chan/Visuals Unlimited ; **Fig. 24.5b :** © David M. Phillips/Visuals Unlimited ; **Fig. 24.6 :** © Thomas Tottleben/Tottleben Scientific Company ; **Fig. 24.7a-d :** From J.G. Holt, et al. (eds.), *Bergey's Manual of Systematic Bacteriology,* Vol. 2, 1986 Williams and Wilkins Co., Baltimore ; **Fig. 24.8 :** © Grant Heilman Photography ; **Fig. 24.9 :** © John D. Cunningham/Visuals Unlimited ; **Fig. 24.10 :** From J.G. Holt, et al. (Eds.), *Bergey's Manual of Systematic Bacteriology,* 1986 Williams and Wilkins Co., Baltimore ; **Fig. 24.11b :** From Dr. Ako Seino, *Hakko to Kogyo* (Fermentation and Industry) 41(3) :3-4, 1983. Japan Bioindustry Association ; **Fig. 24.11c :** From S.T. Williams, M.E. Sharpe, and J.G. Holt (Eds.), *Bergey's Manual of Systematic Bacteriology,* Vol. 4, © 1989 Williams and Wilkins Co., Baltimore. Courtesy of Dr. H.A. Lechevalier ; **Fig. 24.11e :** From S.T. Williams, M.E. Sharpe, and J.G. Holt (Eds.), *Bergey's Manual of Systematic Bacteriology,* Vol. 4, © 1989 Williams and Wilkins Co., Baltimore ; **Fig. 24.13a :** From S.T. Williams, M.E. Sharpe, and J.G. Holt (Eds.), *Bergey's Manual of Systematic Bacteriology,* Vol. 4, © 1989 Williams and Wilkins Co., Baltimore. Micrograph from T. Cross, U. of Bradford, Bradford, U.K. ; **Fig. 24.13b :** Courtesy of R. Locci and B. Petrolini Baldan *Rivista di Patologia Vegetale 7* (Suppl) :3-19, 1971 ; **Fig. 24.14a,b,c :** From S.T. Williams, M.E. Sharpe, and J.G. Holt (Eds.), *Bergey's Manual of Systematic Bacteriology,* Vol. 4, © 1989 Williams and Wilkins Co., Baltimore ; **Fig. 24.15a :** © Christine L. Case/Visuals Unlimited ; **Fig. 24.15b :** © Sherman Thompson/Visuals Unlimited ; **Fig. 24.16a.-24.17a :** From S.T. Williams, M.E. Sharpe, and J.G. Holt (Eds.), *Bergey's Manual of Systematic Bacteriology,* Vol. 4, © 1989 Williams and Wilkins Co., Baltimore ; **Fig. 24.17b :** © R. Howard Berg/Visuals Unlimited ; **Fig. 24.17c :** From S.T. Williams, M.E. Sharpe, and J.G. Holt (Eds.), *Bergey's Manual of Systematic Bacteriology,* Vol. 4, © 1989 Williams and Wilkins Co., Baltimore ; **Fig. 24.18 :** Staley, *Bergey's Manual of Systematic Bacteriology,* Vol. 2, page 1419, **figure 15.96a.** Williams and Wilkins Co., Baltimore. Courtesy Prof. Bruno Biavati, Istituto Di Microbiologia.

Chapitre 25

Opener : © David M. Phillips/Visuals Unlimited ; **Fig. 25.1a :** © Science VU-USDA/Visuals Unlimited ; **Fig. 25.2a :** © Sherman Thompson/Visuals Unlimited ; **Fig. 25.2b :** © Richard Thom/Visuals Unlimited ; **Fig. 25.2c :** © William J. Weber/Visuals Unlimited ; **Fig. 25.4a :** © C. Gerald Van Dyke/Visuals Unlimited ; **Fig. 25.4b :** © John D. Cunningham/Visuals Unlimited ; **Fig. 25.5c :** Courtesy of Dr. Garry T. Cole, Univ. of Texas at Austin ; **Fig. 25.10a :** © John D. Cunningham/Visuals Unlimited ; **Fig. 25.10b :** © Robert Calentine/Visuals Unlimited ; **Fig. 25.10c :** © John D. Cunningham/Visuals Unlimited ; **Fig. 25.11 :** © David M. Phillips/Visuals Unlimited ; **Fig. 25.15 :** © B. Beatty/Visuals Unlimited ; **Fig. 25.16b :** © Victor Duran/Visuals Unlimited ; **Fig. 25.16c :** © Sylia Sharnoff/ Visuals Unlimited ; **Fig. 25.16d,e :** © Edward Degginger/ Bruce Coleman, Inc. ; **Fig. 25.17a,c,d :** © Carolina Biological Supply/Phototake ; **Fig. 25.17e** : © David Scharf/Peter Arnold, Inc.

Chapitre 26

Opener : © Daniel Gotshall/Visuals Unlimited ; **Fig. 26.3a :** © M.I. Walker/Photo Researchers, Inc. ; **Fig. 26.3b :** © John D. Cunningham/Visuals Unlimited ; **Fig. 26.3c :** © Manfred Kage/Peter Arnold, Inc. ; **Fig. 26.3d,e :** © John D. Cunningham/Visuals Unlimited ; **Fig. 26.3f :** © Bruce Iverson/Visuals Unlimited ; **Fig. 26.6a,c ;** © Dr. Anne Smith /SPL/Photo Researchers, Inc. ; **Fig. 26.6d :** © John D. Cunningham/Visuals Unlimited ; **Fig. 26.8 :** © John D. Cunningham/Visuals Unlimited ; **Fig. 26.9b :** © David M. Phillips/Visuals Unlimited.

Chapitre 27

Opener : D.T. John et al. « Sucker-like structures on the pathogenic amoeba Naegleria Fowleri », *Applied Envir. Microbiol.* 47 :12-14(image 3n). © 1984 American Society for Microbiology. Image courtesy of Thomas B. Cole ; **Fig. 27.1 :** © Arthur M. Siegelman/Visuals Unlimited ; **Fig. 27.4b :** © Science VU-R. Oldfield-Polaroid/Visuals Unlimited ; **Fig. 27.4b :** © Science VU-R. Oldfield-Polaroid/ Visuals Unlimited ; **Fig. 27.4c :** © Arthur M. Siegelman/ Visuals Unlimited.

Chapitre 28

Opener : Reprinted with permission from Edwards, K.J., Bond, P.L., Gihring, T.M., and Banfield, J.F. « An Archael Iron-oxidizing Extreme Acidophile Important in Acid Mine Drainage, » *Science* 287 : 1796-2799. (10 March, 2000) **figure 3A,** page 1798. © 2000 American Association for the Advancement of Science ; Image courtesy of K.E. Edwards ; **Fig. 28.2a :** © William J. Weber/Visuals Unlimited ; **Fig. 28.2b :** © M Abbey/Visuals Unlimited ; **Fig. 28.3 :** © John D. Cunningham/Visuals Unlimited ; **Fig. 28.4a :** © Stan Elems/Visuals Unlimited ; **Fig. 28.4b :** © Bob DeGoursey/Visuals Unlimited ; **Fig. 28.6a :** © WHOI/Visuals Unlimited ; **Fig. 28.11 :** Craig Cary, University of Delaware ; **Fig. 28.12a,b :** © Woods Hole Oceanographic Institution ; **Fig. 28.13a :** Ott, J.A. Novak, R.F. Schiemer, U. Hentchel, M. Nebelsick, and M. Polz 1991. « Tackling the Sulfide Gradient ; a Novel Strategy Involving Marine Nematodes and Chemoautotrophic Ectosimbionts, » *Marine Ecology* 12(3)261-279, **figure 3,** p266. Blackwell Wissenschafts-Verlag. Image courtesy of J. Ott and M. Polz ; **Fig. 28.13b :** Reprinted with permission of Blackwell Science, Inc, **fig. 31.18b** from Lengeler JW et al, *Biology of the Prokaryotes* 1999. Photo courtesy J. Ott and M. Polz ; **Fig. 28.14b,c :** From Crane Hecker, and Goluhev, « Heat Flow and Hydrothermal Vents in Lake Baikal, USSR, » *Transactions of the American Geophysical Union (EOS)* 72(52) 585, Dec. 24, 1991. Copyright by the American Geophysical Union ; **Fig. 28.16a :** © John Durham/SPL/Photo Researchers ; **Fig. 28.29 :** McLaughlin-Borlace, L.F. Stapleton, M. Matheson, and J.K.G. Dart, 1998. « Bacterial Biofilm on Contact Lenses and Lens Storage Cases in Wearers with Microbial Keratitis, » *Journal of Applied Microbiology* 84 :827-838, figure 1, p. 830. Reprinted with permission of Blackwell Science, Ltd. ; **Fig. 28.30 :** Y. Cohen and E. Rosenberg, *Microbial Mats,* Fig. 1a, p. 4, 1986. American Society for Microbiology ; **Fig. 28.31 :** Courtesy of Michael Richard, Colorado State University ; **Fig. 28.33a :** © Pat Armstrong/Visuals Unlimited ; **Fig. 28.33b :** © Dan McCoy/Rainbow ; **Fig. 28.33c :** © John D. Cunningham/Visuals Unlimited ; **Fig. 28.34 :** Reprinted with permission from Edwards, K.J., Bond, P.L., Gihring, T.M., and Banfield, J.F. « An Archael Iron-oxidizing Extreme Acidophile Important in Acid Mine Drainage, » *Science* 287 : 1796-2799. (10 March, 2000) figure 3A, page 1798. © 2000 American Association for the Advancement of Science. Image courtesy of K.E. Edwards ; **Fig. 28.36a :** Fröhlich, J., and H. Köenig, 1999. « Rapid Isolation of Single Microbial Cells from Mixed Natural and Laboratory Populations with Aid of a Micromanipulator, » *System. Applied Microbiology* 2 :249-257. Figure 4 page 253. Urban and Fisher Verlag. Photo courtesy Dr. Helmut König.

Chapitre 29

Opener, Fig. 29.5 : Reprinted with permission from Schultz, H.N., Brinkhoff, T., Ferdelman, T.G., Hernandez Marine, M., Teske, A., and Jorgensen, B.B. 1999. « Dense Populations of a Giant Sulfur Bacterium in Namibian Shelf Sediments, » *Science* 284, 493-495, fig. 1. © 1999 American Association for the Advancement of Science ; **Fig. 29.6a,b :** Reprinted from *FEMS Microbiol. Ecol.,* Vol. 28, 301-313, figs 1a,b,d ; Jorgensen, B.B., and Gallardo, V.A., Thioploca sp. : « Filamentous Sulfur Bacteria with Nitrate Vacuoles », 1999, with permission from Elsevier Seience. Photos courtesy of Bo B. Jorgensen ; **Fig. 29.7a :** Brec L. Clay ; **Fig. 29.9 :** Reprinted from *Applied Environ. Microbiol.,* Vol. 65 :5554-5563, figure 2, p 5557, Delong, E.F. et al,

« Visualization and Enumeration of Marine Planktonic Archaea and Bacteria by using Polyribonucleotide Probes and Fluorescent in Situ Hybridization. »© 1999 American Society of Microbiology. Photo courtesy of Ed DeLong, MBARI ; **Fig. 29.14** : With permission, from the *Annual Review of Microbiology*, Volume 53 © 1999 by Annual Reviews www.AnnualReviews.org. Photo courtesy of James T. Staley ; **Fig. 29.16** : Burkhold Laboratory, North Carolina State University & Sea Grant National Media Relations ; **Fig. 29.23a-c** : © Raymond B. Otero/Visuals Unlimited ; **Fig. 29.24, 29.25a** : Donald A. Klein ; **Fig. 29.26a,b** : Cindy Wright-Jones, City of Ft. Collins, CO ; **Fig. 29.28** : From D. Jenkins, et al. *Manual of the Causes and Control of Activated Sludge Bulking, and Foaming,* 1986, U.S. Environmental Protection Agency.

Chapitre 30

Opener : N.C. Schenck, *Methods & Principles of Mycorrhizal Research,*© 1992 American Phytopathological Society. Photo courtesy of Dr. Hugh Wilcox ; **Fig. 30.5** : *Journal of Phycology* 32 :774-782, fig1, p 777, Garcia-Pichel, F. and Belnap, J. 1996. By Permission of the Journal of Phycology ; © Sherman Thompson/Visuals Unlimited ; **Fig. 30.7a-d** : Reprinted by permission from *Nature*, 402 :191-195, Fig. 5, p 193. © 1999 Macmillan Magazines Ltd., Photo courtesy of Jens Stougaard ; **Fig. 30.8d** : Courtesy of Ray Tully, U.S. Department of Agriculture ; **Fig. 30.8f** : Courtesy of Dr. Ralph W.F. Hardy and the National Research Council of Canada ; **Fig. 30.8i,j** : © John D. Cunningham/Visuals Unlimited ; **Fig. 30.9, 30.10** : Courtesy of Keith Clay, Indiana University-Bloomington ; **Fig. 30.12** : From N.C. Schenck, *Methods & Principles of Mycorrhizal Research,* © 1992 American Phytopathological Society. Photo courtesy of Dr. Hugh Wilcox ; **Fig. 30.13** : Paola Bonfante/University of Turin ; **Fig. 30.14** : © R.S. Hussey/Visuals Unlimited ; **Fig. 30.15** : From Van Tuinen, D. et al, « Characterization of Root Colonization Profiles of Arbuscular Mycorrhizal Fungi using 25S rDNA-targeted Nested PCR, » *Molecular Ecology* 7 :879-887. Plate B, fig. 3, p. 883. © 1998 Blackwell Science, UK. Photo courtesy Dr. V. Gianinazzi-Pearson ; **Fig. 30.16** : © John Cunningham/Visuals Unlimited ; **Fig. 30.17a** : © Dan Richter/Visuals Unlimited ; **Fig. 30.17b** : © Howard Berg/Visuals Unlimited ; **Fig. 30.18** : Dr. Bernard Drefus ; **Fig. 30.19** : Courtesy of Dr. Sandor Sule, Plant Protection Institute, Hungary Academy of Sciences ; **Fig. 30.27a-c** : From Andersson, M.A. et al, « Bacteria, Molds and Toxins in Water-damaged Building Materials, » 63(2)387-393, fig. 1, p 388, *Applied and Environmental Microbiology,* © 2000 American Society for Microbiology. Image courtesy of Maria Andersson and Mirja Salkinoja Salonen, University of Helsinki.

Chapitre 31

Opener : © David Scharf/Peter Arnold ; **Fig. 31.1b** : © H. Oscar/Visuals Unlimited ; **Fig. 31.5** : Lennart Nilsson/Albert Bonniers Forlag AB.

Chapitre 32

Opener : © Science Source/Photo Researchers ; **Fig. 30.6** : © R. Feldman-DanMcCoy/Rainbow ; **Fig. 32.22b,c** : Courtesy of Dr. Paul Travers ; **Fig. 32.25b,c** : Courtesy of Dr. Gilla Kaplan, The Rockefeller University.

Chapitre 33

Opener : Harper's Weekly, Dec 19, 1885, 29, p. 836, National Library Medicine, NIH ; **Fig. 33.1** : © Historic VU-NIH/Visuals Unlimited ; **Fig. 33.3** : © K. Greer/Visuals Unlimited ; **33.4a** : © Stan Elms/Visuals Unlimited ; **Fig. 33.4b** : © Biophoto Associates/Photo Researchers ; **Box 33.2c** : Courtesy of Hoffman-La Roche, Inc. ; **Fig. 33.14** : From Soad Tabaqchali, *Journal of Clinical Microbiology, 1986, p. 380, ASM* ; **Fig. 33.16d** : From N.R. Rose, et al., Manual of Clinical Laboratory Immunology, 1992. American Society of Microbiology ; **Fig. 33.20** : © Raymond B. Otero/Visuals Unlimited.

Chapitre 34

Opener : © Alfred Pasieka, Peter Arnold ; **Fig. 34.3a** : From Rita M. Gander and Virginia L. Thomas, « Utilization of Anion-Exchange Chromatography and Monoclonal Antibodies to Characterize Multiple Pilus Types on a Uropathogenic *Escherichia coli* 06 Isolate, » *Infection and Immunity*, 51(2)385-393, Feb. 1986, American Society for Microbiology ; **Fig. 34.3b** : © Veronika Burmeister/Visuals Unlimited ; **Fig. 34.3c** : From M. Persi, J.C. Burham, and J.L. Duhring, « Effects of Carbon Dioxide and pH on Adhesion of Candida albicans to Vaginal Epithelial Cells, » *Infections and Immunity*, 30(s) : 82-90, Oct. 1985. American Society for Microbiology.

Chapitre 35

Opener : © SPL/Photo Researchers ; **Fig. 35.1a** : Courtesy Becton-Dickinson Microbiology Systems ; **Fig. 35.1b** : © Lauritz Jensen/Visuals Unlimited.

Chapitre 36

Opener : Infectio Diagnostic, Inc., www.Infectio.com ; **Fig. 36.1a-i** : © Raymond B. Otero/Visuals Unlimited ; **Fig. 36.2b** : Courtesy Becton-Dickinson Microbiology Systems ; **Fig. 36.2c** : © Michael English/Custom Medical Stock Photo ; **Fig. 36.2e** : Courtesy of Evergreen Scientific, Los Angeles ; **Fig. 36.3** : Courtesy of Becton-Dickinson Microbiology Systems ; **Fig. 36.4a** : © Syva Company. Reprinted by permission of Syva Company, San Jose, CA ; **Fig. 36.4b** : Courtesy of Genetic System Corporation ; **Fig. 36.5a,b** : © Raymond B. Otero/Visuals Unlimited ; **Fig. 36.5d-s** : © Raymond B. Otero/Visuals Unlimited ; **Fig. 36.5t** : © CNRI/Phototake ; **Fig. 36.7a,b** : Analytab Products, A division of BioMerieux, Inc. ; **Fig. 36.10** : Centers for Disease Control and Prevention.

Chapitre 37

Opener : Centers for Disease Control and Prevention ; **Fig. 37.6** : © Runk/Schoenberger/Grant Heilman Photography.

Chapitre 38

Opener : Bettmann/CORBIS ; **Fig. 38.1b** : © John D. Cunningham/Visuals Unlimited ; **Fig. 38.2c** : © Carroll H. Weiss/Camera M.D. Studios ; **Fig. 38.3a** : Armed Forces Institute of Pathology ; **Fig. 38.4** : © /Biophoto Associates/Photo Researchers ; **Fig. 38.5** : © Carroll H. Weiss/Camera M.D. Studios ; **Fig. 38.6** : Armed Forces Institute of Pathology ; **Fig. 38.10a** : © Carroll H. Weiss/Camera M.D. Studios ; **Fig. 38.10b** : © Science VU/Visuals Unlimited ; **Fig. 38.13** : © Carroll H. Weiss/Camera M.D. Studios ; **Fig. 38.14a,b** : From N.H. Olson, et al., *Proceeding of the National Academy of Sciences*, 90 :507. 1993. Photo courtesy of Dr. Michael Rossmann ; **Fig. 38.15** : © Veronika Burmeister/Visuals Unlimited ; **Fig. 38.16a** : © CDC/Science Source/Photo Researchers ; **Fig. 38.16b** : © Carroll H. Weiss/Camera M.D. Studios ; **Fig. 38.17** : © Dr. Brian Eyden/ SPL/Photo Researchers ; **Fig. 38.18a** : © Tektoff-RM/CNRI/SPL/Custom Medical Stock ; **Fig. 38.19** : Courtesy of The National Institute of Health ; **Fig. 38.20** : Courtesy of Fred P. Williams, Jr., U.S. Environmental Protection Agency ; **Box 38.3** : Corbis ; **Fig. 38.21a** : © Kenneth E. Greer/Visuals Unlimited ; **Fig. 38.21b** : © Carroll H. Weiss/Camera M.D. Studios ; **Fig. 38.21c,d** : © Kenneth E. Greer/Visuals Unlimited.

Chapitre 39

Opener : Courtesy of The Royal College of Surgeons Museum, Edinburg, Scotland ; **Fig. 39.2** : © Fred Hossler/ Visuals Unlimited ; **Fig. 39.4** : © Carroll H. Weiss/Camera M.D. Studios ; **Fig. 39.5** : Armed Forces Institute of Pathology ; **Fig. 39.6** : © M. Abbey/Visuals Unlimited ; **Fig. 39.8a** : From *ASM News* 55(2) cover, 1986. American Society for Microbiology ; **Fig. 39.8b,c** : © CDC/Peter Arnold, Inc. ; **Fig. 39.9** ; Centers for Disease Control and Prevention ; Department of Health & Human Services, courtesy of Dr. W. Burgdorfer ; **Fig. 39.11** : © Science VU/

Charles Stratton/Visuals Unlimited ; **Fig. 39.12** ; © Arthur M. Siegelman/Visuals Unlimited ; **Fig. 39.14** ; © Science VU-WHO/Visuals Unlimited ; **Fig. 39.15** ; Armed Forces Institute of Pathology ; **Fig. 39.16** : From V. Neman-Simha and F. Megraud, « In Vitro Model for Capylobacter pylori Adherence Properties, » *Infection and Immunity*, 56(12) :3329-3333, Dec. 1988. American Society for Microbiology ; **Fig. 39.17a** ; From R. Baselga, et al., « Staphylococcus Aureus :Implications in Colonization and Virulence, » *Infection and Immunity*, 61(11)L4857-4862, 1993.© American Society for Microbiology ; **Fig. 39.17b** ; Courtesy of Dr. Dennis G. Maki ; **Fig. 39.19a-e** : © Carroll H. Weiss/Camera M.D. Studios ; **Fig. 39.19f** : © Charles Stoer/Camera M.D. Studios ; **Fig. 39.20a-c** : © Carroll H. Weiss/Camera M.D. Studios ; **Fig. 39.22** : Armed Forces Institute of Pathology ; **Fig. 39.23** ; From Jacob S. Teppema, « In Vivo Adherence and Colonization of *Vibrio cholerae* Strains That Differ in Hemagglutinating Activity and Motility, » *Journal of Infection and Immunity*, 55(9)2093-2102, Sept. 1987. Reprinted by permission of American Society for Microbiology ; **Fig. 39.25b** : © Max Listgarten, University of Pennsylvania/Biological Photo Service ; **Fig. 39.26** : © E.C.S. Chan/Visuals Unlimited.

Chapitre 40

Opener : Lennart Nilsson/Albert Bonniers Forlag AB ; **Fig. 40.1** : © Everett S. Beneke/Visuals Unlimited ; **Fig. 40.2** : © Carroll H. Weiss/Camera M.D. Studios ; **Fig. 40.3a,b** : © Everett S. Beneke/Visuals Unlimited ; **Fig. 40.4-40.7** : © Carroll H. Weiss/Camera M.D. Studios ; **Fig. 40.8** : © Everett S. Beneke/Visuals Unlimited ; **Fig. 40.9** : Reprinted by permission of Upjohn Co. from E.S. Beneke, et al., 1984 *Human Mycosis in Microbiology* ; **Fig. 40.10** : © Everett S. Beneke/Visuals Unlimited ; **Fig. 40.11** : Reprinted by permission of Upjohn Co. from E.S. Beneke, et al., 1984 *Human Mycosis in Microbiology* ; **Fig. 40.12** : © E.C.S. Chan/ Visuals Unlimited ; **Fig. 40.13** : © Arthur M. Siegelman/ Visuals Unlimited ; **Fig. 40.14a** : © Arthur M. Siegelman/ Visuals Unlimited ; **Fig. 40.14b** : Armed Forces Institute of Pathology ; **Fig. 40.15** : © Everett S. Beneke/Visuals Unlimited ; **Fig. 40.16a** : David M. Phillips/Visuals Unlimited ; **Fig. 40.16b,c** : © Everett S. Beneke/Visuals Unlimited ; **Fig. 40.17a** : © Lauritz Jensen/Visuals Unlimited ; **Fig. 40.17b** : © Robert Calentine/Visuals Unlimited ; **Fig. 40.18a,b** : From M. Schaechter, G. Medoff, and D. Schiessinger (Eds.), *Mechanisms of Microbial Disease*, 1989. Williams and Wilkins ; **Fig. 40.20** : Centers for Disease Control and Prevention ; **Fig. 40.22a,b** : Armed Forces Institute of Pathology ; **Fig. 40.23** : © David M. Phillips/Visuals Unlimited.

Chapitre 41

Opener : © Christiana Dittmann/Rainbow ; **Fig. 41.2** : Donald Klein ; **Fig. 41.3a** : © Tom E. Adams/Peter Arnold, Inc. ; **Fig. 41.3b** : © Martha Powell/Visuals Unlimited ; **Fig. 41.7** : © Photo by Mark Seliger, Courtesy of Campbell Soup Company ; **Fig. 41.8** : Courtesy of Ray Tully, U.S. Department of Agriculture ; **Fig. 41.10** : Reprinted from *Applied and Environment Microbiology* (64) 2284-2286, fig. 1, p. 2284, Starbaum, G.D., Ortega, Y.R., Gilman, R.H., Sterling, C.R., Caberea, L., and Klein, D.A., « Detection of *Cyclospora cayetanensis* in Wastewater. » © 1998 American Society for Microbiology. Image Courtesy of Greg Sturbaum ; **Fig. 41.11** : From Peterkin, Idzigk, and Sharpe. « Screening DNA Probes Using the Hydrophobic Probe Grid-Membrane Filter », *Food Microbiology* (6)281-284, 1989. Academic Press, Inc. (London) ; **Fig. 41.2, a,b** : Binax, Inc. ; **Fig. 41.14** : © Elmer Koheman/ Visuals Unlimited ; **Fig. 41.15** : From D.B. Hughes and D.G. Hover, *Food Technology*, April 1991, Fig. 3, p. 79 ; **Fig. 41.16** : Reprinted from Marshell, V.M., Cole, W.M., Brooker, B.E., « 1984 Observation on the Structure of Kefir Grains and Distribution of the Microflora. » (57)591-597, *Journal of Applied Bacteriology, UK*. Blackwell Science ; **Fig. 41.17a-e** : © John D. Cunningham/Visuals Unlimited ; **Fig. 41.18** : © Joe Munroe/Photo Researchers ; **Fig. 41.21** : © Vance Henry/Nelson Henry ; **Fig. 41.22** : Courtesy of Ray Tully, U.S. Department of Agriculture ; **Fig. 41.24** : © Stanley Flegler/Visuals Unlimited.

INDEX